# 上海市
# 地方性法规汇编

## 2024年版

上海市人民代表大会常务委员会
法制工作委员会 编

上海人民出版社

# 编 辑 说 明

上海市人民代表大会常务委员会设立于1979年12月29日。1980年3月5日，上海市七届人大常委会第三次会议通过《上海市区、县人民代表大会选举暂行实施细则》，拉开了本市地方立法的序幕。据统计，自1980年至2024年，上海市人大及其常委会共制定地方性法规382件（含法规解释和法律性问题的决定51件），修改地方性法规447件次，其中已废止和自然失效的地方性法规为111件，现行有效的本市地方性法规为271件（含法规解释和法律性问题决定27件），覆盖了本市经济、政治、文化、社会、生态文明建设各个领域，基本实现了本市各方面工作"有法可依"的局面。

法规汇编是一项重要的法规整理工作，对提高立法技术、促进法规文本质量提升、推动法规宣传和实施具有积极意义，自上海市第十二届人大以来，已成为市人大常委会的一项重要工作传统。为了展现、宣传上海市人大及其常委会最新立法工作成果，为实务工作者和理论工作者提供准确、便捷的立法文本，上海市人大常委会法制工作委员会组织编辑了本汇编。

本汇编收录现行有效的271件地方性法规（含法规解释和法律性问题决定27件）。汇编按制定的时间顺序编排，对经过一次或多次修改的，仍然按原来制定的时间编排，其文本按最新的修改文本编入。为方便查阅和参考，将上海市地方性法规检索目录以及1980年至2024年历年来通过的地方性法规、法规解释和法律性问题决定（包括已经废止和自然失效）目录附录于后，以供查阅。

本汇编修订工作由上海市人大常委会法制工作委员会阎锐、崔凯、龚培华统筹策划，张慧红、毛新民、王娟、丁贤、沈建明、胡颢担任编委，顾晓卿、林圻、林茗、张兰、张杰、魏怡然、王霁、程西园、刘泉、丁世显、李峰、王晓晨、刘天韵、王颖颖、杨蕴岚、宋果南、沈静、王琨、谭天、陈晓燕、李秋悦、施娟萍等同志参与了本书的编写工作。

本汇编的修订出版是在前版基础上修订而成，在此向之前版本的负责同志和参与编辑的同志致敬，欢迎广大读者提出批评建议，以便再版时改进。

编者

2025年1月

# 目　　录

## 1985 年



## 1987 年



## 1988 年



## 1990 年



## 1992 年



## 1993 年

## 1994 年



## 1995 年



## 1996 年



## 1997 年

## 1998 年



## 1999 年



## 2000 年

## 2001 年



## 2002 年



## 2003 年



## 2004 年

## 2005 年



## 2006 年



## 2007 年



## 2008 年



## 2009 年

## 2010 年



## 2011 年



## 2012 年



## 2013 年



## 2014 年

## 2015 年



## 2016 年



## 2017 年



## 2018 年

## 2019 年



## 2020 年



## 2021 年

## 2022 年

## 2023 年



## 2024 年

## 附 录



扫描二维码即可查看全书内容

# 上海市水产养殖保护规定

（1985年12月27日上海市第八届人民代表大会常务委员会第十九次会议批准　根据1988年11月10日上海市第九届人民代表大会常务委员会第四次会议通过和1989年1月28日上海市第九届人民代表大会常务委员会第六次会议《关于修改〈上海市水产养殖保护规定〉的决定》第一次修正　根据1997年7月10日上海市第十届人民代表大会常务委员会第三十七次会议《关于修改〈上海市水产养殖保护规定〉的决定》第二次修正　根据1997年10月21日上海市第十届人民代表大会常务委员会第三十九次会议《关于修改〈上海市水产养殖保护规定〉的决定》第三次修正　根据2010年9月17日上海市第十三届人民代表大会常务委员会第二十一次会议《关于修改本市部分地方性法规的决定》第四次修正　根据2018年12月20日上海市第十五届人民代表大会常务委员会第八次会议《关于修改本市部分地方性法规的决定》第五次修正）

## 第一章　总　　则

**第一条**　为了保护水产养殖，保障水产养殖者的合法权益，发展水产事业，满足人民需要，根据宪法和有关法律，结合本市的具体情况，制定本规定。

**第二条**　本规定适用于本市管辖范围内的渔业水域。

本规定所称的渔业水域是指鱼类、虾蟹类、贝类的产卵场、索饵场、越冬场、洄游通道和养殖或增殖鱼类、虾蟹类、贝类、藻类以及其他水生植物的水域。

渔业水域内有经济价值的水生动物和植物及其亲体、幼体、卵子、孢子、种子等，均按本规定加以保护。

**第三条**　本市渔业行政管理部门负责组织各级水产、渔政监督管理机构实施本规定。

本市公安、工商行政管理、环境保护、农业、水利、港航监督等部门，应协同实施本规定。

## 第二章　渔业水域的利用和管理

**第四条**　本市管辖的渔业水域，各级人民政府应统筹兼顾，合理安排，综合利用，加强管理。

**第五条**　凡已由单位或个人经营的渔业水域和划给渔业专业队作为生产、生活基地的渔业水域，确认其使用权。

**第六条**　凡尚未利用的渔业水域，由市、区人民政府按照职权，根据地理条件、面积大小和历史状况，因地制宜，划分使用范围。

**第七条**　渔业水域实行分级经营：

（一）跨省、市的渔业水域，与有关省商定经营办法；

（二）跨区的渔业水域，由有关区协商经营；

（三）跨乡的渔业水域，可由区经营，或由有关乡联合经营；

（四）乡范围内通外河（湖）的渔业水域，由乡组织水产专业队经营，也可组织专业户经营；

（五）园沟宅河、池塘等小型渔业水域，可组织农民联户承包或由个人承包。

**第八条**　市、区人民政府应根据本规定第四条、第五条、第六条的规定，核发养殖使用证，确认使用权。

跨区的渔业水域，由有关区商定后核发养殖使用证。

**第九条**　依法划定的渔业水域的使用权受法律保护，任何单位和个人不得侵犯。

禁止任何人在划定的渔业水域偷、抢水产品。

**第十条**　凡领取养殖使用证的，应按市渔业行政管理部门规定,适时放养水产苗种,不得闲置。

**第十一条** 凡在允许捕捞的渔业水域从事捕捞作业的,应向渔业行政管理部门申请领取捕捞许可证。领取捕捞许可证的,应按规定缴纳水产资源增殖保护费。

无捕捞许可证的,一律不得从事捕捞作业。

**第十二条** 在渔业水域内设置渔箔、渔簖等生产设施,不得影响引水、排水和航道畅通。

**第十三条** 填没属市管商品鱼生产基地的精养鱼塘,须经市渔业行政管理部门批准;填没其他精养鱼塘等渔业水域,须经区人民政府批准,按规定支付有关费用后,方得进行。

征用属市管商品鱼生产基地的精养鱼塘,须经市渔业行政管理部门同意;征用其他精养鱼塘等渔业水域,须经区人民政府同意。

## 第三章 水产资源的繁殖保护

**第十四条** 市、区人民政府应鼓励、支持单位和个人对水产资源的繁殖保护。

禁止捕杀鱼类、虾蟹类、贝类等的苗种、幼体和繁殖期的亲体。

**第十五条** 因养殖和其他特殊需要,必须捕捞沿江、沿海的蟹苗、鳗苗等资源的,须经市渔业行政管理部门批准,由所在区人民政府统一组织捕捞,合理利用;未经批准的,一律不得捕捞。

**第十六条** 水闸应根据需要建造过鱼设施,或适时开闸纳苗,以利鱼、蟹洄游。

**第十七条** 捕捞作业不得破坏水产资源。取缔鱼鹰,禁止使用破坏水产资源的捕捞工具和捕捞方法。

**第十八条** 任何单位和个人不得污染渔业水域,破坏水产资源。

因防疫或防治病虫害须在渔业水域内投注药物的,应事先与渔政监督管理机构协商,兼顾水产资源的繁殖保护,采取措施,防止损害水产资源。

## 第四章 渔政监督管理机构

**第十九条** 市应设立渔政监督管理机构。区、乡根据需要设立渔政监督管理机构。

渔政监督管理机构的职权是:维护国家和水产经营者的合法权益;监督检查渔业法律、法规的贯彻执行;负责对水产资源的保护和管理;维护渔业生产秩序;处理渔业生产纠纷等。

**第二十条** 各级渔政监督管理机构的渔政检查员,由市渔政监督管理机构统一考核,发给渔政检查员证。

渔政检查员在执行任务时,必须统一标志,出示渔政检查员证件,秉公执法。被检查的单位和个人应服从检查。

## 第五章 奖励与处罚

**第二十一条** 对保护水产资源有显著成绩的单位和个人,以及检举、制止破坏水产资源行为的有功人员,区人民政府或市渔业行政管理部门应给予表彰、奖励。

**第二十二条** 凡违反本规定有关条款的,由渔政监督管理机构按下列规定处理:

(一)违反本规定第九条第一款的,应即纠正;造成损失的,应予赔偿;

(二)违反本规定第九条第二款的,应赔偿损失,并处罚款;

(三)违反本规定第十条,领取养殖使用证后无正当理由不适时放养水产苗种或者不按市渔业行政管理部门规定的数量放养水产苗种的,注销其养殖使用证;

(四)违反本规定第十二条的,责令撤除其设施;拒不撤除的,予以没收;

(五)违反本规定第十三条的,应责令其恢复原状,赔偿损失;

(六)违反本规定第十四条第二款的,应赔偿损失,没收其渔获物及捕捞工具,已出售的,追缴非法所得,并处罚款;

(七)违反本规定第十一条、第十五条的,按照《中华人民共和国渔业法》第四十一条的相关规定进行处罚;

(八)违反本规定第十七条,使用破坏水产资源的方法进行捕捞的,按照《中华人民共和国渔业法》第三十八条的相关规定进行处罚;

（九）违反本规定第十八条造成水产资源损失的，应予赔偿，并责令其限期治理，处以罚款。

**第二十三条** 凡未经许可，进入养殖经营者的水域垂钓的，应赔偿损失，由渔政监督管理机构追回渔获物；不听劝阻的，处以罚款。

**第二十四条** 渔政监督管理机构对正在进行的违反渔业法规的行为，应立即予以制止，并可采取必要的措施。

渔政监督管理机构对违法行为进行处罚时，应将处罚决定书送达当事人执行。

**第二十五条** 渔政监督管理人员玩忽职守、徇私舞弊的，应由渔政监督管理机构给予行政处分。

**第二十六条** 凡违反本规定应按《中华人民共和国治安管理处罚法》处罚的，由公安机关依法处理。

违反本规定情节严重构成犯罪的，由司法机关依法追究刑事责任。

**第二十七条** 当事人对渔业行政管理部门或者其所属的渔政监督管理机构作出的行政处罚决定不服的，可以依照《中华人民共和国行政复议法》或者《中华人民共和国行政诉讼法》的规定，申请行政复议或者提起行政诉讼。

## 第六章 附 则

**第二十八条** 本规定经上海市人民代表大会常务委员会修订，自1989年3月1日起施行。

# 上海市区和乡镇人民代表大会代表直接选举实施细则

（1987年1月8日上海市第八届人民代表大会常务委员会第二十五次会议通过　根据1989年11月18日上海市第九届人民代表大会常务委员会第十二次会议《关于修改〈关于本市区、县及乡、镇人民代表大会代表直接选举的实施细则〉的决定》第一次修正　根据1992年8月19日上海市第九届人民代表大会常务委员会第三十五次会议《关于修改〈关于本市区、县及乡、镇人民代表大会代表直接选举的实施细则〉的决定》第二次修正　根据1995年8月23日上海市第十届人民代表大会常务委员会第二十次会议《关于修改〈上海市人民代表大会常务委员会关于本市区、县及乡、镇人民代表大会代表直接选举的实施细则〉的决定》第三次修正　根据2005年12月29日上海市第十二届人民代表大会常务委员会第二十五次会议《关于修改〈上海市区县及乡镇人民代表大会代表直接选举实施细则〉的决定》第四次修正　2011年4月12日上海市第十三届人民代表大会常务委员会第二十六次会议修订　根据2016年4月21日上海市第十四届人民代表大会常务委员会第二十八次会议《关于修改〈上海市区县和乡镇人民代表大会代表直接选举实施细则〉等5件地方性法规的决定》第五次修正　根据2021年3月24日上海市第十五届人民代表大会常务委员会第三十次会议《关于修改〈上海市区县和乡镇人民代表大会代表直接选举实施细则〉的决定》第六次修正）

## 第一章 总 则

**第一条** 根据《中华人民共和国全国人民代表大会和地方各级人民代表大会选举法》（以下简称选举法）、《中华人民共和国地方各级人民代表大会和地方各级人民政府组织法》和《全国人民代表大会常务委员会关于县级以下人民代表大会代表直接选举的若干规定》，结合本市实际，制定本实施细则。

**第二条** 本市区和乡镇人民代表大会代表的选举工作，坚持中国共产党的领导，坚持充分发扬民主，坚持严格依法办事。

**第三条** 中华人民共和国年满十八周岁的公民，不分民族、种族、性别、职业、家庭出身、宗教信仰、教育程度、财产状况和居住期限，都有选举权和被选举权。

依照法律被剥夺政治权利的人没有选举权和被选举权。

**第四条** 每一选民在一次选举中只有一个投票权。

**第五条** 中国人民解放军驻沪部队选举区人民代表大会代表，依照《中国人民解放军选举全国人民代表大会和县级以上地方各级人民代表大会代表的办法》办理。

**第六条** 区和乡镇人民代表大会的代表应当具有广泛的代表性，应当有适当数量的基层代表，特别是工人、农民和知识分子代表；应当有适当数量的妇女代表，并逐步提高妇女代表的比例。

**第七条** 区和乡镇人民代表大会代表的选举经费，列入财政预算，由国库开支。

## 第二章 选举机构

**第八条** 在区和乡镇人民代表大会代表换届选举期间，市设立区乡镇选举工作委员会，区和乡镇分别设立选举委员会。

市设立的区乡镇选举工作委员会，在市人民代表大会常务委员会的领导下，指导区和乡镇人民代表大会代表的选举工作，可以根据本实施细则对选举工作提出具体实施意见。区乡镇选举工作委员会下设办公室。

区设立的选举委员会，在区人民代表大会常务委员会的领导下，主持区和指导乡镇人民代表大会代表的选举。区选举委员会由十五人至二十九人组成，由各政党、各人民团体和有关主管部门的人员参加。区选举委员会组成人员，由区人民代表大会常务委员会任命。区选举委员会下设办公室，负责有关选举的具体工作。办公室由人民代表大会专门委员会、常务委员会办事机构、工作机构和民政、公安等部门的有关人员组成。

乡镇设立的选举委员会，在区人民代表大会常务委员会的领导下，主持本级人民代表大会代表的选举。乡镇选举委员会由九人至十三人组成，由区人民代表大会常务委员会任命。乡镇选举委员会下设办事机构。

选举委员会的组成人员为代表候选人的，应当辞去选举委员会的职务。

**第九条** 区和乡镇选举委员会履行下列职责：

（一）制定本级人民代表大会代表的选举工作计划；

（二）划分选举本级人民代表大会代表的选区，分配各选区应选代表的名额；

（三）宣传有关法律法规，培训选举工作人员；

（四）进行选民登记，审查选民资格，公布选民名单；受理对于选民名单不同意见的申诉，并作出决定；

（五）确定选举日期；

（六）汇总和公布代表候选人名单，了解核实并组织介绍代表候选人的情况；根据较多数选民的意见，确定并公布正式代表候选人名单；

（七）委派人员主持投票选举；

（八）确定选举结果是否有效，公布当选代表名单；

（九）受理对选举中违法行为的检举和控告；

（十）法律法规规定的其他职责。

选举委员会应当及时公布选举信息。

**第十条** 在区人民代表大会代表选举期间，经区选举委员会批准，街道、乡镇、企业事业单位或者有关主管部门可以设立五人至十三人的选举工作组，作为区选举委员会的派出机构，负责所辖选区的选举工作。选区成立选举工作小组，由有关单位派员参加，负责本选区的选举工作。选举工作小组由区选举委员会委托选举工作组批准，报区选举委员会备案。

在乡镇人民代表大会代表选举期间，经乡镇选举委员会批准，村民委员会、居民委员会、企业事业单位可以设立三人至五人的选举工作小组，负责本选区的选举工作。

## 第三章　代表的名额和分配

**第十一条**　区人民代表大会的代表名额基数为一百四十名，每五千人可以增加一名代表，人口超过一百五十五万的，代表总名额不得超过四百五十名；乡镇人民代表大会的代表名额基数为四十五名，每一千五百人可以增加一名代表，但是，代表总名额不得超过一百六十名。代表名额基数与按人口数增加的代表数相加，即为区或者乡镇人民代表大会的代表总名额。

区人民代表大会代表的具体名额，由市人民代表大会常务委员会依照选举法确定，报全国人民代表大会常务委员会备案。乡镇人民代表大会代表的具体名额，由区人民代表大会常务委员会依照选举法确定，报市人民代表大会常务委员会备案。

区和乡镇人民代表大会的代表总名额经确定后，不再变动。如果由于行政区划变动或者由于重大工程建设等原因造成人口较大变动的，该级人民代表大会的代表总名额依照选举法的规定重新确定。

**第十二条**　区和乡镇人民代表大会代表名额，由区和乡镇选举委员会根据各选区的人口数，按照每一代表所代表的城乡人口数相同的原则进行分配。人口特别少的村，一般要有乡镇人民代表大会代表。

**第十三条**　中国人民解放军驻沪部队的代表名额，由所在区人民代表大会常务委员会根据驻军建制或者人数与驻军有关领导机关、人民武装部协商决定。

## 第四章　选 区 划 分

**第十四条**　区和乡镇人民代表大会的代表名额分配到选区，按选区进行选举。选区的划分，应当便于选民参加选举活动和选举的组织工作，便于选民了解代表，便于代表联系选民和接受选民监督。

**第十五条**　选区的大小，按照每一选区选一名至三名代表划分。

本行政区域内各选区每一代表所代表的人口数应当大体相等。

**第十六条**　选区可以按照居住状况划分，也可以按照单位划分。

机关、团体、企业事业单位，产生一名以上代表的，可以划分为一个或者几个独立选区；选民少的机关、团体、企业事业单位，可以几个单位划为联合选区，也可以和所在地居民委员会、村民委员会划为混合选区。

**第十七条**　设在乡镇行政区域内的区属单位的职工，应当参加区和乡镇人民代表大会代表的选举；中央和市属单位的职工，参加区人民代表大会代表的选举，不参加乡镇人民代表大会代表的选举。

**第十八条**　驻在外区的区属机关、团体和企业事业单位的职工，参加本区人民代表大会代表的选举。

## 第五章　选 民 登 记

**第十九条**　凡年满十八周岁具备选民资格的中华人民共和国公民，按选区进行选民登记。

年满十八周岁选民年龄的计算，以当地的选举日为标准。

**第二十条**　每一选民只能在一个选区进行选民登记。选区设立选民登记站，负责选民登记工作：

（一）机关、团体、企业事业单位的职工以及在校学生，是本市常住户口的，一般在所在单位和学校进行登记。

（二）本市农民在所在村或者工作单位进行登记。

（三）没有工作单位的本市居民，一般在其户口所在地进行登记。不居住在户口所在地的本市居民，取得选民资格证明后，也可以在现居住地进行登记。

（四）离休人员一般在原工作单位或者接受管理单位进行登记，也可以按照本人要求，凭选民资格证明在户口所在地或者现居住地进行登记。

（五）退休人员一般在户口所在地进行登记，也可以按照本人要求，凭选民资格证明在原工作单位、受聘单位或者现居住地进行登记。

（六）中央各有关部门和各省、市、自治区驻沪办事机构的工作人员，在所在单位进行登记。

（七）机关、团体、企业事业单位的分支机构或者下属单位的职工，一般在分支机构或者下属单位所在区进行登记。

（八）中国人民武装警察部队驻上海市部队的人员，参加所在区人民代表大会代表的选举，在所在部队进行登记。

（九）在外国驻沪领事馆、外国驻沪机构工作的中国籍职工，在市有关主管单位所在的选区进行登记。

（十）户口不在本市、现居住在本市的人员，一般在户口所在地参加选举；取得户口所在地的选民资格证明后，也可以在现居住地或者工作单位进行登记。

（十一）户口已从外省、市、自治区迁出，现居住在本市而没有报进户口的，可以在现居住地进行登记。

（十二）旅居国外的中华人民共和国公民，在本市区和乡镇人民代表大会代表选举期间在本市的，可以在本市原籍地或者出国前居住地进行登记。

（十三）其他人员和依法准予行使选举权利人员的选民登记，由区选举委员会或者乡镇选举委员会研究决定。

区和乡镇人民代表大会代表换届选举时，通过市选民登记信息管理系统进行登记的具有本市户口的人员，可以不办理选民资格证明，其选民资格，由相关的区和乡镇选举工作机构进行核对、确认。

**第二十一条** 选民小组的编划，一般为四十人左右，选民小组长由选民推选。

**第二十二条** 无法行使选举权利的精神病患者和其他无行为能力的人，不列入选民名单，但应当取得医院的证明或者征得其监护人的同意，并经选举委员会确认。

间歇性精神病患者，病发时不行使选举权利，但应当取得医院的证明或者征得其监护人的同意，并经选举委员会确认。

**第二十三条** 因危害国家安全或者其他严重刑事犯罪案被羁押，正在受侦查、起诉、审判的人，经人民检察院或者人民法院决定，在被羁押期间停止行使选举权利。停止行使选举权利的决定，应当在选举日的五日以前送达区或者乡镇选举委员会。

**第二十四条** 下列人员依法准予行使选举权利：

（一）被判处有期徒刑、拘役、管制而没有附加剥夺政治权利的；

（二）被羁押，正在受侦查、起诉、审判，人民检察院或者人民法院没有决定停止行使选举权利的；

（三）正在取保候审或者被监视居住的；

（四）正在受拘留处罚的。

**第二十五条** 选民名单应当在选举日的二十日以前公布。选民名单公布以后，选民情况如有变动，应当在选举日的二日以前予以补正、公布。

**第二十六条** 对于公布的选民名单有不同意见的，可以在选民名单公布之日起五日内向选举委员会提出申诉，选举委员会对申诉意见，应当在三日内作出处理决定。申诉人如果对处理决定不服，可以在选举日的五日以前向所在地的区人民法院起诉，区人民法院应当在选举日以前作出判决。区人民法院的判决为最后决定。

**第二十七条** 选民凭选民证参加区或者乡镇人民代表大会代表的投票选举。选民证由区或者乡镇选举委员会制发。

## 第六章　代表候选人的提出

**第二十八条** 代表候选人应当在选民名单

公布后按照选区提名产生。

**第二十九条** 代表候选人按下列办法提名：

（一）各政党、各人民团体，可以联合或者单独向选举委员会推荐代表候选人，并由选举委员会推荐到有关选区；被推荐的代表候选人应当参加该选区的选举。各政党、各人民团体联合或者单独推荐的代表候选人的总人数，一般不超过本级人民代表大会应选代表名额总数的百分之二十；

（二）选民十人以上联名，可以推荐代表候选人，但每一选民联名推荐的代表候选人的人数，不得超过本选区应选代表的名额。

推荐者应当向选举委员会如实介绍代表候选人的情况。接受推荐的代表候选人应当向选举委员会如实提供个人身份、简历等基本情况。提供的基本情况不实的或者不接受推荐的，选举委员会应当向选民通报。

**第三十条** 各级选举机构必须将选民十人以上联名推荐的代表候选人和各政党、各人民团体推荐的代表候选人，都列入代表候选人名单，如实汇总上报，不得调换或者增减。选举委员会汇总的代表候选人名单及代表候选人的基本情况，在选举日的十五日以前按选区公布。

**第三十一条** 正式代表候选人的人数应当多于应选代表名额的三分之一至一倍。

**第三十二条** 代表候选人名单公布后，由各该选区的选民小组讨论、协商，确定正式代表候选人名单。如果所提候选人的人数超过本实施细则第三十一条规定的最高差额比例，由选举委员会交各该选区的选民小组讨论、协商，根据较多数选民的意见，确定正式代表候选人名单；对正式代表候选人不能形成较为一致意见的，进行预选，根据预选时得票多少的顺序，确定正式代表候选人名单。正式代表候选人名单及代表候选人的基本情况应当在选举日的七日以前公布。

**第三十三条** 选举委员会应当向选民介绍代表候选人的情况。推荐代表候选人的政党、人民团体或者选民，可以在选民小组会上如实介绍所推荐的代表候选人的情况。选举委员会应当组织代表候选人与选民见面，由代表候选人如实介绍本人的情况，回答选民的问题。但是，在选举日必须停止代表候选人的介绍。

**第三十四条** 公民参加区和乡镇人民代表大会代表的选举，不得直接或者间接接受境外机构、组织、个人提供的与选举有关的任何形式的资助。

违反前款规定的，由选举委员会决定不列入代表候选人名单；已经列入代表候选人名单的，由选举委员会决定从名单中除名；已经当选的，由代表资格审查委员会提出代表当选无效的意见，报告区人民代表大会常务委员会或者乡镇的人民代表大会主席团确定其当选无效。

## 第七章 选举程序

**第三十五条** 区和乡镇人民代表大会代表的选举，应当严格依照法定程序进行，并接受监督。任何组织或者个人都不得以任何方式干预选民自由行使选举权。

**第三十六条** 在选民选举人民代表大会代表时，选举委员会应当根据各选区选民分布状况，按照方便选民投票的原则分设若干投票站或者召开选举大会进行选举。因患有疾病或者有其他特殊原因行动不便的选民，可以在流动票箱投票。流动票箱由选举委员会统一制作，使用时应当有两名以上监票人员负责；在流动票箱投票的选民，由选举委员会登记造册，本人在登记名册上签名或者盖章；投票结束后，由监票人封好投票口并签名。

**第三十七条** 投票日期从选举日起，一般为一至三天。

**第三十八条** 选民凭选民证领取选票。选举一律采用无记名投票的方法。

**第三十九条** 投票站或者选举大会，应当由选举委员会委派的人员主持，并向选民交待选举注意事项。选举前应当由选民推选监票人员、计票人员。选举时应当设有秘密写票处。

代表候选人及其近亲属不得主持本选区的投票选举，也不得担任监票人员和计票人员。

**第四十条** 选民外出或者有其他特殊原因不能参加选举，经选举委员会同意，可以书面委托其他选民代为投票。每一选民接受的委托不得超过三人，并应当按照委托人的意愿代为投票。

选民如果是文盲或者因残疾不能写选票的，可以委托他信任的人代写。

**第四十一条** 正在取保候审或者被监视居住的，被判处管制而没有附加剥夺政治权利的，在现工作单位或者户口所在地的选区参加选举。

被判处有期徒刑而没有附加剥夺政治权利的，参加所在监狱的选举。

被判处拘役而没有附加剥夺政治权利的，被羁押，正在受侦查、起诉、审判，人民检察院或者人民法院没有决定停止行使选举权利的，正在受拘留处罚的，一般可以委托有选举权的亲属或者其他选民，在原工作单位或者户口所在地的选区代为投票；无亲属或者其他选民可以委托的，也可以在流动票箱投票。

**第四十二条** 选举人对代表候选人可以投赞成票，可以投反对票，可以另选其他任何选民，也可以弃权。

**第四十三条** 投票结束后，由监票、计票人员和选举委员会委派的人员，当场开箱计票，核对投票人数和票数，统计选举结果，作出记录，由监票人签字。因特殊情况不能在当天开箱计票的，应当经过本级选举委员会批准，另定日期，召集选民小组长和有关人员开箱计票。

各选区在计票结束后，应当向选民或者选民小组长公布选举结果，报告本选区选民数、参加投票人数、有效票数、废票数、当选代表得票数和未当选者得票数。

**第四十四条** 每次选举，选区全体选民的过半数参加投票，选举有效。所投的票数，多于投票人数的无效，等于或者少于投票人数的有效。每一选票所选的人数，多于规定应选代表人数的作废，等于或者少于规定应选代表人数的有效。

**第四十五条** 代表候选人获得本选区参加投票的选民过半数的选票，始得当选。

获得过半数选票的代表候选人的人数超过应选代表名额时，以得票多的当选。如遇票数相等不能确定当选人时，应当就票数相等的代表候选人再次投票，以得票多的当选。

获得过半数选票的当选代表的人数少于应选代表的名额时，不足的名额另行选举。另行选举时，根据在第一次投票时得票多少的顺序，按照本实施细则第三十一条规定的差额比例，确定候选人名单，如果只选一人，候选人应为二人。另行选举以得票多的当选，但是得票数不得少于选票的三分之一。如果仍选不足，暂作缺额处理。

**第四十六条** 选举委员会应当根据选举法的规定，确认各选区的选举结果是否有效，并公布当选代表名单。

**第四十七条** 代表资格审查委员会依法对当选代表是否符合宪法、法律规定的代表的基本条件，选举是否符合法律规定的程序，以及是否存在破坏选举和其他当选无效的违法行为及时进行审查，提出代表当选是否有效的意见，向区人民代表大会常务委员会或者乡镇的人民代表大会主席团报告。

代表资格审查委员会收到对当选代表的举报，应当及时交有关机关依法调查处理；对于当选代表有关问题线索清晰但尚未核查清楚的，由有关机关继续调查，代表资格审查委员会可以延迟提出其当选有效或者当选无效的意见。

区人民代表大会常务委员会或者乡镇的人民代表大会主席团根据代表资格审查委员会提出的报告，确认代表的资格或者确定代表的当选无效，在每届人民代表大会第一次会议前公布代表名单。

**第四十八条** 区和乡镇人民代表大会代表由区和乡镇人民代表大会发给代表证。

**第四十九条** 公民不得同时担任两个以上无隶属关系的行政区域的人民代表大会代表。

## 第八章 对破坏选举的制裁

**第五十条** 为保障选民自由行使选举权和被选举权，对有下列行为之一，破坏选举，违反治安管理规定的，依法给予治安管理处罚；构成犯罪的，依法追究刑事责任：

（一）以金钱或者其他财物贿赂选民，妨害选民自由行使选举权和被选举权的；

（二）以暴力、威胁、欺骗或者其他非法手段妨害选民自由行使选举权和被选举权的；

（三）伪造选举文件、虚报选举票数或者有其他违法行为的；

（四）对于控告、检举选举中违法行为的人进行压制、报复的。

国家工作人员有前款所列行为的，还应当由监察机关依法给予政务处分或者由所在机关、单位给予处分。

以本条第一款所列违法行为当选的，其当选无效。

**第五十一条** 主持选举的机构发现有破坏选举的行为或者收到对破坏选举行为的举报，应当及时依法调查处理；需要追究法律责任的，及时移送有关机关予以处理。

## 第九章 附 则

**第五十二条** 本实施细则自 2011 年 5 月 20 日起施行。

# 上海市人民代表大会关于代表议案的规定

（1988 年 4 月 20 日上海市第九届人民代表大会第一次会议通过 根据 1990 年 4 月 30 日上海市第九届人民代表大会第三次会议《关于修改〈上海市人民代表大会关于代表议案的规定〉的决定》第一次修正 根据 1995 年 1 月 18 日上海市第十届人民代表大会常务委员会第十五次会议《关于修改〈上海市人民代表大会关于代表议案的规定〉的决定》第二次修正 根据 2008 年 12 月 25 日上海市第十三届人民代表大会常务委员会第八次会议《关于修改〈上海市人民代表大会关于代表议案的规定〉的决定》第三次修正 2015 年 1 月 29 日上海市第十四届人民代表大会第三次会议修订 根据 2016 年 4 月 21 日上海市第十四届人民代表大会常务委员会第二十八次会议《关于修改〈上海市区县和乡镇人民代表大会代表直接选举实施细则〉等 5 件地方性法规的决定》第四次修正 根据 2022 年 10 月 28 日上海市第十五届人民代表大会常务委员会第四十五次会议《关于修改〈上海市实施《中华人民共和国全国人民代表大会和地方各级人民代表大会代表法》办法〉等 3 件地方性法规和废止〈上海市授予荣誉市民称号规定〉的决定》第五次修正）

**第一条** 为了做好市人民代表大会代表（以下简称代表）议案工作，根据《中华人民共和国地方各级人民代表大会和地方各级人民政府组织法》、《中华人民共和国全国人民代表大会和地方各级人民代表大会代表法》等法律的规定，结合本市实际，制定本规定。

**第二条** 代表依法向市人民代表大会提出议案，是法律赋予代表参与管理地方国家事务的权利。

**第三条** 处理代表议案是本市有关机关、组织的法定职责。市、区人民代表大会专门委员会、常务委员会的办事机构和工作机构以及本市有关机关、组织应当为代表酝酿、准备议案提供服务保障。

**第四条** 代表应当通过视察、专题调研、联系原选举单位和人民群众等活动，围绕本行政区域经济社会发展中的重大问题和人民群众普遍关心的问题，提出议案。

**第五条** 代表议案的内容应当属于市人民代表大会的职权范围。

代表议案应当有案由、案据和方案。案由应当明确清楚，案据应当充分合理，方案应当有具体内容。提出立法议案的，应当有法规草案或者立法要旨、主要内容及其说明。

代表议案应当由代表十人以上联名提出，并有领衔代表。议案的领衔代表应当向参加联名附议的代表提供议案文本，附议代表应当审阅议案文本。代表经过集体讨论，取得一致意见后签名提出议案。

代表提出议案应当一事一案，使用市人民代表大会秘书处(以下简称大会秘书处)统一印制的代表议案专用纸，并通过"上海市人大代表议案网上处理系统"提交。

**第六条** 符合本规定第五条的下列事项，可以作为代表议案提出，市人民代表大会主席团、专门委员会或者议案审查委员会应当作为代表议案处理：

(一) 制定、修改、废止以及解释本市地方性法规；

(二) 由市人民代表大会决定的关于宪法、法律、行政法规和地方性法规在本市实施中的重大问题；

(三) 由市人民代表大会对本级人民政府、人民法院和人民检察院的工作实施监督的事项；

(四) 由市人民代表大会作决议、决定的重大事项；

(五) 市人民代表大会职权范围内的其他事项。

**第七条** 下列事项不作为代表议案提出：

(一) 中央国家机关职权范围内的事项；

(二) 行政机关、监察机关、司法机关职权范围内的事项；

(三) 区和乡、镇人民代表大会职权范围内的事项；

(四) 政党、社会团体、企业事业组织和个人的事务；

(五) 其他不属于市人民代表大会职权范围内的事项。

**第八条** 代表议案一般应当在市人民代表大会会议期间提出。市人民代表大会会议期间提出的代表议案，是指自召开市人民代表大会会议之日起至市人民代表大会主席团决定的代表议案提出截止时间提出的议案。

市人民代表大会主席团决定的议案截止时间后形成的代表议案，按照本规定第十条处理。

**第九条** 市人民代表大会会议期间提出的代表议案送交大会秘书处登记、分类后，由大会秘书处送有关专门委员会研究，并提出处理意见；每届市人民代表大会第一次会议举行时，由大会秘书处送市人民代表大会议案审查委员会研究，并提出处理意见。

大会秘书处应当与提出议案的代表沟通、联系，听取其意见，对不符合本规定第五条要求的，可以建议代表修改、完善后重新提出，或者改作建议、批评和意见提出。

**第十条** 市人民代表大会闭会期间提出的代表议案，送交市人民代表大会常务委员会代表工作机构，做好登记、分类工作，对不符合本规定第五条的代表议案，可以建议代表修改、完善后重新提出，或者改作建议、批评和意见提出。

市人民代表大会常务委员会代表工作机构在收到代表议案之日起十五日内送市人民代表大会有关专门委员会研究。市人民代表大会专门委员会应当充分听取提出议案的代表的意见，并在收到议案后的三十日内书面提出代表议案处理意见，交市人民代表大会常务委员会代表工作机构。

市人民代表大会下一次会议举行时，市人民代表大会常务委员会代表工作机构应当将闭会期间提出的代表议案和市人民代表大会有关专门委员会提出的代表议案处理意见，同时送交大会秘书处，与会议期间提出的代表议案一并处理。

**第十一条** 大会秘书处根据市人民代表大会有关专门委员会或者议案审查委员会的处理意见，向市人民代表大会主席团提出代表议案处理意见的报告，由主席团决定是否列入本次大会议程，或者先交有关专门委员会或者议案审查委员会审查，提出审查意见，再由主席团决定是否列入本次大会议程。

经市人民代表大会主席团审议通过的代表议案处理意见的报告，印发大会全体代表。

**第十二条** 市人民代表大会主席团决定列入本次大会议程的代表议案，提出议案的代表应当向会议提出关于议案的说明，由主席团提交各代表团进行审议，市人民代表大会有关专门委员会或者议案审查委员会对各代表团的审议意见汇总研究后，提出对代表议案审议情况的报告，由主席团决定是否将该代表议案提请大会全体会议表决。

市人民代表大会主席团决定不列入本次大会议程的代表议案，交市人民代表大会有关专门委员会或者市人民代表大会常务委员会主任会议在大会闭会后审议。

市人民代表大会主席团决定不作为议案的，由按照本规定第九条提出处理意见的市人民代表大会有关专门委员会或者议案审查委员会书面告知代表，并说明理由。

**第十三条** 列入大会议程的代表议案在交付大会表决前，提出议案的部分代表要求撤回，坚持提出该议案的代表不足十人的，经市人民代表大会主席团同意，大会对该议案的审议即行终止。

不列入大会议程的代表议案，提出议案的部分代表要求撤回，坚持提出该议案的代表不足十人的，该议案的办理工作即行终止。

**第十四条** 提出议案的代表过半数且不少于十人对市人民代表大会主席团不作为代表议案的决定有异议的，可以在主席团最后一次会议召开的四小时前向主席团书面提出复议要求。

主席团应当将代表的复议要求交市人民代表大会有关专门委员会或者议案审查委员会研究，提出处理意见。主席团复议作出决定，或者交由市人民代表大会常务委员会在大会闭会后的第一次会议上复议作出决定。复议的决定应当答复提出议案的代表。

**第十五条** 市人民代表大会主席团决定交市人民代表大会有关专门委员会或者常务委员会主任会议在大会闭会后审议的代表议案，有关专门委员会或者常务委员会主任会议应当在大会闭会后的三个月内提出审议结果的报告，提请市人民代表大会常务委员会会议审议。

审议结果的报告应当包括议案的主要内容，听取和采纳本市有关机关、组织和提出议案的代表意见的情况，市人民代表大会专门委员会或者常务委员会主任会议的审议意见等内容。必要时可以以附件作详细说明。

**第十六条** 市人民代表大会专门委员会应当召开专门委员会会议审议代表议案，必要时可以召开座谈会、论证会、听证会等，并邀请提出议案的代表参与，充分听取其对议案的办理建议。

**第十七条** 市人民代表大会专门委员会审议代表议案，涉及需要先征求本市有关机关、组织的意见，再进行审议的事项时，应当在大会闭会之日起十五日内，将代表议案交由本市有关机关、组织进行研究。本市有关机关、组织应当在大会闭会之日起三十日内提出意见。

本市有关机关、组织在研究代表议案时，应当先听取领衔代表对议案的说明和对议案的办理建议。

**第十八条** 代表议案审议结果的报告应当采纳有关机关、组织和提出议案的代表的合理意见。对于切实可行的代表议案，市人民代表大会专门委员会应当建议列入下一次市人民代表大会会议议程或者常务委员会会议议程。对于暂时不能列入会议议程的议案，专门委员会可以建议列入市人民代表大会常务委员会的立法规划或者相关工作计划，也可以建议作为常务委员会工作参考。

**第十九条** 市人民代表大会常务委员会会议审议代表议案审议结果的报告，应当作出决定，将代表议案提请列入市人民代表大会下一次会议议程，或者将代表议案列入市人民代表大会常务委员会会议议程，或者将代表议案审议结果的报告交本市有关机关、组织办理。必要时市人民代表大会常务委员会可以决定将代表议案列入常务委员会的立法规划、工作计划，或者作为常务委员会工作参考。

市人民代表大会常务委员会会议审议代表议案审议结果的报告时，应当邀请提出议案的领衔代表列席会议。

**第二十条** 本市有关机关、组织对市人民代表大会常务委员会决定交付办理的代表议案审议结果的报告，应当自交办之日起三个月内向常务委员会提出办理情况的报告，同时抄送市人民代表大会有关专门委员会。办理情况的报告应当包含有明确的办理部门、措施、时间要求等内容的办理方案。

本市有关机关、组织在办理代表议案审议结果报告时，应当听取市人民代表大会有关专门委员会和提出议案的领衔代表对拟办方案的意见。

**第二十一条** 本市有关机关、组织提出的办理情况的报告，由市人民代表大会常务委员会主任会议提请常务委员会会议审议。市人民代表大会常务委员会会议经审议对办理情况的报告不同意的，由有关机关、组织再作办理，并在一个月内向常务委员会提出再次办理情况的报告，同时抄送市人民代表大会有关专门委员会。

市人民代表大会常务委员会会议审议本市有关机关、组织办理情况的报告和再次办理情况的报告时，应当邀请提出议案的领衔代表列席会议。

**第二十二条** 市人民代表大会及其常务委员会和有关专门委员会对本市有关机关、组织办理代表议案审议结果报告的情况，应当进行督促检查。

代表对本市有关机关办理代表议案审议结果报告的情况，可以进行视察，也可以依照法律规定提出询问或者质询。

**第二十三条** 市人民代表大会或者其常务委员会会议审议的地方性法规草案、重大事项决定草案等吸纳了代表议案有关内容的，应当在有关起草说明中予以阐述。

**第二十四条** 代表议案审议结果的报告和办理情况的报告，应当通过“上海人大代表履职平台”和《上海市人民代表大会常务委员会公报》等向代表和社会公开。

**第二十五条** 区和乡、镇人民代表大会代表议案的提出和处理参照本规定执行。

**第二十六条** 本规定自 2015 年 3 月 1 日起施行。

# 上海市人民代表大会关于代表建议、批评和意见的规定

（1988 年 4 月 20 日上海市第九届人民代表大会第一次会议通过　2012 年 7 月 27 日上海市第十三届人民代表大会常务委员会第三十五次会议第一次修订　2015 年 1 月 29 日上海市第十四届人民代表大会第三次会议第二次修订　根据 2016 年 4 月 21 日上海市第十四届人民代表大会常务委员会第二十八次《关于修改〈上海市区县和乡镇人民代表大会代表直接选举实施细则〉等 5 件地方性法规的决定》第一次修正　根据 2022 年 10 月 28 日上海市第十五届人民代表大会常务委员会第四十五次会议《关于修改〈上海市实施《中华人民共和国全国人民代表大会和地方各级人民代表大会代表法》办法〉等 3 件地方性法规和废止〈上海市授予荣誉市民称号规定〉的决定》第二次修正）

**第一条** 为了做好市人民代表大会代表（以下简称代表）建议、批评和意见的办理等相关工作，根据《中华人民共和国地方各级人民代表大会和地方各级人民政府组织法》、《中华人

民共和国全国人民代表大会和地方各级人民代表大会代表法》等法律的规定，结合本市实际，制定本规定。

**第二条** 代表依法享有向市人民代表大会及其常务委员会提出对本市各方面工作的建议、批评和意见的权利。

**第三条** 研究办理代表建议、批评和意见并负责答复，是本市有关机关、组织的法定职责。本市有关机关、组织应当自觉接受国家权力机关监督、尊重人民主体地位，认真听取代表对工作的意见、积极回应代表和人民群众的关切，支持代表执行职务。

市人民代表大会常务委员会应当加强对代表建议、批评和意见办理工作的督促、检查。市、区人民代表大会专门委员会、常务委员会的办事机构和工作机构应当为代表提出建议、批评和意见提供服务保障。

**第四条** 代表建议、批评和意见可以由代表一人提出，也可以由代表联名提出。联名提出的，领衔代表应当使参加联名的代表了解建议、批评和意见的内容。参加联名的代表应当确认建议、批评和意见的内容能够真实表达自己的意愿。

**第五条** 代表建议、批评和意见可以在市人民代表大会会议期间提出，也可以在闭会期间提出。

**第六条** 代表应当通过视察、专题调研、联系原选举单位和人民群众等活动，围绕本行政区域经济社会发展中的重大问题和人民群众普遍关心的问题，提出建议、批评和意见。

代表提出的建议、批评和意见，应当一事一议，注重反映实际情况和问题，有具体意见和建议。

**第七条** 代表通过“上海市人大代表建议、批评和意见网上处理系统”提交建议、批评和意见，也可以通过书面形式提交。

**第八条** 下列情形不作为代表建议、批评和意见提出：

（一）不属于本市有关机关、组织职权范围的；

（二）涉及解决代表本人及其亲属等个人问题或者本单位等个别问题的；

（三）涉及具体司法案件的；

（四）代转信件或者有关材料的；

（五）属于学术探讨、产品推介的；

（六）没有实际内容的；

（七）其他不应当作为代表建议、批评和意见提出的。

对属于上述情形的，市人民代表大会秘书处（以下简称大会秘书处）或者市人民代表大会常务委员会代表工作机构向代表说明情况后，可以退回代表或者作代表来信处理。

**第九条** 代表提出的建议、批评和意见及其办理情况涉及国家秘密的，有关机关、组织和代表应当依法做好保密工作。

**第十条** 代表在市人民代表大会会议期间要求撤回所提建议、批评和意见的，可以向大会秘书处书面提出；代表在市人民代表大会闭会期间要求撤回所提建议、批评和意见的，可以向市人民代表大会常务委员会代表工作机构书面提出。

代表联名提出的建议、批评和意见，经代表一致要求可以撤回。

**第十一条** 代表提出的建议、批评和意见，在市人民代表大会会议期间，由大会秘书处负责受理和交办；在市人民代表大会闭会期间，由市人民代表大会常务委员会代表工作机构负责受理，并在收到之日起七个工作日内交办。

代表提出的建议、批评和意见，由大会秘书处或者市人民代表大会常务委员会代表工作机构通过“上海市人大代表建议、批评和意见网上处理系统”交办。

代表对本市行政机关、监察机关、审判机关、检察机关工作提出的建议、批评和意见，分别交市人民政府、市监察委员会、市高级人民法院、市人民检察院办理。市人民政府办公厅负责对行政机关办理的建议、批评和意见进行分办协调。

代表对市人民代表大会及其常务委员会工作提出的建议、批评和意见，交市人民代表大会有关专门委员会、市人民代表大会及其常务委员会的办事机构或者工作机构负责办理。

代表对本市其他机关、组织的工作提出的建议、批评和意见，交本市有关机关、组织负责办理。

**第十二条** 负责办理代表建议、批评和意见的承办单位包括市人民代表大会专门委员会，市人民代表大会及其常务委员会的办事机构和工作机构，市人民政府有关部门，区人民政府，市监察委员会，市高级人民法院，市人民检察院和其他具有办理代表建议、批评和意见职责的有关机关、组织。

代表可以对承办单位的确定提出建议。交办或者分办时应当对代表的建议予以研究。

**第十三条** 代表建议、批评和意见需要两个以上承办单位共同研究办理的，交办或者分办时应当确定主办单位和会办单位；需要两个以上主办单位研究办理的，交办或者分办时应当明确各单位办理的内容。

**第十四条** 承办单位对不属于本单位职权范围的代表建议、批评和意见，应当在收到之日起七个工作日内，向市人民代表大会常务委员会代表工作机构或者市人民政府办公厅说明情况，经同意后退回，不得滞留或者自行转办。

市人民代表大会常务委员会代表工作机构或者市人民政府办公厅应当对承办单位退回的代表建议、批评和意见及时研究并交办。

代表对交办或者分办有意见的，可以向市人民代表大会常务委员会代表工作机构提出。市人民代表大会常务委员会代表工作机构会同有关机关、组织研究后及时向代表反馈处理情况。

**第十五条** 市人民代表大会常务委员会办公厅、市人民政府办公厅等应当于市人民代表大会闭会后一个月内组织召开代表建议、批评和意见办理工作会议，对办理工作进行部署。

**第十六条** 承办单位应当建立和健全代表建议、批评和意见办理工作制度，配备工作人员，实行单位负责人和工作人员分级负责制。

涉及面广、处理难度大的代表建议、批评和意见，应当由承办单位主要负责人负责研究办理，必要时可以由市人民代表大会常务委员会、市人民政府、市监察委员会、市高级人民法院、市人民检察院或者其他有关机关、组织的负责人牵头研究，协调办理。

在研究办理代表建议、批评和意见的过程中，承办单位应当与代表加强联系沟通，可以邀请提出相关建议、批评和意见的代表参与，充分听取代表的意见和建议。

**第十七条** 由两个以上单位共同办理的代表建议、批评和意见，会办单位应当在收到代表建议、批评和意见之日起一个月内将会办意见书面送主办单位。主办单位答复代表时，应当向代表说明会办单位的办理意见。会办单位应当根据代表或者主办单位的要求，与主办单位共同走访和答复代表。

由两个以上主办单位共同办理的代表建议、批评和意见，各有关单位应当在充分沟通协商、形成一致意见后答复代表。

对处理难度大、各有关承办单位答复意见不一致、需要进行综合协调的代表建议、批评和意见，市人民代表大会常务委员会代表工作机构应当进行协调；对行政机关办理的代表建议、批评和意见，应当会同市人民政府办公厅进行协调。各有关承办单位应当共同向代表说明情况。

**第十八条** 承办单位应当针对代表建议、批评和意见的内容，区别不同情况，实事求是、具体明确地将办理结果答复代表：

（一）所提事项已经解决或者基本解决、部分解决，或者所提意见和建议已经被采纳、部分采纳的，应当将解决或者采纳的情况答复代表；

（二）所提事项已经列入年度工作方案，正在着手解决，并有明确解决时限的，应当将方案和解决时限答复代表；

（三）所提事项已经列入工作计划，逐步加以解决，并有计划解决时限的，应当将工作计划和解决时限答复代表；

（四）所提事项暂时无法解决，而所提意见和建议对加强和改进工作具有参考价值，拟在工作中研究参考的，应当将有关情况和理由答复代表。因法律、法规、政策的规定或者受条件限制确实不能解决的，应当如实向代表说明。

**第十九条** 承办单位应当自交办之日起三

个月内将建议、批评和意见的办理结果答复代表。涉及面广、处理难度大、确实不能在限期内办理完毕的，应当向市人民代表大会常务委员会代表工作机构书面报告；承办单位为行政机关的，应当同时向市人民政府办公厅书面报告。经同意，可以适当延长，延长时间不得超过三个月，承办单位应当及时告知代表。

承办单位对市人民代表大会换届时仍未完成办理的代表建议、批评和意见，应当在换届后继续在限期内完成办理并答复该建议、批评和意见的提出人。市人民代表大会常务委员会代表工作机构督促承办单位按照规定办理。

**第二十条** 承办单位对代表的书面答复应当由本单位负责人审核签发，并加盖本单位公章。对代表联名提出的建议、批评和意见，承办单位应当答复每位代表。承办单位在答复代表的同时，应当将答复意见、承办人等信息录入“上海市人大代表建议、批评和意见网上办理系统”，并抄送市人民代表大会常务委员会代表工作机构；承办单位为行政机关的，应当同时将答复抄送市人民政府办公厅。

**第二十一条** 代表在收到承办单位对建议、批评和意见的答复后，通过“上海市人大代表建议、批评和意见网上办理系统”填写《代表建议、批评和意见办理情况意见反馈表》，对办理态度和办理结果提出意见。代表对办理态度或者办理结果不满意的，应当填写具体意见。

代表对答复不满意的，市人民代表大会常务委员会代表工作机构应当对代表的具体意见进行研究，必要时会同市人民政府办公厅共同研究，并将研究结果告知代表。对需要再次办理的代表建议、批评和意见，交承办单位再作研究办理，在一个月内再次答复代表。市人民代表大会常务委员会代表工作机构和市人民政府办公厅可以组织承办单位与代表当面沟通。

**第二十二条** 承办单位将办理结果答复代表后，应当对代表建议、批评和意见进行跟踪办理，落实办理结果。跟踪办理情况录入“上海市人大代表建议、批评和意见网上办理系统”。

答复承诺代表在相应期限内解决的，应当在解决问题后书面告知代表；年内尚未解决的，转下年度跟踪办理；到市人民代表大会换届时仍未解决的，应当向代表书面说明情况。因客观情况发生变化而未能落实答复意见的，承办单位应当及时向代表书面报告有关情况，书面报告应当由本单位负责人审核签发，并抄送市人民代表大会常务委员会代表工作机构；承办单位为行政机关的，应当同时将书面报告抄送市人民政府办公厅。

**第二十三条** 代表可以提出并经市人民代表大会常务委员会代表工作机构联系安排，对建议、批评和意见的办理情况和办理结果的落实情况进行视察。承办单位应当认真接待代表，如实介绍情况，听取代表意见。

**第二十四条** 承办单位应当对代表建议、批评和意见的办理情况组织自查。自查工作应当由承办单位负责人组织实施。

承办单位应当在每年年中和年末，向市人民代表大会常务委员会代表工作机构书面报告本单位办理代表建议、批评和意见的情况；承办单位为行政机关的，应当同时向市人民政府办公厅书面报告办理情况。

**第二十五条** 市人民代表大会常务委员会应当对办理工作或者办理结果的落实情况，组织提出建议、批评和意见的代表进行督促、检查。市人民代表大会常务委员会应当督促有关机关、组织对本单位、本系统的办理情况进行自查、开展评估考核。对于拖延、贻误办理并造成不良影响或者损失的，市人民代表大会常务委员会应当要求承办单位限期改正并报告处理结果；情节严重的，应当建议有关机关、组织依法追究承办单位负责人以及有关人员的责任。

市人民代表大会常务委员会主任会议可以按照代表建议、批评和意见的办理情况确定督办专题，对办理工作或者办理结果的落实情况进行督促、检查。

市人民代表大会各专门委员会应当对与本委员会有关的代表建议、批评和意见的办理工作或者办理结果的落实情况，组织提出建议、批评和意见的代表进行督促、检查。

市人民代表大会常务委员会代表工作机构应当加强与代表、承办单位的联系，及时听取代表的意见，督促代表建议、批评和意见办理结果的落实。

**第二十六条** 代表建议、批评和意见的办理情况由市人民政府、市高级人民法院、市人民检察院和市人民代表大会常务委员会代表工作机构在每年年中和下一次市人民代表大会会议召开之前，分别向市人民代表大会常务委员会报告，并通过"上海人大代表网"和《上海市人民代表大会常务委员会公报》等向代表和社会公开。

**第二十七条** 市人民代表大会常务委员会可以根据代表建议、批评和意见集中反映的问题，确定听取和审议本市行政机关、监察机关、审判机关、检察机关专项工作报告的相关议题，组织对有关法律、法规的实施情况进行执法检查。

市人民代表大会专门委员会可以根据代表建议、批评和意见集中反映的问题，组织开展工作调研。

**第二十八条** 区和乡、镇人民代表大会代表建议、批评和意见的提出和处理参照本规定执行。

**第二十九条** 本规定自2015年3月1日起施行。

# 上海市经济技术开发区条例

（1988年11月10日上海市第九届人民代表大会常务委员会第四次会议通过）

## 第一章 总 则

**第一条** 为了进一步扩大对外开放，发展对外经济技术合作和贸易，加快上海市经济技术开发区建设，根据中华人民共和国有关法律、法规，结合本市实际情况，制定本条例。

**第二条** 凡经中华人民共和国国务院批准、在上海市设立的经济技术开发区（以下简称开发区），均适用本条例。

**第三条** 开发区应按照上海市经济发展战略和城市总体规划的要求，以吸收外资发展新兴技术和新兴产业，举办先进技术企业和产品出口企业为主。根据需要也可兴建国际贸易、国际金融、外事活动场所和举办旅游、提供寓所等服务性项目。

**第四条** 本市有关部门和单位应为开发区投资者提供良好的生产、经营条件，不断完善供水、供电、供煤气、排水、通信、道路、仓储运输、生活服务等基础设施和服务设施。

**第五条** 开发区内投资者的投资、财产、收益和其他合法权利，受中华人民共和国法律保护。

开发区内的企业、单位和个人，必须遵守中华人民共和国法律、法规，不得损害社会公共利益。

## 第二章 组织管理

**第六条** 上海市人民政府主管外国投资工作的部门是开发区的管理机构，对开发区行使以下职权：

（一）组织制订和修改开发区发展规划，经市人民政府批准后组织实施；

（二）制订和发布开发区的具体管理规定；

（三）按照规定的权限，审批开发区内的投资项目；

（四）检查、督促、协调开发区各项基础设施的建设和水、电、气、通信等公用设施的供应；

（五）检查、监督、协调市有关部门和其他单位设在开发区的分支机构的工作；

（六）协调解决开发区内各项目在建设和经营过程中的问题；

（七）市人民政府授予的其他职权。

**第七条** 除本条例第六条授予开发区管理机构行使的各项职权以外，开发区内原由市或区人民政府各主管部门分管的基础设施、土地房产、环境保护和公安、交通、消防、文化、教育、卫生、绿化、计划生育等工作，仍由各主管部门负责管理。

**第八条** 开发区公司按照市人民政府批准的发展规划，负责本开发区内的基础设施建设、土地房产经营，协助投资者兴办企业，并帮助联系水、电、气、通信等公用设施的供应工作。

## 第三章 投资与经营

**第九条** 鼓励外国的公司、企业和其他经济组织或者个人在开发区内投资，举办外商投资企业或者采取我国法律允许的其他形式进行投资、经营。

国内企业、其他经济组织等也可在开发区内举办独立经营的企业或者联合经营的企业。

**第十条** 在开发区内进行投资，投资者应按照国家和本市的规定办理申请和审批手续。

**第十一条** 外商投资企业在开发区内使用土地，应按照国家和本市土地使用管理的规定办理。

**第十二条** 外商投资企业应在中国人民银行批准的金融机构开立帐户。如需在国外或港澳地区的金融机构开立帐户的，应事先经国家外汇管理部门批准。

**第十三条** 外商投资企业必须在上海市境内设置完整的会计帐簿，进行独立核算，按照规定报送会计报表，并接受财政税务部门的监督。

**第十四条** 开发区内的企业应在注册登记部门核准的经营范围内经营。

**第十五条** 开发区内的外商投资企业有权在批准的合同范围内，自行制定生产经营计划；筹措、运用资金；采购生产资料和销售产品。

**第十六条** 开发区内的外商投资企业可根据生产经营需要，自行确定其机构设置、人员编制、工资标准、工资形式和奖励、津贴制度。

外商投资企业招聘人员，按照国家和本市有关外商投资企业劳动人事管理的规定办理。

**第十七条** 开发区内的外商投资企业应按照国家和本市有关环境保护和劳动保护的规定，采取切实有效措施，防止环境污染，保证职工在安全、卫生的条件下工作。

**第十八条** 开发区内的外商投资企业的职工依法建立基层工会组织，开展工会活动，维护职工的合法权益。

**第十九条** 开发区内的企业停业解散，应向原审批部门申报理由，按规定办理手续。

## 第四章 优惠待遇

**第二十条** 开发区内的外商投资企业，除享受国家和本市规定的有关优惠待遇外，还可以享受本条例规定的优惠待遇。

经批准在开发区内设立的国内企业，除减免税优惠必须由国家批准外，可以享受本条例规定的优惠待遇。

**第二十一条** 开发区内的生产性外商投资企业，在一九九五年底前免征地方所得税。

**第二十二条** 外商投资企业在开发区内自建的房屋或者购置的新建房屋，自建成或购置的月份起，免征房产税五年。

**第二十三条** 开发区内的外商投资企业，按规定纳税有困难的，经企业申请、税务部门批准，可减征或免征工商统一税。

**第二十四条** 开发区内的外商投资企业在生产和流通过程中需要借贷的短期周转资金，经开户银行或者其他金融机构审核同意后，应确保贷放；其他信贷资金，优先贷放。

**第二十五条** 外商在开发区内可以按照统一规划，投资开发场地，从事基础设施项目的开发和房产经营。

从事开发区基础设施建设的外商投资企业，可享受开发区内生产性企业的优惠待遇。

**第二十六条** 开发区内可以建立保税仓库，为开发区内外的企业提供服务。经国家主管部门批准，还可以建立转口型保税仓库和保税加工区。

### 第五章　附　　则

**第二十七条**　本条例同样适用于华侨和香港、澳门、台湾同胞的公司、企业、其他经济组织或者个人在开发区投资举办的企业。

**第二十八条**　开发区对外国领事机构及有关国际组织提供用地用房，另按中华人民共和国外交部和上海市人民政府外事办公室的有关规定办理。

**第二十九条**　本条例所指的开发区公司是指经上海市人民政府批准的、从事开发区的开发建设和经营管理的经济实体。

**第三十条**　本条例自1989年1月1日起施行。

# 上海市人民代表大会常务委员会议事规则

（1988年11月10日上海市第九届人民代表大会常务委员会第四次会议通过　根据2001年10月24日上海市第十一届人民代表大会常务委员会第三十二次会议《关于修改〈上海市人民代表大会常务委员会议事规则〉的决定》第一次修正　根据2008年8月21日上海市第十三届人民代表大会常务委员会第五次会议《关于修改〈上海市人民代表大会常务委员会议事规则〉的决定》第二次修正　根据2022年9月22日上海市第十五届人民代表大会常务委员会第四十四次会议《关于修改〈上海市人民代表大会常务委员会议事规则〉的决定》第三次修正）

### 第一章　总　　则

**第一条**　为了健全上海市人民代表大会常务委员会（以下简称常务委员会）的议事程序，保障和规范其行使职权，根据《中华人民共和国宪法》《中华人民共和国地方各级人民代表大会和地方各级人民政府组织法》《中华人民共和国各级人民代表大会常务委员会监督法》的有关规定，结合常务委员会的工作实际，制定本规则。

**第二条**　常务委员会坚持中国共产党的领导，依照法定职权和法定程序举行会议、开展工作。

**第三条**　常务委员会坚持和发展全过程人民民主，始终同人民保持密切联系，倾听人民的意见和建议，体现人民意志，保障人民权益。

**第四条**　常务委员会审议议案、决定问题，应当充分发扬民主，实行民主集中制的原则，集体行使宪法和法律赋予的职权。

**第五条**　常务委员会举行会议，应当合理安排会议日程，提高议事质量和效率。

### 第二章　会议的召开

**第六条**　常务委员会会议每两个月至少举行一次。遇有特殊情况，可以临时召集或推迟会议。

常务委员会举行会议的日期和日程由常务委员会主任会议（以下简称主任会议）决定。

常务委员会会议由主任召集并主持。主任可以委托副主任主持会议。

**第七条**　常务委员会会议有常务委员会全体组成人员的过半数出席，始得举行。

遇有特殊情况，经主任会议决定，常务委员会组成人员可以通过网络视频方式出席会议。

**第八条**　主任会议拟订常务委员会会议议

程草案，提请常务委员会全体会议决定。

常务委员会会议期间，如果需要临时调整议程，由主任或者主任会议提请常务委员会全体会议决定。

**第九条** 常务委员会举行会议，应当在会议举行的七日前，将开会日期、建议会议讨论的主要事项，通知常务委员会组成人员，并将会议的主要文件同时送达。

临时召集的会议不适用前款的规定。

**第十条** 常务委员会举行会议的时候，常务委员会组成人员应当出席会议。因病或者其他特殊原因不能出席的，应当通过常务委员会办事机构向主任书面请假。

常务委员会办事机构应当向主任报告常务委员会组成人员出席会议的情况和缺席的原因。

常务委员会组成人员应当勤勉尽责，认真审议各项议案和报告，积极发表审议意见，严格遵守会议纪律。

**第十一条** 常务委员会会议公开举行，常务委员会会议的会期、议程、日程和会议情况予以公开。

必要时，经主任会议决定，可以暂不公开有关议程。

**第十二条** 常务委员会举行会议的时候，下列人员列席会议：

（一）市人民政府、市监察委员会、市高级人民法院、市人民检察院的负责人；（二）不是常务委员会组成人员的市人民代表大会专门委员会组成人员，常务委员会副秘书长、各工作机构和办事机构负责人；（三）各区人民代表大会常务委员会主任或者副主任一人。

市人民政府有关委、办、局的负责人，市中级人民法院院长、各专门人民法院院长、市人民检察院分院检察长，由本市选举产生的全国人民代表大会代表，市人民代表大会代表和其他有关人员，根据会议审议议题的需要，经主任会议同意，可以列席会议。

列席会议可以采用在会议现场或者通过网络视频等方式。

**第十三条** 列席常务委员会会议的人员有发言权，没有表决权。

**第十四条** 常务委员会举行会议的时候，经主任会议同意，可以邀请基层立法联系点的代表等社会有关方面人士旁听会议。

旁听常务委员会会议可以采用在会议现场或者通过网络视频等方式。

旁听人员没有发言权和表决权。旁听人员可以对会议议题及会议组织工作等提出书面意见建议，由常务委员会办事机构汇总后交有关部门研究参考。

**第十五条** 常务委员会举行会议的时候，以全体会议的形式听取、审议议案和工作报告。根据需要，可以召开分组会议，也可以召开联组会议。

**第十六条** 常务委员会会议运用现代信息技术，推进会议文件资料电子化，采用网络视频等方式为常务委员会组成人员和列席人员提供安全便利的服务保障。

## 第三章 议案的提出和审议

**第十七条** 市人民代表大会主席团交付常务委员会审议的议案，由主任会议提请常务委员会会议审议。

**第十八条** 主任会议可以向常务委员会提出属于常务委员会职权范围内的议案，由常务委员会会议审议。

市人民政府、市人民代表大会各专门委员会，可以向常务委员会提出属于常务委员会职权范围内的议案，由主任会议决定提请常务委员会会议审议，或者先交有关专门委员会审议、提出报告，再提请常务委员会会议审议。

常务委员会组成人员五人以上联名，可以向常务委员会提出属于常务委员会职权范围内的议案，由主任会议决定提请常务委员会会议审议，或者先交有关的专门委员会审议、提出报告，再由主任会议决定是否提请常务委员会会议审议；不提请常务委员会会议审议的，应当向提议案人说明，并向常务委员会会议报告。

**第十九条** 常务委员会的工作机构受主任

会议委托，可以代拟议案草案，并向常务委员会全体会议作说明。

**第二十条** 向常务委员会提出议案，必须采用书面形式，写明议题、理由和具体方案。

市人民政府提出议案，一般应当在常务委员会会议举行的十五日前送交常务委员会的办事机构。

常务委员会组成人员联名提出议案，一般应当在常务委员会会议举行以前提出。

**第二十一条** 对列入常务委员会会议议程的议案，提议案机关的负责人或者提议案人应当向常务委员会全体会议作说明。

提议案的机关、有关的专门委员会和常务委员会有关工作机构，应当提供有关的书面资料。

常务委员会组成人员在审议议案时提出的重要意见、批评和建议，常务委员会办事机构应当交由有关机关或者部门研究处理。有关机关或者部门的研究处理情况一般应当在三个月内书面报告常务委员会或者有关专门委员会。

**第二十二条** 提议案机关的负责人或者提议案人可以在常务委员会会议上对议案作补充说明。

**第二十三条** 常务委员会会议审议议案时，提议案的机关、专门委员会或者常务委员会组成人员五人以上联名，可以提出对议案的修正案。

常务委员会的有关工作机构受主任会议委托，可以代拟对议案的修正案。

修正案必须采用书面形式，在议案交付全体会议表决的前一日提出。

修正案由主任会议决定提请常务委员会会议审议，或者先交有关专门委员会审议、提出意见，再提请常务委员会会议审议。

**第二十四条** 列入常务委员会会议议程需要表决的议案，在审议中如认为有重大问题需要进一步研究的，经主任或者主任会议提出，出席会议的常务委员会组成人员过半数同意，可以暂不付表决，交有关专门委员会进一步研究，提出意见。

**第二十五条** 列入常务委员会会议议程的议案，在交付表决前，提议案人要求撤回的，经主任会议同意，对该议案的审议即行终止。

**第二十六条** 在常务委员会举行会议的时候，市人民政府、市人民代表大会各专门委员会，或者常务委员会组成人员五人以上联名，对急需提请常务委员会会议审议的重大事项，可以向常务委员会提出临时动议，经主任会议研究，出席会议的常务委员会组成人员过半数同意，即可列入常务委员会会议议程。

**第二十七条** 地方性法规议案的提出和审议，按照《上海市制定地方性法规条例》的有关规定执行。

人事任免议案的提出和审议，按照《上海市人民代表大会常务委员会任免国家机关工作人员条例》的有关规定执行。

## 第四章 听取和审议报告

**第二十八条** 常务委员会会议听取和审议市人民政府、市监察委员会、市高级人民法院、市人民检察院专项工作报告时，报告机关的负责人应当到会作报告，市人民政府也可以委托有关部门负责人向常务委员会报告。

市人民政府、市监察委员会、市高级人民法院、市人民检察院应当在常务委员会举行会议的二十日前，由其办事机构将专项工作报告送交市人民代表大会有关专门委员会或者常务委员会有关工作机构征求意见；市人民政府、市监察委员会、市高级人民法院、市人民检察院对报告修改后，在常务委员会举行会议的十日前送交常务委员会。

在常务委员会会议审议专项工作报告之前，有关专门委员会可以先对报告进行初步审议，提出意见。

**第二十九条** 常务委员会一般在每年的七月或者八月采取扩大会议的方式，组织全体常务委员会组成人员、市人民代表大会代表听取市人民政府关于本年度上一阶段工作情况的报告，并开展评议。会议可以邀请在沪全国人大代表、在沪全国政协委员、市政协委员以及社会有关方面人士等参加。

**第三十条** 常务委员会一般在每年的七月或者八月审查和批准市人民政府提出的上一年度的本级决算草案，听取和审议市人民政府关于本年度上一阶段国民经济和社会发展计划、预算的执行情况的报告。

常务委员会在审查和批准决算的同时，听取和审议市人民政府审计机关关于上一年度预算执行和其他财政收支的审计工作报告。

常务委员会在听取国民经济和社会发展五年规划实施情况的中期评估报告前，市人民政府应当将中期评估报告先送市人民代表大会有关专门委员会进行初步审查，或者送交常务委员会有关工作机构征求意见。

经市人民代表大会批准的国民经济和社会发展计划、预算，在执行过程中需要作部分调整的，以及经中期评估对国民经济和社会发展五年规划需要调整的，市人民政府应当将调整初步方案先送交市人民代表大会有关专门委员会进行初步审查，或者送交常务委员会有关工作机构征求意见。

**第三十一条** 常务委员会执法检查组根据年度执法检查计划组织进行的执法检查，应当在检查结束后两个月内向常务委员会提出执法检查报告。

执法检查组的执法检查报告由主任会议决定提请常务委员会审议；主任会议并可以决定市人民政府、市监察委员会、市高级人民法院、市人民检察院的有关情况报告同时提请常务委员会审议。

**第三十二条** 常务委员会组成人员对专项工作报告、国民经济和社会发展计划执行情况报告、预算执行情况报告、审计工作报告的审议意见和执法检查报告及其审议意见，由常务委员会办事机构交由市人民政府、市监察委员会、市高级人民法院、市人民检察院研究处理。市人民政府、市监察委员会、市高级人民法院、市人民检察院的研究处理情况一般应当在三个月内书面报告常务委员会；在正式报告常务委员会之前，应当先由其办事机构送交市人民代表大会有关专门委员会或者常务委员会有关工作机构征求意见。常务委员会认为必要的时候，可以对专项工作报告、审计工作报告作出决议。市人民政府、市监察委员会、市高级人民法院、市人民检察院应当在决议规定的期限内，将执行决议的情况书面向常务委员会报告。

**第三十三条** 常务委员会听取的专项工作报告、国民经济和社会发展计划执行情况报告、预算执行情况报告、审计工作报告、执法检查报告及审议意见，市人民政府、市监察委员会、市高级人民法院、市人民检察院对审议意见研究处理情况或者执行决议情况的报告，向市人民代表大会代表通报并向社会公布。

## 第五章 询问、质询和特定问题的调查

**第三十四条** 常务委员会会议审议议案或者报告的时候，常务委员会组成人员可以向有关地方国家机关提出询问，有关机关的负责人应当到会听取意见，回答询问；分组会议审议时，有关机关应当派人到会，听取意见，回答询问。

**第三十五条** 常务委员会围绕关系改革发展稳定大局和人民切身利益、社会普遍关注的重大问题，可以在常务委员会会议上，进行专题询问。

根据专题询问的议题，市人民政府及其所属有关工作部门、市监察委员会、市高级人民法院、市人民检察院的负责人应当到会，听取意见，回答询问。

专题询问中提出的意见交由有关机关研究处理，有关机关应当及时向常务委员会提交研究处理情况报告。必要时，可以由主任会议将研究处理情况报告提请常务委员会审议，由常务委员会作出决议。

**第三十六条** 根据常务委员会工作安排或者受主任会议委托，市人民代表大会各专门委员会可以就有关问题开展调研询问并提出调研询问情况的报告。

**第三十七条** 在常务委员会会议期间，常务委员会组成人员五人以上联名，可以向常务

委员会书面提出对市人民政府及其所属各工作部门、市监察委员会、市高级人民法院和市中级人民法院、市人民检察院和市人民检察院分院的质询案。

**第三十八条** 质询案应当写明质询对象、质询的问题和内容。

**第三十九条** 质询案由主任会议决定交受质询机关的负责人在常务委员会会议上或者有关的专门委员会会议上口头答复，或者交受质询机关书面答复。

受质询机关一般应当在本次常务委员会会议期间作出口头答复或者书面答复，最迟应在下一次常务委员会会议闭会前作出答复。

**第四十条** 质询案以口头答复的，由受质询机关的负责人到会答复。在专门委员会会议上口头答复的，提质询案的常务委员会组成人员，有权列席会议，发表意见；有关的专门委员会应当向常务委员会或者主任会议提交答复质询案情况的报告。

质询案以书面答复的，应当由受质询机关的负责人签署。

主任会议认为必要时，可以将答复质询案的情况报告印发常务委员会会议。

**第四十一条** 提质询案的常务委员会组成人员的过半数对受质询机关的答复不满意的，可以提出要求，经主任会议决定，由受质询机关再作答复。

**第四十二条** 常务委员会认为必要的时候，可以组织关于特定问题的调查委员会，并根据调查委员会的报告，作出相应的决议。

## 第六章 发言和表决

**第四十三条** 常务委员会组成人员在常务委员会会议上发言，应当围绕会议确定的议题进行。

列席会议的人员的发言，适用本章有关规定。

**第四十四条** 常务委员会组成人员和列席会议的人员在全体会议上对会议议题的审议发言，第一次不超过八分钟，经主持人同意的，可以延长五分钟；第二次对同一议题的发言不超过五分钟。

对于超过时间或者与议题无关的发言，会议主持人可以加以制止。

在常务委员会会议上的发言，由常务委员会办事机构工作人员记录、存档。在分组会议上的发言，经发言人核对签字后，编印会议简报。会议简报可以为纸质版或者电子版。

**第四十五条** 在常务委员会表决议案的全体会议上，除地方性法规议案外，常务委员会组成人员如果对议案还有意见，经会议主持人同意可以发表，意见发表后，再将议案交付表决；如果同意该议案，但需要在文字上作个别修改，经出席会议的常务委员会组成人员过半数同意，可以将该议案交付表决，文字的修改部分，授权主任会议审定。

**第四十六条** 常务委员会会议表决议案由常务委员会全体组成人员的过半数通过。

表决结果由会议主持人当场宣布。

出席会议的常务委员会组成人员应当参加表决。表决时，常务委员会组成人员可以表示赞成，可以表示反对，也可以表示弃权。

**第四十七条** 交付表决的议案，有修正案的，先表决修正案。

**第四十八条** 任免案、撤职案逐人表决，根据情况也可以合并表决。

**第四十九条** 常务委员会会议表决议案，采用无记名按表决器方式。如表决器系统在使用中发生故障，采用举手方式或者其他方式。

常务委员会组成人员通过网络视频方式出席会议的，采用举手方式或者其他方式表决。

**第五十条** 常务委员会组成人员在常务委员会会议上的发言和表决，全国人民代表大会代表和市人民代表大会代表在常务委员会会议上的发言，不受法律追究。

## 第七章 公 布

**第五十一条** 常务委员会会议通过的地方性法规以及关于市人大代表选举、补选、辞职、罢免等事项，由常务委员会发布公告，并通过本市主要报纸、电台、电视台及网络媒体予以刊载、公布。

**第五十二条** 常务委员会发布的公告，常务委员会会议通过的地方性法规、决议、决定及其说明、修改情况的报告、审议结果的报告、审议意见的报告，以及任免国家机关工作人员等事项，应当及时在常务委员会公报和上海人大网上刊载。

## 第八章 附 则

**第五十三条** 本规则的解释权和修改权属于常务委员会，执行中的问题，由主任会议进行解释。

**第五十四条** 本规则自通过之日起施行。

# 上海市实施《中华人民共和国集会游行示威法》办法

（1990年1月9日上海市第九届人民代表大会
常务委员会第十四次会议通过）

**第一条** 为了保障公民依法行使集会、游行、示威的权利，维护社会安定和公共秩序，根据《中华人民共和国集会游行示威法》，结合本市实际情况，制定本办法。

**第二条** 凡在本市行政区域内的公共道路、露天公共场所和水上举行集会、游行、示威，必须遵守《中华人民共和国集会游行示威法》和本办法。

**第三条** 各级人民政府应当依法保障公民行使集会、游行、示威的权利。

公民行使集会、游行、示威的权利，必须遵守宪法、法律和法规，不得反对宪法所确定的基本原则，不得损害国家的、社会的、集体的利益和其他公民的合法的自由和权利。

**第四条** 本市的集会、游行、示威的主管机关是市和区、县公安机关。

在区、县范围内举行集会、游行、示威，由举行地的区公安分局、县公安局主管；游行、示威路线和集会地点跨两个以上区、县的，由市公安局主管。

**第五条** 在本市举行集会、游行、示威，必须依法向主管机关提出申请并获得许可，但依照《中华人民共和国集会游行示威法》有关规定不需申请的除外。

**第六条** 举行集会、游行、示威，必须有负责人。负责人必须是本市常住户口或者寄住户口的公民。

申请集会、游行、示威，其负责人必须持本人居民身份证和其他身份证件，在举行集会、游行、示威的五日前向主管机关递交申请书。以信件、电报、电话或者其他方式提出申请的，主管机关不予受理。

申请书应当载明集会、游行、示威的目的、方式、标语、口号、人数，使用的车辆、船舶、音响设备的种类与数量，起止时间、地点（包括集合地和解散地）、行进路线和负责人的姓名、职业、住址。

符合上述申请条件的，负责人应当同时填写申请登记表。

**第七条** 以国家机关、政党、社会团体、企业事业组织的名义组织或者参加集会、游行、示威，必须经本单位负责人批准。申请书上必须有该单位负责人签名并加盖该单位的公章。签名批准的单位负责人视为集会、游行、示威的负责人。

**第八条** 主管机关接到集会、游行、示威申请登记表后，应当在申请举行日期的二日前，将许可或者不许可的决定通知书送达申请集会、游行、示威的负责人。不许可的，应当说明理由。逾期不送达，视为许可。由于负责人的原因，致使主管机关无法送达的，视为撤回申请。

确因突然发生的事件临时要求举行集会、游行、示威的，必须立即报告主管机关并填写申请登记表；主管机关根据申请登记表应当立即审查，作出许可或者不许可的决定。

**第九条** 申请举行集会、游行、示威要求解决具体问题的，主管机关可以通知有关机关或者单位同申请集会、游行、示威的负责人协商解决问题，并可以将申请举行的时间推迟五日。

有关机关或者单位应当按主管机关规定的期限将协商结果报告主管机关。

**第十条** 主管机关认为按照申请的起止时间、地点、行进路线举行集会、游行、示威，将对交通秩序和社会秩序造成严重影响的，在决定许可时或者决定许可后，可以变更举行集会、游行、示威的起止时间、地点、行进路线，并及时通知其负责人。

**第十一条** 申请举行的集会、游行、示威，有下列情形之一的，不予许可：

（一）反对宪法所确定的基本原则的；

（二）危害国家统一、主权和领土完整的；

（三）煽动民族分裂的；

（四）有充分根据认定申请举行的集会、游行、示威将直接危害公共安全或者严重破坏社会秩序的。

**第十二条** 集会、游行、示威的负责人对主管机关不许可的决定不服的，可以自接到决定通知书之日起三日内，向同级人民政府申请复议，人民政府应当自接到申请复议书之日起三日内作出决定。

**第十三条** 集会、游行、示威的负责人在提出申请后接到主管机关通知前，可以撤回申请；接到主管机关许可的通知后，决定不举行集会、游行、示威的，应及时告知主管机关，参加人已经集合的，应当负责解散。

**第十四条** 非本市常住户口或者寄住户口的公民，不得在本市发动、组织、参加本市公民的集会、游行、示威。

**第十五条** 对依法举行的集会、游行、示威，公安机关应当派出人民警察维持交通秩序和社会秩序，保障集会、游行、示威的顺利进行。

在集会、游行、示威过程中，人民警察有权制止无关人员加入，遇有不可预料的情况时，人民警察现场负责人有权改变集会地点、行进路线或者采取其他必要措施。

**第十六条** 集会、游行、示威的负责人应当保证集会、游行、示威按照主管机关许可的事项进行，并应指定参加集会、游行、示威人数十分之二以上的人员协助人民警察维持秩序，严格防止其他人加入。

集会、游行、示威的负责人和维持秩序的人员应分别佩戴明显标志，标志样品应在举行集会、游行、示威的前一日送主管机关备案。

**第十七条** 举行集会、游行、示威，应当按照主管机关许可的事项和平地进行，不得使用暴力或者煽动使用暴力。

举行集会、游行、示威应当遵守下列规定：

（一）不得拦阻车辆、阻塞交通、破坏交通工具和交通设施；

（二）不得携带武器、管制刀具、易燃易爆等危害公共安全的物品；

（三）不得诽谤、侮辱他人或者造谣生事、扰乱公共场所秩序；

（四）不得侵占、损毁绿地、园林、公共设施；

（五）不得沿途涂写、刻画、张贴宣传品；

（六）不得进行其他违法犯罪活动或者煽动他人进行违法犯罪活动。

**第十八条** 依法举行的集会、游行、示威，任何人不得以暴力、胁迫或者其他非法手段进行扰乱、冲击和破坏。

**第十九条** 集会、游行、示威在本市的国家机关、军事机关、广播电台、电视台、外国驻沪领馆等单位所在地举行或者经过的，公安机关为了维持秩序，可以在附近设置临时警戒线。未经人民警察许可，任何人不得逾越。

临时警戒线为有金黄色标志的警戒柱、警戒带、警戒栏或者警戒标兵线。

**第二十条** 在下列场所周边距离十米至三百米内，不得举行集会、游行、示威，经市人民政府批准的除外：

（一）国宾下榻处；

（二）重要军事设施；

（三）航空港、火车站和港口。

前款所列场所的具体周边距离，由市人民政府规定。

**第二十一条** 未经市人民政府批准，不得在人民广场和外滩举行集会、游行、示威。

前款所指的外滩是指南起金陵东路、北至苏州河之间的中山东一路路段。

**第二十二条** 举行集会、游行、示威，有下列情形之一的，人民警察应当予以制止，任何人不得阻碍或者抗拒人民警察依法执行职务：

（一）未依法申请或者申请未获许可的；

（二）未按照主管机关许可的目的、方式、标语、口号、起止时间、地点、路线进行的；

（三）违反本办法第十七条、第十九条、第二十条、第二十一条规定的；

（四）在进行中出现危害公共安全或者严重破坏社会秩序情况的。

有前款所列情形之一，不听制止的，人民警察现场负责人有权命令解散；拒不解散的，人民警察现场负责人有权依照国家有关规定采取必要手段强行驱散，并对拒不服从的人员强行带离现场或者立即予以拘留。

非本市常住户口或者寄住户口的公民在本市发动、组织集会、游行、示威的，公安机关有权予以拘留或者强行遣回原地。

**第二十三条** 对违反《中华人民共和国集会游行示威法》和本办法的，依法追究集会、游行、示威的负责人和直接责任人员的法律责任。

**第二十四条** 外国人在本市举行集会、游行、示威适用《中华人民共和国集会游行示威法》和本办法。

外国人未经主管机关批准不得参加本市公民举行的集会、游行、示威。

**第二十五条** 本办法的具体应用问题，由市人民政府负责解释。

**第二十六条** 本办法自通过之日起施行。1987 年 9 月 23 日上海市第八届人民代表大会常务委员会第三十一次会议通过的《上海市公民游行示威暂行条例》即行废止。

# 上海市漕河泾新兴技术开发区条例

（1990 年 4 月 8 日上海市第九届人民代表大会常务委员会第十七次会议通过　根据 2024 年 12 月 31 日上海市第十六届人民代表大会常务委员会第十八次会议《关于修改〈上海市公路管理条例〉等 10 件地方性法规的决定》修正）

**第一条** 为加快上海市漕河泾新兴技术开发区的建设，发展高技术、新技术及高技术、新技术产业（以下统称新兴技术及新兴技术产业），促进对外经济技术合作，推动传统工业的改造，根据国家有关法律、法规和《上海市经济技术开发区条例》，制定本条例。

**第二条** 经国务院批准，设立上海市漕河泾新兴技术开发区（以下简称开发区）。

**第三条** 开发区是新兴技术的研究、开发、中试、生产、经营、培训的综合性基地，其主要任务是：

（一）引进国外及国内新兴技术和资金，兴办新兴技术企业；

（二）将国内及国外新兴技术成果转化为工业化产品并推广应用；

（三）促使新兴技术企业运用开发区的条件不断研究、开发、更新技术和产品，在技术进步的基础上扩大再生产；

（四）跟踪国际新兴技术发展进程；

（五）培训中、高级专门人才。

**第四条** 本条例所称的新兴技术及其产品的范围包括：

（一）微电子与信息技术及其产品；

（二）光纤与现代电子通讯技术及其产品；

（三）激光技术及其产品；

（四）光、机、电一体化技术及其产品；

（五）生物工程技术及其产品；

（六）新材料技术及其产品；

（七）新能源技术、节能新技术及其产品；

（八）航天技术及其产品；

（九）其他新兴技术及其产品。

**第五条** 上海市人民政府全面领导开发区的建设和发展。

市人民政府各部门应本着高效、负责的原则，在开发区内行使各自职权。

**第六条** 上海市人民政府主管外国投资工作的部门是开发区的管理机构，其职权按《上海市经济技术开发区条例》第六条的规定行使。

**第七条** 开发区所在地的区人民政府负责开发区内的公安、消防、文化、教育、卫生健康、绿化市容、生态环境和市场监管等区政工作。

**第八条** 上海市漕河泾新兴技术开发区发展总公司（以下简称开发区总公司）根据本条例和经批准的开发区发展规划，从事开发区的相关工作。

**第九条** 开发区总公司可根据经营业务需要在开发区内建立有关专业公司。

**第十条** 开发区内可以举办从事新兴技术研究、开发、中试、生产、应用、服务或与其配套的各类企业事业单位。

**第十一条** 鼓励在开发区内投资兴建符合本条例以及列入本市新兴技术工业发展规划的项目。

鼓励在开发区内投资举办旨在推广应用新兴技术及其产品项目的设计、开发、中试、制造服务的企业事业单位，新兴技术创新发明中心，以及与发展新兴技术工业相关的加工装配出口、进口替代企业。

**第十二条** 本市有关部门和单位应为开发区提供并不断完善供电、供水、排水、供气、通信、道路养护、仓储、运输、生活服务等设施。

**第十三条** 开发区内一切单位必须遵守国家和本市环境保护的法律、法规，并根据开发区的环境质量和污染物排放等标准，控制污染，处理和处置固体废弃物及有毒物质。

开发区内的一切项目必须是无污染或少污染的项目，并且必须实行防治环境污染的配套设施与主体工程同时设计、同时施工、同时投入使用的原则。

开发区内的企业事业单位，应当优先使用清洁能源。

**第十四条** 为确保开发区环境质量，设立开发区环境保护带。

环境保护带内各单位负有不影响开发区环境质量的义务。

**第十五条** 开发区执行环境影响评价制度。

**第十六条** 上海市漕河泾新兴技术开发区开发基金专户储存、专款专用，并单独进行会计核算和结报。

开发基金主要用于：

（一）建设开发区的基础设施、生活服务设施，改善投资环境；

（二）培训新兴技术企业的经营管理和科技创业人才及聘请国内及国外专家；

（三）根据开发基金财力情况，适当支持以下项目：

1. 新兴技术成果产业化项目；

2. 应用新兴技术及其产品改造传统工业的项目；

3. 兴办新兴技术创新发明中心；

4. 扶持新兴技术科研项目；

5. 其他对开发区发展的有益用途。

**第十七条** 开发区内新兴技术企业的生产、经营性基本建设项目，按照统一规划安排建设。

**第十八条** 鼓励在开发区内设立创业投资公司，支持新兴技术创新发明项目的投入生产。

**第十九条** 开发区内建立培训基地，有计划地培训发展新兴技术产业所需要的中、高级的研究、开发、中试、生产、经营和管理人才以及技术工人。

**第二十条** 开发区内的企业事业单位根据工作需要和本人实际能力，择优选择人员，并可按国家有关规定选择聘用离、退休科技人员和管理人员。

**第二十一条** 国家对新兴技术开发区实行新的规定时，按该规定办理。

**第二十二条** 本条例自1990年5月1日起施行。

# 上海市人民代表大会常务委员会任免国家机关工作人员条例

（1990年4月8日上海市第九届人民代表大会常务委员会第十七次会议通过 1990年4月16日公布 根据2000年5月24日上海市第十一届人民代表大会常务委员会第十八次会议《关于修改〈上海市人民代表大会常务委员会任免国家机关工作人员条例〉的决定》第一次修正 根据2007年4月26日上海市第十二届人民代表大会常务委员会第三十五次会议《关于修改〈上海市人民代表大会常务委员会任免国家机关工作人员条例〉的决定》第二次修正 根据2008年11月26日上海市第十三届人民代表大会常务委员会第七次会议《关于修改〈上海市人民代表大会常务委员会任免国家机关工作人员条例〉的决定》第三次修正 根据2012年9月26日上海市第十三届人民代表大会常务委员会第三十六次会议《关于修改〈上海市人民代表大会常务委员会任免国家机关工作人员条例〉的决定》第四次修正 根据2016年4月21日上海市第十四届人民代表大会常务委员会第二十八次会议《关于修改〈上海市区县和乡镇人民代表大会代表直接选举实施细则〉等5件地方性法规的决定》第五次修正 根据2022年6月22日上海市第十五届人民代表大会常务委员会第四十一次会议《关于修改〈上海市人民代表大会常务委员会任免国家机关工作人员条例〉的决定》第六次修正）

## 第一章 总 则

**第一条** 为了做好任免国家机关工作人员的工作，根据《中华人民共和国宪法》《中华人民共和国地方各级人民代表大会和地方各级人民政府组织法》《中华人民共和国监察法》《中华人民共和国人民法院组织法》《中华人民共和国人民检察院组织法》以及全国人民代表大会常务委员会的有关规定，结合本市的实际情况，制定本条例。

**第二条** 任免国家机关工作人员，必须坚持“革命化、年轻化、知识化、专业化”的方针和德才兼备的标准，充分发扬民主，严格依照法律程序办事。

**第三条** 市人民代表大会常务委员会（以下简称市人大常委会）人事任免工作委员会在市人大常委会领导下负责有关任免事项的审查工作。

## 第二章　任 免 范 围

**第四条**　本市国家权力机关中的下列人员由市人大常委会任免：

（一）在市人大常委会主任因为健康情况不能工作或者缺位的时候，根据市人大常委会主任会议的提名，由市人大常委会在副主任中推选一人代理主任的职务，直到主任恢复健康或者市人民代表大会选出新的主任为止。

（二）在市人民代表大会闭会期间，根据市人大常委会主任会议的提名，通过市人民代表大会各专门委员会的个别副主任委员和部分委员的任免。市人民代表大会各专门委员会组成人员的人选，必须在市人民代表大会代表中提名。

（三）根据市人大常委会主任会议的提名，通过市人大常委会代表资格审查委员会的主任委员、副主任委员、委员的任免。代表资格审查委员会组成人员的人选，必须在市人大常委会组成人员中提名。

（四）根据市人大常委会主任会议的提名，通过市人大常委会各工作委员会的主任、副主任、委员和市人大常委会副秘书长、办公厅主任、研究室主任的任免。

**第五条**　本市国家行政机关中的下列人员由市人大常委会任免：

（一）在市长因故不能担任职务的时候，根据市人大常委会主任会议的提名，从副市长中决定代理市长。

（二）根据市长的提名，决定任免个别副市长，由市人民政府报国务院备案。

（三）根据市长的提名，决定任免属于市人民政府组成人员的秘书长、委员会（办公室）主任、局长，由市人民政府报国务院备案。

市人民政府组成部门依据国务院的批复文件确定。市人民政府应当及时将市人民政府组成部门变化情况报市人大常委会备案，并提供国务院有关批复文件。

**第六条**　本市国家监察机关中的下列人员由市人大常委会任免：

（一）在市监察委员会主任因故不能担任职务的时候，根据市人大常委会主任会议的提名，从副主任中决定代理主任。

（二）根据市监察委员会主任的提名，任免市监察委员会副主任、委员。

**第七条**　本市国家审判机关中的下列人员由市人大常委会任免：

（一）在市高级人民法院院长因故不能担任职务的时候，根据市人大常委会主任会议的提名，从市高级人民法院副院长中决定代理院长。

（二）根据市人大常委会主任会议的提名，决定任免市各中级人民法院、上海知识产权法院、上海金融法院、上海铁路运输中级法院院长。

（三）根据市高级人民法院院长的提名，决定任免上海铁路运输法院院长；任免市高级人民法院和市各中级人民法院、上海铁路运输中级法院、上海铁路运输法院的副院长、庭长、副庭长、审判委员会委员、审判员。

（四）根据市人大常委会主任的提名，任免上海海事法院院长；根据上海海事法院院长的提名，任免上海海事法院副院长、庭长、副庭长、审判委员会委员、审判员。

（五）根据上海知识产权法院院长的提名，任免上海知识产权法院副院长、庭长、审判委员会委员、审判员。

（六）根据上海金融法院院长的提名，任免上海金融法院副院长、庭长、副庭长、审判委员会委员、审判员。

**第八条**　本市国家检察机关中的下列人员由市人大常委会任免：

（一）在市人民检察院检察长因故不能担任职务的时候，根据市人大常委会主任会议的提名，从市人民检察院副检察长中决定代理检察长，并由市人民检察院报经最高人民检察院报全国人民代表大会常务委员会备案。

（二）根据市人民检察院检察长的提名，决定任免市人民检察院各分院、上海铁路运输检察院检察长；任免市人民检察院及各分院、上海铁路运输检察院的副检察长、检察委员会委员、检察员；任免由市人大常委会批准设立的各农场区人民检察院检察长、副检察长、检察委员会委员、检察员。

（三）根据本市各区人民代表大会选举结果及市人民检察院检察长的提请，批准任免本市各区人民检察院检察长。

**第九条** 根据本条例第五条第一款第一项、第六条第一项、第七条第一项、第八条第一项的规定，如代理人选不是副市长、市监察委员会副主任、市高级人民法院副院长、市人民检察院副检察长的，先由市人大常委会根据主任会议的提名，决定任命或者任命为副市长、市监察委员会副主任、市高级人民法院副院长、市人民检察院副检察长。

**第十条** 除本条例第四条、第五条、第六条、第七条、第八条、第九条规定的本市国家机关工作人员由市人大常委会任免外，市人大常委会还可以根据国家的有关规定任免本市国家机关的其他工作人员。

## 第三章 任免程序

**第十一条** 由市人大常委会任免的本市国家机关工作人员，提名人应当在市人大常委会举行会议的十五日以前向市人大常委会提出书面任免案；有特殊情况的，至迟应当在十日以前向市人大常委会提出书面任免案，并向市人大常委会主任会议说明情况。由市人大常委会任命的市人民政府组成人员，市监察委员会副主任、委员，初任及提任的市高级人民法院和市各中级人民法院、上海海事法院、上海知识产权法院、上海金融法院、上海铁路运输中级法院、上海铁路运输法院的审判人员和市人民检察院及各分院、上海铁路运输检察院、各农场区人民检察院的检察人员，提名人应当同时报送被提名人的简况、提名理由等书面材料，提出免职案时，提名人应当说明免职理由。

**第十二条** 市人大常委会人事任免工作委员会应当对市长、市监察委员会主任、市高级人民法院院长、市人民检察院检察长、上海海事法院院长、上海知识产权法院院长、上海金融法院院长等提名人提出的任免案进行审查，并向市人大常委会报告。

人事任免工作委员会在审查过程中，应当听取市人民代表大会有关专门委员会及其他有关方面的意见，可以要求提名人或者有关部门对被提名人员的情况作补充介绍。

**第十三条** 市人大常委会主任会议根据人事任免工作委员会审查的意见，决定将任免案提请市人大常委会会议审议。

**第十四条** 市人大常委会会议审议任免案的时候，提名人或者其委托的人员应当到会说明情况，答复询问。

市人大常委会会议审议市人民代表大会各专门委员会副主任委员、委员，市人大常委会各工作委员会主任、副主任、委员，市人大常委会副秘书长、办公厅主任、研究室主任，市人民政府组成人员，市监察委员会副主任、委员，市高级人民法院副院长，市各中级人民法院和上海海事法院、上海知识产权法院、上海金融法院、上海铁路运输中级法院、上海铁路运输法院的院长、副院长，市人民检察院副检察长及市人民检察院各分院、上海铁路运输检察院、各农场区人民检察院的检察长、副检察长的任命案时，被提名人员应当到会，同市人大常委会组成人员见面。

**第十五条** 市人大常委会会议审议任免案时，根据需要可以分组进行审议。

分组审议后，必要时人事任免工作委员会应当向市人大常委会全体会议报告分组审议的情况。

**第十六条** 市人大常委会会议表决任免案前，市人大常委会组成人员认为有重大问题需要进一步研究的，经市人大常委会主任或者主任会议提议，出席会议的市人大常委会组成人员过半数同意，可以暂不付表决。

列入市人大常委会会议议程需要表决的任

免案，在交付表决前，提名人要求撤回的，应当说明理由，经主任会议同意，对该任免案的审议即行终止。

**第十七条** 市人大常委会会议对任免案的表决，采取无记名投票、按表决器或者其他方式。

市人大常委会组成人员对任免案可以表示赞成，可以表示反对，也可以弃权，但不得另外提名任免他人。

任免案以市人大常委会组成人员的过半数通过。

表决结果由会议主持人当场宣布。

**第十八条** 市人大常委会任免的国家机关工作人员，由市人大常委会行文通知有关机关，有关机关接到任免通知后，应当及时通知被任免人员到职或者离职。

**第十九条** 市人大常委会任命的本条例第五条第一款第三项，第六条第二项，第七条第二项、第三项、第四项、第五项、第六项，第八条第二项的人员，由市人大常委会颁发任命书。任命书由市人大常委会主任署名。

**第二十条** 市人大常委会决定任命或者任命的本条例第四条第二项、第三项、第四项，第五条第一款第二项、第三项，第六条第二项，第七条第二项、第三项、第四项、第五项、第六项，第八条第二项、第三项，第九条，第十条的人员，根据《上海市实施宪法宣誓制度办法》，在就职时应当公开进行宪法宣誓。

**第二十一条** 新的一届市人民政府领导人员依法产生后，市长应当在两个月内按程序提请市人大常委会决定任命属于市人民政府组成人员的秘书长、委员会（办公室）主任、局长。个别部门一时难以确定人选的，可以适当推迟提请任命，但市长应当向市人大常委会说明情况。

市人民代表大会换届后，市人大常委会主任会议、市高级人民法院院长和市人民检察院检察长，应当在两个月内分别按程序提请市人大常委会决定任命市各中级人民法院、上海铁路运输中级法院、上海铁路运输法院院长和市人民检察院各分院、上海铁路运输检察院检察长。一时难以确定人选的，可以适当推迟提请任命，但提名人应当向市人大常委会说明情况。

**第二十二条** 在市人民代表大会闭会期间，市人大常委会组成人员、各专门委员会组成人员、市长、副市长、市监察委员会主任、市高级人民法院院长、市人民检察院检察长可以向市人大常委会提出辞职，由市人大常委会决定是否接受其辞职。市人大常委会接受辞职后，报市人民代表大会备案；市人民检察院检察长的辞职，须报最高人民检察院检察长提请全国人民代表大会常务委员会批准。

**第二十三条** 由市人大常委会任命的国家机关工作人员，因工作机构名称改变的，应当提请市人大常委会任命；工作机构名称没有改变，工作职责范围有变动，市人大常委会原任命的国家机关工作人员没有变动的，不再重新任命，但应当由原提名人就工作职责范围变动的情况报市人大常委会备案。

**第二十四条** 由市人大常委会任命的国家机关工作人员，因工作机构撤销、合并、名称改变或者退（离）休需免职以及在任职期间去世的，原任职务自行免除，不再办理免职手续，但应当由原提名人报市人大常委会备案。

## 第四章 监督、撤职

**第二十五条** 凡由市人大常委会任命的国家机关工作人员，应当接受市人大常委会、市人民代表大会代表和人民群众的监督，严格遵守宪法、法律，执行市人民代表大会及其常务委员会作出的决议，全心全意为人民服务。

由市人大常委会任命的国家机关工作人员受到政务处分的，作出处分决定的机关应当将处分决定及时报送市人大常委会。

**第二十六条** 市人大常委会可以通过听取和审议专项工作报告、执法检查、提出询问和质询案、组织特定问题调查、审议和决定撤职案等方式，了解被任命的国家机关工作人员的工作情况，进行法律监督和工作监督。

**第二十七条** 在市人民代表大会闭会期间，市人大常委会可以决定撤销个别副市长的职务；可以决定撤销由市人大常委会决定任命或者任命的市人民政府其他组成人员，市监察委员会副主任、委员，市各中级人民法院、上海海事法院、上海知识产权法院、上海金融法院、上海铁路运输中级法院、上海铁路运输法院院长，市高级人民法院、市各中级人民法院、上海海事法院、上海知识产权法院、上海金融法院、上海铁路运输中级法院、上海铁路运输法院副院长、庭长、副庭长、审判委员会委员、审判员，市人民检察院各分院、上海铁路运输检察院、各农场区人民检察院检察长，市人民检察院及各分院、上海铁路运输检察院、各农场区人民检察院副检察长、检察委员会委员、检察员的职务；可以决定撤销由市人大常委会任命的其他国家机关工作人员的职务。

在市人民代表大会闭会期间，市人大常委会认为市高级人民法院院长需要撤换，须报请最高人民法院报经全国人民代表大会常务委员会批准。

在本市各区人民代表大会闭会期间，根据各区人大常委会的决定和市高级人民法院的提请，市人大常委会可以批准撤换本市各区人民法院院长。

市人大常委会根据市人民检察院检察长的建议，可以撤换本市各区人民检察院检察长、副检察长、检察委员会委员。

**第二十八条** 市人民政府、市监察委员会、市高级人民法院、市人民检察院和上海海事法院、上海知识产权法院、上海金融法院，可以向市人大常委会提出对本条例第二十七条所列国家机关工作人员的撤职案。

市人大常委会主任会议，可以向市人大常委会提出本条例第二十七条所列国家机关工作人员的撤职案。

市人大常委会五分之一以上的组成人员书面联名，可以向市人大常委会提出对本条例第二十七条所列国家机关工作人员的撤职案，由主任会议决定是否提请市人大常委会会议审议；或者由主任会议提议，经全体会议决定，组织调查委员会，由以后的市人大常委会会议根据调查委员会的报告审议决定。

撤职案应当写明撤职的对象和理由，并提供有关的材料。

**第二十九条** 市人大常委会主任会议提出撤销职务的议案，直接提请市人大常委会会议审议。其他撤销职务的议案，先由人事任免工作委员会进行审查，提出审查的意见，再由市人大常委会主任会议决定将撤销职务的议案提请市人大常委会会议审议。

对所有撤销职务的议案，市人大常委会主任会议或者人事任免工作委员会应当听取被提出撤销职务人员的陈述。

**第三十条** 撤职案在提请表决前，被提出撤销职务的人员有权在市人大常委会会议上提出申辩意见，或者书面提出申辩意见，由主任会议决定印发市人大常委会会议。

撤职案的表决采用无记名投票的方式，由市人大常委会全体组成人员的过半数通过，并由市人大常委会行文通知有关国家机关。

## 第五章　附　　则

**第三十一条** 本条例的具体应用问题，由市人大常委会人事任免工作委员会负责解释。

**第三十二条** 本条例自市人大常委会公布之日起施行，市人大常委会以前作出有关人事任免方面的规定，即行废止。

# 上海市人民代表大会议事规则

（1990年4月30日上海市第九届人民代表大会第三次会议通过　1990年4月30日公布　根据1993年1月9日上海市第九届人民代表大会第六次会议《关于修改〈上海市人民代表大会议事规则〉若干条款的决定》第一次修正　根据1998年1月14日上海市第十届人民代表大会常务委员会第四十一次会议《关于修改〈上海市人民代表大会议事规则〉的决定》第二次修正　根据2001年10月24日上海市第十一届人民代表大会常务委员会第三十二次会议《关于修改〈上海市人民代表大会议事规则〉的决定》第三次修正　根据2022年1月23日上海市第十五届人民代表大会第六次会议《关于修改〈上海市人民代表大会议事规则〉的决定》第四次修正）

## 第一章　总　　则

**第一条**　为了保障上海市人民代表大会依法行使职权，提高议事效率，根据《中华人民共和国宪法》《中华人民共和国地方各级人民代表大会和地方各级人民政府组织法》《中华人民共和国全国人民代表大会和地方各级人民代表大会选举法》《中华人民共和国全国人民代表大会和地方各级人民代表大会代表法》，结合本市实际，制定本规则。

**第二条**　市人民代表大会坚持中国共产党的领导，坚持以马克思列宁主义、毛泽东思想、邓小平理论、“三个代表”重要思想、科学发展观、习近平新时代中国特色社会主义思想为指导，依照宪法和法律规定行使职权。

**第三条**　市人民代表大会坚持以人民为中心，坚持全过程人民民主，始终同人民保持密切联系，倾听人民的意见和建议，为人民服务，对人民负责，受人民监督。

**第四条**　市人民代表大会实行民主集中制的原则。大会审议议案，讨论、决定事项，进行选举，应当充分发扬民主，严格依法办事，集体行使宪法、法律赋予的职权。

**第五条**　市人民代表大会代表应当勤勉尽责，积极参与大会的审议、表决和选举等活动，严格遵守会议纪律。

## 第二章　会议的举行

**第六条**　市人民代表大会会议每年至少举行一次。每年的例会一般于第一季度举行。会议召开的日期由市人民代表大会常务委员会决定并予以公布。

遇有特殊情况，市人民代表大会常务委员会可以决定适当提前或者推迟召开会议。提前或者推迟召开会议的日期未能在当次会议上决定的，市人民代表大会常务委员会可以另行决定或者授权常务委员会主任会议决定，并予以公布。

市人民代表大会常务委员会认为必要，或者有五分之一以上代表提议，可以临时召开市人民代表大会会议。

**第七条**　市人民代表大会会议由市人民代表大会常务委员会召集。每届市人民代表大会第一次会议，在本届市人民代表大会代表选举完成后的两个月内，由上届市人民代表大会常务委员会召集。

**第八条**　市人民代表大会会议必须有三分之二以上的代表出席，始得举行。

**第九条**　在市人民代表大会会议举行前，市人民代表大会常务委员会负责做好下列准备工作：

（一）提出会议议程草案；

（二）提出主席团和秘书长名单草案；

（三）提出主席团常务主席、执行主席名单草案；

（四）提出副秘书长名单草案；

（五）决定列席会议人员名单；

（六）会议的其他准备事项。

**第十条** 在市人民代表大会会议举行的一个月前，市人民代表大会常务委员会公布开会的日期和建议会议讨论的主要事项，并将准备提请会议审议的地方性法规草案发给代表。

市人民代表大会常务委员会在市人民代表大会会议举行前，可以组织代表研读讨论有关法规草案，征求代表的意见，并通报会议拟讨论的主要事项的有关情况。

临时召开的市人民代表大会会议不适用前两款规定。

**第十一条** 市人民代表大会会议举行前，代表按照选举单位组成代表团，由市人民代表大会常务委员会委托区人民代表大会常务委员会和上海警备区召集本选举单位的代表，举行代表团全体会议，推选团长一人、副团长若干人。同时，由各代表团组织代表对市人民代表大会常务委员会提出的主席团和秘书长名单草案、会议议程草案、拟提交大会审查的政府工作报告征求意见稿以及关于会议的其他准备事项，进行讨论，提出意见，交有关机关研究。

代表团根据便于审议的原则，可以分设若干代表小组。小组召集人由代表小组会议推选。

**第十二条** 代表团团长的主要职责是：

（一）召集并主持代表团全体会议；

（二）组织本代表团审议会议议案和有关报告；

（三）反映本代表团对议案和有关报告的审议意见；

（四）主持在本代表团会议上的询问；

（五）传达、贯彻主席团会议的决定和有关事项；

（六）处理本代表团的其他工作事项。

副团长协助团长工作。

**第十三条** 市人民代表大会每次会议举行预备会议。预备会议由市人民代表大会常务委员会主持。每届市人民代表大会第一次会议的预备会议，由上届市人民代表大会常务委员会主持。

预备会议的主要议程是：选举本次会议的主席团和秘书长，通过会议议程和关于会议的其他准备事项的决定。

预备会议期间，各代表团审议市人民代表大会常务委员会提出的主席团和秘书长名单草案、会议议程草案以及关于会议的其他准备事项，提出意见。

市人民代表大会常务委员会主任会议根据各代表团提出的意见，可以对主席团和秘书长名单草案、会议议程草案以及关于会议的其他准备事项提出调整意见，提请预备会议表决。

预备会议选举主席团和秘书长，实行等额选举，采用举手或者按电子表决器的方式一并表决。

每届市人民代表大会第一次会议设立议案审查委员会，国民经济和社会发展计划、预算审查委员会，根据需要设立法案委员会。委员会由主任委员一人、副主任委员若干人和委员若干人组成。委员会组成人员由市人民代表大会常务委员会在代表中提名，提请预备会议全体会议通过。

**第十四条** 市人民代表大会每次会议主席团人数为市人民代表大会代表总数的百分之八至百分之十。

市人民政府组成人员、市监察委员会、市高、中级人民法院、市人民检察院负责人一般不担任主席团成员的职务。

**第十五条** 主席团的主要职责是：

（一）主持市人民代表大会会议；

（二）领导市人民代表大会各委员会的工作；

（三）向会议提出议案和各项决议草案；

（四）组织审议列入会议议程的议案和有关报告；

（五）依法提出市级国家机关领导人员的人选；

（六）主持会议选举，提出选举的具体办法草案；

（七）决定议案、罢免案、质询案的审议程序和处理意见；

（八）发布公告；

（九）其他需要由主席团决定的事项。

主席团会议必须有三分之二以上的主席团成员出席，始得举行。主席团的决定，由主席团全体成员的过半数通过。

**第十六条**　主席团第一次会议从主席团成员中推选常务主席若干人和每次大会全体会议的执行主席若干人，并决定下列事项：

（一）副秘书长的人选；

（二）会议日程；

（三）会议期间代表提出议案的截止时间；

（四）其他需要决定的事项。

主席团第一次会议由市人民代表大会常务委员会主任召集并主持，会议推选主席团常务主席后，由主席团常务主席主持。

**第十七条**　常务主席的职责是：

（一）召集并主持主席团会议；

（二）对属于主席团职权范围内的事项向主席团提出建议；

（三）根据会议进展情况，对会议日程安排作必要的调整；

（四）召开代表团团长会议，就议案和有关报告的重大问题听取各代表团的审议意见，进行讨论，并将讨论的情况和意见向主席团报告；

（五）根据主席团的授权，处理主席团职责范围内的其他事项。

**第十八条**　市人民代表大会会议审议议案和有关报告，由代表团全体会议、代表小组会议审议。

主席团常务主席或者市人民代表大会专门委员会根据需要，可以就专门性问题召集有关代表进行专题审议和讨论。

各代表团审议以及专题审议的情况和意见应当向主席团报告。

**第十九条**　主席团认为必要的时候，或者经代表团提议、主席团同意，可以召开大会全体会议进行大会发言，就有关的议案和报告发表意见。

**第二十条**　市人民代表大会会议设立秘书处。秘书处由秘书长一人和副秘书长若干人组成。

秘书处在秘书长领导下，办理主席团交付的事项和处理会议日常事务工作。副秘书长协助秘书长工作。秘书处可以设立若干工作机构。

**第二十一条**　市人民代表大会举行会议的时候，市人民代表大会代表应当出席会议；因病或者其他特殊原因不能出席的，应当向大会秘书处书面请假。对无故不出席市人民代表大会会议的代表，大会和原选举单位应当进行监督。

大会秘书处应当向主席团报告代表出席会议的情况和缺席的原因。

**第二十二条**　市人民政府的组成人员，市监察委员会主任，市高、中级人民法院院长，专门人民法院院长，市人民检察院检察长、检察院分院检察长，列席市人民代表大会会议；本市选出的全国人民代表大会代表，可以列席市人民代表大会会议；其他有关机关、团体的负责人，经市人民代表大会常务委员会决定，可以列席市人民代表大会会议。

列席会议的人员因病或者其他特殊原因不能列席的应当请假。

列席会议的人员有发言权，没有表决权。

**第二十三条**　大会全体会议设旁听席，也可以通过视频直播等方式组织市民旁听会议。

旁听市民由各区人民代表大会常务委员会、本市各人民团体、驻沪部队和各基层立法联系点等推荐产生，市民旁听的具体事宜由市人民代表大会常务委员会办事机构负责。旁听市民应当遵守大会秩序，服从大会统一安排。

大会秘书处应当及时了解旁听市民对会议议题及会议组织工作的意见建议，汇总后交有关部门研究参考。

**第二十四条**　市人民代表大会会议公开举

行。市人民代表大会会议议程、日程和会议情况予以公开。

市人民代表大会会议期间，代表在各种会议上的发言，由大会秘书处整理简报印发会议，并可以根据本人要求，将发言记录或者摘要印发会议。会议简报、发言记录或者摘要可以为纸质版，也可以为电子版。

市人民代表大会会议根据需要可以举行新闻发布会和记者招待会。

市人民代表大会全体会议通过报刊、广播、电视、网络等媒体进行公开报道。

**第二十五条** 市人民代表大会会议在必要的时候，可以举行秘密会议。举行秘密会议由主席团会议决定。

**第二十六条** 市人民代表大会举行会议，应当合理安排会议日程，提高议事质量和效率。各代表团应当按照会议日程进行审议。

**第二十七条** 市人民代表大会会议运用现代信息技术，推进会议文件资料电子化，采用网络视频等方式为代表履职提供便利和服务。

## 第三章　议案的提出和审议

**第二十八条** 主席团、市人民代表大会常务委员会、市人民代表大会各专门委员会、市人民政府可以向市人民代表大会提出属于市人民代表大会职权范围内的议案，由主席团决定列入会议议程。

**第二十九条** 市人民代表大会代表十人以上联名或者一个代表团全体代表过半数同意，可以向市人民代表大会提出属于市人民代表大会职权范围内的议案，由主席团决定是否列入会议议程，或者先交有关的专门委员会或议案审查委员会审查，提出审查意见，再由主席团审议决定是否列入大会议程。

代表联名或者经代表团全体代表过半数同意提出议案，应当在市人民代表大会常务委员会作出召开市人民代表大会会议的决定之日起至主席团决定的代表议案截止时间之前提出。

**第三十条** 向市人民代表大会提出的议案，应当写明要求解决的问题、理由和方案。

**第三十一条** 专门委员会或者议案审查委员会在审查代表提出的议案时，可以邀请提议案的领衔人列席会议，发表意见。

大会秘书处应当将主席团通过的关于代表提出的议案审查意见的报告印发代表。

提出议案的代表过半数且不少于十人对市人民代表大会主席团不作为代表议案的决定有异议的，可以在主席团最后一次会议召开的四小时前向主席团书面提出复议要求，由主席团按照《上海市人民代表大会关于代表议案的规定》处理。

**第三十二条** 列入会议议程的议案，提案人应当向会议提出关于议案的说明。提案人、有关的专门委员会、常务委员会有关的工作部门应当提供有关的资料。

**第三十三条** 列入会议议程的议案，由主席团提交各代表团进行审议，可以并交有关的专门委员会进行审议、提出报告，由主席团审议决定提请大会全体会议表决。

**第三十四条** 市人民代表大会各专门委员会审议议案，涉及专门性问题的，可以邀请有关方面的代表和专家列席会议，发表意见。

**第三十五条** 列入会议议程的议案，在交付大会表决前，提案人要求撤回的，经主席团同意，会议对该议案的审议即行终止。

**第三十六条** 代表十人以上联名，可以对列入会议议程的议案或者准备交付大会表决的决议草案提出书面修正案。修正案最迟必须在大会表决前举行的主席团会议前两小时提出，由主席团决定是否提交代表团审议和提请大会表决，或者先交有关的专门委员会审议，提出意见，再由主席团决定是否提交代表团审议和提请大会表决。

**第三十七条** 列入会议议程的议案，在审议中认为有重大问题需要进一步研究的，经主席团提出，由大会全体会议决定，可以授权市人民代表大会常务委员会在本次大会闭会后审议决定，并报市人民代表大会下次会议备案。常务委员会认为必要时，可以将该议案提请市人民代表大会下次会议再次审议。

**第三十八条** 代表十人以上联名或者一个代表团全体代表过半数同意提出的议案，经主席团审议决定不列入本次会议议程的，交有关的专门委员会或者常务委员会主任会议，在市人民代表大会闭会后审议。有关的专门委员会或者常务委员会主任会议应当在大会闭会后三个月内提出审议结果的报告，提请常务委员会审议。

**第三十九条** 代表向市人民代表大会提出的对于各方面工作的建议、批评和意见，按照《上海市人民代表大会关于代表建议、批评和意见的规定》处理。

**第四十条** 在市人民代表大会会议举行期间，常务委员会和各专门委员会的办事机构负责人，市人民政府办事机构和有关工作部门的负责人，市高级人民法院、市人民检察院的有关负责人，应当到会处理代表提出的对本部门的建议、批评和意见。

**第四十一条** 地方性法规议案的提出和审议，按照《上海市制定地方性法规条例》的有关规定执行。

提请市人民代表大会会议审议的地方性法规议案，一般应当先经市人民代表大会常务委员会初步审议，初步审议的意见应当整理印发代表。

市人民代表大会会议举行前，常务委员会可以公布准备提请会议审议的重要的地方性法规草案，征求各方面意见，并将意见整理印发代表。

## 第四章 审议工作报告、审查计划和预算

**第四十二条** 市人民代表大会每年举行例会的时候，常务委员会、市人民政府、市高级人民法院、市人民检察院应当分别向会议提出工作报告，经各代表团审议后，由会议作出相应的决议。

必要时，常务委员会、市人民政府、市高级人民法院、市人民检察院应当向会议提出有关的专题报告。

**第四十三条** 市人民代表大会例会举行的一个月前，市人民政府有关主管部门应当就本市上一年度国民经济和社会发展计划、预算执行情况以及编制本年度国民经济和社会发展计划、预算的主要情况和内容，向市人民代表大会财政经济委员会和有关的专门委员会汇报，并提供详细材料。财政经济委员会和有关的专门委员会进行初步审查、提出意见后，交市人民政府有关主管部门研究处理。市人民政府有关部门应当将处理情况及时报告财政经济委员会和有关的专门委员会。

财政经济委员会和有关的专门委员会对国民经济和社会发展计划、预算进行初步审查的时候，可以邀请有关方面的代表和专家列席会议，发表意见。

**第四十四条** 市人民代表大会每年举行例会的时候，市人民政府应当向会议提出关于本市上一年度国民经济和社会发展计划执行情况与本年度国民经济和社会发展计划草案的报告、国民经济和社会发展计划草案，关于本市上一年度预算执行情况与本年度预算草案的报告、预算草案，由各代表团进行审查，并由财政经济委员会和有关的专门委员会进行审查。

各代表团和有关的专门委员会的审查意见应当及时印发代表。

财政经济委员会根据各代表团和有关的专门委员会的审查意见，对第一款规定的事项进行审查，向主席团提出审查结果报告，经主席团审议通过后，印发代表，并将关于本市上一年度国民经济和社会发展计划执行情况与本年度国民经济和社会发展计划的决议草案、关于本市上一年度预算执行情况与本年度预算的决议草案提请大会全体会议表决。

每届市人民代表大会第一次会议，由大会国民经济和社会发展计划、预算审查委员会根据各代表团的审查意见，对第一款规定的事项进行审查，向主席团提出审查结果报告，经主席团审议通过后，印发代表，并将关于本市上一年度国民经济和社会发展计划执行情况与本年度国民经济和社会发展计划的决议草案、关于本市上一年度预算执行情况与本年度预算的决议

草案提请大会全体会议表决。

**第四十五条** 本市国民经济和社会发展计划、市本级预算经市人民代表大会批准后，在执行中需要作部分变更的，市人民政府必须及时将变更方案提请市人民代表大会常务委员会审查、批准。

**第四十六条** 本市国民经济和社会发展五年规划纲要和中长期规划纲要的审查、批准和调整，参照本章有关规定执行。

## 第五章 国家机关组成人员的选举、罢免和辞职

**第四十七条** 市人民代表大会常务委员会组成人员的人选，市长、副市长的人选，市监察委员会主任的人选，市高级人民法院院长和市人民检察院检察长的人选，由市人民代表大会主席团或者市人民代表大会代表三十人以上联合提名。不同选举单位选出的代表可以酝酿、联合提出候选人。

主席团提名的候选人人数，每一代表与其他代表联合提名的候选人人数，均不得超过应选名额。

全国人民代表大会代表候选人由中央和市级各政党、各人民团体联合或者单独推荐，或者由市人民代表大会代表十人以上联名推荐。

各专门委员会的主任委员、副主任委员和委员的人选，由主席团在市人民代表大会代表中提名。

**第四十八条** 提出市级国家机关领导人员候选人的提名人应当书面向会议介绍候选人的基本情况和提名理由，并对代表提出的问题作必要的口头或者书面说明。

推荐全国人民代表大会代表候选人的政党、人民团体和市人民代表大会代表应当书面向会议介绍候选人的基本情况和推荐理由，并对代表提出的问题作必要的口头或者书面说明。市人民代表大会在选举全国人民代表大会代表时，提名、酝酿候选人的时间不得少于两天。

主席团应当将候选人的基本情况和提名或者推荐理由印发代表。

**第四十九条** 市人民代表大会会议选举市级国家机关领导人员，依法进行差额选举，如果提名的候选人人数符合选举办法规定的差额数，由主席团提交各代表团酝酿、讨论后，进行选举。如果提名的候选人人数超过选举办法规定的差额数，由主席团将全部候选人名单提交各代表团酝酿、讨论后，进行预选，根据在预选中得票多少的顺序，按照选举办法规定的差额数，确定正式候选人名单，进行选举。如果提名的市人民代表大会常务委员会主任、秘书长，市长，市监察委员会主任，市高级人民法院院长，市人民检察院检察长的候选人只有一人，也可以等额选举。

市人民代表大会换届选举市级国家机关领导人员时，提名、酝酿候选人的时间不得少于两天。

**第五十条** 市人民代表大会选举市级国家机关领导人员，获得全体代表过半数选票的候选人人数超过应选名额时，以得票多的当选。如遇票数相等不能确定当选人时，应当就票数相等的人再次投票，以得票多的当选。

获得全体代表过半数选票的当选人数少于应选名额时，不足的名额另行选举。另行选举时，可以根据在第一次投票时得票多少的顺序确定候选人，也可以依照本规则规定的程序另行提名、确定候选人。经市人民代表大会决定，不足的名额的另行选举可以在本次人民代表大会会议上进行，也可以在下一次人民代表大会会议上进行。

另行选举市人民代表大会常务委员会副主任、委员，市人民政府副职领导人员时，依照法定差额数，进行差额选举。

**第五十一条** 市人民代表大会补选常务委员会组成人员，市长、副市长，市监察委员会主任，市高级人民法院院长，市人民检察院检察长以及出缺的全国人民代表大会代表时，候选人人数可以多于应选人数，也可以同应选人数相等。

**第五十二条** 在大会投票选举以前，根据代表的要求，主席团应当安排市人民代表大会

常务委员会主任、副主任，市长、副市长，市监察委员会主任、市高级人民法院院长和市人民检察院检察长的正式候选人与代表见面、座谈等活动，为代表了解候选人提供条件。

**第五十三条** 市人民代表大会举行会议的时候，主席团、常务委员会或者十分之一以上代表联名，可以提出对市人民代表大会常务委员会组成人员、市人民政府组成人员、市监察委员会主任、市高级人民法院院长、市人民检察院检察长和由本市选举的全国人民代表大会代表的罢免案。

罢免案由主席团交各代表团审议后，提请大会全体会议表决；或者依照本规则第七章的规定，由主席团提议，经大会全体会议决定，组织调查委员会，由市人民代表大会下次会议根据调查委员会的报告审议决定。

对个别副市长和由常务委员会任命的市人民政府其他组成人员的罢免案，可以授权常务委员会在市人民代表大会闭会后六个月内，听取调查委员会的调查报告，并作出相应的决定，报市人民代表大会下次会议备案或者提请市人民代表大会下次会议审议。

罢免案应当写明罢免理由，并提供有关的材料。

罢免案提交大会全体会议表决前，被提出罢免的人员有权在主席团会议或者大会全体会议上提出申辩意见，或者书面提出申辩意见。在主席团会议上提出的申辩意见或者书面提出的申辩意见，由主席团印发会议。

**第五十四条** 市人民代表大会会议进行选举或者表决罢免案，采用无记名投票方式。得票数超过全体代表的半数的，始得当选或通过。

大会全体会议选举或者表决罢免案的时候，设秘密写票处。

选举或者表决结果，由会议主持人当场宣布。候选人的得票数，应当公布。

**第五十五条** 市人民代表大会会议选举的具体办法，由大会全体会议通过。

**第五十六条** 市人民代表大会选举的国家机关组成人员在依照法定程序产生后，公开进行宪法宣誓。

**第五十七条** 在市人民代表大会会议期间，常务委员会组成人员、专门委员会成员，市长、副市长，市监察委员会主任，市高级人民法院院长，市人民检察院检察长提出辞职的，由主席团将其辞职请求交各代表团审议后，提请大会全体会议决定；大会闭会期间提出辞职的，由常务委员会主任会议将其辞职请求提请常务委员会审议决定。常务委员会接受辞职的决定应当报市人民代表大会备案。

在市人民代表大会闭会期间，常务委员会依法免去由市人民代表大会选举的国家机关工作人员职务的决定，应当报市人民代表大会备案。

**第五十八条** 市人民代表大会常务委员会组成人员、专门委员会成员的市人民代表大会代表职务被原选举单位罢免的，其市人民代表大会常务委员会组成人员、专门委员会成员的职务相应撤销，由主席团或者市人民代表大会常务委员会予以公告。

**第五十九条** 市人民检察院检察长的选举、罢免和辞职，经市人民代表大会通过后，应当报经最高人民检察院检察长提请全国人民代表大会常务委员会批准。

市人民代表大会罢免由本市选举的全国人民代表大会代表的决议，必须报全国人民代表大会常务委员会备案。

## 第六章 询问和质询

**第六十条** 各代表团审议议案和有关报告的时候，有关机关应当由其负责人或者指派负责人员到会，听取意见，回答代表提出的询问。

各代表团全体会议审议政府工作报告，审查关于国民经济和社会发展计划及计划执行情况的报告、关于预算报告的时候，市人民政府及其所属各部门负责人应当分别参加会议，听取意见，回答询问。

主席团和专门委员会对议案和有关报告进行审议的时候，市人民政府或者有关国家机关负责人应当到会，听取意见，回答询问，并可以对议案和有关报告作补充说明。

代表在会议期间对市级国家机关提出的询问，有关机关应当在会议期间作出答复。如询问涉及的问题比较复杂的，由受询问机关提出要求，经主席团或者有关的代表团同意，可以在市人民代表大会会议闭会后作出答复。

**第六十一条** 市人民代表大会会议期间，代表十人以上联名，可以书面提出对市人民政府及其部门，市监察委员会，市高、中级人民法院，市人民检察院和分院的质询案。

**第六十二条** 代表提出质询案，必须使用专用纸，写明质询对象、质询的问题和内容。

**第六十三条** 质询案由主席团决定交由受质询的机关在主席团会议、大会全体会议或者有关的专门委员会会议上作出口头答复，或者由受质询机关书面答复。

在主席团会议或者专门委员会会议上答复的，提质询案的代表有权列席会议，发表意见。主席团认为必要的时候，可以将答复质询案的情况报告印发会议。

在专门委员会会议上答复的，有关的专门委员会应当将答复质询案的情况向主席团报告。

质询案以口头答复的，应当由受质询机关的负责人到会答复；质询案以书面答复的，应当由受质询机关的负责人签署，由主席团印发会议或者印发提质询案的代表，提质询案的代表可以对书面答复提出意见。

**第六十四条** 提出质询案的代表半数以上对受质询机关的答复不满意的，可以提出重新答复的要求，由主席团交受质询机关再作答复。

受质询机关认为质询案涉及的问题比较复杂，在会议期间答复有困难的，或者提出质询案的代表半数以上对再次答复仍不满意的，经主席团决定，可以在市人民代表大会闭会后两个月内，由受质询机关在常务委员会会议或者有关的专门委员会会议上作出答复，提质询案的代表有权列席会议，发表意见。常务委员会根据答复的情况和代表意见，必要时可以作出决定。

**第六十五条** 在主席团对质询案作出处理决定前，提案人要求撤回的，对该质询案的审议即行终止。

## 第七章 调查委员会

**第六十六条** 市人民代表大会认为必要的时候，可以组织关于特定问题的调查委员会。

**第六十七条** 主席团或者十分之一以上的代表联名，可以提议组织关于特定问题的调查委员会，由主席团提请大会全体会议决定。

调查委员会由主任委员一人、副主任委员若干人和委员若干人组成，由主席团在市人民代表大会代表中提名，提请大会全体会议通过。调查委员会可以聘请专家参加调查工作。

**第六十八条** 调查委员会进行调查的时候，有关的国家机关、社会团体、企业、事业单位和公民都有义务如实向它提供必要的材料。提供材料的公民要求对材料来源保密的，调查委员会应当予以保密。

调查委员会在调查过程中，可以不公布调查情况和材料。

**第六十九条** 调查委员会应当向市人民代表大会提出调查报告。市人民代表大会根据调查委员会的报告，可以作出相应的决议。

市人民代表大会可以授权市人民代表大会常务委员会在市人民代表大会闭会期间，听取调查委员会的调查报告，并可以作出相应的决议，报市人民代表大会下次会议备案。

## 第八章 发言和表决

**第七十条** 市人民代表大会代表在市人民代表大会各种会议上的发言和表决，不受法律追究。

**第七十一条** 代表在市人民代表大会各种会议上发言，应当围绕会议确定的议题进行。

**第七十二条** 代表要求在大会全体会议上发言的，应当在会前向大会秘书处报名，由大会执行主席安排发言顺序。在进行大会审议的全体会议上临时要求发言的，经大会执行主席许可，始得发言。

代表在大会每次全体会议上发言的，每人

就同一议题可以发言两次，第一次不得超过八分钟，第二次不得超过五分钟。

**第七十三条** 主席团成员或者列席主席团会议的代表在主席团每次会议上发言的，每人可以就同一议题发言两次，第一次不得超过八分钟，第二次不得超过五分钟。

**第七十四条** 列入会议议程需要表决的议案和决议、决定草案，在进行大会表决的全体会议召开前，应当经过充分审议讨论。代表在审议中对议案和决议、决定草案有重要不同意见的，经主席团提出，由出席会议的代表过半数同意，可以暂不交付表决。

较多的代表对提请表决的议案、决议、决定草案中的部分条款有不同意见的，经主席团决定，可以将部分条款分别付诸大会全体会议表决。

在进行大会表决和选举的全体会议上，代表不进行大会发言。

**第七十五条** 大会全体会议表决议案和决议、决定时，有修正案的，先表决修正案。

表决结果由会议主持人当场宣布。

**第七十六条** 大会全体会议表决议案，由全体代表的过半数通过。表决结果由会议主持人当场宣布。会议表决时，代表可以表示赞成，可以表示反对，也可以表示弃权。

会议表决议案采用无记名按表决器方式。如表决器系统在使用中发生故障，采用举手方式。

预备会议、主席团会议表决的方式，适用本条规定。

## 第九章 公　　布

**第七十七条** 市人民代表大会选举产生的市人民代表大会常务委员会主任、副主任、秘书长、委员，市长、副市长，市监察委员会主任，市高级人民法院院长，市人民检察院检察长，通过的市人民代表大会专门委员会成员，选举的本市出席全国人民代表大会代表名单，以市人民代表大会公告予以公布。

前款规定的人员在市人民代表大会会议期间辞职或者被罢免的，以市人民代表大会公告予以公布。

**第七十八条** 市人民代表大会通过的地方性法规，由主席团发布公告予以公布。

**第七十九条** 市人民代表大会通过的地方性法规、决议、决定，发布的公告，以及法规草案的说明、审议结果报告等，应当及时在市人民代表大会常务委员会公报和上海人大网上刊载。

## 第十章 附　　则

**第八十条** 本规则在市人民代表大会会议期间，由主席团解释；在市人民代表大会闭会期间，由常务委员会解释。

**第八十一条** 本规则自公布之日起施行。

# 上海市人民代表大会常务委员会主任会议议事规则

（1990年12月22日上海市第九届人民代表大会常务委员会第二十三次会议通过　1990年12月31日公布　根据2024年12月31日上海市第十六届人民代表大会常务委员会第十八次会议《关于修改〈上海市制定地方性法规条例〉等3件地方性法规的决定》修正）

## 第一章 总　　则

**第一条** 为了使市人民代表大会常务委员会主任会议处理重要日常工作制度化、规范化，根据《中华人民共和国地方各级人民代表大会和地方各级人民政府组织法》《上海市人民代表大会议事规则》和《上海市人民代表大会常务委员会议事规则》，制定本规则。

**第二条** 市人民代表大会常务委员会主任、副主任、秘书长组成主任会议。

**第三条** 主任会议坚持中国共产党的领导，坚持以人民为中心，坚持和发展全过程人民民主，依照法定职责和法定程序举行会议、开展工作。

**第四条** 主任会议审议和决定问题，应当充分发扬民主，实行民主集中制的原则。

## 第二章 主任会议的职责

**第五条** 主任会议研究处理常务委员会会议审议市人民代表大会相关议题的准备事项：

（一）拟订会议议程草案、主席团和秘书长等名单草案，提请常务委员会会议审议；

（二）拟订列席人员名单草案，提请常务委员会会议审议；

（三）提出常务委员会工作报告稿，提请常务委员会会议审议；

（四）讨论或者确定其他准备事项。

遇有特殊情况，根据常务委员会的授权，决定提前或者推迟召开市人民代表大会并予以公布。

**第六条** 主任会议研究处理常务委员会会议有关事项：

（一）决定常务委员会每次会议的会期和日程；拟订会议议程草案，必要时提出调整会议议程的建议和决定暂不公开会议有关议程；

（二）向常务委员会提出属于常务委员会职权范围内的议案以及根据工作需要，委托常务委员会的工作机构、办事机构起草议案草案并向常务委员会会议作说明；

（三）对向常务委员会提出的议案和质询案，决定交由有关的专门委员会审议或者提请常务委员会全体会议审议；

（四）听取有关专门委员会、工作委员会对提请常务委员会审议的议案和报告有关情况的汇报，听取常务委员会工作机构、办事机构对有关工作情况的汇报；

（五）决定市人大常委会执法检查组的执法检查报告提请常务委员会审议；决定市人民政府、市监察委员会、市高级人民法院、市人民检察院的有关情况报告提请常务委员会审议；

（六）听取市人民代表大会各专门委员会、常务委员会各工作委员会提出的关于下一级人民代表大会及其常务委员会不适当的决议、本级人民政府不适当的决定和命令的初步审查意见，决定提请常务委员会会议审议；

（七）讨论市人民政府、市监察委员会、市高级人民法院、市人民检察院及有关专门法院提请常务委员会审议的人事事项，听取人事任免工作委员会的初步审议意见，决定提请常务委员会会议审议；

（八）提出应由常务委员会主任、主任会议提请常务委员会审议的人事事项；

（九）根据常务委员会会议审议情况，决定是否将议案和报告、决定草案、决议草案提请常务委员会全体会议表决，对暂不交付表决的，提出下一步处理意见；

（十）委托专门委员会就有关问题开展调研询问；

（十一）遇有特殊情况，决定常务委员会组成人员可以通过网络视频方式出席会议，可以调整会议列席人员范围；

（十二）法律、法规规定的其他职责。

**第七条** 主任会议研究处理常务委员会其他重要日常工作：

（一）通过常务委员会年度工作要点、立法计划、监督工作和讨论决定重大事项工作计划、代表工作计划、专项工作规划和工作规范性文件等；

（二）指导和协调各专门委员会的日常工作；

（三）组织常务委员会任命或者决定任命的部分国家工作人员的宪法宣誓仪式；

（四）决定常务委员会办公厅和研究室副主任的任免；

（五）法律、法规规定的其他职责和研究处理常务委员会其他重要日常工作。

## 第三章 会议的召开

**第八条** 主任会议由常务委员会主任召集并主持。常务委员会主任可以委托一位副主任召集并主持主任会议。

**第九条** 主任会议根据需要不定期召开，必须有全体成员的过半数出席始得举行。

**第十条** 主任会议的议题，由秘书长提出，常务委员会主任或主任委托的副主任确定。

**第十一条** 在主任会议举行的三天前，办公厅应将会议议题、开会日期和地点通知主任会议组成人员，并将会议文件提前送达主任会议组成人员。

临时召集的主任会议，不适用前款规定。

**第十二条** 主任会议成员不能出席会议的，必须事先向常务委员会主任或者受委托的副主任请假；如对会议讨论的文件或者事项有意见或者建议，可以在会议召开之前提出。

**第十三条** 市人民代表大会各专门委员会和常务委员会各工作委员会负责人，副秘书长，办公厅和研究室负责人列席主任会议。经常务委员会主任或主任委托的副主任确定，市人民政府、市监察委员会、市高级人民法院、市人民检察院以及有关部门的负责人可以列席主任会议。

## 第四章 议题的审议和决定

**第十四条** 主任会议审议和决定议题，一般采用会议形式。需要主任会议及时作出决定但来不及召开会议的，常务委员会主任可以决定以分送、传批或者口头形式征求主任会议成员意见。

经常务委员会主任同意，部分议题可以进行书面审议。

**第十五条** 主任会议举行前，主任会议成员应就会议议题做好审议准备。

主任会议成员在会议上的发言，应围绕会议议题进行。

**第十六条** 主任会议审议决定议题，必须由全体成员的过半数同意。

**第十七条** 主任会议审议议题，汇报单位应当由主要负责人担任汇报人。主要负责人因故不能到会的，可以委托其他负责人汇报。

汇报应当简明扼要、重点突出、条理清晰、通俗易懂，内容复杂、篇幅较长的汇报文件，应当另拟简要汇报提纲作口头汇报。

## 第五章 附　　则

**第十八条** 主任会议通过的文件和决定的事项需要行文时，由常务委员会主任或分管的副主任签发。

**第十九条** 主任会议应作会议记录并编印会议纪要。会议纪要由常务委员会主任签发，主任可以委托副主任或秘书长签发。

**第二十条** 主任会议讨论的重要问题和决定的事项，经常务委员会主任或主任委托的副主任同意，可以发布新闻。

**第二十一条** 本规则自公布之日起施行。

# 上海市罢免和补选各级人民代表大会代表程序的规定

（1992年6月19日上海市第九届人民代表大会常务委员会第三十四次会议通过 1992年6月27日公布 根据1998年8月18日上海市第十一届人民代表大会常务委员会第四次会议《关于修改〈上海市罢免和补选各级人民代表大会代表程序的规定〉的决定》第一次修正 根据2007年4月26日上海市第十二届人民代表大会常务委员会第三十五次会议《关于修改〈上海市罢免和补选各级人民代表大会代表程序的规定〉的决定》第二次修正 根据2010年9月17日上海市第十三届人民代表大会常务委员会第二十一次会议《关于修改本市部分地方性法规的决定》第三次修正 根据2023年12月28日上海市第十六届人民代表大会常务委员会第九次会议《关于修改〈上海市人民代表大会常务委员会关于区县和乡镇人民代表大会工作的若干规定〉等5件地方性法规和废止〈上海市预防职务犯罪工作若干规定〉的决定》第四次修正）

## 第一章 总　　则

**第一条** 为了使罢免和补选各级人民代表大会代表的工作规范化、制度化，根据《中华人民共和国宪法》、《中华人民共和国全国人民代表大会和地方各级人民代表大会选举法》、《中华人民共和国地方各级人民代表大会和地方各级人民政府组织法》、《中华人民共和国全国人民代表大会和地方各级人民代表大会代表法》和其他有关法律、法规的规定，结合本市的实际情况，制定本规定。

**第二条** 本市罢免和补选各级人民代表大会代表，坚持中国共产党的领导，坚持充分发扬民主，坚持严格依法办事。

**第三条** 全国和本市各级人民代表大会代表，受选民和原选举单位的监督。选民或者选举单位都有权罢免自己选出的代表。

**第四条** 全国和本市各级人民代表大会代表在任期内因故出缺，由原选区或者原选举单位补选。

## 第二章 罢免代表

**第五条** 对于区人民代表大会代表，原选区选民五十人以上联名，对于乡镇人民代表大会代表，原选区选民三十人以上联名，可以向区人民代表大会常务委员会提出罢免要求。

被提出罢免的代表有权在选民会议上提出申辩意见，也可以向区人民代表大会常务委员会书面提出申辩意见。

区人民代表大会常务委员会应当自收到罢免要求之日起的两个月内，将罢免要求和被提出罢免的代表的书面申辩意见印发原选区选民。

**第六条** 市人民代表大会举行会议的时候，主席团或者十分之一以上代表联名，可以提出对由市人民代表大会及其常务委员会选举的全国人民代表大会代表的罢免案。

区人民代表大会举行会议的时候，主席团或者十分之一以上代表联名，可以提出对由区人民代表大会及其常务委员会选举的市人民代表大会代表的罢免案。

罢免案由主席团交各代表团审议后，提请大会全体会议表决；或者由主席团提议，经大会全体会议决定，组织调查委员会进行调查，由人民代表大会下一次会议根据调查委员会的调查报告审议决定；也可以授权常务委员会在人民代表大会闭会期间听取调查委员会的调查报告，并作出相应的决定，报人民代表大会备案。

市和区人民代表大会举行会议的时候，被提出罢免的代表有权在主席团会议和大会全体会议上提出申辩意见，或者书面提出申辩意见，由主席团印发会议。

**第七条** 在市人民代表大会闭会期间，常务委员会主任会议或者常务委员会五分之一以上组成人员联名，可以向常务委员会提出对由市人民代表大会及其常务委员会选举的全国人民代表大会代表的罢免案。

在区人民代表大会闭会期间，常务委员会主任会议或者常务委员会五分之一以上组成人员联名，可以向常务委员会提出对由区人民代表大会及其常务委员会选举的市人民代表大会代表的罢免案。

市和区人民代表大会常务委员会举行会议的时候，被提出罢免的代表有权在主任会议和常务委员会全体会议上提出申辩意见，或者书面提出申辩意见，由主任会议印发会议。罢免案经会议审议后，由主任会议提请全体会议表决。

**第八条** 罢免要求和罢免案应当以书面形式提出，写明罢免理由，并提供有关材料。受理机关收到罢免要求或者罢免案后，应当及时组织调查，核实情况。联名提出罢免要求的选民如提出撤回罢免要求，应当自提出罢免要求之日起的十五日内以书面形式提出，写明撤回的理由。受理机关收到撤回罢免要求后，如坚持提出罢免区人民代表大会代表要求的选民不足五十人的，罢免乡镇人民代表大会代表要求的选民不足三十人的，不再将罢免要求交原选区选民进行表决。

**第九条** 罢免区和乡镇人民代表大会代表，由区人民代表大会常务委员会主任会议组织进行。表决罢免要求，由区人民代表大会常务委员会派有关负责人员主持。罢免全国和市人民代表大会代表，市和区人民代表大会举行会议的时候，分别由市和区人民代表大会主席团组织进行；在人民代表大会闭会期间，分别由市和区人民代表大会常务委员会主任会议组织进行。

**第十条** 罢免区和乡镇人民代表大会代表时，原选区应当重新核对选民名单，对选民变动情况进行补正，在表决罢免要求之日的两日以前予以公布。

**第十一条** 罢免代表，采用无记名表决方式。

**第十二条** 罢免区和乡镇人民代表大会代表，必须经原选区过半数的选民通过。

罢免由市和区人民代表大会及其常务委员会分别选出的全国和市人民代表大会代表，市和区人民代表大会举行会议的时候，必须经各该级人民代表大会全体代表的过半数通过。在人民代表大会闭会期间，必须经常务委员会组成人员的过半数通过。

**第十三条** 罢免乡镇人民代表大会代表的结果报告，由乡镇人民代表大会代表资格审查委员会报本级人民代表大会予以公告。

罢免区人民代表大会代表的结果报告，由区人民代表大会常务委员会代表资格审查委员会报本级人民代表大会常务委员会予以公告。

罢免市人民代表大会代表的决议，由区人民代表大会常务委员会报市人民代表大会常务委员会备案，由市人民代表大会常务委员会代表资格审查委员会报本级人民代表大会常务委员会予以公告。

罢免全国人民代表大会代表的决议，由市人民代表大会常务委员会报全国人民代表大会常务委员会备案、公告。

## 第三章 补选代表

**第十四条** 区和乡镇人民代表大会代表因故出缺的时候，由原选区选民进行补选。全国和市人民代表大会代表因故出缺的时候，分别由市和区人民代表大会进行补选；在人民代表大会闭会期间，分别由市和区人民代表大会常务委员会进行补选。

**第十五条** 补选区人民代表大会代表，由区人民代表大会常务委员会主任会议组织进行；补选乡镇人民代表大会代表，由乡镇人民代表大会主席组织进行。补选全国和市人民代表大会代表，市和区人民代表大会举行会议的时候，分别由市和区人民代表大会主席团组织进行；在人民代表大会闭会期间，分别由市和区人民代表大会常务委员会主任会议组织进行。

**第十六条** 补选乡镇人民代表大会代表，乡镇人民代表大会主席应当事先报告区人民代表大会常务委员会。补选全国和市人民代表大会代表，市和区人民代表大会常务委员会应当事先分别报告全国和市人民代表大会常务委员会。

**第十七条** 补选区和乡镇人民代表大会代表，各政党、各人民团体可以联合或者单独分别向区人民代表大会常务委员会和乡镇人民代表大会主席团推荐代表候选人；本选区选民十人以上联名也可以向区人民代表大会常务委员会或者乡镇人民代表大会主席团推荐代表候选人。

**第十八条** 补选全国和市人民代表大会代表，市和区人民代表大会举行会议的时候，各政党、各人民团体可以联合或者单独分别向市和区人民代表大会主席团推荐代表候选人；代表十人以上联名也可以向大会主席团推荐代表候选人。

在人民代表大会闭会期间，各政党、各人民团体可以联合或者单独分别向市和区人民代表大会常务委员会推荐代表候选人；市人民代表大会常务委员会组成人员五人以上联名，区人民代表大会常务委员会组成人员三人以上联名，可以向本级人民代表大会常务委员会推荐代表候选人。

**第十九条** 推荐代表候选人，应当填写推荐表，写明推荐理由。补选代表工作的组织者应当向选民或者代表或者常务委员会组成人员介绍代表候选人的情况。推荐代表候选人的选民和政党、人民团体、代表、常务委员会组成人员，可以在选民小组或者代表小组或者常务委员会会议上介绍所推荐的代表候选人的情况。但是在补选区和乡镇人民代表大会代表的当日，必须停止对代表候选人的介绍。

**第二十条** 补选代表时，代表候选人的名额可以多于应补选代表的名额，进行差额选举；也可以同应补选代表的名额相等，进行等额选举。补选区和乡镇人民代表大会代表实行差额选举的时候，代表候选人的名额应当多于应选代表名额三分之一至一倍。补选全国和市人民代表大会代表实行差额选举的时候，代表候选人的名额应当多于应选代表名额五分之一至二分之一。如果只补选一人，候选人应为二人。

如果提出的代表候选人人数多于上述差额的时候，由补选代表的组织者，根据较多数选民或者较多数代表或者较多数常务委员会组成人员的意见，确定正式代表候选人。

**第二十一条** 补选区和乡镇人民代表大会代表的时候，原选区应当重新核对选民名单，对选民变动情况进行补正，在选举日的十五日以前予以公布。

**第二十二条** 补选区和乡镇人民代表大会代表的时候，在选举日的十日以前公布代表候选人名单。经民主协商后，在选举日的五日以前公布正式代表候选人名单。如果所提名的代表候选人的人数与应选代表名额相等的，或者经民主协商意见比较一致的，补选代表工作的组织者也可以在选举日的五日以前一次公布正式代表候选人名单。

**第二十三条** 补选代表，采用无记名投票方式。

**第二十四条** 补选区和乡镇人民代表大会代表的时候，选区全体选民的过半数参加投票，选举有效。代表候选人获得参加投票的选民过半数的赞成票，始得当选。补选全国和市人民代表大会代表的时候，代表候选人获得全体代表过半数或者常务委员会组成人员过半数的赞成票，始得当选。

**第二十五条** 补选结果，由补选代表工作的组织者在选举完成时予以宣布。

补选全国和市人民代表大会代表，市和区人民代表大会常务委员会必须将补选结果报告报送上一级人民代表大会常务委员会。

**第二十六条** 补选的全国和市、区人民代表大会代表，由本级人民代表大会常务委员会代表资格审查委员会审查其代表资格是否有效，并报本级人民代表大会常务委员会确认。补选的乡镇人民代表大会代表，由本级人民代表大会代表资格审查委员会审查其代表资格是否有效，并报本级人民代表大会主席团确认。

代表资格有效的代表，由本级人民代表大会常务委员会或者乡镇人民代表大会主席团予以公告，并发给代表证。

**第二十七条** 补选的代表，其任期到本届人民代表大会届满为止。

## 第四章 附 则

**第二十八条** 中国人民解放军驻沪部队罢免和补选本市市和区人民代表大会代表，依照《中国人民解放军选举全国人民代表大会和县级以上地方各级人民代表大会代表的办法》并参照本规定办理。

**第二十九条** 本规定在具体应用中的问题，由市人民代表大会常务委员会代表资格审查委员会解释。

**第三十条** 本规定自市人民代表大会常务委员会公布之日起施行。

# 上海市国防教育条例

（1992年8月20日上海市第九届人民代表大会常务委员会第三十五次会议通过 根据2010年9月17日上海市第十三届人民代表大会常务委员会第二十一次会议《关于修改本市部分地方性法规的决定》修正 2012年9月26日上海市第十三届人民代表大会常务委员会第三十六次会议修订）

**第一条** 为了普及和加强国防教育，发扬爱国主义精神，增强公民国防观念，促进国防建设和社会主义精神文明建设，根据《中华人民共和国国防教育法》等有关法律、行政法规，结合本市实际情况，制定本条例。

**第二条** 开展国防教育是全社会的共同责任，接受国防教育是公民的权利和义务。

**第三条** 本市通过开展国防教育，使公民增强国防观念，掌握国防基本知识，学习必要军事技能，激发爱国热情，自觉履行国防义务。

开展国防教育应当根据形势需要和实际情况，有针对性地设置教育内容，国防教育的基本内容包括国防理论、国防知识、国防历史、国防法规、国防形势与任务和国防技能等。

**第四条** 各级人民政府领导本行政区域内的国防教育工作。驻地军事机关按照国家和军队的有关规定，协助和支持人民政府开展国防教育。

市和区、县国防教育联席会议（以下简称联席会议）负责国防教育工作的组织、协调和检查；市和区、县国防教育办公室是同级联席会议的办事机构，负责联席会议的日常工作，并承担国防教育的服务保障、评估考核、指导监督等工作。

乡、镇人民政府和街道办事处应当确定一个部门或者专人负责国防教育工作。

**第五条** 各级人民政府应当将国防教育工作纳入同级国民经济和社会发展规划，并将国防教育工作所需经费列入同级财政预算。

**第六条** 教育部门负责在校学生的国防教育，加强对学校国防教育的组织、指导和监督，并对学校国防教育工作定期进行考核。

文广影视、新闻出版部门负责国防教育的社会宣传教育工作。

民政、人力资源社会保障、公务员管理、司法行政、科技、卫生、体育等部门按照各自职责，做好相关的国防教育工作。

征兵、人民防空、国防科研生产、国民经济动员、国防交通、军事设施保护等工作的主管部门，依照有关法律、法规的规定，负责相关的国防教育工作。

**第七条** 上海警备区和区、县人民武装部负责民兵、预备役人员的国防教育。

驻沪人民解放军和人民武装警察部队根据国家和军队的有关规定，为有组织的国防教育活动选派军事教员，提供必要的军事训练场地、设施以及其他便利条件。

按照国家和军队有关规定批准开放的军营，可以在国庆节、中国人民解放军建军节和全民国防教育日向社会开放。

**第八条** 工会、共产主义青年团、妇女联合会以及其他有关社会团体，协助人民政府开展国防教育。

居民委员会、村民委员会应当将国防教育纳入精神文明建设工作，结合征兵工作、拥军优属以及重大节日、纪念日活动，对居民、村民进行国防教育。

**第九条** 国家机关应当根据各自的工作性质和特点，结合在职学习和业务培训，通过举办国防知识讲座、形势报告等方式，开展国防教育。

国家机关领导人员应当结合本地区、本单位的实际，领导、组织国防教育工作，履行国防职责。

国家机关公务员录用考试和初任培训，应当设置国防教育的内容。

**第十条** 小学和初级中学应当将国防教育纳入专题教育的内容，采取课堂教学与课外活动相结合的方法，通过将国防教育内容融入语文、历史、地理、体育和思想品德等课程，开展少年军校、军事夏令营、主题班会、读书演讲、知识竞赛等活动，对学生进行国防教育，使其掌握相应的国防常识。

小学和初级中学学生接受国防教育的情况，记入学生成长记录。

**第十一条** 普通高中和中等职业学校应当在有关课程中安排专门的国防教育内容，并通过组织开展军事训练、举办国防知识讲座等方式，对学生进行国防教育，使其掌握相应的国防知识与技能。

普通高中和中等职业学校的学生在校期间参加集中军事训练的时间累计不少于十天；集中军事训练的具体内容，按照国家有关高级中学学生军事训练大纲执行。

普通高中和中等职业学校的学生接受国防教育的情况，记入学生的学籍档案。

**第十二条** 高等学校应当通过设置适当的国防教育课程、组织开展军事训练等方式，对学生进行全面系统的国防教育，使其掌握相应的国防知识与技能。

高等学校学生学习国防教育课程和参加集中军事训练的时间，应当符合国家有关规定；集中军事训练的具体内容，按照国家有关高等学校学生军事训练大纲执行。

高等学校学生学习国防教育课程和参加集中军事训练的情况，记入学生的学籍档案。

**第十三条** 民兵、预备役人员的国防教育应当结合政治教育和组织整顿、军事训练、执行勤务以及重大节日、纪念日活动进行；在集中军事训练期间，安排国防教育课程的时间不少于政治教育总时间的百分之二十。

**第十四条** 企业事业单位、民办非企业单位应当将国防教育列入职工教育计划，结合政治教育、业务培训、文化体育等活动，对职工进行国防教育。

社会团体以及其他组织应当根据各自的活动特点，开展国防教育。

**第十五条** 社区文化活动中心或者其他社区公共文化设施应当设立国防教育场所，开展形式多样的国防教育活动。

社区学校应当结合社区教育的特点，举办国防教育讲座、报告，开设国防教育课程，开展国防教育活动。

**第十六条** 各级人民政府应当在全民国防教育日采取举办形势报告会、知识竞赛、文艺演出、参观国防教育基地或者纪念地、试鸣防空警报、组织军事体验活动等形式，集中开展国防教育宣传活动。

**第十七条** 文广影视、新闻出版部门应当指导有关单位做好国防教育题材的文学、艺术、影视作品的创作、出版、展览展示、演出、播映等工作。

广播电台、电视台、报刊、互联网站应当开

展国防教育宣传，通过开设国防教育栏目、新闻报道、公益广告等方式，普及国防知识，增强公民国防观念。

**第十八条** 图书馆、博物馆、科技馆、纪念馆、美术馆、文化馆(站)、工人文化宫、青少年活动中心等应当根据自身特点和社会需求，通过举办讲座、展览展示、播放视听资料等方式，开展国防教育活动。

鼓励在公共绿地、城市广场等公共场所，结合整体布局和要求，设置国防教育题材的城市雕塑等。

**第十九条** 市和区、县人民政府应当加强对国防教育基地的规划、建设和管理，并为其发挥作用提供必要的保障。

国防教育基地应当结合自身特点，开展国防教育主题宣传活动，对有组织的中小学生免费开放，并在国庆节、中国人民解放军建军节、全民国防教育日向社会免费开放。

**第二十条** 国家机关、学校、企业事业单位、民办非企业单位、社会团体、居民委员会、村民委员会以及其他组织，可以按照军营开放的要求，组织有关人员、学生、居民或者村民参观军营，体验军营生活，接受国防教育。

**第二十一条** 市国防教育办公室建立国防教育信息网络服务平台，宣传国防和军队建设，普及国防知识，为方便社会公众接受国防教育提供相关的信息服务。

市和区、县国防教育办公室应当组织、协调有关部门通过现代远程教育、移动通信、社区信息平台等途径，宣传普及国防知识。

**第二十二条** 市和区、县国防教育办公室应当组织、协调有关部门做好国防教育教员的选拔、培训和管理工作，加强国防教育师资队伍建设。

国防教育教员应当从下列人员中选拔：

（一）现役军人、人民武装干部、转业退伍军人或者民兵预备役骨干；

（二）国防科技人员；

（三）具有国防知识或者技能的英雄模范人物、学校教师；

（四）其他能够胜任国防教育工作的人员。

鼓励学校及其他单位和组织聘用兼职的国防教育教员，市和区、县国防教育办公室应当帮助学校及其他单位和组织解决开展国防教育的师资需求。

**第二十三条** 市国防教育办公室应当会同市教育、人力资源社会保障、文广影视、新闻出版等部门，根据《全民国防教育大纲》的要求，针对不同教育对象的特点，组织编制或者开发相应的国防教育教材、国防知识读本、国防教育音像制品和网络教育资源等。

**第二十四条** 鼓励单位和个人对国防教育事业进行捐赠，支持国防教育工作。

鼓励开展形式多样的国防教育志愿服务活动。

**第二十五条** 市和区、县国防教育办公室应当会同相关部门，根据国防教育的特点，强化对负有国防教育工作职责的部门的评估考核，对其他单位和组织的国防教育工作进行指导监督。

国防教育的工作绩效纳入评选文明单位、文明社区、文明村镇和创建双拥模范区、县的考核内容。

**第二十六条** 市和区、县国防教育办公室及其他有关部门对在国防教育工作中成绩显著的单位和个人，按照国家和本市有关规定，给予表彰和奖励。

**第二十七条** 违反本条例有关规定的行为，《中华人民共和国国防教育法》和其他法律、行政法规已有处罚规定的，从其规定。

**第二十八条** 本条例自 2012 年 11 月 1 日起施行。

# 上海市实施《中华人民共和国归侨侨眷权益保护法》办法

（1992 年 11 月 27 日上海市第九届人民代表大会常务委员会第三十八次会议通过　根据 1999 年 7 月 12 日上海市第十一届人民代表大会常务委员会第十一次会议关于修改《上海市实施〈中华人民共和国归侨侨眷权益保护法〉办法》的决定修正　2010 年 11 月 11 日上海市第十三届人民代表大会常务委员会第二十二次会议修订）

**第一条**　为了保护归侨、侨眷的合法权益，根据《中华人民共和国归侨侨眷权益保护法》、《中华人民共和国归侨侨眷权益保护法实施办法》，结合本市实际，制定本办法。

**第二条**　归侨是指回国定居的华侨。华侨是指定居在国外的中国公民。

侨眷是指华侨、归侨在国内的眷属，包括：华侨、归侨的配偶，父母，子女及其配偶，兄弟姐妹，祖父母、外祖父母，孙子女、外孙子女，以及同华侨、归侨有五年以上扶养关系的其他亲属。

华侨、归侨去世或者华侨身份改变后，其国内眷属原依法认定的侨眷身份不变。

依法与华侨、归侨及其子女解除婚姻关系，或者与华侨、归侨解除扶养关系的，其原依法认定的侨眷身份丧失。

**第三条**　归侨身份由市人民政府侨务部门（以下简称市政府侨务部门）确认，并发给《上海市归侨证》。

侨眷身份由户籍所在地的区、县人民政府侨务部门（以下简称区、县政府侨务部门）确认。同华侨、归侨有五年以上扶养关系的其他亲属，其侨眷身份由区、县政府侨务部门根据公证机关出具的扶养公证审核认定。

**第四条**　市和区、县人民政府应当重视和加强归侨、侨眷合法权益保护工作。

市和区、县政府侨务部门是本行政区域内侨务工作的行政主管部门，应当组织、指导、协调有关部门做好保护归侨、侨眷合法权益的工作，并组织开展本行政区域内归侨、侨眷权益保护的法律、法规执行情况的监督、检查。

市和区、县人民政府有关部门应当在各自职责范围内做好归侨、侨眷合法权益的保护工作。

乡、镇人民政府和街道办事处应当做好本辖区内的归侨、侨眷权益保护工作，并明确相应的专职或者兼职工作人员。

各级人民政府和街道办事处应当根据归侨、侨眷的特点，依托社区服务网络，综合利用各种社会资源，为归侨、侨眷做好服务工作。

**第五条**　各级人民政府应当将侨务工作专项经费列入本级财政预算，并予以保障。

**第六条**　归侨、侨眷享有宪法和法律规定的公民的权利，并履行宪法和法律规定的公民的义务，任何单位或者个人对归侨、侨眷不得歧视。

国家和本市根据归侨、侨眷的特点，对归侨、侨眷所作的适当照顾的规定，有关部门和单位应当切实贯彻执行。

**第七条**　对经批准回本市定居的华侨，本市有关部门应当按照国家和本市有关规定办理相应的手续；属本市紧缺人才的，有关部门应当优先办理。

**第八条**　户籍在本市的归侨、归侨子女或者华侨子女，其户籍在其他省市的配偶要求来本市落户的，公安机关应当依据有关规定优先办理户籍。

**第九条**　各级归国华侨联合会（以下简称侨联）代表归侨、侨眷的利益，按照其章程开展活动，反映归侨、侨眷的合理诉求，提出意见和建议，依法维护他们的合法权益，发挥社会监督作用。

归侨、侨眷有权依法申请成立其他社会团

体，按照各自的章程进行适合归侨、侨眷需要的合法的社会活动。

归侨、侨眷依法成立的社会团体的合法权益和财产受法律保护。

**第十条** 市人民代表大会以及归侨人数较多的区、县和乡、镇人民代表大会应当有适当名额的归侨代表。各级侨联可以依法推荐归侨代表候选人。

区、县或者乡、镇人民代表大会代表选举期间在本市的华侨，可以在本市原籍地或者出国前居住地依法参加选举。

**第十一条** 市和区、县民政部门对生活确有困难的归侨、侨眷应当给予救济。

对丧失劳动能力又无经济来源的归侨和经市政府侨务部门和市民政部门审核认定的无业早期归侨，应当按照国家和本市有关规定保障其基本生活，并给予优惠。

本市鼓励各类慈善机构以及其他单位和个人对生活困难的归侨、侨眷给予扶助。

**第十二条** 按照本市有关规定参加社会保险的归侨、侨眷，享受相应的社会保险待遇。

本市应当确保离休、退休的归侨、侨眷的养老金和早期归侨退休生活津贴按时足额发放。

在本市就业的华侨，其社会保险的登记、缴费、申领、中止、终止、支付、清算等，按照国家和本市有关规定办理。

**第十三条** 市和区、县人民政府的有关部门，乡、镇人民政府和街道办事处应当为归侨、侨眷的生产、就业提供指导、培训等方面的扶持与服务。

**第十四条** 本市鼓励归侨、侨眷参与经济社会建设，支持他们利用自身优势通过其境外亲友引进资金、技术和人才。有关部门应当根据归侨、侨眷及其境外亲友投资兴办的企业的需要，在政策咨询、资金扶持、信息需求等方面提供服务，协助其解决生产经营中遇到的困难。

**第十五条** 各级人民政府应当重视发挥归侨、侨眷、华侨以及其他境外学有所长人员的人才资源优势，鼓励他们在本市创业发展，或者以其他方式为本市经济社会发展服务。

归侨在本市工作一年以上并从事专业工作的，可以参加本专业职称资格评定，其在境外的本专业工作年限和成果，可以作为本专业职称资格评定的依据。

对在本市工作的华侨以及其他境外学有所长的人员，有关部门应当在创业扶持、配偶就业、子女就读等方面提供便利。

**第十六条** 各级人民政府应当支持归侨、侨眷在本市兴办各类公益事业。公益事业项目的权属、用途、名称不得随意更改。

归侨、侨眷及其境外亲友投资兴办的企业，通过公益性社会团体、公益性非盈利性的事业单位或者市和区、县人民政府及其有关部门，用于公益事业的捐赠支出，可以按照国家规定享受税收优惠。

归侨、侨眷境外亲友捐赠的物资用于国内公益事业的，依法减征或者免征关税和进口环节的增值税。

对介绍境外亲友、社团、企业捐赠款物用于公益事业的归侨、侨眷，有关部门依法给予鼓励和表彰。

**第十七条** 归侨、侨眷在本市的私有房屋，依法享有占有、使用、收益、处分的权利，任何单位或者个人不得侵占、损坏，不得非法征收、征用、拆迁。

历史遗留的归侨、侨眷私房问题，按照国家和本市有关规定妥善处理。

对归侨、侨眷落实私房政策后代为经租的房产问题，政府有关部门应当积极采取措施妥善解决。

**第十八条** 征收、征用或者拆迁归侨、侨眷在本市的私有房屋或者承租的公有居住房屋，征收人、征用人或者拆迁人应当按照国家和本市有关房屋征收、征用和拆迁的规定，告知房屋所有人或者承租人，并给予合理的补偿安置。

征收、征用或者拆迁归侨、侨眷企业的合法经营场所，征收人、征用人或者拆迁人应当按照国家和本市有关规定，给予合理的补偿安置，企业需要继续经营的，应当提供帮助。

**第十九条** 任何单位或者个人租用归侨、

侨眷在本市的私有房屋，当事人双方应当按照国家和本市有关规定办理租赁手续。租赁合同终止时，承租人应当将房屋退还出租房屋的归侨、侨眷。

承租人违反租赁合同或者国家和本市有关规定的，出租房屋的归侨、侨眷有权解除租赁合同，收回房屋使用权。

**第二十条** 归侨、侨眷的侨汇收入，受法律保护，任何单位或者个人不得侵吞、冒领、截留和克扣，不得强行索取、借贷或者限制其应当享有的权益。

**第二十一条** 归侨、侨眷需要赴境外处分财产或者接受遗产、遗赠、赠与的，有关部门应当根据归侨、侨眷的请求提供必要的协助。

归侨、侨眷从境外取回本人的财产受法律保护，任何单位或者个人不得侵犯。

**第二十二条** 归侨学生、归侨子女和华侨在国内的子女报考国家举办的非义务教育的学校，教育等有关部门应当按照国家和本市有关规定办理。

华侨子女来本市就读实施义务教育的学校，符合有关规定的，应当视同本地居民子女办理入学手续；就读本市普通高校的华侨学生，按本地学生收费标准收取学费。

本市侨务、教育等有关部门应当重视中华民族语言和中华优秀传统文化在华侨子女中的教育、弘扬与交流，并在政策、资金上支持和鼓励学校、社区等利用各种资源开展相关活动。

**第二十三条** 归侨、侨眷的通信自由和通信秘密受法律保护，任何单位或者个人不得非法开拆、毁弃、隐匿、盗窃和扣压归侨、侨眷的邮件。归侨、侨眷的给据邮件丢失、损毁或者内件短少的，邮政或者其他承运部门应当依法采取补救措施或者赔偿损失。

**第二十四条** 归侨、侨眷因私申请出境，公安出入境管理部门应当在规定的期限内依法办理手续。

归侨、侨眷因境外直系亲属或者兄弟姐妹病危、死亡或者限期处理境外财产等特殊情况急需出境的，公安出入境管理部门应当根据申请人提供的有效证明优先办理。

**第二十五条** 归侨、侨眷职工出境探望父母、配偶，归侨职工在其父母死亡后出境探望兄弟姐妹或者其定居境外的父母死亡后出境探望子女，探亲假期和工资、旅费按照国家和本市有关规定办理，所在单位不得损害其合法权益。

**第二十六条** 按照国家规定离休、退休、退职的归侨、侨眷获准出境定居的，按照国家有关规定享受的离休、退休、退职待遇不变。其养老金可以委托他人领取，但需每年向原单位或者负责支付养老金的社会保险经办机构提供由我国驻其所在国外交（领事）机构或者所在国的公证机构出具的本人生存证明文件。出境定居的离休、退休、退职人员临时回本市就医的，按照国家和本市有关规定享受相应的医疗待遇。

**第二十七条** 不符合国家规定退休条件的归侨、侨眷职工获准出境定居的，按照国家和本市有关规定办理相关手续，对于本市养老保险制度改革前归侨、侨眷职工在用人单位的工作年限，由用人单位按照规定向其本人支付一次性离职费；归侨、侨眷职工获准出境定居后，其养老保险、医疗保险关系的处理按照国家和本市有关规定执行。

归侨、侨眷获准出境定居，出境前依法参加本市补充养老保险（企业年金）的，可以按照国家和本市有关规定享受相应的社会保险待遇。

**第二十八条** 归侨、侨眷出境探亲或者定居的，按照规定可以兑换外汇；出境定居的，其领取的社会保险金、住房公积金、离职费，可以按照规定兑换外汇汇出或者携带出境。

**第二十九条** 归侨、侨眷全家出境定居，需要保留原承租的公有居住房屋，而且按照本市有关规定允许继续保持租赁关系的，房屋管理部门应当为其办理相应的手续。

**第三十条** 归侨、侨眷申请自费出国留学的，有关部门和所在单位应当按照国家规定及时办理有关手续。

**第三十一条** 归侨、侨眷在获得前往国家（地区）入境签证前，所在工作单位或者学校不得因申请出境而对其免职、辞退、解除劳动关系、停发工资或者责令退学，并且不得收取保证金、抵押金。

**第三十二条** 归侨、侨眷的合法权益受到侵害的，有权要求有关主管部门依法处理，或者向人民法院提起诉讼。对有经济困难的归侨、侨眷，本市法律援助机构应当依法为其提供法律援助。各级侨联应当给予支持和帮助。

**第三十三条** 侵害归侨、侨眷合法权益，造成归侨、侨眷财产损失或者其他损害的，应当依法承担相应的法律责任。

**第三十四条** 国家机关工作人员滥用职权、玩忽职守、徇私舞弊，致使归侨、侨眷合法权益受到损害的，对直接负责的主管人员和其他直接责任人员依法给予行政处分或者纪律处分；构成犯罪的，依法追究刑事责任。

**第三十五条** 香港特别行政区居民、澳门特别行政区居民以及外籍华人居住在本市具有中国国籍的眷属，可以参照本办法执行。

**第三十六条** 本办法自 2011 年 3 月 1 日起施行。

# 上海市实施《中华人民共和国义务教育法》办法

（1993 年 2 月 6 日上海市第九届人民代表大会常务委员会第四十一次会议通过 根据 1997 年 12 月 10 日上海市第十届人民代表大会常务委员会第四十次会议关于修改《上海市实施〈中华人民共和国义务教育法〉办法》的决定第一次修正 2009 年 2 月 24 日上海市第十三届人民代表大会常务委员会第九次会议修订 根据 2024 年 9 月 27 日上海市第十六届人民代表大会常务委员会第十六次会议《关于修改〈上海市妇女权益保障条例〉等 4 件地方性法规的决定》第二次修正）

## 第一章 总 则

**第一条** 为了保障适龄儿童、少年享有平等接受义务教育的权利，促进义务教育均衡发展，加强素质教育，保证义务教育的实施，根据《中华人民共和国义务教育法》及其他有关法律、行政法规，结合本市实际，制定本办法。

**第二条** 本市行政区域内义务教育的实施及其有关管理活动，适用本办法。

**第三条** 本市义务教育在国务院领导下，实行市人民政府统筹规划实施，区人民政府为主管理的体制。

市和区教育行政部门具体负责义务教育实施工作；市和区其他有关行政部门在各自的职责范围内负责义务教育实施工作。

鼓励乡镇人民政府在办学条件、办学经费等方面，支持本行政区域内义务教育发展。

**第四条** 本市将义务教育事业纳入全市国民经济和社会发展规划。

**第五条** 本市实施义务教育，不收学费、杂费、教科书费、作业本费。

**第六条** 实施义务教育所需的经费、师资、校舍及设施设备等，由市和区人民政府依法予以保障。

**第七条** 市和区人民政府应当合理配置义务教育资源，缩小城乡之间、区域之间、学校之间办学条件和办学水平的差距，促进义务教育均衡发展。

**第八条** 市和区人民政府及其教育行政部门应当推进实施素质教育。

学校应当按照素质教育的要求开展教育教学活动。

**第九条** 本市实行义务教育督导制度。市和区人民政府教育督导机构应当依法开展督导工作。

**第十条** 发生违反义务教育法律、法规的重大事件，妨碍本市义务教育实施，造成重大社会影响的，负有领导责任的人民政府或者教育行政部门负责人应当引咎辞职。

## 第二章 就学管理

**第十一条** 凡年满六周岁的儿童，其父母或者其他法定监护人应当送其入学接受并完成义务教育。

适龄儿童、少年因身体状况需要延缓入学或者休学的，其父母或者其他法定监护人应当提出申请，由当地区教育行政部门或者乡镇人民政府批准。

**第十二条** 适龄儿童、少年免试入学。学校不得举行或者变相举行与入学挂钩的选拔考试或者测试，不得将各种竞赛成绩和各类考级证书作为入学的条件和编班的依据。

**第十三条** 具有本市户籍的适龄儿童、少年，在户籍所在地学校就近入学。就近入学的范围，由区教育行政部门根据本行政区域内学校布局以及适龄儿童、少年数量和分布状况合理确定，并向社会公布。

**第十四条** 父母或者其他法定监护人在本市工作或者居住期间，其同住的非本市户籍适龄儿童、少年需要在本市接受义务教育的，由其父母或者其他法定监护人持本人身份证明与就业证明或者本人身份证明与居住证明，以及适龄儿童、少年的身份证明等材料，到居住地所在区教育行政部门申请就读，区教育行政部门应当统筹解决。

**第十五条** 本市司法行政部门和教育行政部门按照各自职责，对未完成义务教育的未成年犯和被采取强制性教育措施的未成年人实施义务教育，所需经费由市人民政府予以保障。

本市未成年犯管教机构和未成年人强制性教育机构按照本市有关规定负责组织实施义务教育的教育教学活动。

**第十六条** 对已经接受九年义务教育但未能达到初中毕业文化程度的学生，区教育行政部门应当继续为其提供相关的文化教育或者会同区人力资源社会保障部门为其提供相关的职业技能培训，直至其达到法定劳动年龄。

**第十七条** 学校应当建立健全与家长的联系制度，建立家长委员会，对涉及学生权益的重要事项，应当听取家长委员会的意见。

**第十八条** 对违反学校管理制度的学生，学校应当予以批评教育，帮助学生改正错误，但不得劝退或者开除。

## 第三章 基本保障

**第十九条** 市人民政府及其有关行政部门应当按照国家规定，制定本市学校建设、学生人均公用经费、教职工编制等标准。

区人民政府应当确保前款标准在本行政区域实施。

**第二十条** 市和区人民政府应当将义务教育全面纳入财政保障范围，在财政预算中将义务教育经费单列。

本市依法征收教育费附加，主要用于实施义务教育。

**第二十一条** 市人民政府可以根据实际需要设立义务教育专项资金，用于扶持办学经费困难的地区实施义务教育。

**第二十二条** 本市各级人民政府应当按照义务教育管理体制和财政管理体制，加大对义务教育的投入，保证用于实施义务教育财政拨款的增长比例高于财政经常性收入的增长比例，保证按照在校学生人数平均的义务教育费用逐步增长，保证教职工工资和学生人均公用经费逐步增长。

**第二十三条** 区人民政府应当按照学校实际招收的适龄儿童、少年人数和教职工人数等情况，拨付教育经费，保证学校教育教学活动的正常开展。

对接受政府委托实施义务教育的民办学校，市教育行政部门和区人民政府应当按照国家和本市的有关规定，拨付相应的教育经费。

**第二十四条** 义务教育经费严格按照预算规定用于义务教育。任何组织和个人不得侵占、挪用义务教育经费，不得向学校非法收取或者摊派费用。

**第二十五条** 本市完善教师工资制度。市和区人民政府应当缩小区之间、学校之间教师工资差距，推进全市教师工资水平均衡化。教师的平均工资水平应当不低于当地公务员的平均工资水平。

**第二十六条** 市和区审计机关依法对义务教育经费收支管理情况进行审计监督。

市教育行政部门应当会同市财政、统计部门对区人民政府义务教育经费投入和执行情况，定期进行监测，监测结果向社会公告。

**第二十七条** 市和区人民政府在组织编制或者批准城市总体规划和控制性详细规划时，应当按照国家和本市有关规定，制定、调整学校设置规划，合理布局。

本市健全和完善教育公建配套制度。新建居民区根据规划需要设置学校的，应当与居民区的建设同步进行。

**第二十八条** 新建居民区配套建设的学校，由区教育行政部门管理，不得擅自改变使用性质。

因建设需要拆迁学校的，拆迁人应当根据规划布局重建或者给予补偿。

区教育行政部门应当妥善安排学校拆迁后有关学生的就学。

**第二十九条** 区人民政府应当组织相关部门定期对学校的校舍、场地、设施设备等进行安全检查；对需要维修、改造的，及时予以维修改造。

**第三十条** 市和区教育行政部门应当根据国家和本市有关规定，定期对教师组织培训，提高教师的职业素养和专业水平。

学校应当制定教师培训计划，合理安排教师参加各类培训。

**第三十一条** 区教育行政部门应当根据国家规定的任职条件依法聘任校长。

## 第四章 均衡发展

**第三十二条** 本市完善义务教育经费财政转移支付的制度，加大对财力薄弱区的财政转移支付规模，支持和引导区人民政府增加对义务教育的投入，缩小城乡之间、区域之间义务教育经费的差距。

义务教育经费转移支付的方案，由市财政部门会同市教育行政部门制定，报市人民政府批准后实施。

区人民政府应当按照规定，将市级义务教育转移支付资金全部用于义务教育。

**第三十三条** 市教育行政部门应当统筹规划本市教育教学设施设备的配置，促进城乡之间、区域之间教育教学设施设备的均衡。

区人民政府及其教育行政部门应当均衡配置本行政区域内学校的教育教学设施设备。

**第三十四条** 市教育行政部门应当统筹规划本市教师队伍建设，推动城乡之间、区域之间校长、教师的合作交流与合理流动。

区教育行政部门应当建立校长、教师合作交流制度，均衡配置本行政区域内的教师资源，使每所学校有一定比例的高级职务教师。在教师培训、骨干教师配备等方面，应当向农村学校和其他师资力量相对薄弱的学校倾斜。

学校校长、教师合作交流和合理流动的具体办法，由市教育行政部门规定。

**第三十五条** 本市鼓励中心城区学校校长、教师到农村学校支援义务教育工作。在校长任职、教师职务评聘、教师业务进修、培训以及报考本市高等学校教育类专业的研究生等方面，同等条件下对其予以优先考虑。

具有高级职务的教师到农村学校支援义务教育，到达法定退休年龄时、仍在农村学校任教的，可以按照本市有关规定适当延长退休年龄。

对于长期在农村学校任教的优秀校长和具有高级职务的优秀教师，可以适用前两款的规定。

**第三十六条** 区人民政府及其教育行政部

门不得将学校分为重点学校和非重点学校。学校不得设置或者变相设置重点班和非重点班。

**第三十七条** 市和区教育行政部门应当推动城乡之间、区域之间、学校之间教育设施和设备、课程、师资等资源共享，提高资源使用效益。

## 第五章 素质教育

**第三十八条** 实施素质教育应当符合教育教学规律，将德育、智育、体育、美育等有机统一，注重培养学生独立思考能力、创新能力和实践能力，促进学生全面发展。

**第三十九条** 学校应当坚持育人为本、德育为先，寓德育于教育教学之中，对学生加强爱国主义、中华传统美德、生命、心理健康、法制和日常行为规范等教育，形成学校、家庭、社会相互配合的思想道德教育体系，促进学生养成良好的思想品德和行为习惯。

教师应当为人师表，恪守职业道德，以自身良好的品德、言行影响和教育学生。

**第四十条** 市教育行政部门应当按照国家要求推进教育教学内容、课程设置、考试、招生和评价制度等改革，促进实施素质教育。

学校应当根据素质教育的要求，改进和创新教育教学方法，按照国家确定的教育教学内容和课程设置开展教育教学活动。

**第四十一条** 学校应当根据学生的身心特点和成长规律，科学合理安排学生的课业，不得占用思想品德、体育、音乐、美术、社会实践等课时；组织学生开展各项体育锻炼活动和多种形式的课外活动，培养学生的自我管理能力，提高学生身心素质。学生家长应当积极配合学校实施素质教育，共同促进学生全面发展。

教师不得利用课余时间强制或者变相强制学生参加有偿补课等活动。

**第四十二条** 学校应当组织学生开展与其身心特点相适应的社会公益活动。

**第四十三条** 市教育行政部门应当建立健全以素质教育为主要指标的学校评价体系和以学生综合素质为主要指标的学生评价体系。区教育行政部门可以根据市教育行政部门制定的评价体系，结合本行政区域的实际情况，制定具体评价办法，并不得以升学率作为评价学校教育质量、以学科考试成绩作为考核教师和评价学生的单一标准。

**第四十四条** 市教育行政部门应当以实施素质教育为目标，按照国家教育方针和课程标准组织编审教科书，推进中小学课程改革。

**第四十五条** 学校应当按照素质教育的要求，组织学生开展文化、科技等活动，有计划地组织学生参观博物馆、科技馆、纪念馆和爱国主义教育基地等场馆。

爱国主义教育基地、图书馆、青少年宫、儿童活动中心应当对学生免费开放。博物馆、科技馆、纪念馆等场所，应当按照有关规定对学生免费或者优惠开放，为学校开展素质教育提供支持。

## 第六章 法律责任

**第四十六条** 本市各级人民政府未履行对义务教育经费保障职责的，依法由上级人民政府责令限期改正；情节严重的，对直接负责的主管人员和其他直接责任人员依法给予行政处分。

市或者区人民政府未按照国家有关规定制定、调整学校的设置规划、未定期组织相关部门对学校校舍、场地、设施设备等进行安全检查并及时维修、改造的，依法由上级人民政府责令限期改正；情节严重的，对直接负责的主管人员和其他直接责任人员依法给予行政处分。

区人民政府或者其教育行政部门将学校分为重点学校和非重点学校的，由上级人民政府或者其教育行政部门责令限期改正、通报批评；情节严重的，对直接负责的主管人员和其他直接责任人员依法给予行政处分。

**第四十七条** 侵占、挪用义务教育经费或者向学校非法收取、摊派费用的，依法由上级人民政府或者其教育行政部门、财政部门、价格行政部门和审计机关根据职责分工责令限期改正；情节严重的，对直接负责的主管人员和其他直接责任人员依法给予处分。

**第四十八条** 适龄儿童、少年的父母或者其他法定监护人无正当理由未依照本办法规定送适龄儿童、少年入学接受义务教育的，由当地区教育行政部门或者乡镇人民政府给予批评教育，责令限期改正。

**第四十九条** 学校有下列情形之一的，由学校所在地区教育行政部门给予批评教育，并责令限期改正；情节严重的，应当对直接负责的主管人员和其他直接责任人员依法给予处分：

（一）举行或者变相举行与入学挂钩的选拔考试或者测试，将各种竞赛成绩和各类考级证书作为入学条件和编班依据的；

（二）占用思想品德、体育、音乐、美术、社会实践等课时的；

（三）利用课余时间强制或者变相强制学生参加有偿补课等活动的；

（四）设置或者变相设置重点班和非重点班的；

（五）对违反学校管理制度的学生予以开除或者劝退的。

**第五十条** 对擅自改变新建居民区配套建设的学校使用性质的，按照《上海市城乡规划条例》的有关规定予以处罚。

## 第七章 附　　则

**第五十一条** 社会组织或者个人依法举办的民办学校实施义务教育的，依照《中华人民共和国民办教育促进法》有关规定执行；《中华人民共和国民办教育促进法》未作规定的，适用《中华人民共和国义务教育法》和本办法。

**第五十二条** 本办法自 2009 年 6 月 1 日起施行。

# 上海市实施《中华人民共和国残疾人保障法》办法

（1993 年 2 月 6 日上海市第九届人民代表大会常务委员会第四十一次会议通过　根据 1999 年 7 月 12 日上海市第十一届人民代表大会常务委员会第十一次会议关于修改《上海市实施〈中华人民共和国残疾人保障法〉办法》的决定第一次修正　2013 年 11 月 21 日上海市第十四届人民代表大会常务委员会第九次会议修订　根据 2017 年 11 月 23 日上海市第十四届人民代表大会常务委员会第四十一次会议《关于修改本市部分地方性法规的决定》第二次修正　根据 2021 年 11 月 25 日上海市第十五届人民代表大会常务委员会第三十七次会议《关于修改〈上海市献血条例〉等 4 件地方性法规的决定》第三次修正）

## 第一章 总　　则

**第一条** 为了维护残疾人的合法权益，发展残疾人事业，保障残疾人平等地充分参与社会生活，共享社会物质文化成果，根据《中华人民共和国残疾人保障法》等法律、行政法规，结合本市实际，制定本办法。

**第二条** 残疾人在政治、经济、文化、社会和家庭生活等方面享有同其他公民平等的权利。

残疾人的公民权利和人格尊严受法律保护。任何组织和个人不得歧视残疾人。

鼓励残疾人发扬乐观进取精神，自尊、自信、自立、自强，为社会主义建设贡献力量。

残疾人应当遵守法律、法规、规章和公共秩

序，履行应尽的义务，尊重社会公德。

**第三条** 各级人民政府应当加强对残疾人事业的领导，将残疾人事业纳入国民经济和社会发展规划，建立健全残疾人社会保障体系和服务体系，将残疾人事业经费列入同级财政预算，建立稳定且与经济社会发展相适应的经费保障机制。

各级人民政府应当将残疾人基本公共服务纳入政府基本公共服务体系，为残疾人提供适合其特殊需求的基本公共服务。

市和区人民政府设立残疾人工作委员会，负责组织、协调、指导、督促有关部门做好残疾人事业的工作。

发展改革、民政、财政、教育、人力资源社会保障、卫生健康、文化旅游、住房城乡建设管理、交通等部门应当按照各自职责，做好残疾人工作，保障残疾人合法权益。

**第四条** 各级残疾人联合会代表残疾人的共同利益，维护残疾人的合法权益，团结教育残疾人，为残疾人服务。

各级残疾人联合会依照法律、法规、章程或者接受政府委托，开展残疾人工作，动员社会力量，发展残疾人事业。

**第五条** 全社会应当发扬人道主义精神，理解、尊重、关心、帮助残疾人，支持残疾人事业。

鼓励社会组织和个人向残疾人事业进行捐赠，为残疾人提供志愿服务。

**第六条** 残疾人的扶养人必须对残疾人履行扶养义务。

残疾人的监护人必须履行监护职责，尊重被监护人的意愿，维护被监护人的合法权益。

残疾人的亲属、监护人应当鼓励和帮助残疾人增强自立能力。

禁止对残疾人实施家庭暴力，禁止虐待、遗弃残疾人。

## 第二章 残疾评定

**第七条** 残疾评定遵循自愿申请的原则。

残疾评定申请人应当向户籍所在地的街道或者乡、镇残疾人联合会提出残疾评定申请，由区残疾人联合会组织申请人到卫生健康部门指定的医疗机构接受残疾评定。

**第八条** 医疗机构应当按照国家规定的残疾标准作出残疾评定，并为残疾评定申请人提供便利。

**第九条** 残疾评定申请人对医疗机构的残疾评定结论有异议的，可以按照本市有关规定，申请残疾复查鉴定。

市卫生健康部门聘请有关专家组成残疾鉴定机构，负责残疾复查鉴定。残疾鉴定机构的鉴定结论为最终结论。

**第十条** 经有关医疗机构评定或者经残疾鉴定机构鉴定为残疾的人员，可以向户籍所在地的区残疾人联合会领取残疾人证。

## 第三章 预防与康复

**第十一条** 市和区人民政府应当根据国家和本市有关规定，有计划地组织开展残疾预防工作，完善残疾预防工作机制，针对遗传、疾病、药物、事故、灾害、环境污染和其他致残因素，组织有关部门，动员社会力量，采取措施，预防残疾发生，减轻残疾程度。

**第十二条** 卫生健康部门应当做好婚前、孕前卫生指导、咨询和医学检查等工作，加强出生缺陷监测，实行残疾儿童首诊报告制度，建立和完善残疾儿童的筛查、诊断和早期干预机制。

卫生健康部门和残疾人联合会应当建立残疾儿童筛查、残疾预防干预信息共享制度，加强信息收集、监测和研究，监控残疾的发生和发展。

民政部门应当引导申请结婚登记的人员自愿参加婚前卫生指导、咨询和医学检查。

**第十三条** 市和区人民政府应当建立健全残疾统计和分析报告制度，每年向社会公布残疾人口变动的主要信息和数据。

**第十四条** 各级人民政府和卫生健康、财政、教育、民政等部门应当采取措施，为残疾人康复创造条件，建立和完善残疾人康复服务体系，提供全程、系统的康复服务项目，帮助残疾人恢复功能或者补偿功能，增强其参与社会生活的能力。

市和区人民政府应当根据经济社会发展情况，制定和完善残疾少年儿童康复救助、残疾人辅助器具适配补贴等残疾人康复补贴政策，推行重度残疾人护理津贴制度。

**第十五条** 卫生健康部门应当在二、三级综合性医疗机构设立康复医学科（室），举办符合社会需求的康复医疗机构，开展康复医疗与训练、科学研究、人员培训和技术指导工作，逐步改善康复医学人员的工作条件。

卫生健康部门应当按照社会办医的有关规定，支持社会力量兴办康复医疗机构，并对其进行管理和监督。

各级残疾人联合会应当加强残疾人康复服务机构建设，提升康复服务能力。

**第十六条** 各级人民政府应当保障辖区内各类社区残疾人康复服务机构的正常运行，完善社区残疾人康复服务设施，整合各方资源开展残疾人托养、日间照料或者居家养护服务。

社区残疾人康复服务设施的建设、改造及运行管理费用，应当纳入地方财政预算；税务部门应当按照国家规定，减免有关税收。

民政、卫生健康等部门和残疾人联合会应当组织、指导城乡社区服务组织、医疗预防保健机构、残疾人组织、残疾人家庭和其他社会力量，开展社区康复工作。

**第十七条** 特殊教育学校、普通学校或者其他教育机构附设的特教班、残疾人福利企业和社会福利机构等根据需要，设置康复场所，指导和帮助残疾人进行功能、自理能力、劳动技能的训练，为残疾人提供康复服务。

**第十八条** 科技、经济信息化、民政、财政等部门和残疾人联合会应当鼓励和扶持残疾人辅助器具产业发展，构建辅助器具的研发、生产、供应、评估、适配、训练服务体系，完善辅助器具综合信息服务平台，为有需求的残疾人提供系统性的辅助器具适配服务。

**第十九条** 教育部门应当指导医学院校和其他有关院校有计划地开设康复医疗和辅助器具适配课程或者专业，培养相关专业人才。

卫生健康部门应当加强康复医学人才的培养，将康复医学、辅助器具适配技术纳入社区医疗卫生人员培训内容，使其具备基本的康复医疗技术。

**第二十条** 各级人民政府及其有关部门应当充分利用广播、电视、报刊、网络等媒体，采用多种形式，宣传残疾预防知识，增强全社会残疾预防意识；开展残疾人康复工作宣传服务，向残疾人、残疾人亲属、有关工作人员和志愿工作者普及康复知识，传授康复方法，提高残疾人的自我康复意识。

## 第四章　教　　育

**第二十一条** 各级人民政府应当将残疾人教育纳入教育事业发展规划，完善残疾人教育体系，保障残疾人教育经费投入，使残疾人教育事业与残疾人入学需求相适应。

鼓励社会力量兴办特殊教育机构，资助残疾人教育事业。

**第二十二条** 本市各级教育部门应当逐步提高普通教育机构接收符合条件的残疾人的能力。普通教育机构应当为所接收的残疾人学习提供便利和帮助。

**第二十三条** 教育、卫生健康等部门应当指导和协调有关教育机构与医疗机构建立合作机制，为接受学前教育、义务教育、高中阶段教育的残疾儿童、学生，提供有针对性的教育与康复、保健服务，促进残疾儿童、学生身心全面发展。

**第二十四条** 残疾儿童、学生接受学前教育、义务教育、高中阶段教育，依照本市有关规定，享受相应的免费待遇。

**第二十五条** 普通学前教育机构应当接收能适应其生活的残疾儿童就读，保障残疾儿童接受学前教育的权利。

区教育部门应当根据本辖区的教育资源以

及残疾儿童的数量和分布情况，举办专门的特殊教育学前班或者设置专门的学前特殊教育机构，接收不具备接受普通学前教育能力的残疾儿童就读。

**第二十六条** 义务教育阶段的普通学校应当招收能适应其学习生活的适龄残疾儿童、少年随班就读，保障残疾儿童、少年接受义务教育的权利。

教育部门应当举办相应的特殊教育学校或者班级，接收不具备接受普通教育能力的适龄残疾儿童、少年就读，并采取措施改善办学条件，提高教育质量。

对义务教育年龄段内不能到学校就读的重度残疾儿童、少年，教育部门应当建立统一的学籍管理制度，组织开展送教上门服务。

**第二十七条** 市人民政府及其教育部门应当采取措施，支持和鼓励普通高级中学、职业学校和高等学校创造条件，增加残疾学生的入学机会，扩大招收残疾学生的专业和规模。

普通高级中学、职业学校和高等学校对具备学习能力且生活能够自理、达到录取要求的残疾考生，同等条件下优先录取，不得因其残疾而拒绝招收；职业学校、高等学校对适合残疾人学习的专业，可以安排一定比例的招生名额，招收残疾学生，并可以根据专业特点适当降低对身体条件的要求。

普通高级中学、职业学校和高等学校应当根据残疾学生的身心特点，制定相应的教育计划和教学方案，开发残疾学生的潜能，提供相应服务，帮助残疾学生完成学业、适应社会。

**第二十八条** 教育部门及有关机构、学校应当利用现代信息技术，发展残疾人远程教育，建设网络学习平台，开发网络学习资源，设置适合残疾人学习的专业与课程，为残疾人接受终身教育创造条件。

鼓励残疾人接受成人高等教育、远程教育，参加高等教育自学考试。

参加成人学历教育的残疾人，依照本市有关规定，享受相应的学费补贴。

**第二十九条** 教育部门应当加强特殊教育师资队伍建设，完善特殊教育教师职前培养和在职培训制度，使特殊教育教师掌握开展特殊教育的专业知识和技能。

普通师范院校应当开设特殊教育课程或者讲授有关内容，使普通教师掌握必要的特殊教育知识和技能。

鼓励教师长期从事特殊教育工作。特殊教育教师根据国家有关规定，享受特殊教育津贴。对从事特殊教育累计满二十五年的，享受的特殊教育津贴计入退休金；对作出突出贡献的特殊教育教师，在职称评定、晋级等方面应当优先。

## 第五章 劳动就业

**第三十条** 各级人民政府应当对残疾人劳动就业进行统筹规划。对具有一定劳动能力、生活能够自理、达到法定就业年龄的残疾人，按照集中与分散相结合的方针，通过多渠道、多层次、多种形式安排劳动就业，并采取优惠政策予以扶持，使残疾人劳动就业逐步普及、稳定、合理。

各级人民政府应当开发适合残疾人就业的公益性岗位，完善相关政策，促进残疾人就业。

**第三十一条** 各级人民政府应当鼓励社会力量依法兴办残疾人福利企业、盲人按摩机构和其他福利性单位，集中安排残疾人就业，并加大在生产、经营、技术、资金、物资、场地等方面的扶持力度；税务部门应当按照国家规定，给予税收优惠。

残疾人福利企业应当妥善安排残疾职工的生产和生活，积极研制和采用残疾职工专用设备，兴建福利设施，开展文体活动，提高残疾职工的文化水平和健康水平。

市和区人民政府及其发展改革、经济信息化、民政等部门应当落实相关政策，确定适合残疾人生产、经营的产品、项目，优先安排残疾人福利性单位生产或者经营，并根据残疾人福利性单位的生产特点确定某些产品由其专产。提倡其他企业为残疾人福利性单位提供合适的生产项目。

政府采购部门在同等条件下，应当优先购买残疾人福利性单位的产品或者服务。

**第三十二条** 国家机关、社会团体、企业事业单位、民办非企业单位均须按照本单位在职职工总数的一定比例，安排残疾人就业；对符合其招收、招聘条件的残疾人，应当录用。安排残疾人就业的具体比例，由市人民政府根据国家有关规定和本市实际情况确定。

国家机关、社会团体、企业事业单位、民办非企业单位安排残疾人就业超过前款规定比例的，按照规定标准给予经济奖励；达不到前款规定比例的，应当按照本市有关规定，缴纳残疾人就业保障金。

国家机关、事业单位应当提供适合残疾人就业的岗位，依照公开、公平的原则招录残疾人；对残疾人能够胜任的其他岗位，同等条件下应当优先招录符合条件的残疾人。

残疾人就业保障金，由税务部门征收。残疾人就业保障金应当按照有关规定合理有效安排使用，并接受财政、审计等部门的监督管理。

**第三十三条** 各级人民政府应当鼓励、扶持残疾人自主择业、自主创业。

对从事个体经营的残疾人，有关部门应当依法免除行政事业性收费、给予税收优惠，并在经营场地等方面给予照顾；区人民政府给予适当的社会保险费补贴。

**第三十四条** 市和区人力资源社会保障部门设立的公共就业服务机构，应当为残疾人免费提供就业服务。

市和区残疾人联合会举办的残疾人就业服务机构，应当组织开展免费的职业指导、职业介绍和职业培训，为残疾人就业和用人单位招用残疾人提供服务和帮助。

鼓励各级各类职业培训机构举办有助于残疾人就业的职业技能培训项目。

市和区人民政府对残疾人在职业培训机构接受职业技能培训，按照本市有关规定给予适当的经费补贴。

**第三十五条** 各级人民政府和农村基层组织应当组织和扶持农村残疾人从事种植业、养殖业、手工业和其他形式的生产劳动。

对从事农业生产劳动的农村残疾人，发展改革、农业农村、人力资源社会保障等部门应当在生产服务、技术指导、技能培训、农用物资供应、农副产品收购和信贷等方面给予帮助。

**第三十六条** 用人单位在职工招用、转正、晋级、职称评定、培训进修、劳动报酬、生活福利、休息休假、社会保险等方面，不得歧视残疾人。

用人单位应当根据残疾职工的生理、心理特点，为其安排适当的工种和岗位，提供相应的劳动条件和劳动保护，并根据实际需要对劳动场所、劳动设备和生活设施进行改造。

## 第六章 文化生活

**第三十七条** 文化旅游、广播电视、电影、新闻出版、体育等部门应当指导有关单位采取下列措施，丰富残疾人的精神文化生活：

（一）通过广播、电影、电视、报刊、图书、网络、戏剧、音乐、舞蹈、美术、曲艺、公益广告等形式反映残疾人的工作、生活等情况，为残疾人提供服务；

（二）有计划地组织和扶持盲文读物、盲人有声读物及其他残疾人读物的编写和出版，在公共图书馆开设盲文读物、盲人有声读物阅览室，完善无障碍数字图书馆的服务功能；

（三）在新闻、科普、纪实类等电视节目中加配手语或者字幕，在有条件的影剧院开设无障碍电影专场，举办无障碍电影日活动；

（四）组织和扶持残疾人开展群众性文化、娱乐活动，举办特殊艺术演出和展览，参加国内和国际性比赛和交流；

（五）广泛开展残疾人群众性体育活动，举办残疾人体育运动会，推广适合残疾人身心特点的健身康复项目，在公共体育设施和残疾人综合服务设施中配置适合残疾人的健身康复器材器械。

文化旅游、广播电视、电影、新闻出版、体育等部门和有关单位应当为残疾人参与文化、体育活动进行专业指导，提供优惠服务。

**第三十八条** 残疾人参加全国性、国际性残疾人文化、体育活动的集训、演出和比赛期间，所在学校应当保留其学籍，所在单位应当保障其福利待遇不变；对无固定收入的残疾人，组织者应当给予补助。

体育、人力资源社会保障、教育、财政等部门和残疾人联合会应当采取措施，培育、选拔残疾人竞技体育后备人才，完善残疾人运动员补贴、就学、安置等方面的保障措施。

**第三十九条** 实行政府定价或者政府指导价管理的游览参观点，对持有效证件的残疾人免费开放。

实行市场调节价的游览参观点，可以参照前款规定执行。

## 第七章 社会保障与服务

**第四十条** 国家机关、社会团体、企业事业单位、民办非企业单位和其他组织应当采取措施，保障残疾人接受社会救助、参加社会保险和享受社会福利的权利。

**第四十一条** 各级人民政府应当根据国家和本市有关规定，对符合救助条件的残疾人实施救助。

民政部门对申请最低生活保障的残疾人家庭进行经济状况认定时，依照有关规定，对其获得的部分津贴、补贴，不计入家庭收入；对享受最低生活保障的重残无业残疾人提高救助标准。

鼓励社会力量、慈善机构对残疾人给予救助。

**第四十二条** 市和区人民政府按照国家和本市有关规定，对重度和生活困难残疾人参加城镇居民社会养老保险、城镇居民基本医疗保险、新型农村社会养老保险、新型农村合作医疗个人缴费部分给予适当补贴。

**第四十三条** 医疗保障部门应当将符合规定的残疾人医疗康复项目纳入各类基本医疗保险支付范围，减轻残疾人医疗康复负担。

重度残疾人及其他符合条件的残疾人除享受医疗保险待遇外自行承担的医疗费用，可以依照本市有关规定，享受相应补助。

**第四十四条** 房屋管理部门应当对符合条件的残疾人家庭，优先安排廉租住房；对符合条件的残疾人家庭申请公共租赁住房、共有产权保障住房，应当在受理、选房、配房等方面给予帮助。

**第四十五条** 市和区人民政府应当根据实际情况，对残疾人搭乘公共交通工具和有需求的双下肢残疾人乘坐无障碍出租车辆出行，提供便利和优惠，具体办法由市人民政府有关部门会同市残疾人联合会另行制定。

盲人持有效证件免费乘坐市内公共汽车、电车、地铁、渡船等公共交通工具。盲人读物邮件免费寄递。

**第四十六条** 民政部门在编制福利彩票公益金项目年度资金使用计划和预算时，应当安排一定经费用于残疾人社会福利事业支出，经批准后组织实施；经费的使用和管理情况，依法定期向社会公告。

**第四十七条** 各级人民政府可以通过政府购买服务等方式，扶持和培育有关社会组织，为残疾人提供多种形式的社会服务。

鼓励和支持社会力量兴办残疾人康复、教育、托养、无障碍信息交流、心理咨询等服务机构或项目。

**第四十八条** 公共交通运营单位、医疗机构、公用事业单位和物业服务单位应当为残疾人购票、医疗、燃气安装、房屋修理等，提供优先和辅助性服务。

## 第八章 无障碍环境

**第四十九条** 市和区人民政府负责组织编制无障碍环境建设发展规划，并组织实施。

住房城乡建设管理部门负责无障碍设施工

程建设活动的监督管理工作，会同有关部门制定无障碍设施工程建设标准，并对无障碍设施工程建设情况进行监督检查。

经济信息化等部门在各自职责范围内，做好无障碍信息交流建设工作。

**第五十条** 新建、改建、扩建道路、公共建筑、公共交通设施、居住建筑、居住区，应当符合无障碍设施工程建设标准。无障碍设施工程应当与主体工程同步设计、同步施工、同步验收并投入使用。未按照无障碍设施工程建设标准设计的，施工图设计文件不予审查通过；未按照无障碍设施工程建设标准施工的，有关行政主管部门对竣工验收报告不予备案。

建设项目所有权人或者管理人负责对无障碍设施进行维护，确保无障碍设施正常使用；无障碍设施维护资金由建设项目所有权人承担。

**第五十一条** 市和区人民政府对符合条件的重度残疾人家庭设置无障碍设施，给予适当的补贴。

**第五十二条** 公共服务机构和公共场所应当通过语音和文字提示并逐步采用手语、盲文等方式，为残疾人提供信息交流服务。

**第五十三条** 公共交通运营单位应当根据实际需要，逐步配置无障碍车辆，并设置便于识别的无障碍运营标志。

公共交通运营单位应当在运营车辆上配备语音和字幕报站系统，并保持正常使用。

**第五十四条** 大中型公共场所的公共停车场(库)和大型居住区的停车场(库)，应当按照无障碍设施工程建设标准，在便于残疾人停车的位置设置并标明无障碍停车位，供肢体残疾人驾驶或者乘坐的机动车专用。

**第五十五条** 盲人可以携带导盲犬出入公共场所或者乘坐公共交通工具。

盲人携带导盲犬出入公共场所或者乘坐公共交通工具，应当为导盲犬佩带导盲鞍、携带导盲犬使用证件，并遵守国家和本市的其他有关规定。

## 第九章 法律责任

**第五十六条** 违反本办法第三十二条第二款规定，国家机关、社会团体、企业事业单位、民办非企业单位未按照规定缴纳残疾人就业保障金的，由财政部门给予警告，责令限期缴纳；逾期仍不缴纳的，除补缴欠缴数额外，还应当自欠缴之日起，按日加收千分之五的滞纳金。滞纳金并入残疾人就业保障金。

拒不缴纳残疾人就业保障金、滞纳金的，由财政部门依法申请人民法院强制征缴。

**第五十七条** 政府有关部门和残疾人联合会的工作人员有下列情形之一的，由其所在单位或者上级机关依法对直接负责的主管人员和其他直接责任人员给予警告处分；情节较重的，给予记过处分；情节严重的，给予记大过处分：

（一）未依法履行职责，损害残疾人合法权益的；

（二）对侵害残疾人权益的行为未及时制止或者未给予受害残疾人必要帮助的。

**第五十八条** 违反本办法有关规定的其他行为，《中华人民共和国残疾人保障法》和其他法律、行政法规已有处理规定的，从其规定。

## 第十章 附　则

**第五十九条** 残疾军人除享受国家给予的特别保障外，同时享受社会残疾人的相关待遇。

**第六十条** 本办法自 2014 年 4 月 1 日起施行。

# 上海市信访条例

（1993年10月22日上海市第十届人民代表大会常务委员会第五次会议通过 2003年8月8日上海市第十二届人民代表大会常务委员会第六次会议第一次修订 2012年12月26日上海市第十三届人民代表大会常务委员会第三十八次会议第二次修订 根据2018年5月24日上海市第十五届人民代表大会常务委员会第四次会议《关于修改本市部分地方性法规的决定》修正）

## 第一章 总　　则

**第一条** 为了保障公民、法人和其他组织的民主权利及其他合法权益，规范信访工作和信访行为，保持国家机关与人民群众的密切联系，促进国家机关的工作，根据宪法、《中华人民共和国各级人民代表大会常务委员会监督法》、国务院《信访条例》和其他有关法律、行政法规的规定，结合本市实际情况，制定本条例。

**第二条** 本条例所称信访，是指公民、法人和其他组织采用书信、电子邮件、传真、电话和走访等形式，向国家机关提出建议、意见或者投诉请求，依法应当由相关国家机关处理的活动。

本条例所称信访人，是指采用前款规定的形式，向国家机关提出建议、意见或者投诉请求的公民、法人和其他组织。

**第三条** 信访是公民、法人和其他组织依法参与管理社会公共事务、监督国家机关依法履行职责的重要途径，是国家机关密切联系人民群众，维护公民、法人和其他组织合法权益的重要渠道。

**第四条** 本条例适用于本市各级国家机关的信访工作和信访人的信访活动。

**第五条** 本市信访工作应当遵循下列原则：

（一）尊重人民群众意见，改进国家机关工作；

（二）属地管理，分级负责，分类处理；

（三）依法、及时、就地解决问题与疏导教育相结合。

**第六条** 各级国家机关应当建立、健全人民建议征集制度，并可以通过信访渠道，征集、梳理、分析信访人对社会公共事务提出的建议和意见。对有利于促进国民经济和社会发展、改进国家机关工作的建议和意见，应当予以采纳。

信访人提出的建议、意见，对国民经济和社会发展、改进国家机关工作以及保护社会公共利益有贡献的，由有关国家机关给予奖励。

**第七条** 各级国家机关的负责人应当经常听取人民群众通过信访渠道提出的建议、意见，检查、指导信访工作，及时研究处理反映比较集中的信访事项。

**第八条** 各级人民代表大会代表可以通过参与国家机关的信访工作，了解、反映人民群众的意见和要求。

**第九条** 有关专业机构、社会团体和专业人员、社会志愿者等可以受国家机关邀请参与信访工作，为信访人和信访工作提供专业咨询和服务，代信访人提出信访事项。

居民委员会、村民委员会应当协助国家机关做好相关信访工作。

**第十条** 国家机关建立信访工作人员培训、交流、激励机制，提高信访工作人员的能力和水平。

对在信访工作中作出优异成绩的单位或者个人，由有关国家机关给予奖励。

**第十一条** 各级国家机关应当保障信访工作所需经费。

**第十二条** 本市建立信访信息共享机制，实现国家机关之间信访信息的互通共享。

## 第二章 信访人的权利和义务

**第十三条** 信访人依法信访受法律保护，任何组织和个人不得打击报复。

**第十四条** 信访人在信访活动中，享有下列权利：

（一）了解信访工作制度及信访事项的处理程序；

（二）要求信访工作机构提供与其提出的信访事项有关的咨询；

（三）对与信访事项有直接利害关系的信访工作人员提出回避申请；

（四）向办理机关查询本人信访事项的办理结果并要求答复；

（五）要求对涉及商业秘密、个人隐私等事项予以保密；

（六）法律、法规规定的其他权利。

**第十五条** 信访人在信访活动中，应当履行下列义务：

（一）不得损害国家利益、社会公共利益和其他公民的合法权益；

（二）如实反映情况，不得捏造、歪曲事实，不得诬告、陷害他人；

（三）遵守信访秩序；

（四）法律、法规规定的其他义务。

**第十六条** 依法应当通过行政许可等行政程序处理或者依法可以通过诉讼、仲裁、行政复议等法定途径解决的事项，信访人应当依照法定程序向有关国家机关或者机构提出。

**第十七条** 信访人提出信访事项，一般应当采用书信、电子邮件、传真、电话形式；采用走访形式的，应当在国家机关公布的接待时间内到指定的接待场所提出。

信访人提出投诉请求的，应当提供明确的请求、事实、理由和真实姓名（名称）、住址、联系方式。

**第十八条** 多人共同提出相同建议、意见和投诉请求的，提倡采用书信、电子邮件、传真、电话形式；采用走访形式的，应当推选代表提出，代表不得超过五人。信访人代表应当向其他信访人如实告知信访办理意见及相关信息。

## 第三章 信访工作机构和信访工作人员

**第十九条** 市和区人民代表大会常务委员会应当设立或者确定负责信访工作的机构，配备相应的工作人员。信访工作机构履行下列职责：

（一）受理、转送、交办信访事项；

（二）承办上级和本级人民代表大会及其常务委员会转送、交办的信访事项；

（三）督查、协调信访事项的办理和通报信访事项的办理情况；

（四）研究、分析信访情况，提出工作建议；

（五）依法应当由人民代表大会常务委员会信访工作机构履行的其他职责。

**第二十条** 市和区人民政府应当设立信访工作机构和统一的信访接待场所；市和区人民政府工作部门及乡、镇人民政府和街道办事处应当按照有利于工作、方便信访人的原则，设立或者确定负责信访工作的机构，配备信访工作人员，具体负责信访工作。

市和区人民政府信访工作机构是本级人民政府负责信访工作的行政机构，履行下列职责：

（一）受理、转送、交办信访事项；

（二）承办上级和本级人民政府转送、交办的信访事项；

（三）协调处理重要信访事项；

（四）督促检查信访事项的办理；

（五）研究、分析信访情况，开展调查研究，及时向本级人民政府及有关行政机关提出工作建议；

（六）代表本级人民政府指导、考核本级人民政府其他工作部门和下一级人民政府的信访工作；

（七）依法应当由政府信访工作机构履行的其他职责。

**第二十一条** 各级人民法院、人民检察院应当根据需要设立或者确定负责信访工作的机构，配备相应的工作人员。

**第二十二条** 信访工作机构应当建立、健全信访工作制度，向社会公布信访工作机构的通信地址、电子信箱、电话、信访接待的时间和地点、查询信访事项办理进展及结果的方式等相关事项。

**第二十三条** 信访工作人员在信访工作中，应当遵守下列规定：

（一）文明接待，尊重信访人，不得刁难和歧视；

（二）按照信访工作程序，依法公正办理信访事项，不得敷衍塞责，推诿拖延；

（三）坚持原则，秉公办事，不得徇私舞弊、接受馈赠或者收受贿赂；

（四）遵守保密制度，不得泄露工作秘密，不得扩散信访人要求保密的内容，不得将检举、控告材料及有关情况透露或者转送给被检举、控告的人员或者单位；

（五）依照规定妥善保管信访材料，不得丢失、隐匿或者擅自销毁；

（六）依法应当遵守的其他规定。

**第二十四条** 信访工作人员与信访人或者信访事项有直接利害关系的，应当提出回避。

信访工作人员的回避，由信访工作机构负责人决定；信访工作机构负责人的回避，由所在国家机关负责人决定。

**第二十五条** 信访工作人员的人身权利受法律保护。信访工作人员的人身自由和安全受到威胁等侵害时，当地公安部门应当及时依法处理。

## 第四章 受理和办理

### 第一节 一般规定

**第二十六条** 各级国家机关收到信访人提出的建议、意见或者投诉请求，应当予以登记，并根据不同情况作出受理、转送、交办、解释、告知等处理。

**第二十七条** 各级国家机关在其法定职权范围内，受理信访人提出的信访事项。

涉及两个或者两个以上机关职责范围的信访事项，由首先收到该信访事项的机关受理并牵头办理；受理有争议的，由其共同的上一级机关指定办理或者直接办理。

**第二十八条** 对重大、复杂、疑难的信访事项，国家机关可以依法举行听证。听证应当公开举行，通过听证程序查明事实，分清责任。

### 第二节 人民代表大会及其常务委员会信访事项的受理和办理

**第二十九条** 信访人可以向本市各级人民代表大会及其常务委员会提出下列信访事项：

（一）对人民代表大会及其常务委员会颁布的地方性法规，通过的决议、决定的建议、意见；

（二）对人民政府、人民法院、人民检察院工作的建议、意见；

（三）对国家工作人员的申诉和意见；

（四）依法可以向人民代表大会及其常务委员会提出的其他信访事项。

**第三十条** 人民代表大会常务委员会信访工作机构收到信访事项的，应当予以登记，并在十五日内分别作如下处理：

（一）属于本级人民代表大会及其常务委员会职责范围的信访事项，转送人民代表大会各专门委员会、人民代表大会常务委员会各工作委员会及其他工作机构，并由人民代表大会常务委员会信访工作机构统一答复信访人；

（二）属于下一级人民代表大会及其常务委员会职责范围的信访事项，转送下一级人民代表大会常务委员会信访工作机构或者主席团；

（三）属于本级行政机关、人民法院、人民检察院职责范围的信访事项，转送有权处理的国家机关；

（四）属于下一级行政机关、人民法院、人民检察院职责范围的信访事项，转送下一级人民代表大会常务委员会信访工作机构。

**第三十一条** 对有下列情形之一的信访事项，人民代表大会常务委员会信访工作机构应当作交办处理：

（一）上一级人民代表大会及其常务委员会交办的信访事项；

（二）复杂、疑难或者影响较大，信访工作机构需要了解形成原因及办理结果的信访事项；

（三）其他应当交办的信访事项。

对前款所列信访事项，办理机关应当自受理之日起六十日内办结，并将办理情况书面向交办机关报告；情况复杂的，经办理机关负责人批准，可以适当延长办理期限，但延长期限不得超过三十日。法律、行政法规另有规定的，从其规定。

**第三十二条** 各级人民代表大会常务委员会信访工作机构应当加强信访事项的督办，可以向相关国家机关和部门提出工作建议，并可以将建议的采纳情况向本级人民代表大会常务委员会报告。

### 第三节 人民政府及其工作部门信访事项的受理和办理

**第三十三条** 信访人可以向人民政府及其工作部门提出下列信访事项：

（一）对本行政区域的经济、文化和社会事务的建议、意见；

（二）对人民政府及其工作部门作出的决定、制定的规范性文件的建议、意见；

（三）对人民政府及其工作部门和所属工作人员职务行为的建议、意见或者不服其职务行为的投诉请求；

（四）对法律、法规授权的具有管理公共事务职能的组织及其工作人员职务行为的建议、意见或者不服其职务行为的投诉请求；

（五）对提供公共服务的企业、事业单位及其工作人员职务行为的建议、意见或者不服其职务行为的投诉请求；

（六）对村民委员会、居民委员会及其成员职务行为的建议、意见或者不服其职务行为的投诉请求；

（七）依法可以向行政机关提出的其他信访事项。

**第三十四条** 人民政府信访工作机构收到信访事项的，应当予以登记，并在十五日内分别作如下处理：

（一）依法应当由本级人民政府或者其工作部门处理的，转送有权处理的行政机关；

（二）依法应当由下级人民政府或者其工作部门处理的，转送有权处理的行政机关；

（三）对转送并需要反馈办理结果的，有关行政机关应当在指定期限内反馈办理结果。

**第三十五条** 人民政府信访工作机构以外的政府工作部门收到信访事项的，分别作如下处理：

（一）人民代表大会常务委员会信访工作机构、人民政府信访工作机构、上级主管部门转送、交办的信访事项，属于本机关法定职权范围的，应当自收到转送、交办之日起十五日内决定是否受理并告知信访人，并按要求通报转送、交办机构；不属于本机关法定职权范围的，应当及时将相关材料退回转送、交办机构；

（二）信访人直接提出的信访事项，能够当场答复是否受理的，应当当场书面答复；不能当场答复的，应当自收到信访事项之日起十五日内告知。

受理或者不予受理情况应当书面告知信访人，但是信访人的姓名（名称）、住址、联系方式不清的除外。不予受理的，还应当说明理由。

**第三十六条** 信访人提出的信访事项，属于本机关法定职权范围并符合本条例第三十三条规定的，应当受理；属于本机关法定职权范围但应当通过相关法定程序处理的，按照相关法定程序处理。

对不属于本机关职权的信访事项或者依法应当通过诉讼、仲裁、行政复议等法定途径解决的信访事项，不予受理并告知信访人向有关国家机关或者机构提出。

**第三十七条** 信访事项应当自受理之日起六十日内办结；情况复杂的，经本行政机关负责人批准，可以适当延长信访处理期限，但延长期限不得超过三十日，并告知信访人延期理由。法律、行政法规另有规定的，从其规定。

**第三十八条** 对投诉请求类信访事项，依法负有处理职责的行政机关（以下简称信访处理机关）经调查核实，应当依照有关法律、法规、规章及其他有关规定，分别作出以下处理，并出具书面信访处理意见，但是信访人的姓名（名称）、住址、联系方式不清的除外：

（一）请求事实清楚，符合法律、法规、规章或者其他有关规定的，予以支持；

（二）请求事由合理但缺乏法律依据的，应当做好解释工作；

（三）请求缺乏事实根据或者不符合法律、法规、规章或者其他有关规定的，不予支持。

信访处理意见应当载明具体信访诉求、信访事项的事实认定情况、处理意见及依据、信访人不服信访处理意见申请复查的途径、期限和应当提交的材料。

信访处理机关依照本条第一款第一项规定作出支持信访人投诉请求处理意见的，有关单位或者个人应当执行，信访处理机关应当对执行情况进行督促检查。

**第三十九条** 信访人对投诉请求类信访事项的处理意见不服的，可以自收到信访处理意见之日起三十日内，向信访处理机关的上一级行政机关申请复查。收到复查申请的行政机关应当自收到复查申请之日起三十日内向信访人出具书面信访复查意见。

信访复查意见应当载明复查申请人和被申请人、信访复查的具体请求、复查请求的事实认定情况、复查意见及依据、信访人不服复查意见申请复核的途径、期限和应当提交的材料。

**第四十条** 信访人对投诉请求类信访事项的复查意见不服的，可以自收到信访复查意见之日起三十日内，向复查机关的上一级行政机关申请复核。收到复核申请的行政机关应当自收到复核申请之日起三十日内出具书面信访复核意见。

信访复核意见应当载明复核申请人和被申请人、信访复核的具体请求、复核请求的事实认定情况、最终复核意见及依据。

**第四十一条** 市和区人民政府信访工作机构对下列事项实施督查，可以通报或者提出改进建议：

（一）本级人民政府各部门及下一级人民政府办理信访事项时遵守、执行法律法规和政策的情况；

（二）上一级人民政府信访工作机构和本级人民政府转送、交办信访事项的办理情况；

（三）本级和上级机关作出的信访办理意见的执行情况；

（四）其他需要督查的工作。

收到改进建议的行政机关应当在三十日内书面反馈情况；未采纳改进建议的，应当说明理由。

**第四十二条** 有下列情形之一的，信访受理程序终结。信访人仍然以同一事实和理由提出投诉请求的，各级人民政府信访工作机构和其他行政机关不再受理，并应当对信访人做好说服、解释等工作：

（一）经行政机关复核完毕的；

（二）经市人民政府所属工作部门或者区人民政府核查完毕，且核查结果经市人民政府信访工作机构审核同意的。

前款第二项规定的信访事项核查应当履行调查核实、听证评议、集体研究、结论告知等程序，具体办法由市人民政府另行规定。

## 第四节 人民法院、人民检察院信访事项的受理和办理

**第四十三条** 各级人民法院、人民检察院依法受理下列信访事项：

（一）对人民法院、人民检察院工作的批评、建议和意见；

（二）对人民法院、人民检察院工作人员的违法失职行为的举报、控告；

（三）依法应当由人民法院、人民检察院受理的其他信访事项。

公民、法人和其他组织对具体案件处理结果不服等申诉事项，应当通过诉讼等法定途径提出。

**第四十四条** 各级人民法院、人民检察院收到信访事项的，应当予以登记；属于其职责范围的，应当依照法律、法规或者相关规定办理。

## 第五章 信 访 秩 序

**第四十五条** 信访人不得有下列妨碍信访秩序和影响他人信访权利的行为：

（一）将老人、病人、残疾人和婴幼儿等弃置于信访接待场所；接待完毕仍滞留于信访接待场所。

（二）煽动、串联、胁迫、诱使、操纵他人信访或者阻止他人退出群体性信访。

（三）威胁、诽谤、辱骂、殴打信访工作人员；限制信访工作人员人身自由；故意损坏信访接待场所的公共设施、公共财物。

（四）扬言放火、爆炸、投毒、凶杀或者携带危险品、管制器具进入信访接待场所；投寄不明物质，制造恐怖气氛，危害公共安全或者他人人身安全。

（五）其他妨碍信访秩序和影响他人信访权利的行为。

禁止以信访为名，从事下列妨碍工作秩序、社会秩序的活动：

（一）向境内外媒体或者各类组织发布有关信访事项的虚假信息。

（二）在国家机关办公场所周围、公共场所非法聚集，围堵、冲击国家机关；拦截公务用车；堵塞交通，妨碍交通管理秩序。

（三）以非法进入住宅或者其他方式干扰国家机关工作人员正常生活。

（四）以信访或者信访代理为名，牟取不正当利益。

（五）其他妨碍工作秩序、社会秩序的活动。

**第四十六条** 精神病患者的信访事项，由其监护人代为提出。

信访工作机构对来访时不能控制自己行为、妨碍信访秩序的精神病患者，应当通知其监护人或者所在地区。精神病人的监护人或者经常居住地乡、镇人民政府、街道办事处应当将其带回。

**第四十七条** 信访工作机构对前来走访的传染病患者、疑似传染病患者，应当通知市和区卫生等部门按照《中华人民共和国传染病防治法》的有关规定处理。

**第四十八条** 信访人携带危险品、管制器具进入信访接待场所的，信访工作人员和保安人员应当及时阻止，并由公安机关依法处理。

信访人在信访接待场所自杀、自残的，信访工作人员和保安人员应当及时阻止，并通知公安机关和卫生部门、医疗机构。公安机关和卫生部门、医疗机构应当及时到场并采取紧急措施。

## 第六章 法 律 责 任

**第四十九条** 因下列情形之一导致信访矛盾发生，造成严重后果的，对直接负责的主管人员和其他直接责任人员，依照有关法律、行政法规的规定给予行政处分；构成犯罪的，依法追究刑事责任：

（一）超越或者滥用职权，侵害信访人合法权益的；

（二）应当作为而不作为，侵害信访人合法权益的；

（三）适用法律、法规、政策错误或者违反法定程序，侵害信访人合法权益的；

（四）无正当理由拒不执行信访办理意见的；

（五）打击报复信访人的。

有前款情形之一的，市和区人民政府信访工作机构可以向同级监察机关或者责任人员所在单位提出处分建议。

**第五十条** 各级国家机关工作人员在信访事项办理过程中，违反本条例规定的，由其所在单位或者上级主管部门通报批评；情节严重的，由其所在单位或者上级主管部门给予行政处分；构成犯罪的，依法追究刑事责任。

**第五十一条** 信访人违反本条例规定，妨碍信访秩序、工作秩序、社会秩序和他人信访权利的，有关国家机关工作人员应当及时予以劝阻、教育，不服从劝阻、教育的，由公安机关依法予以警告、训诫或者制止；违反《中华人民共和国治安管理处罚法》、《中华人民共和国集会游行示威法》等法律、法规的，由公安机关依法采取行政强制措施或者予以行政处罚；构成犯罪的，依法追究刑事责任。

## 第七章 附 则

**第五十二条** 本市各人民团体和承担社会公共管理职能的企事业单位的信访工作，参照本条例执行。

**第五十三条** 本条例自 2013 年 4 月 1 日起施行。

# 上海市实施《中华人民共和国土地管理法》办法

（1994 年 2 月 4 日上海市第十届人民代表大会常务委员会第七次会议通过 根据 1997 年 5 月 27 日上海市第十届人民代表大会常务委员会第三十六次会议关于修改《上海市实施〈中华人民共和国土地管理法〉办法》的决定第一次修正 2000 年 11 月 17 日上海市第十一届人民代表大会常务委员会第二十三次会议第一次修订 根据 2010 年 9 月 17 日上海市第十三届人民代表大会常务委员会第二十一次会议《关于修改本市部分地方性法规的决定》第二次修正 根据 2018 年 12 月 20 日上海市第十五届人民代表大会常务委员会第八次会议《关于修改本市部分地方性法规的决定》第三次修正 2023 年 11 月 22 日上海市第十六届人民代表大会常务委员会第八次会议第二次修订）

**第一条** 为了加强土地管理，维护土地的社会主义公有制，保护、开发土地资源，合理利用土地，切实保护耕地，促进社会经济的可持续、高质量发展，根据《中华人民共和国土地管理法》《中华人民共和国土地管理法实施条例》等有关法律、行政法规，结合本市实际，制定本办法。

**第二条** 市规划资源部门统一负责全市土地的管理和监督工作。区规划资源部门负责本行政区域内土地的管理和监督工作。

发展改革、农业农村、经济信息化、生态环境、绿化市容、水务、住房城乡建设管理、交通、财政、人力资源社会保障、国资、统计、审计等部门，按照各自职责，协同实施本办法。

**第三条** 土地开发、保护、建设活动应当坚持规划先行。经依法批准的国土空间规划是各类开发、保护、建设活动的基本依据。

国土空间规划包括总体规划、详细规划、专项规划。下级国土空间规划应当符合上级国土空间规划；专项规划应当符合总体规划。

**第四条** 国土空间规划应当按照国家和本市有关规定编制，强化规划单元划定和空间全覆盖。

本市针对历史文化遗产、带有人文要素的自然景观和公共文化服务设施聚集区，在国土空间规划中分类划定文化保护控制线。

**第五条** 本市根据国土空间总体规划，制定国土空间近期规划和国土资源利用年度计划，作为分阶段实施国土空间总体规划的重要依据。

国土空间近期规划由市规划资源部门组织编制，报市人民政府批准后实施。国土空间近期规划应当明确近期建设的空间布局、发展方向和时序，规划期限为五年。

国土资源利用年度计划应当统筹安排年度土地准备、土地供应、存量建设用地盘活、低效建设用地减量、新增建设用地的规模、区域，并明确具体管理要求。国土资源利用年度计划的编制办法由市规划资源部门制定。

本市优先保障中国(上海)自由贸易试验区及临港新片区、张江国家自主创新示范区、虹桥国际中央商务区、五个新城等推进重大战略部署的建设用地需求。

**第六条** 本市应对未来土地资源配置的战略性需要，在国土空间规划中科学划定一定比例的战略预留区。

战略预留区内的土地资源应当予以严格管控。确有符合城市发展功能导向的土地资源配置需求的，应当严格按照国家和本市战略预留区有关规定履行程序后，方可整体或者局部启用战略预留区。

**第七条** 土地调查应当按照国家和本市规定开展。规划资源部门组织实施土地勘测定界专项调查的，应当按照相关技术规范要求埋设土地界桩。任何单位和个人不得毁损或者擅自移动土地界桩。

**第八条** 本市耕地保护实行党政同责、一岗双责，属地管理、分级负责。各级人民政府对本行政区域耕地保护负总责，其主要负责人是本行政区域耕地保护的第一责任人。

市、区人民政府应当将上一级人民政府下达的耕地保有量和永久基本农田保护任务逐级分解下达，落实到具体地块，并对下一级人民政府耕地保护责任目标落实情况进行考核。

**第九条** 本市按照国家规定实行耕地和永久基本农田保护制度。

因土地整理、高标准农田建设、全域土地综合整治等确需对少量零散永久基本农田进行优化的，由区人民政府组织编制优化方案，确保永久基本农田质量提升、数量增加、布局优化、生态改善，并依法办理相关手续。

因农业结构调整、农业设施建设等，确需将永久基本农田以外的耕地转为其他农用地的，应当按照规定程序办理相关手续，并同步补充数量相等、质量相当、可以长期稳定利用的耕地，但国家另有规定的除外。

本市对承担耕地和永久基本农田保护任务的区给予生态保护补偿。具体补偿办法由市财政会同发展改革、规划资源、农业农村等部门制定。

**第十条** 本市按照国家规定实行占用耕地补偿制度。

市、区人民政府可以组织开展未利用地开垦、农用地整治、建设用地复垦等，增加耕地面积。新增耕地产生的占补平衡指标，纳入国家统一的耕地占补平衡指标库管理，实行全市统筹、跨区调剂。在保障国家级和市级重大建设项目用地需求的前提下，占补平衡指标可以由新增耕地所在区优先使用。

未利用地开垦、农用地整治、建设用地复垦项目应当符合土地、农业、水利等有关标准和技术规范，按照国家和本市有关规定实施。

**第十一条** 农业农村部门应当会同规划资源、生态环境等部门，建立健全耕地质量监测网络，对耕地质量进行监测，定期开展耕地质量评价，并依据评价结果采取相应的耕地质量保护与提升措施。

**第十二条** 本市逐步将永久基本农田全部建成高标准农田。

市农业农村部门应当根据国家高标准农田建设规划，编制本市高标准农田建设规划，报市人民政府同意后组织实施。区农业农村部门应当根据本市高标准农田建设规划，编制本行政区域高标准农田建设规划或者实施方案，按照规定报经批准后组织实施。

发展改革、规划资源、水务、财政等相关部门按照各自职责，做好协同实施工作。

**第十三条** 本市开展乡村地区全域土地综合整治，在国土空间规划确定的乡村规划单元内，统筹农用地和建设用地整理、生态保护修复和国土空间开发活动，优化生产、生活、生态空间布局。

乡镇人民政府、街道办事处应当会同区规划资源等部门，编制全域土地综合整治实施方案，报区人民政府批准后组织实施。

**第十四条** 建设需要占用国土空间规划确定的城市和村庄、集镇建设用地范围外土地的，建设单位应当依法向规划资源部门提出建设用地预审申请。规划资源部门应当按照国家和本市有关规定进行建设用地预审。

**第十五条** 建设占用土地，涉及农用地、未利用地转为建设用地的，应当按照国家和本市规定办理转用审批手续。

永久基本农田转为建设用地的，依法报国务院批准。

永久基本农田以外的农用地转为建设用地的，区人民政府应当组织拟订农用地转用方案；农用地转用方案按照下列规定审批后，由区人民政府组织实施：

（一）在中心城建设用地规模范围内的，分批次逐级上报国务院批准或者由市人民政府根据国务院授权批准；

（二）在城镇、村庄建设用地规模范围内的，分批次报市人民政府批准；

（三）在中心城和城镇、村庄建设用地规模范围外的，逐级上报国务院批准或者由市人民政府根据国务院授权批准。

未利用地转为建设用地的，由区人民政府组织拟订未利用地转用方案，报市人民政府批准后，由区人民政府组织实施。

**第十六条** 为了公共利益的需要征收农民集体所有的土地的，在依法完成征收土地预公告、土地现状调查、社会稳定风险评估、确定征地补偿安置方案、签订征地补偿安置协议等前期工作后，区人民政府方可申请征收土地，并经有批准权的人民政府批准后组织实施。

区人民政府应当在拟征地范围内公示土地现状调查结果。被征地的农村集体经济组织及其成员、村民委员会和其他利害关系人对公示内容有异议的，区人民政府应当组织进行核实；经核实后公示内容有变化的，应当及时公布。

审计部门应当加强对征地补偿费用管理和使用情况的监督。

**第十七条** 市人民政府应当综合考虑土地原用途、土地资源条件、土地产值、土地区位、土地供求关系、人口和经济社会发展水平等因素制定区片综合地价，确定征收土地的土地补偿费、安置补助费标准，并至少每三年调整或者重新公布一次。

农村村民住宅、其他地上附着物和青苗等的补偿标准，由市人民政府制定。

市、区人民政府应当将被征地农民纳入相应的养老、医疗等社会保障体系。社会保障费用主要用于符合条件的被征地农民的养老、医疗保险等社会保险缴费补贴。被征地农民社会保障费用的筹集、管理和使用，按照本市有关规定执行。

**第十八条** 建设单位使用国有土地，应当以出让、租赁、作价出资或者入股等有偿使用方式取得。但是，法律、行政法规规定可以以划拨方式取得的除外。

有偿使用国有建设用地，依法采用招标、拍卖、挂牌、协议出让等方式供应。按照法律规定，没有条件，不能采用招标、拍卖、挂牌方式的，经市人民政府同意，可以采用协议出让方式供应土地。

**第十九条** 国有建设用地供应，由区规划资源部门审查，拟订供地方案，报区人民政府审批；涉及特定区域、项目的，由市规划资源部门审查，拟订供地方案，报市人民政府审批。

**第二十条** 有偿使用国有建设用地的，由规划资源部门与建设单位签订国有土地有偿使用合同。国有土地有偿使用合同除法律规定应当约定的内容外，还可以约定建设要求、功能业态、产业准入、经济产出、生态环境保护、公共要素配置、房地产转让、土地退出等内容。

**第二十一条** 建设单位使用国有土地，应当按照土地使用权出让等有偿使用合同的约定或者土地使用权划拨批准文件的规定使用土地。

建设单位确需改变该幅土地建设用途的，应当依法经规划资源部门同意，报原批准用地的人民政府批准;确需改变有偿使用合同约定或者土地使用权划拨批准文件规定的其他内容,应当按照法律法规的规定和有偿使用合同约定的方式办理。

**第二十二条** 按照《中华人民共和国土地管理法》第五十八条第一款第(一)项规定,确需使用土地,依法收回国有土地使用权的,规划资源部门应当拟订收回国有土地使用权的方案,报经原批准用地的人民政府或者有批准权的人民政府批准。规划资源部门应当将拟收回地块的坐落、四至范围、收回理由、收回日期通知土地使用权人,并在地块范围内公告,公告期不少于三十日。

依照前款规定收回国有土地使用权的,应当对土地使用权人给予适当补偿。规划资源部门应当就补偿方案与土地使用权人进行协商,协商一致的,签订补偿协议;无法达成一致意见的,由规划资源部门委托评估机构进行评估后确定补偿方案,并报经原批准用地的人民政府或者有批准权的人民政府批准后实施。

征收国有土地上房屋,同时收回国有土地使用权的,按照国有土地上房屋征收的有关规定执行。

**第二十三条** 农村村民建住宅,应当符合国家有关规定,农村村民一户只能拥有一处宅基地,其宅基地的面积不得超过市人民政府规定的标准。人均土地少、不能保障一户拥有一处宅基地的,区人民政府在充分尊重农村村民意愿的基础上,可以采取措施,按照本市规定的标准保障农村村民实现户有所居。

农村村民经依法批准异地建住宅的,其原有的宅基地应当由村集体经济组织依法收回;按照规划要求,宅基地上的建筑物、构筑物和其他附着物不再保留的,农村村民应当在规定的期限内拆除。

本市鼓励农村村民建房采用集体建房方式,引导村民建房向农村居民点集中。

本市鼓励农村集体经济组织及其成员在符合国土空间规划、用途管制要求,尊重农村村民意愿的前提下,利用闲置宅基地和闲置村民住房,发展乡村民宿、乡村休闲旅游等乡村产业,并依法办理相关手续。

**第二十四条** 农村集体经济组织使用国土空间规划确定的集体建设用地兴办企业,或者与其他单位、个人以土地使用权入股、联营等形式共同举办企业的,应当持有关批准文件,向区规划资源部门提出申请,由区规划资源部门审核后报区人民政府批准。相关建设用地必须严格控制,并符合用地标准、生态环境、产业政策等要求。

鼓励乡村休闲旅游、农产品加工、乡村商贸流通等乡村重点产业和项目,以及一二三产业融合发展项目,使用集体经营性建设用地。

本市按照国家规定推进集体经营性建设用地出让、出租,健全城乡统一的建设用地市场。

**第二十五条** 国有土地使用权出让、国有土地租赁和集体经营性建设用地使用权出让、集体经营性建设用地出租等,应当按照国家有关规定通过公开的交易平台进行交易,并纳入统一的公共资源交易平台体系。

鼓励土地使用权转让、出租等交易活动在土地交易平台进行。

**第二十六条** 建设项目施工和地质勘查需要临时使用国有土地或者农民集体所有的土地的,应当按照国家有关规定办理相关手续。

临时使用农用地的,土地使用人应当履行复垦义务,按照国家规定完成土地复垦工作。土地使用人应当在土地复垦费用专门账户中足额预存土地复垦费用。

**第二十七条** 本市实行土地储备制度。市、区人民政府应当根据国土空间规划、国民经济和社会发展需要,合理确定未来一定时间内的土地储备规模。依法征收、收回、收购或者依法取得的其他土地,可以纳入储备范围。

本市建立健全土地收购价格确定机制。依法采用收购方式进行土地储备的,收购价格应当综合考虑土地区位、用地性质、出让年期、土地取得方式等因素,并参照评估价格合理确定。

市、区人民政府可以委托专门机构对储备土地进行管护。受委托的专门机构应当建立巡查制度，加强储备土地的管护，发现储备土地上存在违法占用、违法建设、违法倾倒等行为的，应当及时制止，并报告有关部门依法处理。

本市探索建立土地整备机制，根据区域发展和城市更新需要，划定实施单元，统筹实施土地储备与土地整理。

**第二十八条** 本市探索创新土地资源配置方式，通过组合供应土地、融合利用土地、零星土地整合和土地置换等，推进城市更新可持续发展。

物业权利人按照本市规定自主或者引入其他主体，以拆除重建、改建、扩建以及土地用途调整的方式实施城市更新的，可以按照土地用途和利用情况，依法重新设定土地使用期限，并由实施主体依法办理存量补地价和相关不动产登记手续。

**第二十九条** 本市优化调整产业用地的规模和布局，加大先进制造业的用地保障力度。

本市建立完善产业用地融合利用机制，工业、研发、仓储、公共服务配套等功能用途互利的用地可以按照规定混合布置、立体设置。

本市优化确定产业用地开发强度和供应方式。规划资源部门可以采取长期租赁、先租后出让、弹性年期出让等适宜的方式供应土地。

**第三十条** 本市推行社会投资项目用地清单制度。

土地供应前，相关行业主管部门、区人民政府按照规定开展地质灾害、地震安全、压覆矿产、气候可行性、水资源论证、水土保持、防洪、考古调查勘探发掘等评估，对文物、历史建筑保护对象、古树名木、人防工程、地下管线等进行现状调查，并将评估和调查结果提供给规划资源部门。

土地供应时，规划资源部门将评估和调查结果一并提供给土地使用权人，土地使用权人不再单独开展上述评估和调查，但国家另有规定的除外。

**第三十一条** 规划资源部门应当推进土地管理审批制度改革，通过多种有效方式，进一步简化审批材料、缩减审批时限、优化审批环节，提高审批效能。

规划资源部门组织编制国土空间详细规划时，可以进行建设用地规模审查。国土空间详细规划编制阶段已经完成建设用地规模审查的，规划资源部门进行建设项目用地预审时可以不再对用地规模进行审查。

**第三十二条** 本市建立土地利用综合绩效评估制度。市规划资源部门会同市发展改革、经济信息化、生态环境、国资、统计等部门制定土地利用综合绩效评估指标。评估指标应当包括经济产出、社会效益、生态环境、创新引领等内容。

区人民政府根据土地利用综合绩效评估指标，组织开展本区域内土地利用综合绩效评估工作，根据评估结果分级实施相应的能源、规划、土地、财政等政策，并结合城市更新、低效建设用地减量、土地储备等工作，通过提质、转型、退出等方式予以分类处置。

**第三十三条** 本市加强土地管理数字化建设，依托“一网通办”“一网统管”，建立健全全市统一的国土空间基础信息平台，整合规划和自然资源、生态环境、经济社会等相关空间数据，实现土地管理全流程数字化和国土空间整体智慧治理。

规划资源、发展改革、经济信息化、农业农村、生态环境、绿化市容、水务、住房城乡建设管理、交通、财政、人力资源社会保障等有关部门依托国土空间基础信息平台，加强数据共享，推动土地管理相关行政审批、监测、执法的业务协同，推进土地全生命周期管理。

**第三十四条** 本市加强土地高质量保护开发利用标准化体系建设，按照科学规范、系统完备、结构优化、协调配套的要求，制定国土空间规划编制、耕地保护、国土空间生态修复、土地节约集约利用等方面的标准和规范。

**第三十五条** 本市鼓励企业、高等院校、科研机构和行业协会、学会等社会组织，依托科技创新平台，开展土地保护、开发、利用、管理的科技研发和成果转化工作。

本市支持土地生态基底调查、土地资源可

持续利用、国土空间优化开发等新技术、新工艺的研发、应用和示范推广。

**第三十六条** 本市鼓励社会资本通过自主投资、与政府合作和公益投入等模式参与土地整理、土地复垦、高标准农田建设、低效用地再开发等活动。

**第三十七条** 本市加强与长江三角洲区域相关省、市土地资源管理的协同，按照一体化、高质量的要求，在基础设施、生态环境、公共服务、产业布局等方面，推进空间规划相互衔接和国土空间协同治理，探索建立跨区域统筹用地指标的土地管理机制。

**第三十八条** 市规划资源部门根据授权对市相关行政管理部门、区人民政府、市人民政府派出机构的土地管理情况进行土地督察。

有关单位和个人应当配合土地督察，如实反映情况，提供有关材料。

督察部门发现有违反土地管理法律法规，或者落实国家和本市有关土地管理重大决策不力等情形的，可以出具督察意见书，并依法追究相关单位和责任人的责任。相关单位应当认真组织整改，并及时反馈整改情况。

**第三十九条** 本市综合利用遥感监测、无人机航摄等技术，加强对土地利用状况的动态调查，并依据调查情况采取相应的监管措施。

市规划资源部门应当会同相关部门加强土地交易市场信用监管，推进土地市场信用档案建立、信用信息归集、信用分级分类监管等工作。

**第四十条** 违反本办法规定的行为，法律、行政法规已有处理规定的，从其规定。

违反本办法第七条规定，毁损或者擅自移动土地界桩的，由规划资源部门责令限期改正，处二百元以上一千元以下的罚款。

**第四十一条** 本办法自 2024 年 1 月 1 日起施行。

# 上海市公园管理条例

（1994 年 7 月 22 日上海市第十届人民代表大会常务委员会第十一次会议通过　根据 1997 年 5 月 27 日上海市第十届人民代表大会常务委员会第三十六次会议《关于修改〈上海市公园管理条例〉的决定》第一次修正　根据 2003 年 10 月 10 日上海市第十二届人民代表大会常务委员会第七次会议《关于修改〈上海市公园管理条例〉的决定》第二次修正　根据 2010 年 9 月 17 日上海市第十三届人民代表大会常务委员会第二十一次会议《关于修改本市部分地方性法规的决定》第三次修正　根据 2015 年 7 月 23 日上海市第十四届人民代表大会常务委员会第二十二次会议《关于修改〈上海市建设工程材料管理条例〉等 12 件地方性法规的决定》第四次修正　根据 2017 年 11 月 23 日上海市第十四届人民代表大会常务委员会第四十一次会议《关于修改本市部分地方性法规的决定》第五次修正）

## 第一章　总　　则

**第一条** 为了加强本市公园建设和管理，保护和改善生态环境，美化城市，增进人民身心健康，根据国家有关法律、法规的规定，结合本市实际情况，制定本条例。

**第二条** 本条例所称的公园是公益性的城市基础设施，是改善区域性生态环境的公共绿地，是供公众游览、休憩、观赏的场所。

**第三条** 本条例适用于本市范围内已建成和在建的综合性公园、专类公园、历史文化名园以及规划确定的公园建设用地。

**第四条** 市绿化行政管理部门主管本市公园管理工作，负责本条例的实施。

区人民政府绿化行政管理部门(以下简称区绿化行政管理部门)是本辖区内区属公园行政主管部门，业务上受市绿化行政管理部门领导。

市或者区人民政府有关管理部门应当按照各自的职责，协同市或者区绿化行政管理部门实施本条例。

**第五条** 市绿化行政管理部门主要职责：

(一) 编制本市公园的发展规划、建设计划，提出新建公园规划许可的审核意见，审批建成公园的调整规划；

(二) 制定公园管理规范、技术标准、操作规程；

(三) 制定有关公园的科技进步和人才培养目标；

(四) 负责市属公园的建设、养护和管理；

(五) 负责有关法律、法规的贯彻实施。

区绿化行政管理部门主要职责：

(一) 编制所属公园的总体规划；

(二) 负责所属公园的建设、养护和管理；

(三) 负责有关法律、法规的贯彻实施。

**第六条** 公园管理机构主要职责：

(一) 依法实施公园的规划建设，加强财产管理，保证设备设施完好，提高园林艺术水平，创造优美环境；

(二) 实行优质服务，维护公园秩序，保障游客安全；

(三) 开展符合社会主义精神文明的科学普及教育和文化娱乐活动；

(四) 受市或者区绿化行政管理部门委托，处理游客违反本条例行为。

**第七条** 市或者区人民政府应当将公园建设纳入国民经济和社会发展计划，并单列专项经费保证公园的养护和管理。

市或者区人民政府可以通过接受捐赠、资助和社会集资等渠道筹集公园建设、养护、管理经费。

**第八条** 公园应当得到全社会的保护。对违反本条例的行为，公民有举报和控告的权利。

对在本市公园的规划、建设、保护和管理中成绩显著的单位和个人，由市或者区绿化行政管理部门给予表彰和奖励。

## 第二章 规划和建设

**第九条** 本市公园发展规划和建设计划根据城市绿地系统规划以及合理布局的原则进行编制，经市人民政府批准后实施。

新建公园的总体规划根据本市公园发展规划和建设计划编制，其各项用地比例应当符合国家的有关规定。

**第十条** 公园建设项目的设计方案应当符合下列条件：

(一) 符合批准的公园的总体规划；

(二) 符合国家有关规定、技术标准和规范要求；

(三) 承担设计的单位必须具有相应的资格。

公园建设单位应当在施工前将建设项目设计方案报绿化行政管理部门备案，建设项目设计方案发生变更的，应当重新向原备案部门备案。

**第十一条** 公园建设项目的建设单位和施工单位应当按备案的设计进行施工，不得任意改变。

## 第三章 保护和管理

**第十二条** 本市公园发展规划确定的公园建设用地，任何单位和个人不得擅自改变或者侵占。城市规划确需改变公园建设用地性质的，市城市规划管理部门应当征得市绿化行政管理部门同意后，报市人民政府批准，并就近补偿相应的规划公园建设用地。

**第十三条** 任何单位和个人不得侵占、出租公园用地，不得以合作、合资或者其他方式，将公园用地改作他用。

各类建设项目不得穿越或者使用公园用地。市政工程、公用设施、高压供电走廊等建设项目因特殊需要穿越或者使用公园用地的，应当征得市绿化行政管理部门同意后，报市人民政府批准，并就近补偿不少于占用面积的土地和补偿经济损失。

已建成的公园绿化用地的比例未达到国家有关规定的，应当逐步调整达到。

**第十四条** 市绿化行政管理部门应当对本市公园实行分类分级管理，并会同市有关部门对重点园林给予重点保护和管理。

**第十五条** 公园的植物、动物、园林设施管理应当做到：

（一）按照园林植物栽植和养护的技术规程，加强养护和管理，提高园林艺术水平；

（二）加强对观赏动物的饲养、保护、繁育和研究，扩大珍稀、濒危动物种群，依法做好动物的引进、交换、调配工作；

（三）保持建筑、游乐、服务等设施完好，标牌齐全完整；

（四）依法对古树名木、文物古迹、优秀近代建筑实行重点保护。

**第十六条** 公园的环境管理应当做到：

（一）保持环境整洁，环境卫生设施完好；

（二）保持水体清洁，符合观赏标准；

（三）保持安静，噪声不得超过环境保护部门规定的标准；

（四）不得焚烧树枝树叶、垃圾或者其他杂物；

（五）不得设置影响公园景观的广告。

任何单位和个人不得向公园排放烟尘或者有毒有害气体；不得向公园水体倾倒杂物、垃圾或者排放不符合排放标准的污水。

市或者区城市规划管理部门应当对公园周围的建设项目加以控制，使其与公园景观相协调。

**第十七条** 公园的安全管理应当做到：

（一）健全安全管理制度，加强水上活动、动物展出、游乐设施、节假日游园活动等管理，落实措施，保障游客安全；

（二）设备、设施的操作人员应当持证上岗；

（三）除老、幼、病、残者专用的非机动车外，其他车辆未经许可不得进入公园。

**第十八条** 公园门票、游乐设施、展览以及其他活动、有关服务设施的收费标准和审批程序，按物价管理部门的规定执行。

**第十九条** 设置游乐设施项目不得有损公园绿化及环境质量，并须符合下列要求：

（一）设置在规划确定的区域内；

（二）与公园景观相协调；

（三）技术、安全指标达到国家的有关规定。

游乐设施项目竣工后，须经技术监督管理部门验收的，应当验收合格方可使用，并定期维修保养。

**第二十条** 商业服务设施设置应当服从公园规划布局，与公园功能、规模、景观相协调，并经市或者区绿化行政管理部门批准。

因公园建设需要搬迁或者撤销公园内商业服务设施的，有关单位和个人应当服从。

**第二十一条** 公园内举办展览以及其他活动，应当符合公园的性质功能，坚持健康、文明的原则，不得有损公园绿化和环境质量。

举办全国性的展览以及其他活动，由市绿化行政管理部门批准；举办局部性的展览以及其他活动，由市或者区绿化行政管理部门批准。举办对本市有重大影响的展览以及其他活动，由市人民政府批准。

**第二十二条** 公园应当每天开放，因特殊情况需要停闭的，须经区绿化行政管理部门批准。

**第二十三条** 游客应当文明游园，爱护公园绿化，保护公园设施，维护公园秩序，遵守游园守则。

游客游园禁止以下行为：

（一）损毁公园花草树木及设施、设备；

（二）携带枪支弹药、易燃易爆物品及其他危险品；

（三）伤害公园动物；

（四）设置经营或者擅自营火、烧烤、宿营；

（五）法律、法规禁止的其他行为。

## 第四章 法律责任

**第二十四条** 有下列行为之一的，由市或者区绿化行政管理部门责令其停止设计、施工或者使用，限期改正；造成损失的，应当赔偿；对直接责任人员处以赔偿费百分之一至百分之五的罚款：

（一）公园建设项目设计方案不符合公园的总体规划或者不符合国家有关规定、技术标准和规范要求的；

（二）未按资格等级承担设计任务的；

（三）擅自改变公园设计或者未按备案的设计进行施工的；

（四）公园建设项目竣工后，未按规定进行验收的。

**第二十五条** 有下列行为之一的，由市绿化行政管理部门责令其限期改正，恢复原状；造成公园用地损失的，应当赔偿，并处以绿地建设费用四至五倍的罚款；对直接责任人员处以罚款数额百分之一至百分之五的罚款：

（一）擅自改变公园规划建设用地性质的；

（二）侵占、出租公园用地或者以合作、合资以及其他方式，将公园用地改作他用的；

（三）公园内部用地比例未按国家有关规定执行的；

（四）各类建设项目擅自穿越或者使用公园用地的。

**第二十六条** 有下列行为之一的，由市或者区绿化行政管理部门责令其停止侵害；造成损失的，应当赔偿，并按环境保护和环境卫生有关规定给予处罚：

（一）向公园水体排放不符合排放标准的污水或者向公园水体内倾倒杂物、垃圾的；

（二）向公园排放烟尘、有毒有害气体或者在公园内焚烧树枝树叶、垃圾及其他杂物的；

（三）公园内的噪声超过环境保护部门规定标准的；

（四）设置广告影响公园景观的。

**第二十七条** 因公园管理责任造成游客伤害的，应当赔偿；构成犯罪的，依法追究刑事责任。

**第二十八条** 有下列行为之一的，由市或者区绿化行政管理部门责令其停止活动，限期改正，没收违法所得；造成公园用地损失的，应当赔偿，并处以绿地建设费用四至五倍的罚款；对直接责任人员处以罚款数额百分之一至百分之五的罚款：

（一）擅自制定公园门票、展览以及其他活动票价的；

（二）公园游乐设施技术指标未达到国家有关规定或者擅自在公园内设置游乐设施的；

（三）擅自在公园内设置商业服务设施的；

（四）擅自在公园内举办各种展览以及其他活动的；

（五）举办展览以及其他活动，有损于公园绿化、环境质量的。

**第二十九条** 违反本条例第二十三条第一款规定的，由市或者区绿化行政管理部门给予教育制止，责令其改正；造成损失的，应当赔偿。

违反本条例第二十三条第二款禁止行为之一的，由市或者区绿化行政管理部门责令其改正；造成损失的，应当赔偿，并可处赔偿费一至二倍的罚款；违反《中华人民共和国治安管理处罚法》的，由公安部门给予处罚；构成犯罪的，依法追究刑事责任。

**第三十条** 市或者区绿化行政管理部门对违反本条例的行为给予处罚的，应当向当事、人出具行政处罚决定书。

市或者区绿化行政管理部门对违反本条例的行为处以罚没款的，罚没款按规定上缴国库。

公园用地的赔偿费应当上缴市或者区绿化行政管理部门，用于公园绿化建设。

**第三十一条** 市或者区绿化行政管理部

门、公园管理机构及其工作人员违反本条例，玩忽职守、滥用职权、徇私舞弊的，由其上级管理部门或者所在单位给予行政处分；造成损失的，依法予以赔偿；构成犯罪的，依法追究刑事责任。

**第三十二条** 当事人对有关行政管理部门的具体行政行为不服的，可以按照《中华人民共和国行政复议法》或者《中华人民共和国行政诉讼法》的规定，申请行政复议或者提起行政诉讼。

当事人在法定期限内不申请复议，不提起诉讼，又不履行的，作出具体行政行为的部门可以申请人民法院强制执行。

## 第五章 附 则

**第三十三条** 本条例实施的应用问题由市绿化行政管理部门负责解释。

**第三十四条** 绿化赔偿费和罚款标准由市绿化行政管理部门制定，报市人民政府批准后执行。

**第三十五条** 本条例自1994年10月1日起施行。

# 上海市城市道路管理条例

（1994年8月25日上海市第十届人民代表大会常务委员会第十二次会议通过 根据1997年5月27日上海市第十届人民代表大会常务委员会第三十六次会议《关于修改〈上海市城市道路桥梁管理条例〉的决定》第一次修正 根据2003年10月10日上海市第十二届人民代表大会常务委员会第七次会议《关于修改〈上海市城市道路桥梁管理条例〉的决定》第二次修正 2006年10月26日上海市第十二届人民代表大会常务委员会第三十一次会议修订 根据2010年9月17日上海市第十三届人民代表大会常务委员会第二十一次会议《关于修改本市部分地方性法规的决定》第三次修正）

## 第一章 总 则

**第一条** 为了加强本市城市道路管理，保障城市道路完好，充分发挥其使用功能，促进城市经济和社会发展，根据国务院《城市道路管理条例》和其他有关法律、行政法规，结合本市实际情况，制定本条例。

**第二条** 本条例所称城市道路包括市区和城镇范围内供车辆、行人通行的，具备一定技术条件的道路、桥梁、隧道及其附属设施。城市道路分为快速路、主干路、次干路和支路。

**第三条** 本条例适用于本市行政区域内城市道路的规划、建设、养护、维修和路政管理。

**第四条** 市建设行政管理部门主管本市城市道路管理工作，负责实施本条例。市建设行政管理部门所属的上海市市政工程管理处（以下简称市市管处）负责本市城市道路的具体管理工作，并依照本条例的授权实施行政许可和行政处罚。

区、县人民政府市政工程行政管理部门（以下简称区、县市政工程管理部门）负责其职责范围内城市道路的行政管理工作，业务上受市建设行政管理部门指导。

本市其他有关行政管理部门按照各自的职责，协同实施本条例。

## 第二章 规划和建设管理

**第五条** 市建设行政管理部门负责组织编

制城市综合交通规划中的城市道路规划（以下简称城市道路规划）。城市综合交通规划经市规划管理部门综合平衡报市人民政府批准后，纳入城市总体规划。

编制控制性详细规划，应当与城市道路规划相衔接。审批部门在审批控制性详细规划时，应当征求市建设行政管理部门的意见。

**第六条** 市建设行政管理部门和区、县市政工程管理部门应当按照职责分工，根据城市道路规划，制定城市道路年度建设计划，经发展和改革、建设和交通等有关行政管理部门综合平衡并按照规定的程序报经批准后实施。

**第七条** 市和区、县人民政府应当保证城市道路建设资金的投入。

本市鼓励国内外企业、其他组织和个人按照城市道路规划和年度建设计划，投资建设城市道路。投资者的合法权益受法律保护。

**第八条** 城市道路的设计、施工应当符合国家和本市有关技术规范和规程，与城市景观相协调，并且按照规划预留绿化用地、建设无障碍设施。

**第九条** 新建、改建、扩建快速路、主干路、次干路时，建设单位应当按照有关规定同步建设监控城市道路运行和安全状况的信息管理设施（以下简称城市道路信息管理设施）。

市建设行政管理部门和区、县市政工程管理部门应当运用城市道路信息管理设施监控城市道路运行状况和技术状态，及时发布适应交通需求的信息。

**第十条** 新建快速路、主干路、次干路时，建设单位应当在城市道路交叉口设置管线过路预埋管道。

地下管线穿越城市道路施工时，应当通过管线过路预埋管道铺设，因技术等原因无法实施的除外。

**第十一条** 新建的城市道路与快速路或者铁路相交的，应当建设立体交通设施。

已建的城市道路与快速路或者铁路相交的，应当逐步建设立体交通设施。

**第十二条** 城市道路建设工程施工前，市市管处或者区、县市政工程管理部门应当会同公安交通管理部门共同制定疏导交通的措施。

主干路扩建施工过程中不得减少原有机动车道数量。

**第十三条** 本市中心城、新城、中心镇范围内的城市道路上不得新建架空线。

前款规定范围内的城市道路扩建、改建、大修时，沿途已建架空线应当同步埋设入地。因没有地下管位架空线无法埋设入地需要保留的，管线产权单位应当向市建设行政管理部门提出申请，经市建设行政管理部门审核同意，可暂时予以保留。市建设行政管理部门应当自受理申请之日起二十日内作出同意或者不同意的决定。暂时保留的架空线在条件具备时，应当及时埋设入地。

因建设工程施工或者举办重大活动等原因需要在本条第一款规定范围内的城市道路上架设临时架空线的，应当事先将临时架空线架设方案报市建设行政管理部门或者区、县市政工程管理部门备案。建设工程施工或者重大活动结束后十五日内，架设单位应当拆除临时架空线，恢复城市道路原状。

## 第三章　养护和维修管理

**第十四条** 市建设行政管理部门和区、县市政工程管理部门应当定期对城市道路进行检查和检测，制定城市道路的养护、维修计划，经市、区县有关行政管理部门批准后组织实施。

**第十五条** 市市管处和区、县市政工程管理部门应当通过招投标方式，选择符合条件的单位进行城市道路的养护、维修。

承担城市道路养护、维修的单位应当严格执行城市道路养护、维修的有关技术规范和规程，确保养护、维修工程的质量。

市市管处和区、县市政工程管理部门应当对养护、维修工程的质量进行监督检查，保证城市道路的安全和完好。

**第十六条** 企业、其他组织或者个人投资建设的城市道路，建设单位应当按照有关的技术规范和规程进行养护、维修，并接受市建设行政管理部门和区、县市政工程管理部门的监督。

建设单位自愿无偿移交城市道路，且其移交的城市道路符合市建设行政管理部门规定的接管条件的，市市管处或者区、县市政工程管理部门应当按规定程序接管，并承担养护、维修责任。

**第十七条** 城市道路遭受损坏影响交通和安全时，市市管处和区、县市政工程管理部门应当及时组织维修。

城市道路附属设施应当符合城市道路技术规范；缺损时，有关产权单位应当立即补缺、修复或者采取其他安全措施。市市管处和区、县市政工程管理部门发现城市道路附属设施缺损时，应当先行采取警示性措施，并督促有关部门和产权单位及时处理。

**第十八条** 城市道路养护、维修作业现场应当设置明显、规范的标志，采取安全措施，保障行人、行车安全。

城市道路养护、维修作业应当避让交通高峰时间，并在规定的期限内修复完工。在中心城区域内施工，还应当采用低噪声、防扬尘的施工设备和施工方法，减少对环境的污染。

**第十九条** 机场、港口、铁路站场、工厂等内部的专用道路，由建设单位负责养护、维修和管理。

## 第四章 路 政 管 理

**第二十条** 城市道路范围内禁止下列行为：

（一）车辆载物拖刮路面；

（二）建设永久性的建筑物或者构筑物；

（三）沿路建筑物底层向外开门、窗占用道路；

（四）占用桥面、隧道堆物、设摊，占用道路堆放超过道路限载的重物；

（五）直接在路面拌和混凝土等有损道路的各种作业；

（六）利用桥梁、隧道进行牵拉、吊装等施工作业；

（七）挪动、毁损窨井盖等城市道路附属设施；

（八）法律、行政法规规定的其他损害、侵占城市道路的行为。

**第二十一条** 禁止擅自占用城市道路。因建设工程施工、沿街建筑物或者构筑物维修，以及经市或者区、县人民政府批准举办重大活动，确需临时占用城市道路的，应当向市市管处或者区、县市政工程管理部门提出申请。市市管处或者区、县市政工程管理部门应当按照临时占路控制总量进行审核，并在受理申请之日起十五日内作出同意或者不同意的决定。影响交通安全的，还应当征得公安交通管理部门同意。

临时占路控制总量，由市建设行政管理部门确定并定期公布。

经批准临时占用城市道路的，应当按规定缴纳临时占路费。临时占路费上缴财政，用于城市道路的养护、维修和管理。

**第二十二条** 临时占用城市道路的期限不得超过三个月。

经批准临时占用城市道路的，应当按照批准的范围、期限、用途占用，不得损坏城市道路及市政公用、交通等设施。在被占用的城市道路上堆物的，应当设置安全防围设施。

临时占用城市道路期满后，占用人应当及时恢复城市道路原状，损坏的应当修复或者赔偿。需要继续占用城市道路的，应当办理延期审批手续，并按照累进制缴纳临时占路费。

市政公用设施施工占用城市道路超过批准的掘路施工期限的，视同临时占路。

**第二十三条** 本市严格限制挖掘城市道路，对挖掘城市道路施工实行总量控制，推进管线工程非开挖技术施工。

城市道路、轨道交通、各类管线等工程建设单位，应当将掘路施工计划报市建设行政管理部门。市建设行政管理部门应当综合平衡各类掘路施工计划，制定综合掘路计划，优先安排综合掘路工程。

掘路控制总量和综合掘路计划由市建设行

政管理部门确定并定期公布。

**第二十四条** 禁止擅自挖掘城市道路。因建设工程施工，确需挖掘城市道路的，应当向市市管处或者区、县市政工程管理部门提出申请，并提供下列材料：

（一）建设工程规划许可证；

（二）施工组织设计方案；

（三）最大限度减少对交通影响、保障通行安全的交通组织方案；

（四）掘路工程修复方案。

市市管处或者区、县市政工程管理部门应当按照掘路控制总量、综合掘路计划进行审核，并自受理申请之日起二十日内作出同意或者不同意的决定。影响交通安全的，还应当征得公安交通管理部门同意。

**第二十五条** 新建、改建、扩建的城市道路交付使用后五年内或者大修的城市道路竣工后三年内不得挖掘；因建设工程施工确需挖掘的，由市市管处或者区、县市政工程管理部门提出初步审查意见，经市建设行政管理部门审核，报市人民政府批准。

经批准提前挖掘前款规定城市道路的，应当按照提前挖掘的时间缴纳一至五倍掘路修复费。

**第二十六条** 挖掘城市道路施工应当符合国家和本市有关技术规范和规程。

挖掘城市道路施工前，建设单位应当查明被挖掘城市道路的地下管线情况，并组织管线产权单位向施工单位进行现场及技术资料的交底。

挖掘城市道路施工期间，施工单位应当采用低噪声、防扬尘的施工设备和施工方法，回收利用建筑材料，在施工现场和周边设置明显、规范的指示标志，采取安全措施，配备交通疏导人员。

城市道路的横向掘路应当避让交通高峰时间，采取临时措施保障通行，并应当在主体工程施工完毕后四十八小时内修复城市道路。

挖掘城市道路主体工程施工完毕，建设单位应当及时修复城市道路，组织竣工验收，并且及时通知市市管处或者区、县市政工程管理部门以及公安交通管理部门。

掘路修复工程实行质量保修制度，保修期为一年。

**第二十七条** 禁止擅自占用城市道路人行道（以下简称人行道）设置各类设施。

占用人行道设置交通标杆、路灯杆、电杆、消火栓、邮筒、废物箱、公共交通站牌、道路停车场计费表的，设置单位应当在设置前征求市市管处或者区、县市政工程管理部门对设置方案的意见，共同确定设置位置。城市道路新建、改建、扩建时，需要设置上述设施的，设置单位应当同步设置。

占用人行道设置公共交通站亭、出租车扬招牌、电话亭、书报亭、非机动车停放亭（点）、阅报栏、流动厕所等设施的，应当在宽度大于三米的人行道上设置，且应当保证设置设施后的人行道通行宽度不小于一点八米。设置单位应当向市市管处或者区、县市政工程管理部门提出申请，提供设施设置规划方案和管理方案，经批准后方可设置。市市管处或者区、县市政工程管理部门应当自受理申请之日起二十日内作出同意或者不同意的决定。

占用人行道设置广告牌的，应当遵守户外广告设施设置的有关规定，不得影响城市道路通行和安全。禁止占用宽度小于三米的人行道设置广告牌。

**第二十八条** 占用城市道路设置各类设施，需要挖掘城市道路的，设置单位还应当办理掘路审批手续；对城市道路造成损坏的，设置单位应当及时予以修复。

城市道路进行养护、维修和检测时，设置单位应当予以配合；城市道路扩建、改建时，设置单位应当及时拆除或者迁移其设施。

设置单位自行废除或者迁移设施时，应当及时恢复城市道路原状。

**第二十九条** 公共汽车、电车以及其他固定线路的客运车辆的站点设置应当符合国家有关城市道路技术规范。在已建城市道路上新增、迁移客运车辆站点需要加固城市道路的，应当采取加固措施，费用由设置单位承担。

**第三十条** 车辆或者车辆载运货物后的总重量超过城市道路限载量或者通行条件但确需通行的，应当事先向市市管处或者区、县市政工程管理部门提出申请，经批准后方可通行。市市管处或者区、县市政工程管理部门应当自受理申请之日起十五日内作出同意或者不同意的决定。需要对城市道路采取加固措施后才能通行的，应当采取加固措施，费用由申请人承担。

**第三十一条** 建设工程施工可能损坏城市道路的，建设单位应当在施工前，与市市管处或者区、县市政工程管理部门签订城市道路保护协议，并按照保护协议的有关要求进行施工。

**第三十二条** 禁止擅自依附桥梁、隧道架设管线。需要依附桥梁、隧道架设管线的，应当向市市管处或者区、县市政工程管理部门提出申请，经批准后方可架设。申请人应当提供相应的建设工程规划许可证、建筑工程施工许可证、施工组织设计方案、安全评估报告、管线架设设计图纸、事故预警和应急抢救方案以及桥梁、隧道专家审查委员会的审查意见。市市管处或者区、县市政工程管理部门应当自受理申请之日起十五日内作出同意或者不同意的决定。

管线产权单位应当对依附桥梁、隧道架设的管线进行定期检查，确保安全。桥梁、隧道改建、扩建时，管线产权单位应当及时拆除或者迁移其依附桥梁、隧道架设的管线。

**第三十三条** 城市道路遭受损坏，影响通行安全时，市市管处或者区、县市政工程管理部门应当通知公安交通管理部门，并立即设立危险警告牌；严重影响通行安全时，市建设行政管理部门或者区、县市政工程管理部门应当会同公安交通管理部门采取封路、封桥措施。

建设工程施工需要封路、封桥的，市建设行政管理部门和市公安交通管理部门应当联合发布封路、封桥通告。

**第三十四条** 市市管处或者区、县市政工程管理部门应当按照桥梁、隧道的安全保护要求，确定桥梁、隧道的安全保护区域。

在桥梁、隧道安全保护区域内从事河道疏浚、河道挖掘、建筑打桩、地下管道顶进、爆破、基坑开挖等作业的，应当制定安全保护措施，向市市管处或者区、县市政工程管理部门提出申请，并提交安全保护方案，经批准后方可实施。市市管处或者区、县市政工程管理部门应当自受理申请之日起十五日内作出同意或者不同意的决定。

**第三十五条** 使用桥梁桥孔（以下简称桥孔）应当保证桥梁的安全。桥孔只限于临时用于绿化、设置市政道班房或者停放车辆。需要临时使用桥孔的单位，应当同桥孔产权单位签订临时使用及设施保护协议。

**第三十六条** 市建设行政管理部门应当制定本市城市道路应急预案，区、县市政工程管理部门应当按照城市道路应急预案制定其所管辖的城市道路应急预案。

城市道路发生事故或者紧急情况时，市建设行政管理部门或者区、县市政工程管理部门应当按照应急预案组织实施应急处置和救援。相关单位和个人应当服从指挥，配合应急预案的实施。

**第三十七条** 地下管线发生泄漏、爆裂等事故损坏城市道路的，地下管线产权单位应当负责先行修复，并可以依法向责任者追偿。

在城市道路或者地下管线施工中发生管线损坏事故时，施工单位应当立即采取措施，及时通知相关管线产权单位组织抢修，同时报告相关管理部门，并承担相应赔偿责任。赔偿费按照市政工程定额和实际损坏情况确定。

**第三十八条** 已建成的城市道路，不得擅自废弃或者调整使用功能。

确需废弃城市道路的，由市建设行政管理部门会同市规划管理部门审核，并征求市公安交通管理部门的意见，经审核同意后方可废弃。

确需调整城市道路使用功能的，由市建设行政管理部门按照规划管理有关规定提请市规划管理部门审核调整。市规划管理部门审核调整前，应当征求市公安交通管理部门的意见。

**第三十九条** 本条例规定的临时占路费、掘路修复费等的收费标准和收费办法，由市建设行政管理部门提出方案，经市价格行政管理部门会同市财政行政管理部门核定后执行。

## 第五章 法律责任

**第四十条** 违反本条例的行为，法律、行政法规有处罚规定的，从其规定。市建设行政管理部门可以在其法定权限范围内委托市市管处实施行政处罚。

**第四十一条** 违反本条例第十三条第二款规定，架空线应当埋设入地而拒不埋设入地的，由市建设行政管理部门责令限期改正；逾期不改正的，处三千元以上三万元以下的罚款。

违反本条例第十三条第三款规定，架设临时架空线未报备案的，由市建设行政管理部门或者区、县市政工程管理部门责令限期改正；逾期不改正的，可以处二百元以上二千元以下的罚款。

违反本条例第十三条第三款规定，未在规定期限内拆除临时架空线的，由市建设行政管理部门或者区、县市政工程管理部门责令限期改正，并可以处五百元以上五千元以下的罚款。

**第四十二条** 违反本条例第二十条规定，在城市道路范围内从事禁止行为的，由市市管处或者区、县市政工程管理部门责令限期改正，并可以处二千元以上二万元以下的罚款。

违反本条例第二十条规定，在城市道路范围内从事禁止行为，其他法规有处罚规定的，由相关部门依照其他法规予以处罚。

**第四十三条** 违反本条例规定，有下列行为之一的，由市市管处或者区、县市政工程管理部门责令限期改正；逾期不改正，未造成城市道路损坏的，处五百元以上五千元以下的罚款；造成城市道路损坏的，处五千元以上二万元以下或者修复费三至五倍的罚款：

（一）违反本条例第二十六条第一款规定，未按照技术规范和规程施工的；

（二）违反本条例第二十七条第一款、第三款规定，擅自占用人行道设置设施的；

（三）违反本条例第二十八条第二款、第三款规定，未及时拆除、迁移设施或者未及时恢复城市道路原状的；

（四）违反本条例第二十九条规定，未加固城市道路的；

（五）违反本条例第三十二条第一款规定，擅自依附桥梁、隧道架设管线的；

（六）违反本条例第三十四条第二款规定，擅自在桥梁、隧道安全保护区域内作业的。

**第四十四条** 市建设行政管理部门及市市管处、区县市政工程管理部门的工作人员违反本条例规定，有下列行为之一的，由其所在单位或者上级主管部门给予行政处分；构成犯罪的，依法追究刑事责任：

（一）不依照本条例规定的条件、程序和期限实施行政许可的；

（二）城市道路损坏影响交通安全时，未按照规定及时采取措施造成后果的；

（三）未按照规定对城市道路进行检查、检测，造成后果的；

（四）选择不符合条件的单位承担城市道路养护、维修作业的；

（五）发现违法行为不及时查处，或者包庇、纵容违法行为，造成后果的；

（六）其他玩忽职守、滥用职权、徇私舞弊的行为。

## 第六章 附则

**第四十五条** 本条例下列用语的含义：

道路附属设施，包括路名牌、护栏、导向岛、安全岛、道路信息管理设施、行道树及道路绿化、窨井盖等。

桥梁附属设施，包括桥孔、挡土墙、桥栏杆、人行扶梯（电梯）、桥名牌、限载牌、桥梁信息管理设施等。

隧道附属设施，包括防护、排水、养护、交通安全、消防、救助、通讯、通风、照明、测量、观光、隧道信息管理等设施。

快速路，是指城市道路中设有中央分隔带，具有四条以上的车道，全部或者部分采用立体交叉与控制出入，供车辆以较高的速度行驶的城市道路。

主干路，是指在城市道路网中起骨架作用的城市道路。

次干路，是指城市道路网中与主干路相连接的区域性干路。

支路，是指城市道路网中干路以外连接次干路或者供区域内部使用的城市道路。

**第四十六条** 本条例自2007年1月1日起施行。

# 上海市征兵工作条例

（1994年10月20日上海市第十届人民代表大会常务委员会第十三次会议通过　根据1997年10月17日上海市第十届人民代表大会常务委员会第三十九次会议《关于修改〈上海市征兵工作条例〉的决定》第一次修正　根据2002年6月20日上海市第十一届人民代表大会常务委员会第四十次会议《关于修改〈上海市征兵工作条例〉的决定》第二次修正　根据2010年9月17日上海市第十三届人民代表大会常务委员会第二十一次会议《关于修改本市部分地方性法规的决定》第三次修正）

## 第一章　总　　则

**第一条** 为了保障本市公民依法履行兵役义务和征兵工作的顺利进行，根据《中华人民共和国宪法》、《中华人民共和国兵役法》、《征兵工作条例》以及其他有关法律、法规的规定，结合本市实际情况，制定本条例。

**第二条** 本条例适用于本市行政区域内的国家机关、社会团体、企业（包括外商投资企业、私营企业，下同）、事业单位、基层群众性自治组织、个体工商户和公民。

**第三条** 保卫祖国、抵抗侵略是中华人民共和国每一个公民的神圣职责，依照法律服兵役是我国公民的光荣义务。凡具有本市常住户籍的公民，在规定的年龄内都有依法服兵役的义务。

**第四条** 本条例所称的适龄公民，是指当年十二月三十一日以前年满十八至二十二岁，或者符合国务院、中央军委当年征兵命令规定的服现役年龄的男性公民。

本条例所称的应征公民，是指经兵役登记和初步审查合格的适龄公民。

对女性公民的征集，按照国务院、中央军委征兵命令的规定执行。

**第五条** 市人民政府和上海警备区领导本市的征兵工作。市人民政府征兵办公室负责办理全市的征兵工作。

区、县人民政府领导本区、县的征兵工作。区、县人民政府的兵役机关会同有关部门组成征兵办公室，负责办理本区、县的征兵工作。

**第六条** 征兵工作人员在办理征兵工作时，应当严格执行征兵命令以及其他有关规定，确保新兵质量，不得玩忽职守、徇私舞弊。

**第七条** 依法做好征兵工作是本市各级国家机关、社会团体、企业、事业单位、基层群众性自治组织、个体工商户和公民的共同责任。

公安、卫生、人事、劳动、民政、财政、教育、交通、工商行政、新闻出版、广播电视等政府有关职能部门，应当按照各自职责做好征兵工作。

**第八条** 征兵工作所需经费，由同级财政列支。

各单位自行解决征兵工作以及兵役登记所需经费。

**第九条** 在征兵工作中作出显著成绩的单位和个人，由市人民政府、上海警备区或者市和区、县人民政府征兵办公室予以表彰、奖励。

## 第二章 宣传教育

**第十条** 征兵宣传教育工作应当按照国务院、中央军委的征兵命令以及市人民政府、上海警备区的征兵命令和其他有关规定进行。

**第十一条** 市和区、县人民政府应当加强征兵宣传教育工作的领导，并将其纳入爱国主义教育、国防教育和法制宣传教育规划。

征兵宣传教育的具体工作由各级人民政府征兵办公室会同有关部门组织实施。

市和区、县人民政府的有关部门应当指导和支持乡、镇、街道以及其他单位开展征兵宣传教育活动。

**第十二条** 报刊、广播、电视等宣传部门应当加强依法服兵役和参军光荣为内容的宣传教育。

乡、镇、街道以及其他单位应当向公民进行爱国主义、革命英雄主义和依法服兵役的教育，鼓励公民依法履行兵役义务；在征兵工作期间，应当依法悬挂、张贴有关征兵工作的宣传品。

**第十三条** 各类中等以上学校应当将兵役法制教育纳入德育教育大纲，并设置必要的课时。

## 第三章 兵役登记

**第十四条** 区、县人民政府征兵办公室负责本行政区域内的兵役登记工作。

乡、镇人民政府和街道办事处承办本辖区的兵役登记工作。适龄公民在户籍所在地的乡、镇和街道参加兵役登记和应征。

兵役登记工作应当在每年的九月三十日以前完成。

**第十五条** 乡、镇人民政府和街道办事处应当按照市和区、县人民政府征兵办公室的要求，告示和书面通知户籍在本辖区内的适龄公民按时履行兵役登记手续，并在兵役登记工作结束时向区、县人民政府征兵办公室如实报告兵役登记结果。

公安派出所应当根据区、县人民政府征兵办公室的要求，提供本地区当年适龄公民的名单以及其他有关情况。

**第十六条** 本市征兵工作实行兵役证制度。

兵役证由市人民政府征兵办公室印制，由区、县人民政府征兵办公室负责管理、审核和组织发放。

兵役证不得转借、涂改和伪造。

**第十七条** 兵役证按照下列规定保管和使用：

（一）兵役证由适龄公民保管，遗失兵役证的，应当及时向发证单位申请补发；

（二）经兵役登记的适龄公民变更户籍所在地或者就业单位，应当及时到发证单位办理兵役登记变更的手续；

（三）十八至二十四周岁的男性公民，在就业（含临时就业）、就学、申请出境、办理工商营业执照或者其他专业证件时，应当向有关部门或者单位出示兵役证，有关部门或者单位必须予以查验。

**第十八条** 适龄公民应当在每年规定的期限，携带本人居民身份证和学历证明或者携带兵役证到指定的兵役登记地点，履行兵役登记手续。适龄公民参加兵役登记应当视为出勤。适龄公民在履行兵役登记手续时必须反映本人的真实情况，不得隐瞒或者弄虚作假。

区、县人民政府征兵办公室在征兵工作中应当依据不同情况，如实在公民的兵役证上注明应征、缓征、免征、不征、拒征、已征，或者注明转服、免服、不服预备役等情况。

**第十九条** 当年经兵役登记确定的应征公

民，在年度征兵工作结束前，未经市人民政府征兵办公室批准，不得出境。

## 第四章　体格检查和政治审查

**第二十条**　国家机关、社会团体、企业、事业单位应当根据市人民政府和上海警备区下达的征兵任务，组织应征公民参加体格检查，并且按照要求做好对应征公民的政治审查。

**第二十一条**　征兵体格检查工作在市和区、县人民政府征兵办公室统一组织和协调下，由市和区、县卫生部门负责实施。

市和区、县人民政府的征兵办公室、卫生局以及有关医院抽调人员分别组成市和区、县征兵体格检查组，设立征兵体格检查站，组织实施体格检查工作。

**第二十二条**　医务人员应当按照规定对应征公民实施体格检查。

医务人员在从事征兵体格检查工作期间，原单位应当为其保留福利待遇。

**第二十三条**　兵役登记后确定为应征公民的对象（包括已被招工、招干的），应当按照区、县人民政府征兵办公室的通知要求参加体格检查，并且如实反映健康状况。应征公民参加体格检查应当视为出勤。

**第二十四条**　征兵政治审查工作在市和区、县人民政府征兵办公室统一组织和协调下，由市和区、县公安机关负责实施。

市和区、县公安机关负责抽调人员组成政治审查组，组织各承办单位对应征公民实施政治审查，有关单位和公民应当予以配合，如实提供情况。

**第二十五条**　政治审查工作人员应当遵守政治审查工作的各项规定和纪律。

政治审查工作人员在从事征兵政治审查工作期间，原单位应当为其保留福利待遇。

## 第五章　新兵审定和交接输送

**第二十六条**　区、县人民政府征兵办公室应当根据应征公民所在乡、镇人民政府、街道办事处或者单位的意见，召集体格检查、政治审查等部门以及接兵部队集体审定兵员。

区、县人民政府和区、县人民政府兵役机关应当召集有关部门和接兵部队，依据军兵种对兵员的要求，在审定的兵员中，择优批准政治、身体、文化、年龄合格的公民入伍。

**第二十七条**　应征公民所在地乡、镇人民政府、街道办事处或者单位，应当将批准入伍的应征公民名单张榜公布，接受公民监督。

被批准入伍的应征公民，应当履行兵役义务，其所在单位应当支持。

**第二十八条**　区、县人民政府征兵办公室办理应征公民的批准入伍手续，并发给《应征公民入伍通知书》。

被批准入伍的公民凭《应征公民入伍通知书》到户籍所在地的公安派出所办理户籍注销手续。

有关单位应当按时向区、县人民政府征兵办公室移交被批准入伍公民的档案材料。

**第二十九条**　区、县人民政府征兵办公室应当在新兵输送一天前，在其所在地与接兵部队办理新兵及其档案材料的交接手续，并协助接兵部队将本地区的新兵安全、按时送达指定的车站、码头。

**第三十条**　各级征兵办公室应当为部队接兵人员提供工作条件。

在市和区、县人民政府领导下，部队接兵人员协助征兵办公室共同做好征兵工作。

## 第六章　优待和安置

**第三十一条**　本市应征入伍的义务兵及其家属，有权享受国家和本市规定的对义务兵及其家属的各项优待。

**第三十二条**　义务兵及其家属优待金的支出纳入市和区、县人民政府的财政预算，其发放标准和管理办法由市人民政府制定。

义务兵及其家属优待金用于义务兵家属的优待、缴纳义务兵个人的社会保险费和义务兵退役后的补助等方面。

**第三十三条** 应征公民入伍后享受以下优待：

（一）原租赁的公房，租赁和使用权应当予以保留；

（二）其家庭住房分配或者拆迁配房时，应当享受与其他公民同等的待遇；

（三）原农村户籍所在地土地被征用的，应当享受与其他公民同等的待遇；

（四）享受国家和本市规定的其他有关优待。

**第三十四条** 义务兵在校入伍未完成学业的，退役后可以回原学校复学。义务兵在职入伍的，退役后可以回原单位复工复职，原单位给予的待遇不得低于同工龄的同类职工。

义务兵退役后，也可以按照下列规定予以优待：

（一）报考国家公务员或者本市高等院校、中等专业学校的，按照有关规定予以优待。

（二）入伍前为城镇无业人员需要安置就业的，区、县人民政府有关部门应当提供相应的培训，并按照有关规定予以安置。任何机关、团体、企业、事业单位都有安置退役义务兵的义务。

（三）城镇义务兵退役后自谋职业的，由区、县人民政府给予一次性经济补助，并给予政策优惠。

前款所列的优待规定，由市人民政府另行制定具体办法。

**第三十五条** 本市逐步建立和完善义务兵风险基金，基金的来源、管理和使用办法，由市人民政府另行制定。

## 第七章 法律责任

**第三十六条** 对违反本条例规定，有下列行为之一的单位，由区、县人民政府征兵办公室责令改正，经教育不改的，视情节轻重处以同地区当年义务兵及其家属优待金平均标准两倍以上十倍以下罚款：

（一）不按规定组织公民进行兵役登记的；

（二）隐瞒适龄公民人数或者不接受征兵任务的；

（三）不实施或者不配合有关部门对应征公民进行体格检查、政治审查的；

（四）阻挠公民参加兵役登记、体格检查或者应征入伍的；

（五）隐瞒真实情况、弄虚作假以及采用其他手段庇护公民逃避服兵役的；

（六）录用或者录取受到本条例第三十七条、第三十八条规定处罚的公民就业、就学的。

对有前款行为的单位主要负责人和直接责任人，应当予以行政处分；情节严重的，区、县人民政府征兵办公室并可以对其处以同地区当年义务兵及其家属优待金平均标准五倍以下罚款。

单位违反本条例规定，不接受安置退役义务兵的，由市或者区、县人民政府安置部门责令限期改正，逾期不改正的，处以二万元以上二十万元以下罚款；对单位主要负责人和直接责任人，可以处以二千元以上二万元以下罚款。

**第三十七条** 有关行政管理部门违反本条例规定，不依法履行职责的，市和区、县人民政府应当责令改正，经教育不改的，由其上级主管部门对其主要负责人和直接责任人给予行政处分。

从事征兵工作的人员在征兵工作中不依法履行职责，玩忽职守、弄虚作假、徇私舞弊、收受贿赂尚不够刑事处罚的，由其所在单位予以行政处分。

**第三十八条** 有下列行为之一，经教育不改的，在职人员，由其所在单位予以辞退或者解除其劳动合同；待业人员，由劳动部门收回待业证；个体工商户，由工商行政管理部门吊销其营业执照：

（一）逃避、拒绝兵役登记或者征兵体格检查的；

（二）隐瞒真实情况、弄虚作假情节严重的；

（三）被批准入伍后逃避、拒绝应征的；

（四）转借、涂改兵役证以及违反兵役证其

他使用规定的。

有前款所列行为之一的人员，一年内国家机关、社会团体、企业、事业单位和个体工商户不得录用或者录取，工商行政管理部门或者其他有关部门不得为他们办理工商营业执照或者其他专业技术证书，公安机关不得为他们办理出境手续；区、县人民政府征兵办公室并可以处以同地区当年义务兵及其家属优待金平均标准两倍以下罚款。

**第三十九条** 连续两年有前条所列行为之一，经教育不改的，或者入伍后在新兵训练期间擅自离开部队被除名的，两年内国家机关、社会团体、企业、事业单位和个体工商户不得录用或者录取，工商行政管理部门或者其他有关部门不得为他们办理工商营业执照或者其他专业技术证书，公安机关不得为他们办理出境手续；区、县人民政府征兵办公室并可以处以同地区当年义务兵及其家属优待金平均标准两倍以上五倍以下罚款。

**第四十条** 伪造兵役证的，由区、县人民政府征兵办公室处以五千元以上五万元以下罚款，伪造的兵役证予以没收。

**第四十一条** 违反本条例规定，应当给予治安管理处罚的，由公安机关依照《中华人民共和国治安管理处罚法》的规定予以处罚；构成犯罪的，依法追究刑事责任。

**第四十二条** 违反本条例规定，应当予以处分、处罚而有关部门未予处分、处罚的，市和区、县人民政府征兵办公室可以制发建议书，督促有关部门依法实施处分、处罚。

**第四十三条** 依据本条例作出的行政处罚决定，应当出具行政处罚决定书。

收缴罚款时，应当出具市财政局统一印制的罚没款收据。罚款全部上缴国库。

**第四十四条** 当事人对区、县人民政府征兵办公室及有关行政管理部门的具体行政行为不服的，可以依照《中华人民共和国行政复议法》或者《中华人民共和国行政诉讼法》的规定，申请行政复议或者提起行政诉讼。

当事人对具体行政行为在法定期限内不申请复议，不提起诉讼，又不履行的，作出具体行政行为的行政管理部门可以申请人民法院强制执行。

## 第八章 附　　则

**第四十五条** 市人民政府可以根据本条例制定实施细则。

**第四十六条** 本条例自1994年11月1日起施行。

# 上海市烟花爆竹安全管理条例

（1994年10月20日上海市第十届人民代表大会常务委员会第十三次会议通过　根据1997年5月27日上海市第十届人民代表大会常务委员会第三十六次会议《关于修改〈上海市烟花爆竹安全管理条例〉的决定》修正　2015年12月30日上海市第十四届人民代表大会常务委员会第二十六次会议修订）

## 第一章 总　　则

**第一条** 为了加强烟花爆竹安全管理，改善大气环境质量，保障公共安全和人身、财产安全，根据《烟花爆竹安全管理条例》，结合本市实际情况，制定本条例。

**第二条** 本市行政区域内烟花爆竹的生

产、经营、储存、运输、燃放和销毁处置等活动，适用本条例。

**第三条** 市和区、县人民政府组织本条例的实施。

市人民政府建立市烟花爆竹安全监管工作联席会议制度，综合协调烟花爆竹安全管理工作中的重大事项。

区、县人民政府应当加强对本辖区烟花爆竹安全管理、执法工作的组织领导。

**第四条** 安全生产监督管理部门负责烟花爆竹的安全生产监督管理。

公安部门负责烟花爆竹的公共安全管理。

质量技术监督、工商行政、交通、城管执法、国资监管、环保、气象、教育、绿化市容、住房城乡建设、经济信息化、通信管理、财政等部门按照各自职责，依法做好烟花爆竹安全管理的相关工作。

**第五条** 本市按照国家规定，对烟花爆竹经营、运输和举办焰火晚会以及其他大型焰火燃放活动，实行许可证制度。

未经许可，任何单位和个人不得经营、运输烟花爆竹，不得举办焰火晚会以及其他大型焰火燃放活动。

**第六条** 本市各级人民政府及其有关部门应当定期组织开展烟花爆竹安全管理的宣传，并在重大节日期间加大对烟花爆竹燃放安全管理的宣传力度。

鼓励移风易俗，倡导使用电子鞭炮、礼花筒等安全、环保的替代性产品。

广播、电视、报刊、互联网等媒体应当开展烟花爆竹安全管理和移风易俗的公益宣传。

学校和未成年人的监护人应当对未成年人开展烟花爆竹安全知识的教育，引导未成年人不燃放烟花爆竹。

**第七条** 乡、镇人民政府和街道办事处应当将烟花爆竹安全管理纳入基层社会治理工作，加强组织协调和指导监督。

居民委员会、村民委员会、物业服务企业应当配合做好烟花爆竹安全管理的有关工作，加强对居民、村民、业主的宣传教育，引导移风易俗和依法、文明、安全燃放烟花爆竹。

**第八条** 烟花爆竹相关行业协会应当加强行业自律管理，组织制定并公布行业自律管理制度，引导烟花爆竹经营者依法经营，宣传禁止燃放烟花爆竹相关规定以及安全燃放知识，开展烟花爆竹安全教育培训。

**第九条** 鼓励单位和个人通过“12345”市民服务热线、“110”报警电话等途径，举报非法生产烟花爆竹和经营、储存、运输、燃放烟花爆竹等活动中的违法行为。对查证属实的，有关行政管理部门应当按照规定对举报人给予奖励。

**第十条** 本市烟花爆竹经营、储存、运输单位和焰火晚会以及其他大型焰火燃放活动的燃放作业单位（以下称燃放作业单位），应当根据安全需要依法投保相应的保险险种；鼓励其投保相关的责任保险。

**第十一条** 违法经营、储存、运输、燃放烟花爆竹的有关信息，纳入本市公共信用信息服务平台。

## 第二章　经营和运输安全管理

**第十二条** 本市禁止生产烟花爆竹。

在禁止燃放烟花爆竹的区域内，任何单位和个人不得经营、储存、运输烟花爆竹。

**第十三条** 本市对烟花爆竹经营实行统一采购、统一批发。

从事烟花爆竹批发的企业和从事烟花爆竹零售的经营者，应当依法取得相应的经营许可证，在经营许可证规定的许可经营范围、有效期和经营场所内经营。

采购、销售的烟花爆竹，应当符合有关技术标准和本市关于准予经营的烟花爆竹规格、品种的规定。本市准予经营的烟花爆竹规格、品种应当通过媒体向社会公布。

**第十四条** 烟花爆竹经营单位的布点，应当遵循合理布局、总量控制、逐步减少的原则。

**第十五条** 烟花爆竹零售点的设置应当符合国家和本市有关规定，实行专店或者专柜销售，并配备必要的安全防护措施。

禁止将烟花爆竹零售点与居住场所设置在同一建筑物内。

**第十六条** 除准许经营烟花爆竹的批发企业、零售经营者和燃放作业单位外，禁止其他单位和个人以经营为目的储存烟花爆竹。

禁止烟花爆竹零售经营者在经营场所以外储存烟花爆竹。

**第十七条** 烟花爆竹的批发企业、零售经营者和燃放作业单位应当如实记录烟花爆竹经营、燃放情况，鼓励采取信息化手段记录烟花爆竹流向信息。

本市可以根据公共安全需要，对购买烟花爆竹实行实名制登记等安全管控措施。

**第十八条** 经由道路、铁路、水路、航空运输烟花爆竹的，依照道路、铁路、水路、航空运输安全管理的有关法律、法规、规章的规定执行。

禁止携带烟花爆竹搭乘公共交通工具。

禁止托运、邮寄、快递烟花爆竹或者在托运、邮寄、快递的行李、包裹和邮件中夹带烟花爆竹。

公安、交通等部门应当加强对烟花爆竹运输安全的监督、检查。

**第十九条** 经由本市港口出口烟花爆竹的，应当以集装箱形式运输，不得在本市装箱作业。

## 第三章 燃放安全管理

**第二十条** 禁止在外环线以内区域燃放烟花爆竹。

禁止在外环线以外区域的下列场所燃放烟花爆竹：

（一）国家机关驻地；

（二）文物保护单位；

（三）车站、码头、机场等交通枢纽，轨道交通设施以及铁路线路安全保护区内；

（四）易燃易爆危险物品生产、经营、储存单位；

（五）输变电、燃气、燃油等能源设施安全保护区内；

（六）医疗机构、幼儿园、学校、养老机构；

（七）商场、集贸市场、公共文化设施、宗教活动场所等人员密集场所；

（八）区、县人民政府划定并公布的其他区域、场所。

禁止燃放烟花爆竹的场所应当设置禁放警示标识，并做好安全提示和防范工作。

**第二十一条** 重污染天气期间，本市一律禁止燃放烟花爆竹。

市环保、气象部门应当通过新闻媒体及时发布重污染天气预报信息，并提示市民在此期间禁止燃放烟花爆竹。

**第二十二条** 举办焰火晚会以及其他大型焰火燃放活动的，主办单位应当依法向市或者区、县公安部门提出申请，取得《焰火燃放许可证》，并由符合行业标准规定条件的燃放作业单位燃放。

**第二十三条** 燃放烟花爆竹应当遵守下列安全燃放要求：

（一）不得燃放本市未准予经营的烟花爆竹；

（二）不得在建筑物、构筑物内燃放或者从阳台、窗户向外抛掷烟花爆竹；

（三）不得向烟花爆竹零售点、行人、车辆、建筑物、构筑物、在建工地、树木、河道、公共绿地、窨井等投掷烟花爆竹；

（四）不得影响道路交通安全；

（五）不得采用其他危害公共安全和人身、财产安全的方式燃放。

## 第四章 法律责任

**第二十四条** 违反本条例规定的行为，法律、行政法规有处理规定的，依照有关法律、行政法规的规定处理。构成违反治安管理行为的，依法给予治安管理处罚；构成犯罪的，依法追究刑事责任。

**第二十五条** 违反本条例第十三条第二款规定，超出经营许可证规定的许可经营范围、有效期或者在经营许可证规定的经营场所外经营烟花爆竹的，由相对集中行使行政处罚权的公安部门责令停止非法经营活动，没收非法经营的烟花爆竹及违法所得，对烟花爆竹批发企业、零售经营者处二万元以上十万元以下的罚款。

违反本条例第十三条第三款规定，采购、销售的烟花爆竹不符合本市关于准予经营的烟花爆竹规格、品种规定的，由相对集中行使行政处罚权的公安部门责令停止非法经营活动，没收非法经营的烟花爆竹及违法所得，对烟花爆竹批发企业处二万元以上十万元以下的罚款，对烟花爆竹零售经营者处一千元以上五千元以下的罚款；情节严重的，依法吊销烟花爆竹经营许可证。

**第二十六条** 违反本条例第十六条规定，非法储存烟花爆竹的，由公安部门没收非法储存的烟花爆竹及违法所得，处五千元以上五万元以下的罚款；情节严重的，处五万元以上十万元以下的罚款。

**第二十七条** 违反本条例第十八条第二款、第三款规定，携带烟花爆竹搭乘公共交通工具，或者托运、邮寄、快递烟花爆竹以及在托运、邮寄、快递的行李、包裹、邮件中夹带烟花爆竹的，由公安部门没收非法携带、托运、邮寄、快递、夹带的烟花爆竹，可以并处二百元以上一千元以下的罚款。

**第二十八条** 违反本条例，有下列情形之一的，由公安部门责令改正，没收其烟花爆竹，处一百元以上二百元以下的罚款；情节严重的，处二百元以上五百元以下的罚款：

（一）违反本条例第二十条规定，在禁止燃放的区域内燃放烟花爆竹的；

（二）违反本条例第二十一条规定，在重污染天气期间燃放烟花爆竹的；

（三）违反本条例第二十三条规定，不遵守安全燃放要求的。

单位违反本条例第二十一条规定，在重污染天气期间燃放烟花爆竹的，除对单位进行处罚外，环保等有关部门还可以对单位主要负责人和直接责任人员处一百元以上五百元以下的罚款。

**第二十九条** 对没收的非法烟花爆竹以及烟花爆竹经营单位弃置的废旧烟花爆竹，由公安部门就地封存并组织销毁、处置。

**第三十条** 行政管理部门及其工作人员违反本条例，有下列情形之一的，由上级行政管理部门或者监察机关责令改正；依法对直接负责的主管人员和其他直接责任人员给予警告或者记过处分；情节较重的，给予记大过或者降级处分；情节严重的，给予撤职处分：

（一）对不符合法定条件的烟花爆竹经营、运输、燃放申请予以许可的；

（二）对违法生产、经营、储存、运输、燃放烟花爆竹的行为不依法查处的；

（三）未按规定将封存的烟花爆竹销毁、处置的；

（四）对举报人的举报不受理、不及时调查处理的。

## 第五章　附　　则

**第三十一条** 安全生产监督管理部门可以依法将烟花爆竹经营许可权委托公安机关消防机构行使。

**第三十二条** 需要对禁止燃放烟花爆竹的区域和时间临时调整的，由市人民政府决定并向社会公告。

**第三十三条** 本条例自 2016 年 1 月 1 日起施行。

# 上海市环境保护条例

（1994年12月8日上海市第十届人民代表大会常务委员会第十四次会议通过　根据1997年5月27日上海市第十届人民代表大会常务委员会第三十六次会议《关于修改〈上海市环境保护条例〉的决定》第一次修正　2005年10月28日上海市第十二届人民代表大会常务委员会第二十三次会议第一次修订　根据2011年12月22日上海市第十三届人民代表大会常务委员会第三十一次会议《关于修改本市部分地方性法规的决定》第二次修正　根据2015年6月18日上海市第十四届人民代表大会常务委员会第二十一次会议《关于修改〈上海市环境保护条例〉等8件地方性法规的决定》第三次修正　2016年7月29日上海市第十四届人民代表大会常务委员会第三十一次会议第二次修订　根据2017年12月28日上海市第十四届人民代表大会常务委员会第四十二次会议《关于修改本市部分地方性法规的决定》第四次修正　根据2018年12月20日上海市第十五届人民代表大会常务委员会第八次会议《关于修改本市部分地方性法规的决定》第五次修正　根据2021年11月25日上海市第十五届人民代表大会常务委员会第三十七次会议《关于修改〈上海市献血条例〉等4件地方性法规的决定》第六次修正　根据2022年7月21日上海市第十五届人民代表大会常务委员会第四十二次会议《关于修改〈上海市环境保护条例〉的决定》第七次修正）

## 第一章　总　　则

**第一条**　为保护和改善环境，防治污染，保障公众健康，推进生态文明建设，促进绿色发展和绿色生活，根据《中华人民共和国环境保护法》和其他有关法律、行政法规，结合本市实际情况，制定本条例。

**第二条**　本条例适用于本市行政区域内的环境保护及其相关的管理活动。

海洋环境的保护按照海洋环境保护相关的法律、法规执行。

**第三条**　本市建立健全生态文明建设领导机制，实行生态环境保护党政同责、一岗双责。

本市设立市、区生态文明建设领导小组，负责统筹协调生态文明建设和环境保护工作，加强环境治理体系和治理能力现代化建设；领导小组办公室设在同级生态环境行政主管部门，具体负责日常工作。

**第四条**　本市各级人民政府应当对本行政区域的环境质量负责，推进本行政区域内的生态文明建设和环境保护工作，使经济社会发展与环境保护相协调。市和区人民政府应当制定环境保护目标和年度实施计划，组织推进环境基础设施建设，推进环境信息公开，持续改善本行政区域的环境质量。

市和区人民政府应当对本级人民政府有关行政管理部门和下一级人民政府的环境保护职责履行和目标完成情况进行督察。环境保护目标和任务的完成情况作为对本级人民政府有关行政管理部门及其负责人和下一级人民政府及其负责人考核的内容。督察和考核结果应当向社会公布。

本市按照国家规定实行领导干部自然资源资产离任审计制度。

各级人民政府应当每年向同级人民代表大

会或者其常务委员会报告环境保护工作以及任期内的环境保护目标实现情况，对发生的重大环境事件应当及时向同级人民代表大会常务委员会报告，依法接受监督。

**第五条** 企业事业单位和其他生产经营者应当遵守环境保护相关法律、法规，防止、减少环境污染和生态破坏，依法主动公开环境信息，履行污染监测、报告等义务，对所造成的损害依法承担责任。

企业事业单位和其他生产经营者应当通过清洁生产、绿色供应、资源循环利用等措施，转变生产经营方式，保护环境。

**第六条** 公民依法享有获取环境信息、参与和监督环境保护的权利，有权举报和监督环境违法行为，通过环境侵权诉讼等方式维护自身环境权益。

公民应当增强环境保护意识，践行绿色生活方式，主动保护环境。

**第七条** 市生态环境行政主管部门（以下简称市生态环境部门）对本市环境保护实施统一监督管理，加强环境规划、标准制定和执法工作。区生态环境行政主管部门（以下简称区生态环境部门）按照职责分工对本辖区的环境保护实施监督管理。

本市发展改革、经济信息化、交通、公安、住房城乡建设、规划资源、水务、农业农村、市场监管、绿化市容、城管执法、应急等相关行政管理部门，按照职责分工负责本领域、本行业的生态环境保护、污染防治和监督管理工作，并在相关规划、政策、计划制定和实施中落实绿色发展和环境保护要求。

**第八条** 乡镇人民政府和街道办事处应当在区生态环境等相关行政管理部门的指导下，对辖区内社区商业、生活活动中产生的大气、水、噪声、光等污染防治工作进行综合协调。

乡镇人民政府和街道办事处发现辖区内存在环境污染问题的，应当按照市人民政府确定的执法事项履行执法职责；不属于自身执法职责范围的，应当及时向区生态环境等有关行政管理部门报告。

对因前款规定的环境污染引发的纠纷，当事人可以向乡、镇人民政府或者街道办事处申请调解。

**第九条** 本市加强环境治理数字化建设，依托“一网通办”“一网统管”平台，运用大数据、物联网、人工智能等现代信息技术，加强环境监管等信息的归集、共享和应用，提升环境治理智能化水平。

**第十条** 本市通过经济、金融、技术等措施，支持和推进环境保护科学技术研究、开发和应用，鼓励环境保护产业发展，加强环境保护信息化建设，促进环保技术应用信息的交互和共享，提高环境保护科学技术水平。

**第十一条** 各级人民政府及其有关部门应当加强环境保护宣传和普及工作，组织开展环境保护法律法规和环境保护知识宣传，提高市民的环境保护意识和知识水平，营造环境保护的良好氛围。

教育行政部门、学校应当将环境保护知识纳入学校教育内容，培养学生的环境保护意识。

报刊、电视、广播、网络等媒体应当开展环境保护法律法规和环境保护知识的宣传，对环境违法行为进行舆论监督。

**第十二条** 对保护和改善环境有显著成绩的单位和个人，按照国家和本市评比表彰有关规定，给予表彰、奖励。

**第十三条** 市人民政府应当根据国家有关规定，与相关省建立长三角重点区域、流域生态环境协同保护机制，定期协商区域内污染防治及生态保护的重大事项。

本市生态环境、发展改革、经济信息化、规划资源、住房城乡建设、交通、农业农村、公安、水务、气象等相关行政管理部门应当与周边省、市、县（区）相关行政管理部门建立沟通协调机制，采取措施，优化长三角区域产业结构和规划布局，协同推进机动车、船污染防治，完善水污染防治联动协作机制，强化环境资源信息共享及污染预警应急联动，协调跨界污染纠纷，实现区域经济、社会和环境协调发展。

## 第二章 规划、区划和标准

**第十四条** 市生态环境部门应当会同本市有关行政管理部门组织编制市环境保护规划和相关环境保护专项规划，报市人民政府批准。

区生态环境部门应当根据市环境保护规划和相关环境保护专项规划，结合本区实际，会同有关行政管理部门编制区环境保护规划，报区人民政府批准；区人民政府在批准前应当征求市生态环境部门的意见。

环境保护规划应当纳入市和区国民经济和社会发展规划、国土空间规划。

经批准后的环境保护规划和相关环境保护专项规划，由生态环境部门会同有关行政管理部门组织实施。

**第十五条** 市人民政府应当根据本行政区域的生态环境和资源利用状况，制定生态环境分区管控方案和生态环境准入清单，依法报国务院生态环境主管部门备案后实施。生态环境分区管控方案和生态环境准入清单应当与国土空间规划相衔接。

**第十六条** 市生态环境部门应当会同有关行政管理部门，根据国土空间规划和国家环境质量标准，编制本市地表水环境功能区划、大气环境质量功能区划、声环境功能区划，报市人民政府批准后公布实施。

**第十七条** 本市发展改革、规划资源和其他有关行政管理部门编制土地利用、区域开发建设等规划以及进行城市布局、产业结构调整时，应当符合环境功能区划的要求。

各级人民政府及其有关行政管理部门在组织区域开发建设时，应当符合环境功能区划的要求。凡不符合环境功能区划的建设项目，不得批准建设。

对环境质量达不到环境功能区划要求的地区以及环境污染严重、环境违法情况突出的地区，区人民政府应当采取产业结构调整、区域生态整治等方式实施综合治理，市住房城乡建设、生态环境、规划资源等行政管理部门应当予以指导。

**第十八条** 市和区人民政府在组织编制全市和各区国土空间规划时，应当根据本行政区域生态环境状况，在饮用水水源保护区、自然保护区、野生动物重要栖息地和重要的湿地等重点生态功能区、生态环境敏感区和脆弱区等区域划定生态保护红线，建立生态保护红线制度，实施分类分级管控和严格保护。

本市相关控制性详细规划的编制，应当符合生态保护红线的控制要求。

**第十九条** 市住房城乡建设、绿化市容等行政管理部门在组织编制道路照明、景观照明等城市照明相关规划时，应当根据本市经济社会发展水平以及生态环境保护、交通安全和提升城市品质等需要，明确分区域亮度管理措施，对不同区域的照明效果和光辐射控制提出要求。

**第二十条** 市人民政府可以根据本市实际，对国家环境质量标准和国家污染物排放标准中未作规定的项目，制定地方标准；对国家已作规定的项目，可以制定严于国家的地方标准。

## 第三章 绿色发展

**第二十一条** 本市将碳达峰、碳中和工作纳入经济社会发展全局，推动经济社会发展全面绿色转型，加快形成节约资源和保护环境的产业结构、生产方式、生活方式、空间格局，实现生态优先、绿色低碳的高质量发展。

**第二十二条** 本市提倡绿色发展和绿色生活。

市发展改革、生态环境等有关行政管理部门应当制定绿色发展和绿色生活行动指南，指导单位和个人在生产和生活中节约资源、减少污染，推动建立有利于环境保护的生产和生活方式。

**第二十三条** 本市根据国家规定建立、健全生态保护补偿制度。

对本市生态保护地区，市或者区人民政府应当通过财政转移支付等方式给予经济补偿。

市发展改革部门应当会同有关行政管理部门建立和完善生态补偿机制，确保补偿资金用于生态保护补偿。

受益地区和生态保护地区人民政府可以通过协商或者按照市场规则进行生态保护补偿。

**第二十四条** 本市相关行政管理部门在制定产业政策时，应当充分考虑环境保护的需要，对环境影响情况进行分析和评价，并听取生态环境部门和相关专家的意见。

本市发展改革、经济信息化和规划资源行政管理部门应当推进产业结构调整和布局优化，推动清洁生产。

市经济信息化、发展改革、规划资源和生态环境等有关行政管理部门应当优化产业布局，逐步将排放污染物的产业项目安排在国土空间规划确定的产业园区内。

**第二十五条** 市经济信息化部门会同市发展改革等有关行政管理部门制定本市产业结构调整指导目录时，应当根据本市环境质量状况和重点污染物排放总量控制计划，将高污染、高能耗产业纳入淘汰类、限制类产业目录。

对列入淘汰类、限制类产业目录的排污单位，可以采取差别电价、限制生产经营或者停止生产经营等措施。其中，列入限制类产业目录的排污单位，应当按照生态环境部门和经济信息化部门的要求，实施清洁化改造。

**第二十六条** 本市鼓励企业对产品设计、原料采购、制造、销售、物流、回收和再利用等各个环节实施绿色改造，提升全产业链的污染预防和控制水平。

**第二十七条** 本市发展改革、住房城乡建设、规划资源等行政管理部门在城市建设过程中应当采取措施，推动绿色建设技术应用，推进绿色建筑发展和海绵城市建设。

本市住房城乡建设、绿化市容等行政管理部门应当依据城市照明相关规划和节能计划，完善城市照明智能控制网络，推广使用节能、环保的照明新技术、新产品，提高城市照明的绿色低碳水平。

**第二十八条** 市和区人民政府应当采取措施优先发展公共交通，建设公交专用道、非机动车道等交通设施，鼓励公众购买和使用清洁能源机动车。

本市倡导和鼓励公众选择公共交通、自行车等方式出行。

市交通、绿化市容、邮政等行政管理部门应当分别制定公共交通、环卫、邮政、物流等行业机动车、船清洁能源替代推进方案。国家机关、事业单位和国有企业应当率先使用清洁能源机动车、船。

**第二十九条** 国家机关、企业事业单位应当厉行节约，使用节约资源、节约能源的产品、设备和设施，推行电子化办公。市机关事务管理部门应当加强对国家机关和事业单位推进绿色办公的指导。

国家机关、事业单位采购办公用品时，在技术、服务等指标满足采购需求的前提下，应当优先采购保护环境的产品和再生产品。

**第三十条** 本市通过财政资金支持、政府优先采购等措施，鼓励企业提高资源、能源利用效率，开展资源循环利用，推动循环经济发展。

基层群众性自治组织、社会组织可以通过组织居民开展捐赠、义卖、置换等活动，推动居民闲置物品的再利用。

**第三十一条** 宾馆、商场、餐饮、沐浴等服务性企业应当采用有利于资源循环利用和环境保护的产品，采取环保提示、费用优惠、物品奖励以及不主动提供一次性用品等措施，引导消费者减少使用一次性用品，市文化旅游、商务行政管理部门应当加强监管。

**第三十二条** 禁止或者限制生产、销售和使用国家和本市明令禁止或者限制的一次性塑料制品。

本市鼓励和引导塑料制品绿色设计，推广应用可循环、易回收、可再生利用的替代产品，减少使用一次性塑料制品。

## 第四章 环境监督管理

**第三十三条** 本市实行重点污染物排放总

量控制制度。

市生态环境部门应当根据国家核定的本市重点污染物排放总量目标，结合本市环境容量以及经济、社会发展水平，拟定本市重点污染物排放总量控制计划，报市人民政府批准后组织实施。市生态环境部门可以根据本市环境保护的需要，制定国家未作规定的其他污染物的排放总量控制计划，报市人民政府批准后组织实施。

区生态环境部门应当根据本市重点污染物排放总量控制计划，结合本辖区实际情况，拟订本辖区重点污染物排放总量控制实施方案，经区人民政府批准后组织实施，并在批准后十五日内报市生态环境部门备案。

**第三十四条** 现有排污单位的重点污染物排放总量指标，由市或者区生态环境部门根据区域环境容量，按照公平合理、鼓励先进和兼顾历史排放情况等原则，综合考虑行业平均排放水平以及排污单位的减少污染物排放措施等因素确定。对未达到行业平均排放水平的排污单位，严格核定其排放总量指标。

新建、改建、扩建排放重点污染物的建设项目，排污单位应当在环境影响评价阶段向市或者区生态环境部门申请或者通过排污权交易，取得重点污染物排放总量指标。

排污单位应当遵守总量管理相关规定，污染物排放达到规定的总量指标限值的，应当停产。

本市推进企业减少污染物排放，对在污染物排放符合法定要求的基础上进一步减少污染物排放的排污单位，市和区人民政府应当依法采取财政、税收、价格、政府采购等方面的政策和措施予以鼓励和支持。

**第三十五条** 编制有关开发利用规划，应当依法进行环境影响评价。未依法进行环境影响评价的开发利用规划，审批部门不予审批。

市和区生态环境部门在审查规划环境影响评价时，应当综合考虑区域生态承载能力、行业排污总量等因素。

**第三十六条** 市生态环境部门可以根据国家建设项目环境影响评价名录，结合本市实际情况，制定本市建设项目环境影响评价补充名录，并向社会公开。列入国家和本市环境影响评价名录的建设项目，应当进行环境影响评价，并按照分类管理的规定报生态环境部门审批或者备案。

生态环境部门受理建设项目环境影响评价申请后，需要对环境影响评价文件进行技术评估的，可以委托相关机构进行技术评估。技术评估的时间最长不超过三十天，不计入审批期限。

已经完成环境影响评价的规划中包含的建设项目，其环境影响评价工作应当依照有关规定予以简化。

**第三十七条** 新建、改建、扩建建设项目，建设单位应当根据环境影响评价文件以及生态环境部门审批决定的要求建设环境保护设施、落实环境保护措施。环境保护设施应当与主体工程同时设计、同时施工、同时投入使用。

**第三十八条** 乡、镇或者产业园区有下列情形之一的，生态环境部门可以暂停审批该区域内产生重点污染物的建设项目的环境影响评价文件：

（一）重点污染物排放量超过总量控制指标的；

（二）未按时完成淘汰高污染行业、工艺和设备任务的；

（三）未按时完成污染治理任务的；

（四）配套的环境基础设施不完备的；

（五）市人民政府规定的其他情形。

企业集团有前款第一项、第二项、第三项情形之一的，生态环境部门可以暂停审批该企业集团产生重点污染物的建设项目的环境影响评价文件。

**第三十九条** 本市依法实施排污许可制度。固定污染源单位应当按照国家和本市的规定，向市或者区生态环境部门申请排污许可证。

排污许可证应当载明允许排放的污染物种类、浓度或者限值、总量、排放方式、排放去向以及相关环境管理要求等内容。排污单位应当按照排污许可证载明的要求排放污染物。

本市对排污许可证载明事项实施动态管理。因污染物排放标准、总量控制要求等发生变化，需要对相应的许可内容进行调整的，生态环境部门可以依法对排污许可证载明事项进行调整。

**第四十条** 本市鼓励开展重点污染物排放总量指标交易。市生态环境部门应当会同相关行政管理部门逐步建立本市重点污染物排放总量指标交易制度，完善交易规则。

**第四十一条** 生态环境部门应当会同有关行政管理部门建立健全环境监测网络，组织开展环境质量监测、污染源监督性监测和突发环境事件的应急监测。

重点排污单位、产业园区以及建筑工地、堆场、码头、混凝土搅拌站等相关单位，应当按照国家和本市有关规定安装自动监测设备，与生态环境部门联网，保证监测设备正常运行，并对数据的真实性和准确性负责。

对污染物排放未实行自动监测或者自动监测未包含的污染物，排污单位应当按照国家和本市的规定，定期进行排污监测，保存原始监测记录，并对数据的真实性和准确性负责。

在本市从事环境监测的机构应当按照规定向市生态环境部门备案；向社会出具具有证明作用数据、结果的，还应当依法取得检验检测机构的资质认定。环境监测机构应当按照国家和本市环境监测规范开展环境监测，保证监测数据的真实性和准确性，并对监测数据和监测结论负责。

自动监测数据以及生态环境部门委托的具有相应资质的环境监测机构的监测数据，可以作为环境执法和管理的依据。

**第四十二条** 市和区人民政府应当根据实际情况，组织编制本辖区的突发环境事件的应急预案。

根据国家有关规定应当制定突发环境事件应急预案的企业事业单位，应当根据市和区应急预案，在开展突发环境事件风险评估和应急资源调查的基础上，制定本单位突发环境事件应急预案。应急预案应当向市或者区生态环境部门备案。

**第四十三条** 突发公共卫生事件发生时，市、区人民政府应当统筹协调医疗废物收运、贮存、处置，以及医疗污水处理等工作，保障所需的车辆、场地、处置设施和防护物资；必要时，为作业人员提供集中住宿等条件，实施闭环管理。卫生健康、生态环境、绿化市容、交通运输、水务等主管部门应当协同配合，依法履行应急处置职责。

**第四十四条** 本市推行环境污染防治协议制度。

有下列情形之一的，生态环境部门可以与相关排污单位签订污染防治协议，明确污染物排放要求以及相应的权利和义务：

（一）根据本市环境治理要求，对排污单位提出严于法律、法规、国家和本市有关标准，以及排污许可证规定的排放要求的；

（二）排污单位根据自身技术改进可能和污染防治水平，主动提出削减排放要求的；

（三）排污单位申请排放国家和本市尚未制定排放标准的污染物的。

排污单位与生态环境部门签订污染防治协议，并实现约定的污染物减排目标的，生态环境部门应当给予奖励和支持。

违反协议约定的，应当按照协议承担责任。

**第四十五条** 生态环境部门及其环境执法机构和其他负有环境保护监督管理职责的部门，有权通过现场检查、自动监测、遥感监测、无人机巡查、远红外摄像等方式对排放污染物的企业事业单位和其他生产经营者进行监督检查。现场检查时，执法人员可以采取现场监测、采集样品、查阅和复制有关资料等措施。

被检查的单位应当如实反映情况，提供必要的资料，不得隐瞒情况，拒绝和阻挠检查。

**第四十六条** 有以下情形之一的，市或者区生态环境部门和其他负有环境保护监督管理职责的行政管理部门，可以对有关设施、设备、物品采取查封、扣押等行政强制措施：

（一）违法转移、处置放射源、危险废物的；

（二）有关证据可能灭失或者被隐匿的；

（三）其他违反法律、法规规定排放污染物造成或者可能造成严重污染的。

**第四十七条** 有下列情形之一的，市生态环境部门应当会同相关行政管理部门约谈区人民政府主要负责人，约谈情况向社会公开：

（一）未完成环境质量改善目标的；

（二）贯彻实施国家和本市重大环境保护、绿色发展政策措施不力的；

（三）未完成重大污染治理任务的；

（四）发生严重环境污染事故或者对生态破坏事件处置不力的；

（五）其他依法应当约谈的情形。

## 第五章 环境污染防治

**第四十八条** 产业园区管理机构应当建立园区环境保护责任制度，履行下列环境保护管理职责：

（一）明确园区环境保护工作机构以及管理人员；

（二）落实生态环境分区管控和生态环境准入有关规定；

（三）做好园区环境基础设施规划，配套建设大气环境监测、污水收集处理、固体废物收集贮存转运、噪声防治等环境基础设施；

（四）建立环境基础设施的运行、维护制度，并保障其正常运行；

（五）对园区内排污单位开展环境保护巡查，发现环境违法行为的，及时向生态环境等有关行政管理部门报告；

（六）国家和本市规定的其他环境保护管理职责。

**第四十九条** 排污单位应当按照环境保护设施的设计要求和排污许可证规定的排放要求，制定操作规程，并保持环境保护设施正常运行。

环境保护设施需要维护、修理或者出现故障而暂停使用的，应当立即向市或者区生态环境部门报告，并停止相关的生产经营活动。

**第五十条** 排污单位应当按照国家和木市的有关规定建立环境管理台账，并对台账的真实性和完整性负责，台账的保存期限不得少于五年，但法律、法规另有规定的除外。

排污单位关闭、搬迁的，应当按照规定事先向市或者区生态环境部门报告，并制定残留污染物清理和安全处置方案，对未处置的污水、有毒有害气体、工业固体废物、放射源和放射性废物及其贮存、处置的设施、场所进行安全处理。

**第五十一条** 排污单位可以委托具有相应能力的第三方机构运营其污染治理设施或者实施污染治理。排污单位委托第三方机构运营其污染治理设施或者实施污染治理的，应当签订委托治理合同，并按照规定向市或者区生态环境部门报告。

接受委托的第三方机构应当遵守环境保护法律、法规和相关技术规范的要求，履行委托治理合同约定的义务。排污单位委托第三方机构运营其污染治理设施或者实施污染治理的，不免除排污单位的法律责任。

**第五十二条** 本市探索建立环境污染责任保险制度，鼓励石油、化工、钢铁、电力、冶金等相关企业投保环境污染责任险。

**第五十三条** 出现污染天气或者预报出现重污染天气以及根据国家要求保障重大活动的，有关行政管理部门应当根据应急预案的规定，采取暂停或者限制排污单位生产，停止易产生扬尘的作业活动或者采取降尘措施，限制高污染机动车行驶等应急措施，并向社会公告。

**第五十四条** 本市逐步淘汰高污染机动车。本市对高污染机动车实施区域限行措施。高污染机动车的范围、限行区域和限行时间，由市交通行政管理部门会同市生态环境、公安交通行政管理部门提出方案，报市人民政府批准后公布。

运输单位或者个人不得使用高污染机动车从事经营性运输活动。相关托运单位应当在托运合同中明确要求承运单位或者个人不得使用高污染机动车从事运输活动。

船舶在上海港口水域航行、作业、靠泊时，

应当符合本市船舶排放相关要求。进入国家确定的船舶大气污染物排放控制区时，应当使用符合要求的燃油；需要转换燃油的，应当记录燃油转换信息。船舶进港靠泊，具备岸电使用条件的，靠泊期间应当使用岸电。

**第五十五条** 建筑工地、堆场、码头、混凝土搅拌站等单位应当遵守本市扬尘控制标准。具体标准由市生态环境部门会同市住房城乡建设、交通行政管理部门制定。

道路扬尘污染及其他扬尘污染防治按照本市有关规定执行。

**第五十六条** 市和区人民政府应当统筹城乡污水集中处理设施及配套管网建设，并保障其正常运行，提高城乡污水收集处理能力。

市和区人民政府应当组织对本行政区域的江河、湖泊排污口开展排查整治，明确责任主体，实施分类管理。

在江河、湖泊新设、改设或者扩大排污口的，应当按照规定报经有管辖权的生态环境部门或者流域生态环境监督管理机构同意。对未达到水质目标的水功能区，除污水集中处理设施排污口外，应当严格控制新设、改设或者扩大排污口。

排污单位排放的污水应当从污水排放口排出，禁止通过暗管、渗井、渗坑、裂隙、溶洞或者雨水排放口等方式排放污水，禁止生产性污水外运处理。

禁止在长江流域水上运输剧毒化学品和国家规定禁止通过内河运输的其他危险化学品。禁止运输危险化学品的船舶进入太浦河饮用水水源保护区水域。

**第五十七条** 市生态环境部门应当会同市规划资源、经济信息化、农业农村、水务等有关行政管理部门定期开展土壤和地下水环境质量调查、污染源排查。发现存在环境风险的，应当责令土地使用者制定相应的风险防控方案，并采取防范措施。对土壤和地下水造成污染的，排污单位或者个人应当承担修复责任。责任主体灭失或者不明确的，由区人民政府依法承担相关修复责任。

储油库及加油站、生活垃圾处置、危险废物处置等经营企业和其他重点污染物排放单位应当按照国家和本市的规定，定期对土壤和地下水进行监测，并将监测结果向市或者区生态环境部门报告。发现存在环境风险的，土地使用者应当采取风险防范措施；发现污染扩散的，土地使用者应当采取污染物隔离、阻断等治理措施。

生产、销售、贮存液体化学品或者油类的企业以及生活垃圾处置企业应当按照国家和本市的要求进行防渗处理，防止污染土壤和地下水。

经营性用地和工业用地出让、转让、租赁、收回前，应当按照国家和本市有关规定进行土壤和地下水的环境质量评估，并根据评估结果采取风险防控措施或者开展土壤修复。工业用地以及生活垃圾处置等市政用地转为居住、教育、卫生等用地，且有土壤和地下水污染的，应当予以修复。具体规定由市生态环境部门会同市规划资源、经济信息化等行政管理部门另行制定。

**第五十八条** 市农业农村、绿化市容行政管理部门应当会同生态环境、规划资源等有关行政管理部门，划定农用地土壤环境质量类别，并分别采取相应的管理措施，保障农产品质量安全。

本市农业农村等有关行政管理部门应当采取有效措施，加强对畜禽、水产养殖污染的防治以及对使用化肥、农药、农用薄膜、养殖环节投入品的监督管理和指导，防止污染土壤、水体。

农业生产者应当科学地使用化肥、农药、农用薄膜和养殖环节投入品。畜禽养殖场应当保证其畜禽粪便和污水的综合利用或者无害化处理设施正常运转，保证污水达标排放，防止污染水环境。

禁止将含重金属、难降解有机污染物的污水以及未经检验或者检验不合格的城市垃圾、污水处理厂污泥、河道底泥用于农业生产。

未利用地、复垦土地等拟开垦为耕地的，区农业农村行政管理部门应当会同生态环境、规划资源行政管理部门进行土壤污染状况调查，符合农用地环境质量标准的，方可用于农业生产。

**第五十九条** 本市加强对用于环境污染治理和生态环境保护的微生物菌剂的环境安全管理。

微生物菌剂提供单位应当对所提供的微生物菌剂进行环境安全评价。开展环境安全评价的单位，应当具备微生物分类鉴定、特性检测和环境保护研究或者评价的能力，并根据有关技术导则进行评价。微生物菌剂应用单位应当使用通过环境安全评价的微生物菌剂。

**第六十条** 本市与长三角区域相关省市建立固体废物污染环境的联防联控机制，加强固体废物利用处置能力协作共享和环境风险协管共防。

本市采取措施推进工业固体废物、生活垃圾、建筑垃圾、农业固体废物、危险废物等固体废物的减量化；鼓励采用先进技术、工艺、设备和管理措施对固体废物进行资源化再利用，不能资源化再利用的固体废物应当进行无害化处置。对危险废物实行资源化再利用的，资源化再利用活动以及形成的产品应当符合国家和本市有关规定、标准规范。危险废物产生单位应当在资源化再利用前组织技术论证，并将技术论证报告、再利用方案、去向等内容向市或者区生态环境部门备案。危险废物再利用单位应当按照备案的再利用方案进行综合利用。不能再利用的，应当按照国家和本市有关规定进行安全处置。

产业园区管理机构收集贮存危险废物的，应当按照有关规定向市生态环境部门办理相关手续，并落实环境保护、安全生产等要求。

危险废物运输应当符合国家和本市危险废物运输的有关规定。禁止将境外固体废物，或者外省市的危险废物以及不作为生产原料的其他固体废物转移到本市。禁止将危险废物提供或者委托给无危险废物经营许可证的单位或者个人收集、贮存、利用、处置。禁止擅自倾倒、堆放、丢弃、遗撒危险废物。

拟退役或者关闭危险废物集中处置设施、场所的，经营单位应当在退役或者关闭前三个月报市或者区生态环境部门核准，并按照生态环境部门的要求做好后续工作。

**第六十一条** 排放噪声的单位和个人应当采取有效措施，使其排放的噪声符合国家和本市规定的噪声排放标准。

除抢修、抢险外，在噪声敏感建筑物集中区域禁止夜间从事产生噪声的建筑施工作业。但因混凝土连续浇筑等原因，确需在夜间从事建筑施工作业的，施工单位应当在施工作业前，向所在地区生态环境部门提出申请。区生态环境部门应当在三个工作日内出具证明，并书面通知申请人；不予出具的，应当说明理由。取得证明的施工单位应当在施工作业现场的显著位置公示或者以其他方式公告附近居民。

市人民政府或者其授权的部门可以在中高考、全市性重大活动等期间，规定一定区域禁止从事产生噪声污染的施工作业。

社会生活噪声和交通噪声的污染防治按照国家和本市有关规定执行。

**第六十二条** 禁止在中心城区或者其他居民集中区域设立商用辐照装置、γ探伤源库。禁止在居民住宅楼、商住综合楼内生产、使用、贮存放射性同位素或者Ⅰ类、Ⅱ类射线装置。禁止将含放射源探伤装置存放在居民住宅楼、商住综合楼以及其他公共场所。

核技术利用单位应当严格按照有关法律、法规、规章和技术标准的要求，从事生产、销售、使用、转让、进口、贮存放射性同位素和射线装置的活动。

在本市从事移动探伤的单位应当在开始作业十日前，向所在地区生态环境部门报告，并按照规定对移动探伤源建立实时定位跟踪系统。

发现无主放射源及放射性废物的，市或者区生态环境部门应当立即委托有相应资质的单位收贮或者处置，所需费用由市或者区财政负担。

**第六十三条** 设置产生电磁辐射污染的设施或者设备，设置单位应当采取有效的屏蔽防护措施，确保环境中电场、磁场符合国家有关规定和防护要求。

**第六十四条** 户外设置照明光源、建筑物外墙采用反光材料的，应当符合国家和本市有关规定、标准规范。

**第六十五条** 本市严格控制建筑物外墙采用反光材料。建筑物外墙采用反光材料的，生态环境部门应当按照规定组织光反射环境影响论证，住房城乡建设行政管理部门应当加强对建筑物外墙采用反光材料建设的监督管理。

道路照明、景观照明以及户外广告、户外招牌等设置的照明光源不符合照明限值等要求的，设置者应当及时调整，防止影响周围居民的正常生活和车辆、船舶安全行驶。本市住房城乡建设、绿化市容行政管理部门应当按照职责加强监督管理。

本市公安、交通等行政管理部门在监控设施建设过程中，应当推广应用微光、无光技术，防止监控补光对车辆驾驶员和行人造成眩光干扰。

**第六十六条** 在居民住宅区及其周边设置照明光源的，应当采取合理措施控制光照射向住宅居室窗户外表面的亮度、照度等。

禁止设置直接射向住宅居室窗户的投光、激光等景观照明。在外滩、北外滩和小陆家嘴地区因营造光影效果确需投射的，市绿化市容行政管理部门应当合理控制光照投射时长、启闭时间，并向社会公布。

施工单位进行电焊作业或者夜间施工使用灯光照明的，应当采取有效的遮蔽光照措施，避免光照直射居民住宅。

## 第六章 信息公开和公众参与

**第六十七条** 市生态环境部门应当定期发布环境状况公报。

市和区生态环境部门以及其他负有环境保护监督管理职责的部门，应当依法公开环境质量、环境监测、环境保护规划、环境保护行动计划、环境行政许可、环境行政处罚、重点排污单位名单和地址等信息。

发生突发环境事件，市和区人民政府及其生态环境部门应当依法、及时发布有关信息。

市生态环境部门应当建立环境保护信息平台，负有环境保护监督管理职责的部门应当将本领域的环境保护信息按照规定向环境保护信息平台归集，并共享相关信息。

**第六十八条** 有下列情形之一的，排污单位应当按照要求公布排放污染物的名称、排放方式、排放总量、排放浓度、超标排放情况以及防治污染设施的建设和运行情况等信息：

（一）实行排污许可管理的；

（二）重点污染物排放量超过总量控制指标的；

（三）污染物超标排放的；

（四）国家和本市规定的其他情形。

排污单位应当在市生态环境部门建立的企业事业单位环境信息公开平台上发布前款规定的环境信息。

**第六十九条** 本市规划编制部门在有关开发利用规划报送审批前，应当向社会公开规划的环境影响评价文件，征求公众意见。

对依法应当编制环境影响评价文件的建设项目，建设单位应当按照规定在报批前向社会公开环境影响评价文件，征求公众意见。负责审批的生态环境部门受理环境影响评价文件后，应当通过网站等方式向社会公开环境影响评价文件，征求公众意见。环境影响评价文件中涉及国家秘密、商业秘密或者个人隐私的内容，依法不予公开。

建设单位在建设过程中应当向社会公示施工期间采取环保措施的情况。

**第七十条** 本市推进企业环境信用管理制度建设。市和区生态环境部门应当按照规定采集、记录排污单位、第三方机构等企业及相关负责人环境信用信息，并定期进行信用评价。环境信用信息应当通过政府网站等方式向社会公开，同时纳入本市公共信用信息服务平台。

市生态环境部门和相关行政管理部门应当建立环境信用奖惩机制，将环境信用信息作为行政监管的依据。

**第七十一条** 本市推动石油、化工、钢铁、涉重金属排放、垃圾处置等重点排污单位定期向公众介绍企业的排污情况和污染防治情况，主动接受公众的监督。

**第七十二条** 公民、法人和其他组织发现任何单位和个人有污染环境和破坏生态行为的，可以通过市民服务热线、政府网站等途径向生态环境等有关部门举报。

接受举报的部门应当对举报人的相关信息予以保密，保护举报人的合法权益。

**第七十三条** 本市推动发展环保志愿者组织，鼓励环保志愿者及环保社会组织积极开展环境保护宣传，推动绿色生活方式，监督环境违法行为。

本市鼓励和支持符合法律规定的环保社会组织依法提起环境公益诉讼。

## 第七章 法律责任

**第七十四条** 违反本条例规定的行为，法律、行政法规已有处罚规定的，从其规定。

**第七十五条** 企业事业单位和其他生产经营者有下列行为之一，受到罚款处罚，被责令改正，拒不改正的，依法作出处罚决定的行政机关可以自责令改正之日的次日起，按照原处罚数额按日连续处罚：

（一）未按要求取得排污许可证，违法排放污染物的；

（二）超过污染物排放标准或者超过重点污染物排放总量控制指标排放污染物的；

（三）违反法律、法规规定，无组织排放大气污染物的；

（四）不正常运行环境保护设施，违法排放污染物的；

（五）通过暗管、渗井、渗坑、裂隙、溶洞、雨水排放口等逃避监管的方式排放污染物的；

（六）违反建设项目管理制度，主体工程投入生产或者使用且排放污染物的；

（七）擅自倾倒危险废物，或者对危险废物未采取相应防范措施，造成危险废物渗漏或者造成其他环境污染的；

（八）违反放射性污染防治规定，生产、销售、使用、转让、进口、贮存放射性同位素或者射线装置的；

（九）法律、法规规定的其他实施按日连续处罚的行为。

**第七十六条** 违反本条例第三十四条第三款规定，排污单位超过规定的总量指标限值排放污染物的，由市或者区生态环境部门责令改正或者责令限制生产、停产整治，处十万元以上一百万元以下的罚款；情节严重的，报经有批准权的人民政府批准，责令停业、关闭。

**第七十七条** 违反本条例第三十六条第一款规定，建设单位未依法备案的，由区生态环境部门责令备案，处五千元以上五万元以下的罚款。

**第七十八条** 违反本条例第三十九条规定，未依法取得排污许可证排放污染物或者未按照排污许可证要求排放污染物的，由市或者区生态环境部门责令改正，依法处以罚款，责令限制生产、停产整治，责令停业、关闭，吊销排污许可证等处罚。

**第七十九条** 违反本条例第四十一条第二款、第三款规定，有下列行为之一的，由生态环境、住房城乡建设、交通等行政管理部门按照职责分工责令改正，处二万元以上二十万元以下的罚款；拒不改正的，责令停产整治：

（一）未按照规定安装、使用污染物排放自动监测设备，或者未按照规定与生态环境部门联网，并保证监测设备正常运行的；

（二）未按照规定进行排污监测并保存原始监测记录的。

**第八十条** 违反本条例第四十二条第二款规定，突发环境事件应急预案未向生态环境部门备案的，由市或者区生态环境部门责令限期改正，可以处一万元以上三万元以下的罚款。

**第八十一条** 违反本条例第四十九条第一款、第二款规定，未制定操作规程或者未按照规定及时报告的，由市或者区生态环境部门责令限期改正，处五千元以上五万元以下的罚款；未停止生产经营活动的，处二万元以上二十万元以下的罚款。

**第八十二条** 违反本条例第五十条第一款规定，未按照规定建立、保存环境管理台账或者台账记载内容不完整、弄虚作假的，由市或者区生态环境部门责令改正，处二万元以上二十万元以下的罚款；拒不改正的，责令停产整治。

违反本条例第五十条第二款规定，未按照规定向生态环境部门报告，或者未对相关污染物以及设施、场所进行安全处理的，由市或者区生态环境部门责令改正，处二万元以上二十万元以下的罚款。

**第八十三条** 违反本条例第五十三条规定，拒不执行暂停或者限制生产措施的，由生态环境部门处二万元以上二十万元以下的罚款；拒不执行扬尘管控措施的，由住房城乡建设、交通等有关行政管理部门或者城管执法部门依据各自职责处一万元以上十万元以下的罚款；拒不执行机动车管控措施的，由公安机关依照有关规定予以处罚。

**第八十四条** 违反本条例第五十四条第二款规定，未在委托合同中明确承运单位或者个人不得使用高污染机动车运输的，由交通行政管理部门责令改正，处二百元以上二千元以下的罚款。

违反本条例第五十四条第三款规定，船舶进入上海港口国家确定的船舶大气污染排放控制区，使用不符合要求的燃油的，或者不按照要求使用岸电的，由海事部门责令改正，处一万元以上十万元以下的罚款。

**第八十五条** 违反本条例第五十五条第一款规定，扬尘排放不符合本市扬尘控制标准的，由区生态环境部门责令改正，处一万元以上十万元以下的罚款；拒不改正的，责令停产整治。

**第八十六条** 违反本条例第五十六条第四款规定，通过雨水排放口排放污水或者生产性污水外运处理的，由市或者区生态环境部门责令改正，处二万元以上二十万元以下的罚款。

违反本条例第五十六条第五款规定，在长江流域水上运输剧毒化学品和国家规定禁止通过内河运输的其他危险化学品的，由海事部门责令改正，没收违法所得，并处二十万元以上二百万元以下的罚款，对直接负责的主管人员和其他直接责任人员处五万元以上十万元以下的罚款；情节严重的，责令停业整顿，或者吊销相关许可证。

违反本条例第五十六条第五款规定，运输前款规定以外的危险化学品进入太浦河饮用水水源保护区水域的，由海事部门责令改正，处十万元以上二十万元以下的罚款。

**第八十七条** 违反本条例第五十七条第一款规定，未承担修复责任的，由市或者区生态环境部门责令修复，处二十万元以上一百万元以下的罚款；拒不修复的，可以代为履行修复义务，相关修复费用由责任人承担。

违反本条例第五十七条第二款规定，未按照规定定期对土壤和地下水进行监测，并报告监测结果，未采取风险防范措施或者未采取污染物隔离、阻断等治理措施的，由市或者区生态环境部门责令改正，处二万元以上二十万元以下的罚款。

违反本条例第五十七条第三款规定，未按照要求进行防渗处理的，由市或者区生态环境部门责令改正，处二万元以上二十万元以下的罚款。

**第八十八条** 违反本条例第五十九条规定，有下列情形之一的，由市生态环境部门责令限期改正，处一万元以上十万元以下的罚款；造成环境危害的，责令消除影响，处十万元以上五十万元以下的罚款：

（一）微生物菌剂提供单位未进行环境安全评价提供微生物菌剂的；

（二）微生物菌剂应用单位擅自使用未通过环境安全评价的微生物菌剂的。

**第八十九条** 违反本条例第六十条第二款规定，产生单位在资源化再利用前未组织技术论证或者未向生态环境部门备案的，由市或者区生态环境部门责令停止违法行为，限期改正，处一万元以上十万元以下的罚款。再利用单位接收未经备案的危险废物或者未按照备案的再利用方案进行综合利用的，由市或者区生态环境部门责令停止违法行为，限期改正，处二万元以上二十万元以下的罚款。

违反本条例第六十条第四款规定，将危险废物提供或者委托给无危险废物经营许可证的单位或者个人收集、贮存、利用、处置，或者擅自倾倒、堆放或者在运输过程中沿途丢弃、遗撒危险废物的，由市或者区生态环境部门责令改正，没收违法所得，处所需处置费用三倍以上五倍以下的罚款，所需处置费用不足二十万元的，按二十万元计算；情节严重的，报经有批准权的人民政府批准，可以责令停业或者关闭。

**第九十条** 违反本条例第六十一条第一款规定，工业企业噪声超过国家和本市规定的噪声排放标准的，由市或者区生态环境部门责令改正或者限制生产、停产整治，并处二万元以上二十万元以下的罚款；情节严重的，报经有批准权的人民政府批准，责令停业、关闭。

违反本条例第六十一条第二款、第三款规定，未按照规定取得证明从事施工作业，或者在禁止施工的特定期间从事施工作业的，由所在地区生态环境部门责令改正，处一万元以上十万元以下的罚款；拒不改正的，可以责令暂停施工。

**第九十一条** 违反本条例第六十二条第一款规定，有下列行为之一的，由市或者区生态环境部门责令改正，处一万元以上十万元以下的罚款：

（一）在中心城区或者其他人口集中区域设立商用辐照装置、γ探伤源库的；

（二）在居民住宅楼、商住综合楼内生产、使用、贮存放射性同位素或者Ⅰ类、Ⅱ类射线装置的；

（三）将含放射源探伤装置存放在居民住宅楼、商住综合楼以及其他公共场所的。

违反本条例第六十二条第二款规定，从事生产、销售、使用、转让、进口、贮存放射性同位素或者射线装置的活动的，由市或者区生态环境部门按照法律、法规和规章的规定处理；对于可能严重危害社会安全的，责令立即停止相关作业活动。

**第九十二条** 违反本条例第六十三条规定，致使环境中的电场、磁场不符合国家的规定和防护要求的，由市或者区生态环境部门责令限期改正，处一万元以上十万元以下的罚款。

**第九十三条** 违反本条例第六十六条第二款规定，设置直接射向住宅居室窗户的投光、激光等景观照明，或者在外滩、北外滩和小陆家嘴地区投射不符合控制要求的，由城管执法部门责令限期改正或者拆除；逾期不改正或者拆除的，处五千元以上五万元以下的罚款。

违反本条例第六十六条第三款规定，施工单位未采取有效的遮蔽光照措施的，由城管执法部门责令改正，可以处一万元以上五万元以下的罚款；拒不改正的，可以责令暂停施工。

**第九十四条** 违反本条例第六十八条规定，排污单位未按照要求公开环境信息的，由生态环境部门或者其他负有环境保护监督管理职责的部门责令改正，处二万元以上二十万元以下的罚款。

**第九十五条** 因严重违法排放污染物受到行政处罚且尚未改正的排污单位，在其改正违法行为之前，供电企业应当根据市电力运行主管部门的通知向其征收高于普通电价的电费。

市或者区人民政府对排污单位作出责令停业、关闭决定的，以及市或者区生态环境部门对排污单位作出责令停产整治决定的，供电企业应当依法采取措施，中止对排污单位供电。

**第九十六条** 为排污单位或者个人提供生产经营场所的出租人，应当配合负有环境保护监督管理职责的部门对出租场所内违反本条例规定的行为开展执法检查，提供承租人的有关信息。出租人拒不配合的，由负有环境保护监督管理职责的部门处二千元以上二万元以下的罚款。

**第九十七条** 违反本条例规定，排污单位有下列违法排污行为之一的，除依照有关法律法规规定予以处罚外，生态环境等有关行政管理部门还可以对单位主要负责人和直接责任人员处一万元以上十万元以下的罚款：

（一）超过污染物排放标准或者超过重点污染物排放总量控制指标的；

（二）未取得排污许可证排放污染物的；

（三）被生态环境部门责令限产、停产整治，拒不执行的；

（四）擅自倾倒危险废物或者通过暗管、渗井、渗坑、裂隙、溶洞等方式排放污染物的；

（五）发生环境污染事故的。

**第九十八条** 环境影响评价机构、环境监测机构、环境安全评价机构以及从事环境监测设备和防治污染设施维护、运营等第三方机构，未按照法律、法规和相关技术规范的要求提供有关环境服务活动，或者在有关环境服务活动中弄虚作假的，由生态环境部门和其他负有环境保护监督管理职责的部门责令停业整顿，处十万元以上五十万元以下的罚款，并对其主要负责人处一万元以上十万元以下的罚款。对造成的环境污染和生态破坏负有责任的，除依照有关法律、法规规定予以处罚外，还应当与造成环境污染和生态破坏的其他责任者承担连带责任。

**第九十九条** 本市生态环境部门和其他负有环境保护监督管理职责的部门有下列行为之一的，对直接负责的主管人员和其他直接责任人员给予记过、记大过或者降级处分；造成严重后果的，给予撤职或者开除处分，其主要负责人应当引咎辞职：

（一）不符合行政许可条件准予行政许可的；

（二）对环境违法行为进行包庇的；

（三）依法应当作出责令停产、限产的决定而未作出的；

（四）对超标排放污染物、采用逃避监管的方式排放污染物、造成环境事故以及不落实生态保护措施造成生态破坏等行为，发现或者接到举报未及时查处的；

（五）未按照规定实施查封、扣押，情节严重的；

（六）篡改、伪造或者指使篡改、伪造监测数据的；

（七）应当依法公开环境信息而未公开的；

（八）将征收的排污费截留、挤占或者挪作他用的；

（九）法律、法规规定的其他违法行为。

**第一百条** 排污单位或者个人违反环境法律、法规规定，除依法承担相应的行政责任外，造成环境损害或者生态破坏的，还应当承担相应的生态环境损害赔偿责任。

## 第八章 附 则

**第一百零一条** 本条例自2016年10月1日起施行。

# 上海市少数民族权益保障条例

（1994年12月9日上海市第十届人民代表大会常务委员会第十四次会议通过）

## 第一章 总 则

**第一条** 为了保障少数民族的合法权益，维护和发展各民族的平等、团结、互助的社会主义民族关系，促进各民族共同繁荣，根据中华人民共和国宪法、有关法律和国务院颁布的《城市民族工作条例》，结合本市实际情况，制定本条例。

**第二条** 本条例适用于本市行政区域居住的由国家正式认定的除汉族以外的各民族。

本市各机关、团体、企业事业单位和公民应当遵守、执行本条例。

**第三条** 少数民族公民享有宪法和法律规定的权利，并履行宪法和法律规定的义务。任何组织和个人应当尊重少数民族的风俗习惯，不得侵犯少数民族公民的合法权益。

**第四条** 市人民政府应当将适应本市少数民族需要的经济、文化教育事业列入国民经济和社会发展计划。

**第五条** 新闻出版、文艺创作、影视广播等宣传部门应当做好民族宣传工作，宣传民族法律、法规和政策。

各宣传单位应当尊重少数民族的风俗习惯、宗教信仰。严禁在各类出版物、广播、影视、音像、戏曲和其他活动中出现歧视、侮辱少数民族，伤害民族感情的语言、文字和图像。

**第六条** 市民族事务委员会是本市民族事务行政主管部门，区、县民族事务部门是所在地区民族事务行政主管部门。

市和区、县民族事务行政主管部门对本市和所辖地区贯彻、执行有关民族法律、法规和本条例负有指导、协调、督促和检查的职责。

## 第二章 少数民族的平等权利

**第七条** 市和区、县人民代表大会中应当有少数民族代表。市人民代表大会常务委员会和少数民族人口较多的区、县人民代表大会常务委员会组成人员中，应当有少数民族成员。其他区、县人民代表大会常务委员会组成人员中，可以有少数民族成员。

**第八条** 各级人民政府应当重视少数民族干部工作。人事部门应当制定计划，并落实具体措施，选拔和培养德才兼备的少数民族干部。

少数民族人口相对集中的区和街道，以及直接为少数民族生产、生活服务的部门或者单位，在领导成员中应当有少数民族公民。

各级人民政府的民族事务行政主管部门的工作人员中应当有适当数量的少数民族公民。

**第九条** 依法成立的少数民族社会团体的财产和正当活动受法律保护。

**第十条** 少数民族公民受到歧视、侮辱，有权向有关国家机关提出申诉或者控告，有关国家机关必须依法调查处理。

少数民族公民有使用本民族语言、文字进行诉讼的权利。司法机关应当对不通晓汉语、汉文的诉讼参与人提供翻译。

**第十一条** 各级人民政府应当鼓励国家机关、企业事业单位录用少数民族公民。

国家机关录用工作人员、企业事业单位录用职工时，不得以生活习俗等理由拒绝录用少数民族公民。

有关部门和单位对确定需要下岗待业的少数民族职工，有再就业条件的，应当优先安排技能培训，为其再就业创造条件。

区、县、乡、镇民政部门和街道办事处应当采取措施，切实保障丧失劳动能力和无经济来源的少数民族公民的基本生活。

## 第三章 少数民族的经济、文化、教育

**第十二条** 各级人民政府对于发展少数民族需要的经济、文化教育事业，应当在资金上给予支持，合理增配民族事业专项资金。

各级民族事务行政主管部门和有关单位，应当合理使用专项资金，不得扣减、挪用、截留。

区、县人民政府根据本地区少数民族的实际情况，经市有关部门批准，可以设立少数民族事业发展基金。

**第十三条** 各级人民政府和财税、信贷等有关部门对以少数民族为主要服务对象的从事食品生产、加工、经营和饮食服务业的国有企业和集体企业，采取以下扶持措施：

（一）在贷款额度、还款期限、自有资金比例等方面给予优惠；

（二）根据实际需要和条件，给予贴息贷款；

（三）依照有关税收法律、法规的规定给予减税或者免税；

（四）对其经营场地的租金和各种费用，给予照顾。

**第十四条** 民族贸易企业和民族用品定点生产企业按照国家规定享受优惠待遇。

**第十五条** 各级人民政府有关部门对少数民族社会团体兴办的各类经济实体，应当给予

扶持。

**第十六条** 各级人民政府有关部门应当组织和推动本市和民族地区的对口支援以及各项协作活动。各级民族事务部门应当鼓励少数民族社会团体、民族贸易企业、民族用品定点生产企业和少数民族经济实体参与上述活动。

**第十七条** 各级人民政府应当重视少数民族教育工作,加强对民族学校的领导,制定扶持政策,提高教师待遇,增强师资力量,增加办学经费,优化教学设施,提高教学质量。

各类学校应当进行民族政策和民族知识的宣传教育,并列入计划。

**第十八条** 各类学校招生应当按照国家和本市有关规定,对义务教育以后的少数民族考生给予放宽录取标准。

各类学校应当全面关心民族班和散读的少数民族学生,适当提高其助学金、奖学金、生活补助的比例。

**第十九条** 各级人民政府应当根据实际情况,帮助少数民族开展具有民族特点的、健康的文化、艺术和体育活动。

## 第四章 少数民族的风俗习惯、宗教信仰

**第二十条** 少数民族公民有保持或者改革自己风俗习惯的自由,任何组织或者个人不得干涉。对于保持本民族风俗习惯的少数民族公民,应当予以尊重。

**第二十一条** 各级商业主管部门应当重视清真食品(含清真饮食、副食,下同)供应网点的合理布局,保证市场清真食品货源和少数民族其他生活必需的食品供应。在火车站、主要客运码头、机场、商业中心地段和少数民族相对集中的住宅小区应当设置清真食品商业网点。

**第二十二条** 凡需在本市生产、经营清真食品的单位和个人,必须经市或者区、县民族事务行政主管部门同意后,按程序申报。凡经营清真食品的厂、店(摊),必须在招牌上标明“清真”字样。

清真食品的主辅原料,必须符合少数民族的习惯。清真食品的运输车辆、计量器具、储藏容器和加工、销售场地应当保证专用。

清真食品单位不得随意改变其服务方向,确实需要改变服务方向的,必须事先征得市民族事务委员会的同意。

**第二十三条** 清真食品单位的领导成员和职工中,应当保持适当比例的有清真饮食习惯的少数民族公民。清真单位的职工应当自觉尊重少数民族的饮食习惯。

清真食品单位实行承包或者租赁时的承包人或者租赁者、个体清真食品经营者,一般应当是具有清真饮食习惯的少数民族公民。不具备上述条件的,其承包人、租赁者、经营者,必须事先接受清真食品行业培训,并取得合格证书。

**第二十四条** 拆迁清真食品供应点,应当坚持同等条件“拆一还一”、就近安置的原则。因市政建设需要而拆迁的,应当事先征求市或者区、县民族事务行政主管部门的意见,统筹安排;因非市政建设需要而拆迁的,应当征得市或者区、县民族事务行政主管部门的同意。在拆迁过渡期间应当设立临时清真食品供应点,并给予必要的经济补偿。

**第二十五条** 有清真饮食习惯的少数民族公民所在机关、学校和企业事业单位应当设立清真食堂或者提供清真伙食。对不具备上述条件的,应当按照规定发给少数民族公民清真伙食补贴。

市级医院和区、县中心医院等应当为有清真饮食习惯的病人提供清真伙食。

**第二十六条** 对因城市建设等原因需要拆迁少数民族公民住房的,有关部门应当尊重其风俗习惯,给予适当照顾,妥善安置。

**第二十七条** 宾馆、旅社、招待所和公共场所等不得以生活习俗和语言不同为理由拒绝接待少数民族公民。

**第二十八条** 少数民族公民参加本民族的重大节日活动,其假期和待遇按照国家有关规定执行。

**第二十九条** 对因婚嫁来到本市的少数民族公民,有关部门应当按照国家和本市有关规

定给予妥善安置，优先报入户口，并在生活、就业和子女教育等方面给予关心和帮助。

因婚嫁由外地到本市乡镇企业工作的少数民族职工的探亲待遇，参照国家有关规定执行。

**第三十条** 少数民族的丧葬习俗应当受到尊重。各级人民政府有关部门应当采取措施，做好少数民族的殡葬服务。

回民墓地应当予以保护，不得随意侵占。

各级人民政府对少数民族公民自愿实行丧葬改革的，应当给予支持。

**第三十一条** 少数民族公民有宗教信仰自由，其合法的宗教活动受法律保护。任何组织和个人不得强制少数民族公民信仰宗教或者不信仰宗教，不得歧视信仰宗教或者不信仰宗教的少数民族公民。任何人不得利用宗教进行破坏社会秩序、损害公民身体健康、妨碍国家教育制度的活动。

## 第五章 奖励、处罚

**第三十二条** 对为民族团结进步事业做出显著成绩和贡献的集体、个人，市和区、县人民政府应当给予表彰、奖励。

获得全国和市级民族团结进步先进称号的个人，可以分别享受市级劳动模范和区、县、局级先进工作者的待遇。

**第三十三条** 违反本条例的有关规定，损害少数民族公民合法权益的，有关部门应当责令其立即停止侵权行为，并由本单位或者上级部门给予批评教育或者行政处分；违反《中华人民共和国治安管理处罚条例》的，由公安机关处罚；违反其他法律、法规的，由有关机关处罚；构成犯罪的，依法追究刑事责任。

## 第六章 附 则

**第三十四条** 在本市合法临时居住的少数民族公民可参照本条例有关规定执行。

**第三十五条** 本条例具体应用问题由市民族事务委员会负责解释。

**第三十六条** 本条例自 1995 年 3 月 1 日起施行。

# 上海市工会条例

（1995 年 2 月 8 日上海市第十届人民代表大会常务委员会第十六次会议通过 根据 1997 年 5 月 27 日上海市第十届人民代表大会常务委员会第三十六次会议《关于修改〈上海市工会条例〉的决定》第一次修正 根据 2002 年 9 月 24 日上海市第十一届人民代表大会常务委员会第四十三次会议《关于修改〈上海市工会条例〉的决定》第二次修正 根据 2010 年 9 月 17 日上海市第十三届人民代表大会常务委员会第二十一次会议《关于修改本市部分地方性法规的决定》第三次修正 根据 2022 年 5 月 24 日上海市第十五届人民代表大会常务委员会第四十次会议《关于修改〈上海市工会条例〉的决定》第四次修正）

## 第一章 总 则

**第一条** 为了保障工会在国家政治、经济和社会生活中的地位，确定工会的权利和义务，发挥工会在社会主义现代化建设事业中的作用，根据《中华人民共和国宪法》、《中华人民共和国工会法》以及其他有关法律、法规，结合本市的实际情况，制定本条例。

**第二条** 在本市行政区域内的企业、事业单位、机关、社会组织（以下统称用人单位）和工会均应当遵守本条例。

本市设置在外省市的企业、事业单位、社会组织在处理与本单位工会的关系以及与上级工会的关系时，也应当遵守本条例。

**第三条** 工会是在中国共产党领导下职工自愿结合的工人阶级的群众组织，是党联系职工群众的桥梁和纽带，是国家政权的重要社会支柱，是职工合法权益的代表者和维护者。

**第四条** 工会必须遵守宪法和法律，坚持中国共产党的领导，坚持马克思列宁主义、毛泽东思想、邓小平理论、“三个代表”重要思想、科学发展观、习近平新时代中国特色社会主义思想，弘扬伟大建党精神，彰显党的诞生地和初心始发地、工人阶级发祥地的历史地位，传承红色工运基因，保持和增强政治性、先进性、群众性，支持改革开放和社会主义现代化建设，依照《中国工会章程》独立自主地开展工作，具有下列职责：

（一）维护职工合法权益、竭诚服务职工群众是工会的基本职责。工会在维护国家整体利益的同时，代表和维护职工的合法权益。

（二）组织和教育职工依法行使民主权利，参与对国家事务、经济和文化事业、社会事务的管理，协助党和政府开展工作，维护社会主义国家政权。

（三）弘扬劳模精神、劳动精神、工匠精神，发挥先进示范引领作用。动员职工积极参加社会主义精神文明建设，教育职工提高思想道德、技术业务和科学文化素质，建设有理想、有道德、有文化、有纪律的职工队伍。

（四）动员和组织职工积极参加社会主义经济建设，立足本职岗位建功立业，助力经济高质量发展；发挥工人阶级在参与社会治理、维护城市运行安全，应对突发事件等工作中的主力军作用。

**第五条** 工会通过平等协商和集体合同制度等，推动健全劳动关系协调机制，维护职工劳动权益，构建和谐劳动关系。

工会践行全过程人民民主重要理念，依照法律规定通过职工代表大会（职工大会）或者其他形式，组织职工参与本单位的民主选举、民主协商、民主决策、民主管理和民主监督。

**第六条** 工会建立联系广泛、服务职工的工会工作体系，密切联系职工，听取和反映职工的意见和要求，关心职工的生活，帮助职工解决困难，全心全意为职工服务。

**第七条** 工会推动产业工人队伍建设改革，提高产业工人队伍整体素质，发挥产业工人骨干作用，维护产业工人合法权益，保障产业工人主人翁地位，主动适应城市数字化转型、创新型产业和战略性新兴产业发展等需要，造就一支有理想守信念、懂技术会创新、敢担当讲奉献的宏大产业工人队伍。

**第八条** 工会的合法权益受法律保护，任何单位和个人不得侵害。

## 第二章 工会组织

**第九条** 用人单位中以工资收入为主要生活来源的劳动者，均有依法参加和组织工会的权利，并有退出工会的自由。

工会适应企业组织形式、职工队伍结构、劳动关系、就业形态等方面的发展变化，依法维护劳动者参加和组织工会的权利。

**第十条** 本市构建和完善工会组织体系。上级工会组织加强对下级工会组织的指导和服务。

市、区、街道、乡镇建立地方总工会，设立管委会且规模较大的开发区（工业园区）可以建立总工会。

同一行业或者性质相近的行业，可以建立市、区产业工会，在区级及以下可以建立行业性工会联合会。

经济开发区、工业（科技）园区、楼宇、商圈等企业、社会组织较为集中的区域可以建立区域性工会联合会。

用人单位有会员二十五人以上的，应当建

立基层工会委员会；不足二十五人的，可以单独建立基层工会委员会，也可以由两个以上单位的会员联合建立基层工会委员会，也可以选举组织员一人，组织会员开展活动。

建立工会组织必须报上一级工会批准。

不依照《中国工会章程》组建的任何组织，不得以工会的名义开展活动，也不得替代工会行使职权。

**第十一条** 企业、事业单位、社会组织在筹建的同时应当支持职工筹建工会。

已经开业尚未建立工会组织的企业、事业单位、社会组织，应当从开业之日起六个月内支持、帮助职工建立工会组织。

上级工会应当帮助、指导未建立工会组织的企业、事业单位、社会组织的职工组建工会，企业、事业单位、社会组织应当予以支持，并提供必要的条件。

**第十二条** 任何单位和个人不得阻挠职工依法组建工会，不得随意撤销、合并工会组织，不得将工会的办事机构归属于其他工作部门。

对没有建立工会组织的企业、事业单位、社会组织，有关部门要积极支持、配合上级工会组织，指导职工建立工会组织，对于阻挠组建工会的违法行为，应当依法予以纠正。

**第十三条** 基层工会所在的用人单位终止或者被撤销，该工会组织相应撤销，并报上一级工会备案。

**第十四条** 工会委员会和经费审查委员会由会员大会或者会员代表大会选举产生。工会委员会成员人选应当依法确定。

各级工会建立女职工委员会，女会员不足十人的设女职工委员。

市、区总工会，市产业工会以及街道、乡镇等工会，可以建立为职工服务的法律服务机构，依法为所属工会和职工提供法律援助等法律服务。

各级工会可以建立工会劳动法律监督组织。

**第十五条** 工会主席、副主席由会员大会或者会员代表大会选举产生，也可以由工会委员会选举产生，实行任期制。

**第十六条** 市、区总工会，市产业工会，具有社会团体法人资格。

依法建立的街道、乡镇总工会，区产业工会和基层工会组织具备下列条件，并报区总工会或者市产业工会批准后，取得社会团体法人资格：

（一）已经建立工会委员会；

（二）有必要的财产或者经费；

（三）有自己的名称和办公场所；

（四）能够独立承担民事责任。

依法具有或者取得社会团体法人资格的工会，其主席是法定代表人。

## 第三章　工会的权利和义务

**第十七条** 各级人民政府可以召开会议或者采取其他适当方式，向同级工会通报政府的重要工作部署和与工会工作有关的行政措施，研究解决工会反映的职工群众的意见和要求。

各级人民政府人力资源社会保障部门应当会同同级工会和企业方面代表，建立劳动关系三方协商机制，共同研究解决劳动关系方面的重大问题。

街道办事处以及经济开发区、工业（科技）园区所在地负责劳动管理的部门，可以会同街道、经济开发区、工业（科技）园区的工会组织和企业方面的代表建立劳动关系三方协商机制，共同研究解决地区内劳动关系方面的重大问题。

**第十八条** 市、区人民政府制定国民经济和社会发展计划，市人民政府研究起草涉及职工切身利益的重大问题的法规、规章时，应当听取同级工会的意见。

市、区人民政府及有关部门在研究制定就业、工资、物价、安全生产、生活福利、社会保险等重大政策、措施时，或者成立涉及上述事项的社会监督机构时，应当吸收同级工会参加，听取工会的意见。

市、区总工会可以对就业、劳动报酬、物价、安全生产、生活福利、社会保险、职工队伍状况等问题进行调查分析，向人民政府提出意见或者建议。

**第十九条** 企业、事业单位、社会组织应当依法建立职工代表大会制度。

职工代表大会（职工大会）是企业、事业单位、社会组织实行民主管理的基本形式，是职工行使民主管理权力的机构，依照法律、法规以及国家和本市的其他有关规定审议、通过、决定企业、事业单位、社会组织的重大决策事项和涉及职工切身利益的事项。

国有企业、国有控股企业、事业单位的工会委员会是职工代表大会（职工大会）的工作机构，负责职工代表大会（职工大会）的日常工作，检查、督促职工代表大会（职工大会）决议的执行。集体企业的工会委员会，应当支持和组织职工参加民主管理和民主监督。其他企业、事业单位的工会委员会，依照法律规定组织职工采取与本单位相适应的形式参与民主管理。

企业、事业单位、社会组织违反职工代表大会制度和其他民主管理制度的，工会有权要求纠正。

**第二十条** 企业、事业单位、社会组织研究经营管理和发展的重大问题应当听取工会的意见；召开讨论有关劳动报酬、生活福利、安全生产和劳动保护、工作时间、休息休假、女职工保护和社会保险等涉及职工切身利益事项的会议，必须有工会代表参加；讨论涉及女职工保护事项时，一般应当有女职工代表参加。

**第二十一条** 企业设立监事会的，工会的代表应当作为监事会成员候选人。

企业董事会中没有工会代表的，董事会研究决定有关劳动报酬、生活福利、安全生产和劳动保护、工作时间、休息休假、女职工保护和社会保险等涉及职工切身利益的问题时，应当事先听取工会的意见，并邀请工会的代表列席会议。

董事会研究决定生产经营的重大问题、制定重要的规章制度时，应当听取工会的意见，取得工会的合作。

工会的代表列席董事会会议的费用，按照董事会成员的经费渠道列支。

**第二十二条** 工会代表职工与企业、实行企业化管理的事业单位、社会组织通过平等协商，就劳动报酬、生活福利、安全生产和劳动保护、工作时间、休息休假、女职工保护、社会保险、技能提升、职业发展以及其他事项，依法签订集体合同；也可以专门就工资事项，依法签订工资协议。集体合同草案、工资协议草案应当提交职工代表大会或者全体职工讨论通过，并按照有关规定报送人力资源社会保障部门和上一级工会。

产业工会以及经济开发区、工业（科技）园区、楼宇、商圈等企业、社会组织较为集中区域的工会联合会可以代表职工与相应企业、社会组织方面的代表进行平等协商，依法签订集体合同。

工会提出签订、变更集体合同的，企业、实行企业化管理的事业单位、社会组织在接到书面通知后应当按照有关规定与工会平等协商。企业、实行企业化管理的事业单位、社会组织无正当理由拒绝平等协商，或者因签订集体合同发生争议，双方协商解决不成的，工会可以要求当地人民政府人力资源社会保障部门依法协调处理。

因履行集体合同发生争议，经协商解决不成的，工会可以向劳动人事争议仲裁委员会申请仲裁，仲裁机构不予受理或者对仲裁裁决不服的，可以依法向人民法院提起诉讼。

**第二十三条** 企业、事业单位、社会组织起草劳动合同文本时，应当征求本单位工会的意见。

工会应当指导职工签订劳动合同，并依法监督劳动合同的履行。

工会发现企业、事业单位、社会组织与职工未依法签订劳动合同的，有权要求纠正，或者建议政府有关部门依法处理。

**第二十四条** 企业、事业单位、社会组织处分职工，工会认为有法律依据不足、事实理由不充分、处分不当或者超过法定处理权限等情形的，有权提出意见。

用人单位单方面解除职工劳动合同时，应当事先将理由通知工会。工会认为用人单位违反法律、法规和有关合同，要求重新研究处理时，用人单位应当研究工会的意见，将处理结果书面通知工会并附有相关材料。

**第二十五条** 企业依法建立劳动争议调解委员会。劳动争议调解委员会主任由工会代表担任，办事机构设在工会。

区总工会，市产业工会和街道、乡镇总工会可以会同有关方面的代表，建立劳动争议调解组织。

劳动争议当事人可以向本企业劳动争议调解委员会申请调解，也可以向前款所述的劳动争议调解组织申请调解。

政府建立劳动人事争议仲裁委员会应当有同级工会的代表参加。

**第二十六条** 企业、事业单位、社会组织违反劳动法律、法规规定，有下列侵犯职工劳动权益情形，工会应当代表职工与企业、事业单位、社会组织交涉，要求企业、事业单位、社会组织采取措施予以改正；企业、事业单位、社会组织应当予以研究处理，并向工会作出答复；企业、事业单位、社会组织拒不改正的，工会可以提请当地人民政府依法作出处理：

（一）克扣、拖欠职工工资的；

（二）不提供劳动安全卫生条件，或者劳动安全卫生设施和条件不符合国家规定的；

（三）随意延长劳动时间或者不按照规定支付延长劳动时间报酬的；

（四）侵犯女职工和未成年工特殊权益的；

（五）其他严重侵犯职工劳动权益的。

**第二十七条** 工会依照国家规定对新建、扩建企业和技术改造工程中的劳动条件和安全卫生设施与主体工程同时设计、同时施工、同时投产使用进行监督。对工会提出的意见，企业或者主管部门应当认真处理，并将处理结果书面通知工会。

**第二十八条** 工会发现企业、事业单位的经营、管理者违章指挥，强令职工冒险作业，或者在生产过程中有明显重大事故隐患和职业危害的，有权提出建议，企业、事业单位应当及时予以答复和解决；发现危及职工生命安全的情况时，工会有权向企业、事业单位建议组织职工撤离危险现场，企业、事业单位必须及时作出处理决定。

职工因工伤亡事故等生产安全事故和其他严重危害职工健康问题的调查处理，必须有工会参加。工会应当向有关部门提出处理意见，并有权要求追究直接负责的主管人员和有关责任人员的责任。对工会提出的意见，有关部门应当及时研究，给予答复。

**第二十九条** 工会有权到企业、事业单位、社会组织的生产、工作、营业等场所调查和监督劳动法律、法规的执行情况，有关方面应当予以支持。

工会对企业、事业单位、社会组织侵犯职工合法权益的问题进行调查时，有关单位应当予以协助，如实说明情况，提供有关资料，不得阻挠或者拒绝调查。

工会在调查中应当依法保守企业、事业单位、社会组织的商业秘密。

**第三十条** 工会参与监督社会保险基金的管理、使用和职工最低工资、最低生活保障线的实施。

工会有权督促用人单位按照有关规定，为职工缴纳养老、医疗、工伤、失业、生育等社会保险费。

**第三十一条** 企业、事业单位、社会组织有关人员有非法扣留职工居民身份证等合法证件和对职工非法搜身、拘禁以及侮辱人格、体罚、殴打等侵害职工合法权益行为的，工会有权制止并应当提出处理建议。负责处理的部门应当在三十日内将处理意见告知工会。

**第三十二条** 企业、事业单位、社会组织发生停工、怠工事件，本单位工会应当立即向上级工会报告，并应当代表职工同企业、事业单位、社会组织或者有关方面协商，反映职工的意见和要求，提出解决意见；协商不成的，上级工会应当及时与人力资源社会保障部门、有关单位的主管部门等到事发单位了解情况，共同协商，妥善处理。

对于职工的合理要求，企业、事业单位、社会组织应当予以解决。工会协助企业、事业单位、社会组织做好工作，尽快恢复生产、工作秩序。

**第三十三条** 职工合法权益受到侵害的，工会应当支持职工依法提出申诉、申请仲裁、提起诉讼，并提供法律服务。

**第三十四条** 工会应当支持用人单位的经营、管理者依法进行生产、经营活动和科学管理，会同用人单位加强对职工的思想政治引领，教育职工以国家主人翁态度对待劳动，爱护国家和用人单位的财产，组织职工开展群众性的合理化建议、技术革新、劳动和技能竞赛活动，进行业余文化技术学习和职工培训，参加职业教育和文化体育活动，推进职业安全健康教育和劳动保护工作。

**第三十五条** 工会协助用人单位组织职工参加疗养、休养活动，办好职工集体福利事业，做好社会保险等工作。

**第三十六条** 根据政府委托，工会与有关部门共同做好劳动模范和先进生产（工作）者的评选、表彰、培养和管理工作，宣传其事迹，关心其工作和生活。

**第三十七条** 工会协助人民政府和有关单位做好离休、退休人员的工作，关心其生活，维护其合法权益。

## 第四章 工会的人员和财产

**第三十八条** 市、区总工会和街道、乡镇等工会组织，根据工会工作需要，明确人员编制，合理配备工作力量。

企业、事业单位、社会组织有职工二百人以上的，应当配备必要的专职工会工作人员。专职工会工作人员的人数，由上一级工会与企业、事业单位、社会组织协商确定。职工不足二百人的，可以配备专职或者非专职工会工作人员。

**第三十九条** 工会主席、副主席、委员任期未满的，不得随意调动其工会工作岗位或者劳动合同约定的岗位，因工作需要调动的，应当事先征得本级工会委员会的同意；工会主席、副主席的调动以及经费审查委员会主任的任免，还应当征得上一级工会的同意。

调动工会筹建负责人的工作，应当事先征求上一级工会的意见。

征求上一级工会的意见应当采取书面形式。上一级工会应当在接到书面意见之日起十五日内予以答复，逾期未答复的，视为同意。

基层工会专职主席、副主席或者委员自任职之日起，其劳动合同期限自动延长，延长期限相当于其任职期间；非专职主席、副主席或者委员自任职之日起，其尚未履行的劳动合同期限短于任期的，劳动合同期限自动延长至任期期满。但是，任职期间个人严重过失或者达到法定退休年龄的除外。

基层工会专职主席、副主席或者委员任期期满不再担任专职工会职务的，所在单位应当妥善安排其工作。

**第四十条** 基层工会工作人员的劳动报酬和其他福利待遇由其所在单位承担。

基层工会专职主席、副主席和委员的劳动报酬和其他福利待遇，国家和本市有规定的，依照规定执行；没有规定的，可以由本单位工会或者上级工会与用人单位协商约定。

街道、乡镇以上各级工会以及所属的企业、事业单位工作人员和离休、退休人员的待遇，依照国家和本市的有关规定执行。

**第四十一条** 基层工会委员会需要占用生产（工作）时间召开会议或者开展活动的，应当事先与所在单位的主管人员商定。

工会非专职委员每月可以有三个工作日从事工会工作，其工资照发，待遇不受影响；超过三个工作日的，应当事先征得所在单位的主管人员同意。

**第四十二条** 建立工会组织的用人单位

应当于每月十五日前按照上月全部职工工资总额的百分之二向工会拨缴当月的工会经费。工资总额依照国家统计局的规定计算。成立工会筹备组织的用人单位，应当自成立工会筹备组织之日起按照本款规定向工会拨缴工会经费。

各级工会应当按照规定的比例向上一级工会上缴经费。

**第四十三条**　工会应当根据经费独立原则，建立预算、决算和经费审查监督制度。

各级工会经费收支情况应当由同级工会经费审查委员会审查，接受上一级工会经费审查委员会审计，并定期向会员大会或者会员代表大会报告，接受监督。工会的经费、财产和国家及用人单位拨给工会使用的不动产，任何单位和个人不得侵占、挪用和任意调拨。

工会所属的为职工服务的企业、事业单位，其合法权益受法律保护，任何单位和个人不得随意改变其隶属关系。

工会组织合并，其经费、财产归合并后的工会所有；工会组织撤销，其经费和财产由上级工会处置。

**第四十四条**　各级人民政府和用人单位，应当为同级工会提供必要的办公场所和设施。

## 第五章　法律责任

**第四十五条**　工会对违反本条例规定侵犯其合法权益的，有权提请人民政府或者有关部门予以处理，或者向人民法院提起诉讼。

市、区总工会对违反本条例规定的行为，可以通过工会劳动法律监督整改意见书等形式予以督促整改。

**第四十六条**　违反本条例规定，阻挠职工依法参加和组织工会或者阻挠上级工会帮助、指导职工筹建工会的，由人力资源社会保障部门责令其改正；拒不改正的，由人力资源社会保障部门提请市或者区人民政府处理；以暴力、威胁等手段阻挠造成严重后果，构成犯罪的，依法追究刑事责任。

**第四十七条**　违反本条例规定，随意调动工会主席、副主席、委员的工会工作岗位或者劳动合同约定的岗位以及工会筹建负责人工作的，本单位工会或者上级工会可以向人力资源社会保障部门提出，由人力资源社会保障部门责令改正、恢复原工作；造成损失的，给予赔偿。

工会主席、副主席、委员或者工会筹建负责人对用人单位擅自变更劳动合同的，可以依法申请劳动仲裁，对仲裁裁决不服的，可以向人民法院提起诉讼。

对依法履行职责的工会工作人员进行侮辱、诽谤或者进行人身伤害，构成犯罪的，依法追究刑事责任；尚未构成犯罪的，由公安机关依照《中华人民共和国治安管理处罚法》的规定处罚。

**第四十八条**　违反本条例规定，有下列情形之一的，由人力资源社会保障部门责令恢复其工作，并补发被解除劳动合同期间应得的报酬；职工、工会工作人员不愿恢复工作的，由人力资源社会保障部门责令给予本人年收入二倍的赔偿，并按照解除劳动合同的规定给予经济补偿：

（一）职工因参加工会活动而被解除劳动合同的；

（二）工会工作人员因履行本条例规定的职责而被解除劳动合同的。

**第四十九条**　违反本条例规定，有下列情形之一的，由市或者区人民政府责令改正，依法处理：

（一）妨碍工会组织职工通过职工代表大会（职工大会）和其他形式依法行使民主权利的；

（二）非法撤销、合并工会组织的；

（三）妨碍工会参加职工因工伤亡事故等生产安全事故以及其他侵犯职工合法权益问题的调查处理的；

（四）无正当理由拒绝进行平等协商的。

**第五十条**　侵占、挪用或者任意调拨工会财产、经费拒不返还的，工会可以向人民法院提起诉讼，要求返还，并赔偿损失。

**第五十一条** 违反本条例规定，不依照《中国工会章程》组建，以工会名义开展活动，或者替代工会行使职权的组织，由社会团体登记管理部门依法取缔。

**第五十二条** 用人单位逾期未缴或者少缴工会经费的，工会应当向其发出催缴通知书，限期缴纳；逾期仍未缴纳的，基层工会或者上级工会可以依法向人民法院申请支付令；拒不执行支付令的，工会可以依法申请人民法院强制执行。

**第五十三条** 有关单位和个人有违反本条例规定行为的，除依法追究相应法律责任外，相关部门还应当按照规定，将相关信息向本市公共信用信息服务平台归集，并依法采取惩戒措施。

**第五十四条** 工会工作人员违反本条例规定，损害职工或者工会权益的，由同级工会或者上级工会责令改正，或者予以处分；情节严重的，依照《中国工会章程》予以罢免；造成损失的，应当承担赔偿责任；构成犯罪的，依法追究刑事责任。

## 第六章 附 则

**第五十五条** 本条例自 1995 年 5 月 1 日起施行。

# 上海市技术市场条例

（1995 年 4 月 7 日上海市第十届人民代表大会常务委员会第十七次会议通过 根据 1997 年 7 月 7 日上海市第十届人民代表大会常务委员会第三十七次会议《关于修改〈上海市技术市场条例〉的决定》第一次修正 根据 2003 年 6 月 26 日上海市第十二届人民代表大会常务委员会第五次会议《关于修改〈上海市技术市场条例〉的决定》第二次修正 根据 2020 年 12 月 30 日上海市第十五届人民代表大会常务委员会第二十八次会议《关于修改本市部分地方性法规的决定》第三次修正）

## 第一章 总 则

**第一条** 为了促进本市技术市场的健康发展，保障当事人的合法权益，根据《中华人民共和国科学技术进步法》《中华人民共和国民法典》以及其他有关法律、行政法规，结合本市实际情况，制定本条例。

**第二条** 公民、法人和其他组织在本市从事技术交易和技术交易服务，适用本条例。

技术交易包括技术开发、技术转让、技术许可、技术咨询、技术服务等交易活动。

技术交易服务包括技术交易场所服务、技术交易经纪服务、技术交易咨询服务、技术评估服务、技术信息服务等。

**第三条** 本市各级人民政府应当加强对技术市场的培育和扶持，引导技术市场健康发展。

**第四条** 市科学技术行政部门是本市技术市场的主管部门，负责本条例的实施。

市和区市场监管、税务等有关部门依法对技术市场实施监督管理。

## 第二章 技术交易准则

**第五条** 从事技术交易，必须遵循自愿平等、有偿互利、诚实信用和协商一致的原则。

**第六条** 技术交易的当事人应当对其拥有

的技术的合法性承担责任。

当事人一方明知或者应知另一方非法占有他人技术而与之进行技术交易，视为侵害他人技术权益。

**第七条** 技术交易当事人转让技术，应当将该技术在实施过程中可能发生的技术风险的责任在合同中约定。

**第八条** 技术交易项目的价款、使用费或者报酬，由当事人根据研究开发成本、应用后的经济效益和社会效益、许可使用范围以及技术市场供需状况等因素议定；也可以经无形资产评估机构评估后，由当事人议定。

**第九条** 技术的拥有者可以将其技术作价向技术交易当事人另一方投资入股。

**第十条** 从事技术交易，根据《中华人民共和国民法典》和其他有关法律、法规的规定签订技术合同。

**第十一条** 技术交易涉及国家安全、社会公共利益、国家重大经济利益、环境保护，应当遵守有关法律、法规的规定。

**第十二条** 技术交易中禁止下列行为：

（一）窃取或者侵占他人拥有的技术从事技术交易；

（二）以欺骗、胁迫等手段从事技术交易；

（三）法律、法规禁止的其他行为。

## 第三章 技术交易服务机构

**第十三条** 鼓励设立各类技术交易服务机构。

各类技术交易服务机构应当依照有关法律、法规的规定，按照服务规范，为技术交易提供场所、经纪、咨询、评估、信息等服务。

**第十四条** 各类技术交易服务机构应当遵循公正、公开、公平和客观、真实、科学的原则。

**第十五条** 设立技术交易服务机构应当具备下列条件：

（一）有明确的业务方向和与其相对应的专用名称；

（二）有与服务范围、规模相适应的专业人员和管理人员；专职的专业人员中应当具有一定数额的中级以上的专业技术人员；

（三）有固定的场所和必需的资金、设施；

（四）有组织章程和服务规范。

**第十六条** 设立技术交易服务机构，应当在设立后的十五日内向市科学技术行政部门备案。

设立经营性技术交易服务机构，应当按照国家有关规定向所在地的市场监管行政部门登记注册，在办理登记后的十五日内向市科学技术行政部门备案。

**第十七条** 本市设立技术市场基金，为加快技术在应用领域的扩散，促进技术市场的发展，提供各种形式的支持。

技术市场基金的设立和管理办法，由市人民政府制定。

## 第四章 技术市场的管理

**第十八条** 市科学技术行政部门的主要职责是：

（一）宣传、执行有关技术市场的法律、法规，检查技术市场遵守有关法律、法规的情况；

（二）管理技术市场基金；

（三）负责管理技术合同的认定登记工作；

（四）统一考核技术市场经营管理人员；

（五）负责技术市场的统计和分析；

（六）对繁荣技术市场作出贡献的单位和个人进行表彰、奖励；

（七）依法处理技术交易中的违法行为。

区科学技术行政部门的主要职责是：

（一）宣传、执行有关技术市场的法律、法规，检查本区内技术市场遵守有关法律、法规的情况；

（二）负责本区技术合同的认定登记工作；

（三）负责本区举办的技术交易会的备案工作；

（四）负责本区技术市场的统计；

（五）对繁荣技术市场作出贡献的单位和个人进行表彰、奖励；

（六）对本区技术交易中违反本条例的行为进行调查，提出处理意见。

上海市技术市场办公室在市科学技术行政部门领导下具体负责本市技术市场的日常管理工作。

**第十九条** 公民、法人和其他组织应当加强对拥有的技术的自我保护。

**第二十条** 本市实行技术合同认定和登记制度。技术交易的当事人持所订立的技术合同向技术合同认定登记机构申请认定和登记。经认定和登记的，由技术合同认定登记机构发给认定登记证明。

技术合同经认定和登记后，当事人享受国家和本市的有关优惠政策。未经认定和登记或者不予认定的合同，不得享受国家和本市的有关优惠政策。

**第二十一条** 法人和其他组织可以从技术交易的收益中提取一定比例，作为对该技术项目直接完成人的奖励。

## 第五章 法律责任

**第二十二条** 在技术交易中发生争议时，当事人一方或者双方可以根据技术合同中的仲裁条款或者事后达成的书面仲裁协议，向国家规定的仲裁机构申请仲裁。当事人未在技术合同中订立仲裁条款，事后又未达成书面仲裁协议的，可以向人民法院提起诉讼。

当事人一方在仲裁裁决规定的期限内不履行仲裁裁决的，当事人另一方可以向有管辖权的人民法院申请执行。

**第二十三条** 伪造、骗取技术合同认定登记证明的，由市科学技术行政部门处以五百元以上二千元以下的罚款。非法享受的税收等优惠，由有关部门追回。

**第二十四条** 在技术交易中，违反本条例第十一条规定的，由有关部门依法处理。构成犯罪的，依法追究刑事责任。

**第二十五条** 技术交易服务机构在业务活动中有欺骗、胁迫等行为的，由市场监管行政部门根据情节轻重，没收其违法所得，责令改正，责令停业，并处以违法所得一至三倍的罚款。

**第二十六条** 技术市场管理人员玩忽职守，贪污受贿，徇私舞弊的，根据情节轻重，由所在单位给予处分。构成犯罪的，依法追究刑事责任。

**第二十七条** 当事人对科学技术行政部门或者其他行政部门的具体行政行为不服的，可以依照《中华人民共和国行政复议法》和《中华人民共和国行政诉讼法》的规定，申请复议或者提起诉讼。

当事人逾期不申请复议，不提起诉讼又不履行行政处罚决定的，作出行政处罚决定的行政部门可以申请人民法院强制执行。

## 第六章 附则

**第二十八条** 本条例的具体应用问题，由市科学技术行政部门解释。

**第二十九条** 本条例自 1995 年 7 月 1 日起施行。

# 上海市档案条例

（1995年6月16日上海市第十届人民代表大会常务委员会第十九次会议通过 根据1997年12月10日上海市第十届人民代表大会常务委员会第四十次会议《关于修改〈上海市档案条例〉的决定》第一次修正 根据2004年11月25日上海市第十二届人民代表大会常务委员会第十六次会议《关于修改〈上海市档案条例〉的决定》第二次修正 根据2010年9月17日上海市第十三届人民代表大会常务委员会第二十一次会议《关于修改本市部分地方性法规的决定》第三次修正 根据2017年11月23日上海市第十四届人民代表大会常务委员会第四十一次会议《关于修改本市部分地方性法规的决定》第四次修正 2021年10月28日上海市第十五届人民代表大会常务委员会第三十六次会议修订）

## 第一章 总 则

**第一条** 为了加强档案管理，规范档案收集、整理工作，有效保护和利用档案，提高档案信息化建设水平，推进城市治理体系和治理能力现代化，根据《中华人民共和国档案法》等法律、行政法规，结合本市实际，制定本条例。

**第二条** 在本市行政区域内从事档案收集、整理、保护、利用、信息化建设及其监督管理活动，适用本条例。

**第三条** 坚持中国共产党对档案工作的领导。本市各级人民政府应当加强档案工作，把档案事业纳入国民经济和社会发展规划，将档案事业发展经费列入财政预算，确保档案事业发展与国民经济和社会发展水平相适应。

**第四条** 档案工作应当遵循统一领导、分级管理的原则，维护档案完整与安全，留存城市记忆，便于社会利用，发挥存史、资政、育人的作用。

**第五条** 本市鼓励和支持档案科学研究和技术创新，促进科技成果和区块链、大数据、人工智能等信息技术在档案收集、整理、保护、利用、信息化建设等方面的转化和应用，推动档案科技进步。

**第六条** 市、区人民政府及有关部门应当采取措施，加强档案宣传教育，普及档案知识，传播档案文化，增强全社会档案意识。

广播、电视、报刊、网站等媒体应当开展档案公益宣传，营造关心、支持档案事业发展的社会氛围。

**第七条** 本市推动长江三角洲区域以及其他省际档案工作交流与合作。

鼓励和支持参与国际档案专业组织和友好交流活动，加强档案领域国际合作。

**第八条** 鼓励社会力量通过捐赠、资助、志愿服务等方式，参与和支持档案事业的发展。

对在档案收集、整理、保护、利用、信息化建设等方面做出突出贡献的单位和个人，按照国家和本市有关规定给予表彰、奖励。

## 第二章 档案机构及其职责

**第九条** 市档案主管部门主管全市档案工作，负责本市档案事业的统筹规划和组织协调。

市、区档案主管部门对本行政区域内机关、团体、企业事业单位和其他组织的档案工作实行监督和指导，依法履行下列职责：

（一）制定本行政区域内的档案事业发展规划和档案工作制度规范，并组织实施；

（二）组织、指导本行政区域内档案理论与科学技术研究、档案宣传教育、档案工作人员培训；

（三）组织、指导本行政区域内的档案信息化建设；

（四）开展监督检查活动，查处档案违法行为；

（五）法律、法规规定的其他职责。

**第十条** 乡镇人民政府、街道办事处应当指定人员负责管理本机关的档案，对所属单位、基层群众性自治组织的档案工作实行监督和指导。

城乡社区档案工作在业务上接受档案主管部门和其他相关主管部门的监督和指导。

**第十一条** 机关、团体、企业事业单位和其他组织应当确定档案机构或者档案工作人员负责统一管理本单位的档案，指导本单位各种门类和载体形式档案的收集、整理、归档工作，并对所属单位的档案工作进行监督和指导。

**第十二条** 本市国家档案馆包括具有公共性质的综合档案馆以及专门档案馆。

综合档案馆负责收集、整理、保管、向社会开放和提供利用本行政区域内多种门类和载体形式的档案。

专门档案馆负责收集、整理、保管、向社会开放和提供利用特定领域或者特定载体形式的档案。

**第十三条** 部门档案馆负责收集、整理、保管和提供利用本部门及其所属单位形成的档案。

企业事业单位档案馆负责收集、整理、保管和提供利用本单位及其所属单位形成的档案。

**第十四条** 本市加强档案人才培养基地建设，实施档案人才培养计划，建立档案专家库，加强专家型和应用型人才培养，建设高素质的档案人才队伍。

## 第三章 档案的管理

**第十五条** 按照国家规定应当形成档案的机关、团体、企业事业单位和其他组织，应当加强档案业务培训，建立档案工作责任制，明确档案工作岗位、人员的职责，依法健全档案管理制度。

**第十六条** 机关、团体、企业事业单位和其他组织应当按照国家有关规定，确定本单位归档范围和档案保管期限。

机关、团体、企业事业单位和其他组织及其工作人员在职务活动中形成的纳入归档范围的各种门类和载体形式的材料，由文书或者业务部门收集、整理，定期移交本单位档案机构或者档案工作人员集中管理。

按照规定应当归档的材料，任何个人不得拒绝归档或者据为己有。

**第十七条** 档案馆应当按照国家有关规定，编制收集档案范围和工作方案。列入档案馆收集范围的档案，机关、团体、企业事业单位和其他组织应当按照规定期限和要求向有关档案馆移交，档案馆不得拒绝接收。

经同级档案主管部门同意，专业性较强或者需要保密的档案，可以延长向有关档案馆移交的期限；由于保管条件恶劣可能导致不安全或者严重损毁的档案，可以提前向有关档案馆移交。

机关、团体、企业事业单位和其他组织发生机构变动或者撤销、合并等情形时，应当按照规定向有关单位或者档案馆移交档案；列入综合档案馆收集范围的，应当全部向综合档案馆移交，不得分散保管。

**第十八条** 部门档案馆和企业事业单位档案馆保管的档案，属于国家档案馆收集范围的，应当按照规定时限向国家档案馆移交。

**第十九条** 鼓励和支持档案馆征集、收购重要、珍贵的档案，通过口述历史等方式采录档案资料。

鼓励单位和个人向档案馆捐献档案资料，对具有重要、珍贵价值的档案，档案馆应当接收。

**第二十条** 机关、团体、企业事业单位和其他组织应当加强建设项目档案、科学技术研究档案、设备仪器档案、产品档案等科技档案的收集、整理和归档，按照规定进行档案验收、鉴定，并向有关档案馆或者单位移交档案。

列入市、区重点建设项目或者重大科学技术研究项目的，有关主管部门或者单位应当自通过验收、鉴定之日起六个月内，将档案管理情况向同级档案主管部门报告。

科技档案管理制度由市有关主管部门会同市档案主管部门制定。

**第二十一条** 机关、团体、企业事业单位和其他组织应当加强涉及民生、政务、经济、文化、人事等专业档案的管理，重点加强与国际经济、金融、贸易、航运和科技创新中心建设相关的专业档案的收集、整理和归档。

专业档案管理制度由市有关主管部门会同市档案主管部门制定。

档案馆可以根据社会利用需要，提前接收有关专业档案。

**第二十二条** 市、区档案主管部门应当会同相关主管部门、档案馆建立健全本行政区域内重要会议、重要工作、重大活动和重大突发事件应对的档案收集、整理、保护、利用工作机制，对相关档案管理工作进行监督和指导。

重要会议、重要工作、重大活动、重大突发事件应对的档案收集范围，由市、区档案主管部门会同相关主管部门、档案馆确定。

组织或者承办重要会议、重要工作、重大活动的单位和负责重大突发事件应对的单位，应当按照要求做好档案的收集、整理工作，并自重要会议、重要工作、重大活动和重大突发事件应对工作结束之日起六个月内，向同级综合档案馆移交档案。

**第二十三条** 涉及国家秘密的档案的管理和利用，密级的变更和解密，应当依照有关保守国家秘密的法律、行政法规规定办理。机关、团体、企业事业单位和其他组织向档案馆移交档案时，应当对涉及国家秘密的档案进行审核，依法做好密级变更和解密工作。已经移交档案馆保管的档案，发生密级变更或者解密的，原定密机关、单位应当及时书面通知档案馆。

**第二十四条** 行政服务中心、社区事务受理服务中心等办理业务形成的材料，属于相关业务主管部门归档范围的，应当及时向其移送。相关业务主管部门应当及时接收，并按照规定做好归档工作。

**第二十五条** 档案馆以及机关、团体、企业事业单位和其他组织的档案机构应当按照国家有关规定，配置适宜档案保存的库房和必要的设施、设备，确保档案的安全。国家档案馆的建设应当符合国家有关标准规范，并对所保管的具有永久保存价值的档案实行分级保护和管理。

机关、团体、企业事业单位和其他组织可以设置联合档案保管场所，集中保管档案。

档案馆以及机关、团体、企业事业单位和其他组织应当建立健全档案安全工作机制，加强档案安全风险管理，提高应急处置能力。档案馆应当建立应急演练制度，并采用模拟推演、实战演练等多种方式，定期组织应急演练；遇到突发事件和紧急情况时，应当在保证人员安全的基础上，将档案列入优先抢救范围。

**第二十六条** 禁止买卖属于国家所有的档案。交换、转让国家所有的档案的复制件的，按照国家有关规定办理。国有企业事业单位资产转让时，有关档案的转让按照国家有关规定执行。

非国有企业、社会服务机构等单位和个人形成的档案，对国家和社会具有重要保存价值或者应当保密的，档案所有者应当妥善保管，可以向国家档案馆寄存或者转让。严禁出卖、赠送给外国人或者外国组织。

属于国家所有的档案和前款所列档案及其复制件，禁止擅自运送、邮寄、携带出境或者通过互联网传输出境。确需出境的，应当向市档案主管部门办理审批手续；依法应当经国家档案主管部门批准的，按照国家有关规定办理审批手续。

**第二十七条** 禁止擅自销毁档案。经鉴定可以销毁的，应当按照国家有关规定办理。

**第二十八条** 市档案主管部门应当指导和推动档案服务企业建立相关行业组织，加强行业自律和信用体系建设，制定行业标准和规范，推动行业公平竞争和有序发展。

## 第四章 档案的利用和公布

**第二十九条** 国家档案馆应当按照规定时限向社会开放档案。鼓励部门档案馆、企业事业单位档案馆向社会开放档案。

馆藏档案的开放审核，由档案馆会同档案形成单位或者移交单位共同负责。尚未移交进馆档案的开放审核，由档案形成单位或者保管单位负责，并在移交进馆时将档案到期开放建议、限制利用意见、密级变更和解除、政府信息公开属性以及向社会提供利用等情况，书面告知档案馆。

档案馆应当在开放档案的同时，通过网站或者其他方式公布开放档案的目录。市综合档案馆应当收集本市其他档案馆或者档案保管单位的开放档案目录，并依法向社会公布。

**第三十条** 档案馆应当创新档案利用服务形式，强化服务功能，多途径、多渠道、全方位推进档案利用服务线上线下融合。

本市建立统一的档案远程查询利用平台，与“一网通办”平台对接，提供线上档案查询利用服务。

鼓励档案形成单位或者保管单位为社会利用档案创造条件，提供服务。

**第三十一条** 单位和个人持有身份证、护照、介绍信等合法证明，可以利用已经开放的档案。

档案馆不按规定开放利用档案的，单位和个人可以向档案主管部门投诉；档案主管部门应当及时调查处理，并在接到投诉之日起六十日内将处理结果告知投诉人。

机关、团体、企业事业单位和其他组织以及公民利用档案馆未开放的档案，应当经保存该档案的档案馆同意，档案馆可以征求档案形成单位或者移交单位的意见；利用机关、团体、企业事业单位和其他组织保管的档案，应当征得档案保管单位的同意。

**第三十二条** 向档案馆移交、捐献、寄存档案的单位和个人，可以优先利用该档案，并可以对档案中不宜向社会开放的部分提出限制利用的意见，档案馆应当予以支持，提供便利。

档案馆将寄存档案向社会提供利用的，应当征得档案寄存者的同意。

**第三十三条** 向社会公布档案，可以通过报纸、刊物、图书、音像制品、电子出版物、电台、电视台、计算机信息网络、新媒体平台等渠道，采取刊印、陈列、展览、宣读、播放、网络传播等形式。

公布档案应当遵守有关法律、行政法规的规定，不得损害国家安全和利益，不得侵犯他人的合法权益。

任何单位和个人不得擅自公布不属于自己所有的档案。单位和个人发表著作等需要公布档案的，应当征得档案所有者或者其授权的档案保管单位同意，并注明所公布档案的出处。

**第三十四条** 向社会提供利用重要、珍贵的档案，应当以复制件或者其他形式代替原件；提供利用其他档案，有条件的应当以复制件或者其他形式代替原件。

**第三十五条** 政府信息公开主体应当将主动公开的政府信息及时送交同级综合档案馆。乡镇人民政府、街道办事处制作的依法应当主动公开的政府信息，应当及时送交区综合档案馆。

市、区综合档案馆应当配备相应的设施、设备，方便公众查阅主动公开的政府信息。

**第三十六条** 本市推动长江三角洲区域档案利用服务合作，建立服务联动机制，构建一体化发展标准体系和服务平台，推进区域档案利用服务便利化。

## 第五章 红色档案的保护利用

**第三十七条** 本市加强对红色档案的保护利用，弘扬红色文化，传承红色基因，培育和践行社会主义核心价值观。

本条例所称的红色档案，是指中国共产党领导下，在新民主主义革命时期、社会主义革命和建设时期、改革开放和社会主义现代化建设新时期、中国特色社会主义新时代所形成的具有历史价值、教育意义、纪念意义的档案。

**第三十八条** 市、区档案主管部门应当定期组织档案馆以及其他档案保管单位开展红色档案调查工作，组织有关专家开展红色档案认定，指导建立红色档案专题目录和数据库。

档案馆以及其他档案保管单位在发掘、整理、研究中发现新的红色档案，应当及时向档案主管部门和有关主管部门报告。

对符合红色资源认定标准的红色档案，按照本市有关规定列入红色资源名录予以保护。

鼓励和支持列入红色资源名录的红色档案申报档案文献遗产，促进档案文化的传承与发展。

**第三十九条** 档案馆以及其他档案保管单位应当按照国家和本市有关规定，对红色档案采取分级保护措施；对重要、珍贵的红色档案，应当优先开展抢救和修复。

发现红色档案可能严重损毁的，应当立即采取措施予以保护，并及时向档案主管部门和有关主管部门报告。档案主管部门和有关主管部门应当给予指导和支持。

**第四十条** 鼓励和支持利用红色档案开展党史学习教育、理想信念教育、爱国主义教育等主题教育活动。

鼓励档案馆以及其他档案保管单位加强红色档案开发利用，编辑出版红色档案史料，举办红色档案专题展览、公益讲座、媒体宣传等活动。

档案馆应当发挥爱国主义教育、中小学档案教育社会实践等基地作用，提高红色档案宣传和讲解服务水平，通过创作红色主题作品、举办学生课堂等形式，讲好红色档案故事。

**第四十一条** 市、区综合档案馆应当结合“七一”、国庆等重大纪念日，以及上海解放等重大历史事件的纪念活动，适时公布有关红色档案。

鼓励其他档案馆和档案保管单位向社会公布所保管的红色档案。

**第四十二条** 档案主管部门、档案馆应当与宣传、文化旅游、教育等部门以及党史研究、党校、高校、博物馆、图书馆、纪念馆等机构，通过组织开展红色档案课题研究、学术研讨等方式，加强红色档案交流合作，推动红色档案研究成果转化和应用。

本市推动建立长江三角洲区域红色档案保护利用联动机制，协同开展红色档案保护利用、理论研究、馆际交流、宣传教育等活动。

## 第六章 档案信息化建设

**第四十三条** 市、区人民政府应当将档案信息化建设纳入本行政区域信息化发展规划和城市数字化转型工作。

档案馆以及机关、团体、企业事业单位和其他组织应当加强档案信息化建设，建立本单位档案、文秘、信息技术、安全保密等部门工作协同机制，健全档案信息化管理制度，完善档案信息化基础设施和条件。

**第四十四条** 机关、团体、企业事业单位和其他组织应当推进与办公自动化系统、业务系统等相互衔接的电子档案管理系统建设，确保电子档案来源可靠、程序规范、要素合规，并符合长期有效的保存要求。

档案馆应当落实电子档案长期保存要求，确保馆藏电子档案长期有效保存。

**第四十五条** 机关、团体、企业事业单位和其他组织形成的电子档案，列入档案馆收集范围或者具有其他重要价值的，应当按照规定时限向有关档案馆移交；有特殊要求的电子档案，可以提前移交或者延长移交期限。

向档案馆移交电子档案应当通过符合安全管理要求的计算机信息网络进行在线移交，或者存储在符合长期保存要求的存储介质上进行离线移交。

档案馆应当对接收的电子档案进行检测，

确保电子档案的真实性、完整性、可用性和安全性。

**第四十六条** 电子档案与传统载体档案具有同等效力。本市公共管理和服务机构应当对电子档案互信互认。

对纳入本市“一网通办”平台的事项，有关公共管理和服务机构应当对履行职责过程中形成的电子文件进行规范管理，按照电子档案管理要求及时以电子形式归档、备份、移交。除法律、行政法规另有规定外，不再以传统载体形式归档和移交。

本市推动机关、人民团体、国有企业事业单位按照电子档案管理要求，对职务活动中形成的电子文件单独以电子形式归档并移交。

**第四十七条** 鼓励和支持档案馆以及机关、团体、企业事业单位和其他组织推进传统载体档案数字化工作，逐步提高传统载体档案数字化比重。

向档案馆移交传统载体档案时，已经形成的档案数字化成果，应当同步移交。对符合要求的档案数字化成果，档案馆应当接收。

**第四十八条** 档案馆应当按照数字档案馆建设标准，运用现代信息技术对档案数字资源进行收集、整理、保存和提供利用，加强数字档案馆建设。

鼓励和支持机关、团体、企业事业单位和其他组织开展数字档案室建设。

建设数字档案馆、数字档案室应当按照国家和本市有关规定，建立完善档案数字资源的检测、备份、迁移、恢复等工作机制，强化安全保障能力，做好重要档案数字资源的异质、异地备份工作。

**第四十九条** 根据本市有关规定列入公共数据资源目录的档案数字资源，公共管理和服务机构应当加强收集和整理，拓宽应用场景，推动档案数字资源在民生服务、政务服务、社会治理等领域的应用。

档案馆应当加强档案数字资源的收集和管理，推动档案数字资源开放共享，并确保档案数字资源利用安全。

## 第七章 监督检查

**第五十条** 市、区档案主管部门依法对档案馆以及机关、团体、企业事业单位和其他组织的下列情况，进行监督检查：

（一）档案工作责任制和管理制度落实情况；

（二）档案库房、设施、设备配置使用情况；

（三）档案工作人员管理情况；

（四）档案收集、整理、保管、提供利用等情况；

（五）档案信息化建设和信息安全保障情况；

（六）对所属单位档案工作的监督和指导情况。

**第五十一条** 市、区档案主管部门应当对下列档案，进行重点监督管理：

（一）具有永久保存价值的档案；

（二）重要会议、重要工作、重大活动和重大突发事件应对的档案；

（三）发生机构变动或者撤销、合并等情形的机关、人民团体、国有企业事业单位的档案；

（四）其他需要重点监管的档案。

**第五十二条** 任何单位和个人对档案违法行为，有权向档案主管部门和有关机关举报。

接到举报的档案主管部门或者有关机关应当及时依法处理，并将处理结果告知举报人。

**第五十三条** 档案主管部门与其他相关主管部门应当建立执法协作机制，通过信息共享、联合执法、案件移送等方式，加强档案监督检查工作。

## 第八章 法律责任

**第五十四条** 违反本条例规定的行为，《中华人民共和国档案法》等法律、行政法规已有处理规定的，从其规定。

**第五十五条** 对单位和个人违反本条例相关规定，受到行政处罚等失信信息，按规定纳入本市公共信用信息服务平台予以共享，并依法实施相应惩戒。

**第五十六条** 档案主管部门和其他有关部门及其工作人员违反本条例规定，不履行法定职责或者滥用职权、玩忽职守、徇私舞弊的，对直接负责的主管人员和其他直接责任人员，依法给予处分；构成犯罪的，依法追究刑事责任。

## 第九章 附 则

**第五十七条** 本条例自2021年12月1日起施行。

# 上海市出租汽车管理条例

（1995年6月16日上海市第十届人民代表大会常务委员会第十九次会议通过 根据1997年5月27日上海市第十届人民代表大会常务委员会第三十六次会议《关于修改〈上海市出租汽车管理条例〉的决定》第一次修正 根据2001年1月17日上海市第十一届人民代表大会常务委员会第二十五次会议《关于修改〈上海市出租汽车管理条例〉的决定》第二次修正 根据2003年10月10日上海市第十二届人民代表大会常务委员会第七次会议《关于修改〈上海市出租汽车管理条例〉的决定》第三次修正 根据2006年6月22日上海市第十二届人民代表大会常务委员会第二十八次会议《关于修改〈上海市出租汽车管理条例〉的决定》第四次修正 根据2011年12月22日上海市第十三届人民代表大会常务委员会第三十一次会议《关于修改本市部分地方性法规的决定》第五次修正 根据2015年6月18日上海市第十四届人民代表大会常务委员会第二十一次会议《关于修改〈上海市环境保护条例〉等8件地方性法规的决定》第六次修正 根据2023年12月28日上海市第十六届人民代表大会常务委员会第九次会议《关于修改〈上海市养老服务条例〉等12件地方性法规和废止〈上海市保护和发展邮电通信规定〉等6件地方性法规的决定》第七次修正）

## 第一章 总 则

**第一条** 为了加强本市出租汽车的管理，提高出租汽车服务质量，保障乘客、用户和出租汽车经营企业、个体工商户（以下简称经营者）及其从业人员的合法权益，适应城市经济发展和人民生活的需要，根据国家有关法律、法规，结合本市实际情况，制定本条例。

**第二条** 本条例所称的出租汽车，是指按照乘客和用户意愿提供客运服务或者车辆租赁服务的客车。

客运服务是指按照乘客意愿提供运送服务，并且按照里程和时间收费的出租汽车经营活动。

车辆租赁服务是指向用户出租不配备驾驶员的客运车辆，并且按照时间收费的出租汽车经营活动。

**第三条** 本条例适用于本市出租汽车经营者、从业人员和乘客、用户以及与出租汽车业务相关的单位、个人。

**第四条** 市交通行政管理部门是本市出租汽车行业的行政主管部门，负责本条例的组织实施；其所属的上海市城市交通运输管理处（以下简称市运输管理处）负责具体实施本市出租汽车客运的日常管理工作，并直接对黄浦、徐汇、长宁、静安、普陀、虹口、杨浦等区的出租汽车客运进行日常管理和监督；市交通行政管理部门所属的上海市交通委员会执法总队（以下简称市交通执法总队）具体负责本市出租汽车客运监督检查工作，并按照本条例的规定实施行政处罚。

浦东新区以及闵行、宝山、嘉定、金山、松江、奉贤、青浦、崇明等区交通行政管理部门（以下简称区交通行政管理部门）负责组织本行政区域内的出租汽车客运管理工作。区交通行政管理部门所属的交通运输管理机构（以下简称区运输管理机构）负责具体实施本行政区域内出租汽车客运日常管理和监督工作；区交通行政管理部门所属的交通行政执法机构（以下简称区交通执法机构）负责具体实施本行政区域内出租汽车客运监督检查工作，并按照本条例的规定实施行政处罚。

本市有关行政管理部门应当按照各自职责，协同实施本条例。

**第五条** 本市的出租汽车应当与其他公共交通客运方式协调发展。

出租汽车的数量、停车场（库）、营业站和调度网络等的发展规划和计划，由市交通行政管理部门根据城市建设和社会、经济发展的实际情况编制，报市人民政府批准后实施。

**第六条** 出租汽车行业应当统一管理、合法经营、公平竞争。

出租汽车的营运收费标准和费用征缴标准，应当按照国家和本市有关规定统一制订，做到公平、合理。

**第七条** 出租汽车行业管理部门及其工作人员应当依法管理，秉公办事，文明服务。

**第八条** 经营者应当遵守国家法律、法规和本条例，维护乘客、用户的合法权益和从业人员的正当权益。

## 第二章 经营资质管理

**第九条** 从事客运服务的企业，必须符合下列条件：

（一）有符合规定要求的客运车辆和相应的资金；

（二）有符合规定要求的停车场地和经营场所；

（三）有符合规定要求的质检、安全等管理人员和驾驶员；

（四）有与经营方案相配套的经营管理制度。

**第十条** 从事客运服务的个体工商户，必须符合下列条件：

（一）有符合规定要求的客运车辆和相应的资金；

（二）有符合规定要求的停车场地；

（三）有驾驶出租汽车二年以上的经历；

（四）有市交通行政管理部门等部门认可的出租汽车经营企业出具的接受委托管理的证明。

**第十一条** 出租汽车驾驶员必须具备下列条件：

（一）有初中以上文化程度；

（二）有本市公安部门核发的机动车驾驶证；

（三）经出租汽车职业培训合格；

（四）遵守法律、法规。

被取消客运服务资格的驾驶员，自取消资格之日起五年内不得担任出租汽车驾驶员。

**第十二条** 从事车辆租赁服务的经营者，必须符合第九条第（一）、（二）、（四）项的规定。

**第十三条** 从事客运服务的，应当向市或者区交通行政管理部门申请办理许可。市或者区交通行政管理部门应当根据本市出租汽车行业发展的计划以及申请者的条件作出审核决定。

从事车辆租赁服务的，应当办理备案手续。

从事客运服务或者车辆租赁服务的经营者办妥许可、备案手续后，应当依法办理车辆牌照和保险等手续。

经核准从事区域性出租汽车营运的，应当在核准的区域内营运。

车辆未经批准不得用于出租汽车客运服

务;非本市车辆不得用于起点和终点在本市行政区域内的出租汽车经营活动。

**第十四条** 从事客运服务的个体工商户聘用的驾驶员应当符合本条例第十一条的规定,并须自聘用之日起十日内向市运输管理处备案。

被聘用的驾驶员发生违反本条例的行为,聘用者应当承担相应的法律责任。

**第十五条** 市交通行政管理部门、区交通行政管理部门应当每年对经营者的资质进行复审。

**第十六条** 经营者变更工商登记项目或者歇业的,应当凭有关部门的证明,自变更或者歇业之日起十日内向市交通行政管理部门或者区交通行政管理部门办理有关手续。

## 第三章 客运服务管理

**第十七条** 经营者应当加强对客运服务车辆的管理:

(一)不得将客运服务车辆交于无准营证的人员驾驶;

(二)客运服务车辆需连续停业十天以上的,须向市运输管理处或者区运输管理机构备案;

(三)客运服务车辆需退出营业的,须向市运输管理处或者区运输管理机构办理注销手续;

(四)符合其他有关规定。

客运服务车辆必须达到下列要求:

(一)车身、车厢和行李厢整洁;

(二)路码表和空调等设施完好;

(三)营运资格证件和专用车辆牌照清晰、有效;

(四)车厢内规定位置设置收费标准、企业名称、监督电话、车牌号等服务标志;

(五)中、小客车按照规定装置计价器;

(六)小客车按照规定装置防劫车设施和顶灯;

(七)符合客运服务规范对车辆的其他要求。

经市运输管理处批准的特种客运服务车辆可不受前款第(四)、(五)、(六)项规定的限制。

**第十八条** 客运服务实行扬手招车、电话预订和站点租乘等方式。

经营者及其从业人员应当为乘客提供方便、及时、准点、安全、文明的服务,对老、弱、病、残、孕以及急需抢救的人员优先供车。

遇有抢险救灾、主要客运集散点供车严重不足、重大活动等特殊情况时,经营者应当服从市运输管理处或者区运输管理机构的统一指挥。

**第十九条** 经营者及其从业人员应当执行由市物价部门批准的收费标准,并且按照规定使用由市交通行政管理部门会同市税务部门印制的车费发票。

客运车费中包括乘客意外伤害保险费。

**第二十条** 市交通行政管理部门、区交通行政管理部门应当会同公安部门在本市商业中心地区、居住区和主要道路上,根据方便乘客的原则和道路条件设置有明显标志的出租汽车上、下乘客的临时停靠点。

**第二十一条** 机场、火车站、客运码头、长途汽车站和其他客流集散的公共场所,以及新建居住区、经济技术开发区,应当设置出租汽车营业站及相应的停车场地。

进入出租汽车营业站营业的车辆应当服从调度和管理。

统一规划、建设的出租汽车营业站及相应的停车场地,需关闭或者改变用途的,应当经城市规划管理部门和公安部门批准,并自批准之日起十日内向市交通行政管理部门或者区交通行政管理部门备案。

**第二十二条** 向全行业开放的出租汽车营业站的调度员应当遵守下列规定:

(一)佩戴服务标志,衣着整洁,文明礼貌;

(二)有车必供,按序调派,并且及时调集车辆疏散乘客;

(三)制止驾驶员拒绝运送乘客和不服从调派的行为。

**第二十三条** 客运服务驾驶员应当遵守下列规定：

（一）衣着整洁，文明礼貌，不在车厢内吸烟；

（二）携带符合规定的营运资格证件；

（三）上、下客时按照规定停车；

（四）按照合理路线或者乘客要求的路线行驶；

（五）按照规定操作计价器；

（六）按照标准收费并且出具车费发票；

（七）符合其他有关客运服务规范的要求。

**第二十四条** 客运服务驾驶员不得拒绝乘客的运送要求，有下列行为之一的属拒绝运送乘客的行为：

（一）所驾驶的车辆开启空车标志灯后，遇乘客招手，停车后不载客的；

（二）所驾驶的车辆开启空车标志灯后，在营业站内不服从调派的；

（三）所驾驶的车辆开启空车标志灯后，在客运集散点或者道路边待租时拒绝载客的；

（四）载客营运途中无正当理由中断服务的。

**第二十五条** 乘客应当遵守本条例和交通管理的规定，不得在车辆行驶中、遇红灯停驶时或者禁止停车的地方拦车。

乘客应当文明乘车，并且遵守下列规定：

（一）不乱扔废弃物，不吸烟，不污损车辆；

（二）不携带易燃、易爆等危险品；

（三）不提出使驾驶员违反本条例和交通管理规定的要求；

（四）醉酒者和精神病患者乘车须有人监护；

（五）遵守其他的有关规定。

**第二十六条** 乘客应当按照规定的标准支付车费及有关费用。

乘客遇有下列情况之一时，可拒绝支付车费：

（一）租乘的中、小客车无计价器或者有计价器不使用的；

（二）驾驶员不出具车费发票或者有关凭证的；

（三）租乘的客车在起步费里程内发生故障，无法完成运送服务的。

**第二十七条** 遇有乘客需要出市境或者夜间去郊区、冷僻地区时，客运服务驾驶员可要求乘客随同到就近的公安机关办理验证登记手续，并报告其所在的客运服务企业。乘客应当予以配合。

**第二十八条** 客运服务驾驶员对不遵守本条例第二十五条、第二十七条规定的乘客可拒绝提供运送服务。

**第二十九条** 客运服务驾驶员发现乘客在车辆上的失物，应当及时设法归还；无法归还的，应当及时上交所在企业。企业应当妥善保管，并及时报告市运输管理处或者区运输管理机构。

乘客在客运服务车辆上失物的，可凭车费发票向客运服务企业或者市运输管理处、区运输管理机构挂失。

**第三十条** 经营者应当按照规定向市运输管理处或者区运输管理机构填报客运服务统计报表。

**第三十一条** 经营者应当按照规定缴纳相关税、费。

## 第四章 车辆租赁服务管理

**第三十二条** 经营者应当建立、健全车辆租赁服务管理制度，并遵守下列规定：

（一）按照批准的经营范围营业；

（二）按照市物价部门核定的标准收费；

（三）使用由市交通行政管理部门会同市税务部门印制的车费发票；

（四）按照规定向市运输管理处填报车辆租赁服务统计报表；

（五）按照规定缴纳相关税、费。

**第三十三条** 租赁服务车辆必须达到下列要求：

（一）机件性能完好；

（二）车身、车厢和行李厢整洁；

（三）空调、音响等设施完好；

（四）营运资格证件和专用车辆牌照清晰、有效。

租赁服务车辆不得装置计价器和顶灯。

租赁服务车辆需退出营业的，经营者应当向市运输管理处办理有关注销手续。

**第三十四条** 用户承租车辆，应当提交有关证明或者证件。经营者可要求用户提供相应的财产抵押担保或者由具有代偿能力者提供担保。

租赁服务车辆的驾驶员，必须持有中华人民共和国有效机动车驾驶证。

**第三十五条** 经营者从事车辆租赁服务，应当按照法律、法规的有关规定，与用户签订租赁合同。

**第三十六条** 用户承租车辆后，不得擅自转租或者利用承租的车辆从事营运活动。

## 第五章 检查和投诉

**第三十七条** 市运输管理处、市交通执法总队、区运输管理机构和区交通执法机构应当加强对出租汽车的监督和检查。客运管理人员在客流集散点和道路上对出租汽车执行检查任务时，应当穿着识别服装，佩戴值勤标志。

市运输管理处、区运输管理机构应当对经营者与从业人员签订的经营承包合同进行监督。

**第三十八条** 市运输管理处、区运输管理机构和出租汽车经营企业应当建立投诉受理制度，接受对违反本条例行为的投诉和社会监督。

投诉者应当提供有关证据。

**第三十九条** 市运输管理处或者区运输管理机构接受投诉后，应当在接受之日起一个月内处理完毕，但情况复杂的，可以在三个月内处理完毕。

经营者接受投诉后，应当在接受之日起十日内作出答复。对答复有异议的，可以向市运输管理处或者区运输管理机构投诉。

**第四十条** 出租汽车从业人员发生违反本条例行为或者被投诉后，其所在企业应当在规定期限内指派专人陪同从业人员到市运输管理处或者区运输管理机构接受查询。

市交通执法总队和区交通执法机构对客运服务驾驶员违反本条例的行为实行记录制度。达到一定记录次数的客运服务驾驶员，应当参加由市运输管理处组织的教育培训。记录制度的具体规定由市交通行政管理部门制定。

**第四十一条** 乘客与出租汽车从业人员对供车、收费有争议时，可以当即到市运输管理处或者区运输管理机构处理。租乘时起至受理时止的车费由责任者承担。

乘客投诉计价器失准的，市运输管理处或者区运输管理机构应当当即封存计价器及其附设装置，并且将其送技术监督部门校验。由此发生的费用由责任者承担。

**第四十二条** 投诉超过标准收费的，受理单位查实后可以对投诉者奖励。

## 第六章 法律责任

**第四十三条** 对经营者违反本条例的行为，由市交通执法总队、区交通执法机构按照下列规定给予处罚：

（一）违反第九条，第十条，第十二条的，责令限期整改；

（二）违反第十六条，第十七条第二款，第二十一条第二款，第三十三条，第三十九条第二款，第四十条的，责令其改正，可处二百元以上二千元以下罚款；

（三）违反第十七条第一款，第十八条第三款的，责令其改正，可处二千元以上五千元以下罚款；

（四）违反第十九条第一款，第三十二条第（一）、（二）、（三）项的，没收其非法所得，可并处一千元以上五千元以下罚款；

（五）违反第二十一条第三款的，责令其限期改正；逾期不改正的，可处一百元以上一千元以下罚款。

经营者违反第三十条，第三十一条，第三十

二条第(四)、(五)项的,按照法律、法规的有关规定给予处罚。

经营者违反本条例情节严重的,由市交通执法总队、区交通执法机构责令其部分或者全部车辆暂停营业十五天以下,或者由市交通行政管理部门、区交通行政管理部门取消其出租汽车的经营资格。

**第四十四条** 对客运服务驾驶员违反本条例的行为,由市交通执法总队、区交通执法机构按照下列规定给予处罚:

(一) 违反第十三条第四款的,责令其立即改正,可并处二百元罚款;

(二) 违反第十九条第一款,第二十三条第(四)、(五)、(六)项的,没收其非法所得,可并处二百元以上二千元以下罚款;

(三) 违反第二十一条第二款,第二十三条第(一)、(二)、(三)、(七)项的,责令其改正,可并处警告或者五十元以上二百元以下罚款;

(四) 违反第二十四条的,责令其暂停营业十五天,并处二百元罚款。

驾驶员违反本条例情节严重的,由市交通执法总队、区交通执法机构责令其暂停营业十五天以下,或者取消其客运服务的营运资格。

**第四十五条** 对违反第二十二条的营业站调度员,由市交通执法总队、区交通执法机构责令其改正,可并处二十元以上一百元以下罚款;情节严重的,取消其调度资格。

**第四十六条** 乘客违反第二十五条第二款,造成车辆损失的,应当予以赔偿;违反第二十六条第一款的,可以到公安机关或者市交通执法总队、区交通执法机构处理。

**第四十七条** 用户违反第三十六条的,由市交通执法总队、区交通执法机构责令其改正,没收非法所得,可并处一千元以上三千元以下罚款。

**第四十八条** 擅自从事出租汽车客运服务的,由市交通执法总队、区交通执法机构没收其非法所得,并处二千元以上五万元以下罚款。

有前款规定的违反行为的,市或者区交通行政管理部门可以将车辆扣押,并且出具扣押证明。扣押后按期履行行政处罚决定的,市或者区交通行政管理部门应当立即解除扣押,并归还扣押的车辆;逾期不履行行政处罚决定的,市或者区交通行政管理部门可以将扣押的车辆按照有关规定拍卖。

**第四十九条** 对拒绝接受或者阻碍客运管理人员检查的,由市交通执法总队、区交通执法机构责令其改正,并处二百元罚款;情节严重的,可以责令其暂停营业十五天以下。

妨碍客运管理人员执行公务,违反《中华人民共和国治安管理处罚法》的,由公安机关给予行政处罚;构成犯罪的,依法追究其刑事责任。

**第五十条** 当事人对行政行为不服的,可以按照《中华人民共和国行政复议法》和《中华人民共和国行政诉讼法》的规定,申请行政复议或者向人民法院起诉。

当事人对行政处罚决定逾期不申请复议、不起诉又不履行的,由作出行政处罚决定的机关申请人民法院强制执行。

**第五十一条** 客运管理人员或者有关行政管理人员违反本条例,滥用职权、徇私舞弊、玩忽职守的,依法给予处分;构成犯罪的,依法追究其刑事责任。

## 第七章 附 则

**第五十二条** 本条例的具体应用问题,由市交通行政管理部门负责解释。

**第五十三条** 本条例自 1995 年 9 月 1 日起施行。

# 上海市红十字会条例

（1995 年 6 月 16 日上海市第十届人民代表大会常务委员会第十九次会议通过　根据 2010 年 9 月 17 日上海市第十三届人民代表大会常务委员会第二十一次会议《关于修改本市部分地方性法规的决定》修正　2022 年 6 月 22 日上海市第十五届人民代表大会常务委员会第四十一次会议修订）

## 第一章　总　　则

**第一条**　为了促进本市红十字事业发展，保护人的生命和健康，维护人的尊严，弘扬人道、博爱、奉献的红十字精神，保障和规范红十字会依法履行职责，根据《中华人民共和国红十字会法》等有关法律、行政法规，结合本市实际，制定本条例。

**第二条**　本市行政区域内开展红十字工作及相关活动，适用本条例。

**第三条**　市、区、乡镇、街道红十字会是中国红十字会的地方组织，是从事人道主义工作的社会救助团体，是党和政府在人道领域的助手和联系群众的桥梁纽带，必须坚持中国共产党的领导，依照法律、法规和中国红十字会章程，遵循国际红十字和红新月运动基本原则，独立自主开展工作。

**第四条**　本市各级人民政府应当将红十字事业纳入国民经济和社会发展规划。

市、区、乡镇人民政府、街道办事处应当对红十字会开展工作给予支持和资助，保障红十字会依法履行职责，并对其活动进行监督。

市、区人民政府相关部门应当根据各自职责支持红十字会开展工作。

**第五条**　每年 5 月 8 日“世界红十字日”所在的周为本市“红十字博爱周”，集中开展红十字活动和文化宣传。

**第六条**　市、区人民政府应当根据有关规定，对为红十字事业作出突出贡献、社会影响较大的单位和个人给予表彰、奖励。

**第七条**　市红十字会在中国红十字会总会指导下，开展与其他省、自治区、直辖市红十字会的交流与合作，加强同香港特别行政区、澳门特别行政区红十字会和台湾地区红十字组织的交流，发展同其他国家的地方红十字会和红新月会的友好合作，参与国际红十字和红新月运动事务。

市红十字会积极推进长江三角洲区域应急救援队伍联动和红十字理论文化研究，实现人道资源共享，建立多层次协作机制，促进区域红十字事业协同发展。

## 第二章　组　　织

**第八条**　市、区、乡镇、街道按照行政区域建立地方红十字会。上级红十字会指导下级红十字会工作。

学校、医疗机构等企事业单位，居民委员会、村民委员会及其他组织，根据需要可以建立红十字会，作为地方红十字会的基层组织。市、区、乡镇、街道红十字会加强对红十字会基层组织建设和工作的指导，为其开展活动提供支持。

**第九条**　本市行政区域内，承认中国红十字会章程并缴纳会费的中华人民共和国公民，可以自愿参加红十字会。公民以个人身份加入红十字会的为个人会员，在校学生加入红十字会的为红十字青少年会员。

机关、企事业单位及有关团体加入红十字

会的为团体会员。

**第十条** 市、区、乡镇、街道红十字会依照中国红十字会章程，每五年召开一次会员代表大会，选举产生理事会、监事会。理事会、监事会向会员代表大会负责并报告工作，接受其监督。

**第十一条** 理事会民主选举产生会长、常务副会长、副会长。理事会执行会员代表大会的决议。

常务理事会由理事会民主选举产生的常务理事组成，对理事会负责并接受其监督。

执行委员会是理事会的常设执行机构，人员组成由理事会决定，主持红十字会日常工作，向理事会负责并报告工作。

**第十二条** 监事会民主推选产生监事长、副监事长，对理事会、常务理事会、执行委员会执行有关法律法规、规章制度和开展工作情况进行监督，并向理事会、执行委员会通报监督情况。

市、区红十字会根据工作需要明确承担监事会日常工作的人员。

**第十三条** 市、区、乡镇、街道红十字会可以设名誉会长和名誉副会长，由同级红十字会理事会依照章程聘请。

**第十四条** 乡镇、街道红十字会具备条件的，可以依法取得社会团体法人资格。

## 第三章 职责与保障

**第十五条** 市、区、乡镇、街道红十字会履行下列职责：

（一）建立红十字应急救援体系和应急救援队伍，在自然灾害、事故灾难、公共卫生事件等突发事件中，开展抢险救灾、现场救护、防疫消杀等应急救援相关工作，参与灾后重建；

（二）建立红十字人道救助机制，广泛动员社会力量，开展社会救助及相关人道服务工作；在自然灾害、事故灾难、公共卫生事件等突发事件中，募集、调拨救灾款物，开展紧急人道救助；

（三）建立红十字应急救护培训体系，加强应急救护阵地建设，普及应急救护和防灾避险知识，开展应急救护技能培训和演练；

（四）参与、推动无偿献血、遗体和人体器官捐献工作，参与开展造血干细胞捐献相关工作；

（五）培育、发展红十字志愿服务组织和志愿者，组织开展志愿者培训和红十字志愿服务，为志愿者参与志愿服务活动提供必要条件；

（六）组织开展国际人道主义精神传播、应急救护基本技能培训、生命教育等红十字青少年活动；

（七）开展形式多样的群众性宣传活动，宣传国际红十字和红新月运动基本知识和有关法律、法规，传播红十字文化，弘扬红十字精神；

（八）根据中国红十字会总会部署，参加国际人道主义救援工作和国内应急救援工作；

（九）完成人民政府委托事项，协助人民政府开展与其职责相关的其他人道主义服务活动。

**第十六条** 市红十字会会同市教育、卫生健康部门研究制定本市中小学生、婴幼儿住院医疗互助基金有关政策，市、区红十字会负责基金的日常运行管理。

**第十七条** 市、区、乡镇人民政府、街道办事处应当将红十字应急救援纳入政府突发事件应急处置体系，建立信息共享机制，统筹协调支持红十字会履行应急救援工作职责；将红十字备灾救灾物资储备仓库建设纳入当地综合防灾减灾规划；鼓励、支持红十字会建立各类应急救援队伍，配备必要的应急救援装备，提高救援专业化水平。

**第十八条** 本市推动应急救护培训进学校、进机关、进楼宇、进企业、进社区、进乡村。

卫生健康、教育、交通、文化旅游、应急管理、公安等部门，应当支持和配合红十字会开展应急救护培训。

**第十九条** 卫生健康部门应当加强对无偿献血、造血干细胞捐献、遗体和人体器官捐献工作的统筹协调，支持红十字会依法推进捐献的相关工作。

市、区人民政府及其有关部门应当制定并落实无偿献血、造血干细胞捐献、遗体和人体器官捐献工作的激励政策。

民政、规划资源等部门应当支持红十字会通过建立遗体和人体器官捐献者纪念园等纪念场所，开展缅怀活动。

**第二十条** 乡镇、街道红十字会应当建立红十字服务总站和红十字服务站等基层服务平台，参与基层治理，联系和服务基层群众。

乡镇人民政府、街道办事处应当为红十字服务总站、红十字服务站提供固定工作场所，根据实际工作需要，配备专业工作力量，开展社区红十字工作。

**第二十一条** 市、区人民政府及其有关部门、乡镇人民政府、街道办事处应当将红十字志愿服务纳入志愿服务工作，建立激励机制，鼓励自然人、法人和非法人组织参与红十字志愿服务，为红十字志愿服务活动提供必要保障，维护志愿者的合法权益。

**第二十二条** 教育部门应当将红十字青少年工作纳入未成年人思想道德建设体系和大学生思想政治教育整体规划，推动各级各类学校建立学校红十字会，开展红十字青少年工作。

**第二十三条** 在自然灾害、事故灾难、公共卫生事件等突发事件中，执行救援、救助任务并标有红十字标志的人员、物资和交通工具有优先通行的权利，并按照规定减免车辆通行费。

公安、交通、民航、铁路、税务、海关等部门对红十字会接受境内外援助或者捐赠用于救助和公益事业的款物，应当按照国家规定优先办理有关手续，符合条件的可以减免相关税费。

**第二十四条** 市、区人民政府及其有关部门、乡镇人民政府、街道办事处应当依托公共文化等设施，开展红十字文化宣传。

广播、电视、报刊、互联网等媒体以及广告经营者应当安排一定的版面或者时段，用于红十字公益宣传。

车站、机场、公园、广场等公共场所的经营管理者应当为红十字会开展募捐和宣传等公益活动提供便利，减免相关费用。

**第二十五条** 政府有关部门可以在福利彩票公益金中安排必要资金，用于支持红十字会开展人道救助工作。

**第二十六条** 市、区、乡镇人民政府、街道办事处应当将红十字会的信息化建设纳入当地信息化建设规划和数字化转型工作，提升红十字会科学管理和信息公开水平，实现备灾救灾、人道救助等信息的互联互通和共建共享。

**第二十七条** 本市将红十字工作纳入群众性精神文明创建活动，引导市民积极参与红十字应急救护培训、志愿服务等工作，弘扬社会文明新风尚。

**第二十八条** 红十字标志和名称受法律保护。任何组织和个人不得利用红十字标志和名称牟利，不得以任何形式冒用、滥用、篡改红十字标志和名称。

**第二十九条** 任何组织和个人不得阻碍红十字会工作人员依法履行职责，不得编造、发布、传播涉及红十字会的虚假信息，损害红十字会名誉。

## 第四章 管理与监督

**第三十条** 红十字会财产主要来源：

（一）红十字会会员缴纳的会费；

（二）境内外组织和个人捐赠的款物；

（三）动产和不动产的收入；

（四）人民政府的拨款；

（五）其他合法收入。

**第三十一条** 红十字会可以依法开展募捐活动。开展公开募捐，应当按照规定向民政部门申领公开募捐资格证书。具体开展公开募捐活动时，应当制定募捐方案，并依法向民政部门备案。

**第三十二条** 红十字会应当向捐赠人开具由财政部门统一监（印）制的公益事业捐赠票据。捐赠人匿名或者放弃接受捐赠票据的，红十字会应当做好相关记录。

**第三十三条** 红十字会应当根据募捐方案、捐赠人意愿或捐赠协议处分捐赠财产。因特殊原因确需变更募捐方案规定的捐赠财产用途的，应当报民政部门备案；确需变更捐赠人意愿或捐赠协议约定的捐赠财产用途的，应当征得捐赠人的书面同意。

捐赠人有权查询、复制其捐赠财产管理使用的有关资料，红十字会应当按照国家和本市有关规定及时主动向捐赠人反馈有关情况。

红十字会开展定向募捐的，应当及时向捐赠人告知募捐情况、募得款物的管理使用情况。

**第三十四条** 红十字会使用捐赠财产开展的公益项目，应当由红十字会组织实施。专业性强、技术要求高的项目，可以委托具备相应能力的相关部门或社会机构负责具体执行。

**第三十五条** 市、区、乡镇、街道红十字会应当将捐赠财产和其他财产分账管理，建立财务管理、内部控制、审计公开和监督检查等制度，健全内部监督制约机制，保障捐赠财产的安全和合理使用。上级红十字会应当加强对下级红十字会的工作督查，以及捐赠财产使用情况的监督。

红十字会监事会应当依法依规履行监督职责，加强对捐赠财产的接受、管理、使用等情况的监督。

**第三十六条** 红十字会财产的收入和使用情况依法接受人民政府财政、审计、税务等部门的监督。

红十字会接受社会捐赠及其使用情况，依法接受人民政府民政部门的监督。

红十字会应当及时聘请依法设立的独立第三方机构，对捐赠财产的收入和使用情况进行审计。审计结果向红十字会理事会和监事会报告，并向社会公布。

**第三十七条** 红十字会应当建立健全信息公开制度，通过统一的信息平台及时向社会公布资金募集、分配使用、项目实施等情况，接受社会监督。

**第三十八条** 市、区、乡镇人民政府、街道办事处应当建立投诉举报受理和反馈机制，受理社会对红十字会在接受、管理、使用捐赠财产过程中的投诉、举报。受理投诉、举报的部门应当及时调查处理，并将调查处理结果反馈投诉人、举报人。

## 第五章 法律责任

**第三十九条** 违反本条例规定的行为，法律、行政法规已有处理规定的，从其规定。

**第四十条** 单位和个人违反本条例相关规定，除依法追究相应法律责任外，相关部门还应当按规定将其失信信息向市公共信用信息服务平台归集，并依照有关规定进行惩戒。

**第四十一条** 政府有关部门、红十字会及其工作人员滥用职权、玩忽职守、徇私舞弊的，对直接负责的主管人员和其他直接责任人员依法给予处分；构成犯罪的，依法追究刑事责任。

## 第六章 附 则

**第四十二条** 本条例自 2022 年 7 月 1 日起施行。

# 上海市反不正当竞争条例

（1995 年 9 月 28 日上海市第十届人民代表大会常务委员会第二十一次会议通过 根据 1997 年 8 月 13 日上海市第十届人民代表大会常务委员会第三十八次会议《关于修改〈上海市反不正当竞争条例〉的决定》第一次修正 根据 2011 年 12 月 22 日上海市第十三届人民代表大会常务委员会第三十一次会议《关于修改本市部分地方性法规的决定》第二次修正 2020 年 10 月 27 日上海市第十五届人民代表大会常务委员会第二十六次会议修订）

## 第一章 总 则

**第一条** 为了促进社会主义市场经济健康发展，鼓励和保护公平竞争，制止不正当竞争行为，保护经营者和消费者的合法权益，优化营商环境，根据《中华人民共和国反不正当竞争法》和有关法律、行政法规的规定，结合本市实际，制定本条例。

**第二条** 在本市从事商品生产、经营或者提供服务（以下所称商品包括服务）的自然人、法人和非法人组织（以下统称经营者）在生产经营活动中，应当遵循自愿、平等、公平、诚信的原则，遵守法律法规和商业道德，不得实施或者帮助他人实施不正当竞争行为。

**第三条** 市人民政府建立反不正当竞争工作协调机制，研究决定本市反不正当竞争重大政策，协调处理本市维护市场竞争秩序的重大问题，为公平竞争创造良好的环境和条件。

各区人民政府建立本区反不正当竞争工作协调机制，协调处理本区跨部门反不正当竞争执法等工作。

**第四条** 市市场监督管理部门负责指导、协调本市不正当竞争行为的预防和查处工作，查处本市重大、跨区等不正当竞争行为。区市场监督管理部门负责本行政区域内不正当竞争行为的预防和查处工作。

财政、文化旅游、民政、体育、商务等部门（以下与市场监督管理部门统称为监督检查部门）根据法律、行政法规的规定，负责各自职责范围内不正当竞争行为的预防和查处工作。

公安、发展改革、地方金融监管、网信等部门按照各自职责做好反不正当竞争的相关工作。

市场监督管理等监督检查部门应当与相关部门建立反不正当竞争案件信息共享和协同工作机制，加强案件线索通报移送，开展调查取证协查协助，在重点领域、重点区域探索联合执法。

**第五条** 本市探索建立对不正当竞争行为的监测、分析和研究机制。

市场监督管理部门应当会同有关部门、专业院校、科研机构、行业组织等，对重点领域、重点区域以及新型业态中出现的不正当竞争行为探索开展监测、分析和研究，为本市制定反不正当竞争政策提供参考。

**第六条** 市场监督管理等监督检查部门应当加强线上线下监管体系建设和监管执法队伍建设，利用人工智能、大数据等现代信息技术，提高发现和查处不正当竞争行为的能力。

**第七条** 本市推动实施长江三角洲（以下简称长三角）区域反不正当竞争工作协作，开展跨区域协助、联动执法，实现执法信息共享、执法标准统一，促进长三角区域反不正当竞争重大政策协调和市场环境优化。在长三角生态绿色一体化发展示范区探索反不正当竞争执法一体化。

本市加强与其他省市反不正当竞争工作的交流合作，依法配合、协助其他省市有关行政机关和司法机关的调查取证、文书送达、执行等工作。

## 第二章　不正当竞争行为

**第八条**　经营者不得实施下列混淆行为，引人误认为是他人商品或者与他人存在特定联系：

（一）擅自使用与他人有一定影响的商品名称、包装、装潢等相同或者近似的标识；

（二）擅自使用他人有一定影响的企业名称（包括简称、字号等）、社会组织名称（包括简称等）、姓名（包括笔名、艺名、译名等）；

（三）擅自使用他人有一定影响的域名主体部分、网站名称、网页等；

（四）擅自使用与他人有一定影响的商品独特形状、节目栏目名称、企业标志、网店名称、自媒体名称或者标志、应用软件名称或者图标等相同或者近似的标识；

（五）其他足以引人误认为是他人商品或者与他人存在特定联系的混淆行为。

前款所称有一定影响的标识，是指一定范围内为公众所知晓，能够识别商品或者其来源的显著性标识。前款所称使用行为，包括生产、销售他人有一定影响的标识的行为。经营者在先使用他人有一定影响的标识，可以在原使用范围内继续使用。

经营者不得通过将他人有一定影响的标识与关键字搜索关联等方式，帮助其他经营者实施混淆行为。

**第九条**　经营者不得采用财物或者其他手段贿赂下列单位或者个人，以谋取交易机会或者竞争优势：

（一）交易相对方的工作人员；

（二）受交易相对方委托办理相关事务的单位或者个人；

（三）利用职权或者影响力影响交易的单位或者个人。

任何单位和个人不得收受、承诺收受或者通过他人收受贿赂，为经营者谋取交易机会或者竞争优势。

经营者、交易相对方、中间人支付或者接受折扣、佣金的，均应当按照相关财务制度如实入账。

**第十条**　经营者不得对其商品的性能、功能、质量、销售状况、用户评价、曾获荣誉等作虚假或者引人误解的商业宣传，欺骗、误导消费者或者其他相关公众。

前款所称的商业宣传行为包括：

（一）在经营场所或者展览会、展销会、博览会等其他场所，以及通过互联网等信息网络对商品进行展示、演示、说明、解释、推介或者文字标注等；

（二）通过上门推销或者举办鉴定会、宣传会、推介会等方式，对商品进行展示、演示、说明、解释、推介或者文字标注等；

（三）张贴、散发、邮寄商品的说明、图片或者其他资料等；

（四）其他不构成广告的商业宣传行为。

有下列情形之一，足以造成相关公众误解的，可以认定为引人误解的商业宣传：

（一）对商品作片面的宣传或者对比的；

（二）忽略前提条件、必要信息使用或者不完全引用第三方数据、结论等内容的；

（三）将科学上未定论的观点、现象作为定论事实的；

（四）使用歧义性语言进行宣传的；

（五）其他足以引人误解的商业宣传。

**第十一条**　经营者不得实施下列行为，帮助其他经营者对销售数量、用户评价、应用排名、搜索结果排名等进行虚假或者引人误解的商业宣传：

（一）组织虚假交易、虚构评价、伪造物流单据、诱导做出指定的评价；

（二）为其他经营者进行虚假或者引人误解的商业宣传提供组织、策划、制作、发布等服务以及资金、场所、工具等条件；

（三）其他帮助进行虚假或者引人误解的商业宣传的行为。

被帮助的其他经营者实施的虚假或者引人误解的商业宣传是否完成，不影响前款所列违法行为的认定。

**第十二条** 经营者不得实施下列侵犯商业秘密的行为：

（一）以盗窃、贿赂、欺诈、胁迫、电子侵入或者其他不正当手段获取权利人的商业秘密；

（二）披露、使用或者允许他人使用以前项手段获取的权利人的商业秘密；

（三）违反保密义务或者权利人的保密要求，披露、使用或者允许他人使用其掌握的权利人的商业秘密；

（四）教唆、引诱、帮助他人违反保密义务或者权利人的保密要求，获取、披露、使用或者允许他人使用权利人的商业秘密。

经营者以外的其他自然人、法人和非法人组织实施前款所列违法行为的，视为侵犯商业秘密。

第三人明知或者应知商业秘密权利人的员工、前员工或者其他单位、个人实施本条第一款所列违法行为，仍获取、披露、使用或者允许他人使用该商业秘密的，视为侵犯商业秘密。

本条例所称的商业秘密，是指不为公众所知悉、具有商业价值并经权利人采取相应保密措施的技术信息、经营信息等商业信息，包括：

（一）与技术有关的实验（试验）数据、配方、工艺、设计方案、技术诀窍、程序代码、算法、研发记录等信息；

（二）与经营活动有关的客户资料、货源情报、产销策略、利润模式、薪酬体系、标书内容等信息；

（三）其他商业信息。

经营者通过自行开发研制或者通过技术手段对从公开渠道取得的产品进行拆卸、测绘、分析等方式获得该产品技术信息的，不属于侵犯他人商业秘密的行为。

**第十三条** 商业秘密权利人应当根据商业秘密的实际情况，采取相应的保密措施，包括：

（一）限定涉密信息的知悉范围；

（二）对于涉密信息载体采取加锁、标注保密标识等措施；

（三）对于涉密信息设置密码或者代码等；

（四）与相关人员签订保密协议或者对相关人员提出保密要求；

（五）对于涉密信息所在的机器、厂房、车间等设备、场所采取限制来访者或者提出保密要求等保密管理措施；

（六）其他相应的保密措施。

**第十四条** 经营者为了销售商品或者获取竞争优势，采取向消费者提供奖金、物品或者其他利益的有奖销售行为，不得存在下列情形：

（一）所设奖的种类、兑奖条件、奖金金额或者奖品等有奖销售信息不明确，影响兑奖；

（二）采用谎称有奖或者故意让内定人员中奖的欺骗方式进行有奖销售；

（三）抽奖式的有奖销售，最高奖的金额超过五万元。

前款第一项所称的有奖销售信息不明确，包括：

（一）公布的奖项种类、参与条件、范围和方式、开奖时间和方式、奖金金额不明确；

（二）奖品价格、品名、种类、数量不明确；

（三）兑奖时间、条件和方式、奖品交付方式、弃奖条件、主办方及其联系方式不明确；

（四）其他有奖销售信息不明确。

本条第一款第二项所称的谎称有奖的方式进行有奖销售，包括：

（一）虚构奖项、奖品、奖金金额等；

（二）在有奖销售活动期间将带有中奖标志的商品、奖券不投放、未全部投放市场或者仅在特定区域投放；

（三）未在有奖销售前明示，将带有不同奖金金额或者奖品标志的商品、奖券按不同时间投放市场；

（四）未按照明示的信息兑奖；

（五）其他谎称有奖的方式。

本条第一款第三项规定的最高奖的金额超过五万元，包括一次性抽奖金额超过五万元，以及同一奖券或者购买一次商品具有二次或者二次以上获奖机会累计金额超过五万元的情形。

有奖销售活动开始后，经营者不得擅自变更奖项种类、参与条件、开奖方式、兑奖方式等信息，不得另行附加条件或者限制，但是有利于消费者的除外。

**第十五条** 经营者不得编造、传播或者指使他人编造、传播虚假信息或者误导性信息，损害竞争对手的商业信誉、商品声誉。

前款所称的传播包括：

（一）以声明、告客户书等形式将信息传递给特定或者不特定对象；

（二）利用或者组织、指使他人利用大众媒介、信息网络散布相关信息；

（三）组织、指使他人以消费者名义对竞争对手的商品进行评价并散布相关信息；

（四）其他传播行为。

经营者对竞争对手的商品，不得作出虚假或者误导性的风险提示信息，损害竞争对手的商业信誉、商品声誉。

**第十六条** 经营者利用网络从事生产经营活动，应当遵守法律法规和商业道德，不得利用技术手段，通过影响用户选择或者其他方式，实施下列妨碍、破坏其他经营者合法提供的网络产品或者服务正常运行的行为：

（一）未经其他经营者同意，在其合法提供的网络产品或者服务中，插入链接、强制进行目标跳转；

（二）误导、欺骗、强迫用户修改、关闭、卸载或者无法获取其他经营者合法提供的网络产品或者服务；

（三）恶意对其他经营者合法提供的网络产品或者服务实施不兼容；

（四）无正当理由对其他经营者合法提供的网络产品或者服务实施拦截、关闭等干扰行为；

（五）违背用户意愿下载、安装、运行应用程序，影响其他经营者合法提供的设备、功能或者其他程序正常运行；

（六）对非基本功能的应用程序不提供卸载功能或者对应用程序卸载设置障碍，影响其他经营者合法提供的设备、功能或者其他程序正常运行；

（七）其他妨碍、破坏其他经营者合法提供的网络产品或者服务正常运行的行为。

## 第三章 对涉嫌不正当竞争行为的调查

**第十七条** 监督检查部门对依据职权或者通过投诉、举报、其他部门移送、上级交办等途径发现的不正当竞争违法行为线索，应当在规定时限内予以核查，决定是否立案。

**第十八条** 监督检查部门发现所查处的案件属于其他部门管辖的，应当依法移送有关部门。发生跨部门管辖争议、不能协商解决的，提交市或者相关区反不正当竞争协调机制决定。

**第十九条** 监督检查部门调查涉嫌不正当竞争行为，可以采取下列措施：

（一）进入涉嫌不正当竞争行为的经营场所进行检查；

（二）询问被调查的经营者、利害关系人及其他有关单位、个人，要求其说明有关情况或者提供与被调查行为有关的其他资料；

（三）查询、复制与涉嫌不正当竞争行为有关的协议、账簿、单据、文件、记录、业务函电和其他资料；

（四）查封、扣押与涉嫌不正当竞争行为有关的财物；

（五）查询涉嫌不正当竞争行为的经营者的银行账户。

监督检查部门采取前款规定的措施，应当依法作出书面报告，并经批准。情况紧急需要当场实施前款第四项规定的措施的，应当在二十四小时内报批，并补办批准手续；未获批准的，应当立即解除。

**第二十条** 监督检查部门调查涉嫌不正当竞争行为，被调查的经营者、利害关系人以及其他有关单位、个人应当如实提供有关资料或者情况。

权利人请求监督检查部门查处涉嫌侵犯商业秘密行为的，应当提供商业秘密的具体内容，已采取的保密措施以及被侵权事实等初步材料。监督检查部门可以根据实际情况，要求侵权嫌疑人提供其所使用的商业信息不属于商业秘密或者系合法获得的证明材料。

**第二十一条** 监督检查部门及其工作人员对调查过程中知悉的商业秘密负有保密义务，不得泄露或者非法向他人提供。

**第二十二条** 监督检查部门发现国家机关、相关单位及其工作人员支持、包庇、参与不正当竞争行为的，可以通报该机关、单位，同时抄告该机关、单位的上级或者主管部门。相关机关、单位应当依法作出处理。

**第二十三条** 本市完善反不正当竞争案件行政执法与刑事司法的衔接机制。监督检查部门发现不正当竞争行为涉嫌犯罪的，应当按照有关规定移送相关司法机关。司法机关在案件办理过程中，发现不正当竞争行为线索的，可以移送相关监督检查部门。

## 第四章 反不正当竞争环境建设

**第二十四条** 经营者是反不正当竞争第一责任人，应当落实主体责任，加强反不正当竞争内部控制与合规管理，自觉抵制不正当竞争行为。鼓励经营者建立健全反商业贿赂等反不正当竞争管理制度，监督检查部门在查处商业贿赂案件中，应当对经营者落实反商业贿赂管理制度情况开展检查。

经营者不正当竞争行为情节轻微并及时纠正，没有造成危害后果的，依法不予行政处罚。

经营者不正当竞争行为情节轻微或者社会危害较小的，依法可以不予行政强制。

**第二十五条** 行业组织应当加强行业自律，引导、规范会员合法竞争，对会员建立健全反商业贿赂管理制度等加强指导，协调处理会员之间的竞争纠纷，维护市场竞争秩序。

行业组织应当在政府部门指导下，制定本行业竞争自律规范和竞争合规指引，配合、协助监督检查部门查处不正当竞争行为。

**第二十六条** 本市鼓励、支持和保护一切组织和个人对不正当竞争行为进行社会监督。监督检查部门应当为举报和协助查处不正当竞争行为的组织和个人保密。

任何组织和个人不得捏造事实诬陷他人、实施敲诈勒索，不得滥用举报权利扰乱监督检查部门正常工作秩序。

**第二十七条** 监督检查部门应当建立工作机制，对经营者依法依规开展商业竞争进行事前指引，公开不正当竞争案件裁量基准，并对经营者建立健全反商业贿赂等反不正当竞争管理制度加强指导。

市监督检查部门、市高级人民法院应当定期公布不正当竞争典型案例，会同宣传、司法行政等部门通过以案释法、情景互动等方式开展反不正当竞争法治宣传。

**第二十八条** 对于破坏竞争秩序，损害消费者合法权益的行为，法律规定的有关组织向人民法院提起公益诉讼的，监督检查部门依法给予支持。

**第二十九条** 市、区人民代表大会常务委员会通过听取和审议专项工作报告、开展执法检查等方式，加强对本条例实施情况的监督。

市、区人民代表大会常务委员会充分发挥人大代表作用，组织人大代表专题调研和视察等活动，汇集、反映人民群众的意见和建议，督促有关方面落实反不正当竞争的各项工作。

## 第五章 法律责任

**第三十条** 违反本条例规定的行为，法律、行政法规有处罚规定的，从其规定。

经营者违反本条例第十条规定，属于发布虚假广告的，依照《中华人民共和国广告法》的规定处罚。

经营者的行为构成垄断行为的，依照《中华人民共和国反垄断法》的规定处罚。

**第三十一条** 经营者违反本条例第八条规定实施混淆行为的，由监督检查部门责令停止违法行为，没收混淆的产品、标签、包装、宣传材料、模具、印版、图纸资料等违法商品。违法经营额五万元以上的，可以并处违法经营额五倍以下的罚款；没有违法经营额或者违法经营额不足五万元的，可以并处二十五万元以下的罚款。情节严重的，吊销营业执照。

经营者登记的名称构成混淆行为，监督检查部门或者人民法院作出责令停止使用名称的行政处罚决定或者裁判的，经营者应当在规定的期限内办理名称变更登记。

经营者未在规定的期限内办理名称变更登记的，监督检查部门或者人民法院可以根据当事人的申请，向原登记机关发出协助执行文书。原登记机关收到协助执行文书后，应当督促经营者及时变更名称。名称变更前，以统一社会信用代码代替其名称。

**第三十二条** 监督检查部门调查涉嫌不正当竞争行为，应当按照法律法规的要求，将查处结果及时向社会公开。

监督检查部门作出行政处罚决定的，应当自作出行政处罚决定之日起七个工作日内，通过本部门或者本系统门户网站等渠道依法公开行政处罚案件信息，并将该处罚信息作为公共信用信息予以归集；情况复杂的，经本部门负责人批准，可以延长七个工作日。行政机关应当在法定权限内对违法经营者采取信用惩戒措施。

## 第六章 附 则

**第三十三条** 本条例自2021年1月1日起施行。

# 上海市消防条例

（1995年10月27日上海市第十届人民代表大会常务委员会第二十二次会议通过 根据1997年10月17日上海市第十届人民代表大会常务委员会第三十九次会议《关于修改〈上海市消防条例〉的决定》第一次修正 根据2000年1月25日上海市第十一届人民代表大会常务委员会第十六次会议《关于修改〈上海市消防条例〉的决定》第二次修正 根据2003年6月26日上海市第十二届人民代表大会常务委员会第五次会议《关于修改〈上海市消防条例〉的决定》第三次修正 2010年1月13日上海市第十三届人民代表大会常务委员会第十六次会议修订 根据2020年3月19日上海市第十五届人民代表大会常务委员会第十八次会议《关于修改〈上海市消防条例〉的决定》第四次修正 根据2023年12月28日上海市第十六届人民代表大会常务委员会第九次会议《关于修改〈上海市养老服务条例〉等12件地方性法规和废止〈上海市保护和发展邮电通信规定〉等6件地方性法规的决定》第五次修正）

## 第一章 总 则

**第一条** 为了预防和减少火灾危害，加强应急救援工作，保护人身、财产安全，维护公共安全，根据《中华人民共和国消防法》和有关法律、行政法规的规定，结合本市实际，制定本条例。

**第二条** 本市行政区域内的消防工作以及相关应急救援工作，适用本条例。

**第三条** 本市各级人民政府负责本行政区域内的消防工作。

市和区人民政府应当将消防工作纳入国民经济和社会发展规划并组织实施，保障消防工作与经济建设和社会发展相适应。

**第四条** 市和区人民政府应急管理部门对本行政区域内的消防工作实施监督管理，并由本级人民政府消防救援机构负责实施。

**第五条** 维护消防安全是全社会的共同责任。本市机关、团体、企业、事业等单位（以下统称单位）和个人都有保护消防设施、预防火灾、报告火警的义务。

**第六条** 本市各级人民政府及其有关部门应当组织开展经常性的消防宣传教育。

应急管理部门及消防救援机构、公安机关应当加强消防法律、法规的宣传，并督促、指导、协助有关单位做好消防宣传教育工作。

单位应当加强对本单位人员的消防宣传教育。

教育、人力资源等部门和学校、有关职业培训机构应当将消防知识纳入教育、教学、培训的内容。

新闻、广播、电视、报刊、网站等传播媒体应当积极开设消防安全教育栏目，开展公益性消防宣传教育。

工会、共产主义青年团、妇女联合会等团体应当结合各自工作对象的特点，采取各种形式做好消防宣传教育工作。

居、村民委员会应当协助人民政府以及公安机关、应急管理等部门加强消防宣传教育。

**第七条** 本市鼓励消防科学技术研究和创新。鼓励消防救援机构和社会消防组织运用先进科技成果增强火灾预防、扑救和应急救援的能力。

本市对在防火、灭火和应急救援等工作中做出重大贡献或者对举报违反消防安全行为有功的单位和个人，予以表彰、奖励。

**第八条** 每年11月9日为本市消防活动日。

## 第二章 消防安全责任

**第九条** 本市各级人民政府应当依法落实消防工作责任制。

本市各级人民政府主要负责人是本地区消防工作的第一责任人，分管负责人是消防工作的主要责任人，其他负责人应当落实消防安全“一岗双责”制度。

上级人民政府应当与下一级人民政府签订年度消防工作责任书，确定消防工作责任目标，并对完成情况进行考核。

**第十条** 市和区人民政府应当履行下列消防工作职责：

（一）建立消防工作联席会议制度，研究并协调解决消防工作重大问题；

（二）对本级政府有关部门履行消防安全职责的情况进行监督检查；

（三）组织政府有关部门开展有针对性的消防安全检查；

（四）将公共消防设施建设和消防工作经费纳入本级财政预算，可以通过政府购买服务等方式，支持和保障消防教育培训、技术服务和物防、技防等工作；

（五）对严重影响公共安全的重大火灾隐患或者区域性火灾隐患实行挂牌督办，并推动整改；

（六）法律、法规规定的其他消防工作职责。

**第十一条** 乡、镇人民政府和街道办事处应当组织、指导、督促本区域内的单位和个人做好消防工作；指导、支持、帮助居、村民委员会开展群众性消防工作；依托城市网格化等综合管理平台，对公共消防设施、火灾隐患和消防安全违法行为及时协调相关职能部门予以处置；组织做好火灾事故善后处理相关工作。

**第十二条** 发展改革、住房城乡建设管理、交通、规划自然资源、财政等部门在规划制定、调整和实施工作中，应当按照本条例有关规定履行相关职责。

市场监管部门应当按照职责加强对消防产品质量和消防产品生产、销售单位的监督。

应急管理部门负责易燃易爆危险化学品相关的安全监督管理工作，组织编制和实施易燃易爆危险化学品事故应急救援预案。

经济信息化、住房城乡建设管理、商务、教育、民族宗教、民政、司法行政、文化旅游、卫生健康、国有资产监督管理、体育、交通、民防等部门应当建立健全行业消防安全标准化管理制度，根据本系统、本行业的特点，有针对性地对行业单位开展消防安全检查，及时督促整改火灾隐患。

**第十三条** 居、村民委员会应当确定消防安全管理人，组织居、村民制定防火安全公约，宣传家庭防火和应急逃生知识，进行防火安全检查。

**第十四条** 消防救援机构履行下列职责：

（一）贯彻、执行消防法律法规，依法开展消防监督检查工作，对单位实行清单式分类管理，监督落实消防安全责任；

（二）负责公众聚集场所投入使用、营业前的消防安全检查；

（三）开展消防法律法规宣传，组织消防安全专门培训，管理或者指导消防队伍的建设和训练，根据需要指导单位开展消防演练；

（四）负责消防产品使用环节的监督检查；

（五）组织、指挥、承担火灾扑救工作，负责调查火灾原因，统计火灾损失；

（六）参加政府统一领导的应急救援工作；

（七）推广消防科学技术研究成果；

（八）上级主管部门认为应当由消防救援机构履行的其他职责。

**第十五条** 公安派出所应当履行下列消防工作职责：

（一）对辖区内住宅物业消防安全管理和居、村民委员会履行消防安全责任的情况以及上级公安机关确定的单位实施日常消防监督检查；

（二）依职责对监督检查发现或者群众举报、投诉的火灾隐患进行核查，并监督整改；

（三）开展消防宣传教育培训；

（四）保护火灾现场，协助调查火灾事故原因，依法控制火灾肇事嫌疑人。

公安机关应当与消防救援机构、住房城乡建设管理部门建立协作机制，加强在消防监督检查、火灾隐患核查、火灾事故调查、违法行为处罚、信息共享等方面的协作；公安派出所对监督检查中发现的消防安全违法行为开展调查取证等工作，协助消防救援机构查处违法行为。

**第十六条** 单位应当履行下列消防安全责任：

（一）实行消防安全责任制，制定并落实消防安全制度、消防安全操作规程；

（二）按照国家和本市有关规定配置消防设施和器材、设置消防安全标志，并定期组织检验、维修，确保消防设施和器材完好、有效；

（三）保障疏散通道、安全出口、消防车通道畅通，保证防火防烟分区、防火间距符合消防技术标准；

（四）改善防火条件，组织防火检查，及时消除火灾隐患；

（五）针对本单位的特点对员工进行消防宣传教育，制定灭火和应急疏散预案，定期组织消防演练；

（六）组织火灾自救，保护火灾现场，协助调查火灾原因。

单位的主要负责人是本单位的消防安全责任人。

同一建筑物由两个以上单位管理或者使用的，应当由建筑物的管理、使用各方共同协商，在签订的协议中明确各自消防安全工作的权利、义务和违约责任。

**第十七条** 依法确定的消防安全重点单位除应当履行本条例第十六条规定的责任外，还应当履行下列消防安全责任：

（一）确定消防安全管理人，组织实施本单位的消防安全管理工作；

（二）建立消防档案，确定消防安全重点部位，设置防火标志，实行严格管理；

（三）实行每日防火巡查，并建立巡查记录；

（四）对员工进行消防安全培训，管理本单位的专职消防队、志愿消防队；

（五）自行或者委托符合国家规定条件的

消防技术服务机构定期开展消防安全评估，并自评估完成之日起五个工作日内将评估报告报所在地消防救援机构备案。

人员密集场所被确定为消防安全重点单位的，应当根据实际需要适当增加配置消防安全管理人员，加强消防安全管理。

**第十八条** 住宅区的物业服务企业应当在管理区域内履行下列消防安全责任：

（一）承接物业管理时，查验共用消防设施的完好状况，做好查验、交接记录，并告知业主委员会；未成立业主委员会的，应当及时告知全体业主；

（二）制定管理区域的消防安全管理制度、操作规程，建立消防档案，并按照相关技术标准规范记载消防档案内容；

（三）按照规定设置消防安全标志，定期进行管理区域内共用消防设施、器材和消防安全标志的维护管理；

（四）开展防火检查，发现火灾隐患及时采取相应措施，对业主、使用人违反消防安全管理规定的行为予以劝阻、制止，并及时向相关部门报告；

（五）制定灭火和应急疏散预案，定期开展消防演练。

物业服务企业发现管理区域内共用消防设施损坏，需要动用专项维修资金进行维修、更新和改造的，按照国家和本市住宅物业管理的相关规定办理。

**第十九条** 任何个人都应当遵守消防法律、法规，学习必要的消防知识，懂得安全用火用电用气、燃放烟花爆竹和其他防火、灭火常识及逃生技能，增强自防自救能力。

监护人应当对被监护人进行火灾预防教育。

## 第三章 火灾预防

**第二十条** 市消防救援机构应当会同市发展改革、住房城乡建设管理、交通、规划自然资源等部门按照统筹兼顾、科学合理、与经济和社会发展相适应的原则，组织编制市消防规划。

市消防规划应当包括消防安全布局、消防站、消防供水、消防通信、消防车通道、消防装备等内容。

市消防规划经市人民政府批准后纳入城乡规划，由有关部门按照各自职责具体实施。

**第二十一条** 城乡消防安全布局不符合消防安全要求的，应当及时调整、完善。

对下列情形，区人民政府应当组织有关部门按照市消防规划，制定方案予以解决：

（一）耐火等级低的建筑密集区；

（二）严重影响城乡消防安全的工厂、仓库、码头及其他重大危险源。

**第二十二条** 纳入规划的公共消防设施建设用地，任何单位和个人不得侵占或者擅自改变使用性质。

**第二十三条** 公共消防设施应当纳入市政设施基本建设计划。市和区人民政府应当组织有关部门依照消防规划和技术标准，建设、配置和维护消防站、消防车通道、消防通信、消火栓等公共消防设施。

公共消防设施、消防装备不足或者不适应实际需要的，应急管理部门应当书面报告本级人民政府。接到报告的人民政府应当及时核实情况，组织有关部门增建、改建、配置或者进行技术改造。

**第二十四条** 本市推动智慧消防建设，将其纳入“一网统管”城市运行管理体系，依托消防大数据应用平台，为火灾防控、区域火灾风险评估、火灾扑救和应急救援提供技术支持。

应急管理、公安、交通、住房城乡建设管理、经济信息化、民政、市场监管、民防、气象、教育、卫生健康、商务、文化旅游、生态环境、国有资产监督管理等部门以及供水、供电、供气、通信等公用企业应当共享与消防安全管理相关的监管和服务信息。

本市推动消防设施物联网系统建设，加强城市消防远程监控。相关单位应当按照国家工程建设消防技术标准，配置火灾自动报警系统、固定灭火系统和防排烟系统等消防设施，并按照有关规定设置消防设施物联网系统，将监控信息实时传输至消防大数据应用平台。

鼓励其他单位设置消防设施物联网系统。

**第二十五条** 建设、设计、施工、工程监理等单位依法对建设工程的消防设计、施工质量负责。

**第二十六条** 建设工程消防设计应当符合国家消防技术标准。没有国家标准的，应当符合本市消防技术标准。国家和本市消防技术标准没有规定的，或者拟采用特殊消防技术标准的，应当按照国家和本市有关规定办理。

承接建设工程消防设计的单位，应当具有相应资质，配备消防设计审核人员并建立消防设计自审制度。

**第二十七条** 特殊建设工程的建设单位应当按照国家和本市有关规定，将消防设计文件报送住房城乡建设管理部门审查，住房城乡建设管理部门依法对审查结果负责。

前款规定以外的其他建设工程，建设单位申请领取施工许可证或者申请批准开工报告时应当提供满足施工需要的消防设计图纸及技术资料。

特殊建设工程未经消防设计审查或者审查不合格的，其他建设工程的建设单位未提供满足施工需要的消防设计图纸及技术资料的，住房城乡建设管理部门和其他有关部门不得发放施工许可证或者批准开工报告。

经住房城乡建设管理部门审查同意的消防设计，任何单位和个人不得擅自修改；确需修改的，建设单位应当向住房城乡建设管理部门重新申请消防设计审查。

**第二十八条** 施工单位应当依照经住房城乡建设管理部门审查同意的消防设计进行施工。

建设工程施工现场的消防安全由施工单位负责。实行施工总承包的，由总承包单位负责。建筑物进行局部改建、扩建和内装修时，建设单位应当与施工单位在订立的合同中明确各方对施工现场的消防安全责任。

施工单位应当指定专人负责施工现场的消防工作，落实消防安全管理制度，配备必要的灭火器具。建筑物施工高度超过二十四米时，施工单位应当随施工进度落实消防水源。

**第二十九条** 应当申请消防验收的建设工程竣工后，建设单位应当向住房城乡建设管理部门申请消防验收。

前款规定以外的其他建设工程，在完成竣工验收后，建设单位应当报住房城乡建设管理部门备案，住房城乡建设管理部门应当进行抽查。

依法应当进行消防验收的建设工程，未经消防验收或者消防验收不合格的，禁止投入使用；其他建设工程经依法抽查不合格的，应当停止使用。

**第三十条** 市、区住房城乡建设管理部门应当按照本市建设工程质量安全监督管理的职责分工，开展建设工程消防设计审查、验收。

住房城乡建设管理部门在消防设计审查、验收时，可以按照国家和本市有关规定，通过政府购买服务等方式，委托具有相应资质的技术服务机构开展图纸技术审查、现场评定等技术服务。被委托的技术服务机构，应当对其出具的意见或者报告负责。

**第三十一条** 搭建临时建筑物、构筑物或者改变建筑物用途，应当符合消防安全要求。

产权人、使用人在出租厂房、仓库、高层公共建筑时，应当依照国家和本市有关规定，提供符合相应消防安全要求的建筑或者场所，并事先告知承租人建筑或者场所的消防安全情况。承租人应当按照法律法规和双方约定使用租赁的建筑或者场所，履行消防安全职责。出租人发现承租人有违反消防安全规定行为的，应当予以劝阻、制止；劝阻、制止无效的，应当及时向所在地消防救援机构报告。

**第三十二条** 公众聚集场所在投入使用或者营业前，建设单位或者使用单位应当向所在地消防救援机构申请消防安全检查。消防救援机构可以根据公众聚集场所的性质、建筑面积、火灾风险程度等差异性，实行分类分级消防安全检查，国家规定实施告知承诺方式审查的，从其规定。

经消防安全检查合格后，公众聚集场所方可投入使用或者营业。

**第三十三条** 建筑构件、建筑材料、建筑保温材料和室内装修、装饰材料的防火性能应当符合国家标准；没有国家标准的，应当符合行业标准。

**第三十四条** 消防产品应当符合国家标准；没有国家标准的，应当符合行业标准。

从事生产、销售、维修消防产品的单位，应当严格执行产品质量和标识的技术标准或者有关规定。

**第三十五条** 火灾自动报警系统、固定灭火系统和防排烟系统等技术性能较高的消防设施，应当由有资质的单位安装，并由符合国家规定条件的单位定期检测。

**第三十六条** 居民聚居区、大型商业区、党政机关、学校、铁路干线、名胜古迹、风景游览区以及其他重要场所周边，在国家规定的距离范围内不得新建、改建、扩建易燃易爆危险物品的生产设施或者储存场所。已经建成的易燃易爆危险物品的生产设施或者储存场所周边，在国家规定的距离范围内不得建造居民聚居区、大型商业区。

**第三十七条** 生产、储存、销售、运输、携带、使用或者销毁易燃易爆危险物品的，应当遵守国家和本市有关易燃易爆危险物品的安全管理规定。

禁止非法携带易燃易爆危险物品进入公共场所或者乘坐公共交通工具。

禁止邮寄或者在邮品中夹带易燃易爆危险物品。

禁止擅自携带火种进入生产、储存、装卸易燃易爆危险物品的场所。

居民存放少量易燃易爆危险物品的，应当选择合适的容器，存放在安全的地方，配置必要的灭火器具。

**第三十八条** 禁止在具有火灾、爆炸危险的场所擅自动用明火或者吸烟。需要动用明火作业的，应当事先按规定办理本单位内部的审批手续，作业人员应当遵守安全规定，并采取严密的消防安全措施。

进行电焊、气焊等具有火灾危险作业的人员和自动消防系统的操作人员，应当持证上岗；在进行电焊、气焊、气割、砂轮切割以及其他具有火灾、爆炸危险作业时，应当严格遵守消防安全操作规程。

人员密集场所禁止在营业、使用期间进行电焊、气焊、气割、砂轮切割、油漆等具有火灾危险的施工、维修作业。

按照国家工程建设消防技术标准设有消防控制室的单位，应当建立消防控制室管理制度，对自动消防设施操作人员定期组织专门的业务培训，提升符合岗位值守要求的操作能力和应急处置能力。

**第三十九条** 电器产品、燃气用具的安装、使用及其线路、管路的设计、敷设、维护保养、检测，应当符合国家和本市的消防技术标准和管理规定。

鼓励单位采用电气火灾监控技术，提升对电器产品及其线路运行状态的监测、预警和处置能力。

鼓励在居民住宅户内安装独立式火灾探测报警器。

**第四十条** 公共汽车、电车、出租车、轨道列车、渡轮等公共交通工具应当配备必要的消防器材，保持完好、有效，并设置明显标识和使用说明。

公共交通运营单位应当加强对工作人员的消防安全培训，使其能够熟练使用消防器材，并在火灾等突发事件发生时引导、协助乘客及时疏散。

公共交通运营单位应当通过广播、电视、宣传手册等形式，向乘客宣传防火措施、消防器材的使用方法和避难、逃生方式等消防安全知识。

**第四十一条** 人民防空工程、普通地下建筑物、地铁、地下通道等地下空间的产权人、物业管理单位或者使用人应当遵守国家和本市有关地下空间消防安全的管理规定。

**第四十二条** 生产、储存、经营易燃易爆危险物品的场所不得与居住场所设置在同一建筑物内，并应当与居住场所保持安全距离。

生产、储存、经营其他物品的场所与居住场所设置在同一建筑物内的，应当符合国家和本市有关消防安全规定。

建筑物的所有人、管理人发现违法设置上述场所的，应当及时劝阻，并向消防救援机构报告。

**第四十三条** 单位和个人应当做好消防设施的保护工作，禁止下列行为：

（一）损坏、挪用或者擅自拆除、停用消防设施、器材；

（二）埋压、圈占、遮挡消火栓；

（三）占用防火间距，破坏防火防烟分区；

（四）占用、堵塞、封闭疏散通道、安全出口、消防车通道。

人员密集场所的门窗不得设置影响逃生和灭火救援的障碍物。

禁止指使、强令他人从事违反消防安全规定的生产和作业。

**第四十四条** 本市易燃易爆危险物品生产、储存、运输、销售企业和公众聚集场所经营单位按照国家的有关规定投保火灾公众责任险。

**第四十五条** 下列人员应当接受消防安全培训：

（一）消防安全管理人员；

（二）消防工程的设计、施工、监理、维修人员，消防产品的检验维修人员和自动消防设施的操作人员；

（三）易燃易爆危险物品的作业人员；

（四）消防技术服务机构的执业人员。

消防安全重点单位的消防安全管理人、自动消防设施的操作人员、易燃易爆危险物品仓库保管人员应当持有相应的上岗证书。

**第四十六条** 单位应当按照本单位灭火和应急疏散预案及国家有关规定，定期组织消防演练。消防安全重点单位应当每年进行至少两次消防演练。

物业服务企业和人员密集场所的经营、管理单位，应当组织员工开展有针对性的消防演练，培训员工在火灾发生时组织、引导在场人员有序疏散的技能。

托儿所、幼儿园、学校、敬老院、养老院、福利院、医院等单位的灭火和应急疏散预案，应当包含在火灾发生时保护婴幼儿、学生、老人、残疾人、病人的相应措施。

**第四十七条** 符合国家规定条件的消防技术服务机构可以提供消防产品质量认证、消防设施检测、消防安全监测、消防技术咨询、消防安全评估、火灾损失核定等方面的技术服务，并对所提供的服务承担相应的法律责任。住房城乡建设管理部门、消防救援机构及其他有关部门应当对其进行监督。

**第四十八条** 消防救援机构在消防监督检查中发现有火灾隐患的，应当通知有关单位或者个人立即采取措施消除隐患。接到通知的单位和个人，应当采取有效措施，及时整改；对不能当场整改的火灾隐患，应当自行或者委托符合国家规定条件的消防技术服务机构制定整改计划，确定整改部门和人员，落实整改资金，限期完成整改。

**第四十九条** 消防救援机构在消防监督检查中发现以下情形，不及时消除可能严重威胁公共安全的，应当依照规定对危险部位或者场所采取临时查封措施：

（一）可燃物资仓库和生产、储存、装卸、使用易燃易爆危险物品的场所存在重大火灾隐患的；

（二）生产、储存、经营易燃易爆危险物品的场所与居住场所设置在同一建筑物内的；

（三）人员密集场所违反消防技术标准和管理规定，储存、经营、使用易燃易爆危险物品的；

（四）人员密集场所损坏或者擅自拆除、停用消防设施，堵塞疏散通道、安全出口的；

（五）其他不及时消除可能严重威胁公共安全的情形。

未经采取临时查封措施的消防救援机构同

意，不得拆封或者使用被查封的场所、部位。

## 第四章 消防组织

**第五十条** 市、区人民政府依照国家有关规定和市消防规划建立国家综合性消防救援队、政府专职消防队，建设固定营房，配备消防车辆和器材装备。

乡、镇人民政府和街道办事处应当根据国家和本市有关规定，结合当地经济发展和消防工作的需要，建立专职消防队、志愿消防队、基层消防安全组织。

**第五十一条** 下列单位应当建立单位专职消防队，承担本单位的火灾扑救工作：

（一）大型火力发电厂、民用机场、港口、易燃易爆危险物品装卸专业码头、大型修造船厂、城市轨道交通综合维修基地；

（二）生产、储存易燃易爆危险物品的大型企业；

（三）储备可燃的重要物资的大型仓库、基地；

（四）火灾危险性较大，且与最近的国家综合性消防救援队、政府专职消防队相距超过五公里的其他大型企业。

**第五十二条** 专职消防队应当按照国家和本市有关规定建设固定营房，配备消防人员、消防车辆和器材装备，并经市消防救援机构验收。

未经市消防救援机构同意，不得撤销专职消防队。

**第五十三条** 国家综合性消防救援队、专职消防队承担火灾扑救工作，并依照国家规定承担重大灾害事故和其他以抢救人员生命为主的应急救援工作。

**第五十四条** 单位以及居、村民委员会根据需要，建立志愿消防队等多种形式的消防组织，开展群众性自防自救工作。

人员密集场所和高层公共建筑的产权单位或者受其委托管理的单位，按照国家和本市有关规定组建志愿消防队，落实人员、器材装备、值班备勤室等。

**第五十五条** 国家综合性消防救援队、专职消防队应当制定、实施业务训练计划，维护、保养装备器材，并严格执行执勤制度。

专职消防队的执勤、业务训练、火灾扑救、应急救援，按照国家综合性消防救援队有关规定执行。专职消防队员应当接受培训，取得相应的消防职业等级证书。

志愿消防队应当根据实际情况开展有针对性的业务训练，提高扑救火灾的技能。

消防救援机构应当对专职消防队、志愿消防队等消防组织进行业务指导。

**第五十六条** 国家综合性消防救援队救援人员，根据国家和本市相关规定享有职业荣誉、生活待遇、社会优待等职业保障。

专职消防队的组建单位应当与消防队员依法签订劳动或者聘用合同，在合同期间按照规定为其办理各项社会保险，并提供相应的福利待遇。

单位应当保障专职消防队的建设经费和消防业务经费。

**第五十七条** 国家综合性消防救援队和专职消防队的消防车、消防艇，应当设置专用标志、安装示警设备，并纳入特种车辆、船艇管理，在执行火灾扑救和应急救援等任务时免缴道路、航道通行费。

**第五十八条** 政府专职消防队员在消防救援机构工作人员指导和监督下，协助开展监督检查、隐患举报查处、劝阻和纠正消防安全违法行为、开展消防宣传教育等工作。

消防救援机构应当加强对政府专职消防队员的管理、培训、考核。考核不合格的，不得上岗。

政府专职消防队员履行职责时，应当统一着装、携带证件、佩戴统一标识。

**第五十九条** 依法建立的消防协会在市消防救援机构及其他有关部门的指导和监督下，依照协会章程开展消防学术交流和消防宣传教育，推广先进消防技术，进行消防行业自律管理。

## 第五章 灭火救援

**第六十条** 任何个人发现火灾都应当迅速报警；任何单位和个人都应当为报警无偿提供便利。不得谎报火警，制造混乱。

任何单位和个人都有为扑救火灾提供帮助的义务。在消防队未到达火灾现场前，有关单位应当迅速组织力量扑救，减少火灾损失。

禁止组织未成年人参加火灾扑救。

人员密集场所发生火灾时，该场所的现场工作人员有组织、引导在场人员疏散的义务。

**第六十一条** 国家综合性消防救援队、专职消防队接到出警命令后应当在六十秒内出动消防车，赶赴火灾现场。

消防车、消防艇前往执行火灾扑救或者应急救援任务，在确保安全的前提下，不受行驶速度、行驶路线、行驶方向和指挥信号的限制，其他车辆、船舶以及行人应当让行，不得穿插超越。交通管理指挥人员应当保证消防车、消防艇迅速通行。

**第六十二条** 消防救援机构统一组织和指挥火灾现场扑救，应当优先保障遇险人员的生命安全。

国家综合性消防救援队、专职消防队参加火灾以外的其他重大灾害事故的应急救援工作，由市或者区人民政府统一领导。

**第六十三条** 消防救援机构有权调动专职消防队和交通、供水、供电、供气、通信、医疗救护等有关部门进行火灾扑救，投入灭火抢险。参加火灾扑救的单位和个人应当服从火场总指挥员的统一指挥。

为阻止火灾蔓延，避免重大损失，火场总指挥员有权决定使用各种水源，划定警戒区，在火场周围实施交通管制，截断电力、可燃气体和可燃液体的输送，限制用火用电，利用临近建筑物和有关设施，拆除或者破损毗邻建筑物、构筑物或者设施等。

市或者区、乡、镇人民政府应当根据扑救火灾的紧急需要，组织人员、调集所需物资支援灭火。

**第六十四条** 消防救援机构有权根据需要封闭火灾现场。任何单位和个人都不得扰乱火灾现场秩序，不得妨碍火灾原因调查，未经消防救援机构同意，不得进入火灾现场，禁止擅自清理火灾事故现场。

**第六十五条** 火灾扑灭后，由消防救援机构负责调查火灾原因，统计火灾损失。消防救援机构可以委托依法设立的价格鉴证机构、资产评估机构对火灾直接财产损失进行鉴定或者评估。火灾直接财产损失鉴定意见或者评估报告可以作为消防救援机构统计火灾损失的依据。

发生火灾的单位和相关人员应当按照消防救援机构的要求保护现场，接受事故调查，如实提供与火灾有关的情况。

消防救援机构根据火灾现场勘验、调查情况和有关的检验、鉴定意见，及时制作火灾事故认定书，作为处理火灾事故的证据。

**第六十六条** 外单位的专职消防队、志愿消防队参加扑救火灾所损耗的燃料、灭火剂和器材装备，由火灾发生地的人民政府补偿。火灾发生单位参加的保险中含有施救费用的，保险公司支付的施救费用应当优先用于补偿外单位专职消防队、志愿消防队的损耗。

参加应急救援造成的损耗补偿，参照前款规定执行。

## 第六章 法律责任

**第六十七条** 违反本条例规定的行为，法律、行政法规有处理规定的，依照有关法律、行政法规的规定处理。

**第六十八条** 违反本条例规定生产、储存、运输、经营、携带、使用、销毁易燃易爆危险物品的，由消防救援机构责令停止违法行为，可以对易燃易爆危险物品采取查封、扣押等强制措施。

对不符合消防安全技术规定，可能造成重大危害的易燃易爆危险物品及其容器，消防救援机构可以予以收缴销毁。

**第六十九条** 人员密集场所在营业、使用期间进行电焊、气焊、气割、砂轮切割、油漆等具有火灾危险的施工、维修作业的，由消防救援机构处五千元以上五万元以下罚款。

**第七十条** 违反本条例规定，有下列行为之一的，由消防救援机构处警告或者二千元以上二万元以下罚款；情节严重的，处二万元以上二十万元以下罚款：

（一）搭建临时建筑物、构筑物或者改变建筑物用途不符合消防安全要求的；

（二）建筑物施工高度超过二十四米，施工单位没有随施工进度落实消防水源的；

（三）组织未成年人参加火灾扑救的。

**第七十一条** 单位违反本条例第十六条、第十七条、第三十八条第二款的规定，由消防救援机构责令限期改正；逾期不改正的，对其直接负责的主管人员和其他直接责任人员给予警告或者由有关部门依法给予处分。

**第七十二条** 物业服务企业违反本条例第十八条第一款第二项规定，未建立消防档案或者记载消防档案内容不规范的，由消防救援机构责令限期改正；逾期不改正的，给予警告；情节严重的，处五百元以上二千元以下罚款。

物业服务企业违反本条例第十八条第一款第三项规定，未按照规定在管理区域内设置消防安全标志的，由消防救援机构责令限期改正；逾期不改正的，处五千元以上二万元以下罚款；情节严重的，处二万元以上五万元以下罚款。

**第七十三条** 单位专职消防队的组建单位违反本条例第五十二条规定，未按照有关规定建设固定营房，配备消防人员、消防车辆、器材装备或者擅自撤销单位专职消防队的，由消防救援机构责令限期改正；逾期不改正的，对单位专职消防队的组建单位处五千元以上二万元以下罚款；情节严重的，处二万元以上五万元以下罚款。

**第七十四条** 当事人逾期不履行停产停业、停止使用、停止施工决定的，由作出处罚决定的住房城乡建设管理部门或者消防救援机构强制执行。责令停产停业，对经济和社会生活影响较大、执行确有困难的，由住房城乡建设管理部门或者消防救援机构提出意见，并由住房城乡建设管理部门或者应急管理部门报请本级人民政府依法决定。

被责令停止施工、停止使用、停产停业的，应当在整改后向作出决定的部门或者机构报告，申请施工、使用、生产、经营，经检查合格，方可恢复。

作出决定的部门或者机构应当自收到书面申请之日起三个工作日内进行检查，自检查之日起三个工作日内作出决定，送达当事人。

**第七十五条** 作出行政处罚决定的部门或者机构应当依法公开消防行政处罚信息，将适用一般程序作出的行政处罚信息以及重大火灾隐患政府挂牌督办的有关信息，依法纳入本市公共信用信息目录管理，并采取惩戒措施。

**第七十六条** 住房城乡建设管理部门、消防救援机构的工作人员执行职务，应当自觉接受社会监督。任何单位和个人都有权对住房城乡建设管理部门、消防救援机构的工作人员在执法中的违法行为进行检举、控告。收到检举、控告的机关，应当按照职责及时查处。

住房城乡建设管理部门、消防救援机构的工作人员在消防工作中滥用职权、玩忽职守、徇私舞弊，有下列行为之一，尚不构成犯罪的，依法给予处分：

（一）对不符合消防安全要求的消防设计文件、建设工程、场所准予审查合格、消防验收合格、消防安全检查合格的；

（二）无故拖延消防设计审查、消防验收、消防安全检查，不在法定期限内履行职责的；

（三）发现火灾隐患不及时通知有关单位或者个人改正的；

（四）利用消防设计审查、消防验收和消防安全检查谋取利益的；

（五）利用职务为用户、建设单位指定或者变相指定消防产品的品牌、销售单位或者消防技术服务机构、消防设施施工单位的；

（六）将消防车、消防艇以及消防器材、装备和设施用于与消防和应急救援无关的事项的；

（七）其他滥用职权、玩忽职守、徇私舞弊的行为。

## 第七章 附 则

**第七十七条** 本条例所规定的单位，是指机关、团体、企业、事业等单位。有固定生产经营场所且场所面积达到一定标准的个体工商户应当履行本条例规定的单位消防安全职责，具体标准由市消防救援机构制定。

**第七十八条** 本条例自2010年4月1日起施行。

# 上海市文化娱乐市场管理条例

（1995年10月27日上海市第十届人民代表大会常务委员会第二十二次会议通过 根据1997年7月7日上海市第十届人民代表大会常务委员会第三十七次会议《关于修改〈上海市文化娱乐市场管理条例〉的决定》第一次修正 根据1998年11月5日上海市第十一届人民代表大会常务委员会第六次会议《关于修改〈上海市文化娱乐市场管理条例〉的决定》第二次修正 根据2000年7月13日上海市第十一届人民代表大会常务委员会第二十次会议《关于修改〈上海市文化娱乐市场管理条例〉的决定》第三次修正 根据2003年6月26日上海市第十二届人民代表大会常务委员会第五次会议《关于修改〈上海市文化娱乐市场管理条例〉的决定》第四次修正 根据2010年9月17日上海市第十三届人民代表大会常务委员会第二十一次会议《关于修改本市部分地方性法规的决定》第五次修正 根据2015年6月18日上海市第十四届人民代表大会常务委员会第二十一次会议《关于修改〈上海市环境保护条例〉等8件地方性法规的决定》第六次修正）

## 第一章 总 则

**第一条** 为了加强本市营业性文化娱乐场所和文化娱乐经营活动的管理，保障文化娱乐市场的健康发展，丰富人民群众的文化生活，根据国家的有关法律、法规，结合本市实际情况，制定本条例。

**第二条** 本条例所称的营业性文化娱乐场所是指以营利为目的的下列场所：

（一）舞厅、卡拉OK厅；

（二）游戏机房；

（三）游艺机房；

（四）国家或者本市确定的其他文化娱乐场所。

本条例所称的文化娱乐经营活动是指：

（一）营业性文化娱乐场所中的各类营业性表演活动（包括时装表演活动）；

（二）营业性餐厅中的各类表演活动；

（三）文化娱乐经纪机构和经纪人的中介活动。

**第三条** 本条例适用于在本市开办营业性文化娱乐场所和从事文化娱乐经营活动以及对营业性文化娱乐场所和文化娱乐经营活动的管理。

**第四条** 依法开办营业性文化娱乐场所和从事文化娱乐经营活动受法律保护。

文化娱乐经营活动应当文明、健康、有益、安全。

禁止从事有损国家利益和社会公共利益的文化娱乐活动。

**第五条** 本市对开办营业性文化娱乐场所和从事文化娱乐经营活动实行许可证制度。

## 第二章 机构与职责

**第六条** 市文化行政管理部门是本市文化娱乐市场的主管部门，主要职责是：

（一）贯彻执行国家和本市的有关法律、法规，负责本条例的实施；

（二）制定本市文化娱乐市场发展规划，实行宏观调控；

（三）负责本市文化娱乐市场的监督和管理；

（四）负责本市文化娱乐市场管理人员和从业人员的考核；

（五）对为繁荣本市文化娱乐市场做出成绩的单位和个人给予表彰和奖励；

（六）对违反本条例的行为进行处罚。

市文化行政管理部门主管的市社会文化管理处负责本市文化娱乐市场的具体管理工作，并依照本条例的授权实施行政处罚。

**第七条** 区、县文化行政管理部门负责本区、县文化娱乐市场的管理，业务上受市文化行政管理部门的监督和指导，主要职责是：

（一）贯彻执行国家和本市的有关法律、法规；

（二）根据本市文化娱乐市场的发展规划，制定本区、县文化娱乐市场的发展计划并组织实施；

（三）负责本区、县营业性文化娱乐场所和文化娱乐经营活动的监督和管理；

（四）对为繁荣文化娱乐市场做出成绩的单位和个人，给予表彰和奖励；

（五）对违反本条例的行为进行处罚。

**第八条** 各级公安、工商行政、卫生、物价、财政、税务、环保以及其他有关部门应当依法履行各自职责，协同文化行政管理部门实施本条例。

## 第三章 申请与审批

**第九条** 开办营业性文化娱乐场所和从事文化娱乐经营活动，应当向文化行政管理部门提出申请；未经文化行政管理部门批准，不得开办营业性文化娱乐场所和从事文化娱乐经营活动。

**第十条** 开办营业性文化娱乐场所应当符合下列条件：

（一）具有符合标准的经营场所及配套设施；

（二）场所的建筑结构安全合理，消防设施齐全有效，并取得消防合格证书；

（三）卫生、通风、防噪声等设施符合标准；

（四）有规定数额的注册资金；

（五）有必要的管理制度。

**第十一条** 成立营业性演出队应当符合下列条件：

（一）有熟悉业务并经市文化行政管理部门考核合格的负责人；

（二）有必要的乐器和表演的节目；

（三）有必要的管理制度。

**第十二条** 成立营业性时装表演队应当符合下列条件：

（一）有具备一定专业知识和管理能力的负责人；

（二）有固定的办公地点、排练场所和演出必需的器材设备；

（三）有规定数额的资金；

（四）有必要的管理制度。

**第十三条** 在本市营业性文化娱乐场所从事演出的人员，应当具备一定的艺术表演才能。

艺术表演团体在职的专业演员要求在营业性文化娱乐场所从事演出的，应当取得所在单位的同意。

**第十四条** 设立文化娱乐经纪机构应当符合下列条件：

（一）有具备一定业务水平和管理能力的负责人及熟悉业务的从业人员；

（二）有固定的办公地点和与经营范围相适应的设施；

（三）实行独立核算、自主经营、自负盈亏；

（四）有规定数额的注册资金；

（五）有必要的管理制度。

**第十五条** 文化娱乐经纪人应当具有一定的文化水平和从事文化娱乐业务的经历。具体条件，由市人民政府的有关部门另行规定。

**第十六条** 开办营业性文化娱乐场所或者从事文化娱乐经营活动的，应当按照国家有关规定向所在地的工商行政管理部门申请营业执照，并按照下列规定办理审批手续：

（一）开办涉外营业性文化娱乐场所的，应当向市文化行政管理部门提出申请。市文化行政管理部门应当在接到申请书之日起二十日内作出审批决定。对符合条件的，发给《文化经营许可证》。

（二）开办非涉外营业性文化娱乐场所的，应当向所在地的区、县文化行政管理部门提出申请。区、县文化行政管理部门应当在接到申请书之日起二十日内作出审批决定。对符合条件的，发给《文化经营许可证》。

（三）组建营业性演出队或者营业性时装表演队的，应当向市文化行政管理部门提出申请，市文化行政管理部门应当在接到申请书之日起十五日内作出审批决定。对符合条件的，发给《演出许可证》。

（四）设立文化娱乐经纪机构（中外合资、合作经营的文化娱乐经纪机构除外）的，应当向市文化行政管理部门提出申请。市文化行政管理部门应当在接到申请书之日起二十日内作出审批决定。对符合条件的，发给《文化经营许可证》。

（五）个人从事文化娱乐经纪活动的，应当自领取营业执照之日起二十日内向所在地的区、县文化行政管理部门备案。

申请开办营业性文化娱乐场所的，还应当同时向卫生行政管理部门申请卫生许可证。

## 第四章　经营管理

**第十七条** 营业性文化娱乐场所应当在醒目位置展示《文化经营许可证》。

演出队、时装表演队和演出人员在营业性文化娱乐场所演出时，应当携带《演出许可证》。

**第十八条** 营业性文化娱乐场所不得聘用无《演出许可证》的演出队从事演出。

**第十九条** 《文化经营许可证》、《演出许可证》不得出借、出租、涂改或者伪造。

《文化经营许可证》、《演出许可证》每年验证一次。

**第二十条** 在营业性文化娱乐场所演出，当事人各方应当就演出内容、时间、场次、收入分成以及违约责任等签订书面演出合同，并向市或者区、县文化行政管理部门备案。

**第二十一条** 营业性文化娱乐场所不得超过规定的人员容量标准售票或者接纳消费者。营业性文化娱乐场所人员容量的具体标准由市文化行政管理部门规定。

**第二十二条** 营业性文化娱乐场所应当使用经国家批准的音像出版单位出版、发行的激光视盘和其他音像制品。

游戏机房和游艺机房使用的机种及其游戏和游艺内容，必须报市文化行政管理部门审核。

**第二十三条** 禁止营业性文化娱乐场所进行赌博和色情活动。

营业性舞厅、卡拉 OK 厅不得接纳未成年人。营业性游戏机房除国家法定节假日外，不得接纳未成年人。

禁止营业性文化娱乐场所转承包经营。

**第二十四条** 营业性文化娱乐场所必须执行国家和本市有关物价管理的法律、法规，并实行明码标价。

**第二十五条** 外省、自治区、直辖市表演队或者个人来本市从事文化娱乐经营活动，应当持所在地省、自治区、直辖市文化行政管理部门的批准文件，向市文化行政管理部门办理从事文化娱乐经营活动的手续。

**第二十六条** 外国或者香港特别行政区、澳门特别行政区、台湾地区表演团体和个人来本市营业性文化娱乐场所进行演出，应当向市文化行政管理部门办理相关许可手续。

**第二十七条** 无《文化经营许可证》的单位需要举办临时性文化娱乐经营活动的，应当向市文化行政管理部门申请《临时性文化经营许可证》。

**第二十八条** 营业性文化娱乐场所发布的演出广告内容必须真实、合法、健康，禁止弄虚作假欺骗消费者。

**第二十九条** 文化娱乐经纪机构和经纪人，一年内未从事经营活动的，由市文化行政管理部门取消其经营资格，收回《文化经营许可证》，并由工商行政管理部门注销其工商登记。

**第三十条** 不得在公共图书馆、博物馆、中小学校、少年儿童活动场所以及本市规定的其他场所内举办营业性文化娱乐活动。

**第三十一条** 从事文化娱乐经营活动的单位和个人应当将文化娱乐活动的营业报表，向市或者区、县文化行政管理部门备案。

**第三十二条** 文化娱乐市场的稽查人员对营业性文化娱乐场所和文化娱乐经营活动遵守本条例的情况进行稽查。

稽查人员在执行公务时应当出示稽查证件。

**第三十三条** 对检举或者协助查处文化娱乐经营活动中的违法案件有贡献的单位和个人，文化行政管理部门应当给予表彰和奖励。

## 第五章 法律责任

**第三十四条** 对违反本条例规定，未按规定携带《演出许可证》的，由市社会文化管理处或者区、县文化行政管理部门给予警告，并可以对单位（含个体工商户，下同）处以五百元以上五万元以下的罚款，对个人处以五十元以上五千元以下的罚款，有违法所得和非法财物的，没收违法所得和非法财物。

违反前款规定，情节严重的，市文化行政管理部门或者区、县文化行政管理部门可以并处责令停业、吊销《文化经营许可证》、《演出许可证》。

**第三十五条** 对违反本条例规定，有下列行为之一的，由市社会文化管理处或者区、县文化行政管理部门没收其违法所得和非法财物，并对单位处以一千元以上十万元以下的罚款，对个人处以二百元以上二万元以下的罚款：

（一）聘用无《演出许可证》的演出队的；

（二）出借、出租、涂改或者伪造《文化经营许可证》、《演出许可证》的；

（三）外省、自治区、直辖市表演队或者个人未向市文化行政管理部门办理手续，在本市从事文化娱乐经营活动的；

（四）未经许可，组织外国或者香港特别行政区、澳门特别行政区、台湾地区的表演团体或者个人来本市营业性文化娱乐场所演出的。

违反前款规定，情节严重的，市文化行政管理部门或者区、县文化行政管理部门可以并处责令停业、吊销《文化经营许可证》、《演出许可证》。

**第三十六条** 营业性文化娱乐场所进行转承包经营的，由市或者区、县文化行政管理部门暂扣或者吊销其《文化经营许可证》。

**第三十七条** 在营业性文化娱乐场所表演或者播放反动、淫秽、色情作品的，或者在营业性文化娱乐场所进行赌博、色情活动和其他违反《中华人民共和国治安管理处罚法》的活动的，由公安部门依法处理；构成犯罪的，依法追究刑事责任。

**第三十八条** 文化行政管理部门或者市社会文化管理处对违反本条例的单位和个人给予行政处罚，应当出具行政处罚决定书。收缴罚没款应当出具市财政部门统一制发的罚没款收据。罚没款全部上缴国库。

市或者区、县文化行政管理部门应当在作出吊销《文化经营许可证》处罚决定之日起七日内，将处罚决定抄告有关行政管理部门。

**第三十九条** 当事人对文化行政管理部门或者市社会文化管理处的具体行政行为不服的，可以依照《中华人民共和国行政复议法》或者《中华人民共和国行政诉讼法》的规定申请复议或者提起诉讼。

当事人对文化行政管理部门或者市社会文化管理处的行政处罚决定逾期不申请复议，不提起诉讼，又不履行的，文化行政管理部门或者市社会文化管理处可以申请人民法院强制执行。

**第四十条** 文化行政管理部门和市社会文化管理处的工作人员必须忠于职守、廉洁奉公、秉公执法。对玩忽职守、滥用职权、徇私舞弊的，由其所在单位或者上级主管部门给予行政处分；构成犯罪的，依法追究刑事责任。

## 第六章 附 则

**第四十一条** 本条例所称游艺机是指经市文化行政管理部门审核，允许向未成年人开放的游戏机。

**第四十二条** 本条例的实施细则由市人民政府制定并颁布施行。

**第四十三条** 本条例自 1996 年 1 月 1 日起施行。

# 上海市宗教事务条例

（1995 年 11 月 30 日上海市第十届人民代表大会常务委员会第二十三次会议通过 根据 2005 年 4 月 21 日上海市第十二届人民代表大会常务委员会第十九次会议《关于修改〈上海市宗教事务条例〉的决定》第一次修正 根据 2015 年 6 月 18 日上海市第十四届人民代表大会常务委员会第二十一次会议《关于修改〈上海市环境保护条例〉等 8 件地方性法规的决定》第二次修正 2018 年 11 月 22 日上海市第十五届人民代表大会常务委员会第七次会议修订）

## 第一章 总 则

**第一条** 为了保障公民宗教信仰自由，维护宗教和睦与社会和谐，规范宗教事务管理，提高宗教工作法治化水平，根据国务院《宗教事务条例》及其他有关法律、行政法规，结合本市实际，制定本条例。

**第二条** 公民有宗教信仰自由。

任何组织或者个人不得强制公民信仰宗教或者不信仰宗教，不得歧视信仰宗教的公民（以下称“信教公民”）或者不信仰宗教的公民（以下称“不信教公民”）。

信教公民和不信教公民、信仰不同宗教的公民应当相互尊重、和睦相处。

**第三条** 宗教事务管理坚持保护合法、制止非法、遏制极端、抵御渗透、打击犯罪的原则。

各宗教坚持独立自主自办的原则，宗教团体、宗教院校、宗教活动场所和宗教事务不受外国势力支配。

坚持宗教不干预国家行政、司法、学校教育和社会公共教育的原则。

**第四条** 宗教团体、宗教院校、宗教活动场所、宗教教职人员、信教公民的合法权益和正常的宗教活动受法律保护。

宗教团体、宗教院校、宗教活动场所、宗教教职人员、信教公民应当遵守宪法、法律、法规和规章，遵循国家宗教工作方针政策，践行社会主义核心价值观。任何组织和个人不得利用宗教进行违法活动。

**第五条** 本市各级人民政府及街道办事处应当加强宗教工作，建立健全宗教工作机制，保障工作力量和必要的工作条件，协调宗教事务管理工作，为宗教团体、宗教院校和宗教活动场所提供公共服务。

市人民政府宗教事务部门（以下简称“市宗教事务部门”）是本市宗教事务的行政主管部门，负责本条例的组织实施。区人民政府宗教事务部门（以下简称“区宗教事务部门”）负责本行政区域内宗教事务的行政管理工作，接受市宗教事务部门的工作指导。

居民委员会、村民委员会应当依法协助政

府管理宗教事务。

## 第二章 宗教团体

**第六条** 宗教团体的成立、变更和注销，由申请人向市或者区宗教事务部门提出申请。市或者区宗教事务部门应当自受理申请之日起二十日内，提出审查意见。市或者区宗教事务部门审查同意的，申请人应当依照国家社会团体管理的有关规定，到同级民政部门办理登记。

**第七条** 宗教团体应当依法接受政府相关部门的行政管理，按照各自的章程开展活动，协助政府贯彻执行有关宗教事务方面的法律、法规、规章和政策。

宗教团体应当对信教公民进行爱国主义和法制教育，反映信教公民合理诉求，维护信教公民的合法权益。

**第八条** 宗教团体应当建立健全规章制度，规范教务活动，组织或者协助宗教活动场所开展正常的宗教活动，引导宗教院校、宗教活动场所、宗教教职人员坚持独立自主自办原则，抵御境外势力利用宗教进行渗透，抵制商业化倾向。

宗教院校、宗教活动场所和宗教教职人员应当遵守宗教团体制定的规章制度。

**第九条** 宗教团体应当坚持我国宗教中国化方向，引导宗教与社会主义社会相适应，开展宗教思想建设，对教义教规作出符合当代中国发展进步要求、符合中华传统优秀文化的阐释。

**第十条** 宗教团体应当加强宗教人士教育培养，通过宗教院校教育培养、国民教育和短期培训等途径，提高宗教教职人员综合素质，增强其国家意识、公民意识。

市宗教团体可以根据本宗教的需要，按照规定选派和接收宗教留学人员。

## 第三章 宗教院校

**第十一条** 设立、变更、撤销和合并宗教院校，应当由市宗教团体向市宗教事务部门提出申请，市宗教事务部门应当自收到申请之日起三十日内提出意见，报国家宗教事务部门审批；经批准后，可以按照有关规定申请、变更或者终止法人登记。

**第十二条** 宗教院校应当履行以下职责：

（一）对在校学生进行教育培养；

（二）对宗教教职人员、宗教团体和宗教活动场所的工作人员以及信教公民进行教育培训；

（三）开展宗教学术研究。

**第十三条** 宗教院校应当制定招生简章明确招生条件，并报经市宗教团体同意。

宗教院校招生应当根据考生本人自愿的原则，经当地宗教团体推荐，通过考试，择优录取。

**第十四条** 本市宗教院校聘用外籍专业人员，应当向市宗教团体提出聘用计划，包括拟聘用人员名单、讲授课程、课时和任教期限等信息，并提供国家规定的相关材料。

市宗教团体对聘用计划提出意见后，报市宗教事务部门审核；市宗教事务部门应当自受理之日起二十日内出具审核意见，报国家宗教事务部门。国家宗教事务部门审查同意后，宗教院校到本市外国人工作管理部门办理手续。

**第十五条** 市宗教团体应当履行办学主体责任，明确宗教院校的培养目标，指导其制定办学章程和课程设置计划，落实必要的办学资金和稳定的经费来源，为其开展教学任务提供必需的教学场所、设施设备，并为宗教院校专职教师提供必要的工作和生活保障。

**第十六条** 宗教团体和寺院、宫观、清真寺、教堂（以下称“寺观教堂”）可以以自己的名义在宗教院校外开展宗教教育培训，开展培养宗教教职人员、学习时间在三个月以上的宗教教育培训，应当报区宗教事务部门审批；区宗教事务部门应当自收到申请之日起二十日内，作出批准或者不予批准的决定。作出批准决定的，应当自批准之日起十日内，报市宗教事务部门备案。

## 第四章 宗教活动场所

**第十七条** 本条例所称宗教活动场所，是指按照国家有关规定依法登记，供信教公民在本市进行集体宗教活动的寺观教堂和其他固定宗教活动处所。

本市寺观教堂与其他固定宗教活动处所的区分标准，由市宗教事务部门制定，报国家宗教事务部门备案后，向社会公布。

**第十八条** 区宗教事务部门应当根据本行政区域内信教公民合理宗教活动的需求以及相关宗教团体意见，提出宗教活动场所布局设置建议，经区人民政府同意后，报市宗教事务部门综合平衡全市情况提出意见，并由市、区规划管理部门统筹考虑纳入相应的城乡规划。

宗教事务部门应当规范引导宗教团体以购买、租赁等多种方式，解决宗教活动场所供给问题。

**第十九条** 筹备设立宗教活动场所的，由宗教团体向拟设立的宗教活动场所所在地的区宗教事务部门提出申请。区宗教事务部门应当自收到申请之日起三十日内，对申请设立其他固定宗教活动处所的，作出批准或者不予批准的决定；对申请设立寺观教堂的，提出审核意见，报市宗教事务部门审批。市宗教事务部门应当自收到区宗教事务部门报送的材料之日起三十日内，作出批准或者不予批准的决定。

宗教活动场所经批准筹备并建设完工后，应当按照国家有关规定，向所在地的区宗教事务部门申请登记，取得《宗教活动场所登记证》。未履行登记手续的，不得开展宗教活动。

非宗教团体不得设立宗教活动场所。

**第二十条** 在宗教活动场所内改建或者新建建筑物，应当经所在地的区宗教事务部门同意后，依法办理规划、建设等审批手续。

改建或者新建建筑物，不改变宗教活动场所现有布局和功能的，区宗教事务部门应当自受理之日起二十日内，作出同意或者不予同意的决定。

改建或者新建建筑物改变宗教活动场所现有布局和功能，属于寺观教堂的，区宗教事务部门审核后报市宗教事务部门，市宗教事务部门应当自收到材料之日起二十日内，作出同意或者不予同意的决定；属于其他固定宗教活动处所的，区宗教事务部门应当自受理之日起二十日内，作出同意或者不予同意的决定。

**第二十一条** 符合法人登记条件的宗教活动场所，经市或者区宗教团体同意后，并报经区宗教事务部门审查同意，可以向所在地的区民政部门办理法人登记。

宗教活动场所应当以《宗教活动场所登记证》记载的名称，申请法人登记。

**第二十二条** 宗教活动场所应当建立管理组织，实行民主管理。

宗教活动场所管理组织应当维护宗教活动场所的合法权益，并在宗教团体指导下做好以下工作：

（一）建立健全人员、财务、资产、会计、档案和治安、消防、环境保护、文物保护、卫生防疫等各项管理制度；

（二）教育信教公民爱国守法和遵守宗教活动场所的管理制度；

（三）接受政府相关部门的指导、监督、检查。

宗教活动场所应当于每年第一季度向所在地的区宗教事务部门提交上一年度的管理情况报告。

**第二十三条** 宗教活动场所应当制定突发事件应急预案，报所在地的区宗教事务部门备案。

宗教活动场所内发生重大事故或者发生违犯宗教禁忌等伤害信教公民宗教感情、破坏民族团结、影响社会稳定的事件时，宗教活动场所应当启动应急预案，并立即报告所在地的区宗教事务、公安等相关管理部门。

**第二十四条** 在宗教活动场所内设立商业服务网点、举办陈列展览、拍摄电影电视片和开展其他活动，不得妨碍正常的宗教活动，不得伤害信教公民的宗教感情。

**第二十五条** 信教公民有进行经常性集体宗教活动需要，尚不具备条件申请设立宗教活动场所的，信教公民应当推选二至三名代表，由信教公民代表按照国家规定，向区宗教事务部门提出指定临时活动地点的申请。信教公民代表应当是拟设临时活动地点所在区的户籍居民或者常住居民。

区宗教事务部门在指定临时活动地点前，应当征求宗教团体和所在地的乡镇人民政府或者街道办事处意见；必要时，可以通过公告、听证会、座谈会等形式，听取周边居民、单位的意见。

**第二十六条** 任何组织和个人进入宗教活动场所，应当遵守宗教活动场所的各项规定，尊重信教公民的宗教信仰习惯，不得在宗教活动场所内进行不同信仰或者不同宗教、同一宗教的不同派别之间的宣传和争论。

## 第五章 宗教教职人员

**第二十七条** 宗教教职人员经宗教团体认定，报宗教事务部门备案后，可以从事宗教教务活动。

宗教教职人员未经宗教团体认定或者备案材料不属实的，宗教事务部门不予备案。

宗教团体应当依照法律、法规和本宗教有关规定，加强对本宗教团体认定的宗教教职人员的日常管理。

未取得或者已丧失宗教教职人员资格的，不得以宗教教职人员的身份从事活动。

**第二十八条** 有下列情形之一的，原认定该宗教教职人员身份的宗教团体应当到原备案部门办理注销备案手续：

（一）宗教团体依照法律、法规和本宗教有关规定解除宗教教职人员身份的；

（二）宗教教职人员放弃宗教教职人员身份的；

（三）因其他原因丧失宗教教职人员身份的。

宗教事务部门发现宗教教职人员存在违法行为的，应当建议宗教团体解除其宗教教职人员身份，并按照程序办理注销备案手续。

**第二十九条** 宗教院校毕业的非本市户籍的宗教教职人员，在本市稳定从事宗教主要教职五年以上的，经本人申请，由所在宗教团体、宗教院校、宗教活动场所推荐，经市宗教事务部门核实，其户籍可以按照有关规定迁入本市。

宗教教职人员可以按照本市有关规定，申请办理《上海市居住证》，并享受基本公共服务和便利。申请积分的，按照《上海市居住证》积分管理的有关规定办理。

**第三十条** 宗教教职人员依法参加社会保障并享有相关权利。宗教团体、宗教院校、宗教活动场所应当按照规定为宗教教职人员办理社会保险登记。

## 第六章 宗 教 活 动

**第三十一条** 信教公民的集体宗教活动，一般应当在依法登记的宗教活动场所举行，由宗教活动场所、宗教团体或者宗教院校组织，由经认定并备案的宗教教职人员或者符合本宗教规定的其他人员主持，按照教义教规进行。

信教公民也可以在经批准的临时活动地点举行集体宗教活动。

非宗教团体、非宗教院校、非宗教活动场所、非指定的临时活动地点不得组织、举行宗教活动，不得接受宗教性捐赠。

**第三十二条** 跨省、自治区、直辖市举行超过宗教活动场所容纳规模的大型宗教活动，或者在宗教活动场所外举行大型宗教活动，应当由主办的宗教团体、寺观教堂在拟举行日的三十日前，向大型宗教活动举办地的区宗教事务部门提出申请。区宗教事务部门应当自受理之日起十五日内，在征求本级公安机关意见后，作出批准或者不予批准的决定。作出批准决定的，由批准机关向市宗教事务部门备案。

主办大型宗教活动的宗教团体、寺观教堂应当预测参加活动的人数，评估活动风险，并在有关管理部门的指导下，采取相应的安全防范措施。

**第三十三条** 宗教团体、宗教院校和寺观教堂可以编印、发送宗教内部资料性出版物。宗教团体、宗教院校和寺观教堂需要编印、发送宗教内部资料性出版物，应当向市宗教事务部门提出申请；经市宗教事务部门审批同意后，向市出版行政部门办理准印证。

**第三十四条** 宗教活动场所可以应信教公民的要求，为其举行道场、法会、洗礼、婚礼、追思等宗教仪式。

宗教活动场所为信教公民举行宗教婚礼仪式的，结婚双方必须已在婚姻登记机关办理结婚登记。

**第三十五条** 宗教活动不得影响社会秩序、工作秩序、生活秩序。

任何组织和个人不得利用宗教进行危害国家安全、破坏社会秩序、损害公民身体健康、妨碍国家教育制度以及其他损害国家利益、社会公共利益和公民合法权益等违法活动，也不得在宗教活动场所或者经批准的临时活动地点外传教。

宗教活动场所内不得进行有悖于社会公德或者本教教义的活动。

**第三十六条** 从事互联网宗教信息服务，应当经市人民政府宗教事务部门审核同意后，按照国家互联网信息服务管理有关规定办理。

互联网宗教信息服务的内容应当符合有关法律、法规、规章和宗教事务管理的相关规定。

## 第七章 宗 教 财 产

**第三十七条** 宗教财产是指宗教团体、宗教院校、宗教活动场所合法使用的土地，合法所有或者使用的房屋、构筑物、设施，以及其他合法财产、收益。

宗教财产受法律保护，任何组织和个人不得侵占、哄抢、私分、损毁或者非法查封、扣押、冻结、没收、处分。

**第三十八条** 宗教团体、宗教院校、宗教活动场所应当向所在地宗教事务部门报告财务状况、收支情况和接受、使用捐赠情况，接受其监督管理，并以适当方式向信教公民公布。宗教事务部门应当与有关部门共享相关管理信息。

**第三十九条** 宗教团体、宗教院校、宗教活动场所收藏、使用的文物以及受国家委托代管、使用的文物，不得擅自馈赠或者转让，其他单位和个人不得擅自占用。

**第四十条** 宗教活动场所和宗教建筑中属于文物保护单位、优秀历史建筑或者市级以上宗教重点保护单位的，由相关管理部门按照本市有关规定划定其保护范围和周边建设控制范围。在保护和控制范围内的各项建设活动，应当执行有关规定。

前款所列的宗教活动场所改作他用的，应当征求市宗教事务部门的意见，并经相关管理部门批准或者备案。

**第四十一条** 为了公共利益需要，征收宗教团体、宗教院校或者宗教活动场所房屋的，应当按照国家房屋征收的有关规定执行。宗教团体、宗教院校或者宗教活动场所可以选择房屋产权调换、重建或者货币补偿。

宗教活动场所被征收房屋属于公有房屋租赁使用的，征收部门应当妥善安置，并按照规定给予补偿。

**第四十二条** 宗教团体、宗教院校、宗教活动场所所有的房屋和使用的土地等不动产，应当依法办理不动产登记。其中，涉及土地使用权变更或者转移时，不动产登记机构应当征求同级宗教事务部门的意见。

宗教团体、宗教院校和宗教活动场所用于宗教活动的房屋、构筑物及其附属的宗教教职人员生活用房，不得转让、抵押或者作为实物投资。

**第四十三条** 宗教团体、宗教活动场所可以按照国家有关规定，开展以自养为主要目的的经营活动。

出于自养目的，宗教团体和宗教活动场所可以按照有关规定，将非用于宗教活动的房屋、构筑物出租。

**第四十四条** 宗教团体、宗教院校、宗教活动场所从事经营活动以及接受捐赠等取得的财产和收入，应当用于与其宗旨相符的活动以及公益慈善事业，不得用于分配。

**第四十五条** 宗教团体、宗教院校、宗教活动场所、宗教教职人员可以依法开展公益慈善活动。

宗教团体、宗教院校、宗教活动场所申请设

立公益慈善组织的，经市宗教事务部门审查同意，向市民政部门办理登记。市宗教事务部门在审查过程中，可以听取市宗教团体的意见。

宗教团体、宗教院校、宗教活动场所、宗教教职人员以及其他任何个人和组织，不得利用公益慈善活动传教。

**第四十六条** 任何组织或者个人捐资修建宗教活动场所，不享有该宗教活动场所的所有权、使用权，不得从该宗教活动场所获得经济收益，不得干预宗教活动场所的内部事务。

禁止投资、承包经营宗教活动场所或者大型露天宗教造像，禁止利用宗教活动场所进行商业运作并获取经济收益，禁止以宗教名义进行商业宣传。

## 第八章 涉外宗教事务

**第四十七条** 本市外国人集体宗教活动应当在本市依法登记的寺观教堂内进行，寺观教堂不具备条件或者无相应寺观教堂的，可以在市宗教事务部门许可的外国人集体宗教活动临时地点进行。

**第四十八条** 外国人拟在寺观教堂举行集体宗教活动，应当由召集人向市宗教团体提出申请。

市宗教团体应当根据申请和当地寺观教堂的情况，拟定为外国人举行集体宗教活动提供专场服务的寺观教堂，并征得寺观教堂同意后，报寺观教堂所在地的区宗教事务部门备案。

为外国人集体宗教活动提供专场服务的寺观教堂应当与召集人签订协议，明确活动的时间、方式、人员规模、安全措施等事项，并将协议报寺观教堂所在地的区宗教事务部门备案。

**第四十九条** 本市外国人申请集体宗教活动临时地点的，应当向区宗教事务部门提出申请。区宗教事务部门应当出具审核意见，并报市宗教事务部门。市宗教事务部门应当在征求市宗教团体的意见后，作出审批决定。

**第五十条** 市宗教团体可以按照有关规定，邀请以宗教教职人员身份来访的外国人在本市宗教活动场所讲经、讲道。

**第五十一条** 外国人在本市进行宗教活动，应当遵守中国的法律、法规，不得成立宗教团体、建立宗教办事机构、开设宗教活动场所和宗教院校；不得在中国公民中发展教徒、委任宗教教职人员、散发宗教宣传品以及进行其他传教活动。

**第五十二条** 本市宗教团体、宗教活动场所应邀出访或者邀请国外宗教组织、宗教界人士来访，应当按照有关规定办理手续。

**第五十三条** 本市宗教组织、宗教界人士可以与外国人进行友好往来和文化学术交流活动。

本市宗教组织、宗教界人士与外国人在开展友好往来和文化学术交流活动中，应当坚持独立自主、相互尊重、互不干涉、平等友好的原则。

**第五十四条** 任何组织在对外进行经贸、文化、教育、卫生、体育，以及其他交往活动中，不得接受附加的宗教条件。

## 第九章 法律责任

**第五十五条** 违反本条例规定的行为，法律、法规有处理规定的，从其规定。

**第五十六条** 宗教团体、宗教院校、宗教活动场所违反社会保障、经营管理和出版管理等相关法律、法规、规章规定的，由人力资源社会保障、市场监管、文化行政执法等部门按照各自职责，依法予以查处；宗教事务部门应当予以协助配合。

**第五十七条** 利用宗教进行危害公共安全，侵犯公民人身权利、民主权利，妨害社会管理秩序，侵犯公私财产等违法活动，构成违反治安管理行为的，由公安机关依法给予治安管理处罚；构成犯罪的，依法追究刑事责任。

**第五十八条** 国家工作人员在宗教事务管理中滥用职权、玩忽职守、徇私舞弊，应当给予处分的，依法给予处分；构成犯罪的，依法追究刑事责任。

## 第十章 附 则

**第五十九条** 香港特别行政区、澳门特别行政区、台湾地区的居民在本市进行宗教活动，按照国家和本条例的有关规定执行。

**第六十条** 本条例自 2019 年 3 月 1 日起施行。

# 上海市测绘管理条例

（1995 年 12 月 29 日上海市第十届人民代表大会常务委员会第二十四次会议通过 根据 1997 年 5 月 27 日上海市第十届人民代表大会常务委员会第三十六次会议《关于修改〈上海市测绘管理条例〉的决定》第一次修正 根据 2002 年 2 月 1 日上海市第十一届人民代表大会常务委员会第三十六次会议《关于修改〈上海市测绘管理条例〉的决定》第二次修正 根据 2010 年 9 月 17 日上海市第十三届人民代表大会常务委员会第二十一次会议《关于修改本市部分地方性法规的决定》第三次修正）

## 第一章 总 则

**第一条** 为了加强本市测绘管理，规范测绘行为，保障测绘事业发展，促进测绘事业为经济建设、城市建设和社会发展服务，根据《中华人民共和国测绘法》和有关法律、法规，结合本市实际情况，制定本条例。

**第二条** 在本市行政区域内从事测绘活动，适用本条例。

**第三条** 本条例所称测绘活动，是指天文测量、大地测量、重力测量、界线测量、工程测量、地形测绘、地籍测绘、地下管线测绘、航道、海洋与滩涂测绘以及卫星测量、摄影与遥感测绘、数字化测绘等；建立与各种地图相应的地理信息系统；编制地下综合管线图和各种地图，使用和管理测绘成果；设置、使用和维护测量标志，进行测绘管理等与测绘有关的活动。

**第四条** 上海市测绘管理部门（以下简称市测绘管理部门）负责本市测绘管理工作。

本市其他有关部门和区、县有关部门应当按照各自的职责，管理本部门或者本行政区域内的测绘工作。

**第五条** 本市测绘使用与国家测绘系统相联系并相对独立和统一的上海平面坐标系统、吴淞高程系统，执行国家规定的等级和技术标准。

大于、等于五千分之一比例尺的地形图测绘，应当按照上海统一的平面坐标系统进行分幅和编号；小于五千分之一比例尺的地形图测绘，应当纳入国家基本比例尺的地形图系列。

**第六条** 单位和个人应当为测绘提供便利，不得妨碍和阻挠测绘人员依法从事测绘活动。

**第七条** 市测绘管理部门负责对测绘工作进行监督检查。测绘监督检查人员执行公务时，应当出示检查证件，并对涉及的技术秘密和业务秘密予以保密。

被监督检查者应当提供有关资料和设备。

## 第二章 测绘活动管理

**第八条** 市测绘管理部门会同市有关部门编制本市基础测绘和其他重大测绘项目规划，报市人民政府批准并报国务院测绘行政主管部门备案后，组织实施。

本市其他有关部门编制的本部门专业测绘

规划，报市测绘管理部门备案后，组织实施。

**第九条** 市测绘管理部门会同有关行政主管部门编制本市地籍测绘规划，并组织协调有关测绘机构实施。

**第十条** 行政区域界线测绘，按照国务院和市人民政府规定的办法进行。

土地、建筑物、构筑物以及地面上其他附着物的权属界址线测绘，按照县级以上人民政府确定的权属界线的界址点、界址线或者提供的有关登记资料和附图进行。

**第十一条** 承担测绘任务的单位应当经国家有关部门或者市测绘管理部门审查合格，取得《测绘资格证书》后，方可从事测绘活动。

外省市测绘单位在本市从事测绘活动的，应当持有效的《测绘资格证书》，向市测绘管理部门备案。

境外组织在本市从事测绘活动的，应当持国家规定的批准文书，向市测绘管理部门备案。

**第十二条** 取得涉及测绘的《工程勘察证书》的单位，可以在核定范围内从事测绘活动。

《工程勘察证书》的发证机关应当在发出涉及测绘的《工程勘察证书》后三十日内，向市测绘管理部门备案。

**第十三条** 测绘资格按照国家有关规定分为甲、乙、丙、丁四级。

甲级测绘资格由市测绘管理部门初审后，报国务院测绘行政主管部门审批；乙、丙、丁级测绘资格由市测绘管理部门审批。

**第十四条** 申请测绘资格应当具备下列条件：

（一）有规定数量的专业技术人员、技术工人和质量检验人员；

（二）有相应的仪器设备和设施，主要仪器设备有计量检定合格证书；

（三）有固定的工作场所；

（四）有技术、质量与资料管理制度。

**第十五条** 申请甲级测绘资格的，市测绘管理部门应当自收到申请材料之日起三十日内作出初审意见，合格的，报国务院测绘行政主管部门审批；不合格的，书面通知申请人。

申请乙、丙、丁级测绘资格的，市测绘管理部门应当自收到申请材料之日起三十日内作出审核决定，合格的，颁发《测绘资格证书》；不合格的，书面通知申请人。

**第十六条** 《测绘资格证书》不得涂改、转让、转借和出租。

**第十七条** 持有《测绘资格证书》的单位，必须按照规定的业务范围、作业区域和作业限额从事测绘活动。

**第十八条** 承担测绘任务的单位，应当在测绘前按照规定向市测绘管理部门进行测绘项目登记。未经登记的，不得从事测绘活动。

测绘项目登记的范围和具体办法，由市测绘管理部门制定，报市人民政府批准后施行。

列入国家测绘规划的项目，不再登记。

**第十九条** 市质量技术监督管理部门按照有关规定，对测绘仪器设备进行计量检定。

测绘单位不得使用未经计量检定或者经计量检定不合格的仪器设备进行测绘。

**第二十条** 地下管线建设单位应当按照全市统一的技术标准及时、准确地测量地下管线的空间位置，编制地下管线竣工图；市测绘管理部门应当进行监督检查，并组织地下综合管线的测绘。

地下管线建设单位应当按照规定向市城市建设档案管理机构报送地下管线竣工图。市城市建设档案管理机构应当在收到地下管线竣工图后两个月内提供给市测绘管理部门。市测绘管理部门应当组织编制统一的地下综合管线图。

**第二十一条** 需要在本市申请航线、航带进行民用航空摄影测量的任何单位，应当向市测绘管理部门提出申请，经审核同意的，由市测绘管理部门向有关军事主管部门办理民用航空摄影测量手续。

## 第三章　测绘成果管理

**第二十二条** 本条例所称测绘成果，是指通过测绘活动完成的地理坐标数据、地形地貌影像、各类地图等有关资料。

**第二十三条** 测绘单位完成的测绘成果，应当向市测绘管理部门汇交测绘成果目录，天文测量、大地测量、重力测量、卫星测量的数据和图件以及正式印制的地图应当汇交副本。

市测绘管理部门应当组织编制地形、地籍合一的地形图，地形测绘和地籍测绘单位应当提供有关图件。

市测绘管理部门定期编制本市测绘成果目录，并向有关使用单位提供。

**第二十四条** 测绘单位提供的测绘成果资料必须标明《测绘资格证书》编号。

测绘成果盖有“上海市测绘管理办公室测绘资料专用章”，方可在城乡规划、土地管理、建设管理等领域使用。

**第二十五条** 使用军事部门测绘成果的，应当按照国家规定的程序，向有关军事测绘主管部门办理使用手续。

**第二十六条** 市测绘管理部门对测绘成果实施质量监督。

测绘单位不得提供质量不合格的测绘成果。

**第二十七条** 测绘成果属于知识产权的，适用有关法律的规定，任何单位和个人未经成果所有权人许可，不得复制、转让或者转借。

市测绘管理部门保管测绘单位汇交的测绘成果，应当遵守前款规定。

**第二十八条** 有密级的基础测绘成果需要公开使用的，必须报市测绘管理部门同意，经解密处理后，方可公开使用。

有密级的其他测绘成果需要公开使用的，必须经成果所有权人同意，作解密处理并报市测绘管理部门备案后，方可公开使用。

测绘成果所有权人向其他组织和个人提供本市未公开的测绘成果的，应当按照国家有关规定办理。涉及国家秘密的测绘成果，应当经市保密行政主管部门审查批准。

保密地图或者内部地图（含内部书刊地图插页，下同）不得公开出版、发行、展示或者销售。

**第二十九条** 编制本市保密地图、内部地图的单位，必须在印刷前将试印样图送市测绘管理部门审核，经批准后方可印刷。

公开出版上海市行政区域内地图（含书刊地图插页）的单位，必须在印刷前将试印样图送市测绘管理部门审核，经批准后方可印刷。公开出版的地图上必须标明地图审核登记号和测绘日期。

公开展示、悬挂、刊登、播映标有国界线和行政区域界线的各类地图和示意图，应当按照中华人民共和国国界线标准样图和上海市行政区域界线标准样图制作。

**第三十条** 印刷保密地图和内部地图的单位，必须具备规定的保密条件。

## 第四章 测量标志管理

**第三十一条** 本条例所称测量标志，是指测绘单位为进行测量而埋设或者建造的金属觇标、木质觇标和标石等标志。测量标志分为永久性测量标志和临时性测量标志。

**第三十二条** 建造永久性测量标志的单位，施工前应当按照有关规定向市测绘管理部门提出申请。

市测绘管理部门应当在收到建造永久性测量标志的申请后三十日内作出审批决定。

任何单位和个人不得阻止测绘单位依法使用测量标志用地和在建筑物上建造测量标志。

**第三十三条** 区、县有关部门应当为永久性测量标志指定保管单位或者保管人员。

建造永久性测量标志的单位应当与保管单位或者保管人员签订测量标志保管书，并按照规定办理交接手续。

保管单位或者保管人员应当定期向市测绘管理部门报告保管情况。

**第三十四条** 使用永久性测量标志的人员应当持测绘单位的证件，并接受保管单位或者保管人员的查询。

保管单位或者保管人员不得干扰使用永久性测量标志的人员按照规定使用测量标志，不得向使用人员索取保管费。

使用永久性测量标志的人员应当使测量标志保持原状，因使用不当造成测量标志损坏的，应当立即通知保管单位或者保管人员，并按照有关规定予以赔偿。

**第三十五条** 建造永久性测量标志的单位应当负责标志的日常保养与维修。

**第三十六条** 任何单位和个人都有保护永久性测量标志和临时性测量标志的义务，不得从事危及测量标志安全的活动。

**第三十七条** 遇有特殊情况需要拆迁永久性测量标志或者危及永久性测量标志安全和使用效能时，任何单位和个人必须取得建造永久性测量标志单位的同意，并向市测绘管理部门提出申请。

市测绘管理部门批准拆迁永久性测量标志后，应当会同原建造单位对迁建工作作出安排，并通知测量标志所在地区、县有关部门及保管单位或者保管人员。

## 第五章 法律责任

**第三十八条** 对违反本条例的行为，由市测绘管理部门按照下列规定进行处理：

（一）违反本条例第十一条规定的，责令停止违法行为，没收违法所得和测绘成果，并处测绘约定报酬一倍以上两倍以下的罚款；

（二）违反本条例第十六条规定的，责令停止测绘一至两年或者予以吊销《测绘资格证书》的处罚；

（三）违反本条例第十七条规定的，责令停止测绘，没收违法所得，可并处违法所得百分之五十至百分之一百的罚款；

（四）违反本条例第十八条第一款、第二十一条、第三十四条第一款规定的，责令停止测绘；

（五）违反本条例第二十三条第一款、第二十四条、第二十五条、第三十二条第一款规定的，责令限期改正；逾期未改正的，停止提供国家和本市的基础测绘成果；

（六）违反本条例第二十六条第二款规定的，责令测绘单位补测或者重测；情节严重的，责令停业整顿，降低资质等级直至吊销《测绘资格证书》；给用户造成损失的，依法承担赔偿责任；

（七）违反本条例第二十九条第一款规定的，责令限期改正；逾期未改正的，取消地图编制资格。违反本条例第二十九条第二款、第三款规定的，责令限期改正；逾期未改正的，并处以三百元以上一万元以下的罚款。

处以罚款应当出具市财政部门印制的统一收据，罚没款按照规定上缴国库。

**第三十九条** 违反本条例第十九条第二款、第二十七条、第二十八条、第三十条规定的，按照有关法律、法规处理。

**第四十条** 违反本条例第三十六条或者阻挠测绘人员依法从事测绘活动的，依照《中华人民共和国治安管理处罚法》的规定予以处罚；构成犯罪的，依法追究刑事责任。

**第四十一条** 测绘管理人员玩忽职守、滥用职权、徇私舞弊的，给予行政处分；构成犯罪的，依法追究刑事责任。

**第四十二条** 当事人对市测绘管理部门的具体行政行为不服的，可以按照《中华人民共和国行政复议法》和《中华人民共和国行政诉讼法》的规定，申请行政复议或者提起行政诉讼。

当事人逾期不申请复议，不提起诉讼，又不履行行政处罚决定的，市测绘管理部门可以依法申请人民法院强制执行。

## 第六章 附则

**第四十三条** 本条例的具体应用问题，由市测绘管理部门负责解释。

**第四十四条** 本条例自 1996 年 4 月 1 日起施行。

# 上海市道路运输管理条例

（1996年1月26日上海市第十届人民代表大会常务委员会第二十七次会议通过　根据1997年8月13日上海市第十届人民代表大会常务委员会第三十八次会议《关于修改〈上海市道路运输管理条例〉的决定》第一次修正　根据2003年11月13日上海市第十二届人民代表大会常务委员会第八次会议《关于修改〈上海市道路运输管理条例〉的决定》第二次修正　2005年10月28日上海市第十二届人民代表大会常务委员会第二十三次会议修订　根据2010年9月17日上海市第十三届人民代表大会常务委员会第二十一次会议《关于修改本市部分地方性法规的决定》第三次修正　根据2011年12月22日上海市第十三届人民代表大会常务委员会第三十一次会议《关于修改本市部分地方性法规的决定》第四次修正　根据2020年5月14日上海市第十五届人民代表大会常务委员会第二十一次会议《关于修改本市部分地方性法规的决定》第五次修正）

## 第一章　总　　则

**第一条**　为了维护本市道路运输市场秩序，保障道路运输安全，保护道路运输各方当事人的合法权益，促进道路运输业的健康发展，根据《中华人民共和国道路运输条例》，结合本市实际，制定本条例。

**第二条**　本条例适用于本市行政区域内的道路运输经营及其管理活动。

前款所称道路运输经营，包括道路旅客运输经营（以下简称客运经营）、道路货物运输经营（以下简称货运经营）和道路运输相关业务。客运经营包括省际的班线客运经营、包车客运经营和旅游客运经营。道路运输相关业务，包括道路旅客运输站（场）（以下简称客运站）经营、道路货物运输站（场）（以下简称货运站）经营、机动车维修经营、机动车驾驶员培训、机动车综合性能检测、公共停车场（库）经营和道路货物运输代理经营。

本市公共汽车和电车、出租汽车客运管理不适用本条例。

**第三条**　市交通行政管理部门主管本市道路运输管理工作，负责组织实施本条例。市交通行政管理部门所属的上海市城市交通运输管理处（以下简称市运输管理处）和上海市城市交通行政执法总队（以下简称市交通执法总队）为市道路运输管理机构；市运输管理处负责具体实施本市道路运输的日常管理工作，并直接对黄浦、徐汇、长宁、静安、普陀、虹口、杨浦等区的道路运输进行日常管理和监督；市交通执法总队具体负责本市道路运输监督检查工作，并按照《中华人民共和国道路运输条例》和本条例的规定实施行政处罚。

浦东新区以及闵行、宝山、嘉定、金山、松江、奉贤、青浦、崇明等区交通行政管理部门负责组织领导本行政区域内的道路运输管理工作。区交通行政管理部门所属的区道路运输管理机构按照规定的职责负责具体实施本行政区域内的道路运输管理工作，并按照《中华人民共和国道路运输条例》和本条例的规定实施行政处罚。

本市有关行政管理部门按照各自的职责，协同实施本条例。

**第四条**　市交通行政管理部门应当按照法定程序，根据本市经济和社会发展的需要，编制道路运输发展规划和专业系统规划，分别纳入市国民经济和社会发展计划以及城市总体规划。

## 第二章 基本管理

**第五条** 从事客运经营、货运经营、客运站经营、货运站经营、机动车维修经营、机动车驾驶员培训的，应当具备国家规定的与其经营业务相适应的条件。具体条件中的专业标准、技术规范可以由市交通行政管理部门会同有关部门制定并公布。

需要从事客运经营、机动车驾驶员培训的，应当向市交通行政管理部门提出申请；需要从事危险货物运输经营的，应当向市运输管理处提出申请；需要从事危险货物经营以外的货运经营、客运站经营、货运站经营、机动车维修经营的，应当向市运输管理处或者所在地的区道路运输管埋机构提出申请。市交通行政管理部门和市运输管理处、区道路运输管理机构受理申请后，应当按照法定条件和程序进行审查，作出许可或者不予许可的决定。

**第六条** 从事机动车综合性能检测、公共停车场(库)经营的，应当在取得营业执照后十五日内，向市运输管理处或者所在地的区道路运输管理机构备案。

**第七条** 依据本条例第五条规定取得道路运输经营许可的经营者需要合并、分立或者变更许可事项的，应当向原审批机关申请办理变更手续。

客运经营者、客运站经营者需要终止经营的，应当在终止经营三十日前告知原审批机关，并同时向社会公告。

**第八条** 从事危险货物运输的驾驶人员、装卸管理人员、押运人员应当经市交通行政管理部门考试合格，取得上岗资格证后，持证上岗。

从事危险货物运输以外的货运经营以及客运经营的驾驶人员、培训机动车驾驶员的教练员，应当经市运输管理处考试合格，取得上岗资格证后，持证上岗。

考试发证机构不得组织强制性考前培训或者指定培训点。

**第九条** 实行政府定价、政府指导价的道路运输服务价格，由市交通行政管理部门提出方案，经市物价行政管理部门批准后执行。

道路运输经营者应当遵守国家和本市价格规定，并按照规定明码标价。

**第十条** 从事道路运输经营依法应当具备的经营许可证件、车辆营运证、上岗资格证、营运标志、机动车维修范围标志牌、机动车维修合格证等证件、标志牌，由市运输管理处统一监制，任何单位和个人不得伪造、涂改、转让或者出租。

**第十一条** 本市积极推进建立道路运输公共信息网络系统，具体实施办法由市人民政府制定。

**第十二条** 市交通执法总队可以依法在本市主要的公路道口对道路运输经营车辆的经营资质和经营行为进行检查。市其他行政管理部门需要委托市交通执法总队对车辆运输的货物依法进行检查、控制的，应当经市人民政府批准。

道路运输管理机构的工作人员应当严格按照职责权限和程序加强对道路运输经营活动的监督检查，做好检查记录。

**第十三条** 任何单位和个人有权对道路运输经营中的违法行为和服务质量以及交通行政管理部门、道路运输管理机构工作人员的违法行为，向市交通行政管理部门、区交通行政管理部门、道路运输管理机构进行举报和投诉。

交通行政管理部门和道路运输管理机构应当建立举报、投诉制度，公开举报和投诉电话、通信地址或者电子邮件信箱，依法及时调查处理举报和投诉，并将处理结果回复举报、投诉人。

## 第三章 客运、货运管理

**第十四条** 本市对客运班线实行有期限经

营，经营期限为四年到八年。市运输管理处应当根据班线客运经营者的资质条件、服务质量等确定相应的经营期限。

班线客运经营者依法取得客运班线经营权后，应当在一百二十日内正式营运。超过规定期限六十日未营运的，视为放弃客运班线经营权。

客运班线经营期限届满需要延续经营的，班线客运经营者应当在届满六十日前向原审批机关提出申请。

**第十五条** 本市建立客运班线经营状况评议考核制度。市运输管理处可以每年对班线客运经营者的基本资质条件和营运服务质量进行评议考核。考核应当公开、公平、公正，考核结果作为延续或者注销客运班线经营权的依据之一。

**第十六条** 客运经营者的客运车辆应当按照规定的线路和公布的班次行驶，在批准的客运站点停靠，禁止沿途揽客。禁止超过核定人数运输旅客。

定线旅游客运应当按照班线客运管理，非定线旅游客运应当按照包车客运管理。

**第十七条** 因特殊情况发生旅客严重滞留的情况，市运输管理处应当及时采取有效措施，进行疏散；客运经营者应当服从市运输管理处的统一调度、指挥。

**第十八条** 市交通行政管理部门应当会同市公安交通行政管理部门根据本市道路运输发展规划、货运市场需求以及市内道路交通条件，制定允许在市内全天通行的营业性货运车辆运力发展年度计划。公安交通行政管理部门可以根据道路和交通流量的实际情况，在一定区域、时间内限制货运车辆通行。

允许在市内全天通行的营业性货运车辆应当具有独立的封闭结构车厢，车辆的外形和安全、环保等技术性能应当符合国家和本市规定的有关标准和条件。禁止使用客运车辆从事货运经营活动，禁止使用货运车辆从事客运经营活动。

**第十九条** 本市道路运输车辆应当按照国家和本市的规定悬挂和使用与其运输经营业务相符合的营运标志。

**第二十条** 客运经营者、货运经营者应当按照国家和本市的规定定期对营运车辆进行维护和检测。市运输管理处、区道路运输管理机构应当按照国家营运车辆技术等级划分和评定要求，每年对营运车辆进行车辆技术等级评定，并同时实施年度审验。

客运经营者和货运经营者应当按照国家和本市的规定建立车辆技术档案，及时、完整、准确记载车辆检测、技术等级评定等有关内容。

发生交通事故、自然灾害、公共卫生以及其他突发事件，客运经营者和货运经营者应当服从市、区人民政府或者有关部门的统一调度、指挥。

**第二十一条** 在外省市注册的货运经营者从事起讫地均在本市的货运经营活动的，应当到市运输管理处或者区道路运输管理机构备案。

## 第四章 机动车维修与检测管理

**第二十二条** 本市鼓励发展以便利、快捷为特点，以机动车常见故障排除和养护为主要内容的机动车维修服务(以下简称机动车快修)。机动车快修应当符合本市汽车快修企业技术条件。

本市中心城区内鼓励发展连锁经营的机动车快修，不再新设机动车专项维修点。

**第二十三条** 机动车维修经营者应当在经营场所的醒目位置悬挂机动车维修范围标志牌，公示经营许可证、机动车维修工时定额和工时单价、材料配件进销价差率、机动车维修质量保证期。

**第二十四条** 机动车维修经营者承接机动车二级维护、总成修理、整车修理的，应当与托修方签订维修合同，并建立维修档案，做好维修记录。

**第二十五条** 机动车维修经营者应当建立配件登记档案，记录配件的名称、供应商名称和地址、制造企业名称和地址、进货日期、进货单价等。

机动车维修经营者提供的配件应当标明原厂配件、副厂配件、修复配件或者旧配件，供用户选择。使用修复配件或者旧配件的，应当征得托修方同意，并保证维修质量。禁止使用假冒伪劣配件维修机动车。

**第二十六条** 机动车维修经营者应当按照有关技术标准对机动车进行维修；尚无标准的，应当参照机动车制造企业提供的维修手册、使用说明书和有关资料进行维修。

机动车维修经营者承接机动车二级维护、总成修理、整车修理的，应当进行维修前诊断检验、维修过程检验和维修竣工质量检验。维修竣工质量检验合格的，应当由维修质量检验人员签发全国统一样式的机动车维修合格证。机动车维修经营者不具备维修质量检验能力的，应当委托具有资质的机动车综合性能检测站进行维修质量检验。

进行机动车维修竣工质量检验的，应当按照有关技术标准进行检验，确保检验结果准确，如实提供检验结果证明，并对检验结果承担法律责任。

**第二十七条** 机动车维修经营者应当按照公示的机动车维修工时定额、工时单价、材料配件价格收取费用；机动车制造企业未提供机动车维修工时定额的，应当执行市交通行政管理部门制定的机动车维修工时定额。

机动车维修经营者与托修方结算费用时，材料费和工时费应当分项计算，并出具市运输管理处统一监制的机动车维修结算清单。

**第二十八条** 机动车维修经营者、机动车综合性能检测站应当加强对检测、计量仪器设备的日常维护和校正，确保其技术性能指标达到标准要求。用于机动车维修质量检验、营运车辆技术等级评定等的检测、计量仪器设备，应当按照国家和本市的规定进行强制周期检定。

道路运输管理机构在监督检查中发现前款规定的检测、计量仪器设备不准确或者逾期未进行强制周期检定的，应当责令其限期校正或者检定，并移交市场监督管理部门依法处理。

## 第五章　其他相关业务管理

**第二十九条** 机动车驾驶员培训机构应当遵守下列规定：

（一）在经营场所的醒目位置公示经营许可证、收费标准、训练区域等；

（二）按照国务院交通主管部门规定的教学大纲进行培训；

（三）聘用取得教练员上岗资格证的人员从事教学工作；

（四）严格考试纪律；

（五）按规定做好培训记录，建立学员档案。

机动车驾驶员培训机构及其教练员在培训过程中不得弄虚作假，对结业考试不合格的学员，不得颁发培训结业证书。

**第三十条** 客运站、货运站、公共停车场（库）的设置和建设，应当符合本市道路运输专业规划及国家和本市的有关标准。

市和区规划行政管理部门及建设行政管理部门在审查客运站、货运站、公共停车场（库）建设工程的规划方案和初步设计方案时，应当分别征求市交通行政管理部门和区交通行政管理部门意见。

未经批准不得改变客运站、货运站、公共停车场（库）的用途和服务功能。

**第三十一条** 客运站经营者应当遵守下列规定：

（一）合理安排运行班次和发车时间；

（二）按照客运经营者根据政府指导价确定的票价售票；

（三）对无故停班或者连续三日不进站经营的，及时向市运输管理处或者所在地的区道路运输管理机构报告；

（四）严格执行各项站务收费规定；

（五）工作人员佩戴服务证上岗。

**第三十二条** 货运站经营者应当遵守下列规定：

（一）按照国家规定的安全操作规程装卸、储存、保管货物；

（二）严禁有毒、易污染物品与食品混装；

（三）仓储等经营场所符合消防安全条件，各种消防器材、设施配备齐全有效；

（四）工作人员佩戴服务证上岗。

**第三十三条** 道路货物运输代理经营者受理运输危险货物和法律、行政法规规定应当办理有关手续后方可运输的货物业务的，应当了解运输货物的品名、性质、数量和应急处理方法，查验有关凭证。不得受理运输国家规定的禁运货物。

道路货物运输代理经营者应当将受理的运输业务交给具有合格资质的货运经营者承运。

## 第六章 法律责任

**第三十四条** 违反本条例的行为，《中华人民共和国道路运输条例》及其他有关法律、行政法规已有处罚规定的，从其规定。

**第三十五条** 违反本条例的下列行为，由市交通执法总队、区道路运输管理机构予以处罚：

（一）违反本条例第六条规定，未履行备案义务的，责令限期改正；逾期不改正的，处二百元以上二千元以下的罚款。

（二）违反本条例第八条第二款规定，教练员未取得上岗资格证上岗从业的，责令停止上岗，并处二百元以上二千元以下的罚款。

（三）违反本条例第十条规定，转让或者出租营运标志、机动车维修范围标志牌、机动车维修合格证的，责令停止违法行为，收缴有关证件、标志牌，并处二百元以上二千元以下的罚款；伪造或者涂改营运标志、机动车维修范围标志牌、机动车维修合格证的，收缴有关证件、标志牌，没收违法所得，可以并处二千元以上二万元以下的罚款；构成犯罪的，依法追究刑事责任。

（四）违反本条例第十九条规定，未按规定悬挂和使用营运标志的，责令改正，可以处一百元以上五百元以下的罚款。

（五）违反本条例第二十条第二款规定，未建立车辆技术档案的，责令改正，可以处三百元以上三千元以下的罚款。

（六）违反本条例第二十一条规定，未履行备案义务的，责令改正，可以处二百元以上二千元以下的罚款。

（七）违反本条例第二十三条规定，未履行公示义务的，责令限期改正；逾期不改正的，处二百元以上二千元以下的罚款。

（八）违反本条例第二十四条规定，未建立维修档案、未履行记录义务的，责令限期改正；逾期不改正的，处二百元以上二千元以下的罚款。

（九）违反本条例第二十五条第一款规定，未建立配件登记档案、未履行记录义务的，责令限期改正；逾期不改正的，处二百元以上二千元以下的罚款。

（十）违反本条例第二十六条第三款规定，未如实提供检验结果证明的，责令改正，有违法所得的，没收违法所得，并处违法所得二倍以上十倍以下的罚款；没有违法所得的，处二千元以上二万元以下的罚款；构成犯罪的，依法追究刑事责任。

（十一）违反本条例第二十九条第一款第五项规定，未做好培训记录、未建立学员档案的，责令限期改正；逾期不改正的，处二百元以上二千元以下的罚款。

（十二）违反本条例第二十九条第二款规定，教练员在培训过程中弄虚作假的，处二百元以上一千元以下的罚款；情节严重的，吊销教练员上岗资格证。

（十三）违反本条例第三十一条第三项规定，未履行及时报告义务的，处二百元以上二千元以下的罚款。

（十四）违反本条例第三十三条规定，受理运输国家规定的禁运货物或者将受理的运输业务交给不具有合格资质的货运经营者承运的，没收违法所得，并处二千元以上二万元以下的罚款；构成犯罪的，依法追究刑事责任。

（十五）道路运输经营者在经营活动过程中，因情况变化丧失或者部分丧失第五条规定的经营条件，仍从事经营活动的，责令限期改正，可以处二千元以上二万元以下的罚款；逾期不改正的，吊销其道路运输经营许可证件。

**第三十六条** 市交通执法总队、区道路运输管理机构在实施监督检查过程中，发现无车辆营运证又无法当场提供其他有效证明的车辆从事经营活动的，可以暂扣其营运车辆，并责令当事人在规定的期限内到指定的地点接受处理。

市交通执法总队、区道路运输管理机构在暂扣物品时，应当向当事人出具暂扣物品文书和清单，告知执法依据、理由和接受处理的地点、时限；对暂扣的物品应当妥善保管、不得使用，不得在告知当事人接受处理的时限内收取或者变相收取保管费。

当事人应当在规定时限内到指定地点接受处理。逾期不来接受处理的，市交通执法总队、区道路运输管理机构可以依法作出行政处罚决定，并将处罚决定书送达当事人。当事人履行处罚决定后，取回暂扣物品。当事人无正当理由逾期不履行行政处罚决定，经公告三个月后仍不来接受处理的，市交通执法总队、区道路运输管理机构可以依法处理暂扣物品。

**第三十七条** 当事人对市交通行政管理部门、区交通行政管理部门、道路运输管理机构的具体行政行为不服的，可以依照《中华人民共和国行政复议法》或者《中华人民共和国行政诉讼法》的规定，申请行政复议或者提起行政诉讼。

当事人对具体行政行为逾期不申请复议，不提起诉讼，又不履行的，作出具体行政行为的市交通行政管理部门、区交通行政管理部门、道路运输管理机构可以申请人民法院强制执行。

**第三十八条** 从事道路运输管理和执法的工作人员玩忽职守、滥用职权、徇私舞弊、索贿受贿的，由其所在单位或者上级主管机关给予处分；构成犯罪的，依法追究刑事责任。

## 第七章 附　　则

**第三十九条** 本条例自2006年1月1日起施行。

# 上海市实施《中华人民共和国农业技术推广法》办法

（1996年1月26日上海市第十届人民代表大会常务委员会第二十五次会议通过　根据2010年9月17日上海市第十三届人民代表大会常务委员会第二十一次会议《关于修改本市部分地方性法规的决定》修正）

## 第一章 总　　则

**第一条** 为了加强农业技术推广工作，促使农业科研成果和实用技术应用于农业生产，保障农业发展，实现农业现代化，根据《中华人民共和国农业技术推广法》，结合本市实际情况，制定本办法。

**第二条** 本办法所称农业技术，是指应用于本市范围内种植业、林业、畜牧业、渔业的科研成果和实用技术，包括良种繁育、肥料施用、饲料配制、病虫草害防治、栽培和养殖技术，农副产品加工、保鲜、贮运技术，农业机械、农用航空技术，农田水利、土壤改良、水土保持、农村供水、农村能源利用、农业环境保护技术，农业气象以及农业经营管理技术等。

本办法所称农业技术推广，是指在本市范围内通过试验、示范、培训、指导以及咨询服务等方式，把农业技术普及应用于农业生产的产前、产中、产后全过程的活动。

**第三条** 本办法适用于本市范围内与农业技术推广工作有关的单位和个人。

**第四条** 市农业委员会是本市农业技术推广行政主管部门，负责农业技术推广的组织和协调工作。

市和区、县的农业、林业、蔬菜、畜牧、渔业、农机、水利、农垦、粮食等行政部门(以下统称农业技术推广行政部门)按照各自的职责，负责有关农业技术推广的实施和管理工作。

**第五条** 各级人民政府应当加强对农业技术推广工作的领导，组织农业、科技、教育等部门制定规划，采取措施，促进农业技术推广事业的发展。

**第六条** 各级科学技术行政部门应当对农业技术推广工作予以支持和指导。

各级教育部门应当办好农业专业学校，开展农业职业教育和技术培训，提高农业科技人员和农业劳动者素质。

各级财政、税务、银行、供销合作社等部门应当在各自职责范围内，支持农业技术推广工作。

**第七条** 农业技术推广应当遵循下列原则：

(一) 有利于高产、优质、高效农业的发展；

(二) 尊重农业劳动者的意愿；

(三) 因地制宜，经过试验、示范；

(四) 国家、农村集体经济组织扶持；

(五) 实行有关科研单位、学校、推广机构、村级农业服务组织与群众性科技组织、农村专业协会、科技人员、农业劳动者相结合；

(六) 讲求农业生产的经济效益、社会效益和生态效益。

**第八条** 鼓励和支持科技人员开发、推广应用先进的农业技术，鼓励和支持农业劳动者和农业生产经营组织应用先进的农业技术。

鼓励和支持引进国内外的先进农业技术，进行消化、吸收和创新，促进国内外农业技术的交流和合作。

## 第二章 农业技术推广体系

**第九条** 农业技术推广，实行农业技术推广机构与农业科研单位、有关学校、村级农业服务组织以及群众性科技组织和农业技术人员相结合的推广体系。

农业技术推广以农业技术推广机构为主组织实施。

鼓励和支持供销合作社、其他企业事业单位、社会团体以及社会各界的科技人员，到农村开展农业技术推广服务活动。

**第十条** 市和区、县农业技术推广机构是国家事业单位，受同级农业技术推广行政部门的领导和上级农业技术推广机构的指导。

乡、镇农业技术推广机构是国家在基层的事业单位，受同级人民政府和上级农业技术推广行政部门的双重领导。

村应当建立农业服务组织，并配备相应的农业技术人员。

**第十一条** 农业技术推广机构的职责是：

(一) 参与制定农业技术推广计划并组织实施；

(二) 组织农业技术的专业培训；

(三) 提供农业技术、信息服务；

(四) 对确定推广的农业技术进行试验、示范；

(五) 指导下级农业技术推广机构、村级农业服务组织、群众性科技组织和农民技术人员的农业技术推广活动。

**第十二条** 村级农业服务组织和群众性科技组织应当配合农业技术推广机构做好以下各项工作：

(一) 实施农业技术推广计划；

(二) 组织应用先进的农业科研成果和成熟适用的农业技术；

(三) 进行农业技术的试验、示范；

(四) 为农业劳动者和农业生产经营组织

做好农业生产过程中农业技术等服务工作。

**第十三条** 本市各农场、林场、牧场、渔场应当认真做好本场农业技术推广工作，并加强与农业技术推广机构的协作，面向社会，积极开展农业技术推广、服务活动。

**第十四条** 农业技术推广人员享有以下权利：

（一）依法从事农业技术推广工作，参加学术讨论；

（二）技术成果依法受到保护；

（三）参加业务培训、进修；

（四）按照有关规定进行有偿服务，获得合法收入；

（五）检举和制止违法推广行为。

**第十五条** 农业技术推广人员应尽下列义务：

（一）宣传贯彻农业的法律、法规、规章制度和方针、政策；

（二）承担和完成农业技术推广的计划和项目；

（三）搞好试验、示范，组织技术培训，普及科技知识；

（四）为农业生产经营组织和农业劳动者提供农业信息、农业技术服务；

（五）反映农业技术推广情况，提出措施和建议；

（六）总结经验，提高和完善实用农业技术。

## 第三章 农业技术的推广与应用

**第十六条** 农业技术推广计划由农业技术推广行政主管部门会同有关部门制定。

农业技术推广计划中的重点项目应当列入市和区、县的科技发展计划，由农业技术推广行政部门与科学技术行政部门按照各自的职责，相互配合，组织实施。

**第十七条** 农业科研单位和有关学校应当把农业生产中需要解决的技术问题列为研究课题，其科研成果可以通过农业技术推广机构推广，也可以由农业科研单位和有关学校直接向农业劳动者和农业生产经营组织推广。

**第十八条** 各级农业技术推广机构和组织应当做好农业科学技术知识的宣传普及工作，通过各种形式的活动，提高农业劳动者应用农业科学技术的能力。

**第十九条** 农业技术推广机构向农业劳动者和农业生产经营组织推广农业技术，除本条第二款另有规定外，实行无偿服务。

农业技术推广机构、农业科研单位、有关学校及科技人员，以技术转让、技术服务、技术承包等形式，向农业劳动者和农业生产经营组织提供农业技术的，根据《中华人民共和国技术合同法》、《中华人民共和国专利法》的规定，可以实行有偿服务，其合法收入受法律保护。

**第二十条** 禁止向农业劳动者和农业生产经营组织推广未在推广地区经过试验证明具有先进性、适用性的农业技术。

禁止向农业劳动者和农业生产经营组织强行推广农业技术。

在推广农业技术中禁止销售和使用假冒伪劣种苗、农药、兽药、化肥、饲料、农机具。

## 第四章 农业技术推广的保障措施

**第二十一条** 各级人民政府在财政预算内应当保障用于农业技术推广的资金，并逐年增长。

**第二十二条** 本市建立农业技术推广专项资金。专项资金可以按照下列渠道筹集：

（一）国家和本市各级人民政府的财政拨款；

（二）国家和本市农业发展基金中用于农业技术推广的部分；

（三）大宗农产品的技术改进费；

（四）国家扶持的区域性开发和基地建设资金的农业技术推广部分；

（五）区、县和乡、镇以工补农资金中提取一定比例的资金；

（六）国内外有关组织和个人提供的资助、捐赠等。

农业技术推广专项资金实行专款专用，任

何单位或者个人不得截留或者移作他用。

农业技术推广专项资金的筹集、使用和管理办法，由市人民政府另行规定。

**第二十三条** 各级农业技术推广机构中的国家农业技术人员经费，按照有关规定的标准，列入同级人民政府的财政预算。

乡、镇农业技术推广机构中列入集体事业编制的农民技术人员的经费，由乡、镇人民政府列入财政预算，统筹解决。

村级农民技术人员的经费，由村集体经济组织统筹解决。

**第二十四条** 农业技术推广机构以及村级农业服务组织，在保证搞好农业技术推广与服务工作的前提下，可以按照有关规定，兴办为农服务的企业，其财产不受侵占，收益主要用于农业技术推广与服务工作。

各级财政、税务、银行、工商行政管理等部门应当按照有关规定，对为农服务的企业，在资金、税收、信贷、企业登记等方面给予优惠或者提供方便。

**第二十五条** 各级人民政府应当保障农业技术推广机构有农业技术推广的试验基地、实验设施、办公场所；改善科技人员的工作条件、生活条件。

任何单位和个人不得侵占或者无偿调拨农业技术推广机构的试验基地、生产资料及其他财产。

**第二十六条** 各级人民政府有关部门应当按照有关规定，核定、落实农业技术推广机构的人员编制。

农业技术推广机构中具有中等以上专业水平的技术人员不应少于编制人数的百分之八十。

任何部门不得占用农业技术推广机构的人员编制。

**第二十七条** 各级农业技术推广机构中的专业技术人员，符合下列条件之一的，按照国家和本市有关规定享受相应的待遇：

（一）乡、镇农业技术推广机构的专业技术人员，符合有关规定的就地办理由农业户口转为非农业户口；

（二）在职专业技术人员到农业第一线从事农业技术推广工作，按照有关规定享受浮动工资待遇；

（三）从事农业技术推广工作满二十五年的专业技术人员，由市农业技术推广行政主管部门颁发荣誉证书；

（四）作出重大贡献的农业专业技术人员，按照有关规定发给特殊津贴。

**第二十八条** 农业技术推广行政部门和农业科研单位及有关学校在评聘专业技术职务时，应当将从事农业技术推广工作的专业科技人员的实绩，作为专业技术职务申报、考评的重要内容。

**第二十九条** 市农业技术推广行政主管部门应当按照国家的有关规定，对经过培训、申报、考核和评审后符合条件的农民技术人员，授予相应的专业技术职称，并发给资格证书。

## 第五章 奖励与处罚

**第三十条** 在农业技术推广工作中，有下列情况之一的单位和个人，由市和区、县人民政府或者农业技术推广行政部门给予表彰和奖励：

（一）在推广农业科技成果，促进农业生产发展中，取得显著成绩的；

（二）在农业技术推广管理工作中有突出贡献的；

（三）在普及农业科学知识，培训农业技术人才，提高农业劳动者素质中，有突出业绩的；

（四）在组织领导和保障措施上积极支持农业技术推广工作，作出重要贡献的。

**第三十一条** 违反本办法第二十条规定的单位和个人，由农业技术推广行政部门或者有关行政部门按照各自的职责和权限，根据情节轻重给予处罚：

（一）违反第一款、第二款规定的，由市或者区、县农业技术推广行政部门责令其停止推广，造成经济损失的，责令其赔偿经济损失，并对直接责任者给予行政处分；

（二）违反第三款规定的，由市或者区、县有关行政部门按照有关法律、法规的规定进行处罚；情节严重构成犯罪的，依法追究刑事责任。

**第三十二条** 违反本办法第二十二条第二款规定的，由各级人民政府指定有关部门责令退还，并对有关责任人员给予行政处分；情节严重构成犯罪的，依法追究刑事责任。

**第三十三条** 违反本办法第二十五条第二款规定的，由农业技术推广行政主管部门责令退还或者赔偿，并对有关责任人员给予行政处分。

**第三十四条** 当事人对行政主管部门的具体行政行为不服的，可以依照《中华人民共和国行政复议法》和《中华人民共和国行政诉讼法》的规定，申请复议或者提起诉讼。

当事人逾期不申请复议，不提起诉讼，又不履行处罚决定的，作出处罚决定的部门可以申请人民法院强制执行。

## 第六章 附 则

**第三十五条** 本办法的具体应用问题由市农业委员会负责解释。

**第三十六条** 本办法自1996年4月1日起施行。

# 上海市职业病防治条例

（1996年1月26日上海市第十届人民代表大会常务委员会第二十五次会议通过 根据2003年6月26日上海市第十二届人民代表大会常务委员会第五次会议《关于修改〈上海市职业病防治条例〉的决定》修正）

## 第一章 总 则

**第一条** 为了防治职业病，保护劳动者的身体健康，根据国家有关法律、法规，结合本市实际情况，制定本条例。

**第二条** 本条例所称的职业病，是指国家规定的在劳动过程中接触职业危害因素而引起的疾病。

本条例所称的职业危害因素，是指国家或者本市规定的危害劳动者身体健康的化学、物理、生物等因素的总称。

**第三条** 本条例适用于本市范围内有职业危害因素作业（以下简称有害作业）的企业、事业单位和个体经济组织（以下统称单位）以及从事有害作业的劳动者。

**第四条** 职业病防治工作应当贯彻预防为主、防治结合、综合治理的原则。

**第五条** 各级人民政府应当加强对职业病防治工作的领导，在制定本地区经济和社会发展规划时，统筹安排职业病防治工作。

**第六条** 市卫生行政管理部门是本市职业病防治工作的主管部门，区、县卫生行政管理部门负责本行政区域内的职业病防治工作。

市和区、县的劳动行政管理部门和其他有关行政管理部门依照各自的职责，协同卫生行政管理部门开展职业病防治工作。

**第七条** 各级工会对职业病防治工作实行群众监督，维护劳动者的合法权益。

**第八条** 有有害作业的单位必须设置相应

的防护设施，建立劳动卫生制度，并采取有效治理措施，改善劳动条件，使作业场所职业危害因素的浓度或者强度符合国家和本市的卫生标准。

单位的法定代表人应当将作业场所的职业危害因素及其后果预先告知劳动者。

**第九条** 劳动者有了解作业场所职业危害因素及其后果和所采取的治理措施的权利。

劳动者有接受劳动卫生培训的权利。

劳动者有依法要求单位改善有害作业的劳动条件和获得职业病预防、治疗的权利。

作业场所职业危害因素的浓度或者强度超过国家和本市卫生标准而未采取治理措施，又无必要的个体防护措施的，劳动者有权检举、控告和拒绝操作。

劳动者在劳动过程中应当遵守劳动卫生制度，严格执行劳动卫生操作规范。

## 第二章 预　防

**第十条** 卫生行政管理部门应当加强对单位的劳动卫生监督，加强对劳动者的健康监护和劳动卫生知识的宣传教育，进行职业病防治的技术指导。

市和区、县卫生行政管理部门设立劳动卫生监督员，执行卫生行政管理部门交付的执法检查任务。

**第十一条** 禁止将有害作业转移给没有相应防护设施的单位。

**第十二条** 涉及有害作业的新建、改建、扩建、技术改造和技术引进项目(以下统称建设项目)，其劳动卫生防护设施必须与主体工程同时设计、同时施工、同时验收使用，并符合国家和本市的卫生标准。

涉及有害作业的建设项目设计的审查和工程验收应当有卫生行政管理部门和其他有关行政管理部门参加。卫生行政管理部门应当根据国家和本市的卫生标准对建设项目进行卫生学评价，提出审核意见。

**第十三条** 单位使用新化学品作为生产原材料的，应当在使用前向市卫生行政管理部门登记备案并提供其毒性评审资料。

**第十四条** 有害作业场所应当与其他作业场所分开，并配备必要的劳动卫生防护设施。

易发生急性职业性中毒事故的作业场所，应当配备紧急防范设备和医疗急救用品，并确定专职或者兼职急救人员。

有剧毒、放射源或者产生放射线的作业场所，应当设置安全标志，并采取相应的防护措施，加强防范管理。

**第十五条** 单位对有害作业应当制订劳动卫生操作规程，建立各种相应的规章制度，并加强管理。

**第十六条** 发生职业病的单位，应当立即向所在地的区、县卫生行政管理部门和其他有关部门报告，并采取相应的防护措施。

**第十七条** 单位应当按照国家和本市的有关规定建立劳动卫生档案，记录生产工艺流程及职业危害因素影响劳动者健康的有关资料。

**第十八条** 卫生行政管理部门应当组织有有害作业的单位的法定代表人和单位内有关部门负责人进行劳动卫生知识和相应的法律、法规知识的培训。

单位应当组织从事有害作业的劳动者进行劳动卫生知识和相应的法律、法规知识的培训。

## 第三章 测　定

**第十九条** 本市对作业场所职业危害因素检测机构实行资质认可制度。除国家另有规定的外，未经市卫生行政管理部门认可的，不得从事作业场所职业危害因素的委托测定。

单位确定的自测人员应当报所在地的区、县卫生行政管理部门备案。

实施资质认可制度的具体办法由市卫生行政管理部门制定，经市人民政府批准后施行。

**第二十条** 单位应当按照国家和本市的规定对作业场所中职业危害因素的浓度或者强度进行测定；也可以委托经市卫生行政管理部门认可的检测机构进行测定。

作业场所职业危害因素的浓度或者强度超

过国家和本市卫生标准的，单位应当及时采取有效的治理措施。

**第二十一条** 单位应当定期将作业场所职业危害因素浓度或者强度测定结果报送所在地的区、县卫生行政管理部门和其他有关部门，并向职工公布。

**第二十二条** 卫生行政管理部门对本行政区域内单位的职业危害因素浓度或者强度测定工作实施质量控制，并进行抽查测定。抽查测定不得收取费用。

**第二十三条** 单位对卫生行政管理部门的抽查测定结果有异议的，可以在接到测定报告之日起十五日内，向市卫生行政管理部门的监测鉴定委员会申请复核。

**第二十四条** 检测机构和人员必须严格执行国家和本市的卫生标准和统一的检测技术规范，测定必须科学、真实，不得弄虚作假。

**第二十五条** 职业危害因素的浓度或者强度超过国家或者本市卫生标准的，由卫生行政管理部门责令其限期治理，并征收超标费。

超标费的具体收费标准和征收、使用办法由市人民政府另行制定。

## 第四章　健 康 保 护

**第二十六条** 单位应当组织从事有害作业的劳动者进行上岗前和定期的职业性健康检查，并应当及时将检查结果告知劳动者本人和建立健康档案。

单位应当对曾长期从事过有害作业的并可能患晚发职业病的离休、退休和调离岗位的劳动者，进行定期职业性健康检查。

职业性健康检查的范围、内容、间隔时间和职业禁忌症的范围，按照国家和本市的有关规定执行。

**第二十七条** 单位不得安排有职业禁忌症的劳动者从事与该禁忌症相关的有害作业。

**第二十八条** 从事职业性健康检查的医疗卫生机构，必须经市卫生行政管理部门审核批准。

**第二十九条** 急性职业病可以由初诊医疗卫生机构诊治。慢性职业病和急性职业病医疗终结后疑有后遗症的，由经市卫生行政管理部门审核批准的医疗卫生机构诊断。国家另有规定的除外。

**第三十条** 从事职业病诊断的医疗卫生机构应当按照国家和本市规定的职业病诊断标准，对患者的职业史、既往史、现场劳动卫生学调查、临床症状及相应的理化检查结果进行综合分析后，集体作出职业病的诊断。

**第三十一条** 从事职业病诊断的医疗卫生机构应当将职业病诊断证明书送交职业病患者及其所在单位。

**第三十二条** 劳动者或者单位对职业病诊断有异议的，可以向上海市职业病诊断鉴定委员会申请鉴定。对上海市职业病诊断鉴定委员会作出的鉴定结论有异议的，可以向国家职业病诊断鉴定委员会申请鉴定。

**第三十三条** 从事职业病诊断的医疗卫生机构应当按照国家和本市的有关规定进行职业病报告。

**第三十四条** 单位对被确诊患有职业病的劳动者，应当及时安排治疗或者疗养，并定期复查。

**第三十五条** 劳动者终止或解除劳动合同后发现患有职业病的，其职业病的医疗费用由造成该职业病的单位负责，具体实施办法由市人民政府制定。

## 第五章　法 律 责 任

**第三十六条** 违反本条例规定的，由卫生行政管理部门责令限期改正，并根据情节轻重按照下列规定给予行政处罚：

（一）违反本条例第八条第一款的，处以二千元以上二万元以下的罚款；

（二）违反本条例第八条第二款的，处以警告；逾期不改正的，对单位的法定代表人处以五百元以上二千元以下的罚款；

（三）违反本条例第十一条的，处以三千元以上五万元以下的罚款；

（四）违反本条例第十二条的，处以二千元以上二万元以下的罚款；

（五）违反本条例第十三条的，可以处以一千元以上五千元以下的罚款；

（六）违反本条例第十四条的，可以处以一千元以上一万元以下的罚款；

（七）违反本条例第十六条、第十七条、第二十条、第二十一条的，可以分别处以五百元以上二千元以下的罚款；

（八）违反本条例第十九条第一款、第二十四条、第二十八条的，没收违法所得并分别处以一千元以上一万元以下的罚款；

（九）违反本条例第二十六条第一款、第二款，第二十七条，第三十四条的，按照每人次五百元处以罚款。

有前款所列行为之一，情节严重的，除按照前款规定处罚外，可以责令停止有害作业操作。

**第三十七条** 卫生行政管理部门对违反本条例的单位进行行政处罚时，凡涉及其他行政管理部门监督分工范围的，应当会同其他行政管理部门处理。

**第三十八条** 卫生行政管理部门作出行政处罚，应当出具行政处罚决定书。收缴罚没款应当出具市财政部门统一印制的罚没财物收据。罚没款收入按照规定上缴财政。

**第三十九条** 卫生执法人员在监督检查中，认为有可能引起急性职业中毒事故的，可以采取控制措施。

**第四十条** 拒绝、阻碍卫生执法人员依法执行职务，未使用暴力、威胁方法的，由公安部门按照《中华人民共和国治安管理处罚条例》处理；构成犯罪的，依法追究刑事责任。

**第四十一条** 当事人对卫生行政管理部门的具体行政行为不服的，可以依照《中华人民共和国行政复议法》和《中华人民共和国行政诉讼法》的规定，申请复议或者提起诉讼。

当事人逾期不申请复议，不提起诉讼，又不履行处罚决定的，作出处罚决定的部门可以申请人民法院强制执行。

**第四十二条** 卫生行政管理部门的工作人员必须忠于职守，秉公执法。对玩忽职守、徇私舞弊、滥用职权的，由其所在单位或者上级主管部门给予行政处分；构成犯罪的，依法追究刑事责任。

## 第六章 附　　则

**第四十三条** 本条例的具体应用问题由市卫生行政管理部门解释。

**第四十四条** 本条例自1996年5月1日起施行。

# 上海市价格管理条例

（1996年6月20日上海市第十届人民代表大会常务委员会第二十八次会议通过 根据2010年9月17日上海市第十三届人民代表大会常务委员会第二十一次会议《关于修改本市部分地方性法规的决定》修正）

## 第一章 总　　则

**第一条** 为了适应社会主义市场经济体制的价格管理、监督机制，规范价格行为，维护市场价格秩序，保护国家利益以及经营者和消费者的合法权益，促进本市经济和社会发展，根据国家有关法律、法规，结合本市实际情况，制定本条例。

**第二条** 本条例所称的价格包括商品价格

和服务价格。

商品价格是指除工资、利率、汇价、证券及期货价格以外的各种价格。

服务价格是指经营性服务收费，以及行政事业性收费的标准。

本市行政区域内的企业、事业单位、个体工商户以及其他组织和个人从事与价格行为有关的活动，必须遵守本条例。

**第三条** 价格管理实行间接管理为主，直接管理为辅，促进公开、公平、合法、正当的价格竞争，建立在政府调控下的主要由市场形成价格的机制。

**第四条** 上海市物价局（以下简称市物价局）是本市的价格行政主管部门，负责本市的价格平衡工作，统一组织实施本市的价格管理和监督工作。

区、县人民政府价格行政主管部门受市物价局的业务指导，负责本行政区域内的价格监督管理工作。

市和区、县物价检查所是同级价格主管部门的监督检查机构，依法行使价格监督检查和处理价格违法行为的职责。

**第五条** 市和区、县价格主管部门在价格管理方面的主要职责是：

（一）贯彻执行和监督实施价格法律、法规及上级价格主管部门制定的有关价格的行政措施和调控方案；

（二）按照价格管理权限，拟定本级政府定价目录内的价格，制定或者拟定本级政府指导价目录内的定价原则、作价办法、基准价和浮动幅度、最高限价和最低限价；

（三）组织、指导、协调价格监督检查工作；

（四）指导、协调行业协会或者行业价格协调组织以及重要商品交易市场的价格工作；

（五）监测市场价格水平、供求状况、重要商品或者服务的成本，建立价格信息网络；

（六）组织、指导价格信息咨询机构开展价格信息交流、咨询服务、价格鉴证以及价格评估工作。

**第六条** 工商、公安、财政、税务、技术监督以及其他有关行政管理部门和负有行政管理职能的组织，根据各自职责，协同同级价格主管部门做好价格监督管理工作。

**第七条** 行业协会或者行业价格协调组织接受价格主管部门的指导、监督或者委托，配合价格主管部门依法做好本行业的价格协调和监督工作。

**第八条** 建立以政府价格主管部门监督检查为主体的，有社会监督、消费者监督、新闻舆论监督、行业监督等共同参与的价格监督体系。

## 第二章　价格的制定

**第九条** 价格的制定形式分别为政府定价、政府指导价以及经营者定价。

政府定价由市和区、县人民政府及其价格主管部门按照价格管理权限直接规定商品或者服务的统一价格。

政府指导价由市和区、县人民政府及其价格主管部门和负有价格行政管理职能的组织，按照价格管理权限规定的基准价及其浮动幅度，指导经营者在上述规定的范围内制定的价格。

经营者定价由从事商品生产、销售或者提供有偿服务的企业、事业单位以及其他经济组织和个体工商户（以下简称经营者），对实行政府定价和政府指导价以外的商品或者服务价格，依法自主制定和调整。

**第十条** 关系国计民生或者属于资源稀缺、公用事业以及其他不适宜由经营者自主定价的重要商品或者服务项目，实行政府定价或者政府指导价。

政府定价或者政府指导价应当依据国家或者上级人民政府制定的年度价格总水平控制目标，经济和社会发展的需要，社会或者行业平均成本，参照市场供求状况制定。

**第十一条** 行政事业性收费项目应当以法律、法规及相应的规章为依据，由市财政局会同市物价局审定，收费标准由市物价局会同市财政局审定。重要的收费项目和收费标准报市人民政府审定。

市人民政府以及市财政局、市物价局应当根据实际情况的变化，取消不适宜的收费项目或者调整收费标准。

**第十二条** 实行政府定价和政府指导价的商品或者服务项目，应当列入定价目录。

定价目录根据国家颁布的价格分工管理目录和本市实际情况，由市物价局会同有关部门拟定或者修订，经市人民政府审核同意，报国务院价格主管部门审定后公布。

**第十三条** 经营者应当依据商品或者服务的质量、成本以及市场供求状况等因素合法、合理、规范地制定价格，取得合法利润。

经营者改善管理，实现技术进步和依法以拍卖、竞价、招标等形式取得的收益，是其合法利润。

## 第三章 价格的管理

**第十四条** 根据国家和本市物价控制目标，市和区、县人民政府及其价格主管部门、有关行政管理部门以及负有行政管理职能的组织，应当依照各自的职责，加强对价格的调控、管理和监督，确保国家和本市年度价格总水平目标的实现。

**第十五条** 市和区、县人民政府可以根据实际情况，对重要农产品及其他对人民生活有重要影响的行业，实行阶段性价格保护；建立主要食品、农业生产资料等的价格风险和调节基金制度；建立主要食品、日用工业品和防灾救灾物资等重要商品的储备制度。

**第十六条** 当重要商品和服务价格显著上涨或者有可能显著上涨，市人民政府可以对部分价格采取限定差价率或者利润率、规定限价、实行提价申报制度和调价备案制度等干预措施。

以上行政措施的实施和解除，应当及时向社会公布。

市人民政府采取第一款规定的干预措施，应当报国务院备案。

**第十七条** 市和区、县价格主管部门应当建立价格监测制度，定期对本行政区域内价格水平的变化作出分析和预测。有关市场价格信息应当公开。

价格主管部门和价格管理人员应当严守国家价格秘密和为经营者保守技术秘密、商业秘密。

**第十八条** 行业协会或者行业价格协调组织应当依法开展行业内的价格管理、协调工作，向政府及其价格主管部门提出本行业有关实施政府定价或者政府指导价的建议，指导本行业经营者的定价行为，协调本行业的价格争议，引导、鼓励本行业的非会员单位参与行业的价格协商。

行业协会或者行业价格协调组织不得利用其所占据的市场优势，实行价格垄断。

**第十九条** 行政事业性收费应当实行收费许可证、收费票据和年度审验、票据稽核等管理制度。各项收费收入应当纳入各级财政预算管理。具体办法由市人民政府规定。

行政事业性收费单位应当亮证收费，公开收费项目和收费标准。不得无证收费、超标准收费、扩大范围收费、使用非法票据收费以及从事无服务事实的收费。不得将自身职责范围内的行政事务或者公务活动，交由他人进行营利性的经营收费。

**第二十条** 各类交易市场的主办者，应当负责市场内的价格管理工作，维护市场价格秩序，纠正价格违法行为，配合价格监督检查机构查处价格违法事件。

**第二十一条** 经营者应当遵守价格法律、法规和规章，执行政府定价和政府指导价以及政府的行政措施。定价时应当遵守本条例规定的原则，实行诚实、公平、公正交易和信用服务。

经营者应当根据自身的经营规模，建立定价调价、削价优惠、价格资料等价格管理的规章制度；设立价格管理机构或者指定价格管理人员。

经营者应当服从价格主管部门的管理，配合价格主管部门做好价格的采集、审验等管理工作，接受价格监督检查机构的监督检查，如实反映情况，提供真实资料；认真听取消费者和社会各界的批评和意见，规范经营行为。

**第二十二条** 经营者销售、收购商品或者提供服务，应当明码标价，做到一货一签，标识醒目。

商品标签上应当准确、清晰地标明品名、产地、规格、计价单位、零售价格以及其他与该商品的价格构成有重要影响的内容。

提供服务应当在其经营场所的醒目位置公布其收费价目表，准确标明收费项目名称、等级或者规格、服务范围、计价单位、收费标准等主要内容。

经营者不得高于标价出售商品，不得收取任何未予标明的费用。

**第二十三条** 经营者销售商品或者提供服务，应当陈列样品或者公布质量标准，保证质量与价格相符。不得有以次充好、混充规格、降低质量，或者偷工减料、掺杂使假、虚报用工用料等价格欺诈行为。

经营者不得谎称降价、优惠价、折扣价、处理价、最低价或者极品等，以不真实、无依据或者畸高的标价误导、诱骗、欺诈消费者。

经营者不得以不提供购货发票或者服务票据为条件降低价格。

**第二十四条** 市物价局可以根据国家有关制止牟取暴利的规定，公布本市实施反暴利规定的商品和服务项目。

对本市公布实施反暴利的商品或者服务项目，经营者自行制定价格时，其标价水平、差价率或者利润率不得超过市物价局认定的这一商品或者服务，在同一地区、同一时期、同一档次、同种类商品或者服务的市场价格水平或者收费水平的合理幅度。

**第二十五条** 经营者应当参与正当的市场竞争，不得与其他经营者串通、商定并执行垄断价格或者哄抬市场价格，不得为他人规定商品价格水平。

经营者不得为排挤竞争对手以低于成本价格倾销商品，销售鲜活、呆滞、季节性商品或者因清偿债务、转产、歇业降价销售的除外。

## 第四章 价格的监督

**第二十六条** 市和区、县人民政府价格主管部门依法对本级人民政府的有关部门或者下级人民政府以及经营者执行价格法律、法规和行政措施的情况进行监督检查。

政府有关部门应当协助、配合价格主管部门开展价格监督工作。

**第二十七条** 市和区、县物价检查所根据市物价局规定的职责，执行价格监督检查。

价格监督检查人员执行公务，应当依法办事，文明执法，佩带识别标志，并出示证件。

**第二十八条** 职工物价监督组织、消费者组织以及其他社会团体，可以开展群众性的价格监督活动，监督经营者的价格行为和行政事业单位的收费，并向价格监督检查机构提出对价格违法行为的处理建议。

**第二十九条** 消费者有权获得商品或者服务价格的真实情况；有权拒绝经营者的价格欺诈或者价格歧视行为以及各类非法收费；有权要求得到损害赔偿；有权向价格检查机构投诉、举报价格违法行为。

价格监督检查机构对消费者的举报应予受理，并对举报有功者实施奖励，负责为举报者保密。

**第三十条** 新闻舆论单位应当运用舆论工具，宣传价格法律、法规，正确引导生产、经营和消费，揭露价格违法行为，对经营者和行政事业性收费实行价格舆论监督。

**第三十一条** 行业协会或者行业价格协调组织，可以接受价格监督检查机构的委托，对本行业的商品或者服务价格实行检查，督促经营者执行政府定价、政府指导价和政府干预措施，监督本行业经营者的价格行为。

**第三十二条** 经营者有权获得价格主管部门有关法律、法规以及价格信息的服务和帮助；有权对价格主管部门和价格监督检查机构的工作提出批评和建议；有权检举、控告侵犯其依法享有的价格权益的行为；有权拒绝各类非法收费；有权对价格检查机构的检查和处罚进行申辩和解释。

## 第五章 法律责任

**第三十三条** 违反本条例规定，由价格监督检查机构依照下列规定实施处罚：

（一）违反第十八条第二款规定的，责令消除影响，处一千元以上一万元以下罚款；

（二）违反第十九条第二款规定的，没收违法所得，处违法所得一倍以上三倍以下或者一千元以上一万元以下罚款；情节严重的，处违法所得三倍以上五倍以下或者一万元以上三万元以下罚款；

（三）违反第二十条规定的，对市场的主办者给予通报批评或者由其所在单位、上级主管部门给予行政处分；

（四）违反第二十一条第一款、第三款规定的，没收违法所得，处违法所得一倍以上三倍以下或者一千元以上一万元以下罚款；情节严重的，处违法所得三倍以上五倍以下或者一万元以上五万元以下罚款；

（五）违反第二十二条第一款规定的，责令改正，没收违法所得，可以并处一千元以上五千元以下罚款。违反第二十二条第二款规定的，处一百元以上二千元以下罚款。违反第二十二条第三款、第四款规定的，没收违法所得，责令改正，可以处违法所得一倍以上三倍以下或者一千元以上一万元以下罚款；情节严重的，处违法所得三倍以上五倍以下或者一万元以上三万元以下罚款，可以提请工商行政管理部门依法责令停业整顿、吊销营业执照；

（六）违反第二十三条第一款、第二款规定的，没收违法所得，处违法所得一倍以上三倍以下罚款。违反第二十三条第三款规定的，处一千元以上一万元以下罚款。违反第二十三条第一款、第三款规定，情节严重的，处违法所得三倍以上五倍以下或者一万元以上三万元以下罚款，可以提请工商行政管理部门依法责令停业整顿、吊销营业执照；

（七）违反第二十四条第二款规定的，没收违法所得，处违法所得一倍以上三倍以下或者一千元以上一万元以下罚款；情节严重的，处违法所得三倍以上五倍以下或者一万元以上三万元以下罚款；

（八）违反第二十五条第一款规定的，处一千元以上一万元以下罚款；情节严重的，处一万元以上三万元以下罚款。违反第二十五条第二款规定的，处低于成本价销售商品总额一倍以上二倍以下的罚款；情节严重的，处二倍以上三倍以下的罚款。

上款所列，凡情节严重的，应当分别对主管负责人员和直接责任人处三百元以上三千元以下罚款，并由其所在单位或者上级主管部门给予行政处分。

违反本条例规定给消费者造成损失或者损害的，应当给予补偿或者赔偿；构成犯罪的，依法追究刑事责任。

法律、法规对行使行政处罚权的机关另有规定的，从其规定。

对同一价格违法行为不得作两次以上的罚款。

**第三十四条** 本条例第三十三条所称情节严重，是指下列情形之一：

（一）违法金额在二十万元以上或者违法所得在二万元以上的；

（二）因价格违法行为受行政处罚未满一年又发生同类价格违法行为的；

（三）伪造、涂改、销毁账册等价格资料或者阻碍、抗拒价格监督检查的；

（四）给国家、消费者造成重大经济损失或者严重后果的。

**第三十五条** 价格监督检查机构作出行政处罚时，应当出具行政处罚决定书。当场收缴罚款的，应当开具市财政部门统一制发的罚款收据。罚没收入全部上缴国库。

**第三十六条** 当事人对价格监督检查机构以及其他有关部门的具体行政行为不服的，可以依照《中华人民共和国行政复议法》或者《中华人民共和国行政诉讼法》的有关规定，申请复议或者提起诉讼。

当事人在法定期限内不申请复议，不提起诉讼，又不履行行政处罚决定的，作出行政处罚决定的部门可以依照《中华人民共和国行政诉讼法》的规定，申请人民法院强制执行。

**第三十七条** 阻碍价格监督检查人员执行公务，伤害价格监督检查人员的，由公安机关依照《中华人民共和国治安管理处罚法》的规定给予处罚，情节严重构成犯罪的，依法追究刑事责任。

**第三十八条** 价格监督检查人员滥用职权、徇私舞弊、贪污受贿、玩忽职守、泄露国家价格机密或者经营者的技术秘密、商业秘密的，依照国家有关规定给予行政处分；情节严重构成犯罪的，依法追究刑事责任。

## 第六章 附 则

**第三十九条** 本条例的具体应用问题，由市物价局负责解释。

**第四十条** 本条例自1996年10月1日起施行。

# 上海市科学技术进步条例

（1996年6月20日上海市第十届人民代表大会常务委员会第二十八次会议通过 根据2000年7月13日上海市第十一届人民代表大会常务委员会第二十次会议《关于修改〈上海市科学技术进步条例〉的决定》修正 2010年9月17日上海市第十三届人民代表大会常务委员会第二十一次会议第一次修订 2024年5月10日上海市第十六届人民代表大会常务委员会第十三次会议第二次修订）

## 第一章 总 则

**第一条** 为了全面促进科学技术进步，发挥科学技术第一生产力、创新第一动力、人才第一资源的作用，加快建设具有全球影响力的科技创新中心，推动科技创新支撑和引领经济社会发展，根据《中华人民共和国科学技术进步法》等法律、行政法规，结合本市实际，制定本条例。

**第二条** 本市坚持科技创新在现代化建设全局中的核心地位，坚持推进高水平科技自立自强，坚持面向世界科技前沿、面向经济主战场、面向国家重大需求、面向人民生命健康，坚持发挥市场配置创新资源的决定性作用、更好发挥政府作用。

**第三条** 本市鼓励科学技术研究开发机构、高等学校、企业事业单位、社会组织和个人开展科学探索和技术创新，激发各类创新主体的创新动力和活力。

本市强化创新服务，优化营商环境，推进各类创新要素的配置和流动，鼓励和支持市场主体广泛参与科技创新。

本市推进有利于科技创新的社会环境建设，弘扬科学家精神、企业家精神和工匠精神，营造敢为人先、鼓励创新、宽容失败的社会氛围，塑造城市科技创新文化。

**第四条** 市人民政府应当加强对全市科学技术进步工作的领导，将科学技术进步纳入国民经济和社会发展规划，组织编制中长期科学和技术发展规划，统筹协调科学技术进步工作中的重要事项；主动承接国家重大战略任务，推动与国家相关部门的协作，争取科技创新领域的改革措施在本市先行先试。

区人民政府负责本行政区域内的科学技术进步工作，编制科学和技术发展规划，优化科学技术发展环境。

市、区科技行政部门负责本行政区域内科学技术进步活动的统筹协调、服务保障和管理监督；其他有关部门根据各自职责，负责有关科学技术进步工作。

**第五条** 本市发展科学技术普及事业，加强科学技术普及基础设施和能力建设，提高社会公众尤其是青少年的科学文化素养。

本市国家机关、社会团体、企业事业单位以及其他组织等应当依法开展科普工作。鼓励和支持企业事业单位、社会组织和个人开展公益性科普活动。

**第六条** 市人民政府设立科学技术奖，对在科学技术进步活动中做出突出贡献的组织和个人给予奖励。

鼓励社会力量依法设立科学技术奖项，对在科学技术进步活动中做出贡献的组织和个人给予奖励。

**第七条** 本市制定和实施知识产权强市建设纲要，促进知识产权创造、保护和运用，激励科技创新。

## 第二章 基础研究

**第八条** 市人民政府及其相关部门应当加强统筹协调，推动目标导向和自由探索相结合，围绕基础前沿领域和经济社会发展需求，凝练重大科学问题，强化前瞻性、战略性、系统性、带动性基础研究布局。

**第九条** 市人民政府应当建立稳定支持和竞争性支持相结合的基础研究投入机制，逐步提高基础研究经费投入水平。市级财政科技创新资金用于基础研究的比例原则上不低于三分之一。

市人民政府设立自然科学基金，用于资助自然科学领域的基础研究。

本市引导社会力量支持基础研究。支持企业等社会力量出资组织或者与政府联合设立科学技术基础研究计划项目。鼓励社会力量通过捐赠、设立基金等方式资助基础研究。社会力量资助基础研究的，按照国家和本市有关规定享受相关政策支持。

**第十条** 本市完善符合基础研究规律的管理体制和科研组织管理评价体系。

市科技行政部门会同相关部门建设“基础研究先行区”，在选人选题、经费投入、组织评价等方面创新管理机制，开展先行先试，支持高风险、高价值基础研究。

## 第三章 技术创新与成果转化

**第十一条** 市、区人民政府及其相关部门应当制定措施，对各类创新主体开展技术创新给予支持。鼓励各类创新主体开展共性技术研究。

市人民政府应当围绕先导产业、战略性新兴产业和未来产业发展，建立跨区域、跨部门、跨行业、跨领域的资源调配和组织机制，支持创新联合体建设，组织开展关键核心技术攻关。

市科技行政部门应当改革科技计划项目管理方式，完善科技计划项目支持机制。

**第十二条** 使用财政性资金设立的科学技术研究开发机构、高等学校对其持有的科技成果，可以自主决定实施转化，除涉及国家秘密、国家安全外，不需审批或者备案；可以自主决定是否进行资产评估。

市科技行政、财政等部门应当开展使用财政性资金形成的科技成果管理制度改革，推进使用财政性资金设立的科学技术研究开发机构、高等学校建立科技成果披露以及职务科技成果单列管理等制度，促进科技成果转化应用。

**第十三条** 使用财政性资金设立的科学技术研究开发机构、高等学校可以按照相关规定将其职务科技成果的知识产权以及未形成知识产权的职务科技成果的使用、转让、投资等权利，全部或者部分赋予科技成果完成人，并同时与科技成果完成人约定科技成果转化收入的分配方式。

使用财政性资金设立的科学技术研究开发

机构、高等学校持有的职务科技成果在本单位登记后无正当理由超过一年未组织实施转化的，科技成果完成人可以与本单位依法签订协议，按照前款规定的方式赋权后，自行投资实施转化或者与他人合作实施转化。

**第十四条** 使用财政性资金设立的科学技术研究开发机构和高等学校应当按照规定对完成、转化科技成果做出重要贡献的人员给予奖励。开展技术开发、技术咨询、技术服务等活动的奖酬金提取，按照科技成果转化相关规定执行。

**第十五条** 本市完善科技成果转移转化服务体系，支持技术转移机构发展。市科技行政部门应当会同相关部门完善技术要素市场化配置体系，加强技术交易场所建设，建立线上线下技术供需对接平台，支持技术要素有序流动。

本市鼓励和支持各类创新主体建设科技成果转化的功能型平台，为科技成果的技术概念验证、商业化开发、投产前试验或者试生产等提供服务。

## 第四章 企业科技创新

**第十六条** 本市强化企业科技创新主体地位，依法保障各类企业平等获取科技创新资源、享受政府科技创新政策，促进各类创新要素向企业集聚，引导企业增加研发投入，推动企业成为技术创新决策、科研投入、组织科研和成果转化的主体。

本市推动形成以企业为主体，科学技术研究开发机构、高等学校以及其他相关专业服务机构高效协同的创新体系，推动创新链产业链深度融合。

**第十七条** 市、区人民政府应当建立科技型中小企业支持机制。通过优化企业公共服务平台、完善政府采购政策、安排专项资金等方式，引导科技型中小企业开发新技术、新产品、新工艺；通过科技创新券等方式，引导科技服务机构为科技型中小企业提供研究开发、技术转移、知识产权、科技咨询等专业化服务。

鼓励科学技术研究开发机构、高等学校在同等条件下，优先向科技型中小企业转移具有自主知识产权的科技成果或者提供技术支持，相关政府部门应当提供便利。

**第十八条** 市、区人民政府应当建立科技服务业支持机制，促进科技服务业专业化、市场化、国际化发展，支持科技服务机构集聚。

市、区人民政府及其相关部门应当制定措施，对科技企业孵化机构、大学科技园等科技创新创业载体建设给予支持，引导其为科技企业成长提供专业服务。

**第十九条** 本市发挥股权投资促进科技创新的功能作用，通过设立政府引导基金等方式，引导和鼓励天使投资、创业投资等股权投资支持科技创新。

支持符合条件的科技企业在境内外多层次资本市场开展挂牌上市、发行债券、并购重组、再融资等活动。

鼓励商业银行完善科技金融专营机构和专属产品服务，开展信用贷款、知识产权质押贷款、股权质押贷款、履约保证保险贷款等融资服务。

鼓励保险机构为开展科技创新的企业在产品研发、生产、销售和数据安全、知识产权保护等方面提供保险支持。

**第二十条** 本市根据相关规定落实研究开发费用税前加计扣除、科研仪器设备加速折旧、技术开发和转让税收减免以及开展捐赠资助科学技术活动、进口科研相关设备或者用品、开展科学技术普及等活动的税收优惠政策，支持企业加大科技创新力度。

税务、财政、科技、经济信息化等部门应当为企业提供政策解读、操作指引等服务，提升企业享受税收优惠政策的便利度。

## 第五章 科学技术研究开发机构

**第二十一条** 本市支持和服务保障在沪国家实验室和国家实验室基地、全国重点实验室建设；建立以国家实验室为引领，全国重点实验室、上海市重点实验室等为支撑的实验室体系。

**第二十二条** 市、区人民政府及其相关部门应当创新方式支持投入主体多元化、管理制度现代化、运行机制市场化、用人机制灵活化的新型研发机构发展，建立分类支持机制。

**第二十三条** 使用财政性资金设立的科学技术研究开发机构应当建立现代院所制度，按照国家及本市相关规定落实选人用人、科研立项、成果转化、薪酬分配等方面的自主权。

本市完善使用财政性资金设立的科学技术研究开发机构评估制度，对科学技术研究开发机构按照其自身定位开展分类评估，评估结果作为机构支持、调整、终止的依据。

**第二十四条** 本市鼓励企业和其他社会力量创办科学技术研究开发机构，支持其平等参与财政性资金设立的科学技术计划项目。依法落实对社会力量设立的非营利性科学技术研究开发机构税收优惠政策。

## 第六章 科技创新人才

**第二十五条** 本市推进高水平人才高地建设，完善科技创新人才的培养、引进、使用、激励、评价机制，为各类科技创新人才提供创新创业的条件和平台，推动教育、科技、人才一体化发展。

市、区人民政府及相关部门应当建立科技领军人才和创新团队的支持机制和配套措施；加强科技成果转移转化人才、创业孵化人才、园区运营管理人才等科技服务人才队伍建设；建立有利于青年科技人才成长的支持和接力培养机制，激发青年科技人才创新活力。

**第二十六条** 本市建立面向未来的科技创新人才培养机制。支持高等学校加强学科建设，促进学科交叉融合，建设基础学科、前沿交叉学科人才培养基地；支持企业面向产业发展需求，联合高等学校、科学技术研究开发机构培养科技创新人才。

**第二十七条** 本市完善科技创新人才引进政策，加大对急需紧缺人才的引进力度。市、区人民政府相关部门应当按照相关规定，在出入境手续以及住房、医疗、子女教育等方面提供便利化服务。

**第二十八条** 本市建立科技创新人才流动机制。

鼓励科学技术研究开发机构、高等学校、企业等通过人员兼职、岗位流动等多种方式实行人才交流。允许高等学校、科学技术研究开发机构的科学技术人员保留原有身份到企业专门从事产业技术创新。

**第二十九条** 本市完善以创新价值、能力、贡献为导向的科技创新人才评价激励机制，对从事不同类型科技创新活动的人才实行分类评价；市人力资源社会保障部门会同相关部门完善科技创新人才职称评审体系，根据需要设立、调整职称专业类别。

## 第七章 区域科技创新

**第三十条** 市人民政府完善科学技术资源规划布局，统筹各区科技创新发展，引导创新资源和创新主体合理分布，培育发展新动能，推动形成新质生产力。区人民政府应当根据各区特色定位和发展水平，完善本行政区域科技创新体系。

市、区人民政府加强国家自主创新示范区、高新技术产业开发区建设发展，推进张江科学城、大零号湾等科技创新中心重要承载区建设。

本市支持浦东新区、中国（上海）自由贸易试验区及临港新片区在科技创新领域开展先行先试。

**第三十一条** 本市推动长江三角洲区域科技创新共同体建设，完善区域协同创新机制，整合跨区域、跨部门科技创新力量，推进长三角G60科创走廊等重要承载区建设，联合开展重大科学问题研究和关键核心技术攻关，加强创新资源互联互通和开放共享，推进长江三角洲区域项目、人才、基地、资金一体化配置。

本市推动完善长江三角洲区域科技创新券通用机制，发挥科技创新券在长江三角洲区域内大型科学仪器设施共享中的促进、引导作用。

**第三十二条** 本市推动与国内其他地区开展科技创新合作，建立科学研究、人才交流、成果转化、产业对接等常态化合作交流机制，促进人才、技术、资金等创新要素合理流动和协同发展。

## 第八章　国际科学技术合作

**第三十三条**　本市在科技创新领域加快规则、规制、管理、标准等与国际对接，推进制度型开放。

本市完善开放包容、互惠共享的国际科学技术合作与交流机制，加强全方位、多层次、宽领域的国际科技创新交流合作，营造有利于创新要素跨境流动的环境，融入全球科技创新网络。

**第三十四条**　本市鼓励各类创新主体通过建设国际科技创新合作平台、参与和发起国际科学技术组织或者国际科学活动等方式，参与全球科技创新合作。

市知识产权、商务、司法行政、科技行政等部门应当为各类创新主体提供海外知识产权保护、国际科技合作风险预警等方面的指导和服务。

**第三十五条**　鼓励国际科技组织和全球知名的科学技术研究开发机构、科技服务机构等在上海落户或者设立分支机构。

鼓励全球知名的高等学校在上海开展中外合作办学，鼓励境外科技企业在上海投资设立研发中心、运营中心，与各类创新主体合作开展科技创新活动。

## 第九章　服务保障

**第三十六条**　本市建立以政府投入为引导、企业投入为主体、社会资本广泛参与的多层次、多元化科学技术经费投入体系。

市、区人民政府应当逐步加大财政科技投入，并采取措施引导、鼓励各类科技创新主体增加对科学技术研究开发经费的投入。全社会科学技术研究开发经费应当占本市国内生产总值的百分之四以上。

**第三十七条**　市、区人民政府及其相关部门应当通过政府首购、订购等方式促进科技创新产品、服务的应用。

市经济信息化部门应当会同相关部门编制创新产品推荐目录，并实施相关支持政策，促进创新产品市场化和产业化。

**第三十八条**　市人民政府及其相关部门应当制定措施，加强前瞻性、针对性、储备性重大科技基础设施的谋划布局，支持重大科技基础设施的建设发展。相关部门应当按照各自职责，保障重大科技基础设施的正常运行。

市、区人民政府相关部门应当加强空间、算力等资源保障，支持重大科技项目部署、科技成果转化等活动。

本市建立公共数据开放共享机制，支持企业依法共享数据。使用财政性资金建设或者购置的大型科学仪器设施，应当按照规定向社会开放共享。

**第三十九条**　市科技行政部门应当会同相关部门定期开展科学技术基础条件资源调查，建立科技报告制度，及时向社会公布科学技术资源的分布、使用情况，为各类创新主体提供科学技术资源信息查询、推介等服务。

**第四十条**　市人民政府应当建立科技战略决策咨询机制，推进高水平科技智库建设，为政府科技战略决策提供服务。

市科技行政部门应当会同相关部门建立科技创新政策一致性评估机制，对本市科技创新相关政策开展评估。

## 第十章　监督管理

**第四十一条**　市、区人民政府应当加强财政科技投入的统筹与联动管理，优化整合财政科技投入资金，提高资金使用效益。

本市建立适应科技创新规律的财政性科学技术资金管理机制，市科技行政部门应当会同财政等部门建立不同领域、不同阶段的分类绩效评价制度，强化事中和事后监管，提升科研绩效。

审计、财政部门应当依法对财政性科学技术资金的管理和使用情况进行监督检查。

**第四十二条**　市科技行政部门应当按照国

家和本市有关规定，将科学技术活动信用信息向本市公共信用信息平台归集。科学技术活动信用信息记录应当作为聘任专业技术职务或者职称、审批科学技术研究开发项目申请、授予科学技术奖励等的重要依据。

对违反科学技术活动管理规范的组织和个人，依照相关规定记入科研诚信失信行为数据库，并在科技项目申报、政府采购、财政资金支持、表彰奖励等方面依法依规实施联合惩戒。

**第四十三条** 开展科技活动应当遵守法律法规和科技伦理规范，强化科技伦理风险防控。

科学技术研究开发机构、高等学校、企业事业单位等应当履行科技伦理管理主体责任，按照国家和本市有关规定完善科技伦理审查机制，对科技活动开展科技伦理审查。

**第四十四条** 本市统筹科技创新和科技安全，建立预防和化解科技安全风险的制度机制，加强科学技术研究、开发与应用活动的安全管理。

本市加强科学技术保密能力建设。从事科学技术活动，应当遵守科学技术保密制度。

**第四十五条** 本市有关单位和个人在推进科技创新改革发展中，作出的决策未能实现预期目标，但符合法律法规以及国家和本市有关规定，且勤勉尽责、未牟取非法利益的，不作负面评价，依法免除相关责任。

本市有关单位和个人承担探索性强、不确定性高的科技计划项目，未能形成预期科技成果，但已严格履行科研项目合同，未违反诚信要求的，不作负面评价，依法免除相关责任。

## 第十一章 附 则

**第四十六条** 政府设立的医疗卫生机构开展科研管理、成果转化，参照本条例规定执行。

**第四十七条** 本条例自 2024 年 6 月 1 日起施行。

# 上海市供水管理条例

（1996 年 6 月 21 日上海市第十届人民代表大会常务委员会第二十八次会议通过 根据 2003 年 10 月 10 日上海市第十二届人民代表大会常务委员会第七次会议《关于修改〈上海市供水管理条例〉的决定》第一次修正 根据 2006 年 6 月 22 日上海市第十二届人民代表大会常务委员会第二十八次会议《关于修改〈上海市供水管理条例〉的决定》第二次修正 根据 2010 年 9 月 17 日上海市第十三届人民代表大会常务委员会第二十一次会议《关于修改本市部分地方性法规的决定》第三次修正 根据 2017 年 12 月 28 日上海市第十四届人民代表大会常务委员会第四十二次会议《关于修改本市部分地方性法规的决定》第四次修正 根据 2018 年 12 月 20 日上海市第十五届人民代表大会常务委员会第八次会议《关于修改〈上海市供水管理条例〉等 9 件地方性法规的决定》第五次修正 根据 2021 年 10 月 28 日上海市第十五届人民代表大会常务委员会第三十六次会议《关于修改本市部分地方性法规的决定》第六次修正）

## 第一章 总 则

**第一条** 为了加强供水管理，维护供水企业和用户的合法权益，保障生活、生产用水和其他建设用水，发展供水事业，根据有关法律和国务院《城市供水条例》结合本市实际情况，制定本条例。

**第二条** 本条例所称供水，是指原水供水、公共供水和自建设施供水。

**第三条** 本条例适用于本市行政区域内供水、用水及其相关管理活动。

**第四条** 上海市水务局（以下简称市水务局）是本市供水行政主管部门，负责本条例的组织实施。市水务局所属的上海市水务行政执法总队（以下简称市水务执法总队）具体负责本市供水的监督检查工作，并按照本条例的规定实施行政处罚。

区供水行政主管部门负责本区供水范围内的供水管理，业务上受市水务局领导。

本市有关行政管理部门应当按照各自职责，协同实施本条例。

**第五条** 市、区人民政府应当将供水事业纳入国民经济和社会发展计划。

市水务局应当根据本市城市建设和社会经济发展的实际需要，编制全市供水发展规划，经市城市规划部门综合平衡后，纳入城市总体规划。

**第六条** 本市供水工作实行开发水源与计划用水、节约用水相结合，保障供水与确保水质相结合的原则。

**第七条** 本市实行有利于供水事业科技进步的政策，鼓励供水和节约用水科学技术研究，推广先进技术，改善水质，提高水的重复利用率。

**第八条** 对在本市供水、节约用水工作中作出显著成绩的单位和个人，由各级人民政府及其有关部门给予奖励。

## 第二章 供水水源管理

**第九条** 市人民政府应当组织市城市规划、水务、地质矿产、环境保护部门编制本市供水水源开发利用规划。

**第十条** 编制供水水源开发利用规划的基本原则：

（一）符合本市开发利用水资源和防治水害综合规划的要求，并与水长期供求计划相协调；

（二）优先利用地表水，严格控制和合理开采地下水；

（三）优先保证生活用水，统筹兼顾工业用水和其他建设用水。

**第十一条** 以地表水作为供水水源的，应当向水务部门办理取水许可；以地下水作为供水水源的，应当向市水务局办理取水许可。

**第十二条** 严格保护地下水源。

用于人工回灌地下的自来水水质，应当符合国家规定的生活饮用水卫生标准。

有下列情形之一的，不予批准取用地下水：

（一）可以利用地表水供水的；

（二）在地下水超采区域内的；

（三）在建筑物或者构筑物安全保护区内的；

（四）易造成地下水污染的。

**第十三条** 市、区环境保护部门应当会同市水务局和同级城市规划、建设、卫生等部门按照国家规定的标准，在供水水源地划定饮用水水源保护区，报同级人民政府批准后公布，并对饮用水水源实施保护和管理。

## 第三章 供水工程建设

**第十四条** 供水工程的新建、改建、扩建，应当按照本市供水发展规划及其年度建设计划进行。

**第十五条** 建设单位应当将供水工程的设计、施工任务委托持有相应资质证书的设计、施工单位承担。禁止无证或者超越资质证书规定的经营范围承担供水工程的设计、施工任务。

供水工程的设计、施工应当遵守国家和本市的有关技术标准和规范。

**第十六条** 供水工程竣工后，应当按照国家有关规定进行验收。

未经验收或者验收不合格的供水工程，不得投入使用。

## 第四章 供水设施保护

**第十七条** 在供水设施的上下或者两侧应

当划定安全保护范围。在安全保护范围内，禁止从事下列活动：

（一）建造建筑物或者构筑物；

（二）开挖沟渠或者挖坑取土；

（三）打桩或者顶进作业；

（四）其他损坏供水设施或者危害供水设施安全的活动。

**第十八条** 在原水引水管渠的上下或者两侧，应当划定保护范围和控制范围，并设置保护范围的永久性识别标志。

在原水引水管渠的保护范围内，禁止从事危及管渠、输水安全和原水水质的活动。

**第十九条** 在供水输配管道及其附属设施的上下或者两侧埋设其他地下管线的，应当符合国家和本市的有关技术标准和规范，并遵守管线工程规划和施工管理的有关规定。

在供水设施安全保护范围外从事建设工程施工可能影响供水设施安全的，建设单位应当在开工前向供水企业查明有关情况；建设工程施工时影响供水设施安全的，建设单位应当与供水企业商定相应的保护措施，并会同施工单位组织实施。

**第二十条** 任何单位和个人不得擅自改装、迁移或者拆除原水供水、公共供水设施。

建设工程确需改装、迁移或者拆除原水供水、公共供水设施的，建设单位应当在申请建设工程规划许可证前，报市水务局或者区供水行政主管部门审批。经审核批准的，建设单位应当会同施工单位和供水企业采取相应的补救措施。

## 第五章 供水用水管理

**第二十一条** 供水企业应当按照国家有关规定实行职工持证上岗制度。

**第二十二条** 供水企业应当设置水质检测机构，建立、健全水质检测制度，确保供水水质符合国家规定的标准。自来水供水企业应当确保供水水质符合生活饮用水卫生标准。

市水务局、区供水行政主管部门和市、区卫生部门应当按照各自职责定期对公共供水全过程进行水质监测。

**第二十三条** 供水企业应当在供水输配管网上设立供水水压测压点，做好供水水压的测压工作，确保供水水压符合规定的标准。

市水务局、区供水行政主管部门应当对供水水压进行监测。

**第二十四条** 供水企业或者供水设施权属单位应当按照各自职责对供水设施进行检修、清洗和消毒，确保其正常、安全运行。

**第二十五条** 原水供水企业、公共供水企业、自建设施对外供水企业和供水设施权属单位应当按照规定的供水水压标准，保持不间断供水，禁止擅自停止供水。

因供水工程施工或者供水设施检修等原因，确需临时停止供水或者降低供水水压的，原水供水企业、公共供水企业、自建设施对外供水企业或者供水设施权属单位应当经市水务局或者区供水行政主管部门批准，并在临时停止供水或者降低供水水压的二十四小时前通知用户。

**第二十六条** 供水设施在运行中发生故障时，原水供水企业、公共供水企业、自建设施对外供水企业或者供水设施权属单位应当在接报后立即组织抢修，并在二十四小时内抢修完毕，但特殊情况除外。抢修时应当采取有效的安全和卫生防护措施。

因不可抗力事件或者供水设施抢修等原因，临时停止供水或者降低供水水压的，原水供水企业、公共供水企业、自建设施对外供水企业或者供水设施权属单位应当在抢修的同时通知用户，并向市水务局或者区供水行政主管部门报告；连续超过二十四小时不能正常供水的，原水供水企业、公共供水企业、自建设施对外供水企业或者供水设施权属单位应当采取应急供水措施，保证生活用水的需要。

供水设施抢修时，有关单位和个人应当给予支持和配合，不得阻挠或者干扰抢修工作的进行。

**第二十七条** 本市公共供水的用水单位自

行建设供水进户计量水表以外的供水输配管道及其附属设施,经公共供水企业验收合格后,方可投入使用,并实施统一管理。

**第二十八条** 禁止将产生或者使用有毒、有害物质单位的生产用水管网系统与公共供水管网系统直接连接。

**第二十九条** 供水企业与用户应当签订供用水合同。

供水企业应当对用户的用水装表计量,并按照规定期限抄表。

供水企业应当按照规定向市水务局或者区供水行政主管部门填报供水统计报表。

**第三十条** 供水价格由市水务局或者区供水行政主管部门拟定,经同级物价部门审核后,报同级人民政府批准。

**第三十一条** 用户应当按时缴纳水费。

禁止用户下列行为:

(一)在供水输配管网上直接装泵抽水或者采用其他方式盗用供水;

(二)擅自向其他单位或者个人转供公共供水。

**第三十二条** 消防供水设施实行专用。因特殊情况确需通过消防专用供水设施用水的,应当征得供水企业的同意,并报公安消防部门批准。

**第三十三条** 本市实行计划用水和节约用水。

市水务局和区供水行政主管部门应当定期对用水单位核定并下达年度和月度用水计划指标,并按月进行考核。

超计划用水的单位,对超计划部分除缴纳水费外,还应当缴纳加价水费。

**第三十四条** 供水设备、供水管材和用水器具应当符合国家标准或者行业标准或者地方标准。地方标准由市水务局协同市市场监管部门制定。

禁止生产、销售和使用不符合标准的供水设备、供水管材和用水器具。

市水务局应当会同市市场监管部门对供水设备、供水管材和用水器具的开发和使用进行监督。

**第三十五条** 市水务局和区供水行政主管部门应当定期对供水企业安装的计量水表进行检测。

按照规定列入强制检定目录的计量水表,应当由市市场监管部门资质认可的计量检定机构进行强制检定。

## 第六章 法律责任

**第三十六条** 违反本条例规定,有下列行为之一的,由市水务局或者区供水行政主管部门责令其停止违法行为,并处以五千元以上五万元以下的罚款;造成损失的,由责任方依法赔偿损失;对负有直接责任的主管人员和其他直接责任人员,由其所在单位或者上级机关给予处分:

(一)违反供水发展规划及其年度建设计划的;

(二)无证或者超越资质证书规定的经营范围进行供水工程的设计或者施工的;

(三)未按照国家规定的技术标准和规范进行供水工程设计或者施工的。

**第三十七条** 违反本条例规定,有下列行为之一的,由市水务局或者区供水行政主管部门予以处罚:

(一)供水水质或者用于人工回灌地下的自来水水质不符合国家规定标准的,责令其限期改正,并处以二万元以上二十万元以下的罚款;

(二)供水水压不符合规定标准的,责令其限期改正,并可处以二千元以上二万元以下的罚款;

(三)未按照规定对供水设施进行检修、清洗、消毒或者在供水设施发生故障后未在规定时间内组织抢修的,责令其限期改正,并处以一千元以上一万元以下的罚款;

(四)未按照规定履行临时停止供水或者降低供水水压的通知义务的,责令其限期改正,并处以三千元以上三万元以下的罚款;

（五）擅自停止供水或者未按照规定采取应急供水措施的，责令其限期改正，并处以三千元以上三万元以下的罚款；

（六）未按照规定装表计量或者抄表的，责令其限期改正，并可处以五百元以上五千元以下的罚款。

有前款所列行为之一，情节严重的，经市或者区人民政府批准，可以责令其停业整顿；造成损失的，由责任方依法赔偿损失；对负有直接责任的主管人员和其他直接责任人员，由其所在单位或者上级机关给予处分。

**第三十八条** 违反本条例规定，未经批准擅自取用地下水的，由市水务局责令其停止取水，并限期将深井填实。

**第三十九条** 本条例第三十六条、第三十七条、第三十八条规定的行政处罚，市水务局可以书面委托市水务执法总队实施。

**第四十条** 违反本条例规定，有下列行为之一的，由市水务执法总队或者区供水行政主管部门责令其限期改正，并处以五千元以上五万元以下的罚款；造成损失的，由责任方依法赔偿损失；对负有直接责任的主管人员和其他直接责任人员，由其所在单位或者上级机关给予处分：

（一）损坏供水设施或者危害供水设施安全的；

（二）涉及供水设施的建设工程施工时，未按照规定的技术标准和规范施工或者未按照规定采取相应的保护或者补救措施的；

（三）使用不符合标准的供水设备、供水管材和用水器具的；

（四）擅自改装、迁移、拆除供水设施或者经批准但未采取相应补救措施的；

（五）将产生或者使用有毒、有害物质单位的生产用水管网系统与公共供水管网系统直接连接的。

有前款第（四）、（五）项所列行为之一，情节严重的，经市或者区人民政府批准，可以在一定时间内对其停止供水。

**第四十一条** 违反本条例规定，有下列行为之一的，由市水务执法总队或者区供水行政主管部门予以处罚：

（一）盗用供水的，责令其限期改正，向供水企业补缴供水水费，并处以补缴供水水费五倍以上十倍以下的罚款；

（二）擅自转供公共供水的，责令其限期改正，并处以转供水水费五倍以上十倍以下的罚款；

（三）阻挠或者干扰供水设施抢修工作的，责令其改正，并处以五百元以上五千元以下的罚款。

有前款第（一）、（二）项所列行为之一，情节严重的，经市或者区人民政府批准，可以在一定时间内对其停止供水。

**第四十二条** 市水务局或者市水务执法总队或者区供水行政主管部门违法审批，或者作出其他错误决定，由上级行政机关责令其纠正，或者予以撤销；造成直接经济损失的，依法赔偿。

**第四十三条** 对违反本条例的行为，除本条例已规定处罚外，由有关行政管理部门依照有关法律、法规予以处罚；构成犯罪的，依法追究刑事责任。

**第四十四条** 供水行政管理人员玩忽职守、滥用职权、徇私舞弊的，由其所在单位或者上级行政主管部门给予处分；构成犯罪的，依法追究刑事责任。

**第四十五条** 当事人对行政管理部门的具体行政行为不服的，可以依照《中华人民共和国行政复议法》或者《中华人民共和国行政诉讼法》的规定，申请行政复议或者提起行政诉讼。

当事人在法定期限内不申请复议，不提起诉讼，又不履行具体行政行为的，作出具体行政行为的部门可以依照《中华人民共和国行政诉讼法》的规定，申请人民法院强制执行。

## 第七章 附 则

**第四十六条** 本条例有关用语的含义：

（一）供水企业，包括原水供水企业、公共供水企业和自建设施供水企业。

（二）原水供水，是指原水供水企业以原水引水管渠及其附属设施，向自来水供水企业提供水源。

（三）公共供水，是指自来水供水企业以公共供水输配管道及其附属设施，向单位和个人的生活、生产和其他建设提供用水。

（四）自建设施供水，是指有关单位以其自行建设的供水输配管道及其附属设施，主要向本单位的生活、生产和其他建设提供用水，不包括农业、渔业和畜牧业的自建设施供水。

（五）供水设施，包括自来水处理厂和供水专用的取水口、水库、水池、深井、引水管渠、输配管网、泵站、公用给水站、房屋水箱等。

**第四十七条** 原水引水管渠保护、计划用水和节约用水、取水许可制度实施等具体规定，由市人民政府制定。

**第四十八条** 本条例自 1996 年 10 月 1 日起施行。

# 上海市人民代表大会常务委员会关于市人民政府制定规章设定行政处罚罚款限额的规定

（1996 年 9 月 26 日上海市第十届人民代表大会常务委员会第三十次会议通过 根据 2006 年 8 月 11 日上海市第十二届人民代表大会常务委员会第二十九次会议《上海市人民代表大会常务委员会关于修改〈上海市人民代表大会常务委员会关于市人民政府制定规章设定行政处罚罚款限额的规定〉的决定》第一次修正 根据 2014 年 4 月 23 日上海市第十四届人民代表大会常务委员会第十二次会议《上海市人民代表大会常务委员会关于修改〈上海市人民代表大会常务委员会关于市人民政府制定规章设定行政处罚罚款限额的规定〉的决定》第二次修正 根据 2023 年 12 月 28 日上海市第十六届人民代表大会常务委员会第九次会议《关于修改〈上海市人民代表大会常务委员会关于区县和乡镇人民代表大会工作的若干规定〉等 5 件地方性法规和废止〈上海市预防职务犯罪工作若干规定〉的决定》第三次修正）

根据《中华人民共和国行政处罚法》第十四条的规定，在没有相应法律、法规的情况下，市人民政府制定规章对违反行政管理秩序的行为，可以设定一定数额的罚款，其限额由市人民代表大会常务委员会规定。据此，对本市此类规章设定罚款的限额及有关事项作如下规定：

一、对违反行政管理秩序的行为设定罚款的限额为三十万元。

二、个别规章对某些违反行政管理秩序的行为设定罚款，确需超过上述限额的，由市人民政府提请市人民代表大会常务委员会审议决定。

三、市人民政府制定规章时，可以在罚款限额的规定范围内，根据过罚相当的原则，对公民、法人或者其他组织设定不同的罚款幅度；根据经营活动中违反行政管理秩序行为的不同情况，规定适当的罚款计算方法。

四、本规定自 1996 年 10 月 1 日起施行。

# 上海市母婴保健条例

(1996年12月19日上海市第十届人民代表大会常务委员会第三十二次会议通过 根据2010年9月17日上海市第十三届人民代表大会常务委员会第二十一次会议《关于修改本市部分地方性法规的决定》修正)

## 第一章 总 则

**第一条** 为了保障母亲和婴幼儿健康,提高出生人口素质,根据《中华人民共和国母婴保健法》和有关法律、法规,结合本市实际情况,制定本条例。

**第二条** 本条例适用于本市行政区域内母婴保健活动及其管理。

**第三条** 母婴保健工作实行以保健为主,保健与医疗相结合的方针。

**第四条** 各级人民政府领导母婴保健工作,应当将母婴保健事业纳入本地区国民经济和社会发展计划,增加母婴保健经费投入,为母婴保健工作提供必要条件和保障。

**第五条** 市卫生行政部门是本市母婴保健工作的主管部门,负责本条例的实施。区、县卫生行政部门负责本辖区内母婴保健工作。

各级财政、民政、教育、劳动、公安、计划生育等行政部门应当在各自职责范围内,协同卫生行政部门做好母婴保健工作。

市和区、县卫生行政部门设立母婴保健监督员,执行对母婴保健工作的监督检查任务。

**第六条** 本市实行母婴保健技术服务执业许可证制度。

**第七条** 本市鼓励和支持母婴保健领域的宣传、教育、科研工作,普及母婴保健科学知识,推广先进、实用的母婴保健技术。

**第八条** 对在母婴保健工作中做出显著成绩和在母婴保健科学研究中取得显著成果的单位和个人,由各级人民政府予以奖励。

## 第二章 保健机构与人员

**第九条** 本条例所称的医疗保健机构,是指各级妇幼保健所、妇幼保健院、妇产科医院、儿童(儿科)医院和开展母婴保健业务的其他医疗机构。

**第十条** 市妇女保健所、市儿童保健所和市计划生育技术指导所根据各自职责,从业务上指导全市各级医疗保健机构的母婴保健工作。

区、县妇幼保健所从业务上指导本辖区内医疗保健机构的母婴保健工作。

**第十一条** 地段医院和乡、镇卫生院负责开展本地区孕产妇、婴幼儿保健服务。

**第十二条** 申请从事母婴保健技术服务的医疗保健机构,必须符合国家和本市规定的条件和技术标准,并按照下列规定办理审批手续:

(一)从事终止妊娠术、节育手术、助产等技术服务的,向所在地的区、县卫生行政部门提出申请。区、县卫生行政部门在收到申请之日起三十日内作出审查决定,对审查合格的,发给《母婴保健技术服务执业许可证》;对审查不合格的,说明理由并书面通知申请人。

(二)从事婚前医学检查、遗传病诊断、产前诊断和人工授精等技术服务的,向市卫生行政部门提出申请。市卫生行政部门在收到申请之日起三十日内作出审查决定,对审查合格的,发给《母婴保健技术服务执业许可证》;对审查不合格的,说明理由并书面通知申请人。

**第十三条** 从事终止妊娠术、节育手术、助产等技术服务的医务人员，应当经所在地的区、县卫生行政部门考核合格，取得所在地的区、县卫生行政部门发给的《母婴保健技术考核合格证书》。

从事婚前医学检查、遗传病诊断、产前诊断和人工授精等技术服务的医务人员，应当经市卫生行政部门考核合格，取得市卫生行政部门发给的《母婴保健技术考核合格证书》。

**第十四条** 本市实行孕产妇死亡、婴儿死亡和新生儿出生缺陷、伤残儿首次诊断等报告制度。

## 第三章 婚前保健

**第十五条** 医疗保健机构应当为公民提供婚前保健服务。

婚前保健服务包括下列内容：

（一）婚前卫生指导：关于性卫生知识、生育知识和遗传病知识的教育；

（二）婚前卫生咨询：对有关婚配、生育保健等问题提供医学意见；

（三）婚前医学检查：对准备结婚的男女双方可能患影响结婚和生育的疾病进行医学检查。

**第十六条** 准备结婚的男女双方，应当持下列证件到一方户口所在地的婚前医学检查单位接受婚前医学检查：

（一）居民身份证或者其他有效身份证明和户籍证明；

（二）工作单位或者户口所在地的居（村）民委员会出具的《婚姻状况证明》。

**第十七条** 婚前医学检查包括对下列疾病的检查：

（一）严重遗传性疾病；

（二）指定传染病；

（三）有关精神病。

婚前医学检查的具体项目，按照国务院卫生行政部门的规定执行。

**第十八条** 男女双方在接受婚前医学检查时，应当如实回答医务人员有关健康状况的询问，配合检查。

男女双方在接受婚前医学检查时，有权拒绝回答与检查无关的问题。

**第十九条** 开展婚前医学检查业务的医疗保健机构应当依法提供保健服务，不得擅自超越服务范围，不得随意增减检查项目。

从事婚前医学检查业务的医务人员及有关人员应当依法为受检者保密。

**第二十条** 进行婚前医学检查的医师发现被检查者患指定传染病且在传染期内或者患有关精神病且在发病期内的，应当提出医学意见；准备结婚的男女双方应当暂缓结婚。

**第二十一条** 对婚前医学检查诊断患有医学上认为不宜生育的严重遗传性疾病的当事人，医师应当向男女双方说明情况，提出医学意见；经男女双方同意，采取长效避孕措施后，可以结婚。但《中华人民共和国婚姻法》规定禁止结婚的除外。

**第二十二条** 婚前医学检查单位应当向接受婚前医学检查的当事人出具《婚前医学检查证明》。

**第二十三条** 婚前医学检查的当事人对检查结果有异议，可以按照本条例第四十五条第一款的规定申请医学技术鉴定，经鉴定后，取得《母婴保健医学技术鉴定证明》。

《婚前医学检查证明》与《母婴保健医学技术鉴定证明》不一致的，以《母婴保健医学技术鉴定证明》为准。

**第二十四条** 婚姻登记机关在办理结婚登记时，应当查验《婚前医学检查证明》或者《母婴保健医学技术鉴定证明》。

## 第四章 孕产期保健

**第二十五条** 医疗保健机构应当为育龄妇女、孕产妇和新生儿提供孕产期保健服务。

孕产期保健服务包括下列内容：

（一）为孕育健康后代提供医学指导和咨询；

（二）为孕产妇建立保健卡，提供定期产前、产后检查服务；

（三）对有高度危险因素的孕妇进行监护、随访和治疗；

（四）为孕产妇安全分娩提供助产、引产技术服务；

（五）对胎儿生长发育进行监护，提供咨询和医学指导；

（六）为新生儿生长发育、哺乳和护理等提供医疗保健服务，进行定期访视；

（七）经市卫生行政部门认定的其他项目。

**第二十六条** 经检查，医师发现或者怀疑育龄夫妻患有严重遗传性疾病的，应当提出医学意见。育龄夫妻应当根据医师的医学意见，采取相应的措施。

**第二十七条** 对患有严重疾病，妊娠可能危及孕妇生命安全或者可能严重影响孕妇健康和胎儿正常发育的，医疗保健机构应当予以医学指导和重点监护。对继续妊娠可能危及其健康的，医师应当及时提出终止妊娠的医学意见。

**第二十八条** 由于接触致畸物质，妊娠可能危及孕妇生命安全或者可能严重影响孕妇健康和胎儿正常发育的，医疗保健机构应当提出医学意见。

**第二十九条** 经产前检查，医师发现或者怀疑胎儿异常的，应当对孕妇进行产前诊断。

经产前诊断，确定胎儿有严重遗传性疾病或者严重缺陷的，医师应当及时提出终止妊娠的医学意见。

**第三十条** 医疗保健机构施行终止妊娠或者节育手术，应当经孕妇本人签字同意。孕妇无行为能力的，应当经其监护人签字同意。

**第三十一条** 医疗保健机构应当制定、完善产时监护制度，改善产科条件，加强产科管理。

医师和助产人员应当严格执行产科常规制度和操作规程，提高助产技术和服务质量。

**第三十二条** 医疗保健机构应当按照有关规定，为新生儿出具《出生医学证明》。

**第三十三条** 本市提倡母乳喂养婴儿，提高母乳喂养率。

各有关单位应当保证哺乳期妇女的正常哺乳时间。

**第三十四条** 本市实行新生儿疾病筛查制度。

从事新生儿疾病筛查业务的医疗保健机构，应当负责做好对新生儿疾病的检查、诊断、治疗和随访工作。

**第三十五条** 禁止采用技术手段对胎儿进行性别鉴定。医学上认为确有需要进行胎儿性别鉴定的，由市卫生行政部门指定的医疗保健机构鉴定。

**第三十六条** 生育过严重缺陷患儿的妇女需要再次生育的，夫妻双方应当在妊娠前到市卫生行政部门指定的医疗保健机构接受医学检查。必要时其缺陷患儿也应当接受医学检查。

医疗保健机构应当根据检查情况，提出医学意见。

**第三十七条** 在本市暂住的外来流动人员中的孕妇，可以到本市居住地的地段医院或者乡、镇卫生院登记，建立保健卡，接受孕产期保健服务。

外来流动人员孕产妇应当住院分娩。

## 第五章 婴幼儿保健

**第三十八条** 医疗保健机构应当为婴幼儿提供保健服务。

婴幼儿保健服务包括以下内容：

（一）为婴幼儿保健提供科学育儿及医学的指导和咨询；

（二）对婴幼儿进行定期体格检查和生长发育监测；

（三）进行小儿常见病、多发病的防治；

（四）对体弱、伤残、弱智儿提供康复保健服务；

（五）开展计划免疫；

（六）经市卫生行政部门认定的其他项目。

**第三十九条** 新生儿出生后一个月内，监护人应当携新生儿到其母亲户口所在地的地段医院或者乡、镇卫生院进行登记，领取儿童保健卡。

儿童保健卡是医疗保健机构对婴幼儿定期进行体格检查等系统保健服务的记录，作为婴幼儿入托儿所、幼儿园、小学的健康证明。

**第四十条** 在本市暂住的外来流动人员中的婴幼儿，应当由其监护人到本市居住地的地段医院或者乡、镇卫生院为其登记，领取儿童保健卡，并且接受婴幼儿系统保健。

**第四十一条** 托儿所、幼儿园应当设立保健室。其中实行寄宿制的，还应当设立隔离室。

托儿所、幼儿园应当根据收托儿童人数配备相应的卫生保健人员。

托儿所、幼儿园应当对保健员、保育员、营养员进行职业培训。

**第四十二条** 托儿所、幼儿园的保健员、保育员、营养员应当接受有关专业知识培训和技术等级考核，取得相应的技术等级证书。

托儿所、幼儿园工作人员每年应当到单位所在地的区、县妇幼保健所进行健康检查，领取托儿所、幼儿园工作人员健康证明书。

## 第六章 医学技术鉴定

**第四十三条** 本市成立上海市母婴保健医学技术鉴定委员会。

市母婴保健医学技术鉴定委员会依法对医疗保健机构作出的有异议的婚前医学检查、遗传病诊断和产前诊断结果进行医学技术鉴定。

**第四十四条** 市母婴保健医学技术鉴定委员会成员由市卫生行政部门提名，报经市人民政府批准。

市母婴保健医学技术鉴定委员会的成员必须具有临床经验和医学遗传学知识，并具有卫生专业高级技术职称。

**第四十五条** 当事人对婚前医学检查、遗传病诊断和产前诊断结果有异议的，可以在接到诊断书之日起十五日内，向市母婴保健医学技术鉴定委员会提出书面申请。

市母婴保健医学技术鉴定委员会应当在收到书面申请之日起三十日内作出鉴定结论，特殊情况可以适当延长，但是延长时间不得超过六十日。

**第四十六条** 市母婴保健医学技术鉴定委员会在作出鉴定结论后，应当出具《母婴保健医学技术鉴定证明》。

**第四十七条** 市母婴保健医学技术鉴定委员会成员应当依法进行医学技术鉴定，不得滥用职权，玩忽职守，徇私舞弊。

医学技术鉴定实行回避制度。凡与申请鉴定人有利害关系、可能影响公正鉴定的人员，应当回避。

## 第七章 法律责任

**第四十八条** 对取得《母婴保健技术服务执业许可证》的医疗保健机构聘用未取得《母婴保健技术考核合格证书》人员的或者未取得《母婴保健技术服务执业许可证》的医疗保健机构，从事本条例规定的技术服务或者出具本条例规定的有关医学证明的，卫生行政部门应当予以制止，并给予警告或者处以二千元以上五千元以下的罚款；情节严重的，处以一万元以上三万元以下的罚款。

对未取得《母婴保健技术考核合格证书》的人员从事本条例规定的技术服务或者出具本条例规定的有关医学证明的，卫生行政部门应当予以制止，并给予警告或者处以一千元以上五千元以下的罚款；情节严重的，处以五千元以上一万元以下的罚款。

对聘用未取得托儿所、幼儿园工作人员健康证明书的人员从事托儿所、幼儿园工作的，卫生行政部门应当予以制止，并给予该单位警告或者处以五百元以上二千元以下的罚款。

**第四十九条** 从事母婴保健工作的人员违反本条例规定，出具有关虚假医学证明或者进行胎儿性别鉴定的，由医疗保健机构或者卫生行政部门给予行政处分；情节严重的，依法取消执业资格。

**第五十条** 当事人对卫生行政部门的具体行政行为不服的，可以按照《中华人民共和国行政复议法》和《中华人民共和国行政诉讼法》的规定，申请行政复议或者提起行政诉讼。

当事人在法定期限内不申请复议，不提起诉讼，又不履行行政处罚决定的，作出行政处罚决定的部门可以依据《中华人民共和国行政诉讼法》的规定，申请人民法院强制执行。

**第五十一条** 卫生行政管理人员应当遵纪守法，秉公执法。对玩忽职守、滥用职权、徇私舞弊的，由其所在单位或者上级主管部门给予行政处分；构成犯罪的，依法追究刑事责任。

## 第八章 附 则

第五十二条 本条例自1997年3月1日起施行。

# 上海市街道办事处条例

（1997年1月15日上海市第十届人民代表大会常务委员会第三十三次会议通过 根据2011年12月22日上海市第十三届人民代表大会常务委员会第三十一次会议《关于修改本市部分地方性法规的决定》第一次修正 2016年9月14日上海市第十四届人民代表大会常务委员会第三十二次会议修订 根据2018年5月24日上海市第十五届人民代表大会常务委员会第四次会议《关于修改本市部分地方性法规的决定》第二次修正 根据2021年7月29日上海市第十五届人民代表大会常务委员会第三十三次会议《关于修改〈上海市街道办事处条例〉等2件地方性法规的决定》第三次修正）

**第一条** 为了加强街道办事处建设，规范和保障街道办事处依法履职，提高公共服务和管理水平，密切政府与群众联系，根据《中华人民共和国地方各级人民代表大会和地方各级人民政府组织法》和有关法律、行政法规的规定，结合本市实际，制定本条例。

**第二条** 街道办事处是区人民政府的派出机关，依法在辖区内履行相应的政府服务和管理职能。

区人民政府应当加强街道办事处的组织建设、制度建设、队伍建设，为街道办事处依法履职提供支持和保障。

市人民政府各职能部门应当主动参与和支持基层治理工作，为街道办事处依法履职、赋能增效创造条件，切实帮助基层解决困难和问题。

**第三条** 街道办事处在中国共产党街道工作委员会的领导下，按照职能清晰、权责一致、运转协调、保障有力、依法高效的原则履行职能。

**第四条** 街道办事处的设立、变更或者撤销，应当根据地域条件和居民分布状况，符合便于联系群众、有效服务和管理的原则。街道办事处的设立、变更或者撤销，由区人民政府提出，经市民政局审核后，报市人民政府批准。

**第五条** 街道办事处以辖区内的公共服务、公共管理、公共安全为工作重点，履行下列职能：

（一）统筹落实社区发展的重大决策和社区建设规划，参与辖区公共服务设施建设规划编制，推动辖区健康、有序、可持续发展；

（二）组织实施与居民生活密切相关的卫生、文化体育、社区教育、为老服务等社区公共服务，落实人力资源社会保障、民政、计划生育等领域的相关政策；

（三）综合协调辖区内的城市管理、人口管理、社会管理、安全管理、住宅小区和房屋管理、应急管理等地区性、社会性、群众性工作；

（四）优化营商环境，统筹协调辖区内各类力量资源，做好安商稳商和市场主体服务工作；

（五）依法开展有关行政执法工作；

（六）组织开展对辖区内各类专业执法工作的群众监督和社会监督；

（七）动员社会力量参与社区治理，整合辖区内社会力量，形成社区共治合力，为社区发展服务，推动社区公益慈善事业发展；

（八）指导居民委员会等基层群众性自治组织建设，健全自治平台，组织社区居民和单位参与社区建设和管理；

（九）承担辖区社会治安综合治理工作，反映社情民意，化解矛盾纠纷，维护社区平安；

（十）做好国防教育和兵役等工作；

（十一）法律、法规、规章规定的其他职能和区人民政府交办的其他事项。

法律、法规、规章规定属于市、区人民政府职能部门承担的职责，市、区人民政府职能部门应当严格依法履行。

区人民政府应当根据街道办事处的职能定位，明确街道办事处的职责任务，制定街道办事处行政权力和行政责任清单。

**第六条**　街道办事处按照精简、高效的原则，下设社区服务、社区管理、社区自治、社区平安等工作机构。

区人民政府应当根据街道面积、人口规模等实际情况和工作需要，合理配置街道办事处的行政编制和事业编制。

**第七条**　街道办事处实行主任负责制，街道办事处主任、副主任由区人民政府任命。

**第八条**　街道办事处应当根据本条例的规定，制定和完善内部工作规则，明确议事、决策、执行等工作程序，建立岗位职责、业务培训、考核奖励等工作制度。

**第九条**　街道办事处根据履行职能的需要，可以设置或者依托相关服务管理机构和平台，为社区居民提供社区事务受理、公共文化、公共卫生等公共服务，开展城市网格化管理和社会治安综合治理等工作。

**第十条**　街道办事处依法开展行政执法，具体工作由街道办事处所属的综合行政执法机构承担。行政执法事项清单，由市人民政府制定并向社会公布。

街道办事处应当加强执法能力建设，按照规定范围、依照法定程序开展行政执法活动，严格、规范、公正、文明执法。

**第十一条**　本市建立市、区人民政府职能部门将职责范围内的行政事务交由街道办事处承担的准入制度；政府职能部门未经审核批准，不得以签订责任状、分解下达指标、考核验收、设置“一票否决”事项等方式，将职责范围内的行政事务交由街道办事处承担。

市级职能部门在起草地方性法规、政府规章草案以及制订规范性文件和其他文件时，确需将职责范围内的行政事务交由街道办事处承担的，应当作出专项说明，听取相关部门、区人民政府、街道办事处的意见，并按照规定程序报批。

区人民政府应当建立区级职能部门将职责范围内的行政事务交由街道办事处承担的审核机制，并在审核过程中听取街道办事处的意见。

经审核批准，政府职能部门将职责范围内的行政事务交由街道办事处承担的，应当同时为街道办事处提供相应保障措施，并赋予街道办事处在工作履职、人事任免、资产资金等方面的管理权。

**第十二条**　对责任部门明确的执法和管理事项，市、区人民政府职能部门及其派出机构应当依法履行职责，街道办事处依法予以配合和监督。

市、区人民政府职能部门应当建立主动服务基层的工作机制，支持、配合街道办事处履行服务和管理职能。

区人民政府对其职能部门、区人民政府职能部门对其派出机构和机构主要负责人进行考核时，应当将群众满意度评价和街道办事处意见作为重要依据。

**第十三条**　对辖区内需要多部门协同解决的综合性事项，街道办事处有权对相关职能部门及其派出机构，按照职责就近、管辖有利的原则，进行统筹协调、考核督办。

街道办事处可以召集由政府职能部门及其派出机构参加的联席会议，协调解决辖区内各类公共服务、管理和安全事项。

街道办事处所属的城市运行综合管理平台对巡查发现的辖区内城市管理、市场监管、街面治安等问题，应当及时派单调度、督办核查，指挥协调相关职能部门派出机构及时予以处置。

城管执法、公安、市场监管等执法和管理机构应当加强协作，接受街道城市运行综合管理平台的派单调度，及时反馈处置情况，并接受督办核查。

**第十四条** 市、区人民政府及其职能部门在制定与街道有关的社区建设规划和公共服务设施建设规划、研究事关街道辖区内群众利益的重大决策和重大事项时，应当征求街道办事处的意见，并将处理情况及时向街道办事处反馈。

**第十五条** 街道办事处应当以服务群众、方便群众为导向，整合社区公共资源，健全公共服务网络，创新公共服务供给方式，增强社区基本公共服务的便捷性，提高社区基本公共服务的水平。

市、区人民政府职能部门应当按照推动基本公共服务均等化的要求，通过制定标准、组织业务培训、合理配置资源等方式，为街道办事处开展公共服务提供支持和保障。

**第十六条** 对群众反映的责任部门不明确的公共服务和管理事项，街道办事处应当认真听取研究群众的诉求，统筹协调区级职能部门及其派出机构推动解决；对经协调未能解决或者不属于街道办事处统筹协调职责的事项，应当及时向区人民政府反映。

**第十七条** 街道办事处应当动员辖区内企事业单位、社区组织和居民等社会力量参与社区治理，支持人民团体、群众活动团队、社区志愿者依法开展活动，为社区发展服务。

街道办事处应当扶持社区生活服务、公益慈善、文体活动、纠纷调解等社会组织发展，通过与社会组织合作、购买服务等方式，将适合社会组织提供的公共服务和承接的公共事项，交由社会组织承担。

**第十八条** 街道办事处应当贯彻落实全过程人民民主要求，建立健全基层民主协商机制，支持人大代表之家、人大代表联络站、人大代表联系点、基层立法联系点等发挥联系群众的平台作用，通过社区代表会议、社区委员会等形式，组织辖区内企事业单位、社区组织和居民对涉及群众切身利益、关系社区持续发展的社区公共事务进行沟通和协调，听取意见和建议。

街道办事处可以根据议题需要，约请区人民政府有关职能部门列席社区代表会议、社区委员会会议，推动社区相关问题的解决。

**第十九条** 街道办事处应当推动建立和完善居民区治理体系，在人员、经费和公共服务设施等方面，建立相应的保障机制。

街道办事处应当指导居民委员会等基层群众性自治组织制定并根据自治章程开展自治活动，通过加强业务培训、建立群众评价机制、引入专业社会组织等方式，提升居民委员会等基层群众性自治组织的自治能力。

街道办事处应当落实居民委员会等基层群众性自治组织协助行政事务和印章使用的规范管理制度。

街道办事处应当依法指导和监督辖区内住宅小区业主大会、业主委员会的组建及日常运作。

**第二十条** 街道办事处的行政事业经费和办公用房，由区人民政府按照国家和本市有关规定予以保障。

**第二十一条** 公安、市场监管、住房城乡建设、规划资源、民政、经济信息化、人力资源社会保障等部门应当依法将人口、法人、房屋等基础信息向街道办事处开放，实现职能部门业务数据在街道层面的信息共享。

**第二十二条** 区人民政府应当根据国家和本市有关规定，配备与街道规模和工作需要相适应的社区工作者队伍，从事相关公共服务和管理工作。

区人民政府和街道办事处应当加强对社区工作者的日常管理、业务培训和考核奖惩。

本市建立社区工作者岗位等级序列，以及与岗位等级和绩效考核相衔接的薪酬体系。

**第二十三条** 区人民政府应当建立健全街道办事处的工作考核机制。

对街道办事处的工作考核，应当听取其辖区内居民委员会等基层群众性自治组织、社区居民、辖区内企事业单位等各方代表的评议和意见。

**第二十四条** 市、区人民政府职能部门及其工作人员违反本条例规定，有以签订责任状、分解下达指标、考核验收、设置“一票否决”事项等方式，擅自将职责范围内的行政事务交由街道办事处承担，不接受街道办事处统筹协调、考核督办，或者未征求街道办事处意见等情形的，由同级人民政府予以纠正、通报批评；情节较重的，由同级人民政府或者监察机关对负有直接责任的主管人员和其他直接责任人员，依法予以处分。

**第二十五条** 街道办事处及其工作人员违反本条例规定，未依法履行统筹社区发展、组织公共服务、实施综合管理、维护社区平安等职责的，由区人民政府或者街道办事处予以纠正、通报批评；情节较重的，由区人民政府或者监察机关对负有直接责任的主管人员和其他直接责任人员，依法予以处分；构成犯罪的，依法追究刑事责任。

**第二十六条** 政府职能部门派出机构及其工作人员违反本条例规定，不按规定接受派单调度、统筹协调、督办核查，或者未依法履行职责的，街道办事处有权向其派出部门提出处理建议，由其派出部门依法处理；情节较重的，应当依法予以处分；构成犯罪的，依法追究刑事责任。

**第二十七条** 本条例自 2016 年 11 月 1 日起施行。

# 上海市音像制品管理条例

（1997 年 5 月 28 日上海市第十届人民代表大会常务委员会第三十六次会议通过　根据 2003 年 6 月 26 日上海市第十二届人民代表大会常务委员会第五次会议《关于修改〈上海市音像制品管理条例〉的决定》第一次修正　根据 2010 年 9 月 17 日上海市第十三届人民代表大会常务委员会第二十一次会议《关于修改本市部分地方性法规的决定》第二次修正　根据 2021 年 8 月 25 日上海市第十五届人民代表大会常务委员会第三十四次会议《关于修改〈上海市出版物发行管理条例〉等 3 件地方性法规的决定》第三次修正　根据 2024 年 12 月 31 日上海市第十六届人民代表大会常务委员会第十八次会议《关于修改〈上海市公路管理条例〉等 10 件地方性法规的决定》第四次修正）

## 第一章　总　　则

**第一条** 为了保障音像事业的健康、有序发展，促进音像事业的繁荣，丰富人民群众的文化生活，推进社会主义精神文明和物质文明建设，根据国务院《音像制品管理条例》及有关法律、法规，结合本市实际情况，制定本条例。

**第二条** 本条例适用于本市行政区域内录有内容的录音带、唱片、激光唱盘、录像带、激光视盘(含数码激光视盘)、激光唱视盘等音像制品的出版、制作、复制、进口、批发、零售、出租和放映等经营活动及其管理。

**第三条** 音像制品经营活动,应当遵守法律、法规,坚持为人民服务、为社会主义服务的方向。

鼓励传播有益于经济发展和社会进步的思想、道德、科学技术和文化知识的音像制品经营活动。

**第四条** 本市保护音像制品著作权人和音像制品经营者的合法权益。

**第五条** 本市依法对音像制品有关经营活动实行许可制度。

## 第二章 管理部门及其职责

**第六条** 市新闻出版主管部门(以下称市出版主管部门)是本市音像制品经营活动的主管部门,其主要职责是:

(一) 贯彻执行国家和本市的有关法律、法规,负责本条例的实施;

(二) 负责制定、组织实施本市音像事业的发展规划,并对音像制品经营单位的设立实行总量调控;

(三) 负责对音像制品经营活动的监督和管理;

(四) 负责对音像制品经营、管理人员的培训和考核;

(五) 负责对音像制品的鉴定;

(六) 对繁荣音像事业作出突出成绩的单位和个人进行表彰、奖励;

(七) 对违反本条例的行为实施行政处罚。

**第七条** 区主管音像制品的部门,负责对本辖区内音像制品经营活动的监督和管理,业务上受市出版主管部门的监督和指导,其主要职责是:

(一) 贯彻执行国家和本市的有关法律、法规;

(二) 根据本市音像事业的发展规划,制定本辖区内音像事业的发展计划并组织实施;

(三) 负责对本辖区内音像制品批发、零售、出租和放映等经营活动的监督和管理;

(四) 对繁荣音像事业作出突出成绩的单位和个人进行表彰、奖励;

(五) 对违反本条例的行为实施行政处罚。

**第八条** 各级市场监管部门、公安部门以及其他行政部门应当依法履行各自职责,协同市出版主管部门或者区主管音像制品的部门实施本条例。

## 第三章 申请与审批

**第九条** 从事音像制品出版、制作、复制、批发和零售业务,应当具备下列条件:

(一) 有音像制品相关经营单位的名称、章程;

(二) 有确定的业务范围;

(三) 有适应业务范围需要的组织机构和人员;

(四) 有适应业务范围需要的资金、设备和场所;

(五) 法律、行政法规规定的其他条件。

**第十条** 申请从事音像制品经营活动的,按照下列规定办理审批手续:

(一) 申请设立音像出版单位的,应当报市出版主管部门审核。市出版主管部门应当自受理申请之日起三十日内提出审核意见;审核同意的,报上级出版主管部门审批。

(二) 申请从事音像制品复制业务的,应当报市出版主管部门审核。市出版主管部门应当自受理申请之日起二十日内作出审批决定。

(三) 申请从事音像制作或者音像制品批发业务的,应当报市出版主管部门审批。市出版主管部门应当自受理申请之日起三十日内作出审批决定。

(四) 申请从事音像制品零售业务的,应当报所在地的区主管音像制品的部门审批。区主管音像制品的部门应当自受理申请之日起二十日内作出审批决定。

**第十一条**　音像制品经营者变更名称、地址、业务范围、法定代表人或者主要负责人等的，应当按照国家有关规定办理审批或者备案。

音像制品经营者终止经营的，应当向原发放音像制品经营许可证的出版主管部门备案。

## 第四章　对经营活动的管理

**第十二条**　音像制品经营许可证不得伪造、涂改、出借、出租或者转让。

**第十三条**　禁止经营有下列内容的音像制品：

（一）危害国家统一、主权和领土完整的；

（二）煽动民族分裂、破坏民族团结的；

（三）泄露国家秘密的；

（四）宣扬淫秽、迷信或者渲染暴力的；

（五）诽谤、侮辱他人的；

（六）有国家禁止出版、传播的其他内容的。

**第十四条**　音像出版单位可以制作、复制、销售本单位出版的音像制品；销售非本单位出版的音像制品的，应当按照本条例第十条的规定办理审批手续。

**第十五条**　音像出版单位应当根据批准的选题计划出版音像制品。

**第十六条**　音像制品出版选题计划的审批和音像制品内容的审核，按照国家有关规定执行。

**第十七条**　音像出版单位应当在出版的音像制品及其包装的明显位置，标明出版单位的名称、地址、版号以及出版时间、著作权人姓名等事项。

**第十八条**　音像出版单位不得向任何单位或者个人转让、出租、出售本单位的名称或者版号。

**第十九条**　音像出版单位应当按照有关规定向国家图书馆、中国版本图书馆、国家以及市出版主管部门送交样品。

**第二十条**　音像出版单位与香港特别行政区、澳门特别行政区和台湾地区或者外国的组织、个人合作制作音像制品的，应当按照国家有关规定办理相关手续。

**第二十一条**　音像复制单位接受委托复制音像制品的，应当要求委托方提交有关证明文件，并凭委托方的委托书复制音像制品。

音像复制单位应当与委托方签订书面合同，并按照合同的约定复制音像制品。

音像复制单位不得接受非音像出版单位和个人的委托，复制经营性的音像制品。

**第二十二条**　音像复制单位未经委托不得自行复制音像制品；不得从事音像制品的销售业务。

**第二十三条**　音像复制单位接受委托复制境外音像制品的，应当经市出版主管部门批准，并持著作权人的授权书向著作权主管部门登记。复制的音像制品的交付应当遵守国家有关规定。

**第二十四条**　音像复制单位应当保存所复制的音像制品的样品和委托方提供的复制委托书及有关证明文件，保存的期限不少于两年。

**第二十五条**　进口用于出版的音像制品，以及进口用于批发、零售、出租等的音像制品成品，应当按照国家有关规定进行内容审查。

**第二十六条**　供研究、教学参考的进口音像制品，不得用于复制、批发、零售、出租或者放映等经营活动。

**第二十七条**　音像制品批发单位可以从事音像制品零售业务。

**第二十八条**　音像制品出租、放映单位用于经营的音像制品，必须向持有音像制品经营许可证的出版、批发或者零售单位购买。

音像制品零售单位用于经营的音像制品，必须向持有音像制品经营许可证的出版或者批发单位购买。

**第二十九条**　符合下列条件之一的音像制品，可以用于批发、零售、出租或者营业性放映：

（一）经国家有关主管部门批准的音像出

版单位出版的；

（二）国家有关主管部门批准进口的。

**第三十条** 在中小学、幼儿园、托儿所、医院以及本市规定的其他场所内不得进行音像制品的营业性放映活动。

**第三十一条** 举办音像制品展销等临时性经营活动的，举办者应当按照国家有关规定办理相关手续。

音像制品经营者在其经营场所内举办音像制品展销活动的，不必另行申请。

**第三十二条** 对出版后被国家和本市规定禁止经营的音像制品，音像制品经营者应当及时上交市出版主管部门或者区主管音像制品的部门。

对依法查处的禁止经营的音像制品，由市出版主管部门统一销毁。

**第三十三条** 市出版主管部门或者区主管音像制品的部门的管理人员，应当遵纪守法、秉公执法。

市出版主管部门或者区主管音像制品的部门的检查人员对音像制品经营活动进行检查时，应当出示行政执法证件。

**第三十四条** 对检举或者协助查处音像制品违法经营活动有功的单位和个人，市出版主管部门或者区主管音像制品的部门应当给予表彰和奖励。

## 第五章 法律责任

**第三十五条** 违反本条例规定的行为，按照《音像制品管理条例》《出版管理条例》等法律、行政法规的规定处理。

**第三十六条** 从事音像制品经营活动侵犯他人著作权的，由著作权主管部门依照《中华人民共和国著作权法》给予行政处罚。

从事音像制品经营活动，违反国家有关市场监管法律、法规的，由市场监管部门依照有关法律、法规给予行政处罚。

从事音像制品经营活动，违反《中华人民共和国治安管理处罚法》的，由公安部门给予行政处罚。

**第三十七条** 当事人对市出版主管部门或者区主管音像制品的部门的具体行政行为不服的，可以按照《中华人民共和国行政复议法》和《中华人民共和国行政诉讼法》的规定，申请行政复议或者提起行政诉讼。

当事人对市出版主管部门或者区主管音像制品的部门作出的行政处罚决定在法定期限内不申请复议，不提起诉讼，又不履行的，市出版主管部门或者区主管音像制品的部门可以依据《中华人民共和国行政诉讼法》的规定，申请人民法院强制执行。

**第三十八条** 市出版主管部门或者区主管音像制品的部门的管理人员玩忽职守、滥用职权、徇私舞弊的，由其所在单位或者上级主管部门给予处分；构成犯罪的，依法追究刑事责任。

## 第六章 附　　则

**第三十九条** 本条例所称的音像制品经营许可证，是《音像制品出版许可证》、《音像制品制作许可证》、音像制品类《复制经营许可证》、音像制品类《出版物经营许可证》的统称。

**第四十条** 本条例自 1997 年 10 月 1 日起施行。

# 上海市道路交通管理条例

（1997 年 7 月 10 日上海市第十届人民代表大会常务委员会第三十七次会议通过　根据 1999 年 7 月 12 日上海市第十一届人民代表大会常务委员会第十一次会议《关于修改〈上海市道路交通管理条例〉的决定》第一次修正　根据 2000 年 4 月 10 日上海市第十一届人民代表大会常务委员会第十七次会议《关于修改〈上海市道路交通管理条例〉的决定》第二次修正　根据 2001 年 5 月 24 日上海市第十一届人民代表大会常务委员会第二十八次会议《关于修改〈上海市道路交通管理条例〉的决定》第三次修正　2016 年 12 月 29 日上海市第十四届人民代表大会常务委员会第三十四次会议修订）

## 第一章　总　　则

**第一条**　为了加强道路交通管理，保障道路交通有序、安全、畅通，根据《中华人民共和国道路交通安全法》及其实施条例等有关法律、行政法规，结合本市实际，制定本条例。

**第二条**　本市行政区域内道路交通规划与设施、车辆和驾驶人、道路通行、道路停车、综合治理等活动，适用本条例。

**第三条**　本市道路交通管理应当坚持适应超大型城市特点，与城市规划、建设相协调；坚持绿色交通理念，优先发展公共交通；坚持动态交通和静态交通协调发展，合理配置道路资源；坚持依法管理，严格查处道路交通违法行为；坚持以人为本，为公众提供便捷、高效的服务。

**第四条**　市、区人民政府应当保障道路交通管理工作与经济建设和社会发展相适应。

公安机关负责道路交通安全管理工作。

交通行政管理部门负责道路与交通设施的规划、建设、管理，以及交通综合协调等工作。

规划国土资源、住房城乡建设、财政、经济信息化、司法行政、质量技术监督、工商行政、环境保护、城管执法等部门应当按照各自职责，共同做好道路交通管理工作。

**第五条**　本市加强道路交通文明建设，各级人民政府应当以弘扬尊法守法，绿色、安全、文明出行等理念为重点，通过宣传教育，不断提高社会公众的道路交通安全意识和交通文明素质。

## 第二章　交通规划与设施

**第六条**　市交通行政管理部门根据城市总体规划和综合交通发展规划，组织编制道路交通专业规划，纳入相应的城乡规划。

编制控制性详细规划应当与道路交通相关专项规划相衔接，并征求市交通行政管理部门、市公安机关以及专家和公众的意见，根据意见对规划草案予以修改完善。

**第七条**　市级系统层面的道路交通基础设施专项规划，由市交通行政管理部门与市规划国土资源行政管理部门共同组织编制；市级项目层面的道路交通基础设施专项规划，由市交通行政管理部门组织编制。区级层面的道路交通基础设施专项规划，由区交通行政管理部门会同区规划国土资源行政管理部门组织编制，并报市交通行政管理部门与市规划国土资源行政管理部门备案。

在编制前款规定的道路交通基础设施专项规划时，应当征求市公安机关以及专家和公众的意见。

**第八条**　本市实施公共交通优先发展战略。市交通行政管理部门应当会同市公安机关，根据公共交通客运需求和道路通行情况，编制本市公交专用道专业规划，构建适应超大型城市特点和符合优先发展公共交通战略的公交专用道体系。

设置公交专用道，应当综合道路功能定位、交通流量、客流需求等因素，并根据实际情况予以调整。公交专用道上应当设置专用标志、标线，明示通行时间。

在公交专用道上设置的公交站点，可以利用信息化手段公布公交线路、车辆、班次到站时间等信息。

**第九条** 交通行政管理部门应当定期组织开展客流调查以及公共汽（电）车的线路普查，会同公安机关以及住房城乡建设等部门制定公共汽（电）车线路的新辟、调整、终止计划，优化公共汽（电）车客运线网，推进与轨道交通网络以及其他交通方式的有效融合和衔接，提高公共交通系统的整体效率。

交通行政管理部门应当会同公安机关科学、合理地设置公共汽（电）车具体的线路和站点，方便乘客候车、乘车，方便公共汽（电）车停靠，方便路面公共交通与轨道交通等交通方式的换乘。

**第十条** 本市倡导慢行优先，改善慢行交通环境，保障慢行交通通行空间。完善非机动车和行人的过街通道，优化交叉路口设计；完善系统、连续的非机动车道网络，优化非机动车标志、标线配置；加强轨道交通站点周边非机动车道、步行通道的建设和管理。

改建、扩建城市道路，应当保障非机动车和行人安全通行。机动车和非机动车、行人混合通行且存在交通安全隐患的道路，应当设置隔离设施。

**第十一条** 交通行政管理部门会同公安机关等相关部门对根据国家和本市规定需要开展交通影响评价的建设项目，依法组织开展交通影响评价。规划国土资源行政管理部门应当结合交通影响评价意见，对该项目的建设工程设计方案进行审核。

**第十二条** 建设项目的交通设计应当符合国家和本市相关技术标准。建设项目的出入口与道路衔接的，规划国土资源行政管理部门对其建设工程设计方案进行审核时，应当按照有关规定征求交通行政管理部门、公安机关的意见。

**第十三条** 新建、改建、扩建道路，建设单位应当编制道路交通组织方案，并经公安机关审核同意；其中交通标志、标线和可变车道、路口诱导屏的设计，应当经交通行政管理部门审核同意。

新建、改建、扩建的道路应当经公安机关和交通行政管理部门验收合格后，方可交付使用。

任何单位和个人不得擅自设置、移动、占用或者损毁交通标志、标线等交通设施。

**第十四条** 已经投入使用的道路，公安机关可以根据道路交通管理的需要，及时调整道路交通组织方案。公安机关负责交通信号灯的新增和调整；交通行政管理部门负责交通标志、标线的新增和调整。

对于常发性拥堵区域和路段，市公安机关应当会同市交通行政管理部门以及所在地的区人民政府，制定优化道路交通组织方案并推进实施。

**第十五条** 城市快速路（含高架道路，下同）、隧道、桥梁等道路应当按照科学、安全、畅通的原则，设置限速标志、标线。

**第十六条** 交通行政管理部门、公安机关应当按照有关规定和标准，科学、规范、合理地设置交通信号灯、交通标志和标线等交通设施，并依据职责分工，保持各项交通设施功能完好。对配时不合理的交通信号灯或者容易造成辨认错误的交通标志、标线，交通行政管理部门、公安机关应当及时进行科学合理的调整。

交通设施损毁、缺失或者存在安全隐患的，设施管理养护单位应当及时修复、更换，排除隐患。

道路两侧及隔离带上种植的树木或者其他植物，设置的广告牌、管线等，应当与交通设施保持必要的距离，不得遮挡路灯、交通信号灯、交通标志，不得妨碍安全视距，不得影响通行。

**第十七条** 设置横跨道路的管道、横幅等物体的，物体下沿距地面不得小于五点二米；在沿街建筑物上向人行道延伸物体的，物体下沿距地面不得小于二点五米，物体边缘距车行道不得小于零点二米。

**第十八条** 新建轨道交通站点、公共汽(电)车站点，应当按照规划要求，配套建设机动车和非机动车停车设施。

鼓励区人民政府对其辖区内现有轨道交通站点、公共汽(电)车站点进行停车设施改造，满足社会公众绿色出行需求。

## 第三章 车辆和驾驶人

**第十九条** 机动车和按照本市有关规定应当注册登记的非机动车以及其他通行工具，应当经公安机关注册登记，取得车辆号牌、行驶证或者行车执照等登记凭证后方可上道路行驶；自行车、残疾人手摇轮椅车等非机动车实行自愿登记。

经注册登记的车辆，发生登记事项变更、所有权转移、用作抵押以及报废、灭失等情况的，应当按照规定办理变更登记、转移登记、抵押登记和注销登记。

**第二十条** 市人民政府应当根据本市交通发展规划、道路通行条件、道路交通管理和环境保护的实际情况，采取相应的车辆登记限制措施，并向社会公布。

**第二十一条** 本市对车辆号牌的发放实行总量调控。

机动车号牌额度年发放量、发放以及注册登记办法，由市交通行政管理部门会同市公安机关和其他有关部门提出，报市人民政府批准后实施。

**第二十二条** 尚未注册登记的机动车，因提取车辆、申请注册登记需要临时上道路行驶的，应当取得公安机关核发的临时行驶车号牌。

公安机关根据前款规定核发临时行驶车号牌，不得超过两次；每张临时行驶车号牌的有效期限不得超过十五日。

**第二十三条** 本市对符合国家和本市标准要求的电动自行车、残疾人机动(电动)轮椅车实行产品目录管理制度。禁止生产、销售不符合国家和本市要求的电动自行车、残疾人机动(电动)轮椅车。

在电动自行车、残疾人机动(电动)轮椅车的销售场所，销售者应当在显著位置张贴本市电动自行车和残疾人机动(电动)轮椅车的产品目录。

禁止拼装、加装、改装的非机动车上道路行驶；任何单位和个人不得伪造、变造或者使用伪造、变造的非机动车号牌、行车执照，禁止使用其他非机动车的号牌、行车执照。

**第二十四条** 向本市公安机关申领机动车驾驶证，应当持本市户籍证明或者《上海市居住证》等在本市居住、居留的证明。

在道路上学习机动车驾驶技能，应当在教练员随车指导下进行。禁止教练员酒后教练机动车。

**第二十五条** 公安机关对机动车驾驶人违反道路交通安全法律、法规的行为，除依法给予行政处罚外，实行驾驶证累积记分制度。

禁止由他人替代记分，禁止替代他人记分，禁止介绍替代记分。

**第二十六条** 现场发现的道路交通违法行为，公安机关未当场作出行政处罚决定的，应当出具《道路交通安全违法行为处理通知书》或者《公安交通管理行政强制措施凭证》。当事人应当在接到上述通知书、凭证之日起十五日内接受调查、处理。当事人逾期未接受调查、处理，违法事实清楚的，公安机关可以依法作出行政处罚决定。

**第二十七条** 交通技术监控设备记录的道路交通违法行为，公安机关调查核实无误后，应当及时录入道路交通违法信息管理系统，并通过邮寄等方式将处理通知送达机动车所有人或者管理人；也可以通过手机短信等方式提醒有关当事人。驾驶人或者机动车所有人、管理人应当自处理通知送达之日起十五日内接受调查、处理；对违法行为无异议的，可以通过网络或者电话等形式接受处理。驾驶人或者机动车所有人、管理人逾期未接受调查、处理,违法事实清楚的,公安机关可以依法作出行政处罚决定。

交通技术监控设备记录的超限运输等道路运输违法行为,交通行政管理部门调查核实无误后,通过邮寄等方式将处理通知送达道路运输企业。道路运输企业应当自处理通知送达之日起十五日内,到交通行政管理部门接受调查、处理。道路运输企业逾期未接受调查、处理,违法事实清楚的,交通行政管理部门可以依法作出行政处罚决定。

**第二十八条** 公安机关应当为单位和个人查询道路交通违法、机动车驾驶证审验、变更机动车登记信息等提供便利。

机动车所有人、管理人和驾驶人应当经常查询车辆或者其本人交通安全记录;登记的通讯地址、电话等联系方式发生变更的,应当在变更之日起三十日内向公安机关备案。

## 第四章 通行管理

**第二十九条** 下列车辆,可以上本市道路行驶:

(一)经注册登记的机动车,但全挂车、三轮汽车、轻便三轮摩托车、普通正三轮摩托车以及外省市号牌低速货车除外;

(二)按照本市有关规定注册登记的非机动车;

(三)自行车、残疾人手摇轮椅车;

(四)市人民政府允许上道路行驶的其他车辆。

外省市号牌拖拉机以及前款规定以外的其他车辆和其他通行工具,不得上道路行驶。

**第三十条** 市公安机关根据必要、合理和有利交通畅通的原则,可以对机动车、非机动车以及行人采取均衡交通流量、分隔车辆通行时间、划定限制通行区域和核发机动车通行凭证、限制通行、禁止通行、疏导等交通管理措施。

采取前款规定的交通管理措施,应当通过设置交通标志、标线或者发布通知、决定等方式明示。车辆驾驶人和行人应当遵守上述交通标志、标线指示和通知、决定规定。

**第三十一条** 禁止货运机动车在城市快速路、高速公路客车专用道行驶。

交通行政管理部门应当通过设置交通标志、标线等方式予以明示。

**第三十二条** 城市快速路禁止拖拉机、非机动车、行人通行,并禁止下列机动车行驶:

(一)摩托车;

(二)轮式专用机械车;

(三)铰接式客车;

(四)全挂拖斗车;

(五)拖挂施工机具的车辆;

(六)专项作业车;

(七)带挂车的汽车;

(八)悬挂教练汽车号牌和试验用临时行驶车号牌的机动车;

(九)设计最高时速低于六十公里的机动车。

**第三十三条** 公交专用道在规定时段内供公共汽(电)车专用行驶,其他车辆不得驶入,但下列车辆可以借用公交专用道行驶:

(一)执行紧急任务的特种车辆;

(二)实施清障施救作业的车辆;

(三)正在运载学生的符合《校车安全管理条例》规定的校车;

(四)正在载人的核定载客人数二十人以上的载客汽车;

(五)根据交通信号指示允许借用公交专用道的车辆。

双休日和全体公民放假节日全天允许其他车辆驶入公交专用道。

**第三十四条** 驾驶机动车上道路行驶,不得有下列行为:

(一)同方向有两条以上机动车道的道路未设置限速标志、标线的,在城市道路(城市快速路除外)上的最高行驶速度超过每小时六十公里,在公路(高速公路除外)上的最高行驶速度超过每小时八十公里;

(二)一次连续变换两条车道;

(三)机动车驾驶人未使用安全带;

（四）在高速公路上行驶时，超过座位数搭载乘客；

（五）安排未满十二周岁未成年人乘坐副驾驶座位；

（六）驾驶家庭乘用车携带未满四周岁的未成年人时，未配备或者未正确使用儿童安全座椅；

（七）拨打接听手持电话、浏览电子设备等妨碍安全驾驶的行为；

（八）道路交通安全法律、法规规定的其他禁止行为。

**第三十五条** 驾驶非机动车上道路行驶，不得有下列行为：

（一）违反规定，不在非机动车道内行驶或者未靠车行道的右侧行驶；

（二）通过设置有交通信号的路口，不按照交通信号的指示通行；

（三）逆向行驶；

（四）驾驶残疾人机动（电动）轮椅车未随身携带本市残疾人证；

（五）驾驶残疾人机动（电动）轮椅车载人或者驾驶其他非机动车违反国家和本市有关规定载人；

（六）非下肢残疾的人驾驶残疾人机动（电动）轮椅车；

（七）道路交通安全法律、法规规定的其他禁止行为。

倡导驾驶电动自行车、残疾人机动（电动）轮椅车上道路行驶时佩戴安全头盔。

**第三十六条** 行人应当遵守下列规定：

（一）在人行道内行走，无人行道或者人行道有障碍物无法行走时，可以在距道路或者障碍物边缘一米宽度内行走；

（二）行人通过路口或者横过道路，应当走人行横道或者过街设施；通过有交通信号灯的人行横道，应当按照交通信号灯指示通行；通过没有交通信号灯、人行横道的路口，或者在没有过街设施的路段横过道路，应当在确认安全后通过；

（三）不得跨越、倚坐道路隔离设施；

（四）道路交通安全法律、法规的其他规定。

**第三十七条** 机动车乘坐人在配有安全带的座位就座时，应当使用安全带。

**第三十八条** 车辆和行人在道路上通行，应当遵守下列让行规定：

（一）同方向行驶的右转弯机动车和左转弯非机动车均被放行的，通过路口时左转弯非机动车优先通行；

（二）相对方向行驶的左转弯机动车和非机动车均被放行的，通过路口时非机动车优先通行；

（三）车辆在有交通信号控制的路口遇放行信号时，先予放行的车辆和行人优先通行；

（四）车辆驶入、驶出、穿越道路时，在道路内正常行驶的车辆、行人优先通行；

（五）行人因无人行道或者人行道有障碍物借用非机动车道、机动车道时，行人优先通行；

（六）道路交通安全法律、法规规定的其他让行规定。

**第三十九条** 本市外环线以内以及公安机关规定的其他区域为机动车禁鸣喇叭区域。

**第四十条** 交通行政管理部门、公安机关应当加强对道路交通情况的实时监测。发现道路交通拥堵的，公安机关应当及时派员进行指挥疏导。

车辆在道路上发生故障、交通事故或者违反交通标志、标线指示，已经或者可能造成道路交通拥堵，驾驶人未及时自行移动车辆的，公安机关应当采取措施，尽快恢复交通。

**第四十一条** 本市实行机动车交通事故快速处置机制。对事实清楚、车辆可以移动的机动车物损交通事故，当事人应当在固定证据后迅速撤离现场。撤离现场后，可以至交通事故保险理赔服务中心集中办理交通事故处理、勘验定损、保险理赔等业务。具体规定由市公安机关会同保险监督部门制定。

**第四十二条** 交通事故死亡人员身份无法确定的，本市道路交通事故社会救助基金管理机构可以要求保险公司和事故责任人承担赔偿责任，并代为保管赔偿款。

## 第五章 停车管理

**第四十三条** 本市道路停车泊位的设置实行总量控制，并建立道路停车泊位动态调整机制。本市外环线以内一般不再新增全天性道路停车泊位，逐步减少现有全天性道路停车泊位。本市外环线以内，有下列情形之一的，可以设置时段性道路停车泊位：

（一）停车泊位与停车需求矛盾突出的住宅小区，其周边道路具备夜间等时段性停车条件的；

（二）停车需求集中但现有停车资源无法满足的中小学、幼儿园和医院，其周边道路条件允许的；

（三）夜间停车需求集中但现有停车资源无法满足的商业街区，其周边道路条件允许的；

（四）停车资源严重不足区域的人行道范围内，条件允许且不影响行人正常行走的。

**第四十四条** 公安机关应当根据本市道路停车泊位设置规划，在不影响道路交通安全、畅通的前提下，结合区域停车资源供求状况、道路通行条件和承载能力，经征求交通行政管理部门意见后，确定道路停车泊位设置方案。

交通行政管理部门应当按照道路停车泊位设置方案，划设停车泊位标线，设置道路停车标志，公示停车收费标准和道路停车规则，并按规定落实监管责任。

任何单位和个人不得以安装地锁、划设标线等方式擅自设置道路停车泊位。

在道路上停放机动车，应当在道路停车泊位内停放。

**第四十五条** 区人民政府应当指定专门管理部门设置非机动车道路停放点。

在道路上停放非机动车，应当使用非机动车道路停放点，不得在停放点以外区域停放。

**第四十六条** 设置禁止停车标志、标线或者禁止长时停车标志、标线，应当根据道路条件和通行情况，遵循规范、科学、合理的原则。

时段性临时停车需求突出的路段，可以设置禁止长时停车标志、标线并增设辅助交通标志，引导机动车在规定时段内有序临时停车。

机动车驾驶人应当遵守禁止停车或者禁止长时停车标志、标线的指示。

**第四十七条** 机动车在未设置禁止停车或者禁止长时停车标志、标线的路段临时停车，应当紧靠道路右侧，机动车驾驶人不得离车，上下人员或者装卸物品后立即驶离。

**第四十八条** 区人民政府应当根据区域停车需求，加强公共停车场（库）的建设和管理。

倡导道路沿线有条件的单位和住宅小区，建设机械式立体停车设施。

**第四十九条** 鼓励医院、学校和其他企业、事业单位在满足自身停车需求的情况下，向社会公众开放其专用停车场（库）。鼓励住宅小区与周边专用停车场（库）对口协作，对停车泊位的利用实行错时互补。

**第五十条** 交通行政管理部门应当建立道路停车泊位的信息共享机制，推进停车诱导信息化系统建设。

鼓励利用移动终端应用软件等多种媒介，方便社会公众出行前查询停车泊位信息和预订车位，实现自动计费支付等功能。

**第五十一条** 机动车违反约定且长期占用道路停车泊位的，道路停车泊位的管理者可以告知机动车所有人限期将机动车移出道路停车泊位。机动车所有人逾期未予移出的，道路停车泊位的管理者可以将机动车转移至路外停车场地。

## 第六章 综合治理

**第五十二条** 本市建立道路交通综合治理机制，以政府部门为主导，加强基层治理，落实单位交通安全责任，引导社会公众积极参与，通过推广使用先进技术、信用信息归集和使用、广泛开展宣传教育等多种手段，推进道路交通协调发展。

**第五十三条** 本市倡导出行优先选择公共交通；倡导有条件的单位推行错时上下班、居家办公等措施；倡导依法采用新能源汽车分时租赁、公共自行车租赁等方式出行。

本市倡导先取得机动车号牌额度再购置车辆，倡导先取得停车位所有权或者使用权再购置车辆，合理调控机动车拥有和使用。

**第五十四条** 区人民政府所属的城市网格化管理机构网格监督员，在对工作责任网格进行巡查的过程中，发现道路交通违法行为的，应当及时收集证据、上报信息，并对反馈的处置结果进行核查。

街道办事处、乡镇人民政府应当利用城市网格化管理平台，加强对道路交通相关管理事项的组织协调和指导监督。

**第五十五条** 公安机关在完成车辆登记和驾驶证核发等相关行政程序时，应当对车辆所有人、机动车驾驶人进行道路交通安全法律、法规的教育。

公安机关、交通行政管理部门在作出行政处罚决定，发还被暂扣的机动车驾驶证等证件，或者解除扣留车辆的行政强制措施时，应当对违法行为人进行道路交通安全和交通运输法律、法规的教育。

**第五十六条** 本市推广运用大数据、物联网等先进科技手段，创新交通管理工作模式，提升交通管理工作水平。

公安机关、交通行政管理部门应当充分运用先进的智能化手段，利用互联网、移动终端应用软件、交通诱导显示屏等多种媒介，及时发布实时路况、交通拥堵指数，为社会公众提供信息引导服务。公安机关可以利用直升机、无人机等开展空中巡查，配合地面交通疏导和管控。

**第五十七条** 本市实行道路交通违法行为记录与机动车交通事故责任强制保险费率挂钩制度，对保险周期内有多次或者严重道路交通违法行为记录的，应当提高其保险费率。

鼓励电动自行车、残疾人机动（电动）轮椅车所有人投保第三者责任保险。

**第五十八条** 有下列情形之一的，相关信息纳入本市公共信用信息服务平台：

（一）实施严重道路交通违法行为，依法被处以暂扣机动车驾驶证、吊销机动车驾驶证、拘留等行政处罚的；

（二）由他人替代记分、替代他人记分或者介绍替代记分的；

（三）发生交通事故后逃逸的；

（四）一年内有五次以上道路交通违法逾期不履行处罚决定的。

**第五十九条** 机关、企业、事业单位、社会组织应当加强对所属车辆和驾驶人的交通安全管理，并履行下列义务：

（一）组织制定本单位的交通安全制度，落实交通安全责任制目标，开展职工交通安全宣传教育活动；

（二）定期进行车辆安全检查，及时排除车辆故障，保障车辆安全性能，制止不符合运行安全技术条件的车辆上道路行驶；

（三）建立对所属车辆驾驶人的交通安全教育学习制度，督促车辆驾驶人遵守道路交通安全法律、法规以及相关规定；专业运输单位和机动车较多的非专业运输单位，每月应当对所属驾驶人开展不少于一次的交通安全教育；

（四）专业运输单位和车辆较多的非专业运输单位应当配备交通安全专职人员，并加强车辆营运安全管理和营运场所秩序管理；

（五）法律、法规规定的其他交通安全管理义务。

客运车辆、危险化学品运输车辆和专门为工程建设服务的车辆应当按照有关规定安装、使用符合国家标准的行驶记录仪、车载卫星定位终端或者转向可视系统，并接入相关政府部门的动态监控系统。

运输建筑垃圾、工程渣土的车辆应当按照核定的路线、时间运输建筑垃圾、工程渣土。

公安机关应当对机关、企业、事业单位、社会组织所属车辆和驾驶人交通安全管理加强指导和宣传。交通行政管理部门应当对专业运输单位安全运输加强监督管理。市交通行政管理部门、市公安机关应当建立信息交换机制，共享营运车辆、营运驾驶员及其交通安全违法、事故责任承担情况等信息。

**第六十条** 利用互联网、软件工具等提供召车信息的服务商，应当向交通行政管理部门提供客运服务驾驶人和车辆的信息。

**第六十一条** 公安机关、交通行政管理部门实施下列道路交通管理事项前，应当公告相关方案，听取与管理事项相关公众的意见：

（一）公交专用道的设置与调整；

（二）单行道的设置与调整；

（三）公共汽（电）车线路的设置与调整；

（四）道路停车泊位的设置与调整；

（五）禁止停车或者禁止长时停车标志、标线的设置与调整。

公安机关、交通行政管理部门应当及时研究公众意见，对单位和个人提出的合理化建议，应当在决策时予以采纳；对反映集中的意见不予采纳的，应当予以回应。

**第六十二条** 新闻出版、文广影视、教育等部门和工会、共青团、妇联等群众团体应当做好交通安全宣传教育工作。

学校应当开展交通安全专题教育活动，将交通安全教育纳入法制课程教育的内容。

机动车驾驶培训机构在开展培训过程中，应当加强对教练员、学员的交通安全教育。

广播、电视、报刊、互联网等媒体应当开展交通安全和尊法守法的宣传报道。

**第六十三条** 鼓励社会公众有组织地参与道路交通志愿服务，协助公安民警维护交通秩序和宣传道路交通安全法律、法规。

鼓励医院、学校配合公安机关疏导周边道路交通拥堵，劝阻周边道路交通违法行为。

社会公众发现道路交通违法行为的，可以向公安机关举报。公安机关对社会公众提供的视听资料等证据材料进行调查核实后，可以对违法车辆的所有人或者管理人依法予以行政处罚，能够确定驾驶人的，对驾驶人依法予以行政处罚。

**第六十四条** 交通事故当事人可以通过行政调解、人民调解、司法调解等多种方式，解决道路交通事故损害赔偿争议。

人民调解委员会、人民法院可以在公安机关事故处理场所设置调解点；保险同业公会可以组织保险公司进驻公安机关事故处理场所，及时提供保险理赔服务。

## 第七章 执法监督

**第六十五条** 公安机关、交通行政管理部门等应当严格、规范、公正、文明执法，加强对执法人员的管理、教育和培训、考核，提高执法人员的素质和道路交通管理水平。任何单位和个人都应当尊重执法人员，对其依法履行职务的行为予以配合。

**第六十六条** 公安机关、交通行政管理等部门及其执法人员应当严格遵守法定职权和执法程序。

公安机关、交通行政管理等部门应当推行执法标准和指引，根据道路交通执法统一的要求，为执法人员提供健全、完备、可操作的执法指引。

**第六十七条** 公安机关、交通行政管理部门等应当公开办事制度和办事程序，依托互联网平台和移动终端，推行预约、“一站式”等便民措施。

市交通行政管理部门应当会同市公安机关建立道路交通通行状况实时监测机制，发布交通信息，引导交通出行。

**第六十八条** 公安机关、交通行政管理部门与负有道路交通管理工作职责的其他部门应当紧密配合，提高工作协同性，并建立排堵保畅、信息通报、联合执法、案件移送等协作机制。

城管执法部门在执法过程中发现道路交通违法行为的，应当将相关信息通知公安机关或者交通行政管理部门。

**第六十九条** 作出罚款决定的行政机关应当与收缴罚款的机构分离；不得以罚款数额作为行政机关绩效考核指标。

**第七十条** 公安机关、交通行政管理部门等应当加强执法指导和监督，实施执法质量考评、执法责任制和执法过错追究制度，并接受社会和公众的监督，防止和纠正道路交通执法中的违法或者不当行为。

公安机关、交通行政管理部门等应当公布

举报电话，受理群众的举报和投诉并及时调查处理，反馈查处结果。

**第七十一条** 警务辅助人员在公安民警的指导和监督下，协助开展疏导交通、劝阻、纠正交通安全违法行为、采集交通违法信息、开展交通安全宣传教育等工作；所取得的证据，经调查核实后可以作为公安机关作出行政处罚的依据。

公安机关应当加强对警务辅助人员的管理、培训、考核。考核不合格的，不得上岗。

警务辅助人员履行职责时，应当统一着装、携带证件、佩戴统一的标识。

## 第八章 法律责任

**第七十二条** 违反本条例规定的行为，《中华人民共和国道路交通安全法》及其实施条例等有关法律、行政法规有处理规定的，从其规定。

**第七十三条** 违反本条例第十三条第三款规定，擅自设置交通标志、标线等交通设施的，由交通行政管理部门、城管执法部门以及公安机关依据各自职责处二百元以上二千元以下罚款；并责令立即恢复原状，拒不恢复的代为恢复，所需费用由违法行为人承担。

违反本条例第十七条规定，未遵守横跨道路的管道、横幅设置规定的，由公安机关责令改正，对个人处二百元以上一千元以下罚款，或者对单位处二千元以上一万元以下罚款。

**第七十四条** 违反本条例第十九条第一款规定，非机动车未按规定注册登记的，由公安机关处五十元以上二百元以下罚款；其他通行工具未按规定注册登记的，由公安机关处一百元以上一千元以下罚款。

违反本条例第二十三条第一款规定，销售未纳入产品目录的电动自行车、残疾人机动（电动）轮椅车的，由工商行政管理部门处五千元以上五万元以下罚款。

违反本条例第二十三条第三款规定，使用伪造、变造的非机动车号牌、行车执照或者使用其他非机动车的号牌、行车执照的，由公安机关处二百元以上一千元以下罚款。

违反本条例第二十四条第二款规定，教练员酒后教练机动车的，由公安机关处五百元以上三千元以下罚款，并处暂扣六个月机动车驾驶证，情节严重的，并处吊销机动车驾驶证。

违反本条例第二十五条第二款规定，由他人替代记分的，由公安机关处五百元以上二千元以下罚款；替代他人记分的，由公安机关处一千元以上五千元以下罚款，情节严重的，并处暂扣一个月以上三个月以下机动车驾驶证；介绍替代记分的，由公安机关处二千元以上二万元以下罚款。替代他人记分或者介绍替代记分有违法所得的，没收违法所得。

**第七十五条** 违反本条例有关机动车通行管理规定的下列行为，由公安机关依据下列规定处罚：

（一）违反本条例第三十条第二款、第三十二条规定，未遵守以通知、决定等方式明示的交通管理措施，未遵守城市快速路限行规定的，处二十元以上二百元以下罚款；

（二）违反本条例第三十四条第（二）项、第（四）项规定，驾驶机动车一次连续变换两条车道，在高速公路上行驶时超过座位数搭载乘客的，处警告或者五十元以上二百元以下罚款；

（三）违反本条例第三十七条规定，在配有安全带的座位就座时未使用安全带的，对机动车乘坐人处警告或者二十元以上五十元以下罚款；

（四）违反本条例第三十一条、第四十六条第三款规定，驾驶机动车未遵守交通标志、标线指示的，依据违反交通标志、标线的规定处罚；

（五）违反本条例第四十七条规定，现场发现机动车违法临时停车的，公安机关可以口头警告，令其立即驶离，驾驶人不在现场或者虽在现场但拒绝立即驶离，妨碍其他车辆、行人通行的，处二十元以上二百元以下罚款，并可以将该机动车拖移至不妨碍交通的地点或者公安机关指定的地点停放；

（六）违反本条例第四十七条规定，交通技

术监控设备记录机动车违法临时停车的，公安机关设置的警示牌、电子标识等给予的警告或者推送的即时信息视为警告、令其立即驶离，驾驶人不在现场或者虽在现场但拒绝立即驶离，妨碍其他车辆、行人通行的，处二十元以上二百元以下罚款。

违反本条例第三十四条第（四）项规定，公共汽（电）车在高速公路上行驶时超过座位数搭载乘客的，由交通行政管理部门对车辆单位处五百元以上五千元以下罚款。

**第七十六条** 违反本条例第三十五条第一款第（四）项、第四十五条第二款规定，驾驶残疾人机动（电动）轮椅车未随身携带本市残疾人证，在道路上停放非机动车未使用非机动车道路停放点的，由公安机关处警告或者二十元以上五十元以下罚款。

违反本条例第三十五条第一款第（五）项规定，驾驶残疾人机动（电动）轮椅车载人或者驾驶其他非机动车违反国家和本市有关规定载人的，由公安机关处二十元以上五十元以下罚款；驾驶非机动车从事客运活动的，按照有关规定处以一千元以上五千元以下的罚款。

**第七十七条** 违反本条例第四十四条第三款规定，擅自设置道路停车泊位的，由交通行政管理部门处五百元以上五千元以下罚款，并责令立即恢复原状，拒不恢复的代为恢复，所需费用由违法行为人承担。造成道路损坏的，违法行为人应当依法予以赔偿。

**第七十八条** 违反本条例第五十九条第一款规定，机关、企业、事业单位、社会组织未履行交通安全管理义务的，由公安机关或者交通行政管理部门责令改正，必要时可以责令停业整顿；造成重大交通事故的，处二千元以上一万元以下罚款；造成特大交通事故的，处一万元以上十万元以下罚款；对交通安全专职人员和其他直接责任人员，处警告或者二百元以上一千元以下罚款。

违反本条例第五十九条第三款规定，运输建筑垃圾、工程渣土的车辆未按照核定的路线、时间运输建筑垃圾、工程渣土的，责令改正，对驾驶人处五十元以上二百元以下罚款，可以并处暂扣一个月以上三个月以下机动车驾驶证；对车辆单位处五百元以上二千元以下罚款。

违反本条例第六十条规定，提供召车信息的服务商未向交通行政管理部门提供客运服务驾驶人和车辆信息的，由交通行政管理部门责令改正，处三万元以上十万元以下罚款。

**第七十九条** 执行职务的公安民警发现机动车在本市有道路交通违法行为逾期未接受处理记录累积达到五起以上的，可以先予扣留机动车行驶证，并通知机动车所有人、管理人或者驾驶人及时接受处理，处理完毕后，发还机动车行驶证。

**第八十条** 机动车一年内在本市有下列道路交通违法行为记录累积达到十起后再发生交通违法行为的，公安机关依据法律规定给予有关证照的处罚：

（一）在未设置禁止停车或者禁止长时停车标志、标线的路段违反停放、临时停车规定；

（二）违反规定驶入公交专用道；

（三）在高速公路路肩上行驶；

（四）在本市外环线以内以及公安机关规定的其他区域和路段鸣喇叭。

**第八十一条** 执行职务的公安民警发现有下列情形之一的，可以先予扣留车辆或者通行工具，并通知当事人及时接受处理：

（一）违反本条例第十九条第一款规定，未按规定注册登记的非机动车以及其他通行工具上道路行驶的；

（二）违反本条例第二十三条第三款规定，拼装、加装、改装的非机动车上道路行驶，使用伪造、变造的非机动车号牌、行车执照或者使用其他非机动车的号牌、行车执照的；

（三）违反本条例第三十条第二款规定，未遵守以交通标志、标线或者通知、决定等方式明示的交通管理措施，采取其他措施无法避免危害发生或者无法控制危险扩大的；

（四）违反本条例第三十五条第一款第（六）项规定，非下肢残疾的人驾驶残疾人机动（电动）轮椅车的；

（五）道路交通安全法律、法规规定可以扣留车辆或者通行工具的其他情形。

当事人接受处理后，应当立即发还车辆或者通行工具，但未按规定注册登记的非机动车以及其他通行工具，其领取人应当采取托运措施。

对拼装、加装、改装的非机动车，由公安机关依法予以恢复原状；对伪造、变造的非机动车号牌、行车执照或者使用其他非机动车的号牌、行车执照，由公安机关予以收缴。

当事人逾期未接受处理，并经公告三个月仍未接受处理的，由公安机关将拼装、加装、改装的非机动车送交有资质的企业拆解，将其他车辆和通行工具依法处理。

## 第九章　附　　则

**第八十二条**　本条例自 2017 年 3 月 25 日起施行。

# 上海市殡葬管理条例

（1997 年 8 月 20 日上海市第十届人民代表大会常务委员会第三十八次会议通过　根据 2010 年 9 月 17 日上海市第十三届人民代表大会常务委员会第二十一次会议《关于修改本市部分地方性法规的决定》第一次修正　根据 2015 年 6 月 18 日上海市第十四届人民代表大会常务委员会第二十一次会议《关于修改〈上海市环境保护条例〉等 8 件地方性法规的决定》第二次修正　根据 2024 年 8 月 22 日上海市第十六届人民代表大会常务委员会第十五次会议《关于修改〈上海市殡葬管理条例〉的决定》第三次修正）

## 第一章　总　　则

**第一条**　为了规范殡葬活动的管理，深化殡葬改革，促进社会主义精神文明建设，根据国务院《殡葬管理条例》以及其他有关法律、行政法规，结合本市实际情况，制定本条例。

**第二条**　本条例适用于本市行政区域内的殡葬活动及其管理。

烈士、少数民族、香港特别行政区居民、澳门特别行政区居民、台湾同胞、华侨和外国人的殡葬活动及其管理，国家和本市地方性法规另有规定的，按照规定执行。

**第三条**　本市殡葬活动及其管理的原则是：实行火葬，节约殡葬用地，保护环境，公益惠民，弘扬中华民族美德，革除殡葬陋俗，维护逝者尊严，提倡文明节俭办丧事。

**第四条**　市、区人民政府应当将殡葬事业纳入国民经济和社会发展规划，完善殡葬公共服务制度。

市、区民政部门是本市殡葬活动的行政主管部门，负责本行政区域内殡葬管理工作。

发展改革、公安、财政、市场监管、卫生健康、规划资源、绿化市容、房屋管理、生态环境、网信、农业农村、交通等部门应当按照各自职责，配合民政部门共同做好殡葬活动的管理工作。

**第五条**　民政部门应当依托政务服务"一网通办"平台，为公众提供殡葬服务信息查询、政策咨询，以及网上业务办理等服务。

**第六条**　文化、新闻出版和广播电影电视等部门，应当运用报刊、广播、电视、互联网等多种形式，配合民政部门共同做好殡葬改革、移风易俗、生命文化等宣传教育工作，引导市民树立厚养礼葬、文明节俭、生态环保的殡葬理念。

机关、企事业单位、社会组织、居（村）民委员会和其他组织，应当在本单位或者本地区开展相关宣传教育工作。

**第七条** 殡葬服务行业组织应当加强行业自律，建立健全行业规范和奖惩机制，推动行业诚信体系建设，促进行业健康发展。

## 第二章 殡葬服务单位

**第八条** 殡葬服务单位根据本市殡葬工作的规划和合理、需要、便民的原则设立。市、区人民政府应当将殡仪馆（含火葬场，下同）、公墓、骨灰堂、殡仪服务站等殡葬设施建设纳入国土空间规划，并优先保障公益性殡葬设施建设。

建设殡葬设施的审批程序按照国家和本市有关规定执行。任何单位和个人未经批准，不得擅自兴建殡葬设施。

**第九条** 经批准设立的殡葬服务单位，应当按照有关规定向其他行政管理部门办理相应的审批、登记手续。其中使用集体所有土地的，还应当办理土地征用手续。

**第十条** 经批准建设的殡仪馆、公墓、骨灰堂、殡仪服务站建成后，由主管的民政部门发给殡葬服务证。

**第十一条** 殡葬服务证每年验审一次。未经验审或者验审不合格的，不得继续从事殡葬服务活动。

**第十二条** 殡仪馆、公墓、骨灰堂、殡仪服务站变更名称、法定代表人、经营地址或者经营服务范围以及终止经营服务的，应当向主管的民政部门提出申请，经同意后，向有关行政管理部门办理变更或者注销手续。

**第十三条** 殡仪馆、公墓、骨灰堂、殡仪服务站扩大占地面积，应当按照建设审批程序向有关行政管理部门办理审批手续。

**第十四条** 殡葬服务单位应当加强对殡葬服务设备、设施的管理，保持殡葬服务场所和设备、设施的整洁和完好，防止环境污染。

殡葬服务单位应当加强对从业人员的职业道德教育和职业技能培训，提高其职业道德素养和业务能力。

殡葬服务单位的从业人员应当遵守操作规范，恪守职业道德，提供文明服务。

殡葬服务单位及其从业人员，对殡葬服务场所中扰乱公共秩序或者使用封建迷信殡葬用品的行为，应当予以劝阻、制止。

**第十五条** 殡葬服务应当体现社会公益性。

殡葬服务收费实行分类管理。基本殡葬服务收费实行政府定价管理，与基本殡葬服务密切相关的殡葬延伸服务实行政府指导价管理，具体项目、收费标准由市发展改革、民政部门共同制定。其他殡葬服务收费实行市场调节价管理。

本市依法规范公墓收费行为，维护正常的公墓价格秩序。经营性公墓收费，由民政、发展改革等部门加强对经营者定价行为的指导规范，必要时依法进行干预和管理，遏制虚高定价行为。

## 第三章 殡殓活动

**第十六条** 提供殡葬服务或者殡葬代理服务、销售殡葬用品的经营主体应当依法经营、诚实守信，按照规定实行明码标价，不得在经营活动中实施价格欺诈等不正当价格行为和虚假宣传等不正当竞争行为。

民政部门应当会同发展改革、公安、市场监管、卫生健康、规划资源等部门建立联合监管机制，强化工作协同和信息共享，对殡葬服务和殡葬代理服务、殡葬用品销售依法进行监管。

**第十七条** 死者的近亲属或者愿意承办丧事的其他亲属是丧事承办人；死者没有亲属的，其生前单位或者临终居住地的居（村）民委员会是丧事承办人。死者生前约定丧事承办人的，从其约定。

**第十八条** 在本市死亡的，遗体应当在本市火化。

因特殊情况需要将遗体运出本市的，应当经市民政部门批准。

**第十九条** 丧事承办人应当自知道死者死亡之时起二十四小时内，办理死亡证明手续，并通知殡仪馆接运遗体，但涉及医疗事故死亡的，按照有关规定办理。

涉及刑事案件、道路交通事故的遗体，由公安、司法部门通知殡仪馆接运。

捐献的遗体按照国家和本市的有关规定办理。

法律、法规或者国家对其他涉及非正常死亡情形的死亡证明开具、遗体接运、遗体处置等另有规定的，从其规定。

**第二十条** 对于医疗机构内死亡(含到院时已死亡)的无名、无人认领遗体，医疗机构应当通知公安机关协助查找死者身份信息、亲属信息。确实查找不到信息的，医疗机构应当向社会公告。公告期满后仍无人认领的，医疗机构应当将相关情况报告所在地的区卫生健康部门，由区卫生健康部门出具是否需要继续保留遗体意见。对于不需要继续保留遗体的，医疗机构应当通知殡仪馆接运。

对于医疗机构外死亡的无名、无人认领遗体，公安机关应当通知殡仪馆接运，并查找死者身份信息、亲属信息；确实查找不到信息的，应当向社会公告。公告期满仍无人认领的，公安机关根据相关调查情况出具是否继续保留遗体意见。

**第二十一条** 殡仪馆应当自接到通知后十二小时内接运遗体，并应当对遗体进行必要的技术处理，确保卫生，防止污染环境。

搬运遗体由殡仪馆负责，有关单位和个人应当为搬运遗体提供方便。

**第二十二条** 殡仪馆、殡仪服务站以外的单位和个人不得从事遗体的运送、防腐、整容等殡葬经营服务活动。

医疗机构应当维护医疗秩序，加强医疗机构太平间管理。禁止在医疗机构太平间开展营利性殡仪服务。

任何单位和个人不得违反国家有关规定，泄露死者及其亲属个人信息。

**第二十三条** 丧事承办人凭死亡证明向殡仪馆办理遗体火化手续。殡仪馆应当根据死亡证明火化遗体。

遗体火化后，殡仪馆应当向丧事承办人出具火化证明。

对无名、无人认领遗体，殡仪馆凭死亡证明、有关部门出具的不予继续保留遗体意见，按照相关服务规范火化遗体，并将相关资料存档。

**第二十四条** 运至殡仪馆的遗体应当在十五日内火化，因特殊情况，经丧事承办人提出并说明理由，可以延期火化。丧事承办人自遗体运至殡仪馆之日起十五日内不办理火化手续，又不说明正当理由，殡仪馆应当书面通知丧事承办人限期办理并支付相关费用。丧事承办人逾期仍不办理的，殡仪馆可以依法提起民事诉讼，要求支付相关费用。

无法联系到丧事承办人的，殡仪馆应当通知公安机关协助查找。确实查找不到的，殡仪馆应当向社会公告。公告期满仍无人办理的，殡仪馆应当将相关情况报告主管的民政部门，由民政部门出具是否需要继续保留遗体意见。对于不需要继续保留遗体的，殡仪馆凭死亡证明、民政部门出具的不予继续保留遗体意见，按照相关服务规范火化遗体，并将相关资料存档。

对患传染病死亡的遗体，殡仪馆应当采取防止传染的措施。殡仪馆对高度腐败的遗体应当立即火化。

**第二十五条** 丧事承办人举行殡殓等丧事活动，不得扰乱公共秩序和危害公共卫生，不得危害公共安全或者侵害他人的合法权益。

## 第四章 骨灰安置

**第二十六条** 公墓应当按照节约用地的原则建设骨灰节地型墓位，严禁建设超标准豪华墓位。墓穴占地面积、配套面积以及公墓绿化覆盖率应当符合国家和本市有关规定。

提倡和鼓励采用播撒、深埋、植树葬、海葬等不保留骨灰的生态安置方式。采用播撒、深埋、植树葬、海葬等方式安置骨灰的，安置地不单独设个人纪念性标志。

有关部门和单位对采用不保留骨灰的生态安置方式，应当通过给予奖励补贴，以及建立公共纪念设施、网络纪念平台等方式予以支持。

播撒、深埋、植树葬、海葬等骨灰生态安置方式的具体实施办法由市人民政府制定。

对超过两年无人认领的骨灰，殡仪馆应当向社会公告。公告期满仍无人认领的，殡仪馆向主管的民政部门报备后，按照生态安置方式安葬，并将相关资料存档。

**第二十七条** 公墓应当凭殡仪馆出具的火化证明出售墓穴。禁止出售寿穴，但为死者的健在配偶留作合葬的寿穴、无子女的老年人或者有其他特殊情况者购买的寿穴除外。

墓穴和骨灰存放格位的购买者不得转让墓穴和骨灰存放格位。

禁止墓穴和骨灰存放格位的传销活动。

**第二十八条** 公墓和骨灰堂出售墓穴、骨灰存放格位时，应当与购买者签订购销合同。墓穴、骨灰存放格位使用人的姓名不得变更。

墓穴和骨灰存放格位的购买者应当交纳墓穴、骨灰存放格位维护费。维护费专项用于墓穴和骨灰存放格位的日常维修与保养，不得挪作他用。

**第二十九条** 禁止在墓穴内埋葬遗体、遗骸；禁止在公墓以外建墓立碑。

## 第五章 殡葬设备和殡葬专用品的管理

**第三十条** 焚尸炉、运尸车、尸体冷藏柜等殡葬设备，必须符合国家规定的技术标准。禁止制造、销售不符合国家技术标准的殡葬设备。

**第三十一条** 禁止制造、销售封建迷信殡葬用品。

## 第六章 法律责任

**第三十二条** 对违反本条例规定的单位和个人，按照下列规定予以处罚：

（一）未经批准擅自设立殡葬服务单位的，殡仪馆、公墓、骨灰堂、殡仪服务站擅自扩大占地面积的，制造、销售封建迷信殡葬用品的，按照国务院《殡葬管理条例》处罚；

（二）未取得殡葬服务证、殡葬服务证未经验审或者验审不合格从事殡葬服务活动的，由民政部门责令停产停业，没收违法所得，情节轻微的，可以并处二千元以上一万元以下罚款，情节严重的，可以并处一万元以上五万元以下罚款；

（三）擅自将遗体运出本市的，市民政部门可以处二千元以上一万元以下罚款；

（四）违反规定出售墓穴、骨灰存放格位的，由区民政部门责令停止违法活动，没收违法所得，可以并处违法所得一倍以上三倍以下罚款；

（五）在经营活动中实施未按照规定明码标价、价格欺诈等不正当价格行为，以及虚假宣传等不正当竞争行为的，由市场监管部门依法查处；

（六）在殡葬活动中泄露死者及其亲属个人信息等侵犯人身权利，以及扰乱公共秩序、危害公共安全构成违反治安管理行为的，由公安部门依法给予治安管理处罚；构成犯罪的，依法追究刑事责任。

**第三十三条** 对于违反本条例规定的行为，除依法追究相应的法律责任外，有关部门还应当按照规定将有关失信信息归集至市公共信用信息服务平台，并依法实施信用惩戒措施。

**第三十四条** 市、区民政部门应当依法管理，公正执法；因违法行政，给当事人造成直接经济损失的，应当予以赔偿。

市、区民政部门的工作人员玩忽职守、滥用职权、徇私舞弊、索贿受贿的，由其所在单位或者上级主管部门给予处分；构成犯罪的，依法追究刑事责任。

## 第七章 附则

**第三十五条** 本条例第二十条、第二十三条第三款、第二十四条第二款、第二十六条第五款规定的无名、无人认领遗体，无法联系到丧事承办人的遗体以及无人认领骨灰的处置具体程序和要求，由市民政、卫生健康、公安部门制定。

**第三十六条** 本条例自 1998 年 1 月 1 日起施行。

# 上海市酒类商品产销管理条例

（1997年10月21日上海市第十届人民代表大会常务委员会第三十九次会议通过　根据2010年9月17日上海市第十三届人民代表大会常务委员会第二十一次会议《关于修改本市部分地方性法规的决定》第一次修正　根据2023年12月28日上海市第十六届人民代表大会常务委员会第九次会议《关于修改〈上海市人民代表大会常务委员会关于区县和乡镇人民代表大会工作的若干规定〉等5件地方性法规和废止〈上海市预防职务犯罪工作若干规定〉的决定》第二次修正）

**第一条**　为了加强本市酒类商品的产销管理，保护消费者和经营者的合法权益，根据国家有关法律、法规，结合本市实际情况，制定本条例。

**第二条**　本条例所称的酒类商品，包括白酒、黄酒、啤酒、果酒以及其他含有乙醇的饮料。

**第三条**　在本市行政区域内从事酒类商品生产、批发和零售业务活动，应当遵守本条例。

**第四条**　上海市商务行政管理部门是本市酒类商品产销管理的行政主管部门。

上海市酒类专卖管理局（以下简称市酒类专卖局）在上海市商务行政管理部门的领导下，具体负责本条例的实施。

区酒类商品管理部门按照职责分工，在市酒类专卖管理局的指导下，负责本辖区内酒类商品产销管理。

**第五条**　本市工商行政管理、质量技术监督、卫生、物价、税务、公安等部门依照法律、法规的有关规定，协同做好本市酒类商品的产销管理工作。

**第六条**　本市酒类商品的生产、批发和零售，实行许可证制度。

**第七条**　申领本市酒类商品生产许可证的企业，应当具备符合酒类商品生产规定的注册资本、生产场地、设施、工艺、检测手段和卫生、环保条件，并具有熟悉酒类商品生产的专业技术人员。

**第八条**　申领本市酒类商品批发许可证的企业，应当具备符合规定的注册资本、经营场所和仓储设施，并具有熟悉酒类商品业务知识的人员。

**第九条**　申领本市酒类商品生产或者批发许可证的企业，应当向市酒类专卖局提出申请，市酒类专卖局应当在收到申请书之日起三十日内作出书面答复，经审核同意的，发给酒类商品生产或者批发许可证。

取得酒类商品生产许可证的企业，可以从事本企业生产的酒类商品的批发业务。

**第十条**　申领本市酒类商品零售许可证的企业或者个体工商户，应当向其所在地的区酒类商品管理部门提出申请，区酒类商品管理部门应当按照方便消费、合理布局的原则，在收到申请书之日起十五日内作出书面答复，经审核同意的，发给酒类商品零售许可证。

**第十一条**　持有本市酒类商品生产、批发或者零售许可证的企业，在取得食品卫生许可证、工商营业执照后，方可从事酒类商品的生产、批发或者零售业务。

持有本市酒类商品零售许可证的个体工商户，在取得食品卫生许可证、工商营业执照后，方可从事酒类商品的零售业务。

**第十二条**　持有本市酒类商品生产、批发或者零售许可证的企业以及持有本市酒类商品零售许可证的个体工商户，因名称、地址变更或者合并、撤销的，应当向发证单位办理许可证变更、注销手续。

**第十三条** 禁止涂改、伪造、转借、买卖酒类商品的生产、批发和零售许可证。

**第十四条** 酒类商品生产企业新开发的酒类商品，应当报送市酒类专卖局审检，经审检合格的方可投入生产。

**第十五条** 酒类商品生产企业应当保证产品质量，对其生产的每批酒类商品进行质量检验，检验合格的，出具合格证明，未经检验合格的，不得出厂销售。

**第十六条** 酒类商品生产企业采购酒类半成品，应当索取并查验生产企业的产品质量标准、产地县级以上质量监督检验机构或者食品卫生监督机构核发的合格证。

酒类商品批发、零售企业和个体工商户采购酒类商品，应当查验合格证明，其包装上标明优质产品的，还应当索取并查验相应的证明文件。

酒类商品批发、零售企业和个体工商户采购进口酒类商品，应当依照国家有关规定，索取并查验有关进口和质量的证明文件。

**第十七条** 酒类商品生产、批发、零售企业和个体工商户不得生产、批发和零售假冒伪劣或者标识不符合国家规定的酒类商品。

**第十八条** 酒类商品的质量，由市质量技术监督部门认可的酒类商品检测机构鉴定。

**第十九条** 市酒类专卖局和区酒类商品管理部门应当加强对本市酒类商品生产、批发、零售企业和个体工商户的监督检查，并定期进行市场抽检。

酒类商品生产、批发、零售企业和个体工商户应当接受市酒类专卖局和区酒类商品管理部门的监督检查，如实提供有关资料，不得拒绝、阻挠检查。

**第二十条** 对酒类商品生产、批发和零售活动中的违法经营行为，消费者可以向市酒类专卖局或者区酒类商品管理部门投诉、举报。

市酒类专卖局和区酒类商品管理部门对消费者或者其他人员的投诉、举报，应当及时调查处理。

**第二十一条** 酒类商品生产、批发、零售企业和个体工商户违反本条例规定，给消费者造成损害的，应当承担赔偿责任。

**第二十二条** 违反本条例规定，由市酒类专卖局或者区酒类商品管理部门依照下列规定予以处罚：

（一）对无生产许可证生产、批发酒类商品的，责令其改正，没收违法生产的酒类商品和违法所得，并可处以二万元以下罚款；

（二）对无批发许可证批发酒类商品的，责令其改正，没收违法所得，并可处以二万元以下罚款；

（三）对无零售许可证零售酒类商品的，责令其改正，没收违法所得，并可处以五千元以下罚款；

（四）对未按规定办理酒类商品生产、批发或者零售许可证变更、注销手续的，责令其改正，并可处以五千元以下罚款；

（五）对涂改、伪造、转借、买卖酒类商品生产、批发和零售许可证的，没收违法所得，并可处以二万元以下罚款；

（六）采购进口酒类商品，未按国家有关规定取得相应证明文件的，责令其改正，拒不改正的，可处以一万元以下罚款；

（七）对生产、批发和零售假冒伪劣酒类商品的，责令其改正，没收违法生产、批发和零售的酒类商品和违法所得，并可处以违法所得一倍以上五倍以下罚款；情节严重的，并可吊销酒类商品生产、批发或者零售许可证；构成犯罪的，依法追究刑事责任；

（八）对生产、批发和零售标识不符合国家规定的酒类商品的，责令其改正，情节严重的，并可处以违法所得百分之十五至百分之二十罚款。

吊销酒类商品生产、批发许可证的处罚，由市酒类专卖局决定。

**第二十三条** 对违反本条例规定的违法行为，法律、法规对行使行政处罚权的行政机关另有规定的，可由法律、法规规定的行政机关进行处罚。

对当事人的同一个违法行为，不得给予两次以上罚款的行政处罚。

**第二十四条** 市酒类专卖局和区酒类商品

管理部门作出行政处罚，应当出具行政处罚决定书。收缴罚款和没收财物时，应当出具市财政部门统一制发的收据。

罚没款全部上缴国库。

**第二十五条** 当事人对行政行为不服的，可以依照《中华人民共和国行政复议法》和《中华人民共和国行政诉讼法》的规定，申请行政复议或者提起行政诉讼。

当事人在法定期限内不申请复议，不提起诉讼，又不履行行政行为的，作出行政行为的部门可以申请人民法院强制执行。

**第二十六条** 市酒类专卖局和区酒类商品管理部门的工作人员违反本条例，玩忽职守、滥用职权、徇私舞弊的，由其所在单位或者上级主管部门给予行政处分；构成犯罪的，依法追究刑事责任。

**第二十七条** 本条例的具体应用问题，由上海市商务行政管理部门负责解释。

**第二十八条** 本条例自1998年1月1日起施行。

# 上海市实施《中华人民共和国教师法》办法

（1997年10月21日上海市第十届人民代表大会常务委员会第三十九次会议通过）

**第一条** 为了建设具有良好思想品德修养和业务素质的教师队伍，保障教师的合法权益，促进本市教育事业的发展，根据《中华人民共和国教师法》（以下简称教师法）和有关法律、法规，结合本市实际，制定本办法。

**第二条** 本办法适用于在本市行政区域内各级各类学校和其他教育机构（以下统称学校）中专门从事教育教学工作的教师。

**第三条** 市教育行政部门是本市教师工作的主管部门。

区、县教育行政部门按照各自职责负责本行政区域内的教师工作。

各级计划、劳动、人事、财政、建设、卫生、社会保险、医疗保险等行政部门应当在各自职责范围内，按照教师法和本办法的规定，负责有关的教师工作。

**第四条** 全社会都应当尊重教师。

各级人民政府应当加强教师队伍建设，改善教师的工作、学习和生活条件，保障教师依法享有的权利，提高教师的社会地位。

**第五条** 学校应当加强对教师的思想政治教育和业务培训，按照教师法以及国家和本市的有关规定，负责本校的教师工作。

学校应当通过教职工代表大会等组织形式，保障教师参加民主管理和监督。

**第六条** 教师应当忠诚于人民的教育事业，遵守教师的职业道德，敬业爱生，为人师表。

教师应当贯彻国家的教育方针，坚持教书育人，执行学校的教学计划，完成教育教学工作任务，保护学生的合法权益，促进学生在德智体等方面全面发展。

教师应当热爱本职工作，钻研业务，勤奋进取，勇于探索，不断提高教育教学水平。

**第七条** 本市按照国家规定，实行教师资格认定制度。

教师资格的取得和认定程序，按照国务院《教师资格条例》的有关规定办理。

取得教师资格的人员，首次任教应当有一年的试用期。

**第八条** 学校实行教师职务聘任制，教师职务聘任遵循平等、竞争、择优的原则，由学校和教师签订聘任合同，明确双方的权利和义务。

**第九条** 本市实行教师培训制度。

教育行政部门和学校主管部门应当制定并组织实施教师培训规划，提高现有教师的思想政治、教学业务水平。

教师应当按照国家和本市的有关规定接受培训。

市和区、县人民政府应当在每年的教育经费中明确教师培训的专项经费，教师培训经费人均标准应当高于职工培训经费人均标准。

**第十条** 学校实行教师年度考核制度，考核结果记入教师考绩档案，作为受聘任教、晋职晋级、确定工资、实施奖惩的依据。

市教育行政部门负责制定教师考核办法，并对考核工作进行指导、监督。

**第十一条** 高等师范学校应当加强对学生的思想教育和职业道德教育，培养合格人才，充实教师队伍。本市对高等师范学校的毕业生实行任教服务期制度。

本市鼓励非师范高等学校的毕业生到中小学校任教。非师范高等学校毕业生到中小学校任教连续工作满五年的，由市和区县教育行政部门参照高等师范学校毕业生在校期间专业奖学金标准，发给一次性奖励金。

**第十二条** 各级人民政府和有关行政部门应当对优秀教师给予表彰和奖励。对发展教育事业作出重大贡献的教师，由市人民政府授予“上海市教育功臣”的称号。

对从事教育工作满三十年(女教师满二十五年)的教师，在其退休时，由市教育行政部门授予终身从事教育荣誉证书。

各级人民政府应当支持和鼓励社会组织或者个人向依法成立的奖励教师的基金组织捐助资金，对教师进行奖励。

**第十三条** 对高等学校中连续担任副教授、教授职务并且能履行岗位职责的教师，每满五年由所在学校安排半学年的专业进修或者学术假。

**第十四条** 教师的平均工资水平应当高于本市国家公务员的平均工资水平百分之十。

中小学教师按照规定享受教龄津贴和其他津贴。教龄津贴应当逐步提高。

**第十五条** 本市对不设在城镇的偏远农村学校的教师，其职务工资向上浮动一个档次，连续工作满五年的予以固定，并再向上浮动一个档次。具体办法由市人事部门会同市教育行政部门制定。

**第十六条** 各级人民政府要建立教师工资保障机制，保证教师工资按时足额发放。

农村学校教师的工资，由县或者区人民政府统筹管理；有条件按时足额发放的地区，也可以由乡、镇人民政府负责管理。

**第十七条** 各级人民政府应当把教师住房建设纳入城市建设总体规划，用于教师住宅建设的财政拨款要逐年增长，并对建造教师住房给予优惠政策。教师住房人均面积应当达到或者高于全市城镇居民的人均水平。

教师在购买公有住房时，按照规定享受本市出售公有住房的有关优惠政策。

本市机关、企业、事业单位分配、出售或者出租住房时，在同等条件下，对教师家庭应当给予优先。

区、县和乡、镇人民政府应当为农村中小学教师解决住房提供方便。

**第十八条** 教师的医疗同当地国家公务员享受同等待遇。

对特级教师和获得国家或者上海市人民政府授予荣誉称号的教师在医疗保健方面给予照顾，具体办法由市人民政府制定。

学校应当定期组织教师进行健康检查，对年满四十五周岁的教师，每年组织一次健康检查。健康检查所需经费由教育行政部门或者办学部门予以保证。

**第十九条** 教师依法享受养老金待遇。各级人民政府应当按时足额发放教师养老金。

教龄满三十年(女教师满二十五年)在学校退休的中小学教师应当享受养老金优惠待遇。

具有高级专业技术职务的高等学校教师，在学校退休的按照规定享受养老金优惠待遇。

**第二十条** 本市公共图书馆、科技馆、博物馆、纪念馆等社会公共文化设施，应当给予教师优待。

**第二十一条** 社会力量所办学校教师的待遇，由举办者按照国家的规定予以保障。

**第二十二条** 教师对学校侵犯其合法权益的行为，或者对学校作出的处理不服，可以向市或者区、县教育行政部门提出申诉。教育行政部门应当在接到申诉的三十日内作出处理。

教师对人民政府有关行政部门侵犯其合法权益的行为，可以向同级人民政府或者上一级人民政府有关行政部门提出申诉，同级人民政府或者上一级人民政府有关行政部门应当作出处理。

**第二十三条** 本办法的具体应用问题，由市教育行政部门负责解释。

**第二十四条** 本办法自1998年1月1日起施行。

# 上海市水路运输管理条例

（1997年10月21日上海市第十届人民代表大会常务委员会第三十九次会议通过 根据2003年10月10日上海市第十二届人民代表大会常务委员会第七次会议《关于修改〈上海市水路运输管理条例〉的决定》第一次修正 根据2010年9月17日上海市第十三届人民代表大会常务委员会第二十一次会议《关于修改本市部分地方性法规的决定》第二次修正 根据2015年6月18日上海市第十四届人民代表大会常务委员会第二十一次会议《关于修改〈上海市环境保护条例〉等8件地方性法规的决定》第三次修正）

## 第一章 总 则

**第一条** 为了维护本市水路运输市场秩序，保障水路运输经营者、旅客、货主和其他当事人的合法权益，促进水路运输事业的发展，规范水路运输管理，根据国家有关法律、法规，结合本市实际情况，制定本条例。

**第二条** 本条例适用于在本市行政区域内从事营业性国内国际的水路货物运输、水路旅客运输（含旅游运输）和水路运输服务（以下统称水路运输）以及相关的管理活动。

**第三条** 市港口行政管理部门（以下称市水路运输行政管理部门）负责本市水路运输的管理，组织实施本条例；浦东新区、嘉定区、闵行区、宝山区、金山区、松江区、青浦区、奉贤区和崇明县水路运输行政管理部门（以下统称区、县水路运输行政管理部门）负责本行政区域内水路运输的管理。

市水路运输行政管理部门所属的上海市航务管理处（以下简称市航务处）负责本市水路运输的具体管理；区、县水路运输行政管理部门所属的航务管理署（所）［以下简称区、县航管署（所）］在市航务处的业务指导下，负责本行政区域内水路运输的具体管理。

本市有关行政管理部门以及海上安全监督、船舶检验、海关等行政管理部门按照各自的职责，协同实施本条例。

**第四条** 水路运输的管理应当遵循保护合法经营、维护公平竞争、坚持协调发展的原则，促进水路运输为国民经济和社会发展提供安全、准点、快捷、经济、方便的服务。

**第五条** 市水路运输行政管理部门应当根据经济和社会发展的需要，编制本市水路运输发展规划，报市人民政府批准后组织实施。

**第六条** 水路运输经营者依法组织的行业协会，按照法律、法规建立行业自律机制；为经营者提供政策、信息咨询服务，维护经营者的合法权益；接受市水路运输行政管理部门的委托，对水路运输经营者的经营活动进行指导；向市水路运输行政管理部门提出意见和建议。

## 第二章　基本规定

**第七条**　本市营业性水路运输实行许可制度。

从事营业性水路运输活动，应当按照法律、法规和国家水路运输行政管理部门发布的水路运输规定，取得合法的水路运输经营资格，并在批准的经营范围内经营。

**第八条**　设立水路货物运输、旅客运输企业，应当具备下列条件：

（一）有与经营范围相适应的船舶，并持有船舶检验部门签发的有效船舶证书；

（二）有相应的组织机构和专业人员；

（三）主要船员持有有效的适任证书；

（四）有固定的经营场所和必要的设施，其中经营旅客运输的，还须落实客船沿线停靠站点；

（五）有与经营范围相适应的注册资金。

开设水路货物运输或者旅客运输个体工商户，应当具备前款（一）、（三）、（四）、（五）项的条件。

国家规定必须办理第三者责任保险、旅客意外伤害保险和船舶保险的，还须提供保险证明。

**第九条**　设立水路运输服务企业，应当具备下列条件：

（一）有相应的组织机构和专业人员；

（二）有固定的经营场所和必要的营业设施；

（三）有与经营范围相适应的注册资金。

开设水路运输服务个体工商户的条件，按照国家规定办理。

**第十条**　申请从事国内水路运输，应当向市航务处或者所在地的区、县航管署（所）提出；申请从事国际水路运输，应当向市水路运输行政管理部门提出。

受理机关应当按照审批权限报送相关机关审批。本市审批机关应当在规定的期限内作出书面审批决定。决定批准的，按其经营范围分别发给水路运输许可证、水路运输服务许可证或者相关批准文件。

外商投资设立水路运输企业，应当经市水路运输行政管理部门审核，并按照有关法律、法规办理审批手续。

**第十一条**　从事国内水路运输的本市水路货物运输、旅客运输经营者，应当按照申请核准的船舶向市航务处领取船舶营业运输证和相关的业务单据。

船舶营业运输证应当随船携带。

**第十二条**　本市水路运输经营者合并、分立或者变更经营范围，应当报经原审批机关批准后换领有关许可证件，变更企业名称、住所和法定代表人等事项，在办理相应工商、税务变更登记的同时，应当到原审批机关更换有关许可证件。

**第十三条**　本市水路运输经营者停业、歇业，应当提前三十日向原审批机关申报。在办理相关手续的同时，应当交回许可证和有关业务单据。

**第十四条**　临时从事跨市的营业性水路货物运输、旅客运输的，按照本条例第十条规定办理。

**第十五条**　本市水路运输经营者和石油、煤炭、冶金、商业、供销、外贸、林业、电力、化工、水产、环卫等部门，应当按照国家规定及时、准确地向水路运输行政管理部门报送水路运输统计表。

**第十六条**　本市从事水路运输经营的主要从业人员，应当接受有关水路运输法律、法规和业务技术知识的培训、考核，持证上岗。

**第十七条**　本市水路运输经营者应当接受市水路运输行政管理部门或者市航务处对其经营资格的年度审验，经审验合格，方可继续经营。

市水路运输行政管理部门或者市航务处应当在收到水路运输经营者填报的年度审验表后三十日内作出书面审验决定。

**第十八条**　本市水路运输经营者新增运力，应当按照国家有关规定办理。

禁止购置超龄、报废船舶作为新增和更新运力。

本市水路运输经营者报废、出售或者改装船舶，应当向市航务处或者区、县航管署（所）提供船舶登记机构出具的证明文件，并办理有关船舶营运证件的注销或者变更手续。

本市水路运输经营者运力增减，按照国家规定在上海航运交易所进行交易的，在办理船舶营运证件的申领或者注销时，还需向市航务处或者区、县航管署(所)提供上海航运交易所的船舶买卖证明。

**第十九条** 水路货物运输、旅客运输经营者应当遵守国家水污染防治的法律、法规，加强设备保养，改善运行管理，维护船舶航行、停泊水域的环境卫生，不得违反规定排放、倾倒废弃物、污染物。

**第二十条** 水路运输行政管理部门和市航务处、区、县航管署(所)应当加强对水路运输活动的监督、检查。水路运输行政执法人员执行公务时，应当佩戴统一标志，穿着识别服装，并出示统一的行政执法证件。

水路运输经营者应当自觉接受水路运输行政执法部门的检查，如实反映情况，提供有关资料。

**第二十一条** 任何单位和个人不得出借、转让、倒卖、涂改和伪造本条例规定的水路运输经营许可证件、统一发票和有关业务单据。

## 第三章 货物运输

**第二十二条** 抢险、救灾以及国家、市人民政府指令性的水路货物运输，由市水路运输行政管理部门或者市航务处组织实施。

任何单位和个人不得对水路货物运输实行部门、地区垄断。

**第二十三条** 以本市为起点的水路货物运输，经营者应当与托运人签订水路货物运输合同。其中国内水路货物运输合同，应当参照使用市水路运输行政管理部门和工商行政管理部门推荐的合同示范文本。

经营者和托运人在上海航运交易所从事水路货物运输交易，应当遵守国家对航运交易所规定的交易规则。

**第二十四条** 水路货物运输经营者运输危险货物，应当按照国家有关危险货物运输的规定执行。

托运人托运危险货物必须按照危险货物运输的规定办理，不得谎报品名、隐瞒货物性质或者在普通货物中夹带危险货物。

国家规定必须凭证运输的货物，水路货物运输经营者应当要求托运人提供有关证明。

**第二十五条** 在本市从事海上集装箱运输的国际水路货物运输经营者，可以在本市从事海上集装箱国际转运业务。

市水路运输行政管理部门、海上安全监督和海关等有关管理和监督部门应当按照国际惯例、国家和本市的有关规定，本着快捷、便利、安全、畅通的原则，方便国际转运。

海上集装箱国际转运的具体管理办法由市人民政府另行制定。

**第二十六条** 国内水路货物运输的运价，实行市场调节价。

国际水路货物运输的运价，由从事国际水路货物运输的经营者自行定价，并执行国家有关运价报送备案的规定。

**第二十七条** 从事国内水路货物运输的经营者在本市起运货物，应当使用市水路运输行政管理部门规定格式的水路货物运输运单。

从事国内水路货物运输的本市经营者和其他从事市内营业性水路货物运输的经营者，应当使用本市水路货物运输统一发票。

本市水路货物运输统一发票，由市税务行政管理部门监制，市水路运输行政管理部门统一印制、发放和管理；其他水路货物运输单据，由市水路运输行政管理部门或者市航务处根据国家有关规定统一印制、发放和管理。

**第二十八条** 国际水路货物运输提单格式实行报送备案制度。

在本市签发国际水路货物运输提单的承运人，应当将其提单的格式样本报市水路运输行政管理部门备案。

市水路运输行政管理部门应当将备案的提单格式样本供社会公开查阅。

国际水路货物运输提单格式的报送备案实施办法，由市水路运输行政管理部门规定。

## 第四章 旅客运输

**第二十九条** 水路旅客运输经营者应当为旅客提供文明、规范的服务，按照船票载明的船名、航次、日期和席位运送旅客，保证旅客安全到达目的地。

水路旅客运输经营者不得对船票价格内已包含的服务项目另行收费或者向旅客强制提供收费服务。

**第三十条** 从事国内水路旅客运输的经营者应当按照核定的航线、班次和停靠站点提供服务，不得擅自取消航线或者增减班次和停靠站点。需要取消或者增减的，应当在发生变更前三十日向市水路运输行政管理部门申请变更，经批准后予以公告。

因不可抗力等因素需要临时取消班次的，应当事先公告，并办理乘客全额退票或者换票。

**第三十一条** 船舶的客运设施应当保证技术、卫生状况良好，安全设备齐全，符合国家规定的船舶乘客定额与舱室设备规范。

水路旅客运输经营者自有的客运站应当根据旅客发送量的规模，设立相应的候船、售票、服务等基本设施和必要的安全设施。自有客运站的设施必须符合国家规定的标准。

渡口必须有与客流量、车流量相适应的候渡室、场地、进出通道、引桥及渡船停靠设施。

**第三十二条** 本市水路旅客运输经营者应当维护客运站、渡口的秩序，保障客运、渡运的安全。

**第三十三条** 本市水路旅客运输经营者应当按照国家规定对旅客携带物品实行危险品检查。

任何人不得违反规定携带危险品和其他禁止携带的物品进站、乘船、办理托运。

旅客进站、乘船拒绝接受危险品检查的，水路旅客运输经营者可以不予承运；已携带进站、乘船的危险品，经营者应当按照国家有关规定实行监管或者处理。

**第三十四条** 国内水路旅客运输运价，按照本条例第二十六条第一款的规定执行。

国际水路旅客运输的运价，由国际水路旅客运输经营者自行定价。

**第三十五条** 国内水路旅客运输经营者应当使用符合国家规定基本格式的客运票证。

## 第五章 运输服务

**第三十六条** 水路运输服务分为船舶代理和货物、旅客运输代理。

从事船舶代理的水路运输服务经营者，可以接受承运人的委托，在协议的范围内，为承运人承揽货源或者客源，并以承运人的名义办理水路货物运输、旅客运输手续和提供相关服务。

从事货物、旅客运输代理的水路运输服务经营者，可以接受托运人、收货人或者旅客的委托，为其联系船舶、确定舱位，并以托运人、收货人或者旅客的名义，办理船舶的运输、货物装卸手续和提供相关服务。

**第三十七条** 水路运输服务经营者应当与委托方本着平等自愿的原则订立委托合同，按照约定的代理事项，为委托方提供合法、安全、诚实信用的服务。

**第三十八条** 水路运输服务经营者在从事代理业务时，必须以被代理人的名义与承运人或者托运人、收货人签订水路货物运输合同，或者向旅客出售客票。

**第三十九条** 水路运输服务经营者不得从事下列活动：

（一）以本企业名义为他人托运或者承运货物，收取运费差价；

（二）强行代办业务；

（三）为无水路运输经营资格或者超越经营范围的经营者提供水路运输服务；

（四）垄断、倒卖货源，或者采取不正当的手段哄抬、竞相压低运价。

**第四十条** 水路运输服务经营者必须按照国家和本市规定的收费标准收取代理服务费。从事国内水路运输服务的本市水路运输服务经营者必须使用市水路运输行政管理部门规定的水路运输服务统一发票。

水路运输服务统一发票的管理和使用，按照本条例第二十七条第三款的规定执行。

## 第六章 法律责任

**第四十一条** 违反本条例规定，市和区、县水路运输行政管理部门或者市航务处、区、县航管署(所)根据各自职责，按照下列规定予以处罚：

(一) 违反第七条、第十一条、第十四条规定，持无效许可证件或者无证从事营业性水路运输活动的，责令停止违法经营活动，没收违法收入，并处以违法收入一倍至三倍，但最高不超过十万元的罚款；超越经营范围从事营业性水路运输活动的，处以警告或者三千元至三万元的罚款；

(二) 违反第十二条、第十七条第一款、第二十条第二款规定，不按照规定办理换领许可证件、参加年度审验或者在接受执法部门检查时提供虚假资料的，处以警告或者五千元以下的罚款；

(三) 违反第十三条规定，擅自停业或者歇业的，处以警告或者五百元至二千元的罚款；

(四) 违反第二十一条规定，出借、转让、倒卖、涂改和伪造经营许可证件、水路运输统一票证、单据的，收缴其全部证件和票证、单据，没收违法收入，并处以违法收入一倍至五倍，但最高不超过十万元的罚款；

(五) 违反第二十四条第一款规定，不按照规定从事危险货物水路运输的，处以警告，可以并处二千元至二万元的罚款；

(六) 违反第二十七条第一、二款、第四十条第一款规定，不使用本市水路运输统一发票和单据的，责令改正，处以警告或者二百元至五千元的罚款；

(七) 违反第二十八条第二款规定，不按规定报备提单的，处以警告或者二千元至一万元的罚款；

(八) 违反第三十条规定，擅自取消航线、增减班次和停靠站点的，责令改正，处以一千元至一万元的罚款；

(九) 违反第三十二条规定，不维护客运站、渡口秩序的，责令改正，处以警告或者五千元以下的罚款；

(十) 违反第三十三条第一款规定，不实行危险品检查的，处以警告，可以并处五百元至五千元的罚款；

(十一) 违反第三十五条规定，不使用规定格式客票的，责令改正，处以警告或者五百元至二千元的罚款；

(十二) 违反第三十九条规定，以本企业名义为他人托运、承运货物，收取运费差价的，处以警告，并处以违法差价收入一倍至三倍，但最高不超过五万元的罚款；强行代办业务的，处以警告，并处以一千元至五千元的罚款；为非法经营者提供服务的，处以警告或者一千元至一万元的罚款。

有前款第(一)、(四)、(五)、(六)、(十一)、(十二)项所列行为且情节严重的，可以责令停业整顿；其中有第(一)、(四)项和前款第(二)项所列行为的，还可以吊销经营许可证件。

违反本条例规定，其他行政管理部门根据法律、法规对同一违法行为已经作了处罚的，不再重复罚款处罚。

**第四十二条** 违反本条例规定给他人造成损害的，应当赔偿损失，承担相应的民事责任。

**第四十三条** 拒绝、阻碍水路运输行政管理人员执行职务，违反《中华人民共和国治安管理处罚法》的，由公安部门依法处理。

违反本条例规定，情节严重构成犯罪的，依法追究刑事责任。

**第四十四条** 水路运输行政管理人员玩忽职守、滥用职权、徇私舞弊的，由其所在单位或者上级主管部门给予行政处分；构成犯罪的，依法追究刑事责任。

**第四十五条** 市和区、县水路运输行政管理部门或者市航务处、区、县航管署(所)作出行政处罚，应当出具行政处罚决定书。收缴罚款和没收财物时，应当出具市财政部门统一制发的收据。

罚没款全部上缴国库。

**第四十六条** 当事人对市、区、县水路运输行政管理部门和市航务处、区、县航管署(所)的具体行政行为不服的,可以依照《中华人民共和国行政复议法》、《中华人民共和国行政诉讼法》的规定申请复议或者提起诉讼。

当事人逾期不申请复议,不提起诉讼,又不履行处罚决定的,作出处罚决定的部门可以申请人民法院强制执行。

## 第七章 附 则

**第四十七条** 本条例下列用语的含义是:

(一) 营业性水路运输,是指为社会服务,发生各种方式运费结算的水路运输。

(二) 非营业性水路运输,是指为本单位服务并对外不发生各种方式运费结算的水路运输。

(三) 国际水路货物运输提单,是指用以证明国际水路货物运输合同和货物已经由从事国际水路货物运输的经营者接收或者装船,以及据以保证交付货物的单证。

(四) 海上集装箱国际转运,是指国际集装箱货物,由境外装船起运,经本市口岸换装国际航线船舶后,继续运往第三国或者地区指运口岸的集装箱转运业务。

(五) 渡口,是指在本市行政区域内江河、湖泊两岸专供渡运乘客、车辆的码头以及候渡设施。

**第四十八条** 从事与香港特别行政区和澳门特别行政区、台湾地区之间的水路运输活动,参照本条例国际水路运输的规定执行。

**第四十九条** 国际水路货物运输代理的管理,按照国家和本市国际货物运输代理的有关规定执行。

**第五十条** 本条例的具体应用问题,由市水路运输行政管理部门负责解释。

**第五十一条** 本条例自 1998 年 1 月 1 日起施行。

# 上海市建筑市场管理条例

(1997 年 10 月 21 日上海市第十届人民代表大会常务委员会第三十九次会议通过 根据 2003 年 10 月 10 日上海市第十二届人民代表大会常务委员会第七次会议《关于修改〈上海市建筑市场管理条例〉的决定》第一次修正 根据 2010 年 9 月 17 日上海市第十三届人民代表大会常务委员会第二十一次会议《关于修改本市部分地方性法规的决定》第二次修正 2014 年 7 月 25 日上海市第十四届人民代表大会常务委员会第十四次会议修订 根据 2018 年 12 月 20 日上海市第十五届人民代表大会常务委员会第八次会议《关于修改〈上海市供水管理条例〉等 9 件地方性法规的决定》第三次修正 根据 2020 年 12 月 30 日上海市第十五届人民代表大会常务委员会第二十八次会议《关于修改本市部分地方性法规的决定》第四次修正 根据 2022 年 10 月 28 日上海市第十五届人民代表大会常务委员会第四十五次会议《关于修改〈上海市公共场所控制吸烟条例〉等 5 件地方性法规和废止〈上海市企业名称登记管理规定〉的决定》第五次修正)

## 第一章 总 则

**第一条** 为了加强本市建筑市场的管理,维护建筑市场秩序,保障当事人的合法权益,根据《中华人民共和国建筑法》等有关法律、行政法规的规定,结合本市实际情况,制定本条例。

**第二条** 在本市行政区域内从事建筑市场活动，实施建筑市场监督管理，适用本条例。

**第三条** 市建设行政管理部门负责全市建筑市场的统一监督管理。具体履行以下职责：

（一）组织制定本市建筑市场监督管理政策；

（二）组织编制工程建设地方标准和规范；

（三）建立全市统一的建设工程交易市场；

（四）负责建筑市场企业资质和从业人员资格管理；

（五）市人民政府规定的其他统一监督管理职责。

区建设行政管理部门按照其职责权限，负责本行政区域内建筑市场的监督管理。

本市交通、水务、海洋、绿化市容、民防、房屋等行政管理部门（以下简称其他有关部门）按照市人民政府规定的职责分工，负责专业建设工程建筑市场的监督管理。

本市发展改革、规划资源、环境保护、应急管理、市场监管、财政、公安、消防、经济信息化、人力资源社会保障等行政管理部门按照各自职责，协同实施本条例。

**第四条** 从事建筑市场活动应当遵循依法合规、诚实守信、有序竞争的原则；禁止以任何形式垄断建筑市场，或者以不正当手段扰乱建筑市场秩序。

建筑市场管理应当坚持统一、开放、公平、公正的原则。

**第五条** 建设项目实行统一代码制度。建设单位按照规定取得的项目代码，作为建设工程整个建设周期管理的统一身份标识。

**第六条** 鼓励建筑科学技术研究和人才培训，支持开发和采用建筑新技术、新工艺、新设备、新材料和现代管理方法，推动先进、成熟、适用的新技术上升为技术标准，促进建筑产业现代化。

**第七条** 建筑市场相关行业协会应当建立健全行业自律和交易活动的规章制度，引导行业健康发展，督促会员依法从事建筑市场活动；对违反自律规范的会员，行业协会应当按照协会章程的规定，采取相应的惩戒措施。

## 第二章 市场准入和建设许可

**第八条** 建设工程勘察、设计、施工、监理、造价咨询、工程质量检测等单位应当依法取得资质证书，并在资质许可范围内承接业务。

建设工程施工单位应当按照国家有关规定，取得安全生产许可证。

**第九条** 注册地在其他省市的单位进入本市从事建筑活动，应当向市建设行政管理部门报送国家或者省级相关行政管理部门颁发的资质证书、专业技术人员注册执业证书等相关信息。

**第十条** 国家规定实行注册执业制度的建筑活动专业技术人员，经资格考试合格，取得注册执业证书后，方可从事注册范围内的业务。

**第十一条** 注册执业人员不得有下列行为：

（一）出租、出借注册执业证书或者执业印章；

（二）超出注册执业范围或者聘用单位业务范围从事执业活动；

（三）在非本人负责完成的文件上签字或者盖章；

（四）法律、法规禁止的其他行为。

**第十二条** 按照国家和本市有关规定配备的施工员、质量员、安全员、标准员、材料员、机械员、劳务员、资料员等施工现场专业人员，应当经过聘用单位组织的岗位培训并通过职业能力评价。

**第十三条** 建设单位应当在建设工程发包前，向市、区建设行政管理部门报送项目信息。

**第十四条** 建设工程开工应当按照国家有关规定，取得施工许可。未经施工许可的建设工程不得开工。

除保密工程外，施工单位应当在施工现场的显著位置向社会公示建设工程施工许可文件的编号、工程名称、建设地址、建设规模、建设单位、设计单位、施工单位、监理单位、合同工期、项目经理等事项。

## 第三章　工程发包与承包

**第十五条**　依法必须进行招标发包的建设项目，建设单位应当在完成建设工程的项目审批、核准、备案手续后，方可进行工程总承包或者施工发包。

**第十六条**　工程总承包、勘察、设计、施工的发包应当具备下列条件：

（一）发包单位为依法成立的法人或者其他组织；

（二）有满足发包所需的资料或者文件；

（三）建设资金来源已经落实。

政府投资的建设工程的施工发包应当具有施工图设计文件。但是，建设工程技术特别复杂或者需要使用新技术、新工艺，经市建设行政管理部门审核同意的除外。

**第十七条**　建设工程的勘察、设计、施工，可以全部发包给一个承包单位实行工程总承包；也可以将建设工程的勘察、设计、施工分别发包给不同的承包单位。

发包单位不得将应当由一个承包单位完成的建设工程支解成若干部分发包给几个承包单位。市建设行政管理部门应当会同其他有关部门明确具体管理要求。

**第十八条**　建设工程的发包分为招标发包和直接发包。

建设工程招标发包分为公开招标发包和邀请招标发包。

**第十九条**　全部或者部分使用国有资金投资或者国家融资，以及使用国际组织或者外国政府贷款、援助资金之外的建设工程，可以不进行招标发包，但是国家另有规定的除外。

政府特许经营项目已通过招标方式选定投资人，投资人具有相应工程建设资质且自行建设的，可以不进行招标发包。

**第二十条**　具备勘察、设计或者施工资质的单位自行投资建设工程的，可以在其资质许可范围内承担相应的工作。

在建工程追加附属小型工程或者房屋建筑主体加层工程，原承包单位具备承包能力的，可以将工程总承包或者勘察、设计、施工直接发包给原承包单位。

**第二十一条**　依法必须公开招标发包的工程，发包单位应当按照国家和本市有关规定，在市建设行政管理部门等相关行政管理部门指定的媒介上发布招标公告。

鼓励使用市建设行政管理部门等相关行政管理部门制定的招标示范文本。

**第二十二条**　评标由招标人依法组建的评标委员会负责。

招标人与评标委员会成员串通确定中标人的，中标无效。

**第二十三条**　实行建设工程总承包的，总承包单位应当具备相应的设计或者施工资质，并建立与工程总承包业务相适应的项目管理体系。

实行总承包的建设工程，工程质量由总承包单位负责。总承包单位经发包单位同意将所承包工程中的部分工作分包给其他单位的，总承包单位和分包单位应当就分包工程向发包单位承担连带责任。

**第二十四条**　两个以上的勘察、设计、施工单位可以组成联合体承包工程。联合体各方应当签订联合体协议，确定一方作为联合体主办方，并对承包合同的履行承担连带责任。

联合体各方应当在各自的资质许可范围内承接工程；资质类别相同但资质等级不同的企业组成联合体的，应当按照资质等级低的承包单位的资质许可范围承接工程。

已经参加联合体的单位不得参加同一建设工程的单独投标或者其他联合体的投标。

**第二十五条**　实行施工总承包的，总承包单位应当自行完成主体结构工程的施工，在主体结构工程施工中应当承担下列责任：

（一）在施工现场设立项目管理机构；

（二）按照规定在施工现场配备本单位的管理人员；

（三）加强施工现场质量和安全管理；

（四）自行采购、供应主体结构工程的主要材料；

（五）法律、行政法规规定的其他责任。

总承包单位和建设单位应当在总承包合同中对分包工程、建设工程材料和设备供应方式等内容予以明确。

建设行政管理部门和其他有关部门应当加强对总承包单位施工现场的监管。

**第二十六条** 建设单位需要在施工总承包范围内确定专业分包单位或者建设工程材料、设备供应单位的，应当在招标文件中明示或者事先与总承包单位进行协商，并在施工总承包合同中约定；确定的专业分包单位或者材料、设备供应单位应当接受总承包单位的管理，并由总承包单位进行相关工程款项的结算和支付。

建设单位需要将施工总承包范围外的专业工程另行发包的，应当事先与施工总承包单位书面约定现场管理方式。

采取前两款发包方式的，建设单位与施工总承包单位的承包合同应当明确建设单位的责任。

**第二十七条** 工程总承包、勘察、设计、施工、监理单位承接建设工程时不得有下列行为：

（一）借用他人资质或者以他人名义承接工程；

（二）以贿赂等不正当手段承接工程；

（三）参与有利害关系的招标代理机构代理的建设项目的投标；

（四）提供伪造或者变造的资料；

（五）未以投标方式承接必须投标承包的建设工程；

（六）法律、法规禁止的其他行为。

**第二十八条** 承包单位不得转包工程。承包单位有下列情形之一的，属于转包行为：

（一）工程总承包单位将其资质范围内的全部设计或者施工业务交由其他单位或者个人完成；

（二）勘察、设计承包单位将全部的勘察或者设计业务交由其他单位或者个人完成；

（三）施工总承包单位将全部的施工业务交由其他单位或者个人完成。

**第二十九条** 施工承包单位不得违法分包工程。施工承包单位有下列情形之一的，属于违法分包行为：

（一）将建设工程分包给不具备相应资质的单位或者个人的；

（二）专业分包单位将其承包的建设工程再实行专业分包的；

（三）劳务分包单位将其承包的劳务作业再分包的；

（四）法律、行政法规规定属于违法分包的其他情形。

**第三十条** 建设单位可以自主委托招标代理、造价咨询等中介服务机构。招标代理机构、造价咨询机构不得同时接受同一建设工程招标人和投标人的委托，也不得同时接受同一建设工程两个以上投标人的委托。

**第三十一条** 建设单位可以委托具有建设工程设计、施工、监理或者造价咨询相应资质的项目管理单位，开展工程项目全过程或者若干阶段的项目管理服务。

项目管理单位应当配备具有相应执业能力的专业技术人员和管理人员，提供工程项目前期策划、项目设计、施工前准备、施工、竣工验收和保修等阶段的项目管理服务，也可以在其资质许可范围内，为同一工程提供工程监理、造价咨询等专业服务。

设计、施工单位从事项目管理的，不得承接同一建设工程的工程总承包、设计或者施工项目。

本市逐步推进政府投资的建设工程委托项目管理单位实行全过程管理。

## 第四章　工程合同和造价

**第三十二条** 承接建设工程总承包、勘察、设计、施工项目的，应当签订书面的建设工程合同。承接建设工程项目管理、招标代理、造价咨询、监理、检测等业务的，应当签订书面的委托合同。鼓励使用国家或者本市制定的合同示范文本。

实行招标发包的建设工程,其承发包合同的工程内容、合同价款及计价方式、合同工期、工程质量标准、项目负责人等主要条款应当与招标文件和中标人的投标文件的内容一致。

**第三十三条** 合同签订后三十日内,发包单位、委托单位应当向建设行政管理部门或者其他有关部门报送工程内容、合同价款、计价方式、项目负责人等合同信息。合同信息发生变更的,发包单位、委托单位应当于变更事项发生后十五日内,向原报送部门报送变更信息。

经依法报送并履行完毕的合同项目,方可作为业绩在企业申请资质升级增项、参与招标投标过程中予以使用。

**第三十四条** 合同履行过程中,市场价格波动超过正常幅度且合同未予约定的,合同当事人应当对合同价款的调整进行协商。

**第三十五条** 全部使用国有资金投资或者国有资金投资为主的建设工程的施工发包和承包应当采用工程量清单方式计价。工程量清单应当按照国家和本市的清单计价规范编制。

全部使用国有资金投资或者国有资金投资为主的建设工程实行施工招标,招标人应当在发布招标文件时,公布最高投标限价,并报送建设行政管理部门或者其他有关部门备查。

鼓励其他资金投资的建设工程的施工发包和承包采用工程量清单方式计价。

**第三十六条** 发包单位应当按照法律规定和合同约定,进行工程预付款、工程进度款、工程竣工价款的结算、支付。

建设工程竣工后,发包单位和承包单位应当按照合同约定进行工程竣工结算。

对当年开工、当年不能竣工的新开工建设工程推行过程结算,经发包单位和承包单位确认的过程结算文件作为工程竣工结算文件的组成部分。

承包单位应当在提交竣工验收报告后,按照合同约定的时间向发包单位递交竣工结算报告和完整的结算资料。发包单位或者发包单位委托的造价咨询机构应当在六十日内进行核实,并出具核实意见。合同另有约定的除外。

竣工结算文件确认后三十日内,发包单位应当将双方确认的竣工结算文件报建设行政管理部门或者其他有关部门备案。

**第三十七条** 市建设行政管理部门应当会同其他有关部门制定全市工程造价信息数据标准,建立全市工程造价信息平台。

全部使用国有资金投资或者国有资金投资为主的建设工程,建设行政管理部门和其他有关部门应当将最高投标限价、中标价、竣工结算价在市建设行政管理部门指定的网站上公开,接受社会监督。

**第三十八条** 建设工程合同当事人可以采取投标担保、履约担保、预付款担保、工程款支付担保等担保方式,降低合同履行的风险。

发包单位要求承包单位提供履约担保的,应当同时向承包单位提供工程款支付担保。

**第三十九条** 建设工程合同对建设工程质量责任采用质量保证金方式的,使用财政资金的建设工程应当按照国家有关规定,将质量保证金预留在财政部门或者发包单位。

建设工程合同对建设工程质量责任采用工程质量保险方式的,不再设立建设工程质量保证金。

## 第五章 市场服务与监督

**第四十条** 建设行政管理部门和其他有关部门应当通过全市统一的建设工程管理信息系统,实施行政许可、招标投标监督管理、合同管理、注册执业人员管理、工程质量和安全监督等监督管理活动。

市建设行政管理部门应当会同市人力资源和社会保障行政管理部门,建立施工作业人员劳务信息系统,向劳务用工单位提供实名登记的施工作业人员信息,并向劳务人员提供劳务用工单位的用工需求信息。

**第四十一条** 市建设行政管理部门应当建立统一规范的建设工程交易中心，为建设工程交易活动提供场所、设施以及信息、咨询等服务。

**第四十二条** 市建设行政管理部门应当会同其他有关部门，按照国家和本市有关规定以及本市建设工程技术评审管理的实际需求，建立建设工程评标专家库和专项技术评审专家库。

在本市建设工程交易中心进行评标，以及按照国家或者本市规定开展专项技术评审活动的，应当分别从本市建设工程评标专家库或者专项技术评审专家库中选取专家。

专家在评标或者开展专项技术评审过程中，应当客观、公正地履行职责，遵守职业道德，并对所提出的评审意见承担个人责任。

**第四十三条** 本市实行施工图设计文件审查制度。施工图设计文件审查机构应当经市建设行政管理部门或者其他有关部门依法确定并向社会公布。

**第四十四条** 施工图设计文件审查机构应当按照国家或者本市有关规定开展施工图设计文件审查活动，不得有下列行为：

（一）超出范围从事施工图审查；

（二）使用不符合条件的审查人员；

（三）未按照规定的内容进行审查；

（四）未按照规定的时间完成审查；

（五）法律、法规禁止的其他行为。

**第四十五条** 市建设行政管理部门或者其他有关部门应当加强对审查机构和审查人员的监督检查，并定期公开监督检查结果。

**第四十六条** 建设行政管理部门和其他有关部门应当对建筑市场活动开展动态监督管理。发现企业资质条件或者安全生产条件已经不符合许可条件的，应当责令限期改正，改正期内暂停承接新业务；逾期未改正的，由许可部门降低其资质等级或者吊销资质证书；属于进沪的其他省市企业的，应当提请发证部门依法作出处理。

建设行政管理部门和其他有关部门对承发包活动开展监督管理时，可以采取函询、风险警示等措施。

建设行政管理部门和其他有关部门在施工现场开展监督检查时，应当对合同的主要内容和现场情况进行比对。

**第四十七条** 本市建立健全建筑市场活动协同监管机制。发展改革、财政、审计、国资、规划资源、市场监管、公安、人力资源社会保障等行政管理部门应当按照职责，加强对建筑市场活动的协同监管。

对于政府投资建设工程，发展改革、财政、审计、国资等行政管理部门按照职责，重点从资金落实情况审查、资金拨付、资金监管、审计监督以及国有企业经营业绩考核等方面，开展监督管理。

**第四十八条** 市建设行政管理部门应当会同其他有关行政管理部门组织编制本市建设工程标准、管理规范、定额、计价规则等技术管理文件，并向社会公布。

**第四十九条** 本市推进建筑市场信用体系建设。建设行政管理部门和其他有关部门应当建立信用信息数据库，记载建筑市场活动中各单位和注册执业人员的信用信息。信用信息应当向市公共信用信息服务平台归集，并向社会公布。

政府投资建设工程的建设单位应当在招标投标活动中使用信用信息。鼓励其他主体在建筑市场活动中使用信用信息。

建设行政管理部门和其他有关部门应当根据建筑市场活动中各单位和注册执业人员的信用状况实行分类管理，加强对失信单位和人员的监管，对信用良好的单位和人员实施便利措施。

**第五十条** 本市按照国家有关规定开展建设领域稽查工作，对建设行政管理部门、其他有关部门贯彻执行法律、法规、规章、标准及相关政策的情况进行监督检查。

## 第六章 法律责任

**第五十一条** 违反本条例规定的行为，《中华人民共和国建筑法》《建设工程质量管理条例》及其他有关法律、行政法规已有处罚规定的，从其规定。

**第五十二条** 违反本条例第九条规定，其他省市企业未按照要求报送信息的，由市建设行政管理部门责令限期改正；逾期未改正的，处五千元以上三万元以下罚款。

**第五十三条** 违反本条例第十一条规定，注册执业人员违反规定从事执业活动或者出租、出借注册执业证书、执业印章的，由建设行政管理部门或者其他有关部门责令停止违法行为，处一万元以上三万元以下罚款；有违法所得的，没收违法所得，处违法所得两倍以上五倍以下罚款；情节严重的，提请发证部门吊销资格证书。

**第五十四条** 违反本条例第十四条第二款规定，施工单位未按照要求在建设工程施工现场进行公示的，由建设行政管理部门或者其他有关部门责令限期改正，处一万元以上三万元以下罚款。

**第五十五条** 违反本条例第二十七条规定，工程总承包、勘察、设计、施工、监理单位有下列情形之一的，由建设行政管理部门或者其他有关部门按照下列规定予以处罚：

（一）未取得资质证书，借用他人资质或者以他人名义承揽勘察、设计、监理工程的，责令停止违法行为，对违反规定的勘察、设计、监理单位分别处合同约定的勘察费、设计费、监理费两倍以上四倍以下罚款；对违反规定的工程总承包、施工单位处工程合同价款百分之五以上百分之十以下罚款；有违法所得的，没收违法所得；并可以责令停业整顿、降低资质等级；情节严重的，吊销资质证书。

（二）以贿赂等不正当手段承揽工程的，责令改正，对违反规定的勘察、设计、监理单位分别处合同约定的勘察费、设计费、监理费两倍以上四倍以下罚款；对违反规定的工程总承包、施工单位处工程合同价款百分之五以上百分之十以下罚款；并可以责令停业整顿、降低资质等级；情节严重的，吊销资质证书。

（三）提供伪造或者变造的资料的，责令限期改正，处十万元以上三十万元以下罚款；有违法所得的，没收违法所得；情节严重的，暂扣或者吊销资质证书。

（四）未以投标方式承接必须投标承包的建设工程的，责令停止建筑活动，处一万元以上三万元以下罚款。

**第五十六条** 违反本条例第三十条规定，造价咨询机构就同一建设工程同时接受招标人和投标人或者两个以上投标人委托的，由建设行政管理部门或者其他有关部门责令限期改正，予以警告，并处三万元以上十万元以下罚款。

**第五十七条** 违反本条例第三十三条第一款规定，发包单位、委托单位未按照要求报送合同信息的，由建设行政管理部门或者其他有关部门责令限期改正；逾期未改正的，处一千元以上五千元以下罚款。

**第五十八条** 违反本条例第三十六条第五款规定，发包单位未按照要求办理竣工结算文件备案手续的，由建设行政管理部门或者其他有关部门责令限期改正，处一万元以上三万元以下罚款。

**第五十九条** 违反本条例第四十二条第三款规定，评审专家未客观、公正履行职责的，由市建设行政管理部门责令改正；情节严重的，取消其担任评审专家的资格。

**第六十条** 施工图设计文件审查机构违反本条例第四十四条规定，未按照规定开展施工图设计文件审查活动的，由市建设行政管理部门或者其他有关部门责令改正，处一万元以上三万元以下罚款；已经出具审查合格书的施工图，仍有违反法律、法规和工程建设强制性标准的，处三万元以上十万元以下罚款；情节严重的，市建设行政管理部门或者其他有关部门不再将其列入审查机构名录。

**第六十一条** 相关行政管理部门的工作人员违反本条例规定，有下列情形之一的，由所在单位或者上级主管部门依法给予处分；构成犯罪的，依法追究刑事责任：

（一）违法实施行政许可或者行政处罚的；

（二）违法干预建设工程的发包和承包的；

（三）未按照本条例规定履行监督检查职责的；

（四）发现违法行为不及时查处，或者包庇、纵容违法行为，造成后果的；

（五）其他玩忽职守、滥用职权、徇私舞弊的行为。

## 第七章　附　　则

**第六十二条**　本条例有关用语的含义：

（一）建设工程，是指土木工程、建筑工程、线路管道和设备安装工程、装修工程、园林绿化工程及修缮工程。

（二）建筑市场活动，是指在建设工程新建、扩建、改建和既有建筑物、构筑物的装修、拆除、修缮过程中，各方主体进行发包、承包、中介服务，订立并履行合同等活动。

（三）政府投资，是指在本市行政区域内使用政府性资金进行的固定资产投资活动。政府性资金包括财政预算内投资资金、各类专项建设基金、统借国外贷款和其他政府性资金。

**第六十三条**　本条例自2014年10月1日起施行。

# 上海市特种行业和公共场所治安管理条例

（1997年12月11日上海市第十届人民代表大会常务委员会第四十次会议通过　根据2000年12月15日上海市第十一届人民代表大会常务委员会第二十四次会议《关于修改〈上海市特种行业和公共场所治安管理条例〉的决定》第一次修正　根据2003年6月26日上海市第十二届人民代表大会常务委员会第五次会议《关于修改〈上海市特种行业和公共场所治安管理条例〉的决定》第二次修正）

## 第一章　总　　则

**第一条**　为了加强特种行业和公共场所的治安管理，维护社会治安秩序，保障公民、法人和其他组织的合法权益，根据《中华人民共和国人民警察法》、《中华人民共和国治安管理处罚条例》、《娱乐场所管理条例》和其他有关法律、法规的规定，结合本市实际情况，制定本条例。

**第二条**　本条例适用于本市行政区域内的旅馆、印章刻制、印刷、旧货、音像制品复制等特种行业和下列公共场所：

（一）舞厅、卡拉OK厅（包房）、游戏（艺）机房、台球室、游乐场等营业性娱乐场所（以下统称娱乐场所）；

（二）电影院、剧场、音像制品放映场所；

（三）设置按摩项目的服务场所；

（四）咖啡馆、茶座、经营酒类的餐饮场所；

（五）体育场（馆）、游泳池（场）、溜冰场、营业性射击场；

（六）大型公众性临时活动场所。

**第三条**　上海市公安局是本市特种行业和公共场所治安管理工作的主管部门，负责实施本条例。区、县公安部门和专业公安部门具体负责管辖范围内的特种行业和公共场所治安管理工作。

**第四条**　本市工商行政、劳动和社会保障、体育、旅游、文化广播影视、绿化、商业、卫生和新闻出版等行政管理部门应当按照各自职责，配合公安部门做好特种行业和公共场所的治安管理工作。

## 第二章 许可和审核

**第五条** 开办旅馆、印章刻制、旧货业中的典当行和拍卖行、音像制品复制等特种行业的单位(含个体工商户,下同),开办咖啡馆、茶座、营业性射击场等公共场所以及举办大型公众性临时活动的单位,应当取得公安部门颁发的《上海市特种行业许可证》(以下简称《特种行业许可证》)或者《上海市公共场所治安许可证》(以下简称《公共场所许可证》)以及其他有关行政管理部门颁发的许可证和营业执照。

**第七条** 申领《特种行业许可证》的单位,应当具备下列条件:

(一) 营业场地的布局和设施符合治安管理;

(二) 符合该行业行政主管部门或者行业协会规定的资质条件;

(三) 有治安管理制度及相应的管理措施;

(四) 有符合条件的法定代表人和经营负责人;

(五) 法律、法规规定的其他条件。

**第七条** 申领《公共场所许可证》或者开办娱乐场所的单位,应当具备下列条件:

(一) 建筑物及各项设施符合消防安全要求;

(二) 有与经营项目、活动人员容量相适应的场地要求;

(三) 营业场地的布局和设施符合治安管理要求;

(四) 有符合条件的法定代表人和经营负责人。

**第八条** 有下列情形之一的人员,不得担任特种行业和除娱乐场所外的公共场所单位的法定代表人和经营负责人:

(一) 被吊销《特种行业许可证》或者《公共场所许可证》单位的法定代表人和经营负责人,自被吊销《特种行业许可证》或者《公共场所许可证》之日起未满三年的;

(二) 因犯有危害国家安全罪、危害公共安全罪、破坏社会主义市场经济秩序罪、侵犯财产罪、妨害社会管理秩序罪、贪污贿赂罪,被判处刑罚,执行期满未逾五年的。

**第九条** 有下列情形之一的人员,不得担任娱乐场所单位的法定代表人和经营负责人,并不得参与娱乐场所的经营管理活动:

(一) 因犯有强奸罪,强制猥亵、侮辱妇女罪,组织、强迫、引诱、容留、介绍卖淫罪,赌博罪,制作、贩卖、传播淫秽物品罪,或者走私、贩卖、运输、制造毒品罪,曾被判处有期徒刑以上刑罚的;

(二) 因犯罪曾被剥夺政治权利的;

(三) 因违反娱乐场所的治安管理规定,被工商行政管理部门依法吊销营业执照的娱乐场所单位的法定代表人和经营负责人,自被吊销营业执照之日起未满三年的。

**第十条** 国家机关的在职工作人员不得担任特种行业或者公共场所单位的法定代表人和经营负责人。

**第十一条** 按照本条例第五条规定,需要申领《特种行业许可证》或者《公共场所许可证》的单位,应当向所在地的区、县公安部门或者有关的专业公安部门提出书面申请。公安部门应当自接到申请书之日起二十日内审核完毕,对符合条件的,应当发给《特种行业许可证》或者《公共场所许可证》;对不符合条件的,应当在上述期限内书面告知申请单位。

举办大型公众性临时活动的单位,应当在举办活动预定日的十五日前,向所在地的公安部门或者有关的专业公安部门提出书面申请。公安部门应当自接到申请书之日起五日内审核完毕,对符合条件的,应当发给《公共场所许可证》,对不符合条件的,应当在上述期限内书面告知申请单位。

禁止租借、转让、复制、涂改、伪造《特种行业许可证》或者《公共场所许可证》。

**第十二条** 已经取得《特种行业许可证》或者《公共场所许可证》的单位变更经营方式、经营范围、单位名称、核定的布局设施、法定代表人或者经营负责人的，应当自变更之日起十五日内向原发证的公安部门备案。

**第十三条** 持有《特种行业许可证》或者《公共场所许可证》的单位，应当接受原发证公安部门的年度审核。

## 第三章 从业管理

**第十四条** 特种行业和公共场所单位聘用的从业人员应当持有合法的身份证明或者务工证明，境外人员还应当符合国家和本市规定的其他条件。

**第十五条** 特种行业和公共场所单位聘用的保安人员应当具备下列条件：

（一）具有本市常住户口；

（二）具有初中以上学历；

（三）未受过刑事处罚，但过失犯罪除外。

特种行业和公共场所单位的保安人员、登记员、贵重物品保管员等特殊岗位的从业人员以及按摩和客房服务部门的负责人，应当接受有关法律、法规和治安业务的培训，并经公安部门考核合格，持证上岗。

特种行业和公共场所单位的经营负责人，应当接受公安部门组织的有关法律、法规和治安业务的培训。

**第十六条** 经营旅馆业的，应当执行住宿登记、访客管理、贵重物品保管和值班巡查等制度，并遵守下列规定：

（一）旅馆内不得存放危险物品、违禁物品；

（二）旅馆内不得从事色情、卖淫嫖娼、赌博、吸毒、贩毒以及其他违法犯罪活动；

（三）建立或者配备与其经营规模相适应的保安部门或者保安人员。

**第十七条** 经营印章刻制业的，承接印章刻制时，应当查验有效证件并予以登记，不得超出许可范围承接印章刻制业务；对刻制公章的，应当查验由公安部门出具的准刻证明，并按照规定的规格、式样、文字和数量刻制。

**第十八条** 经营印刷业的，应当遵守下列规定：

（一）执行承印验证登记、监印监销、保管、保密和发货等制度；

（二）不得承接有危害国家安全、封建迷信、色情或者淫秽内容的印刷业务以及国家和本市禁止的其他印刷业务；

（三）不得超出许可范围承接印刷业务；

（四）承接特种印件印刷业务时，须查验由公安部门和其他有关部门出具的准印证明。

**第十九条** 经营旧货业的，应当遵守下列规定：

（一）执行收购、寄售、典当和拍卖验证登记制度；

（二）不得收购、寄售、承典、承当或者拍卖国家和本市禁止经营的物品；

（三）不得超出许可范围收购废旧物品；

（四）不得在铁路沿线、机场、码头、军事禁区以及冶炼加工企业附近，设点收购废旧金属物品。

**第二十条** 经营音像制品复制业的，在承接音像制品复制业务时，应当查验有关行政管理部门出具的批准文件；不得承接无批准文件的音像制品复制业务，不得承接有危害国家安全、封建迷信、色情或者淫秽内容的复制业务以及国家和本市禁止的其他复制业务。

**第二十一条** 经营公共场所的，应当遵守下列规定：

（一）场所内活动的人员不得超过核定的人数；

（二）发现治安隐患及时整改；

（三）场所内不得从事色情、卖淫嫖娼、赌博、吸毒、贩毒以及其他违法犯罪活动；

（四）场所内不得从事封建迷信活动；

（五）不得影响周围单位和居民的正常工作、生活。

娱乐场所单位不得提供以营利为目的的陪侍，或者为进入娱乐场所的人员从事以营利为目的的陪侍提供方便和条件。

禁止进入娱乐场所的人员在娱乐场所内从事以营利为目的的陪侍。

**第二十二条** 特种行业和公共场所单位及其从业人员应当遵守本条例以及其他有关治安管理的规定。

特种行业的顾客、进入公共场所活动的人员，应当遵守法律、法规的有关规定，尊重社会公德，维护社会治安秩序。

**第二十三条** 特种行业和除娱乐场所外的公共场所单位发现场所内有违法犯罪活动或者违法犯罪嫌疑人、可疑物品，应当立即向公安部门报告。

娱乐场所单位发现进入场所的人员在场所内卖淫、嫖娼、赌博、吸毒，贩卖、传播淫秽书刊、影片、录像带、录音带、图片及其他淫秽物品，从事淫秽、色情或者违背社会公德的活动和封建迷信活动，或者从事以营利为目的的陪侍的，必须予以制止，并立即向公安部门报告。

娱乐场所单位发现场所内有前款所列行为之外的违法犯罪活动或者违法犯罪嫌疑人、可疑物品，应当立即向公安部门报告。

**第二十四条** 特种行业和公共场所单位的法定代表人或者负责人是本单位的治安责任人，负责本单位的治安防范工作，并履行下列职责：

（一）审定并落实各项治安防范制度；

（二）检查治安防范工作，提出奖惩建议；

（三）如实向公安部门反映本单位的治安状况，配合公安部门对本单位进行治安检查；

（四）及时制止违法犯罪活动，并向公安部门报告；

（五）发现治安隐患，落实整改措施。

前款规定的治安责任人的职责，不得因承包经营等原因转移给他人。特种行业和公共场所单位的承包经营人在承包期间，也应当按照前款规定承担治安防范责任。

**第二十五条** 公安部门对特种行业或者公共场所单位进行治安检查时，其工作人员应当持有人民警察证件并出示由市公安局统一制发的治安检查证件。被检查的单位和个人，不得妨碍、拒绝检查。公安部门的工作人员违反上述规定的，被检查单位有权拒绝检查。

公安部门的工作人员对特种行业或者公共场所单位进行治安检查时，应当文明执法，公正执法；不得玩忽职守、滥用职权、徇私舞弊；禁止对违反治安管理的人员打骂、虐待或者侮辱。

## 第四章 法律责任

**第二十六条** 违反本条例规定的人员，应当给予治安处罚的，由公安部门依照《中华人民共和国治安管理处罚条例》的规定处罚。

违反本条例规定的单位，应当给予处罚的，法律、行政法规有规定的从其规定；法律、行政法规没有规定的，由公安部门责令改正，并依照下列规定给予处罚：

（一）违反本条例第五条规定，未取得《特种行业许可证》或者《公共场所许可证》，擅自开办特种行业或者除娱乐场所外的公共场所的，予以取缔，处一千元以上一万元以下罚款；情节严重的，处一万元以上十万元以下罚款；

（二）违反本条例第十一条第三款、第十二条、第十三条规定或者第十五条第二款规定的，处警告、一千元以上一万元以下罚款；情节严重的，责令停业整顿或者吊销《特种行业许可证》、《公共场所许可证》，可以单处或者并处一万元以上五万元以下罚款；

（三）特种行业和除娱乐场所外的公共场所单位违反本条例第十四条规定或者第十五条第一款规定的，责令限期清退，并按每聘用一人处五百元以上二千元以下罚款；

（四）娱乐场所单位违反本条例第十四条

规定或者第十五条第一款规定的，处警告、责令停业整顿，并处一千元以上一万元以下罚款；情节严重的，建议工商行政管理部门依法吊销营业执照；

（五）违反本条例第十六条、第十七条、第十八条、第十九条、第二十条规定或者第二十一条第一款第（二）、（三）、（五）项规定的，处警告、一千元以上一万元以下罚款；情节严重的，责令停业整顿或者吊销《特种行业许可证》、《公共场所许可证》，可以单处或者并处一万元以上十万元以下罚款；

（六）除娱乐场所外的公共场所单位违反本条例第二十一条第一款第（一）、（四）项规定的，处警告、一千元以上一万元以下罚款；情节严重的，责令停业整顿或者吊销《公共场所许可证》，可以单处或者并处一万元以上十万元以下罚款；

（七）娱乐场所单位违反本条例第二十一条第一款第（一）项规定的，处警告、责令停业整顿，并处一千元以上一万元以下罚款；情节严重的，建议工商行政管理部门依法吊销营业执照；

（八）娱乐场所单位违反本条例第二十一条第一款第（四）项或者第二款规定的，处警告、责令停业整顿，并处四千元以上二万元以下罚款；情节严重的，建议工商行政管理部门依法吊销营业执照；

（九）特种行业和除娱乐场所外的公共场所单位违反本条例第二十三条第一款规定，娱乐场所单位违反本条例第二十三条第三款规定，未向公安部门报告的，处警告、一千元以上一万元以下罚款；情节严重的，责令停业整顿或者吊销《特种行业许可证》、《公共场所许可证》；

（十）娱乐场所单位违反本条例第二十三条第二款规定，对发生在本场所内的卖淫、嫖娼活动放任不管，不采取措施制止的，责令停业整顿，并处一万元以上十万元以下罚款；情节严重的，建议工商行政管理部门依法吊销营业执照，对直接负责的主管人员和其他直接责任人员处一千元以下罚款。

违反本条例规定，有违法所得和非法财物的，由公安部门依法予以没收。

**第二十七条** 被吊销《特种行业许可证》或者《公共场所许可证》的，其开办单位五年内不得重新申领《特种行业许可证》或者《公共场所许可证》。

**第二十八条** 公安部门应当在作出吊销《特种行业许可证》或者《公共场所许可证》处罚决定之日起七日内，将处罚决定抄告有关行政管理部门。

**第二十九条** 公安部门的工作人员违反本条例规定，玩忽职守、滥用职权、徇私舞弊的，由其所在单位或者上级主管部门给予行政处分。

公安部门及其工作人员违法行使职权侵犯公民、法人和其他组织的合法权益造成损害的，应当依照法律、法规的规定予以赔偿。

**第三十条** 违反本条例规定，构成犯罪的，依法追究刑事责任。

## 第五章 附 则

**第三十一条** 本条例所称的责令改正的期限，不得超过十五日；停业整顿的期限为十五日以上六个月以下。

**第三十二条** 本条例的具体应用问题由市公安局负责解释。

**第三十三条** 本条例自1998年1月1日起施行。

# 上海市河道管理条例

（1997 年 12 月 11 日上海市第十届人民代表大会常务委员会第四十次会议通过　根据 2003 年 10 月 10 日上海市第十二届人民代表大会常务委员会第七次会议《关于修改〈上海市河道管理条例〉的决定》第一次修正　根据 2006 年 6 月 22 日上海市第十二届人民代表大会常务委员会第二十八次会议《关于修改〈上海市河道管理条例〉的决定》第二次修正　根据 2010 年 9 月 17 日上海市第十三届人民代表大会常务委员会第二十一次会议《关于修改本市部分地方性法规的决定》第三次修正　根据 2011 年 12 月 22 日上海市第十三届人民代表大会常务委员会第三十一次会议《关于修改本市部分地方性法规的决定》第四次修正　根据 2016 年 2 月 23 日上海市第十四届人民代表大会常务委员会第二十七次会议《关于修改〈上海市河道管理条例〉等 7 件地方性法规的决定》第五次修正　根据 2017 年 11 月 23 日上海市第十四届人民代表大会常务委员会第四十一次会议《关于修改本市部分地方性法规的决定》第六次修正　根据 2018 年 11 月 22 日上海市第十五届人民代表大会常务委员会第七次会议《关于修改本市部分地方性法规的决定》第七次修正　根据 2018 年 12 月 20 日上海市第十五届人民代表大会常务委员会第八次会议《关于修改〈上海市供水管理条例〉等 9 件地方性法规的决定》第八次修正　根据 2021 年 10 月 28 日上海市第十五届人民代表大会常务委员会第三十六次会议《关于修改本市部分地方性法规的决定》第九次修正　根据 2022 年 10 月 28 日上海市第十五届人民代表大会常务委员会第四十五次会议《关于修改〈上海市公共场所控制吸烟条例〉等 5 件地方性法规和废止〈上海市企业名称登记管理规定〉的决定》第十次修正）

## 第一章　总　　则

**第一条**　为了加强河道管理，保障防汛安全，改善城乡水环境，发挥江河湖泊的综合效益，根据《中华人民共和国水法》、《中华人民共和国防洪法》、《中华人民共和国河道管理条例》等法律、法规，结合本市实际情况，制定本条例。

**第二条**　本条例适用于本市行政区域内的河道（包括湖泊洼淀、人工水道、河道沟汊）的整治、利用、保护及其相关的管理活动。

河道内的航道，同时适用国家和本市有关航道管理规定。

本市现有港区和规划港区内河段的管理，法律、法规另有规定的从其规定。

**第三条**　本市河道实行统一规划、综合整治、合理利用、积极保护的原则。

本市河道修建、维护和管理（以下统称河道整治）实行统一管理与分级负责相结合的原则。

本市河道整治费用，按照政府投入同受益者合理承担相结合的原则筹集。

**第四条**　本市各级人民政府应当加强对河道整治工作的领导，组织有关部门、单位，动员社会力量，有计划地进行河道整治，提高河道的防洪排涝能力，发挥河道的综合功能。

**第五条**　上海市水务局是本市河道的行政主管部门（以下简称市水行政主管部门），负责对本市河道的监督管理和指导，并对市管河道实施管理。市水行政主管部门所属的上海市水务行政执法总队（以下简称市水务执法总队）具体负责本市河道的监督检查工作，并按照本条例的规定实施行政处罚。

区水行政主管部门是同级人民政府河道行政主管部门，按照其职责权限，负责本行政区域内河道的管理。

乡（镇）人民政府和乡（镇）水利机构按照其职责权限，负责乡（镇）管河道的管理；街道办事处按照本条例规定，对所在区域内的河道行使日常监督管理，其业务接受上级河道行政主管部门的指导。

本市各有关行政管理部门应当按照各自的职责分工，协同实施本条例。

**第六条** 市管河道的确定，由市水行政主管部门会同有关部门提出方案，报市人民政府批准；区管河道和乡（镇）管河道的划分，由区河道行政主管部门会同有关部门提出方案，报区人民政府批准，并报市水行政主管部门备案。

根据河道管理需要，市水行政主管部门可以将市管河道委托区河道行政主管部门实施日常监督管理；区河道行政主管部门也可以将区管河道委托乡（镇）人民政府或者街道办事处实施日常监督管理。委托管理部门应当负责落实委托管理项目所需的经费。

本市境内的长江河段以及其他跨省、市的重要河段、边界河道的管理分工，国家另有规定的从其规定。

**第七条** 有堤防（含防汛墙，下同）的河道管理范围为两岸堤防之间的全部水域、滩地，堤防、防汛通道或者护堤地；无堤防的河道管理范围按河道防洪规划所确定的设计洪水位划定。具体管理范围，由区以上人民政府划定。

**第八条** 市水行政主管部门、区河道行政主管部门应当依法加强河道监督管理，维护河道堤防等水工程安全，开展河道水质监测工作，协同环保行政管理部门对水污染防治实施监督管理。

乡（镇）人民政府和街道办事处应当加强对本区域内河道的日常检查和监督。

河道管理人员执行日常监督检查任务时，应当佩戴执法标志，持证执法。

**第九条** 任何单位和个人都有保护河道堤防等水工程安全、保护水环境和依法参加防汛抢险的义务，并有权制止和检举违反河道管理的行为。

## 第二章　河道整治

**第十条** 本市河道专业规划应当符合流域水利规划、区域水利综合规划和城市总体规划的要求，符合国家和本市规定的防洪排涝标准以及其他有关技术规定。

本市利用河道的其他各类专业规划应当与河道专业规划相协调。

**第十一条** 本市河道专业规划由市水行政主管部门会同有关部门组织编制，经市规划资源管理部门综合平衡后，纳入本市城市总体规划。

市管河道以及中心城区内其他河道的规划，由市水行政主管部门会同有关部门负责编制，经市规划资源管理部门综合平衡，报市人民政府批准后实施；中心城区外的其他河道规划，由区河道行政主管部门会同有关部门负责编制，经区规划行政管理部门综合平衡，报区人民政府批准后实施，并报市水行政主管部门、市规划资源管理部门备案。

编制河道规划涉及航道的，河道行政主管部门应当事先征求航道行政管理部门的意见。

河道规划的修改或者调整，应当经原批准机关批准。

**第十二条** 编制详细规划涉及河道的，应当事先征求河道行政主管部门意见，并按照规划管理权限，报规划行政管理部门批准后实施。

**第十三条** 市管河道以及中心城区内其他河道规划控制线（简称河道蓝线）方案，由市水行政主管部门提出，经市规划资源管理部门批准后施行；中心城区外的其他河道蓝线方案，由区河道行政主管部门提出，经区规划行政管理部门批准后施行，报市水行政主管部门、市规划资源管理部门备案。

河道行政主管部门提出通航河道蓝线方案

前，应当征求航道行政管理部门的意见。

**第十四条** 市水行政主管部门或者区河道行政主管部门应当根据河道专业规划，制定河道整治年度计划，报同级人民政府批准后组织实施。

乡(镇)人民政府应当对其所管理的河道制定年度整治计划，并组织实施。

对淤积严重、影响防洪排涝的河道，市水行政主管部门或者区河道行政主管部门应当制定河道整治应急方案，并优先安排整治工程。

**第十五条** 河道行政主管部门进行河道整治涉及航道的，应当兼顾航运需要，并事先征求航道行政管理部门的意见。

航道行政管理部门进行航道整治，应当符合防汛安全要求，并事先征求河道行政主管部门的意见。

在重要的渔业水域进行河道、航道整治，应当兼顾渔业发展需要，并事先征求渔业行政管理部门的意见。

**第十六条** 沿河新建、扩建、改建的建设项目，建设单位在建设项目立项或者申请建设许可时，应当将区域内河段的部分整治项目纳入建设项目计划并与建设项目同步实施。所需经费，专用岸段由建设单位负担；非专用岸段的经营性建设项目，由建设单位按收益情况合理负担。

**第十七条** 河道整治需要占用的土地，由土地行政管理部门按照国家和本市的有关规定调剂解决。

河道整治所增加的土地，按照城市规划和土地利用规划安排使用，其土地转让得益应当用于河道整治。

## 第三章 河道利用

**第十八条** 河道管理范围内的建设项目，建设单位应当按照河道管理权限，将工程建设方案报送市水行政主管部门或者区河道行政主管部门审核同意。未经市水行政主管部门或者区河道行政主管部门审核同意的，建设单位不得开工建设。

**第十九条** 经批准在河道管理范围内的建设项目施工前，建设单位应当按照河道管理权限，将施工方案报市水行政主管部门或者区河道行政主管部门审核，并在规定的界限内进行施工。

**第二十条** 河道管理范围内的建设项目，按照国家有关法律、法规，进行竣工验收，并应当服从市水行政主管部门或者区河道行政主管部门的安全管理。

**第二十一条** 需要利用河道堤顶或者平台兼做道路的，建设单位应当报市水行政主管部门或者区河道行政主管部门批准，并向土地行政管理部门办理有关手续；但在建设河道堤防时已经明确可以利用堤顶或者平台兼做道路的，不再审批。

**第二十二条** 利用河道、水闸等水工程实施引清调水，改善水环境的，应当按照引清调水方案统一调度。

引清调水方案由市水行政主管部门会同市有关部门制定。

**第二十三条** 经批准在河道管理范围内从事建设活动，占用河道堤防等水工程设施或者水域的，建设单位应当予以补偿；由于施工原因对河道堤防等水工程设施造成损害或者造成河道淤积的，建设单位应当承担赔偿或者清淤的责任。

**第二十四条** 河道管理范围内的土地确权，由土地行政管理部门按照国家和本市的有关规定予以办理。

## 第四章 河道保护

**第二十五条** 禁止擅自填堵河道。

确因建设需要填堵河道的，建设单位应当委托具有相应资质的水利规划设计单位进行规划论证，并报市人民政府批准。

填堵河道需要实施水系调整的，所需经费由建设单位承担。

经批准填堵河道的，建设单位在施工前，应

当按照本条例第十九条的规定办理施工审核手续。

**第二十六条** 对壅水、阻水严重的桥梁、码头或者其他跨河工程设施，根据国家和本市规定的防洪标准，由河道行政主管部门报经同级人民政府批准后，责成产权单位限期整改或者拆除。汛期影响行洪排涝安全的，应当服从防汛指挥部的紧急处理决定。

**第二十七条** 河道管理范围内不得设置阻水障碍物。

对河道管理范围内的阻水障碍物，按照谁设障、谁清除的原则，由市水务执法总队或者区河道行政主管部门提出清障实施方案，责令设障者在规定的期限内清除；逾期不清除的，由市水行政主管部门或者区河道行政主管部门强制清除，所需费用由设障者承担。

**第二十八条** 跨汛期的工程施工，建设单位应当落实汛期安全措施。

**第二十九条** 在河道中运输、存放竹木或者进行水产养殖、捕捞作业，不得影响河道行洪、排涝、灌溉以及危及水工程的安全。

汛期影响河道行洪排涝安全的下列物体，市水行政主管部门或者区河道行政主管部门应当会同交通、公安等部门采取清除措施或者进行紧急处置：

（一）在河道中存放竹木、放置养殖捕捞设施以及其他漂流物的；

（二）船舶在河道内滞留的。

**第三十条** 在保证堤防安全需要限制航速的河段，河道行政主管部门应当会同航道行政管理部门设立限制航速标志。

**第三十一条** 水闸运行、通航、纳潮、排涝、引清调水时，应当保障防汛安全及区域内船舶的通航安全。

本市水闸管理办法，由市人民政府另行制定。

**第三十二条** 河道行政主管部门应当采取措施，加强河道堤防和河岸的水土保持工作，组织植树种草，防止水土流失、河道淤积。

护堤护岸林木、植被，由河道管理机构组织营造并负责维护和管理。

**第三十三条** 根据河道堤防的重要程度以及堤基土质条件，经市水行政主管部门或者区河道行政主管部门报同级人民政府批准后，可以在河道管理范围的相连地域划定堤防安全保护区。

在河道管理范围及堤防安全保护区内，未经市水行政主管部门或者区河道行政主管部门批准，不得从事下列活动：

（一）开采地下资源、进行考古发掘、堆放物料；

（二）设置渔簖、网箱及其他捕捞装置；

（三）爆破、取土、钻探、打桩、打井、挖筑鱼塘等影响河道堤防安全。

**第三十四条** 在河道管理范围内，不得从事下列活动：

（一）倾倒工业、农业、建筑等废弃物以及生活垃圾、粪便；

（二）清洗装贮过油类或者有毒有害污染物的车辆、容器；

（三）搭建房屋、棚舍等建筑物或者构筑物；

（四）损毁河道堤防等水工程设施；

（五）放牧、垦殖、砍伐盗伐护堤护岸林木；

（六）水上水下作业影响河势稳定、危及河道堤防安全；

（七）其他妨碍河道防洪排涝活动。

## 第五章 保障措施

**第三十五条** 河道整治，应当纳入本市国民经济和社会发展计划。各级人民政府应当提高投入的总体水平。

**第三十六条** 各级人民政府应当按照河道规划所确定的分期目标，制定年度整治计划，所需经费应当在年度财政预算中专项安排。

**第三十七条** 各级人民政府按照国家有关规定设立的水利建设基金，应当主要用于防洪和河道整治。

**第三十八条** 本市按照法律规定征收河道

工程修建维护管理费，具体征收、使用和管理办法由市人民政府另行制定。

**第三十九条** 各级人民政府应当根据国家的有关规定，安排一定比例的义务工和劳动积累工，对河道堤防工程进行修建和加固。

**第四十条** 任何单位和个人不得截留、挪用河道整治费用。

审计机关应当加强对河道整治费用征收和使用情况的审计监督。

## 第六章 法 律 责 任

**第四十一条** 违反本条例规定，擅自填堵河道的，由市水务执法总队或者区河道行政主管部门责令其限期改正或者采取其他补救措施，并可处以一万元以上五万元以下的罚款。

**第四十二条** 违反本条例第十八条、第十九条规定，由市水务执法总队或者区河道行政主管部门责令其停止施工，限期改正或者采取其他补救措施，并可处以一千元以上五万元以下的罚款。

**第四十三条** 违反本条例第三十三条第二款规定，由市水务执法总队、区河道行政主管部门或者乡（镇）水利机构责令其停止违法行为，限期改正，并可处以一万元以下的罚款。

**第四十四条** 违反本条例第三十四条规定，由市水务执法总队、区河道行政主管部门或者乡（镇）水利机构责令其停止违法行为，限期改正，并可处以一万元以上五万元以下的罚款。

**第四十五条** 对下级河道行政主管部门或者组织作出的不适当决定，上级河道行政主管部门应当要求其改正或者予以撤销。

**第四十六条** 河道管理人员玩忽职守、滥用职权、徇私舞弊的，由其所在单位或者上级主管部门给予处分；构成犯罪的，依法追究刑事责任。

**第四十七条** 当事人对河道行政主管部门或者组织的具体行政行为不服的，可以依照《中华人民共和国行政复议法》或者《中华人民共和国行政诉讼法》的规定，申请复议或者提起诉讼。

当事人对具体行政行为在法定期限内不申请复议，不提起诉讼，又不履行的，作出具体行政行为的部门或者组织可以申请人民法院强制执行。

## 第七章 附 则

**第四十八条** 市人民政府应当根据本条例制定具体管理办法。

**第四十九条** 本条例的具体应用问题，由市水行政主管部门负责解释。

**第五十条** 本条例自 1998 年 3 月 1 日起施行。

# 上海市节约能源条例

（1998 年 9 月 22 日上海市第十一届人民代表大会常务委员会第五次会议通过
2009 年 4 月 23 日上海市第十三届人民代表大会常务委员会第十次会议修订）

## 第一章 总 则

**第一条** 为了推动全社会节约能源，提高能源利用效率，保护和改善环境，加快建设节约型社会，促进本市经济社会全面协调可持续发展，根据《中华人民共和国节约能源法》和其他有关法律、行政法规的规定，结合本市实际，制定本条例。

**第二条** 本条例适用于本市行政区域内节

约能源（以下简称“节能”）及其相关的管理活动。

**第三条** 本市节能工作遵循政府引导、市场运作、技术推进和全社会参与的原则。

**第四条** 市和区、县人民政府应当加强对节能工作的领导，部署、协调、监督、检查、推动节能工作。

市和区、县发展改革行政管理部门负责对节能工作的综合协调和监督管理，组织拟订节能规划和政策措施，并负责协调实施。

市和区、县经济信息化、建设交通、商务、机关事务、旅游、农业等行政管理部门按照各自职责，分别负责相关领域的节能监督管理工作。

市和区、县科技、财政、统计、质量技监、规划国土资源、环保、住房保障房屋管理等行政管理部门按照各自职责，做好相关节能管理工作。

**第五条** 上海市节能监察中心负责本市节能日常监察工作，并依照本条例的授权和有关行政管理部门的委托，对违反节能管理法律、法规的行为实施行政处罚。

**第六条** 本市实行有利于节能和环境保护的产业政策，优先发展现代服务业和先进制造业，鼓励和支持发展低耗能、低排放、高附加值产业；对高耗能的产业，应当有计划、有步骤地进行调整，或者加快技术改造，降低能耗。

本市鼓励、支持开发和利用新能源、可再生能源。

**第七条** 本市各级人民政府及其相关部门、能源生产经营单位应当加强节能宣传，普及节能知识，增强全民的节能意识。

本市用能单位应当对本单位职工开展节能教育和培训。

本市中小学校、高等院校应当组织节能知识的宣传教育，开展节能实践活动。

本市社区应当运用多种形式普及节能知识，开展创建节能家庭活动，倡导节能环保的生活方式。

本市新闻媒体应当加强节能宣传，刊播节能公益性广告，宣传节能重要举措。

**第八条** 本市支持节能服务机构、行业协会以及节能产品设计、生产、销售单位，推广节能产品，指导用户正确使用节能产品，引导节能型消费。

本市鼓励单位和个人采用节能技术和使用节能产品，提高用能效率。

**第九条** 市和区、县人民政府对在节能或者节能科学技术研究、推广中有显著成绩的单位和个人给予表彰、奖励。

能源生产经营单位、用能单位应当对单位内部节能工作取得成绩的集体、个人给予奖励。

**第十条** 任何单位和个人都应当履行节能义务，有权检举浪费能源的行为。

## 第二章 节能管理

**第十一条** 市人民政府应当根据国家节能中长期专项规划、本市国民经济和社会发展中长期规划，组织编制本市节能中长期专项规划。

区、县人民政府应当根据市节能中长期专项规划，组织编制本行政区域的节能中长期专项规划。

市经济信息化、建设交通、商务、机关事务、旅游等行政管理部门应当根据市节能中长期专项规划，编制相关领域的节能规划。

**第十二条** 市发展改革行政管理部门应当会同相关部门，根据市节能中长期专项规划制定全市年度节能计划，确定年度节能目标和节能措施，报经市人民政府批准后实施。

**第十三条** 市人民政府应当根据全市年度节能计划，向市经济信息化、建设交通、商务、机关事务、旅游等行政管理部门和区、县人民政府下达节能目标。

**第十四条** 市经济信息化、建设交通、商务、机关事务、旅游等行政管理部门和区、县人民政府应当根据市人民政府下达的节能目标，以及各自的节能规划或者节能中长期专项规划，制定年度节能计划，确定节能措施，并报市人民政府备案。

**第十五条** 市和区、县人民政府应当每年向同级人民代表大会或者其常务委员会报告节能工作。

**第十六条** 市人民政府应当向重点用能单位下达节能目标；区、县人民政府应当向纳入本区、县节能监控的用能单位下达节能目标。

重点用能单位名单，由市发展改革行政管理部门会同相关行政管理部门确定；区、县级节能监控的用能单位名单，由区、县人民政府根据本行政区域节能管理的实际需要确定，并报市发展改革行政管理部门和相关行政管理部门备案。

**第十七条** 本市实行节能考核评价制度，将节能目标完成情况和节能措施落实情况，作为对市经济信息化、建设交通、商务、机关事务、旅游等行政管理部门和区、县人民政府及其负责人年度考核评价的内容。

市和区、县人民政府应当对各自监控的用能单位的节能目标完成和节能措施落实情况进行年度评价，并将评价结果向社会公布。

**第十八条** 对尚未制定有关节能的国家标准、行业标准的，市质量技监行政管理部门可以根据技术先进、经济合理的原则，组织制定地方标准，并按规定报国家有关部门备案。

市质量技监行政管理部门可以会同相关部门制定严于强制性国家标准、行业标准的地方节能标准，由市人民政府审定后报国务院批准；法律、法规另有规定的除外。

**第十九条** 本市实行固定资产投资项目节能评估和审查制度，具体实施办法由市人民政府另行制定。

**第二十条** 本市禁止生产、进口、销售国家明令淘汰或者不符合强制性能源效率标准的用能产品、设备；禁止使用国家明令淘汰的用能设备、生产工艺。

对国家规定淘汰期限的用能产品、设备、生产工艺，市经济信息化行政管理部门应当会同相关部门制定淘汰计划，指导用能单位实施淘汰或者技术改造。

**第二十一条** 生产单位应当执行国家和本市规定的单位产品能耗限额标准。

市和区、县经济信息化行政管理部门应当按照各自权限，责令超过单位产品能耗限额标准用能的生产单位限期治理。

**第二十二条** 高耗能特种设备的设计文件应当包括与节能相关的内容。具有相应资质的单位应当按照国家规定进行节能审核；对不符合能源效率指标的，不予通过设计文件鉴定，生产单位不得制造。

高耗能特种设备在安装、改造和重大维修后对能源效率有影响的，应当进行能源效率检测。具有相应资质的单位应当按照国家规定进行能源效率检测；对不符合能源效率指标的，不得交付使用。

**第二十三条** 用能单位应当建立能源计量管理制度，按照规定配备、使用经依法检定合格的能源计量器具，加强对能源计量器具的管理，按照规定定期检定。

**第二十四条** 市统计行政管理部门应当会同相关部门建立健全反映本市能源调入、调出、生产、加工、转换、消费以及市场供求的能源统计指标体系，改进和规范统计方法，确保统计数据的真实、完整。

市统计行政管理部门应当对上报的统计数据进行审核和分析，并会同市发展改革行政管理部门定期向社会公布各区、县以及主要耗能行业的能源消费和节能情况。

**第二十五条** 能源生产经营单位不得向本单位职工无偿或者低价提供能源。

任何单位不得对能源消费实行包费制。

**第二十六条** 市发展改革行政管理部门应当会同相关部门建立节能信息服务平台，完善节能统计、节能政策、节能标准等专业基础数据库，定期发布节能新产品、新技术信息，为社会提供节能指导和服务。

**第二十七条** 本市鼓励用能产品的生产者、销售者向经国务院认证认可监督管理部门认可的从事节能产品认证的机构申请节能产品认证。

**第二十八条** 本市鼓励用能单位以行业内能耗先进水平的量化指标为基准，调整用能结构、加快节能技术改造、强化节能管理，提高能源利用效率。

**第二十九条** 本市支持节能服务业的发展。节能服务机构应当公正、客观地为用能单位提供节能咨询、设计、评估、检测、审计、认证等服务。

**第三十条** 行业协会应当按照法律、法规的规定，在行业节能规划的制定和实施、节能技术推广、能源消费统计、节能宣传培训和信息咨询等方面发挥作用。

## 第三章 合理使用与节约能源

### 第一节 工业节能

**第三十一条** 市经济信息化行政管理部门根据本市工业领域耗能状况，推动电力、钢铁、石油加工、化工、建材、装备制造等主要耗能行业节能技术改造，提升行业能源效率水平，推进有利于节能的行业结构调整，优化用能结构。

**第三十二条** 本市新建工业园区、产业基地在编制园区规划的同时，应当按照能源高效循环利用的生产模式，制定能源利用规划和整体节能方案。

本市改建、扩建具备集中供热条件的工业园区、产业基地时，园区管理机构应当制定集中供热的规划和实施方案，并组织实施。

**第三十三条** 本市鼓励工业企业采用高效、节能的电动机、风机、锅炉、窑炉、泵类等设备，采用热电联产、余热余压利用、能量系统优化以及先进的用能检测和控制等技术。

**第三十四条** 本市电网企业应当与取得行政许可或者报送备案的可再生能源发电企业签订并网协议和购电协议，优先全额收购其电网覆盖范围内可再生能源发电项目的上网电量，并为可再生能源发电企业提供接入、计量、结算等上网服务。

**第三十五条** 本市禁止新建不符合国家规定的燃煤发电机组、燃油发电机组和燃煤热电机组。

### 第二节 建筑节能

**第三十六条** 市和区、县规划行政管理部门在编制城市详细规划时，应当在建筑物的布局、形状、朝向、通风和绿化等方面考虑建筑节能的要求。

**第三十七条** 本市建筑工程的建设、设计、施工和监理活动，应当遵守建筑节能标准。

市建设交通行政管理部门可以根据本市实际情况，制定严于国家标准或者行业标准的地方建筑节能标准，并报国务院标准化主管部门和国务院建设主管部门备案。

**第三十八条** 市和区、县建设交通行政管理部门在施工图设计文件审查备案、核发施工许可证和开展安全质量监督时，应当加强对建设工程执行建筑节能标准情况的监督检查。

工程项目竣工验收备案时，市和区、县建设交通行政管理部门应当对建设单位提交的工程项目竣工验收报告中建筑节能的内容进行查验。

**第三十九条** 市建设交通行政管理部门应当会同市发展改革、住房保障房屋管理等行政管理部门根据建筑节能规划，组织制定既有建筑节能改造计划，明确节能改造的目标、范围和要求，报经市人民政府批准后实施。

市和区、县人民政府应当采取鼓励措施推进既有建筑节能改造计划的落实。

**第四十条** 本市鼓励在新建建筑和既有建筑改造中使用新型墙体材料等节能建筑材料和节能设备，推广可再生能源的利用。

### 第三节 交通运输节能

**第四十一条** 市建设交通行政管理部门应当会同相关部门加强规划统筹，推进节能型综合交通设施建设，优化综合交通集疏运结构体系，推进江海联运和海铁联运。

**第四十二条** 市和区、县人民政府及其相关部门应当优化城市道路网络建设，加强区域内交通及对外交通的有效衔接，完善智能化交通管理系统，提高道路通行能力和运输效率。

**第四十三条** 市人民政府应当加大对公共交通的投入，完善轨道交通基本网络，降低公共交通出行费用，引导市民选乘公共交通工具出行，减少交通能源消耗。

**第四十四条** 本市鼓励开发、生产、使用低耗能、低污染的节能环保型汽车和清洁能源汽车；鼓励新能源在城市公交和建设工程、环卫特种车辆等方面的应用和推广。

## 第四节 公共机构节能

**第四十五条** 市和区、县机关事务行政管理部门在同级发展改革行政管理部门的指导下，负责本级国家机关节能监督管理工作，并协调、推进本级其他公共机构的节能管理工作。

市和区、县教育、科技、文化、卫生、体育等行政管理部门负责本系统内国家机关以外其他公共机构的节能工作，并接受同级机关事务行政管理部门的指导。

公共机构负责人对本单位节能工作全面负责。公共机构的节能工作实行目标责任制和考核评价制度，节能目标完成情况应当作为对公共机构负责人考核评价的内容。

**第四十六条** 市和区、县机关事务行政管理部门应当会同相关部门，建立能源消耗监测网络，对同级公共机构能源消耗状况进行实时监测。

**第四十七条** 市和区、县机关事务行政管理部门应当会同相关部门，制定本级国家机关能源消耗定额和办公电器配备标准。

市教育、科技、文化、卫生、体育等行政管理部门在市机关事务行政管理部门的指导下，根据本系统能源消耗综合水平和特点，制定本系统内国家机关以外其他公共机构能源消耗定额和办公电器配备标准。

能源消耗定额和办公电器配备标准应当根据经济社会发展状况定期调整。

**第四十八条** 市和区、县财政行政管理部门应当根据能源消耗定额制定能源消耗支出标准，并根据办公电器配备标准对公共机构办公电器购置经费实施管理。

**第四十九条** 公共机构超过能源消耗定额使用能源或者超标准配置办公电器的，应当向同级机关事务行政管理部门作出说明；无正当理由的，市或者区、县机关事务行政管理部门应当责令限期治理。

## 第五节 重点用能单位节能

**第五十条** 重点用能单位应当制订年度节能计划，采取节能措施，提高能源利用效率，控制能源消耗总量，完成市人民政府下达的节能目标。

重点用能单位和纳入区、县节能监控的用能单位超额完成下达的节能目标的，市或者区、县人民政府应当给予表彰、奖励。

**第五十一条** 重点用能单位应当每年向市相关行政管理部门报送上年度的能源利用状况报告。重点用能单位未完成上年度节能目标的，应当在能源利用状况报告中说明原因。

**第五十二条** 市相关行政管理部门应当按照法律、行政法规和国家有关规定，对重点用能单位报送的上年度能源利用状况报告进行审查。

经审查，发现重点用能单位有下列情形之一的，市相关行政管理部门应当开展现场调查，委托节能服务机构实施用能设备能源效率检测，责令实施能源审计，并提出书面整改要求，限期整改：

（一）无正当理由，未完成上年度节能目标的；

（二）能源计量数据、统计数据有明显错误的；

（三）能源利用效率低于同行业平均水平的；

（四）节能管理制度不健全、节能措施不落实、能源利用效率低的其他情形。

市相关行政管理部门应当将重点用能单位的能源利用状况报告和审查情况送市发展改革行政管理部门。

**第五十三条** 重点用能单位应当建立内部

能源审计制度,对能源生产、转换和消费进行全面检查和监督。

**第五十四条** 重点用能单位应当设立能源管理岗位,在具有节能专业知识、实际经验以及中级以上技术职称的人员中聘任能源管理负责人,并报市相关行政管理部门备案。

年综合能源消费总量五万吨标准煤以上的重点用能单位,应当明确能源管理机构,设立能源计量、统计、审计等能源管理岗位,并报市相关行政管理部门备案。

**第五十五条** 重点用能单位应当建立、健全能源管理岗位人员培训制度,对能源计量、统计、审计和主要用能设备操作人员制定专门的节能培训计划,保证相关人员接受专业化、系统化的节能培训。

## 第四章 节能技术进步和节能激励措施

**第五十六条** 市和区、县人民政府及其相关部门应当把节能技术研究开发作为政府科技投入的重点领域,并安排资金支持企业、科研单位和高等院校研发通用性、关键性节能技术和设备,建立节能技术交易市场,促进节能技术的成果转化和应用推广。

**第五十七条** 市和区、县人民政府应当按照因地制宜、多能互补、综合利用、讲求效益的原则,加强农业和农村节能工作,增加对农业和农村节能技术、节能产品推广应用的资金投入。

**第五十八条** 市人民政府应当根据经济和社会发展情况,设立用于支持节能工作的专项资金。

专项资金主要用于以下几个方面:

(一)节能技术改造和技术升级;

(二)淘汰高耗能的落后生产能力;

(三)鼓励可再生能源和新能源利用;

(四)支持开展合同能源管理;

(五)节能技术和产品的示范和推广;

(六)节能宣传、培训;

(七)分布式供能系统推进;

(八)节能奖励;

(九)市人民政府确定的支持节能工作的其他用途。

专项资金的管理和使用,应当确保资金安排、使用的科学性和公正性,提高资金使用效益。具体办法由市人民政府另行制定。

**第五十九条** 市发展改革行政管理部门应当会同相关部门对专项资金支持项目的节能情况进行定期监督、检查,并可以委托节能服务机构对项目完成情况进行评估验收。

市财政、审计行政管理部门应当对专项资金的使用情况和专项资金支持项目执行情况进行监督、稽查和审计。

**第六十条** 企业开发节能新技术、进口节能研发用品、购置节能专用设备,按照国家规定享受税收优惠政策。

**第六十一条** 本市支持金融机构完善节能领域的直接融资产品,拓展节能服务机构、企业节能项目的筹资渠道,降低其筹资成本。

本市支持政策性银行和商业银行通过联合贷款、转贷款等合作方式,为起步资金大、项目投资回报期长的节能项目提供全程金融服务,根据项目不同阶段的信贷需求,提供相应的信贷产品。

**第六十二条** 本市鼓励政策性担保机构、金融机构对企业开展以下项目,优先给予担保或者授信支持:

(一)获得国家或者本市财税等政策性支持的节能技术研发、节能产品生产以及节能技术改造项目;

(二)得到国家或者本市相关部门表彰或者推荐,并且节能效果显著的项目。

**第六十三条** 本市推进能源价格改革,实行有利于节能的能源价格政策。

本市实行峰谷分时差价、季节性差价、可中断负荷补偿电价等政策;扩大两部制电价执行范围,提高两部制电价中基本电价的比重,并实行分时核定最大需量。

本市鼓励电力企业与用户运用协议避峰等措施限制高峰期电荷,合理调整用电负荷。

**第六十四条** 对节能目标考核评价范围内

的部门或者单位进行考核评价时，可以将可再生能源利用量从实际用能量中扣除。具体办法由市发展改革行政管理部门另行制定。

**第六十五条** 本市公共机构应当优先采购列入节能产品政府采购清单名录的节能产品、设备。

本市采取招标价格折扣优惠、首购、订购等方式，支持政府采购节能产品。

**第六十六条** 本市发挥市场调节机制作用，建立节能交易平台，积极探索重点用能单位节能量指标交易。

**第六十七条** 本市推广电力需求侧管理，利用经济、技术等政策措施，鼓励电力消费削峰填谷，提高用电效率。

**第六十八条** 接受市或者区、县人民政府下达节能目标的用能单位，可以与市或者区、县人民政府签订节能自愿协议，承诺在规定期限内，通过节能技术改造等措施，超额完成下达的节能目标。

签订节能自愿协议的用能单位按照协议约定超额完成下达的节能目标的，市或者区、县人民政府可以按照超额完成的节能量给予奖励。

**第六十九条** 本市鼓励节能服务机构提供合同能源管理服务，为委托单位的节能改造提供咨询、评估、检测、设计、运行和管理等服务。

本市对符合条件的合同能源管理项目的前期咨询、评估、检测费用给予专项补贴；对合同能源管理项目，按照节能量进行奖励，具体办法由市人民政府有关部门制定。

## 第五章 法律责任

**第七十条** 违反本条例第二十条第一款规定，使用明令淘汰的用能设备或者生产工艺的，由市或者区、县相关行政管理部门责令停止使用，没收国家明令淘汰的用能设备；情节严重的，报请本级人民政府按照国务院规定的权限责令停业整顿或者关闭。

**第七十一条** 违反本条例第二十五条规定，无偿或者低价向本单位职工提供能源或者对能源消费实行包费制的，由市或者区、县相关行政管理部门责令限期改正；逾期不改正的，处以五万元以上二十万元以下罚款。

**第七十二条** 违反本条例第二十九条规定，从事节能咨询、设计、评估、检测、审计、认证等服务的机构提供虚假信息的，由市或者区、县相关行政管理部门责令改正，没收违法所得，并处以五万元以上十万元以下罚款。

**第七十三条** 违反本条例第五十一条规定，重点用能单位未按规定报送能源利用状况报告或者报告内容不实的，由市相关行政管理部门责令限期改正；逾期不改正的，处以一万元以上五万元以下罚款。

**第七十四条** 违反本条例第五十二条规定，重点用能单位无正当理由拒不落实整改要求或者整改没有达到要求的，由市相关行政管理部门处以十万元以上三十万元以下罚款。

**第七十五条** 违反本条例第五十四条第一款规定，重点用能单位未设立能源管理岗位，聘任能源管理负责人，并报市相关行政管理部门备案的，由市相关行政管理部门责令改正；拒不改正的，处以一万元以上三万元以下罚款。

违反本条例第五十四条第二款规定，年综合能源消费量五万吨标准煤以上的重点用能单位未明确能源管理机构，或者未设立专门的能源计量、统计、审计等能源管理岗位，并报市相关行政管理部门备案的，由市相关行政管理部门责令限期改正；拒不改正的，处以一万元以上三万元以下罚款。

**第七十六条** 违反本条例规定的其他行为，法律、行政法规有处理规定的，依照其规定进行处理。

**第七十七条** 市节能监察中心负责行使由市经济信息化行政管理部门依照本条例实施的行政处罚，接受市其他相关行政管理部门的委托行使本条例规定的行政处罚。

**第七十八条** 国家工作人员在节能管理工作中滥用职权、玩忽职守、徇私舞弊，构成犯罪的，依法追究刑事责任；尚不构成犯罪的，依法给予处分。

### 第六章　附　　则

**第七十九条**　本条例相关用语含义如下：

（一）重点用能单位，是指年综合能源消费量五千吨标准煤以上的用能单位。

（二）单位产品能耗限额，是指按照产品的计量单位计算，每一计量单位产品所分摊的综合能源消耗量（或者某一主要能源品种的消耗量）不得超过的最大数额。

（三）峰谷分时差价，是指根据用户用电需求和电网在不同时段的实际负荷情况，将每天的时间划分为高峰、平段、低谷三个时段或高峰、低谷两个时段，对各时段分别制定不同的电价标准，以鼓励用户和发电企业削峰填谷，提高电力资源的利用效率。

（四）季节性差价，是指在电力紧缺、用电负荷季节性变化大的地区实行的差别电价制度，即在电力供求紧张或缓和的不同季节内，电价可在一定范围内进行浮动。

（五）可中断负荷补偿电价，是指电力企业和用户签订合同，通过电价激励，实现在系统峰值时或紧急状态下，用户按照合同规定中断或削减负荷。通过实施可中断负荷电价，可以移峰填谷，提高电网负荷率。

（六）两部制电价，是指将电价分为基本电价和电度电价两部分，计算电费时将按用电容量乘以基本电价和按电量乘以电度电价所得的电费之和，作为总电费的计算办法。

（七）分时核定最大需量，是指用电高峰时段对两部制电价用户的最大需量按契约限额的90％执行，超过90％部分加倍收取基本电费；低谷时段用户可超契约限额用电，超用不加价。

（八）电力需求侧管理，是指通过提高终端用电效率和优化用电方式，在完成同样用电功能的同时减少电量消耗和电力需求，达到节约能源和保护环境，实现低成本电力服务所进行的用电管理活动。

**第八十条**　本条例自2009年7月1日起施行。

# 上海市献血条例

（1998年9月22日上海市第十一届人民代表大会常务委员会第五次会议通过　根据2010年9月17日上海市第十三届人民代表大会常务委员会第二十一次会议《关于修改本市部分地方性法规的决定》第一次修正　根据2021年11月25日上海市第十五届人民代表大会常务委员会第三十七次会议《关于修改〈上海市献血条例〉等4件地方性法规的决定》第二次修正）

### 第一章　总　　则

**第一条**　为保证本市医疗临床用血需要和安全，保障献血者和用血者身体健康，发扬人道主义精神，促进社会主义物质文明和精神文明建设，根据《中华人民共和国献血法》和其他法律、行政法规的规定，结合本市实际情况，制定本条例。

**第二条**　在本市行政区域内的单位和个人适用本条例。

**第三条**　本市依法实行无偿献血制度。

本市提倡十八周岁至五十五周岁（以下称适龄）的健康公民自愿献血。

单位和公民应当自觉参与献血活动。

**第四条**　各级人民政府及有关部门应当采

取措施广泛宣传献血的意义，普及血液和献血的科学知识，开展预防和控制经血液途径传播的疾病的教育。

广播、电影、电视、报刊等新闻媒介应当开展献血的社会公益性宣传。

各类学校应当将血液和献血的科学知识纳入健康教育的课程或者开设专题讲座。

## 第二章　机构及其职责

**第五条**　市和区人民政府领导管辖范围内的献血工作，负责制定和下达年度献血计划，保证献血工作经费，统一规划并负责组织、协调有关部门共同做好献血工作。

**第六条**　市卫生健康部门是本市行政区域内献血工作的主管部门，其主要职责是：

（一）拟订本市年度献血计划，督促、检查献血计划的实施；

（二）制定献血、采血、供血、医疗临床用血的管理制度和技术规范；

（三）负责本市采集、提供医疗临床用血的机构（以下简称采供血机构，指血液中心和中心血站）的设置审批工作；

（四）负责本市与外省市的血液调剂工作；

（五）负责献血、采血、供血和医疗临床用血的监督管理；

（六）实施奖励和处罚。

**第七条**　区卫生健康部门负责管辖范围内献血的监督管理工作，其主要职责是：

（一）根据本市年度献血计划，拟订本区的年度献血实施计划，安排、指导和督促献血实施计划的落实；

（二）负责本区所属的采供血机构采血、供血的监督管理；

（三）负责献血、医疗临床用血的监督管理；

（四）实施奖励和处罚。

**第八条**　市和区卫生健康部门设立的血液管理机构，承担管辖范围内献血、采血、供血和医疗临床用血的日常管理工作。

**第九条**　发展改革、财政、教育、公安、市场监管、人力资源社会保障、规划资源、住房城乡建设、广播电视、电影、新闻出版、文化旅游等部门应当按照各自职责，协同做好献血工作。

**第十条**　本市各级红十字会依法参与推动献血工作。

## 第三章　献血管理

**第十一条**　市卫生健康部门根据全市的医疗临床用血需求量和适龄公民人数，拟订本市年度献血计划，报市人民政府批准后下达至区人民政府。

区卫生健康部门根据市人民政府下达的年度献血计划，拟订本区的年度献血实施计划，报同级人民政府批准后，下达至各单位（包括中央和外省、市、自治区在本市的单位，下同）和乡、镇人民政府、街道办事处。

**第十二条**　各单位应当动员和组织本单位的适龄公民（含外来务工人员）参加献血，保证本单位年度献血计划的完成。

乡、镇人民政府、街道办事处应当动员和组织本地区内无工作单位的适龄公民（含外来暂住人员）参加献血，保证本地区年度献血计划的完成。村民委员会、居民委员会应当配合乡、镇人民政府或者街道办事处开展献血工作。

**第十三条**　有工作单位的公民，可以由所在单位组织献血，也可以凭本人有效身份证件直接向所在单位或者居住地的区血液管理机构登记献血，其献血量计入所在单位的年度完成献血数。

无工作单位的公民，可以由居住地的乡、镇人民政府、街道办事处组织献血，也可以凭本人有效身份证件直接向居住地的区血液管理机构登记献血，其献血量计入所在地区的年度完成献血数。

公民可以凭本人有效身份证件直接到采供血机构设置的采血点或者流动采血车献血，其献血量可以计入所在单位或者地区的年度完成献血数。

**第十四条** 本市鼓励国家工作人员、现役军人和高等学校在校学生率先献血，为树立社会新风尚作表率。

现役军人率先献血的具体办法，由市人民政府会同驻沪部队按照国家有关规定另行制定。

**第十五条** 市或者区血液管理机构指定的采供血机构或者医疗机构对献血的公民必须免费进行必要的健康检查，对检查合格者发给献血健康检查合格证明。

采供血机构和医疗机构对献血的公民进行献血健康检查时，必须核对公民的有效身份证件。

**第十六条** 采供血机构对献血者每次采集血液量一般为二百毫升，最多不得超过四百毫升，两次采集间隔不少于六个月。

**第十七条** 采供血机构应当向献血者发给国务院卫生健康部门制作的无偿献血证书。

**第十八条** 区血液管理机构应当向完成年度献血计划的单位和乡、镇人民政府、街道办事处，发给市卫生健康部门制作的完成献血计划证书。

**第十九条** 禁止非法组织他人出卖血液。

禁止雇佣他人冒名献血。

禁止伪造、涂改、出租、买卖、转借完成献血计划证书或者无偿献血证书。

## 第四章 采血和供血

**第二十条** 本市实行采血、供血许可制度。

未经市卫生健康部门批准，任何单位和个人不得从事采血、供血活动。

**第二十一条** 采供血机构是不以营利为目的的公益性组织。

设置采供血机构，必须向市卫生健康部门提出申请，由市卫生健康部门按照国家有关规定审批。对符合执业条件的，发给采供血机构执业许可证。

采供血机构必须按照采供血机构执业许可证核定的执业范围从事采血、供血活动，并为献血者提供各种安全、卫生、便利的条件。采供血机构在执业场所以外设置采血点或者配备流动采血车，应当报市卫生健康部门备案。

**第二十二条** 采供血机构采血时应当核对献血公民的有效身份证件和献血健康检查合格证明。

采供血机构采集血液必须严格遵守有关操作规程和制度，采血必须由具有采血资格的医务人员进行，并使用符合国家标准的一次性采血器材，用后必须销毁。

采供血机构应当根据国家和本市规定的标准，保证血液质量。采供血机构对采集的血液必须进行检测，未经检测或者检测不合格的血液，不得向医疗机构提供；对血液的检测、分离、包装、储存、运输，必须符合国家规定的卫生标准和要求。

采供血机构应当按照市血液管理机构批准的医疗临床用血计划，及时向医疗机构供血。

**第二十三条** 采供血机构无法及时提供急救所需血液的，必须向市卫生健康部门报告。实施急救的医疗机构可以临时采集血液，但必须严格遵守采血操作规程和制度，确保采血、用血安全。

**第二十四条** 无偿献血的血液必须用于临床，不得买卖。采供血机构和医疗机构不得将无偿献血的血液出售给单采血浆站或者血液制品生产单位。

## 第五章 医疗临床用血

**第二十五条** 本市实行公民个人储血、家庭成员互助、单位互助和社会援助相结合的用血制度。

在本市献血的公民（以下称本市献血者）有优先用血的权利。

**第二十六条** 公民医疗临床用血时，医疗机构按照国家规定的标准收取用于血液的采集、储存、分离、检验等费用。

本市献血者及其近亲属、配偶的父母按照下列规定，减免上款规定的费用：

（一）本市献血者自献血之日起五年内医疗临床用血的，按献血量的五倍免费用血；自献血之日起五年后医疗临床用血的，按献血量等量免费用血；

（二）本市献血者自献血之日起五年内，其近亲属、配偶的父母需要医疗临床用血的，按献血量等量免费用血。

**第二十七条** 医疗机构应当根据医疗临床用血的需要，拟订医疗临床用血计划，报医疗机构所在地的区血液管理机构审核同意，并经市血液管理机构批准后安排医疗临床用血。

市卫生健康部门可以根据本市供血的情况，对医疗机构临床用血计划进行调整。

**第二十八条** 医疗机构应当到市血液管理机构指定的采供血机构领取血液，并严格遵守血液储存管理制度。

医疗机构应当按照国家规定对医疗临床用血进行核查。未经核查或者经核查不符合国家规定标准的血液，不得用于医疗临床。

**第二十九条** 医疗机构医疗临床用血应当执行输血技术规范，遵循合理、科学的原则，积极推行成分输血和自身输血，不得浪费和滥用血液。

## 第六章 奖励与处罚

**第三十条** 对下列单位和个人，市或者区人民政府和红十字会给予表彰奖励：

（一）无偿献血累计一千毫升以上的个人；

（二）连续三年超额完成年度献血计划的单位；

（三）在无偿献血宣传、教育工作中成绩显著的单位和个人；

（四）在医疗临床用血新技术的研究和推广中成绩显著的单位和个人；

（五）其他为献血、采血、供血和医疗临床用血工作做出显著成绩的单位和个人。

**第三十一条** 伪造、涂改、出租、买卖、转借完成献血计划证书或者无偿献血证书的，由市或者区卫生健康部门没收该证件，并处以五百元以上五千元以下的罚款。

雇佣他人冒名献血的，市或者区卫生健康部门对单位处以一万元以上五万元以下的罚款，情节严重的，处以五万元以上十万元以下的罚款；对个人处以一千元以上五千元以下的罚款，情节严重的，处以五千元以上一万元以下的罚款。

**第三十二条** 违反本条例规定，有下列行为之一的，由市或者区卫生健康部门予以取缔，没收违法所得，可以并处一万元以上五万元以下的罚款；情节严重的，处以五万元以上十万元以下的罚款；构成犯罪的，依法追究刑事责任：

（一）非法采集血液的；

（二）出售无偿献血的血液的；

（三）非法组织他人出卖血液的。

**第三十三条** 采供血机构违反操作规程和制度采集血液，由市或者区卫生健康部门责令改正；给献血者健康造成损害的，应当依法赔偿，对直接负责的主管人员和其他直接责任人员，依法给予处分；构成犯罪的，依法追究刑事责任。

采供血机构对医疗临床用血的检测、分离、包装、储存、运输，不符合国家规定的卫生标准和要求的，由市或者区卫生健康部门责令改正，给予警告，可以并处一千元以上一万元以下的罚款。

采供血机构向医疗机构提供不符合国家和本市规定标准的血液的，由市或者区卫生健康部门责令改正；情节严重，造成经血液途径传播的疾病传播或者有传播严重危险的，限期整顿，对直接负责的主管人员和其他直接责任人员，依法给予处分；构成犯罪的，依法追究刑事责任。

**第三十四条** 医疗机构的医务人员违反本条例的规定，将不符合国家规定标准的血液用于患者的，由市或者区卫生健康部门责令改正；给患者健康造成损害的，应当依法赔偿，对直接负责的主管人员和其他直接责任人员，依法给予处分；构成犯罪的，依法追究刑事责任。

**第三十五条** 拒绝、阻碍卫生执法人员依法执行职务，扰乱献血工作秩序，违反《中华人民共和国治安管理处罚法》的，由公安部门依法处罚；构成犯罪的，依法追究刑事责任。

**第三十六条** 卫生健康部门作出行政处罚,应当出具行政处罚决定书。收缴罚款和没收财物时,应当出具市财政部门统一制发的专用票据。

罚没款全部上缴国库。

**第三十七条** 当事人对行政部门的具体行政行为不服的,可以依照《中华人民共和国行政复议法》或者《中华人民共和国行政诉讼法》的规定,申请复议或者提起诉讼。

当事人对具体行政行为逾期不申请复议,不提起诉讼,又不履行的,作出具体行政行为的部门可以申请人民法院强制执行。

**第三十八条** 卫生健康部门的工作人员玩忽职守、滥用职权、徇私舞弊的,由其所在单位或者上级主管部门依法给予处分;构成犯罪的,依法追究刑事责任。

## 第七章 附　　则

**第三十九条** 在本市的外国公民、华侨、香港特别行政区居民、澳门特别行政区居民和台湾地区居民可以凭有效身份证件参加献血;需要医疗临床用血的,参照本条例有关规定执行。

**第四十条** 本条例施行前在本市无偿献血的公民,本人需要医疗临床用血的,按照本条例的规定减免相关费用。

**第四十一条** 本条例自1998年10月1日起施行。1989年1月28日上海市第九届人民代表大会常务委员会第六次会议通过的《上海市公民义务献血条例》同时废止。

# 上海市地名管理条例

(1998年9月22日上海市第十一届人民代表大会常务委员会第五次会议通过　根据2010年9月17日上海市第十三届人民代表大会常务委员会第二十一次会议《关于修改本市部分地方性法规的决定》第一次修正　根据2011年12月22日上海市第十三届人民代表大会常务委员会第三十一次会议《关于修改本市部分地方性法规的决定》第二次修正　根据2015年7月23日上海市第十四届人民代表大会常务委员会第二十二次会议《关于修改〈上海市建设工程材料管理条例〉等12件地方性法规的决定》第三次修正)

## 第一章 总　　则

**第一条** 为加强本市地名管理,适应城市建设、社会发展和人民生活的需要,根据国务院《地名管理条例》和有关法律、行政法规的规定,结合本市实际情况,制定本条例。

**第二条** 本条例适用于本市行政区域内地名的命名、使用、标志设置及其相关的管理活动。

**第三条** 本条例所称地名包括:

(一) 区、县、乡、镇、街道、村等名称;

(二) 山丘、河流、湖泊、岛屿、礁、沙洲、滩涂、水道等名称;

(三) 开发区、区片、公共绿地、公共广场、游览地、农场、围垦地等名称;

(四) 居住区、集住地、集镇、自然村等名称;

(五) 城市道路,桥梁,隧道,地下铁道和其他城市轨道交通的站、线,铁路的站、线,公路,机场,港口,码头(含轮渡站),长途客运汽车站,货运枢纽站等名称;

（六）海塘、江堤名称；

（七）建筑物、构筑物名称；

（八）门弄号。

**第四条** 上海市地名委员会和区、县地名委员会在同级人民政府领导下，审议决定地名工作的重大事项，协调本行政区域内的地名管理工作。

上海市地名管理办公室（以下简称市地名办）和区、县地名管理办公室（以下简称区、县地名办）依照本条例的规定负责本行政区域内地名管理工作，并依照本条例的授权实施行政处罚。区、县地名办业务上受市地名办领导。

**第五条** 市公安部门负责全市的门弄号管理工作，业务上受市地名办指导。区、县公安部门在市公安部门的领导下具体负责本行政区域内的门弄号管理工作。

本市有关行政部门按照各自职责做好地名工作。

乡、镇人民政府和街道办事处协助市和区、县地名办、公安部门监督检查辖区内的地名工作。

**第六条** 地名管理应当从本市地名的历史和现状出发，保持地名的相对稳定，实现地名的标准化、规范化。

## 第二章 地名的命名

**第七条** 地名的命名应当遵循下列规定：

（一）维护国家主权、领土完整和民族尊严，有利于人民团结；

（二）体现当地历史、文化、地理或者经济特征，与城市规划所确定的使用功能相适应；

（三）含义健康，符合社会道德风尚；

（四）禁止使用国家领导人的名字；

（五）用字准确规范，避免使用生僻字；

（六）一地一名，名实相符，使用方便；

（七）派生地名与主地名相协调。

**第八条** 村、集镇、乡管河流的名称，在本区、县范围内不得重名或者同音。

农场内的同类地名，在本农场范围内不得重名或者同音。

其他同类地名，在全市范围内不得重名或者同音。

**第九条** 建筑物应当按照路名编门弄号。门弄号应当按照规定的距离顺序编排，相邻建筑物的间距超过规定标准的，应当预留备用的门弄号。

门弄号的编排不得无序跳号、同号。

**第十条** 区、县行政区划名称，由市民政部门征求市地名办意见后向市人民政府申报。市人民政府审核同意后按照国家有关规定报国务院审批。

乡、镇行政区划及街道名称，由市民政部门征求市地名办意见后报市人民政府审批。

村的名称，由乡、镇人民政府或者街道办事处向区、县民政部门申报。区、县民政部门征求区、县地名办意见后报区、县人民政府审批。

**第十一条** 跨省、市的河流、湖泊名称，由市水行政主管部门征求市地名办意见后向市人民政府申报。市人民政府审核同意后按照国家有关规定报国务院审批。

湖泊和市、区、县管河流名称，由市水行政主管部门向市地名办申报。市地名办审核后报市人民政府审批。

乡管河流名称，由区、县水行政主管部门向区、县地名办申报。区、县地名办审核后报区、县人民政府审批。

山丘、岛屿、礁名称，由区、县人民政府向市地名办申报。市地名办审核后报市人民政府审批。

水道和沙洲、滩涂名称，由市交通行政主管部门或者市水行政主管部门向市地名办申报。市地名办审核后报市人民政府审批。

**第十二条** 市级开发区名称，由开发区主管部门征求市地名办意见后报市人民政府审批。

区、县级开发区名称，由开发区主管部门向区、县地名办申报。区、县地名办审核后报区、县人民政府审批。

农场名称，由市农场主管部门向市地名办申报。市地名办审核后报市人民政府审批。

围垦地名称，由围垦单位向区、县地名办申报。区、县地名办审核后报区、县人民政府审批。

市属公共绿地、公共广场、游览地名称，由主管部门报市地名办审批。区属或者县属公共绿地、公共广场、游览地名称，由主管部门报区、县地名办审批。

**第十三条** 除市规划行政主管部门实施规划管理的居住区及市重大工程项目的居住区名称由建设单位报市地名办审批外，其他居住区名称由建设单位报区、县地名办审批。

集住地、集镇名称，由街道办事处或者乡、镇人民政府报区、县地名办审批。

**第十四条** 主干道以上城市道路及其桥梁名称，由市市政工程主管部门向市地名办申报。市地名办审核后报市人民政府审批。

干道以下城市道路及其桥梁名称，由主管部门向区、县地名办申报。区、县地名办审核后报市地名办审批，其中跨区、县的，由市市政工程主管部门报市地名办审批。

除本条第一款、第二款以外的桥梁名称，由主管部门向同级地名办申报。市或者区、县地名办审核后报同级人民政府审批。

隧道，地下铁道和其他城市轨道交通的站、线名称，由主管部门向市地名办申报。市地名办审核后报市人民政府审批。

市管河流上的码头（含轮渡站）名称，由市交通行政主管部门报市地名办审批。区、县管河流上的码头（含轮渡站）名称由区、县交通行政主管部门报区、县地名办审批。

长途客运汽车站、货运枢纽站名称，由主管部门报市地名办审批。

**第十五条** 铁路的站、线名称，由铁路主管部门征求市地名办意见后按照国家有关规定报国务院铁道主管部门审批。

机场名称，由民航主管部门征求市地名办意见，经市人民政府审核同意后按照国家有关规定报国务院民航主管部门审批。

港口名称，由市交通行政主管部门征求市地名办意见后报市人民政府审批。

**第十六条** 跨省、市公路名称，由市市政工程主管部门征求市地名办意见后向市人民政府申报。市人民政府审核同意后依法报国务院交通主管部门审批。

除前款以外的县级以上公路名称，由市市政工程主管部门征求市地名办意见后确定。

乡、镇公路名称，由区、县市政工程主管部门征求区、县地名办意见后确定，其中跨区、县的，由有关区、县市政工程主管部门报市市政工程主管部门，市市政工程主管部门征求市地名办意见后确定。

**第十七条** 海塘、江堤名称，由市水行政主管部门报市地名办审批。

**第十八条** 除市规划行政主管部门实施规划管理的项目及市重大工程项目的建筑物、构筑物名称由建设单位或产权所有人报市地名办审批外，其他建筑物、构筑物名称由建设单位或产权所有人报区、县地名办审批。

**第十九条** 门弄号由房屋建设单位或者产权所有人向公安派出机构申请。公安派出机构编号后报区、县公安部门审批，其中跨区、县的城市道路和公路两侧的建筑物门弄号，由区、县公安部门报市公安部门审批。

**第二十条** 有下列情形之一的，可以更名：

（一）因区划调整，需要变更区、县、乡、镇、街道、村等名称的；

（二）因道路走向发生变化，需要变更路名的；

（三）因产权所有人提出申请，需要变更建筑物、构筑物名称的；

（四）因路名变更、路型变化或者道路延伸，需要变更门弄号的；

（五）经市人民政府或者国务院及其有关部门批准变更地名的。

不符合本条例第七条第（一）项、第（三）项、第（四）项规定的，市或者区、县地名办应当发出地名更名通知书。有关单位或者个人应当自收到通知书之日起三个月内办理更名手续。

地名更名的申报、审批程序按照本章规定的地名申报、审批程序进行，其中门弄号变更的申请，由道路建设单位或者区、县建设行政主管部门提出。

**第二十一条** 因自然变化消失的地名，由区、县地名办报市地名办注销；因区划调整、城市建设而消失的地名，由主管部门或者建设单位报区、县地名办注销，区、县地名办报市地名办备案。

被注销的地名一般不再用作新的同类地名。

**第二十二条** 地名命名、更名和注销的申报人应当如实填写地名申报表，并提交有关的证明文件和资料，不得作虚假、不实的申报。

**第二十三条** 本条例第三条第（五）项所列地名的申报人应当在申领建设工程规划许可证前办理地名申报手续。

**第二十四条** 本市地名审批部门应当自受理地名申报之日起三十日内作出审批决定；由市人民政府审批的，应当在六十日内作出决定。逾期不作出决定的视为同意。

市和区、县公安部门应当自受理门弄号申请之日起三十日内作出审批决定。

本市的地名审批部门应当自审批之日起十五日内将审批的地名文件抄送市地名办备案。

**第二十五条** 本条例实施前已经使用的地名，由市地名办汇编入地名录的，视为依照本条例批准的地名。

## 第三章 地名的使用

**第二十六条** 除门弄号外，依法批准命名、更名和注销的地名，市或者区、县地名办应当自批准或者注销之日起三个月内通过报纸向社会公布，费用由申报人承担。

**第二十七条** 地名应当按照国家语言文字管理机构公布的规范汉字书写，其中门弄号应当同时用阿拉伯数字书写。

地名的罗马字母拼写，应当符合国家公布的《汉语拼音方案》和《中国地名汉语拼音字母拼写规则》。

**第二十八条** 公告、文件、证件、地图、地理教科书、地名志、地名词典、房地产广告必须使用依法批准的地名，但历史上使用的地名除外。

**第二十九条** 涉及建筑物、构筑物名称的，下列行政管理部门审批有关证件时，应当查验地名批准文件；无地名批准文件的，不予办理有关手续：

（一）规划管理部门审批建设工程规划许可证；

（二）房屋行政管理部门审批商品房预售许可证；

（三）住宅建设管理部门审批新建住宅交付使用许可证。

**第三十条** 市和区、县地名办应当建立地名资料管理制度，保持地名资料的完整，提供查询服务。

## 第四章 地名标志的设置

**第三十一条** 下列地名应当设置地名标志：

（一）本条例第三条第（五）项所列的名称；

（二）居住区名称；

（三）集镇名称；

（四）门弄号。

前款规定以外的地名，可以根据实际需要和环境条件设置地名标志。

**第三十二条** 地名标志的设置人按照下列规定确定：

（一）本条例第三条第（五）项所列名称标志的设置人，为建设单位或者有关主管部门；

（二）居住区名称标志的设置人，为建设单位或者街道办事处；

（三）集镇名称标志的设置人，为乡、镇人民政府；

（四）门弄号牌的设置人，为房屋建设单位

或者产权所有人。因路名变更、路型变化或者道路延伸而更换的门弄号牌，由道路建设单位或者市和区、县人民政府负责设置。

**第三十三条** 下列地名标志应当在规定的位置设置：

（一）居住区名称的标志，在居住区与主要城市道路和公路连接的出入口设置；

（二）集镇名称的标志，在主要城市道路和公路经过或者毗邻集镇的边缘处设置；

（三）路名标志，在城市道路和公路的起止点及交叉处设置，相邻交叉处距离较长的，在中间增设路名标志。

前款规定以外的地名标志，可以根据实际需要和环境条件，在适当、明显的位置设置。

**第三十四条** 本条例第三条第（五）项、第（八）项所列地名的标志应当在建设工程交付使用前设置。

居住区名称标志应当在按规划要求完成全部建设内容前设置。

本条例第三条第（五）项、第（八）项所列地名更名的，应当由地名标志的设置人自收到地名批准文件之日起三个月内，更换地名标志。

**第三十五条** 地名标志的设置人应当使用统一样式的路名标志和门弄号牌。

公路的路名标志，按照国家规定的样式制作。

城市道路的路名标志样式，由市市政工程主管部门会同市地名办确定。

本市门弄号牌的样式，由市公安部门会同市地名办确定。

**第三十六条** 地名标志的设置人应当保持地名标志的清晰和完好，发现损坏或者字迹残缺不全的，应当予以更新。

**第三十七条** 任何单位和个人都有保护地名标志的义务，禁止下列行为：

（一）涂改、玷污地名标志；

（二）遮挡、覆盖地名标志；

（三）擅自移动、拆除地名标志；

（四）损坏地名标志的其他行为。

需要移动或者拆除地名标志的，应当与地名标志的设置人协商一致，经有关主管部门或者区、县地名办同意并承担相应的补偿费用后，方可实施。

## 第五章 法律责任

**第三十八条** 违反本条例有关规定的，按照下列规定处理：

（一）擅自命名、更名门弄号以外的地名，或者未作如实申报的，由市或者区、县地名办责令限期改正。其中，擅自命名、更名开发区、建筑物、构筑物名称，或者未作如实申报，逾期未改正的，处以三千元以上三万元以下的罚款。

（二）擅自确定、更改门弄号的，由市或者区、县公安部门责令限期改正；逾期未改正的，处以三百元以上三千元以下的罚款。

（三）擅自移动、拆除门弄号牌，或者影响正常使用，或者造成损坏的，由市或者区、县公安部门责令限期改正；逾期未改正的，处以警告或者五十元以下的罚款。造成经济损失的，应当依法赔偿。

（四）擅自移动、拆除门弄号牌以外的地名标志，或者影响正常使用，或者造成损坏的，由市或者区、县地名办责令限期改正；逾期未改正的，处以警告或者五百元以下的罚款。造成经济损失的，应当依法赔偿。

（五）应当更名的建筑物、构筑物名称，逾期不办理更名手续的，由市或者区、县地名办处以警告或者三百元以上三千元以下的罚款。

（六）违反第二十七条、第三十三条、第三十四条、第三十五条第一款、第三十六条规定的，由市或者区、县地名办责令限期改正；逾期不改正的，可处警告或者五百元以下罚款。

**第三十九条** 违反本条例规定，越权审批或者违法审批地名的，由上级主管部门责令纠正或者予以撤销；造成损害的，依法承担赔偿责任。

**第四十条** 地名管理和审批部门的工作人员玩忽职守、滥用职权、徇私舞弊的，由其所在单位或者上级主管部门给予行政处分；构成犯罪的，依法追究刑事责任。

**第四十一条** 当事人对地名管理和审批部门的具体行政行为不服的，可以依照《中华人民共和国行政复议法》或者《中华人民共和国行政诉讼法》的规定，申请复议或者提起诉讼，其中对市或者区、县地名办的具体行政行为不服的，向市或者区、县人民政府申请复议。

当事人对具体行政行为逾期不申请复议，不提起诉讼，又不履行的，作出具体行政行为的市或者区、县地名办或者公安部门可以申请人民法院强制执行。

## 第六章 附　　则

**第四十二条** 本条例下列用语的含义：

（一）水道，指长江口船舶航行的通道，如吴淞口航道、宝山水道、新桥通道等。

（二）区片，指有一定范围但无明确界线的地域，如外滩、曹家渡、打浦桥等。

（三）集住地，指由原来的农村自然村演变而成，有一定范围且门牌用同一名称编号的区居住地，如静安区的康家桥、普陀区的陆家宅东村等。

**第四十三条** 本条例自 1999 年 1 月 1 日起施行。

# 上海市燃气管理条例

（1999 年 1 月 22 日上海市第十一届人民代表大会常务委员会第八次会议通过　根据 2003 年 10 月 10 日上海市第十二届人民代表大会常务委员会第七次会议《关于修改〈上海市燃气管理条例〉的决定》第一次修正　2007 年 10 月 10 日上海市第十二届人民代表大会常务委员会第三十九次会议修订　根据 2010 年 9 月 17 日上海市第十三届人民代表大会常务委员会第二十一次会议《关于修改本市部分地方性法规的决定》第二次修正　根据 2015 年 7 月 23 日上海市第十四届人民代表大会常务委员会第二十二次会议《关于修改〈上海市建设工程材料管理条例〉等 12 件地方性法规的决定》第三次修正　根据 2016 年 6 月 23 日上海市第十四届人民代表大会常务委员会第三十次会议《关于修改〈上海市燃气管理条例〉的决定》第四次修正）

## 第一章 总　　则

**第一条** 为了加强本市燃气管理，维护燃气用户和燃气企业的合法权益，保障燃气供应安全和社会公共安全，根据有关法律、行政法规，结合本市实际，制定本条例。

**第二条** 本条例所称燃气，包括人工煤气、天然气和液化石油气等气体燃料。

本条例所称燃气企业，包括燃气生产企业、燃气输配企业和燃气销售企业。

**第三条** 本条例适用于本市行政区域内燃气的规划与建设、配置与调度、供应与使用、设施保护以及相关的管理和服务活动。

**第四条** 市建设行政管理部门主管本市燃气管理工作，负责组织实施本条例。市建设行政管理部门所属的上海市燃气管理处（以下简称市燃气管理处）负责具体实施本市燃气行业的日常管理工作，对本市燃气主干管道以及中心城区燃气管道安全运行实行统一监督管理，并按照本条例的授权实施行政许可和行政处罚。

区、县燃气管理部门按照市人民政府确定的职责分工负责实施本行政区域内燃气行业的日常管理和监督，业务上受市建设行政管理部门领导。

本市发展改革、交通、规划、质量技监、安全监管、工商、公安等有关行政管理部门按照各自的职责，协同实施本条例。

**第五条** 本市燃气管理遵循安全第一、保障供应、节能高效和方便用户的原则。

**第六条** 本市各级人民政府和市建设行政管理部门、市燃气管理处以及区、县燃气管理部门应当进行安全和节约使用燃气的宣传，增强社会公众安全和节约使用燃气的意识，提高防范和应对燃气事故的能力。

广播、电视、报刊等新闻媒体应当做好安全和节约使用燃气的公益性宣传工作。

## 第二章 规划与建设

**第七条** 市建设行政管理部门应当按照法定程序，根据本市经济和社会发展的需要，编制燃气发展规划和燃气专业系统规划，分别纳入本市国民经济和社会发展规划以及城市总体规划。

编制控制性详细规划应当与燃气专业系统规划相衔接。审批部门在审批控制性详细规划时，应当征求市建设行政管理部门的意见。

**第八条** 本市燃气设施的建设，应当符合燃气专业系统规划和控制性详细规划。

燃气设施建设用地，未经法定程序调整规划，不得改变用途。

**第九条** 新建、改建、扩建住宅项目、工业园区项目或者其他建设项目涉及使用燃气的，应当同时配套建设相应的燃气设施或者预留燃气设施建设用地。

新建燃气设施，需要按照国家和本市建设项目的审批程序报批的，规划管理部门在进行规划审查时，应当征求市建设行政管理部门的意见。

年度用气量在一百万立方米以上的大型用气建设项目，在其可行性研究报告审批时，本市审批部门应当征求市建设行政管理部门的意见。

**第十条** 本市鼓励国内外企业、其他组织和个人按照国家有关规定，投资建设燃气设施。

**第十一条** 燃气设施工程的建设，应当符合国家和本市有关标准和规范。燃气设施工程竣工验收合格后，建设单位应当按照国家和本市规定向建设行政管理部门备案。建设行政管理部门应当在收到备案文件后十五日内，将有关验收合格文件抄送市建设行政管理部门。

## 第三章 资源配置与调度

**第十二条** 本市应当按照国家对能源配置的总体要求，建立燃气供应和需求的调控机制。

市能源行政管理部门会同市建设行政管理部门根据本市燃气发展规划，制定燃气资源中长期供求计划，组织并监督燃气企业的生产和采购活动。

**第十三条** 市能源行政管理部门会同市建设行政管理部门根据燃气资源中长期供求计划和燃气资源采购量，制定年度燃气分配计划。

市建设行政管理部门根据年度燃气分配计划，组织制定月度燃气分配计划。

**第十四条** 市燃气管理处应当按照年度和月度燃气分配计划，组织制定月度燃气生产供应调度方案。

燃气企业应当根据月度燃气分配计划和月度燃气生产供应调度方案，按照各自职责进行燃气的生产、输配和销售。

燃气企业之间对燃气生产和供应发生争议，可能影响正常供气的，市燃气管理处或者区、县燃气管理部门应当以不中断供气为原则予以协调解决。

**第十五条** 市燃气管理处应当建立燃气资源供求的监测、预测和预警制度，定期分析燃气资源供求信息，确保燃气稳定供应。

燃气企业应当按照本市规定的程序，将燃气供求信息报送市燃气管理处。

**第十六条** 市人民政府应当建立燃气资源地方储备制度。

市能源行政管理部门应当会同市建设行政管理部门制定燃气资源地方储备方案，确定燃气资源地方储备的布局、储备总量、启用要求等。

燃气企业受政府委托，按照前款规定的要求组织实施，确保燃气资源地方储备所需的数量、质量和储存安全。

**第十七条** 市建设行政管理部门应当组织编制燃气应急调度预案。

燃气企业应当根据燃气应急调度预案，建立健全燃气资源应急储备管理制度，确保燃气资源应急储备所需的数量、质量和设施的安全运行。

燃气企业因不可抗力或者发生突发性事故等紧急情况不能正常生产或者供应燃气的，应当根据燃气应急调度预案采取相应措施，并立即报告市燃气管理处。

燃气企业因执行燃气应急调度预案、启用燃气应急储备资源所增加的成本费用，政府应当给予适当补偿，但因燃气企业自身原因造成的除外。

## 第四章 供气与用气管理

**第十八条** 从事燃气生产、输配以及销售活动的，应当取得燃气经营许可证。

申请燃气经营许可应当具备下列条件：

（一）有稳定的、符合国家标准的燃气气源或者有生产符合标准燃气的能力；

（二）有符合国家标准且与经营规模、经营类型相适应的燃气设施；

（三）有与经营规模相适应的资金；

（四）有固定的、符合安全条件的经营场所；

（五）有具备相应资格的专业管理人员、专业技术人员以及经培训合格的专业服务人员；

（六）有完善的经营管理体系和安全管理制度；

（七）有与经营规模相适应的抢险抢修人员和设备，以及燃气事故处置应急预案；

（八）从事液化石油气经营活动的，应当有运输、接卸、储存、灌装等生产设施、残液回收处置装置；

（九）法律、法规规定的其他条件。

申请燃气经营许可的，应当按照上述条件向市建设行政管理部门提出申请，并提供相应的资料和证明文件。市建设行政管理部门应当自受理申请之日起二十日内作出同意或者不同意的决定。

燃气经营许可证的有效期为八年。需延续的，被许可人应当在有效期届满三十日前向市建设行政管理部门提出申请。市建设行政管理部门应当在有效期届满前作出是否准予延续的决定；逾期未作决定的，视为准予延续。

**第十九条** 设立燃气供气站点除应当取得燃气经营许可证外，还应当取得燃气供气站点许可证。

申请燃气供气站点许可应当具备下列条件：

（一）符合本市燃气专业系统规划或者站点布局规定；

（二）有符合标准的固定站点设施；

（三）有符合标准的燃气计量、消防、安全保护等设施；

（四）有防泄漏、防火、防爆安全管理制度和燃气事故处置应急预案；

（五）有经培训合格的专业技术人员和专业服务人员。

燃气车辆加气站、燃气储存充装站除具备前款规定的条件外，还应当有符合标准的燃气储存、充装等设备。

申请燃气供气站点许可的，应当按照上述条件，提供相应的资料和证明文件。其中，设立燃气车辆加气站、燃气储存充装站的，应当向市燃气管理处提出申请；设立瓶组气化站、瓶装供应站的，应当向区、县燃气管理部门提出申请。市燃气管理处或者区、县燃气管理部门应当自受理申请之日起二十日内作出同意或者不同意的决定。

燃气供气站点许可证的有效期为三年。需

延续的，被许可人应当在有效期届满三十日前向市燃气管理处或者区、县燃气管理部门提出申请。市燃气管理处或者区、县燃气管理部门应当在有效期届满前作出是否准予延续的决定；逾期未作决定的，视为准予延续。

**第二十条**　燃气企业应当向用户持续、稳定和安全地供气，不得擅自停业、歇业或者关闭燃气供气站点。

燃气企业确需停业、歇业或者关闭燃气供气站点的，应当在停业、歇业或者关闭燃气供气站点的九十日前向市燃气管理处或者区、县燃气管理部门提交书面报告。市燃气管理处或者区、县燃气管理部门接到报告后，应当组织有关燃气企业提供供气服务，并监督、协助做好停业、歇业或者关闭燃气供气站点的相关工作。

**第二十一条**　燃气企业不得擅自暂停供气或者降低燃气压力。燃气企业与非居民用户另有约定的，从其约定。

因燃气设施工程施工或者燃气设施维修等情况，确需暂停供气或者降低燃气压力的，燃气企业应当在暂停供气或者降低燃气压力的三日前予以公告；暂停供气或者降低燃气压力超过二十四小时或者涉及三千户以上用户的，燃气企业应当采取相应的应急保障措施，并向市建设行政管理部门或者区、县燃气管理部门报告。

因不可抗力或者燃气设施抢修等紧急情况，确需暂停供气或者降低燃气压力的，燃气企业应当立即通知用户，必要时可请用户所在地的居民委员会、村民委员会或者物业服务企业协助；同时还应当向市建设行政管理部门或者区、县燃气管理部门报告，并采取不间断抢修措施，直至恢复正常供气。

燃气企业应当在恢复正常供气前通知用户。

**第二十二条**　禁止燃气企业从事下列行为：

（一）向未取得燃气经营许可证或者燃气供气站点许可证的单位和个人供应用于销售的燃气；

（二）为不合格的气瓶充装液化石油气，或者用气瓶相互倒灌液化石油气；

（三）用燃气贮罐、槽车罐体直接充装气瓶，或者在燃气车辆加气站内充装民用气瓶；

（四）以上门等形式向用户推销燃气器具和相关产品；

（五）限定用户购买其指定的燃气器具和相关产品，或者限定用户委托其指定的安装单位安装燃气器具；

（六）危及公共安全或者损害用户利益的其他供气行为。

**第二十三条**　用户应当遵守用气规定，不得有下列行为：

（一）盗用燃气或者损坏燃气设施；

（二）擅自改装、迁移或者拆除用户设施；

（三）倒灌液化石油气或者倾倒液化石油气残液，涂改瓶体标记，损坏瓶体及附件；

（四）在不具备安全条件的场所存放和使用燃气；

（五）危及公共安全的其他用气行为。

用户需要改装、迁移或者拆除燃气管道、阀门的，应当委托燃气企业或者具有相应资质的单位进行；用户需要改装、迁移或者拆除燃气计量装置的，应当向供气的燃气企业办理相应手续。

**第二十四条**　用户应当按时支付燃气使用费，不得拖欠、拒绝支付；逾期不支付的，燃气企业应当向用户发出支付燃气使用费的催缴通知。用户自燃气企业催缴通知规定的期限届满之日起六十日内仍不支付燃气使用费的，燃气企业可以中止供气，但应当在中止供气的十五日前书面通知用户。

用户支付所欠燃气使用费后，燃气企业应当及时恢复供气。

**第二十五条**　燃气供气站点应当安装使用燃气泄漏安全保护装置。

在室内公共场所、地下或者半地下建筑物内使用燃气的，应当安装使用燃气泄漏安全保护装置；未安装使用燃气泄漏安全保护装置的，燃气企业不得供气。

按照本条第一款、第二款规定须安装燃气泄漏安全保护装置的燃气供气站点和用户，应当委托专业的检测机构定期对燃气泄漏安全保护装置进行检测。

本市提倡居民用户使用家用燃气泄漏报警器。

## 第五章 用气服务与安全

**第二十六条** 燃气企业对其供气范围内具备用气条件的单位和个人有提供普遍供气服务的义务，并应当按照法律、行政法规的规定与用户签订供用气合同，明确双方的权利和义务。

燃气企业应当按照国家和本市规定的燃气服务标准向用户提供服务，建立健全用户服务制度，规范服务行为，并遵守下列规定：

（一）在服务营业场所公示业务流程、服务项目、收费标准和服务受理、报修投诉电话等内容，向社会公开服务受理及报修投诉电话；

（二）对用户申请用气、增加用气量、变更用气用途、暂停用气、终止用气等事项，应当按照规定的程序办理，并按公开承诺的时限完成；

（三）对用户进行安全用气、节约用气基本知识的宣传；

（四）建立健全用户服务档案，以瓶装方式销售燃气的，还应当检查用户存放和使用燃气场所的安全条件，并向用户提供供气使用凭证；

（五）对用户提出的通过技术改造达到安全用气条件的需求，应当提供指导服务。

本市推进瓶装燃气的统一配送。燃气企业应当及时、安全地向用户配送瓶装燃气，并建立配送业务查询系统，供用户查询配送信息。瓶装燃气统一配送的具体推进计划和管理规范，由市建设行政管理部门会同有关部门制定。

**第二十七条** 燃气企业应当建立健全燃气质量检测制度，确保供应的燃气质量、压力和气瓶的充装重量符合标准。

市燃气管理处和区、县燃气管理部门应当对燃气的质量、压力和气瓶的充装重量进行检查和监督，并将检查结果向社会公布。

**第二十八条** 燃气企业应当加强对用户设施的定期安全检查，市燃气管理处和区、县燃气管理部门应当对安全检查的实施情况进行监督。

燃气计量装置和燃气计量装置出口前的管道及其附属设施，由燃气企业负责维护和更新，在维护和更新时，用户应当予以配合。燃气计量装置出口后的用户设施，由用户负责维护和更新。

燃气企业应当每年对瓶装燃气的用户设施以及燃气器具的安装、使用情况免费进行一次安全检查，每两年对居民用户燃气计量装置出口后的用户设施以及燃气器具的安装、使用情况免费进行一次安全检查，并对用户安全用气给予技术指导。燃气企业对用户实施安全检查前，应当事先告知用户安全检查的日期，并在约定的时间上门检查，检查人员应当主动出示有关证件，必要时可请用户所在地的居民委员会、村民委员会或者物业服务企业协助。用户应当配合安全检查。

非居民用户燃气计量装置出口后的用户设施，由用户委托具有相应资质的单位每年进行一次安全检查。

实施安全检查的单位应当将检查结果书面告知用户；存在安全隐患的，用户应当及时进行整改。燃气企业应当为居民用户整改提供帮助；非居民用户应当委托具有相应资质的单位进行整改。

燃气企业发现用户违反安全用气规定的，应当予以劝阻、制止，提出书面整改意见，用户应当及时予以整改。

**第二十九条** 燃气企业应当二十四小时接受用户报修，接到报修后，应当按照其承诺的时限或者与用户约定的时间派人到现场维修；对燃气泄漏的报修，应当先行告知用户须采取的应急措施，并立即派人到现场抢修。

**第三十条** 燃气企业为用户安装的燃气计量装置应当经过依法设立的检定机构检定合格，并粘贴检定合格标识。用户对无检定合格标识的燃气计量装置可以拒绝安装使用。

燃气企业应当按照约定的日期抄表，抄表人员入户抄表时应当主动出示有关证件。用户的用气量以燃气计量装置显示的数据为依据。用户对用气量有疑义的，燃气企业应当进行核对，有误差的应当予以纠正。用户或者燃气企业对燃气计量装置的计量准确性有争议时，应当按照国家有关计量方面的规定进行处理。

**第三十一条** 燃气价格和服务收费标准的制定或者调整应当按照有关价格方面的法律、法规执行。

燃气企业应当按照燃气价格和服务收费标准向用户收取燃气使用费或者相关服务费，并为用户查询燃气收费和服务提供便利。

市建设行政管理部门应当会同市物价局、市财政局对燃气成本费用、调价收入分配实行监管。

**第三十二条** 市建设行政管理部门、市燃气管理处和区、县燃气管理部门应当建立健全监督制度，按照有关规定对燃气企业进行监督检查；向社会公布举报、投诉电话、地址和电子信箱，并受理有关燃气安全、质量、收费标准以及服务质量等方面的举报和投诉。收到举报和投诉的部门应当依法及时对用户举报和投诉事项进行调查处理，并将处理情况告知举报或者投诉人。

## 第六章 燃气器具与泄漏报警保护装置

**第三十三条** 在本市销售的燃气器具、燃气泄漏安全保护装置和家用燃气泄漏报警器应当符合国家和本市的有关标准和规范。

本市推广使用安全节能环保型的燃气器具，提高燃气器具标准化水平，淘汰安全性能差、低效高能耗的燃气器具。

本市质量技监、工商等有关行政管理部门应当加强对燃气器具、燃气泄漏安全保护装置和家用燃气泄漏报警器产品的市场监管。

**第三十四条** 在本市销售的燃气器具、家用燃气泄漏报警器和燃气泄漏安全保护装置应当经过依法设立的检测机构的产品质量检测；燃气器具应当经过气源适配性检测，经检测合格的，检测机构应当提供检测报告。燃气器具、家用燃气泄漏报警器和燃气泄漏安全保护装置生产者或者委托的经营者，应当在销售前持产品质量检测报告、气源适配性检测报告和售后服务承诺等相关文件向市燃气管理处备案；材料齐全的，市燃气管理处应当自受理申请之日起十个工作日内予以备案。

燃气器具生产者或者委托的经营者应当每两年委托依法设立的检测机构对产品进行气源适配性检测，并将检测结果报市燃气管理处。

家用燃气泄漏报警器和燃气泄漏安全保护装置的生产者或者委托的经营者，应当建立用户档案，为用户提供售后服务。

**第三十五条** 市燃气管理处应当定期向社会公布备案的燃气器具、家用燃气泄漏报警器和燃气泄漏安全保护装置产品目录，目录的内容主要包括产品的品牌、型号、规格、生产许可情况、质量检测情况、气源适配性检测情况、生产者和委托的经营者以及售后服务信息等。

市燃气管理处应当采取措施，加强对备案产品的日常监管，发现有违法情况或者质量问题的，应当及时向社会公布相关信息。

**第三十六条** 从事燃气器具安装维修的，应当取得燃气器具安装维修许可证。

申请燃气器具安装维修许可应当符合下列条件：

（一）有与安装维修规模相适应的固定场所、专业设备和安装维修工具；

（二）有燃气器具生产企业产品安装维修的委托书及主要备件的供货合同；

（三）有经培训合格的专业技术人员和操作人员；

（四）有完善的质量验收制度、安全管理制度和操作规程。

申请燃气器具安装维修许可的，应当按照上述条件，提供相应的资料和证明文件。其中，跨区、县范围从事燃气器具安装维修的，应当向市燃气管理处提出申请；区、县范围内从事燃气器具安装维修的，应当向所在地区、县燃气管理部门提出申请。市燃气管理处或者区、县燃气管理部门应当自受理申请之日起二十日内作出同意或者不同意的决定。

燃气器具安装维修许可证有效期为三年。需延续的，被许可人应当在有效期届满三十日前向市燃气管理处或者区、县燃气管理部门提出申请。市燃气管理处或者区、县燃气管理部门应当在有效期届满前作出是否准予延续的决定；逾期未作决定的，视为准予延续。

**第三十七条** 因供气气源种类变化，确需改装燃气器具的，居民用户的燃气器具由燃气企业组织改装；非居民用户可以委托具有相应资质的单位进行改装。燃气器具改装后的质量，应当符合燃气器具气源置换的改装安全技术条件。

国家已明令淘汰的、已到判废年限的或者非安全型的燃气器具，用户应当更换。

## 第七章 设施保护

**第三十八条** 任何单位和个人不得擅自改动燃气设施。

燃气企业确需改动燃气设施的，应当取得燃气设施改动许可。

申请燃气设施改动许可应当符合下列条件：

（一）有改动燃气设施的申请报告；

（二）改动的燃气设施符合燃气专业系统规划、安全等相关规定；

（三）有安全施工的组织、设计和实施方案；

（四）有安全防护及不影响用户安全正常用气的措施；

（五）法律、法规规定的其他条件。

申请燃气设施改动许可的，应当按照上述条件，向市燃气管理处或者区、县燃气管理部门提出申请，提供相应的资料和证明文件。市燃气管理处或者区、县燃气管理部门应当按照市人民政府确定的职责分工受理申请，并自受理申请之日起二十日内作出同意或者不同意的决定。

**第三十九条** 燃气企业应当按照燃气设计规范，设置燃气管道设施安全警示标志。

禁止任何单位和个人损坏或者擅自移动、覆盖、拆除燃气管道设施安全警示标志。

**第四十条** 在市人民政府确定的燃气管道设施安全保护范围内，禁止下列行为：

（一）建造建筑物或者构筑物；

（二）堆放大宗物品或者排放腐蚀性液体、气体；

（三）爆破作业或者动用明火；

（四）在沿河、跨河、穿堤的燃气管道设施安全保护范围内，抛锚、拖锚、掏沙、挖泥或者从事其他危及燃气管道设施安全的作业，但在保障燃气管道设施安全的条件下，为防洪或者通航而采取疏浚作业的除外。

在市人民政府确定的高压、超高压燃气管道设施的安全控制范围内，禁止爆破作业或者动用明火。

**第四十一条** 有下列情形之一的，建设单位应当会同施工单位制定燃气设施保护方案，经与燃气企业协商一致后，按照该保护方案予以实施：

（一）在燃气管道设施的安全保护范围内，敷设管道，从事打桩、挖掘、顶进作业；

（二）在燃气管道设施的安全控制范围内，建造建筑物或者构筑物，从事打桩、挖掘、顶进作业；

（三）在低压、中压、次高压燃气管道设施的安全控制范围内，进行爆破作业或者动用明火；

（四）其他可能影响燃气设施安全的建设工程施工。

建设单位与燃气企业对前款规定的燃气设施保护方案产生争议的，由市建设行政管理部门组织专家论证后予以解决。

施工单位应当在建设工程开工前通知燃气企业，燃气企业应当指派专门的技术人员到现场提供安全保护指导。

因作业不当造成燃气设施损坏的，施工单位应当协助燃气企业进行抢修；造成经济损失的，应当承担赔偿责任。

**第四十二条** 燃气管道与其他地下管线之间的垂直或者水平净距，应当符合有关标准和规范。

建设工程开工前，建设单位或者施工单位应当向燃气企业查询地下燃气管道的相关情况，燃气企业应当自查询之日起三日内提供相关资料。

**第四十三条** 对违法占压燃气管道设施的建筑物或者构筑物，由所在地区、县人民政府组织有关行政管理部门依法予以拆除。

敷设燃气管道设施，因原建筑物、构筑物而无法满足燃气管道设施保护要求的，由区、县人民政府会同市建设行政管理部门组织燃气企业与建筑物、构筑物权属单位或者个人协商解决，所需费用由燃气企业承担。

**第四十四条** 燃气企业选用的燃气贮罐、气瓶和调压器应当符合国家有关标准和规范，并按照压力容器管理的有关规定定期检验、维修和更新。

气瓶的充装、存放和运输应当符合危险品和安全生产管理的规定。

燃气企业应当在气瓶上设置符合规定的企业专有标记，对气瓶进行建档登记，并按照市燃气管理处的要求实行电子标签与信息化管理。

燃气企业应当建立可对气瓶检测、充装、运输、存储、销售、配送等环节实行追溯、识别的信息系统，并与市燃气管理处的监管信息系统联网。

燃气企业对于非本企业的气瓶，不得擅自回收或者充装液化石油气。

**第四十五条** 任何单位和个人都有保护燃气设施安全的义务，发现燃气设施损坏或者存在安全隐患的，应当及时告知燃气企业，或者向燃气、公安等管理部门、当地人民政府报告。

燃气设施抢修、抢险作业时，相关单位或者个人应当给予协助，不得阻挠、妨碍抢修、抢险作业。

**第四十六条** 市建设行政管理部门应当制定本市燃气事故处置应急预案。市燃气管理处和区、县燃气管理部门应当按照各自职责分工，根据市燃气事故处置应急预案制定相应的燃气事故处置应急预案。发生燃气事故时，有关管理部门应当按照上述应急预案，组织救援。

燃气企业应当制定本企业的燃气事故处置应急预案，报市燃气管理处或者区、县燃气管理部门备案，并定期组织应急预案的演练。发生燃气事故时，燃气企业应当立即启动应急预案，并向所在地区、县人民政府突发公共事件应急联动机构或者市建设行政管理部门、市燃气管理处以及区、县燃气管理部门报告。

发生燃气事故的，按照国家和本市有关规定调查处理。

## 第八章 法律责任

**第四十七条** 违反本条例规定的行为，法律、行政法规已有处罚规定的，从其规定。

**第四十八条** 违反本条例有下列情形之一的，由市建设行政管理部门或者区、县燃气管理部门责令限期改正，并按照下列规定予以处罚：

（一）违反本条例第十七条第三款规定，未按照燃气应急调度预案采取相应措施的，可以处一万元以上十万元以下的罚款；

（二）违反本条例第十八条规定，未取得燃气经营许可证从事燃气经营活动的，可以处五万元以上五十万元以下的罚款；在经营过程中丧失或者部分丧失经营条件，逾期不改正的，可以处一万元以上十万元以下的罚款；情节严重的，吊销其燃气经营许可证。

**第四十九条** 违反本条例有下列情形之一的，由市燃气管理处或者区、县燃气管理部门责令限期改正，并按照下列规定予以处罚：

（一）违反本条例第二十条规定，擅自停业、歇业或者关闭燃气供气站点的，可以处五千元以上五万元以下的罚款；情节严重的，可以处五万元以上十万元以下的罚款；

（二）违反本条例第二十五条第一款、第二款、第三款规定，未安装使用燃气泄漏安全保护装置或者未定期检测的，可以处三千元以上三万元以下的罚款；

（三）违反本条例第三十六条规定，未取得燃气器具安装维修许可证从事相关活动的，可以处五千元以上五万元以下的罚款；在经营过程中丧失或者部分丧失经营条件，逾期不改正的，可以处三千元以上三万元以下的罚款；情节严重的，吊销其燃气器具安装维修许可证；

（四）违反本条例第三十八条规定，擅自改动燃气设施的，可以处五千元以上五万元以下的罚款；情节严重的，处五万元以上十万元以下的罚款。

违反本条例第三十四条第一款规定，未履行备案义务的，由市燃气管理处责令限期改正，可以处五百元以上五千元以下的罚款。

**第五十条** 违反本条例有下列情形之一的，由市燃气管理处或者区、县燃气管理部门责令限期改正，并按照下列规定予以处罚：

（一）违反本条例第十九条规定，未取得燃气供气站点许可证从事燃气经营活动的，没收非法物品，可以处二万元以上二十万元以下的罚款；在经营过程中丧失或者部分丧失经营条件，逾期不改正的，可以处一万元以上十万元以下的罚款；情节严重的，可以吊销其燃气供气站点许可证；

（二）违反本条例第二十一条规定，擅自暂停供气、降低燃气压力或者未按规定抢修的，可以处三千元以上三万元以下的罚款；

（三）违反本条例第二十二条规定，从事禁止行为的，可以处一万元以上十万元以下的罚款；情节严重的，市建设行政管理部门、市燃气管理处或者区、县燃气管理部门可以吊销其相应的许可证；

（四）违反本条例第二十三条第一款规定，从事禁止行为的，可以处一千元以上五千元以下的罚款；情节严重的，可以处五千元以上五万元以下的罚款；

（五）违反本条例第二十六条第一款规定，未履行普遍供气服务义务的，可以处三千元以上三万元以下的罚款；

（六）违反本条例第二十七条第一款规定，燃气企业供应的燃气质量、压力或者气瓶充装重量不符合标准的，可以处五千元以上五万元以下的罚款；

（七）违反本条例第二十八条第三款规定，燃气企业未按规定对用户设施、燃气器具的安装、使用情况实施安全检查的，可以处一千元以上一万元以下的罚款；

（八）违反本条例第二十九条规定，未按规定处理用户报修的，可以处三千元以上三万元以下的罚款；

（九）违反本条例第三十九条规定，未设置燃气管道设施安全警示标志，损坏或者擅自移动、覆盖、拆除燃气管道设施安全警示标志的，可以处一千元以上一万元以下的罚款；情节严重的，可以处一万元以上五万元以下的罚款；

（十）违反本条例第四十条、第四十一条第一款规定，实施危害燃气设施安全行为的，可以处五千元以上五万元以下的罚款；情节严重的，可以处五万元以上十万元以下的罚款；

（十一）违反本条例第四十一条第三款规定，施工单位未按照规定通知燃气企业的，可以处一千元以上一万元以下的罚款；燃气企业未指派专门的技术人员到现场提供安全保护指导的，可以处五千元以上三万元以下的罚款；

（十二）违反本条例第四十四条规定，燃气企业对气瓶和相关设备的管理不符合规定，或者未与监管信息系统联网的，可以处一万元以上十万元以下的罚款；情节严重的，可以吊销其燃气供气许可证；

（十三）违反本条例第四十六条第二款规定，燃气企业未按规定启动应急预案的，可以处五千元以上五万元以下的罚款；情节严重的，可以处五万元以上十万元以下的罚款。

**第五十一条** 市建设行政管理部门、市燃气管理处以及区、县燃气管理部门的工作人员违反本条例规定，有下列情形之一的，由其所在单位或者上级主管部门给予行政处分；构成犯罪的，依法追究刑事责任：

（一）不按照本条例规定的条件、程序和期限实施行政许可的；

（二）不按照本条例规定履行监督检查职能的；

（三）发现违法行为不及时查处，或者包庇、纵容违法行为，造成后果的；

（四）其他玩忽职守、滥用职权、徇私舞弊的行为。

### 第九章 附 则

**第五十二条** 本条例中有关用语的含义：

（一）用户设施，是指燃气计量装置和用户的燃气管道、阀门等。

（二）燃气设施，是指用于燃气生产、储存、输配和供应燃气的站点、中高压管道及其附属设施。

燃气设施的改动，是指燃气设施的拆除、改造和迁移。

（三）燃气器具，是指使用燃气的炉灶、热水器、沸水器、取暖器、锅炉、空调器等器具。

（四）燃气供气站点，是指为用户供气的瓶组气化站、瓶装供应站、燃气车辆加气站、燃气储存充装站等。

**第五十三条** 本条例自 2008 年 3 月 1 日起施行。

# 上海市民防条例

（1999 年 6 月 1 日上海市第十一届人民代表大会常务委员会第十次会议通过 根据 2003 年 6 月 26 日上海市第十二届人民代表大会常务委员会第五次会议《关于修改〈上海市民防条例〉的决定》第一次修正 根据 2015 年 7 月 23 日上海市第十四届人民代表大会常务委员会第二十二次会议《关于修改〈上海市建设工程材料管理条例〉等 12 件地方性法规的决定》第二次修正 根据 2018 年 12 月 20 日上海市第十五届人民代表大会常务委员会第八次会议《关于修改〈上海市供水管理条例〉等 9 件地方性法规的决定》第三次修正）

### 第一章 总 则

**第一条** 为了提高城市整体防护能力，防范与减轻灾害危害，保护人民的生命和财产安全，根据有关法律、行政法规的规定，结合本市实际情况，制定本条例。

**第二条** 本条例所称的民防，是指政府动员和组织群众采取防空袭、抗灾救灾措施，实施救援行动，防范与减轻灾害危害的活动。

**第三条** 本条例适用于本市行政区域内对空袭、火灾、水灾、地震灾害和其他灾害，灾害性的化学事故、放射性污染事故、交通事故、建筑物与构筑物倒塌和其他灾害性事故的预防、应急救援及其相关的管理工作。

**第四条** 本市民防工作由上海市人民政府领导，其中人民防空工作由上海市人民政府和上海警备区领导。

区民防工作由区人民政府领导，其中人民防空工作由区人民政府和同级军事机关领导。

**第五条** 上海市民防办公室（以下简称市民防办）是本市民防工作的办事机构，负责本市民防工作的综合协调及其相关的组织管理工作；主管本市人民防空工作，负责人民防空工作的组织实施。

区民防办公室（以下简称区民防办）是本行政区域民防工作的办事机构，负责区民防工作的综合协调及其相关的组织管理工作；主管本行政区域的人民防空工作,负责人民防空工作的组织实施。区民防办业务上受市民防办指导。

市和区的公安部门、水行政主管部门依照法律规定分别负责火灾、水灾的预防、应急救援工作;负责管理地震工作的部门或者机构和其他有关部门,依照法律规定各负其责,密切配合,共同做好防震减灾工作。

市和区的计划、规划、财政、建设、交通、商业、民政、卫生、环境保护、物资、电力、电信、公用事业、气象等部门,在各自职责范围内负责有关的民防工作。

**第六条** 市和区人民政府应当将民防建设纳入国民经济和社会发展计划。

**第七条** 市和区人民政府应当将民防经费列入同级财政年度预算。

**第八条** 一切单位和个人都有获得民防保护的权利,都必须依法履行民防的义务。

## 第二章 规划和预案

**第九条** 市和区民防办应当会同公安部门、水行政主管部门、负责管理地震工作的部门或者机构以及其他有关部门,编制本行政区域的抗灾救灾规划,由本级人民政府审定并组织实施。

抗灾救灾规划应当根据实际情况变化适时进行修订。

**第十条** 市民防办应当组织拟定本市防空袭方案及其实施计划,经市人民政府和上海警备区审核后,报上级军事机关批准。

区民防办应当根据本市防空袭方案及其实施计划,组织拟定本行政区域防空袭方案及其实施计划,经本级人民政府和同级军事机关审核后,报市人民政府和上海警备区批准。

防空袭方案及其实施计划至少每五年修订一次。

**第十一条** 火灾、水灾、地震灾害和其他灾害,灾害性的交通事故、建筑物与构筑物倒塌和其他灾害性事故的应急预案,由公安部门、水行政主管部门、负责管理地震工作的部门或者机构以及其他有关部门按照各自职责拟定,报本级人民政府审定。应急预案应当抄送同级民防办。

市和区民防办应当会同有关部门拟定本行政区域灾害性的化学事故、放射性污染事故等应急预案,报本级人民政府审定。其中,区的应急预案应当报市民防办备案。

**第十二条** 本市民防重点防护目标由市和区的民防办、公安部门、水行政主管部门、负责管理地震工作的部门或者机构依照法律规定确定,报本级人民政府备案。其中防空袭重要经济目标的确定,由市民防办会同有关部门提出,报市人民政府和上海警备区批准。

民防重点防护目标单位或者其上级管理部门,必须采取有效防护措施,拟定本单位或者本部门的应急抢险抢修方案,报市有关主管部门批准后组织实施。

**第十三条** 计划、财政、商业、物资、医药等有关部门,应当结合平时物资周转供应,有计划地做好民防物资储备。

物资储备方案由市负责物资储备的部门提出,报市人民政府批准后组织实施。其中防空袭物资储备方案应当报市人民政府和上海警备区批准。

**第十四条** 市和区人民政府应当根据人民防空和抗灾救灾的需要,组织有关部门制定疏散计划并组织实施。

## 第三章 通信和警报

**第十五条** 市和区民防办应当会同公安部门、水行政主管部门、负责管理地震工作的部门或者机构、电力、电信以及其他有关部门编制本行政区域的民防通信整体建设规划,报本级人民政府批准。

市和区民防办负责编制本行政区域的防空警报建设规划,并组织防空警报网的建设和管理。

**第十六条** 对民防通信和防空警报网建设

所需要的通信专线、指挥通信网和防空警报网的中继线，有关部门应当优先提供保障。

用于民防通信的专用频率和防空警报音响信号，任何单位或者个人不得占用、混同。

**第十七条** 民防通信、防空警报设施必须保持良好使用状态。

通信、广播、电视系统战时必须优先传递、发放防空警报信号。

**第十八条** 防空警报设施规划设置点建筑物的所有者，应当在该建筑物顶层预留不少于十平方米的防空警报设施专用房，并为民防办安装防空警报设施提供方便条件，不得阻挠。

预留的防空警报设施专用房所需建造费用由市或者区民防办予以补偿。

设置在有关单位的防空警报设施，由其所在单位维护管理。

防空警报设施不得擅自拆除。确因城市建设需要拆迁防空警报设施的，应当报防空警报设施所在地的区民防办批准。重建费用由拆除单位承担。

**第十九条** 市人民政府和经市人民政府批准的区人民政府可以组织防空警报试鸣。防空警报试鸣由市和区民防办具体实施，电力、电信部门以及防空警报设施所在单位应当予以保障。

市或者区人民政府应当在防空警报试鸣的五日以前发布公告，报刊、广播、电视等新闻单位应当及时予以刊播。

## 第四章　应 急 救 援

**第二十条** 市和区人民政府应当根据民防需要，组织有关部门建立专业民防应急救援组织、群众防空应急救援组织等民防应急救援组织。

民防办负责组建民防特种救援队、化学事故应急救援队；其他专业民防应急救援组织，经市人民政府批准后，由有关部门负责组建。

市和区民防办应当会同有关部门编制群众防空应急救援组织组建方案，报本级人民政府批准后由下列部门负责组建：

（一）建设、公用事业、电力等部门组建抢险抢修队；

（二）卫生、医药部门组建医疗救护队；

（三）公安部门组建消防队、治安队；

（四）卫生、化工、环境保护等部门组建防化防疫队；

（五）电信部门组建通信队；

（六）交通运输部门组建运输队。

群众防空应急救援组织平时应当担负抗灾救灾任务。

红十字会组织依法进行救护工作。

**第二十一条** 专业民防应急救援组织的训练大纲、训练计划由组建部门制定并组织实施。

市和区民防办应当会同群众防空应急救援组织的组建部门，制定应急救援组织的训练大纲、训练计划和综合演练计划。

群众防空应急救援组织的训练，由组建部门组织实施。

群众防空应急救援组织的综合演练，由市和区民防办会同组建部门组织实施。

**第二十二条** 群众防空应急救援组织所需的装备、器材和经费由组建单位负责提供。其中特殊的专用设备、器材由市或者区民防办提供。

**第二十三条** 灾害、灾害性事故发生时的应急救援工作，由市或者区人民政府按照分级管理原则统一组织指挥；市和区民防办以及其他有关部门按照各自职责分工负责实施。

**第二十四条** 发现灾害、灾害性事故的单位或者个人，应当及时报告有关部门或者通过“110”报警服务台报警。

有关部门接到灾害、灾害性事故的报告或者报警后，应当立即报告本级人民政府并按照应急预案实施救援。

受灾或者发生灾害性事故的单位，应当在报告或者报警的同时，采取紧急措施控制危害源，组织自救互救，并配合应急救援组织进行救援。

**第二十五条** 民防应急救援组织应当根据市或者区人民政府或者由其授权的部门的指令

及时进行救援工作，不得拒绝、延误。

因应急救援需要，经市或者区人民政府授权的部门可以临时调用本行政区域内的其他人员、设备和物资。被调用的设备和物资应当及时归还。如有损坏或者无法归还的，市或者区人民政府应当给予补偿。

**第二十六条** 市或者区民防办应当会同本级计划、财政、审计以及其他有关部门平衡、监督、检查人民防空和抗灾救灾资金、物资的分配和使用情况。

**第二十七条** 市和区民防办应当会同有关部门收集本行政区域内发生的灾害、灾害性事故及其应急救援处置情况，并定期进行分析、研究，为本级人民政府抗灾救灾决策提供服务。

## 第五章 民众防护

**第二十八条** 各级人民政府应当加强民防宣传教育，提高本市公民的防火救灾意识。

市和区民防办应当会同有关部门制定民防宣传教育计划。

**第二十九条** 在校学生的民防教育，由各级教育主管部门会同其他有关部门共同组织实施。

国家机关、社会团体、企业事业单位人员的民防教育，由所在单位组织实施。

其他人员的民防教育，由乡、镇人民政府和街道办事处组织实施。

新闻、出版、广播、电影、电视、文化等有关部门应当协助开展民防宣传教育。

市和区民防办应当加强对民防宣传教育的督促、检查。

**第三十条** 本市公民应当学习民防的基本知识，接受民防基本技能的培训，参加民防演练，增强自救互救的能力。

国家机关、社会团体、企业事业单位，应当有计划地组织本单位人员进行疏散、自救互救等民防演练。市和区民防办应当给予指导。

市和区人民政府应当根据需要组织民防演练。

**第三十一条** 市和区民防办根据公民自愿的原则，可以组织民防志愿者队伍。

民防志愿者队伍的成员，应当参加专门的民防培训，按照要求参加应急救援活动。

民防志愿者队伍的组建、培训和参加应急救援活动的办法，由市人民政府另行制定。

**第三十二条** 在灾害、灾害性事故的应急救援中，任何单位和个人都必须遵纪守法，服从指挥。

## 第六章 民防工程

**第三十三条** 本条例所称的民防工程，仅指人民防空工程，包括为保障战时人员与物资掩蔽、人民防空指挥、医疗救护等而单独修建的地下防护建筑，以及结合地面建筑修建的战时可用于防空的地下室。

民防工程平时由投资者使用管理，收益归投资者所有。

**第三十四条** 市民防办应当根据国防建设的需要，结合城市建设和经济发展水平，会同有关部门编制本市民防工程建设规划，经市规划管理部门综合平衡后，纳入市城市总体规划。

区民防办应当根据市民防工程建设规划，会同有关部门编制本行政区域的民防工程建设规划，经区规划管理部门综合平衡后，纳入区城市总体规划。

**第三十五条** 本市的地铁、隧道等地下交通干线以及地下的电站、水库、车库等地下公共基础设施的建设，应当兼顾防空需要。

前款规定的地下交通干线以及地下公共基础设施的规划审查和竣工验收，市或者区民防办应当参与。

**第三十六条** 建设单位新建民用建筑，应当按照国家和本市有关规定，结合修建战时可用于防空的地下室；不宜修建的，建设单位应当按照规定缴纳民防工程建设费，由市民防办统筹安排，就近修建。

民防工程建设费应当缴交市财政专户，专款专用，不得挪作他用。

**第三十七条** 结合民用建筑修建防空地下室的，规划管理部门在审批规划方案时，应当征求市或者区民防办的意见。

**第三十八条** 民防工程的设计、施工、质量必须符合国家或者本市规定的防护标准和质量标准。

单独修建的民防工程竣工验收后，建设单位应当在验收合格之日起十五个工作日内，向市民防办办理竣工验收备案手续。

结合民用建筑修建防空地下室的工程竣工验收后，建设单位应当在验收合格之日起十五个工作日内，向建设管理部门办理竣工验收备案手续。

任何单位和个人不得出租或者使用未经验收或者验收不合格的民防工程。

**第三十九条** 民防工程和与其配套的进出道路、孔口、出入口、口部管理房等设施的地面用地，有关部门应当依法予以保障。

**第四十条** 公用的民防工程由市或者区民防办负责维护管理。其他民防工程由投资者或者使用单位按照国家和本市的有关规定负责维护管理，并接受市或者区民防办的监督检查。

对民防工程进行维修养护的单位，必须具有相应的资质。

**第四十一条** 平时利用民防工程不得影响其防空效能。

平时利用民防工程的，应当自工程投入使用之日起十日内向市或者区民防办办理备案手续。

**第四十二条** 任何单位或者个人不得擅自拆除民防工程。

确因市政建设、旧城改造等需要拆除民防工程的，必须按照规定报经国家人民防空主管部门或者本市的民防办批准；拆除单位必须在规定的期限内负责补建，或者补偿建设相同面积的民防工程所需要的费用。

## 第七章 法 律 责 任

**第四十三条** 违反本条例规定，有下列行为之一的，由市或者区民防办给予警告，责令限期改正，可以并处罚款：

（一）新建民用建筑少建防空地下室或者不缴、少缴民防工程建设费的，处以一万元以上十万元以下罚款；

（二）出租或者使用未经验收或者验收不合格的民防工程的，对个人处以一千元以上五千元以下罚款，对单位处以一万元以上五万元以下罚款；造成损失的，应当依法予以赔偿；

（三）平时利用民防工程不按照规定办理备案手续的，对个人处以一百元以上一千元以下罚款，对单位处以五百元以上五千元以下罚款。

罚没款全部上缴国库。

**第四十四条** 违反本条例规定，有下列行为之一的，由本级人民政府或者有关部门对其直接负责的主管人员和其他直接责任人员给予行政处分：

（一）民防办或者其他有关部门未按照规定拟定应急预案的；

（二）民防重点防护目标单位或者其上级管理部门不拟定本单位、本部门应急抢险抢修方案的；

（三）受灾或者发生灾害性事故的单位，不及时报告、报警或者不采取紧急措施控制危害源，不配合应急救援的；

（四）民防应急救援组织不执行市和区人民政府或者由其授权部门指令的；

（五）挪用民防工程建设费，尚不构成犯罪的。

**第四十五条** 对违反本条例规定的行为，除本条例已规定处罚的外，其他有关法律规定应当予以处罚的，由有关部门依法予以处罚；构成犯罪的，依法追究刑事责任。

**第四十六条** 当事人对有关部门根据本条例作出的具体行政行为不服的，可以依照国家有关行政复议的法律、法规或者《中华人民共和国行政诉讼法》的规定，申请行政复议或者提起行政诉讼。

当事人对具体行政行为逾期不申请行政复

议，不提起行政诉讼，又不履行的，作出具体行政行为的部门可以申请人民法院强制执行，或者依法强制执行。

**第四十七条** 负有民防职责管理部门的工作人员玩忽职守、滥用职权、徇私舞弊的，由其所在单位或者上级主管部门给予行政处分；构成犯罪的，依法追究刑事责任。

## 第八章 附 则

**第四十八条** 本条例自 1999 年 8 月 1 日起施行。

# 上海市民用机场地区管理条例

（1999 年 6 月 1 日上海市第十一届人民代表大会常务委员会第十次会议通过 根据 2003 年 10 月 10 日上海市第十二届人民代表大会常务委员会第七次会议《关于修改〈上海市民用机场地区管理条例〉的决定》第一次修正 根据 2005 年 4 月 22 日上海市第十二届人民代表大会常务委员会第十九次会议《关于修改〈上海市民用机场地区管理条例〉的决定》第二次修正 2011 年 9 月 22 日上海市第十三届人民代表大会常务委员会第二十九次会议修订）

## 第一章 总 则

**第一条** 为了加强本市民用机场地区的管理，促进民用机场地区的建设和发展，保障民用机场的安全运营，维护驻场单位、旅客和货主的合法权益，根据《中华人民共和国民用航空法》、《民用机场管理条例》和其他有关法律、行政法规，结合本市实际情况，制定本条例。

**第二条** 本条例适用于本市管辖的民用机场地区（以下简称机场地区）及其相关的机场规划控制、净空保护、电磁环境保护、噪声影响等管理活动。

民用航空的行业管理按照法律、行政法规和国家有关规定执行。

**第三条** 本条例所称的机场地区，包括浦东国际机场地区和虹桥国际机场地区。机场地区的范围包括根据依法批准的城市规划确定的在机场围场河、围墙、围栏等机场围界设施以内的区域，以及机场围界设施以外的城市航站楼区域和市人民政府确定的虹桥国际机场交通配套区域。

本条例所称的驻场单位，是指机场地区内的机关、团体、企业事业单位以及其他组织。

本条例所称的机场控制区，是指根据航空安全需要划定的进出受到限制的区域，包括候机隔离区、行李分检装卸区、航空器活动区、航空器维修区和货物存放区等。

**第四条** 市交通港口行政管理部门负责机场地区的有关行政管理工作，并组织实施本条例。

上海机场（集团）有限公司（以下称机场管理机构）负责机场的建设、安全和运营，并依照本条例的授权实施行政处罚。

本市发展改革、建设交通、规划国土、房屋、公安、工商行政、绿化市容、环境保护、气象、卫生、口岸、无线电等行政管理部门，以及口岸查验机构（包括海关、边防检查机构、出入境检验检疫机构）按照各自职责，协同实施本条例。

**第五条** 机场地区的管理应当遵循统一、安全、高效、规范的原则。

## 第二章 规划和建设管理

**第六条** 机场管理机构负责组织有关驻场单位编制、修订机场总体规划。在编制、修订机场总体规划时，机场管理机构应当征求市建设交通、交通港口行政管理部门的意见。机场总体规划经市规划国土行政管理部门综合平衡，按照国家和本市规定的程序报经批准后，纳入本市相应的城乡规划。

控制性详细规划涉及机场地区的部分，由机场管理机构组织有关驻场单位，配合市规划国土行政管理部门编制、修订，并由市规划国土行政管理部门按照国家和本市规定的程序报经批准后实施。

机场总体规划应当依据本市综合交通体系规划编制，并与其他交通专项规划相衔接。

机场总体规划应当符合国家有关机场净空保护、电磁环境保护和飞行安全的技术规范要求。

机场地区的土地使用和各项建设必须符合机场总体规划和本市城乡规划。

**第七条** 机场地区土地应当根据国家和本市的有关规定实行有偿使用。

需改变机场地区内土地用途的，应当向规划国土行政管理部门提出书面申请，由规划国土行政管理部门征求市交通港口行政管理部门和机场管理机构意见后依法作出审批。

需改变机场地区内建筑物使用性质的，按照国家和本市物业管理法律、法规的规定执行，房屋行政管理部门在作出审批时应当征求地区民用航空管理机构、市交通港口行政管理部门和机场管理机构的意见。

**第八条** 在机场地区新建、改建、扩建工程项目的，建设单位应当向规划国土行政管理部门提出书面申请。规划国土行政管理部门在审核建设工程设计方案时，应当征求市交通港口行政管理部门和机场管理机构的意见。

**第九条** 机场管理机构应当组织有关驻场单位，配合相关区绿化市容行政管理部门编制机场地区户外广告设施设置实施方案。机场地区户外广告设施设置实施方案报市绿化市容行政管理部门依法批准后实施。

在机场地区设置户外广告设施的，应当向相关区绿化市容行政管理部门提出书面申请，由相关区绿化市容行政管理部门征求市交通港口行政管理部门和机场管理机构意见后依法作出审批。

**第十条** 机场地区的各土地使用权人应当按照规定负责其所使用土地范围内道路、环境保护、环境卫生、绿化等公共设施的建设、养护与维修。

机场的围界设施由机场管理机构负责设置和维修。

**第十一条** 规划国土行政管理部门应当确定机场发展需要规划控制的区域范围。

规划国土行政管理部门在审批机场发展需要规划控制的区域范围内的新建、改建、扩建工程项目时，应当征求市交通港口行政管理部门和机场管理机构的意见。

## 第三章 安全管理

**第十二条** 机场控制区和其内部功能区的范围及其通道的划定或者调整，应当由机场管理机构和机场地区公安部门按照国家有关规定共同决定。

机场控制区安全防护设施和明显标志的设置与维护，由机场管理机构负责。

**第十三条** 进入机场控制区的人员、车辆，应当出示有效的机场控制区通行证件，在限定的区域内活动，并服从警卫人员的检查和管理。

**第十四条** 机场控制区人员、车辆的通行证件，由使用单位根据工作需要向机场地区公安部门提出申请，由机场地区公安部门按照国家有关规定核发。

机场地区公安部门制定机场控制区人员、车辆通行证件核发和使用规定时，应当征求上级公安部门的意见，并报机场管理机构备案。

**第十五条** 机场管理机构和公共航空运输企业应当按照国家有关规定实施安全检查工

作，并接受有关公安部门的监督检查。

航空货物、航空邮件应当经过安全检查或者对其采取国家规定的其他安全措施。航空旅客及其携带的行李物品在登机前应当接受安全检查，但国家另有规定的除外。

持有机场控制区通行证件的工作人员（包括机组人员）携带物品进入机场控制区的，应当从专用通道经安全检查后，方可进入。

**第十六条** 机场地区禁止下列危害或者可能危害民用航空安全的行为：

（一）无有效机场控制区通行证件进入机场控制区；

（二）携带危害民用航空安全的危险品进入候机楼、乘坐航空器或者在行李、货物中夹带危险品托运；

（三）强行登、占航空器；

（四）攀（钻）越、损毁机场围界设施以及安全防护设施，或者损毁明显标志；

（五）放养牲畜、狩猎、晾晒谷物、教练驾驶车辆；

（六）其他危害民用航空安全的行为。

**第十七条** 有关作业单位在航空器活动区作业时，应当严格按照作业规范操作，防止产生地面油污；产生地面油污的，应当立即清除。

**第十八条** 市交通港口行政管理部门应当会同机场管理机构，按照国家有关规定提出机场净空保护区域的划定方案，报市人民政府和地区民用航空管理机构批准，并向社会公布。

机场净空保护区域外的高大建筑物、构筑物或者其他设施可能影响飞行安全的，应当按照国家有关规定设置飞行障碍灯和标志，并使其保持正常状态。

**第十九条** 机场管理机构应当加强对机场净空状况的核查，发现影响机场净空保护的情况，应当立即制止；当事人拒不改正的，应当立即报告地区民用航空管理机构，以及相关区、县人民政府和市交通港口行政管理部门。相关区、县人民政府应当及时采取有效措施，消除对飞行安全的影响。

市交通港口行政管理部门应当建立机场净空保护的协调制度，协调相关区、县人民政府和市有关行政管理部门采取措施，保障飞行安全。

**第二十条** 民用机场航空油料管线设施的保护，按照《中华人民共和国石油天然气管道保护法》等规定执行。机场管理机构应当协助有关主管部门做好航空油料管线设施的保护工作。

**第二十一条** 本市民用机场电磁环境保护区域，按照《民用机场管理条例》以及国家无线电管理的有关规定和标准确定。

在民用机场电磁环境保护区域内新建、改建、扩建工程项目的，规划国土行政管理部门在审核建设工程设计方案时，应当征求市无线电行政管理部门和地区民用航空管理机构的意见。

任何单位或者个人使用的无线电台和其他仪器、装置，不得干扰、妨碍民用航空无线电专用频率的正常使用。

对民用航空无线电专用频率造成有害干扰的，有关单位或者个人应当排除干扰。在排除干扰前，本市无线电行政管理部门和民用航空无线电行政管理部门可以按照各自职责责令停止使用该无线电台或者仪器、装置，也可以报请国家有关部门处理。

**第二十二条** 机场管理机构应当对影响飞行安全的鸟类活动进行监测，制定防治鸟害的预案，并采取有效措施防治鸟害。

**第二十三条** 本市设立机场地区应急管理机构。

机场地区应急管理机构由机场管理机构、市交通港口行政管理部门、地区民用航空管理机构、口岸查验机构、机场地区公安部门、空中交通管理部门、医疗卫生机构、驻场武警部队、公共航空运输企业等单位组成。

机场地区应急管理机构负责处置现场的统一指挥和协调，并有权调动有关救援队伍进行应急救援。有关救援单位应当服从机场地区应急管理机构的指挥和协调。

**第二十四条** 机场地区应急管理机构应当按照规定，制定机场地区总体应急预案，明确应急处置程序及有关救援单位的救援职责，并报市人民政府审批。有关单位应当按照机场地区总体应急预案制定本单位的应急预案，并报机场地区应急管理机构备案。

机场管理机构应当按照机场地区总体应急预案的规定，定期组织应急演练，有关驻场单位应当参加。

**第二十五条** 机场地区应急管理机构应当建立应急管理值班制度，向社会公布值班电话，受理事故报告和举报。

单位或者个人发现机场地区出现航空器失事、航空器空中故障、爆炸物威胁、建筑物失火、非法干扰航空器运行、传染病疫情和放射性物质污染等严重威胁航空器、人员和财产安全的紧急情况时，应当立即向机场地区应急管理机构报告。

机场地区应急管理机构可以根据机场地区总体应急预案规定的程序和权限，决定机场地区处于应急救援状态，通报各救援单位，并立即向市人民政府报告。

当机场地区处于应急救援状态时，机场管理机构等单位应当按照机场地区总体应急预案的规定及时、有效地开展应急救援。

**第二十六条** 机场管理机构应当设立专职消防队。机场管理机构和驻场单位应当按照国家有关规定，配备相应的消防器材和设施以及其他应急救援器材和设施，使其保持正常状态，并接受机场地区公安部门的监督管理。

## 第四章 公共秩序管理

**第二十七条** 机场地区禁止下列扰乱或者妨碍公共秩序的行为：

（一）破坏标志、标牌以及电子显示屏等引导性标识；

（二）损坏公用电话、路灯、邮筒或者其他公共设施；

（三）无照设摊经营、兜售物品；

（四）其他扰乱或者妨碍公共秩序的行为。

**第二十八条** 在机场广场、候机楼从事下列活动的，应当经机场管理机构同意：

（一）散发和张贴广告、宣传品；

（二）组织展览、咨询、文娱、体育等活动；

（三）举办商业展销会、促销会；

（四）开展募捐活动；

（五）拍摄影视片。

**第二十九条** 驾驶车辆进入机场地区的，应当服从机场地区公安部门的指挥，按照规定的路线、规则行驶或者停放。

在机场控制区行驶的作业机动车辆必须经机场地区公安部门检验合格，取得机场地区公安部门制发的车辆号牌和行驶证件，并按照国家有关规范安装车载监控系统。

在机场控制区行驶的作业机动车辆的驾驶人员必须经机场地区公安部门考核合格，取得机场地区公安部门制发的驾驶证件。

**第三十条** 进入机场地区的出租汽车应当在机场地区公安部门规定的站点停靠，遵守机场管理秩序，不得无准营证和无营运证经营。进入机场候机楼区域营业的出租汽车应当服从统一调度，不得无序出车或者擅自载客。

## 第五章 场容环境管理

**第三十一条** 机场地区禁止下列违反绿化管理规定的行为：

（一）擅自占用绿地；

（二）擅自临时使用绿地；

（三）调整公共绿地内部布局时，减少绿地面积或者擅自增设建筑物、构筑物；

（四）损坏绿化和绿化设施；

（五）擅自砍伐、迁移树木。

驻场单位确属需要在机场地区占用或者临时使用绿地，迁移或者砍伐树木的，应当向绿化市容管理部门提出申请，由绿化市容管理部门征求机场管理机构意见后作出审批。

**第三十二条** 机场管理机构应当划定和调整驻场单位的环境卫生责任区。

驻场单位应当认真执行环境卫生责任制，做好环境卫生责任区的清扫保洁工作，保持责任区内环境整洁。

**第三十三条** 机场地区禁止下列违反环境卫生管理规定的行为：

（一）随地吐痰，乱扔杂物，随地便溺，乱倒垃圾、污水、粪便等污物；

（二）在露天场所和垃圾收集容器内焚烧树叶、垃圾或者其他废弃物；

（三）擅自占用道路、桥梁、人行天桥、地下通道及其他公共场所堆放物品，影响市容环境卫生；

（四）未做好环境卫生责任区内的清扫保洁；

（五）车辆在行驶中泄漏、散落货物、垃圾，或者装卸货物后未保持场地整洁；

（六）擅自拆除、迁移、占用、损毁、封闭环境卫生设施或者擅自改变环境卫生设施使用性质；

（七）建筑施工未采取相应措施，影响环境卫生；

（八）任意倾倒建筑垃圾、工程渣土；

（九）建设工程竣工后未按规定清除建筑垃圾或者工程渣土；

（十）占用道路、广场从事经营性车辆清洗活动。

机场地区内的公共绿地应当保持整洁、美观，养护单位应当及时清除绿地内的垃圾杂物。在道路两侧栽培、修剪树木或者花卉等作业产生的枝叶、泥土，作业单位应当及时清除。

驻场单位在机场控制区以外的区域内因建设等特殊原因确需拆除、迁移、改建、封闭环境卫生公共设施的，应当向绿化市容管理部门提出书面申请，由绿化市容管理部门征求机场管理机构意见后作出审批。

**第三十四条** 机场地区禁止下列违反环境保护管理规定的行为：

（一）焚烧产生有毒、有害烟尘和恶臭气体的物质；

（二）施工、运输、装卸和生产中产生大量粉尘、扬尘；

（三）违反规定安装空调器和冷却设施；

（四）任意排放油类、酸液、碱液和未经消毒处理的含病原体的污水。

**第三十五条** 机场管理机构应当协同市规划国土行政管理部门和市环境保护管理部门划定机场地区噪声影响范围。

在机场地区噪声影响范围内，限制新建、改建、扩建噪声敏感建筑物。经批准在机场地区噪声影响范围内建设噪声敏感建筑物的，建设单位应当采取减轻、避免噪声影响的措施。机场管理机构应当对航空器产生的噪声实施监测，并会同公共航空运输企业、空中交通管理部门等单位采取措施，控制航空器噪声对周围环境的污染。

**第三十六条** 机场地区禁止下列违反道路管理规定的行为：

（一）擅自占用道路；

（二）擅自挖掘道路；

（三）占用桥面、隧道堆物、设摊；

（四）占用道路堆放超过道路限载的重物；

（五）车辆载物拖刮路面；

（六）直接在路面拌和混凝土等有损道路的各种作业；

（七）利用桥梁、隧道进行牵拉、吊装等施工作业；

（八）挪动、毁损窨井盖等道路附属设施；

（九）未在道路施工现场设置明显标志和安全防护设施。

**第三十七条** 机场地区禁止下列违反市容管理规定的行为：

（一）擅自设置户外广告设施；

（二）在树木和建筑物、构筑物以及其他设施上涂写、刻画或者擅自张贴、悬挂宣传品或者标语；

（三）在道路及其他公共场所的树木和护栏、路牌、电线杆等设施上吊挂、晾晒物品。

对设置在机场地区的户外广告设施以及非广告类霓虹灯、招牌、标牌、电子显示牌等户外设施，设置者应当保持其整洁、完好；图案、文字、灯光显示不全或者破损、污浊、腐蚀、陈旧的，应当及时修复。对存在安全隐患或者失去使用价值的户外设施，设置者应当及时整修或者拆除。

**第三十八条** 任何单位和个人不得在机场地区擅自新建、改建、扩建建筑物和构筑物。

**第三十九条** 机场地区建设工程的建设单位和施工单位应当文明施工，在施工现场周围设置符合统一标准的围墙、围栏以及明显的工程指示标牌和安全警示标志，并采取有效措施防止施工对交通、市容和环境的影响。

## 第六章 服务管理

**第四十条** 机场管理机构依法享有的在其土地使用权范围内的经营权，可以通过土地使用权有偿转让或者场地设施出租等方式，将土地或者场地、设施转让给其他企业、机构，从事与航空运输服务有关项目的开发、经营和使用。

机场管理机构需要向其他企业转让与航空运营有关的项目专营权的，应当遵守国家有关规定，并通过招标的方式择优选择。

**第四十一条** 机场管理机构应当按照国家规定的标准，为旅客提供候机、饮食、购物、邮电、银行、停车、医疗急救等服务场所。

**第四十二条** 机场管理机构统一协调、管理机场的生产运营，维护机场的正常秩序，为公共航空运输企业及其他驻场单位、旅客和货主提供公平、公正、便捷的服务。

机场管理机构与公共航空运输企业及其他驻场单位应当签订书面协议，明确各方在生产运营、机场管理过程中以及发生航班延误等情况时的权利和义务。

**第四十三条** 机场管理机构应当组织公共航空运输企业等驻场单位制定机场地区服务规范，并向社会公布。

有关驻场单位制定的机场地区行业服务标准，应当符合机场地区服务规范的要求，保证机场地区的服务质量。

机场管理机构和各驻场单位应当做好从业人员的安全和运营等方面的培训，保证从业人员具备相关的知识和技能。

**第四十四条** 机场管理机构和公共航空运输企业以及银行、邮电、公共交通、宾馆饭店、商场等驻场经营服务企业，应当按照规定和实际需要设置醒目的中外文标志，保持良好、整洁的服务环境，履行服务规范和承诺，为旅客和货主提供安全、便捷的服务。

电力、供水、燃气、通信等相关部门应当采取措施，保障机场运营活动的正常进行。

**第四十五条** 机场管理机构应当依照公平竞争、满足不同层次消费需求的原则，与取得经营权的餐饮、零售等企业签订协议，明确服务标准、收费水平、安全规范和责任等事项。

**第四十六条** 机场管理机构应当依法履行其管理职能，采取措施保障旅客、货主及驻场单位的合法权益。

机场管理机构应当与公共航空运输企业等单位建立信息共享机制。

机场管理机构应当通过网站等多种方式，及时向旅客提供航班计划、航班实时到达和出发时间、进出机场地区公共交通班次、配套服务设施指南等信息。

由于航班延误或者取消，造成旅客、货物滞留的，机场管理机构应当通过机场候机楼信息显示屏、广播等方式，及时通报航班动态信息，并及时协调有关公共航空运输企业及其他有关驻场单位共同做好应急服务和善后处理工作。

机场管理机构应当加强对其管理的公共设施的维护，由于机场经营管理或者设施的原因，造成旅客、货主以及驻场单位损失的，机场管理机构应当依法赔偿。

**第四十七条** 机场管理机构和其他有关驻场单位应当建立投诉受理制度，公布接受投诉的时间、地点和方式，对旅客、货主的投诉及时予以答复，难以及时答复的，应当自受理之日起十个工作日内作出书面答复。

机场管理机构应当对其他有关驻场单位处理投诉的情况及时提出改进建议。

**第四十八条** 机场管理机构应当会同有关行政管理部门组织、协调全市性重大或者重要涉外活动在机场地区内的接待工作，有关驻场单位应当予以配合。

**第四十九条** 市交通港口行政管理部门应当根据航班计划和机场地区旅客流量的实际情况，制定轨道交通、公共汽电车的营运方案，保证及时疏运旅客。

市交通港口行政管理部门应当组织制定机场地区旅客疏散应急预案。出现大量旅客滞留机场等情况时，机场管理机构应当立即通报市交通港口行政管理部门。市交通港口行政管理部门应当根据机场旅客滞留情况，组织有关交通运输企业调集运能，快速、安全地疏散旅客。

**第五十条** 本市建立和完善机场服务管理质量评价制度。对评价中发现的问题，机场管理机构应当及时处理和改进，市交通港口行政管理部门应当加强监督。

## 第七章 法律责任

**第五十一条** 违反本条例规定的行为，法律、行政法规已有处罚规定的，从其规定。

**第五十二条** 违反本条例第十七条规定，有关作业单位不清除地面油污的，机场管理机构可处以一万元以上十万元以下的罚款。

违反本条例第二十七条第三项、第三十条、第三十一条第一款、第三十三条第一款和第二款、第三十四条、第三十六条、第三十七条、第三十八条、第三十九条的规定，由机场管理机构分别依照有关规划、市容和环境卫生管理、出租汽车管理、绿化管理、环境保护、道路管理、建筑管理等法律、法规的规定实施行政处罚。

对于违反本条例规定，属于前两款规定由机场管理机构实施行政处罚以外的行为，机场管理机构发现后应当予以制止，并及时告知或者送交有关行政管理部门处理。

**第五十三条** 违反本条例规定，有破坏机场地区内治安秩序、影响民用航空安全、违反消防和道路交通管理规定的违法行为的，由机场地区公安部门依法处理。

**第五十四条** 机场管理机构执法人员在进行调查、检查时，应当向当事人出示执法身份证件。

机场管理机构在作出行政处罚决定前，应当告知当事人作出行政处罚决定的事实、理由、依据以及当事人依法享有的权利。

机场管理机构实施行政处罚应当出具行政处罚决定书。不出具行政处罚决定书或者执法人员不出示执法身份证件的，当事人有权拒绝接受行政处罚。

罚没款全部上缴国库。

**第五十五条** 机场管理机构应当按照本条例的授权，依法行使行政执法职权。机场管理机构执法人员应当经市交通港口行政管理部门组织执法培训、考核合格后，取得执法身份证件。

市交通港口行政管理部门应当加强对机场管理机构遵守、执行本条例的监督和指导。机场管理机构执法人员玩忽职守、滥用职权、徇私舞弊的，由其所在单位或者市交通港口行政管理部门给予处分、处理；构成犯罪的，依法追究刑事责任。

**第五十六条** 当事人对机场管理机构的具体行政行为不服的，可以依照《中华人民共和国行政复议法》的规定，向市交通港口行政管理部门申请行政复议，或者依照《中华人民共和国行政诉讼法》的规定提起行政诉讼。

当事人对其他有关行政管理部门的具体行政行为不服的，可以依照《中华人民共和国行政复议法》或者《中华人民共和国行政诉讼法》的规定，申请行政复议或者提起行政诉讼。

当事人对具体行政行为逾期不申请行政复议，不提起行政诉讼，又不履行的，作出具体行政行为的行政管理部门或者机场管理机构可以申请人民法院强制执行。

## 第八章 附　　则

**第五十七条** 机场地区内的居民生活区依照有关法律、法规进行管理。

**第五十八条** 本条例自 2011 年 12 月 1 日起施行。

# 上海市拆除违法建筑若干规定

（1999年6月1日上海市第十一届人民代表大会常务委员会第十次会议通过　2009年6月25日上海市第十三届人民代表大会常务委员会第十二次会议修订　根据2011年12月22日上海市第十三届人民代表大会常务委员会第三十一次会议《关于修改本市部分地方性法规的决定》第一次修正　根据2017年11月23日上海市第十四届人民代表大会常务委员会第四十一次会议《关于修改本市部分地方性法规的决定》第二次修正　根据2018年5月24日上海市第十五届人民代表大会常务委员会第四次会议《关于修改本市部分地方性法规的决定》第三次修正）

**第一条**　为了加强对违法建筑的治理，提高城市环境质量，根据《中华人民共和国城乡规划法》等有关法律、行政法规，结合本市实际情况，制定本规定。

**第二条**　本规定适用于本市行政区域内除乡、村庄规划区外未依法取得建设工程规划许可证的违法建筑的拆除。

**第三条**　市和区人民政府统一领导和负责所辖区域内拆除违法建筑工作，建立健全拆除违法建筑工作机制，完善、落实拆除违法建筑责任制，对拆除违法建筑实施部门进行考核。

市城乡建设管理部门和区人民政府指定的部门具体负责所辖区域内拆除违法建筑工作的综合协调。

市和区规划管理部门、城市管理行政执法部门（以下统称“拆违实施部门”）按照规划管理、物业管理等方面的法律、法规和市人民政府的规定，分别负责违法建筑的拆除，其具体职责分工，由市人民政府另行规定。

街道办事处、镇人民政府应当配合拆违实施部门做好违法建筑的拆除工作。

公安、工商等其他有关行政管理部门根据各自职责，协助做好拆除违法建筑的相关工作。

**第四条**　本市建立健全发现违法建筑的巡查制度。

拆违实施部门、各区承担城市管理巡查职责的机构应当按照规定的职责分工，采取措施，加强日常巡查，及时发现违法建筑并依法予以查处。街道办事处、镇人民政府应当组织力量开展巡查，及时发现并制止搭建违法建筑的行为。

物业服务企业在其物业管理区域内发现搭建违法建筑的，应当予以劝阻、制止；劝阻、制止无效的，应当及时报告所在区的拆违实施部门。

**第五条**　市城乡建设管理部门应当设立本市违法建筑的统一举报电话，并向社会公布。

任何单位或者个人发现违法建筑，可以向统一举报电话举报，也可以向拆违实施部门举报。受理举报的部门应当为举报人保密。

市城乡建设管理部门接到举报后，应当立即转告所在区的拆违实施部门。

拆违实施部门应当在一个月内将查处违法建筑的情况反馈举报人。

**第六条**　区拆违实施部门应当对本辖区内违法建筑及其查处等情况进行记录，经区人民政府指定的部门汇总后，纳入市城乡建设管理部门建立的信息系统，作为违法建筑治理工作的依据。

**第七条**　拆违实施部门发现违法建筑、接到相关举报或者物业服务企业的相关报告后，应当在二十四小时内到现场进行调查取证，对正在搭建的，应当在两小时内到现场进行调查取证。对不属于本部门职责范围内的违法建筑，应当立即移送相关部门进行处理。

**第八条** 对经查证确属违法建筑需要拆除的，拆违实施部门应当作出责令限期拆除的书面决定。

**第九条** 拆违实施部门应当依法将责令限期拆除决定送达当事人，并予以公告。当事人难以确定或者难以送达的，可以采用通告形式，告示期限自通告发布之日起不少于十日。

**第十条** 当事人应当在责令限期拆除决定规定的期限内，自行拆除违法建筑。当事人自行拆除确有困难的，拆违实施部门可以代为拆除。

当事人在责令限期拆除决定规定的期限内拒不拆除违法建筑的，市或者区人民政府应当催告当事人履行义务。催告应当以书面形式作出，并载明拆除违法建筑的期限、当事人依法享有的陈述和申辩权利等事项。

当事人收到催告书后，有权进行陈述和申辩。拆违实施部门应当充分听取当事人意见，并对当事人提出的事实、理由和证据进行记录、复核。当事人提出的事实、理由或者证据成立的，拆违实施部门应当采纳。

当事人在法定期限内不申请行政复议或者提起行政诉讼，又不拆除违法建筑的，拆违实施部门应当向市或者区人民政府报告，由市或者区人民政府作出强制拆除决定，责成拆违实施部门等有关部门依法强制拆除，并可以依法予以罚款。

**第十一条** 对正在搭建的违法建筑，拆违实施部门应当当场责令当事人暂停施工，依照有关法律、法规进行调查取证后，以书面形式责令当事人停止建设、自行拆除，并可以采取暂扣施工工具和材料等措施；当事人拒不停止建设或者拒不拆除的，拆违实施部门应当依法立即强制拆除，并可以依法予以罚款。

**第十二条** 违法建筑强制拆除时，拆违实施部门应当通知当事人取走违法建筑内的财物，当事人未取走的，拆违实施部门应当妥善保管，并通知当事人在限定的期限内领取。当事人逾期未领取的，拆违实施部门可以在留存证据后根据实际情况妥善处置。

违法建筑强制拆除后，拆违实施部门应当和街道办事处或者镇人民政府对当事人做好相关工作。

**第十三条** 违法建筑拆除后，当事人应当在清理通知书规定的期限内清理建筑垃圾；逾期未清理的，拆违实施部门可以予以清理。

**第十四条** 拆违实施部门及其工作人员在违法建筑查处工作中应当向当事人出示执法证件，依法行使职权，文明执法，不得侵犯当事人的合法权益；对当事人的合法财产造成损害的，应当依法予以赔偿。

**第十五条** 城乡建设管理部门应当加强对建设工程施工单位的监督管理。

在拆违实施部门查处违法建筑过程中，承揽违法建筑施工作业的单位应当立即停止施工，并配合查处。

**第十六条** 属于违法建筑的房屋不得出租。

违法建筑不得办理房地产权利登记。

利用违法建筑从事经营活动的，不得办理营业执照等相关证照。

**第十七条** 市和区人民政府应当对拆除违法建筑工作经费予以保障，所需工作经费纳入各有关部门的年度预算。

**第十八条** 当事人对拆违实施部门作出的具体行政行为不服的，可以依照《中华人民共和国行政复议法》或者《中华人民共和国行政诉讼法》的规定，申请行政复议或者提起行政诉讼。

**第十九条** 市和区人民政府应当建立违法建筑查处工作的考核制度，对在拆违工作中成绩突出的单位和个人予以表彰，对未依法履行职责的单位和个人予以处理。

**第二十条** 拆违实施部门、有关行政管理部门及其工作人员在发现和查处违法建筑过程中，有下列情形之一的，对直接负责的主管人员和其他直接责任人员依法给予行政处分；构成犯罪的，依法追究刑事责任：

（一）未按规定履行巡查职责，或者发现违法建筑不报告、不制止，情节严重的；

（二）依法应当作出拆除违法建筑决定而未作出的；

（三）对属于本部门的职责推诿的；

（四）对正在搭建的违法建筑应当立即拆除而未拆除的；

（五）违法办理房地产权利登记、营业执照等相关证照的；

（六）其他玩忽职守、滥用职权、徇私舞弊的。

**第二十一条** 阻碍拆违实施部门工作人员依法执行职务的，由公安机关依照《中华人民共和国治安管理处罚法》予以处罚；构成犯罪的，依法追究刑事责任。

**第二十二条** 国家工作人员搭建违法建筑的，应当主动拆除；拒不拆除或者阻碍违法建筑查处工作的，由拆违实施部门将有关情况书面告知其所在单位或者监察机关，并建议依法给予处分。

**第二十三条** 乡、村庄规划区的违法建筑拆除，由乡、镇人民政府参照本规定执行。

**第二十四条** 本规定自2009年8月1日起施行。

# 上海市村民委员会选举办法

（1999年6月1日上海市第十一届人民代表大会常务委员会第十次会议通过 根据2004年8月19日上海市第十二届人民代表大会常务委员会第十四次会议《关于修改〈上海市村民委员会选举办法〉的决定》第一次修正 根据2010年9月17日上海市第十三届人民代表大会常务委员会第二十一次会议《关于修改本市部分地方性法规的决定》第二次修正 2014年6月19日上海市第十四届人民代表大会常务委员会第十三次会议修订 根据2020年9月25日上海市第十五届人民代表大会常务委员会第二十五次会议《关于修改〈上海市村民委员会选举办法〉的决定》第三次修正）

**第一条** 为了规范村民委员会选举工作，保障村民依法行使民主权利，根据《中华人民共和国村民委员会组织法》，结合本市实际情况，制定本办法。

**第二条** 村民委员会由主任、副主任、委员三至七人组成，其成员的具体职数由村民会议或者村民代表会议决定。

村民委员会主任、副主任和委员，由本村登记参加选举的村民直接选举产生。任何组织或者个人不得指定、委派或者撤换村民委员会成员。

村民委员会成员中，应当有妇女成员。村民委员会成员之间不得有夫妻关系或者直系亲属关系。

**第三条** 年满十八周岁的村民，不分民族、种族、性别、职业、家庭出身、宗教信仰、教育程度、财产状况、居住期限，都有选举权和被选举权；但是，依照法律被剥夺政治权利的人除外。

**第四条** 中国共产党在农村的基层组织在村民委员会选举中发挥领导核心作用，依法支持和保障村民委员会换届选举工作。

**第五条** 村民委员会每届任期五年，届满应当及时举行换届选举。村民委员会成员可以连选连任。

不能按时举行换届选举的，由村民委员会提出延期理由及延长期限，经村民会议或者村民代表会议同意，乡、镇人民政府审查，区人民政府批准，可以延期选举。延期选举的，由区民政部门报市民政部门备案。

村民委员会的换届选举工作由市人民政府统一部署。区人民政府成立选举工作领导小组，领导本行政区域内的村民委员会换届选举工作。

市和区民政部门负责指导村民委员会换届选举工作。

**第六条** 村民委员会换届选举期间，乡、镇人民政府成立选举工作指导小组，具体指导、帮助村民选举委员会工作，履行下列职责：

（一）制定本乡、镇村民委员会的换届选举工作计划，确定选举日程；

（二）宣传村民委员会选举的有关法律、法规；

（三）组织培训选举工作人员；

（四）受理有关选举工作的举报和来信来访；

（五）承办换届选举工作的其他事项。

**第七条** 村民委员会的选举，由村民选举委员会主持。村民选举委员会由主任、委员七至九人组成，其成员应当有一定的代表性。村民选举委员会成员由村民会议、村民代表会议或者各村民小组会议推选产生。

村民选举委员会成员被确定为村民委员会成员候选人的，应当退出村民选举委员会。

村民选举委员会成员退出村民选举委员会或者其他原因出缺的，按照原推选结果依次递补，也可以另行推选。

**第八条** 村民选举委员会履行下列职责：

（一）依法拟订选举工作方案，提请村民会议或者村民代表会议讨论通过；

（二）开展选举的宣传、发动工作；

（三）拟定和培训选举工作人员；

（四）公布选举日、投票地点和时间；

（五）组织村民登记，审查村民的选举资格，并公布登记参加选举的村民名单；

（六）组织登记参加选举的村民提名村民委员会成员候选人并公布候选人名单，或者组织登记参加选举的村民直接投票选举村民委员会成员；

（七）主持投票选举，公布选举结果，并报乡、镇人民政府备案；

（八）受理有关选举工作的群众来信来访；

（九）总结选举工作，整理、建立选举工作档案；

（十）主持村民委员会工作移交；

（十一）办理选举工作中的其他事项。

村民选举委员会履行职责的期限，自组成之日起至上一届村民委员会与新一届村民委员会完成工作移交之日止。

**第九条** 有选举权和被选举权的村民的年龄以户籍登记的出生日期为依据。村民年满十八周岁的计算以本村的选举日为准。

村民委员会选举前，应当对下列人员进行登记，列入参加选举的村民名单：

（一）户籍在本村并且在本村居住的村民；

（二）户籍在本村，不在本村居住，本人表示参加选举的村民；

（三）户籍不在本村，在本村合法稳定居住一年以上，本人申请参加选举，并且经村民会议或者村民代表会议同意参加选举的公民。

结婚后居住在配偶户籍所在村，本人户籍未迁入，申请在配偶户籍所在村参加选举的；或者对本村集体经济依法享有权益的原村民，本人申请参加选举的，经村民选举委员会确认，可以予以登记。

已登记参加选举的村民，不得再参加其他地方村民委员会的选举。

**第十条** 登记参加选举的村民名单，应当在选举日的二十日前由村民选举委员会公布。

对登记参加选举的村民名单有异议的，应当自名单公布之日起五日内向村民选举委员会申诉，村民选举委员会应当自收到申诉之日起三日内作出处理决定，并公布处理结果。

**第十一条** 村民委员会由本村登记参加选举的村民按照《中华人民共和国村民委员会组织法》的规定直接选举产生，具体方式由村民会议或者村民代表会议决定。

**第十二条** 登记参加选举的村民通过投票直接提名村民委员会主任、副主任和委员候选人，均以得票多的为正式候选人。

村民委员会成员正式候选人名单应当在选举日的五日以前，按照得票多少的顺序张榜公布。

村民委员会主任、副主任的正式候选人应当分别比应选名额多一人。村民委员会委员的正式候选人应当比应选名额多一至三人，具体差额数由村民选举委员会在拟订选举工作方案时规定。

**第十三条** 村民选举委员会应当按照公开、公平、公正的原则帮助村民了解村民委员会成员候选人，应当组织候选人与村民见面，由候选人介绍履行职责的设想，回答村民提出的问题，但是在选举日应当停止对候选人的介绍。

**第十四条** 村民选举委员会在选举日以前，应当做好以下准备工作：

（一）拟定监票人和发票、唱票、计票、代书工作人员；

（二）公布投票时间，印制选票；

（三）设立选举会场、投票站；

（四）核实登记参加选举的村民委托的投票人；

（五）其他选举事务工作。

村民委员会成员候选人及其配偶或者直系亲属不得担任监票人和发票、唱票、计票、代书工作人员。

**第十五条** 选举村民委员会，采取无记名投票方法。可以由登记参加选举的村民一次投票选举主任、副主任和委员；也可以分次投票选举主任、副主任和委员。主任、副主任不得由当选的委员推选产生。

登记参加选举的村民应当从全体村民利益出发，选举奉公守法、品行良好、公道正派、热心公益、乐于奉献、身体健康、具有一定文化水平和工作能力的村民委员会成员。

**第十六条** 登记参加选举的村民，选举期间因外出或者特殊原因不能参加投票的，可以书面委托本村有选举权的近亲属代为投票。每一登记参加选举的村民接受的委托投票不得超过三人。接受委托投票的村民不得再委托其他村民投票。

委托人或者受委托人应当在选举日五日前到村民选举委员会办理委托投票手续，村民选举委员会审核后发放委托投票证，并在选举日二日前在村民委员会和各村民小组所在地公布委托人和受委托人的名单。禁止投票现场临时委托的行为。

**第十七条** 选举会场和投票站应当设立秘密写票处和公共代写处，文盲或者因残疾不能写选票的，可以委托其信任的人代写。

登记参加选举的村民对村民委员会成员候选人可以投赞成票，可以投反对票，可以另选他人，也可以弃权。

**第十八条** 投票结束后，投票站的选举工作人员应当立即将投票箱集中到选举会场统一启封，公开唱票、计票。选举结果由村民选举委员会当场向村民公布。

**第十九条** 选举村民委员会，有登记参加选举的村民过半数投票，选举有效。收回的票数，等于或者少于投票人数的有效，多于投票人数的无效。

每一选票所选的人数，等于或者少于应选名额的为有效票，多于应选名额的为废票。

**第二十条** 获得参加投票的村民过半数赞成票的，始得当选村民委员会成员。

获得参加投票的村民过半数赞成票的人数超过应选名额时，以得票多的当选。如遇票数相等，不能确定当选人时，应当就票数相等的人员再次投票，以得票多的当选。

**第二十一条** 当选村民委员会成员的人数少于应选名额时，当选人数达到三人的，不足的名额是否暂缺，由村民会议或者村民代表会议决定；当选人数未达到三人的，不足的名额，应当在三十日内另行选举。另行选举村民委员会时，根据第一次投票时得赞成票多少的顺序，按照差额确定候选人名单，候选人以得赞成票多的当选，但是得赞成票数不得少于选票的三分之一。

村民委员会主任暂缺的，由得票多的副主任临时主持村民委员会工作；村民委员会主任、副主任都暂缺的，由得票多的委员临时主持村民委员会工作；得票相等的，由村民会议或者村民代表会议确定临时主持村民委员会工作的成员。

**第二十二条** 村民选举委员会应当将选举结果报乡、镇人民政府，并向当选的村民委员会主任、副主任和委员颁发证书。

**第二十三条** 选举村民委员会成员的所有选票应当在选举工作结束当天及时封存，交由乡、镇人民政府保管，至少保存至下一届村民委员会选举工作结束为止。

**第二十四条** 在新一届村民委员会产生当日，上一届村民委员会应当向新一届村民委员会移交公章，并在十日内将村民委员会的公共财物、财务账目、债权债务凭证、档案资料等移交完毕。工作移交由村民选举委员会主持，由乡、镇人民政府监督。逾期不移交的，乡、镇人民政府应当督促移交。不移交造成村集体或者村民财产损失的，由相关责任人依法承担赔偿责任。

**第二十五条** 村民委员会及其成员应当遵守宪法、法律、法规和国家的政策，办事公道，廉洁奉公，热心为村民服务。

村民委员会及其成员应当接受村民和村务监督机构监督。

**第二十六条** 村民委员会成员有下列情形之一的，其职务自行终止：

（一）死亡；

（二）丧失行为能力；

（三）被判处刑罚；

（四）经民主评议连续两次不称职。

村民委员会成员职务自行终止的，由村民委员会召集村民会议或者村民代表会议宣布，并报乡、镇人民政府备案。村民委员会不召集村民会议或者村民代表会议宣布的，由村务监督机构召集村民会议或者村民代表会议宣布，并报乡、镇人民政府备案。

**第二十七条** 本村五分之一以上有选举权的村民或者三分之一以上的村民代表，可以联名要求罢免村民委员会成员。

乡、镇人民政府对具有下列情形的村民委员会成员，可以向村民委员会提出罢免建议：

（一）连续三个月以上不履行职责的；

（二）违反法律、法规造成人员重大伤亡或者集体经济重大损失的；

（三）滥用职权、谋取私利，损害集体经济利益，引起村民严重不满的。

罢免要求和罢免建议应当提出罢免理由。被提出罢免的村民委员会成员有权提出申辩意见。村民委员会应当在接到罢免要求或者罢免建议后三十日内召集村民会议投票表决。罢免村民委员会成员，须有登记参加选举的村民过半数投票，并须经投票的村民过半数通过。

村民委员会逾期不召集村民会议表决罢免要求或者罢免建议，由乡、镇人民政府责令改正，逾期不改正的，乡、镇人民政府可以召集村民会议投票表决罢免要求或者罢免建议。

**第二十八条** 村民委员会成员要求辞去职务的，应当以书面形式向村民会议或者村民代表会议提出，由村民会议或者村民代表会议讨论决定。

**第二十九条** 村民委员会成员因故出缺，其成员满三人的，经村民代表会议同意可以不补选；其成员不满三人的，应当在三个月内由村民会议或者村民代表会议进行补选。

补选村民委员会成员，村民委员会应当事先向乡、镇人民政府报告，补选程序参照本办法规定办理。补选的村民委员会成员的任期，到本届村民委员会任期届满为止。

**第三十条** 对有下列行为之一的，村民有权向乡、镇人民代表大会和人民政府或者区人民代表大会常务委员会和人民政府及其有关主管部门举报，有关机关应当负责调查并依法处理，对直接责任人员给予处分；违反《中华人民共和国治安管理处罚法》的，由公安机关依法给予处罚；构成犯罪的，依法追究刑事责任：

（一）以暴力、威胁、欺骗、贿赂、伪造选票、虚报选举票数等不正当手段，妨害村民行使选举权、被选举权，破坏村民委员会选举的；

（二）指定、委派、撤换村民委员会成员的；

（三）对检举村民委员会选举中违法行为的村民或者提出要求罢免村民委员会成员的村民进行压制、报复的；

（四）其他破坏村民委员会选举的行为。

**第三十一条** 村民对选举程序或者选举结

果有异议的，可以向区或者乡、镇人民政府提出申诉，区和乡、镇人民政府应当及时调查处理。

**第三十二条** 村民委员会的选举经费确有困难的，乡、镇人民政府应当给予适当补助。

市和区民政部门指导村民委员会选举工作的经费，由同级财政安排。

**第三十三条** 区人民代表大会及其常务委员会和乡、镇人民代表大会对村民委员会选举进行监督、检查，在本行政区域内保证本办法的实施，保障村民依法行使自治权利。

**第三十四条** 本办法自 2014 年 10 月 1 日起施行。

# 上海市建设工程材料管理条例

（1999 年 11 月 26 日上海市第十一届人民代表大会常务委员会第十四次会议通过　根据 2015 年 7 月 23 日上海市第十四届人民代表大会常务委员会第二十二次会议《关于修改〈上海市建设工程材料管理条例〉等 12 件地方性法规的决定》第一次修正　根据 2024 年 12 月 31 日上海市第十六届人民代表大会常务委员会第十八次会议《关于修改〈上海市公路管理条例〉等 10 件地方性法规的决定》第二次修正）

## 第一章　总　　则

**第一条** 为了加强本市建设工程材料管理，保证建设工程质量和安全，促进新型建设工程材料的发展，根据《中华人民共和国产品质量法》和《中华人民共和国建筑法》，结合本市实际情况，制定本条例。

**第二条** 本条例适用于本市行政区域内建设工程材料的生产、销售、使用及其监督管理和新型建设工程材料的推广应用管理。

前款所称建设工程材料，是指用于建设工程的钢材、水泥、黄沙、石子、商品混凝土、预制混凝土构件、墙体材料和管道、门窗、防水材料等结构性材料和功能性材料。

**第三条** 市建设行政管理部门负责建设工程材料的使用监督管理和新型建设工程材料推广应用管理。区建设行政管理部门按照其职责，负责所辖行政区域内建设工程材料的有关管理工作。

市场监管部门依法负责建设工程材料生产、销售的质量监督管理。

经济信息化、科技等部门按照各自职责，协同实施本条例。

## 第二章　建设工程材料质量管理

**第四条** 建设工程材料生产单位应当按照国家和本市有关规定，生产符合质量标准的建设工程材料，并出具质量保证书和使用说明书，对出厂（场）的建设工程材料质量负责。不得以假充真、以次充好，不得以不合格产品冒充合格产品。

**第五条** 建设工程材料销售单位应当进行进货验收，验明生产许可证、质量保证书和使用说明书。

建设工程材料销售单位应当对其销售的建设工程材料质量负责，不得以假充真、以次充好，不得以不合格产品冒充合格产品，并应当向买受人提供生产许可证、质量保证书和使用说明书。

**第六条** 建设单位、建设工程总承包单位或者施工单位应当采购符合建设工程设计要求的建设工程材料；建设工程设计对建设工程材料的使用有配套要求的，应当采购符合设计要求的配套材料。

**第七条** 本市下列建设工程中的建设工程材料采购，建设单位、建设工程总承包单位或者施工单位应当通过招标投标方式进行：

（一）大型基础设施、公用事业等关系社会公共利益、公众安全的项目；

（二）全部或者部分使用国有资金投资或者国家融资的项目；

（三）使用国际组织或者外国政府贷款、援助资金的项目；

（四）法律或者国务院规定的其他项目。

**第八条** 施工单位应当对建设工程材料进行进货检验和质量检测。不得使用不合格的建设工程材料。

施工单位自行检测建设工程材料，应当取得相应的资质；未取得相应资质的，应当委托具有相应资质的检测机构进行检测。

施工单位检测建设工程材料质量的具体办法由市建设行政管理部门制定。

**第九条** 实行监理的建设工程，其所用的建设工程材料的质量和使用情况，应当纳入建设工程的监理范围。

监理单位应当监督、检查施工单位对建设工程材料的质量检测；未经监理单位签字认可的建设工程材料不得在建设工程中使用。

**第十条** 市、区建设行政管理部门应当会同相关部门，加强建设工程材料的监督管理，建立和完善建设工程材料质量安全追溯体系，对建设工程材料生产、销售和使用实施全过程管理。

**第十一条** 市场监管部门应当依照有关法律、法规的规定对生产、销售的建设工程材料质量进行抽查。

建设行政管理部门对建设工程施工现场的建设工程材料质量，应当定期组织抽查。

市场监管部门、建设行政管理部门应当及时公布建设工程材料质量抽查结果。抽查所需的费用由同级财政拨款，不得向被抽查者收取。

**第十二条** 任何单位和个人都可以向市场监管部门、建设行政管理部门举报建设工程材料的质量问题。市场监管部门、建设行政管理部门应当受理，并及时处理。

## 第三章 新型建设工程材料推广应用管理

**第十三条** 本市鼓励发展和推广应用节约土地、节约能源、科技含量高以及有利于环境保护的新型建设工程材料。

新型建设工程材料的范围和种类，由市建设行政管理部门公布，方便社会查询。

**第十四条** 鼓励建设工程设计单位在设计中优先选用推广应用的新型建设工程材料，并按照其配套应用的技术标准进行设计。

鼓励建设单位、建设工程总承包单位或者施工单位优先采购、使用新型建设工程材料。

施工单位应当掌握新型建设工程材料的施工工艺，并按照新型建设工程材料的施工工艺制定操作规程。

**第十五条** 新型建设工程材料的生产单位，可以向市建设行政管理部门办理新型建设工程材料的认定手续；具体办法由市建设行政管理部门另行制定。

**第十六条** 本市禁止或者限制生产和使用污染环境、能耗高、生产工艺落后的用于建设工程的材料。

本市禁止或者限制生产和使用的用于建设工程的材料目录，由市建设行政管理部门会同有关部门提出，报市人民政府批准后公布。

## 第四章 法律责任

**第十七条** 违反本条例规定的行为，法律、法规已有处理规定的，从其规定。

**第十八条** 违反本条例第十六条规定，建设工程总承包单位或者施工单位使用禁止使用的用于建设工程的材料的，由建设行政管理部门责令改正，处十万元以上二十万元以下的罚款。

**第十九条** 负责建设工程材料生产、销售、使用及其监督管理和新型建设工程材料推广应用管理的行政管理部门的直接负责的主管人员和其他直接责任人员玩忽职守、滥用职权、徇私舞弊的，依法给予处分；构成犯罪的，依法追究刑事责任。

## 第五章 附　　则

**第二十条** 本条例自2000年1月1日起施行。

# 上海市公路管理条例

（1999年11月26日上海市第十一届人民代表大会常务委员会第十四次会议通过　根据2003年10月10日上海市第十二届人民代表大会常务委员会第七次会议《关于修改〈上海市公路管理条例〉的决定》第一次修正　根据2015年7月23日上海市第十四届人民代表大会常务委员会第二十二次会议《关于修改〈上海市建设工程材料管理条例〉等12件地方性法规的决定》第二次修正　根据2020年9月25日上海市第十五届人民代表大会常务委员会第二十五次会议《关于修改〈上海市公路管理条例〉的决定》第三次修正　根据2024年12月31日上海市第十六届人民代表大会常务委员会第十八次会议《关于修改〈上海市公路管理条例〉等10件地方性法规的决定》第四次修正）

## 第一章 总　　则

**第一条** 为了加强本市公路的建设和管理，促进公路事业的发展，发挥公路在经济建设、国防建设和人民生活中的作用，根据《中华人民共和国公路法》等法律、行政法规的规定，结合本市实际情况，制定本条例。

**第二条** 本条例所称的公路，是指本市行政区域内的国道、省道、县道、乡道和纳入公路规划的村道，包括公路桥梁、公路涵洞和公路隧道。县道、乡道和村道统称农村公路。

本条例所称的公路附属设施，是指公路的防护、排水、通风、照明、养护、管理、服务、交通安全、监控、通信、收费、绿化等设施、设备以及专用建筑物、构筑物等。

**第三条** 本条例适用于本市行政区域内公路的规划、建设、养护、经营和使用以及公路、公路用地、公路附属设施和公路建筑控制区的管理。

**第四条** 本市加强公路管理工作，持续提升公路安全通行条件，增强交通保障能力。

各级人民政府应当聚焦突出问题，完善政策机制，把农村公路建好、管好、护好、运营好，为加快推进农业农村现代化提供更好保障。

**第五条** 市交通行政管理部门负责本市公路的管理工作。

区交通行政管理部门按照其职责权限，负责所辖区域内公路的具体管理。

乡（镇）人民政府负责本行政区域内乡道、村道的相关工作。

本市有关行政管理部门按照各自的职责，协同实施本条例。

村（居）民委员会在乡（镇）人民政府的指导下，协助做好村道相关工作。

**第六条** 本市公路的建设和发展应当遵循全面规划、合理布局、确保质量、保障畅通、保护环境、保护耕地、发展绿化、建设改造与管理并重的原则。

本市公路的管理实行统一管理与分级负责相结合的原则。

**第七条** 本市交通行政管理部门应当会同公安、住房城乡建设等行政管理部门依托“一网通办”平台,加强业务协同办理,优化政务服务流程,为行政相对人提供便捷高效的服务。

本市公路管理纳入“一网统管”城市运行管理体系,实现集成、协同、闭环管理,确保公路安全畅通。

**第八条** 本市公路规划、建设、养护和管理应当贯彻绿色发展理念,推行生态防护技术,优先使用绿色环保材料和清洁能源。

本市运用物联网、云计算、大数据等现代信息技术,在公路信息采集、出行引导服务、路车协同、安全监测和风险预警等方面,提升智能化水平。

**第九条** 市交通行政管理部门应当与长江三角洲区域相关省、市有关部门建立沟通协调机制,加强公路规划、建设、养护和管理的协同,提高省际公路通达能力,推进形成便捷高效的区域公路网络。

**第十条** 任何单位和个人不得破坏、损坏或者非法占用公路、公路用地以及公路附属设施。

## 第二章 规划和建设管理

**第十一条** 公路专项规划按照下列规定编制:

(一) 省道规划,由市交通行政管理部门根据国道规划和本市国民经济、社会发展以及国防建设的需要,听取公路沿线的区人民政府和市有关行政管理部门的意见后编制,经市规划资源部门综合平衡后报市人民政府批准,纳入城市总体规划,并报国务院交通主管部门备案。

(二) 县道(含乡道、村道)规划,由区交通行政管理部门根据省道规划和区城市规划,并听取区有关行政管理部门和有关乡(镇)人民政府的意见后编制,经区人民政府和市交通行政管理部门初审后,报市人民政府批准,并报国务院交通主管部门备案。

(三) 专用公路规划,由专用公路的主管单位编制,报市交通行政管理部门审核。专用公路规划应当与省道规划、县道(含乡道、村道)规划相协调。

公路专项规划主要包括公路发展的指导原则和目标,路网规模和总体建设安排,公路等级、选线、重型车辆通行等功能布局以及保障措施等内容。公路规划应当与城市道路规划有效衔接,农村公路规划应当与特色产业、乡村旅游等发展相协调。

**第十二条** 经批准的省道规划、县道(含乡道、村道)规划和专用公路规划需要修改的,应当由原编制单位提出修改方案,经原审批机关审查批准。

**第十三条** 规划村镇、开发区等建筑群,应当与公路保持规定的距离。不得在公路两侧对应建设村镇、开发区等建筑群。

规划和新建省道、县道应当合理避让已建成的村镇和开发区等建筑群。

**第十四条** 公路建设确需征收房屋、土地的,可以依法征收。征收应当给予被征收人公平合理的补偿,被征收人应当及时搬迁、交地。

公路用地按照以下要求划定:

(一) 公路两侧有边沟、截水沟、坡脚护坡道的,其用地范围为边沟、截水沟、坡脚护坡道外侧一米的区域;

(二) 公路两侧无边沟、截水沟、坡脚护坡道的,其用地范围为公路路缘石或者坡脚线外侧五米的区域;

(三) 实际征收的土地超过上述规定的,其用地范围以实际征收的土地范围为准。

**第十五条** 公路的名称,应当在公路建设项目立项时确定。

本市公路按照国家标准以起讫点地名简称命名,同时推行以北南纵线、东西横线分别顺序编号。

**第十六条** 市和区交通行政管理部门应当按照公路专项规划编制省道、县道、乡道和村道的建设计划,并按照国家和本市规定的建设程序,报经批准后组织实施。

县道的新建、改建、扩建计划,应当经市交通行政管理部门审核;跨区的县道建设计划,市交通行政管理部门应当负责协调。

乡道、村道的新建、改建、扩建计划,应当经区交通行政管理部门审核;跨乡(镇)的乡道、村道建设计划,区交通行政管理部门应当负责协调。

**第十七条** 新建、改建农村公路,应当符合以下技术标准:

(一)县道不得低于二级公路的技术标准;

(二)乡道不得低于三级公路的技术标准;

(三)村道不得低于四级公路的技术标准。

新建、改建县道、乡道、村道,部分路段确因地形、地质等自然条件限制,无法达到前款规定的技术标准的,应当经市交通行政管理部门或者区交通行政管理部门组织论证。

**第十八条** 公路建设资金通过下列渠道和方式筹集:

(一)财政拨款;

(二)向国内外金融机构或者外国政府贷款;

(三)国内外经济组织的投资;

(四)依法出让公路收费权的收入;

(五)开发、经营公路的公司依法发行股票、公司债券;

(六)企业和个人自愿集资;

(七)法律或者国务院规定的其他方式。

**第十九条** 公路建设使用土地,建设单位应当依照国家和本市有关法律、法规的规定办理用地手续。

**第二十条** 承担公路建设项目的勘察、设计、施工和监理等单位,除依法经市场监督管理部门登记注册外,还应当取得国家规定的资质证书。

公路建设单位应当与具有相应资质的勘察、设计、施工、监理单位签订合同,明确双方的权利义务。

承担公路建设项目的勘察、设计、施工、监理单位,应当依照法律、法规、规章以及国家、本市的公路工程技术标准、规范的要求和合同的约定进行勘察、设计、施工、监理活动,保证公路工程质量。

法律或者国务院规定需要进行招标投标的公路建设项目,应当按照规定进行招标投标。

**第二十一条** 公路建设单位应当按照公路工程技术标准、规范的要求,根据不同的公路等级,相应设置必要的公路附属设施;高速公路、一级公路应当设置监控、通信等有关附属设施。

城镇化地区的公路路段应当按照国家和本市有关规定,设置人行道、照明、排水等设施。

公路应当按照标准设置完善的交通标志和标线,对易受积水影响的地下通道等路段,应当设置防汛警示标志。

前款所指的公路附属设施,应当与公路主体工程同时设计、同时建设。

**第二十二条** 公路服务区应当根据公路规划要求合理布局,与公路同时规划、同时设计、同时建设、同时投入使用。

公路服务区应当设置停车、饮用水供应、公共卫生间、生活垃圾分类投放等服务设施,高速公路服务区还应当设置加油、充电、商品零售、餐饮等服务设施;鼓励具备条件的公路服务区拓展服务功能。现有公路服务区未达到规定标准的,应当逐步改造。

公路服务区的设置位置和服务功能,应当向社会公布。

**第二十三条** 公路工程应当按照规定进行交工、竣工验收;未经验收或者验收不合格的,不得交付使用。

分段完成的具有独立使用价值的路段或者单项工程,可以分段验收,经验收合格的,可以先行交付使用。

公路的附属设施应当与主体工程同步进行交工、竣工验收。

公路建设项目竣工验收后,建设单位应当在规定的时限内,向城市建设档案机构报送竣工档案。

**第二十四条** 公路建设项目实行质量保修

制度。保修期由合同约定，但不得少于一年。

保修期内发现公路有质量问题的，施工单位应当先行维修、返工；施工单位在规定期限内不予维修、返工的，由建设单位组织维修、返工。维修、返工所需费用由责任方承担。

**第二十五条** 因建设公路影响铁路、水利、电力、邮电设施和其他公用设施正常使用的，公路建设单位应当事先征得有关部门的同意；因公路建设对有关设施造成损坏或者需要搬迁的，公路建设单位应当按照不低于该设施原有的技术标准予以修复，或者给予相应的经济补偿。

**第二十六条** 改建、扩建公路时，施工单位应当在施工路段两端设置明显施工标志、安全标志。需要车辆绕行的，施工单位应当在绕行路口设置标志；不能绕行的，建设单位必须组织修建临时通行道路。

**第二十七条** 市交通行政管理部门对失去使用功能的省道、县道，区交通行政管理部门对失去使用功能的乡道、村道，在征得同级规划资源部门的同意后应当宣布废弃。

市、区交通行政管理部门以及乡（镇）人民政府应当将废弃公路及时向社会公告，并设立明显标志。

规划资源部门应当按照土地利用规划的要求重新确定废弃公路的土地使用性质。

国务院交通主管部门对公路废弃程序有规定的，按照其规定执行。

## 第三章 养护管理

**第二十八条** 市、区交通行政管理部门负责公路及其附属设施的养护管理，保持公路及其附属设施的完好。

市人民政府应当完善农村公路养护资金补助机制，区人民政府应当将农村公路养护资金及管理机构和人员支出纳入一般公共财政预算。

**第二十九条** 本市实行公路养护管理和公路养护作业分离制度，加快推进公路养护作业市场化，引导养护作业单位分类分级发展，健全与公路养护作业规模、内容和专业要求相适应的公路养护市场。

公路养护作业单位应当符合规定的条件。

市、区交通行政管理部门应当根据养护工程类型，选择相适应的养护作业单位。公路养护作业需要进行招标投标的，应当按照法律、法规的规定进行招标投标。

**第三十条** 承担公路养护作业的单位应当按照国家和本市规定的技术规范、操作规程和合同的约定对公路及其附属设施进行养护，保证公路经常处于良好的技术状态。

公路进行大修的，应当按照本条例第二十三条、第二十四条的规定实行竣工验收和质量保修。

**第三十一条** 市、区交通行政管理部门应当按照公路养护技术规范，定期对管辖的公路全面进行技术状况评定，技术状况评定每年不少于一次。技术状况评定结果，作为养护工程计划安排的重要依据。

市、区交通行政管理部门应当统筹编制养护工程计划，合理确定施工期限，保障养护工程按照计划实施，减少对公路通行的影响；进行省际间养护作业的，还应当与相邻省市做好沟通衔接。

市、区交通行政管理部门与公安交通管理部门应当加强管理协同。公安交通管理部门应当做好交通安全审批、现场交通秩序管理等工作。

**第三十二条** 公路养护作业单位按照下列安全规定进行养护作业：

（一）根据公路的技术等级采取相应的安全保护措施，设置必要的交通安全设施；

（二）公路养护人员应当穿着统一的安全标志服；

（三）使用车辆、机械设备进行养护作业时，应当在公路作业车辆、机械设备上设置明显的作业标志，开启危险报警闪光灯；

（四）在夜间和雨、雪、雾等恶劣天气进行养护作业时，现场必须设置警示灯光信号；

（五）公路养护作业应当避让交通高峰

时段。

公路养护作业车辆进行作业时，在不影响过往车辆通行的前提下，其行驶路线和方向不受公路标志、标线限制，但在高速公路上进行养护作业的车辆除外。

对高速公路的清扫保洁和绿化养护作业，应当以机械作业为主；确实需要人工养护作业的，养护作业单位应当采取切实有效的安全防护措施。

因公路养护作业影响车辆、行人通行或者通行安全的，养护作业单位应当依照本条例第二十六条的规定办理。

**第三十三条** 市、区交通行政管理部门应当采取定期检查或者抽查等方式，加强养护工程质量监督，并督促及时整改。

发现公路损坏，任何单位和个人都有权向市、区交通行政管理部门反映。市、区交通行政管理部门应当及时处理，并反馈处理情况。

**第三十四条** 市和区交通行政管理部门、乡（镇）人民政府应当按照公路养护技术规范，定期对管辖的公路桥梁进行检查。需要进行检测的，市和区交通行政管理部门、乡（镇）人民政府应当委托符合资质条件的机构进行检测。

公路桥梁经检测负载达不到原标准的，市和区交通行政管理部门、乡（镇）人民政府应当及时采取维修和加固等有效措施，维修和加固期间应当设立明显的限载标志；经检测发现公路桥梁严重损坏影响通行安全的，市和区交通行政管理部门、乡（镇）人民政府应当先行设置禁止通行的标志，并及时采取修复措施，同时将相关信息报送公安交通管理部门。

**第三十五条** 公路及公路用地范围内的树木不得任意砍伐、迁移。确实需要更新砍伐的，应当经市交通行政管理部门或者区交通行政管理部门同意后，按照有关法律、法规的规定办理审批手续，并更新补种。

## 第四章 路政管理

**第三十六条** 公路两侧应当按照国家规定划定公路建筑控制区。

公路建筑控制区的范围，由市、区人民政府组织交通、规划资源等行政管理部门划定。

公路建筑控制区的范围经划定后，市、区交通行政管理部门应当设置明显的标桩、界桩。

除公路防护和养护需要以外，禁止在公路两侧的建筑控制区内修建建筑物或者地面构筑物；需要在建筑控制区内埋设管线、电缆等设施的，应当事先征得市交通行政管理部门或者区交通行政管理部门的同意。

公路建筑控制区内划定前已经合法修建的建筑物、构筑物，不得扩建；因公路建设或者保障公路运行安全等原因需要拆除的，应当依法给予补偿。

**第三十七条** 禁止在公路及公路用地范围内摆摊设点、堆放物品、倾倒垃圾、设置障碍、挖沟引水、打场晒粮、种植作物、放养牲畜、采石、取土、采空作业、焚烧物品、利用公路边沟排放污物、堵塞公路排水沟渠、填埋公路边沟或者进行其他损坏、污染公路和影响公路畅通的活动。

法律、行政法规对危及公路安全的行为有禁止性规定的，从其规定。

**第三十八条** 任何单位和个人不得擅自占用或者挖掘公路及公路用地。

因基础设施和其他重要工程建设确实需要临时占用和挖掘公路及公路用地的，必须向市交通行政管理部门或者区交通行政管理部门提出申请，经审批同意后方可临时占用或者挖掘；影响交通安全的，还应当经公安交通管理部门批准。

挖掘公路及公路用地的单位或者个人应当按照公路的原有标准，负责修复或者承担相应的费用。

本市加强对挖掘公路及公路用地施工的统筹管理。挖掘公路及公路用地的，应当按照规定将掘路施工计划报市交通行政管理部门或者区交通行政管理部门，由市交通行政管理部门或者区交通行政管理部门会同住房城乡建设管理部门进行综合平衡，并优先安排综合掘路施工。

挖掘公路及公路用地应当在施工现场醒目位置设置施工铭牌，标明许可情况、施工单位、施工时间、监督电话等内容。

**第三十九条** 新建、扩建、改建的公路竣工后五年内或者大修的公路竣工后三年内，不得挖掘。因特殊情况需要挖掘的，应当按照规定向市交通行政管理部门或者区交通行政管理部门交纳掘路修复费一至五倍的费用；影响交通安全的，还应当经公安交通管理部门批准。

因地下管线设施发生故障需要挖掘公路及公路用地进行紧急抢修的，抢修单位可以先行掘路，但应当立即通知市交通行政管理部门或者区交通行政管理部门和公安交通管理部门，并且在二十四小时内补办紧急掘路手续。

**第四十条** 跨越、穿越公路修建桥梁或者架设、埋设管线等设施的，以及在公路用地范围内架设、埋设管线、电缆等设施的，应当事先经市交通行政管理部门或者区交通行政管理部门同意；影响交通安全的，还须征得公安交通管理部门的同意。

因公路改建、扩建需要拆除或者移动前款所述管线的，管线单位应当及时予以拆除、迁移。

**第四十一条** 在公路上增设、改造平面交叉道口的，应当经市交通行政管理部门或者区交通行政管理部门以及公安交通管理部门批准。

**第四十二条** 经批准在公路及公路用地范围内架设、埋设管线或者设置道口的，应当符合公路工程技术标准的要求。对公路以及公路附属设施造成损坏的，应当予以相应的补偿。

**第四十三条** 任何单位和个人不得擅自在公路及公路用地范围内设置标牌、广告牌等非公路标志。需要设置的，应当符合相关设置规划、技术规范的要求，经市交通行政管理部门或者区交通行政管理部门同意，并按照设置标牌、广告牌的有关规定办理手续。

任何单位和个人不得利用公路交通安全设施、交通标志和行道树设置广告。

因公路改建、扩建需要拆除广告牌，致使设置广告牌的合同无法继续履行的，应当给予设置单位相应的补偿。

**第四十四条** 超过公路、公路桥梁、公路隧道限载、限高、限宽、限长标准的车辆，不得在公路、公路桥梁或者公路隧道行驶。

公路、公路桥梁、公路隧道限载、限高、限宽、限长标准调整的，应当及时变更限载、限高、限宽、限长标志；需要绕行的，还应当标明绕行路线。

**第四十五条** 车辆载运不可解体物品，车货总体的外廓尺寸或者总质量超过公路、公路桥梁、公路隧道的限载、限高、限宽、限长标准，确需在公路、公路桥梁、公路隧道行驶的，从事运输的单位和个人应当按照国家规定向市交通行政管理部门或者区交通行政管理部门申请公路超限运输许可。公路超限运输影响交通安全的，市交通行政管理部门或者区交通行政管理部门在审批超限运输申请时，应当征求公安交通管理部门意见。

市交通行政管理部门或者区交通行政管理部门批准超限运输申请的，应当告知公安交通管理部门，并加强对超限运输沿线公路设施的安全监测和通行安全管理。

跨省、自治区、直辖市进行超限运输的，按照《中华人民共和国公路法》《公路安全保护条例》的规定办理超限运输许可相关手续。

**第四十六条** 本市通过货物运输源头监管等方式，加强对违法超限运输行为的监管。

对违法超限运输的，市、区交通行政管理部门有权要求当事人提供超限运输货物源头信息；当事人应当按照要求提供。

**第四十七条** 公交车辆和其他固定线路客运车辆的站点设置或者移位，除征得公安交通管理部门的同意外，还应当符合国家有关公路管理的规定。

因站点设置影响公路以及公路附属设施使用功能的，设置单位应当负责恢复原状或者承担相应的费用。

**第四十八条** 市、区交通行政管理部门按照本条例规定受理有关申请的，应当自受理之日起十五日内作出书面审批决定。

**第四十九条** 高速公路上的故障车、肇事车、抛撒物等障碍物的清除由市、区交通行政管理部门负责。进行清除障碍物作业的车辆必须安装标志灯具并喷涂明显的标志，执行清除障碍物作业任务时，必须开启标志灯具和危险报警闪光灯。

除清除障碍物作业的车辆外，禁止其他车辆在高速公路上拖拽故障车、肇事车。

**第五十条** 因施工作业和养护作业确需封路、封桥的，市交通行政管理部门或者区交通行政管理部门和公安交通管理部门应当在正式实施封路、封桥措施三日前，通过新闻媒体联合发布封路、封桥通告。

因灾害性天气或者突发性事故影响高速公路行车安全时，市交通行政管理部门可以先行对部分路段或者全路实行限速或者限时封闭，并及时通报公安交通管理部门。

**第五十一条** 市、区交通行政管理部门应当编制突发事件应急预案，报本级人民政府批准后实施。

应急预案应当根据自然灾害、事故灾难、公共卫生事件等突发事件类型和响应等级，明确交通管制、关闭公路、疫情防控检测等应急措施；需要跨区域统一实施的，应当同时明确联动机制。

市、区交通行政管理部门应当根据应急预案，储备应急物资，组建应急队伍，定期组织演练。应急预案应当进行动态评估，并根据评估结果及时调整完善。

**第五十二条** 为应对突发事件以及其他应急管理需要，确有必要在公路上设置综合检查、公共卫生检疫等站点的，由市交通行政管理部门会同有关行政管理部门按照相关规定，报市人民政府批准后设置。

综合检查、公共卫生检疫等站点的设置和运行，应当在满足应急管理需要的同时，减少对公路通行的影响。

**第五十三条** 本市根据国家规定推行农村公路路长制，建立区、乡（镇）、村三级路长体系，设立相应的总路长、路长，分级分段组织本行政区域内的公路管理等工作。

区、乡（镇）人民政府应当按照规定，建立农村公路专管员制度，农村公路专管员负责日常路况巡查、隐患排查、灾毁信息上报等工作。农村公路专管员制度应当与城市网格化管理制度相衔接。

**第五十四条** 本市推进农村客运和物流服务体系建设，促进城乡交通运输一体化发展。

农村公路的技术条件应当与国家和本市对农村客运、物流发展的要求相匹配。

**第五十五条** 市交通行政管理部门应当与长江三角洲区域相关省、市有关部门建立跨区域治理公路超限运输联防联动机制，统筹布局公路超限运输检测站点网络，加强执法信息共享，对严重违法的超限运输行为依法实施信用联合惩戒。

## 第五章 收费公路管理

**第五十六条** 本市按照统筹规划、合理布局、严格控制的原则和法律、行政法规的规定设立收费公路。

收费公路的设立由市人民政府批准。

**第五十七条** 收费公路的车辆通行费收费标准，由市交通行政管理部门会同市财政、物价部门根据国家和本市有关规定确定。

**第五十八条** 本市收费公路实行联网收费，按照国家和本市相关规定建设、运行、维护电子不停车收费系统，保证系统处于良好的技术状态，为通行车辆及人员提供优质服务。

**第五十九条** 在收费公路上设置车辆通行费收费站，应当经市交通行政管理部门审核后报市人民政府批准。

收费期限届满的收费公路，市交通行政管理部门应当组织收费单位及时拆除收费站设施。

**第六十条** 在收费公路上行驶的机动车辆，应当按照规定交纳车辆通行费，但国家规定免费通行的除外。

**第六十一条** 国内外经济组织投资经营的收费公路和受让收费权经营的收费公路养护工作，由该公路经营企业负责。

各公路经营企业应当按照国家和本市规定的技术规范和操作规程，对公路进行养护，或者委托符合条件的公路养护作业单位进行养护。

市、区交通行政管理部门应当加强对收费公路养护的监督与检查。

**第六十二条** 国内外经济组织投资经营的收费公路和受让收费权经营的收费公路的路政执法，由市交通行政管理部门负责。

在收费公路上临时占路、掘路或者进行管线施工以及设置道口等活动的，除经市交通行政管理部门审批同意外，还应当事先征求公路经营企业的意见。造成公路经营企业损失的，应当给予相应的补偿。

**第六十三条** 收费公路的收费期限，由市人民政府批准，但不得超过国家规定的年限。

国内外经济组织投资经营的收费公路经营期限届满的，由市人民政府无偿收回。

## 第六章 法律责任

**第六十四条** 违反本条例第三十条第一款规定，未按照规定从事养护作业的，由市或者区交通行政管理部门责令改正，处以一万元以上五万元以下的罚款；拒不改正的，吊销其资质证书。

**第六十五条** 违反本条例第三十六条第四款规定，在公路建筑控制区内修建建筑物、地面构筑物或者擅自实施管线工程的，由市或者区交通行政管理部门责令其限期拆除，可处以五万元以下的罚款；逾期不拆除的，由市或者区交通行政管理部门予以强制拆除，有关费用由责任方承担。

**第六十六条** 违反本条例第三十七条第一款规定，造成公路路面损坏、污染或者影响公路畅通的，由市或者区交通行政管理部门责令其停止违法行为，可处以五千元以下的罚款。

**第六十七条** 违反本条例第三十八条第一款、第三十九条第二款、第四十条第一款、第四十五条第一款、第四十九条第二款规定，有下列行为之一的，由市或者区交通行政管理部门责令其停止违法行为，可处以三万元以下的罚款：

（一）擅自占用或者挖掘公路和公路用地的；

（二）擅自在公路和公路用地范围内架设或者埋设管线的；

（三）擅自驾驶超重车辆通过公路桥梁的；

（四）除清除障碍物作业的车辆外的其他车辆在高速公路上拖拽故障车、肇事车的。

**第六十八条** 违反本条例第四十一条规定，擅自在公路上增设、改造平面交叉道口的，由市或者区交通行政管理部门责令其恢复原状，处以五万元以下的罚款。

**第六十九条** 违反本条例第四十三条第一款、第二款规定，擅自在公路及公路用地范围内设置标牌、广告牌等非公路标志或者利用公路交通安全设施、交通标志和行道树设置广告的，由市或者区交通行政管理部门责令其限期拆除，可处以二万元以下的罚款；逾期不拆除的，由市或者区交通行政管理部门强制拆除，有关费用由设置者承担。

**第七十条** 违反本条例第五十六条第二款、第五十九条第一款规定，未经批准设立收费公路或者设置车辆通行费收费站的，由市交通行政管理部门责令其停止违法行为，没收违法所得，可处以违法所得三倍以下的罚款；没有违法所得的，可处以二万元以下的罚款。

**第七十一条** 违反本条例第六十条规定，不按规定交纳车辆通行费的，公路经营企业有权拒绝其通行，并要求其补交应交纳的车辆通行费。

**第七十二条** 市、区交通行政管理部门的工作人员玩忽职守、滥用职权、徇私舞弊的，依法给予处分；构成犯罪的，依法追究刑事责任。

**第七十三条** 造成公路较大损害的车辆，当事人必须立即停车，保护现场，报告市交通行政管理部门或者区交通行政管理部门，接受调查，经处理后方可驶离。

因公路养护不当造成通行车辆或者行人损害的，公路养护单位应当承担相应的赔偿责任。

**第七十四条** 市、区交通行政管理部门未履行本条例规定的职责，违法审批或者作出其他错误决定的，市或者区人民政府有权责令其纠正，或者予以撤销；造成当事人直接经济损失的，作出违法审批或者其他错误决定的市、区交通行政管理部门应当依法予以赔偿。

**第七十五条** 当事人对行政管理部门的行政行为不服的，可以依照《中华人民共和国行政复议法》或者《中华人民共和国行政诉讼法》的规定，申请行政复议或者提起行政诉讼。

当事人对具体行政行为逾期不申请复议，不提起诉讼，又不履行的，作出具体行政行为的部门可以申请人民法院强制执行。

## 第七章 附 则

**第七十六条** 在公路上开展智能网联汽车道路测试等活动的，按照国家和本市有关规定执行。

**第七十七条** 本条例自2000年5月1日起施行。

# 上海市鼓励引进技术的吸收与创新规定

（2000年1月25日上海市第十一届人民代表大会常务委员会第十六次会议通过 根据2002年2月1日上海市第十一届人民代表大会常务委员会第三十六次会议《关于修改〈上海市鼓励引进技术的吸收与创新规定〉的决定》第一次修正 根据2010年9月17日上海市第十三届人民代表大会常务委员会第二十一次会议《关于修改本市部分地方性法规的决定》第二次修正）

**第一条** 为了鼓励引进技术的吸收与创新，提高本市引进技术的吸收与创新能力，加快产业升级和技术进步，促进经济和社会发展，根据有关法律、法规，结合本市实际情况，制定本规定。

**第二条** 本规定所称引进技术的吸收与创新（以下简称吸收与创新），是指依法通过贸易、经济技术合作等方式，从国外取得先进技术并通过掌握其设计理论、工艺流程等技术要素，成功地运用于生产经营，以及在此基础上开发新技术、新产品并实现商业化的活动。

**第三条** 本规定适用于本市范围内的吸收与创新活动。

**第四条** 吸收与创新应当遵守保护知识产权的法律、法规以及我国加入或者签订的国际条约、协议。

技术进出口合同对技术保密有约定的，从其约定。

吸收与创新所形成的知识产权受法律保护。

**第五条** 市人民政府负责吸收与创新工作的组织、协调，做好宏观调控，限制低水平的重复引进。

市经济行政管理部门负责组织编制和实施全市的吸收与创新规划；编制、公布本市吸收与创新重点项目指导目录（以下简称指导目录）和年度计划；指导年度计划项目的实施并组织鉴定和验收。

本市各有关部门以及区、县人民政府根据各自职责，共同做好吸收与创新工作。

**第六条** 企业是吸收与创新的主体，有权根据生产经营的需要和市场需求，自主引进先进适用技术，自主确定吸收与创新的内容和方式。

大型企业或者企业集团可以按照国家有关

规定，设立吸收与创新基地，承担国家和本市重大技术装备或者吸收与创新的项目。

职工应当遵守企业依法建立的技术保密制度。

**第七条** 本市鼓励企业与科研单位、高等院校开展吸收与创新的联合研究、联合开发，或者联合建立技术开发机构。

参与吸收与创新项目的各方，应当签订合同，约定有关技术权益的归属以及各方的权利与义务。

**第八条** 企业可以按照指导目录以及规定的条件和程序，申请将本企业的吸收与创新项目列入市吸收与创新年度计划。

市经济行政管理部门接到申请后，应当组织专家，按照公平、公正、合理的原则进行评审，在每年第一季度确定市吸收与创新年度计划的项目，并书面通知申请单位。

**第九条** 本市设立吸收与创新的专项资金，列入市级预算并逐步增加。

吸收与创新的专项资金按照本规定用于吸收与创新项目的低息贷款、贷款贴息和技术开发经费补贴等方面的资助。

吸收与创新的专项资金，由市经济行政管理部门委托的企业技术创新服务中心（以下简称创新服务中心）负责结算管理。

区、县人民政府可以根据本地区经济发展情况和吸收与创新的需要，设立相应的专项资金，用于扶持本地区的吸收与创新项目。

**第十条** 市各有关部门用于技术进步的其他专项资金，应当确定高于百分之十的比例用于鼓励吸收与创新，重点支持引进高新技术的研究开发、成果转化和认证。

**第十一条** 列入市吸收与创新年度计划项目的单位，可以申请低息贷款；获得金融机构贷款的，可以申请贷款贴息。

**第十二条** 下列项目或者技术可以获得技术开发经费的补贴：

（一）属于国家技术创新项目或者本市重点支持的吸收与创新项目；

（二）在吸收基础上创新的、具有市场竞争力或者获得自主知识产权的技术；

（三）未列入市吸收与创新年度计划，但符合指导目录要求，经过市经济行政管理部门组织鉴定，确认其技术上有重大突破并形成一定规模的项目。

**第十三条** 企业用于吸收与创新的技术开发经费，可以按照实际发生额计入成本。

用于吸收与创新的关键设备、测试仪器，单价在规定数额以下的，可以一次或者分次计入成本。

列入市吸收与创新年度计划的项目，经市财政、税务部门审核，可以对设备进行快速折旧，并参照市新产品试产计划或者中试产品计划的规定享受相应优惠。

**第十四条** 吸收与创新项目属于高新技术成果转化的，或者在吸收高新技术基础上创新的成果转让取得收益的，按照国家和本市高新技术成果转化的规定，享受优惠。

**第十五条** 列入市吸收与创新年度计划的项目，可以向市经济行政管理部门申请优先列入市技术改造项目计划，获得贷款贴息的资助。

**第十六条** 吸收与创新的技术或者产品申请国内外专利的，可以分别向市科技行政管理部门、市专利行政管理部门、市经济行政管理部门申请专利申请费、专利维持费、专利代理费的部分资助。

企业引进国外专利技术用于技术开发，属于国内首次运用的，可以凭专利转让或者专利许可合同等有效证明，向市经济行政管理部门申请经费补贴。

**第十七条** 企业在本市建立吸收与创新的下列机构，可以向市经济行政管理部门申请启动经费的补贴：

（一）国家级或者市级的企业技术开发中心；

（二）国家级或者市级的吸收与创新基地；

（三）与科研单位、高等院校联合建立的市级技术开发机构。

**第十八条** 吸收与创新的高新技术产品出口，可以按照国家有关规定享受增值税零税率优惠。

吸收与创新的产品进行技术质量认证，企业可以向市经济行政管理部门申请有关的经费补贴。

**第十九条** 本市吸收与创新年度计划的项目承担单位需要引进外省市专业技术人才的，可以按照规定直接申请办理外省市专业技术人才调入本市的手续；需要引进国外技术管理专家、海外高层次留学人员的，可以按照规定申请有关专项资金的扶持。

对列入市吸收与创新年度计划的项目进行关键技术攻关，需要聘用国外专家的，可依据聘用合同向市有关部门申请经费补贴。

**第二十条** 本市各级机关在采购活动中，在同等条件下，应当优先采购属于扶持发展产业的吸收与创新产品。

**第二十一条** 对吸收与创新作出重大贡献的企业经营者、项目负责人和科技人员，有关部门应当给予奖励。

对吸收与创新作出重大贡献的企业经营者、项目负责人和科技人员，企业应当在吸收与创新产品取得的收益中提取一定比例给予奖励，或者按照国家和本市有关规定将奖励额折算为股份或者出资比例，由受奖励人分享收益。

**第二十二条** 吸收与创新的成果或者产品，可以申请各级科技成果奖项。

**第二十三条** 创新服务中心应当根据市经济行政管理部门批准的吸收与创新项目和款额，与项目单位订立合同，并通过有关金融机构将款额及时足额地拨付给项目单位；项目单位应当按照合同约定的内容履行义务。

**第二十四条** 本市有关部门和创新服务中心的工作人员，在吸收与创新活动中违反本规定，疏于职守、弄虚作假、徇私舞弊，侵犯吸收与创新项目单位合法权益的，由其所在单位或者上级主管部门责令改正，给予行政处分；挪用、克扣、截留吸收与创新专项资金的，由其所在单位或者上级主管部门责令限期归还，给予行政处分；构成犯罪的，依法追究刑事责任。

**第二十五条** 违反本规定第四条，侵犯他人知识产权的，依照相关法律、法规处理。

违反本规定第六条第三款，给企业造成损失的，企业有权要求赔偿，并依照相关法律的规定，追究其违法责任。

**第二十六条** 企业在吸收与创新活动中弄虚作假，骗取低息贷款、贷款贴息或者技术开发经费补贴等资助的，由市经济行政管理部门会同有关部门追回其所得的款额，并由市经济行政管理部门处以所骗款额一至三倍的罚款；骗取其他优惠待遇的，依照有关法律、法规的规定处理。

采取欺骗手段获得奖励的，由市经济行政管理部门及有关部门撤销其奖励，并责令其退回奖励所得。

**第二十七条** 本规定自2000年3月1日起施行。1987年6月20日上海市第八届人民代表大会常务委员会第二十九次会议批准的《上海市鼓励引进技术消化吸收暂行规定》同时废止。

# 上海市人民代表大会常务委员会关于加强本市基础通信管线管理的决定

（2000年7月13日上海市第十一届人民代表大会常务委员会第二十次会议通过　根据2010年9月17日上海市第十三届人民代表大会常务委员会第二十一次会议《关于修改本市部分地方性法规的决定》修正）

为了规范本市基础通信管线的管理，实现基础通信管线资源的综合利用，依法推进国民经济和社会信息化的进程，上海市第十一届人民代表大会常务委员会第二十次会议审议了市

人民政府提出的《关于加强本市基础通信管线管理的决定(草案)》的议案,特作如下决定:

一、本市对基础通信管线实行统一规划、统一建设和统一管理。

本决定所称的基础通信管线,是指本市城市道路规划红线以内通信网络的光(电)缆线所经过的地下管道(包括人井),以及依附于地铁、隧道、城市桥梁等公共设施一次性敷设的通信网络光(电)缆线。

二、市信息化行政管理部门主管本市国民经济和社会的信息化管理工作,负责本市基础通信管线规划的编制,并对本市基础通信管线的建设和运营实施监督管理。

三、本市基础通信管线规划由市信息化行政管理部门会同有关行政部门根据本市国民经济和社会发展中长期规划以及社会对基础通信管线的需求组织编制,经市规划管理部门综合平衡后,纳入本市城市总体规划。

四、本市基础通信管线建设的年度计划由市信息化行政管理部门会同有关部门制定,并组织协调,监督实施。

本市基础通信管线建设年度计划的制定,应当按照本市基础通信管线的规划,综合平衡各网络运营单位和社会其他方面对基础通信管线的需求,与城市建设相关的年度计划相衔接。

五、要充分利用本市基础通信管线存量资源。新建、扩建或者改建基础通信管线,应当按照互利互惠的原则,与相关的存量基础通信管线实行互联互通。

六、《上海市保护和发展邮电通信规定》等本市地方性法规的有关条款与本决定不一致的,按照本决定执行。

七、本决定自2000年8月1日起施行。

# 上海市合同格式条款监督条例

(2000年7月13日上海市第十一届人民代表大会常务委员会第二十次会议通过 根据2020年12月30日上海市第十五届人民代表大会常务委员会第二十八次会议《关于修改本市部分地方性法规的决定》第一次修正 根据2024年12月31日上海市第十六届人民代表大会常务委员会第十八次会议《关于修改〈上海市公路管理条例〉等10件地方性法规的决定》第二次修正)

**第一条** 为了规范合同中的格式条款,防止滥用格式条款获取不正当利益,保护消费者的合法权益,根据《中华人民共和国民法典》《中华人民共和国消费者权益保护法》和相关法律、法规的规定,结合本市实际情况,制定本条例。

**第二条** 格式条款是指格式条款的提供方(以下简称提供方)为了重复使用而预先拟定,并在订立合同时未与对方协商的条款。

商业广告、通知、声明、店堂告示、凭证、单据等的内容符合要约规定和前款规定的,视为格式条款。

**第三条** 本市范围内,提供方与为生活消费需要购买、使用商品或者接受服务的消费者订立合同采用格式条款的,适用本条例。

**第四条** 本市市场监督管理部门负责对格式条款进行监督,对利用格式条款损害消费者合法权益的违法行为依法进行处理。

其他有关行政主管部门按照各自职责,共同做好格式条款监督工作,及时处理损害消费者合法权益的违法行为。

行业组织依照法律、法规和章程的规定,

对本行业内格式条款的提供进行指导，并接受市场监督管理部门和相关行政主管部门的监督。

**第五条** 提供方应当遵循公平原则确定当事人之间的权利和义务，不得滥用优势地位作出对消费者不公平、不合理的规定。

**第六条** 格式条款不得含有免除或者减轻提供方下列责任的内容：

（一）造成消费者人身伤害依法应当承担的责任；

（二）因故意或者重大过失造成消费者财产损失依法应当承担的责任；

（三）对提供的商品或者服务依法应当承担的修理、重作、更换、退货、补足商品数量、退还货款和服务费用等责任；

（四）依法应当承担的违约责任；

（五）不履行通知、协助、保密等合同附随义务应当承担的责任；

（六）其他不合理免除或者减轻提供方自身责任的内容。

**第七条** 格式条款不得含有加重消费者下列责任的内容：

（一）违约金或者损害赔偿金超过法定数额或者合理数额；

（二）承担应当由提供方承担的经营风险责任；

（三）其他加重消费者责任的内容。

**第八条** 格式条款不得含有排除或者限制消费者下列权利的内容：

（一）依法变更或者解除合同；

（二）请求支付违约金或者请求损害赔偿金；

（三）提供方单方享有解释权或者最终解释权；

（四）就合同争议依法投诉、举报、请求调解、申请仲裁、提起诉讼的权利；

（五）依法自主选择商品或者服务的权利；

（六）其他排除或者限制消费者权利的内容。

**第九条** 格式条款含有免除或者减轻自身责任等与消费者有重大利害关系内容的，提供方应当在合同订立前，用清晰、明白的语言或者文字提请消费者注意。通知、声明、店堂告示等还应当设在醒目位置。

**第十条** 提供方拟订格式条款，可以参照各类合同的示范文本。

合同示范文本由有关行政主管部门或者行业组织制定。

市市场监督管理部门可以参与合同示范文本的制定。

**第十一条** 下列合同采用格式条款的，市场监督管理部门引导提供方建立格式条款公示等制度：

（一）房屋的买卖、租赁及其中介、委托合同；

（二）物业服务合同、住宅装潢合同；

（三）旅游合同；

（四）供用电、水、气合同；

（五）运输合同；

（六）邮政、电信合同；

（七）其他重点行业合同。

市场监督管理部门应当加强对格式条款公示的指导，并制定相应的工作指引。

**第十二条** 通过下列方式发现格式条款违反本条例第六条、第七条、第八条规定的，市场监督管理部门可以向提供方提出要求予以修改的意见；提供方不同意修改或者对修改意见有异议的，可以要求市场监督管理部门举行听证：

（一）市场监督管理部门在日常监督检查中发现的；

（二）由消费者权益保护委员会履行职能时发现的；

（三）由消费者投诉发现的。

本条例第十一条规定的格式条款，提供方要求听证的，市场监督管理部门应当组织听证。本条例第十一条规定以外的格式条款，提供方要求听证的，市场监督管理部门可以根据实际情况，决定是否组织听证。

**第十三条** 市场监督管理部门对格式条款举行听证的，应当在举行听证的七日前，将举行听证的时间、地点通知提供方和其他有关当事人。提供方应当参加听证。

市场监督管理部门组织听证时，可以邀请消费者权益保护委员会、有关行政主管部门、行业组织和专家学者、法律界人士以及消费者代表参加。

**第十四条** 市场监督管理部门根据法律、法规或者听证结果要求修改格式条款的，应当书面通知提供方。

提供方应当在接到书面通知之日起十五日内对格式条款进行修改。提供方拒不修改的，市场监督管理部门可以将该格式条款及其提供方的有关情况向社会公告。

**第十五条** 消费者认为格式条款违反本条例规定，侵害其合法权益的，可以向市场监督管理部门、消费者权益保护委员会提出投诉，也可以依法向人民法院提起诉讼。

**第十六条** 提供方违反本条例第六条、第七条、第八条规定，侵害消费者合法权益的，应当承担相应的法律责任。

**第十七条** 经公示及听证的格式条款，不排除提供方因格式条款损害消费者权益应当承担的民事责任。

**第十八条** 当事人对行政行为不服的，可以依照《中华人民共和国行政复议法》和《中华人民共和国行政诉讼法》的规定，申请行政复议或者提起行政诉讼。

当事人对行政行为在法定期限内不申请复议，不提起诉讼，又不履行的，作出行政行为的部门可以申请人民法院强制执行。

**第十九条** 市场监督管理部门对格式条款进行监督时，可以提请有关行政主管部门或者行业组织协助进行监督、指导和处理。

**第二十条** 农民购买直接用于农业生产的生产资料，与提供方订立含有格式条款的合同，参照本条例执行。

**第二十一条** 本条例自 2001 年 1 月 1 日起施行。

# 上海市清真食品管理条例

（2000 年 8 月 11 日上海市第十一届人民代表大会常务委员会第二十一次会议通过 根据 2015 年 7 月 23 日上海市第十四届人民代表大会常务委员会第二十二次会议《关于修改〈上海市建设工程材料管理条例〉等 12 件地方性法规的决定》修正）

## 第一章 总 则

**第一条** 为了尊重少数民族的风俗习惯，保障清真食品供应，加强清真食品管理，促进清真食品行业发展，增进民族团结，根据《城市民族工作条例》，结合本市实际情况，制定本条例。

**第二条** 本条例所称清真食品，是指按照回族等少数民族（以下简称食用清真食品少数民族）的饮食习惯，屠宰、加工、制作的符合清真要求的饮食、副食品、食品。

**第三条** 本条例适用于本市行政区域内清真食品的生产、储运、销售及其监督管理活动。

**第四条** 市民族事务行政主管部门负责组织和监督本条例的实施；市商业行政主管部门负责清真食品的行业规划和生产、经营管理工作。

市工商行政管理、财政、税务、卫生、房屋土地、工业经济等行政主管部门依照各自的职责，协同实施本条例。

区、县人民政府负责在本行政区域内实施本条例。区、县民族事务行政主管部门和商业行政主管部门按照本条例的规定,负责本行政区域内清真食品行业的管理工作。

**第五条** 各级人民政府应当鼓励、支持企业和个体工商户对清真食品生产、经营的投资。

市和区、县人民政府及其民族事务行政主管部门对在生产、经营、管理清真食品工作中取得突出成绩的单位和个人,应当给予表彰、奖励。

**第六条** 市和区、县人民政府应当加强尊重少数民族风俗习惯的宣传、教育。

生产、经营清真食品的企业应当对职工进行有关法律、法规和民族政策的培训。

任何单位和个人都应当尊重食用清真食品少数民族的饮食习惯,不得歧视和干涉。

## 第二章 清真标志牌的管理

**第七条** 市商业行政主管部门会同市民族事务行政主管部门负责全市清真食品网点和保障清真食品供应的基本供应点的规划及其调整,并做好清真食品供应点的扶持工作。

区、县人民政府应当根据全市清真食品网点、基本供应点的规划,结合本地区的实际情况,设置清真食品供应点;在食用清真食品少数民族相对集中的地区、交通枢纽和商业中心地段,应当设置清真食品基本供应点。

**第八条** 市和区、县民族事务行政主管部门应当会同有关部门及时向社会公告清真食品基本供应点。基本供应点附近应当设置明显的指示牌。

**第九条** 企业和个体工商户生产、经营清真食品的,应当向区、县民族事务行政主管部门申领清真标志牌,其中在机场、火车站等生产、经营清真食品的,应当向市民族事务行政主管部门申领。

未取得清真标志牌的,不得生产、经营清真食品。

**第十条** 清真标志牌由市民族事务行政主管部门统一监制。

禁止伪造、转让、租借或者买卖清真标志牌。

**第十一条** 申领清真标志牌的,应当具备下列条件:

(一)生产和经营的场地、设备、设施符合清真要求;

(二)主要管理人员和职工中,有适当比例的食用清真食品的少数民族公民;

(三)企业的负责人和个体工商户应当接受清真食品行业培训,并取得合格证书;

(四)企业的负责人、承包人或者承租人一般应当是食用清真食品的少数民族公民,个体工商户应当是食用清真食品的少数民族公民。

**第十二条** 申领清真标志牌的,应当根据本条例第十一条的规定,向市或者区、县民族事务行政主管部门提供相应材料。

**第十三条** 市或者区、县民族事务行政主管部门应当自收到申领清真标志牌的材料之日起十个工作日内审核完毕,并作出书面答复;对符合条件的,核发清真标志牌。

生产、经营清真食品的企业和个体工商户应当在生产、经营场所的醒目位置悬挂清真标志牌。

**第十四条** 生产、经营清真食品的企业和个体工商户不再生产、经营清真食品的,应当向市或者区、县民族事务行政主管部门和商业行政主管部门备案,并将清真标志牌交回原核发部门;其中属于基本供应点的,应当事先征得市或者区、县民族事务行政主管部门和商业行政主管部门的同意。

## 第三章 生产、经营条件

**第十五条** 生产、经营清真食品的,应当按照食用清真食品少数民族的饮食习惯屠宰、加工、制作。

**第十六条** 清真食品的主辅原料应当符合清真要求,并附有效证明。

**第十七条** 清真食品的运输车辆、计量器具、储藏容器和加工、储存、销售的场地应当保证专用,不得运送、称量、存放清真禁忌食品或者物品。

**第十八条** 生产、经营清真食品的，应当在其字号、招牌和食品的名称、包装上显著标明“清真”两字，并可以标有清真含义的符号。

未取得清真标志牌的，不得在其字号、招牌和食品的名称、包装上使用“清真”两字或者标有清真含义的符号。

**第十九条** 生产、经营清真食品的，其字号、招牌以及食品的名称、包装和宣传广告，不得含有食用清真食品少数民族禁忌的语言、文字或者图像。

**第二十条** 禁止携带清真禁忌食品、物品进入清真食品的专营场所。

清真食品的生产者、经营者有权拒绝携带清真禁忌食品或者物品者进入清真食品的专营场所。

在非专营清真食品的区域内，清真禁忌食品或者物品的摊位、柜台，应当与清真食品的摊位、柜台保持适当距离或者设置明显有效的隔离设施。

**第二十一条** 食用清真食品少数民族公民所在的单位，一般应当设立清真食堂或者提供清真伙食。不具备条件的，应当按照规定发给食用清真食品少数民族职工清真伙食补贴。

市级医院和区、县中心医院应当为食用清真食品的少数民族病人提供清真伙食。其他医疗机构应当创造条件，为食用清真食品的少数民族病人提供清真伙食。

**第二十二条** 设立清真食堂或者提供清真伙食的单位，采购、加工、制作、储运、销售清真食品，应当符合清真要求。

## 第四章 优惠措施

**第二十三条** 市和区、县人民政府应当对清真食品基本供应点，给予下列优惠：

（一）对改造项目给予补贴；

（二）对经营场地租金给予补贴；

（三）对银行贷款利息给予补贴；

（四）按照有关规定给予其他补贴。

前款优惠措施所需资金，列入同级政府财政预算。

清真食品的生产者、经营者可以依法享受税收减免的优惠措施。

**第二十四条** 生产、经营清真食品的企业和个体工商户不再生产、经营清真食品的，自不再生产、经营清真食品之日起，停止享有本条例规定的各项优惠。

**第二十五条** 因建设工程或者其他原因需要拆迁清真食品供应点的，拆迁人应当事先征求市或者区、县商业行政主管部门和民族事务行政主管部门的意见，并遵循同等条件“拆一还一”、就近、及时、便于经营的原则，妥善安置。

在拆迁安置过渡期间，拆迁人应当为临时设立清真食品供应点提供条件，并给予必要的经济补偿。

## 第五章 法律责任

**第二十六条** 生产、经营清真食品的企业和个体工商户，有下列情形之一的，由市或者区、县民族事务行政主管部门责令限期改正，并可予以下列处罚：

（一）违反本条例第十四条、第十六条规定的，处以五十元以上五百元以下罚款；

（二）违反本条例第十五条、第十七条规定的，处以一百元以上一千元以下罚款；

（三）违反本条例第九条第二款、第十条第二款、第十八条第二款、第十九条规定的，处以两百元以上两千元以下罚款。

有前款所列情形之一，情节严重的，市或者区、县民族事务行政主管部门可以暂扣或者吊销其清真标志牌。

**第二十七条** 当事人对民族事务行政主管部门的具体行政行为不服的，可以依照《中华人民共和国行政复议法》或者《中华人民共和国行政诉讼法》的规定，申请行政复议或者提起行政诉讼。

当事人对具体行政行为逾期不申请复议，不提起诉讼，又不履行的，作出具体行政行为的民族事务行政主管部门可以申请人民法院强制执行。

**第二十八条** 民族事务行政主管部门直接负责的主管人员和其他直接责任人员玩忽职守、滥用职权、徇私舞弊的，由其所在单位或者上级主管部门依法给予行政处分；构成犯罪的，依法追究刑事责任。

## 第六章 附 则

**第二十九条** 市人民政府可以根据本条例制定有关事项的实施办法。

**第三十条** 本条例自2001年1月1日起施行。

# 上海市公共汽车和电车客运管理条例

（2000年9月22日上海市第十一届人民代表大会常务委员会第二十二次会议通过 根据2003年10月10日上海市第十二届人民代表大会常务委员会第七次会议《关于修改〈上海市公共汽车和电车客运管理条例〉的决定》第一次修正 根据2006年6月22日上海市第十二届人民代表大会常务委员会第二十八次会议《关于修改〈上海市公共汽车和电车客运管理条例〉的决定》第二次修正 根据2010年7月30日上海市第十三届人民代表大会常务委员会第二十次会议《关于修改〈上海市公共汽车和电车客运管理条例〉的决定》第三次修正 根据2011年12月22日上海市第十三届人民代表大会常务委员会第三十一次会议《关于修改本市部分地方性法规的决定》第四次修正 根据2018年11月22日上海市第十五届人民代表大会常务委员会第七次会议《关于修改本市部分地方性法规的决定》第五次修正 根据2020年5月14日上海市第十五届人民代表大会常务委员会第二十一次会议《关于修改本市部分地方性法规的决定》第六次修正）

## 第一章 总 则

**第一条** 为了加强本市公共汽车和电车客运管理，维护营运秩序，提高服务质量，保障乘客和经营者的合法权益，促进公共汽车和电车客运的发展，根据本市实际情况，制定本条例。

**第二条** 本条例适用于本市行政区域内公共汽车和电车客运的经营及其相关的管理活动。

本条例所称公共汽车和电车，是指在本市行政区域内按照固定的线路、站点和规定的时间营运，用于运载乘客并按照核定的营运收费标准收费的汽车和电车。

**第三条** 上海市交通行政管理部门（以下简称市交通行政管理部门）是本市公共汽车和电车客运的行政主管部门，并负责本条例的组织实施。

市交通行政管理部门所属的上海市城市交通运输管理处（以下简称市运输管理处）负责具体实施本市公共汽车和电车客运的日常管理工作，并直接对黄浦、徐汇、长宁、静安、普陀、虹口、杨浦等区的公共汽车和电车客运进行日常管理和监督；市交通行政管理部门所属的上海市城市交通行政执法总队（以下简称市交通执法总队）具体负责本市公共汽车和电车客运监督检查工作，并按照本条例的规定实施行政处罚。

浦东新区以及闵行、宝山、嘉定、金山、松

江、奉贤、青浦、崇明等区交通行政管理部门(以下简称区交通行政管理部门)负责组织领导本行政区域内的公共汽车和电车客运管理工作。区交通行政管理部门所属的交通运输管理机构(以下简称区运输管理机构)负责具体实施本行政区域内公共汽车和电车客运日常管理和监督工作;区交通行政管理部门所属的交通行政执法机构(以下简称区交通执法机构)负责具体实施本行政区域内公共汽车和电车客运监督检查工作,并按照本条例的规定实施行政处罚。

区人民政府和有关行政管理部门按照各自职责,协同实施本条例。

**第四条** 本市实施公共交通优先发展战略。市和区人民政府应当按照城乡一体化的要求,对公共汽车和电车客运在资金投入、规划用地、设施建设、场站维护、道路通行等方面给予扶持,并形成合理的价格机制,为市民提供快捷、安全、方便、舒适的客运服务。

市和区人民政府对公共汽车和电车客运方面的资金投入应当纳入公共财政预算体系。

本市鼓励在公共汽车和电车客运的经营和管理领域应用先进的科学技术及管理方法,鼓励采用新能源、低排放车辆。

**第五条** 市交通行政管理部门应当根据城市发展和方便市民出行的实际需要,经听取区人民政府有关部门意见后,组织编制公共汽车和电车客运专项规划,由市规划行政管理部门综合平衡,报市人民政府批准后,纳入城市总体规划。

公共汽车和电车客运专项规划应当包括公共汽车和电车在城市公共交通方式中的构成比例和规模、客运服务设施的用地范围、场站和线路布局、专用道和港湾式停靠站设置等内容。

公共汽车和电车客运专项规划应当与轨道交通等其他专项规划合理衔接,形成布局合理、经济高效的营运体系。

**第六条** 本市公共汽车和电车客运的经营活动,应当遵循服从规划、公平竞争、安全营运、规范服务、便利乘客的原则。

**第七条** 本市根据公共汽车和电车客运服务的公益性特点,建立职工工资增长主要与其产生的社会效益相联系的机制。

## 第二章 线路和线路经营权

**第八条** 市和区交通行政管理部门应当在听取各方面意见的基础上,会同有关部门根据本市公共汽车和电车客运专项规划,制定或者调整本市、本区公共汽车和电车客运线网规划(以下简称线网规划)及场站规划。

本市公共汽车和电车客运线路(以下简称线路)的开辟、调整、终止,应当符合线网规划的要求。

**第九条** 市和区交通行政管理部门应当定期组织公共汽车和电车客流调查和线路普查,对公共汽车和电车客运线网进行优化调整,实现与轨道交通等其他交通方式的有效衔接,并提高出行不便地区的线网密度。

市和区交通行政管理部门应当会同公安、建设等行政管理部门,根据线网规划、客流调查和线路普查情况,制定开辟、调整、终止线路的计划,并通过公开征求意见、召开听证会等方式征询涉及范围内单位、居民的意见,作为线路开辟、调整、终止的依据之一。

区人民政府也可以根据本地区的实际需要,提出跨区开辟、调整、终止线路的意见,经市交通行政管理部门会同公安、建设等行政管理部门审核同意后,纳入线路开辟、调整、终止的计划。

市和区交通行政管理部门根据计划开辟、调整、终止线路的,应当在实施之日的十日前予以公布。

**第十条** 市和区交通行政管理部门应当为新建居住区等建设项目同步配套公共汽车和电车线路,或者与邻近公共交通站点接驳的线路。

市和区规划行政管理部门应当会同市和区交通行政管理部门,按照居住区公共服务设施设置的有关标准,将新建居住区等建设项目配套的公共汽车和电车站点设施用地纳入相关控制性详细规划。公共汽车和电车站点设施应当与新建居住区等建设项目同步设计、同步建设、同步竣工、同步交付使用。新建居住区分片开发的，应当根据实际情况，设置过渡公共汽车和电车站点设施。

**第十一条** 旅游线路应当纳入线网规划。旅游线路的开辟、调整、终止，由市旅游行政管理部门提出，经市交通行政管理部门平衡后确定。

旅游线路应当按照方便游客的原则，在旅游景点设立固定站点，并与旅游景点的开放和营业时间相适应。

**第十二条** 经营者从事线路营运，应当取得有关交通行政管理部门授予的线路经营权。区交通行政管理部门负责授予起讫站和线路走向均在本区内线路营运的线路经营权；市交通行政管理部门负责授予其他线路营运的线路经营权。

线路经营权每期不得超过八年。在线路经营权期限内，经营者不得擅自处分取得的线路经营权。

**第十三条** 经营者取得线路经营权，应当具备下列条件：

（一）取得本市《企业法人营业执照》；

（二）符合线路营运要求的营运车辆或者相应的车辆购置资金；

（三）符合线路营运要求的停车场地和配套设施；

（四）具有合理、可行的线路营运方案；

（五）具有健全的客运服务、行车安全等方面的营运管理制度；

（六）具有相应的管理人员和经培训合格的驾驶员、乘务员、调度员，其中驾驶员应当有一年以上驾驶年限。

**第十四条** 对新开辟的线路，线路经营权期限届满需要重新确定经营者的线路，或者在线路经营权期限内需要重新确定经营者的线路，市和区交通行政管理部门应当通过招标方式授予经营者线路经营权。

线路经营权期限届满六个月前，经营者可以向市或者区交通行政管理部门提出取得新一期线路经营权的书面申请。市或者区交通行政管理部门根据经营者营运服务的状况，在线路经营权期限届满三个月前，决定是否授予其线路经营权。

经营者取得线路经营权的，由市或者区交通行政管理部门发给线路经营权证书。

**第十五条** 市财政部门应当会同市交通行政管理部门建立规范的公共汽车和电车企业成本费用审计与评价制度。市和区审计部门应当依法加强审计监督。审计与评价结果作为财政补贴的依据之一。

市和区人民政府对实行公共交通换乘优惠、对老年人等符合规定条件的乘客实施的乘车免费措施以及在农村等客流稀少地区开辟线路的公共汽车和电车经营者，应当及时给予补贴。

**第十六条** 市和区交通行政管理部门应当加强城市公共汽车和电车客运基础设施的建设；加强公共汽车和电车客运市场管理，查处无证经营行为；除特殊情况外，对已经确定经营者的线路不再开辟复线。

**第十七条** 市和区交通行政管理部门应当定期组织对经营者的营运服务状况进行评议，评议内容主要包括营运服务、安全行车、统计核算、遵章守纪、市民评价等。评议结果作为授予或者吊销线路经营权的依据之一。

市和区交通行政管理部门组织对经营者的营运服务状况进行评议时，应当邀请乘客代表参加，并听取社会各方面的意见。

市和区交通行政管理部门应当将国有公共汽车和电车企业营运服务状况的评议结果告知国有资产监督管理机构。国有资产监督管理机构依照有关法律、法规的规定，对国有公共汽车和电车企业进行监管。

**第十八条** 取得线路经营权的经营者，应当配备符合要求的营运车辆，并将车辆基本信息报送市运输管理处或者区运输管理机构。

驾驶员、乘务员、调度员应当经市运输管理处培训合格后方可上岗。

## 第三章 营运管理

**第十九条** 经营者在营运中应当执行取得

线路经营权时确定的客运服务、行车安全等方面的营运管理制度。

经营者应当按照核准的线路、站点、班次、时刻、车辆数、车型、车辆载客限额组织营运，不得擅自变更或者停止营运。

车辆载客限额由市公安部门和市运输管理处共同核准。

**第二十条** 经营者应当根据本条例规定的营运要求和客流量编制线路行车作业计划，报市运输管理处或者区运输管理机构备案。经营者应当按照线路行车作业计划营运。

市运输管理处、区运输管理机构应当对经营者的线路行车作业计划的执行情况进行监督检查。

**第二十一条** 采用无人售票方式营运的线路，经营者应当在无人售票营运车辆上设置符合市交通行政管理部门规定的投币箱、电子读卡机和电子报站设备，并保持其完好；投币箱旁应当备有车票凭证。

起讫站设在火车站、客运码头、机场的线路，经营者不得采用无人售票方式营运。

**第二十二条** 采用装有空调设施的车辆营运的，经营者应当定期维护车辆空调设施，保持其良好的工作状态，并在车厢内显著位置设置温度计。

每年的六月一日至九月三十日期间和十二月一日至次年三月一日期间，以及在此期间外车厢内温度高于二十八摄氏度或者低于十二摄氏度时，经营者应当开启车辆空调设施。

除前款规定应当开启车辆空调设施的情形外，经营者应当开启车辆通风换气设施。

**第二十三条** 经营者在营运过程中，应当在规定的站点安排上下客。在本市城镇范围外，站点间距超过一定距离的，经市运输管理处或者区运输管理机构会同公安部门审核批准，经营者可以在核准的共用招呼站安排上下客。

**第二十四条** 经营者因解散、破产等原因在线路经营权期限内需要终止营运的，应当在终止营运之日的三个月前，书面告知市或者区交通行政管理部门。市或者区交通行政管理部门应当在经营者终止营运前确定新的经营者。

**第二十五条** 需要暂停或者终止线路营运、站点使用的，经营者应当向市或者区交通行政管理部门提出书面申请，经审核批准后实施。

需要变更站点或者营运线路的，经营者应当向市运输管理处或者区运输管理机构提出书面申请，经市运输管理处或者区运输管理机构会同公安、建设等行政管理部门审核批准后实施。

线网规划调整的，市运输管理处或者区运输管理机构可以要求经营者实施营运调整，经营者应当予以执行。

道路、地下管线等城市基础设施施工或者道路状况影响营运安全的，市运输管理处或者区运输管理机构根据公安、建设等行政管理部门提出的意见，可以要求经营者实施营运调整，经营者应当予以执行。

**第二十六条** 除不可抗力或者其他紧急情况外，经市运输管理处或者区运输管理机构批准实施营运调整的，经营者应当于实施之日的五日前，在线路各站点公开告示。

除不可抗力或者其他紧急情况外，市运输管理处或者区运输管理机构根据本条例第二十五条第三款、第四款规定实施营运调整的，应当于实施之日的十日前，在线路各站点公开告示营运调整和临时站点设置情况。

两条或者两条以上相关联的线路同时发生营运调整的，市运输管理处或者区运输管理机构还应当通过新闻媒体公开告示。

**第二十七条** 有下列情形之一的，经营者应当按照市运输管理处或者区运输管理机构的统一调度，及时组织车辆、人员进行疏运：

（一）主要客运集散点供车严重不足的；

（二）举行重大社会活动的；

（三）轨道交通发生突发事件需要应急疏散的；

（四）其他需要应急疏运的。

**第二十八条** 经营者应当按照市人民政府核定的营运收费标准收费。

经营者向乘客收取营运费用后，应当出具

由市交通行政管理部门和市税务部门认可的等额车票凭证。

**第二十九条** 市和区交通行政管理部门应当建设公共汽车和电车客运服务信息系统，提供营运信息发布、出行查询、应急报警等信息服务，方便乘客出行。

经营者应当配备符合规定标准的车辆信息监控系统和图像监控设施，并按照规定发送营运数据。

**第三十条** 经营者应当制定并执行安全教育培训、现场管理、应急处置等各项安全制度，防止和减少事故发生。发生安全事故的，经营者应当立即启动应急预案，妥善处理事故，并及时向市或者区交通行政管理部门报告。

经营者可以采取商业保险、事故赔偿专用资金等方式，保障营运事故的善后处理。

经营者应当加强对营运车辆的检查、保养和维修工作，并予以记录，保证投入营运的车辆符合下列要求：

（一）车辆整洁、设施完好；

（二）车辆性能、尾气排放符合国家规定的技术规范；

（三）在规定的位置，标明营运收费标准、线路名称和经营者名称；

（四）在规定的位置，张贴市交通行政管理部门按照本条例制定的《上海市公共汽车和电车乘坐规则》（以下简称《乘坐规则》）、线路走向示意图以及乘客投诉电话号码；

（五）按照规定设置应急窗、救生锤、灭火器等设施；

（六）按照规定对车辆采取消毒等卫生措施。

**第三十一条** 经营者应当加强对驾驶员、乘务员、调度员的管理，提高服务质量。

驾驶员、乘务员从事营运服务时，应当遵守下列规定：

（一）遵守交通法规，安全文明行车；

（二）按照核准的线路、站点、班次、时刻、车辆载客限额营运；

（三）按照核准的营运收费标准收费；

（四）在规定的站点或者核准的共用招呼站安排上下客；

（五）按照规定报清线路名称、车辆行驶方向和停靠站点名称，设置电子报站设备的，应当正确使用电子报站设备；

（六）保持车辆整洁，维护车厢内的乘车秩序；

（七）不得将车辆交给不具备本条例规定条件的人员营运；

（八）车辆不得在站点滞留，妨碍营运秩序；

（九）为老、幼、病、残、孕妇及怀抱婴儿的乘客提供必要的乘车帮助；

（十）不得在车厢内吸烟。

调度员从事营运调度时，应当遵守下列规定：

（一）按照行车作业计划调度车辆，遇特殊情况时合理调度；

（二）如实记录行车数据。

发生公共卫生事件，驾驶员、乘务员、调度员应当按照规定采取防护措施。

**第三十二条** 乘客享有获得安全、便捷客运服务的权利。

有下列情形之一的，乘客可以拒绝支付车费：

（一）营运车辆上未按规定标明营运收费标准的；

（二）驾驶员或者乘务员不出具或者不配备符合规定的车票凭证的；

（三）装有空调设施的车辆上未按规定开启空调或者换气设施的；

（四）装有电子读卡机的车辆上因电子读卡机未开启或者发生故障，无法使用电子乘车卡的。

车辆营运中发生故障不能正常行驶时，乘客有权要求驾驶员、乘务员组织免费乘坐同线路同方向的车辆，同线路同方向车辆的驾驶员、乘务员不得拒绝；驾驶员、乘务员在规定时间内无法安排乘坐同线路同方向车辆的，乘客有权要求按照原价退还车费。

**第三十三条** 乘客不得携带易燃、易爆、有毒、有放射性、有腐蚀性以及有可能危及人身和财产安全的其他危险物品，并应当遵守《乘坐规则》，文明乘车。经营者及其从业人员发现乘客违反规定的，应当对其进行劝阻和制止，经劝阻拒不改正的，可以拒绝为其提供营运服务；对坚持携带危险物品乘车的，应当立即报告公安机关。

危险物品的目录和样式由市公安部门和交通行政管理部门公告，经营者按照规定方式予以张贴。

乘客乘车应当按照规定支付车费。乘客未按规定支付车费的，经营者及其从业人员可以要求其补交车费，并可以对其按照营运收费标准的五倍加收车费。

## 第四章 设施建设和管理

**第三十四条** 本市城市总体规划中确定和预留的公共汽车和电车客运用地和空间，未经原审批单位批准，任何单位或者个人不得侵占或者改变其用途。

**第三十五条** 市和区人民政府应当支持、鼓励并参与新建、改建或者扩建大型的公共汽车和电车站点设施以及停车场地，对公共汽车和电车车辆更新给予补贴。政府投资建设的公共汽车和电车站点免费提供给公共汽车和电车经营者使用；政府投资建设的公共汽车和电车停车场、保养场低价租赁给公共汽车和电车经营者使用。

新建、改建、扩建公共汽车和电车站点设施以及停车场地，应当符合本市公共汽车和电车客运专项规划、线网规划和场站规划。规划管理部门在核发建设工程规划许可证前，应当征求市或者区交通行政管理部门的意见。

有下列情形之一的，建设单位应当按照规划要求配套建设公共汽车和电车起讫站点设施：

（一）新建或者扩建机场、火车站、客运码头、长途汽车站、轨道交通车站等客流集散的公共场所的；

（二）新建或者扩建大型公共设施的；

（三）新建或者扩建具有一定规模的居住区的。

公共汽车和电车站点设施以及停车场地投入使用前，建设单位应当通知市或者区交通行政管理部门参加验收；未按规定验收或者验收不合格的，不得投入使用。

未经市或者区交通行政管理部门审核批准，不得将场站设施关闭或者移作他用。

**第三十六条** 线路站点应当按照方便乘客、站距合理的原则设置。

线路站点的站距一般为五百米至一千米。

经营者应当在线路起讫站点设置车辆调度、候车设施，张贴《乘坐规则》、营运收费价目表以及乘客投诉电话号码。

新辟线路的起讫站点，应当分别设置上客站和下客站。

**第三十七条** 经营者应当按照市运输管理处规定的统一标准，在公共汽车和电车站点设置站牌（包括临时站牌，下同）。

公共汽车和电车站牌应当标明线路名称、首末班车时间、所在站点和沿途停靠站点的名称、开往方向、营运收费标准等内容，并保持清晰、完好；营运班次间隔在三十分钟以上的线路，还应当标明每一班次车辆途经所在站点的时间。

**第三十八条** 公共汽车和电车站点的日常管理单位，由市或者区交通行政管理部门和授权经营单位或者产权所有者协商采用招标或者委托的方式确定。

站点日常管理单位应当按照市交通行政管理部门的规定，定期维护保养站点设施，保持候车亭、站牌等设施整洁、完好。市和区交通行政管理部门应当加强对站点日常管理工作的监督检查。

进入站点营运的驾驶员、乘务员，应当遵守站点管理制度。

**第三十九条** 在营运车辆上设置广告，除应当符合有关广告的法律、法规规定外，广告设置的位置、面积、色彩应当符合公共汽车和电车营运管理的有关规定。

车厢内不得播放有声广告或者散发书面广告。

利用候车亭设置广告的，总体面积不得超过候车亭立面的百分之四十，其中公益广告所占的面积或者时间比例不得低于广告总量的百分之十。

**第四十条** 电车供电单位应当按照国家规定的技术标准和规范，定期对电车触线网、馈线网、变电站等电车供电设施进行维护，保证其安全和正常使用。电车供电设施发生故障时，电车供电单位应当立即组织抢修，尽快恢复其正常使用。

电车供电单位应当按照国家有关规定，设立供电设施保护标志。

禁止下列危害电车供电设施安全的行为：

（一）损坏、覆盖电车供电设施及其保护标志；

（二）在电车触线网、馈线网上悬挂、架设宣传标语、广告牌或者其他设施；

（三）危害电车供电安全的其他行为。

建设工程施工可能危及电车供电设施安全的，建设单位应当与电车供电单位协商，采取相应的安全保护措施后方可施工。

运输超高物件需要穿越电车触线网、馈线网的，运输单位应当采取相应的安全保护措施，并书面通知电车供电单位。

**第四十一条** 本市根据主要机动车道的道路情况、公共汽车和电车客运量以及公共汽车和电车流量等，开设高峰时段公共汽车和电车专用车道；符合条件的单向机动车道，应当允许公共汽车和电车双向通行；符合条件的主要道口，应当设置公共汽车和电车优先通行的标志、信号装置；本市主要机动车道，应当开设港湾式停靠站。

## 第五章 监督检查和投诉

**第四十二条** 市交通行政管理部门和市运输管理处、市交通执法总队、区交通行政管理部门、区运输管理机构、区交通执法机构应当加强对公共汽车和电车营运活动的监督检查。

上述部门从事监督检查的人员应当持有行政执法证件。

**第四十三条** 市运输管理处、区运输管理机构和经营者应当建立投诉受理制度，接受乘客对违反本条例规定行为的投诉。

**第四十四条** 经营者应当自受理乘客投诉之日起十个工作日内作出答复。乘客对经营者的答复有异议的，可以向市运输管理处或者区运输管理机构申诉。

市运输管理处或者区运输管理机构应当自受理乘客投诉或者申诉之日起二十个工作日内作出答复。

**第四十五条** 市运输管理处或者区运输管理机构可以向经营者核查投诉及投诉处理情况。市运输管理处或者区运输管理机构向经营者核查投诉及投诉处理情况的，应当向经营者发出核查通知书。经营者应当自收到核查通知书之日起十个工作日内，将有关情况或者处理意见书面回复市运输管理处或者区运输管理机构。

## 第六章 法律责任

**第四十六条** 违反本条例第十二条第一款规定，未取得线路经营权擅自从事公共汽车和电车营运的，由市交通执法总队或者区交通执法机构没收其非法所得，并处以五千元以上五万元以下的罚款。市、区交通行政管理部门在作出行政处罚前可以将营运车辆扣押，责令行为人在规定的期限内到指定地点接受处理。

**第四十七条** 违反本条例第十二条第二款规定，有下列行为之一的，由市或者区交通行政管理部门没收其非法所得，并可处以五千元以上五万元以下的罚款或者吊销其线路经营权证书：

（一）将线路经营权发包给其他单位或者个人经营的；

（二）擅自转让线路经营权的。

经营者违反本条例第十九条第一款规定，

未执行客运服务、行车安全等营运管理制度的，由市或者区交通行政管理部门责令其限期改正，逾期不改正的，市或者区交通行政管理部门可以吊销其线路经营权证书。

有第一款、第二款行为，造成公私财产重大损失、严重社会影响或者其他严重后果的，市或者区交通行政管理部门可以吊销其部分或者全部的线路经营权证书。

**第四十八条** 驾驶员、乘务员、调度员有下列行为之一的，市交通执法总队或者区交通执法机构可处以警告或者五十元以上二百元以下的罚款：

（一）违反本条例第三十一条的第二款、第三款、第四款规定，不遵守从业人员服务规范的；

（二）违反本条例第三十二条第三款规定，未按规定组织乘客免费换乘或者退票的；

（三）违反本条例第三十八条第三款规定，不遵守站点管理制度的。

**第四十九条** 经营者有下列行为之一的，由市交通执法总队或者区交通执法机构责令改正或者限期改正，并可处以警告或者二百元以上二千元以下的罚款：

（一）违反本条例第十九条第二款规定，超过核准的车辆载客限额营运的；

（二）违反本条例第二十条第一款规定，未按备案的线路行车作业计划营运的；

（三）违反本条例第二十二条规定，装有空调设施的车辆未按照规定营运的；

（四）违反本条例第二十九条第二款规定，未按照规定标准配备监控设施的，或者未按照规定发送营运数据的；

（五）违反本条例第三十条第一款规定，发生安全事故未按照规定报告的；

（六）违反本条例第三十条第三款规定，营运车辆不符合要求的。

经营者有下列行为之一的，由市交通执法总队或者区交通执法机构责令改正或者限期改正，并可处以警告或者五百元以上五千元以下的罚款：

（一）违反本条例第二十条第一款规定，未将行车作业计划报备案的；

（二）违反本条例第二十三条规定，未在规定的站点或者核准的共用招呼站安排上下客的；

（三）违反本条例第二十八条规定，未按核准的营运收费标准收费，收费后不出具等额车票凭证的；

（四）违反本条例第三十一条规定，连续两个月内，经营者的驾驶员、乘务员、调度员违章率超过百分之二的。

经营者有下列行为之一的，由市交通执法总队或者区交通执法机构责令改正或者限期改正，并可处以一千元以上一万元以下的罚款：

（一）违反本条例第二十四条规定，擅自终止营运的；

（二）违反本条例第二十五条的第一款、第二款规定，擅自实施营运调整的；

（三）违反本条例第二十六条第一款规定，未公开告示营运调整情况的；

（四）违反本条例第二十七条规定，不服从统一调度的。

**第五十条** 有下列行为之一的，由市交通执法总队或者区交通执法机构责令行为人改正或者限期改正，并可处以二千元以上二万元以下的罚款：

（一）违反本条例第三十五条第五款规定，经营者擅自将场站设施关闭或者移作他用的；

（二）违反本条例第三十六条第三款规定，经营者未按规定在线路起讫站点设置车辆调度、候车设施的；

（三）违反本条例第三十七条规定，经营者未按规定设置站牌的；

（四）违反本条例第三十八条第二款规定，站点日常管理单位未按照规定维护保养站点设施的；

（五）违反本条例第三十九条第一款规定，经营者在营运车辆上设置广告的位置、面积、色彩不符合公共汽车和电车营运管理要求的；

（六）违反本条例第三十九条第二款规定，在车厢内播放有声广告或者散发书面广告的；

（七）违反本条例第三十九条第三款规定，利用候车亭设置广告，广告总体面积超过候车亭立面的百分之四十的；

（八）违反本条例第四十条的第三款、第四款、第五款规定，危害电车供电设施安全的。行为人的违法行为造成财产损失的，还应当承担赔偿责任。

**第五十一条** 市和区交通行政管理部门、市运输管理处、市交通执法总队、区运输管理机构、区交通执法机构应当建立、健全对客运监督检查人员执法的监督制度。有关行政管理部门及其工作人员有下列行为之一的，由其所在单位或者上级主管部门给予处分；构成犯罪的，依法追究刑事责任：

（一）违法实施行政许可的；

（二）违法实施行政处罚的；

（三）违反本条例规定，未履行监督管理职责的；

（四）违反本条例规定，接到投诉、申诉后未依法处理、答复，造成严重后果的；

（五）其他玩忽职守、滥用职权、徇私舞弊的行为。

**第五十二条** 当事人对市和区交通行政管理部门或者市运输管理处、市交通执法总队、区运输管理机构、区交通执法机构的具体行政行为不服的，可以依照《中华人民共和国行政复议法》或者《中华人民共和国行政诉讼法》的规定，申请行政复议或者提起行政诉讼。

当事人对具体行政行为逾期不申请复议，不提起诉讼，又不履行的，作出具体行政行为的部门可以申请人民法院强制执行。

## 第七章 附 则

**第五十三条** 本条例中有关用语的含义：

（一）复线，是指总长度百分之七十以上与原线路重复的新线路，或者经过原线路主要客源段且起讫站点与原线路相近的新线路。

（二）城镇，是指中心城、新城、中心镇、一般镇。

（三）驾驶员、乘务员、调度员违章率，是指违反本条例规定的驾驶员、乘务员、调度员人次占经培训合格的驾驶员、乘务员、调度员总数的百分比。

**第五十四条** 本条例施行前经营者已经从事线路营运的，应当向市交通行政管理部门办理取得线路经营权的手续。

**第五十五条** 本条例自2001年1月1日起施行。

# 上海市实施《中华人民共和国村民委员会组织法》办法

（2000年9月22日上海市第十一届人民代表大会常务委员会第二十二次会议通过 2017年2月22日上海市第十四届人民代表大会常务委员会第三十五次会议修订 根据2020年5月14日上海市第十五届人民代表大会常务委员会第二十一次会议《关于修改本市部分地方性法规的决定》修正）

## 第一章 总 则

**第一条** 根据《中华人民共和国村民委员会组织法》，结合本市实际，制定本办法。

**第二条** 村民委员会是村民自我管理、自我教育、自我服务、自我监督的基层群众性自治组织，实行民主选举、民主决策、民主管理、民主监督。

村民委员会向村民会议、村民代表会议负责并报告工作。

**第三条** 中国共产党在农村的基层组织，

按照中国共产党章程进行工作，发挥领导核心作用，领导和支持村民委员会行使职权；依照宪法和法律，支持和保障村民开展自治活动、直接行使民主权利。

**第四条** 本市建立健全以村党组织为核心，村民委员会为主导，村民为主体，村务监督委员会、村集体经济组织、驻村企业事业单位、群众团体、社会组织等共同参与的村级治理体系。

**第五条** 乡、镇人民政府指导、支持、帮助村民委员会依法开展自治活动，但是不得干预依法属于村民自治范围内的事项，不得侵占或者违规处置村、村民小组集体财产。

村民委员会协助乡、镇人民政府开展工作。

**第六条** 村民委员会的设立、撤销、范围调整、更名，由乡、镇人民政府提出，经村民会议讨论通过，报区人民政府批准后实施。

村民委员会可以根据村民居住状况、集体土地所有权关系等分设若干村民小组。村民小组的撤销、范围调整、更名，由村民委员会提出，经村民小组会议讨论通过，报乡、镇人民政府审核同意后实施，其中涉及村民委员会范围调整的，适用前款规定。

村民委员会、村民小组撤销或者范围调整的，应当按照规定的程序先行对村、村民小组集体资产清产核资、明晰产权，并制定集体资产处置方案。集体资产处置方案应当符合市、区有关规定，并经村民会议、村民小组会议分别讨论通过，报乡、镇人民政府审核同意后实施。

**第七条** 村民委员会应当尊重和支持本村集体经济组织依法独立开展经济活动，做好本村生产经营的服务和协调等工作。

村集体经济组织根据法律、法规和本组织章程的规定，可以将本组织的收益按一定比例用于本村公共事务和公益事业。

村民委员会与本村集体经济组织实行分账管理。

## 第二章 村民委员会的组成和职责

**第八条** 村民委员会由主任、副主任和委员共三至七人组成，按照《上海市村民委员会选举办法》选举产生。

**第九条** 村民委员会根据人民调解、综合治理、公共卫生与计划生育、文化体育、老年人和妇女儿童权益保障等工作需要设立若干委员会。村民委员会成员可以兼任下属委员会的成员。人口少的村的村民委员会可以不设下属委员会，由村民委员会成员分工负责有关工作。

**第十条** 村民委员会应当履行下列职责：

（一）宣传和贯彻宪法、法律、法规和国家政策，建立健全村民开展自治活动的各项制度，教育和督促村民履行法律、法规规定的义务、遵守村民自治章程和村规民约，维护村民的合法权益；

（二）召集村民会议、村民代表会议，执行村民会议、村民代表会议的决定；

（三）编制并实施本村发展规划和年度计划，发展文化教育，普及科技知识，促进男女平等，做好计划生育工作，调解矛盾纠纷；

（四）办理本村的公共事务和公益事业，动员和组织村民、驻村企业事业单位、非本村户籍居民等参与农村社区建设，支持服务性、公益性、互助性社会组织依法开展活动；

（五）教育引导村民、非本村户籍居民增进团结、互相尊重、互相帮助，开展多种形式的社会主义精神文明建设活动；

（六）做好本村财务管理工作，建立预算、决算制度，实现收支平衡；

（七）协助人民政府做好本村社区公共服务、公共管理、公共安全等有关工作；

（八）向人民政府反映村民的意见、要求和提出建议；

（九）法律、法规规定应当由村民委员会履行的其他职责。

突发事件发生时，村民委员会应当按照所在地人民政府的决定和要求，组织、动员村民，开展自救和互救，配合人民政府开展突发事件应对工作。

区人民政府应当建立行政事务委托村民委员会的准入、退出制度，编制村民委员会依法协助行政事务清单。

**第十一条** 村民小组设组长一名，由村民小组会议在本组有选举权和被选举权的村民中推选或者投票选举产生，任期与村民委员会的任期相同，可以连选连任。

本组三分之一以上有选举权的村民或者户的代表联名，可以提出罢免村民小组组长的要求，并说明罢免理由。罢免村民小组组长，应当有本组三分之二以上有选举权的村民或者户的代表投票，并应当经投票的村民或者户的代表过半数通过。被提出罢免的村民小组组长有权提出申辩。

推选、选举或者罢免村民小组组长的村民小组会议由村民委员会召集。

**第十二条** 村民小组组长主持召开村民小组会议，执行村民小组会议的决定，办理本组相关事项，向村民委员会反映本组村民的意见、要求和提出建议，向本组村民传达村民委员会的有关决定，协助村民委员会办理本村的公共事务和公益事业，完成村民委员会布置的任务。

## 第三章 村民会议和村民代表会议

**第十三条** 村民会议由本村十八周岁以上的村民组成。

村民会议由村民委员会召集。有十分之一以上的村民或者三分之一以上的村民代表提议，应当召集村民会议。召集村民会议，应当提前十日通知村民并公布会议议题和议程。

**第十四条** 召开村民会议，应当有本村十八周岁以上村民的过半数，或者本村三分之二以上的户的代表参加。村民会议所作决定应当经到会人员的过半数通过。法律对召开村民会议及作出决定另有规定的，依照其规定。

召开村民会议，根据需要可以邀请乡、镇人民政府职能机构、驻村企业事业单位、群众团体、社会组织和非本村户籍居民等派代表列席。

**第十五条** 村民会议审议村民委员会的年度工作报告，评议村民委员会成员的工作；有权撤销或者变更村民委员会、村民代表会议不适当的决定。

涉及村民利益的下列事项，应当经村民会议讨论决定：

（一）制定、修改村民自治章程、村规民约；

（二）推选村务监督委员会成员；

（三）村民委员会成员和其他参与村务工作人员的报酬、补贴方案；

（四）本村发展规划和年度计划；

（五）本村财务预算、决算和收支情况报告；

（六）法律、法规规定或者村民会议认为应当由村民会议讨论决定的其他事项。

法律、法规对讨论决定村集体经济组织财产和成员权益的事项另有规定的，依照其规定。

**第十六条** 村民会议可以授权村民代表会议审议村民委员会的年度工作报告，评议村民委员会成员的工作，撤销或者变更村民委员会不适当的决定，讨论决定除制定、修改村民自治章程、村规民约以外的事项。

村民会议向村民代表会议授权，应当通过召开村民会议或者书面征求村民意见的形式进行，或者在村民自治章程中予以明确。采用书面征求意见形式的，应当由村民委员会向本村全体十八周岁以上村民或者全体户的代表征求，过半数的十八周岁以上村民或者三分之二以上户的代表实名向村民委员会反馈意见的，征求意见程序有效。村民或者户的代表的同意意见超过反馈意见的半数的，方可进行授权。

**第十七条** 人数较多或者居住分散的村，可以设立村民代表会议。村民代表由村民按每五至十五户推选一人，或者由各村民小组推选若干人产生。村民代表的人数不得少于三十五人。

村民代表的任期与村民委员会的任期相同，可以连选连任；推选村民代表的户或者村民小组认为村民代表不称职或者不能履职的，可以按原推选方式予以更换。任何组织和个人不得指定、委派或者随意更换村民代表。

村民代表应当向其推选户或者村民小组负责，接受村民监督，与村民保持密切联系，及时向村民传达村民代表会议的决定，动员村民遵守、执行；及时向村民委员会或者村民代表会议反映村民的意见、要求和提出建议。

**第十八条** 村民代表会议由村民委员会成员和村民代表组成，村民代表应当占村民代表会议组成人员的五分之四以上，妇女村民代表应当占村民代表会议组成人员的三分之一以上。

村民代表会议由村民委员会召集，一般每季度召开一次，必要时可以随时召开。有五分之一以上的村民代表提议，应当召集村民代表会议。村民代表会议有三分之二以上的组成人员参加方可召开，所作决定应当经到会的村民代表会议组成人员的过半数通过。

召开村民代表会议，根据需要可以邀请驻村企业事业单位、群众团体、社会组织和非本村户籍居民等派代表列席。

村民委员会应当在村民代表会议召开十日以前通知村民代表并公布会议议题和议程。村民代表应当在会前征求村民的意见和建议，并在村民代表会议上如实反映。

**第十九条** 村民小组会议由村民小组组长召集，讨论决定涉及本组村民利益的事项。本组三分之一以上年满十八周岁的村民或者户的代表提议的，应当召集村民小组会议。

召开村民小组会议，应当有本组三分之二以上年满十八周岁的村民或者户的代表参加，所作决定应当经到会人员的过半数通过。

**第二十条** 制定和修改村民自治章程、村规民约，应当广泛征求村民的意见，经村民会议讨论通过后报乡、镇人民政府备案。

村民自治章程一般包括制定章程的目的和依据，村民会议和村民代表会议的会议制度，村民委员会的成员分工、工作制度和下设工作机构，村民小组的划分，村民的权利和义务，村干部和村民的行为规范等内容。

村规民约一般针对村民福利、房屋管理、租赁管理、环境卫生、社会治安、精神文明建设、奖惩措施等事项逐一约定。

**第二十一条** 村民自治章程、村规民约以及村民会议或者村民代表会议的决定不得与宪法、法律、法规和国家的政策相抵触，不得有侵犯村民的人身权利、民主权利和合法财产权利的内容。

村民自治章程、村规民约以及村民会议或者村民代表会议的决定违反前款规定的，由乡、镇人民政府责令改正。

村民应当遵守法律、法规和国家的政策，遵守村民自治章程、村规民约，执行村民会议、村民代表会议的决定，履行村民应尽的义务。

## 第四章 民主管理和民主监督

**第二十二条** 村民委员会应当实行少数服从多数的民主决策机制和公开透明的工作原则，建立健全各项工作制度。

**第二十三条** 村民委员会实行村务公开制度。村务公开应当及时，内容应当真实、完整、清楚。

村民委员会应当在便于村民阅览的地点设置固定的村务公开栏，并可以采用会议、广播、视频和互联网等村务公开形式。

下列村务事项应当公布：

（一）村民委员会成员的分工；

（二）村务监督委员会的组成及村务监督情况；

（三）村民委员会的年度工作目标；

（四）本村贯彻落实国家有关政策情况；

（五）村民委员会财务收支、预算、决算及其管理的资产、资金、资源等情况；

（六）村民委员会成员和其他参与村务工作人员的报酬和补贴情况；

（七）政府拨付和接受社会捐赠的救灾救助、补贴补助等资金、物资的管理使用情况；

（八）村民委员会、村务监督委员会的工作报告；

（九）村民委员会协助人民政府开展工作情况；

（十）经村民会议、村民代表会议讨论决定的其他事项及其实施情况；

（十一）涉及本村村民利益、村民普遍关心的或者法律、法规规定应当公布的其他事项。

前款规定事项中，一般事项至少每季度公布一次；集体财务往来较多的，财务收支情况应当每月公布一次；涉及村民利益的重大事项应当随时公布。

村民小组可以在便于本组村民阅览的地点设立组务公开栏，及时公布本组村民普遍关心的事项。

**第二十四条** 村民对村务公开内容有疑义的，可以直接向村民委员会查询或者提出意见，也可以通过村务监督委员会向村民委员会查询。村民委员会不能当场答复的，应当在十五日内作出答复。

经村务监督委员会同意，村民可以在专业人员的指导下查阅有关账目。

**第二十五条** 村应当设立村务监督委员会。村务监督委员会由村民会议或者村民代表会议推选三至七名村民组成。村务监督委员会决定事项，实行少数服从多数的原则。

村务监督委员会成员中应当有具备财会、管理专业知识的人员。村民委员会成员和村集体经济组织管理人员及其近亲属、村财务人员，不得担任村务监督委员会成员。

村务监督委员会的任期与村民委员会的任期相同，其成员可以连选连任。村务监督委员会应当每年定期向村民会议或者村民代表会议报告工作，接受村民会议或者村民代表会议对其履行职责情况的民主评议和监督。

本村五分之一以上有选举权的村民或者三分之一以上的村民代表认为村务监督委员会成员不称职或者不能履行职责的，可以按原推选方式予以罢免。

村务监督委员会成员出缺的，经村民会议或者村民代表会议决定，可以按照原推选得票多少的顺序依次递补或者按原推选方式补选。

**第二十六条** 村务监督委员会应当履行下列职责：

（一）监督村级重大事项的决策程序和落实情况；

（二）监督村务公开制度的落实情况；

（三）监督村民自治章程、村规民约的执行情况；

（四）监督村民委员会成员履行职责及廉洁自律情况；

（五）监督、检查、审核村民委员会的相关资产、资金、资源的管理使用情况；

（六）参与制定村民委员会各项财务管理制度并监督制度的落实情况；

（七）村民会议或者村民代表会议赋予的其他监督职责。

村务监督委员会成员列席村民委员会会议、村民代表会议等有关会议，有权查阅与监督事项有关的资料，有权对村务事项和村民委员会成员履行职责情况进行询问。

村民委员会的决定与村民会议、村民代表会议的决定相违背或者有重大错误的，村务监督委员会应当提出改正意见。经指出后不改正的，村务监督委员会可以建议召开村民会议或者村民代表会议，村民委员会应当自收到建议之日起十五日内召集村民会议或者村民代表会议就有关事项进行审议。村民委员会逾期不召集村民会议或者村民代表会议的，由村务监督委员会召集村民会议或者村民代表会议审议有关事项，并报乡、镇人民政府备案。

**第二十七条** 村民委员会应当自觉接受村民的监督，支持村务监督委员会依法履行职责，对村民和村务监督委员会提出的意见、建议，应当及时作出答复。

**第二十八条** 村民委员会及其成员有下列行为之一的，村民和村务监督委员会有权向乡、镇人民政府或者区人民政府及其有关部门反映：

（一）不及时公布应当公布的事项或者公布的事项不真实的；

（二）无正当理由不执行村民会议或者村民代表会议的决定的；

（三）对应当由村民会议或者村民代表会议决定的事项擅自作出决定或者处理的；

（四）对村民、村务监督委员会成员打击报复的。

乡、镇人民政府或者区人民政府及其有关部门对村民和村务监督委员会反映的前款所列行为，应当负责调查核实。查证属实的，应当责令公布或者改正；发现违法行为的，应当依法追究有关人员的责任。

**第二十九条** 村民委员会成员以及由村民委员会承担工作报酬的聘用人员，应当接受村民会议或者村民代表会议对其履行职责情况的民主评议。民主评议每年至少进行一次，由村务监督委员会主持，民主评议结果应当及时向村民公布。

民主评议结果与评议对象的使用和工作报酬等直接挂钩。村民委员会成员连续两次被评议为不称职的，其职务自行终止；由村民委员会承担工作报酬的聘用人员连续两次被评议为不称职的，由村民委员会依法予以解聘。

**第三十条** 村民委员会和村务监督委员会应当建立村务档案，依法按照归档范围进行收集、整理、立卷、管理。村务档案应当真实、准确、完整、规范，并有专人负责。

**第三十一条** 村民委员会成员实行任期和离任经济责任审计，审计包括下列事项：

（一）本村财务收支情况；

（二）本村债权债务情况；

（三）政府拨付和接受社会捐赠的资金、物资管理使用情况；

（四）本村建设项目的发包管理以及公益事业建设项目招标投标情况；

（五）本村资金管理使用以及本村资源的承包、租赁、担保、出让情况，征地补偿费的使用、分配情况；

（六）法律、法规规定或者本村五分之一以上年满十八周岁的村民要求审计的其他事项。

村民委员会成员的任期和离任经济责任审计，由区人民政府农业、财政部门或者乡、镇人民政府负责组织，可以委托社会审计机构进行。审计结果应当公布，其中离任经济责任审计结果应当在下一届村民委员会选举之前公布。

## 第五章 农村社区建设

**第三十二条** 村民委员会协助乡、镇人民政府加强农村基础设施、基本公共服务设施、服务管理信息化平台建设，引导社会各方参与农村社区建设，建立村民自我服务与政府公共服务、社会公益服务相结合的农村社区服务体系。

**第三十三条** 村民委员会应当围绕本村的公共事务和公益事业等事项，组织村民、村集体经济组织、驻村企业事业单位、群众团体、社会组织、非本村户籍居民和其他利益相关方，邀请相关政府部门，开展形式多样的农村社区民主协商。

**第三十四条** 村民委员会应当加强农村文化设施建设，传承乡贤文化，弘扬公序良俗，保护非物质文化遗产，培育发展群众文化，丰富农村文化生活。

**第三十五条** 村民委员会应当加强农村人居环境建设，倡导和培育节约意识、环保意识和生态意识，发动村民和驻村企业事业单位等开展公共空间、公共设施、公共绿化的管理维护行动，推动村民形成爱护环境、节约资源的生活习惯、生产方式和良好风气。

**第三十六条** 村民委员会纳入乡、镇网格化综合管理体系，加强与乡、镇网格化管理的协同联动，协助乡、镇人民政府对影响农村秩序和妨碍公共管理、公共安全的违法行为实施综合治理。

**第三十七条** 村民委员会应当协助有关部门推进农村公共法律服务体系建设，加强农村社区法治宣传教育。引导村民自觉尊法、学法、守法、用法，依法反映诉求和解决矛盾纠纷。

区人民政府应当加强民主法治示范村建设，推进建立村民委员会法律顾问制度。

## 第六章 村民自治的保障

**第三十八条** 本市建立村级自我积累与公共财政补助相结合的村级组织基本运转经费保障制度，保障村民委员会承担的人员工作报酬、村办公经费、基本公共服务和管理经费。村集体经济收入保障村级组织基本运转经费的不足部分，由区和乡、镇财政予以保障，并由区人民政府建立保障标准动态调整机制。

**第三十九条** 本市各级人民政府对村民委

员会协助政府开展公共服务、公共管理、公共安全等工作，应当提供必要的工作条件和经费支持，给予工作指导；政府有关部门委托村民委员会开展工作所需经费由委托部门承担。

**第四十条** 市和区民政部门以及乡、镇人民政府应当加强对村民委员会成员、村务监督委员会成员、村民小组组长、村民代表的教育培训，提高其履职能力。

乡、镇人民政府应当根据本地区经济社会发展水平和农村人均可支配收入情况，结合工作岗位、工作绩效等，提出村民委员会成员工作报酬方案的指导意见。

**第四十一条** 市人民代表大会常务委员会、区人民代表大会及其常务委员会和乡、镇人民代表大会在本行政区域内保证《中华人民共和国村民委员会组织法》和本办法的实施，保障村民依法行使自治权利。

**第四十二条** 市和区民政、农业等部门，应当在同级人民政府的领导下做好《中华人民共和国村民委员会组织法》和本办法实施的有关工作。

**第四十三条** 村民委员会及其成员违反本办法规定，经村务监督委员会指出后拒不改正或者村务监督委员会无法发挥监督作用的，由乡、镇人民政府责令改正，通报批评；构成犯罪的，依法追究刑事责任。村民委员会成员被判处刑罚的，其职务自行终止。

**第四十四条** 政府职能部门及其工作人员违反本办法规定，由本级人民政府或者上级主管部门予以批评教育，责令改正；情节较重的，依法予以处分；构成犯罪的，依法追究刑事责任。

## 第七章 附 则

**第四十五条** 本办法有关乡、镇人民政府职责的规定，适用于辖区内设村的街道办事处。

**第四十六条** 本办法自2017年5月1日起施行。

# 上海市计量监督管理条例

（2000年9月22日上海市第十一届人民代表大会常务委员会第二十二次会议通过 根据2010年9月17日上海市第十三届人民代表大会常务委员会第二十一次会议《关于修改本市部分地方性法规的决定》第一次修正 根据2017年11月23日上海市第十四届人民代表大会常务委员会第四十一次会议《关于修改本市部分地方性法规的决定》第二次修正 根据2018年11月22日上海市第十五届人民代表大会常务委员会第七次会议《关于修改本市部分地方性法规的决定》第三次修正 根据2022年10月28日上海市第十五届人民代表大会常务委员会第四十五次会议《关于修改〈上海市公共场所控制吸烟条例〉等5件地方性法规和废止〈上海市企业名称登记管理规定〉的决定》第四次修正）

## 第一章 总 则

**第一条** 为了加强计量监督管理，保障国家计量单位制的统一和量值的准确可靠，促进生产、贸易和科学技术的发展，维护国家、法人和公民的利益，根据《中华人民共和国计量法》和其他有关法律、法规，结合本市实际情况，制定本条例。

**第二条** 本条例适用于本市行政区域内的计量活动及其监督管理。

本条例所称计量活动，是指建立计量标准

器具，进行计量器具检定或者核准，制造、修理、销售、使用计量器具，使用计量单位以及采集、形成、出具、标称、公布计量数据等活动。

**第三条** 市计量行政部门负责本市的计量监督管理工作，组织实施本条例。

区计量行政部门在市计量行政部门的领导下，按照职责分工，负责本行政区域内的计量监督管理工作。

市计量行政部门的执法机构，按照本条例的授权实施行政处罚。

**第四条** 本市其他有关行政管理部门按照各自职责，协同实施本条例。

**第五条** 从事计量活动，应当遵循科学规范、诚实信用的原则，保障计量器具稳定可靠，保证计量数据准确一致。

**第六条** 市人民政府应当将计量科技进步纳入国民经济和社会发展计划，鼓励开展计量科学技术研究，建立科学的量值溯源体系，健全高效的量值传递体制，推广使用先进的计量器具。

## 第二章 计量单位的使用

**第七条** 国际单位制计量单位和国家选定的其他计量单位，为国家法定计量单位。国家法定计量单位的名称、符号按照国家有关规定执行。

**第八条** 从事下列活动应当使用国家法定计量单位：

（一）制发公文、公报、统计报表；

（二）编播广播、电视节目、传输信息；

（三）制作、发布广告和网页；

（四）制定标准、规程等技术文件；

（五）出版发行出版物；

（六）印制票据、票证、账册；

（七）出具计量、检测数据；

（八）生产、销售商品，标注商品标识，编制产品使用说明书；

（九）国家和本市规定应当使用国家法定计量单位的其他计量活动。

**第九条** 进出口商品，出版古籍和文学书籍及其他需要使用非国家法定计量单位的，按照国家有关规定执行。

## 第三章 计量器具的监督管理

**第十条** 市计量行政部门应当根据经济建设、社会发展和科技进步的需要，统一制定本市建立社会公用计量标准器具的规划，经市人民政府批准后实施。

**第十一条** 社会公用计量标准器具应当按照国家有关规定进行考核。

本市最高等级的社会公用计量标准器具，由国务院计量行政部门主持考核；其他等级的社会公用计量标准器具，由市计量行政部门主持考核。考核合格的，方可开展计量器具强制检定或者校准服务。

经考核合格投入使用的社会公用计量标准器具，应当定期接受计量器具强制检定。

**第十二条** 计量检定机构进行强制检定所使用的计量标准器具应当经市计量行政部门组织考核合格后方可使用。

计量器具制造企业以及定量包装商品生产企业建立的本企业最高等级的计量标准器具的管理，按照国家有关规定执行。

**第十三条** 本市用于贸易结算、安全防护、医疗卫生、环境监测以及行政监测、司法鉴定等方面的工作计量器具，列入强制检定目录的，实行计量器具强制检定。

实行强制检定的工作计量器具目录，按照国家规定执行；国家没有规定的，由市计量行政部门会同有关部门确定，由市计量行政部门发布。

**第十四条** 设计、研制、生产和销售计量器具新产品，应当符合计量检定规程和计量技术规范的要求。

本市鼓励采用国际标准和国内外先进技术标准进行计量器具新产品开发。

**第十五条** 经过修理的计量计费的工作计量器具应当经计量器具强制检定合格后，方可交付使用。

**第十六条** 集市贸易市场等商业经营场所设置的复测商品量所用的工作计量器具，应当接受计量器具强制检定，进行日常校验，保持其准确性。

**第十七条** 计量器具强制检定应当按照国家计量检定系统表进行，并执行计量检定规程。

使用实行强制检定计量器具的单位和个人，应当向法定计量检定机构或者经授权的计量器具检定机构申请计量器具强制检定。

计量器具检定机构应当依法履行计量器具强制检定职责，做好统计工作，并向市计量行政部门报告。

国家法定计量检定机构的计量检定人员以及被授权单位执行检定任务的人员，必须经考核合格，并使用合格的计量标准器具，按照计量检定规程及其他有关规定，公正、客观、准确地进行计量器具强制检定，不得伪造检定数据。

**第十八条** 本市推行计量器具量值溯源的校准活动。单位和个人根据生产经营需要，对强制检定以外的计量器具，可以自主进行量值溯源，或者选择计量校准机构进行量值溯源。

计量器具的校准应当按照计量器具校准规范和委托合同的要求进行，并向委托人出具校准报告。

## 第四章 计量数据的监督管理

**第十九条** 经营者经营商品或者提供服务以量值作为结算依据的，应当标明法定计量单位，并配备和使用与其经营或者服务项目相适应的、符合国家或者本市规定的计量器具。

**第二十条** 经营者经营商品或者提供服务，应当保证商品量或者服务计量的准确，其结算值应当与实际值相符，计量允许误差应当在国家和本市规定的范围内。

现场计量交易时，经营者应当明示计量过程和计量器具显示的量值。如有异议的，经营者应当重新操作计量过程和显示量值。

**第二十一条** 定量包装商品应当在商品包装的显著位置，用中文、数字和法定计量单位真实、清晰地标注商品的净含量。净含量的规格、数列选择应当符合国家规定。

经营者不得销售未标明净含量的定量包装商品。

**第二十二条** 本市推行生产资料交易计量鉴证制度。

企业、事业单位进行生产资料交易需要计量的，可以委托计量鉴证机构进行计量。

政府采购大宗物料需要计量的，可以委托计量鉴证机构进行计量。

**第二十三条** 以营利为目的的社会服务性机构出具计量数据和检测涉及人身安全、健康的商品，应当使用合格的计量器具，按照规定的程序测量，保证计量数据的准确。

**第二十四条** 实施列入市级范围的重大工程、重大项目、重大技术改造项目的单位，应当对计量单位的使用和计量器具的选用等是否符合国家规定进行审查，或者委托有资质的社会中介机构按照法律、法规和合同的约定，参与审查。

## 第五章 计量机构和人员的管理

**第二十五条** 开展计量器具强制检定业务的机构，由市计量行政部门统一组织设置。经市计量行政部门授权的有关技术机构可以承担部分计量器具强制检定业务。

**第二十六条** 开展计量器具校准或者计量鉴证业务的机构应当按照规范进行计量器具校准、计量鉴证。

**第二十七条** 向社会出具检测数据的各类检测机构，应当符合设备、人员、制度、环境等方面的国家计量技术规范要求，并向市计量行政部门申请计量认证。

**第二十八条** 从事计量器具校准、计量鉴证等活动的社会中介服务机构，不得与行政机关存在隶属关系或者其他利益关系。

**第二十九条** 本市推行计量专业技术人员注册制度。

计量专业技术人员注册的具体办法，由市计量行政部门会同有关部门制定。

**第三十条** 本市计量协会是计量行业的自律组织，可以开展计量培训、计量咨询和发布计量信息等活动，并接受市计量行政部门的指导和监督。

## 第六章 法律责任

**第三十一条** 违反本条例第八条规定，使用非法定计量单位的，责令其改正；属出版物的，责令其停止销售，并可处一千元以下的罚款。

**第三十二条** 违反本条例第十三条第一款、第十六条规定，应当进行强制检定的计量器具，未按照规定申请强制检定以及经强制检定不合格继续使用的，责令其停止使用，并可处一千元以下的罚款。

**第三十三条** 违反本条例第十七条第四款规定，计量检定人员有下列行为之一的，给予处分；构成犯罪的，依法追究刑事责任：

（一）伪造检定数据的；

（二）出具错误数据，给送检一方造成损失的；

（三）违反计量检定规程进行检定活动的；

（四）使用未经考核合格的计量标准器具从事检定活动的；

（五）未经考核合格执行计量检定的。

有前款第（二）项情形的，计量检定人员所在单位应当承担相应的赔偿责任。

**第三十四条** 违反本条例第十九条规定，计量器具的配备和使用不符合国家和本市规定的，责令其停止使用，限期改正；逾期不改正的，处以五千元以下的罚款。

**第三十五条** 违反本条例第二十一条规定，定量包装商品未按照规定真实、清晰地标注商品的净含量的，或者净含量的规格、数列选择不符合国家规定的，责令其停止生产，限期改正；逾期不改正的，处以一千元以上一万元以下的罚款。

**第三十六条** 违反本条例第二十六条规定的，给予警告，没收违法所得，并可处五千元以上五万元以下的罚款。

**第三十七条** 违反本条例第二十七条规定，向社会出具检测数据的检测机构未经计量认证的，责令其停止相关活动，限期改正，没收违法所得，并可处一千元以上一万元以下的罚款。

**第三十八条** 本条例规定的行政处罚由市计量行政部门的执法机构或者区计量行政部门实施。其中，对违法制造重要计量器具的行政处罚，由市计量行政部门的执法机构实施。

**第三十九条** 市和区计量行政部门以及市计量行政部门的执法机构直接负责的主管人员和其他直接责任人员玩忽职守、滥用职权、徇私舞弊的，由其所在单位或者上级主管部门依法给予处分；构成犯罪的，依法追究刑事责任。

## 第七章 附 则

**第四十条** 本条例下列用语的含义是：

计量器具校准，是指确定被校准计量器具与对应的计量标准器具量值关系的相关活动。

计量鉴证，是指为交易双方出具第三方计量数据的相关活动。

定量包装商品，是指以销售为目的，在一定量限范围内具有统一的质量、体积、长度标注的预包装商品。

净含量，是指去除包装容器和其他包装材料后内装物的实际质量、体积、长度。

**第四十一条** 本条例自 2001 年 1 月 1 日起施行。

# 上海市遗体捐献条例

（2000年12月15日上海市第十一届人民代表大会常务委员会第二十四次会议通过　根据2010年9月17日上海市第十三届人民代表大会常务委员会第二十一次会议《关于修改本市部分地方性法规的决定》第一次修正　根据2020年12月30日上海市第十五届人民代表大会常务委员会第二十八次会议《关于修改本市部分地方性法规的决定》第二次修正）

**第一条**　为了规范遗体捐献工作，发展医学科学事业，促进社会主义精神文明建设，根据本市实际情况，制定本条例。

**第二条**　本条例所称遗体捐献，是指自然人生前采用书面或者订立遗嘱的形式自愿表示在死亡后，由其执行人将遗体的全部或者部分捐献给医学科学事业的行为，以及生前未表示是否捐献意愿的自然人死亡后，由其配偶、成年子女、父母以书面形式共同决定将遗体的全部或者部分捐献给医学科学事业的行为。

**第三条**　本条例适用于本市行政区域内的遗体捐献及其管理活动。

**第四条**　遗体捐献应当遵循自愿、无偿的原则。

捐献的遗体应当用于医学科学事业。

**第五条**　捐献人捐献遗体的意愿和遗体的人格尊严受法律保护。

**第六条**　市卫生健康行政部门是本市遗体捐献工作的行政主管部门。

市红十字会承担遗体捐献的日常工作。

公安、民政、财政、教育、房屋、交通、经济信息化等行政管理部门应当在各自职责范围内，协助做好遗体捐献工作。

**第七条**　广播、电视、报刊等新闻单位应当配合开展遗体捐献工作的公益性宣传。

**第八条**　本市鼓励遗体捐献行为，树立尊重捐献人的社会风尚。

对在遗体捐献工作中有突出成绩的单位和个人，市或者区人民政府应当给予表彰。

**第九条**　从事遗体捐献接受工作的单位（以下简称接受单位），应当具备下列条件：

（一）有开展医学科研、教学业务能力的医学大专院校、医学科研单位以及医疗机构；

（二）有专门从事遗体接受工作的机构和人员；

（三）有与开展遗体接受工作相适应的设备、场地。

**第十条**　开展遗体捐献接受工作的单位，受市红十字会委托后，方能开展遗体捐献接受工作。

**第十一条**　区红十字会和接受单位是本市遗体捐献的登记机构（以下统称登记机构）。

市红十字会应当向社会公布各登记机构的名称、地址、电话和工作时间。

**第十二条**　办理遗体捐献登记手续的，可以采取以下方式：

（一）到登记机构登记；

（二）委托他人代为登记；

（三）要求登记机构上门登记；

（四）其他便于登记的方式。

生前未办理遗体捐献登记手续的自然人死亡后，其配偶、成年子女、父母以书面形式共同决定捐献其遗体的，上述人员应当持该书面决定、本人身份证、关系证明以及死者身份证办理遗体捐献登记手续；但死者生前明确表示不同意捐献遗体的除外。死者配偶、成年子女和父母之间意见不一致的，登记机构不得办理遗体捐献登记手续。

**第十三条** 遗体捐献登记表应当载明下列主要事项：

（一）捐献遗体全部或者部分及其用途；

（二）遗体捐献执行人的姓名、联系方式及同意执行的意见；

（三）遗体捐献的接受单位；

（四）遗体利用后的火化及处理。

捐献人可以在遗体捐献登记表上注明遗体捐献保密的要求。

登记机构应当告知捐献人和执行人有关遗体捐献的程序与事项，指导填写表格，并颁发捐献卡和纪念证。

遗体捐献登记表、捐献卡和纪念证，由市红十字会统一印制。

**第十四条** 办理遗体捐献登记手续后，捐献人可以变更登记内容或者撤销登记。

登记机构应当按照捐献人的要求，及时办理变更或者撤销手续。

**第十五条** 遗体捐献的执行人，可以是捐献人的近亲属或者在工作上、生活上有密切关系的其他自然人，也可以是捐献人生前所在单位、居住地的居（村）民委员会、养老机构或者其他有关单位。

**第十六条** 捐献人死亡后，执行人应当及时通知相应的接受单位办理有关手续。户籍所在地公安部门凭执行人提交的有关证明材料，出具殡葬许可证明。

执行人因故不能执行的，捐献人生前所在单位或者居住地的居（村）民委员会可以及时通知相应的接受单位。

因突发性因素导致死亡，有关单位和人员在处理中发现死亡者是捐献人的，应当及时通知相应的接受单位。

有关单位和人员应当尊重捐献人的意愿，支持执行人履行义务。

**第十七条** 接受单位收到接受遗体的通知后，应当依据捐献人的捐献卡以及殡葬许可证明及时接受遗体。

**第十八条** 在接受、运送捐献遗体时，物业管理、交通等有关部门应当提供方便。

持有公安部门核发的运送捐献遗体专用标志的交通工具优先通行。

**第十九条** 接受单位接受遗体后，应当及时书面通知原登记机构，并根据捐献人近亲属的要求，为捐献人举行告别仪式。

**第二十条** 接受单位利用捐献的遗体，应当严格依照捐献人的意愿，遵守国家和本市的有关规定，无偿用于医学教学、医学科研、临床解剖以及角膜移植。

利用完毕的遗体，由接受单位负责送殡葬单位火化。

**第二十一条** 接受单位应当建立专门档案，完整记录遗体的利用情况。

捐献人的近亲属或者其他执行人有权查询遗体的利用情况，接受查询的单位应当答复。

**第二十二条** 从事遗体捐献登记、接受工作的人员应当接受有关法律和专业知识的培训，取得相应的证书。

从事遗体捐献登记、接受工作的人员应当遵守操作规程和职业道德，尊重捐献人的人格尊严，实行规范、文明服务。

**第二十三条** 从事遗体捐献登记、接受工作的人员违反本条例规定的，由其所在单位或者上级主管部门给予批评教育；情节严重的，给予处分。

**第二十四条** 违反本条例规定，按照下列规定予以处理：

（一）违反本条例第十条规定，未经市红十字会委托，以红十字会名义接受遗体捐献的，由市红十字会责令改正；擅自使用红十字标志的，可以提请违法使用者所在地的区人民政府依法处罚；

（二）违反本条例第十四条第二款、第十七条、第十九条规定的，由市红十字会责令立即改正并通报批评；对情节严重的，可以终止委托，责令其停止使用红十字标志。

**第二十五条** 违反本条例第二十条第一款规定的，由市卫生健康行政部门没收违法所得，并处违法所得三至五倍的罚款。

**第二十六条** 接受、利用捐献的遗体，违反法律规定，构成犯罪的，依法追究刑事责任。

**第二十七条** 当事人对市卫生健康行政部门的具体行政行为不服的，可以依照《中华人民共和国行政复议法》或者《中华人民共和国行政诉讼法》的规定，申请行政复议或者提起行政诉讼。

当事人对具体行政行为逾期不申请复议，不提起诉讼，又不履行的，作出具体行政行为的市卫生健康行政部门可以申请人民法院强制执行。

**第二十八条** 本条例自2001年3月1日起施行。

# 上海市市民体育健身条例

（2000年12月15日上海市第十一届人民代表大会常务委员会第二十四会议通过 根据2003年6月26日上海市第十二届人民代表大会常务委员会第五次会议《关于修改〈上海市市民体育健身条例〉的决定》第一次修正 2012年4月19日上海市第十三届人民代表大会常务委员会第三十三次会议修订 根据2017年11月23日上海市第十四届人民代表大会常务委员会第四十一次会议《关于修改本市部分地方性法规的决定》第二次修正）

## 第一章 总 则

**第一条** 为了促进本市市民体育健身活动的开展，保障市民参加体育健身活动的合法权益，增强市民体质，根据《中华人民共和国体育法》、《全民健身条例》、《公共文化体育设施条例》等有关法律、行政法规，结合本市实际情况，制定本条例。

**第二条** 本条例适用于本市行政区域内市民体育健身活动及其管理。

**第三条** 市民有依法参加体育健身活动的权利。

各级人民政府应当依法保障市民参加体育健身活动的权利。

**第四条** 市体育行政管理部门是本市市民体育健身工作的主管部门。区体育行政管理部门负责本行政区域内市民体育健身工作。

各级人民政府有关行政管理部门应当按照各自职责，共同做好市民体育健身工作。

**第五条** 市和区人民政府应当加强对市民体育健身工作的领导，将市民体育健身事业纳入本级国民经济和社会发展规划，将市民体育健身工作所需经费列入本级财政预算，并随着国民经济的发展逐步增加对市民体育健身工作的投入。

镇（乡）人民政府、街道办事处应当协调、推动本区域内公共体育健身设施的开放和管理，组织开展社区体育健身活动，提供必要的人员和经费保障。

**第六条** 各级人民政府及其体育行政管理部门对开展市民体育健身活动成绩显著的单位和个人，应当按照国家和本市有关规定给予表彰和奖励。

## 第二章 市民体育健身活动

**第七条** 每年8月8日为全民健身日。

**第八条** 鼓励市民参加科学、文明、健康的体育健身活动。

市民参加体育健身活动，应当安全使用体育健身设施。市民应当遵守防止社会生活噪声污染的相关规定和社会公德，避免影响其他市民的正常工作和生活。

**第九条** 国家机关、企业事业单位、社会团体和其他组织应当根据本单位的特点，提供设施、经费、时间等必要条件，保障职工参加体育健身活动的合法权益。企业事业单位应当将开展职工体育健身情况向职工代表大会或者职工大会报告。

国家机关、企业事业单位、社会团体和其他组织应当在每个工作日组织本单位人员开展工间(前)操或者其他形式的体育健身活动；有条件的，可以举办运动会等体育健身活动，开展体育锻炼测验、体质测定等活动。提倡在节假日开展多种形式的体育健身活动。

产业园区和商务楼宇等的管理组织应当提供必要的体育健身设施，协调推动企业事业单位组织开展体育健身活动，体育行政管理部门和工会组织应当加强指导。

**第十条** 学校应当按照教育行政管理部门的有关规定，实施学生体质健康标准，加强对学生体质的监测，开设体育课、体育活动课，开展广播体操、眼保健操等活动，保证学生在校期间每天参加一个小时的体育健身活动。

学校每学年至少举办一次全校性的体育运动会。学校应当开展多种形式的课外体育活动，培养学生体育锻炼兴趣，提高学生体育技能，增强学生体质。

教育行政管理部门应当定期对学校体育健身工作进行督导检查，将学生体质健康状况作为评价、考核学校工作的重要指标。

**第十一条** 体育行政管理部门应当加强对市民体育健身活动的督促和指导，组织各种形式的群众性体育健身活动，举办市民运动会，推广体育锻炼达标，引导和鼓励市民经常、持久地参加体育健身活动。

体育行政管理部门应当会同卫生行政管理等部门开展健身知识宣传普及，指导市民体育健身。

**第十二条** 工会、共产主义青年团、妇女联合会、残疾人联合会等社会团体应当结合自身特点，组织成员开展体育健身活动。

**第十三条** 各级各类体育协会应当按照其章程，在体育行政管理部门指导下，发挥专业优势，组织开展科学的体育健身活动。

**第十四条** 鼓励社区体育组织、基层群众性健身团队以及其他社会组织开展市民体育健身活动。

**第十五条** 居民委员会应当结合居民住宅区特点，组织居民开展小型多样的体育健身活动。

村民委员会应当结合农村特点，组织开展与农村生产劳动和文化生活相适应的体育健身活动。

**第十六条** 广播电台、电视台、报刊、互联网站等媒体应当宣传科学、文明、健康的体育健身项目和方法，刊登、播放公益性体育健身内容，增强市民体育健身意识。

## 第三章 市民体育健身设施

**第十七条** 市体育行政管理部门应当根据本市国民经济和社会发展规划，会同规划土地等行政管理部门组织编制公共体育设施规划，报市人民政府批准后，纳入相应的城乡规划。规划土地行政管理部门应当为公共体育设施预留建设用地。

**第十八条** 各级人民政府应当按照国家和本市对城市公共体育设施用地定额指标、公共体育设施规划，建设公共体育设施。

建设公共体育设施，应当充分考虑未成年人、老年人、残疾人等群体的特殊要求，采取无障碍和安全防护措施，满足各类人群参加体育健身的需要。

各级人民政府及其体育行政管理部门应当加强对公共体育设施的监督管理。任何单位和个人不得侵占、破坏公共体育设施或者擅自改变公共体育设施的使用性质。

鼓励企业事业单位、社会团体、其他组织和个人建设公共体育健身设施。

**第十九条** 规划土地行政管理部门在组织

编制居民住宅区所在区域的控制性详细规划时，应当按照国家和本市有关规定征求体育行政管理部门的意见。

新建、改建、扩建居民住宅区，应当按照国家和本市有关规定建设相应的体育健身设施。

居民住宅区配套建设的体育健身设施，应当与居民住宅区的主体工程同时设计、同时施工、同时投入使用。建设工程竣工验收时，建设单位应当通知所在地的体育行政管理部门参与验收。

任何单位或者个人不得擅自改变居民住宅区体育健身设施的建设项目和功能，不得缩小其建设规模和降低其用地指标。

**第二十条** 公共体育场馆应当全年向市民开放，每周累计开放时间不得少于五十六个小时，法定节假日和学校寒暑假期间应当延长开放时间。

公共体育场馆在学校寒暑假期间应当增设适应学生特点的体育健身项目，开设学生专场。

鼓励企业事业单位向市民开放体育健身设施。

**第二十一条** 学校应当在课余时间和节假日向学生开放体育健身设施。公办学校应当积极创造条件向市民开放体育健身设施。鼓励民办学校向市民开放体育健身设施。

区人民政府对向市民开放体育健身设施的学校给予经费支持，并为向市民开放体育健身设施的学校办理有关责任保险。

区人民政府应当制定学校体育健身设施向市民开放的具体管理办法，由学校所在地的镇（乡）人民政府或者街道办事处会同学校组织实施。体育行政管理部门应当会同教育行政管理部门加强对学校体育健身设施开放的指导监督。

**第二十二条** 社区文化活动中心应当按照国家和本市有关规定开设体育健身活动场地，配置体育健身设施。

社区文化活动中心的体育健身活动场地和设施应当全年向市民开放，每周累计开放时间不得少于五十六个小时，开放时间应当与市民的工作时间、学习时间适当错开。属于国家规定基本服务项目的体育健身项目应当免费开放。

**第二十三条** 公共体育场馆、公办学校、社区文化活动中心等体育健身设施实行收费的，具体价格由政府有关部门核定，一般不超过其运营成本。对学生、老年人、残疾人等实行价格优惠。

公共体育场馆应当在全民健身日等规定时间向市民免费开放，并逐步增加免费开放的时间。

**第二十四条** 向市民免费开放的体育健身设施应当符合下列基本要求：

（一）体育健身设施符合国家、行业或者地方标准；

（二）在醒目位置标明安全使用方法和注意事项；

（二）建立、健全维修保养更新制度，保持体育健身设施完好。

**第二十五条** 公园、绿地等公共场所的管理单位，应当根据自身条件安排体育健身活动场地。需要设置体育健身设施的，由所在地的体育行政管理部门根据实际情况免费提供并承担维修保养更新经费。

**第二十六条** 政府出资建设或者配置的居民住宅区体育健身设施，其维修保养更新经费由镇（乡）人民政府、街道办事处承担。

建设单位按照规定配套建设的业主共用的体育健身设施，由居民住宅区业主或者其委托的物业服务企业负责维修保养，维修保养经费按照国家和本市有关规定在住宅专项维修资金中列支或者通过其他途径予以保障，确有困难的，由镇（乡）人民政府和街道办事处给予适当补贴。

**第二十七条** 因城乡建设确需拆除公共体育设施或者改变其功能、用途的，有关人民政府在作出决定前应当依法组织专家论证，并征得上一级人民政府体育行政管理部门的同意，报上一级人民政府批准。

经批准拆除后重新建设的公共体育设施，

应当符合规划要求，一般不得小于原有规模。

## 第四章　市民体育健身服务与保障

**第二十八条**　各级人民政府应当支持高等院校和科学研究机构开展体育健身科学研究，加强国际国内交流，推广科学的体育健身项目和方法。

**第二十九条**　各级人民政府及其体育行政管理部门应当根据实际情况，通过政府购买公共服务、专项资金补助、奖励等形式，支持体育协会、社区体育组织以及其他社会团体向市民提供体育健身服务。

**第三十条**　市和区体育行政管理部门应当建立体育健身信息服务平台，公布市民体育健身工作经费投入和使用情况，公示本行政区域内市民体育健身设施目录、开放时段、收费标准、免费项目和优惠措施等信息，制定和发布科学健身指南，并为市民提供体质测定、体育健身指导等信息。

**第三十一条**　体育健身设施没有国家标准、行业标准的，市体育行政管理部门可以向市标准化行政主管部门提出制定体育健身设施等地方标准的建议，由市标准化行政主管部门按照国家和本市有关规定组织制定地方标准。

**第三十二条**　市体育行政管理部门应当根据国家有关规定，制订本市市民体质监测方案，会同有关部门组织实施，并定期向社会公布市民体质监测结果。

**第三十三条**　体育彩票公益金应当根据国家有关规定，用于组织开展市民体育健身活动、培训社会体育指导人员、进行市民体质监测以及市民体育健身设施的建设和管理，并逐步提高对社区市民体育健身的投入比例。

利用福利彩票公益金建设社会福利设施时，应当按照国家有关规定，设置适合老年人和残疾人体育健身活动的设施。

彩票公益金的管理、使用单位，应当依法接受财政部门、审计机关和社会公众的监督，每年向社会公告公益金的使用情况。

**第三十四条**　鼓励企业事业单位、社会团体、其他组织和个人向市民体育健身事业捐赠财产、提供赞助。向市民体育健身事业捐赠财产的，依法享受税收优惠。

**第三十五条**　鼓励市民体育健身活动组织者和健身场所管理者依法投保有关责任保险。

鼓励参加市民体育健身活动的公民依法投保意外伤害保险。

**第三十六条**　鼓励挖掘民间传统体育健身项目、创编新颖体育健身项目、研发体育健身器材，依法维护相关单位和个人的知识产权合法权益。

**第三十七条**　对不以收取报酬为目的的社会体育指导人员，按照国家有关规定实行技术等级制度。市和区体育行政管理部门应当免费为其提供相关知识和技能培训，并建立档案。

公共体育设施应当按照项目要求，配备社会体育指导人员指导体育健身活动。居（村）民委员会和有条件的单位，也可以配备社会体育指导人员。

社会体育指导人员负责组织居民开展体育健身活动，传授体育健身技能，宣传科学健身知识。

**第三十八条**　对以健身指导为职业的社会体育指导人员实行职业资格证书制度。

以对高危险性体育项目进行健身指导为职业的社会体育指导人员，应当依照国家有关规定取得职业资格证书。

**第三十九条**　企业、个体工商户经营高危险性体育项目的，应当按照国家有关规定取得体育行政管理部门的许可。

## 第五章　法 律 责 任

**第四十条**　任何单位和个人发现违反市民体育健身法律、法规的行为，可以向体育行政管理部门或者其他相关部门投诉。接到投诉的部门应当按照规定程序进行调查、核实，予以处理。

**第四十一条**　违反本条例规定，侵占、破坏公共体育设施的，由体育行政管理部门责令限期改正，并依法承担民事责任。

有前款所列行为，违反治安管理的，由公安机关依照《中华人民共和国治安管理处罚法》的有关规定予以处罚；构成犯罪的，依法追究刑事责任。

**第四十二条** 违反本条例规定，擅自改变公共体育设施使用性质的，按照国务院《公共文化体育设施条例》的规定予以处罚。

**第四十三条** 违反本条例规定的其他行为，法律、行政法规已有处罚规定的，从其规定。

## 第六章 附 则

**第四十四条** 本条例所称市民体育健身设施，是指公共体育设施以及其他向市民开放用于开展体育健身活动的建（构）筑物、场地和设备。

**第四十五条** 本条例自 2012 年 6 月 10 日起施行。

# 上海市制定地方性法规条例

（2001 年 2 月 12 日上海市第十一届人民代表大会第四次会议通过 根据 2004 年 10 月 19 日上海市第十二届人民代表大会常务委员会第十五次会议《关于修改〈上海市制定地方性法规条例〉的决定》第一次修正 根据 2005 年 2 月 24 日上海市第十二届人民代表大会常务委员会第十八次会议《关于修改〈上海市制定地方性法规条例〉的决定》第二次修正 根据 2015 年 11 月 19 日上海市第十四届人民代表大会常务委员会第二十四次会议《关于修改〈上海市制定地方性法规条例〉的决定》第三次修正 根据 2023 年 4 月 26 日上海市第十六届人民代表大会常务委员会第二次会议《关于修改〈上海市制定地方性法规条例〉的决定》第四次修正 根据 2024 年 12 月 31 日上海市第十六届人民代表大会常务委员会第十八次会议《关于修改〈上海市制定地方性法规条例〉等 3 件地方性法规的决定》第五次修正）

## 第一章 总 则

**第一条** 为了规范市人民代表大会及其常务委员会制定地方性法规的活动，完善立法程序，提高立法质量，发挥立法的引领和推动作用，根据《中华人民共和国地方各级人民代表大会和地方各级人民政府组织法》《中华人民共和国立法法》的规定，结合本市实际情况，制定本条例。

**第二条** 本条例适用于本市地方性法规的制定、修改、废止、解释及其相关活动。

本条例所称的地方性法规，包括根据《中华人民共和国立法法》第八十条规定制定的地方性法规，以及根据第八十四条规定制定的浦东新区法规。

**第三条** 制定地方性法规应当坚持中国共产党的领导，坚持以马克思列宁主义、毛泽东思想、邓小平理论、“三个代表”重要思想、科学发展观、习近平新时代中国特色社会主义思想为指导，坚持以经济建设为中心，坚持改革开放，贯彻新发展理念，保障在法治轨道上加快建设具有世界影响力的社会主义现代化国际大都市。

**第四条** 制定地方性法规应当符合宪法的规定、原则和精神，不同宪法、法律、行政法规相抵触,维护社会主义法制的统一、尊严、权威。

**第五条** 制定地方性法规应当坚持和发展全过程人民民主,尊重和保障人权,保障和促进社会公平正义。

制定地方性法规应当体现人民的意志,发扬社会主义民主,坚持立法公开,健全代表全程参与立法机制,保障人民通过多种途径参与立法活动。

**第六条** 制定地方性法规应当从实际出发,适应经济社会发展和全面深化改革的要求,科学合理地规定公民、法人和其他组织的权利与义务、国家机关的权力与责任。

地方性法规规定的内容,应当明确、具体,具有针对性和可执行性,对上位法已经明确规定的内容一般不作重复性规定,并根据内容选择采用若干规定、规定、实施办法、条例等适当的立法体例。

**第七条** 制定地方性法规应当倡导和弘扬社会主义核心价值观,坚持法治和德治相结合,推动社会主义精神文明建设。

**第八条** 制定地方性法规应当适应改革需要,坚持在法治下推进改革和在改革中完善法治相统一,引导、推动、规范、保障相关改革,发挥法治在本市治理体系和治理能力现代化中的重要作用。

**第九条** 市人民代表大会及其常务委员会依照宪法、法律规定的权限制定地方性法规。

规定本市特别重大事项的地方性法规,应当由市人民代表大会通过。

在市人民代表大会闭会期间,市人民代表大会常务委员会可以对市人民代表大会制定的地方性法规进行部分补充和修改,但是不得同该法规的基本原则相抵触。

市人民代表大会有权改变或者撤销市人民代表大会常务委员会制定的不适当的地方性法规。

**第十条** 市人民代表大会及其常务委员会应当加强对立法工作的组织协调,发挥在立法工作中的主导作用。

## 第二章 市人民代表大会制定地方性法规程序

**第十一条** 市人民代表大会举行会议的时候,主席团可以向市人民代表大会提出地方性法规案,由市人民代表大会会议审议。

市人民代表大会常务委员会、市人民政府、市人民代表大会各专门委员会,可以向市人民代表大会提出地方性法规案,由主席团决定列入会议议程。

**第十二条** 市人民代表大会代表十人以上联名,可以在大会议事规则规定的时间内向市人民代表大会提出地方性法规案,由主席团决定是否列入会议议程,或者先交有关的专门委员会审议、提出是否列入会议议程的意见,再决定是否列入会议议程。

专门委员会审议的时候,可以邀请提出地方性法规案的代表列席会议。

**第十三条** 拟向市人民代表大会提出的地方性法规案,在市人民代表大会闭会期间,可以先向常务委员会提出,经常务委员会会议依照本条例第三章规定的有关程序审议后,决定提请市人民代表大会审议,一般由常务委员会向大会全体会议作说明。

市人民代表大会常务委员会依照前款规定审议地方性法规案,应当通过多种形式征求市人民代表大会代表的意见,并将有关情况予以反馈;专门委员会和常务委员会工作机构进行立法调研,可以邀请有关的市人民代表大会代表参加。

**第十四条** 市人民代表大会常务委员会决定提请市人民代表大会会议审议的地方性法规案,应当在会议举行的三十日前将法规草案发给代表,并可以适时组织代表研读讨论,征求代表的意见。

**第十五条** 列入市人民代表大会会议议程的地方性法规案,大会全体会议听取提案人的说明后，由各代表团进行审议。

**第十六条** 列入市人民代表大会会议议程的地方性法规案，由有关的专门委员会进行审议，向主席团提出审议意见，并印发会议。但有关专门委员会在常务委员会审议中对该法规案已经提出审议意见的，在代表大会上可以不再提出审议意见。

**第十七条** 列入市人民代表大会会议议程的地方性法规案，由法制委员会根据各代表团和有关的专门委员会的审议意见，对法规案进行统一审议，向主席团提出审议结果报告和法规草案表决稿，经主席团会议审议通过后，印发会议。法制委员会对重要的不同意见应当在审议结果报告中予以说明。

**第十八条** 列入市人民代表大会会议议程的地方性法规案，必要时，主席团常务主席可以召开各代表团团长会议，就法规案中的重大问题听取各代表团的审议意见，进行讨论，并将讨论的情况和意见向主席团报告。

主席团常务主席也可以就地方性法规案中的重大的专门性问题，召集代表团推选的有关代表进行讨论，并将讨论的情况和意见向主席团报告。

**第十九条** 列入市人民代表大会会议议程的地方性法规案，在交付表决前，提案人要求撤回的，应当说明理由，经主席团同意，并向大会报告，对该法规案的审议即行终止。

**第二十条** 地方性法规案在审议中有重大问题需要进一步研究的，经主席团提出，由大会全体会议决定，可以授权常务委员会根据代表的意见进一步审议，作出决定，并将决定情况向市人民代表大会下次会议报告；也可以授权常务委员会根据代表的意见进一步审议，提出修改方案，提请市人民代表大会下次会议审议决定。

**第二十一条** 地方性法规草案表决稿，由主席团提请大会全体会议表决，由全体代表的过半数通过。

**第二十二条** 市人民代表大会通过的地方性法规，由主席团发布公告予以公布。

## 第三章 市人民代表大会常务委员会制定地方性法规程序

**第二十三条** 主任会议可以向市人民代表大会常务委员会提出地方性法规案，由常务委员会会议审议。主任会议可以委托常务委员会相关工作机构负责人在常务委员会全体会议上作地方性法规草案的说明。

市人民政府、市人民代表大会各专门委员会，可以向市人民代表大会常务委员会提出地方性法规案，由主任会议决定提请常务委员会会议审议，或者先交有关的专门委员会审议、提出意见，也可以委托常务委员会法制工作机构研究、提出意见，再决定提请常务委员会会议审议。如果主任会议认为法规案有重大问题需要进一步研究，可以建议提案人修改完善后再向常务委员会提出。

**第二十四条** 市人民代表大会常务委员会组成人员五人以上联名，可以向常务委员会提出地方性法规案，由主任会议决定是否提请常务委员会会议审议，或者先交有关的专门委员会审议、提出意见，再决定是否提请常务委员会会议审议。不提请常务委员会会议审议的，应当向常务委员会会议报告并向提案人说明。

专门委员会审议的时候，可以邀请提出地方性法规案的常务委员会组成人员列席会议。

**第二十五条** 拟提请常务委员会会议审议的地方性法规案，应当在会议举行的三十日前将法规案送常务委员会；未按规定期限送达的，一般不列入该次常务委员会会议议程。

**第二十六条** 有关的专门委员会对主任会议交付审议的地方性法规案，应当就制定该法规的必要性、合法性、可行性等问题组织调查研究，进行审议，并向主任会议提出是否具备提请常务委员会会议审议的条件的意见；建议将法规案列入常务委员会会议议程的，应当提出审议意见报告。

常务委员会会议审议地方性法规案，市人民代表大会有关的专门委员会或者常务委员会有关工作委员会应当组织起草部门向常务委员会组成人员解读法规草案。

**第二十七条** 决定提请常务委员会会议审议的地方性法规案，除特殊情况外，应当在会议举行的七日前将法规草案印发给常务委员会组成人员。

常务委员会组成人员应当对法规案进行研究，参加有关的调查研究活动和法规草案解读，准备审议意见。

**第二十八条** 列入常务委员会会议议程的地方性法规案，一般应当经两次常务委员会会议审议后交付下次常务委员会会议表决。常务委员会会议审议时各方面意见比较一致的，由主任会议决定，也可以在第二次常务委员会会议审议后交付该次会议表决。

列入常务委员会会议议程的地方性法规案，各方面意见比较一致的，由主任会议决定，可以经一次常务委员会会议审议后，交付下次常务委员会会议表决；调整事项较为单一或者部分修改的地方性法规案，各方面意见比较一致，或者遇有紧急情形的，由主任会议决定，也可以交付该次会议表决。

对于社会广泛关注的地方性法规案，可以增加常务委员会会议的审议次数。

**第二十九条** 常务委员会会议第一次审议地方性法规案，先在全体会议上听取提案人的说明，并听取有关的专门委员会的审议意见报告或者常务委员会法制工作机构的研究意见报告，再由分组会议就立法的必要性、可行性和法规草案中的主要问题进行审议。

常务委员会根据需要可以召开联组会议或者全体会议，对法规草案中的主要问题进行审议。

**第三十条** 地方性法规案经常务委员会会议第一次审议后，由法制委员会根据常务委员会组成人员、有关的专门委员会的审议意见和各方面提出的意见进行统一审议，提出审议结果报告和法规草案修改稿，由主任会议决定提请常务委员会会议第二次审议。对重要的不同意见，法制委员会应当在审议结果报告中予以说明。

法制委员会审议地方性法规案时，应当邀请有关的专门委员会的成员列席会议。

**第三十一条** 常务委员会会议第二次审议地方性法规案，先在全体会议上听取法制委员会关于法规草案审议结果的报告，再由全体会议或者分组会议对法规草案修改稿进行审议。

**第三十二条** 常务委员会会议审议地方性法规案时，如果提出专业性问题需要进一步研究的，可以由主任会议交有关的专门委员会进行研究，提出审议意见报告，并印发常务委员会会议和法制委员会。

**第三十三条** 地方性法规案拟经一次常务委员会会议审议后即交付该次会议表决的，先在常务委员会的全体会议上听取提案人的说明和有关的专门委员会的审议意见报告或者常务委员会法制工作机构的研究意见报告，然后由全体会议或者分组会议对法规草案进行审议。

法制委员会根据常务委员会组成人员和有关的专门委员会的审议意见，对地方性法规案进行统一审议，提出审议结果报告和法规草案表决稿，由主任会议决定提请该次常务委员会全体会议表决。

**第三十四条** 常务委员会会议第一次审议地方性法规案时，专门委员会或者常务委员会组成人员五人以上认为制定该法规的必要性、可行性等方面存在重大问题，可以提出搁置审议的动议，由主任会议提请常务委员会全体会议审议后表决。

搁置审议的地方性法规案，其重大问题得到解决的，可以由专门委员会或者常务委员会组成人员五人以上联名提出书面建议，由主任会议决定提请常务委员会会议继续审议，也可以由主任会议直接提请常务委员会会议继续审议。

**第三十五条** 地方性法规案经两次常务委员会会议审议后，仍有重大问题需要进一步研究的，由主任会议决定，可以暂不付表决，交法制委员会在会后进一步审议。

暂不付表决的地方性法规案，其重大问题

得到解决的，法制委员会可以提出书面建议，由主任会议决定提请常务委员会会议再次审议。

**第三十六条** 常务委员会会议审议地方性法规案，应当安排必要的时间，保证常务委员会组成人员充分发表意见。

常务委员会会议审议地方性法规案，应当邀请市人民代表大会代表列席，可以邀请本市选举的全国人民代表大会代表列席，也可以安排公民旁听。

**第三十七条** 列入常务委员会会议议程的地方性法规案，法制委员会、有关的专门委员会和常务委员会工作机构应当听取市人民代表大会代表、区人民代表大会常务委员会和其他有关方面的意见。听取意见可以采取座谈会、论证会、听证会等多种形式。

地方性法规案有关问题专业性较强，需要进行可行性评价的，应当召开论证会。论证情况应当向常务委员会报告。

地方性法规案有关问题存在重大意见分歧或者涉及利益关系重大调整，需要进行听证的，应当召开听证会。听证情况应当向常务委员会报告。

地方性法规案有关问题部门间争议较大的，可以引入第三方开展评估，充分听取各方意见。评估情况应当向常务委员会报告。

常务委员会法制工作机构应当将地方性法规草案印发相关领域的市人民代表大会代表、区人民代表大会常务委员会以及有关部门、组织和专家征求意见，将意见整理后送法制委员会和有关的专门委员会，并根据需要，印发常务委员会会议。

**第三十八条** 列入常务委员会会议议程的地方性法规案，应当在常务委员会会议后将法规草案及立法背景、主要制度等事项的说明向社会公布，征求意见，但是经主任会议决定不公布的除外。向社会公布征求意见的时间一般不少于十五日。征求意见的情况应当向社会通报。

**第三十九条** 拟提请常务委员会会议审议通过的地方性法规案，在法制委员会提出修改情况报告前，常务委员会工作机构可以对法规草案中主要制度规范的可行性、法规出台时机、法规实施的社会效果和可能出现的问题等进行评估。评估情况由法制委员会在修改情况报告中予以说明。

**第四十条** 列入常务委员会会议议程的地方性法规案，在交付表决前，提案人要求撤回的，应当说明理由，经主任会议同意，并向常务委员会报告，对该法规案的审议即行终止。

**第四十一条** 列入常务委员会会议议程审议的地方性法规案，搁置审议满两年的，或者因暂不付表决经过两年没有再次列入常务委员会会议议程审议的，主任会议可以决定终止审议，并向常务委员会报告；必要时，主任会议也可以决定延期审议。

**第四十二条** 地方性法规草案修改稿经常务委员会会议审议后，由法制委员会根据常务委员会组成人员的审议意见进行修改，提出法规草案表决稿，由主任会议决定提请常务委员会全体会议表决。

**第四十三条** 常务委员会会议表决地方性法规草案表决稿的一天前，应当将表决稿印发常务委员会组成人员，并在全体会议上听取法制委员会关于法规草案修改稿修改情况的报告。

**第四十四条** 常务委员会组成人员五人以上联名，可以在表决地方性法规草案表决稿的全体会议召开的四小时前，书面提出对表决稿的修正案，由主任会议决定是否提请常务委员会会议审议。不提请常务委员会会议审议的，应当向常务委员会会议报告并向提出修正案的常务委员会组成人员说明。

提出地方性法规草案表决稿的修正案，应当写明修正的条款和理由。

**第四十五条** 常务委员会全体会议表决地方性法规草案表决稿时，有修正案的，先审议、表决修正案。

地方性法规草案表决稿及其修正案，由常务委员会全体组成人员的过半数通过。

**第四十六条** 地方性法规草案表决稿交付

常务委员会会议表决前，主任会议根据常务委员会会议审议的情况，可以决定将个别意见分歧较大的重要条款提请常务委员会会议单独表决。

单独表决的条款经常务委员会会议表决后，主任会议根据单独表决的情况，可以决定将地方性法规草案表决稿交付表决，也可以决定暂不付表决，交法制委员会和有关的专门委员会进一步审议。

**第四十七条** 对多部地方性法规中涉及同类事项的个别条款进行修改，一并提出地方性法规案的，经主任会议决定，可以合并表决，也可以分别表决。

**第四十八条** 市人民代表大会常务委员会通过的地方性法规，由常务委员会发布公告予以公布。

## 第四章 地方性法规解释

**第四十九条** 本市地方性法规的解释权属于市人民代表大会常务委员会。

地方性法规的规定需要进一步明确具体含义的，或者法规制定后出现新的情况需要明确适用法规依据的，由常务委员会解释。

**第五十条** 市人民政府、市高级人民法院、市人民检察院和市人民代表大会各专门委员会以及区人民代表大会常务委员会，可以书面向市人民代表大会常务委员会提出地方性法规解释要求。

**第五十一条** 地方性法规解释草案，由常务委员会法制工作机构研究拟订，由主任会议决定提请常务委员会会议审议。

**第五十二条** 地方性法规解释草案经常务委员会会议审议，由法制委员会根据常务委员会组成人员的审议意见进行审议、修改，提出法规解释草案表决稿。

**第五十三条** 地方性法规解释草案表决稿由常务委员会全体组成人员的过半数通过，由常务委员会发布公告予以公布。

**第五十四条** 市人民代表大会常务委员会的地方性法规解释同地方性法规具有同等效力。

## 第五章 制定浦东新区法规的特别规定

**第五十五条** 为建立完善与支持浦东大胆试、大胆闯、自主改相适应的法治保障体系，推动浦东高水平改革开放，打造社会主义现代化建设引领区，市人民代表大会及其常务委员会根据《中华人民共和国立法法》的规定和全国人民代表大会常务委员会的授权决定，遵循宪法规定以及法律和行政法规基本原则，比照经济特区法规，制定浦东新区法规，可以对法律、行政法规、部门规章等作出变通规定，在浦东新区实施。

制定浦东新区法规，应当建立市委领导的统筹协调机制，立足在浦东全域打造特殊经济功能区的改革创新实践需要，注重发挥创新和变通作用，引领带动全市相关领域改革发展。

**第五十六条** 市人民代表大会常务委员会应当加强对浦东新区法规立法工作的组织协调。市人民代表大会各专门委员会应当会同市人民政府相关部门、浦东新区人民政府等建立常态化浦东新区法规立法工作机制，做好法规立项、起草、审议、推进实施相关工作。市人民代表大会常务委员会有关工作机构应当在浦东新区法规制定过程中，做好与全国人民代表大会常务委员会有关工作机构的沟通工作。

市人民政府相关部门应当深入研究需要在浦东新区先行先试的立法需求，提出立法项目建议，组织开展起草工作，经市人民政府法制工作部门审核后，由市人民政府提出浦东新区法规议案。市人民政府起草浦东新区法规草案过程中，应当做好与国家有关部门的沟通工作。

浦东新区应当结合引领区建设实践，提出立法项目需求和建议，起草浦东新区法规草案建议稿并全程参与浦东新区法规立法工作。

**第五十七条** 提出浦东新区法规案时，应当对变通法律、行政法规、部门规章等的情况以及制度创新情况作出说明。

浦东新区法规报全国人民代表大会常务委员会、国务院备案时，应当说明对法律、行政法规、部门规章等作出变通规定的情况。

**第五十八条** 常务委员会会议审议浦东新区法规案时，应当邀请浦东新区人民代表大会常务委员会、浦东新区人民政府有关负责人列席。

**第五十九条** 本市各级人民法院、人民检察院应当依法适用浦东新区法规。

市高级人民法院、市人民检察院应当根据需要制定支持浦东新区法规司法适用的规范性文件，并结合司法实践及时提出制定浦东新区法规的建议。

**第六十条** 对暂无法律、法规或者明确规定的领域，浦东新区人民代表大会及其常务委员会和浦东新区人民政府可以先行制定相关管理措施，并按程序报备实施。

市人民代表大会常务委员会应当建立常态化工作机制，及时将管理措施探索形成的经验做法以法规的形式予以固化。

## 第六章 长三角区域协同立法

**第六十一条** 市人民代表大会及其常务委员会根据长三角地区高质量一体化发展的具体情况和实际需要，可以与江苏省、浙江省、安徽省人民代表大会及其常务委员会协同制定地方性法规，在本行政区域或者有关区域内实施。

**第六十二条** 开展长三角区域协同立法，应当贯彻落实长三角一体化发展战略，坚持平等协商、优势互补、合作共赢、务实高效的原则，推动解决长三角地区高质量一体化发展的共性问题、关联问题和经济社会发展成果的共享问题。

**第六十三条** 长三角区域协同立法可以采取下列方式：

（一）各方就法规草案文本的全部内容协商一致，在相同或者相近的时间分别审议通过，同一时间施行；

（二）各方就法规草案文本的部分内容协商一致，在一定时间内分别审议通过和施行。

各方可以采取联合立法调研、相互征求意见、共享立法资料等方式开展立法协作。

**第六十四条** 市人民代表大会常务委员会与江苏省、浙江省、安徽省人民代表大会常务委员会建立协同立法工作机制，联合开展协同立法项目立项论证、调研起草、法规草案修改和法规通过后的新闻发布、执法检查、立法后评估等工作，提高协同立法的针对性、实效性，推动协同制定的地方性法规全面有效实施和及时修改完善。

**第六十五条** 市人民代表大会及其常务委员会根据需要可以与长三角区域外的其他省、自治区、直辖市人民代表大会及其常务委员会协同制定地方性法规。

## 第七章 其他规定

**第六十六条** 市人民代表大会及其常务委员会坚持科学立法、民主立法、依法立法，通过制定、修改、废止、解释、编纂等多种形式，发挥地方立法实施性、补充性、试验性作用。

**第六十七条** 市人民代表大会常务委员会通过立法规划和年度立法计划、专项立法计划等形式，加强对立法工作的统筹安排。编制立法规划和立法计划，应当认真研究代表议案和建议，广泛征集意见，科学论证评估，根据经济社会发展和民主法治建设的需要，按照加强重点领域、新兴领域、涉外领域立法的要求，确定立法项目。立法规划和立法计划由主任会议通过并向社会公布。

市人民代表大会常务委员会法制工作机构负责编制立法规划和拟订立法计划，并按照市人民代表大会常务委员会的要求，督促立法规划和立法计划的落实。

**第六十八条** 市人民代表大会常务委员会根据实际需要设立基层立法联系点，深入听取基层群众、有关方面对地方性法规草案和立法工作的意见。

**第六十九条** 地方性法规草案由有关方面起草的，应当邀请市人民代表大会有关的专门委员会、常务委员会工作机构提前参与法规草案起草工作；综合性、全局性、基础性以及其他重要地方性法规草案，可以由有关的专门委员会或者常务委员会工作机构组织起草。

专业性较强的地方性法规草案，应当吸收相关领域的专家参与起草工作，或者委托有关专家、教学科研单位、社会组织起草。

**第七十条** 市人民代表大会及其常务委员会可以根据改革发展的需要，决定就特定事项在规定期限和范围内暂时调整或者暂时停止适用地方性法规的部分规定。

暂时调整或者暂时停止适用地方性法规的部分规定的事项，实践证明可行的，由市人民代表大会及其常务委员会及时修改有关地方性法规；修改地方性法规的条件尚不成熟时，可以延长暂时调整或者暂时停止适用的期限，或者恢复施行有关地方性法规规定。

**第七十一条** 地方性法规案提请市人民代表大会或者常务委员会审议前，提出法规案的国家机关和部门应当对法规草案中重大问题的不同意见进行协调。

向市人民代表大会或者常务委员会提出地方性法规案，应当同时提出法规草案及其说明，并提供必要的参阅资料。修改地方性法规的，还应当提交修改前后的对照文本。法规草案的说明，应当阐明制定该法规的依据、必要性、可行性和主要内容，以及起草过程中对重大分歧意见的协调处理情况。

**第七十二条** 向市人民代表大会及其常务委员会提出的地方性法规案，在列入会议议程前，提案人有权撤回。

**第七十三条** 市人民代表大会各代表团或者常务委员会分组会议审议地方性法规案时，提案人应当派人听取意见、回答询问。

各代表团或者常务委员会分组会议审议地方性法规案时，根据代表团或者小组的要求，有关机关、组织应当派人介绍情况。

**第七十四条** 专门委员会审议地方性法规案，应当召开全体会议；根据需要，可以要求有关机关、组织派有关负责人说明情况。

**第七十五条** 交付市人民代表大会或者常务委员会全体会议表决未获得通过的地方性法规案，如果提案人认为必须制定该法规，并具备提请审议条件的，可以在表决的六个月后按照本条例规定的程序重新提出，由主席团决定是否列入会议议程，或者由主任会议决定是否提请常务委员会会议审议；其中，未获得市人民代表大会通过的法规案，应当提请市人民代表大会审议决定。

**第七十六条** 地方性法规应当明确规定施行日期。

**第七十七条** 地方性法规标题的题注应当载明制定机关、通过日期。经过修改的地方性法规，应当依次载明修改机关、修改日期。

**第七十八条** 市人民代表大会及其常务委员会通过关于法律性问题的决定，适用本条例规定的有关程序执行。

**第七十九条** 公布本市地方性法规的市人民代表大会主席团公告和常务委员会公告应当标明该法规的制定机关、通过和施行日期。

本市地方性法规通过后，其文本以及有关草案的说明、审议结果报告等，应当及时在《上海市人民代表大会常务委员会公报》、中国人大网、上海人大公众网以及《解放日报》《上海法治报》上刊载。

在常务委员会公报上刊登的地方性法规文本为标准文本。

**第八十条** 地方性法规明确要求有关国家机关对专门事项作出配套的具体规定的，有关国家机关应当自法规施行之日起一年内作出规定，法规对配套的具体规定制定期限另有规定的，从其规定。有关国家机关未能在期限内作出配套的具体规定的，应当向常务委员会说明情况。

**第八十一条** 市人民代表大会有关的专门委员会、常务委员会工作机构可以组织对有关地方性法规或者法规中有关规定进行立法后评估。评估情况应当向常务委员会报告。

**第八十二条** 市人民代表大会及其常务委员会通过的地方性法规，应当在公布后的三十日内报全国人民代表大会常务委员会和国务院备案。

**第八十三条** 市人民代表大会常务委员会工作机构等加强立法宣传工作，通过多种形式发布立法信息、介绍情况、回应关切。

**第八十四条** 市人民代表大会常务委员会法制工作机构编制本市地方立法技术规范。

**第八十五条** 对实施本市地方性法规有关具体问题的询问，由常务委员会法制工作机构研究后予以答复，并报常务委员会备案。

**第八十六条** 市人民代表大会各专门委员会和常务委员会各工作机构，应当根据维护法制统一的原则和改革发展的需要，按照各自的职责范围，采取即时清理与全面清理、专项清理相结合的方法，适时对有关地方性法规进行清理，提出意见，由常务委员会法制工作机构进行汇总，向主任会议提出清理情况的报告；对法规的内容与法律、行政法规相抵触，与现实情况不适应，或者与相关法规不协调的，应当提出修改或者废止的建议。

市人民政府及其工作部门、市高级及中级人民法院、市人民检察院及其分院，应当根据地方性法规实施情况向市人民代表大会常务委员会提出清理法规的建议。

**第八十七条** 地方性法规的修改或者废止的程序，按照本条例第二章、第三章和第七章的有关规定执行。

地方性法规被修改的，应当公布新的法规文本。

地方性法规被废止的，除由其他地方性法规规定废止该法规的以外，应当予以公布。

**第八十八条** 地方性法规草案与其他地方性法规相关规定不一致的，提案人应当予以说明并提出处理意见，必要时应当同时提出修改或者废止其他地方性法规相关规定的议案。

法制委员会和有关的专门委员会审议地方性法规案时，认为需要修改或者废止其他地方性法规相关规定的，应当提出处理意见。

## 第八章 附 则

**第八十九条** 本条例自2001年3月1日起施行。《上海市人民代表大会常务委员会制定地方性法规程序的规定》同时废止。

# 上海市中小学校学生伤害事故处理条例

（2001年7月13日上海市第十一届人民代表大会常务委员会第二十九次会议通过　根据2011年11月17日上海市第十三届人民代表大会常务委员会第三十次会议《关于修改〈上海市中小学校学生伤害事故处理条例〉的决定》第一次修正　根据2024年12月31日上海市第十六届人民代表大会常务委员会第十八次会议《关于修改〈上海市公路管理条例〉等10件地方性法规的决定》第二次修正）

**第一条** 为了妥善处理中小学校学生伤害事故，保障中小学生和学校的合法权益，维护正常的教育教学秩序，根据国家有关法律、行政法规的规定，结合本市实际情况，制定本条例。

**第二条** 在本市行政区域内的中小学校（以下简称学校）教育教学活动期间发生的中小学生人身伤害或者死亡事故（以下简称学生伤害事故）的处理，适用本条例。

**第三条** 学生伤害事故的处理应当及时、公正、合法，做到事实清楚、责任明确、处理得当。

**第四条** 学校的举办者应当保障学校必要设施、设备的资金投入和人员的配备。

各级教育行政部门应当加强对学校的管理，制定学校对学生安全保护的有关规定，指导和监督学校落实预防学生伤害事故的有关措施，指导和协调学生伤害事故的处理。

**第五条** 学校在进行教育教学活动的同时，负有对学生进行安全教育、管理和保护的职责。

学校应当根据国家和本市的有关规定，采取措施，预防和消除可能造成学生人身伤害的危险；按照学生不同年龄的生理、心理以及教育特点，建立健全各项管理和保护学生的规章制度。

学校应当确保教育教学和生活的设施、设备符合国家和本市的安全标准。

**第六条** 学生应当遵守学校的规章制度。不同年龄和认知能力的学生，有相应的避免和消除危险的义务。

学生的父母或者其他监护人应当依法履行监护职责，对学生进行安全教育、管理和保护。提倡学生的父母或者其他监护人为学生的人身意外伤害投保。

**第七条** 为学校组织安排教育教学活动提供场所、设施的单位和个人，应当健全各项安全保障措施。活动场所和设施应当符合国家和本市的安全标准。

**第八条** 对学生伤害事故的发生有过错的责任人，应当承担损害赔偿责任，法律另有规定的，从其规定。

**第九条** 下列情形之一造成的学生伤害事故，学校承担损害赔偿责任：

（一）学校使用的教育教学和生活设施、设备不符合国家和本市的安全标准的；

（二）学校的场地、房屋和设备等维护、管理不当的；

（三）学校组织教育教学活动，未按规定对学生进行必要的安全教育的；

（四）学校组织教育教学活动，未采取必要的安全防护措施的；

（五）学校向学生提供的食品、饮用水以及玩具、文具或者其他物品不符合国家和本市的卫生、安全标准的；

（六）学校组织安排的实习、劳动、体育运动等体力活动，超出学生一般生理承受能力的；

（七）学校知道或者应当知道学生有不适应某种场合或者某种活动的特异体质，未予以必要照顾的；

（八）学生伤害事故发生后，学校未及时采取相应救护措施致使损害扩大的；

（九）教职员侮辱、殴打、体罚或者变相体罚学生的；

（十）教职员擅离工作岗位、虽在工作岗位但未履行职责，或者违反工作要求、操作规程的；

（十一）应当由学校承担责任的其他情形。

**第十条** 下列情形之一造成的学生伤害事故，学校不承担损害赔偿责任：

（一）学生自行上学、放学途中发生的；

（二）学生擅自离校发生的；

（三）学生自行到校活动或者放学后滞留学校期间发生，学校管理并无不当的；

（四）学生突发疾病，学校及时采取救护措施的；

（五）学生自杀、自伤，学校管理并无不当的；

（六）学生自身或者学生之间原因造成，学校管理并无不当的；

（七）学校和学生以外的第三人造成，学校管理并无不当的；

（八）教职员在校外与其职务无关的个人行为引起的；

（九）不可抗力造成的；

（十）不应当由学校承担责任的其他情形。

**第十一条** 学生伤害事故的责任人依照《中华人民共和国民法典》等法律的相关规定，承担相应责任。

**第十二条** 学生伤害事故发生后，学校应当根据现有条件和能力及时采取措施救护受伤害学生，及时通知受伤害学生的父母或者其他监护人。

**第十三条** 学生伤害事故发生后，学校应当在二十四小时内将有关情况报告学校所在地的区教育行政部门。属于重大伤害事故的，学校应当立即报告区教育行政部门及有关部门；区教育行政部门接到报告后，应当立即报告区人民政府和市教育行政部门。

**第十四条** 学生伤害事故发生后，学校应当立即启动事故处置工作预案，及时成立事故处理小组或者指派专人负责事故的处理工作。

当事人可以自愿协商处理学生伤害事故。

当事人不愿协商或者协商不成的，可以向学校所在地的区教育行政部门要求调解。当事人要求调解的，区教育行政部门应当自受理之日起三个月内调解结束。市教育行政部门应当指导区教育行政部门的调解工作。

学校投保责任险的，保险公司应当参与学生伤害事故的处理。

**第十五条** 学生伤害事故发生后，受伤害学生、其父母或者其他监护人不愿协商、调解的，或者协商、调解不成的，可以依法向人民法院提起诉讼。

**第十六条** 学生伤害事故的赔偿范围应当根据人身伤害事故的具体情况确定。

学生伤害事故的责任人应当赔偿医疗费、营养费、误工补助费、护理费、交通费等为治疗和康复支出的合理费用。造成学生残疾的，还应当赔偿残疾生活辅助具费、残疾赔偿金；造成学生死亡的，还应当赔偿丧葬费、死亡赔偿金。

侵害学生人身权益，造成严重精神损害的，被侵权人可以依法请求精神损害赔偿。

学生伤害事故的责任人不承担解决受伤害学生及其亲属的户口迁移、房屋调配、工作调动等与学生伤害事故无关的事宜。

**第十七条** 发生学生伤害事故，可以要求赔偿下列费用：

医疗费，指受伤害学生为恢复健康进行治疗产生的必要费用。医疗费参照本市医疗保险规定进行计算，但抢救过程中的医疗费按照实际需要计算。

营养费，指受伤害学生为恢复健康确实需要补充营养所支付的费用。营养费按照本市居民人均年食品类支出标准计算。

误工补助费，指受伤害学生的父母或者其他监护人因需要陪同受伤害学生诊治或者处理学生伤害事故而不能参加工作导致劳动收入减少的费用。误工补助费按照本市上年度职工年平均工资标准计算。

护理费，指受伤害学生在住院期间和出院后生活不能自理需要专人陪护的费用，或者虽未住院但在诊治期间生活不能自理而需要专人陪护的费用。护理费参照本市护工从事同等级别护理的劳务报酬标准计算，给付期限按照治疗医院出具的诊断意见或者司法鉴定机构出具的鉴定结论予以认定。

交通费，指受伤害学生及其合理数量的陪护人去医院救治、诊治、陪护所需支出的往返路费。在能够保障及时就医的前提下，应当选择费用较低的交通工具，伤情危重的除外。

法律法规规定的其他为受伤害学生治疗和康复支出的合理费用。

**第十八条** 因学生伤害事故造成残疾的，受伤害学生除可以按照本条例第十七条的规定要求赔偿外，还可以要求赔偿下列费用：

残疾生活辅助具费，指受伤害学生因残疾需要配置（含更换）补偿功能器具所需的费用。残疾生活辅助具费按照普通适用器具的合理费用计算，伤情有特殊需要的，可以参照辅助器具配制机构的意见确定相应的合理费用标准。

残疾赔偿金。根据受伤害学生的伤残等级，按照本市上一年度城镇居民人均可支配收入标准，自定残之日起按二十年计算。

**第十九条** 因学生伤害事故造成死亡的，死亡学生的父母或者其他监护人除可以按照本条例第十七条的规定要求赔偿外，还可以要求赔偿下列费用：

丧葬费，指处理死亡学生丧葬事宜所需的必要费用。丧葬费按照本市上一年度职工月平均工资标准，以六个月总额计算。

死亡赔偿金。按照本市上一年度城镇居民人均可支配收入标准，按二十年计算。

**第二十条** 本市以市或者区为单位组织学校为其责任投保。

本市设立学生伤害事故专项资金，由学校的举办者筹集。专项资金的筹集和使用办法由市教育行政部门会同市财政部门另行制定。

**第二十一条** 学生伤害事故赔偿金可以一次性支付，也可以分期支付。

**第二十二条** 对学生伤害事故负有责任的教职员，教育行政部门或者学校应当给予批评教育或者行政处分；法律、法规有规定的，教育行政部门可以依法给予行政处罚；构成犯罪的，依法追究刑事责任。

**第二十三条** 在学生伤害事故的处理中，任何人不得侮辱、殴打教职员，不得侵占、破坏学校房屋、设施和设备，不得扰乱学校正常教育教学秩序。

违反前款规定的，由公安机关予以制止，并可根据《中华人民共和国治安管理处罚法》的有关规定予以处罚；造成人身及财产损失的，学校可以要求赔偿；构成犯罪的，依法追究刑事责任。

**第二十四条** 本条例下列用语的含义为：

（一）中小学校，是指本市行政区域内符合本市学校设置条件，经市或者区主管部门批准的公办和民办的全日制小学、初级中学、高级中学、中等职业学校和其他中等以下教育教学机构；

（二）学生，是指前项范围内的在册学生；

（三）教职员，是指校长、教师以及学校的其他职工；

（四）学校的举办者，是指各级人民政府、行业主管部门和民办学校的出资人；

（五）教育教学活动期间，是指在校内活动期间和寄宿制学生住宿期间，以及学校组织安排的校外活动期间；

（六）人身伤害，是指肢体残疾、组织器官功能障碍及其他影响人身健康的损伤。

**第二十五条** 幼儿园发生的幼童伤害事故，可以参照本条例执行。

**第二十六条** 本条例自2001年9月1日起施行。

本条例施行前已经处理完毕的学生伤害事故，不适用本条例。

# 上海市市容环境卫生管理条例

（2001年11月14日上海市第十一届人民代表大会常务委员会第三十三次会议通过　根据2003年4月24日上海市第十二届人民代表大会常务委员会第三次会议《关于修改〈上海市市容环境卫生管理条例〉的决定》第一次修正　根据2009年2月24日上海市第十三届人民代表大会常务委员会第九次会议《关于修改〈上海市市容环境卫生管理条例〉的决定》第二次修正　根据2018年12月20日上海市第十五届人民代表大会常务委员会第八次会议《关于修改〈上海市供水管理条例〉等9件地方性法规的决定》第三次修正　2022年9月22日上海市第十五届人民代表大会常务委员会第四十四次会议修订）

## 第一章　总　　则

**第一条** 为了践行"人民城市人民建，人民城市为人民"重要理念，加强市容和环境卫生管理，保障城市整洁、有序、温馨、安全、美观，实现高效能治理，创造高品质生活，根据《中华人民共和国固体废物污染环境防治法》《城市市容和环境卫生管理条例》等有关法律、行政法规规定，结合本市实际，制定本条例。

**第二条** 本市行政区域内市容环境卫生管理及其相关活动，适用本条例。

**第三条** 本市市容环境卫生工作应当体现全覆盖、全过程、全天候和法治化、标准化、智能化、社会化的要求，遵循以人为本、城乡统筹、分级管理、绿色低碳、共治共享的原则，实行精细化管理。

**第四条** 市人民政府应当加强市容环境卫生工作的领导，建立市容环境卫生管理工作综合协调机制，统筹本市市容环境卫生工作，研究、决定市容环境卫生相关重大事项，协调处置跨部门、跨区域市容环境卫生问题。

区人民政府应当加强本行政区域内市容环境卫生工作的领导，建立相应的综合协调机制，统筹、协调本行政区域市容环境卫生工作。

街道办事处、乡镇人民政府按照职责开展本辖区的市容环境卫生相关管理工作，对本区域范围内的市容环境卫生工作进行协调、监督。

**第五条** 市绿化市容部门是本市市容环境卫生工作的主管部门，负责组织制定市容环境卫生有关规划、标准、技术规范和管理规范，并承担市容环境卫生相关服务和管理活动的组织、协调、指导、监督职责。

区绿化市容部门负责组织实施本行政区域内的市容环境卫生管理工作。

发展改革、规划资源、住房城乡建设管理、公安、财政、民政、农业农村、商务、市场监管、交通、生态环境、水务、文化旅游、房屋管理、应急管理、卫生健康以及海事等有关部门按照各自职责，协同实施本条例。

**第六条** 本条例规定的市容环境卫生违法行为，由城管执法部门以及街道办事处、乡镇人民政府（以下统称城市管理综合执法部门）实施行政处罚及相关的行政检查、行政强制。城市管理综合执法部门实施行政执法的具体事项，由市人民政府确定。

城市管理综合执法部门实施行政处罚，纠正违法行为，应当坚持处罚与教育相结合，教育公民、法人或者其他组织自觉守法。

**第七条** 市和区人民政府应当将市容环境卫生事业纳入国民经济和社会发展规划，完善市容环境卫生设施布局建设，推进市容环境卫生综合治理，依法保障市容环境卫生工作所需经费，提升市容环境卫生公共服务水平和能力。

**第八条** 本市加强市容环境卫生标准化体系建设，按照科学规范、系统完备、结构优化、层次合理、协调配套的要求，编制覆盖市容环境卫生全领域的标准、技术规范、导则、定额等，形成适应精细化管理要求、满足高品质生活需求、彰显上海城乡特色的高水平市容环境卫生标准化体系。

**第九条** 本市推动市容环境卫生管理数字化转型，依托“一网通办”“一网统管”平台，与公安、住房城乡建设管理、交通、水务、房屋管理、城管执法等部门共享市容环境卫生领域相关行政许可、行政处罚等信息，利用智能技术和网格化管理等方式，实现集感知、分析、处置、执法、服务为一体的智慧管理。

**第十条** 本市举办重大活动以及重大节日期间，市绿化市容部门应当会同有关部门以及相关区人民政府制定市容环境卫生服务保障专项方案并组织实施。

**第十一条** 市、区绿化市容部门应当加强与城市管理综合执法部门的执法协作。绿化市容部门在日常管理中发现违反市容环境卫生管理规定的行为时，应当及时将线索移送城市管理综合执法部门；城市管理综合执法部门应当将处理结果通报绿化市容部门。

城市管理综合执法部门查处违反市容环境卫生管理规定的违法行为时，需要绿化市容部门提供协助的，绿化市容部门应当予以配合。

**第十二条** 市、区绿化市容部门应当编制市容环境卫生行业应对突发事件应急预案，建立健全突发事件应急处置机制，并组织演练。

市容环境卫生行业应对突发事件应急预案应当结合市容环境卫生专业领域的特点，明确突发事件种类与级别、组织指挥体系与职责、预防预警机制、处置程序、保障措施、人员防护、物资装备与调用等内容。

**第十三条** 本市鼓励、支持市容环境卫生科学技术研究，推广、运用绿色、环保、节能、低碳、高效的市容环境卫生新技术、新工艺、新装备、新材料、新能源。

**第十四条** 市、区人民政府应当完善市容环境卫生管理责任考核制度。

市绿化市容部门采用专业考核和社会测评、定量考核和定性评判、日常考核和集中评价相结合等方式对区绿化市容部门的工作进行考核。

市绿化市容部门应当会同有关部门健全市容环境卫生监督检查制度，通过抽查、专项监督检查、联合监督检查等方式加强对市容环境卫生的监督管理。

**第十五条** 单位和个人应当自觉维护市容环境卫生；对违反市容环境卫生管理规定的行为，有权予以劝阻和向有关部门投诉、举报。

## 第二章 市容管理

**第十六条** 本市通过提高城乡容貌标准，规范影响城乡容貌的行为，完善建（构）筑物外立面、景观照明、户外设施管理，塑造城乡特色风貌，优化公共空间品质，打造美好人居环境。

**第十七条** 市绿化市容部门应当会同有关部门，按照高标准引领的要求，并结合本市城乡一体化发展需要和人文特色，制定本市城乡容貌标准，报市人民政府批准后组织实施。

本市城乡容貌标准应当包括建（构）筑物、居住街区、村宅院落、道路与水域、公共场所、公共设施、城市绿化、广告招牌设施、照明设施、历史风貌区与保护建筑等方面的景观风貌要求。

**第十八条** 市绿化市容部门应当会同有关部门，根据城乡容貌标准，制定城乡容貌提升行动计划。

城乡容貌提升行动计划应当聚焦美丽街区建设、城市表情塑造、村庄公共环境改善、乡村景观美化，着力加强城中村、老旧小区等市容环境卫生综合整治，彰显城乡容貌特色。

区人民政府应当根据行动计划编制行动方案，并组织相关部门以及街道办事处、乡镇人民政府实施。

**第十九条** 建（构）筑物和其他设施应当保持整洁、完好、美观，并与周围环境相协调。本市主要道路两侧和景观区域内的建（构）筑物的外立面，以及其他区域内的公共建筑物、居住区房屋的外立面，由建（构）筑物的所有权人或者管理使用人按照有关规定进行清洗或者粉刷；外立面破损的，应当及时修复。

本市道路两侧新建的建筑物临街一侧，按照规划要求有序推进选用透景、半透景的围墙、栅栏或者绿篱、花坛（池）、草坪等作为分界。现有围墙不符合要求的，按照有关规定逐步予以改建；文物保护单位、优秀历史建筑等有特定保护要求的除外。

本市鼓励单位通过围墙拆除、打开以及形态调整等方式，将其附属绿地及相关空间开放共享。

主要道路和景观区域的范围，由市绿化市容部门会同有关部门确定后报市人民政府批准，并向社会公布。

**第二十条** 单位和个人不得在树木和建（构）筑物或者其他设施上张贴、悬挂宣传品。因特殊情况需要在建（构）筑物或者其他设施上临时张贴、悬挂宣传品的，应当经区绿化市容部门批准，按照批准的时间和范围张贴或者悬挂，并在期满后及时清除。街道办事处和乡镇人民政府应当选择适当地点设置公共招贴栏，并负责日常管理。

禁止单位和个人在树木和建（构）筑物或者其他设施上刻画、涂写。

禁止单位和个人在主要道路、景观区域、商业集中区域、交通集散点、轨道交通站点以及市绿化市容部门确定的其他公共场所散发商业性宣传品。

区绿化市容部门以及街道办事处、乡镇人民政府发现本辖区内有乱张贴、乱悬挂、乱刻画、乱涂写、乱散发行为，行为人未能及时清除或者难以发现行为人的，应当组织清除。

违反第一款、第二款、第三款规定的，由城市管理综合执法部门责令改正或者责令清除，可以处警告、一百元以上一千元以下罚款。其中，对以张贴、悬挂、刻画、涂写、散发等形式组织发布宣传品的单位和个人，可以处一万元以上十万元以下罚款。

对违反规定随意张贴、悬挂、刻画、涂写或者散发宣传品，在其中公布通信工具号码的，由城市管理综合执法部门通知通信工具号码使用人限期接受处理；逾期不接受处理的，书面通知通信管理部门暂停其通信工具号码使用。通信管理部门应当在接到书面通知后，及时通知相关电信业务经营企业暂停其通信工具号码使用。

**第二十一条** 单位和个人不得擅自占用道路、桥梁、人行天桥、地下通道及其他公共场所设摊经营、兜售物品以及堆放物品，影响市容环境卫生。

本市道路两侧和广场周围建（构）筑物内的经营者不得擅自超出门窗和外墙经营。

违反第一款、第二款规定的，由城市管理综合执法部门责令改正，可以处一百元以上一千元以下罚款。对设摊经营、兜售物品的，可以暂扣设摊经营、兜售的物品和与违法行为有关的工具。

区人民政府会同市有关部门根据需要，综合考虑市容环境卫生、交通安全、公共安全、消费需求等因素，可以划定一定的公共区域用于从事经营活动。区人民政府应当组织制定具体方案，明确允许设摊经营、超出门窗和外墙经营等经营活动的区域范围、时段、业态以及市容环境卫生责任主体及管理要求等，并向社会公布。

乡镇人民政府结合本辖区农业资源条件、农产品品种特点等实际情况，可以在农村地区划定一定的公共区域，供农村村民以及家庭农场、农民合作社等经营主体销售自产的农副产品。农村村民以及各经营主体应当遵守公共区域内的市容环境卫生要求。

**第二十二条** 禁止在道路及其他公共场所吊挂、晾晒物品，或者利用道路及其他公共场所的树木和护栏、路牌、电线杆等设施吊挂、晾晒物品。违反规定的，由城市管理综合执法部门责令改正，可以处警告，并可以对个人处五十元以上二百元以下罚款，对单位处一百元以上一千元以下罚款。

主要道路两侧和景观区域临街、临河建筑物的阳台、门窗、屋顶应当保持整洁、美观，不得在阳台外、门窗外、屋顶吊挂、晾晒和堆放影响市容的物品。

**第二十三条** 在本市行驶的机动车辆、船舶应当保持容貌整洁。道路、水路运输企业应当建立机动车辆、船舶清洗保洁责任制度。未保持车辆、船舶容貌整洁的，由城市管理综合执法部门责令改正，可以处一百元以上一千元以下罚款。

**第二十四条** 设置景观照明以及户外广告设施、户外招牌等户外设施，应当与区域功能相适应，与街区历史风貌和人文特色相融合，与周边景观和市容环境相协调。

**第二十五条** 市绿化市容部门应当会同有关部门编制景观照明规划，报市人民政府批准。景观照明规划应当划定景观照明设置的核心区域、重要区域、重要单体建（构）筑物以及禁设区域。

市、区绿化市容部门应当按照职责分工，会同有关部门编制核心区域、重要区域、重要单体建（构）筑物的规划实施方案，报同级人民政府批准。

禁止在景观照明规划划定的禁设区域设置景观照明。在核心区域、重要区域以及重要单体建（构）筑物上设置景观照明的，应当按照规划实施方案和技术规范设置。其他区域内设置景观照明的，应当符合技术规范要求。违反规定的，由城市管理综合执法部门责令改正或者责令拆除；拒不改正或者拆除的，处五千元以上五万元以下罚款。

**第二十六条** 在景观照明规划划定的核心区域、重要区域、重要单体建（构）筑物上设置的景观照明应当分别纳入市级、区级景观照明集中控制系统，对启闭时间、照明模式、整体效果等实行统一控制。景观照明未纳入集中控制系统的，由城市管理综合执法部门责令改正；拒不改正的，处一万元以上五万元以下罚款。

本市举办重大活动以及重大节日期间，区级景观照明集中控制应当遵守市级统一的景观照明集中控制要求。

**第二十七条** 景观照明的设置者应当保持景观照明的整洁、完好和正常运行。对存在安全隐患或者失去使用价值的景观照明，设置者应当及时整修或者拆除。违反规定的，由城市管理综合执法部门责令改正或者责令拆除；拒不改正或者拆除的，处五百元以上五千元以下罚款。

**第二十八条** 市绿化市容部门应当会同有关部门编制户外广告设施设置规划，报市人民政府批准。户外广告设施设置规划应当划定户外广告设施设置的禁设区、展示区和控制区。

区绿化市容部门应当编制本辖区户外广告设施设置实施方案，并经市绿化市容部门会同市规划资源、市场监管等部门批准。

**第二十九条** 户外广告设施设置应当符合户外广告设施设置规划、实施方案和技术规范的要求。违反规定的，由城市管理综合执法部门责令改正或者责令拆除，对违反设置规划和实施方案的，处五千元以上五万元以下罚款，对不符合技术规范的，处一千元以上一万元以下罚款。

按照国家和本市有关规定确定的大型户外广告设施以及其他因结构、体量、位置等因素可能影响公共安全的户外广告设施，应当经市或者区绿化市容部门批准后设置。因举办重大活动需要设置临时性户外广告设施的，设置者应当根据技术规范制定设置方案，并报市或者区绿化市容部门批准，设置期限不得超过三十日。未经批准设置的，由城市管理综合执法部门责令拆除，并处一万元以上十万元以下罚款。

设置前款以外的户外广告设施的，设置者应当在设置前向区绿化市容部门办理备案手续。未办理备案手续的，由城市管理综合执法部门责令改正；拒不改正的，处一千元以上三千元以下罚款。

设置新型户外广告设施的，还应当由市绿化市容部门会同有关部门组织进行技术论证，技术论证通过后依法办理相关手续。

单位和个人不得为违反户外广告设施设置规划、实施方案要求的户外广告设施提供设置载体。违反规定的，由城市管理综合执法部门责令改正，拒不改正的，处三千元以上三万元以下罚款。

**第三十条** 利用车辆、船舶、飞艇、无人驾驶自由气球、无人机等可移动的载体设置流动户外广告的，应当符合国家和本市流动户外广告设置有关规定和技术规范，并遵守道路、水上和航空交通管理规定。设置新型流动户外广告的，应当经市绿化市容部门会同有关部门组织进行技术论证，并根据论证结果予以设置。违反流动户外广告设置有关规定的，由城市管理综合执法部门、交通部门按照各自职责责令改正，处五千元以上五万元以下罚款；不符合流动户外广告设置技术规范的，由城市管理综合执法部门、交通部门按照各自职责责令改正，处一千元以上一万元以下罚款。

**第三十一条** 户外招牌设置应当符合户外招牌技术规范和设置导则的要求。违反规定的，由城市管理综合执法部门责令改正或者责令拆除；拒不改正或者拆除的，处一千元以上一万元以下罚款。

区绿化市容部门应当会同有关部门编制本辖区主要道路沿线和景观区域、历史风貌区等重点区域内以及文物保护单位、优秀历史建筑等重要建(构)筑物上的户外招牌设置导则。户外招牌设置导则应当体现区域环境、建筑风格以及业态特点，为设置者展现个性和创意提供空间，避免样式、色彩、字体等同质化。

在历史文化风貌区或者风貌保护街坊内、风貌保护道路或者风貌保护河道沿线、文物保护单位或者优秀历史建筑上设置户外招牌的，或者因结构、体量、位置等因素设置户外招牌可能影响公共安全的，应当经区绿化市容部门批准后设置。未经批准设置的，由城市管理综合执法部门责令改正；拒不改正的，由城市管理综合执法部门责令拆除，处一千元以上一万元以下罚款。

设置前款以外的户外招牌的，设置者应当在设置前向街道办事处或者乡镇人民政府办理备案手续。市、区绿化市容部门应当建立相应工作机制，完善相关智能化管理信息系统，为街道办事处、乡镇人民政府依法履行户外招牌设置的管理和服务职能创造条件、提供指导和支持。设置户外招牌未办理备案手续的，由城市管理综合执法部门责令改正；拒不改正的，处三百元以上一千元以下罚款。

**第三十二条** 户外广告设施、户外招牌等户外设施的设置者，应当加强日常管理，对户外设施进行维护保养；图案、文字、灯光显示不全或者破损、缺失、污浊、腐蚀、陈旧的，应当及时修复或者更换。未及时修复或者更换的，由城市管理综合执法部门责令改正；拒不改正的，处五百元以上五千元以下罚款。

对于存在安全隐患或者失去使用价值的户外设施，设置者应当及时整修或者拆除。违反规定的，由城市管理综合执法部门责令改正或者责令拆除；拒不改正或者拆除的，处一千元以上一万元以下罚款。

台风、暴雨、暴雪、雷电等灾害性天气警报和气象灾害预警信号发布后，设置者应当加强对户外设施的安全检查，采取相应的安全防范措施，消除安全隐患。

经批准设置的户外广告设施和户外招牌，设置者应当按照规定进行安全检测。违反规定的，由城市管理综合执法部门责令改正；拒不改正的，处一千元以上一万元以下罚款。

市、区绿化市容部门以及街道办事处、乡镇人民政府应当加强户外设施安全监管工作，可以通过政府采购方式，委托专业检测单位对户外设施进行安全抽检；必要时，可以组织实施户外设施的集中安全检查和整治。

**第三十三条** 户外广告设施、户外招牌等户外设施所在建(构)筑物等载体的所有权人与设置者不一致的，所有权人应当督促设置者依法设置、维护管理户外设施。

户外广告设施设置期满或者因搬迁、退租等原因不再需要户外招牌的，设置者应当拆除。设置者未及时拆除的，户外设施载体所有权人应当予以拆除。

**第三十四条** 市、区绿化市容部门以及街道办事处、乡镇人民政府可以通过政府采购等方式，组织开展相关市容保障服务工作。市容保障服务规范由市绿化市容部门会同有关部门制定。

## 第三章 环境卫生管理

**第三十五条** 本市通过制定环境卫生设施专项规划、建设配套环境卫生设施、优化环卫作业服务规范、完善垃圾综合治理，提升环境卫生品质，营造整洁有序的城乡环境。

**第三十六条** 市绿化市容部门应当编制环境卫生设施专项规划，明确生活垃圾处理设施、建筑垃圾处理设施、公共厕所、环境卫生作业服务人员作息场所、闭环管理场所、环境卫生作业车辆停车场、水域保洁码头等环境卫生设施的相关内容，并依法纳入相应的国土空间规划。

市、区绿化市容部门应当根据环境卫生设施专项规划，制定年度建设计划并组织实施。

**第三十七条** 配套环境卫生设施应当按照国家和本市环境卫生设施设置有关规定和标准建设，并与主体工程同时设计、同时施工、同时投入使用。规划资源部门在审核设计方案时，应当征询绿化市容部门的意见。

**第三十八条** 公共厕所应当按照环境卫生设施设置标准，结合区域特点、人流聚集等情况合理布局。农贸市场、轨道交通站点、旅游景点等场所应当按照规定配置公共厕所。

新建、改建公共厕所的，应当按照规定设置无障碍厕间，优化男女厕位配置比例，加强适老化适幼化设施、设备配备。大型商场、文化体育场馆、旅游景点、公园等人流密集场所新建、改建公共厕所的，应当设置第三卫生间。鼓励农村地区建设生态型公共厕所。

公共厕所应当免费对外开放，具备条件的

政府投资建设的公共厕所实行二十四小时开放。鼓励沿街单位厕所向公众开放，开放情况可以作为单位履行社会责任的内容，纳入相应的评价体系。

公共厕所应当保持整洁。农贸市场、轨道交通站点、旅游景点等场所的经营、管理单位应当根据场所实际情况，增加公共厕所保洁频次，落实管理责任。

**第三十九条**　环境卫生设施的管理和使用单位应当做好环境卫生设施的维护、保养工作，保持其正常运行。

单位和个人不得占用、损毁环境卫生设施。违反规定的，由城市管理综合执法部门责令改正，处一千元以上一万元以下罚款。

禁止擅自关闭、闲置、拆除环境卫生设施。确有必要关闭、闲置或者拆除生活垃圾处理设施的，应当经绿化市容部门商生态环境部门同意后核准，并采取防止污染环境的措施；确有必要关闭、闲置或者拆除其他环境卫生设施的，应当经绿化市容部门批准。关闭、闲置、拆除环境卫生设施的，应当听取所在地街道办事处、乡镇人民政府的意见。擅自关闭、闲置、拆除环境卫生设施的，由城市管理综合执法部门责令改正，对擅自关闭、闲置、拆除生活垃圾处理设施的，处十万元以上一百万元以下罚款，对擅自关闭、闲置、拆除其他环境卫生设施的，处一万元以上十万元以下罚款。

**第四十条**　本市道路、水域和公共场所，根据所在地功能区特性以及交通流量等因素，实行分等级清扫保洁；清扫保洁的等级和具体范围由市绿化市容部门会同有关部门确定。

本市根据城市发展需要，逐步提高道路、水域和公共场所的清扫保洁质量要求。道路、公共场所的清扫保洁，应当实现无各类废弃物、宠物粪便和污水。

绿化市容、水务部门以及街道办事处、乡镇人民政府应当加强支路、街巷里弄内通道、村内通道清扫保洁质量以及乡镇管理水域保洁质量的监督。

**第四十一条**　财政性资金支付的道路、水域和公共场所的清扫、保洁，以及生活垃圾和粪便的收集、运输等环境卫生作业服务，由市、区绿化市容部门以及街道办事处、乡镇人民政府通过政府采购方式确定的环境卫生作业服务单位承担。

环境卫生作业服务单位不得将作业服务项目交由第三方承接。

**第四十二条**　环境卫生作业服务单位应当按照环境卫生作业服务规范进行清扫、保洁。道路、水域和公共场所的清扫、保洁，应当按照规定的质量、作业方式、频率、时间进行，减少对交通、生活等秩序的影响。未按照环境卫生作业服务规范进行清扫、保洁的，由城市管理综合执法部门责令改正，处一千元以上一万元以下罚款。

市、区绿化市容部门以及街道办事处、乡镇人民政府应当通过定期组织作业服务质量评议等方式，加强对作业服务质量的监督、检查。

**第四十三条**　市、区绿化市容部门应当加强环境卫生作业设施设备保障，推广使用新能源作业车辆，推动环境卫生作业服务单位提升作业服务的机械化、智能化水平。

**第四十四条**　船舶应当按照标准，设置与生活垃圾、生活污水、含油污水产生量相适应的收集容器，并保持正常使用。

船舶进行装卸作业或者水上航行的，应当采取措施，防止生活垃圾、生活污水、含油污水污染水域。

**第四十五条**　运输水泥、砂石、垃圾等的车辆、船舶应当采取密闭、包扎、覆盖等措施，防止泄漏、遗撒。违反规定的，由城市管理综合执法部门责令改正，可以处警告，并可以处二千元以上二万元以下罚款。

**第四十六条**　从事机动车清洗服务的单位应当在取得营业执照后的十日内，向区绿化市容部门办理备案手续。机动车清洗服务单位应当按照技术规范，配备与经营规模相适应的场所、设施设备。未办理备案手续的，由城市管理综合执法部门责令改正；拒不改正的，处一千元以上三千元以下罚款。

清洗机动车所产生的油污、淤泥、污水及其

他污物，应当按照环境保护、排水、环境卫生的有关规定处理，不得任意排放、堆放和倾倒。

禁止占用道路、广场从事机动车清洗服务。违反规定的，由城市管理综合执法部门责令改正，处一千元以上一万元以下罚款。

市绿化市容部门应当会同有关部门组织制定技术规范，明确从事机动车清洗服务所需的环境卫生设施设备、场所以及节水等要求。

**第四十七条** 本市农村以外地区，不得饲养家禽家畜。因教学、科研以及其他特殊需要饲养的除外。违反规定的，由城市管理综合执法部门责令限期处理或者予以没收，可以处五十元以上五百元以下罚款。

饲养宠物不得影响环境卫生。对宠物在道路和其他公共场所产生的粪便，饲养人或者管理人应当即时清除。未及时清除宠物粪便的，由城市管理综合执法部门责令改正；拒不改正的，处二十元以上二百元以下罚款。

饲养信鸽应当符合体育管理部门的有关规定，具备相应的条件，并采取措施防止影响周围环境卫生。饲养信鸽影响环境卫生的，由城市管理综合执法部门责令改正；拒不改正的，处一百元以上一千元以下罚款。

**第四十八条** 本市生活垃圾的源头减量、投放、收集、运输、处置、资源化利用等活动应当遵守国家和本市生活垃圾管理法律、法规的规定。

生活垃圾分类投放管理责任人应当保持生活垃圾分类收集容器、投放点、交付点周边环境整洁。违反规定的，由城市管理综合执法部门责令改正；拒不改正的，处一百元以上一千元以下罚款。

**第四十九条** 本市按照减量化、资源化、无害化的原则，对建筑垃圾进行分类收集、运输、中转、分拣、处置，促进建筑垃圾源头减量、回收利用，扩大建筑垃圾资源化利用产品渠道。建筑垃圾分为建设工程垃圾和装修垃圾。

**第五十条** 工程施工单位施工中产生的建设工程垃圾应当堆放在固定地点，并及时清运。

工程施工单位应当编制建设工程垃圾处理方案，采取污染防治措施，并报工程所在地的区绿化市容部门备案，取得建筑垃圾处置证，委托取得建设工程垃圾运输许可证的单位运输。未取得建筑垃圾处置证或者委托未取得建设工程垃圾运输许可证的单位运输建设工程垃圾的，由城市管理综合执法部门责令改正，并处一万元以上十万元以下罚款。

承运建设工程垃圾的单位，应当取得市绿化市容部门核发的建设工程垃圾运输许可证；运输单位不得承运未取得建筑垃圾处置证的工程施工单位产生的建设工程垃圾。违反规定的，由城市管理综合执法部门责令改正，处五千元以上五万元以下罚款，并可以依法暂扣违法当事人的运输工具。

运输建设工程垃圾的车辆、船舶应当统一标识，统一安装、使用电子信息装置，随车辆、船舶携带建筑垃圾处置证。违反规定的，由城市管理综合执法部门责令改正，处五百元以上五千元以下罚款。

运输建设工程垃圾的车辆、船舶应当按照交通、公安以及海事部门规定的区域、时间行驶，不得超载运输建设工程垃圾。

禁止擅自倾倒、抛撒、堆放、处置建设工程垃圾。违反规定的，由城市管理综合执法部门责令改正，对单位处十万元以上一百万元以下罚款，对个人处五千元以上五万元以下罚款。

违反本条或者第四十五条规定的，对情节严重的运输单位，由市城管执法部门吊销其建设工程垃圾运输许可证。

建设工程垃圾中的建筑废弃混凝土，按照本市有关规定进行回收和资源化利用。具体办法由市住房城乡建设管理部门会同市绿化市容部门另行制定。

**第五十一条** 装修垃圾的产生单位和个人应当按照规定将装修垃圾投放至装修垃圾堆放场所或者收集容器。违反规定的，由城市管理综合执法部门责令改正，对个人处一百元以上一千元以下罚款，对单位处五百元以上五千元以下罚款。

物业服务企业等装修垃圾投放管理责任人应当对装修垃圾堆放场所进行覆盖、遮挡或者密闭，保持环境整洁，违反规定的，由城市管理综合执法部门责令改正；拒不改正的，处一百元以上一千元以下罚款。

装修垃圾应当由符合规定的市容环境卫生作业服务单位负责收运，物业服务企业等装修垃圾投放管理责任人应当将装修垃圾交由其收运。禁止擅自倾倒、抛撒装修垃圾。违反规定的，由城市管理综合执法部门责令改正，处一千元以上一万元以下罚款。

装修垃圾清运费由装修垃圾产生者承担。装修垃圾处置实行收费制度，收费标准依据国家有关规定执行。

**第五十二条** 禁止下列影响环境卫生的行为：

（一）随地吐痰、便溺；

（二）乱扔果皮、纸屑、烟蒂、饮料罐、口香糖、口罩等废弃物；

（三）乱倒污水、粪便，乱扔家禽家畜、宠物等动物尸体；

（四）法律、法规规定的有损环境卫生的其他禁止行为。

违反前款规定的，由城市管理综合执法部门责令改正，可以处警告、罚款。其中，违反前款第一项、第二项规定的，可以处五十元以上二百元以下罚款；违反前款第三项规定的，对个人可以处五十元以上二百元以下罚款，对单位可以处五千元以上五万元以下罚款。

**第五十三条** 传染病等重大公共卫生事件发生后，公园绿地、公共厕所、垃圾收集设施、垃圾堆放场所的经营、管理单位应当按照有关规定开展消毒等工作。

**第五十四条** 因突发事件造成生活垃圾、装修垃圾无法及时运输、处置的，市绿化市容部门可以对区域内生活垃圾、装修垃圾投放、驳运、收集、运输、处置方式及时间、场所等作出临时调整。

生活垃圾分类投放管理责任人应当按照调整的要求，及时收集、驳运生活垃圾；区绿化市容、房屋管理等部门应当按照职责加强指导、督促和协调。因特殊原因，生活垃圾分类投放管理责任人无法履责的，街道办事处、乡镇人民政府应当组织做好生活垃圾收集、驳运工作。

对于生活垃圾、装修垃圾以外的其他废弃物，需要协同处置的，有关部门应当会同绿化市容部门制定协同处置方案，确保环境卫生设施正常运转和其他废弃物的及时处理。

**第五十五条** 突发事件发生后，区人民政府应当根据突发事件相关应急预案，落实解决环境卫生作业服务人员临时居住和作业条件保障以及其他有关问题，避免对环境卫生正常维护造成重大影响。

## 第四章 社会共治

**第五十六条** 本市建立健全市容环境卫生公众全过程参与机制，依法保障公众在市容环境卫生工作中的知情权、参与权、表达权和监督权。

市、区绿化市容部门以及街道办事处、乡镇人民政府在制定规划、标准、技术规范、导则以及有关管理方案等工作中，应当听取相关单位、个人以及其他社会公众的意见。

**第五十七条** 绿化市容部门和教育、卫生健康、商务、交通、文化旅游等部门，以及机场、车站、码头、旅游景点、公园绿地等公共场所的经营、管理单位，应当加强市容环境卫生的宣传教育，增强公众维护市容环境卫生的意识。

本市广播、电视、报刊、网络以及公共场所的宣传媒介应当有市容环境卫生方面的公益性宣传内容。

**第五十八条** 绿化市容部门应当主动公开市容环境卫生公共服务信息，向公众提供景观照明启闭时间、景观区域范围、公共厕所位置等信息，为公众生活提供便利。

**第五十九条** 本市实行市容环境卫生责任区制度。责任区范围一般指有关单位和个人所有、使用或者管理的建（构）筑物或者其他设施、场所外侧一定区域。具体范围由市或者区绿化市容部门，按照市绿化市容部门公布的标准划分确定。市容环境卫生责任区的责任人按照下列规定确定：

（一）实行物业管理的居住区，由业主委托的物业服务企业或者其他管理人负责；未实行物业管理的居住区，由居民委员会、村民委员会负责。

（二）河道的沿岸水域，由岸线使用或者管理单位负责；水闸以及栈桥、亲水平台等设施占用的水域，由相关设施的使用或者管理单位负责；码头及其附属设施、停靠船舶占用的水域，由码头的经营、管理单位负责。

（三）轨道交通、隧道、高架道路、公路、铁路，由经营、管理单位负责。

（四）文化、体育、娱乐、游览、公园绿地、机场、车站等公共场所，由经营、管理单位负责。

（五）农贸市场、会展场馆、商场、超市、餐饮、宾馆、沿街商户等场所，由经营、管理单位、个人负责。

（六）机关、团体、学校、部队、企事业等单位周边区域，由相关单位负责。

（七）施工工地由工程施工单位负责，待建地块由建设单位负责。

（八）保税区、经济开发区、工业园区、高新技术产业园区内的公共区域，由管理单位负责。

按照前款规定责任不清的地区，由所在地的区绿化市容部门会同街道办事处、乡镇人民政府确定责任人。

区际接壤地区管理责任不清的，以及对责任人的确定存在争议的，由市绿化市容部门予以确定。

**第六十条** 市容环境卫生责任区的责任要求是：

（一）保持市容整洁，无乱设摊、乱搭建、乱张贴、乱涂写、乱刻画、乱吊挂、乱堆放、乱停非机动车，无影响通行的积雪残冰；

（二）保持环境卫生整洁，陆域无暴露垃圾、粪便、污水、污迹，水域无漂浮垃圾。

市容环境卫生责任人对责任区内违反市容环境卫生管理规定的行为，应当予以劝阻、制止；劝阻、制止无效的，向绿化市容部门或者城市管理综合执法部门报告。

责任人未履行责任要求的，由城市管理综合执法部门责令改正，可以处警告、一百元以上一千元以下罚款。

区绿化市容部门应当制作责任告知书，明确市容环境卫生责任区的具体范围和责任要求，由街道办事处、乡镇人民政府向本辖区内的责任人发放。

**第六十一条** 邮政、供水、供电、电信、交通等公共设施的市容环境卫生，由其产权单位负责。

**第六十二条** 本市鼓励通过各种方式实行市容环境卫生自我管理。

本市市容环境卫生有关行业协会应当制定行业自律规范，开展行业培训和评价，共同推进市容环境卫生管理工作。

本市提倡和鼓励居民委员会、村民委员会组织居民、村民制定维护市容环境卫生的公约，动员居民、村民积极参加市容环境卫生治理活动，创建整洁、优美、文明的环境。

**第六十三条** 市、区绿化市容部门应当建立市容环境质量评价体系，对本市市容环境质量进行评价。市容环境质量评价体系应当合理设定评价内容和标准，将市民满意度作为重要评价指标。评价结果应当向社会公布。

市、区绿化市容部门应当建立市民巡访制度，邀请市民代表对市容环境卫生进行巡查、评议。

**第六十四条** 绿化市容部门应当会同有关部门建立市容环境卫生信用管理制度，按照国家和本市规定，将单位和个人的相关信用信息归集到本市公共信用信息服务平台，并依法采取守信激励和失信惩戒措施。

**第六十五条** 本市文明城区、文明社区、文明小区、文明村镇、文明单位、文明校园等群众性精神文明创建活动和卫生单位、健康社区（村）等卫生健康创建活动，应当将市容环境卫生管理相关情况纳入创建标准。

**第六十六条** 本市鼓励、支持单位和个人参与爱国卫生月等群众性活动，支持志愿服务组织和志愿者依法参与市容环境卫生管理相关的宣传动员、示范引导、评估评议、市容维护以及环境清洁等工作，共同改善环境卫生。

本市鼓励社会单位采用爱心接力站等多种方式，为环境卫生作业服务人员提供休息、饮水等服务。

## 第五章 附 则

**第六十七条** 违反本条例规定的行为，法律、法规已有处理规定的，从其规定。

违反本条例有关景观照明、户外广告设施、户外招牌管理等规定，符合代履行等强制执行情形的，由城市管理综合执法部门按照《中华人民共和国行政强制法》《中华人民共和国城乡规划法》等法律、行政法规处理。

违反本条例规定，当事人有违法所得，除依法应当退赔的外，应当按照《中华人民共和国行政处罚法》规定予以没收。

对违反本条例规定的轻微违法等行为，符合《中华人民共和国行政处罚法》规定情形的，依法不予行政处罚。依法不予行政处罚的，应当对当事人进行教育。市城管执法部门应当会同市绿化市容部门根据管理现状、执法实际，制定轻微违法行为依法不予行政处罚清单。

**第六十八条** 本条例自 2022 年 12 月 1 日起施行。

# 上海市劳动合同条例

（2001 年 11 月 15 日上海市第十一届人民代表大会
常务委员会第三十三次会议通过）

## 第一章 总 则

**第一条** 为了调整劳动关系，建立和维护适应社会主义市场经济的劳动合同制度，根据《中华人民共和国劳动法》和有关法律、行政法规，结合本市实际情况，制定本条例。

**第二条** 在本市行政区域内的企业、个体经济组织，以及国家机关、事业单位、社会团体等用人单位（以下统称用人单位）与劳动者建立或者形成劳动合同关系的，适用本条例。

**第三条** 劳动合同是劳动者与用人单位确立劳动关系、明确双方权利和义务的协议。

**第四条** 劳动合同应当以书面形式订立，但本条例有特别规定的除外。

**第五条** 订立和变更劳动合同，应当遵循平等自愿、协商一致的原则，并且符合法律、法规和有关规章的规定。

劳动合同依法订立即具有法律约束力，当事人必须履行劳动合同规定的义务。

**第六条** 工会应当为劳动者提供劳动合同方面的指导、帮助，对用人单位履行劳动合同的情况进行监督。用人单位侵犯劳动者合法权益的，工会应当代表劳动者与用人单位交涉，依法维护劳动者在订立和履行劳动合同中的合法权益。

**第七条** 劳动保障行政部门对劳动合同制度的实施，负有指导和监督检查的职责。

## 第二章 劳动合同的订立

**第八条** 劳动者在订立劳动合同前，有权了解用人单位相关的规章制度、劳动条件、劳动报酬等情况，用人单位应当如实说明。

用人单位在招用劳动者时，有权了解劳动者健康状况、知识技能和工作经历等情况，劳动者应当如实说明。

**第九条** 劳动合同文本可以由用人单位提供，也可以由用人单位与劳动者共同拟订。由用人单位提供的合同文本，应当遵循公平原则，不得损害劳动者的合法权益。

劳动合同应当用中文书写，也可以同时用外文书写，双方当事人另有约定的，从其约定。同时用中、外文书写的劳动合同文本，内容不一致的，以中文劳动合同文本为准。劳动合同一式两份，当事人各执一份。

**第十条** 劳动合同应当具备以下条款：

（一）劳动合同期限；

（二）工作内容；

（三）劳动保护和劳动条件；

（四）劳动报酬；

（五）劳动纪律；

（六）劳动合同终止的条件；

（七）违反劳动合同的责任。

劳动合同除前款规定的必备条款外，当事人可以协商约定其他内容。

**第十一条** 劳动合同的期限分为有固定期限、无固定期限和以完成一定的工作为期限。劳动合同期限由用人单位和劳动者协商确定。

**第十二条** 劳动合同自双方当事人签字之日起生效，当事人对生效的期限或者条件有约定的，从其约定。

**第十三条** 劳动合同当事人可以约定试用期。劳动合同期限不满六个月的，不得设试用期；满六个月不满一年的，试用期不得超过一个月；满一年不满三年的，试用期不得超过三个月；满三年的，试用期不得超过六个月。

劳动合同当事人仅约定试用期的，试用期不成立，该期限即为劳动合同期限。

**第十四条** 劳动合同当事人可以对由用人单位出资招用、培训或者提供其他特殊待遇的劳动者的服务期作出约定。

**第十五条** 劳动合同当事人可以在劳动合同中约定保密条款或者单独签订保密协议。商业秘密进入公知状态后，保密条款、保密协议约定的内容自行失效。

对负有保守用人单位商业秘密义务的劳动者，劳动合同当事人可以就劳动者要求解除劳动合同的提前通知期在劳动合同或者保密协议中作出约定，但提前通知期不得超过六个月。在此期间，用人单位可以采取相应的脱密措施。

**第十六条** 对负有保守用人单位商业秘密义务的劳动者，劳动合同当事人可以在劳动合同或者保密协议中约定竞业限制条款，并约定在终止或者解除劳动合同后，给予劳动者经济补偿。竞业限制的范围仅限于劳动者在离开用人单位一定期限内不得自营或者为他人经营与原用人单位有竞争的业务。竞业限制的期限由劳动合同当事人约定，最长不得超过三年，但法律、行政法规另有规定的除外。

劳动合同双方当事人约定竞业限制的，不得再约定解除劳动合同的提前通知期。

竞业限制的约定不得违反法律、法规的规定。

**第十七条** 劳动合同对劳动者的违约行为设定违约金的，仅限于下列情形：

（一）违反服务期约定的；

（二）违反保守商业秘密约定的。

违约金数额应当遵循公平、合理的原则约定。

**第十八条** 劳动合同约定的劳动条件和劳动报酬等标准，不得低于集体合同的规定；低于集体合同规定的，适用集体合同的规定。

集体合同按照有关法律、法规的规定签订。

**第十九条** 劳动合同期满，经当事人协商一致，可以续订劳动合同。续订劳动合同不得约定试用期。

**第二十条** 有下列情形之一的，劳动合同无效：

（一）违反法律、行政法规的；

（二）采取欺诈、威胁等手段订立的。

无效的劳动合同，自订立的时候起，就没有法律约束力。确认劳动合同部分无效的，如果不影响其余部分的效力，其余部分仍然有效。

劳动合同的无效，由劳动争议仲裁委员会或者人民法院确认。

**第二十一条** 用人单位与劳动者建立劳动合同关系，应当向劳动保障行政部门指定的经办机构办理用工登记手续。

## 第三章 劳动合同的履行和变更

**第二十二条** 劳动合同当事人应当按照合同约定的起始时间履行劳动合同。

劳动合同约定的起始时间与实际履行的起始时间不一致的，按实际履行的起始时间确认。

**第二十三条** 变更劳动合同，应当经双方当事人协商一致，并采用书面形式。当事人协商不成的，劳动合同应当继续履行，但法律、法规另有规定的除外。

**第二十四条** 用人单位合并、分立的，劳动合同由合并、分立后的用人单位继续履行；经劳动合同当事人协商一致，劳动合同可以变更或者解除；当事人另有约定的，从其约定。

**第二十五条** 签订劳动合同的用人单位和实际使用劳动者的单位不一致的，用人单位可以与实际使用劳动者的单位约定，由实际使用劳动者的单位承担或者部分承担对劳动者的义务。实际使用劳动者的单位未按照约定承担对劳动者的义务的，用人单位应当承担对劳动者的义务。

**第二十六条** 劳动合同期限内，有下列情形之一的，劳动合同中止履行：

（一）劳动者应征入伍或者履行国家规定的其他法定义务的；

（二）劳动者暂时无法履行劳动合同的义务，但仍有继续履行条件和可能的；

（三）法律、法规规定的或者劳动合同约定的其他情形。

劳动合同中止情形消失的，劳动合同继续履行，但法律、法规另有规定的除外。

**第二十七条** 应当订立书面劳动合同而未订立，但劳动者按照用人单位要求履行了劳动义务的，当事人的劳动合同关系成立，劳动者的劳动报酬和劳动条件，按照下列规定确认：

（一）劳动报酬和劳动条件高于用人单位规章制度、集体合同规定或者法定劳动标准相应内容的，按照实际已经履行的内容确认；

（二）劳动报酬和劳动条件低于用人单位规章制度、集体合同或者法定劳动标准的，按照有利于劳动者的原则确认。

**第二十八条** 劳动合同的部分内容不符合法定劳动标准的，用人单位应当按照法定劳动标准承担义务，并依法对劳动合同中不符合法定劳动标准部分予以修改。

## 第四章 劳动合同的解除和终止

**第二十九条** 经劳动合同当事人协商一致，劳动合同可以解除。

**第三十条** 劳动者解除劳动合同，应当提前三十日以书面形式通知用人单位。

**第三十一条** 有下列情形之一的，劳动者可以随时通知用人单位解除劳动合同：

（一）在试用期内的；

（二）用人单位以暴力、威胁或者非法限制人身自由的手段强迫劳动的；

（三）用人单位未按照劳动合同约定支付劳动报酬或者提供劳动条件的。

**第三十二条** 有下列情形之一的，用人单位可以解除劳动合同，但是应当提前三十日以书面形式通知劳动者本人：

（一）劳动者患病或者非因工负伤，医疗期满后，不能从事原工作也不能从事由用人单位另行安排的工作的；

（二）劳动者不能胜任工作，经过培训或者调整工作岗位仍不能胜任工作的；

（三）劳动合同订立时所依据的客观情况发生重大变化，致使原劳动合同无法履行，经当事人协商不能就变更劳动合同达成协议的。

用人单位解除合同未按规定提前三十日通知劳动者的，自通知之日起三十日内，用人单位应当对劳动者承担劳动合同约定的义务。

**第三十三条** 劳动者有下列情形之一的，用人单位可以随时解除劳动合同：

（一）在试用期间被证明不符合录用条件的；

（二）严重违反劳动纪律或者用人单位规

章制度的；

（三）严重失职，营私舞弊，对用人单位利益造成重大损害的；

（四）被依法追究刑事责任的；

（五）法律、法规规定的其他情形。

**第三十四条** 劳动者有下列情形之一的，用人单位不得依据本条例第三十二条、第三十五条的规定解除劳动合同：

（一）患职业病或者因工负伤并被确认丧失或者部分丧失劳动能力的；

（二）患病或者负伤，在规定的医疗期内的；

（三）女职工在孕期、产期、哺乳期内的；

（四）法律、法规规定的其他情形。

**第三十五条** 用人单位确需依法裁减人员的，应当向工会或者全体职工说明情况，听取意见。用人单位的裁员方案应当在与工会或者职工代表协商采取补救措施的基础上确定，并向劳动保障行政部门报告。

用人单位实施裁员方案，应当提前三十日通知工会和劳动者本人。

用人单位依据本条规定裁减人员，在六个月内录用人员的，应当优先录用被裁减的人员。

**第三十六条** 用人单位单方面解除职工劳动合同时，应当事先将理由通知工会，工会认为用人单位违反法律、法规和有关合同，要求重新研究处理时，用人单位应当研究工会的意见，并将处理结果书面通知工会。

**第三十七条** 有下列情形之一的，劳动合同终止：

（一）劳动合同期满的；

（二）当事人约定的劳动合同终止条件出现的；

（三）用人单位破产、解散或者被撤销的；

（四）劳动者退休、退职、死亡的。

劳动合同当事人实际已不履行劳动合同满三个月的，劳动合同可以终止。

劳动者患职业病、因工负伤，被确认为部分丧失劳动能力，用人单位按照规定支付伤残就业补助金的，劳动合同可以终止。

**第三十八条** 劳动者患职业病或者因工负伤，被确认为完全或者大部分丧失劳动能力的，用人单位不得终止劳动合同，但经劳动合同当事人协商一致，并且用人单位按照规定支付伤残就业补助金的，劳动合同也可以终止。

**第三十九条** 劳动合同期满或者当事人约定的劳动合同终止条件出现，劳动者有下列情形之一的，同时不属于本条例第三十三条第（二）项、第（三）项、第（四）项规定的，劳动合同期限顺延至下列情形消失：

（一）患病或者负伤，在规定的医疗期内的；

（二）女职工在孕期、产期、哺乳期内的；

（三）法律、法规、规章规定的其他情形。

**第四十条** 应当订立劳动合同而未订立的，劳动者可以随时终止劳动关系。

应当订立劳动合同而未订立的，用人单位提出终止劳动关系，应当提前三十日通知劳动者，但劳动者具有第三十九条规定情形之一的，劳动关系应当顺延至该情形消失。

**第四十一条** 劳动合同解除或者终止，用人单位应当出具解除或者终止劳动合同关系的有效证明。

劳动者可以凭有效证明材料，直接办理失业登记手续。

**第四十二条** 有下列情形之一的，用人单位应当根据劳动者在本单位工作年限，每满一年给予劳动者本人一个月工资收入的经济补偿：

（一）用人单位依据本条例第二十九条规定提出与劳动者解除劳动合同的；

（二）劳动者依据本条例第三十一条第（二）项、第（三）项规定解除劳动合同的；

（三）用人单位依据本条例第三十二条第一款第（二）项解除劳动合同的；

（四）用人单位依据本条例第三十二条第一款第（一）项、第（三）项的规定解除劳动合同的；

（五）用人单位依据本条例第三十五条规定解除劳动合同的；

（六）用人单位依据本条例第三十七条第

(三)项规定终止劳动合同的。

有前款第(一)项、第(二)项、第(三)项规定情形之一的,补偿总额一般不超过劳动者十二个月的工资收入,但当事人约定超过的,从其约定。

**第四十三条** 劳动合同约定的终止条件和本条例规定的解除条件相同的,用人单位应当依照本条例相应的解除合同的补偿标准,给予劳动者经济补偿。

**第四十四条** 用人单位根据本条例第三十二条第一款第(一)项的规定解除劳动合同的,除按规定给予经济补偿外,还应当给予不低于劳动者本人六个月工资收入的医疗补助费。

**第四十五条** 本条例第四十二条、第四十四条中的工资收入按劳动者解除或者终止劳动合同前十二个月的平均工资收入计算,劳动者月平均工资收入低于本市职工最低工资标准的,按本市职工最低工资标准计算。

本条例第四十二条中的本单位工作年限,满六个月不满一年的,按一年计算。

## 第五章 非全日制劳动合同的特别规定

**第四十六条** 非全日制劳动合同是劳动者与用人单位约定的以小时作为工作时间单位确立劳动关系的协议。

劳动者与一个或者一个以上用人单位确立非全日制劳动合同关系的,劳动者与每个用人单位约定的每日、每周或者每月工作时间,应当分别在法定工作时间的百分之五十以下。

劳动者在多个用人单位的工作时数总和,不得超过法定最高工作时数。

**第四十七条** 订立非全日制劳动合同可以采用书面形式,也可以采用其他形式。劳动合同当事人一方提出采用书面形式的,应当采用书面形式。

**第四十八条** 非全日制劳动合同当事人未约定用工期限的,任何一方均可以随时通知对方终止劳动关系。

**第四十九条** 非全日制劳动合同当事人可以对劳动时间、工作内容、劳动报酬及支付形式、保守用人单位商业秘密等内容进行约定。

**第五十条** 非全日制劳动者的劳动报酬按小时计算。

劳动报酬包括小时工资收入和法律、法规规定应当缴纳的社会保险费等。

**第五十一条** 用人单位使用非全日制劳动者,在劳动过程中造成劳动者工伤或者患职业病的,应当承担相应责任。

**第五十二条** 非全日制劳动者的最低小时工资标准,由上海市劳动和社会保障局报经市人民政府批准后公布。最低小时工资标准的确定,应当综合考虑非全日制工作的职业稳定、福利待遇等因素。

非全日制用工形式的社会保险费的缴纳办法,由市人民政府另行制订。

**第五十三条** 本条例第二章、第三章、第四章中的规定,不适用于非全日制的劳动合同,但第八条、第二十条和第二十一条除外。

## 第六章 法律责任

**第五十四条** 由于劳动合同一方当事人的原因导致劳动合同无效或者部分无效,给对方造成损害的,应当承担赔偿责任。

**第五十五条** 劳动合同当事人违反劳动合同的,应当承担相应的责任。给对方造成经济损失的,应当承担赔偿责任。

劳动合同双方当事人都违反劳动合同的,应当各自承担相应的责任。

**第五十六条** 用人单位未按照本条例规定与劳动者订立书面劳动合同的,由劳动保障行政部门责令限期改正,并可以按每人五百至一千元处以罚款。

**第五十七条** 用人单位使用劳动者不按照本条例规定办理用工登记手续的,由劳动保障行政部门责令限期补办;逾期不办的,按每人五百元处以罚款。

**第五十八条** 劳动合同当事人发生劳动争议,依照劳动争议处理规定处理。

**第五十九条** 劳动合同当事人对劳动保障行政部门作出的具体行政行为不服的，可以依照《中华人民共和国行政复议法》或者《中华人民共和国行政诉讼法》的规定，申请行政复议或者提起行政诉讼。

## 第七章 附 则

**第六十条** 法律、行政法规对适用签订劳动合同的主体有特别规定的，按照有关规定执行。

**第六十一条** 本条例实施前已经履行的劳动合同，当时的地方性法规、市人民政府的规章对劳动合同当事人的义务有明确规定的，本条例实施后，劳动合同当事人应当继续执行；当时的地方性法规、市人民政府的规章没有明确规定的，按照本条例的规定执行。

本条例实施后，外商投资企业与劳动者新订立的劳动合同，不再适用《上海市外商投资企业劳动人事管理条例》中关于劳动合同的规定。

**第六十二条** 本条例自2002年5月1日起施行。

# 上海市标准化条例

（2001年12月28日上海市第十一届人民代表大会常务委员会第三十五次会议通过 2019年7月25日上海市第十五届人民代表大会常务委员会第十三次会议修订）

## 第一章 总 则

**第一条** 为了加强本市标准化工作，提升产品和服务质量，促进科技进步和技术创新，提高经济社会发展水平，根据《中华人民共和国标准化法》等法律、行政法规，结合本市实际，制定本条例。

**第二条** 本市行政区域内标准的制定、实施及其监督管理等活动，适用本条例。法律、行政法规和国务院决定另有规定的，从其规定。

**第三条** 市、区人民政府应当将标准化工作纳入本级国民经济和社会发展规划，将标准化工作经费纳入本级预算，制定政策措施，推进标准化体系建设。

市人民政府建立标准化协调机制，统筹推进本市标准化重大改革和政策制定，协调标准化工作重大事项。

区人民政府可以根据工作需要，建立标准化协调机制，统筹协调本行政区域内标准化工作重大事项。

**第四条** 市标准化行政主管部门统一管理本市标准化工作。市有关行政管理部门分工管理本部门、本行业的标准化工作。

区标准化行政主管部门统一管理本行政区域内的标准化工作。区有关行政管理部门分工管理本部门、本行业的标准化工作。

**第五条** 本市持续深化标准化工作改革创新，优化标准化工作机制，提升标准化公共服务水平。

鼓励加大标准化服务的市场供给力度，加快培育标准化服务机构，引导企业、社会团体和教育、科研机构等参与标准化服务，完善标准化服务生态体系；推进标准化服务业与相关产业融合发展，营造标准化服务业良好市场环境。

**第六条** 对在本市标准化工作中做出显著成绩的单位和个人，按照国家和本市有关规定给予表彰和奖励。

鼓励企业、社会团体和教育、科研机构等根据本单位实际，将参与标准制定情况纳入个人职称评价指标，作为申报专业技术资格的业绩成果。

对于创造显著经济社会效益的标准创新成果，纳入本市科学技术奖励的评奖范围。

## 第二章 标准的制定

**第七条** 制定标准应当有利于科学合理利用资源，推广科学技术成果，引导产业转型升级和模式创新，提升社会治理和公共服务水平，提高经济效益、社会效益、生态效益，做到安全上可行、技术上先进、经济上合理。

**第八条** 地方标准、团体标准、企业标准以及地方标准化指导性技术文件的技术要求不得低于强制性标准的相关技术要求。

禁止利用标准以及地方标准化指导性技术文件，实施妨碍商品、服务自由流通等排除、限制市场竞争的行为。

**第九条** 为适应本市经济社会高质量发展，对需要在农业、工业、服务业、社会事业等领域满足本市自然条件、风俗习惯等特殊技术要求的，市标准化行政主管部门可以制定地方标准。

**第十条** 市标准化行政主管部门应当每年发布地方标准立项指南，公开征集地方标准立项建议。单位和个人可以按照地方标准立项指南的要求，向市标准化行政主管部门或者市有关行政管理部门提出地方标准立项建议。

市有关行政管理部门在汇总、研究立项建议的基础上，根据本部门、本行业实际需求，向市标准化行政主管部门提出地方标准立项申请。

市标准化行政主管部门应当组织开展立项论证，编制地方标准制定项目计划，并向社会公布。

为保障重大公众利益，或者应对突发事件，需要及时出台地方标准的，可以快速立项，优先制定。

**第十一条** 技术归口单位应当在市有关行政管理部门的指导下，组织开展地方标准的预先研究，并在广泛征求利益相关方和社会公众意见的基础上，完成地方标准的起草、技术审查等工作。

市标准化行政主管部门应当组织对地方标准草案进行审查，审查通过的，市标准化行政主管部门统一负责编号和发布，并报国务院标准化行政主管部门备案；审查不通过的，应当书面说明理由。

**第十二条** 对暂不具备制定地方标准条件，又需要统一技术要求的，市有关行政管理部门、区人民政府根据经济社会发展的需要，可以参照地方标准制定程序，制定地方标准化指导性技术文件。地方标准化指导性技术文件应当报市标准化行政主管部门备案。

地方标准化指导性技术文件的内容不得涉及公民、法人或者其他组织的权利义务。

地方标准化指导性技术文件的有效期最长不超过三年。对具备制定地方标准条件的，应当及时制定地方标准。

**第十三条** 制定团体标准应当以满足市场和创新需要为目标，聚焦新技术、新产业、新业态和新模式，填补标准空白。鼓励社会团体制定高于推荐性标准相关技术要求和具有国际先进水平的团体标准。

团体标准制定程序包括立项、征求意见、技术审查等环节。在征求意见环节，应当充分听取利益相关方意见；涉及人身安全、生态环境安全、消费者权益保护等社会公共利益的，应当向社会公开征求意见。

市标准化行政主管部门应当会同市有关行政管理部门对团体标准的制定进行规范、引导和监督。

**第十四条** 企业可以根据需要自行制定企业标准，或者与其他企业联合制定企业标准，作为组织生产、销售、提供服务的依据。鼓励企业制定高于推荐性标准相关技术要求和具有国际先进水平的企业标准，引导企业将科技创新成果转化为企业标准。

外商投资企业在标准化工作中，与内资企业享有同等待遇，并应当遵守法律、法规、规章及有关规定。

企业、社会团体之外的教育、科研机构等单位制定本单位产品、服务、管理标准的，可以参照企业标准的有关规定执行。

**第十五条** 团体标准、企业标准的核心要素和关键技术指标达到国际、国内先进水平，实施效果显著的，可以在标准化工作奖励或者政府质量奖评选等方面予以激励。

**第十六条** 市标准化行政主管部门和有关行政管理部门应当采取措施，推动将地方标准上升为国家标准、国际标准；推进军民标准的衔接转化，提升军民标准的兼容性。

团体标准、企业标准实施取得良好经济社会效益的，在制定地方标准时，可以予以参考或者采用。

## 第三章 标准的实施

**第十七条** 市标准化行政主管部门应当向社会免费公开地方标准文本。

地方标准实施中需要解释的，由市标准化行政主管部门会同有关行政管理部门负责解释。

**第十八条** 社会团体、企业应当向社会承诺其公开的标准符合法律、法规、规章和强制性标准的要求，符合国家和本市有关产业政策规定，并对公开信息的合法性、真实性负责。

企业应当公开其执行标准的编号、名称等信息；企业执行其自行制定的企业标准的，还应当公开产品、服务的功能指标和产品的性能指标。

鼓励团体标准、企业标准通过国家标准信息公共服务平台、本市全流程一体化在线政务服务平台向社会公开。

**第十九条** 强制性标准必须执行。不符合强制性标准的产品、服务，不得生产、销售、进口或者提供。

**第二十条** 市有关行政管理部门对其提出立项申请并组织起草的地方标准，应当采取配套措施，推进地方标准的实施，加强地方标准的宣传，发挥地方标准在宏观调控、市场监管、生态环境保护、社会治理、公共服务等领域的促进作用。

**第二十一条** 团体标准由本团体成员约定采用或者按照本团体的规定供社会自愿采用。社会团体可以通过自律公约等方式，推动团体标准的应用与推广。

市、区有关部门可以根据工作实际需要，在政府采购、社会治理等工作中将团体标准作为技术参考。

**第二十二条** 企业应当严格执行其自我声明公开的标准，其产品、服务的功能指标和产品的性能指标等应当符合其公开执行标准的技术要求。

鼓励企业主动接受社会监督，向社会公开其企业标准的实施情况以及相关检测报告、认证证书等验证信息。

**第二十三条** 市有关行政管理部门应当及时对地方标准实施情况进行汇总分析。市标准化行政主管部门应当建立标准实施信息反馈和评估机制，并根据反馈和评估情况，定期组织开展地方标准复审，复审周期一般不超过三年。

复审周期届满六个月前，市有关行政管理部门应当对地方标准的实施情况开展评估，形成地方标准继续有效、修订或者废止的复审建议，报市标准化行政主管部门。

团体标准、企业标准的制定单位应当定期组织开展复审，复审周期一般不超过五年。

**第二十四条** 本市支持开展标准化试点示范和标准化公益宣传活动，传播标准化理念，推广标准化经验，推动全社会运用标准化方式组织生产、经营、管理和服务。

市标准化行政主管部门和有关行政管理部门应当加强标准化专业人才、管理人才的培养和教育培训，将标准化理论与实务纳入领导干部培训课程。

鼓励教育、科研机构等单位开设标准化课程或者开展相关培训，推动标准化教育的普及。

**第二十五条** 本市推行“上海标准”标识制度。本市制定的地方标准、团体标准、企业标准，经自愿申请和第三方机构评价，符合国内领先、国际先进要求的，可以在标准文本上使用“上海标准”标识。

“上海标准”评价的技术规范，由市标准化

行政主管部门指导第三方机构制定。

## 第四章 标准国际化和区域合作

**第二十六条** 本市在制定地方标准、团体标准、企业标准和推动“上海品牌”认证过程中，鼓励对照国际标准和国外先进标准，构建与国际接轨的先进标准体系；充分发挥市场的作用，推进标准实施，提升产品和服务质量。

**第二十七条** 本市积极推动参与制定国际标准，培育、推动本市地方标准、团体标准和企业标准转化为国际标准。

市标准化行政主管部门应当会同有关行政管理部门完善本市国际标准化工作机制，在国家有关部门指导下，加强与国际标准化组织和其他国家标准化组织的合作交流，推动国际标准化技术机构落户上海，主动参与国际标准化工作。

本市支持企业、社会团体和教育、科研机构在国际标准化双(多)边活动中，开展标准化交流合作，提高本市标准国际化水平。

**第二十八条** 市标准化行政主管部门应当建立健全与全国专业标准化技术委员会和相关国际标准化技术委员会的对接机制，会同有关行政管理部门根据本市的优势和特色，推动提出国际标准新工作项目、新技术工作领域等方面的提案建议。

**第二十九条** 市人民政府应当根据国家有关规定，与长三角区域相关省建立标准化协调合作机制，定期协商区域内标准化重大事项，促进市场体系一体化建设，实现区域经济、社会、环境协调发展。

**第三十条** 市标准化行政主管部门应当会同有关行政管理部门在市人民政府的统一部署下，推动建立区域协同标准体系，通过采用经评价符合先进性要求的标准，推进长三角地区高质量一体化发展。

市标准化行政主管部门应当会同有关行政管理部门加强跨省际规划衔接、重大基础设施建设、环保联防联控、产业结构布局调整等领域的合作交流，优先在信用、旅游、交通、环境保护等方面推动标准共享和互认。

**第三十一条** 市标准化行政主管部门和有关行政管理部门应当指导本市的社会团体、企业联合其他区域的社会团体、企业开展标准化合作，提高产业协同效率。

## 第五章 监管和服务

**第三十二条** 市、区标准化行政主管部门、有关行政管理部门依据法定职责，对标准的制定情况进行指导和监督，对标准的实施进行监督检查。

**第三十三条** 市标准化行政主管部门对地方标准制定项目计划的执行情况进行跟踪检查，对有关行政管理部门开展评估、复审等情况进行指导和监督。

**第三十四条** 市标准化行政主管部门对本市地方标准化技术委员会实行统一规划、组建和管理。地方标准化技术委员会的组成人员应当体现广泛性、代表性和专业性。

市标准化行政主管部门和有关行政管理部门应当督促地方标准化技术委员会按照规定的时限、程序，完成地方标准的起草、技术审查等工作。市标准化行政主管部门可以委托相关标准化专业机构对地方标准化技术委员会进行考核评价。

**第三十五条** 市、区标准化行政主管部门和有关行政管理部门应当依照法定职责，对团体标准和企业标准的制定和实施进行事中事后监管，发现有关社会团体、企业未按照规定开展标准制定、自我声明公开等工作的，可以通过发送警示函、约谈等方式，督促其整改。

**第三十六条** 任何单位和个人有权对标准的制定和实施情况进行监督，向市、区标准化行政主管部门或者有关行政管理部门投诉、举报违反本条例的行为。

市、区标准化行政主管部门和有关行政管理部门应当向社会公开受理举报、投诉的渠道，并依法、及时进行核实、处理和答复。

**第三十七条** 市标准化行政主管部门应当

会同有关行政管理部门每年发布本市标准化工作白皮书，公布下列内容：

（一）标准化工作总体情况；

（二）地方标准的制定实施情况；

（三）团体标准、企业标准的自我声明公开情况；

（四）标准化技术委员会建设情况；

（五）标准化区域合作情况；

（六）参与国际、国家标准化活动情况；

（七）其他需要公布的情况。

**第三十八条** 市标准化行政主管部门应当运用互联网、人工智能等信息化手段，持续优化标准化政务服务办事流程，提供便利的标准文献信息查询等公共服务。

本市鼓励企业、社会团体和教育、科研机构等参与国家标准、行业标准和国际标准的制定、修订等标准化工作，利用自身专业优势提供技术服务。

## 第六章 法律责任

**第三十九条** 违反本条例规定的行为，法律、法规有处罚规定的，依照其规定处理。

**第四十条** 市有关行政管理部门违反本条例有关规定，擅自发布地方标准的，由市标准化行政主管部门责令其及时撤回、消除影响。

**第四十一条** 地方标准化技术委员会未按照规定的时限、程序完成标准起草、技术审查等工作的，由市标准化行政主管部门责令限期改正，在限期改正期间不得承担新的地方标准制定、修订任务；情节严重的，市标准化行政主管部门可以调整或者撤销该地方标准化技术委员会。

**第四十二条** 市、区标准化行政主管部门、有关行政管理部门工作人员在标准化工作中玩忽职守、滥用职权、徇私舞弊的，依法给予处分；构成犯罪的，依法追究刑事责任。

## 第七章 附　　则

**第四十三条** 本条例所称的技术归口单位，是指由市标准化行政主管部门在一定专业领域内组建的标准化技术委员会；未组建标准化技术委员会的，是指该领域的市有关行政管理部门，或者其委托的具备相应能力的专业技术机构。

本条例所称的地方标准化技术委员会，是指由市标准化行政主管部门统一组建，在一定专业领域内，从事标准起草和技术审查等标准化工作的非法人技术组织。

本条例所称的地方标准化指导性技术文件，是指为仍处于技术发展过程中的标准化工作提供指南，供科研、设计、生产、使用和管理等人员参考使用的文件。

**第四十四条** 本条例自 2019 年 10 月 1 日起施行。

# 上海市专利保护条例

（2001 年 12 月 28 日上海市第十一届人民代表大会
常务委员会第三十五次会议通过）

## 第一章 总　　则

**第一条** 为了保护发明创造专利权，保障专利权人的合法权益，促进技术创新，维护市场经济秩序，根据《中华人民共和国专利法》、《中华人民共和国专利法实施细则》和其他有关法律、行政法规，结合本市实际情况，制定本条例。

**第二条** 本市行政区域内的专利管理、专利纠纷的行政处理和调解以及有关专利违法行为的查处等专利保护活动，适用本条例。

**第三条** 市和区（县）人民政府应当加强对专利工作的领导，提高全社会的专利意识，严格执行有关专利保护的法律、法规，维护专利权人的合法权益。

**第四条** 上海市知识产权局（以下简称市知识产权局）是本市专利工作的行政主管部门，负责本市行政区域内的专利管理工作并组织实施本条例。

区（县）人民政府管理专利工作的部门依照本条例的规定，在市知识产权局的指导下，开展有关专利工作。

其他有关行政部门应当按照各自职责，做好专利保护工作。

**第五条** 有关行业协会应当鼓励会员申请和实施专利，督促会员尊重他人专利权，支持会员维护自主专利权，并为会员提供专利咨询服务。

**第六条** 任何单位或者个人有权向专利管理部门或者其他有关部门举报专利违法行为。

## 第二章 专利管理

**第七条** 市知识产权局和区（县）人民政府管理专利工作的部门（以下统称专利管理部门）以及其他有关行政部门应当指导企业、事业单位开展专利保护工作，引导企业、事业单位建立和完善专利管理制度。

**第八条** 鼓励单位和个人将符合专利申请条件的发明创造及时申请国内外专利。

**第九条** 鼓励企业、事业单位和个人在技术开发、进出口贸易或者以专利权作价出资设立企业时，自行或者委托从事专利服务的中介机构开展专利检索。

具有下列情形之一且涉及专利技术的，申请人或者申报人应当向有关行政部门提交专利检索报告；申请人或者申报人不提交的，有关行政部门不予立项、认定或者授奖：

（一）申请政府资助的研究开发或者技术改造项目；

（二）申报市高新技术成果转化项目；

（三）申报市科学技术进步奖项目。

**第十条** 职务发明创造申请专利的权利属于本单位；申请被批准后，该单位为专利权人。

被授予专利权的单位应当依照法律、法规的规定，对职务发明创造的发明人或者设计人，给予奖励；自行实施专利或者许可他人实施专利的，应当依照法律、法规的规定，给予职务发明创造的发明人或者设计人报酬；转让专利权的，应当参照许可他人实施专利的规定，给予职务发明创造的发明人或者设计人报酬。

奖励或者报酬可以现金、股份、股权收益或者当事人约定的其他形式给付，给付的数量、时间和方式，由当事人约定。奖励或者报酬不得低于法律、法规规定的最低标准。

**第十一条** 从事专利代理、专利检索、专利评估、专利许可贸易等专利服务的中介机构应当具备相应资质，依法办理登记注册手续后，方可从事专利中介服务。登记注册机构应当将登记注册的有关情况抄送市知识产权局。市知识产权局应当加强对从事专利服务的中介机构的指导与监督。

从事专利服务的中介机构及其工作人员应当遵守法律、法规的规定，独立、客观、公正地开展中介服务，不得出具虚假报告，不得与当事人串通牟取不正当利益，不得损害专利权人、其他当事人的合法权益或者社会公共利益。

**第十二条** 展览会、展示会、推广会、交易会等会展的举办者对标有专利标记的参展产品或者技术，可以查验其专利证书或者专利许可合同。对未能提供专利证书或者专利许可合同的，举办者可以拒绝其以专利产品、专利技术的名义进场参展。

会展的举办者发现有假冒他人专利或者冒充专利行为的，有权向专利管理部门举报。

**第十三条** 专利管理部门应当加强专利信息网络建设，为社会提供专利保护信息服务和其他相关专利信息服务。

**第十四条** 市知识产权局和有关部门应当加强专利管理和专利服务人员的培训工作。

## 第三章 专利纠纷的行政处理和调解

**第十五条** 任何单位或者个人不得非法实施他人专利或者为非法实施他人专利提供生产经营的便利。

**第十六条** 未经专利权人许可实施其专利，引起侵权纠纷的，专利权人或者利害关系人可以依照法律、法规的规定，向人民法院提起民事诉讼，或者请求市知识产权局处理。

当事人向市知识产权局请求处理的，市知识产权局应当依法受理。

**第十七条** 请求市知识产权局处理专利侵权纠纷的，应当符合下列条件：

（一）请求人与专利侵权纠纷有直接的利害关系；

（二）有明确的被请求人，具体的请求事项、事实；

（三）当事人均未向人民法院提起诉讼；

（四）属于市知识产权局管辖范围的受理事项。

**第十八条** 请求市知识产权局处理专利侵权纠纷的，应当提交专利侵权纠纷处理请求书和有关证据。

**第十九条** 市知识产权局应当自收到专利侵权纠纷处理请求书和有关证据之日起五日内，作出是否受理的决定，并书面通知请求人。提交的材料不全的，市知识产权局可以要求请求人在规定的时间内予以补全。

**第二十条** 市知识产权局应当自受理专利侵权纠纷后的五日内，将请求书副本发送被请求人。被请求人应当自收到请求书副本后的十五日内提交答辩书和有关证据。

被请求人未提交答辩书和有关证据的，不影响处理程序的进行。

**第二十一条** 市知识产权局处理专利侵权纠纷时，可以根据双方当事人的意愿先行调解。调解达成协议的，市知识产权局应当制作调解书。当事人不愿调解或者调解不成的，市知识产权局认定专利侵权行为成立，应当作出责令侵权人停止侵权的处理决定；认定专利侵权行为不成立，应当书面告知当事人。市知识产权局认定专利侵权行为不成立的，当事人也可以依法提起民事诉讼。

**第二十二条** 市知识产权局在作出专利侵权纠纷处理决定前，应当对有关证据予以核实。

市知识产权局可以根据当事人的请求，调查收集当事人因客观原因不能自行收集的证据。有关单位、个人应当如实提供材料。

市知识产权局在处理专利侵权纠纷时，可以根据当事人的申请或者案情需要，委托有关单位进行技术鉴定。

**第二十三条** 市知识产权局对专利侵权纠纷作出处理决定的，可以采用下列方式制止侵权行为：

（一）对制造专利产品的，责令其停止制造，销毁或者拆解用于制造专利产品的模具、专用设备，并且不得使用、转移已经制造的专利产品或者以任何形式将该产品投放市场；

（二）对使用专利方法的，责令其停止使用，并且不得使用、转移依照专利方法直接获得的产品或者以任何方式将该产品投放市场；

（三）对销售专利产品或者依照专利方法直接获得的产品的，责令其停止销售，并且不得以任何形式转移尚未出售的专利产品或者依照专利方法直接获得的产品；

（四）对许诺销售专利产品或者依照专利方法直接获得的产品的，责令其停止作出销售的意思表示，并且不得进行任何实际销售行为；

（五）对进口专利产品或者依照专利方法直接获得的产品的，对进入本市的产品，责令侵权人不得使用或者以任何方式转移该产品。

采取前款方式不足以制止侵权行为的，市知识产权局可以责令侵权人销毁或者拆解侵权产品。

**第二十四条** 当事人还可以就下列专利纠纷依法请求调解：

（一）侵犯专利权的赔偿数额纠纷；

（二）专利申请权和专利权归属纠纷；

（三）发明人、设计人资格纠纷；

（四）职务发明的发明人、设计人的奖励和报酬纠纷；

（五）在发明专利申请公布后专利权授予前使用发明而未支付适当费用的纠纷。

市知识产权局应当依法调解，调解达成协议的，应当制作调解书；调解不成的，告知当事人依法提起民事诉讼。

## 第四章　有关专利违法行为的查处

**第二十五条**　任何单位或者个人不得假冒他人专利、冒充专利或者为假冒他人专利、冒充专利提供生产经营的便利。

**第二十六条**　市知识产权局应当依法查处假冒他人专利、冒充专利以及为假冒他人专利、冒充专利提供生产经营便利的行为。侵权行为地的区（县）人民政府管理专利工作的部门应当协助查处。

**第二十七条**　市知识产权局对假冒他人专利、冒充专利以及为假冒他人专利、冒充专利提供生产经营便利的行为进行调查时，可以行使下列职权：

（一）询问当事人和证人；

（二）查阅、复制与案件有关的合同、图纸、账册等资料；

（三）现场检查、摄录或者登记保存与案件有关的物品。

专利行政执法人员在调查取证时，应当通知当事人及有关人员到场，并对涉及当事人的商业秘密予以保密。当事人及有关人员应当协助调查，不得拒绝或者阻碍。

## 第五章　法 律 责 任

**第二十八条**　违反本条例第九条第二款规定，对未提供专利检索报告的项目给予立项、认定或者授奖的，由其所在单位或者上级主管部门对直接责任人员依法给予行政处分。

**第二十九条**　违反本条例第十一条第二款规定，由有关行政部门依照法律、法规的规定予以处罚；其中，以出具虚假专利检索报告等方式牟取不正当利益的，由市知识产权局给予警告、没收违法所得，并处以一千元以上一万元以下罚款。

**第三十条**　违反本条例第二十五条规定，假冒他人专利或者冒充专利的，由市知识产权局依照《中华人民共和国专利法》第五十八条、第五十九条规定处罚；构成犯罪的，依法追究刑事责任。

**第三十一条**　违反本条例第二十五条规定，为假冒他人专利或者冒充专利提供生产经营便利的，由市知识产权局责令改正；拒不改正的，没收违法所得，并处以一千元以上一万元以下罚款。

**第三十二条**　当事人对市知识产权局或者其他行政部门的具体行政行为不服的，可以依照《中华人民共和国行政复议法》或者《中华人民共和国行政诉讼法》的规定，申请行政复议或者提起行政诉讼。

当事人对具体行政行为逾期不申请复议，不提起诉讼，又不履行的，作出具体行政行为的行政部门可以申请人民法院强制执行。

**第三十三条**　专利管理部门的工作人员有下列情形之一，尚不构成犯罪的，由其所在单位或者上级主管部门依法给予行政处分，有违法收入的，予以没收：

（一）包庇或者放纵假冒他人专利、冒充专利的单位或者个人的；

（二）向假冒他人专利、冒充专利的单位或者个人通风报信，帮助其逃避查处的；

（三）在专利纠纷调解过程中，偏袒一方，侵害另一方合法权益的；

（四）泄露当事人的商业秘密的；

（五）其他属于滥用职权、玩忽职守、徇私舞弊的。

## 第六章　附　　则

**第三十四条**　本条例自2002年7月1日起施行。

# 上海市精神卫生条例

（2001年12月28日上海市第十一届人民代表大会常务委员会第三十五次会议通过　根据2010年9月17日上海市第十三届人民代表大会常务委员会第二十一次会议《关于修改本市部分地方性法规的决定》修正　2014年11月20日上海市第十四届人民代表大会常务委员会第十六次会议修订）

## 第一章　总　　则

**第一条**　为了发展精神卫生事业，规范和完善精神卫生服务，维护精神障碍患者的合法权益，根据《中华人民共和国精神卫生法》，结合本市实际，制定本条例。

**第二条**　本市行政区域内开展维护和增进市民心理健康、预防和治疗精神障碍、促进精神障碍患者康复等活动，推进精神卫生服务体系建设，适用本条例。

**第三条**　市和区、县人民政府领导精神卫生工作，组织编制精神卫生发展规划并将其纳入国民经济和社会发展规划，建设和完善精神障碍的预防、治疗和康复服务体系，建立健全精神卫生工作协调机制和工作责任制，统筹协调精神卫生工作中的重大事项，对有关部门承担的精神卫生工作进行考核、监督。

乡、镇人民政府和街道办事处根据本地区的实际情况，组织开展预防精神障碍发生、促进精神障碍患者康复等工作。

**第四条**　市卫生计生部门主管本市精神卫生工作。区、县卫生计生部门负责本辖区内的精神卫生工作。

民政、公安、工商行政管理、人力资源社会保障、教育、发展改革、财政、司法行政、规划国土资源等行政部门按照各自职责，协同做好精神卫生工作。

**第五条**　各级残疾人联合会依照法律、法规或者接受政府委托，动员社会力量开展精神卫生工作。

居民委员会、村民委员会依照法律和本条例的规定开展精神卫生工作，并对所在地人民政府开展的精神卫生工作予以协助。

鼓励和支持工会、共产主义青年团、妇女联合会、红十字会、科学技术协会等团体，以及行业协会、慈善组织、志愿者组织、老龄组织等社会组织和个人，依法开展精神卫生工作。

**第六条**　精神障碍患者的人格尊严、人身和财产安全不受侵犯。

精神障碍患者的教育、劳动、医疗以及从国家和社会获得物质帮助等方面的合法权益受法律保护。

学校或者单位不得以曾患精神障碍为由，侵害精神障碍患者康复后享有的合法权益。

**第七条**　精神障碍患者的监护人应当履行监护职责，帮助精神障碍患者及时就诊，照顾其生活，做好看护管理，并维护精神障碍患者的合法权益。

精神障碍患者的家庭成员应当创造和睦、文明的家庭环境，帮助精神障碍患者提高社会适应能力和就学、就业能力。

禁止对精神障碍患者实施家庭暴力，禁止遗弃精神障碍患者。

**第八条**　各级人民政府及其有关部门应当组织医疗机构和专业人员开展精神卫生宣传活动，鼓励和支持各类团体和社会组织普及精神卫生知识，引导公众关注心理健康，提高公众对精神障碍的认知和预防能力。

广播电台、电视台、报刊、互联网站等媒体

应当宣传心理健康和精神障碍预防知识，营造全社会尊重、理解、关爱精神障碍患者的舆论环境。

## 第二章　精神卫生服务体系

**第九条**　本市建立以精神卫生专科医疗机构和精神疾病预防控制机构为主体，设置精神科门诊或者心理治疗门诊的综合性医疗机构、专门从事心理治疗的医疗机构为辅助，社区卫生服务机构、精神障碍患者社区康复机构、精神障碍患者社区养护机构和心理咨询机构等为依托的精神卫生服务体系。

**第十条**　精神卫生服务内容包括：

（一）精神障碍的预防；

（二）心理咨询；

（三）心理治疗以及精神障碍的诊断与治疗；

（四）社区精神康复和慢性精神障碍患者养护；

（五）有助于市民心理健康的其他服务。

**第十一条**　市和区、县精神疾病预防控制机构根据同级卫生计生部门的要求，组织开展精神障碍的预防和监测，社区精神障碍防治工作的指导、评估、培训等工作。

**第十二条**　心理咨询机构为社会公众提供下列心理咨询服务：

（一）一般心理状态与功能的评估；

（二）心理发展异常的咨询与干预；

（三）认知、情绪或者行为问题的咨询与干预；

（四）社会适应不良的咨询与干预；

（五）国家有关部门规定的其他心理咨询服务。

**第十三条**　精神卫生专科医疗机构和设置精神科门诊的综合性医疗机构（以下统称精神卫生医疗机构）开展精神障碍的诊断与治疗服务。

设置心理治疗门诊的综合性医疗机构、专门从事心理治疗的医疗机构开展心理治疗服务。

社区卫生服务机构开展精神障碍的社区预防和康复服务。精神疾病预防控制机构与精神卫生专科医疗机构应当主动向社区卫生服务机构提供相关技术支持。

**第十四条**　精神障碍患者社区康复机构为精神障碍患者提供生活自理能力和社会适应能力等方面的康复训练。

精神障碍患者社区养护机构为生活自理困难的精神障碍患者提供护理和照料服务。

**第十五条**　从事精神卫生服务工作的执业医师、护士、心理治疗师、心理咨询师、康复治疗专业人员和社会工作者等人员应当按照国家和本市的有关规定以及执业规范，从事精神卫生服务。

## 第三章　心理健康促进和精神障碍预防

**第十六条**　乡、镇人民政府和街道办事处可以通过政府购买服务、招募志愿者等方式，组织社会力量和具有精神卫生专业知识的人员，为社区居民提供公益性的心理健康指导。

社区卫生服务机构应当按照卫生计生部门的要求，进行精神障碍的识别和转诊，配合进行精神障碍的早期干预和随访管理。

居民委员会、村民委员会应当协助街道办事处和乡、镇人民政府开展心理健康促进、精神卫生知识宣传教育等活动。社区卫生服务机构应当为居民委员会、村民委员会提供技术指导。

**第十七条**　教育部门应当会同卫生计生部门将学生心理健康教育纳入学校整体教育工作，开展学生心理问题和精神障碍的评估和干预。

学校应当按照本市有关规定，配备或者聘请具有相应专业技术水平的心理健康教育教师、辅导人员，设立校内心理健康教育与咨询机构，对学生开展心理健康监测、心理健康教育和咨询服务，为精神障碍学生接受教育创造条件。学前教育机构应当开展符合幼儿特点的心理健康教育。

鼓励具有专业资质的精神卫生服务机构参与学生心理健康教育工作。

**第十八条** 用人单位应当创造有益于职工身心健康的工作环境，关注职工的心理健康，对处于职业发展特定时期或者在易引发心理健康问题的特殊岗位工作的职工，组织社会力量和专业心理咨询人员，有针对性地开展心理健康教育和服务。

**第十九条** 市卫生计生部门应当设立心理危机干预服务平台，组织开展心理危机干预的服务、监测、教育、培训、技术研究和评估等工作，并为公安、民政、司法行政、教育等行政部门和工会、共产主义青年团、妇女联合会、红十字会等团体以及慈善组织、志愿者组织等社会组织开展相关工作提供技术支持。

医疗机构应当与心理危机干预服务平台建立联系机制。医疗机构的医务人员开展诊疗活动时，发现就诊者需要进行心理危机干预的，应当及时联系其近亲属，并建议接受心理危机干预服务平台的帮助。

**第二十条** 各级人民政府及其有关部门应当建立心理危机干预应急处置的协调机制，将心理危机干预列入突发事件应急预案，组建应急处置队伍，开展心理危机干预应急处置工作。

**第二十一条** 在发生自然灾害、事故灾难、公共卫生事件和社会安全事件等可能影响公众心理健康的突发事件时，市卫生计生部门应当及时组织精神卫生服务机构以及社会组织、志愿者为有需求的公众提供心理援助。

## 第四章 心理咨询机构

**第二十二条** 单位或者个人可以申请设立心理咨询机构，提供心理咨询服务。设立营利性心理咨询机构应当向工商行政管理部门申请登记，取得《营业执照》。设立非营利性心理咨询机构应当向民政部门申请登记，取得《民办非企业单位登记证书》。

工商行政管理部门、民政部门应当按照有关规定，对申请设立心理咨询机构，作出准予登记或者不予登记的决定。作出准予登记决定的，颁发《营业执照》或者《民办非企业单位登记证书》，同时应当抄告卫生计生部门，并由卫生计生部门将心理咨询机构名单向社会公布；作出不予登记决定的，应当书面告知理由。

未经工商行政管理部门或者民政部门登记，不得开展心理咨询服务。

**第二十三条** 心理咨询机构开展心理咨询服务应当符合下列要求：

（一）有固定的提供心理咨询服务的场所；

（二）具备必要的心理测量设施和设备；

（三）有三名以上符合心理咨询师从业要求的咨询人员，其中至少有两名具有心理咨询师二级以上国家职业资格。

**第二十四条** 心理咨询师应当按照心理咨询师国家职业标准的要求，经考试合格取得国家职业资格证书，并在依法设立的心理咨询机构或者精神卫生医疗机构实习一年，经实习单位考核合格后，方可从事心理咨询服务。

心理咨询师实习考核管理办法，由市卫生计生部门另行制定。

**第二十五条** 心理咨询机构应当建立健全内部管理制度，加强自律，依法开展心理咨询服务。

心理咨询机构应当定期对从业人员进行职业道德教育，组织开展业务培训，提高其职业道德素养和业务能力。

心理咨询机构不得安排不符合从业要求的人员提供心理咨询服务。

**第二十六条** 心理咨询机构及其从业人员应当按照法律、法规、规章和执业规范提供心理咨询服务，并遵守下列规定：

（一）向接受咨询者告知心理咨询服务的性质以及相关的权利和义务；

（二）未经接受咨询者同意，不得对咨询过程进行录音、录像，确实需要进行案例讨论或者采用案例进行教学、科研的，应当隐去可能据以辨认接受咨询者身份的有关信息；

（三）发现接受咨询者有伤害自身或者危害他人安全倾向的，应当采取必要的安全措施，防止意外事件发生，并及时通知其近亲属；

（四）发现接受咨询者可能患有精神障碍的，应当建议其到精神卫生医疗机构就诊。

心理咨询人员不得从事心理治疗或者精神障碍的诊断、治疗。

**第二十七条** 卫生计生部门应当规范和促进心理咨询行业协会建设，指导行业协会开展工作。

心理咨询行业协会应当建立健全行业自律的规章制度，督促会员依法开展心理咨询活动，组织开展业务培训，引导行业健康发展。对违反自律规范的会员，行业协会应当按照协会章程的规定，采取相应的惩戒措施。

**第二十八条** 卫生计生部门应当对心理咨询机构提供心理咨询服务进行业务指导，加强监督检查，定期公布检查结果，并根据检查结果实施分类管理。

心理咨询机构应当于每年 3 月 31 日前，向卫生计生部门报告上一年度开展心理咨询业务的情况以及从业人员变动情况。

## 第五章 精神障碍患者的看护、诊断与治疗

**第二十九条** 精神障碍患者的监护人在对精神障碍患者进行看护管理时，应当履行下列职责：

（一）妥善看护未住院治疗的精神障碍患者，避免其因病伤害自身或者危害他人安全；

（二）根据医嘱，督促精神障碍患者接受门诊或者住院治疗，协助办理精神障碍患者的住院或者出院手续；

（三）协助精神障碍患者进行康复治疗或者职业技能培训，帮助其融入社会。

**第三十条** 公安机关、精神障碍患者所在地居民委员会或者村民委员会，应当为精神障碍患者的监护人提供必要的帮助。

精神障碍患者就诊的精神卫生医疗机构及其精神科执业医师、社区卫生服务机构，应当为精神障碍患者的监护人提供专业指导和必要的帮助。

**第三十一条** 除疑似精神障碍患者本人自行到精神卫生医疗机构进行精神障碍诊断外，疑似精神障碍患者的近亲属可以将其送往精神卫生医疗机构进行精神障碍诊断。

疑似精神障碍患者发生伤害自身、危害他人安全的行为，或者有伤害自身、危害他人安全危险的，其近亲属、所在学校或者单位、当地公安机关应当立即采取措施予以制止，并将其送往精神卫生医疗机构进行精神障碍诊断。学校或者单位、当地公安机关送诊的，应当以书面形式通知其近亲属。其他单位或者个人发现的，应当向当地公安机关报告。

精神卫生医疗机构接到送诊的疑似精神障碍患者，不得拒绝为其作出诊断。

**第三十二条** 精神障碍的诊断应当由具有主治医师以上职称的精神科执业医师作出。

精神卫生医疗机构对于送诊的发生伤害自身、危害他人安全的行为，或者有伤害自身、危害他人安全危险的疑似精神障碍患者，应当立即指派具有主治医师以上职称的精神科执业医师进行诊断。无法立刻作出诊断结论的，应当将其留院观察，并在七十二小时内作出诊断结论。

除法律另有规定外，精神卫生医疗机构不得违背本人意志进行精神障碍的医学检查。

**第三十三条** 在疑似精神障碍患者留院观察期间，精神卫生医疗机构认为需要治疗的，应当经疑似精神障碍患者或者其近亲属书面同意，方可实施治疗。其中，对不予治疗可能危害疑似精神障碍患者生命安全的躯体疾病，无法及时取得疑似精神障碍患者或者其近亲属书面同意的，精神卫生医疗机构可以先行治疗，将治疗的理由告知疑似精神障碍患者及其近亲属，并在病历中予以记录。

**第三十四条** 精神卫生医疗机构应当为经门诊、急诊诊断的精神障碍患者制定相应的治疗方案，并告知其监护人有关注意事项。接受非住院治疗的精神障碍患者的监护人应当配合精神卫生医疗机构做好精神障碍患者的治疗

工作。

**第三十五条** 诊断结论、病情评估表明就诊者为严重精神障碍患者并已经发生伤害自身的行为或者有伤害自身的危险的，应当对其实施住院治疗，但其监护人不同意的除外。

诊断结论、病情评估表明就诊者为严重精神障碍患者并已经发生危害他人安全的行为或者有危害他人安全的危险的，应当对其实施住院治疗。

**第三十六条** 实施暴力行为，危害公共安全或者严重危害公民人身安全，经法定程序鉴定依法不负刑事责任的精神障碍患者，有继续危害社会可能需要强制医疗的，依照法律规定的程序执行。

**第三十七条** 严重精神障碍患者已经发生危害他人安全的行为或者有危害他人安全的危险，精神障碍患者或者其监护人对需要住院治疗的诊断结论有异议，不同意对精神障碍患者实施住院治疗的，可以要求原精神卫生医疗机构或者其他精神卫生医疗机构再次诊断。

接受再次诊断申请的精神卫生医疗机构应当在接到申请之日起五个工作日内，指派两名以上具有主治医师以上职称的精神科执业医师进行再次诊断，并于面见、询问精神障碍患者之日起五个工作日内，出具再次诊断结论。

精神障碍患者或者其监护人对再次诊断结论有异议的，可以依法自主委托具有执业资质的鉴定机构进行精神障碍医学鉴定。

**第三十八条** 诊断结论表明精神障碍患者需要住院治疗的，精神卫生医疗机构应当出具书面通知。精神障碍患者本人可以自行办理住院手续，也可以由其监护人办理住院手续。

严重精神障碍患者因存在危害他人安全的行为或者危险而需要住院，其监护人不办理住院手续的，由其所在的学校或者单位、居民委员会、村民委员会办理住院手续，必要时可以由公安机关协助，并由精神卫生医疗机构在精神障碍患者病历中予以记录。

**第三十九条** 精神卫生医疗机构应当根据患者的不同病情提供相适宜的设施、设备，并为患者创造接近正常生活的环境和条件。

**第四十条** 精神卫生医疗机构对精神障碍患者实施药物治疗，应当以诊断和治疗为目的，使用安全、有效的药物。

精神卫生医疗机构对精神障碍患者实施心理治疗，应当由符合要求的心理治疗人员提供。

**第四十一条** 住院精神障碍患者符合出院条件的，应当及时办理出院手续。

精神障碍患者可以自行办理出院手续，也可以由其监护人办理出院手续；精神障碍患者本人没有能力办理出院手续的，其监护人应当为其办理出院手续。

**第四十二条** 精神障碍患者本人或者其监护人需要获得精神障碍医学诊断证明的，可以向作出医学诊断的精神卫生医疗机构提出申请。

精神障碍医学诊断证明应当经两名具有主治医师以上职称的精神科执业医师诊断后出具，由精神卫生医疗机构审核并加盖公章后签发。

精神障碍患者或者其监护人对医学诊断证明中的结论提出异议的，出具医学诊断证明的精神卫生医疗机构应当组织两名以上精神科执业医师（其中至少有一名具有副主任医师以上职称）进行医学诊断证明的复核。

精神障碍患者或者其监护人对复核结论提出异议的，精神卫生医疗机构应当组织会诊。

**第四十三条** 对查找不到近亲属的流浪乞讨疑似精神障碍患者，由民政等有关部门按照职责分工帮助送往精神卫生医疗机构进行精神障碍诊断。其中，涉嫌违反治安管理处罚法的，由公安机关帮助送往精神卫生医疗机构进行精神障碍诊断。

查找不到近亲属的流浪乞讨精神障碍患者需要住院治疗的，由送诊的有关部门办理住院手续。

流浪乞讨精神障碍患者经救治，病情稳定或者治愈的，民政部门应当及时进行甄别和确认身份。经甄别属于救助对象的，可以移交救助管理站实施救助；不属于救助对象的，相关部门应当协助精神卫生医疗机构做好精神障碍患者出院工作。

**第四十四条** 严重精神障碍患者出院时，经具有主治医师以上职称的精神科执业医师病情评估，认为有接受定期门诊治疗和社区随访必要的，严重精神障碍患者的监护人应当协助其接受定期门诊治疗和社区随访。

市卫生计生部门应当会同市公安等行政部门制定定期门诊和社区随访的工作规范。

**第四十五条** 与精神障碍患者有利害关系的精神科执业医师不得为该精神障碍患者进行诊断和出具医学诊断证明。

对精神障碍进行诊断的精神科执业医师不得为同一精神障碍患者进行再次诊断、复核、会诊和医学鉴定。

**第四十六条** 精神障碍患者在精神卫生医疗机构内已经发生或者将要发生伤害自身、危害他人安全、扰乱医疗秩序的行为，精神卫生医疗机构及其医务人员在没有其他可替代措施的情况下，可以实施约束、隔离等保护性医疗措施。精神障碍患者病情稳定后，应当及时解除保护性医疗措施。实施约束、隔离等保护性医疗措施的，一般不超过二十四小时。

保护性医疗措施的决定应当由精神科执业医师作出，并在病历资料中记载和说明理由。实施保护性医疗措施应当遵循诊断标准和治疗规范，并在实施后及时告知精神障碍患者的监护人。

禁止利用约束、隔离等保护性医疗措施惩罚精神障碍患者。

**第四十七条** 精神卫生医疗机构应当严格执行住院治疗管理制度，保护精神障碍患者的安全，避免住院治疗的精神障碍患者擅自离院。

精神卫生医疗机构发现住院治疗的精神障碍患者擅自离院的，应当立即寻找，并通知其监护人或者其他近亲属；精神障碍患者行踪不明的，精神卫生医疗机构应当在二十四小时内报告所在地公安机关。

精神障碍患者的监护人、其他近亲属或者公安机关在发现擅自离院的精神障碍患者后，应当通知其住院治疗的精神卫生医疗机构，并协助将其送回。

**第四十八条** 精神卫生医疗机构及其医务人员应当将精神障碍患者在诊断、治疗以及其他相关服务过程中享有的权利和承担的义务，以书面形式告知精神障碍患者及其监护人。精神障碍患者及其监护人可以向医务人员了解与其相关的病情、诊断结论、治疗方案及其可能产生的后果。

医学教学、科研等活动涉及精神障碍患者个人的，应当向精神障碍患者及其监护人书面告知医学教学、科研等活动的目的、方法以及可能产生的后果，并取得精神障碍患者的书面同意；无法取得精神障碍患者意见的，应当取得其监护人书面同意后方可进行。

**第四十九条** 因医学教学、学术交流、宣传教育等需要在公开场合介绍精神障碍患者的病情资料的，应当隐去能够识别该精神障碍患者身份的资料。

## 第六章 精神障碍的康复

**第五十条** 市和区、县人民政府应当根据精神卫生事业的发展要求，组织推进精神障碍患者社区康复机构和养护机构的布点建设，逐步形成布局合理、功能完善的康复、养护服务网络。

乡、镇人民政府和街道办事处应当为公益性社区康复机构的建设、改造和管理提供支持，组织社区康复机构为精神障碍患者提供就近康复的场所和生活技能、职业技能训练，满足精神障碍患者社区康复和生活的基本需求。使用残疾人就业保障金对社区康复机构和养护机构的相关费用予以补贴的，按照有关规定执行。

鼓励社会力量建设精神障碍患者社区康复机构和养护机构，或者提供康复、养护服务。

税务部门应当按照国家有关规定，给予精神障碍患者社区康复机构和养护机构税收减免优惠。

鼓励企业扶持社区康复机构，将适合精神

障碍患者生产、经营的产品、项目优先安排给社区康复机构生产或者经营。

**第五十一条** 区、县民政部门会同残疾人联合会指导街道、乡、镇精神障碍患者社区康复机构和养护机构的组建和管理，组织开展精神障碍患者生活技能、职业技能康复及护理和照料服务等工作。

**第五十二条** 精神障碍患者社区康复机构应当配备康复治疗专业人员，为精神障碍患者提供专业化的精神康复服务，并安排精神障碍患者参加有利于康复的职业技能训练、文化娱乐、体育等活动，提供工作能力、社交技巧、日常生活能力等方面的康复训练，增强精神障碍患者生活自理能力和社会适应能力，帮助精神障碍患者参与社会生活。参加劳动的精神障碍患者应当获得相应的报酬。

**第五十三条** 精神卫生医疗机构应当为接受治疗的精神障碍患者提供康复服务，帮助精神障碍患者进行自我管理能力和社会适应能力的训练。

有条件的精神卫生医疗机构可以为精神障碍患者提供社区康复和社区养护服务。

精神卫生医疗机构和社区卫生服务机构应当对精神障碍患者社区康复机构开展精神障碍康复训练进行专业指导，向精神障碍患者及其监护人普及康复知识，传授康复方法。

## 第七章 保障措施

**第五十四条** 各级人民政府应当根据精神卫生工作需要，加大财政投入力度，将精神卫生工作经费列入本级财政预算，促进精神卫生事业持续健康发展。

各级人民政府应当切实保障公立精神卫生专科医疗机构基本建设、日常运行、学科建设和人才培养所需的经费。

**第五十五条** 各级人民政府应当完善政策措施，建立健全购买精神卫生相关服务的机制，及时向社会公布购买服务信息。

鼓励和支持机关、企业事业单位、社会团体、其他组织和个人基于公益目的，通过志愿服务等方式，为精神障碍患者及其家庭提供帮助，推动精神卫生事业发展。向精神卫生事业捐赠财产的，依法享受税收优惠。

**第五十六条** 卫生计生、人力资源社会保障、教育等行政部门和残疾人联合会应当采取措施，发展和完善满足社会需求的精神卫生服务和人员队伍建设。

鼓励和支持开展精神卫生科学技术研究和精神卫生专门人才的培养，将精神医学纳入医学相关专业的教学计划。有关科研院所、大专院校、医疗机构应当加强精神障碍的预防、诊断、治疗、康复的基础研究和临床研究，提高精神卫生服务水平。

市卫生计生部门应当将精神障碍预防、诊断、治疗、康复知识教育纳入全科医师培养大纲和非精神科执业医师继续教育内容，提高其识别精神障碍的能力。

人力资源社会保障、民政等行政部门和残疾人联合会应当加强精神障碍患者社区康复机构和养护机构工作队伍建设，提高专业化、职业化水平。

教育部门对教师进行上岗前和在岗培训，应当有精神卫生的内容，并定期组织心理健康教育教师、辅导人员进行专业培训。

**第五十七条** 精神卫生工作人员的人格尊严、人身安全不受侵犯，精神卫生工作人员依法履行职责受法律保护。全社会应当尊重精神卫生工作人员。

市和区、县人民政府及其有关部门、精神卫生医疗机构、精神障碍患者社区康复机构和养护机构应当采取措施，加强对精神卫生工作人员的职业保护，提高精神卫生工作人员的待遇水平，并按照规定给予适当的津贴，具体标准由市人力资源社会保障部门会同市卫生计生部门确定。精神卫生工作人员因工致伤、致残、死亡的，其工伤待遇以及抚恤按照国家有关规定执行。

**第五十八条** 市人力资源社会保障部门、市卫生计生部门应当按照国家有关规定，完善相关医疗保险政策，引导参加城镇居民基本医疗保险、职工基本医疗保险和新型农村合作医疗的精神障碍患者接受门诊、社区治疗等服务。

民政部门应当会同相关部门确定精神障碍患者医疗救助的内容和标准，并依法给予医疗救助和适当的生活救助。

**第五十九条** 市卫生计生部门应当会同相关部门，按照国家和本市有关规定，对严重精神障碍患者实施医疗费用减免。

市和区、县卫生计生部门应当按照国家和本市有关规定，组织医疗卫生机构为严重精神障碍患者免费提供基本公共卫生服务。

**第六十条** 市和区、县人民政府应当采取措施促进福利企业发展，扶持有劳动能力的精神障碍患者从事力所能及的工作，帮助精神障碍患者融入社会。

人力资源社会保障部门和残疾人联合会应当推动精神障碍患者的就业培训工作。精神障碍患者有权参加职业技能培训，提高就业能力。

鼓励企业事业单位聘用有相应劳动能力的精神障碍患者。劳动关系存续期间，精神障碍患者所在单位应当安排精神障碍患者从事力所能及的工作，保障精神障碍患者享有同等待遇。

**第六十一条** 精神障碍患者因合法权益受到侵害需要法律援助的，可以向法律援助机构申请法律援助。法律援助机构应当依法提供法律援助。

**第六十二条** 本市建立健全精神卫生服务行业自律组织和管理机制，培育并提高行业自律组织自身服务管理能力。行业自律组织应当加强本行业从业机构和人员的自我监督和管理，促进本行业服务水平的提高。

**第六十三条** 任何单位和个人发现有违反本条例规定的情形，有权向卫生计生、工商行政管理、民政、公安等行政部门投诉举报。接到投诉举报的部门应当按照规定及时处理，并将处理结果反馈投诉举报人。

**第六十四条** 市卫生计生部门应当会同公安、民政等有关部门建立精神卫生工作信息共享机制，并按照各自职责，负责相关信息的录入和更新，实现信息互联互通、交流共享。卫生计生、公安、民政等行政部门及其工作人员在精神卫生工作中获得的精神障碍患者个人信息，应当予以保密。

市卫生计生部门应当推进各类精神卫生服务机构加强信息交流。

## 第八章 法律责任

**第六十五条** 违反本条例规定的行为，法律、行政法规有处理规定的，依照有关法律、行政法规的规定处理。

**第六十六条** 卫生计生等行政部门有下列情形之一的，由本级人民政府或者上级主管部门责令改正，通报批评；对直接负责的主管人员和其他直接责任人员依法给予行政处分：

（一）未组织开展心理危机干预工作的；

（二）未将心理咨询机构名单向社会公布的；

（三）未对心理咨询机构提供心理咨询服务进行业务指导和监督检查的；

（四）未按照规定对严重精神障碍患者实施医疗费用减免的；

（五）未按照规定组织医疗卫生机构为严重精神障碍患者免费提供基本公共卫生服务的；

（六）接到投诉举报未及时进行处理的；

（七）未建立精神卫生工作信息共享机制的；

（八）其他滥用职权、玩忽职守、徇私舞弊的情形。

**第六十七条** 单位或者个人违反本条例第二十二条第三款规定，未经工商行政管理部门或者民政部门登记，擅自开展心理咨询服务的，由工商行政管理部门或者民政部门依法处理。

**第六十八条** 心理咨询机构开展心理咨询服务不符合本条例第二十三条规定要求的，由卫生计生部门责令改正，给予警告，并处以五千元以上三万元以下的罚款；有违法所得的，没收违法所得；情节严重的，责令暂停六个月以上一年以下执业活动；拒不改正的，移送工商行政管理部门或者民政部门依法予以撤销登记。

**第六十九条** 心理咨询机构有下列情形之一的，由卫生计生部门责令改正，给予警告，并处以五千元以上三万元以下的罚款；有违法所得的，没收违法所得；情节严重的，责令暂停三个月以上一年以下执业活动：

（一）违反本条例第二十五条第三款规定，安排不符合从业要求的人员提供心理咨询服务的；

（二）违反本条例第二十六条第一款规定，提供心理咨询服务的。

**第七十条** 不符合心理咨询人员从业要求的人员，违反本条例第二十四条第一款规定，从事心理咨询服务的，由卫生计生部门责令改正，给予警告，并处以五千元以上一万元以下的罚款；有违法所得的，没收违法所得。

心理咨询人员违反本条例第二十六条第一款规定，提供心理咨询服务的，由卫生计生部门责令改正，给予警告，并处以五千元以上一万元以下的罚款；有违法所得的，没收违法所得；情节严重的，责令暂停三个月以上一年以下执业活动。

**第七十一条** 精神卫生医疗机构及其工作人员有下列情形之一的，由卫生计生部门责令改正，并处以五千元以上三万元以下的罚款；对有关医务人员，责令暂停六个月以上一年以下执业活动；情节严重的，依法吊销有关医务人员的执业证书；主管部门或者所在单位应当对直接负责的主管人员和其他直接责任人员依法给予或者责令给予降低岗位等级、撤职或者开除的处分：

（一）违反本条例第三十二条第一款、第三十七条第二款、第四十二条第二款和第三款规定，安排不符合要求的精神科执业医师进行精神障碍诊断、再次诊断、出具医学诊断证明、医学诊断证明复核的；

（二）违反本条例第四十五条规定，对精神障碍患者进行诊断、再次诊断、出具医学诊断证明、复核、会诊和医学鉴定的；

（三）违反本条例第四十八条第二款规定，未经精神障碍患者或者其监护人书面同意，擅自进行涉及精神障碍患者个人的医学教学、科研等活动的。

**第七十二条** 违反本条例规定，给精神障碍患者或者他人造成人身、财产损害的，应当依法承担民事责任；构成违反治安管理行为的，依法给予治安管理处罚，构成犯罪的，依法追究刑事责任。

## 第九章 附 则

**第七十三条** 本条例自2015年3月1日起施行。

# 上海市人民代表大会常务委员会讨论、决定重大事项的规定

（2002年4月9日上海市第十一届人民代表大会常务委员会第三十八次会议通过）

**第一条** 为了规范市人民代表大会常务委员会（以下简称市人大常委会）依法行使讨论、决定重大事项职权，根据宪法、地方组织法和其他有关法律的规定，结合本市实际情况，制定本规定。

**第二条** 市人大常委会讨论、决定本市政

治、经济、教育、科学、文化、卫生、环境和资源保护、民政、民族等各方面工作的重大事项适用本规定。

**第三条** 下列重大事项应当提请市人大常委会审议，并由市人大常委会作出相应的决议或者决定：

（一）为保证宪法、法律、行政法规和全国人民代表大会及其常务委员会决议、决定在本市遵守和执行的重大措施；

（二）推进依法治市的有关重要措施；

（三）涉及全市人民切身利益的改革方案；

（四）本市国民经济和社会发展计划的部分变更、市级预算的调整方案和市级决算；

（五）本市城市总体规划和涉及城市性质、规模、发展方向和总体布局的重大变更；

（六）市级荣誉称号的授予或者撤销；

（七）市人民检察院检察长因不同意检察委员会多数人的意见而报请市人大常委会决定的重大问题；

（八）市人民代表大会授权市人大常委会决定的重大事项；

（九）法律、法规规定应当由市人大常委会决定的其他重大事项。

**第四条** 下列重大事项应当向市人大常委会报告：

（一）本市国民经济和社会发展计划及预算的执行情况；

（二）市级预算执行和其他财政收支的审计情况；

（三）市级预算外资金的收支计划及其执行情况；

（四）本市养老保险、失业保险、医疗保险等社会保障制度和住房公积金制度的实施情况；

（五）本市公用事业服务价格的调整方案；

（六）有财政性资金投资，并对本市经济发展、环境和资源有较大影响的重大建设项目的立项、建设情况；

（七）本市改革开放和经济建设布局、产业结构调整的重要情况；

（八）本市环境保护和城市规划实施的情况；

（九）本市教育、科学等社会事业改革和发展的重要情况；

（十）给国家、集体和人民生命财产造成重大损失的特大安全事故及其他重大突发性事件的处理情况；

（十一）市人民政府机构改革及市人民政府工作部门的设立和变动情况，区（县）行政区划调整的方案；

（十二）本市社会治安、司法改革和行政监察的重要情况；

（十三）市人民政府、市高级人民法院、市人民检察院认为需要向市人大常委会报告的重大事项；

（十四）法律、法规规定应当报告的其他重大事项。

前款第（一）、（二）、（八）项规定的重大事项应当每年向市人大常委会报告。其他各项规定的重大事项，可以由市人大常委会根据实际情况适时安排听取报告。

**第五条** 市人大常委会主任会议、市人民政府、市高级人民法院、市人民检察院、市人民代表大会各专门委员会以及市人大常委会组成人员五人以上联名，可以向市人大常委会提出有关重大事项的议案。

市人民政府、市高级人民法院、市人民检察院可以向市人大常委会提出有关重大事项的报告。市人大常委会主任会议、市人大各专门委员会、市人大常委会组成人员五人以上联名可以要求市人民政府、市高级人民法院、市人民检察院向市人大常委会报告有关重大事项。

重大事项议案或者报告的提出和市人大常委会讨论、决定重大事项的程序，按照《上海市人民代表大会常务委员会议事规则》的规定进行。

**第六条** 拟提请市人大常委会审议并作决议或者决定的重大事项议案，提议案的国家机关在拟订决策方案或者议案草案时，应当听取市人大常委会组成人员和人大代表的意见。

**第七条** 拟提请市人大常委会审议并作决议、决定或者向市人大常委会报告的重大事项，一般应当在每年年初提出议题。

市人民政府、市高级人民法院、市人民检察院临时提出的重大事项议案或者报告，应当在市人大常委会主任会议举行的三日以前送交市人大常委会办公厅。

**第八条** 提请市人大常委会审议的重大事项议案或者报告，应当真实、准确，包括以下主要内容：

（一）该重大事项的基本情况和需要解决的问题；

（二）与该重大事项有关的法律、法规的规定和政策依据；

（三）决策方案及其可行性说明；

（四）与该重大事项有关的统计数据、调查论证报告等资料。

**第九条** 本规定第四条所列重大事项的报告，市人大常委会主任会议按照下列方式之一处理：

（一）将该报告书面印发市人大常委会组成人员；

（二）建议列入市人大常委会会议议程，听取和审议有关国家机关报告；

（三）建议列入市人大常委会会议议程，听取和审议报告，必要时可以作出决议或者决定。

**第十条** 对提请市人大常委会审议并作决议、决定或者向市人大常委会报告的重大事项，市人大常委会主任会议可以决定交由市人民代表大会有关的专门委员会或者市人大常委会工作委员会进行审议或者调查研究。有关的专门委员会或者工作委员会应当就该重大事项广泛听取人大代表和社会各方面的意见，必要时可以举行听证会或者公开征求市民意见，并向市人大常委会主任会议和市人大常委会提出审议意见报告或者调研报告。

**第十一条** 市人大常委会审议重大事项议案或者报告时，提请机关的主要负责人应当向市人大常委会会议作说明、听取意见，回答市人大常委会组成人员提出的问题。

**第十二条** 市人大常委会关于重大事项的决议或者决定，市人民政府、市高级人民法院、市人民检察院应当认真贯彻执行，并在规定的期限内向市人大常委会报告执行情况。

市人大常委会审议重大事项报告时提出的意见，市人大常委会办事机构应当以书面形式交有关国家机关处理。有关国家机关应当在两个月内报告处理情况。市人大常委会办事机构应当将处理情况报告书面印发市人大常委会组成人员。

**第十三条** 市人民代表大会专门委员会或者市人大常委会工作委员会应当对市人大常委会作出的有关重大事项决议或者决定的贯彻执行情况进行检查，并向市人大常委会主任会议提出报告，必要时主任会议可以决定提请市人大常委会会议审议。

**第十四条** 依照本规定应当由市人大常委会作出决定的事项，有关国家机关不得擅自作出决定。依照本规定应当向市人大常委会报告的重大事项，有关国家机关未按要求报告的，市人大常委会应当责令限期报告。

**第十五条** 区（县）人民代表大会常务委员会讨论、决定重大事项参照本规定执行。

**第十六条** 本规定自 2002 年 6 月 1 日起施行。

# 上海市轨道交通管理条例

（2002 年 5 月 21 日上海市第十一届人民代表大会常务委员会第三十九次会议通过　根据 2006 年 6 月 22 日上海市第十二届人民代表大会常务委员会第二十八次会议《关于修改〈上海市轨道交通管理条例〉的决定》第一次修正　根据 2010 年 9 月 17 日上海市第十三届人民代表大会常务委员会第二十一次会议《关于修改本市部分地方性法规的决定》第二次修正　2013 年 11 月 21 日上海市第十四届人民代表大会常务委员会第九次会议修订　根据 2018 年 12 月 20 日上海市第十五届人民代表大会常务委员会第八次会议《关于修改〈上海市供水管理条例〉等 9 件地方性法规的决定》第三次修正　根据 2020 年 5 月 14 日上海市第十五届人民代表大会常务委员会第二十一次会议《关于修改本市部分地方性法规的决定》第四次修正　根据 2021 年 8 月 25 日上海市第十五届人民代表大会常务委员会第三十四次会议《关于修改〈上海市出版物发行管理条例〉等 3 件地方性法规的决定》第五次修正）

## 第一章　总　　则

**第一条**　为了加强轨道交通管理，促进轨道交通建设，保障安全运营，维护乘客的合法权益，根据有关法律、行政法规的规定，结合本市实际情况，制定本条例。

**第二条**　本条例所称轨道交通，是指本市地铁、轻轨等城市轨道公共客运系统。

本条例所称轨道交通设施，是指轨道交通的轨道、隧道、高架、车站（含出入口、通道）、车辆、机电设备、通信信号系统和其他附属设施，以及为保障轨道交通运营而设置的相关设施。

**第三条**　本条例适用于本市行政区域内轨道交通的规划、建设、运营及其相关的管理活动。

**第四条**　市交通行政管理部门主管本市轨道交通管理工作，负责本条例的组织实施。

市人民政府确定的轨道交通企业具体负责本市轨道交通的建设和运营，并按照本条例的授权实施行政处罚。轨道交通企业执法人员应当取得执法身份证件，规范执法、文明执法。

市发展改革、建设、规划资源、公安、应急等有关行政管理部门，按照各自的职责实施本条例。

区人民政府应当协助做好轨道交通建设、运营服务和应急事件处置等有关工作。

**第五条**　本市轨道交通实行统一规划、配套建设、安全运营、规范服务的原则。

**第六条**　本市优先发展城市轨道公共客运交通。本市各级人民政府应当对轨道交通的投资、建设和运营给予支持。

**第七条**　市人民政府有关部门应当加强对轨道交通建设资金、运营和综合开发收益等情况的监督。

## 第二章　规划和建设

**第八条**　轨道交通专项规划应当根据国民经济和社会发展规划编制，并按照国家和本市规定的程序报经批准后，纳入本市相应的城乡规划。

轨道交通专项规划包括网络系统规划、选线专项规划以及系统配套设施规划。

市规划资源行政管理部门应当会同市发展改革、建设、交通等相关行政管理部门和轨道交通企业组织编制网络系统规划、选线专项规划，并划定轨道交通规划控制区。

市交通行政管理部门应当会同市规划资源行政管理部门和轨道交通企业组织编制轨道交通系统配套设施规划。

编制轨道交通专项规划，应当统筹安排轨道交通不同线路之间、轨道交通与其他交通方式之间的换乘衔接。

编制轨道交通专项规划，应当按照法定程序听取沿线区人民政府、有关单位和公众的意见。

**第九条** 轨道交通规划控制区内不得擅自新建、改建、扩建建筑物、构筑物。确需新建、改建、扩建建筑物、构筑物的，市和区规划资源行政管理部门应当书面征得市交通行政管理部门同意后，依法作出审批。

**第十条** 市发展改革行政管理部门应当会同市规划资源、建设、交通等相关行政管理部门组织编制轨道交通建设规划。

轨道交通建设规划按照国家规定的程序批准后组织实施。

**第十一条** 城乡规划确定的轨道交通用地，未经法定程序调整，不得改变用途。

本市鼓励对新建轨道交通设施用地按照市场化原则实施综合开发。实施综合开发的，开发收益应当用于轨道交通建设和运营。

**第十二条** 轨道交通企业应当在轨道交通建设项目可行性研究阶段，对建设项目的安全风险及其对周边环境影响进行评估，并按照建设程序报批。轨道交通企业应当采取措施，防止和减少对上方和周围已有建筑物、构筑物的影响，保障其安全。

**第十三条** 相关区人民政府和市规划资源行政管理部门在编制轨道交通车站所在区域的控制性详细规划时，应当预留换乘枢纽、公共汽（电）车和出租汽车站点、停车场、公共厕所等公共交通和公共设施用地。

**第十四条** 轨道交通勘察、设计、施工、监理等活动应当符合有关法律、法规和技术标准的规定。

轨道交通企业在组织工程项目建设时，应当根据国家、本市规定的技术标准以及轨道交通运营功能配置规范，配置安全可靠的轨道交通设施，建设完善的轨道交通安全监测和施救保障系统，保障乘客乘车安全、便捷。

**第十五条** 轨道交通工程完工后，轨道交通企业应当按照规定，进行不载客试运行。

轨道交通工程投入初期运营前和初期运营期满后，由市交通行政管理部门组织第三方安全评估机构开展安全评估；通过安全评估并经市人民政府批准后，方可投入初期运营和正式运营。

轨道交通工程的竣工验收，按照国家和本市规定执行。

## 第三章 运营服务

**第十六条** 轨道交通企业应当设置售票、检票、自动扶梯、公共厕所、通风、照明、废物箱等轨道交通服务设施，并定期检查，及时维修、更新，保持完好，确保轨道交通设施处于可安全运行的状态。

**第十七条** 路政管理部门、轨道交通企业应当按照国家有关标准和本市有关规定，在车站周边、车站出入口以及车站内设置轨道交通导向标志、安全标志等运营服务标志。

路政管理部门、轨道交通企业应当做好运营服务标志的日常管理和维护工作。

**第十八条** 轨道交通企业应当按照国家和本市规定的标准和要求，在轨道交通车站配套建设无障碍设施，设置指导和提示标志，并进行日常养护和维修。

任何单位或者个人不得损坏、擅自占用无障碍设施，或者改变无障碍设施的用途。

**第十九条** 市交通行政管理部门应当制定本市轨道交通运营服务规范，并向社会公布。轨道交通企业应当按照服务规范的要求，提供安全、便捷的客运服务，保障乘客的合法权利。

**第二十条** 轨道交通企业应当根据轨道交通沿线乘客出行规律及变化，以及其他相关线路的列车运行情况，合理编制运营计划，报市交通行政管理部门备案。

列车运营时间、运营间隔应当向社会公布。

**第二十一条** 轨道交通企业应当按照以下要求向乘客提供信息服务：

（一）通过广播、电子显示屏等向乘客提供列车到达、间隔以及安全提示等信息；

（二）在车站醒目处公布首末班车行车时刻、列车运行状况提示和换乘指示；

（三）在车站提供问讯服务，车站工作人员在接受乘客问讯时，应当及时准确提供解答；

（四）需要调整首末班车行车时间，或者发生非正常情况、设施故障影响正常运营时，及时通过多种信息发布手段对乘客进行告知。

**第二十二条** 轨道交通企业应当采取以下管理措施，为乘客提供良好的乘车环境：

（一）建立车站卫生保洁制度，保持站内设施和车厢清洁，出入口和通道畅通，并按照规定对运营场所、车辆采取消毒等卫生措施；

（二）建立急救协助制度，按照规定在车站配备医药箱；

（三）建立紧急关闭装置巡查制度，轨道交通运营期间遇有紧急情况时，及时启动紧急关闭装置。

**第二十三条** 区人民政府和轨道交通企业应当对各自责任区域加强市容和环境卫生管理。

**第二十四条** 轨道交通企业的驾驶员、调度员、车站值班员等工作人员必须经培训考核后，持证上岗。

轨道交通企业的工作人员应当按照规定统一着装、佩戴标志，礼貌待客、文明服务。

发生公共卫生事件，轨道交通企业的工作人员应当按照规定采取防护管理措施。

**第二十五条** 车站、车辆的广告设置应当合法、规范。广告设置不得影响服务标志的识别，不得影响轨道交通运营安全和服务设施的使用。

车站商业网点的设置应当符合运营安全、方便乘客、统筹规划、因地制宜的要求。除轨道交通车站设计方案确定设置的商业网点和设置在站台的自动售货机、书报亭外，禁止在车站出入口、站台及通道设置商业网点。

轨道交通企业应当定期对广告设施、商业网点进行安全检查。广告设施、商业网点使用的材质应当采用难燃材料，并符合有关消防规定。

广告设施、商业网点的设置作业或者维护作业应当在轨道交通非运营期间进行。

**第二十六条** 市交通行政管理部门应当定期通过乘客满意度调查等形式，对轨道交通运营服务情况进行评价。对评价中发现的问题，轨道交通企业应当及时改进，市交通行政管理部门应当加强监督。服务评价结果和改进情况应当通过多种方式向社会公布。

**第二十七条** 轨道交通票价应当与本市其他公共交通的票价相协调。票价的确定和调整应当依法召开听证会，广泛听取社会各方面意见，经市物价管理部门审核并报市人民政府批准。

轨道交通企业应当执行市人民政府批准的票价并予以公布。市物价管理部门应当对轨道交通票价的执行情况进行监督检查。

**第二十八条** 轨道交通运行过程中发生故障而影响运行时，轨道交通企业应当组织力量及时排除故障，恢复运行。一时无法恢复运行的，轨道交通企业应当组织乘客疏散和换乘，并及时向市交通行政管理部门报告。

轨道交通因故障不能正常运行十五分钟以上的，轨道交通企业应当出具延误证明，乘客有权持有效车票要求轨道交通企业按照原票价退还票款。

**第二十九条** 市交通行政管理部门应当制定《轨道交通乘客守则》。乘客进站、乘车应当遵守《轨道交通乘客守则》。

**第三十条** 乘客应当持有效车票乘车，乘客越站乘车的，应当补交超过部分的票款。

乘客无车票或者持无效车票乘车的，轨道交通企业可以按照轨道交通网络单程最高票价补收票款，并可加收五倍票款。市交通行政管理部门应当加强对轨道交通企业加收票款的监督。

享受乘车优惠的乘客应当持本人有效证件乘车。乘客不得冒用他人证件、使用伪造证件乘车。

乘客有冒用他人证件、使用伪造证件乘车和其他逃票行为的，有关信息可以纳入个人信用信息系统。

**第三十一条** 在轨道交通设施范围内禁止下列行为：

（一）拦截列车；

（二）擅自进入轨道、隧道等禁止进入的区域；

（三）攀爬或者跨越围墙、栅栏、栏杆、闸机；

（四）强行上下车；

（五）吸烟，随地吐痰、便溺，乱吐口香糖渣，乱扔纸屑等杂物；

（六）擅自涂写、刻画或者张贴；

（七）擅自设摊、停放车辆、堆放杂物、卖艺、散发宣传品或者从事销售活动；

（八）乞讨、躺卧、收捡废旧物品；

（九）携带活禽以及猫、狗（导盲犬除外）等宠物；

（十）携带自行车（含折叠式自行车）进站乘车；

（十一）使用滑板、溜冰鞋；

（十二）违反法律、法规规定的其他行为。

**第三十二条** 禁止乘客携带易燃、易爆、有毒、有放射性、有腐蚀性以及其他有可能危及人身和财产安全的危险物品进站、乘车。危险物品目录和样式由市公安、交通行政管理部门公告，由轨道交通企业在车站内予以张贴。

轨道交通企业应当按照有关标准和操作规范，设置安全检查设施，并有权对乘客携带的物品进行安全检查，乘客应当予以配合。对安全检查中发现的携带危险物品的人员，轨道交通企业应当拒绝其进站、乘车；不听劝阻，坚持携带危险物品进站的，轨道交通企业应当立即按照规定采取安全措施，并及时报告公安部门依法处理。

公安部门应当对轨道交通安全检查工作进行指导、检查和监督，并依法处理安全检查中发现的违法行为。

**第三十三条** 公安部门负责轨道交通的治安、消防管理，维护轨道交通的安全运营。

电力、供水、通信等相关单位应当保证轨道交通用电、用水、通信的需要，协助轨道交通企业保障轨道交通正常运营。

**第三十四条** 市交通行政管理部门和轨道交通企业应当建立投诉受理制度，接受乘客对违反本条例运营规定行为和服务质量的投诉。

轨道交通企业应当自接受投诉之日起十个工作日内作出答复。乘客对答复有异议的，可以向市交通行政管理部门申诉。

市交通行政管理部门应当自接受乘客投诉或者申诉之日起十个工作日内作出答复。

## 第四章 安全管理

**第三十五条** 轨道交通企业是轨道交通运营安全的责任主体，应当按照有关规定设置安全生产管理机构，配备专职安全生产管理人员，建立健全安全生产管理制度和操作规程，维护轨道交通运营安全。

**第三十六条** 轨道交通企业应当设置报警、灭火、逃生、防汛、防爆、防护监视、紧急疏散照明、救援等器材和设备，定期检查、维护，按期更新，并保持完好。

**第三十七条** 轨道交通应当设置安全保护区。安全保护区的范围如下：

（一）地下车站与隧道外边线外侧五十米内；

（二）地面车站和高架车站以及线路轨道外边线外侧三十米内；

（三）出入口、通风亭、变电站等建筑物、构筑物外边线外侧十米内。

**第三十八条** 在轨道交通安全保护区内进行下列作业的单位，其作业方案应当经过市交通行政管理部门同意，并采取相应的安全防护措施：

（一）建造或者拆除建筑物、构筑物；

（二）从事打桩、基坑施工、挖掘、地下顶进、爆破、架设、降水、钻探、河道疏浚、地基加固等工程施工作业；

（三）其他大面积增加或者减少载荷的活动。

作业单位应当先将上述作业方案送轨道交通企业进行技术审查，轨道交通企业应当及时提出技术审查意见；市交通行政管理部门根据技术审查意见作出是否同意作业方案的决定后，应当及时告知轨道交通企业。

市交通行政管理部门应当会同轨道交通企业制定安全保护区作业方案技术审查规定，根据作业区域与作业类别的不同明确技术审查期限。

**第三十九条** 轨道交通企业应当建立相关制度，在安全保护区内组织日常巡查，同时按照技术审查意见，对第三十八条第一款有关作业的安全性进行日常监督，对作业项目相邻的轨道交通设施加强监护监测。

经同意在轨道交通安全保护区内的作业出现危及轨道交通安全情况的，或者未经同意在轨道交通安全保护区内进行作业的，轨道交通企业应当通知作业单位立即停止作业并采取相应的安全措施，同时报告市交通行政管理部门。

**第四十条** 在轨道交通线路弯道内侧，不得修建妨碍行车瞭望的建筑物、构筑物，不得种植妨碍行车瞭望的树木。

禁止向轨道交通轨道、高架或者隧道内抛掷杂物。

**第四十一条** 禁止下列危害轨道交通设施的行为：

（一）非紧急状态下动用紧急或者安全装置；

（二）损坏车辆、轨道、路基等设施和隧道、高架、车站及其附属设施；

（三）干扰机电设备和通信信号系统；

（四）损坏轨道交通设施的其他行为。

**第四十二条** 轨道交通企业应当开展日常安全隐患排查，并定期对轨道交通设施进行安全检查。发现安全隐患的，应当及时消除。

市交通行政管理部门应当对轨道交通运营安全实施动态监督检查；需要进行技术检测的，可以委托专业机构实施。

市交通行政管理部门应当建立轨道交通安全评价体系，定期组织专业机构对轨道交通运营情况进行安全评价。

对监督检查和安全评价中发现的问题，市交通行政管理部门应当提出整改意见，轨道交通企业应当按照要求予以落实。

**第四十三条** 市交通、建设行政管理部门应当会同公安等行政管理部门按照有关法律、法规以及本市突发事件总体应急预案的规定，组织编制本市轨道交通突发事件应急预案，报市人民政府批准后实施。

轨道交通企业应当根据轨道交通突发事件应急预案，编制本企业的具体应急预案，并报市交通、建设行政管理部门备案。

市交通行政管理部门、轨道交通企业应当定期组织运营应急演练。

发生自然灾害、恶劣气象条件或者发生运营安全事故以及其他突发事件时，相关行政管理部门和轨道交通企业应当及时启动应急预案进行处置。

**第四十四条** 因节假日、大型群众活动等原因造成客流量上升的，轨道交通企业应当及时增加运力，疏导乘客。

当发生轨道交通客流量激增而可能危及运营安全等紧急情况时，轨道交通企业应当按照有关规定采取限制客流量的措施，确保运营安全。

采取限制客流量等措施后仍然无法保证运营安全时，轨道交通企业可以停止轨道交通线路部分区段或者全线的运营，并应当立即报告市交通行政管理部门。

采取限制客流量、停运措施，造成客流大量积压的，市交通行政管理部门应当组织采取疏运等应对措施。

**第四十五条** 发生轨道交通运营安全事故

时，轨道交通企业应当立即排查事故原因；经查清原因、消除妨碍后，在确保运营安全的情况下，及时恢复正常运行。

市人民政府及其应急、交通等行政管理部门应当按照国家和本市的有关规定对轨道交通运营安全事故组织调查和处理，公布事故原因和处理结果。

**第四十六条** 轨道交通运营中发生人身伤害事故，轨道交通企业应当及时抢救人员，妥善保护现场，维持秩序；公安部门应当及时对现场进行勘查、检验，依法进行现场处理。

## 第五章 法律责任

**第四十七条** 违反本条例规定的行为，有关法律、行政法规已有处罚规定的，从其规定。

**第四十八条** 违反本条例规定，轨道交通企业有下列行为之一的，由市交通行政管理部门按照下列规定予以处罚：

（一）违反第十四条规定，轨道交通建设不符合运营功能配置规范的，未配置安全可靠的运营、服务设施或者未建设完善的安全监测和施救保障系统的，责令限期改正，处二万元以上二十万元以下罚款。

（二）违反第十六条、第三十六条规定，未管理和维护好轨道交通设施的，责令限期改正；逾期不改正的，处三千元以上三万元以下罚款。

（三）违反第十七条规定，未按照国家有关标准和本市有关规定设置、维护轨道交通导向标志、安全标志等运营服务标志的，责令限期改正；逾期不改正的，处三千元以上三万元以下罚款。

（四）违反第二十条、第二十一条规定，未按规定公布或者告示有关事项，或者未按要求向乘客提供信息服务的，责令限期改正；逾期不改正的，处一千元以上五千元以下罚款。

（五）违反第二十二条规定，未按规定采取管理措施的，责令限期改正；逾期不改正的，处三千元以上三万元以下罚款。

（六）违反第二十四条规定，有关工作人员无证上岗或者工作人员未规范服务的，责令限期改正；逾期不改正的，处五百元以上二千元以下罚款。

（七）违反第二十五条规定，在禁止设置区域内设置商业网点或者设置、维护广告设施、商业网点不符合规定的，责令限期改正；逾期不改正的，处一万元以上三万元以下罚款。

**第四十九条** 违反本条例第三十条第三款，冒用他人证件乘车的，由轨道交通企业处五十元以上五百元以下罚款；使用伪造证件乘车的，由轨道交通企业移交公安部门依据《中华人民共和国治安管理处罚法》予以处理。

违反本条例第三十一条第一项、第二项、第三项、第四项，第四十一条规定的，轨道交通企业有权对行为人进行劝阻和制止，并移交公安部门依法处罚。

违反本条例第三十一条第五项、第六项、第七项、第八项、第九项、第十项、第十一项规定的，由轨道交通企业责令改正，处警告或者五十元以上五百元以下罚款。

**第五十条** 违反本条例第三十八条第一款规定，未经同意或者未按照同意的作业方案在安全保护区内作业的，由市交通行政管理部门责令限期改正，处二万元以上二十万元以下罚款。

**第五十一条** 违反本条例第四十条第一款规定，修建妨碍行车瞭望的建筑物、构筑物的，由市交通行政管理部门责令限期改正；种植妨碍行车瞭望的树木的，由市交通行政管理部门责令限期修剪或者迁移。

违反第四十条第二款规定，向轨道交通轨道、高架或者隧道内抛掷杂物的，由市交通行政管理部门予以警告，并可处五百元以下罚款。

**第五十二条** 拒绝、妨碍市交通行政管理部门或者轨道交通企业的执法人员依法执行职务，违反《中华人民共和国治安管理处罚法》的，由公安部门依法处罚；构成犯罪的，依法追究刑事责任。

**第五十三条** 违反本条例规定造成轨道交通设施损坏的，除依法给予行政处罚外，还应当承担相应的民事赔偿责任。

因轨道交通建设或者运营造成建筑物、构筑物损坏的，由轨道交通企业根据其损坏程度予以修复，或者给予相应的经济赔偿。

**第五十四条** 市交通行政管理部门以及其他有关行政管理部门的工作人员有下列行为之一的，由其所在单位或者上级主管部门依法给予警告、记过或者记大过处分；情节严重的，给予降级、撤职或者开除处分：

（一）未依照本条例规定组织轨道交通安全评估的；

（二）违法实施轨道交通安全保护区作业许可的；

（三）未履行安全检查、安全评价等安全监管职责的；

（四）其他滥用职权、玩忽职守、徇私舞弊的行为。

## 第六章 附 则

**第五十五条** 磁浮交通的规划、建设、运营和管理参照本条例执行。

**第五十六条** 本条例自2014年1月1日起施行。

# 上海市历史风貌区和优秀历史建筑保护条例

（2002年7月25日上海市第十一届人民代表大会常务委员会第四十一次会议通过 根据2010年9月17日上海市第十三届人民代表大会常务委员会第二十一次会议《关于修改本市部分地方性法规的决定》第一次修正 根据2011年12月22日上海市第十三届人民代表大会常务委员会第三十一次会议《关于修改本市部分地方性法规的决定》第二次修正 根据2019年9月26日上海市第十五届人民代表大会常务委员会第十四次会议《关于修改〈上海市历史文化风貌区和优秀历史建筑保护条例〉的决定》第三次修正 根据2023年12月28日上海市第十六届人民代表大会常务委员会第九次会议《关于修改〈上海市养老服务条例〉等12件地方性法规和废止〈上海市保护和发展邮电通信规定〉等6件地方性法规的决定》第四次修正）

## 第一章 总 则

**第一条** 为了加强对本市历史风貌区和优秀历史建筑的保护，促进城市建设与社会文化的协调发展，根据有关法律、行政法规，结合本市实际情况，制定本条例。

**第二条** 本市行政区域内历史文化风貌区、风貌保护街坊、风貌保护道路、风貌保护河道（以下统称历史风貌区）和优秀历史建筑等保护对象的确定及其保护管理，适用本条例。

优秀历史建筑被依法确定为文物的，其保护管理依照文物保护法律、法规的有关规定执行。

**第三条** 市规划资源管理部门负责本市历史风貌区和优秀历史建筑保护的规划管理。区规划资源管理部门按照本条例的有关规定，负责本辖区历史风貌区保护的规划管理。

市房屋管理部门负责本市优秀历史建筑的保护管理。区房屋管理部门按照本条例的有关规定，负责本辖区优秀历史建筑的保护管理。

本市其他有关管理部门按照各自职责，协同实施本条例。

**第四条** 历史风貌区和优秀历史建筑的保

护，应当遵循统一规划、分类管理、有效保护、合理利用、利用服从保护的原则。

**第五条** 市、区人民政府负责本行政区域内历史风貌区和优秀历史建筑的保护工作，并提供必要的政策保障和经费支持。

市、区人民政府设立历史风貌区和优秀历史建筑保护委员会，协调解决本市、各区所辖范围内历史风貌区和优秀历史建筑保护工作中的重大问题。

任何单位和个人都有保护历史风貌区和优秀历史建筑的义务，对危害历史风貌区和优秀历史建筑的行为，可以向规划资源管理部门或者房屋管理部门举报。规划资源管理部门或者房屋管理部门对危害历史风貌区和优秀历史建筑的行为应当及时调查处理。

**第六条** 历史风貌区和优秀历史建筑的保护资金，应当多渠道筹集。

市和区设立历史风貌区和优秀历史建筑保护专项资金，其来源是：

（一）市和区财政预算安排的资金；

（二）境内外单位、个人和其他组织的捐赠；

（三）公有优秀历史建筑转让、出租的收益；

（四）其他依法筹集的资金。

历史风貌区和优秀历史建筑保护专项资金由市、区人民政府分别设立专门账户，专款专用，并接受财政、审计部门的监督。

**第七条** 本市设立历史风貌区和优秀历史建筑保护专家委员会。

历史风貌区和优秀历史建筑保护专家委员会（以下简称专家委员会），按照本条例的规定负责保护对象认定、调整及撤销等有关事项的评审，为市人民政府决策提供咨询意见。专家委员会由规划、房屋、土地、建筑、文物、历史、文化、社会和经济等方面的人士组成，具体组成办法和工作规则由市人民政府规定。

**第八条** 市、区人民政府鼓励通过设施完善、功能调整、环境优化等方式，在符合保护要求和尊重居民生活形态的基础上，发挥保护对象在社区服务、文化展示、参观游览、经营服务等方面的功能，促进活化利用。

区人民政府在制定和组织实施保护对象活化利用的具体计划时，应当注重调动市民参与保护的积极性，统筹改善居民居住条件、提升公共服务功能等需求。

## 第二章　保护对象的确定

**第九条** 历史建筑集中成片，建筑样式、空间格局和街区景观较完整地体现上海某一历史时期地域文化特点的地区，可以确定为历史文化风貌区。

历史建筑较为集中，或者空间格局和街区景观具有历史特色的街坊，可以确定为风貌保护街坊。

沿线历史建筑较为集中，建筑高度、风格等相对协调统一，道路线型、宽度和街道界面、尺度、空间富有特色，具有一定历史价值的道路或者道路区段，可以确定为风貌保护道路。

沿线历史文化资源较为丰富，沿河界面、空间、驳岸和桥梁富有特色，具有一定历史价值的河道或者河道区段，可以确定为风貌保护河道。

**第十条** 建成三十年以上，并有下列情形之一的建筑，可以确定为优秀历史建筑：

（一）建筑样式、施工工艺和工程技术具有建筑艺术特色和科学研究价值；

（二）反映上海地域建筑历史文化特点；

（三）著名建筑师的代表作品；

（四）与重要历史事件、革命运动或者著名人物有关的建筑；

（五）在我国产业发展史上具有代表性的作坊、商铺、厂房和仓库；

（六）其他具有历史文化意义的建筑。

**第十一条** 建筑的所有人和使用人，以及其他单位和个人，都可以向市规划资源管理部门或者市房屋管理部门推荐保护对象。

历史风貌区的初步名单，由市规划资源管理部门研究提出，并征求市房屋管理部门、市文物管理部门、所在区域居民和所在区人民政府的意见，经专家委员会评审后报市人民政府批准确定。

优秀历史建筑的初步名单，由市规划资源管理部门和市房屋管理部门研究提出，并征求市文物管理部门、建筑所有人和所在区人民政府的意见，经专家委员会评审后报市人民政府批准确定。

在市人民政府批准确定前，应当将保护对象的初步名单公示征求社会意见。

**第十二条** 经批准确定的历史风貌区由市人民政府公布，并由市规划资源管理部门设立标志。

经批准确定的优秀历史建筑由市人民政府公布，并由市房屋管理部门设立标志。

**第十三条** 依法确定的保护对象不得擅自调整或者撤销。确因不可抗力或者情况发生变化需要调整或者撤销的，应当由市规划资源管理部门和市房屋管理部门提出，经专家委员会评审后报市人民政府批准。

**第十四条** 城市建设中发现有保护价值而尚未确定为优秀历史建筑的建筑，经市规划资源管理部门和市房屋管理部门初步确认后，可以参照本条例的有关规定采取先予保护的措施，再按照本条例第十一条规定的程序报批列为优秀历史建筑。

## 第三章 历史风貌区的保护

**第十五条** 市规划资源管理部门应当根据城市总体规划组织编制历史文化风貌区、风貌保护街坊、风貌保护道路和风貌保护河道的保护规划（以下统称历史风貌区保护规划），并征求市房屋管理部门、市文物管理部门、所在区人民政府和相关管理部门的意见，依法向社会公示，经专家委员会评审后报市人民政府批准。

经依法批准的历史风貌区保护规划，未经法定程序不得修改；确需修改的，由市规划资源管理部门组织论证，并按照前款规定进行审批。

历史文化风貌区和风貌保护街坊的保护规划，可以作为该地区的控制性详细规划，并按照法定程序备案。

单独编制的风貌保护道路和风貌保护河道保护规划的控制要求，应当纳入所在地区的控制性详细规划。

本市其他涉及城乡空间安排的专项规划，应当与历史风貌区保护规划相协调。

**第十六条** 历史文化风貌区保护规划应当包括下列内容：

（一）该地区的历史文化风貌特色及其保护准则；

（二）该地区的核心保护范围和建设控制范围；

（三）该地区土地使用性质的规划控制和调整，以及建筑空间环境和景观的保护要求；

（四）该地区相关历史建筑的保护要求；

（五）该地区与历史文化风貌不协调的建筑的整改要求；

（六）该地区风貌保护道路、风貌保护河道的保护要求；

（七）控制性详细规划编制规范要求的其他内容。

风貌保护街坊的保护规划应当包括前款第一项、第三项、第四项、第五项和第七项内容。

单独编制的风貌保护道路、风貌保护河道保护规划，应当包括线型或者走向、宽度、断面形式、沿线建筑等要素的保护要求和保护措施。

风貌保护道路和风貌保护河道不得擅自改变线型或者走向、宽度、断面形式。确需调整的，应当按照法定程序对相关规划进行调整。

**第十七条** 在历史文化风貌区核心保护范围内进行建设活动，应当符合历史风貌区保护规划和下列规定：

（一）不得擅自改变街区空间格局和建筑原有的立面、色彩；

（二）不得擅自进行新建、扩建活动。确需建造基础设施、公共服务设施、建筑附属设施或者进行历史风貌区保护规划确定的其他建设活动的，应当经专家委员会专家论证。对现有建筑进行改建或者修缮改造时，应当保持或者恢复其历史文化风貌；

（三）不得擅自新建、扩建道路，对现有道路进行改建时，应当保持或者恢复其原有的道路格局和景观特征；

（四）不得新建工业企业，现有妨碍历史文化风貌区保护的工业企业应当有计划迁移。

**第十八条** 在历史文化风貌区建设控制范围和风貌保护街坊内进行建设活动，应当符合历史风貌区保护规划和下列规定：

（一）新建、扩建、改建建筑时，应当在高度、体量、色彩等方面与历史文化风貌相协调；

（二）新建、扩建、改建道路时，不得破坏历史文化风貌；

（三）不得新建对环境有污染的工业企业，现有对环境有污染的工业企业应当有计划迁移。

在历史文化风貌区建设控制范围和风貌保护街坊内新建、扩建建筑，其建筑容积率受到限制的，可以按照城市规划实行异地补偿。

**第十九条** 历史风貌区保护规划范围内的建设项目规划，由市规划资源管理部门审批。市规划资源管理部门审批时，应当征求市房屋管理部门的意见。

**第二十条** 历史风貌区保护规划范围内土地的规划使用性质不得擅自改变。建筑的使用性质不符合历史风貌区保护规划要求的，应当予以恢复或者调整。

**第二十一条** 经批准在历史文化风貌区、风貌保护街坊内以及风貌保护道路和风貌保护河道沿线设置户外广告、招牌等设施，应当符合历史风貌区保护规划的要求，不得破坏建筑空间环境和景观。现有的户外广告、招牌等设施不符合历史风貌区保护规划要求的，应当限期拆除。

**第二十二条** 历史风貌区保护规划范围内的建设活动，应当符合规划和技术规定的要求。确因历史风貌保护需要，建筑间距、退让、面宽、密度等无法达到本市规定的，可以经专家委员会论证后，由市规划资源管理部门确定具体规划指标。

历史风貌区保护规划范围内的建设活动，应当符合消防等有关技术标准和规范要求。确因历史风貌保护需要，无法达到规定标准和规范要求的，应当在不降低现有保护状况的前提下，经专家委员会论证后，由相关管理部门和市规划资源管理部门协商制定保护方案。

**第二十三条** 具有一定建成历史，能够反映历史风貌、地方特色，对整体历史风貌特征形成具有价值和意义，不属于不可移动文物或者优秀历史建筑的建筑，可以通过历史风貌区保护规划确定为需要保留的历史建筑，并由市规划资源管理部门依法向社会公示。需要保留的历史建筑的具体管理办法，由市人民政府另行制定。

**第二十四条** 在保护历史风貌过程中，符合公共利益确需征收房屋的，按照国家有关房屋征收与补偿的规定执行。

实施房屋征收前，区人民政府应当组织区房屋管理、规划资源等管理部门对征收范围内的优秀历史建筑和需要保留的历史建筑进行核对。

在房屋征收过程中，房屋征收部门应当按照本市相关规定，对优秀历史建筑和需要保留的历史建筑做好保护工作。

## 第四章 优秀历史建筑的保护

**第二十五条** 市规划资源管理部门应当会同市房屋管理部门提出优秀历史建筑的保护范围和周边建设控制范围，经征求有关专家和所在区人民政府的意见后，报市人民政府批准。

**第二十六条** 在优秀历史建筑的保护范围内不得新建建筑；确需建造优秀历史建筑附属设施的，应当报市规划资源管理部门审批。市规划资源管理部门审批时，应当征求市房屋管理部门的意见。

**第二十七条** 在优秀历史建筑的周边建设控制范围内新建、扩建、改建建筑的，应当在使用性质、高度、体量、立面、材料、色彩等方面与优秀历史建筑相协调，不得改变建筑周围原有的空间景观特征，不得影响优秀历史建筑的正常使用。

在优秀历史建筑的周边建设控制范围内新建、扩建、改建建筑的，应当报市规划资源管理部门审批。市规划资源管理部门审批时，应当征求市房屋管理部门和所在区人民政府的意见。

**第二十八条** 优秀历史建筑的保护要求，根据建筑的历史、科学和艺术价值以及完好程度，分为以下四类：

（一）建筑的立面、结构体系、平面布局和内部装饰不得改变；

（二）建筑的立面、结构体系、基本平面布局和有特色的内部装饰不得改变；

（三）建筑的主要立面、主要结构体系和有特色的内部装饰不得改变；

（四）建筑的主要立面、有特色的内部装饰不得改变。

市房屋管理部门应当会同市规划资源管理部门对每处优秀历史建筑的本体及其外部空间格局、环境要素提出具体保护要求，经专家委员会评审后报市人民政府批准。

**第二十九条** 本市实行优秀历史建筑保护责任人制度。

优秀历史建筑所有人为保护责任人。优秀历史建筑属于直管公有房屋或者由房屋管理部门依法代管的，房屋经营管理单位为保护责任人。

**第三十条** 优秀历史建筑保护责任人应当履行下列保护责任：

（一）按照优秀历史建筑具体保护要求和普查提出的要求，进行日常维护和修缮；

（二）保障建筑安全，确保消防等设施设备的正常使用，发现安全隐患或者险情，及时采取隐患或者风险排除措施，并向相关管理部门报告；

（三）配合相关管理部门对优秀历史建筑的普查以及网格化管理等工作。

**第三十一条** 优秀历史建筑使用人应当按照国家和本市规定合理、安全使用建筑和设施设备，发现安全隐患或者险情，及时采取隐患或者风险排除措施，并向相关管理部门报告。

优秀历史建筑使用人应当配合保护责任人履行保护责任，并配合相关管理部门对优秀历史建筑的普查以及网格化管理等工作。

**第三十二条** 市、区房屋管理部门应当做好优秀历史建筑保护的指导和服务工作。区房屋管理部门应当将优秀历史建筑的具体保护要求书面告知建筑的保护责任人和有关的物业管理单位，明确其应当承担的保护义务。

优秀历史建筑转让、出租的，转让人、出租人应当将有关的保护要求书面告知受让人、承租人，并报送区房屋管理部门。受让人、承租人应当承担相应的保护义务。

**第三十三条** 市房屋管理部门应当组织区房屋管理部门定期对优秀历史建筑的使用和保护状况进行普查，并建立专门档案。普查结果应当书面告知建筑的保护责任人、使用人和有关的物业管理单位。

**第三十四条** 禁止在优秀历史建筑上设置户外广告设施，严格控制设置其他外部设施。

在优秀历史建筑上设置户外招牌、景观照明等外部设施，改建、增设卫生、给排水或者电梯等内部设施的，应当符合该建筑的具体保护要求；设置的外部设施还应当与建筑立面相协调。

对在优秀历史建筑上设置外部设施或者改建、增设内部设施的，相关管理部门审批时，应当征求区房屋管理部门的意见。

**第三十五条** 优秀历史建筑的所有人和使用人不得在建筑内堆放易燃、易爆和腐蚀性的物品，不得从事损坏建筑主体承重结构或者其他危害建筑安全的活动。

**第三十六条** 优秀历史建筑的使用性质、内部设计使用功能不得擅自改变。

优秀历史建筑的保护责任人根据建筑的具体保护要求，确需改变建筑的使用性质和内部设计使用功能的，应当将方案报市房屋管理部门审核批准。市房屋管理部门在批准前应当听取专家委员会的意见;涉及改变建设工程规划许可证核准的使用性质的,应当征得市规划资源管理部门的同意。

**第三十七条** 优秀历史建筑的使用现状与建筑的使用性质、内部设计使用功能不一致,对建筑的保护产生不利影响的,建筑的保护责任人可以按照建筑的具体保护要求提出恢复或者调整建筑的使用性质、内部设计使用功能的方案,报市房屋管理部门审核批准。市房屋管理部门在批准前应当听取专家委员会的意见;涉及规划管理的,应当征得市规划资源管理部门的同意。

优秀历史建筑的使用现状与建筑的使用性质、内部设计使用功能不一致,对建筑的保护产生严重影响的,市房屋管理部门应当在听取专家委员会的意见后,作出恢复或者调整建筑的使用性质、内部设计使用功能的决定。

**第三十八条** 未纳入房屋征收范围内的执行政府规定租金标准的公有优秀历史建筑,因保护需要恢复、调整或者改变建筑的使用性质、内部设计使用功能,确需承租人搬迁并解除租赁关系的,出租人应当补偿安置承租人;补偿安置应当高于本市房屋征收补偿安置的标准。市人民政府可以根据优秀历史建筑的类型、地段和用途等因素制定补偿安置的指导性标准。具体补偿安置的数额,由出租人和承租人根据指导性标准和合理、适当的原则协商确定。协商不成的,经当事人申请,由所在区人民政府裁决。当事人对裁决不服的,可以依法向人民法院提起诉讼。

执行市场租金标准的优秀历史建筑,因保护需要恢复、调整或者改变使用性质、内部设计使用功能,致使原租赁合同无法继续履行的,其租赁关系按照原租赁合同的约定处理。无约定的,出租人应当提前三个月书面告知承租人解除租赁合同,并依法承担相应的民事责任。

优秀历史建筑恢复、调整或者改变使用性质、内部设计使用功能后,仍然用于出租的,原承租人在同等条件下享有优先承租权;用于出售的,原承租人在同等条件下享有优先购买权。

**第三十九条** 优秀历史建筑的保护责任人应当按照建筑的具体保护要求或者普查提出的要求,及时对建筑进行修缮,建筑的使用人应当予以配合,区房屋管理部门应当予以督促和指导。优秀历史建筑的保护责任人未履行相应的修缮义务,且情节严重的,区房屋管理部门在作出相应认定后,可以向不动产登记机构申请记载于不动产登记簿。

优秀历史建筑由保护责任人负责修缮、保养,并承担相应的费用;保护责任人和使用人另有约定的,从其约定。履行修缮义务的建筑保护责任人或者使用人可以向区人民政府申请资金补助。

执行政府规定租金标准的公有非居住优秀历史建筑的承租人,应当按照政府规定租金标准与房地产市场租金标准的差额比例承担部分修缮费用。

优秀历史建筑修缮过程中产生争议的,依法通过协商、调解、诉讼等方式予以解决。

**第四十条** 优秀历史建筑的保护责任人未按照建筑的具体保护要求及时修缮致使建筑发生损毁危险或者未定期整修建筑立面的,区房屋管理部门应当责令其限期抢救修缮或者整修。

**第四十一条** 优秀历史建筑的修缮应当由建筑的保护责任人委托具有相应资质的专业设计、施工单位实施。

优秀历史建筑的保护责任人应当将修缮的设计、施工方案事先报送市房屋管理部门;涉及建筑主体承重结构变动的,应当向市规划资源管理部门申请领取建设工程规划许可证。市规划资源管理部门在核发建设工程规划许可证之前,应当征得市房屋管理部门的同意。

**第四十二条** 优秀历史建筑的修缮应当符合国家和本市的建筑技术规范以及优秀历史建筑的修缮技术规定。建筑的修缮无法按照建筑技术规范进行的,应当由市房屋管理部门组织有关专家和相关管理部门协调确定相应的修缮方案。

优秀历史建筑的修缮技术规定由市房屋管

理部门会同市规划资源管理部门提出，经征求有关专家和相关管理部门的意见后确定。

**第四十三条** 经市规划资源管理部门许可的建筑修缮工程形成的文字、图纸、图片等档案资料，应当由优秀历史建筑的保护责任人及时报送市城市建设档案馆。

**第四十四条** 优秀历史建筑因不可抗力或者受到其他影响发生损毁危险的，建筑的保护责任人应当立即组织抢险保护，采取加固措施，并向区房屋管理部门报告。区房屋管理部门应当予以督促和指导，对不符合该建筑具体保护要求的措施应当及时予以纠正。

**第四十五条** 依法确定的优秀历史建筑不得擅自迁移、拆除。因特殊需要必须迁移、拆除或者复建优秀历史建筑的，应当由市规划资源管理部门和市房屋管理部门共同提出，经专家委员会评审后报市人民政府批准。

迁移、拆除和复建优秀历史建筑的，应当在实施过程中做好建筑的详细测绘、信息记录和档案资料保存工作，并按本市建设工程竣工档案管理的有关规定，及时报送市城市建设档案馆。

## 第五章 法律责任

**第四十六条** 违反本条例规定，擅自或者未按批准的要求，在历史风貌区保护规划范围内或者优秀历史建筑的保护范围、周边建设控制范围内进行建设活动的，按照《上海市城乡规划条例》和《上海市拆除违法建筑若干规定》的有关规定处理。

**第四十七条** 违反本条例规定，对优秀历史建筑保护责任人、使用人未履行保护责任的，由区房屋管理部门责令改正；拒不改正的，对单位处一万元以上五万元以下的罚款，对个人处两千元以上一万元以下的罚款；情节严重的，对单位处五万元以上十万元以下的罚款，对个人处一万元以上五万元以下的罚款。其中，对违反房屋安全、消防安全要求的行为，按照物业管理、消防相关规定进行处理。

**第四十八条** 违反本条例规定，未按建筑的具体保护要求设置、改建相关设施，擅自改变优秀历史建筑的使用性质、内部设计使用功能，或者从事危害建筑安全活动的，由市房屋管理部门或者区房屋管理部门责令其限期改正，并可以处该优秀历史建筑重置价百分之二以上百分之二十以下的罚款。

**第四十九条** 违反本条例规定，擅自迁移优秀历史建筑的，由市规划资源管理部门责令其限期改正或者恢复原状，并可以处该优秀历史建筑重置价一到三倍的罚款。

违反本条例规定，擅自拆除优秀历史建筑的，由市房屋管理部门或者区房屋管理部门责令其限期改正或者恢复原状，并可以处该优秀历史建筑重置价三到五倍的罚款。

**第五十条** 违反本条例规定，对优秀历史建筑的修缮不符合建筑的具体保护要求或者相关技术规范的，由市房屋管理部门或者区房屋管理部门责令其限期改正、恢复原状，并可以处该优秀历史建筑重置价百分之三以上百分之三十以下的罚款。

**第五十一条** 违反本条例规定，未及时报送优秀历史建筑修缮、迁移、拆除或者复建工程档案资料的，由市规划资源管理部门责令其限期报送；逾期仍不报送的，依照档案管理法律、法规的有关规定处理。

**第五十二条** 规划资源管理部门、房屋管理部门和其他有关管理部门及其工作人员违反本条例规定行使职权，有下列情形之一的，由所在单位或者上级主管机关依法给予政务处分；给管理相对人造成经济损失的，按照国家有关规定赔偿；构成犯罪的，依法追究刑事责任：

（一）违反法定程序，确定、调整或者撤销保护对象的，或者违法批准迁移、拆除优秀历史建筑的；

（二）擅自批准在历史风貌区保护规划范围内、优秀历史建筑的保护范围内从事违法建设活动，或者违法批准改变优秀历史建筑的使用性质、内部设计使用功能的；

（三）对有损保护对象的违法行为不及时

处理的；

（四）其他属于玩忽职守、滥用职权、徇私舞弊的。

**第五十三条** 当事人对行政管理部门的行政行为不服的，可以依照《中华人民共和国行政复议法》或者《中华人民共和国行政诉讼法》的规定，申请行政复议或者提起行政诉讼。

## 第六章 附 则

**第五十四条** 本市历史文化名镇名村的保护，按照国家和本市有关规定执行。

**第五十五条** 本条例自 2003 年 1 月 1 日起施行。

# 上海市古树名木和古树后续资源保护条例

（2002 年 7 月 25 日上海市第十一届人民代表大会常务委员会第四十一次会议通过 根据 2010 年 9 月 17 日上海市第十三届人民代表大会常务委员会第二十一次会议《关于修改本市部分地方性法规的决定》第一次修正 根据 2017 年 11 月 23 日上海市第十四届人民代表大会常务委员会第四十一次会议《关于修改本市部分地方性法规的决定》第二次修正）

**第一条** 为了加强古树、名木和古树后续资源的保护，根据有关法律、法规，结合本市实际情况，制定本条例。

**第二条** 本条例所称古树是指树龄在一百年以上的树木。

本条例所称名木是指下列树木：

（一）树种珍贵、稀有的；

（二）具有重要历史价值或者纪念意义的；

（三）具有重要科研价值的。

本条例所称古树后续资源是指树龄在八十年以上一百年以下的树木。

**第三条** 本市行政区域内古树、名木和古树后续资源的保护，适用本条例。

**第四条** 市绿化行政管理部门主管本市古树、名木和古树后续资源保护管理工作，负责本条例的组织实施；其所属的上海市园林绿化监察大队（以下简称市绿化监察大队）按照本条例的授权，实施行政处罚。

区管理古树、名木和古树后续资源的部门（以下简称区管理古树名木的部门）按照本条例的规定，负责本辖区内古树、名木和古树后续资源的保护工作，业务上受市绿化行政管理部门的指导。

本市规划、建设、农林、市政、房屋、土地、水务、铁路、环保、旅游、民族宗教等有关管理部门按照各自的职责，协同实施本条例。

**第五条** 本市有关部门应当加强对古树、名木和古树后续资源保护的科学研究，推广应用科研成果，宣传普及保护知识，提高保护水平。

**第六条** 任何单位和个人都有权对损害古树、名木和古树后续资源的行为予以制止或者举报，市绿化行政管理部门或者区管理古树名木的部门应当及时查处。

**第七条** 对保护古树、名木和古树后续资源有突出贡献的单位和个人，由市绿化行政管理部门或者区管理古树名木的部门给予表彰和奖励。

**第八条** 本市对古树、名木和古树后续资源按下列规定实行分级保护：

（一）名木以及树龄在三百年以上的古树为一级保护；

（二）树龄在一百年以上三百年以下的古树为二级保护；

（三）古树后续资源为三级保护。

**第九条** 区管理古树名木的部门应当定期在本辖区内进行古树、名木和古树后续资源的调查，并按照下列规定进行鉴定和确认：

（一）一级保护的古树、名木，由市绿化行政管理部门组织鉴定，报市人民政府确认；

（二）二级保护的古树，由市绿化行政管理部门组织鉴定并予以确认；

（三）古树后续资源由区管理古树名木的部门组织鉴定，报市绿化行政管理部门确认。

鼓励单位和个人向市绿化行政管理部门或者区管理古树名木的部门报告未登记的古树、名木和古树后续资源。市绿化行政管理部门或者区管理古树名木的部门应当按照前款的规定，及时组织鉴定和确认，经鉴定属于古树、名木或者古树后续资源的，应当给予适当的奖励。

古树、名木和古树后续资源的鉴定标准和鉴定程序由市绿化行政管理部门另行制定。

**第十条** 区管理古树名木的部门应当对本辖区内的古树、名木和古树后续资源进行登记，建立档案，并报市绿化行政管理部门备案。

市绿化行政管理部门应当对古树、名木和古树后续资源进行统一编号。

**第十一条** 市绿化行政管理部门应当在古树、名木和古树后续资源周围醒目位置设立标明树木编号、名称、保护级别等内容的标牌。

**第十二条** 市绿化行政管理部门应当会同市规划管理部门，按照下列规定，划定古树、名木和古树后续资源的保护区：

（一）列为古树、名木的，其保护区为不小于树冠垂直投影外五米；

（二）列为古树后续资源的，其保护区为不小于树冠垂直投影外二米。

**第十三条** 在古树、名木和古树后续资源保护区内，应当采取措施保持土壤的透水、透气性，不得从事挖坑取土、焚烧、倾倒有害废渣废液、新建扩建建筑物和构筑物等损害古树、名木和古树后续资源正常生长的活动。

因城市重大基础设施建设，确需在古树、名木和古树后续资源保护区内施工的，规划管理部门在核发建设工程规划许可证前，应当征求市绿化行政管理部门的意见；市绿化行政管理部门应当自收到征求意见之日起五个工作日内，提出相应的保护要求。建设单位应当根据市绿化行政管理部门的保护要求制订具体保护措施，并组织实施。

**第十四条** 本市对古树、名木和古树后续资源实行养护责任制，并按照下列规定确定养护责任人：

（一）机关、部队、社会团体、企业、事业单位用地范围内的古树、名木和古树后续资源，养护责任人为所在单位；实行物业管理的，养护责任人为其委托的物业服务企业。

（二）铁路、公路、河道用地范围内的古树、名木和古树后续资源，养护责任人为铁路、公路、水务管理部门委托的养护单位。

（三）公共绿地范围内的古树、名木和古树后续资源，养护责任人为绿化管理部门委托的养护单位。

（四）居住区内的古树、名木和古树后续资源，养护责任人为业主委托的物业服务企业。

（五）居民庭院内的古树、名木和古树后续资源，养护责任人为业主。

前款规定以外的古树、名木和古树后续资源，养护责任人由所在区管理古树名木的部门确定。

房屋拆迁范围内有古树、名木或者古树后续资源的，建设单位应当按照本条例有关养护责任人的规定进行保护。古树、名木或者古树后续资源在居民庭院内的，建设单位应当给予原养护责任人适当的补偿。

**第十五条** 区管理古树名木的部门应当与养护责任人签订养护责任书，明确养护责任。养护责任人发生变更的，养护责任人应当到区管理古树名木的部门办理养护责任转移手续，并重新签订养护责任书。

**第十六条** 市绿化行政管理部门应当根据古树、名木和古树后续资源的保护需要，制定养护技术标准，并无偿向养护责任人提供必要的养护知识培训和养护技术指导。

养护责任人应当按照养护技术标准进行养

护。在日常养护中,养护责任人可以向市绿化行政管理部门或者区管理古树名木的部门咨询养护知识。

**第十七条** 古树、名木和古树后续资源的日常养护费用由养护责任人承担。接受委托承担养护责任的,养护费用由委托人承担。承担养护费用确有困难的单位或者个人,可以向所在地区管理古树名木的部门申请养护补助经费。养护补助经费应当专项用于古树、名木和古树后续资源的养护。

市和区人民政府应当设立古树、名木和古树后续资源保护的专项经费,专门用于古树、名木和古树后续资源的抢救、复壮,保护设施的建设、维修,以及承担对养护经费有困难者的补助。

鼓励单位和个人以捐资、认养等形式参与古树、名木和古树后续资源的养护。捐资、认养古树、名木和古树后续资源的单位和个人可以在古树、名木和古树后续资源标牌中享有一定期限的署名权。

**第十八条** 古树、名木和古树后续资源保护区外的建设项目,养护责任人认为其施工可能影响古树、名木和古树后续资源正常生长的,应当及时向市绿化行政管理部门或者区管理古树名木的部门报告。市绿化行政管理部门或者区管理古树名木的部门可以根据古树、名木和古树后续资源的保护需要,向建设单位提出相应的保护要求,建设单位应当根据保护要求实施保护。

**第十九条** 市绿化行政管理部门和区管理古树名木的部门应当确定专门管理人员负责古树、名木和古树后续资源保护管理工作,并按照下列规定,定期进行检查:

(一)一级保护的古树、名木至少每三个月进行一次;

(二)二级保护的古树至少每六个月进行一次;

(三)古树后续资源至少每年进行一次。

在检查中发现树木生长有异常或者环境状况影响树木生长的,应当及时采取保护措施。

**第二十条** 禁止移植一级保护的古树以及树龄在一百年以上的名木。

因城市重大基础设施建设,确需移植树龄在一百年以下的名木或者二级保护的古树的,应当向市绿化行政管理部门提出申请。市绿化行政管理部门应当自收到申请之日起十个工作日内提出审查意见,并报市人民政府批准。

因市重大工程项目或者城市基础设施建设,需要移植古树后续资源的,应当向区管理古树名木的部门提出申请。区管理古树名木的部门应当自收到申请之日起五个工作日内提出审查意见,并报市绿化行政管理部门批准。市绿化行政管理部门应当自收到审查意见之日起五个工作日内作出审批决定,并通知区管理古树名木的部门。

古树、名木和古树后续资源的移植和移植后五年内的养护,应当由专业的绿化养护单位进行。古树、名木和古树后续资源的移植费用以及移植后五年内的养护费用,由建设单位承担。

**第二十一条** 生产、生活产生的废水、废气或者废渣等危害古树、名木和古树后续资源正常生长的,养护责任人可以要求有关责任单位或者个人采取措施,消除危害。

**第二十二条** 禁止下列损害古树、名木和古树后续资源的行为:

(一)砍伐;

(二)剥损树皮、攀折树枝或者刻划、敲钉;

(三)借用树干做支撑物,在树上悬挂或者缠绕其他物品;

(四)损坏古树、名木和古树后续资源的支撑、围栏、避雷针、标牌或者排水沟等相关保护设施;

(五)其他影响古树、名木和古树后续资源正常生长的行为。

**第二十三条** 古树、名木和古树后续资源养护责任人发现树木衰萎、濒危的,应当及时向市绿化行政管理部门或者区管理古树名木的部门报告。市绿化行政管理部门或者区管理古树名木的部门应当及时组织专业的绿化养护单位进行复壮和抢救。

**第二十四条** 古树、名木死亡的，养护责任人应当及时向市绿化行政管理部门报告，经核实、鉴定和查清原因后，予以注销。

古树后续资源死亡的，养护责任人应当及时向区管理古树名木的部门报告，经核实、鉴定和查清原因后，予以注销，并报市绿化行政管理部门备案。

古树、名木和古树后续资源死亡未经市绿化行政管理部门或者区管理古树名木的部门核实注销的，养护责任人不得擅自处理。

**第二十五条** 违反本条例规定，有下列情形之一的，由市绿化行政管理部门或者区管理古树名木的部门或者市绿化监察大队按照下列规定予以处罚：

(一) 违反本条例第十三条第一款规定，在保护区内不采取措施保持土壤的透水、透气性，或者从事损害古树、名木和古树后续资源正常生长活动的，责令其限期改正，可以并处三百元以上三千元以下的罚款；造成树木严重损伤的，处二千元以上二万元以下的罚款；造成树木死亡的，每株处五千元以上五万元以下的罚款。

(二) 违反本条例第十三条第二款规定，建设单位未按照保护要求实施保护的，责令其限期改正；造成树木死亡的，每株处五千元以上五万元以下的罚款。

(三) 违反本条例第十六条第二款规定，不按照养护技术标准进行养护的，责令其限期改正；逾期不改正的，处三百元以上三千元以下的罚款；造成树木死亡的，每株处三千元以上三万元以下的罚款。

(四) 违反本条例第二十条第一款、第二款、第三款规定，移植一级保护的古树或者树龄在一百年以上的名木的，每株处一万元以上十万元以下的罚款；未经批准移植树龄在一百年以下的名木或者二级保护的古树的，每株处五千元以上五万元以下的罚款；未经批准移植古树后续资源的，每株处二千元以上二万元以下的罚款；未经批准进行移植并造成树木死亡的，以砍伐论处。

(五) 违反本条例第二十一条规定，危害古树、名木和古树后续资源正常生长的，责令其限期改正；逾期不改正的，处五百元以上五千元以下的罚款；造成树木死亡的，每株处五千元以上五万元以下的罚款。

(六) 违反本条例第二十二条第(一)项规定，砍伐一级保护的古树、名木的，每株处三万元以上三十万元以下的罚款；砍伐二级保护的古树的，每株处二万元以上二十万元以下的罚款；砍伐古树后续资源的，每株处一万元以上十万元以下的罚款。

(七) 违反本条例第二十二条第(二)项、第(三)项、第(四)项、第(五)项规定，损害古树、名木和古树后续资源的，责令其限期改正，可以并处三百元以上三千元以下的罚款；造成树木死亡的，每株处五千元以上五万元以下的罚款。

(八) 违反本条例第二十四条第三款规定，树木死亡未经核实注销擅自处理的，处一千元以上一万元以下的罚款。

**第二十六条** 违反本条例规定，损坏古树、名木和古树后续资源及其相关保护设施的，应当依法承担赔偿责任；构成犯罪的，依法追究刑事责任。

**第二十七条** 市绿化行政管理部门、区管理古树名木的部门、市绿化监察大队的工作人员在本条例的执行过程中，玩忽职守、滥用职权、徇私舞弊的，由其所在单位或者上级主管部门依法给予行政处分；构成犯罪的，依法追究刑事责任。

**第二十八条** 当事人对市绿化行政管理部门、区管理古树名木的部门、市绿化监察大队的具体行政行为不服的，可以依照《中华人民共和国行政复议法》或者《中华人民共和国行政诉讼法》的规定，申请行政复议或者提起行政诉讼。

当事人在法定期限内不申请复议，不提起诉讼，又不履行的，作出具体行政行为的行政管理部门或者市绿化监察大队可以申请人民法院强制执行。

**第二十九条** 本条例自 2002 年 10 月 1 日起施行。《上海市古树名木保护管理规定》同时废止。

# 上海市出版物发行管理条例

（2002年10月28日上海市第十一届人民代表大会常务委员会第四十四次会议通过　根据2007年11月28日上海市第十二届人民代表大会常务委员会第四十次会议《关于修改〈上海市出版物发行管理条例〉的决定》第一次修正　根据2010年9月17日上海市第十三届人民代表大会常务委员会第二十一次会议《关于修改本市部分地方性法规的决定》第二次修正　根据2021年8月25日上海市第十五届人民代表大会常务委员会第三十四次会议《关于修改〈上海市出版物发行管理条例〉等3件地方性法规的决定》第三次修正）

## 第一章　总　　则

**第一条**　为了加强对出版物发行的管理，发展和繁荣文化事业，促进社会主义精神文明建设，根据国务院《出版管理条例》，结合本市实际情况，制定本条例。

**第二条**　本条例所称出版物，是指图书、报纸、期刊、音像制品、电子出版物等。

本条例所称发行，包括批发、零售以及出租、展销等活动。

**第三条**　本条例适用于本市行政区域内出版物的发行以及与发行相关的征订、附送、散发、展示等行为及其管理。

行政法规对音像制品的发行另有规定的，从其规定。

邮政法对邮政企业发行报纸、期刊另有规定的，从其规定。

**第四条**　上海市新闻出版主管部门（以下简称市出版主管部门）主管本市出版物发行的监督管理工作，负责本条例的组织实施。

区负责出版管理的部门负责本辖区内出版物发行的监督管理工作，业务上受市出版主管部门指导。

市场监管、公安、物价、教育、邮政、海关等行政管理部门按照各自职责，做好出版物发行的相关监督管理工作。

**第五条**　市出版主管部门应当根据城市发展的实际需要和市民的文化需求，制定出版物发行的发展规划，经市人民政府批准后向社会公布。

出版物发行单位和出版物交易市场的设立，应当符合本市出版物发行发展规划规定的总量、结构和布局要求。

## 第二章　从事出版物发行的许可

**第六条**　本市对出版物的批发、零售实行许可制度。从事出版物批发、零售业务的，应当取得《出版物经营许可证》（以下简称许可证）。

未经许可，任何单位和个人不得从事出版物批发、零售业务。

**第七条**　从事出版物批发业务的单位应当具备下列条件：

（一）已完成市场主体注册登记；

（二）市场主体注册登记的经营范围内含有出版物经营业务；

（三）有符合法律、法规规定的固定经营场所，经营场所面积合计不少于五十平方米；

（四）具备健全的管理制度并具有符合行业标准的信息管理系统。

**第八条**　从事出版物零售业务的单位、个人应当具备下列条件：

（一）已完成市场主体注册登记；

（二）市场主体注册登记的经营范围内含有出版物零售业务；

（三）有符合法律、法规规定的固定经营场所。

**第九条** 单位申请从事出版物批发业务的，应当向市出版主管部门提出申请。

单位和个人申请从事出版物零售业务的，应当向区负责出版管理的部门提出申请。

**第十条** 市出版主管部门或者区负责出版的部门应当自受理从事出版物批发、零售业务的申请材料之日起二十日内，作出批准或者不予批准的决定。予以批准的，发给许可证；不予批准的，应当书面说明理由。

**第十一条** 出版物发行单位和个人变更出版物发行经营范围、经营方式事项的，应当按照本条例第九条的规定，重新办理许可手续；变更其他事项的，应当到原批准的市出版主管部门或者区负责出版管理的部门办理变更手续。

出版物发行单位和个人终止发行活动的，应当向原批准的市出版主管部门或者区负责出版管理的部门办理注销登记，并缴回许可证。

出版物发行单位和个人有前两款规定情形的，应当到市场监管部门办理相应手续。

**第十二条** 单位、个人从事出版物出租业务的，应当按照国家有关规定，到区负责出版的部门备案。

区负责出版的部门应当在十个工作日内向申请备案单位、个人出具备案回执。

## 第三章 出版物发行的管理

**第十三条** 出版物发行单位和个人应当在核定的经营场所营业，并将许可证和营业执照置于核定经营场所的醒目位置。

许可证和营业执照不得涂改、转让、出租和出借。

**第十四条** 出版物发行单位和个人在许可的经营范围内通过互联网开展出版物发行业务的，应当自开展网络发行业务后十五日内到原批准的市出版主管部门或者区负责出版的部门备案。

市出版主管部门或者区负责出版的部门应当在十个工作日内向备案单位、个人出具备案回执。

出版物发行单位和个人通过互联网开展出版物发行业务的，应当在网站或者网页的醒目位置标明出版物发行许可证编号、发证部门、备案编号，所经营出版物的名称、出版单位及标准书号、刊号、版号，其中属进口出版物的，还应当同时标明进口单位名称。

**第十五条** 出版物交易市场应当成立市场管理组织。市场管理组织根据国家和本市的有关规定，管理市场内的交易活动。

**第十六条** 发行进口出版物的，必须从依法设立的出版物进口经营单位进货。

**第十七条** 出版物批发单位不得向无许可证的单位和个人批发出版物。

出版物发行单位和个人不得向无许可证的单位和个人购进出版物。

出版物交易市场不得向无许可证的单位和个人提供出版物发行的经营场所。

**第十八条** 举办全国性或者地方性出版物展销活动，应当按照国家有关规定，向上级出版主管部门备案。

**第十九条** 从事中学小学教科书发行业务，需经国家出版主管部门批准并取得中学小学教科书发行资质，其他任何单位或者个人不得从事中学小学教科书的发行业务。

中学小学教科书的发行单位不得搭配销售或者强行推销中学小学教辅材料。

**第二十条** 任何单位和个人不得发行、征订、附送、散发或者展示含有法律、行政法规和国家有关规定禁止内容的出版物、出版物宣传资料。

出版物发行单位和个人在出版物发行过程中，不得附送、散发或者展示含有法律、行政法规和国家有关规定禁止内容的其他宣传资料。

禁止发行、征订、附送、散发或者展示非法进口、侵犯他人著作权以及有法律、法规规定不得发行的其他情形的出版物、出版物宣传资料。

有本条规定禁止内容或者情形的出版物的鉴定，由市出版主管部门或者其所属的出版物鉴定机构负责。

**第二十一条** 市出版主管部门或者区负责出版管理的部门根据已经取得的违法嫌疑证据或者举报，对涉嫌违法从事出版物发行活动的行为进行查处时，可以检查与违法活动有关的物品；对有证据证明是与违法活动有关的物品，可以查封或者扣押。行政执法人员执行公务时应当出示执法证件。

对被市出版主管部门或者区负责出版管理的部门告知禁止发行的出版物，从事出版物发行业务的单位和个人应当及时上缴或者听候处理，不得隐藏、变卖、转移、毁损。

## 第四章 法律责任

**第二十二条** 违反本条例规定的行为，《出版管理条例》已规定处罚的，依照《出版管理条例》处罚。

违反本条例规定的下列行为，由市出版主管部门或者区负责出版管理的部门视情节轻重给予处罚：

（一）违反本条例第十三条第一款规定，在核定的经营场所以外营业的，责令改正，处三万元以下的罚款。

（二）违反本条例第十三条第二款规定，涂改、转让、出租或者出借许可证的，责令限期改正，没收违法所得，处三万元以下的罚款；情节严重的，并处责令停业整顿或者吊销许可证。

（三）违反本条例第十四条第一款规定，通过互联网开展出版物发行业务，未按规定备案的，责令限期改正，逾期未改正的，没收违法所得，处三万元以下的罚款。

（四）违反本条例第十七条规定，从事出版物发行业务的单位和个人或者出版物交易市场，向无许可证的单位和个人批发出版物、购进出版物或者提供出版物发行经营场所的，没收出版物和违法所得，处三万元以下的罚款；情节严重的，并处责令停业整顿或者吊销许可证。

（五）违反本条例第十九条第一款规定，不具备中学小学教科书发行资质的单位从事中学小学教科书发行活动的，没收出版物、违法所得，违法经营额一万元以上的，并处违法经营额五倍以上十倍以下的罚款；违法经营额不足一万元的，可以处五万元以下的罚款；情节严重的，责令限期停业整顿或者由原发证机关吊销许可证。

（六）违反本条例第十九条第二款规定，搭配销售或者强行推销中学小学教辅材料的，责令停止违法行为，没收违法所得，处三万元以下的罚款。

（七）违反本条例第二十条规定，征订、附送、散发、展示含有禁止内容或者情形的出版物的，没收出版物和违法所得，违法经营额一万元以上的，并处违法经营额五倍以上十倍以下的罚款；违法经营额不足一万元的，可以处五万元以下的罚款；情节严重的，并处责令停业整顿或者吊销许可证。征订、附送、散发、展示含有禁止内容或者情形的出版物宣传资料或者其他宣传资料的，责令停止违法行为，予以警告，并处三万元以下罚款。

**第二十三条** 对违反本条例规定向无许可证的单位和个人购进出版物，以及出租、征订、附送、散发、展示的出版物、出版物宣传资料或者其他宣传资料有本条例第二十条规定内容或者情形的，当事人说明、指认来源，经查证属实的，除没收出版物、出版物宣传资料或者其他宣传资料和违法所得外，可以减轻或者免除本条例规定的其他行政处罚。

**第二十四条** 对拒绝、阻碍行政管理部门工作人员依法执行职务，尚不够刑事处罚的，由公安部门依照《中华人民共和国治安管理处罚法》处理；构成犯罪的，依法追究刑事责任。

**第二十五条** 当事人对市出版主管部门或者区负责出版管理的部门的具体行政行为不服的，可以依照《中华人民共和国行政复议法》或者《中华人民共和国行政诉讼法》的规定，申请行政复议或者提起行政诉讼。

当事人对具体行政行为逾期不申请复议，

不提起诉讼,又不履行的,作出具体行政行为的市出版主管部门或者区负责出版管理的部门可以申请人民法院强制执行。

**第二十六条** 市出版主管部门或者区负责出版管理的部门直接负责的主管人员或者其他直接责任人员玩忽职守、滥用职权、徇私舞弊的,由其所在单位或者上级主管部门依法给予行政处分;构成犯罪的,依法追究刑事责任。

## 第五章 附 则

**第二十七条** 本条例有关用语的定义:

报纸,是指有固定名称、刊期、开版,每周至少出版一期的连续出版物。

期刊,是指有固定名称和栏目,用卷、期或者年、季、月、旬、周顺序编号,成册的连续出版物。

图书,是指各类书籍、画册、挂历、图片、年画、年历等出版物。

电子出版物,是指以数字代码方式将图文声像等信息编辑加工后存储在磁、光、电介质上,通过计算机或者具有类似功能的设备读取使用,用以表达思想、普及知识和积累文化,并可复制发行的大众传播媒体。

**第二十八条** 本条例自2003年1月1日起施行。《上海市图书报刊市场管理条例》同时废止。

# 上海市消费者权益保护条例

(2002年10月28日上海市第十一届人民代表大会常务委员会第四十四次会议通过 根据2014年11月20日上海市第十四届人民代表大会常务委员会第十六次会议《关于修改〈上海市消费者权益保护条例〉的决定》修正 2022年7月21日上海市第十五届人民代表大会常务委员会第四十二次会议修订)

## 第一章 总 则

**第一条** 为了保护消费者合法权益,维护社会经济秩序,促进社会主义市场经济健康发展,服务全国统一大市场,推进国际消费中心城市建设,根据《中华人民共和国消费者权益保护法》和有关法律、行政法规,结合本市实际,制定本条例。

**第二条** 本市行政区域内,消费者为生活消费需要购买、使用商品或者接受服务,其权益受本条例保护;经营者为消费者提供其生产、销售的商品或者提供服务,应当遵守本条例。法律、行政法规另有规定的,从其规定。

**第三条** 消费者合法权益的保护应当实行经营者合法经营、消费者依法维权、国家保护、行业自律和社会监督相结合的原则。

经营者与消费者进行交易,应当遵循自愿、平等、公平、诚实信用的原则。

对消费者合法权益的保护应当方便消费者行使权利,并与社会经济发展的水平相适应。

**第四条** 本市倡导节约适度、绿色低碳、文明健康的消费模式,反对浪费,推进可持续消费。

**第五条** 本市各级人民政府应当加强对消费者权益保护工作的领导,组织、协调、督促有关行政管理部门做好贯彻实施本条例的工作,落实保护消费者合法权益的职责。

市、区人民政府建立消费者权益保护工作议事协调机制,负责统筹研究消费者权益保护重大政策,协调处理消费领域重大问题。市场监督管理部门负责消费者权益保护工作议事协调机制日常工作。

消费者权益保护工作议事协调机制成员单位可以依托专家咨询委员会，开展消费者权益保护研究，针对重大、疑难、复杂的消费维权活动开展咨询、论证等。

**第六条** 本市国家机关应当根据各自职责，采取措施，依法保障消费者合法权益不受侵害。

各级市场监督管理部门以及其他有关行政管理部门应当加强对经营者的监督，依法查处侵害消费者合法权益的行为。

**第七条** 市、区人民代表大会常务委员会通过听取和审议专项工作报告、组织执法检查、开展询问和质询等方式，加强对本条例执行情况的监督。

市、区人民代表大会常务委员会应当充分发挥各级人大代表作用，组织人大代表开展专题调研和视察等活动，督促有关方面落实消费者权益保护的各项工作。

**第八条** 市、区消费者权益保护委员会（以下统称消保委）是法定的对商品和服务进行社会监督、保护消费者合法权益的公益性组织，行使《中华人民共和国消费者权益保护法》赋予消费者协会的职能。

依法成立的其他消费者组织，依照法律、法规及其章程的规定，开展保护消费者合法权益的活动。

**第九条** 本市推动长江三角洲（以下简称长三角）区域消费者权益保护工作协作，开展满意消费长三角行动，探索异地异店退换货，对重大消费事件开展联合调查，联合公布侵害消费者合法权益典型案例，促进长三角区域消费者权益保护重大政策协调和消费环境优化。

## 第二章 消费者的权利

**第十条** 消费者在购买、使用商品和接受服务时，享有人身、财产安全不受损害的权利。

消费者有权要求经营者提供的商品和服务符合保障人身、财产安全的要求。消费者有权要求经营者公开其执行的商品和服务标准；相关商品和服务有强制性国家标准的，应当符合强制性国家标准，没有相关标准的，不得违背社会普遍公认的安全、卫生要求。

消费者有权要求经营者提供安全的消费设施、场所和环境。

**第十一条** 消费者在购买、使用商品或者接受服务时，有权询问和了解该商品或者服务的真实情况及交易条件，有权要求经营者提供必要的信息资料。

**第十二条** 消费者有权自主选择提供商品或者服务的经营者，自主选择商品品种或者服务方式，自主决定购买或者不购买任何一种商品、接受或者不接受任何一项服务。

消费者在自主选择商品或者服务时，有权进行比较、鉴别和挑选。

**第十三条** 消费者享有公平交易的权利。

消费者在购买商品或者接受服务时，有权获得质量保障、价格合理、计量准确等公平交易条件，有权拒绝经营者的强制交易行为。

**第十四条** 消费者在购买、使用商品或者接受服务时，享有人格尊严、民族风俗习惯得到尊重的权利，享有个人信息依法得到保护的权利。

**第十五条** 消费者享有获得有关消费者的权利、经营者的义务以及消费争议处理方式等消费者合法权益保护方面知识的权利。

**第十六条** 消费者享有依法成立维护自身合法权益的社会组织的权利。

**第十七条** 消费者因购买、使用商品或者接受服务，生命权、身体权、健康权、姓名权、肖像权、名誉权、荣誉权和隐私权等人身权益受到侵害的，有权要求经营者依法予以赔偿。

消费者因购买、使用商品或者接受服务，财产权益受到损害的，有权要求经营者依法予以赔偿。

**第十八条** 消费者有权对经营者提供的商品和服务的质量、价格、计量及其服务态度等作出评价，提出意见和建议，有权对经营者的违法行为向有关行政管理部门举报，有权将有关情况如实向大众传播媒介反映。

消费者有权对行业组织制定的行业规则、相关标准、示范合同文本或者经营者共同约定的事项中有关消费者权益的内容提出意见和建议。

消费者有权对消保委和其他消费者组织保护消费者权益的工作提出意见和建议。

消费者有权对国家机关保护消费者权益的工作提出批评和建议，有权对国家机关及其工作人员在保护消费者权益工作中的违法、失职行为进行检举、控告。

## 第三章　经营者的义务

**第十九条**　经营者向消费者提供商品或者服务，应当依照有关法律、法规的规定履行义务。

经营者与消费者有约定的，应当按照约定履行义务，但双方的约定不得违反法律、法规的规定。

经营者以商业广告、产品说明、实物样品或者通知、声明、店堂告示等公示方式，对商品或者服务的数量、质量、价格、售后责任等向消费者作出许诺的，其提供的商品或者服务的数量、质量、价格、售后责任等应当与许诺相一致。消费者受上述许诺引导而购买商品或者接受服务的，可以要求经营者将该许诺作为约定的内容。

经营者向消费者提供商品或者服务使用格式条款、通知、声明、店堂告示等的，应当以显著方式提请消费者注意与消费者有重大利害关系的内容，并按照消费者的要求予以说明；不得作出排除或者限制消费者权利、减轻或者免除经营者责任、加重消费者责任等对消费者不公平、不合理的规定，不得利用格式条款并借助技术手段等进行强制交易。

格式条款、通知、声明、店堂告示等含有前款所列内容的，其内容无效。

**第二十条**　经营者应当保证其提供的商品、服务、设施和场所符合保障消费者人身、财产安全的要求。

经营者对可能危及人身、财产安全的商品、服务、设施和场所，应当向消费者作出准确的说明和明确的警示，并说明、标明正确使用商品、设施、场所或者接受服务的方法以及防止危害发生的方法。

从事具有一定风险的文体、娱乐等项目的经营者，应当具备保障消费者人身安全的技术条件、服务设备和必要的救护设施等，并制定应急预案。

**第二十一条**　经营者处理消费者个人信息的，应当遵循合法、正当、必要和诚信的原则，明示处理信息的目的、方式和范围，并依法征得消费者同意；不得从事违反法律法规、超出消费者同意范围或者与服务场景无关的消费者个人信息处理活动。经营者履行明示义务和征得消费者同意的证明资料至少留存三年。

经营者应当建立健全信息保密和信息安全管理制度，制定信息安全应急预案，确保信息安全，防止消费者个人信息泄露、丢失。在发生或者可能发生信息泄露、丢失的情况时，经营者应当立即采取补救措施，启动应急预案，依法及时通知履行个人信息保护职责的部门和消费者。

**第二十二条**　经营者提供商品或者服务，应当用清晰明白的语言或者文字向消费者作出真实的介绍和说明，并就消费者的询问作出真实、明确的答复。

经营者提供商品或者服务时，应当根据法律、法规的规定或者约定以及交易习惯等，主动向消费者告知或者出示商品的价格、产地、生产者、用途、性能、规格、等级、主要成份、净含量、生产日期、有效期限、检验合格证明、使用方法说明、使用技能、售后服务，或者服务的内容、规格、费用、标准，以及相关检验检测报告或者维修服务记录等。涉及商品房的，还应当告知或者出示权属证明、建筑结构、面积构成等。

经营者通过互联网媒介，以竞价排名等互联网广告形式推销商品、服务的，应当依法显著标明“广告”。

**第二十三条**　采用网络、电视、电话、邮购等方式提供商品或者服务的经营者，以及提供培训服务和证券、保险、银行等金融服务的经营者，应当向消费者提供经营地址、联系方式、商品或者服务的数量和质量、价款或者费用、履行期限和方式、安全注意事项和风险警示、售后服务、民事责任等信息。其中，涉及由其他经营者实际提供商品或者服务的，还应当向消费者提供该经营者的名称、经营地址、联系方式等信息。

金融服务经营者对于利率、费用、收益以及风险等重大信息，应当使用足以引起消费者注意的方式进行标识、予以说明，并以适当方式确认消费者已接收完整信息。

法律、法规、部门规章对证券、保险、银行等金融服务的消费者权益保护另有规定的，按照有关规定执行。

**第二十四条** 经营者提供商品标识或者服务信息，应当符合法律、法规的规定。

经营者提供的商品达不到规定的标准等级，但仍有使用价值且根据规定可以销售的，应当在醒目位置标明，并在给消费者的购货凭证上予以注明。代理经销进口商品的，应当依法在商品上标明代理商、进口商或者经销商的名称和地址。

提供服务的经营者，应当在经营场所的醒目位置明示服务信息。服务信息包括以下内容：

（一）服务的内容、质量标准以及收费标准；

（二）服务中的有关注意事项、限制条件和必要提示；

（三）其他应当明示的与服务有关的内容。

**第二十五条** 经营者提供商品或者服务的，应当按照规定明码标价。明码标价应当做到价目齐全，标价内容真实明确，字迹清晰，标识醒目，并明确所标示的价格对应的商品或者服务。商品或者服务的价格变动时，应当及时调整相应标价。

经营者进行明码标价时，应当在醒目位置采用标价签（含电子标价签）、标价牌、价目表（册）、展示板、电子屏幕、商品实物或者模型展示、图片展示以及其他有效形式予以显著标明。

经营者不得在标价之外加价出售商品或者提供服务，不得收取任何未标明的费用。

**第二十六条** 经营者应当在其住所或者主要经营场所的醒目位置公示营业执照。电子商务经营者应当在其首页显著位置，持续公示营业执照信息以及相关行政许可等信息，或者上述信息的链接标识。

经营者应当标明其真实名称和标记。标明经营者名称的位置、字体、颜色等，应当便于识别、查询。

租用他人柜台、场地从事经营活动的经营者，应当标明其真实名称和标记。

通过加盟等形式从事商业特许经营的经营者，应当标明特许人和被特许人的真实名称和标记。

**第二十七条** 商品交易市场的经营管理者和柜台、场地的出租者，应当核验场内经营者、承租者的营业执照、许可证件等资料，保存复印件，并向查询场内经营者、承租者情况的消费者提供上述真实信息。商品交易市场的经营管理者和柜台、场地的出租者，应当在交易场所的醒目位置设立公示牌，公示场内经营者、承租者的名称（姓名）、经营（租赁）期限、经营项目等与维护消费者合法权益有关的事项。

**第二十八条** 经营者经营商品或者提供服务以量值作为结算依据的，应当标明法定计量单位，并配备和使用与其经营的商品或者提供的服务相适应的计量器具。

经营者提供的商品不得短缺数量，不得将包装物的重量作为商品的计价依据，不得拒绝消费者对计量的复核要求。

**第二十九条** 经营者应当保存进货时的各种原始发票、单证等能够证明进货来源的文件资料，并依法建立台帐。

经营者提供商品或者服务的，应当依照国家规定或者交易习惯，向消费者出具发票等购货凭证、服务单据；消费者索要发票等购货凭证或者服务单据的，经营者应当出具。

消费者索要购货凭证、服务单据以外的收费清单的，经营者应当出具。

**第三十条** 经营者对其售出的商品应当承担修理的义务，承担修理义务的期限不得少于六个月，但低值易耗商品除外。商品房、汽车等商品，国家和本市另有规定的，从其规定。

商品或者服务不符合质量要求的，消费者可以依照国家规定、当事人约定退货，或者要求经营者履行更换、重作、修理、减少价款等义务。没有国家规定和当事人约定的，消费者可以自收到商品之日起七日内退货；七日后符合法定解除合同条件的，消费者可以及时退货，不符合法定解除合同条件的，可以要求经营者履行更换、重作、修理、减少价款等义务。

经营者应当在承诺或者国家规定的期限内，及时履行前款规定的义务。依照前款规定进行退货、更换、重作、修理的，经营者应当承担运输等必要费用。

**第三十一条** 经营者发现其提供的商品或者服务存在缺陷，危及人身、财产安全的，应当立即向有关行政管理部门报告和告知消费者，并采取停止销售、警示、召回、无害化处理、销毁、停止生产或者服务等措施。采取召回措施的，经营者应当承担消费者因商品被召回支出的必要费用。

有关行政管理部门发现并认定符合前款所规定情形的，应当立即责令经营者按照要求采取相应措施，经营者应当立即予以实施。

**第三十二条** 经营者以消费者购买商品或者接受服务为条件，以奖励、赠与等促销形式向消费者提供商品或者服务的，不免除经营者对该奖品、赠品或者奖励、赠与的服务所承担的退货、更换、重作、修理以及其他责任。

**第三十三条** 因经营者自身的原因停止提供法定或者约定的商品或者服务的，经营者应当事先告知消费者，并依照法律、法规的规定或者约定以及交易习惯，作出妥善安排。

从事公用事业的经营者因消费者未支付费用等原因停止提供商品或者服务的，应当事先告知消费者，并给予消费者必要的准备时间。

**第三十四条** 经营者在提供商品或者服务时，不得有下列行为：

（一）侮辱、诽谤消费者；

（二）搜查消费者的身体或者其携带的物品；

（三）侵犯消费者人身自由；

（四）其他侵害消费者人身权益的行为。

对于消费者具有人身意义的特定财产，提供商品或者服务的经营者应当尽到审慎义务，致使特定财产永久性灭失或者毁损的，应当依法承担责任。

**第三十五条** 经营者未经消费者同意或者请求，或者消费者明确表示拒绝的，不得向其发送商业性信息。

消费者同意经营者向其发送商业性信息的，除双方另有约定外，不得增加消费者的费用。

经营者向消费者以弹出等形式发送广告的，应当显著标明关闭标志，确保可以一键关闭。

**第三十六条** 经营者提供商品或者服务，不得用以假充真、以次充好、销售掺杂掺假商品、虚假标价、虚构服务内容等方式欺诈消费者，损害消费者合法权益。

**第三十七条** 经营者不得强迫消费者购买商品或者接受服务，不得违背消费者的意愿搭售商品、服务或者附加其他不合理的条件；经营者提供可以选择的商品或者服务项目的，应当事先征求消费者的意见，并征得消费者同意。

**第三十八条** 经营者利用消费者个人信息进行自动化决策的，应当保证决策的透明度和结果公平、公正，不得对消费者在交易价格等交易条件上实行不合理的差别待遇。

**第三十九条** 经营者采用网络、电视、电话、邮购、上门推销等方式销售商品，消费者有权自收到商品之日起七日内退货，且无需说明理由，但下列商品除外：

（一）消费者定作的；

（二）鲜活易腐的；

（三）在线下载或者消费者拆封的音像制品、计算机软件等数字化商品；

（四）交付的报纸、期刊。

除前款所列以外其他根据商品性质不宜退货的商品，经营者应当通过设置提示程序、采取技术手段等措施，以显著方式告知消费者，供消费者在购买结算前进行确认。

消费者退货的，应当保持商品完好，有奖品、赠品的，消费者应当同时返还获得的奖品、赠品或者等值价款。经营者应当自收到退回商品之日起七日内返还消费者支付的商品价款。退回商品的运费由消费者承担；经营者和消费者另有约定的，按照约定。

消费者为检查、试用商品而拆封且商品本身不污不损的，属于前款规定的商品完好。国家另有规定的，从其规定。

鼓励实体店经营者根据经营商品性质，作出线下购物无理由退货服务承诺。

**第四十条** 经营者采取随机抽取的方式向消费者销售特定范围内商品或者提供服务的，应当按照规定以显著方式公示抽取规则、商品或者服务分布、提供数量、抽取概率等关键信息。

经营者实际的市场投放应当与前款公示内容相一致，不得篡改抽取概率，改变抽取结果。

开展随机销售活动不得违反法律、法规的规定，不得违背公序良俗。鼓励随机销售经营者通过建立保底机制等方式，维护消费者合法权益。

**第四十一条** 经营者采用网络、电视、电话、邮购等方式提供商品或者服务的，应当保证商品或者服务的质量、性能等与广告宣传等相一致，并按照承诺的期限提供商品或者服务。

经营者以上门方式推销商品的，应当征得被访问消费者的同意。推销人员应当出示授权文件和身份证件，并以书面等有效方式向消费者告知所推销商品的功能、特性、型号、价格、售后服务和经营地址等内容。

经营者不得利用会议、讲座、咨询等方式，对所销售的保健食品等商品或者所提供的服务，作虚假或者引人误解的宣传，欺骗、误导消费者。他人提供场所或者其他便利条件，足以引发误解的，应当向消费者履行合理的告知义务。

金融服务经营者开展营销活动，应当符合国家规定的资质许可、营销渠道和行为规范等要求。

**第四十二条** 网络游戏经营者应当履行未成年人保护义务，向未成年人提供游戏服务的，应当符合法律、法规和国家有关规定对时间、时长、消费限制、内容等的要求。

网络游戏经营者应当按照规定，通过电子身份认证等技术，要求未成年人以真实身份信息注册并登录网络游戏。

**第四十三条** 网络直播营销平台应当对直播间运营者、直播营销人员进行身份信息认证。

网络直播营销平台应当加强直播间内链接、二维码等跳转服务的信息安全管理，防范信息安全风险。消费者通过直播间内链接、二维码等跳转到其他平台购买商品或者接受服务发生争议时，网络直播营销平台应当协助消费者维护合法权益，提供有关记录以及其他必要的信息、数据等。直播间运营者应当标明直播间内链接、二维码等跳转所对应的商品或者服务的实际经营者。消费者因通过直播间内链接、二维码等跳转到其他平台购买商品或者接受服务，合法权益受到损害，直播间运营者未标明实际经营者的，应当承担相应的责任。法律、行政法规对网络直播营销平台、直播间运营者的责任另有规定的，从其规定。

直播间运营者、直播营销人员发布的直播内容构成商业广告的，应当依法履行广告发布者、广告经营者或者广告代言人的义务并承担相应的责任。

**第四十四条** 跨境电商零售进口经营者承担商品质量安全的相应责任，履行消费者权益保护和商品信息披露、告知等义务。

跨境电商零售进口经营者应当委托符合条件的相应境内服务者承担如实申报责任，依法接受相关行政管理部门的监管。鼓励相应境内服务者作出与跨境电商零售进口经营者承担民事连带责任的承诺。

**第四十五条** 跨境电商第三方平台经营

者应当建立平台内交易规则、交易安全保障、消费者权益保护等管理制度，对申请入驻平台的跨境电商零售进口经营者应当审核其主体身份，并在平台对跨境电商零售进口商品作明示。

**第四十六条** 经营者以预收款方式提供商品或者服务的，应当明确预收资金用途和管理方式、余额查询渠道、退款方式等，以及国家、本市规定应当明示的有关事项。法律、法规对预收款管理另有规定的，经营者还应当遵守相关规定。

消费者要求订立书面合同的，经营者应当与消费者订立书面合同。经营者应当保存合同以及履行的相关资料，方便消费者查询、复制；相关资料应当至少保存至合同履行完毕后三年。

以预收款方式提供商品或者服务，涉及发行预付卡的，应当遵守国家和本市的有关规定。

**第四十七条** 商业特许经营的特许人应当在与被特许人订立的合同中，明确商品或者服务的质量要求和保证措施、消费者权益保护和赔偿责任的承担等内容，并对被特许人的经营活动加强指导、监督。

被特许人应当向消费者明示商业特许经营合同中明确的消费者权益保护等内容。

## 第四章 国家保护

**第四十八条** 本市国家机关制定关于消费者权益的地方性法规、政府规章、政策和地方标准时，应当听取消费者、消保委以及相关消费者组织等的意见。

**第四十九条** 市场监督管理、商务、教育、民政、人力资源社会保障、住房城乡建设管理、交通、文化旅游、体育、知识产权、新闻出版、房屋管理、通信、邮政和地方金融监管等部门应当在各自的职责范围内，组织开展消费教育和引导，依法接受消费者咨询，受理消费者投诉，查处违法行为，保护消费者的合法权益。

市场监督管理部门可以根据需要会同有关行政管理部门在商场、市场、旅游景区、社区、学校等生活消费集中区域，以及在相关行业组织内建立消费维权联络点（站），指导开展消费法律、法规、规章和消费知识的宣传，接受消费者咨询、投诉，推动经营者诚信经营。

**第五十条** 有关行政管理部门应当在各自的职责范围内，定期或者不定期对经营者提供的商品和服务进行抽查检验，并通过本部门政务信息网站等途径及时向社会公布抽查检验结果。

对涉及人身健康、影响国计民生和消费者投诉集中的商品和服务，有关行政管理部门应当优先列入年度抽查检验计划或者根据需要及时组织抽查检验。

大众传播媒介使用抽查检验结果应当全面、客观，并注明出处。

**第五十一条** 市场监督管理部门可以行使下列职权：

（一）对涉嫌侵害消费者合法权益的违法生产、销售活动场所实施现场检查；

（二）向相关经营者的法定代表人、主要负责人和其他有关人员调查、了解与涉嫌侵害消费者合法权益的违法生产、销售活动有关的情况；

（三）查阅、复制有关的合同、发票、账簿以及其他相关资料；

（四）对有根据认为危害消费者人身、财产安全的有严重缺陷的商品予以查封或者扣押。

其他行政管理部门依照法律规定的职权，对涉嫌侵害消费者合法权益的违法行为进行查处。

**第五十二条** 本市各级人民法院应当依法受理消费争议案件，并通过典型案例的审理示范，推动全社会加强消费者合法权益保护，引导消费者依法维权，督促经营者合法经营。

## 第五章 消费者组织

**第五十三条** 消保委由消费者代表和社会各界代表组成，履行下列公益性职责：

（一）宣传消费者权益保护相关的法律、法规、规章和政策，开展消费知识教育，发布消费提示警示，向消费者提供消费信息和咨询服务，引导文明、健康、节约资源和保护环境的消费方式；

（二）参与制定有关消费者权益的地方性法规、政府规章、政策和地方标准；

（三）对商品和服务的质量、价格、售后服务以及消费者的意见进行调查，对商品和服务进行比较试验，并公布结果，指导消费者合理选择商品和服务，参与有关行政管理部门对商品和服务的监督、检查；

（四）就有关消费者权益的问题，向各级人民政府、有关行政管理部门、经营者、行业组织反映、查询，提出建议；

（五）受理消费者的投诉，对投诉事项进行调查、调解，或者提出意见书并转送有关部门和单位处理，投诉事项涉及商品和服务质量问题的，可以委托具备资格的机构鉴定；

（六）就损害消费者合法权益的行为，支持受损害的消费者提起诉讼、申请仲裁；

（七）就损害消费者合法权益的行为，对经营者和行业组织进行提醒、约谈，通过大众传播媒介予以揭露、批评、劝谕；

（八）组织由消费者、经营者、行业组织、专业机构、相关部门等多方参加的协调会，研究解决涉及消费者合法权益的突发情况；

（九）参与关系消费者切身利益的公用事业、公益性服务、自然垄断经营的商品价格听证会，并发表独立意见；

（十）加强消费维权交流与合作，推动跨境消费争议解决；

（十一）法律、法规规定的其他事项。

各级人民政府应当对消保委依法履行职责予以指导、支持和帮助，并给予必要的经费保障。

**第五十四条**　消保委应当发挥桥梁纽带作用，建立完善联动工作机制，开展社会共同参与的消费维权志愿服务活动，推动社会共治，促进消费者权益保护事业发展。

鼓励依法成立的其他消费者组织开展或者资助消费者权益保护公益项目和研究交流活动，资助或者救助权益受到侵害的消费者等。

**第五十五条**　市消保委应当建立与消费者、经营者、行业组织的沟通机制，促进消费者与经营者的良性互动和行业的健康发展。

市消保委应当围绕建设国际消费中心城市，发挥消费者权益保护平台作用，创新消费者权益保护的机制和举措，通过探索发布消费需求报告以及开展消费新模式、新业态评估等活动，推动形成具有国际领先水平的商品、服务标准和行业规范，引导优质商品和服务供给。

**第五十六条**　市消保委应当根据消费者的投诉情况和保护消费者合法权益工作的需要，每年对若干个行业开展调查，并将调查结果向市人民政府及其工作部门报告。

有关行政管理部门、行业组织和经营者等应当积极支持和配合消保委的工作，对消保委就消费者合法权益保护事项的查询，应当及时予以答复。有关行政管理部门、行业组织应当及时将涉及消费者合法权益的信息告知消保委。

**第五十七条**　对侵害众多消费者合法权益的行为，市消保委可以依法向人民法院提起公益诉讼。所获得的赔偿金，应当用于消费者权益保护。

市消保委为前款规定的公益诉讼收集证据确有困难的，可以提请人民检察院、有关行政管理部门协助。

人民检察院在履行职责中发现食品药品安全领域侵害众多消费者合法权益行为的，可以通报市消保委，并可以依法提起相应的公益诉讼。市消保委起诉的，人民检察院可以支持起诉。

**第五十八条**　消费者组织不得从事商品经营和营利性服务，不得以收取费用或者其他牟取利益的方式向消费者推荐商品和服务。

消费者组织发布消费信息、提出调查报告、披露消费者投诉情况，应当合法、客观、公正。

## 第六章　争议解决方式

**第五十九条**　本市健全行政管理部门、人民调解组织、专业组织与人民法院、仲裁机构相衔接的消费争议多元化解机制，完善和优化消费纠纷解决流程与反馈机制。

消费者和经营者发生消费争议的，可以通过下列途径解决：

（一）与经营者协商和解；

（二）请求消保委或者依法成立的其他调解组织调解；

（三）向有关行政管理部门投诉；

（四）根据与经营者达成的仲裁协议提请仲裁机构仲裁；

（五）向人民法院提起诉讼。

市和区人民政府，乡、镇人民政府以及街道办事处应当为消费争议多元化解工作提供必要的保障。

对于符合规定的消费争议，人民法院、仲裁机构等可以依法采取便捷的方式予以处理。

**第六十条**　本市完善消费环节经营者首问制度，督促经营者履行消费维权第一责任人的责任。

鼓励经营者依法建立先行赔付、在线纠纷解决等方便快捷的消费争议处理机制。鼓励经营者与消费者采用协商和解的方式解决消费争议，和解协议的内容不得违反法律、法规的规定，不得损害社会公共利益和他人合法权益。

鼓励行业组织依法建立消费者投诉和维权第三方平台，促进经营者与消费者化解争议。

**第六十一条**　消保委应当及时受理消费者的投诉。消保委受理投诉后，应当及时开展调解，经营者应当予以配合。调解应当在受理消费者投诉之日起六十日内完成，但双方同意继续调解的，可以延长调解期限。不属于受理范围的，应当及时向消费者作出说明。

经消保委调解达成协议的，根据消费争议双方的要求，消保委可以制作调解协议书；调解不成的，消保委应当告知当事人其他解决途径。

消保委在处理消费投诉过程中，发现该消费争议已由其他组织受理或者调解的，可以终止处理。

消保委在处理消费投诉过程中，发现经营者存在损害消费者合法权益的违法行为的，可以书面告知有关行政管理部门。有关行政管理部门应当及时处理，并将处理结果书面告知消保委。

**第六十二条**　消费者可以就消费争议向有关行政管理部门提出投诉。

有关行政管理部门收到消费者投诉后，应当在七个工作日内予以处理并告知消费者，对于不属于本部门管辖的，应当及时告知消费者并作出说明。消费争议双方同意调解的，有关行政管理部门应当组织调解，并在受理消费者投诉之日起六十日内终结调解。未能达成调解协议的，终止调解。国家另有规定的，从其规定。

有关行政管理部门可以通过书面、电话、短信或者其他信息化手段，告知消费者受理情况、调解结果等信息。

有关行政管理部门在处理投诉过程中发现经营者有违法行为的，应当依法作出处理。

**第六十三条**　消费者向消保委或者有关行政管理部门投诉的，应当提供真实的姓名和联系方式、被投诉人的名称和地址等信息，并提出明确的投诉要求、理由和相关事实依据。

消保委或者有关行政管理部门进行调解的，消费者应当提供身份证明以及商品实物、购货凭证、服务单据等能够证明消费关系存在的证据。

**第六十四条**　因商品或者服务质量争议需要进行检测、鉴定的，消费者与经营者可以约定检测、鉴定的机构或者单位；未达成一致的，可以由受理该消费投诉的消保委或者有关行政管理部门委托或者指定具备相应条件的技术机构进行检测、鉴定。检测和鉴定的时间不计入消费投诉处理期限。

检测、鉴定的费用由经营者先行垫付，消费者提供等额担保，最终由责任方承担；不能明确责任的，由双方分担。法律、法规另有规定的，从其规定。

消保委或者有关行政管理部门在处理消费者投诉时，需要进行检测、鉴定的，有关技术机构应当受理，并如实出具检测、鉴定报告；无法检测、鉴定的，有关技术机构应当说明理由。

**第六十五条** 有关行政管理部门依法经当事人同意，可以将消费纠纷委托或者移交人民调解组织、行业组织以及其他第三方机构开展调解。

**第六十六条** 任何组织和个人不得捏造事实诬陷他人、实施敲诈勒索，损害经营者合法权益，扰乱正常经营秩序；不得滥用投诉、举报、信访、申请信息公开等权利，扰乱行政管理部门正常工作秩序。

市、区相关部门制定投诉举报异常名录，建立信息共享机制，依法规范牟利性职业索赔、职业举报行为，查处以打击假冒伪劣等为名的敲诈勒索违法行为。

## 第七章 消费环境建设

**第六十七条** 本市坚持政府引导、市场主导、社会参与，营造安全放心的消费环境，全面提升消费繁荣度、活跃度和便利度，增强消费对经济发展的基础性作用，建设具有全球影响力、竞争力、美誉度的国际消费中心城市。

**第六十八条** 本市着力创造高品质商品和服务供给，对新型消费业态实行包容审慎监管，吸引更多国际国内知名商业主体和消费品牌集聚，引导和鼓励经营者创新消费模式和业态，引领带动消费升级，不断满足消费者新的需求。

**第六十九条** 本市加强市场秩序、商品和服务质量、知识产权保护等领域的综合监管和治理。建立政府主导制定标准与市场主体自主制定标准协同发展、协调配套的商品和服务标准体系，加强新型消费业态标准和规范的研究制定。

本市推进消费环境评价、商务诚信指数测评，开展消费者满意度调查，加强消费品牌建设、培育品牌文化，发挥品牌引领作用。

**第七十条** 本市优化城市商业设施布局，统筹大型商业设施和社区商业设施建设，以城市更新促进功能更新，提升消费便利度。

本市支持加快无障碍环境和母婴设施建设，鼓励数字智能化应用的适应性改造，为老年人、残疾人、儿童、母婴群体等提供安全、便利、舒适的消费环境。

本市加强国际交往语言环境建设，有序推动消费场所的多语种标识和服务，提升消费服务的国际化水平。

**第七十一条** 行业组织应当加强自律，引导、督促本行业的经营者合法经营，推进行业诚信建设。

行业组织在制定行业规则、相关标准、示范合同文本时，应当体现对消费者合法权益的保护，相关内容应当征求政府主管部门、消保委以及消费者等的意见。

本市鼓励行业组织会同市消保委制定消费者权益保护合规指引，探索建立避免形成消费欺诈的行为指引、保障消费者获得法律救济的行为指引。

**第七十二条** 本市开展消费领域企业和个人信用体系建设，有关行政管理部门应当依法公示行政许可、行政处罚、抽查检验结果等信息，督促经营者诚信经营。

本市建立健全消费投诉信息公示制度，推动食品、文化旅游等消费领域实施信用分级分类监管，采取差异化监管措施，完善社会监督评价机制。

**第七十三条** 本市鼓励、支持组织和个人对损害消费者合法权益的行为进行社会监督。

大众传播媒介应当做好维护消费者合法权益的宣传，对损害消费者合法权益的行为进行舆论监督。

## 第八章 法律责任

**第七十四条** 违反本条例规定的行为，其他有关法律、法规已有处理规定的，从其规定。

**第七十五条** 经营者提供商品或者服务存在欺诈行为的，应当按照消费者的要求增加赔偿，增加赔偿的金额为消费者购买商品的价款或者接受服务的费用的三倍；增加赔偿的金额不足五百元的，为五百元。法律另有规定的，从其规定。

经营者明知商品或者服务存在缺陷，仍然向消费者提供，造成消费者或者其他受害人死亡或者健康严重损害的，受害人有权要求经营者依照法律规定赔偿损失，并有权要求所受损失二倍以下的惩罚性赔偿。

**第七十六条** 经营者有下列情形之一的，由市场监督管理部门责令改正，并可以根据情节单处或者并处警告、五万元以下的罚款；情节严重的，责令停业整顿。法律、法规另有规定的，从其规定。

（一）违反本条例第二十四条第三款规定，未按要求明示服务信息的；

（二）违反本条例第二十六条第二款、第三款、第四款规定，未标明真实名称、标记的；

（三）违反本条例第二十九条第二款规定，未出具购货凭证或者服务单据的；

（四）违反本条例第三十五条第二款规定，未经消费者同意增加消费者费用的；

（五）违反本条例第四十一条第二款、第三款规定，未征得消费者同意或者未出示相关材料的，或者未向消费者履行合理告知义务的；

（六）违反本条例第四十五条规定，未对平台内的跨境电商零售进口商品作明示的。

**第七十七条** 商品交易市场的经营管理者和柜台、场地的出租者违反本条例第二十七条规定，未核验场内经营者、承租者的营业执照、许可证件等资料或者未保存复印件，不能向查询场内经营者、承租者情况的消费者提供真实信息的，或者未依法公示场内经营者、承租者的名称（姓名）、经营（租赁）期限、经营项目等事项的，由市场监督管理部门责令改正，可以单处或者并处警告、没收违法所得、处违法所得一倍以上五倍以下的罚款，没有违法所得或者违法所得无法计算的，处十万元以下的罚款。法律、法规另有规定的，从其规定。

**第七十八条** 经营者违反本条例第四十条第一款规定，未以显著方式公示抽取规则、商品或者服务分布、提供数量、抽取概率等关键信息的，由有关行政管理部门处三万元以下的罚款；情节严重的，处三万元以上十万元以下的罚款。

经营者违反本条例第四十条第二款规定，实施篡改抽取概率、改变抽取结果等行为的，由有关行政管理部门依照《中华人民共和国消费者权益保护法》第五十六条的规定进行处罚。

**第七十九条** 经营者有下列情形之一的，由市场监督管理部门责令改正，并可以根据情节单处或者并处警告、没收违法所得、处违法所得三倍以上五倍以下的罚款，没有违法所得或者违法所得无法计算的，处十万元以下的罚款；情节严重的，责令停业整顿。法律、法规另有规定的，从其规定。

（一）违反本条例第二十八条第二款规定，短缺商品数量或者将包装物的重量作为商品计价依据的；

（二）违反本条例第二十九条第一款规定，不能提供证明进货来源的文件资料的；

（三）违反本条例第三十七条规定，强迫消费者购买商品或者接受服务的。

**第八十条** 网络直播营销平台违反本条例第四十三条第二款规定，未提供有关记录以及其他必要的信息、数据等的，由有关行政管理部门责令限期改正；逾期不改正的，处二万元以上十万元以下的罚款；情节严重的，责令停业整顿，并处十万元以上五十万元以下的罚款。

**第八十一条** 有关单位和个人有违反本条例规定行为的，除依法追究相应法律责任外，相关部门还应当按照规定，将相关信息向本市公共信用信息服务平台归集，并依法采取惩戒措施。

**第八十二条** 市场监督管理部门以及有关部门、单位及其工作人员在消费者权益保护工作中玩忽职守、滥用职权、徇私舞弊的，由其所在单位或者上级主管部门依法给予处分；构成犯罪的,依法追究刑事责任。

## 第九章 附 则

**第八十三条** 农民购买、使用直接用于农业生产的生产资料,参照本条例执行。

非为生活消费需要而购买、使用商品或者接受服务的,不适用本条例。

**第八十四条** 本条例自2022年8月1日起施行。

# 上海市促进行业协会发展规定

(2002年10月31日上海市第十一届人民代表大会常务委员会第四十四次会议通过 根据2010年7月30日上海市第十三届人民代表大会常务委员会第二十次会议《关于修改〈上海市促进行业协会发展规定〉的决定》修正)

**第一条** 为了促进本市行业协会的发展,保障行业协会依法开展活动,规范行业协会的组织和行为,根据有关法律、行政法规,结合本市实际情况,制定本规定。

**第二条** 本规定所称的行业协会,是指由同业企业以及其他经济组织自愿组成、实行行业服务和自律管理的非营利性社会团体。

**第三条** 行业协会的宗旨是为会员提供服务,维护会员合法权益,保障行业公平竞争,沟通会员与政府、社会的联系,促进行业经济发展。

行业协会遵循自主办会的原则,实行会务自理,经费自筹。

行业协会的活动应当符合法律、法规以及行业的整体利益和要求,不损害社会公共利益。

行业协会的正常活动受法律保护,任何组织或者个人不得非法干涉。

**第四条** 各级人民政府应当促进、扶持行业协会的发展,支持行业协会自主办会,依法进行管理,保障行业协会独立开展工作。

市社团登记管理部门和市政府有关工作部门应当按照各自职责,做好促进行业协会发展的具体工作。

**第五条** 行业协会按照国家现行行业分类标准设立,也可以按照产品、经营方式、经营环节及服务功能设立。行业协会应当具有全市的行业代表性。

设立行业协会应当制定行业协会章程。行业协会的宗旨、业务范围、组织机构、活动规则以及会员的权利义务等,由行业协会章程规定。

申请设立行业协会的,应当向社团登记管理部门提出,并提交筹备申请书、章程草案等文件,社团登记管理部门在办理登记手续过程中,应当听取相关方面的意见。

**第六条** 行业协会应当对不同的区域、部门、所有制、经营规模的企业或者其他经济组织设定相同的入会标准,保证其平等的入会权利。

同业的企业或者其他经济组织自愿申请加入行业协会的,经行业协会批准,可以成为该行业协会的会员。

行业协会会员可以自愿退会。对严重违规违约的会员,行业协会也可以依据行业协会章程规定,取消其会员资格。

**第七条** 行业协会实行会员制。会员大会或者会员代表大会是行业协会的权力机构,行业协会设立理事会,作为会员大会或者会员代表大会的执行机构。行业协会设立秘书处,作为行业协会的办事机构。

行业协会会长、副会长和理事按照行业协会章程规定的方式选举产生。秘书长是行业协会的专职管理人员,由理事会聘任,也可以按照行业协会章程规定的其他方式产生。

**第八条** 政府有关工作部门的机构、人事和财务应当与行业协会分开，其工作机构不得与行业协会办事机构合署办公。

本市国家机关工作人员不得在行业协会中担任职务。

**第九条** 行业协会办事机构的专职工作人员应当逐步职业化。社团登记管理部门应当会同政府有关工作部门指导、帮助行业协会做好专职工作人员的教育培训、职业资格评定、社会保障等工作。

**第十条** 行业协会可以根据会员需求，组织市场拓展，发布市场信息，推介行业产品或者服务，开展行业培训，提供咨询服务。

**第十一条** 行业协会可以制订本行业的行规行约，可以向政府有关工作部门提出制订有关技术标准的建议或者参与有关技术标准的制订。

**第十二条** 行业协会可以对会员之间、会员与非会员之间或者会员与消费者之间就行业经营活动产生的争议事项进行协调，可以对本行业协会与其他行业协会或者其他组织的相关经营事宜进行协调，可以代表本行业参与行业性集体谈判，提出涉及行业利益的意见和建议。

**第十三条** 行业协会可以根据法律、行政法规的规定，代表行业内相关企业或者其他经济组织向政府有关工作部门提出反倾销调查、反补贴调查或者采取保障措施的申请，协助政府有关工作部门完成相关调查。

行业协会可以参与反倾销的应诉活动。

**第十四条** 行业协会可以代表本行业向有关国家机关反映涉及行业利益的事项，提出经济政策和立法方面的意见和建议。

**第十五条** 行业协会对违反行业协会章程或者行规行约、损害行业整体形象的会员，可以按照行业协会章程的规定，采取相应的行业自律措施，并可将有关行业自律措施告知政府有关工作部门。对行业内违法经营的企业或者其他经济组织，行业协会可以建议并协助政府有关工作部门予以查处。

行业协会可以根据需要，制订行业内争议处理的规则和程序。

**第十六条** 有关国家机关在制订涉及行业利益的地方性法规、规章、公共政策、行政措施、技术标准或者行业发展规划时，应当听取行业协会的意见；制订有关技术标准时，也可以委托行业协会起草。

**第十七条** 政府有关工作部门应当支持行业协会开展行业服务，并根据实际情况将行业评估论证、技能资质考核、行业调查、行业统计等事项转移或者委托给行业协会承担。

政府有关工作部门将有关工作事项委托给行业协会承担的，应当通过订立合同等方式，建立政府购买服务机制。

**第十八条** 政府有关工作部门应当为行业协会提供行业信息和咨询，并向国家主管部门反映行业的要求。

政府有关工作部门或者社会组织应当支持行业协会参加反倾销、反补贴、反不正当竞争的有关活动。

**第十九条** 行业协会可以通过收取会费、接受捐赠、开展服务等途径，筹措活动经费。行业协会的会费标准，由行业协会会员大会或者会员代表大会表决确定。经费使用应当限于行业协会章程规定的范围，并接受会员及政府有关工作部门的监督。

**第二十条** 行业协会不得通过制订行业规则或者其他方式垄断市场，妨碍公平竞争，损害消费者、非会员企业或者其他经济组织的合法权益、社会公共利益；不得滥用权力，限制会员开展正当的经营活动或者参与其他社会活动；不得在会员之间实施歧视性待遇；不得利用组织优势开展与本行业经营业务相同的经营活动。

行业协会的任何会员不得利用其经营规模、市场份额等优势，限制其他会员在行业协会中发挥作用。

**第二十一条** 行业协会会员对行业协会实施行业规则、行业自律措施或者其他决定有异议的，可以提请行业协会进行复核，或者依法提请政府有关工作部门处理。

消费者、非会员企业或者其他经济组织认为行业协会的有关措施损害其利益的，可以要求行业协会调整或者变更有关措施，也可以依法提请政府有关工作部门处理或者向人民法院提起诉讼。

**第二十二条** 市社团登记管理部门应当建立和完善行业协会评估机制以及为行业协会服务的信息系统。

社团登记管理部门和政府有关工作部门应当加强与行业协会的信息沟通。

**第二十三条** 社团登记管理部门以及政府有关工作部门应当加强对行业协会的指导和服务，为行业协会创造公平、公正的发展环境，保障行业协会依照法律、法规、规章和章程开展活动，并发挥行业协会联合会的作用。

**第二十四条** 社团登记管理部门以及政府有关工作部门应当依法对行业协会的活动实施监督管理，完善、优化监管体系，规范、改进监管方式。

**第二十五条** 行业协会应当依照规定接受社团登记管理部门的年度检查。行业协会未依照规定接受年度检查的，由社团登记管理部门给予警告，责令其在规定的期限内接受年度检查；逾期未接受年度检查的，社团登记管理部门可以向社会公告，自公告之日起六个月内仍不接受年度检查的，社团登记管理部门可以予以撤销登记。

**第二十六条** 以企业为会员的协会、商会，由鉴证类市场中介机构组成的行业协会，法律、法规规定单位或者执业人员应当加入的行业协会，参照适用本规定。

**第二十七条** 本规定自 2003 年 2 月 1 日起施行。

# 上海市防汛条例

（2003 年 8 月 8 日上海市第十二届人民代表大会常务委员会第六次会议通过　根据 2010 年 9 月 17 日上海市第十三届人民代表大会常务委员会第二十一次会议《关于修改本市部分地方性法规的决定》第一次修正　根据 2014 年 7 月 25 日上海市第十四届人民代表大会常务委员会第十四次会议《关于修改〈上海市防汛条例〉的决定》第二次修正　根据 2017 年 11 月 23 日上海市第十四届人民代表大会常务委员会第四十一次会议《关于修改本市部分地方性法规的决定》第三次修正　根据 2021 年 11 月 25 日上海市第十五届人民代表大会常务委员会第三十七次会议《关于修改〈上海市献血条例〉等 4 件地方性法规的决定》第四次修正）

## 第一章　总　　则

**第一条** 为了加强本市的防汛工作，维护人民的生命和财产安全，保障经济建设顺利进行，根据《中华人民共和国防洪法》、《中华人民共和国防汛条例》等法律、行政法规，结合本市实际情况，制定本条例。

**第二条** 本市行政区域内防御和减轻台风、暴雨、高潮和洪水引起的灾害的活动，适用本条例。

**第三条** 防汛工作实行全面规划、统筹兼顾、预防为主、及时抢险、局部利益服从全局利益的原则。

城乡建设和管理应当符合防汛安全的总体要求。

**第四条** 各级人民政府应当加强对防汛工作的统一领导，组织有关部门、单位，动员社会力量，做好防汛工作。防汛工作实行行政首长负责制，统一指挥、分级分部门负责。

市和区人民政府应当依法设立防汛指挥机构，其办事机构设在同级水行政主管部门。防汛指挥机构在上级防汛指挥机构和同级人民政府的领导下，负责指挥本地区的防汛工作。

乡镇人民政府和街道办事处应当在区防汛指挥机构的领导下，明确负责防汛工作的部门和人员，做好本辖区的防汛工作。

**第五条** 市和区水行政主管部门在同级人民政府的领导下，负责本辖区内防汛的组织、协调、监督和指导等日常工作。区水行政主管部门业务上受市水行政主管部门的指导。

市和区有关行政管理部门按照各自的职责分工，协同实施本条例。

**第六条** 任何单位、个人都有保护防汛工程设施和依法参加防汛抢险的义务，有权制止和检举危害或者影响防汛安全的行为。

**第七条** 各级人民政府和水行政主管部门应当加强防汛安全的宣传，提高市民的防汛安全意识。

各级人民政府和有关部门应当对防汛工作中作出突出贡献的单位、个人给予表彰和奖励。

## 第二章 防汛专项规划和防汛预案

**第八条** 防汛专项规划是指为防御和减轻台风、暴雨、高潮和洪水引起的灾害而制定的总体部署，是防汛工程设施建设和非工程防汛措施的基本依据。

市水行政主管部门应当根据流域综合规划组织编制市防汛专项规划，经听取市有关部门和有关区人民政府的意见，由市规划行政管理部门综合平衡，并报市人民政府批准后纳入城市总体规划。

区水行政主管部门应当根据市防汛专项规划组织编制区防汛专项规划，经听取同级相关部门的意见，由区规划行政管理部门综合平衡，并报区人民政府批准后实施。区防汛专项规划应当报市水行政主管部门备案。

防汛专项规划的修改，按原编制、批准程序办理。

**第九条** 防汛专项规划确定保留的防汛工程设施用地，应当予以公告；未经法定程序，不得改变其用途。

**第十条** 本市编制港口、河道、航道、排水、岸线利用等专项规划，应当符合防汛安全要求。

有关部门编制前款所列的专项规划时，对涉及防汛安全的部分，应当征求同级水行政主管部门的意见。

**第十一条** 防汛预案是指对台风、暴雨、高潮和洪水可能引起的灾害进行防汛抢险、减轻灾害的对策、措施和应急部署，包括防汛风险分析、组织体系与职责、预防与预警、应急响应、应急保障、后期处置等内容。

**第十二条** 市防汛预案，由市水行政主管部门根据市防汛专项规划、防汛工程设施防御能力和国家规定的防汛标准，组织有关部门编制，报市人民政府批准后实施。

区防汛预案，由区水行政主管部门根据市防汛预案和区防汛专项规划的要求，组织有关部门编制，报区人民政府批准后实施，并报市水行政主管部门备案。

乡镇人民政府和街道办事处应当根据区防汛预案的要求，编制本辖区防汛预案，报区水行政主管部门备案。

防汛预案的修改，按照原编制、批准、备案程序办理。

**第十三条** 市和区防汛预案确定的有防汛任务的部门和单位（以下简称有防汛任务的部门和单位）应当根据防汛任务的要求，结合各自的特点，编制本部门、本单位的防汛预案，并报同级水行政主管部门备案，有防汛任务的单位还应当报其主管部门备案。其他部门和单位应当制定防汛的自保预案。

**第十四条** 各级防汛指挥机构、有防汛任务的部门和单位应当按照防汛预案的规定，定期组织应急演练和评估。

## 第三章 防汛工程设施建设和管理

**第十五条** 防汛工程设施,包括河道堤防(含防汛墙、海塘)、水闸、水文站、泵站、排水管道等能够防御和减轻台风、暴雨、高潮和洪水引起的灾害的工程设施,以及防汛信息系统等辅助性设施。

**第十六条** 水行政主管部门、乡镇人民政府应当按照防汛专项规划,制定防汛工程设施建设的年度计划。

防汛工程设施建设,必须按照有关法律、法规、技术规范以及防御标准进行设计、施工、监理和验收,确保防汛工程设施的建设质量。

防汛工程设施经验收确认符合防汛安全和运行条件的,方可投入使用。

**第十七条** 防汛工程设施建设立项审批时,应当按照分级负责原则,明确市管、区管或者乡镇管防汛工程设施和维修养护管理职责。防汛工程设施的立项审批部门应当会同同级水行政主管部门明确防汛工程设施的管理单位。

**第十八条** 水行政主管部门应当根据防汛预案的要求,制订防汛工程设施的运行方案。

防汛工程设施的管理单位可以自行负责防汛工程设施的养护和运行,或者委托有关单位负责防汛工程设施的养护和运行。

防汛工程设施的养护和运行单位应当根据国家和本市有关防汛工程设施养护和运行的技术标准、操作规程和防汛工程设施运行方案,做好防汛工程设施的养护和运行工作。

**第十九条** 防汛工程设施的管理单位应当按照国家和本市的规定,定期组织相应的机构和专家对已投入使用的防汛工程设施进行安全鉴定;防汛工程设施运行中出现可能影响防汛安全要求状况的,应当及时进行安全鉴定。

经鉴定不符合安全运行要求的防汛工程设施,管理单位应当根据鉴定报告的要求限期改建、重建或者采取其他补救措施。

**第二十条** 防汛工程设施应当划定管理和保护范围。水行政主管部门应当会同同级规划行政管理部门提出关于防汛工程设施的管理、保护范围的方案,报同级人民政府批准后实施。

**第二十一条** 河道(包括湖泊洼淀、人工水道、河道沟汊)的利用必须确保引水、排水、行洪的畅通。禁止擅自填堵河道。

确因建设需要填堵河道的,建设单位应当按照《上海市河道管理条例》的规定办理审批手续。

**第二十二条** 在防汛墙保护范围内,禁止下列危害防汛墙安全的行为:

(一)擅自改变防汛墙主体结构;

(二)在不具备码头作业条件的防汛墙岸段内进行装卸作业,在不具备船舶靠泊条件的防汛墙岸段内带缆泊船;

(三)违反规定堆放货物、安装大型设备、搭建建筑物或者构筑物;

(四)违反规定疏浚河道;

(五)其他危害防汛墙安全的行为。

装卸作业单位或者防汛墙养护责任单位需要利用防汛墙岸段从事装卸作业的,应当按照市水行政主管部门规定的防汛要求对防汛墙进行加固或者改造。

**第二十三条** 在海塘保护范围内,禁止下列危害海塘安全的行为:

(一)爆破、打井、采石、取土;

(二)削坡或者挖低堤顶;

(三)毁损防浪作物;

(四)未经水行政主管部门批准钻探、搭建建筑物或者构筑物;

(五)未经水行政主管部门批准垦殖;

(六)铁轮车、履带车、超重车未经水行政主管部门批准在堤上行驶;

(七)其他危害海塘安全的行为。

水行政主管部门实施前款相关审批的具体要求,由市人民政府另行制定。

**第二十四条** 禁止向排水管道排放施工泥浆,倾倒垃圾、杂物。

确因施工需要临时封堵排水管道的,建设单位应当按照国家和本市排水与污水处理的规定办理审批手续。

在临时封堵排水管道期间,遇有暴雨或者

积水等紧急情况，水行政主管部门有权责令建设单位提前拆除封堵。

**第二十五条** 建设跨河、穿河、穿堤、临河的桥梁、码头、道路、渡口、管道、缆线、排（取）水等工程设施，应当符合防汛标准、岸线规划、航运要求和其他技术要求，不得危害堤防安全、妨碍行洪畅通；其工程建设方案未经有关水行政主管部门根据前述防汛要求审查同意的，建设单位不得开工建设；涉及航道的，按照国家和本市航道管理的规定办理审批手续。

前款规定以外的新建、改建、扩建的建设项目涉及防汛安全的，规划行政管理部门在审批前应当征求同级水行政主管部门的意见。

**第二十六条** 地铁、隧道、地下通道、大型地下商场、大型地下停车场（库）等地下公共工程的建设单位，应当按照相关技术规范组织编制地下公共工程防汛影响专项论证报告。

建设行政管理部门在对前款规定的建设工程的初步设计或者总体设计文件审查时，应当将防汛影响专项论证报告征求水行政主管部门意见。

建设单位在地下公共工程的施工图设计和施工过程中，应当落实防汛影响专项论证报告及其审查意见中提出的预防和减轻防汛安全影响的对策和措施。

**第二十七条** 企业、农村集体经济组织以及其他组织自行投资建设的防汛工程设施，应当符合本条例有关防汛工程设施建设、养护运行、安全鉴定、保护管理、设施废除等规定，并接受水行政主管部门的监督管理。

**第二十八条** 防汛工程设施不得擅自废除。擅自废除的，由水行政主管部门责令停止违法行为或者采取其他补救措施。失去防汛功能确需废除的防汛工程设施，由水行政主管部门按照管理权限审查同意后，方可废除。其中，确需废除原有防洪围堤的，应当经市人民政府批准。

**第二十九条** 水行政主管部门应当加强对防汛工程设施、涉及防汛安全的工程设施的建设以及运行养护的监督检查；发现危害或者影响防汛安全的工程设施或者行为的，应当责令有关单位限期整改或者采取其他防汛安全措施。

接受检查的单位应当予以配合，不得拒绝或者阻碍防汛监督检查。

## 第四章 防汛抢险

**第三十条** 汛期、紧急防汛期的进入和解除日期，由市防汛指挥机构公告。

本市建立防汛分级预警和响应制度，以蓝、黄、橙、红四色分别表示轻重不同的防汛预警，以Ⅳ、Ⅲ、Ⅱ、Ⅰ依次表示相应的四级响应等级。防汛预警和响应的具体制度，由市防汛指挥机构统一制定并公布。

市防汛指挥机构发布防汛预警时，有关部门应当立即启动防汛预案，采取必要的措施，确保城市安全运行。

**第三十一条** 有防汛任务的部门和单位，应当在汛期建立防汛领导小组，实行防汛岗位责任制，负责本部门、本单位的防汛抢险工作。

**第三十二条** 各级防汛指挥机构应当按照同级人民政府和上级防汛指挥机构的部署，组建防汛抢险队伍；防汛抢险队伍承担本行政区域内的防汛抢险，在紧急防汛期服从上一级防汛指挥机构的统一调度。

有防汛任务的部门和单位应当结合本部门、本单位的防汛需要，组织或者落实防汛抢险队伍；防汛抢险队伍承担本部门、本单位的防汛抢险工作，在紧急防汛期服从防汛指挥机构的统一调度。

**第三十三条** 出现重大险情需要请求当地驻军、武警部队给予防汛抢险支援的，由市或者区防汛指挥机构与当地驻军、武警部队联系安排。

**第三十四条** 各级防汛指挥机构、有防汛任务的部门和单位应当按照防汛预案的规定及时组织抢险救灾；有防汛任务的部门和单位应当服从防汛指挥机构的调度指令。

**第三十五条** 在汛期，各级防汛指挥机构应当安排专人值班，负责协调、指导、监督本辖区内的防汛工作；有防汛任务的部门和单位应当安排专人值班，负责本部门、本单位的防汛工作。

全市进入紧急防汛期时，各级防汛指挥机构的主要负责人应当到岗值班，负责本辖区防汛抢险的统一指挥；有防汛任务的部门和单位的主要负责人应当到岗值班，负责本部门或者本单位防汛抢险的指挥。

局部区域进入紧急防汛期的，有关区和部门的防汛值班按前款规定执行。

**第三十六条** 有防汛任务的部门和单位应当按照各自的职责，加强汛期安全检查。发现安全隐患的，应当及时整改或者采取其他补救措施。

防汛工程设施的管理单位和养护运行单位应当加强对防汛工程设施的汛期安全运行检查。发现防汛工程设施出现险情时，应当立即采取抢救措施，并及时向防汛指挥机构报告。

**第三十七条** 在汛期，水闸、排水管道运行单位应当根据汛情预报以及河道、排水管道的实际水位，按照运行方案，预先降低河道、排水管道的水位，并根据有关规定告知航运管理部门。

**第三十八条** 在汛期，执行防汛任务的防汛指挥和抢险救灾车辆、船舶，可以凭公安、海事、交通行政主管部门制作的，市防汛指挥机构统一核发的通行标志优先通行。

**第三十九条** 在紧急防汛期，市和区防汛指挥机构根据防汛抢险的需要，有权在其管辖范围内调用物资、设备、交通运输工具和人力，决定采取取土占地、砍伐林木、清除阻水障碍物和其他必要的紧急措施；必要时，公安、海事、交通等有关部门按照防汛指挥机构的决定，依法实施陆地和水面交通管制。

依照前款规定调用的物资、设备、交通运输工具等，在紧急情况消除后应当及时归还；造成损坏或者无法归还的，按照国家有关规定给予适当补偿或者作其他处理。取土占地、砍伐林木的，在汛期结束后依法向有关部门补办手续，对砍伐的林木予以补种。

**第四十条** 气象、水文、海洋等部门应当及时准确地向防汛指挥机构提供天气、水文等实时信息和风暴潮预报；防汛工程设施养护管理单位应当及时准确地向防汛指挥机构提供防汛工程设施安全情况等信息；电信部门应当保障防汛指挥系统的通信畅通。

市防汛指挥机构应当通过报纸、广播、电视、网络等传媒及时准确地向社会公告本市汛情和防汛抢险等信息。

**第四十一条** 本市发布台风、暴雨相应预警时，相关单位和个人应当采取相应的防范措施，确保人身和财产安全。

发布台风、暴雨红色预警时，中小学校和幼托机构应当立即通知停课；对已经到校的学生，中小学校和幼托机构应当做好安全保护工作。举办户外活动以及进行除应急抢险外的户外作业的，应当立即停止。工厂、各类交易市场、公园等可以根据实际情况，采取停工、停市、闭园等措施。有防汛任务的部门和单位应当及时组织专人加强对地下工程设施等重点防护对象进行现场巡查；发现安全隐患的，应当立即采取有效防范措施。

**第四十二条** 区人民政府应当根据防汛预案，对可能受到灾害严重威胁的人员组织撤离，各有关单位应当协助做好相关撤离工作。

区人民政府组织撤离时，应当告知灾害的危害性及具体的撤离地点和撤离方式，提供必要的交通工具，妥善安排被撤离人员的基本生活。

对人身安全受到严重威胁经劝导仍拒绝撤离的人员，组织撤离的区人民政府可以实施强制性撤离。

在撤离指令解除前，被撤离人员不得擅自返回，组织撤离的区人民政府应当采取措施防止人员返回。

海事管理部门应当会同相关管理部门按照各自职责，引导船舶择地避风。

**第四十三条** 市和区人民政府应当组织民防、民政、文化旅游、教育、体育等有关部门，落实避灾安置场所。本市规划和建设的应急避难场所应当兼顾防汛避灾的需求。

**第四十四条** 台风、暴雨、高潮、洪水灾害发生后，各级人民政府应当组织有关部门和单位开展救灾工作，做好受灾群众安置、生活供给、卫生防疫、救灾物资供应、治安管理等善后工作。有关部门应当将毁损防汛工程设施的修复优先列入年度建设计划。

本市鼓励、扶持单位和个人参加财产或者人身伤害保险，减少因台风、暴雨、高潮、洪水灾害引起的损失。

**第四十五条** 台风、暴雨、高潮、洪水灾害发生后，防汛指挥机构应当按照国家统计部门的要求，核实和统计所管辖范围的受灾情况，及时报上级主管部门和同级统计部门，有关单位和个人不得虚报、瞒报、伪造、篡改。

## 第五章 保障措施

**第四十六条** 防汛费用按照政府投入与受益者合理承担相结合的原则筹集。

各级人民政府应当采取措施，提高防汛投入的总体水平。

各级财政应当安排资金，用于防汛工程设施年度建设计划中经立项审批确定的防汛工程设施的建设、维护、管理及其毁损后的修复，本地区的防汛抢险以及防汛抢险物资的储备和补充。

**第四十七条** 防汛抢险物资实行分级储备、分级管理和分级负担的制度。

各级防汛指挥机构应当自行储备重要的防汛抢险物资；其他防汛抢险物资的储备可以采取政府自行储备和委托企业或者其他组织代为储备相结合的方式。

各级防汛指挥机构应当按照防汛预案，设立防汛物资储备场所，储备防汛抢险物资，配备必要的防汛抢险装备，并组织有防汛任务的部门和单位做好防汛抢险物资的储备工作。储备的防汛抢险物资，应当加强管理，及时做好回收和补充工作。

**第四十八条** 任何单位或者个人不得截留、挪用防汛、救灾资金和物资。

各级财政、审计部门应当加强对防汛、救灾资金使用情况的监督检查。

## 第六章 法律责任

**第四十九条** 违反本条例规定，有下列行为之一的，由水行政主管部门责令限期改正，可以处二千元以上二万元以下罚款，情节严重的，可以处二万元以上五万元以下罚款：

（一）新建防汛工程设施，未经验收或者虽经验收但不符合防汛安全和运行条件而擅自投入使用的；

（二）未按照规定进行防汛工程设施养护、运行的；

（三）已投入使用的防汛工程设施，未按照规定进行安全鉴定的；

（四）地下公共工程未进行防汛影响专项论证的；

（五）未按照规定预先降低河道、排水管道的水位的。

**第五十条** 违反本条例规定，擅自填堵河道的，由水行政主管部门责令停止违法行为，恢复原状或者采取其他补救措施，可以处一万元以上五万元以下罚款；既不恢复原状也不采取其他补救措施的，水行政主管部门可以代为恢复原状或者采取其他补救措施，所需费用由违法者承担。

**第五十一条** 违反本条例规定，危害防汛墙安全的，由水行政主管部门责令改正，可以处五千元以上五万元以下罚款。

违反本条例规定，利用防汛墙岸段从事装卸作业，不按照防汛要求对防汛墙进行加固或者改造的，由水行政主管部门责令限期改正，可以处一万元以上五万元以下罚款；逾期不改正的，由水行政主管部门责令停止作业，并可代为加固或者改造防汛墙，所需费用由违法者承担。

**第五十二条** 违反本条例规定，危害海塘安全的，由水行政主管部门责令改正，可以处五百元以上五千元以下罚款，情节严重的，可以处五千元以上五万元以下罚款。

**第五十三条** 违反本条例规定，向排水管道排放施工泥浆，倾倒垃圾、杂物，或者擅自封堵排水管道的，由水行政主管部门责令限期改正，按照国家和本市排水与污水处理的规定予以处罚。

**第五十四条** 违反本条例规定，工程设施建设方案未经水行政主管部门审查同意，在河道管理范围内建设跨河、穿河、穿堤、临河的工程设施的，责令停止违法行为，补办审查同意或者审查批准手续；工程设施建设严重影响防汛的，责令限期拆除，逾期不拆除的，强行拆除，所需费用由建设单位承担；影响防汛但尚可采取补救措施的，责令限期采取补救措施，可以处一万元以上十万元以下罚款。

**第五十五条** 违反本条例规定，毁损防汛工程设施的，应当依法承担民事责任；应当给予治安管理处罚的，依照《中华人民共和国治安管理处罚法》的规定处罚；构成犯罪的，依法追究刑事责任。

**第五十六条** 防汛指挥机构、水行政主管部门、有防汛任务的部门和单位及其工作人员违反本条例规定，有下列行为之一的，视情节和危害后果，由其所在单位或者上级主管部门对直接负责的主管人员和其他直接责任人员给予处分；构成犯罪的，依法追究刑事责任：

（一）未按照要求制定和执行防汛预案的；

（二）对政府投资的防汛工程设施建设未按规定招投标的；

（三）汛期拒不执行防汛指挥机构的调度指令的；

（四）汛期未到岗值班，造成严重影响的；

（五）未按照要求进行汛期安全检查、发现违法行为不予查处的；

（六）截留、挪用防汛资金和物资的；

（七）其他玩忽职守、滥用职权、徇私舞弊的行为。

**第五十七条** 当事人对行政主管部门的具体行政行为不服的，可以依照《中华人民共和国行政复议法》或者《中华人民共和国行政诉讼法》的规定，申请行政复议或者提起行政诉讼。

当事人对具体行政行为逾期不申请复议，不提起诉讼，又不履行的，作出具体行政行为的行政主管部门可以申请人民法院强制执行，或者依法强制执行。

## 第七章 附 则

**第五十八条** 本条例自 2003 年 9 月 1 日起施行。

# 上海市人口与计划生育条例

（2003 年 12 月 31 日上海市第十二届人民代表大会常务委员会第九次会议通过 根据 2014 年 2 月 25 日上海市第十四届人民代表大会常务委员会第十一次会议《关于修改〈上海市人口与计划生育条例〉的决定》第一次修正 根据 2016 年 2 月 23 日上海市第十四届人民代表大会常务委员会第二十七次会议《关于修改〈上海市人口与计划生育条例〉的决定》第二次修正 根据 2021 年 11 月 25 日上海市第十五届人民代表大会常务委员会第三十七次会议《关于修改〈上海市人口与计划生育条例〉的决定》第三次修正）

## 第一章 总 则

**第一条** 为了实现人口、经济、社会、资源、环境的全面、协调和可持续发展，推行计划生育，维护公民的合法权益，促进家庭幸福、民族繁荣与社会进步，根据《中华人民共和国人口与计划生育法》，结合本市实际情况，制定本条例。

**第二条** 本条例适用于本市行政区域内的人口与计划生育工作。

**第三条** 各级人民政府应当加强对人口与计划生育工作的领导，采取综合措施，调控人口数量，推动实现适度生育水平，提高人口素质，优化人口结构，促进人口合理分布，实现人口长期均衡发展。

各级人民政府应当加强宣传教育，依靠科学技术进步，完善综合服务，建立、健全奖励和社会保障制度，做好人口与计划生育工作。

**第四条** 市卫生健康部门依照法定职责负责本市行政区域内的计划生育工作和与计划生育有关的人口工作。区卫生健康部门依照法定职责负责本辖区内的计划生育工作和与计划生育有关的人口工作。

发展改革、公安、人力资源社会保障、财政、税务、医保、民政、统计、教育、市场监管、药品监管、房屋管理等部门在各自的职责范围内，做好相关管理工作。

乡、镇人民政府和街道办事处负责做好本辖区内的人口与计划生育管理工作。

**第五条** 工会、共产主义青年团、妇女联合会，计划生育协会、人口学会等社会团体，企业、事业单位、其他社会组织和公民都应当协助人民政府开展人口与计划生育工作。

居民委员会、村民委员会协助人民政府开展计划生育工作，并应当配备相应的专职或者兼职人员。

**第六条** 各级人民政府应当把人口与计划生育经费纳入财政预算，保障人口与计划生育工作必要的经费，并根据国民经济和社会发展状况逐步提高人口与计划生育经费投入的总体水平。

**第七条** 人口与计划生育工作应当作为本市社会主义精神文明建设的重要内容。

**第八条** 各级人民政府应当对在人口与计划生育工作中做出显著成绩和贡献的单位和个人给予表彰和奖励。

机关、社会团体、企业、事业单位、其他社会组织应当对在本单位人口与计划生育工作中做出显著成绩和贡献的人员给予表彰和奖励。

## 第二章 人口综合管理

**第九条** 市和区人民政府根据上一级人民政府的人口发展规划，结合本行政区域实际情况，编制人口发展中、长期规划和年度计划，并将其纳入国民经济和社会发展计划。

**第十条** 发展改革、卫生健康、统计以及其他有关部门负责开展人口总量、人口出生、人口死亡、人口结构、人口迁移等人口发展趋势的中、长期预测，为制定人口发展规划和人口综合调控决策提供依据。

**第十一条** 市和区人民政府根据人口发展中、长期规划，制定本行政区域的人口与计划生育实施方案并组织实施。

市和区卫生健康部门负责实施人口与计划生育实施方案的日常工作。

乡、镇人民政府和街道办事处负责贯彻落实人口与计划生育实施方案。

人口与计划生育实施方案应当规定调控人口数量，提高人口素质，推动实现适度生育水平，优化人口结构，加强母婴保健和婴幼儿照护服务，促进家庭发展的措施。

**第十二条** 市人民政府对区人民政府，区人民政府对乡、镇人民政府和街道办事处完成人口与计划生育工作年度任务情况进行考评。

**第十三条** 户籍所在地与现居住地不一致的，计划生育工作由其户籍所在地和现居住地的人民政府共同负责，以现居住地管理为主。

**第十四条** 市人民政府根据经济、社会发展水平和资源、环境的承载能力，确定人口发展规模，调控常住人口总量。

市和区人民政府应当完善生育调节政策，建立常住人口流入流出调控机制，合理控制人口机械增长。

**第十五条** 市和区人民政府在制定和实施城市规划时，应当控制中心城人口规模，引导城乡人口合理分布。

有关行政管理部门在编制和实施产业、住

宅、交通、科学技术、教育、文化、卫生、人力资源社会保障等专业规划时，应当与区域人口发展规划相适应。

**第十六条** 本市制定、实施的生育调节、人口迁移、人口流动等制度和措施，应当有利于优化人口年龄结构，缓解人口老龄化。

**第十七条** 各级卫生健康部门应当加强母婴保健工作，降低婴儿死亡率和出生缺陷发生率，提高出生婴儿健康水平。

本市提倡公民进行婚前医学检查、孕前优生健康检查和孕产期检查。市人民政府应当制定有利于公民自愿进行婚前医学检查、孕前优生健康检查和孕产期检查的措施。

医疗卫生机构应当开展优生优育知识宣传教育，提供围孕期、孕产期保健服务，以及计划生育、优生优育、生殖保健等咨询、指导和技术服务，规范开展不孕不育症诊疗。

医疗卫生机构在为公民进行婚前医学检查、孕前优生健康检查和孕产期检查时，应当提供规范、优质的服务，并为当事人保守秘密。医师和助产人员应当严格遵守有关操作规程，预防和减少产伤。

**第十八条** 卫生健康、教育、广播电视、新闻出版、民政等相关部门和社会团体应当相互配合，开展生殖健康的宣传、教育，倡导健康的生活方式，增强公民的自我保健意识，做好艾滋病和影响生殖健康的其他疾病的预防和治疗工作。

**第十九条** 禁止任何机构和个人开展非医学需要的胎儿性别鉴定或者选择性别的人工终止妊娠手术。

**第二十条** 统计、卫生健康、公安等部门按照各自职责，对本市户籍人口和在本市居住一定期限的非本市户籍人口开展常规统计、抽样调查、专项调查，并定期向社会公布统计分析数据。

**第二十一条** 卫生健康部门按照国家和本市有关规定，建立和完善人口与计划生育信息系统。

卫生健康、公安、教育、民政、人力资源社会保障、医保等部门应当通过本市大数据资源平台相互提供与人口管理相关的数据，实现人口信息共享，依法开展人口信息资源的综合开发和利用。

## 第三章 生育调节

**第二十二条** 公民有生育的权利，也有依法实行计划生育的义务。

夫妻双方共同负有实行计划生育的责任，在作出生育决定时应当平等协商，相互尊重。

公民实行计划生育的合法权益受法律保护。

**第二十三条** 提倡适龄婚育、优生优育。一对夫妻可以生育三个子女。

一对夫妻共同生育了三个子女，其中一个子女经区或者市病残儿医学鉴定机构鉴定为非遗传性残疾的，可以要求安排再生育子女。

**第二十四条** 从外省、自治区、直辖市迁入本市的少数民族公民，迁入前取得原户籍地县级以上卫生健康部门再生育子女证明的，可以要求安排再生育子女。

**第二十五条** 一方为本市户籍，另一方为外省、自治区、直辖市户籍的夫妻，要求安排再生育子女的，可以选择适用本条例的规定。

**第二十六条** 本市居民与香港特别行政区居民、澳门特别行政区居民、台湾地区居民、外国人结婚后的生育政策，按照国家有关规定执行。

华侨、归侨、侨眷的生育政策，按照国家有关规定执行。

**第二十七条** 符合本条例第二十三条规定的夫妻，要求安排再生育子女的，应当按照下列程序办理：

（一）向女方户籍地的乡、镇人民政府或者街道办事处提交再生育申请表，并提供本条例规定的材料。

（二）乡、镇人民政府或者街道办事处应当自收到再生育申请表及本条例规定的全部材料之日起七个工作日内提出受理意见，并将受理意见及全部申请材料报区卫生健康部门。

（三）区卫生健康部门应当自收到乡、镇人民政府或者街道办事处报送的受理意见和全部申请材料之日起十个工作日内审查完毕。对符合条件的，发给再生育告知书；对不符合条件的，应当书面通知申请人，并说明理由。

依据本条例第二十五条规定，选择适用本条例规定要求安排再生育子女的，向本市一方户籍地的乡、镇人民政府或者街道办事处按照前款规定的程序办理。

**第二十八条** 符合本条例规定的条件要求安排再生育子女的，应当提供下列基本材料：

（一）身份证明；

（二）户籍证明；

（三）婚姻状况证明；

（四）已有子女状况的声明；

（五）区或者市病残儿医学鉴定机构的鉴定材料。

**第二十九条** 市卫生健康部门应当根据本市人口出生变动趋势，向社会公布人口出生预报信息。

公民可以根据人口出生预报信息，结合家庭实际，选择生育时间和生育间隔。

**第三十条** 本市建立新生儿出生、死亡报告制度和终止妊娠统计制度。

医疗卫生机构应当定期向所在地的卫生健康部门报告新生儿出生、死亡的个案信息和终止妊娠的统计信息。

医疗卫生机构、卫生健康部门应当对上述个案信息予以保密。

## 第四章 奖励与社会保障

**第三十一条** 符合法律规定结婚的公民，除享受国家规定的婚假外，增加婚假七天。

符合法律、法规规定生育的夫妻，女方除享受国家规定的产假外，还可以再享受生育假六十天，男方享受配偶陪产假十天。生育假享受产假同等待遇，配偶陪产假期间的工资，按照本人正常出勤应得的工资发给。

符合法律、法规规定生育的夫妻，在其子女年满三周岁之前，双方每年可以享受育儿假各五天。育儿假期间的工资，按照本人正常出勤应得的工资发给。

鼓励用人单位采取有利于照顾婴幼儿的灵活休假和弹性工作措施，支持家庭生育、养育。

**第三十二条** 公民实行计划生育手术，享受国家规定的休假及其待遇。

**第三十三条** 实行计划生育的育龄夫妻免费享受国家规定的基本项目的计划生育技术服务。

**第三十四条** 市和区人民政府应当采取财政、教育、住房、就业、保险等支持措施，减轻家庭生育、养育、教育负担。

**第三十五条** 市和区人民政府应当综合采取规划、土地、住房、财政、金融、人才等方面措施，建立健全普惠托育服务体系，提高婴幼儿家庭获得服务的可及性和公平性。

鼓励和引导社会力量举办托育机构，支持幼儿园和机关、企业、事业单位、社区提供托育服务。

托育机构的设置和服务应当符合国家和本市有关标准和规范。托育机构应当向区教育部门备案。

**第三十六条** 各级人民政府应当在城乡社区建设改造中，按照国家和本市有关规定，建设相应的婴幼儿活动场所及配套服务设施。

公共场所和女职工比较多的用人单位应当按照国家和本市有关规定，配置母婴设施，为婴幼儿照护、哺乳提供便利条件。

**第三十七条** 教育、卫生健康等部门和妇女联合会应当按照各自职责，加强对家庭婴幼儿照护的支持和指导，提供多种形式的家庭科学育儿指导服务，增强家庭的科学育儿能力。

医疗卫生机构应当按照规定为婴幼儿家庭开展预防接种、疾病防控等服务，提供膳食营养、生长发育等健康指导。

乡、镇人民政府和街道办事处应当根据实际需要，依托社区公共服务设施提供短期、临时婴幼儿照护服务，为家庭照护婴幼儿提供支持和帮助。

**第三十八条** 在国家提倡一对夫妻生育一个子女期间，自愿终身只生育一个子女的公民，在子女十六周岁以前，由区卫生健康部门按照有关规定向其颁发《独生子女父母光荣证》（以下简称《光荣证》）。

**第三十九条** 持有《光荣证》的公民，可以享受以下奖励：

（一）在子女年满十六周岁前，领取独生子女父母奖励费；

（二）农民在调整自留地和安排宅基地时，其独生子女按两个人计算分配面积；

（三）在年老退休时，领取一次性计划生育奖励费。

奖励的具体办法，由市人民政府另行规定。

持有《光荣证》的公民生育第二个及以上子女的，应当退回《光荣证》，并终止凭证享受的相关待遇。

在国家提倡一对夫妻生育一个子女期间，按照规定应当享受计划生育家庭老年人奖励扶助的，继续享受相关奖励扶助，并在老年人福利、养老服务等方面给予必要的优先和照顾。

**第四十条** 持有《光荣证》的公民，其独生子女发生意外伤残或者死亡，不愿再生育和收养子女的，由区人民政府按照市人民政府的有关规定给予一次性补助。

市和区人民政府应当建立健全对上述人群的生活、养老、医疗、精神慰藉等全方位帮扶保障制度。

**第四十一条** 依法生育子女的妇女，按照国家和本市的规定，享受生育保险待遇。

**第四十二条** 各级人民政府和各有关部门在制定老年保障制度和措施时，应当体现对独生子女父母的优先照顾。

**第四十三条** 依法生育子女的公民，按照本市有关规定报销子女入托儿所、幼儿园的部分托费和管理费。

## 第五章 法律责任

**第四十四条** 机构和个人开展非医学需要的胎儿性别鉴定或者选择性别的人工终止妊娠手术的，按照国家有关法律、法规处罚。

**第四十五条** 托育机构违反幼儿养育保育标准和规范的，由教育部门责令改正，给予警告；拒不改正的，处五千元以上五万元以下的罚款；情节严重的，责令停止托育服务，并处五万元以上十万元以下的罚款。

托育机构违反食品安全、药品管理、房屋安全、公共卫生、消防安全等方面管理规定的，由市场监管、药品监管、房屋管理、卫生健康等部门和消防救援机构按照各自职责依法查处。

**第四十六条** 当事人对行政管理部门的具体行政行为不服的，可以依照《中华人民共和国行政复议法》或者《中华人民共和国行政诉讼法》的规定，申请行政复议或者提起行政诉讼。

**第四十七条** 卫生健康以及其他有关行政管理部门的工作人员玩忽职守、滥用职权、徇私舞弊的，由其所在单位或者上级主管部门依法给予处分；构成犯罪的，依法追究刑事责任。

## 第六章 附则

**第四十八条** 本条例自 2004 年 4 月 15 日起施行。1990 年 3 月 14 日上海市第九届人民代表大会常务委员会第十六次会议通过的《上海市计划生育条例》同时废止。在本条例施行前结婚，且婚后未生育又未收养子女的夫妻，仍可以按照《上海市计划生育条例》第二十七条的规定享受奖励待遇。

# 上海市旅游条例

（2003年12月31日上海市第十二届人民代表大会常务委员会第九次会议通过　根据2009年10月22日上海市第十三届人民代表大会常务委员会第十四次会议《关于修改〈上海市旅游条例〉的决定》第一次修正　根据2014年12月25日上海市第十四届人民代表大会常务委员会第十七次会议《关于修改〈上海市旅游条例〉的决定》第二次修正　根据2018年11月22日上海市第十五届人民代表大会常务委员会第七次会议《关于修改本市部分地方性法规的决定》第三次修正　根据2020年5月14日上海市第十五届人民代表大会常务委员会第二十一次会议《关于修改本市部分地方性法规的决定》第四次修正）

## 第一章　总　　则

**第一条**　为了促进本市旅游业的发展，合理开发、有效保护旅游资源，规范旅游市场秩序，保障旅游者和旅游经营者的合法权益，根据《中华人民共和国旅游法》和有关法律、行政法规，结合本市实际情况，制定本条例。

**第二条**　本条例所称的旅游业，是指利用旅游资源和设施，为旅游者提供游览、住宿、餐饮、交通、购物、娱乐、信息等服务的综合性产业。

本条例所称的旅游资源，是指可以为发展旅游业开发利用，具有经济效益、社会效益和环境效益的自然资源、历史人文资源和其他社会资源。

本条例所称的旅游经营者，是指旅行社、导游服务公司、旅馆、旅游集散站、景区（点）经营者、网络旅游经营者和旅游线路经营者等从事旅游经营活动的单位或者个人。

**第三条**　本市行政区域内旅游的促进和发展，旅游的规划编制和资源保护，旅游经营者的经营活动和旅游者的旅游活动以及相关的监督管理适用本条例。

**第四条**　旅游业发展应当与经济和社会发展相协调，突出都市旅游特点，遵循统一规划、可持续发展的原则，坚持旅游资源开发利用与保护相结合，坚持旅游的经济效益、社会效益和环境效益相统一。

**第五条**　市人民政府应当加强对本市旅游工作的组织和领导，把旅游业的发展纳入国民经济和社会发展规划，建立旅游工作协调机制，对旅游公共服务、旅游产业发展、旅游市场监管和旅游形象推广进行统筹协调。

区人民政府应当加强对本行政区域旅游工作的组织和领导，编制本行政区域的旅游发展规划，制定并组织实施有利于旅游业持续健康发展的政策措施，促进旅游业与相关产业的协调发展。

经国家和本市确定的特定旅游区域管理机构可以对本区域旅游公共服务、旅游产业发展、旅游市场监管和旅游形象推广进行统筹协调。

主要景区（点）所在地的镇、乡人民政府和街道办事处应当会同有关部门做好本行政区域旅游资源保护利用、旅游产业发展、旅游安全监督、旅游环境秩序维护和文明旅游宣传等工作。

对促进旅游业发展作出显著贡献的单位和个人，市和区人民政府应当给予表彰和奖励。

**第六条**　市旅游行政管理部门和区旅游行政管理部门（以下统称旅游行政管理部门）负责本行政区域内旅游规划的编制、旅游业促进、旅游资源开发利用与保护的组织协调，以及旅游经营活动的指导和监督管理。

相关行政管理部门按照各自职责，保障和促进旅游业的发展。

**第七条** 旅游经营者可以依法成立或者加入相关行业协会。相关行业协会应当制定行业服务规范，加强行业自律，并可以根据会员需求，开展为会员提供服务、组织市场拓展、参与旅游促销、发布市场信息、推介旅游产品、进行行业培训和交流等活动。

## 第二章 旅游促进与发展

**第八条** 市人民政府应当在年度财政预算中，安排旅游发展专项资金。旅游发展专项资金主要用于城市形象宣传、旅游公益设施的建设和重大旅游促进活动的组织等。

各级人民政府应当对涉及景区（点）的道路交通、安全保障、环境卫生、供水供电、自然环境和文化遗产保护等配套设施的建设资金给予支持。

**第九条** 旅游行政管理部门会同相关行政管理部门建立待开发的旅游建设项目库，指导具有地方特色和文化内涵的旅游项目的投资；为境内外投资者参与旅游业的开发和建设，提供信息，帮助协调；对重点旅游区域和带动地区经济、文化发展的旅游建设项目，给予政策支持。

境内外企业采取参股、兼并、收购或者迁移总部等方式来沪开展旅游经营活动的，享受与本市旅游企业同等待遇。法律、法规对其有特别规定的，按照相关规定执行。

**第十条** 旅游行政管理部门和相关行政管理部门应当推进本市工业、农业、商业、体育、科技、文化、教育和卫生等社会资源的开发，实现旅游业与相关产业融合发展；创新文化旅游、会展旅游、体育旅游、水上旅游、乡村旅游、医疗旅游、老年旅游、研学旅行等旅游产品，推动休闲度假旅游与观光旅游共同发展。

本市在区域开发中应当统筹考虑城乡居民休闲度假需求，加强设施建设，完善服务功能，合理优化布局，营造城乡居民休闲度假空间。

本市编制和调整土地利用总体规划、城乡规划和海洋功能区规划时，应当充分考虑相关旅游项目、设施的空间布局、建设用地以及用海和海岸线占用需求。

**第十一条** 各省、自治区、直辖市的旅行社可以组织当地旅游团队直接来本市进行旅游活动。

旅游行政管理部门和相关行政管理部门应当为各省、自治区、直辖市旅行社及其组织的来沪旅游团队提供便利。

**第十二条** 市旅游行政管理部门应当会同相关行政管理部门制定本市旅游形象宣传计划，建立境内外旅游宣传网点，通过大众传媒、境内外合作交流等各种渠道和形式，加强对本市城市形象、主要景区（点）以及重大节庆、赛事、会展等活动的宣传。

本市鼓励单位和个人结合地方特色和文化特点开发旅游产品。旅游行政管理部门应当根据本区域旅游资源特色和旅游产品优势，确定旅游整体形象和宣传推介主题，扶持旅游产品的开发，促进旅游市场的拓展。

**第十三条** 国有旅游资源经营权经批准有偿出让的，应当遵循公开、公平、公正和诚实信用的原则，通过拍卖、招标等方式进行。

**第十四条** 本市推进完善旅游公共服务体系，为旅游者提供高效的信息咨询服务、安全保障服务、交通便捷服务、便民惠民服务。

旅游行政管理部门应当组织建立旅游监测和旅游公共信息服务平台，无偿向旅游者提供景区（点）、线路、交通、气象、客流量预警等旅游信息和咨询服务，根据需要设置旅游咨询中心；推进旅游公共服务进社区，加强对社区的旅游宣传，为社区居民旅游出行、旅游投诉维权提供便利。

相关行政管理部门应当在旅游者集中场所推进公共卫生设施及无障碍设施建设与改造、无线局域网络覆盖，完善高速公路服务区的旅游服务功能。

旅游行政管理部门可以通过政府购买服务

等方式，鼓励、引导社会资本和社会力量参与旅游公共服务。

**第十五条** 本市制定公共客运规划时，应当听取旅游行政管理部门的意见；安排公共客运线路和设置站点时，应当兼顾旅游发展的需要。

本市市内旅游线路规划，应当纳入城市交通线网规划。

本市旅游线路及其设施的配置，应当与公共客运线路及其设施的配置相协调。

**第十六条** 市旅游行政管理部门应当会同公安、建设交通等行政管理部门，在机场、火车站、码头等公共交通枢纽站点和主要景区（点）合理设置或者安排旅游团队车辆临时上下客点。

市旅游行政管理部门应当会同公安、建设交通等行政管理部门，按照国家和本市的相关规定，在高速公路、城市道路上设置主要景区（点）和公共交通枢纽站点的指引标志。

**第十七条** 旅游行政管理部门应当开展旅游统计分析，建立旅游信息管理系统，实现区域间旅游信息互通，并向公众发布相关旅游信息。

市统计行政管理部门应当会同市旅游行政管理部门完善旅游统计指标体系和调查方法，建立科学的旅游发展考核评价体系，开展全市旅游产业监测。作为统计调查对象的旅游行政管理部门、旅游企事业单位和其他组织应当按照国家和本市有关规定，真实、准确、完整、及时地报送统计信息。

**第十八条** 本市建立假日旅游预报制度和旅游警示信息发布制度。

市旅游行政管理部门应当在春节、国际劳动节、国庆节假日期间及放假前一周，通过大众传媒逐日向社会发布主要景区（点）的住宿、交通等旅游设施接待状况的信息。

相关旅游区域发生自然灾害、疾病流行或者其他可能危及旅游者人身和财产安全情形的，市旅游行政管理部门应当依据相关部门发布的通告，及时向旅游经营者和旅游者发布旅游警示信息。

**第十九条** 市和区人民政府应当加强对旅游安全工作的领导，将旅游安全作为突发事件监测和评估的重要内容，建立旅游安全联动机制，组织相关行政管理部门编制旅游突发事件应急预案、开展应急演练。突发事件发生地的区人民政府及其有关部门应当及时处理旅游突发事件。

公安、消防、卫生健康、市场监管、交通、绿化市容、旅游、商务、文化、体育等依法负有审批、处罚等职责的行政管理部门，应当严格按照有关规定实施旅游安全监督管理，逢重大节庆、赛事、会展等活动进行重点安全检查。

**第二十条** 旅游行政管理部门和相关行政管理部门应当为旅游电子商务提供相应的保障和公共服务，鼓励企业建立旅游电子商务平台，开发网上信息查询、预订和支付等服务功能，实现网上旅游交易。

**第二十一条** 鼓励利用有关专业会议、博览交易、文艺演出、体育赛事、科技交流等活动，促进旅游业的发展。有关组织机构在协调安排年度展览计划时，应当优先考虑规模大、国际化程度高、对旅游业促进作用明显的展览项目。

**第二十二条** 本市推进发展邮轮、游船、游艇等水上旅游，加大水上旅游公共设施的投入和建设力度，推进水上旅游航线和产品开发，加强水上旅游的宣传和推介。

市旅游、交通行政管理部门应当根据本市国民经济和社会发展规划，结合旅游发展的实际需要，会同市发展改革、规划、口岸服务、水务（海洋）、海事等有关行政管理部门和相关区人民政府组织编制水上旅游发展规划，报市人民政府批准后组织实施。

市发展改革、交通、口岸服务、旅游等行政管理部门应当协同推进邮轮、游船和游艇码头的建设，完善相关的旅游服务功能和配套设施，协调口岸监管部门提高邮轮口岸通关服务和综合管理水平。

市市场监督管理部门应当组织市旅游、交通、海事等行政管理部门制定水上旅游服务标准。旅游、交通、海事等行政管理部门应当加强水上旅游市场监管，引导水上旅游经营者提供优质服务。

**第二十三条** 本市推进开发乡村旅游资源，促进发展乡村旅游。市旅游、农业行政管理部门应当会同相关行政管理部门和区人民政府制定支持乡村旅游发展的相关政策。区旅游、农业行政管理部门应当加强乡村旅游的推介，对农村集体经济组织、农民专业合作社开展乡村旅游服务提供培训、指导。

市市场监督管理部门应当组织市旅游、农业、公安、生态环境等行政管理部门制定乡村旅游服务的相关标准。

**第二十四条** 市人民政府应当协调年度节庆活动计划，鼓励旅游经营者开发节庆旅游产品，培育具有影响力、公众参与性强的特色节庆活动。每年在举办上海旅游节活动前，组织单位应当预先发布活动信息，协调与旅游节活动相关的事宜。

**第二十五条** 在本市举办重大节庆、赛事、会展等活动，市旅游行政管理部门可以根据需要制定旅游住宿保障方案，协调各类住宿资源，满足住宿要求。

市旅游行政管理部门可以组织本市居民利用家庭住房自愿为参加前款所列旅游活动的旅游者提供住宿，具体管理办法由市人民政府规定。

**第二十六条** 旅游行政管理部门和相关行政管理部门应当通过提供信息、帮助协调等方式，促进研制和开发具有本市地方特色的旅游商品，加强知识产权保护，培育体现地方特色的旅游商品品牌。

本市加强特色商品购物区建设，鼓励社会组织推出旅游商品推荐名单。鼓励企业为旅游者购买商品提供金融、物流等便利服务。

**第二十七条** 市旅游行政管理部门应当根据旅游发展的实际情况，会同市发展改革、文物、商务、绿化市容、广播电视等行政管理部门制定促进旅游消费的政策措施。

**第二十八条** 旅游行政管理部门和相关行政管理部门应当加强对旅游院校、专业的建设，促进旅游科研、教学和职业培训工作，培养旅游专业人才。

**第二十九条** 本市推行旅游服务标准化。

涉及人体健康和人身、财产安全的旅游服务领域，没有国家和行业标准的，相关行政管理部门应当制定地方标准，并组织实施。旅游经营者提供的产品、服务和设施，有强制性标准的，应当符合强制性标准。

## 第三章 旅游规划与资源保护

**第三十条** 市旅游行政管理部门根据本市国民经济和社会发展规划以及旅游发展的实际需要，会同有关部门组织编制本市旅游发展规划，依照法定程序报市人民政府批准后，纳入相应的城乡规划，并与土地利用总体规划相协调。

各区人民政府根据市旅游发展规划，编制本区旅游发展规划。

编制旅游发展规划，应当以市场导向为基础，实行合理引导，防止无序开发和重复建设。

**第三十一条** 编制本市旅游发展规划，应当发挥长江三角洲地区旅游资源的综合优势，加强与长江三角洲和国内其他地区的区域旅游合作与发展。

对黄浦江、苏州河等水系景观的旅游开发，以及区与区之间相邻的旅游资源的开发，应当实行统筹协调。

**第三十二条** 市旅游行政管理部门根据市旅游发展规划，会同有关部门组织编制或者指导区旅游行政管理部门组织编制旅游度假区、特色旅游街区、特色农家旅游村等专项规划。区旅游行政管理部门编制的专项规划，应当体现区域特色和功能特征，并报市旅游行政管理部门综合平衡。

**第三十三条** 编制旅游规划，应当听取公众的意见。

旅游规划可以通过招标的方式委托境内外专业机构编制。

**第三十四条** 新建、改建、扩建景区（点）、旅馆等旅游建设项目，应当符合本市或者区旅游发展规划，其建筑规模和风格应当与周围景观相协调，不得破坏旅游环境和生态环境。

相关行政管理部门审批景区（点）、旅馆等旅游建设项目，应当征求旅游行政管理部门的意见，并依法进行环境影响评价。

**第三十五条** 市旅游行政管理部门会同相关部门对本市范围内的旅游资源进行普查、评估，建立旅游资源档案，并制定旅游资源保护方案和组织实施。

**第三十六条** 利用自然保护区等自然资源开发旅游项目，应当遵守有关法律、法规、规章的规定，采取相应的保护措施。风景名胜区以及由规划确定的其外围保护地带内的各项建设项目，不得破坏景观、污染环境、妨碍游览。

**第三十七条** 利用历史文化风貌区和优秀历史建筑以及其他历史人文资源开发旅游项目，应当遵守法律、法规、规章的规定，保持其特有的历史风貌，不得擅自改建、迁移、拆除。

市旅游行政管理部门应当会同相关部门制作标牌，用中文和外国文字介绍历史人文景区（点）的有关历史文化背景。

**第三十八条** 利用工业、农业、商业、体育、科技、文化、教育和卫生等社会资源开发旅游项目，应当保持其内容与景观、环境、设施的协调和统一。

## 第四章　权益保护与经营规范

**第三十九条** 旅游者的合法权益受法律保护。旅游者享有以下权利：

（一）知悉旅游经营者所提供的产品及服务的真实情况；

（二）自主选择旅游经营者及其所提供的产品或者服务的方式和内容；

（三）要求旅游经营者按照约定或者惯例提供质价相符的服务；

（四）人格尊严、民族风俗习惯及宗教信仰得到尊重；

（五）因接受旅游经营者的服务受到人身、财产损害的，享有依法获得赔偿的权利；

（六）法律、法规、规章规定或者旅游合同约定的其他权利。

**第四十条** 残疾人、老年人、未成年人、军人、全日制学校学生等旅游者在旅游活动中依照法律、法规和有关规定享受便利和优惠。旅游经营者应当向旅游者明示享受优惠的条件和其他相关信息。

利用公共资源建设的景区（点）应当按照本市有关规定对残疾人、老年人、未成年人、军人、全日制学校学生等旅游者实行门票及相关服务费用减免；鼓励其他景区（点）对残疾人、老年人、未成年人、军人、全日制学校学生等旅游者实行门票及相关服务费用减免。

**第四十一条** 旅游者应当遵守法律、法规、规章和社会公德；尊重民族风俗习惯和宗教信仰；保护旅游资源和生态环境；爱护古迹、文物和旅游设施；遵守安全和卫生管理规定；履行旅游合同所约定的义务。

**第四十二条** 旅游经营者的自主经营权受法律保护。旅游经营者有权拒绝违反法律、法规规定的收费、摊派和检查；有权拒绝旅游者违反法律、法规、规章、社会公德或者旅游合同约定内容的要求。

旅游经营者的知识产权受法律保护。任何单位或者个人不得非法获取、使用或者披露旅游经营者的营销计划、销售渠道、客户名单以及其他商业秘密。

**第四十三条** 从事旅游经营活动的单位或者个人应当按照国家规定，依法取得营业执照。法律、法规规定需经相关行政管理部门许可的，应当取得相应的经营许可证。

旅游经营者经营或者组织漂流、狩猎、探险等具有危险性的特殊旅游活动的，应当按照国家有关规定办理审批手续。

**第四十四条** 旅游经营者应当严格执行国家有关安全和卫生管理的规定，健全相关的管理制度，配备必要的设施设备并加强维护和保养。

旅游经营者对旅游活动中可能危及旅游者人身、财产安全的情况，应当事先向旅游者做出说明或者明确警示，并采取相应措施防止危害的发生。

因突发事件应对需要，旅游经营者应当按照国家和本市规定，采取紧急关闭旅游线路、景区(点)以及控制客流量、卫生防疫等应急处置措施。

发生旅游突发事件的，旅游经营者应当及时向事故发生地的相关机构和本市的旅游行政管理部门报告。

**第四十五条** 旅游经营者应当公开服务项目、内容和收费标准，明码标价，禁止强行出售联票、套票。

实行政府指导价的景区(点)，应当严格控制门票价格上涨；拟收费或者提高门票价格的，应当论证其必要性、可行性，并按照国家和本市规定的程序确定或者调整门票价格。

**第四十六条** 旅游经营者之间发生业务往来，不得账外给予或者收受佣金。

旅游经营者之间应当通过合同约定支付佣金的具体数额或者比例，将佣金纳入营业收入，并依法纳税。

旅游经营者不得向导游、领队等旅游从业人员直接支付佣金。

**第四十七条** 旅行社组织旅游活动，应当与旅游者签订书面旅游合同。签订旅游合同，可以参照相关行政管理部门推荐的合同示范文本。旅游者与旅行社协商一致，可以在合同中约定以下事项：

(一) 因航空、铁路、船舶等交通运营的延误、取消等原因影响行程的处理；

(二) 因不可抗力影响旅游合同履行的处理；

(三) 需要约定的其他事项。

因突发事件致使不能履行合同，构成不可抗力的，按照相关法律规定及合同约定处理。

旅行社因接待、招徕旅游者，与其他旅行社或者住宿、餐饮、交通、购物、景区(点)等企业发生业务往来的，应当签订合同，约定双方的权利义务；组织出境旅游的，应当按照国家的规定选择境外旅行社。

旅行社未按照旅游合同标准提供相关服务的，承担违约责任，给旅游者造成损失的，依法赔偿。由于其他旅游经营者的原因致使旅游合同不能履行或者不能完全履行，并给旅游者造成损失的，旅游者有权要求旅行社赔偿；旅行社赔偿后，有权向造成旅游合同不能履行或者不能完全履行的旅游经营者追究违约责任。

旅行社应当按照国家有关规定交纳旅游服务质量保证金，用于旅游者权益损害赔偿和垫付旅游者人身安全遇有危险时紧急救助的费用。

**第四十八条** 旅行社经与旅游者协商一致或者应旅游者要求指定具体购物场所、安排另行付费旅游项目的，应当与旅游者签订书面合同，并遵守下列规范：

(一) 不得影响同一团队其他旅游者的行程安排；

(二) 不得通过指定具体购物场所和安排另行付费旅游项目获取回扣等不正当利益；

(三) 具体购物场所、另行付费旅游项目经营场所应当同时面向其他社会公众开放；

(四) 事先向旅游者明示具体购物场所、另行付费旅游项目的基本信息及可能存在的消费风险。

除前款规定外，旅行社及其从业人员组织、接待旅游者，不得指定具体购物场所，不得安排另行付费旅游项目，不得以旅游者拒绝接受指定购物场所及另行付费旅游项目为由，拒绝签订旅游合同或者提高旅游团费、另行收取费用。

旅游者在与旅行社书面合同约定的具体购物场所内购买商品，销售者在商品中掺杂、掺假，以假充真，以次充好，以不合格商品冒充合格商品，或者销售失效、变质的商品的，旅游者可以要求旅行社赔偿；旅行社赔偿后，有权向商品的销售者追偿。

**第四十九条** 本市旅行社委托其他旅行社代理销售包价旅游产品，或者接受其他旅行社的委托代理销售包价旅游产品，应当遵守下列规范：

(一) 签订委托代理合同，就委托代理销售包价旅游产品事项的内容、形式、代理费及其支付、双方的权利和义务、违约责任、投诉受理机制、应急处置程序等作出约定；

（二）按照本市有关规定向其工商注册地的区旅游行政管理部门办理委托代理合同备案；

（三）向旅游者明示委托代理关系，并按照国家和本市有关规定向旅游者做好有关事项的提示、告知；

（四）代理社与旅游者订立包价旅游合同、收取旅游费用的，应当使用委托社的合同和印章，出具委托社的发票，并在包价旅游合同中载明委托社和代理社的基本信息。

**第五十条** 旅行社与旅游者签订旅游合同时，应当向旅游者说明下列事项：

（一）旅游合同的具体内容；

（二）旅游目的地需要旅游者注意的法律规范和风俗习惯；

（三）发生紧急情况，需要医疗救助的注意事项；

（四）法律、法规规定应当向旅游者说明的其他情况。

**第五十一条** 旅行社应当向旅游者发放健康信息登记表，指导旅游者填写，并提示旅游者随身携带。

旅游者应当如实填写健康信息登记表。

**第五十二条** 旅行社、住宿、旅游交通以及高空、高速、水上、潜水、探险等高风险旅游项目的经营者应当根据国家有关规定投保相关责任险。

本市推行旅游经营者责任险统保制度，相关行业协会可以组织本市旅游经营者及外省市旅游经营者在沪分支机构集中投保相关责任险。

**第五十三条** 旅行社需要租用客运车辆、船舶的，应当选择具有相应资质的运输企业和已投保法定强制保险的车辆、船舶。

旅行社与运输企业签订的旅游运输合同，应当明确运行计划，约定运输路线、运输价格、车辆和船舶的要求以及违约责任等事项。

承担旅游运输的车辆、船舶，应当配备具有相应资质的驾驶员、船员和具有行驶记录功能的卫星定位装置、座位安全带、消防、救生等安全设施设备，并保持安全设施设备正常使用。驾驶员、船员、乘务员及导游人员应当提醒乘客安全注意事项。乘客应当提高安全意识，遵守安全警示规定，按要求使用座位安全带等安全设施设备。

承担旅游运输的车辆、船舶，不得超过核定载客定额载运旅客；车辆、船舶的驾驶员、船员，不得超速、超时、疲劳驾驶。

**第五十四条** 本市推行旅行社服务质量评定制度。

旅行社服务质量评定由旅行社自愿申请，由相关行业协会依照本市有关标准进行评定并向社会公布评定结果。

**第五十五条** 参加导游资格考试成绩合格，方可取得导游资格证书。取得导游资格证书的人员，经与旅行社、景区（点）订立劳动合同或者在本市旅游行业组织注册，可以申请取得相应的导游证。导游人员为旅游者提供导游服务，应当遵守法律、法规和职业道德。

旅行社或者景区（点）临时聘用导游人员为旅游者提供服务的，应当与导游人员签订书面合同，约定双方的权利义务。

导游人员有下列情形之一的，旅行社和景区（点）不得安排其为旅游者提供服务：

（一）无民事行为能力或者限制民事行为能力的；

（二）患有传染性疾病的；

（三）法律、法规、规章规定的其他情形。

旅游行业组织应当加强对导游人员的诚信教育，建立对导游人员服务的评价机制。

市旅游行政管理部门应当将导游人员的基本信息、奖惩记录等纳入信用档案。

**第五十六条** 旅馆的设施设备应当符合国家和本市规定的标准。旅馆经营者应当遵守法律法规，为旅游者提供规范的服务，保护旅游者的人身、财产安全。

旅馆实行等级评定和复核制度。评定和复

核的标准、程序按照国家和本市有关规定执行。取得服务质量等级的旅馆，应当按照与其服务质量等级相对应的标准提供服务；未取得服务质量等级的旅馆，不得使用服务质量等级标志和称谓。

**第五十七条** 景区（点）的范围应当依照城乡规划合理划定。

景区（点）经营者应当根据旅游安全及服务质量等要求，确定旅游接待承载力，实行流量控制，并向社会公布。

景区（点）应当根据接待的需要，按照国家和本市规定的标准设置供水、供电、停车场、公厕、无障碍设施等旅游配套服务设施以及中文和外国文字的导向、解说标识。

**第五十八条** 旅游集散站实行统一设置和规范管理。旅游集散站应当建立营运监管制度，对旅游线路经营者承诺的交通工具、营运标准和服务项目进行日常监督；协助相关行政管理部门做好旅游线路交通工具安全监管等工作。

**第五十九条** 邮轮公司、旅行社为旅游者提供邮轮旅游服务，应当向旅游者提供中文文本的合同、船票和服务说明等资料；邮轮公司、旅行社与旅游者签订合同使用格式条款的，应当按照本市有关规定报市市场监督管理部门备案。

邮轮公司、旅行社应当以显著方式提醒旅游者注意邮轮旅游的安全注意事项、风险警示、礼仪规范、民事责任与义务、免责事项、投诉电话、法律救助渠道等内容。邮轮码头应当协助在公共场所宣传明示有关内容。

发生邮轮延误、不能靠港、变更停靠港等情况的，邮轮公司、旅行社和邮轮码头应当及时向旅游者发布信息，告知解决方案，对旅游者进行解释、劝导。邮轮旅游纠纷应当按照有关法律规定和合同约定处理。

旅游者在邮轮旅游活动中或者在解决纠纷时，不得影响港口、码头的正常秩序，不得损害邮轮公司、旅行社和其他旅游者的合法权益。

市旅游、交通行政管理部门应当制定邮轮旅游经营规范。市旅游行政管理部门应当会同市市场监督管理部门制定合同示范文本，供邮轮公司、旅行社和旅游者签订合同时参考、使用。

**第六十条** 网络旅游经营者应当为旅游者提供真实、可靠的旅游服务信息，并按照国家和本市有关规定向旅游者提供经营地址、联系方式、安全注意事项和风险提示等信息；涉及由其他经营者实际提供服务的，应当在相关产品主页面的显著位置标明，并向旅游者提供该经营者的名称、经营地址、联系方式等信息。

通过网络经营旅游交通、住宿、餐饮、游览、娱乐等单项代定业务的，应当选择具有相应经营资质的经营者作为服务提供方。

通过网络经营包价旅游、代理销售包价旅游合同、委派领队或者导游、代办旅游签证（签注）等旅行社业务的，应当取得旅行社经营许可证，并在其网站主页的显著位置标明许可证信息以及经营地址、联系方式等信息。该网站应当与旅游行政管理部门联网认证。

**第六十一条** 本市农民以自有宅基地住宅或其他条件从事餐饮、住宿等农家旅游经营，或者农民专业合作社接受其成员委托，以成员的自有宅基地住宅或其他条件从事餐饮、住宿等农家旅游经营，应当符合区旅游行政管理部门编制的农家旅游专项规划，并按照有关规定享受税收优惠政策。

市人民政府应当结合本市实际情况，遵循促进发展、适度监管的原则，制定农家旅游经营的管理办法。从事农家旅游经营的客房数、经营面积等超过规定标准的，执行国家和本市旅馆业管理制度。

**第六十二条** 旅馆、景区（点）和其他旅游经营场所，应当在醒目位置使用符合国家规定的公共信息图形符号。

**第六十三条** 旅游经营者及其从业人员不得有下列行为：

（一）组织或者提供损害国家利益、民族尊严和违反社会公德的活动；

（二）超越核定范围经营旅游业务；

（三）假冒其他旅游经营者的注册商标、品牌、质量认证标志，或者擅自使用其他旅游经营者的名称；

（四）对服务范围、内容、标准等做虚假宣传；

（五）法律、法规和规章禁止的其他行为。

**第六十四条** 旅游者与旅游经营者发生争议的，旅游者可以通过以下途径解决：

（一）与旅游经营者协商；

（二）向消费者协会、旅游行业协会投诉；

（三）向旅游、市场监管等行政管理部门投诉；

（四）旅游合同中约定有仲裁条款或者事后达成书面仲裁协议的，申请仲裁机构仲裁；

（五）向人民法院提起诉讼。

**第六十五条** 旅游行政管理部门应当健全旅游投诉制度，设立并公布投诉电话，接受旅游者的投诉。旅游行政管理部门在接到旅游者投诉后，属于本部门处理的，应当在四十五日内作出处理决定，并答复投诉者；对应当由其他部门处理的，应当在五个工作日内转交有关部门处理，并告知投诉者。

## 第五章 法律责任

**第六十六条** 旅游经营者及其从业人员违反旅游经营管理的规定，法律、法规有处罚规定的，从其规定。

旅游者违反本条例第四十一条规定的，按照有关法律、法规的规定处理。

**第六十七条** 旅游经营者违反本条例第四十五条第一款的规定，强行出售联票、套票的，由旅游行政管理部门责令改正，没收违法所得，并处违法所得一倍以上五倍以下的罚款；没有违法所得的，处二千元以上一万元以下的罚款。

**第六十八条** 旅行社违反本条例第四十九条第二项规定，未按照规定向旅游行政管理部门办理备案的，由旅游行政管理部门责令改正，并处二千元以上五千元以下的罚款。

**第六十九条** 旅行社违反本条例第五十三条第一款、第三款的规定，使用不符合规定的车辆、船舶承担旅游运输的，由旅游行政管理部门责令改正，没收违法所得，并处五千元以上五万元以下的罚款；违法所得五万元以上的，并处违法所得一倍以上五倍以下的罚款；情节严重的，责令停业整顿或者吊销旅行社业务经营许可证；对直接负责的主管人员和其他直接责任人员，处二千元以上二万元以下的罚款。

**第七十条** 旅行社、景区（点）违反本条例第五十五条第三款规定，安排不符合规定的导游人员为旅游者提供服务的，由旅游行政管理部门责令改正，没收违法所得，并处一千元以上一万元以下的罚款。

**第七十一条** 旅游经营者有本条例第六十六条、第六十七条、第六十八条、第六十九条、第七十条规定情形的，除依照法律、法规规定予以处罚外，处罚机关应当将违法旅游经营者的行政处罚信息记入信用档案，通过企业信用信息公示系统向社会公布，归集到市公共信用信息服务平台。

**第七十二条** 当事人对旅游行政管理部门以及相关行政管理部门的具体行政行为不服的，可以依照《中华人民共和国行政复议法》或者《中华人民共和国行政诉讼法》的规定，申请行政复议或者提起行政诉讼。

当事人对具体行政行为逾期不申请复议，不提起诉讼，又不履行的，作出具体行政行为的旅游行政管理部门以及相关行政管理部门可以申请人民法院强制执行。

**第七十三条** 旅游行政管理部门以及其他相关行政管理部门的工作人员玩忽职守、滥用职权、徇私舞弊的，由其所在单位或者上级主管部门依法给予处分；构成犯罪的，依法追究刑事责任。

## 第六章 附 则

**第七十四条** 本条例自 2004 年 3 月 1 日起施行。

# 上海市职业教育条例

（2004 年 5 月 20 日上海市第十二届人民代表大会常务委员会第十二次会议通过
2018 年 11 月 22 日上海市第十五届人民代表大会常务委员会第七次会议修订）

## 第一章　总　　则

**第一条**　为了发展职业教育，完善现代职业教育体系，培养高素质劳动者和技术技能人才，服务科教兴国、人才强国和创新驱动发展战略，服务经济社会发展，根据《中华人民共和国职业教育法》和其他有关法律、行政法规，结合本市实际情况，制定本条例。

**第二条**　本市行政区域内职业学校教育、职业培训及其相关管理活动，适用本条例。

国家机关实施的对国家机关工作人员的专门培训，按照法律、行政法规和本市有关规定执行。

**第三条**　职业教育应当贯彻国家的教育方针，坚持中国共产党的领导，坚持社会主义办学方向，以立德树人为根本任务，培育和践行社会主义核心价值观。

职业教育应当符合职业教育改革和产业发展方向，深化产教融合、校企合作，弘扬工匠精神，提高劳动者的职业道德、文化素质、就业能力、工作能力、职业转换能力和创新创业能力，为提升城市能级和核心竞争力提供技术技能人才支撑。

**第四条**　本市建立健全与经济社会发展相适应，人才培养与劳动就业相结合，职业学校教育和职业培训并重，中等、高等职业教育相衔接，与其他教育互相沟通、协调发展，产教深度融合，体现终身教育理念的职业教育体系。

**第五条**　本市建立和完善以政府为主导，企业、事业单位，社会团体，其他社会组织及公民个人参与的多元化职业教育办学体制。

**第六条**　市和区人民政府应当将发展职业教育纳入国民经济和社会发展的总体规划，建立健全职业教育工作联席会议制度，加强对职业教育工作的领导、统筹协调和督导评估，引导、支持、促进职业教育的发展。

市教育行政部门主管本市职业学校教育和以文化教育为主的职业培训工作。市人力资源社会保障部门主管本市以职业技能为主的职业培训工作。区教育行政、人力资源社会保障部门按照规定的职责，做好职业学校教育和职业培训的管理工作。

其他有关行政管理部门按照各自职责，分别做好职业教育的相关管理工作。

市和区教育行政、人力资源社会保障及其他有关行政管理部门应当加强配合，提高工作协同性，并建立信息通报、资源共享等协作机制。

**第七条**　各行业主管部门应当履行本行业职业教育的协调和业务指导职责。

工会、共产主义青年团、妇女联合会以及残疾人联合会等组织协助开展职业教育工作。

行业组织应当引导和鼓励企业与职业学校开展校企合作，发挥行业资源、技术、信息等优势，参与校企合作项目的评估、职业技能鉴定及相关管理工作；可以接受政府主管部门或者行业主管部门的委托，开展行业人力资源预测、制定行业职业教育和培训规划等工作。

**第八条**　本市建立和完善多渠道筹集职业教育资金的机制。

市和区人民政府应当加大对职业教育的资金支持力度，根据职业教育改革发展需要，进一步完善职业教育投入机制，合理确定并适时提高相关拨款和投入水平，确保职业教育财政经费投入持续稳定增长。

本市鼓励企业、事业单位,社会团体,其他社会组织及公民个人出资投入职业教育事业。

市和区教育行政、人力资源社会保障、财政等部门安排使用职业教育经费,应当遵循公开、公平、合理的原则。

**第九条** 市和区人民政府采取措施,帮助妇女接受职业教育,组织失业人员接受各种形式的职业教育,扶持残疾人职业教育的发展。

**第十条** 本市推进实施国家的教育资历框架制度,促进职业教育学习成果与其他各类学习成果的融通衔接。

**第十一条** 市和区人民政府应当支持开展职业教育研究、技术创新竞赛、技术技能比赛和职业体验等活动。

**第十二条** 市和区人民政府应当对在职业教育中作出显著贡献的单位和个人给予表彰和奖励。

## 第二章 职业学校教育

**第十三条** 本市职业学校教育主要由中等和高等职业学校实施。

中等职业学校教育由职业高级中学、技工学校、普通中等专业学校、成人中等专业学校等实施。

高等职业学校教育包括专科、本科和研究生层次教育,根据需要和条件,主要由高等职业学校、应用型本科院校和专业学位研究生培养院校实施。

依法举办的民办职业学校与公办职业学校享有同等法律地位。

**第十四条** 市和区人民政府应当举办发挥骨干和示范作用的职业学校。行业主管部门应当办好所属的职业学校。

企业、事业单位,社会团体,其他社会组织及公民个人可以按照国家规定,举办职业学校。

职业学校的举办者可以独立办学,也可以联合办学。举办者联合办学的,应当签订联合办学合同。

**第十五条** 行业主管部门、行业组织、企业、事业单位可以委托学校实施相应的职业学校教育。委托实施职业学校教育的,应当签订委托合同。

**第十六条** 高等职业学校的设立,由市人民政府审批。

中等职业学校的设立,由其所在地的区教育行政部门审批,并向市教育行政部门备案。

**第十七条** 设立职业学校,应当具备下列条件:

(一)有组织机构和章程;

(二)有合格的教师;

(三)有符合规定标准的教学场所,有与职业教育相适应的设施、设备;

(四)有必备的办学资金和稳定的经费来源。

**第十八条** 申请举办职业学校的,应当向审批机关提交下列材料:

(一)申办报告,主要包括举办者、培养目标、办学层次、办学形式、经费筹措与管理使用等内容;

(二)学校章程;

(三)学校资产证明;

(四)校长、教师的资格证明文件。

法律、行政法规另有规定的,从其规定。

**第十九条** 申请设立中等职业学校的,审批机关应当自受理之日起三个月内以书面形式作出是否批准的决定,并送达申请人;申请设立高等职业学校的,审批机关自受理之日起六个月内以书面形式作出是否批准的决定,并送达申请人。

经批准设立的职业学校,审批机关应当按照法律、行政法规的规定,向其颁发办学许可证。取得办学许可证的职业学校,应当依法办理法人登记。

审批机关对批准设立的职业学校,应当通过政府网站或者其他方式向社会公示。

**第二十条** 职业学校变更举办者或者分立、合并、终止的,应当依法进行清算。

职业学校变更名称、层次、类别、住所、举办者,或者分立、合并、终止的,应当向审批机关提出申请。属中等职业学校的，审批机关应当自受理之日起三个月内以书面形式答复；属高等职业学校的，审批机关自受理之日起六个月内以书面形式答复。职业学校终止的，应当妥善安置在校学生。终止的职业学校，应当向原审批机关办理注销登记手续，并由原审批机关收缴办学许可证，销毁印章。

职业学校清偿债务结束后，仍有剩余财产的，按照国家有关规定办理。

**第二十一条** 职业学校根据学校章程，依法自主办学和实施管理。

职业学校应当建立和完善教职工代表大会等组织形式，支持保障教师和学生依法、依章程参与学校管理。

职业学校应当建立行业问询协商机制，吸纳行业和企业代表参与审议学校重大事项。

**第二十二条** 市教育行政部门应当会同市人力资源社会保障等部门，根据经济社会发展需求和产业发展方向，结合行业主管部门、行业组织、企业和职业学校意见，制定职业教育专业发展规划，引导职业学校科学设置并动态调整职业教育专业。

职业学校应当按照专业设置符合产业需求、课程内容符合职业标准、教学过程对接生产过程的要求，设置调整专业，增强职业教育专业的适应性。

**第二十三条** 职业学校应当开展教育教学研究，开发和编写体现新知识、新技术、新工艺、新方法及具有地方特色的传统工艺、传统技术等具有职业教育特点的课程和教材。

职业学校应当按照教学计划和教学大纲的要求，完成教学任务，创新教学内容和方式，组织实习教学，加强对学生的就业指导。

职业学校应当运用互联网和信息化技术，推进职业教育信息化建设，提高职业教育质量。

**第二十四条** 职业学校的学生应当按照教学计划的要求，参加实训和上岗实习。

市和区人民政府应当加强职业教育公共实训基地的建设，支持企业、行业组织参与公共实训基地建设，支持职业学校举办实训、实习基地。

职业学校举办实习基地的，可以享受国家规定的税收优惠政策。职业学校自办的以服务学生实习实训为主要目的的企业，可以在取得的经营活动收入中，列支与生产经营相关的实习学生的劳动津贴等支出。

**第二十五条** 职业学校的实训场所、课程、师资等教育教学资源应当面向普通中小学校开放。

普通中小学校应当通过职业体验活动等形式，开展职业启蒙教育。

普通中学可以因地制宜开设职业生涯教育、劳动技术和职业技术等职业教育课程；或者根据需要，在相关教学课程中适当增加职业教育的教学内容，为普通中学学生接受职业基础教育创造条件。

中等职业学校应当在实施职业知识和多样化技能教育的同时，对学生进行高中程度文化知识教育。

中等职业学校教育与普通高中教育可以实行学习成果互认和课程融通。

**第二十六条** 本市建立健全中等、专科、本科、研究生等不同层次职业学校教育衔接贯通培养制度，逐步提高高等职业学校招收中等职业学校毕业生、应用型本科院校招收中等职业学校毕业生和专科层次高等职业学校毕业生的比例和规模。

本市实行中等职业学校毕业生进入高等职业学校的择优推荐制度。

本市探索建立高等职业学校与普通高等学校学分转换制度。

**第二十七条** 市人民政府应当根据本市经济社会发展水平，制定公办职业学校学生人均经费基本支出标准。

前款规定的标准，由市财政部门会同市教育行政部门拟订，报市人民政府批准后公布实施。

**第二十八条** 公办职业学校的举办者应当按照不低于本市公办职业学校学生人均经费基本支出标准，足额拨付职业教育经费。

民办职业学校的举办者应当足额保障学校办学运行经费。

职业学校的基本建设经费，由举办者按照核定的学校规模安排落实。

**第二十九条** 城市教育费附加应当按照规定比例，用于职业教育。

**第三十条** 本市鼓励金融机构运用信贷手段，扶持发展职业学校教育。

高等职业学校学生获得金融机构助学贷款的，政府应当给予其与普通高等学校学生同等的贴息待遇。

## 第三章 职 业 培 训

**第三十一条** 职业培训包括从业前培训、转业培训、学徒培训、在岗培训、转岗培训、创业培训及其他文化或者技能的职业培训，可以根据实际情况分为专项能力、初级、中级、高级、技师、高级技师职业培训。

职业培训由企业、事业单位，行业组织，职业学校或者职业培训机构实施。

**第三十二条** 企业、事业单位应当根据自身发展和岗位要求，制定并组织实施本单位职工的职业培训规划和年度计划，开展上岗培训、高师带徒、转岗培训、技术研修等职工职业培训。

鼓励企业建立职业培训机构开展职业培训。企业、事业单位可以依托首席技师工作室、技能大师工作室、劳模和工匠人才创新工作室，开展职工职业培训。

企业、事业单位可以委托学校、职业培训机构对本单位的职工实施职业培训。委托实施职业培训的，应当签订委托合同。

**第三十三条** 本市支持有条件的企业、行业组织、产业园区建设高技能人才培养基地，面向社会开展技能培养、人才评价、竞赛交流、师资培训等工作，带动相关企业开展职工职业培训，发挥技能人才培养的示范引领作用。

**第三十四条** 本市建立企业职工职业培训公共服务平台，为不具备培训能力的企业提供职工职业培训对接服务。

市和区人民政府可以采用购买培训服务的方式，帮助劳动者提高劳动技能和就业能力。

由政府投资兴办的公共实训基地应当向社会开放。

**第三十五条** 企业、事业单位，社会团体，其他社会组织及公民个人可以按照国家规定，举办职业培训机构。举办者可以独立办学也可以联合办学。举办者联合办学的，应当签订联合办学合同。

实施自学考试助学及其他文化教育的职业培训机构的设立、变更和终止，由区教育行政部门审批。

实施以职业技能为主的职业培训机构的设立、变更和终止，由区人力资源社会保障部门审批。

**第三十六条** 职业培训机构的设立，应当符合下列条件：

（一）有组织机构和管理制度；

（二）有与培训任务相适应的教师和管理人员；

（三）有与进行培训相适应的场所、设施、设备；

（四）有相应的经费。

**第三十七条** 职业培训机构的具体设立条件和审批程序，由教育行政部门、人力资源社会保障部门根据各自权限，按照本市职业培训机构设立审批的有关规定执行。

经批准设立的职业培训机构，审批机关应当按照法律、行政法规的规定，向其颁发办学许可证。取得办学许可证的职业培训机构，应当依法办理法人登记。

审批机关对批准设立的职业培训机构，应当通过政府网站或者其他方式向社会公示。

**第三十八条** 职业培训机构应当制定培训计划，并按照培训计划开展职业培训，不得任意减少培训内容和培训课时。

接受职业培训的学生，经考核合格的，按照国家有关规定获得相应的培训证书。

**第三十九条** 市人力资源社会保障部门应

当向职业培训机构提供劳动力市场需求信息，引导职业培训机构合理设置专业。

职业培训机构应当加强与用人单位的联系，建立培训机构与劳动力市场密切联系的机制。

**第四十条** 本市推行职业培训与学历教育相结合的职工终身学习机制，建立职业教育学历证书、职业技能评价证书与成人高校课程学分转换制度，促进职业教育学历教育与非学历教育互通互认。

职业培训机构可以根据企业和职工实际需要，灵活定制教学内容、安排教学时间，开展教学服务进园区、进企业活动或者通过网络学习平台为企业提供职业培训服务。

企业可以根据实际情况制定技能要素和创新成果参与分配的办法，体现技能价值激励导向，引导职工主动参加职业培训、提升技能水平。

**第四十一条** 市和区人民政府应当加大对创新创业培训的支持力度，鼓励职业学校、职业培训机构、创业培训中心、创业孵化基地等开展创业意识教育、创新素质培养、创新项目指导、开业指导、企业经营管理等培训，提升创新创业能力。

**第四十二条** 市和区人民政府应当发展面向农村的职业培训，支持农民专业合作社、农业企业、家庭农场、职业学校和职业培训机构对农业从业人员开展农村实用技术等培训，加快培养新型职业农民，提升农民职业技能水平。

**第四十三条** 市和区人民政府应当统筹使用就业补助资金、失业保险基金、地方教育附加专项资金，支持和促进职业培训。

符合条件的高技能人才培养基地、首席技师工作室、技能大师工作室、劳模和工匠人才创新工作室等，可以按照规定获得专项经费资助。

**第四十四条** 企业按照职工工资总额的百分之一点五足额提取职业教育培训经费；从业人员技能要求高、实训耗材多、培训任务重、经济效益较好的企业可以按照百分之二点五提取，列入成本开支。企业发生的职工教育经费支出，不超过工资薪金总额百分之八的部分，可以在计算企业所得税应纳税所得额时扣除；超过部分，可以在以后纳税年度结转扣除。

职业教育培训经费必须专款专用，用于一线职工职业教育培训的比例不低于百分之六十。

企业应当向职工代表大会（职工大会）或者工会报告职业教育培训经费的提取和使用情况并定期公布，接受财务主管部门、企业职工代表大会（职工大会）、工会的检查监督。

## 第四章 校企合作

**第四十五条** 职业学校和企业应当遵循平等自愿、资源共享、互惠互利、共同发展的原则，通过共同育人、合作研究、共建机构、共享资源等方式，在人才培养、技术创新、就业创业、社会服务、文化传承等方面开展合作。

**第四十六条** 职业学校应当制定校企合作规划，建立符合校企合作要求的教育教学组织方式和管理制度。

职业学校应当根据自身特点和人才培养需要，主动与具备条件的企业开展合作，为合作企业提供所需的课程、师资等资源，支持合作企业的人力资源开发和技术升级。

**第四十七条** 本市支持和引导企业参与职业学校专业规划、教材开发、教学设计、课程设置、实习实训等。

鼓励企业按照国家和本市的有关规定，设立职业教育奖学金，奖励优秀教师和学生。

**第四十八条** 职业学校和企业可以共同建设具有生产与教学功能的实习实训、技术工艺和产品开发、学生创新创业、教师培养培训、职业培训、技能鉴定等机构。

本市根据高技能人才培养的需要，在符合条件的应用型本科院校、职业学校设立技师学院。

**第四十九条** 职业学校应当建立学生和教师到企业实习、实践制度，按照国家和本市有关规定，和企业共同组织、管理学生实习和教师实践。

企业、事业单位应当为上岗实习的学生安排必要的带教老师，提供相应的劳动保护条件，并给予适当的补贴。

企业应当为从事职业教育的教师的实践和培训提供条件和方便，加强职业学校教师技术能力培养。

**第五十条** 职业学校、实习单位、学生三方应当签订实习协议，明确在实习活动中的权利和义务。

实习单位不得安排学生到酒吧、歌厅等营业性娱乐场所实习；不得安排未成年学生、女学生到法律、法规禁止从事的岗位实习。

除相关专业和实习岗位有特殊要求且报有关主管部门备案外，实习单位不得安排学生从事高空、井下等具有较高安全风险的实习；不得安排学生加班、夜班或者在法定节假日实习。

**第五十一条** 本市建立健全职业学校学生实习保险制度，职业学校和实习单位应当为实习学生投保实习责任保险，健全学生权益保障机制。

鼓励实习单位为实习学生购买人身意外伤害保险，相关经费可以从单位成本（费用）中列支。

**第五十二条** 职业学校可以依托有技术技能人才培养能力的企业设立的学徒岗位，开展联合招生、联合培养，以工学结合的方式提升学生技能水平。

企业对技能岗位新招用人员和转岗人员，可以与职业学校、职业培训机构合作，通过双师带徒、工学交替培养、脱产或半脱产培训等形式共同培训培养职工。

**第五十三条** 教育、人力资源社会保障以及有关行业主管部门应当制定政策措施，鼓励和支持职业学校与相关企业、行业组织依法共同组建多元主体的职业教育集团或者其他形式的产教联合体。

职业教育集团应当以章程或者多方协议等方式，约定集团成员之间合作的方式、内容以及权利义务关系等事项。

**第五十四条** 市教育、人力资源社会保障、经济信息化部门应当会同行业主管部门、行业组织，统筹建立产教融合信息服务平台，定期发布行业发展动态、人才需求、学校资源等信息，指导、协助职业学校与相关企业建立合作关系。

**第五十五条** 本市建立校企合作企业评价制度，对校企合作成效显著的企业依法给予表彰和资金支持，具体办法由市教育行政部门会同市人力资源社会保障、财政部门制定。

本市通过政府购买服务等方式，支持公办职业学校购买企业自主开发的、体现产业发展需要的职业教育课程。

企业因接收学生实习所实际发生的与取得收入有关的合理支出，按照税收法律规定在计算应纳税所得额时予以扣除。

## 第五章 相关管理制度

**第五十六条** 中等职业学校学历教育、公办高等职业学校学历教育收费，实行政府指导价；民办高等职业学校学历教育、职业培训收费，实行市场调节价。

职业学校和职业培训机构应当公示收费项目、收费标准等收费信息。

**第五十七条** 市和区人民政府的教育督导部门对本行政区域内的职业教育工作进行监督、检查、评估和指导，并将督导结果向社会公布。

市教育行政部门、市人力资源社会保障部门应当定期组织或者委托社会中介组织评估职业学校和职业培训机构的办学水平、教育质量、校企合作和学生权益保障等情况，并将评估结果向社会公布。

开展职业教育质量评估，应当将职业教育是否符合产业发展方向、行业标准和岗位要求，是否结合行业、企业、受教育者的实际需要作为评估的主要内容。

职业学校和职业培训机构应当发布职业教育质量年度报告，接受社会监督。

企业开展职业教育的情况，应当纳入企业

社会责任报告。

**第五十八条** 职业学校和职业培训机构的教师应当以德为先、爱岗敬业，依法取得相应的教师资格，具备相应的专业理论知识和技能操作实践能力。

职业学校和职业培训机构可以根据职业教育的特点和专业技能培训的需要，聘请专业技术人员、高级技术工人、有特殊技能的人员和其他教育机构的教师任教。

市和区机构编制部门应当根据职业学校发展和办学规模，动态调整公办职业学校教职工编制。公办职业学校教职工编制中的一定比例，应当用于聘请符合条件的行业企业高技能人才担任教师。

**第五十九条** 市和区教育行政部门应当根据职业教育发展的需要，制定职业教育师资队伍的培养培训规划并纳入教师队伍建设总体规划。

职业学校应当对新任教师开展岗前规范化培训；应当安排从事职业教育的专业课教师和实习指导教师定期到相关企业或者生产服务一线实践。

**第六十条** 本市建立健全符合职业教育特点的教师职称（职务）评聘制度和专业技术岗位管理制度，合理优化、动态调整职业学校教师的专业技术岗位结构比例。

职业学校的教师资格标准和专业技术职称（职务）评聘办法，由市教育行政部门、市人力资源社会保障部门制定。

**第六十一条** 本市建立健全符合职业教育特点的收入分配制度，按照激励与约束相结合的原则，结合职业学校开展教育教学、社会培训和技术服务等实际情况，科学核定公办职业学校绩效工资总量，并建立正常增长机制。

中等职业学校教师的平均收入水平应当与普通高中教师的平均收入水平相当。

公办职业学校在绩效工资总量内，自主确定绩效工资分配方案。

**第六十二条** 本市建立健全以职业能力为导向、以工作业绩为重点、注重工匠精神培育和职业道德养成的技能人才评价体系，实行职业资格评价、职业技能等级认定、专项职业能力考核等多元化评价方式。对于评价合格的劳动者，依法核发相应的职业资格证书、职业技能等级证书、专项职业能力证书等技能评价证书。

本市建立职业资格、职业技能等级与职称系列贯通制度，打通高技能人才与工程技术人才职业发展通道。

**第六十三条** 本市推行学历证书、技能评价证书并重制度，通过专业教学标准和职业技能标准融通、教育课程评价方式和职业技能评价方式融通等方式，建立和完善技能评价与学习成果转化互认机制，实现学历教育与职业培训的衔接贯通。

**第六十四条** 本市建立健全职业技能竞赛体系，市和区人民政府及有关行政管理部门，企业、行业组织、群团组织等可以组织不同层次、不同区域和不同行业的职业技能竞赛，鼓励企业职工、职业学校师生积极参加。

市和区人民政府及有关行政管理部门对技能竞赛获奖选手、技术指导团队以及为技能竞赛工作做出突出贡献的单位和个人给予表彰奖励。

**第六十五条** 本市推动职业教育的对外交流与合作，鼓励引进符合国家规定和本市需要的境外优质教育资源，支持与其他国家和地区开展职业教育学历和职业资格的互认；鼓励职业学校、行业组织、企业参与制定职业教育国际标准。

赴境外举办职业培训机构、开展境外员工培训、吸纳境外留学生以及共建高水平产学研平台等的职业学校和职业培训机构，按照相关规定给予支持。

鼓励境外职业资格认证机构在本市依法开展相关认证业务。人力资源社会保障部门按照国家有关规定，负责境外职业资格证书的管理。

境外的组织和个人在本市举办职业学校、职业培训机构的，按照国家和本市有关规定办理。

**第六十六条** 本市推行劳动预备制度，对未能升学的初高中毕业生，在就业上岗前进行职业培训。

本市建立青年见习基地，对志愿报名的适龄青年，政府应当组织其在就业或者创业前到青年见习基地接受在岗职业技能训练。

青年见习基地及其见习学员、带教人员，按照本市有关规定享受补贴。

**第六十七条** 国家规定实行就业准入控制的职业（工种），用人单位应当从取得相应职业资格证书的人员中录用。

国家未规定实行就业准入控制的职业（工种），鼓励用人单位优先从经过相应职业培训的人员中录用。

## 第六章 法律责任

**第六十八条** 违反本条例规定的行为，《中华人民共和国教育法》、《中华人民共和国民办教育促进法》等有关法律、行政法规有处理规定的，按照有关规定处理。

**第六十九条** 职业学校、职业培训机构或者其他从事职业教育的单位、个人在职业教育活动中，侵害受教育者合法权益的，应当依法承担法律责任。

**第七十条** 教育、人力资源社会保障以及其他行政管理部门工作人员玩忽职守、滥用职权、徇私舞弊的，由有关单位依法给予处分；构成犯罪的，依法追究刑事责任。

## 第七章 附 则

**第七十一条** 本条例自2019年3月1日起施行。

# 上海市住宅物业管理规定

（2004年8月19日上海市第十二届人民代表大会常务委员会第十四次会议通过 2010年12月23日上海市第十三届人民代表大会常务委员会第二十三次会议修订 根据2018年11月22日上海市第十五届人民代表大会常务委员会第七次会议《关于修改〈上海市住宅物业管理规定〉的决定》第一次修正 根据2020年12月30日上海市第十五届人民代表大会常务委员会第二十八次会议《关于修改本市部分地方性法规的决定》第二次修正 根据2022年10月28日上海市第十五届人民代表大会常务委员会第四十五次会议《关于修改〈上海市公共场所控制吸烟条例〉等5件地方性法规和废止〈上海市企业名称登记管理规定〉的决定》第三次修正 根据2023年12月28日上海市第十六届人民代表大会常务委员会第九次会议《关于修改〈上海市养老服务条例〉等12件地方性法规和废止〈上海市保护和发展邮电通信规定〉等6件地方性法规的决定》第四次修正）

## 第一章 总 则

**第一条** 为了规范住宅物业管理活动，维护业主和物业服务企业的合法权益，根据《中华人民共和国民法典》、国务院《物业管理条例》和其他有关法律、行政法规，结合本市实际情况，制定本规定。

**第二条** 本市行政区域内住宅物业管理、使用及其监督管理，适用本规定。

**第三条** 本规定所称住宅物业管理（以下简称物业管理），是指住宅区内的业主通过选聘物业服务企业，由业主和物业服务企业按照物业服务合同约定，或者通过其他形式，对房屋及配套的设施设备和相关场地进行维修、养护、管理，维护相关区域内的环境卫生和秩序的活动。

本规定所称业主，是指房屋的所有权人。

本规定所称使用人，是指房屋的承租人和实际居住人。

**第四条** 市房屋行政管理部门负责全市物业管理的监督管理工作。区房屋行政管理部门负责本辖区内物业管理的监督管理，指导和监督乡、镇人民政府和街道办事处实施与物业管理相关的行政管理工作。

市房屋行政管理部门履行以下职责：

（一）制定本市物业管理相关政策；

（二）建立完善本市物业管理分级培训体系；

（三）指导区房屋行政管理部门开展辖区内物业管理的监督管理工作；

（四）指导物业管理行业协会开展自律性规范的制定和实施工作；

（五）建立全市统一的物业管理监管与服务信息平台；

（六）实施对物业服务行业及其他物业管理相关工作的监督管理。

区房屋行政管理部门履行以下职责：

（一）组织实施物业管理相关政策和制度；

（二）实施辖区内物业服务企业和从业人员的监督管理；

（三）指导和监督物业管理招投标活动；

（四）实施业主大会成立前专项维修资金的归集和日常使用管理；

（五）实施物业管理区域核定、物业服务企业用房和业主委员会用房（以下合称物业管理用房）确认等事项；

（六）指导乡、镇人民政府和街道办事处对业主大会、业主委员会的工作以及其他物业管理工作实施监督管理；

（七）指导乡、镇人民政府和街道办事处开展物业管理业务培训；

（八）落实物业管理方面的其他监督管理职责。

本市发展改革、建设、交通、公安、水务、绿化市容、民政、规划资源、财政、税务、司法行政、城管执法、市场监管、应急管理等行政管理部门，按照各自职责协同实施本规定。

**第五条** 区人民政府应当建立住宅小区综合管理工作制度，组织区相关行政管理部门，乡、镇人民政府和街道办事处以及相关单位，部署、推进和协调辖区内物业管理各项工作。

乡、镇人民政府和街道办事处应当建立本辖区住宅小区综合管理工作制度，协调和处理辖区内物业管理综合事务和纠纷；其设立的房屋管理事务机构（以下简称房管机构）承担房屋管理的相关具体事务。

乡、镇人民政府和街道办事处履行以下职责：

（一）指导和监督业主大会、业主委员会的组建和换届改选，办理相关备案手续；

（二）指导和监督业主大会、业主委员会的日常运作，对业主大会筹备组（以下简称筹备组）成员、业主委员会委员和业主委员会换届改选小组成员进行培训；

（三）参加物业承接查验，指导和监督辖区内物业管理项目的移交和接管工作；

（四）办理物业服务合同备案，对物业管理区域内的物业服务实施日常监督检查，指导和监督物业服务企业履行法定的义务；

（五）监督业主、使用人按照规定使用和维护物业；

（六）建立物业管理纠纷调解和投诉、举报处理机制，调解物业管理纠纷，处理物业管理相关投诉和举报；

（七）建立物业应急服务保障机制；

（八）法律、法规、规章规定的其他职责。

**第六条** 本市建立健全以居民区党组织为领导核心，居民委员会或者村民委员会、业主委员会、物业服务企业、业主等共同参与的住宅小区治理架构，推动住宅物业管理创新。

居民委员会、村民委员会依法协助乡、镇人民政府和街道办事处开展社区管理、社区服务中与物业管理相关的工作，加强对业主委员会的指导和监督，引导其以自治方式规范运作。

**第七条** 市物业管理行业协会是实行行业服务和自律管理的社会组织，依法制定和组织实施自律性规范，组织业务培训，对物业服务企业之间的纠纷进行调解，维护物业服务企业合法权益。

本市鼓励物业服务企业加入市物业管理行业协会。

## 第二章 业主及业主大会

**第八条** 住宅小区，包括分期建设或者两个以上单位共同开发建设的住宅小区，其设置的配套设施设备是共用的，应当划分为一个物业管理区域；但被道路、河道等分割为两个以上自然街坊或者封闭小区，且能明确共用配套设施设备管理、维护责任的，可以分别划分为独立的物业管理区域。

**第九条** 区房屋行政管理部门负责核定物业管理区域。

建设单位在申请办理住宅建设工程规划许可证的同时，应当向区房屋行政管理部门提出划分物业管理区域的申请，区房屋行政管理部门应当在五日内核定物业管理区域。

建设单位在房屋销售时，应当将区房屋行政管理部门核定的物业管理区域范围，通过合同约定方式向物业买受人明示。

**第十条** 尚未划分或者需要调整物业管理区域的，区房屋行政管理部门应当会同乡、镇人民政府或者街道办事处，按照第八条的规定，结合当地居民委员会、村民委员会的布局划分物业管理区域。调整物业管理区域的，还应当由专有部分面积占比三分之二以上的业主且人数占比三分之二以上的业主参与表决，并应当经参与表决专有部分面积过半数的业主且参与表决人数过半数的业主同意。

物业管理区域调整后，区房屋行政管理部门应当在相关物业管理区域内公告。

**第十一条** 建设单位在办理房屋交付使用许可手续时，应当向房管机构提交下列资料：

（一）竣工总平面图，单体建筑、结构、设备竣工图，配套设施、地下管网工程竣工图等竣工验收资料；

（二）设施设备的安装、使用和维护保养等技术资料；

（三）物业质量保修文件和物业使用说明文件；

（四）物业管理所必需的其他资料。

建设单位在办理物业承接验收手续时，应当向物业服务企业移交前款规定的资料。

业主可以向房管机构、物业服务企业申请查询本物业管理区域内第一款规定的资料。

**第十二条** 业主在物业管理活动中，享有下列权利：

（一）按照物业服务合同的约定，接受物业服务企业提供的服务；

（二）提议召开业主大会会议、业主小组会议，并就物业管理的有关事项提出建议；

（三）提出制定和修改管理规约、专项维修资金管理规约、业主大会议事规则的建议；

（四）参加业主大会会议、业主小组会议，行使投票权；

（五）选举业主委员会委员，并享有被选举权；

（六）监督业主委员会的工作；

（七）监督物业服务企业履行物业服务合同；

（八）对物业管理区域内物业共用部位、共用设施设备和相关场地使用情况享有知情权和监督权；

（九）监督专项维修资金的管理和使用；

（十）法律、法规规定的其他权利。

业主在物业管理活动中，履行下列义务：

（一）遵守临时管理规约、管理规约、业主大会议事规则和专项维修资金管理规约；

（二）遵守物业管理区域内物业共用部位、共用设施设备和相关场地的使用，公共秩序、公共安全和环境卫生维护等方面的规章制度；

（三）执行业主大会的决定和业主大会授

权业主委员会作出的决定；

（四）按照有关规定交纳专项维修资金；

（五）按时交纳物业服务费；

（六）履行其承担的房屋使用安全责任；

（七）向业主委员会提供联系地址、通讯方式；

（八）法律、法规规定的其他义务。

业主对建筑物专有部分以外的共有部分，享有权利，承担义务；不得以放弃权利不履行义务。

**第十三条** 业主大会由一个物业管理区域内的全体业主组成。

一个物业管理区域内，房屋出售并交付使用的建筑面积达到百分之五十以上，或者首套房屋出售并交付使用已满两年的，应当召开首次业主大会会议，成立业主大会。但只有一个业主的，或者业主人数较少且经全体业主一致同意，决定不成立业主大会的，由业主共同履行业主大会、业主委员会职责。

**第十四条** 物业管理区域符合本规定第十三条第二款所列应当成立业主大会条件之一的，建设单位应当在三十日内向物业所在地的乡、镇人民政府或者街道办事处提出成立业主大会的书面报告，并提供下列资料：

（一）物业管理区域核定意见；

（二）物业管理用房配置证明；

（三）业主清册和物业建筑面积；

（四）物业出售并交付使用时间；

（五）已筹集的专项维修资金清册。

建设单位未及时提出书面报告的，业主可以向乡、镇人民政府或者街道办事处提出成立业主大会的书面要求。

**第十五条** 乡、镇人民政府或者街道办事处应当在接到建设单位书面报告或者业主书面要求后的六十日内组建筹备组。筹备组应当自成立之日起七日内，将成员名单在物业管理区域内公告。

筹备组由业主代表，建设单位代表，乡、镇人民政府或者街道办事处代表，物业所在地居民委员会或者村民委员会代表组成。筹备组人数应当为单数，其中业主代表应当符合本规定第二十条第二款的规定，人数所占比例应当不低于筹备组总人数的二分之一。筹备组组长由乡、镇人民政府或者街道办事处代表担任。

筹备组中的业主代表，由乡、镇人民政府或者街道办事处组织业主推荐产生。

业主对筹备组成员有异议的，由乡、镇人民政府或者街道办事处协调解决。

乡、镇人民政府或者街道办事处应当在筹备组开展筹备工作前，组织筹备组成员进行培训。

**第十六条** 筹备组应当做好以下筹备工作：

（一）确认并公示业主身份、业主人数以及所拥有的专有部分面积；

（二）确定首次业主大会会议召开的时间、地点、形式和内容；

（三）草拟管理规约、业主大会议事规则；

（四）确定首次业主大会会议表决规则；

（五）制定业主委员会委员候选人产生办法，确定业主委员会委员候选人名单；

（六）制定业主委员会选举办法；

（七）完成召开首次业主大会会议的其他准备工作。

前款内容应当在首次业主大会会议召开十五日前在物业管理区域内公告。业主对公告内容有异议的，筹备组应当记录并作出答复。

筹备组应当自成立之日起九十日内，组织召开首次业主大会会议。

筹备组在业主委员会依法成立后自行解散。

**第十七条** 业主大会除履行《中华人民共和国民法典》、国务院《物业管理条例》规定的职责外，还可以决定业主委员会的工作经费、撤销业主小组不适当的决定。

**第十八条** 业主大会会议可以采用集体讨论形式，也可以采用书面征求意见的形式。业主大会会议应当由物业管理区域内专有部分面积占比三分之二以上的业主且人数占比三分之二以上的业主参与表决。

业主大会作出决定，应当经参与表决专有部分面积过半数的业主且参与表决人数过半数的业主同意。业主大会决定筹集建筑物及其附属设施的专项维修资金，改建、重建建筑物及其附属设施，或者改变共有部分的用途、利用共有部分从事经营活动的，应当经参与表决专有部分面积四分之三以上的业主且参与表决人数四分之三以上的业主同意。

业主可以委托代理人参加业主大会会议，代理人应当持业主书面委托书并依据委托人对所议事项的意见进行投票表决。

**第十九条** 首次业主大会会议通过的议事规则，应当就业主大会的议事方式、表决程序，业主小组的设立，业主委员会的组成、任期、罢免和补选等事项作出约定。

**第二十条** 业主委员会由业主大会会议选举产生，依法履行职责。业主委员会由五人以上单数组成，但建筑面积在一万平方米以下的住宅小区，业主委员会可以由三人组成。筹备组应当根据物业管理区域规模和建筑物区分所有权的比例，确定业主委员会委员的人数和构成比例。业主委员会的任期为三年到五年。

业主委员会委员应当符合国务院《物业管理条例》规定的条件，且本人、配偶及其直系亲属未在本物业管理区域服务的物业服务企业任职。业主在本物业管理区域内有损坏房屋主体和承重结构、违法搭建、破坏房屋外貌、擅自改变物业使用性质、违法出租房屋以及不执行业主大会、业主委员会决定等情形之一且未改正的，不得担任业主委员会委员。业主大会可以依法决定增加不得担任业主委员会委员的情形。

业主委员会委员候选人应当书面承诺符合前款规定的条件，全面履行工作职责，不以权谋私。

业主委员会履行下列职责：

（一）召集业主大会会议，报告年度物业管理的实施情况、业主委员会履职情况；

（二）执行业主大会决定，处理业主大会的日常管理事务；

（三）代表业主与业主大会选聘的物业服务企业签订物业服务合同；

（四）拟订业主大会年度财务预算方案和决算方案；

（五）拟订物业共用部分经营管理方案以及收益的管理、使用和分配方案；

（六）拟订印章管理、财务管理、档案管理、停车管理、宠物管理、装饰装修管理等规章制度；

（七）监督专项维修资金的使用以及组织专项维修资金的补建、再次筹集；

（八）及时了解业主、物业使用人的意见和建议，督促业主交纳物业服务费，监督和协助物业服务企业履行物业服务合同；

（九）监督管理规约的实施，对业主违反管理规约的行为进行制止；

（十）业主大会赋予的其他职责。

业主委员会应当接受业主大会和业主的监督，接受相关行政管理部门，乡、镇人民政府或者街道办事处，居民委员会或者村民委员会的指导和监督。

**第二十一条** 业主委员会委员候选人由筹备组通过直接听取业主意见、召开座谈会、发放推荐表等方式产生。筹备组应当审查候选人资格，提出候选人名单，并报送乡、镇人民政府或者街道办事处。候选人的基本信息，由筹备组在物业管理区域内公告。

业主委员会委员由业主大会会议选举产生。业主委员会主任、副主任在业主委员会委员中推选产生。筹备组应当自选举完成之日起三日内，在物业管理区域内公告业主委员会主任、副主任和其他委员的名单。

业主委员会主任负责主持业主委员会日常工作，并履行以下职责：

（一）召集和主持业主委员会会议；

（二）提出业主委员会会议议题；

（三）按照业主大会会议的决定，签署有关文书。

业主委员会主任因故不能履行职责时，由副主任履行。

**第二十二条** 乡、镇人民政府或者街道办事处应当会同区房屋行政管理部门定期组织业主委员会委员，进行物业管理相关法律、法规、规章、规范性文件和日常运作规范等培训。

**第二十三条** 业主委员会自选举产生之日起三十日内，持下列文件向乡、镇人民政府或者街道办事处备案：

（一）业主大会会议记录和会议决定；

（二）业主大会议事规则；

（三）管理规约；

（四）专项维修资金管理规约；

（五）业主委员会委员的名单、基本情况和书面承诺；

（六）业主委员会委员的培训记录。

乡、镇人民政府或者街道办事处对依法选举产生的业主委员会出具业主大会、业主委员会备案证明和印章刻制证明。备案证明应当载明业主大会名称，业主委员会名称、届别、任期、负责人和办公地址。

业主委员会应当依法刻制和使用印章。印章印文中应当包含业主委员会名称以及届别。

**第二十四条** 业主大会可以根据业主委员会工作情况决定给予业主委员会委员适当的津贴。津贴可以在公共收益中列支，也可以通过其他方式筹集。具体津贴标准，资金筹集、管理和使用办法应当由业主大会决定。

**第二十五条** 业主大会会议分为定期会议和临时会议。业主大会定期会议应当按照业主大会议事规则的规定召开。经百分之二十以上业主提议，业主委员会应当组织召开业主大会临时会议。

召开业主大会会议，业主委员会应当事先将会议时间、地点、议题和议程书面通知所在地房管机构、居民委员会或者村民委员会，邀请房管机构、居民委员会或者村民委员会派代表参加，并听取房管机构、居民委员会或者村民委员会的意见、建议。

业主委员会不依法组织召开业主大会会议的，乡、镇人民政府或者街道办事处应当督促其限期召开；逾期不召开的，乡、镇人民政府或者街道办事处可以应业主要求组织召开业主大会会议。

**第二十六条** 业主委员会会议分为定期会议和临时会议。业主委员会定期会议应当按照业主大会议事规则的规定召开，至少每两个月召开一次。经三分之一以上业主委员会委员提议，应当及时召开业主委员会临时会议。

业主委员会会议应当有全体委员过半数出席，并邀请物业所在地居民委员会或者村民委员会派员列席，也可以邀请业主旁听。业主委员会委员不得委托他人出席业主委员会会议。

业主委员会作出决定应当经全体委员过半数签字同意，在作出决定之日起三日内将会议情况以及决定事项在物业管理区域内公告，并告知物业所在地居民委员会或者村民委员会。

业主委员会主任、副主任无正当理由不召集业主委员会会议的，乡、镇人民政府或者街道办事处应业主书面要求可以指定一名其他委员召集和主持。

**第二十七条** 业主委员会应当建立定期接待制度，听取业主和使用人对物业管理和业主委员会日常工作的意见和建议，接受业主和使用人的咨询、投诉和监督。

业主委员会应当建立工作记录制度，做好业主大会会议、业主委员会会议、物业服务合同协商签订活动，以及物业管理中各项重要事项的记录，并妥善保管。

业主委员会应当建立信息公开制度，按照规定及时公布业主大会和业主委员会作出的决定，物业服务企业选聘、物业服务合同等物业管理中的各项决定和重大事项；定期公布专项维修资金和公共收益收支；接受业主查询所保管的物业管理信息。

**第二十八条** 业主委员会任期届满的五个月前，应当书面报告乡、镇人民政府或者街道办事处。乡、镇人民政府或者街道办事处应当在收到书面报告之日起六十日内组建换届改选小组，并在业主委员会任期届满前，由换届改选小组组织召开业主大会会议选举产生新一届业主委员会。

业主委员会未按照前款规定报告的，乡、镇人民政府或者街道办事处可以应业主书面要求组建换届改选小组，由换届改选小组组织召开业主大会会议选举产生新一届业主委员会。

换届改选小组由业主代表，乡、镇人民政府或者街道办事处代表，物业所在地居民委员会或者村民委员会代表组成。换届改选小组人数应当为单数，其中业主代表应当符合本规定第二十条第二款的规定，人数所占比例应当不低于换届改选小组总人数的二分之一。换届改选小组组长由乡、镇人民政府或者街道办事处代表担任。

自换届改选小组产生至新一届业主委员会选举产生期间，业主委员会不得组织召开业主大会会议对下列事项作出决定：

（一）选聘、解聘物业服务企业；

（二）调整物业收费标准；

（三）除管理规约规定情形之外的物业维修、更新、改造等重大事项；

（四）其他重大事项。

**第二十九条** 业主委员会应当自换届改选小组成立之日起十日内，将其保管的有关财务凭证、业主清册、会议纪要等档案资料、印章及其他属于业主大会所有的财物移交物业所在地房管机构保管。业主大会、业主委员会依法需要使用上述物品的，物业所在地房管机构应当及时提供。

新一届业主委员会选举产生后，应当在三十日内向乡、镇人民政府或者街道办事处办理换届备案手续，并由物业所在地房管机构在备案后十日内，将其保管的前款所述物品移交新一届业主委员会。

拒不移交第一款所述物品的，新一届业主委员会可以请求物业所在地乡、镇人民政府或者街道办事处督促移交，物业所在地公安机关应当予以协助。

**第三十条** 不再担任业主委员会委员的，应当在十日内将其保管的本规定第二十九条第一款所述物品移交业主委员会；拒不移交的，业主委员会可以按照本规定第二十九条第三款规定处理。

**第三十一条** 业主委员会委员有下列情形之一的，其业主委员会委员资格按照本条第二款处理：

（一）已不再是本物业管理区域内业主的；

（二）以书面形式向业主委员会提出辞职的；

（三）因健康等原因无法履行职责且未提出辞职的；

（四）拒不召集业主委员会会议的；

（五）一年内累计缺席业主委员会会议总次数一半以上的；

（六）违反书面承诺的。

属于前款第一项、第二项情形的，其委员资格自情形发生之日起自然终止；属于前款第三项情形的，经业主大会会议讨论通过，其委员资格终止；属于前款第四项至第六项情形的，经业主大会会议讨论通过，罢免其委员资格。业主委员会应当将委员资格终止或者罢免的情况在物业管理区域内公告。

**第三十二条** 业主委员会委员人数不足但超过半数的，业主大会可以补选业主委员会委员。

业主委员会出现下列情形之一时，乡、镇人民政府或者街道办事处应当组织召开业主大会会议；业主大会应当启动提前换届改选程序：

（一）业主委员会委员人数不足半数的；

（二）业主委员会连续六个月未开展工作的；

（三）业主委员会作出的决定严重违反法律、法规的；

（四）因其他原因导致业主委员会无法正常运作的。

业主大会决定对业主委员会提前换届改选的，乡、镇人民政府或者街道办事处应当依法组建换届改选小组，由换届改选小组组织召开业主大会会议选举产生新一届业主委员会。

**第三十三条** 业主委员会的名称、所辖区域范围、委员、业主大会议事规则和管理规约发生变更的，业主委员会应当在三十日内向乡、镇人民政府或者街道办事处办理变更备案手续。

因物业管理区域调整、房屋灭失或者其他原因致使业主委员会无法存续的，业主委员会应当在三十日内向乡、镇人民政府或者街道办事处办理注销备案手续。

**第三十四条** 按照本规定第二十三条、第二十九条、第三十三条规定，乡、镇人民政府或者街道办事处受理业主委员会备案后，应当在二十日内完成备案手续，并将备案资料抄送区房屋行政管理部门。

**第三十五条** 同一物业管理区域内有两幢以上房屋的，可以以幢、单元为单位成立业主小组。业主小组由该幢、单元的全体业主组成。

业主小组应当履行下列职责：

（一）推选业主代表出席业主大会会议，表达本小组业主的意愿；

（二）决定本小组范围内住宅共用部位、共用设施设备的维修、更新、改造和养护；

（三）决定本小组范围内的其他事项。

业主小组议事由该业主小组产生的业主代表主持。业主小组行使前款规定职责的程序，参照本物业管理区域业主大会议事规则执行。

**第三十六条** 居民委员会、村民委员会设立的人民调解委员会，可以依法调解本地区业主、业主委员会、物业服务企业之间的物业管理纠纷。

## 第三章　物业管理服务

**第三十七条** 房屋行政管理部门应当依法对物业服务企业服务活动实施监督检查。

物业服务项目经理承接物业管理区域数量和建筑面积的规范，由市房屋行政管理部门制定。

**第三十八条** 市房屋行政管理部门应当根据物业服务合同履行、投诉处理和日常检查等情况，建立物业服务企业信用档案库和物业服务项目经理信用档案库。

**第三十九条** 选聘物业服务企业前，业主委员会应当拟订选聘方案。选聘方案应当包括拟选聘物业服务企业的信用状况、专业管理人员的配备、管理实绩要求、物业服务内容和收费标准、物业服务合同期限和选聘方式等内容。

选聘方案经业主大会会议表决通过后，业主委员会应当在物业管理区域内公告。

**第四十条** 建设单位应当通过公开招标方式选聘物业服务企业，签订书面的前期物业服务合同，并作为房屋销售合同的附件。

鼓励业主大会采用招投标方式，公开、公平、公正地选聘物业服务企业。

采取招投标方式选聘物业服务企业的，应当通过本市统一的物业管理监管与服务信息平台进行招标。

**第四十一条** 建设单位在申请房屋预售许可前，应当参照市房屋行政管理部门制作的示范文本，制定临时管理规约和房屋使用说明书，作为房屋销售合同的附件。

临时管理规约应当对物业的使用和维护管理、业主义务、违反临时管理规约应当承担的责任等事项作出规定，但不得与法律、法规、规章相抵触，不得侵害物业买受人的合法权益。临时管理规约应当报区房屋行政管理部门备案。

房屋使用说明书应当载明房屋平面布局、结构、附属设备，注明房屋承重结构的房屋结构图，不得占用、移装的共用部位、共用设备，以及其他有关安全合理使用房屋的注意事项。

建设单位与物业买受人签订的房屋销售合同，应当包含前期物业服务合同约定的内容，以及建设工程规划许可文件载明的建设项目平面布局图，并在房屋交接书中列明物业管理区域内归全体业主所有的配套设施设备。

建设单位不得将物业共用部分的所有权或者使用权单独转让。

**第四十二条** 建设单位应当在物业管理区域地面上配置独用成套的物业管理用房，其中物业服务企业用房按照物业管理区域房屋总建筑面积的千分之二配置，但不得低于一百平方米；业主委员会用房按照不低于三十平方米配置。在物业交付时，物业管理用房由建设单位交付物业服务企业代管，并在业主大会成立后三十日内无偿移交给业主大会。

规划资源行政管理部门在核发建设工程规划许可证时，应当在许可证附图上注明物业管理用房的具体部位。

区房屋行政管理部门在核发房屋预售许可证和办理房屋所有权首次登记时，应当注明物业管理用房室号。

物业管理用房不得擅自变更位置，也不得分割、转让、抵押。

**第四十三条** 物业管理区域内的下列配套设施设备归业主共有：

（一）物业管理用房；

（二）门卫房、电话间、监控室、垃圾箱房、共用地面架空层、共用走廊；

（三）物业管理区域内按规划配建的非机动车车库；

（四）单独选址、集中建设的共有产权保障住房、征收安置住房小区的停车位；

（五）物业管理区域内的共有绿化、道路、场地；

（六）建设单位以房屋销售合同或者其他书面形式承诺归全体业主所有的物业；

（七）其他依法归业主共有的设施设备。

建设单位申请房屋所有权首次登记时，应当提出前款规定的配套设施设备登记申请，由不动产登记机构在不动产登记簿上予以记载，但不颁发不动产权属证书。建设单位应当在物业管理区域内显著位置公开业主共有配套设施设备的位置、面积等信息。

**第四十四条** 物业服务企业应当按照物业服务合同的约定，提供相应的服务。物业服务合同可以约定下列服务事项：

（一）物业共用部位、共用设施设备的使用管理和维护；

（二）共有绿化的维护；

（三）共有区域的保洁；

（四）共有区域的秩序维护；

（五）车辆的停放管理；

（六）物业使用中对禁止性行为的管理措施；

（七）物业维修、更新、改造和养护费用的账务管理；

（八）物业档案资料的保管；

（九）业主大会或者业主委托的其他物业服务事项。

物业服务企业将物业服务区域内的部分专项服务事项委托给专业性服务组织或者其他第三人的，应当就该部分专项服务事项向业主负责。物业服务企业不得将其应当提供的全部物业服务转委托给第三人，或者将全部物业服务支解后分别转委托给第三人。

物业服务企业应当在签订物业服务合同之日起三十日内，将物业服务合同报房管机构备案。

**第四十五条** 物业服务企业提供物业服务，应当遵守下列规定：

（一）符合国家和本市规定的技术标准、规范；

（二）及时向业主、使用人告知安全合理使用物业的注意事项；

（三）定期听取业主的意见和建议，改进和完善服务；

（四）配合居民委员会、村民委员会做好社区管理相关工作。

物业服务企业应当协助做好物业管理区域内的安全防范工作。

**第四十六条** 物业服务合同期限届满前，业主委员会应当组织召开业主大会，作出续聘或者另聘物业服务企业的决定，并将决定书面通知物业服务企业。业主大会决定续聘且物业服务企业接受的，业主委员会与物业服务企业应当在物业服务合同届满前重新签订物业服务合同。

物业服务企业决定物业服务合同期限届满后不再为该物业管理区域提供物业服务的，应当在合同期限届满前九十日书面通知业主或者业主委员会，但是合同对通知期限另有约定的除外。

物业服务合同期限届满后，业主大会没有依法作出续聘或者另聘物业服务企业决定，物业服务企业按照原合同继续提供物业服务的，原合同继续有效，但是服务期限为不定期。在原合同继续有效期间，任何一方可以随时解除不定期物业服务合同，但是应当提前六十日书面通知对方。

**第四十七条** 物业服务企业应当建立和保存下列档案和资料：

（一）小区共有部分经营管理档案；

（二）小区监控系统、电梯、水泵、电子防盗门等共用设施设备档案及其运行、维修、养护记录；

（三）水箱清洗记录及水箱检测报告；

（四）住宅装饰装修管理资料；

（五）业主清册；

（六）物业服务企业或者建设单位与相关公用事业单位签订的供水、供电、垃圾清运、电信覆盖等书面协议；

（七）物业服务活动中形成的与业主利益相关的其他重要资料。

物业服务企业对前款第一项至第三项规定的有关信息资料，应当定期予以公示。

物业服务企业应当采取有效措施，妥善保管在物业服务过程中获得的业主信息资料。

**第四十八条** 物业服务收费实行市场调节价，由业主和物业服务企业遵循合理、公开、质价相符的原则进行协商，并在物业服务合同中予以约定。

同一物业管理区域内实施同一物业服务内容和标准的，物业服务收费执行同一价格标准。

市房屋行政管理部门应当定期发布住宅小区物业服务标准。物业管理行业协会应当定期发布物业服务价格监测信息，供业主和物业服务企业在协商物业服务费用时参考。

物业服务企业应当将服务事项、服务标准、收费项目、收费标准等有关情况在物业管理区域内公告。实行物业服务酬金制收费方式的，物业服务企业应当每年向业主委员会或者全体业主报告经审计的上一年度物业服务项目收支情况，提出本年度物业服务项目收支预算，并在物业管理区域内公告；实行物业服务包干制收费方式的，物业服务企业应当在调整物业服务收费标准前，将经审计的物业服务费用收支情况或者经第三方机构评估的收费标准向业主委员会或者全体业主报告，并在物业管理区域内公告。

前款中的公告应当在物业管理区域内显著位置予以公示。

**第四十九条** 前期物业服务合同生效之日至出售房屋交付之日的当月发生的物业服务费用，由建设单位承担。

出售房屋交付之日的次月至前期物业服务合同终止之日的当月发生的物业服务费用，由物业买受人按照房屋销售合同约定的前期物业服务收费标准承担；房屋销售合同未约定的，由建设单位承担。

业主应当根据物业服务合同约定，按时支付物业服务费；业主逾期不支付物业服务费的，业主委员会应当督促其支付；物业服务企业可以催告其在合理期限内支付；合理期限届满仍不支付的，物业服务企业可以提起诉讼或者申请仲裁。

业主转让物业时，应当与物业服务企业结清物业服务费；未结清的，买卖双方应当对物业服务费的结算作出约定，并告知物业服务企业。

**第五十条** 物业服务企业应当自物业服务合同终止之日起十日内，向建设单位或者业主委员会移交下列资料和财物：

（一）本规定第十一条第一款、第四十七条规定的资料；

（二）物业服务期间形成的物业共用部分运行、维修、更新、改造和养护的有关资料；

（三）公共收益的结余；

（四）采用酬金制计费方式的，产生的物业服务资金结余以及用物业服务资金购置的财物；

（五）物业管理用房；

（六）应当移交的其他资料和财物。

**第五十一条** 利用物业共用部分从事广告、商业推广等活动的，应当经业主大会或者共同拥有该物业的业主同意，并在物业管理区域内公告。业主大会可以授权业主委员会同意利用全体业主共用部分从事相关活动。

公共收益归全体业主或者共同拥有该物业的业主所有，并应当单独列账。

公共收益应当主要用于补充专项维修资金，也可以按照业主大会的决定使用。公共收益主要用于补充专项维修资金的，应当按季度补充专项维修资金，补充比例应当高于百分之五十；剩余部分应当按照业主大会或者共同拥有该收益业主的决定，用于业主大会和业主委员会工作经费、物业管理活动的审计费用、拥有该收益业主的物业维护费用或者物业管理方面的其他需要。

**第五十二条** 区房屋行政管理部门应当建立临时物业服务企业预选库。物业服务企业退出且业主大会尚未选聘新物业服务企业的，由业主委员会报乡、镇人民政府或者街道办事处在预选库中选定物业服务企业提供临时服务。未成立业主委员会的，经百分之二十以上业主提请，由居民委员会或者村民委员会报乡、镇人民政府或者街道办事处在预选库中选定物业服务企业提供临时服务。

临时物业服务期限不超过六个月，费用由全体业主承担。

**第五十三条** 经物业管理区域内专有部分面积占比三分之二以上的业主且人数占比三分之二以上的业主参与表决，并经参与表决专有部分面积过半数的业主且参与表决人数过半数的业主同意，业主可以自行管理物业，并对下列事项作出决定：

（一）自行管理的执行机构以及负责人；

（二）自行管理的内容、标准、费用和期限；

（三）聘请专业机构的方案；

（四）其他有关自行管理的内容。

电梯、消防、技防等涉及人身、财产安全以及其他有特定要求的设施设备管理，应当委托专业机构进行维修和养护。

业主大会聘请单位或者自然人提供保洁、保安、绿化养护、设施设备保养等服务的，应当与其签订服务合同；聘请自然人的，被聘用人员可以根据约定自行购买意外伤害等保险，费用由业主大会承担。

业主自行管理物业需要开具收费票据的，业主委员会可以持房管机构的证明材料，向物业所在地的税务部门申请领取。

业主大会可以委托具有资质的中介机构对管理费用、专项维修资金、公共收益等进行财务管理，根据委托财务管理合同开通专项维修资金账户，并应当向业主每季度公布一次自行管理账目。

## 第四章　物业的使用和维护

**第五十四条** 建设单位在申请物业交付使用前，应当与物业服务企业共同对物业管理区域内的物业共用部分进行查验，共同确认现场查验的结果，签订物业承接查验协议，并向业主公开查验的结果。物业承接查验可以邀请业主代表以及物业所在地的房管机构参加。

承接查验协议应当对物业承接查验基本情况、存在问题、解决方法及其时限、双方权利义务、违约责任等事项作出约定。对于承接查验发现的问题，建设单位应当在三十日内予以整改，或者委托物业服务企业整改。

物业承接查验协议应当作为前期物业服务合同的补充协议。

物业承接查验的费用由建设单位承担，但另有约定的除外。

**第五十五条** 建设单位应当按照国家规定的保修期限和保修范围，承担物业的保修责任。建设单位委托物业服务企业维修的，应当与物业服务企业另行签订委托协议。

**第五十六条** 业主、使用人应当遵守国家和本市的规定以及临时管理规约、管理规约，按照房屋安全使用规定使用物业。

禁止下列损害公共利益及他人利益的行为：

（一）损坏房屋主体和承重结构；

（二）违法搭建建筑物、构筑物；

（三）破坏房屋外貌；

（四）擅自改建、占用物业共用部分；

（五）损坏或者擅自占用、移装共用设施设备；

（六）存放不符合安全标准的易燃、易爆、剧毒、放射性等危险性物品，或者存放、铺设超负荷物品；

（七）排放有毒、有害物质；

（八）发出超过规定标准的噪声；

（九）法律、法规和规章禁止的其他行为。

**第五十七条** 业主、使用人装饰装修房屋，应当遵守国家和本市的规定以及临时管理规约、管理规约。

业主、使用人装饰装修房屋的，应当事先告知物业服务企业，并与物业服务企业签订装饰装修管理协议。装饰装修管理协议应当包括装饰装修工程的禁止行为、垃圾堆放和清运、施工时间等内容。

业主、使用人未与物业服务企业签订装饰装修管理协议的，物业服务企业可以按照临时管理规约或者管理规约，禁止装饰装修施工人员、材料进入物业管理区域。

物业服务企业对装饰装修活动进行巡查时，业主、使用人或者装饰装修施工人员应当予以配合。

**第五十八条** 业主、使用人应当按照规划资源行政管理部门批准或者不动产权属证书载明的用途使用物业，不得擅自改变物业使用性质。

确需改变物业使用性质的，由区规划资源行政管理部门会同区房屋行政管理部门提出允许改变物业使用性质的区域范围和方案，并召开听证会听取利害关系人意见后，报区人民政府决定。

在允许改变物业使用性质的区域范围内，具体房屋单元的业主需要改变使用性质的，应当符合法律、法规以及管理规约，经有利害关系的业主一致同意后报区房屋行政管理部门审批，并依法向其他行政管理部门办理有关手续。

**第五十九条** 物业服务企业发现业主、使用人在物业使用、装饰装修过程中有违反国家和本市有关规定以及临时管理规约、管理规约行为的，应当依据有关规定或者临时管理规约、管理规约予以劝阻、制止；劝阻、制止无效的，应当在二十四小时内报告业主委员会和有关行政管理部门。有关行政管理部门在接到物业服务企业的报告后，应当依法对违法行为予以制止或者处理。

**第六十条** 供水、供电、供气等专业单位应当承担分户计量表和分户计量表前管线、设施设备的维修养护责任。

**第六十一条** 物业管理区域内，建设单位所有的机动车停车位数量少于或者等于物业管理区域内房屋套数的，一户业主只能购买或者附赠一个停车位；超出物业管理区域内房屋套数的停车位，一户业主可以多购买或者附赠一个。

占用业主共有的道路或者其他场地用于停放机动车的车位，属于业主共有。

建设单位所有的机动车停车位向业主、使用人出租的，其收费标准应当在前期物业合同中予以约定。业主大会成立前，收费标准不得擅自调整；业主大会成立后，需要调整的，建设单位应当与业主大会按照公平、合理的原则协商后，向区房屋行政管理部门备案。

车辆在全体共用部分的停放、收费标准、费用列支和管理等事项，由业主大会决定。业主大会决定对车辆停放收费的，参照物业管理行业协会发布的价格监测信息确定收费标准。业主大会成立前，其收费标准由建设单位参照物业管理行业协会发布的价格监测信息确定。收费标准、费用列支和管理等事项应当在前期物业服务合同中予以约定。

车主对车辆有保管要求的，由车主和物业服务企业另行签订保管合同。

公安、消防、抢险、救护、环卫等特种车辆执行公务时在物业管理区域内停放，不得收费。

**第六十二条** 物业管理区域内的机动车停车位，应当提供给本物业管理区域内的业主、使用人使用。建设单位尚未出售的停车位，应当出租给业主、使用人停放车辆，不得以只售不租为由拒绝出租。停车位不得转让给物业管理区域外的单位、个人;停车位满足业主需要后仍有空余的,可以临时按月出租给物业管理区域外的单位、个人。

物业管理区域内停放车辆,不得影响其他车辆和行人的正常通行。

**第六十三条** 区人民政府应当组织区交通、公安、房屋、建设等行政管理部门建立停车资源共享协调制度。停车位供需矛盾突出的住宅小区,其周边商业配建停车场(库)、道路具备夜间等时段性停车条件的,乡、镇人民政府或者街道办事处应当提出错时停车方案。鼓励业主与住宅小区周边单位通过协商实现停车资源共享。

**第六十四条** 新建商品住宅、公有住宅以及住宅区内的非住宅物业出售时,物业出售人和买受人应当按照国家和本市的规定交纳专项维修资金。专项维修资金应当用于物业共用部分的维修、更新和改造,不得挪作他用。

物业出售人应当在办理房屋所有权首次登记前,交纳其应交的专项维修资金,并垫付尚未销售物业部分的应由物业买受人交纳的专项维修资金。

**第六十五条** 未建立首期专项维修资金或者专项维修资金余额不足首期筹集金额百分之三十的,业主应当按照国家和本市的相关规定、专项维修资金管理规约和业主大会的决定,及时补建或者再次筹集专项维修资金。

专项维修资金补建或者再次筹集的方式分为分期交纳和一次性交纳,具体方式及筹集金额、期限、程序、资金入账等事项应当由业主大会作出决定。

专项维修资金管理规约未就补建或者再次筹集专项维修资金进行约定,且业主大会在本条第一款规定的情形发生之日起九十日内未作出决定的,业主委员会应当书面通知专项维修资金开户银行向需要交纳专项维修资金的业主发出交款通知,通知其应交金额和交纳时间。业主应当自收到交款通知之日起九十日内,一次性将专项维修资金账户余额补至首期筹集金额的百分之五十。

乡、镇人民政府和街道办事处应当指导、协调专项维修资金补建或者再次筹集工作。

业主申请不动产转移登记或者抵押登记时,应当同时向不动产登记机构提供已足额交纳专项维修资金的相关凭证。

业主经催告后仍不交纳专项维修资金的,经业主大会决定,业主委员会可以依法向人民法院提起诉讼。

**第六十六条** 专项维修资金应当存入银行专户,按幢立账、按户核算。

业主委员会和受委托的物业服务企业应当至少每半年公布一次专项维修资金的收支情况,每季度公布一次公共收益的收支情况,并接受业主的监督。

**第六十七条** 专项维修资金和公共收益的使用实行工程审价和使用程序审核。

业主大会、业主委员会应当委托有资质的中介机构对专项维修资金、公共收益的收支情况以及业主委员会工作经费进行年度财务审计和换届财务审计。审计结果应当在物业管理区域内显著位置公告三十日。

**第六十八条** 物业维修、更新、改造和养护的费用,按照下列规定承担:

(一) 专有部分的所需费用,由拥有专有部分的业主承担;

(二) 部分共用部分的所需费用,由拥有部分共用部分业主按照各自拥有的房屋建筑面积比例共同承担;

(三) 全体共用部分的所需费用,由物业管理区域内的全体业主按照各自拥有的房屋建筑面积比例共同承担。

按照本规定设立专项维修资金的,部分共用部分、全体共用部分的维修、更新和改造费用在专项维修资金中列支。但物业的共用部分属于人为损坏的,费用应当由责任人承担。

**第六十九条** 物业部分共用部分的维修、更新和改造,应当由部分共用的业主决定,由部分共用部分专有部分面积占比三分之二以上的业主且人数占比三分之二以上的业主参与表决，其中，涉及筹集专项维修资金或者改建、重建建筑物及其附属设施的，应当经参与表决专有部分面积四分之三以上的业主且参与表决人数四分之三以上的业主同意；其他决定事项，应当经参与表决专有部分面积过半数的业主且参与表决人数过半数的业主同意。

前款决定不得与业主大会对全体共用部分作出的决定相抵触；对上述决定，业主委员会应当执行。

**第七十条** 机动车停车场(库)的维修、养护费用由其所有人承担。机动车停车场(库)的专项维修资金按照物业管理专项维修资金标准交纳，纳入业主大会的专项维修资金账户管理，单独核算。

**第七十一条** 建设单位未按照规定提出成立业主大会书面报告前，专项维修资金不得动用，住宅共用部位、共用设施设备需要维修、更新和改造的，应当由建设单位承担物业维修责任。

建设单位已经按照规定提出成立业主大会的书面报告但业主大会尚未成立期间，需要动用专项维修资金的，物业服务企业应当提出维修实施方案，由物业所在地的居民委员会或者村民委员会组织征询业主意见，经全体共用部分业主依法讨论通过后，由物业服务企业组织实施。仅涉及部分共用部分的，可以提交涉及共用部分的业主依法讨论通过。

维修费用经市房屋行政管理部门指定的中介机构审价后，在专项维修资金中列支。

**第七十二条** 业主应当定期对物业进行维修养护，并按照规定检测和鉴定。

物业服务企业应当根据物业服务合同的约定，履行物业维修养护义务。

物业出现国家和本市规定的必须维修养护的情形时，业主或者物业服务企业应当及时履行维修养护义务。

**第七十三条** 发生危及房屋安全等紧急情况时，物业服务企业或者自行管理执行机构应当立即采取应急防范措施。

发生下列情况，需要对住宅共用部位、共用设施设备进行维修、更新的，物业服务企业或者自行管理执行机构应当及时制定维修、更新方案：

（一）水泵、水箱(池)故障，影响正常使用的；

（二）电梯故障，电梯专业检测机构出具整改通知书要求停运的；

（三）火灾自动报警系统、自动喷淋系统、消火栓系统损坏，消防部门出具整改通知书的；

（四）外墙墙面、建筑附属构件有脱落危险，经有资质的鉴定机构出具证明的；

（五）屋顶或外墙渗漏等情况，严重影响房屋使用，经有资质的鉴定机构出具证明的。

前款规定的维修、更新事项不属于工程质量保证范围，需要使用专项维修资金的，按照下列规定办理：

（一）业主大会成立前，物业服务企业应当持有关材料，报房管机构审核同意后组织实施。维修、更新费用经具有相应资质的中介机构审价后，报区房屋行政管理部门在专项维修资金中直接列支；

（二）业主大会成立后，物业服务企业或者自行管理执行机构应当持有关材料向业主委员会和物业所在地房管机构报告，并向业主委员会提出列支专项维修资金的申请，经业主委员会审核同意后组织实施。维修、更新费用经具有相应资质的中介机构审价后，在专项维修资金中列支。业主委员会对维修、更新方案未在七日内审核同意，且已出现影响房屋正常使用或者居民人身财产安全情形的，区房屋行政管理部门可以组织代为维修。维修费用经具有相应资质的中介机构审价后，凭审价报告和区房屋行政管理部门出具的支取通知，在专项维修资金中列支。

**第七十四条** 物业存在房屋结构安全隐患或者被鉴定为危险房屋，可能危及公共利益或者他人合法权益时，责任人应当及时维修养护，有关业主应当予以配合。责任人不履行维修养护义务的，可以由物业服务企业报经业主大会同意或者直接按照管理规约的规定，代为维修养护或者采取应急防范措施，费用由责任人承担。

**第七十五条** 物业管理区域内的房屋外墙应当保持整洁和完好，并定期进行清洗或者粉刷，具体办法由市人民政府另行制定。

**第七十六条** 物业共用部分需要维修、养护、更新、改造的，相关专有部分的业主、使用人应当予以配合。

供水、供电、供气、信息、环卫、邮政、民防等专业单位进行相关作业需要进入物业管理区域的，物业服务企业应当予以配合；需要进入专有部分的，相关业主、使用人应当予以配合。

上述作业造成共有部分或者专有部分损失的，责任人应当依法恢复原状、承担赔偿责任。

**第七十七条** 业主、业主委员会、物业服务企业应当按照本市生活垃圾分类管理的规定，履行相应的义务。

## 第五章 法律责任

**第七十八条** 违反本规定的行为，法律、行政法规或者本市其他法规有处罚规定的，依照有关法律、法规处理。

**第七十九条** 业主、使用人违反管理规约应当承担相应的民事责任。对违反管理规约的，业主委员会应当予以劝阻、制止；对不听劝阻的，业主委员会可以在物业管理区域内就相关情况予以公示；相关业主可以依法向人民法院提起民事诉讼。

**第八十条** 建设单位违反本规定第十四条第一款规定，未将物业管理区域符合业主大会成立条件的情况书面报告物业所在地乡、镇人民政府或者街道办事处，或者未按照规定提供有关资料的，由区房屋行政管理部门责令限期改正，可处一万元以上十万元以下的罚款。

**第八十一条** 违反本规定第五十条规定，物业服务企业不移交有关资料或者财物的，由区房屋行政管理部门责令限期改正；逾期不改正的，对物业服务企业予以通报，处一万元以上十万元以下的罚款。

**第八十二条** 违反本规定第五十一条规定，业主委员会委员、物业服务企业、自行管理执行机构或者代理记账机构挪用、侵占公共收益的，由区房屋行政管理部门追回挪用、侵占的公共收益，并归还业主，没收违法所得，并处挪用、侵占金额二倍以下的罚款；挪用、侵占公共收益构成犯罪的，依法追究直接负责的主管人员和其他直接责任人员的刑事责任。

**第八十三条** 违反本规定第五十六条第二款第一项规定，损坏房屋主体和承重结构的，由区房屋行政管理部门责令改正，处五万元以上十万元以下的罚款。

**第八十四条** 违反本规定第五十六条第二款第二项规定，违法搭建建筑物、构筑物的，由城管执法或者规划资源行政管理部门根据职责分工，依照《上海市拆除违法建筑若干规定》的相关规定予以拆除，可处一万元以上十万元以下的罚款。

**第八十五条** 违反本规定第五十六条第二款第三项、第四项、第五项规定，破坏房屋外貌，擅自改建、占用物业共用部分，损坏或者擅自占用、移装共用设施设备的，由区房屋行政管理部门责令改正，恢复原状，可处一千元以上一万元以下的罚款；情节严重的，可处一万元以上十万元以下的罚款。

**第八十六条** 业主、使用人违反本规定第五十八条规定，擅自改变物业使用性质的，由区房屋行政管理部门责令限期改正，恢复原状，可处一万元以上五万元以下的罚款。

**第八十七条** 物业服务企业违反本规定第五十九条规定，对业主、使用人的违法行为未予以劝阻、制止或者未在规定时间内报告有关行政管理部门的，由区房屋行政管理部门责令改正，可处一千元以上一万元以下的罚款。

**第八十八条** 建设单位违反本规定第六十二条第一款规定，不将机动车停车位提供给本物业管理区域内业主、使用人使用的，由区房屋行政管理部门责令立即改正，并处一万元以上十万元以下的罚款。

**第八十九条** 违反本规定第六十四条第一款规定，物业出售人未按规定交纳专项维修资金的，由区房屋行政管理部门责令限期改正，可处应交专项维修资金数额一倍以下的罚款。

违反本规定第六十五条第一款规定，业主未按要求补建或者再次筹集专项维修资金的，由区房屋行政管理部门责令限期改正。

**第九十条** 当事人对房屋行政管理部门以及其他有关行政管理部门的行政行为不服的，可以依照《中华人民共和国行政复议法》或者《中华人民共和国行政诉讼法》的规定，申请行政复议或者提起行政诉讼。

当事人对行政行为逾期不申请复议，不提起诉讼，又不履行的，作出行政行为的行政管理部门可以依法申请人民法院强制执行。

**第九十一条** 房屋行政管理部门，乡、镇人民政府，街道办事处，房管机构以及相关行政管理部门的工作人员违反本规定，有下列情形之一的，由其所在单位或者上级主管部门依法给予处分；构成犯罪的，依法追究刑事责任：

（一）违法实施行政许可或者行政处罚的；

（二）未按照本规定履行监督检查职责的；

（三）发现违法行为不及时查处，或者包庇、纵容违法行为，造成后果的；

（四）其他玩忽职守、滥用职权、徇私舞弊的情形。

## 第六章 附 则

**第九十二条** 本规定中有关专业用语的含义：

（一）专有部分，是指在构造上及利用上具有独立性，由单个业主独立使用、处分的物业部位。

（二）部分共用部分，是指由部分业主共同使用、管理的物业部位、设施设备及场地等部分。

（三）全体共用部分，是指由全体业主共同使用、管理的物业部位、设施设备及场地等部分。

**第九十三条** 市房屋行政管理部门应当制定临时管理规约、管理规约、首次业主大会会议表决规则、业主大会议事规则、业主委员会委员候选人产生办法、业主委员会选举办法、物业服务合同等示范文本。

**第九十四条** 非住宅物业管理，参照本规定执行。

**第九十五条** 本规定自 2011 年 4 月 1 日起施行。

# 上海市未成年人保护条例

（2004 年 11 月 25 日上海市第十二届人民代表大会常务委员会第十六次会议通过 根据 2013 年 12 月 27 日上海市第十四届人民代表大会常务委员会第十次会议《关于修改〈上海市未成年人保护条例〉的决定》第一次修正 2022 年 2 月 18 日上海市第十五届人民代表大会常务委员会第三十九次会议修订 根据 2024 年 12 月 31 日上海市第十六届人民代表大会常务委员会第十八次会议《关于修改〈上海市公路管理条例〉等 10 件地方性法规的决定》第二次修正）

## 第一章 总 则

**第一条** 为了保护未成年人身心健康，保障未成年人合法权益，促进未成年人德智体美劳全面发展，培养有理想、有道德、有文化、有纪律的社会主义建设者和接班人，培养担当民族复兴大任的时代新人，根据《中华人民共和国未成年人保护法》以及其他有关法律、行政法规，结合本市实际，制定本条例。

**第二条** 本市坚持最有利于未成年人的原则，依法保障未成年人的生存权、发展权、受保护权、参与权等权利。

未成年人依法平等地享有各项权利，不因本人及其父母或者其他监护人的民族、种族、性别、户籍、职业、宗教信仰、教育程度、家庭状况、身心健康状况等受到歧视。

**第三条** 政府、社会、学校和家庭应当对未成年人进行理想信念、思想道德、科学、文化、体育、美育、劳动、国家安全、法治、健康等教育，加强中国共产党历史、爱国主义、集体主义和中国特色社会主义的教育，培养爱祖国、爱人民、爱劳动、爱科学、爱社会主义的公德，抵制资本主义、封建主义和其他腐朽思想的侵蚀，引导未成年人树立和践行社会主义核心价值观。

政府、社会、学校和家庭应当教育和帮助未成年人维护自身合法权益，增强自我保护的意识和能力。

**第四条** 政府、社会、学校和家庭应当树立正确的成才观，优化完善评价理念，培养未成年人健康体格、人格、性格，营造人人皆可成才、人人尽展其才的良好环境。

**第五条** 未成年人的父母或者其他监护人依法对未成年人承担监护职责。

各级人民政府及相关部门应当采取措施，指导、支持、帮助和监督未成年人的父母或者其他监护人履行监护职责。

**第六条** 市、区人民政府应当将未成年人保护工作纳入本级国民经济和社会发展规划与年度工作计划，相关经费纳入同级财政预算。

**第七条** 各级人民政府应当重视和加强未成年人保护工作。市、区人民政府设立的妇女儿童工作委员会，依法履行以下职责：

（一）组织、协调、督促和指导有关部门以及有关单位和组织，在各自职责范围内做好未成年人保护工作，共同实施未成年人保护的法律、法规；

（二）建立并完善未成年人保护的工作机制，加强未成年人保护工作队伍建设；

（三）研究未成年人保护工作，向有关国家机关提出意见和建议；

（四）接受涉及未成年人保护的求助、投诉、举报及相关意见建议，转交并督促有关部门处理；

（五）本级人民政府确定的其他职责。

市、区妇女儿童工作委员会办公室设在同级妇女联合会，配备相应工作力量，承担相关日常工作。

乡镇人民政府、街道办事处负责落实本辖区内的未成年人保护工作。

**第八条** 共产主义青年团、妇女联合会、工会、残疾人联合会、关心下一代工作委员会、青年联合会、学生联合会、少年先锋队、红十字会以及其他人民团体、有关社会组织，按照各自职责，协助各级人民政府及其有关部门、人民检察院、人民法院做好未成年人保护工作，维护未成年人合法权益。

**第九条** 任何组织或者个人发现不利于未成年人身心健康或者侵犯未成年人合法权益的情形，都有权劝阻、制止或者向公安、民政、教育等有关部门检举、控告。

国家机关、居民委员会、村民委员会、密切接触未成年人的单位及其工作人员，在工作中发现未成年人身心健康受到侵害、疑似受到侵害或者面临其他危险情形的，应当立即向公安、民政、教育等有关部门报告。

有关部门接到涉及未成年人的检举、控告或者报告，应当依法及时受理、处置，并以适当方式将处理结果告知相关单位和人员。

**第十条** 本市建立健全未成年人统计调查制度。市妇女儿童工作委员会应当定期组织开展未成年人健康、受教育等状况的统计、调查和分析，发布未成年人保护的有关信息。

**第十一条** 对保护未成年人有显著成绩的组织和个人，按照国家和本市有关规定给予表彰和奖励。

## 第二章　家庭保护和自我保护

**第十二条** 未成年人的父母或者其他监护

人应当树立正确的家庭教育理念，自觉学习家庭教育知识，掌握科学的家庭教育方法，提高家庭教育能力，营造良好的家庭环境，以健康的思想、良好的言行和适宜的方法，教育、影响和保护未成年人。

未成年人的父母或者其他监护人应当积极参加学校、幼儿园、婴幼儿照护服务机构、社区提供的公益性家庭教育指导和实践活动，与其密切配合，共同促进未成年人健康成长。

**第十三条** 未成年人的父母或者其他监护人应当依法履行监护职责，不得实施侵犯未成年人身心健康、财产权益或者不依法履行未成年人保护义务的行为。

未成年人的父母或者其他监护人应当教育和指导未成年人养成良好的生活和学习习惯，学会自主管理时间，增强自理和自律能力。

未成年人的父母或者其他监护人应当预防和制止未成年人实施不良行为和违法犯罪行为，发现未成年人逃学、无故夜不归宿、离家出走的，应当立即寻找；发现涉嫌引诱、胁迫、教唆未成年人违法犯罪的，应当立即向公安机关报告。

**第十四条** 未成年人的父母或者其他监护人应当关注未成年人的生理和心理健康状况，必要时及时就医；关注未成年人情感需求和思想状况，及时沟通并给予正确指导；鼓励和支持未成年人参加家庭劳动以及各类积极健康的文体活动、社会交往活动，共同参与社会公益活动。

**第十五条** 未成年人的父母或者其他监护人应当为未成年人提供安全的家庭生活环境，及时排除引发火灾、触电、烧烫伤、中毒、锐器、跌落等伤害的安全隐患。

未成年人的父母或者其他监护人应当提高对未成年人的户外安全保护意识，不得让未成年人前往河道、水库等危险水域游泳、戏水或者实施其他危险行为，避免未成年人发生溺水、动物伤害、走失等事故。

**第十六条** 未成年人的父母或者其他监护人应当采取下列措施，防止未成年人受到交通事故的伤害：

（一）教育未成年人遵守交通法规，增强交通安全意识；

（二）携带未满四周岁的未成年人乘坐家庭乘用车，应当配备并正确使用儿童安全座椅；携带未满十二周岁的未成年人乘坐家庭乘用车的，不得安排其乘坐在副驾驶座位；不得安排未满十二周岁的未成年人乘坐摩托车后座、轻便摩托车；

（三）不得让未满十二周岁的未成年人在道路上驾驶自行车；不得让未满十六周岁的未成年人在道路上驾驶电动自行车；

（四）为乘坐电动自行车、摩托车的未成年人正确佩戴安全头盔。

**第十七条** 未成年人的父母或者其他监护人不得使未满八周岁或者由于生理、心理原因需要特别照顾的未成年人处于无人看护状态，或者将其交由无民事行为能力、限制民事行为能力、患有严重传染性疾病或者其他不适宜的人员临时照护；不得使未满十六周岁的未成年人脱离监护单独生活。

未成年人的父母或者其他监护人因外出务工等原因在一定期限内不能完全履行监护职责的，应当委托具有照护能力的完全民事行为能力人代为照护；无正当理由的，不得委托他人代为照护。

**第十八条** 未成年人应当遵守法律、法规和社会公德，自尊、自爱、自律、自强，主动参与社会活动，勇于应对困难挑战，增强抵御灾害、伤害侵袭，应对挫折、压力，辨别是非、自我保护的意识和能力，自觉抵制各种不良行为及违法犯罪行为的引诱或者侵害。

**第十九条** 未成年人发现他人侵犯其人身权、财产权和其他合法权益的，可以通过父母或者其他监护人、所在学校、居民委员会、村民委员会向公安、民政、教育等有关主管部门报告，也可以自己向上述部门报告。

未成年人遭受父母或者其他监护人遗弃、虐待的，可以向公安、民政、教育等有关主管部门以及所在学校、居民委员会、村民委员会、共产主义青年团、妇女联合会请求保护。被请求的上述部门和组织不得拒绝、推诿，并根据实际情况采取必要的救助措施。

## 第三章　学 校 保 护

**第二十条**　学校应当全面贯彻国家教育方针，落实立德树人根本任务，遵循教育规律和未成年学生的身心发展规律，提高未成年学生的思想道德、科学文化和健康素质，培养未成年学生认知能力、合作能力、创新能力和实践能力，促进未成年学生全面发展。

学校应当建立以校长为第一责任人的未成年学生保护工作制度，并明确一名学校负责人分管未成年学生保护工作。

**第二十一条**　教师应当恪守职业道德，以自身良好的品德、言行影响和教育未成年人，把传授知识与陶冶情操、养成良好的行为习惯结合起来，引导未成年人德智体美劳全面发展。

教职员工应当尊重未成年人人格尊严，维护未成年人的合法权益，不得实施辱骂、体罚和变相体罚或者其他侮辱人格尊严的行为。

**第二十二条**　学校应当关心、爱护未成年学生，平等保护未成年学生的合法权益，对家庭困难、身心有障碍的未成年学生，应当提供关爱；对行为异常、学习有困难的未成年学生，应当耐心教育、帮助，不得歧视，不得擅自停止其上课，不得违反国家规定对其开除或者变相开除。

学校处分未成年学生前，应当与学生及其父母或者其他监护人沟通，给予申辩的机会，并对申辩的内容予以书面答复。

学校应当配合民政、教育等有关部门建立留守未成年学生、困境未成年学生的信息档案，开展关爱帮扶工作。

**第二十三条**　学校应当建立家长委员会、家长学校，加强家庭教育指导，健全家访制度，密切与未成年学生父母或者其他监护人的联系。未成年学生的父母或者其他监护人应当配合学校维护教学秩序、做好教学管理。

发现学生行为异常或者无故缺课的，学校应当及时与其父母或者其他监护人取得联系，查明原因。寄宿制学校学生擅自外出、无故夜不归宿的，学校应当及时查找并告知其父母或者其他监护人，必要时向公安机关报告。

**第二十四条**　学校应当根据未成年学生身心发展特点，进行社会生活指导、心理健康辅导、青春期教育、生命教育、性别教育。

学校应当开设心理健康课程，配备至少一名心理健康教育教师，并可以设立心理辅导室，加强对未成年学生的心理健康辅导。发现未成年学生心理或者行为异常的，应当及时干预并通知其父母或者其他监护人；对存在严重心理健康问题的，及时向教育、卫生健康等部门报告。

学校应当做好心理或者行为异常学生的信息保密工作，不得将学生心理健康状况作为学生综合评价和升学等的参考依据。

**第二十五条**　学校应当与未成年学生的父母或者其他监护人互相配合，合理安排未成年学生的学习时间，保障其休息、娱乐、体育锻炼、课外活动和社会实践的时间。

学校应当按照课程方案和课程标准开展教学活动，探索和改进教育方法，落实国家和本市有关减轻未成年学生过重学习负担的规定。

义务教育阶段学校不得举行或者变相举行与入学挂钩的选拔考试或者测试；不得张榜公布学生的考试成绩名次；不得推销或者变相推销练习册、习题集等教辅材料。

**第二十六条**　学校应当保障未成年学生的活动设施、场地正常使用。国家法定节假日、休息日及寒暑假期，学校按照本市有关规定将文化体育设施和场地向未成年人开放。

**第二十七条**　学校、幼儿园应当指定专人负责日常卫生管理工作，建立健全传染病预防控制管理和疫情报告制度，制定传染病应急预案，组织开展健康巡查、清洁消毒、健康宣传等工作。

发现传染病病人或者疑似传染病病人的，学校、幼儿园应当及时向所在地疾病预防控制机构或者社区卫生服务机构报告，按照规定落实相关预防和控制措施，并配合做好流行病学调查等工作。

**第二十八条** 学校、幼儿园应当建立健全安全保卫、消防、设施设备、食品药品等安全管理和安全教育制度，定期开展安全检查，消除安全隐患，保障未成年人在校、在园期间的人身和财产安全；对未成年人进行珍惜生命和安全防范教育，按要求开展安全实训，提高未成年人自我保护、自我救助的能力。

未成年人在校、在园期间，学校、幼儿园应当对校园实行封闭管理，禁止无关人员进入校园。学校、幼儿园的食堂、宿舍、门卫室等场所应当配备符合国家和本市有关规定的人员，完善物防和技防设施设备，提升智能化管理水平。

学校、幼儿园应当为未成年人提供安全的学习和生活设施，提供的食品、药品、学生服、教具、餐具、体育运动器材等学习、生活和活动用品应当符合国家和本市有关标准，并向家长、未成年人和教职员工公开采购情况。

**第二十九条** 学校、幼儿园使用校车的，应当按照国家规定，取得校车使用许可，建立健全校车安全管理制度。校车应当符合国家标准，并由符合条件的驾驶人驾驶。

校车运载未成年人时，应当按照规定的路线行驶，并配备随车照管人员。随车照管人员应当依法履行职责，保障未成年人乘坐校车安全。

学校、幼儿园应当定期对校车进行安全检查，对校车驾驶人及随车照管人员进行安全教育，并向未成年人讲解校车安全乘坐知识，培养未成年人校车安全事故应急处理技能。

**第三十条** 学校、幼儿园应当制定完善应对自然灾害、事故灾难、公共卫生事件等突发事件和意外伤害的预案，配备必要的应急救援设施设备，进行应急知识教育，定期开展应急演练。

未成年人在校内、园内或者本校、本园组织的校外、园外活动中发生人身伤害事故的，学校、幼儿园应当立即救护，妥善处理，及时通知未成年人的父母或者其他监护人，并向教育部门报告。

学校、幼儿园举办者应当按照规定投保相应的责任保险。提倡未成年人的父母或者其他监护人为未成年人投保人身意外伤害保险。

**第三十一条** 学校、幼儿园应当组织未成年人参加与其年龄、身心健康相适应的公益活动，不得组织或者变相组织其参加商业性活动，不得向未成年人及其父母或者其他监护人推销或者要求其购买指定的商品和服务。

学校、幼儿园不得与校外培训机构联合招生，或者将校外培训机构培训结果与招生入学挂钩，不得与校外培训机构合作向未成年人提供有偿课程辅导。

**第三十二条** 学校应当建立学生欺凌防控工作制度，对教职员工、学生等开展防治学生欺凌的教育和培训，并公布举报、求助渠道。

学校对学生欺凌行为应当立即制止，通知实施欺凌和被欺凌未成年学生的父母或者其他监护人参与欺凌行为的认定和处理；对相关未成年学生及时给予心理辅导、教育和引导；对相关未成年学生的父母或者其他监护人给予必要的家庭教育指导。

对实施欺凌的未成年学生，学校应当根据欺凌行为的性质和程度，依法加强管教。对严重的欺凌行为，学校不得隐瞒，应当及时向公安、教育部门报告，并配合相关部门依法处理。

**第三十三条** 学校、幼儿园应当建立预防性侵害、性骚扰未成年人工作制度，不得聘用有性侵害、性骚扰违法犯罪记录的人员，并对教职员工加强相关教育和管理。

对性侵害、性骚扰未成年人等违法犯罪行为，学校、幼儿园不得隐瞒，应当及时向公安、教育部门报告，并配合相关部门依法处理。

学校、幼儿园应当对未成年人开展适合其年龄的性教育，提高未成年人防范性侵害、性骚扰的自我保护意识和能力。对遭受性侵害、性骚扰的未成年人，学校、幼儿园应当及时采取相关的保护措施。

**第三十四条** 鼓励学校设置社会工作专门

技术岗位或者引入专业社会工作者，参与家庭教育指导、学生心理或者行为干预和教育转化等工作，为未成年学生提供专业化、个性化指导和服务。

**第三十五条** 婴幼儿照护服务机构、早期教育服务机构、校外培训机构、校外托管机构等应当依法依规开展与未成年人相关的服务和培训业务，并参照本章有关规定，根据不同年龄阶段未成年人的成长特点和规律，做好未成年人保护工作，维护未成年人合法权益。

## 第四章 社会保护

**第三十六条** 全社会应当树立关心、爱护未成年人的良好风尚，保护未成年人合法权益，优化未成年人成长环境。

本市鼓励、支持和引导人民团体、企业事业单位、社会组织以及其他组织和个人，开展有利于未成年人健康成长的社会活动和服务。

**第三十七条** 居民委员会、村民委员会应当设置专人专岗负责未成年人保护工作，协助政府有关部门宣传未成年人保护方面的法律法规，指导、帮助和监督未成年人的父母或者其他监护人依法履行监护职责；建立留守未成年人、困境未成年人的信息档案并给予关爱帮扶，依法协助政府有关部门监督未成年人委托照护情况。

居民委员会、村民委员会应当协助政府有关部门组织、指导未成年人在课余和闲暇时间，开展有益于身心健康的文体活动和社会实践。

**第三十八条** 公共场所、公共交通站点、旅游景区景点等应当积极推进便利服务设施配置，按照有关标准和规范设置母婴室、婴儿护理台、第三卫生间以及方便幼儿使用的坐便器、洗手台等卫生设施，为未成年人及其家庭提供便利。

**第三十九条** 公共文化体育设施及相关服务项目，按照国家和本市有关规定，对未成年人实行免费或者其他优惠。

鼓励公共文化体育设施根据自身功能、特点，开设未成年人专场，为未成年人主题教育、社会实践、体育锻炼等提供有针对性的服务。

**第四十条** 本市鼓励创作、出版、发行、展出、演出、播放适合未成年人特点，有利于未成年人身心健康的图书、报刊、影视节目、文艺节目、音像制品、电子出版物和其他精神文化产品。

向未成年人提供精神文化产品的单位和个人，应当对产品的内容负责，不得向未成年人提供或者展示可能影响其身心健康的内容。

**第四十一条** 任何组织或者个人不得披露未成年人的个人隐私。发布、转载、传播涉及未成年人的新闻报道等信息，应当客观、审慎和适度，不得虚构、夸大、歪曲有关内容，不得违法披露未成年人的姓名、住所、单位、照片、图像以及其他可能识别未成年人身份的信息。

任何组织或者个人处理不满十四周岁未成年人个人信息的，应当依法取得未成年人的父母或者其他监护人的同意。未成年人的父母或者其他监护人应当按照最有利于未成年人的原则，充分考虑信息处理的目的、方式、范围以及未成年人的真实意愿，审慎作出决定。

**第四十二条** 发生自然灾害、事故灾难、公共卫生事件等突发事件时，应当优先救护未成年人，不得组织或者安排未成年人参与突发事件应急救援工作。

**第四十三条** 旅馆、宾馆、酒店以及其他提供住宿服务的经营者接待未成年人入住，或者接待未成年人和成年人共同入住时，应当询问未成年人的父母或者其他监护人的联系方式、入住人员的身份关系等有关情况，并按照规定做好信息登记；发现有违法犯罪嫌疑的，应当立即向公安机关报告，并及时联系未成年人的父母或者其他监护人。

其他场所或者个人留宿未成年人的，应当征得其父母或者其他监护人的同意，或者及时通知其父母或者其他监护人、所在学校，必要时向公安机关报告。

**第四十四条** 学校周边二百米、幼儿园周边一定范围内不得设置营业性娱乐场所、酒吧、互联网上网服务营业场所等不适宜未成年人活动的场所。幼儿园周边范围的具体界定，由市文化旅游部门会同市教育、市场监管等部门确定。

营业性歌舞娱乐场所、酒吧、互联网上网服务营业场所等不适宜未成年人活动场所的经营者，不得允许未成年人进入；游艺娱乐场所设置的电子游戏设备，除国家法定节假日外，不得向未成年人提供。经营者应当在门口醒目位置设置全市统一的未成年人禁入、限入标志。

**第四十五条** 学校、幼儿园周边一定范围内不得设置烟（含电子烟）、酒、彩票销售网点，具体范围由烟草专卖、市场监管、民政和体育等主管部门确定。

禁止向未成年人销售烟、酒、彩票或者兑付彩票奖金。烟、酒和彩票经营者应当在显著位置设置不向未成年人销售烟、酒或者彩票的标志。

任何人不得在学校、幼儿园及校门附近区域和其他未成年人集中活动的公共场所吸烟、饮酒。

**第四十六条** 任何组织或者个人不得违法与未成年人进行与未成年人年龄、智力不相适应的交易行为，不得向未成年人提供文身服务；未经未成年人父母或者其他监护人同意，不得向未成年人提供医疗美容服务。

不适宜未成年人活动场所的经营者，烟、酒和彩票经营者以及其他相关组织或者个人，履行本条例第四十四条第二款、第四十五条第二款和本条第一款规定义务时，对难以判明是否是未成年人的，应当要求其出示身份证件。

**第四十七条** 密切接触未成年人的单位招聘工作人员时，应当向公安机关、人民检察院查询应聘者是否具有性侵害、虐待、拐卖、暴力伤害等违法犯罪记录；发现其具有前述行为记录的，不得录用。

密切接触未成年人的单位应当每年定期对工作人员是否具有上述违法犯罪记录进行查询。通过查询或者其他方式发现其工作人员具有上述行为的，应当及时解聘。

## 第五章　网络保护

**第四十八条** 政府、社会、学校和家庭应当加强未成年人网络素养宣传教育，培养和提高未成年人的网络素养，增强未成年人科学、文明、安全、合理使用网络的意识和能力，保障未成年人在网络空间的合法权益。

**第四十九条** 网信部门负责统筹协调本市未成年人网络保护和相关监督管理工作。公安、教育、文化旅游、广播电视、新闻出版、电影、卫生健康等部门按照各自职责，做好未成年人网络保护工作。

有关部门应当依法监督网络产品和服务提供者的产品和服务的内容和提供方式，指导网络产品和服务提供者落实网络欺凌防治、信息处理、投诉举报受理、预防未成年人沉迷网络、防止未成年人合法权益受到侵犯等义务，并及时查处相关违法行为。

卫生健康部门应当指导有关专业机构提供未成年人沉迷网络的预防和干预服务。

**第五十条** 学校应当将安全合理使用网络等内容纳入教育教学活动，指导学生科学规范使用智能终端产品，养成良好网络使用习惯，增强网络安全意识，提高对网络信息的分析判断能力。

**第五十一条** 教育部门应当组织开发网络教育教学资源，创新教育教学方式，通过网络教育教学资源平台以及学校网络平台，免费向学生提供专题教育、学科教育等学习资源，组织教师开展免费在线交流、辅导。

学校应当加大宣传推广使用力度，引导学生合理使用优质网络教育教学资源。

**第五十二条** 未成年人的父母或者其他监护人应当提高网络素养，规范自身使用网络的行为，加强对未成年人使用网络行为的引导和监督。

未成年人的父母或者其他监护人应当增强网络安全意识，在未成年人使用网络游戏时督促其以真实身份验证，防止其使用成年人的网络支付账户、网络游戏注册账号进行网络消费或者接触不适合未成年人的网络游戏。

**第五十三条** 网络产品和服务提供者应当针对未成年人使用其产品和服务设置相应的时间管理、权限管理、消费管理等功能。

网络产品和服务提供者应当建立涉及未成年人的信息审查、自查评估和投诉受理机制，对产品和服务内容定期检查，或者根据投诉情形适时启动对相关内容的评估；发现产品和服务存在诱导未成年人沉迷网络、危害未成年人身心健康、侵害未成年人合法权益等情况的，应当采取必要措施对相关内容、功能或者规则，进行删除、屏蔽或者修改，防止侵害未成年人信息的扩散，同时应当保存有关记录，并向网信、公安等部门报告。

网络产品和服务提供者应当完善网络社区规则和用户公约，规范引导未成年人的网络行为，不得以打赏排名、虚假宣传等方式诱导未成年人盲目追星、盲目消费；严禁未成年人参与网络低俗表演、网络不良社交等活动。

鼓励网络产品和服务提供者针对不同年龄段未成年人的身心特点开发相应的保护性使用模式，引导未成年人在该模式下使用网络产品和服务。

**第五十四条** 网络游戏服务提供者应当按照国家有关规定，对未成年人参与网络游戏的时段和时长进行限制，在规定时段和时长以外，不得以任何形式向未成年人提供网络游戏服务。

网络游戏服务提供者应当规范向未成年人提供付费服务，限制未成年人使用与其民事行为能力不符的付费服务。任何组织或者个人不得以任何形式向未成年人提供网络游戏账号租售交易服务。

网络游戏服务提供者应当利用电子身份认证等技术，识别参与网络游戏的未成年人身份，不得以任何形式向未实名注册和登录的未成年人提供网络游戏服务。

## 第六章 政府保护和司法保护

**第五十五条** 乡镇人民政府和街道办事处应当设立未成年人保护工作站或者指定专门人员，及时办理未成年人相关事务，开展法治宣传、政策咨询、个案处置、服务转介等工作；支持、指导居民委员会、村民委员会设立专人专岗，做好未成年人保护工作。

**第五十六条** 本市将家庭教育指导服务纳入基本公共服务体系。

教育部门、妇女联合会应当会同卫生健康、民政等部门和其他有关社会组织开展家庭教育指导，组建和培训家庭教育指导队伍，制定家庭教育指导服务规范。

**第五十七条** 对尚未完成义务教育的辍学未成年学生，教育部门或者乡镇人民政府应当责令其父母或者其他监护人将其送入学校接受义务教育。

对学校拒绝接收符合条件的学生或者违反国家规定开除、变相开除学生的，教育部门应当及时予以处理。

**第五十八条** 教育部门应当落实教育制度改革要求，促进义务教育优质均衡发展，提升课堂教学质量，强化学校教育的主阵地作用。

教育部门应当建立科学的教育评价制度，采取措施督促学校减轻未成年学生过重的学习负担，不得把升学率作为考核学校工作的指标。

**第五十九条** 本市发展普惠托育服务体系，支持社会力量依法兴办婴幼儿照护服务机构。

本市建立和完善覆盖城乡、布局合理的学前教育公共服务体系。

教育部门应当培养和培训婴幼儿照护服务机构、幼儿园的保教人员，提高其职业道德素质和业务能力，为婴幼儿提供安全、优质的照顾和保育教育。

**第六十条** 教育部门应当指导学校把职业体验、职业启蒙、职业生涯教育融入教育教学活动，推动职业院校面向学校开放共享实训场所、课程、师资等教育教学资源。

人力资源社会保障、教育部门以及乡镇人民政府、街道办事处公共就业服务机构应当为已经完成义务教育、但未能继续就学的未成年人，提供职业培训的信息，并为其参加培训提供帮助。

**第六十一条** 教育部门应当保障具有接受普通教育能力、能适应校园生活的残疾未成年人就近就便在普通学校、幼儿园接受教育，同等条件下优先安排残疾未成年人入学；保障不具有接受普通教育能力的残疾未成年人在特殊教育学校(班)、幼儿园接受教育。

教育部门和其他有关部门应当保障特殊教育学校(班)、幼儿园的办学、办园条件，指导学校、幼儿园加强无障碍环境建设，鼓励和支持社会力量举办特殊教育学校(班)、幼儿园。

残疾人联合会应当健全完善残疾未成年人康复服务保障机制。卫生健康、民政等部门和残疾人联合会应当按照各自职责，加强对康复服务机构的监督管理，为残疾未成年人提供康复服务保障。

**第六十二条** 教育部门应当加强校园安全风险防控体系建设，会同公安、应急管理等部门指导和监督学校、幼儿园落实校园安全管理责任。

教育部门应当加强与公安、应急管理、卫生健康、气象等相关部门的应急联动，建立健全突发事件的报告、处置和协调机制，在发生可能影响校园安全的突发事件风险时，及时采取相应的防范和处置措施。

教育部门应当将安全、应急等知识和技能纳入校长、教师培训和中小学公共安全教育的内容，提升校园安全防范意识和能力。

**第六十三条** 乡镇人民政府、街道办事处应当开展校园周边环境综合整治，协调相关部门加强对有关经营服务场所和经营活动的管理和监督。

公安机关应当加强校园周边的治安管理，发现对未成年人实施拦截、强索财物、侮辱殴打等行为的，应当及时制止并依法处理。

公安交通管理部门在未成年人上学和放学时，应当加强对校园周边交通秩序的维护，保障未成年人的人身安全。

**第六十四条** 卫生健康、疾病预防控制部门应当指导疾病预防控制机构、医疗机构等为未成年人提供疫苗接种以及传染病、常见病、多发病、心理疾病防治等卫生保健服务，提升未成年人身心健康水平。

教育部门应当指导学校加强未成年学生心理健康教育，规范开展学生心理健康状况评估与监测工作，加强早期发现和及时干预。

教育、卫生健康部门接到学校报告的未成年学生严重心理健康问题，应当及时指导相关机构做好干预、诊断、治疗等工作。

**第六十五条** 民政部门应当会同教育、卫生健康、人力资源社会保障等部门以及残疾人联合会等人民团体、社会组织建立完善孤独症未成年人关爱服务体系，培育发展为孤独症未成年人提供服务的社会组织和从业人员队伍。

**第六十六条** 本市推动儿童友好社区建设，相关部门应当制定完善有关建设、评价、验收的标准和规范。

乡镇人民政府、街道办事处应当加强并优化未成年人活动场所和设施的配置，整合社区资源，开展适合未成年人身心特点、兼顾不同年龄段未成年人成长需求的活动和服务项目，建设儿童友好社区。

**第六十七条** 本市依托12345市民服务热线建立未成年人保护热线，相关部门应当及时受理、转介侵犯未成年人合法权益的投诉、举报，收集意见建议，提供未成年人保护方面的咨询、帮助；依托12355青少年服务热线及其网络平台，为未成年人提供心理健康、法律维权、安全保护等咨询服务。

**第六十八条** 公安机关、人民检察院、人民法院和司法行政部门应当依法履行职责，保障未成年人合法权益。

本市建立未成年人司法保护联动机制，人民检察院、人民法院、公安、司法行政、民政、教育等部门以及有关人民团体应当定期会商，研究解决未成年人司法保护中的重大疑难问题，加强信息资源共享和工作衔接。

**第六十九条** 法律援助机构和公安机关、人民检察院、人民法院、司法行政部门应当依法为有需要的未成年人，提供法律援助或者司法救助。

法律援助机构应当建立专门办理未成年人案件的法律援助律师库，指派熟悉未成年人身心特点的律师为未成年人提供法律援助。

法律援助机构和市律师协会应当对办理未成年人法律援助案件的律师进行指导和培训。

**第七十条** 人民检察院通过诉讼监督、检察建议等方式，对未成年人保护工作进行法律监督。

未成年人合法权益受到侵犯，相关组织和个人未代为提起诉讼的，人民检察院可以督促其提起诉讼，或者通过帮助申请法律援助、提供咨询服务、提交书面意见、协助调查取证等方式支持其提起诉讼。涉及公共利益的，人民检察院有权提起公益诉讼。

**第七十一条** 公安机关、人民检察院、人民法院办理未成年人遭受性侵害或者暴力伤害案件，应当依法在专门设置的取证保护场所或者其他适当场所内询问未成年被害人、证人，并采取同步录音录像等措施，尽量一次完成；未成年被害人、证人是女性的，应当由女性工作人员进行。

公安机关、人民检察院、人民法院可以根据需要，通知社会工作者、心理咨询师等相关专业人员到场，通过面谈或者隐蔽观察等方式，了解和评估未成年被害人的心理状况，辅助开展办案保护工作。

**第七十二条** 对违法犯罪的未成年人，坚持教育为主、惩罚为辅。

对违法犯罪的未成年人依法处罚后，在升学、就业等方面不得歧视；对符合条件的未成年人的相关违法犯罪记录，依法予以封存。

**第七十三条** 公安机关、人民检察院、人民法院、司法行政部门根据国家和本市有关规定，指派公职人员担任学校法治副校长、校外法治辅导员，协助学校开展未成年人法治教育、犯罪预防、权益维护以及校园安全防范等工作。法治副校长应当每学年面向师生开展不少于四课时的法治教育。

**第七十四条** 国家机关可以通过购买服务、专家咨询等方式，引入社会组织、社会工作者、专家等社会专业力量，提高未成年人保护工作专业化水平。

鼓励和支持有关社会组织、社会工作者、志愿者参与国家机关的未成年人保护工作，为未成年人心理干预、法律服务、法律援助、个案帮扶、社会调查、社会观护、教育矫治、社区矫正、家庭教育指导、家庭监护能力评估及收养评估等提供专业服务。

## 第七章 特别保护

**第七十五条** 因父母双方或者其他监护人同时存在监护缺失情形，或者一方存在监护不当情形，导致未成年人处于无人照料或者人身安全受到威胁等危险状态的，依法给予特别保护。

本条例所称的监护缺失，包括下列情形：

（一）因死亡、失踪、失联、重残、重病、被执行限制人身自由的刑罚和措施、被撤销监护资格、被遣送（驱逐）出境等原因，无法履行监护职责的；

（二）因突发事件等紧急情况正在接受治疗、被隔离观察或者参与相关应对工作，无法履行监护职责的；

（三）法律规定的其他情形。

本条例所称的监护不当，包括下列情形：

（一）性侵害、出卖、遗弃、虐待、暴力伤害未成年人的；

（二）放任、教唆、利用未成年人实施违法犯罪行为的；

（三）胁迫、诱骗、利用未成年人乞讨的；

（四）监护人拒绝或者怠于履行监护职责，导致未成年人处于无人照料的状态；

（五）法律规定的其他情形。

**第七十六条** 居民委员会、村民委员会或者民政部门发现监护缺失情形或者接到有关报告的，应当帮助符合条件的未成年人申请相应的社会救助或者保障，采取必要的照料或者监护措施。

公安机关发现监护不当情形或者接到有关报告的，应当立即出警处置，制止正在发生的侵害行为并开展调查，对实施加害行为的未成年人父母或者其他监护人依法采取批评教育、出具告诫书、治安管理处罚等措施，并通报当地居民委员会、村民委员会或者民政部门；构成犯罪的，依法追究其刑事责任。在处置过程中，发现未成年人身体受到伤害，或者需要送至未成年人救助保护机构、儿童福利机构进行临时监护的，应当先送至卫生健康部门指定的医疗机构救治或者体检。

**第七十七条** 依法履行临时监护职责的居民委员会、村民委员会或者民政部门，对临时监护的未成年人，可以采取委托亲属抚养、家庭寄养等临时生活照料方式，或者交由未成年人救助保护机构、儿童福利机构收留、抚养。

承担临时监护职责的机构和个人应当按照有关规定，做好未成年人生活照料、医疗救治和预防接种、教育、心理辅导、情感抚慰等工作，保护未成年人人身安全；必要时，可以依法向人民法院申请人身安全保护令。

需要公安机关查找未成年人父母或者其他监护人的，公安机关应当立即查找；六个月内查找不到的，应当向居民委员会、村民委员会或者民政部门提供最终查找结论，并协同开展后续处置工作。

临时监护的期限一般不超过一年。

**第七十八条** 对存在监护缺失或者监护不当情形的家庭，民政部门、公安机关、人民法院、人民检察院等应当根据需要，按照有关标准和规范对未成年人的父母或者其他监护人开展家庭监护能力评估。评估结果作为监护能力认定、监护干预帮扶或者恢复监护人监护资格的参考依据。

家庭监护能力评估的具体规定，由市民政部门会同市公安机关、市高级人民法院、市人民检察院另行制定。

**第七十九条** 临时监护期间，经家庭监护能力评估，监护人重新具备履行监护职责条件的，民政部门或者居民委员会、村民委员会可以将未成年人送回监护人抚养。

监护人领回未成年人后，民政部门应当将相关情况向未成年人所在学校以及当地公安机关、居民委员会、村民委员会通报，相关部门和单位应当对通报内容予以保密。

居民委员会、村民委员会应当对监护人的监护情况，未成年人的学习、生活等情况进行随访。

**第八十条** 对具有监护意愿但缺乏监护能力的家庭，民政部门可以会同乡镇人民政府、街道办事处和社会工作服务机构，参考家庭监护能力评估结果，为未成年人及其家庭提供监护指导、医疗救治、心理辅导、行为矫治等支持性服务。

对存在监护不当情形的家庭，公安机关、人民检察院、人民法院以及妇女联合会和民政、教育部门可以参考家庭监护能力评估结果，为未成年人及其家庭提供家庭教育指导服务，开展家庭监护干预。

**第八十一条** 有关组织和个人可以根据人民检察院的书面建议、家庭监护能力评估结果，对具有法定情形的未成年人的父母或者其他监护人，依法向人民法院申请撤销其监护资格。

对具有法定情形，需要为未成年人指定监护人的，居民委员会、村民委员会、民政部门或者人民法院应当依法尊重未成年人的意愿，按照最有利于未成年人的原则，在依法具有监护资格的人中指定监护人。没有依法具有监护资格的人的，其监护人由民政部门或者具备履行监护职责条件的未成年人住所地的居民委员会、村民委员会担任，履行长期监护职责。

**第八十二条** 对需要长期监护的未成年人，民政部门或者具备履行监护职责条件的居民委员会、村民委员会应当依法履行监护职责，保障受监护未成年人的合法权益。

民政部门应当会同相关部门加强对丧失父母的孤儿的保障，妥善安置孤儿，落实其基本生活保障、医疗和康复保障、教育保障以及成年后就业创业扶持和住房保障等制度，维护孤儿合法权益。

**第八十三条** 民政部门承担临时监护或者长期监护职责的，财政、教育、卫生健康、公安等部门应当根据各自职责予以配合。

市、区人民政府及其民政部门应当设立未成年人救助保护机构、儿童福利机构，配备专门人员，负责收留、抚养由民政部门监护的未成年人，并提供关爱保护。

鼓励有条件的未成年人救助保护机构、儿童福利机构拓展社会服务功能，开展农村留守儿童、困境儿童、散居孤儿、残疾儿童、孤独症儿童等的临时照料、康复训练、特殊教育等服务。

## 第八章 法律责任

**第八十四条** 违反本条例规定的行为，法律、行政法规有处理规定的，从其规定；侵犯未成年人合法权益，造成人身、财产或者其他损害的，依法承担民事责任；构成犯罪的，依法追究刑事责任。

**第八十五条** 未成年人的父母或者其他监护人不依法履行监护职责或者侵犯未成年人合法权益的，由其住所地的居民委员会、村民委员会予以劝诫、制止；情节严重的，居民委员会、村民委员会应当及时向公安机关报告。

公安机关接到报告或者公安机关、人民检察院、人民法院在办理案件过程中发现未成年人的父母或者其他监护人存在上述情形的，应当予以训诫，并可以通过告诫书、督促监护令、家庭教育指导令等形式责令其接受家庭教育指导，督促其履行监护职责。

**第八十六条** 国家机关及其工作人员在未成年人保护工作中不依法履行职责的，由其所在单位或者上级主管部门责令改正；玩忽职守、滥用职权、徇私舞弊的，依法给予处分；构成犯罪的，依法追究刑事责任。

## 第九章 附 则

**第八十七条** 本条例自2022年3月1日起施行。

# 上海市人民代表大会常务委员会关于消费者权益保护委员会行使《上海市消费者权益保护条例》赋予消费者协会职能的解释

（2004年2月19日上海市第十二届人民代表大会常务委员会第十次会议通过）

上海市第十二届人民代表大会常务委员会第十次会议对上海市人民政府提请解释消费者权益保护委员会行使《上海市消费者权益保护条例》赋予消费者协会职能的问题，作如下解释：

一、自2004年3月1日起，上海市消费者权益保护委员会行使《上海市消费者权益保护条例》赋予上海市消费者协会的职能。

二、区、县消费者协会改为消费者权益保护委员会后，区、县消费者权益保护委员会行使《上海市消费者权益保护条例》赋予区、县消费者协会的职能。

# 上海市人民代表大会常务委员会关于停止执行本市地方性法规设定的若干行政许可事项的决定

（2004 年 6 月 23 日上海市第十二届人民代表大会常务委员会第十三次会议通过）

上海市第十二届人民代表大会常务委员会第十三次会议审议了主任会议提请市人大常委会作出《关于停止执行本市地方性法规设定的若干行政许可事项的决定》的议案。根据《中华人民共和国行政许可法》的有关规定，市人大常委会决定停止执行由《上海市产品质量监督条例》等 22 件现行地方性法规设定的 36 项行政许可事项，并将依照法定程序适时修改相关地方性法规。

本决定自 2004 年 7 月 1 日起施行。

**附：停止执行的 36 项本市地方性法规设定的行政许可事项目录**

| 序号 | 行政许可事项 | 设定行政许可事项的法规 | 实施机关 |
|---|---|---|---|
| 1 | 心理健康咨询服务人员资格证书的核发 | 《上海市精神卫生条例》（2001 年 12 月 28 日通过）第十五条第一款 | 市卫生行政管理部门 |
| 2 | 对从事学校心理健康咨询服务人员培训机构的资格认可 | 《上海市精神卫生条例》（2001 年 12 月 28 日通过）第十五条第一款 | 市卫生行政管理部门、市教育行政管理部门 |
| 3 | 节能检验测试服务机构的资质认定 | 《上海市节约能源条例》（1998 年 9 月 22 日通过）第二十三条第一款 | 市经委 |
| 4 | 工农业产品《环境标志产品证书》的核发 | 《上海市环境保护条例》（1994 年 12 月 8 日通过）第四十八条 | 市环保局 |
| 5 | 轨道交通驾驶员、调度员等从业人员上岗证的核发 | 《上海市轨道交通管理条例》（2002 年 5 月 21 日通过）第十九条第一款 | 市轨道交通处 |
| 6 | 文化娱乐场所从业人员申请《上岗合格证》的核发 | 《上海市文化娱乐市场管理条例》（1995 年 10 月 27 日通过）第六条第（四）项、第十条第（一）项 | 市文化广播影视管理局 |
| 7 | 单位使用外地劳动力的审批 | 《上海市外来流动人员管理条例》（1996 年 9 月 26 日通过）第二十一条、第二十二条第一款 | 市和区、县劳动和社会保障局 |
| 8 | 档案管理岗位合格证书的核发 | 《上海市档案条例》（1995 年 6 月 16 日通过）第十四条 | 市档案行政管理部门 |
| 9 | 档案中介人员的资质认定 | 《上海市档案条例》（1995 年 6 月 16 日通过）第十五条 | 市档案行政管理部门 |
| 10 | 遗体捐献接受单位的资格审核 | 《上海市遗体捐献条例》（2000 年 12 月 15 日通过）第十条 | 市卫生行政管理部门 |
| 11 | 特种行业和公共场所从业人员的上岗证的核发 | 《上海市特种行业和公共场所治安管理条例》（1997 年 12 月 11 日通过）第十五条第一款、第二款 | 市公安局 |

续表

| 序号 | 行政许可事项 | 设定行政许可事项的法规 | 实施机关 |
|---|---|---|---|
| 12 | 外省市施工企业进沪施工许可证的核发 | 《上海市建筑市场管理条例》(1997年10月21日通过)第八条 | 市建委 |
| 13 | 外省市工程勘察设计单位进沪承接勘察设计业务许可证的核发 | 《上海市建筑市场管理条例》(1997年10月21日通过)第八条 | 市建委 |
| 14 | 外地进沪承接造价咨询业务许可证的核发 | 《上海市建筑市场管理条例》(1997年10月21日通过)第八条 | 市建委 |
| 15 | 外省市水路运输经营者从事市内营业性水路货物运输、旅客运输的审批 | 《上海市水路运输管理条例》(1997年10月21日通过)第十六条 | 市港口局 |
| 16 | 重要产品准产证的核发 | 《上海市产品质量监督条例》(1994年8月26日通过)第六条 | 市质量技术监督局 |
| 17 | 在港存期内货物的疏运的审批 | 《上海市港口货物疏运管理条例》(1994年7月22日通过)第十二条 | 市港口局 |
| 18 | 超过港存期货物的疏运的审批 | 《上海市港口货物疏运管理条例》(1994年7月22日通过)第十一条 | 市港口局 |
| 19 | 从事港口疏运货物堆放业务的审批 | 《上海市港口货物疏运管理条例》(1994年7月22日通过)第十五条第一款 | 市港口局 |
| 20 | 制造、销售殡葬设备、殡葬专用品的单位(个体工商户)开业的前置审批 | 《上海市殡葬管理条例》(1997年8月20日通过)第二十六条第一款、第三款 | 市殡葬管理处 |
| 21 | 制造销售寿衣、花圈的单位(个体工商户)开业的前置审批 | 《上海市殡葬管理条例》(1997年8月20日通过)第二十六条第二款、第三款 | 区、县民政局 |
| 22 | 设置外来人员劳动力市场的审批 | 《上海市外来流动人员管理条例》(1996年9月26日通过)第二十三条第一款 | 市劳动和社会保障局 |
| 23 | 燃气器具列入《燃气器具准许销售目录》的审核 | 《上海市燃气管理条例》(1999年1月22日通过)第三十一条 | 市燃气管理处 |
| 24 | 上海市建设工程材料准用证的核发 | 《上海市建设工程材料管理条例》(1999年11月26日通过)第四条第二款 | 市建委 |
| 25 | 在行道树上悬挂物品的审批 | 《上海市植树造林绿化管理条例》(1987年1月8日通过)第二十五条第二款 | 市和区、县绿化管理部门 |
| 26 | 建造永久性测量标志的审批 | 《上海市测绘管理条例》(1995年12月29日通过)第三十二条 | 市测绘管理部门 |
| 27 | 部分公共场所治安许可证(茶座、咖啡馆)的核发 | 《上海市特种行业和公共场所治安管理条例》(1997年12月11日通过)第五条 | 市公安局 |

续表

| 序号 | 行政许可事项 | 设定行政许可事项的法规 | 实施机关 |
|---|---|---|---|
| 28 | 特种行业许可证(音像制品复制行业)的核发 | 《上海市特种行业和公共场所治安管理条例》(1997年12月11日通过)第五条 | 市公安局 |
| 29 | 义务教育阶段自行办学单位的招生范围的审批 | 《上海市实施〈中华人民共和国义务教育法〉办法》(1993年2月6日通过)第八条 | 市教育行政管理部门 |
| 30 | 对学校和教师要求学生参加与教育无关的活动的许可 | 《上海市青少年保护条例》(1987年6月20日通过)第十九条 | 教育行政管理部门 |
| 31 | 遗体需要延期火化的审批 | 《上海市殡葬管理条例》(1997年8月20日通过)第二十条第一款 | 市殡葬管理处或者区、县民政局 |
| 32 | 遗体存放超期强制火化的审批 | 《上海市殡葬管理条例》(1997年8月20日通过)第二十条第二款 | 市殡葬管理处或者区、县民政局 |
| 33 | 实施急救的医疗机构临时采集血液的审批 | 《上海市献血条例》(1998年9月22日通过)第二十三条 | 市卫生行政管理部门 |
| 34 | 在街道、公园、商场、学校等公共场所使用引起噪声污染的大功率扬声器的审批 | 《上海市环境保护条例》(1994年12月8日通过)第四十一条第(二)项 | 市环保局 |
| 35 | 房屋租赁治安许可证的核发 | 《上海市外来流动人员管理条例》(1996年9月26日通过)第十四条 | 市公安局 |
| 36 | 在集市生产经营食用畜禽血的许可(卫生行政管理部门的许可) | 《上海市城乡集市贸易食品卫生管理规定》(1985年7月5日通过)第五条第(四)项 | 市卫生行政管理部门 |

# 上海市人民代表大会常务委员会关于确认市政府规章设定的公共安全防范工程设计施工单位的核准等12项行政许可事项继续实施的决定

(2004年6月23日上海市第十二届人民代表大会常务委员会第十三次会议通过)

上海市第十二届人民代表大会常务委员会第十三次会议审议了市政府提请审议的关于确认市政府规章设定的公共安全防范工程设计施工单位的核准等12项行政许可事项继续实施的议案。根据《中华人民共和国行政许可法》有关行政许可设定范围和设定权限的规定，市人大常委会确认该12项行政许可事项在制定或者修改相关法规之前继续实施。

本决定自2004年7月1日起施行。

附:继续实施的市政府规章设定的12项行政许可事项目录

| 序号 | 行政许可事项 | 设定该项许可的市政府规章 |
|---|---|---|
| 1 | 公共安全防范工程设计施工单位的核准 | 《上海市社会公共安全技术防范管理办法》 |
| 2 | 公用岸段海塘使用的审批 | 《上海市海塘管理办法》 |
| 3 | 使用海塘堤顶道路的审批 | 《上海市海塘管理办法》 |
| 4 | 建设项目节水设施设计方案的审核 | 《上海市节约用水管理办法》 |
| 5 | 原水引水管渠保护范围内实施建设工程的审批 | 《上海市原水引水管渠保护办法》 |
| 6 | 废弃食用油脂回收、加工单位的确定 | 《上海市废弃食用油脂污染防治管理办法》 |
| 7 | 航油管线保护范围内建造建筑物、构筑物前置审批 | 《上海市民用机场航空油料管线保护办法》 |
| 8 | 航油管线保护范围内从事限制性活动审批 | 《上海市民用机场航空油料管线保护办法》 |
| 9 | 城市化地区因地下管位等原因无法埋设入地的架空线暂时予以保留的审批 | 《上海市城市道路架空线管理办法》 |
| 10 | 犬类养殖许可 | 《上海市犬类管理办法》 |
| 11 | 犬类销售许可 | 《上海市犬类管理办法》 |
| 12 | 犬类饲养许可 | 《上海市犬类管理办法》 |

# 上海市安全生产条例

(2005年1月6日上海市第十二届人民代表大会常务委员会第十七次会议通过　2011年9月22日上海市第十三届人民代表大会常务委员会第二十九次会议修订　根据2016年2月23日上海市第十四届人民代表大会常务委员会第二十七次会议《关于修改〈上海市河道管理条例〉等7件地方性法规的决定》第一次修正　根据2018年5月24日上海市第十五届人民代表大会常务委员会第四次会议《关于修改本市部分地方性法规的决定》第二次修正　2021年10月28日上海市第十五届人民代表大会常务委员会第三十六次会议修订)

## 第一章　总　　则

**第一条**　为了加强本市安全生产工作,防止和减少生产安全事故,保障人民群众生命、财产安全和城市安全,促进经济发展和社会稳定,根据《中华人民共和国安全生产法》和其他有关法律、行政法规,结合本市实际,制定本条例。

**第二条**　本市行政区域内生产经营单位的安全生产及其相关监督管理活动,适用本条例。有关法律、法规对消防安全、道路交通安全、铁路交通安全、水上交通安全、民用航空安全以及核与辐射安全、特种设备安全等另有规定的,适用其规定。

**第三条**　本市安全生产工作坚持中国共产党的领导。

安全生产工作应当以人为本,坚持人民至上、生命至上,把保护人民生命安全摆在首位,树牢安全发展理念和城市全生命周期管理理念，坚持安全第一、预防为主、综合治理的方针，从源头上防范化解重大安全风险。

安全生产工作坚持党政同责、一岗双责、齐抓共管、失职追责的原则，实行管行业必须管安全、管业务必须管安全、管生产经营必须管安全，建立健全安全生产责任体系，强化和落实生产经营单位主体责任与政府监管责任，强化属地管理责任，建立生产经营单位负责、职工参与、政府监管、行业自律和社会监督的机制。

**第四条** 生产经营单位是安全生产的责任主体，应当根据法律、法规规定和本单位生产经营活动的特点，采取安全措施，建立健全全员安全生产责任制和安全生产规章制度。

生产经营活动涉及多个生产经营单位的，各相关单位应当根据其在生产经营活动中的作用、与安全的关联以及相互间的约定，依法承担相应的安全生产责任。

平台经济等新兴行业领域的生产经营单位应当建立健全并实施全员安全生产责任制，根据本行业、领域的特点开展安全风险管控和隐患排查治理，加强安全生产培训和教育，履行法律、法规规定的安全生产义务。

**第五条** 生产经营单位主要负责人是本单位安全生产的第一责任人，对本单位的安全生产工作全面负责。

生产经营单位主要负责人，是指生产经营单位的法定代表人、实际负有本单位生产经营最高管理权限的人员。

**第六条** 市人民政府应当加强对安全生产工作的领导，将安全生产工作纳入经济社会发展全局，建立和完善安全生产监管体系、责任制度和巡查制度。

市、区人民政府应当根据本市国民经济和社会发展规划制定安全生产规划，并组织实施。安全生产规划应当与国土空间规划等相关规划相衔接。市、区人民政府应当加强安全生产基础设施建设和安全生产监管能力建设，所需经费列入本级预算。

区人民政府应当合理配置监管力量，完善责任考核，开展巡查监督，组织排查、评估辖区内的安全风险，并采取有效的安全防控措施。

乡镇人民政府、街道办事处，以及开发区、工业园区、港区、风景区等功能区（以下统称功能区）应当明确负责安全生产监督管理的有关工作机构及其职责，加强安全生产监管力量建设，按照职责对本行政区域或者管理区域内安全生产状况进行监督检查，并协助市、区人民政府有关部门或者按照授权依法履行安全生产监督管理职责。

**第七条** 市、区人民政府组建安全生产委员会。

安全生产委员会在本级人民政府领导下，负责研究部署、统筹协调、推动解决本地区安全生产工作中的重大事项和重大问题，研究确定各成员单位的职责分工。

安全生产委员会可以根据需要设立专业委员会，对重点行业、领域安全工作实施统筹、协调、指导。

**第八条** 市、区应急管理部门承担本级安全生产委员会日常工作，履行下列安全生产综合监督管理职责：

（一）会同有关部门组织编制、实施本地区安全生产专项规划和工作计划；

（二）指导、协调和监督同级人民政府有关部门和下级人民政府履行安全生产工作职责；

（三）根据同级人民政府的授权或者委托，组织、协调、指挥安全生产应急救援，组织生产安全事故调查处理；

（四）法律、法规规定和市、区人民政府赋予的其他职责。

**第九条** 公安、住房城乡建设管理、交通、经济信息化、农业农村、生态环境、消防救援机构等部门，在各自的职责范围内依法对有关行业、领域的安全生产工作实施监督管理。

商务、教育、科技、民政、民族宗教等行业领域主管部门以及国有资产管理部门应当将安全生产作为行业领域管理的重要内容，从行业规划、产业政策、标准规范等方面加强行业安全生产工作。

其他有关部门在各自职责范围内，做好安全生产相关工作。

部门具体分工实行清单制管理，由安全生产委员会根据有关法律、法规和规章的规定，确定成员单位安全生产工作责任清单、权力清单、监管清单和任务清单，报经同级人民政府批准后执行。

新产业、新业态、新领域中涉及的安全生产监管职责不明确的，由安全生产委员会建立部门间协商协调机制，按照业务相近的原则，明确工作职责分工，经人民政府批准后执行。

应急管理部门和对有关行业、领域的安全生产工作实施监督管理的部门，统称负有安全生产监督管理职责的部门。负有安全生产监督管理职责的部门应当相互配合、齐抓共管、信息共享、资源共用，依法加强安全生产监督管理工作。

**第十条** 工会依法对安全生产工作进行监督。生产经营单位的工会依法组织职工参加本单位安全生产工作的民主管理和民主监督，对本单位有关安全生产方面的规章制度提出意见建议，依法参加生产安全事故调查，维护职工在安全生产方面的合法权益。

**第十一条** 本市鼓励安全生产科学技术研究，支持有利于提高安全生产技术水平的新工艺、新技术、新材料、新设备的推广应用和管理数字化转型，扶持技术含量高、安全效用强、应用场景广的安全生产科技项目，提升本质安全水平。

**第十二条** 本市强化安全生产的数字化管控，推动“一网通办”“一网统管”平台融合赋能安全生产，运用大数据、物联网、人工智能等现代信息技术，依托大数据资源平台，汇聚涉及安全生产的各类基础信息以及风险管控与隐患排查治理、事故查处、应急救援、行政执法等信息资源，加强数据共享和专业应用开放，提升对安全风险隐患实时动态感知、科学高效研判、快速响应处置的能力和水平。

本市依托“随申码”企业服务功能（企业码），支持各区、各部门在安全生产及应急管理场景应用。

**第十三条** 市应急管理部门应当会同其他负有安全生产监督管理职责的部门与长江三角洲区域的相关部门建立安全生产工作协作机制，统筹协调区域内安全生产重大问题，构建信息互通、资源共享、联勤联动的安全管理体系，加强应急救援体系一体化建设，强化重大安全风险联合管控、应急预案衔接与协同救援处置，开展跨区域安全生产执法联动。

**第十四条** 本市对在改善安全生产条件、防止生产安全事故、参加抢险救护等方面取得显著成绩的单位和个人，给予奖励。

## 第二章 安全风险防控

**第十五条** 市、区人民政府应当建立健全本行政区域安全风险防控体系。负有安全生产监督管理职责的部门应当结合城市运行全过程、各环节对安全生产的要求，对本行业、领域和重点单位定期开展安全风险辨识分析、评估控制和监测工作，加强研究、分析，及时发布预警提示信息，完善风险防控信息交流和成果运用，强化综合管控和源头治理。

**第十六条** 负有安全生产监督管理职责的部门应当利用互联网，加强对生产经营单位安全风险、事故隐患和监管执法等数据的交流共享和运用拓展，开展以下数字化安全风险防控：

（一）加强感知设备建设规划和运用；

（二）实行在线监管、远程监管、移动监管和智能预警等非现场监管；

（三）利用电子标签等对危险化学品、液化气气瓶等进行识别和追溯；

（四）搭建预知研判模型，利用数字工具辨识安全风险、发现事故隐患和违法行为，并作为制定监督检查计划和监管措施的重要依据。

**第十七条** 负有安全生产监督管理职责的部门应当根据生产经营单位上报的安全风险、事故隐患信息和执法监管等信息进行分析研判。

市级负有安全生产监督管理职责的部门应

当组织专家、专业机构，对新业态、工艺、技术、材料等中的新型危险源加强辨识评判。

**第十八条** 负有安全生产监督管理职责的部门应当根据行业、领域的实际情况，组织相关专业机构或者专家定期开展安全风险评估，加强对复合风险、潜在风险、风险耦合、风险周期等开展研究。

安全风险评估应当形成评估报告，报告应当包括安全风险的基本情况、事故发生的可能性及危害程度、事故影响范围、安全风险管控和应急措施，以及评估结论与建议等内容。

安全风险评估报告应当作为风险防控的重要参考。

**第十九条** 负有安全生产监督管理职责的部门应当依托大数据资源平台实现安全风险信息的汇总，运用“一网统管”平台绘制、更新安全风险分布图。

负有安全生产监督管理职责的部门应当及时跟踪风险变化情况，对新风险、新情况及时编制安全管理标准或者规范，完善风险防控措施。

**第二十条** 本市编制城市总体规划及国土空间规划、应急管理规划、城市综合防灾减灾规划等规划时，应当综合考虑安全防控需要，实行地上地下空间统筹和一体化提升改造，推进韧性城市建设。

本市按照国家规定，对于严重危及生产安全的工艺、设备实行淘汰制度。对于列入国家和本市淘汰目录的危及生产安全的工艺、设备，本市有关部门开展相关项目审批时，应当严格限制其引进和准入。

**第二十一条** 负有安全生产监督管理职责的部门应当根据国家和本市有关规定，建立重大危险源监测预警系统，对重大危险源监控异样情形进行提示、汇总和分析，并作为采取后续监管措施的参考。

负有安全生产监督管理职责的部门可以委托专业技术服务机构对接入重大危险源监测预警系统的生产经营单位视频图像和监测数据进行跟踪、分析。

**第二十二条** 本市对危险化学品行业实行统一规划、合理布局和严格控制。

本市有关部门组织编制国土空间规划时，应当根据本市实际情况，规划专门用于危险化学品生产、储存的区域和禁止建设危险化学品生产、储存项目的区域。

在国土空间规划禁止建设危险化学品生产、储存项目的区域内，已建的危险化学品生产、储存项目，由应急管理部门会同有关部门督促生产经营单位在规定期限内进行调整；需要转产、停产、搬迁、关闭的，由市或者区人民政府组织有关部门实施。

市应急管理、经济信息化部门应当会同有关部门，制定本市危险化学品产业结构调整指导目录。

**第二十三条** 市应急管理部门应当会同市经济信息化、发展改革、公安、交通、海事、生态环境等部门，制定本市禁止、限制、管控危险化学品生产、储存、经营、使用、运输等的目录，并向社会公布。

本市建立危险化学品全过程监管信息系统，对生产、储存、运输、经营、使用、废弃处置等各环节进行全过程信息化管理和监控，并实现企业、监管部门以及应急救援相关部门之间信息互联互通。

## 第三章 社会共治

**第二十四条** 各级人民政府及其有关部门应当采取多种形式，运用融媒体手段和平台，增强全社会的安全生产意识，定期组织应急救援演练，提升事故预防、自救互救的能力。

工会、共青团、妇联等群团组织应当依法维护职工群众的知情权、参与权与监督权。

**第二十五条** 各级人民政府及其有关部门应当加强安全生产法律、法规和安全生产知识的宣传教育。

市教育、人力资源社会保障等部门应当将安全知识普及纳入国民教育，建立完善学校安全教育和高危行业职业安全教育体系，将安全生产纳入相关技能培训。

报刊、广播、电视、网站等单位应当加强安全生产公益宣传，对违反安全生产法律、法规的行为进行舆论监督。

**第二十六条** 任何单位和个人发现安全生产重大风险、事故隐患和违法行为的，可以采用拍摄照片、视频等方式予以记录，通过“12345”市民服务热线、“随申拍”、部门举报热线和网站、来信来访等各种途径向负有安全生产监督管理职责的部门报告或者举报。

负有安全生产监督管理职责的部门应当完善受理、核查、处理、协调、督办、移送、答复、奖励、统计、报告等处置流程，及时处理报告或者举报，并对报告人、举报人的信息予以保密，保护报告人、举报人的合法权益。对报告安全生产重大风险、重大事故隐患或者举报安全生产违法行为的有功人员，依法给予奖励。

**第二十七条** 有关协会组织应当依照法律、法规和章程，加强行业自律，开展下列工作：

（一）配合开展相关领域安全风险辨识、评估和监测；

（二）组织制定相关安全生产团体标准，提出制定或者修订安全生产国家标准、行业标准的建议；

（三）提供培训、技术咨询、指导服务；

（四）推广应用安全生产的先进技术和最佳实践；

（五）研究安全生产专业技术难点问题；

（六）提升行业安全生产水平的其他工作。

**第二十八条** 本市支持中介服务机构依法开展安全生产评价、检测、检验、监理、培训等社会化服务。

从事安全生产社会化服务的中介服务机构应当具备法律、行政法规规定的资质或者条件，为生产经营单位、相关政府部门等提供专业技术服务，提升技术能力和服务水平，并依法对其提供的服务承担责任。

负有安全生产监督管理职责的部门可以会同有关行业组织，推动建立相关指导、评价和公开机制，及时互相通报有关中介服务机构的行政监管和服务评价信息。

**第二十九条** 本市建立健全安全生产专家库。负有安全生产监督管理职责的部门可以根据需要，从专家库中聘请专家组成专家组，为以下安全生产问题提供决策建议：

（一）安全生产重大风险和相关趋势的评估和预测；

（二）安全生产相关重要规划、政策、预案的拟订、演练和评估；

（三）其他本市安全生产工作中带有长远性、全局性、战略性和疑难性的重大问题。

**第三十条** 属于国家规定的高危行业、领域的生产经营单位应当投保安全生产责任保险。本市鼓励其他行业、领域的生产经营单位投保安全生产责任保险；鼓励安全生产相关保险产品的开发和推广。

保险机构应当强化事故技术预防服务，开展风险辨识评估、事故隐患排查、安全管理培训等事故预防工作，建立事故快速理赔及预赔付等机制。

**第三十一条** 因安全生产违法行为造成重大事故隐患或者导致重大事故，致使国家利益或者社会公共利益受到侵害的，人民检察院可以根据民事诉讼法、行政诉讼法的相关规定提起公益诉讼。

人民检察院因办理案件需要，可以进行现场调查核实、固定收集证据，生产经营单位应当予以配合，有关部门应当给予协助。

**第三十二条** 鼓励大型企业集团、连锁经营企业在遴选供应商和合作方时，综合考核供应商、合作方的安全生产条件、安全生产标准化建设水平以及风险管控情况，带动上下游生产经营单位安全生产管理水平的提升。

企业集团总部应当依法加强对下属企业安全生产的指导、监督、考核和奖惩，并对加盟商等关联企业进行安全生产的指导、监督，推广安全生产最佳实践，实行安全生产的统一管理。

鼓励大型企业集团、连锁经营企业制定、实施、推广严于国家标准、行业标准的安全生产企业标准。

## 第四章　生产经营单位的安全生产保障

**第三十三条**　生产经营单位应当建立健全下列涵盖生产经营全过程、各环节的安全生产管理制度，加强安全生产标准化管理，明确相关操作规程，逐级、逐岗位予以督促落实、保证执行：

（一）安全生产全员责任制及奖惩制度；

（二）安全生产会议制度；

（三）安全生产投入及费用管理制度；

（四）安全生产教育、培训及特种作业管理制度；

（五）场所、设备、设施安全管理制度；

（六）安全风险分级管控制度；

（七）安全检查和事故隐患排查治理制度；

（八）危险作业及变更管理制度；

（九）重大危险源监控制度；

（十）对承包、承租单位的安全管理制度；

（十一）劳动防护用品配备和管理制度；

（十二）应急管理制度；

（十三）生产安全事故报告和处理制度；

（十四）安全生产档案制度；

（十五）其他保障安全生产的规章制度。

**第三十四条**　生产经营单位应当将安全生产管理贯穿于生产经营全过程，建立、健全从主要负责人到一线从业人员的全员安全生产责任制，切实落实“一岗一责”，并向本单位全体从业人员公示。

全员安全生产责任制应当涵盖本单位各安全风险点，明确各部门、各岗位的责任人员、责任范围、责任内容和考核要求。

**第三十五条**　危险化学品、矿山、金属冶炼、建筑施工、交通运输等危险性较高的生产经营单位应当加强安全生产的信息化管理，运用数字化技术开展安全风险管控、事故隐患排查治理、重大危险源监控等工作，按照要求向相关负有安全生产监督管理职责的部门实时、准确、完整地报送下列安全生产数据：

（一）安全生产基础情况数据；

（二）风险管控和事故隐患排查治理数据；

（三）重要部位和重点工艺装置感知数据；

（四）安全生产视频监控和预警数据。

相关市级负有安全生产监督管理职责的部门应当对前款规定的数据报送的范围、要素和路径等制定指南或者规范。

**第三十六条**　生产经营单位的决策机构、主要负责人或者个人经营的投资人应当保证安全生产所必需的资金投入，安全生产资金纳入年度生产经营计划和财务预算。

安全生产资金应当用于安全生产的技术项目、设施和设备，宣传、教育培训和奖励，劳动防护用品，安全生产的新技术、新工艺、新材料，重大危险源的监控和管理，应急救援器材、物资的储备，安全生产责任保险以及其他安全生产方面，不得挪作他用。

生产经营单位应当按照国家有关规定，建立安全生产费用管理制度，将本单位当年度安全生产费用提取、使用计划和上一年度安全生产费用提取、使用情况，报负有安全生产监督管理职责的部门备案。

**第三十七条**　生产经营单位主要负责人应当履行《中华人民共和国安全生产法》和其他法律、法规规定的职责，定期研究安全生产问题，向职工代表大会、股东大会报告安全生产情况。分管安全生产的负责人协助主要负责人履行安全生产职责；其他负责人应当按照各自分工，负责其职责范围内的安全生产工作。

鼓励危险化学品、矿山、金属冶炼、建筑施工、交通运输等危险性较高生产经营单位设立安全总监，负责组织本单位安全生产的体系建设、监督检查和重大安全生产问题的协调解决。

**第三十八条**　矿山、金属冶炼、建筑施工、船舶修造、电力、交通运输、民用爆炸物品和危险物品生产、经营、储存、装卸，以及从业人员三百人以上的生产经营单位应当建立安全生产委员会，其他生产经营单位可以建立安全生产委员会。

生产经营单位的安全生产委员会由本单位的主要负责人、分管安全生产的负责人、安全总监、安全生产管理机构及相关机构负责人、安全生产管理人员和工会代表以及从业人员代表组成。

安全生产委员会审查本单位年度安全生产工作计划和实施重大安全生产技术项目、安全生产各项投入等情况，研究和审查本单位有关安全生产的重大事项，督促落实消除事故隐患的措施。安全生产委员会至少每季度召开一次会议，会议应当有书面记录。

**第三十九条** 生产经营单位应当根据法律、法规规定，结合所在行业、领域的安全风险情况，以及本单位从业人员状况，合理设置安全生产管理机构或者配备安全生产管理人员。

矿山、金属冶炼、建筑施工、交通运输和危险物品的生产、经营、储存、装卸单位，从业人员不足三百人的，应当至少配备一名专职安全生产管理人员；从业人员三百人以上的，至少配备三名专职安全生产管理人员，每增长三百人至少增配二名专职安全生产管理人员；从业人员一千人以上的，至少配备八名专职安全生产管理人员，每增长一千人至少增配二名专职安全生产管理人员；从业人员五千人以上的，至少配备十五名专职安全生产管理人员。

船舶修造、电力、渔业生产、民用爆炸物品生产经营单位，从业人员不足一百人的，应当至少配备一名专职或者兼职的安全生产管理人员；从业人员一百人以上的，至少配备一名专职安全生产管理人员；从业人员三百人以上的，至少配备二名专职安全生产管理人员，每增长三百人至少增配一名专职安全生产管理人员；从业人员一千人以上的，至少配备五名专职安全生产管理人员，每增长一千人至少增配一名专职安全生产管理人员；从业人员五千人以上的，至少配备十名专职安全生产管理人员。

前两款规定以外的其他生产经营单位，从业人员不足一百人的，应当至少配备一名专职或者兼职的安全生产管理人员；从业人员一百人以上的，至少配备一名专职安全生产管理人员；从业人员一千人以上的，至少配备二名专职安全生产管理人员，每增长二千人至少增配一名专职安全生产管理人员；从业人员五千人以上的，至少配备五名专职安全生产管理人员。

风险较高、生产经营状况复杂的生产经营单位应当根据实际需要，适当增加安全生产管理人员。

**第四十条** 生产经营单位的安全生产管理机构和安全生产管理人员应当履行法律、法规和规章规定的安全生产职责。

生产经营单位的安全生产管理机构负责人应当具备相应的安全生产管理能力，依法需要取得注册安全工程师资格的，应当取得相应资格。

**第四十一条** 生产经营单位的主要负责人和安全生产管理人员等应当按照国家有关规定，参加安全培训并经考核合格；发生人员死亡事故的，其主要负责人和安全生产管理人员应当重新参加安全培训，并经考核合格。

生产经营单位主要负责人和安全生产管理人员培训时间，按照法律、法规、规章规定执行。

**第四十二条** 生产经营单位应当对下列人员及时进行安全生产教育和培训：

（一）新进从业人员；

（二）离岗六个月以上的或者换岗的从业人员；

（三）采用新工艺、新技术、新材料或者使用新设备后的有关从业人员。

生产经营单位应当对在岗的从业人员进行定期的安全生产教育和培训。从业人员未经安全生产教育和培训合格的，不得上岗作业。

大型企业集团和其他有条件的生产经营单位可以建立安全生产实训基地，开展从业人员安全生产技能培训。安全生产实训基地可以向社会开放。

**第四十三条** 从事特种作业的人员应当按照国家有关规定经专门的安全作业培训，考核合格取得特种作业操作资格证书后，方可上岗作业。

生产经营单位不得安排无特种作业操作资格证书的人员从事特种作业。

生产经营单位指派从业人员参加专门的安

全作业培训和特种作业操作资格考试的，应当承担该从业人员的培训和考试费用。

**第四十四条** 安全生产教育和培训内容主要包括安全生产的法律、法规和规章制度，安全操作基本技能和安全技术基础知识，作业场所和工作岗位存在的危险因素、防范措施以及事故应急措施，劳动防护用品的性能和使用方法以及其他需要掌握的安全生产知识。

生产经营单位应当建立安全生产教育和培训档案，如实记录安全生产教育和培训的时间、内容、参加人员以及考核结果等情况。

安全生产教育和培训的时间按照国家和本市有关规定执行。

**第四十五条** 生产经营单位应当按照发生生产安全事故的可能性及其后果的严重程度，开展安全风险分级管控。安全风险分为重大、较大、一般和低安全风险。

生产经营单位应当按照负有安全生产监督管理职责的部门编制的安全风险分级管控实施指南，针对工艺、设备、物品、场所和岗位，开展危险因素辨识和安全风险评估、分级、管控，向负有安全生产监督管理职责的部门报告风险分级管控实施情况，并在较大及以上级别安全风险的工作场所设置明显的安全风险告知牌和警示标志。

危险化学品企业应当按照国家和本市有关规定实行风险告知和承诺制度，建立覆盖企业全员、全过程的安全风险研判工作流程，研判各项工作的安全风险，落实安全风险管控措施，并在企业生产经营场所显著位置发布其安全承诺。

**第四十六条** 生产经营单位有下列情形之一的，可能对安全生产造成影响的，应当组织专业技术人员或者委托具有相应资质的安全生产中介服务机构进行安全评估，形成评估报告，针对安全风险隐患制定应急预案，采取防范措施，并依法办理许可、备案手续：

（一）使用新工艺、新技术、新材料、新设备的；

（二）改变工艺、配方或者调整生产规划布局的；

（三）开展大型检修、维修作业的；

（四）开展老旧建筑、设施改造的；

（五）开展具有较大风险的危险化学品相关研发试验的。

**第四十七条** 生产经营单位应当按照国家有关规定，办理重大危险源备案，并采取下列监控措施：

（一）建立运行管理档案，对运行情况进行全程监控；

（二）定期对设施、设备进行检测、检验；

（三）定期进行安全评价；

（四）定期检查重大危险源的安全状态；

（五）制定应急预案，定期组织应急救援演练。

生产经营单位可以委托具有相应资质的安全生产中介服务机构，对重大危险源进行检测和安全评价。

**第四十八条** 生产经营单位应当建立健全事故隐患排查治理制度，对事故隐患的排查、登记、报告、监控、治理、验收和资金保障等事项做出具体规定。

生产经营单位应当依照安全风险情况开展安全生产检查，定期排查、及时消除事故隐患，并对事故隐患排查治理情况进行分析、记录。对一时难以消除的事故隐患，应当采取必要的管控措施，制定整改方案，并落实措施、责任人、期限、资金和应急预案。

生产经营单位发现重大事故隐患的，应当及时向负有安全生产监督管理职责的部门报告。负有安全生产监督管理职责的部门接到报告后，应当及时进行处理。

**第四十九条** 生产经营单位存在重大事故隐患的，市、区人民政府应当指定有关部门督促生产经营单位制定、落实治理计划。

对于非生产经营单位原因造成，短时期内难以消除的重大事故隐患，市、区人民政府应当组织有关部门制定计划督促治理，并落实治理资金。任何单位和个人不得侵占或者挪用治理资金。

**第五十条** 矿山、建筑施工企业和危险化学品、民用爆炸物品生产企业在生产前，应当依法向有关部门申请领取安全生产许可证。

矿山、金属冶炼建设项目和用于生产、储存、装卸危险物品的建设项目应当按照国家有关规定进行安全条件论证和安全评价，其安全设施设计应当报应急管理等部门审查。审查部门及其负责审查的人员对审查结果负责。

矿山、金属冶炼建设项目和用于生产、储存、装卸危险物品的建设项目竣工投入生产或者使用前，应当由建设单位负责组织对安全设施进行验收；验收合格后，方可投入生产和使用。负有安全生产监督管理职责的部门应当加强对建设单位验收活动和验收结果的监督核查。

**第五十一条** 生产经营单位进行爆破、吊装、动火、临时用电以及国家规定的其他危险作业的，应当严格执行内部审批程序并予以现场确认，由相关负责人现场带班，确定专人进行现场作业的统一指挥，由本单位安全生产管理人员进行现场安全检查和监督，并由具有专业资格的人员实施作业。

生产经营单位委托其他有专业资质的单位进行危险作业的，应当在作业前与受托方签订安全生产管理协议。安全生产管理协议应当明确各自的安全生产职责。

生产经营单位或者接受委托的作业单位在危险作业前应当制定危险作业的方案和安全防护措施，并设置作业现场的安全区域。

从事危险作业时，作业人员应当服从现场的统一指挥和调度，并严格遵守作业方案、操作规程和安全防护措施。

**第五十二条** 生产经营单位不得将生产经营项目、场所、设备发包或者出租给不具备安全生产条件或者相应资质的单位或者个人。

生产经营项目、场所发包或者出租给其他单位的，生产经营单位应当与承包单位、承租单位签订专门的安全生产管理协议，或者在承包合同、租赁合同中约定各自的安全生产管理职责。

生产经营单位应当向承包、承租单位告知项目、场所、设备的安全生产基本情况，对现场危险源、逃生路线等注意事项作必要的培训或者提示；承包单位常驻本单位作业的，应当将其作业人员纳入本单位安全生产教育培训统一管理。

生产经营单位对承包单位、承租单位的安全生产工作统一协调、管理，定期进行安全检查，发现安全问题的，应当及时督促整改；发现安全生产违法行为、重大事故隐患或者发生生产安全事故时，应当立即如实报告所在地负有安全生产监督管理职责的部门。

承包、承租单位对所开展的生产经营事项承担安全生产主体责任；应当配合发包、出租单位对安全生产工作的统一协调、管理，发生生产安全事故时，及时向发包、出租单位和所在地负有安全生产监督管理职责的部门报告。

**第五十三条** 商务楼宇、商业综合体的所有权人、使用人、房屋建设单位应当依法履行建筑物、房屋安全责任，可以通过委托物业服务企业或者专业单位，履行定期组织房屋使用安全检查、协助和指导房屋使用安全责任人消除安全隐患等责任，并在物业服务合同中予以约定。

商务楼宇、商业综合体的物业服务企业应当协调管理服务区域内的生产经营单位做好安全生产工作，对疏散通道、消防设施、充电桩、电梯等物业共用部位和共用设施进行定期巡查，配合落实隐患整改措施，对可能出现的生产安全事故制定相关应急救援预案，定期开展应急救援演练。

**第五十四条** 大型群众性活动的举办者需要设置临时性建筑物、构筑物及设施、设备的，应当对其安全性能进行检测、检验。

涉及公共场所人群聚集的大型群众性活动，应当依法实施安全评估，制定安全工作方案，向公安机关办理相关手续。

**第五十五条** 生产经营单位应当为从业人员提供符合国家标准或者行业标准的劳动防护用品，并教育、督促从业人员正确佩戴、使用。生产经营单位不得以现金或者其他物品替代劳动防护用品的提供。

生产经营单位购买劳动防护用品时，应当查验产品质量合格证明；购买特种劳动防护用品时，还应当建立采购档案。

**第五十六条** 生产经营单位及其有关负责人或者其他人员不得从事下列行为：

（一）违反操作规程或者安全管理规定从事作业；

（二）超过核定的生产能力、强度或者定员进行生产；

（三）违规在实验室研发阶段批量生产危险化学品；

（四）伪造、故意使用虚假工艺文件、危险化学品安全技术说明书、安全管理台账等严重影响安全生产的资料；

（五）拒不执行负有安全生产监督管理职责的部门下达的安全监察指令；

（六）使用报废或者应当报废的设施、设备、产品；

（七）将生产、经营、储存、使用危险物品的车间、商店、仓库与员工宿舍设在同一座建筑物内；

（八）关闭、破坏直接关系生产安全的监控、报警、防护、救生设备、设施，或者篡改、隐瞒、销毁其相关数据、信息；

（九）违规使用超过法定退休年龄的人员从事危险作业；

（十）法律、法规规定的其他禁止行为。

## 第五章 从业人员的安全生产权利义务

**第五十七条** 生产经营活动中，从业人员享有下列权利：

（一）在集体合同、劳动合同中，载明劳动安全、防止职业危害和工伤保险等事项；

（二）了解其作业场所、工作岗位存在的危险因素以及防范、应急措施；

（三）对本单位安全生产工作中存在的问题提出建议、批评、检举和控告；

（四）拒绝违章指挥、强令冒险作业的要求；

（五）发现直接危及人身安全的紧急情况时，停止作业或者在采取可能的应急措施后撤离作业场所；

（六）因生产安全事故受到损害后提出赔偿要求；

（七）接受安全生产教育和培训，掌握本职工作所必需的安全生产技能；

（八）获得生产经营单位提供的符合国家和行业标准的劳动条件和劳动防护用品；

（九）因接触职业危害因素接受符合国家有关规定的职业健康检查；

（十）法律、法规规定的其他权利。

劳务派遣人员有依法向用工的生产经营单位主张安全生产的权利。

生产经营单位不得以任何形式与从业人员订立协议，免除或者减轻其对从业人员因生产安全事故伤亡依法应当承担的责任。

**第五十八条** 生产经营活动中，从业人员应当履行下列义务：

（一）严格落实岗位安全责任，遵守本单位的安全生产规章制度和操作规程；

（二）正确使用劳动防护用品；

（三）接受安全生产教育和培训；

（四）及时报告事故隐患和不安全因素；

（五）法律、法规规定的其他义务。

**第五十九条** 生产经营单位应当将接受其作业指令的劳务派遣人员、灵活用工人员纳入本单位对从业人员安全生产的统一管理，履行安全生产保障责任，不得将安全生产保障责任转移给劳务派遣单位或者劳务派遣人员、灵活用工人员本人。

鼓励使用灵活用工人员的生产经营单位为其提供购置相关保险等保障措施。

**第六十条** 生产经营单位的工会组织依法对下列安全生产工作进行监督：

（一）对生产经营单位违反安全生产法律、法规，侵犯从业人员合法权益的行为，有权要求纠正；

（二）对生产经营单位违章指挥、强令冒险

作业或者发现事故隐患时，有权提出解决建议；

（三）发现危及从业人员生命安全的情况时，有权建议生产经营单位组织从业人员撤离危险场所；

（四）法律、法规规定的其他情形。

生产经营单位对工会组织提出的意见和建议，应当研究，并及时答复、处理。

**第六十一条** 本市工伤保险基金按照国家和本市的有关规定将工伤预防费列入下一年度工伤保险基金支出预算，用于工伤预防的宣传、培训等。

## 第六章 监督管理

**第六十二条** 本市实行各级人民政府和有关部门安全生产行政责任制度。市和区人民政府及其有关部门的主要负责人对本地区、本行业的安全生产管理工作承担主要责任，其他分管负责人按照职责分工依法承担相应责任。

领导干部安全生产行政责任追究，应当根据岗位职责，对照责任、权力、监管和任务清单以及监督检查计划，综合考量履职情况、履职条件、主观过错、产生后果、因果关系等因素，确定相关责任。

**第六十三条** 区人民政府和市级负有安全生产监督管理职责的部门每季度至少召开一次安全生产工作会议，分析本地区、本行业的安全生产形势和情况，研究、部署防范生产安全事故发生的措施和方案，协调并解决安全生产工作中的重大问题。

**第六十四条** 市、区人民政府应当对负有安全生产监督管理职责的部门和下一级人民政府履行安全生产监督管理职责的情况进行年度考核，作为相关领导干部年度考核的重要内容。

国有资产管理部门应当会同应急管理等部门对其负责管理的国有企业的安全生产工作进行年度考核，考核结果纳入国有企业绩效考核。

本市建立安全生产约谈制度，市、区安全生产委员会对未依法履行安全生产监督管理职责，未完成重要安全生产任务或者辖区内发生较大以上生产安全事故的本级人民政府有关部门、下级人民政府及有关单位主要负责人进行约谈。

**第六十五条** 本市强化安全生产执法体系和执法能力建设。

应急管理综合执法队伍应当加强安全生产执法，实行以区为重心的属地监管。

负有安全生产监督管理职责的部门应当配备与其监督管理工作相适应的执法人员和执法装备，提升安全生产监管执法技术能力，定期对其执法人员开展安全生产技术、管理、法律等方面的培训和考核，提高执法人员业务能力和综合素质。

**第六十六条** 本市建立健全常态化的安全生产检查机制。负有安全生产监督管理职责的部门应当按照分类分级监督管理的要求，编制年度监督检查计划，明确重点检查单位范围。相关部门应当按照年度监督检查计划确定的监督检查内容、范围和频次开展监督检查，加强相互衔接，必要时可以实行联合检查。

负有安全生产监督管理职责的部门应当落实风险防控责任，对位置相邻、业态相近、行业相似的生产经营单位实施联防联控。

负有安全生产监督管理职责的部门应当加强行政执法标准化建设，改善执法人员调查取证、个体防护等专业化执法装备，建立健全行政执法与刑事司法衔接制度、典型执法案例定期通报制度和执法评议考核制度。

**第六十七条** 工业园区等功能区应当制定年度安全生产监督检查计划，按照职责对区域内生产经营单位的安全生产工作开展监督检查；发现安全生产违法行为或者事故隐患的，应当责令生产经营单位立即改正或者限期治理，并向有关部门报告。

危险化学品集中区域管理机构应当每五年进行一次区域整体性安全风险评价，核定安全容量，实施总量控制，降低区域风险。

**第六十八条** 乡镇人民政府、街道办事处应当结合市、区人民政府及其安全生产委员会的工作部署，制定年度安全生产监督检查计划，统筹协调辖区内相关管理力量，对列入本条例第六十六条第一款规定的重点检查单位以外的生产经营单位，开展安全生产监督检查、日常巡查，并协助有关部门实施安全生产监督管理。发现安全生产违法行为、事故隐患的，应当责令改正、督促整改，并按规定向有关部门报告。

区人民政府应当加强对乡镇人民政府、街道办事处安全生产工作的领导，落实相关保障措施。市、区负有安全生产监督管理职责的部门应当为乡镇人民政府、街道办事处安全生产工作提供指导、支持。

居民委员会、村民委员会应当协助乡镇人民政府、街道办事处做好与居民利益相关的安全生产工作，发现区域内的生产经营单位存在事故隐患或者安全生产违法行为时，应当及时报告。

**第六十九条** 本市举行重要会议、重大活动的，市级负有安全生产监督管理职责的部门根据安全管理需要，经市人民政府批准，可以采取临时性安全管控措施，并及时发布通知或者通告。

**第七十条** 负有安全生产监督管理职责的部门和乡镇人民政府、街道办事处对所监管的生产经营单位实行安全生产信用分级管理，依据信用等级高低采取差异化措施。对多次发现有安全生产违法行为、事故隐患的生产经营单位，可以依法采取强制培训、约谈等措施，并作为后续监管执法的依据。

负有安全生产监督管理职责的部门对生产经营单位作出处罚决定后，应当按照规定在七个工作日内予以公开，并及时将相关处罚信息向市公共信用信息服务平台归集。

**第七十一条** 本市相关部门应当根据信用信息，依照法律、行政法规的规定，对存在失信行为的生产经营单位及其有关从业人员实施以下联合惩戒措施：

（一）增加监督检查的频次；

（二）上调有关保险费率；

（三）在政府采购、招标投标、资金和项目支持、国有土地使用权出让或者授予荣誉等方面予以限制；

（四）对因出具虚假数据或者虚假报告受到处罚的中介服务机构，自处罚决定作出之日起三年内，不购买其服务。

**第七十二条** 市、区人民代表大会常务委员会应当通过听取和审议专项工作报告、组织执法检查、开展询问和质询等方式，加强对本规定执行情况和本市安全生产工作开展情况的监督。

市、区人民代表大会常务委员会应当充分发挥各级人大代表作用，组织人大代表围绕安全生产工作情况开展专题调研和视察等活动，督促有关方面落实本市安全生产的各项工作。

**第七十三条** 负有安全生产监督管理职责的部门和乡镇人民政府、街道办事处、功能区可以聘请具有相应资质或者能力的中介服务机构、专家、专业人士参与安全生产的监督检查、事故调查等工作，听取对专业技术问题的意见。

负有安全生产监督管理职责的部门和乡镇人民政府、街道办事处、功能区应当建立健全有关机构、专家和专业人士的遴选、考核、奖酬、回避等制度。

## 第七章 生产安全事故的应急救援和调查处理

**第七十四条** 生产经营单位应当制定生产安全事故应急救援预案，报负有安全生产监督管理职责的部门备案。

矿山、金属冶炼、城市轨道交通运营、建筑施工和危险物品的生产、经营、储存、运输、装卸单位以及宾馆、商场、娱乐场所、风景区等人员密集场所的生产经营单位应当按照国家规定建立安全生产应急救援组织，组织综合应急救援演练或者专项应急救援演练。

**第七十五条** 市、区人民政府应当建立、健全安全生产应急救援体系，强化应急救援队伍建设，储备应急救援物资、装备，加强安全生产应急救援资源共享和信息互通。

负有安全生产监督管理职责的部门根据国

家规定和本市突发事件总体应急预案，按照职责组织制定本行业、领域生产安全事故应急救援预案，并定期组织应急救援演练。

**第七十六条** 负有安全生产监督管理职责的部门根据生产安全事故应急工作的实际需要，在重点行业、领域建立应急救援基地和应急救援队伍，也可以依托有条件的生产经营单位、社会组织共同建立应急救援队伍，签订合作协议，约定救援内容、物资装备、日常管理、培训考核、补贴补助、保险保障等有关事项。

本市鼓励和支持生产经营单位和其他社会力量建立提供社会化救援服务的应急救援队伍，配备相应的应急救援装备和物资，定期开展应急救援演练，提高应急救援的专业化水平。

**第七十七条** 生产经营单位应当按照国家和本市有关规定，根据本单位可能发生的生产安全事故的特点和危害，配备必要的灭火、排水、通风以及危险物品稀释、掩埋、收集等应急救援器材、设备和物资，并进行经常性维护、保养，保证正常运转。

市、区人民政府应当根据本行政区域内可能发生的生产安全事故的特点和危害，采取自行储备、委托储备、产能储备相结合的方式，分级储备必要的安全生产应急救援装备和物资，并及时更新和补充。

**第七十八条** 生产经营单位发生生产安全事故后，应当在一小时内向负有安全生产监督管理职责的部门报告；情况紧急时，应当在三十分钟内向负有安全生产监督管理职责的部门报告。

负有安全生产监督管理职责的部门应当逐级上报事故情况，并依法通知有关部门。每级上报均应当在一小时内完成口头上报，在两小时内完成书面上报。

**第七十九条** 生产安全事故发生后，生产经营单位应当立即启动相应的应急救援预案，迅速采取有效措施，组织抢救，防止事故扩大，减少人员伤亡和财产损失；市或者区人民政府以及负有安全生产监督管理职责的部门接到事故报告后，应当根据需要立即组织事故救援。

**第八十条** 除法律、行政法规另有规定外，本市发生的生产安全事故按照下列规定进行调查：

（一）重大和较大生产安全事故，由市人民政府负责调查，市人民政府可以授权或者委托市应急管理部门或者其他有关部门组织调查；

（二）一般生产安全事故，由事故发生地的区人民政府负责调查，区人民政府可以授权或者委托区应急管理部门或者其他有关部门组织调查。

市人民政府认为必要时，可以调查区人民政府负责调查的事故。

**第八十一条** 事故调查组应当在法定时间内形成事故调查报告，并经相应人民政府批准。事故调查报告应当依法及时向社会公布。

事故调查组对事故调查过程中发现的具有普遍性、典型性的问题，可以在事故调查报告批复后，由事故调查组织部门向有关部门或者单位出具事故预防建议书。

**第八十二条** 负有安全生产监督管理职责的部门应当按照职责分工，统计分析本行业、领域生产安全事故情况、事故规律，完善事故预防机制，并定期通报同级应急管理部门。

应急管理部门应当定期汇总分析生产安全事故情况，作出事故风险提示，并定期向社会公布。

## 第八章 法律责任

**第八十三条** 违反本条例规定的行为，《中华人民共和国安全生产法》等有关法律、法规已有处罚规定的，从其规定；构成犯罪的，依法追究刑事责任。

生产经营单位发生生产安全事故，造成他人人身、财产损害的，依法承担赔偿责任。

**第八十四条** 各级人民政府及其有关部门的工作人员有下列情形之一的，依法给予处分：

（一）不履行安全生产监督管理责任，造成不良后果或者影响的；

（二）因其失职、渎职行为造成重大事故隐患的；

（三）发生生产安全事故，未按照规定组织救援或者玩忽职守致使人员伤亡或者财产损失扩大的；

（四）对生产安全事故隐瞒不报、谎报、迟报的；

（五）阻挠、干涉生产安全事故调查处理或者生产安全事故责任追究的。

**第八十五条** 生产经营单位违反本条例第五十一条第二款、第三款的规定，从事危险作业未签订安全生产管理协议，或者未制定危险作业的方案和安全防护措施、未设置作业现场安全区域的，由负有安全生产监督管理职责的部门责令改正，并可以对生产经营单位和接受委托的作业单位处以十万元以上二十万元以下的罚款，对其有关负责人和其他直接责任人员处以一万元以上五万元以下的罚款。

**第八十六条** 生产经营单位违反本条例第五十二条规定，在承发包行为中有下列行为之一的，由负有安全生产监督管理职责的部门责令改正，处以五千元以上五万元以下的罚款，对其有关负责人和其他直接责任人员处以二万元以下的罚款：

（一）发包、出租单位未向承包、承租单位告知项目、场所、设备的安全生产基本情况，或者未对有关注意事项作必要培训或者提示的；

（二）发包、出租单位未将常驻本单位作业的承包单位的作业人员纳入本单位安全生产教育培训统一管理的；

（三）发包、出租单位发现重大事故隐患、安全生产违法行为，未如实报告所在地负有安全生产监督管理职责的部门的；

（四）承包、承租单位未配合发包、出租单位对安全生产工作的统一协调、管理的。

**第八十七条** 生产经营单位违反本条例第三十五条、第四十五条、第四十六条、第五十三条、第六十九条规定，有下列行为之一的，由负有安全生产监督管理职责的部门责令改正，处以一万元以上十万元以下的罚款，对其有关负责人和其他直接责任人员处以五千元以上二万元以下的罚款：

（一）未按照规定向负有安全生产监督管理职责的部门报送相关安全生产数据的；

（二）未向负有安全生产监督管理职责的部门报告风险分级管控实施情况的；

（三）开展可能对安全生产造成影响的作业未组织安全评估的；

（四）商务楼宇、商业综合体的物业管理服务单位未对疏散通道、消防设施、充电桩、电梯等物业共用部位和共用设施进行定期巡查的；

（五）未执行临时性安全管控措施的。

**第八十八条** 生产经营单位及其有关负责人或者其他人员违反本条例第五十六条第一项至第五项的规定，从事禁止行为的，由负有安全生产监督管理职责的部门责令改正，对生产经营单位处以一万元以上五万元以下的罚款，对其有关负责人和其他直接责任人员处以一千元以上一万元以下的罚款。

## 第九章　附　　则

**第八十九条** 国家机关、事业单位、人民团体、民办非企业单位在日常运营中的安全作业管理，参照本条例执行。法律、法规另有规定的，从其规定。

**第九十条** 本条例第三十八条、第三十九条涉及的生产经营单位从业人员的人数，包括接受其作业指令的劳务派遣人员、灵活用工人员的人数。

**第九十一条** 本条例2021年12月1日起施行。

# 上海市住房公积金管理若干规定

（2005 年 9 月 23 日上海市第十二届人民代表大会
常务委员会第二十二次会议通过）

**第一条** 为了加强本市住房公积金的管理，维护住房公积金所有者的合法权益，促进城镇住房建设，提高城镇居民的居住水平，根据国务院《住房公积金管理条例》，结合本市实际情况，制定本规定。

**第二条** 上海市住房公积金管理委员会（以下简称市公积金管委会）是本市住房公积金管理的决策机构。

上海市公积金管理中心（以下简称市公积金管理中心）负责本市住房公积金的管理运作，监督检查本市单位和职工缴存、提取和使用住房公积金的情况，依法履行行政处罚职能。

本市住房公积金的管理和使用依法接受建设、财政、人民银行等行政管理部门的监督，并依法接受审计部门的审计监督。

劳动保障、民政、人事、工商、房地资源、统计等行政管理部门按照各自职责，协同实施本规定。

**第三条** 住房公积金由国家机关、国有企业、城镇集体企业、外商投资企业、城镇私营企业及其他城镇企业、事业单位、民办非企业单位、社会团体（以下统称单位）及其在职职工缴存。

**第四条** 住房公积金的缴存比例，可以在国家规定的最低缴存比例基础上浮动确定，每年住房公积金的缴存比例和月缴存最高限额，由市公积金管委会拟订，报市人民政府批准后执行，并向社会公布。

**第五条** 市公积金管理中心应当全面、准确掌握单位及其职工的相关信息，督促单位依法及时办理住房公积金缴存登记和住房公积金账户的设立、转移、注销等手续。

工商、劳动保障和统计等有关行政管理部门应当向市公积金管理中心提供单位及其职工的相关信息。

**第六条** 职工与原单位终止劳动关系后即被新单位录用的，原单位应当自劳动关系终止之日起三十日内，将职工住房公积金账户转移到新单位。

职工与原单位终止劳动关系后尚未被新单位录用的，原单位应当自劳动关系终止之日起三十日内，将职工住房公积金账户转入市公积金管理中心封存管理；职工被新单位录用后，新单位应当自录用之日起三十日内，为职工办理住房公积金账户启封和转移手续。

单位不为职工办理住房公积金账户转移、封存、启封等手续，职工可以凭有效证明材料向市公积金管理中心申请督促办理，经督促单位在十日内仍不办理的，市公积金管理中心应当在二十日内予以办理。

**第七条** 职工有下列情形之一的，可以向市公积金管理中心申请提取本人住房公积金账户内的存储余额：

（一）购买、建造、翻建、大修自住住房的；

（二）离休、退休的；

（三）大部分或者完全丧失劳动能力，并与单位终止劳动关系的；

（四）出境定居的；

（五）偿还购房贷款本息的；

（六）房租超出家庭工资收入的规定比例的。

职工享受城市居民最低生活保障，或者连续失业两年以上且家庭生活严重困难，或者因本人、配偶及其直系亲属重病、大病造成家庭生活严重困难的，也可以向市公积金管理中心申请提取本人住房公积金账户内的存储余额，用于支付房租、物业专项维修资金、物业服务费等费用。

职工提取住房公积金账户内存储余额后，其依法享受社会保障的权利不受影响。

**第八条** 申请提取住房公积金账户内存储余额的职工，应当向市公积金管理中心提交所在单位出具的提取证明和其他相关证明材料。

市公积金管理中心应当自受理提取住房公积金申请之日起三个工作日内，作出准予提取或者不准提取的决定，并书面通知申请人。准予提取的，由受委托办理住房公积金金融业务的银行(以下简称受托银行)办理支付手续；不准提取的，市公积金管理中心应当说明理由。

**第九条** 缴存住房公积金的职工购买、建造、翻建、大修自住住房时，可以向市公积金管理中心申请住房公积金贷款。

职工购买、建造自住住房申请住房公积金贷款的，应当同时符合下列条件：

(一) 申请贷款前缴存住房公积金达到规定期限；

(二) 自有资金支付购房款不低于规定比例；

(三) 具有稳定的经济收入和贷款偿还能力；

(四) 无尚未还清并可能影响贷款偿还能力的债务。

前款第(一)项中的规定期限、第(二)项中的规定比例，由市公积金管理中心拟订，经市公积金管委会批准后执行，并向社会公布。

职工翻建、大修自住住房申请住房公积金贷款的条件，参照本条第二款规定执行。

**第十条** 申请住房公积金贷款的职工，应当向市公积金管理中心提交贷款申请书和相关证明材料。

市公积金管理中心应当自受理住房公积金贷款申请之日起十五日内作出准予贷款或者不准贷款的决定，并书面通知申请人。准予贷款的，由受托银行办理贷款手续；不准贷款的，市公积金管理中心应当说明理由。

**第十一条** 单位被撤销、解散或者依法宣告破产时，其欠缴的住房公积金应当依法予以清偿。

单位分立、合并或者改制时，应当在明确其欠缴住房公积金的补缴责任主体后，方可办理有关手续。

计算单位欠缴住房公积金的数额时，职工工资基数按照单位或者职工提供的相关证明材料确定；单位和职工均无法提供职工工资基数证明材料的，可以按照本市统计部门公布的上年度职工平均工资计算。

**第十二条** 市公积金管委会在拟订住房公积金的缴存比例、确定住房公积金的最高贷款额度等重大事项前，应当采取座谈会、听证会等形式或者通过媒体广泛听取单位和职工的意见。

**第十三条** 市公积金管理中心和受托银行应当于每年八月向单位和职工发放住房公积金的缴存凭证。

市公积金管理中心和受托银行应当建立住房公积金信息化管理运作系统，为单位和职工查询本单位和本人的住房公积金账户信息提供便利服务。

市公积金管理中心、受托银行、单位和相关工作人员对职工的住房公积金账户信息负有保密责任。

**第十四条** 市公积金管理中心应当在每年三月底前，向社会公布经市公积金管委会审议的上年度住房公积金年报，包括住房公积金归集和使用的情况、财务报告和其他需要说明的情况。

**第十五条** 受托银行和担保机构应当严格履行与市公积金管理中心签订的委托合同，按照操作规范，为单位和职工办理住房公积金业务提供便利服务。

前款所称担保机构，是指依法设立的、对住房公积金个人购房贷款实施专业担保的机构。

**第十六条** 对违反住房公积金管理规定的行为，任何单位和个人都可以向市公积金管理中心投诉、举报，市公积金管理中心应当在接到投诉、举报后三十日内提出处理意见，并书面告知投诉、举报人。

**第十七条** 单位不依法办理住房公积金缴存登记，不为本单位职工办理住房公积金账户设立手续，逾期不依法缴存住房公积金，或者少缴住房公积金的，由市公积金管理中心依照国务院《住房公积金管理条例》的规定予以处理。

**第十八条** 以欺骗手段违法提取本人住房公积金账户内的存储余额的，市公积金管理中心应当责令限期退回违法所提款额，并可处违法所提款额百分之十以上百分之五十以下的罚款。

以欺骗手段违法提取他人住房公积金账户内的存储余额的，市公积金管理中心应当责令限期退回违法所提款额，并可处违法所提款额一倍以上五倍以下的罚款；构成犯罪的，依法追究刑事责任。

**第十九条** 以欺骗手段违法获得住房公积金贷款的，市公积金管理中心应当责令借款人限期退回违法所贷款额，并可取消其一年至五年的住房公积金贷款资格，或者处违法所贷款额百分之十以上百分之五十以下的罚款；构成犯罪的，依法追究刑事责任。

**第二十条** 当事人对市公积金管理中心的具体行政行为不服的，可以依照《中华人民共和国行政复议法》或者《中华人民共和国行政诉讼法》的规定，申请行政复议或者提起行政诉讼。

当事人对具体行政行为逾期不申请行政复议，不提起行政诉讼，又不履行的，作出具体行政行为的市公积金管理中心可以申请人民法院强制执行。

**第二十一条** 履行住房公积金缴存义务的企业、自收自支的事业单位和社会团体、民办非企业单位及其在职职工，可以缴存补充住房公积金。

补充住房公积金的缴存、提取和使用办法，由市公积金管委会拟订，报市人民政府批准。

**第二十二条** 城镇个体工商户及其雇用人员、自由职业者缴存、提取和使用住房公积金的办法，参照本规定执行。

**第二十三条** 本规定自2006年1月1日起施行。1996年4月12日上海市第十届人民代表大会常务委员会第二十七次会议通过的《上海市住房公积金条例》同时废止。

# 上海市商品交易市场管理条例

（2005年11月25日上海市第十二届人民代表大会常务委员会第二十四次会议通过 根据2020年5月14日上海市第十五届人民代表大会常务委员会第二十一次会议《关于修改本市部分地方性法规的决定》修正）

## 第一章 总 则

**第一条** 为了促进商品交易市场的发展，维护商品交易市场秩序，保障市场经营管理者、场内经营者和商品购买者的合法权益，根据有关法律、行政法规，结合本市实际，制定本条例。

**第二条** 本条例所称的商品交易市场，是指由市场经营管理者经营管理、集中多个商品经营者在场内各自独立进行现货商品交易的固定场所。

本条例所称的市场经营管理者，是指依法设立，利用自有、租用或者其他形式取得固定场所，通过提供场地、相关设施、物业服务以及其他服务，吸纳商品经营者在场内集中进行现货商品交易，从事市场经营管理的企业法人。

本条例所称的场内经营者，是指在商品交易市场内以自己的名义独立从事现货商品销售的企业、其他组织以及个体工商户。

**第三条** 本市行政区域内商品交易市场的设置、经营管理、场内交易以及相关监督管理活动，适用本条例。

**第四条** 市和区经济贸易行政管理部门按照职责分工负责编制商品交易市场的发展规划，指导商品交易市场的经营活动，协调政府有关部门共同实施本条例。

各级市场监督管理部门负责对商品交易市场主体资格的确认和经营行为的监督管理。

其他有关行政管理部门按照各自职责，依法对商品交易市场实施监督管理。

**第五条** 市场经营管理者、场内经营者和商品购买者的合法权益受法律保护。

市场经营管理者、场内经营者应当遵循诚实信用的原则，依法进行经营活动。

## 第二章 政府职责

**第六条** 市人民政府应当加强对商品交易市场设置的规划管理。

对需要市人民政府编制布局规划的商品交易市场的设置，由市经济贸易行政管理部门会同其他有关行政管理部门编制设置规划，报市人民政府批准后实施。

对食用农产品批发市场的设置，市经济贸易行政管理部门应当会同同级规划行政管理部门编制设置规划，落实规划用地，报市人民政府批准后实施。食用农产品零售市场的设置，区经济贸易行政管理部门应当会同同级规划行政管理部门按照方便市民的原则编制设置规划，报区人民政府批准后实施。

**第七条** 对关系到本市经济社会发展的重要商品交易市场，市人民政府应当制定相应的扶持政策。

政府提供场所设置商品交易市场的，有关行政管理部门应当按照公开、公平、公正的原则，通过公开招标投标方式选择市场经营管理者。

**第八条** 市和区人民政府的有关行政管理部门应当按照政府信息公开的要求，公开商品交易市场管理的法律、法规、规章、规范性文件、商品交易市场设置情况等信息，并为公众查阅信息提供方便。

**第九条** 食用农产品等批发市场交易的商品需要现场检测的，有关行政管理部门应当在场内派驻检测人员，配备相应的检测仪器和试剂，或者委托具有检测条件的批发市场经营管理者进行检测，从事检测的工作人员应当培训合格。

**第十条** 市场监管和消防等行政管理部门应当建立巡查制度，并按照各自的职责对商品交易市场进行监督管理。

市场监督管理部门应当在商品交易市场内公布与本部门的监督职责相关的政务信息和管理机构以及派出机构的名称、地址、联系电话。

各有关行政管理部门接到举报投诉后应当作好记录、及时调查处理，并回复举报投诉人。

市场监督管理部门对市场经营管理者、场内经营者的违法经营活动，应当依法查处。

**第十一条** 市场监督管理部门应当对商品交易市场内依法强制检定的计量器具实行监督检查。

市场监管、农业等行政管理部门应当按照各自职责对商品交易市场内的商品质量实行定期抽检，并将抽检结果在商品交易市场内公示。

## 第三章 市场经营管理者

**第十二条** 开办商品交易市场实行企业法人登记制度。

市场经营管理者应当依法向市场监督管理部门办理登记注册，领取企业法人营业执照。需要办理其他经营许可的，应当依法向有关行政管理部门办理。

**第十三条** 商品交易市场经营管理者的企业名称中，应当含有“市场经营管理”的字样，其经营范围应当与登记注册的经营范围相一致。

商品交易市场的注册地应当与其市场实际经营场所相一致。市场经营管理者在其注册地以外的其他场所另行设立商品交易市场的，应当向所在地市场监督管理部门办理分支机构登记注册手续。

**第十四条** 商品交易市场的选址应当符合城市规划所确定的用地要求和本条例第六条的规定。

商品交易市场内部布局和设施的配置应当符合国家和本市的有关标准和规范，达到环境保护、市容环卫的要求和消防等公共安全的要求。

**第十五条** 商品交易市场的经营管理应当遵循提供服务与实施管理相结合的原则。市场经营管理者应当制定市场内的有关管理制度，定期组织检查相关制度的实施情况，并根据检查结果及时采取必要措施。

**第十六条** 以零售为主的食用农产品市场的市场经营管理者应当在场内划定不少于本市场营业面积百分之五的专用区域，用于农民出售自产自销的食用农产品。

**第十七条** 市场经营管理者应当与场内经营者订立进场经营合同，并可以参照进场经营合同示范文本约定经营内容、场内秩序等双方权利义务以及违约责任、纠纷解决方式等事项。

进场经营合同的示范文本，由市经济贸易行政管理部门会同市市场监督管理部门制定并推荐使用。

**第十八条** 市场经营管理者应当核验进场经营者的营业执照、税务登记证和各类经营许可证。

**第十九条** 市场经营管理者应当督促场内经营者遵守有关法律规定和市场管理制度，增强诚信服务、文明经商的意识，倡导良好的经营风尚和商业道德。

市场经营管理者发现场内经营者有违法行为的，应当予以劝阻，并及时向有关行政管理部门报告。

市场经营管理者不得为从事非法交易的场内经营者提供场地、保管、仓储等条件。

**第二十条** 市场经营管理者应当维护市场内各项经营设施以及消防、环卫和安保等设施，确保相关设施处于完好状态，及时消除各类安全隐患。

市场经营管理者应当制止场内经营者在市场内占道、搭建或者流动经营等行为，保持场内环境整洁，确保场内通道畅通。

因突发事件应对需要，市场经营管理者应当按照国家和本市规定，采取关闭或者限制使用商品交易市场、卫生防疫等应急处置措施。

**第二十一条** 市场经营管理者应当对场内使用的、属于强制检定范围内的计量器具登记造册，并组织场内经营者向指定的计量检定机构申请周期检定，督促场内经营者依法正确使用、维护计量器具。

市场经营管理者应当在市场内设置符合计量要求的复检计量器具。

**第二十二条** 市场经营管理者应当在场内显著位置悬挂其企业营业执照、税务登记证以及有关许可证明，并在场内显著位置设立公示牌，公布市场管理制度以及消费者权益投诉受理机构的地址和电话。

**第二十三条** 侵犯消费者合法权益的场内经营者已经撤离商品交易市场的，消费者可以向市场经营管理者要求赔偿。市场经营管理者承担赔偿责任后，可以向负有赔偿责任的场内经营者追偿。

**第二十四条** 商品交易市场歇业或者终止营业的，市场经营管理者应当按照下列规定办理：

（一）提前三个月通知场内经营者，但合同另有约定的从其约定；

（二）以零售为主的商品交易市场，应当提前三个月在市场入口处张贴公示。

## 第四章 场内经营者

**第二十五条** 场内经营者应当信守承诺、公平竞争、合法经营，并按照规定在经营场所的显著位置悬挂相关证照。

农民在市场内出售自产自销的食用农产品应当持相关有效证明，并在市场经营管理者划定的专用区域内经营。

**第二十六条** 场内经营者购进商品应当查验商品质量，并在该商品销售完毕后继续保存能够证明进货来源的发票、单证等半年。

特约经销品牌商品的,场内经营者应当取得授权证明。

**第二十七条** 场内经营者出售商品,应当按照国家有关规定或者商业惯例向商品购买者出具购货凭证,但农民销售自产自销的食用农产品除外。

**第二十八条** 经营涉及人体健康、生命安全的商品以及重要的生产资料商品,场内经营者应当建立购货销货台账,向供货方索取相关合格证明文件。

**第二十九条** 场内经营者对场内管理秩序和安全隐患问题,有权向市场经营管理者提出改进意见,必要时可以向有关行政管理部门报告。

## 第五章 法律责任

**第三十条** 违反本条例规定的行为,法律、法规有处罚规定的,按照其规定予以处罚。

**第三十一条** 市场经营管理者违反本条例第十九条规定,发现场内经营者有违法行为,未及时向有关行政管理部门报告的,由有关行政管理部门按照各自的职责责令改正,并可处二千元以上二万元以下的罚款。

**第三十二条** 市场经营管理者违反本条例第二十四条关于商品交易市场歇业或者终止营业的规定,以零售为主的商品交易市场未提前三个月在市场入口处张贴公示的,由区市场监督管理部门责令限期改正;逾期不改正的,处一千元以上一万元以下的罚款。

**第三十三条** 场内经营者违反本条例第二十八条规定,经营涉及人体健康、生命安全的商品以及重要的生产资料商品未建立购销台账或者索取供货方合格证明的,由市场监督管理部门责令改正,并可处一千元以上五千元以下的罚款。

**第三十四条** 有关行政管理部门直接负责的主管人员和其他直接责任人员玩忽职守、滥用职权、徇私舞弊的,由所在单位或者上级主管部门给予处分;构成犯罪的,依法追究刑事责任。

## 第六章 附　则

**第三十五条** 本条例自 2006 年 3 月 1 日起施行。

# 上海市新建住宅交付使用许可规定

(2005 年 11 月 25 日上海市第十二届人民代表大会常务委员会第二十四次会议通过　根据 2010 年 9 月 17 日上海市第十三届人民代表大会常务委员会第二十一次会议《关于修改本市部分地方性法规的决定》第一次修正　根据 2016 年 2 月 23 日上海市第十四届人民代表大会常务委员会第二十七次会议《关于修改〈上海市河道管理条例〉等 7 件地方性法规的决定》第二次修正　根据 2021 年 10 月 28 日上海市第十五届人民代表大会常务委员会第三十六次会议《关于修改本市部分地方性法规的决定》第三次修正　根据 2023 年 12 月 28 日上海市第十六届人民代表大会常务委员会第九次会议《关于修改〈上海市养老服务条例〉等 12 件地方性法规和废止〈上海市保护和发展邮电通信规定〉等 6 件地方性法规的决定》第四次修正)

**第一条** 为了加强本市新建住宅交付使用的管理,保障居民入住的基本条件,制定本规定。

**第二条** 本市对新建住宅实行交付使用许可制度。新建住宅建设工程竣工验收合格后,其配套设施应当具备居民入住的基本条件，并取得新建住宅交付使用许可证，方可交付使用。

个人建造的自住房屋不适用本规定。

**第三条** 市房屋行政管理部门是本市新建住宅交付使用的主管部门，对全市新建住宅交付使用许可实施监督管理。区房屋行政管理部门负责核发和管理本行政区域内的新建住宅交付使用许可证。

**第四条** 新建住宅建设工程竣工并经有关部门验收合格后，住宅建设单位应当向区房屋行政管理部门申请新建住宅交付使用许可。申请人申请许可时，应当提供新建住宅建设工程竣工验收备案证书，并提供配套设施符合交付使用条件的相关文件、资料。

**第五条** 新建住宅申请交付使用许可，其配套设施应当符合下列条件：

（一）住宅生活用水纳入城乡自来水管网。

（二）住宅用电按照电力部门的供电方案，纳入城市供电网络，不使用临时施工用电。

（三）住宅的雨水、污水排放纳入永久性城乡雨水、污水排放系统；确因客观条件所限需采取临时性排放措施的，应当经水务、环保部门审核同意，并确定临时排放的期限。

（四）住宅小区附近有燃气管网的，完成住宅室内、室外燃气管道的敷设并与燃气管网镶接；住宅小区附近没有燃气管网的，完成住宅室内燃气管道的敷设，并负责落实燃气供应渠道。但是，工程建设标准和规范另有特别规定的除外。

（五）按照通信、有线电视工程标准和规范，完成住宅小区内通信、有线电视配套设施建设。

（六）住宅小区与城市道路或者公路之间有直达的道路相连。

（七）住宅小区按照规划要求配建的公共交通站点暂未开通公共交通线路，且住宅小区与已开通的公共汽车和电车、轨道交通站点距离均超过二公里的，住宅建设单位应当配备短途交通车辆通达公共汽车、电车或者轨道交通站点。

（八）按照规划要求完成教育、医疗保健、环卫、邮政、菜场及其他商业服务、社区服务和管理等公共服务设施的配建。由于住宅建设工程分期建设，上述设施尚未建成的，应当有可供过渡使用的相应公共服务设施。

（九）按照本市住宅设计标准预留设置空调器外机和冷凝水排放管的位置。

（十）完成住宅小区内的绿化建设。

（十一）住宅建设工程分期建设的，建成的住宅周边场地清洁、道路平整，与施工工地有明显有效的隔离措施。

**第六条** 区房屋行政管理部门应当在收到申请人提出的新建住宅交付使用许可申请之日起十五日内审查完毕，对符合本规定第五条规定的交付使用条件的，准予颁发新建住宅交付使用许可证；对不符合条件的，不予颁发新建住宅交付使用许可证，并说明理由，书面通知申请人。

**第七条** 新建住宅交付使用许可证是办理房屋所有权首次登记的凭证，由市房屋行政管理部门统一印制。

**第八条** 任何单位和居民发现交付使用的新建住宅不符合本规定第五条规定的交付使用条件的，有权向市房屋行政管理部门或者区房屋行政管理部门举报。市房屋行政管理部门或者区房屋行政管理部门对单位和居民的举报应当依法及时调查处理。

**第九条** 住宅建设单位违反本规定，未取得新建住宅交付使用许可证擅自交付使用新建住宅的，区房屋行政管理部门应当责令停止交付使用，限期改正，处以交付使用住宅销售额千分之五以上千分之十以下的罚款，并可以降低其房地产开发经营资质等级。

**第十条** 市房屋行政管理部门或者区房屋行政管理部门违反本规定第六条、第八条规定，不依法颁发新建住宅交付使用许可证，或者接到对违反本规定行为的举报不依法及时调查处理的，应当承担行政责任；对直接负责的主管人员和其他直接责任人员，由其所在单位或者上级主管部门依法给予处分，构成犯罪的，依法追究刑事责任。

**第十一条** 本规定自 2006 年 1 月 1 日起施行。

# 上海市实施《中华人民共和国国家通用语言文字法》办法

（2005年12月29日上海市第十二届人民代表大会
常务委员会第二十五次会议通过）

**第一条** 为了推广普通话和推行规范汉字，加强国家通用语言文字使用管理，发挥国家通用语言文字在社会生活中的作用，根据《中华人民共和国国家通用语言文字法》和其他有关法律、行政法规，结合本市实际，制定本办法。

**第二条** 本市行政区域内国家通用语言文字的使用及其管理和监督，适用本办法。

**第三条** 本市促进国家通用语言文字的规范、丰富和发展，建设与经济、社会、文化发展相适应的语言文字应用环境。

本市鼓励国家机关、企业、事业单位、社会团体、其他社会组织和公民参与国家通用语言文字的规范化、标准化建设。

**第四条** 市和区、县人民政府应当加强对国家通用语言文字工作的领导，将推广普通话、推行规范汉字纳入城市管理和精神文明建设的内容。

市和区、县人民政府应当对国家通用语言文字工作所需人员和经费予以保证。

**第五条** 市和区、县人民政府的语言文字工作委员会负责本行政区域内国家通用语言文字使用的管理和监督，其办事机构设在同级教育行政管理部门。

市和区、县语言文字工作委员会的主要职责是：

（一）编制、组织实施本行政区域内国家通用语言文字工作规划；

（二）协调、指导、监督各部门、各行业的语言文字工作；

（三）组织语言文字规范化宣传教育活动；

（四）指导普通话和规范汉字应用的培训和水平测试；

（五）推进国家通用语言文字应用研究；

（六）法律、法规规定的其他职责。

乡、镇人民政府和街道办事处应当根据区、县人民政府的要求和部署，负责做好本区域内国家通用语言文字的相关工作。

**第六条** 本市对在国家通用语言文字推广、研究、管理工作中做出突出成绩的组织和个人予以表彰。

**第七条** 本市依法保障公民学习和使用国家通用语言文字的权利，任何组织和个人不得限制。

**第八条** 下列情形，应当以普通话为基本用语：

（一）国家机关的公务活动用语；

（二）学校及其他教育机构的教育教学和集体活动用语；

（三）广播电台、电视台的播音、主持和采访用语，电影、电视剧用语，汉语文音像制品、有声电子出版物用语；

（四）本市召开或者举办的各类会议、展览、大型活动的工作用语。

本市应当采取措施，推动公共服务行业以普通话为服务用语。

**第九条** 依照本办法第八条规定以普通话为基本用语的，遇有下列情形，可以使用方言：

（一）国家机关工作人员执行公务和出版、教学、研究中确需使用方言的，以及戏曲、影视等艺术形式需要使用方言的；

（二）广播电台、电视台的播音、主持，经市广播电视行政管理部门批准使用方言的。

**第十条** 下列人员的普通话水平应当分别达到以下等级标准：

（一）国家机关工作人员为三级甲等以上；

（二）教师为二级乙等以上，学校及其他教

育机构中除教师以外的其他管理人员为三级甲等以上；

（三）普通高等学校、中等职业学校的学生为二级乙等以上；

（四）广播电台、电视台的播音员、节目主持人以及影视话剧演员为一级乙等以上。

对尚未达到前款规定的普通话等级标准的人员，应当分别情况进行培训。

本市应当采取措施，提高公共服务行业工作人员的普通话水平，直接面向公众服务的工作人员的普通话水平达到三级甲等以上，其中广播员、解说员、话务员等特殊岗位人员的普通话水平达到二级乙等以上。

**第十一条** 下列情形，应当以规范汉字为基本用字：

（一）国家机关的公务用字；

（二）学校及其他教育机构的教育教学用字；

（三）本市出版的汉语文出版物用字；

（四）影视屏幕用字；

（五）法人和其他组织的名称、招牌用字；

（六）广告、公共场所的设施用字；

（七）公共服务行业的服务用字；

（八）本市设计、制作，在境内使用的中文信息技术产品的用字和在本市注册的网站的网页用字；

（九）在本市销售的商品的包装、说明用字；

（十）本市召开或者举办的各类会议、展览、大型活动的用字。

**第十二条** 繁体字、异体字的保留或者使用，应当符合《中华人民共和国国家通用语言文字法》的有关规定。

题词和招牌中的手书字，提倡使用规范汉字。

法人和其他组织的名称牌中含有手书繁体字、异体字的，应当在适当的位置配放规范汉字书写的名称牌。

**第十三条** 国家机关工作人员、教师、普通高等学校学生、编辑记者、中文字幕制作人员、校对人员以及誊印、牌匾、广告制作业文案工作人员等的汉字应用水平，应当分别达到国家规定的要求。

**第十四条** 汉语文出版物、国家机关公文应当符合国家关于普通话、规范汉字、汉语拼音、标点符号、数字用法等的规范和标准。

国家机关公文、教科书不得使用不符合现代汉语词汇和语法规范的网络语汇。

新闻报道除需要外，不得使用不符合现代汉语词汇和语法规范的网络语汇。

**第十五条** 汉语文出版物、国家机关公文中需要使用外国语言文字的，应当用国家通用语言文字作必要的注释。

公共服务行业以规范汉字为基本的服务用字。招牌、告示、标志牌等需要使用外国文字的，应当用规范汉字标注。

**第十六条** 市和区、县人民政府的有关部门在同级语言文字工作委员会的协调和指导下，按照各自职责，管理和监督国家通用语言文字的使用：

（一）人事行政管理部门负责组织开展对国家机关工作人员普通话和汉字应用水平的教育与培训；

（二）教育行政管理部门负责对学校及其他教育机构的语言文字使用进行管理和监督，将语言文字规范化纳入教育督导、检查、评估的内容；

（三）文广影视、新闻出版、信息产业等行政管理部门负责对广播、电视、报刊、网络等媒体，以及中文信息技术产品中的语言文字使用进行管理和监督；

（四）工商行政管理部门负责对企业名称、商品名称以及广告中的语言文字使用进行管理和监督；

（五）民政行政管理部门负责对社会团体、民办非企业单位名称中的语言文字使用进行管理和监督；

（六）市政、市容环卫、绿化、地名、公安等行政管理部门负责对本市公共场所的设施等的语言文字使用进行管理和监督；

（七）劳动和社会保障行政管理部门负责

将普通话和汉字应用水平纳入有关职业技能训练与鉴定的基本内容；

（八）质量技术监督行政管理部门负责对产品标志、说明等的语言文字使用进行管理和监督，制定有关技术标准应当体现语言文字规范化的要求；

（九）商业、金融、旅游、体育、卫生、铁路、民航、城市交通、邮政、电信等行政管理部门或者行业主管部门负责对公共服务行业的语言文字使用进行管理和监督。

**第十七条** 市和区、县语言文字工作委员会应当对本行政区域内有关单位的语言文字工作进行评估，评估结果可以向社会公示。

各级语言文字工作委员会应当建立监测工作网络，对各类媒体、公共场所用语用字进行监测，监测结果应当向社会公示。

**第十八条** 本市设立的普通话和汉字应用水平测试专门机构，具体负责实施全市普通话和汉字应用水平测试工作。

**第十九条** 本市有关单位和人员，未按照本办法规定使用国家通用语言文字的，由其所在单位或者上级主管部门予以批评教育，责令改正；拒不改正的，由其所在单位或者上级主管部门作出处理。

公共场所的招牌、设施等的用字违反本办法关于国家通用语言文字使用的规定的，由城市管理行政执法部门责令改正；拒不改正的，予以警告，并督促其限期改正。

企业名称、商品名称以及广告用字违反本办法关于国家通用语言文字使用的规定的，由工商行政管理部门依法处理。

违反其他法律、法规有关使用国家通用语言文字规定的，依照其规定予以处理。

**第二十条** 本市有关部门的工作人员滥用职权或者不履行法定职责的，由其所在单位或者上级主管部门依法给予行政处分。

**第二十一条** 违反本办法有关规定，不按照国家有关规范和标准使用国家通用语言文字的，公民可以提出批评和建议。

违反本办法有关规定，语言文字使用不规范且拒不改正的单位，语言文字工作委员会可以在媒体上予以公示。

**第二十二条** 本办法自 2006 年 3 月 1 日起施行。

# 上海市动物防疫条例

（2005 年 12 月 29 日上海市第十二届人民代表大会常务委员会第二十五次会议通过　根据 2010 年 5 月 27 日上海市第十三届人民代表大会常务委员会第十九次会议《关于修改〈上海市动物防疫条例〉的决定》修正　2022 年 10 月 28 日上海市第十五届人民代表大会常务委员会第四十五次会议修订）

**第一条** 为了加强对动物防疫活动的管理，预防、控制、净化、消灭动物疫病，促进养殖业健康发展，防控人畜共患传染病，保障公共卫生安全和人体健康，根据《中华人民共和国动物防疫法》等法律、行政法规的规定，结合本市实际，制定本条例。

**第二条** 本条例适用于本市行政区域内动物防疫及其监督管理活动。

进出境动物、动物产品的检疫，适用《中华人民共和国进出境动植物检疫法》等相关法律、行政法规的规定。国家对实验动物防疫有特殊要求的，按照实验动物管理的有关规定执行。

**第三条** 动物防疫实行预防为主，预防与控制、净化、消灭相结合的工作方针，坚持综合防治、依法检疫、重点控制、全程监管的工作原则。

**第四条** 市、区人民政府对动物防疫工作实行统一领导，将动物防疫工作纳入国民经济和社会发展规划及年度计划，采取有效措施，稳定基层机构队伍，加强动物防疫队伍建设，建立健全动物防疫体系，制定并组织实施动物疫病防治规划。

乡镇人民政府、街道办事处应当组织群众做好本辖区的动物疫病预防与控制工作，并配备相应的动物防疫管理人员。村民委员会、居民委员会协助做好动物防疫工作，引导村民、居民依法履行动物防疫义务。

**第五条** 市、区农业农村部门是本行政区域内动物防疫工作的行政主管部门。未设置农业农村部门的相关区的动物防疫工作由区市场监督管理部门负责。市、区农业农村部门和相关区市场监督管理部门统称为动物防疫主管部门。市动物防疫主管部门应当加强对区动物防疫主管部门的业务指导、技术支持和工作监督。

发展改革、市场监管、卫生健康、绿化市容、商务、公安、交通、城管执法、财政、规划资源、生态环境、海关等有关部门在各自职责范围内，做好动物防疫工作。

**第六条** 市、区人民政府应当明确承担动物卫生监督和动物疫病预防控制工作职责的机构。

动物卫生监督机构负责动物、动物产品的检疫工作。

动物疫病预防控制机构承担动物疫病的监测、检测、诊断、流行病学调查、疫情报告以及其他预防、控制等技术工作；承担动物疫病净化、消灭的技术工作。

动物防疫主管部门应当加强对动物卫生监督机构、动物疫病预防控制机构的指导和监督。

**第七条** 市、区人民政府应当将动物疫病的监测、预防、控制、净化、消灭，动物、动物产品的检疫和无害化处理，流浪犬、猫的管控和处置，以及监督管理等所需经费纳入本级财政预算。

**第八条** 从事动物饲养、屠宰、经营、隔离、运输以及动物产品生产、经营、加工、贮藏等与动物和动物产品相关活动的单位和个人，应当依照国家和本市的规定，做好免疫、消毒、检测、隔离、净化、消灭、无害化处理等动物防疫工作，承担动物防疫相关责任，防止疫病传播。

**第九条** 本市鼓励科研院所、高等学校、企业等创新研发动物疫病诊断、净化、防控技术，开展针对常见、多发动物疫病的新型生物兽药、兽用中药和兽用疫苗等的研制，为提升动物疫病防控水平提供技术支撑。

本市完善基层动物防疫人才培养、引进以及生活待遇保障等制度，对长期在基层服务的动物防疫人员在职称评审、晋升以及聘用中予以政策倾斜。

**第十条** 本市推动建立长江三角洲区域以及与其他省市动物防疫工作协同机制，在动物检验检疫、防疫风险评估、疫情分析预警、无规定动物疫病区和无规定动物疫病生物安全隔离区建设等方面，开展协作及信息交流，保障区域公共卫生安全。

市域外农场行政管理机构、市动物防疫主管部门应当加强与农场所在地政府沟通，推进落实域外农场的动物防疫工作。

**第十一条** 市动物防疫主管部门根据国内外和本市动物疫情以及保护养殖业发展和人体健康的需要，可以会同市卫生健康、绿化市容、海关等部门开展本市动物疫病风险评估，并落实动物疫病预防、控制、净化、消灭等措施。

市动物防疫主管部门可以根据国家要求或者风险评估情况，作出禁止或者限制特定动物、动物产品调入或者调出本市的决定。对于禁止或者限制的特定动物、动物产品，任何单位和个人不得擅自调入或者调出本市。

**第十二条** 市动物防疫主管部门按照国家规定，制定本市动物疫病强制免疫计划；根据本市动物疫病流行情况，以及对养殖业和人体健康的危害程度，提出增加实施强制免疫的动物疫病病种和区域，报市人民政府批准后执行，并报国务院农业农村主管部门备案。

动物防疫主管部门负责组织实施动物疫病强制免疫计划，对饲养动物的单位和个人履行强制免疫义务的情况进行监督检查，评估本行政区域的强制免疫计划实施情况和效果，并将评估结果向社会公布。乡镇人民政府、街道办事处组织本辖区饲养动物的单位和个人做好强制免疫，协助做好监督检查；村民委员会、居民委员会协助做好相关工作。

饲养动物的单位和个人应当履行动物疫病强制免疫义务，按照强制免疫计划和技术规范，对动物实施免疫接种，并按照国家有关规定，建立免疫档案、加施畜禽标识，确保可追溯。

**第十三条** 市动物防疫主管部门应当根据国家动物疫病监测计划，结合本市动物疫病流行特点，制定本市动物疫病监测计划。区动物防疫主管部门结合本行政区域实际情况，制定动物疫病监测计划实施方案。

绿化市容部门应当根据国家和本市有关规定，对候鸟等野生动物携带病原体的情况实施监测。

动物防疫、卫生健康、海关等部门按照各自职责，共同做好动物疫病或者人畜共患传染病的监测预警工作。

**第十四条** 本市支持动物饲养场建设无规定动物疫病生物安全隔离区，支持饲养动物的单位和个人开展动物疫病净化。

对于通过国家或者市级无规定动物疫病生物安全隔离区评估或者达到国家规定的净化标准的，市、区人民政府可以给予政策支持和经费补助。

**第十五条** 动物饲养场所、动物隔离场所、动物屠宰加工场所、动物和动物产品无害化处理场所应当符合国家规定的动物防疫条件，开办者应当提前向所在地的区动物防疫主管部门提出申请，提交相关材料，经审查合格的可以依法取得动物防疫条件合格证。进境动物隔离场所还应当符合海关的要求。

动物饲养场所、动物隔离场所、动物屠宰加工场所、动物和动物产品无害化处理场所应当通过建立车辆清洗消毒烘干中心等方式，保证运输动物、动物产品的车辆符合国家规定的动物防疫要求。

**第十六条** 本市对饲养的犬只实施狂犬病强制免疫。

区动物防疫主管部门应当按照合理布局、方便接种的原则设置狂犬病免疫点。狂犬病免疫点应当与动物诊疗区域有物理隔离，相对独立。

狂犬病免疫点对犬只实施免疫接种，应当建立免疫档案，记录相关信息，出具市动物疫病预防控制机构统一制式的狂犬病免疫证明。

饲养犬只的单位和个人凭狂犬病免疫证明向所在地公安部门办理养犬登记。携带犬只出户的，应当按照规定佩戴犬牌并采取系犬绳等措施，防止犬只伤人、疫病传播。

鼓励对饲养的猫实施狂犬病免疫，具体要求参照犬只的有关规定执行。

**第十七条** 区公安、动物防疫等部门应当按照本市有关犬类管理的规定，做好本辖区流浪犬的相关管理工作。

街道办事处、乡镇人民政府组织协调居民委员会、村民委员会，采取必要措施，做好本辖区流浪犬、猫的管控和处置，防止疫病传播。区公安、动物防疫等部门加强对流浪犬、猫管控和处置的指导和支持。

鼓励相关行业协会、物业服务企业等参与对流浪犬、猫的管理。

**第十八条** 在商场等公共场所开设室内动物展示及互动体验场馆，提供观赏、接触、投喂动物等经营服务，按照国家和本市规定应当取得行政许可、办理相关手续的，应当依法办理，并接受相关部门的检查；其中涉及受保护野生动物的，还应当取得人工繁育许可证。

室内动物展示及互动体验场馆的经营者应当按照国家和本市规定，取得相关动物的检疫证明或者进境动物检疫合格证明，确保饲养动物的区域与其他区域相对独立，并根据动物的规模和种类，配备必要的专业防疫人员、设施设备和药物耗材，对动物采取免疫、检测、消毒、驱虫、隔离、防逃逸等有效防疫措施，避免动物传播疫病。

行政许可证、动物检疫证明等材料应当在经营场所的显著位置予以公示。

商场等公共场所的经营者应当对行政许可证、动物检疫证明等材料进行核实。

**第十九条** 从事动物疫病监测、检测、检验检疫、研究、诊疗以及动物饲养、屠宰、经营、隔离、运输等活动的单位和个人发现动物染疫或者疑似染疫的，应当立即向所在地的区动物防疫主管部门或者动物疫病预防控制机构报告，并迅速采取隔离等控制措施，防止动物疫情扩散。其他单位和个人发现动物染疫或者疑似染疫的，应当及时报告。

任何单位和个人不得瞒报、谎报、迟报、漏报动物疫情，不得授意他人瞒报、谎报、迟报动物疫情，不得阻碍他人报告动物疫情。

**第二十条** 市、区人民政府应当根据上级重大动物疫情应急预案和本地区的实际情况，分别制定市、区重大动物疫情应急预案，定期开展培训和演练。动物防疫主管部门按照不同动物疫病病种及其流行特点和危害程度，结合本行政区域实际，分别制定实施方案。

动物防疫主管部门应当根据重大动物疫情应急预案的要求，科学储备应对重大动物疫情所需的生物制品、诊断试剂、消毒药物、防护用品、防疫器械、交通和通讯工具等应急物资，并建立相应的管理制度，保障应急物资的及时供应。

**第二十一条** 重大动物疫情发生后，市、区人民政府根据重大动物疫情应急预案，成立市级或者区级重大动物疫情应急处置指挥部，统一领导、指挥本市或者本区的重大动物疫情应急处置工作。

市动物防疫主管部门综合协调本市重大动物疫情的应急处置工作；公安、卫生健康、绿化市容、商务、市场监管、海关等有关部门和相关区人民政府、乡镇人民政府、街道办事处应当按照各自职责，共同做好重大动物疫情应急所需的物资紧急调度和运输、应急经费安排、疫区群众救济、人的疫病防治、动物及其产品市场监管、出入境检验检疫等工作。

**第二十二条** 区人民政府应当根据当地畜禽养殖规模和消费习惯，合理布局畜禽屠宰加工场所，引导畜禽屠宰企业在符合动物防疫要求的情况下，整合屠宰资源，调整优化屠宰工艺和布局，满足饲养场（户）对于不同畜禽的屠宰需求。

**第二十三条** 市、区人民政府可以根据重大动物疫病疫情防控工作需要，在一定区域、一定时间内禁止畜禽活体交易。

**第二十四条** 本市支持畜禽就近屠宰，采用冷链物流运输动物产品。除种畜、仔畜和符合“点对点”调运条件的畜禽外，逐步减少跨省份调运活畜禽。

畜禽调运应当直接运抵动物检疫合格证明标明的目的地，途中不得销售、调换、增减或者无正当理由转运。

**第二十五条** 通过道路向本市运输动物、动物产品的，应当经市人民政府设立的指定通道进入，并接受查证、验物、消毒等监督检查措施，经检查合格盖章后，方可进入本市。未经指定通道检查的，任何单位和个人不得接收。市动物防疫主管部门负责指定通道的管理，配备与指定通道监督检查工作相适应的执法人员以及辅助人员。

在非指定通道发现运输动物、动物产品的，由公安检查站、交通运政检查站交所在地的区动物防疫主管部门处理。非指定通道未设任何检查站的，由所在地的区人民政府设置公告牌、指示牌和禁令牌，必要时落实相关人员进行值勤检查。

**第二十六条** 市人民政府应当制定动物和动物产品集中无害化处理场所建设规划，统筹布局无害化处理场所，建立政府主导、公益为主兼顾市场运作的无害化处理机制。

区人民政府根据动物和动物产品集中无害化处理场所建设规划，以及本行政区域内畜禽养殖、宠物饲养等情况，合理设置区域性病死动物和病害动物产品收集场点。

市动物防疫主管部门统筹协调全市的病死动物和病害动物产品的处理工作，市动物无害化处理机构具体组织实施。

**第二十七条** 动物饲养场（户）、动物隔离场所的病死动物由区动物防疫主管部门负责组织统一收集，送交动物和动物产品无害化处理场所处理。

动物饲养场因开展无规定动物疫病生物安全隔离区建设或者动物疫病净化，需要自行集中处理病死动物的，经区动物防疫主管部门批准，可以建设符合相关规定的自用的无害化处理场所。

不具备无害化处理能力的生产经营、科研教学、动物诊疗等单位，应当按照国家和本市有关规定，将需要无害化处理的动物、动物产品及其相关物品送交相关无害化处理场所，委托其进行处理。委托进行无害化处理的，相关单位应当与无害化处理场所签订合同，明确双方的权利义务。

任何单位和个人不得买卖、屠宰、加工、随意弃置病死动物、病害动物产品。

**第二十八条** 财政对养殖环节的死亡动物、屠宰环节的病死动物和病害动物产品的无害化处理提供补助。具体补助标准和办法，由财政部门会同动物防疫主管部门制定。

对其他需要无害化处理的病死动物和病害动物产品，由处理场所按一定标准向委托人收取费用，收费标准应当公开，实行明码标价。

**第二十九条** 从事动物诊疗活动的机构，应当具备国家规定的条件，并取得区动物防疫主管部门颁发的动物诊疗许可证。

动物诊疗机构应当在诊疗场所的显著位置悬挂动物诊疗许可证，公示从业人员基本情况和诊疗收费标准，并定期向颁发动物诊疗许可证的部门报告动物疫病诊疗情况。

动物诊疗机构应当按照规定落实防疫措施，做好诊疗活动中的安全防护、检验检测、消毒卫生、隔离、病死动物和诊疗废弃物处置等工作，不得在动物诊疗区域内从事动物销售、美容、寄养等其他经营活动。

本市对动物诊疗机构实施监督量化分级管理，具体办法由市动物防疫主管部门制定。

**第三十条** 本市按照国家规定实行官方兽医任命制度。官方兽医由市动物防疫主管部门按照程序确认，由动物防疫主管部门任命。官方兽医依法履行动物、动物产品检疫职责，任何单位和个人不得拒绝或者阻碍。

本市推进兽医社会化服务发展，支持执业兽医、乡村兽医以及取得相应资质的机构和组织依法参与动物免疫、动物诊疗、检疫辅助等工作。

动物防疫主管部门可以根据工作需要和有关要求，购买兽医社会化服务。

**第三十一条** 本市依托政务服务“一网通办”和城市运行“一网统管”平台，推进动物防疫工作数字化转型，实现饲养、屠宰、经营、运输、无害化处理等全链条可追溯，以及动物疫病监测、重大动物疫情和人畜共患传染病疫情处置、动物防疫违法行为等信息互通与共享，提高动物疫病防控工作效能。

**第三十二条** 各有关部门应当按照国家和本市有关规定，将动物防疫违法行为予以记录，并依法向本市公共信用信息服务平台归集。

对存在动物防疫失信行为的单位和个人，相关部门应当实行重点监管，并由有关行政机关依法采取惩戒措施。

**第三十三条** 违反本条例规定的行为，法律、法规已有处理规定的，从其规定。

**第三十四条** 违反本条例第十一条第二款规定，擅自将禁止或者限制的特定动物、动物产品调入或者调出本市的，由区动物防疫主管部门责令改正，可以处一万元以上十万元以下罚款。

**第三十五条** 违反本条例第十六条第三款规定，狂犬病免疫点未建立狂犬病免疫档案，未记录相关信息，或者未出具统一制式狂犬病免疫证明的，由区动物防疫主管部门责令限期改正；逾期不改正的，处三千元以上三万元以下罚款。

**第三十六条** 违反本条例第二十五条第一

款规定，未经本市指定通道运载动物产品进入本市的，由动物防疫主管部门对承运人处五千元以上一万元以下罚款；情节严重的，处一万元以上五万元以下罚款。

违反本条例第二十五条第一款规定，接收未经指定通道检查的动物、动物产品的，由动物防疫主管部门对接收单位或者个人予以警告，并处一万元以上十万元以下罚款。

**第三十七条** 本条例自 2022 年 12 月 1 日起施行。

# 上海港口条例

（2005 年 12 月 29 日上海市第十二届人民代表大会常务委员会第二十五次会议通过 根据 2010 年 9 月 17 日上海市第十三届人民代表大会常务委员会第二十一次会议《关于修改本市部分地方性法规的决定》第一次修正 根据 2015 年 7 月 23 日上海市第十四届人民代表大会常务委员会第二十二次会议《关于修改〈上海市建设工程材料管理条例〉等 12 件地方性法规的决定》第二次修正 根据 2020 年 5 月 14 日上海市第十五届人民代表大会常务委员会第二十一次会议《关于修改本市部分地方性法规的决定》第三次修正）

## 第一章 总　　则

**第一条** 为了加强上海港口管理，维护港口的安全与经营秩序，保护当事人的合法权益，促进港口的建设与发展，推动上海国际航运中心的建设，根据《中华人民共和国港口法》和相关法律、行政法规，结合本市实际，制定本条例。

**第二条** 本市港口的规划、建设、维护、经营、管理及其相关活动，适用本条例。

**第三条** 市港口行政管理部门主管上海港口管理工作，具体负责本条例的实施。

区人民政府负责港口管理的部门（以下称区港口行政管理部门）按照市人民政府规定的职责，管理所辖区域内的港口工作，业务上受市港口行政管理部门的领导。

上海海事、海关、边检以及本市其他有关行政管理部门在各自职责范围内，协同实施本条例。

**第四条** 上海港口管理应当遵循一港一政、科学规划、统一管理、规范服务的原则。

## 第二章 港口规划、建设和岸线使用

**第五条** 上海港口总体规划由市港口行政管理部门依法编制，经国务院交通主管部门会同市人民政府批准后公布实施。上海港口总体规划应当与本市城市总体规划等有关规划相衔接、协调。

市港口行政管理部门会同市规划行政管理部门依据上海港口总体规划，编制港区控制性详细规划，报市人民政府批准后公布实施。

港口设施建设应当符合上海港口总体规划和港区控制性详细规划。港口设施包括为港口经营、管理而建造和设置的建筑物、构筑物和设备。

**第六条** 建设港口设施需要使用港口岸线的，应当在立项前向市或者区港口行政管理部门提出书面申请。使用港口岸线申请应当包括岸线的使用人、使用范围、使用期限、使用功能。

对使用港口非深水岸线的，市或者区港口行政管理部门应当自收到申请之日起三十日内，按照上海港口总体规划和港区控制性详细规划的要求进行审批；对使用港口深水岸线的，由市港口行政管理部门报国务院交通主管部门审批。对经审查批准的，核发港口岸线使用证。

**第七条** 港口岸线使用人应当按照经批准的范围和用途使用港口岸线，不得擅自改变港口岸线的使用范围和使用功能。确需改变港口岸线使用人和港口岸线使用范围、使用功能的，应当向市或者区港口行政管理部门提出申请，按照本条例的有关规定办理相关审批手续。

港口岸线使用人终止使用港口岸线的，应当向市或者区港口行政管理部门办理港口岸线使用注销手续，交回港口岸线使用证。

**第八条** 因港口设施建设、货物装卸等需要临时使用港口岸线的，应当向市或者区港口行政管理部门提出书面申请。市或者区港口行政管理部门应当自收到申请之日起三十日内作出审批决定。临时使用港口岸线，不得新建永久性的建筑物、构筑物和设施。

临时使用港口岸线的期限不得超过两年。期满需要续期使用的，续期最长不得超过一年。

**第九条** 港口岸线使用人应当按照市人民政府的规定缴纳港口岸线使用费。

**第十条** 在上海港口总体规划确定的规划港区内，不得新建影响港口规划实施的建筑物、构筑物和设施；规划行政管理部门审批有关建设项目时，应当听取港口行政管理部门的意见。

**第十一条** 港口设施建设项目依法实施安全预评价制度。港口设施建设单位在建设项目工程可行性研究阶段，应当委托设计单位以外的安全评价机构进行建设项目安全预评价。

**第十二条** 编制港口设施建设项目勘察、设计文件，应当符合国家、行业和本市有关港口设施建设标准的要求。

建设单位应当按照规定将港口设施建设项目施工图设计文件送有相应资质的施工图设计文件审查机构进行审查；未经审查或者经审查不符合强制性标准的施工图设计文件不得使用。

**第十三条** 港口设施建设项目具备国务院交通主管部门规定的施工条件的，建设单位应当在开工前依法向港口行政管理部门申请施工许可；未经许可的，不得进行施工。

**第十四条** 港口设施建设工程依法实施施工安全监督制度。港口建设工程安全监督机构应当按照有关规定，对港口设施建设工程施工安全开展监督工作。

**第十五条** 港口建设工程质量监督机构应当按照法定程序和技术标准对港口设施建设工程质量进行监督管理。

**第十六条** 港口设施建设工程竣工后应当按照国家有关规定进行试运行，并在试运行前向港口行政管理部门备案。

港口设施建设工程试运行完毕，并具备国家规定的竣工验收条件的，应当向港口行政管理部门提出竣工验收申请，由港口行政管理部门组织相关部门共同对港口设施建设工程进行验收。

港口设施未经竣工验收合格的，不得投入使用。

**第十七条** 市和区人民政府应当保证必要的资金投入，用于港口公用基础设施的建设和维护。

国务院交通主管部门返还的港口建设费等港口规费，应当按照规定专项用于港口基础设施的建设和维护。

## 第三章 港口运营管理

**第十八条** 从事港口经营，应当符合法律、行政法规规定的经营条件，并依法向港口行政管理部门申请取得港口经营许可证。

港口行政管理部门实施港口经营许可，应当遵循公开、公平、公正的原则。

**第十九条** 港口经营人从事经营活动，应当遵守法律、法规和国务院交通主管部门制定的有关港口作业规则以及市港口行政管理部门制定的有关规范。

**第二十条** 港口经营人在港区内对堆存的货物实施卫生除害处理的，应当在港口行政管理部门批准的专用场所实施，并在处理的二十四小时前向港口行政管理部门报告被处理货物名称、数量和处理原因、时间、地点、措施以及应急预案等事项。

**第二十一条** 对载运抢险、救灾物资和国防建设急需物资的船舶，市港口行政管理部门根据国家有关部门和市人民政府的指令，统一组织指定船舶的靠泊泊位，优先安排作业。港口经营人应当服从指挥。

**第二十二条** 收货人或者其代理人在接到货物抵港通知后，应当及时办理货物接收手续。

对收货人或者其代理人未在约定或者规定期限内接收货物的，港口经营人可以依照有关规定将货物转栈储存，但在转栈储存时应当考虑货主的相关利益。

**第二十三条** 港口经营人为客运船舶提供码头服务的，应当维护客运候船秩序。

禁止旅客携带危险品上船；发现旅客携带危险品的，港口经营人应当采取防止危险发生的安全措施，携带人应当服从。

**第二十四条** 客运船舶不能按时运输旅客的，港口经营人应当及时发布公告。对滞留港口候船的旅客，港口经营人应当会同承运人维持候船秩序，及时疏散旅客，做好船期变更和旅客退换票的工作。

遇有旅客滞留而阻塞港口的，市港口行政管理部门应当及时采取措施，疏散滞留旅客。港口经营人和相关的船舶应当服从市港口行政管理部门的统一组织和调度。

**第二十五条** 港口经营人从事船舶废弃物接收、压舱水（含残油、污水收集）处理等服务的，应当符合下列条件：

（一）有接收、处理废弃物、压舱水的作业方案；

（二）在作业过程中确保港口环境、经营秩序和安全不受影响；

（三）用于接收废弃物、压舱水的船舶和设施符合有关标准规定；

（四）工作人员具有处理相关废弃物、压舱水的必要知识；

（五）进行废弃物、压舱水处理的场所应当符合有关规定；

（六）法律、法规规定的其他要求。

**第二十六条** 外国籍船舶和按照规定应当申请引航的中国籍船舶在港口航行或者靠泊、离泊、移泊的，应当向港口引航机构申请引航。港口引航机构在接到船舶引航申请后，应当及时安排持有有效证书的引航员，并将引航方案通知申请人。

前款规定以外的其他船舶在港口航行或者靠泊、离泊、移泊的，可以根据需要申请引航。

港口引航机构应当为船舶提供及时、安全的引航服务。

**第二十七条** 市港口行政管理部门应当按照有关法律、法规的规定做好港口的统计工作，并可以根据港口发展需要，适时开展港口统计调查。港口统计调查包括港口基础设施和装备及其运用情况、吞吐量、质量和安全、船舶进出港以及其他统计调查事项。

从事港口经营、建设及相关活动的组织和个人，应当依法及时、准确填报统计报表，提供统计调查资料。

**第二十八条** 市港口行政管理部门应当会同本市口岸管理部门推进口岸信息标准化建设，及时发布港口公共信息，推动港口信息整合与共享，为电子数据交换和通关管理提供服务。

从事为客运船舶提供服务的港口经营人应当将公共水上交通信息在港口信息网站上予以公布，并及时更新。

## 第四章 港口安全和维护

**第二十九条** 市港口行政管理部门应当依法制定可能危及社会公共安全的港口危险货物事故应急预案、重大生产安全事故的旅客紧急疏散和救援预案、公共卫生事件应急预案以及预防自然灾害预案，建立健全港口重大生产安全事故的应急救援体系。区港口行政管理部门应当按照市港口重大生产安全事故应急救援体系的要求，建立健全本区域的港口重大生产安全事故应急救援体系。

前款所列的各项预案包括应急事故等级、

应急指挥系统、预测预警系统、应急启动程序、信息发布程序、应急组织及其职责、应急救援组织的训练及定期演练、应急事故处置措施、应急救援设备器材的储备、应急经费保障等内容。

港口发生安全事故或者紧急情况时，港口行政管理部门应当根据事故等级和危害影响程度，分别启动不同等级的预案，组织实施应急处置和救援。

**第三十条** 港口经营人应当在港口行政管理部门的指导下，依法制定本单位的危险货物事故应急预案、重大生产安全事故的旅客紧急疏散和救援预案、公共卫生事件应急预案以及预防自然灾害预案，报港口行政管理部门备案。

港口发生安全事故或者紧急情况时，港口经营人应当先期进行应急处置，防止和控制事故蔓延，同时按照预案启动报告程序。

**第三十一条** 港口经营人应当按照安全生产法律、法规的规定，建立本单位安全生产责任、危险作业安全管理、特种作业管理、事故报告处理等制度，配备劳动防护用品，完善安全生产条件，确保安全生产。

港口经营人应当按照规定对石油化工码头、罐(库)区、危险货物码头和库场、港区内加油站以及生产用燃料油储存库等场所，进行专项安全评价。

港口经营人从事客运码头、散粮筒仓码头和其他非危险货物装卸码头经营的，应当对可能影响安全生产的因素，开展安全现状评价，并应当根据安全现状评价结论制定合理可行的安全对策措施，及时整改安全生产条件，消除事故隐患。

**第三十二条** 从事危险货物作业的港口经营人，依法必须具备相应资质条件的，应当向市港口行政管理部门申请危险货物港口作业资质认定。

港口经营人从事港口危险货物作业不得超越经认定的作业资质范围。

**第三十三条** 委托港口经营人进行危险货物作业的，委托人应当向港口经营人提供危险货物的中文名称、国家或者联合国编号、适用包装、危害、应急措施等资料。委托人不得在委托作业的普通货物中夹带危险货物，不得匿报危险货物或者谎报为普通货物。

港口经营人应当在每次危险货物作业开始二十四小时前，将委托人以及危险货物作业的有关事项向港口行政管理部门报告。但定货种、定码头泊位的，可以定期报告。港口行政管理部门应当在接到报告后二十四小时内作出是否同意的决定，并书面通知报告人。

**第三十四条** 发生下列情况之一的，从事危险货物作业的港口经营人应当立即停止该货物的作业活动，并及时报告港口行政管理部门：

（一）发现未申报或者申报不实的危险货物；

（二）在普通货物中发现危险货物；

（三）在已申报的危险货物中发现性质相抵触的危险货物。

接到港口经营人的上述报告，港口行政管理部门应当及时提出处理意见，并告知港口经营人。

**第三十五条** 港区道路交通信号灯、交通标志、交通标线应当符合道路交通安全、畅通的要求和国家标准，并保持清晰、醒目、准确、完好。

**第三十六条** 禁止在港口水域内从事下列活动：

（一）进行养殖、种植、捕捞活动；

（二）倾倒泥土、砂石；

（三）违反规定排放超过规定标准的有毒、有害物质。

禁止在港口内擅自进行可能危及港口安全的采掘、爆破等活动。因工程建设等确需进行的，必须采取相应的安全保护措施，并报市或者区港口行政管理部门批准；依照规定须经海事管理机构批准的，还应当报海事管理机构批准。

**第三十七条** 停泊码头运载有易燃易爆危险货物的船舶，包括虽已卸货但未作清舱处理的，不得动用明火进行改装和修理。

停泊危险货物码头的船舶，不得动用明火进行改装和修理。

为船舶提供港口设施服务的港口经营人发现前两款所列违法行为的，应当及时制止，并报告港口行政管理部门。

**第三十八条** 货物或者其他物体落入港口水域可能影响港口安全或者有碍航行的，相关责任人应当立即向港口或者海事等行政管理部门报告，并负责清除该货物或者其他物体。

港口、海事等行政管理部门发现货物或者其他物体落入港口水域的，应当责令相关责任人限期清除，逾期未清除的，可以代为清除；情况紧急的，应当直接予以清除。清除所需费用由相关责任人承担。

## 第五章 法律责任

**第三十九条** 违反本条例规定，有关法律、法规有规定的，按照相关规定进行处罚。

**第四十条** 违反本条例规定，由港口行政管理部门按照下列规定予以处理：

（一）违反本条例第七条规定，未经批准，擅自改变港口岸线使用人和港口岸线使用功能、使用范围的，责令停止使用，限期改正，可以处一万元以上五万元以下罚款。

（二）违反本条例第八条第一款规定，未经批准，擅自临时使用港口岸线的，责令停止使用，限期改正，可以处一万元以上五万元以下罚款。

（三）违反本条例第九条规定，未按照规定缴纳港口岸线使用费的，责令限期补缴，并从应缴纳的次日起按日核收应缴费款千分之三的滞纳金；情节严重的，处应缴费款一倍以上五倍以下罚款。

（四）违反本条例第二十条、第三十四条第一款、第三十七条第三款、第三十八条第一款规定，未履行报告义务的，责令限期改正；逾期不改正的，可以处三千元以上三万元以下罚款。

**第四十一条** 违反本条例规定，港口行政管理部门不依法履行职责的，由其上级机关或者监察机关责令改正；给当事人的合法权益造成损害的，应当依照国家赔偿法的规定给予赔偿。

港口行政管理部门的工作人员有下列情形之一的，由其所在单位或者上级机关依法给予处分；构成犯罪的，依法追究刑事责任：

（一）不依照本条例规定的条件、程序和期限实施行政许可的；

（二）参与或者变相参与港口经营的；

（三）发现违法行为不及时查处，造成后果的；

（四）索取、收受他人财物，或者谋取其他利益的；

（五）其他违法行为。

## 第六章 附则

**第四十二条** 本条例自2006年3月1日起施行。1994年7月22日上海市第十届人民代表大会常务委员会第十一次会议通过的《上海港口货物疏运管理条例》同时废止。

# 上海市法律援助若干规定

（2006年4月26日上海市第十二届人民代表大会常务委员会第二十七次会议通过 根据2020年5月14日上海市第十五届人民代表大会常务委员会第二十一次会议《关于修改本市部分地方性法规的决定》修正）

**第一条** 为了保障经济困难的公民获得必要的法律服务，促进和规范本市的法律援助工作，根据《法律援助条例》，结合本市实际，制定本规定。

**第二条** 本规定所称的法律援助机构，是指由市或者区人民政府司法行政部门依法确定的组织开展法律援助工作的专门机构。

**第三条** 市和区人民政府司法行政部门监督管理本行政区域内的法律援助工作。

法律援助机构具体负责组织实施所在区域内的法律援助活动。

**第四条** 市和区人民政府应当将法律援助经费纳入政府财政预算，对符合规定的各种法律援助事项提供经费保障。经费保障的具体办法，由市司法行政部门会同市财政部门确定。

法律援助经费应当专款专用，并接受财政、审计部门的监督。

**第五条** 除《法律援助条例》第十条第一款规定的法律援助事项外，经济困难的公民还可以对下列事项申请法律援助：

（一）在签订、履行、变更、解除和终止劳动合同过程中受到损害，主张权利的；

（二）因工伤、交通事故、医疗事故受到人身损害，主张权利的；

（三）因遭受家庭暴力、虐待、遗弃，合法权益受到损害，主张权利的；

（四）因突发事件受到人身损害，请求赔偿的；

（五）法律、法规和规章规定应当提供法律援助的其他事项。

**第六条** 本市根据经济社会发展状况和法律援助事业的需要，逐步扩大受援范围，保障困难群众的基本权益。

法律援助对象经济困难的标准，应当高于本市最低生活保障标准的数额。具体标准，由市人民政府另行规定。

法律援助对象经济困难的标准，应当向社会公开。

经济困难证明由法律援助申请人户籍所在地或者居住地的街道办事处、乡镇人民政府出具。经济困难证明应当包括本人的劳动能力、就业状况以及家庭成员、家庭月（年）人均收入、家庭财产等内容。

**第七条** 公民因见义勇为导致诉讼或者仲裁需要法律援助的，法律援助机构应当提供法律援助，无需审查其经济状况。

见义勇为行为的认定，按照国家和本市有关规定执行。

**第八条** 公民申请法律援助，应当向义务人或者被请求人所在地的区法律援助机构提出申请；申请法律援助的案件属于本市高级或者中级人民法院管辖范围的，应当向市法律援助机构提出申请。

按照前款规定，两个以上法律援助机构都可以受理申请的，申请人应当向其中一个法律援助机构提出申请。申请人如果向两个以上法律援助机构提出申请的，由最先收到申请的法律援助机构受理。

法律援助机构应当自收到公民法律援助申请之日起十个工作日内作出是否给予法律援助的决定，并书面告知申请人。

本市律师事务所以及社会团体、企事业单位等社会组织可以为公民申请法律援助提供帮助。

**第九条** 诉讼或者仲裁法定时效即将届满，当事人需要申请法律援助的，法律援助机构可以先行提供法律援助。

法律援助机构先行提供法律援助的，应当及时进行审查，以确定是否符合法律援助的条件。

**第十条** 市法律援助机构受理的法律援助事项，可以委托区法律援助机构办理。区法律援助机构受理的法律援助事项有特殊原因的，也可以移送市法律援助机构办理。

法律援助机构之间发生受理争议的，由市司法行政部门指定受理。

**第十一条** 受援人应当向法律援助机构、办理法律援助案件的人员如实陈述案件事实，提供有关证据材料，并协助办案人员调查取证。

**第十二条** 受援人提出不符合法律规定或者实际情况的要求，经解释仍坚持不合理要求，致使法律援助活动难以继续进行的，经受理申请的法律援助机构审查同意，可以中止该项法律援助。

除《法律援助条例》第二十三条规定的情形外，受援人采取虚假陈述等欺骗手段获得法律援助的，经受理申请的法律援助机构审查核实，应当终止该项法律援助，并视情追索其应承担的法律服务费用。

**第十三条** 法律援助机构工作人员、办理法律援助案件的人员应当严格按照相关办案规范办理法律援助案件，及时向受援人通报法律援助案件的进展情况，依法维护受援人的合法权益。由于法律援助机构工作人员、办理法律援助案件人员的过错给受援人造成损害的，应当按照有关法律、法规的规定予以赔偿。

**第十四条** 法律援助机构工作人员、办理法律援助案件的人员在承办法律援助事项时，凭法律援助机构的证明，依法调查取证和查阅、调取、复印相关资料，本市有关部门和单位应当予以协助，并免收或者减收相关费用。

**第十五条** 法律援助案件办理过程中，法律援助机构承担的法律援助办案人员的差旅费、文印费、交通通讯费、调查取证费、翻译费等必要开支，可以由受援人列入诉讼或者仲裁请求。

**第十六条** 法律援助办案补贴的标准，由市司法行政部门会同市财政部门核定，并可以根据需要进行调整。

**第十七条** 本市鼓励工会、妇联、共青团、大专院校以及其他社会团体和事业单位利用自身资源为经济困难的公民提供法律援助。

本市鼓励社会对法律援助活动提供捐助。

**第十八条** 法律援助机构及其工作人员、办理法律援助案件的人员违反法律援助有关规定的，由司法行政部门依法给予处分和行政处罚；构成犯罪的，依法追究刑事责任。

**第十九条** 本规定自 2006 年 7 月 1 日起施行。

# 上海市绿化条例

(2007 年 1 月 17 日上海市第十二届人民代表大会常务委员会第三十三次会议通过　根据 2015 年 7 月 23 日上海市第十四届人民代表大会常务委员会第二十二次会议《关于修改〈上海市绿化条例〉的决定》第一次修正　根据 2017 年 11 月 23 日上海市第十四届人民代表大会常务委员会第四十一次会议《关于修改本市部分地方性法规的决定》第二次修正　根据 2018 年 12 月 20 日上海市第十五届人民代表大会常务委员会第八次会议《关于修改〈上海市供水管理条例〉等 9 件地方性法规的决定》第三次修正)

## 第一章　总　　则

**第一条** 为了促进本市绿化事业的发展，改善和保护生态环境，根据国务院《城市绿化条例》和其他有关法律、行政法规，结合本市实际情况，制定本条例。

**第二条** 本条例适用于本市行政区域内种植和养护树木花草等绿化的规划、建设、保护和管理。

古树名木和古树后续资源的管理，按照《上海市古树名木和古树后续资源保护条例》的规定执行；林地、林木的管理，按照有关法律、法规的规定执行。

**第三条** 市和区人民政府应当将绿化建设纳入国民经济和社会发展计划，保障公共绿地建设和养护经费的投入。

乡、镇人民政府和街道办事处根据所在区人民政府的要求，开展本辖区内有关的绿化工作。

**第四条** 市人民政府绿化行政管理部门(以下简称市绿化管理部门)，负责本市行政区域内的绿化工作；区管理绿化的部门(以下称区绿化管理部门)负责本辖区内绿化工作，按照本条例的规定实施行政许可和行政处罚，业务上受市绿化管理部门的指导。

本市其他有关部门，按照各自职责，协同实施本条例。

**第五条** 市和区、街道、乡镇的绿化委员会应当组织、推动全民义务植树活动和群众性绿化工作。

单位和有劳动能力的适龄公民应当按照国家有关规定，履行植树的义务。

鼓励单位和个人以投资、捐资、认养等形式，参与绿化的建设和养护。捐资、认养的单位或者个人可以享有绿地、树木一定期限的冠名权。

**第六条** 本市加强绿化科学研究，保护植物多样性，鼓励选育与引进适应本市自然条件的植物，优化植物配置，推广生物防治病虫害技术，促进绿化科技成果的转化。

**第七条** 任何单位和个人都有享受良好绿化环境的权利，有保护绿化和绿化设施的义务，对破坏绿化和绿化设施的行为，有权进行劝阻、投诉和举报。

对绿化工作做出显著成绩的单位和个人，各级人民政府应当给予表彰或者奖励。

## 第二章 规划和建设

**第八条** 市绿化管理部门应当根据本市经济、社会发展状况和绿化发展需要，编制市绿化系统规划，经市规划管理部门综合平衡，报市人民政府批准后纳入城市总体规划。

区绿化管理部门应当根据市绿化系统规划，结合本区实际，编制区绿化规划，经区规划管理部门综合平衡后，报区人民政府批准；区人民政府在批准前应当征求市绿化管理部门的意见。

**第九条** 市绿化系统规划应当明确本市绿化目标、规划布局、各类绿地的面积和控制原则。

区绿化规划应当明确各类绿地的功能形态、分期建设计划和建设标准。

编制、调整市绿化系统规划和区绿化规划，有关部门在报批前应当采取多种形式听取利益相关公众的意见。

**第十条** 规划管理部门应当会同同级绿化管理部门根据控制性编制单元规划、市绿化系统规划、区绿化规划，确定各类绿地的控制线(以下简称绿线)，并向社会公布。

绿线不得任意调整，因城市建设确需调整的，规划管理部门应当征求市绿化管理部门的意见，并按照规划审批权限报原审批机关批准。

调整绿线不得减少规划绿地的总量。因调整绿线减少规划绿地的，应当落实新的规划绿地。

**第十一条** 公共绿地周边新建建设项目，应当与绿地的景观相协调，并不得影响植物的正常生长。

规划管理部门在编制控制性详细规划时，应当会同同级绿化管理部门在公园绿地周边划定一定范围的控制区。控制区内禁止建设超过规定高度的建筑物、构筑物，具体管理办法由市规划管理部门会同市绿化管理部门另行制定。

**第十二条** 重要地区和主要景观道路两侧新建建设项目，应当在建设项目沿道路一侧设置一定比例和宽度的集中绿地。具体的比例和宽度由规划管理部门在审核建设项目规划设计方案时，经征求同级绿化管理部门意见后确定。

**第十三条** 居住区绿化应当合理布局，选用适宜的植物种类，综合考虑居住环境与采光、通风、安全等要求。

**第十四条** 本市绿地建设按照下列规定分工负责：

(一) 公共绿地，由市或者区绿化管理部门负责建设或者组织建设，其中，道路绿地由市政管理部门负责建设；

（二）新建居住区绿地，由建设单位负责建设；

（三）单位附属绿地，由所在单位负责建设；

（四）铁路、河道管理范围内的防护绿地，分别由铁路、水务管理部门负责建设。

前款规定以外的绿地，由所在地区人民政府确定建设单位。

**第十五条** 建设项目绿地面积占建设项目用地总面积的配套绿化比例，应当达到下列标准：

（一）新建居住区内绿地面积占居住区用地总面积的比例不得低于百分之三十五，其中用于建设集中绿地的面积不得低于居住区用地总面积的百分之十；按照规划成片改建、扩建居住区的绿地面积不得低于居住区用地总面积的百分之二十五。

（二）新建学校、医院、疗休养院所、公共文化设施，其附属绿地面积不得低于单位用地总面积的百分之三十五；其中，传染病医院还应当建设宽度不少于五十米的防护绿地。

（三）新建工业园区附属绿地总面积不得低于工业园区用地总面积的百分之二十，工业园区内各项目的具体绿地比例，由工业园区管理机构确定；工业园区外新建工业项目以及交通枢纽、仓储等项目的附属绿地，不得低于项目用地总面积的百分之二十；新建产生有毒有害气体的项目的附属绿地面积不得低于工业项目用地总面积的百分之三十，并应当建设宽度不少于五十米的防护绿地。

（四）新建地面主干道路红线内的绿地面积不得低于道路用地总面积的百分之二十；新建其他地面道路红线内的绿地面积不得低于道路用地总面积的百分之十五。

（五）新建铁路两侧防护绿地宽度按照国家有关规定执行。

（六）其他建设项目绿地面积占建设项目用地总面积的最低比例，由市绿化管理部门参照上述规定另行制定。

在历史文化风貌保护区和优秀历史建筑保护范围内进行建设活动，不得减少原有的绿地面积。

本市有关管理部门在审批建设项目的计划、设计方案、建设工程规划许可证时，应当按照本条前两款的规定执行。确因条件限制而绿地面积达不到前两款规定的建设项目，规划管理部门在审批建设工程规划许可证时，应当征求绿化管理部门的意见；建设单位应当按照所缺的绿地面积向绿化管理部门缴纳绿化补建费。绿化补建费应当上缴同级财政，专款专用，由绿化管理部门在建设项目所在区范围内安排绿化建设。

**第十六条** 新建、扩建道路时，应当种植行道树。行道树的种植，应当符合行车视线、行车净空和行人通行的要求。

行道树应当选择适宜的树种，其胸径不得小于八厘米。

**第十七条** 本市新建公共建筑以及改建、扩建中心城内既有公共建筑的，应当对高度不超过五十米的平屋顶实施绿化，屋顶绿化面积的具体比例由市人民政府作出规定。

中心城、新城、中心镇以及独立工业区、经济开发区等城市化地区新建快速路、轨道交通、立交桥、过街天桥的桥柱和声屏障，以及道路护栏（隔离栏）、挡土墙、防汛墙、垃圾箱房等市政公用设施的，应当实施立体绿化。

本市规划、建设管理部门在审查上述建设项目的设计方案、施工图设计文件时，应当按照本条前两款的规定执行。

本市鼓励适宜立体绿化的工业建筑、居住建筑以及本条第一款以外的公共建筑等其他建筑，实施多种形式的立体绿化。

本市应当制定立体绿化扶持政策，对发展立体绿化予以支持。

**第十八条** 绿化工程的设计、施工、监理，应当符合国家和本市有关设计、施工、监理的技术标准和规范，法律、行政法规有资质要求的，应当由具有相应资质的单位承担。

**第十九条** 下列绿化工程建设项目，应当按照公开、公平、公正的原则，通过招标方式确定设计、施工单位，并实行监理制度：

（一）关系社会公共利益和公共安全的大型基础设施绿化工程建设项目；

（二）全部或者部分使用国有资金投资或者国家融资的绿化工程建设项目；

（三）使用国际组织或者外国政府贷款、援助资金的绿化工程建设项目；

（四）法律或者国务院规定的其他绿化工程建设项目。

**第二十条** 绿化工程开工前，建设单位应当向建设工程管理机构申请领取建设工程施工许可证。

市或者区绿化管理部门在组织建设公共绿地时，应当组织专家对其设计方案进行论证，并征求社会公众意见。其中，建设四万平方米以上的公共绿地，应当配备相应的公共服务设施。

建设项目中的配套绿化、立体绿化应当与主体工程同时完成。配套绿化确因季节原因不能同时完成的，完成绿化的时间不得迟于主体工程交付使用后的六个月。

绿化工程竣工验收前，建设单位应当拆除绿地范围内的临时设施。

**第二十一条** 绿化工程建设单位应当按照国家和本市的有关规定向市建设工程质量监督机构办理工程质量、安全监督手续。

绿化工程开工前，建设单位应当将设计、施工、监理合同，以及施工总平面图和工程项目明细清单报市绿化管理部门备案。

**第二十二条** 公共绿地和含有配套绿化、立体绿化的建设项目，组织该建设项目竣工验收的单位，应当通知市或者区绿化管理部门参加验收。建设单位应当在验收合格之日起十五个工作日内，将公共绿地、立体绿化建设项目的竣工图和验收结果报送市绿化管理部门办理竣工验收备案手续。含有配套绿化的建设项目，统一由建设管理部门办理竣工验收备案手续。

## 第三章 监督管理

**第二十三条** 绿地、行道树的养护单位按照下列规定确定：

（一）公共绿地、行道树，由市或者区绿化管理部门负责养护或者落实养护单位；

（二）居住区绿地，由业主委托的物业管理企业或者业主负责养护；

（三）单位附属绿地，由所在单位负责养护；

（四）铁路、河道管理范围内的防护绿地，分别由铁路、水务管理部门负责养护。

前款规定以外的绿地，由所在地区绿化管理部门确定养护单位。

建设工程范围内保留的树木，在建设期间由建设单位负责养护。

立体绿化，由其所附建筑物、构筑物的产权单位负责养护。

养护单位应当按照国家和本市绿地、行道树、立体绿化的养护技术标准进行养护。

**第二十四条** 公共绿地和行道树全部或者部分使用国有资金进行养护的，应当通过招标方式确定养护单位。

**第二十五条** 养护单位应当根据树木生长情况，按照国家和本市有关树木修剪技术规范定期对树木进行修剪。

因树木生长影响管线、交通设施等公共设施安全的，管线或者交通设施管理单位可以将修剪需求告知区绿化管理部门。区绿化管理部门应当按照兼顾设施安全使用和树木正常生长的原则组织修剪。

因不可抗力或者突发性事故导致树木倾斜影响管线安全的，管线权属单位可以先行扶正或者砍伐树木，并同时向所在地区绿化管理部门和绿地管理单位报告。

居住区内的树木生长影响居民采光、通风和居住安全，居民提出修剪请求的，养护单位应当按照有关规定及时组织修剪。

**第二十六条** 建设单位新建下列管线、设施或者新种树木，应当符合下列规定：

（一）地下管线外缘与行道树树干外缘的水平距离不小于零点九五米；

（二）架设电杆、设置消防设备等，与树干外缘的水平距离不小于一点五米。

在新建绿地或者规划绿地区域内进行地下设施建设的，地下设施上缘应当留有符合植物生长要求的覆土层，并符合国家和本市有关技术规范。

**第二十七条**　禁止擅自迁移树木。

因下列原因确需迁移树木的，建设、养护单位或者业主应当向市或者区绿化管理部门提出申请：

（一）因城市建设需要；

（二）严重影响居民采光、通风和居住安全；

（三）树木对人身安全或者其他设施构成威胁。

**第二十八条**　建设、养护单位申请迁移树木的，应当提交下列材料：

（一）拟迁移树木的品种、数量、规格、位置、权属人意见等材料。其中，建设项目需要迁移树木的，还应当提交相关用地批文、扩初设计批复；道路拓宽需要迁移树木的，还应当提供道路红线图、综合管线剖面图。

（二）树木迁移方案和技术措施。

迁移下列树木，应当向市绿化管理部门提出申请：

（一）公共绿地上胸径在二十五厘米以上的树木，其他绿地上胸径在四十五厘米以上的树木；

（二）十株以上的行道树。

迁移前款规定以外的树木，应当向区绿化管理部门提出申请。

市和区绿化管理部门应当自受理申请之日起十五个工作日内作出审批决定；不予批准的，应当书面说明理由。

铁路、河道管理范围内树木的迁移，分别由铁路、水务管理部门按照规定审批。经审批同意的，铁路、水务管理部门应当将准予树木迁移的情况告知市绿化管理部门。

树木迁移，施工单位应当在适宜树木生长的季节按照移植技术规程进行。树木迁移后一年内未成活的，建设、养护单位应当补植相应的树木。

**第二十九条**　禁止擅自砍伐树木。

因下列原因确需砍伐树木的，养护单位应当向市或者区绿化管理部门提出申请：

（一）严重影响居民采光、通风和居住安全，且树木无迁移价值的；

（二）对人身安全或者其他设施构成威胁，且树木无迁移价值的；

（三）发生检疫性病虫害的；

（四）因树木生长抚育需要，且树木无迁移价值的。

**第三十条**　养护单位申请砍伐树木，应当提交下列材料：

（一）拟砍伐树木的品种、数量、规格、位置、权属人意见；

（二）树木补植计划或者补救措施。

砍伐下列树木，应当向市绿化管理部门提出申请：

（一）公共绿地上的树木和行道树；

（二）其他绿地上十株以上或者胸径在二十五厘米以上的树木。

砍伐前款规定以外的树木，应当向区绿化管理部门提出申请。

市和区绿化管理部门应当自受理申请之日起十五个工作日内作出审批决定；不予批准的，应当书面说明理由。

铁路用地范围内树木的砍伐，由铁路管理部门按照规定审批。

经批准同意砍伐的，申请人应当补植树木或者采取其他补救措施。

**第三十一条**　因城市建设需要临时使用绿地的，应当向区绿化管理部门提出申请。

区绿化管理部门应当自受理申请之日起十五个工作日内作出审批决定；不予批准的，应当书面说明理由。

临时使用绿地期限一般不超过一年，确因建设需要延长的，应当办理延期手续，延期最长不超过一年。使用期限届满后，使用单位应当恢复绿地。

临时使用绿地需要迁移树木的，使用单位应当在申请临时使用绿地时一并提出。

临时使用公共绿地的，应当向市或者区绿化管理部门缴纳临时使用绿地补偿费。临时使用绿地补偿费应当上缴同级财政，并专门用于绿化建设、养护和管理。

**第三十二条** 建成的绿地不得擅自占用。因城市规划调整或者城市基础设施建设确需占用的，应当向市绿化管理部门提出申请，并提交占用绿地面积、补偿措施、地形图、权属人意见、相关用地批文、扩初设计批复等材料。其中，道路拓宽占用绿地的，还应当提供道路红线图、综合管线剖面图。

市绿化管理部门应当自受理申请之日起二十个工作日内作出审批决定；不予批准的，应当书面说明理由。

占用公共绿地的，应当在所占绿地周边地区补建相应面积的绿地，确不具备补建条件的，应当向市绿化管理部门缴纳绿化补偿费和绿地易地补偿费。绿化补偿费和绿地易地补偿费应当上缴市财政，并专门用于绿化建设、养护和管理。

**第三十三条** 调整已建成的公共绿地内部布局，不得减少原有绿地面积，不得擅自增设建筑物、构筑物。确需调整已建成的公共绿地内部布局，增设建筑物、构筑物的，应当符合城市规划和有关设计规范要求，并事先征得市绿化管理部门的同意。

调整其他建成绿地内部布局，调整后的绿地面积不得少于原有的绿地面积。

**第三十四条** 公共建筑和市政公用设施上建成的立体绿化，不得占用、拆除，但因公共建筑和市政公用设施进行改建、扩建、修缮或者拆除的除外。

公共建筑和市政公用设施改建、扩建或者修缮完成后，被占用、拆除的立体绿化应当予以恢复。

**第三十五条** 下列事项，施工单位应当在现场设立告示牌，向社会公示：

（一）迁移或者砍伐树木；

（二）临时使用绿地、占用绿地；

（三）建成绿地内部布局调整。

**第三十六条** 市或者区绿化管理部门应当建立对绿化有害生物疫情监测预报网络，编制灾害事件应急预案，健全有害生物预警预防控制体系。

绿化植物的检疫及其管理，由林业植物检疫机构按照林业植物检疫有关法律、法规执行。

**第三十七条** 禁止下列损坏绿化和绿化设施的行为：

（一）偷盗、践踏、损毁树木花草；

（二）借用树木作为支撑物或者固定物、在树木上悬挂广告牌；

（三）在树旁和绿地内倾倒垃圾或者有害废渣废水、堆放杂物；

（四）在绿地内擅自设置广告、搭建建筑物、构筑物；

（五）在绿地内取土、焚烧；

（六）其他损坏绿化或者绿化设施的行为。

**第三十八条** 市和区绿化管理部门应当加强绿化资源调查、监测和监控，建立全市绿化管理信息系统，公布绿化建设、养护和管理的信息。

房地、市政、水务等有关部门以及铁路部门应当向绿化管理信息系统提供绿化相关信息。

**第三十九条** 财政、审计等有关部门应当加强对公共绿地建设、养护资金使用的监督和管理。

市和区绿化管理部门应当加强对绿化建设和养护的监督检查，及时处理对破坏绿化和绿化设施行为的投诉和举报。

被检查的单位或者个人应当如实反映情况，提供与检查内容有关的资料，不得弄虚作假或者隐瞒事实，不得拒绝或者阻挠管理人员的检查。

## 第四章 法律责任

**第四十条** 违反本条例第十五条第一款或者第十七条第一款、第二款规定，建设单位未按建设工程规划许可要求进行绿化建设的，由规划管理部门按照有关规定处理。

**第四十一条** 违反本条例第二十条第三款规定，建设单位未在规定时间内完成配套绿化建设的，由市或者区绿化管理部门责令限期改正；逾期不改正的，按未完成建设的绿地建设预算费用的一至三倍处以罚款。

违反本条例第二十条第四款规定，绿化工程竣工验收前未拆除临时设施的，由市或者区绿化管理部门责令限期改正；逾期不改正的，由市或者区绿化管理部门组织拆除，所需费用由建设单位承担。

**第四十二条** 违反本条例第二十三条第五款规定，养护单位未按养护技术标准进行养护的，由市或者区绿化管理部门责令限期改正；逾期不改正的，处二千元以上二万元以下的罚款。

**第四十三条** 违反本条例第二十七条第一款规定，擅自迁移树木的，由市或者区绿化管理部门责令改正，处绿化补偿标准三至五倍的罚款。

违反本条例第二十九条第一款规定，擅自砍伐树木的，由市或者区绿化管理部门处绿化补偿标准五至十倍的罚款。

违反本条例第二十八条第六款、第三十条第六款规定，建设、养护单位未按规定进行补植或者采取其他补救措施的，由市或者区绿化管理部门责令限期改正；逾期不改正的，分别按照擅自迁移、擅自砍伐树木的规定予以处罚。

**第四十四条** 违反本条例第三十一条规定，未经许可临时使用绿地的，由市或者区绿化管理部门责令限期改正，按临时使用绿地每日每平方米十元以上三十元以下处以罚款。

违反本条例第三十二条规定，未经许可占用绿地的，由市或者区绿化管理部门责令限期改正，按占用绿地面积每平方米五百元以上二千元以下处以罚款。

违反本条例第三十三条规定，调整建成绿地内部布局减少原有的绿地面积的，由市或者区绿化管理部门按照前款规定处理。

违反本条例第三十四条规定，占用、拆除立体绿化或者未恢复原有立体绿化的，由市或者区绿化管理部门责令限期改正，按占用或者拆除立体绿化面积每平方米五百元以上二千元以下处以罚款。

**第四十五条** 违反本条例第三十七条规定，损坏绿化或者绿化设施的，由市或者区绿化管理部门责令改正，并可处绿化或绿化设施补偿标准三至五倍的罚款。

**第四十六条** 违反本条例第十八条、第十九条、第二十条第一款规定的，由建设行政主管部门按照有关法律、法规的规定处理。

**第四十七条** 市绿化管理部门违反本条例规定作出的决定，由市人民政府责令其纠正或者予以撤销；区绿化管理部门违反本条例规定作出的决定，由市绿化管理部门责令其纠正，或者由区人民政府责令其纠正或者予以撤销。

**第四十八条** 市或者区绿化管理部门以及其他有关行政管理部门的工作人员违反本条例规定，有下列行为之一的，由其所在单位或者上级主管部门给予行政处分；构成犯罪的，依法追究刑事责任：

（一）对绿化违法行为不查处、包庇、纵容的；

（二）不依法行使职权，并造成严重后果的；

（三）其他玩忽职守、滥用职权、徇私舞弊的。

## 第五章 附　　则

**第四十九条** 本条例所指绿地，包括公共绿地、单位附属绿地、居住区绿地、防护绿地等。

本条例所称公共绿地，是指公园绿地、街旁绿地和道路绿地。

本条例所称单位附属绿地，是指机关、企事业单位、社会团体、部队、学校等单位用地范围内的绿地。

本条例所称居住区绿地，是指居住区用地范围内的绿地。

本条例所称防护绿地，是指城市中具有卫

生隔离和安全防护功能的绿地。

本条例所称绿化设施，是指绿地中供人游览、观赏、休憩的各类构筑物，以及用于绿化养护管理的各种辅助设施。

本条例所称立体绿化，是指以建筑物、构筑物为载体，以植物为材料，以屋顶绿化、垂直绿化、沿口绿化、棚架绿化等为方法的绿化形式的总称。

**第五十条** 本条例自2007年5月1日起施行。1987年1月8日上海市第八届人民代表大会常务委员会第二十五次会议审议通过的《上海市植树造林绿化管理条例》同时废止。

# 上海市集体合同条例

（2007年8月16日上海市第十二届人民代表大会常务委员会第三十八次会议通过 根据2015年6月18日上海市第十四届人民代表大会常务委员会第二十一次会议《关于修改〈上海市集体合同条例〉的决定》修正）

## 第一章 总 则

**第一条** 为了规范集体协商和签订、履行集体合同的行为，保护劳动者的合法权益，构建和发展和谐稳定的劳动关系，根据《中华人民共和国劳动法》、《中华人民共和国劳动合同法》和《中华人民共和国工会法》等法律、行政法规的有关规定，结合本市实际，制定本条例。

**第二条** 本市行政区域内的企业与职工一方就劳动关系有关事项进行集体协商和签订、履行集体合同，适用本条例。

**第三条** 本条例所称的集体协商，是指企业职工一方与企业就劳动关系有关事项进行平等协商的活动。

本条例所称的集体合同，是指企业职工一方与企业就劳动关系有关事项，通过集体协商签订的书面协议。

**第四条** 企业与职工一方应当建立集体协商机制，就劳动关系有关事项进行集体协商。

企业职工一方与企业就劳动关系有关事项进行集体协商和签订、履行集体合同应当遵循合法、公正、平等、相互尊重、诚实守信、兼顾双方合法利益的原则。

**第五条** 市和区、县人力资源社会保障行政管理部门（以下简称人力资源社会保障部门）对本行政区域内的企业职工一方与企业就劳动关系有关事项进行集体协商和签订、履行集体合同进行监督。

## 第二章 集体协商

**第六条** 企业职工一方与企业就劳动关系有关事项进行集体协商，应当按照本条例规定的程序产生各自的协商代表和首席代表。协商代表具体人数由双方协商确定，但每方协商代表人数不得少于三人，企业一方的协商代表不得多于职工一方的协商代表。

**第七条** 已经建立工会的企业，职工一方的协商代表由本企业工会选派，建立女职工委员会的，应当有女性协商代表。首席代表由工会主要负责人担任。

尚未建立工会的企业，职工一方的协商代表由上级工会指导职工民主推荐，并经本企业半数以上职工同意，首席代表由协商代表民主推荐产生。

企业一方的协商代表由企业法定代表人指派，首席代表由法定代表人或者其书面委托的人担任。

集体协商双方根据实际需要可以聘请本企业以外的专业人员担任本方协商代表，但其人数不得超过本方协商代表人数的三分之一。

集体协商双方可以更换本方的协商代表。更换协商代表，应当遵守本条例规定的代表产生程序。

**第八条** 协商代表履行代表职责的期限，由被代表方确定，但最长至集体合同期满时为止；因集体协商达不成一致或者未能签订集体合同的，协商代表履行代表职责的期限为自担任协商代表起六个月。

**第九条** 协商代表应当履行下列职责：

（一）参加集体协商；

（二）搜集与集体协商有关的情况和资料；

（三）听取本方人员的意见，回答本方人员的询问；

（四）参加集体协商争议的处理；

（五）其他需要履行的集体协商职责。

**第十条** 本企业产生的协商代表在工作时间内参加集体协商，以及在履职期限内利用不超过三个工作日的工作时间，从事搜集与集体协商有关资料等活动，视为提供了正常劳动，工资及各项福利不受影响。

职工一方的协商代表在履行代表职责期间，企业无正当理由不得变更其工作岗位。

**第十一条** 协商代表应当履行下列义务：

（一）维护企业正常的生产、工作秩序；

（二）保守在集体协商过程中知悉的企业的商业秘密；

（三）遵守集体协商双方约定的纪律，不散布协商过程中不宜外传的信息。

**第十二条** 企业在制定、修改或者决定下列直接涉及职工切身利益的规章制度或者重大事项时，应当与本企业职工一方进行集体协商后确定：

（一）劳动报酬；

（二）工作时间；

（三）休息休假；

（四）劳动安全卫生；

（五）保险福利；

（六）职工培训；

（七）劳动纪律；

（八）劳动定额；

（九）法律法规规定的其他内容。

企业应当就职工工资水平、工资调整机制与本企业职工一方进行集体协商。

企业职工一方可以就涉及职工利益的事项要求企业与其进行集体协商。

**第十三条** 工资集体协商一般包括下列内容：

（一）工资分配制度、工资标准、工资分配形式和工资支付办法；

（二）职工年度平均工资水平的调整幅度；

（三）奖金、津贴、补贴等分配办法；

（四）加班工资以及试用期、病假、事假等期间的工资待遇；

（五）双方认为应当协商的其他工资事项。

**第十四条** 工资集体协商可以参考下列因素：

（一）企业劳动生产率和经济效益；

（二）企业上年度职工工资总额和平均工资水平；

（三）企业及行业的人工成本水平；

（四）全市及行业的职工平均工资水平；

（五）企业工资增长指导线和劳动力市场工资指导价位；

（六）最低工资标准；

（七）城镇居民消费价格指数；

（八）与工资集体协商有关的其他因素。

**第十五条** 集体协商双方的任何一方均可以向对方以书面形式提出进行集体协商的建议，另一方在收到集体协商建议书之日起十五日内应当给予书面答复，拒绝集体协商的，应当有正当的理由。

集体协商的任何一方因下列事项向对方提出集体协商建议的，另一方不得拒绝或者拖延：

（一）需要裁减人员二十人以上或者裁减不足二十人但占企业职工总数百分之十以上的；

（二）劳动纠纷导致群体性停工、上访的；

（三）生产过程中发现存在重大事故隐患或者职业危害的。

**第十六条** 已经建立工会的企业，由工会代表职工向企业一方提出集体协商；企业一方建议开展集体协商的，应当向本企业工会提出。

尚未建立工会的企业，由上级工会指导职工推举的代表向企业一方提出集体协商；企业一方建议开展集体协商的，可以向本企业职工直接提出，也可以向上级工会提出。

**第十七条** 集体协商双方在正式协商前应当进行下列准备工作：

（一）自双方同意集体协商之日起十五日内产生协商代表，并书面告知对方；

（二）协商确定集体协商的时间、地点；

（三）搜集与本次集体协商议题有关的情况和资料；

（四）听取各有关方面对本次集体协商的意见和建议；

（五）了解与集体协商议题有关的法律、法规和其他有关规定；

（六）草拟集体协商议题的解决方案；

（七）其他需要准备的工作。

**第十八条** 集体协商会议由协商双方首席代表共同主持。提出协商议题的一方应当就议题的具体内容以及解决方案作出说明。

集体协商会议应当做好会议记录，协商双方首席代表应当在会议记录上签字。

协商双方可以就与协商议题相关的事项，要求对方提供相应的资料和说明。涉及企业商业秘密的，双方可以签订专门的保密协议。

**第十九条** 上级工会应当指导职工一方与企业进行集体协商，可以派员观察职工一方与企业的集体协商活动，或者按照本条例第七条的规定受聘担任职工一方的协商代表。

**第二十条** 企业合并、分立、重组的，合并、分立、重组后的企业应当就集体合同继续履行事宜，与职工一方进行集体协商。协商一致的，原集体合同可以继续履行，协商不一致的，企业与职工一方应当就与劳动关系有关的事项重新进行集体协商。

**第二十一条** 在进行集体协商期间，企业及其职工应当维护本企业正常的生产、工作秩序，不得采取任何影响生产、工作秩序或者社会稳定的行为。

企业不得采取下列行为：

（一）限制职工一方协商代表的人身自由，或者对其进行侮辱、威胁、恐吓、暴力伤害；

（二）拒绝或者阻碍职工进入劳动场所、拒绝提供生产工具或者其他劳动条件；

（三）拒绝提供与集体协商议题相关的资料或者提供虚假资料；

（四）其他干扰、阻碍集体协商的行为。

职工不得采取下列行为：

（一）限制企业一方人员的人身自由，或者对其进行侮辱、威胁、恐吓、暴力伤害；

（二）违反劳动合同约定，不完成劳动任务，或者以各种方式迫使企业其他员工离开工作岗位；

（三）破坏企业设备、工具等扰乱企业正常生产、工作秩序和社会公共秩序的行为；

（四）其他干扰、阻碍集体协商的行为。

## 第三章 集体合同

**第二十二条** 以签订集体合同为目的的集体协商，协商一致的，应当形成集体合同草案，经协商双方首席代表签字后，作为草案的正式文本提交职工代表大会或者全体职工讨论。职工一方的协商代表就集体协商的情况和集体合同草案的内容应当向职工代表大会或者全体职工作出说明。

集体合同草案经全体职工代表半数以上或者全体职工半数以上同意，方获通过。

**第二十三条** 集体合同草案经职工代表大会或者全体职工讨论通过后，由职工一方的首席代表将讨论通过的情况书面告知企业一方。企业自收到书面告知之日起十日内，负责将集体合同报送市或者区、县人力资源社会保障部门。

企业报送集体合同时，应当提交下列材料：

（一）由协商双方首席代表签署的集体合

同文本；

（二）协商双方及其代表的基本情况；

（三）集体协商过程的情况说明；

（四）职工代表大会或者全体职工讨论通过集体合同草案情况的报告。

人力资源社会保障部门自收到集体合同文本之日起十五日内未提出异议的，集体合同即行生效。

**第二十四条** 企业与职工一方经集体协商，可以就工资调整机制、劳动安全或者女职工权益保护等专项内容签订专项集体合同。

**第二十五条** 集体合同期限一般为一至三年，工资专项集体合同期限一般为一年。

集体合同约定的劳动条件、劳动报酬等标准不得低于国家和市人民政府规定的最低标准。

企业与职工个人签订的劳动合同约定的劳动条件和劳动报酬等标准，或者企业规章制度规定的劳动条件和劳动报酬等标准，不得低于集体合同的规定。

## 第四章 行业性和区域性集体合同

**第二十六条** 区、县区域内的建筑、餐饮服务等行业，以及其他有条件开展集体协商的行业的工会，可以选派代表与行业协会或者企业推选的代表进行集体协商，签订行业性集体合同。

小微企业较为集中的街道（乡镇）、经济开发区、工业（科技）园区、商业区、商务楼宇等区域内的工会，可以选派代表与区域内不具备独立开展集体协商条件的企业推选的代表进行集体协商，签订区域性集体合同。

**第二十七条** 下列涉及本行业职工切身利益的事项可以进行行业性集体协商：

（一）本行业的最低工资标准；

（二）本行业工资调整的最低幅度；

（三）本行业同类工种的定额标准；

（四）本行业各工种、岗位的劳动安全和卫生标准；

（五）本行业各工种、岗位的职工培训制度，事项；

（六）其他需要进行行业性集体协商的。

**第二十八条** 行业性集体合同草案应当取得本行业企业法定代表人的认可。

行业性集体合同草案应当经认可该草案的企业全体职工代表半数以上或者全体职工半数以上同意，方获通过。

**第二十九条** 下列涉及本区域职工切身利益的事项可以进行区域性集体协商：

（一）本区域的最低工资标准；

（二）本区域工资调整的最低幅度；

（三）其他需要进行区域性集体协商的事项。

**第三十条** 区域性集体合同草案应当取得本区域企业法定代表人的认可。

区域性集体合同草案应当经本区域职工代表大会，或者认可该草案的企业全体职工代表半数以上或者全体职工半数以上同意，方获通过。

**第三十一条** 行业性、区域性集体合同由企业方面代表或者工会负责将集体合同以及相关材料报送区、县人力资源社会保障部门。

人力资源社会保障部门自收到报送的集体合同之日起十五日内未提出异议的，集体合同即行生效。

**第三十二条** 依法订立的行业性、区域性集体合同对认可该集体合同的企业及其职工具有约束力，企业与其职工签订的集体合同及劳动合同中约定的劳动条件、劳动报酬等标准不得低于行业性、区域性集体合同约定的标准。

## 第五章 争议的处理

**第三十三条** 本市建立由政府有关部门、工会和企业方面代表组成的劳动关系三方协调机制。

**第三十四条** 职工一方或者企业一方无正当理由拒绝或者拖延另一方的集体协商要求，或者双方在集体协商过程中不能达成一致或者签订集体合同的，职工一方可以提请上级工会、企业一方可以提请企业方面代表进行指导。经指导仍未能达成一致的，集体协商的任何一方可以提请人力资源社会保障部门协调处理。集体协商双方未提请协调处理的，人力资源社会保障部门认为必要时，也可以进行协调处理。

职工一方提请指导、协调处理，已建立工会的，由工会提出；尚未建立工会的，由职工一方协商代表提出。

人力资源社会保障部门协调处理集体协商争议时，可以会同同级工会或者企业方面代表共同处理。

**第三十五条** 人力资源社会保障部门协调处理时，应当听取协商双方陈述各自意见，根据协商双方提供的证据材料对协商意见进行分析，并按照有关规定提出协调处理意见。

**第三十六条** 企业违反集体合同，侵犯职工劳动权益的，工会可以依法要求企业承担责任，因履行集体合同发生争议，经协商解决不成的，工会可以依法申请仲裁、提起诉讼。

## 第六章 法律责任

**第三十七条** 违反本条例规定，法律、行政法规有处理规定的，适用有关法律、行政法规的规定。

**第三十八条** 违反本条例第十条第二款规定，无正当理由调整职工一方协商代表工作岗位的，经协商代表本人提出，企业应当恢复其原工作岗位。

**第三十九条** 企业无正当理由拒绝或者拖延集体协商的，市和区、县总工会可以作出整改意见书，要求企业予以改正。

违反本条例第十五条第二款规定，拒绝或者拖延集体协商的，人力资源社会保障部门应当责令其改正。

企业拒不改正的，按照本市公共信用信息管理的相关规定将该信息纳入市公共信用信息服务平台。

**第四十条** 企业、职工违反本条例第二十一条规定，构成违反治安管理行为的，由公安机关依法处理；构成犯罪的，依法追究刑事责任。

符合《中华人民共和国劳动合同法》第三十八条、第三十九条规定情形的，企业、职工均可以依法解除劳动合同。

## 第七章 附 则

**第四十一条** 企业分支机构经企业法定代表人同意，与本分支机构的职工就劳动关系有关事项进行集体协商和签订、履行集体合同的，依照本条例执行。

个体经济组织、民办非企业单位等组织和与其建立劳动关系的本单位职工就劳动关系有关事项进行集体协商和签订、履行集体合同的，依照本条例执行。

**第四十二条** 本条例自 2008 年 1 月 1 日起实施。

# 上海市促进大型科学仪器设施共享规定

（2007 年 8 月 16 日上海市第十二届人民代表大会常务委员会第三十八次会议通过
2021 年 11 月 25 日上海市第十五届人民代表大会常务委员会第三十七次会议修订）

## 第一章 总 则

**第一条** 为了促进大型科学仪器设施的共享，提高科技资源使用效率，增强科技创新能力，推进上海科技创新中心建设，根据《中华人民共和国科学技术进步法》等法律、行政法规，结合本市实际，制定本规定。

**第二条** 本市行政区域内大型科学仪器设施共享，适用本规定。法律、行政法规另有规定的，从其规定。

本规定所称的大型科学仪器设施，是指用于科学研究和技术开发活动的重大科研基础设施，以及一定价值限额以上的单台（套）科学仪器设备。单台（套）科学仪器设备的具体价值限额，由市人民政府另行规定。

本规定所称的共享，是指拥有或者受委托管理大型科学仪器设施的高等学校、科研院所以及其他法人或者非法人组织（以下统称管理单位）将大型科学仪器设施向社会开放，由其他法人、非法人组织或者自然人（以下统称用户）用于科学研究和技术开发的行为。

**第三条** 本市按照信息共享、资源统筹、奖惩结合、分类管理的原则，推动大型科学仪器设施开放共享。

使用财政资金出资购置、建设的大型科学仪器设施的管理单位，应当在保证自身使用需求，满足非涉密和无特殊规定限制的情况下，将大型科学仪器设施向社会开放共享。鼓励以非财政资金出资购置、建设的大型科学仪器设施的管理单位，将大型科学仪器设施向社会共享。

**第四条** 市科技行政管理部门负责对大型科学仪器设施共享活动进行统筹协调和监督管理，组织实施本规定。

发展改革、经济信息化、财政、教育、卫生健康、人力资源社会保障、国有资产管理等行政管理部门按照各自职责，做好大型科学仪器设施共享的相关工作。

**第五条** 对使用财政资金出资购置、建设的大型科学仪器设施，管理单位应当加强集中集约管理和信息化建设，建立健全共享制度和激励约束机制，加强管理和操作人才队伍建设，按照规定接受共享评估和社会监督。

**第六条** 本市加强和完善大型科学仪器设施共享服务平台（以下简称市共享服务平台）建设，为大型科学仪器设施共享提供服务。市共享服务平台的日常运行和维护工作由市科技行政管理部门负责。

**第七条** 本市按照国家总体布局的需要，加强与其他省市的合作，参与全国大型科学仪器设施协作共用网络建设，开展跨区域共享协作与联动。

## 第二章 购置建设与共享承诺

**第八条** 申请以本市财政资金出资购置、建设大型科学仪器设施的高等学校、科研院所以及其他法人或者非法人组织（以下统称申请单位），应当在申请报告或者项目可行性研究报告中就大型科学仪器设施共享作出承诺。共享服务的承诺应当包括共享服务可行性论证以及共享时长、范围、方式等内容。

**第九条** 本市建立购置、建设大型科学仪器设施联合评议工作协调机制。

对申请以本市财政资金出资购置、建设大型科学仪器设施的，科技行政管理部门应当会同有关部门组织专家就其必要性进行评议，评议结果作为有关部门审批购置、建设大型科学仪器设施的重要参考。本市已有同类大型科学仪器设施提供的共享服务可以满足申请单位相关科学研究和技术开发活动需要的，不予批准其购置、建设大型科学仪器设施的申请。

购置、建设重大科研基础设施的评议工作，按照国家有关规定执行。

**第十条** 对获准购置、建设的大型科学仪器设施的申请单位，相关行政管理部门应当结合其所作的共享服务的承诺，在项目合同或者项目批准文件中，明确该大型科学仪器设施在满足申请单位科学研究和技术开发活动需要的同时，向社会提供共享服务的相关要求。

**第十一条** 对于可以通过共享服务满足需要而未获准购置、建设大型科学仪器设施的，项目审批部门在批准申请单位承担本市科研计划项目时，应当保障其项目研究和技术开发中使用其他单位大型科学仪器设施的相关费用。

## 第三章　共 享 服 务

**第十二条**　市共享服务平台应当向管理单位和用户提供大型科学仪器设施共享的信息查询、需求发布、服务推介、预约使用、技术培训等服务。

**第十三条**　使用财政资金出资购置、建设大型科学仪器设施的管理单位，应当自完成安装、调试验收之日起三十日内，将购置、建设的大型科学仪器设施的名称、类别、型号、应用范围、共享时段和方式、收费标准等信息，通过市共享服务平台向市科技行政管理部门报送。鼓励管理单位将使用非财政资金出资购置、建设的大型科学仪器设施的相关信息，按照前述规定进行报送。

市科技行政管理部门应当将管理单位报送的信息汇总、分类后，在市共享服务平台上发布。

**第十四条**　用户可以通过市共享服务平台或者直接向管理单位提出大型科学仪器设施共享服务请求，管理单位应当及时作出回应并按照平等原则确定用户。

使用财政资金出资购置、建设大型科学仪器设施提供共享服务的，管理单位应当与用户订立合同，约定共享服务方式、服务内容和收费标准、知识产权归属、保密要求、损害赔偿、违约责任、争议处理等事项，并通过市共享服务平台签订合同或者上传已签订的合同文本。

管理单位应当按照合同约定，为用户提供共享服务。用户在使用大型科学仪器设施时，应当遵守管理单位的操作规范。用户使用大型科学仪器设施形成的著作或者论文等科研成果发表时，管理单位要求用户对使用情况予以标注的，用户应当予以标注。

**第十五条**　使用财政资金出资购置、建设大型科学仪器设施的管理单位，在同等条件下，应当优先为国家、省部级重大科研项目、科技合作，以及科技型中小企业、创新创业团队提供共享服务。

**第十六条**　管理单位可以委托专业机构为大型科学仪器设施共享提供专业服务。

鼓励管理单位通过集约化管理、市场化运作等模式，提升大型科学仪器设施的统筹管理和开放服务水平。

## 第四章　共 享 保 障

**第十七条**　本市建立健全大型科学仪器设施共享评估制度。市科技行政管理部门应当会同有关部门，按照分类评估的原则组织专家，在信息报送、运行情况、共享服务时间、服务质量、功能开发、人才培养等方面定期对加入市共享服务平台的管理单位进行评估。

市科技行政管理部门应当将评估结果作为共享服务奖励的主要依据之一，并将评估和奖励结果向社会公布。具体评估和奖励办法由市科技行政管理部门会同相关部门制定。对重大科研基础设施管理单位的评估，按照国家有关规定执行。

使用财政资金出资购置、建设的大型科学仪器设施的管理单位，无正当理由不报送相关信息导致无法进行评估的，市科技、财政等行政管理部门对其后续申请使用本市财政资金出资购置、建设大型科学仪器设施进行评议时，可以提出限制性意见。

**第十八条**　本市设立大型科学仪器设施共享服务奖励资金。市科技行政管理部门结合共享服务评估结果，对加入市共享服务平台，且共享服务工作量、用户满意度等达到共享服务要求的管理单位，给予一定的资金奖励。其中，对使用非财政资金出资购置、建设大型科学仪器设施的管理单位，上浮一定奖励额度。

管理单位获得的奖励资金和服务收入可以按照规定用于大型科学仪器设施的运行维护，以及操作和管理人员的培训、奖励等相关费用支出。

**第十九条**　获得共享服务奖励的管理单位，在申请本市财政资金出资购置、建设其他大型科学仪器设施时，有关行政管理部门应当在同等条件下优先批准其申请。

**第二十条** 经评估，使用本市财政资金出资购置、建设的大型科学仪器设施未达到共享要求的，市科技行政管理部门可以会同相关行政主管部门责令管理单位限期整改；逾期不整改的，市科技、财政等行政管理部门对其后续申请使用本市财政资金出资购置、建设大型科学仪器设施进行评议时，可以提出限制性意见。

对于使用本市财政资金全额购置、建设的通用型大型科学仪器设施，开放共享程度较差的，相关行政主管部门可以按照有关规定在部门内或者跨部门无偿划拨。

**第二十一条** 本市推动科技创新券在大型科学仪器设施共享服务中的使用。

市科技、财政行政管理部门应当完善科技创新券的申领、使用、兑付等工作机制，优化科技创新券管理系统，为用户和管理单位提供便捷、高效的服务。

**第二十二条** 市科技、教育、人力资源社会保障等行政管理部门应当有计划地培养管理和操作大型科学仪器设施的相关人员，完善推动大型科学仪器设施专业人才队伍建设的支持政策，在科技计划项目资助、职称评定等方面予以支持，并对在共享服务中作出突出贡献的人员进行表彰和奖励。

**第二十三条** 市科技、财政等行政管理部门应当建立大型科学仪器设施信息互通机制。

对管理单位报送的大型科学仪器设施信息，市科技行政管理部门应当对其准确性、完整性和时效性进行检查。检查结果作为大型科学仪器设施共享评估的重要参考。

## 第五章 长三角区域共享

**第二十四条** 本市推动长三角区域省市共同建立大型科学仪器设施共享协同机制，在购置建设评议、服务规则制定、服务信息互通、开放共享评价等方面加强协作，促进区域内大型科学仪器设施开放共享，实现科技优势互补和资源高效利用，为长三角区域科技创新共同体建设提供保障。

**第二十五条** 本市根据长三角一体化发展的需要和国家有关部署，推动建设和完善长三角大型科学仪器设施的共享服务平台。

市共享服务平台应当与长三角大型科学仪器设施的共享服务平台互联互通，为长三角区域其他省市提供大型科学仪器设施跨区域共享服务。

**第二十六条** 本市以重大科研基础设施共建共享为依托，推动长三角区域省市联合实施国家重大科研项目，共同开展核心技术攻关，提升重大创新策源能力。

**第二十七条** 本市推动建立长三角区域科技创新券通用机制，发挥科技创新券在长三角区域内大型科学仪器设施共享中的促进、引导作用。

**第二十八条** 本市将管理单位为长三角区域其他省市用户提供大型科学仪器设施共享服务的情况，纳入大型科学仪器设施共享评估范围，并作为对管理单位实施奖励的依据。

## 第六章 法律责任

**第二十九条** 管理单位及其工作人员未按照本规定第十三条第一款的规定报送大型科学仪器设施相关信息的，由市科技行政管理部门责令限期改正；逾期不改正的，由市科技行政管理部门给予警告、通报批评，其所在单位或者上级主管部门对负有直接责任的主管人员和其他直接责任人员依法给予处分。

**第三十条** 管理单位或者其工作人员弄虚作假，提供虚假材料获取大型科学仪器设施共享服务奖励资金的，由市科技行政管理部门依法追回，并将相关信息依法纳入市公共信用信息服务平台。

**第三十一条** 科技行政管理部门和其他有关行政管理部门及其工作人员，在大型科学仪器设施共享管理工作中滥用职权、玩忽职守、徇私舞弊的，对直接负责的主管人员和其他直接责任人员，依法给予处分；构成犯罪的，依法追究刑事责任。

## 第七章　附　　则

**第三十二条**　本市接受无偿援助购置、建设或者捐赠的大型科学仪器设施的共享，参照本规定关于本市财政资金出资购置、建设的大型科学仪器设施共享的有关规定执行。

**第三十三条**　本规定自2021年12月1日起施行。

# 上海市民兵预备役工作条例

（2007年10月10日上海市第十二届人民代表大会常务委员会第三十九次会议通过）

## 第一章　总　　则

**第一条**　为了做好民兵工作和预备役工作（以下统称民兵预备役工作），加强国防后备力量建设，根据《中华人民共和国国防法》、《中华人民共和国兵役法》等有关法律、法规，结合本市实际，制定本条例。

**第二条**　本市行政区域内的国家机关、社会团体、企业事业单位以及其他组织和公民应当遵守本条例。

**第三条**　各级人民政府依照法律规定的权限，管理本行政区域的民兵预备役工作，组织、监督有关部门和单位完成民兵预备役工作任务。

市和区、县人民政府应当将民兵预备役工作纳入国民经济和社会发展规划。

**第四条**　上海警备区和区、县人民武装部兼各该级人民政府的兵役机关，在上级军事机关和同级人民政府的领导下，按照各自职责做好下列民兵预备役工作：

（一）建立和巩固民兵预备役组织，依法进行预备役登记；

（二）对编入民兵组织、预编入现役部队、编入预备役部队和其他服预备役的人员（以下统称民兵预备役人员）进行教育和管理；

（三）组织民兵预备役人员进行军事训练和担负战备勤务；

（四）动员和组织民兵预备役人员参军参战、支援前线；

（五）管理民兵组织和预备役部队的武器装备；

（六）领导乡、镇人民政府、街道办事处和企业事业单位以及其他组织按照规定设立的人民武装部（以下统称基层人民武装部）开展民兵预备役工作；

（七）法律、法规规定的其他职责。

上海警备区根据军事工作需要，可以直接领导有关国家机关、企业事业单位以及其他组织的民兵预备役工作。

**第五条**　国家机关、社会团体、企业事业单位以及其他组织应当按照上海警备区、区县人民武装部和人民政府的要求，完成民兵预备役工作任务。

公民应当依法履行服预备役和参加民兵组织的义务。

**第六条**　各级人民政府、上海警备区、区县人民武装部和预备役部队对在民兵预备役工作中做出显著成绩的单位和个人，给予表彰和奖励。

## 第二章　组织建设

**第七条**　根据法律、行政法规的规定，本市按照军事工作需要，可以将十八周岁至三十五周岁符合条件的男性公民预编入现役部队，或者编入预备役部队、民兵组织，或者登记服预备役；也可以将符合条件的女性公民编入预备役部队或者民兵组织。

民兵干部和民兵预备役专业技术人员的年龄上限可以适当放宽。

**第八条** 民兵预备役人员的编组工作应当根据有利于组织领导、有利于提高质量、有利于执行任务、有利于均衡负担的原则，按照现役部队预编预备役人员、预备役部队预备役人员、基干民兵、普通民兵的顺序进行。

**第九条** 民兵预备役人员的编组任务由上海警备区下达，各级人民武装部负责组织实施。

国家机关、社会团体、企业事业单位以及其他组织，应当向上海警备区或者区、县人民武装部提供本单位符合本条例第七条规定的人员的相关信息，根据上海警备区或者区、县人民武装部的要求，确定编入民兵预备役组织的人员，并报上海警备区或者区、县人民武装部批准。

**第十条** 民兵组织和预备役部队每年进行一次组织整顿，并应当接受上海警备区、区县人民武装部和预备役部队上级军事机关的指导和验收。

**第十一条** 预编入现役部队、编入预备役部队的人员，其工作单位、住所等发生变更的，应当及时向原登记部门报告。

人民武装部和预备役部队应当加强对民兵预备役人员的管理，及时掌握和更新民兵预备役人员的相关信息。

## 第三章　政 治 工 作

**第十二条** 市和区、县人民政府应当把民兵预备役人员的政治教育工作纳入国防教育工作规划。

文化、新闻、出版、广播、电影、电视等部门和单位，应当配合上海警备区、区县人民武装部和预备役部队做好民兵预备役工作的宣传教育。

**第十三条** 人民武装部和预备役部队应当结合组织整顿、军事训练、征兵和重大节日活动，对民兵预备役人员进行政治教育。

国家机关、社会团体、企业事业单位以及其他组织应当支持人民武装部和预备役部队开展的民兵预备役政治教育活动。

**第十四条** 基层人民武装部应当按照有关规定配备专职人民武装干部。专职人民武装干部应当具备政治可靠、身体健康、有一定的军事素质和组织指挥能力等条件。

未经市人民政府和上海警备区批准，不得撤销、合并基层人民武装部。

**第十五条** 人民武装部和预备役部队应当会同相关单位，对民兵预备役人员进行入队前审查；对已经过编组的民兵预备役人员建立跟踪考察制度，并及时清退不合格人员。

## 第四章　军事训练和战备执勤

**第十六条** 民兵预备役人员的军事训练根据军事训练大纲以及考核标准进行，需要调整训练任务的，由预备役部队或者区、县人民武装部提出申请，报上一级军事机关批准。

民兵组织和预备役部队的年度军事训练任务，由上海警备区、区县人民武装部和预备役部队逐级编制下达。除特殊情况外，年度军事训练任务确定的训练人员和时间，由人民武装部或者预备役部队于训练开始三十日前，通知参训人员所在单位。

**第十七条** 民兵预备役人员应当根据上海警备区、区县人民武装部或者预备役部队的安排，参加军事训练，任何单位和个人不得阻挠。

国家机关、社会团体、企业事业单位以及其他组织应当按照上海警备区、区县人民武装部或者预备役部队的要求，督促并落实本单位的民兵预备役人员参加军事训练，提供相应的便利条件。

**第十八条** 人民武装部和预备役部队应当对参加训练的民兵预备役人员进行考评，考评结果登记存档并通报其所在单位。

**第十九条** 民兵预备役人员担负下列战备执勤任务：

（一）参加军警民联防，配合现役部队保卫边（空、海）防和战备重点地区、重点目标的安全；

（二）协助公安机关、人民武装警察部队维护社会治安；

（三）参加抢险救灾；

（四）法律、法规规定和人民政府、上级军事机关赋予的其他任务。

战时，预备役人员根据命令转服现役担负作战任务；民兵担负配合部队作战、独立作战、战场勤务、支援前线和保卫后方等任务。

**第二十条** 民兵预备役人员执行战备执勤任务，由上海警备区、区县人民武装部或者预备役部队组织实施，政府有关部门予以协助。

民兵预备役人员执行战备执勤任务，按照国家规定的批准权限和程序进行。

## 第五章 武器装备管理

**第二十一条** 民兵武器装备的配备、调整、维修等工作，由上海警备区负责。

预备役部队武器装备的配备、调整、维修等工作，按照国家和本市有关规定执行。

**第二十二条** 民兵武器装备应当由上海警备区和区、县人民武装部集中保管，根据战备、值勤等需要，经上海警备区批准，也可以由乡、镇、街道人民武装部、企业事业单位或者民兵值勤点保管。

预备役部队武器装备由预备役部队集中保管，不具备保管条件的，存放在上级军事机关指定的场所。

**第二十三条** 武器装备的保管单位应当按照规定的标准建立武器装备库（室），配备专职看管人员，完善安全设施，落实管理制度，确保武器装备安全并处于良好的战术、技术状态。

## 第六章 保障措施

**第二十四条** 民兵事业费由市和区、县分级保障。上海警备区和区、县人民武装部根据年度民兵工作任务，编制民兵事业费预算，由同级人民政府纳入财政预算。

民兵事业费主要用于民兵的军事训练、组织建设、政治工作、武器装备管理以及对企业事业单位保管民兵武器装备的补贴等项开支。

**第二十五条** 预备役部队建设所需经费根据国家和本市有关规定，由部队和本市各级人民政府共同保障。

预编入现役部队或者编入预备役部队的预备役人员，参加训练所需经费由上级军事机关按计划下拨，不足部分由市和区、县人民政府给予补助。

**第二十六条** 民兵事业费和预备役部队建设经费应当专款专用，严格管理，接受上级军事机关和同级人民政府财政、审计机关监督。

**第二十七条** 民兵预备役人员参加军事训练或者执行战备执勤任务期间，其所在单位不得降低其应当享受的工资、奖金等待遇。

民兵预备役人员参加军事训练或者执行战备执勤任务，按照国家和本市有关规定给予补助。

民兵预备役人员参加军事训练或者执行战备执勤任务牺牲、致残的，由当地人民政府按照国家有关规定给予抚恤优待。

**第二十八条** 民兵、预备役部队训练基地的建设，纳入市和区、县建设规划，按照本市有关规定，配备工作人员，并落实建设、维护等工作经费。

**第二十九条** 市和区、县民兵武器装备保管和维修单位、人民武装培训机构以及区、县人民武装部，按照本市有关规定，配备工作人员。

## 第七章 法律责任

**第三十条** 国家机关、社会团体、企业事业单位以及其他组织有下列行为之一的，由区、县人民政府责令改正、通报批评，并可以处五千元以上二万元以下的罚款；对单位直接负责的主管人员和其他直接责任人员可以处三百元以上三千元以下的罚款：

（一）拖延或者拒绝按规定完成编组任务的；

（二）阻挠民兵预备役人员参加军事训练或者执行战备执勤任务的；

（三）降低民兵预备役人员参加军事训练或者执行战备执勤任务期间应当享受的工资、奖金等待遇的。

**第三十一条** 民兵预备役人员拒绝、逃避参加军事训练和执行战备执勤任务的，由区、县人民政府责令限期改正；逾期不改的，区、县人民政府除依照国家有关规定强制其履行义务外，可以给予通报批评，并可以处二百元以上二千元以下罚款。

**第三十二条** 民兵预备役武器装备保管单位及其保管人员违反武器装备保管规定的，依照国家的有关规定处理。

**第三十三条** 国家机关工作人员在民兵预备役工作中玩忽职守、滥用职权、徇私舞弊的，依法给予行政处分；构成犯罪的，依法追究刑事责任。

**第三十四条** 区、县人民政府对违反本条例的单位和个人实施行政处罚，由区、县人民政府兵役机关会同有关部门具体办理。

**第三十五条** 当事人对区、县人民政府依照本条例做出的行政处罚决定不服的，可以依法向上一级人民政府申请行政复议，也可以依法向人民法院提起行政诉讼，逾期不申请行政复议、不提起诉讼，又不履行处罚决定的，做出行政处罚决定的机关可以申请人民法院强制执行。

## 第八章 附　　则

**第三十六条** 本条例自 2008 年 1 月 1 日起施行。

# 上海市促进农业科技进步若干规定

（2007 年 10 月 10 日上海市第十二届人民代表大会常务委员会第三十九次会议通过
2024 年 11 月 28 日上海市第十六届人民代表大会常务委员会第十七次会议修订）

**第一条** 为了促进农业科技进步，推进乡村全面振兴和农业农村现代化，根据《中华人民共和国农业法》《中华人民共和国科学技术进步法》《中华人民共和国促进科技成果转化法》等法律、行政法规，结合本市实际，制定本规定。

**第二条** 本市行政区域内的农业科学研究和技术开发、农业科技成果转化、农业技术推广和培训及其相关管理活动，适用本规定。

**第三条** 本市按照农业科技发展相关规划要求，深化农业科技体制机制改革，重点聚焦生物育种、生物制造、现代设施农业等领域，促进农业产业链、创新链、资金链、人才链融合发展，提升农业科技服务农业强国建设的能力，推动上海率先实现农业农村现代化。

**第四条** 市、区人民政府应当把农业科技进步纳入国民经济和社会发展规划，支持保障农业科技进步，建立和完善农业科技的管理机制和创新体系、服务体系，统筹协调农业科技进步工作中的重要事项。

乡镇人民政府应当采取措施，促进农业技术的推广和应用。

**第五条** 农业农村部门负责本行政区域内农业科技进步活动的协调推进、服务保障和监督管理。

科技、发展改革、财政、教育、人才、人力资源社会保障、经济信息化、地方金融、规划资源、市场监管、知识产权、数据等部门按照各自职责，做好农业科技进步相关工作。

**第六条** 本市强化企业农业科技创新主体地位，构建产学研用紧密结合的协同创新格局。鼓励符合条件的涉农科技型企业申报高新技术企业、专精特新中小企业。农业农村、科技、经济信息化等部门应当加强涉农科技型企业培育。

本市高等学校、科研机构、农业技术推广机构、农业生产经营组织和其他相关企业根据国家和本市农业发展导向，结合各自优势和特点，开展农业科技创新。

本市支持组建农业科技创新联合体，推动资源、平台、信息等开放共享，协同推进农业科技研发与成果转化。

本市推动农业科研院所改革，探索建立现代农业科研院所制度。

**第七条** 市农业农村、发展改革、科技、经济信息化、数据、财政等部门应当支持以新型研发机构模式建设现代种业创新平台、智慧农业技术创新平台。

市农业农村、科技、财政等部门应当推动农业领域重点实验室、技术创新中心的建设。

相关区人民政府可以结合本区农业科技优势和资源禀赋，建设农业科技产业集聚区，提升农业科技创新策源能级。

**第八条** 本市建立多层次、多元化的农业科技资金投入体系，完善农业科技领域基础研究稳定支持机制，健全农业科技多元投入机制。

农业农村、科技等部门应当安排资金用于农业技术攻关、成果转化、技术推广等农业科技创新项目。

高等学校、科研机构、农业技术推广机构、农业生产经营组织和其他相关企业申报国家科技重大专项、国家重要科技计划项目且获得立项的，按照国家和本市有关规定，给予相应的支持。

**第九条** 市农业农村部门应当会同市科技、教育等部门制定符合国家发展战略和科技创新规律的农业科技计划，统筹科技创新项目资源，推动科研范式和管理模式优化，促进农业科技领域基础研究与应用研究、成果转化融通发展。

本市建立以产业发展需求为导向的农业科技创新项目立项、过程管理、协同创新和绩效评价等机制，具体办法由市农业农村部门会同市科技、财政等部门制定。

市农业农村、科技部门在重大农业科技创新项目选题、评审、评价等环节，应当听取专家、企业家等的意见。

**第十条** 市农业农村部门应当会同市科技、教育、人力资源社会保障、财政等部门，建立以创新绩效为核心、年度评价与中长期评价相结合的评价机制，对科研机构、高等学校的农业科技创新工作进行评价，并按照有关规定加强评价结果应用。

评价内容主要包括关键核心技术、产品研发的先进性和成熟度、成果转化与技术应用推广效果、学科交叉融合发展水平、对农业科技进步的带动作用等。

**第十一条** 市农业农村部门应当会同市人才、人力资源社会保障、科技、教育等部门建立以创新能力、质量、实效、贡献为导向的农业科技人才评价机制。

本市推动高等学校、科研机构、农业技术推广机构等对从事不同类型农业科技创新活动的人才，按照有关规定实行分类评价。评价结果作为职称评聘、职务晋升、岗位聘用、薪酬待遇、项目支持和表彰奖励等的重要依据。

**第十二条** 市农业农村部门应当定期编制农业科技成果目录，并向社会发布。

农业农村部门应当会同经济信息化等部门优化工作流程和机制，推动农业新技术、新产品等加快进入市场。

本市鼓励农业科技成果转移转化平台优化科技咨询、价值评估、成果推介、交易经纪等服务，加快农业科技成果转化应用。

**第十三条** 本市依法保护农业领域专利、商标、著作权以及地理标志、植物新品种、商业秘密等知识产权，促进农业领域知识产权创造、运用，激励农业科技创新。

知识产权、农业农村、科技等部门应当完善农业领域知识产权公共服务体系，推动农业领域知识产权信息传播利用，提升知识产权公共服务的便利化和可及性。

**第十四条** 市和相关区人民政府应当加强基层农业技术推广队伍建设，建立农业技术推广机构与高等学校、科研机构、农业生产经营组织、行业协会、农民技术人员等相结合的农业技术推广体系。

**第十五条** 本市支持高等学校、科研机构、农业技术推广机构、农业生产经营组织，培养和引进农业科技创新、成果转移转化、技术推广服务等方面的人才和高水平农业科技创新团队。

本市加快农业领域教育科技人才一体化发展，引导高等学校、科研机构创新人才培养模式，推动农业科技人才培养与市场需求有效对接。

市农业农村部门应当会同市人才、人力资源社会保障、科技等部门编制农业重点领域的科技人才开发目录，依托国家和市级重大人才计划工程项目，培养农业科技人才。

本市支持农业科技人才有序流动，鼓励高等学校、科研机构等通过多种方式实行农业科技人才交流。允许高等学校、科研机构农业科技人员按照国家和本市有关规定，保留原有身份到企业专门从事农业科技创新。

市教育、人力资源社会保障部门应当发展农村职业技术教育和农村成人教育。本市按照规定减免高等学校和中等职业学校种植、养殖等涉农专业学生的学费。

**第十六条** 市农业农村部门应当会同市人力资源社会保障等部门，面向优势特色主导产业、农业生产性服务新需求、农村社会事业发展，制定农民专业技术、实用技术等农业技术培训计划并组织实施，免费为农民提供农业技术培训。

市和相关区人民政府支持构建公益性培训机构为主体，高等学校、科研机构等社会主体参与的高素质农民教育培训体系，推进教育培训资源共建共享、优势互补，打造高素质农民队伍。

**第十七条** 农业农村部门应当会同地方金融、科技等部门加强农业科技创新金融支持。

市财政部门应当优化财政支持农业科技发展政策工具，会同市地方金融部门、国务院金融管理部门在沪机构等健全政府性融资担保体系，完善中小微企业信贷风险补偿和奖励政策。

本市涉农产业基金重点支持农业科技创新。鼓励金融机构开发针对涉农科技型企业的信贷、保险等金融产品。鼓励风险投资、长期资本和耐心资本投入农业科技创新，支持涉农科技型企业对接境内外资本市场。

**第十八条** 规划资源、农业农村等部门应当依法保障农业科技产业集聚区、农业科研设施、农业科技应用场景等所需建设用地和农用地。

**第十九条** 本市统筹农业科技创新和科技安全，预防和化解农业科技安全风险，加强农业科技研究、开发与应用活动的安全管理。

**第二十条** 本市加强与长江三角洲区域相关省市农业科技创新合作，推动建立长江三角洲区域农业科技创新协同机制，开展技术攻关和创新，提升长江三角洲区域农业科技创新效能。

本市推动与国内其他地区开展农业科技创新合作，建立常态化合作交流机制，促进创新要素合理流动和高效集聚。

本市支持开展农业科技创新国际合作交流，推动农业科技成果跨境转移转化，支持高等学校、科研机构、农业生产经营组织等参与和发起国际农业科技组织。

**第二十一条** 本规定自 2025 年 1 月 1 日起施行。

# 上海市人民代表大会常务委员会关于促进和保障浦东新区综合配套改革试点工作的决定

（2007年4月26日上海市第十二届人民代表大会常务委员会第三十五次会议通过 2007年4月26日公布）

为了促进和保障浦东新区综合配套改革试点工作，充分发挥浦东新区在加快推进“四个率先”中的示范带动作用、在加快建设“四个中心”中的核心功能作用，按照科学发展观的要求和国务院关于浦东新区进行综合配套改革试点的部署，结合上海实际，特作如下决定：

一、浦东新区综合配套改革试点，应当切实贯彻国务院的要求，着力转变政府职能、转变经济运行方式、改变二元经济与社会结构，把改革和发展有机结合起来，把解决本地实际问题与攻克面上共性难题结合起来，把实现重点突破与整体创新结合起来，把经济体制改革与其他方面改革结合起来，积极探索，推进制度创新，率先建立起完善的社会主义市场经济体制。

二、在坚持国家法制统一原则和本市地方性法规基本原则的前提下，市人民政府和浦东新区人民政府可以就浦东新区综合配套改革制定相关文件在浦东新区先行先试，并报市人民代表大会常务委员会备案；浦东新区人民代表大会及其常务委员会可以就推进浦东新区综合配套改革试点工作作出相关决议、决定，并报市人民代表大会常务委员会备案。

三、市人民代表大会常务委员会根据实际情况，适时制定相关地方性法规，进一步支持和保障浦东新区进行综合配套改革试点。

本市各级国家机关应当依法支持和保障浦东新区综合配套改革和创新措施的有效实施。

本决定自公布之日起施行。

# 上海市保护电力设施和维护用电秩序规定

（2008年8月21日上海市第十三届人民代表大会常务委员会第五次会议通过）

**第一条** 为了加强电力设施保护，维护用电秩序，保障电力安全运行，根据《中华人民共和国电力法》、《电力设施保护条例》、《电力供应与使用条例》和《电力监管条例》等法律、行政法规，结合本市实际，制定本规定。

**第二条** 本市行政区域内的发电设施、变电设施、电力线路设施及其有关辅助设施的保护和用电秩序的维护，适用本规定。

**第三条** 各级人民政府应当加强本行政区域内保护电力设施和维护用电秩序工作的组织领导，协调解决保护电力设施和维护用电秩序工作中的重大问题，并做好应对相关突发事件的组织协调工作。

**第四条** 市电力行政管理部门负责本市电力设施保护和用电秩序维护的监督管理，组织实施本规定，经市人民政府批准可以委托管理公共事务的机构实施本规定设定的行政处罚。

区、县电力行政管理部门按照各自职责，做

好本行政区域内的电力设施保护和用电秩序维护工作。

各级公安机关应当加强与有关行政管理部门和电力企业的合作，依法打击和防范盗窃、破坏电力设施等危害电力安全运行的违法犯罪活动。

本市其他有关行政管理部门按照各自职责，做好保护电力设施和维护用电秩序的相关管理工作。

**第五条** 市和区、县电力行政管理部门可以根据《中华人民共和国电力法》的规定，配备电力监督检查人员，依法进行监督检查。

**第六条** 市电力行政管理部门应当会同其他有关行政管理部门制定电力突发事故应急预案，报市人民政府批准后实施。

电力企业应当制定本企业的电力突发事故应急预案，定期进行演练，完善预警机制。

发生电力突发事故时，各级人民政府和电力企业应当按照应急预案，组织排险抢修，尽快恢复电力正常运行。

**第七条** 电力企业应当建立健全安全管理制度和内部治安保卫制度，采取技术防范、设备防范、人员防范和加强电力检查等措施，定期对电力设施进行维护、检修和更新，发现危害电力设施安全和扰乱用电秩序的行为，应当采取措施予以制止，并向有关部门报告。

电力企业应当按照国家规定的供电质量标准和约定安全供电。因供电设施检修、依法限电或者电力用户违法用电等原因，需要中止供电的，电力企业应当按照国家有关规定事先通知电力用户。

电力企业用于结算电费的计量装置，应当经质量技术监督部门授权的法定计量检定机构检定合格，并按照规定定期检验、更换，所需费用由电力企业承担，用户应当予以配合。

电力企业应当对安全、合理、节约用电进行宣传，提供用电咨询等服务，发现电力用户受电设备存在故障隐患的，应当告知电力用户，并指导其制定解决方案。

电力企业应当建立供电故障报修服务制度，公开报修电话，接到报修后应当在向社会承诺的期限内派员到达现场抢修。

**第八条** 电力企业应当按照国家和本市的有关要求，设置并维护电力设施保护标志。

在电力线路设施保护区内从事建筑、管线等施工作业，或者在电力设施周围从事爆破等可能危及电力设施安全作业的，作业单位应当在施工作业的三个工作日前，书面通知电力企业，并可以要求电力企业派员到现场实施安全监护。

电力企业接到通知后，应当根据电力设施安全保护要求，在三个工作日内向作业单位书面提出安全施工建议。在发生自然灾害、安全事故等紧急情况下，作业单位需要进行抢修、抢险作业，可能危及电力设施安全的，应当在抢修、抢险作业的同时通知电力企业；电力企业接到通知后，应当派员到现场实施安全监护。

作业单位应当根据电力设施安全保护的施工建议，采取相应的安全作业措施。

**第九条** 因树木、竹子等植物生长危及电力设施安全的，其所有人或者管理人应当采取必要的安全措施。电力企业在日常巡检中发现因树木、竹子等植物生长危及电力设施安全的。应当告知其所有人或者管理人。

因自然灾害等不可抗力致使树木、竹子等植物倾斜，危及电力设施安全的，电力企业可以采取先行修剪、砍伐等必要的应急排险措施，并应当告知其所有人或者管理人，并报告有关行政管理部门。

**第十条** 禁止下列危害发电、变电设施的行为：

（一）擅自进入发电厂、变电站内扰乱生产和工作秩序；

（二）擅自移动或者损害发电、变电设施以及相关标志物；

（三）危及输水、输油、供热、排灰等专用输送管道的安全运行；

（四）影响专用铁路、桥梁、码头的使用；

（五）法律、法规规定的其他危害发电、变电设施的行为。

**第十一条** 禁止下列危害电力线路设施的行为：

（一）向电力线路设施射击或者向导线抛掷物体；

（二）在架空电力线路导线两侧各三百米的区域内放风筝；

（三）擅自攀登杆塔或者在杆塔上架设电力线、通讯线缆、广告牌等设施；

（四）利用杆塔、拉线拴系牲畜、悬挂物品、攀附农作物或者作起重牵引地锚；

（五）在杆塔、拉线基础的规定范围内取土、打桩、钻探、开挖，或者倾倒有害化学物品；

（六）擅自拆卸杆塔、拉线上的器材，移动、损坏电力设施保护标志；

（七）法律、法规规定的其他危害电力线路设施的行为。

**第十二条** 在依法划定的电力线路设施保护区内，禁止下列行为：

（一）擅自修建建筑物、构筑物；

（二）堆放垃圾、矿渣、易燃物、易爆物、有害化学物品或者其他影响安全供电的物品；

（三）种植可能危及电力设施安全的植物；

（四）在架空电力线路保护区内燃放烟花爆竹，施放气球等空中飘浮物体。

**第十三条** 造成电力设施损坏的单位或者个人，应当通知电力企业，做好现场保护工作，并配合电力企业进行修复。

**第十四条** 为确保公用电网的安全运行，市电力行政管理部门可以制定保障有序用电的方案，经市人民政府批准后实施。

电力企业和电力用户应当执行有序用电的方案。电力用户拒绝采取有序用电措施，可能对公用电网安全运行造成危害，经通知后仍未改正的，电力企业可以根据市电力行政管理部门的指令和国家规定的程序，对该电力用户中止供电。

**第十五条** 禁止任何单位和个人实施下列扰乱用电秩序的行为：

（一）擅自改变用电类别；

（二）擅自超过供用电合同约定的容量用电；

（三）擅自使用已经在电力企业办理暂停手续的电力设备；

（四）擅自操作电力企业的用电计量装置、电力负荷控制装置、供电设施或者约定由电力企业调度的电力用户受电设备；

（五）擅自迁移、更动电力企业的计量装置或者加装其他影响计量的装置；

（六）擅自引入、供出电源或者将自备电源擅自并网；

（七）故意使电力企业的计量装置失准或者失效。

**第十六条** 任何单位和个人都有保护电力设施和维护用电秩序的义务，对危害电力设施和扰乱用电秩序的行为有权制止；并有权向市电力行政管理部门或者其他有关行政管理部门举报，或者向电力公司反映。经查实的，应当给予奖励。

**第十七条** 电力企业实施中止供电的，应当采取必要的防范措施，避免造成设备重大损失和人身伤害，并不得影响其他电力用户正常用电。中止供电的原因消除后，电力企业应当尽快恢复供电。

电力用户对电力企业的中止供电行为有异议的，可以向市电力行政管理部门申诉。

**第十八条** 电力企业违反本规定第八条第三款规定，未按时提供安全施工建议或者未按照要求派员到现场实施安全监护，造成后果的，由市电力行政管理部门处以一万元以上十万元以下的罚款。

电力企业违反本规定，影响电力用户正常用电或者造成他人人身财产损害的，应当依法承担相应的民事责任。

**第十九条** 违反本规定第八条规定，未采取相应的安全作业措施，造成电力设施损坏，法律、法规以及规章有规定的，依照法律、法规以及规章的规定处理；法律、法规以及规章没有规定的，由市或者区县电力行政管理部门处以一万元以上十万元以下的罚款。

违反本规定第十条、第十一条、第十二条规定的，由市或者区县电力行政管理部门责令改正；拒不改正的，处以二百元以上二千元以下的罚款；拒不改正，且造成电力设施损坏的，处以二千元以上一万元以下的罚款。

违反本规定第十二条第一项规定，擅自在电力线路设施保护区内修建建筑物、构筑物的，由区、县人民政府或者相关行政管理部门依法组织拆除。

**第二十条** 单位违反本规定第十五条第一项、第二项、第三项规定，或者个人违反本规定第十五条第一项、第二项、第三项、第四项规定，扰乱用电秩序的，由市或者区县电力行政管理部门责令改正，给予警告；拒不改正的，处以一千元以上一万元以下的罚款。

单位违反本规定第十五条第四项、第五项、第六项、第七项规定，或者个人违反本规定第十五条第五项、第六项、第七项规定，扰乱用电秩序的，由市或者区县电力行政管理部门责令改正，并处以五千元以上五万元以下的罚款。

**第二十一条** 盗窃、损毁电力设施等危害电力安全运行的行为，违反《中华人民共和国治安管理处罚法》的，由公安部门依法予以处罚；构成犯罪的，依法追究刑事责任。

**第二十二条** 本规定自 2009 年 1 月 1 日起施行。

# 上海市促进电子商务发展规定

（2008 年 11 月 26 日上海市第十三届人民代表大会
常务委员会第七次会议通过）

**第一条** 为了促进本市电子商务发展，根据有关法律、行政法规，结合本市实际，制定本规定。

**第二条** 本市行政区域内促进电子商务发展及其相关管理活动，适用本规定。

**第三条** 本规定所调整的电子商务，是通过互联网进行销售商品、提供服务等的经营活动。

本规定所称的从事电子商务的企业，包括在互联网上建立电子商务应用服务平台（以下简称电子商务平台）的企业、在电子商务平台内从事经营活动的企业、在互联网上建立网站销售商品或者提供服务的企业以及其他通过互联网从事经营活动的企业。

**第四条** 本市促进电子商务发展，遵循政府推动、企业主导、市场运作、依法规范的原则。

**第五条** 市经济信息化行政管理部门负责组织、指导和协调电子商务的推广以及相关的信息化推进、管理工作。

市商务行政管理部门负责拟定商务领域电子商务发展的政策、措施、标准、规则，做好相关推进、管理工作。

其他有关行政管理部门根据各自职责，做好促进电子商务发展和相关管理工作。

区、县人民政府及其相关行政管理部门按照各自职责，做好促进电子商务发展工作。

**第六条** 市经济信息化行政管理部门会同市发展改革、商务等行政管理部门编制本市电子商务发展规划，纳入本市信息化发展规划，并与相关产业发展规划相衔接。

**第七条** 市经济信息化行政管理部门会同有关行政管理部门根据本市国民经济和社会发展中长期规划以及社会对基础通信网络的需求，组织编制信息基础设施发展规划。

电信运营企业应当增强通信服务能力，提高通信服务水平。

**第八条** 本市优先支持下列促进电子商务发展的项目：

（一）先进制造业和现代服务业等重点领域电子商务平台的建设。

（二）电子支付、安全认证、信用服务、物流信息等电子商务服务体系的建设。

（三）电子商务关键技术的研发和推广应用。

前款所列项目的支持办法，由市人民政府

另行制定。

**第九条** 本市政府采购应当优先采用电子化方式，利用相关电子商务平台，开展信息发布和交易、支付、信用评估等活动。

**第十条** 市经济信息化、商务、发展改革、财政、税务、教育、科技、统计、人力资源社会保障、金融服务等行政管理部门应当按照各自职责，做好下列促进电子商务发展工作：

（一）制定并及时公布符合本规定第八条所列项目的项目指南。

（二）建立电子商务统计制度，完善电子商务统计指标体系，定期发布电子商务发展报告。

（三）组织开展电子商务基础知识和应用技能的培训；培养和引进适应电子商务发展的各类专业人才。

（四）推动电子商务领域的信用建设，建立市场诚信公共服务平台。

（五）采取创业指导、信息咨询、技术服务等措施，扶持中小企业通过电子商务平台开展经营活动。

（六）推动建立适应电子商务发展的风险投资、融资担保、责任保险等机制，推动电子商务发展。

（七）推动企业运用电子商务开拓国内外市场，促进跨国、跨地区电子商务合作交流。

（八）推进电子签名与认证技术的应用，支持电子认证服务机构实现交叉认证。

（九）鼓励银行推广和完善电子银行服务业务，支持发展第三方电子支付服务机构。

**第十一条** 本市各级行政管理部门应当推进实施适应电子商务发展的管理方式，建立和完善电子化的管理系统、信息共享系统和公共服务平台。

市工商、质量技监等行政管理部门应当建立和完善企业注册、组织机构代码、各类许可证等信息的电子查询系统，并根据政府信息公开的规定提供相关信息的网上查询服务。

**第十二条** 本市相关行业协会应当按照法律、法规的规定，发挥行业自律和行业服务作用，做好下列促进电子商务发展的工作：

（一）制定和完善行业内电子商务争议处理的规则和程序，协调会员之间、会员与非会员之间或者会员与消费者之间的争议事项。

（二）建立行业内电子商务信用评价制度，推进相关信用评价的互通、互联、互认。

（三）向政府有关部门提出制定电子商务相关标准的建议，推动会员单位制定电子商务相关标准并组织实施。

（四）引导会员运用电子商务平台组织市场拓展，发布市场信息，推介行业产品或者服务。根据会员需求，开展行业电子商务应用培训和咨询服务。

（五）研究制定适应电子商务特征的合同示范文本，并推广应用。

（六）其他可以促进电子商务发展的工作。

市人民政府有关行政管理部门应当支持相关行业协会开展前款规定的活动，并提供指导。

**第十三条** 本市建立和完善统一的电子口岸数据交换平台，实现对外贸易监管数据电子化报送，提高通关效率。

市口岸、经济信息化和商务行政管理部门应当推进电子口岸数据交换平台应用功能的拓展，为对外贸易电子商务提供支持和便利。

**第十四条** 从事电子商务的企业应当根据国家有关规定取得相关证照，并在其经营网页上公开以下信息：

（一）营业执照、组织机构代码以及其他与经营资质相关的资料。

（二）互联网信息服务许可登记或者备案登记的电子验证标识。

（三）所经营产品依法应当取得的许可、认证证书以及产品名称、生产者等产品信息。

（四）经营地址、邮政编码、电话号码、电子信箱等联系信息。

**第十五条** 从事电子商务的企业应当根据国家有关规定，对电子商务活动中的交易标的、数量、质量、价款、履行方式、违约责任等信息进行记录并保存，保存时间不得少于两年，但国家另有规定的除外。

市经济信息化行政管理部门应当推动建立

第三方电子数据保存系统，提供交易信息的保存、查询等服务。

鼓励从事电子商务的企业委托第三方电子数据保存系统保存交易信息。

**第十六条** 企业在从事电子商务的过程中需要采集个人信息的，应当向信息提供人说明采集目的和使用范围，不得收集与该经营事项无关的个人信息，不得超越范围使用所获得的个人信息。

对获得的个人信息应当采取必要的安全措施，保障其不被泄露；未经信息提供人同意，不得将所获得的个人信息向第三方转让。

市质量技监行政管理部门应当会同市经济信息化行政管理部门组织制定电子商务个人信息采集的相关标准。

**第十七条** 从事电子商务的企业在互联网上以商业广告等公示方式，对商品或者服务的质量、价格、售后责任等向消费者作出许诺的，其提供的商品或者服务的质量、价格、售后责任等应当与许诺相一致。消费者受上述许诺引导而购买商品或者接受服务的，从事电子商务的企业应当将该许诺作为约定的内容。

**第十八条** 在互联网上建立电子商务平台的企业应当按照国家规定，建立健全网络与信息安全保障制度，保障电子商务平台安全。

在互联网上建立电子商务平台的企业，对经营过程中知悉的在其电子商务平台内从事经营活动企业的经营信息，应当按照约定，承担保密义务。

在互联网上建立电子商务平台的企业应当建立经营证照核查制度，对在其电子商务平台内从事经营活动的企业的相关经营证照进行查看、核对，并留存复制件。

在互联网上建立电子商务平台的企业发现在其电子商务平台内从事各类违法行为的，应当予以制止，并立即向有关部门报告。

**第十九条** 市工商、经济信息化、商务等行政管理部门应当会同市消费者权益保护委员会，建立并完善下列与电子商务相关的消费者权益保护机制：

（一）消费投诉处理机制。完善消费投诉系统，与在互联网上建立电子商务平台的企业建立消费投诉联网，为消费者投诉提供便利和指导。

（二）信用评价机制。支持在互联网上建立电子商务平台的企业对在其电子商务平台内从事经营活动的企业进行信用评价，向消费者提供信用评价信息。

（三）消费信息公布机制。发布电子商务相关消费警示信息和消费指导信息，并披露经核实的消费者投诉情况。

从事电子商务的企业向消费者出具购货凭证或者服务单据，应当符合国家有关规定或者商业惯例；征得消费者同意的，可以以电子化形式出具。电子化的购货凭证或者服务单据，可以作为消费者权益保护组织处理消费纠纷投诉的依据。鼓励在互联网上建立电子商务平台的企业为平台内从事经营活动的企业提供电子化购货凭证或者服务单据的统一格式文本。

**第二十条** 违反本规定的行为，法律、法规有处罚规定的，依照法律、法规的规定处罚。

从事电子商务的企业违反本规定有下列情形之一的，由工商行政管理部门责令限期改正，可以处以警告；逾期不改正的，处以一千元以上一万元以下的罚款：

（一）未按规定在其经营网页上公开营业执照信息的。

（二）未按规定提供购货凭证或者服务单据的。

**第二十一条** 行政管理部门的直接主管人员或者其他责任人员，玩忽职守、滥用职权、徇私舞弊的，由其所在单位或者上级行政主管部门依法给予行政处分。构成犯罪的，依法追究刑事责任。

**第二十二条** 本规定自 2009 年 3 月 1 日起施行。

# 上海市人民代表大会常务委员会关于停止执行两件地方性法规中涉及有关行政事业性收费规定的决定

（2008年4月24日上海市第十三届人民代表大会常务委员会第三次会议通过）

上海市第十三届人民代表大会常务委员会第三次会议审议了市人民政府提出的《关于建议上海市人民代表大会常务委员会作出〈停止执行两件地方性法规中涉及有关行政事业性收费规定的决定〉的议案》。为了进一步推进政府职能转变，深化行政管理体制改革，促进政府依法行政，市人大常委会决定停止执行由《上海市城市规划条例》第六十条第五款设定的建筑工程执照费，以及由《上海市殡葬管理条例》第十三条第二款确认的市殡葬管理处收取的管理费这两项行政事业性收费的相关规定，并将依照法定程序适时修改上述两件地方性法规。

本决定自通过之日起施行。

# 上海市人民代表大会常务委员会关于本市促进和保障世博会筹备和举办工作的决定

（2008年6月19日上海市第十三届人民代表大会常务委员会第四次会议通过　2008年6月19日公布）

中国2010年上海世界博览会（简称世博会）作为国家举办、上海承办的全球盛会，将于2010年5月1日至10月31日在上海举行。承办世博会，是上海的光荣任务，也是上海推动科学发展、社会和谐的重要契机。为了促进和保障世博会的筹备和举办工作，体现“城市，让生活更美好”的世博会主题，实现办好一届成功、精彩、难忘的世博会的目标，特作如下决定：

一、全体市民应当以主人翁的姿态关心、支持世博会的筹备和举办工作，积极参加知荣辱、讲文明、迎世博活动，自觉遵纪守法，践行公共道德，发扬奉献、友爱、互助、进步的志愿者精神，当好东道主，文明迎世博。

二、本市各机关、企事业单位、社会团体、基层群众自治组织应当认真做好本职工作，大力支持、积极参与世博会筹备阶段和举办期间的各项工作，深入宣传世博会的主题，广泛开展文明礼仪普及教育，为筹备和举办世博会营造良好的社会氛围。

三、本市各级人民政府及其工作部门应当严格依法行政，依照各自职责，细化完善各项筹备和举办世博会工作的方案和计划，制定各类突发事件的应急预案，加强城市建设和管理，提升公共服务水平，改善市民生活环境，提高市民生活质量，更好地服务长江三角洲地区、服务长江流域、服务全国，确保世博会顺利举办。

四、在世博会筹备阶段和举办期间，市人民政府在不与宪法、法律、行政法规相抵触，不与本市地方性法规基本原则相违背的前提下，可以在社会治安、道路交通、安全生产、食品卫生、环境保护、市容环境、广告管理等领域，就采取临时性行政管理措施，制定政府规章或者发布决定，并报市人大常委会备案。

五、市人大常委会应当根据具体情况和实际需要，制定、修改与世博会筹备和举办工作有关的地方性法规，充分发挥人大代表的作用，汇集、反映人民群众的意见和建议，加强对本市促进和保障世博会筹备和举办工作的监督。

本决定自公布之日起施行。

# 上海市志愿服务条例

（2009年4月23日上海市第十三届人民代表大会常务委员会第十次会议通过　根据2019年11月15日上海市第十五届人民代表大会常务委员会第十五次会议《关于修改〈上海市志愿服务条例〉的决定》修正）

**第一条**　为了倡导奉献、友爱、互助、进步的志愿服务精神，保障志愿者、志愿服务组织和志愿服务对象的合法权益，鼓励和规范志愿服务，发展志愿服务事业，培育和践行社会主义核心价值观，促进社会文明进步，根据《志愿服务条例》及相关法律、行政法规，结合本市实际，制定本条例。

**第二条**　本条例适用于在本市行政区域内开展或者发起的志愿服务以及与志愿服务有关的活动。

**第三条**　本条例所称的志愿服务，是指不以获取报酬为目的，自愿以智力、体力、技能等为他人和社会提供服务和帮助的公益性活动。

本条例所称的志愿者，是指从事志愿服务活动的个人。

本条例所称的志愿服务组织，是指依法成立，以开展志愿服务为宗旨的非营利性组织。

**第四条**　志愿服务活动应当遵循自愿、平等、诚信、合法的原则。

**第五条**　本市鼓励为老年人、未成年人、残疾人、失业人员等有困难需要帮助的社会群体和个人提供志愿服务；提倡在教育、科学、文化、卫生、体育、环保等领域以及社区服务、应急援助和社会公益活动中开展志愿服务活动。

全社会应当尊重志愿者及其提供的志愿服务。

**第六条**　国家机关、社会团体、企业事业单位和其他组织应当支持志愿服务活动。

学校应当将培养志愿服务意识纳入青少年思想品德教育内容，鼓励大学和中学学生参加适合自身特点的志愿服务活动。

广播、电视、报刊、网站等传播媒体应当积极宣传志愿服务活动。

本市确定每年中国青年志愿者服务日（三月五日）当周集中宣传和开展志愿服务活动，倡导和弘扬志愿服务精神。

**第七条**　市、区人民政府应当将志愿服务事业纳入国民经济和社会发展规划，合理安排志愿服务所需资金，搭建志愿服务平台，支持和促进志愿服务事业发展。

乡、镇人民政府和街道办事处应当根据实际情况，在资金、场地等方面为本辖区内的志愿服务提供支持和帮助。

**第八条**　市、区精神文明建设委员会加强统一领导，建立和完善由精神文明建设委员会办公室（以下简称精神文明办）牵头、有关部门和单位参加的协调机制，统筹规划本行政区域的志愿服务工作发展，协调指导有关部门和单位、社会力量协同开展志愿服务，督促检查工作情况，总结推广工作经验和宣传表彰先进典型。

**第九条**　市、区民政部门负责本行政区域内志愿服务行政管理工作，拟订促进志愿服务事业发展政策措施，开展志愿者队伍建设、志愿服务组织登记和志愿服务活动规范，查处相关违法行为。

发展改革、财政、人力资源社会保障、教育、科技、文化旅游、卫生健康、应急管理、生态环境、司法行政、市场监管等部门按照各自职责，负责与志愿服务有关的工作。

工会、共产主义青年团、妇女联合会等有关人民团体和群众团体应当在各自的工作范围内做好相应的志愿服务工作。

**第十条** 本市志愿服务行业组织应当支持各类志愿服务组织发展，做好指导和服务工作，加强行业自律、反映行业诉求、推动行业交流，维护成员合法权益，促进志愿服务事业发展。

**第十一条** 志愿者可以自行注册，也可以通过志愿服务组织进行注册。

**第十二条** 志愿服务组织应当根据自己的章程组织开展志愿服务活动。

志愿服务组织在招募志愿者时，应当尊重志愿者本人的意愿，根据其时间、能力等条件，安排从事相应的志愿服务活动，并为其提供相关的信息和安全、卫生等必要条件和保障。

志愿服务组织应当为志愿者提供注册服务，如实记录其身份信息、服务技能、服务时间、联系方式等个人基本信息；未经志愿者本人同意，不得公开或者向第三方提供。

**第十三条** 志愿者应当具备与其所从事的志愿服务活动相适应的民事行为能力。

组织未成年人参加志愿服务活动的，应当符合其身心特点，落实安全保护措施，并征得其监护人同意。

**第十四条** 志愿者享有以下权利：

（一）根据自己的意愿和时间、能力等条件，选择参加志愿服务活动；

（二）获得与所从事的志愿服务活动相关的信息和培训；

（三）获得与所从事的志愿服务活动相关的必要条件或者保障；

（四）向志愿服务组织提出意见和建议；

（五）法律、法规规定的其他权利。

**第十五条** 志愿者应当履行下列义务：

（一）接受志愿服务组织的指导和安排，履行志愿服务承诺，完成相应的任务；

（二）尊重志愿服务对象的意愿和人格、隐私等权利；

（三）保守在志愿服务活动中获悉的依法受保护的秘密；

（四）不得利用志愿者身份从事与志愿服务活动宗旨、目的不符的行为；

（五）不能继续从事志愿服务活动时，及时告知志愿服务组织。

**第十六条** 志愿服务组织可以根据有志愿服务需求的组织、个人的申请，或者根据社会实际需要，确定志愿服务活动项目。

**第十七条** 志愿服务组织向社会招募志愿者时，应当将志愿服务活动项目的相关内容予以公布，并告知在志愿服务过程中可能出现的风险。

**第十八条** 志愿服务组织可以根据志愿服务活动的目的、要求，以及申请参与志愿服务活动的个人的实际情况，选择志愿者。

**第十九条** 志愿者、志愿服务组织、志愿服务对象可以根据需要签订协议，明确权利和义务，约定志愿服务的内容、方式、时间、地点、工作条件和安全保障措施等。

志愿服务组织、志愿者开展应对突发事件的志愿服务活动，应当接受有关人民政府设定的应急指挥机构的统一指挥和协调。

**第二十条** 志愿服务组织应当根据所开展志愿服务活动的需要，对志愿者进行相关培训。

**第二十一条** 志愿服务组织安排志愿者参与志愿服务活动，应当按照国家有关规定，如实记录和录入志愿者个人基本信息、志愿服务情况、培训情况、表彰奖励情况、评价情况等信息，并为有需要的志愿者无偿、如实出具志愿服务记录证明。

**第二十二条** 对志愿者在从事志愿服务活

动中由本人所支出的交通、误餐等费用，志愿服务组织可以给予适当的补贴。

**第二十三条** 志愿服务组织一般应当避免安排志愿者从事需要承担重大管理责任、经济责任或者具有较大人身伤害风险的服务活动。

在特殊情形下，志愿服务组织安排志愿者从事需要承担重大管理责任、经济责任或者具有较大人身伤害风险的服务活动，应当按照本条例第十九条第一款的规定签订书面协议。

**第二十四条** 志愿服务组织可以根据自身条件和实际需要，为志愿者办理相应的人身保险。

志愿服务组织安排志愿者从事有安全风险的志愿服务活动时，应当为志愿者办理必要的人身保险。

**第二十五条** 任何组织和个人不得利用或者借用志愿服务的名义进行营利性和其他违背志愿服务宗旨的活动。

**第二十六条** 志愿服务组织可以通过接受社会捐赠、资助等形式，筹集开展志愿服务活动的经费。

**第二十七条** 志愿服务组织筹集的志愿服务活动经费应当用于志愿服务活动、志愿者的人身意外伤害保险和交通、误餐补贴等开支，不得挪作他用。

志愿服务活动经费的来源及使用情况应当向社会公开，并接受政府有关部门、捐赠者、资助者、志愿者的监督。

**第二十八条** 本市建立和完善统一的志愿服务信息平台，制定统一的信息数据对接标准，依托市大数据资源平台整合志愿服务相关信息和数据资源，实现全市志愿服务数据统一归集、统一管理和共享交换。

政府有关部门、志愿服务组织、志愿服务行业组织等的相关信息系统，应当按照统一的信息数据标准与志愿服务信息平台进行对接，志愿服务信息平台应当向相关部门和组织开放相应的管理权限，实现数据互联互通。

**第二十九条** 本市建立健全志愿服务统计和发布制度，市民政部门应当定期向社会发布本市志愿者和志愿服务组织的发展状况、志愿服务活动的开展情况等信息。

**第三十条** 对于有良好志愿服务记录的志愿者，在其本人需要志愿服务时予以优先安排。

鼓励有关单位在招录公务员、招聘员工、招生时，同等条件下优先录用、聘用、录取有良好志愿服务记录的志愿者。

鼓励国家机关、社会团体、企业事业单位和其他组织、公共服务机构等根据自身能力和实际情况为有良好志愿服务记录的志愿者提供优待。

**第三十一条** 本市将志愿服务工作纳入群众性精神文明创建活动。

对在志愿服务活动中表现突出的志愿者和志愿服务组织，由有关部门予以表彰、奖励。需要市、区人民政府表彰、奖励的，有关部门可以向市、区人民政府提出建议。

**第三十二条** 本市建立志愿服务领域信用信息归集机制，有关部门应当将有良好志愿服务记录或者受到表彰、奖励的志愿者和志愿服务组织信息向市公共信用信息服务平台归集，依法给予信用激励。

**第三十三条** 以志愿服务名义进行营利性活动以及违反本条例规定的其他行为，由民政、市场监管等部门依法查处，并按照规定将相关信息向市公共信用信息服务平台归集。

**第三十四条** 志愿者、志愿服务组织、志愿服务对象在志愿服务活动中发生争议的，可以自行协商解决或者由志愿服务行业组织、人民调解组织主持调解，也可以依法通过诉讼等途径解决。

**第三十五条** 本市鼓励和支持国家机关、企业事业单位、人民团体、社会组织等成立志愿服务队伍开展专业志愿服务活动。

居民委员会、村民委员会、公益活动举办单位和公共服务机构开展公益活动，需要志愿者提供志愿服务的，可以与志愿服务组织合作，由志愿服务组织招募志愿者，也可以自行招募志愿者。自行招募志愿者提供志愿服务的，参照本条例关于志愿服务组织开展志愿服务活动的规定执行。

志愿服务组织以外的其他组织可以开展力所能及的志愿服务活动。

经居民委员会、村民委员会或者单位同意成立的内部志愿服务团体，可以依法开展志愿服务活动。

**第三十六条** 本条例自 2009 年 6 月 1 日起施行。

# 上海市推进国际金融中心建设条例

（2009 年 6 月 25 日上海市第十三届人民代表大会常务委员会第十二次会议通过
2024 年 8 月 22 日上海市第十六届人民代表大会常务委员会第十五次会议修订）

## 第一章 总 则

**第一条** 为了加快建设上海国际金融中心，坚定不移走中国特色金融发展之路，服务建设金融强国的战略目标，根据有关法律、行政法规，结合本市实际，制定本条例。

**第二条** 本市推进上海国际金融中心建设工作适用本条例。

**第三条** 本市应当加强现代金融体系建设，扩大金融高水平开放，促进金融高质量发展，统筹金融发展与金融安全，更好服务实体经济、科技创新和共建“一带一路”，将上海发展成为人民币资产全球配置中心和风险管理中心，增强上海国际金融中心的竞争力和影响力。

**第四条** 本市推进构建上海国际金融中心建设的央地协同机制，在中央金融管理部门的指导下，坚持和加强党对金融工作的全面领导，统筹推进金融系统党的建设、金融改革开放、金融服务实体经济、金融监管协同与风险防范化解等工作。

中央金融管理部门在沪机构依法履行相关职责，共同推进上海国际金融中心建设各项工作。

**第五条** 市人民政府应当加强对推进上海国际金融中心建设工作的领导，建立工作协调机制，组织制定建设规划，深化上海国际金融中心与国际经济、贸易、航运、科技创新中心的联动发展。

区人民政府应当按照本市工作部署，做好本行政区域内推进上海国际金融中心建设相关工作。

**第六条** 市地方金融部门负责协调推进上海国际金融中心建设工作，制定阶段性目标并推动各项措施落实。

市发展改革、经济信息化、商务、科技、财政、规划资源、生态环境、住房城乡建设管理、交通、国资、知识产权、网信、数据、人才、人力资源社会保障、司法行政等部门按照各自职责，落实推进上海国际金融中心建设相关工作。

**第七条** 市人民政府应当优化区域金融空间布局，提升陆家嘴金融城、外滩金融集聚带能级。浦东新区应当发挥综合改革示范效应，建设上海国际金融中心核心区，增强全球资源配置功能。

**第八条** 市人民政府应当配合中央金融管理部门完善准入前国民待遇加负面清单的管理模式，对标国际高标准经贸协议中金融领域相关规则，增强金融开放政策的透明度、稳定性和可预期性。

中国（上海）自由贸易试验区及临港新片区应当结合区域功能定位，加快金融改革创新先行先试,实施金融高水平制度型开放。

**第九条** 市人民政府应当安排上海金融发展资金,用于对金融机构、金融人才、金融创新等的奖励和扶持。

**第十条** 本市培育中国特色金融文化,引导金融行业坚持守正创新,弘扬诚信文化和契约精神,树立正确的经营观、业绩观和风险观,依法合规审慎稳健经营,履行社会责任。

**第十一条** 本市按照国家部署,加强与国内其他地区在金融领域的相互协作和支持,加强在金融改革创新、金融服务实体经济、金融风险防范化解、金融人才培养等方面的合作交流。

本市按照国家部署,推动完善金融服务长三角一体化发展体制机制,加大金融对长江经济带等区域协调发展战略的支持。

**第十二条** 本市在金融市场建设、金融机构发展、金融人才培养、金融风险管理等方面,加强与其他国际金融中心城市的合作交流,积极参与国际金融治理。

市人民政府支持举办陆家嘴论坛等国际金融会议,促进金融领域的全球对话与合作。

本市制定政策措施,吸引国际金融组织、国际金融行业协会以及新型多边金融组织集聚。

本市鼓励金融基础设施运营机构、金融机构、地方金融组织、行业组织、金融教育研究机构、金融相关智库等开展国际合作交流。

## 第二章　金融体系建设

**第十三条** 本市按照国家加快构建中国特色现代金融体系的要求,配合中央金融管理部门健全结构合理的金融市场体系、分工协作的金融机构体系、多样化专业性的金融产品和服务体系以及自主可控、安全高效的金融基础设施体系。

**第十四条** 市人民政府及其有关部门应当按照国家要求,配合中央金融管理部门深化货币、外汇、债券、股票、期货和衍生品、保险、黄金、票据、信托、股权等金融市场改革,推动金融市场有序联动,强化金融市场间的监管协同,提高直接融资比重,拓展投融资和风险管理功能,提高金融市场国际化水平,丰富金融领域"上海价格""上海指数"指标体系,培育人民币资产定价基准。

**第十五条** 市人民政府及其有关部门应当配合中央金融管理部门加强金融机构体系建设,支持银行、证券、保险、信托、期货、基金等各类金融机构和地方金融组织的发展,鼓励境内外金融机构在本市设立功能性总部、分支机构、专业子公司和专营机构,培育具有国际竞争力和行业影响力的金融机构。

市人民政府及其有关部门应当配合中央金融管理部门推动在沪金融机构完善机构定位、创新组织形式、优化差异化发展路径,健全服务实体经济等的激励约束机制。

**第十六条** 市人民政府及其有关部门应当配合中央金融管理部门支持金融机构、金融基础设施运营机构等完善信贷、股票、债券、信托、保险等基础性金融产品,发展期货和衍生品,丰富风险管理工具,构建种类齐全、丰富多元的金融产品和服务体系。

本市支持金融机构、金融基础设施运营机构等加强区块链、人工智能、大数据等技术的应用,完善风险控制体系,扩大金融产品和服务供给。

**第十七条** 市人民政府及其有关部门支持中央金融管理部门在本市设立金融基础设施运营机构,配合推进在沪金融基础设施运营机构实现境内外互联互通;支持交易、支付、清算、结算、登记、存管、征信等在沪金融基础设施运营机构加强核心技术开发、提升功能,提供定价、风险管理和金融担保品管理等服务,参与国际金融标准和规则制定。

**第十八条** 市地方金融部门应当会同市有关部门、区人民政府,在登记注册、人才引进、用地、办公用房、电力、交通、通信、算力、税收等方面为金融机构、金融基础设施运营机构等提供服务。

## 第三章 金融改革开放

**第十九条** 市人民政府应当配合中央金融管理部门推动资本市场高质量发展，深化股票发行注册制改革，高水平建设科创板，优化科创板发行承销、股债融资、并购重组、市场交易、股权激励、退市监管等制度。

市地方金融部门应当会同市有关部门、区人民政府健全协调机制，依托数字化服务平台功能，为拟上市企业或者上市公司在孵化培育、辅导上市、合规管理、上市公司高质量发展、风险防范等方面提供服务。

市、区规划资源、国资、税收、司法行政等部门应当按照便利化原则，依法为拟上市企业办理企业改制上市中的项目审批、土地性质变更、不动产权属变更、资产转让、税费减免、产权确认等事项；规范证照办理、国有股权确认等事项，推动在上市环节采信“合规一码通”。

**第二十条** 市人民政府及其有关部门应当配合中央金融管理部门开展债券业务创新，建立央地债券监管协调和违约风险防范化解机制。

本市支持银行间债券市场和交易所债券市场基础设施在中央金融管理部门的指导下互联互通和统一对外开放，探索支持符合条件的境外投资者参与银行间利率衍生品市场、国债期现货市场等，为人民币债券作为合格担保品参与全球交易提供便利，提高债券市场国际化水平。

**第二十一条** 市人民政府应当配合中央金融管理部门和国家发展改革、商务、财政、税务、自然资源、海关等部门完善期货和衍生品产品序列，推动更多期货和期权品种上市、对外开放，发挥发现价格、管理风险、配置资源的功能。

本市支持建设全国性大宗商品流通领域基础性平台，提供大宗商品仓单的集中登记、查询等服务；支持重要大宗商品基准价格在境内外市场应用。

**第二十二条** 市人民政府及其有关部门应当按照中央金融管理部门统一部署推进人民币国际化，支持各类经营主体在大宗商品、跨境电商、航运服务、国际投融资等领域使用人民币，增强人民币计价、支付、结算、交易、投融资功能。

市人民政府会同中央金融管理部门构建与企业国际经营需求相适应的金融服务体系，发展跨境金融和离岸金融业务。发挥浦东新区法规功能，在中央金融管理部门的指导下，探索与离岸相关的交易、外汇管理制度，在风险可控前提下发展人民币离岸交易。

**第二十三条** 本市培育和集聚各类资产管理机构，支持资产管理行业优化产品和服务；支持商业银行等在本市设立专营托管机构。

市地方金融部门应当会同中央金融管理部门在沪机构和市商务、市场监管等部门建立联合工作机制，深化合格境外有限合伙人境内投资和合格境内有限合伙人境外投资的业务试点，扩大投资范围，拓展参与主体，创新投资模式。

**第二十四条** 市人民政府应当配合中央金融管理部门深化上海国际再保险中心建设，制定政策措施，加快机构集聚，扩大再保险业务规模。支持保险、再保险机构聚焦集成电路、航空航天、绿色航运等重点领域开展再保险业务，提升特殊风险领域再保险有效供给能力。建设上海国际再保险登记交易中心，推动跨境再保险、境内再保险业务发展，强化风险管理。

**第二十五条** 市人民政府配合中央金融管理部门支持在沪金融基础设施运营机构发挥中央对手清算机制作用，提高金融市场资金结算效率，提升上海国际金融中心资产管理和资金集散的枢纽地位。

**第二十六条** 本市支持区域性股权市场发展，深化挂牌转让和登记托管业务，建设专精特新专板，开展私募股权和创业投资份额转让、认股权综合服务等业务。鼓励区人民政府对在区域性股权市场挂牌的中小企业给予政策支持。

在本市登记的非上市股份公司、非上市银行业金融机构以及地方金融组织可以在本市股权登记托管机构办理集中登记托管业务。市地方金融部门支持相关单位采用股权登记托管数据。

**第二十七条** 市地方金融部门会同中央金融管理部门在沪机构和市民政、规划资源、市场监管等部门以及信托登记机构，探索建立以不动产、股权等作为信托财产的信托财产登记及相关配套机制。

**第二十八条** 市人民政府应当配合国家网信部门、中央金融管理部门，支持中国（上海）自由贸易试验区及临港新片区根据国家部署，按照合法安全便利原则，探索制定金融机构数据跨境流动管理措施。

## 第四章 金融服务实体经济

**第二十九条** 本市支持金融机构、地方金融组织等加强对国家重大战略、重点领域、重点区域、重点产业的金融服务，加大对建设现代化产业体系的金融支持，加快发展新质生产力，促进上海国际经济中心能级提升。

**第三十条** 本市推进上海市科创金融改革试验区建设，构建与科技企业全生命周期相适应的金融服务体系，促进上海国际科技创新中心能级提升。

市人民政府及其有关部门完善科技信贷风险共担机制，实施科技型中小企业信贷风险补偿政策。支持金融机构在本市设立科技金融专营机构，探索差别化管理方式。支持科技企业在境内外多层次资本市场挂牌上市、发行债券、并购重组、再融资等。

市人民政府会同中央金融管理部门建设中国（上海）自由贸易试验区临港新片区科技保险创新引领区。支持金融机构加大对科技企业的风险保障和保险服务力度，推动重点领域的保险联合体发展。

**第三十一条** 市人民政府及其有关部门支持股权投资集聚区建设。股权投资集聚区应当制定政策措施，完善投资退出绩效奖补机制，支持企业风险投资、私募股权二级市场基金等落地运营。

市人民政府及其有关部门完善政府引导基金体系，加强市、区两级政府引导基金联动，促进长期资本、耐心资本发展，推动全国社保基金、国家级母基金等在本市投资，鼓励“投早、投小、投科技”。支持建设天使投资专业化服务平台。

在依法合规、风险可控的前提下，支持商业银行与创业投资机构、股权投资机构合作，创新贷款与外部直投联动、认股权贷款等金融服务模式，引导保险资金投资科技企业和面向科技企业的创业投资基金、股权投资基金等。

**第三十二条** 市国资、经济信息化、科技等部门支持发起设立产业并购基金，推动开展产业并购投资。鼓励产业并购基金推动上市公司吸收合并，提高产业整合效率。支持链主企业开展并购投资，推动上下游协同创新。

市地方金融部门会同中央金融管理部门在沪机构引导银行、证券、保险等金融机构加大对并购活动的支持力度。

**第三十三条** 市人民政府推进绿色金融改革发展，支持在绿色金融和转型金融领域丰富产品和服务体系，开展团体标准等标准建设，参与国家标准或者国际标准制定。支持气候投融资和生物多样性金融，协同发展金融市场和碳市场。

市地方金融部门应当会同市发展改革、生态环境等部门建设绿色金融服务平台。中央金融管理部门在沪机构和市经济信息化、交通、住房城乡建设管理等部门支持平台建设，推动金融机构入驻和绿色项目入库。

市生态环境、地方金融部门会同中央金融管理部门在沪机构，推行环境污染责任保险制度。鼓励保险机构为投保企业提供环境风险减量服务。

鼓励金融机构等开展碳核算和环境信息披

露，鼓励信用评级机构将环境、社会和治理等因素纳入信用评级体系；培育绿色金融认证机构，鼓励实施绿色金融认证，建立绿色低碳供应链管理服务体系；支持金融基础设施运营机构和金融机构等依法服务、参与碳市场。

**第三十四条** 市地方金融部门应当会同中央金融管理部门在沪机构、市有关部门等，推动健全多层次普惠金融机构组织体系，建立普惠金融顾问制度，推动各区及相关产业园区建立融资服务中心。鼓励金融机构丰富贷款品种，提升首贷户比重，加强对小微企业的融资服务。

市财政部门会同市地方金融部门、中央金融管理部门在沪机构，支持相关区建设普惠金融发展示范区，优化普惠金融服务模式。

市地方金融部门应当会同市财政部门和市有关部门完善小微企业信贷奖励政策。市财政部门应当会同中央金融管理部门在沪机构、市地方金融部门、区人民政府，优化政府性融资担保机构的资本补充和风险补偿机制，创新政府性融资担保模式，扩大小微企业融资担保规模和范围。

本市支持探索新型融资担保方式，提升中小企业融资便利性。支持中央金融管理部门在沪机构制定和推广特定群体相关金融普惠政策，探索开展特定群体相关金融统计指标的统一监测。

**第三十五条** 市发展改革、数据、地方金融等部门应当完善本市融资信用服务平台，深化公共数据的开放、共享和应用，支持金融机构提高普惠金融服务能力。

**第三十六条** 市地方金融、经济信息化、国资、数据等部门会同中央金融管理部门在沪机构，鼓励金融机构与链主企业合作，推进供应链金融产品研发，开发差异化的融资产品，完善服务体系。支持深化供应链票据产品服务功能，扩大供应链票据应用，便利票据贴现。

市数据、经济信息化、科技、商务、国资等部门鼓励供应链核心企业、产业链相关企业应用中国人民银行征信中心动产融资统一登记公示系统和应收账款融资服务平台，提高担保权利透明度，确认债权债务关系，提升供应链上中小企业融资的可得性。

**第三十七条** 市地方金融部门、市有关部门配合中央金融管理部门在沪机构完善多层次多元化的支付服务体系，推进境内外支付机构合作，推动境外支付工具在本市拓展应用场景，提升各类支付方式的便利性和包容性，为老年人、外籍来华人员等群体提供高效便捷的支付服务。

**第三十八条** 市人民政府应当配合国家有关部门健全养老金融体系，优化财政和税收支持政策，配合推进个人养老金等制度，促进多层次多支柱养老保险体系协同发展。

本市支持金融机构创新养老金融产品，开发满足多样化养老需求的金融产品，优化管理服务机制，加大对健康产业、养老产业、银发经济的金融支持，提高老年人获得金融服务的便利性、适当性与安全性。鼓励社会资金参与养老服务业，扩大资金来源范围。

**第三十九条** 市人民政府推进全球金融科技中心建设，打造全球金融科技产业集聚高地。在数字银行、保险科技、支付科技、证券资管、智能投顾、金融资讯等领域，集聚金融科技领军企业和独角兽企业。支持高等院校、金融机构、金融科技企业、行业组织等联合搭建创新研发平台。

市地方金融、财政等部门会同区人民政府加大政策支持力度，推动金融科技行业交流与成果转化。

市地方金融部门支持相关区、管委会、产业园区等完善机构奖励、办公用房、用地、项目资助、算力需求、人才引进等政策措施，建设金融科技集聚区。

**第四十条** 市人民政府配合中央金融管理部门在本市建设金融科技基础设施、重点机构、创新平台，支持在沪金融基础设施运营机构加强科技赋能，构建安全可靠、开放兼容的金融核心系统。

市地方金融部门配合市有关部门支持金融机构、金融科技企业等参与城市算力基础设施、区块链基础设施、公共数据开放基础设施等建设。

**第四十一条** 在中央金融管理部门的指导下,市地方金融部门应当会同中央金融管理部门在沪机构、市有关部门,通过政策支持、创新激励、项目资助等推动金融基础设施运营机构、金融机构加快关键软硬件技术应用,推进金融行业数字化转型。

市地方金融部门配合中央金融管理部门在沪机构开展相关金融科技创新试点工作,增强数字化监管能力,为金融科技产业发展营造良好生态环境。

**第四十二条** 市人民政府应当配合中央金融管理部门在本市稳妥推进数字人民币研发和应用,建设数字人民币创新与运营中心等功能性平台,便利数字人民币跨境使用,研究数字人民币支撑区块链价值体系支付等应用,推动更多项目纳入多边央行数字货币桥。

市地方金融、发展改革、财政、商务、交通、数据、民政、教育等部门应当配合中央金融管理部门在沪机构,推进数字人民币应用和推广,创新和丰富数字人民币应用场景。

**第四十三条** 市数据、网信、地方金融等部门推动数据要素市场与金融市场联动发展,在中央金融管理部门的指导下,鼓励金融机构、金融基础设施运营机构、地方金融组织围绕数据资产提供融资、保险等服务。

**第四十四条** 市地方金融部门会同中央金融管理部门在沪机构、市有关部门完善贸易金融服务体系、航运金融服务体系。加强对国际贸易新业态的金融支持,鼓励金融机构等丰富贸易金融产品和服务,促进上海国际贸易中心能级提升。支持金融机构提高航运保险承保能力和全球服务水平,鼓励行业组织等制定适用于新能源等领域的航运保险合同示范文本,发展航运衍生品市场,推进航运贸易数字化基础设施平台建设,促进上海国际航运中心能级提升。

## 第五章 金融监管协同与风险防范化解

**第四十五条** 本市按照国家要求,建立地方金融工作协调机制。市地方金融部门应当依托协调机制,加强与中央金融管理部门及其在沪机构的监管合作、风险研判及处置协同、信息共享和重大事项通报会商等,实现金融风险早期识别、预警、暴露和处置。

市地方金融部门应当建设地方金融监督管理信息平台,强化监管科技应用,加强对地方金融组织及其活动的信息归集、监督管理、调查统计和风险监测,实现与有关部门监管信息的互联共享。

**第四十六条** 市人民政府建立金融稳定协调联席会议机制。市地方金融部门应当会同中央金融管理部门在沪机构、市有关行业主管部门以及司法机关等依托联席会议机制,开展常态化风险处置和风险处置评估,维护区域金融稳定。

防范和处置非法集资、非法金融活动应当按照国家和本市有关规定执行。

非金融机构涉及金融风险的,市有关行业主管部门和区人民政府应当按照国家和本市有关规定承担相应风险处置责任。

区人民政府对可能影响区域稳定的金融风险,应当按照规定履行维护社会稳定等职责。

**第四十七条** 市人民政府应当配合中央金融管理部门建设与上海国际金融中心地位相适应的金融风险监测预警体系,筑牢有效防控系统性风险的金融稳定保障体系,探索跨区域、跨市场、跨境一体化监管路径。

市人民政府支持中央金融管理部门建设覆盖全金融市场的交易报告库,提升金融市场监测分析水平。

市人民政府会同中央金融管理部门建立金融市场快速应对机制,防范股市、债市、期市、汇市等风险跨市场传导,维护金融市场稳定。

**第四十八条** 市地方金融、应急管理等部门应当会同中央金融管理部门在沪机构建立金融突发事件应急工作体系，监测评估境内外经济金融风险，动态完善应对预案，预防、处置金融突发事件。

**第四十九条** 市地方金融部门会同中央金融管理部门在沪机构，与司法、监察等机关以及仲裁机构、调解组织建立金融风险防控机制，在信息共享、风险研判及处置等方面强化协同联动。

**第五十条** 本市引导有关部门和金融机构等查询、应用金融领域诚信档案等行业信用信息，依法强化守信激励与失信约束。

市发展改革、地方金融等部门应当会同中央金融管理部门在沪机构推进信用信息应用，发挥信用信息在金融风险识别、监测、管理、处置等环节的作用。

市、区市场监管部门应当加强经营主体名称和经营范围等商事登记管理。除法律、行政法规和国家另有规定外，经营主体不得在名称、经营范围中使用具有金融属性的字样。

**第五十一条** 市地方金融部门会同市有关行业主管部门、消费者权益保护组织等配合中央金融管理部门在沪机构，完善金融消费者权益保护工作机制，督促金融机构、地方金融组织等在提供金融产品或者服务时履行金融消费者权益保护的法定义务，保护金融消费者合法权益。

市地方金融部门应当配合中央金融管理部门在沪机构，支持相关行业组织、投资者保护机构、调解组织、仲裁机构等健全金融消费者投诉与争议处理机制，督促金融机构加强金融产品服务适当性管理，提升金融消费者金融素养和风险防范意识。

## 第六章 金融人才环境建设

**第五十二条** 市地方金融部门应当会同市人才部门制定金融人才发展规划，完善以市场为导向、与上海国际金融中心建设需求相适应的金融人才培养集聚、评价激励、服务保障等政策措施。

**第五十三条** 本市支持高等院校深化金融相关学科建设，强化产学研用深度融合，完善校企联合培养机制，加快绿色金融、数字金融、资产管理、风险管理等领域的复合型金融人才培养。

市地方金融部门会同中央金融管理部门在沪机构、市有关部门等，设立人才培训和实践基地。市教育、司法行政等部门应当支持高等院校和各类法律服务机构培养或者储备通晓国际金融规则的涉外法治人才。

市地方金融部门应当会同中央金融管理部门在沪机构按照国家规定，引进国际认可的金融职业能力考试认证机构，并支持其在本市开展相关认证业务。

**第五十四条** 本市鼓励金融机构以及相关单位从境内外引进各类高层次、紧缺金融人才。

市有关部门、区人民政府应当按照规定对引进的高层次、紧缺金融人才，在户籍和居住证办理、住房、医疗保障、外籍人士永久居留等方面提供便利。

市人力资源社会保障部门会同市有关部门，将国际通用、本市急需的境外金融类职业资格证书纳入境外职业资格证书认可清单目录。按照国家规定，对具有相关境外金融职业资格且符合条件的金融人才，在申请注册从业资格或者办理执业登记等方面提供便利。

**第五十五条** 市人民政府应当制定金融人才奖励办法，对为上海国际金融中心建设做出贡献的各类金融人才给予奖励。

**第五十六条** 市、区有关部门健全金融人才评价、流动、激励等机制，培育金融人才中介服务机构等组织。

## 第七章 金融营商环境建设

**第五十七条** 本市配合中央金融管理部门加强金融信用信息基础数据库建设，推进金融信用信息全面归集共享，深化公共信用信息在金融领域的共享应用。本市推动长三角跨区域公共信用信息共享、依法依规查询应用，为长三角地区企业融资提供便利化服务。

**第五十八条** 本市各级人民法院、仲裁机构、公证机构、调解组织等会同中央金融管理部门在沪机构、市地方金融部门等，建立投诉、调解、公证、裁决一站式金融纠纷非诉解决与执行机制。

本市各级人民法院、仲裁机构、公证机构、调解组织等加强金融纠纷多元化解机制数字化建设，提高金融纠纷化解效率。

中央金融管理部门在沪机构会同市地方金融部门等支持金融机构优化内部考核规定，鼓励金融机构采取仲裁、调解、公证等方式解决纠纷，探索使用公证机构等出具的文书材料或者人民法院出具的非执行程序文书作为呆坏账核销依据，推动金融领域小额纠纷高效处置。

**第五十九条** 市司法行政部门应当会同中央金融管理部门在沪机构、市地方金融部门等，支持本市仲裁机构开展金融行业仲裁机制创新。

鼓励本市仲裁机构依据法律法规，制定实施并及时优化与国际金融通行规则、商业惯例等接轨、适应仲裁业务发展的仲裁规则，提高金融仲裁专业水平和国际化程度。

**第六十条** 本市各级人民法院推进金融审判机制创新，完善金融纠纷示范判决、代表人诉讼等专业化金融审判机制；在审理跨境金融、离岸金融等领域的涉外民商事案件中，依法适用国际条约和国际惯例。上海金融法院加强金融市场案例测试机制建设。

本市各级人民法院、人民检察院、公安机关加强与中央金融管理部门在沪机构、市地方金融部门的沟通，协同推进行刑衔接和行政违法行为监督。

本市各级人民检察院推进金融检察机制创新，探索开展金融领域公益诉讼等工作。

**第六十一条** 本市支持发展金融信息服务行业，培育和引进具有全球竞争力的金融信息服务机构，提高金融信息服务能力，打造金融信息服务产业链，建设国际金融资讯中心。

**第六十二条** 本市推进国际金融中心相关领域智库建设，支持智库加强前沿研究，提高智库决策咨询能力和国际影响力。

**第六十三条** 市司法行政、财政、审计、发展改革、经济信息化等部门制定政策措施，培育和引进专业服务机构，支持法律、会计、审计、评级服务、投资咨询、信息技术服务等专业服务机构在本市发展，提高国际化水平。

**第六十四条** 市人民政府及其有关部门应当支持金融领域相关行业自律组织服务行业发展、规范市场秩序、完善自律机制，开展行业标准化建设和教育培训，参与金融标准和行业治理规则的研究和制定。

市地方金融部门应当会同中央金融管理部门在沪机构等，发挥金融领域相关社会组织作用，建设跨界共治和社会参与的协调议事与沟通交流平台。

市地方金融部门应当会同中央金融管理部门在沪机构，支持金融领域相关行业组织与国际行业组织、协会或者机构联合制定行业自治规范。

## 第八章　附　　则

**第六十五条** 本条例自 2024 年 10 月 1 日起施行。

# 上海市实施《中华人民共和国防震减灾法》办法

（2009年10月22日上海市第十三届人民代表大会常务委员会第十四次会议通过　根据2017年11月23日上海市第十四届人民代表大会常务委员会第四十一次会议《关于修改本市部分地方性法规的决定》第一次修正　根据2018年12月20日上海市第十五届人民代表大会常务委员会第八次会议《关于修改〈上海市供水管理条例〉等9件地方性法规的决定》第二次修正）

**第一条**　为了防御和减轻地震灾害，保护人民生命和财产安全，促进经济社会的可持续发展，根据《中华人民共和国防震减灾法》和有关法律、行政法规，结合本市实际，制定本办法。

**第二条**　在本市行政区域内从事防震减灾活动，适用本办法。

**第三条**　市和区人民政府对本行政区域内的防震减灾工作实行统一领导，将防震减灾工作纳入本级国民经济和社会发展规划，所需经费列入财政预算。

市和区人民政府防震减灾联席会议对防震减灾的重大决策和措施进行研究、协调，对防震减灾重点工作的落实情况进行监督检查。

市和区地震工作管理部门或者机构负责本行政区域内防震减灾规划的组织编制、地震监测预报、地震安全性评价管理、地震应急预案管理等工作，承担本级人民政府防震减灾联席会议办公室的日常工作。

市和区建设管理部门负责本行政区域内建设工程抗震设防的监督管理等工作。

市和区发展改革、经济信息、规划资源、房屋管理、民政、公安、卫生、消防、民防等有关部门，在本级人民政府的领导下，按照职责分工，各负其责，密切配合，共同做好本行政区域内的防震减灾工作。

**第四条**　市和区人民政府应当逐步提高防震减灾科学技术研究经费投入，支持地震监测预报等防震减灾的科学技术研究，支持科研机构、高等院校和相关企业研究开发和推广使用符合抗震设防要求、经济实用的新技术、新工艺、新材料。

**第五条**　任何单位和个人都有依法参加防震减灾活动的义务，有权对违反防震减灾法律、行政法规和本办法的行为进行举报、投诉。

市和区地震、建设等管理部门应当对举报、投诉依法进行处理。

**第六条**　市地震工作管理部门应当根据国家防震减灾规划和本市实际情况，会同市有关部门组织编制市防震减灾规划，报市人民政府批准后组织实施，并报国务院地震工作主管部门备案。

区地震工作管理部门或者机构应当根据市防震减灾规划和本区实际情况，会同区有关部门组织编制本区防震减灾规划，报区人民政府批准后组织实施，并报市地震工作管理部门备案。

市和区防震减灾规划应当符合本级国民经济和社会发展规划的要求，并与土地利用总体规划、城乡规划相协调。

**第七条**　市地震工作管理部门应当根据全国地震监测台网总体规划和市防震减灾规划，会同市有关部门组织编制本市地震监测台网规划，经市规划资源管理部门综合平衡，报市人民政府批准后实施。

地震监测台网规划应当遵循布局合理、资源共享、海域和陆域并重的原则，明确地震监测台网的布局方案、分阶段发展目标以及地震观测环境保护范围等内容。

**第八条** 地震监测台网的建设，应当按照本市地震监测台网规划进行，其建设资金和运行经费，按照事权与财权相统一以及分级、分类管理的原则，列入市或者区财政预算。

按照国家有关规定建设专用地震监测台网的重大建设工程，其专用地震监测台网的建设资金和运行经费由建设单位承担。

市和区地震工作管理部门或者机构应当对专用地震监测台网的建设和运行给予技术指导和服务。

**第九条** 本市地震监测台网正式运行后，不得擅自中止或者终止运行；确需中止或者终止运行的，应当报国务院地震工作主管部门批准。

专用地震监测台网确需中止或者终止运行的，应当报市地震工作管理部门备案。

**第十条** 新建、扩建、改建特大桥梁、发射塔等重大建设工程，建设单位应当按照国家有关规定设置强震动监测设施。

新建、扩建、改建超限高层等其他建设工程需要建设单位设置强震动监测设施的，由市地震工作管理部门会同市建设、发展改革和规划资源等部门提出强震动监测设施布点方案，报市人民政府批准后组织实施；建设单位应当按照布点方案设置强震动监测设施。

新建建设工程需要设置强震动监测设施的，应当在建设单位取得土地使用权时予以明确。设置强震动监测设施所需的费用，列入工程项目建设成本。

强震动监测设施设置完成后，建设单位应当将设置情况报市地震工作管理部门备案。

**第十一条** 强震动监测设施的运行责任，由工程项目的所有人或者管理单位承担。

市地震工作管理部门应当对强震动监测设施的运行情况定期进行检查，给予技术指导和服务，并确定相关数据管理和使用办法。

**第十二条** 任何单位和个人不得侵占、毁损、拆除或者擅自移动地震监测设施，不得危害地震观测环境。

新建、扩建、改建建设工程，应当避免对地震监测设施和地震观测环境造成危害。建设国家和本市重点工程，确实无法避免对地震监测设施和地震观测环境造成影响的，建设单位应当按照市地震工作管理部门的要求，增建抗干扰设施；确有特殊情况无法增建抗干扰设施的，应当新建地震监测设施。

按照前款规定增建抗干扰设施或者新建地震监测设施所需的费用，由建设单位承担。

**第十三条** 新建、扩建、改建建设工程，应当达到抗震设防要求。

可能发生严重次生灾害的建设工程和对社会有重大价值或者重大影响的建设工程，应当进行地震安全性评价，并按照经审定的地震安全性评价报告所确定的抗震设防要求进行抗震设防。

前款规定以外的建设工程，应当按照国家地震烈度区划图或者地震动参数区划图所确定的本市抗震设防要求进行抗震设防。学校、托幼机构、医院、大型文体活动场馆等人员密集场所的建设工程，应当按照国家有关规定，高于本市房屋建筑的抗震设防要求进行抗震设防。

**第十四条** 市建设管理部门应当组织超限高层抗震设防专家委员会，对超限高层建设工程进行抗震设防专项审查。

未经超限高层建设工程抗震设防专项审查，建设管理部门和其他有关部门不得对超限高层建设工程施工图设计文件进行审查。

**第十五条** 本市新建、扩建、改建下列可能发生严重次生灾害的建设工程和对社会有重大价值或者重大影响的建设工程，应当进行地震安全性评价：

（一）沿海堤防；

（二）大型贮油、贮气工程；

（三）贮存易燃易爆或者剧毒、强腐蚀性物质的工程；

（四）三级以上病原微生物实验室；

（五）越江隧道、特大桥梁和轨道交通工程；

（六）机场的航站楼、航管楼，特大型铁路客运站、一级汽车客运站的候车楼；

（七）水源地水库工程；

（八）火力发电厂、超高压以上变电站和区域电力调度中心工程；

（九）市级广播中心、电视中心和电视调频广播发射台的主体建筑，通信枢纽建筑；

（十）法律、法规、规章和市人民政府规定的其他建设工程。

超限高层建设工程需要进行地震安全性评价的，由市地震工作管理部门会同市建设、发展改革等部门制定具体办法，报市人民政府批准后组织实施。

**第十六条**　地震安全性评价由专业单位实施，并出具地震安全性评价报告。

地震安全性评价报告除依法由国务院地震工作主管部门审定的外，由市地震工作管理部门负责审定，并确定抗震设防要求。

**第十七条**　市和区规划资源管理部门应当在核定建设工程规划条件时，就抗震设防要求征求市地震工作管理部门的意见。

**第十八条**　建设单位、勘察单位、设计单位、施工单位、工程监理单位，应当遵守有关建设工程抗震设防的法律、法规和工程建设强制性标准的规定，保证建设工程的抗震设防质量，依法承担相应责任。

**第十九条**　建设工程竣工验收时，建设单位应当对抗震设防情况一并组织验收。建设工程不符合抗震设防要求的，建设单位应当组织整改；经复验合格后，方可交付使用。

**第二十条**　市建设、房屋管理部门应当会同市地震工作管理部门对本市已建成建筑物、构筑物的抗震性能进行普查。对未达到抗震设防要求的建筑物、构筑物，市建设、房屋管理部门应当会同市地震工作管理部门制定改造或者抗震加固规划，报市人民政府批准后组织实施。其中，学校、托幼机构、医院、大型文体活动场馆等人员密集场所的建筑物、构筑物，应当优先进行改造或者抗震加固。

未达到抗震设防要求的建筑物、构筑物扩建、改建时，其所有人或者管理单位应当按照国家有关规定进行抗震性能鉴定，并根据鉴定结果采取必要的抗震加固措施。文物建筑和优秀历史建筑，应当在修缮时进行抗震性能鉴定和抗震加固。

**第二十一条**　市和区人民政府应当组织建设、地震工作管理部门或者机构开展本市农村村民住宅实用抗震技术的研究开发，推广达到抗震设防要求、经济适用的建筑设计和施工技术，并培训相关技术人员、建设示范工程，逐步提高农村村民住宅和乡村公共设施的抗震设防水平。

农村村民集体建房，应当按照本办法第十三条、第十七条、第十八条和第十九条有关抗震设防的规定执行。

市建设管理部门应当组织编制达到抗震设防要求的农村村民个人建房通用建筑设计图纸，向农村村民推荐并免费提供。

市和区人民政府对需要提高抗震设防水平的农村村民住宅和乡村公共设施给予必要的支持。

**第二十二条**　建设单位应当在建筑物使用说明书中注明建筑抗震构件、隔震装置、减震部件等抗震设施。

任何单位和个人不得破坏建筑物的抗震设施。

**第二十三条**　市和区人民政府组织制定的避难场所布局规划包括地震应急避难场所布局。

市和区人民政府应当组织规划资源、建设、地震、民防、消防、绿化、教育、卫生等部门，根据本市应急避难场所布局规划，利用城市广场、绿地、公园等空旷区域或者选择符合国家标准的其他场所，设置应急疏散通道和建设地震应急避难场所，并完善相配套的交通、供水、供电、排污等基础设施。学校操场和公共体育场可以作为临时地震应急避难场所。

地震应急避难场所及其周围应当设置明显的指示标识，并向社会公布。

市和区民防管理部门应当对地震应急避难场所的建设、管理进行统筹协调。

**第二十四条** 地震应急避难场所的管理单位应当按照国家有关规定，对场所、设施、物资等进行维护和管理，保持应急疏散通道畅通。

市和区地震工作管理部门或者机构应当会同有关部门，对地震应急避难场所的维护和管理给予技术指导，并定期进行检查。

**第二十五条** 市和区地震工作管理部门或者机构应当会同有关部门，根据上一级人民政府地震应急预案，编制本行政区域的地震应急预案，经市和区人民政府批准后，报上一级地震工作管理部门备案。

市和区各相关管理部门应当根据本级人民政府和上一级管理部门的地震应急预案，制定本部门的地震应急预案，报同级地震工作管理部门或者机构备案。

乡镇人民政府应当根据区人民政府地震应急预案，制定本行政区域内的地震应急预案，报区地震工作管理部门或者机构备案。

**第二十六条** 本市下列单位应当制定地震应急预案，并按照分级管理的原则，报市或者区地震工作管理部门或者机构备案：

（一）通信、供水、供电、排水、供气等城市基础设施的经营管理单位；

（二）铁路、机场、港口、轨道交通等交通运输经营管理单位；

（三）学校、托幼机构、医院、大型文体活动场馆、大型商场等人员密集场所的管理单位；

（四）石油化工、易燃易爆、有毒有害、强腐蚀性、放射性、核设施、三级以上病原微生物实验室等可能发生严重次生灾害的工程项目或者设施的管理单位；

（五）金融、广播电视、重要综合信息存储中心等单位；

（六）档案馆、博物馆、市级以上重点文物保护单位；

（七）因地震灾害可能产生严重后果或者影响的其他单位。

**第二十七条** 市和区地震工作管理部门或者机构应当按照分级管理的原则，指导有关部门和单位制定地震应急预案，并对其报送备案的地震应急预案进行审查。

**第二十八条** 制定地震应急预案的部门和单位每年应当组织一次地震应急演练，并根据实际情况适时修订地震应急预案。经修订的地震应急预案应当按照原程序报送备案。

其他单位和组织应当按照所在地人民政府的要求组织必要的地震应急演练。

**第二十九条** 地震灾害紧急救援队伍应当配备相应的装备和器材，开展经常性的培训和演练，提高地震灾害紧急救援能力。

市地震工作管理部门应当对地震灾害紧急救援队伍的培训、演练给予技术指导。

**第三十条** 市和区人民政府及其地震工作管理部门或者机构可以组织建立地震灾害救援志愿者队伍，开展地震应急知识培训和技能演练，提高地震应急救助能力。

**第三十一条** 市和区人民政府及其地震工作管理部门或者机构和乡镇人民政府、街道办事处等单位，应当组织开展防震减灾知识的宣传普及活动，增强公民对地震灾害的防范意识和在地震灾害中自救互救能力。有关部门和单位应当予以配合。

学校应当把防震减灾知识教育纳入教学内容，培养学生的安全避险和自救互救能力。市和区地震工作管理部门或者机构应当会同教育管理部门对学校开展防震减灾知识教育的工作进行指导和监督。

居民委员会、村民委员会和机关、团体、企业、事业等单位应当在本区域、本单位开展防震减灾知识的宣传活动。

新闻媒体应当开展地震灾害预防和应急、自救互救知识的公益宣传。

**第三十二条** 市人民政府应当根据国家有关规定及时、客观、准确地发布本市有感的地震震情信息。

**第三十三条** 对违反本办法规定，有危害地震观测环境、未依法进行地震安全性评价等行为的，依照《中华人民共和国防震减灾法》和有关法律、法规的规定予以处理。

**第三十四条** 违反本办法规定，破坏建筑物抗震构件、隔震装置、减震部件等抗震设施的，由市或者区建设管理部门责令限期改正，恢复原状，造成损失的，依法承担赔偿责任，对个人可以处五百元以上二千元以下的罚款；对单位可以处一万元以上十万元以下的罚款。其中，破坏建筑物承重结构的，由区房屋管理部门按照有关法律、法规的规定予以处理。

**第三十五条** 国家工作人员在防震减灾工作中玩忽职守、滥用职权、徇私舞弊的，由其所在单位或者有关行政主管部门依法给予行政处分；构成犯罪的，依法追究刑事责任。

**第三十六条** 本办法自2010年1月1日起施行。

# 上海市饮用水水源保护条例

（2009年12月10日上海市第十三届人民代表大会常务委员会第十五次会议通过 根据2017年12月28日上海市第十四届人民代表大会常务委员会第四十二次会议《关于修改本市部分地方性法规的决定》第一次修正 根据2018年12月20日上海市第十五届人民代表大会常务委员会第八次会议《关于修改本市部分地方性法规的决定》第二次修正 根据2021年10月28日上海市第十五届人民代表大会常务委员会第三十六次会议《关于修改本市部分地方性法规的决定》第三次修正）

## 第一章 总 则

**第一条** 为了加强饮用水水源保护，提高饮用水水源水质，保证饮用水安全，保障公众身体健康和生命安全，促进经济社会全面协调可持续发展，根据《中华人民共和国水污染防治法》、《中华人民共和国水法》等法律、行政法规，结合本市实际，制定本条例。

**第二条** 本条例适用于本市行政区域内饮用水水源的保护及其相关的管理活动。

前款所称的饮用水水源，是指向自来水供水企业提供原水的地表水水源。包括黄浦江上游饮用水水源、青草沙饮用水水源、陈行饮用水水源、崇明东风西沙饮用水水源和其他饮用水水源。

**第三条** 市和区人民政府应当将饮用水水源保护纳入国民经济和社会发展规划，加大对饮用水水源保护的投入，合理调整饮用水水源保护地区的产业结构和布局，采取措施推进本市集约化供水进程，促进经济建设和饮用水水源保护协调发展。

市和区人民政府对本辖区范围内饮用水水源的水环境质量负责。饮用水水源保护工作纳入市和区人民政府环境保护目标考核评价范围。

**第四条** 上海市生态环境行政主管部门（以下简称“市生态环境部门”）负责对全市饮用水水源保护工作实施统一监督管理。

区人民政府生态环境行政主管部门（以下

简称“区生态环境部门”)负责本辖区范围内饮用水水源保护工作的监督管理。

港口、海事行政管理部门负责防止码头、船舶污染饮用水水源的监督管理。

发展改革、水务、规划国土资源、卫生、农业、林业等有关行政管理部门按照各自职责,做好有关的饮用水水源保护工作。

**第五条** 任何单位和个人都有保护饮用水水源环境质量以及保护饮用水水源相关设施的义务,对污染饮用水水源、破坏饮用水水源保护设施的行为,有权向生态环境等有关部门举报。

对在饮用水水源保护工作中做出显著成绩的单位和个人,市或者区人民政府应当给予表彰或者奖励。

**第六条** 本市建立饮用水水源保护生态补偿制度。市和区人民政府应当建立饮用水水源保护生态补偿财政转移支付等相关制度,促进饮用水水源保护地区和其他地区的协调发展。具体办法由市发展改革行政管理部门会同市财政等有关行政管理部门提出方案,报市人民政府批准后执行。

**第七条** 本市建立与太湖流域、长江流域有关省市的饮用水水源保护协调合作机制。市生态环境、水务等有关行政管理部门应当加强与太湖流域、长江流域的管理机构以及有关省市相关部门的联系和沟通,协调做好本市饮用水水源的污染防治工作。

## 第二章 饮用水水源保护

**第八条** 市生态环境部门应当会同市发展改革、水务、卫生、规划国土资源等有关行政管理部门根据本市国民经济和社会发展规划、水环境功能区划,组织编制饮用水水源保护规划,报市人民政府批准后实施。

**第九条** 饮用水水源保护区分为一级保护区、二级保护区,并可视实际保护需要,在饮用水水源保护区外划定一定范围的准保护区。

黄浦江上游饮用水水源、青草沙饮用水水源、陈行饮用水水源、崇明东风西沙饮用水水源保护区范围的划定和调整,由市生态环境部门会同市发展改革、水务、卫生、港口、海事、规划国土资源等有关行政管理部门,以及相关区人民政府提出方案,报市人民政府批准后公布执行。其他饮用水水源保护区范围的划定和调整,由区人民政府提出方案,报市人民政府批准后公布执行。

饮用水水源保护区和饮用水水源准保护区的划定应当符合有关饮用水水源保护区划分技术规范。

**第十条** 市或者区人民政府应当设立各级饮用水水源保护区界标,并在显著位置设立警示标志。

任何单位和个人不得移动或者损毁饮用水水源保护区界标和警示标志。

**第十一条** 除黄浦江上游饮用水水源外,本市对饮用水水源一级保护区实行封闭式管理。

在饮用水水源一级保护区内,禁止下列活动:

(一)新建、改建、扩建与供水设施和保护水源无关的建设项目;

(二)网箱养殖、旅游、游泳、垂钓;

(三)船舶航行、停泊、装卸,但在黄浦江上游饮用水水源一级保护区内,按照本条例第十九条规定可以航行的除外;

(四)使用化肥和化学农药;

(五)其他可能污染饮用水水体的一切活动。

在饮用水水源一级保护区内,已经建成的与供水设施和保护水源无关的建设项目,由市或者区人民政府责令限期拆除或者关闭。

**第十二条** 在饮用水水源二级保护区内,禁止下列行为:

(一)设置排污口;

(二)新建、改建、扩建排放污染物的建设项目;

(三)设置固体废物贮存、堆放场所;

（四）设置畜禽养殖场、养殖小区；

（五）危险品水上过驳作业；

（六）向水体排放生活垃圾、污水；

（七）在水体清洗车辆；

（八）在水体清洗装贮过油类或者有毒有害污染物的容器和包装器材；

（九）冲洗船舶甲板，向水体排放船舶洗舱水、压舱水；

（十）在黄浦江上游饮用水水源保护区中的淀山湖、元荡内从事投饵养殖；

（十一）向水体排放其他各类可能污染水体的物质。

市和区人民政府应当在饮用水水源二级保护区内，组织建设污水收集管网。

在饮用水水源二级保护区内，已建成的排放污染物的建设项目，由市或者区人民政府责令限期拆除或者关闭。

**第十三条** 在饮用水水源一级保护区内，建设与供水设施和保护水源相关的建设项目，以及在饮用水水源二级保护区内，建设不排放污染物的建设项目的，其环境影响评价文件由市生态环境部门负责审批，国家另有规定的，从其规定。

**第十四条** 在饮用水水源准保护区内，禁止下列行为：

（一）新建、扩建污染水体的建设项目或者会增加排污量的改建项目；

（二）设置危险废物、生活垃圾堆放场所和处置场所；

（三）在水体清洗装贮过油类或者有毒有害污染物的车辆、容器和包装器材；

（四）向水体排放含重金属、病原体、油类、酸碱类污水等有毒有害物质；

（五）堆放、倾倒和填埋粉煤灰、废渣、放射性物品、有毒有害物品等各种固体废物；

（六）新设规模化畜禽养殖场。

饮用水水源准保护区内现有畜禽养殖场应当实施粪便生态还田，或者用以生产沼气、有机肥料等。

市生态环境部门应当根据本市饮用水水源保护的需要，制定本市饮用水水源准保护区污染物排放标准和总量要求。在饮用水水源准保护区内，污染物排放应当符合本市饮用水水源准保护区污染物排放标准和总量要求。

**第十五条** 生态环境部门应当会同有关部门加强对饮用水水源准保护区内排污口的管理。在江河、湖泊新建、改建或者扩大排污口，应当按照规定报经有管辖权的生态环境部门或者流域生态环境监督管理机构同意。

**第十六条** 市或者区人民政府可以依法征收或者征用饮用水水源保护区和准保护区内的土地，用于涵养林建设，保护饮用水水源水质。

饮用水水源保护区和准保护区内应当预留水源涵养林用地。饮用水水源涵养林由林业行政管理部门按照本市林业发展规划和年度实施计划组织建设，并落实养护单位。

**第十七条** 在饮用水水源二级保护区和准保护区内从事农业种植的，应当开展测土配方施肥，使用有机肥料和生物农药，减少使用化肥和化学农药，防止污染饮用水水源。

在黄浦江上游饮用水水源保护区中的淀山湖、元荡以外的二级保护区以及饮用水水源准保护区内从事投饵养殖的，养殖单位或者个人应当合理投饵和使用药物，防止污染饮用水水源。

**第十八条** 饮用水水源二级保护区和饮用水水源准保护区内，禁止新建、改建、扩建危险品装卸码头。在饮用水水源二级保护区内，已经建成的危险品装卸码头，由市或者区人民政府责令限期拆除或者关闭。

在饮用水水源二级保护区或者饮用水水源准保护区范围内的码头，港口经营单位应当采取污水纳管以及防止货物散落水体等污染防治措施。

**第十九条** 青草沙饮用水水源、陈行饮用水水源、崇明东风西沙饮用水水源一级保护区内，禁止船舶航行。

除前款所列以外的其他饮用水水源保护水

域范围内，不得航行装载剧毒化学品、国家禁止运输的危险化学品以及危险废物（除废矿物油以外）的船舶。

装载其他危险品的船舶需要驶入本条第二款所称水域的，应当配备防止污染物散落、溢流、渗漏的设施设备，在驶入该水域的二十四小时前向海事行政管理部门报告；在驶入时安排船员监视危险品运输情况，发现异常情况的，应当及时采取措施，并立即向海事行政管理部门报告。

装载危险品以外物品的船舶需要驶入本条第二款所称水域的，应当配备相应的设施设备，防止污染物散落、溢流和渗漏。

## 第三章　监督管理

**第二十条**　市和区生态环境部门、水务部门应当加强对饮用水水源水质的实时监测，建立饮用水水源水质的监测信息系统；发现异常情况的，应当及时向同级人民政府报告，并采取有效措施防止污染饮用水水源。

市生态环境部门应当建立饮用水水源安全评估机制，统一汇总和定期发布有关饮用水水源水质的信息。

原水供水企业应当对原水水质实施实时监测；发现异常情况的，应当采取有效措施，并立即向水务和生态环境部门报告。

**第二十一条**　市和区生态环境部门应当加强对饮用水水源保护区范围内污染物排放情况的监督检查，发现污染饮用水水源的污染源，应当责令排污单位停止污染物排放，排污单位拒不停止排放污染物的，市或者区生态环境部门可以报请同级人民政府批准，采取措施予以停产或者关闭，相关供水、供电、供气等单位应当予以配合。

对不能确定责任人的污染物，由所在地区人民政府组织有关部门予以清理。

**第二十二条**　鼓励饮用水水源保护区内的企业，以及运输危险品的船舶投保有关环境污染责任保险。

**第二十三条**　市和区人民政府应当组织编制饮用水水源污染事故处理应急预案，建立专业应急救援队伍，配备应急救援设施设备。

**第二十四条**　有关单位发生突发性事件，造成或者可能造成饮用水水源污染事故的，应当采取应急措施，并向市、区生态环境部门或者应急联动机构报告。市应急联动机构或者市生态环境部门应当启动相应的饮用水水源污染事故应急预案。

饮用水水源污染事故发生后，市应急联动机构或者市生态环境部门应当及时向受影响地区发布饮用水水源污染事故警报，组织有关部门做好应急供水准备。

**第二十五条**　饮用水水源污染事故的信息披露，由市或者区人民政府按照《中华人民共和国突发事件应对法》和本市的有关规定执行。

**第二十六条**　市和区人民政府应当完善饮用水供水管网建设，采取措施保护备用取水口周边环境。发生饮用水水源污染事故导致原水供应中断的，应当按照应急预案的要求，保障饮用水供应。

## 第四章　法律责任

**第二十七条**　违反本条例规定，有下列行为之一的，由市或者区生态环境部门责令停止违法行为，限期改正，并按照下列规定进行处罚：

（一）违反本条例第十条第二款规定，移动或者损毁饮用水水源保护区界标或者警示标志的，处一万元以上二万元以下的罚款。

（二）违反本条例第十二条第一款第三项、第四项规定，设置固体废物贮存、堆放场所或者设置畜禽养殖场、养殖小区的，报请同级人民政府责令限期拆除；逾期不拆除的，可以代为拆除，所需费用由违法行为人承担。

（三）违反本条例第十二条第一款第六项、第七项、第八项、第十一项，第十四条第一款第三项规定，从事污染饮用水水源活动的，责令限期采取治理措施，消除污染，处二万元以上二十万元以下的罚款；逾期不采取治理措施的，可以指定有治理能力的单位代为治理，所需费用由违法行为人承担。

（四）违反本条例第十二条第一款第十项规定，从事投饵养殖、逾期不改正的，可以报请同级人民政府责令限期拆除，并可以处五万元以上十万元以下的罚款。

（五）违反本条例第十四条第一款第二项规定，设置危险废物、生活垃圾堆放场所或者处置场所的，报请同级人民政府责令限期拆除；逾期不拆除的，可以代为拆除，所需费用由违法行为人承担。

（六）违反本条例第十四条第一款第四项规定，向水体排放含重金属、病原体、油类、酸碱类污水等有毒有害物质的，责令限期采取治理措施，消除污染，处十万元以上一百万元以下的罚款；情节严重的，报经有批准权的人民政府批准，责令停业、关闭。逾期不采取治理措施的，可以指定有治理能力的单位代为治理，所需费用由违法行为人承担。

（七）违反本条例第十四条第一款第五项规定，堆放、倾倒和填埋固体废物的，责令限期采取治理措施，消除污染，处二万元以上二十万元以下的罚款；逾期不采取治理措施的，可以指定有治理能力的单位代为治理，所需费用由违法行为人承担。

**第二十八条** 违反本条例第十一条第二款第四项规定，在饮用水水源一级保护区内使用化肥和化学农药的，由农业行政管理部门责令改正，并可以处一万元以上二万元以下的罚款。

违反本条例第十四条第一款第六项规定，在饮用水水源准保护区内新设规模化畜禽养殖场的，由农业行政管理部门报请同级人民政府责令限期关闭；逾期不关闭的，可以代为拆除，所需费用由违法行为人承担。

违反本条例第十四条第二款规定，现有畜禽养殖场未按照规范实施粪便生态还田或者用以生产沼气、有机肥料等的，由农业行政管理部门责令改正，并可以处一万元以上二万元以下的罚款。

**第二十九条** 违反本条例第十八条第一款规定，新建、改建、扩建危险品装卸码头的，由港口行政管理部门报请同级人民政府责令限期拆除；逾期不拆除的，代为拆除，所需费用由违法行为人承担。

违反本条例第十八条第二款规定，港口经营单位未按要求采取污染防治措施的，由港口行政管理部门责令限期改正，并可以处二万元以上五万元以下的罚款。

**第三十条** 违反本条例第十二条第一款第五项规定，进行危险品水上过驳作业的，由海事行政管理部门责令改正，并可以处二万元以上十万元以下的罚款。

违反本条例第十二条第一款第九项规定，冲洗船舶甲板或者向水体排放船舶洗舱水、压舱水的，由海事行政管理部门责令停止违法行为，并可以处二万元以上五万元以下的罚款。

违反本条例第十九条第一款规定，船舶在青草沙饮用水水源、陈行饮用水水源、崇明东风西沙饮用水水源一级保护区水域航行或者停泊的，由交通运输主管部门或者海事管理机构按照职责责令驶离该区域，并处二万元以上二十万元以下罚款。违反本条例第十九条第一款、第二款规定，运输相关危险化学品或者危险废物（除废矿物油以外）的船舶在禁止航行的区域航行或者停泊的，由交通运输主管部门或者海事管理机构按照职责责令改正，没收违法所得，并处二十万元以上二百万元以下罚款，对直接负责的主管人员和其他直接责任人员处五万元以上十万元以下罚款；情节严重的，责令停业整顿，或者吊销相关许可证。

违反本条例第十九条第三款、第四款规定，未按规定向海事行政管理部门报告或者未按规定配备相关设施设备的，由海事行政管理部门责令改正，并可以处二万元以上十万元以下的罚款。

**第三十一条** 违反本条例规定的行为，法律、法规已有处罚规定的，从其规定。

**第三十二条** 违反本条例规定，造成饮用水水源污染的，除依法对违法行为人进行处罚外，生态环境、港口、海事等有关行政管理部门还可以责令违法行为人消除污染；拒不消除污染的，可以委托专业机构代为消除污染，所需费用由违法行为人承担。

**第三十三条** 生态环境、水务、港口、海事等有关行政管理部门及其工作人员违反本条例规定，有下列行为之一的，由其所在单位或者上级主管部门给予处分；构成犯罪的，依法追究刑事责任：

（一）发现违法行为或者接到对违法行为的举报后不予查处的；

（二）未依照本条例规定履行监督管理职责的；

（三）其他玩忽职守、滥用职权、徇私舞弊的行为。

## 第五章　附　　则

**第三十四条** 本条例自 2010 年 3 月 1 日起施行。1985 年 4 月 19 日上海市第八届人民代表大会常务委员会第十四次会议审议通过的《上海市黄浦江上游水源保护条例》同时废止。

# 上海市公共场所控制吸烟条例

（2009 年 12 月 10 日上海市第十三届人民代表大会常务委员会第十五次会议通过　根据 2016 年 11 月 11 日上海市第十四届人民代表大会常务委员会第三十三次会议《关于修改〈上海市公共场所控制吸烟条例〉的决定》第一次修正　根据 2022 年 10 月 28 日上海市第十五届人民代表大会常务委员会第四十五次会议《关于修改〈上海市公共场所控制吸烟条例〉等 5 件地方性法规和废止〈上海市企业名称登记管理规定〉的决定》第二次修正）

**第一条** 为了消除和减少烟草烟雾及电子烟释放物的危害，保障公众身体健康，创造良好的公共场所卫生环境，提高城市文明水平，根据有关法律、行政法规，结合本市实际，制定本条例。

**第二条** 本市公共场所的控制吸烟工作（以下简称控烟工作）适用本条例。

前款所称控烟工作，是指采取有效措施，禁止在本条例规定的禁烟场所吸烟（包括电子烟）。

**第三条** 本市控烟工作实行“限定场所、分类管理、单位负责、公众参与、综合治理”的原则。

**第四条** 市和区健康促进委员会在本级人民政府领导下，负责本行政区域内控烟工作的组织和协调，指导、监督各部门、各行业的控烟工作，组织开展控烟工作宣传教育活动。健康促进委员会的日常办事机构设在同级卫生健康部门。

卫生健康部门是本市公共场所控烟工作的主管部门。

教育、文化旅游、体育、市场监管、交通、商务、公安、城管执法等行政管理部门按照本条例和其他相关规定，做好控烟监督管理工作。

**第五条** 市健康促进委员会应当组织开展多种形式的控烟宣传教育工作，使公众了解烟草烟雾及电子烟释放物的危害，增强全社会营造无烟环境的意识。

有关行政管理部门、人民团体以及学校、医院等单位应当定期开展烟草烟雾及电子烟释放物危害和控烟的宣传教育活动。

广播、影视、报刊、通信、网站等媒体应当开展吸烟和被动吸烟有害健康的公益宣传活动。

**第六条** 室内公共场所、室内工作场所、公共交通工具内禁止吸烟。

**第七条** 下列公共场所的室外区域禁止吸烟：

（一）托儿所、幼儿园、中小学校、少年宫、青少年活动中心、教育培训机构以及儿童福利院等以未成年人为主要活动人群的公共场所；

（二）妇幼保健院（所）、儿童医院；

（三）体育场馆、演出场所的观众坐席和比赛、演出区域；

（四）对社会开放的文物保护单位；

（五）人群聚集的公共交通工具等候区域；

（六）法律、法规、规章规定的其他公共场所。

市和区人民政府可以根据大型活动的需要，将其他公共场所的室外区域设立为临时禁止吸烟区域。

**第八条** 除本条例第六条、第七条规定以外的其他公共场所、工作场所的室外区域，有条件的可以设立吸烟点。

吸烟点的设定应当遵守下列规定：

（一）远离人员聚集区域和行人必经的主要通道；

（二）设置吸烟点标识、引导标识，并在吸烟点设置吸烟危害健康的警示标识；

（三）放置收集烟灰、烟蒂等的器具；

（四）符合消防安全要求。

**第九条** 禁止吸烟场所所在单位应当履行下列义务：

（一）落实劝阻吸烟人员或者组织劝阻吸烟的志愿者；

（二）做好禁烟宣传教育工作；

（三）在醒目位置设置统一的禁止吸烟标识和监管电话；

（四）不设置任何与吸烟有关的器具；

（五）对吸烟者进行劝阻；

（六）对不听劝阻也不愿离开禁止吸烟场所的吸烟者，向监管部门举报。

**第十条** 任何个人可以要求吸烟者停止在禁止吸烟场所内吸烟；要求禁止吸烟场所所在单位履行禁止吸烟义务，并可以对不履行禁烟义务的单位，向监管部门举报。

**第十一条** 国家机关、事业单位及其工作人员应当遵守控烟有关规定，带头履行控制吸烟义务。市和区健康促进委员会应当定期开展控烟检查，通报控烟情况。

卫生健康、教育、文化旅游、体育、市场监管、交通、商务等有关行政管理部门以及相关行业协会应当将控烟工作纳入本系统、本行业日常管理。

**第十二条** 市和区健康促进委员会应当组织有关部门，加强对控烟工作的监测和评估。

市健康促进委员会应当每年向社会公布本市控烟工作情况。

**第十三条** 卫生健康部门应当组织开展对吸烟行为的干预工作，设立咨询热线，开展控烟咨询服务。

医疗机构应当为吸烟者提供戒烟指导和帮助。

**第十四条** 全社会都应当参与控烟工作。

鼓励控烟志愿者组织、其他社会组织和个人开展控烟宣传教育活动，组织开展社会监督，为吸烟者提供戒烟帮助，对控烟工作提出意见和建议。

鼓励单位和个人通过“12345”市民服务热线或者相关行业监管热线，对违反本条例规定的行为进行举报。

**第十五条** 控烟工作应当作为本市文明单位评比的内容之一。

**第十六条** 控烟工作的监督执法按照以下规定实施：

（一）教育行政部门负责对各级各类学校的控烟工作进行监督执法；

（二）文化旅游部门负责对文化、体育、娱乐场所、旅馆以及向社会开放的文物保护单位的控烟工作进行监督执法；

（三）承担机场、铁路执法工作的机构以及交通部门、轨道交通线路运营单位按照各自职责，对公共交通工具及其有关公共场所的控烟工作进行监督执法；

（四）市场监管部门负责对餐饮业经营场所的控烟工作进行监督执法；

（五）公安部门负责对网吧等互联网上网服务营业场所的控烟工作进行监督执法；

（六）城管执法部门负责对物业管理区域内的公共电梯的控烟工作进行监督执法；

（七）卫生健康部门负责对各级各类医疗卫生机构以及本条第一项至第六项以外的其他公共场所、工作场所的控烟工作进行监督执法。

**第十七条** 市和区人民政府应当对控烟监测及评估、科学研究、宣传教育、行为干预、人员培训、监督管理等控烟工作所需经费予以保障。

**第十八条** 禁止吸烟场所所在单位违反本条例第九条规定的，由本条例第十六条规定的有关部门责令限期改正，可处以两千元以上一万元以下的罚款；情节严重的，处以一万元以上三万元以下的罚款。

**第十九条** 个人在禁止吸烟场所吸烟且不听劝阻的，由本条例第十六条规定的有关部门责令改正，并处以五十元以上两百元以下的罚款。

**第二十条** 对在禁止吸烟场所内吸烟，不听劝阻且扰乱社会秩序，或者阻碍有关部门依法执行职务，违反《中华人民共和国治安管理处罚法》的，由公安部门予以处罚；构成犯罪的，依法追究刑事责任。

**第二十一条** 控烟行政管理部门、监督执法机构及其工作人员在控烟工作中，不依法履行职责或者徇私舞弊的，对直接负责的主管人员和其他直接责任人员依法给予处分；构成犯罪的，依法追究刑事责任。

**第二十二条** 因特殊情况设置的室内吸烟室的具体要求，由市人民政府作出规定。

**第二十三条** 本条例自 2010 年 3 月 1 日起施行。

# 上海市社会治安综合治理条例

（2010 年 11 月 11 日上海市第十三届人民代表大会常务委员会第二十二次会议通过　根据 2018 年 5 月 24 日上海市第十五届人民代表大会常务委员会第四次会议《关于修改本市部分地方性法规的决定》修正）

## 第一章　总　　则

**第一条** 为了加强社会治安综合治理，维护治安秩序和社会稳定，促进社会主义和谐社会建设，根据《全国人民代表大会常务委员会关于加强社会治安综合治理的决定》和有关法律、行政法规的规定，结合本市实际，制定本条例。

**第二条** 本市行政区域内的国家机关、社会团体、企业事业单位等组织和公民开展或者参与社会治安综合治理工作，适用本条例。

**第三条** 社会治安综合治理是全社会的共同任务。

各级人民政府应当动员和组织各方面力量，运用政治的、法律的、行政的、经济的、文化的、教育的等多种手段，加强社会建设，创新社会管理，开展平安创建活动，预防和减少违法犯罪，预防和化解社会矛盾，保障社会和谐稳定。

**第四条** 社会治安综合治理坚持惩治与预防违法犯罪相结合和专门机关工作与群防群治相结合的方针，实行谁主管谁负责和属地管理的原则。

**第五条** 各级人民政府应当加强对社会治安综合治理工作的领导，建立健全社会治安综合治理工作机构，并将社会治安综合治理工作经费列入本级财政预算。

市和区人民政府应当将社会治安综合治理工作纳入本行政区域国民经济和社会发展规划以及年度工作计划。

社会治安综合治理委员会（以下简称综治委）具体负责组织实施本地区、本系统的社会治安综合治理工作。

**第六条** 社会治安综合治理实行目标管理责任制。

上级人民政府应当与下级人民政府签订社会治安综合治理目标责任书，市和区综治委应当与相关成员单位签订社会治安综合治理目标责任书，系统综治委应当与所属单位签订社会治安综合治理目标责任书。

国家机关、社会团体、企业事业单位等组织的法定代表人或者主要负责人，为本地区、本系统、本单位的社会治安综合治理责任人。

## 第二章 组织机构与职责

**第七条** 市和区综治委履行下列职责：

（一）宣传、贯彻执行社会治安综合治理的方针、政策和有关的法律、法规；

（二）编制本地区社会治安综合治理的规划草案；

（三）制定并组织实施本地区社会治安综合治理的工作计划和方案；

（四）组织、协调、指导、督查本地区的社会治安综合治理工作，落实目标管理责任制；

（五）总结推广社会治安综合治理的经验和做法，根据有关规定表彰先进单位和个人；

（六）办理社会治安综合治理的其他事项。

**第八条** 乡镇、街道综治委履行下列职责：

（一）贯彻执行上级关于社会治安综合治理的工作部署，制定和实施本地区社会治安综合治理工作计划和方案；

（二）建立健全本地区社会治安综合治理的工作体系，加强本地区群防群治组织的队伍建设，协调、指导各单位、居（村）民委员会的社会治安综合治理工作；

（三）组织开展本地区突出矛盾纠纷和突出社会治安问题的排查，协调有关部门进行调处和治理；

（四）组织落实本地区社区矫正、刑满释放、解除劳教、社区戒毒等人员的帮教、管理和服务工作；

（五）协助开展本地区国家安全、反邪教、反恐怖、社区安全的宣传教育和其他相关工作；

（六）协调有关部门和社会组织加强对本地区青少年的教育和服务，预防青少年违法犯罪；

（七）协助有关部门落实对实有人口和房屋信息采集、管理的各项措施；

（八）办理社会治安综合治理的其他事项。

**第九条** 本市宣传、教育和卫生、科技、建设交通、金融、经济和信息化、国有资产等系统设立的综治委应当根据市或者区综治委的要求，完善本系统社会治安综合治理的工作体系，做好社会治安综合治理工作，指导并督促所属单位参与所在地区社会治安综合治理。

**第十条** 市和区综治委可以根据需要在治安情况复杂或者跨行政区划的重要区域，建立特定区域综治委，组织、协调该地区的社会治安综合治理工作。

区设立特定区域综治委应当报市综治委备案。

**第十一条** 各综治委成员单位应当根据综治委的工作部署，制定工作计划并组织实施，建立健全各项工作制度，在各自职责范围内，依法履行社会治安综合治理的各项职责，落实内部安全防范和教育管理措施，参与所在地区社会治安综合治理工作。

各综治委成员单位应当相互配合，形成合力。

**第十二条** 综治委办公室负责社会治安综合治理的日常工作。

## 第三章 工作任务

**第十三条** 人民法院、人民检察院、公安机关、国家安全机关、司法行政机关以及其他履行执法职责的机关，应当依法充分发挥在社会治安综合治理中的职能作用，及时查办审理刑事、治安和其他案件，惩治违法犯罪，维护社会治安。

**第十四条** 各级综治委应当加强对本地区社会治安形势的分析和评估，建立对社会治安问题和影响社会治安的突出矛盾纠纷进行排查的制度，组织、协调排查工作，对发现的治安问题和突出矛盾纠纷督促有关地区、单位及其责任人予以治理和调处。

各级综治委可以通过组织市民开展社会治安巡访、建立治安信息员队伍、设立社会治安问题举报网站和电话等方式，发动群众参与对社会治安问题和矛盾纠纷的排查。

**第十五条** 乡镇、街道综治委应当动员组织本地区的单位和居民，在公安机关的指导下，维护地区社会治安秩序。

居(村)民委员会应当督促落实居(村)民住宅小区的安全防范措施，协助开展群众性安全防范工作。

物业服务企业应当协助公安机关维护其服务区域的治安秩序，并依照物业服务合同履行维护公共秩序的职责。

业主大会、业主委员会应当配合公安机关，与居委会相互协作，共同维护本居民区的社会治安。

**第十六条** 商业楼宇的业主、使用方、物业服务企业应当接受乡镇、街道综治委以及公安机关的指导，落实本楼宇社会治安综合治理的各项措施。

**第十七条** 国家机关、社会团体、企业事业单位，应当加强内部的治安防范，建立健全治安管理制度，落实安全责任，消除治安隐患。

**第十八条** 各级人民政府应当把社会治安技术防范体系建设纳入城乡建设规划，推广运用技术防范设施设备，完善社会治安技术防范网络。

公安机关、国家安全机关和政府有关部门应当加强配合，各负其责，根据国家有关规定严格执行技术防范建设项目的验收、维护标准，共同做好社会治安技术防范管理工作。

**第十九条** 公安机关以及房屋行政管理等部门和乡镇人民政府、街道办事处应当加强对实有人口和房屋的管理，落实和完善治安防范措施。

居(村)民委员会、业主委员会和物业服务企业应当协助做好实有人口和房屋的管理工作。

**第二十条** 公安机关、国家安全机关以及经济和信息化、文化广播影视、通信管理等部门应当依法加强对网络的监管，建立健全网络治安综合防控体系，预防和惩治涉及网络的违法犯罪行为。

网络接入单位、服务单位及上网服务场所应当依法履行安全管理责任。

**第二十一条** 各级人民政府在作有关社会和经济发展的重大决策时，应当开展社会稳定风险分析与评估，完善听证制度，建立利益相关方参与的协商机制，预防和减少社会矛盾纠纷。

**第二十二条** 各级人民政府应当建立公共应急体系，完善公共突发事件预警机制，制定应急预案，依法、稳妥处置各类公共突发事件，维护社会稳定。

**第二十三条** 市和区综治委的成员单位应当定期向同级综治委报告有关社会治安综合治理工作信息;对可能影响社会治安的重大事项以及需要综治委协调解决的其他事项,应当及时报告。

**第二十四条** 人民法院、人民检察院对在办理案件中发现的社会治安隐患和问题,应当及时向有关部门或者单位提出司法建议、检察建议。有关部门或者单位应当认真研究办理,并反馈结果。

**第二十五条** 各级信访工作机构在受理来信来访中,发现可能影响社会治安的信访事项,应当及时向相关部门和单位反馈,并会同、督促相关部门和单位妥善处理,有效化解社会矛盾和纠纷。

**第二十六条** 各级综治委应当协调有关部门,建立以人民调解为基础,综合运用人民调解、行政调解、仲裁调解和司法调解化解矛盾纠纷的工作机制。

本市鼓励设立区域性和行业性人民调解组织,鼓励社会组织和公民参与人民调解工作,鼓励当事人通过调解方式解决各类矛盾纠纷。

**第二十七条** 公安机关、司法行政机关应当加强对管制、缓刑、假释、暂予监外执行以及剥夺政治权利并在社会上服刑人员的刑罚执行工作,健全制度、规范管理、严格执法,并指导居(村)民委员会以及专业社会组织协助开展社区矫正的相关工作。

**第二十八条** 乡镇、街道综治委及其相关成员单位应当组织居(村)民委员会、专业社会组织和志愿者队伍,开展对刑满释放、解除劳教、社区戒毒等人员的帮助教育、职业培训、就业指导等工作,预防和减少重新违法犯罪。

**第二十九条** 各级人民政府应当制定相应的政策和目标要求,营造有利于青少年健康成长的社会环境,维护青少年的合法权益。

各级综治委应当组织、协调有关部门加强对青少年的帮助、教育和服务,预防青少年违法犯罪。

各级综治委应当组织、协调有关部门加强学校及周边地区的社会治安综合治理工作,维护校园及周边的治安秩序。

教育等部门应当督促学校落实各项安全措施,加强校园安全防范,对学生开展法制和安全防范教育。

**第三十条** 各级人民政府应当将社会治安综合治理相关法律法规的宣传纳入法制宣传教育规划。

司法行政、文化广播影视、新闻出版等部门和新闻媒体,应当加强社会治安综合治理的法制宣传教育。

人民法院、人民检察院、公安机关和国家安全机关等部门,应当结合办理案件,向社会开展法律法规宣传。

各单位、各社会组织应当对本单位人员进行法制宣传教育,增强法治意识。

## 第四章 社会参与

**第三十一条** 社会组织、企业事业单位应当承担社会责任,参与所在地区社会治安综合治理。

各级人民政府应当鼓励、支持社会组织、企业事业单位以各种形式参与社会治安综合治理。

**第三十二条** 依法成立的参与禁毒、社区矫正、社会帮教等社会治安综合治理工作的社会组织应当建立健全专业社会工作者的聘用、管理、考核、激励机制。

各级人民政府可以通过购买服务等方式委托相关社会组织开展工作。

本市鼓励企业事业单位等以多种方式支持相关社会组织开展工作。

**第三十三条** 各类保安组织应当接受公安机关的指导和管理,完善岗位职责要求,加强技能培训,协助维护社会治安秩序。

保安人员应当遵守职业操守,熟悉业务技能,履行岗位职责。

**第三十四条** 鼓励公民积极参与社会治安综合治理活动，加强自身和家庭的安全防范，保持和谐的家庭和邻里关系，共同维护社会治安秩序。

各级综治委应当加强对平安建设志愿者的指导和服务保障。平安建设志愿者应当履行志愿服务承诺，积极参与维护社会治安秩序的志愿服务活动。

**第三十五条** 对为了国家利益、公共利益或者他人的人身、财产安全，制止违法犯罪、协助有关机关惩治违法犯罪活动等见义勇为行为，应当按照市人民政府的有关规定予以奖励和保护。

## 第五章 考核与奖惩

**第三十六条** 各级综治委对社会治安综合治理目标责任制的落实情况进行考核、监督和检查，考核、检查结果纳入综治工作实绩档案，并报同级人民政府或者政府主管部门确认。

**第三十七条** 市和区综治委对社会治安综合治理和平安建设工作作出突出贡献的单位和个人，进行表彰和奖励。

**第三十八条** 对于不履行或者不正确履行社会治安综合治理职责的，以及存在社会治安重大隐患的地区、单位，由所在地综治委或者系统综治委发限期整改通知书，责令限期整改。

地区、单位收到限期整改通知书后，在规定期限内未整改的，由所在地综治委或者系统综治委给予通报批评。

**第三十九条** 地区、单位直接负责的主管人员和其他直接责任人员不履行或者不正确履行社会治安综合治理职责，造成本地区、本单位治安秩序混乱或者严重后果的，所在地综治委或者系统综治委应当建议监察机关或者相关主管部门依法给予处分或者行政处罚；构成犯罪的，依法追究刑事责任。

## 第六章 附 则

**第四十条** 本条例自 2011 年 3 月 1 日起施行。1991 年 8 月 16 日上海市第九届人民代表大会常务委员会第二十八次会议审议通过的《上海市人大常委会关于加强社会治安综合治理的决定》、1992 年 4 月 11 日上海市第九届人民代表大会常务委员会第三十三次会议通过的《上海市社会治安防范责任条例》同时废止。

# 上海市城乡规划条例

（2010 年 11 月 11 日上海市第十三届人民代表大会常务委员会第二十二次会议通过 根据 2015 年 7 月 23 日上海市第十四届人民代表大会常务委员会第二十二次会议《关于修改〈上海市建设工程材料管理条例〉等 12 件地方性法规的决定》第一次修正 根据 2018 年 5 月 24 日上海市第十五届人民代表大会常务委员会第四次会议《关于修改本市部分地方性法规的决定》第二次修正 根据 2018 年 12 月 20 日上海市第十五届人民代表大会常务委员会第八次会议《关于修改〈上海市供水管理条例〉等 9 件地方性法规的决定》第三次修正）

## 第一章 总 则

**第一条** 为了加强城乡规划管理，统筹城乡空间布局，改善人居环境，促进城乡经济社会全面协调可持续发展，根据《中华人民共和国城乡规划法》和有关法律、行政法规，结合本市实际，制定本条例。

**第二条** 本市城乡规划的制定、实施、修改、监督检查以及相关城乡建设活动，适用本条例。

**第三条** 制定和实施城乡规划，以建设经济繁荣、社会文明、环境优美的国际大都市和国际经济、金融、贸易、航运中心为目标，发挥城乡规划的指导、调控作用，坚持以人为本，综合考虑经济、社会、人口、资源和环境等城市发展要素，统筹城乡发展、区域发展、经济社会发展、人与自然和谐发展、国内发展和对外开放。

中心城规划的制定和实施，应当与人口疏解、功能提升、环境改善和景观优化相结合，增加公共绿地和公共空间，控制建筑容量和高层建筑。

郊区规划的制定和实施，应当促进城乡协调发展，合理确定郊区城镇布局和规模，重点发展新城和新市镇，引导郊区工业向工业园区集中、人口向城镇集中、土地向规模经营集中。

**第四条** 城乡规划的编制应当依据国民经济和社会发展规划，并与土地利用总体规划相衔接。

**第五条** 经依法批准的城乡规划，是城乡建设和规划管理的依据，未经法定程序不得修改。

任何单位和个人都应当遵守经依法批准并公布的城乡规划。

**第六条** 城乡规划工作实行统一领导、统一规划、统一规范、分级管理。

市人民政府领导全市城乡规划工作。区人民政府按照规定权限，负责本行政区域的城乡规划工作。

市规划行政管理部门负责本市城乡规划管理工作。区规划行政管理部门按照规定权限，负责本行政区域的城乡规划管理工作，业务上受市规划行政管理部门领导。

**第七条** 市人民政府设立市规划委员会。市规划委员会为议事协调机构，负责审议、协调城乡规划制定和实施中的重大事项，为市人民政府提供规划决策的参考依据。

城市总体规划和市人民政府审批的其他城乡规划在报送审批前，其草案和意见听取、采纳情况应当经市规划委员会审议。

**第八条** 市和区人民政府应当每年向本级人民代表大会或者其常务委员会报告城乡规划的制定、修改、实施以及监督检查情况；遇有重要情况，应当及时报告。

**第九条** 各级人民政府和规划行政管理部门应当建立城乡规划工作的公众参与制度。城乡规划的制定、实施、修改，应当充分征求专家和公众的意见。

**第十条** 各级人民政府应当将城乡规划的编制和管理经费纳入本级财政预算。

市规划行政管理部门应当建立和完善城乡规划管理的技术规范，为城乡规划管理提供技术支撑。

**第十一条** 市和区规划行政管理部门应当建立统一的信息公开平台，除依法不得公开的内容外，城乡规划方面的政府信息应当公开。

市规划行政管理部门应当建立规划管理信息系统，实现与有关行政管理部门之间的信息共享，提高城乡规划管理工作的效能。

## 第二章 城乡规划的制定

**第十二条** 城乡规划按照以下规定组织编制：

（一）本市行政区域内编制城市总体规划；

（二）在城市总体规划的基础上，中心城区域内编制分区规划，郊区区域内编制郊区区总体规划；

（三）在中心城分区规划的基础上编制单元规划，在郊区区总体规划的基础上编制新城、新市镇总体规划；

（四）在单元规划的基础上编制控制性详细规划，在新城、新市镇总体规划的基础上编制控制性详细规划和村庄规划；为了实施控制性详细规划，可以编制修建性详细规划。

黄浦江沿岸地区、苏州河沿岸地区、佘山国家旅游度假区、淀山湖风景区等市人民政府确定的特定区域，在相关城乡规划的基础上编制单元规划和控制性详细规划。

**第十三条** 城市总体规划由市人民政府组织编制，报国务院审批。城市总体规划报送审批前，应当经市人民代表大会常务委员会审议，常务委员会组成人员的审议意见交由市人民政府研究处理。市人民政府应当向市人民代表大会常务委员会报告对审议意见的采纳情况，未采纳的，应当说明理由。

编制城市总体规划，应当明确中心城分区规划和郊区区总体规划的编制范围和编制要求。

**第十四条** 中心城分区规划由市规划行政管理部门会同相关区人民政府组织编制，报市人民政府审批。

郊区区总体规划，由区人民政府会同市规划行政管理部门组织编制，报市人民政府审批。郊区区总体规划报送审批前，应当经区人民代表大会常务委员会审议，常务委员会组成人员的审议意见交由区人民政府研究处理。区人民政府应当向区人民代表大会常务委员会报告对审议意见的采纳情况，未采纳的，应当说明理由。

行政区域跨中心城和郊区的，其位于中心城范围内的区域纳入中心城分区规划编制范围，编入分区规划的部分并入本行政区的总体规划。该总体规划在报送审批前，应当按照前款规定经区人民代表大会常务委员会审议。

中心城分区规划应当明确单元规划的编制范围和编制要求。郊区区总体规划应当明确城镇规划区和村庄规划区，划分新城、新市镇总体规划的范围，明确编制要求。

**第十五条** 中心城单元规划以及市人民政府确定的特定区域单元规划，由市规划行政管理部门会同相关区人民政府组织编制，报市人民政府审批。

新城、新市镇总体规划，由区人民政府会同市规划行政管理部门组织编制，编制过程中，应当充分听取相关乡、镇人民代表大会的意见。新城、新市镇总体规划报送市人民政府审批前，应当经区人民代表大会常务委员会审议，常务委员会组成人员的审议意见交由区人民政府研究处理。区人民政府应当向区人民代表大会常务委员会报告对审议意见的采纳情况，未采纳的，应当说明理由。

中心城单元规划、特定区域单元规划和新城、新市镇总体规划应当明确控制性详细规划和村庄规划的编制范围和编制要求。

**第十六条** 中心城控制性详细规划和新城、新市镇控制性详细规划由区人民政府会同市规划行政管理部门组织编制，经市人民政府批准后，报市人民代表大会常务委员会备案。

市人民政府确定的特定区域控制性详细规划由市规划行政管理部门会同相关区人民政府组织编制，经市人民政府批准后，报市人民代表大会常务委员会备案。

**第十七条** 对规划区域内的建筑、公共空间的形态、布局和景观控制要求需要作出特别规定的，在编制或者修改控制性详细规划时，规划行政管理部门应当组织编制城市设计。城市设计的内容应当纳入控制性详细规划。

**第十八条** 规划行政管理部门可以依据控制性详细规划组织编制修建性详细规划。修建性详细规划不得违反控制性详细规划确定的强制性内容。

**第十九条** 村庄规划由乡、镇人民政府组织编制，经区人民政府批准后，报市规划行政管理部门备案。村庄规划在报送审批前，应当经村民会议或者村民代表会议讨论同意。

**第二十条** 禁止和限制建设的地域范围、建设用地规模、基础设施和公共服务设施用地、水源地和水系、基本农田和绿化用地、环境保护、自然与历史文化遗产保护以及防灾减灾要求等内容，应当作为城市总体规划的强制性内容。

相关部门在组织编制下一层次规划时，不

得违背和变更上一层次规划确定的强制性内容，并应当对上一层次规划确定的强制性内容予以深化。

**第二十一条** 涉及城乡空间安排的各类专项规划由市有关专业管理部门会同市规划行政管理部门组织编制，经批准后纳入相应的城乡规划。

专项规划由法律、法规、规章规定的审批机关审批；法律、法规、规章规定由国务院有关部门审批的，应当先经市人民政府审核。法律、法规、规章未规定审批机关的，由市人民政府审批。

**第二十二条** 城乡规划组织编制机关委托相关单位承担城乡规划具体编制工作的，受委托的单位应当具有相应资质等级。

编制城乡规划必须遵守国家和本市有关法律、法规、技术规范和标准，并综合考虑地质灾害影响评价、环境影响评价和交通影响评价等结论。

**第二十三条** 城乡规划编制过程中，组织编制机关应当采取论证会、座谈会等方式征求专业单位和专家的意见，并根据意见对城乡规划草案予以修改完善。

城乡规划报送审批前，组织编制机关应当将城乡规划草案予以公示，并采取论证会、听证会或者其他方式，征求专家和公众意见。城乡规划草案公示时间不得少于三十日，公示的时间、地点以及意见征集方式应当在本市有关政府网站或者新闻媒体上予以公告。组织编制机关应当充分考虑专家和公众的意见，并在报送审批的材料中附具意见采纳情况及理由。

城乡规划经批准后，组织编制机关应当在有关政府网站上对公众意见的采纳情况予以分类答复。

**第二十四条** 城乡规划经批准后二十日内，组织编制机关应当通过政府网站或者其他途径将城乡规划向社会公布，但依法不予公开的除外。

任何单位和个人可以依法查阅经批准的城乡规划，组织编制机关应当为查阅提供便利。

## 第三章 城乡规划的实施

**第二十五条** 市和区人民政府应当根据本地经济社会发展水平，量力而行，尊重群众意愿，按照先规划、后建设的原则，实施城乡规划。

城乡建设和发展应当合理确定建设规模和时序，优先安排基础设施和公共服务设施的建设，严格保护自然资源、生态环境、城乡历史风貌和文物，体现地方特色，创造良好的城乡公共空间和生活环境。

城乡建设和发展应当注重地下空间的开发与综合利用，遵循统一规划、分层开发、合理利用的原则，充分考虑防灾减灾、人民防空等需要，与地面设施建设相结合。

**第二十六条** 市人民政府应当根据城市总体规划、土地利用总体规划和年度计划以及国民经济和社会发展规划，制定近期建设规划，报国务院备案。

近期建设规划以重要基础设施、公共服务设施和保障性住房建设以及生态环境保护为重点内容，明确近期建设的时序、发展方向和空间布局。近期建设规划的规划期限为五年。

市和区土地储备、土地供应和相关建设活动应当与近期建设规划相协调。

**第二十七条** 建设项目应当符合经批准的控制性详细规划或者村庄规划，以及规划管理技术规范和标准的要求。

实施规划许可，应当遵循便民的原则，提高办事效率。

**第二十八条** 下列建设项目的规划许可，由市规划行政管理部门负责实施：

（一）《上海市历史文化风貌区和优秀历史建筑保护条例》规定由市规划行政管理部门审批的建设项目；

（二）黄浦江和苏州河两岸（中心城内区段）、佘山国家旅游度假区、淀山湖风景区内的建设项目；

（三）全市性、系统性的市政建设项目；

（四）保密工程、军事工程等建设项目；

（五）市人民政府指定的其他区域的建设项目。

前款规定范围以外建设项目的规划许可，由所在区规划行政管理部门负责实施。

**第二十九条** 按照国家规定需要有关部门批准或者核准的建设项目，以划拨方式提供国有土地使用权的，建设单位在报送有关部门批准或者核准前，应当申请核发选址意见书，核定规划条件。规划行政管理部门受理申请后，应当在五个工作日内作出决定。选址意见书、用地预审意见合并办理的，应当在十个工作日内作出决定。

建设单位在选址意见书核发后满一年仍未取得建设用地规划许可证的，可以向规划行政管理部门申请延期，由规划行政管理部门决定是否准予延续。未申请延期的，选址意见书自行失效。

**第三十条** 以出让方式提供建设用地的，在相关部门按照各自职责提出出让条件的同时，规划行政管理部门应当依据控制性详细规划提出出让地块的规划条件，作为出让合同的组成部分。

**第三十一条** 除本条例第二十九条、第三十条规定外的建设项目，建设单位或者个人应当向规划行政管理部门申请核定规划条件，规划行政管理部门应当在五个工作日内核定规划条件。

建设单位或者个人在规划条件核定后满一年仍未取得建设工程规划许可证、乡村建设规划许可证的，可以向规划行政管理部门申请延期，由规划行政管理部门决定是否准予延续。未申请延期的，核定规划条件的文件自行失效。

**第三十二条** 以划拨方式提供国有土地使用权的建设项目，经有关部门批准、核准或者备案后，建设单位应当申请办理建设用地规划许可证。规划行政管理部门受理申请后，应当在五个工作日内作出决定。

建设单位在申请前款规定的建设用地规划许可证时，可按照规定同步申请办理建设用地批准手续。

**第三十三条** 以出让方式取得国有土地使用权的建设项目，在签订国有土地使用权出让合同后，建设单位应当向规划行政管理部门申请办理建设用地规划许可证。规划行政管理部门受理申请后，应当当场作出决定。

**第三十四条** 下列建设项目，建设单位或者个人应当按规定申请办理建设工程规划许可证或者乡村建设规划许可证：

（一）新建、改建、扩建建筑物、构筑物、道路或者管线工程；

（二）需要变动主体承重结构的建筑物或者构筑物的大修工程；

（三）市人民政府确定的区域内的房屋立面改造工程。

**第三十五条** 在国有土地上进行建设的，建设单位或者个人应当向规划行政管理部门申请办理建设工程规划许可证。

申请办理建设工程规划许可证，应当提交使用土地的有关证明文件、建设工程设计方案等材料；规划行政管理部门应当在三十个工作日内提出建设工程设计方案审核意见。经审定的建设工程设计方案的总平面图，规划行政管理部门应当予以公布。

建设单位或者个人应当根据经审定的建设工程设计方案编制建设项目施工图设计文件，并在建设工程设计方案审定后六个月内，将施工图设计文件的规划部分提交规划行政管理部门。符合经审定的建设工程设计方案的，规划行政管理部门应当在收到施工图设计文件规划部分后的二十个工作日内，核发建设工程规划许可证。

建设单位或者个人在建设工程规划许可证核发后满一年仍未开工的，可以向规划行政管理部门申请延期，由规划行政管理部门决定是否准予延续。未申请延期的，建设工程规划许可证自行失效。国有土地使用权出让合同对开工时间另有约定的，从其约定。

**第三十六条** 在集体土地上进行农村村民个人住房建设的，村民应当向村民委员会提出个人建房申请。村民委员会受理后，应当在本村公示三十日。村民委员会同意建设的，应当将建房申请报乡、镇人民政府，由区规划行政管理部门委托乡、镇人民政府核发乡村建设规划许可证。

在集体土地上进行前款规定外建设的，建设单位或者个人应当向乡、镇人民政府提出申请，由乡、镇人民政府报区规划行政管理部门核发乡村建设规划许可证。

乡村建设规划许可的实施程序，按照本条例第三十五条规定执行。

**第三十七条** 建设项目可能对相邻居住环境或者对公共利益产生影响的，规划行政管理部门应当按照规定会同建设项目所在地的街道办事处或者乡、镇人民政府进行建设工程设计方案公示，但依法不予公开的除外。建设工程设计方案公示期限不得少于十日。规划行政管理部门应当充分考虑公众的意见，并对采纳情况予以分类答复。公示和意见反馈时间不计入建设工程设计方案审核时限。

建设工程设计方案公示应当包括建设用地范围、用地面积、规划用地性质、建筑面积、容积率等规划设计指标，以及公示期限、反馈意见的期限和途径等内容。

**第三十八条** 下列建设项目免予建设工程设计方案审核：

（一）临时项目、建制镇个人建房和简棚屋建房等零星项目，其他建筑面积五百平方米以下的建设项目，但可能严重影响居民生活的建设项目除外；

（二）规划工业区块内的标准厂房、普通仓库、高度8米以下的单层工业厂房、非危险品专业仓库等规划行政管理部门确定可以免予审核的建设项目；

（三）变动主体承重结构的建筑物或者构筑物大修工程，但文物保护单位和优秀历史建筑除外；

（四）法律、法规、规章规定可以免予建设工程设计方案审核的其他建设项目。

免予建设工程设计方案审核的建设项目，规划行政管理部门应当在核发选址意见书或者核定规划条件时一并告知建设单位或者个人。

**第三十九条** 需要临时使用国有建设用地进行建设的，建设单位应当申请临时建设用地规划许可证。规划行政管理部门受理申请后，应当在五个工作日内作出决定。经审核，建设用地不影响控制性详细规划和近期建设规划实施，以及公共卫生、公共安全、公共交通和市容景观的，核发临时建设用地规划许可证。

建设单位在申请临时建设用地规划许可证时，可按照规定同步申请办理临时建设用地批准手续。

临时建设用地规划许可证的有效期与临时建设用地批准文件的期限一致。

**第四十条** 进行临时建筑物、构筑物、道路或者管线建设的，建设单位或者个人应当申请临时建设工程规划许可证。规划行政管理部门受理申请后，应当在五个工作日内作出决定。经审核，临时建设不影响控制性详细规划和近期建设规划的实施，以及公共卫生、公共安全、公共交通和市容景观的，核发临时建设工程规划许可证。

临时建设工程规划许可证的有效期不超过两年，可以申请延期一次，但延期不超过一年。涉及临时建设用地的，临时建设工程规划许可证的有效期应当与临时建设用地批准文件的期限一致。

建设单位或者个人应当在临时建设工程规划许可证有效期届满前自行拆除临时建筑。

**第四十一条** 设计单位必须按照城乡规划、规划管理技术规范和标准以及规划行政管理部门提出的规划条件进行建设工程设计。

施工单位必须按照建设工程规划许可证、乡村建设规划许可证及其附图、附件的内容施工。

**第四十二条** 新建、改建、扩建建设项目现场放样后，建设单位或者个人应当按照规定通知规划行政管理部门复验，并报告开工日期。

规划行政管理部门应当进行现场检查，经复验无误后方可准予开工。规划行政管理部门应当在接到通知后的五个工作日内复验完毕。

**第四十三条** 建设单位或者个人完成基地内建筑、道路、绿化、公共设施等建设后，应当向规划行政管理部门提交竣工图和竣工测绘报告等资料，申请竣工规划验收。

规划行政管理部门受理申请后，应当在十五个工作日内验收完毕。经审核，建设项目按照规划许可的要求全面完成建设，并已拆除基地内临时建筑和不准予保留的旧建筑的，应当核发竣工规划验收合格证。不符合竣工验收条件的，不予通过验收并提出书面整改意见。

**第四十四条** 建设工程竣工验收后六个月内，建设单位或者个人应当按照规定向市或者区规划行政管理部门无偿报送有关建设工程竣工资料。

建设工程竣工资料的编制，应当符合国家和本市城市建设档案管理的有关规定。

**第四十五条** 建设单位、个人应当按照规划许可进行建设；确需变更的，必须向规划行政管理部门提出申请。规划行政管理部门受理后，应当会同相关部门进行审核。变更的内容不符合控制性详细规划或者村庄规划的，规划行政管理部门不得批准。

申请变更的内容涉及利害关系人利益的，规划行政管理部门应当通过听证会等方式听取利害关系人意见。

以出让方式提供建设用地，建设单位变更出让合同约定的规划条件的，应当先经出让人同意。

**第四十六条** 建筑物的使用应当符合建设工程规划许可证、乡村建设规划许可证或者房地产权证书载明的用途，不得擅自改变。

在建成区范围内，确因社会经济发展、产业布局调整、城市区域功能调整而需要改变一定区域内建筑物使用性质的，必须符合控制性详细规划的建设用地适建范围规定；涉及需要修改控制性详细规划的，按照控制性详细规划修改程序执行。

## 第四章 城乡规划的修改

**第四十七条** 城市总体规划、郊区区总体规划的组织编制机关应当组织有关部门和专家对总体规划的实施情况进行评估。评估工作五年至少进行一次，并采取论证会、听证会或者其他方式征求公众意见。组织编制机关应当向本级人民代表大会常务委员会和原审批机关提交评估报告，并附具征求意见的情况。

**第四十八条** 有下列情形之一的，组织编制机关方可按照规定的权限和程序修改城市总体规划，中心城分区规划和单元规划，郊区区总体规划，新城、新市镇总体规划，特定区域单元规划：

（一）所依据的城乡规划发生变更，并提出修改规划要求的；

（二）行政区划调整确需修改规划的；

（三）因国务院批准重大建设工程确需修改规划的；

（四）经评估确需修改规划的；

（五）城乡规划的审批机关认为应当修改规划的其他情形。

修改前款规定的城乡规划前，组织编制机关应当对原规划的实施情况进行总结，并向市或者区人民代表大会常务委员会和原审批机关报告。修改涉及城乡规划强制性内容的，应当先向原审批机关提出专题报告，经同意后，方可编制修改方案。

修改控制性详细规划的，组织编制机关应当对修改的必要性进行论证，采取听证会或者其他方式征求规划地段内利害关系人的意见，并向原审批机关提出专题报告，经原审批机关同意后，方可编制修改方案。

**第四十九条** 修改城乡规划，应当依照本条例第二章有关规定，履行听取意见、审议、报批、备案和公开等程序。

## 第五章　监督检查

**第五十条**　规划行政管理部门应当对下列情况进行监督检查：

（一）未经规划许可的建设用地和建设工程情况；

（二）规划许可的执行情况；

（三）按照规划建成和保留地区的规划控制情况；

（四）建设工程放样复验；

（五）建设工程竣工规划验收；

（六）建筑物的使用性质；

（七）应当监督检查的其他内容。

**第五十一条**　建设单位和个人应当按照规划许可的要求进行建设，并自觉接受规划行政管理部门的监督检查。被检查的单位和个人应当如实提供情况和必要的资料，不得拒绝和阻挠。

规划管理监督检查人员履行监督检查职责时，应当出示执法证件。

**第五十二条**　市人民政府应当对市规划行政管理部门和区人民政府的城乡规划工作进行监督检查。

市规划行政管理部门和区人民政府应当对区规划行政管理部门和乡、镇人民政府的城乡规划工作进行监督检查。

市规划行政管理部门可以采用信息系统监测、定期检查和专项检查等形式进行监督检查。

区规划行政管理部门违法审批建设项目的，由市规划行政管理部门撤销原审批决定，并责令改正。违法审批行为未改正前，暂停该区规划行政管理部门审批新的建设项目。在此期间，确需审批的新的建设项目，应当报市规划行政管理部门审批。

**第五十三条**　任何单位和个人都有权向规划行政管理部门或者其他有关部门举报或者控告违反城乡规划的行为。

规划行政管理部门或者其他有关部门对举报或者控告，应当按照规定予以受理，并进行核查、处理；核查、处理的结果，应当告知举报人或者控告人。

**第五十四条**　规划行政管理部门在查处违反本条例规定的行为时，发现国家机关工作人员依法应当给予处分的，应当向其任免机关或者监察机关提出处分建议。

## 第六章　法律责任

**第五十五条**　违反本条例规定的行为，法律、法规已有处罚规定的，从其规定。

**第五十六条**　区人民政府，乡、镇人民政府或者规划行政管理部门有下列行为之一的，由上级人民政府、上级规划行政管理部门或者监察机关依据职权责令限期改正，通报批评；对直接负责的主管人员和其他直接责任人员依法给予处分：

（一）违反法律、法规规定组织编制城乡规划的；

（二）违反法律、法规规定实施城乡规划的；

（三）未依职权查处违法建设或者接到举报、控告后不依法处理的。

规划行政管理工作人员玩忽职守、滥用职权、徇私舞弊，构成犯罪的，依法追究刑事责任。

**第五十七条**　对违反本条例第四十一条第一款规定造成违法建设的设计单位，由规划行政管理部门处以设计费百分之二十至百分之一百的罚款。

对违反本条例第四十一条第二款规定造成违法建设的施工单位，由规划行政管理部门处以施工管理费的百分之二十至百分之一百的罚款。

对违反本条例第四十一条规定造成违法建设的设计单位、施工单位及其直接责任人员，规划行政管理部门应当通报建设行政管理部门处理，并由建设行政管理部门将其违法行为记入信用档案。

**第五十八条** 未取得建设工程规划许可证或者未按照建设工程规划许可证的规定进行建设的，由规划行政管理部门责令停止建设；尚可采取改正措施消除对规划实施的影响的，限期改正，处建设工程造价百分之五以上百分之十以下的罚款；无法采取改正措施消除影响的，限期拆除，不能拆除的，没收实物或者违法收入，可以并处建设工程造价百分之十以下的罚款。

**第五十九条** 违反本条例第四十二条第一款规定，未通知规划行政管理部门复验而擅自开工建设的，由规划行政管理部门处二千元以下的罚款。

经复验不合格擅自开工建设或者未按放样复验要求施工，并造成后果的，按照第五十八条的规定予以处罚。

**第六十条** 违反本条例第四十四条第一款规定，未在建设工程竣工验收后六个月内向市或者区规划行政管理部门报送有关竣工资料的，由规划行政管理部门责令限期补报；逾期不补报的，处一万元以上五万元以下的罚款。

**第六十一条** 规划行政管理部门作出责令停止建设或者限期拆除的决定后，当事人不停止建设或者逾期不拆除的，由项目所在地区人民政府责令有关部门采取查封施工现场、强制拆除等措施。

## 第七章 附　　则

**第六十二条** 本条例下列用语的含义：

（一）中心城是指本市政治、经济、文化中心，其范围由城市总体规划确定。

（二）郊区是指中心城以外的区域。

（三）新城是指郊区一定区域范围内的重要集中城市化地区，一般是郊区各区人民政府所在地，郊区区政治、经济和文化中心，其范围由郊区区总体规划确定。

（四）新市镇是指郊区除新城以外，依托郊区各乡、镇历史基础和发展优势，在郊区一定区域范围内承载公共配套、社会服务等各项功能的集中城市化地区及其所服务的农村地区，其范围由郊区区总体规划确定。

（五）中心城分区规划是指城市总体规划确定的中心城内各分区的规划，其目标是落实城市总体规划对中心城内土地利用、人口分布、产业布局、基础设施和公共服务设施等提出的要求。

（六）中心城单元规划是指分区规划确定的各单元的规划，其目标是落实分区规划对编制控制性详细规划应确定的土地使用性质、建筑总量、基础设施和公共服务设施等内容提出的要求。

（七）控制性详细规划是指以单元规划或者新城、新市镇总体规划为依据，确定建设地区的土地使用性质和使用强度的控制指标，道路和工程管线控制性位置以及空间环境控制等要求的规划。

（八）修建性详细规划是指以控制性详细规划为依据所制定的、用以指导各项建筑和工程设施的设计和施工的规划设计。

**第六十三条** 本条例自2011年1月1日起施行。1995年6月16日上海市第十届人民代表大会常务委员会第十九次会议通过、1997年第一次修正、2003年第二次修正的《上海市城市规划条例》同时废止。

# 上海市职工代表大会条例

（2010年12月23日上海市第十三届人民代表大会常务委员会第二十三次会议通过　根据2017年11月23日上海市第十四届人民代表大会常务委员会第四十一次会议《关于修改〈上海市职工代表大会条例〉的决定》修正）

## 第一章　总　　则

**第一条**　为了保障职工的民主权利，构建和谐稳定的劳动关系，促进职工和企业、事业单位以及民办非企业单位等组织共同发展，根据《中华人民共和国宪法》、《中华人民共和国劳动法》、《中华人民共和国工会法》、《中华人民共和国公司法》、《中华人民共和国劳动合同法》以及其他有关法律、行政法规，结合本市实际，制定本条例。

**第二条**　本市行政区域内的企业、事业单位以及民办非企业单位等组织（以下统称“企事业单位”）建立和实施职工代表大会制度，适用本条例。

**第三条**　推进职工代表大会制度建设，应当坚持中国共产党的领导，促进劳动关系和谐发展。

**第四条**　企事业单位应当建立职工代表大会制度。

职工人数在一百人以上的企事业单位应当召开职工代表大会；职工人数不足一百人的企事业单位一般召开职工大会。

职工代表大会（或者职工大会，下同）是企事业单位实行民主管理的基本形式，是协调劳动关系的重要制度，是职工行使民主管理权力的机构。

职工代表大会应当充分发扬民主，实行少数服从多数的原则。

**第五条**　企事业单位应当保障职工代表大会依法行使职权，保障职工依法享有知情权、参与权、表达权和监督权。

职工通过职工代表大会依法参与企事业单位民主管理，支持企事业单位合法的生产经营和管理活动，维护自身合法权益。

企事业单位与本单位工会应当协商制定实行职工代表大会制度的具体办法，并纳入本单位的管理制度。

**第六条**　企事业单位的工会是职工代表大会的工作机构，承担职工代表大会的日常工作。

**第七条**　本市各级人民政府应当建立健全工作机制，通过与工会召开联席会议或者采取适当方式，推进本地区落实职工代表大会制度。

本市各级国有资产、教育、科技、文化、卫生等主管部门和人力资源社会保障等有关行政管理部门应当指导、督促、检查企事业单位实行职工代表大会制度。

**第八条**　上级工会、行业协会和相关企业联合组织应当指导和帮助企事业单位建立健全职工代表大会制度。

## 第二章　职　　权

**第九条**　职工代表大会依法行使审议建议、审议通过、审查监督、民主选举、民主评议等职权。

**第十条**　下列事项应当向职工代表大会报告，接受职工代表大会审议，并通过职工代表大会听取职工的意见和建议：

（一）企事业单位的发展规划，年度经营管理情况和重要决策；

（二）企事业单位制订、修改、决定直接涉

及职工切身利益的规章制度或者重大事项,以及改革改制中职工分流安置、经济补偿等劳动关系变更的方案;

(三) 工会与企业就职工工资调整、经济性裁员、群体性劳动纠纷和生产过程中发现的重大事故隐患或者职业危害等事项进行集体协商的情况;

(四) 职工代表大会工作机构的工作情况、联席会议协商处理的事项;

(五) 国有、集体及其控股的企业、事业单位财务预决算等重要事项;

(六) 法律法规规定或者企事业单位与工会协商确定应当向职工代表大会报告的其他事项。

企事业单位决定改制、合并、分立、搬迁、停产、解散、申请破产等重大问题,应当依照法律的规定,通过职工代表大会审议或者其他形式听取职工的意见和建议。

**第十一条** 下列事项应当向职工代表大会报告,并由职工代表大会审议通过:

(一) 涉及劳动报酬、工作时间、休息休假、保险福利等事项的集体合同草案;

(二) 工资调整机制、女职工权益保护、劳动安全卫生等专项集体合同草案;

(三) 企事业单位因劳动关系变更方案引发群体性劳动纠纷,依照规定开展集体协商形成的专项集体合同草案;

(四) 国有、集体及其控股企业的薪酬制度,福利制度,劳动用工管理制度,职工教育培训制度,改革改制中涉及的职工安置方案,以及其他涉及职工切身利益的重要事项;

(五) 事业单位的职工聘任、考核奖惩办法,收益分配的原则和办法,职工生活福利制度,改革改制中涉及的职工安置方案,以及其他涉及职工切身利益的重要事项;

(六) 法律法规规定或者企事业单位与工会协商确定应当提交职工代表大会审议通过的其他事项。

**第十二条** 下列事项应当向职工代表大会报告,并接受审查监督:

(一) 职工代表大会提案办理情况;

(二) 职工代表大会审议通过的重要事项落实情况;

(三) 集体合同和专项集体合同履行情况;

(四) 劳动安全卫生标准执行、社会保险费交缴、职工教育培训经费提取使用等情况;

(五) 法律法规规定或者企事业单位与工会协商确定应当向职工代表大会报告并接受审查监督的其他事项。

**第十三条** 下列人员应当由职工代表大会民主选举产生:

(一) 民主管理专门小组(委员会)成员;

(二) 董事会和监事会中的职工代表;

(三) 法律法规规定或者企事业单位与工会协商确定应当由职工代表大会民主选举产生的其他人员。

**第十四条** 下列人员应当接受职工代表大会的民主评议:

(一) 董事会和监事会中的职工代表;

(二) 国有、集体及其控股企业的高级管理人员,事业单位负责人,以及按照本市有关规定应当接受职工代表大会民主评议的其他人员;

(三) 法律法规规定或者企事业单位与工会协商确定应当接受职工代表大会民主评议的其他人员。

## 第三章 职 工 代 表

**第十五条** 企事业单位的职工可以当选为职工代表。

职工代表由职工民主选举产生,实行常任制,可以连选连任,任期与职工代表大会届期相同。

选举职工代表一般以分公司、分院(校)、部门、班组、科室等为选区。选举应当有选区全体职工三分之二以上参加,候选人获得选区全体职工半数以上赞成票方可当选。选举结果应当公布。

**第十六条** 职工代表的构成应当以一线职工为主体,中、高层管理人员不超过百分之二十,但跨地区、跨行业的大型集团型企业的比例可以适当提高。女职工代表比例一般与本单位女职工人数所占比例相适应。

教育、科技、文化、卫生等领域的企事业单位，职工代表应当以直接从事专业技术工作的人员为主体。

**第十七条** 职工代表的权利：

（一）在职工代表大会上，有选举权、被选举权、审议权和表决权；

（二）对涉及本单位发展和职工权益的重要事项有知情权、建议权、参与权和监督权；

（三）参加与职工代表履职相关的培训、检查等活动；

（四）因履职活动而占用生产、工作时间，按照正常出勤享受应得的待遇。

**第十八条** 职工代表的义务：

（一）学习、宣传有关法律法规和政策，提高自身素质，增强参与民主管理的能力，做好本职工作；

（二）联系选区职工，听取职工的意见和建议，表达职工的意愿和要求；

（三）执行职工代表大会决议，做好职工代表大会交办的各项工作；

（四）及时向选区职工通报参加职工代表大会活动和履行职责的情况，接受评议监督；

（五）模范遵守单位规章制度，保守商业秘密。

**第十九条** 职工代表出现缺额时，应当由原选区依照规定的民主程序及时补选。选举结果应当公布。

职工代表因无故不履行或者无法履行代表职责而被撤免的，应当经原选区全体职工半数以上同意。

**第二十条** 职工代表依法行使权利，任何组织和个人不得压制、阻挠和打击报复。

## 第四章 组织制度

**第二十一条** 企事业单位职工代表大会的职工代表名额，按照下列规定确定：

（一）职工人数在一百人至三千人的，职工代表名额以三十名为基数，职工人数每增加一百人，职工代表名额增加不得少于五名；

（二）职工人数在三千人以上的，职工代表名额不得少于一百七十五名；

（三）职工人数不足一百人，实行职工代表大会制度的，职工代表名额不得少于三十名。

职工代表大会可以根据需要设置列席代表。列席代表无表决权和选举权。

**第二十二条** 职工代表大会每届任期为三年至五年。职工代表大会因故需要延期换届的，延期时间不得超过一年。

职工代表大会每年至少召开一次会议。企事业单位、工会或者三分之一以上职工代表提议，可以召开职工代表大会。

**第二十三条** 职工代表大会选举产生的主席团主持会议，处理大会期间有关重大问题。

职工代表人数在三十人至一百人的，主席团可以设三至五人；职工代表人数在一百人以上的，主席团人数不得少于七人。主席团成员中，一线职工代表的比例不得少于百分之五十。

职工人数在三十人以下的，可以选举大会执行主席一人，主持召开职工大会。

**第二十四条** 职工代表大会可以设立若干民主管理专门小组（委员会），组织职工代表开展民主管理专项活动，办理职工代表大会交办的有关事项。专门小组（委员会）负责人由职工代表担任。

**第二十五条** 职工代表大会闭会期间，除法律法规规定应当提交职工代表大会审议通过的事项外，对需要及时处理的重要事项，企事业单位可以召开职工代表大会联席会议进行协商处理，处理结果应当向下一次职工代表大会报告。

联席会议由工会负责召集，由职工代表团（组）长、民主管理专门小组（委员会）负责人、主席团成员、工会委员会委员参加。

**第二十六条** 企事业单位下属的分公司（厂）、分院（校）应当建立职工代表大会制度，行使与其管理权限相对应的职工民主管理权利。

**第二十七条** 职工代表大会的经费由企事业单位在管理费用中列支。

## 第五章 议事规则

**第二十八条** 职工代表大会须有全体职工代表三分之二以上出席，方可召开。

**第二十九条** 职工代表大会的议题和议程，由企事业单位与工会协商确定。

**第三十条** 提交职工代表大会审议和审议表决的书面材料，应当在职工代表大会召开的七日前送交职工代表；职工代表团（组）应当组织职工代表讨论，由工会及时汇总整理职工代表团（组）的意见和建议。

职工代表对涉及职工切身利益的重要事项意见分歧较大的，由企事业单位和工会根据职工代表意见进行协商修改后，提交职工代表大会再次审议。

**第三十一条** 职工代表大会审议通过事项，应采取无记名投票方式，并须获得全体职工代表半数以上赞成票方可通过。

**第三十二条** 职工代表大会审议通过的事项和决议应当在职工代表大会闭会后向全体职工公布。

**第三十三条** 法律法规规定应当提交职工代表大会审议的事项，未按照法定程序提交的，企事业单位的工会有权以书面形式要求纠正，企事业单位应当根据工会的要求予以纠正，并给予书面答复。

法律法规规定应当提交职工代表大会审议通过的事项，未按照法定程序提交审议通过的，企事业单位就该事项作出的决定对本单位职工不具有约束力。

**第三十四条** 职工代表大会在其职权范围内审议通过的事项对本单位以及全体职工具有约束力，未经职工代表大会重新审议通过不得变更。

## 第六章 工作机构

**第三十五条** 企事业单位的工会在职工代表大会筹备和召开期间，履行下列职责：

（一）组织开展职工代表的选举、撤换、培训等工作；

（二）做好职工代表大会文件的准备工作；

（三）提出职工代表大会主席团成员、民主管理专门小组（委员会）成员候选人建议名单，董事会、监事会中的职工代表候选人建议名单；

（四）代表职工与企事业单位开展集体协商，形成集体合同草案、专项集体合同草案和起草说明、集体协商情况的报告等；

（五）组织职工代表团（组）在会前和会中对提交职工代表大会审议和审议表决的事项进行讨论，汇总整理意见，并与企事业单位协商修改；

（六）负责职工代表大会其他筹备和组织工作。

**第三十六条** 企事业单位的工会在职工代表大会闭会期间，履行下列职责：

（一）动员职工执行职工代表大会决议，督促决议的落实和提案的办理；

（二）建立与职工代表的联系制度，受理职工代表的申诉和提案，维护职工代表的合法权益；

（三）组织职工代表、民主管理专门小组（委员会）开展提案、巡视检查、质量评估等日常民主管理活动；

（四）完成职工代表大会交办的其他工作。

**第三十七条** 企事业单位的工会应当在职工代表大会闭会之日起七个工作日内，将会议的有关情况报告上一级工会。

## 第七章 区域性、行业性职工代表大会

**第三十八条** 社区、产业园区、商业街区、商务楼宇等同一区域内的企业可以联合建立区域性职工代表大会。生产经营业务相同或者相近的企业可以联合建立行业性职工代表大会。

区域性、行业性职工代表大会的工作机构是区域、行业工会。

**第三十九条** 乡、镇人民政府和街道办事处应当积极推动实施区域性、行业性职工代表大会制度，支持和保障职工代表大会制度的正常运行，确定相关职能部门履行下列职责：

（一）组织、协调区域性、行业性职工代表大会制度的建立；

（二）指导、督促区域性、行业性职工代表大会落实本条例各项规定、行使各项职权；

（三）会同工会和企业联合组织等确定实施区域性、行业性职工代表大会制度的召集人和责任人；

（四）督促落实区域性、行业性职工代表大会决议；

（五）会同工会和企业联合组织依法对违反本条例规定的企业提出处理建议。

**第四十条** 区域性、行业性职工代表大会行使下列职权：

（一）听取区域、行业内企业执行劳动法律法规和政策情况报告，区域、行业劳动关系状况报告，并提出意见和建议；

（二）审议区域、行业内企业有关劳动报酬、工作时间、休息休假、劳动安全卫生、保险福利、职工培训，以及劳动定额等直接涉及职工切身利益的重大事项，提出意见和建议；

（三）审议通过区域性、行业性集体合同草案和专项集体合同草案；

（四）审查监督区域、行业内企业执行劳动法律法规和区域性、行业性职工代表大会决定事项的情况，履行区域性、行业性集体合同和专项集体合同及缴纳社会保险费等情况；

（五）其他应当由区域性、行业性职工代表大会行使的职权。

**第四十一条** 区域性、行业性职工代表大会的职工代表人数和构成，由区域、行业工会与区域、行业内企业协商确定，并根据实际设立选区，组织职工按比例民主选举产生职工代表。

区域性、行业性职工代表大会的职工代表总数不得少于三十人，其中企业经营管理者不得超过百分之三十，一线职工不得少于百分之五十。

**第四十二条** 区域性、行业性职工代表大会通过的集体合同、专项集体合同以及有关决议应当向全体职工公布。

**第四十三条** 区域性、行业性职工代表大会的组织制度、议事规则、工作机构的职责等参照企事业单位职工代表大会的有关规定实施。

## 第八章 监督检查和法律责任

**第四十四条** 市和区人力资源社会保障行政管理部门，同级工会和企事业单位代表，通过劳动关系三方协商机制，共同推进企事业单位建立健全职工代表大会制度。

**第四十五条** 市和区人力资源社会保障行政管理部门与同级工会对企业执行劳动保障法律法规情况开展联合监督检查时，应当检查企业实行职工代表大会制度的情况。

**第四十六条** 市和区总工会应当将企事业单位实行职工代表大会制度的情况纳入工会劳动法律法规监督检查的内容。对企事业单位违反本条例规定的行为，可以发出工会劳动法律监督整改意见书，要求企事业单位在九十日内予以改正。对企事业单位逾期不改正的，市和区总工会可以根据需要向同级国有资产、教育、科技、文化、卫生等主管部门和人力资源社会保障等行政管理部门提出工会劳动法律监督处理建议书。

对违反本条例规定引发群体性劳动纠纷的企事业单位，以及工会开具劳动法律监督处理建议书的企事业单位，国有资产、教育、科技、文化、卫生等主管部门和人力资源社会保障等行政管理部门应当依法进行调查处理，督促企事业单位在三十日内予以改正。

对企事业单位逾期仍不改正的，由市总工会按照本市社会信用管理的相关规定将该信息纳入市公共信用信息服务平台。对违反劳动保障法律法规的，由人力资源社会保障行政管理部门依法作出行政处理。

**第四十七条** 企事业单位与工会因实施职工代表大会制度的事项发生争议，双方应当协商解决，协商不成的，提请上级工会与有关主管部门协调解决。

**第四十八条** 企事业单位违反本条例规定，有下列行为之一的，由市和区人民政府以及国有资产、教育、科技、文化、卫生等主管部门和人力资源社会保障等行政管理部门责令改正，对企事业单位法定代表人和有关责任人给予批评教育，拒不改正的，依法处理：

（一）阻挠建立职工代表大会制度的；

（二）妨碍职工代表大会依法行使职权的；

（三）应当提交职工代表大会审议和审议通过的事项，未按照法定程序提交，给职工造成损害的；

（四）擅自变更或者拒不执行职工代表大会决议并侵害职工权益的。

**第四十九条** 企事业单位法定代表人和其他管理人员对职工代表进行侮辱、诽谤或者以暴力、威胁等手段进行打击报复、人身伤害的，公安机关依法给予治安处罚；造成严重后果构成犯罪的，依法追究刑事责任。

企事业单位工会负责人不按照本条例规定履行职责，对职工权益造成损害的，由市和区、产业（局）工会责令限期改正，情节严重的，依法予以罢免。

**第五十条** 市和区人民政府有关部门及其工作人员违反本条例规定，玩忽职守、滥用职权、徇私舞弊的，由其所在单位或者上级主管部门依法给予行政处分；构成犯罪的，依法追究刑事责任。

## 第九章 附 则

**第五十一条** 本条例自 2011 年 5 月 1 日起施行。

# 上海市终身教育促进条例

（2011 年 1 月 5 日上海市第十三届人民代表大会常务委员会第二十四次会议通过）

**第一条** 为了满足市民终身学习的需求，发展终身教育事业，推进学习型社会建设，促进人的全面发展，根据《中华人民共和国教育法》及其他法律、行政法规，结合本市实际，制定本条例。

**第二条** 本条例适用于本市行政区域内除现代国民教育体系以外的各级各类有组织的教育培训活动。

**第三条** 终身教育工作应当坚持政府主导、多方参与、资源共享、促进学习的方针。

**第四条** 市学习型社会建设与终身教育促进委员会负责统筹、协调、指导全市终身教育和学习型社会建设。市学习型社会建设与终身教育促进委员会的办事机构设在市教育行政部门。

区、县终身教育协调机构负责辖区内终身教育工作的协调、指导。

**第五条** 市和区、县人民政府应当加强对终身教育工作的领导，将终身教育工作纳入同级国民经济和社会发展规划，采取扶持鼓励措施，促进终身教育事业的发展。

乡镇人民政府、街道办事处应当按照各自职责组织开展终身教育工作。

**第六条** 市教育行政部门是本市终身教育工作的主管部门。区、县教育行政部门按照职责，负责本辖区内的终身教育工作。

发展改革、人力资源和社会保障、公务员管理、农业、财政、税务、工商、人口和计划生育、统计、民政、文广影视、公安等有关行政部门按照各自职责，协同做好终身教育工作。

**第七条** 工会、共产主义青年团、妇女联合会以及残疾人联合会、科技协会等其他组织协助开展终身教育促进工作。

鼓励社会团体按照各自章程，开展终身教育工作。

鼓励各类学习型组织开展本组织成员的终身学习活动。

鼓励市民为终身教育提供志愿服务。

**第八条** 各级人民政府应当将终身教育经费列入本级政府教育经费预算,保证终身教育经费逐步增长。

市和区、县人民政府有关部门应当为开展终身教育提供经费支持。

终身教育经费主要用于终身教育公共服务。

**第九条** 企业应当按照规定,足额提取职业培训经费,并可依法在税前扣除。企业用于一线职工的培训经费所占比例,应当高于职业培训经费总额的百分之六十,并每年将经费使用情况向职工代表大会报告。

民办非企业单位以及其他组织应当为本单位在职人员职业培训提供经费保障。

**第十条** 本市鼓励自然人、法人或者其他组织捐助终身教育事业或者举办终身教育机构。捐赠人捐赠财产用于终身教育事业的,依法享受税收优惠。

**第十一条** 本市逐步建立终身教育学分积累与转换制度,实现不同类型学习成果的互认和衔接。

成人高等教育同等学历水平同类课程的学分可以在各类成人高等教育机构之间相互转换。

普通高等学校的普通高等教育课程的学分,可以转换为电视大学、业余大学等的成人高等教育同等学历水平同类课程的学分。

学分转换的专业和课程的目录,由市教育行政部门会同有关部门组织编制,报市人民政府批准后实施。

**第十二条** 教育行政部门负责成人学历教育工作。

举办成人学历教育的学校应当按照国家和本市的有关规定,开展成人学历教育。

**第十三条** 教育、人力资源和社会保障、公务员管理等行政部门负责在职人员教育培训工作。

机关、企业、事业单位、民办非企业单位、其他组织以及教育培训机构应当依法开展在职人员教育培训,提高在职人员素质。

鼓励机关、企业、事业单位、民办非企业单位以及其他组织建立带薪学习制度,支持在职人员接受教育培训。

**第十四条** 人力资源和社会保障行政部门负责失业人员和进城就业农村劳动者就业培训工作。

教育培训机构应当按照人力资源和社会保障行政部门的培训计划和要求,开展失业人员、进城就业农村劳动者的就业培训和创业培训。

失业人员和本市进城就业农村劳动者的就业培训,可以按照国家和本市有关规定享受培训费补贴。

**第十五条** 农业行政部门负责农业教育培训工作。

教育培训机构应当按照农业行政部门的教育培训计划和要求,对农民开展农业生产关键技术、关键环节和新品种、新技术应用能力等方面的教育培训。

**第十六条** 教育、民政等行政部门负责老年教育工作。

教育机构应当按照教育、民政行政部门的要求,开展适合老年人特点、丰富老年人生活、增进老年人健康的知识型、休闲型和保健型文化教育。

**第十七条** 教育、人力资源和社会保障行政部门、残疾人联合会负责残疾人教育培训工作。

教育培训机构应当按照教育、人力资源和社会保障行政部门、残疾人联合会的培训计划和要求,注重残疾人的潜能开发,根据残疾人身心特点和需要组织开展残疾人职业技能等方面的教育培训。

**第十八条** 区、县人民政府应当加强本辖区内的社区教育工作。乡镇人民政府、街道办事处负责组织开展辖区内的社区教育工作。

区、县和乡镇人民政府、街道办事处应当根据实际情况,完善社区教育网络,对社区学院、社区学校的人员和经费予以保障。社区学院、社区学校应当为社区居民提供文化、技能培训服务。社区学院应当对社区学校给予业务上的指导。鼓励其他教育培训机构为社区居民的终身教育提供服务。

教育、人力资源和社会保障、农业、人口和计划生育等行政部门以及工会、共产主义青年团、妇女联合会、残疾人联合会可以委托社区学院、社区学校和其他教育培训机构，开展社区内的在职人员、失业人员、农民、进城就业农村劳动者、老年人、残疾人教育培训。

**第十九条** 各级妇女联合会应当会同教育等行政部门与社区密切合作，指导和推进家庭教育，通过社区学校、家长学校、家庭文明建设指导中心等，开展家庭教育宣传，普及家庭教育知识，推广家庭教育经验。

**第二十条** 从事终身教育工作的专职教师应当取得相应的教师资格。

政府有关部门应当根据终身教育培训机构的性质，将从事终身教育工作的专职教师的职务评聘纳入相关行业职务评聘系列。

社区学院、社区学校专职教师的职务评聘，可以在教师职务系列中增加设置相应的学科组，参照国家教师职务评聘的相关制度执行。

从事终身教育的专职教师在业务进修、专业技术考核等方面与相应的专业技术人员享有同等权利。

**第二十一条** 鼓励专家、学者以及其他具有专业知识和特殊技能的人员兼职从事终身教育工作。从事终身教育的兼职教师，应当具有与终身教育有关的工作经验或者相应的专业技术资格。

市教育行政部门应当会同相关行政部门逐步建立和完善终身教育兼职教师信息资料库，为各级各类教育培训机构从事终身教育工作提供师资信息服务。

**第二十二条** 本市设立的开放大学，应当逐步整合成人高等教育资源，形成开放的学习平台。

教育行政部门应当建立终身学习电子信息网站，完善市、区（县）终身教育数字学习资料库，提供公益性远程教育服务，实现资源共享。

鼓励各级各类学校和教育培训机构充分利用互联网、移动通讯等开放教育课程、提供优质教育资源，促进终身教育发展。

广播电视台（站）应当保证每天一定时间用于播放终身教育节目。

**第二十三条** 普通学校应当发挥师资、科研、课程开发、场地、教学设备等方面的优势，在不影响正常教育教学情况下，为开展终身教育提供服务。

**第二十四条** 图书馆、博物馆、科技馆、美术馆、文化馆（站）、工人文化宫、青少年活动中心、社区文化活动中心等应当根据市民需求，通过举办讲座、展览展示、科普教育等多种方式开展终身教育活动。

各级人民政府及其部门可以通过购买服务的方式，将企业、民办非企业单位开发的教育学习资源用于终身教育。

**第二十五条** 本市对终身教育工作中作出突出成绩的单位和个人，按照有关规定给予表彰奖励。

**第二十六条** 设立非经营性培训机构的，申请人应当按照国家有关规定，向教育行政部门或者人力资源和社会保障部门办理审批手续，取得办学许可证后，依法办理事业单位法人登记或者民办非企业单位法人登记。

**第二十七条** 设立经营性民办培训机构的，申请人应当向工商行政管理部门申请办理名称预先核准手续，然后向工商行政管理部门提出登记申请。

工商行政管理部门应当将有关申请材料送教育行政部门或者人力资源和社会保障行政部门征求意见；教育行政部门、人力资源和社会保障行政部门应当及时反馈书面意见。

工商行政管理部门应当在收到书面意见后作出是否准予登记的决定，作出准予登记决定的，颁发《企业法人营业执照》，并抄送教育行政部门或者人力资源和社会保障行政部门，作出不予登记决定的，应当书面告知理由。

**第二十八条** 经营性民办培训机构应当符合下列要求：

（一）有熟悉教学业务和办学管理的培训机构负责人；

（二）有与培训类别、层次与规模相适应的

专职和兼职教师；

（三）有相应的办学资金和保证日常教学正常开展的经费来源；

（四）有与培训项目相适应的教学场所和教学设备；

（五）有办学和教学的管理制度。

经营性民办培训机构不得未经登记擅自从事培训活动，不得挪用办学经费，不得恶意终止办学。

**第二十九条** 经营性民办培训机构有下列情形之一的，应当依法办理终止办学手续：

（一）根据培训机构章程规定要求终止的；

（二）因资不抵债无法继续办学的。

**第三十条** 本市建立教育培训机构学杂费专用存款账户监管制度，保障教育培训机构收取的学杂费主要用于教育教学活动，维护受教育者和教师的合法权益。具体办法由市教育行政部门会同相关部门制定。

**第三十一条** 教育、人力资源和社会保障、工商、公安等有关行政部门应当按照职责分工，加强对终身教育培训机构办学条件、营业登记、广告发布和校舍安全等办学事项的监督检查。

教育、人力资源和社会保障等有关行政部门应当按照职责分工，组织或者委托社会中介组织对各级各类教育培训机构从事的终身教育工作等进行评估，评估结果应当向社会公布。

**第三十二条** 本市建立终身教育统计制度。终身教育协调机构应当组织有关部门依法开展终身教育统计工作，做好统计资料的管理，并定期发布相关信息。

**第三十三条** 市教育行政部门应当会同人力资源和社会保障、工商等行政部门设立统一的投诉电话，并向社会公布。

受教育者在终身教育活动中合法权益受到损害的，可以进行投诉。接到投诉后，有关行政管理部门应当按照职责分工依法处理，并在法定期限内将处理情况答复投诉人。

**第三十四条** 经营性民办培训机构未经登记擅自从事培训活动的，由工商行政管理部门会同教育行政部门或者人力资源和社会保障行政部门按照法律、法规规定予以处罚。

经营性民办培训机构挪用办学经费、恶意终止办学的，由教育行政部门或者人力资源和社会保障行政部门按照各自职责，责令改正，并处以十万元以上二十万元以下罚款；有违法所得的，退还所收费用后没收违法所得；情节严重的，责令停止招生，构成犯罪的，依法追究刑事责任。

**第三十五条** 本条例自 2011 年 5 月 1 日起施行。

# 上海市养犬管理条例

（2011 年 2 月 23 日上海市第十三届人民代表大会常务委员会第二十五次会议通过　根据 2016 年 2 月 23 日上海市第十四届人民代表大会常务委员会第二十七次会议《关于修改〈上海市河道管理条例〉等 7 件地方性法规的决定》修正）

## 第一章　总　　则

**第一条** 为了规范养犬行为，保障公民健康和人身安全，维护养犬人的合法权利，维护市容环境卫生和社会秩序，根据有关法律、行政法规，结合本市实际，制定本条例。

**第二条** 本市行政区域内犬只的饲养、经营以及相关管理活动，适用本条例。

**第三条** 养犬管理实行政府部门监管、养犬人自律、基层组织参与、社会公众监督相结合的原则。

**第四条** 市和区、县人民政府应当加强对养犬管理工作的领导，市和区、县人民政府建立由公安、兽医、城管执法、工商行政、住房保障房屋管理、卫生等部门参加的养犬管理工作协调机构，组织、指导和监督养犬管理工作，协调解决养犬管理工作中的重大问题。

**第五条** 市公安部门是本市养犬管理的主管部门，区、县公安部门负责本辖区内的养犬管理以及相关处罚，市公安部门设立的犬只收容所负责犬只的收容、认领和领养工作。

兽医主管部门负责犬只的狂犬病防疫，指导动物卫生监督机构实施相关管理以及处罚。

城管执法部门负责查处城市化地区饲养、经营犬只过程中影响市容环境卫生的行为。

工商行政管理部门负责对从事犬类经营活动的监督管理。

住房保障房屋管理、卫生、财政、物价等相关行政管理部门按照各自职责，共同做好养犬管理工作。

乡、镇人民政府和街道办事处应当配合有关行政管理部门做好养犬管理工作。

**第六条** 养犬人应当依法养犬、文明养犬，不得损害他人的合法权益。

**第七条** 各级人民政府和相关部门应当通过多种形式，开展依法养犬、文明养犬、防治狂犬病和人与动物和谐相处的宣传教育。

广播、电视、报刊、网站等新闻媒体应当加强社会公德教育和养犬知识宣传，引导养犬人形成良好的养犬习惯。

**第八条** 居民委员会、村民委员会、业主委员会和物业服务企业协助相关管理部门开展依法养犬、文明养犬的宣传，引导、督促养犬人遵守养犬的行为规范。

**第九条** 鼓励相关行业协会、动物保护组织等社会团体参与养犬管理活动。

## 第二章 养犬登记

**第十条** 本市依法对饲养的犬只实施狂犬病强制免疫。犬只出生满三个月的，养犬人应当按照本条例规定，将饲养的犬只送至兽医主管部门指定地点接受狂犬病免疫接种，植入电子标识。

兽医主管部门应当按照合理布局、方便接种的原则设置狂犬病免疫点，经兽医主管部门认定的宠物诊疗机构可以开展狂犬病免疫接种工作，并应当在其经营场所的显著位置悬挂兽医主管部门的认定书。

犬只在兽医主管部门指定地点接受狂犬病免疫接种的，兽医主管部门应当向养犬人发放狂犬病免疫证明。

**第十一条** 本市实行养犬登记制度和年检制度，饲养犬龄满三个月的犬只，养犬人应当办理养犬登记。

未经登记，不得饲养犬龄满三个月的犬只。

本市应当采取措施，逐步实现犬只的狂犬病免疫接种与养犬登记、年检在同一场所办理。

**第十二条** 饲养犬只的个人应当具有完全民事行为能力，在本市有固定居住场所。

个人在城市化地区内饲养犬只的，每户限养一条。

禁止个人饲养烈性犬只。

**第十三条** 单位因工作需要饲养犬只的，应当具备下列条件：

（一）有犬笼、犬舍和围墙等圈养设施；

（二）有看管犬只的专门人员；

（三）有健全的养犬安全管理制度；

（四）单位所在地在办公楼、居民小区以外。

**第十四条** 养犬人应当到居住地或者单位住所地的区、县公安部门指定机构申请办理养犬登记和年检。

个人饲养犬只的，应当提供下列材料：

（一）个人身份证明；

（二）房产证明或者房屋租赁证明；

（三）犬只的狂犬病免疫证明。

单位饲养犬只的，应当提供下列材料：

（一）单位的组织机构代码证；

（二）单位法定代表人的身份证明；

（三）养犬安全管理制度；

（四）看管犬只的专门人员的身份证明；

（五）单位饲养犬只的场所证明；

（六）犬只的狂犬病免疫证明

**第十五条** 区、县公安部门应当自收到养犬登记申办材料之日起十个工作日内进行审核。符合条件的，准予登记，发放《养犬登记证》和犬牌；不符合条件的，不予登记并说明理由。

**第十六条** 养犬人的居住地或者单位住所地变更的，应当自变更之日起十五日内持《养犬登记证》到现居住地或者单位住所地的区、县公安部门指定机构办理变更手续。

**第十七条** 有下列情形之一的，养犬人应当持《养犬登记证》到原办证机构办理注销手续：

（一）饲养的犬只死亡或者失踪的，应当自犬只死亡或者失踪之日起十五日内办理；

（二）放弃饲养犬只的，应当自送交他人饲养或者送交犬只收容所之日起十五日内办理。

犬只免疫有效期已满，养犬人未将犬只送至兽医主管部门指定地点接受狂犬病免疫接种的，由公安部门注销《养犬登记证》。

**第十八条** 《养犬登记证》、犬牌损毁或者遗失的，养犬人可以到办证机构申请补发。

犬只电子标识损毁或者遗失的，养犬人可以到植入地点申请补植。

**第十九条** 公安部门应当建立养犬管理信息系统和养犬管理电子档案，与兽医主管、城管执法、工商行政管理、卫生等部门实行登记、免疫和监管等信息共享，为公众提供相关管理和服务信息。

养犬管理电子档案记载下列信息：

（一）养犬人的姓名、居住地或者单位名称、住所地；

（二）犬只的免疫接种、品种、出生时间、主要体貌特征和照片；

（三）养犬人因违反养犬管理规定受到的行政处罚记录；

（四）养犬登记相关证照的发放、变更、注销和收回信息；

（五）其他需要记载的信息。

**第二十条** 养犬人应当承担犬只狂犬病免疫、电子标识、相关证件和管理服务费用。狂犬病免疫、电子标识的具体费用标准由市物价部门核定，相关证件和管理服务费的具体费用标准由市物价部门会同市财政部门核定，并向社会公布。

管理服务费的收取和使用情况应当定期向社会公布。

## 第三章 养犬行为规范

**第二十一条** 养犬人饲养犬只应当遵守有关法律、法规和规章，尊重社会公德，遵守公共秩序，不得干扰他人正常生活，不得破坏环境卫生和公共设施，不得虐待饲养的犬只。

**第二十二条** 养犬人携带犬只外出应当遵守下列规定：

（一）为犬只挂犬牌；

（二）为犬只束牵引带，牵引带长度不得超过两米，在拥挤场合自觉收紧牵引带；

（三）为大型犬只戴嘴套；

（四）乘坐电梯或者上下楼梯的，避开高峰时间并主动避让他人；

（五）单位饲养的烈性犬只因免疫、诊疗等原因需要离开饲养场所的，将其装入犬笼；

（六）即时清除犬只排泄的粪便。

**第二十三条** 禁止携带犬只进入办公楼、学校、医院、体育场馆、博物馆、图书馆、文化娱乐场所、候车（机、船）室、餐饮场所、商场、宾馆等场所或者乘坐公共汽车、电车、轨道交通等公共交通工具。

前款以外其他场所的管理者可以决定其管理场所是否允许携带犬只进入。禁止犬只进入的，应当设置明显的禁入标识。

携带犬只乘坐出租车的，应当征得出租车

驾驶员的同意。

居民委员会、村民委员会、业主委员会可以根据相关公约或者规约，划定本居住区禁止犬只进入的公共区域。

盲人携带导盲犬的，不受本条规定的限制。

**第二十四条** 犬吠影响他人正常生活的，养犬人应当采取措施予以制止。

**第二十五条** 养犬人不得驱使或者放任犬只恐吓、伤害他人。

犬只伤害他人的，养犬人应当立即将被伤害人送至医疗机构诊治，并先行支付医疗费用。

鼓励养犬人投保犬只责任保险。

**第二十六条** 城市化地区的犬只生育幼犬的，养犬人应当在幼犬出生后三个月内，将超过限养数量的犬只送交符合本条例第十二条、第十三条规定条件的其他个人、单位饲养或者送交犬只收容所。

鼓励养犬人对饲养的犬只实施绝育措施。养犬人对饲养的犬只实施绝育的，凭犬只实施绝育的手术证明，减半收取管理服务费。

**第二十七条** 养犬人放弃饲养犬只或者因不符合条件无法办理养犬登记的，应当将犬只送交符合本条例第十二条、第十三条规定条件的其他个人、单位饲养或者送交犬只收容所。

养犬人不得遗弃饲养的犬只。

**第二十八条** 养犬人发现饲养的犬只感染或者疑似感染狂犬病的，应当立即采取隔离等控制措施，并向兽医主管部门、动物卫生监督机构或者动物疫病预防控制机构报告，由动物疫病预防控制机构依照国家有关规定处理。

**第二十九条** 犬只在饲养过程中死亡的，养犬人应当按照动物防疫相关规定，将犬只尸体送至指定的无害化处理场所。

犬只在动物诊疗机构死亡的，动物诊疗机构应当按照动物防疫相关规定，将犬只尸体送至指定的无害化处理场所。

养犬人、动物诊疗机构不得自行掩埋或者乱扔犬只尸体。

**第三十条** 居民委员会、村民委员会、业主委员会可以通过居民会议、村民会议、业主大会，就本居住地区有关养犬管理事项制定公约或者规约，并组织监督实施。养犬人应当遵守公约或者规约。

**第三十一条** 鼓励与养犬相关的行业协会、动物保护组织等社会团体制定行业规范，开展宣传教育，协助相关管理部门开展养犬管理活动。

鼓励志愿者组织和志愿者参与养犬管理活动。

任何单位和个人有权对违法养犬行为进行批评、劝阻、举报、投诉。相关管理部门对单位和个人的举报、投诉应当及时处理。

## 第四章 犬只的收容、认领和领养

**第三十二条** 本市设立的犬只收容所，负责收容下列犬只：

（一）走失犬只；

（二）流浪犬只；

（三）养犬人送交的犬只；

（四）因养犬人违反本条例规定被收容的犬只。

**第三十三条** 经依法登记的走失犬只，犬只收容所应当自犬只被收容之日起三个工作日内通知养犬人认领。

养犬人应当自收到通知之日起五日内到犬只收容所认领。

**第三十四条** 流浪犬只、养犬人送交的犬只、因养犬人违反本条例规定被收容的犬只或者超过期限无人认领的犬只，经兽医主管部门指定机构检疫合格的，可以由符合本条例第十二条、第十三条规定条件的个人或者单位领养。

被确认领养的犬只未接受狂犬病免疫接种的，按照本条例第十条规定接受狂犬病免疫接种、植入电子标识。

确认领养犬只的，犬只领养人应当在犬只收容所办理养犬登记。

**第三十五条** 收容的犬只自被收容之日起三十日内无人领养的，视为无主犬只，由犬只收容所按照国家和本市有关规定处理。

**第三十六条** 相关行业协会、动物保护组织等社会团体经市公安部门认可，可以开展犬只的收容、领养工作，收容、领养的犬只不得用于经营活动。公安部门可以通过购买服务等形式予以支持，并履行监督职责。

## 第五章 犬只的经营

**第三十七条** 开设犬只养殖场所、从事犬只诊疗活动，需要办理相关登记注册手续的，依法办理。

开设犬只养殖场所、从事犬只诊疗活动的，应当按照动物防疫相关规定向住所地的农业主管部门提出申请，分别取得动物防疫条件合格证、动物诊疗许可证。

未经许可，不得开展犬只养殖、诊疗活动。

**第三十八条** 从事犬只销售经营活动的，应当依法办理工商登记注册手续，并于领取营业执照后五日内到住所地的区、县动物卫生监督机构备案。

犬只销售前，应当凭动物防疫条件合格证、工商登记证明和相关免疫证明向动物卫生监督机构报检，经检疫合格取得检疫证明后方可销售。

犬龄满三个月但未接受狂犬病免疫接种的犬只禁止销售。

**第三十九条** 从事经营性犬只寄养、美容等活动的，经营者应当采取措施，防止犬只扰民、破坏环境卫生。

**第四十条** 举办犬只展览展示、表演、比赛等大型活动的，举办者应当按照国家和本市有关规定办理相关手续，并于活动举办前到区、县动物卫生监督机构备案，提供犬只检疫证明。

## 第六章 法律责任

**第四十一条** 违反本条例第十条规定，对犬龄满三个月的犬只未进行狂犬病免疫接种的，由动物卫生监督机构责令改正，给予警告；拒不改正的，由动物卫生监督机构代作处理，所需处理费用由违法行为人承担，可以处一千元以下罚款。

**第四十二条** 违反本条例第十一条规定，饲养未登记、年检犬只的，由公安部门责令限期改正；逾期不改正的，对单位处一千元以上五千元以下罚款，对个人处二百元以上一千元以下罚款，并督促养犬人在规定的期限内进行登记、年检。逾期仍不登记、年检的，收容犬只。

违反本条例第二十六条第一款、第二十七条第一款规定，未将犬只送交其他个人、单位饲养或者犬只收容所的，由公安部门责令改正；拒不改正的收容犬只。

违反本条例第十二条第三款规定，个人饲养烈性犬只的，由公安部门收容犬只。

**第四十三条** 违反本条例第二十二条第一、二、三项规定的，由公安部门责令改正，可以处二十元以上二百元以下罚款。

违反本条例第二十二条第四项规定的，由物业服务企业予以劝阻，居民委员会、村民委员会、业主委员会可以对其批评教育。

违反本条例第二十二条第五项规定的，由公安部门责令改正，可以处五百元以上二千元以下罚款。

违反本条例第二十二条第六项规定的，由城管执法部门责令改正；拒不改正的，处二十元以上二百元以下罚款。

**第四十四条** 违反本条例第二十三条第一款规定，携带犬只进入禁止进入的场所或者公共交通工具且不听劝阻的，由公安部门责令改正，可以处二十元以上二百元以下罚款。

**第四十五条** 违反本条例第二十四条规定，犬吠影响他人正常生活的，由公安部门处警告；警告后不改正的，处二百元以上五百元以下罚款。

**第四十六条** 违反本条例第二十五条第一款规定，养犬人放任犬只恐吓他人的，由公安部门处二百元以上五百元以下罚款。养犬人驱使犬只伤害他人的，由公安部门处五日以上十日以下拘留，并处二百元以上五百元以下罚款；情节较轻的，处五日以下拘留或者五百元以下罚款;情节严重构成犯罪的,依法追究刑事责任。

违反本条例第二十五条第二款规定,不立即将被伤害人送至医疗机构诊治并先行支付医疗费用的,由公安部门吊销《养犬登记证》,收容犬只,对单位处一千元以上五千元以下罚款,对个人处五百元以上一千元以下罚款。

犬只两次以上伤害他人或者一次伤害两人以上的,由公安部门吊销《养犬登记证》,收容犬只。

**第四十七条** 违反本条例第二十七条第二款规定,遗弃犬只的,由公安部门处五百元以上二千元以下罚款,并吊销《养犬登记证》,收容犬只。养犬人五年内不得申请办理《养犬登记证》。

**第四十八条** 违反本条例第二十八条规定的,由动物卫生监督机构责令改正,并依法处理,所需处理费用由违法行为人承担,可以处三百元以上三千元以下罚款。

**第四十九条** 违反本条例第二十九条规定,未将需要无害化处理的死亡犬只送至指定的无害化处理场所进行处理的,由动物卫生监督机构责令无害化处理;拒不进行无害化处理的,由动物卫生监督机构代作处理,所需处理费用由违法行为人承担,可以处三百元以上三千元以下罚款。

乱扔犬只尸体的,由城管执法部门责令改正,对个人处二十元以上二百元以下罚款,对单位处五千元以上五万元以下罚款。

**第五十条** 违反本条例第三十七条规定,未取得动物防疫条件合格证开设犬只养殖场所的,由动物卫生监督机构责令改正,处一千元以上一万元以下罚款;情节严重的,处一万元以上十万元以下罚款。

未取得动物诊疗许可证从事犬只诊疗活动的,由动物卫生监督机构责令停止诊疗活动,没收违法所得;违法所得在三万元以上的,并处违法所得一倍以上三倍以下罚款;违法所得一万元以上不足三万元的,并处一万元以上三万元以下罚款;没有违法所得或者违法所得不足一万元的,并处三千元以上一万元以下罚款。

**第五十一条** 违反本条例第三十八条第二款规定,销售未取得检疫证明的犬只的,由动物卫生监督机构责令改正,每销售一条未取得检疫证明的犬只,处五百元罚款。

**第五十二条** 违反本条例第三十九条规定,在从事犬只寄养、美容等经营性活动中,犬只扰民的,由公安部门责令改正;拒不改正的,处二百元以上五百元以下罚款。

违反本条例第三十九条规定,在从事犬只寄养、美容等经营性活动中,乱倒垃圾、污水、粪便等废弃物,破坏环境卫生的,由城管执法部门责令改正,处五千元以上五万元以下罚款。

**第五十三条** 违反本条例第三十八条第一款和第四十条规定,不按照规定办理备案的,由动物卫生监督机构对单位处一千元以上三千元以下罚款,对个人处五百元以上一千元以下罚款。

**第五十四条** 违反本条例第四十条规定,参加展览、表演和比赛的犬只未附有检疫证明的,由动物卫生监督机构责令改正,处一千元以上三千元以下罚款。

**第五十五条** 饲养犬只影响他人生活、造成他人损害的,被侵权人可以依法向调解组织申请调解或者向人民法院提起诉讼。

**第五十六条** 负有养犬管理职责的行政管理部门及其工作人员滥用职权、玩忽职守、徇私舞弊或者未按照本条例规定履行职责的,依法给予行政处分;构成犯罪的,依法追究刑事责任。

## 第七章 附　　则

**第五十七条** 本条例所称的养犬人,是指饲养犬只的个人或者单位。

本条例所称的城市化地区,是指《上海市城乡规划条例》确定的中心城、新城和新市镇。

**第五十八条** 烈性犬只的目录由市公安部门会同市兽医主管部门、相关行业协会确定,并向社会公布。

**第五十九条** 军用、警用犬只以及动物园、科研机构等单位特定用途犬只的管理,按照国家相关规定执行。

**第六十条** 本条例施行前已依法为犬只办理养犬登记的，继续有效。

**第六十一条** 本条例自2011年5月15日起施行。

# 上海市促进中小企业发展条例

（2011年4月12日上海市第十三届人民代表大会常务委员会第二十六次会议通过 根据2018年5月24日上海市第十五届人民代表大会常务委员会第四次会议《关于修改本市部分地方性法规的决定》修正 2020年6月18日上海市第十五届人民代表大会常务委员会第二十二次会议修订）

## 第一章 总 则

**第一条** 为了保障中小企业公平参与市场竞争，维护中小企业合法权益，支持中小企业创业创新，稳定和扩大城乡就业，发挥中小企业在国民经济和社会发展中的重要作用，根据《中华人民共和国中小企业促进法》以及相关法律、行政法规，结合本市实际，制定本条例。

**第二条** 本市促进中小企业发展工作适用本条例。

本条例所称中小企业，是指在本市行政区域内依法设立并符合国家中小企业划分标准的企业，包括中型企业、小型企业和微型企业。

**第三条** 市、区人民政府应当加强对促进中小企业发展工作的领导，将中小企业发展纳入国民经济和社会发展规划，为中小企业的设立和发展营造有利环境。

市、区人民政府应当建立和完善服务企业议事协调机制，加强对中小企业促进工作的统筹规划和综合协调；建立走访中小企业制度，加强对中小企业的服务。

市、区人民政府应当明确本行政区域促进中小企业发展工作的第一责任人。

**第四条** 市经济信息化部门是本市促进中小企业发展工作的主管部门，负责对本市中小企业促进工作的统筹指导、组织协调和监督检查。

区人民政府确定的负责中小企业促进工作的主管部门（以下简称区中小企业工作部门）应当在市经济信息化部门指导下，做好本行政区域内促进中小企业发展工作。

市和区发展改革、科技、商务、市场监管、人力资源社会保障、规划资源、财政、税务、地方金融监管、生态环境、知识产权、司法行政等部门应当在各自职责范围内，负责中小企业促进工作。

对中小企业发展中面临的问题和困难，没有具体责任部门或者涉及多个部门无法落实的，市经济信息化部门负责牵头协调解决。

**第五条** 本市将促进中小企业发展作为长期发展战略，坚持准入平等、倾斜扶持、特殊保护的原则，营造有利于中小企业健康发展的市场环境。

本市保障各类企业权利平等、机会平等、规则平等，法律、行政法规未予禁止或者未限制投资经营的市场领域，不得对中小企业设置附加条件。强化对中小企业财税支持、融资促进、创业创新等政策扶持，拓展中小企业发展空间。对中小企业特别是小型微型企业强化服务和权益保障，增强企业自我发展能力。

**第六条** 市、区人民政府应当支持中小企业融入、服务国家战略，在上海国际经济、金融、贸易、航运和科技创新中心建设中发挥中小企业作用。

市、区人民政府应当引导中小企业向专业化、精细化、特色化、新颖化发展，因地制宜聚焦主业加快转型升级，提升中小企业在细分市场领域的竞争力，支持中小企业做优做强，培育更多具有行业领先地位、拥有核心竞争力的企业。

**第七条** 本市建立健全中小企业统计监测和分析制度，为中小企业扶持政策的制定与调整提供决策参考。市统计、经济信息化部门定期对本市规模以上中小企业进行分类统计、监测、分析和发布相关统计信息，并加强对规模以下中小企业的统计分析，准确反映企业发展运行情况。

## 第二章 服务保障

**第八条** 本市建立中小企业扶持政策的统筹协调机制。市人民政府职能部门制定中小企业扶持政策时，应当就政策的合理性、政策之间的协调性听取主管部门和相关部门意见；有关部门如有不同意见且协调不一致的，可以通过市服务企业议事协调机制协调予以解决。

**第九条** 市、区人民政府及其有关部门应当及时对涉及中小企业的法律法规和政策进行解读和宣传，为中小企业免费提供市场监管、财税、金融、环境保护、安全生产、劳动用工、社会保障等方面的法律政策咨询和公共信息服务，营造公开、透明、可预期的中小企业发展政策环境。

市经济信息化部门应当会同相关部门梳理、归集国家和本市有关中小企业发展的法律法规、产业政策、扶持措施等信息，编制惠企政策清单和涉企公共服务清单，为中小企业提供快速、便捷、无偿的信息服务。

中小企业办理注册登记时，区行政服务中心应当向申请企业提供惠企政策清单和涉企公共服务清单，告知其相关扶持政策。

**第十条** 本市依托“一网通办”打造上海市企业服务云平台，为中小企业提供管理咨询、市场拓展、科技创新、投资融资等专业服务；建立首接负责制，受理中小企业各类诉求，健全诉求分派、督办、反馈的闭环机制。

市大数据中心依托“一网通办”企业专属网页，为中小企业提供个性化、精准化服务。

**第十一条** 市、区人民政府应当建立健全中小企业公共服务体系，建立和完善中小企业公共服务机构。

市、区中小企业公共服务机构应当在市经济信息化部门和区中小企业工作部门的指导下，设立中小企业服务专员，为中小企业提供公益性服务，联系和引导各类服务机构为中小企业提供服务。

**第十二条** 各类服务机构为中小企业提供创业培训与辅导、知识产权保护、管理咨询、信息咨询、信用服务、市场营销、项目开发、投资融资、财会税务、产权交易、技术支持、人力资源、对外合作、展览展销、法律咨询等服务，符合规定的可以享受市、区人民政府的扶持政策。

支持各类服务机构设立中小企业境外服务机构，为本市中小企业境外发展提供企业开办、场地开设、市场开拓、专业咨询等服务，符合规定的可以享受市经济信息化部门的扶持政策。

**第十三条** 本市各级行政机关以及履行公共管理和服务职能的事业单位应当根据中小企业发展需求，动态调整公共数据开放清单，增加数据供给。

本市鼓励中小企业依法开放自有数据，促进公共数据和非公共数据安全有序的融合应用。

**第十四条** 市教育、人力资源社会保障等部门应当根据中小企业发展的需求，指导本市相关高等学校、职业教育院校和职业技能培训机构及时调整专业设置，培养创新、专业和实用人才。

市经济信息化、人力资源社会保障、科技、商务、市场监管等部门应当有计划地组织实施中小企业经营管理人员培训，提高企业营销、管理和技术水平。

市经济信息化、人力资源社会保障等部门应当引导和支持社会化专业机构为中小企业提供人才招聘、服务外包等人力资源服务，帮助中小企业解决用工需求。

**第十五条** 本市行业协会、商会等社会组织应当依法维护中小企业会员的合法权益，反映中小企业会员诉求，加强行业自律管理，并在中小企业参与制定标准、创业创新、开拓市场等方面发挥作用。

除法律、法规另有规定外，本市行业协会、商会等社会组织应当坚持入会自愿、退会自由的原则，不得强制或者变相强制中小企业入会、阻碍退会。行业协会、商会等社会组织不得以政府名义或者以政府委托事项为由擅自设立收费项目、提高收费标准。

**第十六条** 市、区人民政府应当推动中小企业诚信建设，建立适合中小企业规范发展的守信激励和失信联动惩戒制度，引导中小企业诚信经营，帮助信用优质企业在经济和社会活动中获取更多的商业机会和实际利益。

## 第三章 财税支持

**第十七条** 市、区财政部门应当安排中小企业发展专项资金，列入中小企业科目，并逐步扩大资金规模、加大支持力度。中小企业发展专项资金用于小型微型企业的资金比例应当不低于三分之一。

本市支持企业发展的其他相关专项资金应当适当向中小企业倾斜，用于中小企业的资金比例原则上不低于三分之一。

**第十八条** 中小企业发展专项资金采取贷款贴息、政府购买服务、资助、奖励等方式安排使用，重点支持中小企业转型升级、公共服务体系完善、融资服务环境营造和市场开拓等。

中小企业发展专项资金管理使用坚持规范、公开、透明的原则，实行预算绩效管理。

**第十九条** 市级支持中小企业发展的政府引导基金，应当遵循政策性导向和市场化运作原则，主要用于引导和带动社会资金支持初创期中小企业，促进创业创新。

区人民政府应当根据实际情况，设立区级中小企业发展基金。

**第二十条** 本市财政部门应当会同相关部门落实国家和本市有关行政事业性收费减免政策措施。

本市税务部门应当按照国家相关规定，对符合条件的小型微型企业实行缓征、减征、免征企业所得税、增值税等措施，简化税收征管程序。

本市发展改革、财政、税务部门应当按照各自职责，向社会公布国家和本市促进中小企业发展的行政事业性收费、税收的优惠政策，指导和帮助中小企业减轻税费负担。

## 第四章 融资促进

**第二十一条** 金融管理部门按照国家要求推进普惠金融发展，加强对银行业金融机构的贷款投放情况监测评估，引导银行业金融机构创新信贷产品和服务，单列小型微型企业信贷计划，建立适合小型微型企业特点的授信制度，推动普惠型小型微型企业贷款增速不低于各项贷款增速，逐步提高信用贷款、首贷和无还本续贷的规模和比例，加大中长期贷款投放力度。

本市支持各类金融机构为小型微型企业提供金融服务，促进实体经济发展。

市国资监管部门应当会同相关部门将市属国有银行为小型微型企业提供金融服务的情况纳入考核内容。

**第二十二条** 本市落实国家制定的小型微型企业金融服务差异化监管政策，推动商业银行完善内部考核机制，增加普惠金融在考核中权重占比，降低普惠金融利润考核要求，提升小型微型企业客户服务情况考核权重，并建立健全授信尽职免责机制。

市财政部门应当会同市地方金融监管部门、国家在沪金融管理部门建立信贷风险补偿和信贷奖励机制，鼓励和引导金融机构加大对中小企业的信贷支持。

**第二十三条** 本市引导和支持有条件的中小企业上市融资。

市经济信息化部门应当会同市相关部门、行业协会、商会和中介服务机构等加强本市中小企业上市资源培育工作，推动中小企业完善法人治理结构。

市地方金融监管部门应当加强与国家金融监管部门的联系沟通，协调推动本市中小企业挂牌、上市。

本市引导和鼓励创业投资企业和天使投资专注投资创新型中小企业，以股权投资方式支持中小企业发展。

**第二十四条** 本市支持中小企业发行集合债券和集合票据。

市经济信息化部门对中小企业发行集合债券和集合票据所应承担的评级、审计、担保和法律咨询等中介服务费用，按照规定给予资金支持。

金融管理、市财政等部门应当鼓励金融机构通过创设信用风险缓释工具、担保增信等方式，支持中小企业债券融资，降低融资成本。

**第二十五条** 市地方金融监管、科技、经济信息化等部门应当指导、支持上海股权托管交易中心开展制度和业务创新，为中小企业提供综合金融服务，完善符合中小企业融资需求的挂牌条件、审核机制、交易方式、融资工具等制度。

**第二十六条** 本市优化完善大数据普惠金融应用、中小企业融资综合信用服务平台、银税互动等平台建设，依法归集纳税、社保、公用事业缴费、海关企业信用、仓储物流等信息，逐步扩大数据开放范围，完善数据标准，提高数据质量，促进银行业金融机构完善信贷审批流程，提高对中小企业的融资服务效率和覆盖面。

鼓励产业园区、行业协会、商会等与金融机构加强合作，依法共享中小企业经营信息与信用信息。

**第二十七条** 市经济信息化、金融管理等部门应当建立与供应链核心企业的联系沟通机制，推动全产业链和供应链金融服务；鼓励金融机构和供应链核心企业加强合作，共享产业链上下游交易等信息，发展订单、仓单、存货、应收账款融资等供应链金融产品。

各级政府采购主体和大型企业应当及时确认与中小企业的债权债务关系，帮助中小企业利用应收账款融资，缓解中小企业资金压力。

市、区人民政府鼓励建立知识产权质押融资市场化风险分担补偿机制，支持中小企业与金融机构开展知识产权质押融资。

本市通过动产融资统一登记公示系统，为中小企业融资提供便利。

**第二十八条** 市、区人民政府应当建立中小企业政府性融资担保体系，为中小企业融资提供增信服务。政府性融资担保机构担保放大倍数原则上不低于五倍，担保代偿率可以达到百分之五。政府性融资担保机构发生的代偿损失，市、区财政部门应当及时核销，并按照规定补充资本金。有关单位和个人已经履行相关勤勉尽责、合规审查义务的，可以不追究单位和个人责任。

市、区财政部门应当推动政府性融资担保行业发展，履行出资人职责、组织实施绩效评价。本市用于支持中小企业发展的财政资金，应当优先保障政府性融资担保机构为增强中小企业融资担保功能、充实融资担保资金的需要。

财政、经济信息化等部门应当对符合政策导向的重点领域的中小企业实施担保费补贴，或者引导担保机构降低担保和再担保费率。对为中小企业融资提供担保的担保机构，市经济信息化部门按照规定给予奖补支持。

**第二十九条** 本市支持保险机构积极开展中小企业贷款保证保险和信用保险业务，开发适应中小企业分散风险、补偿损失需求的保险产品。

**第三十条** 市地方金融监管部门应当发挥小额贷款公司、融资租赁公司、典当行、商业保理公司等地方金融组织服务中小企业的功能，扩大中小企业融资渠道。

**第三十一条** 本市建立完善中小企业融资中介收费清理机制，规范中小企业融资时需要办理的保险、评估、公证等事项。

金融机构承担上述费用的，可以向市经济

信息化部门申请资金支持。

**第三十二条** 本市鼓励金融机构开展面向中小企业的产品、业务、服务等金融创新。市人民政府设立的金融创新奖,应当对面向中小企业的金融创新活动予以支持。

## 第五章 创业扶持

**第三十三条** 市和区人力资源社会保障、经济信息化、科技、商务等部门应当加强创业指导,为创业人员提供政策咨询、创业培训等指导和服务。

鼓励本市高等学校、职业教育院校等对学生开展创业教育,开设创业教育课程,宣传国家和本市的最新政策并进行创业指导。

**第三十四条** 市、区市场监管部门应当根据新兴行业和中小企业发展需求,探索优化经营范围登记方式,提高登记效率。

市、区市场监管部门应当进一步简化中小企业住所登记材料。创业初期尚不具备或者不需要实体办公条件的创业创新企业,可以利用众创空间内的集中登记地作为住所申办登记。

**第三十五条** 市、区人民政府应当根据中小企业发展的需要,在国土空间规划中安排必要的用地和设施,为中小企业获得生产经营场所提供便利。鼓励开发区、高新产业园、商业街区、城市商业综合体利用闲置厂房等存量房产,投资建设和创办小型微型企业创业基地、孵化基地、原创品牌培育基地,为小型微型企业提供低成本生产经营场所、相关配套服务,支持中小企业开展特色经营。

**第三十六条** 符合要求的小型微型企业可以向所在区的人力资源社会保障部门申请获得一定额度的创业场地房租补贴。

市、区国资监管部门应当鼓励国有产业园区给予创业企业租金优惠。

**第三十七条** 财政、人力资源社会保障部门应当制定并完善本市创业贷款担保政策。对于符合条件的创业者和创业组织,可以按照规定给予创业贷款担保和贴息。

**第三十八条** 高等学校毕业生、退役军人和失业人员、残疾人员等创办小型微型企业,按照国家规定享受税收优惠和收费减免。

就业困难人员和符合条件的高校毕业生首次在本市创办小型微型企业,可以按照规定向所在区的人力资源社会保障部门申请一次性创业补贴。

市、区人民政府鼓励中小企业创造就业岗位。区人力资源社会保障部门对符合条件的小型微型企业,按照规定给予初创期创业组织社会保险补贴。

**第三十九条** 中小企业因工作情况特殊等原因,可以按照规定向所在区的人力资源社会保障部门申请实行不定时工作制或者综合计算工时工作制。

本市加强对灵活从业人员合法权益的保护。劳动者实现灵活就业的,可以依法参加社会保险。

**第四十条** 对符合条件的创业人才,市、区人力资源社会保障部门应当按照规定,直接赋予居住证积分标准分值、缩短居住证转办常住户口年限或者直接落户。

## 第六章 创新支持

**第四十一条** 本市支持中小企业聚焦产业重点领域和关键环节实施技术改造;支持中小企业通过搭建或者运用数字化平台等方式,在研发设计、生产制造、运营管理等环节实施数字化、网络化、智能化升级,实现提质增效。

中小企业实施符合上述发展方向的技术改造,符合条件的,可以向经济信息化或者相关部门申请资金支持。

**第四十二条** 市、区人民政府鼓励中小企业建立企业技术中心、工程技术研究中心、企业设计中心、院士专家工作站等研发机构,并参与制造业创新中心建设。

中小企业开发新技术、新产品、新工艺发生的研发费用,符合国家税收相关规定的,可以享受研发费用加计扣除优惠。

中小企业开展技术创新活动，符合规定的，可以向市科技、经济信息化部门申请科技型中小企业技术创新资金和中小企业发展专项资金支持。

**第四十三条** 本市鼓励科研机构、高等学校和大型企业向中小企业开放大型科学仪器设施、平台，开展技术研发与合作，帮助中小企业开发新产品。市、区科技部门应当按照有关规定，对符合条件的开放共享提供单位给予奖励。

市经济信息化、教育、科技等部门应当组织本市中小企业、高等学校和科研机构开展产学研项目交流合作，推进科技成果转移转化。鼓励高等学校、研究机构采取转让、许可、作价投资或者产学研合作等方式，在同等条件下，优先向中小企业转移具有自主知识产权的知识成果或者提供技术支持，相关政府部门应当提供便利。

**第四十四条** 市经济信息化部门应当会同市科技等部门将符合条件的中小企业产品纳入创新产品推荐目录，促进创新产品市场化和产业化。

市经济信息化部门支持中小企业自主创新，对中小企业符合条件的首台(套)高端智能装备、首版次软件产品、首批次新材料，按照合同金额的一定比例给予支持。

**第四十五条** 市科技、发展改革、经济信息化等部门推动建设长三角中小企业技术创新服务平台，为长三角中小企业提供技术交易咨询、知识产权运营、产权评估、投资融资等专业化、集成化服务。

**第四十六条** 市、区规划资源部门根据产业类型、投资强度、产出强度、环保、安全、就业等产业项目绩效，可以采取先出租后出让、在法定最高年期内实行缩短出让年期的方式，向符合条件的中小企业出让土地。

中国(上海)自由贸易试验区临港新片区内从事集成电路、人工智能、生物医药等重点产业的中小企业，符合条件的，可以享受相关用地支持。

**第四十七条** 市市场监管、经济信息化等部门应当鼓励中小企业开展重点产品质量攻关，推动企业质量技术水平、质量管理水平和质量总体水平同步提高。

在中小企业办理质量管理体系认证、环境管理体系认证、测量管理体系认证和产品认证等国际标准认证过程中，市市场监管等有关部门应当给予指导和支持。

本市支持中小企业以及相关行业协会组织或者参与制定拥有自主知识产权的高水平技术标准，开展标准化创新和应用。对主导制定国家标准、行业标准、地方标准的中小企业，市市场监管部门应当给予技术指导，并可以按照有关规定给予资金支持。

**第四十八条** 本市相关部门应当鼓励中小企业研发拥有自主知识产权的技术和产品，指导和帮助中小企业建立内部知识产权管理规范，按照规定资助中小企业申请和维持知识产权。

市知识产权管理部门应当完善基本公共服务，设立中小企业知识产权服务机构，为中小企业办理专利检索提供便利，助推中小企业技术研发布局，推广知识产权辅导、预警、代理、托管等服务。

市知识产权管理部门应当推进中小企业知识产权快速维权机制建设，推动纠纷快速处理。

## 第七章 市场开拓

**第四十九条** 本市按照国家有关规定，采取预算预留、评审优惠等措施，落实政府采购支持中小企业的政策。对中小企业创新产品，给予政府采购支持。

本市政府采购的采购人和采购代理机构应当公开发布采购信息，依法实现采购预算、采购过程、采购结果全过程信息公开，为中小企业参与政府采购提供指导和服务。鼓励采购人、采购代理机构对信用记录良好的中小企业供应商减免投标保证金、履约保证金。

向中小企业预留的采购份额应当不低于本部门年度政府采购项目预算总额的百分之三

十，其中预留给小型微型企业的比例不低于百分之六十。中小企业无法提供的商品和服务除外。

**第五十条** 市经济信息化、市场监管、商务部门应当支持中小企业自主品牌的培育和建设，实施品牌发展战略，鼓励中小企业开展品牌培育管理体系建设工作，对符合规定的中小企业给予资金支持。

市市场监管、商务、知识产权管理部门应当对中小企业申请注册商标、申请地理标志保护产品和申报“中华老字号”给予指导和帮助。

**第五十一条** 本市推进大型企业与中小企业建立协作关系，引导、支持国有大型企业与中小企业通过项目投资、资产整合等方式开展合资合作，实现优势互补，带动和促进中小企业发展。

市经济信息化部门应当会同市发展改革、财政、国资监管、科技、商务部门定期组织开展大型企业和中小企业之间的项目、技术、供需等交流活动，构建大型企业与中小企业协同创新、共享资源、融合发展的产业生态，促进中小企业的产品和服务进入大型企业的产业链或者采购系统；建设大中小企业融通发展特色园区，促进大中小企业在研发创新、创意设计、生产制造、物资采购、市场营销、资金融通等方面相互合作。

**第五十二条** 本市实施中小企业信息化、电子商务以及互联网应用的推广工程，引导中小企业利用信息技术提高研发、管理、制造和服务水平，鼓励中小企业应用电子商务平台和公共信息平台开拓国内国际市场，推动创新型中小企业服务产业平台加快发展。

本市促进跨境电子商务发展，建立健全适应跨境电子商务特点的海关、税收、支付结算等管理制度，为中小企业开展跨境电商业务提供便利。

**第五十三条** 中小企业在境外参加展览展销活动、获得发明专利或者注册商标、申请管理体系认证或者产品认证的，可以按照规定向市商务、市场监管、知识产权管理部门申请资金支持。

市商务、经济信息化部门应当在投资、开拓国际市场等方面加强对中小企业的指导和服务，组织中小企业参加国际性展会，参与采购交易。

市商务部门应当建立和完善产业损害预警机制，监测进出口异动情况，跟踪进出口涉案产业，指导和服务中小企业有效运用贸易救济措施保护产业安全。

## 第八章 权益保护

**第五十四条** 本市依法保护中小企业财产权、经营权和其他合法权益，依法保障中小企业经营者人身和财产安全。任何单位和个人不得侵犯中小企业及其经营者的合法权益。

任何单位和个人不得强制或者变相强制中小企业购买产品、接受指定服务、赞助捐赠、摊派财物，不得非法强制或者变相强制中小企业参加评比、考核、表彰、培训等活动。

国家机关、事业单位和大型企业不得强迫中小企业接受不合理的交易条件，签订不平等协议，违约拖欠中小企业的货物、工程、服务、投资款项。审计机关在审计监督工作中应当依法加强对国家机关、事业单位、国有企业支付中小企业账款情况的审计。

**第五十五条** 本市建立中小企业应急援助机制。发生自然灾害、公共卫生事件等突发事件或者其他影响中小企业生产经营的重大事件时，市经济信息化部门、区中小企业工作部门应当协调相关部门采取措施，积极做好中小企业应急援助工作。

对受前述突发事件、重大事件影响较大的中小企业，市、区人民政府及其有关部门应当出台有针对性的政策措施，在稳定就业、融资纾困、房租减免、资金支持等方面加大力度，减轻企业负担，并就不可抗力免责、灵活用工等法律问题及时向有需求的企业提供指导，帮助企业恢复正常的生产经营活动。

对参加突发事件应急救援和处置的中小企

业，市、区人民政府及其有关部门应当按照规定给予奖励、补助和补偿。

**第五十六条** 本市在制定与中小企业权益密切相关的地方性法规、政府规章和规范性文件过程中，应当通过座谈会、听证会、问卷调查等方式听取中小企业的意见，建立健全意见采纳情况反馈机制。

**第五十七条** 市、区人民政府及其有关部门应当按照鼓励创新、包容审慎的原则，对新技术、新产业、新业态、新模式的中小企业，根据其性质、特点，分类制定和实行相应的监管规则和标准，采取书面检查、互联网监管等手段，优化监管方式。

有关部门对中小企业随机抽查的比例、频次应当与中小企业的信用等级、违法风险程度挂钩。针对同一中小企业的多个检查事项，应当合并或者纳入部门联合抽查范围。

**第五十八条** 市、区相关部门应当遵循合法、客观、必要、关联的原则，归集、使用中小企业及其经营者信用信息，不得违法扩大失信信息、严重失信名单的认定范围，不得违法增设失信惩戒措施。

本市应当建立健全符合中小企业特点的信用修复机制，完善失信信息修复的条件、标准、流程等要素。对于信用修复申请，相关部门应当及时核实，符合条件的，应当予以修复，并解除惩戒措施。

**第五十九条** 市、区人民政府有关部门和行业组织应当公布投诉举报方式，受理中小企业的投诉、举报。中小企业可以通过“12345”市民服务热线、上海市企业服务云等平台，进行投诉、举报。收到投诉举报的相关部门和行业组织应当在规定的时间内予以调查并反馈处理结果。

市经济信息化部门、区中小企业工作部门应当建立专门渠道，听取中小企业对政府相关管理工作的意见和建议，及时向有关部门反馈并督促改进。

**第六十条** 本市加快推进公共法律服务体系建设，整合法律服务资源，为促进中小企业健康发展提供全方位法律服务。

鼓励律师、调解、公证、司法鉴定等行业协会组建中小企业法律服务专业团队，为中小企业维护合法权益提供公益性法律服务。

本市探索将小型微型企业纳入法律援助范畴，对生产经营困难的小型微型企业提供法律帮助。

## 第九章 监督检查

**第六十一条** 市经济信息化部门应当委托第三方机构定期对本市落实中小企业发展政策措施、资金使用等发展环境开展评估，相关部门应当根据评估情况对政策进行动态调整。评估情况应当向社会公开，接受社会监督。

区人民政府可以根据实际情况，委托第三方机构开展中小企业发展环境评估。

**第六十二条** 市经济信息化部门应当会同市税务、金融、市场监管、人力资源社会保障、知识产权管理、财政等部门定期收集、汇总有关中小企业的税收、融资、登记、就业、知识产权以及参与政府采购等信息。

市经济信息化部门应当会同市有关部门和区人民政府编制中小企业年度发展报告，汇总分析中小企业发展、服务保障、权益保护等情况，并向社会公布。

**第六十三条** 市、区人民政府应当每年向同级人民代表大会常务委员会报告促进中小企业发展情况。报告包括以下内容：

（一）本市中小企业发展的基本情况；

（二）扶持中小企业发展的政策及其实施情况；

（三）支持中小企业发展的资金、基金的使用情况；

（四）中小企业发展存在的问题、对策；

（五）其他应当报告的事项。

市、区人民代表大会常务委员会通过听取和审议专项工作报告、组织执法检查等方式，加强对本行政区域内中小企业发展工作的监督。

市、区人民代表大会常务委员会应当在预

算编制审查和执行情况监督中，加强对本级财政涉及中小企业发展的各类专项资金使用情况的监督。

**第六十四条** 市人民政府应当对中小企业促进工作情况开展监督检查，对违反《中华人民共和国中小企业促进法》和本条例的行为，应当约谈有关部门或者区人民政府的负责人，责令限期整改；未按照要求组织整改或者整改不到位的，对直接负责的主管人员和其他直接责任人员依法给予处分。

**第六十五条** 行政机关工作人员在工作中滥用职权、玩忽职守、徇私舞弊侵犯中小企业合法权益的，由其所在单位或者上级主管部门依法给予处分；对受害企业造成损失的，依法给予赔偿；构成犯罪的，依法追究刑事责任。

## 第十章 附 则

**第六十六条** 本条例自2020年6月18日起施行。

# 上海口岸服务条例

（2011年11月17日上海市第十三届人民代表大会常务委员会第三十次会议通过 根据2020年5月14日上海市第十五届人民代表大会常务委员会第二十一次会议《关于修改本市部分地方性法规的决定》修正）

## 第一章 总 则

**第一条** 为了规范口岸开放，提高口岸通关效率，保障口岸安全畅通，促进对外开放和经济社会发展，根据国家有关法律、行政法规的规定，结合本市实际，制定本条例。

**第二条** 本条例所称的口岸，是指供人员、货物、物品和交通工具直接出入国（关、边）境的港口、机场、车站等。

**第三条** 本市口岸开放、通关服务优化、口岸环境保障等工作，适用本条例。

**第四条** 市人民政府在国家有关部门的指导下，加强对本市口岸工作的领导，统筹推进上海口岸的建设和发展。

**第五条** 市口岸服务部门按照规定权限，负责口岸管理和通关协调服务工作，推进口岸环境的优化完善，并组织实施本条例。

市发展改革、建设、商务、经济信息化、规划资源、交通等部门应当根据各自职责，规范和优化行政程序，协同实施本条例，为口岸运行提供公开透明、便捷高效的行政服务。

海关、海事、边检等口岸检查检验机构（以下统称“口岸查验机构”）依法做好上海口岸检查检验、监督管理等工作，并协同落实上海口岸的其他有关工作。

**第六条** 本市相关行业协会应当加强对国际货运代理、国际船舶代理、报检报关代理等中介服务机构的自律管理，监督会员的经营活动，指导会员提高相关中介服务的专业水平和能力。

## 第二章 口岸开放

**第七条** 市口岸服务部门应当会同市发展改革、规划资源、建设、交通、商务、财政等部门根据上海对外开放和经济社会发展需要，组织编制上海口岸开放规划。经征求口岸查验机构、相关区人民政府、本市海关特殊监管区域管理机构等意见后，按照规定程序报批和公布。

上海口岸开放规划应当包括新开放口岸、扩大开放口岸以及口岸开放范围内对外开通启用的项目名称、位置、预测吞吐量、口岸查验机构及其人员配备的需求测算等。

上海口岸开放规划作为专项规划纳入本市国民经济和社会发展规划，是实施口岸开放管理的依据。

**第八条** 上海口岸开放规划应当与本市港口、机场、铁路等专项规划相衔接。

本市有关部门在编制港口、机场、铁路等专项规划时，应当征求市口岸服务部门意见。

**第九条** 对列入上海口岸开放规划的港口、机场、车站等建设工程，市口岸服务部门应当会同口岸查验机构、本市有关部门和建设单位按照国家有关规定，结合实际情况，协调落实口岸现场查验设施和非现场配套设施的建设要求。

口岸现场查验设施和非现场配套设施，应当按照“保障监管、便利通关、资源集约、合理适当”的原则建设和配备。

**第十条** 对列入上海口岸开放规划的港口、机场、车站等建设工程，口岸现场查验设施应当与主体工程统一规划、统一设计、统一投资和统一建设。

本市有关部门在办理前款规定的建设工程投资项目审批（核准、备案）和建设工程设计文件审查手续时，应当征求市口岸服务部门的意见。

**第十一条** 新开放口岸或者扩大开放口岸的，由市口岸服务部门提请市人民政府按照国家有关规定报国务院审批。

新开放口岸或者扩大开放口岸经国家批准后，由市口岸服务部门按照国家有关规定组织预验收；预验收合格的，报请国家口岸主管部门组织正式验收。

**第十二条** 临时开放口岸或者在非开放区域临时进出的，由市口岸服务部门按照规定程序报国家有关部门审批。经批准后，由市口岸服务部门协调保障口岸查验机构开展检查检验和监督管理工作。

**第十三条** 在口岸开放范围内，码头、航站楼、车站等作业区需要对外开通启用的，由作业区运营单位向市口岸服务部门提出。对外开通启用的作业区，应当符合上海口岸开放规划，具备相关主管部门认可的工程立项手续及生产运行条件，其口岸查验配套设施等查验和监管条件应当符合口岸查验监管要求。

市口岸服务部门应当自受理之日起二十个工作日内牵头，会同口岸查验机构对作业区生产、安全、查验和监管条件等进行验收，并应当在验收合格后五个工作日内报市人民政府，由市人民政府批准对外开通启用，并报国家口岸主管部门备案。

经市人民政府批准对外开通启用的码头、航站楼、车站等作业区扩建、改建的，应当按照前两款规定办理对外开通启用手续。

**第十四条** 在口岸开放范围内，未对外开通启用的码头、航站楼、车站等作业区因口岸建设、应急保障、科研考察等特殊情形，确需临时接靠国际交通运输工具的，作业区运营单位应当提前向市口岸服务部门提出。临时接靠的作业区，应当具备相关主管部门认可的生产运行条件和基本的查验监管条件。

市口岸服务部门应当及时牵头办理临时接靠手续，协调保障口岸查验机构开展检查检验和监督管理工作。

**第十五条** 市口岸服务部门应当会同口岸查验机构、本市有关部门定期对口岸现场查验设施条件和吞吐运能、通关业务量、服务能力等情况进行评估，并根据评估结果，协调落实相应的管理措施。

## 第三章　通关服务优化

**第十六条** 本市依据上海口岸布局，设立集中通关服务场所，方便办理通关申报和相关的税务、外汇、金融等业务。

市口岸服务部门应当组织口岸查验机构和相关单位进驻集中通关服务场所联合办公，并建立日常运行协调机制，推进通关服务场所完善功能、优化服务。

本市电力、通信等相关企业应当做好集中通关服务场所的电力、通信等服务保障工作。

**第十七条** 本市推进电子口岸信息平台的建设、运营和发展，支持口岸查验机构、口岸运营单位提高通关申报、查验、放行、后续监管等环节的信息化应用水平。

市口岸服务、经济信息化等部门应当会同口岸查验机构、本市有关部门、口岸运营单位将通关业务流程和相关信息数据整合进电子口岸信息平台，推进通关信息兼容共享。

**第十八条** 本市支持口岸查验机构优化通关流程、完善通关服务，促进旅客通关便捷和贸易便利化。

市口岸服务部门应当加强通关协调服务，推进口岸查验机构、本市有关部门、口岸运营单位加强通关各环节的联动协作，及时协调处理影响通关日常运行的各类问题。

对影响通关效率和涉及通关模式创新的重大问题，市口岸服务部门应当会同相关单位提出解决方案，报市人民政府协调推进。

**第十九条** 本市建立重要国际会议、重大国际赛事、大型国际展览等重大活动的通关服务保障机制。

针对重大活动的特点和通关需求，市口岸服务部门应当会同口岸查验机构、本市有关部门、口岸运营单位共同开展通关服务保障工作，必要时制定专项方案，确保重大活动通关安全便捷。

发生重大突发事件时，市口岸服务部门应当根据实际需要，加强通关协调服务，推进口岸查验机关、本市有关部门、口岸运营单位加强通关各环节联动协作，做好通关服务工作，保障重要物资通关便捷。

**第二十条** 对口岸与海关特殊监管区域间的保税货物流转，市发展改革、口岸服务等部门和本市海关特殊监管区域管理机构应当配合口岸查验机构，根据国家有关规定按照保障安全和方便货物进出的原则，合理确定监管流程和监管方法，建立保税货物便捷流转的监管模式。

**第二十一条** 本市根据区域经济发展特点和外省市口岸通关合作需求，与其他省、自治区、直辖市建立口岸跨区域合作机制，提升上海口岸服务长三角、长江流域和全国的功能。

市口岸服务部门应当协调配合口岸查验机构创新区域通关监管模式，优化旅客、货物中转流程，扩大区域通关便利措施的适用范围。

市建设、交通、口岸服务等部门应当与外省市相关部门加强口岸物流协作，推进江海直达、铁海联运、水水中转、陆空联运等多式联运发展，支持口岸运营单位、航运企业跨区域合作。

## 第四章　口岸环境保障

**第二十二条** 市口岸服务、公安、交通、商务、卫生、市场监管等部门应当协同口岸查验机构加强口岸风险的预警防范，配合做好打击走私、防范非法出入境、防控卫生疫情、管控危险货物等口岸安全保障工作。

口岸运营单位应当建立健全安全管理制度，定期检查本单位各项安全防范措施的落实情况；及时处理本单位存在的可能引发口岸安全事件的问题，并按照规定向有关部门报告。

本市港口、机场、车站等口岸的突发事件应急指挥责任单位应当制定和落实口岸突发事件应急预案，并组织应急演练，完善应急处置机制。

**第二十三条** 本市建设、公安、交通等部门应当加强对口岸及其周边的道路、堆场等设施的建设管理，加强口岸集疏运协调配合，及时疏导旅客、货物以及严重道路交通堵塞等情况，保障口岸进出畅通。

**第二十四条** 市经济信息化、口岸服务、商务、市场监管、税务等部门应当会同口岸查验机构、人民银行、外汇管理部门建立企业诚信信息共享机制，推动诚信标准互认，并协同实施以企业诚信度为基础的口岸通关分类监管制度。

**第二十五条** 市发展改革、市场监管、商务、交通、口岸服务等部门应当协同口岸查验机构引导国际货运代理、国际船舶代理、报检报关代理等中介服务机构发展，规范中介服务机构的经营行为，加强中介服务市场的监管。

**第二十六条** 市口岸服务部门应当组织编制上海口岸发展年度报告，反映口岸运行状况、监管服务情况、通关创新措施等，并向社会公布。

市口岸服务部门应当定期会同市交通、商务、外汇管理等部门和口岸查验机构汇总上海口岸运行相关数据，加强对口岸运行情况的分析监测。

**第二十七条** 市口岸服务部门应当支持口岸查验机构健全通关服务窗口业务规范，并按照国家和本市相关规定，推进口岸查验机构和口岸运营单位开展文明口岸共建工作。

市口岸服务部门应当组织本市相关行业协会、企业定期对口岸服务情况进行评价；对评价中发现的问题，由市口岸服务部门协调、督促相关单位及时处理。

## 第五章 法律责任

**第二十八条** 违反本条例规定的行为，有关法律、行政法规已有处罚规定的，从其规定。

**第二十九条** 在口岸开放范围内，码头、航站楼、车站等作业区的运营单位违反本条例第十三条的规定，未办理对外开通启用手续擅自接靠国际交通运输工具，或者违反本条例第十四条的规定，未办理临时接靠手续擅自接靠国际交通运输工具的，由市口岸服务部门责令改正，没收违法所得，并处二万元以上十万元以下罚款。

在口岸开放范围外，码头、航站楼、车站等作业区的运营单位未办理口岸开放手续，擅自接靠国际交通运输工具的，由市口岸服务部门予以制止，并报国家有关部门处理。

**第三十条** 行政机关工作人员违反本条例规定，玩忽职守、滥用职权、徇私舞弊的，由其所在单位或者上级主管部门依法给予处分；构成犯罪的，依法追究刑事责任。

## 第六章 附 则

**第三十一条** 本条例自 2012 年 3 月 1 日起施行。

# 上海市建设工程质量和安全管理条例

（2011 年 12 月 22 日上海市第十三届人民代表大会常务委员会第三十一次会议通过 根据 2020 年 12 月 30 日上海市第十五届人民代表大会常务委员会第二十八次会议《关于修改本市部分地方性法规的决定》第一次修正 根据 2023 年 12 月 28 日上海市第十六届人民代表大会常务委员会第九次会议《关于修改〈上海市养老服务条例〉等 12 件地方性法规和废止〈上海市保护和发展邮电通信规定〉等 6 件地方性法规的决定》第二次修正）

## 第一章 总 则

**第一条** 为了加强本市建设工程质量和安全管理，保障人民群众生命和财产安全，根据《中华人民共和国建筑法》《建设工程质量管理条例》《建设工程安全生产管理条例》和其他有关法律、行政法规，结合本市实际，制定本条例。

**第二条** 本市行政区域内建设工程的新建、扩建、改建和既有建筑物、构筑物的拆除、修缮，以及相关监督管理活动，适用本条例。

**第三条** 市建设行政管理部门是本市建设工程质量和安全的综合监督管理部门，并负责相关专业建设工程质量和安全的监督管理，具体履行以下职责：

（一）组织编制与建设工程质量和安全相关的工程建设技术标准；

（二）建立全市统一的建设工程监督管理信息系统；

（三）指导、协调本市专业建设工程质量和安全的监督管理；

（四）对房屋建设工程、市政基础设施工程和公路工程等建设工程质量和安全实施监督管理。

市港口、水务、海洋、绿化市容、民防、房屋等行政管理部门（以下简称其他有关部门）按照法律、法规和市人民政府规定的职责分工，负责相关专业建设工程质量和安全的监督管理。

区建设行政管理部门和其他有关部门按照职责分工，负责本行政区域内建设工程质量和安全的监督管理。

本市发展改革、应急管理、财政、公安、消防、市场监管、规划资源、经济信息化等行政管理部门在各自职责范围内，协同实施本条例。

**第四条** 从事建设工程活动，应当严格执行建设程序。

本市有关行政管理部门应当按照法定的权限和程序审批建设工程项目。

任何单位和个人不得随意要求压缩建设工程的合理工期。

**第五条** 建设、勘察、设计、施工、监理、检测等单位以及其他与建设工程质量和安全有关的单位，应当建立健全质量和安全管理体系，落实质量和安全管理责任。各单位的主要负责人应当依法对本单位的建设工程质量和安全工作全面负责。

勘察、设计、施工、监理、检测等单位应当依法取得相应的资质证书，并在资质许可范围内承接业务。

勘察、设计、施工等单位不得转包或者违法分包所承接的业务。监理、检测等单位不得转让所承接的业务。

**第六条** 建筑师、勘察设计工程师、造价工程师、建造师、监理工程师等专业技术人员，应当依法取得相应的执业资格，应当在资格许可范围内执业，并依法对其执业参与的建设工程质量和安全承担相应责任。

注册执业人员不得同时在两个以上单位执业，不得准许他人以本人名义执业。

从事建设工程活动的其他专业技术人员和管理人员，应当按照国家和本市规定取得相应的岗位证书。

**第七条** 建设工程相关行业协会是建设工程各参与单位的自律组织，依法制定自律规范，开展行业培训，维护会员的合法权益。对违反行业自律规范的会员，行业协会可以按照行业协会章程的规定，采取相应的惩戒性行业自律措施。

**第八条** 建设行政管理部门或者其他有关部门应当通过建设工程监督管理信息系统向社会公布建设工程的基本情况、主要参与单位、施工许可、竣工验收等信息。

任何单位和个人对违反建设工程质量和安全管理的行为，有权向建设行政管理部门或者其他有关部门举报。接到举报的部门应当及时调查、处理。

## 第二章　建设单位的责任和义务

**第九条** 建设单位对建设工程质量和安全负有重要责任，应当负责建设工程各阶段的质量和安全工作的协调管理，并按照合同约定督促建设工程各参与单位落实质量和安全管理责任。

本市鼓励建设单位委托项目管理单位，对建设工程全过程进行专业化的管理和服务。

**第十条** 建设单位应当在可行性研究阶段，对建设工程质量和安全风险进行评估，并明确控制风险的费用。建设工程质量和安全风险包括建设和使用过程中的建设工程本体的风险以及对毗邻建筑物、构筑物和其他管线、设施的安全影响等。风险评估的具体办法由市人民政府另行制定。

建设单位应当将风险评估的内容提供给勘察、设计、施工和监理等单位，并要求相关单位在勘察文件、设计方案、初步设计文件、施工图设计文件、施工组织设计文件的编制过程中，明确相应的风险防范和控制措施。

**第十一条** 建设单位应当保证与建设需求相匹配的建设资金，并按照合同约定的价款和时间支付费用，不得随意压低勘察、设计、施工、监理、检测、监测等费用。

建设单位应当按照规定，在建设工程项目专户中单独列支安全防护措施费、监理费、检测费等费用。

**第十二条** 建设工程发包前，建设单位应当根据建设工程可行性研究报告和建设工期定额，综合评估工程规模、施工工艺、地质和气候条件等因素，确定合理的勘察、设计和施工工期。在建设工程招标投标时，建设单位应当将合理的施工工期安排作为招标文件的实质性要求和条件。

勘察、设计和施工工期确定后，建设单位不得任意压缩；确需调整且具备技术可行性的，应当提出保证工程质量和安全的技术措施和方案，经专家论证后方可实施。调整勘察、设计和施工工期涉及增加费用的，建设单位应当予以保障。

**第十三条** 建设单位应当依法将建设工程发包给具有相应资质等级的单位，不得将建设工程支解发包或者指定分包单位。

建设单位与勘察、设计、施工、监理、检测、监测等单位签订的合同中，应当明确约定双方的建设工程质量和安全责任。

**第十四条** 下列建设工程，建设单位应当委托监理单位实行监理：

（一）国家和本市重点建设工程；

（二）大中型公用事业工程；

（三）住宅工程；

（四）利用外国政府或者国际组织贷款、援助资金的工程；

（五）国家和市人民政府规定应当实行监理的其他工程。

**第十五条** 建设单位应当对建设工程毗邻建筑物、构筑物和其他管线、设施进行现场调查，并向勘察、设计、施工、监理等单位提供相关的调查资料和保护要求。

**第十六条** 建设单位应当将施工图设计文件送市建设行政管理部门或者其他有关部门认定的施工图设计文件审查机构审查。审查机构应当按照法律、法规和强制性标准对施工图设计文件进行审查。

经审查通过的施工图设计文件不得擅自变更；涉及主要内容变更的，应当经原施工图设计文件审查机构重新审查。

**第十七条** 建设单位不得对勘察、设计、施工、监理、检测等单位提出不符合法律、法规、规章和强制性技术标准规定的要求，不得违法指定建设工程材料、设备的供应单位。

**第十八条** 建设单位在收到施工单位提交的建设工程竣工报告后，应当及时组织设计、施工、监理等单位进行竣工验收；其中，新建住宅工程应当先行组织分户验收。

**第十九条** 建设工程使用建筑幕墙的，应当符合市人民政府的相关规定。建设单位应当按照规定建立专项资金，用于建筑幕墙的维修。

**第二十条** 建设工程竣工验收合格后，建设单位应当在建筑物、构筑物的明显部位镶刻建筑铭牌，标注竣工时间，建设、勘察、设计、施工、监理等单位名称和项目主要负责人姓名。

## 第三章 勘察、设计单位的责任和义务

**第二十一条** 勘察、设计单位应当对勘察、设计质量负责。勘察、设计文件应当满足建设工程质量和安全的需要。

**第二十二条** 勘察单位应当在勘察作业前，根据强制性技术标准编制勘察大纲，并针对特殊地质现象提出专项勘察建议。

勘察单位在勘察作业时，应当遵守勘察大纲和操作规程的要求，并确保原始勘察资料的真实可靠。发现勘察现场不具备勘察条件时，勘察单位应当及时书面通知建设单位，并提出

调整勘察大纲的建议。

**第二十三条** 勘察文件应当满足国家规定的深度要求，标注勘察作业范围内地下管线和设施的情况，并标明勘察现场服务的节点、事项和内容等。

**第二十四条** 设计文件应当满足国家规定的深度要求，并符合下列规定：

（一）对建设工程本体可能存在的重大风险控制进行专项设计；

（二）对涉及工程质量和安全的重点部位和环节进行标注；

（三）采用新技术、新工艺、新材料、新设备的，明确质量和安全的保障措施；

（四）根据建设工程勘察文件和建设单位提供的调查资料，选用有利于保护毗邻建筑物、构筑物和其他管线、设施安全的技术、工艺、材料和设备；

（五）明确建设工程本体以及毗邻建筑物、构筑物和其他管线、设施的监测要求和监测控制限值；

（六）标明现场服务的节点、事项和内容。

设计单位应当按照技术规范，指派注册执业人员对设计文件进行校审。校审人员应当签字确认。

**第二十五条** 勘察、设计单位应当在建设工程施工前，向施工、监理单位说明勘察、设计意图，解释勘察、设计文件。

勘察、设计单位应当按照合同约定和勘察、设计文件中明确的节点、事项和内容，提供现场指导，解决施工过程中出现的勘察、设计问题。

施工单位在施工过程中发现勘察、设计文件存在问题的，勘察、设计单位应当应施工单位要求到现场进行处理；勘察、设计文件内容发生重大变化的，应当按照规定对原勘察、设计文件进行变更。

**第二十六条** 勘察单位应当参加建设工程桩基分项工程、地基基础分部工程的验收，并签署意见。

设计单位应当参加设计文件中标注的重点部位和环节的分部工程、分项工程和单位工程的验收，并签署意见。

设计单位应当参加建设工程竣工验收，对是否符合设计要求签字确认，并向建设单位提供建设工程的使用维护说明。

## 第四章 施工单位的责任和义务

**第二十七条** 施工单位应当对建设工程的施工质量和安全负责。建设工程实行总承包的，分包单位应当接受总承包单位施工现场的质量和安全管理。

建设工程材料、设备的供应单位承担所供应材料、设备施工作业的，应当按照规定取得相应资质。

**第二十八条** 施工单位应当组建施工现场项目管理机构，并根据合同约定配备相应的项目负责人、技术负责人、专职质量管理和安全管理人员等技术、管理人员。上述人员不得擅自更换，确需更换的，应当经发包单位同意，并不得降低相应的资格条件。

前款规定的人员应当是与施工单位建立劳动关系的人员。

**第二十九条** 施工单位在施工前，应当根据建设工程规模、技术复杂程度等实际情况，编制施工组织设计文件。对国家和本市规定的危险性较大的分部工程、分项工程，应当编制专项施工方案，附具安全验算结果，并按照规定经过专家论证。

施工组织设计文件、专项施工方案应当明确下列内容：

（一）与设计要求相适应的施工工艺、施工过程中的质量和安全控制措施以及应急处置预案；

（二）施工过程中施工单位内部质量和安全控制措施的交底、验收、检查和整改程序；

（三）符合合同约定工期的施工进度计划安排；

（四）对可能影响的毗邻建筑物、构筑物和其他管线、设施等采取的专项防护措施。

**第三十条** 施工单位应当按照合同约定的

施工工期进行施工，并按照技术标准和施工组织设计文件顺序施工，不得违反技术标准压缩工期和交叉作业。

国家和本市规定的危险性较大的分部工程、分项工程施工时，项目负责人、专职安全管理人员应当进行现场监督。

建设工程竣工验收合格后，施工单位应当清理施工现场的临时建筑物、构筑物和设施、设备，并撤离相应的人员。

**第三十一条** 施工单位应当在施工现场建立消防安全责任制度，确定消防安全责任人，制定用火、用电、使用易燃易爆材料等各项消防安全管理制度和操作规程，设置消防通道、消防水源，配备消防设施和灭火器材，并在施工现场入口处设置明显标志。

建设工程材料和设备，以及施工脚手架(包括支架和脚踏板)、安全网应当符合防火要求。

**第三十二条** 施工单位按照国家和本市有关规定实行劳务分包的，劳务分包单位应当具备相应的资质。

施工单位或者劳务分包单位应当与其施工作业人员签订劳动合同。

施工单位或者劳务分包单位应当及时将施工作业人员的身份信息、所在单位、岗位资格、从业经历、培训情况、社保信息等信息录入本市建设工程实名制管理系统。

施工作业人员进出施工现场时，施工单位应当通过管理系统进行信息登记。

**第三十三条** 施工单位和劳务分包单位应当定期对施工作业人员开展教育培训和业务学习。未经教育培训或者考核不合格的人员，不得上岗作业。

从事特种作业的施工人员应当持证上岗。

对于首次上岗的施工作业人员，施工单位或者劳务分包单位应当在其正式上岗前安排不少于三个月的实习操作。

对初次进入建设工程劳务市场的施工作业人员，由建设行政管理部门或者其他有关部门采取措施，开展建设工程质量和安全的相关教育培训。教育培训经费在市区两级财政安排的教育费中单独列支。

**第三十四条** 施工单位应当向施工作业人员提供符合国家和本市规定标准的安全防护用具、安全防护服装和安全生产作业环境，并书面告知危险岗位的操作规程和违反操作规程操作的危害。

施工单位应当按照国家和本市有关规定，根据季节和天气特点，采取预警和安全防护措施；出现高温天气或者异常天气时，应当限制或者禁止室外露天作业。

**第三十五条** 按照国家和本市技术规范需要由专业监测单位实施监测的建设工程，施工单位应当委托没有利害关系的专业监测单位实施监测。

**第三十六条** 施工单位应当按照规定使用取得生产许可、强制产品认证或者经市建设行政管理部门备案的建设工程材料。

对进入施工现场的建设工程材料和设备，施工单位应当核验供应单位提供的生产许可或者认证证明、产品质量保证书和使用说明书。

建设工程使用商品混凝土、钢筋等结构性建设工程材料的，施工单位应当在分部工程、分项工程验收和竣工验收时，要求供应单位对供应数量进行确认。

**第三十七条** 对进入施工现场的安全防护用具、机械设备、施工机具及配件，施工单位应当核验其生产(制造)许可证、产品合格证；其中，对建筑起重机械，还应当核验其制造监督检验证明和首次使用备案证明。

施工现场的安全防护用具、机械设备、施工机具及配件应当由专人管理，并定期进行检查、维修和保养。

**第三十八条** 施工单位安装、拆卸建筑起重机械的，应当编制安装和拆卸方案，确定施工安全措施，并由专业技术人员现场监督。

施工单位应当在建筑起重机械和整体提升脚手架、模板等自升式架设设施使用和拆除前，向建设行政管理部门或者其他有关部门登记。

建筑起重机械在使用过程中首次加节顶升的，应当经有相应资质的检验检测单位监督检验合格。

施工现场有多台塔式建筑起重机械作业的，施工单位应当根据实际情况，组织编制并实施防碰撞安全措施。

**第三十九条** 建设工程施工过程中发生质量和安全事故时，施工单位应当立即启动应急处置预案，并及时报告建设行政管理部门或者其他有关部门。施工单位应当配合相关行政管理部门进行事故调查处理。

事故现场处置完毕后，施工单位应当制定并落实整改和防范措施。已经暂停施工的，经建设行政管理部门或者其他有关部门批准后方可复工。

**第四十条** 因施工单位的原因致使建设工程质量不符合约定的，发包人有权请求施工单位在合理期限内无偿修理或者返工、改建。

发生结构性质量事故的，修理或者返工、改建后的建设工程应当经检测单位检测合格。

## 第五章 监理、检测、监测单位的责任和义务

**第四十一条** 监理单位应当代表建设单位对施工质量和安全实行监理，对建设工程施工质量和安全承担监理责任。

**第四十二条** 依法必须实行监理的建设工程，监理收费标准应当执行国家和本市的相关规定。

**第四十三条** 监理单位应当组建施工现场项目监理机构，并根据合同约定配备相应的总监理工程师、专业监理工程师和监理员等人员。

**第四十四条** 项目监理机构应当在建设工程开工前，负责审核施工单位报送的施工现场项目管理机构组建方案、质量和安全管理制度、施工组织设计文件、专项施工方案。审核意见经总监理工程师签署后，报建设单位。

**第四十五条** 项目监理机构应当按照相关规定编制监理规划，明确采用旁站、巡视、平行检验等方式实施监理的具体范围和事项。监理平行检验中的检测工作，应当委托具有相应资质的检测单位实施。检测比例应当符合国家和本市的有关规定。

项目监理机构应当对施工单位报送的检验批、分部工程、分项工程的验收资料进行审查，并提出验收意见。分部工程、分项工程未经项目监理机构验收合格，施工单位不得进入下一工序施工。

项目监理机构应当对进入施工现场的建设工程材料和设备进行核验，并提出审核意见。未经审核的建设工程材料和设备，不得在建设工程上使用或者安装。

**第四十六条** 项目监理机构应当督促施工单位进行安全生产自查，并巡查施工现场安全生产情况。

项目监理机构应当对施工单位安全防护措施费的使用和管理进行审查，并报建设单位。

项目监理机构应当核查施工单位的资质、安全生产许可证以及项目负责人、专职安全管理人员和特种作业人员的资格证书。

**第四十七条** 项目监理机构应当按照市建设行政管理部门的规定，定期将施工现场的有关情况向建设行政管理部门或者其他有关部门报告。

**第四十八条** 项目监理机构发现施工不符合强制性技术标准、施工图设计文件、施工组织设计文件、专项施工方案或者合同约定的，应当立即要求施工单位改正；施工单位拒不改正的，应当及时报告建设单位。

项目监理机构发现存在质量和安全事故隐患的，应当立即要求施工单位改正；情况严重的，应当要求施工单位暂停施工，并及时报告建设单位。

施工单位拒不改正或者不停止施工的，或者施工现场发生质量和安全事故的，项目监理机构应当立即向建设行政管理部门或者其他有关部门报告。建设行政管理部门或者其他有关部门应当立即到施工现场予以处置。

**第四十九条** 检测单位应当按照法律、法规、规章和强制性技术标准开展检测活动，并对检测数据和检测报告的真实性和准确性负责。禁止

检测单位伪造检测数据或者出具虚假检测报告。

涉及建设工程质量和安全的新技术、新材料的检测项目，检测单位应当通过市建设行政管理部门组织的检测能力评估论证。

检测单位的检测人员应当按照国家和本市有关规定取得相应的资格或者经检测行业协会考核合格后，方可上岗。

**第五十条** 检测单位在同一建设工程项目或者标段中不得同时接受建设、施工或者监理单位等多方的检测委托。

**第五十一条** 检测单位应当依托市建设行政管理部门建立的全市统一的建设工程检测信息管理系统，对按照法律、法规和强制性标准规定应当检测的建设工程本体、结构性材料、功能性材料和新型建设工程材料实施检测，并按照检测信息管理系统设定的控制方法操作检测设备，不得人为干预检测过程。

检测单位应当通过检测信息管理系统出具检测报告。

**第五十二条** 监测单位应当根据设计文件确定的监测要求编制施工监测方案，对建设工程本体以及毗邻建筑物、构筑物或者其他管线、设施实施监测。

监测单位应当保证监测数据的真实性，按照设计单位设定的报警值及时报警。

## 第六章 监 督 管 理

**第五十三条** 建设行政管理部门和其他有关部门应当加强对建设工程质量和安全的监督管理，建立和完善建设工程质量和安全的追溯体系。

建设行政管理部门和其他有关部门应当建立健全建设工程质量和安全监督管理制度，并配备相应的质量和安全监督人员和装备。

从事建设工程质量和安全监督的人员，应当按照国家有关规定，经考核合格后方可实施质量和安全监督。

市建设行政管理部门可以结合本市实际，组织编制优于国家标准的地方工程建设质量和安全技术标准。

**第五十四条** 建设行政管理部门和其他有关部门应当履行下列建设工程质量和安全监督管理职责：

（一）监督检查国家和本市有关建设工程质量和安全的法律、法规、规章和技术标准的执行情况；

（二）监督检查建设工程各参与单位的质量和安全行为，以及质量和安全管理体系和责任制落实情况；

（三）查处违反建设工程质量和安全法律、法规、规章和技术标准的行为；

（四）法律、法规规定的其他监督管理职责。

**第五十五条** 建设行政管理部门和其他有关部门在履行建设工程质量和安全监督管理职责时，有权采取下列措施：

（一）要求被检查单位提供有关建设工程质量和安全的资料；

（二）进入被检查单位的施工现场进行检查，并将检查的时间、地点、内容、发现的问题及其处理情况，作出书面记录；

（三）发现有影响建设工程质量的问题或者安全事故隐患时，责令改正或者立即排除；重大安全事故隐患排除前或者排除过程中无法保证安全的，责令从危险区域内撤出作业人员或者暂停施工；

（四）法律、法规规定采取的其他措施。

**第五十六条** 在审批施工许可时，建设行政管理部门和其他有关部门应当对开工前需要落实的建设工程质量和安全控制措施进行现场检查。

**第五十七条** 建设行政管理部门和其他有关部门应当对报送备案的勘察、设计、施工图审查、施工、监理、检测等合同进行抽查。抽查比例不得低于备案合同总量的十分之一。发现合同约定内容违反法律、法规和规章规定的，应当及时要求合同当事人予以改正，并依法予以处理。

**第五十八条** 建设行政管理部门或者其他有关部门应当采用试样盲样检测的方式实施监督检测。涉及建设工程结构安全的监督检测，检测比例应当符合本市有关建设行政管理部门确定的标准。

对建设工程实体的监督检测，建设行政管理部门或者其他有关部门不得委托对该工程实体已实施过检测的检测单位。

监督检测的费用由同级财政拨付，不得另行收取。

**第五十九条** 建设行政管理部门和其他有关部门应当记载建设活动各参与单位和注册执业人员的信用信息。相关信息由市建设行政管理部门按照国家和本市有关规定即时向社会公布。

市建设行政管理部门和其他有关部门应当按照诚信奖励和失信惩戒的原则实行分类管理，并在资质管理、行政许可、招标投标、工程保险、表彰评优等方面对守信的建设活动各参与单位和注册执业人员给予激励，对失信的单位和人员给予惩处。

## 第七章 法律责任

**第六十条** 违反本条例的行为，法律、行政法规已有处罚规定的，从其规定。

**第六十一条** 违反本条例规定，建设单位有下列情形之一的，由建设行政管理部门或者其他有关部门按照下列规定进行处罚：

（一）违反第十条第一款规定，未按照规定进行风险评估或者未明确控制风险费用的，责令限期改正；逾期不改正的，处十万元以上三十万元以下罚款，并可对单位主要负责人处一万元以上三万元以下罚款。

（二）违反第十一条第二款规定，未按照规定单独列支相关费用的，责令限期改正；逾期不改正的，处一万元以上十万元以下罚款，并可对单位主要负责人处一千元以上一万元以下罚款。

（三）违反第十九条规定，未按照规定建立专项资金的，责令限期改正；逾期不改正的，处应筹集专项资金一倍的罚款。

（四）违反第二十条规定，未按照规定镶刻建筑铭牌的，责令限期改正；逾期不改正的，处一万元以上三万元以下罚款。

**第六十二条** 违反本条例第十六条第一款规定，施工图设计文件审查机构未按照法律、法规和强制性标准对施工图设计文件进行审查的，由建设行政管理部门或者其他有关部门处一万元以上十万元以下罚款；情节严重的，撤销对审查机构的认定。

**第六十三条** 违反本条例第二十四条第一款第一项、第三项、第四项、第五项规定，设计单位的设计文件不符合相关要求的，由建设行政管理部门或者其他有关部门责令限期改正，处十万元以上三十万元以下罚款。造成工程质量和安全事故的，责令停业整顿，降低资质等级；情节严重的，吊销资质证书。

**第六十四条** 违反本条例规定，施工单位有下列情形之一的，由建设行政管理部门或者其他有关部门按照下列规定进行处罚：

（一）违反第二十八条第一款规定，施工单位更换的人员不符合要求的，责令限期改正，处一万元以上十万元以下罚款；情节严重的，责令暂停施工。

（二）违反第三十条第二款规定，施工单位未按照规定安排项目负责人现场监督的，责令限期改正，处二万元以上十万元以下罚款。

（三）违反第三十二条第三款、第四款规定，施工单位未按照规定输入信息或者未进行信息登记的，责令限期改正，处一万元以上三万元以下罚款。

（四）违反第三十三条第三款规定，施工单位或者劳务分包单位未按照规定对首次上岗的施工作业人员安排实习操作的，责令限期改正，处二万元以下罚款；情节严重的，责令暂停施工。

（五）违反第三十五条规定，施工单位未按照规定委托专业监测单位实施监测的，责令限期改正，处十万元以上三十万元以下罚款；情节严重的，责令暂停施工。

**第六十五条** 违反本条例规定，项目监理机构有下列情形之一的，由建设行政管理部门或者其他有关部门按照下列规定进行处罚：

（一）违反第四十七条规定，未按照规定定期向有关行政管理部门报告的，责令监理单位限期改正;逾期不改正的,处一万元以上三万元以下罚款。

(二) 违反第四十八条规定,发现质量和安全事故隐患未及时要求施工单位改正或者暂停施工的,或者施工单位拒不改正或者不停止施工,未及时向有关行政管理部门报告的,责令监理单位限期改正;逾期不改正的,责令停业整顿,并处十万元以上三十万元以下罚款;情节严重的,降低资质等级或者吊销资质证书。

**第六十六条** 违反本条例规定,检测单位有下列情形之一的,由建设行政管理部门或者其他有关部门按照下列规定进行处罚:

(一) 违反第四十九条第一款规定,检测单位伪造检测数据或者出具虚假检测报告的,责令限期改正,整改期间暂停承接业务,处二万元以上二十万元以下罚款;情节严重的,吊销资质证书。

(二) 违反第四十九条第三款规定,检测单位的检测人员未取得资格或者未经考核合格从事检测业务的,责令限期改正,处一万元以上十万元以下罚款。

(三) 违反第五十条规定,违反检测回避规定的,责令限期改正,处一万元以上三万元以下罚款。

(四) 违反第五十一条规定,未通过检测信息管理系统实施检测或者人为干预检测过程的,责令限期改正,整改期间暂停承接业务,处一万元以上三万元以下罚款。

**第六十七条** 违反本条例第五十二条规定,监测单位未编制施工监测方案或者出具虚假监测数据的,由建设行政管理部门或者其他有关部门责令限期改正,处一万元以上十万元以下罚款。

**第六十八条** 建设行政管理部门和其他有关部门在监督检查中发现勘察、设计、施工、监理、检测等单位不再符合相应资质条件的,应当责令其限期改正,整改期间暂停承接业务;逾期不改正的,由许可部门降低其资质等级或者吊销其资质证书。

**第六十九条** 建设行政管理部门和其他有关部门的工作人员违反本条例规定,有下列情形之一的,由所在单位或者上级主管部门依法给予处分;构成犯罪的,依法追究刑事责任:

(一) 违法实施行政许可或者行政处罚的;

(二) 未按照本条例规定履行监督检查职责的;

(三) 发现违法行为不及时查处,或者包庇、纵容违法行为,造成后果的;

(四) 其他玩忽职守、滥用职权、徇私舞弊的行为。

## 第八章　附　　则

**第七十条** 本条例自 2012 年 3 月 1 日起施行。

# 上海市产品质量条例

(2012 年 4 月 19 日上海市第十三届人民代表大会常务委员会第三十三次会议通过)

## 第一章　总　　则

**第一条** 为了明确产品质量责任,加强对产品质量的监督管理,提高产品质量水平,保护消费者的合法权益,维护社会经济秩序,根据《中华人民共和国产品质量法》和其他法律、行政法规的规定,结合本市实际情况,制定本条例。

**第二条** 在本市行政区域内从事产品生产、销售及相关活动和对产品质量实施监督,应当遵守本条例。

本条例所称产品是指经过加工、制作,用于

销售的产品。

建设工程不适用本条例规定；但是，建设工程使用的建筑材料、建筑构配件和设备，属于前款规定的产品范围的，适用本条例规定。

**第三条** 生产者、销售者是产品质量的责任主体，应当依法从事产品生产、销售活动，诚信经营，对社会和公众负责，接受行政监督和社会监督。

**第四条** 市和区、县人民政府应当把提高产品质量纳入国民经济和社会发展规划，加强对产品质量监督工作的领导，组织、协调各有关部门做好产品质量监督工作，保障本条例的施行。市人民政府设立的质量安全工作议事协调机构负责研究部署、统筹协调本市产品质量工作中的重大事项。

市质量技术监督部门主管本市产品质量监督工作，区、县质量技术监督部门按照职责分工做好产品质量监督工作。

本市工商行政管理部门负责流通领域产品的质量监督管理，其他有关部门在各自的职责范围内负责产品质量监督工作。

法律、法规对产品质量的监督部门另有规定的，依照有关法律、法规的规定执行。

**第五条** 本市鼓励企业采用先进的科学技术和科学的质量管理方法，提高产品质量，推动自主品牌建设。

本市加强产品质量技术基础建设，提高计量、标准化和质量检验检测等技术机构的能力和水平；鼓励和促进质量检验检测新技术的研究开发，为产品质量工作提供技术保障。

市和区、县人民政府应当建立健全质量奖励制度。对质量管理先进和产品质量达到国际先进水平、成绩显著的单位和个人，以及为产品质量检验检测技术研究作出突出贡献的单位和个人，给予表彰和奖励。

**第六条** 鼓励、支持和保护对产品质量的社会监督和舆论监督。

对举报属实和协助查处违反产品质量法律、法规行为有功的单位和个人，有关部门应当按照国家和本市有关规定给予奖励。

## 第二章 生产者、销售者的责任和义务

**第七条** 生产者应当对其生产的产品质量负责。

产品质量应当符合下列要求：

（一）不存在危及人身、财产安全的不合理的危险，有保障人体健康和人身、财产安全的国家标准、行业标准或者地方标准的，应当符合该标准；

（二）具备产品应当具备的使用性能，但是，对产品存在使用性能的瑕疵作出说明的除外；

（三）符合在产品或者其包装上注明采用的产品标准，符合以产品说明、实物样品等方式表明的质量状况。

生产者、销售者和服务业经营者提供的赠品、奖品，应当符合本条第二款规定。

**第八条** 企业在生产活动中，没有国家标准、行业标准或者地方标准的，应当制定企业标准。已有国家标准、行业标准或者地方标准的，鼓励企业制定严于国家标准、行业标准或者地方标准的企业标准，在企业内部适用。

企业生产的产品应当符合其明示执行的标准。

**第九条** 生产者应当建立原辅材料、零部件的进货检查验收和产品出厂检验等产品质量管理制度，保证产品质量符合法律、法规和标准的要求。

生产者应当建立产品质量档案，如实记录原辅材料和零部件的进货检查验收、产品出厂检验、销售、回收处置等情况。

**第十条** 产品或者其包装上的标识必须真实，并符合下列要求：

（一）有产品质量检验合格证明；

（二）有中文标明的产品名称、生产厂厂名和厂址；

（三）根据产品特点和使用要求，需要标明产品规格、等级、所含主要成分的名称和含量的，用中文相应予以标明；需要事先让消费者知

晓的，应当在外包装上标明，或者预先向消费者提供有关资料；

（四）限期使用的产品，应当在显著位置清晰地标明生产日期和安全使用期或者失效日期；

（五）使用不当，容易造成产品本身损坏或者可能危及人身、财产安全的产品，应当有警示标志或者中文警示说明；

（六）实行生产许可证制度的产品，有生产许可证标志和编号；

（七）实行强制性产品认证制度的产品，有认证标志；

（八）根据国家有关规定应当标注的其他内容。

裸装的食品和其他根据产品的特点难以附加标识的裸装产品，可以不附加产品标识。

**第十一条** 销售者销售的进口产品，应当用中文标明产品名称、产地以及进口商或者总经销者名称、地址；关系人体健康和人身、财产安全或者对使用、维护有特殊要求的产品，应当附有中文说明书；限期使用的产品，应当有中文注明的失效日期；用进口散件组装或者分装的产品，应当在产品或者包装上用中文注明组装或者分装厂的厂名、厂址。

**第十二条** 机器设备、仪器仪表以及结构复杂的耐用消费品，应当根据产品特点附有安装、使用、维修、保养的说明书。

**第十三条** 易碎、易燃、易爆、有毒、有腐蚀性、有放射性等危险物品以及储运中不能倒置和其他有特殊要求的产品，其包装质量必须符合相应要求，依照国家有关规定作出警示标志或者中文警示说明，标明储运注意事项。

**第十四条** 销售者应当建立并执行进货检查验收制度，验明产品合格证明和其他标识，如实记录进货检查验收情况。依照法律、法规规定实行生产许可证或者强制性产品认证制度的产品，销售者还应当查验许可证、认证证书。

销售者应当根据产品特点采取必要的保管措施，保持所销售产品的质量。

**第十五条** 禁止生产、销售下列产品：

（一）《中华人民共和国产品质量法》等有关产品质量的法律、法规禁止生产、销售的产品；

（二）不符合保障人体健康和人身、财产安全的国家标准、行业标准或者地方标准的产品；

（三）超过安全使用期或者失效日期的产品；

（四）虚假标注生产日期、安全使用期或者失效日期的产品；

（五）伪造、冒用产品质量检验检测证明的产品；

（六）没有中文标明的产品名称、生产厂厂名和厂址的产品，专供出口的产品除外。

服务业经营者在经营性服务过程中，不得提供或者使用前款规定的产品。

生产者、销售者和服务业经营者不得将本条第一款规定的产品作为奖品、赠品。

**第十六条** 销售者对其售出产品的质量实行先行负责。

售出的产品有下列情形之一的，销售者应当负责修理、更换、退货；给消费者造成损失的，应当赔偿损失：

（一）不具备产品应当具备的使用性能而事先未作说明的；

（二）不符合在产品或者其包装上注明采用的产品标准的；

（三）不符合以产品说明、实物样品等方式表明的质量状况的。

属于生产者的责任或者属于向销售者提供产品的其他销售者的责任的，销售者有权向生产者、提供产品的其他销售者追偿。

**第十七条** 因产品存在缺陷造成人身、财产损害的，受害人可以向产品生产者要求赔偿，也可以向产品销售者要求赔偿。属于产品生产者的责任，产品销售者赔偿的，产品销售者有权向产品生产者或者进口产品的进口商追偿。进口产品的进口商有权依法向提供进口产品者追偿。属于产品销售者的责任，产品生产者赔偿的，产品生产者有权向产品销售者追偿。

**第十八条** 产品投入流通后，生产者获知其某一批次、型号或者类别的产品可能存在危及人体健康和人身、财产安全的不合理危险的，应当主动开展调查。确认产品存在缺陷的，生产者应当及时采取警示、召回等补救措施，并向质量技术监督部门报告。鼓励生产者对其他产品质量等问题，开展召回活动。

**第十九条** 本市鼓励生产者、销售者投保相关产品责任险，以提高产品质量水平和产品质量事故赔付能力。

**第二十条** 组织展销会或者为销售者提供场地、设施的单位或者个人，在展销会结束或者场地、设施租赁期满后，应当依法承担瑕疵、缺陷产品的质量责任，并可以向销售者追偿。

任何单位和个人不得为生产、销售本条例第十五条第一款规定的产品提供运输、保管、仓储等便利条件，发现生产者、销售者有违法行为的，应当向有关部门举报，不得纵容、庇护。

**第二十一条** 产品标识的印制者在承印、制作产品标识时，应当查验有关证明，不得印制和提供虚假的产品标识，不得向非委托人提供产品标识。

## 第三章 行政监督

**第二十二条** 市质量技术监督部门应当会同市工商行政管理、经济信息化、商务、建设交通、公安消防、卫生、食品药品监督、农业、财政等行政管理部门，组织编制本市重点产品质量监控目录和全市性产品质量监督检查计划。

本市重点产品质量监控目录，由市质量技术监督部门向社会公布。

**第二十三条** 质量技术监督部门根据国家和本市有关规定组织实施产品质量监督抽查，并定期公布监督抽查结果。监督抽查的重点是：

（一）可能危及人体健康和人身、财产安全的产品；

（二）影响国计民生的重要工业产品；

（三）消费者、有关组织反映有质量问题的产品。

**第二十四条** 工商行政管理部门根据国家有关规定和本市产品质量监督工作的需要，对流通领域可能危及人体健康和人身、财产安全的产品，以及消费者、有关组织反映有质量问题的产品实施质量监测。

**第二十五条** 有关行政管理部门开展监督抽查和质量监测工作应当相互协调，避免重复。

监督抽查和质量监测的检验工作应当委托有资质的检验机构进行；因突发事件等特殊情况，所需检验项目超出检验机构资质范围的，市质量技术监督部门可以临时指定具有相应检测能力的检验机构承担检验工作。

**第二十六条** 市质量技术监督部门应当会同有关部门编制本市重大产品质量安全事故处置预案，并组织协调事故的调查处理。

**第二十七条** 检验、判定产品质量的依据包括：

（一）国家标准、行业标准、地方标准和企业标准；

（二）产品标识、产品包装上明示的内容，或者以产品说明、实物样品等方式表明的质量状况；

（三）国家和市质量技术监督部门批准的产品质量监督抽查技术规范；

（四）法律、法规的其他规定。

**第二十八条** 产品质量检验机构应当依法根据标准、程序和方法进行检验，不得伪造检验数据和检验结论，并对其出具的检验报告负法律责任。

产品质量检验机构不得向社会推荐生产者的产品；不得以对产品进行监制、监销等方式参与产品经营活动；不得利用监督抽查、质量监测的检验结果开展产品推荐、评比等活动牟取不正当利益。

**第二十九条** 生产者、销售者对检验结论有异议的，可以自收到检验结论之日起十五日内，按照国家规定提出书面复检申请。复检结论与原结论一致的，复检费用由提出异议的生产者、销售者承担；复检结论与原结论不一致的，复检费用由委托检验的行政管理部门承担。

生产者、销售者逾期不提出复检申请的，视为承认检验结论。

**第三十条** 依法进行监督抽查和质量监测的产品质量不合格的，生产者、销售者应当对库存产品、在售产品进行全面清理，依法处理不合格产品，并向有关部门书面报告情况。有关部门根据需要可以组织核查。

依法进行监督抽查的产品质量不合格的，生产者应当按照规定整改并申请复查。生产者无正当理由逾期不申请复查的，视为逾期不改正，由市质量技术监督部门予以公告；公告后仍不整改并申请复查的，视为经复查产品质量仍不合格。

组织监督抽查中发现不合格产品的生产者在外省市的，由市质量技术监督部门移交生产者所在地的省级质量技术监督部门处理。

**第三十一条** 质量技术监督部门、工商行政管理部门根据已经取得的违法嫌疑证据或者举报，对涉嫌违反本条例规定的行为进行查处时，可以行使下列职权：

（一）对当事人涉嫌从事违反本条例的生产、销售活动的场所实施现场检查；

（二）对产品进行抽样取证；

（三）向当事人的法定代表人、主要负责人和其他有关人员调查、了解与涉嫌从事违反本条例的生产、销售活动有关的情况；

（四）查阅、复制当事人有关的合同、发票、账簿以及其他有关资料；

（五）对有根据认为不符合保障人体健康和人身、财产安全的国家标准、行业标准或者地方标准的产品，或者有其他严重质量问题的产品，以及直接用于生产、销售该项产品的原辅材料、包装物、生产工具，予以查封或者扣押。

**第三十二条** 本市推进产品质量诚信体系建设，实行质量信用分类管理，对有不良信用记录的生产者和销售者增加监督检查频次；开展产品质量企业自我声明工作，企业自我声明与实际不符或者未履行自我声明的，纳入不良信用记录并依法向社会公布。

本市有关部门应当共同加强对存在产品质量违法行为的企业的监督管理。质量技术监督、工商行政管理、经济信息化、商务、建设交通、公安消防、卫生、食品药品监督、农业等行政管理部门应当建立执法信息抄告制度。

对因产品质量违法行为被立案调查的企业，接到抄告信息的部门应当在年度检查检验以及相关证照换发工作中予以提示，督促企业到有关部门接受处理。

**第三十三条** 市和区、县质量技术监督部门应当会同工商行政管理、经济信息化、商务、建设交通、公安消防、卫生、食品药品监督、农业等行政管理部门定期发布产品质量状况分析报告。

## 第四章 社 会 监 督

**第三十四条** 任何单位和个人有权举报产品质量问题。有关部门应当为举报人保密。

质量技术监督部门、工商行政管理部门及有关部门应当公布接受产品质量举报的联系方式；对接到的举报信息，应当及时、完整地进行记录并妥善保存。举报事项属于本部门职责的，应当受理，并客观、公正、及时地进行核实、处理、答复；不属于本部门职责的，应当在五个工作日内移交有权处理的部门，并告知举报人。

**第三十五条** 消费者有权就产品质量问题，向产品的生产者、销售者查询；向质量技术监督部门、工商行政管理部门及有关部门申诉，接受申诉的部门应当负责处理。

**第三十六条** 保护消费者权益的社会组织可以就消费者反映的产品质量问题建议有关部门负责处理，参与有关行政管理部门对产品质量的监督检查，支持消费者对因产品质量造成的损害向人民法院起诉。

**第三十七条** 广播电台、电视台、报刊和互联网站等媒体对产品质量实行社会监督，向消费者介绍产品质量知识，宣传有关产品质量监督管理的法律、法规，揭露和批评产品生产、销售、检验中的违法行为。

**第三十八条** 行业协会应当加强行业自律，引导、督促生产者和销售者依法经营，推动行业诚信建设，参与标准制定，及时发现并向行政管理部门报告本行业产品质量的突出问题和安全隐患，宣传、普及产品质量知识。

**第三十九条** 司法机关、仲裁机构、行政管理部门、处理产品质量纠纷的有关社会团体以及产品质量争议双方当事人需要进行产品质量鉴定的，应当委托产品质量鉴定组织单位进行，鉴定组织单位名录由市质量技术监督部门向社会公布。

## 第五章 法律责任

**第四十条** 违反本条例规定的行为，有关法律、行政法规已有处罚规定的，适用其规定。

**第四十一条** 违反本条例第十一条规定，产品标识不符合要求，或者违反本条例第十二条规定，未按照规定附有说明书的，由质量技术监督部门或者工商行政管理部门按照各自职责予以责令改正；情节严重或者拒不改正的，责令停止生产、销售，处违法生产、销售产品货值金额百分之三十以下的罚款；有违法所得的，并处没收违法所得。

**第四十二条** 生产者、销售者和服务业经营者有下列情形之一的，由质量技术监督部门或者工商行政管理部门按照各自职责予以处罚：

（一）违反本条例第十五条第一款第二项规定，生产、销售不符合保障人体健康和人身、财产安全的国家标准、行业标准或者地方标准的产品的，责令停止生产、销售，没收违法生产、销售的产品，并处违法生产、销售产品（包括已售出的和未售出的产品，下同）货值金额等值以上三倍以下的罚款；有违法所得的，并处没收违法所得。

（二）违反本条例第十五条第一款第三项规定，销售超过安全使用期或者失效日期的产品的，依照《中华人民共和国产品质量法》第五十二条关于销售失效、变质的产品的处罚规定处罚。

（三）违反本条例第十五条第一款第四项、第五项规定，生产、销售虚假标注生产日期、安全使用期或者失效日期的产品，或者伪造、冒用产品质量检验检测证明的产品的，责令停止生产、销售，没收违法生产、销售的产品，并处违法生产、销售产品货值金额等值以下的罚款，有违法所得的，并处没收违法所得。

（四）违反本条例第十五条第一款第六项规定，生产、销售没有中文标明的产品名称、生产厂厂名和厂址的产品的，责令生产者改正、销售者停止销售；拒不改正或者拒不停止销售的，处违法生产、销售产品货值金额百分之三十以下的罚款；有违法所得的，并处没收违法所得。

（五）违反本条例第十五条第二款规定，在经营性服务过程中提供或者使用禁止生产、销售的产品的，责令停止使用；对知道或者应当知道所使用的产品属于本条例规定禁止生产、销售的产品的，按照违法使用的产品（包括已使用和尚未使用的产品）的货值金额，依照本条第二项至第四项对销售者的处罚规定处罚。

（六）违反本条例第十五条第三款规定，将禁止生产、销售的产品作为奖品、赠品的，责令改正，没收违法的奖品或者赠品，并处奖品或者赠品货值金额百分之五十以下的罚款。

**第四十三条** 违反本条例第二十条第二款规定，知道或者应当知道属于本条例规定禁止生产、销售的产品而为其提供运输、保管、仓储等便利条件的，由质量技术监督部门或者工商行政管理部门按照各自职责范围予以没收违法所得，并处违法所得百分之五十以上三倍以下的罚款。

**第四十四条** 违反本条例第二十一条规定的，标识的印制者在承印、制作产品标识时不查验有关证明，印制、提供虚假的产品标识，或者向非委托人提供产品标识的，由质量技术监督部门或者工商行政管理部门按照各自职责予以责令停止印制、提供，没收非法印制或者提供的产品标识和销售收入，可以并处销售收入一倍以上五倍以下的罚款；构成犯罪的，依法追究刑事责任。

**第四十五条** 检验机构有下列情形之一的，由质量技术监督部门予以处罚：

（一）违反本条例第二十八条第一款规定，伪造检验数据和检验结论的，责令改正，对单位处五万元以上十万元以下的罚款，对直接负责的主管人员和其他直接责任人员处一万元以上五万元以下的罚款；有违法所得的，并处没收违法所得；情节严重的，取消其检验资格。

（二）违反本条例第二十八条第二款规定，向社会推荐生产者的产品，以监制和监销等方式参与产品经营活动，或者利用监督抽查、质量监测的检验结果开展产品推荐、评比等活动牟取不正当利益的，责令改正，消除影响，有违法所得的予以没收，可以并处违法所得一倍以下的罚款；情节严重的，取消其检验资格。

**第四十六条** 违反本条例第三十条第一款规定，生产者、销售者未按规定清理、处理不合格产品，或者未向有关部门书面报告的，由质量技术监督部门或者工商行政管理部门按照各自职责范围处一万元以上五万元以下罚款。

**第四十七条** 有本条例所列违法行为，无销售收入、违法所得或者因不如实提供有关资料，致使销售收入、违法所得、货值金额难以确认的，可以处一万元以上十万元以下罚款。

**第四十八条** 因产品质量发生民事纠纷时，当事人可以通过协商或者调解解决。当事人不愿通过协商、调解解决或者协商、调解不成的，可以根据当事人各方的协议向仲裁机构申请仲裁；当事人也可以直接向人民法院起诉。

**第四十九条** 国家工作人员在产品质量监督管理工作中滥用职权、玩忽职守、徇私舞弊的，由其所在单位或者上级主管部门给予行政处分；构成犯罪的，依法追究刑事责任。

## 第六章 附　　则

**第五十条** 本条例自 2012 年 9 月 1 日起施行，1994 年 8 月 26 日上海市第十届人民代表大会常务委员会第十二次会议通过、1998 年 6 月 24 日上海市第十一届人民代表大会常务委员会第三次会议修正的《上海市产品质量监督条例》同时废止。

# 上海市城市管理综合行政执法条例

（2012 年 4 月 19 日上海市第十三届人民代表大会常务委员会第三十三次会议通过　根据 2015 年 6 月 18 日上海市第十四届人民代表大会常务委员会第二十一次会议《关于修改〈上海市城市管理行政执法条例〉的决定》第一次修正　根据 2018 年 5 月 24 日上海市第十五届人民代表大会常务委员会第四次会议《关于修改本市部分地方性法规的决定》第二次修正　根据 2021 年 7 月 29 日上海市第十五届人民代表大会常务委员会第三十三次会议《关于修改〈上海市街道办事处条例〉等 2 件地方性法规的决定》第三次修正　根据 2023 年 12 月 28 日上海市第十六届人民代表大会常务委员会第九次会议《关于修改〈上海市养老服务条例〉等 12 件地方性法规和废止〈上海市保护和发展邮电通信规定〉等 6 件地方性法规的决定》第四次修正）

## 第一章 总　　则

**第一条** 为加强城市管理综合行政执法工作，规范行政执法行为，提高行政执法效率和水平，保护公民、法人和其他组织的合法权益，根据《中华人民共和国行政处罚法》《中华人民共和国行政强制法》等有关法律、行政法规的规定，结合本市实际，制定本条例。

**第二条** 本条例适用于本市行政区域内的城市管理综合行政执法活动。

前款所称的城市管理综合行政执法是指市和区城市管理行政执法部门（以下简称城管执法部门）以及街道办事处、乡镇人民政府依法相对集中行使有关行政管理部门在城市管理领域的全部或部分行政处罚权及相关的行政检查权和行政强制权的行为。

**第三条** 市和区人民政府应当加强对城市管理综合行政执法工作的领导。

市和区人民政府以及街道办事处、乡镇人民政府应当根据区域面积、人口数量、管理需求等状况，合理配置城市管理行政执法人员（以下简称城管执法人员）和执法装备，并将城市管理综合行政执法工作所需经费纳入同级财政预算，保障城管执法部门依法履行职责。

**第四条** 市城管执法部门是本市城市管理综合行政执法工作的行政主管部门，负责本条例的组织实施。

区城管执法部门负责本辖区内城市管理综合行政执法工作，并接受市城管执法部门的业务指导和监督。

街道办事处、乡镇人民政府负责本辖区内城市管理综合行政执法工作，其所属综合行政执法机构以街道办事处、乡镇人民政府名义，具体承担本辖区内的城市管理综合行政执法工作，并接受区城管执法部门的业务指导和监督。

市和区城管执法部门根据需要可以在特定区域派驻城管执法机构，以市或区城管执法部门的名义，具体负责本区域内的城市管理综合行政执法工作。

**第五条** 建设、交通、绿化市容、水务、生态环境、市场监管、房屋管理、规划资源、公安、财政等行政管理部门按照各自职责，协同做好城市管理综合行政执法的相关工作。

**第六条** 城市管理综合行政执法工作遵循合法、公正、公开的原则，坚持以人为本，执法与教育、疏导、服务相结合，文明执法、规范执法，注重法律效果与社会效果的统一。

**第七条** 本市应当加强城市管理行政执法队伍建设，完善执法制度和监督机制，促进执法水平的提高。

**第八条** 各级人民政府和相关行政管理部门以及广播电台、电视台、报刊和互联网站等新闻媒体应当加强城市管理法律法规的宣传，增强市民自觉遵守城市管理规定的意识，营造社会共同维护城市管理秩序的氛围。

**第九条** 城管执法人员依法执行职务，受法律保护。

公民、法人或者其他组织应当支持城管执法部门以及街道办事处、乡镇人民政府的工作，协助城管执法人员依法行使职权。

城管执法部门以及街道办事处、乡镇人民政府应当听取公民、法人或者其他组织的意见，不断改进和完善执法方式和方法。

**第十条** 对在实施城市管理综合行政执法活动中作出突出贡献或者取得显著成绩的单位和个人，市和区人民政府及有关部门可以予以表彰奖励。

## 第二章 执法权限

**第十一条** 市和区城管执法部门以及街道办事处、乡镇人民政府实施城市管理综合行政执法的范围包括：

（一）依据市容环境卫生管理方面法律、法规和规章的规定，对违反市容环境卫生管理的违法行为实施行政处罚。

（二）依据市政工程管理方面法律、法规和规章的规定，对违反非市管城市道路（含城镇范围内的公路）、桥梁及其附属设施管理的违法行为实施行政处罚。

（三）依据绿化管理方面法律、法规和规章的规定，对除绿化建设外的违反绿化管理的违法行为实施行政处罚。

（四）依据水务管理方面法律、法规和规章的规定，对倾倒工业、农业、建筑等废弃物及生活垃圾、粪便；清洗装贮过油类或者有毒有害污染物的车辆、容器；以及擅自搭建房屋、棚舍等建筑物或者构筑物等违反河道管理的违法行为实施行政处罚。

（五）依据环境保护管理方面法律、法规和规章的规定，对道路运输、堆场作业、露天仓库等产生扬尘，污染环境；单位未按照规定对裸露土地进行绿化或者铺装；任意倾倒或者在装载、运输过程中散落工业固体废物或者其他固体废物；违反安装空调器、冷却设施的有关规定，影响环境和他人生活；未经批准或者未按批准要求从事夜间建筑施工，造成噪声污染；露天焚烧秸秆、枯枝落叶等产生烟尘的物质，以及露天焚烧沥青、油毡、橡胶、塑料、垃圾、皮革等产生有毒有害、恶臭或强烈异味气体的物质等不需要经过仪器测试即可判定的违法行为实施行政处罚。

（六）依据市场监管方面法律、法规和规章的规定，对占用道路无照经营的违法行为实施行政处罚。

（七）依据建设管理方面法律、法规和规章的规定，对损坏、擅自占用无障碍设施或者改变无障碍设施用途的违法行为实施行政处罚。

（八）依据城乡规划和物业管理方面的法律、法规和规章的规定，按照市人民政府确定的职责分工，对擅自搭建建筑物、构筑物的违法行为和物业管理区域内破坏房屋外貌的违法行为实施行政处罚。

（九）本市地方性法规和市政府规章规定由城管执法部门实施的其他行政处罚。

城管执法部门以及街道办事处、乡镇人民政府按照前款规定实施行政执法的具体事项由市人民政府确定，并向社会公布。

**第十二条** 本市地方性法规或者政府规章可以对城市管理综合行政执法的范围进行调整。

除前款规定外，其他任何单位和个人不得擅自变更城市管理综合行政执法的范围。

**第十三条** 已由市和区城管执法部门以及街道办事处、乡镇人民政府依法行使的城市管理相对集中行政处罚权及相关的行政检查权和行政强制权，有关行政管理部门不得再行使；有关行政管理部门履行的其他行政管理和监督职责，应当依法继续履行。

**第十四条** 区城管执法部门以及街道办事处、乡镇人民政府负责本辖区内违法行为的查处。

两个以上区城管执法部门或者街道办事处、乡镇人民政府都有管辖权的，由最先立案的管辖。对管辖发生争议的，应当协商解决，协商不成的，报请共同的上一级行政机关指定管辖；也可以直接由共同的上一级行政机关指定管辖。

**第十五条** 市城管执法部门对区城管执法部门未予查处的违法行为，应当责令其查处，也可以直接查处。

区城管执法部门对街道、乡镇综合行政执法机构未予查处的违法行为，应当责令其查处，也可以直接查处。

市城管执法部门可以对社会影响重大的违法行为直接进行查处；必要时，也可以组织相关区城管执法部门共同进行查处。

区城管执法部门在开展重大执法行动时，可以对街道、乡镇综合行政执法机构进行调动指挥。

## 第三章 执法规范

**第十六条** 城管执法人员实行全市统一招录制度，公开考试、严格考察、择优录取。城管执法人员经法律知识和业务知识的统一培训并考试合格具备行政执法资格的，方可取得行政执法证件。未取得行政执法证件的人员，不得从事行政执法活动。

城管执法人员从事行政执法活动，应当遵守执法程序规定，准确适用行政处罚裁量基准，使用统一的法律文书样式。执法程序规定、行政处罚裁量基准和法律文书样式等，由市城管执法部门制定并向社会公布。

城管执法人员从事行政执法活动，应当着统一制服，佩戴统一标志标识，做到仪容严整、举止端庄、语言文明、行为规范。

城管执法人员从事行政执法活动时，应当向当事人出示行政执法证件；除法律另有规定外，必须两人以上共同进行。

**第十七条** 城管执法部门以及街道办事处、乡镇人民政府应当建立和完善城管执法巡查机制，并可以利用城市网格化管理系统，及时发现、制止和查处违反城市管理法律、法规和规章规定的行为。

本市举办重大活动时，市城管执法部门可以组织区城管执法部门以及街道、乡镇综合行政执法机构进行集中巡查。

**第十八条** 城管执法部门以及街道办事处、乡镇人民政府可以根据违法行为的性质和危害后果，采取不同的行政执法方式。

**第十九条** 城管执法人员在查处违法行为时，可以采取以下措施：

（一）依法进入发生违法行为的场所实施现场检查，并制作检查笔录；

（二）以勘验、拍照、录音、摄像等方式进行现场取证；

（三）以智能化设施设备依法收集电子数据、视听资料等证据；

（四）询问案件当事人、证人，并制作询问笔录；

（五）查阅、调取、复印与违法行为有关的文件资料；

（六）法律、法规规定的其他措施。

城管执法人员、当事人、证人应当在笔录上签名或者盖章。当事人拒绝签名、盖章或者不在现场的，应当由无利害关系的见证人签名或者盖章；无见证人的，城管执法人员应当注明情况。

**第二十条** 城管执法人员调查取证时，应当全面、客观、公正，符合法定程序，不得以利诱、欺诈、胁迫、暴力等非法手段收集证据，不得伪造、隐匿证据。

通过非法手段获取的证据不能作为认定违法事实的依据。

**第二十一条** 城管执法部门以及街道办事处、乡镇人民政府查处违法行为时，可以依法扣押与违法行为有关的物品。

城管执法部门以及街道办事处、乡镇人民政府实施扣押措施，应当遵守法律、法规规定的条件、程序和期限。

城管执法部门以及街道办事处、乡镇人民政府实施扣押措施后，应当及时查清事实，在法定期限内作出处理决定。对于经调查核实没有违法行为或者不再需要扣押的，应当解除扣押，返还物品。

城管执法部门以及街道办事处、乡镇人民政府查处违法行为时，对违法事实清楚的，依法应当没收的非法物品，予以没收。城管执法部门以及街道办事处、乡镇人民政府对依法没收的非法物品，除依法应当予以销毁的外，应当按照国家规定公开拍卖或者按照国家有关规定处理，所得款项应当依照规定上缴国库。

**第二十二条** 城管执法部门以及街道办事处、乡镇人民政府应当妥善保管扣押物品，不得使用或者损毁，属非法物品的，移送有关部门处理。

被扣押的物品易腐烂、变质的，城管执法部门以及街道办事处、乡镇人民政府应当通知当事人在二日内到指定地点接受处理；逾期不接受处理的，可以在登记后拍卖、变卖；无法拍卖、变卖的，可以在留存证据后销毁。

解除扣押后，城管执法部门以及街道办事处、乡镇人民政府应当通知当事人及时认领。当事人逾期不认领或者当事人难以查明的，城管执法部门以及街道办事处、乡镇人民政府应当及时发布认领公告，自公告发布之日起六十日内无人认领的，城管执法部门以及街道办事处、乡镇人民政府可以采取拍卖、变卖等方式妥善处置，拍卖、变卖所得款项应当依照规定上缴国库。

**第二十三条** 城管执法部门以及街道办事处、乡镇人民政府在行政执法活动中，对当事人弃留现场的物品，应当按照本条例第二十二条的规定处理。

**第二十四条** 城管执法部门以及街道办事处、乡镇人民政府作出行政行为的，应当告知当事人作出行政行为的内容及事实、理由、依据，并告知当事人依法享有陈述、申辩、要求听证以及申请行政复议或者提起行政诉讼的权利。

当事人进行陈述和申辩时提出的事实、理由或者证据成立的，城管执法部门以及街道办事处、乡镇人民政府应当采纳，不得因当事人申辩而加重处罚。对符合听证条件的，城管执法部门以及街道办事处、乡镇人民政府应当组织听证。

城管执法部门以及街道办事处、乡镇人民政府应当严格执行行政执法公示制度、执法全过程记录制度和重大执法决定法制审核制度。

**第二十五条** 城管执法部门以及街道办事处、乡镇人民政府应当依照法律规定采用直接送达、留置送达、邮寄送达和公告送达等方式送达法律文书。采用公告送达的，城管执法部门以及街道办事处、乡镇人民政府可以通过其政府网站和公告栏进行。自发出公告之日起，经过三十日，即视为送达。

当事人同意并签订确认书的，城管执法部门以及街道办事处、乡镇人民政府可以采用传真、电子邮件等方式，将行政处罚决定书等送达当事人。

城管执法部门以及街道办事处、乡镇人民政府应当向社会公布其网址和公告栏地址。

**第二十六条** 城管执法部门以及街道办事处、乡镇人民政府应当自行政处罚案件立案之日起九十日内作出行政处罚决定；因案情复杂等原因，不能在规定期限内作出行政处罚决定的，经城管执法部门或者街道办事处、乡镇人民政府负责人批准，可以延长三十日；案情特别复杂或者有其他特殊情况，经延期仍不能作出处罚决定的，应当由城管执法部门或者街道办事处、乡镇人民政府负责人集体讨论决定是否继续延期，决定继续延期的，延长期限最多不得超过六十日。法律、法规、规章另有规定的除外。

**第二十七条** 城管执法部门以及街道办事处、乡镇人民政府应当建立违法行为举报制度，并向社会公布全市统一的举报电话及其他联系方式。

城管执法部门以及街道办事处、乡镇人民政府收到举报后，应当及时核查，并在五个工作日内将核查情况告知举报人；对不属于本单位职责范围的，应当向举报人说明情况，并在三个工作日内移送有关部门处理。

城管执法部门以及街道办事处、乡镇人民政府应当为举报人保密。

## 第四章 执法协作

**第二十八条** 有关行政管理部门应当履行管理职责，与城管执法部门以及街道办事处、乡镇人民政府加强协作，采取疏导措施，从源头上预防和减少违法行为的发生。

**第二十九条** 城管执法部门以及街道办事处、乡镇人民政府在执法活动中发现应当由有关行政管理部门处理的违法行为的，应当及时移送有关行政管理部门处理。有关行政管理部门在执法活动中发现应当由城管执法部门以及街道办事处、乡镇人民政府处理的违法行为的，应当及时移送城管执法部门以及街道办事处、乡镇人民政府处理。移送案件涉及的非法物品等相关物品应当一并移送。

城管执法部门以及街道办事处、乡镇人民政府和有关行政管理部门无正当理由，不得拒绝接受移送的案件和相关物品，并应当在作出处理决定后，及时通报移送部门。

**第三十条** 城管执法部门以及街道办事处、乡镇人民政府查处违法行为需要向有关行政管理部门查询有关资料的，有关行政管理部门应当依照相关法律、法规规定予以配合。

城管执法部门以及街道办事处、乡镇人民政府查处违法行为时，需要有关行政管理部门认定违法行为和非法物品的，应当出具协助通知书。有关行政管理部门应当自收到协助通知书之日起十日内出具书面意见；如情况复杂需要延期的，应当以书面形式向城管执法部门以及街道办事处、乡镇人民政府说明理由并明确答复期限。

**第三十一条** 在城市管理中开展重大专项

执法行动时,城管执法部门以及街道办事处、乡镇人民政府需要有关行政管理部门协助的,有关行政管理部门应当在职责范围内依法协助;有关行政管理部门需要城管执法部门以及街道办事处、乡镇人民政府协助的,城管执法部门以及街道办事处、乡镇人民政府应当在职责范围内依法协助。

**第三十二条** 公安机关与城管执法部门以及街道办事处、乡镇人民政府应当建立协调配合机制。

公安机关应当依法保障城管执法部门以及街道办事处、乡镇人民政府的行政执法活动,对阻碍城管执法人员依法执行职务的行为,应当及时制止;对违反《中华人民共和国治安管理处罚法》的行为,依法予以处罚;使用暴力、威胁等方法构成犯罪的,依法追究刑事责任。

区公安机关应当确定专门力量、明确工作职责、完善联勤联动机制,在信息共享、联合执法和案件移送等方面配合本区域内城管执法部门以及街道办事处、乡镇人民政府开展行政执法工作。

**第三十三条** 市和区人民政府应当采取措施推动城管执法部门以及街道办事处、乡镇人民政府和有关行政管理部门建立健全城市管理与执法信息共享机制,促进信息交流和资源共享。

城管执法部门以及街道办事处、乡镇人民政府应当将实施行政处罚的情况和发现的问题通报有关行政管理部门,提出管理建议;有关行政管理部门应当将与城市管理综合行政执法有关的行政许可和监督管理信息及时通报城管执法部门以及街道办事处、乡镇人民政府,保障城市管理综合行政执法工作的有效开展。

**第三十四条** 市和区人民政府应当不断加大城市管理综合行政执法科学技术的研发投入,推广先进科学技术手段在调查取证、检查检测等方面的普及运用。

## 第五章 执法监督

**第三十五条** 市和区人民政府应当加强对城市管理行政综合执法工作的监督,对城管执法部门以及街道办事处、乡镇人民政府不依法履行职责的行为,应当责令其改正并追究行政责任。

**第三十六条** 市城管执法部门应当建立全市统一的执法培训、岗位交流、督察考核、责任追究和评议考核等制度。

市和区城管执法部门以及街道办事处、乡镇人民政府应当落实行政执法责任制,加强执法队伍规范化、制度化的建设和管理。评议考核不合格的城管执法人员,不得从事行政执法工作。

市城管执法部门对区城管执法部门及其执法人员发生的情节严重、社会影响较大的违法违纪行为,可以向区人民政府提出查处建议。

区城管执法部门对街道、乡镇综合行政执法机构及其执法人员发生的情节严重、社会影响较大的违法违纪行为,可以向街道办事处、乡镇人民政府提出查处建议。

**第三十七条** 有关行政管理部门发现城管执法部门以及街道办事处、乡镇人民政府有违法执法行为的,可以向其提出书面建议。城管执法部门以及街道办事处、乡镇人民政府收到书面建议后,应当及时调查核实;情况属实的,应当予以纠正并告知有关行政管理部门。

**第三十八条** 城管执法部门以及街道办事处、乡镇人民政府应当将城市管理综合行政执法职责范围、执法依据、执法程序以及监督电话等事项向社会公开,接受社会监督。

公民、法人和其他组织发现城管执法人员有违法执法行为或者行政不作为的,可以向城管执法人员所在单位、上级主管部门或者监察机关检举、控告。接到检举、控告的部门应当按照法定权限及时核实处理,并及时反馈处理意见。

**第三十九条** 市和区城管执法部门以及街道办事处、乡镇人民政府应当定期对本单位的行政执法情况组织社会评议;有关部门对城管执法部门以及街道办事处、乡镇人民政府的行政执法情况组织社会评议的,城管执法部门以及街道办事处、乡镇人民政府应当予以配合。评议结果应当向社会公开。

区城管执法部门应当加强对街道、乡镇综合行政执法工作的监督检查，组织评议，并将评议结果报告区人民政府，作为街道办事处和乡镇人民政府绩效考核的依据。

## 第六章　法 律 责 任

**第四十条**　城管执法部门以及街道办事处、乡镇人民政府及其执法人员有下列情形之一的，对直接负责的主管人员和其他直接责任人员，由其所在单位、上级主管部门或者监察机关依法给予处分；构成犯罪的，依法追究刑事责任：

（一）对发现的违法行为不依法查处，情节严重的；

（二）超越职权或者违反法定程序执法，情节严重的；

（三）擅自变更已经作出的行政处罚决定的；

（四）使用暴力、威胁等手段执法的；

（五）故意损坏或者擅自销毁当事人财物的；

（六）截留、私分罚款或者扣押的财物的，以及使用扣押的财物的；

（七）索取或者收受他人财物的；

（八）其他玩忽职守、滥用职权、徇私舞弊的行为。

**第四十一条**　有关行政管理部门违反本条例的规定，拒不履行执法协作职责的，由本级人民政府或者上级主管部门责令改正，通报批评；情节严重的，对直接负责的主管人员和其他直接责任人员依法给予处分。

**第四十二条**　城管执法部门以及街道办事处、乡镇人民政府及其执法人员违法行使职权，对公民、法人或者其他组织的合法权益造成损害的，应当依法承担赔偿责任。

## 第七章　附　　则

**第四十三条**　本条例自 2012 年 7 月 15 日起施行。

# 上海市审计条例

（2012 年 9 月 26 日上海市第十三届人民代表大会常务委员会第三十六次会议通过　根据 2017 年 11 月 23 日上海市第十四届人民代表大会常务委员会第四十一次会议《关于修改本市部分地方性法规的决定》修正）

## 第一章　总　　则

**第一条**　为了加强审计监督，规范审计行为，维护财政经济秩序和社会公共利益，提高财政资金使用效益，促进廉政建设，保障国民经济和社会健康发展，根据《中华人民共和国审计法》、《中华人民共和国审计法实施条例》等法律、行政法规，结合本市实际情况，制定本条例。

**第二条**　市和区审计机关开展审计监督活动，适用本条例。

**第三条**　审计机关应当依照法律规定的职权和程序，对被审计单位财政收支、财务收支的真实、合法、效益和主要负责人经济责任的履行情况独立实施审计监督，并出具审计报告。

**第四条**　市人民政府各部门，区人民政府及其各部门和乡、镇人民政府的财政收支，国有的金融机构和企业事业组织的财务收支，以及其他依照法律、行政法规和本条例规定应当接受审计的财政收支、财务收支，依法接受审计监督。

被审计单位应当在财政收支、财务收支以及有关经济活动中，遵守相关法律、行政法规，建立并实施内部控制，按照国家统一的会计制度编报财务会计报告，保证财务会计资料以及与审计事项相关的其他资料的真实和完整。

**第五条** 市和区人民政府应当每年向本级人民代表大会常务委员会提出审计机关对预算执行和其他财政收支的审计工作报告。必要时，人民代表大会常务委员会可以对审计工作报告作出决议。

市和区人民政府应当将审计工作报告中指出的问题的纠正情况和处理结果向本级人民代表大会常务委员会报告。

**第六条** 依法属于审计机关审计监督对象的单位，应当按照国家有关规定建立健全内部审计制度，根据内部审计工作需要设立内部审计机构或者配备内部审计人员，并可以参加依法成立的内部审计自律组织；其内部审计工作应当接受审计机关的业务指导和监督。

审计机关通过检查评估内部审计业务质量、培训内部审计人员、组织内部审计业务交流、指导内部审计自律组织工作等方式，加强对内部审计工作的业务指导和监督。

**第七条** 审计机关实施审计和专项审计调查时，可以一并对社会审计机构为依法属于审计机关审计监督对象的单位出具的相关审计报告进行核查。

审计机关核查社会审计机构出具的相关审计报告时，发现社会审计机构存在违反法律、法规或者执业准则等情况的，应当移送有关主管机关依法追究责任。

**第八条** 审计机关和审计人员办理审计事项，应当严格依法、客观公正、实事求是、勤勉尽责、廉洁奉公、保守秘密，保持职业谨慎，不得参与被审计单位的管理活动。

审计人员对于执行审计业务取得的资料、形成的审计记录和掌握的相关情况，未经审计机关批准不得对外提供和披露，不得用于与审计工作无关的目的。

审计机关应当建立审计人员回避制度，审计人员与被审计单位或者审计事项有利害关系的，应当依法回避。

审计机关应当建立审计人员交流制度，避免审计人员因执行审计业务长期与同一被审计单位接触可能对审计独立性造成的损害。

**第九条** 审计机关应当加强审计质量控制，实行审计组成员、审计组主审、审计组组长、审计机关业务部门、审理机构、总审计师和审计机关负责人对审计业务的分级质量控制，建立审计项目质量责任追究制度。

## 第二章　审计事项和内容

**第十条** 审计机关应当按照国家有关规定，对下列事项进行审计：

（一）本级预算执行情况和其他财政收支情况；

（二）本级各部门（含直属单位）的决算和下级人民政府的预算执行情况和决算以及其他财政收支情况；

（三）国家的事业组织和使用财政资金的其他事业组织的财务收支情况；

（四）国有、国有资本占控股地位或者主导地位的企业和金融机构的财务收支及其境内外国有资产经营管理情况；

（五）政府投资和以政府投资为主的建设项目的预算执行情况和决算；

（六）政府部门管理和其他单位受政府委托管理的社会保险基金、社会救助资金、社会福利资金、社会捐赠资金、住房公积金及其他有关基金、资金的财务收支情况；

（七）国际组织和外国政府援助、贷款项目的财务收支情况；

（八）国家机关和依法属于审计机关审计监督对象的其他单位的主要负责人应负经济责任的履行情况；

（九）法律、行政法规规定应当由审计机关

进行审计的其他事项。

审计机关可以就财政经济政策和宏观调控措施执行情况、预算管理情况、国有资产管理使用情况以及其他与财政收支有关的特定事项，对有关部门、单位进行专项审计调查。

**第十一条** 审计机关对本级预算执行情况和其他财政收支情况进行审计，应当包括下列事项：

（一）财政部门具体组织本级预算执行情况；

（二）预算收入征收部门征收预算收入情况；

（三）各部门（含直属单位）预算执行情况；

（四）基本建设支出预算执行情况；

（五）财政专项资金预算执行情况；

（六）政府性基金预算执行情况；

（七）国有资本经营预算执行情况；

（八）社会保险基金预算执行情况；

（九）政府举借债务筹措的资金等其他财政收支情况。

**第十二条** 审计机关对国有、国有资本占控股地位或者主导地位的企业的财务收支进行审计，重点审查下列内容：

（一）资产、负债、损益情况；

（二）对外投资、融资情况；

（三）产权转让、资产处置、对外担保情况；

（四）内部控制制度建立和执行情况。

**第十三条** 审计机关对国有、国有资本占控股地位或者主导地位的地方金融机构的财务收支进行审计，重点审查下列内容：

（一）资产、负债、损益及表外业务情况；

（二）经营业务合规情况；

（三）风险管理情况；

（四）资产质量情况；

（五）内部控制制度建立和执行情况。

**第十四条** 审计机关对政府投资和以政府投资为主的建设项目的预算执行情况和决算进行审计，重点审查下列内容：

（一）履行基本建设程序情况；

（二）投资控制和资金管理使用情况；

（三）项目建设管理情况；

（四）工程成本支出情况。

审计机关对前款规定的建设项目进行审计时，可以对直接有关的勘察、设计、施工、监理、造价咨询、招标代理、供货等单位取得建设项目资金的真实性、合法性进行调查。

政府投资和以政府投资为主的建设项目，按照国家和本市规定应当经审计机关审计的，建设单位或者代建单位可以在招标文件以及与施工单位签订的合同中明确以审计结果作为工程竣工结算的依据。审计机关的审计涉及工程价款的，以招标投标文件和合同关于工程价款及调整的约定作为审计的基础。

**第十五条** 审计机关对本条例第十条所列事项中涉及资源保护与开发利用、污染防治、生态系统保护和生态治理工程、节能减排资金的，可以专门开展资源环境审计，重点审查下列内容：

（一）资源环境保护事项相关资金的征收、分配、使用和管理情况；

（二）资源环境保护政策法规贯彻执行情况；

（三）资源环境保护项目的建设及运营效果。

**第十六条** 审计机关对本条例第十条所列事项中社会关注度高、使用财政资金数量大、涉及重大公共利益的，应当专门开展绩效审计，重点审查下列内容：

（一）配置、使用、利用财政资金和其他公共资源的绩效目标设定情况；

（二）财政资金投入和使用情况，其他公共资源配置和利用情况；

（三）为实现绩效目标制定的制度、采取的措施等情况；

（四）绩效目标的实现程度及效果。

审计机关应当依照有关法律、行政法规、规章以及政策、制度、标准、绩效目标等，确定绩效审计评价依据。

审计机关选择绩效审计评价标准时，可以听取被审计单位、专家学者、政府部门、行业协会及社会公众的意见。

**第十七条** 审计机关按照国家和本市有关

规定，对国家机关和依法属于审计机关审计监督对象的其他单位的主要负责人，在任职期间对本地区、本部门或者本单位的财政收支、财务收支以及有关经济活动应负经济责任的履行情况，进行审计监督。

审计机关开展经济责任审计，可以在主要负责人任职期间进行任中经济责任审计，也可以在主要负责人不再担任所任职务时进行离任经济责任审计。

审计机关应当依照法律、行政法规、国家有关规定和政策等，对主要负责人履行经济责任情况作出客观公正、实事求是的评价；对主要负责人履行经济责任过程中存在问题所应当承担的直接责任、主管责任、领导责任，区别不同情况作出界定。

## 第三章　审计程序和权限

**第十八条**　审计机关应当根据法定的审计职责和审计管辖范围，按照本级人民政府和上级审计机关的要求，确定年度审计工作重点，编制年度审计项目计划。审计机关编制年度审计项目计划前，可以听取相关单位和社会公众的意见。

年度审计项目计划及计划变更应当经本级人民政府批准，并报上一级审计机关备案。

审计机关应当根据年度审计项目计划，组成审计组，并按照国家有关规定通知被审计单位。

**第十九条**　审计机关开展经济责任审计，应当进行实施审计的公示；开展其他审计，可以进行实施审计的公示。

**第二十条**　审计机关有权要求被审计单位提供下列情况或者资料：

（一）预算或者财务收支计划；

（二）预算执行情况；

（三）决算、财务会计报告；

（四）与被审计单位财政收支、财务收支相关的电子数据和信息系统技术文档；

（五）在金融机构开立账户的情况；

（六）内部审计机构的审计报告和社会中介机构出具的审计报告、审价报告、验资报告以及与审计事项相关的其他业务报告；

（七）建设项目的立项、招标投标、合同、设计、监理、竣工决算资料；

（八）与审计事项相关的内部管理制度、会议纪要资料；

（九）其他与审计事项有关的资料。

被审计单位运用计算机管理财政收支、财务收支以及相关业务活动的信息系统应当具备符合国家标准或者行业标准的数据接口；未设置符合标准的数据接口的，审计机关有权要求被审计单位及时将数据转换成能够读取的格式输出。

审计机关在政府预算执行、税收、社会保险等重要领域实施联网审计，被审计单位应当予以配合。

**第二十一条**　审计机关实施审计和专项审计调查时，有权对被审计单位运用计算机管理财政收支、财务收支以及与审计事项相关的业务活动的信息系统进行检查。

审计机关在检查被审计单位相关信息系统时，可以利用被审计单位信息系统的现有功能或者采用其他计算机技术和工具。检查中应当避免对被审计单位相关信息系统及其电子数据造成损害。

**第二十二条**　审计机关实施审计和专项审计调查时，可以利用经核实确认的内部审计机构或者社会审计机构的审计结果。

**第二十三条**　审计机关实施审计和专项审计调查时，因行使职权受到限制而无法获取适当、充分的审计证据，或者无法制止违法行为对国家利益侵害的，可以根据需要，按照有关规定提请有权处理的机关或者单位予以协助和配合，有关机关或者单位应当予以协助和配合。

**第二十四条**　审计组实施审计或者专项审计调查后，应当提出审计报告。审计组的审计报告应当征求被审计单位、被审计的主要负责人和拟处罚的有关责任人员的意见。

被审计单位、被审计的主要负责人或者有

关责任人员对征求意见的审计报告有异议的，审计组应当进一步核实，并根据核实情况对审计报告作出必要的修改。

审计机关按照规定程序对审计组的审计报告进行审议，并对被审计单位、被审计的主要负责人或者有关责任人员对审计组的审计报告提出的意见一并研究后，提出审计机关的审计报告。

**第二十五条** 审计和专项审计调查中，发现被审计单位违反国家规定的财政收支、财务收支行为依法应当给予处理、处罚的，审计机关应当在法定职权范围内作出审计决定。审计机关在法定职权范围内作出的审计决定，被审计单位应当执行。

审计决定需要有关主管部门、单位协助执行的，审计机关应当书面提请协助执行，有关主管部门、单位应当书面回复审计机关。

**第二十六条** 审计机关实施审计和专项审计调查，对被审计单位所执行的上级主管部门有关财政收支、财务收支的规定与法律、行政法规相抵触的，应当建议有关主管部门纠正；有关主管部门不予纠正的，审计机关应当提请有权处理的机关依法处理。

**第二十七条** 审计机关对政府投资和以政府投资为主的城市基础设施、保障性住房、学校、医院等重大建设项目的预算执行情况，以及用于应对突发事件、举办重大活动的资金管理使用情况，采用全过程跟踪的方式开展审计工作。

审计机关在跟踪审计过程中，应当出具阶段性审计报告。发现问题的，审计机关应当在阶段性审计报告中要求被审计单位限期整改，并在最终的审计报告中反映已发现问题的整改情况；对尚未整改的问题，应当在最终的审计报告中予以反映。

## 第四章 审计结果和整改

**第二十八条** 审计机关应当向本级人民政府提出本级预算执行和其他财政收支的审计结果报告、经济责任审计结果报告、绩效审计结果报告和专项审计调查结果报告。

**第二十九条** 审计机关在审计中发现的下列问题和事项，应当采用专题报告等方式向本级人民政府报告：

（一）涉嫌重大违法犯罪的问题；

（二）与财政收支、财务收支的有关政策及其执行中存在的重大问题；

（三）关系经济安全的重大问题；

（四）关系信息安全的重大问题；

（五）影响社会公共利益的重大问题；

（六）其他重大事项。

**第三十条** 对依法应当由公安、监察、检察机关或者其他有关部门处理、处罚或者追究有关责任人员责任的事项，审计机关应当移送有关部门。有关部门应当依法及时处理，并将处理结果书面告知审计机关。

**第三十一条** 被审计单位应当自收到审计报告、审计决定书之日起九十日内，将审计整改情况书面报告审计机关。

审计机关应当在规定的时间内检查或者了解被审计单位和其他有关单位的整改情况，主要包括下列内容：

（一）被审计单位对审计机关作出的处理、处罚决定的执行情况；

（二）被审计单位对审计机关要求自行纠正事项的执行情况；

（三）被审计单位和其他有关单位对审计机关建议的采纳情况；

（四）有关单位对审计机关移送事项的处理情况。

**第三十二条** 市和区人民政府应当建立审计整改工作督促检查机制，重点对违法违规行为严重、拒绝或者拖延整改的部门和单位进行审计整改督促检查。对被审计单位未整改或者未完全整改的事项，审计机关和有关部门按照规定采取通报批评、对有关责任人问责等措施。

**第三十三条** 审计机关应当根据国家和本市有关规定，通过政府网站、新闻发布会、报刊等途径向社会公布审计和专项审计调查结果。

审计机关公布的审计和专项审计调查结果主要包括下列内容：

（一）审计和专项审计调查事项的基本情况；

（二）审计评价；

（三）审计和专项审计调查发现的主要问题；

（四）审计意见及审计建议；

（五）被审计单位、被调查单位的整改情况。

审计机关公布审计和专项审计调查结果，应当依法保守国家秘密和被审计单位的商业秘密。

**第三十四条** 市和区人民政府应当将审计结果作为政府部门绩效管理、考核和行政问责的参考依据。

绩效审计结果应当作为有关部门决策、绩效考核的参考依据。

经济责任审计结果应当作为考核、任免、奖惩被审计的国家机关和依法属于审计机关审计监督对象的其他单位的主要负责人的重要依据。

审计机关的审计结果能够满足其他监督检查部门履行职责需要的，其他监督检查部门应当加以利用。

## 第五章 审计保障

**第三十五条** 审计机关负责人的任免，应当事先书面征求上一级审计机关的意见。

**第三十六条** 区人民政府应当加强对乡、镇的审计工作，配置必要的审计人力资源，保障审计机关依法对乡、镇人民政府的预算执行情况和决算以及其他财政收支情况进行审计监督。

**第三十七条** 审计机关根据国家有关规定，可以结合工作需要聘请具有与审计事项相关专业知识的人员，参加审计业务或者提供技术支持、专业咨询、专业鉴定。

被聘请人员参加审计业务，应当执行国家审计准则，遵守审计工作纪律，并接受审计机关的指导和监督。

**第三十八条** 审计机关履行职责所必需的经费，应当列入财政预算，由本级人民政府予以保障。

**第三十九条** 审计机关应当建立审计监督对象基本情况数据库并及时更新数据，反映与审计事项相关的财政收支、财务收支以及有关经济活动情况。依法属于审计机关审计监督对象的单位应当按照规定及时向审计机关报送有关电子数据和信息系统技术文档等资料。

## 第六章 法律责任

**第四十条** 违反本条例有关规定的行为以及被审计单位违反国家规定的财政收支、财务收支行为，法律、行政法规已有处理、处罚规定的，从其规定。

**第四十一条** 被审计单位运用计算机管理财政收支、财务收支的信息系统不符合法律、行政法规和有关主管部门的规定、标准的，由审计机关责令限期改正或者更换；在规定期限内不予改正或者更换的，应当通报批评并建议有关主管部门予以处理。审计机关在审计过程中发现开发和故意使用有舞弊功能的计算机信息系统的，依法追究有关单位和个人的责任。

**第四十二条** 审计机关聘请的专业人员在参加审计工作中有徇私舞弊或者故意隐瞒审计发现的重要问题、泄露国家秘密、利用所掌握的商业秘密谋取私利等行为的，依法追究责任。

**第四十三条** 审计机关和审计人员有下列行为之一的，对有关责任人员依法给予处分；构成犯罪的，依法追究刑事责任：

（一）违反规定行使审计处理、处罚权；

（二）采取非法手段获取审计证据；

（三）泄露所知悉的国家秘密、商业秘密；

（四）徇私舞弊、玩忽职守。

## 第七章 附　　则

**第四十四条** 本条例自 2013 年 1 月 1 日起施行。

# 上海市实施《中华人民共和国邮政法》办法

（2012 年 9 月 26 日上海市第十三届人民代表大会
常务委员会第三十六次会议通过）

## 第一章　总　　则

**第一条**　为了保障邮政普遍服务，规范和促进快递服务发展，维护邮政通信与信息安全，保护通信自由和通信秘密，保护用户合法权益，加强对邮政市场的监督管理，根据《中华人民共和国邮政法》和其他有关法律、行政法规，结合本市实际情况，制定本办法。

**第二条**　本市行政区域内邮政设施的规划和建设、邮政服务、快递业务经营以及相关监督管理活动，适用本办法。

**第三条**　市邮政管理部门负责本市行政区域的邮政普遍服务和邮政市场的监督管理。

区、县人民政府和市建设交通、发展改革、财政、规划国土、房屋、工商、公安、国家安全等有关行政管理部门按照各自职责分工，协同实施本办法。

**第四条**　市人民政府应当组织编制邮政业发展规划，并将其纳入国民经济和社会发展规划。

市邮政管理部门应当建立服务评估机制，定期开展邮政普遍服务、快递服务运行情况的评估和用户满意度的测评，并定期向企业反馈，向社会公布。

**第五条**　市邮政管理部门应当会同有关部门通过多种方式，向公众宣传、普及邮政法律知识和用邮知识。

邮政企业和快递企业应当及时、妥善处理用户对服务质量提出的投诉。用户对处理结果不满意的，可以向邮政管理部门申诉。

市邮政管理部门应当设立用户投诉、申诉处理部门，公布统一的邮政服务、快递服务投诉、申诉电话，处理用户对邮政企业和快递企业服务质量提出的申诉，并定期向社会公布用户申诉情况。

## 第二章　邮政设施的规划和建设

**第六条**　市邮政管理部门应当会同市规划国土行政管理部门组织编制包括邮政营业场所、邮件处理场所等在内的邮政设施的专项规划，经市人民政府批准后，纳入相应的城乡规划。

区、县人民政府和市规划国土行政管理部门编制控制性详细规划时，应当根据邮政设施专项规划和邮政普遍服务标准，明确邮筒（箱）等邮政设施的布局。

**第七条**　建设邮政营业场所、邮件处理场所等设施所需的土地，符合国家划拨用地目录的，由市或者区、县人民政府依法划拨。

大型居住区等建设项目按照控制性详细规划需要配套建设的邮政营业场所、邮件处理场所，应当符合有关公共服务设施设置标准，并与主体工程同步建设，同步交付使用。

建设单位配套建设的邮政营业场所、邮件处理场所，属于设置面积标准范围内的，供应价格标准由市建设行政管理部门会同市规划国土、房屋行政管理部门按照支持和保障邮政普遍服务的原则确定。

依法取得的划拨土地和依前款规定配套建设的邮政营业场所、邮件处理场所，不得擅自转让或者改变用途。

**第八条**　现有邮政营业场所无法满足用户用邮需求且暂时无法增设的，邮政企业应当合理设置邮政便民服务站（亭）或者自助邮政服务设施。

区、县人民政府应当对邮政便民服务站(亭)或者自助邮政服务设施的设置予以支持。

**第九条** 既有住宅建筑未配置信报箱或者配置的信报箱不符合国家和本市标准的,在进行住宅综合改造和房屋修缮时,应当配置或者改造。

**第十条** 征收邮政营业场所或者邮件处理场所,按照控制性详细规划要求需在该区域继续设置的,征收部门应当以重建或者该区域房屋产权调换的方式,提供邮政营业场所或者邮件处理场所的用房。邮政营业场所或者邮件处理场所的用房交付前,征收部门应当提供保障邮政普遍服务的周转用房。征收部门未作出妥善安排前,不得征收。

征收邮政营业场所或者邮件处理场所,按照控制性详细规划要求无需在该区域继续设置的,邮政企业可以选择房屋产权调换或者货币补偿的方式。

因城市建设需要迁移邮筒(箱)、邮政便民服务站(亭)或者自助邮政服务设施的,应当就近设置。

## 第三章 邮政服务

**第十一条** 邮政普遍服务是公共服务的重要内容,邮政企业应当按照国家规定承担提供邮政普遍服务的义务,为用户提供迅速、准确、安全、方便的服务。

各级人民政府应当对邮政企业提供邮政普遍服务给予支持和优惠。

**第十二条** 市邮政管理部门应当根据国家邮政普遍服务标准和本市经济社会发展需要,就邮政营业场所设置、邮政服务时限和邮件投递等事项,制定本市邮政普遍服务规范,提高邮政普遍服务水平。

邮政企业应当遵守本市邮政普遍服务规范。

**第十三条** 邮政企业应当加快推进农村地区的邮件直投到户服务。对已纳入城市化地区的农村,邮政企业应当提供邮件直投到户服务。

对不具备直投到户条件的农村地区,应当设置村邮站。乡、镇人民政府应当会同村民委员会利用农村现有公共服务设施或者其他房屋、场所,落实村邮站用房。

村邮站服务人员配置以及所需费用,由村民委员会会同邮政企业商定,区、县人民政府应当予以扶持。邮政企业应当对村邮站服务人员进行业务培训和管理。

**第十四条** 邮政企业应当通过互联网等渠道,向用户免费提供国内给据邮件查询服务。用户可以凭借邮政企业收寄邮件时出具的收据,在法定期限内查询给据邮件当前所处服务环节以及所在位置。

**第十五条** 带有邮政专用标志并用于转趟、驳运的邮政货运车辆需要在本市城市快速路通行的,邮政企业应当按照转趟、驳运的频次和通行辆次的实际需要,向市公安交通行政管理部门提出城市快速路通行申请;经市公安交通行政管理部门同意,在确保安全的前提下,邮政货运车辆可以在城市快速路通行。

带有邮政专用标志的邮政车辆因交接邮件作业需要在禁止停车的地点临时停车的,邮政企业应当事先制定全市性禁止停车地点邮政车辆作业临时停车方案,报市公安交通行政管理部门;经市公安交通行政管理部门同意,在确保安全的前提下,邮政车辆作业时可以按照临时停车方案规定的地点和时间在禁止停车地点临时停车。

**第十六条** 邮政车辆在运递邮件途中发生道路交通事故,危及邮件安全的,公安交通行政管理部门应当在邮政企业转移邮件前,协助保护邮件的安全。

**第十七条** 禁止任何单位或者个人在邮政营业场所、邮件处理场所的出入口处以及邮筒(箱)周围设摊、堆物或者从事其他影响邮政设施正常使用的行为。

## 第四章 快递业务

**第十八条** 市人民政府应当将快递业纳入现代服务业发展规划,并完善有关促进快递业发展的政策措施。

**第十九条** 市邮政管理部门应当加强快递业市场管理，制定相关管理规则，完善市场监管体系。

**第二十条** 经营快递业务应当依法取得快递业务经营许可。未经许可，任何单位和个人不得经营快递业务。

快递企业在本市行政区域内设立分支机构或者合并、分立的，应当自工商变更登记之日起三十日内向市邮政管理部门备案。

**第二十一条** 快递企业应当自行组织或者通过专门的培训机构定期对从业人员开展职业技能和法制培训。未经培训的人员不得上岗作业。

快递行业协会应当依照法律、法规及其章程的规定，为快递从业人员培训提供服务，并制定快递从业人员自律惩戒制度。

市邮政管理部门应当加强对快递从业人员培训工作的指导和监督。

**第二十二条** 快递企业提供快递服务，应当符合国家法律、法规和规章的规定，遵守快递服务标准和企业的服务承诺。

快递企业提供快递服务，应当与用户签订书面形式的快递服务合同，并在快递服务合同的显著位置，注明快递企业赔偿责任等涉及用户权益的内容。

本市鼓励快递企业使用国家邮政管理部门和国家工商行政管理部门制定的快递服务合同示范文本。

**第二十三条** 快递企业收寄快件前，应当提醒寄件人阅读快递服务合同条款，并提示寄件人如实填写快递运单。

按照法律、行政法规和国家有关规定，需要寄件人提供身份证明或者快件安全证明的，快递企业应当要求寄件人提供，并保证寄件人的有关信息不被泄露、窃取。寄件人拒不提供的，快递企业应当拒绝为其服务。身份证明和快件安全证明，快递企业应当保存一年以上。

快递企业应当建立快件寄递信息管理系统，确保信息的真实、完整。因国家安全或者追查刑事犯罪的需要，国家安全机关、公安机关可以要求快递企业提供相应信息，快递企业应当配合，并对有关情况予以保密。

**第二十四条** 快递企业应当按照约定的递送时限，将快件递送至收件人或者约定的地点。

快递企业递送快件时，应当告知收件人当面验收快件。快件外包装完好的，由收件人签字确认；快件外包装有明显破损等异常情形的，快递企业应当告知收件人先验收内件再签收。快递企业与寄件人对验收另有约定的除外。

快递企业递送寄件人与收件人有特殊验收约定的快件或者提供代收货款服务的，应当与寄件人签订书面合同，并严格按照合同执行。寄件人交寄快件时，应当告知收件人快件验收环节的要求。

**第二十五条** 快递企业应当根据春节等特定时期的快递业务量变化情况以及快件寄递能力，明确特定时期的快递服务承诺。快递企业应当将特定时期的快递服务承诺提前向社会公告，并在收寄快件时告知寄件人。

因商业企业举办商品促销活动等特殊情形可能导致快递业务量激增的，商业企业应当事先与快递企业协商快件寄递方案，并签订相应的快递服务合同。快递企业需要变更快递服务承诺的，商业企业和快递企业应当提前向社会公告。

**第二十六条** 对无法递送的快件，快递企业应当退回寄件人。快递企业与寄件人另有约定的除外。

**第二十七条** 机关、企事业单位和住宅小区的物业服务单位应当为快递从业人员向收件人当面递送快件提供便利，不得收取任何费用。

**第二十八条** 市公安机关应当会同建设交通、邮政等行政管理部门，根据城市交通状况，采取多种措施，在确保安全的情况下，为快递车辆提供通行便利。

用于快递业务的车辆，应当符合市邮政、公安、交通港口等行政管理部门制定的车辆技术规范的要求。

## 第五章 安全保障

**第二十九条** 市邮政管理部门、公安机关、国家安全机关和海关应当相互配合，建立健全安全保障机制，加强对邮政通信与信息安全的监督管理，确保邮政通信与信息安全。

市邮政管理部门应当督促邮政企业、快递企业落实寄递渠道安全保障措施。

**第三十条** 邮政企业、快递企业应当按照有关规定，建立邮件、快件处理场所安全管理制度，落实安全防范措施，并根据国家安全机关、海关依法履行职责的需要，为其提供相应的便利条件。

邮政企业、快递企业应当按照有关规定，在邮件、快件营业场所和处理场所安装安全监控设备。安全监控设备应当保持全天二十四小时运转；监控资料保存时间不得少于三十日。

**第三十一条** 邮政企业、快递企业收寄、处理或者投递邮件、快件时，发现有禁寄物品的，应当立即停止该物品的寄递服务，并按照国家《禁寄物品指导目录及处理办法》的规定报告市邮政管理部门、公安机关、国家安全机关等相关行政管理部门。

## 第六章 法律责任

**第三十二条** 违反本办法的行为，法律、行政法规已有规定的，从其规定。

**第三十三条** 违反本办法第七条第四款规定，邮政企业擅自转让或者改变划拨土地和配套建设的邮政营业场所、邮件处理场所用途的，由市邮政管理部门责令限期改正；逾期拒不改正的，由市规划国土、房屋等行政管理部门依法处理。

**第三十四条** 违反本办法第三十条第二款规定，邮政企业或者快递企业未按照要求实行安全监控的，由市邮政管理部门责令限期改正，逾期拒不改正的，处二万元以上五万元以下罚款。

**第三十五条** 市邮政管理部门和其他有关行政管理部门的工作人员有下列行为之一的，由其所在单位或者上级主管部门依法给予警告、记过或者记大过处分；情节严重的，给予降级、撤职或者开除处分：

（一）未依照本办法履行邮政普遍服务监管职责的；

（二）未依照本办法履行寄递渠道安全监管职责的；

（三）违法实施行政处罚的；

（四）其他滥用职权、玩忽职守、徇私舞弊的行为。

## 第七章 附则

**第三十六条** 本办法自2012年12月1日起施行。

# 上海市商品包装物减量若干规定

（2012年11月21日上海市第十三届人民代表大会常务委员会第三十七次会议通过　根据2023年12月28日上海市第十六届人民代表大会常务委员会第九次会议《关于修改〈上海市养老服务条例〉等12件地方性法规和废止〈上海市保护和发展邮电通信规定〉等6件地方性法规的决定》修正）

**第一条** 为限制商品过度包装，降低消费成本，减少包装废弃物产生，合理利用资源，保护环境，依据《中华人民共和国清洁生产促进法》、《中华人民共和国循环经济促进法》、《中华人民共和国标准化法》等法律法规，结合本市实际情况，制定本规定。

**第二条** 在本市行政区域内生产、销售的商品包装及其监督管理，适用本规定。

**第三条** 包装物减量坚持企业自我约束，政府管理引导，行业规范自律，社会共同监督的原则。

**第四条** 市场监督管理部门负责商品包装物减量的监督管理工作。

市场监督管理、药品监督管理等行政管理部门应当在开展有关商品质量监督检查时将商品包装情况纳入检查内容。

发展改革行政管理部门应当会同相关部门按照本规定制定、完善促进商品包装物减量的政策措施。

经济信息化、生态环境等行政管理部门应当将商品包装情况纳入清洁生产审核内容，督促生产企业对产品进行合理包装。

商务行政管理部门应当督促商业企业按照本规定要求加强进货检查验收，并会同相关部门推进商品包装物的回收再利用工作。

绿化市容、物价等行政管理部门应当在各自职责范围内协同做好商品包装物减量工作。

**第五条** 商品包装应当合理，在满足正常功能需求的前提下，其材质、结构、成本应当与内装商品的特性、规格和成本相适应，减少包装废弃物的产生。

对国家已经制定限制商品过度包装标准的商品，本市实施重点监管；对国家尚未制定限制商品过度包装标准的，市市场监督管理部门可以会同相关行政管理部门以及行业协会制定商品包装的指导性规范。

**第六条** 生产者和销售者对商品进行包装，不得违反国家限制商品过度包装标准中的强制性规定（以下简称强制性规定）。

销售者不得销售违反强制性规定的商品。销售者应当与商品供应方明确约定商品包装必须符合强制性规定，并在进货检查验收时对商品的包装情况进行核查，必要时可以要求商品供应方出具商品包装符合强制性规定的证明。商品包装违反强制性规定，或者商品供应方拒绝提供相关证明的，销售者可以按照合同约定拒绝进货。

**第七条** 本市鼓励企业在保障商品安全、卫生的条件下做好商品包装物减量工作，鼓励企业优先采用可循环、可再生、可回收利用或易于降解的包装材料。

本市倡导生产者、销售者在商品外包装上明示包装物回收利用及包装成本等信息，开展包装物的回收再利用。

销售者与商品供应方订立供销合同时，可以对商品包装物回收作出约定。对列入国家强制回收名录的商品包装物，生产者或者其委托回收的销售者应当进行回收。

使用财政性资金采购商品的，在同等条件下应当优先采购符合本市指导性规范的商品，不得采购违反强制性规定的商品。

**第八条** 行业协会应当加强行业自律，督促企业执行限制商品过度包装的法律法规、标准规范，引导企业就包装物减量等向社会公开作出承诺，推动开展包装物减量工作。

行业协会可以制定并组织实施严于国家强制性规定和本市指导性规范的行业自律规范；对国家和本市尚未制定限制商品过度包装标准或指导性规范的商品，可以制定相应的行业自律规范并组织实施。

行业协会在政府相关部门指导下，可以组织开展商品简易包装的认证。

**第九条** 市场监督管理部门对商品包装的监督检查实行监督抽查和专项检查相结合的方式，检测工作应当委托有资质的技术机构进行。监督检查经费由同级财政列支，不得向被抽查者收取。

市市场监督管理部门应当及时公开监督检查结果，对违法情节严重的生产者、销售者和涉及的商品通过媒体予以公布。

市场监督管理部门组织开展商品包装监督检查时，其他政府相关部门应当协同做好监督检查工作。

**第十条** 市市场监督管理部门应当在其政府网站上公布国家和本市制定的限制商品过度包装标准和规范，方便公众查询。

公众发现商品包装违反强制性规定的，可以向市场监督管理部门举报，市场监督管理部门应当及时查处。

广播电台、电视台、报刊和互联网站等媒体应当对商品包装物减量开展社会监督和公益宣传，揭露和批评商品包装违法行为，引导消费者合理消费。不得为违反强制性规定的商品做宣传或者广告。

**第十一条** 生产经营者（含销售者）违反强制性规定进行商品包装的，由市场监督管理部门责令改正；拒不改正的，处二千元以上二万元以下的罚款；情节严重的，处二万元以上十万元以下的罚款。

**第十二条** 本规定自 2013 年 2 月 1 日起施行。

# 上海市推进国际贸易中心建设条例

（2012 年 11 月 21 日上海市第十三届人民代表大会常务委员会第三十七次会议通过 2023 年 12 月 28 日上海市第十六届人民代表大会常务委员会第九次会议修订）

## 第一章 总 则

**第一条** 为了推进上海国际贸易中心建设，推动贸易转型升级，服务构建新发展格局，实现高质量发展，根据有关法律、行政法规，结合本市实际，制定本条例。

**第二条** 本市推进国际贸易中心建设，应当全面对接国际高标准经贸规则，升级货物贸易，创新服务贸易，发展数字贸易，推动贸易数字化绿色化，提升贸易自由化便利化水平，促进内外贸一体化，统筹发展和安全，营造公平、非歧视、可预期的贸易环境，将上海国际贸易中心建设成为全球产业链、供应链、价值链的重要枢纽。

**第三条** 市人民政府应当加强对推进上海国际贸易中心建设工作的领导，组织编制上海国际贸易中心建设规划，深化与国家商务部门等合作，强化上海国际贸易中心与上海国际经济、金融、航运、科技创新中心的系统推进、相互促进，提升资源配置能级和引领辐射功能。

市人民政府应当健全上海国际贸易中心建设推进工作协调机制，加强对推进上海国际贸易中心建设工作的统筹规划，协调解决重大问题。

区人民政府应当按照全市总体要求和部署，做好本行政区域内推进上海国际贸易中心建设相关工作。

**第四条** 市、区人民政府及其相关部门应当采取措施，支持浦东新区、中国（上海）自由贸易试验区及临港新片区、虹桥国际中央商务区等功能承载区建设贸易投资创新高地。

浦东新区、中国（上海）自由贸易试验区及临港新片区、虹桥国际中央商务区等功能承载区，应当按照国家部署，结合本区域功能定位和产业特色，实施更高水平制度型开放，提升上海国际贸易中心能级。

**第五条** 市商务部门负责协调推进上海国际贸易中心建设相关工作，制定并落实阶段性目标和各项措施。

市发展改革、经济信息化、财政、交通、市场监管、人力资源社会保障、地方金融监管、科技、统计、文化旅游、体育、公安、知识产权、网信等部门应当加强协作配合，按照各自职责落实推进上海国际贸易中心建设各项工作。

国家金融管理部门在沪分支机构及派出机构、海关、海事、边检、通信管理等单位依法履行相关职责，共同做好推进上海国际贸易中心建设相关工作。

**第六条** 本市坚持贸易可持续发展理念，坚持生态优先、绿色低碳发展，建立绿色低碳贸易标准和认证体系，加强绿色低碳供应链管理应用，支持开展绿色低碳领域国际合作，促进贸易绿色化转型。

**第七条** 行业组织应当依照法律、法规、规章和各自章程，加强行业自律，及时反映行业诉求，为企业提供信息咨询、宣传培训、市场拓展、权益保护等方面的服务。

相关部门应当支持行业组织为企业提供海外纠纷、贸易争端和突发事件处置等方面的指导、协调和帮助。

**第八条** 市商务、统计等部门应当优化货物贸易、服务贸易、数字贸易等统计监测方法，按照有关规定开展相关数据的收集、归集、共享、应用和安全管理，为贸易政策制定提供参考。

**第九条** 本市加强共建“一带一路”经贸合作，加强与国际友好城市以及其他境外城市、地区在国际经贸领域的交流合作，扩大双边贸易往来。

本市建设东方枢纽国际商务合作区，按照国家部署探索实施以境外货物、人员跨境流动为核心的便利措施，促进高水平国际商务交流合作，打造国际开放门户枢纽的标志性区域。

本市推动长江三角洲区域（以下简称长三角）一体化高质量发展，加强与香港、澳门、台湾地区和国内其他地区在贸易领域的交流合作，促进要素资源在更大范围内畅通流动，推动构建全国统一大市场。

## 第二章　货物贸易

**第十条** 本市发展多种货物贸易方式，优化国际市场布局。

市、区商务部门会同相关部门支持企业做强一般贸易，加强品牌和渠道建设；提升加工贸易，向产业链两端延伸；扩大保税物流，发展国际贸易分拨业务，推动贸易方式优化。

市、区商务部门会同相关部门支持企业巩固传统市场，拓展新兴市场，重点开拓相关国际协定成员方、“一带一路”共建国家等市场，推动贸易市场多元化。

**第十一条** 市、区商务部门会同相关部门发挥政策引导作用，鼓励贸易主体提高出口产品质量，扩大高技术、高附加值产品及优势产品出口，推动出口商品结构优化。

市商务部门会同相关部门推动国家外贸转型升级示范基地建设，优化公共服务配套体系，促进贸易主体集聚，加强贸易和产业联动发展。

**第十二条** 市商务、财政等部门应当支持贸易主体扩大先进技术产品、重要装备和关键零部件等进口，鼓励优质消费品、能源资源产品、农产品等进口，推动进口商品结构优化。

市、区商务部门应当支持有条件的区域创建国家进口贸易促进创新示范区，支持进口贸易主体在示范区内集聚，融合商品进口、保税仓储、分拨配送、展示交易等功能，增强贸易辐射带动能力。

本市在国家有关部门指导下，深化开展再制造产品进口试点。

**第十三条** 海关、海事、边检等口岸检查检验机构（以下统称口岸查验机构）以及市交通等部门优化转口贸易枢纽功能，促进港口和机场提升国际运输能力和枢纽能级，畅通货物流转。

口岸查验机构、市口岸、市交通等部门应当协同配合，优化国际中转集拼运作模式，支持企业开展国际中转业务。

**第十四条** 本市在国家有关部门支持下，完善自由贸易账户离岸贸易业务试点，支持金融机构通过自由贸易账户为离岸贸易业务提供国际通行规则下的国际结算、贸易融资等跨境金融服务便利。

本市在外汇管理部门支持下，推动商业银行创新离岸贸易真实性审核方式。中国（上海）

自由贸易试验区及临港新片区、虹桥国际中央商务区等区域的管理机构应当加强离岸贸易信息平台建设，完善信息汇集、交互共享等功能。

**第十五条** 洋山特殊综合保税区、外高桥保税区以及其他综合保税区等区域应当根据国家和本市部署要求，拓展保税研发、保税制造、保税维修等新业态，提升贸易功能，促进产业转型升级，实现差异化、特色化发展。市发展改革、商务等部门应当予以指导和支持。

**第十六条** 市、区商务部门会同相关单位深化跨境电子商务综合试验区建设，推动跨境电子商务平台、支付、物流、第三方服务等各类主体协同发展，支持企业创新发展模式，促进跨境电子商务规模化发展。

市、区商务部门会同相关单位支持企业自建、共建、共享海外仓；鼓励企业依托海外仓，布局集商品展示、仓储物流、售后服务等为一体的国际营销网络和公共服务仓；推进搭建海外仓综合服务平台，运用大数据、区块链技术，为跨境电子商务海外仓数字化智能监管提供支撑。

**第十七条** 市商务、地方金融监管等部门应当支持发展期货现货联动、国内国外市场连接的大宗商品贸易，支持推动全国性大宗商品仓单注册登记中心运营，提升大宗商品场外衍生品交易平台功能，建立重要大宗商品价格指数，提升重要大宗商品价格影响力。

## 第三章 服务贸易

**第十八条** 本市按照国家规定，深化服务业对外开放，实施跨境服务贸易负面清单管理制度，加强服务业领域国际合作。

各行业主管部门应当按照各自职责，落实跨境服务贸易负面清单，提高政策透明度，对负面清单之外的行业、领域、业务等，按照内外资一致的原则管理。

**第十九条** 市商务部门会同新闻出版、电影、文化旅游、交通、地方金融监管、司法行政、财政等部门推动旅游、运输等传统服务贸易和知识产权、金融保险、专业服务等知识密集型服务贸易发展，推动服务贸易与现代服务业等融合协调发展。

市商务部门应当会同经济信息化等部门制定并发布本市服务贸易促进指导目录，对目录内符合相应标准的服务贸易经营者和项目予以支持。

**第二十条** 本市加快服务贸易创新发展，完善服务贸易发展政策，创建国家服务贸易创新发展示范区。

市、区商务部门会同各相关行业主管部门推进人力资源、知识产权、中医药、文化以及语言服务等国家特色服务出口基地建设，培育服务贸易竞争优势。

**第二十一条** 市商务部门会同相关部门完善技术贸易促进政策，鼓励引进先进技术，推动技术进口来源多元化，支持成熟的产业化技术出口。

市商务、科技等部门应当加强中国（上海）国际技术进出口交易会、上海技术交易所国际交易中心等建设，推动技术贸易交流合作与发展。

**第二十二条** 市商务、新闻出版、电影、文化旅游、体育等部门应当加强国际传播能力建设，加大影视节目、体育赛事、出版物海外推广力度，推介中华优秀传统文化、上海文化品牌，扩大优质文化产品和服务出口。

市商务、新闻出版、电影、文化旅游等部门应当有序推动出版物、电影、电视剧、网络视听、体育、演艺和文化艺术等领域优质文化产品和服务进口。

**第二十三条** 市商务部门应当加强旅游服务贸易政策创新，促进旅游服务贸易发展。市文化旅游部门应当培育世界级旅游景区、度假区和旅游企业品牌，丰富优质旅游产品供给，建立健全旅游对外推广网络。

市商务、交通、文化旅游、边检等部门应当推进国际一流邮轮枢纽港建设，发展邮轮总部经济，鼓励新型邮轮经营模式发展，优化邮轮配套服务和管理体系，打造亚太区域邮轮经济中心。

**第二十四条** 本市根据国家部署，扩大专业服务业对外开放，通过政策引导扶持，推动金融、法律、会计、咨询等专业服务机构提高专业服务水平，提升专业服务质量。支持有条件的专业服务机构设立境外分支机构、办事机构和服务网络，扩大跨境服务，加强品牌建设，为企业海外贸易、投资提供专业服务。

**第二十五条** 市商务、经济信息化等部门应当鼓励企业发展研发设计、检测维修、管理咨询、信息技术等领域服务外包，促进生产性服务业发展。

本市深化国家服务外包示范城市建设。市商务部门应当制定政策措施，培育发展云外包等服务外包新模式，促进服务外包产业向价值链中高端转型升级。

**第二十六条** 浦东新区、中国(上海)自由贸易试验区及临港新片区等区域应当根据国家和本市有关规定，制定鼓励类境外专业人员提供专业服务清单，允许符合条件的具有境外职业资格的专业人员提供专业服务。

## 第四章 数 字 贸 易

**第二十七条** 本市对接数字贸易国际规则与标准，建立健全数字贸易促进机制，完善数字贸易促进政策，加快数字产品、服务、技术等数字贸易发展。

市商务、经济信息化等部门鼓励数字贸易主体扩大人工智能、云计算、大数据、工业互联网、区块链、元宇宙、网络游戏、数字动漫等数字技术和产品的供给，提升数字贸易竞争力。

**第二十八条** 本市支持数字贸易主体发展，培育数字贸易标杆企业。

鼓励国内外数字贸易企业在本市设立总部或者区域总部。

**第二十九条** 本市创建“丝路电商”合作先行区，在中国(上海)自由贸易试验区及临港新片区的海关特殊监管区域打造中心功能区，对接国际高标准电子商务规则，促进数字经济国际合作。

本市加快上海数字贸易国际枢纽港临港示范区、虹桥国际中央商务区全球数字贸易港建设，支持国家数字服务出口基地、国家地理信息服务出口基地等载体建设。

市经济信息化、发展改革、网信、商务等部门应当支持上海数据交易所国际板建设。

**第三十条** 市网信、发展改革、经济信息化、通信管理、公安、商务等部门应当在国家有关部门的指导下，开展跨境数据流动分类分级管理，探索建立合法安全便利的数据跨境流动机制，推动数字身份认证在数字贸易领域的应用，促进数据跨境安全、自由流动，鼓励国内外企业及组织依法开展数据跨境流动业务合作。

**第三十一条** 市网信、经济信息化、商务、知识产权、通信管理等部门应当在数字贸易主体监管、个人信息保护、重要数据出境等方面协调联动，加强风险防范，规范数字贸易治理。

市网信、发展改革、经济信息化等部门应当实施数据安全管理认证制度，引导企业提升数据安全管理能力和水平。

**第三十二条** 本市加强数字贸易领域国际交流合作，推动行业组织、企业等参与数字贸易国际规则与标准制定，支持在中国(上海)自由贸易试验区临港新片区建设国际数据经济产业园和国际数据与算力服务、跨境数字信任、数据治理等联合实验室。

## 第五章 贸 易 促 进

**第三十三条** 本市促进内贸与外贸协同发展，推动内外贸监管措施、经营资质、质量标准、检验检测、认证认可等衔接，支持企业采用跨境电商等方式开拓国内国外市场，促进内外贸资源要素顺畅流动。

市商务、市场监管等部门应当鼓励出口企业与国内商贸流通企业对接，支持企业按照同线同标同质(以下简称“三同”)要求生产出口和内销产品，鼓励企业对其产品满足“三同”要求作出自我声明或者委托第三方机构进行认证。

**第三十四条** 市、区商务部门鼓励境内外投资者设立贸易公司，支持跨国公司地区总部增强贸易功能，开展采购销售、贸易结算等业务，推动贸易方式创新，扩大贸易规模，促进贸易高质量发展。

市、区商务部门应当鼓励有条件的企业通过对外投资带动对外贸易，提高外贸产品的国际竞争力。鼓励企业承接对外承包工程，扩大设备、服务、技术和标准等出口。

**第三十五条** 本市推进国际消费中心城市建设。市商务部门应当会同相关部门采取措施，鼓励企业多渠道扩大特色优质产品和服务进口，支持国内外品牌企业在本市开展新品首发、首秀、首展活动，打造全球新品首发地、全球消费目的地。

市商务、财政、税务、文化旅游等部门应当推动免退税经济发展，鼓励符合条件的企业增设离境退税商店，提升境外游客购物离境退税便利度。

市商务、财政、税务、文化旅游、公安等部门应当采取措施，提升入境消费体验，为入境消费者提供多语种服务，提高货币兑换、消费支付、消费者权益保护等方面的涉外服务水平。

**第三十六条** 市商务部门、贸易促进机构应当培育具备国际竞争力的知名品牌展会和会展集团，引进国际知名会展企业、行业组织和国际知名会展活动，放大会展经济综合带动效应。

本市各类贸易促进机构应当组织企业参加境内外展会，优化重点展会供采对接，为企业拓展市场提供服务保障。

本市发挥中国国际进口博览会的贸易促进作用，加强进口商品展示交易平台建设，丰富进口商品品类，推动更多进口博览会展品进入国内市场。

**第三十七条** 本市培育和引进各类达到一定规模，具有采购、分拨、营销、结算、物流等单一或者综合贸易功能的高能级贸易企业。

本市鼓励企业设立贸易型总部，支持贸易型总部升级为亚太总部、全球总部。市商务部门会同相关部门完善贸易型总部政策，符合条件的贸易型总部可以在资金运作与管理、贸易便利、人才引进、人员出入境等方面按照规定享受优惠政策。

**第三十八条** 市商务、经济信息化等部门应当制定政策措施，提升服务中小企业的水平，支持中小企业拓展市场、开展对外贸易，培育“专精特新”中小贸易企业。

**第三十九条** 市商务部门、贸易促进机构应当根据实际需要在境外设立贸易促进类机构，完善境外贸易促进网络。

市商务、公安、民政等部门应当鼓励境内外具有影响力的国际经贸组织、国际贸易协会商会等贸易促进机构在上海设立总部或者常驻代表机构，支持其依法开展业务活动，拓展对外交流合作功能，促进贸易发展。

**第四十条** 市、区商务部门应当通过开展培训、咨询、提供公共服务等方式，帮助企业提高运用自由贸易协定的能力，扩大与协定成员方的贸易规模。

本市支持有关行业组织、贸易促进机构等通过多种形式，加强对自由贸易协定的宣传，指导企业运用关税减让、原产地规则、市场准入、通关程序简化等措施，降低对外贸易成本。

## 第六章 贸易便利化

**第四十一条** 市口岸部门应当加快口岸数字化基础设施建设，充分运用区块链、大数据、人工智能等新技术，提升口岸服务的数字化能级。

本市支持口岸查验机构优化作业流程和服务，创新便利化服务。口岸查验机构优化口岸数字化智慧监管，探索推进区域内跨部门联合信用监管，提升智能化水平。

市口岸、交通等部门应当深化中国（上海）国际贸易“单一窗口”建设，实现“一个平台、一次提交、结果反馈、数据共享”，为申报人提供通关物流全流程电子化服务，提升贸易融资、信用保险、出口退税等业务办理便利化水平。

**第四十二条** 市口岸、交通等部门应当完善长三角口岸通关协调机制，深化长三角国际贸易“单一窗口”合作共建，推动重点口岸间开展水水中转、江海直达、海铁联运、空空中转等业务。

市口岸、海事等部门应当优化升级船舶进出长江口深水航道申报系统，提升集装箱船舶和邮轮进出港口效率。

市口岸部门应当依托亚太示范电子口岸网络，推动中国（上海）国际贸易“单一窗口”与境外开展国际贸易相关单证、港口物流等数据共享交换。

**第四十三条** 市海关特殊监管区域联席会议成员单位推动中国（上海）自由贸易试验区贸易便利化创新举措复制推广。

市海关特殊监管区域联席会议成员单位支持在海关特殊监管区域内，通过电子账册、信用监管、风险监控等方式，完善智慧智能、高效便捷的综合监管模式，提升贸易便利化水平。

**第四十四条** 本市开展生物医药研发用物品进口试点，市商务部门会同相关部门建立生物医药研发用物品进口试点联合推进机制，完善信息化监管，促进生物医药企业或者研发机构进口研发用物品通关便利化。

市经济信息化部门会同相关部门开展市生物医药特殊物品进出境联合监管机制试点，促进生物医药企业进出境特殊物品通关便利化。

**第四十五条** 在国家金融管理部门在沪分支机构、派出机构的指导下，本市深入推进跨境贸易投资高水平开放外汇管理改革试点，提高跨境资金收付便利度；市地方金融监管、商务等部门鼓励商业银行依托人民币跨境支付系统等基础设施，落实跨境人民币结算便利化举措，鼓励跨境贸易优先使用人民币结算，扩大数字人民币在对外贸易中的应用。

**第四十六条** 市税务部门应当依托电子税务局等信息系统，为申报人提供税费支付等电子化服务，便捷出口退税，提高退税审核效率。

本市鼓励符合条件的企业应用多元化税款担保方式，提高资金使用效率和货物通关效率。

**第四十七条** 本市根据国际通行标准，运用区块链技术，推动提单、运单、信用证等贸易单证的电子化，提升国际贸易便利化水平。

**第四十八条** 本市支持跨境电子发票相关基础设施建设，促进电子发票国际合作，增强电子发票跨境交互性，推动电子发票在国际贸易中的应用。

**第四十九条** 市、区商务部门应当引导符合条件的企业申请海关高级认证企业，提升进出口企业信用水平，推动相关部门对海关高级认证企业实施联合激励。

## 第七章 贸易秩序

**第五十条** 市商务部门应当会同市有关部门做好国际经贸合规建设工作，指导行业组织加强合规制度培训，举办合规交流活动；支持企业建立内部合规管理体系，开展合规风险排查，提升依法合规经营水平和数字化、信息化管理水平。

市商务部门应当建设国际经贸合规服务网络平台，定期发布国际经贸合规资讯，编制经贸合规专题指南，完善出口管制、经济制裁等信息查询系统，为企业开展国际化合规经营提供服务。

**第五十一条** 本市建立完善贸易调整援助制度。市商务部门应当会同市经济信息化、人力资源社会保障、财政等部门为受贸易环境变化影响的企业提供咨询、培训、技术指导等方面的援助，支持、引导企业自主开展贸易调整。

受贸易环境变化严重影响，出现生产经营困难、员工大量流失等情形的企业，可以依据相关规定向市商务部门提出贸易调整援助申请。对于符合条件的企业，市商务部门应当会同有关部门在企业产品技术改进、新产品研发、营销渠道优化、市场风险管理等方面提供援助。

**第五十二条** 市商务部门应当对于重点国别、重点市场的产业贸易政策定期开展影响分析，进行评估并公布评估结果；对于评估中发现的风险，通过产业安全预警平台发布预警，并指导相关企业做好风险防范。本市有关部门和单位应当向市商务部门协助提供相关数据。

**第五十三条** 市商务部门应当会同市有关部门制定贸易摩擦应对政策措施，按照国际贸易规则和惯例，引导企业应对反倾销、反补贴、技术性贸易措施、知识产权、经济制裁等贸易摩擦案件，发布贸易摩擦案件信息和应对指引，指导行业组织和企业根据国家有关规定申请贸易救济。

**第五十四条** 市知识产权、市场监管、文化旅游、版权等部门应当按照各自职责完善与贸易有关的知识产权保护机制，依法查处侵犯知识产权的违法行为。

市商务部门应当会同市知识产权等部门促进贸易相关的知识产权保护国际合作，支持企业开展海外知识产权注册登记、投保知识产权相关保险等，加强对企业知识产权海外维权的指导和帮助。

**第五十五条** 市商务部门应当会同相关部门及各区人民政府，建立健全政府部门、行业组织、专业服务机构和企业等多主体共同参与的公平贸易工作机制，营造公平贸易环境，开展公平贸易政策宣传、政策研究，统筹做好重大经贸风险防范和协同应对。

## 第八章 保障措施

**第五十六条** 市规划资源部门和有关区人民政府在组织编制控制性详细规划、国土资源利用年度计划时，应当依据本市国土空间总体规划，结合上海建设国际贸易中心规划的要求，保障建设用地需求。

市商务部门应当会同市发展改革、交通、规划资源等部门和有关区人民政府根据贸易发展需要，合理规划物流设施布局，保障仓储、分拨、运输、配送等设施的建设用地。

**第五十七条** 本市鼓励金融机构围绕贸易融资需求开展金融创新，对符合条件的贸易企业加大授信支持。鼓励政府性融资担保机构为中小贸易企业提供融资增信支持。

市商务、财政等部门支持政策性出口信用保险机构扩大出口信用保险覆盖面和保单融资增信规模，优化承保和理赔条件，提高服务质量。

市生态环境部门应当会同相关部门拓展完善碳排放权交易市场功能，鼓励开展碳回购、碳质押、碳指数等碳金融服务创新。

**第五十八条** 市教育、人力资源社会保障、商务等部门应当强化高水平贸易人才队伍培育，依托高等学校和职业学校开展国际贸易人才校企合作培养，培育复合型、创新型国际商务领域高端人才。

市商务部门应当会同市人力资源社会保障等部门引进国际贸易中心建设所需的紧缺人才和境内外高端人才。

市、区人民政府及其有关部门应当完善贸易人才引进配套政策，对引进的高层次、紧缺人才在户籍和居住证办理、住房、医疗保障等方面提供便利。对引进的境外贸易人才以及来华从事贸易、提供相关服务的人员，按照国家有关规定提供出入境和停居留便利。

**第五十九条** 本市建立健全调解、仲裁、诉讼相衔接的一站式多元纠纷解决机制，发挥多元化纠纷解决方式的优势，推动贸易纠纷高效便利解决。

市司法行政等部门应当支持各类商事纠纷专业调解机构参照国际惯例，采取多种形式解决贸易纠纷。

本市推进国际商事仲裁中心建设，鼓励仲裁机构依照法律、法规规定，参照国际惯例和商业习惯，完善仲裁规则，提高贸易纠纷仲裁专业水平和国际化程度。

本市各级人民法院应当依法完善商事纠纷审判机制，加大对生效判决、裁定等法律文书的执行力度。

## 第九章 附 则

**第六十条** 本条例自 2024 年 2 月 1 日起施行。

# 上海市社区公共文化服务规定

（2012 年 11 月 21 日上海市第十三届人民代表大会常务委员会第三十七次会议通过）

**第一条** 为了提高本市社区公共文化服务水平，保障人民群众基本文化权益，繁荣和发展公共文化事业，根据国家有关法律、行政法规的规定，结合本市实际情况，制定本规定。

**第二条** 本市行政区域内各级人民政府及其文化行政等部门或者社会力量向社区居民提供的公共文化设施（以下统称社区公共文化设施）和公益性文化服务活动，适用本规定。

**第三条** 社区公共文化服务坚持政府主导、社会参与、均衡发展、方便群众的原则，坚持把发展公益性文化事业作为保障人民基本文化权益的主要途径。

**第四条** 各级人民政府领导本行政区域内的社区公共文化服务工作，制定公共文化服务发展规划，将其纳入本级国民经济和社会发展规划，并将社区公共文化服务工作所需经费列入本级财政预算。

**第五条** 市文化行政部门是本市社区公共文化服务工作的主管部门。区、县文化行政部门负责本行政区域内的社区公共文化服务工作。

发展改革、经济信息化、教育、科技、农业、财政、规划国土资源、新闻出版、旅游、体育、司法、民政、卫生等行政部门依据各自职责，协同做好社区公共文化服务工作。

**第六条** 社区公共文化设施建设经费、运行经费和社区公共文化活动经费纳入区县、乡镇人民政府财政预算予以保障，市级财政给予适当补贴。

区县、乡镇人民政府应当按照建设规模、服务项目、服务人口确定每年对社区文化活动中心的财政投入数量，并不断加大对社区公共文化服务的经费投入。

**第七条** 社区公共文化设施的设置应当按照城乡规划的要求，符合本市《城市居住地区和居住区公共服务设施设置标准》。

社区公共文化设施的建设选址，应当符合人口集中、交通便利的原则。

社区公共文化设施的设计和建设，应当符合实用、安全、科学、美观等要求，并落实方便残疾人使用的无障碍措施。

**第八条** 各街道和乡、镇的行政区域内应当设置一个社区文化活动中心；常住人口超过十万人的，可以根据实际情况增设分中心。各居（村）民委员会所辖区域内应当设置一个居（村）民综合文化活动室；常住人口超过五千人的行政村，可以根据实际情况设置两个以上综合文化活动室。

社区文化活动中心的基本配置应当符合本市有关规定，由市和区、县文化行政部门按照规定进行监督检查。

**第九条** 街道办事处和乡、镇人民政府具体负责本行政区域内社区公共文化设施的管理工作，承担以下职责：

（一）社区公共文化设施的设置；

（二）社区文化活动中心的日常运行管理；

（三）为社区公共文化设施的运行提供保障；

（四）对社区公共文化设施提供公共文化服务的情况进行监督。

居（村）民委员会负责所辖区域内居（村）民综合文化活动室的日常运行管理。

**第十条** 鼓励社区文化活动中心实行社会化、专业化运作。

街道办事处和乡、镇人民政府按照公平、公正的程序，择优确定社区文化活动中心的运行单位。

街道办事处和乡、镇人民政府应当与社区文化活动中心运行单位签订协议，确定双方的权利和义务，明确社区文化活动中心运行的具体要求。

社区文化活动中心运行单位应当是具有独立法人资格的非营利性机构，并具备以下条件：

（一）有开展公共文化服务工作的能力；

（二）有与开展公共文化服务工作相适应的专业人员；

（三）有健全的管理制度。

居（村）民综合文化活动室可以结合各自特点，实行居民自我管理，建立适合当地实际的公共文化服务运行机制。

**第十一条** 市文化行政部门应当制定社区公共文化服务规范和标准。

社区文化活动中心和居（村）民综合文化活动室应当完善服务条件，建立管理制度，开展文明、健康的公共文化活动，保障公众基本文化权益。

**第十二条** 社区文化活动中心应当为公众提供文艺演出、书报阅读、展览展示、影视放映、上网服务、体育健身、学习培训、科学普及、健康教育、法制宣传、国防教育、非物质文化遗产传承、心理辅导等各类公益性服务，并为社区开展其他公益性活动提供服务和支持。

社区文化活动中心应当通过征询公众意见等形式，了解公众对服务内容的需求，开展具有社区特色的公共文化活动。

居（村）民综合文化活动室应当根据实际情况，为居民、村民提供形式多样的文化服务，为居民、村民开展各类文化活动提供便利。

**第十三条** 各级人民政府及其文化行政部门可以采取购买服务、项目补贴或者奖励等方式，鼓励和支持各类企业事业单位、文化团体、社区群众文化团队和个人为社区提供公共文化服务，丰富社区居民文化生活；鼓励和支持本市文联、社联等群众团体发挥优势，参与社区公共文化服务。

**第十四条** 支持社区居民在公园、绿地、广场等公共场所开展健康有益的公共文化活动。文化行政部门、街道办事处和乡镇人民政府应当依据各自职责，对自行组织的群众文化活动给予支持和引导，满足居民的基本文化需求。

居民参加社区公共文化活动，应当遵守相关规定和社会公德，避免影响其他居民的正常工作和生活。

**第十五条** 社区公共文化设施应当根据老年人、未成年人和残疾人等群体的特殊需求，提供有针对性的公共文化服务。

**第十六条** 有关政府部门和服务机构可以依托社区公共文化设施开展面向社区的相关服务，也可以依托其他公共设施开展社区公共文化活动，促进社区公共设施的资源共享。

社区公共文化设施应当为群众文化团队参与社区公共文化服务提供便利。

**第十七条** 社区公共文化设施应当适应科技进步和社会发展，运用新媒体、新技术为公众提供公共文化服务。

社区文化活动中心应当实现光纤接入和无线局域网覆盖，方便公众上网。

**第十八条** 社区公共文化设施应当每天向公众开放，开放时间应当与公众的工作时间、学习时间适当错开。国家法定节假日和学校寒暑假期间，应当适当延长开放时间，并增设相应的文化服务项目。社区文化活动中心每周累计开放时间不少于五十六个小时。

鼓励有条件的社区公共文化设施延长开放时间。

社区公共文化设施的开放时间、服务项目等应当向公众公示。

社区公共文化设施因维修等原因需要暂时停止开放的，应当提前七日向公众公示。

**第十九条** 社区公共文化设施内按照国家规定设置的基本公共文化服务项目，应当免费向公众开放。

除国家规定的基本公共文化服务项目外，社区公共文化设施内设置的其他文化服务项目可以适当收取费用，收费项目和标准应当经政府有关部门批准，并向公众公示。

**第二十条** 社区文化活动中心向公众开放用于公共文化服务的面积应当不少于使用面积的百分之九十。

居(村)民综合文化活动室向公众开放用于公共文化服务的面积应当不少于使用面积的百分之九十五。

**第二十一条** 任何单位和个人不得擅自拆除社区公共文化设施或者改变其功能、用途，不得挤占、挪用、出租社区公共文化设施。

因城乡建设确需拆除社区公共文化设施或者改变其功能、用途的，有关人民政府在作出决定前应当听取社区居民的意见，组织专家论证，并征得上一级人民政府文化行政部门的同意，报上一级人民政府批准。

经批准拆除社区公共文化设施或者改变其功能、用途的，应当坚持先建设后拆除或者建设拆除同时进行的原则。重新建设的社区公共文化设施的建筑面积不得少于原有的建筑面积。

**第二十二条** 市和区、县文化行政部门应当会同相关部门，对社区文化活动中心提供公共文化服务的情况进行评估考核，也可以委托社会专业机构进行评估考核，并逐步建立居民满意度测评机制。

市和区、县文化行政部门应当定期通过报刊、网站等媒体，向社会公开评估考核和测评结果。

**第二十三条** 市和区、县文化行政部门应当建立社区公共文化服务信息平台，公布社区公共文化服务工作经费投入和使用情况、考核评估结果、奖惩情况，公示社区公共文化设施目录，并为公众提供公共文化服务指导信息。

**第二十四条** 各级人民政府及其文化等有关行政部门应当加强社区公共文化服务人员队伍建设。

街道办事处和乡、镇人民政府应当为社区文化活动中心配备专职工作人员。社区文化活动中心专业岗位工作人员的资格应当符合国家相关规定。

市和区、县文化行政部门应当定期对社区公共文化服务从业人员进行业务培训，支持社区公共文化设施的工作人员参加技能培训，并与街道办事处和乡、镇人民政府共同做好社区公共文化专业技术人员的职称评聘工作，提高服务水平和能力。

**第二十五条** 鼓励和组织志愿者根据社区特点和实际需求，参与社区公共文化服务。

**第二十六条** 鼓励企业事业单位、社会团体、其他组织和个人通过设立专项基金、资助项目、赞助活动、提供设施等多种形式参与社区公共文化服务。

鼓励企业事业单位、社会团体、其他组织和个人向社区公共文化事业捐赠财产，向社区公共文化事业捐赠财产的，依法享受税收优惠。

**第二十七条** 任何单位和个人发现违反本规定的行为，可以向文化行政部门或者其他相关部门投诉。接到投诉的部门应当按照规定程序进行调查、核实，予以处理。

**第二十八条** 各级人民政府及其文化行政部门对开展社区公共文化服务工作成绩显著的单位和个人，按照国家和本市有关规定给予表彰和奖励。

**第二十九条** 违反本规定的行为，法律、行政法规已有规定的，从其规定。

**第三十条** 社区公共文化设施有下列行为之一的，由文化行政部门责令限期改正；造成严重后果的，对直接负责的主管人员和其他直接责任人员，依法给予行政处分：

(一) 未按照规定的最低开放面积对公众开放的；

(二) 未公示收费项目价格的；

(三) 对国家规定的免费公共文化服务项目实行收费的。

**第三十一条** 挤占、挪用社区公共文化设施的，由文化综合执法部门责令限期改正，没收违法所得，并处五千元以上三万元以下的罚款；对直接负责的主管人员和其他直接责任人员，依法给予行政处分。

**第三十二条** 擅自拆除社区公共文化设施或者改变其功能、用途的，由文化行政部门责令限期改正；拒不改正的，对直接负责的主管人员和其他直接责任人员，由其上级行政主管部门依法给予行政处分；构成犯罪的，依法追究刑事责任。

**第三十三条** 本规定自2013年4月1日起施行。

# 上海市安置帮教工作规定

（2012年11月21日上海市第十三届人民代表大会常务委员会第三十七次会议通过 根据2023年12月28日上海市第十六届人民代表大会常务委员会第九次会议《关于修改〈上海市养老服务条例〉等12件地方性法规和废止〈上海市保护和发展邮电通信规定〉等6件地方性法规的决定》修正）

**第一条** 为了规范和加强安置帮教工作，帮助刑满释放、解除社区矫正人员融入社会，维护社会和谐稳定，根据国家法律、行政法规等相关规定，结合本市实际情况，制定本规定。

**第二条** 本市行政区域内，对刑满释放、解除社区矫正人员（以下简称刑释解矫人员）的扶助、教育、服务等安置帮教活动，适用本规定。

**第三条** 各级人民政府应当加强对安置帮教工作的领导，将其纳入国民经济和社会发展规划，并将安置帮教工作经费纳入同级财政预算。

市和区司法行政部门负责本行政区域内安置帮教的组织、协调和指导工作。

乡镇、街道司法行政机构具体承担安置帮教的日常工作。

公安、民政、人力资源和社会保障、教育、市场监管、财政、税务、住房保障房屋管理等部门应当按照各自职责，共同做好安置帮教工作。

**第四条** 鼓励建立为刑释解矫人员提供帮教服务的专业社会组织和志愿者组织（以下统称社会帮教组织）。

社会帮教组织可以动员公民、法人和其他组织开展形式多样的社会帮教活动。

司法行政部门可以通过购买服务等方式，支持社会帮教组织开展帮教工作。社会帮教组织在司法行政部门指导下自主开展帮教工作。

**第五条** 鼓励公民、法人和其他组织通过提供就业岗位、志愿服务、捐赠等多种形式，参与安置帮教工作。

**第六条** 区司法行政部门应当建立与监管场所的信息沟通和工作联系机制，了解服刑人员情况。

监管场所应当自接收服刑人员之日起三十日内，将有关情况告知相关户籍地或居住地的区司法行政部门。

**第七条** 监管场所、社区矫正机构应当在服刑人员刑满释放、社区矫正对象解除社区矫正（以下简称刑释解矫）前三十日，将有关信息通知区司法行政部门、公安机关以及乡镇、街道司法行政机构。

乡镇、街道司法行政机构应当在服刑人员刑满释放前，告知其家属将其接回；对有特殊困难或者有其他特殊情况的刑满释放人员，应当帮助其返回居住地。

**第八条** 服刑人员、社区矫正对象刑释解矫后，其居住地的乡镇、街道司法行政机构应当主动关心，及时了解其生活、就业等情况。

**第九条** 公安机关应当按照国家和本市户籍、居住管理等规定，办理刑释解矫人员的户口或者居住证明的登记、变更等手续。

**第十条** 教育等部门对符合就学条件的刑释解矫人员，依法做好指导、帮助其就学的有关工作。

对符合录取条件的刑释解矫人员，学校应当予以录取，不得歧视。

**第十一条** 人力资源和社会保障等部门按照国家和本市关于促进就业有关规定，做好刑释解矫人员的就业指导、技能培训等相关工作，鼓励其自主创业、自谋职业。

刑释解矫人员就业不受歧视，鼓励企业接收刑释解矫人员就业。

**第十二条** 刑释解矫人员可以根据国家和本市有关规定，参加相应的社会保险；符合申领失业保险金条件的，可按规定享受失业保险待遇。

对生活确有困难的刑释解矫人员，民政部门依法给予最低生活保障等社会救助。

**第十三条** 区人民政府根据本地区安置帮教工作的需要，通过政府投入、社会支持等多种形式，建立具有食宿、教育、培训、救助等功能的过渡性安置基地，临时安置在生活、就业等方面有特殊困难的刑释解矫人员。

参与过渡性安置基地建设的公民、法人和其他组织，按照规定享受补贴和优惠措施。

**第十四条** 司法行政部门应当会同有关部门和单位定期对刑释解矫人员的学习、生活、就业等情况进行分析、评估，开展针对性的帮助、服务。

**第十五条** 行政机关工作人员违反本规定，有下列行为之一，造成不良后果的，由所在单位或者上级主管部门对直接负责的主管人员和其他直接责任人员批评教育，责令改正，依法给予处分：

（一）未按照要求履行通知、告知义务的；

（二）未按照规定为刑释解矫人员提供相关服务的；

（三）有不履行或者违法履行法定职责的其他行为的。

**第十六条** 本规定自 2013 年 4 月 1 日起施行。

# 上海市实施《中华人民共和国突发事件应对法》办法

（2012 年 12 月 26 日上海市第十三届人民代表大会常务委员会第三十八次会议通过 根据 2018 年 5 月 24 日上海市第十五届人民代表大会常务委员会第四次会议《关于修改本市部分地方性法规的决定》修正）

## 第一章 总 则

**第一条** 根据《中华人民共和国突发事件应对法》，结合本市实际情况，制定本办法。

**第二条** 本市行政区域内突发事件的应急准备、值守与预警、应急联动与处置、善后与恢复重建等活动，适用本办法。

气象、防汛、防震减灾、安全生产、消防、交通、环境保护、传染病防治、治安管理等法律、法规对突发事件应对活动另有规定的，适用其规定。

**第三条** 本办法所称突发事件，是指突然发生，造成或者可能造成严重社会危害，需要采取应急处置措施予以应对的自然灾害、事故灾难、公共卫生事件和社会安全事件。

突发事件分为特别重大、重大、较大和一般四级。具体分级标准按照国家有关规定执行。

**第四条** 市和区人民政府是突发事件应对工作的行政领导机关，履行下列职责：

（一）将突发事件应急体系建设规划纳入国民经济和社会发展规划，保障突发事件应对工作所需的经费；

（二）统一领导本行政区域内突发事件应对工作，发布应对突发事件的命令、决定；

（三）建立和完善突发事件应对工作责任制，加强监督检查和评估考核；

（四）其他依法应当履行的职责。

**第五条** 市和区设立的由本级人民政府主要负责人、相关部门负责人、驻地中国人民解放军和中国人民武装警察部队有关负责人组成的突发公共事件应急管理委员会，在同级人民政府领导下，负责本行政区域内突发事件应急体系的建设和管理，决定和部署突发事件的应对工作。市和区突发公共事件应急管理委员会办公室设在本级人民政府办公厅（室），负责委员会的日常工作，配备专职工作人员，履行值守应急、信息汇总、综合协调和督查指导等职责。

市和区人民政府有关部门应当按照各自职责，设立或者明确工作机构，做好突发事件应对工作。

乡、镇人民政府和街道办事处应当按照区人民政府的要求，明确工作机构，做好本辖区内突发事件应对工作。

**第六条** 市人民政府设立上海市应急联动中心（以下简称市应急联动中心），受理本市突发事件的报警，组织开展应急联动处置工作。

**第七条** 本市充分发挥公民、法人和其他组织在突发事件应对中的作用，增强公民的公共安全、防范风险和社会责任的意识，提高避险、自救、互救等能力。

法人和社会组织等应当在所在地人民政府的领导下开展突发事件应对工作，结合实际情况开展宣传教育、应急演练和救护救助等活动。

居民委员会、村民委员会应当按照所在地人民政府的决定和要求，结合实际情况开展应急知识宣传和应急演练；在突发事件发生时，组织、动员居（村）民，开展自救和互救，协助维护社会秩序，配合人民政府开展突发事件应对工作。

鼓励志愿者组织参与突发事件应对工作，组织志愿者根据其自身能力，参加科普宣传、应急演练、秩序维护、心理疏导、医疗救助等活动。

**第八条** 市和区人民政府及其部门应当建立健全突发事件信息公开制度，按照国家和本市有关规定，完善突发事件的预警信息发布机制、舆情的收集和回应机制、灾情损失的统计公布机制，统一、准确、及时地公布突发事件信息，并根据事态发展及时更新。

新闻媒体应当准确、客观地报道突发事件信息。

任何单位和个人不得编造、传播有关突发事件的虚假信息。

各级人民政府及有关部门发现影响或者可能影响社会稳定、扰乱社会管理秩序的虚假或者不完整的突发事件信息的，应当在其职责范围内发布准确的信息，并依法采取处置措施。

**第九条** 市和区人民政府应当加强与驻地中国人民解放军、中国人民武装警察部队在应对突发事件中的联系，建立健全突发事件信息共享、协同处置等机制。

## 第二章　应急准备

**第十条** 市人民政府组织制定本市突发事件总体应急预案和专项应急预案。市人民政府有关部门根据各自职责和相关应急预案，制定突发事件部门应急预案。

区人民政府及其部门，乡、镇人民政府应当结合实际，制定相应的突发事件应急预案。

应急预案的编制、批准、备案、公开、演练、评估、修订等，按照国家和本市有关规定执行。

**第十一条** 下列单位应当制定具体应急预案：

（一）轨道交通、铁路、航空、水陆客运等公共交通运营单位；

（二）学校、医院、商场、宾馆、大中型企业、大型超市、幼托机构、养老机构、旅游景区、文化体育场馆等场所的经营、管理单位；

（三）建筑施工单位以及易燃易爆物品、危险化学品、危险废物、放射性物品、病原微生物等危险物品的生产、经营、储运、使用单位；

（四）供（排）水、发（供）电、供油、供气、通信、广播电视、防汛等公共设施的经营、管理单位；

（五）其他人员密集的高层建筑、地下空间等场所的经营、管理单位；

（六）市人民政府规定的其他单位。

**第十二条** 各级国家机关、企事业单位和其他组织等应当建立健全安全管理制度，组织制定本单位安全管理规章制度和操作规程；组织开展风险隐患排查工作，并及时处理本单位存在的可能引发社会安全事件的问题；对本单位可能发生的突发事件和采取安全防范措施的情况，应当按照规定向所在地人民政府或者人民政府有关部门报告。

区人民政府及其有关部门，乡、镇人民政府和街道办事处，居民委员会和村民委员会应当及时调解处理可能引发社会安全事件的矛盾纠纷。

**第十三条** 市和区人民政府应当组织有关部门对本行政区域内容易引发自然灾害、事故灾难和公共卫生事件的危险源、危险区域进行调查、登记、风险评估，定期进行检查、监控，并责令有关单位采取安全防范措施，相关单位应当予以配合。按照本办法规定登记的危险源、危险区域，应当按照国家规定及时向社会公布。

区人民政府应当定期将本区域内的危险源、危险区域的风险隐患排查结果报市人民政府备案。

**第十四条** 市突发公共事件应急管理委员会办公室应当加强对本市单元化应急管理工作的指导，健全单元化应急管理相关制度。

前款所称的单元化应急管理，是指由市突发公共事件应急管理委员会在化工区、保税港区、大型交通枢纽等特定区域，指定牵头单位统筹协调该区域内突发事件应对工作的管理模式。

**第十五条** 实行单元化应急管理区域的牵头单位应当根据本区域突发事件应对工作的特点，组织开展下列工作：

（一）编制应急预案，定期进行应急演练；

（二）建立健全突发事件应对的协作机制；

（三）整合、储备本单元区域内的应急资源；

（四）开展风险隐患的排查、整治；

（五）完善与所在地区人民政府的合作机制。

实行单元化应急管理区域的相关单位应当配合做好本区域的突发事件应对工作。

**第十六条** 市和区人民政府应当建立健全突发事件应急管理培训制度，将突发事件应急管理知识纳入有关领导干部和公务员培训内容。

**第十七条** 市和区综合性应急救援队伍，应当根据国家和本市有关规定，承担以抢救人员生命为主的应急救援工作。

市和区人民政府相关部门和企事业单位，可以根据防汛防台、抗震救灾、工程抢险、安全生产、环境保护、海底管线保护、水上搜救、公共卫生、医疗急救、民防特救、公用事业保障等实际情况，建立相应的专职或者兼职专业性应急救援队伍。

乡、镇人民政府和街道办事处可以组织民兵预备役人员、基层警务人员、医务人员以及其他应急力量，建立基层应急救援队伍。

市和区人民政府及其相关部门、有关单位应当加强对应急救援队伍职业技能的培训，为应急救援队伍配备必要的防护装备和器材，为专业救援人员购买人身意外伤害保险，提高救援人员的抢险救援和安全防护能力。

**第十八条** 市人民政府应当建立健全专家咨询制度，建立突发事件应对专业人才库，根据需要聘请有关专家组成专家组，为突发事件应对工作提供决策建议。

**第十九条** 市和区人民政府应当按照预防、处置突发事件的需要，组织制定应急避难场所布局规划，合理确定应急避难场所。

市和区人民政府应当组织规划土地、建设交通、地震、民防、消防、绿化、教育、卫生等部门根据应急避难场所布局规划，利用广场、绿地、操场、公园、体育场（馆）、大型停车场等建设应急避难场所，完善相配套的交通、供水、供电、排污等基础设施，储备必要的物资，提供必要的医疗条件，设置应急疏散通道和统一的标志标识，并向社会公布。

市和区民防部门负责统筹协调应急避难场所的建设与管理。

应急避难场所的管理单位应当加强维护和管理，保障其正常使用。

**第二十条** 区人民政府及其有关部门，乡、镇人民政府和街道办事处，机关、企事业单位以及其他组织，应当组织社会公众或者本单位人员开展应急疏散、紧急避险和自救互救等应急知识的宣传教育和应急演练。公民应当参加人民政府和本单位组织的应急演练。

教育部门应当指导、督促各级各类学校将应急知识教育纳入学生素质教育教学内容，培养学生的安全意识和自救与互救能力。

本办法第十一条规定的单位，每年至少组织开展一次应急演练。

新闻媒体应当通过公益广告、专题栏目等形式，无偿开展预防与应急、自救与互救知识的公益宣传。

**第二十一条** 市和区人民政府应当建立应急救援物资、生活必需品和应急处置装备的储备制度，完善重要应急物资的监管、生产、储备、调拨和紧急配送体系。市人民政府有关部门和区人民政府的应急物资储备情况应当报市突发公共事件应急管理委员会办公室备案，并纳入统一的数据库管理。

**第二十二条** 鼓励保险企业根据本市实际，开展与突发事件应对相关的保险业务。

公民、法人或者其他组织可以根据需要，参加人身伤害、火灾、环境污染等商业保险，提高突发事件风险防范能力。

## 第三章 值守与预警

**第二十三条** 各级人民政府、街道办事处以及承担突发事件处置职能的政府部门和单位，应当建立二十四小时值守应急制度。

居民委员会、村民委员会以及物业服务企业应当加强值班工作。

**第二十四条** 获悉突发事件信息的行政机关，除国家另有规定的外，应当逐级进行突发事件信息的报告，并做好相关单位的信息通报；法定节假日及重要会议和重大活动等特殊时段，实行每日报告制度。

**第二十五条** 获悉突发事件信息的公民、法人或者其他组织，应当立即通过“110”或者其他紧急求助电话号码向市应急联动中心报告，或者通过其他途径向所在地人民政府、有关主管部门或者指定的专业机构报告。

**第二十六条** 市和区人民政府应当建立或者确定本行政区域内统一的突发事件信息系统，汇集、存储、分析、传输和发布突发事件信息。

**第二十七条** 市和区人民政府或者市人民政府授权的部门，应当加强突发事件预警信息发布制度建设，按照规定的权限、程序等及时发布预警信息，并根据事态发展适时进行调整、更新，有事实证明不可能发生突发事件或者危险已经解除的，应当宣布终止预警。

预警信息的发布应当根据实际情况，通过广播、电视、报刊、互联网、微博、手机短信、电子显示屏、宣传车、警报器、高音喇叭或者组织人员逐户通知等方式进行，对老、幼、病、残等特殊人群以及学校、医院、养老院、通信盲区等特殊场所应当采取针对性的公告方式。

广播、电视、报刊等新闻媒体和互联网新闻信息服务单位、电信运营企业、公共场所电子显示屏管理单位，应当配合做好预警信息的发布工作。

**第二十八条** 宣布进入预警期后，市和区人民政府及其有关部门，承担突发事件处置任务的单位，应当及时向公众发布有关建议、劝告，采取应对措施，避免或者减轻突发事件可能造成的危害；承担突发事件处置的领导和指挥责任人员不得擅离职守。

突发事件可能对公众生命财产安全和社会公共秩序造成严重影响时，根据国家和本市有关规定，市人民政府及其授权的部门和区人民政府可以采取临时停课、停产、停业等必要的防范性、保护性措施。

公民、法人或者其他组织根据市和区人民政府及其有关部门发布的建议、劝告，采取防灾避险措施。

## 第四章 应急联动与处置

**第二十九条** 本市建立突发事件应急处置工作联动机制。

市应急联动中心通过“110”以及其他紧急求助电话号码，统一受理公民、法人或者其他组织的突发事件报警，组织、指挥、调度、协调应急联动单位开展应急联动处置工作。

海上搜救及船舶污染事故的应急联动处置工作，由上海海上搜救中心负责组织、指挥、调度和协调，市应急联动中心负责组织相关应急联动单位予以配合。

**第三十条** 市应急联动中心接警后，应当立即予以核实。需要应急联动处置的，应当及时向应急联动单位下达处置指令，将有关情况按照规定予以上报，并做好相关单位的情况通报工作。

应急联动单位接到市应急联动中心指令后，应当按照职责分工和应急预案的要求，组织调度应急队伍、专家、物资、装备等开展应急处置，并及时向市应急联动中心反馈处置情况。

根据突发事件的事态发展和应急处置情况，市应急联动中心可以报请市突发公共事件应急管理委员会成立市应急处置指挥部，明确应急响应的等级和范围，统一组织开展应急处置工作。

**第三十一条** 承担突发事件处置职责的部门和单位，接到超出处置能力范围的突发事件的紧急求助，应当迅速记录、核实，及时将求助信息报送市应急联动中心或者直接转送有关部门处置，不得搁置、延误。

其他单位、成年人对他人在受到突发事件影响时的紧急求助，应当在力所能及的范围内予以必要的帮助。

**第三十二条** 市和区人民政府可以根据突发事件处置的需要，设立现场指挥机构，确定现场指挥长，统一开展现场应急指挥工作。现场指挥长有权决定现场处置方案，调度现场应急救援力量，协调有关单位开展现场应急处置工作。

重大灾害事故和其他以抢救人员生命为主的应急救援现场，由综合性应急救援队伍统一实施救援指挥。

**第三十三条** 突发事件应急处置应当坚持人员安全优先。

承担突发事件处置职责的部门和单位在制订现场处置方案时，应当优先考虑对受突发事件危害人员的救助，并注意保障参与应急救援人员的生命安全。

人员密集场所发生火灾等突发事件后，经营、管理单位应当立即组织人员疏散，不得延误。

**第三十四条** 突发事件应对过程中，需要疏散、撤离人员的，市和区人民政府应当组织开展人员的有序疏散、撤离；必要时引导其到应急避难场所避险。

市和区人民政府可以根据突发事件应急处置的需要，指定有关的设施、场地作为临时应急避难场所；有关单位应当按照要求，及时开放被指定的设施、场地。

**第三十五条** 市和区人民政府及其有关部门为应对突发事件依法征用单位或者个人财产的，应当向被征用财产的单位或者个人发出应急征用凭证。紧急情况下无法当场签发凭证的，应当在应急处置结束后补发凭证。

应急征用凭证应当载明应急征用的依据、事由、被征用财产的名称及数量、被征用财产者的单位名称或者姓名、实施征用单位的名称及联系方式等要素。

实施应急征用的单位在使用完毕或者突发事件处置工作结束后，应当及时返还被征用的财产;征用财产或者财产征用后毁损、灭失的,应当依法予以补偿。

**第三十六条** 重大和特别重大突发事件发生后,需要立即动用财政预备经费的,市和区财政部门应当按照规定安排落实;紧急情况下,可以简化相关资金的审批和划拨程序。

**第三十七条** 公安、交通港口、海事、道路等管理部门应当根据应急处置工作的需要,开辟专用通道,保障运输经营单位优先运送处置突发事件所需物资、设备、工具、应急救援人员和受到突发事件危害的人员。

高速公路经营管理单位应当根据突发事件避险、救援的需要,配合公安机关交通管理部门采取发布信息、限速通行、临时封闭等措施,对车辆进行引导、疏散。必要时,道路管理部门可以协调有关单位暂停公路道口的收费。

**第三十八条** 通信管理部门应当组织、协调电信运营企业保障应急处置通信畅通。

无线电管理部门应当保障突发事件应对的专用频率和电磁环境,提供必要的技术条件。

## 第五章 善后与恢复重建

**第三十九条** 市和区人民政府应当加强对受突发事件影响地区善后工作的领导,根据本地区遭受损失的情况,制定救助、补偿、抚慰、抚恤、安置等工作计划并组织实施,妥善解决因处置突发事件引发的矛盾和纠纷,提供信息咨询、帮助查找失踪人员和心理疏导等服务。

对在应急救援工作中伤亡的人员,市和区人民政府应当依法给予抚恤。

**第四十条** 市和区人民政府应当及时组织对突发事件造成的损失进行评估,组织受影响地区尽快恢复正常的生产、生活、工作和社会秩序,制定恢复重建计划,并向上一级人民政府报告。

市和区人民政府应当及时组织和协调有关部门恢复社会治安秩序,尽快修复被损坏的公共设施。

**第四十一条** 价格管理部门在突发事件发生后,应当加强价格监管,从严惩处囤积居奇、哄抬物价和捏造散布涨价信息等扰乱市场秩序的行为,稳定市场价格,维护市场秩序。

**第四十二条** 公民参与突发事件应急救援工作或者协助维护社会秩序期间,其在本单位的工资待遇和福利不变;表现突出、成绩显著的,市和区人民政府给予表彰或者奖励。

## 第六章 法律责任

**第四十三条** 违反本办法规定的行为,法律、法规已有处罚规定的,从其规定。

**第四十四条** 单位违反本办法,有下列行为之一的,由所在地区人民政府责令其限期改正,逾期不改正的,依法给予警告:

(一)违反本办法第十一条,未按照要求制定具体应急预案的;

(二)违反本办法第二十条第三款,未按照要求开展应急演练的;

(三)违反本办法第三十四条第二款,拒绝开放有关设施、场地作为临时应急避难场所的。

**第四十五条** 行政机关及其工作人员有下列情形之一的,由其上级机关或者监察机关责令改正,并根据情节对直接负责的主管人员和其他直接责任人员依法给予警告、记过等处分:

(一)未按照规定公布突发事件相关信息的;

(二)未按照规定履行应急联动处置职责的;

(三)不服从现场指挥长的指挥、调度的;

(四)未按照规定对超出其处置能力范围的突发事件紧急求助信息进行登记转送的;

(五)违反规定程序实施突发事件应急征用的。

## 第七章 附 则

**第四十六条** 本办法自 2013 年 5 月 1 日起施行。

# 上海市人民代表大会常务委员会关于促进创新驱动、转型发展的决定

（2012年6月7日上海市第十三届人民代表大会常务委员会第三十四次会议通过）

贯彻落实科学发展观，坚持以人为本，实现全面、协调、可持续发展，加快推进“四个率先”、加快建设“四个中心”和社会主义现代化国际大都市，是中央对上海的要求，也是上海自身发展的迫切需要，更是上海义不容辞的责任。在更高起点上推动上海科学发展，必须坚持创新驱动、转型发展。为充分调动全社会的积极性，营造良好的发展环境，根据中共上海市第十次代表大会精神，结合本市实际情况，特作如下决定：

一、本市应当坚持创新驱动、转型发展的总方针，以促进人的全面发展为根本目的，坚持发展为了人民、发展依靠人民，发展成果更加广泛、更加均衡地惠及人民。

本市应当将创新驱动、转型发展贯穿于经济社会发展的全过程，以深化改革开放为动力，以培养、集聚和用好人才为关键，以制度创新保障和推动观念创新、科技创新和文化创新，以创新驱动发展，在发展中加快转型，在转型中提升发展的质量和效益。

二、本市应当根据国家对上海的战略定位和要求，加快推进创新驱动、转型发展，努力建设与我国经济实力和国际地位相适应、具有全球资源配置能力的国际经济、金融、贸易、航运中心，努力建设经济活跃、法治完善、文化繁荣、社会和谐、城市安全、生态宜居、人民幸福的社会主义现代化国际大都市。

三、本市创新驱动、转型发展工作应当围绕重点领域和关键环节展开，深化改革、扩大开放，进一步建立健全有利于转变发展方式的体制机制。加快产业结构战略性调整，形成以现代服务业为主体、战略性新兴产业为引领、先进制造业为支撑的新型产业体系，不断提升城市服务功能和产业能级；推进以保障和改善民生为重点的社会建设，提高基本公共服务保障能力和均等化水平，创新管理机制，形成和谐有序的社会秩序；优化育才、引才、用才环境，激发人才创新创业活力；发挥科技创新的引领作用，推动协同创新，建设更具活力的创新型城市；激发文化发展活力，增强文化软实力和国际影响力；统筹城乡发展，构筑城乡一体化发展格局；加强生态环境建设，推进节能减排，促进经济社会发展与人口资源环境相协调，实现城市可持续发展；发展民主法治，形成全社会依法共融、和谐共进的制度环境。

四、创新驱动、转型发展是全社会的共同责任。全社会应当进一步解放思想，弘扬海纳百川、追求卓越、开明睿智、大气谦和的城市精神，践行公正、包容、责任、诚信的价值取向，凝聚智慧和力量，把创新驱动、转型发展的要求转化为全社会的自觉行动，积极参与、支持创新驱动、转型发展的各项工作。

五、市人民政府应当围绕创新驱动、转型发展的重点领域和关键环节，进一步完善推进创新驱动、转型发展的相关政策，明确目标任务、责任部门和推进措施；积极探索建立创新驱动、转型发展的评估方法和评价指标，完善经济社会发展指标体系，健全科学的绩效考评机制；优化财政支出结构和政府投资结构，提高政府投资对创新驱动、转型发展的引导作用。

本市各级人民政府及其部门应当定期对推进创新驱动、转型发展政策措施的执行情况进行检查和评价。

六、本市各级人民政府及其部门应当按照

创新驱动、转型发展的要求，坚持社会主义市场经济的改革方向，发挥市场配置资源的基础性作用，最大限度地激发社会活力和人民群众的创造力，以政府职能转变为核心，以政府管理创新为重点，加快行政管理体制改革，建设服务政府、责任政府、法治政府、廉洁政府，敢于担当、勇于负责，加快形成有利于创新驱动、转型发展的体制机制。

七、市人民政府应当围绕创新驱动、转型发展积极探索，着力破解制约创新驱动、转型发展的制度瓶颈和政策障碍；在不与宪法、法律、行政法规相抵触的前提下，可以在扩大开放、完善市场体系、吸引人才、创造最佳创业环境和改变城乡二元结构等方面先行先试，制定政府规章或者发布决定，并报市人大常委会备案。

八、本市各级人民法院、人民检察院应当充分发挥司法职能，维护公平正义，为创新驱动、转型发展提供司法保障。

九、市人大常委会根据具体情况和实际需要及时制定、修改与创新驱动、转型发展有关的地方性法规。

本市各级人大常委会应当通过听取专项工作报告、开展执法检查等方式，加强对本决定执行情况的监督。

本市各级人大常委会和乡、镇人民代表大会应当充分发挥代表作用，组织代表围绕创新驱动、转型发展开展专题调研和视察等活动，汇集、反映人民群众的意见和建议，督促有关方面落实创新驱动、转型发展的各项工作。

本决定自2012年6月8日起施行。

# 上海市地面沉降防治管理条例

（2013年4月17日上海市第十四届人民代表大会常务委员会第三次会议通过）

## 第一章　总　　则

**第一条**　为了加强和规范地面沉降防治工作，避免和减轻地面沉降造成的损失，维护人民生命和财产安全，促进经济和社会可持续发展，根据《地质灾害防治条例》和其他有关法律、行政法规的规定，结合本市实际情况，制定本条例。

**第二条**　本条例适用于本市行政区域内因抽取地下水和工程建设活动等引起的地面沉降的监测、防治及其相关监督管理活动。

**第三条**　市和区、县人民政府应当加强对地面沉降防治工作的领导，组织有关部门采取措施，做好地面沉降防治工作。

**第四条**　市规划国土资源行政管理部门是本市地面沉降防治工作的综合监督管理部门，并具体负责区域性地面沉降防治的监督管理。

市水务行政管理部门负责本市地面沉降防治工作中的地下水开采与回灌的监督管理。

市和区、县建设交通行政管理部门按照职责分工，负责建设工程涉及的周边地面沉降防治的监督管理。

市发展改革、财政、交通港口、民防、房屋等行政管理部门在各自职责范围内，协同实施本条例。

**第五条**　市和区、县人民政府及其有关部门应当鼓励和支持地面沉降防治的科学技术研究，开展宣传教育，普及地面沉降防治的科学知识和防灾减灾等常识。

**第六条**　市和区、县人民政府及其有关部门应当按照有关防灾应急预案的要求，及时处置因地面沉降引发的地质灾害事故，采取工程治理或者搬迁避让措施，保证受灾居民的生命和财产安全。

## 第二章 地面沉降防治规划

**第七条** 市规划国土资源行政管理部门应当结合本市地质环境状况，组织开展地面沉降调查，并通过政府网站等渠道发布本市年度区域性地面沉降的相关数据。

**第八条** 市规划国土资源行政管理部门编制城乡规划应当充分考虑地面沉降防治要求，合理控制开发强度，避免和减轻地面沉降造成的损失。

**第九条** 市规划国土资源行政管理部门应当会同市水务、建设交通行政管理部门编制地面沉降防治规划，经市人民政府批准后公布，并报国土资源部备案。地面沉降防治规划在报批前，应当组织专家论证。

市规划国土资源行政管理部门会同市水务、建设交通行政管理部门编制地面沉降防治规划时，应当根据地面沉降调查与监测成果，划定地面沉降易发区，并根据地面沉降的发育和危害程度、城市建设现状和发展等因素，在地面沉降易发区中划定重点防治区。

**第十条** 市规划国土资源行政管理部门应当会同市水务、建设交通行政管理部门，根据地面沉降防治规划，编制地面沉降防治年度工作计划。

地面沉降防治年度工作计划主要包括以下内容：

（一）地面沉降年度控制目标；

（二）地面沉降监测方案；

（三）地下水开采和回灌方案；

（四）地面沉降监测设施和回灌井的建设及维护方案。

**第十一条** 市规划国土资源行政管理部门应当根据城市总体规划、地面沉降防治规划，组织编制监测设施的布设方案。

市规划国土资源行政管理部门应当会同市水务行政管理部门根据城市总体规划、地面沉降防治规划和供水专业规划，组织编制防治设施的布设方案。

建设地面沉降监测设施和防治设施，应当遵循节约用地原则，合理高效利用资源。布设方案确定的设施用地，应当在控制性详细规划中予以落实，并依法办理审批手续。

## 第三章 地面沉降监测设施和防治设施的建设与管理

**第十二条** 市规划国土资源行政管理部门应当会同市水务、建设交通行政管理部门建立地面沉降监测网络，对土层形变以及地下水水位、水质等实施动态监测。

**第十三条** 地面沉降监测设施和防治设施的新建、改建、扩建，应当符合有关布设方案的要求。

建设地面沉降监测设施和防治设施，可以依法征收土地和房屋。

**第十四条** 地面沉降监测设施由政府投资，由市规划国土资源行政管理部门负责组织建设和维护。

回灌井由政府投资，由市水务行政管理部门负责组织建设和维护。采灌井由地下水的开采者投资建设和维护。

新建、改建、扩建地面沉降监测设施和防治设施，应当委托具有相应资质的单位进行。

市规划国土资源、水务行政管理部门应当根据各自职责，建立并完善地面沉降监测设施和防治设施的维护和运行管理制度。

**第十五条** 市规划国土资源、水务行政管理部门应当在地面沉降监测设施和防治设施周围设置警示标志。

任何单位和个人不得侵占、损毁或者损坏地面沉降监测设施和防治设施。

**第十六条** 已经建成的地面沉降监测设施和防治设施，不得擅自拆除；因工程建设确需拆除的，应当就近迁建。就近迁建方案应当由建设单位报市规划国土资源行政管理部门或者市水务行政管理部门同意。

迁建的相关费用由建设单位承担。迁建的

用地由市规划国土资源行政管理部门落实。

**第十七条** 地面沉降监测设施和回灌井因损坏无法使用，确需报废的，由市规划国土资源行政管理部门和市水务行政管理部门按照各自职责，办理报废手续。

采灌井因损坏无法使用，确需报废的，使用者应当事先向市水务行政管理部门备案，并委托具有相应资质的单位实施封井作业。

## 第四章 地面沉降防治措施

**第十八条** 本市对地下水开采实行总量控制。具体年度地下水开采总量应当在地面沉降防治年度计划的地下水开采方案中明确。

除战备、应急备用等特殊情形外，禁止在自来水管网到达区域开采地下水。自来水管网到达区域的具体范围，由市水务行政管理部门公布。

**第十九条** 地面沉降防治年度工作计划中的地下水回灌方案，由市水务行政管理部门组织实施。

回灌井的地下水回灌作业由市水务行政管理部门委托运营单位按照分解的地下水回灌计划实施回灌。

采灌井的使用者应当按照采灌平衡原则，承担地下水回灌义务。市水务行政管理部门可以与采灌井的使用者协商约定超出回灌义务的地下水回灌量。采灌井的使用者停止开采地下水的，应当继续完成市水务行政管理部门下达的当年度回灌计划。

回灌井的回灌费用由市财政承担。采灌井的回灌费用中相当于取水量的部分，由采灌井的使用者承担；超出取水量的部分由市财政承担。

回灌井和采灌井回灌水的水质应当符合国家生活饮用水卫生标准。

**第二十条** 采灌井的使用者将采灌井移交他人的，回灌义务一并转移，并报市水务行政管理部门备案。

已经纳入防治设施布设方案的采灌井停止开采地下水的，采灌井的使用者可以将采灌井移交市水务行政管理部门，作为回灌井使用；市水务行政管理部门应当给予相应补偿。

**第二十一条** 市规划国土资源行政管理部门应当会同市建设交通行政管理部门，根据本市地质条件以及地面沉降的发育和危害程度，制定分区地面沉降控制要求。

市规划国土资源行政管理部门应当根据分区地面沉降控制要求，编制分区地面沉降危险性评估报告，并及时向社会发布。

**第二十二条** 在地面沉降易发区内进行基坑开挖深度七米以上的建设工程（以下简称深基坑工程），建设单位在可行性研究阶段进行地质灾害危险性评估时，应当将地面沉降危险性评估作为主要内容。

基坑开挖深度七米以上不足十五米的，建设单位在进行地质灾害危险性评估时，地面沉降危险性评估部分可以直接采用市规划国土资源行政管理部门发布的分区地面沉降危险性评估报告。基坑开挖深度十五米以上的，建设单位应当委托具备相应资质的评估单位，根据分区地面沉降控制要求，对地面沉降危险性进行评估。评估报告应当经专家评审通过，并由建设单位报市规划国土资源行政管理部门备案。

**第二十三条** 地面沉降危险性评估报告应当包括以下内容：

（一）评估区范围和建设工程本体以及周边建筑物、构筑物遭受地面沉降危害的可能性；

（二）建设工程在建设中、建成后引发或者加剧地面沉降的可能性及可能影响的范围；

（三）地面沉降防治措施的建议。采用降排水法施工的深基坑工程，需要回灌的，应当提出采取回灌措施的建议；地面沉降重点防治区内经专家评审认为需要阻断降水目的含水层的，应当提出采取阻断降水目的含水层施工方法的建议。

建设单位编制的建设工程项目概算应当包括地面沉降危险性评估报告明确的监测、回灌和其他防治措施的费用。

**第二十四条** 深基坑工程的设计方案与施工方案应当根据经备案的地面沉降危险性评估报告明确地面沉降监测和防治要求。地面沉降监测和防治要求主要包括深基坑工程的施工方法、地下水水位的监测区域、地下水水位控制要求、地面沉降控制要求以及防治措施等内容。深基坑工程的设计方案与施工方案应当经专家评审通过，并按照规定进行施工图设计文件审查。

地面沉降重点防治区内采用降排水法施工的深基坑工程，经专家评审认定需要采取阻断降水目的含水层施工方法的，建设单位应当保障费用。

**第二十五条** 施工单位应当按照评审通过的深基坑工程设计方案与施工方案进行施工。

深基坑工程采用降排水法施工的，施工单位应当安装计量装置对排水量进行计量，并委托具有相应资质的监测单位监测地下水水位和地面沉降量。

地下水水位或者地面沉降量超出深基坑设计控制要求时，监测单位应当及时报告施工单位和监理单位，施工单位应当按照深基坑工程设计方案与施工方案中的监测和防治方案采取回灌等防治措施。当发生地面沉降重大险情时，施工单位和监理单位应当立即向建设交通行政管理部门报告。建设交通行政管理部门应当立即到现场进行处置。

**第二十六条** 深基坑工程回灌水的水质应当符合国家生活饮用水卫生标准或者与降排水同质。

深基坑工程施工结束后，施工单位应当按照规定，进行封井作业。封井应当经监理单位验收合格。

**第二十七条** 深基坑工程施工结束后，建设单位应当将地面沉降影响监测资料汇交至市规划国土资源行政管理部门。

**第二十八条** 市规划国土资源行政管理部门应当设立重大市政工程设施地面沉降预警标准，与运营单位共同建立地面沉降监测与安全预警机制，提高安全运营保障能力。

市规划国土资源行政管理部门应当定期进行重大市政工程设施沉降监测网与全市地面沉降监测网的联测，并对重大市政工程设施沿线的地面沉降情况进行综合分析。重大市政工程设施运营单位应当将其设施沉降监测数据定期报送市规划国土资源行政管理部门。市规划国土资源行政管理部门应当将联测结果和综合分析报告，提供给重大市政工程设施运营管理单位。

## 第五章 监督检查

**第二十九条** 市规划国土资源、水务、建设交通行政管理部门应当按照各自职责，配备相应的监督管理人员和装备，建立巡查制度，加强对地面沉降防治的监督检查。

**第三十条** 市规划国土资源、水务、建设交通行政管理部门应当建立工作协调制度，定期沟通和分析本市地面沉降防治工作情况，协助配合解决地面沉降防治工作中的重大问题。

**第三十一条** 市规划国土资源、水务、建设交通等行政管理部门在各自职责范围内履行监督检查职责时，有权采取下列措施：

（一）向有关单位和个人查阅、复制有关资料；

（二）要求被检查单位或者个人就有关问题作出说明；

（三）进入被检查单位或者个人的生产场所进行调查；

（四）法律、行政法规规定的其他措施。

## 第六章 法律责任

**第三十二条** 违反本条例规定的行为，法律、行政法规已有处罚规定的，从其规定。

**第三十三条** 违反本条例规定，有下列行为的，由市水务行政管理部门按照下列规定予以处理：

（一）违反第十五条第二款、第十六条第一款规定，侵占、损毁、损坏或者擅自拆除地面沉降防治设施的，责令停止违法行为，限期恢复原状或者采取补救措施，可以处五万元以下罚款。

（二）违反第十七条第二款规定，未按照规定履行备案义务的，责令限期改正；逾期不改正的，处五百元以上五千元以下罚款。

（三）违反第十七条第二款规定，未按照规定实施封井的，责令限期改正；逾期不改正的，处五万元以上三十万元以下罚款。

（四）违反第十九条第三款规定，拒绝承担地下水回灌义务或者未完成规定回灌量的，责令限期改正；逾期不改正的，处一万元以上十万元以下罚款。

**第三十四条** 违反本条例第二十五条第二款规定，施工单位未按照规定安装计量装置的，由建设交通行政管理部门或者其他有关部门责令限期改正；逾期不改正的，处一万元以上三万元以下罚款。

**第三十五条** 违反本条例规定，有下列行为的，由市规划国土资源行政管理部门按照下列规定予以处理：

（一）违反第十五条第二款、第十六条第一款规定，侵占、损毁、损坏或者擅自拆除地面沉降监测设施的，责令停止违法行为，限期恢复原状或者采取补救措施，可以处五万元以下罚款。

（二）违反本条例第二十七条规定，未按照规定汇交监测资料的，责令限期改正；逾期不改正的，处一万元以上五万元以下罚款。

**第三十六条** 违反本条例规定，有关行政管理部门和机构直接负责的主管人员和其他直接责任人员玩忽职守、滥用职权、徇私舞弊的，由其所在单位或者上级主管部门依法给予行政处分；构成犯罪的，依法追究刑事责任。

## 第七章 附 则

**第三十七条** 本条例有关用语的含义：

地面沉降监测设施，是指为取得地面沉降数据而建造的设施，包括监测土层形变的各类测量标志及其配套的仪器设备，监测地下水动态的观测井（孔）等各类水文地质监测设施，以及为保护前述设施而建造的防护栏、房屋等建筑物、构筑物。

重大市政工程，是指易受地面沉降影响的轨道交通、高铁、磁浮、高架道路、越江隧道、跨海跨江桥梁、防汛墙、海堤、高压油气管道等线状市政工程。

**第三十八条** 本条例自 2013 年 7 月 1 日起施行。

# 上海市地下空间规划建设条例

（2013 年 12 月 27 日上海市第十四届人民代表大会常务委员会第十次会议通过 根据 2018 年 5 月 24 日上海市第十五届人民代表大会常务委员会第四次会议《关于修改本市部分地方性法规的决定》第一次修正 根据 2020 年 12 月 30 日上海市第十五届人民代表大会常务委员会第二十八次会议《关于修改本市部分地方性法规的决定》第二次修正）

## 第一章 总 则

**第一条** 为了加强对本市地下空间开发的规划和建设的管理，保障相关权利人合法权益，促进地下空间资源的合理利用，适应城市现代化和可持续发展的需要，根据《中华人民共和国民法典》《中华人民共和国城乡规划法》《中华人民共和国土地管理法》等有关法律、行政法规，结合本市实际，制定本条例。

**第二条** 本市行政区域内地下空间开发的规划、建设及相关管理活动，适用本条例。

**第三条** 本条例所称地下空间是指本市行政区域内地表以下空间。

**第四条** 地下空间开发应当遵循统筹规划、综合开发、合理利用、安全环保、公共利益优先、地下与地上相协调的原则。

**第五条** 市和区规划资源行政管理部门承担地下空间开发的综合协调职责，负责规划和用地管理。

市和区建设行政管理部门负责地下空间开发的建筑活动的监督管理和地下市政基础设施建设管理的协调工作。

市和区民防行政管理部门负责民防工程建设的监督管理和地下空间开发兼顾民防需要的监督管理。

市和区房屋行政管理部门负责地下建筑物、构筑物的权籍管理和交易管理。

其他有关行政管理部门按照各自职责，做好地下空间的相关管理工作。

**第六条** 市和区规划资源、建设、房屋等行政管理部门应当根据各自职责，依法开展地下空间调查，调查涉及的有关单位和个人应当予以配合。

**第七条** 市和区规划资源、建设、民防、房屋及其他有关行政管理部门应当按照各自分工，履行对地下空间开发的监督检查职责。

## 第二章 地下空间规划

**第八条** 本市地下空间分为浅层、中层和深层。

本市地下空间实行分层利用。地下空间开发应当优先安排市政基础设施、民防工程、应急防灾设施，并兼顾城市运行最优化的需要。

**第九条** 市规划资源行政管理部门应当组织编制本市地下空间总体规划，作为专项规划纳入城市总体规划，并向社会公布。

地下空间总体规划的内容应当包括：地下空间开发战略、总体布局、重点建设范围、竖向分层划分、不同层次的宜建项目、同一层次不同建设项目的优先顺序、开发步骤、发展目标和保障措施。

中心城分区规划、郊区区总体规划、新城总体规划、新市镇总体规划应当包括地下空间规划内容，地下空间规划内容应当符合地下空间总体规划。

**第十条** 编制涉及地下空间安排的控制性详细规划，应当明确地下交通设施之间、地下交通设施与相邻地下公共活动场所之间互连互通的要求。

市人民政府确定的重点地区的控制性详细规划，还应当对地下空间开发范围、开发深度、建筑量控制要求、使用性质、出入口位置和连通方式等作出具体规定。其他地区的控制性详细规划可以参照重点地区对地下空间的规划要求作出具体规定。

**第十一条** 涉及地下空间安排的各类专项规划，由市有关专业管理部门会同市规划资源行政管理部门组织编制，经批准后纳入相应的城乡规划。

市民防行政管理部门应当制定民防工程建设规划，对单建民防工程的布局，以及地下空间开发兼顾民防需要的重点区域和技术保障措施等作出规定。

**第十二条** 规划资源行政管理部门应当会同建设行政管理部门根据控制性详细规划和相关专项规划，结合城市道路、公路的建设，制定地下管线综合规划。

制定地下管线综合规划应当征求管线建设单位及相关行政管理部门的意见。

**第十三条** 控制性详细规划和相关专项规划应当在相应地下空间预留地下管线位置。已经预留地下管线位置的区域不得新建架空线及其杆架。

本市新城、国务院和市人民政府批准设立的经济开发区应当制定综合管沟规划。已经制定综合管沟规划的区域，应当集中敷设电信电缆、电力电缆、给水管道等管线。相关管线规划应当与综合管沟规划相衔接。

已明确纳入综合管沟的管线，相关规划不再另行安排管线位置。

## 第三章　地下空间建设

**第十四条**　地下空间建设应当遵守国家和本市规定的建设程序。结建地下工程的相关行政审批，应当随地上工程的行政审批一并办理。

结建地下工程应当遵循先地下、后地上的建设顺序。

**第十五条**　地下空间建设不得危及地上及地下相邻建筑物、构筑物、附着物的安全。

地下空间建设因通行、通风、通电、排水等必须利用相邻建设用地的，相邻建设用地使用权人应当提供便利条件。建设单位的通行、通风、通电、排水等应当符合相关法律法规、标准和规范的要求，尽量避免对相邻建设用地使用权人造成损害；造成损害的，应当给予赔偿。

**第十六条**　建设地铁、隧道、综合管沟、地下道路等市政基础设施以及单建式地下工程，应当符合国家有关地下工程建设兼顾民防需要的标准。

建设单位新建民用建筑，应当按照国家有关规定，结建可用于民防的地下室。

**第十七条**　列入国家《划拨用地目录》范围的地下建设项目可以采用划拨方式取得地下建设用地使用权，其他地下建设项目应当以出让、租赁等有偿方式取得地下建设用地使用权。

建设项目的结建地下工程应当随其地上部分一并取得建设用地使用权。

**第十八条**　地上的建设用地使用权人可以申请开发其建设用地范围内的地下空间，但市政基础设施、民防工程等公益性建设项目需要使用地下空间的除外。

地上的建设用地使用权人开发其建设用地范围内的地下空间的，应当符合控制性详细规划的要求。

**第十九条**　地下建设项目的建设用地使用权出让，应当采用招标、拍卖、挂牌的方式，但符合下列情形之一的，可以采用协议方式出让：

（一）附着于地下交通设施等公益性项目且不具备独立开发条件的经营性地下建设项目；

（二）地上的建设用地使用权人在其建设用地范围内单建的经营性地下建设项目；

（三）国家和本市规定的其他符合协议出让条件的情形。

**第二十条**　地下建设项目的建设用地使用权出让金的收取，由市人民政府制定具体办法，向社会公布并依法接受监督。

**第二十一条**　规划资源行政管理部门应当根据控制性详细规划核定地下建设项目的规划条件。控制性详细规划中未明确地下空间的规划要求的，应当根据规划管理技术规定核定规划条件。

市人民政府确定的重点地区的地下建设项目，以划拨方式提供建设用地使用权的，规划资源行政管理部门应当在核发选址意见书时，核定地下建设项目的规划条件；以出让方式提供建设用地使用权的，规划资源行政管理部门应当在签订建设用地使用权出让合同前，核定地下建设项目的规划条件。规划条件应当明确地下建设项目的用地性质、最大占地范围、开发深度、建筑量控制要求、与相邻建筑连通要求等规划设计要求。

其他地区的地下建设项目，规划资源行政管理部门应当在审定建设工程设计方案前明确地下空间的建设内容。

结建建设项目的地下空间开发范围，不超出地上建设用地使用权的用地界线。

**第二十二条**　在集中开发的区域，涉及地下空间的建设工程设计方案应当经集中开发区域的管理机构综合平衡后，方可报规划资源行政管理部门审批。建设工程设计方案未经综合平衡的，规划资源行政管理部门不予受理相关建设工程规划许可申请。

集中开发区域的管理机构可以对地下空间实施整体设计、统一建设；建成的地下空间可以单独划拨或者出让，也可以与地上建设用地使用权一并划拨或者出让。

**第二十三条** 规划条件对地下建设工程有连通要求的，地下建设工程的设计方案应当明确与相邻建筑的连通方案。相邻建筑已经按照规划预留横向连通位置的，新项目的横向连通位置应当与之相衔接。新项目建设单位负责建设衔接段的地下通道，并可以取得地下通道的建设用地使用权。

规划条件对地下建设工程未明确连通要求的，建设单位可以与相邻建筑所有权人，就连通位置、连接通道标高、实施建设主体和建设用地使用权等内容达成协议，形成连通方案，纳入建设工程设计方案一并提交审核。

衔接段的地下通道需要穿越城市道路、公路用地的，规划资源行政管理部门应当征询建设行政管理部门的意见，并在土地划拨决定书或者出让合同中明确建设单位建设地下通道的义务、地下通道建成后的使用方式和维修养护义务。

**第二十四条** 地下工程建设应当符合工程建设安全和质量标准，满足防汛、排涝、消防、抗震、防止地质灾害、控制震动影响和噪声污染等方面的需要，以及设施运行、维护等方面的使用要求，使用功能与出入口设计应当与地上建设相协调。

地下建设工程之间的距离，应当符合相邻地下设施安全保护的要求。

控制性详细规划应当根据相关专项规划或者行业标准，明确隧道、地铁、综合管沟等大型地下市政基础设施的安全保护区范围。需要在安全保护区范围内进行地下工程建设的，项目可行性研究报告和建设工程设计方案的审批应当征求相关行业行政管理部门的意见；建设单位应当依法向相关行业行政管理部门报批施工保护方案，并委托有资质的监测单位对市政基础设施的安全进行监测和检测，采取相应的安全措施。

**第二十五条** 建设单位应当按照规划许可进行地下空间建设，不得擅自变更规划许可内容；确需变更的，必须向规划资源行政管理部门提出申请。规划资源行政管理部门受理后，应当会同相关部门进行审核。变更的内容不符合规划要求的，规划资源行政管理部门不得批准。

**第二十六条** 建设地下管线工程的，建设单位应当委托具有相应资质的测绘单位开展地下管线跟踪测量。建设单位在向规划资源行政管理部门申请《建设工程规划许可证》时，应当提交地下管线跟踪测量合同。

地下管线工程覆土前，建设单位应当通知测绘单位按照地下管线跟踪测量合同，实施跟踪测量。

**第二十七条** 地下建设工程竣工规划验收前，建设单位应当提请城建档案管理机构对地下建设工程档案进行专项预验收。建设单位应当在申请地下建设工程竣工规划验收时，将竣工图、竣工测绘报告等资料的纸质文本和电子数据报送规划资源行政管理部门。未按照要求报送竣工验收资料的，规划资源行政管理部门不予受理其竣工验收申请。

建设单位应当对其报送资料的准确性负责。因资料不准确导致地下管线等设施在施工时受到损坏并给他人造成损失的，建设单位应当依法承担赔偿责任。

规划资源行政管理部门应当及时将建设单位报送的有关电子数据分送建设、民防、房屋等行政管理部门。

市规划资源、建设、民防、房屋等行政管理部门应当根据各自的功能使用要求，完善地下空间信息系统，实现各专业系统的信息共享，并依法实行信息公开。

**第二十八条** 建设项目的结建地下工程应当与其地上部分一并办理建设用地使用权和房屋所有权首次登记。单建地下建设项目单独办理地下空间建设用地使用权和房屋所有权首次登记。

地下建设用地使用权的权属范围，按照土地审批文件中载明的地下空间建设用地使用权范围确定。按照规划许可建成的地下建筑物、构筑物，通过竣工规划验收后，其权属范围应当以地下建筑物、构筑物外围所及的范围确定。

地下空间的房地产权利人在办理房地产登记前，应当委托有关机构开展地下空间地籍调查和房屋权属调查。

**第二十九条** 地下空间建设用地使用权的登记和地下建筑物、构筑物的房地产登记，按照国家和本市房地产登记的有关规定执行。

## 第四章 法律责任

**第三十条** 违反本条例规定的行为，《中华人民共和国城乡规划法》及其他法律、行政法规已有处罚规定的，从其规定。

**第三十一条** 建设单位违反本条例第二十三条第一款规定，未按照规划预留横向连通位置，或者未按照要求对横向连通位置进行衔接的，由规划资源行政管理部门责令改正，处建设工程造价百分之五以上百分之十以下的罚款。

**第三十二条** 建设单位违反本条例第二十六条第二款规定，未通知测绘单位对地下管线工程进行跟踪测量的，由规划资源行政管理部门责令限期改正；逾期未改正的，处补测费用两倍以上三倍以下的罚款。

**第三十三条** 规划资源、建设、民防、房屋等行政管理部门有下列行为之一的，由本级人民政府、上级主管部门或者监察机关依据职权责令限期改正，通报批评；对直接负责的主管人员和其他直接责任人员依法给予处分：

（一）违反本条例第九条、第十条、第十一条、第十二条、第十三条、第二十四条第三款规定，未按照要求编制相关规划的；

（二）违反本条例第二十一条规定，未按照要求核定规划条件的；

（三）违反本条例第十一条第二款规定，未按照要求编制民防工程建设规划的；

（四）违反本条例第二十八条、第二十九条规定，未按照要求进行地下空间房地产权利登记的；

（五）违反本条例第七条规定，未按照职责对地下空间开发进行监督检查的。

规划资源、建设、民防、房屋等行政管理部门的工作人员玩忽职守、滥用职权、徇私舞弊构成犯罪的，依法追究刑事责任。

## 第五章 附则

**第三十四条** 本条例所称结建，是指由同一主体结合地上建筑一并开发地下空间的建筑活动。

本条例所称单建，是指独立开发地下空间的建筑活动。

**第三十五条** 本条例自2014年4月1日起施行。

# 上海市人民代表大会常务委员会关于促进改革创新的决定

（2013年6月19日上海市第十四届人民代表大会常务委员会第四次会议通过）

改革创新是上海坚持“创新驱动、转型发展”总方针，谋求新发展、实现新突破的根本所在。为充分调动和保护全社会改革创新的积极性，破除妨碍科学发展的思想观念和体制机制弊端，激励和保障改革创新工作，营造有利于改革创新的制度环境，结合本市实际情况，特作如下决定：

一、本市应当将改革创新精神贯彻到经济社会发展的各个领域和环节，坚持社会主义市场经济的改革方向，以开放促改革，深入推进理论创新、制度创新、科技创新、文化创新以及其他各方面创新。

改革创新应当坚持解放思想、实事求是，综合考虑改革的力度、发展的速度和社会的可承受度；坚持法治原则，遵守宪法和法律，注重运用法治思维和法治方式推进改革创新；坚持综合协调、统筹谋划，加强顶层设计，保障公众参与，支持基层首创。

改革创新应当围绕加快推进“四个率先”、加快建设“四个中心”和社会主义现代化国际大都市的中心工作，聚焦政府自身建设，聚焦经济转型发展的重点领域和关键环节，聚焦社会建设和城市管理中的突出问题。

二、本市应当按照政府职能向创造良好发展环境、提供优质公共服务、维护社会公平正义转变的要求，深化行政体制改革，创新政府管理和服务方式，提高政府公信力和执行力。

本市应当充分发挥市场在资源配置中的基础性作用，减少政府对微观经济活动的干预，深化行政审批制度改革，加强对市场主体、市场活动监督管理；充分发挥社会力量在管理社会事务中的作用，加快形成政社分开、权责明确、依法自治的现代社会组织体制，促进社会组织健康有序发展。

三、本市应当充分运用现行法律制度及国家政策资源，推进改革创新。

本市各级人民政府及其部门应当主动作为，积极履行法律、法规赋予的职责，努力提高行政效能，推进改革创新；对于改革创新中法律、法规和国家政策未规定的事项，可以在职权范围内作出规定。

法律、法规、规章及国家政策未规定的事项，鼓励公民、法人和其他组织积极开展改革创新。

四、本市各级人民政府及其部门应当争取参与国家改革创新试点。

属于国家事权，但根据本市经济社会发展实际，需要先行先试的，市人民政府有关部门应当积极与国家有关部门沟通；需要跨部门协调的，由市人民政府确定的部门统筹安排，经市人民政府向国家有关部门提出申请。

五、本市各级人民政府及其部门应当积极贯彻落实国家授权的各项改革创新举措。

本市应当充分发挥浦东新区综合配套改革试点的先行先试作用，将转变政府职能、转变经济运行方式、改革城乡二元经济与社会结构以及社会管理等方面的改革创新，优先纳入浦东新区综合配套改革试点。鼓励其他区、县开展各类专项改革创新试点。对试点成熟的改革经验应当积极向全市推广。

六、改革创新工作需要制定、修改、废止、解释地方性法规或者规章予以支撑与保障的，应当及时启动制定、修改、废止、解释地方性法规或者规章的程序。

改革创新工作确需在相关地方性法规、规章修改、废止之前先行先试的，可以在提请市人大常委会或者市人民政府批准后实施。

七、本市各级人民政府及其部门应当在职责范围内决策、推进改革创新工作。改革创新工作，一般经过前期调研、制定方案、听取意见与论证、审议决定、组织实施、评估等程序。

市和区、县发展改革部门负责本行政区域内重点改革创新工作的统筹协调，必要时，应当组织同级机构编制、财政、政府法制等部门会审论证。会审论证意见应当作为市和区、县人民政府审议决策的参考依据。

本市各级人民政府及其部门应当建立改革创新评估制度，对其实施的重点改革创新政策和工作及时委托第三方评估或者组织有关单位、专家评估，并将评估意见作为完善改革创新政策的重要依据之一。

八、国家和本市的改革创新政策，各级人民政府及其部门应当积极贯彻实施。各级人民政府及其部门应当形成合力，不得阻扰、延误改革创新政策的实施。

本市发挥基层积极性和创造力，建立改革创新工作条块协同机制。市人民政府各部门应当支持区、县人民政府，乡、镇人民政府，街道办事处以及开发区开展改革创新工作，并为其改革创新探索提供政策咨询和业务指导。

九、本市各级人民政府及其部门应当为企事业单位、社会组织提供优质公共服务，尊重其自主权，不得干预其实施改革创新工作。对企事业单位、社会组织开展改革创新遇到的问题，应当及时研究，主动予以解决。超出本部门职权范围的，应当及时提请上级部门协调解决。

企事业单位、社会组织根据自身发展需求自主开展技术、管理、组织、模式等各种改革创新。国有企业应当加快技术、经营管理、人力资源管理等方面改革创新，提高自主创新能力和核心竞争力。行业协会、商会应当加快与行政机关脱钩，改变行政化倾向，增强自主性和活力。

十、本市鼓励社会各界提出改革创新的需求和建议。本市各级国家机关应当将改革创新建议征集工作纳入人民建议征集制度。涉及公众利益的重大改革创新方案草案应当通过多种途径听取社会各界意见，方案制定部门应当将社会各界对改革创新的意见和建议作为制定改革创新方案的重要依据。

十一、市人民政府设立改革创新奖，对在本市改革创新工作中作出突出贡献的单位和个人给予表彰和奖励。鼓励行业协会、商会等社会组织建立支持和推动其会员实施改革创新的激励机制。

本市有关单位在开展绩效考核时，应当将改革创新工作以及相关配合保障工作纳入考核内容，并作为部门考核、个人职务晋升和奖励的依据之一。

本市保障改革创新，宽容失败。改革创新未能实现预期目标，但有关单位和个人依照国家和本市有关规定决策、实施，且勤勉尽责、未牟取私利的，不作负面评价，依法免除相关责任。

十二、本市应当积极宣传改革创新的各项政策、举措和先进事迹，及时推广改革创新的成功经验，营造敢闯敢试、锐意进取的社会氛围。

十三、本市各级人民法院、人民检察院应当充分发挥司法职能，为改革创新提供司法保障。

十四、市和区、县人大常委会以及乡、镇人民代表大会应当积极履行法定职责，加强对本决定执行情况的监督。

本决定自2013年6月20日起施行。

# 上海市人民代表大会常务委员会关于在中国(上海)自由贸易试验区调整实施本市有关地方性法规规定的决定

（2013年9月26日上海市第十四届人民代表大会常务委员会第八次会议通过 根据2016年12月29日上海市第十四届人民代表大会常务委员会第三十四次会议《关于修改〈上海市人民代表大会常务委员会关于在中国(上海)自由贸易试验区暂时调整实施本市有关地方性法规规定的决定〉的决定》修正）

为了进一步深化中国(上海)自由贸易试验区改革开放，依法保障中国(上海)自由贸易试验区建设，上海市第十四届人民代表大会常务委员会第三十四次会议决定：

一、在中国(上海)自由贸易试验区内，凡法律、行政法规调整实施有关内容的，本市有关地方性法规作相应调整实施。

二、在中国(上海)自由贸易试验区内，本市地方性法规的规定,凡与《中国(上海)自由贸易试验区总体方案》、《进一步深化中国(上海)自由贸易试验区改革开放方案》不一致的,调整实施。

三、上述有关地方性法规的调整实施在中国(上海)自由贸易试验区建设期间实行。

本决定自2013年10月1日起施行。

# 上海市文物保护条例

(2014年6月19日上海市第十四届人民代表大会常务委员会第十三次会议通过)

## 第一章 总 则

**第一条** 为了加强对文物的保护,促进对文物的合理利用,传承优秀的历史文化遗产,根据《中华人民共和国文物保护法》、《中华人民共和国文物保护法实施条例》等法律、行政法规,结合本市实际情况,制定本条例。

**第二条** 本市行政区域内对文物的保护、利用及其相关管理,适用本条例。

文物认定的标准和办法依照国务院批准的文物行政管理部门制定的相关规定执行。

**第三条** 文物工作坚持保护为主、抢救第一、合理利用、加强管理的方针。

**第四条** 市和区、县人民政府负责本行政区域内的文物保护工作,并组织本条例的实施。

市和区、县文物行政管理部门具体负责本行政区域内的文物保护以及相关监督管理。

发展改革、建设、交通、规划土地、房屋、经济信息化、公安消防、绿化市容、水务、工商、教育、旅游、文广影视、新闻出版、财政等相关行政管理部门,按照各自职责共同做好文物保护工作。

**第五条** 市和区、县文物管理委员会负责协调解决文物保护工作中的重大问题,其日常办事机构设在同级文物行政管理部门。

市文物管理委员会设立文物保护专家委员会。专家委员会由文物、历史、文化、艺术、规划、建筑、房屋管理、法律等方面的人士组成,为本市文物保护和管理工作提供决策咨询意见。

**第六条** 市和区、县人民政府应当将文物保护事业纳入本级国民经济和社会发展规划,所需经费列入本级财政预算,并随着财政收入增长而增加。

**第七条** 市文物行政管理部门应当根据本市国民经济和社会发展规划,以及文物保护工作的实际需要,会同市规划土地行政管理部门组织编制文物保护专项规划,经市人民政府批准后纳入相应的城乡规划。文物保护单位的保护范围和建设控制地带的划定和保护,应当作为总体规划和详细规划的强制性内容。

**第八条** 文物、教育、新闻出版、文广影视等行政管理部门,学校、社区,以及广播电台、电视台、报刊、网站等媒体应当加强文物保护的宣传教育,普及文物知识,增强全社会的文物保护意识。

**第九条** 鼓励公民、法人或者其他组织设立文物保护社会基金,或者通过捐赠、资金投入、举办公益性文物保护宣传教育活动等方式参与文物保护。

鼓励志愿者和志愿服务组织参与文物普查、文物知识的宣传和讲解以及辅助服务等工作。市和区、县文物行政管理部门应当对志愿者开展相关知识培训。

**第十条** 本市鼓励和支持文物保护的科学技术研究。

市文物行政管理部门应当制定文物保护的

科学技术研究规划，通过推动与科研机构和高等院校的合作，推进文物保护科技创新，促进文物保护科学技术成果的推广和应用，提高文物保护的科学技术水平。

## 第二章 不可移动文物

**第十一条** 相关部门履行下列职责时，涉及不可移动文物的，应当征询同级文物行政管理部门的意见：

（一）市和区、县规划土地行政管理部门组织编制城乡规划、土地利用规划或者进行土地出让前；

（二）市建设行政管理部门会同相关部门和区、县人民政府确定旧城区改建范围；

（三）市房屋行政管理部门确定符合其他公共利益需要征收房屋的项目；

（四）其他行政管理部门需要征询意见的情况。

**第十二条** 不可移动文物根据其历史、艺术、科学价值，可以依法确定为全国重点文物保护单位、市级文物保护单位和区、县级文物保护单位。

尚未核定公布为文物保护单位的不可移动文物，由区、县人民政府文物行政管理部门予以登记，并公布为文物保护点。

**第十三条** 全国重点文物保护单位的核定公布，按照国家有关规定执行。

市级文物保护单位由市文物行政管理部门提出建议名录，报市人民政府核定公布，并报国务院备案。

区、县级文物保护单位由文物所在地的区、县文物行政管理部门提出建议名录，报区、县人民政府核定公布，并报市人民政府备案。

文物保护点由文物所在地的区、县文物行政管理部门予以登记和公布，并报区、县人民政府和市文物行政管理部门备案。

**第十四条** 本市建立对不可移动文物的定期评估制度。市文物行政管理部门应当每五年对市级文物保护单位进行评估。区、县文物行政管理部门应当每五年对本行政区域内的区、县级文物保护单位和文物保护点进行评估。

**第十五条** 经评估，不可移动文物保护价值发生明显改变的，可以依法予以升级、降级或者撤销。

不可移动文物的升级，由文物行政管理部门依照本条例第十三条第二款、第三款的规定核定公布和备案。

区、县级文物保护单位、文物保护点的降级或者撤销，由区、县文物行政管理部门提出并经市文物行政管理部门同意，报区、县人民政府批准。

**第十六条** 文物保护单位和文物保护点核定、升级、降级、撤销前和定期评估时，市和区、县文物行政管理部门应当组织专家委员会论证，征询同级规划土地、房屋等相关行政管理部门的意见，并公示征求社会意见。

**第十七条** 全国重点文物保护单位和市级文物保护单位自核定公布之日起一年内，由市文物行政管理部门会同市规划土地行政管理部门拟定必要的保护范围，报市人民政府划定后予以公布；全国重点文物保护单位的保护范围划定后，由市文物行政管理部门报国务院文物行政管理部门备案。区、县级文物保护单位自核定公布之日起一年内，由所在地的区、县文物行政管理部门会同区、县规划土地行政管理部门拟定必要的保护范围，报区、县人民政府划定后予以公布。

市文物行政管理部门可以根据保护文物的实际需要，会同市规划土地行政管理部门，在文物保护单位的保护范围外划出一定的建设控制地带，报市人民政府批准后予以公布。

文物保护单位的保护范围和建设控制地带报市和区、县人民政府划定、批准前，市和区、县文物行政管理部门应当组织专家论证，并听取利害关系人的意见。

**第十八条** 文物保护单位的保护范围内不得进行其他建设工程或者爆破、钻探、挖掘等作业。但是，因特殊情况需要在文物保护单位的保护范围内进行其他建设工程或者爆破、钻探、挖掘等作业的，必须保证文物保护单位的安全，并按照国家有关规定报批。

在文物保护单位的建设控制地带内进行建设工程，不得破坏文物保护单位的历史风貌，建设工程的形式、高度、体量、色调等应当与文物保护单位及其周边环境相协调。建设工程设计方案应当根据文物保护单位的级别，按照国家有关规定报批。

**第十九条** 本市依照文物保护的相关法律、法规规定制定建筑类不可移动文物的保护要求，保护要求根据建筑的历史、科学和艺术价值以及完好程度，可以分为以下三类：

（一）建筑的立面、结构体系、空间格局和内部装饰不得改变；

（二）建筑的立面、结构体系、基本空间格局和有特色的内部装饰不得改变，其他部分允许适当改变；

（三）建筑的主要立面、主要结构体系、主要空间格局和有价值的建筑构件不得改变，其他部分允许适当改变。

市文物行政管理部门应当会同市房屋、规划土地等相关行政管理部门，严格确定每处建筑类不可移动文物的保护类别并制定具体的保护措施。保护措施应当明确不可移动文物的保护部位、安全防范、利用限制、环境整治等内容。保护类别的确定和具体保护措施的制定应当经由文物保护专家委员会论证。

**第二十条** 区、县文物行政管理部门应当将本行政区域内不可移动文物的保护要求书面告知不可移动文物的所有人、使用人、相关的物业管理单位，明确其保护义务以及相应的法律责任；并将不可移动文物的保护要求及分布情况，同时通报不可移动文物所在地的乡、镇人民政府、街道办事处。

**第二十一条** 对不可移动文物实施保养维护、抢险加固、修缮、保护性设施建设、迁移等保护工程的，应当按照国家规定的原则和要求，根据文物保护单位的级别报相应的文物行政管理部门批准，由取得文物保护工程资质证书的单位承担。

文物保护工程涉及结构加固、保温节能以及消防设施等设备更新、改造的，应当符合本条例第十九条规定的保护要求。

**第二十二条** 非国有不可移动文物由其所有人负责修缮、保养。所有人对不可移动文物进行修缮、保养的，可以向市或者区、县文物行政管理部门申请经费补助。

非国有不可移动文物有损毁危险，所有人不具备修缮能力的，经市或者区、县文物行政管理部门组织专家评估确需抢救性修缮的，市或者区、县文物行政管理部门应当实施抢救性修缮。所有人具备修缮能力而拒不履行修缮义务的，市或者区、县文物行政管理部门可以给予抢救性修缮，所需费用由所有人负担。

## 第三章 考古发掘

**第二十三条** 市文物行政管理部门应当组织考古发掘单位开展地下、水下文物的考古调查，并会同市规划土地、建设、水务等相关行政管理部门，对可能集中埋藏文物的区域，分别划定地下文物埋藏区或者水下文物保护区，报市人民政府批准后向社会公布。

**第二十四条** 在地下文物埋藏区或者水下文物保护区内进行大型基本建设工程的，建设单位应当在规划选址阶段，报请市文物行政管理部门组织考古发掘单位进行考古调查、勘探。考古调查、勘探应当与建设工程的规划选址同步完成。

考古调查、勘探中发现文物的，由市文物行政管理部门根据文物保护的要求会同建设单位共同商定保护措施；遇有重要发现的，由市文物行政管理部门及时报国务院文物行政管理部门处理。

**第二十五条** 水下文物保护区范围内，不得进行危及水下文物安全的捕捞、爆破、钻探、挖掘、养殖等活动。

**第二十六条** 在进行建设工程、农业生产或者房屋拆除活动中，任何单位或者个人发现文物或者疑似文物的，应当保护现场，不得哄抢、私分、藏匿，并立即报告所在地的文物行政管理部门。文物行政管理部门接到报告后，应当立即赶赴现场，经征询相关部门和建设单位的意见后，于七日内提出处理意见。

## 第四章 馆藏文物

**第二十七条** 文物收藏单位应当按照国家规定的定级标准，组织专家对文物藏品进行鉴定和定级，并将藏品目录报市文物行政管理部门备案。

**第二十八条** 文物收藏单位应当设置藏品档案，建立健全藏品管理制度。

市和区、县文物行政管理部门应当建立馆藏文物的档案数据库。

**第二十九条** 文物收藏单位应当按照国家有关规定，配备防火、防盗、防自然损坏的设施和相应的安全保卫人员，并达到与风险等级相符合的安全防护要求。未达到安全防护要求的，不得陈列、展出文物。

**第三十条** 本市鼓励公民、法人和其他组织利用其依法收藏的文物设立博物馆，开展社会教育和服务活动。

社会力量举办博物馆，应当依法办理登记手续。

**第三十一条** 市和区、县文物行政管理部门应当采取经费补助、人员培训、宣传推广等措施，促进社会力量举办的博物馆发展。

市文物行政管理部门应当促进民办博物馆行业组织建设，指导行业组织开展文物保护等活动。

民办博物馆行业组织应当鼓励民办博物馆在开展民间收藏文物研究、展览、交流等活动时，邀请公民、法人或者其他组织参加。

鼓励国有博物馆在藏品保护、陈列展览、科学研究等方面，对社会力量举办的博物馆进行业务指导。

## 第五章 文物流通和利用

**第三十二条** 从事文物收购、销售、拍卖活动的企业，应当按照国家有关规定履行审批手续，并在核准的范围内经营。

**第三十三条** 文物、工商等相关行政管理部门依法对文物经营活动实施监督检查，对未经批准开展的文物经营行为进行查处，对收购、销售、拍卖国家禁止买卖的文物的行为进行处罚。

**第三十四条** 从事文物收购、销售、拍卖活动的企业应当按照国家和本市有关法律、法规的规定诚信经营。

市文物行政管理部门应当建立文物经营者诚信档案，并定期向社会公布不诚信企业名单。

**第三十五条** 文物利用应当在确保文物安全的前提下遵循合理、适度、可持续的原则。

**第三十六条** 各级人民政府利用文物保护单位、文物保护点进行旅游开发的，应当延续原有人文生态及历史环境风貌，实施文物安全监测，对可能造成文物资源破坏的及时采取保护措施，确保文物安全。

对外开放的文物保护单位、文物保护点的游客承载标准，由文物行政管理部门根据保护文物等需要会同同级旅游行政管理部门确定，并向社会公布。

**第三十七条** 国有文物保护单位、文物保护点具备开放条件的，在保证文物安全的前提下，应当向公众开放。在每年的中国文化遗产日、上海国家历史文化名城命名日，应当免费向公众开放。

鼓励非国有文物保护单位、文物保护点向公众开放。

**第三十八条** 鼓励各级各类教育机构利用文物资源开展教育活动。

博物馆、纪念馆及其他文物收藏单位应当结合本单位特点，充分发挥馆藏文物的作用，开展形式多样、生动活泼的社会教育和服务活动，积极参与城市文化氛围营造和社区文化建设，并向社会公告服务项目和开放时间。

对外开放的文物保护单位、文物保护点应当为教育机构开展教育活动提供服务和便利。

**第三十九条** 鼓励革命史迹、工业遗产、名人故居、近现代代表性建筑等不可移动文物的所有人、使用人,利用文物资源向公众提供公共文化服务。

## 第六章 法律责任

**第四十条** 违反本条例规定的行为,《中华人民共和国文物保护法》、《中华人民共和国文物保护法实施条例》及其他有关法律、行政法规已有处罚规定的,从其规定。

**第四十一条** 有下列行为之一的,由上级机关或者主管部门责令改正:

(一)违反本条例第十五条、第十六条规定,擅自将文物保护单位、文物保护点降级、撤销的;

(二)违反本条例第三十八条第二款规定,博物馆、纪念馆及其他文物收藏单位未按规定向社会公告服务项目和开放时间的。

**第四十二条** 文物等行政管理部门直接负责的主管人员或者其他直接责任人员玩忽职守、滥用职权、徇私舞弊的,由其所在单位或者上级主管部门依法给予行政处分;构成犯罪的,依法追究刑事责任。

## 第七章 附则

**第四十三条** 既是不可移动文物又是优秀历史建筑的,由市人民政府相关行政管理部门依照文物保护的相关法律、法规和本市有关法规规定,共同做好保护工作。

**第四十四条** 本条例自2014年10月1日起施行。

# 上海市查处车辆非法客运若干规定

(2014年6月19日上海市第十四届人民代表大会常务委员会第十三次会议通过)

**第一条** 为了规范本市客运市场秩序,查处车辆非法客运行为,保障乘客安全,根据有关法律和行政法规,结合本市实际,制定本规定。

**第二条** 禁止利用未取得营业性客运证件的汽车从事经营性客运活动。

禁止利用摩托车、三轮车、电力助动车等车辆从事经营性客运活动。

**第三条** 除客运出租汽车外,禁止对其他汽车喷涂客运出租汽车专用车身颜色、安装客运出租汽车专用营运标识和设施。

**第四条** 对违反本规定第二条第一款规定的,按照法律、行政法规和本市地方性法规的有关规定,由交通行政管理部门扣押从事非法客运活动的车辆并予以处罚;对从事非法客运活动再次被查获且存在安全隐患的,依法定程序没收用于从事非法客运活动的车辆。对从事非法客运活动的驾驶人,由公安交通行政管理部门暂扣其机动车驾驶证三个月至六个月;对有依法应当吊销机动车驾驶证的道路交通安全违法行为的,吊销其机动车驾驶证。

违反本规定第二条第二款规定的,由公安交通行政管理部门负责道路检查,收集有关证据后,将案件材料移送交通行政管理部门,由交通行政管理部门处以一千元以上五千元以下的罚款。

**第五条** 违反本规定第三条规定假冒客运出租汽车的,由交通行政管理部门没收其车辆和专用营运标识、设施,并可处以一万元以上五万元以下的罚款。

**第六条** 交通行政管理部门扣押从事非法客运活动的车辆后，应当依法作出行政处理决定。

无法查明违法行为人或者违法行为人逾期未接受处理的，交通行政管理部门应当及时发布公告。自公告发布之日起六十日内违法行为人仍无法查明或者仍未接受处理的，交通行政管理部门可以对扣押车辆依法作出拍卖等处理；所得款项按照规定，应当上缴国库或者划入财政专户。

**第七条** 本规定自2014年8月1日起施行。

# 中国(上海)自由贸易试验区条例

（2014年7月25日上海市第十四届人民代表大会常务委员会第十四次会议通过）

## 第一章 总　　则

**第一条** 为推进和保障中国(上海)自由贸易试验区建设，充分发挥其推进改革和提高开放型经济水平"试验田"的作用，根据《全国人民代表大会常务委员会关于授权国务院在中国(上海)自由贸易试验区暂时调整有关法律规定的行政审批的决定》、国务院批准的《中国(上海)自由贸易试验区总体方案》(以下简称"《总体方案》")、《国务院关于在中国(上海)自由贸易试验区内暂时调整有关行政法规和国务院文件规定的行政审批或者准入特别管理措施的决定》和其他有关法律、行政法规，制定本条例。

**第二条** 本条例适用于经国务院批准设立的中国(上海)自由贸易试验区(以下简称"自贸试验区")。

**第三条** 推进自贸试验区建设应当围绕国家战略要求和上海国际金融中心、国际贸易中心、国际航运中心、国际经济中心建设，按照先行先试、风险可控、分步推进、逐步完善的原则，将扩大开放与体制改革相结合，将培育功能与政策创新相结合，加快转变政府职能，建立与国际投资、贸易通行规则相衔接的基本制度体系和监管模式，培育国际化、市场化、法治化的营商环境，建设具有国际水准的投资贸易便利、监管高效便捷、法治环境规范的自由贸易试验区。

**第四条** 本市推进自贸试验区建设应当聚焦制度创新的重点领域和关键环节，充分运用现行法律制度和政策资源，改革妨碍制度创新的体制、机制，不断激发制度创新的主动性、积极性，营造自主改革、积极进取的良好氛围。

**第五条** 充分激发市场主体活力，法律、法规、规章未禁止的事项，鼓励公民、法人和其他组织在自贸试验区积极开展改革创新活动。

## 第二章 管理体制

**第六条** 按照深化行政体制改革的要求，坚持简政放权、放管结合，积极推行告知承诺制等制度，在自贸试验区建立事权划分科学、管理高效统一、运行公开透明的行政管理体制。

**第七条** 市人民政府在国务院领导和国家有关部门指导、支持下，根据《总体方案》明确的目标定位和先行先试任务，组织实施改革试点工作，依法制定与自贸试验区建设、管理有关的规章和政策措施。

本市建立自贸试验区建设协调机制，推进改革试点工作，组织有关部门制定、落实阶段性目标和各项措施。

**第八条** 中国(上海)自由贸易试验区管理委员会(以下简称“管委会”)为市人民政府派出机构,具体落实自贸试验区改革试点任务,统筹管理和协调自贸试验区有关行政事务,依照本条例履行下列职责:

(一)负责组织实施自贸试验区发展规划和政策措施,制定有关行政管理制度。

(二)负责自贸试验区内投资、贸易、金融服务、规划国土、建设、交通、绿化市容、环境保护、人力资源、知识产权、统计、房屋、民防、水务、市政等有关行政管理工作。

(三)领导工商、质监、税务、公安等部门在区内的行政管理工作;协调金融、海关、检验检疫、海事、边检等部门在区内的行政管理工作。

(四)组织实施自贸试验区信用管理和监管信息共享工作,依法履行国家安全审查、反垄断审查有关职责。

(五)统筹指导区内产业布局和开发建设活动,协调推进重大投资项目建设。

(六)发布公共信息,为企业和相关机构提供指导、咨询和服务。

(七)履行市人民政府赋予的其他职责。

市人民政府在自贸试验区建立综合审批、相对集中行政处罚的体制和机制,由管委会集中行使本市有关行政审批权和行政处罚权。管委会实施行政审批和行政处罚的具体事项,由市人民政府确定并公布。

**第九条** 海关、检验检疫、海事、边检、工商、质监、税务、公安等部门设立自贸试验区工作机构(以下统称“驻区机构”),依法履行有关行政管理职责。

市人民政府其他有关部门和浦东新区人民政府(以下统称“有关部门”)按照各自职责,支持管委会的各项工作,承担自贸试验区其他行政事务。

**第十条** 管委会应当与驻区机构、有关部门建立合作协调和联动执法工作机制,提高执法效率和管理水平。

**第十一条** 管委会、驻区机构应当公布依法行使的行政审批权、行政处罚权和相关行政权力的清单及运行流程。发生调整的,应当及时更新。

## 第三章 投资开放

**第十二条** 自贸试验区在金融服务、航运服务、商贸服务、专业服务、文化服务、社会服务和一般制造业等领域扩大开放,暂停、取消或者放宽投资者资质要求、外资股比限制、经营范围限制等准入特别管理措施。

**第十三条** 自贸试验区内国家规定对外商投资实施的准入特别管理措施,由市人民政府发布负面清单予以列明,并根据发展实际适时调整。

自贸试验区实行外商投资准入前国民待遇加负面清单管理模式。负面清单之外的领域,按照内外资一致的原则,外商投资项目实行备案制,国务院规定对国内投资项目保留核准的除外;外商投资企业设立和变更实行备案管理。负面清单之内的领域,外商投资项目实行核准制,国务院规定对外商投资项目实行备案的除外;外商投资企业设立和变更实行审批管理。

外商投资项目和外商投资企业的备案办法,由市人民政府制定。

**第十四条** 自贸试验区推进企业注册登记制度便利化,依法实行注册资本认缴登记制。

工商行政管理部门组织建立外商投资项目核准(备案)、企业设立和变更审批(备案)等行政事务的企业准入单一窗口工作机制,统一接收申请材料,统一送达有关文书。投资者在自贸试验区设立外商投资企业,可以自主约定经营期限,法律、行政法规另有规定的除外。

在自贸试验区内登记设立的企业(以下简称“区内企业”)可以到区外再投资或者开展业务,有专项规定要求办理相关手续的,按照规定办理。

**第十五条** 区内企业取得营业执照后,即可从事一般生产经营活动;从事需要审批的生产经营活动的，可以在取得营业执照后，向有关部门申请办理。

从事法律、行政法规或者国务院决定规定需要前置审批的生产经营活动的，应当在申请办理营业执照前，依法办理批准手续。

**第十六条** 自贸试验区内投资者可以开展多种形式的境外投资。境外投资一般项目实行备案管理，境外投资开办企业实行以备案制为主的管理，由管委会统一接收申请材料，并统一送达有关文书。

境外投资项目和境外投资开办企业的备案办法，由市人民政府制定。

**第十七条** 区内企业解散、被宣告破产的，应当依法清算并办理注销登记等手续。

依法实行注册资本认缴制的区内企业，股东以认缴的出资额或者认购的股份为限对企业债务承担责任。

## 第四章 贸易便利

**第十八条** 自贸试验区与境外之间的管理为“一线”管理，自贸试验区与境内区外之间的管理为“二线”管理，按照“一线放开、二线安全高效管住、区内流转自由”的原则，在自贸试验区建立与国际贸易等业务发展需求相适应的监管模式。

**第十九条** 按照通关便利、安全高效的要求，在自贸试验区开展海关监管制度创新，促进新型贸易业态发展。

海关在自贸试验区建立货物状态分类监管制度，实行电子围网管理，推行通关无纸化、低风险快速放行。

境外进入区内的货物，可以凭进口舱单先行入区，分步办理进境申报手续。口岸出口货物实行先报关、后进港。

对区内和境内区外之间进出的货物，实行进出境备案清单比对、企业账册管理、电子信息联网等监管制度。

区内保税存储货物不设存储期限。简化区内货物流转流程，允许分送集报、自行运输；实现区内与其他海关特殊监管区域之间货物的高效便捷流转。

**第二十条** 按照进境检疫、适当放宽进出口检验，方便进出、严密防范质量安全风险的原则，在自贸试验区开展检验检疫监管制度创新。

检验检疫部门在自贸试验区运用信息化手段，建立出入境质量安全和疫病疫情风险管理机制，实施无纸化申报、签证、放行，实现风险信息的收集、分析、通报和运用，提供出入境货物检验检疫信息查询服务。

境外进入区内的货物属于检疫范围的，应当接受入境检疫；除重点敏感货物外，其他货物免于检验。

区内货物出区依企业申请，实行预检验制度，一次集中检验，分批核销放行。进出自贸试验区的保税展示商品免于检验。

区内企业之间仓储物流货物，免于检验检疫。

在自贸试验区建立有利于第三方检验鉴定机构发展和规范的管理制度，检验检疫部门按照国际通行规则，采信第三方检测结果。

**第二十一条** 自贸试验区建立国际贸易单一窗口，形成区内跨部门的贸易、运输、加工、仓储等业务的综合管理服务平台，实现部门之间信息互换、监管互认、执法互助。

企业可以通过单一窗口一次性递交各管理部门要求的标准化电子信息，处理结果通过单一窗口反馈。

**第二十二条** 自贸试验区实行内外贸一体化发展，鼓励区内企业统筹开展国际贸易和国内贸易，培育贸易新型业态和功能，形成以技术、品牌、质量、服务为核心的竞争优势。

自贸试验区支持国际贸易、仓储物流、加工制造等基础业务转型升级和服务贸易发展。鼓励离岸贸易、国际大宗商品交易、融资租赁、期货保税交割、跨境电子商务等新型贸易发展，推动生物医药研发、软件和信息服务、数据处理等外包业务发展。

鼓励跨国公司在区内设立总部，建立整合贸易、物流、结算等功能的营运中心。

**第二十三条** 自贸试验区加强与海港、空港枢纽的联动,加强与区外航运产业集聚区协同发展,探索形成具有国际竞争力的航运发展制度和运作模式。

自贸试验区支持国际中转、集拼、分拨业务以及集装箱转运业务和航空货邮国际中转业务发展。符合条件的航运企业可以在国内沿海港口与上海港之间从事外贸进出口集装箱沿海捎带业务。

完善航运服务发展环境,在自贸试验区发展航运金融、国际船舶运输、国际船舶管理、国际船员服务和国际航运经纪等产业,发展航运运价指数衍生品交易业务,集聚航运服务功能性机构。

在自贸试验区实行以"中国洋山港"为船籍港的国际船舶登记制度,建立高效率的船舶登记流程。

**第二十四条** 自贸试验区简化区内企业外籍员工就业许可审批手续,放宽签证、居留许可有效期限,提供入境、出境和居留的便利。

对接受区内企业邀请开展商务贸易的外籍人员,出入境管理部门应当按照规定给予过境免签和临时入境便利。

对区内企业因业务需要多次出国、出境的中国籍员工,出入境管理部门应当提供办理出国出境证件的便利。

## 第五章 金融服务

**第二十五条** 在风险可控的前提下,在自贸试验区内创造条件稳步进行人民币资本项目可兑换、金融市场利率市场化、人民币跨境使用和外汇管理改革等方面的先行先试。

鼓励金融要素市场、金融机构根据国家规定,进行自贸试验区金融产品、业务、服务和风险管理等方面的创新。本市有关部门应当为自贸试验区金融创新提供支持和便利。

本市建立国家金融管理部门驻沪机构、市金融服务部门和管委会参加的自贸试验区金融工作协调机制。

**第二十六条** 自贸试验区建立有利于风险管理的自由贸易账户体系,实现分账核算管理。区内居民可以按照规定开立居民自由贸易账户;非居民可以在区内银行开立非居民自由贸易账户,按照准入前国民待遇原则享受相关金融服务;上海地区金融机构可以通过设立分账核算单元,提供自由贸易账户相关金融服务。

自由贸易账户之间以及自由贸易账户与境外账户、境内区外的非居民机构账户之间的资金,可以自由划转。自由贸易账户可以按照规定,办理跨境融资、担保等业务。居民自由贸易账户与境内区外的银行结算账户资金流动,视同跨境业务管理。同一非金融机构主体的居民自由贸易账户与其他银行结算账户之间,可以按照规定,办理资金划转。

**第二十七条** 自贸试验区跨境资金流动按照金融宏观审慎原则实施管理。简化自贸试验区跨境直接投资汇兑手续,自贸试验区跨境直接投资与前置核准脱钩,直接向银行办理所涉及的跨境收付、汇兑业务。各类区内主体可以按照规定开展相关的跨境投融资汇兑业务。

区内个人可以按照规定,办理经常项下跨境人民币收付业务,开展包括证券投资在内的各类跨境投资。区内个体工商户可以根据业务需要,向其境外经营主体提供跨境贷款。

区内金融机构和企业可以按照规定,进入证券和期货交易场所进行投资和交易。区内企业的境外母公司可以按照规定,在境内资本市场发行人民币债券。区内企业可以按照规定,开展境外证券投资以及衍生品投资业务。

区内企业、非银行金融机构以及其他经济组织可以按照规定,从境外融入本外币资金,在区内或者境外开展风险对冲管理。

**第二十八条** 根据中国人民银行有关规定,国家出台的各项鼓励和支持扩大人民币跨境使用的政策措施,均适用于自贸试验区。

简化自贸试验区经常项下以及直接投资项下人民币跨境使用。区内金融机构和企业可以从境外借入人民币资金。区内企业可以根据自身经营需要,开展跨境双向人民币资金池以及经常项下跨境人民币集中收付业务。上海地区银行业金融机构可以与符合条件的支付机构合作，提供跨境电子商务的人民币结算服务。

**第二十九条** 在自贸试验区推进利率市场化体系建设，完善自由贸易账户本外币资金利率市场化定价监测机制，区内符合条件的金融机构可以优先发行大额可转让存单，放开区内外币存款利率上限。

**第三十条** 建立与自贸试验区发展需求相适应的外汇管理体制。简化经常项目单证审核、直接投资项下外汇登记手续。放宽对外债权债务管理。改进跨国公司总部外汇资金集中运营管理、外币资金池以及国际贸易结算中心外汇管理。完善结售汇管理，便利开展大宗商品衍生品的柜台交易。

**第三十一条** 根据自贸试验区需要，经金融管理部门批准，支持不同层级、不同功能、不同类型、不同所有制的金融机构进入自贸试验区；引导和鼓励民间资本投资区内金融业；支持自贸试验区互联网金融发展；支持在区内建立面向国际的金融交易以及服务平台，提供登记、托管、交易和清算等服务；支持在区内建立完善信托登记平台，探索信托受益权流转机制。

**第三十二条** 本市配合金融管理部门完善金融风险监测和评估，建立与自贸试验区金融业务发展相适应的风险防范机制。

开展自贸试验区业务的上海地区金融机构和特定非金融机构应当按照规定，向金融管理部门报送相关信息，履行反洗钱、反恐怖融资和反逃税等义务，配合金融管理部门关注跨境异常资金流动，落实金融消费者和投资者保护责任。

## 第六章 税收管理

**第三十三条** 自贸试验区按照国家规定，实施促进投资和贸易的有关税收政策；其所属的上海外高桥保税区、上海外高桥保税物流园区、洋山保税港区和上海浦东机场综合保税区执行相应的海关特殊监管区域的税收政策。

遵循税制改革方向和国际惯例，积极研究完善不导致利润转移、税基侵蚀的适应境外股权投资和离岸业务发展的税收政策。

**第三十四条** 税务部门应当在自贸试验区建立便捷的税务服务体系，实施税务专业化集中审批，逐步取消前置核查，推行先审批后核查、核查审批分离的工作方式；推行网上办税，提供在线纳税咨询、涉税事项办理情况查询等服务，逐步实现跨区域税务通办。

**第三十五条** 税务部门应当在自贸试验区开展税收征管现代化试点，提高税收效率，营造有利于企业发展、公平竞争的税收环境。

税务部门应当运用税收信息系统和自贸试验区监管信息共享平台进行税收风险监测，提高税收管理水平。

## 第七章 综合监管

**第三十六条** 在自贸试验区创新行政管理方式，推进政府管理由注重事先审批转为注重事中事后监管，提高监管参与度，推动形成行政监管、行业自律、社会监督、公众参与的综合监管体系。

**第三十七条** 自贸试验区建立涉及外资的国家安全审查工作机制。对属于国家安全审查范围的外商投资，投资者应当申请进行国家安全审查；有关管理部门、行业协会、同业企业以及上下游企业可以提出国家安全审查建议。

当事人应当配合国家安全审查工作，提供必要的材料和信息，接受有关询问。

**第三十八条** 自贸试验区建立反垄断工作机制。

涉及区内企业的经营者集中，达到国务院规定的申报标准的，经营者应当事先申报，未申报的不得实施集中。对垄断协议、滥用市场支配地位以及滥用行政权力排除、限制竞争等行为，依法开展调查和执法。

**第三十九条** 管委会、驻区机构和有关部门应当记录企业及其有关责任人员的信用相关信息，并按照公共信用信息目录向市公共信用信息服务平台自贸试验区子平台归集。

管委会、驻区机构和有关部门可以在市场准入、货物通关、政府采购以及招投标等工作中,查询相对人的信用记录,使用信用产品,并对信用良好的企业和个人实施便利措施,对失信企业和个人实施约束和惩戒。

自贸试验区鼓励信用服务机构利用各方面信用信息开发信用产品,为行政监管、市场交易等提供信用服务;鼓励企业和个人使用信用产品和服务。

**第四十条** 自贸试验区实行企业年度报告公示制度和企业经营异常名录制度。

区内企业应当按照规定,报送企业年度报告,并对年度报告信息的真实性、合法性负责。企业年度报告按照规定向社会公示,涉及国家秘密、商业秘密和个人隐私的内容除外。

工商行政管理部门对区内企业报送年度报告的情况开展监督检查。发现企业未按照规定履行年度报告公示义务等情况的,应当载入企业经营异常名录,并向社会公示。

公民、法人和其他组织可以查阅企业年度报告和经营异常名录等公示信息,工商行政管理等部门应当提供查询便利。

企业年度报告公示和企业经营异常名录管理办法,由市工商行政管理部门制定。

**第四十一条** 在自贸试验区建设统一的监管信息共享平台,促进监管信息的归集、交换和共享。管委会、驻区机构和有关部门应当及时主动提供信息,参与信息交换和共享。

管委会、驻区机构和有关部门应当依托监管信息共享平台,整合监管资源,推动全程动态监管,提高联合监管和协同服务的效能。

监管信息归集、交换、共享的办法,由管委会组织驻区机构和有关部门制定。

**第四十二条** 鼓励律师事务所、会计师事务所、税务师事务所、知识产权服务机构、报关报检机构、检验检测机构、认证机构、船舶和船员代理机构、公证机构、司法鉴定机构、信用服务机构等专业机构在自贸试验区开展业务。

管委会、驻区机构和有关部门应当通过制度安排,将区内适合专业机构办理的事项,交由专业机构承担,或者引入竞争机制,通过购买服务等方式,引导和培育专业机构发展。

**第四十三条** 自贸试验区建立企业和相关组织代表等组成的社会参与机制,引导企业和相关组织等表达利益诉求、参与试点政策评估和市场监督。

支持行业协会、商会等参与自贸试验区建设,推动行业协会、商会等制定行业管理标准和行业公约,加强行业自律。

区内企业从事经营活动,应当遵守社会公德、商业道德,接受社会公众的监督。

**第四十四条** 在自贸试验区推进电子政务建设,在行政管理领域推广电子签名和具有法律效力的电子公文,实行电子文件归档和电子档案管理。电子档案与纸质档案具有同等法律效力。

**第四十五条** 本市建立自贸试验区综合性评估机制。市发展改革部门应当会同管委会和有关部门,自行或者委托第三方开展监管制度创新、行业整体、行业企业试点政策实施情况和风险防范等方面的评估,为推进完善扩大开放领域、改革试点任务和制度创新措施提供政策建议。

## 第八章 法治环境

**第四十六条** 坚持运用法治思维、法治方式在自贸试验区开展各项改革创新,为自贸试验区建设营造良好的法治环境。

国家规定的自贸试验区投资、贸易、金融、税收等改革试点措施发生调整,或者国家规定其他区域改革试点措施可适用于自贸试验区的,按照相关规定执行。

本市地方性法规不适应自贸试验区发展的,市人民政府可以提请市人大及其常委会就其在自贸试验区的适用作出相应规定;本市规章不适应自贸试验区发展的,管委会可以提请市人民政府就其在自贸试验区的适用作出相应规定。

**第四十七条** 自贸试验区内各类市场主体的平等地位和发展权利,受法律保护。区内各类市场主体在监管、税收和政府采购等方面享有公平待遇。

**第四十八条** 自贸试验区内投资者合法拥有的企业、股权、知识产权、利润以及其他财产和商业利益，受法律保护。

**第四十九条** 自贸试验区内劳动者平等就业、选择职业、取得劳动报酬、休息休假、获得劳动安全卫生保护、接受职业技能培训、享受社会保险和福利、参与企业民主管理等权利，受法律保护。

在自贸试验区推行企业和劳动者集体协商机制，推动双方就劳动报酬、劳动安全卫生等有关事项进行平等协商。发挥工会在维护职工权益、促进劳动关系和谐稳定方面的作用。

在自贸试验区健全公正、公开、高效、便民的劳动保障监察和劳动争议处理机制，保护劳动者和用人单位双方的合法权益。

**第五十条** 加强自贸试验区环境保护工作，探索开展环境影响评价分类管理，提高环境保护管理水平和效率。

鼓励区内企业申请国际通行的环境和能源管理体系标准认证，采用先进生产工艺和技术，节约能源，减少污染物和温室气体排放。

**第五十一条** 加强自贸试验区知识产权保护工作，完善行政保护与司法保护衔接机制。

本市有关部门应当和国家有关部门加强协作，实行知识产权进出境保护和境内保护的协同管理和执法配合，探索建立自贸试验区知识产权统一管理和执法的体制、机制。

完善自贸试验区知识产权纠纷多元解决机制，鼓励行业协会和调解、仲裁、知识产权中介服务等机构在协调解决知识产权纠纷中发挥作用。

**第五十二条** 本市制定有关自贸试验区的地方性法规、政府规章、规范性文件，应当主动公开草案内容，征求社会公众、相关行业组织和企业等方面的意见；通过并公布后，应当对社会各方意见的处理情况作出说明；在公布和实施之间，应当预留合理期限，作为实施准备期。但因紧急情况等原因需要立即制定和施行的除外。

本市制定的有关自贸试验区的地方性法规、政府规章、规范性文件，应当在通过后及时公开，并予以解读和说明。

**第五十三条** 公民、法人和其他组织对管委会制定的规范性文件有异议的，可以提请市人民政府进行审查。审查规则由市人民政府制定。

**第五十四条** 本市建立自贸试验区信息发布机制，通过新闻发布会、信息通报例会或者书面发布等形式，及时发布自贸试验区相关信息。

管委会应当收集国家和本市关于自贸试验区的法律、法规、规章、政策、办事程序等信息，在中国（上海）自由贸易试验区门户网站上公布，方便各方面查询。

**第五十五条** 自贸试验区实行相对集中行政复议权制度。

公民、法人或者其他组织不服管委会、市人民政府工作部门及其驻区机构、浦东新区人民政府在自贸试验区内作出的具体行政行为，可以向市人民政府申请行政复议；不服浦东新区人民政府工作部门在自贸试验区内作出的具体行政行为，可以向浦东新区人民政府申请行政复议。重大、复杂、疑难的行政复议案件，应当由行政复议委员会审议。

**第五十六条** 依法在自贸试验区设立司法机构，公正高效地保障中外当事人合法权益。

本市依法设立的仲裁机构应当依据法律、法规并借鉴国际商事仲裁惯例，适应自贸试验区特点完善仲裁规则，提高商事纠纷仲裁的国际化程度，并基于当事人的自主选择，提供独立、公正、专业、高效的仲裁服务。

本市设立的行业协会、商会以及商事纠纷专业调解机构等可以参与自贸试验区商事纠纷调解，发挥争议解决作用。

## 第九章　附　　则

**第五十七条** 本条例自 2014 年 8 月 1 日起施行。1996 年 12 月 19 日上海市第十届人民代表大会常务委员会第三十二次会议审议通过的《上海外高桥保税区条例》同时废止。

# 上海市大气污染防治条例

（2014年7月25日上海市第十四届人民代表大会常务委员会第十四次会议通过 根据2017年12月28日上海市第十四届人民代表大会常务委员会第四十二次会议《关于修改本市部分地方性法规的决定》第一次修正 根据2018年12月20日上海市第十五届人民代表大会常务委员会第八次会议《关于修改〈上海市大气污染防治条例〉的决定》第二次修正）

## 第一章 总 则

**第一条** 为防治大气污染，改善本市大气环境质量，保障公众健康，推进生态文明建设，促进经济社会可持续发展，根据《中华人民共和国环境保护法》、《中华人民共和国大气污染防治法》，结合本市实际情况，制定本条例。

**第二条** 条例适用于本市行政区域内大气污染防治。

**第三条** 防治大气污染是全社会的共同责任。

本市大气污染防治工作遵循以人为本、预防为主、防治结合、共同治理、区域联动、损害担责的原则。

**第四条** 本市各级人民政府应当加强对大气环境保护工作的领导，将大气环境保护工作纳入国民经济和社会发展计划，合理规划、调整城乡发展和产业布局，保证环境保护资金投入，采取大气污染防治有效措施，加大生态建设和治理力度，保护和改善大气环境。

**第五条** 市生态环境行政主管部门对本市大气污染防治实施统一监督管理，并负责本条例的组织实施。区生态环境行政主管部门对本辖区内大气污染防治实施具体监督管理。

市和区发展改革、经济信息化、规划资源管理部门、交通行政管理部门负责能源结构调整、产业结构调整、产业布局优化和交通运输结构调整工作。

市和区公安、交通、市场监督管理、建设以及海事等行政管理部门根据各自职责，对机动车船、非道路移动机械污染大气实施监督管理。

市和区建设、绿化市容、交通、房屋等行政管理部门根据各自职责，对扬尘污染大气实施监督管理。

市和区财政、农业、教育、卫生健康、城管执法、气象等部门在各自职责范围内协同实施本条例。

**第六条** 乡、镇人民政府和街道办事处可以在区生态环境部门的指导下，对管辖范围内的餐饮、汽修、五金加工、干洗等为社区配套服务单位的大气污染防治工作进行协调。

对因前款规定的单位排放大气污染物引发的纠纷，当事人可以向乡、镇人民政府或者街道办事处申请调解。

**第七条** 本市实行大气环境保护目标责任制和考核评价制度。市和区人民政府应当将大气环境保护目标和任务的完成情况作为对本级有关部门和下一级人民政府及其负责人考核的内容。考核结果应当作为政府和各有关部门绩效考核的重要内容，并向社会公布。

**第八条** 向大气排放污染物的单位和个人，应当加强内部管理，健全环境管理制度，采用先进的生产工艺和治理技术，防止和减少大气环境污染；造成大气环境污染的，应当依法承担法律责任。

**第九条** 本市鼓励和支持大气环境保护相关产业的发展，鼓励社会资本投入大气污染防治领域。

**第十条** 本市鼓励开展大气污染防治方面的科学技术研究以及国际、区域合作和交流，鼓励清洁能源的开发利用，推广先进的清洁能源技术和大气污染防治技术。

**第十一条** 本市倡导文明、节约、绿色的消费方式和生活方式。

企事业单位、社会组织和个人应当遵守大气污染防治法律、法规，履行保护大气环境的义务，参与大气环境保护工作。

各级人民政府及其有关部门应当加强宣传，普及大气环境保护的科学知识，营造保护大气环境的良好风气。教育行政管理部门应当逐步推进环境教育，将大气环境保护知识纳入学校教育内容，培养青少年的大气环境保护意识。

**第十二条** 在本市行政区域内的任何单位和个人有权对污染大气环境的行为，以及生态环境部门和其他有关行政管理部门及其工作人员不依法履行职责的行为进行举报。

市生态环境部门应当公布全市统一的举报电话，及时处理举报。举报线索经查证属实的，生态环境部门应当按照有关规定对举报人给予奖励。

本市新闻媒体应当开展大气环境保护法律、法规和大气环境保护科学知识的宣传，对违法行为进行舆论监督。

**第十三条** 市或者区人民政府对在防治大气污染、保护和改善大气环境方面成绩显著的单位和个人，应当给予表彰、奖励。

## 第二章 大气污染防治的监督管理

**第十四条** 市生态环境部门应当会同有关部门，组织编制本市大气污染防治规划，报市人民政府批准后组织实施。

市人民政府应当制定大气环境质量达标规划和阶段目标，采取严格的大气污染控制措施，保证本市在规定期限内达到国家规定的大气环境质量标准。

**第十五条** 本市按照国家规定划定大气环境质量功能区。市生态环境部门应当按照城市总体规划、环境保护规划目标和大气环境质量功能区的要求，提出本市大气污染重点整治地区及其整治目标、职责分工和限期达标计划的方案，报市人民政府批准后实施。

**第十六条** 本市实行大气污染物排放浓度控制和重点大气污染物排放总量控制相结合的管理制度。

向大气排放污染物的，其污染物排放浓度不得超过国家和本市规定的排放标准。

本市按照国务院规定的具体办法，对重点大气污染物排放实施总量控制。重点大气污染物名录由市生态环境部门根据国家要求和本市实际情况拟订，报市人民政府批准后公布。

**第十七条** 市生态环境部门应当根据国家核定的本市不同时期重点大气污染物排放总量和大气环境容量及社会经济发展水平，拟订本市不同时期重点大气污染物总量控制计划，报市人民政府批准后组织实施。

区生态环境部门根据本市重点大气污染物总量控制计划，结合本辖区实际情况，拟订本辖区重点大气污染物总量控制实施计划，经区人民政府批准后组织实施，并报市生态环境部门备案。

**第十八条** 排放工业废气或者国家规定名录中所列有毒有害大气污染物的企事业单位、集中供热设施的燃煤热源生产运营单位以及其他依法实行排污许可管理的单位，应当按照国家和本市的规定，向市或者区生态环境部门申请并取得重点大气污染物排污许可证（以下简称排污许可证）；无排污许可证的，不得排放重点大气污染物。

向大气排放污染物的，应当符合大气污染物排放标准，遵守重点大气污染物排放总量控制要求。新建、扩建、改建排放重点大气污染物的项目，应当按照规定取得重点大气污染物排放总量指标，然后办理建设项目环境保护审批手续。需要申领排污许可证的建设项目，应当按照规定在投入生产前取得排污许可证。

申请排污许可证的条件，由市生态环境部

门根据国家有关法律、行政法规的规定另行制定。

**第十九条** 本市鼓励开展重点大气污染物排放总量指标交易。市生态环境部门会同相关行政管理部门探索建立本市重点大气污染物排放总量指标交易制度，完善交易规则。

**第二十条** 市发展改革、经济信息化、生态环境、财政等行政管理部门可以研究制定相关政策，对因无排污许可证排放重点大气污染物、超过标准排放重点大气污染物，以及排放重点大气污染物超过核定排放总量指标等严重违法行为受到处罚的单位，在其改正违法行为之前，向其征收阶段性差别电价。

供电企业依照前款规定征收差别电价电费的，差别部分电费应当单独立账管理，上缴市级财政。

**第二十一条** 本市严格控制严重污染大气的产业发展。

市经济信息化行政管理部门会同市发展改革等相关行政管理部门制定本市产业结构调整指导目录时，应当根据本市大气环境质量状况，将严重污染大气的产业列入淘汰类目录。

市经济信息化、发展改革、规划资源管理部门和生态环境等有关部门应当逐步优化产业布局，将排放大气污染物的产业项目安排在城乡规划确定的工业园区内。工业园区管理机构应当完善相关环境基础设施，减少大气污染物排放。

**第二十二条** 乡、镇或者工业园区有下列情形之一的，生态环境部门可以暂停审批该区域内产生大气污染物的建设项目的环境影响评价文件：

（一）大气污染物排放量超过总量控制指标的；

（二）未按时完成淘汰高污染行业、工艺和设备任务的；

（三）未按时完成大气污染治理任务的；

（四）配套的环境基础设施不完备的；

（五）市人民政府规定的其他情形。

企业集团有前款第一项、第二项、第三项情形之一的，生态环境部门可以暂停审批该企业集团产生大气污染物的建设项目的环境影响评价文件。

**第二十三条** 市经济信息化行政管理部门应当会同市发展改革、生态环境等相关行政管理部门根据大气污染物排放标准，结合城市功能定位，定期制定和调整本市工业领域行业、工艺和设备淘汰名录，报市人民政府批准后公布实施。

列入前款名录范围的行业、工艺或者设备，应当在规定的期限内予以调整或者淘汰。

**第二十四条** 向大气排放污染物的单位，其大气污染物处理设施必须保持正常使用。

大气污染物处理设施因维修、故障等原因不能正常使用的，排污单位应当采取限产停产等措施，确保其大气污染物排放达到规定的标准，并立即向区生态环境部门报告。

**第二十五条** 鼓励排污单位和个人委托具有相应能力的第三方机构运营其污染治理设施或者实施污染治理。没有相应能力运营污染治理设施或实施污染治理的单位和个人，应当委托具有相应能力的第三方机构实施治理。排污单位和个人应当将委托第三方机构实施污染治理的情况向生态环境部门备案。

接受委托的第三方机构，应当遵守环境保护法律、法规和相关技术规范的要求。

**第二十六条** 各单位应当加强对生产设施和污染物处理设施的保养、检修，采取措施防止大气污染事故的发生。

排放或者可能泄漏有毒有害气体和含有放射性物质的气体或者气溶胶，可能造成大气污染事故的单位，必须按照有关规定制订应急预案，并报生态环境部门、民防部门以及其他有关部门备案。接受备案的部门，应当加强对备案单位的检查和技术指导。

发生突发大气污染事故的，有关单位应当立即启动应急预案，采取有效措施，防止污染危害扩大，并及时向生态环境部门报告。在危害或者可能危害人体健康和安全的紧急情况下，市或者区人民政府应当及时向当地居民公告，采取强制性应急措施，包括责令有关排污单位停止排放污染物，封闭部分道路，疏散受到或者可能受到污染危害的人员。

**第二十七条** 市生态环境部门应当会同市气象等相关部门根据大气环境质量状况，拟订本市环境空气质量重污染天气应急预案，报市人民政府批准后实施。

**第二十八条** 在易出现重污染天气的秋冬季，本市钢铁、建材、焦化、铸造、电解铝、化工等高排放行业相关企业应当合理安排生产计划，强化大气污染防治措施。市经济信息化行政管理部门应当会同市生态环境部门加强指导。

**第二十九条** 本市建立重污染天气分级预警和响应机制。

出现重污染天气时，市人民政府应当及时启动应急预案。根据不同的污染预警等级，向社会发布预警信息，并采取相应的响应措施。

根据应急预案的规定，生态环境、卫生健康、教育等有关部门应当通过新闻媒体及时发布公众健康提示及建议，提醒公众减少户外活动、降低室外工作强度等；生态环境、经济信息化、建设、交通、绿化市容、公安等有关部门应当采取暂停或限制排污单位生产、停止易产生扬尘的作业活动、限制机动车行驶、禁止燃放烟花爆竹等应急措施，并向社会公告，相关单位和个人应当服从和配合。

**第三十条** 市生态环境、气象部门应当建立大气环境信息和气象信息共享、预测预报会商等相关工作机制，并联合发布空气质量预报信息。

**第三十一条** 市和区生态环境部门负责本市大气环境质量的监测和对大气污染源的监督监测，建立和完善大气环境监测网络。

市生态环境部门统一发布本市大气环境质量信息。区生态环境部门应当按照规范发布本辖区内的大气环境质量信息。

**第三十二条** 生态环境部门确定的排放大气污染物重点排污单位，必须配置、使用大气污染物排放在线监测设备，并由生态环境部门纳入统一的监测网络。

在线监测设备作为环境污染治理设施的组成部分，应当保持正常运行。

在线监测取得的数据可以作为环境执法和管理的依据。

**第三十三条** 单位有下列情形之一的，应当按照生态环境部门的要求，通过新闻媒体定期公布排放大气污染物的名称、排放方式、排放总量、排放浓度、超标排放情况，以及防治污染设施的建设和运行情况等单位环境信息：

（一）列入大气污染物排放重点排污单位名录的；

（二）重点大气污染物排放量超过总量控制指标的；

（三）大气污染物超标排放的；

（四）国家和本市规定的其他情形。

生态环境部门应当依法公布重点排污单位名录及相关监督监测信息。

**第三十四条** 市和区生态环境部门应当将企事业单位和其他生产经营者的大气环境违法信息纳入本市企业征信信息系统，定期向社会公布违法者名单。

## 第三章 防治能源消耗产生的污染

**第三十五条** 市和区人民政府应当采取措施，合理控制能源消费总量，逐步削减煤炭消费总量，改进能源结构，推广清洁能源的生产和使用。

市发展改革行政管理部门应当会同市相关行政管理部门，拟订本市煤炭消费总量削减目标和控制措施，报市人民政府批准后实施。区人民政府应当按照本市煤炭消费总量削减目标制定本行政区域的具体措施并组织实施。

**第三十六条** 市发展改革行政管理部门应当会同有关部门推进本市清洁能源建设，制定促进清洁能源发展、能源结构调整的相关政策。

除燃煤电厂外，本市禁止新建、扩建燃用煤、重油、渣油、石油焦等高污染燃料（以下统称高污染燃料）的设施；燃煤电厂的建设按照国家和本市有关规定执行。

除电站锅炉、钢铁冶炼窑炉外，现有燃用高污染燃料的设施应当在规定的期限内改用天然气、液化石油气、电或者其他清洁能源。市经济信息化行政管理部门应当会同有关部门制定具体推进计划。

尚未实施清洁能源替代的燃用高污染燃料的设施，必须配套建设脱硫、脱硝、除尘装置或者采取其他措施，控制二氧化硫、氮氧化物和烟尘等污染物排放量；燃料应当符合国家和本市规定的有关强制性标准和要求。

**第三十七条**　新建燃用天然气等清洁能源的锅炉、窑炉，应当采用低氮燃烧等氮氧化物控制措施。已建燃用天然气等清洁能源的锅炉、窑炉，应当在规定的期限内采用低氮燃烧的技术改造措施。

禁止锅炉、窑炉、单位使用的或者经营性的炉灶等设施排放明显可见的黑烟。

## 第四章　防治机动车船排放污染

**第三十八条**　任何单位和个人不得制造、销售或者进口污染物排放超过规定排放标准的机动车和非道路移动机械。

生态环境部门应当会同市场监督管理部门加强对本市制造、销售的机动车和非道路移动机械污染物排放标准符合性的监督检查。

海关依法对进口机动车和非道路移动机械排气污染实施检验和监督。

**第三十九条**　在本市行驶的机动车船向大气排放污染物，不得超过国家和本市规定的排放标准。

污染物排放超过国家和本市规定的排放标准的机动车，公安交通管理部门不予核发牌证。污染物排放超过规定排放标准的机动船，有关行政管理部门不予注册登记。

本市在用机动车应当按照机动车安全技术检验周期，在接受安全技术检测的同时接受排气污染定期检测。经检测合格的，方可上路行驶。

在用机动车未经机动车排气污染定期检测，或者经检测排放的污染物超过国家和本市规定的排放标准的，公安交通管理部门不予核发安全检验合格标志。

在本市行驶的机动车船不得排放明显可见的黑烟。

**第四十条**　机动车尾气处理装置应当保持正常使用。尾气排放车载诊断系统报警或者尾气处理装置保质期届满的，车主应当及时送修、更换，确保车辆达到排放标准。

**第四十一条**　在本市使用的非道路移动机械向大气排放污染物，不得超过国家和本市规定的排放标准。

市人民政府可以根据大气环境质量状况，划定并公布禁止使用高排放非道路移动机械的区域。禁止使用高排放非道路移动机械的区域，由市生态环境部门会同相关部门提出方案，报市人民政府批准后公布。

非道路移动机械的所有者应当向区生态环境部门申报非道路移动机械的种类、数量、使用场所等情况，领取识别标志，并将识别标志粘贴于显著位置。非道路移动机械申报及管理信息纳入市生态环境部门信息平台。非道路移动机械具体管理办法由市生态环境部门另行制定。

在本市使用的非道路移动机械不得排放明显可见的黑烟。

**第四十二条**　机动车维修单位，应当按照防治大气污染的要求和国家有关技术规范进行维修，使在用机动车达到规定的污染物排放标准。

机动车二级维护、发动机总成大修、整车大修的经营单位，应当按照规定配备排气污染物检测仪器设备。

机动车经过二级维护、发动机总成大修、整车大修及其他影响整车污染物排放的维修，污染物排放超过规定排放标准的，不得交付使用。

机动车经过前款所列项目维修后，在规定的维修质量保证期内正常使用时，其污染物排放超过规定排放标准的，机动车维修单位应当负责维修，使其达到规定的排放标准。

交通行政管理部门应当加强对机动车维修

单位的监督管理。

**第四十三条** 机动车排放检验机构应当依法通过计量认证，使用经依法检定合格的排放检验设备，并与生态环境部门联网，实现检验数据实时共享。机动车排放检验机构及其负责人对检验数据的真实性和准确性负责。

机动车排放检验机构必须按照国家和本市规定的检验方法和技术规范进行检验，如实提供检验报告。

生态环境、市场监督管理部门应当对机动车排放检验机构的排放检验情况进行监督检查。

**第四十四条** 公安交通管理部门、海事部门可以会同生态环境部门对在道路上行驶的机动车和在通航水域内行驶的机动船的污染物排放状况进行监督抽测。遥感监测取得的数据，可以作为环境执法的依据。

生态环境部门可以在机动车集中停放地、维修地对在用机动车的污染物排放状况进行监督抽测。

在用机动车车主或者驾驶人员以及在航机动船经营人员或者船员应当配合公安交通、海事和生态环境部门的监督抽测，不得拒绝、阻挠。

**第四十五条** 本市根据大气治理需要，对高污染机动车实施区域限行措施。高污染机动车的范围、限行区域和限行时间，由市交通行政管理部门会同市生态环境、公安交通管理部门提出方案，报市人民政府批准后公布。

高污染的道路运输车辆不得在本市从事道路运输经营。

**第四十六条** 污染物排放超过规定标准的在用机动车无法修复的，应当及时向公安交通管理部门办理机动车报废手续，并不得上路行驶。

**第四十七条** 本市交通、海洋以及海事、渔政等有监督管理权的部门，应当加强对机动船污染物排放的监督检查。

污染物排放超过规定标准的在用机动船，由有监督管理权的部门责令限期维修。

市交通行政管理部门应当会同有关部门推进建设码头岸基供电设施和低硫油供应设施。

**第四十八条** 市市场监督管理部门可以根据实际情况，会同有关部门制定严于国家标准的车船、非道路移动机械用燃料地方质量标准。

本市生产、进口、销售的机动车船、非道路移动机械用燃料必须符合国家和本市规定的质量标准。

本市自备燃料用于车船、非道路移动机械的单位，其使用的燃料必须符合国家和本市规定的质量标准。

市场监督、生态环境、海事部门应当按照职责分工加强对本市燃油质量的监督检查，并定期发布检查结果。

**第四十九条** 市和区人民政府应当优先发展公共交通，倡导和鼓励公众使用公共交通、自行车等方式出行。

国家机关、事业单位、大型企业以及公交、环卫等行业应当率先推广使用新能源和清洁能源机动车。

## 第五章 防治废气、尘和恶臭污染

**第五十条** 本市鼓励生产、使用低挥发性有机物含量的原料和产品。

市市场监督管理部门应当会同市生态环境部门指导相关行业协会定期公布低挥发性有机物含量产品和高挥发性有机物含量产品的目录。

列入高挥发性有机物含量产品目录的产品，应当在其包装或者说明中予以标注。

**第五十一条** 本市医院、学校及幼托机构等环境敏感区域内禁止使用高挥发性有机物含量的产品。

本市在化工、表面涂装、包装印刷等重点行业逐步推进低挥发性有机物含量产品的使用。

使用财政资金的单位应当优先采购低挥发性有机物含量的产品。

**第五十二条** 市生态环境部门应当会同市市场监督管理等部门，制定本市重点行业挥发性有机物排放标准、技术规范。相关单位应当按照挥发性有机物排放标准、技术规范的规定，制定操作规程，组织生产管理。

原油成品油码头、原油成品油运输船舶、储油储气库、加油加气站、油罐车、气罐车、服装干洗行业等应当配备挥发性有机物回收装置并保持正常使用。

产生含挥发性有机物废气的生产经营活动，应当在密闭空间或者设备中进行，设置废气收集和处理系统，并保持其正常使用；造船等无法在密闭空间进行的生产经营活动，应当采取有效措施，减少挥发性有机物排放。

石油化工及其他使用有机溶剂的企业应当按照生态环境部门的规定建立泄漏检测与修复制度，发生泄漏的应当及时修复。

石油化工、化工等排放挥发性有机物的企业在计划维修、检修过程中，应当按照生态环境部门的规定，对生产装置系统的停运、倒空、清洗等环节实施挥发性有机物排放控制。

**第五十三条** 废弃物焚烧炉必须按照国家和本市规定的标准进行建设，经依法验收合格后，方可投入使用。

废弃物焚烧炉的运行，应当严格遵守操作规程，防止产生二次污染，其排放的大气污染物不得超过规定的排放标准和排放总量指标。

**第五十四条** 本市禁止露天焚烧秸秆、枯枝落叶等产生烟尘的物质，以及沥青、油毡、橡胶、塑料、垃圾、皮革等产生有毒有害、恶臭或强烈异味气体的物质。

乡、镇人民政府和街道办事处应当对区域内违反前款规定的行为进行巡查和监督。

市发展改革、经济信息化、农业、生态环境、财政等有关部门应当制定相关政策，鼓励和引导农业生产方式转变和秸秆高效综合利用，区人民政府应当予以推进落实。

**第五十五条** 建设单位应当将防治扬尘污染的费用列入工程造价，并在施工承包合同中明确施工单位扬尘污染防治责任。

施工单位应当按照施工技术规范中扬尘污染防治的要求文明施工，控制扬尘污染。符合市建设行政管理部门规定条件的建设工程，施工单位应当按照规定安装扬尘在线监测设施，扬尘在线监测设施的安装和运行费用列入工程概算。

**第五十六条** 装卸、运输易产生扬尘污染的物料的车辆，应当采用密闭化措施。运输单位和个人应当加强对车辆机械密闭装置的维护，确保设备正常使用，运输途中的物料不得沿途泄漏、散落或者飞扬。

装卸、运输易产生扬尘污染的物料的船舶应当采取覆盖措施。

**第五十七条** 堆放易产生扬尘污染的物料的港口、码头、堆场、混凝土搅拌站和露天仓库等场所应当采取围挡、遮盖、密闭和其他防治扬尘污染的措施，并符合下列防尘要求：

（一）地面进行硬化处理；

（二）采用混凝土围墙或者天棚储库，库内配备喷淋或者其他抑尘措施；

（三）采用输送设备作业的，应当在落料、卸料处配备吸尘、喷淋等防尘设施，并保持防尘设施的正常使用；

（四）在出口处设置车辆清洗的专用场地，配备运输车辆冲洗保洁设施；

（五）划分料区和道路界限，及时清除散落的物料，保持道路整洁，并及时清洗。

**第五十八条** 道路、广场和其他公共场所进行保洁作业的单位和个人，应当按照保洁作业技术规范中的扬尘污染防治要求作业。

**第五十九条** 植物栽种和养护作业应当符合绿化建设和养护技术规范中的扬尘污染防治要求。

**第六十条** 下列范围内裸露土地应当依本条规定进行覆盖、绿化或者铺装：

（一）单位范围内的裸露土地，由所在单位进行绿化或者铺装；

（二）暂时不能开工的建设用地，建设单位应当对裸露地面进行覆盖；闲置三个月以上的建设用地，由建设单位进行绿化或者铺装；

（三）市政道路、河道沿线、公共绿地以及其他公共用地的裸露土地，分别由交通、水务、绿化以及其他行政管理部门组织进行绿化或者铺装。

**第六十一条** 禁止在人口集中地区和其他依法需要特殊保护的区域内，贮存、加工、制造或者使用产生强烈异味、恶臭气体的物质。

**第六十二条** 饮食服务业的经营者应当按照市生态环境部门的规定安装和使用油烟净化和异味处理设施以及在线监控设施，并保持正常运行，排放的油烟、烟尘等污染物不得超过规定的标准。

饮食服务业的经营者应当定期对油烟净化和异味处理装置进行清洗维护并保存记录，防止油烟和异味对附近居民的居住环境造成污染。生态环境部门应当对饮食服务经营场所的油烟和异味排放状况进行监督检查。

在本市城镇范围的居民住宅楼内，不得新建饮食服务经营场所。规划配套建设的饮食服务经营场所，应当在建筑结构上设计专用烟道等污染防治措施，保证油烟排放口设置高度及与周围居民住宅楼等建筑物距离控制符合环保要求。

在前款规定范围内新建的饮食服务经营场所，应当使用清洁能源。已建的饮食服务经营场所应当按照市人民政府规定的限期改用清洁能源。

**第六十三条** 产生粉尘、废气的作业活动具备收集或者消除、减少污染物排放条件的，作业单位和个人应当按照规定采取相应的防治措施，不得无组织排放。

**第六十四条** 本市根据实际需要逐步扩大烟花爆竹的禁止燃放区域，严格限制燃放时间。

## 第六章 长三角区域大气污染防治协作

**第六十五条** 市人民政府应当根据国家有关规定，与长三角区域相关省建立大气污染防治协调合作机制，定期协商区域内大气污染防治重大事项。

生态环境、发展改革、经济信息化、规划资源管理、建设、交通、公安交通、气象、海事等相关部门应当与周边省、市、县（区）相关部门建立沟通协调机制，采取措施，优化长三角区域产业结构和规划布局，促进清洁能源替代，统筹区域交通发展，强化大气环境信息共享及污染预警应急联动，协调跨界污染纠纷，实现区域经济、社会、环境协调发展。

**第六十六条** 本市有关部门在制定本条例第二十一条、第二十三条规定的产业结构调整指导目录和淘汰名录时，应当统筹考虑与长三角区域相关省的协调性。

**第六十七条** 市人民政府应当会同长三角区域相关省，及时组织实施机动车国家排放标准。

市人民政府应当会同长三角区域相关省，根据长三角区域大气污染防治需要，研究制定区域统一的货运汽车和长途客车更新淘汰标准，并采取车辆限行等措施，加快淘汰高污染车辆。

**第六十八条** 市交通行政管理部门应当与国家海事部门、长三角区域相关省有关部门加强协作，在本市逐步推进进入上海港的船舶使用低硫油，靠泊船舶采用岸基供电。

**第六十九条** 市人民政府应当会同长三角区域相关省，建立长三角区域重污染天气应急联动机制，及时通报预警和应急响应的有关信息，并可根据需要商请相关省、市采取相应的应对措施。

**第七十条** 市生态环境等行政管理部门应当与长三角区域相关省有关部门建立沟通协调机制，对在省、市边界建设可能对相邻省、市大气环境产生影响的重大项目，及时通报有关信息。

**第七十一条** 市人民政府应当会同长三角区域相关省，在防治机动车污染、禁止秸秆露天焚烧等领域，探索区域大气污染联动执法。

**第七十二条** 市人民政府应当与长三角区域相关省协商，将下列环境信息纳入长三角区域共享：

（一）大气污染源信息；

（二）大气环境质量监测信息；

（三）气象信息；

（四）机动车排气污染检测信息；

（五）企业环境征信信息；

（六）可能造成跨界大气影响的污染事故信息；

（七）各方协商确定的其他信息。

**第七十三条** 市生态环境部门应当加强与长三角相关省的大气污染防治科研合作，组织开展区域大气污染成因、溯源和防治政策、标准、措施等重大问题的联合科研，推动节能减排、污染排放、产业准入和淘汰等方面环境标准的统一。

## 第七章 法律责任

**第七十四条** 违反本条例规定的行为，法律和行政法规已有处罚规定的，从其规定。

**第七十五条** 生态环境部门和其他有关行政管理部门应当依法履行监督管理职责，有下列违法行为的，由所在单位或者上级主管部门对直接负责的主管人员和其他直接责任人员，依法给予行政处分；构成犯罪的，依法追究刑事责任：

（一）对应当予以受理的事项不予受理的；

（二）对应当予以查处的违法行为不予查处，致使公共利益受到严重损害的；

（三）滥用职权、徇私舞弊的；

（四）违反本条例规定，查封、扣押企事业单位和其他生产经营者的设施、设备的。

**第七十六条** 违反本条例第十八条规定，无排污许可证排放重点大气污染物或者排放重点大气污染物超过排放总量指标的，由市或者区生态环境部门责令改正或者限制生产、停产整治，并处十万元以上一百万元以下罚款；情节严重的，由市或者区生态环境部门报请同级人民政府责令停业、关闭。

**第七十七条** 违反本条例第二十三条第二款规定，列入淘汰名录的行业、工艺或者设备逾期未调整或者淘汰的，相关企业由市或者区经济信息化行政管理部门报请同级人民政府责令停业、关闭。

**第七十八条** 违反本条例第二十四条第一款规定，大气污染物处理设施未保持正常使用的，由市或者区生态环境部门责令改正或者限制生产、停产整治，处十万元以上一百万元以下罚款；情节严重的，报经有批准权的人民政府批准，责令停业、关闭。

违反本条例第二十四条第二款规定，大气污染物处理设施因维修、故障等原因不能正常使用，未按照规定及时报告的，由市或者区生态环境部门责令改正或者限制生产、停产整治，处一万元以上五万元以下罚款。

**第七十九条** 违反本条例第二十五条第二款规定，接受委托的第三方机构，未按照法律、法规和相关技术规范的要求实施污染治理，或者在实施污染治理中弄虚作假的，由市或者区生态环境部门和其他负有环境保护监督管理职责的部门责令停业整顿，处十万元以上五十万元以下罚款，并对其主要负责人处一万元以上十万元以下罚款。对造成的环境污染和生态破坏负有责任的，除依照有关法律、法规规定予以处罚外，还应当与造成环境污染和生态破坏的其他责任者承担连带责任。

**第八十条** 违反本条例第二十六条第二款规定，未制订应急预案的，由市或者区生态环境部门责令改正；对拒不制订应急预案的单位，可以处二千元以上一万元以下罚款，并可以建议有关部门对直接负责的主管人员和其他直接责任人员给予行政处分。

**第八十一条** 有关单位违反本条例第二十九条第三款规定，拒不执行暂停或限制生产措施的，由市或者区生态环境部门处二万元以上二十万元以下罚款；拒不执行扬尘管控措施的，由建设、交通、房屋等有关行政管理部门或城管执法部门依据各自职责处一万元以上十万元以下罚款；拒不执行机动车管控、禁止燃放烟花爆竹措施的，由公安机关依照有关规定予以处罚。

**第八十二条** 违反本条例第三十二条第一款、第二款规定，未按照规定配置、使用大气污染物排放在线监测设备或者拒绝纳入统一监测网络，或者未保持在线监测设备正常运行的，由市或者区生态环境部门责令改正，处二万元以上二十万元以下罚款；拒不改正的，责令停产整治。

**第八十三条** 违反本条例第三十三条第一款规定，未按照规定公布单位环境信息的，由市或者区生态环境部门责令公开，处二万元以上二十万元以下罚款。

**第八十四条** 违反本条例第三十六条第三款、第六十二条第四款规定，在市人民政府规定的期限届满后继续使用高污染燃料的，由市或区生态环境部门责令拆除或者没收燃用高污染燃料的设施，处二万元以上二十万元以下罚款。

违反本条例第三十六条第四款规定，使用燃料不符合国家和本市规定的有关强制性标准和要求的，由市或者区生态环境部门责令改正，处货值金额一倍以上三倍以下罚款。

**第八十五条** 违反本条例第三十七条第二款规定，锅炉、窑炉以及单位使用的或者经营性的炉灶等设施排放明显可见黑烟的，由市或者区生态环境部门责令改正，可以处五千元以上五万元以下罚款。

**第八十六条** 违反本条例第三十九条第一款、第五款规定，在本市行驶的机动车向大气排放污染物超过规定的排放标准或者排放明显可见黑烟的，由公安交通管理部门暂扣车辆行驶证，责令维修，可以处二百元以上二千元以下罚款；维修后经有资质的检测单位检测符合排放标准的，发还车辆行驶证。

违反本条例第三十九条第一款、第五款规定，在本市行驶的机动船向大气排放污染物超过规定的排放标准或者排放明显可见黑烟的，由海事部门责令改正，可以处一千元以上一万元以下罚款；情节严重的，处一万元以上五万元以下罚款。

**第八十七条** 违反本条例第四十条规定，尾气排放车载诊断系统报警后，未及时送修的，轻型车行驶超过二百公里行驶里程、重型车行驶超过二十四小时行驶时间的，由生态环境部门责令改正，并处三百元罚款。擅自拆除机动车尾气处理装置的，由生态环境部门责令改正，并处三百元罚款。

**第八十八条** 违反本条例第四十一条第一款、第四款规定，在本市使用的非道路移动机械向大气排放污染物超过规定排放标准或者排放明显可见黑烟的，由市或者区生态环境部门责令改正，处五千元罚款。

违反本条例第四十一条第二款、第三款规定，在禁止使用高排放非道路移动机械的区域使用高排放非道路移动机械，或者非道路移动机械未按照要求粘贴识别标志的，由市或者区生态环境部门责令改正，处每台一千元罚款。

**第八十九条** 违反本条例第四十二条第三款规定，将维修后污染物排放仍超过规定排放标准的机动车交付使用的，由交通行政管理部门依照有关法律、法规处理。

**第九十条** 违反本条例第四十三条第二款规定，机动车排放检验机构不按规定的检验方法和技术规范进行检验，伪造机动车排放检验结果或者出具虚假排放检验报告的，由市或者区生态环境部门没收违法所得，处十万元以上五十万元以下罚款；情节严重的，由负责资质认定的部门取消其检验资格。

**第九十一条** 违反本条例第四十四条第三款规定，在用机动车车主或者驾驶人员，以及在航机动船经营人员或者船员拒绝、阻挠公安交通、海事或者生态环境部门对机动车和机动船排气污染监督抽测的，由公安交通、海事或者生态环境部门依照有关法律、法规处理。

**第九十二条** 违反本条例第四十五条第二款规定，高污染的道路运输车辆在本市从事道路运输经营的，由交通行政管理部门责令改正，可以处二百元以上二千元以下罚款。

**第九十三条** 违反本条例第四十六条规定，污染物排放超过规定标准无法修复的在用机动车上路行驶的，公安交通管理部门应当依照有关规定予以收缴、强制报废，并对机动车驾驶人依法予以处罚。

**第九十四条** 违反本条例第四十八条第二款规定，在本市生产、销售不符合规定标准的机动车船、非道路移动机械用燃料的，由市场监督管理部门按照职责责令改正，没收原材料、产品和违法所得，并处货值金额一倍以上三倍以下的罚款。进口不符合规定标准的机动车船和非道路移动机械用燃料的，由海关责令改正，没收原材料、产品和违法所得，并处货值金额一倍以上三倍以下的罚款；构成走私的，由海关依法处罚。

违反本条例第四十八条第三款规定，自备的燃料不符合规定标准的，由生态环境部门、海事部门按照职责分工责令改正，处一万元以上十万元以下罚款。

**第九十五条** 违反本条例第五十二条第一款、第五款规定，单位违反挥发性有机物排放标准、技术规范进行运行管理的，由市或者区生态环境部门责令改正，可以处五千元以上五万元以下罚款。

违反本条例第五十二条第二款、第三款、第四款规定，未配备或者未正常使用挥发性有机物回收装置，或者未在密闭空间或者设备中进行产生含挥发性有机物废气的生产经营活动，或者未设置废气收集和处理系统，或者发生泄漏未按照规定及时修复的，由生态环境部门责令改正，处二万元以上二十万元以下罚款；拒不改正的，责令停产整治。

**第九十六条** 违反本条例第五十三条第二款规定，废弃物焚烧炉排放大气污染物超过规定的排放标准或排放总量指标的，由市或者区生态环境部门责令改正或者限制生产、停产整治，处十万元以上一百万元以下罚款；情节严重的，报经有批准权的人民政府批准，责令停业、关闭。

**第九十七条** 违反本条例第五十四条第一款规定，露天焚烧秸秆、枯枝落叶等产生烟尘的物质的，由生态环境部门责令改正，可以处五百元以上二千元以下罚款；露天焚烧沥青、油毡、橡胶、塑料、垃圾、皮革等产生有毒有害、恶臭或强烈异味气体物质的，由生态环境部门责令改正，对单位处一万元以上十万元以下罚款，对个人处五百元以上二千元以下罚款。

**第九十八条** 违反本条例第五十五条第二款规定，施工单位未采取有效防尘措施的，由工程有关行政管理部门责令改正，处一万元以上十万元以下罚款。

违反本条例第五十六条第一款规定，运输车辆未采用密闭化措施，或者在运输过程中物料泄露、散落、飞扬的，由公安交通管理部门或者绿化市容行政管理部门依照有关法律、法规处理。

违反本条例第五十六条第二款规定，船舶未采取覆盖措施的，由海事部门责令改正，处一万元以上十万元以下罚款。

违反本条例第五十七条规定，港口、码头及其堆场未采取有效扬尘防治措施的，由交通行政管理部门责令改正，处一万元以上十万元以下罚款；露天仓库和其他堆场未采取有效扬尘防治措施的，由生态环境部门责令改正，处一万元以上十万元以下罚款；混凝土搅拌站未采取有效扬尘防治措施的，由建设行政管理部门责令改正，处一万元以上十万元以下罚款。

违反本条例第五十八条、第五十九条规定，未按照规范进行清扫保洁作业，以及未按照规范进行植物栽种和养护作业的，由绿化市容行政管理部门责令改正，处一千元以上一万元以下罚款。

违反本条例第六十条第一项规定，单位未按照规定进行绿化或者铺装的，由生态环境部门责令改正，处一千元以上一万元以下罚款。

违反本条例第六十条第二项规定，建设单位未按照规定进行覆盖、绿化或者铺装的，由建设行政管理部门责令改正，处一万元以上十万元以下罚款；拒不改正的，责令停工整治。

有本条第一款至第四款规定的情形，拒不改正的，由有关行政管理部门责令停工整治或者停业整治；有本条第五款、第六款规定的情形，致使大气环境受到污染，情节严重的，由有关行政管理部门处一万元以上五万元以下罚款。

**第九十九条** 违反本条例第六十一条规定，在人口集中地区和其他需要特殊保护的区域内，贮存、加工、制造或者使用产生强烈异味、恶臭气体的物质，造成周围环境污染的，由市或者区生态环境部门责令改正，对单位处一万元以上十万元以下罚款，对个人处五百元以上二千元以下罚款。

违反本条例第六十二条第一款、第二款规定，饮食服务业的经营者未按照规定安装油烟净化和异味处理设施或在线监控设施、未保持设施正常运行或者未定期对油烟净化或异味处理设施进行清洗维护并保存记录的，由市或者区生态环境部门责令改正，处五千元以上五万元以下罚款；拒不改正的，责令停业整治。

**第一百条** 违反本条例第六十三条规定，作业单位和个人无组织排放粉尘或者废气的，由市或者区生态环境部门责令改正；拒不改正的，处五千元以上五万元以下罚款。

**第一百零一条** 为排放大气污染物的单位和个人提供生产经营场所的出租人，应当配合生态环境部门对出租场所内违反本条例规定行为的执法检查，提供承租人的有关信息。出租人拒不配合的，由生态环境部门处二千元以上二万元以下罚款。

**第一百零二条** 企事业单位和其他生产经营者违反本条例，除第二十九条、第三十三条、第六十二条规定的情形外，受到罚款处罚，被责令改正，拒不改正的，依法作出处罚决定的行政机关可以自责令改正之日的次日起，按照原处罚数额按日连续处罚。

**第一百零三条** 市或者区人民政府对排污单位作出责令停业、关闭决定的，以及市或者区生态环境部门对排污单位作出责令停产整治决定的，供电单位应当予以配合，停止对排污单位供电。

**第一百零四条** 排污单位违反本条例规定发生环境污染事故，或者违反本条例第十六条第二款、第十八条第一款和第二款、第二十九条第三款规定的，除对单位进行处罚外，生态环境等有关部门还可以对单位主要负责人和直接责任人员处上一年度从本单位取得收入百分之五十以下的罚款；收入难以认定的，处一万元以上十万元以下的罚款。

**第一百零五条** 企事业单位和其他生产经营者违法排放大气污染物，造成或者可能造成严重污染的，生态环境部门可以查封、扣押造成污染物排放的设施、设备。

**第一百零六条** 违反本条例规定，排放大气污染物，构成犯罪的，依法追究刑事责任。

生态环境部门与公安机关应当建立健全大气污染案件行政执法和刑事司法的衔接机制。

**第一百零七条** 因污染大气环境造成损害的，应当依照《中华人民共和国侵权责任法》的有关规定承担侵权责任。

对污染大气环境，损害社会公共利益的行为，符合国家法律规定的社会组织可以依法向人民法院提起诉讼。

**第一百零八条** 当事人对生态环境部门和其他有关行政管理部门的具体行政行为不服的，可以依照《中华人民共和国行政复议法》或者《中华人民共和国行政诉讼法》的规定，申请行政复议或者提起行政诉讼。

当事人对具体行政行为逾期不申请复议，不提起诉讼，又不履行的，作出具体行政行为的行政管理部门可以申请人民法院强制执行，或者依法强制执行。

## 第八章 附 则

**第一百零九条** 本条例自2014年10月1日起施行。2001年7月13日上海市第十一届人民代表大会常务委员会第二十九次会议通过的《上海市实施〈中华人民共和国大气污染防治法〉办法》同时废止。

# 上海市实施《中华人民共和国全国人民代表大会和地方各级人民代表大会代表法》办法

（2015 年 1 月 29 日上海市第十四届人民代表大会第三次会议通过　根据 2016 年 4 月 21 日上海市第十四届人民代表大会常务委员会第二十八次会议《关于修改〈上海市区县和乡镇人民代表大会代表直接选举实施细则〉等 5 件地方性法规的决定》第一次修正　根据 2022 年 10 月 28 日上海市第十五届人民代表大会常务委员会第四十五次会议《关于修改〈上海市实施《中华人民共和国全国人民代表大会和地方各级人民代表大会代表法》办法〉等 3 件地方性法规和废止〈上海市授予荣誉市民称号规定〉的决定》第二次修正）

## 第一章　总　　则

**第一条**　为了保证本市各级人民代表大会代表依法行使代表的职权，履行代表的义务，发挥代表作用，根据《中华人民共和国全国人民代表大会和地方各级人民代表大会代表法》，结合本市实际，制定本办法。

**第二条**　本市各级人民代表大会代表依照法律规定选举产生，是本市各级国家权力机关组成人员，代表人民的利益和意志，依照宪法和法律赋予本级人民代表大会的各项职权，参加行使国家权力。

**第三条**　代表享有下列权利：

（一）出席本级人民代表大会会议，参加审议各项议案、报告和其他议题，发表意见；

（二）依法联名提出议案、质询案、罢免案等；

（三）提出对各方面工作的建议、批评和意见；

（四）参加本级人民代表大会的各项选举；

（五）参加本级人民代表大会的各项表决；

（六）获得依法执行代表职务所需的信息和各项保障；

（七）法律、法规规定的其他权利。

**第四条**　代表应当履行下列义务：

（一）模范地遵守宪法和法律、法规，保守国家秘密，在自己参加的生产、工作和社会活动中，协助宪法和法律、法规的实施；

（二）按时出席本级人民代表大会会议，认真审议各项议案、报告和其他议题，发表意见，做好会议期间的各项工作；

（三）积极参加统一组织的视察、专题调研、执法检查等履职活动；

（四）加强履职学习和调查研究，不断提高执行代表职务的能力；

（五）与原选区选民或者原选举单位和人民群众保持密切联系，听取和反映他们的意见和要求，努力为人民服务；

（六）自觉遵守社会公德，廉洁自律，公道正派，勤勉尽责；

（七）法律、法规规定的其他义务。

**第五条**　代表依法在本级人民代表大会会议期间的工作和闭会期间的活动，都是执行代表职务。

本市国家机关、社会团体、企业事业单位等应当为代表执行代表职务提供保障。

代表不脱离各自的生产和工作。代表出席本级人民代表大会会议，参加闭会期间统一组织的履职活动，应当安排好本人的生产和工作，优先执行代表职务。

**第六条**　代表受原选区选民或者原选举单

位的监督。

## 第二章　代表在本级人民代表大会会议期间的工作

**第七条**　代表应当按时出席本级人民代表大会会议。

代表因健康等特殊原因不能出席人民代表大会会议的，应当事先请假。市、区人民代表大会代表应当事先向本级人民代表大会常务委员会书面请假，由本级人民代表大会常务委员会主任会议委托的主任、副主任批准，乡、镇人民代表大会代表应当事先向乡、镇人民代表大会主席、副主席书面请假并得到批准。

代表在会议期间因健康等特殊原因需要临时请假的，市、区人民代表大会代表应当向本代表团团长请假并得到批准，乡、镇人民代表大会代表应当向乡、镇人民代表大会执行主席请假并得到批准。

**第八条**　代表在出席本级人民代表大会会议前，应当听取原选区选民或者原选举单位和人民群众的意见和建议，为会议期间执行代表职务做好准备。

**第九条**　代表应当按照本级人民代表大会会议日程的安排参加大会全体会议、代表团全体会议、小组会议、专题审议会议，审议列入会议议程的各项议案和报告。

代表可以被推选或者受邀请列席主席团会议、专门委员会会议，发表意见。

代表应当围绕会议议题发表审议意见，遵守议事规则。

**第十条**　市、区人民代表大会代表十人以上联名，乡、镇人民代表大会代表五人以上联名，有权向本级人民代表大会提出属于本级人民代表大会职权范围内的议案。代表提出的议案按照相关规定处理。

**第十一条**　市、区人民代表大会代表十人以上联名，乡、镇人民代表大会代表五人以上联名，可以按照规定对列入会议议程的议案或者准备交付大会表决的决议草案书面提出修正案。修正案由主席团决定是否提交各代表团审议和提请大会表决。

**第十二条**　代表要求在大会审议的全体会议上发言，可以在大会审议前向大会秘书处报名；发言的代表和顺序由大会执行主席安排。

代表在大会审议的全体会议上临时要求发言的，可以提出申请，并经大会执行主席许可。

**第十三条**　代表参加本级人民代表大会的各项选举时，有权依照法律规定对选举的人选提出意见。

市人民代表大会代表三十人以上联名，区人民代表大会代表十人以上联名，有权提出本级人民代表大会常务委员会组成人员、人民政府领导人员、监察委员会主任、人民法院院长、人民检察院检察长的人选。

市、区人民代表大会代表十人以上联名，有权提出上一级人民代表大会代表的人选。

乡、镇人民代表大会代表十人以上联名，有权提出本级人民代表大会主席、副主席和人民政府领导人员的人选。

本市各级人民代表大会代表有权对本级人民代表大会主席团的人选提出意见。

在选举日前，主席团根据代表的要求，可以安排本级国家机关领导人员的正式候选人与代表见面或者座谈。

代表对确定的候选人，可以投赞成票，可以投反对票，可以另选他人，也可以弃权。

**第十四条**　市、区人民代表大会代表参加表决通过本级人民代表大会各专门委员会组成人员的人选。

**第十五条**　代表在审议议案和报告时，可以口头或者书面向本级有关国家机关提出询问。有关国家机关应当派负责人或者由其委托的负责人员在会议期间回答代表的询问。如果询问涉及的问题比较复杂，由受询问机关提出申请，经主席团或者有关的代表团同意，可以在闭会后两个月内作出答复。

**第十六条**　市、区人民代表大会代表十人以上联名，有权书面提出对本级人民政府及其所属各部门，监察委员会，人民法院，人民检察院的质询案。乡、镇人民代表大会代表十人以上联名，有权书面提出对本级人民政府的质询案。质询案应当写明质询对象、质询的问题和内容。

质询案按照主席团的决定，由受质询机关负责人在主席团会议、大会全体会议或者有关的专门委员会会议上作出口头或者书面答复。

在主席团对质询案作出决定前，提出质询案的代表书面要求撤回，导致提出该质询案的代表不足法定人数的，经主席团同意，会议对该项质询案的审议即行终止。受质询机关负责人在主席团会议或者专门委员会会议上答复的，提出质询案的代表有权列席会议，发表意见。

提出质询案的代表半数以上对受质询机关的答复不满意的，可以提出再次答复的要求，由主席团交受质询机关再作答复。

市、区人民代表大会代表提出的质询案，受质询机关认为涉及的问题比较复杂，在会议期间答复有困难的，或者提出质询案的代表半数以上对再次答复仍不满意的，经主席团决定，可以在大会闭会后两个月内，由受质询机关负责人在人民代表大会常务委员会会议或者有关的专门委员会会议上作出答复，提出质询案的代表有权列席会议，发表意见。人民代表大会常务委员会根据答复的情况和代表的意见，必要时可以作出决定。

**第十七条** 市、区人民代表大会十分之一以上代表联名，有权书面提出对本级人民代表大会常务委员会组成人员、专门委员会成员、人民政府组成人员、监察委员会主任、人民法院院长、人民检察院检察长、由本级人民代表大会选出的上一级人民代表大会代表的罢免案。

乡、镇人民代表大会五分之一以上代表联名，有权书面提出对本级人民代表大会主席、副主席和人民政府领导人员的罢免案。

代表提出罢免案应当写明罢免的理由，并提供有关材料。

罢免案由主席团交各代表团审议后，提请大会全体会议表决；或者由主席团提议，经大会全体会议决定组织调查委员会，由本级人民代表大会下次会议根据调查委员会的调查报告审议决定。

**第十八条** 市、区人民代表大会十分之一以上代表联名，有权提议组织关于特定问题的调查委员会，由主席团提请大会全体会议决定。

调查委员会的组成人员，由主席团在本级人民代表大会代表中提名，提请大会全体会议通过。

**第十九条** 代表参加本级人民代表大会表决，可以投赞成票，可以投反对票，也可以弃权。

**第二十条** 代表有权向本级人民代表大会提出对各方面工作的建议、批评和意见。代表提出的建议、批评和意见按照相关规定处理。

## 第三章 代表在本级人民代表大会闭会期间的活动

**第二十一条** 市、区人民代表大会常务委员会组织本级人民代表大会代表开展闭会期间的活动。

市、区人民代表大会常务委员会受上一级人民代表大会常务委员会的委托，组织本级人民代表大会选举产生的上一级人民代表大会代表开展闭会期间的活动。

乡、镇人民代表大会主席、副主席根据主席团的安排，组织本级人民代表大会代表开展闭会期间的活动。

**第二十二条** 代表在闭会期间的活动以集体活动为主，以代表小组活动为基本形式。

市、区人民代表大会代表在市、区人民代表大会常务委员会组织或者协助下，乡、镇人民代表大会代表在本级人民代表大会主席团组织或者协助下，按照便于组织和开展活动的原则组成代表小组。

代表应当参加由本级人民代表大会代表组成的一个代表小组并参加活动，市、区人民代表大会代表也可以参加下级人民代表大会代表的小组活动。

每个代表小组应当推选一至三名代表为小组召集人。小组召集人负责制定小组年度活动计划，主持小组活动。

代表小组年度活动计划应当按照本级人民代表大会常务委员会代表工作机构或者乡、镇人民代表大会主席团的安排，明确活动次数、活动方式和内容。

**第二十三条** 代表小组可以开展以下活动：

（一）学习宪法和法律、法规以及上级和本级人民代表大会及其常务委员会的决议、决定；

（二）调研法律和法规在本行政区域内贯彻执行的情况；

（三）研究、反映人民群众的意见和要求；

（四）讨论、完善代表拟提出的议案或者建议、批评和意见，跟踪议案或者建议、批评和意见的办理和落实情况；

（五）交流执行代表职务的情况和经验等；

（六）符合法律、法规规定的其他代表活动。

**第二十四条** 市、区人民代表大会代表根据本级人民代表大会常务委员会的统一安排，对本级或者下级国家机关、组织和有关单位的工作进行视察。乡、镇人民代表大会代表根据本级人民代表大会主席团的安排，对本级人民政府和有关单位的工作进行视察。

代表按照前款规定进行视察，可以提出约见本级或者下级有关国家机关负责人。市、区人民代表大会常务委员会的办事机构和工作机构或者乡、镇人民代表大会主席团，联系安排约见。被约见的有关国家机关负责人或者由其委托的负责人员应当听取代表的建议、批评和意见，并及时向代表反馈有关情况。

代表持代表证在本行政区域内进行视察的，市、区人民代表大会常务委员会或者乡、镇人民代表大会主席团应当根据代表或者代表小组的要求负责联系安排。

代表在视察中，可以通过现场察看和同群众座谈、个别交谈等方式，了解情况，听取意见和要求，并可以向被视察单位提出建议、批评和意见，但不直接处理问题。

被视察单位应当认真接待代表，如实介绍情况，提供有关材料，听取代表的建议、批评和意见。

**第二十五条** 代表根据本级人民代表大会常务委员会或者乡、镇人民代表大会主席团的统一安排，围绕本行政区域内经济社会发展和关系人民群众切身利益、社会普遍关注的重大问题，开展具有针对性的专题调研。

**第二十六条** 代表参加统一安排的视察、专题调研形成的视察报告、调研报告，由本级人民代表大会常务委员会办事机构或者乡、镇人民代表大会主席团转交有关机关、组织研究处理。

有关机关、组织应当对视察报告、调研报告提出的意见和建议进行研究处理，并可以邀请代表参加。有关机关、组织将研究处理情况报告交办机构，交办机构应当将研究处理情况及时向代表反馈。

**第二十七条** 市、区人民代表大会代表根据本级人民代表大会常务委员会的统一安排，参加对本级人民政府及其所属各部门，人民法院，人民检察院工作的评议活动。

乡、镇人民代表大会代表根据本级人民代表大会主席团的统一安排，参加对本级人民政府工作的评议活动。

代表在评议活动中提出的建议、批评和意见，由组织评议的市、区人民代表大会常务委员会或者乡、镇人民代表大会主席团交被评议机关，督促其改进工作。

**第二十八条** 五分之一以上代表联名，可以向本级人民代表大会常务委员会或者乡、镇人民代表大会主席团提议临时召集本级人民代表大会会议。

**第二十九条** 市人民代表大会代表可以列席原选举单位的人民代表大会会议，可以应邀列席市人民代表大会常务委员会会议、市人民代表大会各专门委员会会议、市人民代表大会常务委员会各工作委员会会议、原选举单位的人民代表大会常务委员会会议，参加市人民代表大会常务委员会组织的有关立法和监督等活动。

区人民代表大会代表可以应邀列席区人民代表大会常务委员会会议，区人民代表大会各专门委员会会议和常务委员会各工作委员会会议，参加区人民代表大会常务委员会组织的有关监督等活动。

代表可以应邀参加市、区人民代表大会常务委员会和乡、镇人民代表大会主席团组织的执法检查、调研和其他活动。

**第三十条** 代表应当主动与原选区选民或者原选举单位和人民群众保持密切联系，宣传法律、法规、政策，可以通过走访、座谈、视察、调研、设立代表信箱或者电子邮箱等多种方式听取并反映原选区选民或者原选举单位和人民群众的意见和要求，监督本级国家机关依法履职、改进工作、解决问题，并接受人民群众监督。

代表应当参加进社区联系人民群众的活动，每年不少于两次。市、区人民代表大会常务委员会或者乡、镇人民代表大会主席团应当根据代表履职需要，做好组织安排。

代表可以参与市、区人民代表大会常务委员会和乡、镇人民代表大会的信访工作，了解、反映人民群众的意见和要求。

**第三十一条** 代表可以通过以下方式反映人民群众提出的意见和要求：

（一）在本级人民代表大会会议期间审议大会各项议题或者专题审议时发表审议意见；

（二）向本级人民代表大会或者其常务委员会提出议案或者建议、批评和意见；

（三）在列席和参加本级人民代表大会常务委员会或者乡、镇人民代表大会主席团组织的有关会议和活动时提出建议、批评和意见；

（四）向上一级人民代表大会代表反映；

（五）向乡、镇人民代表大会主席团或者区人民代表大会常务委员会街道工作委员会反映；

（六）向本级人民代表大会或者其常务委员会信访工作部门转交人民群众来信，或者提出建议、批评和意见；

（七）向本级人民代表大会常务委员会的办事机构或者工作机构反映；

（八）法律、法规规定的其他方式。

有关机关、组织应当对代表反映人民群众提出的意见和要求，及时研究办理，并向代表反馈。

**第三十二条** 代表在本级人民代表大会闭会期间，有权按照规定提出议案或者建议、批评和意见。代表提出的议案或者建议、批评和意见按照相关规定处理。

**第三十三条** 市、区人民代表大会代表根据本级人民代表大会或者本级人民代表大会常务委员会的决定，参加关于特定问题的调查委员会。

**第三十四条** 市、区人民代表大会代表在本级人民代表大会闭会期间，可以围绕本级人民代表大会常务委员会的工作，向本级人民代表大会常务委员会的办事机构或者工作机构提出约见本级人民代表大会常务委员会组成人员。

乡、镇人民代表大会代表在乡、镇人民代表大会闭会期间，可以围绕乡、镇人民代表大会的工作，提出约见乡、镇人民代表大会主席、副主席。

## 第四章 代表执行职务的保障

**第三十五条** 代表在人民代表大会各种会议上的发言和表决，不受法律追究。

**第三十六条** 市、区人民代表大会代表，在本级人民代表大会会议期间，非经本级人民代表大会主席团许可，在本级人民代表大会闭会期间，非经本级人民代表大会常务委员会许可，不受逮捕或者刑事审判和法律规定的其他人身自由的限制。如果因为是现行犯被拘留，执行拘留的机关应当在二十四小时以内向本级人民代表大会主席团或者人民代表大会常务委员会报告。

人民代表大会主席团或者常务委员会受理有关机关依照本条规定提请许可的申请，应当及时审查是否存在对代表在人民代表大会各种会议上的发言和表决进行法律追究，或者对代表提出建议、批评和意见等其他执行职务行为打击报复的情形，并据此作出决定。

乡、镇人民代表大会代表如果被逮捕、受刑事审判或者被采取法律规定的其他限制人身自由的措施，执行机关应当立即报告乡、镇人民代表大会。

**第三十七条** 代表执行代表职务，代表所在单位应当给予时间保障，按正常出勤对待，保证其工资和其他待遇不受影响。代表所在单位应当根据本单位实际情况为代表执行职务提供服务、帮助。

无固定工资收入的代表执行代表职务，根据实际情况由本级财政给予适当补贴。

**第三十八条** 代表活动经费由市、区人民代表大会常务委员会或者乡、镇人民代表大会主席团根据代表活动的实际需要制定计划，列入本级财政预算予以保障，专款专用。

区人民代表大会常务委员会受市人民代表大会常务委员会委托，组织市人民代表大会代表开展活动所需的经费，由市人民代表大会常务委员会拨付。

**第三十九条** 市、区人民代表大会常务委员会应当建立常务委员会联系代表制度，加强常务委员会组成人员与本级人民代表大会代表的联系，听取代表的建议、批评和意见。

**第四十条** 市、区人民代表大会专门委员会与常务委员会工作机构应当建立联系代表制度，听取代表的意见和要求，可以按照代表的意向邀请代表参加立法、监督等工作。

**第四十一条** 市、区人民代表大会常务委员会应当建立本市各级人民代表大会代表之间的联系制度，畅通代表了解和反映人民群众意见和要求的渠道。

**第四十二条** 市、区人民代表大会常务委员会，本市各级人民政府和人民法院、人民检察院应当采取举行报告会、通报会等方式，及时向本级人民代表大会代表通报工作情况，应当通过印发资料、网络等方式向本级人民代表大会代表提供有关信息，并根据代表的要求，为其执行代表职务提供有关信息，保障代表的知情权。

**第四十三条** 市、区人民代表大会常务委员会应当制定代表履职学习计划，组织代表参加履职学习、专题学习和专题报告会等，协助代表全面熟悉人民代表大会制度，掌握执行代表职务所需的法律知识、实务技能和其他专业知识。乡、镇人民代表大会主席、副主席根据主席团的安排应当组织本级人民代表大会代表参加履职学习。

乡、镇人民代表大会代表可以参加上级人民代表大会常务委员会组织的代表履职学习。

**第四十四条** 市、区人民代表大会常务委员会，乡、镇人民代表大会主席团应当建立代表联系原选区选民或者原选举单位和人民群众的制度。

**第四十五条** 市、区人民代表大会常务委员会应当为本行政区域内的代表执行代表职务提供必要的条件。

市、区人民代表大会常务委员会的办事机构和工作机构是代表执行代表职务的集体服务机构，为代表执行代表职务提供服务保障。

乡、镇人民代表大会代表联络机构、区人民代表大会常务委员会街道工作委员会应当为本行政区域内的各级人民代表大会代表执行代表职务提供服务保障，并向代表和社会公布联系方式。

市、区人民代表大会常务委员会的代表工作机构，乡、镇人民代表大会代表联络机构，区人民代表大会常务委员会街道工作委员会应当建立相互联系制度。

**第四十六条** 本市各级人民代表大会应当为本级人民代表大会代表制发代表证，方便代表执行代表职务。

**第四十七条** 有关机关、组织应当认真研究处理代表议案与建议、批评和意见。

代表议案与建议、批评和意见的处理情况，应当向本级人民代表大会或者其常务委员会或者乡、镇人民代表大会主席团报告，并向代表和社会公开。

**第四十八条** 一切组织和个人都应当尊重代表履职的权利，支持和保障代表依法执行代表职务。

有义务协助代表执行代表职务而拒绝履行义务的，有关单位应当予以批评教育，直至依法给予行政处分。

阻碍代表依法执行代表职务的，根据情节，由所在单位或者上级机关给予行政处分，或者适用《中华人民共和国治安管理处罚法》第五十条的处罚规定；以暴力、威胁方法阻碍代表依法执行代表职务的，依照刑法有关规定追究刑事责任。

对代表依法执行代表职务进行打击报复的，由所在单位或者上级机关责令改正或者给予行政处分；国家工作人员进行打击报复构成犯罪的，依照刑法有关规定追究刑事责任。

市、区人民代表大会及其常务委员会和乡、镇人民代表大会应当监督有关机关、单位，依法处理。有关机关、单位应当将处理结果及时报告本级人民代表大会或者其常务委员会。

## 第五章　对代表的监督

**第四十九条**　代表应当依法执行代表职务，采取多种方式经常听取原选区选民或者原选举单位和人民群众对代表履职的意见，回答原选区选民或者原选举单位对代表工作和代表活动的询问，自觉接受监督。

市人民代表大会代表应当根据原选举单位的人民代表大会常务委员会的统一安排，以口头或者书面等方式向原选举单位报告履职情况。

区和乡、镇人民代表大会代表应当根据区人民代表大会常务委员会和乡、镇人民代表大会主席团的统一安排，以口头或者书面等方式定期向原选区选民报告履职情况。

**第五十条**　代表的工作单位、职务、通讯方式应当向原选举单位或者原选区选民公开。

代表的工作单位、职务、通讯方式等发生变化的，市、区人民代表大会代表应当及时告知本级人民代表大会常务委员会的代表工作机构，乡、镇人民代表大会代表应当及时告知本级人民代表大会的代表联络机构。

**第五十一条**　本市各级人民代表大会或者其常务委员会，市、区人民代表大会专门委员会、常务委员会办事机构和工作机构组织代表参加的活动，都应当纳入代表履职活动的范围。

市、区人民代表大会常务委员会，乡、镇人民代表大会应当建立本级人民代表大会代表履职情况登记制度。与代表履职活动相关的信息，应当由活动的组织者及时进行登记，并定期与代表核对。代表对履职情况登记有异议的，应当在核实后予以调整。本市各级人民代表大会代表参加履职活动的情况，应当向原选举单位或者原选区选民公开。

**第五十二条**　代表应当正确处理从事个人职业活动与执行代表职务的关系，不得利用代表身份、执行代表职务干涉具体司法案件或者招标投标等经济活动牟取个人利益。

代表执行代表职务的活动，不得接受企业事业单位、社会团体和个人出资赞助。

**第五十三条**　选民或者选举单位有权依法罢免自己选出的代表。被提出罢免的代表有权出席罢免该代表的会议，口头或者书面提出申辩意见。

**第五十四条**　代表有下列情形之一的，暂时停止执行代表职务，由代表资格审查委员会向市、区人民代表大会常务委员会或者乡、镇人民代表大会主席团报告：

（一）因刑事案件被羁押正在受侦查、起诉、审判的；

（二）被依法判处管制、拘役或者有期徒刑而没有附加剥夺政治权利，正在服刑的。

前款所列情形在代表任期内消失后，恢复其执行代表职务，但代表资格终止者除外。

市人民代表大会代表暂时停止执行代表职务或者在代表任期内恢复执行代表职务的，市人民代表大会常务委员会应当通知代表本人，并通报代表原选举单位及其所在的代表小组。

区和乡、镇人民代表大会代表暂时停止执行代表职务或者在任期内恢复执行代表职务的，区人民代表大会常务委员会或者乡、镇人民代表大会主席团应当通知代表本人，并通报代表原选区及其所在的代表小组。

**第五十五条** 市人民代表大会代表可以向选举其的区人民代表大会的常务委员会书面提出辞职。区人民代表大会常务委员会接受其辞职的决议，应当报市人民代表大会常务委员会代表资格审查委员会备案、公告。

区人民代表大会代表可以向区人民代表大会常务委员会书面提出辞职；乡、镇人民代表大会代表可以向乡、镇人民代表大会书面提出辞职。区人民代表大会常务委员会或者乡、镇人民代表大会接受其辞职，应当予以公告。

**第五十六条** 代表有下列情形之一的，其代表资格终止：

（一）迁出或者调离本行政区域的；

（二）辞去代表职务并被接受的；

（三）未经批准两次不出席本级人民代表大会会议的；

（四）被罢免的；

（五）丧失中华人民共和国国籍的；

（六）依照法律被剥夺政治权利的；

（七）丧失行为能力的。

市、区人民代表大会代表资格的终止，由代表资格审查委员会报本级人民代表大会常务委员会，由本级人民代表大会常务委员会予以公告。

乡、镇人民代表大会代表资格的终止，由代表资格审查委员会报本级人民代表大会主席团，由本级人民代表大会予以公告。

## 第六章 附　　则

**第五十七条** 本办法自2015年3月1日起施行。1993年2月6日上海市第九届人民代表大会常务委员会第四十一次会议通过、1998年1月14日上海市第十届人民代表大会常务委员会第四十一次会议修正、2011年9月22日上海市第十三届人民代表大会常务委员会第二十九次会议修订的《上海市实施〈中华人民共和国全国人民代表大会和地方各级人民代表大会代表法〉办法》同时废止。

# 上海市教育督导条例

（2015年2月11日上海市第十四届人民代表大会常务委员会第十九次会议通过　根据2020年5月14日上海市第十五届人民代表大会常务委员会第二十一次会议《关于修改本市部分地方性法规的决定》修正）

## 第一章 总　　则

**第一条** 为了保证教育法律、法规和国家教育方针、政策的贯彻执行，实施素质教育，提高教育质量，促进教育公平，推动教育事业科学发展，推进教育治理体系和治理能力建设，根据国务院《教育督导条例》，结合本市实际，制定本条例。

**第二条** 对本市行政区域内的各级各类教育实施教育督导，适用本条例。

**第三条** 市和区教育督导委员会负责统筹、协调、指导本行政区域内的教育督导工作，审议教育督导工作的重大事项，聘任督学，协调解决教育督导工作中发现的重大问题。市和区人民政府教育督导室是同级教育督导委员会的办事机构，承担教育督导委员会的日常工作，负责教育督导的具体实施。

市和区教育督导委员会及其教育督导室

(以下统称教育督导机构)在本级人民政府领导下依法独立行使教育督导职能。市教育督导机构应当对区教育督导机构进行业务指导。

**第四条** 教育督导机构对人民政府相关职能部门和下级人民政府依法履行教育职责,各级各类学校和其他教育机构(以下统称学校)规范办学实施监督、指导,并对教育发展状况和教育质量组织开展评估、监测。

**第五条** 市和区人民政府应当加强对教育督导工作的领导,将教育督导经费列入本级政府财政预算,并根据本行政区域教育规模和教育督导工作需要,对开展教育督导工作的人员配备和工作条件予以保障。

**第六条** 本市实行市与区分级督导、分工负责的教育督导体制。

鼓励和支持学生及其家长、社会组织、社会公众有序参与教育督导。

## 第二章 督学的管理

**第七条** 符合国家规定条件的人员,经考核合格后可以被任命或者聘任为督学。

市教育督导机构负责制定本市督学考核的标准和规范,并通过政府网站等方式向社会公布。

**第八条** 市和区人民政府应当加强教育督导队伍建设,根据教育督导工作的性质与需要,配备专职督学。专职督学由市和区人民政府任命。具有专业技术职务的专职督学,按照相应专业技术职务管理办法晋升,具体办法由市教育督导机构会同市人力资源社会保障部门制定。

兼职督学由教育督导机构聘任,任期为三年,可以连续聘任,连续聘任不得超过三个任期。

**第九条** 教育督导机构应当定期对督学开展相关法律、法规、规章以及教育管理、教育质量评估和监测等方面的专业培训,并采取措施支持督学开展教育督导科学研究与交流,提高督学专业能力。

**第十条** 督学受教育督导机构的指派实施教育督导。

督学开展教育督导,应当遵守国家和本市相关规定,客观公正地反映实际情况,不得隐瞒或者虚构事实。

督学与被督导单位有利害关系或者有其他可能影响客观公正实施教育督导情形的,应当回避。

教育督导机构负责对本级督学的履职情况进行考评。考评不合格的,按照相关规定处理。

## 第三章 教育督导的实施

**第十一条** 教育督导机构对人民政府相关职能部门和下级人民政府实施的教育督导,包括下列事项:

(一) 教育相关规划的部署与落实、各级各类教育协调发展情况;

(二) 教育经费的投入、管理与使用情况;

(三) 学校办学条件的保障与改善情况;

(四) 义务教育均衡发展与教育城乡一体化的落实情况;

(五) 校长队伍建设、教师配备及待遇保障情况;

(六) 学校开展突发事件应对的落实情况;

(七) 法律、法规和国家教育政策规定的其他事项。

**第十二条** 教育督导机构对学校实施的教育督导,包括下列事项:

(一) 依法自主办学与民主管理情况;

(二) 素质教育、课程建设与教育教学日常管理情况;

(三) 教师队伍建设与专业发展情况;

(四) 学生德、智、体、美等方面全面发展情况;

(五) 学校与家庭、社会合作与资源共享情况;

(六) 学校开展突发事件应对的落实情况;

(七) 法律、法规和国家教育政策规定的其他事项。

教育督导应当结合学校特点分类实施,具体办法由市教育督导机构制定。

**第十三条** 实施教育督导可以采取全面、系统的综合督导，单项或者局部的专项督导和对教育督导责任区内学校教育实施的经常性督导等形式。

**第十四条** 区教育督导机构根据本行政区域内的学校布局和在校学生规模等情况设立教育督导责任区，并为责任区内每所学校指派不少于两名的责任督学。责任督学的姓名、联系方式和督导事项应当通过政府网站等方式向社会公布。学生及其家长、教师和社会公众对学校规范办学情况的意见和建议，可以直接向责任督学反映。

**第十五条** 教育督导机构对政府相关职能部门和下级人民政府应当每五年至少实施一次综合督导或者专项督导。

教育督导机构对所辖学校应当每三至五年至少实施一次综合督导，并根据需要就教育普遍性问题和教育重点工作等开展专项督导。

对责任区内学校实施的经常性督导每学期不得少于两次。

对于办学不规范、受学生及其家长和社会公众举报并查证属实的学校，教育督导机构应当增加对其实施专项督导或者经常性督导的次数。

**第十六条** 实施教育督导可以采取以下方式：

（一）听取被督导单位的情况汇报；

（二）查阅有关文件、账目、档案等资料；

（三）参加教育教学活动或者进行其他现场考察；

（四）参加有关工作会议或者组织召开座谈会；

（五）开展问卷调查、测评、个别访谈；

（六）实施教育督导时可以采取的其他方式。

**第十七条** 教育督导机构对人民政府相关职能部门和下级人民政府实施综合督导，应当听取有关社会公众和相关行业协会等社会组织的意见；对学校实施综合督导，应当听取学生及其家长、教师、社区单位等方面代表的意见。参与人员应当通过随机方式产生，不得指定。

**第十八条** 教育督导机构实施专项督导或者综合督导，应当事先确定督导事项，成立由三名以上督学组成的督导小组，并事先向被督导单位发出书面督导通知。教育督导机构要求被督导单位组织自评的，被督导单位应当在通知规定期限内报送自评报告。

责任督学实施经常性督导可以不事先通知学校；确需通知的，不应早于两个工作日。

**第十九条** 区人民政府应当对本行政区域的教育工作进行自评，并形成自评报告报送市教育督导机构。

自评报告应当包含政府依法履行教育职责、教育财政经费使用、教师队伍保障、学生发展水平、硬件设施达标、教育资源变更以及本地区居民对政府依法履行教育职责的评价等内容。

市教育督导机构对各区人民政府的自评情况进行核查后，通过政府网站等方式向社会公布。

**第二十条** 经常性督导结束后，责任督学应当及时向指派其实施督导的教育督导机构提交工作报告；责任督学在教育督导中发现违法违规办学、侵犯师生合法权益、影响正常教育教学秩序或者危及师生人身安全隐患等情况，应当及时督促学校和相关部门处理。

**第二十一条** 督导小组应当对被督导单位的自评报告、现场考察情况和社会公众的意见进行评议，形成初步督导意见，并在督导结束时向被督导单位反馈。

被督导单位对初步督导意见有异议的，可以自教育督导结束之日起十个工作日内向督导小组提交书面申辩意见。

教育督导机构应当根据督导小组的初步督导意见，综合分析被督导单位的申辩意见，经督导小组集体评议并征得三分之二以上成员的同意，自督导结束之日起三十日内作出督导意见书。

督导意见书应当说明事实、理由和法律法规依据，就督导事项对被督导单位作出客观公正的评价；对存在的问题，应当提出限期整改要求和建议。

**第二十二条** 教育督导机构作出的督导意

见书，除送达被督导单位外，还应当通过政府网站等方式向社会公布。

**第二十三条** 被督导单位应当根据督导意见书提出的问题、整改要求和期限进行整改，并在规定时限内向作出督导意见书的教育督导机构报告整改情况。

教育督导机构应当对被督导单位的整改情况进行核查。

## 第四章 督导报告与评估监测

**第二十四条** 专项督导或者综合督导结束后，教育督导机构应当向本级人民政府提交督导报告；区的教育督导报告还应当报市教育督导机构备案。教育督导机构应当向本级人民政府提交年度教育督导工作报告。

督导报告应当通过政府网站等方式向社会公布。学生及其家长、社会组织、社会公众对督导报告有异议的，可以向发布督导报告的教育督导机构反映。教育督导机构接到反映后，应当及时进行调查核实，并将处理情况反馈给反映人。

**第二十五条** 市和区人民政府及其有关主管部门应当将督导报告作为对被督导单位及其主要负责人进行考核、奖惩、任免的重要依据。

**第二十六条** 教育督导机构应当根据教育的发展现状和实际需要，组织开展教育质量评估和监测工作，并组织专业机构发布教育质量评估报告、监测结果。

**第二十七条** 教育督导机构可以委托依法成立的研究机构、评估机构及其他组织，开展相关教育质量评估和监测活动。

教育督导机构应当将社会组织提供的评估报告、监测结果作为实施教育督导的重要参考。

## 第五章 法律责任

**第二十八条** 违反本条例的行为，法律、行政法规有处理规定的，依照法律、行政法规的规定处理。

**第二十九条** 教育督导机构违反本条例第十五条、第十七条、第二十一条、第二十二条、第二十三条、第二十四条规定，有下列情形之一的，对直接负责的主管人员和其他责任人员给予批评教育；情节严重的，依法给予处分：

（一）未按照规定周期实施教育督导的；

（二）未按照规定吸收社会公众参与督导，影响督导公正的；

（三）未按照规定作出或者公布督导意见书的；

（四）未对被督导单位的整改情况进行核查的；

（五）未按照规定提交或者公布督导报告的。

## 第六章 附 则

**第三十条** 本条例自 2015 年 5 月 1 日起施行。

# 上海市台湾同胞投资权益保护规定

（2015 年 9 月 24 日上海市第十四届人民代表大会常务委员会第二十三次会议通过 根据 2018 年 5 月 24 日上海市第十五届人民代表大会常务委员会第四次会议《关于修改本市部分地方性法规的决定》修正）

**第一条** 为了保护台湾同胞投资权益，鼓励台湾同胞在本市投资，促进本市与台湾地区经贸往来和经济融合发展，根据《中华人民共和国台湾同胞投资保护法》以及其他法律、行政法规，结合本市实际，制定本规定。

**第二条** 本规定所称的台湾同胞投资，是指台湾同胞在台湾地区或者大陆其他区域、其他国家或者地区投资设立的公司、企业或者其他经济组织，以及个人作为投资者，在本市投资设立公司、企业以及其他经济组织，或者按照国家有关规定在本市的公司、企业以及其他经济组织投资参股的行为。

**第三条** 在本市行政区域内台湾同胞的投资权益保护，以及其他相关权益保护，适用本规定。

**第四条** 本市对台湾同胞投资权益保护，遵循平等、公正、透明的原则。

**第五条** 市和区人民政府应当加强对台湾同胞投资权益保护工作的领导，建立和完善相应的工作机制，促进台湾同胞投资权益保护工作。

市和区人民政府台湾事务主管部门负责台湾同胞投资权益保护的组织、指导、管理、协调工作。

本市发展改革、经济信息化、商务、教育、科技、公安、民政、财政、人力资源社会保障、规划国土资源、卫生计生、税务、工商行政、知识产权、住房和城乡建设管理、金融服务、文广影视等有关部门按照各自职责，共同做好台湾同胞投资权益保护工作。

**第六条** 台湾同胞投资者的投资、投资收益和其他合法权益依法受到保护。台湾同胞投资设立或者投资参股的公司、企业以及其他经济组织(以下统称台湾同胞投资企业)，依法享有经营管理的自主权。

任何机关或者单位不得对台湾同胞投资企业进行法律、法规、规章规定之外的检查，不得违反国家规定强制或者变相强制台湾同胞投资企业参加各类培训、评比、鉴定、考核活动，不得向其摊派或者另立收费项目、提高收费标准。

台湾同胞投资企业应当依法开展生产经营活动，建立健全管理制度，开展诚信经营，承担社会责任。

**第七条** 依法设立的市台湾同胞投资企业协会应当依照法律、法规和协会章程开展活动，加强会员与政府有关部门的联系，为会员提供政府产业政策辅导、咨询评估、教育培训、开拓市场等服务，维护会员的投资权益。

市人民政府台湾事务主管部门以及其他有关部门为市台湾同胞投资企业协会提供指导和服务。

**第八条** 市台胞服务中心通过法律咨询、政策咨询、投诉和纠纷协调处理等方式，为台湾同胞和台湾同胞投资企业提供公共事务服务。

**第九条** 本市建立统一的台湾同胞投资公共信息服务平台，建立信息数据共享机制。商务、工商行政、公安出入境等相关部门应当向台湾同胞投资公共信息服务平台提供与台湾同胞投资相关的信息数据资料。

台湾同胞投资公共信息服务平台应当为台湾同胞和台湾同胞投资企业提供各类信息和政策咨询服务。

**第十条** 本市依法登记设立的仲裁机构应当依据法律、法规和国际惯例，对台湾同胞投资者与其他主体的合同争议或者其他争议进行仲裁。鼓励本市仲裁机构设立涉台仲裁服务窗口，为台湾同胞投资者提供与仲裁相关的法律服务。

符合条件的台湾同胞可以受聘为本市仲裁机构仲裁员。

**第十一条** 支持台湾同胞投资设立金融机构、金融专业服务机构、融资性担保机构、小额贷款公司。对台湾同胞投资的金融机构分支机构改制成法人金融机构后注册或者迁入本市的，以及在本市新注册设立或者新迁入的金融机构总部，可以给予相关政策扶持。

**第十二条** 台湾同胞投资企业在本市设立地区总部的，按照有关规定，在资金管理、出入境管理、就业许可、人才引进等方面给予便利。

**第十三条** 支持台湾同胞投资企业参与本市科技创新中心建设。鼓励台湾同胞投资企业设立研发中心，参与研发公共服务平台建设，承接政府科研项目，与相关单位联合开展产业链核心技术攻关，并在科技成果转化、创新创业人才激励等方面给予相关政策扶持。

**第十四条** 在中国（上海）自由贸易试验区内鼓励台湾同胞投资金融服务、航运服务、商贸服务、专业服务、文化服务、社会服务以及先进制造业等领域。

**第十五条** 引导和鼓励台湾同胞投资企业按照国家和本市创新转型的战略要求，加快实施产业的转型升级，支持其中的传统制造业企业开展产业结构调整、节能减排技术改造和清洁生产。支持台湾同胞投资“专精特新”（专业化、精细化、特色化、新颖化）的中小企业，在能源供应等方面予以保障。

台湾同胞投资企业可以按照有关规定利用其存量房屋和土地，兴办信息服务业、研发设计、创意产业等现代服务行业。

**第十六条** 支持金融机构为本市台湾同胞投资企业提供专项授信。金融机构可以通过知识产权质押、股权质押、供应链融资、出口信用保险融资等服务，支持台湾同胞投资企业发展。

支持台湾同胞投资企业拓宽直接融资渠道。鼓励台湾同胞投资企业在证券市场上市或者再融资。鼓励台湾同胞投资企业发行企业债、公司债、可转换债券、中长期票据、短期融资券等筹措资金。鼓励台湾同胞投资企业通过本市股权托管交易机构进行融资。

支持台湾同胞投资的中小企业发行集合债券和集合票据。发行集合债券和集合票据所承担的评级、审计、担保和法律咨询等中介服务费用，可以向市中小企业工作主管部门申请资金支持。

**第十七条** 支持台湾同胞投资企业进行专利申请、商标注册和著作权登记。

台湾同胞投资企业进行专利申请，可以按照本市有关规定获得资助。台湾同胞投资企业可以通过本市知识产权援助中心获得一般咨询、维权咨询等援助服务，符合条件的可以申请专项援助。支持台湾同胞投资企业通过知识产权转让交易市场，进行知识产权评估、登记、交易转让等活动。

市和区人民政府有关部门应当加强对台湾同胞投资企业知识产权的保护力度，依法处理侵犯台湾同胞投资企业知识产权的行为。

**第十八条** 对台湾同胞投资者的投资不实行国有化和征收；在特殊情况下，根据社会公共利益的需要，对台湾同胞投资者的投资可以依照法律程序实行征收，并给予相应的补偿。补偿相当于该投资在征收决定前一刻的价值，包括从征收之日起至支付之日止按合理利率计算的利息，并可以依法兑换外汇，汇回台湾或者汇往境外。

市和区人民政府及其有关部门为应对突发事件依法征用台湾同胞投资者的动产或者不动产的，应当依法予以补偿。被征用的不动产或者动产使用后，应当返还被征用人。被征用的不动产或者动产损毁、灭失的，应当依法予以补偿。

**第十九条** 本市设立的青年创业类基金可以为台湾青年在本市创业提供咨询服务、项目评估和资金支持。

本市各类大学生实训基地可以为在本市高校就读的台湾大学生提供实习和训练机会。

在台湾高校、其他国家和地区高校就读或者毕业的台湾学生在本市企事业单位实习、就业的，人力资源社会保障、公安出入境等相关部门按照规定提供便利。

市台胞服务中心应当为有意愿在本市就业的台湾青年提供就业咨询和指导服务。

**第二十条** 台湾同胞投资者、在本市合法就业的台湾同胞，以及他们在本市共同居住的配偶、子女、父母，享有与本市常住人口同等的医疗卫生服务待遇，并按照本市有关规定，享受国家免疫规划项目的预防接种等基本公共卫生服务。医疗机构应当按照规定书写和保存医疗文书，并为就诊的台湾同胞申请台湾地区健保机构核退费用提供便利。

台湾同胞投资者在本市共同居住的子女、在本市合法就业的台湾同胞在本市共同居住的子女可以按照有关规定，进入本市幼儿园、中小学(含中等职业学校)就读,与本市学生享有同等待遇,并可以根据相关政策享受适当照顾。

在本市创业、合法就业的台湾同胞可以按照规定申请本市公共租赁住房。

**第二十一条** 台湾同胞投资者、在本市合法就业的台湾同胞根据相关规定参加社会保险。

台湾同胞投资者在本市共同居住的配偶、子女,在本市合法就业的台湾同胞在本市共同居住的配偶、子女,符合本市有关规定的可以参加本市城镇居民基本医疗保险。

**第二十二条** 拥有本市房屋所有权的台湾同胞依法享有业主的相关权益。

支持在本市居住的台湾同胞投资者和合法就业的台湾同胞参与社区公益活动,保障其依法享有社区公共事务的知情权、建议权和参与权。

**第二十三条** 台湾同胞投资者与其他主体发生投资权益争议,或者认为其合法权益受到侵害的,可以通过下列途径解决:

(一)协商和解或者调解解决;

(二)申请仲裁;

(三)向政府有关部门投诉;

(四)申请行政裁决、行政复议;

(五)向人民法院提起诉讼。

**第二十四条** 市和区人民政府台湾事务主管部门或者其他有关部门接到台湾同胞、台湾同胞投资企业的投诉后,除法律、法规另有规定外,应当在六十日内将处理情况回复投诉人。

对应当由政府其他有关部门处理的投诉事项,市和区人民政府台湾事务主管部门应当在十五日内转交其他有关部门处理。其他有关部门应当依照前款规定的时限处理投诉,并在回复投诉人的同时,将处理情况书面通报同级台湾事务主管部门。

**第二十五条** 市和区人民政府有关部门及其工作人员违反本规定,有下列行为之一的,由上级主管部门或者监察机关对直接负责的主管人员和其他责任人员,依法给予处分:

(一)未依法处理台湾同胞、台湾同胞投资企业投诉事项的;

(二)未按照本规定向台湾同胞投资信息公共服务平台提供信息数据的;

(三)违法对台湾同胞投资企业实施检查的;

(四)违法强制或者变相强制台湾同胞投资企业参加各类培训、评比、鉴定、考核活动的;

(五)违法向台湾同胞投资企业摊派或者另立收费项目、提高收费标准的;

(六)违法对台湾同胞投资者的投资或者动产、不动产实行征收、征用的。

**第二十六条** 本规定自2015年11月1日起施行。

# 上海市实施宪法宣誓制度办法

(2015年11月19日上海市第十四届人民代表大会常务委员会第二十四次会议通过 根据2018年7月27日上海市第十五届人民代表大会常务委员会第五次会议《关于修改〈上海市实施宪法宣誓制度办法〉的决定》修正)

**第一条** 为彰显宪法权威,激励和教育国家工作人员忠于宪法、遵守宪法、维护宪法,加强宪法实施,根据《全国人民代表大会常务委员会关于实行宪法宣誓制度的决定》,结合本市实际,制定本办法。

**第二条** 本市各级人民代表大会选举或者表决通过,市和区人民代表大会常务委员会决定任命或者任命的国家工作人员,以及各级人民政府、监察委员会、人民法院、人民检察院任命的国家工作人员，在就职时应当公开进行宪法宣誓。

**第三条** 宣誓誓词如下：

我宣誓：忠于中华人民共和国宪法，维护宪法权威，履行法定职责，忠于祖国、忠于人民，恪尽职守、廉洁奉公，接受人民监督，为建设富强民主文明和谐美丽的社会主义现代化强国努力奋斗！

**第四条** 市人民代表大会选举的市人民代表大会常务委员会主任、副主任、秘书长、委员，市长、副市长，市监察委员会主任，市高级人民法院院长，以及表决通过的市人民代表大会专门委员会主任委员、副主任委员、委员等，在依照法定程序产生后，进行宪法宣誓。宣誓仪式由市人民代表大会会议主席团组织。

区人民代表大会选举的区人民代表大会常务委员会主任、副主任、委员，区长、副区长，区监察委员会主任，区人民法院院长，以及表决通过的区人民代表大会专门委员会主任委员、副主任委员、委员等，在依照法定程序产生后，进行宪法宣誓。宣誓仪式由区人民代表大会会议主席团组织。

乡、镇人民代表大会选举的乡、镇人民代表大会主席、副主席，乡长、副乡长，镇长、副镇长，以及表决通过的乡、镇人民代表大会代表资格审查委员会主任委员、副主任委员、委员，乡、镇人民代表大会办公室（代表联络室）主任等，在依照法定程序产生后，进行宪法宣誓。宣誓仪式由乡、镇人民代表大会主席团组织。

市和区人民代表大会选举的本级人民检察院检察长，经上一级人民检察院检察长提请该级人民代表大会常务委员会批准后，进行宪法宣誓。宣誓仪式由本级人民代表大会常务委员会主任会议组织。

**第五条** 市人民代表大会常务委员会决定任命或者任命的个别副市长，市人民代表大会专门委员会个别副主任委员、部分委员，市人民代表大会常务委员会代表资格审查委员会主任委员、副主任委员、委员，市人民代表大会常务委员会工作委员会主任、副主任、委员，市人民代表大会常务委员会副秘书长、办公厅主任、研究室主任，属于市人民政府组成人员的秘书长、委员会（办公室）主任、局长，市监察委员会副主任、委员，在依照法定程序产生后，进行宪法宣誓。宣誓仪式由市人民代表大会常务委员会主任会议组织。

区人民代表大会常务委员会决定任命或者任命的个别副区长，区人民代表大会专门委员会个别副主任委员、部分委员，区人民代表大会常务委员会代表资格审查委员会主任委员、副主任委员、委员，区人民代表大会常务委员会工作委员会主任、副主任、委员，区人民代表大会常务委员会办公室主任等，属于区人民政府组成人员的委员会（办公室）主任、局长，区监察委员会副主任、委员，在依照法定程序产生后，进行宪法宣誓。宣誓仪式由区人民代表大会常务委员会主任会议组织。

由市和区人民代表大会常务委员会任命的人民代表大会常务委员会工作机构的其他组成人员、办事机构的其他工作人员，在依照法定程序产生后，进行宪法宣誓。宣誓仪式由本级人民代表大会常务委员会主任会议组织。

**第六条** 市人民代表大会常务委员会任命的各法院院长、副院长，各检察院检察长、副检察长，在依照法定程序产生后，进行宪法宣誓。宣誓仪式由市人民代表大会常务委员会主任会议组织。

市人民代表大会常务委员会任命的各法院审判委员会委员、庭长、副庭长、审判员，各检察院检察委员会委员、检察员，在依照法定程序产生后，进行宪法宣誓。宣誓仪式由市高级人民法院、市人民检察院分别组织。

区人民代表大会常务委员会任命的区人民法院副院长，区人民检察院副检察长，在依照法定程序产生后，进行宪法宣誓。宣誓仪式由区人民代表大会常务委员会主任会议组织。

区人民代表大会常务委员会任命的区人民法院审判委员会委员、庭长、副庭长、审判员，区人民检察院检察委员会委员、检察员，在依照法定程序产生后，进行宪法宣誓。宣誓仪式由区人民法院和人民检察院分别组织。

**第七条** 本市各级人民政府、监察委员会、人民法院、人民检察院任命的国家工作人员，在就职时进行宪法宣誓。宣誓仪式由任命机关组织。

**第八条** 由市和区及乡、镇人民代表大会主席团组织的宣誓仪式，一般在代表大会全体会议上进行，也可以由主席团决定另行组织。

主席团可以视不同情况决定进行单独宣誓或者集体宣誓。集体宣誓可以分批进行。集体宣誓的，由主席团指定一人领誓。

**第九条** 由市和区人民代表大会常务委员会主任会议组织的宣誓仪式，一般在常务委员会全体会议上进行，也可以由主任会议决定另行组织。

主任会议可以视不同情况决定进行单独宣誓或者集体宣誓。集体宣誓可以分批进行。集体宣誓的，由主任会议指定一人领誓。

**第十条** 宣誓场所应当庄重、严肃，悬挂中华人民共和国国旗或者国徽。宣誓仪式应当奏唱中华人民共和国国歌。

宣誓仪式根据情况，可以采取单独宣誓或者集体宣誓的形式。单独宣誓时，宣誓人应当左手抚按《中华人民共和国宪法》，右手举拳，诵读誓词。集体宣誓时，由一人领誓，领誓人左手抚按《中华人民共和国宪法》，右手举拳，领诵誓词；其他宣誓人整齐排列，左手持《中华人民共和国宪法》，右手举拳，跟诵誓词。诵读誓词后，宣誓人报出自己姓名。

宣誓人应当着正装，面向中华人民共和国国旗或者国徽宣誓。

负责组织宣誓仪式的机关，可以根据本办法并结合实际情况，对宣誓的具体事项作出规定。

**第十一条** 本办法自 2016 年 1 月 1 日起施行。

# 上海市禁毒条例

（2015 年 12 月 30 日上海市第十四届人民代表大会常务委员会第二十六次会议通过　根据 2022 年 2 月 18 日上海市第十五届人民代表大会常务委员会第三十九次会议《关于修改〈上海市禁毒条例〉的决定》修正）

## 第一章　总　　则

**第一条** 为了预防和惩治毒品违法犯罪行为，保护公民身心健康，维护社会秩序，根据《中华人民共和国禁毒法》、《戒毒条例》等法律、行政法规，结合本市实际，制定本条例。

**第二条** 本市行政区域内的禁毒宣传教育、毒品管制、戒毒管理服务、禁毒保障等工作，适用本条例。

**第三条** 禁毒工作贯彻预防为主，综合治理，禁种、禁制、禁贩、禁吸并举的方针，实行政府统一领导，有关部门各负其责，社会广泛参与的工作机制。

**第四条** 本市实行禁毒工作责任制。各级人民政府应当将禁毒工作纳入国民经济和社会发展规划，纳入政府绩效考核及城市精神文明建设、平安建设内容，将禁毒经费列入本级财政预算。

**第五条** 市和区禁毒委员会负责组织、协调、指导本行政区域内的禁毒工作，具体履行下列职责：

（一）制定禁毒工作规划、计划和政策措施；

（二）督促落实禁毒工作责任并组织开展

考核，建立责任追究制度；

（三）组织开展禁毒示范创建和禁毒重点整治；

（四）检查禁毒法律、法规、政策的贯彻实施情况；

（五）协调解决禁毒工作中的重大问题；

（六）组织开展禁毒工作调查研究，发布年度禁毒报告；

（七）上级禁毒委员会和本级人民政府授予的其他职责。

禁毒委员会下设办公室，承担禁毒委员会的日常工作。

**第六条** 禁毒委员会的成员单位由公安、司法行政、卫生健康、药品监督管理、应急管理等部门组成。各成员单位应当将禁毒工作列入本单位、本系统的工作规划和年度计划，确定责任部门，各负其责、密切配合，并向禁毒委员会报告禁毒工作情况。

公安机关负责毒品查缉，毒品原植物禁种，吸、贩毒重点问题整治，吸毒人员查处和动态管控，易制毒化学品的相关监督管理，本系统强制隔离戒毒、戒毒康复场所的管理，牵头组织口岸缉毒等工作。

司法行政部门负责本系统强制隔离戒毒、戒毒康复场所的管理、涉毒服刑人员的教育改造，组织推动禁毒法治宣传教育等工作。

卫生健康部门负责戒毒医疗机构的监督管理，会同公安、司法行政等部门制定戒毒医疗机构设置规划，指导、支持戒毒医疗服务，组织、指导吸毒所致精神障碍的防治等工作。

药品监督管理部门负责麻醉药品、精神药品及药品类易制毒化学品的相关监督管理，药物滥用监测等工作。

应急管理部门负责非药品类易制毒化学品的相关监督管理工作。

人民法院、人民检察院应当履行法定职责，依法惩处毒品犯罪。

工会、共产主义青年团、妇女联合会应当结合各自工作，组织禁毒宣传教育、社会帮扶、志愿活动等，协助开展相关禁毒工作。

教育、民政、财政、农业农村、商务、文化旅游、广播电视、市场监督管理、人力资源社会保障、科技、交通、新闻出版、邮政、海关、人民银行以及机场、铁路部门和禁毒委员会其他成员单位，按照各自职责协同做好相关禁毒工作。

**第七条** 乡镇人民政府、街道办事处负责社区戒毒、社区康复工作，依法开展禁毒宣传教育，增强基层毒品治理能力。

村民委员会、居民委员会应当协助人民政府及相关部门加强禁毒宣传教育，落实禁毒防范措施。

**第八条** 禁毒是全社会的共同责任。国家机关、社会团体、企业事业单位以及其他组织和公民，应当依法履行禁毒职责或者义务。

有关行业协会应当加强行业自律，建立健全本行业禁毒自律规范和相关管理制度，督促会员落实禁毒防范措施，开展禁毒宣传教育。对违反相关规定的会员，实施必要的自律措施。

动员社会力量参与禁毒工作。建立健全禁毒社会工作者队伍和志愿者队伍，鼓励社会工作者组织、志愿者组织以及其他单位和个人参与禁毒预防、宣传教育、科学研究和戒毒社会服务等工作。各级人民政府应当对禁毒社会工作者和志愿者进行指导、培训，并提供必要的工作条件。

鼓励对禁毒工作的社会捐赠，并依法给予税收优惠。

**第九条** 本市建立与有关省、自治区、直辖市的禁毒合作机制。在国家有关部门指导下，开展禁毒执法、禁毒科研、禁毒教育等国际和地区合作交流。

本市推动与江苏省、浙江省、安徽省建立长江三角洲区域禁毒情报信息互通、数据资源共享、应对处置联动等工作体系，增强区域禁毒工作实效。

## 第二章 禁毒宣传教育

**第十条** 本市建立健全由禁毒委员会牵头，社会各界广泛参与的全民禁毒宣传教育工作体系，将禁毒宣传教育与公民道德教育、普法教育、健康教育、科普教育、预防艾滋病教育等相结合，实现禁毒宣传教育全覆盖。

禁毒委员会应当完善禁毒宣传教育考核评估机制，提高禁毒宣传教育效果。

**第十一条** 国家机关和有关单位应当组织公务员及其他工作人员接受禁毒形势与任务等教育培训。干部培训机构应当将禁毒工作列为培训内容。

禁毒委员会及其成员单位应当在国际禁毒日等重要时间节点，发动社会各方面，采取多种形式，集中开展禁毒宣传教育活动。

禁毒委员会办公室会同教育、科技、公安、司法行政、卫生健康、文化旅游、广播电视、新闻出版、网信等部门和单位，建设禁毒教育基地，组织编制禁毒知识读本、音像制品、互联网文化产品等，运用新媒体、新技术为公众提供禁毒宣传教育服务。

**第十二条** 本市新闻出版、文化旅游、广播电视、电影、互联网站等有关单位，应当面向社会进行禁毒宣传教育。报刊、广播、电视、网络等大众传媒应当制定和实施禁毒公益宣传教育方案，安排宣传版面和时段，定期刊登、播放禁毒宣传广告和内容，并将相关情况报行业主管部门。

**第十三条** 未成年人的父母或者其他监护人应当对未成年人进行毒品危害和药物滥用危害教育，关注其社会交往，防止其吸毒或者进行其他毒品违法犯罪活动。

教育部门应当加强学校毒品预防专题教育，开展师资培训，指导和督促学校落实相关教学任务。各类中小学校应当将毒品预防专题教育纳入本校课程，落实教学计划、师资和课时；高等学校应当将禁毒知识纳入教学计划和课程内容。

工会、共产主义青年团、妇女联合会及社区组织、用人单位，应当结合各自特点，加强对社区青少年、来沪青少年、青年职工等群体的禁毒教育。

**第十四条** 娱乐场所和旅馆、酒吧、互联网上网服务营业场所、洗浴、会所等场所负责本场所的禁毒宣传教育，应当在场所显著位置设置禁毒警示标识，并对从业人员进行禁毒教育。

**第十五条** 本市广播电视、电影、新闻出版、互联网信息服务提供者、文艺团体及相关单位，制作广播电视节目、举办文艺演出、播出、发布电影、电视剧、广播电视节目以及商业广告的，应当遵守国家对有吸毒等违法犯罪行为人员的限制性规定。

**第十六条** 本市鼓励村民委员会、居民委员会开展公益性的禁毒宣传活动，在村规民约、居民公约中明确禁毒要求，教育和引导村民、居民自觉远离毒品，增强抵制和防范毒品的意识。

## 第三章 毒品管制

**第十七条** 禁止非法种植毒品原植物。

乡镇人民政府、街道办事处应当会同公安、农业农村等部门加强巡查，发现非法种植毒品原植物的，立即采取措施予以制止、铲除。村民委员会、居民委员会发现非法种植毒品原植物的，应当及时予以制止、铲除，并向当地公安机关报告。

**第十八条** 公安、药品监督管理、应急管理、商务、经济信息化、市场监督管理、卫生健康、海关等部门应当加强易制毒化学品的监督管理，建立易制毒化学品信息共享、流向追溯、责任倒查等制度。

生产、经营、购买、运输和进口、出口易制毒化学品的单位，应当严格执行国家有关许可、备案等规定，并建立和落实单位内部管理制度。申请生产国家规定的第一类中的药品类易制毒化学品的企业，应当在仓储场所等重点区域设置电视监控设施以及与公安机关联网的报警装置。

**第十九条** 本市根据国家规定，依法推进禁毒重点关注物品的信息采集管理工作。按照国家禁毒工作的具体部署，合理确定、动态调整、及时公布本市禁毒重点关注物品清单。

禁毒重点关注物品信息采集应当限于实现工作目的的最小范围，保障市场主体的合法权益，不得过度采集。能够通过部门共享的信息和数据，不得重复采集。

相关部门应当为市场主体提交信息提供指

导和服务，根据市场主体的意见建议改进完善工作。

**第二十条** 教育、卫生健康、科技、农业农村等部门，以及教学科研、医疗卫生、生物制药、化工科技等企业事业单位，发现可能用于制造毒品、具有成瘾性且易被滥用的物质，应当及时向市禁毒委员会报告。市禁毒委员会应当为相关部门、单位提供指导和服务，及时组织开展评估，并向市人民政府报告有关情况。

**第二十一条** 药品零售企业对第二类精神药品、含麻黄碱类复方制剂等国家有相关规定的药品的购买人和购买数量等，应当严格执行实名登记等规定。

药品生产、经营企业发现销售的麻醉药品、精神药品、含麻黄碱类复方制剂等国家有相关规定的药品被用于非法目的的，应当立即停止销售，并向药品监督管理和公安等部门报告。

医疗机构应当建立健全制度规范，运用现代技术手段，加强对麻醉药品、精神药品、含麻黄碱类复方制剂等国家有相关规定的药品的管理。发现开具、调配的麻醉药品、精神药品、含麻黄碱类复方制剂等国家有相关规定的药品超过正常医疗需求的，应当立即停止开具、调配；发现被用于非法目的的，应当立即停止开具、调配，并向卫生健康和公安等部门报告。

药品监督管理、卫生健康等部门应当加强监督检查，及时发现和处置异常情形，依法查处违法行为。

**第二十二条** 公安机关应当建立健全毒品日常查缉机制，在交通要道、口岸和机场、车站、码头以及其他重点区域，对来往人员、物品、货物以及交通工具等进行毒品和易制毒化学品检查，海关、民航、铁路、交通等部门依法予以配合。

海关依法对进出口岸的人员、物品、货物以及运输工具进行检查，防止走私毒品和易制毒化学品。

相关部门在查缉毒品过程中造成单位和个人非涉毒物品损毁的，依法予以相应赔偿。

**第二十三条** 邮政、物流寄递企业应当建立健全禁毒管理制度，配备必要的硬件设施和技术装备，提高查验技术，加强对寄递物品的验视，防止寄递毒品和非法寄递麻醉药品、精神药品、易制毒化学品。

邮政、物流寄递企业应当按照国家有关规定实行寄递实名登记制度，相关信息的保存期限不得少于一年。国家另有规定的，从其规定。

邮政、物流寄递企业对用户寄递的物品应当实行收寄验视制度，发现寄递疑似毒品或者非法寄递麻醉药品、精神药品、易制毒化学品的，应当向相关主管部门和公安机关报告。

**第二十四条** 邮政、交通、海关等部门应当会同公安机关对邮政、物流寄递行业的有关人员进行禁毒知识、相关寄递规范等培训；建立健全对邮政、物流寄递行业的禁毒联合执法机制，加强对物流寄递物品的随机抽查，相关单位和个人应当予以配合。

**第二十五条** 网络交易平台经营者应当依法管理平台内的经营行为，发现有下列违法网络经营行为的，应当采取必要的措施，保存有关记录，并向药品监督管理、市场监督管理、公安等相应的主管部门报告：

（一）销售麻醉药品、精神药品等国家实行特殊管理的药品；

（二）销售非法添加麻醉药品、精神药品成分的食品、化妆品；

（三）销售国家禁止网上销售的其他相关物品。

网络交易平台经营者、平台内经营者，以及通过自建网站、网络社交、网络直播等其他网络服务开展交易活动的经营者，应当依法披露商品的注册或者备案、相关许可信息，以及安全标准规定应当标明的事项等信息。

**第二十六条** 任何单位和个人不得制作、发布、传播、转载、链接包括吸毒、制毒、贩毒的方法、技术、工艺、经验、工具等在内的任何涉毒违法有害信息。

网络运营者应当防止他人利用其提供的网络进行涉毒违法犯罪活动、传播涉毒违法有害信息；发现涉毒违法有害信息或者涉毒违法犯罪行为的，应当向公安机关报告，并采取停止传输、保存记录等措施。

通信管理、网络监督管理等部门应当会同公安机关加强对网络涉毒违法有害信息的监测，依法处理涉毒违法犯罪行为，网络运营者应当予以配合。

**第二十七条** 娱乐场所和旅馆、酒吧、互联网上网服务营业场所、洗浴、会所等场所应当建立和落实内部管理制度，加强日常巡查，防止场所内发生毒品违法犯罪行为。发现场所内有毒品违法行为的，应当向公安机关报告。

对前款所列场所，相关主管部门应当加强监督管理，公安机关应当加强禁毒检查，及时发现和查处毒品违法犯罪行为。

**第二十八条** 禁毒委员会应当根据实际情况，确定毒品问题重点整治地区和单位，明确整治要求。国家和本市确定的重点整治地区所在地人民政府和重点整治单位应当采取措施，加强综合治理，限期完成整治目标，巩固整治成果。

公安机关应当会同相关部门根据毒品违法犯罪的变化趋势，针对合成毒品贩卖、吸食等重点问题，研究完善治理对策，依法加大打击力度。

**第二十九条** 金融机构应当依法执行大额交易和可疑交易的报告管理制度，配合公安机关加强对毒品违法犯罪可疑资金的监测；发现涉嫌毒品违法犯罪的资金流动情况，应当向反洗钱行政主管部门和公安机关报告。

**第三十条** 住宅、厂房等房屋的出租人、管理人、物业服务企业发现出租房屋内有制造、贩卖、吸食毒品等违法活动的，应当向公安机关报告。

**第三十一条** 三年内有吸毒行为或者解除强制隔离戒毒未满三年，或者长期服用依赖性精神药品成瘾尚未戒除的人员，不得驾驶交通运输工具。

公安、民航、交通、铁路等部门应当按照国家有关规定，加强交通运输工具驾驶资格和从业资质申领的审核、管理，防止吸毒人员驾驶交通运输工具。

交通运输企业及相关单位应当建立健全驾驶人员涉毒筛查制度，将吸毒筛查纳入驾驶人员体检项目，并主动接受公安机关的监督检查；发现驾驶人员有吸毒行为的，应当责令其停止驾驶，并向交通管理部门和公安机关报告。

## 第四章 戒毒管理服务

**第三十二条** 本市建立自愿戒毒、社区戒毒、强制隔离戒毒、社区康复相互衔接的戒毒工作机制，对吸毒人员实行分类评估、分级管理、综合干预，帮助吸毒人员戒除毒瘾，教育和挽救吸毒人员。

吸毒成瘾人员应当进行戒毒治疗。对于初次查获的吸毒人员，公安机关应当委托戒毒医疗机构开展吸毒成瘾认定。

吸毒检测样本包括被检测人的唾液、尿液、血液或者毛发等。

**第三十三条** 公安机关应当依法对吸毒人员进行登记，实行动态管控。吸毒人员户籍所在地与现居住地不一致的，由现居住地公安机关负责动态管控，户籍所在地公安机关应当予以配合。

公安机关对符合下列情形之一的吸毒人员不再实行动态管控，并及时更新维护相关信息，但拒绝接受社区戒毒、社区康复或者严重违反社区戒毒、社区康复协议的除外：

（一）吸毒被查获后，未被认定为吸毒成瘾，自被查获之日起三年内没有吸毒行为的；

（二）被责令社区戒毒、社区康复，自执行之日起三年内没有吸毒行为的；

（三）被解除强制隔离戒毒，自解除之日起三年内没有吸毒行为的。

对于由强制隔离戒毒变更为社区戒毒的，适用前款第（三）项的规定。

**第三十四条** 鼓励吸毒人员自行到戒毒医疗机构、强制隔离戒毒等场所接受戒毒治疗。公安机关按照国家有关规定，对自愿接受戒毒治疗的吸毒人员的原吸毒行为不予处罚。

**第三十五条** 吸毒成瘾人员申请参加戒毒药物维持治疗，应当符合国家和本市规定的条件。

吸毒成瘾人员申请参加戒毒药物维持治疗的，应当向现居住地或者户籍所在地的戒毒药物维持治疗机构提出；现居住地或者户籍所在地未设立戒毒药物维持治疗机构的，可以向其他戒毒药物维持治疗机构提出。

戒毒药物维持治疗期间，戒毒人员应当遵守治疗制度，自觉接受吸毒检测和其他相关医学检测，不得干扰医疗机构正常的诊疗和管理秩序。

**第三十六条** 乡镇人民政府、街道办事处负责社区戒毒工作，配备社区戒毒专职工作人员，制定社区戒毒工作计划，落实社区戒毒措施。

乡镇人民政府、街道办事处成立由社区戒毒专职工作人员、参与社区戒毒工作的民警、社区医务人员、禁毒社会工作者、社区戒毒人员的家庭成员以及禁毒志愿者等组成的社区戒毒工作小组，具体实施社区戒毒工作。

公安、司法行政、卫生健康、民政、人力资源社会保障、教育等部门应当按照各自职责，指导、支持、协助、参与社区戒毒工作。

**第三十七条** 对符合强制隔离戒毒情形的吸毒成瘾人员，公安机关应当依法作出强制隔离戒毒的决定，强制隔离戒毒场所应当及时接收。

公安机关和司法行政部门所属的强制隔离戒毒场所应当完善工作衔接机制。对于公安机关强制隔离戒毒场所转送的强制隔离戒毒人员，司法行政部门的强制隔离戒毒场所应当接收；对于经由公安机关、司法行政部门共同委托的医疗机构诊断为患严重疾病不出所治疗可能危及生命的强制隔离戒毒人员，公安机关的强制隔离戒毒场所不应转送。

强制隔离戒毒场所应当根据戒毒人员的性别、年龄、患病等情况对戒毒人员实行分别管理；对吸食不同种类毒品的，有针对性地开展戒毒治疗、教育和康复训练；根据戒毒治疗的不同阶段和戒毒人员的表现，实行逐步适应社会的分级和分期管理。

强制隔离戒毒场所应当采取必要的安全保护措施，防止戒毒人员自伤、自残或者实施其他危害行为。

**第三十八条** 公安机关、司法行政部门应当在强制隔离戒毒场所内开辟专门区域，或者设立专门的强制隔离戒毒场所，收戒病残强制隔离戒毒人员。

本市设立专门医院，或者在有条件的医疗机构内开辟专门区域，收治强制隔离戒毒场所无法收戒的病残强制隔离戒毒人员。专门医院和专门区域由卫生健康部门负责医疗服务管理，协调医疗机构提供医疗技术支持，公安、司法行政等部门负责场所安全和戒毒人员管理。

病残强制隔离戒毒人员的具体收戒办法，由公安机关、司法行政部门会同卫生健康部门另行制定。

**第三十九条** 对于患严重疾病不出所治疗可能危及生命的强制隔离戒毒人员，可以按照国家有关规定实行所外就医。公安机关、司法行政部门应当严格遵循所外就医标准，发现不符合所外就医情形，或者所外就医情形消失且强制隔离戒毒期限未满的，应当继续执行强制隔离戒毒。

所外就医期间，强制隔离戒毒人员现居住地或者户籍所在地公安机关应当落实管理责任，督促强制隔离戒毒人员遵守相关规定，防止脱管、漏管；强制隔离戒毒场所应当予以配合。

市禁毒委员会办公室应当会同公安、司法行政、卫生健康等部门建立健全所外就医标准等制度。公安机关、司法行政部门应当定期向市禁毒委员会报告所外就医情况。

**第四十条** 强制隔离戒毒场所应当与强制隔离戒毒人员现居住地或者户籍所在地的有关部门和组织加强合作，开展信息对接、所内帮教、戒毒效果回访评估等活动。

强制隔离戒毒场所应当在强制隔离戒毒人员解除强制隔离戒毒的七个工作日前，告知强制隔离戒毒决定机关，并通知其家属、所在单位、现居住地或者户籍所在地公安派出所按期将其领回。

强制隔离戒毒场所应当自强制隔离戒毒人

员出所之日起三个工作日内，向其现居住地或者户籍所在地的乡镇人民政府、街道办事处移交有关法律文书和诊断评估结果等材料。

**第四十一条** 强制隔离戒毒决定机关对解除强制隔离戒毒的人员，可以责令其接受不超过三年的社区康复。社区康复按照国家和本市有关规定实施。

乡镇人民政府、街道办事处应当完善戒毒康复措施，建立戒毒康复人员自我管理、自我教育、自我服务的机制，提高戒毒康复效果。

被责令接受社区康复的人员拒绝接受社区康复或者严重违反社区康复协议，吸毒成瘾但未达到强制隔离戒毒情形的，现居住地或者户籍所在地公安机关可以依法责令其接受社区戒毒。

**第四十二条** 戒毒人员在入学、就业、享受社会保障等方面不受歧视。

戒毒人员可以按照国家和本市有关规定参加社会保险，接受职业技能培训、就业指导、就业援助，获得社会救助。戒毒诊疗费用，按照国家和本市有关规定纳入基本医疗保险和医疗救助范围。有关部门、组织和人员应当在入学、就业、享受社会保障等方面对戒毒人员给予必要的指导和帮助。

戒毒人员戒毒的个人信息依法予以保密，除法律、法规另有规定外，不得公开或者向单位、个人提供。

## 第五章 禁毒工作保障

**第四十三条** 各级人民政府应当根据禁毒工作需要，保障禁毒宣传教育、禁毒执法、戒毒康复、禁毒科研、设施建设、队伍建设、表彰奖励等经费支出。

市和区人民政府应当配备与禁毒任务相适应的禁毒机构和队伍，加强禁毒委员会办公室及公安、司法行政等禁毒专业力量建设。乡镇人民政府、街道办事处应当完善禁毒工作领导小组等工作机制，配备专职工作人员。禁毒委员会各成员单位应当配备工作力量，落实专项经费。

**第四十四条** 鼓励开展禁毒科研及成果转化运用。

禁毒委员会办公室会同公安、司法行政、卫生健康、科技、教育等部门制定禁毒科研和人才培养计划，依托高等学校、科研院所等单位加强禁毒科研和人才培养，开发、引进先进的禁毒技术、装备和戒毒方法；高等学校、科研院所等单位应当予以支持与配合。

**第四十五条** 市禁毒委员会应当推进大数据、人工智能、云计算等信息技术在禁毒工作中的应用，提升禁毒工作信息化、智能化水平。依托本市“一网通办”“一网统管”平台，健全完善禁毒智能化管理服务预警平台，实现信息采集、监测评估、分析研判、预警发布、信息查询等功能。

禁毒委员会各成员单位应当向禁毒智能化管理服务预警平台及时、准确地传送本单位与禁毒工作相关的信息和数据。社会团体、企业事业单位以及其他组织和公民应当予以配合。

禁毒委员会应当对禁毒智能化管理服务预警平台采集、共享的信息和数据，加强安全管理，并严格保密。

**第四十六条** 各级人民政府通过委托或者购买服务等方式，引导、培育、扶持社会组织和社会工作者开展禁毒宣传教育、戒毒康复指导、吸毒人员心理干预等专业服务。

**第四十七条** 鼓励单位和个人通过“110”报警电话等途径，举报毒品违法犯罪行为。各级人民政府和公安等部门应当对举报人的个人信息予以保密，保护其人身安全。

对举报有功人员以及在禁毒工作中有突出贡献的单位和个人，按照国家和本市有关规定给予表彰和奖励。

**第四十八条** 市和区人民政府及公安、司法行政、卫生健康、人力资源社会保障、财政等部门应当采取措施，加强对禁毒工作人员的职业保护，防范和减少禁毒工作中的职业风险。

禁毒工作人员因禁毒工作致伤、致残、死亡的，按照国家和本市有关规定给予抚恤和工伤待遇。

禁毒社会工作者所在单位和组织应当为其办理相应的人身保险。

## 第六章 法律责任

**第四十九条** 违反本条例规定的行为，法律、行政法规有处罚规定的，从其规定；构成犯罪的，依法追究刑事责任。

**第五十条** 违反本条例第十五条规定，制作广播电视节目、举办文艺演出、播出电影、电视剧、广播电视节目时，不遵守国家对有吸毒等违法犯罪行为人员的限制性规定的，由文化综合执法机构责令改正，处十万元以上二十万元以下的罚款。

违反本条例第十五条规定，不遵守国家对有吸毒等违法犯罪行为人员的限制性规定，播出、发布有吸毒等违法犯罪行为的人员代言的商业广告的，由市场监督管理部门责令停止发布广告，并在相应范围内消除影响。知道或者应当知道代言人为有吸毒等违法犯罪行为的人员，仍然播出、发布由其代言的商业广告的，由市场监督管理部门处广告费用一倍以上三倍以下的罚款，广告费用无法计算或者明显偏低的，处十万元以上二十万元以下的罚款；情节严重的，处广告费用三倍以上五倍以下的罚款，广告费用无法计算或者明显偏低的，处二十万元以上一百万元以下的罚款。

**第五十一条** 违反本条例第十八条第二款规定，申请生产国家规定的第一类中的药品类易制毒化学品的企业，未在仓储场所等重点区域设置电视监控设施或者未与公安机关建立联网报警装置，导致未及时发现易制毒化学品丢失、被盗、被抢的，由公安机关责令改正，对企业法定代表人给予警告；拒不改正的，对企业处一万元以上五万元以下的罚款。

**第五十二条** 违反本条例第二十条规定，发现可能用于制造毒品、具有成瘾性且易被滥用的物品未及时报告，导致流入制毒渠道或者规模性滥用的部门、企业事业单位，由禁毒委员会或者有关部门予以告诫、约谈、限期整改，并依法追究相关法律责任。

**第五十三条** 违反本条例第二十一条第一款规定，药品零售企业对第二类精神药品、含麻黄碱类复方制剂等国家有相关规定的药品，未执行实名登记等规定的，由药品监督管理部门责令改正，并可以给予警告。

违反本条例第二十一条第二款规定，药品生产、经营企业发现麻醉药品、精神药品、含麻黄碱类复方制剂等国家有相关规定的药品被用于非法目的，未立即停止销售并向相关部门报告的，由药品监督管理部门予以警告，处一万元以上五万元以下的罚款。

违反本条例第二十一条第三款规定，医疗机构发现开具、调配的麻醉药品、精神药品、含麻黄碱类复方制剂等国家有相关规定的药品超过正常医疗需求，未立即停止开具、调配的，由卫生健康部门予以警告，并可以处一万元以上五万元以下的罚款；发现被用于非法目的，未立即停止开具、调配并向卫生健康和公安等部门报告的，由卫生健康部门予以警告，处一万元以上五万元以下的罚款。

**第五十四条** 违反本条例第二十三条第二款规定，邮政、物流寄递企业未实行寄递实名登记制度，发生涉毒案件的，由相关主管部门责令改正，予以警告，处一万元以上五万元以下的罚款。

违反本条例第二十三条第三款规定，邮政、物流寄递企业发现寄递疑似毒品或者非法寄递麻醉药品、精神药品、易制毒化学品未向相关部门报告，发生涉毒案件的，由相关主管部门予以警告，处一万元以上五万元以下的罚款。

**第五十五条** 违反本条例第十四条、第二十七条第一款规定，娱乐场所和旅馆、酒吧、互联网上网服务营业场所、洗浴、会所等场所未在显著位置设置禁毒警示标识，未对从业人员进行禁毒教育，未建立内部禁毒管理制度，或者未开展日常巡查的，由公安机关责令改正，予以警告。发现场所内有毒品违法行为未向公安机关报告的，由公安机关予以警告，处一万元以上二万元以下的罚款。国家另有规定的，从其规定。

违反本条例第二十七条第一款规定，致使娱乐场所和旅馆、酒吧、互联网上网服务营业场所、洗浴、会所等场所内发生毒品违法行为的，由公安机关没收违法所得和非法财物，责令停业整顿三个月至六个月；情节严重的，由原发证机关依法吊销经营许可证，对直接负责的主管人员和其他直接责任人员处一万元以上二万元以下的罚款。

**第五十六条** 违反本条例第二十八条第一款规定，毒品问题重点整治地区所在地人民政府和重点整治单位未采取有效措施，或者未限期完成整治目标的，由市禁毒委员会给予批评，并可以向相关责任人员的任免机关或者监察机关提出处分建议。

**第五十七条** 违反本条例第三十条规定，房屋出租人、管理人、物业服务企业发现出租房屋内有毒品违法活动，未向公安机关报告的，对个人按照《中华人民共和国治安管理处罚法》的相关规定予以处罚；对单位由公安机关予以警告，处一万元以上五万元以下的罚款。

**第五十八条** 违反本条例第三十一条第一款规定，三年内有吸毒行为或者解除强制隔离戒毒未满三年，或者长期服用依赖性精神药品成瘾尚未戒除的人员驾驶机动车的，由公安机关进行调查核实，发现有应当注销驾驶证情形的，依法注销驾驶证；驾驶其他交通运输工具的，由相关主管部门按照有关规定处理。

违反本条例第三十一条第三款规定，交通运输企业未建立驾驶人员涉毒筛查制度的，由交通管理部门责令改正，予以警告，处五千元以上二万元以下的罚款；交通运输企业发现驾驶人员有吸毒行为，未责令其停止驾驶并向相关部门报告的，由交通管理部门责令改正，予以警告，处一万元以上五万元以下的罚款；情节严重的，处五万元以上十万元以下的罚款，并可以吊销相关许可证。

**第五十九条** 国家机关和有关单位不依法履行禁毒工作职责的，由同级禁毒委员会或者上级机关、主管部门责令限期改正；逾期不改正的，予以批评；情节严重的，由上级机关、主管部门或者监察机关对直接负责的主管人员和其他直接责任人员依法给予处理。

公安、司法行政、卫生健康、药品监督管理、应急管理及其他相关部门的工作人员不依法履行禁毒工作职责，尚不构成犯罪的，依法给予处分。

## 第七章 附 则

**第六十条** 本条例自 2016 年 4 月 1 日起施行。

# 上海市供用电条例

（2015 年 12 月 30 日上海市第十四届人民代表大会常务委员会第二十六次会议通过 根据 2018 年 5 月 24 日上海市第十五届人民代表大会常务委员会第四次会议《关于修改本市部分地方性法规的决定》修正）

## 第一章 总 则

**第一条** 为了加强电力供应与使用管理，安全、经济、合理地供电和用电，保障供电、用电各方的合法权益，根据《中华人民共和国电力法》、《电力供应与使用条例》等法律、行政法规，结合本市实际，制定本条例。

**第二条** 本市行政区域内的电力供应与使用，以及相关的保障、管理活动，适用本条例。

**第三条** 市和区人民政府应当加强对电力供应与使用的领导，建立健全电力供应与使用的协调机制。

市经济信息化部门是本市电力运行主管部门，负责本市电力日常运行的监控、协调，并会同有关部门监督供电、用电运行安全。

市发展改革部门负责组织编制本市电网建设规划，协调推进本市电网建设和电力市场建设，统筹电网建设资金平衡，做好电价的监督管理工作。

规划国土、住房城乡建设、工商、环境保护、质量技监、公安、交通、水务、绿化等部门按照各自职责，做好电力供应与使用的相关管理工作。

国家电力监管机构的地方派出机构按照国家有关规定，负责电力监管相关工作。

**第四条** 供电企业应当按照法律、法规规定和供用电合同约定安全供电，接受社会监督，履行确保居民、农业、重要公用事业和公益性服务等用电的基本责任。

电力用户应当按照法律、法规规定和供用电合同约定安全有序用电，不得损害他人合法权益和社会公共利益。

**第五条** 供用电应当遵循安全可靠、高效有序、保障民生、节能减排、服务便利的原则，促进经济结构调整和产业转型升级，服务本市经济社会发展。

**第六条** 鼓励和支持供用电领域的科技创新，发展智能电网，推广应用新技术、新材料、新装置，鼓励使用节能技术和节能产品，推动电力行业发展方式转变和能源结构优化，提高电网发展的现代化水平和电能节约利用水平。

## 第二章 电力供应

**第七条** 供电企业应当在其营业场所建立办事公开制度，公示用电办理程序、办理时限、服务规范以及收费项目、标准和依据，向社会公布服务电话和相关管理部门投诉电话。

供电企业应当提供每天二十四小时的报修和投诉受理服务，简化业务办理手续，合理设置收费渠道，开展安全用电宣传，便利电力用户。

**第八条** 供电企业与电力用户应当按照法律、法规规定，签订供用电合同，确定各方的权利和义务。

供电企业与居民电力用户签订供用电合同采用格式条款的，不得违反法律、法规的强制性规定。在拟订格式条款时，市电力运行主管部门应当组织召开听证会听取公众、社会团体和相关利益方的意见。供电企业应当将格式合同提交市工商行政管理部门和市电力运行主管部门备案。

本条例施行前，供电企业与非居民电力用户尚未签订供用电合同的，应当自本条例施行之日起六个月内协商签订供用电合同。一方逾期不协商签订的，另一方应当进行书面催告。经催告后一方无正当理由拒绝协商签订的，双方均可以不履行供用电合同义务。

**第九条** 供电企业应当按照法律、法规规定和供用电合同约定的数量、质量、时间、方式供电，提供电力普遍服务，保障基本供电，无歧视地提供报装、计量、抄表、维修等各类供电服务。

在发电、供电系统正常的情况下，供电企业应当连续稳定地向电力用户供电。除法律、法规另有规定或者供用电合同另有约定外，供电企业不得擅自采取限电、停电措施。

**第十条** 电力用户使用的电力、电量，以计量检定机构依法检定合格的用电计量装置的记录为准。

用电计量装置应当安装在供电设施与受电设施的产权分界处。用电计量装置和供电设施由供电企业维护，受电设施由电力用户维护，当事人另有约定的从其约定。

用电计量装置投入使用后，电力用户不得在装置前放置影响抄表或者计量准确以及危及装置安全的物品。电力用户发现用电计量装置遗失、损坏或者出现故障的，应当及时告知供电企业。供电企业应当免费予以维修或者更换，但因电力用户自身原因造成的除外。

供电企业对用电计量装置进行维护时，电力用户应当给予必要的配合。

**第十一条** 供电企业和电力用户应当根据供电设施和受电设施的产权归属，分别安装安全保护装置。

安装安全保护装置应当符合相关技术标准。供电企业、电力用户应当定期维护，确保安全保护装置正常工作。

**第十二条** 市电力运行主管部门应当制定本市处置供电事故应急预案，定期开展处置供电事故应急演练，参与供电事故的调查与评估。

供电企业应当按照本市处置供电事故应急预案，制定具体实施方案，并每年至少组织一次应急演练。

因严重自然灾害或者重大事故引起大面积停电的，供电企业应当尽快抢修，优先对重点地区和重要电力用户恢复供电。

**第十三条** 供电企业应当在全市范围内合理布置抢修力量，对供电故障及时抢修。自接到报修之时起，到达现场抢修的时限，外环线内不超过六十分钟，外环线外不超过九十分钟。因天气、交通等特殊原因无法在规定时限内到达现场的，应当向报修人作出解释。

**第十四条** 市电力运行主管部门应当每年制定本市应对电力紧缺或者超负荷运行的有序用电总体方案，并会同有关部门指导、协调有序用电工作。

因电力紧缺或者超负荷运行需要实施限电、停电的，供电企业应当根据有序用电方案确定的序位和措施执行，并通知电力用户。在限电、停电原因消除且符合供电安全要求的情况下，供电企业应当恢复供电，并按照国家和本市有关规定给予电力用户补偿。

非居民电力用户应当按照国家和本市有关规定配合供电企业安装电力负荷管理系统。

**第十五条** 供电企业因计划检修采用公告方式通知停电的，应当至少提前七日在相关社区、供电企业网站和服务应用软件公告停电区域、停电线路和停电时间，或者通过本市媒体公告。

**第十六条** 电力用户有下列情形之一的，供电企业可以中止供电：

（一）用电设备对电网供电质量产生干扰与妨碍，导致供电质量不符合相关技术标准或者对供电安全造成危害，在规定期限内未整治合格的；

（二）盗窃电能的；

（三）用电设备存在严重威胁人身安全或者重大财产安全隐患，且不予改正的；

（四）拒不执行有序用电方案，扰乱供用电秩序的；

（五）拒不拆除或者逾期不拆除用于生产经营的违法建筑，拆违实施部门依法作出强制拆除决定，要求停止提供生产经营业务用电的；

（六）因违法排放污染物被市或者区人民政府依法作出责令停业、关闭决定，以及被市或者区环保部门依法作出责令停产整治决定，要求停止提供生产经营业务用电的；

（七）拒不执行房屋土地征收决定，经人民法院准予强制执行，住房城乡建设或者规划国土部门依法要求停止提供生产经营业务用电的；

（八）存在重大火灾隐患，影响公共安全，公安机关消防机构依法作出整改决定，要求停止提供生产经营业务用电的；

（九）法律、法规规定可以中止供电的其他情形。

因本条第一款第一项规定情形中止供电的，供电企业应当至少提前二十四小时告知电力用户；因第二、三、四项规定情形中止供电的，供电企业应当在中止供电的同时将中止供电的原因告知电力用户。因紧急避险或者不可抗力供电企业中止供电的，不受本款限制。

发生本条第一款第五、六、七、八项规定情形的，有关行政机关应当书面通知供电企业，并附行政处罚、执行等生效法律文书。供电企业应当至少提前二十四小时告知电力用户。

供电企业对电力用户中止供电，应当确保操作安全，不得影响其他电力用户正常用电，不得影响社会公共利益或者危害公共安全。中止供电的原因消除后，供电企业应当尽快恢复供电。

**第十七条** 供电企业不得实施下列损害电力用户权益的行为：

（一）无法律、法规依据，拒绝向电力用户供电；

（二）为电力用户指定电力设计、施工和设备材料供应单位；

（三）未按照国家电能质量标准供电；

（四）未按照国家和本市制定的电价标准计收电费；

（五）其他损害电力用户权益的行为。

## 第三章 电力使用

**第十八条** 电力用户的用电设备接入电网应当符合相关技术标准，不得对电网供电质量或者供电安全产生危害。电力用户对可能产生危害的用电设备应当进行整治，整治后仍不符合相关技术标准的，供电企业可以不予接入电网。

鼓励电力用户使用节能的用电设备，合理用电、节约用电。

**第十九条** 重要电力用户应当按照相关技术标准，配备多路电源、自备应急电源或者采取其他应急保安措施。供电企业应当建立重要电力用户档案数据库，做好用电指导和检查。重要电力用户供用电安全管理办法由市电力运行主管部门另行制定。

其他电力用户对电能质量、供电连续性的要求高于国家电能质量标准的，应当在供用电合同中予以约定。供电企业不能满足其特殊要求的，电力用户应当自行配备发电设备或者不间断电源。

因重大庆典等活动需要临时特殊供电保障的，供电企业应当参照重要电力用户相关标准，结合实际情况，与电力用户共同做好用电保障工作。

本条例所称的重要电力用户，是指在国家或者本市的社会、政治、经济中占有重要地位，中断供电可能造成人身伤亡、较大环境污染、较大政治影响、较大经济损失、社会公共秩序严重混乱的本市电网供电范围内的电力用户。

**第二十条** 供电企业和重要电力用户应当定期对各自所有的供电设施和受电设施进行安全隐患排查。

供电企业应当制定重要电力用户安全用电服务制度，根据重要电力用户的等级、行业特性等进行分类服务和指导，定期对重要电力用户的受电设施进行安全检查，电力用户应当予以配合。供电企业进行检查时，工作人员应当出示有效证件。安全检查涉及重要电力用户商业秘密的，供电企业及其工作人员应当保密。

供电企业发现重要电力用户存在用电安全隐患的，应当及时告知，指导、督促其整治，并按照规定报市电力运行主管部门和安全生产监督管理部门备案。

重要电力用户应当制定处置停电事件应急预案，明确人员职责、处置流程，并每年至少组织一次应急演练。

市电力运行主管部门应当组织开展重要电力用户供用电安全的日常监督检查和宣传教育。

**第二十一条** 供电企业应当加强对电力用户安全用电的指导。市电力运行主管部门应当通过新闻媒体等加强电力用户安全用电知识的宣传。

电力用户应当依法安全用电，对其受电设施加强维护。

**第二十二条** 按照国家和本市有关规定，居民生活用电施行阶梯电价。

电力用户应当按照法律、法规规定和合同约定，采用抄表付费、预购电、预存电费、分期结算等方式，及时交付电费。

**第二十三条** 按照法律、法规和国家有关规定，本市对下列非居民电力用户收取高于普通电价的电费：

（一）使用限制类、淘汰类装置的；

（二）使用超过单位产品能耗限额标准的

装置的；

（三）因严重违法排放污染物受到行政处罚且尚未改正的。

供电企业应当根据市电力运行主管部门的通知足额收缴电费。差价部分电费单独立账管理，上缴市级财政。

非居民电力用户对征收差别电价提出异议的，由市电力运行主管部门按照本市有关规定协调处理。

**第二十四条** 电力用户对用电计量装置准确性有异议的，可以委托计量检定机构检定，供电企业应当配合。

经检定，异议成立的，检定费用由供电企业承担；异议不成立的，检定费用由电力用户承担。

计量装置出现计量差错时退补电量、电费的核算，按照相关技术标准执行。

**第二十五条** 电力用户对供电企业中止供电有异议的，可以向供电企业查询或者向市电力运行主管部门投诉。

供电企业收到异议后，应当尽快核实，并在三个工作日内答复电力用户。异议成立的，应当立即恢复供电。逾期不答复或者电力用户对答复有异议的，电力用户可以向市电力运行主管部门投诉。

市电力运行主管部门应当按照职责依法处理投诉。

**第二十六条** 电力用户对其用电量、电费、电价、电能计量装置记录等用电信息享有知情权，有权向供电企业查询；除法律、法规另有规定外，供电企业有权拒绝任何单位和个人查询其他电力用户的信息。

**第二十七条** 电力用户对电费收取有异议的，可以向供电企业查询。

供电企业收到异议后，应当尽快核实，并在五个工作日内答复电力用户。异议成立的，供电企业应当及时返还多收的电费。逾期不答复或者电力用户对答复有异议的，电力用户可以向价格管理部门投诉。

价格管理部门应当按照职责依法处理投诉。

**第二十八条** 任何单位或者个人不得制造、销售盗窃电能装置。

**第二十九条** 任何单位和个人发现违反本条例规定的行为，有权向市电力运行主管部门举报。

市电力运行主管部门应当设置专门的举报电话和受理场所。

## 第四章 供用电保障

**第三十条** 市发展改革部门应当会同市规划国土部门组织制定本市电网建设规划，并将其纳入相应的城乡规划。本市电网建设规划应当符合本市国民经济和社会发展规划，并与国家电网规划相衔接。

规划国土部门应当结合电网建设规划，对规划控制的变电所（站）、输电线路通道等划定规划控制界线，并明确相关控制指标和要求。

经批准的电网建设规划，应当严格执行，任何单位和个人不得非法占用经规划确定的供电设施用地、输电线路通道。

**第三十一条** 电网新建项目的审批按照国家和本市有关规定办理。

对已经建成的输电线路通道、变电站增加容量，或者进行改建、扩建的，发展改革、规划国土、住房城乡建设、环境保护、交通、水务、绿化等部门应当根据各自职责和实际情况简化审批程序。

**第三十二条** 架空电力线路（包括杆、塔基础）建设必须利用他人土地的，该土地的权利人应当提供必要的便利。供电企业应当按照规定，对相关集体土地所有权人、土地承包经营权人或者建设用地使用权人给予一次性经济补偿。

规划国土部门按照项目核准文件、核定规划条件文件、委托区或者乡镇人民政府开展经济补偿工作的协议等材料，办理建设工程规划许可证。

**第三十三条** 供电企业维护或者抢修供用

电设施需要临时使用相邻不动产的，不动产权利人应当提供必要的便利。供电企业造成不动产权利人财产损失的，应当依法给予补偿。

**第三十四条** 供电企业负责电动汽车充换电设施从供电设施和受电设施的产权分界点接入公共电网的配套接网工程建设，为电动汽车充换电设施建设提供优质、便捷的配套服务。

**第三十五条** 供电设施是为全社会服务的公共基础设施。任何单位或者个人不得实施下列危害供电设施建设的行为：

（一）非法侵占供电设施建设用地或者规划控制用地；

（二）涂改、移动、拆除、毁损供电设施建设测量标桩或者其他标识；

（三）破坏、封堵施工道路，截断施工水源或者电源；

（四）其他阻挠、破坏供电设施建设的行为。

## 第五章 法律责任

**第三十六条** 违反本条例的规定，法律、行政法规已有处罚规定的，从其规定。

**第三十七条** 供电企业违反本条例第十三条的规定，无正当理由未在规定时限内到达现场抢修的，或者违反本条例第十五条的规定，未按照要求进行停电公告的，由市电力运行主管部门责令改正，处以一万元以上十万元以下的罚款。

供电企业违反本条例第十四条的规定，未按照规定序位限电、停电的，由市电力运行主管部门责令改正，处以十万元以上一百万元以下的罚款；造成电力用户损失的，依法承担赔偿责任。

供电企业违反本条例第十七条第一、二、三项的规定，实施损害电力用户权益的行为，由国家有关机构依法处理；造成电力用户损失的，依法承担赔偿责任。

供电企业违反本条例第十七条第四项的规定，未按照国家和本市制定的电价标准计收电费的，由价格管理部门依法处理。

**第三十八条** 重要电力用户违反本条例第十九条第一款的规定，应当配备多路电源、自备应急电源而未配备，或者应当采取其他应急保安措施而未采取，可能造成公共秩序混乱或者他人人身伤害的，由市电力运行主管部门责令改正；逾期未改正的，处以五万元以上三十万元以下的罚款。

**第三十九条** 违反本条例第二十八条的规定，制造、销售盗窃电能装置的，由市电力运行主管部门责令改正，没收违法所得和盗窃电能装置及其专用生产工具，并处以一万元以上十万元以下的罚款；构成犯罪的，依法追究刑事责任。

**第四十条** 违反本条例第三十五条的规定，实施危害供电设施建设行为的，由市电力运行主管部门责令改正，处以一万元以上五万元以下的罚款；情节严重的，处以五万元以上三十万元以下的罚款。

**第四十一条** 违反本条例的规定，市电力运行等行政管理部门工作人员有下列行为之一的，由上级机关或者监察机关按照《中华人民共和国监察法》、《中华人民共和国公务员法》、《行政机关公务员处分条例》等相关法律、法规给予处分：

（一）未按照规定实施监督管理的；

（二）违法实施行政处罚的；

（三）不依法履行职责，导致发生可以避免的供电事故的；

（四）其他玩忽职守、贻误工作的行为。

**第四十二条** 相关行政管理部门应当将供电企业、电力用户违反本条例规定受到行政处罚的信息纳入市公共信用信息服务平台，并将企业受到行政处罚的信息通过企业信用信息公示系统向社会公布。

供电企业应当将电力用户拖欠电费等信息纳入市公共信用信息服务平台。

## 第六章 附则

**第四十三条** 本条例自 2016 年 6 月 1 日起施行。

# 上海市非物质文化遗产保护条例

（2015 年 12 月 30 日上海市第十四届人民代表大会
常务委员会第二十六次会议通过）

## 第一章　总　　则

**第一条**　为了加强对非物质文化遗产的保护，传承和发展上海历史文脉，继承和弘扬中华民族优秀传统文化，根据《中华人民共和国非物质文化遗产法》（以下简称《非物质文化遗产法》）等法律、行政法规，结合本市实际，制定本条例。

**第二条**　本市行政区域内非物质文化遗产的调查、保存、认定、利用、传承、传播等保护活动及相关管理工作，适用本条例。

**第三条**　市和区、县人民政府应当将非物质文化遗产保护工作纳入本级国民经济和社会发展规划，将非物质文化遗产保护工作所需经费列入本级财政预算，建立与经济社会发展相适应的经费保障机制。

乡、镇人民政府和街道办事处应当配合做好非物质文化遗产保护的相关工作。

**第四条**　市和区、县人民政府文化行政管理部门负责本行政区域内的非物质文化遗产保护工作。

发展改革、财政、教育、人力资源社会保障、新闻出版、规划国土资源、经济信息化、商务、工商、农业、卫生计生、民族宗教、知识产权等部门在各自职责范围内，负责有关非物质文化遗产保护工作。

文化行政管理部门应当会同相关部门，建立部门联席会议制度，协调解决非物质文化遗产保护工作中的重大问题。

**第五条**　市文化行政管理部门所属的非物质文化遗产保护机构承担与非物质文化遗产保护相关的具体工作。

区、县人民政府应当根据本行政区域内非物质文化遗产保护工作的实际需要，建立和完善保护机构，加强专门人才培养和专业队伍建设。

**第六条**　本市建立非物质文化遗产保护工作专家委员会。专家委员会由历史、文化、艺术、科学等方面的人士组成，为本市非物质文化遗产保护工作提供决策咨询意见。

**第七条**　本市非物质文化遗产保护协会及其他相关社会组织按照各自章程，开展非物质文化遗产保护以及相关的学术交流、咨询服务、权益维护等工作。

**第八条**　鼓励和支持其他社会组织、公民、法人通过研究、收藏、展示、传承、捐赠、志愿服务等方式，参与非物质文化遗产保护工作。

**第九条**　市和区、县人民政府应当加强对非物质文化遗产保护工作的宣传，提高全社会保护非物质文化遗产的意识。

广播电台、电视台、报刊、网站等媒体应当宣传非物质文化遗产保护工作，普及非物质文化遗产保护知识。

## 第二章　调查与保存

**第十条**　市和区、县人民政府根据非物质文化遗产保护工作的需要，组织非物质文化遗产调查。

区、县文化行政管理部门具体负责本行政区域内的非物质文化遗产调查。市文化行政管理部门应当加强指导、协调，并对区、县文化管理部门调查难以覆盖的非物质文化遗产进行调查。

市和区、县人民政府其他有关部门可以依法对其工作领域内的非物质文化遗产进行调查。

公民、法人和其他组织可以依法进行非物质文化遗产调查。

文化行政管理部门和其他有关部门、公民、法人和其他组织开展非物质文化遗产调查的具体方法和要求，按照《非物质文化遗产法》的有关规定执行。

**第十一条** 文化行政管理部门和其他有关部门进行非物质文化遗产调查，应当对非物质文化遗产予以认定、记录、建档，建立健全调查信息共享机制。

文化行政管理部门和其他有关部门进行非物质文化遗产调查，应当收集属于非物质文化遗产组成部分的代表性实物，整理调查工作中取得的资料，并妥善保存，防止损毁、流失。其他有关部门取得的实物图片、资料复制件，应当汇交给同级文化行政管理部门。

**第十二条** 文化行政管理部门应当建立非物质文化遗产档案及相关数据库。除依法应当保密的外，非物质文化遗产档案及相关数据信息应当公开，便于公众查阅。

## 第三章 代表性项目名录

**第十三条** 市和区、县人民政府建立本级非物质文化遗产代表性项目名录，将本行政区域内体现中华民族优秀传统文化，具有历史、文学、艺术、科学价值的非物质文化遗产项目列入名录予以保护。

市文化行政管理部门应当制定统一的非物质文化遗产代表性项目认定标准和程序。

**第十四条** 市和区、县文化行政管理部门从通过调查或者其他途径发现的非物质文化遗产项目中，遴选拟列入本级非物质文化遗产代表性项目名录的项目。

区、县人民政府可以从本级非物质文化遗产代表性项目名录中，向市文化行政管理部门推荐列入市级非物质文化遗产代表性项目名录的项目。

公民、法人和其他组织认为某项非物质文化遗产体现中华民族优秀传统文化，具有历史、文学、艺术、科学价值，可以向市或者区、县文化行政管理部门提出列入本级非物质文化遗产代表性项目名录的建议。

**第十五条** 市和区、县文化行政管理部门应当从本市非物质文化遗产保护工作专家委员会中，选取五名以上相关领域的专家，按照非物质文化遗产代表性项目认定标准和程序，对拟列入或者被推荐、建议列入本级非物质文化遗产代表性项目名录的项目进行评审。

评审工作应当遵循公开、公平、公正的原则。

**第十六条** 市和区、县文化行政管理部门应当将经专家评审后拟列入本级非物质文化遗产代表性项目名录的项目予以公示，征求公众意见。公示时间不得少于二十日。

公示期间，公民、法人和其他组织有异议的，可以向文化行政管理部门书面提出。文化行政管理部门应当组织专家对异议情况进行核查，认为异议不成立的，在收到异议之日起二十日内，书面告知异议人并说明理由；认为异议成立的，重新进行评审。

**第十七条** 市和区、县文化行政管理部门根据专家评审意见和公示结果，拟订本级非物质文化遗产代表性项目名录，报本级人民政府批准、公布。

区、县非物质文化遗产代表性项目名录应当报市文化行政管理部门备案。

## 第四章 分类保护与合理利用

**第十八条** 市和区、县人民政府及其有关部门应当根据非物质文化遗产的不同状况和特点，实行分类保护，对濒临消失的或者本市特有且历史文化价值较高的非物质文化遗产代表性项目，予以重点保护。

**第十九条** 对濒临消失、活态传承较为困难的非物质文化遗产代表性项目，市和区、县文化行政管理部门应当采取将其内容、表现形式、技艺流程等予以记录、整理，编印图书，制作影音资料，建立档案等方式，实行抢救性保护。

**第二十条** 对受众较为广泛、活态传承基础较好的非物质文化遗产代表性项目，市和区、县文化行政管理部门可以通过认定代表性传承人、培养后继人才、扶持传承基地等方式，实行传承性保护。

**第二十一条** 对具有生产性技艺和社会需求，能够借助生产、流通、销售等手段转化为文化产品的传统技艺、传统美术、传统医药药物炮制等非物质文化遗产代表性项目，市和区、县人民政府及其有关部门应当通过扶持、引导、规范对项目的合理开发利用，实行生产性保护，使该项目的核心技艺在生产实践中得以传承。

对非物质文化遗产代表性项目实行生产性保护，应当保持非物质文化遗产的真实性、整体性和传承性，不得擅自改变其传统生产方式、传统工艺流程和核心技艺。

**第二十二条** 市和区、县人民政府及其有关部门应当采取措施，对非物质文化遗产代表性项目所需的濒危原材料予以保护；鼓励依法种植、养殖非物质文化遗产代表性项目所需的天然原材料，或者开发、推广、应用相关天然原材料的替代品。

**第二十三条** 市和区、县人民政府应当将符合条件的中华老字号和上海老字号企业的传统技艺，优先列入本级非物质文化遗产代表性项目名录，加大保护和扶持力度，促进本市工商业文化的传承与发展。

**第二十四条** 对非物质文化遗产代表性项目集中、特色鲜明、形式和内涵保持完整的特定区域，市和区、县文化行政管理部门可以制定专项保护规划，报经本级人民政府批准后，对非物质文化遗产代表性项目及其相关的场所和实物，实行区域性整体保护。

实行区域性整体保护涉及非物质文化遗产代表性项目集中区域空间规划的，由规划国土资源部门会同相关专业管理部门制定专项保护规划。

**第二十五条** 对非物质文化遗产的利用，应当以尊重其原真性、文化内涵及自然演变进程为原则，保持其原有的文化生态和文化风貌，不得歪曲、贬损、滥用。

**第二十六条** 鼓励和支持在有效保护的基础上，通过与文化产业发展相融合等方式，合理利用非物质文化遗产代表性项目开发具有地方、民族特色和市场潜力的文化产品和文化服务。

**第二十七条** 基于非物质文化遗产所产生的著作权、商标权等知识产权，依法予以保护。

## 第五章 传承与传播

**第二十八条** 市和区、县文化行政管理部门对本级人民政府批准、公布的非物质文化遗产代表性项目，可以认定代表性传承人。代表性传承人包括个人和团体。

非物质文化遗产代表性项目的代表性传承人应当符合下列条件：

（一）熟练掌握其传承的非物质文化遗产；

（二）在特定领域内具有代表性，并在一定区域内具有较大影响；

（三）积极开展传承活动。

认定非物质文化遗产代表性项目的代表性传承人，应当参照执行本条例有关非物质文化遗产代表性项目评审的规定。

市和区、县文化行政管理部门应当将认定的非物质文化遗产代表性项目的代表性传承人名单向社会公布，并建立代表性传承人档案。

**第二十九条** 非物质文化遗产代表性项目的代表性传承人享有下列权利：

（一）开展知识和技艺传授、艺术创作与生产、展示、表演、学术研究等活动；

（二）合理利用非物质文化遗产代表性项目，提供相关产品和服务；

（三）取得传承、传播工作或者其他活动相应的报酬；

（四）与非物质文化遗产保护相关的其他权利。

非物质文化遗产代表性项目的代表性传承人应当履行下列义务：

（一）开展传承活动，培养后继人才；

（二）妥善保存相关的实物、资料；

（三）配合文化行政管理部门和其他有关部门进行非物质文化遗产调查；

（四）参与非物质文化遗产公益性宣传。

**第三十条** 非物质文化遗产代表性项目的代表性传承人丧失传承能力的，文化行政管理部门可以按照本条例规定的条件和程序，重新或者补充认定该项目的代表性传承人。

**第三十一条** 市和区、县文化行政管理部门可以按照国家和本市有关规定，从愿意承担某项非物质文化遗产代表性项目保护义务，具备开展保护工作所需人员、设施、场地等条件的企业事业单位、社会组织中，按照公开、公平、公正的原则和程序，认定该代表性项目的保护单位。

鼓励有条件的企业事业单位、社会组织志愿作为某项非物质文化遗产代表性项目的保护单位，享有相应的权利，承担相应的保护义务。

**第三十二条** 非物质文化遗产代表性项目的保护单位享有下列权利：

（一）对非物质文化遗产代表性项目进行研究；

（二）合理利用非物质文化遗产代表性项目，提供相关产品和服务；

（三）向文化行政管理部门推荐非物质文化遗产代表性项目的代表性传承人；

（四）与非物质文化遗产保护相关的其他权利。

非物质文化遗产代表性项目的保护单位应当履行下列义务：

（一）制定并实施非物质文化遗产代表性项目保护与传承计划，为代表性传承人开展传承活动提供必要条件；

（二）收集、整理非物质文化遗产代表性项目的资料、实物，对有关资料、实物、建（构）筑物和场所等予以保护；

（三）开展非物质文化遗产代表性项目的宣传、展示活动；

（四）与非物质文化遗产保护相关的其他义务。

**第三十三条** 市和区、县人民政府应当组织文化行政管理部门和其他有关部门，宣传、展示非物质文化遗产代表性项目，结合市民文化节、文化遗产日、传统节庆和民间习俗活动，展示非物质文化遗产代表性项目保护成果，营造保护非物质文化遗产的社会氛围。

鼓励公共交通工具及其等候区域、商业营业场所、公园、绿地等具有展示空间和条件的公共场所，对宣传、展示非物质文化遗产代表性项目给予支持、提供便利。

**第三十四条** 非物质文化遗产学术研究机构、保护机构，图书馆、文化馆、博物馆、科技馆、美术馆、档案馆、青少年活动中心、工人文化宫、社区文化活动中心等公共文化机构，以及利用财政性资金举办的文艺表演团体、演出场所经营单位等，应当根据各自业务范围，有计划地开展非物质文化遗产代表性项目的研究、收藏、展示、传承等活动。

鼓励和支持公民、法人和其他组织依法成立非物质文化遗产研究机构，设立展示和传承场所，举办公益性非物质文化遗产展示活动，研究、收藏、展示、传承非物质文化遗产代表性项目。

鼓励和支持公民、法人和其他组织整理、翻译、出版非物质文化遗产原始文献、典籍、资料等。

**第三十五条** 学校应当采取课堂教学与社会实践相结合的方法，通过将非物质文化遗产内容融入相关课程，或者与特色课程相结合、开设校本课程等方式，向学生普及非物质文化遗产知识。

鼓励和支持非物质文化遗产代表性项目的代表性传承人、保护单位参与学校开展的非物质文化遗产课程。

利用财政性资金开设的非物质文化遗产专题公共文化设施或者展室应当为学校开展教育活动提供服务和便利。

**第三十六条** 鼓励和支持其他地区具有特色的非物质文化遗产代表性项目在本市传承、

传播，并与本土文化融合发展。

## 第六章　保 障 措 施

**第三十七条**　本市应当设立市级非物质文化遗产保护专项资金，用于非物质文化遗产保护工作的组织管理、非物质文化遗产代表性项目和代表性传承人的补助等。

区、县人民政府应当参照本市非物质文化遗产保护专项资金的相关规定，设立本级非物质文化遗产保护专项资金。

非物质文化遗产代表性项目保护单位属于财政拨款事业单位的，可以按照国家和本市有关规定，向财政部门申请预算经费。

文化行政管理、财政、审计等部门应当加强对非物质文化遗产保护资金的监督管理。

**第三十八条**　对合理利用非物质文化遗产代表性项目发展文化产业的单位和个人，符合国家文化产业发展专项资金支持方向的，在申报文化产业发展专项资金时，应当予以支持。

单位和个人合理利用非物质文化遗产代表性项目的，依法享受国家规定的税收优惠。

**第三十九条**　市和区、县人民政府应当根据需要，建立非物质文化遗产专题公共文化设施，或者在公共文化机构内设立专门展室，加强非物质文化遗产展示、传承、交流场所和传承基地建设。

**第四十条**　文化行政管理部门应当会同相关部门对濒临消失的非物质文化遗产代表性项目的代表性传承人和后继人才，予以重点扶持和培养。

教育部门应当支持和引导高等学校、中等职业学校通过开设非物质文化遗产保护专业或者课程，建立教学、传承基地，推进产教融合、校企合作等方式，培养专业人才；将与非物质文化遗产技艺传承相关专业列入职业教育奖励专业目录，实施学费减免等优惠政策。

具有一定专业技术水平的非物质文化遗产代表性项目的代表性传承人，可以按照国家和本市有关规定，申报专业技术职称。

**第四十一条**　鼓励公民、法人和其他组织通过设立非物质文化遗产保护基金，捐赠非物质文化遗产相关资料、实物和保护资金等方式，支持非物质文化遗产保护工作。

接受非物质文化遗产相关资料、实物捐赠的单位应当建立健全登记入库、管理使用等制度，妥善保存。

鼓励志愿服务组织和其他有关社会组织，开展与非物质文化遗产保护相关的志愿服务活动。

**第四十二条**　对做出显著贡献的非物质文化遗产代表性项目的代表性传承人和保护单位，按照国家和本市评比表彰的有关规定，给予表彰。

鼓励公民学习、传承非物质文化遗产代表性项目技艺，对表现优异的后继人才给予适当资助。

**第四十三条**　市和区、县人民政府应当将相关部门履行非物质文化遗产保护工作职责情况，纳入对其绩效考核的内容。

**第四十四条**　本市建立对非物质文化遗产代表性项目保护情况的定期评估制度。市和区、县文化行政管理部门应当每三年对本级非物质文化遗产代表性项目的保护情况进行评估，并向社会公开评估结果。

经评估，非物质文化遗产代表性项目的代表性传承人或者保护单位，无正当理由未履行义务的，责令限期改正；逾期不改正的，市或者区、县文化行政管理部门可以取消其代表性传承人资格或者保护单位资格，并予以重新认定。

## 第七章　法 律 责 任

**第四十五条**　违反本条例规定的行为，《非物质文化遗产法》及其他有关法律、行政法规已有处罚规定的，从其规定。

**第四十六条**　文化行政管理等部门及其工作人员违反本条例规定，有下列行为之一的，由所在单位或者监察机关依法对负有直接责任的主管人员和其他直接责任人员给予警告或者记过处分；情节较重的，给予记大过或者降级处分；情节严重的，给予撤职或者开除处分；构成犯罪的，依法追究刑事责任：

（一）对濒临消失的非物质文化遗产未及时采取抢救性保护措施，造成不良后果的；

（二）违反法定条件或者程序认定非物质文化遗产代表性项目及其代表性传承人的；

（三）挪用、挤占非物质文化遗产保护经费的。

## 第八章　附　　则

**第四十七条**　本条例自 2016 年 5 月 1 日起施行。

# 上海市人民代表大会常务委员会关于开展“证照分离”改革试点在浦东新区暂时调整实施本市有关地方性法规规定的决定

（2015 年 12 月 30 日上海市第十四届人民代表大会常务委员会第二十六次会议通过）

为了推进简政放权，优化行政服务，根据国务院批准的《上海市开展“证照分离”改革试点总体方案》，上海市第十四届人民代表大会常务委员会第二十六次会议决定：

一、在浦东新区内，本市有关地方性法规规定，凡与国务院批准的《上海市开展“证照分离”改革试点总体方案》不一致的，暂时调整实施。

二、《上海市开展“证照分离”改革试点总体方案》实施过程中，国务院对改革试点事项进行调整，本市有关地方性法规规定与其不一致的，作相应调整。

三、上述有关地方性法规调整实施的期限，与《上海市开展“证照分离”改革试点总体方案》试点期限一致。

四、市人民政府应当适时向市人民代表大会常务委员会报告“证照分离”改革试点的推进情况。

本决定自 2016 年 1 月 1 日起施行。

# 上海市老年人权益保障条例

（2016 年 1 月 29 日上海市第十四届人民代表大会第四次会议通过）

## 第一章　总　　则

**第一条**　为了保障老年人合法权益，发展老龄事业，积极应对人口老龄化，弘扬中华民族敬老、养老、助老的美德，根据《中华人民共和国老年人权益保障法》和其他法律、行政法规，结合本市实际，制定本条例。

**第二条**　本市行政区域内老年人权益保障以及相关工作，适用本条例。

**第三条**　本市依法保障老年人享有的人身、财产等权益，从国家和社会获得物质帮助的权利，享受社会服务和社会优待的权利，参与社会发展和共享发展成果的权利。

老年人应当遵纪守法，履行法律规定的各项义务。

**第四条** 全社会应当重视、珍惜老年人的知识、技能、经验和优良品德，发挥老年人的专长和作用，保障老年人参与经济、政治、文化和社会生活。

**第五条** 积极应对老龄化是促进本市经济社会协调发展的一项长期战略任务。

本市建立健全保障老年人权益的各项制度，逐步改善保障老年人生活、健康、安全以及参与社会发展的条件，关心老年人的精神文化需求，实现老有所养、老有所医、老有所为、老有所学、老有所乐。

本市建立和完善以居家为基础、社区为依托、机构为支撑、医养相结合的社会养老服务体系。政府将基本养老服务纳入基本公共服务体系；完善政策措施，扶持社会力量提供公益性养老服务，支持企业提供市场化养老服务。

**第六条** 各级人民政府应当将老龄事业纳入国民经济和社会发展规划，将老龄事业经费列入财政预算，建立与经济社会发展水平和老龄化程度相适应的稳定的经费保障机制，并鼓励社会各方面投入，使老龄事业与经济社会协调发展。

市和区、县人民政府应当根据国家老龄事业发展规划，制定本行政区域内的老龄事业发展规划和年度计划，并将老龄工作纳入政府部门考核机制。

市和区、县老龄工作委员会负责组织、协调、指导、督促有关部门做好本行政区域内的老年人权益保障工作，其办事机构设在同级民政部门，配备必要的工作人员，提供工作经费。

乡、镇人民政府和街道办事处应当确定专门人员负责本辖区内的老年人权益保障工作，并提供必要的工作经费和条件。

**第七条** 民政、发展改革、财政、人力资源社会保障、卫生计生、规划国土资源、住房城乡建设、经济信息化、交通、商务、绿化市容、公安、司法行政、教育、文广影视、新闻出版、体育等部门应当按照各自职责，共同做好老年人权益保障工作。

**第八条** 老年人养老以居家为基础，家庭成员应当尊重、关心和照料老年人。

老年人的子女以及其他依法负有赡养义务的人（以下简称赡养人）、扶养人应当依法履行赡养和扶养义务。

**第九条** 保障老年人合法权益是全社会的共同责任，倡导全社会优待老年人。禁止歧视、侮辱、虐待或者遗弃老年人。

工会、共产主义青年团、妇女联合会应当协助、支持各级人民政府做好老年人权益保障工作。

企业事业单位、社会组织应当依法履行保障老年人权益的相关义务。

居民委员会、村民委员会和依法设立的老年人组织应当反映老年人的要求，维护老年人合法权益，组织开展为老年人服务活动。

青少年组织、学校和幼儿园应当对青少年和儿童进行敬老、养老、助老的道德教育和维护老年人合法权益的法制教育。

广播、电影、电视、报刊、网络等应当开展维护老年人合法权益的宣传，弘扬敬老、养老、助老的传统美德。

本市鼓励发展老年慈善事业，提倡为老年人提供志愿服务。

**第十条** 本市支持开展应对人口老龄化战略研究和老龄科学研究，支持老年医学研究。

本市实行老年人口状况和老龄事业发展情况的年度监测统计与信息发布制度。

## 第二章 家庭赡养与扶养

**第十一条** 赡养人应当履行对老年人经济上供养、生活上照料和精神上慰藉的义务，保证老年人的基本生活需求，照顾老年人的特殊需要。

赡养人的配偶应当协助赡养人履行赡养义务。

赡养人不得以放弃继承权、老年人离婚或者再婚等理由，拒绝履行赡养义务。

赡养人不得要求老年人承担力不能及的劳动。

赡养人不履行赡养义务的，老年人有要求赡养人给付赡养费的权利。

**第十二条** 经老年人同意，赡养人之间可以就履行赡养义务签订协议。赡养协议的内容不得违反法律的规定和老年人的意愿。

**第十三条** 赡养人应当使患病的老年人及时得到治疗和护理；对经济困难的老年人，应当提供医疗费用。

对生活不能自理的老年人，赡养人应当承担照料责任；不能亲自照料的，可以按照老年人的意愿委托他人或者养老机构等照料。

**第十四条** 老年人的家庭成员应当关心老年人的精神需求，给予精神上的慰藉，营造和睦关爱的家庭氛围，不得忽视、冷落老年人。

与老年人分开居住的家庭成员，应当经常看望、问候老年人。

对入住养老机构的老年人，家庭成员应当经常探望；对较长时间未探望老年人的家庭成员，养老机构可以提出建议，督促其前往探望。

**第十五条** 老年人的婚姻自由受法律保护。子女或者其他亲属不得干涉老年人离婚、再婚以及婚后的生活。

赡养人不得因老年人离婚、再婚而索取、隐匿、扣押老年人的合法财产或者有关证件，不得限制老年人的合法居住权利。

**第十六条** 老年人依法享有占有、使用、收益和处分个人财产，继承遗产和接受赠与的权利。子女或者其他亲属不得干涉或者侵犯老年人的财产权益。

有独立生活能力的成年子女或者其他亲属要求老年人经济资助的，老年人有权拒绝。成年子女或者其他亲属不得以无业或者其他理由，强行索取、克扣老年人的财物。

老年人依法订立遗嘱处分个人财产或者与他人签订遗赠扶养协议，受法律保护，子女或者其他亲属不得干涉。

**第十七条** 赡养人应当妥善安排老年人的住房，不得强迫老年人居住或者迁居条件低劣的房屋；对老年人自有的住房，负有维修的义务。

老年人自有或者承租的住房，子女或者其他亲属不得侵占，不得擅自改变产权关系或者租赁关系。

老年人与子女或者其他亲属共同出资购买的住房，老年人依法享有相应的房屋所有权和居住权。子女或者其他亲属出资购买老年人原来承租或者居住的唯一住房，应当保证老年人继续居住的权利。

子女或者其他亲属经老年人同意，借用老年人房屋的，到约定归还期限应当及时归还，不得无故拖延。

居住在老年人自有住房中的成年子女或者其他亲属，老年人不同意其继续居住的，应当及时迁出。

征收老年人享有份额的住房，应当依法保障老年人的权利。

**第十八条** 具备完全民事行为能力的老年人，可以在近亲属或者其他与自己关系密切、愿意承担监护责任的个人、组织中协商确定自己的监护人，并通过公证等方式予以明确。

老年人未事先确定监护人的，其丧失或者部分丧失民事行为能力时，依照有关法律的规定确定监护人。

**第十九条** 老年人与配偶有相互扶养的义务。

由兄、姐扶养的弟、妹成年后，有负担能力的，对年老无赡养人的兄、姐有扶养的义务。

**第二十条** 本市弘扬孝亲敬老传统美德，制定完善家庭养老支持政策，为家庭成员照料老年人提供帮助，鼓励家庭成员与老年人共同生活或者就近居住。

**第二十一条** 赡养人、扶养人不履行赡养、扶养义务的，基层群众性自治组织、老年人组织或者赡养人、扶养人所在单位应当督促其履行。

## 第三章 社会保障

**第二十二条** 本市通过职工基本养老保险和城乡居民基本养老保险等制度，依法保障老年人的基本生活。

本市建立基本养老金正常调整机制。根据国家有关规定和本市经济发展、职工平均工资增长、物价上涨等情况，适时提高基本养老保险待遇水平。

**第二十三条** 本市通过职工基本医疗保险和城乡居民基本医疗保险等制度，依法保障老年人的基本医疗需求。

人力资源社会保障、卫生计生部门应当按照国家和本市有关规定，逐步扩大老年人常用药品和医疗康复项目的基本医疗保险支付范围，减轻老年人的医疗康复负担；完善社区用药政策，建立慢性病患者长处方等机制，满足老年人常见病、慢性病的基本用药需求。

**第二十四条** 发展改革、人力资源社会保障、民政、卫生计生、财政、金融等部门应当完善老年护理筹资、评估、支付、服务、监管等体系，探索建立符合本市实际的老年人长期护理保险制度，保障老年人的长期照料护理需求。

**第二十五条** 本市建立与经济社会发展水平相适应的统一的老年综合津贴制度，对符合条件的老年人，按照不同年龄段提供涵盖高龄营养、交通出行等方面需求的津贴，逐步提高老年人的社会福利水平。

**第二十六条** 对最低生活保障家庭中的老年人，由民政部门给予生活救助。

对无劳动能力、无生活来源且无法定赡养、扶养义务人，或者其法定赡养、扶养义务人无赡养、扶养能力的老年人，由民政部门给予特困人员供养。

本市不断完善临时救助、综合帮扶等社会救助制度，对因灾、因病或者遭遇其他特殊困难的老年人家庭给予生活救助。

**第二十七条** 对下列老年人，由民政部门按照国家和本市有关规定给予医疗救助，保障其获得基本医疗卫生服务：

（一）最低生活保障家庭成员；

（二）特困供养人员；

（三）低收入困难家庭成员；

（四）市和区、县人民政府规定的其他特殊困难人员。

**第二十八条** 住房城乡建设部门应当及时为符合条件的老年人家庭配租、配售廉租住房或者共有产权保障住房，并在选房、配房等方面给予帮助；对符合条件的无子女老年人家庭，应当优先配租廉租住房。

区、县和乡、镇人民政府在实施农村危旧房屋改造时，应当优先帮助符合条件的老年人家庭进行改造。

**第二十九条** 卫生计生、民政、财政、人力资源社会保障、住房城乡建设等部门应当按照国家和本市有关规定，在生活保障、养老服务、医疗服务、住房保障、精神慰藉等方面，对符合条件的独生子女伤残死亡且未再生育或者收养子女的老年人给予特别扶助。

## 第四章 社会服务

**第三十条** 本市建立老年照料护理需求评估制度。对具有照料护理需求且符合规定条件的老年人，按照全市统一的标准对其失能程度、疾病状况、照护情况等进行评估，以确定照料护理等级，作为其享受相应照料护理服务的依据；对其中高龄、无子女的老年人予以优先保障，对经济困难的老年人给予适当补贴。

全市统一的老年照料护理需求评估标准以及相应的申请条件、办理程序、监管措施，由市卫生计生、民政、人力资源社会保障等部门制定。

**第三十一条** 本市各级人民政府及其民政、发展改革、财政、卫生计生等有关部门应当采取措施，扶持养老服务设施和老年护理机构的建设，支持和引导社会力量参与养老服务设施和老年护理机构的建设、运营，提供适应老年人需要的相关服务。

**第三十二条** 市民政部门会同市规划国土资源部门根据本市人口、公共服务资源、养老服务需求状况等因素，组织编制全市养老服务设施布局专项规划，合理布局各类养老服务设施，经市人民政府批准后，纳入相应的城乡规划。区、县人民政府负责养老服务设施布局专项规划在本地区的推进落实。

各级人民政府应当将养老服务设施建设用地纳入土地利用总体规划和土地利用年度计划，合理安排用地需求；在符合规划、环保等要求的前提下，可以将闲置的公益性用地优先调整为养老服务设施用地。

**第三十三条** 新建居住区应当按照规划要求和建设标准，配套建设相应的养老服务设施；配套建设的养老服务设施，应当与住宅同步规划、同步建设、同步验收、同步交付使用。已建成居住区的养老服务设施未达到规划要求或者建设标准的，应当予以补充和完善。

企业事业单位和社会组织可以通过整合或者改造企业厂房、商业设施和其他社会资源，建设符合标准的养老服务设施。

**第三十四条** 从事社区养老服务设施建设、运营的企业事业单位、社会组织或者个人应当遵守国家和本市有关养老服务设施建设标准、社区养老服务规范；符合规定条件的，享受相应的税费减免和建设补助、运营补贴等优惠政策。

社区养老服务设施使用水、电、燃气、电话，按照居民生活类价格标准收费；使用有线电视，按照本市有关规定享受付费优惠；需要缴纳的供电配套工程收费、燃气配套工程收费、有线电视配套工程收费，按照本市有关规定享受优惠。

**第三十五条** 各级人民政府应当通过购买服务、委托运营等方式，发展社区养老服务，扶持专业服务机构以及其他组织和个人，为居家的老年人提供生活照料、紧急救援、医疗护理、精神慰藉、心理咨询等多种形式的服务。

乡、镇人民政府和街道办事处应当整合社区服务资源，通过社区综合为老服务平台，促进服务与需求信息的对接，方便老年人就近获取多样化的社区综合服务。

乡、镇人民政府应当扶持发展互助式养老等适合农村特点的养老模式。农村集体经济组织可以利用集体所有的房屋、设施等，为村民就近提供养老服务。

养老机构可以利用自身设施和服务资源，为社区老年人就近提供生活照料、生活护理、精神慰藉等服务，为老年人的家庭成员或者家政服务人员提供生活照料、生活护理等技能培训，向社区居民传授为老年人服务的专业知识。

**第三十六条** 民政等部门应当加强对社区养老服务机构以及其他相关组织的管理和服务。

社区养老服务机构提供托养、助餐、医疗等服务的，应当遵守国家和本市消防、食品安全、医疗卫生、环保等法律法规的规定，相关行业主管部门应当依法履行监督管理职责。

物价、民政等部门应当对社区养老服务的收费项目和标准等予以规范，加强监督管理。民政部门应当定期将社区养老服务机构名单向社会公布，接受社会监督。

**第三十七条** 乡、镇人民政府、街道办事处和民政等部门应当依托养老机构、社区老年人托养机构以及其他社会专业机构，为失能老年人的家庭照顾者提供下列服务：

（一）临时或者短期的托养照顾；

（二）生活照料、生活护理等技能培训；

（三）辅助器具租赁；

（四）其他有助于提升其家庭照顾能力或者改善其生活质量的服务。

**第三十八条** 市和区、县人民政府应当在政策体系、设施布局、人才培养、合作机制等方面推动医疗卫生和养老服务相结合，保障老年人的基本健康养老服务需求。

区、县人民政府应当以社区卫生服务机构为平台，整合各类医疗卫生和社会资源，与社区老年人托养机构、养老机构开展合作，为居家、社区与机构养老的老年人提供基本医疗护理服务。

**第三十九条** 社区卫生服务机构应当按照国家和本市有关规定，开展老年人健康管理和常见病预防工作，为辖区内符合条件的老年人提供下列服务：

（一）建立健康档案、定期免费体检等基本公共卫生服务；

（二）健康指导、保健咨询、慢性病管理等家庭医生服务；

（三）为符合相关医疗指征的老年人提供上门诊视、设立家庭病床、居家护理等服务。

**第四十条** 卫生计生等部门应当支持在养老机构内设置医疗机构，指导符合条件的养老机构设置老年护理床位。在养老机构内设置的医疗机构和老年护理床位，按照规定纳入医疗保险支付范围，并与医保联网结算。鼓励其他各类医疗机构为养老机构提供医疗支持。

有条件的二级以上综合医疗机构应当开设老年病科；社区卫生服务机构、二级综合医疗机构应当根据需求和规划设置老年护理床位，设置临终关怀病区或者床位。

鼓励社会力量举办提供医养结合服务的机构，满足老年人多层次、多样化的健康养老服务需求。

**第四十一条** 市民政部门应当建立统一的养老服务信息平台，提供养老服务信息查询、政策咨询、网上办事等服务，接受投诉、举报。

本市鼓励发展智慧养老，支持社会力量运用互联网、物联网等技术，对接老年人服务需求和各类社会养老服务供给，为老年人提供各类信息产品和服务。

**第四十二条** 乡、镇人民政府、街道办事处和民政部门应当采取相应的激励措施，支持社区低龄老年志愿者开展与高龄老年人的结对关爱活动。

鼓励为高龄、无子女老年人提供经常问候、居家安全检查等志愿服务。

鼓励社会工作机构、社会工作者根据老年人的需求，运用社会工作专业知识、方法和技能，为老年人提供专业化的社会服务。

**第四十三条** 市人力资源社会保障、发展改革、民政、卫生计生、教育、财政等部门应当制定养老服务人员队伍建设专项规划，区、县人民政府应当根据专项规划制定本地区养老服务人员队伍建设的工作计划和实施方案。

本市建立健全养老服务人员培养、使用、评价和激励机制，促进养老服务从业人员劳动报酬合理增长。

教育部门应当将养老服务专业人才培养纳入现代职业教育体系规划，将养老服务相关专业列入重点领域导向专业目录。

本市鼓励职业学校和培训机构开展养老服务职业技能培训。参加养老服务职业技能培训和鉴定的从业人员，按照本市有关规定，享受相应的补贴。

**第四十四条** 发展改革、民政、财政、经济信息化、商务、金融等部门应当制定支持老龄产业发展的相关政策，扶持和引导企业研发、生产、经营适合老年人需求的家居、康复辅助等产品，开发养老服务项目。

本市鼓励商业保险机构创新养老保险产品服务，为不同老年人群体提供多样化的养老保障。

## 第五章 社会优待

**第四十五条** 市和区、县人民政府应当根据本地区经济社会发展状况和老年人的特殊需求，不断完善优待政策，逐步提高优待水平。

**第四十六条** 各级人民政府和有关部门所属的服务窗口、社区事务受理服务机构应当为老年人办理相关事项提供咨询引导、操作指导、优先办理等服务。

房地产登记机构或者公安机关在办理老年人自有或者承租的住房转移、抵押、变更等房地产登记和更改户主、户口迁入等涉及老年人权益的重大事项时，应当核实老年人的真实意思表示；未经核实改变老年人的房屋产权、租赁关系或者更改户主、迁入户口的，老年人投诉后，经查证属实的，房地产登记机构、公安机关应当及时依法纠正。

公安机关为老年人办理居民身份证时，对行动不便的老年人，应当提供上门采集指纹、拍照、送证等便利服务。

**第四十七条** 医疗机构应当通过完善挂号和诊疗系统、开设专用窗口或者快速通道、提供导医服务等方式，为老年人就医提供方便和优先服务。

鼓励医疗机构减免老年人普通门诊挂号费和经济困难老年人的诊疗费。

鼓励医疗机构和医务工作志愿者为老年人提供义诊服务。

**第四十八条** 公共交通运营单位应当为老年人乘坐公共交通工具提供便利服务，在公共交通场所和站点设置老年人优先标志，在有条件的地方设立老年人等候专区，对无人陪同、行动不便的老年人给予照顾；根据实际需要配置方便老年人出行的无障碍公共交通工具。

**第四十九条** 供水、供电、燃气、通信、邮政等单位应当为老年人提供优先和便利服务，并在服务网点或者场所设置明显的优待标志、标识。

金融机构应当为老年人办理业务提供便利，设置老年人优先窗口，并提供引导服务；对办理转账、汇款等业务或者购买金融产品的老年人，应当提示相应风险。

商业银行应当按照国家有关规定，减免养老金异地取现手续费。

**第五十条** 实行政府定价或者政府指导价管理的公园、旅游景点等游览参观点的门票价格应当对老年人实行优惠；鼓励实行市场调节价的游览参观点参照执行。

博物馆、美术馆、科技馆、纪念馆、图书馆、文化馆、群艺馆、影剧院、体育场馆等公共文化体育设施，应当向老年人免费或者优惠开放，并提供便利服务。

公共体育场馆应当设置适合老年人体育健身活动的设施，设立安全警示标志，并采取相应的安全防护措施；实行收费的体育健身项目，应当给予老年人价格优惠。

**第五十一条** 老年人因其合法权益受到侵害提起诉讼，交纳诉讼费确有困难的，可以依法缓交、减交或者免交。

人民法院应当在立案、庭审、执行等环节，为老年人提供便利和优先服务；对高龄、失能等行动不便的老年人，可以上门立案。

老年人需要获得律师帮助，但无力支付律师费用的，可以依法获得法律援助。司法行政部门应当完善老年人法律援助服务网络，简化申请程序，为老年人就近申请和获得法律援助提供便利。

鼓励律师事务所、公证机构、司法鉴定机构、基层法律服务所等法律服务机构为经济困难的老年人提供免费或者优惠服务。

## 第六章 宜居环境

**第五十二条** 本市在城市规划、建设和管理中，应当适应老龄化社会的需求，为老年人提供安全、便利和舒适的环境；通过制定老年宜居社区标准，推进宜居社区建设。

**第五十三条** 新建、改建和扩建道路、公共建筑、公共交通设施、居住建筑、居住区，应当符合无障碍设施工程建设标准。

各级人民政府、住房城乡建设等部门应当按照国家无障碍设施工程建设标准，优先推进与老年人日常生活密切相关的公共服务设施的改造。

无障碍设施的所有人和管理人负责对无障碍设施进行维护，保证其正常使用。

**第五十四条** 老年公寓等专门为老年人设计的居住建筑，应当符合老年人居住建筑设计标准，满足老年人对居住场所的安全、卫生、便利、舒适等基本要求。

本市支持居民开展既有居住建筑适老性改造，方便老年人生活和出行。

本市推动老年人家庭无障碍设施改造。符合条件的经济困难老年人进行家庭无障碍设施改造的，由市和区、县人民政府给予适当补贴。

## 第七章 参与社会发展

**第五十五条** 本市加强老年人才资源开发，为老年人发挥专业知识技能创造条件。

**第五十六条** 乡、镇人民政府和街道办事处应当培育和扶持基层老年协会等老年人组织，加强老年人组织规范化建设，推动老年人自我管理、自我教育、自我服务，促进老年人参与社会发展。

**第五十七条** 本市为老年人在自愿和量力的情况下，依法参与各类社会活动创造条件、提供便利。

本市制定法规、规章和公共政策涉及老年人权益重大问题的，应当听取老年人和老年人组织的意见。

**第五十八条** 各级人民政府应当加大对老年教育的投入，发展老年教育。

教育部门应当将老年教育列入教育发展规划和终身教育体系，加强老年教育设施、师资力量、课程开发等方面建设，均衡配置各类老年学校和学习点，促进老年教育资源向城乡老年人公平开放；鼓励社会力量举办老年教育机构。

教育部门以及有关机构、学校应当利用现代信息技术，发展老年远程教育，建设网络学习平台，开发网络学习资源，设置适合老年人学习的课程，为老年人接受终身教育创造条件。

**第五十九条** 区、县以及乡、镇人民政府和街道办事处应当根据本行政区域内老年人口的分布状况，按照方便老年人的原则，合理设置老年活动室等文体娱乐场所。

绿化市容等部门应当加强公园绿地的建设和管理，为老年人提供户外交流、健身、娱乐等活动场所。

各级人民政府和文广影视、体育等部门以及居民委员会、村民委员会、老年人组织应当组织开展适合老年人的群众性文化、体育、旅游、娱乐活动，丰富老年人的精神文化生活。

社区文化活动中心、公共体育场馆等公共文化体育设施应当根据老年人的特殊需求，提供有针对性的公共文化体育服务。

## 第八章 法律责任

**第六十条** 违反本条例规定的行为，《中华人民共和国老年人权益保障法》以及其他有关法律、行政法规已有处理规定的，从其规定。

**第六十一条** 拒绝履行赡养、扶养老年人义务的，侮辱、虐待、遗弃老年人的，干涉老年人婚姻自由的，由行为人所在单位、基层群众性自治组织或者老年人组织给予批评教育；构成违反治安管理行为的，依法给予治安管理处罚；构成犯罪的，依法追究刑事责任。

**第六十二条** 违反本条例第三十四条第一款规定，建设、运营社区养老服务设施的企业事业单位、社会组织或者个人未按照国家和本市有关养老服务设施建设标准、社区养老服务规范的要求，建设社区养老服务设施或者提供社区养老服务的，由民政部门责令改正；享受政府税费减免或者建设补助、运营补贴等优惠政策的，有关部门可以中止优惠政策；情节严重的，收回已经减免的税费和发放的补助、补贴。

**第六十三条** 有关部门或者组织未依法履行老年人权益保障职责的，由其上级主管部门给予批评教育，责令改正。

国家工作人员未依法履行职责，损害老年人合法权益的，由其所在单位或者上级主管部门对直接负责的主管人员和其他直接责任人员依法给予处分；构成犯罪的，依法追究刑事责任。

## 第九章 附 则

**第六十四条** 本条例自2016年5月1日起施行。1998年8月18日上海市第十一届人民代表大会常务委员会第四次会议通过、2010年9月17日上海市第十三届人民代表大会常务委员会第二十一次会议修正的《上海市老年人权益保障条例》同时废止。

# 上海市人民代表大会常务委员会关于区和乡镇人民代表大会工作的若干规定

（2016年4月21日上海市第十四届人民代表大会常务委员会第二十八次会议通过 根据2023年12月28日上海市第十六届人民代表大会常务委员会第九次会议《关于修改〈上海市人民代表大会常务委员会关于区县和乡镇人民代表大会工作的若干规定〉等5件地方性法规和废止〈上海市预防职务犯罪工作若干规定〉的决定》修正）

**第一条** 根据《中华人民共和国地方各级人民代表大会和地方各级人民政府组织法》和其他有关法律法规，结合本市实际情况，制定本规定。

**第二条** 区和乡镇人民代表大会是本行政区域的地方国家权力机关，坚持中国共产党的领导，坚持以马克思列宁主义、毛泽东思想、邓小平理论、“三个代表”重要思想、科学发展观、习近平新时代中国特色社会主义思想为指导，坚持以人民为中心，坚持和发展全过程人民民主，依照宪法和法律法规的规定行使职权。

**第三条** 区人民代表大会会议每年至少举行一次，乡镇人民代表大会会议一般每年举行两次，会期和会议日程应当合理安排。会议召开的日期由区人民代表大会常务委员会或者乡镇人民代表大会主席团决定，并予以公布。

遇有特殊情况，区人民代表大会常务委员会或者乡镇人民代表大会主席团可以决定适当提前或者推迟召开会议。提前或者推迟召开会议的日期未能在当次会议上决定的，常务委员会或者其授权的主任会议，乡镇人民代表大会主席团可以另行决定，并予以公布。

区和乡镇人民代表大会会议必须有三分之二以上的代表出席，始得举行。

区人民代表大会常务委员会或者乡镇人民代表大会主席团认为必要，或者经过五分之一以上代表提议，可以临时召集本级人民代表大会会议。

**第四条** 区人民代表大会每次会议主席团人数为区人民代表大会代表总数的百分之十至百分之十五。

区人民政府组成人员，区人民法院和人民检察院负责人不担任主席团成员的职务。

乡镇人民代表大会主席团由九人至十一人组成。乡镇人民代表大会代表名额超过七十名的，主席团人数不超过十三人。

乡镇人民代表大会主席团成员不得担任国家行政机关的职务；如果担任国家行政机关的职务，应当向本级人民代表大会辞去主席团成员的职务。

主席团会议必须有三分之二以上的主席团成员出席，始得举行。

**第五条** 区和乡镇人民代表大会主席团在本级人民代表大会会议期间行使下列职权：

（一）主持人民代表大会会议；

（二）领导人民代表大会各委员会的工作；

（三）决定会议日程；

（四）向会议提出议案和各项决议草案；

（五）组织审议列入会议议程的议案和有关报告；

（六）提出选举办法草案，主持选举；

（七）依法提出和确定本级国家机关领导人员等候选人；

（八）决定议案、罢免案、质询案的审议程序和处理意见；

（九）决定代表提出议案的截止时间；

（十）组织宪法宣誓仪式；

（十一）发布公告；

（十二）其他依法需由主席团讨论决定的事项。

**第六条** 乡镇人民代表大会主席团在闭会期间每三个月至少召开一次主席团会议。会议由乡镇人民代表大会主席或者主席委托的副主席召集并主持。

闭会期间的主席团会议行使下列职权：

（一）安排代表听取和讨论本级人民政府的专项工作报告，评议本级人民政府的工作；

（二）安排代表检查本级人民政府执行宪法、法律、法规以及上级人民代表大会及其常务委员会和本级人民代表大会决议、决定的情况；

（三）安排代表对政府和有关部门的工作开展视察，并根据参加视察的代表的要求，安排约见有关国家机关负责人；

（四）根据代表要求，联系安排本级或者上级人民代表大会代表持代表证就地视察；

（五）安排代表围绕经济社会发展和人民群众普遍关注的重大问题开展专题调研活动；

（六）向本级有关机关送交执法检查、视察和专题调研报告，并向代表反馈有关机关对报告中所提意见建议研究处理的情况；

（七）听取和反映代表和人民群众对本级人民政府工作的建议、批评和意见；

（八）向本级有关机关和组织交办代表提出的建议、批评和意见，对办理工作进行检查督促，受理和公开办理情况报告，并印发下一次人民代表大会会议；

（九）安排代表向原选区选民报告履职情况；

（十）听取代表资格审查委员会的代表资格审查报告，确认代表的资格或者确定代表的当选无效，并在每届人民代表大会第一次会议前公布代表名单；

（十一）对本级预算、决算草案、预算执行情况和调整方案等进行初步审查；

（十二）讨论决定召集人民代表大会会议的有关事项；

（十三）其他依法需由主席团讨论决定的事项。

主席团在闭会期间的工作，应当向本级人民代表大会报告。

**第七条** 区人民代表大会常务委员会和乡镇人民代表大会设立代表资格审查委员会。

代表资格审查委员会由五人至九人组成，设主任委员、副主任委员若干人和委员若干人。区人民代表大会常务委员会代表资格审查委员会的人选，由常务委员会主任会议在常务委员会组成人员中提名，常务委员会任免。乡镇人民代表大会代表资格审查委员会的人选由本级人民代表大会主席团从代表中提名，并提请大会通过，行使职权至本届人民代表大会任期届满为止。

代表资格审查委员会依法审查以下内容：

（一）当选的本级人民代表大会代表是否符合宪法、法律规定的代表的基本条件；

（二）选举是否符合法律规定的程序；

（三）是否存在破坏选举和其他当选无效的违法行为。

代表资格审查委员会应当认真受理对当选代表的举报，及时交有关方面依法调查处理；对被举报的当选代表问题线索清晰但尚未核查清楚的，由有关方面继续调查，可以延迟提出其当选有效或者当选无效的意见。

代表资格审查委员会依法进行审查后，提出代表当选是否有效的意见，向区人民代表大会常务委员会或者乡镇人民代表大会主席团报告。

区人民代表大会常务委员会或者乡镇人民代表大会主席团根据代表资格审查委员会提出的报告，确认代表的资格或者确定代表的当选无效，在每届人民代表大会第一次会议前公布代表名单。

对补选产生的代表，依照前款规定进行代表资格审查。对接受辞职、罢免等终止代表资格和暂停与恢复代表职务的情况向区人民代表大会常务委员会或者乡镇人民代表大会主席团提出报告。

**第八条** 每届区人民代表大会第一次会议设立议案审查委员会，对议案研究提出处理意见;设立国民经济和社会发展计划、预算审查委员会,对相关草案提出审查意见。届中的区人民代表大会各次会议的议案由法制委员会会同相关专门委员会研究提出处理意见;国民经济和社会发展计划、预算草案等由财政经济委员会提出初步审查意见。

每次乡镇人民代表大会会议设立议案审查委员会、财政预算审查委员会,对议案研究提出处理意见,对预算草案提出审查意见。

委员会由主任委员、副主任委员若干人和委员若干人组成。委员会组成人员由区人民代表大会常务委员会或者乡镇人民代表大会主席团在代表中提名,提请预备会议通过。

**第九条** 区和乡镇人民代表大会代表应当加强调查研究,为参加人民代表大会作准备。

人民代表大会会议举行的三日以前,区人民代表大会常务委员会或者乡镇人民代表大会主席团应当将会议的主要文件送交与会代表,并组织好代表会前活动。代表应当认真准备和出席会议,并围绕议题审议发言。因病或者其他特殊原因不能出席的应当提前请假。

人民代表大会会议审议各项报告、议案时,有关国家机关负责人应当到会听取意见、回答询问,会后认真研究、积极采纳代表的意见建议,并及时向代表反馈。

**第十条** 区人民代表大会常务委员会设专职主任,并设副主任若干人、委员若干人。区人民代表大会常务委员会组成人员为十五人至三十五人,人口超过一百万的,常务委员会组成人员不超过四十五人。其中,常务委员会专职委员比例应当达到百分之五十以上。

**第十一条** 区人民代表大会设立法制委员会、财政经济委员会、监察和司法委员会,也可以根据需要设立其他专门委员会。各专门委员会受本级人民代表大会领导;在大会闭会期间,受本级人民代表大会常务委员会领导。专门委员会设主任委员、副主任委员若干人、委员若干人。专门委员会组成人员的人选,由主席团在代表中提名,大会通过。在大会闭会期间,常务委员会可以任免专门委员会的个别副主任委员和部分委员,由主任会议提名,常务委员会会议通过。

各专门委员会履行下列职责:

(一)根据人民代表大会主席团或者常务委员会主任会议的交付,研究、审议有关议案,提出审议结果报告或者审议意见;

(二)研究、审议和拟订有关议案;

(三)对属于本级人民代表大会及其常务委员会职权范围内同本委员会有关的问题,进行调查研究,提出建议和意见;

(四)协助本级人民代表大会及其常务委员会依法开展监督工作;

(五)加强与本级人民代表大会代表的联系,为代表提出同本委员会工作有关的议案和建议、批评和意见提供服务;认真研究交由本委员会处理的代表建议、批评和意见,并负责答复代表;根据常务委员会的要求,跟踪督办交由本级人民政府和人民法院、人民检察院承办的代表建议、批评和意见。

专门委员会履行职责时,可以邀请本级人民代表大会代表列席专门委员会会议。

**第十二条** 区人民代表大会常务委员会设立办公室等办事机构和预算、人事代表等工作机构,也可以根据工作需要,设立其他办事机构和工作机构。

**第十三条** 区人民代表大会常务委员会在街道设立区人民代表大会常务委员会街道工作委员会,有关的组织和工作制度按照《上海市区人民代表大会常务委员会街道工作委员会工作条例》执行。

**第十四条** 乡镇人民代表大会设专职主席,工作需要的可以设一名专职副主席。副主席受主席委托或者在主席出缺的时候,履行主席的职责。不是区人民代表大会常务委员会组成人员的乡镇人民代表大会主席应当列席区人民代表大会常务委员会会议。如有特殊情况,可以委托副主席列席。

乡镇人民代表大会主席、副主席在本级人民代表大会闭会期间履行下列职责:

(一)联系本级人民代表大会代表,根据主

席团的安排组织代表开展活动，处理主席团的日常工作，为代表执行代表职务提供必要的条件和服务；

（二）受上一级人民代表大会及其常务委员会的委托，联系在本行政区域内的上级人民代表大会代表，办理上一级人民代表大会及其常务委员会交办的事项；

（三）组织进行乡镇人民代表大会代表的补选或者罢免；

（四）组织代表参加履职学习；

（五）召集主席团会议，讨论有关事项。

**第十五条** 乡镇人民代表大会设立办公室（代表联络室），履行下列职责：

（一）承办乡镇人民代表大会会议和主席团决定事项的组织实施和督促、检查等工作；

（二）负责起草乡镇人民代表大会及其主席团工作要点、总结、报告等材料，承办乡镇人民代表大会及其主席团召开的各种会议，受理代表和人民群众的来信来访；

（三）联系本乡镇行政区域内各级人民代表大会代表，做好代表开展视察、调研、执法检查等活动的服务保障，做好代表履职情况登记工作；

（四）承办乡镇人民代表大会主席、副主席交办的其他工作。

乡镇人民代表大会办公室（代表联络室）主任人选由乡镇人民代表大会主席团提名，乡镇人民代表大会通过。

**第十六条** 区人民代表大会及其常务委员会和乡镇人民代表大会应当结合本行政区域经济社会发展的实际情况，制定有关讨论、决定重大事项的具体办法，明确加强民主法治建设、区域发展总体规划、城镇建设、社会治理、教育卫生、环境和资源保护、重大民生工程、重大建设项目等方面涉及的重大事项和项目的范围，建立相关运行机制和操作规范。

**第十七条** 区人民政府应当将发布的决定、命令、规定、细则、办法等规范性文件，自公布之日起三十日内报送本级人民代表大会常务委员会备案。区人民代表大会法制委员会会同人民代表大会有关专门委员会或者常务委员会工作机构进行审查，提出审查意见。

对规范性文件进行审查，主要审查是否存在下列情形：

（一）同宪法、法律、行政法规和本市地方性法规相抵触；

（二）同本级或者上级人民代表大会及其常务委员会的决议、决定相抵触；

（三）超越法定权限，限制或者剥夺公民、法人和其他组织合法权利，或者增加公民、法人和其他组织义务；

（四）违背法定程序；

（五）其他依法应当予以撤销的情形。

区人民代表大会专门委员会、常务委员会工作机构应当自收到规范性文件之日起三十日内提出书面审查意见。经过审查，认为规范性文件存在前款所列情形之一的，区人民代表大会常务委员会应当书面告知制定机关，并要求制定机关在指定期限内提出处理意见。制定机关在指定期限内对规范性文件仍不予修改或者废止的，区人民代表大会常务委员会可以依法撤销和纠正违法的规范性文件。

区人民代表大会常务委员会可以参照上海市人民代表大会常务委员会关于规范性文件备案审查的有关规定，制定规范性文件备案审查的实施办法。

**第十八条** 区人民代表大会常务委员会和乡镇人民代表大会主席团应当围绕中心工作，每年选择若干事关改革发展稳定大局的重大问题、人民群众普遍关注的热点难点问题，有重点有计划地加强监督。确定监督项目、开展监督工作时，应当认真听取代表和人民群众的意见，应当将代表建议、批评和意见中普遍关注的问题列为重点监督项目。

区人民代表大会常务委员会应当按照《中华人民共和国各级人民代表大会常务委员会监督法》的有关规定，健全执法检查、听取讨论专项工作报告、组织代表视察等工作机制，通过开展询问、质询等方式加强对本级行政、司法机关的监督。

乡镇人民代表大会主席团应当安排代表通过听取和讨论政府工作情况汇报或者专项工作报告、对重点工作开展视察和执法检查等方式，加强对政府工作的监督。

**第十九条** 区人民代表大会审查本级总预算草案及本级总预算执行情况的报告；批准本级预算和本级预算执行情况的报告；改变或者撤销本级人民代表大会常务委员会关于预算、决算的不适当的决议；撤销本级人民政府关于预算、决算的不适当的决定和命令。

区人民代表大会常务委员会监督本级总预算的执行；审查和批准本级预算的调整方案；审查和批准本级决算；撤销本级人民政府和下一级人民代表大会关于预算、决算的不适当的决定、命令和决议。

乡镇人民代表大会审查和批准本级预算和本级预算执行情况的报告；监督本级预算的执行；审查和批准本级预算的调整方案；审查和批准本级决算；撤销本级人民政府关于预算、决算的不适当的决定和命令。经市人民政府批准由区人民政府代编的乡镇本级预算草案、预算调整方案、决算草案，应当报乡镇人民代表大会审查和批准。

区人民代表大会及其常务委员会和乡镇人民代表大会应当加强全口径预算、决算审查和监督，可以组织或者安排代表在人民代表大会召开前，开展专题调查，将本级人民政府所有收支纳入预算管理，推动政府及时公开预算、决算情况。对预算安排的合法性、完整性、可行性，以及重点支出和重大投资项目是否适当等进行重点审查。

**第二十条** 区和乡镇行政区域内关系改革发展稳定大局和人民群众切身利益、社会普遍关注的重要工作的推进情况、重要政策的调整情况、重要改革方案以及重大突发事件等有关情况，有关国家机关应当及时向区人民代表大会及其常务委员会或者乡镇人民代表大会及其主席团报告并听取意见，也可以根据情况以书面形式报告。区人民代表大会常务委员会和乡镇人民代表大会可以结合本行政区域的实际情况，制定具体操作办法。

**第二十一条** 区人民代表大会及其常务委员会和乡镇人民代表大会应当规范和完善人事选举、任命和接受辞职、罢免等相关工作程序；保障代表和常务委员会组成人员的知情权，规范被选举和任命的国家工作人员人选在会议投票表决前同代表、常务委员会组成人员见面的程序；应当采取宪法宣誓、颁发任命书等形式，增强被选举和任命的国家工作人员的宪法意识、责任意识和公仆意识；加强对被选举和任命的国家工作人员的任前审查和任后监督。

**第二十二条** 区人民代表大会常务委员会应当建立、完善常务委员会联系代表、各委员会联系代表、代表联系原选区选民和人民群众制度。乡镇人民代表大会主席团应当建立、完善代表联系原选区选民和人民群众制度。区和乡镇人民代表大会代表应当以口头或者书面等方式向原选区选民报告履职情况。

区人民代表大会常务委员会和乡镇人民代表大会主席团可以通过代表接待日、主题活动、人大代表之家、代表联络站、代表联系点、基层立法信息采集平台等，畅通社情民意表达和反映渠道。

**第二十三条** 区和乡镇人民政府，区人民法院和人民检察院应当加强与本级人民代表大会代表的联系，及时向代表通报工作情况、提供信息资料，保障代表的知情权，并通过多种形式听取代表对有关工作的意见建议。政府研究出台重大工程项目或者涉及民生的重大举措前，应当听取代表的意见建议。代表依法提出约见本级或者下级有关国家机关负责人的，区人民代表大会常务委员会的办事机构和工作机构，乡镇人民代表大会主席、副主席应当及时进行联系和安排。被约见的有关国家机关负责人或者由其委托的负责人员应当听取代表的建议、批评和意见，并及时向代表反馈有关情况。

**第二十四条** 区人民代表大会常务委员会和乡镇人民代表大会主席、副主席应当为代表了解社情民意、提出议案及建议、批评和意见提供帮助，为代表执行职务提供便利。

代表各项活动的必需经费应当列入本级财政预算。

**第二十五条** 本规定自2016年5月1日起施行。1995年12月29日通过的《上海市人民代表大会常务委员会关于乡镇人民代表大会工作的若干规定》同时废止。

# 上海市推进国际航运中心建设条例

（2016年6月23日上海市第十四届人民代表大会常务委员会第三十次会议通过
2024年12月31日上海市第十六届人民代表大会常务委员会第十八次会议修订）

## 第一章 总 则

**第一条** 为了加快上海国际航运中心建设，提升航运资源全球配置能力，助力海洋强国、航运强国建设，根据有关法律、行政法规的规定，结合本市实际，制定本条例。

**第二条** 本市推进上海国际航运中心建设工作，适用本条例。

**第三条** 本市贯彻落实国家战略，共建辐射全球的航运枢纽，提升高端航运服务水平，深化智慧绿色航运合作发展，营造国际一流航运发展环境，建设全球领先的国际航运中心。

**第四条** 市人民政府加强对本市推进上海国际航运中心建设工作的领导，建立工作协调机制，深化上海国际航运中心与上海国际经济、贸易、金融、科技创新中心联动发展。

区人民政府按照全市总体工作部署，做好本行政区域推进上海国际航运中心建设相关工作。

**第五条** 市交通部门负责协调推进上海国际航运中心建设工作，组织编制相关规划，落实有关工作任务。

市发展改革、经济信息化、商务（口岸）、教育、科技、公安、司法行政、财政、规划资源、生态环境、水务（海洋）、文化旅游、应急、市场监管、数据、地方金融、气象等部门加强协作配合，按照各自职责落实相关工作。

**第六条** 本市统筹航运发展和航运安全，加强航运安全保障和风险防范能力建设，构建与高水平开放相适应的安全监管体系，推动航运领域安全稳定发展。

**第七条** 本市设立上海国际航运中心建设发展资金，纳入财政预算，并发挥其他相关专项资金作用，为推进上海国际航运中心建设提供资金支持。

**第八条** 相关区人民政府结合区位优势和产业基础，加强航运服务功能集聚区建设，发挥要素汇集和辐射带动作用。

浦东新区、中国（上海）自由贸易试验区及临港新片区、上海虹桥国际中央商务区、上海东方枢纽国际商务合作区推进航运领域先行先试改革，实施更高水平制度型开放，提升上海国际航运中心能级。

**第九条** 航运相关行业协会应当加强行业自律和行业诚信建设，规范行业秩序，维护行业和会员的合法权益，增进与国内外相关航运组织之间的交流，促进航运业的公平竞争和有序发展。

**第十条** 本市与长江三角洲区域等有关省市建立合作机制，共同建设世界级港口群，共同推进民航协同发展，促进长三角一体化发展和长江经济带高质量发展，提升助力海洋强国、航运强国建设功能。

**第十一条** 本市加强全方位、多层次、宽领域的国际航运交流，通过举办交流活动、建立合作机制等方式，与相关国际组织、世界其他国际航运中心加强合作。

**第十二条** 本市加大航运文化培育力度，挖掘航运文化遗产内涵和时代特色，建设航运文化基地，促进航运与文化、休闲、旅游业融合，加强航运文化国内外交流与合作，提升上海航运文化的国际影响力。

**第十三条** 按照国家和本市有关规定，对在上海国际航运中心建设中做出突出贡献的单位和个人给予表彰奖励。

## 第二章 规划和建设

**第十四条** 市人民政府根据上海国际航运中心建设总体目标，围绕枢纽门户功能升级、辐射引领能力增强、科技创新驱动有力、资源配置能级提升，制定上海国际航运中心发展规划，并纳入国民经济和社会发展规划。

上海国际航运中心发展规划应当明确推进建设的战略部署、发展目标、主要任务以及具体的工作措施和责任部门。

**第十五条** 市交通部门根据上海国际航运中心发展规划和世界级航运枢纽建设要求，按照布局合理、功能完善、资源节约、环境友好等原则，负责组织港口、航道、道路、轨道交通等交通设施专项规划的编制。

专项规划应当符合生态环境分区管控以及岸线分类保护与利用要求，并依法纳入相应的国土空间规划。

**第十六条** 市规划资源、水务（海洋）等部门和区人民政府在组织编制有关国土空间规划时，应当统筹保障上海国际航运中心建设用地和水域等资源需求。

市交通部门会同市发展改革部门科学统筹港口岸线资源，提升港口岸线集约、高效利用水平。

**第十七条** 本市按照上海国际航运中心发展规划和相关专项规划的要求，建设安全便捷、智慧绿色、经济高效、支撑有力的世界一流港口和全方位门户复合型国际航空枢纽。

市交通部门会同市发展改革、规划资源、水务（海洋）等部门统筹推进港口和机场设施建设，优化设施布局，提升港口和机场的枢纽功能。

**第十八条** 市交通部门会同相关部门推进以海空枢纽港为核心的航道、道路和轨道交通等运输网络建设，构建高效、绿色、畅达的集疏运体系。

本市推动铁路、公路、水路、航空等多式联运发展，创新运输组织模式，推进相关标准、规则衔接，加强系统对接、数据共享和人工智能等现代信息技术运用，提升综合运输效率。

本市支持港口、机场等企业加强与其他省市相关企业间的互动合作，完善联运通道。

## 第三章 航运服务体系建设

**第十九条** 本市支持海运企业开辟覆盖全球的海运航线，建设具有国际竞争力的智能化、绿色化、专业化船队。

市交通、商务（口岸）部门应当提升以上海港为国际中转港的外贸集装箱沿海捎带业务的便利度。

**第二十条** 本市发展邮轮经济，建设邮轮设计制造总装和物资配送基地，打造国际一流邮轮运营中心。

本市鼓励拓展邮轮产业服务链条，提升邮轮岸上配送服务和码头综合服务功能，优化公共交通配套，形成完善的邮轮物资供应体系和邮轮旅游服务体系。

鼓励境内外邮轮公司在本市注册设立地区总部、功能性机构，依法开展邮轮国际航线业务。

市文化旅游部门应当会同市交通、市场监管等部门制定与国际接轨的邮轮旅游服务规范。

**第二十一条** 本市发挥中国（上海）自由贸易试验区临港新片区制度创新优势，为“中国洋山港”国际船舶登记提供便利服务。

**第二十二条** 本市支持主基地航空公司打造航空运输超级承运人，鼓励各类航空运输企业差异化发展航空服务产品。

本市提升国际航空转运功能，推动优化航权、时刻、空域等资源配置，提高航线网络的通达性、衔接性和枢纽航班密度。

鼓励航空运输企业结合电子商务行业的发展特点，优化运力结构，加强与海外仓的物流服务网络对接，提高服务跨境电商的能力。

**第二十三条** 市交通等部门推动港口经营人等港口服务企业增强服务韧性，推进运输组织优化和服务模式创新，提升综合服务能级。

本市推动机场管理机构和相关单位完善跨区域多机场体系运营模式，保障机场安全有序运营，优化进出港流程，提升运营效率和服务质量。

**第二十四条** 本市支持各类专业交易机构按照国家有关规定，开展船舶、航空器以及与航运相关的运价、数据、碳排放权和绿色燃料等交易业务，提升资源配置能力。

**第二十五条** 鼓励各类金融机构为航运相关企业提供融资、结算、保险等金融服务，开发航运特色金融产品，提高航运金融服务的专业化和便利度。

鼓励各类金融机构为航运相关企业提供跨境资金收付便利，为航运类跨国公司设立全球或者区域资金管理中心提供服务。

**第二十六条** 本市通过实施航运保险产品注册制度，支持保险机构开发航运保险产品，拓展业务范围，创新服务模式。

本市推进航运保险专营机构建设，依托上海国际再保险中心，推动航运保险与再保险协同发展，提高航运保险承保能力和全球服务水平。

鼓励航运企业通过投保商业保险、船东互保、自保等方式，提高风险管理能力。

**第二十七条** 鼓励仲裁机构、公证机构、商事调解组织、律师事务所提升法律服务能力，为上海国际航运中心建设提供高质量法律服务。

本市推进仲裁机制创新，推动提升海事海商、航空航运、跨境物流等领域仲裁服务的专业化、国际化水平。

**第二十八条** 支持建立以本市为总部、全球主要航运企业及航运机构参加的国际航运组织。

鼓励符合上海国际航运中心发展要求的航运相关企业、机构和国际组织落户本市。

鼓励航运相关企业、机构和组织参与国际航运规则制定。

## 第四章 航运科技创新

**第二十九条** 本市支持航运领域的基础研究，围绕数字化、智能化、绿色化转型，以及高端装备制造、新能源、新材料等领域，加强关键技术攻关，促进航运科技创新成果推广应用，完善相关技术标准体系。

**第三十条** 市经济信息化、科技等部门支持船舶与海洋工程装备研发设计、总装配套、修理改装技术创新和集聚发展，建设世界领先的现代化造船基地。

市经济信息化、科技等部门支持民用航空器、航空发动机、机载设备等的研发、制造以及航空高端维修技术发展，促进世界级民用航空产业集群建设；支持适航审定和航空器运行评审能力建设，推动健全适航审定组织体系。

**第三十一条** 市交通、经济信息化、科技、数据等部门推动航运数字化发展，推进大数据、区块链、人工智能等现代信息技术在航运领域的应用，加强信息对接和业务协同，促进航运贸易数据安全共享和融合应用，提升航运贸易便利化水平。

**第三十二条** 市交通、经济信息化、科技、数据等部门推动航运智能化发展，提升航运基础设施的信息化智能化水平，推进智能化服务、智慧化运营和智能装备创新应用，建设智慧港口、智慧航道、智慧机场。

**第三十三条** 市交通、发展改革、经济信息化、科技等部门推动航运绿色化发展，鼓励航运装备升级，推进航运领域新能源、绿色燃料的示范应用和配套基础设施建设，加强生态环境保护，促进航运绿色低碳转型。

市交通、发展改革、经济信息化、科技、商务等部门推动完善绿色燃料加注设施布局，制定绿色燃料加注规范，优化服务流程，加强安全监管，形成技术领先、供应稳定、安全便捷的航运绿色燃料供应服务体系。

**第三十四条**　本市健全航运碳排放监测管理体系，完善航空、水运等行业的碳排放核算方法，建立碳排放统计监测、报告制度，优化航运企业参与碳排放权交易的机制和方法。

## 第五章　优化航运营商环境

**第三十五条**　本市在上海国际航运中心建设中依法实行外商投资准入和市场准入负面清单管理制度。

各行业主管部门应当按照各自职责，落实外商投资准入和市场准入负面清单管理制度，提高政策透明度，营造市场化、法治化、国际化的营商环境。

**第三十六条**　市交通、商务（口岸）等部门配合海关、边检、海事、民航等部门优化监管措施，加强信息沟通，提高船舶进出港口、靠港补给、废旧物资处置、船员换班和航班进出港、机组出入境、航空货运通关等便利化水平。

本市在入境口岸设立综合服务窗口，为入境人员提供货币兑换、移动支付、网络通信、服务咨询等方面的多语种、一站式服务。

**第三十七条**　本市完善航运人才的培养、引进、使用、激励和评价机制，实施航运人才相关行动计划，加强航运领域人才队伍建设。

本市支持高等院校加强航运相关学科建设，强化产学研深度融合，推进复合型航运人才培养。

本市支持国际航运中心相关领域智库建设，提高智库决策咨询能力和国际影响力。

**第三十八条**　市、区人民政府有关部门应当按照公共信用信息相关管理规定，做好航运领域相关主体信用信息的归集工作，推进信用分级分类监管，依法开展守信激励和失信惩戒。

鼓励第三方信用服务机构提供信用评价评级、信用管理咨询等服务。第三方信用服务机构提供相关服务应当采取必要措施保护数据信息的安全。

**第三十九条**　本市聚焦国际航运中心建设的重点领域、关键环节，建立风险防范机制，落实航运相关企业安全生产责任，强化安全风险的识别、预警和处置。

本市加强航运领域突发事件应对，制定相关应急预案，建立部门间信息共享、协同监管和应急联动机制，提升快速反应和应急处置能力。

市交通、发展改革、经济信息化、商务、司法行政、数据、地方金融、气象等部门应当为航运企业提供航运风险研判、纠纷解决等方面的指导和服务。

本市推动与长江流域其他港口城市建立区域一体化水上交通安全监管、应急救助和生态环境保护治理体系。

## 第六章　附　　则

**第四十条**　本条例自 2025 年 2 月 1 日起施行。

# 上海市急救医疗服务条例

（2016 年 7 月 29 日上海市第十四届人民代表大会常务委员会第三十一次会议通过 根据 2020 年 5 月 14 日上海市第十五届人民代表大会常务委员会第二十一次会议《关于修改本市部分地方性法规的决定》修正）

## 第一章 总　　则

**第一条** 为了规范急救医疗服务，维护急救医疗秩序，完善急救医疗服务体系，实现救死扶伤的宗旨，制定本条例。

**第二条** 本市行政区域内的院前急救医疗服务、院内急救医疗服务以及社会急救等活动及其管理，适用本条例。

**第三条** 本条例所称的院前急救医疗服务，是指由急救中心、急救站（以下统称院前急救机构）按照统一指挥调度，在患者送达医疗机构救治前开展的以现场抢救、转运途中紧急救治和监护为主的医疗活动。

本条例所称的院内急救医疗服务，是指设置急诊科室的医疗机构（以下称院内急救机构）为院前急救机构送诊的患者或者自行来院就诊的患者提供紧急救治的医疗活动。

本条例所称的社会急救，是指在突发急症或者意外受伤现场，社会组织和个人采用心肺复苏、止血包扎、固定搬运等基础操作，及时救护伤者、减少伤害的活动或者行为。

**第四条** 市和区人民政府应当加强对急救医疗服务工作的领导，将急救医疗事业纳入国民经济和社会发展规划，建立完善的财政投入机制和运行经费补偿保障机制，形成平面急救站点完善、立体急救门类齐全、硬件配置先进、院前院内有序衔接的急救医疗网络和服务体系，保障急救医疗事业与经济社会协调发展，满足群众日常急救需求。

**第五条** 市卫生健康行政部门主管本市范围内的急救医疗服务工作；区卫生健康行政部门负责管理本辖区内的急救医疗服务工作。

发展改革、财政、规划资源、公安、消防、建设、经济信息化、交通、人力资源社会保障、教育、民政、文化旅游等部门按照各自职责，共同做好急救医疗服务的相关工作。

**第六条** 卫生健康行政部门应当组织院前急救机构、院内急救机构开展急救知识和技能的宣传、教育和培训，引导市民合理使用急救医疗资源。

报刊、电视、广播、网络等媒体应当开展急救知识和技能的公益宣传，倡导自救互救的理念，宣传救死扶伤的精神。

**第七条** 市民应当尊重和配合院前急救机构、院内急救机构开展的急救医疗服务活动，合理、规范、有序使用急救医疗资源，自觉维护急救医疗秩序。

**第八条** 鼓励单位和个人向院前急救机构、院内急救机构进行捐赠，支持急救事业发展。

**第九条** 院前急救服务和非急救转运服务实行分类管理。

院前急救服务由院前急救机构通过救护车提供。

非急救转运服务可以由社会力量通过专门的转运车辆提供，具体管理规范由市人民政府制定。

## 第二章 院前急救医疗服务

**第十条** 市卫生健康行政部门会同市规划

资源部门组织编制院前急救设施建设专项规划，合理确定急救站点的数量和布局，经市人民政府批准后，纳入相应的城乡规划。

市规划资源部门和区人民政府应当为院前急救设施建设预留建设用地。

区人民政府应当按照本市院前急救设施建设专项规划，建设院前急救机构的相关设施。

**第十一条** 院前急救机构应当按照法律、行政法规的有关规定，向市和区卫生健康行政部门申请办理院前急救医疗执业登记。

未经卫生健康行政部门批准，任何单位和个人不得擅自设置院前急救机构开展院前急救医疗服务。

**第十二条** 市卫生健康行政部门应当组织制定院前急救医疗工作规范和质量控制标准，建立统计报告制度。

院前急救机构应当按照院前急救医疗工作规范和质量控制标准，制定相应的管理制度，定期组织急救业务培训和考核，向卫生健康行政部门报告有关统计信息。

**第十三条** 院前急救机构从业人员包括急救医师、医疗急救指挥调度人员、行政管理人员、急救辅助人员和医疗急救装备专业维修维护人员。院前急救机构的岗位设置和人员配置，按照国家和本市有关规定执行。

**第十四条** 本市根据区域服务人口、服务半径、地理环境、交通状况以及业务需求等因素，确定合理的院前急救机构救护车（以下简称救护车）配备数量，并配备一定数量的特种救护车辆。救护车的具体配备数量由市卫生健康行政部门编制，报市人民政府批准。

救护车应当符合国家标准，有明显的行业统一规定的急救医疗标志及名称，按照有关规定安装定位系统、通讯设备和视频监控系统，配备警报器、标志灯具、急救设备和药品，并喷涂“120”等标志图案。

救护车应当专车专用。任何单位和个人不得使用救护车开展非院前急救医疗服务活动。

任何社会车辆不得使用“120”等标志图案。

**第十五条** 每辆救护车应当至少配备急救医师一名，驾驶员、担架员等急救辅助人员两名。

急救医师应当由医学专业毕业、经过院前急救医疗专业岗前培训和继续教育培训合格的人员担任。

急救辅助人员应当由经过急救员技能培训合格、熟练掌握基本急救医疗知识和基本操作技能的人员担任。

**第十六条** 院前急救人员的薪酬待遇，根据其岗位职责、工作负荷、服务质量、服务效果等因素合理确定。

**第十七条** 本市设置的院前急救呼叫受理和指挥调度中心，实行全年二十四小时急救呼叫受理服务，统一受理急救呼叫，合理调配急救资源。

市卫生健康行政部门、市交通部门、市公安交通管理部门应当建立道路、交通信息共享机制。

**第十八条** 急救呼叫专用电话号码为“120”。院前急救呼叫受理和指挥调度中心应当根据人口规模、急救呼叫业务量设置相应数量的“120”专线电话线路，配备调度人员，保障及时接听公众的急救呼叫电话。

任何单位和个人只有在出现紧急情况且需要急救医疗服务时，才可以拨打“120”专线电话；不得有虚假的急救呼叫行为，不得对“120”专线电话进行骚扰。

“120”呼叫受理和指挥调度中心与“110”指挥中心、“119”指挥中心应当完善联动协调机制。

**第十九条** 院前急救呼叫受理和指挥调度中心接到急救呼叫信息后，应当立即对急救呼叫信息进行分类、登记，对病情进行初步评估，并发出救护车调度指令。必要时，可以对急救呼叫人员进行现场应急救护的指导。

**第二十条** 院前急救人员在执行急救任务时，应当佩戴统一的院前急救医疗标识，携带相应的急救药品和设备设施。

院前急救人员根据调度指令到达现场后，应当根据患者病情采取相应的急救措施。对需要送往院内急救机构抢救的患者，院前急救人员应当通知院内急救机构做好收治抢救的准备工作。

患者家属、现场其他人员有义务协助院前急救人员做好相关工作，提供便利。

**第二十一条** 院前急救人员因未能与急救呼叫的患者取得联系且无法进入其住宅等现场开展急救的，可以立即向公安、消防等部门报告，请求协助进入现场。公安、消防等部门应当及时赶赴现场予以协助。

**第二十二条** 除通过院前急救机构为急诊患者提供转院服务的情形外，院前急救机构应当按照就近、就急以及满足专业治疗需要的原则，决定将患者送往相应的院内急救机构进行救治。患者或者其家属要求送往其他医疗机构的，院前急救医师应当告知其可能存在的风险，并要求其签字确认。

患者有下列情形之一的，一律由院前急救医师决定送往相应的院内急救机构进行救治：

（一）病情危急、有生命危险的；

（二）疑似突发传染病、严重精神障碍的；

（三）法律、行政法规有特别规定的。

**第二十三条** 院前急救人员在将患者送往院内急救机构的过程中，应当密切观察患者病情，进行生命体征监测，及时救治，并向患者或者其家属询问病史，做好相关记录。

**第二十四条** 对有危害社会治安行为、涉嫌违法犯罪或者依法需要提供保护性措施的患者，院前急救人员应当在提供急救医疗服务时，及时通知当地公安机关或者有关专业机构，由公安机关或者有关专业机构依法采取相应措施。

**第二十五条** 院前急救机构应当做好急救呼叫受理、现场抢救、转运途中救治、监护等过程的信息记录。

院前急救医疗病历按照医疗机构病历管理相关规定管理保存。院前急救机构的急救呼叫电话录音、派车记录资料应当至少保存两年。

**第二十六条** 本市建立、健全陆上、水面、空中等门类齐全的立体化院前急救网络，加大政府扶持力度，实现陆上与水面、空中急救一体化。

**第二十七条** 对重大或者特别重大突发事件中的急救医疗，必要时，由应急医疗专家对现场患者情况进行专业判断后，由院前急救机构送往相关的医疗机构进行救治。

**第二十八条** 院前急救机构应当按照市和区人民政府的要求或者突发事件应急预案的要求，为大型群众性活动做好院前急救医疗服务的准备工作。

## 第三章 院内急救医疗服务

**第二十九条** 市和区卫生健康行政部门应当制定院内急救医疗资源配置规划，完善本行政区域内的院内急救医疗资源布局，加强对院内急救机构的指导和监督。

市和区卫生健康行政部门应当建立、健全相关危重急症专业急救网络，加强区域内定点救治工作。

**第三十条** 市卫生健康行政部门应当根据院内急救机构的功能定位，制定院内急诊科室建设标准和管理规范。院内急救机构上级主管部门和单位应当根据建设标准和管理规范，加强急诊科室建设，并接受市卫生健康行政部门的指导和监督。

**第三十一条** 二级以上综合性医疗机构和卫生健康行政部门确定的专科医院应当按照急诊科室建设标准和管理规范，设置急诊科室，加强急诊学科建设和日常管理，提高院内急救医疗服务能力。未经卫生健康行政部门批准，不得关、停急诊科室。

鼓励院内急救机构开展急诊与重症监护室一体化建设。

**第三十二条** 院内急救机构应当按照有关标准，配备掌握急诊医学理论知识和基本操作技能的急诊科室医护人员，并加强急诊科室医护人员培训。

**第三十三条** 院内急救机构应当建立急诊抢救、紧急会诊等各项规章制度和应急联动机制，明确岗位职责和操作规程。院内急救人员应当遵守规章制度和诊疗技术规范，保证医疗服务质量及医疗安全。

**第三十四条** 市卫生健康行政部门应当制定、完善急诊分级救治标准，明确急诊分级救治的目标和措施。

院内急救机构应当依据急诊分级救治标准，制定本单位的执行制度，并向社会公示，引导急诊患者合理分流，按照患者疾病严重程度进行分级，并决定救治的优先次序。急诊患者及其家属应当遵循急诊分级救治标准，听从医护人员安排，按照院内急救机构的规范和流程有序就诊。

**第三十五条** 院内急救机构与院前急救机构之间应当建立工作衔接机制，规范交接工作流程，按照急诊分级救治标准的要求，实现信息互通和业务协同。

院内急救机构应当保持急救绿色通道畅通，接到院前急救人员要求做好急危重患者收治抢救准备工作的通知后，应当及时做好接诊准备。

院前急救人员将患者送达院内急救机构后，院内急救机构相关人员应当及时与院前急救人员办理患者交接的书面手续，不得以任何理由拒绝或者推诿，不得无故占用救护车的设施、设备。市和区卫生健康行政部门、院内急救机构上级主管单位应当加强对院内急救机构交接情况的监督和考核。

**第三十六条** 院内急救机构实行首诊负责制，不得拒绝或者推诿急诊患者；对急危重患者，应当按照先及时救治、后补交费用的原则进行救治。

确因情况特殊需要转运至其他院内急救机构进行救治的患者，由首诊的院内急救机构进行判断，对符合转运指征的，应当由首诊的院内急救机构联系、落实接收的院内急救机构。

**第三十七条** 院内急救机构应当根据患者病情需要进行救治、转诊或者分流。患者经急诊科室救治后需要住院继续治疗的，院内急救机构应当及时将其转入住院病房治疗；患者经急诊科室诊治后病情稳定、无需继续急诊救治，且符合出院或者转诊标准的，应当及时办理出院手续或者转诊至相关医疗机构、康复机构继续治疗康复。

**第三十八条** 市和区卫生健康行政部门应当完善医疗康复、护理服务体系，畅通患者双向转诊渠道。

鼓励三级医疗机构与相关医疗、康复、老年护理、养老机构开展业务协作和双向转诊。

**第三十九条** 市医保部门应当通过医保支付政策的倾斜，引导经过急诊处理、病情稳定的患者转诊到相关医疗机构继续治疗康复。

符合出院或者转诊标准仍无故滞留院内急救机构、占用急救资源的患者，市卫生健康行政部门应当按照有关规定将其信息提供给本市公共信用信息服务平台，记为不良信用信息。

**第四十条** 本市建立院内急救医师与院前急救医师、院内急救医师与其他相关科室医师联动培养机制，组织相关专业医师到院前急救机构或者急诊科室工作。

**第四十一条** 院内急救机构上级主管部门和单位应当根据机构功能定位、急诊规模、急诊医疗服务质量，制定合理的考核指标；考核后的奖励应当向急诊科室倾斜。

医疗机构应当对急诊科室的医护人员在个人绩效考核和职称晋升、聘任方面予以倾斜，加强急诊学科建设和人才培养。

## 第四章 社会急救

**第四十二条** 市民发现需要急救的患者，应当立即拨打“120”专线电话进行急救呼叫，可以在医疗急救指挥调度人员的指导下开展紧急救助，也可以根据现场情况开展紧急救助，为急救提供便利。

鼓励具备急救技能的市民，对急危重患者实施紧急现场救护。

在配置有自动体外除颤仪等急救器械的场所，经过培训的人员可以使用自动体外除颤仪等急救器械进行紧急现场救护。

紧急现场救护行为受法律保护，对患者造成损害的，依法不承担法律责任。

本市鼓励社会组织通过商业保险、奖励等形式，支持和引导市民参与紧急现场救护。

**第四十三条** 下列场所和单位应当配备必要的急救器械、药品和掌握急救器械使用知识、技能的工作人员：

（一）轨道交通站点以及机场、客运车站、港口客运码头等交通枢纽；

（二）学校、体育场馆、展览场馆、文化娱乐场所、旅馆、商场、景区（点）等人员密集场所；

（三）大型建筑施工企业的施工现场、大型工业企业。

鼓励有条件的场所和单位配备自动体外除颤仪。

**第四十四条** 市卫生健康行政部门、市红十字会应当组织编写急救知识和技能培训教材，组织各类急救知识和技能培训。

鼓励志愿者组织以及其他社会组织开展急救知识和技能培训，提高市民的急救意识和自救互救技能。

**第四十五条** 公安、消防人员、公共交通工具的驾驶员和乘务员、学校教师、保安人员、导游以及自动体外除颤仪的使用人员，应当参加红十字会、院前急救机构等具备培训能力的组织所开展的急救知识和技能培训。

**第四十六条** 红十字会、院前急救机构及其他医疗机构应当开展急救知识普及工作，组织市民参与社会急救培训。

国家机关、企事业单位、社会团体应当组织人员参加急救知识普及和技能培训。

各级各类学校应当开设急救知识和技能课程，组织学生开展急救知识和技能的培训。

居民委员会、村民委员会应当配合做好急救知识、技能普及工作。

## 第五章 保障措施

**第四十七条** 市和区人民政府可以采取购买公共服务等方式，支持和鼓励社会力量参与急救医疗服务。社会力量参与急救医疗服务的，应当服从卫生健康行政部门的统一组织、管理。

**第四十八条** 市卫生健康行政部门应当会同市人力资源社会保障、教育等部门制定符合急救行业特点的人才培养和学科队伍建设等保障措施。

**第四十九条** 公安交通管理部门应当保障执行急救任务的救护车优先通行，在救护车遇到交通拥堵时，应当及时进行疏导。院前急救机构、院内急救机构门前以及距离上述地点三十米以内的路段，除救护车以外，禁止停车。

**第五十条** 救护车执行急救任务时，可以使用警报器、标志灯具；在确保道路交通安全的前提下，不受行驶路线、行驶方向、行驶速度和交通信号灯的限制。

**第五十一条** 救护车执行急救任务时，其他车辆和行人应当让行，不得阻碍救护车通行。

对因让行执行急救任务的救护车而导致违反交通规则的车辆和行人，免予行政处罚。对不按照规定为执行急救任务的救护车让行的车辆和行人，院前急救机构可以将车辆或者行人阻碍救护车通行的情形通过视频记录固定证据。公安机关应当根据上述证据，依法进行处罚。

**第五十二条** 对执行急救任务的救护车，免收道路通行费和停车费。

**第五十三条** 患者及其家属应当遵从院前急救机构、院内急救机构的安排，不得干扰急救医疗服务，不得妨碍急救医疗秩序，不得殴打、辱骂急救医疗人员。

对有前款行为的人员，公安机关应当依法及时制止，并予以处理。

**第五十四条** 市价格主管部门应当根据急救医疗服务活动成本和居民收入水平等因素，制定急救医疗服务活动收费标准，并可以根据经济社会发展水平适时调整。收费标准及调整情况应当及时向社会公布。

**第五十五条** 生活无着的流浪、乞讨人员符合救助条件的，其急救医疗救治费用按照国家和本市有关规定执行。

对在本市行政区域内发生急危重病情、需要急救且符合救助条件的患者所产生的急救费用，医疗机构可以按照国家和本市有关规定，申请从疾病应急救助基金中支付。

**第五十六条** 本市建立急救医疗信息系统平台，对全市院前、院内急救资源状况等进行动态监控，实现院前与院内急救资源信息即时共享。

**第五十七条** 市和区卫生健康行政部门建立应对突发事件的应急医疗专家库。

本市有条件的三级医院应当建立应急医疗救援队，参与重大或者特别重大突发事件中的急救医疗工作。

## 第六章 法律责任

**第五十八条** 违反本条例规定的行为，法律、行政法规有处理规定的，依照有关法律、行政法规的规定处理。

**第五十九条** 违反本条例第十一条规定，擅自开展院前急救医疗服务的，由卫生健康行政部门责令改正，处一万元以上三万元以下的罚款；情节严重的，处三万元以上十万元以下的罚款。

**第六十条** 违反本条例第十四条第三款规定，使用救护车开展非院前急救医疗服务活动的，由卫生健康行政部门责令改正，处一千元以上一万元以下的罚款；情节严重的，处一万元以上五万元以下的罚款。使用救护车开展非院前急救医疗服务活动所产生的费用，由相关责任人承担。

**第六十一条** 违反本条例第十四条第四款规定，社会车辆使用“120”等标志图案的，由卫生健康行政部门责令改正，处一万元以上三万元以下的罚款；情节严重的，处三万元以上十万元以下的罚款。

**第六十二条** 违反本条例第十八条第二款规定，有虚假的急救呼叫行为，或者对“120”专线电话进行骚扰的，由公安部门依法以违反治安管理行为予以处罚。

**第六十三条** 违反本条例第三十五条第三款规定，院内急救机构拒绝、推诿患者交接，或者无故占用救护车的设施、设备，由卫生健康行政部门给予警告；情节严重的，处一万元以上三万元以下的罚款。

**第六十四条** 卫生健康等行政管理部门及其工作人员违反本条例规定，有下列行为之一，造成不良后果的，由所在单位或者监察机关依法对负有直接责任的主管人员和其他直接责任人员给予警告或者记过处分；情节较重的，给予记大过或者降级处分；情节严重的，给予撤职处分：

（一）未及时制定院前急救医疗工作规范和质量控制标准；

（二）未依法履行对急救医疗服务的保障职责；

（三）未依法开展监督、检查。

## 第七章 附 则

**第六十五条** 医疗机构开展院前急救医疗服务的，参照本条例执行。

**第六十六条** 本条例自 2016 年 11 月 1 日起施行。

# 上海市统计条例

（2016年9月14日上海市第十四届人民代表大会
常务委员会第三十二次会议通过）

## 第一章 总 则

**第一条** 为了科学、有效地组织统计工作，保障统计资料的真实性、准确性、完整性和及时性，维护统计调查对象合法权益，发挥统计在服务本市经济社会发展中的重要作用，根据《中华人民共和国统计法》和相关法律、行政法规，结合本市实际，制定本条例。

**第二条** 本市各级人民政府及其统计机构和有关部门组织实施的统计活动，适用本条例。

本条例所称统计活动，包括统计调查和统计分析、提供统计资料和统计咨询意见、实行统计监督。

**第三条** 市和区人民政府应当加强对统计工作的组织领导，将统计工作纳入本地区国民经济和社会发展规划，保障统计机构和统计人员依法履行职责。

**第四条** 国家机关、企业事业单位和其他组织以及个体工商户和个人等统计调查对象应当按照国家和本市的规定，真实、准确、完整、及时地提供统计调查和统计检查所需的资料和证明。

统计调查对象依法享有了解统计调查项目、不受干涉提供统计资料、拒绝非法统计以及统计资料不被滥用等权利。

**第五条** 统计机构和统计人员依法独立行使统计调查、统计报告和统计监督的职权，任何单位和个人不得侵犯。

统计机构和统计人员对在统计工作中知悉的国家秘密、商业秘密和个人信息，应当予以保密。

**第六条** 市和区人民政府统计机构及有关部门应当在统计活动过程中实施质量控制，制定统计数据质量控制工作规程，加强统计数据质量监管。

**第七条** 本市加强统计信息化建设，构建安全、高效和便捷的统计信息化系统，提高统计信息搜集、处理、传输、共享和存储技术水平。

**第八条** 本市建立健全统计信用制度，完善统计信用信息记录、维护、查询、公示、异议处理以及信息安全等管理规范。

统计调查对象履行统计义务情况等统计信用信息应当按照规定纳入市公共信用信息服务平台，依法作为有关行政机关采取激励和惩戒措施的依据。

**第九条** 本市加强统计科学研究，建立健全反映经济社会发展特征的统计指标体系，完善本市统计技术规范，不断改进统计调查方法，提高统计的科学性。

**第十条** 本市对在统计工作中作出突出贡献或者对检举统计违法行为有功的单位和个人，按照国家和本市的有关规定，给予表彰、奖励。

## 第二章 统计机构和人员

**第十一条** 市人民政府统计机构是统计工作的主管部门，负责全市统计工作的组织实施、管理协调和监督检查，并与国家统计局在本市设立的派出调查机构建立统计联系协调机制。

区人民政府应当设立独立的统计机构，负责本行政区域内统计工作的组织实施、管理协调和监督检查。

**第十二条** 市和区人民政府有关部门设立

的统计机构或者配备的统计人员应当依法组织、管理本部门职责范围内的统计工作，协助本级人民政府统计机构对统计违法行为进行查处。

**第十三条** 乡镇人民政府应当设置统计工作岗位，配备统计人员，负责本区域的统计工作。

街道办事处应当根据区人民政府管理和服务职能的需要，配备统计人员，负责本区域的统计工作。

本市产业园区管理机构应当根据统计任务需要，设置统计工作岗位，配备统计人员，负责本区域相关统计工作，配合市和区人民政府统计机构及有关部门做好统计工作。

村民委员会和居民委员会根据统计任务需要，协助做好相关统计工作。

**第十四条** 企业事业单位和其他组织根据统计任务需要，指定统计工作负责人及工作人员，完成政府统计调查任务。

**第十五条** 政府开展统计工作，可以通过购买服务的方式，委托依法成立的社会统计服务机构组织实施数据采集、数据核实、数据分析运用和业务培训等活动。

委托方与受托方应当签订委托合同，明确各方权利义务。委托方应当督促受托方严格履行合同。未经委托方同意，受托方不得调整统计调查方案，不得以委托方的名义进行与委托无关的统计活动。

**第十六条** 企业事业单位和其他组织可以根据需要，委托依法成立的社会统计服务机构承担本单位的政府统计调查任务，并将受托方、委托事项等信息书面告知市或者区人民政府统计机构。

委托方应当按照统计调查制度的规定报送统计资料，并对统计资料的真实性、准确性、完整性和及时性负责。未经委托方同意，受托方不得进行其他统计活动。

**第十七条** 国家机关、企业事业单位和其他组织中从事统计工作的人员应当具备相应的专业知识和业务能力。

市和区人民政府统计机构及有关部门应当对从事统计工作的人员开展业务培训和职业道德教育。作为统计调查对象的国家机关、企业事业单位和其他组织应当支持和保障从事统计工作的人员接受统计培训和教育。

## 第三章 统计调查

**第十八条** 本市对统计调查对象实行在地统计管理制度。

统计调查对象应当接受所在地的区人民政府统计机构的统计管理。对不宜按区行政区域划分生产经营活动情况的统计调查对象，由市人民政府统计机构确认并实行统计管理。

**第十九条** 市人民政府统计机构应当与编制、工商、人力资源社会保障、民政、税务、质监等相关部门建立信息共享机制，记录国家机关、企业事业单位和其他组织以及个体工商户的名称、行业类别、统一社会信用代码、登记注册类型等统计基本信息，完善全市统一的统计基本单位名录库。

市和区人民政府统计机构应当根据统计基本单位名录库，确立统计调查关系，向统计调查对象告知统计义务和权利。

市人民政府统计机构应当通过向统计调查对象核实、补充等方式，日常维护和更新统计基本单位名录库。

市和区人民政府有关部门可以申请查询和使用统计基本单位名录库，并依法对相关信息保密。在统计调查中发现统计基本单位信息变动的，应当及时向同级人民政府统计机构反馈。

**第二十条** 地方统计调查项目由市和区人民政府统计机构及有关部门分别制定或者共同制定。

制定地方统计调查项目，应当对统计调查项目的必要性、可行性、科学性进行论证。

地方统计调查项目不得与国家统计调查项目、国务院部门统计调查项目和其他地方统计调查项目重复。

**第二十一条** 市人民政府有关部门、区人民政府统计机构及有关部门制定地方统计调查项目,应当向有审批权的市或者区人民政府统计机构提交申请文件、统计调查制度、项目论证等材料。依法应当报国家统计局审批的,按照国家有关规定办理。

申请符合条件、材料齐全的,市或者区人民政府统计机构应当在十五个工作日内予以批准;调查项目结束后需要报送统计资料的,应当在批复中明确报送资料的期限等要求。申请不符合条件的,应当不予批准并说明理由。申请材料不齐全、调查对象和调查内容相同或者相近的,应当告知申请人进行补充或者调整。

经批准的统计调查项目变更的,应当重新报请审批。

**第二十二条** 市和区人民政府统计机构应当通过政府网站等渠道,公布地方统计调查项目名称、制定单位、有效期限、批准文号等信息,但涉及国家秘密的除外。

**第二十三条** 市人民政府有关部门、区人民政府统计机构及有关部门应当加强统计调查项目管理,根据统计调查项目批复的要求,将组织实施统计调查取得的有关资料和调查结果,报送批准统计调查项目的市或者区人民政府统计机构。

## 第四章 统 计 资 料

**第二十四条** 国家机关、企业事业单位和其他组织等统计调查对象应当以业务活动、生产经营中形成的原始记录和凭证为依据,按照统计调查制度规定的要素、内容和形式记录统计台账。原始记录、凭证和统计台账应当保存二年以上。

市和区人民政府统计机构应当指导和规范统计调查对象建立统计台账。

**第二十五条** 市和区人民政府统计机构及有关部门应当依托本市政务数据资源管理平台,实现各自业务领域统计数据资源的共享。涉及国家秘密、商业秘密和个人信息的,应当遵守保密规定。

市人民政府统计机构应当加强对统计数据资源共享工作的综合协调。市和区人民政府统计机构及有关部门开展统计活动时,应当利用共享的统计数据资源,避免重复采集,提升工作效率。

**第二十六条** 市和区人民政府统计机构可以根据统计调查、国民经济核算、统计分析、数据评估等工作需要,向有关部门调用与统计工作有关的行政记录资料、财务资料、财政资料及其他资料,有关部门应当按照统计机构的要求及时提供。

**第二十七条** 市和区人民政府统计机构及有关部门应当充分运用现代信息技术手段和方法,开发利用社会数据资源,丰富政府统计数据来源。

市和区人民政府统计机构及有关部门可以根据统计工作需要,通过协议合作或者购买服务等方式,获取社会数据资源。统计机构及有关部门应当与社会数据资源权利人明确数据使用目的、数据内容、使用方法、保密要求和公布方式等内容,不得损害国家利益、社会公共利益和他人合法权益。

**第二十八条** 本市建立健全统计资料公布制度,加强统计资料公布的统筹管理,保障公布资料的真实、准确、完整和及时。统计调查取得的统计资料,除依法应当保密的外,应当对外公布。

市和区人民政府统计机构应当制定统计资料公布计划,明确统计资料公布的时间、内容、方式和频率,按照计划向社会公布统计资料。因特殊原因不能按照计划公布的,应当提前告知并说明理由。

市和区人民政府有关部门统计调查项目取得的统计资料,按照统计调查制度的规定予以公布。

市和区人民政府统计机构及有关部门公布统计资料时,应当说明指标含义、调查范围、调查方法等情况,便于社会公众理解和使用统计数据。

调整或者修改已公布统计资料的，应当说明理由。

**第二十九条** 公民、法人和其他组织可以通过政府网站、信息公开咨询热线、现场查阅等方式，查询已经公布的统计资料。

除前款规定的查询方式外，公民、法人和其他组织可以根据政府信息公开的规定，向市和区人民政府统计机构及有关部门提出申请。市和区人民政府统计机构及有关部门应当依法答复。

**第三十条** 本市国民经济和社会发展的统计数据，以国家统计局和市人民政府统计机构公布的数据为准。

本市有关部门公布的统计数据与本级人民政府统计机构公布的相同指标的统计数据不一致的，以政府统计机构公布的统计数据为准。

**第三十一条** 任何单位和个人公开使用市和区人民政府统计机构及有关部门公布的统计资料，应当与公布的统计资料保持一致，并注明资料来源。

**第三十二条** 市和区人民政府统计机构及有关部门，应当制定统计信息安全应急处置预案，建立健全统计资料的存储备份机制，保障统计资料安全。

统计调查中取得的统计调查对象的原始资料保存期限和汇总性统计资料保存期限，按照国家有关规定执行。

**第三十三条** 对在统计工作中获得的下列资料，应当予以保密，不得对外提供、泄露，不得用于统计以外的目的：

（一）涉及国家秘密的资料；

（二）涉及商业秘密的资料；

（三）涉及个人信息的资料；

（四）能够识别或者推断单个统计调查对象身份的资料；

（五）通过统计调查收集的有关统计调查表。

## 第五章 监督检查

**第三十四条** 市和区人民政府统计机构在本行政区域内依法行使统计检查职权，查处统计调查对象的统计违法行为。

市和区人民政府有关部门应当协助同级人民政府统计机构加强对本部门和本业务领域统计调查对象的监督检查，督促其落实统计工作责任，查处统计违法行为，并及时移送有关统计违法案件材料。

**第三十五条** 市和区人民政府统计机构应当每年制定统计监督检查计划，确定年度重点监督检查领域，按照有关规定核查统计数据。

市和区人民政府统计机构应当建立监督检查记录，记录检查的内容、发现的问题、处理结果等，并由检查人员签字后保存备查。

市和区人民政府统计机构在依法履行监督检查职责时，发现企业事业单位和其他组织未落实统计工作责任的，可以约谈有关单位主要负责人，要求其采取措施提高统计工作质量。

**第三十六条** 市和区人民政府统计机构接到有关违反统计工作规定的举报的，应当依法及时核实处理。

**第三十七条** 市和区人民政府统计机构履行监督检查职责时，有关单位和个人应当予以配合，如实反映情况，不得拒绝、阻碍检查，不得包庇、纵容统计违法行为。

**第三十八条** 市和区人民政府统计机构中从事统计执法的人员，应当具备相关法律知识和统计业务知识，经执法培训并考试合格，取得行政执法证。

**第三十九条** 市人民政府统计机构可以对区人民政府统计机构和组织实施统计调查项目的市人民政府有关部门进行统计工作巡查，区人民政府统计机构可以对区人民政府有关部门和乡镇人民政府进行统计工作巡查。

统计工作巡查主要包括下列内容：

（一）统计法律、法规、规章的执行情况；

（二）国家和本市统计制度的执行情况，地方统计调查项目审批与管理的执行情况；

（三）统计数据质量和统计基础工作情况，统计数据公布制度的建立情况；

（四）统计工作的其他情况。

市和区人民政府统计机构在统计工作巡查中发现问题的，应当要求被巡查单位及时纠正，并在巡查完成后一个月内，向被巡查单位出具巡查情况报告，对其在统计工作中存在的问题提出指导意见。

## 第六章 法律责任

**第四十条** 企业事业单位或者其他组织、个体工商户违反本条例规定，法律、行政法规有处罚规定的，从其规定。

作为统计调查对象的国家机关、企业事业单位或者其他组织违反本条例规定，法律、行政法规对属于国家工作人员的直接负责的主管人员和其他直接责任人员有处分规定的，从其规定。

**第四十一条** 市或者区人民政府统计机构及有关部门有下列行为之一的，由本级人民政府、上级人民政府统计机构或者本级人民政府统计机构责令改正，予以通报；对直接负责的主管人员和其他直接责任人员，由任免机关或者监察机关依法给予处分：

（一）违反本条例第二十三条规定，未报送组织实施统计调查取得的有关资料和调查结果的；

（二）违反本条例第二十八条规定，未制定统计资料公布计划，未按照计划公布统计资料，公布统计资料未说明相关情况，或者调整、修改已公布统计资料未说明理由的；

（三）违反本条例第三十一条规定，公开使用的统计资料与公布的统计资料不一致，或者未注明资料来源，造成不良社会影响的；

（四）违反本条例第三十二条第一款规定，造成统计资料毁损、灭失的；

（五）统计监督检查中包庇、纵容统计违法行为的；

（六）统计监督检查中泄露统计违法案件查处情况的。

**第四十二条** 违反本条例第三十三条第一项规定，泄露属于国家秘密的统计资料的，按照有关保密法律法规予以处理；构成犯罪的，依法追究刑事责任。

违反本条例第三十三条第二项至第五项规定，泄露统计资料的，对直接负责的主管人员和其他直接责任人员，由任免机关或者监察机关依法给予处分；构成犯罪的，依法追究刑事责任。

## 第七章 附则

**第四十三条** 本条例自2016年12月1日起施行。1993年12月15日上海市第十届人民代表大会常务委员会第六次会议通过、根据1997年8月13日上海市第十届人民代表大会常务委员会第三十八次会议《关于修改〈上海市统计管理条例〉的决定》第一次修正、根据2015年7月23日上海市第十四届人民代表大会常务委员会第二十二次会议《关于修改〈上海市建设工程材料管理条例〉等12件地方性法规的决定》第二次修正的《上海市统计管理条例》同时废止。

# 上海市华侨权益保护条例

（2016年9月14日上海市第十四届人民代表大会常务委员会第三十二次会议通过 根据2018年5月24日上海市第十五届人民代表大会常务委员会第四次会议《关于修改本市部分地方性法规的决定》修正）

**第一条** 为了保护华侨的合法权利和利益，发挥华侨在本市经济社会发展中的作用，根据宪法和有关法律、行政法规，结合本市实际，制定本条例。

**第二条** 本条例所称华侨，是指定居在国外的中国公民。中国公民在国外定居的认定，按照国家有关规定执行。

**第三条** 华侨权益保护应当遵循平等保护的原则。华侨享有宪法和法律规定的公民的权利，并履行宪法和法律规定的公民的义务。

**第四条** 本市各级人民政府应当重视和加强华侨权益保护工作，切实维护华侨的合法权益。

市、区人民政府侨务部门应当鼓励华侨参与本市经济社会建设，为华侨提供政策咨询和法律服务，组织、指导、协调有关部门做好华侨权益保护工作，组织开展华侨权益保护的法律、法规宣传和执行情况的监督、检查。

本市各级人民政府有关部门应当按照各自职责，为华侨参与本市经济社会发展以及在本市居住、生活提供便利，做好华侨权益保护工作。

**第五条** 本市各级人民政府应当结合实际工作需要，对华侨权益保护工作给予必要的经费保障。

**第六条** 本市各级归国华侨联合会应当宣传贯彻法律法规和侨务政策，密切与华侨的联系，反映华侨的意见和建议，依法维护其合法权益。

**第七条** 华侨在本市依法成立的社会团体，应当依照法律、法规和章程开展活动，其合法权益受法律保护。

**第八条** 鼓励华侨发挥海内外联系广泛的资源优势，参与和服务国家发展战略，在本市对外开展的经济、科技、文化、教育、卫生、体育等领域的合作交流和民间友好往来中发挥桥梁纽带作用。

鼓励和支持华侨发挥人才、技术、资金的优势，参与本市的国际经济、金融、贸易、航运中心和具有全球影响力的科技创新中心建设。

鼓励和支持华侨在中国（上海）自由贸易试验区的金融服务、航运服务、商贸服务、专业服务、文化服务、社会服务等领域，以及本市其他重点发展领域投资。

鼓励和支持华侨参与本市的国际文化大都市建设，在弘扬中华优秀文化等方面发挥作用。

**第九条** 鼓励华侨以本人、其设立的企业或者其他经济组织的名义在本市投资。

任何组织和个人不得非法干预和侵犯华侨投资设立的企业依法享有的经营管理自主权。未经法定程序，不得擅自查封、扣押华侨投资设立的企业的财产或者责令其停产停业。

华侨依法投资、经营获得的利润、其他收入和清算后的个人资金等各项合法收益，可以依法汇往境外。

**第十条** 鼓励华侨在战略性新兴产业和现代服务业、先进制造业等领域创新创业。

华侨和华侨投资设立的企业或者其他经济组织独立持有的科技成果，可以自主决定采用转让、作价入股等方式，开展成果转化活动。

市、区人民政府有关部门应当加强对华侨的知识产权保护，依法维护华侨作为知识产权申请人和权利人的合法权益。

**第十一条** 鼓励华侨参与国家和本市的人才创新创业类计划或者项目。

华侨来本市开展科学研究、技术开发、成果孵化和科学知识普及教育以及科技管理等活动，按照本市有关规定享受相关费用资助。

**第十二条** 华侨在本市就业的，可持本人的有效护照等证明材料，办理参加社会保险各项手续，按照国家和本市有关规定参保、缴费。

华侨在本市就业的，经与用人单位协商一致，可持本人的有效护照、就业证件等证明材料，按照国家和本市有关规定缴存、提取和使用住房公积金。

**第十三条** 华侨在出国定居前已经参加本市职工养老保险但未达到法定的领取基本养老金条件的，其个人养老保险账户事项按照国家有关规定办理；达到法定领取条件时，可以按照国家和本市规定享受相应的养老保险待遇。

在本市办理离休、退休手续后出国定居且已享受本市职工基本养老保险待遇的华侨，应当每年按规定向社会保险经办机构提供由我国驻外使领馆或者相关机构出具的“在境外居住人员领取养老金资格审核表”或者领事认证。

在出国定居前已经参加本市职工基本医疗保险且在本市办理离休、退休手续后出国定居的华侨，回国期间可以按照本市有关规定享受相应的基本医疗保险待遇。

**第十四条** 华侨在本市从事专业技术工作的，可以参加专业技术人员资格考试和专业技术职务任职资格评审，其在境外从事专业技术工作的年限和成果可以作为评定专业技术任职资格的参考依据。

**第十五条** 华侨可以按照国家和本市的有关规定在本市购买自住商品房，房产登记发证机构应当依法登记发证。

华侨对其在本市的私有房屋，依法享有占有、使用、收益和处分的权利，任何组织或者个人不得非法侵犯。

历史遗留的华侨私房问题，按照国家和本市有关规定处理。

**第十六条** 华侨在本市的私有房屋、华侨投资设立的企业和华侨投资开发用地因公共利益需要被征收的，应当依法给予补偿。

依法征收华侨在本市的私有房屋，征收人应当按照本市有关房屋征收管理的有关规定履行告知义务。华侨不在国内的，征收人可以通过其在本市的亲属或者代理人协助通知房屋所有权人，也可以通过公告或者邮寄送达方式通知房屋所有权人。

**第十七条** 华侨依法继承遗产、接受遗赠和赠与，任何组织和个人不得非法侵占。

华侨回国来本市继承遗产、接受遗赠和赠与的，有关部门应当根据华侨的合理请求，提供必要的协助。

华侨有权处分所继承的遗产、接受的遗赠和赠与，任何组织或者个人不得非法干预。

华侨在本市的投资收益、知识产权中的财产权益以及其他合法收益，可以依法被继承。

**第十八条** 华侨子女回国就读本市实施义务教育的学校，其父（母）在本市就业或者其有血缘关系的直系亲属监护人具有本市户籍的，与具有本市户籍的适龄儿童、少年享受同等入学待遇，由各区教育部门按照规定办理就学手续。

华侨报考本市高中阶段学校，其本人报考时具有本市初中学籍，且其父（母）出国前具有本市户籍或者其直系亲属监护人具有本市户籍的，可以参加高中阶段招生考试，与本市户籍学生享受同等待遇。

华侨可以按照国家和本市有关规定报考本市联合招收华侨、港澳台地区学生的普通高等学校。

本市侨务、教育等有关部门应当重视在华侨及华侨子女中开展中华优秀文化的教育、弘扬和交流活动，在政策、资金上支持和鼓励学校、社区等利用各种资源开展相关活动。

**第十九条** 鼓励华侨在本市兴办慈善公益事业或者向慈善公益事业捐赠。

华侨投资设立的企业捐赠财产用于慈善公益事业的，依法享受所得税优惠。华侨从境外向本市捐赠的物资用于慈善公益事业的，依法减征或者免征关税和进口环节的增值税。

**第二十条** 华侨捐赠应当遵循自愿和尊重捐赠人捐赠意愿的原则。华侨有权决定其捐赠款物的品种、数量、金额、用途、受赠对象和捐赠方式。禁止向华侨摊派或者强行募捐。

华侨直接向受赠人捐赠的，受赠人应当依据合同约定向华侨出具合法、有效的收据，对受赠的款物造册登记，并妥善管理捐赠款物，按照捐赠意愿规定的用途使用。

华侨对其捐赠款物的使用有监督检查的权利。对违反捐赠意愿的行为，华侨有权质询和投诉。

**第二十一条** 华侨从境外向本市捐赠物资的，市、区人民政府侨务部门可以协助办理有关入境手续，为华侨实施捐赠项目提供帮助。

经受赠人同意，华侨对其捐赠的项目可以留名纪念；由华侨单独捐赠或者主要由华侨捐资兴建的公益事业工程项目，可以冠名纪念。法律、法规规定需要批准的，从其规定。

市、区人民政府相关部门应当会同侨务部门依法对华侨捐赠财产的使用、管理情况进行监督检查。华侨捐赠的财产及其增值受法律保护，任何组织和个人不得挪用、侵占。

对在慈善公益事业中作出突出贡献的华侨，市、区人民政府或者有关部门可以给予表彰。对华侨进行公开表彰，应当事先征求其意见。

**第二十二条** 华侨持中华人民共和国护照或者其他旅行证件在本市出境入境，出入境边防检查机关应当依法办理。

华侨回国在本市居住的，应当按照有关出入境证件办理规定，向本市公安机关申请换发、补发护照，申请往来港澳通行证或者往来台湾通行证及签注。

**第二十三条** 华侨在本市区或者乡、镇人民代表大会代表选举期间在本市的，可以在本市原籍地或者出国前居住地进行选民登记，参加选举。

本市区或者乡、镇人民代表大会代表选举期间，选举委员会应当依法做好华侨选民登记工作。

**第二十四条** 华侨在本市办理金融、教育、医疗、交通、电信、社会保险、财产登记以及房屋租赁和买卖、投资创业、住宿登记、机动车驾驶证申领等事项，需要提供身份证明的，可以凭本人的中华人民共和国护照证明身份。

华侨持本人的中华人民共和国护照，在本市办理前款规定事项的，有关单位应当依法为其办理。

**第二十五条** 依照本市有关规定，华侨在本市办理子女就读、升学、照顾生育、社会救助等事务需要认定身份的，由市或者区人民政府侨务部门出具相关身份证明。

**第二十六条** 原户籍注销地为本市的华侨，出生在国外并且其配偶或者父母一方具有本市户籍的华侨，申请回本市定居，符合条件的，市人民政府侨务部门应当核发《华侨回国定居证》，公安机关依据《华侨回国定居证》为申请人办理常住户口登记手续。

华侨中来沪定居工作或者创新创业被认定为高层次人才、原户籍注销地非本市的，其本人、随同其回国的配偶、子女或者国内随同其调动、迁移的配偶以及其十六周岁以下或者在普通中学就读的子女，可以按照本市有关规定，向市人力资源社会保障部门申请办理本市常住户口或者《上海市居住证》。

**第二十七条** 在本市居住的华侨因突发原因造成临时性困难的，其居住地的街道办事处和乡、镇人民政府应当给予必要的救助，其居住地的居民委员会、村民委员会协助做好相关救助工作。

**第二十八条** 华侨合法权益受到侵害的，可以依法通过下列途径解决：

（一）协商和解或者调解解决；

（二）申请仲裁；

（三）向人民政府有关部门投诉；

（四）申请行政裁决、行政复议；

（五）向人民法院提起诉讼。

**第二十九条** 市、区人民政府侨务部门或者其他有关部门接到华侨投诉后，应当及时处理，并将处理情况回复投诉人。

对应当由政府其他有关部门处理的投诉事项，市、区人民政府侨务部门应当及时转交其他有关部门处理。其他有关部门应当及时处理投诉，并在回复投诉人的同时，将处理情况通报同级侨务部门。

**第三十条** 市、区人民政府有关部门及其工作人员违反本条例，有下列行为之一的，由上级主管部门或者监察机关对直接负责的主管人员和其他责任人员，依法给予处分；构成犯罪的，依法追究刑事责任：

（一）违法干预或者侵犯华侨投资设立企业经营管理自主权的；

（二）未经法定程序，擅自查封、扣押华侨投资设立企业的财产或者责令其停产停业的；

（三）未按照规定为华侨办理相关社会保险手续的；

（四）违法侵犯华侨对其私有房屋依法享有的占有、使用、收益和处分权利的；

（五）未按照规定为华侨及华侨子女办理相关入学、报考手续的；

（六）向华侨摊派或者强行募捐、违反华侨捐赠意愿使用捐赠款物或者挪用、侵占华侨捐赠财产的；

（七）其他侵犯华侨合法权益的行为。

**第三十一条** 外籍华人在本市的正当权益，按照法律、法规和本市有关规定予以保护。

**第三十二条** 本条例自2016年12月1日起施行。1997年4月3日上海市第十届人民代表大会常务委员会第三十五次会议通过的《上海市华侨捐赠条例》同时废止。

# 上海市检验检测条例

（2016年11月11日上海市第十四届人民代表大会常务委员会第三十三次会议通过　根据2024年12月31日上海市第十六届人民代表大会常务委员会第十八次会议《关于修改〈上海市公路管理条例〉等10件地方性法规的决定》修正）

## 第一章　总　　则

**第一条** 为了规范检验检测活动，营造公平竞争的市场环境，促进检验检测行业健康有序发展，根据有关法律、行政法规，结合本市实际，制定本条例。

**第二条** 本市行政区域内面向社会接受委托从事检验检测以及相关的监督管理活动，适用本条例。

从事军工产品的检验检测活动，不适用本条例。

**第三条** 本条例所称检验检测，是指依据相关标准、技术规范或者约定的方法，利用仪器设备、环境设施等技术条件和专业技能，确定被检对象的特性，并出具数据、结果的活动。

本条例所称检验检测机构，包括依法取得检验检测资质许可的法人或者其他组织，以及其他依法成立、面向社会接受委托从事检验检测活动的法人或者其他组织。

**第四条** 从事检验检测活动，应当遵循守法诚信、客观独立、科学准确、公平公正的原则。

**第五条** 市、区人民政府应当把检验检测产业发展纳入国民经济和社会发展规划，建立检验检测工作协调机制，督促各有关部门依法履行职责，解决检验检测工作中的重大问题。

**第六条** 市场监管部门负责本行政区域内检验检测活动监督管理综合工作，指导、协调其他有关部门履行检验检测活动监督管理职责，组织实施本条例。

市场监管、司法行政、公安、住房城乡建设、农业农村、生态环境、规划资源、卫生健康、水务、交通、国防动员、应急管理、药品监管、经济信息化和气象、海关等依法对检验检测机构负有资质许可、行政处罚等监督管理职责的部门（以下统称检验检测监督管理部门）按照各自职责，做好检验检测活动的监督管理工作。

国家和本市对检验检测机构的监督管理部门未作明确规定的，由市场监管部门负责监督管理。

**第七条** 市市场监管部门应当会同有关部门按照综合协调、资源共享的原则，规划检验检测产业发展，明确产业发展目标和促进保障措施，推进检验检测市场快速健康发展。

市、区人民政府有关部门应当综合使用各类专项资金，支持检验检测产业发展，鼓励检验检测机构申请高新技术企业、技术先进型服务企业等认定。

**第八条** 鼓励检验检测机构开展技术研发，创新管理服务模式，参与标准制定。支持检验检测机构申请国内外实验室认可等能力认定，使其检验检测能力符合国际准则和通用要求，实现检验检测数据、结果的国际互认。

鼓励检验检测机构申请仪器设备和检验检测方法等专利，加大对检验检测机构自主知识产权的保护力度，打击侵犯检验检测知识产权的违法行为。

**第九条** 检验检测相关行业协会应当加强行业自律和诚信建设，制定行业服务规范和相关标准，开展业务培训，协调解决会员纠纷，规范和引导行业有序发展。

## 第二章 检验检测机构和人员

**第十条** 检验检测机构应当具备与其从事检验检测活动相适应的人员、仪器设备和环境设施，并建立相应的质量管理和安全管理等制度。

法律、行政法规对从事检验检测活动有资质许可规定的，检验检测机构应当依法取得相应资质许可；未取得资质许可的，不得从事相应的检验检测活动。

**第十一条** 检验检测机构应当采取必要措施，持续具备与其开展检验检测活动相适应的能力。

鼓励检验检测机构参加政府部门、国际组织、专业技术评价机构、行业协会等开展的能力验证和比对。取得资质许可的检验检测机构应当按照规定参加资质许可部门开展的能力验证和比对。

**第十二条** 检验检测机构应当在经营场所、官方网站、网络交易平台经营活动主页面的醒目位置，公示其取得的资质许可证书、认可证书。公示信息应当真实、完整，内容发生变化的，应当及时更新。

网络交易平台提供者应当查验入驻平台检验检测机构的资质许可证书、认可证书，督促检验检测机构在网络交易平台经营活动主页面公示相关信息。发现检验检测机构存在虚假描述、超出资质许可范围从事检验检测活动或者其他违法行为的，应当立即向检验检测监督管理部门报告。

**第十三条** 检验检测机构在从事检验检测活动中发现被检对象不符合法定要求或者强制性标准，可能存在严重危害环境或者公共安全情形的，应当立即向检验检测监督管理部门报告。

检验检测监督管理部门应当根据各自职责和行业管理的需要，对前款规定的严重危害环境或者公共安全的情形制定信息报告目录，并对外公布。

**第十四条** 鼓励检验检测机构投保机构责任保险和人员职业责任保险，提高检验检测机构的赔付能力和风险抵御水平。

**第十五条** 法律、行政法规对检验检测人员有执业资格规定的，检验检测人员应当符合相应的资格要求。

检验检测机构在聘用检验检测人员之前，应当通过市公共信用信息服务平台等途径查询其信用记录，不得聘用法律、法规禁止从事检验检测活动的人员。

检验检测机构应当建立必要的检验检测人员培训和考核制度，确保检验检测人员具备相应的专业技术能力。

**第十六条** 检验检测机构和人员应当独立开展检验检测活动，不受任何可能干扰其技术判断因素的影响。

检验检测机构和人员应当恪守职业道德，诚信自律，确保检验检测数据、结果的真实、准确、完整。

**第十七条** 检验检测机构和人员对其在检验检测活动中知悉的国家秘密、商业秘密、技术秘密和个人隐私负有保密义务。

**第十八条** 检验检测机构和人员不得从事下列行为：

（一）伪造、变造检验检测数据、结果，或者以其他方式出具虚假检验检测数据、结果；

（二）伪造、变造检验检测机构印章、资质许可标志或者检验检测人员签字；

（三）推销、监制被检对象或者其他与检验检测活动有利益关联的产品、服务；

（四）其他影响检验检测数据、结果的真实、准确、完整的行为。

## 第三章　检验检测行为

**第十九条**　检验检测机构接受委托开展检验检测活动，应当与委托人签订检验检测服务合同，约定检验检测项目、依据、样品获取及处置方式、报告形式等内容。

**第二十条**　检验检测机构属于事业单位法人且面向社会接受委托的，应当向社会公布其资质许可范围内能够提供的检验检测项目。在公告的项目范围内，除下列情形外，不得拒绝提供检验检测服务；因下列情形无法提供检验检测服务的，应当说明理由：

（一）被检对象不符合样品标准或者技术规范的；

（二）对所承担的政府委托业务公正性产生影响的；

（三）因设备故障等原因暂时停止对外服务的；

（四）法律、法规规定的其他情形。

鼓励其他检验检测机构在其资质许可范围内提供前款规定的普遍服务，并向社会公布。

**第二十一条**　本市各级国家机关、事业单位、社会团体等因履行职责或者提供公共服务的需要，使用财政性资金委托他人进行检验检测的，应当通过政府购买服务的方式进行。

对因出具虚假检验检测数据、结果受到处罚的检验检测机构，自处罚决定作出之日起三年内，前款规定的国家机关、事业单位、社会团体等不得购买其检验检测服务。

**第二十二条**　检验检测机构通过采样、抽样等方式获取样品的，应当与委托人约定采样、抽样的具体要求。检验检测机构通过委托人送样获取样品的，委托人应当如实告知样品的来源、识别信息和基本状态；委托人未如实告知的，检验检测机构可以拒绝提供检验检测服务。

检验检测机构和委托人应当对样品的来源、识别信息和基本状态进行确认并做好记录，确保样品的可追溯性。

检验检测机构应当依据相关标准、技术规范或者约定的要求对样品进行保管和处置。

**第二十三条**　检验检测机构应当依据相关标准、技术规范或者约定的方法进行检验检测，并出具检验检测报告。检验检测报告应当注明样品获取方式、检验检测依据，以及检验检测数据、结果等信息。

任何单位和个人不得指使、利诱、胁迫检验检测机构和人员出具虚假检验检测报告。

**第二十四条**　任何单位和个人向社会公布检验检测数据、结果的，应当保证检验检测数据、结果的真实、完整，不得伪造、变造检验检测数据、结果，不得作误导性的解释和说明。

**第二十五条**　检验检测机构应当对检验检测活动的原始记录和检验检测报告建立档案，并至少保存六年。法律、法规有专门规定的，依照其规定。

委托人对检验检测数据、结果有异议的，检验检测机构应当向委托人进行解释说明；委托人有需要的，检验检测机构应当向委托人提供相关原始记录和其他证明材料。法律、法规有专门规定的，依照其规定。

## 第四章　监督管理

**第二十六条**　市市场监管部门应当会同其他资质许可部门建立联合现场评审制度，组建联合评审专家组，对检验检测机构同时申请多项资质许可或者申请相关资质许可的复审，实施联合现场评审。

联合现场评审的具体实施办法，由市市场监管部门会同其他资质许可等部门制定并发布。

**第二十七条**　检验检测机构申请以计量认证为前置条件的资质许可的，资质许可部门应当依法采信计量认证结果，对相同内容不再重复考核，但发现检验检测机构不再符合计量认证规定的除外。

前款所称计量认证，是指根据《中华人民共和国计量法》及其实施细则的规定，对检验检测机构的基本条件和技术能力是否符合法定要求实施的资质许可。

**第二十八条** 除直接涉及国家安全、公共安全、生态环境保护以及直接关系人身健康和生命财产安全的资质许可事项外，信用记录良好、无违法违规行为的检验检测机构申请资质许可变更或者延续的，资质许可部门可以依法简化现场评审或者采用书面评审等方式。

**第二十九条** 市市场监管部门应当会同其他资质许可部门公布取得资质许可的检验检测机构名录及其项目范围，供社会公众查询；对属于本条例第二十条第一款规定的检验检测项目，应当予以标注。

**第三十条** 市市场监管部门应当会同其他检验检测监督管理部门建立联合监管机制和信息共享机制，组建行业监管专家库，编制检验检测机构的专项监督检查计划。

检验检测监督管理部门应当按照各自职责和监督检查计划，对检验检测机构开展监督检查，组织能力验证和比对，依法查处违法违规行为。

**第三十一条** 检验检测监督管理部门应当建立分类监管制度，按照检验检测行业风险程度、能力认定结果、日常监管记录、举报投诉等情况对检验检测机构进行分类，根据分类结果对检验检测机构实施不同频次、方式的监督检查，并依法公布监督检查结果。

**第三十二条** 检验检测监督管理部门在监督检查过程中，可以行使下列职权：

（一）进入检验检测经营活动场所进行现场检查；

（二）向检验检测机构、委托人等有关单位及人员询问、调查有关情况；

（三）查阅、复制有关的检验检测活动档案、合同、发票、账簿及其他相关资料；

（四）根据已经取得的违法嫌疑证据或者投诉举报线索，对涉嫌出具虚假检验检测数据、结果的检验检测机构相关办公场所、仪器设备实施查封、扣押。

**第三十三条** 检验检测监督管理部门应当依法将检验检测机构和人员的行政处罚信息予以公开，并将其受到的行政处罚等信息纳入市公共信用信息服务平台。对于信用状况不良的检验检测机构和人员，检验检测监督管理部门应当在日常监管中将其列为重点监管对象，增加检查频次，加强现场核查。

市、区人民政府有关部门在政府购买服务、授予荣誉或者提供政策扶持时，应当查询市公共信用信息服务平台，对信用状况不良的检验检测机构和人员，依法予以限制。

**第三十四条** 市市场监管部门应当会同其他有关部门开展检验检测行业统计分析，并每年向社会发布本市检验检测行业发展报告，报告内容包括：

（一）检验检测机构的数量、分布、种类；

（二）检验检测行业年度业务开展情况；

（三）检验检测行业存在的问题、原因及相应对策；

（四）其他需要发布的情况。

检验检测机构应当依法向市市场监管部门报送相关统计信息。

**第三十五条** 能力认定机构应当对取得其认定的检验检测机构进行跟踪监督，验证其是否持续符合认定条件。检验检测机构不再符合认定条件的，能力认定机构应当撤销其能力证明文件，并予以公布。

**第三十六条** 检验检测相关行业协会可以制定行业规范和自律规则，对违规的会员采取警告、通告批评、开除会员资格等惩戒措施。发现检验检测机构存在违法活动的，应当及时向检验检测监督管理部门报告。

**第三十七条** 单位和个人发现检验检测机构有违反本条例规定的行为的，有权向检验检测监督管理部门投诉、举报。

检验检测监督管理部门接到投诉、举报，属

于本部门职责的，应当依法及时处理；不属于本部门职责的，应当告知投诉、举报人，对能够确定有权处理部门的，应当在五个工作日内移交有权处理的部门。

## 第五章 法律责任

**第三十八条** 违反本条例规定的行为，法律、行政法规有处罚规定的，依照其规定处理。

**第三十九条** 检验检测监督管理部门和其他有关部门工作人员在检验检测监督管理工作中玩忽职守、滥用职权、徇私舞弊的，由处分机关按照《中华人民共和国公务员法》《行政机关公务员处分条例》等法律、法规给予处分；构成犯罪的，依法追究刑事责任。

**第四十条** 违反本条例第十一条第一款、第十五条第一款规定，检验检测机构和人员不再符合资质许可或者执业资格条件仍继续从事相应检验检测活动的，由检验检测监督管理部门责令限期改正；逾期未按规定要求改正的，暂扣其资质许可证；情节严重的，依法吊销其资质许可证。

**第四十一条** 违反本条例第十二条第一款规定，检验检测机构未在经营场所、官方网站、网络交易平台经营活动主页面的醒目位置公示相关信息的，由检验检测监督管理部门责令限期改正；逾期未改正的，处一万元以上五万元以下的罚款。

违反本条例第十二条第二款规定，网络交易平台提供者未履行信息查验义务，或者未按照规定向检验检测监督管理部门报告的，由检验检测监督管理部门责令改正，可并处一万元以上五万元以下的罚款。

**第四十二条** 违反本条例第十三条第一款规定，检验检测机构在从事检验检测活动中发现被检对象不符合法定要求或者强制性标准，可能存在严重危害环境或者公共安全情形时，未立即向检验检测监督管理部门报告的，由检验检测监督管理部门没收其所收取的检验检测费用，并处一万元以上十万元以下的罚款。

**第四十三条** 违反本条例第十八条第一项规定，检验检测机构伪造、变造检验检测数据、结果，或者以其他方式出具虚假检验检测数据、结果的，由检验检测监督管理部门责令改正，没收其所收取的检验检测费用，并处检验检测费用五倍以上十倍以下的罚款；检验检测费用不足一万元的，并处五万元以上十万元以下的罚款；情节严重的，依法吊销其资质许可证。

对出具虚假检验检测数据、结果直接负责的主管人员和检验检测人员，处一万元以上五万元以下的罚款，并依法禁止其从事检验检测活动。

**第四十四条** 违反本条例第十八条第二项规定，检验检测机构伪造、变造检验检测机构印章、资质许可标志或者检验检测人员签字的，由检验检测监督管理部门责令改正，没收其所收取的检验检测费用，并处一万元以上十万元以下的罚款。

对实施伪造、变造行为的检验检测人员处二千元以上二万元以下的罚款。

**第四十五条** 违反本条例第二十条第一款规定，属于事业单位法人且面向社会接受委托的检验检测机构无正当理由拒绝提供检验检测服务的，由检验检测监督管理部门责令限期改正；逾期未改正的，处一万元以上五万元以下的罚款。

**第四十六条** 检验检测机构有下列情形之一的，由检验检测监督管理部门责令改正，并处一万元以上五万元以下的罚款：

（一）违反本条例第十五条第二款规定，聘用法律、法规禁止从事检验检测活动的人员的；

（二）违反本条例第十六条第二款规定，出具的检验检测数据、结果失实的；

（三）违反本条例第二十三条第一款规定，未按照相关标准、技术规范进行检验检测，或者出具的检验检测报告不符合要求的；

（四）违反本条例第二十五条第一款规定，未按照规定保存原始记录和检验检测报告的。

## 第六章 附 则

**第四十七条** 企业、高校、科研院所等单位设立的实验室、研发中心等内部机构，面向社会接受委托从事检验检测活动，参照适用本条例。

**第四十八条** 本条例自2017年1月1日起施行。

# 上海市食品安全条例

（2017年1月20日上海市第十四届人民代表大会第五次会议通过）

## 第一章 总 则

**第一条** 为了保证食品安全，保障公众身体健康和生命安全，根据《中华人民共和国食品安全法》（以下简称《食品安全法》）等有关法律、行政法规，结合本市实际，制定本条例。

**第二条** 本市行政区域内食品、食品添加剂、食品相关产品的生产经营，食品生产经营者使用食品添加剂、食品相关产品，食品的贮存和运输，以及对食品、食品添加剂、食品相关产品的安全管理，应当遵守本条例。

本市行政区域内食用农产品的生产、贮存和运输、市场销售，农业投入品的经营、使用，应当遵守本条例的有关规定。

**第三条** 本市食品安全工作实行预防为主、风险管理、全程控制、属地监管、部门协作、社会共治的原则，建立和完善科学、严格的监督管理制度。

**第四条** 食品生产经营者对其生产经营食品的安全负责。

食品生产经营者应当依照法律、法规、规章和食品安全标准从事生产经营活动，建立健全食品安全管理制度，采取有效措施预防和控制食品安全风险，保证食品安全，诚信自律，主动公开相关信息，对社会和公众负责，接受社会监督，承担社会责任。

**第五条** 市、区人民政府对本行政区域的食品安全监督管理工作负责，统一领导、组织、协调本行政区域的食品安全监督管理工作以及食品安全突发事件应对工作，建立健全食品安全全程监督管理工作机制和信息共享机制。

区人民政府应当依照国家和本市有关规定，明确乡、镇人民政府和街道办事处的食品安全管理职责，督促、指导乡、镇人民政府和街道办事处做好食品安全日常工作，形成基层食品安全工作合力。

**第六条** 市、区人民政府设立食品药品安全委员会，在食品安全方面承担下列职责：

（一）研究部署、统筹指导食品安全工作；

（二）制定食品安全中长期规划和年度工作计划；

（三）组织开展食品安全重大问题的调查研究，制定食品安全监督管理的政策措施；

（四）督促落实食品安全监督管理责任，组织开展食品安全监督管理工作的督查考评；

（五）组织开展重大食品安全事故的责任调查处理工作；

（六）研究、协调、决定有关部门监督管理职责问题；

（七）市、区人民政府授予的其他职责。

市、区食品药品安全委员会下设办公室，办公室设在同级食品药品监督管理部门、市场监督管理部门，负责辖区内食品安全综合协调、监督考评、应急管理等工作，承担委员会在食品安全方面的日常工作。

乡、镇人民政府和街道办事处根据本条例和市人民政府规定建立的食品安全综合协调机构，应当做好辖区内食品安全综合协调、隐患排查、信息报告、协助执法和宣传教育等工作。

**第七条** 市食品药品监督管理部门负责对本市食品、食品添加剂生产经营活动实施监督管理；对食品安全事故的应急处置和调查处理进行组织指导。根据市食品药品安全委员会的要求，对突发食品安全事件处置中监管职责存在争议、尚未明确的事项，先行承担监管职责。

市质量技术监督部门负责对本市食品相关产品生产加工的质量安全实施监督管理。

区市场监督管理部门及其派出机构负责对本区域内的食品、食品添加剂及食品相关产品生产经营活动实施监督管理。

农业部门负责本市食用农产品种植、养殖以及进入批发、零售市场或者生产加工企业前的质量安全监督管理；提出本市食用农产品中农药残留、兽药残留的限量和检测方法的建议，负责生鲜乳收购的质量安全、畜禽屠宰环节和病死畜禽无害化处置的监督管理；农业投入品经营、使用的监督管理。

卫生计生部门负责组织开展本市食品安全风险监测和风险评估、食品安全地方标准制定、食品安全企业标准备案工作；配合食品药品监督管理部门开展食品安全事故调查处理工作。

商务部门负责指导协调本市食用农产品批发交易市场规划、协调城乡食品商业网点布局、酒类流通和消费领域的质量安全监督管理。

粮食部门负责粮食收购、贮存活动中粮食质量以及原粮卫生的监督管理。

绿化市容管理部门负责本市餐厨废弃油脂和餐厨垃圾收运、处置的监督管理。

出入境检验检疫、工商行政管理、经济信息化、城市管理行政执法、公安、环境保护、教育、住房和建设、文广影视、通信管理等部门在各自职责范围内，共同做好相关食品安全工作。

市食品药品监督管理、区市场监督管理部门及其派出机构的食品安全监督管理具体职责，由市、区人民政府确定。

**第八条** 市、区人民政府实行食品安全监督管理责任制。市人民政府负责对区人民政府的食品安全监督管理工作进行评议、考核；市、区人民政府负责对本级食品药品监督管理或者市场监督管理部门、其他有关部门的食品安全监督管理工作进行评议、考核。

区人民政府负责对乡、镇人民政府和街道办事处履行食品安全工作职责情况进行评议、考核。

**第九条** 与食品有关的行业组织应当加强行业自律，按照章程建立健全行业规范和奖惩机制，提供食品安全信息、技术、培训等服务，引导和督促食品生产经营者依法生产经营，推动行业诚信建设，宣传、普及食品安全知识，为政府完善食品安全管理制度提出意见和建议。

消费者权益保护委员会和其他消费者组织对违反本条例规定，损害消费者合法权益的行为，依法进行社会监督。

**第十条** 市、区人民政府应当加大对食品安全的科研投入，鼓励相关部门开展食品安全科技应用研究，支持企业、科研机构、高等院校、监管部门研究、开发和应用先进的检验检测技术和方法，不断提高食品安全领域的学科建设、科研水平和监管能力。

**第十一条** 各级人民政府应当组织相关部门加强食品安全宣传教育，利用各类媒体向市民普及食品安全知识；在食品生产场所、食用农产品批发交易市场、标准化菜市场、超市卖场、餐饮场所、食品经营网站等开展有针对性的食品安全宣传教育。

鼓励社会组织、基层群众性自治组织、食品生产经营者、网络食品经营者开展食品安全法律、法规、规章以及食品安全标准和知识的普及工作，倡导健康的饮食方式，增强消费者食品安全意识和自我保护能力。

各级各类学校应当将食品安全知识纳入相关教育课程。

广播电台、电视台、报刊、网站等媒体应当开展食品安全法律、法规、规章以及食品安全标准和知识的公益宣传，并对食品安全违法行为进行舆论监督。有关食品安全的宣传报道应当真实、公正。

**第十二条** 各级人民政府应当对在食品安全工作中做出突出贡献的单位和个人，按照国家和本市有关规定给予表彰、奖励。

## 第二章 食品安全风险监测、评估和食品安全标准

**第十三条** 市卫生计生部门应当会同市食品药品监督管理、质量技术监督、农业、出入境检验检疫等部门根据国家和本市食品安全风险监测和风险评估工作的需要，加强食品安全风险监测和风险评估能力建设，建立和完善食品安全风险监测和风险评估体系。

**第十四条** 市卫生计生部门应当会同市食品药品监督管理、质量技术监督、农业、出入境检验检疫等部门根据国家食品安全风险监测计划和实际情况，制定、调整本市食品安全风险监测方案，报国务院卫生计生部门备案并实施。

承担食品安全风险监测工作的部门和技术机构应当根据食品安全风险监测计划和方案开展监测工作，保证监测数据真实、准确，并按照食品安全风险监测计划和方案的要求，向市卫生计生部门报送监测数据和分析结果。

市卫生计生部门应当收集、汇总风险监测数据和分析结果，并通报其他相关部门。食品安全风险监测结果表明可能存在食品安全隐患的，市卫生计生部门应当及时将相关信息通报市食品药品监督管理等部门，并报告市人民政府和国务院卫生计生部门。

市食品药品监督管理等部门接到通报后，应当组织开展进一步调查并将调查结果报告市人民政府。

**第十五条** 市卫生计生部门依据国家食品安全风险评估的要求，负责组织本市食品安全风险评估工作，成立由医学、农业、食品、营养、生物、环境等方面专家组成的市食品安全风险评估专家委员会，进行食品安全风险评估。

市食品药品监督管理、质量技术监督、农业、出入境检验检疫等部门在监督管理工作中发现需要进行食品安全风险评估的，应当向市卫生计生部门提出食品安全风险评估的建议，并提供风险来源、相关检验数据和结论等信息、资料。

市卫生计生部门对需要进行食品安全风险评估的情形，应当及时组织开展评估工作，并将评估结果通报市食品药品监督管理、质量技术监督、农业、出入境检验检疫等相关部门。

**第十六条** 食品安全风险评估结果应当作为开展食品安全监督管理、制定和修订食品安全地方标准、发布食品安全风险警示的依据。

经食品安全风险评估，得出食品、食品添加剂、食品相关产品不安全结论的，市食品药品监督管理、质量技术监督等部门应当依据各自职责立即采取相应措施，确保食品、食品添加剂、食品相关产品停止生产经营；需要制定、修订相关食品安全地方标准的，市卫生计生部门应当会同市食品药品监督管理等部门立即制定、修订。

**第十七条** 市食品药品监督管理、质量技术监督、农业、卫生计生、出入境检验检疫等部门和食品安全风险评估专家委员会及其技术机构应当按照科学、客观、及时、公开的原则，组织食品生产经营者、食品检验机构、认证机构、有关行业组织、消费者权益保护委员会以及新闻媒体等，就食品安全风险评估信息和食品安全监督管理信息进行交流沟通。

**第十八条** 对没有食品安全国家标准的地方特色食品，由市卫生计生部门会同市食品药品监督管理部门制定、公布本市食品安全地方标准，并报国务院卫生计生部门备案。市质量技术监督部门提供地方标准编号。

制定食品安全地方标准，应当依据食品安全风险评估结果，参照相关国际和国家食品安全标准，广泛听取食品生产经营者、有关行业组织、消费者和有关部门的意见。食品安全地方标准应当供公众免费查阅。

企业生产的食品没有食品安全国家标准或者地方标准的，应当制定企业标准，作为组织生

产的依据，并向社会公布。鼓励食品生产企业制定严于食品安全国家标准或者地方标准的企业标准，在本企业适用，并报卫生计生部门备案。食品相关产品的企业标准，报市质量技术监督部门或者区市场监督管理部门备案。

## 第三章 食品生产经营

### 第一节 市场准入的一般规定

**第十九条** 从事食品生产经营活动，应当依法取得食品生产经营许可，在生产经营场所的显著位置公示许可证明文件、营业执照和食品安全相关信息，并按照许可范围依法生产经营。

以食用农产品为原料，经清洗、切配、消毒等加工处理，生产供直接食用食品的，应当依法办理食品生产许可。

从事生猪产品及牛羊等其他家畜的产品批发、零售的，应当依法取得食品经营许可。

**第二十条** 对直接接触食品的包装材料等具有较高风险的食品相关产品，按照国家有关工业产品生产许可证管理的规定实施生产许可。

**第二十一条** 从事食品和食用农产品贮存、运输服务的经营者，应当依法向区市场监督管理部门备案。

**第二十二条** 鼓励外埠优质安全的食品和食用农产品进沪销售。

引导本市食用农产品批发交易市场、超市卖场、餐饮企业等食品经营企业与外埠进沪销售的食品和食用农产品生产经营企业实行食品安全信息对接，登记进沪食品和食用农产品相关信息。

本市建立进口食品安全信息监管部门相互通报制度。出入境检验检疫、食品药品监督管理等部门应当督促进口商、经营企业公布临近保质期进口食品的相关信息。

进沪食品、食用农产品信息登记、信息通报、信息公布等制度的具体办法，由市人民政府另行制定。

### 第二节 生产经营过程控制

**第二十三条** 食品生产经营者采购食品、食品添加剂、食品相关产品，应当查验供货者的相关许可证件，不得向下列生产经营者采购食品、食品添加剂、食品相关产品用于生产经营：

（一）未依法取得相关许可证件或者相关许可证件超过有效期限的生产经营者；

（二）超出许可类别和经营项目从事生产经营活动的生产经营者。

**第二十四条** 禁止生产经营下列食品、食品添加剂和食品相关产品：

（一）《食品安全法》禁止生产经营的食品、食品添加剂和食品相关产品；

（二）以有毒有害动植物为原料的食品；

（三）以废弃食用油脂加工制作的食品；

（四）市人民政府为防病和控制重大食品安全风险等特殊需要明令禁止生产经营的食品、食品添加剂。

禁止使用前款规定的食品、食品添加剂、食品相关产品作为原料，用于食品、食品添加剂、食品相关产品的生产经营。

**第二十五条** 食品相关产品生产企业应当就下列事项制定并实施控制要求，保证所生产的产品符合相关标准：

（一）原料采购、验收、投料等原料控制；

（二）生产工序、设备、贮存、包装等生产关键环节控制；

（三）原料检验、半成品检验、成品出厂检验等检验控制；

（四）运输和交付控制。

食品相关产品应当按照法律、法规、规章和食品安全标准的规定进行包装，并附有标签或者说明书；包装、标签、说明书的显著位置，应当标注“食品用”字样。

**第二十六条** 食品生产经营者应当严格按照食品安全标准使用食品添加剂。

食品生产经营者使用食品添加剂的，应当将食品添加剂存放于专用橱柜等设施中，标明

"食品添加剂"字样，按照食品安全标准规定的品种、范围、用量使用，并建立食品添加剂的使用记录制度。

市食品药品监督管理、区市场监督管理部门应当加强对食品生产经营者使用食品添加剂的指导和监督。

**第二十七条** 高风险食品生产经营企业应当建立主要原料和食品供应商检查评价制度，定期或者随机对主要原料和食品供应商的食品安全状况进行检查评价，并做好记录。记录保存期限不得少于二年。

高风险食品生产经营企业可以自行或者委托第三方对主要原料和食品供应商的食品安全状况进行实地查验。发现存在严重食品安全问题的，应当立即停止采购，并向本企业、主要原料和食品供应商所在地的食品药品监督管理或者市场监督管理部门报告。

高风险食品生产经营企业的目录，由市食品药品监督管理部门编制，报市食品药品安全委员会批准后实施，并向社会公布。

**第二十八条** 取得食品生产许可的企业应当按照良好生产规范要求组织生产，实施危害分析与关键控制点体系，提高食品安全管理水平。

**第二十九条** 食品生产经营者应当建立临近保质期食品和食品添加剂管理制度，将临近保质期的食品和食品添加剂集中存放、陈列、出售，并作出醒目提示。

禁止食品生产经营者将超过保质期的食品和食品添加剂退回相关生产经营企业。食品生产经营者应当采取染色、毁形等措施对超过保质期的食品和食品添加剂予以销毁，或者进行无害化处理，并记录处置结果。记录保存期限不得少于二年。

**第三十条** 食品生产经营者应当对回收食品进行登记，在显著标记区域内独立保存，并依法采取无害化处理、销毁等措施，防止其再次流入市场。

前款所称的回收食品，是指符合下列情形之一的食品：

（一）由食品生产经营者回收的在保质期内的各类食品及半成品；

（二）由食品生产经营者回收的已经超过保质期的各类食品及半成品；

（三）因各种原因停止销售，由批发商、零售商退回食品生产者的各类食品及半成品；

（四）因产品质量问题而被查封、扣押、没收的各类食品及半成品。

禁止使用回收食品作为原料用于生产各类食品，或者经过改换包装等方式以其他形式进行销售或者赠送。但因标签、标志、说明书不符合食品安全标准而回收的食品，食品生产者在采取补救措施且能保证食品安全的情况下可以继续销售或者赠送；销售或者赠送时应当向消费者或者受赠人明示补救措施。

**第三十一条** 食品生产经营者应当自行组织或者委托社会培训机构、行业协会，对本单位的从业人员进行上岗前和在岗期间的食品安全知识培训，学习食品安全法律、法规、规章、标准和食品安全知识，并建立培训档案。参加培训的人员可以按照规定，享受本市企业职工培训补贴。

食品生产经营者应当对食品安全管理人员、关键环节操作人员及其他相关从业人员进行考核。考核不合格的，不得上岗。

相关行业协会负责制定本行业食品生产经营者培训、考核标准，并提供相应的指导和服务。

市食品药品监督管理、区市场监督管理部门应当对食品生产经营者的负责人、食品安全管理人员、关键环节操作人员及其他相关从业人员随机进行监督抽查考核并公布考核情况。

监督抽查考核不得收取费用。

**第三十二条** 食品生产经营者应当建立并执行从业人员健康管理制度。患有国务院卫生行政管理部门制定的相关规定中的疾病的人员，不得从事接触直接入口食品的工作。从事直接入口食品工作的食品从业人员应当每年进行健康检查，取得健康证明后方可上岗。

食品生产经营者应当严格执行食品生产经

营场所卫生规范制度，从业人员应当保持个人卫生、着装清洁。

**第三十三条** 食品生产经营者委托生产食品的，应当委托取得食品生产许可并具有相应生产条件和能力的企业。

受委托企业应当在获得生产许可的产品品种范围内，接受委托生产食品。

受委托企业应当在受委托生产的食品的标签中，标明自己的名称、地址、联系方式和食品生产许可证编号等信息。

**第三十四条** 提供食品和食用农产品贮存、运输服务的经营者，应当依法查验食品生产经营者的许可证件、营业执照或者身份证件、食品和食用农产品检验或者检疫合格证明等文件，留存其复印件，并做好食品和食用农产品进出库记录、运输记录。相关文件复印件和记录的保存期限不得少于产品保质期满后六个月；没有明确保质期的，保存期限不得少于二年；食用农产品相关文件复印件和记录的保存期限不得少于六个月。

贮存、运输、陈列有特殊温度、湿度控制要求的食品和食用农产品，应当进行全程温度、湿度监控，并做好监控记录，符合保证食品和食用农产品安全所需的温度、湿度等特殊要求。监控记录保存期限不得少于二年。

**第三十五条** 食用农产品批发交易市场、标准化菜市场等场所除履行法律、法规、规章规定的职责外，还应当合理划定功能区，加强基础设施建设，配备食品安全设施设备，保持场内环境卫生整洁，并遵守下列规定：

（一）设立食品安全信息公示牌，配备专职食品安全管理员；

（二）建立入场食品经营者档案，并查验入场经营食品相关证明材料；

（三）指导并督促入场食品经营者建立食品经营记录；

（四）与入场食品经营者签订食品安全协议；

（五）按规定将相关信息上传至本市食品安全信息追溯平台。

**第三十六条** 食用农产品批发交易市场、大型超市卖场、中央厨房、集体用餐配送单位应当配备检验设备和检验人员或者委托有资质的食品检验机构，按照国家和本市有关规定，对入场销售或者采购的食品、食用农产品进行抽样检验；发现不符合食品安全标准的，应当立即采取控制措施，并向所在地的区市场监督管理部门报告。

前款规定的抽样检验应当做好记录，记录的保存期限不得少于产品保质期满后六个月；没有明确保质期的，保存期限不得少于二年；食用农产品相关记录的保存期限不得少于六个月。

鼓励标准化菜市场配备食品快速检验设备和检验人员，为消费者提供检验服务。

**第三十七条** 生产、销售散装食品应当遵守下列要求：

（一）设立专区或者专柜；

（二）使用防尘遮盖、设置隔离设施、提供专用容器和取用工具，并定期清洗消毒；

（三）不得混装不同批次的散装食品；

（四）符合保证食品安全所需的温度、湿度等特殊要求；

（五）在散装食品的容器、外包装上标明食品的名称、生产日期或者生产批号、保质期以及生产经营者名称、地址、联系方式等内容；

（六）法律、法规、规章规定的其他要求。

食品经营者应当使用符合食品安全标准要求的包装材料销售直接入口食品。

**第三十八条** 餐饮服务提供者提供餐饮服务时应当符合下列要求：

（一）经营场所符合公共场所卫生要求；

（二）营业时段安排食品安全管理人员开展监督管理工作；

（三）根据消费者的要求，提供公筷、公匙等公用餐具，不得向消费者提供不符合食品安全标准和要求的餐具、饮具；

（四）法律、法规、规章规定的其他要求。

鼓励餐饮服务提供者采用电子显示屏、透明玻璃墙等方式，公开食品加工过程、食品原料及其来源信息。

**第三十九条** 从事餐饮配送服务的，应当遵守下列要求：

（一）送餐人员应当依法取得健康证明；

（二）配送膳食的箱（包）应当专用，定期清洁、消毒；

（三）符合保证食品安全所需的温度等特殊要求；

（四）使用符合食品安全标准的餐具、饮具、容器和包装材料；

（五）法律、法规、规章规定的其他要求。

**第四十条** 食品展销会的举办者应当依法审查并记录入场食品经营者的许可证件以及经营品种等相关信息，以书面形式明确其食品安全管理责任，并于举办七日前向举办地的区市场监督管理部门备案。区市场监督管理部门应当对食品展销会的食品安全进行指导。

食品展销会的举办者发现入场食品经营者有违反食品安全管理规定的，应当及时制止并立即报告举办地的区市场监督管理部门。

禁止在食品展销会上经营散装生食水产品和散装熟食卤味。

**第四十一条** 农村集体聚餐的举办者和承办者应当在集体聚餐举办前，将举办地点、预期参加人数等信息向所在地的乡、镇人民政府或者街道办事处报告。乡、镇人民政府、街道办事处和区市场监督管理部门的派出机构应当指派专业人员进行现场指导。

鼓励在符合食品安全条件的固定场所举办农村集体聚餐。在固定场所举办农村集体聚餐的，由该场所的经营管理者履行前款规定的报告义务。

农村集体聚餐的举办者和承办者对集体聚餐的食品安全负责。鼓励农村集体聚餐的举办者和承办者之间、承办者和厨师等加工制作人员之间签订食品安全协议，明确各自的食品安全责任。相关协议的范本由区市场监督管理部门会同相关部门拟定。

农村集体聚餐的承办者应当按照食品安全要求采购、贮存、加工制作食品，做好食品留样，并定期组织厨师等加工制作人员进行健康体检和食品安全知识培训。

农村集体聚餐发生食品安全事故的，举办者和承办者应当及时向所在地的区市场监督管理部门报告。

**第四十二条** 从事酒类、食用盐、粮食等生产经营活动，应当遵守法律、法规、规章和食品安全标准的要求，严禁使用工业酒精、工业盐、被污染或者发霉变质的原粮等从事食品生产经营活动。

**第四十三条** 区和乡、镇人民政府或者街道办事处应当按照方便群众、合理布局的原则，完善区域商业规划，加强住宅区、商务区、工业区等的餐饮服务配套建设，引导小型餐饮服务提供者改善经营条件，提高管理水平。

小型餐饮服务提供者从事食品经营活动，应当依法取得食品经营许可，并遵守食品安全法律、法规、规章和标准的要求。

未取得食品经营许可，但经营食品符合食品安全卫生要求、不影响周边居民正常生活的小型餐饮服务提供者，应当向所在地的乡、镇人民政府或者街道办事处办理临时备案。小型餐饮服务提供者办理临时备案的具体要求、标准及相应的退出机制，由市人民政府另行制定。

乡、镇人民政府或者街道办事处应当将备案信息通报所在地的区市场监督管理、环境保护、房屋管理、消防安全、城市管理行政执法等部门，相关部门应当按照各自职责加强对小型餐饮服务提供者的日常监管。

**第四十四条** 食品生产加工小作坊、食品摊贩从事食品生产经营活动，应当符合《食品安全法》和本条例规定的与其生产经营规模、条件相适应的食品安全要求，保证所生产经营的食品卫生、无毒、无害。

**第四十五条** 本市对餐厨废弃油脂实行符合产业发展导向的资源化利用，推进实行餐厨废弃油脂收运、处置的一体化经营模式。

产生餐厨废弃油脂和餐厨垃圾的食品生产经营者以及从事餐厨废弃油脂和餐厨垃圾收运和处置活动的单位应当按照国家和本市有关法

律、法规、规章的规定，收集、处置餐厨废弃油脂和餐厨垃圾。

### 第三节 食用农产品

**第四十六条** 市、区人民政府应当制定食用农产品生产基地规划，加强食用农产品生产基地标准化建设。

鼓励和支持符合条件的食用农产品生产者申请无公害农产品、绿色食品、有机食品认证以及农产品地理标志登记。

**第四十七条** 在本市从事畜禽、畜禽产品生产经营活动的，应当遵守国家和本市有关法律、法规、规章的规定。

外省市的畜禽、畜禽产品应当通过市人民政府指定的道口，取得道口检查签章后，方可进入本市。

**第四十八条** 农药、兽药、饲料和饲料添加剂、肥料等农业投入品的经营者（以下简称农业投入品经营者）应当建立经营记录，如实记载购入农业投入品的名称、数量、进货日期和供货者名称、地址、联系方式，以及销售农业投入品的名称、数量、销售日期和购货者名称、地址、联系方式等内容。记录保存期限不得少于二年。

农业投入品经营者销售农业投入品时，应当向购货者提供说明书，告知其农业投入品的用法、用量、使用范围等信息。

食用农产品生产者应当依法建立农业投入品使用记录，如实记载使用农业投入品的名称、来源、用法、用量和使用、停用的日期。记录保存期限不得少于二年。

**第四十九条** 禁止在食用农产品生产经营活动中从事下列行为：

（一）使用国家禁止使用的农业投入品；

（二）超范围或者超剂量使用国家限制使用的农业投入品；

（三）收获、屠宰、捕捞未达到安全间隔期、休药期的食用农产品；

（四）对畜禽、畜禽产品灌注水或者其他物质；

（五）在食用农产品生产、销售、贮存和运输过程中添加可能危害人体健康的物质；

（六）法律、法规、规章规定的其他禁止行为。

**第五十条** 上市销售的肉类产品应当附有检疫合格证明；上市销售的其他食用农产品应当附有产地证明、检测合格证明。

食用农产品批发交易市场开办者应当查验入场销售者的身份证明，入场销售食用农产品的产地证明、检测合格证明或者检疫合格证明。

销售者无法提供食用农产品产地证明、检测合格证明的，食用农产品批发交易市场开办者应当进行抽样检验或者快速检测；抽样检验或者快速检测合格的，方可入场销售。

### 第四节 网络食品经营

**第五十一条** 网络食品交易第三方平台提供者应当按照下列规定办理备案手续：

（一）在本市注册登记的网络食品交易第三方平台提供者，应当在通信管理部门批准后三十个工作日内，向市食品药品监督管理部门备案，取得备案号；

（二）在外省市注册登记的网络食品交易第三方平台提供者，应当自在本市提供网络食品交易第三方平台服务之日起三十个工作日内，将其在本市实际运营机构的地址、负责人、联系方式等相关信息向市食品药品监督管理部门备案。

通过自建网站交易的食品生产经营者，应当在通信管理部门批准后三十个工作日内，向所在地的区市场监督管理部门备案，取得备案号。实行统一配送经营方式的食品经营企业，可以由企业总部统一办理备案手续。

**第五十二条** 网络食品经营者应当依法取得食品生产经营许可，并按照规定在自建交易网站或者网络食品交易第三方平台的首页显著位置或者经营活动主页面醒目位置，公示其营业执照、食品生产经营许可证件、从业人员健康证明、食品安全量化分级管理等信息。相关信息应当完整、真实、清晰，发生变化的，应当在十日内更新。

**第五十三条** 网络食品交易第三方平台提

供者应当建立食品安全管理制度，履行下列管理责任：

（一）明确入网食品经营者的准入标准和食品安全责任；

（二）对入网食品经营者进行实名登记；

（三）通过与监管部门的许可信息进行比对、现场核查等方式，对入网食品经营者的许可证件进行审查；

（四）对平台上的食品经营行为及信息进行检查，并公布检查结果；

（五）公示入网食品经营者的食品安全信用状况；

（六）及时制止入网食品经营者的食品安全违法行为，并向其所在地的区市场监督管理部门报告；

（七）对平台上经营的食品进行抽样检验；

（八）法律、法规、规章规定的其他管理责任。

网络食品交易第三方平台提供者发现入网食品经营者存在未经许可从事食品经营、经营禁止生产经营的食品、发生食品安全事故等严重违法行为的，应当立即停止为其提供网络交易平台服务。

仅为入网食品经营者提供信息发布服务的网络第三方平台提供者，应当履行本条第一款第一项至第三项规定的管理责任，并对平台上的食品经营信息进行检查，及时删除或者屏蔽入网食品经营者发布的违法信息。

**第五十四条** 从事网络交易食品配送的网络食品经营者、网络食品交易第三方平台提供者、物流配送企业应当遵守有关法律、法规对贮存、运输食品以及餐具、饮具、容器和包装材料的要求，并加强对配送人员的培训和管理。从事网络订餐配送的，还应当遵守本条例第三十九条的规定。

## 第四章 食品生产加工小作坊和食品摊贩

### 第一节 食品生产加工小作坊

**第五十五条** 各级人民政府应当根据实际需要统筹规划、合理布局，建设适合食品生产加工小作坊从事食品生产加工活动的集中食品加工场所。鼓励食品生产加工小作坊进入集中食品加工场所从事食品生产加工活动。

区市场监督管理部门应当加强对食品生产加工小作坊食品安全的指导和监督管理。

**第五十六条** 本市对食品生产加工小作坊生产加工的食品实行品种目录管理；品种目录由市食品药品监督管理部门编制，报市食品药品安全委员会批准后实施，并向社会公布。

**第五十七条** 食品生产加工小作坊从事食品生产加工活动，应当具备下列条件：

（一）有与生产加工的食品品种、数量相适应的生产加工场所，环境整洁，并与有毒、有害场所以及其他污染源保持规定的安全距离；

（二）有与生产加工的食品品种、数量相适应的生产加工和卫生、污水及废弃物处理设备或者设施；

（三）有保证食品安全的规章制度；

（四）有合理的设备布局和工艺流程。

**第五十八条** 本市对食品生产加工小作坊实行准许生产制度，设立食品生产加工小作坊的，应当符合本条例第五十七条规定的条件，并向所在地的区市场监督管理部门申领《食品生产加工小作坊准许生产证》（以下简称准许生产证）。

区市场监督管理部门应当依法对申请人提交的材料进行审核，征询食品生产加工小作坊所在地的乡、镇人民政府或者街道办事处的意见，必要时对其生产加工场所进行现场核查；对符合规定条件的，决定准许生产，颁发准许生产证，并在作出准许生产决定后，通报相关乡、镇人民政府或者街道办事处；对不符合规定条件的，决定不予准许生产并书面说明理由。

食品生产加工小作坊未取得准许生产证并经工商登记，不得从事食品生产加工活动。食品生产加工小作坊应当在准许生产的食品品种范围内从事食品生产加工活动，不得超出准许生产的品种范围生产加工食品。

准许生产证的有效期为三年。有效期满需要延续的，应当在届满三十日前，向原发证部门提出申请。

**第五十九条** 食品生产加工小作坊的生产加工活动，应当符合食品安全地方标准，并遵循下列要求：

（一）从业人员持有有效健康证明；

（二）使用的食品原料、食品添加剂、食品相关产品应当符合食品安全标准；

（三）待加工食品与直接入口食品、原料与成品应当分开存放，防止交叉污染，避免食品接触有毒物、不洁物；

（四）使用无毒、无害、清洁的食品包装材料，销售无包装的直接入口食品，应当使用无毒、清洁的售货工具；

（五）从业人员应当保持个人卫生，生产经营食品时，应当将手洗净，穿戴清洁的工作衣、帽；

（六）食品生产经营场所与个人生活场所严格分开，食品用具、容器、设备与个人生活用品严格分开；

（七）用水应当符合国家规定的生活饮用水卫生标准；

（八）使用的洗涤剂、消毒剂应当对人体安全、无害，杀虫剂、灭鼠剂等应当妥善保管，防止对食品造成污染；

（九）法律、法规、规章和标准规定的其他要求。

**第六十条** 食品生产加工小作坊应当如实记录购进食品原料、食品添加剂、食品相关产品的名称、规格、数量、生产批号、生产日期、保质期、供货者名称及联系方式、进货日期等内容，并保留载有相关信息的票据凭证。记录和票据凭证的保存期限不得少于产品保质期满后六个月；没有明确保质期的，保存期限不得少于二年。

食品生产加工小作坊还应当建立食品销售记录，如实记录食品的名称、规格、数量、生产日期、购货者名称及联系方式、销售日期等内容。记录保存期限不得少于产品保质期满后六个月；没有明确保质期的，保存期限不得少于二年。

**第六十一条** 食品生产加工小作坊应当对生产加工的食品进行包装，并在包装上贴注标签，标明以下内容：

（一）食品名称、生产日期、保质期、贮存条件；

（二）食品生产加工小作坊的名称、地址、联系方式；

（三）准许生产证编号；

（四）成分或者配料表，所使用的食品添加剂在国家标准中的通用名称。

食品生产加工小作坊对生产加工的食品进行预包装的，还应当符合食品安全法律、法规、规章和标准对预包装食品标签的要求。

## 第二节 食品摊贩

**第六十二条** 区人民政府应当按照方便群众、合理布局的原则，确定相应的固定经营场所，并制定相关鼓励措施，引导食品摊贩进入集中交易市场、店铺等固定场所经营。

区人民政府可以根据需要，依法划定临时区域（点）和固定时段供食品摊贩经营，并向社会公布。区和乡、镇人民政府或者街道办事处应当为划定的临时区域（点）提供必要的基础设施和配套服务。划定的临时区域（点）和固定时段，不得影响安全、交通、市容环境和周边居民生活。

食品摊贩在划定的区域（点）、时段内经营的，应当向经营所在地的乡、镇人民政府或者街道办事处登记相关信息。乡、镇人民政府或者街道办事处应当向符合条件的食品摊贩发放临时经营公示卡，并将登记信息通报所在地的区市场监督管理、绿化市容、城市管理行政执法等部门。

**第六十三条** 食品摊贩从事食品经营，应当具备下列条件：

（一）摊位与公共厕所、倒粪池、化粪池、污水池、垃圾场（站）等污染源直线距离在二十五米以上；

（二）有与经营的食品品种、数量相适应的生产、加工、贮存、清洗、消毒、冷藏等设施或者设备；

（三）需要在现场对食品或者工具、容器进行清洗的，应当配备具有给排水条件的清洁设施或者设备；

（四）配有防雨、防尘、防污染、防虫、防蝇等设施以及加盖或者密闭的废弃物收集容器。

禁止食品摊贩在距离幼儿园、中小学校门口一百米范围内设摊经营。

**第六十四条** 食品摊贩从事食品经营，应当遵循下列要求：

（一）持有并公示有效健康证明；

（二）悬挂食品摊贩临时经营公示卡，并按照公示卡所载明的事项从事经营活动；

（三）不得经营生食水产品等生食类食品以及不符合法律、法规、规章或者食品安全标准规定的其他食品；

（四）使用无毒、无害、清洁的食品包装材料、容器和售货工具；

（五）从业人员应当保持个人卫生，将手洗净，穿戴清洁的工作衣、帽；

（六）用水应当符合国家规定的生活饮用水卫生标准，使用的洗涤剂、消毒剂应当对人体安全、无害，防止对食品造成污染；

（七）法律、法规、规章规定的其他要求。

食品摊贩应当在区人民政府划定的临时区域（点）和固定时段内经营，遵守市容环境卫生管理的有关规定，保证市容环境整洁。

**第六十五条** 食品摊贩应当保留载有所采购的食品、食品添加剂、食品相关产品的票据凭证，票据凭证保存期限不得少于三十日。

**第六十六条** 区市场监督管理部门应当加强对食品摊贩遵守食品安全管理规定的指导和监督管理。

城市管理行政执法部门应当加强对食品摊贩遵守市容环境卫生管理规定的监督管理。

乡、镇人民政府和街道办事处应当协调相关部门，对辖区内的食品摊贩进行监督管理，对食品摊贩存在的违法行为依法进行查处。

## 第五章　食品安全事故预防与处置

**第六十七条** 食品生产经营者应当按照食品安全法律、法规、规章、标准或者技术规范，制定和落实食品安全事故防范措施，及时消除食品安全隐患，防止食物中毒等食品安全事故的发生。

**第六十八条** 鼓励食品生产经营者参加食品安全责任保险。

高风险食品生产经营企业应当根据防范食品安全风险的需要，主动投保食品安全责任保险。

**第六十九条** 重大公共活动的组织者应当采取有效的保障措施，保证活动期间的食品安全。鼓励重大公共活动的组织者聘请社会专业机构提供重大公共活动的食品安全保障服务。

市食品药品监督管理、区市场监督管理、农业等部门应当依法进行指导和监督。

**第七十条** 食品检验机构接受生产经营者委托对食品、食品相关产品进行检验时，发现存在添加违禁物质、关键性指标异常等重大食品安全问题时，应当及时向市食品药品监督管理或者质量技术监督部门报告。

**第七十一条** 市、区人民政府应当根据有关法律、法规的规定和上级人民政府的食品安全事故应急预案以及本行政区域的实际情况，制定本行政区域的食品安全事故应急预案，并报上一级人民政府备案。

各级人民政府及其相关部门应当按照应急预案的要求，开展食品安全事故应急处置。

**第七十二条** 发生食品安全事故的单位应当立即对导致或者可能导致食品安全事故的食品及原料、工具、设备等采取封存等控制措施，防止事故扩大。

事故发生单位和接收病人进行治疗的单位应当在事故发生或者接收病人后两小时内，向所在地的区市场监督管理、卫生计生部门报告。接到报告的区市场监督管理部门应当按照应急预案的规定，向区人民政府、市食品药品监督管理部门报告。

**第七十三条** 食品药品监督管理、市场监督管理部门接到食品安全事故报告后，应当立即会同卫生计生、质量技术监督、农业等部门进行调查处理，依法采取措施，防止或者减轻社会危害。

疾病预防控制机构接到通知后，应当对食品安全事故现场采取卫生处理等措施，并开展流行病学调查，食品药品监督管理、市场监督管理、卫生计生、公安等部门应当依法予以协助。疾病预防控制机构应当向食品药品监督管理、市场监督管理、卫生计生部门提交流行病学调查报告。

**第七十四条** 对经检测不符合食品安全标准和要求，可能对人体健康造成较大危害的食品，市食品药品监督管理、质量技术监督、农业、商务等部门应当按照有关法律、法规、规章的规定予以处理。必要时，经市人民政府确定，可以对相关企业、区域生产的同类食品采取相应的控制措施。

## 第六章 监督管理

**第七十五条** 市、区人民政府应当按照国家有关规定，组织本级食品药品监督管理、市场监督管理、质量技术监督、农业等部门制定本行政区域的食品安全年度监督管理计划，明确监督管理重点，向社会公布并组织实施。

食品药品监督管理、市场监督管理、质量技术监督、农业等部门应当根据食品安全风险监测和风险评估结果、食品安全状况、食品安全年度监督管理计划等，确定监督管理的重点、方式和频次，实施风险分级管理；对消费量较大、风险较高的食品以及专供婴幼儿和其他特定人群的主辅食品，应当进行重点抽样检验。

**第七十六条** 食品药品监督管理、市场监督管理、质量技术监督、农业等部门应当加强执法队伍建设，采取多种措施，加强现场巡查，依法对本行政区域内食品生产经营活动进行日常监督管理，对发生食品安全事故风险较高的食品生产经营活动进行重点监督管理，及时发现处理违反食品安全法律、法规、规章的行为。

食品生产经营者应当配合相关部门进行监督检查，如实提供有关合同、票据、账簿、电子数据以及其他有关资料。

食品药品监督管理、市场监督管理、质量技术监督、农业等部门应当如实记录监督检查情况，并向社会公布监督检查结果。

**第七十七条** 食品药品监督管理、市场监督管理、质量技术监督、农业等部门可以利用大数据处理等现代科技手段，对食品生产经营活动实施监督管理；依法收集的视听资料、电子数据等，可以作为认定食品安全违法行为的证据。

**第七十八条** 食品药品监督管理、市场监督管理、质量技术监督部门在监督管理工作中发现食品相关产品存在安全隐患、可能影响食品安全的，应当及时相互通报有关信息，并按照各自职责，依法进行处理。

**第七十九条** 食品药品监督管理、市场监督管理部门应当建立食品生产经营者、网络食品交易第三方平台提供者食品安全信用档案，记录许可和备案、日常监督检查结果、违法行为查处等情况，依法向社会公布并实时更新。

食品药品监督管理、市场监督管理部门根据食品生产经营者、网络食品交易第三方平台提供者食品安全信用档案记录情况以及食品生产企业良好生产规范、危害分析与关键控制点体系实施情况，进行食品安全信用等级评定，并作为实施分类监督管理的依据。

对有不良信用记录或者信用等级评定较低的食品生产经营者、网络食品交易第三方平台提供者，应当增加监督检查频次；对违法行为情节严重的食品生产经营者、网络食品交易第三方平台提供者，将其有关信息纳入本市相关信用信息平台，并由相关部门按照规定在日常监管、行政许可、享受政策扶持、政府采购等方面实施相应的惩戒措施。

仅为入网食品经营者提供信息发布服务的网络第三方平台提供者的食品安全信用管理，参照对网络食品交易第三方平台提供者的有关管理规定执行。

**第八十条** 本市建立餐饮服务食品安全量化分级管理制度，评定结果应当向社会公布，并由餐饮服务提供者在经营场所显著位置公示。评定的具体办法由市食品药品监督管理部门制定。

**第八十一条** 本市建立食品安全信息追溯制度。根据食品安全风险状况，对重点监督管理的食品和食用农产品实施信息追溯管理。具体办法由市人民政府另行制定。

市食品药品监督管理部门在整合有关食品和食用农产品信息追溯系统的基础上，建立全市统一的食品安全信息追溯平台。

有关食品和食用农产品生产经营者应当按照规定，向统一的食品安全信息追溯平台报送相关信息。

**第八十二条** 取得食品、食品添加剂、食品相关产品生产许可的生产企业、取得准许生产证的食品生产加工小作坊以及取得食品经营许可的经营企业，在相关许可有效期内连续停止生产经营一年以上的，在恢复生产经营之前，应当向所在地的区市场监督管理部门报告。

区市场监督管理部门接到报告后，应当对相关生产经营企业或者食品生产加工小作坊的生产经营条件进行核查，对不符合生产经营要求的，应当责令其采取整改措施；经整改达到生产经营要求的，方可恢复生产经营。

**第八十三条** 食品药品监督管理、质量技术监督、市场监督管理等部门应当按照各自职责，对未依法取得相关许可证件或者未依法进行临时备案、信息登记，从事食品、食品添加剂、食品相关产品生产经营的行为（以下简称无证生产经营行为）进行查处。乡、镇人民政府和街道办事处应当协调相关部门做好对辖区内无证生产经营行为的查处工作。

对从事无证生产经营行为的单位和个人以及明知从事无证生产经营行为、仍为其提供生产经营场所或者其他条件的单位和个人，除依法进行处理外，将其有关信息纳入本市公共信用信息平台，由相关部门按照规定实施相应惩戒措施。

**第八十四条** 本市将无证生产经营行为、食品摊贩违法经营、餐饮油烟污染、餐厨废弃油脂非法处置等食品安全事件纳入城市网格化管理。

区和乡、镇人民政府、街道办事处所属的城市网格化管理机构对巡查发现的食品安全事件，应当进行派单调度、督办核查，指挥协调相关部门或者派出机构及时予以处置。

区市场监督管理、城市管理行政执法、环保等部门及其派出机构应当接受城市网格化管理机构的派单调度，及时反馈处置情况，并接受督办核查。

**第八十五条** 食品药品监督管理、市场监督管理等部门应当加强对幼儿园、中小学校周边食品安全的监督管理，依法查处影响儿童、中小学生身体健康和生命安全的食品生产经营行为。

**第八十六条** 本市设立食品安全统一举报电话，并向社会公布。任何组织或者个人发现食品生产经营中的违法行为可以向统一举报电话投诉、举报，也可以向食品药品监督管理、市场监督管理、质量技术监督、农业等部门投诉、举报。

食品药品监督管理、市场监督管理、质量技术监督、农业等部门接到咨询、投诉、举报，对属于本部门职责的，应当受理并在法定期限内及时答复、核实、处理；对不属于本部门职责的，应当在两个工作日内移交有权处理的部门，并书面通知咨询、投诉、举报人。有权处理的部门应当在法定期限内及时处理，不得推诿；属于食品安全事故的，应当依法进行处置。

有关部门应当对举报人的信息予以保密，保护举报人的合法权益；对举报经查证属实、为查处食品安全违法案件提供线索和证据的举报人，按照有关规定给予奖励。

**第八十七条** 本市建立食品安全信息统一公布制度，通过统一的信息平台，公布下列食品安全信息：

（一）本市食品安全总体情况；

（二）本市食品安全风险评估信息和食品安全风险警示信息；

（三）本市重大食品安全事故及其处理信息；

（四）市人民政府确定需要统一公布的其他重要食品安全信息。

食品药品监督管理、质量技术监督、农业、卫生计生、出入境检验检疫等部门应当加强监管部门间的信息共享，获知前款规定的需要统一公布的食品安全信息的，还应当立即向市食品药品安全委员会报告；市食品药品安全委员会应当及时确定需要公布的食品安全信息，由市食品药品安全委员会办公室统一公布。

食品药品监督管理、市场监督管理、质量技术监督、农业、出入境检验检疫等部门依据各自职责，建立、完善食品安全信息系统，公布食品安全日常监督管理、食品安全违法行为行政处罚等信息。

**第八十八条**　对涉嫌构成食品安全犯罪的，食品药品监督管理、市场监督管理、质量技术监督、农业等部门应当按照有关规定及时将案件移送同级公安机关。对移送的案件，公安机关应当及时审查；认为有犯罪事实需要追究刑事责任的，应当立案侦查。

食品药品监督管理、市场监督管理、质量技术监督、农业等部门和相关食品检验机构应当按照规定，配合公安机关、人民检察院、人民法院做好涉案食品的处置、检验、评估认定工作。

## 第七章　法律责任

**第八十九条**　违反本条例规定的行为，法律、行政法规有处理规定的，从其规定；构成犯罪的，依法追究刑事责任。

**第九十条**　违反本条例第二十一条规定，从事食品和食用农产品贮存、运输服务未按照规定办理备案手续的，由市食品药品监督管理部门或者区市场监督管理部门责令改正，给予警告；拒不改正的，处五千元以上五万元以下罚款。

违反本条例第三十四条规定，有下列情形之一的，由市食品药品监督管理部门或者区市场监督管理部门责令改正，给予警告；拒不改正的，责令停产停业，处五千元以上五万元以下罚款；情节严重的，吊销许可证或者准许生产证：

（一）提供食品和食用农产品贮存、运输服务的经营者，未依法查验相关文件，并留存其复印件，或者未按照规定做好进出库记录、运输记录的；

（二）贮存、运输、陈列有特殊温度、湿度控制要求的食品和食用农产品的，未进行全程温度、湿度监控的。

**第九十一条**　违反本条例第二十三条规定，食品生产经营者向下列生产经营者采购食品、食品添加剂用于生产经营的，由市食品药品监督管理部门或者区市场监督管理部门没收违法采购和生产经营的食品、食品添加剂，并处五千元以上五万元以下罚款；情节严重的，责令停产停业，直至吊销许可证或者准许生产证：

（一）未依法取得相关许可证件或者相关许可证件超过有效期限的生产经营者；

（二）超出许可类别和经营项目从事生产经营活动的生产经营者。

**第九十二条**　违反本条例第二十四条第一款规定，生产经营下列食品、食品添加剂的，由市食品药品监督管理部门或者区市场监督管理部门没收违法所得和违法生产经营的食品、食品添加剂，并可以没收用于违法生产经营的工具、设备、原料等物品；违法生产经营的食品、食品添加剂货值金额不足一万元的，并处十万元以上十五万元以下罚款；货值金额一万元以上的，并处货值金额十五倍以上三十倍以下罚款；情节严重的，吊销许可证或者准许生产证：

（一）以有毒有害动植物为原料的食品；

（二）以废弃食用油脂加工制作的食品；

（三）市人民政府为防病和控制重大食品安全风险等特殊需要明令禁止生产经营的食品、食品添加剂。

小型餐饮服务提供者违反本条例第二十四条第一款规定，生产经营禁止生产经营的食品的，由市食品药品监督管理部门或者区市场监督管理部门没收违法所得和违法生产经营的食品，并可以没收用于违法生产经营的工具、设备、原料等物品；违法生产经营的食品货值金额不足一万元的，并处一万元以上五万元以下罚款；货值金额一万元以上的，并处货值金额五倍以上十倍以下罚款；情节严重的，吊销许可证或者告知乡、镇人民政府、街道办事处注销临时备案。

明知从事前数款规定的违法行为，仍为其提供生产经营场所或者其他条件的，由市食品药品监督管理部门或者区市场监督管理部门责令停止违法行为，没收违法所得，并处十万元以上二十万元以下罚款。

违反本条例第二十四条第二款规定，使用禁止生产经营的食品、食品添加剂、食品相关产品作为原料，用于食品、食品添加剂、食品相关产品生产经营的，由市食品药品监督管理、质量技术监督部门或者区市场监督管理部门按照各自职责，没收违法所得和违法生产经营的食品、食品添加剂、食品相关产品，并可以没收用于违法生产经营的工具、设备、原料等物品；违法生产经营的食品、食品添加剂、食品相关产品货值金额不足一万元的，并处五千元以上五万元以下罚款；货值金额一万元以上的，并处货值金额五倍以上十倍以下罚款；情节严重的，责令停产停业，直至吊销许可证或者准许生产证。

**第九十三条** 违反本条例第二十九条第一款规定，食品生产经营者未建立并执行临近保质期食品和食品添加剂管理制度的，由市食品药品监督管理部门或者区市场监督管理部门责令改正，给予警告；拒不改正的，处五千元以上五万元以下罚款；情节严重的，责令停产停业，直至吊销许可证或者准许生产证。

违反本条例第二十九条第二款、第三十条规定，食品生产经营者有下列情形之一的，由市食品药品监督管理部门或者区市场监督管理部门没收违法所得和违法生产经营的食品和食品添加剂，并可以没收用于违法生产经营的工具、设备、原料等物品；违法生产经营的食品、食品添加剂货值金额不足一万元的，并处五万元以上十万元以下罚款；货值金额一万元以上的，并处货值金额十倍以上二十倍以下罚款；情节严重的，责令停产停业，直至吊销许可证或者准许生产证：

（一）将超过保质期的食品和食品添加剂退回相关食品生产经营企业的；

（二）未采取染色、毁形等措施对超过保质期的食品和食品添加剂予以销毁，或者进行无害化处理的；

（三）除本条例第三十条第三款规定情形外，将回收食品经过改换包装等方式以其他形式进行销售或者赠送的。

小型餐饮服务提供者违反本条例第二十九条第二款、第三十条有关超过保质期食品和食品添加剂管理、回收食品管理规定的，由市食品药品监督管理部门或者区市场监督管理部门没收违法所得和违法生产经营的食品、食品添加剂，并可以没收用于违法生产经营的工具、设备、原料等物品；违法生产经营的食品、食品添加剂货值金额不足一万元的，并处五千元以上五万元以下罚款；货值金额一万元以上的，并处货值金额五倍以上十倍以下罚款；情节严重的，吊销许可证或者告知乡、镇人民政府、街道办事处注销临时备案。

**第九十四条** 违反本条例第二十七条、第三十一条、第三十二条、第三十六条、第三十八条规定，有下列情形之一的，由市食品药品监督管理部门或者区市场监督管理部门责令改正，给予警告；拒不改正的，处五千元以上五万元以下罚款；情节严重的，责令停产停业，直至吊销许可证或者准许生产证：

（一）高风险食品生产经营企业未建立并执行主要原料和食品供应商检查评价制度的；

（二）食品生产经营者未按照规定培训、考核关键环节操作人员及其他相关从业人员的；

（三）食品生产经营者的负责人、食品安全管理人员、关键环节操作人员及其他相关从业人员监督抽查考核不合格的；

（四）食品生产经营者安排未取得健康证

明或者患有国务院卫生行政管理部门制定的规定中的疾病的人员从事直接接触入口食品工作的；

（五）食品生产经营者未按照规定执行食品生产经营场所卫生规范制度，从业人员未保持着装清洁的；

（六）大型超市卖场、中央厨房、集体用餐配送单位未按照规定做好抽样检验及相关记录的；

（七）餐饮服务提供者向消费者提供不符合有关食品安全标准和要求的餐具、饮具的。

**第九十五条** 违反本条例第三十三条第一款规定，食品生产经营者委托不符合要求的企业生产食品的，由市食品药品监督管理部门或者区市场监督管理部门责令限期改正，没收违法所得和违法生产的食品；违法生产的食品货值金额不足一万元的，并处五千元以上五万元以下罚款；货值金额一万元以上的，并处货值金额五倍以上十倍以下罚款；情节严重的，责令停产停业，直至吊销许可证。

违反本条例第三十三条第三款规定，受委托企业未在受委托生产的食品的标签中标明有关信息的，由市食品药品监督管理部门或者区市场监督管理部门责令改正，给予警告；拒不改正的，处二千元以上二万元以下罚款。

**第九十六条** 违反本条例第三十五条规定，食用农产品批发交易市场、标准化菜市场未执行相关规定的，由市食品药品监督管理部门或者区市场监督管理部门责令改正，给予警告；拒不改正的，处五千元以上五万元以下罚款；造成严重后果的，责令停产停业，直至吊销许可证。

**第九十七条** 违反本条例第三十九条第一项规定，安排未依法取得健康证明的送餐人员从事餐饮配送服务的，由市食品药品监督管理部门或者区市场监督管理部门责令改正，给予警告；拒不改正的，处五千元以上五万元以下罚款。

违反本条例第三十九条第二项、第三项和第四项规定，从事餐饮配送服务有下列情形之一的，由市食品药品监督管理部门或者区市场监督管理部门责令改正，给予警告；拒不改正的，责令停产停业，处五千元以上五万元以下罚款；情节严重的，吊销许可证：

（一）配送膳食的箱（包）未予专用，或者未定期进行清洁、消毒的；

（二）不符合保证食品安全所需的温度等特殊要求的；

（三）未使用符合食品安全标准的餐具、饮具、容器和包装材料。

违反本条例第五十四条规定，从事网络交易食品配送的网络食品经营者、网络食品交易第三方平台提供者、物流配送企业未遵守本条例第三十九条规定的，由市食品药品监督管理部门或者区市场监督管理部门按照前两款的规定进行处罚。

**第九十八条** 违反本条例第四十条第一款规定，食品展销会的举办者未按照规定进行备案的，由区市场监督管理部门责令改正，给予警告；拒不改正的，处五千元以上五万元以下罚款。

违反本条例第四十条第三款规定，在食品展销会上经营散装生食水产品或者散装熟食卤味的，由区市场监督管理部门处五千元以上五万元以下罚款。

**第九十九条** 违反本条例第四十三条第二款、第三款规定，小型餐饮服务提供者未依法取得食品经营许可或者未办理临时备案从事食品经营活动的，由市食品药品监督管理部门或者区市场监督管理部门没收违法所得、违法经营的食品和用于违法经营的工具、设备、原料等物品；违法经营的食品货值金额不足一万元的，并处一万元以上五万元以下罚款；货值金额一万元以上的，并处货值金额五倍以上十倍以下罚款。

明知从事前款规定的违法行为，仍为其提供生产经营场所或者其他条件的，由市食品药品监督管理部门或者区市场监督管理部门责令停止违法行为，没收违法所得，并处五万元以上十万元以下罚款。

除前款和本条例第九十二条第二款、第九十三条第三款、第一百零六条第二款规定情形外，小型餐饮服务提供者从事食品经营活动不符合食品安全法律、法规、规章和标准要求的，由市食品药品监督管理部门或者区市场监督管理部门责令改正，给予警告；拒不改正的，处五千元以上五万元以下罚款；情节严重的，责令停产停业，直至吊销许可证或者告知所在地乡、镇人民政府、街道办事处，由其注销临时备案。

小型餐饮服务提供者违反环境保护、房屋管理、消防安全、市容环境卫生管理等法律、法规、规章规定的，由相关部门依法进行处理，并将信息告知所在地的乡、镇人民政府、街道办事处，由其注销临时备案。

**第一百条** 违反本条例第四十八条第一款规定，农业投入品经营者未按照规定建立经营记录的，由农业部门责令改正，给予警告；拒不改正的，处五千元以上五万元以下罚款；情节严重的，责令停产停业，直至吊销许可证。

**第一百零一条** 违反本条例第四十九条规定，在食用农产品生产经营活动中，有下列行为之一的，由农业部门、市食品药品监督管理部门或者区市场监督管理部门按照各自职责，责令停止违法行为，没收违法所得、违法生产经营的食用农产品和用于违法生产经营的工具、设备等物品，并对没收的食用农产品进行无害化处理；违法生产经营的食用农产品货值金额不足一万元的，并处五万元以上十万元以下罚款；货值金额一万元以上的，并处货值金额十倍以上二十倍以下罚款；情节严重的，吊销许可证：

（一）对畜禽、畜禽产品灌注水或者其他物质；

（二）在食用农产品生产、销售、贮存和运输过程中添加可能危害人体健康的物质。

**第一百零二条** 违反本条例第五十一条、第五十二条规定，有下列情形之一的，由市食品药品监督管理部门或者区市场监督管理部门责令改正，给予警告；拒不改正的，处五千元以上五万元以下罚款；情节严重的，由市食品药品监督管理部门或者区市场监督管理部门责令停业：

（一）网络食品交易第三方平台提供者、通过自建网站交易的食品生产经营者未按照规定办理备案手续的；

（二）网络食品经营者未按照规定在自建交易网站或者网络食品交易第三方平台的首页显著位置或者经营活动主页面醒目位置，公示其营业执照、食品生产经营许可证件、从业人员健康证明、食品安全量化分级管理等信息的。

**第一百零三条** 违反本条例第五十三条第一款规定，网络食品交易第三方平台提供者有下列情形之一的，由市食品药品监督管理部门或者区市场监督管理部门责令改正，给予警告；拒不改正的，处一万元以上五万元以下罚款；情节严重的，由市食品药品监督管理部门或者区市场监督管理部门责令停业：

（一）未明确入网食品经营者的准入标准和食品安全责任的；

（二）未对平台上的食品经营行为及信息进行检查并如实公布检查结果的；

（三）未公示入网食品经营者的食品安全信用状况的。

违反本条例第五十三条第一款、第二款规定，网络食品交易第三方平台提供者未对入网食品经营者进行实名登记、审查许可证或者未履行报告、停止提供网络交易平台服务等义务的，由市食品药品监督管理部门或者区市场监督管理部门责令改正，没收违法所得，并处五万元以上二十万元以下罚款；造成严重后果的，由市食品药品监督管理部门或者区市场监督管理部门责令停业，由通信管理部门依法吊销其互联网信息服务业务经营许可证。

违反本条例第五十三条第三款规定，仅为入网食品经营者提供信息发布服务的网络第三方平台提供者未对入网食品经营者进行实名登记、审查许可证件的，由市食品药品监督管理部门或者区市场监督管理部门责令改正，没收违法所得，并处五万元以上二十万元以下罚款；造成严重后果的，由市食品药品监督管理部门或者区市场监督管理部门责令停业，由通信管理部门依法吊销其互联网信息服务业务经营许可证。

违反本条例第五十三条第三款规定，仅为入网食品经营者提供信息发布服务的网络第三方平台提供者有下列情形之一的，由市食品药品监督管理部门或者区市场监督管理部门责令改正，给予警告；拒不改正的，处一万元以上五万元以下罚款；情节严重的，由市食品药品监督管理部门或者区市场监督管理部门责令停业：

（一）未明确入网食品经营者的准入标准和食品安全责任的；

（二）未对平台上的食品经营信息进行检查，或者未及时删除、屏蔽入网食品经营者发布的违法信息的。

**第一百零四条** 违反本条例第五十八条第三款规定，食品生产加工小作坊未取得准许生产证或者超出准许生产的食品品种范围，从事食品生产加工活动的，由市食品药品监督管理部门或者区市场监督管理部门没收违法所得、违法生产加工的食品和用于违法生产加工的工具、设备、原料等物品；违法生产加工的食品货值金额不足一万元的，并处五万元以上十万元以下罚款；货值金额一万元以上的，并处货值金额十倍以上二十倍以下罚款。

明知从事前款规定的违法行为，仍为其提供生产经营场所或者其他条件的，由市食品药品监督管理部门或者区市场监督管理部门责令停止违法行为，没收违法所得，并处五万元以上十万元以下罚款。

违反本条例第五十九条规定，食品生产加工小作坊生产活动不符合要求的，由市食品药品监督管理部门或者区市场监督管理部门责令改正，给予警告；拒不改正的，处五千元以上五万元以下罚款；情节严重的，责令停产停业，直至吊销准许生产证。

违反本条例第六十条、第六十一条第一款规定，食品生产加工小作坊未遵守有关进货、销售记录及其保存期限要求，食品包装和标签要求等规定的，由市食品药品监督管理部门或者区市场监督管理部门责令改正，给予警告；拒不改正的，处五千元以上五万元以下罚款。

**第一百零五条** 违反本条例第二十四条、第六十三条、第六十四条、第六十五条规定，食品摊贩经营禁止生产经营的食品，不符合经营条件和要求，或者未按照规定保留相关票据凭证的，由区市场监督管理部门责令改正，给予警告；拒不改正的，处五十元以上五百元以下罚款；对不符合食品安全标准和要求的食品，应当予以没收；情节严重的，告知乡、镇人民政府、街道办事处注销登记。

区市场监督管理部门可以暂扣食品摊贩经营的符合食品安全标准和要求的食品以及与违法行为有关的工具，要求其在规定期限内到指定地点接受处理。区市场监督管理部门对暂扣的食品与相关工具应当妥善保管，并在食品摊贩接受处理后及时返还；对易腐烂、变质等不宜保管的食品，可以在留存证据后进行无害化处理。

**第一百零六条** 违反本条例第六十七条规定，食品生产经营者造成食物中毒等食品安全事故的，由市食品药品监督管理部门或者区市场监督管理部门没收违法所得、违法生产经营的食品以及用于违法生产经营的工具、设备、原料等物品；违法生产经营的食品货值金额不足一万元的，并处五万元以上十万元以下罚款；货值金额一万元以上的，并处货值金额十倍以上二十倍以下罚款；情节严重的，吊销许可证或者准许生产证。

小型餐饮服务提供者、食品摊贩造成食物中毒等食品安全事故的，由市食品药品监督管理部门或者区市场监督管理部门没收违法所得和违法生产经营的食品，并可以没收用于违法生产经营的工具、设备、原料等物品；违法生产经营的食品货值金额不足一万元的，并处一万元以上五万元以下罚款；货值金额一万元以上的，并处货值金额五倍以上十倍以下罚款；情节严重的，吊销许可证或者告知乡、镇人民政府、街道办事处注销临时备案、登记。

**第一百零七条** 食品药品监督管理、市场监督管理、质量技术监督、农业等部门按照本条例第七十六条开展监督管理工作中，发现食品生产经营者不再符合法定条件、要求，仍继续从事生产经营活动的，由各部门按照各自职责分工责令限期改正；情节严重的，依法吊销许可证、准许生产证或者告知乡、镇人民政府、街道办事处注销其临时备案、登记。

**第一百零八条** 违反本条例第八十二条规定，取得食品、食品添加剂、食品相关产品生产许可的生产企业、取得准许生产证的食品生产加工小作坊以及取得食品经营许可的经营企业，在许可有效期内连续停止生产经营一年以上，恢复生产经营前未向所在地的区市场监督管理部门报告的，由区市场监督管理部门责令改正，给予警告；拒不改正的，处五千元以上五万元以下罚款；情节严重的，责令停产停业，直至吊销许可证或者准许生产证。

**第一百零九条** 本市建立食品安全严重违法生产经营者与相关责任人员重点监管名单制度。对因严重违反食品安全法律、法规、规章，受到行政处罚或者刑事处罚的食品生产经营者及其法定代表人、责任人员的有关信息，以及依法采取的相关限制措施和重点监控措施，向社会公布。具体办法由市食品药品监督管理部门制定。

对被吊销许可证、准许生产证或者注销临时备案、登记的食品生产经营者及其法定代表人、直接负责的主管人员和其他直接责任人员，自处罚决定作出之日起五年内不得申请食品生产经营许可、食品生产加工小作坊准许生产证、小型餐饮服务提供者临时备案、食品摊贩登记，或者从事食品生产经营管理工作、担任食品生产经营企业食品安全管理人员。

因食品安全犯罪被判处有期徒刑以上刑罚的，终身不得从事食品生产经营管理工作，也不得担任食品生产经营企业食品安全管理人员。

食品生产经营者聘用人员违反前两款规定的，由市食品药品监督管理部门或者区市场监督管理部门吊销许可证。

**第一百一十条** 消费者因不符合食品安全标准的食品受到损害的，可以依法向生产经营者要求赔偿损失。接到消费者赔偿要求的生产经营者，应当依法实行首负责任制，先行赔付，不得推诿。

**第一百一十一条** 违反本条例规定，拒绝、阻挠、干涉有关部门、机构及其工作人员依法开展食品安全监督检查事故调查处理、流行病学调查、风险监测和风险评估的，由有关主管部门按照各自职责分工责令停产停业，并处二千元以上五万元以下罚款；情节严重的，吊销许可证；构成违反治安管理行为的，由公安机关依法给予治安管理处罚。

**第一百一十二条** 食品经营者履行了《食品安全法》等法律、法规规定的进货查验等义务，并有下列证据证明其不知道所采购的食品不符合食品安全标准，且能如实说明其进货来源的，可以免予处罚，但应当依法没收其不符合食品安全标准的食品；造成人身、财产或者其他损害的，依法承担赔偿责任：

（一）进货渠道合法，提供的食品生产经营许可证、合格证明、销售票据等真实、有效；

（二）采购与收货记录、入库检查验收记录真实完整；

（三）储存、销售、出库复核、运输未违反有关规定且相关记录真实完整。

**第一百一十三条** 市、区人民政府未依法履行食品安全监督管理法定职责，对有关食品安全事故、问题应对和处置不力的，依法对直接负责的主管人员和其他直接责任人员给予记大过、降级、撤职或者开除的处分；造成严重后果的，其主要负责人还应当依法引咎辞职。

食品药品监督管理、市场监督管理、质量技术监督、农业等部门未依法履行食品安全监督管理法定职责或者日常监督检查不到位，滥用职权、玩忽职守、徇私舞弊的，依法对直接负责的主管人员和其他直接责任人员给予警告、记过、记大过、降级、撤职或者开除的处分；造成严重后果的，其主要负责人还应当依法引咎辞职。

## 第八章　附　　则

**第一百一十四条**　本条例下列用语的含义：

食用农产品，是指来源于农业的初级产品，即在农业活动中获得的供人食用的植物、动物、微生物及其产品。农业活动，指传统的种植、养殖、采摘、捕捞等农业活动，以及设施农业、生物工程等现代农业活动。植物、动物、微生物及其产品，指在农业活动中直接获得的，以及经过分拣、去皮、剥壳、干燥、粉碎、清洗、切割、冷冻、打蜡、分级、包装等加工，但未改变其基本自然性状和化学性质的产品。

食品相关产品，是指用于食品的包装材料、容器、洗涤剂、消毒剂和用于食品生产经营的工具、设备。

小型餐饮服务提供者，是指有固定经营场所、经营面积及规模相对较小、设施简单的餐饮服务提供者。

网络食品交易第三方平台，是指在网络食品交易活动中为交易双方或者多方提供网页空间、虚拟经营场所、交易规则、交易撮合、信息发布等服务，供交易双方或者多方独立开展交易活动的信息网络系统。

高风险食品生产经营企业，是指生产经营的食品易于腐败变质，生产工艺要求较高，消费量大面广，主要供应婴幼儿、病人、老人、学生等特殊人群，容易发生食品安全问题并造成较大社会影响的食品生产经营企业。高风险食品包括婴幼儿配方食品、保健食品、特殊医学用途配方食品、乳制品、肉制品、生食水产品、生食蔬菜、冷冻饮品、食用植物油、预包装冷链膳食、集体用餐配送膳食、现制现售的即食食品等食品，同时根据对食品生产经营者监督检查、监督抽检、投诉举报、案件查处、产品召回等监督管理记录实施动态调整。

**第一百一十五条**　本条例自2017年3月20日起施行。2011年7月29日上海市第十三届人民代表大会常务委员会第二十八次会议通过的《上海市实施〈中华人民共和国食品安全法〉办法》同时废止。

# 上海市居民委员会工作条例

（2017年4月20日上海市第十四届人民代表大会常务委员会第三十七次会议通过　根据2020年5月14日上海市第十五届人民代表大会常务委员会第二十一次会议《关于修改本市部分地方性法规的决定》修正）

**第一条**　为了加强居民委员会建设，服务居民群众，提高居民自治能力和自治水平，促进社区和谐，根据《中华人民共和国城市居民委员会组织法》和有关法律、行政法规的规定，结合本市实际，制定本条例。

**第二条**　本市行政区域内居民委员会组织运行、履行自治职能、协助相关工作及保障机制等，适用本条例。

**第三条**　居民委员会是居民自我管理、自我教育、自我服务、自我监督的基层群众性自治组织，依法组织居民开展自治活动，依法协助政府及其派出机关开展工作。

**第四条**　居民委员会工作应当坚持党的领导、政府指导、依法自治、社会参与，服务居民群众，形成居民区治理合力。

**第五条**　中国共产党在居民区的基层组织，按照中国共产党章程进行工作，发挥领导核心作用，领导和支持居民委员会行使职权；依照宪法和法律，支持和保障居民开展自治活动，建立健全居民区治理体系。

**第六条** 市和区人民政府对居民委员会的工作给予指导，其职能部门应当对居民委员会的工作给予支持和帮助。

街道办事处、乡镇人民政府应当对居民委员会的组织建设、制度建设、队伍建设、设施建设等给予具体指导、支持和帮助。

**第七条** 国家机关、社会组织、企业事业单位应当支持所在地的居民委员会的工作，通过多种形式共同参与居民区建设和治理。

**第八条** 鼓励居民委员会根据本居民区实际和居民需求，创新服务形式，拓展自治内容，不断提高居民自治能力和水平。

**第九条** 居民委员会根据居民居住状况、人口规模、公共服务资源配置等因素，按照便于居民自治和服务、管理的原则设置。

居民委员会的设置、撤销、规模调整，由街道办事处或者乡镇人民政府提出，报区人民政府批准。

**第十条** 居民委员会成员包括主任、副主任和委员，由本居民区有选举权的居民依法选举产生。

居民委员会成员应当遵守宪法、法律、法规和国家的政策，办事公道，廉洁奉公，热心为居民服务，接受居民监督。

居民委员会根据人民调解、综合治理、公共卫生与计划生育、社会保障、文化体育、环境和物业管理等工作需要设立若干委员会，依法开展自治活动，依法协助政府及其派出机关做好有关工作。

居民委员会可以分设若干居民小组，开展楼组、弄堂等组织形式的居民自治活动。

**第十一条** 居民委员会对居民会议负责并报告工作。

居民会议由全体十八周岁以上的居民或者每户派代表参加，也可以由每个居民小组选举代表二至三人参加。居民会议每年至少召开一次。召集居民会议，应当提前通知居民，并公布会议议题和议程。

居民会议由居民委员会依法召集和主持，讨论决定下列事项：

（一）制定居民自治章程和居民公约；

（二）审议居民委员会年度工作计划和报告；

（三）评议居民委员会及其成员的工作；

（四）涉及全体居民利益的其他重要事项。

居民会议有权依法撤换和补选居民委员会成员，撤销或者变更居民委员会不适当的决定。

居民委员会及其成员、居民应当遵守居民会议作出的决议。

**第十二条** 居民委员会以服务居民为宗旨，承担下列主要任务：

（一）组织居民制定并遵守自治章程和居民公约，召集居民会议，执行居民会议决定，开展自我管理、自我教育、自我服务、自我监督；

（二）调解民间纠纷；

（三）指导和监督业主委员会开展工作，维护居民和业主的合法权益；

（四）支持和引导居民区内的社会组织、企业事业单位、志愿者等社会力量参与居民区治理，开展社区协商；

（五）依法协助政府及其派出机关做好与居民利益相关的公共服务、公共管理、公共安全等工作；

（六）组织居民对街道办事处、乡镇人民政府和区人民政府职能部门派出机构及居民区相关公共服务单位进行工作评价；

（七）向街道办事处、乡镇人民政府反映居民的意见、要求和提出建议；

（八）法律、法规规定的其他任务。

突发事件发生时，居民委员会应当按照所在地人民政府的决定和要求，组织、动员居民，开展自救和互救，配合人民政府及其派出机关开展突发事件应对工作。

**第十三条** 居民委员会应当根据本居民区实际，组织居民制定居民自治章程和居民公约，经居民会议讨论通过后实施。居民自治章程和居民公约应当报街道办事处或者乡镇人民政府备案。

居民自治章程对居民委员会组织建设、居民自治制度和行为规范、监督评议等基本自治事项作出规定。居民公约对本居民区的自我管理、自我教育、自我服务、自我监督的具体事项进行规范。

居民自治章程和居民公约的内容，不得与宪法、法律、法规和国家的政策相抵触。

居民委员会及其成员、居民应当遵守居民自治章程和居民公约。

**第十四条** 居民委员会应当宣传宪法、法律、法规和国家的政策，开展多种形式的社会主义精神文明建设活动，弘扬社会主义核心价值观，教育居民遵守公序良俗、居民自治章程和居民公约、履行依法应尽的义务，促进社区和谐。

**第十五条** 居民委员会应当开展便民利民的社区服务活动，推动居民互助服务和志愿服务活动。

**第十六条** 居民委员会应当通过听证会、协调会、评议会等形式，对涉及居民切身利益的居民区公共事务，听取居民的意见和建议，组织、引导居民有序参与自治事务。

居民委员会应当建立健全自治议题和自治项目形成机制，广泛征集自治议题和自治项目，充分反映居民或者居民小组、群众活动团队的意见和建议。

**第十七条** 居民委员会应当及时、真实公布下列事项，接受居民查询和监督：

（一）居民会议讨论决定的事项及其实施情况；

（二）听证会、协调会、评议会的有关情况；

（三）社区协商成果的落实情况；

（四）居民委员会工作经费使用情况；

（五）政府拨付和接受社会捐赠的救灾救助、补贴补助等资金、物资的管理使用情况；

（六）涉及全体居民利益、居民普遍关心的其他事项。

居民委员会应当在便于居民阅览的地点设置固定的居务公开栏，并可以采取会议、社区信息平台等居务公开形式。

**第十八条** 街道办事处、乡镇人民政府应当建立健全居民委员会工作评价机制，提高居民评价的权重，以居民知晓度、参与度、满意度为重点，评价居民委员会及其成员的工作。

居民委员会及其成员应当接受居民会议对其履职情况的民主评议，听取居民意见，每年不得少于一次。

**第十九条** 居民委员会依法设立的人民调解委员会以法律、法规、国家的政策和社会公德规范为依据，通过说服、疏导等方法，在自愿、平等的基础上，及时化解与居民有关的矛盾、纠纷，促进居民区的和谐、稳定。

**第二十条** 居民委员会应当协助街道办事处或者乡镇人民政府、房屋行政管理部门做好业主委员会组建和换届选举的组织工作，指导业主委员会建立健全日常运作的工作制度。

因客观原因未能选举产生业主委员会的，居民委员会应当在街道办事处或者乡镇人民政府的指导和监督下，组织业主讨论决策住宅小区公共管理事务，经业主大会委托也可以暂时代行业主委员会的相关职责。房屋行政管理部门应当加强对居民委员会代行业主委员会相关职责的业务指导和服务工作。

居民委员会应当加强对业主委员会的指导和监督，引导其以自治方式规范运作。对涉及大多数居民利益的物业管理事项，居民委员会有权督促业主委员会依法召开业主大会，广泛征求业主意见并形成决议。

业主委员会应当配合居民委员会依法履行自治管理职能，支持居民委员会开展工作，接受其指导和监督；业主委员会作出的决定，应当告知相关的居民委员会。

符合条件的居民委员会成员可以经合法程序担任业主委员会成员。

**第二十一条** 居民委员会应当指导和监督业主委员会督促物业服务企业履行物业服务合同；对物业服务企业不履行物业服务合同或者物业管理方面存在的问题，可以报告街道办事处或者乡镇人民政府、房屋行政管理部门。街道办事处或者乡镇人民政府、房屋行政管理部门接到报告后，应当及时依法调查处理。

在尚未选聘物业服务企业且未组建业主委员会的住宅小区，居民委员会应当组织居民做好公共区域的物业管理工作。

居民委员会可以依法调解业主、业主委员会、物业服务企业之间的物业管理纠纷。

**第二十二条** 居民委员会应当支持和引导居民区生活服务、公益慈善、文体活动、纠纷调解等社会组织和群众活动团队、志愿者参与居民区服务和管理，动员居民区内的企业事业单位向居民开放资源、履行社会责任，共同参与居民区建设和治理。

**第二十三条** 居民委员会可以采取居民区联席会议等形式，组织居民代表、业主委员会、物业服务企业、社区民警、志愿者以及居民区内企业事业单位、社会组织、群众活动团队等的代表，就社区公共事务开展民主协商，并可以根据需要邀请街道办事处、乡镇人民政府或者区人民政府相关职能部门参加。

对协商确定需要居民委员会落实的事项，居民委员会应当及时组织实施，并将落实情况在规定期限内向居民公开，接受监督。受政府或者有关部门委托的协商事项，协商结果应当及时向政府或者有关部门报告；政府和有关部门无正当理由的，应当采纳协商结果，并以适当方式反馈。

**第二十四条** 居民委员会应当依法协助政府及其派出机关做好与居民利益相关的社会保障、劳动就业、社会救助、优待抚恤、公共卫生、计划生育、社区教育、文化体育、消费维权和老年人、残疾人、妇女、未成年人权益保障等公共服务工作。

**第二十五条** 居民委员会应当依法协助政府及其派出机关做好人口管理、住宅小区综合治理、社区矫正等公共管理工作。

居民委员会应当组织其成员、居民、志愿者等协助做好城市网格化综合管理工作，对在本居民区内发现的城市管理、市场监管、社区安全等问题及时予以劝阻，并报街道或者乡镇的城市网格化综合管理平台，支持、协助城市管理行政执法、市场监管、公安等执法和管理机构依法予以处置。

**第二十六条** 居民委员会应当组织居民参与社会治安综合治理，开展群防群治，协助政府及其派出机关做好居民区的消防安全、生产安全、食品药品安全、减灾救灾等公共安全领域的安全宣传等工作，对发现的安全隐患应当及时报告。

**第二十七条** 市和区人民政府应当建立居民委员会协助行政事项的准入管理机制，制定居民委员会依法协助行政事项清单；对清单以外的协助行政事项，居民委员会有权拒绝办理。市和区人民政府职能部门不得将职责范围内的事项转交给居民委员会承担或者直接给居民委员会安排工作任务。

对居民委员会依法协助的行政事项，有关政府职能部门应当为居民委员会提供必要的经费、工作条件和信息支持，并进行业务指导。

**第二十八条** 市和区人民政府应当建立居民委员会出具证明事项的准入管理机制，制定居民委员会出具证明事项范围清单，将法律、法规明确规定以及经审核批准的政府职能部门、企业事业单位、社会组织需要居民委员会出具的证明事项，纳入清单范围。

对清单以内的事项，居民委员会应当依法出具证明；对清单以外的事项，居民委员会有权拒绝出具证明。

**第二十九条** 对街道办事处、乡镇人民政府、区人民政府职能部门派出机构及其相关工作人员工作情况的考核，应当听取居民委员会的意见。居民委员会可以组织居民进行评议，评议意见应当作为考核的重要依据。

居民委员会可以组织居民对供水、供电、供气、环境卫生、园林绿化等公共服务单位的服务情况进行评议，并将评议意见反馈给相关行政主管部门，作为其对相关单位进行管理或者考核的依据。

**第三十条** 居民委员会应当通过多种形式收集居民的意见和建议，对居民反映的问题及时协调处理；无法协调处理的，应当及时向街道办事处、乡镇人民政府或者相关政府职能部门报告。

**第三十一条** 居民委员会成员应当认真学习法律、法规和国家的政策,学习社会工作知识,掌握做好群众工作的方法,不断提高服务居民和依法办事的能力。

市和区民政部门、街道办事处、乡镇人民政府应当根据居民区治理实际,通过加强分类指导、总结推广经验、开展专业培训等方式,帮助居民委员会及其成员提高组织和引导居民自治的能力。

**第三十二条** 居民委员会应当建立健全接待、联系、服务居民的工作制度,根据实际需要,通过错时上下班、节假日轮休等方式,保障工作运转,方便群众办事。

**第三十三条** 居民委员会的办公经费、社区服务经费和自治项目经费以及办公用房、居民区公共服务设施,由区或者乡镇人民政府按照国家和本市有关规定予以保障。

市财政、民政等部门应当按照规范管理、勤俭节约、高效便捷、公开透明的原则,制定和完善居民委员会经费使用、管理规定,方便居民委员会开展工作。

**第三十四条** 对符合条件的居民委员会成员,可以按照本市有关规定聘任为社区工作者,享受相应的待遇保障。

街道办事处、乡镇人民政府可以根据居民区服务和管理需要,安排一定数量的社区工作者协助居民委员会开展工作。

**第三十五条** 街道办事处、乡镇人民政府应当通过政府购买服务等方式,鼓励和支持居民区引入专业社会组织,在居民委员会的组织安排和监督下,提供法律援助、文化体育、社会工作等专业服务,满足居民多样化需求。

**第三十六条** 市和区人民政府应当建立和完善居民区综合管理和服务信息平台,收集、整合居民区基础数据,实现信息资源共享,为提高居民区服务和管理效率提供支撑。

鼓励居民委员会运用信息化方式,拓展自治渠道和平台。

公安、房屋管理、规划资源、民政、人力资源社会保障等部门应当依法向居民委员会提供人口、房屋等基础信息和有关政务服务信息,支持居民委员会开展工作。

**第三十七条** 居民委员会未按照本条例规定履行义务的,由居民会议予以纠正;必要时,由街道办事处或者乡镇人民政府责令改正。

**第三十八条** 市和区人民政府职能部门违反本条例规定,将职责范围内的事项转交给居民委员会承担或者直接给居民委员会安排工作任务的,由本级人民政府予以纠正、通报批评;情节较重的,对负有直接责任的主管人员和其他直接责任人员给予警告或者记过处分。

**第三十九条** 本条例自 2017 年 7 月 1 日起施行。

# 上海市促进科技成果转化条例

(2017 年 4 月 20 日上海市第十四届人民代表大会常务委员会第三十七次会议通过)

## 第一章 总　　则

**第一条** 为了促进和规范科技成果转化,加快建设具有全球影响力的科技创新中心,推动经济发展和社会进步,根据《中华人民共和国促进科技成果转化法》等法律、行政法规,结合本市实际,制定本条例。

**第二条** 本市行政区域内科技成果转化及相关活动,适用本条例。

本条例所称科技成果，是指通过科学研究与技术开发所产生的具有实用价值的成果。职务科技成果，是指执行研究开发机构、高等院校和企业等单位的工作任务，或者主要是利用上述单位的物质技术条件所完成的科技成果。

本条例所称科技成果转化，是指为提高生产力水平而对科技成果所进行的后续试验、开发、应用、推广直至形成新技术、新工艺、新材料、新产品，发展新产业等活动。

**第三条** 科技成果转化活动应当遵守法律法规，尊重科技创新规律和市场规律，遵循“自愿、互利、公平、诚实信用”原则，维护国家利益，保障参与各方的合法权益。

**第四条** 科技成果完成单位对其持有的科技成果，可以自主决定采用转让、许可或者作价投资等方式实施转化。除涉及国家秘密、国家安全外，不需行政机关审批或者备案。

科技成果完成单位对其取得的科技成果转化收入，可以规定或者与科技人员约定奖励和报酬的方式、数额和时限并自主实施，但国家另有规定的除外。

向境外组织或者个人转化科技成果的，应当遵守国家有关规定。

**第五条** 职务科技成果实施转化的，科技成果完成人享有知情权，可以按照与单位的协议，实施科技成果转化，并有权依照规定或者约定获得奖励、报酬。

职务科技成果完成人在完成科技成果后，应当向所在单位报告，并对科技成果后续试验、开发、应用、推广等工作予以配合。

**第六条** 市、区人民政府应当加强对科技成果转化工作的管理、指导和协调，制定和完善相关政策措施，并将科技成果转化工作纳入国民经济和社会发展规划。

本市建立促进科技成果转化议事协调机制，研究、协调科技成果转化工作中的重大事项，制定、落实科技成果转化工作目标和措施。

**第七条** 市科技部门应当依照市人民政府规定的职责，做好科技成果转化的促进、协调和服务工作。

市教育、发展改革、经济信息化、商务、财政、人力资源社会保障、审计、国有资产监督、税务、工商、知识产权等部门应当依法履行工作职责，加强协作配合，做好科技成果转化相关工作。

## 第二章 组织实施

**第八条** 本市设立和国家在本市设立的研究开发机构、高等院校等事业单位（以下统称“研发机构、高等院校”）应当加强科技成果转化的专业化队伍建设，可以设立或者确定专门机构负责下列工作：

（一）受理科技成果研发信息披露报告；

（二）分析科技成果应用价值；

（三）自行或者指导、协助科技成果完成人开展科技成果后续试验、开发；

（四）申请、管理和保护科技成果的知识产权；

（五）制订、实施科技成果转化方案；

（六）与科技成果转化相关的其他工作。

研发机构、高等院校可以委托独立的专业服务机构，开展科技成果转化工作。

本市鼓励其他科技成果完成单位根据需要，加强本单位科技成果转化工作的专门化、专业化建设。

**第九条** 研发机构、高等院校应当依法通过协议定价、在技术交易市场挂牌交易、拍卖等方式，确定科技成果转让、许可或者作价投资的价格。

**第十条** 研发机构、高等院校可以通过下列方式，将科技成果作价投资：

（一）以本单位名义将科技成果作价投资；

（二）通过资产划拨等方式将科技成果转移至本单位独资设立的负责资产管理的法人，并以该法人名义将科技成果作价投资；

（三）单位与完成、转化职务科技成果做出重要贡献的人员对科技成果作价投资所形成股份或者出资比例的分配作出事先约定的，以本单位和相关人员名义将该科技成果作价投资。

**第十一条** 本市支持企业加大对科技成果转化的经费投入力度。符合条件的企业可以按照国家规定，享受研究开发费用税前加计扣除、仪器设备加速折旧、高新技术企业所得税优惠等政策。

本市国有企业对科技成果转化的经费投入，按照本市有关规定，在经营业绩考核中视同于利润。

**第十二条** 市、区人民政府应当建立健全技术创新市场导向机制，引导企业围绕市场需求和长远发展进行科学研究与技术开发；支持企业开展新技术、新材料、新工艺等的集成应用，推进重大科技成果产业化。

利用财政性资金设立的应用类科技项目和其他相关科技项目，政府有关部门应当发挥企业在研究开发方向选择、项目实施和成果应用中的主导作用。市场导向明确的科技项目，由企业独立实施或者联合研发机构、高等院校共同实施。

**第十三条** 本市通过设立创业投资引导基金、风险补偿等方式，引导和支持天使投资机构、创业投资机构投资初创期科技企业和高投入、高风险、高产出的科技成果转化项目。

**第十四条** 本市支持实施科技成果转化的企业利用多层次资本市场直接融资，支持企业利用公司债等债务融资工具，开展科技成果转化项目融资。

本市采取信用担保等措施，引导银行业金融机构为科技成果转化拓展融资渠道。

本市采取保费补贴等措施，鼓励保险机构提供支持科技成果转化的保险产品。

**第十五条** 本市鼓励研发机构、高等院校建立面向企业的技术服务网络和协同创新平台，推动科技成果与企业需求有效对接。

本市支持企业与研发机构、高等院校及其他组织采取联合建立研究开发平台、科技成果转化专业服务机构、技术创新联盟、新型研究开发机构等方式，运用市场机制集成先进技术和优质资源，共同开展研究开发、成果应用与推广、标准研究与制定等活动。

**第十六条** 本市支持重点实验室、工程（技术）研究中心、专业技术服务平台、新型研究开发机构、企业技术中心等研究开发平台和机构提供共性技术研究开发、中间试验、工业性试验、工程化开发等服务，提高科技成果成熟度，优化科技成果市场供给。

本市鼓励研发机构、高等院校、企业与社会共享大型科学仪器设施、实验室、科技文献等科技资源，为科技成果转化活动提供便利。以财政资金全额或者部分出资购买、建设的大型科学仪器设施，设施管理单位应当依法向社会提供共享服务。

**第十七条** 本市鼓励企业与研发机构、高等院校及其他组织建立科技人员双向流动、项目合作等人才合作交流机制。

研发机构、高等院校可以设立一定比例的流动岗位，通过建设产学研合作平台、实施科技成果转化项目等方式，吸引企业科技人才兼职。

研发机构、高等院校的科技人员可以按照本市有关规定，经所在单位同意，通过离岗创业、在岗创业或者到企业兼职等方式，从事科技成果转化。

本市支持企业与研发机构、高等院校联合建立学生实习实训和研究生科研实践等教学科研基地，共同培养科技成果转化人才。

**第十八条** 本市设立的研究开发机构、高等院校应当于每年 3 月 30 日前向其主管部门提交上一年度科技成果转化情况年度报告。年度报告应当包括科技成果取得、科技成果转化以及转化收益分配等情况。

主管部门应当在 4 月 30 日前将审核后的年度报告报送至市财政、科技部门，并将其作为对相关单位实施绩效评价、予以财政资金支持的依据之一。

国家在本市设立的研究开发机构、高等院校应当将其科技成果转化情况年度报告抄送市科技、教育部门。年度报告作为本市对相关单位予以财政资金支持的依据之一。

## 第三章 服务机构

**第十九条** 本市鼓励设立各类科技成果转化专业服务机构，为科技成果转化提供下列服务：

（一）科技成果信息的搜集、筛选、分析、加工；

（二）科技成果的交易代理；

（三）科技成果的价值评估；

（四）科技成果转化人才培训；

（五）科技创业孵化服务；

（六）科技成果转化的其他服务。

**第二十条** 市、区人民政府及其有关部门应当遵循市场导向和政府引导相结合的原则，综合运用平台建设、政府购买服务、人才培养等措施，加强对科技成果转化专业服务机构的扶持。

对承担本市重大科技成果转化任务或者在本市成功转化科技成果，有突出业绩的专业服务机构和个人，按照国家和本市有关规定给予表彰和奖励。

**第二十一条** 本市鼓励社会力量建设符合技术交易规律的科技成果交易网络平台，提供线上与线下相结合的专业化服务。

**第二十二条** 本市鼓励和支持各类投资主体利用开发区、高新产业园以及闲置厂房等存量房产建设众创空间等创业服务机构，为初创期科技企业和科技成果转化项目提供孵化场地、创业辅导、投融资对接、技术对接、研究开发与管理咨询。

**第二十三条** 本市支持科技成果转化专业服务机构开展跨境、跨区域的科技成果转化服务，在不涉及国家安全、不损害国家利益的前提下开展技术合作、技术贸易，引进、消化和吸收境外先进技术。

本市鼓励国际、国内其他地区科技成果转化专业服务机构在本市设立分支机构，集聚科技成果转化人才，开展科技成果转化合作。

**第二十四条** 本市引导和支持科技成果转化专业服务机构依法成立行业协会。

相关行业协会应当提供信息、培训、咨询等服务，制定科技成果转化服务规范，建立科技成果转化专业服务机构的服务与信用评价机制，加强行业自律管理。

## 第四章 保障措施

**第二十五条** 研发机构、高等院校、国有企业应当根据本单位实际，依法建立符合科技成果转化工作特点的规章制度，对实施科技成果转化的民主决策程序、合理注意义务和监督管理职责等予以明确。

研发机构、高等院校、国有企业制定相关规章制度时，应当充分听取单位科技人员的意见，并经单位职工代表大会审议通过。

**第二十六条** 研发机构、高等院校、国有企业的相关负责人根据法律法规和本单位依法制定的规章制度，开展科技成果转化工作，履行了民主决策程序、合理注意义务和监督管理职责的，即视为已履行勤勉尽责义务。

研发机构、高等院校、国有企业的相关负责人已履行勤勉尽责义务，未谋取非法利益的，不因科技成果转化后续价值变化而产生决策责任。

**第二十七条** 市科技部门应当会同有关部门以财政性资金和社会资金所建设的各类科技成果转化平台为基础，建立资源汇聚、开放共享、分工协作的科技成果转化公共服务平台。

科技成果转化公共服务平台应当建立健全科技成果信息和转化服务信息的采集、公开制度，为科技成果转化全过程提供技术、人才、资金等方面的信息和服务。

**第二十八条** 市、区人民政府应当加强财政支持力度，创新财政资金支持方式，引导社会资金投入，支持下列事项：

（一）科技成果转化专业服务机构的建设与发展；

（二）科技成果转化公共服务平台、研究开发平台和机构的建设和运行；

（三）科技成果的中间试验、工业性试验、工程化开发及示范应用；

（四）科技成果转化人才的培养；

（五）促进科技成果转化的其他事项。

任何单位或者个人不得虚报、冒领、贪污、挪用、截留科技成果转化财政经费。

**第二十九条** 本市应当加大对科技成果转化人才的培养力度，支持研发机构、高等院校、企业通过市场机制引进科技成果转化人才。科技、教育、人力资源社会保障等部门在制定科技人才相关规划、计划和政策时，应当对科技成果转化人才的培养和引进等作出规定。

对于引进的外省市科技成果转化人才，人力资源社会保障、住房城乡建设、教育、卫生计生等部门应当按照本市有关规定办理本市户籍，落实科技成果转化人才在住房、医疗、子女就学等方面的待遇。

对于引进的外籍科技成果转化人才，人力资源社会保障、公安等部门应当按照有关规定，在办理入境签证、居留许可和就业许可时，简化程序、放宽条件、提供便利。

本市支持研发机构、高等院校建立与国际规则接轨的人才招聘、绩效考核、科研管理等制度，吸引高层次人才在本市从事科技成果转化工作。

本市设立的研究开发机构、高等院校在编制限额内引进科技成果转化人才，不需行政机关审批或者前置备案。

**第三十条** 本市设立的研究开发机构、高等院校的主管部门以及市科技、财政等部门应当建立符合科技成果转化特点的绩效考核评价制度，将科技成果转化情况作为对相关单位评价、科研资金支持的重要依据之一。

市人力资源社会保障部门应当会同市科技、教育等部门建立有利于促进科技成果转化的专业技术职称评审体系，将科技成果转化的产值、利润等经济效益和吸纳就业、节约资源、保护环境等社会效益，作为科技成果转化人才职称评审的主要评价因素。

**第三十一条** 对利用财政资金设立的应用类科技项目和其他相关科技项目，项目管理部门应当将科技成果的产生和转化前景作为立项评审的重要内容，并在立项时，明确项目承担者的转化责任等事项。

项目管理部门组织项目验收时，应当将科技成果转化情况纳入项目验收范围；确有客观原因尚未转化的，可以先行验收成果完成情况，项目承担者应当在申请项目验收时提供科技成果转化的可行性方案。

利用财政资金设立的科技项目的承担者应当及时将项目产生的科技成果和相关知识产权信息汇总并报送至本市科技成果信息系统。

**第三十二条** 本市通过政府首购和订购等方式，采购创新产品和服务，支持科技成果转化。

本市鼓励企业通过科技成果转化形成首台（套）重大技术装备并依法参与政府采购活动。有关采购人或者采购代理机构不得以市场业绩为由限制其参与资格。

## 第五章 技术权益

**第三十三条** 职务科技成果转化后，科技成果完成单位应当按照规定或者与科技人员的约定，对完成、转化科技成果做出重要贡献的人员给予奖励和报酬。

科技成果完成单位未规定、也未与科技人员约定奖励和报酬方式和数额的，按照《中华人民共和国促进科技成果转化法》的规定执行。

**第三十四条** 研发机构、高等院校转化科技成果所获得的收入全部留归本单位。允许研发机构、高等院校按照以下标准，规定或者与科技人员约定奖励和报酬：

（一）将职务科技成果转让、许可给他人实施的，可以从该项科技成果转让净收入或者许可净收入中提取不低于百分之七十的比例；

（二）按照本条例第十条第一项、第二项的规定，利用职务科技成果作价投资的，可以从该项科技成果形成的股份或者出资比例中提取不低于百分之七十的比例；

（三）将职务科技成果自行实施或者与他人合作实施的，在实施转化成功投产后，可以从开始盈利的年度起连续五年，每年从实施该项科技成果产生的营业利润中提取不低于百分之五的比例。奖励期满后依据其他法律法规应当继续给予奖励或者报酬的，从其规定。

前款第一项所称的职务科技成果转让、许可净收入，是指转让、许可收入扣除相关税费、单位维护该科技成果的费用，以及交易过程中的评估、鉴定等直接费用后的余额。

**第三十五条** 研发机构、高等院校转化科技成果所获得的收入，在对完成、转化科技成果做出重要贡献的人员给予奖励和报酬后，主要用于科学技术研发与成果转化等相关工作，并提取一定比例用于支持本单位科技成果转化专门机构的运行和发展。

**第三十六条** 研发机构、高等院校依照本条例规定，对完成、转化职务科技成果做出重要贡献的人员给予奖励和报酬的支出，纳入单位收入分配管理，但不纳入当年本单位绩效工资总量。

国有企业依照本条例规定，对完成、转化职务科技成果做出重要贡献的人员给予奖励和报酬的支出，计入当年本单位工资总额，但不受当年本单位工资总额限制、不纳入本单位工资总额基数。

**第三十七条** 本市鼓励企业建立有利于促进科技成果转化的考核体系，建立健全科技成果转化的激励分配机制，利用股权出售、股权奖励、股票期权、项目收益分红、岗位分红等方式激励科技人员开展科技成果转化。

**第三十八条** 科技成果完成单位实施职务科技成果转化，以股权形式给予个人奖励和报酬，符合国家规定条件的，个人在获得股权时可以暂不纳税，递延至股权转让时缴纳个人所得税。

个人因职务科技成果转化获得现金奖励和报酬的，由本市税务部门根据国家和本市激励科技成果转化的相关规定，依法征收个人所得税。

科技成果完成单位或者个人以科技成果作价投资获得股权的，可以按照国家有关规定，在投资入股当期暂不纳税，递延至股权转让时缴纳所得税。

**第三十九条** 在研发机构、高等院校及其所属的具有独立法人资格单位担任领导职务的科技人员，是科技成果的主要完成人或者对科技成果转化做出重要贡献的，按照国家有关规定获得转化收益，并实行公开公示制度。

## 第六章 法律责任

**第四十条** 违反本条例规定的行为，法律、行政法规已有处罚规定的，从其规定。

**第四十一条** 违反本条例第二十八条第二款规定，虚报、冒领、贪污、挪用、截留本条例规定的科技成果转化财政经费的，由市科技、财政、审计等部门按照财政资金管理的有关规定处理，并将相关信息纳入本市公共信用信息服务平台；构成犯罪的，依法追究刑事责任。

有前款违法行为之一的，禁止其在五年内承担本市财政资金设立的科技项目。

**第四十二条** 本市财政资金设立的科技项目的承担者违反本条例第三十一条第三款规定，未汇总并报送科技成果和相关知识产权信息的，由组织实施项目的有关部门责令限期改正；逾期不改的，予以通报批评，并禁止其在二年内承担本市财政资金设立的科技项目。

## 第七章 附则

**第四十三条** 本条例自 2017 年 6 月 1 日起施行。

# 上海市社会信用条例

（2017 年 6 月 23 日上海市第十四届人民代表大会
常务委员会第三十八次会议通过）

## 第一章　总　　则

**第一条**　为了完善社会主义市场经济体制，创新社会治理机制，提高社会信用水平，增强诚信意识，根据有关法律、行政法规，结合本市实际，制定本条例。

**第二条**　本条例所称社会信用，是指具有完全民事行为能力的自然人、法人和非法人组织（以下统称信息主体），在社会和经济活动中遵守法定义务或者履行约定义务的状态。

本条例所称社会信用信息，是指可用以识别、分析、判断信息主体守法、履约状况的客观数据和资料。

**第三条**　本市行政区域内社会信用信息的归集、采集、共享和使用，信用激励与约束，信息主体权益保护，信用服务行业规范与发展等活动，适用本条例。

法律、行政法规另有规定的，从其规定。

**第四条**　市和区人民政府应当设立社会信用体系建设议事协调机构，将社会信用体系建设纳入国民经济和社会发展规划，统筹推进本行政区域社会信用体系建设工作。

市和区社会信用管理部门负责社会信用工作的综合协调和监督管理，组织拟订各项政策措施并负责协调实施。市和区人民政府其他部门应当在职权范围内，协同做好社会信用工作。

**第五条**　本市鼓励社会各方共同参与社会信用建设，提高诚实守信意识，加强合作，共同推动信用联合奖惩，弘扬守信光荣、失信可耻的社会风气。

**第六条**　社会信用信息的归集、采集、共享和使用等活动，应当遵循合法、客观、必要的原则，确保信息安全，不得侵犯国家秘密、商业秘密、个人隐私和其他个人信息。

任何组织和个人不得非法收集、使用、加工、传输自然人的社会信用信息，不得非法买卖、提供或者公开自然人的社会信用信息。

**第七条**　本市应当根据国家总体部署，完善社会信用体系建设运行机制和地方信用信息系统信息归集功能，开展各项社会信用建设工作。

本市应当配合国家有关部门做好信用信息互联互通和信息共享工作；建立区域信用合作机制，推动与其他省（自治区、直辖市）的信用信息共享和信用评价结果互认，加强重点领域跨区域联合激励和惩戒。

## 第二章　社会信用信息

**第八条**　本条例所称社会信用信息分为公共信用信息和市场信用信息。

公共信用信息是指行政机关、司法机关、公共企业事业单位等公共信用信息提供单位，在履行职责、提供服务过程中产生或者获取的社会信用信息。

市场信用信息是指信用服务机构及其他企业事业单位等市场信用信息提供单位，在生产经营活动中产生、采集或者获取的社会信用信息。

**第九条**　市社会信用管理部门应当遵循合法、审慎、必要的原则，组织编制本市公共信用信息目录。

列入目录的失信信息包括下列事项：

（一）欠缴依法应当缴纳的税款、社会保险

费、行政事业性收费、政府性基金的；

（二）提供虚假材料、隐瞒真实情况，侵害社会管理秩序和社会公共利益的；

（三）拒不执行生效法律文书的；

（四）适用一般程序作出的行政处罚信息，但违法行为轻微或者主动消除、减轻违法行为危害后果的除外；

（五）被监管部门处以市场禁入或者行业禁入的；

（六）法律、法规和国家规定的其他事项。

法律、法规对违法事项纳入目录已作出规定的，该法律、法规规定的其他违法事项不得纳入。

**第十条** 有关单位提出将相关事项纳入本市公共信用信息目录的，应当说明理由，拟纳入的事项存在较大分歧意见或者可能造成较大社会影响的，该单位还应当会同市社会信用管理部门组织评估，听取相关群体代表、专家等方面的意见。

市社会信用管理部门汇总有关单位提出的拟纳入目录的事项后，形成本市公共信用信息目录草案，并将目录草案向社会公开征求意见，报经议事协调机构审议通过后及时公布。

**第十一条** 市公共信用信息服务中心负责建设、运行和维护市公共信用信息服务平台。公共信用信息提供单位应当按照本市公共信用信息目录要求及时、准确、完整地提供公共信用信息，并提供该单位认定信息主体遵守法定义务、履行约定义务情况的判决书、裁定书、行政处罚决定书等生效法律文书。未纳入目录的公共信用信息不得向市公共信用信息服务平台归集。

公共信用信息的具体归集程序、标准和实施办法，由市社会信用管理部门会同有关部门共同制定，并向社会公布。

**第十二条** 市公共信用信息服务平台是本市社会信用体系建设的基础平台，承担信用信息互联互通的枢纽作用，对接国家信用信息共享平台和其他省（自治区、直辖市）信用信息平台，做好公共信用信息共享、发布和服务工作。

**第十三条** 企业事业单位、行业协会等可以依法记录自身业务活动中产生的社会信用信息，或者根据管理和服务需要依法记录其会员、入驻经营者等的社会信用信息。

鼓励信息主体以声明、自主申报、社会承诺等形式，向市公共信用信息服务平台、信用服务机构、行业协会等提供自身社会信用信息，并保证社会信用信息的合法、真实、完整。

采集市场信用信息，应当按照真实、客观、必要的原则依法进行，涉及征信业务的，还应当遵守征信管理等相关法律、法规的规定。

**第十四条** 采集市场信用信息，涉及个人信息的，应当经信息主体本人同意，但是依照法律、行政法规规定公开的信息除外。

不得采集自然人的收入、存款、有价证券、商业保险、不动产的信息和纳税数额信息，但是明确告知信息主体提供该信息可能产生的不利后果并取得其书面同意的除外。

禁止采集自然人的宗教信仰、基因、指纹、血型、疾病和病史信息以及法律、行政法规规定禁止采集的其他个人信息。

**第十五条** 行政机关应当依照国家和本市规定及时公示企业的有关信息。企业应当按照法律、法规的要求通过企业信用信息公示系统主动公示自身信息。企业信用信息公示系统公示的信息向社会公开，任何组织和个人可以查询、使用。法律、法规另有规定的除外。

公共信用信息属于主动公开的政府信息的，各级行政机关应当依照国家和本市规定，通过政府公报、新闻发布会、互联网及报刊、广播和电视等方式发布；属于依申请公开的，应当依法通过提供复制件、安排查阅相关资料等适当形式提供。

**第十六条** 市社会信用管理部门应当与司法机关、中央驻沪单位等加强沟通与协作，推动市公共信用信息服务平台与金融信用信息基础数据库等相关信用信息系统的开放合作，与本市网上政务大厅、事中事后综合监管平台、企业信用信息公示系统等信息系统的互通共享，满足社会应用需求。

本市建立公共信用信息和市场信用信息的互通、共享机制，鼓励各级行政机关与企业事业单位等开展信息合作，实现公共信用信息和市场信用信息的共同应用。

**第十七条** 信息主体享有查询自身社会信用信息的权利。

行政机关、司法机关可以依法查询社会信用信息。行政机关查询社会信用信息应当遵循合理行政的原则，根据行政管理的需要确定关联的社会信用信息查询事项，并向社会公布。

未经本人书面授权，不得查询信息主体非公开的社会信用信息。法律、行政法规另有规定的除外。

**第十八条** 市公共信用信息服务中心应当制定并公布服务规范，合理设置公共信用信息查询窗口，向社会提供便捷的查询服务。

市公共信用信息服务平台、企业信用信息公示系统等应当通过互联网、手机软件等向社会提供便捷的查询服务。

市社会信用管理部门应当与有关部门加强合作，推动设置综合查询窗口，向社会提供公共信用信息和金融信用信息基础数据库信息等信用信息便捷的查询服务。

**第十九条** 行政机关、市公共信用信息服务中心和其他企业事业单位等应当履行以下信息安全管理职责：

（一）建立信息安全管理机制，确定责任人员；

（二）建立信息查询制度规范，明确本单位工作人员的查询权限和查询程序；

（三）建立信息管理保密审查制度；

（四）遵守国家和本市有关信息安全的其他规定。

**第二十条** 行政机关、市公共信用信息服务中心和其他企业事业单位及其工作人员不得实施以下行为：

（一）越权查询公共信用信息；

（二）篡改、虚构、违规删除公共信用信息；

（三）泄露未经授权公开的公共信用信息；

（四）泄露涉及国家秘密、商业秘密、个人信息的公共信用信息；

（五）法律、法规禁止的其他行为。

## 第三章　信用激励与约束

**第二十一条** 本市建立行政机关、司法机关、市场主体共同参与的跨部门、跨领域、跨地区的社会信用联合激励和惩戒机制，形成守信受益、失信受限的诚信氛围。

**第二十二条** 市社会信用管理部门应当依照法律法规和国家有关规定，编制应用清单，列明联合激励和惩戒的具体事项、实施对象、实施手段、实施主体、实施依据等内容，并向社会公布。

**第二十三条** 本市鼓励各级行政机关、企业事业单位等，通过查询社会信用信息或者购买信用服务，识别、分析、判断信息主体信用状况，开展信用分类管理。

**第二十四条** 市人民政府及其部门可以根据履行市场监管、社会治理和公共服务等职责的需要，按照规定的程序确定严重失信行为的认定标准，并应当征求社会公众意见。国家有关部门对严重失信行为标准有规定的，从其规定。

**第二十五条** 行政机关根据信息主体严重失信行为的情况，可以建立严重失信主体名单。

信息主体有以下行为之一的，应当将其列入严重失信主体名单：

（一）严重损害自然人身体健康和生命安全的行为；

（二）严重破坏市场公平竞争秩序和社会正常秩序的行为；

（三）有履行能力但拒不履行、逃避执行法定义务，情节严重的行为；

（四）拒不履行国防义务，危害国防利益，破坏国防设施的行为。

行政机关公布严重失信主体名单的，应当同时公开名单的列入、移出条件和救济途径。信息主体对行政机关将其列入严重失信主体名单有权申请救济。

**第二十六条** 鼓励市场主体在进行生产经营、交易谈判等经济活动中参考使用信用信息、信用评分和信用评价结果。

鼓励市场主体根据信息主体的信用状况，对守信主体采取优惠便利、增加交易机会等降低市场交易成本的措施；对失信主体采取取消优惠、提高保证金等增加交易成本的措施。

鼓励金融机构对守信主体在融资授信、利率费率、还款方式等方面给予优惠或者便利；鼓励金融机构按照风险定价方法，对失信主体提高贷款利率和财产保险费率，或者限制向其提供贷款、保荐、承销、保险等服务。

**第二十七条** 本市各行业协会应当加强行业信用管理建设，鼓励行业协会与信用服务机构合作，开展信用等级分类和信用评价，依据协会章程对守信主体采取重点推荐、提升会员级别等激励措施，对失信主体采取业内警告、通报批评、降低会员级别、取消会员资格等惩戒措施。

**第二十八条** 各级行政机关根据履行职责的需要，在以下工作中查询信用信息和购买信用服务：

（一）实施行政许可、行政检查、监督抽验和大额行政处罚裁量；

（二）政府采购、招标投标、资金和项目支持、国有土地使用权出让、科研管理等；

（三）居住证管理、落户管理和居民身份证异地受理；

（四）国家工作人员招录、职务任用、职务晋升；

（五）表彰奖励；

（六）其他日常管理工作。

其他国家机关、法律法规授权具有管理公共事务职能的组织等，参照前款规定查询信用信息和购买信用服务。

**第二十九条** 对遵守法定义务和约定义务的守信主体，行政机关在法定权限范围内可以采取以下激励措施：

（一）在实施行政许可中，根据实际情况给予优先办理、简化程序等便利服务措施；

（二）在财政性资金和项目支持中，在同等条件下列为优先选择对象；

（三）在公共资源交易中，给予信用加分、提升信用等次；

（四）在日常监管中，对于符合一定条件的守信主体，优化检查频次；

（五）国家和本市规定可以采取的其他措施。

**第三十条** 对违反法定义务和约定义务的失信主体，行政机关在法定权限范围内就相关联的事项可以采取以下惩戒措施：

（一）在实施行政许可等工作中，列为重点审查对象，不适用告知承诺等简化程序；

（二）在财政资金资助等政策扶持中，作相应限制；

（三）在行政管理中，限制享受相关便利化措施；

（四）在公共资源交易中，给予信用减分、降低信用等次；

（五）在日常监管中，列为重点监管对象，增加监管频次，加强现场检查；

（六）国家和本市规定的其他措施。

**第三十一条** 对严重失信主体，行政机关应当严格依照法律、行政法规的规定，就相关联的事项采取以下惩戒措施：

（一）限制进入相关市场；

（二）限制进入相关行业；

（三）限制相关任职资格；

（四）限制开展相关金融业务；

（五）限制享受相关公共政策；

（六）限制获得相关荣誉称号；

（七）法律、行政法规规定的其他措施。

**第三十二条** 行政机关对信息主体实施信用惩戒措施的，应当与信息主体违法、违约行为的性质、情节和社会危害程度相适应，不得超越法定的许可条件、处罚种类和幅度，并告知实施的依据和理由。

未经公布的信用惩戒措施，不得实施。

**第三十三条** 严重失信主体是法人、非法人组织的，在记录该单位严重失信信息时，应当标明对该严重失信行为负有责任的法定代表人、主要负责人和其他直接责任人的信息。有关部门可以依法对该单位的法定代表人、主要负责人和其他直接责任人作出相应的联合惩戒措施。

## 第四章　信息主体权益保护

**第三十四条**　信息主体有权知晓与其本人社会信用信息相关的采集、使用等情况，以及本人信用报告载明的信息来源和变动理由。

自然人有权每年从归集、采集其社会信用信息的机构各免费获取两次本人的信用报告。提供个人信用报告应当注明信用信息的使用、查询情况，法律、法规另有规定的除外。

向信息主体提供相关服务的，不得将该服务与个人社会信用信息采集相捆绑，强迫或者变相强迫信息主体接受。

**第三十五条**　向市公共信用信息服务中心、信用服务机构等申请查询信息主体失信信息的期限为五年，法律、法规和国家另有规定的除外。

前款规定的期限自失信行为或者事件终止之日起计算，失信信息查询期限届满的，市公共信用信息服务中心、信用服务机构等不得提供查询。

**第三十六条**　信息主体认为社会信用信息的归集、采集、保存或者提供存在错误、遗漏等情形或者侵犯其商业秘密、个人隐私和其他个人信息等合法权益的，可以向市公共信用信息服务中心、信用服务机构等提出异议。

信息主体向市公共信用信息服务中心提出异议的，市公共信用信息服务中心应当在收到异议材料之日起的一个工作日内作出异议标注，并作出以下处理：

（一）属于市公共信用信息服务中心更正范围的，应当在收到异议材料之日起的五个工作日内作出是否更正的决定；

（二）属于信用信息提供单位更正范围的，应当在收到异议材料之日起的二个工作日内转交信用信息提供单位办理，信用信息提供单位应当在收到转交的异议材料之日起的五个工作日内作出是否更正的决定并告知市公共信用信息服务中心，市公共信用信息服务中心应当及时将处理结果告知异议提出人。

信息主体向信用服务机构提出异议的，信用服务机构应当在收到异议材料之日起的一个工作日内作出异议标注，并在七个工作日内作出是否更正的决定，并及时将处理结果和信息来源书面告知异议提出人；作出不予更正决定的，应当说明理由。

**第三十七条**　信息主体的公共信用信息向市公共信用信息服务平台归集后，据以认定其失信状态的具体行政行为被行政机关撤销或者被复议机关决定撤销、人民法院判决撤销的，原失信信息提供单位应当及时书面告知市公共信用信息服务中心，市公共信用信息服务中心应当在收到该书面告知之日起的三个工作日内在数据库中删除该信息。

**第三十八条**　在失信信息查询期限内，信息主体通过主动履行义务、申请延期、自主解释等方式减少失信损失，消除不利影响的，原失信信息提供单位可以向市公共信用信息服务中心出具信用修复记录的书面证明，市公共信用信息服务平台应当在收到该书面证明之日起的三个工作日内在平台查询界面上删除该失信信息。

## 第五章　规范和促进信用服务行业发展

**第三十九条**　市人民政府有关部门应当制定相关政策，规范和支持信用服务机构发展，支持信用服务机构积极参与国际合作，增强信用服务机构的国际影响力。

信用服务机构在境内采集的信用信息的整理、保存和加工，应当在境内进行；向境外组织或者个人提供信用信息，应当遵守法律、行政法规的规定。

本市设立的社会信用体系建设专项资金，应当支持信用服务行业发展。

**第四十条** 信用服务机构收集、处理社会信用信息、提供信用产品,应当遵循客观、公正和审慎的原则,依法接受监管。

信用服务机构对在业务过程中知悉的国家秘密、商业秘密、个人隐私和其他个人信息负有保密义务,不得妨碍国家安全、公共安全和公共利益,不得损害信息主体的合法权益。

**第四十一条** 各级行政机关在政府采购、招标投标、资金支持、人事管理、项目管理等环节使用信用报告的,相关费用不得由申报主体承担。

本市鼓励在重点行业管理中引入信用服务机构参与信用监管,为行业信用档案建设、备案、资质准入提供基础社会信用信息查询和核查服务,提供行业信用状况监测报告。

**第四十二条** 本市支持信用服务机构利用大数据等技术开发具有自主知识产权的信用产品,开拓用信领域,满足社会应用和行政应用需求。

本市鼓励创新示范园区、产业园区引入信用服务机构,为园区管理、入驻企业提供定制化信用产品和服务。

**第四十三条** 信用行业协会应当加强行业自律管理,组织制定并推行行业规范,编制行业统计报告,开展宣传培训、政策建议以及行业信息发布等,提升行业服务能力和公信力。

**第四十四条** 本市支持大专院校开设信用管理专业,培养信用服务专业人才;支持信用服务机构引进国内外高层次信用服务人才。

## 第六章 社会信用环境建设

**第四十五条** 本市各级国家机关应当健全权力运行制约和监督体系,加强自身信用建设和对本单位工作人员的守信教育,建立国家机关工作人员信用档案制度。本市国家工作人员应当依法办事、诚实守信,在社会信用建设中做好示范。

**第四十六条** 本市各级行政机关应当完善决策机制和程序,提高决策透明度;依法兑现政策承诺,履行合同义务。国民经济和社会发展规划、政府工作报告中承诺事项的履行情况应当作为评价政府诚信水平的重要内容。

本市建立健全政务诚信记录,准确记录各级行政机关诚信履职情况。市和区人民政府定期对下级人民政府和派出机关等进行政务诚信监督检查,实施政务诚信考核评价,考评结果作为绩效考核的重要参考。

本市各级司法机关应当提高司法工作的科学化、制度化和规范化水平,推进司法公开,严格公正司法,维护公平正义。

**第四十七条** 本市应当制定诚信教育规划,开展社会公德、职业道德、家庭美德和个人品德教育。

教育部门应当结合对学生的思想教育课程,组织编写适合不同年龄学生特点的诚信教育教材,对学生开展诚信教育。

**第四十八条** 本市有关部门应当结合精神文明、道德模范的评选和各行业的诚信创建活动,树立诚信典范,弘扬诚实守信的传统文化和现代契约精神。

鼓励各类媒体宣传诚实守信的典型,报道、披露各种失信行为和事件。

本市报纸、广播、电视等媒体应当在公益广告中增加诚实守信内容的宣传。

## 第七章 法律责任

**第四十九条** 违反本条例规定的行为,法律、行政法规已有处理规定的,从其规定。

**第五十条** 行政机关、法律法规授权的具有管理公共事务职能的企业事业单位的工作人员,在社会信用信息归集、使用以及实施信用激励和约束措施等过程中违反本条例规定,滥用职权、玩忽职守、徇私舞弊的,由处分机关根据情节轻重依法给予行政处分;构成犯罪的,依法追究刑事责任。

行政机关及其工作人员,未履行本条例第九条、第十条、第十一条、第十七条规定的职责的,由其上级主管部门或者市社会信用管理部门依照管理权限进行约谈，根据情节轻重给予责令改正、警告、通报批评。

**第五十一条** 市公共信用信息服务中心违反本条例第十七条规定，未尽审核义务、违规对外查询的，由市社会信用管理部门处一万元以上十万元以下罚款。

行政机关、市公共信用信息服务中心和其他企业事业单位等违反本条例第十九条规定的，由信息安全相关主管部门责令其限期改正，并依照相关管理规定予以处罚。

市公共信用信息服务中心、信用服务机构违反本条例第三十六条、第三十七条、第三十八条规定的，由市社会信用管理部门责令其限期改正，拒不改正的，可处一万元以上五万元以下罚款。

法律、行政法规对处罚主体和处罚方式另有规定的，从其规定。

**第五十二条** 市公共信用信息服务中心、企业事业单位等在社会信用信息采集、归集、使用等过程中侵犯信息主体合法权益的，应当依法承担相应的民事责任。

**第五十三条** 违反国家规定，非法获取、窃取、提供、出售个人社会信用信息，构成违反治安管理行为的，依法给予治安管理处罚；构成犯罪的，依法追究刑事责任。

## 第八章 附 则

**第五十四条** 本条例所称信用服务机构，是指依法设立，向社会提供信用产品、从事信用咨询、信用风险控制等相关经营活动的专业服务机构。

**第五十五条** 市人民政府可以根据本条例有关规定制定具体实施办法。

**第五十六条** 本条例自 2017 年 10 月 1 日起施行。

# 上海市水资源管理若干规定

（2017 年 11 月 23 日上海市第十四届人民代表大会常务委员会第四十一次会议通过 根据 2023 年 12 月 28 日上海市第十六届人民代表大会常务委员会第九次会议《关于修改〈上海市养老服务条例〉等 12 件地方性法规和废止〈上海市保护和发展邮电通信规定〉等 6 件地方性法规的决定》修正）

**第一条** 为了严格保护、节约、合理开发和利用水资源，充分发挥水资源的综合效益，推进生态文明建设，保障和促进本市经济和社会可持续发展，根据《中华人民共和国水法》《中华人民共和国水污染防治法》和其他有关法律、行政法规，结合本市实际，制定本规定。

**第二条** 市、区人民政府应当将水资源的保护、利用，以及生活、生产和生态用水安全等纳入本级国民经济和社会发展规划，严格实行用水总量控制制度、用水效率控制制度、水功能区限制纳污制度、水资源管理责任和考核制度，保证水资源可持续利用。

**第三条** 市水务行政管理部门负责本市水资源的统一管理和监督工作。上海市水务局执法总队（以下简称市水务局执法总队）按照本规定实施行政处罚。

区水务行政管理部门按照管理权限，负责本行政区域的水资源管理和监督工作。

本市发展改革、规划资源、环保、经济信息化、住房城乡建设、交通、农业、教育、绿化市容、林业、机关事务、卫生等行政管理部门按照各自职责，做好水资源相关管理工作。

**第四条** 开发利用水资源应当严格规划管理和水资源论证，相关规划的编制、重大项目的布局要与当地水资源的承载能力相适应。

在工业园区控制性详细规划组织编制时，水务行政管理部门应当进行水资源论证。水资源论证结论经规划编制部门综合平衡后，纳入规划编制成果。

工业园区控制性详细规划组织编制过程中已经进行规划水资源论证的，该区域内建设项目水资源论证可以按照有关行政审批制度改革要求予以简化。

**第五条** 本市取水实行总量控制，建立取水总量控制指标体系。市水务行政管理部门应当根据取水总量控制指标，制定年度取水计划，依法对年度取水实行总量管理。

取水量已经达到控制指标的区，应当停止审批新增取水；对取水量已经达到控制指标的特大型取水单位，不再受理其新增取水申请。

**第六条** 本市在饮用水水源保护区和准保护区外，可以根据饮用水水源保护的需要，划定一定范围的缓冲区。缓冲区的划定和调整，由市环保行政管理部门会同相关行政管理部门、区人民政府提出方案，报市人民政府批准后公布执行。缓冲区的具体管理要求，由市人民政府另行制定。

本市按照多源互补、互为备用、互联互通的原则，建立饮用水水源联合调度机制，保障饮用水供应安全。

**第七条** 本市应当推进自来水水厂实施深度净化处理工艺，保障公共供水水质优于国家标准的要求。

市水务行政管理部门在编制供水专项规划时，应当对自来水深度净化处理提出明确要求。区人民政府和市规划行政管理部门在编制控制性详细规划时，应当统筹自来水深度净化处理设施的建设用地需求。

**第八条** 供水企业应当根据供水管网漏损、供水管道材质和使用年限等情况，制定供水管网改造计划，并定期向水务行政管理部门报送改造实施情况。

二次供水设施管理单位应当按照本市有关规定和地方技术标准，开展二次供水设施的日常保养、清洗消毒、水质检测以及定期巡检、维修等工作。

二次供水设施管理单位应当对用于二次供水的水箱、泵房等采取加盖、加锁等必要的安全防范措施，加强设施的安全保障。

**第九条** 供水企业应当积极筹措资金，实施自来水深度净化处理和供水管网设施改造。市、区人民政府给予必要的财政补贴等支持。

**第十条** 环保、水务、卫生等行政管理部门应当对本行政区域内饮用水水源、公共供水、二次供水和用户水龙头出水的水质等饮用水安全状况进行监测、评估。

**第十一条** 本市应当制定用水效率指标体系，建立健全节水机制，支持节水技术、工艺的创新、应用，推广节水型设备、器具，培育和发展节水产业，推进节水型社会建设。

水务行政管理部门应当加强用水定额和计划管理，并对重点取水单位和重点用水单位的取水、用水情况进行实时监测。

市、区人民政府及其相关部门、学校、新闻媒体、社区、社会组织应当开展节水宣传和节水知识普及，在全社会增强节水意识，倡导节水环保的生产生活方式。

**第十二条** 取水单位、用水单位应当加强取水、用水设施管理，确保水量平衡。取水量、用水量达到一定规模的单位应当每五年进行一次水平衡测试；测试过程中发现问题的，应当及时整改。水平衡测试和整改情况应当自测试整改完成之日起十五日内向水务行政管理部门备案。

水务行政管理部门应当根据取水单位、用水单位实际情况和节水管理需要，每年组织专业测试机构对部分取水单位、用水单位进行水平衡测试。

水平衡测试结果可以作为取水评估和核定用水计划的依据。

**第十三条** 工业、服务业等行业的用水单位应当采用节水技术、工艺和设备，采取循环用水、综合利用及废水处理回用等措施，降低用水消耗，提高水的重复利用率。

本市推广喷灌、微灌、低压管道输水等高效节水灌溉技术，提高农业灌溉水有效利用系数和农业用水效率。

新建建筑应当安装使用节水型设备、器具。已建公共建筑未安装使用节水型设备、器具的，应当逐步更新改造。

本市对居民生活用水实行阶梯水价，引导居民选用节水型生活器具，养成节约用水的良好习惯。

**第十四条** 市水务行政管理部门会同市有关行政管理部门组织编制的水务相关专项规划，应当包括非常规水资源开发利用专项内容。

新建大型公共建筑以及绿地、公园、工业园区等，应当按照标准和规定，配建低影响开发雨水设施。建设污水处理厂的，应当按照规划和相关规定，配建再生水利用设施。

市政、绿化、环卫、建筑施工以及生态景观等用水应当优先使用符合水质标准的雨水和再生水。

**第十五条** 本市应当加强水功能区限制纳污管理，严格控制对水量水质产生重大影响的开发行为，严格控制入河排污口设置和污染物排放总量，保障水功能区水质达标和水生态安全，维护水域功能和生态服务功能。

**第十六条** 从事工业、建筑、餐饮、医疗、畜禽养殖、屠宰、有消毒排水的宾馆酒店服务、有化学实验排水的科研以及列车、轨道交通车辆、汽车的修理等活动，向城镇排水设施排放污水的企业事业单位、个体工商户（以下简称排水户），应当依法向水务行政管理部门申请领取污水排入排水管网许可证。

**第十七条** 排水户排放的污水应当符合国家和本市污水排放的相关标准。水务行政管理部门应当对排水户排放污水的水质进行监测。纳入重点监测的排水户，应当按照国家和本市相关规定安装自动监测设备，与水务行政管理部门的监控设备联网，保证监测设备正常运行，并对数据的真实性和准确性负责。

重点监测排水户同时被环保行政管理部门纳入重点排污单位名录的，其自动监测设备的安装、使用和管理按照《上海市环境保护条例》的相关规定执行。环保行政管理部门应当将监测数据与水务行政管理部门共享。

**第十八条** 市人民政府可以根据本市实际，对污水排入城镇排水设施水质国家标准未作规定的项目，制定地方标准；对国家标准已作规定的项目，需要制定地方标准的，应当严于国家标准。

**第十九条** 市水务行政管理部门应当严格地下水取水许可管理，对深井开凿与填没作业实施监管，防止地下水污染。地下水取水许可证有效期届满不再延续或者延续申请未获批准的，深井权属单位应当自许可证有效期届满之日起六个月内，按照国家和本市的规范要求自行组织实施封井或者回填作业。

地下水取水许可证有效期届满，深井经市水务行政管理部门评估需要作为回灌井或者应急供水设施使用的，市水务行政管理部门可以通过购买公共服务方式，委托权属单位运行和维护，也可以委托第三方机构运行和维护。

**第二十条** 市水务行政管理部门应当会同市环保行政管理部门根据水功能区对水质的要求和水体的自然净化能力，确定水域限制排污总量。

区人民政府应当把水域限制排污总量作为水污染防治和污染减排工作的重要依据，完善排污管控机制和考核体系。对未达标的水功能区，区人民政府应当制定并实施整治方案，限期达到确定的水功能区控制目标。

**第二十一条** 市、区人民政府应当通过水岸联动、截污治污、沟通水系、调活水体、改善水质、修复生态等措施，加强河道综合整治工作。

水务行政管理部门应当会同环保行政管理部门每年制定本区域河湖健康评估计划，重点对骨干河道、饮用水水源保护区范围内的河道以及其他需要评估的河道的水质、水文、水生生物、底泥、水资源开发利用等情况进行评估。河湖健康评估结果应当作为河道保护和治理的依据。水务行政管理部门可以委托第三方机构实施河湖健康评估。

市水务行政管理部门应当根据水资源调度管理规定，制定水利控制片水资源调度方案，并组织实施。区水务行政管理部门应当根据水利控制片水资源调度方案，编制辖区水资源调度方案，报市水务行政管理部门批准后实施。

**第二十二条** 市水务行政管理部门应当会同市规划资源、绿化市容、林业、环保、农业等行政管理部门，制定市、区两级河湖水面率控制指标以及滩涂整治成陆区域的河湖水面率控制指标，并对河湖水面率的变化情况定期开展监测。

禁止擅自填堵河道。确因建设需要并按照规定经市人民政府批准填堵河道的，建设单位应当按照先完成开挖、后填堵的顺序实施，新开挖河道面积应当大于填堵面积。

**第二十三条** 本市实行河长制，建立市、区、街道（乡镇）三级河长体系，设立相应的总河长、河长，分级分段组织领导本行政区域内的水污染防治、水环境治理、河湖水面率控制、河湖水域岸线管理保护、水资源保护和水生态修复等工作。

各级总河长负责辖区内推行河长制的组织领导、决策部署、考核监督，解决河长制推行过程中的重大问题。各级河长主要负责组织领导相应河道的管理保护和综合整治工作，督导相关行政管理部门和下一级河长履行职责，并对目标任务完成情况进行考核问责。

区人民政府根据需要，可以设立村（居）河长，主要负责河道巡查、违法行为劝阻以及按照规定报告情况等工作。

河长名单应当通过河长公示牌和相关政府网站向社会公布。河长公示牌应当在河道显著位置竖立，标明河长姓名、职责、河道概况、管理保护目标、监督方式等内容，接受社会监督。河长相关信息发生变化的，应当及时予以更新。

**第二十四条** 市人民政府应当根据国家有关规定，与长三角区域相关省建立水污染防治协调合作机制，共享水污染源、水环境质量、对跨界水源地造成影响的突发水污染事故等信息，定期协商区域内水资源利用、污染排放控制等事项，协调解决突出水环境问题。

**第二十五条** 市人民政府应当对区人民政府落实水资源管理制度情况进行考核。考核结果作为对区人民政府主要负责人和领导班子年度综合考核评价的重要依据。

**第二十六条** 市水务行政管理部门应当会同有关行政管理部门建立和完善水资源管理信息系统，对水源地水质、取水水量、供水水质、排放口水量和水质、入河排污口水量和水质、重点水功能区水质等实施动态监管。

**第二十七条** 供水企业应当定期将企业自检的供水水质、水量、水压等信息向社会公布。供水生产服务信息数据应当按照要求，接入本市水资源管理信息系统。

水务、环保、卫生等行政管理部门应当按照职责分工，依法向社会公布特大型取水、重点取水、重点用水和重点监测排水等单位名单，饮用水水源、公共供水、二次供水、用户水龙头出水的监测结果以及河道治理、水环境状况等信息。

**第二十八条** 水务行政管理部门应当公布举报、投诉电话或者网络平台，受理举报投诉。

任何单位和个人均有权对水务行政管理部门、市水务局执法总队及其执法人员不依法履行职责等违法行为进行举报、投诉。收到举报、投诉的机关，应当依据职责及时查处，并反馈处理结果。

**第二十九条** 违反本规定第十二条第一款规定，取水单位、用水单位未履行相关义务的，由市水务局执法总队、区水务行政管理部门责令限期改正，并按照下列规定予以处理：

（一）未按照要求进行水平衡测试的，处一万元以上五万元以下的罚款；逾期不改正的，可由水务行政管理部门扣减其百分之三十以下的取水、用水计划指标。

（二）未按照要求备案，逾期不改正的，处五千元以上三万元以下的罚款。

**第三十条** 违反本规定第十七条第一款规定，未按照要求安装、使用自动监测设备，或者未按照要求与水务行政管理部门的监控设备联网，并保证监测设备正常运行的，由市水务局执法总队、区水务行政管理部门责令限期改正，处二万元以上二十万元以下的罚款；逾期不改正的，责令停产停业整治。

**第三十一条** 违反本规定第十九条第一款规定，权属单位未按照规定封井或者回填的，由市水务局执法总队、区水务行政管理部门责令限期改正，处十万元以上五十万元以下的罚款；不具备封井或者回填能力的，由水务行政管理部门或者其委托的没有利害关系的第三人依法封井或者回填，所需费用由权属单位承担。

**第三十二条** 建设单位填堵河道不符合本规定第二十二条第二款要求的，由市水务局执法总队、区水务行政管理部门责令限期改正或者采取其他补救措施，可以处一万元以上五万元以下的罚款；逾期不改正或者不采取其他补救措施的，由水务行政管理部门或者其委托的没有利害关系的第三人依法代为改正或者采取其他补救措施，所需费用由建设单位承担。

**第三十三条** 本规定自2018年1月1日起施行。1992年10月17日上海市第九届人民代表大会常务委员会第三十七次会议通过的《上海市实施〈中华人民共和国水法〉办法》同时废止。

# 上海市农村集体资产监督管理条例

（2017年11月23日上海市第十四届人民代表大会常务委员会第四十一次会议通过 根据2020年12月30日上海市第十五届人民代表大会常务委员会第二十八次会议《关于修改本市部分地方性法规的决定》修正）

## 第一章 总 则

**第一条** 为了加强和规范农村集体资产监督管理，维护农村集体经济组织及其成员的合法权益，支持和促进农村集体经济可持续发展，根据《中华人民共和国民法典》等法律、行政法规，结合本市实际，制定本条例。

**第二条** 本市行政区域内农村集体资产管理及其监督等活动，适用本条例。

本条例所称农村集体资产，是指乡镇、村、组农村集体经济组织全体成员集体所有的资产。

本条例所称农村集体经济组织，是指乡镇、村、组成员以生产资料集体所有制为基础建立的合作经营、民主管理、服务成员的组织。

**第三条** 农村集体经济组织应当接受所在地中国共产党基层组织领导，完善组织章程，建立健全民主管理的治理机制，依法管理农村集体资产，发展农村集体经济。

**第四条** 本市各级人民政府应当根据本行政区域发展实际，建立完善财政引导、多元投入的集体经济发展扶持机制，加大对农村公共服务的财政投入，支持农村集体经济发展。

市、区农业农村部门和乡镇人民政府按照职责分工负责指导、协调和监督本行政区域内农村集体资产的管理工作。市、区和乡镇农村经营管理机构履行本条例规定的日常指导和监督管理职责。

市、区发展改革、财政、民政、公安、市场监管、税务、规划资源、建设、人力资源社会保障、水务等部门按照职责分工，共同做好有关农村集体资产管理的指导工作。

行政区域内存在农村集体资产的街道办事处，履行本条例关于乡镇人民政府的各项职责。

**第五条** 农村集体经济组织应当与乡镇人

民政府、村民委员会实行事务分离、分账管理。

农村集体经济组织根据法律、法规和章程的规定，可以将其收益按一定比例用于本地区公共事务和公益事业。

**第六条** 农村集体资产受法律保护，任何单位和个人不得侵占、损害。

任何单位和个人不得强制农村集体经济组织捐助或者向农村集体经济组织摊派。财政投入实施的农村公共设施建设和公共服务项目，不得强制农村集体经济组织安排配套资金。

**第七条** 市、区人民代表大会及其常务委员会和乡镇人民代表大会应当加强对农村集体资产相关法律、法规实施情况的监督检查。

## 第二章 权属确认

**第八条** 下列资产依据法律规定纳入农村集体资产管理范围：

（一）成员集体所有的土地等资源性资产；

（二）成员集体所有的用于经营的建筑物、设施设备、无形资产、集体投资形成的投资权益等经营性资产；

（三）成员集体所有的用于教育、科技、文化、卫生、体育等公共服务的建筑物、设施设备等非经营性资产；

（四）政府拨款、减免税费以及接受捐赠、资助形成的资产；

（五）依法属于成员集体所有的其他资产。

前款规定的经营性资产应当以份额形式量化到本集体经济组织成员。除国家和本市另有规定外，其他资产不得以份额形式量化或者以货币等形式分配。

**第九条** 自农村高级农业生产合作社成立以来，在乡镇、村、组集体生产生活的人员，经农村集体经济组织民主程序确认，成为该集体经济组织成员。成员确认应当综合户籍关系、农村土地承包关系、对农村集体资产积累的贡献等因素。

农村集体经济组织成员对农村集体资产及其经营管理依法享有知情权、表决权、收益权、监督权等权利。因工作、生活等原因与农村集体经济组织不再具有生产生活关系的，不享有表决权，但农村集体经济组织章程另有规定的除外。

**第十条** 农村集体经济组织应当建立成员名册，记载成员的姓名、份额等基本信息，并及时向乡镇农村经营管理机构备案。

农村集体经济组织成员享有的份额，应当以户为单位记载。户内总份额一般不随户内人口增减而调整，但农村集体经济组织章程另有规定的除外。

**第十一条** 农村集体资产份额可以在本集体经济组织成员之间转让、赠与，也可以由本集体经济组织赎回，不得向本集体经济组织成员以外的人员转让、赠与。

农村集体资产份额可以依法继承。农村集体经济组织成员以外的人员通过继承取得份额的，不享有表决权，但农村集体经济组织章程另有规定的除外。

通过份额量化或者转让、赠与、继承等方式持有农村集体资产份额的，持有的总份额不得超过农村集体经济组织章程规定的上限。

## 第三章 组织机构

**第十二条** 乡镇农村集体经济组织可以登记为农村经济联合社，村、组农村集体经济组织可以登记为农村经济合作社。农村经济联合社和农村经济合作社（以下统称经济合作社）由区农业农村部门登记并发放证书，登记证书应当记载农村集体经济组织名称、统一社会信用代码、负责人、住所等事项。

农村集体经济组织已经登记为有限责任公司或者社区股份合作社的，符合条件可以转制为经济合作社。

农村集体经济组织依据《中华人民共和国民法典》等法律、行政法规的规定取得法人资格。

**第十三条** 经济合作社的组织机构由成员大会、理事会、监事会组成，表决实行一人一票制。

经济合作社理事会成员、监事会成员任职前应当进行公示，理事会成员、监事会成员不得互相兼任。

**第十四条** 经济合作社应当制定章程，并向区农业农村部门备案。章程可以载明下列事项：

（一）名称、住所和负责人；

（二）经营范围；

（三）成员大会、成员代表会议、理事会、监事会的职责范围和议事规则；

（四）成员代表的组成和选举、罢免的方式；

（五）理事会、监事会的组成以及理事、理事长、监事、监事长的选举、罢免的方式；

（六）重大事项、一般事项、主要管理人员的范围；

（七）成员份额、限额、份额流转的条件与程序；

（八）收益分配办法；

（九）合并、分立以及因其他事由解散的条件；

（十）清算办法；

（十一）成员大会或者成员代表会议认为需要规定的其他事项。

区农业农村部门应当在市农业农村部门的指导下，结合本区实际情况制定示范章程。

**第十五条** 成员大会是经济合作社的权力机构，可以就下列事项作出决定：

（一）制定和修改章程；

（二）选举和罢免理事会、监事会成员；

（三）审议理事会、监事会工作报告；

（四）合并、分立以及因其他事由解散的实施方案；

（五）农村集体资产发展规划、经营方式、重要规章制度、重大投资项目；

（六）年度财务收支预算、决算和收益分配方案；

（七）成员的增减；

（八）法律、法规和章程规定的其他事项。

成员较多的经济合作社，可以设立由成员户代表或者成员代表参加的成员代表会议，按照章程规定履行成员大会授予的职责。

**第十六条** 成员大会或者成员代表会议每年至少召开一次，由理事会召集，理事长主持。经十分之一以上的成员或者理事会、监事会提议，应当召开成员大会或者成员代表会议。

成员大会由全体成员二分之一以上出席方可举行，成员代表会议由全体代表三分之二以上出席方可举行。

成员大会和成员代表会议对章程规定的重大事项的决议，应当由出席人数五分之四以上通过；对一般事项的决议，应当由出席人数三分之二以上通过。

**第十七条** 理事会是经济合作社的管理机构，依照章程规定履行下列职责：

（一）召集成员大会或者成员代表会议；

（二）执行成员大会或者成员代表会议的决议；

（三）制定并执行农村集体资产管理的规章制度；

（四）制订年度财务收支预算、决算和收益分配方案草案；

（五）负责农村集体资产的经营和日常管理工作；

（六）向成员大会或者成员代表会议作工作报告；

（七）法律、法规和章程规定的其他职责。

理事任期由章程规定，但每届任期不得超过五年。

**第十八条** 监事会是经济合作社的监督机构，依照章程规定履行下列职责：

（一）检查经济合作社财务；

（二）监督理事、主要管理人员执行职务的行为，对违反法律、法规、章程以及成员大会或者成员代表会议决议的理事、主要管理人员提出罢免建议；

（三）纠正理事、主要管理人员损害经济合作社利益的行为；

（四）提议召开成员大会或者成员代表会

议，在理事会不召集会议时自行召集会议；

（五）向成员大会或者成员代表会议提出提案；

（六）法律、法规和章程规定的其他职责。

监事任期由章程规定，但每届任期不得超过五年。

## 第四章 经营管理

**第十九条** 农村集体经济组织应当建立和完善农村集体资产经营管理、责任考核和风险控制等制度。

农村集体经济组织对经营性资产可以直接经营，也可以采取发包、租赁、委托、合资、合作等方式经营。

农村集体经济组织理事、主要管理人员不得违反法律、法规和章程的规定，或者未经成员大会同意，以农村集体资产为他人提供担保。

农村土地等资源性资产的经营和使用，应当遵守有关法律、法规的规定，不得擅自改变其用途。

**第二十条** 农村集体经济组织应当定期开展资产清查核实工作，重点清查经营性资产、未承包到户的资源性资产以及现金、债权债务等。清查核实结果应当向成员公示，并经成员大会或者成员代表会议确认。

**第二十一条** 转让农村集体资产的，应当符合国家和本市关于产权公开交易的规定。出租农村集体资产的，鼓励在农村集体资产租赁平台上以公开、公正的方式择优选择承租人。

**第二十二条** 农村集体经济组织只能开立一个基本存款账户，可以按照有关规定开立专用存款账户。相关账户信息应当向乡镇农村经营管理机构备案。

农村集体经济组织应当建立健全财务收支预决算、开支审批、资金管理、票据管理、财务公开、坏账核销和内部控制等财务和会计制度。

农村集体经济组织与其他单位或者个人在经济往来中取得的原始凭证，应当真实、合法。农村集体经济组织以及由其设立的企业的财务档案、经济合同等资料，应当按照有关规定予以保存。

**第二十三条** 农村集体经济组织应当配备必要的会计人员或者委托具备资质的专业机构承担财务核算、财务会计档案保管和统计等工作。

乡镇人民政府确定的机构提供会计代理服务的，不得向农村集体经济组织收取费用。

**第二十四条** 农村集体经济组织应当定期向其成员公示下列信息：

（一）农村集体资产的运行情况；

（二）农村集体经济组织设立企业的资产运行情况；

（三）农村集体经济组织及其设立企业的管理人员工作报酬、经济责任审计情况；

（四）农村集体资产的清查核实结果；

（五）国家和本市规定应当公示的其他信息。

**第二十五条** 农村集体资产经营收益由本集体经济组织全体成员集体所有。

农村集体经济组织当年的净收益应当在弥补亏损、提取公积金和公益金后，按照本条例和章程的规定进行分配。公积金和公益金的提取比例均为当年净收益的百分之十五，鼓励农村集体经济组织在章程中规定更高的提取比例。公积金和公益金累计额达到章程规定的，可以不再提取。

公积金主要用于发展生产、转增资本、弥补亏损，公益金主要用于资助本地区公共事务和公益事业。

农村集体经济组织应当在农村经营管理机构的指导和监督下，根据本集体经济组织经济状况和发展实际，制定年度收益分配方案。年度收益分配方案应当符合国家和本市有关规定，并向农村经营管理机构报告，提交成员大会或者成员代表会议审议决定。

**第二十六条** 农村集体经济组织合并、分立或者因其他事由解散，需要调整农村集体资产权属或者处置农村集体资产的，应当在区农业农村部门的指导和监督下，制定具体的实施方案；村民小组、村、乡镇撤制的，农村集体经济组织应当先行对集体资产清产核资、明晰产权，制定处置方案。

前款规定的实施方案和处置方案应当提交成员大会或者成员代表会议审议决定。调整农村集体资产权属和处置农村集体资产时，对纳入经营性集体资产管理范围的土地补偿费等应当按照国家和本市的规定进行份额量化，不得损害农村集体经济组织及其成员的合法权益。

**第二十七条** 在农村集体产权制度改革中，因农村集体资产权利人名称变更、资产确权和变更等情形发生的相关税费，按照国家有关规定予以减免。

**第二十八条** 有下列情形之一的，农村集体经济组织应当委托具备法定资质的资产评估机构对农村集体资产进行评估：

（一）将农村集体资产作价出资的；

（二）转让农村集体资产达到章程规定的限额的；

（三）因村民小组、村、乡镇撤制或者农村集体经济组织解散，需要调整农村集体资产权属或者处置农村集体资产的；

（四）法律、法规规定需要进行评估的其他情形。

农村集体资产评估结果应当向本集体经济组织成员公示。

**第二十九条** 农村集体经济组织应当委托第三方专业机构或者建立内部审计机构，每年对本集体经济组织的经济活动开展审计。

审计结果和审计整改情况应当向本集体经济组织成员公示。

**第三十条** 农村集体经济组织成员有权了解本集体经济组织的经营管理情况，农村集体经济组织应当及时答复并予以解释；十户或者二十人以上联名询问或者涉及重要问题的，应当记录在册。

## 第五章 指导监督

**第三十一条** 市、区和乡镇农村经营管理机构承担农村集体资产管理的日常指导和监督工作，包括下列事项：

（一）农村集体资产、负债、损益和收益分配；

（二）农村集体资产评估的范围、程序和结果；

（三）农村集体资产承包、租赁、转让等合同的签订和履行；

（四）公积金、公益金的提取和使用；

（五）农村集体经济组织的治理结构和议事规则；

（六）农村集体经济组织的合并、分立以及因其他事由解散；

（七）法律、法规规定的其他事项。

农村经营管理机构在监督检查中，可以进行现场检查，向农村集体经济组织或者承包、承租、受托管理农村集体资产的单位和个人询问、调查有关情况，查阅、复制有关档案、合同、发票、账簿以及其他相关资料。

**第三十二条** 农村经营管理机构应当对农村集体经济组织开展内部审计的情况进行检查，并根据监督管理需要，派员或者委托第三方专业机构，对农村集体经济组织的资产、财务收支等情况进行审计。

市和区人民政府审计机关在职责范围内依法进行审计业务指导。

**第三十三条** 农村经营管理机构在监督检查中，发现农村集体经济组织存在违法违规风险或者管理疏漏的，应当发出风险预警或者整改通知，并跟踪检查。

存在重大经营风险或者其他资产管理问题，未及时整改的，农村经营管理机构可以约谈集体经济组织等有关单位主要负责人，要求其落实农村集体资产管理责任，采取有效措施消除资产经营风险。

**第三十四条** 农村经营管理机构应当向农村集体经济组织成员公开对该集体经济组织开展监督检查的结果，并向相关部门通报。

农村经营管理机构应当建立农村集体资产监督管理档案，记录监督检查、相关部门对农村集体经济组织进行行政处罚等情况。

**第三十五条** 农村集体经济组织成员及利害关系人对成员资格、份额等有异议的，可以向农村集体经济组织提出核实申请。农村集体经济组织收到申请后，应当调查核实，并及时作出答复；发现问题的，应当予以纠正。

农村经营管理机构可以根据农村集体经济组织成员及利害关系人的请求，帮助调查核实，并督促农村集体经济组织作出答复。

**第三十六条** 任何单位和个人发现农村集体资产流失等违法行为的，可以向相关行政管理部门、农村经营管理机构投诉举报。

相关行政管理部门、农村经营管理机构对收到的投诉举报应当在十五日内作出处理，属于本单位职责的，予以核实、答复；不属于本单位职责的，应当在五日内书面通知、移交有权处理的单位，并告知投诉举报人。

## 第六章 法律责任

**第三十七条** 违反本条例规定的行为，法律、行政法规有处罚规定的，从其规定。

**第三十八条** 农村集体经济组织的理事、监事、主要管理人员有下列行为之一，造成农村集体资产损失的，依法承担赔偿责任；构成犯罪的，依法追究刑事责任：

（一）收受贿赂或者取得其他非法收入和不当利益的；

（二）侵占、挪用农村集体资产的；

（三）违反法律、法规和章程规定，以农村集体资产为他人提供担保，或者将农村集体资产低价折股、转让、出租的；

（四）不如实向资产评估机构、会计代理机构提供有关情况和资料，或者与资产评估机构、会计代理机构串通出具虚假资产评估报告、审计报告的；

（五）违反法律、法规和章程规定的决策程序决定本集体经济组织重大事项的；

（六）其他违反法律、法规和章程的行为。

**第三十九条** 农村集体经济组织理事、监事、主要管理人员等违反本条例规定，情节严重的，市、区农业农村部门和乡镇人民政府可以向农村集体经济组织提出暂停职务或者罢免的建议。

**第四十条** 农村集体经济组织成员及利害关系人认为农村集体经济组织侵害其合法权益的，或者农村集体经济组织认为其他单位或者个人侵害其合法权益的，可以依法向人民法院提起民事诉讼。

农村集体经济组织及相关人员对市、区农业农村部门或者乡镇人民政府的行政行为不服的，可以依法申请行政复议或者向人民法院提起行政诉讼。

**第四十一条** 各级人民政府及其有关部门的工作人员违反本条例规定，有下列情形之一的，依法给予处分；构成犯罪的，依法追究刑事责任：

（一）侵占、损害农村集体资产，强制农村集体经济组织捐助，或者向农村集体经济组织摊派的；

（二）财政投入实施的农村公共设施建设和公共服务项目，强制农村集体经济组织安排配套资金的；

（三）收到投诉举报或者农村集体经济组织提交的报告，未及时处理，造成不良影响的；

（四）在农村集体资产监督管理工作中滥用职权、玩忽职守或者徇私舞弊的其他行为。

## 第七章 附　　则

**第四十二条** 本条例自 2018 年 4 月 1 日起施行。

# 上海市高等教育促进条例

（2017年12月28日上海市第十四届人民代表大会
常务委员会第四十二次会议通过）

## 第一章 总 则

**第一条** 为了深化教育改革，加快一流大学和一流学科建设，实现高等教育内涵式发展，全面提高本市高等教育质量，提升高等教育综合实力和国际竞争力，更好地服务“四个中心”和科技创新中心建设、服务上海卓越全球城市建设、服务国家战略，根据《中华人民共和国教育法》《中华人民共和国高等教育法》等法律以及相关行政法规，结合本市实际，制定本条例。

**第二条** 本市行政区域内促进高等教育发展以及相关保障、服务和管理等活动，适用本条例。

**第三条** 促进高等教育事业发展应当把握正确政治方向、遵循高等教育规律，坚持政府统筹管理、学校自主办学和社会多方参与的原则。

高等教育应当坚持中国共产党的领导，贯彻国家的教育方针，坚持社会主义办学方向，为人民服务，为中国共产党治国理政服务，为巩固和发展中国特色社会主义制度服务，为改革开放和社会主义现代化建设服务。

**第四条** 高等教育应当以立德树人为根本任务，加强理想信念教育，培育和践行社会主义核心价值观，将思想价值引领贯穿于教育教学全过程，培养具有社会责任感、创新精神和实践能力，德、智、体、美全面发展的社会主义建设者和接班人。

**第五条** 市人民政府应当加强对本市高等教育事业的统筹管理，将高等教育事业发展纳入国民经济和社会发展规划，深化高等教育综合改革，保障高等教育财政经费投入，构建高等学校分类发展体系，优化高等教育布局结构和资源配置，实现本市高等教育事业持续健康发展。

本市建立高等教育改革发展议事协调机制，审议高等教育改革发展的重大方针和政策，协调解决高等教育发展中的重大问题和重大事项。

**第六条** 市教育行政部门主管本市高等教育工作，推进和实施高等教育改革和发展。

市发展改革、财政、人力资源社会保障、编制、规划国土资源、住房城乡建设、科技、国有资产监督、经济信息化、税务等部门按照各自职责，做好高等教育改革和发展的相关工作。

**第七条** 高等学校依法具有法人资格，依法开展自主办学，接受政府管理和社会监督。民办高等学校与公办高等学校享有同等法律地位。

高等学校应当以培养人才为中心，开展教学、科学研究、社会服务、文化传承创新和国际交流合作，建立自我发展、自我约束的内部管理体制和运行机制，并根据办学定位和社会需求，采取措施全面提高办学水平和教育质量。

**第八条** 企业事业单位、社会团体、行业协会和其他社会组织应当积极承担社会责任，参与和支持本市高等教育事业的发展。

## 第二章 规划与评价

**第九条** 市教育行政部门应当会同有关部门编制本市高等教育发展规划，确定本市高等教育人才培养规模、层次和结构，高等学校分类发展体系，高等学校与学科布局，以及本市高等教育发展目标、任务、措施等内容。

本市高等教育发展规划经市人民政府批准

后实施。

市人民政府有关部门应当严格执行本市高等教育发展规划，将本市高等教育发展规划作为对高等学校设置调整、资源配置、基本建设和条件保障的依据。

**第十条** 在本市设立高等学校，应当具备法律法规规定的条件，并符合国家战略、本市城市功能定位以及本市高等教育发展规划。

市人民政府根据国家规定的普通高等学校设置标准，制定本市普通高等学校设置标准的实施办法。

**第十一条** 本市根据人才培养主体功能、承担科学研究类型以及学科专业设置和建设等情况，建立健全高等学校分类发展体系，引导高等学校明确办学定位，培养适应经济社会发展的特色人才。

市教育、发展改革、人力资源社会保障、编制、财政等部门应当按照市人民政府举办的高等学校（以下简称地方公办高校）在分类发展体系中的定位，确定其办学规模、人员配置标准、财政经费投入等事项，并根据办学水平分类绩效评价结果进行动态调整。

**第十二条** 市人民政府通过重点投入、政策支持、资源保障等措施，促进本市一流大学和一流学科建设。

本市实施高水平地方高等学校建设计划，促进地方高等学校发展，提升地方高等学校整体办学水平。

本市实施学科建设计划，重点支持基础学科、前沿学科、特色学科、新兴学科、交叉学科以及国家和区域经济社会发展急需的学科发展。

**第十三条** 高等学校应当根据办学定位、经济社会发展需求以及招生、人才培养和毕业生就业状况，建立科学的学科专业设置机制，优化学科专业布局结构，提高学科专业建设水平。

市教育行政部门引导和支持高等学校在国家颁布的本科专业目录外开展新专业的设置和建设，支持高等学校适时调整高等教育自学考试专业和考试科目。

市学位委员会在国务院学位委员会的授权范围内，统筹实施学位授权点的动态调整，支持高等学校根据办学定位和特色，结合社会需求，主动开展学位授权单位建设以及学位授权点的建设和调整工作。

**第十四条** 市教育、发展改革、人力资源社会保障、经济信息化等部门应当采取措施，促进校企合作、产教融合，引导高等专科学校和高等职业学校特色发展，推动应用型本科高等学校建设，深化专业学位研究生教育综合改革，并建立和完善高等专科和高等职业、应用型本科、专业学位研究生教育相衔接的应用型人才培养体系。

**第十五条** 高等学校应当建立健全教师职业培训和发展、教学岗位职责、教学工作规范、教学奖励、教授为本科生授课等制度，强化教学激励机制，并通过加大教学投入力度、创新培养模式和机制、完善教学质量保障体系等措施，提高教育教学质量。

**第十六条** 高等学校应当建立办学水平、教育质量的评价制度，完善内部质量保障体系和机制，及时公开相关信息，发布质量年度报告，接受社会监督。

市教育行政部门应当组织开展对本市地方高等学校办学水平、效益和教育质量的评估，并将评估结果向社会公布。

市教育督导部门依照有关规定，对本市地方高等学校规范办学实施监督、指导，对高等教育发展状况和高等教育质量组织开展评估、监测。

**第十七条** 高等学校落实立德树人根本任务的情况，应当作为高等教育质量评价的首要内容。

高等学校应当将师德表现作为职务评聘和考核评价的首要条件，提高教学业绩在职务评聘和考核评价中的比重。

高等学校应当开展诚信教育，加强学生思想品德考核。

## 第三章　依法自主办学

**第十八条**　高等学校应当坚持立德树人，把人才培养作为中心工作，遵循教书育人和学生成长规律，发挥课堂教学主渠道作用，加强校风教风学风建设，提高学生的思想水平、政治觉悟、道德品质、文化素养和专业技能，培养德才兼备、全面发展的人才。

**第十九条**　高等学校应当依法建立和完善自主办学机制，制定内部管理制度，实施办学活动，落实自主管理事项。

高等学校依法制定章程，按照规定报核准机关核准后实施，并指定专门机构监督章程的执行情况。

**第二十条**　高等学校应当按照国家和本市相关规定，完善法人治理结构，健全内部管理体制。

公办高等学校应当坚持和完善党委领导下的校长负责制；应当依据学校章程，设立校务委员会或者理事会，对学校的重大事项进行咨询、协商、审议和监督。

民办高等学校应当加强党的建设，建立健全党组织参与学校决策和监督的机制；应当设立学校理事会、董事会或者其他形式的决策机构，并建立相应的监督机制。

高等学校应当建立和完善以教师为主体的教职工代表大会等组织形式，建立和完善学生参与学校管理和监督的有效机制。

**第二十一条**　高等学校按照规定，自主设置教学和科学研究等内部组织机构。内部组织机构的设立程序、职权以及治理结构，由高等学校的章程规定。

属于市人民政府重点支持、依托高等学校成立的教学和科学研究机构，高等学校应当在对外业务活动、经费管理、人事管理、招生以及人才培养等方面，按照国家和本市规定，给予其相对独立的自主权。

地方公办高校的教学和科学研究机构行政负责人，可以不按照行政职级进行管理。市人民政府有关部门和学校应当保障其享有相应的晋升、交流、任职、薪酬以及相关待遇。

**第二十二条**　地方公办高校在人员编制内自主制定岗位设置方案和管理办法，报教育、人力资源社会保障部门备案后，自主招聘录用人员，依法订立或者解除、终止聘用合同。

市编制、教育、人力资源社会保障等部门在科学核定并动态调整地方公办高校的人员编制时，应当听取高等学校的意见。

**第二十三条**　地方公办高校自主制定本校教师和相关专业技术人员职称评审办法和操作方案，报教育、人力资源社会保障部门备案后，在核定的岗位结构比例内，自主开展评聘工作。

市教育、人力资源社会保障等部门应当根据学校建设和发展情况，确定并动态调整地方公办高校的专业技术职务岗位结构比例。

**第二十四条**　高等学校根据学校办学定位以及学科领域、研究类型和岗位种类的特点，自主建立教师和其他专业技术人员分类评价制度。

高等学校实施教师和其他专业技术人员分类评价制度的，应当制定科学合理的分类评价标准，促进人才分类发展。

**第二十五条**　地方公办高校按照激励与约束相结合的原则，在绩效工资总量内，自主确定绩效工资分配方案。

市人民政府应当建立适应本市高等教育行业特点的收入分配制度，科学核定地方公办高校绩效工资总量，并建立正常增长机制，确保教师收入逐步增长。科技成果转化收益奖励、省部级以上教学和科技奖励、竞争性科研项目中用于人员的经费、引进高层次人才和团队所需人员经费以及捐赠收入中指定用于人员奖励等费用不列入绩效工资总量。

**第二十六条**　高等学校应当根据办学定位和特色，建立并完善教师准入、培训、考核和流动制度；健全公平竞争、梯队合理、多元发展的教师职业发展机制；可以根据教育教学工作需要，自主灵活用工。

高等学校的教师应当以教学和培养人才为中心，做好本职工作，教书育人，言传身教，为人师表;应当遵守职业道德规范,加强师德师风建设,以德立身,以德立学,以德施教。

**第二十七条** 高等学校应当维护学校教育教学秩序和生活秩序,保障学生正常学习和生活;引导学生自觉遵守公民道德规范和学校管理制度,提高个人修养、培养审美情趣;尊重和保护学生的合法权益,教育和引导学生承担应尽的义务与责任。

**第二十八条** 高等学校应当健全职业指导和服务体系,加强创新创业教学和实践,提升学生就业和创业能力;通过资金支持和政策保障,支持学生开展创新创业活动;对创业学生可以实行弹性学制,或者放宽修业年限;可以建立创新创业档案、设置创新创业学分。

本市鼓励高等学校通过无偿许可专利的方式,授权学生使用科技成果,引导学生创新创业。

市教育、发展改革、科技、经济信息化、财政、人力资源社会保障等部门应当统筹协调大学科技园、产业园区、创业孵化基地、风险投资基金、社会中介机构等,为学生创业创造条件。

**第二十九条** 高等学校可以在部门预算中自主安排专项经费,支持教学科研人员面向基础领域、学科交叉领域等开展科学研究活动。

本市鼓励、支持和引导高等学校加强产学研合作和协同创新,促进科技成果转移转化,提高高等学校对产业转型升级的贡献力。

本市鼓励、支持和引导高等学校促进人文社会科学领域的知识创新、理论创新、方法创新,推进中国特色新型智库建设,提高决策咨询服务能力。

**第三十条** 市财政、教育、国有资产监督等部门应当根据有关规定和高等教育发展需求,完善政府采购和国有资产管理制度,优化政府采购审批流程,扩大并规范高等学校对国有资产的自主处置权限。

## 第四章 社会力量参与

**第三十一条** 本市实施非营利性和营利性民办高等学校分类管理,支持和引导民办高等教育的发展。设立民办教育发展专项资金,重点支持非营利性民办高等学校的发展,非营利性民办高等学校在公用事业价格、用地优惠、税收优惠等方面,与公办高等学校享受同等待遇。

**第三十二条** 本市鼓励社会力量依法独立或者共同举办高水平、有特色的非营利性民办高等学校。

本市鼓励和支持企业事业单位、社会组织和个人等社会力量与高等学校合作共建教学、科学研究机构;向高等学校捐资捐赠,并按照国家相关规定,给予税收优惠。

**第三十三条** 本市鼓励专业机构自主或者受委托开展高等教育评估。专业机构开展高等教育评估,应当遵循公开、公平、不干扰正常教学和科学研究工作等原则,并接受教育和其他相关部门的管理和监督。

**第三十四条** 本市鼓励行业组织参与制定学科专业建设和人才培养的方案和标准,定期发布人才需求预测,参与对学科专业的评估活动。

**第三十五条** 本市鼓励企业、科学研究机构、社会组织等与高等学校开展产学研合作,开展教师和科研人员的双向柔性流动,共同开展人才培养和科学研究。

本市鼓励和支持企业事业单位、社会组织设立实习和实践基地,参与高等学校学生的实践能力培养,并给予其适当的财政补贴。

**第三十六条** 本市鼓励社区、科技园区等与高等学校开展文化、体育、科学研究等设施的共享合作。

本市鼓励社会力量参与高等教育基础设施建设和运营管理,提供专业化服务。

## 第五章 统筹与保障

**第三十七条** 市规划国土资源、发展改革等部门应当根据国家和本市高等教育规划,科学安排高等教育发展用地,保障高等教育校舍资源。

市发展改革、教育、住房城乡建设、规划国

土资源等部门应当结合本市实际，制定地方公办高校的建筑规划面积标准，适时调整高等学校建设项目造价标准。

区人民政府应当采取措施，保证本区域内高等学校用地和周边交通、医疗等公共服务设施配套建设，并加强校园和周边环境治安综合治理，创造良好的办学环境。

**第三十八条** 市人民政府应当根据国家和本市高等教育规划，优化高等教育拨款结构，对地方公办高校建立以经常性经费投入为主的高等教育投入机制，健全生均综合定额标准体系，建立科学合理的增长机制，确保高等教育财政经费投入持续稳定增长。

民办高等学校的举办者应当保证学校的基本办学经费，依法落实法人财产权，任何组织或者个人不得抽逃资金或者挪用办学经费。

**第三十九条** 公办高等学校教育收费实行政府指导价管理。市物价、财政、教育等部门应当根据学生培养成本、学校类型和层次、学科类别等事项，结合本市经济发展水平等因素，建立公办高等学校培养成本合理分担机制，制定公办高等学校教育收费标准。

民办高等学校教育收费实行市场调节价管理，可以根据教学质量、办学成本、社会需求和承受能力等因素，依法自主确定教育收费标准，并通过学校网站、招生简章和广告等向社会公示。

中外合作办学学历教育的收费标准，根据分类管理、质量导向、成本补偿等原则确定。具体办法由市物价、财政、教育等部门另行规定。

**第四十条** 本市鼓励高等学校通过社会捐赠、政府竞争性项目经费、企业事业单位和其他社会组织的委托性项目经费、科技成果转化收益等多种渠道，筹措办学经费。

**第四十一条** 本市设立高等教育投入评估咨询委员会，对高等教育重大投入政策提出咨询和评估，对经费使用情况进行督导和检查。

高等教育投入评估咨询委员会的人员组成、职权以及议事规则等具体事项，由市教育、财政等部门另行规定。

**第四十二条** 高等学校应当依法建立健全财务管理制度，合理使用、严格管理教育经费，并依法接受监督。

市人民政府应当建立高等教育经费使用监督检查制度，加强高等教育经费使用绩效评价。定期对其投入经费的使用情况进行审计和绩效评估，对审计整改落实情况进行监督检查。评价结果作为对高等学校财政投入的参考依据。

地方公办高校实行总会计师委派制度，对地方公办高校经费使用情况进行监管。

**第四十三条** 市人民政府加强与国务院教育行政部门等中央部门的合作，通过定期会商机制和部市共建协议，支持中央部门所属高等学校（以下简称部属高校）改革发展，促进地方高等学校提升办学水平。

市人民政府依据部市共建协议，引导、监督和参与部属高校的发展规划、招生与人才培养、学科布局、校园建设等工作；鼓励部属高校与地方高等学校开展合作，支持地方高等学校发展。

部属高校应当按照部市共建协议，定期向市人民政府提交本市财政经费投入使用绩效报告。

**第四十四条** 市教育行政部门应当建立统筹协调工作机制，促进不同类型和层次高等学校之间在人才培养、学科专业建设、科学研究、办学资源共享等方面开展合作，推进师资交流、学生流动、学分转换。

本市鼓励承担研究生教育任务的科学研究机构与高等学校通过资源整合、合作共建等方式，联合招收和培养研究生。市教育行政部门在招生人数、人才培养等方面给予政策支持。

**第四十五条** 本市积极构建与台湾地区高等教育合作交流平台，支持教育工作者交流教育发展理念，加强学生交流互动，做好招收台湾学生来本市学习、就业工作。

本市建立和完善与港澳高等教育合作交流机制，提升与港澳高等教育交流合作水平，推动沪港澳高等教育共同发展。

**第四十六条** 本市鼓励高等学校按照国家有关规定，与境外高水平高等教育机构、科学研究机构自主开展合作办学，建立联合实验室、联合研究中心，合作开展人才培养、科学研究、学术交流和成果推广。对符合本市经济社会发展需求和高等教育规划的中外合作办学机构，市人民政府依照有关规定给予资源和政策支持。

本市鼓励高等学校采取措施支持学生赴境外学习、实习，扩大招收来华留学生规模，提高留学生教育质量。

本市鼓励和支持高等学校赴境外办学，参与国际性的教育教学评估、认证以及标准体系建设。

**第四十七条** 本市鼓励高等学校采取措施引进高层次人才，促进国际人才高地建设。

公安、人力资源社会保障、教育、卫生计生、住房城乡建设等部门应当为高等学校人才引进提供居留、出入境、落户、社会保障、医疗卫生、住房等方面的便利政策和服务。

**第四十八条** 高等学校应当支持青年教师发展，健全高等学校教师资源储备和前期职业能力考察机制，通过新进教师选聘和资格培训、新进青年教师担任助教等措施支持青年教师开展教育教学、科学研究和学术交流等活动。

本市鼓励和支持区人民政府、高等学校对符合条件的青年教师提供公共租赁住房等保障措施。

**第四十九条** 市教育、经济信息化等部门应当采取措施，推进本市高等教育信息化建设，建立以现代信息网络技术为支撑的教育教学和管理服务体系。

本市鼓励和支持高等学校积极推进智慧校园与智能教育，探索网络化教育新模式，推广大规模在线开放课程等网络学习模式，面向广大学习者提供优质远程开放学习服务。

本市鼓励和支持高等学校之间共享优质教育资源，并向社会开放网络课程等教育资源。

## 第六章　附　　则

**第五十条** 违反本条例规定的行为，法律、行政法规有处理规定的，依照有关法律、行政法规的规定处理。

**第五十一条** 本条例有关高等学校的规定适用于其他高等教育机构和经批准承担研究生教育任务的科学研究机构，但是对高等学校专门适用的规定除外。

**第五十二条** 本条例自 2018 年 3 月 15 日起施行。

# 上海市人民代表大会常务委员会<br>关于促进和保障崇明世界级生态岛建设的决定

（2017 年 6 月 23 日上海市第十四届人民代表大会常务委员会第三十八次会议通过）

崇明是上海最为珍贵、不可替代、面向未来的生态战略空间。为了积极践行创新、协调、绿色、开放、共享的发展理念，凝聚全社会共识，努力按照国际先进水平将崇明建设成为具有引领示范效应，具备生态环境和谐优美、资源集约节约利用、经济社会协调可持续发展等综合性特点的世界级生态岛，特作如下决定：

一、崇明生态岛建设是长江经济带发展国家战略和上海生态文明建设的关键环节，应当充分利用和发挥崇明独特的环境优势，把生态文明建设放在突出的战略位置，树立尊重自然、顺应自然、保护自然的生态文明理念，推进绿色发展，弘扬生态文化，倡导绿色生活，实现永续发展。

二、崇明生态岛建设，应当坚持生态立岛原则，将节约优先、保护优先作为基本方针，将绿色发展、循环发展、低碳发展作为基本途径，将深化改革和创新驱动发展作为基本动力，建立健全生态文明的制度体系，实现人与自然和谐共生。

三、市人民政府应当加强对崇明生态岛建设工作的统一领导，建立推进协调机制，加强目标管理和工作统筹，形成全市推动崇明生态岛建设的合力。市人民政府各相关部门应当根据各自职责，深化完善实施机制，积极推进崇明生态岛建设工作。

崇明区人民政府应当落实国家和本市关于生态文明建设的工作部署、任务要求，确保崇明生态岛各项建设工作有序推进。

市人民政府及其相关部门应当加强与周边省市的规划建设和管理协同，促进区域生态建设一体化发展。

四、崇明生态岛建设，应当将生态理念与新型城镇化、城乡一体化发展要求相结合，优化空间发展格局，推动生态、生产和生活空间融合发展。统筹崇明岛、长兴岛、横沙岛发展；严格控制常住人口总量、建设用地规模和建筑高度；严格划定生态保护红线，加强滩涂、湿地保护，推进崇明东滩鸟类国家级自然保护区、长江珍稀水生动物保护区建设，依法划定禁猎（渔）区，构建野生鸟类保护管理体系，建立防止外来有害生物入侵的屏障体系，保障生态安全和生物多样性。

五、崇明生态岛建设，应当按照减量化、再利用、资源化的要求，推进各类废弃物综合利用，构建覆盖全社会的资源循环和利用体系，发展循环经济；应当按照防治结合、标本兼治、综合施策的要求，加强水污染、大气污染防治，实施土壤污染治理和生态修复；应当优化公共绿化空间布局，有序增加绿地林地总量，提升生态环境品质。

六、崇明生态岛建设，应当按照生态自然优势和生态发展优势共同发展的要求，强化科技创新引领作用，开展湿地保护、生态修复等领域关键技术的研究和攻关；深入推进产业结构调整，推进产业绿色、智能升级；重点聚焦生态农业、海洋经济、旅游休闲、健康服务、文化体育、会展商务等领域，提升绿色农业现代化发展水平，推动绿色先进制造业发展，提升现代服务业功能品质，繁荣发展创新经济。

七、崇明生态岛建设，应当按照生态惠民的要求，构建绿色生产生活方式，提高生态人居环境水平。积极发展清洁能源，构建绿色能源开发利用体系；按照低碳出行、外畅内优的导向，发展绿色交通；发展绿色建筑，加强绿色建筑规划设计和建设管理，按照具有中国元素、江南韵味、海岛特色的要求，构建和谐多元的建筑风貌；提高社会事业发展水平，完善公共服务设施体系，提供优质的公共服务，拓宽就业渠道，建立城乡一体化的社会保障体系，让崇明居民享受生态岛建设的成果。

八、崇明生态岛建设，应当增强全社会的生态文明意识，健全举报、听证等公众监督制度，形成全社会共建共享的良好社会风尚；崇明居民应当率先增强生态保护理念，践行绿色生产生活方式，积极投入崇明生态岛建设；鼓励支持国内外相关科研机构、院校、企事业单位、社会组织和个人积极参与崇明生态岛建设。

九、市人民政府及其相关部门应当积极争取国家支持，围绕崇明生态岛建设的重点领域和关键环节，创新符合崇明特点的政策措施，加大财政投入力度，完善生态补偿机制，健全人才培养、交流机制，创新生态环境治理机制，推进生态文明体制改革。

十、市人大常委会根据崇明生态岛建设需要，及时制定、修改或者暂时调整、停止实施与崇明生态岛建设有关的地方性法规；在坚持国家法制统一原则和本市地方性法规基本原则的前提下，市人民政府可以先行先试，就崇明生态岛建设制定政府规章或者规范性文件，并报市人大常委会备案；崇明区人大及其常委会可以就促进和保障崇明生态岛建设工作作出相关决议、决定，并报市人大常委会备案。

十一、本市人民法院、人民检察院应当积极履行职责，依法开展生态环境领域的公益诉讼，严惩各类破坏生态环境的违法犯罪行为，为崇明生态岛建设提供司法保障。

十二、市人大常委会和崇明区人大常委会应当通过听取专项工作报告、开展执法检查等方式，加强对本决定执行情况的监督。

市人大常委会和崇明区人大常委会应当充分发挥各级人大代表作用，组织人大代表围绕崇明生态岛建设开展专项调研和视察等活动，汇集、反映人民群众的意见和建议，督促有关方面落实崇明生态岛建设的各项工作。

本决定自 2017 年 7 月 1 日起施行。

# 上海市单用途预付消费卡管理规定

（2018 年 7 月 27 日上海市第十五届人民代表大会常务委员会第五次会议通过）

**第一条** 为了加强单用途预付消费卡管理，保护消费者合法权益，维护市场公平竞争秩序，根据《中华人民共和国消费者权益保护法》等法律、行政法规，结合本市实际，制定本规定。

**第二条** 本市行政区域内的经营者开展单用途预付消费卡（以下简称单用途卡）经营活动及其监督管理，适用本规定。

本规定所称单用途卡，是指经营者发行的，仅限于消费者在经营者及其所属集团、同一品牌特许经营体系内，兑付商品或者服务的预付凭证，包括以磁条卡、芯片卡、纸券等为载体的实体卡和以密码、串码、图形、生物特征信息等为载体的虚拟卡，但兑付特定商品或者服务除外。

供电、供水、供气等公用事业单位单用途卡经营活动及其监督管理，适用相关法律、法规的规定。

**第三条** 单用途卡经营活动的监督管理应当坚持规范发展、风险防范、社会共治的原则，采取信息共享和分类监管等措施，建立、健全单用途卡长效监管和服务机制，促进和引导市场有序发展。

**第四条** 市人民政府应当加强对本市行政区域内单用途卡经营活动监督管理工作的领导，建立单用途卡协同监管工作机制，协调、督促有关部门做好单用途卡监管和服务工作，履行保护消费者合法权益的职责。

区人民政府应当落实单用途卡经营活动的属地监管责任，预防、制止危害消费者财产安全的行为，督促有关部门依法履行单用途卡经营活动监督管理职责。

**第五条** 市商务部门负责组织实施本规定。

商务、文化、体育、交通、旅游、教育等部门（以下统称单用途卡行业主管部门）按照市人民政府确定的职责分工，负责各自主管行业、领域内单用途卡经营活动的监督管理工作。

市场监督管理、金融、税务、公安、文化综合执法等部门按照各自职责，共同做好单用途卡经营活动监督管理的相关工作。

**第六条** 单用途卡行业主管部门应当加强单用途卡规范经营教育，向社会公众宣传消费注意事项，提示单用途卡兑付风险。

**第七条** 经营者在单用途卡经营活动中应当遵守法律、法规，其合法权益受法律保护。

经营者在发行和兑付单用途卡时，应当恪守社会公德、诚信经营，保障消费者合法权益，不得设定不公平、不合理的交易条件，不得强制交易。

经营者应当真实、全面地向消费者提供单用途卡购买、使用等信息，不得作虚假或者引人误解的宣传。经营者对消费者就单用途卡提出的询问，应当作出及时、真实、明确的答复。

经营者应当对收集的消费者个人信息严格保密，不得泄露、出售或者非法向他人提供。

**第八条** 消费者在购买单用途卡时，有权询问和了解该单用途卡的真实情况，有权要求经营者依照法律规定和合同约定提供商品或者服务。

消费者在购买单用途卡时，应当关注经营者的信用状况，理性消费，并注意防范风险，提高自我保护意识，维护自身合法权益。

**第九条** 本市建设统一的单用途卡协同监管服务平台（以下简称协同监管服务平台），归集经营者单用途卡发行、兑付、预收资金等信息，但不归集消费者个人信息。

协同监管服务平台与本市事中事后综合监管平台、公共信用信息服务平台、相关投诉举报平台等信息系统实现互联互通。

相关行政管理部门应当对通过协同监管服务平台获悉的有关经营者的商业秘密予以保密，确保信息安全。

**第十条** 经营者是企业或者同一品牌特许经营体系内的个体工商户，开展单用途卡经营活动的，应当建立与单用途卡经营活动相适应的自有业务处理系统或者使用单用途卡公共基础业务处理系统（以下统称业务处理系统）。

业务处理系统应当具备单用途卡发行管理、预收资金清结算、交易记录保存、消费者信息查询等功能，并与协同监管服务平台信息对接。经营者应当及时、准确、完整地传送单用途卡发行数量、预收资金以及预收资金余额等信息。

本条第一款规定以外的个体工商户与协同监管服务平台信息对接的具体办法由市人民政府制定。

市商务部门应当及时将已与协同监管服务平台信息对接的经营者向社会公布，为消费者查询提供服务。

**第十一条** 协同监管服务平台由市商务部门负责组织建设和运行维护。市商务部门应当指导、支持单用途卡行业组织、具备相应能力的企业建立公共基础业务处理系统，供经营者自主选择使用，并加强监督。

业务处理系统与协同监管服务平台信息对接的具体管理办法，由市商务部门制定。

**第十二条** 经营者将业务处理系统与协同监管服务平台信息对接后，在五个工作日内通过协同监管服务平台获取信息对接标识，并在经营场所显著位置或者网站首页公示。经营者可以将获取的信息对接标识在单用途卡卡面明示。

经营者应当于每季度第一个月的二十五日前，在协同监管服务平台上准确、完整地填报上一季度预收资金支出情况等信息，不得隐瞒或者虚报。

**第十三条** 经营者应当在经营场所、网站首页公示或者向消费者提供单用途卡章程，告知章程的主要内容。单用途卡章程包括单用途卡使用范围、预收资金用途和管理方式、余额查询渠道、退卡方式等内容。市商务部门应当会同相关行业主管部门制定单用途卡章程示范文本。

消费者要求签订书面购卡合同的，经营者应当与消费者签订书面购卡合同。市商务部门应当会同市市场监督管理等部门制定购卡合同示范文本。

**第十四条** 单用途卡单张限额应当符合国家有关规定。

单用途卡发行规模应当符合经营者的经营能力和财务状况。经营者应当按照国家和本市有关规定，对预收资金加强管理和风险控制，确保预收资金用于兑付商品或者服务的开支。

**第十五条** 本市建立单用途卡预收资金余额风险警示制度。按照规定与协同监管服务平台信息对接的经营者，预收资金余额超过风险警示标准的，应当采取专用存款账户管理，确保资金安全。经营者可以采取履约保证保险等其他风险防范措施，冲抵存管资金。

单用途卡行业主管部门应当根据经营者预收资金余额超过风险警示标准的相关信息以及采取的风险防范措施等情况，对经营者予以分类监管，并通过协同监管服务平台向消费者公示，警示消费风险。

市商务部门应当会同金融以及相关行业主管部门根据经营者行业类别、经营规模、信用状况等，确定经营者预收资金余额风险警示标准和风险防范措施。

**第十六条** 消费者有权向经营者查询单用途卡余额、交易记录等信息。经营者应当为消费者提供快速、便捷的查询渠道。

消费者可以通过协同监管服务平台，查询经营者基本信息、预收资金风险防范措施以及所持单用途卡余额、信息对接等情况。

**第十七条** 经营者因停业、歇业或者经营场所迁移等原因影响单用途卡兑付的，应当提前三十日发布告示，并以电话、短信、电子邮件等形式通知记名卡消费者。消费者有权按照章程或者合同约定要求继续履行或者退回预付款余额。

**第十八条** 经营者应当建立方便、快捷的单用途卡消费争议处理机制，与消费者采用协商等方式，解决单用途卡消费争议。

消费者可以通过相关投诉举报平台，对经营者的违法行为投诉举报。单用途卡行业主管部门、市场监督管理部门和文化综合执法机构按照各自职责，处理消费者投诉举报。因经营者停业、歇业或者经营场所迁移等原因，导致单用途卡无法兑付而引发的群体性投诉等重大事件，由市级单用途卡行业主管部门会同相关区人民政府处理。

**第十九条** 消费者权益保护委员会应当向消费者宣传有关法律、法规，提供消费信息和咨询服务，引导消费者树立科学理性的消费观念，及时处理单用途卡消费者投诉，适时发布单用途卡消费警示、消费维权情况，引导经营者规范经营。

对损害消费者合法权益的行为，消费者权益保护委员会可以支持消费者向人民法院提起诉讼，或者依法提起公益诉讼。

**第二十条** 单用途卡行业组织应当加强行业自律，制定行业规则，开展行业培训，指导、督促会员单位依法、诚信经营，推进行业信用体系建设，开展会员单位信用评价和风险预警，并配合行政管理部门开展投诉处理等工作。

**第二十一条** 对单用途卡经营活动违法行为的行政处罚，由下列部门（以下统称单用途卡行政执法部门）负责实施：

（一）商务领域，由市场监督管理部门负责实施；

（二）文化、体育、旅游领域，由文化综合执法机构负责实施；

（三）其他领域，由各自行业主管部门负责实施。

**第二十二条** 单用途卡行业主管部门应当依托协同监管服务平台，通过信息审核比对、异常信息预警等方式，加强对本行业、本领域单用途卡经营活动的日常监督管理。

单用途卡行业主管部门发现经营者在信息报送、预收资金管理等方面存在异常或者不规范行为的，应当通过发送监管警示函、约谈经营者或者其主要负责人等方式，要求经营者采取相关措施限期予以整改。对拒不整改的，单用途卡行业主管部门应当将经营者涉嫌违法违规的相关信息及时告知单用途卡行政执法部门，由单用途卡行政执法部门依照本规定进行处罚。

单用途卡行业主管部门可以通过政府购买服务的方式，委托单用途卡行业组织、专业服务机构等为单用途卡经营活动监督管理提供技术和专业服务支持。

**第二十三条** 单用途卡行业主管部门和单用途卡行政执法部门在监督管理过程中，可以进行现场检查，向经营者及其工作人员询问、调查有关情况，查阅、复制有关合同、发票、账簿以及其他相关资料。

**第二十四条** 行政机关工作人员在单用途卡经营活动监督管理过程中，违反本规定，滥用职权、玩忽职守、徇私舞弊的，依法给予处分；构成犯罪的，依法追究刑事责任。

**第二十五条** 相关行政管理部门应当按照国家和本市有关规定，将经营者单用途卡经营失信信息向本市公共信用信息服务平台归集，并依法对失信主体采取惩戒措施。

经营者有下列行为之一的，应当将其列入严重失信主体名单，并通过本市公共信用信息服务平台标明对该严重失信行为负有责任的法定代表人、主要负责人和其他直接责任人的信息：

（一）因停业、歇业或者经营场所迁移等原因未对单用途卡兑付、退卡等事项作出妥善安排，未提供有效联系方式且无法联络的；

（二）一年内因违反本规定受到两次以上行政处罚的；

（三）利用发行单用途卡非法吸收公众存款或者集资诈骗受到刑事追究的；

（四）其他严重侵犯消费者财产权益的行为。

对严重失信主体的惩戒措施，由市人民政府依照法律、法规作出规定。

**第二十六条** 经营者违反本规定第十条第二款、第十二条第二款的规定，未报送有关信息的，由单用途卡行政执法部门责令限期改正；逾期不改的，处二千元以上二万元以下罚款；情节严重的，处二万元以上五万元以下罚款。

经营者违反本规定第十五条第一款的规定，未采取相关风险防范措施的，由单用途卡行政执法部门责令限期改正；逾期不改的，处二万元以上二十万元以下罚款。

**第二十七条** 单用途卡行政执法部门应当依照法律、法规等规定，及时将涉嫌构成犯罪的案件移送同级公安机关。

经营者在经营过程中有非法吸收公众存款、集资诈骗、洗钱、挪用资金等情形的，由公安等行政管理部门依法处理，构成犯罪的，依法追究刑事责任。

**第二十八条** 本规定施行前已经开展单用途卡经营活动的经营者，应当在本规定施行之日起六个月内，将业务处理系统与协同监管服务平台对接，报送相关信息。

**第二十九条** 经营者发行的，仅在其经营场所入驻商户内兑付商品或者服务的预付消费卡经营活动及其监督管理，参照适用本规定。但法律、法规或者部门规章另有规定的，从其规定。

**第三十条** 本规定中有关用语的含义：

（一）预收资金，是指经营者通过发行单用途卡所预收的资金总额；

（二）预收资金余额，是指预收资金扣减已兑付商品或者服务价款后的余额；

（三）集团，是指由同一企业法人绝对控股的企业法人联合体；

（四）同一品牌特许经营体系，是指使用同一企业标志或者注册商标的经营者联合体。

**第三十一条** 本规定自 2019 年 1 月 1 日起施行。

# 上海市社会救助条例

（2018 年 11 月 22 日上海市第十五届人民代表大会常务委员会第七次会议通过　根据 2024 年 12 月 31 日上海市第十六届人民代表大会常务委员会第十八次会议《关于修改〈上海市公路管理条例〉等 10 件地方性法规的决定》修正）

## 第一章　总　　则

**第一条** 为了加强社会救助，保障本市居民的基本生活，帮助家庭或者个人克服生活困难，促进社会公平，维护社会和谐稳定，根据《社会救助暂行办法》等法律、行政法规，结合本市实际，制定本条例。

**第二条** 本市根据国家有关规定和经济社会发展状况，不断完善社会救助体系，推进城乡社会救助一体化建设，健全社会救助制度，逐步提高社会救助水平。

**第三条** 本市社会救助制度坚持托底线、救急难、可持续，与经济社会发展水平相适应，与其他社会保障制度相衔接，与法定赡养、抚养、扶养相结合，促进救助对象自助自立。

社会救助工作应当遵循公开、公平、公正、及时的原则。

**第四条** 市、区人民政府应当将社会救助纳入国民经济和社会发展规划，健全政府领导、民政部门牵头、有关部门各负其责、社会力量参与的社会救助工作协调机制。

各级人民政府应当完善社会救助资金、物资保障机制，将政府安排的社会救助资金和社会救助工作经费纳入财政预算。

**第五条** 市民政部门负责统筹本市社会救助体系建设，组织拟订相关社会救助政策和标准，建立健全居民经济状况核对和社会救助受理机制，开展相关社会救助管理工作。

区民政部门具体负责本辖区内相关社会救助管理工作，对乡镇人民政府、街道办事处开展社会救助工作进行业务指导和监督。

教育、房屋管理、人力资源社会保障、卫生健康、应急管理、医疗保障等部门按照各自职责，负责相应的社会救助管理工作。

发展改革、财政、审计、公安、城管执法等部门按照各自职责，共同做好相关社会救助工作。

**第六条** 乡镇人民政府、街道办事处负责有关社会救助的对象发现、申请受理、调查核实、审核确认、动态管理等工作。

村民委员会、居民委员会依法协助乡镇人民政府、街道办事处做好有关社会救助工作。

**第七条** 工会、共青团、妇联、残联、红十字会等组织根据职责或者章程参与社会救助，开展社会帮扶活动。

鼓励、支持公民、法人和其他组织参与社会救助。

**第八条** 各级人民政府及其社会救助管理部门应当通过各种形式，开展社会救助法律、法规、规章和政策的宣传。

广播电视、报刊、网站等媒体应当加强社会救助公益宣传。

## 第二章 社会救助对象

**第九条** 本市对最低生活保障家庭、最低生活保障边缘家庭、刚性支出困难家庭、特困人员、自然灾害受灾人员和临时救助对象，根据其家庭经济状况或者实际困难，分类给予相应的社会救助。

**第十条** 最低生活保障家庭，是指在本市共同生活的家庭成员人均可支配收入低于本市最低生活保障标准，且符合最低生活保障家庭财产标准规定的本市户籍家庭。

**第十一条** 最低生活保障边缘家庭，是指未纳入最低生活保障范围，在本市共同生活的家庭成员人均可支配收入和家庭财产符合本市最低生活保障边缘家庭申请专项救助经济状况认定标准的本市户籍家庭。

**第十二条** 刚性支出困难家庭，是指具有下列情形之一，且在本市共同生活的家庭成员年人均可支配收入低于本市上年度全市居民人均可支配收入、家庭财产符合本市最低生活保障边缘家庭申请专项救助财产标准规定的本市户籍家庭：

（一）家庭可支配收入扣除医疗、教育费用等必需支出后，在本市共同生活的家庭成员月人均可支配收入低于本市最低生活保障标准的；

（二）家庭年医疗费用支出在家庭年可支配收入中的占比达到或者超过规定比例的。

**第十三条** 特困人员，是指同时符合下列条件的本市户籍老年人、残疾人以及未满十六周岁的未成年人：

（一）无劳动能力；

（二）可支配收入低于本市最低生活保障标准，且财产符合最低生活保障家庭财产标准规定；

（三）无法定赡养、抚养、扶养义务人，或者法定赡养、抚养、扶养义务人无赡养、抚养、扶养能力。

**第十四条** 自然灾害受灾人员，是指因本市行政区域内发生自然灾害，导致其基本生活受到严重影响的人员。

**第十五条** 临时救助对象，是指具有下列情形之一的家庭或者个人：

（一）因火灾、交通事故等意外事件，家庭成员突发重大疾病等原因，导致基本生活暂时出现严重困难的本市户籍家庭或者家庭成员持有本市居住证的非本市户籍家庭；

（二）因生活必需支出突然增加超出家庭承受能力，导致基本生活暂时出现严重困难的最低生活保障家庭；

（三）因遭遇火灾、交通事故、突发重大疾病或者其他特殊困难，暂时无法得到家庭支持，导致基本生活陷入困境的个人；

（四）生活无着的流浪、乞讨人员（以下简称流浪乞讨人员）。

区人民政府可以根据本行政区的实际情况，规定遭遇其他特殊困难的家庭或者个人为临时救助对象。

## 第三章　社会救助内容与方式

**第十六条** 对最低生活保障家庭，按照其在本市共同生活的家庭成员人均可支配收入低于本市最低生活保障标准的差额，按月发放最低生活保障金。

对最低生活保障家庭中的老年人、未成年人、重度残疾人、大重病患者，通过配发实物或者增发最低生活保障金等方式，提高救助水平。

最低生活保障家庭有医疗、教育、住房、就业等特殊困难的，按照有关规定，给予相应专项救助。

**第十七条** 最低生活保障边缘家庭有医疗、教育、住房、就业等特殊困难的，按照有关规定，给予相应专项救助。

最低生活保障边缘家庭具有本条例第十二条第一项规定情形的，除前款规定以外，还应当给予相应的生活救助。

**第十八条** 刚性支出困难家庭有医疗、住房等特殊困难的，按照本市有关规定，给予相应专项救助。

对具有本条例第十二条第一项规定情形的刚性支出困难家庭，按照其家庭可支配收入扣除医疗、教育费用等必需支出后，在本市共同生活的家庭成员月人均可支配收入与本市最低生活保障标准的差额，按月发放生活救助金；医疗、教育费用等必需支出超过其家庭可支配收入的，按照本市最低生活保障标准，按月发放生活救助金。

**第十九条** 对特困人员，按照下列规定予以供养：

（一）提供基本生活条件；

（二）对生活不能自理的给予照料；

（三）全额资助其参加城乡居民基本医疗保险和相关补充医疗保障计划；

（四）对在本市医疗保险定点医疗机构就医所产生的费用，经基本医疗保险、城乡居民大病保险及补充医疗保障计划、商业保险支付后个人负担的部分，以及住院期间的护理费用，予以全额救助；

（五）办理丧葬事宜。

特困人员中的未成年人年满十六周岁后，仍在义务教育或者高中教育（含中等职业教育）阶段就读的，继续予以供养。

对完全丧失生活自理能力的特困人员，一般实行集中供养，由供养机构提供生活照料服务；有一定生活自理能力的特困人员，可以自行选择在家分散供养或者集中供养。

**第二十条** 本市建立相关社会救助待遇与居民消费价格指数联动机制。在居民消费价格指数涨幅达到规定条件时，对最低生活保障家庭、享受生活救助的刚性支出困难家庭、特困人员，发放临时价格补贴。

**第二十一条** 最低生活保障家庭和最低生活保障边缘家庭中六十周岁以上老年人参加城乡居民基本医疗保险的，对其个人缴费部分给予资助；最低生活保障家庭成员参加本市少儿住院医疗互助基金等补充医疗保障计划的，对其个人缴费部分给予资助。

救助对象在本市医疗保险定点医疗机构发生的基本医疗保险目录范围内并经基本医疗保险、城乡居民大病保险及补充医疗保障计划、商业保险支付后的基本医疗自负费用，按照下列规定，给予医疗救助：

（一）对最低生活保障家庭成员和最低生活保障边缘家庭成员，按照规定比例给予相应的门（急）诊和住院医疗费用救助；

（二）对刚性支出困难家庭成员，按照规定比例给予相应的住院医疗费用救助。

**第二十二条** 对需要住院治疗的最低生活保障家庭成员、最低生活保障边缘家庭成员和刚性支出困难家庭成员，医疗机构应当按照本市有关规定免收或者减收其住院押金。

对最低生活保障家庭成员、最低生活保障边缘家庭成员和刚性支出困难家庭成员在指定医疗机构发生的医疗费用，属于医疗救助范围的，按照规定及时予以结算。

**第二十三条** 本市建立疾病应急救助制度，对需要急救但身份不明或者无力支付急救费用的急重危伤病患者给予救助。

疾病应急救助所产生的费用，由医疗机构按照有关规定，向疾病应急救助基金申请支付。

**第二十四条** 对在学前教育、义务教育、高中教育（含中等职业教育）和普通高等教育阶段就读的最低生活保障家庭成员、最低生活保障边缘家庭成员、特困人员以及不能入学接受义务教育的残疾儿童，按照国家和本市有关规定，采取减免相关费用、发放助学金、给予生活补助、安排勤工助学、送教上门等方式给予相应的教育救助，保障其基本学习、生活需求。

**第二十五条** 对符合收入、财产、住房面积等标准规定的住房困难家庭和分散供养的特困人员，通过发放廉租住房租金补贴、配租廉租住房实物房源等方式，给予住房救助。

对宅基地住房符合危旧房改造条件的农村最低生活保障家庭、分散供养的特困人员，按照规定标准，给予相应的改造资金补助。

**第二十六条** 对最低生活保障家庭、最低生活保障边缘家庭中有劳动能力并处于失业状态的成员，通过创业担保贷款及贴息、社会保险补贴、岗位补贴、职业培训补贴、职业技能鉴定补贴、费用减免、公益性岗位安置等方式，给予就业救助。

最低生活保障家庭中有劳动能力的成员均处于失业状态的，乡镇人民政府、街道办事处和公共就业服务机构应当采取有针对性的措施，确保该家庭至少有一人就业。

最低生活保障家庭中有劳动能力但未就业的成员，应当接受公共就业服务机构介绍的工作。

**第二十七条** 申请社会救助家庭中有实际就业行为、月劳动收入达到本市企业职工月最低工资标准的成员，其符合有关标准规定部分的收入，不计入家庭收入。

最低生活保障家庭中就业年龄段、有劳动能力的成员实现就业，导致其家庭人均可支配收入发生变化，主动申报收入变化情况的，可以按照本市有关规定，在一定期限内继续享受相应的社会救助待遇。

**第二十八条** 自然灾害发生后，市、区人民政府或者相关部门应当根据情况，紧急疏散、转移、安置受灾人员，及时为受灾人员提供必要的食品、饮用水、衣被、取暖、临时住所、医疗防疫等应急救助；在确保安全的前提下，对住房损毁严重的受灾人员进行过渡性安置。

自然灾害危险消除后，区应急管理等相关部门应当及时核实本行政区域内居民住房恢复重建补助对象，并给予资金、物资等救助。

**第二十九条** 临时救助以发放救助金为主，必要时，可以采取提供实物和基本生活条件等形式给予救助。

临时救助的标准按照保障申请家庭或者个人基本生活的原则确定，每人每月一般不超过本市最低生活保障标准，每次救助时间一般不超过三个月。

对符合流浪乞讨人员救助条件的个人，按

照国家和本市有关规定，给予临时食宿、急病救治、协助返回等救助。

**第三十条** 公安、城管执法和其他有关部门的工作人员在执行公务时发现流浪乞讨人员的，应当告知其向救助管理机构求助；对其中的残疾人、未成年人、老年人和行动不便的其他人员，应当引导、护送到救助管理机构；对突发急病人员，应当立即通知急救机构进行救治，并将有关信息通报救助管理机构。

负责收治患病流浪乞讨人员的指定医疗机构应当及时对相关人员进行救治，并根据病情需要，组织会诊或者转诊；经救治后病情稳定、符合出院标准的，应当及时通知救助管理机构。

乡镇人民政府、街道办事处所属的城市网格化综合管理机构对巡查发现的辖区内的流浪乞讨人员，应当及时派单调度，指挥协调相关机构进行救助。

民政、公安等部门应当建立流浪乞讨人员信息共享和身份甄别机制，运用大数据等信息技术手段，帮助流浪乞讨人员寻亲返乡。

## 第四章 办理程序

**第三十一条** 申请最低生活保障、特困人员供养、刚性支出困难家庭生活救助、医疗救助、住房救助、就业救助、临时救助的，可以通过网上或者向就近的社区事务受理服务机构提出申请。

申请教育救助的，应当按照国家和本市有关规定，由学生本人或者其监护人向就读学校提出申请。

**第三十二条** 申请或者已经获得社会救助的家庭，应当如实申报家庭人口、收入、财产、支出等状况；家庭人口、收入、财产、支出等状况发生变化的，已经获得社会救助的家庭应当及时告知乡镇人民政府、街道办事处或者相关社会救助管理部门。

**第三十三条** 申请人户籍所在地的乡镇人民政府、街道办事处应当通过入户调查、邻里访问、信函索证、群众评议、居民经济状况核对等方式，对申请人家庭的人口、收入、财产、支出等状况进行调查核实。

对经调查核实拟给予救助的申请人，应当在其所在地的居(村)务公开栏、电子屏等场所或者相关政府网站进行公示。

申请人实际居住地和户籍地相分离的，实际居住地的乡镇人民政府、街道办事处应当协助做好入户调查、邻里访问、群众评议、公示等工作。

**第三十四条** 乡镇人民政府、街道办事处和相关社会救助管理部门可以委托居民经济状况核对机构，对申请人的家庭经济状况进行核查。居民经济状况核对机构应当在规定时间内出具核对报告，为审核、认定社会救助对象提供依据。

**第三十五条** 居民经济状况核对机构根据委托，通过依法查询户籍登记、婚姻登记、车船登记、就业登记、不动产登记、工商和社会组织登记、税务、社会保险、补充医疗保障计划、住房公积金、医疗和教育费用支出、银行存款、有价证券、商业保险、基金等信息，调查核实申请人家庭人口、收入、财产、支出等状况。

居民经济状况核对机构查询前款规定的各项信息，按照国家有关规定需要取得申请人授权的，申请人应当提供书面授权。

民政、公安、市场监管、税务、人力资源社会保障、教育、金融管理、房屋管理、不动产登记、公积金管理等部门或者机构，工会、红十字会等有关团体，以及金融机构等单位应当予以配合，及时提供相关信息。

**第三十六条** 对申请最低生活保障、特困人员供养、刚性支出困难家庭生活救助、医疗救助的，由申请人户籍所在地的乡镇人民政府、街道办事处审核、确认。

本市户籍家庭或者个人申请临时救助的，由其户籍所在地的乡镇人民政府、街道办事处审核、确认；持有本市居住证的家庭或者个人申请临时救助的，由其实际居住地的乡镇人民政府、街道办事处审核、确认；对不持有本市居住证的非本市户籍人员，由所在地的乡镇人民政府、街道办事处协助其向救助管理机构申请救助。

乡镇人民政府、街道办事处在对相关社会救助事项进行审核、确认时，应当按照国家和本市规定的标准，在规定时限内作出是否给予救助的决定，并及时通知申请人；不予救助的，应当说明理由。

**第三十七条** 学前教育、义务教育、高中教育（含中等职业教育）阶段的教育救助申请，由学校报主管的教育部门审核、确认；普通高等教育阶段的教育救助申请，由学校按照国家和本市有关规定审核、确认。

对申请住房救助的，申请人户籍所在地的乡镇人民政府、街道办事处应当将调查核实意见及时报送区房屋管理部门审核、确认。

对申请就业救助的，由申请人户籍所在地的公共就业服务机构核实后予以登记，并免费提供就业岗位信息、职业介绍、职业指导等就业服务。

教育、房屋管理部门应当在规定时限内，作出是否给予救助的决定，并及时通知申请人；不予救助的，应当说明理由。

**第三十八条** 乡镇人民政府、街道办事处应当将获得最低生活保障、刚性支出困难家庭生活救助、特困人员供养待遇的家庭或者个人有关信息，在其所在地的居（村）务公开栏、电子屏等场所或者相关政府网站公布。

获得教育救助、住房救助的家庭或者个人有关信息的公布，按照相关规定执行。

**第三十九条** 自然灾害受灾人员和流浪乞讨人员的救助，按照国家有关规定办理。

## 第五章 社会力量参与

**第四十条** 鼓励和支持企业、事业单位、社会组织以及志愿者等社会力量，结合自身优势和服务对象需求，配合政府有关部门开展社会救助工作。

**第四十一条** 社会救助管理部门及相关机构应当建立社会力量参与社会救助的机制和渠道，做好信息发布、政策咨询、业务指导、项目指引、公益服务记录等工作，为社会力量参与社会救助创造条件、提供便利。

社会救助管理部门和乡镇人民政府、街道办事处可以将社会救助中的具体服务事项，通过委托、承包、采购等方式，向社会力量购买服务。

**第四十二条** 鼓励企业、事业单位、社会组织和个人通过捐赠、设立帮扶项目、创办服务机构、提供志愿服务、开展社区综合帮扶、资助参加商业保险等方式，参与社会救助。

提倡国家机关、企业、事业单位、社会组织和基层群众性自治组织在员工或者邻里之间，开展互帮互助活动。

**第四十三条** 社会力量参与社会救助，按照国家有关规定，享受财政补贴、税收优惠、费用减免等政策。

社会力量参与社会救助，应当与社会救助管理部门及相关机构的救助工作相衔接，坚持依法依规、诚实信用，接受政府指导和社会监督。

## 第六章 管理与服务

**第四十四条** 最低生活保障标准、最低生活保障家庭财产标准、最低生活保障边缘家庭申请专项救助经济状况认定标准、住房困难标准以及医疗救助、住房救助等具体标准，由市民政、房屋管理等部门拟订，报市人民政府批准后公布执行。

制定前款规定的标准，应当参考本市经济社会发展水平、居民生活水平和居民消费价格指数、困难家庭维持基本生活必需的费用等因素确定，并适时进行调整。

**第四十五条** 乡镇人民政府、街道办事处和相关社会救助管理部门应当依照各自职责，对已经获得社会救助的家庭或者个人是否符合社会救助条件，定期进行核查，并根据需要进行抽查。

有下列情形之一的，乡镇人民政府、街道办事处或者相关社会救助管理部门应当对已经获得社会救助的家庭或者个人停止救助：

（一）采取虚报、隐瞒、伪造等手段，骗取救助资金、物资或者服务的；

（二）不再符合相关社会救助条件的；

（三）拒绝配合对其家庭人口、收入、财产、支出等状况进行核查的；

（四）存在与其收入水平不相符的高消费行为且无法说明正当理由的；

（五）个人在救助期间参与赌博、吸毒等违法活动的；

（六）最低生活保障家庭中有劳动能力但未就业的成员，无正当理由，连续三次拒绝接受公共就业服务机构介绍的与其健康状况、劳动能力等相适应的工作的。

**第四十六条** 社会救助管理部门及其他相关部门应当通过全市统一的数据共享交换平台，进行社会救助信息共享交换，并做好社会救助信息的综合分析和运用；对通过信息共享交换可以获取的证明材料，不得要求申请人提供。

**第四十七条** 乡镇人民政府、街道办事处和相关社会救助管理部门应当依法主动公开社会救助政策、救助项目、申请流程以及社会救助资金、物资的管理和使用情况等相关信息。

**第四十八条** 乡镇人民政府、街道办事处、相关社会救助管理部门和居民经济状况核对机构的工作人员对在社会救助工作中获取的救助对象个人信息，除按照规定应予公示的信息外，应当予以保密。

**第四十九条** 市、区人民政府及其社会救助管理部门应当加强对社会救助工作的监督检查，完善相关监督管理制度。

社会救助资金实行专项管理，分账核算，专款专用，任何单位或者个人不得挤占挪用。

审计机关依法对社会救助资金、物资的筹集、分配、管理和使用实施监督。

**第五十条** 社会救助管理部门应当主动公开监督、举报电话，接受社会监督；对接到的投诉、举报，应当及时核实、处理，并将结果告知投诉人、举报人。

**第五十一条** 社会救助工作人员应当依法落实各项社会救助政策，公平公正实施社会救助，主动接受社会监督。

市、区人民政府应当采取措施，加强对社会救助工作人员的职业保护；对在社会救助工作中因公致伤、致残、死亡的，按照国家和本市有关规定，给予工伤和抚恤待遇。

## 第七章 法律责任

**第五十二条** 违反本条例规定，有下列情形之一的，由有关单位责令改正；对直接负责的主管人员和其他直接责任人员，依法给予处分：

（一）对符合申请条件的救助申请不予受理的；

（二）对符合救助条件的申请人不予救助的；

（三）对不符合救助条件的申请人予以救助的；

（四）泄露在工作中知悉的公民个人信息，造成后果的；

（五）丢失、篡改接受社会救助款物、服务记录等数据的；

（六）不按照规定发放社会救助资金、物资或者提供相关服务的；

（七）在履行社会救助职责过程中，有其他滥用职权、玩忽职守、徇私舞弊行为的。

**第五十三条** 违反本条例规定，截留、挤占、挪用、私分救助资金、物资的，由有关部门责令追回；有违法所得的，没收违法所得；对直接负责的主管人员和其他直接责任人员，依法给予处分；构成犯罪的，依法追究刑事责任。

**第五十四条** 采取虚报、隐瞒、伪造等手段，骗取救助资金、物资或者服务的，由相关社会救助管理部门责令退回非法获取的救助资金、物资，可以处非法获取的救助款额或者物资价值一倍以上三倍以下的罚款；构成违反治安管理行为的，由公安部门依法给予治安管理处罚；构成犯罪的，依法追究刑事责任。

乡镇人民政府、街道办事处发现骗取救助资金、物资或者服务等违法行为的，在停止救助的同时，应当及时移送相关社会救助管理部门依法进行处理。

对无理取闹或者以威胁、暴力等方式干扰社会救助工作，扰乱社会救助管理部门工作秩序，构成违反治安管理行为的，由公安部门依法给予治安管理处罚；构成犯罪的，依法追究刑事责任。

对有本条第一款、第三款规定的违法情形的人员，将其有关信息纳入本市公共信用信息平台，由相关部门按照规定实施相应惩戒措施。

## 第八章 附　　则

**第五十五条** 本条例所称的在本市共同生活的家庭成员，包括在本市共同生活的本市户籍家庭成员，以及与本市户籍居民在本市共同生活的非本市户籍的配偶、子女。

本条例所称的补充医疗保障计划，包括职工医疗互助保障计划、社区医疗互助帮困计划、少儿住院医疗互助基金等。

**第五十六条** 本条例自2019年5月1日起施行。

# 上海市人民代表大会常务委员会关于本市机构改革涉及地方性法规规定的行政机关职责调整问题的决定

（2018年11月22日上海市第十五届人民代表大会常务委员会第七次会议通过）

为了贯彻落实党的十九大和十九届二中、三中全会精神，根据党中央、国务院批准的《上海市机构改革方案》，平稳有序调整地方性法规规定的行政机关职责和工作，确保行政机关依法履行职责、开展工作，推进本市机构设置和职能配置优化协同高效，现就本市机构改革涉及地方性法规规定的行政机关职责调整问题作出如下决定：

一、现行地方性法规规定的行政机关职责和工作，《上海市机构改革方案》确定由组建后的行政机关或者划入职责的行政机关承担的，在有关地方性法规规定尚未修改之前，调整适用有关地方性法规规定，由组建后的行政机关或者划入职责的行政机关承担；相关职责尚未调整到位之前，由原承担该职责和工作的行政机关继续承担。

区级行政机关承担地方性法规规定的职责和工作需要进行调整的，按照上述原则执行。

二、地方性法规规定上级行政机关对下级行政机关负有管理监督指导等职责的，上级行政机关职责已调整到位、下级行政机关职责尚未调整到位的，由《上海市机构改革方案》确定承担该职责的上级行政机关履行管理监督指导等职责。

三、实施《上海市机构改革方案》需要制定、修改地方性法规，或者需要由市人民代表大会常务委员会作出相关决定的，市人民政府应当及时提出议案，依照法定程序提请审议。

四、市和区人民政府及其有关部门应当精心组织，周密部署，确保行政机关履行法定职责、开展工作的连续性、稳定性、有效性，特别是做好涉及民生、应急、安全生产等重点领域工作。

五、本决定自2018年11月23日起施行。

# 上海市人民代表大会常务委员会关于支持和保障长三角地区更高质量一体化发展的决定

（2018年11月22日上海市第十五届人民代表大会常务委员会第七次会议通过）

为了贯彻习近平总书记关于长三角地区更高质量一体化发展的一系列重要指示精神，实施长江三角洲区域一体化发展的国家战略，落实长三角地区主要领导座谈会部署，结合本市实际，作出如下决定：

一、长三角地区更高质量一体化发展对服务全国改革发展大局、提升本市城市能级和核心竞争力具有重要意义。本市要全面贯彻新发展理念，推进制度创新，进一步发挥龙头带动作用，会同江苏、浙江、安徽把长三角地区建设成为我国发展强劲活跃的增长极，成为全球资源配置的亚太门户，成为具有全球竞争力的世界级城市群。

二、本市会同江苏、浙江、安徽完善长三角地区合作与发展联席会议等推进机制，协调落实国家战略和长三角地区主要领导座谈会要求，制定行动计划并组织实施。

三省一市共同组建长三角区域合作办公室，提出长三角地区一体化发展的重要议题和政策方案，协调推进区域合作中的重大事项和重大项目。

本市支持各区同江苏、浙江、安徽的地市建立合作机制。

三、本市市、区人民政府制定经济社会发展规划，应当主动与江苏、浙江、安徽对接，强化功能布局互动，提升长三角地区城市群整体竞争力。研究探索建设长三角地区一体化发展示范区，发挥辐射和联动作用。

四、本市制定地方性法规、政府规章、规范性文件，应当加强与江苏、浙江、安徽的协同，逐步做到标准协同、监管协同。

推进长三角地区一体化发展工作需要在相关地方性法规、政府规章修改、废止之前先行先试的，可以在提请市人大常委会作出授权决定或者市人民政府批准后实施。

五、本市应当推动长三角地区建立统一的市场标准体系，营造规则统一开放、标准互认、要素自由流动的市场环境，率先清除行政壁垒，及时修改有碍市场统一的有关规定。

六、贯彻全国人大常委会《关于全面加强生态环境保护依法推动打好污染防治攻坚战的决议》精神，本市应当加强与江苏、浙江、安徽在大气、水、土壤、固体废物污染防治等方面的工作协同，共同打好污染防治攻坚战，共抓长江大保护，建设美丽长三角。

七、本市应当加强与江苏、浙江、安徽在重点领域的合作，加快形成信息服务平台互联互通、大型科学设施协作共享、异地就医直接结算、公共交通异地扫码通行、民生档案异地查询等合作成果。

八、本市会同江苏、浙江、安徽争取国家关于长三角地区一体化发展的综合规划及政策支持，争取国家改革创新试点在长三角地区先行先试。

本市应当加强与江苏、浙江、安徽的对接合作，争取国家在长三角部分地区先行先试的改革创新成果，同步在长三角其他地区复制推广。

九、市人大常委会应当认真执行《关于深化长三角地区人大工作协作机制的协议》，优先安排推进长三角地区一体化发展的立法项目，加强对长三角地区一体化发展重点领域的法律监督和工作监督，支持和保障人大代表开展调研视察，推动长三角地区一体化发展决策部署的贯彻落实。

十、本市各级人民政府及其部门应当贯彻实施长三角地区一体化发展的决策部署，形成工作合力。市人民政府应当根据实际，将长三角地区一体化发展重点合作事项纳入年度工作重点和政府目标管理系统。

十一、本市各级人民法院、人民检察院应当充分发挥司法职能，推进长三角地区司法合作，为长三角地区一体化发展提供司法保障。

十二、本市应当积极宣传推动长三角地区一体化发展的各项政策举措，及时推广长三角地区一体化发展的成功经验，发挥社会各方对长三角地区一体化发展的积极性，营造凝心聚力、合作共赢的良好社会环境。

本决定自2019年1月1日起施行。

# 上海市生活垃圾管理条例

（2019年1月31日上海市第十五届人民代表大会第二次会议通过）

## 第一章 总　　则

**第一条** 为了加强本市生活垃圾管理，改善人居环境，促进城市精细化管理，维护生态安全，保障经济社会可持续发展，根据《中华人民共和国固体废物污染环境防治法》《中华人民共和国循环经济促进法》《城市市容和环境卫生管理条例》等法律、行政法规，结合本市实际，制定本条例。

**第二条** 本市行政区域内生活垃圾的源头减量、投放、收集、运输、处置、资源化利用及其监督管理等活动，适用本条例。

本条例所称的生活垃圾，是指在日常生活中或者为日常生活提供服务的活动中产生的固体废弃物以及法律、行政法规规定视为生活垃圾的固体废弃物。

**第三条** 本市以实现生活垃圾减量化、资源化、无害化为目标，建立健全生活垃圾分类投放、分类收集、分类运输、分类处置的全程分类体系，积极推进生活垃圾源头减量和资源循环利用。

本市生活垃圾管理工作，遵循政府推动、全民参与、市场运作、城乡统筹、系统推进、循序渐进的原则。

**第四条** 本市生活垃圾按照以下标准分类：

（一）可回收物，是指废纸张、废塑料、废玻璃制品、废金属、废织物等适宜回收、可循环利用的生活废弃物；

（二）有害垃圾，是指废电池、废灯管、废药品、废油漆及其容器等对人体健康或者自然环境造成直接或者潜在危害的生活废弃物；

（三）湿垃圾，即易腐垃圾，是指食材废料、剩菜剩饭、过期食品、瓜皮果核、花卉绿植、中药药渣等易腐的生物质生活废弃物；

（四）干垃圾，即其他垃圾，是指除可回收物、有害垃圾、湿垃圾以外的其他生活废弃物。

生活垃圾的具体分类标准，可以根据经济社会发展水平、生活垃圾特性和处置利用需要予以调整。

**第五条** 市人民政府应当加强对本市生活垃圾管理工作的领导，建立生活垃圾管理工作综合协调机制，统筹协调生活垃圾管理工作。

市绿化市容部门是本市生活垃圾管理的主管部门，负责本市生活垃圾管理工作的组织、协调、指导和监督。

市发展改革部门负责制定促进生活垃圾源头减量、资源化利用以及无害化处置的政策，协调生产者责任延伸制度的落实，研究完善生活垃圾处理收费机制。

市房屋管理部门负责督促物业服务企业履行生活垃圾分类投放管理责任人义务。

市生态环境部门负责生活垃圾处理污染防治工作的指导和监督。

市城管执法部门负责对查处违反生活垃圾分类管理规定行为的指导和监督。

本市住房城乡建设、商务、财政、规划、经济信息化、教育、民政、农业农村、科技、卫生健康、文化旅游、市场监管、邮政、机关事务管理等部门按照各自职责,协同实施本条例。

**第六条** 区人民政府负责所辖区域内生活垃圾管理工作,并建立相应的综合协调机制。

区绿化市容部门负责所辖区域内生活垃圾管理工作的具体组织、协调、指导和监督。区发展改革、房屋管理、生态环境、城管执法等部门按照各自职责,协同推进所辖区域内生活垃圾管理工作。

乡镇人民政府、街道办事处负责所辖区域内生活垃圾分类投放、分类驳运以及相关的分类收集等日常管理工作的具体落实。

**第七条** 单位和个人应当积极参与绿色生活行动,减少生活垃圾产生,履行生活垃圾分类投放义务,并承担生活垃圾产生者责任。

本市按照谁产生谁付费的原则,逐步建立计量收费、分类计价的生活垃圾处理收费制度。具体办法由市人民政府另行制定。

**第八条** 本市实行区域生活垃圾处置总量控制制度。市人民政府根据本市生活垃圾全程分类管理要求,结合各区人口规模以及经济社会发展水平,制定各区生活垃圾处置总量控制计划。

各区人民政府应当按照本区生活垃圾处置总量控制计划,落实生活垃圾减量和资源化利用措施。

**第九条** 本市各级人民政府及其相关部门应当采取有效措施,加强生活垃圾源头减量、全程分类管理、资源化利用的宣传教育,提高市民生活垃圾分类意识,普及生活垃圾分类知识,推动形成全社会共同参与的良好氛围。

**第十条** 本市支持政府部门、企事业单位、社会团体运用科技手段,逐步提高生活垃圾分类投放、收集、运输、处置以及管理运行的智能化水平。

本市支持生活垃圾源头减量、分类投放、就地处置、资源化利用等方面的新技术、新工艺、新材料、新装备的研发和应用。

## 第二章 规划与建设

**第十一条** 市、区人民政府编制国民经济和社会发展规划,应当将推进生活垃圾源头减量、全程分类、资源化利用、无害化处置作为重要内容。

本市有关部门组织编制的城乡规划、土地利用规划,应当统筹考虑减少生活垃圾产生量、促进生活垃圾资源化利用和无害化处置。

**第十二条** 市绿化市容部门应当根据国民经济和社会发展规划,组织编制本市生活垃圾管理专项规划。生活垃圾管理专项规划应当包括生活垃圾管理的指导原则和目标任务,生活垃圾转运、处置、回收利用设施的布局,规划实施的保障措施等内容。

市、区绿化市容部门应当会同规划部门组织编制生活垃圾转运、处置、回收利用设施规划(以下简称生活垃圾处理设施专项规划)。

**第十三条** 市、区绿化市容部门应当根据生活垃圾处理设施专项规划,制定生活垃圾处理设施年度建设计划并组织实施。

市、区发展改革、规划等部门应当将生活垃圾处理设施年度建设计划所需资金和土地,分别纳入年度投资计划和年度土地供应计划。

经确定的生活垃圾转运、处置、回收利用设施用地,未经法定程序,不得改变用途。

**第十四条** 新建、改建或者扩建住宅、公共建筑、公共设施等建设工程,应当按照国家和本市标准配套建设生活垃圾收集设施。配套生活垃圾收集设施应当与主体工程同步设计、同步建设、同步验收、同步使用。

已有的生活垃圾收集设施不符合生活垃圾分类标准的,应当予以改造。

**第十五条** 市、区绿化市容部门应当按照规定推进可回收物回收服务点、中转站和集散场建设。

鼓励社会资本参与本市可回收物收集、运输设施建设。

## 第三章 促进源头减量

**第十六条** 市、区人民政府应当统筹环境保护、资源节约与生产生活安全等要求，建立涵盖生产、流通、消费等领域的各类生活垃圾源头减量工作机制。

**第十七条** 企业应当遵守国家有关清洁生产的规定，优先选择易回收、易拆解、易降解、无毒无害或者低毒低害的材料和设计方案，生产废弃物产生量少、可循环利用的产品。

**第十八条** 市、区市场监管部门应当按照国家和本市有关法律、法规的规定，做好产品包装物减量的监督管理工作。

企业对产品的包装应当合理，包装的材质、结构和成本应当与内装产品相适应，减少包装废弃物的产生。

**第十九条** 市市场监管、邮政部门应当制定本市快递业绿色包装标准，促进快递包装物的减量化和循环使用。

快递企业在本市开展经营活动的，应当使用电子运单和环保箱（袋）、环保胶带等环保包装。鼓励寄件人使用可降解、可循环使用的环保包装。

电子商务企业在本市开展经营活动的，应当提供多种规格封装袋、可循环使用包装袋等绿色包装选项，并运用计价优惠等机制，引导消费者使用环保包装。

**第二十条** 市农业农村、商务等部门应当加强对果蔬生产基地、农贸市场、标准化菜场、超市的管理，积极推行净菜上市。

新建农贸市场、标准化菜场的，应当按照标准同步配置湿垃圾就地处理设施。已建成的农贸市场、标准化菜场湿垃圾产生量达到一定规模的，应当按照标准配置湿垃圾就地处理设施。鼓励产生湿垃圾的其他单位配置湿垃圾就地处理设施。

市绿化市容部门应当会同市市场监管、生态环境、商务等部门组织编制湿垃圾就地处理设施配置标准。

**第二十一条** 党政机关、事业单位应当带头使用有利于保护环境的产品、设备和设施，提高再生纸的使用比例，减少使用一次性办公用品，内部办公场所不得使用一次性杯具。

政府采购应当按照规定，优先采购可循环利用的产品。

鼓励企业、社会团体节约使用和重复利用办公用品，减少使用一次性杯具。

**第二十二条** 鼓励单位和个人使用可循环利用的产品，通过线上、线下交易等方式，促进闲置物品再使用。

餐饮服务提供者应当在餐饮服务场所设置节俭消费标识，提示消费者适量点餐。餐饮服务提供者和餐饮配送服务提供者不得主动向消费者提供一次性筷子、调羹等餐具。

旅馆经营单位不得主动向消费者提供客房一次性日用品。

本条第二款、第三款所指的一次性物品，应当有利于保护环境。

## 第四章 分类投放

**第二十三条** 市绿化市容部门应当会同市商务、生态环境等部门制定生活垃圾具体分类目录，并向社会公布。

市绿化市容部门应当提供多种形式的便捷查询服务，指导单位和个人准确分类投放生活垃圾。

**第二十四条** 产生生活垃圾的单位和个人是生活垃圾分类投放的责任主体，应当将生活垃圾分别投放至相应的收集容器。其中，可回收物还可以交售至可回收物回收服务点或者其他可回收物回收经营者。

本市逐步推行生活垃圾定时定点分类投放制度。

**第二十五条** 本市实行生活垃圾分类投放管理责任人(以下简称管理责任人)制度,管理责任人按照下列规定确定:

(一)党政机关、企事业单位、社会团体等单位的办公和生产经营场所,由业主委托物业服务企业实施物业管理的,物业服务企业为管理责任人;由业主自行管理的,业主为管理责任人。

(二)住宅小区由业主委托物业服务企业实施物业管理的,物业服务企业为管理责任人。农村居民点,村民委员会为管理责任人。

(三)道路、广场、公园、公共绿地等公共场所,管理部门或者管理部门委托的服务单位为管理责任人;机场、客运站、轨道交通站点以及旅游、文化、体育、娱乐、商业等公共场所,经营管理单位或者经营管理单位委托的物业服务企业为管理责任人。

按照前款规定无法确定管理责任人的,由所在地乡镇人民政府、街道办事处确定管理责任人。

乡镇人民政府和街道办事处应当对所辖区域内管理责任人履行管理责任的情况进行监督。

**第二十六条** 管理责任人应当按照下列规定设置生活垃圾分类收集容器:

(一)党政机关、企事业单位、社会团体等单位的办公或生产经营场所应当设置可回收物、有害垃圾、湿垃圾、干垃圾四类收集容器。

(二)住宅小区和农村居民点应当在生活垃圾收集运输交付点设置可回收物、有害垃圾、湿垃圾、干垃圾四类收集容器;在其他公共区域设置收集容器的,湿垃圾、干垃圾两类收集容器应当成组设置。

(三)公共场所应当设置可回收物、干垃圾两类收集容器;但湿垃圾产生量较多的公共场所,应当增加设置湿垃圾收集容器。

市绿化市容部门应当制定分类收集容器设置规范,并向社会公布。收集容器的颜色、图文标识应当统一规范、清晰醒目、易于辨识。

鼓励管理责任人根据可回收物、有害垃圾的种类和处置利用需要,细化设置收集容器。

**第二十七条** 管理责任人应当对投放人的分类投放行为进行指导,发现投放人不按分类标准投放的,应当要求投放人改正。投放人拒不改正的,管理责任人可以向所在地的乡镇人民政府或者街道办事处举报。

管理责任人应当将需要驳运的生活垃圾,分类驳运至生活垃圾收集运输交付点。

管理责任人按照规定履行管理职责的,有关单位和个人应当予以配合。

## 第五章 分类收集、运输、处置

**第二十八条** 从事有害垃圾、湿垃圾、干垃圾经营性收集、运输的单位和湿垃圾、干垃圾经营性处置的单位,应当按照国家规定取得生活垃圾经营服务许可证。从事有害垃圾处置活动的单位应当依法取得危险废物经营许可证。

市或者区绿化市容部门以及乡镇应当与通过政府采购等方式确定的可回收物、有害垃圾、湿垃圾、干垃圾的收集、运输单位(以下简称收集、运输单位)以及湿垃圾、干垃圾的处置单位,签订收集、运输服务协议以及处置服务协议。

**第二十九条** 收集、运输单位应当按照下列规定,对生活垃圾进行分类收集、运输:

(一)对可回收物、有害垃圾实行定期或者预约收集、运输;

(二)对湿垃圾实行每日定时收集、运输;

(三)对干垃圾实行定期收集、运输。

收集、运输单位发现所交的生活垃圾不符合分类标准的,应当要求改正;拒不改正的,收集、运输单位可以拒绝接收,同时应当向所在地乡镇人民政府或者街道办事处报告,由乡镇人民政府或者街道办事处及时协调处理。

管理责任人发现收集、运输单位违反分类收集、运输要求的,可以向乡镇人民政府或者街道办事处举报。

**第三十条** 收集、运输单位应当执行行业规范和操作规范，并遵守下列规定：

（一）使用专用车辆、船舶分类运输生活垃圾；专用车辆、船舶应当清晰标示所运输生活垃圾的类别，实行密闭运输，并安装在线监测系统。

（二）不得将已分类投放的生活垃圾混合收集、运输，不得将危险废物、工业固体废物、建筑垃圾等混入生活垃圾。

（三）按照要求将需要转运的生活垃圾运输至符合条件的转运场所。

**第三十一条** 市、区绿化市容部门应当完善可回收物回收体系建设，加强对可回收物回收签约单位以及其他回收经营者回收活动的指导、管理和监督。市绿化市容部门应当会同有关部门编制并发布可回收物回收指导目录，制定低价值可回收物回收扶持政策。

鼓励采用“互联网 + 回收”、智能回收等方式，增强可回收物投放、交售的便捷性。

其他可回收物回收经营者在收集、运输可回收物过程中，应当采取覆盖、围挡、保洁等有效措施，保持环境卫生整洁，不得造成环境污染。

**第三十二条** 转运设施的设置应当符合环保要求和技术规范，并按照规定办理环保等有关审批手续。

生活垃圾转运产生的渗滤液，应当按照国家和本市水污染物排放标准处理后排放。

**第三十三条** 有害垃圾、湿垃圾、干垃圾处置单位(以下简称处置单位)应当按照分类标准接收生活垃圾，发现所交的生活垃圾不符合分类要求的，应当要求改正；拒不改正的，可以拒绝接收，同时应当向市或区绿化市容部门报告，由市或区绿化市容部门及时协调处理。

有害垃圾、湿垃圾、干垃圾应当按照下列方式进行分类利用处置：

（一）有害垃圾采用高温处理、化学分解等方式进行无害化处置；

（二）湿垃圾采用生化处理、产沼、堆肥等方式进行资源化利用或者无害化处置；

（三）干垃圾采用焚烧等方式进行无害化处置。

**第三十四条** 处置单位应当执行行业规范和操作规范，并遵守下列规定：

（一）保持生活垃圾处置设施、设备正常运行，对接收的生活垃圾及时进行处置；

（二）按照技术标准分类处置生活垃圾，不得将已分类的生活垃圾混合处置；

（三）对废水、废气、废渣、噪声以及周边土壤污染等进行处理，并按照规定进行环境修复；

（四）定期向绿化市容部门报送接收、处置生活垃圾的来源、数量、类别等信息。

## 第六章 资源化利用

**第三十五条** 市发展改革部门应当会同有关部门制定循环经济发展扶持政策，对符合本市城市功能需要、符合相关产业发展导向的可回收物回收利用项目予以支持，并推进循环经济产业园建设。

**第三十六条** 可回收物回收经营者应当按照国家和本市有关要求，将可回收物交由可回收物利用企业进行资源化利用。

市商务、经济信息化、绿化市容部门应当对可回收物资源化利用活动进行指导、协调和监督。

**第三十七条** 对列入国家强制回收目录的产品和包装物，生产者、销售者应当按照规定进行回收和处理。鼓励生产者、销售者通过自主回收、联合回收或者委托回收等模式，提高废弃产品和包装物的回收再利用率。

市邮政部门应当指导在本市开展经营活动的快递企业建立健全多方协同的包装物回收再利用体系。

**第三十八条** 市绿化市容、农业农村部门应当会同市市场监管部门研究制定本市湿垃圾资源化利用标准，鼓励和支持开展湿垃圾资源化利用团体标准、企业标准的研究制定和推广实施工作。

本市相关政府部门应当支持在公共绿地、公益林的土壤改良中优先使用湿垃圾资源化利用产品，支持符合标准的湿垃圾资源化利用产品在农业生产领域的推广应用。

农村地区应当就地就近对湿垃圾进行资源化利用；鼓励党政机关、企事业单位、社会团体、住宅小区将湿垃圾处理后用于单位绿化、居住区绿化、家庭园艺。

**第三十九条** 干垃圾焚烧产生的热能应当通过发电、供热等方式进行利用。在符合环保要求的情况下，鼓励对炉渣、飞灰等进行综合利用，鼓励具备条件的企业协同处置干垃圾。

## 第七章 社会参与

**第四十条** 市、区人民政府及其相关部门和工会、共青团、妇联等组织应当通过多种方式，广泛开展社会动员，推动全社会共同参与生活垃圾管理工作。

绿化市容、生态环境等部门应当设立生活垃圾科普教育基地，面向社会普及生活垃圾分类知识。本市大型生活垃圾处理设施运营单位应当设立公众开放日，接待社会公众参观。

教育部门应当将生活垃圾分类知识纳入本市幼儿园、中小学校、高等院校教育内容，组织开展生活垃圾分类教育和实践等活动。

新闻媒体应当持续开展生活垃圾管理法规和生活垃圾分类知识的公益宣传，对违反生活垃圾管理的行为进行舆论监督。

**第四十一条** 本市建立健全以居民区、村党组织为领导核心，居民委员会或者村民委员会、业主委员会、物业服务企业、业主等共同参与的工作机制，共同推进生活垃圾管理工作。

居民委员会、村民委员会应当配合乡镇人民政府和街道办事处做好生活垃圾源头减量和分类投放的组织、动员、宣传、指导工作。倡导居民委员会和村民委员会将生活垃圾分类要求纳入居民公约和村规民约。

乡镇人民政府和街道办事处应当将生活垃圾管理纳入基层社会治理工作，加强组织协调和指导。

**第四十二条** 鼓励通过积分兑换等多种方式，促进单位和个人形成生活垃圾分类投放的良好行为习惯。

鼓励志愿服务组织和志愿者开展生活垃圾分类投放的宣传、示范等活动。

市、区人民政府及其相关部门，乡镇人民政府、街道办事处可以通过购买服务方式，支持各类社会组织参与生活垃圾管理活动。

**第四十三条** 本市循环经济、市容环卫、物业管理、旅游旅馆、餐饮烹饪、家政服务、商业零售等领域的相关行业协会应当制定行业自律规范，开展行业培训和评价，共同推进生活垃圾管理工作。

**第四十四条** 鼓励和引导各类市场主体参与生活垃圾源头减量和分类投放、收集、运输、处置以及资源化利用等活动。

**第四十五条** 本市文明城区、文明社区、文明小区、文明村镇、文明单位、文明校园等群众性精神文明创建活动和卫生单位、卫生社区(村)等卫生创建活动，应当将生活垃圾分类管理相关情况纳入评选标准。

**第四十六条** 本市实行生活垃圾管理社会监督员制度。市、区绿化市容部门应当向社会公开选聘生活垃圾管理社会监督员，参与生活垃圾全过程管理的监督工作。

任何单位和个人有权将违反生活垃圾管理规定的行为通过市民热线或者直接向相关部门投诉和举报，有关部门应当按照规定处理。

**第四十七条** 对在生活垃圾管理工作中做出突出贡献和优异成绩的单位和个人，按照国家和本市评比表彰有关规定，给予表彰奖励。

## 第八章 监督管理

**第四十八条** 本市建立生活垃圾源头减量、全程分类、资源化利用、无害化处置的监督检查制度，有关部门应当及时向社会公开检查情况和处理结果，并接受社会监督。

市、区绿化市容部门应当对本市生活垃圾分类情况进行定期评估，评估报告应当向社会公布。

**第四十九条** 市、区生态环境部门应当按照规定，对生活垃圾处理过程中产生的废水、废气、废渣、噪声等污染物排放以及周边土壤污染情况进行监督。

**第五十条** 市、区绿化市容部门应当会同商务、生态环境、市场监管、城管执法等部门建立生活垃圾全过程管理信息系统。

生活垃圾分类收集、运输活动应当纳入城市网格化管理。

**第五十一条** 市、区绿化市容部门应当编制生活垃圾处理应急预案，建立生活垃圾收集、运输和处置应急机制。

发生突发性事件造成生活垃圾无法正常收集、运输或者处置的，生活垃圾收集、运输单位或者处置单位应当立即向市或者区绿化市容部门报告，由市或者区绿化市容部门按照应急预案及时组织处理。

**第五十二条** 本市实行生活垃圾跨区域处置环境补偿制度，生活垃圾处置导出区应当向生活垃圾处置导入区支付环境补偿资金。生活垃圾跨区域处置环境补偿的具体办法，由市人民政府制定。

**第五十三条** 市、区人民政府应当建立和完善本市生活垃圾管理的综合考核制度，将生活垃圾处置总量控制要求作为综合考核的重要内容。

生活垃圾管理综合考核结果应当纳入市、区人民政府对所属部门、下一级人民政府的绩效考核内容。

**第五十四条** 有下列情形之一的，有关部门应当根据《上海市社会信用条例》相关规定，将单位和个人违反生活垃圾管理规定的信息归集到本市公共信用信息平台，并依法对失信主体采取惩戒措施：

（一）不履行生活垃圾分类义务且拒不改正，造成严重不良影响的；

（二）阻碍执法部门履行职责，造成严重后果的；

（三）法律、法规规定的其他情形。

市市场监管部门应当依照法律、法规规定，将绿化市容部门提交的生活垃圾收集、运输单位和处置单位的评议结果，纳入企业信用信息公示系统。

市房屋管理部门应当将乡镇人民政府、街道办事处、城管执法部门提交的物业服务企业履行分类投放管理责任情况，纳入物业服务企业信用管理体系。

## 第九章 法律责任

**第五十五条** 违反本条例规定的行为，法律、行政法规有处理规定的，从其规定。

**第五十六条** 违反本条例第二十条第二款规定，农贸市场、标准化菜场未按照标准配置湿垃圾就地处理设施的，由市场监管部门责令限期改正；逾期不改正的，处五千元以上五万元以下罚款。

违反本条例第二十二条第二款规定，餐饮服务提供者或者餐饮配送服务提供者主动向消费者提供一次性筷子、调羹等餐具的，由市场监管部门责令限期改正；逾期不改正的，处五百元以上五千元以下罚款。

违反本条例第二十二条第三款规定，旅馆经营单位主动向消费者提供客房一次性日用品的，由文化旅游部门责令限期改正；逾期不改正的，处五百元以上五千元以下罚款。

**第五十七条** 单位违反本条例第二十四条第一款规定，未将生活垃圾分别投放至相应收集容器的，由城管执法部门责令立即改正；拒不改正的，处五千元以上五万元以下罚款。

个人违反本条例第二十四条第一款规定，将有害垃圾与可回收物、湿垃圾、干垃圾混合投放，或者将湿垃圾与可回收物、干垃圾混合投放的，由城管执法部门责令立即改正；拒不改正的，处五十元以上二百元以下罚款。

**第五十八条** 违反本条例第二十六条第一款规定，管理责任人未按照要求设置收集容器、设施的，由城管执法部门责令限期改正；逾期不改正的，处五百元以上五千元以下罚款。

违反本条例第二十七条第二款规定，管理

责任人未分类驳运的，由城管执法部门责令立即改正；拒不改正的，处五百元以上五千元以下罚款。

**第五十九条** 违反本条例第二十八条第一款规定，擅自从事有害垃圾、湿垃圾、干垃圾经营性收集、运输，以及湿垃圾、干垃圾经营性处置活动的，由城管执法部门责令停止违法行为，并处三万元以上十万元以下罚款。

**第六十条** 收集、运输单位不遵守相关规定的，由城管执法部门按照下列规定处罚：

（一）违反本条例第三十条第一项规定，未使用专用车辆、船舶，未清晰标示所运输生活垃圾的类别、未实行密闭运输或者未安装在线监测系统的，责令限期改正；逾期不改正的，处五千元以上五万元以下罚款；情节严重的，吊销其生活垃圾经营服务许可证。

（二）违反本条例第三十条第二项规定，将已分类投放的生活垃圾混合收集、运输，或者将危险废物、工业固体废物、建筑垃圾等混入生活垃圾的，责令限期改正；逾期不改正的，处五千元以上五万元以下罚款；情节严重的，吊销其生活垃圾经营服务许可证。

（三）违反本条例第三十条第三项规定，未按照要求将生活垃圾运输至符合条件的转运场所的，责令限期改正；逾期不改正的，处一万元以上十万元以下罚款。

**第六十一条** 处置单位不遵守相关规定的，由城管执法部门按照下列规定处罚：

（一）违反本条例第三十四条第一项规定，未保持生活垃圾处置设施、设备正常运行，影响生活垃圾及时处置的，责令限期改正；逾期不改正的，处五万元以上五十万元以下罚款。

（二）违反本条例第三十四条第二项规定，未按照要求分类处置生活垃圾的，责令限期改正；逾期不改正的，处五万元以上五十万元以下罚款；情节严重的，吊销其生活垃圾经营服务许可证。

**第六十二条** 违反本条例规定，各级人民政府、有关行政管理部门及其工作人员有下列行为之一的，由所在单位或者其上级主管部门依法对直接负责的主管人员和其他直接责任人员给予处分：

（一）未按照规定履行生活垃圾源头减量以及分类投放、收集、运输、处置、利用的监督管理职责的；

（二）未按照要求落实生活垃圾处理设施建设的；

（三）接到相关投诉、举报，未依法调查处理的；

（四）其他玩忽职守、滥用职权、徇私舞弊的。

## 第十章 附 则

**第六十三条** 以下生活垃圾的投放、收集、运输、处置按下列规定执行：

（一）餐饮服务、单位供餐等活动中产生的餐厨垃圾和餐厨废弃油脂，应当按本市相关规定单独投放至餐厨垃圾和餐厨废弃油脂收集容器，经分类收集、运输后实行资源化利用。

（二）废旧家具等体积大、整体性强的大件垃圾，可以预约可回收物回收经营者进行回收，或者投放至管理责任人指定的场所，经分类收集、运输并拆分再处理后，实行资源化利用或者无害化处置。

（三）日常生活或者为日常生活提供服务的活动中废弃的电器电子产品，体积较小的应当投入可回收物收集容器，体积较大的应当按照大件垃圾的管理要求予以回收，并按照国家有关废弃电器电子产品的规定进行处置。

**第六十四条** 工业固体废物、危险废物的投放、收集、运输和处置，按照国家相关规定处理。

建设工程新建、改建、扩建、修缮或者拆除中产生的弃料和其他废弃物，以及房屋装饰装修过程中产生的弃料和其他废弃物，其投放、收集、运输和处置，按照国家和本市建筑垃圾相关规定处理。

**第六十五条** 本条例自 2019 年 7 月 1 日起施行。

# 上海市航道条例

（2019年9月26日上海市第十五届人民代表大会常务委员会第十四次会议通过）

## 第一章 总 则

**第一条** 为了保障航道畅通和通航安全，充分发挥航道在水路运输中的基础性作用，促进上海国际航运中心建设，根据《中华人民共和国航道法》和相关法律、行政法规，结合本市实际，制定本条例。

**第二条** 本条例适用于本市管辖航道的规划、建设、养护、保护及其相关监督管理活动。

本条例所称的航道，分为沿海航道和内河航道。

**第三条** 本市航道的规划、建设、养护和保护，应当根据经济社会发展和国防建设的需要，遵循综合利用和保护水资源、保护生态环境的原则，加强长江三角洲区域协作，服务上海国际航运中心建设。

**第四条** 市交通行政管理部门主管本市航道管理工作，并负责本条例的组织实施。

市交通行政管理部门与浦东新区、闵行区、宝山区、嘉定区、金山区、松江区、奉贤区、青浦区、崇明区交通行政管理部门（以下简称“区交通行政管理部门”）按照职责分工，分别负责所辖航道的管理工作；具体职责划分，由市交通行政管理部门会同相关区人民政府提出，报市人民政府批准后公布实施。

本市其他有关行政管理部门按照各自职责，协同实施本条例。

国家海事管理等机构按照法律、行政法规的规定，承担航道管理相关职责。

**第五条** 航道规划、建设、养护和保护应当坚持生态环保优先，科学合理确定航道开发强度，减少对自然资源、水域环境的影响，维护通航与生态系统的和谐统一。

航道建设和养护应当依法采取环境污染防治措施，优先采用符合绿色环保要求的新技术、新材料、新工艺和新标准。

**第六条** 市、区交通行政管理部门应当推进航道信息化、智能化建设，运用先进科技手段，建立航道河床、航标、水文、船舶流量等数据的收集、分析系统和公共服务平台，提升航道服务和管理水平。

市、区交通行政管理部门与水行政管理部门、气象行政管理部门应当共享航道、水文、气象等相关数据。

**第七条** 航道是公益性基础设施。市、区人民政府应当按照支出责任和财政事权相适应原则，在财政预算中合理安排航道建设和养护资金。

**第八条** 航道受法律保护，任何单位和个人不得侵占或者破坏。

## 第二章 规划和建设

**第九条** 本市航道规划由市交通行政管理部门会同相关部门编制，报市人民政府会同国务院交通运输主管部门批准公布，并纳入相应的城乡规划。

**第十条** 本市航道规划应当符合全国航道规划、长江流域航道规划、长江三角洲区域航道规划和相关流域、区域综合规划。

本市航道规划应当符合本市水资源规划、防洪规划和海洋功能区划，并与涉及水资源综合利用的相关专业规划以及依法制定的城乡规划、环境保护规划、饮用水水源保护规划等其他相关规划和军事设施保护区划相协调。

**第十一条** 本市航道规划的编制应当以上海国际航运中心发展规划为依据，促进长江三角洲区域航道与本市主要港区的衔接，完善水水中转、水铁中转等集疏运体系，提升上海国际航运枢纽运营能力。

**第十二条** 本市实行内河航道规划控制线制度。内河航道规划控制线方案由市交通行政管理部门会同市水行政管理部门提出，经市规划资源行政管理部门批准后施行。

**第十三条** 本市航道建设工程项目，建设单位应当遵守国家和本市有关规定，按照建设程序组织实施。

航道建设工程的设计和施工，应当符合通航标准以及航道建设、水利建设、信息化建设的技术规范，遵守生态环境保护的有关规定。

**第十四条** 航道建设应当符合防汛安全要求，并由市、区交通行政管理部门事先征求水行政管理部门的意见；涉及沿海航道建设的，市、区交通行政管理部门应当事先征求国家海事、海洋管理机构的意见。

河道整治、海域利用以及水工程建设等涉及航道的，应当符合航道规划和通航标准要求，并事先征求市、区交通行政管理部门的意见。

**第十五条** 航道建设用地和用海的取得，依照有关土地管理和海洋管理的法律、法规执行。

**第十六条** 市交通行政管理部门应当会同市规划资源行政管理等部门合理布局水上服务区和候泊点，为船舶提供临时靠泊、岸电、物资补给、污染物接收等水上公共服务。水上服务区和候泊点应当纳入本市航道规划。

水上服务区应当具有相应的船舶污染物、废弃物接收能力和污染应急处理能力，选址应当符合国家、本市生态保护空间管控的相关要求。

鼓励港口经营人利用现有码头设施提供水上公共服务。

**第十七条** 为实施航道建设和养护依法进行测量、疏浚、清障、水文监测以及设置测量标志、航标等活动时，有关单位和个人应当予以配合；因实施上述活动给有关单位和个人造成损失的，应当依法予以补偿或者赔偿。

## 第三章 养护和保护

**第十八条** 市、区交通行政管理部门应当制定航道养护计划，并按照航道养护的要求和技术规范组织实施，保证航道处于良好通航技术状态。

**第十九条** 市、区交通行政管理部门应当定期开展所辖航道的普查工作，收集航道设施运行情况、航道通航条件变化情况等航道基础数据信息，并通过对航道通行船舶的流量、船型等变化情况的监测，保障航道安全畅通。

市、区交通行政管理部门应当根据航道现状技术等级或者航道自然条件，确定并公布航道维护尺度。市交通行政管理部门应当会同区交通行政管理部门统一公布内河航道图。

市、区交通行政管理部门应当推进内河航道图的数字化建设，运用现代科技手段为通航船舶提供水深变化、碍航物、桥区通航净空等航道公共服务信息。

**第二十条** 码头前沿水域发生淤浅造成航道淤积的，有关责任人应当在市、区交通行政管理部门规定的期限内疏浚。

**第二十一条** 市、区交通行政管理部门和国家海事管理机构按照各自职责，负责本市航标的设置、维护和管理，并建立航标定期巡查机制，发现损坏的，及时修复。

任何单位和个人不得侵占、破坏航标。损坏航标的，应当及时向市、区交通行政管理部门或者国家海事管理机构报告；由责任人负责修复或者承担修复费用。

种植植物、修建或者设置建筑物、构筑物或者其他与通航有关的设施的，不得影响航标的正常效能。

因工程施工需暂时影响航道通航条件的，市、区交通行政管理部门或者国家海事管理机构根据需要，调整航标或者发布通告。

**第二十二条** 四级以上航道的废弃或者等级、功能调整的，由市交通行政管理部门会同市规划资源行政管理等部门提出意见，报市人民政府和国务院交通运输主管部门批准。五级以下航道的废弃或者等级、功能调整的，由市交通行政管理部门会同市规划资源行政管理等部门提出意见，报市人民政府批准；但国家另有规定的除外。

航道废弃或者等级、功能调整以及航道状况发生变化不能达到原技术等级标准的，市、区交通行政管理部门应当设置相应标志，及时发布航道通告并通报国家海事管理机构和市、区水行政管理部门。

**第二十三条** 因自然灾害、事故灾难等突发事件致使通航条件严重恶化或者航道设施被破坏的，市、区交通行政管理部门应当按照应急预案，尽快组织抢修，恢复航道通航条件。

船舶、设施或者其他物体在航道水域中沉没，影响航道畅通和通航安全的，有关责任人应当立即向市、区交通行政管理部门和国家海事管理机构报告，并采取紧急处置措施，按照规定设置标志。

有关责任人应当在市、区交通行政管理部门或者国家海事管理机构规定的期限内，打捞清除沉没物。

**第二十四条** 市交通行政管理部门应当会同市规划资源、水行政管理等部门，按照航道发展规划技术等级和航道保护实际需要，划定航道保护范围，并报市人民政府批准公布。内河航道保护范围以内河航道规划控制线为基础划定。

在航道保护范围内建设临河、临湖、临海建筑物或者构筑物，应当符合该航道通航条件的要求。

航道保护范围应当根据经济社会和航运发展、航道规划修订、航道通航条件和航道保护实际需要等情况，适时调整。

**第二十五条** 建设国家规定的与航道有关的工程，建设单位应当在工程可行性研究阶段就建设项目对航道通航条件的影响作出评价，并报送国务院交通运输主管部门或者市、区交通行政管理部门审核，但下列工程除外：

（一）临河、临湖的中小河流治理工程；

（二）不通航河流上建设的水工程；

（三）现有水工程的水毁修复、除险加固、不涉及通航建筑物和不改变航道原通航条件的更新改造等不影响航道通航条件的工程。

建设单位申请航道通航条件影响评价审核时，应当提交审核申请书等材料，并对提交材料的真实性负责。

未进行航道通航条件影响评价或者经审核认为建设项目不符合规定的，建设单位不得建设。政府投资项目未进行航道通航条件影响评价或者经审核认为建设项目不符合规定的，负责建设项目审批的部门不予批准。

**第二十六条** 涉及航道的桥梁、水闸、隧道、管道、缆线等建筑物、构筑物不符合航道规划对通航净高、净宽、埋设深度等航道通航条件的要求，市有关部门、相关区人民政府应当按照职责分工，组织有关权属单位制定改建、重建或者迁移计划，并督促实施。

**第二十七条** 涉及航道的桥梁、水闸、隧道、管道、缆线等建筑物、构筑物的建设单位或者管理单位应当按照规定设置警示标志、防护装置、桥区水上航标，并定期对警示标志和防护装置进行维护；桥区水上航标由市、区交通行政管理部门或者国家海事管理机构负责维护。

通过跨航道桥梁的船舶应当符合桥梁通航净空要求，严格遵守航行规则，不得在桥梁下停泊或者系缆。市、区交通行政管理部门和国家海事管理机构应当加强对桥区水域船舶通行的监管，保护桥梁安全和桥区水域的良好通航环境。

**第二十八条** 在航道上建设永久性的拦河设施，建设单位应当按照航道规划技术等级要求，建设相适应的通航建筑物，并采取措施，保持施工期间必要的通航能力；施工期间确实难以保持必要的通航能力的，建设单位应当采取修建临时航道等补救措施。

通航建筑物的建设单位或者管理单位应当对通航建筑物进行定期维护，保持设施、设备正常运行。

**第二十九条** 禁止下列危害航道通航安全的行为：

（一）在航道保护范围内挖土；

（二）在航道岸线外六米范围内堆放容易滑泻的物品；

（三）法律、行政法规禁止的其他行为。

**第三十条** 调水、泄水影响航道通航条件的，水行政管理部门应当在四十八小时之前通知市、区交通行政管理部门和国家海事管理机构。紧急情况下，作出调水、泄水决定的部门应当立即通知市、区交通行政管理部门和国家海事管理机构。

市、区交通行政管理部门接到通知后，应当及时发布航道通告。

## 第四章 长江三角洲区域协作

**第三十一条** 市、区交通行政管理部门应当与长江三角洲区域相关省、市交通行政管理部门建立沟通协调机制，加强航道规划、建设、养护、保护协作，加快推进长江三角洲区域高等级航道网络建设，构建长江三角洲区域信息共享、联勤联动的航道管理体系。

**第三十二条** 编制涉及与长江三角洲区域其他省连通的航道规划，市交通行政管理部门应当征求相关省人民政府交通行政管理部门的意见。

**第三十三条** 市交通行政管理部门应当加强与长江三角洲区域相关省、市的沟通协调，统筹考虑与长江三角洲区域其他省连通的高等级航道的工程建设时序。

**第三十四条** 航道养护计划中涉及与长江三角洲区域其他省连通的高等级航道的，市、区交通行政管理部门应当在航道养护周期、养护标准等方面与相关省、市进行协商。

**第三十五条** 市交通行政管理部门应当与长江三角洲区域相关省人民政府交通行政管理部门协商，共享下列信息：

（一）航道规划、建设、养护、保护相关信息；

（二）航道科研信息，包括新技术、新材料、新工艺、新标准的研发应用等信息；

（三）航道行政执法信息；

（四）各方协商确定的其他信息。

**第三十六条** 市、区交通行政管理部门应当加强与长江三角洲区域相关省、市的航道行政执法联勤联动，在行政执法互助、案件移送、行刑衔接等方面形成一体化机制。

## 第五章 法律责任

**第三十七条** 违反本条例规定的行为，法律、行政法规有处理规定的，从其规定。

**第三十八条** 市、区交通行政管理部门和其他有关行政管理部门及其工作人员，有下列行为之一的，对直接负责的主管人员和其他直接责任人员，由其所在单位或者上级主管部门依法给予处分：

（一）未依法履行航道建设、养护、保护等职责的；

（二）未依法审核航道通航条件影响评价的；

（三）未依法调查处理有关危害航道通航安全行为的投诉、举报，致使公共利益受到严重损害的；

（四）其他玩忽职守、滥用职权、徇私舞弊的。

**第三十九条** 违反本条例第二十七条第一款规定，有关建设单位或者管理单位未按照规定设置警示标志、防护装置或者桥区水上航标的，由市、区交通行政管理部门或者国家海事管理机构责令改正，处五千元以上五万元以下罚款。

**第四十条** 违反本条例第二十九条规定，在航道保护范围内挖土，在航道岸线外六米范围内堆放容易滑泻的物品的，由市、区交通行政管理部门责令改正，对单位处五千元以上五万元以下罚款；对个人处二百元以上二千元以下罚款；造成损失的，依法承担赔偿责任。

**第四十一条** 违反本条例规定，构成违反治安管理行为的，依法给予治安管理处罚；构成犯罪的，依法追究刑事责任。

市、区交通行政管理部门和其他有关部门在查处违反本条例相关违法行为的过程中，发现违法行为情节严重，涉嫌构成犯罪的，应当依法移送司法机关处理。

## 第六章 附 则

**第四十二条** 本条例自 2020 年 1 月 1 日起施行。2001 年 11 月 15 日上海市第十一届人民代表大会常务委员会第三十三次会议通过的《上海市内河航道管理条例》同时废止。

# 上海市司法鉴定管理条例

（2019 年 12 月 19 日上海市第十五届人民代表大会常务委员会第十六次会议通过）

## 第一章 总 则

**第一条** 为了加强司法鉴定管理，规范司法鉴定活动，提高司法鉴定质量和公信力，保障司法公正，根据《全国人民代表大会常务委员会关于司法鉴定管理问题的决定》和有关法律、行政法规，结合本市实际，制定本条例。

**第二条** 本条例所称司法鉴定，是指在诉讼活动中鉴定人运用科学技术或者专门知识对诉讼涉及的专门性问题进行鉴别和判断并提供鉴定意见的活动。

**第三条** 本市行政区域内鉴定机构、鉴定人从事司法鉴定活动及其监督管理，适用本条例。

**第四条** 本市依照法律、行政法规，对不同类型、类别鉴定机构、鉴定人实行分类管理。

对从事法医类、物证类、声像资料、环境损害以及由国务院司法行政部门商最高人民法院、最高人民检察院确定的司法鉴定业务的鉴定机构、鉴定人（以下称司法鉴定机构、司法鉴定人）实行登记管理。

对前款规定以外从事其他司法鉴定业务的鉴定机构、鉴定人（以下称其他鉴定机构、其他鉴定人），依照相关法律、行政法规进行管理。

**第五条** 司法鉴定实行鉴定人负责制，遵循科学、独立、客观、公正原则，体现公益性原则。

鉴定机构、鉴定人依法独立开展司法鉴定活动受法律保护，任何组织和个人不得干涉。

鉴定机构、鉴定人应当遵守法律、法规，遵守职业道德和执业纪律，遵守管理规范。

鉴定机构、鉴定人应当保守在执业活动中知悉的国家秘密、商业秘密和个人隐私。

**第六条** 市司法行政部门负责司法鉴定机构、司法鉴定人的登记管理，对司法鉴定活动实施监督管理。

区司法行政部门负责本行政区域内司法鉴定机构、司法鉴定人及其司法鉴定活动的日常监督管理。

市场监督管理、财政、住房城乡建设、房屋管理、卫生健康、文化旅游、税务、生态环境以及民政、人力资源社会保障、发展改革、金融监管等相关行政部门按照各自职责，做好司法鉴定管理的相关工作。

**第七条** 本市建立司法鉴定工作衔接协调机制。市司法行政部门应当做好相关组织协调工作；市、区司法行政部门应当加强与办理诉讼案件的监察机关和侦查机关、检察机关、审判机关(以下统称办案机关)以及相关行业主管部门的沟通协调,开展信息交流和情况通报,规范和保障司法鉴定活动。

**第八条** 本市将司法鉴定服务纳入本市公共法律服务平台,公告司法鉴定机构、司法鉴定人名册,发布其他鉴定机构、其他鉴定人信息,提供查询服务、接受业务咨询和网上办事的预约服务等。

**第九条** 本市鼓励鉴定机构、鉴定人开展各类公益性活动。

本市鼓励和支持高等院校、科研院所和医疗机构等建设高资质、高水平鉴定机构。

## 第二章 鉴定机构和鉴定人

**第十条** 市司法行政部门应当按照科学规划、合理布局、优化结构、有序发展的要求,对司法鉴定机构实行登记管理。

法人或者非法人组织、个人从事本条例第四条第二款规定的司法鉴定业务的,应当经市司法行政部门登记,并取得司法鉴定许可证、司法鉴定人执业证。

**第十一条** 法人或者非法人组织申请取得司法鉴定许可证应当具备下列条件:

(一) 有自己的名称、住所和符合规定的资金;

(二) 有明确的司法鉴定业务范围;

(三) 有在业务范围内进行司法鉴定必需的仪器、设备、执业场所;

(四) 有按照国家规定必需的依法通过资质认定(包括计量认证)或者实验室认可的检测实验室;

(五) 每项司法鉴定业务有三名以上司法鉴定人。

司法鉴定机构申请从事的司法鉴定业务涉及相关行业特殊要求的,除具备前款规定条件外,还应当符合行业规定。

市司法行政部门应当根据国家规定的司法鉴定登记事项,分别制定相应的登记规范,并向社会公布。

**第十二条** 个人申请取得司法鉴定人执业证应当具备下列条件:

(一) 中华人民共和国公民,拥护宪法,遵守法律、法规和社会公德,品行良好。

(二) 符合下列执业能力条件之一:

1. 具有相关的高级专业技术职称;

2. 具有相关的专业执业资格,从事相关工作五年以上;

3. 具有高等院校相关专业本科以上学历,从事相关工作五年以上;

4. 具有与申请从事的司法鉴定业务相关工作十年以上经历,具有较强的专业技能;

(三) 拟执业的机构已经取得或者正在申请司法鉴定许可证。

(四) 身体健康,能够胜任司法鉴定工作要求。

个人申请从事的司法鉴定业务涉及相关行业特殊要求的,除具备前款规定条件外,还应当符合行业规定。

**第十三条** 法人或者非法人组织、个人申请司法鉴定许可证、司法鉴定人执业证的,应当向其住所地的区司法行政部门提出申请并提交相关材料。

经核实,申请材料齐全、符合法定形式的,区司法行政部门应当受理,并自受理之日起十个工作日内将申请材料报送至市司法行政部门;申请材料不齐全、不符合法定形式的,区司法行政部门的受理人员应当给予指导。

市司法行政部门应当自收到申请材料之日起十个工作日内完成审核。对符合条件的,准予登记,并自作出准予登记决定之日起五个工作日内向申请人颁发司法鉴定许可证、司法鉴定人执业证;对不符合条件的,不予登记并书面说明理由。

市司法行政部门应当组织专家对机构申请人的仪器、设备、执业场所和检测实验室等进行评审,并对申请执业人员进行执业能力测试;必要时,市司法行政部门可以与其他相关行业主管部门进行联合评审、测试。评审、测试时间不计入登记审核时限。

**第十四条** 司法鉴定许可证、司法鉴定人执业证自发证之日起五年内有效。有效期届满需要延续的,司法鉴定机构、司法鉴定人应当在届满三十日前提出延续申请。

司法鉴定许可证、司法鉴定人执业证的登记事项发生变化的,司法鉴定机构、司法鉴定人应当及时提出变更申请。

延续、变更的条件和办理程序按照本条例第十一条、第十二条、第十三条规定执行。

**第十五条** 司法鉴定机构在本市行政区域内设立的分支机构,应当符合本条例第十一条规定的条件,并按照本条例第十三条规定的程序,经市司法行政部门审核登记后,方可依法开展司法鉴定活动。

本市司法鉴定机构在本市行政区域外设立分支机构的,经分支机构住所地的省级司法行政部门审核登记后三十日内,向市司法行政部门备案。

**第十六条** 司法鉴定机构有下列情形之一的,应当依法办理注销登记手续:

(一)依法申请终止司法鉴定活动的;

(二)自愿解散或者停止执业一年以上的;

(三)登记事项发生变化,不符合登记条件的;

(四)司法鉴定许可证有效期届满未申请延续的;

(五)法律、法规规定的其他情形。

**第十七条** 司法鉴定人有下列情形之一的,应当依法办理注销登记手续:

(一)依法申请终止司法鉴定活动或者停止执业一年以上的;

(二)死亡或者丧失行为能力的;

(三)司法鉴定人执业证有效期届满未申请延续的;

(四)所在司法鉴定机构注销或者被撤销的;

(五)因故意犯罪或者职务过失犯罪受到刑事处罚的;

(六)受到开除公职处分的;

(七)相关行业的执业资格被撤销的;

(八)法律、法规规定的其他情形。

**第十八条** 市司法行政部门应当编制本市司法鉴定机构、司法鉴定人名册,定期予以更新,并通过公共法律服务平台向社会公告。

司法鉴定机构、司法鉴定人信息发生变动的,市司法行政部门应当及时通过公共法律服务平台向社会公告。

**第十九条** 法律、法规对其他鉴定机构、其他鉴定人从事司法鉴定业务有资格资质许可规定的,行业主管部门应当加强审核管理。

其他行业主管部门以及市司法鉴定协会等行业协会可以通过公共法律服务平台发布其他鉴定机构、其他鉴定人的主体信息、从事司法鉴定业务信息。

鼓励其他鉴定机构、其他鉴定人通过公共法律服务平台发布其主体信息、从事司法鉴定业务信息。

## 第三章 司法鉴定活动

**第二十条** 民事诉讼活动中,当事人申请鉴定的,由双方当事人协商确定司法鉴定机构,并由办案机关委托进行鉴定;双方当事人协商不成或者当事人没有申请但办案机关认为需要鉴定的,由办案机关确定司法鉴定机构,并委托进行鉴定。

诉讼活动中对本条例第四条第二款规定的业务需要进行司法鉴定的,办案机关应当在全国统一的司法鉴定机构名册中抽选司法鉴定机构进行鉴定。审判机关委托本市司法鉴定机构的,应当及时将相关信息向本市统一的司法鉴定管理平台归集,并纳入全流程管理;其他办案机关委托本市司法鉴定机构的,应当通过本市统一的司法鉴定管理平台进行委托。

诉讼活动中对本条例第四条第三款规定的业务需要进行司法鉴定的,办案机关可以优先选择在公共法律服务平台公告的其他鉴定机构进行鉴定。

办案机关选择鉴定机构,应当遵循公开、透

明、公正的原则，具体规则应当向社会公布。

**第二十一条** 办案机关委托司法鉴定的，应当向司法鉴定机构出具司法鉴定委托文书。

当事人应当向办案机关提供真实、完整、充分的鉴定材料，并对鉴定材料的真实性、合法性负责。

**第二十二条** 司法鉴定机构收到鉴定材料后，应当核对并记录鉴定材料的名称、种类、数量、性状、保存状况、收到时间等，不得接受未经办案机关确认的鉴定材料。

鉴定事项涉及个人人身的，司法鉴定机构应当对被鉴定人及其陪同人员的身份信息进行识别和记录。

**第二十三条** 司法鉴定机构受理司法鉴定委托的，应当与办案机关书面确认下列事项：

（一）办案机关、诉讼当事人和司法鉴定机构的基本情况；

（二）委托鉴定的事项、用途、要求、时限和是否重新鉴定；

（三）鉴定事项所涉及案件的基本案情；

（四）办案机关提供的鉴定材料目录和数量，以及检材耗损的处理；

（五）鉴定的收费项目、收费标准、收费方式、收费金额和结算方式；

（六）其他需要确认的事项。

司法鉴定过程中，前款规定事项需要变更的，应当由双方书面协商确定。

**第二十四条** 司法鉴定委托事项有下列情形之一的，司法鉴定机构不得受理：

（一）委托鉴定事项超出本机构司法鉴定业务范围的；

（二）发现鉴定材料不真实、不充分或者取得方式不合法的；

（三）鉴定用途不合法或者违背社会公德的；

（四）鉴定要求不符合司法鉴定执业规则或者相关鉴定技术规范的；

（五）鉴定要求超出本机构技术条件或者鉴定能力的；

（六）办案机关就同一鉴定事项同时委托其他司法鉴定机构进行鉴定的；

（七）其他不符合法律、法规规定的情形。

**第二十五条** 具有法律、法规规定情形的，司法鉴定人应当回避。

司法鉴定人的回避，由其所在司法鉴定机构决定。办案机关对司法鉴定机构作出的司法鉴定人是否回避决定有异议的，可以撤销司法鉴定委托。司法鉴定机构法定代表人或者负责人依法应当回避的，由司法鉴定机构书面告知办案机关另行选择司法鉴定机构。

**第二十六条** 司法鉴定人进行司法鉴定，有国家标准、行业标准和技术规范的，适用国家标准、行业标准和技术规范；没有国家标准、行业标准和技术规范的，适用团体标准或者该专业领域多数专家认可的技术方法。

**第二十七条** 司法鉴定人应当对鉴定过程进行实时记录并签名。记录可以采取笔记、录音、录像、拍照等方式，国家规定不得录音、录像、拍照的除外。记录应当载明主要的鉴定方法和过程，检查、检验、检测结果，以及仪器设备使用情况等。记录的内容应当真实、客观、准确、完整、清晰。

**第二十八条** 办案机关与鉴定机构根据鉴定事项的特点约定鉴定时限，鉴定机构应当在约定的时限内完成鉴定。

没有约定鉴定时限的，鉴定机构应当按照有关法律、法规、部门规章规定的时限完成鉴定。

鼓励鉴定机构优化工作流程，提高鉴定效率。

**第二十九条** 司法鉴定机构在司法鉴定过程中，有下列情形之一的，可以终止鉴定：

（一）发现有本条例第二十四条第（二）项至第（七）项规定情形的；

（二）鉴定材料发生耗损，委托人不能补充提供的；

（三）办案机关不履行与司法鉴定机构书面确认的委托义务、被鉴定人拒不配合或者鉴定活动受到严重干扰，致使鉴定无法继续进行的；

（四）办案机关撤销鉴定委托，或者诉讼当事人拒绝支付鉴定费用的；

（五）因不可抗力致使鉴定无法继续进行的；

（六）其他需要终止鉴定的情形。

终止鉴定的，司法鉴定机构应当书面通知办案机关，说明理由并退还鉴定材料，并根据终止的原因及责任酌情退还鉴定费用。

**第三十条** 司法鉴定完成后，司法鉴定机构、司法鉴定人应当按照规定的文书格式制作和出具司法鉴定意见书。

司法鉴定意见书由实施鉴定的司法鉴定人亲笔签名，加盖司法鉴定专用章。鉴定复核人、咨询专家以及未参加鉴定的司法鉴定人不得在司法鉴定意见书上签名。

**第三十一条** 司法鉴定意见书出具后，发现有下列情形之一的，司法鉴定机构应当进行补正：

（一）图像、谱图、表格不清晰的；

（二）签名、盖章或者编号不符合制作要求的；

（三）文字表达有瑕疵或者错别字，但不影响司法鉴定意见的。

补正应当在原司法鉴定意见书上进行，由至少一名司法鉴定人在补正处签名。必要时，可以出具补正书。

对司法鉴定意见书进行补正，不得改变司法鉴定意见的原意。

**第三十二条** 有下列情形之一的，司法鉴定机构可以根据办案机关的要求进行补充鉴定：

（一）原委托鉴定事项有遗漏的；

（二）办案机关就原委托鉴定事项提供新的鉴定材料的；

（三）其他需要补充鉴定的情形。

补充鉴定是原委托鉴定的组成部分，应当由原司法鉴定人进行；因原司法鉴定人离职等特殊原因无法由原司法鉴定人进行的，原司法鉴定机构应当指定其他符合条件的司法鉴定人进行。

**第三十三条** 有下列情形之一的，司法鉴定机构可以接受办案机关委托进行重新鉴定：

（一）原司法鉴定人不具有从事委托鉴定事项执业资格的；

（二）原司法鉴定机构超出业务范围组织鉴定的；

（三）原司法鉴定人应当回避没有回避的；

（四）办案机关认为需要重新鉴定的；

（五）法律规定的其他情形。

重新鉴定应当委托原司法鉴定机构以外的司法鉴定机构进行；因特殊原因，重新鉴定也可以委托原司法鉴定机构进行，但原司法鉴定机构应当指定原司法鉴定人以外的其他符合条件的司法鉴定人进行。

**第三十四条** 本市建立司法鉴定专家委员会咨询制度。司法鉴定专家委员会由相关专业领域内具有高级专业技术职称并熟悉相关司法鉴定业务，具有良好科学道德和职业操守、健康状况良好的人员组成。

对于特别疑难、复杂、特殊的技术问题以及有较大争议的鉴定案件，办案机关可以委托司法鉴定专家委员会提供专家咨询意见。

**第三十五条** 经审判机关依法通知，鉴定人应当出庭作证。鉴定人无法定情形拒不出庭的，依照相关法律规定处理。

鉴定机构应当支持鉴定人出庭作证，为鉴定人依法出庭提供必要条件。

鉴定人参加庭审的人身安全及合法权益依法受到保护。

**第三十六条** 本市司法鉴定收费按照不同鉴定项目分别实行政府指导价和市场调节价管理，具体办法由市价格主管部门会同市司法行政部门制定，并向社会公布。

法律援助受援人缴纳司法鉴定费有困难的，司法鉴定机构应当缓收、减收或者免收司法鉴定费用。

**第三十七条** 司法鉴定机构、司法鉴定人不得以支付回扣或者介绍费、进行虚假宣传、诋毁其他同业机构和人员等不正当手段招揽司法鉴定业务。

司法鉴定机构、司法鉴定人应当在登记的业务范围内从事司法鉴定业务，不得涂改、转让、出租、出借司法鉴定许可证、司法鉴定人执业证。

司法鉴定机构应当在登记的执业场所开展司法鉴定活动，不得擅自在执业场所以外开展受理、代办、采样等活动。

司法鉴定人应当在一个司法鉴定机构执业，不得在其他司法鉴定机构担任法定代表人或者机构负责人、领取固定薪酬提供技术咨询或者从事相关司法鉴定业务。

**第三十八条** 其他鉴定机构、其他鉴定人开展司法鉴定活动，按照国家或者行业组织规定的程序和标准执行；没有相应的程序或者标准规定的，参照本章的相关规定执行。

## 第四章 监督管理

**第三十九条** 市、区司法行政部门应当就下列事项，对司法鉴定机构、司法鉴定人开展经常性的监督、检查：

（一）遵守司法鉴定管理法律、法规和规章的情况；

（二）制定和执行司法鉴定管理制度的情况；

（三）实施司法鉴定程序和执行司法鉴定标准、技术规范的情况；

（四）遵守司法鉴定职业道德和执业纪律的情况；

（五）开展司法鉴定业务和鉴定质量的情况；

（六）法律、法规、规章规定的其他事项。

**第四十条** 市司法行政部门应当对司法鉴定机构、司法鉴定人执业情况进行定期考核。

司法鉴定机构应当向区司法行政部门提交本机构及其司法鉴定人执业情况报告，经区司法行政部门审核后报市司法行政部门，由市司法行政部门公布考核结果。考核不合格的，市司法行政部门可以给予诫勉谈话、通报批评等处理，并可以移送市司法鉴定协会进行相应的行业处分。

市司法行政部门可以根据需要，自行或者委托第三方对司法鉴定机构进行质量评估、对司法鉴定人进行执业能力测试，评估、测试结果及时向社会公布，并作为定期考核的参考依据。

**第四十一条** 市司法行政部门建立司法鉴定信息化管理平台，对司法鉴定案件实行统一赋码管理，实现司法鉴定案件实施程序、鉴定材料保管、检验检测数据保存、鉴定意见书形成等全流程监管。

**第四十二条** 市司法行政部门、相关行政管理部门应当按照《上海市社会信用条例》规定，将鉴定机构、鉴定人的信用信息归集到本市公共信用信息平台，并依法采取激励和惩戒措施。

**第四十三条** 司法鉴定管理实行行政管理和行业自律管理相结合。

市司法鉴定协会在市司法行政部门指导下，依据章程实行行业自律管理：

（一）协调沟通有关部门与会员之间的联系，研究、反映司法鉴定工作中的重大问题；

（二）保障会员依法执业，维护会员的合法权益，对会员加强职业道德、行为规范以及执业技能等的自律管理；

（三）配合司法行政部门处理对司法鉴定执业活动的投诉；

（四）按照行业规范、处分规则实施奖励和行业处分。

市司法鉴定协会制定的行业规范、处分等规则，不得与有关法律、法规、规章相抵触。

鼓励鉴定机构、鉴定人加入市司法鉴定协会。

**第四十四条** 个人、法人或者非法人组织认为鉴定机构、鉴定人在执业活动中有违法违规情形的，可以向司法行政部门或者行业主管部门投诉，司法行政部门或者行业主管部门应当依法受理，并按照规定的时限和要求进行调查处理并答复投诉人。

个人、法人或者非法人组织认为鉴定机构、鉴定人在执业活动中违反行业自律规范的，可以向市司法鉴定协会或者其他行业协会投诉，市司法鉴定协会或者其他行业协会应当按照章程受理，并按照规定的时限和要求进行行业处理并答复投诉人。

**第四十五条** 投诉事项有下列情形之一的，司法行政部门或者行业主管部门不予受理：

（一）投诉事项已经司法行政部门、相关行业主管部门处理，或者经行政复议、行政诉讼结案，且没有新的事实和证据的；

（二）对办案机关是否采信鉴定意见有异议的；

（三）鉴定意见已被审判机关生效法律文书作为证据采纳的；

（四）仅对鉴定意见有异议的；

（五）对司法鉴定程序规则及司法鉴定标准、技术规范的规定有异议的；

（六）投诉事项不属于违反司法鉴定管理规定的。

**第四十六条** 市司法行政部门应当及时将司法鉴定机构、司法鉴定人名册和其他鉴定机构、其他鉴定人信息提供给办案机关。审判机关应当将鉴定人出庭作证和鉴定意见采信等情况向同级司法行政部门通报。

司法行政部门应当将审判机关的通报情况作为对司法鉴定机构、司法鉴定人定期考核、诚信评价的重要依据。

## 第五章 法律责任

**第四十七条** 法人、非法人组织未经依法登记从事本条例第四条第二款规定司法鉴定业务的，由市司法行政部门责令停止违法活动，没收违法所得，并处违法所得一至三倍的罚款，罚款总额最高不得超过三万元。

个人未经依法登记从事本条例第四条第二款规定司法鉴定业务的，由市、区司法行政部门责令停止违法活动，没收违法所得，并处违法所得一至三倍的罚款，罚款总额最高不得超过三万元。

**第四十八条** 司法鉴定机构有下列情形之一的，由市司法行政部门责令改正，没收违法所得，并处以警告：

（一）超出登记的司法鉴定业务范围开展司法鉴定活动的；

（二）授意或者放任司法鉴定人违反司法鉴定程序、标准进行鉴定的；

（三）在登记执业场所外擅自开展受理、代办、采样等活动的；

（四）违反鉴定材料保管、档案管理、保密规定的；

（五）涂改、转让、出租、出借司法鉴定许可证的；

（六）有支付回扣、介绍费，进行虚假宣传等不正当行为的；

（七）法律、法规、部门规章规定的其他情形。

**第四十九条** 司法鉴定人有下列情形之一的，由市司法行政部门责令改正，没收违法所得，并处以警告：

（一）超出登记的司法鉴定执业类别开展司法鉴定活动的；

（二）同时在两个以上司法鉴定机构执业的；

（三）私自接受司法鉴定委托的；

（四）违反司法鉴定程序、标准进行鉴定的；

（五）违反回避规定的；

（六）涂改、转让、出租、出借司法鉴定人执业证的；

（七）法律、法规、部门规章规定的其他情形。

**第五十条** 司法鉴定机构、司法鉴定人有下列情形之一的，由市司法行政部门给予停止从事司法鉴定业务三个月以上一年以下的处罚；情节严重的，撤销登记：

（一）因严重不负责任给当事人合法权益造成重大损失的；

（二）提供虚假证明文件或者采取其他欺诈手段，骗取登记的；

（三）违反规定收取财物的；

（四）经审判机关依法通知，无法定情形拒绝出庭作证的；

（五）法律、行政法规规定的其他情形。

司法鉴定人故意作虚假鉴定，构成犯罪的，依法追究刑事责任；尚不构成犯罪的，按照前款规定处罚。

具有本条例第四十八条、第四十九条情形之一并造成严重后果的，依法按照本条第一款的规定处罚。

**第五十一条** 法律、法规对其他鉴定机构、其他鉴定人未取得执业资格从事司法鉴定活动以及其他违法违规行为有处罚规定的，从其规定。

**第五十二条** 司法鉴定人在执业活动中，因过错行为给当事人造成损失的，由其所在的司法鉴定机构依法承担民事赔偿责任；其所在的司法鉴定机构承担赔偿责任后，可以依法向有过错的司法鉴定人追偿。

**第五十三条** 国家工作人员有下列行为之一的，由其所在单位或者监察机关依法给予处分；构成犯罪的，依法追究刑事责任：

（一）违反规定程序委托司法鉴定机构进行司法鉴定的；

（二）违反法定条件和程序办理司法鉴定机构、司法鉴定人登记的；

（三）收受或者索取鉴定机构、鉴定人财物为其谋取利益的；

（四）收到投诉或者发现违法行为线索，怠于履行调查处理和监督职责的；

（五）干涉鉴定机构、鉴定人独立开展司法鉴定活动的；

（六）有其他滥用职权、玩忽职守、徇私舞弊情形的。

## 第六章 附 则

**第五十四条** 侦查机关根据侦查工作需要设立的鉴定机构及其鉴定人，由其负责内部管理，不得面向社会接受委托从事司法鉴定业务。

侦查机关设立的鉴定机构及其鉴定人由市司法行政部门统一编入鉴定机构和鉴定人名册并公告。

**第五十五条** 在诉讼活动之外，司法鉴定机构开展本条例第四条第二款规定的鉴定业务的，参照本条例有关规定执行。

**第五十六条** 本条例自 2020 年 5 月 1 日起施行。

# 上海市家政服务条例

（2019 年 12 月 19 日上海市第十五届人民代表大会常务委员会第十六次会议通过）

## 第一章 总 则

**第一条** 为了规范家政服务活动，维护家政服务各方的合法权益，促进家政服务业健康发展，根据本市实际，制定本条例。

**第二条** 本市行政区域内，开展家政服务活动，以及促进家政服务业发展和规范家政服务活动的相关工作，适用本条例。

本条例所称的家政服务，是指以家庭为服务对象，进入家庭成员住所，提供保洁、烹饪、生活照护等各类满足家庭日常生活需求的有偿服务活动。

**第三条** 家政服务活动应当遵循自愿平等、诚实守信、安全便民的原则。

家政服务业的管理应当遵循促进行业发展、监管和服务相结合、平等保护各方合法权益的原则。

**第四条** 市、区人民政府应当将家政服务业纳入本级国民经济和社会发展规划，建立健全财政投入保障机制，制定政策措施，促进家政服务业发展。

本市建立促进家政服务业发展协调机制，统筹推进家政服务业重大政策制定，协调家政服务业发展中的重大事项。

**第五条** 市、区商务部门承担本行政区域内家政服务行业管理职责，促进家政服务业发展，规范家政服务活动，指导家政服务行业组织依法开展工作。

市、区发展改革、财政、人力资源社会保障、规划资源、住房城乡建设管理、卫生健康、市场监管、房屋管理、民政、教育、公安、统计等部门应当按照各自职责，做好家政服务管理和促进的相关工作。

**第六条** 工会、共产主义青年团、妇女联合会等团体应当协助做好促进家政服务业发展的相关工作。

**第七条** 本市支持家政服务行业组织的发展，鼓励家政服务机构加入家政服务行业组织。

家政服务行业组织应当加强行业自律和诚信建设，发挥对本行业的指导、服务职能，配合有关部门开展行业监管，引导家政服务机构和家政服务人员提升服务质量，维护家政服务机构和家政服务人员的合法权益。

## 第二章　机构和人员

**第八条** 本条例所称的家政服务机构，包括员工制家政服务机构和家政服务中介机构。

家政服务机构应当依法设立，并在其经营场所公示相关证照，公开服务项目、收费标准和投诉监督电话等服务信息。通过互联网等信息网络开展经营活动的，应当在其网站或者应用软件等首页显著位置，持续公示相关证照信息，并及时、全面、真实、准确地披露服务信息。

家政服务机构招用家政服务人员，或者为家政服务人员居间介绍的，应当查验其身份证、技能证明、健康证明等证件，了解其从业经历和服务意愿。

**第九条** 本市鼓励发展员工制家政服务机构。员工制家政服务机构依法与用户签订家政服务合同。

员工制家政服务机构依法与家政服务人员签订劳动合同，建立劳动关系，缴纳城镇职工社会保险费。

家政服务人员与员工制家政服务机构未签订劳动合同但按照国家有关规定签订服务协议的，可以按照国家和本市有关规定参加城镇职工社会保险或者城乡居民社会保险。

员工制家政服务机构应当加强家政服务人员的培训和管理，定期开展服务技能、法律、职业道德、安全、卫生等方面的培训，并建立服务质量跟踪制度，对家政服务人员的工作经历、服务评价等情况予以记录。

**第十条** 家政服务中介机构可以接受家政服务人员或者用户的委托，为双方提供居间服务。

家政服务中介机构应当充分了解用户需求和家政服务人员基本情况，不得故意隐瞒与订立家政服务合同有关的重要事实或者提供虚假情况。

**第十一条** 用户通过家政服务机构聘请家政服务人员的，有权了解家政服务机构、家政服务人员的有关信息，查验相关证件；要求家政服务机构或者家政服务人员按照家政服务合同的约定提供相关服务，并对其服务作出评价。

用户直接聘请家政服务人员的，有权了解家政服务人员的有关信息，查验相关证件；要求家政服务人员按照家政服务合同的约定提供相关服务。

鼓励用户通过家政服务机构聘请家政服务人员。

**第十二条** 用户应当按照约定支付相关费用，为家政服务人员提供必要的劳动保护条件；尊重家政服务人员的人格，如实介绍与家政服务有关的家庭情况；用户及同住人员患有传染性疾病或者具有其他可能危及家政服务人员人身安全的情形，应当如实告知家政服务人员。

用户不得有下列行为：

（一）谩骂、侮辱、虐待、殴打家政服务人员；

（二）强迫家政服务人员提供合同约定以外的家政服务；

（三）强迫家政服务人员提供可能对其人身安全造成损害的家政服务；

（四）其他违反法律、法规和公序良俗的行为。

**第十三条** 家政服务人员的人格尊严受法律保护。

家政服务人员有权拒绝可能危及其人身安全的家政服务。

家政服务人员有休息的权利，具体休息时间或者补偿办法可以依法协商确定，并在劳动合同、服务协议或者家政服务合同中予以明确。

家政服务机构、用户不得扣押家政服务人员身份证、技能证明、健康证明等证件。

**第十四条** 家政服务人员应当如实向家政服务机构、用户披露本人的年龄、从业经历、服务技能、健康状况以及有无不良嗜好等情况。

家政服务人员应当按照家政服务合同和家政服务机构的要求提供服务，并遵守职业规范。

家政服务人员不得有下列行为：

（一）谩骂、侮辱、虐待、殴打服务对象；

（二）偷盗、骗取或者故意损毁用户的财物；

（三）泄露在家政服务活动中知悉的用户的隐私；

（四）其他违反法律、法规、公序良俗和职业道德的行为。

家政服务人员患有传染性疾病等不宜从事家政服务疾病的，在治愈前不得从事家政服务活动。

**第十五条** 鼓励家政服务人员参加政府部门、家政服务行业组织以及家政服务机构组织的各类技能培训活动，通过多种渠道提升家政服务能力和职业道德水平。

## 第三章 规范和管理

**第十六条** 本市健全完善家政服务标准体系，强化家政服务标准实施与监督，推动提升家政行业服务质量和水平。

市标准化行政主管部门和有关行政主管部门应当组织开展家政服务地方标准立项研究，制定家政服务地方标准，加强对家政服务地方标准的宣传和实施工作。

鼓励家政服务行业组织、家政服务机构参与标准化工作，制定高于国家标准、行业标准、地方标准相关技术要求的团体标准和企业标准，并组织实施。

**第十七条** 鼓励用户与家政服务机构或者家政服务人员订立书面家政服务合同，约定服务时间、事项、报酬等内容。

鼓励家政服务机构使用家政服务合同示范文本，并将本机构制定的服务规范作为合同的附件。鼓励直接与用户建立家政服务关系的家政服务人员使用合同示范文本。

家政服务合同示范文本由市商务部门会同市市场监管等部门制定。

**第十八条** 本市建设全市统一的家政服务管理平台，发布国家以及本市有关促进、规范家政服务业发展的政策措施、行业动态、合同示范文本等信息；归集家政服务机构和家政服务人员的基本信息、服务和评价信息以及信用信息，并依法为公众提供查询等公共服务。

家政服务管理平台应当与本市“一网通办”平台和公共信用信息服务平台等信息系统实现互联互通，并按照国家规定向全国信用信息共享平台归集有关基础信息和信用信息。

相关部门应当按照国家和本市有关规定保障信息安全，并对获取的商业秘密、个人信息予以保护。

家政服务管理平台由市商务部门负责组织建设和运行维护。平台信息采集和查询应当遵守相关法律、法规的规定，具体办法由市商务部门制定。

**第十九条** 家政服务机构应当将单位名称、主要负责人、经营场所、联系方式等信息通过家政服务管理平台向市商务部门备案。相关信息发生变更的，应当在十五日内向市商务部门备案。

对于能够通过本市“一网通办”平台实现数据共享的信息，市商务部门不得要求家政服务机构重复提供。

**第二十条** 家政服务机构应当将其家政服务人员或者由其居间介绍的家政服务人员的信息，在家政服务管理平台上备案，并发放家政上门服务证。持有家政上门服务证的家政服务人员，开展家政服务活动时，应当出示上门服务证。

鼓励直接与用户建立家政服务关系的家政服务人员将个人基本信息、从业经历等在家政服务管理平台上备案。

家政服务管理平台信息备案和家政上门服务证的管理办法，由市商务部门另行制定。

**第二十一条** 在家政服务管理平台备案的家政服务机构应当定期向平台传送家政服务合同、服务评价等家政服务信息，并对信息的真实性负责。

鼓励家政服务机构建立业务管理系统，并与家政服务管理平台对接。

**第二十二条** 商务、市场监管、人力资源社会保障等部门应当按照各自职责加强对家政服务行业的监管，健全投诉举报处理工作机制，及时受理相关投诉举报，并依法处理。

**第二十三条** 家政服务机构应当建立方便、快捷的家政服务投诉处理机制，及时处理家政服务投诉。

家政服务行业组织可以建立家政服务纠纷调解机制，对家政服务活动中产生的纠纷进行调解。

消费者权益保护委员会负责受理与家政服务活动有关的消费者投诉，对投诉事项进行调查、调解，或者提出意见转送有关部门和单位处理。

居(村)民委员会、相关调解组织可以对家政服务活动中的纠纷进行调解。

## 第四章 促进和发展

**第二十四条** 家政服务机构在社区设置服务网点，其租赁场地水电等费用不受用房性质限制，按照居民价格计费。本市支持依托政府投资建设的城乡社区综合服务设施或者场地设立家政服务网点，符合条件的可以减免租赁费用。

**第二十五条** 市人力资源社会保障等部门应当将家政服务纳入职业培训计划。

家政服务人员参加职业培训的，按照本市职业技能培训补贴政策给予培训费补贴。

支持家政服务机构开展员工职业培训。鼓励家政服务人员参加职业技能鉴定和职业技能大赛。鼓励职业院校、社区教室以及由政府投资兴办的公共实训基地向家政服务人员培训开放。

**第二十六条** 市商务部门应当会同市卫生健康部门确定不同类别家政服务人员的体检项目和标准。

在家政服务管理平台上备案的家政服务人员参加体检的，按照本市有关规定给予体检费用支持。

**第二十七条** 市教育等部门应当将家政服务纳入职业教育计划。

本市支持高等院校和职业院校开设家政服务相关专业，培养家政服务专业人才。

鼓励符合条件的家政服务机构举办家政服务类职业院校，有关部门应当设立审批绿色通道，简化流程，优化服务。

**第二十八条** 鼓励保险机构开发家政服务意外伤害保险、家政服务责任保险、家政服务第三者责任保险等保险产品。

鼓励家政服务机构、家政服务人员与用户购买家政服务相关保险产品。

在家政服务管理平台上备案的家政服务人员购买家政服务相关保险产品的，可以按照有关规定申请补贴。

**第二十九条** 本市鼓励商业银行为信用状

况良好且符合条件的家政服务机构提供无抵押、无担保的信用贷款。

本市支持符合条件的家政服务机构发行社会领域产业专项债券。

**第三十条** 本市支持有条件的员工制家政服务机构提供职工集体宿舍。鼓励将城市现有设施改造作为员工制家政服务机构员工集体宿舍，园区配建职工宿舍优先面向员工制家政服务机构员工。

本市将符合条件的家政服务人员纳入公租房保障范围，支持员工制家政服务机构集体租赁公租房。

家政服务人员自行租赁房屋居住且符合有关规定的，可以申请租赁补贴。

**第三十一条** 家政服务人员可以按照本市居住证积分管理的有关规定，申请积分办理，享受相应的公共服务。

符合本市落户政策规定的家政服务人员，可以申办本市常住户口。

**第三十二条** 公安部门和公共信用信息归集部门应当配合相关部门做好家政服务人员的信息查验工作。

**第三十三条** 家政服务人员有权加入工会组织。家政服务人员加入工会的，可以参加工会举办的互助保障计划。

工会、共产主义青年团、妇女联合会等团体应当维护家政服务人员的合法权益，配合有关部门开展家政技能培训和职业道德、法治、诚信教育，提升家政服务人员的服务水平和职业素养，将家政服务人员纳入评选劳动模范、新长征突击手、三八红旗手等荣誉称号的范畴。

## 第五章 行业建设

**第三十四条** 家政服务行业组织可以依照章程开展下列工作：

（一）向相关部门提出立法或者政策制定建议，反映本行业相关事项；

（二）组织制定家政服务团体标准和行业规范，提出家政服务地方标准的制定建议；

（三）开展家政服务质量监测；

（四）组织家政服务机构开展家政服务人员体检、技能培训；

（五）其他促进行业发展的服务事项。

**第三十五条** 家政服务行业组织可以在市标准化行政管理等部门的指导下，制定家政服务人员的服务能力评定标准，由本行业组织内的家政服务机构约定采用或者按照本行业组织的规定供社会自愿采用。

人力资源社会保障等部门根据家政服务人员国家职业技能标准，指导经认定的家政服务行业组织等开展职业技能等级认定并颁发职业技能等级认定证书。

家政服务行业组织可以根据本市经济社会发展状况，发布家政服务技能等级薪酬指导意见。

**第三十六条** 家政服务行业组织可以依照章程对家政服务机构和家政服务人员开展社会评价工作，并提供相应的查询渠道。

对本行业组织内的家政服务机构的信用状况，家政服务行业组织应当依照章程予以记录。

**第三十七条** 家政服务行业组织对违反家政服务行业规范、行业组织章程，损害行业形象的家政服务机构，可以依照章程采取相应的行业惩戒措施；对涉嫌违反法律、法规的，应当向相关部门举报。

## 第六章 法律责任

**第三十八条** 违反本条例规定的行为，法律、法规有处罚规定的，依照其规定处理。

**第三十九条** 家政服务机构有下列情形之一的，区商务部门应当及时开展核查，并将线索告知区市场监管部门。经查明属实的，由区市场监管部门责令限期改正；拒不改正的，处二千元以上二万元以下罚款；情节严重的，处二万元以上五万元以下罚款：

（一）违反本条例第十九条规定，未报送机构备案信息、未及时报送变更信息，或者报送虚假机构备案信息的；

（二）违反本条例第二十条第一款规定，未报送人员备案信息，或者报送虚假人员备案信息的；

（三）违反本条例第二十一条第一款规定，未报送家政服务信息，或者报送虚假家政服务信息的。

**第四十条** 家政服务活动中，家政服务机构、家政服务人员或者用户侵犯他人合法权益的，应当依法承担相应的民事责任。

**第四十一条** 家政服务活动中，家政服务机构、家政服务人员或者用户违反治安管理规定的，由公安机关依法予以处罚；构成犯罪的，依法追究刑事责任。

**第四十二条** 有关行政管理部门工作人员在家政服务管理工作中玩忽职守、滥用职权、徇私舞弊的，依法给予处分；构成犯罪的，依法追究刑事责任。

## 第七章 附 则

**第四十三条** 本条例自 2020 年 5 月 1 日起施行。

# 上海市排水与污水处理条例

（2019 年 12 月 19 日上海市第十五届人民代表大会常务委员会第十六次会议通过）

## 第一章 总 则

**第一条** 为了加强对排水与污水处理的管理，保障排水与污水处理设施安全运行，防治水污染和内涝灾害，保障公民生命、财产安全和公共安全，保护环境，根据《中华人民共和国水污染防治法》《城镇排水与污水处理条例》和其他有关法律、行政法规，结合本市实际，制定本条例。

**第二条** 本市行政区域内排水与污水处理的规划，排水与污水处理设施的建设、维护与保护，向排水与污水处理设施排水和污水处理，及其相关监督管理活动，适用本条例。

排污单位直接向水体排放水污染物的，按照有关法律、法规执行。

**第三条** 本条例所称排水，是指利用排水与污水处理设施收集、输送、排放产业废水、生活污水和雨水的行为。

本条例所称污水处理，是指对污水采用物理、化学、生物等方法进行净化处理后达到排放标准的行为。

本条例所称排水与污水处理设施，是指用于排水与污水集中收集处理的公共基础设施，包括城镇排水与污水处理设施和农村生活污水处理设施。

本条例所称城镇排水与污水处理设施，包括排水管道、检查井、排水泵站、污水处理设施、污泥处理处置设施、大气污染物处理设施。

本条例所称农村生活污水处理设施，包括对农村生活污水进行收集处理的建筑物、构筑物及设备。

**第四条** 排水与污水处理应当遵循尊重自然、统筹规划、配套建设、保障安全、综合利用的原则。

**第五条** 市水务部门是本市排水与污水处理的行政主管部门，负责本市排水与污水处理的组织、协调、指导和监督等工作。其所属的上海市水务局执法总队（以下简称市水务行政执法机构）按照本条例的授权，实施行政处罚。

区水务部门按照其职责权限，负责本行政区域内排水与污水处理的相关管理和监督工作。

本市发展改革、生态环境、建设、规划资源、绿化市容、财政、交通、农业农村、房屋管理等行政管理部门依照各自职责，协同实施本条例。

**第六条** 本市采取特许经营、政府购买服务等多种形式，吸引社会资本参与投资、建设和运营排水与污水处理设施。

支持海绵城市建设、排水与污水处理的科学技术研究，推广应用先进适用的技术、工艺、设备和材料，促进源头减排、污水的再生利用和污泥、雨水的资源化利用，提高排水与污水处理能力。

**第七条** 市、区水务部门应当加强源头减排、排水与污水处理、雨水和污水分流等相关知识的宣传，提高全社会科学、安全、规范排水和环境保护的意识。

任何单位和个人都有依法排水、保护排水与污水处理设施的义务，有权对违反本条例的行为进行举报和投诉。

## 第二章 规划与建设

**第八条** 市、区人民政府编制国民经济和社会发展规划，应当将雨水和污水的源头减排、收集处理、资源化利用作为重要内容。

本市有关部门组织编制国土空间规划，应当统筹考虑雨水和污水源头减排、污水收集处理和再生利用、污泥处理处置和污泥、雨水的资源化利用。

**第九条** 市建设行政管理部门应当会同市规划资源、水务等行政管理部门，组织编制全市海绵城市专项规划，明确雨水源头减排的空间布局、要求和控制指标，并报市人民政府批准。

区人民政府应当依据全市海绵城市专项规划，组织编制本辖区海绵城市建设规划，分解落实全市雨水源头减排建设要求和控制指标。

市人民政府组织编制城市总体规划时，应当将雨水源头减排建设要求和控制指标纳入。区人民政府、市规划资源及相关行政管理部门编制控制性详细规划以及生态空间、道路等专项规划时，应当落实雨水源头减排建设要求和控制指标。

**第十条** 市、区水务部门应当根据国民经济和社会发展规划，会同同级规划资源部门分别组织编制市、区排水与污水处理系统规划，按照国家和本市规定的程序报经批准后，纳入相应的城乡规划。

区水务部门应当根据排水与污水处理系统规划，组织编制排水与污水处理详细规划，经市水务部门审核，并按照国家和本市规定的程序报经批准后，纳入相应的城乡规划。

排水与污水处理系统规划、排水与污水处理详细规划（以下统称排水与污水处理规划）的编制，应当综合考虑人口和产业发展趋势、排水与污水处理能力和设施连通需求、水环境整治要求等，合理确定规划目标。

**第十一条** 排水与污水处理规划主要包括下列内容：

（一）规划范围；

（二）规划目标与标准；

（三）源头减排和雨水利用；

（四）排水量与排水系统体制、模式；

（五）初期雨水与污水处理、污泥处理处置、排水与污水处理设施运行产生的废气的处理要求；

（六）排水与污水处理设施的规模、布局、建设时序以及保障措施；

（七）排水与污水处理设施的建设用地需求、重大管线位置以及对区域的竖向控制要求；

（八）其他需要纳入排水与污水处理规划的内容。

**第十二条** 排水与污水处理规划应当与国土空间规划、水污染防治规划和防洪除涝规划保持一致，并与海绵城市、道路、生态空间、水系等专项规划相衔接。

**第十三条** 区水务部门应当根据排水与污水处理系统规划，组织编制农村生活污水治理规划，经市水务部门审核，并报区人民政府批准后，纳入相应的城乡规划。

农村生活污水治理规划应当与水污染防治

规划保持一致，并与村庄布局规划相衔接，综合考虑村庄布局、人口规模、集聚程度、地形地貌等因素。

**第十四条** 市、区水务部门应当根据排水与污水处理规划，制定城镇排水与污水处理设施建设计划，统筹安排城镇排水与污水处理设施的建设，提高本市污水的收集率和处理率。

镇(乡)人民政府应当根据农村生活污水治理规划，制定农村生活污水处理设施建设计划。毗邻城镇排水与污水处理设施的农村区域，其生活污水应当就近接入城镇排水与污水处理设施，并由镇(乡)人民政府建设连接设施。其他农村区域由镇(乡)人民政府根据农村生活污水处理设施建设计划，建设相对集中的农村生活污水处理设施。

**第十五条** 本市各级人民政府应当根据排水与污水处理规划的要求，为排水与污水处理设施的建设和运行维护提供资金保障。

市、区发展改革、规划资源等行政管理部门应当将排水与污水处理设施建设计划所需资金和土地，分别纳入年度投资计划和年度土地供应计划。

**第十六条** 社会投资主体投资建设城镇排水与污水处理设施的，建设单位应当按照所在地控制性详细规划、排水与污水处理规划，编制建设方案并组织实施。建设方案应当报市或者区水务部门备案。

**第十七条** 新建地区应当实行雨水、污水分流。在雨水、污水分流地区，雨水管道和污水管道不得相互混接。

雨水、污水合流地区，应当按照排水与污水处理规划要求，进行雨水、污水分流改造；在旧城区改建和道路建设时，应当统筹雨水、污水分流改造。

**第十八条** 新建、改建、扩建建设项目应当按照标准建设雨水源头减排设施，发挥建筑、道路、广场、绿地等对雨水的吸纳、渗透和调节作用，减少雨水径流和初期雨水污染。

中心城区范围内新建、改建、扩建建设项目，应当按照相关规划要求和雨水源头减排建设标准，建设雨水集蓄利用设施。其他区域内的大型公共建筑建设项目应当优先采用雨水集蓄利用措施。

市建设行政管理部门应当会同有关部门，组织编制雨水源头减排建设标准。

**第十九条** 建设排水管道检查井和雨水口，应当按照国家和本市有关规定进行，保证其承载力、稳定性、防沉降等性能符合相关要求，并优先采用排水管道检查井、雨水口预制成品。

检查井井盖应当具备防坠落和防盗窃功能，并满足结构强度要求。排水管道雨水口应当具备垃圾拦截功能；在满足防汛要求的前提下，加装过滤装置。

**第二十条** 具备防汛功能的排水泵站应当设置污水截流设施；有条件的，应当设置相应的垃圾拦截、清理和初期雨水治理装置。

**第二十一条** 建设城镇排水与污水处理设施的，建设单位应当同步确定污泥处理处置方案；需要配套建设污泥处理处置设施的，应当同步建设。

城镇排水与污水处理设施运行产生废气的，建设单位应当同步建设大气污染物处理设施。

**第二十二条** 排水与污水处理设施建设工程竣工后，建设单位应当依法组织竣工验收。未经验收或者验收不合格的，不得交付使用。验收合格的，建设单位应当自竣工验收合格之日起十五日内，将竣工验收报告及相关图纸、资料报市或者区水务部门备案。

**第二十三条** 城镇排水与污水处理设施竣工验收合格后，由市、区水务部门按照政府采购有关规定，确定符合条件的排水与污水处理设施运行维护单位。

农村生活污水处理设施竣工验收合格后，由镇(乡)人民政府按照有关规定，确定符合条件的污水处理设施运行维护单位。

## 第三章 排水管理与污水处理

**第二十四条** 排水与污水处理设施覆盖范围内的排水单位和个人，应当按照国家和本市有关规定向排水与污水处理设施排水。

在雨水、污水分流地区，排水单位和个人不得将污水排入雨水管网。

**第二十五条** 建设住宅小区、商业办公楼、工厂等需要向排水与污水处理设施排水的项目，建设单位应当按照排水与污水处理规划要求编制建设项目排水设计方案。

建设单位应当按照排水设计方案进行建设。市、区水务部门应当对建设单位编制排水设计方案和建设予以指导。

建设项目内部排水，应当实行雨水、污水分流。建设住宅项目的，阳台、露台应当按照住宅设计规范，设置污水管道。

建设行政管理部门应当将本条第三款规定的要求，纳入施工图设计文件审查和竣工验收范围。

**第二十六条** 排水单位和个人通过在线政务服务平台等方式，向区水务部门办理内部排水设施接入手续，连接排水与污水处理设施。

对于建筑面积在一定规模以下的建设项目，其内部排水设施的接入，由区水务部门负责连接排水与污水处理设施。

**第二十七条** 排水单位和个人应当对内部排水设施进行维护和管理。排水单位和个人可以委托专业化单位实施维护和管理。

排水与污水处理设施运行维护单位应当定期检查排水单位和个人的排水接入情况，并建立管理档案。

排水与污水处理设施运行维护单位发现排水单位和个人有雨水管道和污水管道相互混接、混排行为的，应当立即告知排水单位和个人进行整改，并向区水务部门报告。有关部门应当及时对整改情况进行监督检查。

**第二十八条** 从事工业、建筑、餐饮、医疗、畜禽养殖、屠宰、有消毒排水的宾馆酒店服务、有化学实验排水的科研、有船舶生活污水收集处理的港口经营、汽车清洗，以及列车、轨道交通车辆、汽车的修理等活动，向城镇排水设施排放污水的企业事业单位、个体工商户（以下简称排水户），应当依法向水务部门申请领取污水排入排水管网许可证（以下简称排水许可证）。

**第二十九条** 排水户应当按照国家和本市有关规定，建设相应的污水预处理设施，确保排放的污水符合国家和本市污水排放的相关标准。

排水户委托第三方机构实施污水治理的，接受委托的第三方机构应当遵守相关法律、法规和技术规范的要求，不得弄虚作假。排水户委托第三方机构实施污水治理的，不免除排水户的法律责任。

**第三十条** 市、区水务部门应当对排水户排放污水的水质进行监测，对水量进行复核，并建立排水监测档案。市、区水务部门可以委托专业的排水监测机构进行监测。

排水户应当接受排水监测，并如实提供有关资料。

**第三十一条** 排水与污水处理设施运行维护单位应当按照法律、法规和相关技术标准，建立运行管理制度，保障排水与污水处理设施安全运行。

**第三十二条** 排水泵站运行维护单位应当按照规定编制泵站日常运行方案，明确泵站运行水位、泵机启停条件等要求，并报市或者区水务部门。

排水泵站运行维护单位应当按照要求，向市或者区水务部门报送泵站运行记录等信息。

禁止在旱天通过排水泵站向河道排水，确需检修排水泵站或者因防汛、应急处置需要降低排水管道水位等情形的除外。

**第三十三条** 城镇污水处理设施运行维护单位应当保证污水处理设施的出水水质、污泥处理处置设施处理后的泥质、大气污染物排放浓度符合国家和本市规定的标准。相关信息应当依法向社会公布。

城镇污水处理设施运行维护单位应当按照

法律、法规和相关技术标准，在污水处理设施的进水口和出水口安装与污染源监控平台联网的流量计量设备、水质在线监测设备。

城镇污水处理设施运行维护单位应当按照国家和本市有关规定检测进出水水质，向水务、生态环境部门报送污水处理水质和水量、主要污染物削减量等信息，并按照有关规定向市或者区水务部门报送生产运营成本等信息。

生态环境部门应当对城镇污水处理设施的出水水质和水量进行监督检查。

**第三十四条** 农村生活污水处理设施的出水水质应当符合国家和本市标准。

农村生活污水处理设施运行维护单位应当按照国家和本市有关规定，对进出水水量、水质进行记录，对出水水质进行日常检测，并定期向镇（乡）人民政府报告。

镇（乡）人民政府应当按照规定，对农村生活污水处理设施出水水质进行监测。区生态环境、水务部门应当对农村生活污水处理设施的出水水质进行监督检查。

**第三十五条** 城镇污水处理设施运行维护单位或者污泥处理处置单位应当安全处理处置污泥，保证处理处置后的污泥符合国家有关标准，对产生的污泥以及处理处置后的污泥去向、用途、用量等进行跟踪、记录，并向水务、生态环境部门报告。

农村生活污水处理设施产生的污泥应当安全、合理处理处置。经处理达到相应的泥质标准后，可以就地资源化利用。

任何单位和个人不得擅自倾倒、堆放、丢弃、遗撒污泥。

市绿化市容、生态环境部门应当将污泥处理处置后产生的废物，按照规定纳入本市固体废物处理系统。

**第三十六条** 市、区水务部门应当推进城镇排水与污水处理信息化建设，加强城镇排水与污水处理设施运行情况的实时监测，建立和完善城镇排水与污水处理智能化运行调度平台，提升城镇排水与污水处理安全保障能力。

**第三十七条** 排水单位和个人应当按照国家和本市有关规定缴纳污水处理费。

污水处理费的收取、使用情况，应当向社会公开。

## 第四章 设施维护与保护

**第三十八条** 雨水源头减排设施的运行维护单位应当按照法律、法规和相关技术标准，对雨水源头减排设施进行维护，保障雨水源头减排设施完好。

**第三十九条** 排水与污水处理设施运行维护单位应当建立健全安全生产管理制度，按照法律、法规和相关技术标准，对排水与污水处理设施进行日常巡查、维修和养护，保障排水与污水处理设施完好。

**第四十条** 市、区水务部门应当对排水管道及检查井进行周期性检测评估，并根据检测评估结果和排水管道及检查井的材质、使用年限等情况，组织实施修复和改造。

排水管道及检查井的修复和改造，优先采用非开挖工艺。

**第四十一条** 因施工确需临时封堵排水管道的，建设单位应当编制临时排水方案，向市或者区水务部门提出申请，经批准后实施。施工期间，应当采取临时排水措施。施工结束后，应当按照要求予以恢复。

**第四十二条** 排水单位和个人因发生事故或者其他突发事件，排放的污水可能危及排水与污水处理设施安全运行的，应当立即采取措施消除危害，并及时向市或者区水务、生态环境等有关部门报告。

排水与污水处理设施运行维护单位应当编制本单位排水与污水处理突发事件应急预案，向市或者区水务部门备案。排水与污水处理安全事故或者突发事件发生后，设施运行维护单位应当立即启动本单位应急预案，并向事故发生地的区水务、生态环境部门报告。按照应急预案要求需要启用污水输送干线紧急排放口排水的，排水与污水处理设施运行维护单位应当在启用前，向市水务部门报告。

**第四十三条** 市水务部门应当会同有关部门划定排水与污水处理设施保护范围，并向社会公布。其中，污水输送干线管道、直径八百毫米以上的排水管道或者排水泵站（以下统称重要设施）的保护范围为设施外侧二十米内。

建设单位在保护范围内从事爆破、钻探、打桩、顶进、挖掘、取土等可能影响设施安全的活动的，应当查明管线信息，并与设施运行维护单位按照有关技术规范制定设施保护方案。在重要设施外侧三米范围内，从事爆破、打桩、顶进、实施深度大于管顶高程的开挖施工和井点法降低地下水位的施工等活动的，建设单位制定的设施保护方案应当经专家论证通过后，报市或者区水务部门备案。

**第四十四条** 在排水与污水处理设施保护范围内从事爆破、钻探、打桩、顶进、挖掘、取土等可能影响设施安全的活动的，建设单位应当组织施工单位、监测单位按照设施保护方案采取施工保护措施和监测措施；排水与污水处理设施运行维护单位应当指派专业人员进行现场管理。

监测单位在监测过程中发现监测指标达到监测控制限值时，应当立即通知施工单位。施工单位应当立即停止施工，采取措施，消除安全隐患，并告知排水与污水处理设施运行维护单位。

建设单位应当在施工前和施工后，与排水与污水处理设施运行维护单位确认排水与污水处理设施的完好状态。

排水与污水处理设施因建设活动受损的，建设单位应当立即组织维修，并依法赔偿损失。

**第四十五条** 禁止从事下列危及排水与污水处理设施安全的活动：

（一）损毁、盗窃排水与污水处理设施；

（二）穿凿、堵塞排水与污水处理设施；

（三）向排水与污水处理设施排放、倾倒剧毒、易燃易爆、腐蚀性废液和废渣；

（四）向排水与污水处理设施倾倒垃圾、渣土、施工泥浆等废弃物；

（五）建设占压排水与污水处理设施的建筑物、构筑物或者其他设施；

（六）将混有产业废水的污水排入农村生活污水处理设施；

（七）其他危及排水与污水处理设施安全的活动。

**第四十六条** 市、区建设、水务等行政管理部门应当按照各自职责，对雨水源头减排设施的运行维护情况进行监督检查。

市、区水务部门应当按照要求，对排水与污水处理设施运行维护情况进行监督检查。

市、区水务部门和镇（乡）人民政府应当每年对排水与污水处理设施运行维护单位进行考核或者绩效综合评价。评价结果应当作为费用结算的依据。

## 第五章 法律责任

**第四十七条** 违反本条例规定的行为，法律、法规已有处理规定的，从其规定。

**第四十八条** 违反第四十一条规定，建设单位擅自封堵排水管道或者经批准临时封堵后未按照要求予以恢复的，由市水务行政执法机构或者区水务部门责令改正，处五万元以上三十万元以下罚款。

**第四十九条** 违反第四十二条第二款规定，排水与污水处理设施运行维护单位未履行紧急排放口启用报告义务的，由市水务行政执法机构或者区水务部门责令改正，处二万元以上五万元以下罚款。

**第五十条** 违反第四十三条第二款规定，建设单位未将经专家论证通过的设施保护方案报水务部门备案的，由市水务行政执法机构或者区水务部门责令改正；逾期不改正的，处五千元以上二万元以下罚款。

**第五十一条** 违反第四十五条规定，从事危及排水与污水处理设施安全活动的，由市水务行政执法机构或者区水务部门责令停止违法行为，限期恢复原状或者采取其他补救措施，给予警告；逾期不采取补救措施或者造成严重后果的，对单位处十万元以上三十万元以下罚款，对个人处二万元以上十万元以下罚款；造成损失的，依法承担赔偿责任；构成犯罪的，依法追究刑事责任。

**第五十二条** 市、区水务部门、其他有关行政管理部门和镇（乡）人民政府及其工作人员，有下列行为之一的，对直接负责的主管人员和其他直接责任人员，由其所在单位或者上级主管部门依法给予处分：

（一）未依法履行排水与污水处理设施建设、维护、保护等职责的；

（二）未依法实施行政许可的；

（三）未依法调查处理有关危及排水与污水处理设施安全活动的投诉、举报，致使公共利益受到严重损害的；

（四）其他玩忽职守、滥用职权、徇私舞弊的。

## 第六章 附 则

**第五十三条** 本条例自2020年5月1日起施行。1996年12月19日上海市第十届人民代表大会常务委员会第三十二次会议通过的《上海市排水管理条例》同时废止。

# 上海市人民代表大会常务委员会关于贯彻实施《中华人民共和国外商投资法》若干问题的决定

（2019年5月23日上海市第十五届人民代表大会常务委员会第十二次会议通过）

为了贯彻实施《中华人民共和国外商投资法》，进一步扩大对外开放，推动形成全面开放新格局，上海市第十五届人民代表大会常务委员会第十二次会议决定：

一、废止上海市第十届人民代表大会常务委员会第二十九次会议通过的《上海市外商投资企业审批条例》。

二、本市地方性法规的规定，凡与《中华人民共和国外商投资法》不一致的，停止实施。

三、市人民政府可以依据法律、法规和本决定，按照法定的权限和程序制定外商投资促进和便利化的规章、规范性文件及政策措施。

区人民政府可以依据法律、法规和本决定，按照法定的权限和程序制定外商投资促进和便利化的规范性文件及政策措施。

市、区人民政府依据前两款制定的政策措施应当有利于积极促进外商投资，保护外商投资合法权益，规范外商投资管理。

四、本市积极争取国家设立特殊经济区域或者实行外商投资试验性政策措施，促进外商投资，扩大对外开放。

五、本市建立优化营商环境法治保障工作机制，积极营造内外资公平竞争的市场环境，外商投资企业依法平等适用本市支持企业发展的各项政策。

六、市、区人大常委会应当通过听取专项工作报告、开展执法检查等方式，加强对《中华人民共和国外商投资法》以及本决定实施情况的监督。

本决定自2020年1月1日起施行。

# 上海市人民代表大会常务委员会关于促进和保障浦东新区改革开放再出发实现新时代高质量发展的决定

（2019年7月25日上海市第十五届人民代表大会常务委员会第十三次会议通过）

浦东开发开放是党中央、国务院在我国改革开放和现代化建设关键时期作出的一项重大战略决策。为了继续高举浦东开发开放旗帜，依法促进和保障浦东新区改革开放再出发，发挥上海地方立法试验田作用，实现新时代高质量发展，特作如下决定：

一、市人民代表大会常务委员会围绕浦东新区改革开放再出发的实际需求，制定、修改相关地方性法规或者在有关地方性法规中作出规定，促进和保障浦东新区更好发挥排头兵和试验田的作用。

市人民代表大会常务委员会可以决定在一定期限在浦东新区暂时调整或者暂时停止适用本市地方性法规的部分规定。

本市地方性法规的规定，凡与国家推进浦东新区改革开放有关法律、行政法规以及国务院有关决定不一致的，自动作相应调整。

二、在坚持国家法制统一原则的前提下，根据本市地方性法规的基本原则，市人民政府可以聚焦深化改革、扩大开放、创新发展、产业升级和城市功能等重点领域，制定相关规章、规范性文件在浦东新区先行先试，报市人民代表大会常务委员会备案。

本市地方性法规规定由市人民政府及其有关行政管理部门行使的经济领域行政管理职权，市人民政府可以按照权责一致的原则决定由浦东新区人民政府及其有关行政管理部门依法行使，但确需由市级行政机关统一协调管理的事项除外。

三、在坚持国家法制统一原则的前提下，根据本市地方性法规的基本原则，浦东新区人民代表大会常务委员会、浦东新区人民政府可以聚焦深化改革、扩大开放、创新发展、产业升级和城市功能等重点领域作出相关决定、决议或者制定相关规范性文件在浦东新区先行先试，报市人民代表大会常务委员会备案；浦东新区人民代表大会常务委员会可以围绕自贸试验区和科创中心建设等重点工作，依法决定在一定期限在浦东新区暂时调整或者暂时停止适用本市地方性法规的部分规定，报市人民代表大会常务委员会备案。

四、市人民代表大会常务委员会有关工作机构应当就促进和保障浦东新区改革开放再出发，实现新时代高质量发展的法治保障需求，与全国人民代表大会常务委员会有关工作机构、浦东新区人民代表大会及其常务委员会有关工作机构，建立沟通联系机制。

五、市人民代表大会常务委员会通过听取专项工作报告、开展执法检查等方式，加强对本决定实施情况的监督。

六、本市各级国家机关应当依法支持和保障浦东新区改革开放再出发，实现新时代高质量发展的改革举措的有效实施。

七、本决定自2019年7月26日起施行。

# 上海市推进科技创新中心建设条例

（2020年1月20日上海市第十五届人民代表大会第三次会议通过）

## 第一章　总　　则

**第一条**　为了深入实施创新驱动发展战略，加快建设具有全球影响力的科技创新中心，全面提升城市能级和核心竞争力，根据有关法律、行政法规，结合本市实际，制定本条例。

**第二条**　本市行政区域内推进科技创新中心建设的相关工作，适用本条例。

**第三条**　本市按照国家战略部署，将上海建设成为创新主体活跃、创新人才集聚、创新能力突出、创新生态优良的综合性、开放型具有全球影响力的科技创新中心，成为科技创新重要策源地、自主创新战略高地和全球创新网络重要枢纽，为我国建设世界科技强国提供重要支撑。

**第四条**　本市推进科技创新中心建设，应当坚持深化体制机制改革，以制度创新推进保障科技创新；坚持面向科学前沿，提升原始创新能力；坚持需求导向和产业化方向，围绕产业链部署创新链；坚持营造良好的创新生态环境，充分激发全社会创新活力；坚持全球视野，以开放引领创新；坚持科技创新服务民生改善，服务超大城市治理。

**第五条**　本市建立科技创新中心建设议事协调机制，根据国家战略部署和本市推进科技创新中心建设需要，统筹协调科技创新中心建设的重大问题。

市人民政府应当加强对本市推进科技创新中心建设工作的领导，设立科技创新中心建设推进机构，统筹协调科技创新中心建设的推进工作。

区人民政府应当建立健全相应的综合协调机制，做好本行政区域内相关工作的推进和落实。

**第六条**　市发展改革部门负责协调推进本市科技创新中心建设的重大体制机制改革、综合政策制定、重大投资以及区域联动等工作。

市科学技术部门负责协调组织本市科学研究、技术创新、科技成果转化与科学技术普及等工作，推进本市创新体系建设和科技体制机制改革。

市教育部门负责指导本市高等院校培养创新人才、提升创新能力，推动高等院校学科建设、科学研究与产业发展联动。

市经济信息化部门负责指导本市产业技术创新，推动新兴产业发展，推进产学研用深度融合。

市商务、财政、人力资源社会保障、规划资源、卫生健康、农业农村、市场监管、金融监管、国有资产监管、司法行政、知识产权等部门在各自职责范围内加强协作配合，共同推进本市科技创新中心建设的相关工作。

**第七条**　市人民政府组织编制科技创新中心建设规划，并纳入本市国民经济和社会发展规划。科技创新中心建设规划应当明确推进建设的战略部署、阶段目标以及具体的工作措施和责任主体。区人民政府提出本行政区域开展科技创新中心建设相关工作的具体目标和要求，并纳入本区国民经济和社会发展规划。

市人民政府应当加强统筹协调，整体布局重大战略项目、重大基础工程、重大科技基础设施；根据区域定位及其发展优势，完善本市科技创新中心建设的城市空间布局。

**第八条**　市、区人民政府应当逐年加大财政科技投入，重点支持基础研究、重大共性关键技术研究、社会公益性技术研究、科技成果转化等科技创新活动，优化完善经费投入和使用机制。鼓励社会力量投入科技创新中心建设。

市、区人民政府应当加强财政科技投入的统筹与联动管理，优化整合财政科技投入专项资金，提高资金使用效益。市人民政府应当建设统一的财政科技投入信息管理和信息公开平台，实施科技投入绩效评价，接受公众监督和审计监督。

**第九条** 本市加强全方位、多层次、宽领域的国际科技创新交流合作，营造有利于创新要素跨境流动的良好环境，积极融入全球科技创新网络。

本市根据长江三角洲区域一体化发展国家战略的要求，建立协调合作机制，构建区域创新共同体；加强与国内其他地区在科技创新领域的广泛合作与协同发展。

**第十条** 市人民政府应当定期向市人民代表大会或者其常务委员会报告科技创新中心建设工作情况以及阶段目标实现情况。

科技创新中心建设推进机构应当会同相关部门定期发布本市科技创新中心建设情况报告，公布创新主体、创新人才、创新能力、创新生态等方面的情况。

## 第二章　创新主体建设

**第十一条** 鼓励企业事业单位、社会组织、个人等各类创新主体积极参与科技创新中心建设，开展创新创业活动。

市、区人民政府及其有关部门应当根据不同创新主体的功能定位提供相应政策支持，依法保护各类创新主体平等获取科技创新资源、公平参与市场竞争。

**第十二条** 市、区人民政府及其有关部门通过实施高新技术企业培育、提供研发资助，落实研发设备加速折旧、研发费用加计扣除和高新技术企业所得税优惠政策等方式，对企业的科技创新活动给予支持。

本市通过优化企业公共服务平台、安排专项资金、完善政府采购政策等方式，推动开展科技创新的中小企业发展。

市、区人民政府及其有关部门应当建立健全国有企业的科技创新考核评价机制，加大对国有企业负责人科技创新考核的力度。鼓励符合条件的国有科技型企业对重要技术人员和经营管理人员实施股权和分红激励。

**第十三条** 高等院校、科研院所、医疗卫生机构以及其他从事科研活动的事业单位（以下统称科研事业单位），可以按照国家和本市规定，扩大选人用人、编制使用、职称评审、薪酬分配、机构设置、科研立项、设备采购、成果处置等方面的自主权。

科研事业单位以市场委托方式取得的项目经费，在纳入本单位财务统一管理的前提下，可以按照委托方要求或者合同约定的方式使用。

各区和行业主管部门可以在本区或者本系统统筹使用事业编制，支持科研事业单位引进优秀科技创新人才。

**第十四条** 本市支持投资主体多元化、运行机制市场化、管理机制现代化的新型研发机构发展。市、区人民政府有关部门对符合条件的新型研发机构，应当创新经费支持和管理方式。

新型研发机构按照有关规定，可以直接申请登记并适当放宽国有资产份额的比例要求；可以在项目申报、职称评审、人才培养等方面适用科研事业单位相关政策；可以通过引入社会资本、员工持股等方式，开展混合所有制改革试点。

**第十五条** 支持拥有科技创新成果的个人和团队创新创业，推动创新成果转化为产品或者服务。鼓励孵化器、众创空间等各类创新创业载体，为个人和团队提供研发场地、设施以及创业辅导、市场推广等服务。鼓励老旧商业设施、闲置楼宇、存量工业房产转型为创新创业载体。

科研事业单位的专业技术人员经所在单位同意，可以利用与本人从事专业相关的科技创新成果在职创办企业。在职创办企业的具体条件和权利义务，由单位规定或者与专业技术人员约定。

**第十六条** 市、区人民政府应当积极培育科技服务机构，通过科技创新券等方式引导科技服务机构为各类创新主体服务。

鼓励各类科技服务机构创新服务模式，延伸服务链，为科技创新和产业发展提供研究开发、技术转移、检验检测、认证认可、知识产权、科技咨询等专业化服务。

**第十七条** 鼓励行业协会、学会等社会组织参与相关规划编制、技术标准制定、科技成果转化、科学普及等活动。

市、区科学技术协会应当在学术交流合作、科学普及、科研人员自律管理、维护科研人员合法权益等方面，发挥积极作用。

**第十八条** 鼓励各类创新主体加强协同创新，在前沿科技、重大共性关键技术研究等方面开展联合攻关，推动形成优势互补、成果共享、风险共担的合作机制。

发挥各类创新联盟在科学研究、技术创新、技术标准制定、产业规划与技术路线图编制、专利共享和成果转化等方面的作用，培育集群竞争优势。

## 第三章　创新能力建设

**第十九条** 本市面向世界科技前沿、面向国家重大需求、面向国民经济主战场，完善科学研究布局，优化科学研究政策导向、发展机制和环境条件，提高科技创新策源能力。

科研事业单位应当加强基础研究和应用基础研究，提升原始创新能力。鼓励企业和社会力量增加基础研究投入。鼓励企业和科研事业单位等共建研发机构和联合实验室，开展面向行业共性问题的应用基础研究。

**第二十条** 市科学技术、经济信息化等部门开展重点领域的技术创新规划布局，突出共性关键技术、前沿引领技术、现代工程技术、颠覆性技术创新，系统推进本市技术创新工作，建立以企业为主体、市场为导向、产学研用深度融合的技术创新体系。

支持企业根据市场需求制定创新发展规划，自主开展技术、装备和标准的研发应用。

**第二十一条** 本市建立健全激励创新的项目管理机制。自由探索类研究项目，项目主管部门应当采用开放竞争方式遴选研究人员和团队；目标导向类研究项目，项目主管部门可以采用定向委托方式确定承担主体；可能产生颠覆性创新成果但意见分歧较大的非共识项目，项目主管部门可以采用定向委托的方式予以支持。

财政资金支持的科研项目，项目承担单位应当按照国家和本市有关规定提交科技报告。

**第二十二条** 本市按照国家战略部署和科技、经济社会发展重大需求，实施重大战略项目、重大基础工程，建设重大科技基础设施，推动在基础研究和关键核心技术领域取得创新突破。

科技创新中心建设推进机构应当会同市发展改革、科学技术等部门，组织制定重大科技基础设施发展规划并推进实施。市发展改革、科学技术部门应当制定相关配套支持方案。市规划资源、住房城乡建设管理、交通、公安等部门应当按照各自职责，保障重大科技基础设施的正常运行。

**第二十三条** 市科学技术部门应当会同科技创新中心建设推进机构、市发展改革等部门，在基础设施建设、人才引进培养、项目资助以及运行机制创新等方面，对国家实验室的培育、建设和运营予以支持。

市人民政府有关部门应当支持重点实验室、工程(技术)中心建设，建立与其发展特点相适应的遴选机制、评价标准和支持政策。

**第二十四条** 市科学技术部门根据经济社会发展需要，会同相关部门、地区协同推动研发与转化功能型平台建设，开展产业共性技术研发与转化。

市、区人民政府有关部门应当建立符合平台运行特点的财政投入与考核评价机制，引导功能型平台协同各方资源，吸引社会力量共同投入。

**第二十五条** 本市通过加强科技成果转化专业服务机构建设、设立科技成果转化专项资金、建立健全符合科技成果转化规律的国有技术类无形资产监管机制等方式，提高科技成果转化效率。

科研事业单位通过协议定价、在技术交易市场挂牌交易、拍卖等方式确定职务科技成果价格的，依法可以免予资产评估及备案；协议定价的，应当在本单位公示科技成果名称和拟交易价格。

在不影响国家安全、国家利益、社会公共利益以及他人合法权益的前提下，科研事业单位可以将其依法取得的职务科技成果的知识产权或者知识产权的长期使用权给予成果完成人；职务科技成果未形成知识产权的，可以决定由成果完成人使用、转让该职务科技成果或者以该职务科技成果作价投资。

**第二十六条** 市经济信息化部门运用科技创新资源和成果，完善产业布局，促进新兴产业集聚发展。

支持企业建立制造业创新中心、企业技术中心等产业创新平台。鼓励行业领军企业设立测试服务平台、创新应用中心、创新实验室，增强产业创新服务能力。

**第二十七条** 本市采用政府首购、订购以及政府购买服务等方式促进技术创新产品的规模化应用。

市经济信息化部门编制创新产品推荐目录，会同相关部门实施重大装备首台（套）、材料首批次、软件产品首版次等支持政策。

**第二十八条** 鼓励各类创新主体通过举办国际科技交流活动、共建联合实验室和研发基地、建立海外研发中心、组织或者参与国际大科学计划和大科学工程等方式参与全球科技创新合作，提高科技创新的国际化水平。

鼓励国际科技组织、跨国企业研发中心，以及全球知名的高校、科研院所和科技服务机构在上海落户或者设立分支机构。海外研发机构和科学家与本市各类创新主体，可以按照规定联合申报本市科技计划项目。

## 第四章　聚焦张江推进承载区建设

**第二十九条** 本市推进张江科学城建设成为科学特征明显、科技要素集聚、环境人文生态、充满创新活力、宜居宜业的世界一流科学城。

本市在张江科学城集中布局和规划建设国家重大科技基础设施，引导集聚高水平的高等院校、科研机构和企业研发中心，吸引全球高层次人才创新创业。

市人民政府以及浦东新区人民政府有关部门应当通过“一网通办”、在张江科学城开设服务窗口等方式，提供高效的政务服务。支持在张江科学城开展公共服务类建设项目和相关重大建设项目的投资审批制度改革。依法赋予张江科学城相关管理职权，具体事项范围由市人民政府确定并公布。

**第三十条** 本市推进张江综合性国家科学中心建设成为国家科技创新体系的重要基础平台，构建协同创新网络，为科技、产业发展提供源头创新支撑。

科技创新中心建设推进机构应当协调推进张江综合性国家科学中心建设，创新管理机制，推动重大科技基础设施建设与多学科交叉前沿研究深度融合。

**第三十一条** 本市推进张江国家自主创新示范区建设成为高新技术产业和战略性新兴产业集聚发展的示范区域。

设立张江国家自主创新示范区发展专项资金，支持开展体制机制、财税政策、人才政策、科技金融、统计管理、科技成果转化与股权激励等方面的改革创新和先行先试。科技创新中心建设推进机构对张江国家自主创新示范区的建设和发展进行战略规划、统筹协调、政策研究和评估。

支持张江国家自主创新示范区与自贸试验区以及临港新片区联动发展。自贸试验区实施的创新举措，具备条件的在张江国家自主创新示范区推广。

**第三十二条** 市、区人民政府根据科技创新中心建设规划，结合区域定位和优势，建设创新要素集聚、综合服务功能完善、适宜创新创业、各具特色的科技创新中心重要承载区，并根据科技创新中心建设需要及时调整、扩大重要承载区布局。各区人民政府应当创新政府管理，优化公共服务，推进重要承载区建设。

本市发挥重要承载区、自贸试验区以及临港新片区、长三角生态绿色一体化发展示范区等区域的综合政策优势，增强创新政策叠加辐射效应，推进对内对外开放合作，推进大众创业万众创新，推动全城全域创新。

**第三十三条** 市、区人民政府应当优先保障科技创新中心建设用地需求，统筹基础设施、公共设施以及其他配套设施的建设与利用，适当安排人才公寓等生活配套用地。

市、区规划资源部门会同相关部门根据科技创新中心建设的需求，建立完善土地混合利用机制；在符合科技创新和产业发展导向、地区规划控制以及环境保护要求，不影响相邻基地合法权益的前提下，可以按照有关规定对土地用途、容积率、建筑高度等实行弹性调整。

## 第五章　人才环境建设

**第三十四条** 本市建立健全与科技创新中心建设相匹配的人才培养、引进、使用、评价、激励、流动机制，为各类科技创新人才提供创新创业的条件和平台，营造近悦远来、人尽其才的发展环境。

市、区人力资源社会保障、科学技术、住房城乡建设管理、卫生健康、医疗保障、教育、公安等部门应当按照有关规定，为科技创新人才住房、医疗、子女就学等方面提供便利。

**第三十五条** 本市优化对各类科技创新人才的培养机制，对创新能力突出、创新成果显著的科技创新人才给予持续稳定支持；完善科技创新人才梯度培养机制，建立健全对青年人才普惠性支持措施，加大对青年创新创业人才选拔资助力度。

鼓励科研事业单位和企业以创新创业为导向，加强人才创新意识和创新能力培养，完善产学研用结合的协同育人机制。

**第三十六条** 本市强化市场发现、市场认可、市场评价的引才机制，引进各类海内外人才。重点引进科技创新中心紧缺急需的人才，积极引进战略科技人才、科技领军人才和高水平科技创新团队。

市、区人民政府及其有关部门应当完善人才引进政策，通过直接赋予居住证积分标准分值、缩短居住证转办户籍年限、直接落户引进、优化永久居留证申办条件等措施予以支持。

**第三十七条** 鼓励用人单位按照国家和本市有关规定和自身实际，体现品德、能力、业绩导向的要求，完善人才评价要素和评价标准，推行代表性成果评价。

鼓励用人单位根据基础研究、应用基础研究、技术创新以及科技成果转化等活动的不同特点，建立人才分类评价机制。

**第三十八条** 鼓励用人单位完善收入分配机制，体现创新贡献的价值导向。科研人员的收入应当与岗位职责、工作业绩、实际贡献紧密联系。

除法律法规另有规定外，财政资金设立的竞争性科研项目的劳务费和绩效支出，经过技术合同认定登记的技术开发、技术咨询、技术服务等活动的奖酬支出，以及职务科技成果转化奖酬支出，可以不纳入当年本单位绩效工资总量。

**第三十九条** 支持科技创新人才在科研事业单位与企业间合理流动。科研事业单位的科技创新人才可以通过挂职、短期工作、项目合作等方式到企业任职，企业任职经历可以作为晋升专业技术职务的重要条件。有创新实践经验的企业家和企业科研人员可以到科研事业单位兼职。

## 第六章　金融环境建设

**第四十条** 本市推进科技创新中心与国际

金融中心联动建设，健全科技金融服务体系，完善科技金融生态，推进科技金融创新，优化科技金融产品和服务，发挥金融对科技创新的促进作用。

**第四十一条** 鼓励商业银行建立专门的组织、风险控制和激励考核体系，设立科技支行等科技金融专营机构，开展信用贷款、知识产权质押贷款、股权质押贷款、履约保证保险贷款等融资业务。

鼓励融资租赁机构开展企业无形资产融资租赁业务。

鼓励保险机构为开展科技创新的企业在产品研发、生产、销售各环节以及数据安全、知识产权保护等方面提供保险保障；依法通过市场化投资方式为科技基础设施建设、企业科技创新活动提供资金支持。

**第四十二条** 鼓励境内外各类资本和投资机构设立创业投资基金、股权投资基金、并购投资基金、产业投资基金和母基金等专业投资机构，开展创业投资。

创新国有资本参与创业投资的管理制度，推动发展混合所有制创业投资基金，鼓励符合条件的国有创业投资企业建立跟投机制。市国有资产监督管理等部门应当建立健全适应创业投资市场化规律的国有股权管理、考核激励和国有资产评估等制度。

**第四十三条** 本市配合国家有关部门发展多层次资本市场和金融要素市场，支持符合条件的企业在多层次资本市场开展上市挂牌、发行债券、并购重组、再融资等活动。

本市按照国家统一部署，支持和保障上海证券交易所设立科创板并试点注册制，鼓励符合条件的企业在科创板上市。

本市支持开展科技创新的企业在上海股权托管交易机构挂牌。鼓励专业机构为企业提供改制上市、资产评估、财务顾问、法律咨询等服务。

**第四十四条** 市、区人民政府及其有关部门应当加强服务平台建设，为中小微企业与金融机构的对接提供服务。

本市设立中小微企业政策性融资担保基金，通过融资担保、再担保等方式，提供信用增进服务，降低中小微企业开展科技创新的融资成本。市、区财政部门应当建立完善补充机制，对中小微企业政策性融资担保基金不进行营利性指标考核，并设置合理的代偿损失率。

本市配合国家有关部门建设动产担保统一登记平台，优化登记流程，简化融资手续，为中小微企业融资提供便捷服务。

## 第七章　知识产权保护

**第四十五条** 本市加强知识产权保护体系建设，完善知识产权综合管理体制，促进知识产权与科技创新工作的融合。

市知识产权部门建设知识产权综合服务平台，开展知识产权检索查询、快速授权、快速确权和快速维权等相关服务。

知识产权相关主管部门应当引导创新主体建立和完善知识产权内部管理和保护机制。

**第四十六条** 市、区人民政府应当对重大产业规划、高技术领域政府投资项目以及其他重大经济活动开展知识产权评议。

知识产权相关主管部门应当会同有关部门发布重点产业领域的知识产权发展态势报告，为相关产业和企业及时提供预警和引导服务。

**第四十七条** 市、区人民政府及其有关部门应当建立重点行业和领域的知识产权侵权行为快速查处机制，提高行政执法效率。

市商务、知识产权相关主管部门应当会同有关部门建立完善知识产权海外维权援助工作机制，加强对企业海外维权的指导和帮助。

**第四十八条** 本市加强知识产权司法保护，完善知识产权诉讼案件审理机制，依法实施惩罚性赔偿制度，加大侵权损害赔偿力度。

**第四十九条** 本市完善知识产权纠纷多元解决机制，充分发挥仲裁、调解、行业自治等纠纷解决途径的作用。

## 第八章 社会环境建设

**第五十条** 市、区人民政府及其有关部门和各类社会组织应当通过多种方式，广泛开展社会动员，弘扬科学家精神、企业家精神和工匠精神，宣传科技创新先进事迹，推动创新文化、创新精神、创新价值融入城市精神，营造鼓励创新、宽容失败的社会氛围。

**第五十一条** 市、区人民政府及其有关部门进行科技创新中心建设重大决策，应当征求相关创新主体、智库以及科技、产业、金融等相关领域的意见。

市、区人民政府及其有关部门应当按照鼓励创新、包容审慎的原则完善新技术、新产业、新业态、新模式的监管措施。制定监管措施时，应当公告相关方案，征求利益相关方和社会公众的意见。

**第五十二条** 市科学技术部门应当会同相关部门建立公共科技创新资源共享机制，推进重大科技基础设施、大型科学仪器设施以及科技信息、科学数据、科技报告等开放共享。

**第五十三条** 本市鼓励加大应用场景开放力度，支持在公共安全、公共交通、医疗健康、文化教育、生态环境、综合能源利用等领域应用新技术、新模式、新产品，提升城市治理的科学化、精细化、智能化水平，积极发挥科技创新在经济建设、社会发展、民生改善中的作用。

**第五十四条** 本市创新科学普及理念和模式，向公众弘扬科学精神、传播科学思想、倡导科学方法、普及科学知识。

鼓励各类创新主体面向公众开放研发机构、生产设施或者展览场所，开展科学普及活动；组织开展青少年科学普及活动，提高青少年创新意识和科学素养。

**第五十五条** 本市建立健全科技创新守信激励和失信惩戒机制，科研信用信息、知识产权信用信息依法纳入本市公共信用信息服务平台。

对信用良好的创新主体，在科研项目申报和管理等方面依法给予便利。对存在失信行为的创新主体，在政府采购、财政资金支持、融资授信、获得相关奖励等方面依法予以限制。

**第五十六条** 本市推动构建科技伦理治理体系，建立伦理风险评估和伦理审查机制。

市科学技术、教育、卫生健康、农业农村、经济信息化等部门应当依法组织开展对新兴技术领域技术研发与应用的伦理风险评估，引导和规范新兴技术的研发与应用。

各类创新主体开展涉及生命健康、人工智能等方面研究的，应当按照国家和本市有关规定进行伦理审查。

**第五十七条** 市、区人民政府对在科技创新中心建设中做出突出贡献的单位和个人，按照有关规定给予表彰和奖励。

鼓励企业、科研事业单位、学术团体、行业协会以及个人等对科技创新给予奖励。

**第五十八条** 本市有关单位和个人在推进科技创新过程中，作出的决策未能实现预期目标，但符合法律法规以及国家和本市有关规定，且勤勉尽责、未牟取非法利益的，不作负面评价，依法免除相关责任。

本市有关单位和个人承担探索性强、不确定性高的科技计划项目，未能形成预期科技成果，但已严格履行科研项目合同，未违反诚信要求的，不作负面评价，依法免除相关责任。

## 第九章 附　　则

**第五十九条** 本条例自 2020 年 5 月 1 日起施行。

# 上海市实施《中华人民共和国农民专业合作社法》办法

（2020 年 3 月 19 日上海市第十五届人民代表大会
常务委员会第十八次会议通过）

## 第一章 总　　则

**第一条**　为了规范本市农民专业合作社的组织和行为，保护农民专业合作社及其成员的合法权益，鼓励、支持、引导农民专业合作社高质量发展，有效推进本市农村“美丽家园”“绿色田园”“幸福乐园”工程建设，促进乡村振兴战略实施，根据《中华人民共和国农民专业合作社法》等有关法律、行政法规，结合本市实际，制定本办法。

**第二条**　本市行政区域内农民专业合作社的设立、运行以及相关的扶持、管理等活动，适用本办法。

本办法所称农民专业合作社，是指在农村家庭承包经营基础上，农产品的生产经营者或者农业生产经营服务的提供者、利用者，自愿联合、民主管理的互助性经济组织。

**第三条**　在农民专业合作社中，根据中国共产党章程和党内法规的规定成立党组织。农民专业合作社应当为党组织的活动提供必要条件。

**第四条**　市、区人民政府应当将农民专业合作社发展纳入国民经济和社会发展规划，建立健全财政投入和经费保障机制，制定政策措施，促进农民专业合作社的发展。

本市建立农民专业合作社综合协调机制，统筹协调、研究解决农民专业合作社发展中的重大事项，推动农民专业合作社的建设和发展。

**第五条**　市、区农业农村部门和乡镇人民政府按照各自职责，负责本行政区域内农民专业合作社的指导、扶持、服务和监督工作。

市、区发展改革、财政、经济信息化、市场监管、商务、科技、金融、税务、规划资源、人力资源社会保障、教育、粮食和物资储备、林业、水务、生态环境等部门应当按照职责分工，共同推进农民专业合作社发展的相关工作。

**第六条**　本市支持农民专业合作社高质量发展，创新合作模式和机制，拓展农民专业合作社经营内容和领域；鼓励同业或者产业密切关联的农民专业合作社在自愿前提下开展合作与联合。

**第七条**　本市全面落实长江三角洲区域一体化发展国家战略，与长江三角洲区域相关省建立促进农民专业合作社发展的合作机制，推进长江三角洲区域农民专业合作社优势互补与协同发展；鼓励农民专业合作社与国内其他地区农民专业合作社合作，推动开展国际交流。

## 第二章 设立与运行

**第八条**　设立农民专业合作社，应当依法向市场监管部门申请登记，领取农民专业合作社法人营业执照。未经依法登记并取得营业执照，不得以农民专业合作社的名义从事生产经营活动。

农民专业合作社名称、成员出资总额、法定代表人等法定登记事项发生变更的，应当自作出变更决议之日起三十日内，向原登记机关申请变更登记。

**第九条**　农民专业合作社以其成员为主要服务对象，开展以下一种或者多种业务：

（一）农业生产资料购买、使用；

（二）种植、养殖、捕捞生产；

（三）农产品生产、销售、加工、运输、贮藏及其他相关服务；

（四）农业机械作业及维修服务；

（五）农村民间工艺及制品、休闲农业和乡村旅游资源的开发运营；

（六）与农业生产经营有关的技术、信息、设施建设运营等服务。

**第十条** 设立农民专业合作社应当依法制定章程，并由全体设立人一致通过。农民专业合作社制定的业务规范，可以作为章程的附件。

鼓励农民专业合作社使用章程示范文本。市农业农村部门应当会同市市场监管部门制定农民专业合作社章程示范文本。

**第十一条** 具有民事行为能力的公民，以及从事与农民专业合作社业务直接相关的生产经营活动的企业、事业单位或者社会组织，能够利用农民专业合作社提供的服务，承认并遵守农民专业合作社章程，履行章程规定的入社手续的，可以成为农民专业合作社的成员。

**第十二条** 农民专业合作社成员符合下列情形之一的，计入农民成员比例：

（一）具有农业户口的；

（二）具有土地承包经营权证的；

（三）具有农村集体经济组织成员证明的。

非本市户籍人员在本市设立、加入农民专业合作社，符合前款情形之一，并在本市承租土地、水面等的，计入农民成员比例。

农民专业合作社的成员中，农民至少应当占成员总数的百分之八十。

**第十三条** 除本办法第十二条规定外，下列单位和个人也可以发挥自身优势，依法设立、加入农民专业合作社：

（一）农村集体经济组织；

（二）农业科学研究单位和农业技术服务组织；

（三）基层供销合作社；

（四）农业产业化龙头企业、家庭农场；

（五）农业科技人员；

（六）致力于农业发展的其他组织和人员。

**第十四条** 农民专业合作社成员应当按照章程约定的出资方式、数额和缴付期限，履行出资义务，并按照法律规定和章程约定参与盈余分配。

农民专业合作社成员依法以土地经营权、林权等出资的，不得改变土地用途，出资年限不得超过土地经营权、林权等的剩余期限。

**第十五条** 农民专业合作社自然人成员死亡后，其成员资格终止，农民专业合作社应当按照章程规定的方式和期限，退还记载在该成员账户内的出资额和公积金份额，并依法返还资格终止前的可分配盈余、分摊资格终止前的亏损及债务。

**第十六条** 农民专业合作社成员大会选举和表决，实行一人一票制，成员各享有一票的基本表决权。

出资额或者与本社交易量（额）较大的成员按照章程规定，可以享有附加表决权。本社的附加表决权总票数，不得超过基本表决权总票数的百分之二十。

农民专业合作社章程可以规定附加表决权不得行使的情形，也可以规定基本表决权与附加表决权相加行使的上限。

**第十七条** 理事长、理事、执行监事或者监事会成员，由成员大会依法从本社成员中选举产生，依照法律法规和章程的规定行使职权，对成员大会负责。

**第十八条** 农民专业合作社应当依法建立健全财务管理制度，设置会计账簿，为每个成员设立成员账户。

农民专业合作社应当依法设置会计机构或者在有关机构中设置会计人员；不具备设置条件的，应当委托经批准设立从事会计代理记账业务的中介机构代理记账、核算。

成员账户除了记载法律规定的内容外，还应当记载下列内容：

（一）国家财政直接补助形成的财产量化份额；

（二）他人捐赠形成的财产量化份额；

（三）从农民专业合作社得到的盈余返还

份额。

**第十九条** 农民专业合作社对国家财政直接补助形成的财产，享有占有、使用和处分的权利，并可以以该财产对债务承担责任。

农民专业合作社解散或者破产清算时，上述财产的处置按照国家和本市有关规定执行。

**第二十条** 农民专业合作社接受他人捐赠的，可以按照捐赠协议享有所捐赠财产的权利。捐赠协议约定不明的，视为农民专业合作社所有，农民专业合作社可以依法处置。

**第二十一条** 农民专业合作社对于国家财政直接补助形成的财产和他人捐赠的财产，应当建立单独的台账，并接受有关部门的审计或者捐赠人的监督。

**第二十二条** 农民专业合作社应当依法建立农产品生产记录或者质量安全台账，健全农产品质量安全管理制度、检验检测制度，落实农产品质量安全追溯制度，提高农产品质量安全水平。

**第二十三条** 农民专业合作社的下列事项应当向成员公开：

（一）农民专业合作社的重大经营决策的执行情况；

（二）国家财政直接补助和他人捐赠形成的财产情况；

（三）其他涉及成员切身利益的事项。

农民专业合作社应当在会计年度终了时，向成员公布经营和财务状况，接受成员的监督。

**第二十四条** 鼓励农民专业合作社根据发展需要，以产品和产业为纽带开展合作，自愿组建农民专业合作社联合社。

农民专业合作社联合社应当按照法律法规和章程的规定，开展生产经营活动，并享受农民专业合作社的相关优惠政策。

**第二十五条** 农民专业合作社联合社应当设立由全体成员参加的成员大会，并可以根据需要，设立理事会、监事会或者执行监事。

农民专业合作社联合社的理事长、理事应当由成员社选派的人员担任。理事长、监事长（执行监事）不得在同一成员社中产生。

## 第三章 促进与发展

**第二十六条** 市、区人民政府应当将促进农民专业合作社发展的经费纳入本级财政预算，通过财政补助、贷款贴息、先建后补等方式，重点用于支持农民专业合作社基础设施建设、质量标准认证、市场营销、技术创新与推广、人员培训等事项。

**第二十七条** 科技、农业农村部门鼓励农民专业合作社联合科研单位共同申报相关科技计划项目，支持其开展与农业生产经营有关的研发与服务。

科技、农业农村部门应当对农民专业合作社培育与引进新品种、应用新技术的项目予以指导、支持。

农业科研院所、高等学校、技术推广机构和科学技术协会等组织应当为农民专业合作社提供技术咨询、科普宣传等服务。

鼓励具有丰富农业实践经验的专家为农民专业合作社提供技术支持。

**第二十八条** 鼓励农业科技人员和大中专毕业生到农民专业合作社工作。

在农民专业合作社工作的农业科技人员和大中专毕业生可以按照本市规定，在同等条件下优先评定职称。

**第二十九条** 在农民专业合作社工作的农业科技人员和大中专毕业生可以按照本市规定，参加城镇职工社会保险。

本市户籍的农民专业合作社成员可以按照本市规定，参加城镇职工社会保险。

在农民专业合作社从事农业劳动的从业人员可以按照本市规定，办理灵活就业登记。

**第三十条** 非本市户籍的农业科技人员和大中专毕业生在农民专业合作社工作的，可以按照本市居住证积分管理的有关规定，申请积分办理，享受相应的公共服务；符合本市落户政策规定的，可以申办本市常住户口。

**第三十一条** 乡镇人民政府指定或者聘任农民专业合作社辅导员，为农民专业合作社提供业务指导、政策咨询、财务会计辅导等服务，促进农民专业合作社规范发展。

农业农村部门应当加强辅导员管理，定期开展辅导员专业知识和技能培训。

**第三十二条** 对符合以下条件之一的农民专业合作社，在财政补助、贷款贴息等方面优先给予支持：

（一）具有良好农业规范、食品安全管理体系认证、质量管理体系认证的；

（二）具有绿色食品、有机产品认证的；

（三）具有农产品地理标志的；

（四）具有地方特色农产品品牌的。

**第三十三条** 农民专业合作社享受国家规定的对农业生产、加工、流通、服务和其他涉农经济活动的税收优惠。

**第三十四条** 鼓励金融机构加大对农民专业合作社及其成员的贷款支持力度，完善抵押物、质押物的评估机制，积极开展与农业生产经营周期相匹配的流动资金贷款和中长期贷款业务，简化贷款审批流程。

鼓励保险机构开展符合农民专业合作社产业升级发展需求的综合保险服务。建立健全包括农作物生产以及农产品运输、储存、加工、销售等全流程风险产品体系，扩大农业保险覆盖范围，提高农业保险赔付标准，增强农民专业合作社抵御风险的能力。

**第三十五条** 农民专业合作社兴办加工企业等需要建设用地或者设施农用地的，在符合国土空间规划和农业相关规划的前提下，规划资源部门应当优先安排用地计划，及时办理用地手续。

农民专业合作社从事种植业、养殖业的，享受国家农业用电优惠电价；农民专业合作社从事农产品初加工或者符合其他相关规定的，可以申请农业生产分时电价优惠。

**第三十六条** 农业农村、商务、教育、粮食和物资储备等部门应当采取措施，帮助具备条件的农民专业合作社与连锁超市、食品加工或者餐饮服务企业、高等院校及大型企业的后勤采购单位等搭建农商对接、产销衔接平台，拓展农产品新型流通渠道。

**第三十七条** 鼓励和扶持具有生产经营规模和出口能力的农民专业合作社参加具有国际影响力的展销会、推介会等活动，开展技术交流，拓展国际市场。

**第三十八条** 农民专业合作社整车运输列入国家《鲜活农产品品种目录》鲜活农产品的车辆，按照国家有关规定，享受道路通行费优惠。

**第三十九条** 鼓励供销合作社通过引领创办、资金注入、项目扶持、人才培训、市场开拓、产供销服务等形式，做好农民专业合作社培育和服务工作。

## 第四章 规范与管理

**第四十条** 农业农村部门和市场监管部门应当加强对农民专业合作社的监管，引导农民专业合作社建立健全内部运行、财务会计和生产经营等管理制度，促进农民专业合作社规范发展。

**第四十一条** 农业农村部门应当会同相关部门制定和完善农民专业合作社示范社标准，评审认定农民专业合作社示范社，并按照国家和本市有关规定予以扶持。

农业农村部门应当建立健全农民专业合作社示范社动态监测制度，定期监测农民专业合作社示范社运行情况。

**第四十二条** 支持和鼓励农民专业合作社根据专业特点设立联合会。

农民专业合作社联合会应当加强农民专业合作社自律和诚信建设，引导农民专业合作社和成员提升发展质量，维护农民专业合作社和成员的合法权益。

**第四十三条** 农业农村部门应当建立健全农产品质量安全管理制度、控制和追溯体系，引导农民专业合作社开展农业标准化生产，推行绿色生产方式，发展循环农业，并为农民专业合作社申请农产品质量安全认证提供咨询、指导和服务。

农业农村部门应当组织开展农民专业合作社农产品质量监督抽查。抽查农民专业合作社的名单和结果，应当向社会公开。

**第四十四条** 市场监管部门应当在农民专业合作社设立、变更或者注销登记完成后，通过本市法人信息共享与运用系统，将有关登记信息与农业农村等部门进行共享。

**第四十五条** 农民专业合作社应当按照国家有关规定，向市场监管部门报送年度报告，并向社会公示。

市场监管部门应当组织开展农民专业合作社年报信息随机抽查。抽查农民专业合作社的名单和结果，应当通过企业信用信息公示系统向社会公示。

**第四十六条** 农业农村部门和相关部门应当按照国家和本市有关规定，将农民专业合作社生产经营活动中产生的失信行为予以记录，并依法向本市公共信用信息服务平台归集。

**第四十七条** 农民专业合作社应当依法开展经营活动，连续两年未从事经营活动的，依法吊销其营业执照。

农民专业合作社解散、清算等事宜，按照国家相关法律规定处理。农民专业合作社自主申请注销登记的，农业农村、市场监管、税收等部门应当为其提供便利服务。

**第四十八条** 农民专业合作社与成员之间发生纠纷时，可以协商解决或者申请调解，也可以依法向人民法院提起诉讼。

农民专业合作社及其成员按照前款规定申请调解的，乡镇人民政府、村（居）民委员会、人民调解组织应当予以调解处理。

## 第五章 法律责任

**第四十九条** 对违反本办法的行为，法律、行政法规已有处理规定的，从其规定。

**第五十条** 行政机关及其工作人员有下列行为之一的，对直接负责的主管人员和其他直接责任人员依法给予行政处分；给农民专业合作社造成损失的，依法承担赔偿责任；构成犯罪的，依法追究刑事责任：

（一）弄虚作假骗取国家财政补助资金的；

（二）强迫、阻挠农民或者其他单位、个人，设立、加入或者退出农民专业合作社的；

（三）其他玩忽职守、滥用职权、徇私舞弊侵犯农民专业合作社及其成员合法权益的行为。

**第五十一条** 农民专业合作社及其管理人员采取弄虚作假、隐瞒真实情况等方式，套取政府扶持项目和资金的，由有关部门追回项目资金，并依法追究相应责任。

**第五十二条** 农民专业合作社的理事长、理事和管理人员有下列行为之一，造成农民专业合作社财产损失和其他合法利益损害的，应当依法承担赔偿责任；构成犯罪的，依法追究其刑事责任：

（一）侵占、挪用或者私分本社资产的；

（二）违反章程规定或者未经成员大会同意，将本社资金借贷给他人、对外投资或者以本社资产为他人提供担保的；

（三）接受他人与本社交易的佣金归为己有或者向本社转嫁债务的；

（四）违反章程规定作出决策，损害本社及其成员合法权益的；

（五）从事损害本社经济利益的其他活动。

## 第六章 附 则

**第五十三条** 本办法自 2020 年 5 月 1 日起施行。

# 上海市会展业条例

（2020年3月19日上海市第十五届人民代表大会
常务委员会第十八次会议通过）

## 第一章 总 则

**第一条** 为了促进会展业发展，规范会展活动，维护会展活动各方主体合法权益，服务保障中国国际进口博览会（以下简称“进博会”）等会展活动，打造国际会展之都，进一步优化营商环境，推动上海“五个中心”建设，根据有关法律、行政法规，结合本市实际，制定本条例。

**第二条** 本市行政区域内会展业的促进、服务和规范，适用本条例。

国家对会展业和会展活动管理另有规定的，从其规定。

**第三条** 本条例所称会展业，是指通过举办会展活动，促进贸易、科技、旅游、文化、体育、教育等领域发展的综合性产业。

本条例所称会展活动，是指举办单位通过招展方式，在特定场所和一定期限内，进行物品、技术、服务等展示，或者以举办与展示主题相关的会议形式，为参与者提供推介、洽谈、交流等服务的商务性活动，但以现场零售为主的展销活动除外。

**第四条** 本市会展业发展遵循市场运作、政府引导、公平竞争、行业自律的原则，坚持国际化、专业化、品牌化、信息化方向，加强产业联动，提升城市能级，促进经济高质量发展。

**第五条** 市人民政府应当加强对会展业的统筹规划，完善会展活动公共服务体系，组织市有关部门和各区人民政府落实各项促进、服务和保障措施。

市人民政府应当建立会展业发展议事协调机制，统筹推进会展业重大政策制定，协调会展业发展中的重大事项，协调重大会展活动服务保障工作。

区人民政府应当根据本行政区域经济社会发展实际，采取措施，支持和引导会展业发展。

**第六条** 市商务部门是本市会展业的主管部门，负责会展业综合协调、引导规范和服务保障等工作。区商务部门按照职责，做好本行政区域内会展业相关工作。

发展改革、经济信息化、财政、公安、应急、消防、市场监管、教育、科技、人力资源社会保障、规划资源、住房城乡建设管理、交通、文化旅游、卫生健康、统计、体育、绿化市容、知识产权、城管执法、海关等部门和国际贸易促进机构按照各自职责，做好促进会展业发展与规范的相关工作。

**第七条** 本市与会展业相关的行业协会、促进机构等行业组织（以下统称“会展行业组织”）应当加强行业自律和信用建设，开展市场研究、标准制定、业务培训和相关评价评估，促进行业信息交流与合作，引导会员规范经营，推动行业公平竞争和有序发展。

## 第二章 促进与发展

**第八条** 市商务部门应当会同市有关部门编制本市会展业发展规划，报市人民政府批准后，纳入本市国民经济和社会发展规划，向社会公布并组织实施。

**第九条** 市商务部门应当会同市规划资源等部门编制会展场馆布局规划，按照规定程序报经批准后，纳入相应的国土空间规划。

市住房城乡建设管理、交通、商务、文化旅游、经济信息化等部门应当按照会展场馆布局规划的要求，支持与城市定位和产业特色相符合的会展场馆建设，完善会展场馆周边交通、餐饮、住宿、通讯等配套设施建设。

**第十条** 市、区人民政府应当将促进会展业发展的经费纳入本级财政预算，重点支持品牌会展培育、会展业宣传推广、会展业与相关产业联动等工作。

市、区相关专项资金可以对本市会展业发展给予引导和支持，促进会展业高质量发展。

**第十一条** 鼓励社会资本通过设立会展业投资基金等方式，为会展产业集聚和相关服务业发展提供资金支持。

**第十二条** 鼓励境内外举办单位、场馆单位和会展服务单位在本市设立总部，并在通关流程、人才引进、资金结算、投资便利、人员出入境等方面按照规定给予支持。

本市建立国际会展活动引进和申办联动机制。商务、文化旅游等部门和会展行业组织应当加强国际交流合作，积极引进国际知名会展行业组织和国际知名会展活动。

**第十三条** 市人民政府及其有关部门应当制定政策措施，培育具有市场竞争力的示范企业，支持企业通过收购、兼并、联营等市场化方式，打造具有国际竞争力的大型会展业市场主体。

**第十四条** 本市会展行业组织应当加强对举办单位、场馆单位和会展服务单位的指导，鼓励其加入国际知名会展行业组织；支持本市会展项目取得国际认证，提高全球辐射和服务能力，提升本市会展品牌的国际影响力；积极培育境外自办展览项目，提升境外组展办展能力。

本市支持境外机构在特定会展场馆独立举办对外经济技术展会。

**第十五条** 市人民政府及其有关部门应当制定政策措施，搭建资源共享平台，推动会展业与制造、商贸、旅游、文化、体育等产业联动发展，扩大会展业溢出带动效应。

**第十六条** 支持本市会展活动举办单位在长江三角洲（以下简称“长三角”）等区域举办系列展，通过品牌合作、管理合作等形式推动会展业区域联动。

鼓励本市会展行业组织在长三角等区域建立会展业联动发展工作机制，建设长三角等区域特色展览展示平台，举办区域联动主题会展活动。

**第十七条** 市商务部门应当会同市人力资源社会保障部门建立和完善以市场为导向、与国际会展之都建设相适应的会展人才使用评价机制，并制定相关政策措施。

鼓励举办单位、场馆单位和会展服务单位通过市场机制从国内外引进高层次、紧缺会展人才。

市、区人民政府有关部门应当按照相关规定，对引进的高层次、紧缺会展人才在户籍和居住证办理、住房保障等方面提供便利。

**第十八条** 市教育部门应当支持本市高等院校结合会展业发展需求，优化会展业相关学科专业设置与人才培养结构，培养高端复合型会展人才。支持有条件的高等院校开展会展专业贯通人才培养。

市商务部门应当会同市教育等部门搭建校企合作服务平台，引导本市高等院校与举办单位、场馆单位和会展服务单位加强校企合作，设立会展教育与培训基地，推进校企协同育人。

**第十九条** 鼓励举办单位、场馆单位和会展服务单位运用现代信息技术，开展服务与管理创新，促进网上会展等新兴业态发展，形成线上线下会展活动的有机融合。

支持会展场馆单位推进智慧场馆建设，通过信息化手段整合各类安全防范措施和会展服务资源，提高会展活动技术水平和服务功能。

市商务、经济信息化等部门和会展场馆所在地的区人民政府应当推进会展活动保障和公共服务智能化。

**第二十条** 本市遵循减量化、再利用和再循环的原则，积极发展绿色会展，制定、完善绿色会展相关标准，推广应用各种节能降耗的器材设备，鼓励举办单位、场馆单位、会展服务单位和参展单位（以下统称“会展活动各方主体”）采用绿色原材料、应用低碳环保技术。

## 第三章　服务与保障

**第二十一条**　本市在政务服务"一网通办"平台建立会展统一服务窗口(以下简称"平台服务窗口")。商务部门应当会同公安、消防、绿化市容、规划资源等部门加强业务协同办理,优化政务服务流程。

举办单位、场馆单位和会展服务单位可以通过平台服务窗口等方式,申请办理大型群众性活动安全、消防、户外广告、地图审核等与举办会展活动相关的行政许可、备案等有关行政事务。通过平台服务窗口申请办理有关行政事务的,相关部门依法作出的行政许可决定及有关行政事务办理结果,统一通过平台服务窗口反馈。

市商务部门应当通过平台服务窗口,依法为公众提供会展活动信息查询等公共服务,并按照国家和本市有关规定保障信息安全,对涉及的商业秘密予以保密。

**第二十二条**　举办单位举办会展活动时,应当在发布招展信息前,将会展活动名称、举办时间、举办地点等信息,向市商务部门备案。

经备案的会展活动,举办单位可以向海关、商务等部门申请给予展品进境通关便利、大型会展活动保障等服务。

会展活动信息备案的具体管理办法由市商务部门另行制定。

**第二十三条**　海关应当优化会展活动展品的通关手续和监管流程,提高通关便利化水平;按照规定延长相关展品暂时进境期限;会展活动结束后,允许符合规定的境外暂时进境展品进入海关特殊监管区域和保税监管场所,并准予核销结案。

出入境管理部门应当为信用良好的会展活动各方主体相关人员提供出入境便利。

**第二十四条**　会展活动举办地的区商务部门应当会同公安、应急、消防、市场监管、城管执法、卫生健康等部门加强工作协同,对会展活动实施现场联合检查,维护会展活动正常秩序。

会展活动举办地的区人民政府应当建立会展活动突发事件应对机制,及时组织有关部门处置突发事件。

**第二十五条**　市、区人民政府应当建立大型会展活动保障机制,组织有关部门开展安全保障、交通协调、人员疏导、突发事件处置等工作。

举办预计单日人流超过五万人次的会展活动,举办单位可以向活动举办地的区商务部门提出保障申请。区商务部门认为有必要的,应当向区人民政府提请启动区级保障机制。

区人民政府认为相关会展活动超出区级保障能力的,应当及时向市人民政府提请启动市级保障机制。

**第二十六条**　市人民政府应当完善会展活动知识产权保护机制,充分发挥调解、仲裁等多元化知识产权纠纷解决途径的作用。

知识产权相关管理部门应当加强对会展活动知识产权保护工作的指导,快速处理会展活动知识产权违法行为。

本市加强会展活动知识产权司法保护,完善知识产权诉讼案件审理机制,依法加大侵权损害赔偿力度。

**第二十七条**　举办单位应当按照有关规定,设立会展活动知识产权投诉机构。会展活动知识产权投诉机构由举办单位人员、相关领域的专业技术人员和法律专业人员等组成。必要时,知识产权相关管理部门可以应举办单位要求派员指导。

举办单位或者其设立的会展活动知识产权投诉机构初步判断参展产品构成侵权的,举办单位可以按照合同约定,采取遮盖、下架展品或者取消参展资格等措施,并按照有关规定移交市知识产权相关管理部门依法处理。

**第二十八条**　市商务、标准化等部门应当完善会展业标准化体系,强化会展业标准实施与监督,提升会展业质量和水平。

市标准化部门和有关部门应当组织制定会展业相关地方标准,加强对地方标准的宣传和推动实施工作。

鼓励会展行业组织、会展活动各方主体参与标准化工作，制定场馆管理、经营服务、节能环保、安全运营等团体和企业标准。

**第二十九条** 市统计部门应当会同市商务、文化旅游等部门建立会展业统计制度，完善统计指标体系，优化调查方法，建立会展业统计数据库，开展大数据分析，并对会展业发展情况进行监测和评估。

## 第四章 规范与管理

**第三十条** 本市依法保障会展活动各方主体开展公平竞争。场馆单位、举办单位等不得滥用市场支配地位，不得附加不合理的交易条件。

**第三十一条** 市商务部门应当会同市市场监管、公安、知识产权等部门制定会展活动相关合同示范文本，引导会展活动各方主体使用。

**第三十二条** 会展活动的名称、标识、主题等应当符合国家与本市有关规定，不得损害国家利益、社会公共利益，不得违背公序良俗或者产生其他不良影响。

举办单位使用会展活动名称和标识时，不得实施混淆行为，引人误认为是其他举办单位的会展活动或者与其存在特定联系。

本市鼓励举办单位通过申请注册商标等方式保护会展活动名称等无形资产。

**第三十三条** 举办单位应当以自己的名义发布招展信息，并与会展活动备案信息相符，不得发布虚假或者引人误解的信息。

会展活动的名称、场所、时间、面积等发生变更的，举办单位应当提前变更备案信息，及时告知参展单位，并向社会公告。

**第三十四条** 场馆单位应当建立场馆安全管理制度，依法配备安保人员，在场馆内设置监控、消防、急救等设施设备和安全标识，并指导举办单位、参展单位、会展服务单位等做好安全管理相关工作。

**第三十五条** 举办单位应当做好会展活动安全事前风险评估，按照相关标准，采取相应的人防、物防、技防措施，依法对其举办的会展活动安全负责。

举办单位应当与场馆单位签订安全协议，明确双方安全责任和义务，制定安保措施和应急预案。

举办单位和参展单位搭建会展活动临时设施，应当委托具有相应资质的单位进行设计、施工，并遵守相关安全管理规定和技术规范标准。

会展活动期间出现安全风险或者发生突发事件的，举办单位应当采取应急措施，并立即向公安等相关部门报告。会展活动各方主体应当配合做好应急处置工作。

**第三十六条** 举办单位和场馆单位应当按照有关行政许可要求，设置户外广告设施，依法配置废弃物收集设备，加强会展活动垃圾分类和回收再利用，并在会展活动结束后及时拆除户外广告设施，妥善处理废弃物。

绿化市容、生态环境、城管执法等部门应当对会展活动中户外广告设置、废弃物分类和收集、防范和处理环境污染等行为进行指导、规范和管理。

**第三十七条** 参展单位展出的进境展品应当办理通关手续，接受海关监管。

举办单位在会展活动开始前，应当对参展单位有关展品的知识产权证书、海关通关文件、地图展品的审图号等进行查验。

**第三十八条** 参展单位不得展示假冒伪劣、侵犯他人知识产权以及其他违反法律、法规的展品，不得违反合同约定在会展活动中展示与主题不符的展品或者从事其他与主题不符的活动。

参展单位在会展活动中有前款规定行为的，举办单位可以按照合同约定采取遮盖、下架展品或者取消参展资格等措施。

**第三十九条** 举办单位、场馆单位和会展服务单位收集参展单位和观众信息的，应当明示收集和使用信息的目的、方式和范围，并征得被收集者同意。

信息收集方应当采取有效措施防止信息泄露，不得超出被收集者同意的范围使用相关信息。

**第四十条** 本市鼓励律师事务所、仲裁机构、调解组织、公证机构等法律服务机构为会展活动纠纷处理提供高效、专业的服务。

举办单位应当在会展活动现场设立纠纷处理机构，或者委托法律服务机构进驻现场处理纠纷。

**第四十一条** 商务部门发现会展活动各方主体存在违反本条例规定行为的，可以会同市场监管等部门约谈有关单位主要负责人，要求其采取有效措施予以整改。

**第四十二条** 各相关部门应当按照国家和本市有关规定，将会展活动各方主体在会展活动中产生的失信信息向本市公共信用信息服务平台归集，并依法对失信主体采取惩戒措施。

会展活动各方主体有下列行为之一，造成严重后果或者严重不良社会影响的，应当将其列入严重失信主体名单，标明对该严重失信行为负有责任的法定代表人、主要负责人和其他直接责任人的信息，并通过本市公共信用信息服务平台公示：

（一）故意侵犯他人知识产权或者举办单位明知参展单位侵犯他人知识产权而不作处理；

（二）发生生产安全、环境污染等责任事故；

（三）其他严重破坏会展业市场公平竞争秩序或者严重侵害他人合法权益的行为。

市商务部门应当公布严重失信主体名单，并同时公开名单的列入、移出条件和救济途径。

有关部门可以依法对严重失信行为负有责任的法定代表人、主要负责人和其他直接责任人实施联合惩戒。

## 第五章 进博会服务保障

**第四十三条** 市人民政府应当贯彻落实国家战略，在进博会组织委员会领导下，会同国家有关部门，加强组织协调、落实服务保障措施，高水平办好进博会。

**第四十四条** 市人民政府根据进博会组织委员会部署，建立进博会城市服务保障机制，落实重大活动保障方案，加强安全保卫、交通、能源、通信等城市服务保障工作，确保进博会办成国际一流博览会。

市有关部门、区人民政府应当按照各自职责，做好进博会城市服务保障工作。

**第四十五条** 海关应当按照通关便利、安全高效的要求，简化进博会展品通关手续，提高展品通关效率，便利展品展后处置；支持常年保税展示交易常态化。

**第四十六条** 市、区人民政府应当加强统筹协调，持续放大进博会溢出带动效应，扩大对外开放、推动产业发展、提升城市品质，推进虹桥国际开放枢纽建设，发挥常态化国际贸易服务平台作用。

**第四十七条** 市、区人民政府应当依托进博会平台，加强与长三角其他省市间的合作联动，强化安全保卫、口岸通关、环境保护、知识产权保护等重点领域协同保障；促进长三角会展业与其他产业联动发展，推动上海成为联动长三角、服务全国、辐射亚太的进出口商品集散地。

## 第六章 法律责任

**第四十八条** 举办单位违反本条例第三十二条第二款规定，使用会展活动名称和标识时，实施混淆行为，引人误认为是其他举办单位的会展活动或者与其存在特定联系，违反反不正当竞争法律、法规规定的，由市场监管部门予以处罚。

**第四十九条** 举办单位违反本条例第三十三条第一款规定，发布虚假或者引人误解的信息，违反反不正当竞争、广告等法律、法规规定的，由市场监管部门予以处罚。

**第五十条** 参展单位违反本条例第三十八条第一款规定，在会展活动中展示与主题不符的展品或者从事其他与主题不符的活动，扰乱会展活动秩序，构成违反治安管理行为的，由公安机关依法给予治安管理处罚。

**第五十一条** 会展活动各方主体在会展活动中侵犯他人合法权益的，应当依法承担相应的民事责任。

**第五十二条** 商务部门和其他有关部门工作人员在会展活动管理中未按照本条例规定履行监督检查职责，造成不良影响的，依法给予处分。

## 第七章 附 则

**第五十三条** 对非营利性展示活动的促进、服务和规范，可以参照适用本条例。

**第五十四条** 本条例下列用语的含义：

（一）举办单位，是指负责制定和实施会展活动计划方案，对会展活动进行统筹、组织和安排的单位；

（二）场馆单位，是指为会展活动提供场地和相关服务的单位；

（三）会展服务单位，是指在会展活动中主要为举办单位、场馆单位、参展单位、观众等各方提供搭建、物流、餐饮等专业服务的单位；

（四）参展单位，是指将物品、技术、服务等在会展活动中展示交流的单位。

**第五十五条** 本条例自2020年5月1日起施行。

# 上海市优化营商环境条例

（2020年4月10日上海市第十五届人民代表大会常务委员会第二十次会议通过 根据2021年10月28日上海市第十五届人民代表大会常务委员会第三十六次会议《关于修改〈上海市优化营商环境条例〉的决定》第一次修正 根据2023年11月22日上海市第十六届人民代表大会常务委员会第八次会议《关于修改〈上海市优化营商环境条例〉的决定》第二次修正 根据2024年9月27日上海市第十六届人民代表大会常务委员会第十六次会议《关于修改〈上海市优化营商环境条例〉的决定》第三次修正）

## 第一章 总 则

**第一条** 为了持续优化营商环境，激发市场活力，维护市场主体合法权益，推动经济高质量发展，推进政府治理体系和治理能力现代化建设，全面提升上海城市软实力，将上海建设成为卓越的全球城市、具有世界影响力的社会主义现代化国际大都市，根据《优化营商环境条例》等法律、行政法规，结合本市实际，制定本条例。

**第二条** 本条例适用于本市行政区域内优化营商环境的相关工作。

本条例所称营商环境，是指企业等经营主体在市场经济活动中所涉及的体制机制性因素和条件。

**第三条** 优化营商环境应当坚持市场化、法治化、国际化原则，以企业等经营主体获得感为评价标准，以政府职能转变为核心，以“一网通办”为抓手，践行“有求必应、无事不扰”的服务理念，对标最高标准、最高水平，打造贸易投资便利、行政效率高效、政务服务规范、法治体系完善的国际一流营商环境，为企业等经营主体投资兴业营造稳定、公平、透明、可预期的发展环境。

**第四条** 市、区人民政府应当加强优化营商环境工作的组织领导，按照优化营商环境的原则和要求，建立健全优化营商环境的统筹推进工作机制，完善服务企业联席会议机制，加强统筹本行政区域企业服务工作。政府主要负责人是优化营商环境的第一责任人。

市、区发展改革部门是本行政区域内优化营商环境工作的主管部门，负责指导、组织、协调优化营商环境日常工作。

本市经济信息化、商务、政务服务、市场监管、住房城乡建设、规划资源、司法行政、地方金融、知识产权、数据等部门应当按照各自职责，做好优化营商环境相关工作。

**第五条** 市、区人民政府及其有关部门应当结合实际，充分运用现行法律制度及国家政策资源，探索具体可行的优化营商环境新经验、新做法，并复制推广行之有效的改革措施。

浦东新区应当以打造社会主义现代化建设引领区为目标，加强改革系统集成，在优化营商环境方面大胆试、大胆闯、自主改。

中国(上海)自由贸易试验区和临港新片区、张江国家自主创新示范区、虹桥国际中央商务区等区域应当在优化营商环境方面发挥引领示范作用，先行先试有利于优化营商环境的各项改革措施。

**第六条** 本市加强与长江三角洲区域相关省、市的交流合作，以长三角生态绿色一体化发展示范区营商环境建设为重点，推动建立统一的市场准入和监管规则，着力形成要素自由流动的统一开放市场；推进政务服务“跨省通办”，优化事项业务规则和办事流程，加强数据资源共享和电子证照互认，推动“一件事”集成服务，提升长江三角洲区域整体营商环境水平。

**第七条** 市、区人民政府应当建立优化营商环境工作激励机制，对在优化营商环境工作中作出显著成绩的单位和个人，按照有关规定给予表彰和奖励。

各区、各部门可以结合实际情况，在法治框架内积极探索优化营商环境具体措施。对探索中出现失误或者偏差，但有关单位和个人依照国家和本市有关规定决策、实施，且勤勉尽责、未牟取私利的，不作负面评价，依法予以免责或者减轻责任。

**第八条** 本市按照营商环境评价体系要求，以企业等经营主体和社会公众满意度为导向推进优化营商环境改革，发挥营商环境评价对优化营商环境的引领和督促作用。

各区、各部门应当根据营商环境评价结果，及时调整完善优化营商环境的政策措施。

## 第二章 市场环境

**第九条** 本市充分发挥市场在资源配置中的决定性作用，构建覆盖企业全生命周期的服务体系，在企业开办、融资信贷、纠纷解决、企业退出等方面持续优化营商环境。

**第十条** 国家市场准入负面清单以外的领域，各类市场主体均可以依法平等进入。国家外商投资准入负面清单以外的领域，按照内外资一致的原则实施管理。

本市根据城市功能定位、发展规划以及环保安全等相关规定，按照规定程序制定产业引导政策，并向社会公开。

**第十一条** 本市对标国际高标准投资贸易规则，推进贸易便利化，鼓励和促进外商投资；按照国家部署，在中国(上海)自由贸易试验区和临港新片区实行外商投资试验性政策措施，扩大对外开放。

鼓励各类企业在本市设立总部机构、研发中心，鼓励与上海国际经济、金融、贸易、航运和科创中心建设密切相关的国际组织落户本市，支持创设与本市重点发展的战略性新兴产业相关的国际组织。

**第十二条** 本市依法保护企业等经营主体的经营自主权、财产权和其他合法权益，保护企业经营者的人身和财产安全。

任何单位和个人不得干预应当由企业等经营主体依法自主决策的定价、内部治理、经营模式等事项，不得实施任何形式的摊派，不得非法实施行政强制或者侵犯企业等经营主体及其经营者合法权益的其他行为，不得以任何方式和途径捏造或者歪曲事实，诽谤、损害企业等经营主体的名誉。

规范查办涉企案件，依法保护协助调查的企业及其经营管理人员、股东的合法权益，保障企业合法经营。实施查封、扣押、冻结等措施，应当严格区分公司法人与股东个人财产、涉案人员违法所得与家庭合法财产等，不得超权限、超范围、超数额、超时限查封、扣押、冻结，对调查属实的及时依法调整或者解除相关措施。

除法律、法规另有规定外，企业等经营主体有权自主决定加入或者退出行业协会、商会等社会组织，任何单位和个人不得干预。

**第十三条** 企业等经营主体依法平等适用国家及本市支持发展的政策，享有公平使用资金、技术、人力资源、土地使用权以及其他自然资源等各类生产要素和公共服务资源的权利。

市、区人民政府及其部门应当平等对待企业等经营主体，不得制定和实施歧视性政策。

本市支持企业等经营主体开展环境、社会和治理等可持续发展实践。对于满足环境、社会和治理相关要求的企业等经营主体，鼓励金融机构按照有关规定给予差别化待遇。

招标投标和政府采购应当公开透明、公平公正，不得设定不合理条件，不得要求潜在供应商或者投标人设立分支机构，不得以特定行政区域或者特定行业的业绩、奖项作为加分条件，或者以其他任何形式排斥、限制潜在投标人或者供应商，保障各类主体依法平等参与。有关主管部门应当依法查处排斥、限制平等参与招标投标和政府采购的违法违规行为。

本市完善公共资源交易管理制度，建立健全公共资源交易平台，优化交易服务流程，依法公开公共资源交易规则、流程、结果、监管和信用等信息。推广投标保证金和履约保证金使用电子保函，降低交易成本，提高交易效率。

**第十四条** 本市建立健全公平竞争工作协调机制，加大执法力度，预防和制止市场垄断和滥用行政权力排除、限制竞争的行为，以及不正当竞争行为，营造公平竞争的市场环境。

**第十五条** 本市营造中小企业健康发展环境，保障中小企业公平参与市场竞争，支持中小企业创业创新。

市、区人民政府应当在财政扶持、费用减免、金融支持、公共服务等方面制定专项政策，并在本级预算中安排中小企业发展专项资金，支持中小企业发展。

**第十六条** 本市加大对中小投资者权益的保护力度，完善中小投资者权益保护机制，保障中小投资者的知情权、表决权、收益权和监督权，发挥中小投资者服务机构在持股行权、纠纷调解、支持诉讼等方面的职能作用，提升中小投资者维护合法权益的便利度。

公司董事对公司负有忠实义务和勤勉义务，审议公司股东关联交易等事项时，应当维护公司利益和中小股东合法权益。

**第十七条** 本市将涉企经营许可事项全部纳入“证照分离”改革范围，通过直接取消审批、审批改为备案、实行告知承诺、优化审批服务等方式，分类推进改革。除法律、行政法规规定的特定领域外，涉企经营许可事项不得作为企业登记的前置条件，有关主管部门不得以企业登记的经营范围为由，限制其办理涉企经营许可事项或者其他政务服务事项。企业超经营范围开展非许可类经营活动的，市场监管部门不予处罚。

本市支持“一业一证”改革，将一个行业准入涉及的多张许可证整合为一张行业综合许可证，通过“一网通办”平台集成办理。行业综合许可证集成的信息与相关单项许可证具有同等证明力。行业综合许可证在全市通用。

市场监管部门应当根据企业自主申报的经营范围，明确告知企业需要办理的许可事项，同时将需要申请许可的企业信息告知有关主管部门。有关主管部门应当依企业申请及时办理涉企经营许可事项，并将办理结果即时反馈市场监管部门。

**第十八条** 对依法设立的政府性基金、涉企保证金、涉企行政事业性收费、政府定价的经营服务性收费，实行目录清单管理，目录清单之外一律不得执行。市财政、发展改革等部门应当编制目录清单，并向社会公开。

本市推广以金融机构保函、保证保险等替

代现金缴纳涉企保证金，市发展改革、住房城乡建设等有关主管部门应当明确具体规范和办事指南。

**第十九条** 本市培育和发展各类行业协会、商会，依法规范和监督行业协会、商会的收费、评比、认证等行为。

行业协会、商会应当加强内部管理和能力建设，及时反映行业诉求，组织制定和实施团体标准，加强行业自律，为会员提供信息咨询、宣传培训、市场拓展、权益保护、纠纷处理等服务。

**第二十条** 本市各级人民政府及其有关部门应当履行依法作出的政策承诺以及依法订立的各类合同，不得以行政区划调整、政府换届、机构或者职能调整以及相关责任人更替等为由违约、毁约。因国家利益、社会公共利益需要改变政策承诺、合同约定的，应当依照法定权限和程序进行，并依法对相关主体受到的损失予以补偿。

政府依照法律规定的条件和程序变更或者撤回已经生效的行政许可、采取征用等措施的，应当依法予以补偿。

**第二十一条** 本市各级人民政府及其有关部门、事业单位不得违反合同约定拖欠货物、工程、服务等账款，也不得在约定付款方式之外变相延长付款期限。

企业等经营主体以应收账款申请担保融资，向国家机关、事业单位等应付款方提出确权请求的，应付款方应当及时确认债权债务关系。

本市建立健全拖欠账款行为约束惩戒机制，通过预算管理、绩效考核、审计监督等，防止和纠正拖欠账款的问题。

**第二十二条** 本市加强知识产权保护工作，理顺知识产权综合管理和执法体制，加强跨区域、跨部门知识产权执法协作机制。

本市依法实行知识产权侵权惩罚性赔偿制度，推动建立知识产权快速协同保护机制，完善行政保护与司法保护衔接机制，探索开展知识产权公益诉讼，完善知识产权维权援助机制。建立企业知识产权海外应急援助机制，市知识产权等部门应当指导行业、企业加强知识产权案件海外应对，提供知识产权相关信息发布、法律咨询等服务。

本市建立健全商业秘密保护体系，开展商业秘密保护示范创建，引导和鼓励企业加强商业秘密自我保护，加大行政保护、司法保护力度。

本市完善知识产权纠纷多元解决机制，充分发挥行业协会和调解、仲裁、知识产权服务等机构在解决知识产权纠纷中的积极作用。

**第二十三条** 发生突发事件的，市、区人民政府根据遭受突发事件影响的企业等经营主体损失情况，制定救助、补偿、补贴、减免或者安置等工作计划并组织实施。

## 第三章 政务服务

**第二十四条** 本市加快数字政府建设，以“高效办成一件事”为牵引，优化政务服务、提升行政效能，深化全流程一体化政务服务平台（以下简称“一网通办”平台）建设，推动线上和线下集成融合、渠道互补，推进关联事项集成办、容缺事项承诺办、异地事项跨域办、政策服务精准办，促进政务服务标准化、规范化、便利化。

本市政务服务事项全部纳入“一网通办”平台办理，但法律、法规另有规定或者涉及国家秘密、公共安全等情形的除外。企业等经营主体可以通过“一网通办”平台办理政务服务，并可以通过企业专属服务空间获得精准化政务服务。

本市建立惠企政策全流程服务工作机制。各区、各部门应当将惠企政策汇集至“一网通办”平台，做好办理事项涉及的适用条件、所需材料、业务规则、审查要点等的精准匹配工作，通过“一网通办”平台将匹配的政策直接推送企业等经营主体，有序推进惠企政策直达快享。

市政务服务部门负责统筹规划、协调推进、指导监督“一网通办”“高效办成一件事”等工作，推进数字政府建设。各区、各部门推进政务服务标准化规范化建设，细化量化政务服务标准，编制政务服务办事指南，明确事项办理条件、办事材料、办理流程、容缺受理等内容，线上办理和线下办理标准应当一致。政务服务事项办理条件不得含有兜底条款，有关部门不得要求企业等经营主体提供办事指南规定之外的申请材料。

企业等经营主体可以自主选择政务服务办理渠道，有关部门不得限定办理渠道。已在线收取规范化电子材料的，不得要求申请人再提供纸质材料。

本市推进“一网通办”平台涉外服务专窗建设，为外商投资企业、外国人提供便利化政务服务。

**第二十五条** 本市健全政务服务“一窗受理”综合窗口服务，实行综合受理、分类办理、统一出件；推进政务服务“异地办理”，企业等经营主体在就近政务服务窗口可获得与属地窗口同质同效的办事服务。

各区、各部门应当按照要求加强服务窗口标准化管理，推进统一标准、统一标识等规范化建设，健全一次告知、首问负责、收件凭证、限时办结等服务制度，完善预约、全程帮办、联办以及错时服务、延时服务等工作机制。

各区、各部门应当加强窗口服务力量配置和窗口工作人员业务培训。服务窗口应当按照政府效能建设管理规定，综合运用效能评估、监督检查、效能问责等手段，提高服务质量和效能。

除法律、法规有明确规定的情形外，窗口工作人员不得对申请人提出的申请事项不予收件。窗口工作人员不予收件的，各部门应当加强核实监督。

各区、各部门应当建立涉企兜底服务机制，及时协调解决企业等经营主体办事过程中遇到的疑难事项和复杂问题。

**第二十六条** 本市对行政许可事项实施清单管理制度。市审批改革部门应当会同有关行政管理部门及时向社会公布清单并进行动态调整。

在行政许可事项清单之外，不得违法设定或者以备案、登记、注册、目录、规划、年检、年报、监制、认定、认证、审定以及其他任何形式变相设定或者实施行政许可。对国家和本市已经取消的行政许可事项，不得继续实施、变相恢复实施或者转由行业协会、商会以及其他组织实施。

各有关部门应当将本年度行政许可办理、费用收取、监督检查等工作情况，向同级审批改革部门报告并依法向社会公布。

**第二十七条** 本市全面推行行政审批告知承诺制度。对审批条件难以事先核实、能够通过事中事后监管纠正且风险可控的行政审批事项，行政审批机关可以采取告知承诺方式实施行政审批，但直接涉及公共安全、生态环境保护和直接关系人身健康、生命财产安全的以及依法应当当场作出行政审批决定的行政审批事项除外。告知承诺的具体事项，由审批改革部门会同有关部门确定，并向社会公布。

实行行政审批告知承诺的，有关部门应当一次性告知申请人审批条件和需要提交的材料。申请人以书面形式承诺符合审批条件的，应当直接作出行政审批决定，并依法对申请人履行承诺情况进行监督检查。申请人未履行承诺的，审批部门应当责令其限期整改；整改后仍未满足条件的，应当撤销行政审批决定，并按照有关规定纳入信用信息平台。

**第二十八条** 本市遵循合法、必要、精简的原则，规范行政审批中介服务事项。行政审批中介服务事项清单由市审批改革部门会同有关行政管理部门编制，并向社会公布。

除法律、法规另有规定外，企业等经营主体有权自主选择中介服务机构，任何行政管理部门不得为其指定或者变相指定中介服务机构，不得强制或者变相强制企业等经营主体接受中介服务。

各区、各部门在行政审批过程中需要委托中介服务机构提供技术性服务的，应当通过竞争性方式选择中介服务机构，并自行承担服务费用。

中介服务机构应当明确办理法定行政审批中介服务的条件、流程、时限、收费标准，并向社会公开。

**第二十九条** 市人民政府有关部门应当在市政府网站上公布证明事项清单，逐项列明设定依据、索要单位、开具单位等内容。有关部门应当在新证明事项实施或者原有证明事项取消之日，同步更新清单。

市人民政府有关部门应当在风险可控的基础上，选取与企业密切相关的证明事项实行告知承诺制，法律、法规和国家另有规定的除外。行政机关应当以书面形式将证明义务、证明内容以及不实承诺的法律责任一次性告知申请人。行政机关发现承诺不实的，应当依法终止办理、责令限期整改、撤销行政决定或者予以行政处罚，并纳入信用记录。实行告知承诺制的证明事项目录应当向社会公布。

各区、各部门应当加强证明的互认共享，不得重复索要证明。

**第三十条** 本市实施政务服务“好差评”制度，提高政务服务水平。“好差评”制度覆盖本市全部政务服务事项、被评价对象、服务渠道。评价和回复应当公开。

本市各级人民政府及其有关部门应当建立差评和投诉问题调查核实、督促整改和反馈机制。对实名差评事项，业务办理单位应当在一个工作日内联系核实。对于情况清楚、诉求合理的事项，立即整改；对于情况复杂、一时难以解决的事项，限期整改。整改情况及时向企业和群众反馈。政务服务主管部门应当对实名差评整改情况进行跟踪回访。

**第三十一条** 本市推行企业开办全流程“一表申请、一窗领取”。申请人可以通过本市企业登记网上服务平台申办营业执照、印章、发票、基本社会保险等业务。材料齐全、符合法定形式的，政府有关部门应当当场办结；不能当场办结的，应当在一个工作日内办结。

申请企业等经营主体设立、变更登记事项，申请人承诺所提交的章程、协议、决议和任职资格证明等材料真实、合法、有效的，市场监管部门应当对申请材料进行形式审查，对申请材料齐全、符合法定形式的予以确认并当场登记，但法律、法规另有规定的除外。当事人提供虚假材料申请登记的，应当依法承担责任。

企业可以在政务服务大厅开办企业综合窗口一次领取从事一般性经营活动所需的营业执照、印章和发票。

经营主体设立试行名称申报承诺制和企业住所自主申报制，推广实施经营主体设立、变更、注销全程电子化登记。多个经营主体可以根据本市相关规定，使用同一地址作为登记住所。

本市登记的经营主体可以在登记住所以外开展经营活动，无需向市场监管部门申请办理经营主体登记备案手续；法律、行政法规另有规定的，从其规定。企业需要办理增加经营场所备案的，可以向原办理登记的市场监管部门申请办理。

区人民政府或者其有关部门可以结合城乡社区服务体系建设，提供个体工商户登记地，供社区内从事居民服务业的个体工商户登记。

**第三十二条** 本市按照电子证照相关规定，建立健全电子证照归集和应用机制。除法律、法规另有规定外，市、区人民政府及其部门签发的电子证照应当向市电子证照库实时归集，确保数据完整、准确。

申请人在申请办理有关事项时，可以通过市电子证照库出示业务办理所需要的电子证照，受理单位不得拒绝办理或者要求申请人提供实体证照，但依法需要收回证照原件的除外。

**第三十三条** 本市建立统一的电子印章系统，推进电子印章在政务服务、社区事务受理等领域的应用，鼓励企业等经营主体和社会组织在经济和社会活动中使用电子印章。各部门已经建立电子印章系统的，应当实现互认互通。

经营主体电子印章与电子营业执照和经营主体身份码同步免费发放。政府有关部门应当推广电子营业执照和经营主体身份码的数字化场景应用。经营主体可以根据实际需要，自主刻制实体印章。

**第三十四条** 企业办理政务服务事项，使用的符合法律规定条件的可靠的电子签名，与手写签名或者盖章具有同等法律效力；电子印章与实物印章具有同等法律效力；电子证照与纸质证照具有同等法律效力，但法律、行政法规另有规定的除外。

**第三十五条** 本市推行企业年报多报合一。市场监管、人力资源社会保障、税务等有关部门应当共享企业年报有关信息，免于企业重复填报。

**第三十六条** 企业固定资产投资项目实行告知承诺制，其范围由市发展改革部门拟订，报市人民政府批准后向社会公布。

**第三十七条** 本市推行工程建设项目风险分级分类审批和监管制度。市住房城乡建设、交通等部门应当制定并公布各类工程建设项目的风险划分标准和风险等级，并会同市发展改革、规划资源等部门实行差异化审批、监督和管理。

本市实施工程建设项目审批全流程、全覆盖、一体化改革，强化项目施工与规划用地审批相衔接，推行同一阶段不同部门同类事项整合办理。市住房城乡建设部门依托“一网通办”总门户，牵头建立和完善统一的工程建设项目审批管理系统，实现立项、用地、规划、施工、竣工验收等各审批阶段“一表申请、一口受理、一网通办、限时完成、一次发证”，推动工程建设项目审批实现全流程网上办理。对社会投资的工程建设项目，建设工程规划许可和施工许可可以一站式办理。

市、区人民政府应当设立工程建设项目审批审查中心，依托工程建设项目审批管理系统，实行联合会审、联合监督检查和综合竣工验收等一站式服务模式。

本市加强对重大工程建设项目跨前服务，对不影响安全和公共利益的非关键要件在审批流程中探索试点“容缺后补”机制，允许建设单位在竣工验收备案前补齐相关材料。

**第三十八条** 本市探索建筑师负责制，在可行性研究、规划方案、设计方案、招标投标、施工图设计文件、工程管理、竣工验收等环节优化管理流程，发挥建筑师专业优势和全过程技术主导作用。

**第三十九条** 本市推行住宅工程质量潜在缺陷保险制度。对于其他项目，除国家规定必须实行监理的以外，探索建设单位通过购买工程质量潜在缺陷保险，由保险公司委托风险管理机构对工程建设项目进行管理。

**第四十条** 本市在产业基地和产业社区等区域实施区域评估，对评估的区域和事项实行清单管理。各区域管理主体应当根据清单要求，组织开展水资源论证、交通影响评价、水土保持方案审查、地质灾害危险性评估、雷击风险评估或者环境影响评价等区域评估。区域评估应当在土地出让前完成，评估结果向社会公开，并纳入有关部门管理依据。

企业等经营主体在已经完成区域评估的产业基地和产业社区建设工程项目的，不再单独开展上述评估评审，但国家和本市另有规定的除外。

**第四十一条** 本市企业新建社会投资低风险产业类项目的竣工验收与不动产登记合并办理，竣工验收后一次性获得验收合格相关证书和不动产权证电子证书，并可以当场获得纸质权证。

本市持续深化不动产登记便利化措施，推进全流程网上办理，推行交易、税务、登记等部门的申请信息综合采集和税、费网上一次收缴等便利化措施。不动产登记机构线下企业专区实行登记与缴税合并办理，以纳税人申报价格作为计税依据，当场计算契税应纳税款，企业可以当场缴税、当场领证。税务部门在事后监管过程中发现纳税人申报价格明显偏低且无正当理由的，应当按照规定核实调整并补征税款。不动产登记机构应当与公用企事业单位协作，实现电力、供排水、燃气、网络、有线电视过户与不动产登记同步办理。本市推广在商业银行申请不动产抵押登记等便利化改革。

任何单位和个人有查询需要的，可以根据国家和本市不动产登记资料查询的相关规定，通过自助查询终端、“一网通办”平台等渠道自助查询全市范围登记的不动产自然状况、权利状况和地籍图等信息，以及非住宅且权利人为法人或者非法人组织的不动产权利人信息。权利人查询其名下不动产信息，可以获得本市房屋查询结果证明。

**第四十二条** 本市深化人才发展体制机制改革，充分发挥用人主体在培养、引进、用好人才中的作用，营造人才成长发展的良好生态，集聚海内外优秀人才，加快建设成为高水平人才高地。

本市依托市、区两级人才服务中心，提供人才引进、落户、交流、评价、咨询等便利化专业服务。

本市为外籍高层次人才出入境、停居留和工作学习生活提供便利。推进建立移民事务服务中心、上海国际服务门户网站，为常住外国人提供政策咨询、居留旅行、法律援助、语言文化等社会融入服务。推广外国人永久居留身份证的应用。通过"外国人工作、居留单一窗口"办理工作许可和居留许可的，应当在七个工作日内一次办结。

**第四十三条** 本市通过国际贸易单一窗口，为申报人提供进出口货物申报、运输工具申报、税费支付、贸易许可和原产地证书申领等全流程电子化服务，并推广贸易融资、信用保险、出口退税等地方特色应用。

各收费主体应当在国际贸易单一窗口公开收费标准，实现口岸相关市场收费"一站式"查询和办理。市口岸、交通、发展改革、市场监管等部门应当加强口岸收费管理。

本市依托国际贸易单一窗口，推动与其他经济体的申报接口对接，促进信息互联互通，便利企业开展跨境业务。

**第四十四条** 本市运用各类口岸通关便利化措施，压缩货物口岸监管和港航物流作业时间，实现通关与物流各环节的货物状态和支付信息可查询，便利企业开展各环节作业。

本市推动优化口岸监管，鼓励企业提前申报通关，提前办理通关手续。对于申报通关存在差错的，按照有关容错机制处理。

对符合条件的企业，依照有关规定，实行先验放后检测、先放行后缴税、先放行后改单等管理。海关应当公布报关企业整体通关时间。

**第四十五条** 本市构建面向纳税人和缴费人的统一税费申报平台，推动相关税费合并申报及缴纳。有关部门应当精简税费办理资料和流程，减少纳税次数和税费办理时间，提升电子税务局和智慧办税服务场所的服务能力，推广使用电子发票，完善税费争议解决机制。

本市严格落实国家各项减税降费政策，积极开展宣传辅导，确保各项政策落实到位。

**第四十六条** 知识产权部门应当编制完善知识产权公共服务事项清单，明确知识产权相关事项办理的内容、时限、条件等。

知识产权部门应当优化知识产权业务受理流程，推进专利、商标等领域公共服务事项集中受理。

**第四十七条** 企业可以在本市自主选择主要办事机构所在地，并依法登记为住所。各区、各部门应当对企业跨区域变更住所提供便利，不得对企业变更住所设置障碍。

对区级层面难以协调解决的企业跨区域迁移事项，由市服务企业联席会议机制协调解决，并推动落实。

**第四十八条** 企业可以通过本市企业登记网上服务平台申请注销，由市场监管、税务、人力资源社会保障等部门分类处置、同步办理、一次办结相关事项。

对未发生债权债务或者已将债权债务清偿完结，未发生或者已结清清偿费用、职工工资、社会保险费用、法定补偿金、应缴纳税款（滞纳金、罚款），并由全体投资人书面承诺对上述情况的真实性承担法律责任的，可以按照简易程序办理注销登记。企业应当将承诺书及注销登记申请通过国家企业信用信息公示系统公示，公示期为二十日。公示期内无异议的，登记机关可以为企业办理注销登记并予以当场办结。

## 第四章　公 共 服 务

**第四十九条** 市经济信息化部门组织开展

全市企业服务体系建设，依托上海市企业服务云，实现涉企政策统一发布、专业服务机构集中入驻、企业诉求集中受理。

市、区经济信息化部门应当建立中小企业服务中心，受理企业各类诉求，完善诉求快速处理反馈机制，一般问题五个工作日办结，疑难问题十五个工作日办结，无法办理的应当向企业说明情况。

各区应当建立网格化企业服务模式，在乡镇、街道、园区及商务楼宇等设立企业服务专员，建立定期走访机制，了解企业需求和困难，主动宣传涉企政策措施，为协调解决企业诉求提供服务。

**第五十条** 本市建立完善市级财政资金类惠企政策统一申报系统，为企业提供一站式在线检索、订阅、匹配、申报服务。各区参照建立区级财政资金类惠企政策统一申报系统以及相应服务机制。各区、各部门应当严格执行国家和本市关于支持中小企业发展的财政资金类政策，并提供便利化服务。

各区应当设立财政资金类等惠企政策服务窗口，有条件的区可以设立惠企政策综合服务窗口。

**第五十一条** 本市建立政企沟通机制，通过调研、座谈、问卷调查、新媒体等多种形式，及时倾听和回应企业等经营主体的合理诉求。

本市设立优化营商环境咨询委员会，负责收集、反映企业等经营主体对营商环境的诉求，为营商环境改革提供决策咨询，推动优化营商环境精准施策。

商务、经济信息化及其他有关部门应当建立咨询服务机制，通过线上线下等方式，为企业等经营主体提供国际经贸规则的政策咨询、培训和指导等服务；支持行业协会、国际贸易促进组织等提供与国际经贸规则相关的专业服务。

**第五十二条** 本市鼓励电力、供排水、燃气、网络等公用企事业单位为企业等经营主体提供全程代办服务。鼓励公用企事业单位全面实施网上办理业务，在“一网通办”总门户开设服务专窗，优化流程、压减申报材料和办理时限。

本市推行市政公用基础设施服务可靠性监管计划，公用企事业单位应当保障服务设施正常、稳定运行，确保供应质量符合国家和本市规定。有关主管部门应当加强对公用企事业单位服务可靠性的监管，发布实施基于服务可靠性的绩效管理措施。

公用企事业单位应当推行接入和服务的标准化，确保接入标准、服务标准公开透明，并提供相关延伸服务和一站式服务。公用企事业单位应当对收费项目明码标价，并按照规定履行成本信息报送和公开义务。

本市实施“水电气网”联合报装制度，实行接入服务事项“一表申请、一口受理、联合踏勘、一站服务、一窗咨询”。联合报装涉及挖掘道路审批事项的，推行联合报装和挖掘道路审批事项协同办理。

本市保障通信基础设施建设，将通信基础设施专项规划有关内容依法纳入相应的国土空间规划，并根据控制性详细规划将通信基础设施建设要求纳入规划条件，作为土地出让合同的组成部分。

通信管理、市场监管、经济信息化、住房城乡建设、房屋管理等部门依法规范园区及商务楼宇的通信基础设施建设及运营，保障基础电信业务经营者平等接入的权利和企业用户自主选择通信网络业务的权利。

**第五十三条** 本市全面落实动产和权利担保统一登记制度。当事人通过中国人民银行征信中心动产融资统一登记公示系统，对纳入统一登记范围的动产和权利担保自主办理登记。

本市鼓励金融机构为诚信经营的中小企业提供无抵押信用贷款，优化中小企业信贷产品，提高融资对接和贷款审批发放效率。支持为科技型企业提供全生命周期综合金融服务，加大科技型企业培育力度，鼓励符合条件的科技型企业上市。鼓励金融机构持续推动绿色金融产品和服务创新。

本市建立健全中小企业涉诉信息澄清机制，避免金融机构因获取信息不全面影响对中小企业的正常贷款。

**第五十四条** 市地方金融部门会同市民政、规划资源、市场监管等部门以及信托登记机构，配合中央金融管理部门在沪机构探索建立以不动产、股权等作为信托财产的信托财产登记及相关配套机制。

**第五十五条** 本市设立中小微企业政策性融资担保基金，建立健全融资担保体系，为中小微企业融资提供增信服务。市财政部门应当会同市地方金融等部门，建立信贷风险补偿和奖励机制。

本市推进公共数据开放及大数据普惠金融应用，依托中小企业融资综合信用服务平台等，依法与金融机构等共享市场监管、税务、不动产登记、环保等政务数据和电力、供排水、燃气、网络等公用事业数据，为中小企业融资提供增信服务，并依法保护个人信息、商业秘密。

**第五十六条** 本市扶持产业园区建设，推进产业与城市融合发展。有关政府部门根据需要在产业园区设立政务服务窗口。鼓励各类产业园区的管理运营单位设立一站式企业服务受理点，提供企业开办、项目建设、人才服务等政策咨询和代办服务。

园区管理运营单位通过推荐函等方式为园区企业办事提供证明、保证等服务的，有关政府部门应当予以支持。

**第五十七条** 本市支持创新创业集聚区建设，支持发展科技企业孵化器、众创空间等各类创新创业载体。对于符合条件的创新创业载体，按照有关规定给予税收优惠和财政支持。

鼓励和支持高校、科研院所通过建设专业团队、委托第三方服务机构等方式开展技术转移服务，推动科技成果转移转化。

**第五十八条** 本市实行重大产业项目目录制管理，并定期动态调整。市、区人民政府应当建立重大项目联系制度和协调处理机制，为企业提供全流程服务保障。

市经济信息化部门应当推进市级投资促进平台建设，制定发布上海市产业地图，推进建设重点项目信息库和载体资源库，推动项目与产业地图精准匹配。

市商务部门应当统筹全市外商投资促进服务等相关工作，推动完善海外招商促进网络。

**第五十九条** 本市加快推进公共法律服务体系建设，整合律师、公证、司法鉴定等公共法律服务资源，以公共法律服务中心、公共法律服务热线等为载体，提升公共法律服务质量和水平。

鼓励律师创新法律服务模式，通过专业化的法律服务，帮助中小企业有效防范法律风险，及时高效地解决各类纠纷。

持续优化公证服务，实现简易公证事项和公证信息查询的“自助办、网上办、一次办”。

鼓励鉴定机构优化鉴定流程，提高鉴定效率。与委托人有约定时限的，在约定的时限内完成鉴定；没有约定的，一般应当在三十个工作日内完成鉴定，但重大复杂或者法律、法规、部门规章有专门规定的除外。

## 第五章　监 管 执 法

**第六十条** 有关政府部门应当按照鼓励创新的原则，对新技术、新产业、新业态、新模式等实行包容审慎监管，针对其性质、特点分类制定和实行相应的监管规则和标准，制定生产经营合规指引，预留发展空间，同时确保质量和安全，不得予以禁止或者不予监管。

本市建立健全包容审慎监管制度，推行轻微违法行为依法不予行政处罚，并对实施情况开展执法监督。市有关行政管理部门应当制定本系统轻微违法行为依法不予行政处罚清单，并依法实施。

有关政府部门开展行政执法时，应当依法运用说服教育、劝导示范、指导约谈等方式，加强对企业等经营主体违法行为整改的指导。

**第六十一条** 市审批改革部门应当会同有关行政管理部门编制监管事项目录清单，明确监管主体、监管对象、监管措施、处理方式等，并向社会公开。监管事项目录清单实行动态调整。

本市基于监管对象信用状况及风险程度等，对其实施差异化分类监督管理。各部门应当根据分类结果建立相应的激励、预警、惩戒等机制。规范重点监管程序，对食品、药品、建筑工程、交通、应急等直接涉及公共安全和人民群众生命健康等特殊行业、重点领域，依法实行全覆盖全过程重点监管。

实施分类监管的部门和履行相应公共事务管理职能的组织，应当制定分类监管实施细则，并向社会公布。

有关政府部门应当对直接涉及公共安全、人民群众生命健康等的特殊行业、重点领域制定经营主体生产经营重点监管事项合规指引，指导企业等经营主体依法开展生产经营活动。

**第六十二条** 有关政府部门应当制定本部门年度执法检查计划，并于每年三月底前向社会公布。

年度执法检查计划应当包括检查主体、检查对象范围、检查方式、检查项目和检查比例等内容。

**第六十三条** 市级行政执法部门应当统筹规范本系统行政检查行为，优化检查流程，指导行政执法单位合理确定检查频次，整合、精简行政检查事项。对于可以由不同层级行政执法单位开展的行政检查，市级行政执法部门应当依法合理确定行使层级，避免对同一事项重复检查。

本市推行应用检查码，归集、共享行政检查数据，对行政检查行为进行监督评价，规范涉企行政检查行为。

**第六十四条** 行政执法部门开展行政检查时确需第三方进行专业技术协助的，应当与第三方签订协议，明确工作内容及要求。第三方不得单独开展行政检查，不得单独向行政相对人出具意见或者建议。

**第六十五条** 有关政府部门应当按照规定将经营主体的行政处罚信息向社会公示，期限为三年，法律、法规和国家另有规定的，从其规定。

**第六十六条** 本市推行专用信用报告替代有关行政机关出具的有无违法记录证明。专用信用报告可以通过“一网通办”平台等获取。各区、各市级部门应当按照国家和本市要求，全面、准确、及时将有关公共信用信息归集至市公共信用信息服务平台。

有关行政管理部门应当充分运用信用信息，在实施行政许可过程中，对守信主体给予优先办理、简化程序等便利服务，同时严格规范联合惩戒名单认定，依法依规开展失信联合惩戒。

**第六十七条** 本市建立健全公共信用信息修复机制，实施公共信用信息分级分类修复制度，明确失信信息修复的条件、标准、流程等要素，优化“信用中国(上海)”网站与“国家企业信用信息公示系统(上海)”等部门网站以及信用服务机构之间公共信用信息修复结论的共享和互认机制。

符合条件的经营主体可以在行政处罚信息最短公示期届满后，按照规定申请修复，提前终止公示。一般行政处罚信息的最短公示期为三个月；涉及食品、药品、特种设备、安全生产、消防领域的行政处罚信息的最短公示期为一年。按照简易程序作出的行政处罚和仅被处以警告、通报批评处罚的信息不予公示。严重失信主体名单的修复，由认定失信行为的单位依法开展。

失信信息由“信用中国(上海)”等信用平台网站负责修复的，应当在三个工作日内将修复结论共享至有关部门和系统；认定失信行为的单位负责修复的，应当及时将修复结论共享至“信用中国(上海)”等信用平台。各部门应当在申请人的信用信息修复后同步删除相关网站上的公示信息。信用信息修复结果应当及时告知申请人。采集、使用失信信息的信用服务机构应当及时在系统查询界面中删除相关信息。

法律、法规和国家另有规定的，从其规定。

**第六十八条** 本市全面落实行政执法公示、行政执法全过程记录和重大行政执法决定法制审核制度，通过考核、定期报告、协调指导、执法数据共享等方式，推进行政执法严格规范公正文明。

各行政执法部门应当根据监管需求，加强执法协作，明确联动程序，提高跨部门、跨领域联合执法效能。

本市深化行政综合执法改革，推进相对集中行使行政处罚权，统筹配置行政执法资源。

本市建立健全审批、监管、执法、司法相互衔接的协同联动机制。

**第六十九条** 本市依托“互联网＋监管”系统、上海市统一综合执法系统、综合监管运行管理系统，推动各部门监管业务系统互联互通，加强监管信息归集共享和应用，推行远程监管、移动监管、预警防控等非现场监管，为开展“双随机、一公开”监管、分类监管、信用监管、联合执法等提供支撑。在监管过程中涉及的企业等经营主体商业秘密，各部门应当依法予以保密。

**第七十条** 除直接涉及公共安全和人民群众生命健康等特殊行业、重点领域外，市场监管领域各有关部门在监管过程中通过随机抽取检查对象、随机选派执法检查人员的方式开展行政检查。

随机抽查的比例频次、被抽查概率应当与抽查对象的信用等级、风险程度挂钩。针对同一检查对象的多个检查事项，应当合并或者纳入跨部门联合抽查范围。规范行政检查行为，避免随意检查、重复检查。

市场监管领域各有关部门应当及时通过国家企业信用信息公示系统等平台向社会公开抽查情况及查处结果。

**第七十一条** 各行政执法部门实施行政强制，应当遵循合法、适当、教育与强制相结合的原则，对采用非强制性手段能够达到行政管理目的的，不得实施行政强制；对违法行为情节轻微或者社会危害较小的，可以不实施行政强制；确需实施行政强制的，应当限定在所必需的范围内，尽可能减少对企业等经营主体正常生产经营活动的影响。

市人民政府有关部门应当探索建立完善不予实施行政强制措施清单。

**第七十二条** 市人民政府有关部门应当按照国家和本市规定科学规范行政裁量权，建立健全行政裁量权基准制度，并实行动态管理；推进将行政裁量权基准内容嵌入上海市统一综合执法系统，为执法人员提供指引。各行政执法单位应当按照国家和本市规定，规范适用行政裁量权基准。

行政执法单位实施行政处罚、行政检查等执法行为时，应当审慎适用列举式条文中的兜底条款。兜底条款需要由本市有关行政部门作出规定的，有关市级行政主管部门应当明确兜底条款的具体适用情形和规则。

**第七十三条** 除涉及人民群众生命安全、发生重特大事故或者举办国家重大活动，并报经有权机关批准外，市、区人民政府及其部门不得在相关区域采取要求相关行业、领域普遍停产、停业等措施。采取普遍停产、停业等措施的，应当提前书面通知企业或者向社会公告，法律、法规另有规定的除外。

## 第六章 法治保障

**第七十四条** 本市制定与企业等经营主体生产经营活动密切相关的地方性法规、规章、行政规范性文件，应当通过报纸、网络等向社会公开征求意见，充分听取企业等经营主体、行业协会、商会的意见，并建立健全意见采纳情况反馈机制。

涉及企业等经营主体权利义务的地方性法规、规章、行政规范性文件，应当通过便于公众知晓的方式及时公布。行政规范性文件应当录入本市统一的行政规范性文件数据库。地方性法规、规章、行政规范性文件公布时，应当同步进行宣传解读。与外商投资、国际贸易等密切相关的地方性法规、规章、行政规范性文件，应当提供相应的英文译本或者摘要。

**第七十五条** 本市各级人民政府及其有关部门制定与企业等经营主体生产经营活动密切相关的规范性文件、政策措施，应当进行合法性审查，并由制定机关集体讨论决定。

起草涉及企业等经营主体经济活动的地方性法规、规章、规范性文件以及具体政策措施时，应当按照规定进行公平竞争审查。鼓励社会第三方机构参与公平竞争审查工作。

对违反公平竞争有关规定的政策措施，任何单位和个人可以向市场监管部门举报。市场监管部门接到举报后，应当及时处理或者转送有关部门处理。

**第七十六条** 本市各级人民政府及其有关部门制定的与企业等经营主体生产经营活动密切相关的政策措施，应当简明清晰、通俗易懂。

涉及企业等经营主体的办理事项应当明确，办理流程应当简化便捷，办理状态信息应当及时告知。

**第七十七条** 本市各级人民政府及其有关部门制定与企业等经营主体生产经营活动密切相关的政策措施，应当留出必要的适应调整期，但涉及国家安全和公布后不立即施行将有碍施行的除外。

本市各级人民政府及其有关部门应当建立政策措施定期评估清理机制，对与企业等经营主体生产经营活动密切相关的政策措施每年至少开展一次评估，并公布清理结果。

**第七十八条** 本市加强灵活就业人员权益保护，保障灵活就业人员参加社会保险的权利。

灵活就业人员失业后，符合规定条件的，可以申请领取失业保险金。

**第七十九条** 用人单位应当制定禁止工作场所暴力、歧视、骚扰和霸凌的规章制度，加强安全保卫和管理等工作，预防风险和制止相关危害，并将识别工作场所相关危害和风险纳入教育培训的内容。

用人单位应当建立工作场所暴力、歧视、骚扰和霸凌行为内部申诉机制，并完善相应的调查处置程序。

**第八十条** 本市完善劳动纠纷多元化解机制，推行调解优先，发挥行业协会、商会在预防和化解劳动纠纷中的作用，提高劳动纠纷解决效率。市、区劳动人事争议仲裁委员会通过设立速裁庭、巡回庭、派出庭，为当事人解决劳动纠纷提供便利。

市人力资源社会保障部门应当畅通劳动者维权渠道，完善劳动监察案前调解机制，加大监察执法力度，依法保护劳动者合法权益。

**第八十一条** 本市积极完善调解、仲裁、行政裁决、行政复议、诉讼等有机衔接、相互协调的多元化纠纷解决机制，充分发挥各级非诉讼争议解决中心功能，支持在金融、建设工程、航运、知识产权等专业领域建立纠纷解决机构，加强纠纷解决数字化平台建设，为当事人提供高效、便捷的纠纷解决途径。

本市建立涉外商事纠纷调解、仲裁、诉讼多元化解决一站式工作机制，为当事人提供多元、便捷、高效的纠纷解决服务。

支持境外知名仲裁及争议解决机构按照规定在本市设立业务机构，就国际商事、海事、投资等领域发生的民商事争议开展涉外仲裁业务。本市人民法院建立支持仲裁案件审理开具调查令工作机制。

**第八十二条** 各类商事调解组织应当建立调解员名册，并向社会公开，名册中的调解员不受国籍、性别、居住地等限制。当事人可以选择调解员名册以外的调解员调解。

商事调解应当在当事人自愿、平等的基础上进行。调解组织、调解员可能与案件产生利益冲突的，应当及时进行披露并主动回避，当事人有权更换调解组织或者申请调解员回避。商事调解案件进入仲裁程序的，除当事人另有约定外，担任过商事调解案件的调解员应当回避担任同一案件或者相关案件的仲裁员。

调解组织应当定期公开通过调解解决的各类商事纠纷的统计数据。

在民事诉讼中以调解方式结案的，依法减半交纳案件受理费。

**第八十三条** 本市支持各级人民法院依法公正审理涉及市场主体的各类案件，平等保护各类市场主体合法权益；支持各级人民检察院对人民法院审判活动实施法律监督。

本市各级人民法院依法发挥庭前会议固定争点、交换证据、促进调解等功能，提高庭前准备环节工作质量，促进庭审质效提升。

本市根据国家统一部署，加强国际商事纠

纷审判组织建设，支持国际商事纠纷审判组织对接国际商事通行规则，加快形成与上海国际商事纠纷解决需求相适应的审判体制机制。

本市强化执行难源头治理制度建设，推动完善执行联动机制，支持人民法院加强和改进执行工作。政府各有关部门、人民检察院、人民团体、企事业单位、金融机构等，应当加强与人民法院执行工作的配合与协作，协同提高本市执行工作水平和效率。

**第八十四条** 企业等经营主体在本市办理设立、变更、备案等登记注册业务或者申报年报时，市场监管部门应当告知其填报法律文书送达地址。企业等经营主体应当主动填报法律文书送达地址，未填报的，依法以登记的住所为本市各级人民法院和行政管理部门法律文书的送达地址。

**第八十五条** 本市各级人民法院应当加强网上诉讼服务平台建设，推进全流程网上办案模式，并严格遵守法律及司法解释关于规范民商事案件延长审限和延期开庭的规定。当事人通过网上立案方式递交诉状材料的，可以不再提交纸质版本。

市高级人民法院加强司法质效数据公开平台建设，推进涉营商环境相关数据实时、常态化公开，提高司法公开透明度。

市高级人民法院应当建立健全对从事司法委托的鉴定、资产评估、审计审价等中介机构的遴选、评价、考核规则和标准，向社会公布，并定期向有关部门通报对中介机构的考核评价结果。

有关部门应当与人民法院建立信息共享机制，支持人民法院依法查询相关主体的身份、财产权利、市场交易等信息，支持人民法院对涉案不动产、动产、银行存款、股权、知识产权及其他财产权利实施网络查控和依法处置，提高财产查控和强制执行效率。

有关部门应当与人民法院加强协同联动，将拒不履行生效裁判确定义务的被执行人纳入失信惩戒名单，强化对失信被执行人的惩戒力度。

**第八十六条** 本市推进完善市场化、法治化、便利化的破产制度，通过市场化机制加大重整保护力度，探索建立庭外重组、重整识别、预重整等破产拯救机制，探索破产案件繁简分流、简易破产案件快速审理等机制，简化破产流程。

本市建立健全市人民政府和市高级人民法院共同牵头、有关部门参加的企业破产工作协调机制，协调解决本市企业破产工作中的问题，提升破产领域公共服务和公共事务办理效能。

本市加大企业重整、和解政策支持力度，探索通过提供专项政府性融资担保等方式，推动金融机构为重整、和解企业提供必要的纾困融资。

本市各级人民法院依照相关法律和司法解释的规定，建立重整计划草案由权益受到调整或者影响的债权人或者股东参加表决的机制，促进具有营运价值的困境企业及时获得重整救济。

**第八十七条** 本市企业法人出现《中华人民共和国企业破产法》规定的清理债务、重整情形的，企业董事、高级管理人员应当忠实、勤勉履行职责，及时采取合理措施，避免企业状况继续恶化和财产减损。

本市优化专门针对小微企业的破产办理机制，促进不可存续的小微企业迅速清算和可存续的小微企业有效重整。

本市各级人民法院依法探索跨境破产工作机制，提高跨境破产程序认可与协助、境外破产裁决承认与执行工作质效，加强跨境破产司法合作与交流。

本市各级人民法院依法确定环境损害赔偿在破产财产中的清偿顺位及其实现方式。

**第八十八条** 本市加强人民法院全流程网上办案平台与本市政务服务平台的对接，建立健全破产企业不动产、车辆、银行账户、证券、企业登记原始档案、税务、社会保险、住房公积金、相关涉案主体身份等信息在线查询机制和破产财产解封处置在线办理机制。

本市建立破产企业职工权益保障机制。各级人力资源社会保障部门应当在破产企业处置过程中，协同做好用工政策指导、就业服务、欠薪保障、职工社会保险关系转移等事项，保障职工合法权益。

破产企业按照有关规定履行相关义务后，自动解除企业非正常户认定状态。企业因重整取得的债务重组收入，依照国家有关规定适用企业所得税相关政策。对于破产企业涉及的房产税、城镇土地使用税等，税务机关应当依法予以减免。

本市建立企业破产信息公示机制，依托“信用中国(上海)”网站，向社会公开破产债务人、破产管理人、破产程序进展、破产裁判文书等信息。

**第八十九条** 本市人民法院对债权人提名或者债权人会议更换破产管理人的意见，符合法定条件的，依法核准。

本市推动和保障破产管理人在破产程序中依法履职。破产管理人持人民法院出具的受理破产申请裁定书、指定管理人决定书等法律文书，有权依法接管、调查、管理、处分破产财产。破产管理人依法履行职责，办理破产相关业务时，相关单位和部门应当予以配合。

破产管理人处分破产企业重大财产的，应当经债权人会议逐项表决通过。

破产管理人依据人民法院终结破产程序裁定文书、清算组依据人民法院强制清算终结裁定文书提出申请的，市场监管部门依法为企业办理注销登记。

本市健全破产管理人分级管理机制，加强破产管理人专业化、规范化建设。

市破产管理人协会应当加强行业自律和业务培训，提高破产管理人的履职能力和水平。

**第九十条** 本市建立营商环境投诉维权机制，任何单位和个人可以通过“12345”市民服务热线、上海市企业服务云、中小企业服务中心以及“一网通办”平台等，对营商环境方面的问题进行投诉举报。

各有关部门应当畅通投诉举报反馈渠道，保障投诉举报人合理、合法诉求得到及时响应和处置，无法解决的，应当及时告知并说明情况。

市、区人民政府及有关行政管理部门可以邀请人大代表、政协委员、专家学者、行业协会代表、商会代表、专业服务业人员代表、企业代表和群众代表等担任社会监督员。社会监督员结合本职工作及时收集、反映与营商环境相关的问题线索、意见建议等信息，发挥监督作用。

**第九十一条** 本市探索在生态环境和资源保护、食品药品安全、公共卫生安全等领域建立内部举报人制度，发挥社会监督作用，对举报严重违法、违规行为和重大风险隐患的有功人员予以奖励，并对其实行严格保护。

**第九十二条** 本市建立由机关单位、专业院校、社会组织等共同参与的优化营商环境法治保障共同体，畅通政策和制度的设计、执行、反馈沟通渠道，重点疏通协调营商环境建设中存在的制度性瓶颈和体制机制问题，为各区、各部门提供依法推进营商环境建设的智力支持。

**第九十三条** 本市探索创建优化营商环境法治宣传新模式，采取以案释法、场景互动等方式提升法治宣传效能。

本市遵循“谁执法谁普法”“谁服务谁普法”的原则，探索将优化营商环境法治宣传工作纳入普法责任制考核。

**第九十四条** 市、区人民代表大会常务委员会通过听取专项工作报告、开展执法检查等方式，加强本行政区域内优化营商环境工作监督。

市、区人民代表大会常务委员会充分发挥代表作用，组织代表围绕优化营商环境开展专题调研和视察等活动，汇集、反映企业等经营主体的意见和建议，督促有关方面落实优化营商环境的各项工作。

## 第七章 法律责任

**第九十五条** 违反本条例规定的行为，法律、行政法规有处罚规定的，从其规定。

**第九十六条** 本市各级人民政府和有关部

门及其工作人员在优化营商环境工作中，有下列情形之一的，由有关部门责令改正；情节严重的，依法追究责任：

（一）违反“一网通办”工作要求，限定企业等经营主体办理渠道的；

（二）对情况清楚、诉求合理的实名差评事项，拒不整改的；

（三）对企业变更住所地违法设置障碍的；

（四）妨碍破产管理人依法履职的；

（五）其他不履行优化营商环境职责或者损害营商环境的。

## 第八章　附　　则

**第九十七条**　本条例自 2020 年 4 月 10 日起施行。

# 上海市地方金融监督管理条例

（2020 年 4 月 10 日上海市第十五届人民代表大会常务委员会第二十次会议通过）

## 第一章　总　　则

**第一条**　为了规范地方金融组织及其活动，维护金融消费者和投资者合法权益，防范化解金融风险，促进本市金融健康发展，推动上海国际金融中心建设，根据相关法律、行政法规和国家有关规定，结合本市实际，制定本条例。

**第二条**　本市行政区域内地方金融组织及其活动的监督管理、风险防范与处置工作，适用本条例。

国家对地方金融监督管理另有规定的，从其规定；市人民政府对地方各类交易场所另有规定的，从其规定。

本条例所称地方金融组织，包括小额贷款公司、融资担保公司、区域性股权市场、典当行、融资租赁公司、商业保理公司和地方资产管理公司，以及法律、行政法规和国务院授权地方人民政府监督管理的具有金融属性的其他组织。

**第三条**　本市地方金融监督管理工作，应当遵循安全审慎、有序规范、创新发展的原则，坚持服务实体经济、防控金融风险和深化金融改革的目标，推动金融服务经济高质量发展。

**第四条**　市人民政府应当在国家金融稳定发展委员会的指导和监督下，建立金融工作议事协调机制，完善地方金融监督管理体系，落实地方金融监督管理职责，统筹本市金融改革发展、金融风险防范等重大事项。

本市金融工作议事协调机制应当加强与国务院金融稳定发展委员会办公室地方协调机制在金融监管、风险处置、信息共享和消费者权益保护等方面的协作。

区人民政府应当加强对本行政区域内地方金融相关工作的组织领导，建立健全地方金融监督管理机制，做好金融风险防范与处置等工作。

**第五条**　市地方金融监管部门负责本市地方金融组织及其活动的监督管理，承担制定监督管理细则、开展调查统计、组织有关风险监测预警和防范处置等职责。

区金融工作部门根据市地方金融监管部门的要求，对登记注册在本行政区域内的地方金融组织承担初步审查、信息统计等职责，组织风险监测预警和防范处置的有关工作，并采取相应的监督管理措施。

发展改革、经济信息化、商务、公安、市场监管、财政、国资、宣传、文化旅游、交通、农业农村、科技、教育、民政、住房城乡建设管理、网信、通信管理等部门按照各自职责，做好地方金融监督管理的相关工作。

**第六条** 本市建立地方金融监督管理信息平台（以下简称监管平台），参与国家金融基础数据库建设，按照国家统一规划推动地方金融监督管理标准化建设。监管平台由市地方金融监管部门负责建设运营。

市地方金融监管部门应当推动现代信息技术在监管平台的运用，通过监管平台开展监管信息归集、行业统计和风险监测预警等，实现与有关部门监管信息的互联共享，定期分析研判金融风险状况，提出风险预警和处置建议。

**第七条** 市人民政府应当完善上海国际金融中心建设规划，支持金融市场体系建设、金融要素资源集聚，推进金融对外开放，激发金融创新活力，优化金融发展环境，进一步强化全球金融资源配置功能，提升辐射力与影响力。

本市推动在中国（上海）自由贸易试验区以及临港新片区等区域，试点金融产品创新、业务创新和监管创新。

本市协同中央金融监管部门推广金融科技应用试点，全面提升金融科技应用水平，推进技术创新与金融创新融合发展，加强上海国际金融中心建设和科技创新中心建设联动。

**第八条** 本市完善长江三角洲区域金融监管合作机制，建立健全风险监测预警和监管执法联动机制，强化信息共享和协同处置，推动金融服务长江三角洲区域高质量一体化发展。

## 第二章 地方金融组织行为规范

**第九条** 在本市设立地方金融组织的，应当按照国家规定申请取得许可或者试点资格。

市地方金融监管部门应当将国家规定的设立地方金融组织的条件、程序、申请材料目录和申请书示范文本等，在官方网站、“一网通办”等政务平台上公布。

**第十条** 地方金融组织的下列事项，应当向市地方金融监管部门或者区金融工作部门（以下统称地方金融管理部门）备案：

（一）在本市或者外省市设立分支机构；

（二）变更组织名称、住所或者主要经营场所、注册资本、控股股东或者主要股东；

（三）变更法定代表人、董事、监事或者高级管理人员；

（四）市地方金融监管部门规定的其他应当备案的事项。

前款规定的事项中，国家规定需要审批或者对备案另有规定的，从其规定。

**第十一条** 地方金融组织应当完善组织治理结构，按照国家和本市有关规定，建立健全并严格遵守风险管理、内部控制、资产质量、风险准备、信息披露、关联交易、营销宣传等业务规则和管理制度。

**第十二条** 地方金融组织应当向金融消费者和投资者如实、充分揭示金融产品或者服务的风险，开展投资适当性教育，不得设置违反公平原则的交易条件，依法保障金融消费者和投资者的财产权、知情权和自主选择权等合法权益。

地方金融组织应当建立方便快捷的争议处理机制，完善投诉处理程序，及时处理与金融消费者和投资者的争议。

**第十三条** 地方金融组织的董事、监事和高级管理人员应当遵守国家和本市监管要求，履行恪尽职守、勤勉尽责的义务，有效防范和控制风险。

**第十四条** 地方金融组织应当定期通过监管平台向地方金融管理部门报送下列材料：

（一）业务经营情况报告、统计报表以及相关资料；

（二）经会计师事务所审计的财务会计报告；

（三）国家和本市规定的其他材料。

**第十五条** 地方金融组织发生流动性困难、重大待决诉讼或者仲裁、重大负面舆情、主要负责人下落不明或者接受刑事调查以及群体性事件等重大风险事件的，应当在事件发生后二十四小时内，向地方金融管理部门报告。

地方金融组织的控股股东或者实际控制人发生前款规定的重大风险事件，地方金融组织应当自知道或者应当知道之时起二十四小时内，向地方金融管理部门报告。

市地方金融监管部门应当制定重大风险事件报告的标准、程序和具体要求，并向社会公布。

**第十六条** 地方金融组织解散的，应当依法成立清算组织进行清算，并对未到期债务及相关责任的承担作出安排。

地方金融组织不再经营相关金融业务的，应当按照规定提出书面申请或者报告，并提交资产状况证明以及债权债务处置方案等材料。

地方金融组织解散或者不再经营相关金融业务后，市人民政府或者市地方金融监管部门应当依法注销许可或者取消试点资格，将相关信息通报市场监管部门并予以公告。

**第十七条** 地方金融组织的股东依照法律规定以其认缴的出资额或者认购的股份为限对地方金融组织承担责任。

地方金融组织可以建立控股股东或者实际控制人承担剩余风险责任的制度安排，控股股东或者实际控制人可以出具书面承诺，在地方金融组织解散或者不再经营相关金融业务后，承担地方金融组织的未清偿债务。地方金融组织可以将控股股东或者实际控制人是否承诺承担剩余风险责任的情况向社会公示。

**第十八条** 地方金融组织应当依法规范经营，严守风险底线，禁止从事下列活动：

（一）吸收存款或者变相吸收存款；

（二）出借、出租许可证件或者试点文件；

（三）非法受托投资、自营或者受托发放贷款；

（四）国家和本市禁止从事的其他活动。

## 第三章 监督管理措施

**第十九条** 市地方金融监管部门应当在风险可控的基础上，采取与地方金融组织创新发展相适应的监督管理措施，针对不同业态的性质、特点制定和实施相应的监管细则和监管标准。

**第二十条** 地方金融管理部门应当每年制定地方金融组织监督检查计划，对地方金融组织的经营活动实施监督检查。监督检查可以采取现场检查和非现场监管等方式。

市地方金融监管部门应当制定监督检查程序，规范监督检查行为。

地方金融管理部门应当依托监管平台，开展对地方金融组织业务活动及其风险状况的分析、评价和监管。

**第二十一条** 地方金融管理部门在开展现场检查时，可以采取下列措施：

（一）进入地方金融组织及有关单位经营活动场所进行检查；

（二）询问地方金融组织及有关单位工作人员，要求其对检查事项作出说明；

（三）检查相关业务数据管理系统等；

（四）调取、查阅、复制与检查事项有关的文件资料等；

（五）法律、法规规定的其他措施。

经市地方金融监管部门负责人批准，对可能被转移、隐匿或者损毁的文件资料、电子设备等证据材料，以及相关经营活动场所、设施，可以予以查封、扣押。

地方金融管理部门开展现场检查的，执法人员不得少于二人，应当出示行政执法证件和检查通知书。地方金融管理部门可以根据监管需要聘请律师事务所、会计师事务所等第三方机构参与监督检查。

有关单位和个人应当配合检查，如实说明有关情况并提供文件资料，不得妨害、拒绝和阻碍。

**第二十二条** 地方金融管理部门在依法履行职责过程中，发现地方金融组织涉嫌违反国家和本市监管要求的行为或者存在其他风险隐患的，可以采取监管谈话、责令公开说明、责令定期报告、出示风险预警函、通报批评、责令改正等措施。

地方金融管理部门可以要求地方金融组织的控股股东或者实际控制人以及法定代表人、董事、监事或者高级管理人员等，对业务活动以及风险状况等事项作出说明。

**第二十三条** 有关政府部门、受委托参与监督检查活动的中介机构、行业自律组织及其工作人员，对于履行职责中知悉的有关单位和个人的商业秘密、个人隐私等，应当予以保密。

**第二十四条** 市地方金融监管部门应当综合现场检查和非现场监管的情况，对地方金融组织开展监管评级。

市地方金融监管部门可以根据监管评级情况进行分类监管，确定监督检查的频次、范围和需要采取的监管措施等。

**第二十五条** 市地方金融监管部门应当在官方网站、“一网通办”等政务平台，公布地方金融组织设立、变更、终止和业务范围、行业运行监测等信息。

**第二十六条** 市地方金融监管部门应当建立地方金融组织的信用档案，依法将地方金融组织及其从业人员的信用信息向本市公共信用信息服务平台归集，同时报送金融信用信息基础数据库。

地方金融组织违反本条例规定造成严重后果或者严重不良社会影响，或者被处以市场禁入的，应当将其列入严重失信主体名单。市地方金融监管部门应当公布严重失信主体名单，并同时公布名单的列入、移出条件和救济途径。

地方金融组织被列入严重失信主体名单的，有关部门可以依法对其法定代表人、董事、监事或者高级管理人员、实际控制人实施联合惩戒。

**第二十七条** 鼓励地方金融组织建立行业自律组织。行业自律组织依照章程开展下列工作：

（一）制定行业自律规则，督促、检查会员及其从业人员行为，实施自律管理；

（二）维护会员合法权益，反映行业建议和诉求，配合地方金融管理部门开展行业监管工作；

（三）督促会员开展金融消费者和投资者适当性教育，开展纠纷调解，维护金融消费者和投资者合法权益；

（四）调查处理针对会员违法违规行为的投诉；

（五）组织开展会员培训与交流；

（六）法律法规规定的其他工作。

**第二十八条** 未取得相应金融业务资质的单位和个人，不得开展与金融业务相关的营销宣传。

广告经营者和广告发布者应当依法查验有关单位和个人提供的相关金融业务资质证明材料，不得发布与业务资质范围不一致的金融营销宣传内容。

地方金融管理、市场监管、公安、网信、通信管理等部门和中央金融监管部门在沪派出机构应当加强协作，开展对违法金融营销宣传的监测和查处。

**第二十九条** 任何单位和个人对于地方金融组织的违法违规行为，有权向地方金融管理部门和有关部门举报。

地方金融管理部门和有关部门应当公开受理举报的联系方式，依法及时处理接到的举报，并对举报人信息和举报内容严格保密。

对实名举报并提供相关证据的，地方金融管理部门和有关部门应当将处理结果告知举报人。

## 第四章 风险防范与处置

**第三十条** 市、区人民政府承担本行政区域内防范和处置非法集资工作第一责任人的责任，制定风险突发事件应急处置预案，组织、协调、督促相关部门做好对非法集资活动的监测预警、性质认定、案件处置等工作，维护社会稳定。

地方金融管理部门应当会同有关部门、中央金融监管部门在沪派出机构，对擅自设立地方金融组织或者非法从事地方金融组织业务活动开展风险防范和处置。

金融机构、地方金融组织以外的企业(以下简称一般登记注册企业)应当遵守国家有关规定,不得从事或者变相从事法定金融业务活动。

**第三十一条** 在本市行政区域内发生重大风险事件,影响区域金融稳定或者社会秩序的,发挥国务院金融稳定发展委员会办公室地方协调机制和市金融工作议事协调机制作用,推动相关部门依法做好风险防范和处置工作:

(一) 中央金融监管部门在沪派出机构、地方金融管理部门按照各自职责分工开展各自领域非法金融机构和非法地方金融组织、非法金融业务活动的风险识别和预警,做好案件性质认定、移送、防范和处置工作;

(二) 公安机关负责查处涉嫌金融犯罪活动,依法采取冻结涉案资金、限制相关涉案人员出境等措施;

(三) 市场监管部门对涉嫌违法违规开展金融业务的一般登记注册企业加强名称、经营范围和股东的登记管理,依法开展失信行为的联合惩戒;

(四) 网信、通信管理等部门对涉嫌违法违规开展金融业务的企业,依法采取暂停相关业务、关闭网站等处置措施;

(五) 人民法院、人民检察院和其他相关行业主管部门按照各自职责做好风险防范和处置工作。

**第三十二条** 地方金融组织对经营活动中的风险事件承担主体责任,发生风险事件时应当立即采取相应措施并向地方金融管理部门报告。地方金融管理部门收到地方金融组织的报告后,应当立即开展风险研判、评估。

地方金融组织存在重大风险隐患的,市地方金融监管部门可以依法采取责令暂停相关业务、责令停止增设分支机构等控制风险扩大的措施。

采取前款规定的措施仍不能控制风险扩大、可能严重影响区域金融稳定的,经同级人民政府批准,地方金融管理部门可以对该地方金融组织依法采取接管、安排其他同类地方金融组织实施业务托管等措施,并联合有关部门进行风险处置。

**第三十三条** 地方金融组织的重大风险已经消除且恢复正常经营能力的,可以继续经营金融业务。

地方金融组织的重大风险无法消除或者不能恢复正常经营能力的,由市人民政府或者市地方金融监管部门依法注销许可或者取消试点资格。

## 第五章 法律责任

**第三十四条** 违反本条例规定的行为,法律、行政法规已有规定的,从其规定;构成犯罪的,依法追究刑事责任。

**第三十五条** 擅自设立地方金融组织或者非法从事地方金融组织的业务活动的,由市地方金融监管部门责令停业并没收违法所得;违法所得五十万元以上的,处违法所得三倍以上五倍以下的罚款;没有违法所得或者违法所得不足五十万元的,处五十万元以上二百五十万元以下的罚款。对相关责任人处二十万元以上一百万元以下的罚款。

**第三十六条** 地方金融组织违反本条例第十条第一款规定,未按照要求对相关事项进行备案的,或者违反本条例第十四条规定,未按照要求报送经营信息的,由市地方金融监管部门责令限期改正,处一万元以上五万元以下的罚款。

地方金融组织违反本条例第十五条规定,未按照要求在规定期限内报告重大风险事件的,或者违反本条例第三十二条第一款规定,在发生风险事件时未立即采取相应措施的,由市地方金融监管部门责令限期改正,处一万元以上五万元以下的罚款;情节严重的,处五万元以上二十万元以下的罚款。

**第三十七条** 地方金融组织违反本条例第十八条规定,由市地方金融监管部门责令限期改正,没收违法所得,处五十万元以上二百五十万元以下的罚款;情节严重的,依法责令停业或者吊销许可证件、取消试点资格。

**第三十八条** 地方金融组织妨害地方金融管理部门履行职责，拒绝、阻碍监督检查或者毁灭、转移相关材料的，由市地方金融监管部门责令限期改正，处一万元以上五万元以下的罚款；情节严重的，处五万元以上二十万元以下的罚款；构成违反治安管理行为的，依照《中华人民共和国治安管理处罚法》予以处罚。

**第三十九条** 市地方金融监管部门依据本条例对地方金融组织作出行政处罚的，可以同时对负有直接责任的董事、监事或者高级管理人员处五万元以上五十万元以下的罚款。

**第四十条** 违反本条例规定，有下列情形之一的，应当依法从轻或者减轻行政处罚：

（一）主动及时赔偿金融消费者和投资者损失的；

（二）主动消除或者减轻违法行为危害后果的；

（三）配合查处其他违法行为有立功表现的；

（四）其他依法应当从轻或者减轻行政处罚的。

**第四十一条** 行政机关及其工作人员在地方金融监督管理工作中滥用职权、玩忽职守、徇私舞弊的，依法给予处分；构成犯罪的，依法追究刑事责任。

## 第六章 附 则

**第四十二条** 本条例所称控股股东，是指持有地方金融组织百分之五十以上股权或者表决权，以及持有股权或者表决权比例不足百分之五十但足以对地方金融组织的决策产生重大影响的股东或者其他出资人。

本条例所称主要股东，是指持有地方金融组织百分之五以上股权或者表决权但不构成控股地方金融组织的股东或者其他出资人。

本条例所称实际控制人，是指虽不是地方金融组织的直接出资人，但通过投资关系、协议或者其他安排，能够实际支配地方金融组织的人。

**第四十三条** 本条例自 2020 年 7 月 1 日起施行。

# 上海市中华鲟保护管理条例

（2020 年 5 月 14 日上海市第十五届人民代表大会常务委员会第二十一次会议通过）

## 第一章 总 则

**第一条** 为了加强中华鲟保护管理，维护长江生物多样性和生态平衡，坚持长江经济带共抓大保护，推进生态文明建设，根据《中华人民共和国野生动物保护法》《中华人民共和国渔业法》《中华人民共和国环境保护法》《中华人民共和国水生野生动物保护实施条例》等法律、行政法规，结合本市实际，制定本条例。

**第二条** 本市行政区域内中华鲟保护管理以及相关活动，适用本条例。

**第三条** 本市实行政府统一领导、部门分工负责、全社会共同参与的中华鲟保护管理体制，以保护中华鲟为宗旨，坚持生态优先、统筹协调、严格监管、社会共治的原则。

**第四条** 市和相关区人民政府应当将中华鲟保护管理纳入国民经济和社会发展规划，采取积极措施加强中华鲟保护管理，并将中华鲟保护管理经费纳入同级财政预算。

市渔业行政主管部门负责本市中华鲟保护

管理工作，组织或者协调开展相关行政执法、资源调查、环境监测与评估、生态修复、收容救护、科学研究、科普宣传等工作。

规划资源、住房建设、生态环境、水务（海洋）、交通、绿化市容（林业）、市场监管、公安、应急、海事等部门按照各自职责，共同做好本市中华鲟保护管理相关工作。

**第五条** 本市加强中华鲟保护的宣传教育和科学知识普及工作。相关行政主管部门以及新闻媒体、学校、社区等应当开展中华鲟保护法律法规和科学知识的宣传教育，提高全社会中华鲟保护意识。

鼓励自然人、法人和非法人组织通过捐赠、资助、志愿服务等方式参与中华鲟保护活动，支持中华鲟保护公益事业。

**第六条** 对于污染、破坏中华鲟生存的生态环境的行为，法律规定的有关组织向人民法院提起公益诉讼的，市渔业行政主管部门依法给予支持。

**第七条** 对在中华鲟救助、收容等保护活动中成绩显著的单位和个人，市渔业行政主管部门应当依法给予奖励。

**第八条** 本市中华鲟保护管理经费主要来源于以下渠道：

（一）财政预算和专项拨款；

（二）自然人、法人和非法人组织提供的捐赠、资助；

（三）法律法规规定的其他筹集渠道。

上述经费应当专款专用，不得用于与中华鲟保护管理无关的事项。

## 第二章 保护措施

**第九条** 市渔业行政主管部门应当开展中华鲟生长、洄游、种群分布、数量、结构等方面的资源调查，评估资源状况，建立资源调查档案，为科学保护提供依据。

**第十条** 市渔业行政主管部门应当会同相关部门开展中华鲟资源现状、生存环境特征、种群特性、种群动态等方面的研究工作，提高物种保护、生态保护与修复等方面的科学技术水平。

**第十一条** 市渔业行政主管部门应当组织或者协调开展中华鲟人工繁育工作，制定中华鲟人工繁育工作规范，建设人工繁育基地，留存中华鲟繁殖群体和活体基因，增加人工繁育资源和遗传多样性。

**第十二条** 市渔业行政主管部门应当按照国家有关规定开展中华鲟增殖放流工作，并可以采取标志放流、跟踪监测等措施进行增殖放流效果评估。

市渔业行政主管部门应当制定中华鲟增殖放流活动管理规定，规范增殖放流活动。

**第十三条** 禁止非法出售、收购、运输、利用中华鲟及其制品。

禁止生产、出售、收购、运输、食用中华鲟及其制品制作的食品。

禁止为非法出售、收购、运输、利用中华鲟及其制品提供交易服务。

禁止为非法出售、收购、运输、利用中华鲟及其制品或者为禁止使用的猎捕工具发布广告。

禁止利用中华鲟及其制品的名义进行营销宣传。

因科学研究、人工繁育、展示等特殊情况需要出售、收购、运输、利用中华鲟或者其制品的，应当按照国家有关规定获得批准。

**第十四条** 禁止捕捉、杀害中华鲟。因科学研究等特殊情况必须捕捉中华鲟的，应当按照国家有关规定取得特许捕捉证。

取得特许捕捉证的，应当按照特许捕捉证规定的数量、地点、期限、工具和方法进行捕捉。捕捉作业完成后，应当及时向捕捉地的区渔业行政主管部门申请查验。

市和相关区渔业行政主管部门对捕捉中华鲟的活动应当进行监督检查，并及时报告监督检查结果。

**第十五条** 任何单位和个人误捕中华鲟的，应当立即无条件放生。

任何单位和个人发现受伤、搁浅、受困中华鲟的，应当及时报告渔业行政主管部门，由其采取紧急收容救护措施；也可以要求附近具备救护条件的单位采取紧急救护措施，并报告渔业行政主管部门。已经死亡的中华鲟，由渔业行政主管部门妥善处理。

因保护中华鲟受到损失的，可以向渔业行政主管部门申请补偿；经调查属实并确实需要补偿的，由渔业行政主管部门按照有关规定给予适当补偿。

**第十六条** 市渔业行政主管部门应当建立健全中华鲟收容救护体系，对执法机关罚没的中华鲟，以及野外发现的误捕、受伤、搁浅、受困的中华鲟开展收容救护工作。

市渔业行政主管部门可以指定具备救护条件的单位作为固定收容救护单位。收容救护单位应当对接收的中华鲟进行检查、检疫、治疗、安置、暂养等。

**第十七条** 市和相关区渔业行政主管部门应当组织社会各方面力量，采取人工鱼礁、水生动植物底播等生态修复措施，维护水域生态环境，预防和控制外来水生动植物入侵，改善中华鲟的栖息环境。

**第十八条** 市和相关区渔业行政主管部门应当会同相关部门开展中华鲟生存环境水文、水质、底质、地形地貌、底栖生物等环境监测，建立相应的监测网络和数据共享机制，并对其生存环境状况进行评估。

**第十九条** 实施开发利用活动或者工程建设项目可能对中华鲟产生影响的，应当按照国家有关规定编制专题论证报告，并将其纳入环境影响报告书（表）。建设单位应当按照环境影响报告书（表）落实环保措施，控制环境影响。

建设项目的环境影响报告书（表）未依法经审批部门审查或者未予批准的，建设单位不得开工建设。

**第二十条** 经批准的开发利用活动或者工程建设项目对中华鲟产生不利影响的，应当制定并落实生态修复方案和措施，使用生态环保材料，并向市渔业行政主管部门备案。

**第二十一条** 市渔业行政主管部门应当加强中华鲟保护管理工作所需设施设备的建设和维护，并配备相应的专业人员，提升保护管理能力。

## 第三章 监督管理

**第二十二条** 市渔业行政主管部门应当建立与生态环境、绿化市容（林业）等相关行政管理部门的协调机制，依托“一网统管”等方式协作开展信息共享、联合执法、突发事件应对等工作，共同做好中华鲟保护管理。

市渔业行政主管部门应当加强与司法机关的工作衔接，依法及时打击危害中华鲟保护的违法犯罪行为。

**第二十三条** 市渔业行政主管部门应当与生态环境、水务（海洋）等部门加强沟通和协作，在编制涉及中华鲟的水域环境污染、生态破坏事故及自然灾害等应急预案时，制定对中华鲟保护的应急管理措施，明确相关部门的工作职责。

**第二十四条** 对造成或者可能造成中华鲟生存环境污染、破坏的行为，有关单位和个人应当立即采取控制污染、停止作业等相应措施，并及时向相关行政主管部门报告。市渔业行政主管部门与生态环境、水务（海洋）等部门应当按照各自职责及时调查处理。

**第二十五条** 市渔业行政主管部门应当每年制定中华鲟保护管理检查计划，可以会同市自然保护区行政管理部门按照职责开展检查和指导。

市渔业行政主管部门开展现场检查时，可以向相关单位和个人询问、调查有关情况，查阅、复制有关资料。被检查的单位和个人应当予以配合。

**第二十六条** 可能造成危害中华鲟的严重事故，有关单位未及时消除隐患的，市渔业行政主管部门可以约谈责任单位主要负责人，要求其采取有效措施消除隐患。

**第二十七条** 市渔业行政主管部门应当按照国家有关规定建立健全评价机制，分析、评价中华鲟保护管理效果，提出改进措施。

**第二十八条** 任何单位或者个人发现危害中华鲟的违法行为的，可以向市和相关区渔业行政主管部门投诉举报。

市和相关区渔业行政主管部门对接到的投诉举报，属于本部门职责的，应当及时进行核实、处理、答复；不属于本部门职责的，应当立即通知有权处理的部门，并及时移交相关材料、告知投诉举报人。有权处理的部门应当及时予以处理。

**第二十九条** 市渔业行政主管部门应当会同有关部门每年向社会发布本市中华鲟保护管理报告，内容包括：

（一）中华鲟资源及分布状况；

（二）中华鲟生存环境状况；

（三）中华鲟人工繁育、增殖放流、收容救护等情况；

（四）中华鲟管理情况；

（五）其他需要报告的情况。

## 第四章 区域协作

**第三十条** 市渔业行政主管部门应当与长江流域其他地区相关部门建立中华鲟保护管理区域协作机制，协同推动中华鲟保护管理。

**第三十一条** 市渔业行政主管部门应当与长江流域其他地区相关部门加强中华鲟保护管理的执法合作，搭建区域性执法协作平台，推进执法信息交流和证据通报，协同打击非法猎捕、非法经营利用等违反中华鲟保护管理规定的行为。

**第三十二条** 本市相关行政主管部门应当与长江流域其他地区相关部门协同开展流域性的中华鲟资源调查和生存环境监测，加强科研合作、技术交流和成果共享，推动中华鲟全生命周期联动保护。

**第三十三条** 市渔业行政主管部门应当与长江流域其他地区相关部门加强中华鲟的收容救护合作，共享收容救护设施设备，互相提供收容救护人员与技术资源，定期开展收容救护技术交流，共同提升收容救护水平。

**第三十四条** 市渔业行政主管部门应当与长江流域其他地区相关部门加强中华鲟迁地保护合作，建立迁地保护、人工繁育和科普教育基地。

**第三十五条** 市渔业行政主管部门应当与长江流域其他地区相关部门加强中华鲟遗传多样性保护合作，建立基因档案，加强种质资源交流，提高中华鲟遗传多样性。

## 第五章 法律责任

**第三十六条** 有下列情形之一的，由市或者区渔业行政主管部门等相关部门依据《中华人民共和国野生动物保护法》《全国人民代表大会常务委员会关于全面禁止非法野生动物交易、革除滥食野生动物陋习、切实保障人民群众生命健康安全的决定》《中华人民共和国水生野生动物保护实施条例》等法律、行政法规的规定予以处罚，构成犯罪的，依法追究刑事责任：

（一）违反本条例第十三条第一款规定，非法出售、收购、运输、利用中华鲟及其制品的；

（二）违反本条例第十三条第二款规定，生产、出售、收购、运输、食用中华鲟及其制品制作的食品的；

（三）违反本条例第十四条第一款、第二款规定，未取得特许捕捉证或者未按照特许捕捉证规定的数量、地点、期限、工具和方法捕捉中华鲟的。

违反本条例规定的其他行为，法律、行政法规有处罚规定的，从其规定。

**第三十七条** 任何单位和个人，违反生态环境法律、法规，除依法承担相应的行政责任、刑事责任外，造成中华鲟栖息水域生态环境损害的，还应当依法承担相应的生态环境损害赔偿责任。

**第三十八条**　行政机关工作人员在从事中华鲟保护管理工作中玩忽职守、滥用职权、徇私舞弊的，依法给予处分；构成犯罪的，依法追究刑事责任。

## 第六章　附　　则

**第三十九条**　江豚、胭脂鱼、松江鲈等国家重点保护的其他珍稀、濒危水生野生动物，按照相关法律、法规的规定实施保护管理。

**第四十条**　本条例自 2020 年 6 月 6 日起施行。

# 上海市外商投资条例

（2020 年 9 月 25 日上海市第十五届人民代表大会常务委员会第二十五次会议通过）

## 第一章　总　　则

**第一条**　为了进一步推进本市更高水平对外开放，促进和稳定外商投资，保护外商投资合法权益，加快形成全面开放新格局，根据《中华人民共和国外商投资法》《中华人民共和国外商投资法实施条例》等法律、行政法规，结合本市实际，制定本条例。

**第二条**　本市行政区域内的外商投资及其促进、保护、管理、服务等工作，适用本条例。

**第三条**　本市遵循市场化、法治化、国际化、便利化原则，全面落实外商投资国民待遇，建立和完善外商投资促进与保护机制，营造稳定、透明、可预期和公平竞争的市场环境，提升对外开放水平。

**第四条**　本市全面落实外商投资准入前国民待遇加负面清单管理制度。在外商投资准入负面清单之外的领域，本市各级人民政府及其部门不得针对外商投资设置准入限制。

本市根据国家规定，在设立、运营、处置等各阶段给予外国投资者及其投资不低于类似情形下给予本国投资者及其投资的待遇。

**第五条**　市、区人民政府应当加强对外商投资工作的组织领导、统筹推进，制定外商投资促进和便利化政策措施，建立健全与外商投资有关的议事协调机制，及时协调、解决外商投资工作中的重大问题。

市商务、发展改革部门按照职责分工，负责外商投资促进、保护、管理和服务等工作；市其他有关部门在各自职责范围内，开展外商投资相关工作。

区人民政府负责外商投资工作的部门（以下简称区商务部门）及其他有关部门按照职责分工，开展本区外商投资促进、保护、管理和服务等工作。

**第六条**　市、区商务部门牵头协调外国投资者、外商投资企业提出的跨部门、跨区域问题。各相关部门应当按照各自职责，积极推进解决，并将处理结果向市、区商务部门反馈。市、区商务部门应当及时将处理结果向外国投资者、外商投资企业反馈。

**第七条**　外商投资企业职工依法建立工会组织，开展工会活动，维护职工的合法权益。外商投资企业应当为本企业工会提供必要的活动条件。

## 第二章 扩大开放

**第八条** 本市强化开放枢纽门户功能，按照国家对外开放总体部署，实施高标准国际投资贸易通行规则，推进从商品和要素流动型开放向规则、规制、管理、标准等制度型开放拓展，在更深层次、更宽领域，以更大力度推动全方位高水平开放。

**第九条** 本市根据国家有关服务业领域对外开放的部署，推动落实银行、证券、保险、期货、信托投资、资产管理、信用评级等金融领域率先开放，有序推进电信、互联网、医疗、交通运输、文化、教育等领域扩大开放，并主动争取国家其他服务业扩大开放政策措施在本市先行先试。

**第十条** 中国（上海）自由贸易试验区（以下简称自贸试验区）应当发挥扩大开放试验田作用，加大对外开放力度，对标最高标准、最好水平，根据国家部署实行外商投资试验性政策措施，承担开放压力测试任务，积累可复制可推广经验。

有关外商投资试验性政策措施，本市可以在自贸试验区以外更大地域范围内适用，但国家明确仅适用于自贸试验区的除外。

**第十一条** 中国（上海）自由贸易试验区临港新片区（以下简称临港新片区）应当选择符合国家战略、国际市场需求大、对外开放度要求高的重点领域，开展差异化探索，实施更加开放的外商投资自由化便利化政策和制度，推动实现投资经营便利、货物自由进出、资金流动便利、运输高度开放、人员自由执业、信息快捷联通，根据国家规定实施具有国际竞争力的税收制度和政策，打造更加具有国际市场影响力和竞争力的特殊经济功能区。

**第十二条** 本市根据长江三角洲（以下简称长三角）地区一体化发展国家战略，依托长三角区域工作协作机制，协同推进重点领域对外开放，不断提升长三角地区高质量对外开放整体水平。以长三角生态绿色一体化发展示范区建设为重点和平台，探索形成创新发展制度优势，增强开放联动效应，引导外商投资产业合理布局。推动完善统一的长三角生态绿色一体化发展示范区政府核准的投资项目目录，对目录以外的外商投资项目实行备案。推动外商投资企业登记标准、办理流程和办理模式统一。建立统一的外国高端人才工作许可互认和服务制度。

进一步强化虹桥商务区联通国际功能，聚焦发展现代服务业，深化与长三角的协同联动，打造虹桥国际开放枢纽。

**第十三条** 本市有关部门应当充分发挥中国国际进口博览会（以下简称进口博览会）对扩大开放的溢出效应，发挥进口博览会国际采购平台、投资促进平台、人文交流平台、开放合作平台作用，强化对进口博览会参展商对接服务，策划和开展贸易投资配套活动，推动进口博览会与投资促进活动协调联动。

**第十四条** 对扩大开放领域需要国家层面立法保障的，本市应当加强与国家有关部门的沟通，建议对有关法律、行政法规、国务院决定以及部门规章等进行调整适用。

有关法律、行政法规和国务院决定等已对外商投资相关规定作出调整适用，除同时明确须由国家有关部门制定或者调整相关管理办法外，本市应当即时贯彻落实。

## 第三章 投资促进

**第十五条** 市、区人民政府应当建立健全由政府主导，专业机构、商会、协会和企业等共同参与的外商投资促进服务体系，为外国投资者、外商投资企业提供全方位、精准化的投资促进服务。

**第十六条** 本市建立统一的外商投资促进服务平台，归集外商投资相关法律、法规、规章、规范性文件、政策措施，发布行业动态、投资促进项目信息等，线上线下联动提供投资资讯、项目配对、投资对接等服务。

外商投资促进服务平台应当逐步拓展多语

种信息服务。

**第十七条** 市、区人民政府及有关部门应当开展城市推介、区域推介、专题推介、集中签约等多种形式的投资促进活动。

市外商投资促进机构应当宣传上海投资环境，开展投资促进活动，接受外国投资者、外商投资企业的业务咨询，指导各区、自贸试验区、临港新片区、国家级和市级开发区、虹桥商务区等设立的投资促进机构开展外商投资促进工作。

支持各类投资促进机构在境内外开展投资促进活动，推动投资促进与会展、文化、科技、体育、旅游等大型国际活动联动，拓展引资渠道，提升引资质量。

市商务部门应当会同市外事部门对本市在境外开展的外商投资促进活动进行统筹、指导和服务。

**第十八条** 本市加强与国际友好城市、友好组织以及其他境外城市、地区在投资经贸领域的交流和合作。

市商务部门、市外商投资促进机构等应当加强与境外驻沪投资促进机构等的联系，建立投资促进合作关系，根据实际需要在境外设立投资促进机构，推动完善海外投资促进网络。

本市在境外设立的投资促进机构应当加强与市、区有关部门以及园区的对接，加强与本市企业海外办事机构的联动，共同做好项目引进等服务工作。

**第十九条** 市商务部门应当会同有关部门定期编制外商投资指南、外商投资环境白皮书等指引，以中英文等语种公布，并及时更新。区商务部门应当根据实际情况，编制本区外商投资指引。

外商投资指引应当包括本区域经济社会基本情况、重点区域、优势领域等投资环境介绍，外商投资办事指南，投资促进项目信息以及相关数据信息等内容。

**第二十条** 鼓励和引导外国投资者在国家《鼓励外商投资产业目录》和本市重点发展领域内进行投资。

外国投资者投资《鼓励外商投资产业目录》内的项目，按照规定享受税收、用地等优惠政策。外商投资鼓励类项目确认手续，通过投资项目在线审批监管平台办理。

外国投资者投资市、区重点发展领域内的项目，市、区人民政府可以在权限范围内制定相关费用减免、用地指标保障等鼓励措施。

**第二十一条** 本市打造高水平总部经济平台，鼓励外国投资者在本市设立跨国公司地区总部和各类功能性机构，支持其集聚业务、拓展功能，升级为亚太总部、全球总部。跨国公司在沪总部及功能性机构可以享受资金资助和人员出入境、人才引进、资金结算、贸易物流、物品通关等便利化政策。

市商务部门应当会同有关部门持续创新政策举措，做好跨国公司地区总部和各类功能性机构的引进、认定和服务等工作。

本市鼓励外国投资者在本市设立投资性公司，支持投资性公司依法开展投资活动，为其股权交易、资金进出等提供便利。

**第二十二条** 鼓励外国投资者在本市设立外资研发中心，并升级为全球研发中心。外资研发中心由市商务部门认定。市商务、科技、发展改革等部门应当对经认定的外资研发中心在参与政府科研项目、研发成果产业化、国际国内专利申请、研发用品进口等方面加强服务、提供便利。

鼓励外国投资者在本市设立开放式创新平台，聚合先进技术、专家、资金、成果、实验设施等资源，推动中小企业、创新团队与跨国公司对接，提升创新水平。

**第二十三条** 本市鼓励在沪金融机构为外商投资企业提供多渠道融资。外商投资企业可以依法通过银行贷款，在中国境内或者境外公开发行股票、公司债券等证券，公开或者非公开发行其他融资工具、借用外债等方式进行融资。

本市金融机构根据国家跨境融资管理政策，为外商投资企业开展本外币跨境融资提供相应便利。

**第二十四条** 鼓励外商投资企业依法在境

内进行再投资。

外国投资者以其在中国境内的投资收益在中国境内扩大投资，可以依法享受企业利润再投资暂不征收预提所得税等优惠待遇。

**第二十五条** 区人民政府可以在法定权限内制定外商投资促进激励措施，对本区域经济社会综合贡献度高的外商投资企业，以及对外商投资促进工作有突出贡献的机构和人员给予奖励。

## 第四章 投资保护

**第二十六条** 市、区人民政府及有关部门实施政府资金安排、土地供应、税费减免、资质许可、标准制定、项目申报、职称评定、人力资源等支持企业发展的政策措施，应当依法平等对待外商投资企业。

外商投资企业通过本市公共资源交易平台，依法平等参与政府采购、招标投标、土地出让、产权交易等活动。

**第二十七条** 本市对外国投资者的投资依法不实行征收。特殊情况下，为了公共利益的需要，依照法律规定对外国投资者的投资实行征收的，应当严格遵守法定程序，以非歧视性的方式进行，并按照被征收投资的市场价值及时给予补偿。

为应对自然灾害、公共卫生事件等突发事件，市、区人民政府及其有关部门可以依法征用外商投资企业的财产，或者要求生产、供应生活必需品和应急救援物资的外商投资企业组织生产，保证供应。被征用的财产在使用完毕或者突发事件应急处置工作结束后，应当及时返还。外商投资企业的财产被征用或者征用后毁损、灭失的，应当依法给予补偿。

**第二十八条** 外国投资者在中国境内的出资、利润、资本收益、资产处置所得、取得的知识产权许可使用费、依法获得的补偿或者赔偿、清算所得等，可以依法以人民币或者外汇自由汇入、汇出。外商投资企业的外籍职工和香港、澳门、台湾职工的工资收入和其他合法收入，可以依法自由汇出。任何单位和个人不得违法对币种、数额以及汇入、汇出的频次等进行限制。

鼓励本市银行业金融机构加大金融科技应用，为外商投资企业提供涉外收支便利化和结算电子化服务，探索实施外籍和香港、澳门、台湾职工薪酬购汇便利化措施。

**第二十九条** 本市依法严格保护外国投资者、外商投资企业的知识产权，推进跨区域、跨部门知识产权快速协同保护机制建设，不断完善司法和行政执法知识产权保护体系，依法惩处侵犯外国投资者、外商投资企业知识产权的行为。

本市各级人民法院对于外国投资者、外商投资企业涉及知识产权的证据保全、行为保全申请，应当快速受理和审查，依法裁定并立即执行。对于重复侵权、恶意侵权以及其他具有严重侵权情节的侵权行为，依法适用惩罚性赔偿等惩处措施。适时出台有关法律适用指引，发布中英文知识产权司法保护典型案例。

**第三十条** 本市有关部门应当建立健全内部管理制度，采取有效措施，保护履行职责过程中知悉的外国投资者、外商投资企业的商业秘密。依法需要与其他部门共享信息的，应当对信息中含有的商业秘密进行保密处理，防止泄露。

本市各级人民法院应当加强商业秘密司法保护，依法适用证据规则，减轻权利人的维权负担。

**第三十一条** 本市鼓励并依法保障外国投资者、外商投资企业基于自愿原则和商业规则，与本市各类市场主体、科研主体开展技术合作。

**第三十二条** 本市依法保障外商投资企业公平参与政府采购。

本市在政府采购信息发布、供应商条件确定、评标标准等方面，不得对外商投资企业实行差别待遇或者歧视待遇，不得限定供应商的所有制形式、组织形式、股权结构或者投资者国别，以及产品或者服务品牌等，不得对外商投资企业在中国境内生产的产品、提供的服务和内资企业区别对待。

**第三十三条** 本市制定与外商投资有关的地方性法规、规章、规范性文件，起草部门应当充分听取外商投资企业和有关商会、协会等方面的意见建议。

制定涉及外商投资的规范性文件，应当按照规定进行合法性审核，没有法律、行政法规依据的，不得减损外商投资企业的合法权益或者增加其义务。

本市制定与外商投资企业生产经营活动密切相关的规范性文件和政策措施，应当在施行前留出必要的适应调整期，但国家另有规定以及公布后不立即施行将有碍施行的除外。

制定机关公布与外商投资密切相关的地方性法规、规章、规范性文件，应当以易读易懂的方式进行解读，提供相应的英文译本或者摘要，并可以根据实际情况，提供多语种译本或者摘要。

**第三十四条** 市、区人民政府及其有关部门在其法定权限内向外国投资者、外商投资企业依法作出的书面政策承诺以及依法订立的各类合同，应当严格履行，不得以行政区划调整、政府换届、机构或者职能调整以及相关责任人更替等为由违约毁约。

市、区人民政府及其有关部门因超出法定权限导致承诺、合同无效或者无法执行的，应当依法承担法律责任。

**第三十五条** 本市保障外商投资企业依法平等参与地方标准的制定、修订工作，对于与外商投资企业生产经营密切相关的地方标准，应当充分听取外商投资企业的意见，探索提供标准征求意见稿的英文译本或者摘要。外商投资企业可以推荐代表参加本市相关专业标准化技术委员会。鼓励外商投资企业代表参加全国专业标准化技术委员会。市场监管部门和有关部门应当依法公开地方标准制定、修订的全过程信息，为外商投资企业参与地方标准起草相关工作、标准翻译以及标准国际化合作等提供便利和指导。

不得利用标准以及地方标准指导性技术文件，实施妨碍外商投资企业参与公平竞争的行为。

**第三十六条** 外商投资企业可以依法从事本市供水、供气、污水处理、垃圾处理，以及城市道路、公路、城市轨道交通和其他公共交通等建设、运营项目特许经营活动。

本市城市基础设施领域特许经营政策，依法同等适用于外商投资企业。

**第三十七条** 外商投资企业或者其投资者认为行政机关及其工作人员的行政行为侵犯其合法权益的，可以向市商务部门、区人民政府指定的外商投资部门或者机构（以下简称投诉工作机构）投诉。投诉工作机构应当按照分级负责原则，会同有关部门处理投诉人反映的问题。

市商务部门应当会同有关部门建立外商投资企业投诉工作联席会议制度，协调、推动市级层面的外商投资企业投诉工作，指导、监督各区外商投资企业投诉工作。市商务部门应当完善投诉工作规则、健全投诉方式、明确投诉处理时限，并对外公布。

**第三十八条** 本市依托多元化纠纷解决平台，建立和完善调解、商事仲裁、行政裁决、行政复议、诉讼等有机衔接、相互协调的多元化纠纷解决机制，为外商投资企业提供高效、便捷的纠纷解决途径。

本市鼓励和支持依法设立的仲裁机构探索体制机制创新，依据法律、法规并借鉴国际商事仲裁惯例，完善与外商投资相适应的仲裁规则，提高商事纠纷仲裁的国际化程度，尊重当事人意思自治，允许当事人依法选择适用仲裁程序和法律规则，提供独立、公正、专业、高效的仲裁服务。

涉及外商投资的重大、复杂、疑难行政复议案件，应当由行政复议委员会审议，并安排熟悉国际经贸投资规则的非常任委员或者专家参与。

根据国家统一部署，积极推动国际商事审判组织建设，创新国际商事审判运行机制，加快形成与上海国际商事纠纷解决需求相适应的审判体制机制。

**第三十九条** 外商投资企业可以依法成立商会、协会,有权自主决定参加或者退出商会、协会,法律、法规另有规定的除外。

本市支持商会、协会依照法律、法规、规章和章程的规定,及时反映会员的诉求,为会员提供信息咨询、宣传培训、市场拓展、经贸交流、权益保护、纠纷处理等方面的服务。

## 第五章 投资管理与服务

**第四十条** 外国投资者在外商投资准入特别管理措施(负面清单)规定限制投资的领域投资的,应当符合股权、高级管理人员等特别管理措施的要求,不得投资禁止投资的领域。外商投资准入负面清单以外的领域,按照内外资一致的原则实施管理。

本市市场监管、发展改革以及其他行业主管部门在依法办理企业登记注册、项目核准或者备案、行业许可等事项时,应当履行负面清单审核职责,为外国投资者、外商投资企业提供相关咨询服务,并加强跨部门信息共享,对经其他部门审核通过的,相关部门应当简化负面清单审核流程。

**第四十一条** 申请外商投资企业设立、变更登记时,申请人承诺符合负面清单要求,并承诺所提交的章程、协议、决议和任职资格证明等材料真实、合法、有效的,市场监管部门可以对提交的材料进行形式审查,材料齐全、符合法定形式,能够当场作出决定的,应当当场作出书面决定,但法律、法规另有规定的除外。

**第四十二条** 外国投资者、外商投资企业在本市新建或者并购涉及固定资产投资的项目,应当按照国家和本市相关规定,在项目实施前通过投资项目在线审批监管平台,向发展改革等部门申请办理外商投资项目核准或者备案。

除负面清单内非禁止投资的项目以及国家和本市规定内外资均需核准的项目实施核准管理外,发展改革等部门应当按照内外资一致原则对外商投资项目实行备案管理,收到外国投资者、外商投资企业在线提交的项目全部信息后即为备案。

本市外商投资项目核准和备案管理办法,由市人民政府制定发布。

**第四十三条** 外国投资者、外商投资企业应当通过企业登记系统以及企业信用信息公示系统,向商务部门报送投资信息。市商务部门应当为外国投资者、外商投资企业报送投资信息提供指导。

外商投资信息报告的内容和范围按照确有必要的原则确定,能够通过部门共享获得的信息,不得再行要求报送。市商务、市场监管部门应当做好相关业务系统的对接和工作衔接。

**第四十四条** 本市有关部门应当按照国家外商投资安全审查制度和工作要求,配合国家开展相关工作。

**第四十五条** 市发展改革、商务、经济信息化部门应当会同有关部门、相关区人民政府建立健全重大外商投资项目服务制度。对列入重大外商投资项目清单的,通过建立绿色通道、提供“一站式”服务等方式,统筹推进准入、规划、用地、环保、用能、建设、外汇等事项,并支持项目落地。其中,符合本市重大工程项目规定的,纳入市级重大工程建设协调机制予以推进。

**第四十六条** 本市建立健全与外商投资企业的政企沟通机制。

市、区人民政府及有关部门应当通过定期召开“圆桌会议”或者实地走访、问卷调查、网络意见征询等多种方式,听取外商投资企业意见建议,及时了解并帮助企业解决生产经营中遇到的问题,研究完善相关政策措施。

外国投资者、外商投资企业可以通过“12345”热线、企业服务云、外商投资促进服务平台、商会、协会等渠道,反映相关诉求和意见建议,有关部门应当及时研究处理。

**第四十七条** 本市科技、出入境管理部门为外商投资企业外籍职工提供工作许可和出入境、停居留等便利,通过“外国人工作、居留单一窗口”办理工作许可和居留许可的，应当在七个工作日内一次办结。

本市科技部门对于外商投资企业引进的外籍高科技领域人才、技能型人才以及其他经认定的急需紧缺人才办理工作许可，可以适当放宽年龄、学历、工作经历等限制。

对接受外商投资企业邀请开展商务贸易的外籍人员，出入境管理、边检部门应当按照规定，给予口岸签证和过境免签便利。

**第四十八条** 市商务部门会同有关部门依托“一网通办”开设涉外服务专窗，为外籍等人员和外商投资企业提供服务事项清单、办事指南等英文指引服务。

**第四十九条** 市、区人民代表大会常务委员会通过听取专项工作报告、开展执法检查等方式，加强本行政区域内外商投资工作监督。

市、区人民代表大会常务委员会充分发挥代表作用，组织代表围绕外商投资开展专题调研和视察等活动，汇集、反映外国投资者、外商投资企业的意见建议，督促有关方面落实外商投资的各项工作。

## 第六章 附 则

**第五十条** 香港特别行政区、澳门特别行政区、台湾地区投资者，以及定居在国外的中国公民在本市投资，参照本条例执行；法律、行政法规或者国务院另有规定的，从其规定。

**第五十一条** 本条例自2020年11月1日起施行。

# 上海市人民代表大会专门委员会工作条例

（2020年9月25日上海市第十五届人民代表大会常务委员会第二十五次会议通过）

## 第一章 总 则

**第一条** 为了进一步加强和完善市人民代表大会专门委员会（以下简称专门委员会）工作，保障专门委员会依法履行职责，增强专门委员会的履职能力，根据《中华人民共和国地方各级人民代表大会和地方各级人民政府组织法》和有关法律、法规，结合工作实际，制定本条例。

**第二条** 专门委员会是市人民代表大会的常设机构，受市人民代表大会领导；在大会闭会期间，受市人民代表大会常务委员会领导。

**第三条** 专门委员会工作应当深入贯彻习近平新时代中国特色社会主义思想，坚持和完善人民代表大会制度，坚持中国共产党的领导、人民当家作主、依法治国有机统一，为市人民代表大会及其常务委员会依法全面履行职责发挥积极作用。

**第四条** 市人民代表大会设立法制委员会、监察和司法委员会、财政经济委员会、教育科学文化卫生委员会、城市建设环境保护委员会、华侨民族宗教事务委员会、外事委员会、农业与农村委员会、社会建设委员会和市人民代表大会认为需要设立的其他专门委员会。专门委员会的设立、合并、撤销和名称变更，由市人民代表大会决定。

**第五条** 专门委员会实行民主集中制原则，充分发扬民主，依法集体行使职权。

**第六条** 中共上海市人大常委会党组在专门委员会设立分党组。专门委员会分党组应当贯彻落实好中央、市委的决策部署和市人大常委会党组的要求，切实履行管党治党主体责任，在专门委员会工作中发挥把方向、管大局、保落实的领导核心作用。

## 第二章 组织机构

**第七条** 专门委员会由主任委员、副主任委员若干人和委员若干人组成。专门委员会的成员一般不少于十人，并适当增加专门委员会驻会成员人数。

专门委员会成员中应当有适当比例的本领域或者相关领域的专业人员和熟悉人民代表大会制度的专门人员。法制委员会成员中，应当包括由其他各专门委员会驻会成员兼任的成员。

**第八条** 专门委员会的主任委员、副主任委员和委员的人选，由市人民代表大会主席团在代表中提名，大会通过。在大会闭会期间，市人民代表大会常务委员会可以任免专门委员会的个别副主任委员和部分委员，由市人民代表大会常务委员会主任会议提名，常务委员会会议通过。

专门委员会成员出缺时应当及时进行增补。

**第九条** 专门委员会主任委员主持委员会会议和委员会的工作，牵头组织实施专门委员会会议议定的事项；专门委员会副主任委员、委员根据分工开展相关工作。

主任委员缺位或者因为健康情况等不能主持专门委员会工作时，由市人民代表大会常务委员会主任会议在该专门委员会驻会副主任委员中明确一人临时主持专门委员会工作。

**第十条** 专门委员会下设综合性办事机构，可以根据工作需要设立相关专业性办事机构，配备立法等专业工作力量。

专门委员会办事机构在专门委员会领导下工作，为专门委员会依法履职当好参谋助手，做好服务保障。

## 第三章 工作职责

**第十一条** 专门委员会依法向市人民代表大会或者市人民代表大会常务委员会提出属于市人民代表大会或者市人民代表大会常务委员会职权范围内与本委员会有关的议案；审议市人民代表大会主席团或者市人民代表大会常务委员会主任会议交付的议案，提出报告。

**第十二条** 专门委员会提出属于市人民代表大会及其常务委员会职权范围内与本委员会有关的五年立法规划和年度立法项目建议；组织起草综合性、全局性、基础性以及其他重要的地方性法规草案；提前参与有关方面组织的地方性法规草案的起草工作。

专门委员会对与本委员会有关的地方性法规案进行审议，提出审议意见。法制委员会根据各代表团或者常务委员会组成人员、有关专门委员会的审议意见和各方面提出的意见，对地方性法规案进行统一审议，按照规定提出审议结果报告、法规草案修改稿、修改情况的报告和法规草案表决稿。

**第十三条** 专门委员会提出属于市人民代表大会及其常务委员会职权范围内与本委员会相关的年度监督事项的建议；协助常务委员会听取和审议专项工作报告，具体组织实施执法检查、询问等工作，汇总整理常务委员会会议审议意见，根据常务委员会的要求开展跟踪监督。

专门委员会根据市人民代表大会主席团或者市人民代表大会常务委员会主任会议的决定，听取有关受质询机关对相关质询案的答复，并提交答复质询案情况报告。

专门委员会对与本委员会有关的规范性文件进行审查，并提出书面审查意见。

**第十四条** 财政经济委员会、有关专门委员会对国民经济和社会发展五年规划编制情况及其中期评估报告，国民经济和社会发展计划、预算执行和编制情况、国有资产管理情况等开展监督调研，提出意见。

财政经济委员会按照有关规定，对关于国民经济和社会发展计划执行情况与计划草案的报告、国民经济和社会发展计划草案，关于预算执行情况与预算草案的报告、预算草案，国民经济和社会发展五年规划的调整初步方案，年度国民经济和社会发展计划、预算调整初步方案，决算草案等进行初步审查，提出初步审查意见、审查结果报告。

专门委员会参与预算审查监督及审计整改等工作，对本委员会相关的部门或领域的重点支出、重大项目的财政资金安排、使用及绩效管理等情况开展调查研究，督促相关部门做好政策实施和工作推进。

**第十五条** 专门委员会提出属于市人民代表大会及其常务委员会职权范围内与本委员会相关的年度讨论决定重大事项的建议，对市人民代表大会常务委员会交付的与本委员会有关的重大事项，提出审议意见报告或者调研报告；受常务委员会委托，听取与本委员会有关的重大事项报告。

**第十六条** 专门委员会加强与市人民代表大会代表的联系，完善征求代表意见等机制，支持和保障代表依法履职；为代表提出与本委员会工作相关的议案和建议、批评、意见提供服务；处理交由本委员会研究处理的代表建议、批评、意见，并负责答复代表；根据市人民代表大会常务委员会及其主任会议的要求，开展对与本委员会工作有关的重点办理的代表建议、批评、意见的跟踪督办。

**第十七条** 专门委员会对属于市人民代表大会及其常务委员会职权范围内同本委员会有关的问题，进行调查研究，提出建议。

**第十八条** 专门委员会加强与全国人民代表大会有关专门委员会的工作联系，对全国人民代表大会有关专门委员会和全国人民代表大会常务委员会有关办事机构交付征求意见的法律草案，组织讨论，提出修改意见；协助全国人民代表大会常务委员会和有关委员会来沪进行执法检查或者调查研究等工作。

专门委员会加强与各省、自治区、直辖市人民代表大会有关专门委员会的工作联系；推进长江三角洲区域各省市人民代表大会专门委员会的工作协同。

专门委员会加强与各区人民代表大会专门委员会、常务委员会工作机构的工作联动，形成立法、监督、代表等工作合力。

**第十九条** 专门委员会向市人民代表大会书面报告工作；承担市人民代表大会及其常务委员会交办的其他工作。

## 第四章 议事规则

**第二十条** 专门委员会通过专门委员会会议形式，讨论和决定有关事项。

**第二十一条** 专门委员会根据工作职责和工作需要确定议题，召开专门委员会会议。专门委员会会议由主任委员或者其委托的副主任委员召集并主持。

专门委员会会议的议题、日期、地点应当提前通知专门委员会成员，除特殊情况外，应同时送交有关材料。

**第二十二条** 专门委员会会议应当有专门委员会全体成员的过半数出席，始得举行。专门委员会成员因故不能出席专门委员会会议时，应当履行请假手续。

专门委员会会议议决事项，须经专门委员会全体成员的过半数通过。

**第二十三条** 专门委员会举行会议时，可以根据需要邀请市人民代表大会代表、有关部门负责人或者相关人员列席会议。

专门委员会审议议案、讨论问题时，可以要求市人民政府、市监察委员会、市高级人民法院、市人民检察院派员到会听取意见，回答询问。

**第二十四条** 专门委员会建立健全办公会议制度，研究处理专门委员会的具体工作。办公会议由专门委员会主任委员或者其委托的副主任委员召集并主持，专门委员会的驻会成员、相关非驻会成员、下设办事机构负责人等参加会议。

## 第五章 能力建设

**第二十五条** 市人民代表大会常务委员会应当注重强化专门委员会的履职能力建设，采取各种有效措施，加强对专门委员会履职的工作保障，提高专门委员会成员的履职能力，组织开展法律和相关专业知识的培训，建立履职优秀的专门委员会成员表彰机制。

**第二十六条** 市人民代表大会常务委员会主任会议指导和协调各专门委员会的日常工作，听取和讨论各专门委员会工作的汇报。

对跨领域、跨部门、涉及多个专门委员会工作领域，需要协调的重点工作事项，由常务委员会办事机构根据主任会议要求，会同相关专门委员会研究后提出协调意见，并为相关专门委员会的工作协同做好服务保障。对工作协同中遇到的问题，必要时由常务委员会办事机构提请常务委员会秘书长协调。

**第二十七条** 专门委员会应当完善相关工作规程，提高工作的效率和规范性。

市人民代表大会常务委员会工作机构、办事机构应当积极支持专门委员会依法履职。

**第二十八条** 专门委员会应当注重发挥全体成员作用，健全专门委员会成员在大会闭会期间参加专门委员会工作的机制。

专门委员会成员应当在闭会期间积极参加市人民代表大会常务委员会和专门委员会的工作。

专门委员会成员应当加强理论学习，熟悉宪法和法律，掌握履职所必备的专业知识，增强履职意识，提高履职水平。

**第二十九条** 专门委员会非驻会成员应当处理好专门委员会工作与其他工作的关系，优先执行专门委员会成员职务。非驻会成员所在单位应当支持其依法履行专门委员会成员的职责，对其开展调查研究、参与立法和监督工作提供支持和帮助，可以根据非驻会成员的履职需要和本单位的实际情况，探索建立工作室等方式，为其配备相应工作力量。

**第三十条** 专门委员会应当建立代表联系制度，组建代表专业小组，组织代表有序参加立法、监督等各项工作。

**第三十一条** 专门委员会可以建立专家咨询机制，聘请相关领域专家为专门委员会依法履职提供专业支持。

## 第六章 附 则

**第三十二条** 本条例自 2020 年 10 月 1 日起施行。

# 上海市公共卫生应急管理条例

（2020 年 10 月 27 日上海市第十五届人民代表大会
常务委员会第二十六次会议通过）

## 第一章 总 则

**第一条** 为了提高公共卫生应急能力，预防和减少公共卫生事件发生，控制、减轻和消除其社会危害，保障公众生命安全和身体健康，维护公共安全和社会秩序，根据《中华人民共和国传染病防治法》《中华人民共和国突发事件应对法》以及其他有关法律、行政法规，结合本市实际，制定本条例。

**第二条** 本市行政区域内公共卫生社会治理，以及公共卫生事件预防与应急准备、监测与预警、应急处置、医疗救治、保障监督等活动，适用本条例。

**第三条** 公共卫生应急管理工作应当坚持人民至上、生命至上，遵循统一领导、分级负责，预防为主、平战结合，依法防控、系统治理，尊重科学、精准施策，联防联控、群防群控的原则。

**第四条** 本市建立和完善公共卫生应急管理体系，建设各方参与的公共卫生社会治理体系、集中统一的公共卫生应急指挥体系、专业现代的疾病预防控制体系、协同综合的公共卫生监测预警体系、平战结合的应急医疗救治体系。

**第五条** 市人民政府统一领导本市公共卫生应急管理工作。

区和乡镇人民政府、街道办事处具体负责本辖区内的公共卫生应急管理工作，落实上一级人民政府及其有关部门制定的公共卫生应急管理措施。

**第六条** 卫生健康部门按照职责，负责组织实施公共卫生日常管理和公共卫生事件监测预警、应急处置、医疗救治等相关工作。

发展改革、经济信息化、商务、应急管理、粮食物资储备、药品监管等部门按照各自职责，负责组织实施相关药品、医疗器械、防护用品等应急物资的储备、征用、应急生产、紧急采购，以及基本生活必需品的调度供应等工作。

民政部门负责指导公共卫生事件的社区防控，以及养老服务机构、儿童福利机构、残疾人养护机构的公共卫生事件预防与处置工作，指导开展慈善捐赠、志愿服务相关活动。

教育部门负责指导监督学校、托幼机构和培训机构落实公共卫生事件预防与处置措施，制定并组织实施公共卫生事件应急处置期间的停学和复学方案。

公安、交通、市场监管、绿化市容、生态环境、农业农村、住房城乡建设管理、城管执法、房屋管理、文化旅游、体育、人力资源社会保障、医疗保障、财政、税务、科技、国有资产、金融管理、司法行政、海关等部门按照各自职责，做好公共卫生事件预防与处置相关工作。

**第七条** 任何单位和个人应当遵守有关法律、法规规定，服从各级人民政府及其有关部门发布的决定、命令、通告，配合各级人民政府及其有关部门依法采取的各项公共卫生事件预防与处置措施。

**第八条** 各级人民政府及其部门采取应对公共卫生事件的措施，应当与公共卫生事件可能造成的社会危害的性质、程度和范围相适应；有多种措施可供选择的，应当选择有利于最大程度地保护公民、法人和其他组织权益的措施。

**第九条** 任何单位和个人不得歧视正在接受治疗或者已被治愈的传染病患者、疑似传染病患者、病原携带者及其家属，不得歧视来自或者途经疫区、疫情高风险地区的人员，不得泄露涉及个人隐私的有关信息资料。

**第十条** 本市应当与相关省市建立公共卫生事件联防联控机制，开展信息沟通和工作协作。

本市在长三角区域合作框架下，推进公共卫生事件防控预案对接、信息互联互通、防控措施协同。

**第十一条** 本市积极参与全球公共卫生治理，依法加强公共卫生领域的信息共享、人员技术交流等国际交流合作，共同防范公共卫生安全风险。

## 第二章 公共卫生社会治理

**第十二条** 本市建立健全公共卫生社会治理体系，坚持党的领导，落实属地责任、部门责任，通过联防联控、群防群控机制，将区域治理、部门治理、社区治理、单位治理、行业治理有机结合，形成跨部门、跨层级、跨区域的公共卫生事件预防与处置体系。

**第十三条** 区人民政府应当按照市人民政府及其有关部门的要求，明确公共卫生事件防控职责和分工，落实网格化防控管理机制，指导、监督属地单位和个人落实各项防控措施。

乡镇人民政府和街道办事处应当按照市、区人民政府及其有关部门的统一部署，发挥群防群控力量，组织指导居民委员会、村民委员会落实各项防控措施。

**第十四条** 各级人民政府及其有关部门应当建立健全公共卫生安全防护网络，发挥城市运行“一网统管”作用，做好公共卫生事件监测、预警、防控等工作。

各级人民政府及其有关部门应当充分发挥政务服务“一网通办”平台的作用，建立绿色通道，优化工作流程，为公共卫生事件预防与处置提供便捷服务。

**第十五条** 居民委员会、村民委员会应当发挥自治作用,协助政府及其部门、派出机关做好社区公共卫生宣传教育和健康提示,落实相关预防与控制措施。

**第十六条** 机关、企事业单位、社会组织应当建立健全本单位公共卫生管理制度,完善环境卫生管理长效机制,维护好各类卫生设施,并做好公共卫生健康宣传、教育、培训、应急演练等工作,对本单位落实公共卫生事件控制处置等措施承担主体责任。

**第十七条** 有关行业组织应当根据实际需要,结合行业特点,制定发布公共卫生事件预防与处置行业指引,及时向会员单位传达相关政策信息,推动落实各项预防与处置措施。

餐饮服务单位应当提供公筷公勺服务。餐饮行业主管部门以及相关行业组织应当制定分餐制服务规范,并推动餐饮服务单位落实要求。

**第十八条** 个人应当加强自我健康管理,增强自我防护意识,养成勤洗手、分餐、使用公筷公勺、不食用野味等文明健康生活习惯;在呼吸道传染病流行期间,进入公共场所应当按照要求佩戴口罩,并保持社交距离。

个人饲养犬、猫等宠物的,应当遵守相关法律法规的规定,依法履行宠物免疫接种等义务,养成文明饲养习惯。

**第十九条** 各级人民政府应当组织开展爱国卫生运动,全面改善人居环境,加强公共卫生环境基础设施建设,推进城乡环境卫生整治,倡导文明健康、绿色环保的生活方式,普及健康知识,推广文明健康生活习惯。

鼓励单位和个人参与群众性卫生活动,共同改善公共卫生环境。

**第二十条** 本市培育公共卫生领域社会组织和专业社会工作者、志愿者队伍,完善社会力量参与机制,构建多方参与、协调配合的公共卫生社会治理架构。

**第二十一条** 卫生健康、教育、科技等部门应当组织开展传染病防控、自我防护、文明健康生活方式等公共卫生教育和科普宣传。

广播、电视、报刊、网络等媒体应当开展公益宣传,普及公共卫生知识,宣传文明健康生活理念,提高公众科学素养和健康素养。

## 第三章　预防与应急准备

**第二十二条** 本市健全公共卫生应急指挥体系,完善相应工作机制,建设市、区公共卫生应急指挥中心,加强卫生健康部门与应急管理等部门的协同联动,构建统一领导、权威高效的公共卫生大应急管理格局。

本市依托城市运行"一网统管"平台,建设市级公共卫生应急指挥信息系统,将公共卫生应急管理融入城市运行管理体系。

**第二十三条** 市人民政府根据国家和本市相关应急预案,结合实际情况,制定本市公共卫生事件应急预案。

本市公共卫生事件应急预案由市卫生健康部门会同相关部门起草,报市人民政府批准后,向社会公布。

市卫生健康部门应当根据应急演练的评估结果、公共卫生事件的变化或者应急预案实施中发现的问题,及时组织修订公共卫生事件应急预案,并报市人民政府批准。

区人民政府应当根据本市公共卫生事件应急预案,结合实际情况,制定相应的公共卫生事件应急预案。

**第二十四条** 市、区人民政府应当定期组织有关部门按照公共卫生事件应急预案开展应急演练。

市、区卫生健康部门应当定期组织医疗卫生机构开展公共卫生事件应急预案以及相关知识、技能的培训,指导开展应急演练。其他相关部门和单位应当配合做好本行业、本单位的培训和应急演练工作。

乡镇人民政府、街道办事处应当在区人民政府的统一指挥下,组织协调居民委员会、村民委员会、辖区内单位及个人共同参与应急演练。

**第二十五条** 本市根据公共卫生事件应急预案,建立药品、检测试剂、疫苗、医疗器械、救护设备和防护用品等公共卫生应急物资储备制度。

市发展改革、卫生健康部门会同应急管理、财政、商务、经济信息化、粮食物资储备、药品监管等部门，编制本市公共卫生应急物资储备目录，由市公共卫生物资储备机构按照目录进行实物储备，实物储备物资应当在保质期或者有效期内适时更换并调剂使用。各区人民政府应当结合本辖区实际，进行物资储备。

鼓励单位和家庭根据本市发布的疾病预防和健康提示，适量储备防护用品、消毒用品、药品等物资。

**第二十六条** 市经济信息化部门应当实施应急物资的技术方案和生产能力的储备，建设和完善应急物资生产体系。政府相关部门应当根据实际需要，与有关企业签订协议，明确应急物资的生产品种、数量、能力保障等。

**第二十七条** 本市建立平战结合的公共卫生定点医疗机构储备制度。市、区卫生健康部门应当科学规划应急救治床位数量，确定一定数量的医疗机构，在公共卫生事件发生时可以转化为定点医疗机构。每个区储备的定点医疗机构不少于一家。

区人民政府应当根据辖区面积和人口数量等因素，做好临时医院预设规划和储备。

**第二十八条** 本市按照整体谋划、系统重塑、全面提升的要求，建立完善以疾病预防控制机构（以下简称疾控机构）为核心、医疗机构为支撑、社区卫生服务中心为依托的疾病预防控制体系，加强市、区两级疾控机构和社区卫生服务中心能力建设，强化医疗机构和社区卫生服务中心疾病预防控制职责，健全医防协同、疾控机构与社区联动工作机制。

**第二十九条** 本市优化市、区疾控机构职能设置和硬件设施，科学核定人员编制，完善人才培养使用机制，优化专业技术岗位结构比例，建立人员薪酬动态增长长效机制，稳定基层疾控队伍、提升疾病预防控制能力。

市疾控机构应当加强对区疾控机构的工作指导、业务培训和考核，建立上下联动的分工协作机制。市疾控机构可以根据公共卫生事件应急处置需要，对区疾控机构的人员、设备等进行统一调度使用。

**第三十条** 市、区卫生健康部门应当指导、督促医疗机构落实疾病预防控制职责，建立医疗机构与疾控机构之间人员、信息、资源互通和监督监管相互制约的医防协同机制。

医疗机构应当在疾控机构的指导下，开展疾病监测报告、流行病学调查、样本采集报送、密切接触者排查管理等工作，向疾控机构提供确诊或者疑似传染病病例诊断、实验室检测、疾病救治等相关信息。

**第三十一条** 本市建立以疾控机构为主体，医疗机构、高校和科研院所、第三方检测机构等协调联动的公共卫生实验室检测网络，提升公共卫生检测能力。

市、区卫生健康部门应当加强对公共卫生实验室检测网络的生物安全管理和质量控制。

**第三十二条** 市卫生健康部门根据传染病预防、控制需要，制定传染病预防接种规划并组织实施，合理、规范设置接种单位，保证免疫规划疫苗的接种率。用于预防接种的疫苗应当符合国家质量标准。

医疗机构、疾控机构与儿童的监护人应当相互配合，保证儿童及时接受预防接种。儿童、学生入托、入学时，托幼机构和学校应当查验预防接种证，发现未按照规定接种的，应当督促其监护人及时补种。

**第三十三条** 本市建立由公共卫生、临床医疗、应急管理、健康教育、心理援助、法律等专业领域专家组成的重大公共卫生安全专家库。

市卫生健康部门可以从专家库中选择部分专家成立专家委员会，指导公共卫生事件的预防与处置工作。

## 第四章 监测与预警

**第三十四条** 本市健全公共卫生监测预警体系，建立综合监测平台，构建包括医疗机构，药店，学校，托幼机构，养老服务机构，食用农产品批发交易市场，进口冷链食品储运、加工、销售企业，交通枢纽等单位和场所的监测哨点布局，依托市级公共卫生应急指挥信息系统，建立智慧化预警多点触发机制，明确不同类型公共卫生事件的触发标准，汇集、储存、分析、共享相关部门的监测信息，增强早期监测预警能力。

**第三十五条** 市卫生健康部门会同相关部门根据国家有关规划与监测方案要求，结合实际情况，制定本市公共卫生监测方案与工作计划，组织疾控机构和医疗机构等单位开展监测工作。

疾控机构和医疗机构根据本市公共卫生监测方案与工作计划要求，组织开展公共卫生事件、患者、症状和危险因素等监测与报告，建立信息推送、会商分析和早期预警制度，实现实时监控和主动发现。

市场监管、药品监管、农业农村、绿化市容、教育、民政、交通、海关等部门按照本市公共卫生监测方案要求和各自职责，在本系统内组织开展相关监测工作，并及时共享监测信息。

**第三十六条** 获悉公共卫生事件信息的单位和个人，应当立即向所在地人民政府、卫生健康部门或者疾控机构报告，或者通过 12345 市民热线报告。

**第三十七条** 市、区卫生健康部门应当组织有关专业机构对获悉的公共卫生事件信息或者接到的公共卫生事件报告及时汇总分析、调查核实，并将调查核实的结果按照规定流程与时限进行报告。

市、区疾控机构应当主动收集、分析、调查、核实公共卫生事件信息。接到甲类、乙类传染病疫情报告以及突发原因不明的传染病报告，或者发现传染病暴发、流行时，应当立即报告同级卫生健康部门，由卫生健康部门立即报告同级人民政府，同时报告上级卫生健康部门和国务院卫生健康部门。

**第三十八条** 本市建立健全公共卫生预警制度。对可以预警的公共卫生事件，按照其发生的紧急程度、发展势态和可能造成的危害程度确定预警级别。预警级别从高到低分为一级、二级、三级和四级。

市、区卫生健康部门应当根据公共卫生事件监测结果和疾控机构的报告，开展公共卫生事件发展趋势分析和风险评估，向同级人民政府报告公共卫生事件预警信息。

市、区人民政府接到预警信息报告后，应当根据有关法律、行政法规和国务院规定的权限和程序，发布相应级别的警报，决定并宣布有关地区进入预警期，同时依法向上级人民政府报告，采取相关措施，做好应急响应准备。

市、区人民政府应当根据事态发展，按照有关规定适时调整预警级别并重新发布；有事实证明不可能发生公共卫生事件或者危险已经解除的，应当立即宣布解除警报，终止预警期，并解除已经采取的有关措施。

**第三十九条** 本市发生公共卫生事件后，市人民政府或者市卫生健康部门应当及时向可能受到危害的区域省级人民政府或者卫生健康部门通报。

市人民政府或者市卫生健康部门在接到外省市人民政府或者卫生健康部门涉及或者可能涉及本市的公共卫生事件通报后，应当及时通知本市相关部门和医疗卫生机构。

市、区人民政府有关部门发现已经发生或者可能引发公共卫生事件的情形时，应当立即向同级卫生健康部门通报。

**第四十条** 本市建立公共卫生事件信息发布制度。市卫生健康部门应当依照有关法律、法规的规定，及时、准确、全面地向社会发布本市有关公共卫生事件的信息，并根据事态发展及时更新，回应社会关切，引导公众正确应对。

根据公共卫生事件应急处置需要，确需发布相关个人信息的，应当依法进行必要处理，最大程度保护个人隐私。

## 第五章 应急处置

**第四十一条** 公共卫生事件发生后，市、区卫生健康部门应当组织有关专业机构、专家库专家进行综合评估，根据国家和本市有关规定，判断公共卫生事件的类型与级别、传染病的类别等，并向本级人民政府提出是否启动应急预案的建议。

**第四十二条** 市、区人民政府决定启动公共卫生事件应急预案的，应当根据公共卫生事件的级别确定应急响应级别，并可以根据需要划定区域风险等级。公共卫生事件应急响应级别从高到低分为一级、二级、三级和四级；区域风险等级分为高风险、中风险和低风险。

启动一级、二级应急响应的，由市人民政府成立应急处置指挥部，市人民政府主要负责人担任总指挥，负责组织、协调、指挥公共卫生事件应急处置工作。

启动三级应急响应的，由市卫生健康部门负责组织实施公共卫生事件应急处置工作。

启动四级应急响应的，由区人民政府负责组织有关部门实施公共卫生事件应急处置工作。

甲类、乙类传染病暴发、流行时，市、区人民政府报经上一级人民政府决定，可以宣布本行政区域全部或者部分为疫区。

**第四十三条** 启动公共卫生事件应急响应后，市、区人民政府可以依法采取下列一项或者多项紧急措施：

（一）控制危险源，标明危险区域，封锁危险场所，划定警戒区；

（二）实行交通管制，设置道口检验检疫站；

（三）限制或者停止影剧院、体育场馆、博物馆、展览馆等场所开放或者其他人群聚集的活动；

（四）停工、停业、停学；

（五）封闭可能造成传染病扩散的场所；

（六）封闭或者封存被污染的公共饮用水源、食品以及相关物品；

（七）控制或者扑杀染疫野生动物、家畜家禽；

（八）决定对甲类传染病疫区实施封锁；

（九）法律法规规定的其他措施。

采取前款所列紧急措施依法需要报经上一级人民政府决定的，市人民政府应当向国务院报告，并对接到的区人民政府报告即时作出决定。

紧急措施的解除，由原决定机关依法决定并宣布。

**第四十四条** 根据公共卫生事件的实际情况和应急处置需要，相关单位应当采取下列处置措施：

（一）对公共场所、工作场所的电梯等公共区域按照技术标准进行消毒，关闭集中空调通风系统；

（二）根据技术标准和指引，实行公共场所保持社交距离、佩戴口罩等措施；

（三）对传染病患者、疑似患者、现场可疑环节采样，并进行应急检验检测；

（四）及时对易受传染病感染的人群和其他易受损害的人群采取应急接种、预防性投药、群体防护等措施；

（五）对被污染的公共饮用水源、食品以及相关物品进行检验或者消毒；

（六）对被污染的污水、污物、场所等按照要求进行消毒，有关单位或者个人拒绝消毒的，由疾控机构进行强制消毒；

（七）法律法规规定的其他措施。

**第四十五条** 市人民政府可以在不与宪法、法律、行政法规相抵触，不与本市地方性法规基本原则相违背的前提下，在卫生防疫、隔离观察、道口管理、交通运输、社区管理、场所管理、劳动保障、市容环境、动物防疫等方面就采取临时性应急管理措施发布决定、命令、通告等。

经市人民政府授权，可以以应急处置指挥部的名义对外发布通告。

前两款规定的决定、命令、通告，应当通过新闻发布会、政府网站等途径向社会公布。

**第四十六条** 疾控机构发现或者接到公共卫生事件报告后，应当立即开展流行病学调查，确定传染源、判定密切接触者、排查疑似传播环节和场所等，并提出现场处理建议。

疾控机构在开展调查时，有权进入公共卫

生事件涉及的单位和发生现场，询问相关人员，查阅或者复制有关资料和采集样本。被调查单位和个人应当予以配合，不得拒绝、阻挠。

**第四十七条** 疾控机构根据流行病学调查结果，对已经发生甲类传染病或者按照甲类管理的乙类传染病的场所进行卫生处理，对传染病患者的密切接触者在指定场所进行医学观察和采取其他必要的预防控制措施。

对前款规定的场所或者该场所内特定区域的人员，所在地的区人民政府可以实施隔离措施，并同时向市人民政府报告。市人民政府应当及时作出是否批准的决定；作出不予批准决定的，区人民政府应当立即解除隔离措施。

在隔离期间，实施隔离措施的区人民政府应当对被隔离人员提供基本生活保障；被隔离人员有工作单位的，所在单位不得停止支付其隔离期间的工作报酬。

隔离措施的解除，由原决定机关决定并宣布。

**第四十八条** 根据重大传染病疫情应急处置需要，区人民政府可以对有疫情高风险地区旅行史或者居住史的人员采取在指定场所进行隔离健康观察或者居家自主健康管理，以及其他必要的预防控制措施。相关人员应当配合接受健康观察；拒绝配合的，由公安机关依法予以协助。

区人民政府根据疫情防控要求，可以临时征用具备相关条件的宾馆等场所作为集中健康观察点。

**第四十九条** 公共卫生事件发生时，学校、托幼机构和培训机构应当按照规定落实相关防控措施，不得在停学期间组织学生返校、组织线下教学和集体活动。

公共卫生事件发生时，养老服务机构、儿童福利机构、残疾人养护机构、羁押监管等场所应当根据应急处置需要，采取封闭式管理等措施，暂缓或者减少人员探访。

**第五十条** 发生甲类传染病、按照甲类管理的乙类传染病时，为了防止传染病通过交通工具及其乘运的人员、物资传播，市、区人民政府可以根据国家有关规定实施交通卫生检疫。

涉及国境口岸和出入境的人员、交通工具、运输设备以及可能传播传染病的行李、货物、邮包等物品，由海关依照国境卫生检疫法律、行政法规的规定采取卫生检疫措施。

进口冷链食品的储运、加工、销售企业应当配合海关、市场监管、农业农村、卫生健康等部门开展检验检疫及其他监督管理工作，严格落实日常防护、环境消杀、应急处置等要求，切实防范冷链物流传染病传播风险。

**第五十一条** 居民委员会、村民委员会应当组织动员居（村）民、志愿者等落实社区封闭式管理、人员进出管控、居家健康观察管理、健康提示等应急防控措施，及时收集、登记、核实、报送相关信息。业主委员会应当配合做好相关工作。

物业服务企业或者其他管理人应当执行政府依法实施的应急处置措施和其他管理措施，积极配合开展相关工作。居（村）民应当依法予以配合。

根据公共卫生事件应急处置需要对社区实施封闭式管理的，应当遵守有关法律、法规的规定，不得损害居（村）民的合法权益。

**第五十二条** 机关、企业事业单位、社会组织应当强化防控工作责任制和管理制度，对重点人员、重点群体、重要场所、重要设施实施严格管控，加强健康监测，发现异常情况及时报告相关部门。

单位发现患有传染病或者出现疑似传染病症状的人员时，应当督促其及时就诊，接受并配合疾控机构、社区卫生服务中心等开展有关传染病的调查和处置，落实相关预防和控制措施。

**第五十三条** 市卫生健康部门应当与海关建立出入境联防联控机制，组织相关医疗卫生机构及时对海关发现并移送的检疫传染病患者或者疑似检疫传染病患者予以处置。

**第五十四条** 在公共卫生事件发生后，卫生健康、生态环境、绿化市容等部门应当在各自职责范围内，加强对医疗废物和生活垃圾收运处置的监督管理，防止危害公众健康、污染环境。

医疗卫生机构应当依法分类收集本单位产生的医疗废物，交由医疗废物集中处置单位处置。医疗废物集中处置单位应当及时收集、运输和处置医疗废物。

医疗卫生机构、接受医学或者健康观察人员等产生的生活垃圾，应当按照国家和本市有关规定收运处置。

**第五十五条** 各级人民政府及其有关部门应当加强公共卫生事件应急处置期间舆情信息监测，主动梳理公众意见建议，及时协调解决公众关心的问题，积极回应社会关切。

各级人民政府及其有关部门发现影响或者可能影响社会稳定、扰乱社会秩序的虚假或者不完整的公共卫生事件信息的，应当在职责范围内发布准确、完整的信息，并依法采取处置措施。

**第五十六条** 鼓励和支持志愿服务组织参与公共卫生事件应对工作，组织志愿者根据其自身能力，在科普宣传、社区防控、秩序维护、道口检疫、心理援助、流行病学调查等领域开展志愿服务。

安排志愿者参加公共卫生事件应急处置，应当为其提供必要的安全防护保障。

志愿服务组织、志愿者开展应对公共卫生事件志愿服务，应当接受市、区人民政府及其有关部门的统一协调。

**第五十七条** 市、区人民政府及其有关部门应当制定复工复产复市方案，帮助企业协调解决复工复产复市中遇到的困难，有序推进生产生活秩序恢复。

市教育部门应当根据公共卫生事件发展趋势和风险研判情况，会同相关部门提出学校、托幼机构和培训机构的复学建议，报市人民政府批准后，及时向社会公布。

学校、托幼机构和培训机构应当根据本市公共卫生事件应急处置要求，制定复学方案，经教育部门会同卫生健康部门检查评估符合要求后复学。

**第五十八条** 市、区人民政府应当根据国家和本市有关法律法规、应急预案的规定，结合实际情况和预防控制工作需要，组织专家开展评估和论证，及时调整应急响应级别、区域风险等级以及相应的应急处置措施，并以通告等形式向社会公布。

公共卫生事件消除或者被有效控制后，应当适时解除应急处理状态。解除应急处理状态的程序与启动应急预案的程序相同。

解除应急处置状态的，可以继续采取必要措施，防止发生次生、衍生事件。

## 第六章 医疗救治

**第五十九条** 本市建立由定点医疗机构、院前急救机构、社区卫生服务中心等组成的应急医疗救治体系，按照集中患者、集中专家、集中资源、集中救治的要求，开展救治工作。

市公共卫生临床中心以及其他定点医疗机构应当按照规范要求制定医疗救治方案，负责集中收治公共卫生事件中的患者，为其提供有效治疗。

院前急救机构应当按照规范要求，配备一定数量的特种救护车辆、急救药品和设备，负责患者的现场救治、及时转运。

社区卫生服务中心应当按照规定，落实初步诊断、及时转诊以及已治愈人员康复期的跟踪随访与健康指导等工作。

**第六十条** 医疗机构应当落实预检分诊制度，主动询问患者的流行病学史；经预检不能排除与公共卫生事件相关疾病可能的，应当将患者分诊至相应科室诊治排查，并落实首诊负责制度，按照诊疗规范进行诊治，不得拒绝救治。

医疗机构不具备相应救治能力的，应当在确保安全的前提下，按照转诊流程及时将患者转诊至具备救治能力的医疗机构。

**第六十一条** 对甲类传染病患者或者疑似患者，以及依法应当隔离治疗的乙类传染病患者或者疑似患者，应当集中到定点医疗机构进行隔离治疗。

需要接受隔离治疗的传染病患者和疑似患

者应当予以配合；拒不配合的，由公安机关依法协助强制执行。

**第六十二条** 医疗机构应当建立院内感染管理责任制，严格落实有关管理制度、操作规范和防控措施。

医疗机构应当对就诊人员、医疗卫生人员和工勤人员采取相应的卫生防护措施，防止交叉感染和污染。

**第六十三条** 本市充分发挥中医药在公共卫生事件医疗救治中的作用，提高中医药救治能力，建立中西医联合会诊制度，完善中西医协同救治机制。

市中医药主管部门应当组织制定中医药救治方案，指导医疗卫生机构在预防、救治和康复中积极运用中医药技术方法。

**第六十四条** 在公共卫生事件应急处置期间，个人应当服从医疗机构采取的预约、错峰就医、限制探视等措施，尊重医务人员，不得侵害医务人员的合法权益。

公安机关应当加强医警联动，依法严厉打击公共卫生事件应急处置期间扰乱医疗秩序、暴力伤医等违法犯罪行为。

## 第七章 保障措施

**第六十五条** 公共卫生领域的预防、应急准备、应急处置等所需经费，列入各级人民政府财政预算予以保障。

**第六十六条** 本市加大科研投入力度，加强公共卫生科技攻关体系和能力建设，鼓励、扶持科研机构和有关企业研究开发用于公共卫生事件预防与处置的技术和设备，加快疫苗、诊断试剂、医疗器械与药品研发，推进病原学与流行病学研究。

**第六十七条** 本市通过院校教育、医师规范化培训、继续教育等方式，加强公共卫生事件预防与处置专业人才培养，并建立相应的人才储备机制和应急医疗预备队伍。

鼓励医学院校加强公共卫生学科建设，重点加强预防医学、健康促进等专业建设。

市卫生健康部门应当完善住院医师和公共卫生医师规范化培训制度，加强流行病学、传染病、医院感染等临床救治与风险防范能力的培训，并将公共卫生事件预防与处置相关知识和技能培训纳入继续教育考核内容。

**第六十八条** 公共卫生事件发生后，经市人民政府同意，可以启用市公共卫生物资储备机构的应急储备物资。应急储备物资应当优先满足公共卫生事件一线应急处置需要。

应急储备物资不足时，市人民政府及其有关部门应当及时启用技术方案和生产能力储备，指令相关企业迅速转入生产。

市、区人民政府在必要时可以依法向单位或者个人征用应急所需设施、设备、场地、交通工具和其他物资，要求相关企业组织相应的应急物资和生活必需品的生产、供给，并向被征用的单位或者个人发出应急征用凭证，在使用完毕或者公共卫生事件应急处置工作结束后，依法予以返还、补偿。

对紧缺的应急物资，市商务部门可以多渠道组织紧急采购。

**第六十九条** 公共卫生事件应急处置期间，公安、交通等部门应当设置专用通道，完善相关交通设施，保障应急处置的车辆、人员以及药品、医疗器械、防护用品等应急物资优先通行。

市、区人民政府有关部门应当组织协调民航、铁路、公路、水路等经营单位，优先运送参与应急处置的人员以及药品、医疗器械、防护用品等应急物资。

**第七十条** 市商务、发展改革、经济信息化、农业农村、粮食物资储备等部门应当根据本市基本生活必需品的储备和生产情况，协调本市企业与外省市供应基地、生产商和供应商的产销对接，确保公共卫生事件应急处置期间基本生活必需品市场供应。

本市公共服务设施运营单位应当确保各类设施正常运行，保障居民用水、用电、用气、通讯、出行等基本公共服务需求。

医疗机构应当保障应急状态下的基本医疗

服务需求,可以通过预约、错峰就医等方式提供日常医疗服务,引导患者分时段就诊。

**第七十一条** 本市按照国家有关规定,对直接参与公共卫生事件现场处置、医疗救治等一线工作的人员给予临时性工作补助,并在职称评审和岗位晋升上予以优先考虑。

本市对参与公共卫生事件应急处置作出突出贡献的单位和个人,给予表彰和奖励。

本市对因参与公共卫生事件应急处置工作致病、致残、死亡的人员,按照规定给予工伤、抚恤、烈士褒扬等相关待遇。

**第七十二条** 市、区人民政府应当安排必要的财政资金,保障因公共卫生事件产生的医疗救治费用,建立医疗费用保障和经费补偿机制。

对按照国家和本市规定实施隔离治疗的甲类传染病或者按照甲类管理的乙类传染病患者,在指定医疗机构隔离治疗所产生的医疗费用,患者参加基本医疗保险的,在基本医疗保险、大病保险、医疗救助等按规定支付后,个人负担部分由财政予以补助;患者未参加基本医疗保险的,按照国家有关规定执行。

对有隐瞒病史、疫情高风险地区旅行史或者居住史,逃避隔离治疗、医学观察、健康观察等行为的患者,其个人负担的医疗费用不予财政补助。

**第七十三条** 市、区卫生健康部门应当建立公共卫生事件应急心理援助和危机干预机制,组织精神卫生服务机构以及社会组织、志愿者,为有需求的公众提供心理援助,重点针对患者、医疗卫生人员、未成年人、老年人等提供心理疏导和危机干预。

**第七十四条** 市、区人民政府有关部门应当加强对与公共卫生事件预防、处置有关的慈善捐赠活动的规范管理,确保接收、支出、使用及其监督全过程透明、公开、高效、有序。

**第七十五条** 发展改革、国有资产、金融管理、税务、人力资源社会保障、商务、科技、财政等部门应当及时评估各行业受公共卫生事件影响程度和损失情况,根据国家和本市有关规定,通过各种减轻企业负担的政策措施,帮助企业平稳健康发展。

**第七十六条** 各级人民政府应当通过多元化解矛盾纠纷机制,引导公众通过调解、仲裁等非诉讼途径,化解因公共卫生事件引发的矛盾纠纷。

本市建立公共卫生事件法律服务应急保障机制。鼓励律师、公证、司法鉴定等行业协会组建专业团队,健全快速通道,为公众提供及时、便捷的公共法律服务。因公共卫生事件造成经营或者生活困难、提出法律援助需求的,可以免于经济状况审查,优先受理、快速办理。

## 第八章 监督措施

**第七十七条** 市、区人民政府应当督促所属部门、下级人民政府落实公共卫生应急管理责任,并完善相应的奖惩机制。

卫生健康部门应当加强对疾控机构与医疗机构公共卫生事件防控工作、公共场所卫生、生活饮用水卫生、集中空调通风系统卫生等事项的监督检查。

商务、市场监管、农业农村、城管执法等部门应当根据公共卫生事件处置要求,加强对农贸市场、活禽交易等重点场所的监督管理,加大执法力度。

市场监管部门应当依法从严惩处哄抬物价、制假售假等扰乱市场秩序的行为,稳定市场价格,维护市场秩序。

**第七十八条** 市、区人民代表大会常务委员会应当通过听取和审议专项工作报告、开展执法检查、询问等方式,对同级人民政府的公共卫生应急管理工作进行监督,并可以组织人大代表开展视察、调研活动,汇集和反映市民群众的意见和建议。

市人民政府应当将根据本条例第四十五条发布的决定、命令、通告,报市人民代表大会常务委员会备案。

**第七十九条** 任何单位和个人有权对各级人民政府及其有关部门不按照规定履行公共卫

生应急管理职责、有关单位未按照规范开展公共卫生应急处置工作，以及个人不服从、不配合公共卫生应急处置措施等情况进行举报。接到举报的政府或者部门应当及时核实处理。

**第八十条** 新闻媒体应当及时、客观、公正报道公共卫生事件应急管理情况，对违反公共卫生应急管理的行为进行舆论监督。

## 第九章 法律责任

**第八十一条** 违反本条例规定的行为，法律、行政法规已有处理规定的，从其规定。

**第八十二条** 医疗卫生机构违反本条例规定，不履行公共卫生事件预防与处置相关职责的，由卫生健康部门责令改正，通报批评，给予警告。

各级人民政府及其有关部门违反本条例有关规定，不履行法定职责的，由有关主管部门依据相关法律法规规定，根据情节对相关人员依法给予处分；构成犯罪的，依法追究刑事责任。

**第八十三条** 单位或者个人违反本条例规定，不服从各级人民政府及其有关部门发布的决定、命令、通告或者不配合各项依法采取的措施，由有关主管部门责令改正，构成违反治安管理行为的，由公安机关依法给予处罚；导致公共卫生事件发生或者危害扩大，给他人人身、财产造成损害的，应当依法承担民事责任；构成犯罪的，依法追究刑事责任。

个人进入公共场所不按照规定采取防控措施的，有关公共场所管理单位可以拒绝为其提供服务。

餐饮服务单位未向消费者提供公筷公勺服务的，由市场监管部门责令改正；拒不改正的，处以警告，并将相关情况纳入餐饮服务食品安全量化分级管理评定范围，评定结果向社会公布。

**第八十四条** 违反本条例规定的行为，除依法追究相应法律责任外，有关部门还应当按照规定，将有关单位失信信息以及个人隐瞒病史、疫情高风险地区旅行史或者居住史，逃避隔离治疗、医学观察、健康观察等信息向本市公共信用信息平台归集，并依法采取惩戒措施。

## 第十章 附则

**第八十五条** 本条例自2020年11月1日起施行。

# 上海市公共文化服务保障与促进条例

（2020年10月27日上海市第十五届人民代表大会常务委员会第二十六次会议通过）

## 第一章 总则

**第一条** 为了完善本市公共文化服务体系，丰富人民群众精神文化生活，保障人民群众基本文化权益，传承中华优秀传统文化，弘扬社会主义核心价值观，坚定文化自信，促进中国特色社会主义文化繁荣发展，根据《中华人民共和国公共文化服务保障法》等法律、行政法规，结合本市实际，制定本条例。

**第二条** 本市行政区域内公共文化设施建设与管理、基本公共文化服务提供、群众性文化活动开展、“上海文化”品牌建设以及相关保障与促进等活动，适用本条例。

**第三条** 本市公共文化服务保障与促进工作，坚持社会主义先进文化前进方向，坚持以人民为中心的发展思想，按照“人民城市建设”的要求，以社会主义核心价值观为引领，遵循政府主导、社会参与，保障基本、优质均衡，开放共享、服务群众的原则，彰显海纳百川、追求卓越、开明睿智、大气谦和的城市精神。

**第四条** 各级人民政府是本行政区域公共文化服务的责任主体，应当将公共文化服务工作纳入政府目标责任考核。

市、区人民政府应当将公共文化服务纳入本级国民经济和社会发展规划，按照公益性、基本性、均等性、便利性的要求，加强公共文化设施建设，保障基本公共文化服务供给，支持开展群众性文化活动，提升公共文化服务效能。

乡镇人民政府和街道办事处具体负责本辖区内社区公共文化设施的日常管理，丰富公共文化产品供给，组织开展群众性文化活动。

**第五条** 文化主管部门负责公共文化事业发展，推进文化、广播电视公共文化服务的体系建设，实施文化惠民工程，统筹推进基本公共文化服务标准化、均等化等工作，指导和组织开展群众性文化活动。

新闻出版主管部门负责新闻出版公共文化服务，组织开展新闻出版公共文化服务的体系建设，统筹规划和指导协调新闻出版公共文化事业发展，推进公共文化服务产品版权保护，指导和组织实施全民阅读等工作。

电影主管部门负责电影公共文化服务，组织开展电影公共文化服务的体系建设，指导和协调推动电影公益放映等工作。

教育主管部门负责组织、指导校园文化活动、文化艺术普及、学校文化体育设施共享等工作。

体育主管部门负责组织、指导全民健身活动，推进公共体育设施向社会开放，监督、管理公共体育设施。

科技主管部门负责协调组织科学技术普及活动，推进科普场馆向社会开放等工作。

发展改革、经济信息化、公安、民政、司法行政、绿化市容、财政、人力资源社会保障、规划资源、住房城乡建设管理、农业农村、卫生健康、统计等部门按照各自职责，协同实施本条例。

工会、共青团、妇联、残联、科协等群团组织应当发挥各自优势，组织开展相关公共文化服务工作。

**第六条** 本市建立市、区两级公共文化服务综合协调机制，指导、协调、推动区域内公共文化服务保障与促进工作，加强对公共文化服务资源的统筹，推动实现共建共享。市、区文化主管部门承担综合协调具体职责。

**第七条** 市人民政府根据国家基本公共文化服务指导标准，结合本市经济社会发展水平，制定、公布本市基本公共文化服务实施标准，并动态调整。

区人民政府根据国家基本公共文化服务指导标准和本市基本公共文化服务实施标准，结合实际需求和文化特色，制定、公布本行政区域基本公共文化服务目录并组织实施。

**第八条** 本市公共文化服务供给以免费或者优惠为原则，推进基本公共文化服务均等化、普惠化、便捷化。

各级人民政府应当根据未成年人、老年人、残疾人和流动人口等群体的特点与需求，提供有针对性的公共文化服务。

**第九条** 本市协调推进公共文化服务与新时代文明实践融合发展，发挥公共文化设施在资源、服务、组织体系等方面的优势，开展文明实践活动。

本市鼓励和支持公共文化服务与教育、科技等融合发展，实现资源共享，发挥公共文化服务的社会教育功能，提高公众思想道德修养和科学文化素质。

本市推动公共文化服务与旅游融合发展，促进公共文化设施和旅游公共服务设施功能融合，发挥重大品牌节庆活动和公共文化设施的旅游功能，提升公共文化的影响力。

**第十条** 本市推动长江三角洲区域公共文化服务合作，加强公共文化服务资源联通、共享，推进区域公共文化服务一体化发展。

## 第二章 公共文化设施建设与管理

**第十一条** 本条例所称公共文化设施，是指用于提供公共文化服务的建筑物、场地和设备，主要类型包括：

（一）图书馆、文化馆、博物馆（纪念馆）、美术馆、科技馆、非物质文化遗产馆；

（二）体育场馆与设施；

（三）广播电视播出传输覆盖设施；

（四）工人文化宫、青少年宫、妇女儿童活动中心、老年人活动中心；

（五）社区文化活动中心；

（六）居（村）综合文化活动室、农家（职工）书屋、社区体育健身设施；

（七）法律、法规规定的其他公共文化设施。

市、区人民政府应当向社会公布本行政区域内的公共文化设施目录及有关信息。

**第十二条** 各级人民政府应当按照国家和本市有关规定，合理确定公共文化设施的种类、数量、规模以及布局，均衡规划和建设公共文化设施，形成公共文化设施网络。

任何单位和个人不得侵占公共文化设施建设用地或者擅自改变其用途。因特殊情况需要调整公共文化设施建设用地的，调整后的用地面积不得少于原有面积。

任何单位和个人不得擅自拆除公共文化设施或者改变其功能、用途，不得侵占、挪用，不得将公共文化设施用于与公共文化服务无关的商业经营活动。

因城乡建设确需拆除公共文化设施或者改变其功能、用途的，应当先建设后拆除或者建设拆除同时进行。重建、改建的公共文化设施的设施配置标准、建筑面积等不得降低。

**第十三条** 公共文化设施管理单位应当按照国家和本市有关规定，合理布局基本功能空间，设置便民服务区，配置开展公共文化服务必需的设备、器材等，有计划地进行巡查、维护、更新，保障公共文化设施的正常使用和运转。

公共文化设施内设置的招牌、告示、标志牌应当符合国家和本市有关规定；有条件的公共文化设施应当标注符合译写规范或者通行惯例的外国文字。

**第十四条** 公共文化设施管理单位应当建立公共文化设施资产统计报告制度和公共文化服务开展情况年报制度。活动项目、服务效能等公共文化服务开展情况应当向社会公开。

**第十五条** 公共文化设施管理单位应当建立健全安全管理制度，开展公共文化设施及公众活动的安全评价，依法配备安全保护设备和人员，保障公共文化设施和公众活动安全。鼓励公共文化设施管理单位投保公众责任险。

公共文化设施管理单位应当建立突发事件应急机制，制定应急预案并定期开展演练；在突发事件发生时，依法采取限制使用设施、设备，关闭或者限制使用有关场所等应急处置措施。

**第十六条** 文化、科技等部门应当推动公共图书馆、文化馆、国有博物馆（纪念馆）、国有美术馆、科技馆等公共文化设施的管理单位根据其功能定位，建立健全以理事会为主要形式的法人治理结构，吸收有关方面代表、专业人士和公众参与管理。

**第十七条** 区人民政府应当建立以区级公共图书馆、文化馆为总馆，以社区文化活动中心为分馆，以居（村）综合文化活动室为基层服务点的总分馆制，推动公共文化资源共享和服务延伸。

本市鼓励具备条件的学校、科研机构、企业等的图书馆（室）、职工书屋、文化活动室和其他提供公共文化服务的场所成为分馆或者基层服务点。

市级公共图书馆、文化馆应当在资源调配、服务提升、专业培训等方面为总分馆制建设提供业务指导和支持，加强业务联动。

**第十八条** 公众在使用公共文化设施时，应当遵守公共秩序，爱护公共设施，不得损坏公共设施设备和物品。

## 第三章 基本公共文化服务提供

**第十九条** 各级人民政府应当充分利用公共文化设施，促进优秀公共文化产品的提供和传播，支持公共文化设施管理单位按照本市基本公共文化服务实施标准，向公众提供文艺演出、陈列展览、电影放映、广播电视节目收听收看、数字文化服务、阅读服务、优秀传统文化传承体验、艺术普及、旅游咨询、法治宣传、体育健身、科学普及等文化服务。

**第二十条** 公共文化设施应当根据其功能、特点，按照国家有关规定，向公众免费或者优惠开放。

公共文化设施开放或者服务项目收取费用的，应当对未成年人、老年人、残疾人、现役军人和消防救援人员等实行免费或者其他优惠。

收费项目和标准应当报经同级人民政府物价部门和文化等相关部门批准。收取的费用，应当用于公共文化设施的维护、管理和事业发展，不得挪作他用。

**第二十一条** 公共文化设施应当根据其功能特点以及服务对象的需求合理确定开放时间，不得少于国家和本市规定的最低时限，鼓励提供延时服务、错时服务。

公共文化设施在公休日应当开放，在国家法定节假日和学校寒暑假期间适当延长开放时间。

**第二十二条** 公共文化设施管理单位应当建立服务信息公示制度，通过其网站或者服务场所等途径向社会公开服务项目、服务内容、开放时间等服务信息。

公共文化设施临时停止开放或者更改开放时间的，除突发原因外，应当提前七日向社会公告。

文化等有关主管部门应当汇集公共文化设施服务信息，纳入本市“一网通办”平台，为公众提供查询服务。

**第二十三条** 各级人民政府应当加强面向在校学生的公共文化服务，组织推动优秀传统文化、高雅艺术进校园。

鼓励学校利用公共文化设施开展德育、美育、智育、体育等教育教学活动；定期组织学生参观博物馆、美术馆等展馆，观摩爱国主义教育电影、经典艺术作品。

公共文化设施管理单位应当为学校开展课外活动提供展览参观、项目导赏、场馆设施使用等便利服务。

**第二十四条** 市、区两级公共图书馆应当设置盲文阅读、盲人有声阅读专区或者专座，社区文化活动中心应当配备盲文书籍或者有声图书，提供无障碍阅读服务。

本市鼓励在新闻、科普、教育、纪实类等电视节目中加配手语或者字幕；鼓励电影、电视作品制作方提供无障碍版本；在有条件的电影院、剧院配备无障碍观影设备，开设无障碍电影专场，举办无障碍电影日活动。

**第二十五条** 本市依托老年人活动中心、社区文化活动中心等公共文化设施，提供适宜老年人的公共文化服务。

鼓励和支持在养老服务机构设置公共文化活动区域，为老年人开展文化活动提供便利。

**第二十六条** 本市健全和完善市、区、街镇、居（村）四级公共文化服务供给体系，加强公共文化配送供需对接，提高配送服务效能。

各级人民政府及文化、新闻出版、电影、体育等部门应当加大对远郊地区以及大型居住社区的公共文化服务供给。

**第二十七条** 各级人民政府应当组织提供流动图书馆、流动展览、流动演出、公益性电影放映等流动文化服务；根据实际情况，在人员流动量较大的公共场所，配备公共阅读栏（屏）、自助式文化设施等设施设备，提供便利可及的公共文化服务。

**第二十八条** 文化、经济信息化等部门负责组织推进公共文化服务数字平台建设，整合公共文化服务数据，对接政务新媒体和“一网通办”平台，创新公共文化供给模式，推动利用互联网、广播电视网提供公共文化服务，提升精准服务能力。

各级人民政府及其文化等有关主管部门应当依托公共文化服务数字平台等途径，建立公众文化需求征询反馈制度。

## 第四章　群众性文化活动

**第二十九条** 各级人民政府应当健全群众

性文化活动机制，支持开展全民阅读、全民普法、全民健身、全民科普和艺术普及、优秀传统文化传承等活动。

**第三十条** 倡导公民、法人和其他组织自发开展读书交流、演讲诵读、图书互换共享等阅读活动，形成良好阅读习惯。

鼓励相关组织或者个人提供公益性全民阅读推广服务。

各级人民政府及有关部门应当组织开展阅读指导、优秀读物推荐等全民阅读活动。

**第三十一条** 倡导公众自觉学习宪法和法律知识，提高自身法律素养和法治观念。

各级人民政府及有关部门应当推进社会主义法治文化建设，加强法治文化产品创作和推广，开展多种形式的普法宣传、以案释法等群众性法治文化活动，推动全民尊法学法守法用法。

**第三十二条** 倡导公众经常参加体育锻炼，培养健身技能，养成运动习惯。

鼓励社区体育组织、基层群众性健身团队等组织开展市民体育健身和体育竞赛活动。

开展群众性体育健身活动，应当遵守相关规定和公序良俗，不得影响他人的正常工作和生活。活动举办地所在乡镇人民政府、街道办事处以及公共场所管理单位，应当加强组织协调，保障活动有序开展。

**第三十三条** 倡导公民参加各类科普活动，反对封建迷信，坚持科学精神。

鼓励科协等群团组织开展群众性、社会性、经常性的科普活动，普及科学知识，倡导科学方法，传播科学思想，弘扬科学精神。

各级人民政府及有关部门应当制定科普工作规划，实行政策引导，进行督促检查，推动科普工作发展。

**第三十四条** 鼓励和支持各类文艺表演团体、演出场所经营单位等开展文艺演出、艺术教育、文艺指导等全民艺术普及活动。

文化主管部门应当组织专业艺术工作者、基层文化骨干、志愿者等为群众性文化活动提供艺术指导。

**第三十五条** 鼓励和支持通过文化展演、竞技比赛等方式，开展优秀传统文化的传承和传播。

公共文化设施管理单位应当组织开展戏曲、书画、武术等中华优秀传统文化、地方特色文化的传承弘扬活动。

鼓励合理利用非物质文化遗产代表性项目开发具有地方、民族特色的公共文化产品和服务。鼓励非物质文化遗产代表性项目的代表性传承人开展知识和技艺传授、展示、表演等活动。

**第三十六条** 本市鼓励并扶持建立各类自我教育、自我管理、自我服务的群众性文化团队，引导群众性文化活动健康、规范、有序开展。

社区文化活动中心等公共文化设施的管理单位应当为群众性文化活动开展提供业务指导、艺术培训、信息咨询以及设施使用等服务。

文化、体育部门以及工会、共青团、妇联、残联、科协等群团组织应当扶持和培育群众性文化团队发展，提高群众性文化活动质量。

**第三十七条** 倡导公众自发开展传承地方文化传统、符合农民需求特点的农村民间、民俗活动。

各级人民政府及有关部门应当支持开展农村群众性文化活动和节日民俗活动，重视发掘乡土文化产品，丰富农村公共文化服务内容。

## 第五章 "上海文化"品牌建设

**第三十八条** 本市按照加快建设社会主义国际文化大都市的目标，坚持国家标准、突出上海特色，加强"上海文化"品牌建设，传承和发扬红色文化、海派文化、江南文化等特色文化，促进公共文化服务高质量发展。

**第三十九条** 各级人民政府应当完善红色文化传承、创新、传播、开发体系，保护、利用建党历史资源等红色文化资源，深入发掘宣传上海作为党的诞生地的光荣历史，加强红色文化品牌建设。

**第四十条** 各级人民政府应当发扬海派文化特点，以上海名人、海派地标、历史事件为载体，加强海派文化品牌建设，提升海派文化内涵，传承城市文脉。

**第四十一条** 各级人民政府应当注重对江南水乡特色小镇等历史风貌和非物质文化遗产保护，赋予江南文化新的时代内涵和表现形式，加强江南文化品牌建设，增强市民的文化认同感和归属感。

**第四十二条** 本市支持举办中国上海国际艺术节、上海国际电影节、上海电视节、上海书展、上海之春国际音乐节、上海旅游节等重大品牌节庆活动，通过提供公益场次、公益票等方式，放大文化惠民效应。

本市着力提升上海国际马拉松赛等重大体育赛事办赛品质，办好市民运动会等群众性体育赛事活动，培育和保护社会影响力大、品牌知名度高、具有独立知识产权的本土原创品牌赛事。

本市强化全民科普工作，办好上海科技节等品牌活动。

**第四十三条** 各级人民政府应当加强高品质公共文化空间建设，打造红色文化、海派文化、江南文化地标；支持依托文化地标的区域优势和特点，举办高水平的公共文化活动。

**第四十四条** 本市着力培育传统戏曲、民间文艺、现代艺术等具有地方特色、示范效应和影响力的文化团队。文化主管部门应当为其提供专业指导以及交流展示平台。

**第四十五条** 鼓励根据乡村文化传统和农民文化需求开展乡土特色艺术创作，推动具有本市特点的美丽乡村文化建设。

**第四十六条** 图书馆、文化馆、博物馆（纪念馆）、美术馆、科技馆等公共文化设施的管理单位应当通过信息化、数字化、智能化等技术手段，加强公共文化数字产品内容原创研发，拓展公共文化服务应用场景，提高公共文化数字产品品质。

**第四十七条** 符合国家规定的公共图书馆、文化馆、国有博物馆（纪念馆）、国有美术馆、科技馆等公共文化设施的管理单位可以开展文化创意产品开发，取得的收入按照规定纳入本单位预算统一管理，用于加强公共文化服务、继续投入文化创意产品开发或者对符合规定的人员予以激励。

**第四十八条** 本市建立上海市民文化节可持续发展机制，实行政府、市场和社会良性互动、共建共享的公共文化服务模式，提升平台效应。

鼓励和支持各地区、各行业结合自身文化资源，开展富有区域或者行业特色的公共文化活动，实施品牌培育工程，扩大公共文化服务影响力。

**第四十九条** 文化主管部门应当发挥公共文化领域创新项目的示范作用，引导与支持公民、法人和其他组织参与提供优质公共文化服务。

文化主管部门建立推介和交流平台，促进公共文化服务供需对接，优化区域资源配置，强化优质公共文化服务供给。

**第五十条** 本市鼓励和支持综合利用外事、旅游、商务、教育等对外交流渠道，开展公共文化领域国际合作与交流，提升公共文化服务品牌的影响力。

## 第六章 社会参与

**第五十一条** 本市鼓励和支持公民、法人和其他组织参与公共文化设施建设与管理、公共文化服务提供以及其他相关活动。

**第五十二条** 鼓励机关、企业事业单位在确保正常工作、生产秩序的前提下，创造条件向公众开放文化体育设施。

公办学校应当在不影响日常教育教学秩序的前提下，积极创造条件向公众开放文化体育设施，鼓励民办学校向公众开放文化体育设施。市、区人民政府及有关部门对向公众开放文化体育设施的学校在运行管理、设施维修以及意外伤害保险等方面给予相应支持。

**第五十三条** 本市依托黄浦江、苏州河沿岸等公共空间和设施，以及文化云等网络平台，拓展公共文化服务和活动的线下和线上空间。

鼓励公园绿地、广场、景区景点、商场、交通站点等公共场所的管理单位，为利用其公共空间开展公共文化活动提供便利。

**第五十四条** 本市采取政府购买服务等措施，支持公民、法人和其他组织参与提供公共文化服务。政府购买公共文化服务的具体范围和内容，按照规定实行指导性目录管理并依法予以公开。

公共文化服务购买主体应当建立健全内部监督管理制度，按照规定公开购买服务的相关信息，自觉接受审计监督和社会监督。

**第五十五条** 本市鼓励和支持公民、法人和其他组织兴建、捐建或者与政府部门合作建设公共文化设施，依法参与公共文化设施的运营和管理。

捐赠人单独捐赠或者主要由捐赠人出资建设的公共文化设施，可以由捐赠人个人冠名或者提出公共文化设施名称，经文化主管部门同意后，报同级人民政府批准，法律、法规另有规定的除外。

**第五十六条** 本市鼓励和支持公民、法人和其他组织兴办的博物馆、美术馆、图书馆等文化设施，以及电影院、剧院等经营性文化单位，通过设施免费、优惠开放或者提供公益场次、公益票等方式，向公众提供公共文化服务。

符合前款规定情形的，市、区人民政府及其文化等有关主管部门可以对其实施项目补贴等方式给予资金扶持。

**第五十七条** 公民、法人和其他组织通过公益性社会团体或者市、区人民政府及其部门，捐赠财产用于公共文化服务的，依法享受税收优惠。

财政、税务、民政等部门应当支持符合条件的公益性社会团体依法申请公益性捐赠税前扣除。

**第五十八条** 本市鼓励和支持依法成立公共文化服务领域行业组织，制定行业规范，推动行业自律，加强行业服务，维护会员合法权益，指导、监督会员的业务活动，提高公共文化服务质量。

**第五十九条** 鼓励公民、法人和其他组织参与文化志愿服务。

公共文化设施管理单位应当建立健全文化志愿服务机制，完善志愿者招募、培训、考核、激励等制度，公布文化志愿服务项目，并组织开展文化志愿服务活动。

文化、教育、体育、科技等部门应当对文化志愿服务活动给予必要的指导和支持。

## 第七章 保障措施

**第六十条** 各级人民政府应当根据经济社会发展需要和财力状况，将公共文化服务经费纳入本级财政预算，安排公共文化服务所需资金。

各级人民政府应当根据公共文化服务领域财政事权和支出责任划分，优先保障基本公共文化服务经费。

市人民政府可以通过转移支付等方式重点支持远郊地区公共文化服务工作。

本市逐步完善公益性演出补贴制度，支持文艺表演团体、演出场所经营单位等向公众提供优惠或者免费的公益性文化服务。

**第六十一条** 各级人民政府应当按照公共文化设施的功能、任务和服务人口规模，合理设置公共文化服务岗位，配备相应专业人员。

乡镇人民政府和街道办事处应当按照本市基本公共文化服务实施标准，为社区文化活动中心配备相应工作人员，承担社区公共文化服务工作。

居(村)民委员会应当安排人员，承担居(村)综合文化活动室的日常管理。乡镇人民政府和街道办事处可以给予必要的经费支持。

**第六十二条** 市人力资源社会保障部门应当根据公共文化事业发展需要，合理优化公益性文化事业单位的专业技术职务岗位结构比例。

公益性文化事业单位应当完善内部考核制度，按照优绩优酬原则分配绩效工资，向关键岗位、业务骨干和做出突出成绩的人员倾斜。

前款规定以外的其他文化单位从事公共文

化服务的人员，在相关部门组织的职称评定、学习培训、项目申报、表彰奖励等方面，与公益性文化事业单位人员享有同等待遇。

**第六十三条** 鼓励和支持公共文化设施管理单位、高等院校、科研机构开展公共文化领域理论研究。

文化、体育等部门应当定期对从事公共文化服务的管理人员、专业技术人员、工勤技能人员等进行培训，提高从业人员的职业素养和服务能力。

公共文化设施管理单位应当根据不同岗位要求，制定工作人员培训计划，开展分级分类培训。

**第六十四条** 各级人民政府应当加强对公共文化服务工作的监督检查，建立公共文化设施使用效能和公共文化服务工作考核评价制度。考核评价结果应当向社会公开，并作为改进工作、提高服务质量、确定补贴或者奖励等的依据。

开展相关考核评价工作，应当通过公众满意度测评、实地巡访等方式吸纳公众参与。

**第六十五条** 市、区人大常委会应当通过听取和审议专项工作报告、开展执法检查等方式，加强对本条例执行情况的监督。

市、区人大常委会应当充分发挥各级人大代表作用，组织人大代表围绕公共文化服务的保障与促进情况开展专项调研和视察等活动，汇集、反映人民群众的意见和建议，督促有关方面落实本市公共文化服务的各项工作。

## 第八章 法律责任

**第六十六条** 违反本条例规定的行为，《中华人民共和国公共文化服务保障法》等法律、行政法规有处理规定的，从其规定。

**第六十七条** 违反本条例规定，各级人民政府及其有关部门未履行公共文化服务保障职责的，由其上级机关或者监察机关责令限期改正；情节严重的，对直接负责的主管人员和其他直接责任人员依法给予处分。

**第六十八条** 对破坏公共文化设施或者扰乱公共文化设施管理秩序的行为，公共文化设施管理单位有权予以劝阻、制止；劝阻、制止无效的，可以拒绝提供服务。

破坏公共文化设施或者扰乱公共文化设施管理秩序，构成违反治安管理行为的，由公安机关依法给予治安管理处罚；构成犯罪的，依法追究刑事责任。

## 第九章 附 则

**第六十九条** 本条例自 2021 年 1 月 1 日起施行。

# 上海市不动产登记若干规定

（2020 年 11 月 27 日上海市第十五届人民代表大会常务委员会第二十七次会议通过）

**第一条** 为了规范不动产登记行为，方便不动产登记申请，维护不动产交易安全，保护不动产权利人的合法权益，根据《中华人民共和国民法典》《不动产登记暂行条例》等法律、行政法规，结合本市实际，制定本规定。

**第二条** 市规划资源部门是本市不动产登记的主管部门，负责指导、监督全市不动产登记工作。区规划资源部门协助做好本辖区内不动产登记的监督管理工作。

市自然资源确权登记局是本市不动产登记机构，负责全市不动产登记工作。市、区规划资源部门所属的登记事务机构受市自然资源确权登记局委托，具体办理登记事务。

本市住房城乡建设管理、房屋管理、农业农村、林业、海洋、交通、民防、生态环境、城管执法等部门按照职责分工，协同做好不动产登记的相关工作。

**第三条** 下列不动产权利，依法办理登记：

（一）集体土地所有权；

（二）房屋等建筑物、构筑物所有权；

（三）森林、林木所有权；

（四）耕地、林地、草地等土地承包经营权；

（五）建设用地使用权；

（六）宅基地使用权；

（七）海域使用权；

（八）居住权；

（九）地役权；

（十）抵押权；

（十一）法律规定需要登记的其他不动产权利。

**第四条** 不动产登记包括不动产首次登记、变更登记、转移登记、注销登记、更正登记、异议登记、预告登记、查封登记等。

**第五条** 市规划资源部门应当建立全市统一的不动产登记信息系统，并依托政务服务“一网通办”平台，优化不动产登记流程，压减办理时间，为当事人提供便捷高效的服务。

不动产登记机构应当按照有关法律、法规、规章和本市不动产登记技术规范的要求，通过登记信息系统办理不动产登记。

本市不动产登记技术规范由市规划资源部门制定。

**第六条** 不动产登记簿是物权归属和内容的根据，由不动产登记机构制作并永久保存。

不动产登记机构应当指定专人负责不动产登记簿的保管，并建立健全相应的安全责任制度。

**第七条** 不动产以不动产单元为基本单位进行登记。不动产单元是指权属界线封闭且具有独立使用价值的空间，具有唯一编码。

不动产单元一经设定，不得任意分割、合并；需要进行分割、合并的，应当符合国家和本市相关规定。

**第八条** 申请不动产首次登记或者涉及不动产界址、空间界限、面积等变化的不动产变更登记的，应当进行权籍调查。

开展权籍调查活动应当符合权籍调查技术规范的要求。本市不动产权籍调查技术规范由市规划资源部门会同相关部门制定。

本市依法推进不动产权籍调查市场化。

**第九条** 当事人或者其代理人应当到登记事务机构申请不动产登记；属于网络申请范围的，可以通过网络申请不动产登记，具体范围由不动产登记机构公布。

不动产登记机构应当推进完善网络申请不动产登记工作，逐步扩大网络申请的范围。

**第十条** 申请人应当如实提交申请材料，不得隐瞒真实情况或者提交虚假材料，并在不动产登记申请书上签署诚信承诺声明。

应当提交的申请材料中涉及住房城乡建设管理、房屋管理、农业农村、林业、海洋、交通、税务等部门的审批信息、交易信息等，不动产登记机构能够通过市大数据资源平台实时互通共享获取的，不得要求申请人重复提交。

不动产登记机构应当向社会公布能够通过实时互通共享获取的信息目录，并及时更新。

**第十一条** 登记职责、登记范围、申请登记所需材料目录和示范文本等信息，应当在登记事务机构办公场所和“中国上海”门户网站、市规划资源部门门户网站公开。

本市按照便民原则，在受理登记时一并收取与登记有关的交易、税收等申报材料，实行一窗收件。

**第十二条** 属于登记职责范围，申请材料齐全、符合法定形式的，不动产登记机构应当受理不动产登记申请并书面告知申请人；申请材料存在可以当场更正的错误的，应当告知申请人当场更正，申请人当场更正后，应当受理并书面告知申请人。申请日为受理日。

发现申请登记事项的有关情况需要进一步证明的，应当一次性告知申请人在一定期限内提供证明材料，材料补齐日为受理日。

申请材料不齐全或者不符合法定形式的，应当当场书面告知申请人不予受理并一次性告知需要补正的全部内容。

未当场书面告知申请人不予受理的，视为受理。

**第十三条** 不动产登记机构受理登记申请后，应当对申请材料进行查验，并可以依法对申请登记的不动产进行实地查看，向申请人、利害关系人或者有关单位等进行调查。

**第十四条** 不动产登记机构应当自受理登记申请之日起，按照下列时限要求，办结不动产登记手续，但法律另有规定的除外：

（一）查封登记、异议登记当场办结；

（二）地役权、抵押权、预告登记的注销登记在一个工作日内办结；

（三）宅基地使用权及房屋所有权登记，土地承包经营权登记，未能提交生效法律文书或者公证文书的继承、受遗赠的转移登记，权利归属更正登记以及依职权更正登记在三十个工作日内办结；

（四）其他不动产登记在五个工作日内办结。

依法需要进行公告的，公告时间不计算在前款规定时限内。依法需要实地查看和调查、向有关部门核查相关情况的，办结不动产登记手续的时限不得超过三十个工作日。

**第十五条** 符合不动产登记规定的，不动产登记机构应当将登记事项记载于不动产登记簿。登记事项自记载于不动产登记簿时完成登记。

不动产登记机构应当根据不动产登记簿，填写并核发不动产权属证书或者不动产登记证明。当事人可以选择电子介质、纸质介质的不动产权属证书、不动产登记证明。

**第十六条** 登记申请有下列情形之一的，不动产登记机构应当作出不予登记的决定，并书面告知申请人：

（一）不动产界址、空间界限、面积等材料与申请登记的不动产状况不一致的；

（二）有关证明材料、文件与申请登记的内容不一致的；

（三）申请登记的事项与不动产登记簿的记载有冲突的；

（四）不动产属于违法建筑的；

（五）对依法查封的不动产，申请抵押、转移登记的；

（六）存在尚未解决的权属争议、申请登记的不动产权利超过规定期限以及法律、行政法规规定不予登记的其他情形。

**第十七条** 申请人在申请登记前，可以通过政务服务"一网通办"平台提交电子介质的申请材料。不动产登记机构对材料是否齐全、符合法定形式进行验看，并依法进行查验、实地查看或者调查。

符合不动产登记规定的，由不动产登记机构通过政务服务"一网通办"平台告知申请人提交原件的日期，并于申请人交齐原件后，当场向申请人核发不动产权属证书或者不动产登记证明；不符合不动产登记规定的，通过政务服务"一网通办"平台告知申请人。

**第十八条** 因不动产权利设立、变更、转让、消灭等申请首次登记、变更登记、转移登记、注销登记的，应当按照国家和本市法律法规相关规定，持相关材料申请登记。

**第十九条** 建设单位申请新建商品房所有权首次登记的，应当列明下列不动产的范围，并提供相关证明材料：

（一）经房屋管理部门备案的销售方案确定的建设单位保留自有的不动产、用于销售的商品房；

（二）依照法律、法规规定或者当事人约定确定的业主共有不动产和作为公益性公共服务设施的不动产。

建设单位申请保障性住房所有权首次登记的，应当列明前款第二项规定不动产的范围，并提供相关证明材料。

建设单位保留自有的不动产和用于销售的商品房，应当在不动产登记簿中予以记载，分别颁发不动产权属证书；业主共有不动产，应当在不动产登记簿中予以记载，不颁发不动产权属证书。

国有建设用地划拨决定书、出让合同中明确的或者有关部门认定的公益性公共服务设施，应当在不动产登记簿中予以注明；相关当事人申请首次登记的，向其颁发不动产权属证书。

建设单位申请保障性住房抵押登记的，还应当提供相关部门同意的证明材料。

**第二十条** 因风貌保护、建筑保护等需要，在国有建设用地划拨决定书或者出让合同中明确应当予以保留的房屋，当事人可以在申请建设用地使用权首次登记时一并申请房屋所有权首次登记，也可以与该国有建设用地上其他新建房屋一并申请房屋所有权首次登记，并在不动产登记簿中注明相关事实。

**第二十一条** 因继承、受遗赠取得不动产申请转移登记的，当事人应当提交死亡证明材料、遗嘱或者全部法定继承人关于不动产分配的协议以及与被继承人的亲属关系材料等，也可以提交经公证的材料或者生效的法律文书。不动产登记机构依法对继承、受遗赠的相关材料、事实进行查验、实地查看或者调查，全部继承人、相关当事人应当予以配合。

对当事人提交死亡证明材料、遗嘱或者全部法定继承人关于不动产分配的协议以及与被继承人的亲属关系材料等的，不动产登记机构可以进行公告，公告期不少于三个月。

**第二十二条** 承包农民集体所有的农用地或者国家所有依法由农民集体使用的农用地的，当事人可以申请土地承包经营权登记。

以家庭承包方式取得土地承包经营权的，享有土地承包经营权的全部家庭成员名单在不动产登记簿中予以记载。

依法取得流转期限为五年以上土地经营权的，当事人可以持取得土地经营权的相关材料以及其他必要材料申请土地经营权首次登记。

**第二十三条** 当事人受让划拨土地使用权地块上的房屋并办理土地使用权出让手续的，应当在申请建设用地使用权首次登记的同时，申请房屋所有权转移登记。

同一土地使用权人的用地方式由划拨转为出让等有偿使用方式的，应当申请建设用地使用权首次登记。

**第二十四条** 建设项目的结建地下工程应当与其地上部分一并办理建设用地使用权、房屋所有权首次登记。单建地下建设项目单独办理地下建设用地使用权、房屋所有权首次登记的，应当在办理房屋所有权首次登记时，一并办理出入口、通风口等地上建筑物、构筑物的首次登记。

在办理地下建设用地使用权的首次登记时，地下建设用地使用权的权属范围按照土地审批文件中载明的范围确定；未载明的，按照建设工程规划许可证或者乡村建设规划许可证明确的地下建筑物、构筑物的水平投影最大占地范围和起止深度确定。

地下建筑物、构筑物属于民防工程的，在不动产登记簿中予以注明。

**第二十五条** 依法利用宅基地建造住房及其附属设施的，可以申请宅基地使用权及房屋所有权登记。宅基地使用权及房屋所有权登记由农村村民户成员推选户代表申请，户成员名单在不动产登记簿中予以记载。

依法利用宅基地新建住房及其附属设施的，可以持有批准权的人民政府批准用地的文件等权属来源材料、宅基地建房批准文件、房屋竣工材料、确定户代表和户成员的材料、不动产权籍调查报告以及其他必要材料申请首次登记。

申请宅基地使用权及房屋所有权转移登记的，应当提供受让人为该农村集体经济组织成员的证明，但因继承致使房屋所有权发生转移的除外。

各区人民政府根据市人民政府的统一安排，按照规范有序、方便办理的要求，对本行政区域内未登记的宅基地使用权及房屋所有权组织开展首次登记工作。宅基地和房屋面积、房屋建设年代以及家庭分户等情况，应当经不动产权属调查并经村民小组、村、乡镇逐级确认。

**第二十六条** 通过申请审批或者招标、拍卖取得海域使用权，变更、转移海域使用权以及海域使用权有效期满不再续期的，当事人可以申请相应的海域使用权登记。

因围填海造地等导致海域灭失的，申请人应当在围填海造地等工程竣工后，依法申请国有土地使用权首次登记，并办理海域使用权注销登记。

**第二十七条** 当事人采用书面形式订立居住权合同或者以遗嘱方式设立居住权的，应当持居住权合同或者遗嘱等材料申请居住权首次登记。不动产登记机构应当核发不动产登记证明。

居住权消灭的，相关当事人应当及时办理居住权注销登记。

**第二十八条** 按照约定设定地役权的，当事人可以持需役地、供役地的不动产权属证书和地役权合同以及其他必要材料，申请地役权首次登记。

不动产登记机构应当将利用目的、利用方法、利用期限等事项，分别记载于需役地和供役地不动产登记簿。

**第二十九条** 以在建建筑物设定抵押的，在建建筑物竣工后，除下列不动产外，在办理房屋所有权首次登记的同时，直接将在建建筑物抵押权登记转为不动产抵押权登记：

（一）已经办理预告登记的商品房；

（二）房屋所有权首次登记时已明确的业主共有不动产；

（三）不属于建设单位所有的作为公益性公共服务设施的不动产；

（四）配建的保障性住房及其用于停放汽车的车位、车库。

本市实施不动产统一登记前已经设定的房屋建设工程抵押权预告登记，转为不动产抵押权登记的，按照前款规定办理。

**第三十条** 不动产灭失，当事人未申请注销登记的，不动产登记机构可以依据房屋管理、规划资源、海洋等部门提供的证明文件办理注销登记。

不动产被依法征收、收回、没收，或者不动产权利因人民法院、仲裁委员会的生效法律文书而消灭的，不动产登记机构根据已经发生法律效力的文件或者生效法律文书办理注销登记。

**第三十一条** 权利人、利害关系人认为不动产登记簿记载的事项有错误，可以申请更正登记。

不动产登记机构受理更正登记申请后，应当中止办理相关的不动产抵押、转移、变更等登记，并暂缓受理新的登记申请；更正登记完成后，应当恢复办理。

行政机关作出撤销不动产登记的行政复议决定或者人民法院作出撤销不动产登记的判决的，不动产登记机构应当自行政复议决定或者判决发生法律效力之日起三日内予以更正；但在错误登记之后已经办理了涉及不动产权利处分的登记、预告登记和查封登记的除外。

原权利人死亡或者终止无法恢复原登记状态的，应当在不动产登记簿中注明相关事实，不颁发不动产权属证书。

**第三十二条** 有商品房等不动产预售，不动产买卖或者抵押，以预购商品房设定抵押权，以及法律、行政法规规定的其他情形的，当事人可以按照约定申请预告登记。

新建商品房或者存量房交易合同网上签约后，当事人可以申请预告登记。

预告登记生效期间，未经预告登记的权利人书面同意，处分该不动产权利申请登记的，不动产登记机构应当不予办理。

**第三十三条** 不动产登记机构收到公安机关、人民法院、人民检察院等有权机关对不动产实施查封等措施的通知后，应当直接将查封事项和查封期限等记载于不动产登记簿。

不动产登记机构认为查封事项存在异议的，应当依法向有关机关提出审查建议。

不动产查封期限届满，公安机关、人民法院、人民检察院等有权机关未续封的，查封登记失效。

**第三十四条** 有下列情形之一的，不动产登记机构应当根据已经发生法律效力的文件，将有关事项记载于不动产登记簿：

（一）行政机关作出征收集体所有土地、征收房屋、收回国有建设用地使用权、批准建设用地、商品房预售许可等与不动产权利有关的决定；

（二）行政机关对保障性住房的认定；

（三）行政机关对违法用地、不履行优秀历史建筑修缮义务等的认定；

（四）行政机关对擅自改变承重结构、附有违法建筑的认定。

存在前款第三、四项所列情形已完成整改的，行政机关应当出具证明文件，由不动产登记机构在不动产登记簿中予以记载；存在前款第四项所列情形，当事人申请抵押、转移登记的，应当提供上述证明文件。

房屋租赁合同等与不动产权利事项有关的材料，当事人可以申请在不动产登记簿中予以记载。

当事人依法将土壤污染状况调查报告送交不动产登记机构的，由不动产登记机构在不动产登记簿中予以记载。

**第三十五条** 不动产登记机构应当建立不动产登记资料管理制度以及信息安全保密制度。

不动产登记资料由登记事务机构管理。登记事务机构应当建设符合不动产登记资料安全保护标准的不动产登记资料存放场所。

不动产登记资料中属于归档范围的，按照有关规定进行归档管理。

不动产登记资料的查询、复制，按照国家和本市有关规定执行。利害关系人不得公开、非法使用权利人的不动产登记资料。

**第三十六条** 登记事务机构可以通过不动产登记查询窗口、自助查询设备、互联网等方式，提供不动产登记资料查询服务。

**第三十七条** 不动产登记工作人员应当具备与其岗位相适应的法律法规、不动产登记等方面的专业知识和业务能力。

不动产登记机构应当加强对不动产登记工作人员的管理和专业技术培训。

本市探索建立不动产登记员制度，选取符合要求的不动产登记工作人员担任不动产登记员，独立负责不动产登记的审核、登簿等专门性工作。

**第三十八条** 不动产登记工作人员进行虚假登记，损毁、伪造不动产登记簿，擅自修改登记事项、泄漏不动产登记资料或者登记信息，或者有其他滥用职权、玩忽职守行为的，依法给予处分；给他人造成损害的，依法承担赔偿责任；构成犯罪的，依法追究刑事责任。

**第三十九条** 因登记错误，造成他人损害的，不动产登记机构应当承担赔偿责任。不动产登记机构赔偿后，可以向造成登记错误的人追偿。

当事人提供虚假材料申请登记，造成他人损害的，应当承担赔偿责任。

本市探索建立不动产登记责任保险制度。

**第四十条** 对不动产登记中的相关失信行为，由不动产机构依法将相关主体的失信信息归集至本市公共信用信息服务平台，由相关部门依法对失信主体实施惩戒措施。

**第四十一条** 旧住房综合改造符合规划要求并且已经竣工的，可以依法办理不动产登记。

对历史上应登记而未登记不动产的登记问题，结合当时的法律法规、政策和实际情况等因素予以处理。具体处理办法，由市人民政府制定。

**第四十二条** 本规定自 2021 年 3 月 1 日起施行。2008 年 12 月 25 日上海市第十三届人民代表大会常务委员会第八次会议通过的《上海市房地产登记条例》同时废止。

# 上海市促进家庭农场发展条例

（2020 年 11 月 27 日上海市第十五届人民代表大会常务委员会第二十七次会议通过　根据 2023 年 12 月 28 日上海市第十六届人民代表大会常务委员会第九次会议《关于修改〈上海市养老服务条例〉等 12 件地方性法规和废止〈上海市保护和发展邮电通信规定〉等 6 件地方性法规的决定》修正）

**第一条**　为了保障本市家庭农场健康发展，维护家庭农场合法权益，发挥家庭农场的农业经营主体作用，促进农业增效、农民增收、农村发展，推进乡村振兴战略实施，根据有关法律、行政法规，结合本市实际，制定本条例。

**第二条**　本条例适用于本市行政区域内家庭农场的生产经营以及相应的扶持、指导、服务与规范等活动。

本条例所称家庭农场是指以家庭成员为主要劳动力，以家庭为基本经营单元，从事农业规模化、标准化、集约化生产经营的主体。

**第三条**　市、区人民政府应当建立健全支持家庭农场健康发展的体制机制，制定政策措施，促进家庭农场适度规模经营和高质量发展。

农业农村部门是本市家庭农场的主管部门，负责本行政区域内涉及家庭农场相关政策的拟定和协调落实，承担家庭农场发展的扶持、指导、服务、规范等相关工作。

发展改革、财政、市场监管、规划资源、商务、金融、人力资源社会保障、绿化市容（林业）、科技、文化旅游、生态环境、水务、气象等部门应当按照各自职责，做好促进家庭农场发展的相关工作。

镇（乡）人民政府负责对家庭农场生产经营的服务指导和规范管理的日常工作。

**第四条**　本市实行家庭农场名录制度。家庭农场可以按照规定纳入名录库享受相关扶持政策，也可以根据经营情况退出名录库。

市农业农村部门制定本市家庭农场纳入名录库的基本要求，基本要求可以包括主要经营者的成员条件、技能水平、劳动力结构，以及土地经营权获取、经营范围与规模等事项。

区农业农村部门可以根据市农业农村部门的基本要求，结合当地资源条件、行业特征、农产品品种特点等实际，对本区纳入家庭农场名录库的具体要求作出细化规定。

市、区农业农村部门应当将家庭农场纳入名录库的相关要求、扶持措施及入库的家庭农场名录向社会公开，并实行动态更新。

**第五条**　家庭农场合法权益受法律保护，任何单位和个人不得侵犯。

家庭农场依法可以享受国家和本市的直接补贴和项目支持。对国家和本市财政直接补助形成的生产经营资产享有占有、使用和收益的权利，并可以按照规定进行处分。

**第六条**　本市坚持农村土地集体所有、维护农村土地承包权益，保障农村土地经营权向家庭农场有序流转。

市、区农业农村部门应当优化农村土地经营权流转服务体系，健全农村土地经营权公开流转平台，并做好相关政策咨询、信息发布、价格指导等工作。

镇（乡）人民政府应当按照促进家庭农场发展的原则，结合合理利用土地、农作物生长特点和保持土地经营权流转关系相对稳定等需求确定流转期限，流转期限原则上不低于三年。

市、区农业农村部门应当健全完善农村土地经营纠纷调解、仲裁体系，有效化解土地经营权流转纠纷。

**第七条**　家庭农场应当通过农村土地经营权公开流转平台获取农村土地经营权，并签订土地经营权流转合同，明确流转期限、土地用途、流转价格等内容。推广使用农村土地经营权流转合同示范文本。

家庭农场依法取得流转期限为五年以上土地经营权的，可以持取得土地经营权的相关材料以及其他必要材料申请土地经营权首次登记。

**第八条** 区、镇（乡）人民政府应当在符合国土空间规划和农业相关规划的前提下，对家庭农场用于仓储、晾晒、冷藏保鲜、农机放置、农产品初加工等设施用地给予统筹支持和合理安排。

镇（乡）人民政府应当通过资源统筹等方式帮助家庭农场解决烘干晾晒、贮藏保鲜、农机服务以及相关设施、设备的保障和更新等问题。

**第九条** 市、区人民政府应当采取措施，培育农业社会化服务组织，引导其开展面向家庭农场的病虫害统防统治、肥料统配统施、机械化生产、灌溉排水、贮藏保鲜等服务。

**第十条** 市、区人民政府应当将促进家庭农场发展的经费纳入本级财政预算，通过财政补助、贷款贴息、先建后补等方式，重点用于支持家庭农场基础设施建设、农业生产设施建设、质量标准认证、市场营销、技术创新与推广、人员培训等事项。

**第十一条** 金融管理部门应当按照国家要求推进普惠金融发展，鼓励银行业金融机构在风险可控的前提下，增加对家庭农场的信贷支持力度。

鼓励金融机构建立适合家庭农场特点的授信制度，开展与农业生产经营周期相匹配的流动资金贷款和中长期贷款业务，简化贷款审批流程。

通过设立的政策性农业信贷担保资金、创业担保贷款担保资金，将符合条件的家庭农场纳入政策性融资担保政策的覆盖范围，完善风险补偿机制。

**第十二条** 市、区农业农村部门应当为家庭农场提供政策性保险，引导家庭农场参加各类农业保险，增强家庭农场抵御风险的能力。

鼓励保险机构加强对家庭农场的综合保险服务，建立健全包括农作物生产和农产品运输、储存、加工、销售等全流程风险保障体系，扩大农业保险覆盖范围。

**第十三条** 市、区科技、农业农村部门应当指导和支持家庭农场应用新品种、新技术、新农艺，支持有条件的家庭农场建设科技试验示范基地，参与实施农业技术研究和推广活动。

农业科研、农技推广等机构应当组织农业科研人员、农技推广人员，通过技术培训、定向帮扶等方式，为家庭农场提供先进适用技术。

**第十四条** 家庭农场经营者可以自主决定向市场监督管理部门申请登记。符合条件的，市场监督管理部门应当依法受理并准予登记。

**第十五条** 市、区商务、农业农村部门应当采取措施，推动家庭农场和电子商务平台经营者建立合作关系，拓宽农产品流通渠道。

鼓励电子商务平台经营者通过降低入驻门槛和促销费用等方式，支持家庭农场发展农村电子商务。

**第十六条** 支持家庭农场开展绿色食品、有机农产品、农产品地理标志认证，推动品牌建设。

市、区农业农村部门应当对家庭农场开展品牌建设，给予指导和服务。

**第十七条** 家庭农场从事种植业、养殖业的，执行本市农业生产电价，并可以参照农民专业合作社执行农业分时电价。

**第十八条** 家庭农场经营者应当提高从事农业生产管理的能力，参加相关技能培训，掌握相应的知识和技能。

市人力资源社会保障、农业农村部门应当建立健全农业职业培训制度，完善新型职业农民、农业职业经理人、农村实用人才等培育计划，提高家庭农场技术、管理等水平。

鼓励涉农院校、科研院所和农业产业化龙头企业等，采取田间教学等形式为家庭农场提供职业技能培训服务。

鼓励家庭农场经营者通过多种形式参加职业培训，取得专业技术职称、职业资格证书、职业技能等级证书或者专项职业能力证书。

**第十九条** 本市户籍人员在家庭农场就业期间，经协商一致，可以通过集体参保方式，参照本市灵活就业人员参加城镇职工基本养老保险和医疗保险。

市、区人民政府应当完善家庭农场经营者

参加社会保险的相关政策，扩大覆盖面，提高保障水平。

**第二十条** 市农业农村部门应当建立统一的信息服务管理平台，开展家庭农场数据采集、运行分析等工作，收集、汇总、发布、更新国家和本市有关家庭农场发展的政策措施、行业动态等信息，为家庭农场提供个性化服务，并为公众提供查询服务。

**第二十一条** 本市开展家庭农场示范建设，发挥示范家庭农场在发展适度规模经营、应用先进技术、实施标准化生产、提高农产品质量等方面的示范作用。

市农业农村部门应当会同相关部门制定和完善示范家庭农场认定标准并组织评审。对经评审认定为示范家庭农场的，市、区农业农村部门应当进行定期监测，并给予相关政策扶持。

**第二十二条** 家庭农场可以与相关企业、农民专业合作社和社会化服务组织在资金、技术和市场等方面加强合作，形成农业产业化联合体，提高农业经营效益。鼓励家庭农场发起或者加入农民专业合作社。

鼓励家庭农场发展农产品初加工产业、休闲农业、创意农业，拓展互联网销售模式，加强与文化旅游等二三产业融合，促进都市现代农业发展。

区农业农村部门和镇（乡）人民政府应当为家庭农场对外合作、产业延伸等提供指导和服务。

**第二十三条** 家庭农场从事生产经营活动应当遵守农村土地用途管制、耕地保护、生态环境保护、农产品质量安全管理等相关规定，使用并维护好农田水利、林网等基础设施，不得从事以下行为：

（一）擅自将流转经营土地再流转给第三方；

（二）损害农田水利、林网等基础设施；

（三）从事掠夺性经营，损害土地、其他农业资源和环境；

（四）擅自改变流转经营土地的农业用途；

（五）采取弄虚作假、隐瞒真实情况等手段，套取政府扶持项目和资金；

（六）违反法律、法规的其他行为。

家庭农场有前款第一项至第五项所列行为之一的，依法承担法律责任，区农业农村部门应当将其移出家庭农场名录库。

**第二十四条** 侵犯家庭农场合法权益的，应当依法承担法律责任。

国家机关工作人员在促进家庭农场发展工作中玩忽职守、滥用职权、徇私舞弊或者有其他违法行为的，由其所在单位或者上级主管部门依法给予处分；构成犯罪的，依法追究刑事责任。

**第二十五条** 本条例自2021年1月1日起施行。

# 上海市养老服务条例

（2020年12月30日上海市第十五届人民代表大会常务委员会第二十八次会议通过　根据2023年12月28日上海市第十六届人民代表大会常务委员会第九次会议《关于修改〈上海市养老服务条例〉等12件地方性法规和废止〈上海市保护和发展邮电通信规定〉等6件地方性法规的决定》修正）

## 第一章　总　　则

**第一条** 为了规范养老服务工作，健全养老服务体系，满足老年人养老服务需求，促进养老服务发展，根据《中华人民共和国老年人权益保障法》以及相关法律、法规，结合本市实际，制定本条例。

**第二条** 本市行政区域内的养老服务以及相关扶持保障、监督管理等活动,适用本条例。

本条例所称的养老服务,是指在家庭成员承担赡养、扶养义务的基础上,由政府和社会为老年人提供的生活照料、康复护理、健康管理、精神慰藉、紧急救援等服务,主要包括居家养老服务、社区养老服务和机构养老服务。

本条例所称的养老服务机构,包括为老年人提供全日集中住宿和照料护理服务的养老机构,以及为老年人提供居家和社区养老服务的居家社区养老服务机构。

**第三条** 本市养老服务坚持以人民为中心的发展思想,按照"人民城市建设"的要求,遵循政府主导、社会参与、市场运作、统筹发展、保障基本、普惠多样的原则,与本市经济社会发展相协调,实现高质量发展。

**第四条** 本市积极应对人口老龄化,健全符合超大城市特点的居家为基础,社区为依托,机构充分发展,居家社区机构相协调、医养康养相结合的养老服务体系,完善基本养老服务,发展公益性养老服务,促进市场化养老服务,培育养老新兴业态,推动养老事业和养老产业协调发展,满足多层次、多样化的养老服务需求,实现老有颐养。

**第五条** 各级人民政府应当将养老服务纳入本级国民经济和社会发展规划,将养老服务事业经费纳入同级财政预算,将养老服务工作纳入年度工作计划和绩效考核范围。

市人民政府应当加强对养老服务工作的领导,统筹协调养老服务体系建设,保障基本养老服务,促进养老服务健康发展,建立健全养老服务设施建设、运营及相关补贴政策的市级统筹协调机制。

区人民政府承担本行政区域养老服务工作的第一责任,应当根据本行政区域内老年人口数量、结构、分布等因素,推进养老服务设施建设,完善扶持保障措施,加强养老服务工作力量和综合监管,增加养老服务供给,提高养老服务质量。

市、区人民政府应当建立健全养老服务体系建设协调机制,统筹、协调、整合各类养老服务资源,研究解决养老服务重大问题。

乡镇人民政府、街道办事处负责组织实施本辖区内的养老服务工作,通过配备相应的社区工作者或者政府购买服务等方式,加强养老服务工作力量。

**第六条** 市、区民政部门是本行政区域内养老服务工作的行政主管部门,牵头推进养老服务体系建设,完善相应政策措施,制定基本养老服务标准,负责养老服务的监督管理。

卫生健康部门负责拟订医养结合政策措施,以及对老年人疾病防治、医疗护理、健康促进等老年健康工作的监督管理。

医疗保障部门负责组织实施长期护理保险制度,完善医养结合相关医疗保险政策。

发展改革、财政、人力资源社会保障、规划资源、住房城乡建设管理、房屋管理、市场监管、应急管理、消防救援、经济信息化、商务、教育、科技、公安、交通、生态环境、农业农村、文化旅游、金融管理、体育、统计、审计等部门和机构按照各自职责,共同做好养老服务相关工作。

**第七条** 本市健全基本养老服务体系。市人民政府应当制定并公布本市基本养老服务清单,明确基本养老服务的项目和具体内容,并根据经济社会发展水平、财政状况、养老服务需求变化等情况,适时进行调整。

基本养老服务应当优先保障符合条件的孤寡、失能、重度残疾、高龄老年人,以及计划生育家庭特别扶助对象、重点优抚对象等人员的基本养老服务需求。

**第八条** 本市鼓励和支持社会力量提供养老服务,激发市场主体活力,健全开放、竞争、公平、有序的养老服务市场,发挥社会力量在养老服务中的主体作用。

**第九条** 老年人的子女及其他负有赡养、扶养义务的人员,应当履行对老年人经济供养、生活照料、精神慰藉等义务。

本市支持家庭承担养老功能。

**第十条** 工会、共产主义青年团、妇女联合会、残疾人联合会、红十字会以及养老服务行业组织、老年人组织、慈善组织、志愿服务组织等社会组织，根据职责或者章程，发挥各自优势，协同做好养老服务工作。

居民委员会、村民委员会应当发挥自治功能和优势，协助做好养老服务工作。

鼓励自然人、法人和其他组织以各种形式参与或者支持养老服务。

**第十一条** 全社会应当弘扬中华民族养老、孝老、敬老的传统美德，积极践行社会主义核心价值观，树立尊重、关心、帮助老年人的社会风尚。

广播、电视、报刊、网络等媒体应当广泛开展养老、孝老、敬老的宣传教育活动。

**第十二条** 本市基于长江三角洲区域一体化发展战略，按照资源互补、信息互通、市场共享、协同发展的原则，推进区域养老服务一体化发展。

**第十三条** 本市支持开展养老服务基础理论、实务应用、制度保障、产业促进、行业管理等方向和领域的科学研究活动。

本市加强养老服务相关技术标准、服务模式、发展经验等方面的国内与国际交流合作。

**第十四条** 本市定期开展养老服务需求和供给状况调查，建立养老服务统计监测和信息发布制度。

## 第二章 设施规划与建设

**第十五条** 市民政部门会同市规划资源部门根据本市人口、公共服务资源、养老服务需求状况等因素，制定养老服务设施布局专项规划，合理布局各类养老服务设施，合理确定容积率，经市人民政府批准后，纳入相应的国土空间规划。区人民政府负责养老设施布局专项规划在本行政区域的推进落实。

规划资源部门应当按照有关规定，通过优化规划执行及建筑面积奖励等方式鼓励增加养老服务设施。

**第十六条** 本市按照区域内常住老年人口和需求配置社区养老服务设施。全市社区养老服务设施建筑面积应当不低于常住人口每千人四十平方米，并根据经济社会发展及时优化调整。

新建居住区应当按照规划要求和建设标准，配套建设相应的养老服务设施。配套建设的养老服务设施应当与住宅同步规划、建设，并由民政部门按照相关规定参与评审验收。

本市将社区养老服务设施建设作为城市更新的重要内容，已建成居住区的养老服务设施未达到规划要求或者建设标准的，所在地的区人民政府应当通过新建、改建、购置、置换、租赁等方式予以补充和完善。

鼓励企业事业单位和社会组织通过整合或者改造存量企业厂房、办公用房、商业设施和其他社会资源，建设符合标准的养老服务设施。相关部门应当根据国家和本市有关规定，在土地规划、消防审验、建筑安全等方面给予指导。

**第十七条** 各级人民政府应当将养老服务设施建设用地纳入国土空间规划和土地利用年度计划，按照国家和本市关于养老服务设施人均用地标准，合理安排用地需求。在符合规划、环保等要求的前提下，可以将闲置的公益性用地优先调整为养老服务设施用地。

新建非营利性养老服务设施建设用地，可以依法使用国有划拨土地或者农民集体所有的土地；新建营利性养老服务设施建设用地，以租赁、先租后让、出让等方式供应，拓展养老服务用地空间，降低养老服务用地成本。

**第十八条** 未经法定程序，任何组织和个人不得擅自改变养老服务设施建设用地用途或者养老服务设施使用性质，不得侵占、损坏或者拆除养老服务设施。

经法定程序批准改变养老服务设施建设用地用途、养老服务设施使用性质或者拆除养老服务设施的，应当按照不低于原有养老服务设施规模和标准建设或者置换；建设期间，应当安排过渡用房，满足老年人的养老服务需求。

**第十九条** 市、区人民政府应当加快推进与老年人日常生活密切相关的交通、文化等公共设施无障碍改造，支持已建成的多层住宅及养老服务设施加装电梯，在公共活动空间增设适合老年人活动、休息的设施。

本市为老年人交通出行、就医、办事等提供便利。各级行政管理部门、提供公共服务的机构和企业，在为老年人提供公共信息服务时，应当符合无障碍环境建设标准，满足无障碍信息传播与交流的需求，推广应用符合老年人需求特点的智能信息服务；为老年人提供公共服务时，应当充分尊重老年人的习惯，保留并完善传统服务方式。

## 第三章　居家养老服务

**第二十条**　居家养老服务，主要是通过上门、远程支持等方式，为老年人在其住所内提供的生活照料、常用临床护理等照护服务及其他支持性服务。

**第二十一条**　开展居家养老服务的机构根据老年人的需求，上门提供生活起居、卫生护理、康复辅助、环境清洁、助餐、助浴、助行等生活照料服务。

**第二十二条**　护理站等医疗机构可以为有医疗护理需要的居家老年人，提供常见病、慢性病治疗护理等基本临床护理服务。

**第二十三条**　本市支持运用互联网、物联网等技术手段，为老年人提供紧急救援服务，即时接收和处理老年人的紧急呼叫，协助联系救援。

对经济困难的高龄、独居老年人，可以通过政府购买服务等方式，为其提供紧急救援服务。

**第二十四条**　乡镇人民政府、街道办事处应当委托居民委员会、村民委员会，或者通过政府购买服务、组织志愿服务等方式，对高龄、独居等老年人定期进行巡访，提供精神慰藉等关爱服务，防范和化解意外风险。

**第二十五条**　本市支持为老年人提供家庭适老化改造、适老性产品安装、康复辅助器具配备和使用指导、智慧养老相关硬件和软件安装使用等服务。

符合条件的经济困难老年人进行家庭适老化改造的，由市、区人民政府给予适当补贴。

## 第四章　社区养老服务

**第二十六条**　社区养老服务，主要是依托社区养老服务设施或者场所，为老年人提供的日间照护、短期托养、助餐等服务以及其他支持性服务。

**第二十七条**　本市支持养老服务机构开展社区日间照护服务，为有需要的老年人提供照料护理、康复辅助、精神慰藉、文化娱乐、交通接送等服务。

**第二十八条**　本市支持养老服务机构开展社区短期托养服务，为失能、认知障碍、术后康复等老年人，提供阶段性的全日集中住宿和照料护理、精神慰藉、文化娱乐等服务。

**第二十九条**　乡镇人民政府、街道办事处应当开设社区食堂、老年助餐点等社区助餐服务场所，为有需求的老年人提供膳食加工配制、外送及集中用餐等服务，并保证膳食质量。

本市通过政府购买服务、合作共建等方式，支持社会餐饮企业、商业零售企业和网络订餐平台等，为老年人提供社区助餐服务。鼓励符合条件的养老机构或者机关、企业事业单位的食堂，为老年人提供社区助餐服务。

**第三十条**　本市支持在社区养老服务设施或者其他公共服务设施开辟专区，为老年人提供康复辅助器具的演示、体验等服务；支持企业开展康复辅助器具社区租赁服务。

符合条件的老年人租赁康复辅助器具，由市、区人民政府给予相应补贴。

## 第五章　机构养老服务

**第三十一条**　养老机构为入住老年人提供下列机构养老服务：

（一）满足日常生活需求的集中住宿、膳食营养、生活起居照料、洗涤与清洁卫生、室内外活动等生活照护服务；

（二）建立健康档案，宣传日常保健知识，并按照服务协议提供疾病预防、药物管理、医疗康复等日常健康服务；

（三）运用专业社会工作方法，提供情绪疏导、心理支持等精神慰藉服务；

（四）提供适合老年人的文化、教育、体育、娱乐等服务。

养老机构应当合理设置服务区域和床位数量，不得超出实际服务能力开展养老服务。

**第三十二条** 养老机构应当建立入院评估制度，对入住老年人的身心状况进行测评，制订分级照护服务计划，并根据老年人的身心变化动态调整。分级照护服务计划应当经老年人或者其代理人确认，并作为服务及收费的依据，在服务合同中予以载明。

认知障碍老年人的分级照护服务计划，应当符合认知障碍照护服务的标准与要求。

**第三十三条** 养老机构在提供服务的过程中，应当按照国家有关标准，对老年人进行服务安全风险评估，并通过制定应急预案、定期评价与改进、安全教育等方式，建立服务安全风险防范机制。

**第三十四条** 养老机构应当定期对老年人的生活、活动场所和使用的物品进行清洗消毒。

养老机构提供的饮食应当符合食品安全要求和民族风俗习惯，适宜老年人食用，有利于老年人营养平衡。

**第三十五条** 养老机构应当为入住老年人的家庭成员看望或者问候老年人提供便利，为老年人联系家庭成员提供帮助。

入住养老机构的老年人及其代理人应当遵守养老机构的规章制度，维护养老机构正常服务秩序。

**第三十六条** 老年人突发危重疾病的，养老机构应当及时通知其配偶、子女或者其他代理人，并按照服务合同约定转送医疗机构救治。

老年人疑似患有精神障碍的，养老机构应当按照精神卫生等有关法律、法规的规定处理。

**第三十七条** 养老机构应当建立老年人信息档案，收集和妥善保管服务协议等相关资料。档案的保管期限不少于服务协议期满后五年。

**第三十八条** 养老机构因停业整顿、变更或者终止等原因暂停、终止服务的，应当在合理期限内提前书面通知老年人及其代理人，并向原备案的民政部门报告。需要安置老年人的，养老机构应当根据服务合同约定与老年人或者其代理人协商确定安置事宜，制定安置方案。

民政部门应当督促养老机构落实安置方案，并为其妥善安置老年人提供帮助。

## 第六章 服务协调发展

**第三十九条** 本市促进居家、社区、机构养老服务融合发展，发挥养老服务机构的专业支撑作用，推动居家社区养老服务机构为家庭提供专业服务，鼓励养老机构开展居家和社区养老服务，提高养老服务资源利用效率。

支持符合条件的养老服务机构在老年人住所设立家庭照护床位，提供连续、稳定、专业的养老服务。

民政、卫生健康、医疗保障、财政等部门应当完善相关服务、管理等技术规范和支持政策。

**第四十条** 本市在中心城区和城镇化地区重点发展社区嵌入式养老服务，在社区内根据实际嵌入不同规模和功能的养老服务和设施，为老年人提供便利可及的养老服务。

街道办事处、乡镇人民政府应当至少建设一家社区综合为老服务中心，发挥平台作用，整合日间照料、短期托养、社区助餐、医养康养结合、养老顾问等养老服务资源，提供综合性养老服务支持。

**第四十一条** 本市将农村养老服务设施和

服务纳入乡村振兴规划，相关区和乡镇人民政府应当按照城乡协调发展的要求，推动农村养老服务设施均衡布局，提升服务水平。

支持利用农民房屋和农村集体所有的土地、房屋等资源，尊重农民生活习惯和方式，发展符合农村特点的养老服务。

**第四十二条** 本市鼓励和支持老年人开展社区邻里服务、低龄健康老年人与高龄老年人结对关爱等互助性养老服务，探索建立互助性养老服务时间储蓄、兑换等激励、保障机制。

**第四十三条** 本市支持养老服务机构和其他社会专业机构为失能老年人的家庭照顾者提供下列支持服务：

（一）临时或者短期的托养照顾；

（二）家庭关爱服务；

（三）照护知识与技能培训；

（四）其他有助于提升家庭照顾能力或者改善其生活质量的相关服务。

**第四十四条** 本市依托养老服务机构和居民委员会、村民委员会的工作人员、社会工作者等，经培训后担任养老顾问，为老年人及其家庭提供养老服务清单，给予咨询、指导等服务。

鼓励和支持养老服务机构和其他组织发挥专业优势，开展社会化的养老顾问服务。

**第四十五条** 本市推进长江三角洲区域养老服务合作与发展，建立健全政府间合作机制，落实异地就医结算，推动本市老年人异地享受本市长期护理保险、养老服务补贴等待遇，方便老年人异地养老。

**第四十六条** 本市建立健全老年教育网络，将老年教育延伸到社区，为老年人提供线上线下相结合的教育服务。支持各类教育机构及其他社会主体通过多种形式举办或者参与老年教育，为养老服务机构提供教学资源等支持，推动养教结合。

本市探索建立市区联动的发挥老年人作用的信息化平台，开发老龄人力资源，支持老年人参与社会发展，促进积极养老。

## 第七章　医养康养结合

**第四十七条** 市、区人民政府及其民政、卫生健康、医疗保障、体育、教育等部门应当在政策体系、设施布局、人才培养、合作机制等方面推动医养康养相结合，建立健全老年健康服务体系，保障老年人的基本健康养老服务需求。

**第四十八条** 市、区人民政府在编制和完善区域卫生规划、养老服务设施规划时，应当统筹考虑养老服务设施与医疗卫生设施的布局，将两者同址或者邻近设置。

鼓励养老服务机构为医疗机构入驻提供场地和设施，方便老年人获取医疗服务。

本市按照国家有关规定，支持养老机构设立医疗机构，支持医疗机构设立养老机构。

**第四十九条** 卫生健康、医疗保障等部门应当为养老机构内设置医疗机构以及符合条件的养老机构设置老年护理床位提供支持、指导。在养老机构内设置的医疗机构和老年护理床位，按照规定纳入基本医疗保险支付范围。

支持各类医疗机构与养老服务机构通过签约等形式开展合作，开设绿色通道，为老年人接受医疗服务提供便利。

支持医师、护士到养老机构内设置的医疗机构开展多机构执业。

**第五十条** 区人民政府应当以社区卫生服务机构为平台，整合各类医疗卫生和社会资源，推动医疗机构与养老服务机构开展合作，为居家、社区与机构养老的老年人提供基本医疗和护理服务。

社区卫生服务机构应当按照国家和本市有关规定，开展老年人健康管理和常见病预防工作，为符合条件的居家、社区与机构养老的老年人提供下列服务：

（一）建立健康档案、定期免费体检等基本公共卫生服务；

（二）健康指导、保健咨询、慢性病管理等家庭医生签约服务；

（三）为符合相关医疗指征等条件的老年人提供上门诊视、设立家庭病床、居家护理等服务。

**第五十一条** 有条件的综合医疗机构应当开设老年病科；鼓励中医、专科医疗机构开设老年病专科。

本市按照老年人口的一定比例设置老年护理床位，加强医疗机构老年护理床位建设，支持综合医疗机构强化护理功能。

社区卫生服务机构、有条件的综合医疗机构应当根据需要，设置安宁疗护病区或者床位。

**第五十二条** 本市推广应用适用于老年人的中医药技术、方法和中医特色医养结合服务；支持医疗机构为老年人提供中医健康咨询评估、干预调理、随访管理等治未病服务，并与养老机构开展合作，提供中医药服务。

**第五十三条** 本市依托养老服务机构以及其他社会专业机构，推广老年人健康生活理念和方式，开展老年疾病防治、认知障碍干预、意外伤害预防、心理健康与关怀等健康促进活动，提供健身辅导、身体机能训练、运动干预等体养结合服务。

## 第八章 长期照护保障

**第五十四条** 本市建立相关保险、福利及救助相衔接的长期照护保障体系，完善长期护理保险、养老服务补贴等制度，发展长期照护商业保险，为长期失能老年人持续接受居家、社区、机构养老服务提供保障。

**第五十五条** 本市建立健全老年照护需求评估制度。对具有照料护理需求且符合条件的老年人，按照全市统一的标准对其失能程度、疾病状况、照护情况等进行评估，确定照护等级，作为其享受相应基本养老服务的依据。

全市统一的老年照护需求评估标准以及评估机构的管理办法，由市卫生健康、民政、医疗保障等部门制定。

评估机构与人员应当按照统一需求评估标准和操作规范，客观公正、独立规范开展评估工作。

**第五十六条** 本市按照国家有关规定，推进实施长期护理保险制度，建立健全互助共济、责任共担等多渠道筹资机制，对经老年照护需求评估达到一定照护等级的长期失能老年人，为其基本生活照料和与基本生活密切相关的医疗护理提供服务或者资金保障。

**第五十七条** 依法开展长期照护服务的养老服务机构，以及护理站等医疗机构，可以向医疗保障部门提出申请，经评估后，按照有关规定签订服务协议，成为长期护理保险定点护理服务机构。

**第五十八条** 本市建立和完善长期护理服务项目清单、标准、规范，并根据基金规模和服务需求、供给能力等因素进行调整，合理确定长期护理保险支付范围。

参保人员接受定点护理服务机构服务所发生的费用，属于长期护理保险基金支付范围的，由长期护理保险基金按照规定支付，其余部分由个人自负。

**第五十九条** 本市健全养老服务补贴制度，对经老年照护需求评估后符合条件的下列长期失能老年人，根据其照护等级、困难状况等因素给予相应的补贴，用于购买居家、社区、机构等养老服务：

（一）最低生活保障家庭成员；

（二）低收入家庭成员；

（三）分散供养的特困人员；

（四）市和区人民政府规定的其他经济困难或者特殊困难人员。

符合前款规定条件的老年人或者其代理人，可以通过网上或者向就近的社区事务受理服务机构提出申请，由老年人户籍所在地的乡镇人民政府、街道办事处审核确认。

享受养老服务补贴的老年人，可以选择相应的养老服务机构为其提供长期照护服务。

**第六十条** 区人民政府按照本市有关规定，保障达到一定照护等级的老年人依申请轮候入住提供基本养老服务的养老机构。

市发展改革、民政、财政等部门以及区人民政府应当加强资源统筹配置，完善相关制度，促进基本养老服务均衡发展、公平享受。

**第六十一条** 本市根据认知障碍老年人的长期照护需求，发展专门服务机构或者在养老服务机构内设置专区，制定认知障碍照护服务标准，为认知障碍老年人提供专业照护服务。

本市推进老年认知障碍友好社区建设，培育专业服务组织和专业人员队伍，加强认知障碍的早期预防和干预。

## 第九章 养老服务机构

**第六十二条** 设立养老服务机构，应当依法办理相关登记手续：

（一）设立非营利性养老服务机构，经批准设置为事业单位的，向事业单位登记管理机关办理登记手续；符合社会服务机构登记条件的，向民政部门办理登记手续。

（二）设立营利性养老服务机构，向市场监管部门办理登记手续。

养老服务机构登记后即可开展服务活动。

**第六十三条** 养老服务机构应当按照国家和本市有关规定，在提供服务或者收住老年人后十个工作日以内向所在地的区民政部门办理备案；备案信息发生变化的，应当及时办理变更手续。

民政部门应当将养老服务机构的备案信息向社会公开。

**第六十四条** 养老服务机构的场地、建筑物、设施设备，应当符合国家和本市的有关规范、标准和要求。政府投资举办的养老服务机构的设施设备应当做到经济实用。

禁止在养老服务机构内建造威胁老年人安全的建筑物和构筑物。

禁止利用养老服务机构的场地、建筑物和设施，开展与养老服务宗旨无关的活动。

**第六十五条** 养老服务机构应当配备与其运营服务相适应的管理人员、专业技术人员，并按照本市有关规定，根据服务类型、照护要求、服务对象数量等因素，配备相应比例的护理员。

养老服务机构中从事医疗、社会工作等服务的专业技术人员，应当具有相应的专业技术资格。

**第六十六条** 养老服务机构应当尊重老年人的人格尊严，依法保护老年人的个人信息。

养老服务机构为老年人提供的生活照料、康复护理、健康管理、精神慰藉、紧急救援等服务，应当符合有关国家、行业及地方标准和规范的要求。

养老服务机构的护理员以及餐饮服务人员应当持有有效健康证明；患有影响老年人身体健康疾病的，在治愈前养老服务机构不得安排其从事照护、餐饮等相关服务。

养老服务机构应当定期向老年人或者其代理人通报机构服务和运营管理的有关情况，听取意见和建议。

**第六十七条** 养老服务机构应当与接受服务的老年人或者其代理人签订服务合同，明确各方的权利义务，并按照服务合同约定的内容为老年人提供相应的服务，保证服务质量。

市民政部门会同市市场监管部门、有关行业协会制定服务合同示范文本，供养老服务机构与接受服务的老年人或者其代理人参照使用。

**第六十八条** 养老服务机构应当按照国家和本市有关规定，建立健全消防、安全值守、设施设备、食品药品、康复辅助器具等安全管理制度，确定专人负责，开展安全风险评估和定期安全检查，及时消除安全隐患。

**第六十九条** 养老服务机构应当指定专人负责日常卫生管理工作，建立健全传染病预防控制管理和疫情报告制度，制定传染病应急预案，组织开展健康巡查、清洁消毒、健康宣传等工作。

发现传染病病人或者疑似传染病病人的，养老服务机构应当及时向所在地的疾病预防控制机构或者社区卫生服务机构报告，按要求采取卫生处理等控制措施，并配合做好流行病学调查等工作。

卫生健康部门应当指导、督促疾病预防控制机构对养老服务机构的传染病防控工作进行技术指导和业务培训。

**第七十条** 养老服务机构应当制定突发事件应急预案，定期组织开展应急演练，并根据应急演练情况和实际情况的变化，对应急预案进行修订。

突发事件发生时，养老服务机构应当根据应急预案和有关部门的要求，立即开展应急处置；需要封闭管理时，可以采取人员出入管控、内部防控等必要措施。

养老服务机构可以根据实际需要，储备必要的应急物资。负责应急物资储备和供应的部门，应当为养老服务机构获取应急物资提供必要保障。

**第七十一条** 养老服务收费应当按照国家和本市价格管理的有关规定执行，收费标准根据养老服务机构的经营性质、设施设备条件、服务质量、照料护理等级、服务成本等因素确定。

养老服务机构应当在醒目位置公示服务项目收费标准和收费依据。

**第七十二条** 养老服务机构对依法登记、备案承诺、履约服务、质量安全、应急管理、消防安全等承担主体责任，其主要负责人是第一责任人。

## 第十章 养老服务人员

**第七十三条** 养老服务从业人员应当恪守职业精神，遵守行业规范，努力提高专业水平和服务质量。

养老服务从业人员应当向养老服务机构如实告知本人的从业经历、服务技能、健康状况等情况。

养老服务机构不得招录有歧视、侮辱、虐待、遗弃老年人等违法行为的人员从事养老服务工作。

市民政、人力资源社会保障部门会同市卫生健康、医疗保障等部门，加强养老服务从业人员管理，建立从业人员信息管理系统，完善从业人员信用管理，并依法为养老服务机构提供查询服务。

**第七十四条** 支持养老服务从业人员参加职业技能培训、继续教育和学历教育，提高专业素质和工作技能。

养老服务机构应当加强对养老服务从业人员的职业道德教育和职业技能培训，提高其职业道德素养和业务能力。

**第七十五条** 本市按照国家有关规定，实施养老护理员职业技能等级认定，建立统一的养老护理员技能等级序列。

本市综合考虑工作年限、技能等级等因素，合理制定养老护理员薪酬等级体系，设立养老护理员基本工资分级指导标准，引导养老服务机构予以落实。支持相关行业组织开展养老护理员市场工资水平监测，并定期发布监测结果，引导养老服务机构合理确定养老护理员的薪酬水平。

**第七十六条** 在养老机构内设置的医疗机构从业的医师、护士、医技人员等卫生专业技术人员，享有与其他医疗机构专业技术人员同等的进修轮训、继续教育等待遇，并在职称评定等方面同等条件下予以优先考虑。

本市支持老年社会工作者发挥专业优势，维持和改善老年人的社会功能，提高老年人生活质量。

**第七十七条** 养老服务机构应当与从业人员依法建立劳动关系、聘用关系等，改善工作条件，加强劳动保护和职业防护。

养老服务机构聘用从业人员符合条件的，由市、区民政部门给予相应补贴。

**第七十八条** 养老服务从业人员不得有下列行为：

（一）谩骂、侮辱、虐待、殴打老年人；

（二）偷盗、骗取、强行索要或者故意损毁老年人的财物；

（三）泄露在服务活动中知悉的老年人的隐私；

（四）其他违反法律、法规、公序良俗和职

业道德的行为。

## 第十一章 养老产业促进

**第七十九条** 本市发挥市场主体作用，扩大多层次、多样化、个性化养老服务和产品供给，重点推动养老照护服务、康复辅助器具、智慧养老、老年宜居、养老金融等领域的养老产业发展。

**第八十条** 本市鼓励各类社会资本投资养老照护服务产业，兴办满足不同需求的养老服务机构。支持外商投资设立养老服务机构。鼓励物业服务企业探索开展物业服务和养老服务相结合的居家社区养老服务。

鼓励养老服务机构专业化、连锁化、品牌化发展，依法加强养老服务商标和品牌保护。

**第八十一条** 本市将康复辅助器具产业纳入重点发展的新兴产业，支持建设相关产业园区，鼓励科技园区布局发展智能康复辅助器具产业；支持企业加大研发设计和智能制造力度，开发更多适合老年人需求的康复辅助器具产品；支持符合条件的康复辅助器具产品申请医疗器械注册。

**第八十二条** 本市推动人工智能、物联网、云计算、大数据等新一代信息技术在养老服务领域的应用，定期发布智慧养老服务需求应用场景，制定完善智慧养老相关产品和服务标准，重点扶持安全防护、照料护理、健康促进、情感关爱等领域的智能产品、服务及支持平台，提升老年人生活品质。

**第八十三条** 本市支持社会资本设计开发适合老年人居住的商业房地产项目，建设或者运营集合居住、生活照料、医疗照护等功能的养老社区。鼓励利用自有土地、房屋建设或者运营养老社区。

区人民政府应当加强对辖区内各类养老社区建设、运营等的规范管理。发展改革、民政、住房城乡建设管理、规划资源、金融管理、房屋管理、市场监管等部门按照各自职责，做好规范指导工作。

**第八十四条** 本市促进养老普惠金融发展，支持金融机构开发满足老年人需求的多样化养老金融产品，增加社会养老财富储备，提升养老服务支付能力。

鼓励保险机构开发适合居家、社区、机构等多样化护理需求的商业长期护理保险产品。

**第八十五条** 本市依托长江三角洲区域合作机制，加强养老产业规划协同和项目协调，促进产业链上下游对接和功能互补；推动区域养老产业支持政策、标准规范、数据信息等方面的衔接共享，促进更大范围内要素自由流动，鼓励养老服务企业跨区域发展。

## 第十二章 扶持与保障

**第八十六条** 符合条件的养老服务机构，可以享受相应的税收优惠、行政事业性收费减免和建设补助、运营补贴等优惠政策。

符合条件的养老服务机构使用水、电、燃气、电话，按照居民生活类价格标准收费；使用有线电视，按照本市有关规定，享受付费优惠；需要缴纳的供电配套工程收费、燃气配套工程收费、有线电视配套工程收费，按照本市有关规定享受优惠。

鼓励养老服务机构投保责任保险。养老服务机构投保责任保险的，可以获得相应的补贴。

**第八十七条** 营利性养老服务机构与非营利性养老服务机构提供同等基本养老服务的，在建设补助、运营补贴等方面享受同等待遇；政府投资建设的养老服务设施交由企业运营，与交由社会服务机构运营享受同等待遇。

**第八十八条** 市人民政府应当制定政府购买养老服务的标准和指导性目录。各级人民政府应当按照标准和目录要求，落实资金保障，重点购买生活照料、康复护理、机构运营、社会工作和人员培养等服务，并加强绩效评价。

**第八十九条** 市、区人民政府应当将本级用于社会福利事业的福利彩票公益金中不低于百分之六十的资金用于支持养老服务。

鼓励自然人、法人和其他组织通过慈善捐赠等方式支持养老服务。

本市支持专业性的社会组织依法为有需要的老年人担任监护人或者提供相关服务。

**第九十条** 鼓励金融机构通过银行贷款、融资租赁、信托计划等方式，多渠道、多元化加大对养老服务机构及相关企业的融资支持。

鼓励保险机构开发面向养老服务机构的责任保险、财产保险等保险产品。

**第九十一条** 支持高等院校和中等职业学校开设养老服务、康复护理等专业，扩大养老服务专业招生规模。

鼓励职业培训机构对接养老服务机构培训需求，开展上岗、转岗、技能提升等各类培训。

鼓励养老服务机构与相关职业院校开展合作，培养具有专业理论知识和实践技能的养老服务人才。

**第九十二条** 市民政部门应当建立健全养老服务信息系统，与政务服务“一网通办”平台对接，提供养老服务信息查询、政策咨询、网上办事等服务，接受投诉举报。

民政、市场监管等部门应当加强信息共享，公开办事指南，简化和规范办事流程，为养老服务机构设立、备案等提供指导和便利服务。

## 第十三章 监 督 管 理

**第九十三条** 本市健全养老服务综合监管制度。市人民政府应当制定养老服务监管责任清单，明确各相关职能部门的职责分工。市、区人民政府应当统筹协调相关职能部门和乡镇人民政府、街道办事处，加强对养老服务机构的综合监督管理。

民政、住房城乡建设管理、房屋管理、消防救援、卫生健康、市场监管、医疗保障等部门和机构应当依法加强对养老服务机构的服务运营、建筑安全、消防安全、医疗卫生安全、食品安全、服务价格、长期护理保险基金使用等环节的监督检查，并依托城市运行“一网统管”平台，完善养老服务机构组织信息、养老从业人员信息等基本数据集，加强监管信息共享和执法协作。

**第九十四条** 对已备案的养老服务机构，民政部门应当自备案之日起二十个工作日内进行现场检查，并核实备案信息；对未备案的养老服务机构，民政部门应当自发现其提供服务或者收住老年人之日起二十个工作日内进行现场检查，并督促其及时备案。

民政部门应当每年对养老服务机构的服务安全和质量进行不少于一次的现场检查。

**第九十五条** 民政、市场监管、住房城乡建设管理、房屋管理等部门应当制定养老服务设施、服务、管理、技术、安全等地方标准，并依照标准实施监管。

鼓励社会团体、养老服务机构制定高于国家、行业和地方标准的团体标准或者企业标准。

**第九十六条** 市民政部门应当建立健全养老服务机构等级评定制度，定期对养老服务机构的设施设备、人员配备、管理水平、服务质量等进行综合评定。

市民政部门应当根据国家和本市相关标准和要求，组织开展养老服务机构服务质量日常监测工作。

养老服务机构的等级评定和日常监测结果应当向社会公布，并作为其享受相关奖励、补贴政策的依据。

**第九十七条** 财政、审计等部门应当按照各自职责和有关规定，对政府投资举办或者接受政府补贴、补助的养老服务机构的财务状况、政府补贴资金使用情况进行监督。

**第九十八条** 公安、金融管理、市场监管、民政等部门应当对养老服务领域非法集资、诈骗等违法行为进行监测、分析和风险提示，依法予以查处。

**第九十九条** 民政部门应当建立养老服务机构信用档案，记录其设立与备案、日常监督检查、违法行为查处、等级评定结果等信息，并依法向市公共信用信息服务平台归集。

民政部门应当建立信用分级制度，确定养老服务机构信用等级，采取差异化监管措施。对严重失信的养老服务机构，由相关部门依法实施联合惩戒。

**第一百条** 养老服务行业组织应当健全行

业自律规范，推动行业诚信体系建设，制定实施行业服务规范和职业道德准则，推动养老服务标准实施，提升养老服务质量，协调解决养老服务纠纷。

**第一百零一条** 民政、卫生健康、医疗保障、市场监管等部门应当及时受理与养老服务相关的投诉、举报；对接到的投诉、举报应当及时核实处理。

**第一百零二条** 市、区人民代表大会常务委员会通过听取和审议专项工作报告、开展执法检查等方式，加强对本行政区域内养老服务发展情况的监督。

市、区人民代表大会常务委员会充分发挥人大代表作用，组织人大代表围绕养老服务开展专题调研和视察等活动，汇集、反映人民群众的意见和建议，督促有关方面落实养老服务的各项工作。

## 第十四章 法律责任

**第一百零三条** 违反本条例规定的行为，法律、行政法规已有处理规定的，从其规定。

**第一百零四条** 违反本条例规定，养老服务机构未依法办理相关登记手续开展服务活动的，由民政、市场监管等部门依法查处。

违反本条例规定，养老服务机构有下列行为之一的，由民政部门责令改正，给予警告，并可处以二千元以上二万元以下罚款；情节严重的，处以二万元以上二十万元以下罚款：

（一）养老机构未建立入院评估制度或者未按照规定开展评估活动的；

（二）在养老服务机构内建造威胁老年人安全的建筑物和构筑物的；

（三）利用养老服务机构的场地、建筑物、设施，开展与养老服务宗旨无关活动的；

（四）配备人员的资格不符合规定的；

（五）安排未取得有效健康证明的护理员、餐饮服务人员上岗工作，或者未及时将患有影响老年人身体健康的疾病的护理员、餐饮服务人员调离岗位的；

（六）歧视、侮辱、虐待老年人以及其他侵害老年人人身和财产权益行为的；

（七）未按照有关强制性国家标准要求开展服务的；

（八）未依照规定预防和处置突发事件的；

（九）向负责监督检查的民政部门隐瞒有关情况、提供虚假材料或者拒绝提供反映其活动情况真实材料的。

对有前款所列行为之一的养老服务机构，有关部门可以中止、取消有关扶持、优惠措施；情节严重的，追回已经减免的费用和发放的补助、补贴。养老服务机构经整改消除前款所列行为的，可以重新申请相关扶持、优惠措施。

**第一百零五条** 养老服务机构或者其他组织、个人骗取补贴、补助、奖励的，由民政部门责令退回，可处以骗取补贴、补助、奖励金额一倍以上三倍以下罚款；构成犯罪的，依法追究刑事责任。

**第一百零六条** 违反本条例规定，养老机构擅自暂停或者终止服务，未妥善安置入住老年人的，由实施备案的民政部门责令改正，并处以一万元以上十万元以下罚款；情节严重的，处以十万元以上二十万元以下罚款。

**第一百零七条** 违反本条例规定，未按照核准的规划要求配套建设社区养老服务设施，或者未经法定程序擅自改变养老服务设施建设用地用途的，由规划资源部门依法查处。

违反本条例规定，未经法定程序擅自改变养老服务设施使用性质的，由民政部门责令限期改正，有违法所得的，没收违法所得；逾期不改正的，责令退回补贴资金和有关费用，处以一万元以上十万元以下罚款。

违反本条例规定，侵占、损坏、擅自拆除养老服务设施的，由民政部门责令限期改正；逾期不改正的，责令退回补贴资金和有关费用，处以十万元以上五十万元以下罚款；情节严重的，处以五十万元以上一百万元以下罚款。

**第一百零八条** 养老服务从业人员违反本条例有关禁止行为规定，构成违反治安管理行为的，由公安机关依法处罚；构成犯罪的，依法追究刑事责任。

**第一百零九条** 违反本条例规定，各级人民政府及其有关部门有下列行为之一的，对直接负责的主管人员和其他直接责任人员依法给予处分；构成犯罪的，依法追究刑事责任：

（一）未按照规定标准规划配置养老服务设施、安排养老服务设施年度用地计划的；

（二）未经法定程序，擅自改变养老服务设施建设用地用途或者养老服务设施使用性质的；

（三）未按照规定履行监督管理职责，造成不良后果的；

（四）未按照规定落实养老服务扶持、优惠政策的；

（五）对接到的投诉、举报，未及时核实处理的；

（六）其他滥用职权、玩忽职守、徇私舞弊的行为。

## 第十五章 附 则

**第一百一十条** 本条例自2021年3月20日起施行。2014年2月25日上海市第十四届人民代表大会常务委员会第十一次会议通过，2016年2月23日上海市第十四届人民代表大会常务委员会第二十七次会议修正的《上海市养老机构条例》同时废止。

# 上海市知识产权保护条例

（2020年12月30日上海市第十五届人民代表大会常务委员会第二十八次会议通过）

## 第一章 总 则

**第一条** 为了全面加强知识产权保护，激发创新创造活力，推动上海科技创新中心建设，营造国际一流的营商环境和创新环境，根据《中华人民共和国民法典》《中华人民共和国专利法》《中华人民共和国商标法》《中华人民共和国著作权法》等法律、行政法规，结合本市实际，制定本条例。

**第二条** 本条例适用于本市行政区域内知识产权保护、管理及相关活动。

本条例所称知识产权，是指权利人依法就下列客体享有的专有的权利：

（一）作品；

（二）发明、实用新型、外观设计；

（三）商标；

（四）地理标志；

（五）商业秘密；

（六）集成电路布图设计；

（七）植物新品种；

（八）法律规定的其他客体。

**第三条** 本市开展知识产权保护工作，遵循“严保护、大保护、快保护、同保护”的原则，坚持行政保护、司法保护与社会共治相结合，深化知识产权保护工作体制机制改革，构建制度完备、体系健全、环境优越的国际知识产权保护高地。

**第四条** 市、区人民政府应当加强对知识产权保护工作的领导，完善知识产权保护体系，成立知识产权联席会议，组织、指导和监督本行政区域内知识产权保护工作，研究制定知识产权保护重大政策和战略规划，统筹推进知识产权保护工作中的重大事项，具体工作由同级知识产权部门承担。

知识产权保护工作应当纳入国民经济和社会发展规划，并作为政府绩效考核的内容。

**第五条** 市、区知识产权部门负责组织、协调、实施知识产权保护工作，依法承担专利、商标、地理标志保护职责。

市版权部门依法负责全市版权保护工作，各区主管版权的部门负责本区内的版权保护工作。

市、区农业农村和林业部门依法负责植物新品种保护工作。

国有资产监管、经济信息化、科技、商务、公安、发展改革、财政、司法行政等有关部门按照各自职责，配合做好知识产权保护工作。

市知识产权部门应当发挥组织协调作用，与负有知识产权保护管理职责的其他部门紧密协同，牵头建立信息通报、要情会商、联合发文等工作机制。

**第六条** 本市按照知识产权保护的要求，整合优化执法资源，推进知识产权领域综合执法。

市、区市场监管、文化旅游等部门依据职责，依法查处专利、商标、地理标志、商业秘密、版权等方面的违法行为。

**第七条** 本市推进长江三角洲区域知识产权保护会商和信息共享，建立区域知识产权快速维权机制，完善立案协助、调查取证、证据互认及应急联动等工作机制，实施重大知识产权违法行为联合信用惩戒，实现知识产权执法互助、监管互动、信息互通、经验互鉴。

本市强化与其他省市知识产权保护协作，配合、协助外省市有关行政机关和司法机关做好调查取证、文书送达等工作。

**第八条** 本市拓宽知识产权对外合作交流渠道，加强与世界知识产权组织等国际组织的合作交流，构建与国际接轨的知识产权保护体系。

鼓励和支持社会组织依法开展知识产权保护国际交流合作。

**第九条** 本市对在知识产权保护方面作出显著贡献的单位和个人，按照有关规定予以表彰和奖励。

**第十条** 市、区人大常委会应当通过听取和审议专项工作报告、开展执法检查等方式，加强对知识产权保护工作的监督。

## 第二章 制度建设

**第十一条** 知识产权、版权、农业农村、林业、市场监管等部门（以下统称“知识产权相关管理部门”）应当为市场主体知识产权的取得、转移、权益保障等活动提供指引、指导和服务。

**第十二条** 知识产权相关管理部门应当会同有关部门引导高等院校、科研机构、企业等建立健全知识产权管理制度，落实知识产权管理规范。

国有资产监管部门及委托监管单位应当会同知识产权相关管理部门加强对本市国有企业知识产权保护工作的指导，明确并落实企业主要负责人履行知识产权管理和保护第一责任人制度，提高国有企业知识产权管理和保护水平。

**第十三条** 市知识产权部门应当推动专利快速审查机制建设，按照有关规定，为国家重点发展产业和本市战略性新兴产业等提供专利申请和确权的快速通道。

**第十四条** 本市建立知识产权评议制度。市、区人民政府应当在重大产业规划、高技术领域政府投资项目以及其他重大经济活动立项前，对项目所涉及的与技术相关的专利等知识产权状况进行分析、评估，防范知识产权风险。

**第十五条** 本市建立健全知识产权保护预警机制。知识产权相关管理部门应当加强对知识产权发展现状、趋势和竞争态势的监测、研究，对于具有重大影响的知识产权事件，及时向社会公布并就可能产生的风险发出预警。

知识产权相关管理部门应当会同商务部门、相关行业组织等对具有重大影响的国际知识产权事件以及国外知识产权法律修改变化情况进行分析、研究，为本市企业开展对外经贸、投资活动做好风险预警。

**第十六条** 本市完善知识产权对外转让审查制度。

根据国家规定，对于技术出口中涉及的知识产权对外转让，市知识产权部门应当会同市经济信息化、商务、科技等部门，制定和完善转让审查程序和规则，规范知识产权对外转让秩序，维护国家安全和重大公共利益；对于外国投资者并购境内企业中涉及的知识产权对外转让，本市相关部门应当配合国家有关部门做好审查工作。

**第十七条** 各级机关应当将计算机软件购置经费纳入财政预算，对通用软件实行政府集中采购。

市版权部门应当会同市电子政务、国有资产监管、经济信息化等部门对使用正版软件情况开展日常监管、督促检查及培训工作。

**第十八条** 本市加快推进知识产权领域信用体系建设，建立健全知识产权领域信息归集、信用评价和失信惩戒机制。依法将自然人、法人和非法人组织因侵犯知识产权等行为被司法判决或者行政处罚等信息纳入公共信用信息予以共享，推动开展以信用为基础的分级分类监管，对失信主体依法实施惩戒措施。

**第十九条** 本市按照国家要求，在创新知识产权保护工作机制和纠纷处理、涉外维权等方面先行先试，支持浦东新区建设知识产权示范城区，率先探索建立知识产权统一管理和执法的体制，探索成果条件成熟时可以在全市推广。

## 第三章 行政保护

**第二十条** 本市推进建立统一的知识产权信息化综合服务平台，知识产权相关管理部门应当结合政务服务“一网通办”、城市运行“一网统管”建设，优化政务服务流程，加强信息共享，实现知识产权相关事项办理一次登录、全网通办。

各类知识产权公共服务机构应当拓展服务领域，开展知识产权快速审查、快速登记、快速确权、快速监测预警、快速维权和检索查询等相关服务。

**第二十一条** 市知识产权部门应当建立健全本市重点商标保护名录制度，将在本市享有较高知名度、具有较大市场影响力、容易被侵权假冒的注册商标纳入重点保护范围。

市版权部门应当根据国家有关部门发布的版权预警重点保护名单，对本市主要网络服务商发出版权预警提示，加强对侵权行为的监测。文化旅游部门应当加强对未经授权通过信息网络非法传播版权保护预警重点作品的查处。

知识产权相关管理部门应当对知识产权侵权集中领域和易发风险区域加强监督检查，必要时可以开展专项行动或者联合执法。

**第二十二条** 知识产权、市场监管等部门应当积极引导申请人、代理机构依法进行商标注册申请、专利申请，依法查处不以使用为目的的恶意申请商标注册和非正常专利申请行为。

**第二十三条** 知识产权相关管理部门在查处知识产权违法行为过程中，发现不属于其管辖的案件线索，应当移交有管辖权的部门。司法机关在案件办理过程中，发现知识产权违法行为的线索，可以移交知识产权相关管理部门。

**第二十四条** 知识产权相关管理部门发现知识产权违法行为涉嫌犯罪，需要采取侦查措施进一步获取证据以判断是否达到刑事立案标准的，应当向公安机关移送。公安机关依法不予立案的，应当将案件予以退回。

接受案件移送的公安机关应当依法及时查处，并将查处信息反馈给移送的部门。

**第二十五条** 市知识产权、农业农村、林业部门对于专利、植物新品种侵权等纠纷，可以根据双方当事人的意愿先行调解；调解达成协议的，应当制作调解书。当事人不愿调解或者调解不成的，应当依法作出处理。

本市受理专利侵权纠纷案件实行立案登记制，依托“一网通办”，推行网上立案。市知识产权部门对当事人提交的申请材料，应当予以接收，并出具书面凭证。符合法定条件的，应当当场予以登记立案；不符合受理范围的，应当予以释明；提交材料不符合要求的，应当一次性书面告知在指定期限内予以补正。

**第二十六条** 本市建立知识产权技术调查员制度。

知识产权相关管理部门根据需要，选聘相关领域专家担任技术调查员，协助专利、技术秘密、计算机软件等专业技术性较强的知识产权案件的处理。具体选聘条件和程序，由知识产权相关管理部门确定并向社会公布。

**第二十七条** 任何单位和个人对于知识产权违法行为有权向知识产权相关管理部门进行投诉、举报。

知识产权相关管理部门应当完善知识产权投诉、举报处理机制，向社会公开受理渠道和方式，并在规定的时间内，依法作出处理。

知识产权相关管理部门应当及时将处理结果告知投诉、举报人；对于举报内容和举报人信息，依法予以保密。

## 第四章 司法保护

**第二十八条** 本市建立和完善知识产权保护行政执法和司法保护衔接机制，推动行政机关和司法机关在违法线索、监测数据、典型案例等方面的信息互通共享。

人民法院应当深入推进知识产权民事、刑事、行政案件“三合一”审判机制改革，通过繁简分流、在线诉讼等方式，提高知识产权案件审判效率。

**第二十九条** 人民法院应当加强知识产权诉讼指引。强化举证责任分配、举证不能法律后果等释明，鼓励当事人充分利用公证、电子数据平台等第三方保全证据方式收集、固定证据。

**第三十条** 本市加大知识产权侵权赔偿力度，对情节严重的故意侵权行为，依法判令其承担惩罚性赔偿责任。

**第三十一条** 人民法院、人民检察院应当完善法律适用统一机制建设。通过发布典型案例、编撰类案办案指南等方式加强案例指导，促进法律适用的统一。

**第三十二条** 本市建立知识产权调解协议司法确认机制。当事人向人民法院申请确认知识产权调解协议的，人民法院应当依法予以审查，并作出是否确认的决定。

**第三十三条** 本市依法探索推进知识产权领域公益诉讼工作。

人民检察院可以通过诉前检察建议、督促起诉、支持起诉等方式，依法开展知识产权公益诉讼工作。

**第三十四条** 人民检察院应当充分发挥法律监督职能，依法有效开展对知识产权民事、刑事、行政案件等相关法律监督工作，加大侵犯知识产权犯罪打击力度，严格追究刑事责任。

## 第五章 社会治理

**第三十五条** 本市加强知识产权保护法治宣传，营造有利于创新创造的社会环境。

市知识产权部门应当会同有关部门定期编制本市知识产权保护白皮书和典型案例。

知识产权相关管理部门、司法机关应当会同宣传、司法行政等部门通过以案释法等方式，开展法治宣传，结合世界知识产权日、世界读书与版权日、中国品牌日等宣传活动，提升全社会知识产权保护意识。

**第三十六条** 高等院校、科研机构、企业应当建立健全知识产权内部管理和保护制度，提高保护意识，强化保护措施，增强自我保护能力。

鼓励和支持高等院校开设知识产权保护课程，培养知识产权保护专业人才；鼓励和支持高等院校、科研机构、企业通过市场化机制引进国内外高层次知识产权保护人才。

**第三十七条** 行业组织应当加强自律管理，建立健全知识产权维权保护规范，将知识产权保护内容纳入团体标准和示范合同文本；督促会员配合知识产权相关管理部门开展行政执法工作，对侵犯他人知识产权的会员进行规劝惩戒，并将规劝惩戒情况通报知识产权相关管理部门。

知识产权部门应当支持知识产权服务行业组织发展，推动建立行业服务标准，提升服务能级，提高服务质量。

**第三十八条** 本市推动建立知识产权合规性承诺制度。参加政府采购和招标投标、政府资金扶持、参评奖项等活动的，应当向有关主管部门提交不存在侵犯他人知识产权的书面承诺，并在签订协议时约定违背承诺的责任。

鼓励自然人、法人和非法人组织在合同中约定知识产权合规性承诺的内容以及相应的违约责任。

**第三十九条** 本市举办大型展示、展览、推广、交易等会展活动，会展举办单位应当要求参展方提交未侵犯他人知识产权的合规性书面承诺或者知识产权相关证明文件。未按照要求提交的，会展举办单位不得允许其参加会展相关活动。

会展举办单位可以根据会展规模、期限等情况，自行或者与仲裁机构、行业协会、知识产权服务机构等设立会展知识产权纠纷处理机构。

市知识产权部门应当会同市商务等部门制定会展知识产权保护规则，推动知识产权保护条款纳入会展活动相关合同示范文本。

**第四十条** 电子商务平台经营者应当建立知识产权内部管理机制和侵权快速反应机制，及时处理相关知识产权纠纷，维护电子商务领域知识产权权利人的合法权益。

市知识产权部门应当会同市商务等部门制定电子商务知识产权保护指引，规范电子商务平台经营者的侵权投诉处理行为，引导和督促电子商务平台经营者履行知识产权保护义务。

**第四十一条** 支持本市仲裁机构开展知识产权纠纷仲裁。

鼓励本市仲裁机构加强知识产权仲裁专业化建设，广泛吸纳知识产权专业人才参与仲裁工作。

支持境外知名仲裁及争议解决机构在本市依法开展知识产权仲裁业务。

**第四十二条** 鼓励行业协会、知识产权服务机构、国际贸易促进机构等依法成立行业性、专业性调解组织。

支持各类调解组织开展知识产权纠纷调解工作，提供便捷、高效的知识产权调解服务，引导当事人通过调解方式，解决知识产权纠纷。

知识产权相关管理部门、司法行政部门应当对调解组织开展知识产权纠纷调解提供必要的支持和指导，并加强与人民法院的协调和配合，提高调解工作的质量和水平。

**第四十三条** 鼓励公证机构创新公证证明和公证服务方式，依托电子签名、数据加密、区块链等技术，提供原创作品保护、知识产权维权取证等公证服务。

**第四十四条** 本市完善海外知识产权维权援助机制，加强对企业海外维权的行政指导与维权援助。商务、市场监管、知识产权等部门设立的海外维权机构应当为企业和其他组织在海外处理知识产权纠纷提供信息、法律等方面的支持。

支持重点行业、企业建立知识产权海外维权联盟，促进联盟成员在知识产权保护领域的交流与合作。

**第四十五条** 知识产权相关管理部门应当加强与电子商务平台经营者、行业组织、社会专业机构等合作，借助大数据、人工智能和区块链等数字新技术，在涉案线索和信息核查、重点商品流向追踪、重点作品网络传播、知识产权流转、侵权监测与识别、取证存证和在线纠纷解决等方面，推动知识产权治理创新。

## 第六章 附 则

**第四十六条** 本条例自 2021 年 3 月 1 日起施行。

# 上海市铁路安全管理条例

（2020年12月30日上海市第十五届人民代表大会
常务委员会第二十八次会议通过）

## 第一章　总　　则

**第一条**　为了加强铁路安全管理，保障铁路运输安全和畅通，保护人身和财产安全，根据《中华人民共和国铁路法》《铁路安全管理条例》等法律、行政法规，结合本市实际，制定本条例。

**第二条**　本条例适用于本市行政区域内铁路的安全管理活动。

本条例所称的铁路，包括国家铁路和地方铁路。

**第三条**　本市铁路安全管理坚持安全第一、预防为主、综合治理的方针，建立健全政府统筹、行业监管、企业负责、协同管理、社会共治相结合的运行机制。

**第四条**　市人民政府以及沿线区、镇人民政府应当按照各自职责，加强保障铁路安全的教育，落实护路联防责任制，防范和制止危害铁路安全的行为，协调和处理保障铁路安全的有关事项，做好保障铁路安全的有关工作。

**第五条**　国务院铁路行业监督管理部门设立的上海铁路监督管理机构（以下简称上海铁路监督管理机构）依法负责本市行政区域内铁路安全监督管理工作。市交通管理部门负责本市行政区域内地方铁路安全监督管理的具体工作。上海铁路监督管理机构和市交通管理部门统称铁路安全监管部门。

发展改革、规划资源、住房城乡建设管理、应急、公安、经济信息化、农业农村、绿化市容、生态环境等部门和消防救援机构、无线电管理机构按照各自职责，协同实施本条例。

**第六条**　铁路建设单位、铁路运输企业应当履行安全生产主体责任，建立健全安全生产管理制度，设置安全管理机构或者配备安全管理人员，执行保障生产安全的相关标准，加强对从业人员的安全教育培训，保证安全生产所必需的资金投入。

**第七条**　任何单位或者个人发现损坏或者非法占用铁路设施设备、铁路标志、铁路用地以及其他影响铁路安全的行为，有权报告铁路运输企业，或者向铁路安全监管部门、公安机关或者其他有关部门举报。接到报告的铁路运输企业、接到举报的部门应当根据各自职责及时处理，并反馈相关处理情况。

对维护铁路安全作出突出贡献的单位或者个人，按照国家和本市有关规定给予表彰奖励。

**第八条**　本市鼓励在铁路安全信息采集、安全监测、安全防护、风险预警、应急处置等方面，应用物联网、云计算、大数据等现代信息技术，提升铁路安全管理的智能化水平。

本市鼓励铁路安全领域的科学技术研究，加快新技术、新工艺、新材料、新设备的研发和推广应用。

**第九条**　铁路安全监管部门以及其他有关部门、铁路运输企业应当加强铁路安全宣传教育，普及铁路安全法律法规和安全常识，提高社会公众的铁路安全意识，共同维护本市铁路安全。

## 第二章　建设安全

**第十条**　市规划资源部门应当会同市发展改革、住房城乡建设管理部门和铁路安全监管部门，根据国土空间规划、铁路发展规划、选线专项规划，划定铁路线路规划控制线。

铁路线路规划控制线内不得擅自新建、改

建、扩建建筑物、构筑物。新建、改建、扩建建筑物、构筑物的，规划资源部门在审批时，应当征求铁路安全监管部门的意见。

**第十一条** 铁路建设单位应当在铁路建设项目可行性研究阶段，对项目建设过程中的建设工程本体的风险以及对毗邻建筑物、构筑物和其他管线、设施的安全影响等进行评估，并按照建设程序报批。

铁路建设单位应当按照评估报告采取措施，防止和减少对建设工程本体以及毗邻建筑物、构筑物和其他管线、设施的影响，保障其安全。

**第十二条** 铁路建设工程的建设、勘察、设计、施工、监理、检测等单位，应当遵守法律、法规、规章关于建设工程质量和安全管理的规定，执行相关标准和技术规范。

**第十三条** 新建、改建铁路与既有道路、轨道交通、渡槽、航道、管线等设施交叉，或者新建、改建相关设施与既有铁路交叉的，建设单位与设施管理单位或者铁路运输企业应当就安全防护措施等进行协商，相互提供必要的便利。

**第十四条** 铁路与道路等立体交叉设施及其附属安全设施竣工验收合格后，应当按照有关规定移交有关单位管理、维护。

有关单位拒绝接收或者无法确定接收单位的，市交通管理部门应当协调落实接收单位。

**第十五条** 铁路建设工程竣工，应当按照有关规定组织验收，并由铁路运输企业进行运营安全评估。

地方铁路除按照前款规定验收、评估外，还应当由市交通管理部门组织有关部门和专家进行认定，报市人民政府同意后开展初期运营，并于初期运营期满后组织第三方机构进行运营安全评估。

铁路经验收、评估合格，符合运营安全要求的，方可投入运营。

## 第三章 线路安全

**第十六条** 铁路线路两侧依法设立铁路线路安全保护区。铁路线路安全保护区的范围，从铁路线路路堤坡脚、路堑坡顶或者铁路桥梁（含铁路、道路两用桥，下同）外侧起向外的距离分别为：

（一）城市市区高速铁路为十米，其他铁路为八米；

（二）城市郊区居民居住区高速铁路为十二米，其他铁路为十米；

（三）村镇居民居住区高速铁路为十五米，其他铁路为十二米；

（四）其他地区高速铁路为二十米，其他铁路为十五米。

铁路线路位于地下的，从地下车站、隧道外边线外侧起向外的五十米区域，纳入铁路线路安全保护区范围。

本条第一款、第二款规定距离不能满足铁路运输安全保护需要的，由铁路建设单位或者铁路运输企业提出方案，铁路安全监管部门或者区人民政府依照本条第四款规定程序划定。

在铁路用地范围内划定铁路线路安全保护区的，由铁路安全监管部门组织铁路建设单位或者铁路运输企业划定并公告。在铁路用地范围外划定铁路线路安全保护区的，由所在区人民政府根据保障铁路运输安全和节约用地的原则，组织有关部门划定并公告。

新建、改建铁路的线路安全保护区范围，应当自铁路建设工程初步设计批准之日起三十日内，由所在区人民政府依照本条第三款、第四款的规定划定并公告。铁路建设单位或者铁路运输企业应当根据工程竣工资料进行勘界，绘制铁路线路安全保护区平面图，并根据平面图设立标桩，标明安全保护区界限、范围等内容。

**第十七条** 在铁路线路安全保护区内建造建筑物、构筑物等设施，取土、挖砂、挖沟、采空作业、打桩、基坑施工、地下顶进、架设、吊装、钻探、地基加固、堆放物品、悬挂物品的，应当征得铁路运输企业或者铁路建设单位的同意并签订安全协议，遵守保证铁路安全的相关标准和施工安全规范，采取措施防止影响铁路运输安全。铁路运输企业或者铁路建设单位应当公布受理渠道、办理程序、相关条件和办结期限等内容。铁路运输企业或者铁路建设单位应当派员对施工现场实行安全监督。

在地方铁路线路安全保护区内进行前款活动的，作业单位还应当事先将作业方案报市交通管理部门备案。市交通管理部门可以组织有关部门、第三方机构和专家对作业方案进行技术评估，并将评估意见反馈作业单位和铁路运输企业或者铁路建设单位。

**第十八条** 铁路线路安全保护区内违法建设的建筑物、构筑物，当事人应当拆除；当事人拒不拆除的，依法予以拆除。

铁路线路安全保护区内既有的建筑物、构筑物危及铁路运输安全的，应当采取必要的安全防护措施；采取安全防护措施后仍不能保证安全的，依法予以拆除。

拆除铁路线路安全保护区内的建筑物、构筑物，清理铁路线路安全保护区内的植物，或者对他人在铁路线路安全保护区内已依法取得的相关合法权利予以限制，给他人造成损失的，应当依法给予补偿或者采取必要的补救措施，但拆除违法建设的建筑物、构筑物的除外。

**第十九条** 在铁路线路安全保护区外进行施工，工程施工机械可能跨越或者触及铁路线路的，施工单位应当采取安全防护措施。未采取安全防护措施或者采取的安全防护措施无法保障铁路运营安全的，施工单位应当立即停止施工，并采取相应的安全处置措施。

**第二十条** 在铁路电力线路导线两侧各五百米的范围内，禁止升放风筝、气球、孔明灯等低空飘浮物体。

在高速铁路电力线路导线两侧各一百米的范围内、普通铁路电力线路导线两侧各五十米的范围内，禁止无人机等低空、慢速、小型航空器飞行；因安全保卫、应急救援、现场勘察、施工作业、气象探测等确需开展上述飞行活动的，应当按照规定办理相关手续，采取必要的安全防护措施，并提前通知铁路运输企业。

**第二十一条** 对铁路线路两侧的塑料大棚、彩钢棚、广告牌、防尘网等轻质物体，所有权人或者管理人应当采取加固防护措施，并对散落的塑料薄膜、锡箔纸、彩钢瓦、铁皮等材料及时清理，防止大风天气条件下危及铁路安全。

**第二十二条** 铁路运输企业应当加强对铁路线路沿线的巡查，发现铁路线路沿线线杆、烟囱有倾倒风险或者树木有倒伏风险，或者铁路线路两侧的轻质物体有危及铁路安全情形的，应当立即通知所有权人或者管理人。所有权人或者管理人应当及时采取措施，消除安全隐患。

所有权人或者管理人拒绝或者怠于处置的，铁路运输企业应当及时向住房城乡建设管理部门或者绿化市容管理部门报告，由住房城乡建设管理部门或者绿化市容管理部门协调所有权人或者管理人采取措施，消除安全隐患。情况紧急的，铁路运输企业可以先行采取相关措施。

**第二十三条** 在铁路线路两侧建造、设立生产、加工、储存或者销售易燃、易爆或者放射性物品等危险物品的场所、仓库，应当符合相关标准规定的安全防护距离。已建场所、仓库不符合规定的安全防护距离的，应当予以整改，或者依法转产、停产、搬迁、关闭。

**第二十四条** 负责铁路道口管理的区交通管理部门或者铁路运输企业应当按照国家规定，设置警示标志以及其他安全防护设施，并加强日常巡查和监督工作，确保铁路运输安全。

铁路桥梁下的区域，禁止实施影响铁路运输安全、污染铁路沿线环境等活动。

## 第四章　运营安全

**第二十五条** 铁路运输企业应当加强运输过程中的安全防护，使用的专用设施设备应当符合相关标准和安全要求。

铁路运输企业应当建立健全铁路设施设备的检查防护制度，加强对铁路设施设备的日常维护检修，确保铁路设施设备性能完好和安全运行。

铁路运输企业的从业人员应当按照操作规程使用、管理铁路设施设备。

**第二十六条** 铁路运输企业应当按照规定

设置安全检查设施设备，配备与运量相适应且经专业培训的安全检查人员，并对旅客及其随身携带、托运的行李物品进行安全检查。

旅客应当接受并配合铁路运输企业的安全检查，不得违法携带、夹带管制器具，不得违法携带、托运烟花爆竹、枪支弹药等危险品或者其他违禁物品。

本市推动铁路与航空、轨道交通安检联动，实现便捷的换乘服务。

**第二十七条** 禁止实施下列危害铁路安全的行为：

（一）擅自进入铁路线路封闭区域以及其他禁止、限制进入的区域；

（二）攀爬或者翻越围墙、栅栏、站台、闸机等；

（三）在铁路列车禁烟区域使用诱发列车烟雾报警的物品；

（四）采取阻碍列车车门关闭等方式影响列车运行；

（五）法律、法规规定的其他行为。

**第二十八条** 铁路安全监管部门、铁路运输企业应当按照规定，制定突发事件应急预案，并组织开展应急演练；发生铁路安全突发事件的，按照规定启动应急预案，做好铁路安全应急处置工作。突发事件应急预案应当与市、区人民政府相关应急预案相衔接。

铁路安全监管部门、铁路运输企业应当加强与本市应急、公安、卫生健康、生态环境、规划资源、水务、气象等部门以及消防救援机构的协作，建立健全预警信息互通机制。

在法定假日和传统节日等铁路运输高峰期或者恶劣气象条件下，铁路运输企业应当加强对铁路运输的关键环节、重要设施设备的安全状况检查，并采取必要的安全应急管理措施，确保运输安全。

铁路运输企业应当按照规定，落实消防安全主体责任，建立多种形式的消防组织，制定并落实消防安全制度、配置消防设施和器材、加强防火检查、开展消防宣传教育、定期组织消防演练，确保铁路消防安全。

**第二十九条** 铁路运输企业应当按照国家和本市有关规定，在铁路沿线重要区域、铁路车站重点部位安装符合标准的智能安全技术防范系统，并与公安机关联网。

**第三十条** 禁止使用无线电台（站）以及其他仪器、装置干扰铁路运营指挥调度无线电频率的正常使用。

铁路运营指挥调度无线电频率受到干扰的，铁路运输企业应当立即采取排查措施并报告市无线电管理机构、铁路安全监管部门；市无线电管理机构、铁路安全监管部门应当依法排除干扰。

市无线电管理机构应当加强铁路沿线无线电电磁环境和无线电台（站）信号的监测，保障铁路运营指挥调度系统的正常使用。

**第三十一条** 铁路车站设置公共卫生检疫站点的，铁路运输企业应当予以配合。公共卫生检疫站点的设置和运行，应当在满足应急管理需要的同时，减少对铁路车站运行的影响。

铁路运输企业应当加强铁路运营食品安全管理，遵守有关食品安全管理的法律法规和其他有关规定，保证食品安全。

## 第五章　联合监管与长三角区域协作

**第三十二条** 市交通管理部门与上海铁路监督管理机构应当建立铁路安全管理协作机制。

铁路安全监管部门和市住房城乡建设管理、应急等部门应当建立信息通报制度和运输安全生产协调机制。铁路建设单位、铁路运输企业发现安全隐患，应当及时采取措施排除安全隐患；发现重大安全隐患难以自行排除的，应当及时向铁路安全监管部门报告。铁路安全监管部门接到报告后，应当依法处置；不属于职责范围的，及时移送有关部门。

铁路沿线区、镇人民政府与铁路运输企业应当按照国家和本市有关规定，建立铁路安全隐患综合治理双段长工作责任制。

**第三十三条** 市交通管理部门应当建立铁

路与相邻交通设施设备管养协调机制，加强养护单位维修养护时间和周期的协同，提升设施设备的维修养护效率。

**第三十四条** 铁路沿线区、镇人民政府应当落实护路联防责任，将铁路安全防范工作纳入本地区社会治安防控体系，建立治安联防联控机制。

铁路公安机关和铁路沿线地方公安机关应当建立健全铁路治安信息共享、执法联勤联动等机制，按照职责共同维护车站、列车和铁路沿线的治安秩序。

**第三十五条** 在铁路运输高峰期或者恶劣气象条件下，铁路沿线区人民政府应当加强与铁路运输企业的协调，组织公安、交通、应急等部门以及轨道交通、公共汽(电)车等公共交通运营企业，做好交通疏解工作。

**第三十六条** 铁路运输企业应当依法制定防范和应对处置恐怖活动的预案，加强铁路重点设施和场所的技防、物防建设，落实反恐怖主义工作责任制。

公安机关等有关部门与铁路运输企业应当加强联动，共同做好反恐怖主义工作。

**第三十七条** 铁路安全监管部门应当与长江三角洲区域相关省、市有关部门以及相关铁路运输企业建立铁路安全管理沟通协调合作机制，统筹协调区域铁路安全管理重大问题，构建长江三角洲区域信息互通、资源共享、联勤联动的安全管理体系，共同维护良好的铁路安全环境和秩序。

市交通管理部门应当与长江三角洲区域相关省、市有关部门以及相关铁路运输企业进行协商，推进跨省、市地方铁路在运行计划、安检标准、导向标识等方面的协调统一。

## 第六章 法律责任

**第三十八条** 违反本条例规定，法律、行政法规已有处理规定的，从其规定。

**第三十九条** 违反本条例第十七条第一款规定，未经同意或者未签订安全协议，在铁路线路安全保护区内从事相关活动，或者违反保证铁路安全的相关标准和施工安全规范，影响铁路运输安全的，由铁路安全监管部门责令改正，可以处十万元以下罚款。

违反本条例第十七条第二款规定，作业单位未按照要求备案的，由铁路安全监管部门责令改正，处一万元以上三万元以下罚款。

**第四十条** 违反本条例第十九条规定，施工单位未按照规定停止施工、采取相应的安全处置措施的，由铁路安全监管部门责令改正，处一万元以上五万元以下罚款。

**第四十一条** 违反本条例第二十条、第二十七条规定，实施危害铁路安全的行为的，由公安机关责令改正，对单位处一万元以上五万元以下罚款，对个人处五百元以上二千元以下罚款。

**第四十二条** 有下列情形之一的，相关信息依法纳入本市公共信用信息服务平台：

(一)擅自在铁路线路安全保护区内从事相关活动被依法处罚的；

(二)违反安全防护距离有关规定，在铁路线路两侧建造、设立生产、加工、储存或者销售易燃、易爆或者放射性物品等危险物品的场所、仓库的；

(三)实施严重危害铁路运营安全的其他行为的。

**第四十三条** 铁路安全监管部门、其他有关部门及其工作人员有玩忽职守、滥用职权、徇私舞弊行为的，依法对直接负责的主管人员和其他直接责任人员给予处分；构成犯罪的，依法追究刑事责任。

## 第七章 附 则

**第四十四条** 专用铁路、铁路专用线的安全管理，参照本条例的规定执行。

**第四十五条** 铁路交通事故的应急救援和调查处理，依照国家有关规定执行。

**第四十六条** 本条例自 2021 年 3 月 1 日起施行。

# 上海市人民代表大会常务委员会关于全力做好当前新型冠状病毒感染肺炎疫情防控工作的决定

（2020年2月7日上海市第十五届人民代表大会常务委员会第十七次会议通过）

为了全力做好当前新型冠状病毒感染肺炎疫情防控工作，落实最严格的防控措施，保障公众身体健康和社会公共安全，举全市之力共同打赢疫情防控阻击战，根据《中华人民共和国传染病防治法》《中华人民共和国突发事件应对法》和《突发公共卫生事件应急条例》等法律、行政法规，结合本市实际情况，在疫情防控期间，作如下决定：

一、本市疫情防控工作，贯彻依法依规、科学防治、精准施策、有序规范、联防联控、群防群治的原则，坚持党建引领，采取管用有效的措施，把区域治理、部门治理、行业治理、基层治理、单位治理有机结合起来，切实提高疫情防控的科学性、及时性和有效性。

二、各级人民政府及其有关部门应当切实履行属地责任、部门责任，建立健全市、区、街镇、城乡社区等防护网络，发挥"一网统管"作用，形成跨部门、跨层级、跨区域防控体系，做好疫情监测、排查、预警、防控工作，防输入、防传播、防扩散，落实全市联防联控机制。

各级人民政府及其有关部门应当强化对定点医疗机构、集中隔离场所等重点部位的综合管理保障工作，全力维护医疗、隔离秩序；应当调动高校、科研院所、企业等各方面的积极性，加大科研攻关力度，积极提高科学救治能力。

乡镇人民政府和街道办事处应当按照市、区统一部署，发挥群防群治力量，组织指导居民委员会、村民委员会做好辖区管理，采取针对性防控举措，切实做好辖区内防控工作。

居民委员会、村民委员会应当发挥自治作用，协助相关部门做好社区疫情防控宣传教育和健康提示，落实相关防控措施，及时收集、登记、核实、报送相关信息。业主委员会、物业服务企业应当配合做好疫情防控工作。

三、在本市行政区域内，任何单位和个人都应当遵守关于疫情防控的规定，服从本地区人民政府的统一指挥和管理，及时报告新型冠状病毒感染的肺炎患者、与患者密切接触者以及其他需要开展医学观察、隔离治疗人员的情况。

机关、企事业单位、社会组织对本单位落实各项疫情防控措施负有主体责任，应当强化防控工作责任制和管理制度，对重点人员、重点群体、重要场所、重要设施实施严格管控，加强健康监测，发现异常情况及时报告相关部门。产业园区管理机构应当做好园区内各项疫情防控工作。航空、铁路、轨道交通、长途客运、水路运输等公共服务单位应当采取必要措施，确保各项疫情防控措施有效落实。

个人应当做好自我防护，进入公共场所的，自觉佩戴口罩。个人应当按照规定如实提供有关信息，配合相关部门做好疫情防控工作，依法接受调查、监测、隔离观察、集中救治等防控措施，确保疫情早发现、早报告、早诊断、早隔离、早治疗。

四、市人民政府可以在不与宪法、法律、行政法规相抵触，不与本市地方性法规基本原则相违背的前提下，在医疗卫生、防疫管理、隔离观察、道口管理、交通运输、社区管理、市场管理、场所管理、生产经营、劳动保障、市容环境等方面，就采取临时性应急管理措施，制定政府规章或者发布决定、命令、通告等，并报市人大常委会备案。

五、市、区人民政府及其有关部门可以在

必要时依法向单位或者个人征用疫情防控所需设备、设施、场地、交通工具和其他物资，要求相关企业组织相应的疫情防控物资和生活必需品的生产、供给。市、区人民政府及其有关部门应当向被征用的单位或者个人发出应急征用凭证，并依法予以归还或者补偿。市、区人民政府及其有关部门应当加大统筹力度，优先满足一线医护人员和救治病人对疫情防控物资的需要。

发展改革、经济信息化、商务、应急管理、市场监管、财政、口岸查验、住房城乡建设等有关部门应当创新监管方式，优化工作流程，建立绿色通道，为疫情防控物资的生产、供应和使用以及相关工程建设等提供便利。市、区人民政府及其有关部门应当对防控工作中相关单位遇到的困难及时提供帮扶，有效解决相关问题。

市、区人民政府有关部门应当加强对与疫情防控、应急救援有关的慈善捐赠活动的规范管理，确保接收、支出、使用及其监督全过程透明、公开、高效、有序。

六、本市充分发挥“一网通办”平台的作用，加强业务协同办理，优化政务服务流程，提供线上政务事项办理服务。

鼓励企事业单位、社会组织和个人通过网上办理、证照快递等方式，在线办理税务、人社、医保、公积金、出入境证件等相关业务。

七、市人民政府及其有关部门应当严格落实疫情报告制度，实事求是、公开透明、迅速及时向社会公布疫情信息，不得缓报、漏报、瞒报、谎报。

广播、电视、报刊、网络等媒体应当积极开展公益宣传，普及疫情防控知识，宣传解读政策措施，推广防控工作经验做法，开展舆论引导，回应社会关切，在全社会营造坚定信心、全民抗击疫情的积极氛围。

任何单位和个人不得编造、传播有关疫情的虚假信息。

八、市、区人民政府根据疫情防控需要，可以与长三角区域相关省、市建立疫情防控合作机制，加强信息沟通和工作协同，共同做好疫情联防联控。

九、任何单位和个人都有权向各级人民政府及其有关部门报告疫情传播的隐患和风险，有权举报违反本决定的其他情况。接受举报的机关，应当及时调查处理。

十、本市人民法院、人民检察院应当积极履行职责，依法处理各类疫情防控相关民商事纠纷，依法严惩各类妨碍疫情防控的违法犯罪行为，为疫情防控及时提供司法保障。

十一、在疫情防控工作中，任何单位和个人，违反有关法律法规和本决定，由公安机关等有关部门依法给予处罚；给他人人身、财产造成损害的，依法承担民事责任；构成犯罪的，依法追究刑事责任。个人有隐瞒病史、重点地区旅行史、与患者或疑似患者接触史、逃避隔离医学观察等行为，除依法严格追究相应法律责任外，有关部门还应当按照国家和本市规定，将其失信信息向本市公共信用信息平台归集，并依法采取惩戒措施。

十二、市人大常委会和各区人大常委会应当通过听取专项工作报告等方式，加强对本决定执行情况的监督。

市人大常委会和各区人大常委会应当充分发挥各级人大代表作用，汇集、反映人民群众的意见和建议，督促有关方面落实疫情防控的各项工作。

本决定自 2020 年 2 月 7 日起施行，终止日期由上海市人民代表大会常务委员会另行公布。

# 上海市人民代表大会常务委员会关于加强检察公益诉讼工作的决定

（2020年6月18日上海市第十五届人民代表大会常务委员会第二十二次会议通过）

为加强检察公益诉讼工作，根据《中华人民共和国民事诉讼法》《中华人民共和国行政诉讼法》等有关法律规定，结合本市实际，作出如下决定：

一、本市检察机关应当充分发挥法律监督职能作用，充分运用诉前检察建议、督促起诉、支持起诉、提起诉讼等方式，依法开展检察公益诉讼工作，维护宪法法律权威，维护社会公平正义，维护国家利益和社会公共利益。

本市各级国家机关、企事业单位、社会组织和个人应当充分认识加强检察公益诉讼工作对于实现国家治理体系和治理能力现代化的重要意义，积极配合检察机关开展公益诉讼工作。

二、检察机关应当依法加强生态环境和资源保护、食品药品安全、国有财产保护、国有土地使用权出让、英雄烈士保护以及法律规定的其他领域的公益诉讼工作。

检察机关遵循积极、稳妥、审慎的原则，可以围绕上海“五个中心”建设和经济社会发展，依法探索开展城市公共安全、金融秩序、知识产权、个人信息安全、历史风貌区和优秀历史建筑保护等领域的公益诉讼工作。

三、民事主体侵害公共利益，检察机关拟提起民事公益诉讼、刑事附带民事公益诉讼的，应当依法履行诉前公告程序。公告期满，法律规定的机关、有关组织不提起诉讼或者无法律规定的机关、有关组织的，检察机关可以提起诉讼。法律规定的机关、有关组织提起诉讼的，检察机关可以支持起诉。

侵权行为人自行纠正违法行为，采取补救措施，或者承诺整改的，检察机关可以就民事责任的承担与侵权行为人进行磋商。经磋商达成协议的，可以向审判机关申请司法确认。经磋商未达成协议的，检察机关应当及时提起民事公益诉讼。

四、行政机关违法行使职权或者不作为，致使公共利益受到侵害的，检察机关应当与行政机关沟通核实，及时提出检察建议，督促其依法履行职责。行政机关应当在法定期限内依法履行职责并书面回复检察机关，提交落实检察建议的相关证据材料。检察机关对逾期不回复的，或者对整改落实情况评估后，认为行政机关仍未依法履行职责的，应当依法提起诉讼。

检察机关可以将检察建议及其整改落实情况报送同级人民代表大会常务委员会，并抄送同级人民政府。检察机关应当提升检察建议的质量和水平，依法、精准监督，发挥检察建议在推进依法行政、严格执法和促进社会治理中的作用。检察机关在公益诉讼工作中发现行政规范性文件存在合法性问题的，可以向有关制定主体提出意见和建议。

五、检察机关办理公益诉讼案件，应当依法行使调查核实权，全面、客观收集证据材料。检察机关调查核实案件事实、调取证据材料，委托公证或者证据保全，以及开展其他必要的调查取证工作，有关单位和个人应当积极配合。对拒不履行协助调查义务或者阻扰检察机关调查核实的，检察机关可以约谈相关人员，依照本决定第七条、第十一条、第十二条、第十八条的规定，建议有关机关或者部门处理。

根据调查核实工作需要，检察机关可以指派司法警察、检察技术人员协助检察官履行调查核实职责，也可以委托、聘请其他专业机构、人员参与调查核实工作。

六、检察机关应当提高公益诉讼专业化、规范化、信息化水平，加强基层检察机关公益诉讼机构专门化建设，配强办案人员和技术调查人员，配齐办案装备，引入专业技术力量，提升公益诉讼办案能力和办案质效。

七、各级人民政府及其有关部门应当积极配合检察机关依法开展调取查阅行政执法卷宗、收集证据材料等调查核实工作。对于检察机关提起的行政公益诉讼案件，被诉行政机关负责人应当出庭应诉。

八、行政机关与检察机关应当建立行政执法与公益诉讼工作衔接机制，推动行政执法与公益诉讼工作在违法线索、监测数据、裁量标准、典型案例等方面的信息互通共享。对于行政执法和审计监督中发现存在公共利益受到侵害可能需要启动检察公益诉讼的，有关机关应当及时将线索移送同级检察机关。

九、审判机关应当加强检察公益诉讼审判专门化、专业化建设，优先组成有专门知识的人民陪审员参加的合议庭审理公益诉讼案件，探索和完善专家辅助人等制度。依法审理检察机关围绕确认违法行为侵害公共利益、防范公共利益受损、推动受损公共利益修复等提出的诉讼请求，依法推进惩罚性赔偿在相关领域公益诉讼的适用。

十、审判机关对不履行生效判决、裁定的案件，应当及时移送执行。

对需要组织生态修复等协助执行事项的，应当及时移送有关部门、机构组织实施或者通知有关行政机关参与相关执行工作。

对于拒不履行相关义务的被执行人、协助执行人，应当依法追究法律责任。

十一、公安机关在办理本决定第二条规定领域的刑事案件时，可以邀请检察机关提前介入；发现公益诉讼案件线索的，应当及时移送检察机关。公安机关在依法搜集刑事犯罪证据时，可以根据检察机关的建议，协助收集、固定犯罪嫌疑人侵害国家利益和社会公共利益的相关证据。

公安机关对于以暴力、威胁、限制人身自由、聚众围攻等方式干扰、阻碍审判机关、检察机关办理公益诉讼案件的违法行为，应当依法及时处理。

十二、公职人员干扰、阻碍检察机关依法调查核实，干扰、阻碍审判机关、检察机关依法办理公益诉讼案件，情节严重的，审判机关、检察机关可以将相关线索移送监察机关依法处理。行政机关无正当理由不落实检察建议，情节严重的，检察机关认为存在需要追究有关人员责任情形的，可以将相关线索移送监察机关。

十三、本市根据检察公益诉讼工作的发展需要，不断完善相关公共法律服务体系，加快生态环境、食品药品安全等领域的司法鉴定和检验机构建设，探索完善检察公益诉讼案件先鉴定、检验后付费工作机制。司法行政部门协调指导公证机构、律师事务所以及专业调解组织为检察公益诉讼工作提供相关服务。

十四、市级财政部门应当加强对检察公益诉讼工作的财政保障，将相关办案经费纳入财政预算。

本市健全公益诉讼赔偿金管理制度，完善赔偿资金的管理和使用，建立鉴定、评估、检测经费保障机制。

十五、承担环境保护、消费者权益保护、特殊群体权益保护等职责的社会组织，应当积极履行公共利益保护职责。检察机关应当为相关社会组织提起公益诉讼提供必要的支持，加强与相关社会组织的信息沟通和案件线索交流，推动形成多元主体共同维护公共利益的工作格局。

鼓励社会公众向检察机关提供公益诉讼相关线索，引导社会公众有序参与检察公益诉讼工作。根据有关规定，对积极参与检察公益诉讼工作并作出贡献的单位和个人予以表彰；对举报有功人员给予奖励，举报奖励的具体办法由检察机关会同财政部门研究制定。

对于国家机关、企事业单位、社会组织和个人移送、提供的公益诉讼案件线索，检察机关应当登记在案，并予以回复。

十六、本市加强对公共利益保护和公益诉

讼的宣传，提升全社会的法治意识和公共利益保护意识，提高公益诉讼的社会知晓度和公众参与度。

审判机关、检察机关应当通过及时发布典型案例、以案释法等形式，加大检察公益诉讼工作的宣传力度。新闻媒体应当加强对检察公益诉讼工作的宣传报道，发挥舆论监督作用，引导社会公众通过法律途径表达诉求，营造社会各界参与、支持检察公益诉讼工作的良好氛围。教育部门应当将公共利益保护纳入中小学德育课程，增强未成年人自觉保护公共利益的意识。

十七、本市检察机关应当加强与长江经济带、长江三角洲区域检察机关的协作配合，积极探索完善检察公益诉讼协作机制，加强信息共享、线索移送、调查协作、联动办案等工作，推动跨区域系统化治理。

十八、市、区人民代表大会常务委员会应当通过听取和审议专项工作报告、组织执法检查、开展询问、作出决议决定等方式，加强对审判机关、检察机关依法开展公益诉讼工作的情况以及行政机关接受、配合法律监督工作的情况进行监督。

市、区人民代表大会常务委员会充分发挥人大代表作用，组织人大代表围绕检察公益诉讼开展专题调研和视察等活动，汇集、反映各方的意见和建议，督促有关方面落实支持和保障检察公益诉讼的各项工作。

十九、本决定自2020年7月1日起施行。

# 上海市非机动车安全管理条例

（2021年2月26日上海市第十五届人民代表大会常务委员会第二十九次会议通过　根据2024年5月10日上海市第十六届人民代表大会常务委员会第十三次会议《关于修改〈上海市非机动车安全管理条例〉的决定》修正）

## 第一章　总　　则

**第一条**　为了加强非机动车安全管理，预防和减少交通、火灾等安全事故，保障公众生命财产安全，根据《中华人民共和国道路交通安全法》《中华人民共和国产品质量法》《中华人民共和国消防法》《中华人民共和国道路交通安全法实施条例》等法律、行政法规，结合本市实际，制定本条例。

**第二条**　本市行政区域内非机动车的生产、销售、登记、通行、停放、充电以及相关安全管理活动，适用本条例。

**第三条**　非机动车安全管理应当遵循源头管理、防治结合、协同共治、保障安全的原则。

**第四条**　市人民政府应当加强对本市非机动车安全管理工作的领导，建立工作协调、督导机制，并保障工作所需经费。

区人民政府应当加强对本行政区域内非机动车安全管理工作的领导，统筹协调、督促指导有关部门和乡镇人民政府、街道办事处依法落实非机动车安全管理职责，并将相关工作经费纳入财政预算管理。

乡镇人民政府、街道办事处应当组织落实辖区内非机动车安全宣传教育和规范停放、安全充电等管理工作，推动社区参与非机动车综合治理。

**第五条**　公安机关负责组织实施本条例，并依照法定职责负责非机动车的登记和通行管理。

市场监管部门负责非机动车及相关产品生产、销售的监督管理。

交通管理部门负责非机动车交通设施的规划、建设和管理，以及互联网租赁自行车的行业监督管理。

邮政管理部门负责快递行业落实非机动车安全管理责任的指导和监督。

商务部门负责外卖行业中电子商务平台企业落实非机动车安全管理责任的指导和监督，市场监管部门负责外卖行业中其他相关企业落实非机动车安全管理责任的指导和监督。

消防救援机构负责非机动车违反消防安全管理规定停放、充电行为的监督管理。

规划资源、住房城乡建设管理、生态环境、城管执法、发展改革等部门按照各自职责，做好非机动车安全管理相关工作。

**第六条** 本市非机动车相关行业组织应当加强行业自律管理，组织制定行业自律公约，引导、协调、监督会员单位依法从事非机动车生产、销售活动或者在经营活动中安全使用非机动车。

**第七条** 本市根据城市道路交通发展需求和生态环境保护的实际情况，对特定种类的非机动车实行总量调控或者淘汰等措施。具体措施由市人民政府制定。

**第八条** 公安、商务、市场监管、交通、邮政管理、消防救援、城管执法等部门应当建立信息共享和执法协作机制，通过信息通报、联合执法、案件移送等方式，加强非机动车安全管理。

**第九条** 各级人民政府及相关行政管理部门应当结合非机动车安全管理工作，开展道路交通安全和消防安全等法律、法规、规章的宣传教育，增强公众的安全意识和文明素养。

本市行政区域内的国家机关、企业、事业单位、社会组织应当加强对本单位人员非机动车安全常识的宣传教育。

报纸、广播、电视、互联网信息服务提供者等应当加强非机动车安全管理相关法律、法规和安全常识的公益宣传。

## 第二章　车 辆 管 理

**第十条** 在本市生产、销售的非机动车以及电动自行车的蓄电池、充电器等产品，应当符合有关国家标准。

**第十一条** 电动自行车生产者、进口商应当按照国家有关规定，委托经国家指定的认证机构对其生产或者进口的电动自行车进行强制性产品认证。

未获得强制性产品认证的电动自行车不得在本市销售和登记上牌。

**第十二条** 禁止单位和个人从事下列行为：

（一）拼装非机动车；

（二）在非机动车上加装蓄电池、电动机等动力装置，加装座位、伞具、车篷（厢）、高分贝音响；

（三）改变非机动车排气装置的尺寸，更换不符合出厂额定电压的蓄电池或者擅自更换电动机等动力装置；

（四）拆除或者改动非机动车的消音、车速提示音、限速、尾气处理装置；

（五）其他更改非机动车定型技术参数、影响非机动车通行安全的加装、改装行为。

禁止销售拼装、加装、改装的非机动车。

**第十三条** 下列非机动车，应当经本市公安机关登记，取得非机动车号牌：

（一）电动自行车；

（二）残疾人机动（电动）轮椅车；

（三）人力三轮车；

（四）市人民政府规定应当登记上牌的其他非机动车。

自行车、残疾人手摇轮椅车实行自愿登记，其所有人申请登记上牌的，公安机关应当予以办理。

**第十四条** 对本条例第十三条第一款规定的非机动车，其所有人应当自购车之日起十五日内，向公安机关申请登记上牌。

对用于快递、外卖等网约配送活动的电动自行车，公安机关应当核发专用号牌。电动自行车转用于或者停止用于快递、外卖等网约配送活动的，其所有人应当办理变更登记。

已经登记上牌的非机动车被盗、遗失、灭失

或者不再使用的，其所有人应当向公安机关办理注销登记。

非机动车号牌由公安机关统一监制，不向非机动车所有人收取费用，所需费用纳入同级财政预算。

非机动车登记的具体规定，由市公安机关另行制定。

**第十五条** 公安机关应当将非机动车登记的条件、程序、需提交的材料和申请表示范文本等向社会公布，并采取增设登记办理点、简化办理程序和材料以及网上办理等方式，为公众办理非机动车登记提供便利。

**第十六条** 专用号牌电动自行车自登记之日起每满五年的，应当进行安全技术检查。公安机关应当对电动自行车的制动器、动力装置等安全性能进行检查；车辆不符合电动自行车相关安全技术规范的，其所有人应当对车辆进行维修。具体办法由市公安机关另行制定。

## 第三章 通行管理

**第十七条** 市交通管理部门应当会同市公安、规划资源等部门编制慢行交通发展规划，指导区域慢行交通及配套设施规划、建设，完善系统、连续的非机动车道网络，优化非机动车标志、标线配置，加强轨道交通站点周边非机动车道的建设和管理。

区人民政府应当编制本辖区慢行交通配套设施布局规划，并组织实施。

**第十八条** 本市具备条件的道路，应当分道划设机动车道与非机动车道；其中，同方向有两条以上机动车道且具备条件的，应当设置机动车道与非机动车道隔离设施或者隔离警示标志。农村道路具备条件的，应当在路基外侧设置非机动车道。

渣土运输车、混凝土搅拌车等重型货运车辆通行频繁或者交通事故高发的道路，应当在机动车右转弯位置设置右转弯导向线、危险警示区或者隔离设施。

**第十九条** 下列非机动车可以上道路行驶：

（一）经本市公安机关登记上牌的电动自行车、残疾人机动（电动）轮椅车、人力三轮车；

（二）符合国家标准的自行车、残疾人手摇轮椅车；

（三）市人民政府规定可以通行的其他非机动车。

新购车辆应当登记上牌的，驾驶人可以持购车凭证在购车后十五日内临时通行。

禁止前两款规定以外的其他非机动车上道路行驶。

**第二十条** 驾驶已经登记上牌的非机动车上道路行驶的，应当按照规定在车辆指定位置安装非机动车号牌，并保持号牌清晰、完好，不得有故意遮挡、污损、倒挂、破坏等影响号牌识别的行为。

禁止伪造、变造或者使用伪造、变造的非机动车号牌。禁止使用其他车辆的非机动车号牌。

使用电动自行车从事快递、外卖等网约配送活动的，应当驾驶悬挂专用号牌的车辆。

**第二十一条** 驾驶非机动车上道路行驶，应当遵守道路交通安全法律、法规关于道路通行的规定和下列规定：

（一）保持制动器、夜间反光装置等安全设施性能状况良好；

（二）按照交通信号通行；

（三）在非机动车道内行驶；在没有划设非机动车道的道路上，自行车、电动自行车在车行道右侧边缘线向左一点五米的范围内行驶，残疾人手摇轮椅车、残疾人机动（电动）轮椅车、人力三轮车在车行道右侧边缘线向左二点二米的范围内行驶；

（四）不得逆向行驶；

（五）除法定可以借道行驶的情况外，不得驶入机动车道；

（六）不得驶入高速公路、城市快速路（含高架道路，下同）、越江桥隧等禁止非机动车通行的区域；

（七）行经人行横道时，减速行驶，遇行人

正在通过人行横道的，停车让行；行经没有交通信号的道路时，遇行人横过道路的，应当避让；

（八）转弯前减速慢行，伸手示意，有转向灯的开启转向灯；超越前车时不得妨碍被超越的车辆行驶；

（九）不得实施以手持方式拨打接听电话、浏览电子设备等妨碍安全驾驶的行为；

（十）不得牵引动物，不得拖挂载人载物等装置；

（十一）通过交叉路口时，相对方向行驶的右转弯非机动车让左转弯非机动车先行。

禁止驾驶拼装、加装、改装的非机动车上道路行驶。

禁止使用非机动车载运爆炸物品、易燃易爆化学物品以及剧毒、放射性等危险物品。

**第二十二条** 驾驶电动自行车、残疾人机动（电动）轮椅车上道路行驶，除遵守本条例第二十一条规定外，还应当遵守下列规定：

（一）驾驶人年满十六周岁；

（二）不得超过国家规定的最高时速；

（三）在夜间或者遇有雾、雨、雪、沙尘、冰雹等低能见度情况下行驶时，开启照明装置；

（四）不得连续多次、长时间鸣喇叭；

（五）电动自行车驾驶人和乘坐人员佩戴安全头盔；

（六）非下肢残疾人员不得驾驶残疾人机动（电动）轮椅车。

**第二十三条** 鼓励投保非机动车第三者责任保险、人身伤害保险和财产损失保险。

## 第四章 停放与充电管理

**第二十四条** 区人民政府应当根据非机动车道路停放点设置规范，编制本区非机动车道路停放点的设置规划，指定专门管理部门落实非机动车道路停放点的设置工作，并组建专门管理队伍，加强非机动车道路停放点的日常管理。

**第二十五条** 客运车站、轨道交通站点、港口客运站等交通集散地以及医院、学校、商场、集贸市场、步行街、影剧院、体育场馆、展览馆、旅游景点等人员流动较多的场所，应当在规划建设阶段按照标准同步配套规划建设非机动车停放设施；未同步配套规划建设非机动车停放设施的，其所有人或者管理人应当设置非机动车专用停放场地，并落实专人管理或者委托专业服务机构管理。

客渡船营运单位应当制定载运电动自行车安全管理规范和专项应急预案，按照标准配备消防设施器材，加强对电动自行车的安全查验。携带电动自行车搭乘客渡船的，应当遵守客渡船营运单位制定的相关管理要求。

**第二十六条** 市住房城乡建设管理部门应当会同相关部门组织制定本市住宅小区非机动车集中停放场所及充电设施配套建设标准。

新建、改建、扩建住宅小区，应当按照有关标准，规划和配套建设非机动车集中停放场所及充电设施。

市和区人民政府应当加大对已建成的住宅小区非机动车停放场所及充电设施建设的投入，统筹安全性和便利性，因地制宜大力推动非机动车停放场所及充电设施建设，更好匹配居民对日常规范充电的需要。

鼓励国家机关、企业、事业单位、社会组织新建、改建、扩建非机动车集中停放场所及充电设施。

**第二十七条** 在道路上停放非机动车，应当使用非机动车道路停放点。

非机动车未停放在非机动车道路停放点，影响其他车辆和行人通行且驾驶人不在现场的，公安机关可以会同城管执法部门对现场予以清理。

**第二十八条** 沿街单位应当加强自律，规范、有序停放非机动车，不得随意停放。

沿街单位对在其市容环境卫生责任区内随意停放非机动车的，有权对违法停放行为予以劝阻或者向公安机关、城管执法部门举报。

**第二十九条** 电动自行车及其蓄电池充电时应当确保安全，不得违反用电安全要求私拉电线和插座为电动自行车及其蓄电池充电。

禁止在以下区域停放、放置电动自行车及其蓄电池，或者为电动自行车及其蓄电池充电：

（一）建筑物首层门厅、共用走道、楼梯间、楼道等共用部位；

（二）疏散通道、安全出口、消防车通道及其两侧影响通行的区域；

（三）人员密集场所的室内区域；

（四）居住建筑的室内区域，但按照有关标准设置的电动自行车集中停放、充电场所除外。

禁止携带电动自行车或者其蓄电池进入电梯轿厢。

鼓励业主大会或者业主委员会通过制定住宅小区管理规约等，引导业主使用集中充电设施为电动自行车充电。

对违反第一款、第二款、第三款规定的行为，非机动车停放设施管理者和物业服务企业、业主自行管理机构等应当予以劝阻、制止，并按照管理规约或者物业服务合同约定予以处理；对不听劝阻、制止的，应当向城管执法部门或者负有消防监督管理职责的部门报告。城管执法部门或者负有消防监督管理职责的部门应当依法予以处理。

在住宅小区内，电动自行车报警装置以鸣响方式报警后，其所有人或者使用人应当及时处理，避免长时间鸣响干扰他人正常生活。

**第三十条** 本市对互联网租赁自行车实行总量调控。

市交通管理部门应当根据城市空间承载能力、停放设施资源、出行需求特征等因素，建立互联网租赁自行车总量调控管理机制。

市交通管理部门负责建立互联网租赁自行车行业信息服务平台，会同公安、城管执法等部门实施互联网租赁自行车服务质量评价制度，并根据评价结果，对互联网租赁自行车运营企业的车辆投放数量进行动态调整。

互联网租赁自行车运营企业应当遵循总量调控和动态调整机制要求，有序投放和回收车辆。符合总量调控要求在本市初次投放或者新增投放车辆的，互联网租赁自行车运营企业应当在投放运营前三十日，向市交通管理部门备案车辆投放方案，并按照要求提交相关基本信息。按照动态调整机制要求回收车辆的，互联网租赁自行车运营企业应当自收到市交通管理部门通知之日起三十日内，完成相关车辆回收工作。

互联网租赁自行车运营企业应当在投放运营或者回收车辆时，按照要求将投放运营或者回收车辆的信息数据同步传输至互联网租赁自行车行业信息服务平台。

**第三十一条** 互联网租赁自行车运营企业应当加强对互联网租赁自行车的日常调度，及时平衡区域潮汐车辆供给。

互联网租赁自行车挤占人行道、车行道、绿化带等道路、区域停放的，城管执法部门应当通知互联网租赁自行车运营企业在二小时内予以清理。互联网租赁自行车运营企业应当建立专门管理队伍或者委托第三方及时清理车辆。

互联网租赁自行车运营企业应当落实企业主体责任，规范经营，保持良好安全的车容车况，及时处理不能骑行的车辆，并引导用户在规范设置的非机动车道路停放点停放车辆。

## 第五章 综合治理

**第三十二条** 使用电动自行车从事快递、外卖等网约配送活动的快递企业、电子商务平台企业和其他相关企业（以下统称“企业”），应当履行下列交通安全管理义务：

（一）建立健全内部交通安全管理制度，明确安全责任人；

（二）做好驾驶人、专用号牌电动自行车的信息核查，并在与驾驶人签订的网约配送协议中明示驾驶人的交通安全义务及违约责任，定期对驾驶人开展道路交通安全法律、法规培训和考核；

（三）监督驾驶人使用悬挂专用号牌的车辆，做好车辆管理、维护等工作，确保车辆安全性能良好；

（四）督促驾驶人上道路行驶时佩戴安全头盔，遵守道路交通安全法律、法规；

（五）根据交通状况等因素，合理确定配送时间、路线等标准和要求，避免引发道路交通违法行为或者交通事故；

（六）将车辆、驾驶人信息和违法车辆配送时间、路线等与交通安全管理相关的信息接入公安机关非机动车道路交通管理信息系统；

（七）实施驾驶人惩戒机制，引导驾驶人依法、安全、文明驾驶，督促驾驶人及时处理道路交通违法行为；

（八）法律、法规规定的其他交通安全管理义务。

**第三十三条** 使用电动自行车从事快递、外卖等网约配送活动的企业，应当履行消防法律、法规关于企业消防安全责任的规定和下列规定：

（一）对驾驶人进行消防安全教育和培训；

（二）督促驾驶人使用符合国家标准的电动自行车以及蓄电池、充电器等产品；

（三）督促驾驶人规范停放电动自行车和进行安全充电。

**第三十四条** 相关行业组织依据章程，制定快递、外卖等行业交通安全和消防安全自律公约，在相关政府部门指导下就快递、外卖等网约配送活动制定规范指引，统一行业非机动车安全管理、驾驶人信息核查与惩戒等标准，并督促会员单位予以落实；对违反章程或者行业自律公约的会员单位，可以采取相应的行业惩戒措施。

**第三十五条** 网约配送协议的示范文本，由市公安会同邮政管理、商务、市场监管等部门制定和公布。

**第三十六条** 非机动车驾驶人受到行政处罚、有下列情形之一的，将其相关信息纳入本市公共信用信息服务平台：

（一）电动自行车驾驶人一年内有不按交通信号指示行驶、逆向行驶等严重道路交通违法行为十次以上的；

（二）驶入高速公路、城市快速路、越江桥隧等禁止非机动车通行区域三次以上的；

（三）驾驶加装动力装置的人力三轮车上道路行驶三次以上的；

（四）使用伪造、变造或者其他车辆的非机动车号牌的；

（五）一年内逾期不履行道路交通违法行政处罚决定累积达到五次以上的。

使用电动自行车从事快递、外卖等网约配送活动的企业未按规定履行交通安全或者消防安全管理义务，被责令停业整顿或者一年内被处以三次以上数额较大罚款的，将其相关信息纳入本市公共信用信息服务平台。

**第三十七条** 属于危险废物的非机动车废旧电池，其所有人应当送交具有相应处置资质的单位集中处置，或者送交非机动车生产者、销售者，由生产者、销售者采取以旧换新等方式回收后，送交具有相应处置资质的单位集中处置。

鼓励电动自行车生产者、销售者采取以旧换新等方式回收废旧电动自行车。

**第三十八条** 违反本条例规定，造成事故隐患或者导致事故发生，致使国家利益或者社会公共利益受到侵害的，人民检察院依法探索在城市公共安全等领域开展检察公益诉讼工作。

**第三十九条** 鼓励社会公众依法参与非机动车安全管理志愿服务，协助做好非机动车安全管理法律、法规宣传和违法行为劝导、制止等工作。

单位和个人有权举报与非机动车有关的违法行为。公安、市场监管等部门应当向社会公布接受投诉举报的方式，对受理的投诉举报及时调查处理并将处理结果反馈投诉举报人。

## 第六章 法律责任

**第四十条** 违反本条例规定的行为，法律、行政法规已有处罚规定的，从其规定。

违反本条例规定的行为，构成犯罪的，依法追究刑事责任。

**第四十一条** 违反本条例第十条规定，生产、销售不符合国家标准的非机动车或者电动自行车蓄电池、充电器等产品的，由市场监管部门按照《中华人民共和国产品质量法》《上海市产品质量条例》的有关规定处理。

违反本条例第十一条第二款规定，销售未获得强制性产品认证的电动自行车的，由市场监管部门按照《中华人民共和国认证认可条例》的有关规定处理。

**第四十二条** 违反本条例第十二条规定，从事拼装、加装、改装非机动车经营性活动或者销售拼装、加装、改装的非机动车的，由市场监管部门处五千元以上五万元以下罚款。

**第四十三条** 违反本条例第十三条第一款、第十六条、第十九条第三款、第二十条第三款规定，驾驶无号牌的非机动车上道路行驶，专用号牌电动自行车未按规定进行安全技术检查，驾驶禁止通行的非机动车上道路行驶，或者未按规定使用悬挂专用号牌的电动自行车的，由公安机关处五十元以上二百元以下罚款。

违反本条例第二十条第一款、第二十一条第一款、第二十二条、第二十七条第一款有关非机动车号牌使用、通行、停放等管理规定的，由公安机关处警告或者二十元以上五十元以下罚款。

违反本条例第二十条第二款规定，伪造、变造或者使用伪造、变造的非机动车号牌，或者使用其他车辆的非机动车号牌的，由公安机关处二百元以上五百元以下罚款；情节严重的，处五百元以上一千元以下罚款。

违反本条例第二十一条第二款规定，驾驶加装动力装置的自行车、人力三轮车上道路行驶的，由公安机关责令改正，处五十元罚款；驾驶其他拼装、加装、改装的非机动车上道路行驶的，由公安机关责令改正，处五十元以上二百元以下罚款。

公安机关实施上述行政处罚，应当坚持处罚与教育相结合，对于情节轻微的非机动车道路交通违法行为，给予教育、口头警告后放行。

**第四十四条** 违反本条例第二十九条第一款规定，私拉电线和插座为电动自行车及其蓄电池充电的，由城管执法部门责令改正，可处五十元以上二百元以下罚款。

违反本条例第二十九条第二款规定的，按照下列规定处理：

（一）在建筑物首层门厅、共用走道、楼梯间、楼道等共用部位违规停放、放置电动自行车及其蓄电池，或者为电动自行车及其蓄电池充电的，由城管执法部门按照《上海市住宅物业管理规定》的有关规定处理；

（二）在疏散通道、安全出口、消防车通道及其两侧影响通行的区域违规停放、放置电动自行车及其蓄电池，或者为电动自行车及其蓄电池充电的，由消防救援机构按照《中华人民共和国消防法》的有关规定处理；

（三）在人员密集场所室内区域违规停放、放置电动自行车及其蓄电池，或者为电动自行车及其蓄电池充电的，由消防救援机构对人员密集场所责令改正，处一千元以上一万元以下罚款；情节严重的，处一万元以上五万元以下罚款；

（四）在居住建筑的室内区域违规停放、放置电动自行车及其蓄电池，或者为电动自行车及其蓄电池充电的，由城管执法部门责令改正，可处二百元以上五百元以下罚款。

违反本条例第二十九条第三款规定，携带电动自行车或者其蓄电池进入电梯轿厢的，由城管执法部门、消防救援机构按照职责分工，处二百元以上五百元以下罚款。

违反本条例第二十九条第一款、第二款、第三款规定，过失引起火灾，尚不构成犯罪的，按照《中华人民共和国消防法》的有关规定予以处罚；构成犯罪的，依法追究刑事责任；造成他人人身损害或者财产损失的，依法承担民事责任。

**第四十五条** 违反本条例第三十条第四款、第五款规定，互联网租赁自行车运营企业未按规定备案、投放运营或者回收车辆，或者未按要求向互联网租赁自行车行业信息服务平台传输信息数据的，由交通管理部门责令改正，处一万元以上三万元以下罚款；情节严重的，处三万元以上十万元以下罚款。

违反本条例第三十一条第二款规定，互联网租赁自行车运营企业对违规停放的车辆未及时清理的，由城管执法部门责令改正，处一万元以上三万元以下罚款；情节严重的，处三万元以上十万元以下罚款。

违反本条例第三十二条规定，使用电动自

行车从事快递、外卖等网约配送活动的企业未按规定履行交通安全管理义务的，由公安机关或者邮政管理、市场监管部门责令改正，处一万元以上十万元以下罚款；拒不改正或者造成交通事故致人死亡且负主要责任以上的，处十万元以上五十万元以下罚款，并可责令停业整顿；对交通安全专职人员或者其他直接责任人员，由公安机关处警告或者二百元以上一千元以下罚款。驾驶人因执行工作任务发生交通事故，造成人身损害、财产损失的，其所属的使用电动自行车从事快递、外卖等网约配送活动的企业依法承担相应的责任。

违反本条例第三十七条第一款规定，非机动车生产者、销售者未按规定处置属于危险废物的废旧电池的，由生态环境部门依据相关法律规定作出处罚。

**第四十六条** 公安机关依法通过电子技术设备，收集、固定非机动车道路交通违法行为的证据的，其固定式电子技术设备设置地点应当向社会公布。

**第四十七条** 公安机关通过电子技术设备记录的非机动车道路交通违法行为，经审核无误并录入相关管理系统后，应当通知非机动车所有人或者管理人在规定期限内接受调查、处理；非机动车所有人、管理人将非机动车交由他人驾驶的，应当通知驾驶人按照规定期限接受处理。

逾期未接受调查、处理，驾驶非机动车上道路行驶被发现的，公安机关可以予以调查处理。公安机关作出罚款处罚，非机动车驾驶人拒绝接受的，公安机关可以依法扣留非机动车。

**第四十八条** 违反本条例规定，相关行政管理部门有下列行为之一的，由其上级机关或者监察机关依法对直接负责的主管人员和其他直接责任人员给予处分：

（一）不依法履行非机动车生产、销售监督管理职责，不依法查处违法生产、销售非机动车行为的；

（二）不依法履行非机动车登记、通行管理职责，不依法查处非机动车违法通行行为的；

（三）不依法履行非机动车停放、充电安全管理职责，不依法查处非机动车违法停放、充电行为的；

（四）无法定依据或者违反法定程序执法的；

（五）其他滥用职权、玩忽职守、徇私舞弊的行为。

## 第七章　附　　则

**第四十九条** 本条例施行前已经登记上牌的电动自行车用于快递、外卖等网约配送活动的，其所有人应当在本条例施行之日起六个月内向公安机关申请换领专用号牌。

**第五十条** 本条例自 2021 年 5 月 1 日起施行。

# 上海市促进多元化解矛盾纠纷条例

（2021 年 2 月 26 日上海市第十五届人民代表大会常务委员会第二十九次会议通过）

## 第一章　总　　则

**第一条** 为了促进和规范多元化解矛盾纠纷工作，维护社会公平正义，增进社会和谐，推进城市治理体系与治理能力现代化，根据有关法律、行政法规，结合本市实际，制定本条例。

**第二条** 本市行政区域内促进多元化解矛

盾纠纷的相关工作，适用本条例。

**第三条** 本市坚持和发展新时代“枫桥经验”，积极践行“人民城市人民建，人民城市为人民”重要理念，发挥人民主体作用，完善正确处理人民内部矛盾工作机制，畅通和规范公众诉求表达、利益协调、权益保障通道，完善各类调解联动工作体系，构建源头防控、排查梳理、纠纷化解、应急处置的社会矛盾综合治理机制，努力将矛盾纠纷化解在基层和源头。

**第四条** 多元化解矛盾纠纷工作应当坚持党委领导、政府负责、民主协商、社会协同、公众参与、法治保障、科技支撑，遵循下列原则：

（一）公平、公正、便民、高效；

（二）尊重当事人意愿；

（三）不违背法律法规、国家政策，尊重公序良俗；

（四）和解、调解优先；

（五）预防与化解相结合，注重实质性解决争议。

**第五条** 多元化解矛盾纠纷工作应当以非诉讼纠纷解决机制为先，加强矛盾纠纷源头预防和诉源治理，完善预防性制度，构建有机衔接、协调联动、高效便捷的多元化解矛盾纠纷工作机制。

各级人民政府及其部门应当建立健全社会矛盾纠纷排查预警机制，聚焦重点人群、重点地区、重点行业、重点时段，有针对性地开展矛盾纠纷排查，及时发现矛盾纠纷线索，加强分析研判和预警，依法妥善处置。

对跨行政区域、跨部门、跨行业，或者涉及人数众多、社会影响较大的矛盾纠纷，相关部门应当建立会商机制，加强联动配合，从源头上预防和化解矛盾纠纷。

对可能引发社会安全事件的矛盾纠纷，各级人民政府及其有关部门、街道办事处、居（村）民委员会和有关单位应当及时依法处理，防止矛盾扩大或者激化为治安案件、刑事案件。

**第六条** 市、区人民政府应当将促进多元化解矛盾纠纷工作纳入有关法治建设规划，加强预防和化解矛盾纠纷能力建设与经费保障，培育化解矛盾纠纷的社会组织，组织协调和督促相关部门落实多元化解矛盾纠纷工作职责。

乡镇人民政府、街道办事处应当组织协调辖区内公安派出所、司法所、居（村）民委员会和调解组织等，开展矛盾纠纷预防、排查和化解工作。

**第七条** 负责组织协调矛盾纠纷多元化解工作的机构，应当协调完善矛盾纠纷多元化解工作综合机制，分析研判社会矛盾纠纷变化趋势，督促推动预防化解重大矛盾纠纷。

**第八条** 司法行政部门负责推动完善各类非诉讼纠纷解决方式，并与诉讼进行对接；指导人民调解、行政调解、行业性专业性调解工作，促进各类调解的衔接联动；指导仲裁工作；完善行政裁决、行政复议等工作机制；推动律师事务所、公证机构等法律服务机构和法律工作者、志愿者参与矛盾纠纷化解。

公安部门负责健全完善治安案件、交通事故纠纷调解等工作机制，支持和参与乡镇、街道、居（村）民委员会矛盾纠纷化解工作。

发展改革、教育、民政、人力资源社会保障、规划资源、生态环境、住房城乡建设、农业农村、文化旅游、卫生健康、市场监管、金融管理、国资监管、体育、知识产权、房屋管理等行政主管部门应当按照各自职责，共同做好促进多元化解矛盾纠纷工作。

**第九条** 人民法院应当对调解矛盾纠纷进行业务指导，健全诉讼与非诉讼衔接的矛盾纠纷化解机制，在程序安排、效力确认、生效法律文书执行等方面加强对接，为实质性化解矛盾纠纷提供司法保障。

人民检察院应当依法履行法律监督职责，健全公益诉讼、检调对接等制度，完善参与化解矛盾纠纷工作机制。

**第十条** 本市按照城市治理数字化转型要求，在矛盾纠纷化解工作中充分运用现代信息技术，鼓励通过互联网办理案件在线受理、开庭、司法确认等活动，推进矛盾纠纷化解工作便利化。

市司法行政部门负责牵头建设统一的多元

化解矛盾纠纷信息化平台，推动非诉讼纠纷解决信息化平台与诉调对接平台贯通融合，通过线上线下联动，为当事人提供一站式矛盾纠纷化解服务。

市司法行政部门会同相关部门推动建设市、区两级非诉讼争议解决中心，整合各类非诉讼纠纷解决资源，并与诉讼进行有效对接。

**第十一条** 国家机关、企业事业单位和社会组织应当按照各自职责开展法治宣传教育，普及多元化解矛盾纠纷法律知识，增进公众对多元化解矛盾纠纷的理解和认同。

倡导友好协商、互谅互让，最大限度地引导当事人以和解、调解等方式达成和解协议、调解协议，通过非诉讼途径化解矛盾纠纷。有关调解组织、基层群众性自治组织、当事人所在单位或者其他第三方可以应当事人邀请参与协商，促成和解。

新闻媒体应当组织开展多元化解矛盾纠纷法律知识和典型案例的公益宣传。

**第十二条** 工会、共青团、妇联、工商联、残联等群团组织应当按照各自职责，参与多元化解矛盾纠纷机制建设，共同做好化解矛盾纠纷工作。

调解、仲裁、律师、公证等行业协会依据各自章程加强行业自律，建立健全行业信用体系，依法开展矛盾纠纷化解、权益维护、行业惩戒等工作。

鼓励企业事业单位、社会组织和个人积极参与多元化解矛盾纠纷工作，提供捐助或者志愿服务。

## 第二章 调　　解

### 第一节 调解组织

**第十三条** 本市着力构建以人民调解为基础，人民调解、行政调解、行业性专业性调解、司法调解优势互补、有机衔接、协调联动的大调解工作格局。

大调解工作由司法行政部门负责牵头推进，各相关部门和组织、个人共同参与。

**第十四条** 人民调解组织包括人民调解委员会和人民调解工作室等。

乡镇、街道、居（村）民委员会应当设立人民调解委员会。企业事业单位、社会组织根据需要设立人民调解委员会，按照规定配备人民调解员。

**第十五条** 本市各区设立医患纠纷、家事纠纷、消费纠纷、物业纠纷、交通事故纠纷、知识产权纠纷、劳动争议等专业人民调解组织，在区司法行政部门和有关行业主管部门的指导下，调解相关领域的矛盾纠纷。

**第十六条** 人民调解组织可以依当事人申请，就涉及家事、侵权、债务、相邻关系、物业服务等民间纠纷进行调解。

人民调解组织知悉矛盾纠纷，但当事人未申请人民调解的，可以主动与当事人联系，告知、引导当事人通过调解化解矛盾纠纷。

人民调解组织在调解过程中发现社区治理问题或者矛盾纠纷隐患的，应当及时向乡镇人民政府、街道办事处或者居（村）民委员会提出意见和建议。

**第十七条** 本市鼓励登记为社会服务机构的调解组织发展，探索设立市场化运行的调解组织，由司法行政部门进行业务指导和监督。

**第十八条** 有关行业主管部门应当指导和支持有条件的商会、行业协会、社会服务机构、仲裁机构等设立调解组织，对特定行业、专业领域的矛盾纠纷进行调解。

鼓励在投资、金融、房地产、技术转让、知识产权、国际贸易等领域设立专业化从事商事纠纷调解的组织，鼓励开展国际商事纠纷调解，培育商事调解服务品牌。

鼓励大型企业、电子商务平台、经济园区、商业区等设立调解组织或者建立矛盾纠纷化解机制，及时化解企业生产经营活动中产生的矛盾纠纷。

**第十九条** 调解行业协会应当发挥行业指导作用，吸纳各类调解组织参与行业治理，培育、扶持经济社会发展急需的调解组织，加强调解组织专业能力建设，制定、完善调解规则，提高调解公信力，提升调解工作规范化水平。

### 第二节 调 解 员

**第二十条** 鼓励和支持公道正派、热心调解、群众认可的社会人士、专业人员和有法学法律工作经历的退休人员等担任调解员。调解员应当具备与调解工作相适配的知识结构、工作经验。

本市通过政策引导，支持有调解专长的人士设立专业调处类社会组织，培育职业调解员队伍。

鼓励调解员参加社会工作专业培训和考试，将取得社会工作职业水平证书的调解员纳入专业技术人员管理范围。

鼓励调解组织和调解行业协会为调解员购买人身意外伤害保险，加强对调解员的人身保护。

**第二十一条** 本市建立调解员分级分类管理制度，由市级调解行业协会根据有关规定和章程，制定调解员职业道德准则和等级评定办法，明确评定条件、评定程序、考核奖励等内容。

市司法行政部门负责制定全市调解员培训规划，编制培训教材，建立培训师资库、精品案例库和网上培训平台，指导调解行业协会定期组织培训。

**第二十二条** 司法行政部门应当建立健全调解组织和调解员名册管理制度，加强对调解组织和调解员的监督。

调解组织和调解员名册应当向社会公开，接受社会监督。

**第二十三条** 调解员在调解工作中有下列行为之一的，由其所在的调解组织给予批评教育、责令改正；情节严重的，由推选或者聘任单位予以罢免或者解聘；造成严重后果的，依法追究相应法律责任：

（一）偏袒一方当事人的；

（二）侮辱、恐吓当事人的；

（三）索取、收受财物或者牟取其他不正当利益的；

（四）泄漏当事人的个人隐私、商业秘密的；

（五）其他违反法律法规和职业道德的行为。

### 第三节 调 解 活 动

**第二十四条** 人民调解组织应当在当事人平等协商、互谅互让的基础上，提出矛盾纠纷化解方案，帮助当事人自愿达成调解协议。

**第二十五条** 行政机关根据当事人的申请，可以对符合法定条件的事项进行调解。

矛盾纠纷涉及人数较多、影响较大、可能影响社会稳定的，行政机关可以依法主动进行调解。

公安、民政、规划资源、生态环境、交通、卫生健康、市场监管等行政调解任务较重的部门，应当设立行政调解委员会。

**第二十六条** 人民法院在登记立案后或者审理过程中，认为适宜调解的案件，经当事人同意，可以依法进行司法调解。

**第二十七条** 仲裁机构应当完善仲裁程序中的调解规则，在作出仲裁裁决前，可以先行调解；当事人不愿调解或者调解不成的，应当及时作出裁决。

**第二十八条** 行政复议机关可以按照自愿、合法的原则，对下列矛盾纠纷进行调解：

（一）自然人、法人或者非法人组织对行政机关行使自由裁量权作出的具体行政行为不服申请行政复议的；

（二）行政赔偿或者行政补偿矛盾纠纷。

经调解达成协议的，行政复议机关应当制作行政复议调解书；调解未达成协议或者调解书生效前一方反悔的，行政复议机关应当及时作出行政复议决定。

**第二十九条** 发生劳动争议，当事人可以向下列调解组织申请调解：

（一）企业劳动争议调解委员会；

（二）依法设立的基层人民调解组织；

（三）在乡镇、街道设立的具有劳动争议调解职能的组织。

工会参加企业的劳动争议调解工作。

当事人不愿调解、调解不成或者达成调解协议后不履行的，可以依法向劳动争议仲裁委员会申请仲裁。

**第三十条** 发生农村土地承包经营纠纷的，当事人可以自行和解，也可以请求村民委员会、乡镇人民政府等调解。

当事人和解、调解不成或者不愿和解、调解的，可以向农村土地承包仲裁委员会申请仲裁。

**第三十一条** 发生消费者权益争议，消费者可以请求消费者权益保护委员会或者依法成立的其他调解组织调解。依法受理的，应当及时开展调解。

**第三十二条** 人民调解、行政调解不收取费用。登记为社会服务机构、公司等的调解组织调解矛盾纠纷，可以收取合理费用，收费标准应当符合价格管理的有关规定，并向社会公开。

**第三十三条** 本市建立调解专家咨询制度，设立调解咨询专家库，向调解员提供咨询意见和调解建议。

市司法行政部门会同有关部门建立、管理咨询专家库，建立咨询专家名册，制定专家咨询工作规则。咨询专家应当遵循独立、客观、公正的原则，提供咨询意见，不受其他组织和个人干涉。

**第三十四条** 鼓励律师引导当事人通过调解的方式化解矛盾纠纷。

鼓励律师和依法设立的律师调解组织，参与调解活动，提供调解服务，协助矛盾纠纷当事人自愿协商达成协议。担任调解员的律师不得再就该争议事项或者与该争议有密切联系的其他纠纷，接受一方当事人的委托担任代理人。

## 第三章 行政裁决、行政复议和仲裁

### 第一节 行政裁决

**第三十五条** 行政机关依据法律法规授权，根据当事人申请，可以对下列与行政管理活动相关的民事纠纷进行行政裁决：

（一）自然资源权属争议；

（二）知识产权侵权纠纷和补偿争议；

（三）政府采购活动争议；

（四）法律法规规定的其他事项。

**第三十六条** 依法承担行政裁决职责的行政机关，应当明确具体负责办理行政裁决案件的机构，并将承担的行政裁决事项纳入行政权力事项清单，编制标准化工作流程和办事指南，通过“一网通办”政务服务平台向社会公布。

**第三十七条** 当事人申请行政裁决的，应当在规定期限内向具有行政裁决职能的行政机关提出行政裁决申请。

行政机关裁决民事纠纷应当先行调解，当事人经调解达成协议的，由行政机关制作调解协议书；调解不能达成协议的，行政机关应当及时作出裁决。需要报请本级人民政府决定的，应当按照规定程序办理。

**第三十八条** 当事人对行政机关作出的行政裁决不服的，可以在法定期限内，以民事争议的对方当事人为被告提起民事诉讼，或者对行政裁决行为提起行政诉讼并申请法院一并解决相关民事争议。法律另有规定的，从其规定。

### 第二节 行政复议

**第三十九条** 自然人、法人或者非法人组织认为行政机关的具体行政行为侵犯其合法权益的，可以向行政复议机关提出行政复议申请。

行政复议机关对符合法定条件的行政复议申请，应当予以受理，依法对行政行为的合法性、合理性进行审查，对当事人的合法权益进行救济，对行政机关依法行政进行监督。

**第四十条** 申请人与被申请人在行政复议决定作出前自愿达成和解的，应当向行政复议机关提交书面和解协议；和解协议内容不损害社会公共利益和他人合法权益的，行政复议机关应当准许，并终止行政复议。

**第四十一条** 本市探索建立由行政复议机关主导，相关部门、专家学者参与的行政复议委员会，为重大、复杂、疑难以及新类型的行政复议案件提供咨询意见，提升行政复议办案质量和公信力。

**第四十二条** 行政复议机关根据对被申请人具体行政行为的审查情况，依法作出行政复议决定，制作行政复议决定书。行政复议决定书一经送达，即发生法律效力。

申请人不服行政复议决定的，可以向人民法院起诉，法律规定行政复议决定为最终裁决的除外。申请人逾期不起诉又不履行行政复议决定的，由作出具体行政行为的行政机关或者行政复议机关依法强制执行，或者依法申请人民法院强制执行。

被申请人不履行或者无正当理由拖延履行行政复议决定的，行政复议机关或者有关上级行政机关应当责令其限期履行。

### 第三节 仲　　裁

**第四十三条** 自然人、法人和非法人组织之间发生的合同纠纷和其他财产权益纠纷，可以向依法登记设立的仲裁机构申请仲裁。

鼓励当事人自愿选择采用仲裁方式解决合同纠纷和其他财产权益纠纷。

**第四十四条** 仲裁委员会由市人民政府组织有关部门和商会统一组建，并经市司法行政部门登记。

境外知名仲裁机构及其他争议解决机构经市司法行政部门登记并报国务院司法行政部门备案后，可以在中国（上海）自由贸易试验区临港新片区设立业务机构，就国际商事、海事、投资等领域发生的民商事争议开展仲裁业务。

未经登记的仲裁机构不得开展仲裁活动。

**第四十五条** 本市推进面向全球的亚太仲裁中心建设，设立国际争议解决平台，建设具有全球影响力、公信力和竞争力的国际性仲裁机构，提升仲裁国际竞争力。

鼓励和支持本市仲裁委员会、境外仲裁机构业务机构及其他争议解决机构、优质法律服务机构等入驻本市国际争议解决平台，提供一站式、国际化、便利化争议解决服务。

鼓励和引导本市仲裁委员会、仲裁员参与国际商事仲裁活动和国际投资仲裁争议解决机制建设，提升服务能力和国际竞争力。

**第四十六条** 仲裁机构应当建立健全仲裁程序，优化仲裁规则，完善仲裁案件信息化管理系统，并做好与本市仲裁信息平台的衔接。

## 第四章 程序衔接与效力确认

**第四十七条** 对适用行政调解的行政争议和民事纠纷，经当事人同意，行政机关可以先行委托或者移交相关人民调解组织开展人民调解。

经人民调解组织调解达成的调解协议，相关委托或者移交的行政机关经审查符合自愿性、合法性原则的，应当予以支持、认可，并督促当事人依法履行。

**第四十八条** 本市建立人民调解与“110”非警务警情对接分流机制，将“110”热线接警的适合人民调解的矛盾纠纷，分流至人民调解组织进行调解，具体办法由市司法行政部门会同市公安部门另行制定。

**第四十九条** 本市推动基层人民法院依法对家事纠纷、相邻关系纠纷、小额债务纠纷、消费纠纷、交通事故纠纷、劳动争议等适宜调解的案件，探索实行调解程序前置。

**第五十条** 人民法院在登记立案前应当引导当事人优先通过非诉讼争议解决中心或者多元化解矛盾纠纷信息化平台选择调解组织先行调解，或者委派特邀调解组织、特邀调解员进行调解。

人民法院对于经审查符合立案条件且适宜调解的案件，经征得当事人同意，可以在立案后委托给特邀调解组织、特邀调解员进行调解。

**第五十一条** 司法行政部门与人民法院建立行政争议多元调解机制，成立多元调解联合中心，坚持自愿、合法、调判结合的原则，将调解作为解决行政争议的重要方式，推动行政争议实质性化解。

人民法院对于经审查符合立案条件且依法可以调解的行政诉讼案件，根据案件具体情况和当事人意愿，在立案前委派给多元调解联合中心进行调解。

**第五十二条** 人民检察院在办理案件过程中，对符合法定条件的案件，可以主持调解，或者建议当事人采取和解、向调解组织申请调解等方式化解矛盾纠纷。

**第五十三条** 和解协议、调解协议不得损害国家利益、社会公共利益和他人合法权益。当事人应当自觉履行。调解组织应当引导、督促当事人履行。

具有给付内容、债权债务关系明确的和解协议、调解协议，当事人可以向公证机构申请办理具有强制执行效力的债权文书公证。

对以金钱、有价证券为给付内容的和解协议、调解协议，当事人可以依法向有管辖权的人民法院申请支付令。

人民法院应当依法保障当事人申请财产保全、证据保全、行为保全等措施的权利。

**第五十四条** 当事人可以根据调解协议的性质和内容，依法向有管辖权的人民法院申请司法确认或者申请出具调解书。

人民法院应当将特邀调解组织、特邀调解员或者人民调解委员会依法调解达成的民事调解协议纳入司法确认范围。

人民法院应当完善相关审查程序和考核机制，加大对调解协议司法确认的力度，并通过在线司法确认等方式，提高司法确认效率。

**第五十五条** 人民法院应当结合审判工作实际，建立特邀调解组织、特邀调解员名册制度，并逐步扩大名册范围。

人民法院通过委派、委托调解，强化司法确认等方式，加强对调解组织、调解员的业务指导和培训。

## 第五章 保障与监督

**第五十六条** 本市建立重大行政决策风险评估机制。重大行政决策的实施可能对社会稳定、公共安全等造成不利影响的，决策承办单位或者负责风险评估工作的其他单位应当组织开展风险评估，并提出预防引发矛盾纠纷风险的具体措施和处置预案。

**第五十七条** 支持市、区非诉讼争议解决中心和有条件的单位建立心理工作室，引入心理咨询师参与矛盾纠纷化解工作，为当事人提供专业的心理辅导、情绪疏解、家庭关系调适等心理疏导服务。

**第五十八条** 鼓励国有企业通过和解、调解等方式化解矛盾纠纷，维护企业合法权益。国有企业达成的和解协议、调解协议应当按照规定程序决策和合法性审查。

相关人员在和解、调解过程中勤勉尽责、未牟取私利的，出现结果未达预期效果或者造成一定损失的，不作负面评价。

**第五十九条** 本市依托市、区非诉讼争议解决中心和多元化解矛盾纠纷信息化平台，为当事人提供一站式矛盾纠纷化解服务。

当事人可以向市、区非诉讼争议解决中心或者通过多元化解矛盾纠纷信息化平台，提出化解矛盾纠纷的申请。

市、区非诉讼争议解决中心和多元化解矛盾纠纷信息化平台接到申请后，应当引导当事人优先通过适宜的非诉讼方式化解矛盾纠纷；对化解不成的，协助当事人向人民法院申请立案。

**第六十条** 人民法院应当推进立案环节案件甄别分流，推动简单案件快速办理，对于符合法律规定可以适用简易程序、小额诉讼程序审理的案件，应当积极予以适用。

人民法院在处理群体性矛盾纠纷案件时，可以选取具有代表性的案件先行审理、先行裁判，发挥示范引领作用，推动化解平行案件纠纷。

**第六十一条** 调解组织、仲裁机构等矛盾纠纷化解主体应当识别防范虚假调解、和解。

人民法院应当在司法确认审查和审判过程

中，加大对虚假调解、虚假诉讼的甄别、防范和制裁。

**第六十二条** 公证机构根据自然人、法人或者非法人组织的申请，依法办理合同、继承、亲属关系、财产分割、证据保全等公证，及时明确权利义务，预防和减少矛盾纠纷的发生。

公证机构可以依据当事人申请或者人民法院委派、委托，依法对有关事实进行核实，对矛盾纠纷进行调解。

**第六十三条** 乡镇和街道司法所应当加强对社区调解员队伍和基层大调解工作的日常指导，建立行政争议化解机制，发挥化解基层矛盾纠纷的基础平台作用。

**第六十四条** 当事人因经济困难没有委托代理人，符合法律援助事项范围和条件的，可以依法向法律援助机构申请法律援助。

当事人因被执行人没有履行能力或者其他原因，无法通过诉讼获得赔偿，造成生活困难的，可以依法向有关办案机关申请司法救助。

**第六十五条** 人民检察院依法履行公益诉讼职能，运用公告督促、诉前检察建议、支持起诉、提起诉讼等方式，开展民事公益诉讼和行政公益诉讼工作，重点办理生态环境和资源保护、食品药品安全、国有财产保护、国有土地使用权出让、英雄烈士权益保护等领域的案件。

市消费者权益保护委员会依法履行消费公益诉讼职能，对侵害众多消费者合法权益的行为，可以向人民法院提起公益诉讼，维护消费者合法权益。

**第六十六条** 各级人民政府应当通过安排专项经费或者政府购买服务等方式，按照国家和本市规定对多元化解矛盾纠纷工作所需经费给予支持和保障。

人民调解组织选聘的人民调解员、调解秘书、人民法院的特邀调解员等人员可以按照国家和本市规定享受相应的办案等补贴。

**第六十七条** 本市将多元化解矛盾纠纷工作情况纳入平安建设考核内容。

各级人民政府及其有关部门应当制定和执行多元化解矛盾纠纷工作责任制度和奖惩机制，并纳入年度工作考核范围。

**第六十八条** 市、区人民代表大会常务委员会应当通过听取和审议专项工作报告、开展执法检查、询问等方式，对同级人民政府、人民法院、人民检察院履行多元化解矛盾纠纷工作职责情况进行监督，并可以组织人大代表开展视察、调研活动，汇集和反映市民群众的意见和建议。

**第六十九条** 人民法院和人民检察院可以通过提出司法建议、检察建议等方式，对有关矛盾纠纷的化解进行监督。

**第七十条** 各级行政机关、人民法院、人民检察院和各类化解矛盾纠纷的社会组织应当自觉接受社会监督。

单位和个人有权对违反本条例的行为进行投诉、举报。接到投诉、举报的部门或者行业协会应当及时依法核实处理。

**第七十一条** 各级人民政府及其有关部门、人民法院、人民检察院以及有关人民团体、基层群众性自治组织有下列行为之一的，由有关主管机关责令改正；拒不改正或者造成严重后果的，对直接负责的主管人员和其他直接责任人员依法追究相应责任：

（一）未按规定建立或者落实矛盾纠纷化解机制的；

（二）负有矛盾纠纷化解职责，无正当理由，拒不受理矛盾纠纷化解申请的。

## 第六章　附　　则

**第七十二条** 本条例自 2021 年 5 月 1 日起施行。

# 上海市中医药条例

（2021 年 3 月 24 日上海市第十五届人民代表大会常务委员会第三十次会议通过）

## 第一章 总 则

**第一条** 为了继承和弘扬中医药，保障和促进本市中医药传承创新发展，推进健康上海建设，保护公众健康，根据《中华人民共和国中医药法》和其他法律、行政法规，结合本市实际，制定本条例。

**第二条** 本市行政区域内中医药服务、中药发展与管理以及中医药人才培养、传承与创新、文化传播与开放发展、相关保障与监督等活动，适用本条例。

**第三条** 本市遵循中医药发展规律，坚持传承精华与守正创新相结合，发展中医药事业，推进中医药现代化、产业化，充分发挥中医药防病治病的独特优势和作用。

本市坚持中西医并重，推动中医西医相互学习、相互补充、协调发展，促进中西医结合。

**第四条** 市、区人民政府应当将中医药事业纳入国民经济和社会发展规划，将中医药工作纳入政府绩效考核范围，建立健全中医药管理体系和发展中医药工作协调机制，统筹推进中医药事业高质量发展。

乡镇人民政府、街道办事处应当为辖区内中医药的推广、应用提供支持，发挥中医药在社区健康服务中的作用。

**第五条** 市、区中医药管理部门负责本行政区域内的中医药管理工作。

发展改革、卫生健康、财政、经济信息化、医保、市场监管、药品监管、农业农村、教育、科技、人力资源社会保障、商务、文化旅游、体育、知识产权、档案等部门按照各自职责，共同做好中医药管理工作。

**第六条** 本市加强中医药服务体系建设，完善相关规划，合理配置中医药服务资源，健全中医药服务网络，建立以市级中医医疗机构为龙头，区级中医医疗机构和其他医疗机构中医科室为骨干，社区卫生服务机构为基础，社会力量举办的中医医疗机构为有机组成部分，融预防保健、疾病治疗和康复为一体的中医药服务体系，提供覆盖全民和全生命周期的中医药服务。

**第七条** 本市根据中医药事业发展需要，建立中医药院校教育、毕业后教育、继续教育有机衔接，师承教育贯穿始终，规模适宜、专业和结构合理的中医药人才培养体系。

**第八条** 本市鼓励和支持中医药科学研究与创新发展，完善中医药科研评价体系，推广应用中医药科研成果，保护中医药知识产权，提高中医药科学技术水平。

**第九条** 本市推动建立长三角中医药协同发展机制，加强区域中医药合作，搭建中医药传承创新发展平台，推进中医药服务、教育、科研、产业等共建发展。

本市推动中医药对外交流与合作，积极开展中医药文化宣传，发展中医药服务贸易，促进中医药国际传播和应用。

**第十条** 鼓励中医药学术团体组织开展学术交流、中医药咨询服务，宣传中医药知识，开展中医药人员继续教育。

鼓励中医药行业协会参与制定中医药行业标准、规范，组织开展行业咨询、评价与技术培训，推动行业交流，反映行业诉求，加强行业自律和诚信建设。

**第十一条** 本市支持社会力量投资中医药事业，鼓励组织和个人捐赠、资助中医药事业。

**第十二条** 本市对在中医药发展中做出突出贡献的组织和个人，按照有关规定给予表彰、奖励。

## 第二章 中医药服务

**第十三条** 市、区人民政府应当将中医医疗机构建设纳入医疗机构设置等卫生健康相关规划，根据区域功能、人口分布、健康服务需求等因素，举办数量相当、规模适宜的中医医疗机构。各区行政区域内政府举办的独立的中医类医院不少于一所。

合并、撤销政府举办的中医医疗机构或者改变其中医医疗性质，应当征求上一级人民政府中医药管理部门的意见。

**第十四条** 政府举办的综合医院、妇幼保健机构、社区卫生服务中心以及传染病等专科医院，应当将中医药学科建设和人才发展纳入医疗机构整体规划，设置中医药科室，建立中西医协同机制，开展跨医院、跨专业的医疗服务和研究。

**第十五条** 市、区人民政府以及乡镇人民政府、街道办事处应当采取措施，在中医药设施设备配置、人员配备和服务提供等方面提供相应保障，提升社区卫生服务中心（站）、村卫生室等基层医疗卫生机构的中医药服务能力，推进中医药融入家庭医生制度建设，实现中医药在家庭医生团队服务中的全覆盖。

市中医药管理等部门应当通过组织中医药专家团队赴社区服务、设立专科专病联盟、在基层建立名中医工作室等方式，加大中医药优质资源服务基层的力度。

**第十六条** 本市支持社会力量举办中医医疗机构，鼓励连锁化、品牌化发展。社会力量举办的中医医疗机构在准入、执业、基本医疗保险、科研教学、医务人员职称评定等方面，享有与政府举办的中医医疗机构同等的权利。

鼓励社会力量举办的其他医疗机构综合运用中医诊疗技术和方法，提供中医药服务。

**第十七条** 举办中医医疗机构，应当按照国家和本市有关规定办理相关审批手续，并遵守医疗机构管理的有关规定。

举办中医诊所的，按照国家有关规定将诊所的名称、地址、诊疗范围、人员配备等情况报所在区中医药管理部门备案后即可开展执业活动。中医诊所应当将诊疗范围、中医医师的姓名及其执业范围在诊所的明显位置公示，不得超出备案范围开展医疗活动。

**第十八条** 从事中医医疗活动的人员应当依法取得中医医师资格，并进行执业注册。

对在本市以师承方式学习中医或者经多年实践，医术确有专长的人员，由市中医药管理部门按照国家有关规定，实施中医医师资格考核注册管理。

**第十九条** 中医医疗机构应当按照国家和本市有关规定，配备以中医药专业技术人员为主的医务人员，主要提供中医药服务。其他提供中医药服务的医疗机构，应当合理配备中医药专业技术人员。

开展中医药服务，应当以中医药理论为指导，运用中医药技术方法，并符合国家和本市制定的中医药服务基本要求。

鼓励各类医疗机构开展中医药合作，支持发展中医远程医疗、移动医疗、智慧医疗等新型中医医疗服务。

**第二十条** 本市建立健全中医医疗质量管理体系，制定完善中医医疗质量管理制度和标准，加强全行业质量管理和控制工作。

医疗机构应当按照中医医疗质量管理制度和标准的要求，加强中医医疗质量和安全管理，持续提升中医医疗服务质量。

**第二十一条** 本市鼓励市级中医医院发挥品牌、医疗管理和学科技术人才优势，组建区域性中医医疗联合体或者医疗集团，加强人才一体化和技术、管理标准化建设。

**第二十二条** 本市鼓励各级各类医疗机构综合运用中医药技术方法和现代医学技术，推进中西医资源整合，支持建立慢性病、传染病以及疑难疾病防治的中西医临床协作机制，形成中西医结合诊疗方案，促进中西医融合发展。

经考试取得医师资格的中医医师按照国家和本市有关规定，经培训、考核合格后，可以在执业活动中采用与其专业相关的现代科学技术方法。

非中医类别执业医师通过中医学历教育，或者参加经市中医药管理部门举办或者认可的中医药系统培训并考核合格后，可以按照国家有关规定提供中医药服务，并可以参加中西医结合职称评聘。

**第二十三条** 市、区人民政府应当将中医药纳入公共卫生应急管理体系，加强中医药救治能力建设，开展中医药应急物资、设备、设施、技术与人才资源储备，建立中西医联合会诊制度，完善中西医协同救治机制，注重发挥中医药在传染病防治以及其他公共卫生事件应急处置中的作用。

公共卫生事件发生时，市中医药管理部门应当及时组织制定中医药防控方案，梳理中医经典名方，筛选有效技术和方法，制定中医药救治方案，指导医疗卫生机构在预防、救治和康复中全程运用中医药技术方法。

**第二十四条** 市、区人民政府应当发展中医药预防、保健服务，并按照有关规定将其纳入基本公共卫生服务项目统筹实施。

本市加强医疗机构治未病服务能力建设，促进临床与治未病服务融合，为公众提供中医健康咨询评估、干预调理、随访管理等治未病服务。

医疗卫生机构应当在疾病预防与控制、健康教育与健康促进中积极运用中医药理论和技术方法，推广有效方剂和特色技术。

**第二十五条** 本市发展中医药康复服务，加强中医医疗机构康复服务能力建设，鼓励和支持康复医院、康复科室提供中医药康复服务。鼓励社会力量举办具有中医药特色的康复医院、护理院等医疗机构。

本市支持医疗机构与养老机构开展合作，推进中医特色的医养结合服务。

**第二十六条** 本市发展中医养生保健服务，支持社会力量举办符合规范的中医养生保健机构，并依法注册为非医疗类中医养生保健机构。鼓励中医医疗机构发挥技术、人才等资源优势，为中医养生保健机构的规范发展提供技术支撑。

中医养生保健机构开展中医养生保健服务，应当以中医药理论为指导，并符合国家相关规范与标准，不得提供中医医疗服务、不得宣传治疗作用、不得非法从事药品和医疗器械销售等活动。

## 第三章 中药发展与管理

**第二十七条** 中药材的种植、养殖、采集、贮存、运输和初加工，应当符合国家有关技术规范、标准和管理规定，保证质量安全。

市中医药管理、药品监管等部门应当会同市市场监管部门依法制定和完善中药材相关技术规范、标准。

鼓励社会团体、企业制定高于国家标准、行业标准、地方标准的中药材团体标准、企业标准。

**第二十八条** 市、区人民政府应当支持本地特色中药材品种选育和产地保护，扶持产业示范基地建设。

市发展改革、经济信息化、中医药管理、药品监管等部门应当采取措施，扶持中药生产企业在道地中药材产地建设常用大宗中药材规模化、规范化、产业化种植养殖基地，推广使用优良品种，提高中药材品质。

**第二十九条** 中药饮片、中药配方颗粒应当按照国家药品标准炮制和生产；国家药品标准没有规定的，应当按照市药品监管部门制定的规范炮制和生产。

**第三十条** 药品生产企业购进中药材、中药饮片，应当建立进货查验记录制度。中药材、中药饮片的经营者应当建立进货查验和购销记录制度，并标明中药材产地。

鼓励药品生产企业、中药材和中药饮片的经营者、医疗机构、行业协会按照相关法律、法规和技术标准，建立信息化追溯体系。

**第三十一条** 医疗机构应当建立健全中药

药事管理制度，加强中药饮片采购、验收、养护、调剂、煎煮等全过程质量管理，建立中药饮片处方专项点评制度，保障合理、安全用药。

**第三十二条** 医疗机构委托有关单位提供中药饮片代煎服务的，应当委托中药饮片生产、经营等具有相应卫生条件、仪器设备、专业技术人员的单位。有关单位应当遵守相关技术规范，建立代煎全过程记录制度和质量跟踪、追溯、监控体系。

市中医药管理部门应当会同药品监管等相关部门制定中药饮片代煎服务规范，加强对代煎服务的质量监督管理。

**第三十三条** 本市支持医疗机构根据临床用药需要配制和使用中药制剂。医疗机构配制的中药制剂品种，应当依法取得制剂批准文号；仅应用传统工艺配制的中药制剂品种，按照规定向市药品监管部门备案后即可配制，不需要取得制剂批准文号。

医疗机构委托配制中药制剂的，应当委托取得药品生产许可证的药品生产企业或者取得医疗机构制剂许可证的其他医疗机构。

经市药品监管部门批准，医疗机构配制的中药制剂可以在指定的医疗机构之间调剂使用。

**第三十四条** 发展改革、经济信息化等部门应当统筹规划中医药产业发展，支持特色产业园区和服务平台建设，做强传统中药品牌，扶持和培育现代化中药生产企业，推动中药生产工艺和流程的标准化，提高中药生产的现代化和智能化水平。

## 第四章 中医药人才培养

**第三十五条** 本市支持实施中医药教育的高等院校发展，按照国家规定加强中医药院校临床和实践教学基地建设。

中医药高等教育应当遵循中医药规律和特点，以中医药内容为主，将中医经典课程列为中医类专业必修课。临床医学类专业应当将中医课程列入必修课，并适当增加比重。

本市发展中医药职业教育，培养中医康复、护理、养生保健、健康管理等专业人才，以及中药鉴别、中药饮片炮制等中药特色技术人才。

**第三十六条** 市教育、人力资源社会保障、中医药管理等部门应当建立健全医教协同机制，推进中医药毕业后教育与专业学位教育相衔接，建立健全符合中医药特点的住院医师、专科医师规范化培训，提高中医医师中医思维和临床诊疗能力。

**第三十七条** 市教育、人力资源社会保障、中医药管理等部门应当完善中医药继续教育制度，健全各级各类中医药专业技术人员岗位培训标准，针对中医药专业技术岗位服务能力要求，实施专项培训。

**第三十八条** 中医药师承教育应当全面覆盖院校教育阶段的中医药专业，并作为中医住院医师规范化培训的主要内容。

本市鼓励和支持具有丰富临床经验和技术专长的中医医师、中药专业技术人员带徒授业，并作为其职称评审、评优评先的重要依据。

**第三十九条** 市人力资源社会保障、中医药管理部门应当建立健全名中医评选制度，开展名中医评选活动，发挥名中医在学术传承、人才培养中的引领作用。

中医药管理部门和医疗、教育、科研等机构应当重视培养中医药学科带头人和中青年业务骨干，制定培养规划并组织实施。

本市发展中西医结合教育，培养高层次的中西医结合人才。

## 第五章 中医药传承与创新

**第四十条** 本市建立健全著名中医药专家学术传承制度，加强名老中医药专家工作室建设，推广当代名老中医药专家学术思想和临床诊疗经验，挖掘、整理、传承海派中医流派的学术思想、临床诊疗经验和传统技术，推进海派中医流派传承工程，培育海派中医品牌。

市中医药管理部门应当组织遴选中医药学术传承项目和传承人，并为传承活动提供必要条件。传承人应当开展传承活动，培养后继人才，收集整理并妥善保存相关学术资料。

本市支持对中医药古籍文献和民间中医诊疗技术、方药等的搜集、整理、研究、利用，开展中医药学术理论研究。

**第四十一条** 市、区人民政府应当将本行政区域内体现中华民族优秀传统文化的中医药项目列入非物质文化遗产代表性项目名录，加大保护和扶持力度，培养代表性传承人和后继人才。

**第四十二条** 本市将中医药科学研究和技术开发纳入科技发展规划，设立中医药科技研发专项，支持中医药科研平台建设。

市科技部门与中医药管理部门应当建立协同联动的中医药科技规划和管理机制，建立符合中医药规律和特点的科研评价体系，完善中医药科研项目立项、评审、奖励、绩效评价机制，促进中医药创新发展。

**第四十三条** 本市支持企业自主研发创新中药以及基于古代经典名方、名老中医经验方、医疗机构制剂的中药新药，运用新技术、新工艺、新剂型改进已上市中药品种，开展中医医疗器械和中药制药设备研发。

**第四十四条** 本市支持医疗机构、高等院校、科研机构与企业合作，推动中医药产学研用一体化协同创新发展。

市科技、中医药管理等部门应当按照各自职责，建立健全中医药科技成果转化机制，与机构、人才评价机制相衔接，加强中医药科技成果转化基地建设，促进中医药科技成果转化应用。

## 第六章 中医药文化传播与开放发展

**第四十五条** 本市支持建设具有中医药特色的博物馆和中医药文化宣传基地，培育中医药文化科普队伍，推广中医药健康养生文化。

教育、中医药管理部门应当指导中小学校开展通俗易懂的中医药知识科普教育。

报刊、广播、电视、互联网信息服务提供者应当弘扬中医药文化，邀请中医药专业技术人员普及中医药知识，扩大中医药影响。

开展中医药文化宣传和知识普及活动，应当遵守国家有关规定。任何组织或者个人不得对中医药作虚假、夸大宣传，不得冒用中医药名义牟取不正当利益。

**第四十六条** 市中医药管理、文化旅游、体育等部门应当支持中医药与旅游、文化、体育产业融合发展，开发具有中医药特点的旅游景点、线路、基地，以及与旅游、文化、体育产业融合的中医药健康产品和服务项目。

鼓励研发中医药文化创意产品，创作中医药文化和科普作品。

**第四十七条** 市中医药管理、药品监管部门应当采取措施，支持有关专业机构和人员参与中医药国际标准和国际传统医学相关规则制定。

中医药高等院校应当提升中医药国际教育服务能力，吸引海外留学生来华接受中医药教育培训。

**第四十八条** 市商务、中医药管理等部门应当培育具有核心竞争力的中医药服务贸易市场主体，推动中医药国际服务贸易平台建设，支持中医药企业开拓境外市场。

鼓励有条件的中医医疗、养生保健等机构发展境外中医医疗、养生保健、教育、文化等服务，提高中医药的国际影响力。

## 第七章 保障与监督

**第四十九条** 市、区人民政府应当将中医药事业发展经费纳入本级财政预算，逐步增加经费投入，统筹安排用于支持中医药医疗、教育、人才培养、科技创新和科技成果产业化等重点项目。

**第五十条** 市人民政府及其有关部门制定基本医疗保险支付政策、药物政策、价格政策等医药卫生政策时，应当充分听取中医药管理部门意见，注重发挥中医药的优势，完善符合中医药特点的医保支付方式，促进中医药服务提供与利用。

市医保部门应当合理确定中医医疗服务收费项目和价格标准，体现中医医疗服务临床价值和技术劳务价值，并实行动态调整。

市医保部门应当按照国家和本市有关规定，将符合条件的中医医疗机构纳入基本医疗保险定点医疗机构范围，将符合条件的中药饮片和医疗机构中药制剂，以及具有疗效和成本优势的中医医疗服务项目纳入基本医疗保险基金支付范围，保障人民群众获得优质中医药服务。

本市依托相关行业协会，建立中药饮片质量分级评价体系。市医保部门应当通过完善相关采购政策，促进中药饮片优质优价。

**第五十一条** 市人力资源社会保障、中医药管理等部门应当完善薪酬待遇、职称评聘、表彰奖励等制度，建立健全符合中医药规律和岗位特点的中医药人才分类评价体系、绩效考核指标体系，稳定和发展中医药专业技术队伍，并向基层和郊区适当倾斜。

**第五十二条** 开展下列相关活动时，应当成立中医药评审、评估、鉴定专家组，或者以中医药专家为主开展：

（一）纳入基本医疗保险药品和诊疗项目目录的中药药品、中医诊疗技术评选；

（二）中医医疗服务收费项目和价格标准的制定、调整；

（三）中医药专业技术职务任职资格评审；

（四）中医药医疗、教学、科研机构评审、评估；

（五）中医药科研项目评审、成果鉴定；

（六）中医医疗事故或者医疗损害鉴定；

（七）其他与中医药评审、评估、鉴定有关的活动。

**第五十三条** 市、区中医药管理部门、政府办医责任主体应当建立和完善符合中医药特点的中医医疗机构考核评价制度，落实政府举办的中医医疗机构中医药服务功能定位，引导中医医疗机构提高服务质量和运营效率。对政府举办的其他医疗机构开展考核评价等工作时，应当包含中医药内容。

**第五十四条** 市、区中医药管理部门应当加强中医药监管能力建设，合理配备人员力量，开展中医药服务监督检查。

市药品监管部门应当依据职责加强对中药材、中药饮片、医疗机构中药制剂质量的监督抽查，并定期公告质量抽查检验结果。

市场监管部门应当会同有关部门加强对中医养生保健服务的监督管理。卫生健康部门应当依法查处中医养生保健机构的非法行医活动。

## 第八章 法律责任

**第五十五条** 违反本条例规定的行为，《中华人民共和国中医药法》和有关法律、行政法规已有处罚规定的，从其规定。

**第五十六条** 市、区中医药管理部门及其他有关部门违反本条例规定，有下列行为之一的，由本级人民政府或者上级人民政府有关部门责令改正；情节严重的，对直接负责的主管人员和其他直接责任人员，依法给予处分；构成犯罪的，依法追究刑事责任：

（一）违反规定撤销或者合并政府举办的中医医疗机构或者改变其性质的；

（二）违反规定颁发执业许可证或者执业证书的；

（三）发现违法行为不依法予以查处的；

（四）截留、挪用中医药事业发展经费的；

（五）其他滥用职权、玩忽职守、徇私舞弊的行为。

**第五十七条** 对在中医药活动中因违法违规行为被给予行政处罚或者追究刑事责任的机构和个人的有关信息，按照规定纳入公共信用信息平台，并由相关部门依法实施信用惩戒。

## 第九章 附 则

**第五十八条** 本条例自 2021 年 5 月 1 日起施行。1998 年 9 月 22 日上海市第十一届人民代表大会常务委员会第五次会议通过的《上海市发展中医条例》同时废止。

# 上海市红色资源传承弘扬和保护利用条例

（2021年5月21日上海市第十五届人民代表大会
常务委员会第三十一次会议通过）

## 第一章　总　　则

**第一条**　为了加强对红色资源的传承弘扬和保护利用，彰显上海作为中国共产党诞生地的历史地位，弘扬红色文化，传承红色基因，不忘初心、牢记使命，培育和践行社会主义核心价值观，根据有关法律、行政法规，结合本市实际，制定本条例。

**第二条**　本市行政区域内红色资源的调查认定、传承弘扬、保护管理以及相关保障措施，适用本条例。

本条例所称的红色资源，是指中国共产党领导下，在新民主主义革命时期、社会主义革命和建设时期、改革开放和社会主义现代化建设新时期、中国特色社会主义新时代所形成的具有历史价值、教育意义、纪念意义的下列物质资源和精神资源：

（一）重要旧址、遗址、纪念设施或者场所等；

（二）重要档案、文献、手稿、声像资料和实物等；

（三）具有代表性的其他资源。

**第三条**　红色资源的传承弘扬和保护利用，必须坚持中国共产党的领导，增强“四个意识”、坚定“四个自信”、做到“两个维护”，实行党委领导、政府负责、部门协同、社会参与的工作机制，遵循尊重史实、依法保护、合理利用、传承优先的原则。

**第四条**　市、区人民政府是本行政区域红色资源传承弘扬和保护利用工作的责任主体，应当将红色资源传承弘扬和保护利用纳入本级国民经济和社会发展规划以及政府目标责任考核，提升红色资源传承弘扬和保护利用工作水平。

乡镇人民政府、街道办事处按照职责，做好辖区内红色资源传承弘扬和保护利用工作。

**第五条**　本市建立党委领导下的市、区两级以宣传、党史研究、档案、文化旅游、规划资源、住房和城乡建设、退役军人事务、教育等部门和机构为主要成员单位的红色资源传承弘扬和保护利用联席会议机制，由联席会议负责统筹、指导、协调、推动红色资源传承弘扬和保护利用工作，研究决定红色资源传承弘扬和保护利用的重大事项，对红色资源传承弘扬和保护利用工作实施情况进行评估并向社会公布。

联席会议办事机构设在同级宣传部门，具体负责红色资源传承弘扬和保护利用联席会议的组织工作，推进落实红色资源传承弘扬和保护利用综合协调、督促检查等工作，完成联席会议交办的其他工作。

**第六条**　文化旅游部门负责红色资源中文物的保护利用工作，以及与红色资源传承弘扬和保护利用相关的公共文化、旅游服务等工作。

退役军人事务部门负责红色资源中烈士纪念设施的保护利用以及烈士褒扬工作。

规划资源部门负责与红色资源保护利用相关的历史风貌区、优秀历史建筑以及需要保留的历史建筑的规划管理工作。

房屋管理部门负责红色资源中优秀历史建筑和需要保留的历史建筑的保护利用工作。

档案部门负责监督和指导红色资源中档案的保护利用工作。

教育部门负责监督和指导学校开展红色资源传承弘扬和保护利用工作。

发展改革、财政、人力资源社会保障、新闻

出版、电影、网信、国有资产、住房城乡建设、生态环境、绿化市容、交通、公安、消防救援、城管执法、统计、民政等部门，按照各自职责，协同实施红色资源传承弘扬和保护利用工作。

**第七条** 工会、共青团、妇联等群众团体应当发挥各自优势，组织开展相关红色资源传承弘扬和保护利用工作。

**第八条** 任何单位和个人都有依法保护红色资源的义务，不得破坏、损毁、侵占或者歪曲、丑化、亵渎、否定红色资源。

**第九条** 本市成立由相关领域专业人士组成的红色资源保护利用专家委员会，对红色资源认定和保护管理等事项提供咨询、论证、评审等意见。

**第十条** 对在红色资源传承弘扬和保护利用工作中作出突出贡献的单位和个人，按照国家和本市有关规定，给予表彰、奖励。

**第十一条** 本市充分发挥上海作为中国共产党诞生地、党成立后党中央机关长期驻扎地、社会主义建设重要基地、改革开放前沿阵地的红色资源优势，并加强与其他省市联动合作，共同守护好中国共产党人的精神家园。

## 第二章 调查认定

**第十二条** 本市建立红色资源名录制度，将具有重要历史价值、教育意义、纪念意义的红色资源列入名录予以保护。

**第十三条** 市和区文化旅游、档案、退役军人事务、规划资源、房屋管理、教育等部门和党史研究、地方志机构应当定期组织开展红色资源的调查工作，并将调查成果提交同级红色资源传承弘扬和保护利用联席会议。

区红色资源传承弘扬和保护利用联席会议应当将区相关部门和机构的调查成果汇总后，提交市红色资源传承弘扬和保护利用联席会议。

公民、法人和其他组织可以向市、区相关部门提出列入红色资源名录的建议。

**第十四条** 市红色资源传承弘扬和保护利用联席会议应当遵循公开、公平、公正的原则，从专家委员会中选取相关领域专家，按照认定标准和程序进行评审，拟订列入红色资源名录的建议名单。建议名单应当向社会公示，征求公众意见，公示时间不得少于二十日。

市红色资源传承弘扬和保护利用联席会议根据专家评审意见和公示结果，提出红色资源建议名录，由市人民政府核定后公布。

红色资源认定标准由市党史研究机构会同市宣传、档案、文化旅游、退役军人事务、规划资源、房屋管理等部门和地方志机构制订，报市红色资源传承弘扬和保护利用联席会议审定。

**第十五条** 本市对红色资源名录实行动态调整。对已列入名录的红色资源，由市红色资源传承弘扬和保护利用联席会议提出建议，经市人民政府核定后调整；对新发现的具有重要历史价值、教育意义、纪念意义的红色资源，参照本条例第十三条、第十四条规定程序，及时列入红色资源名录并予公布。

**第十六条** 区红色资源传承弘扬和保护利用联席会议应当指定相关部门对列入红色资源名录的遗址（以下简称红色遗址）设置纪念标识；对列入红色资源名录的旧址、纪念设施或者场所（以下简称红色旧址、纪念设施或者场所）设置保护标识。

纪念或者保护标识的样式由市党史研究机构会同市文化旅游部门提出，报市红色资源传承弘扬和保护利用联席会议审定。

任何单位和个人不得擅自设置、移动、涂污、损毁纪念或者保护标识。

**第十七条** 本市建立红色资源名录数据库，健全信息共享机制。

市文化旅游、档案、退役军人事务、规划资源、房屋管理、教育等部门和党史研究、地方志机构应当对列入名录的红色资源进行记录、整理、建档，并运用现代信息技术对相关资料进行数字化保护，数字化成果应当依法共享。

## 第三章 传承弘扬

**第十八条** 本市贯彻“人民城市人民建、人民城市为人民”重要理念，弘扬海纳百川、追求卓越、开明睿智、大气谦和的城市精神和开放、创新、包容的城市品格，把红色资源作为坚定理想信念、加强党性修养的生动教材，开展党史、新中国史、改革开放史和社会主义发展史学习教育，实施党的诞生地发掘宣传工程、红色文化传承弘扬工程和上海市革命文物保护利用工程，深入发掘建党精神和新时代红色资源，发挥红色资源凝心聚力、铸魂育人、推动发展的社会功能，打响上海红色文化品牌。

**第十九条** 本市在每年“七一”前后集中开展红色主题活动，在国庆节、清明节、劳动节、烈士纪念日以及重大历史事件纪念日、重要战役纪念日等节点，组织开展各类纪念活动。

鼓励在红色旧址、遗址、纪念设施或者场所开展加入中国共产党、中国共产主义青年团、中国少年先锋队宣誓等活动。

**第二十条** 宣传、统战、档案等部门和党史研究、社科研究、党校、高校等机构，以及红色资源相关管理单位应当组织开展红色资源理论研究，加强档案整理利用研究，挖掘上海红色资源的历史价值和时代内涵。

**第二十一条** 新闻出版等部门应当支持红色资源理论研究成果、红色主题出版物的出版发行。

鼓励出版单位开展红色资源理论研究成果、红色主题出版物的出版策划和宣传推广，开发融媒体出版物，组织红色主题阅读活动。

**第二十二条** 广播、电视、报刊、网站等媒体应当坚持正确舆论导向，通过新闻报道、开设专栏、发布公益广告等方式，弘扬红色文化，并创新传播方式，拓展新媒体传播渠道。

**第二十三条** 宣传、文化旅游、电影、教育等部门应当支持红色主题文艺作品的创作和传播，通过文艺精品创作扶持等机制，加大扶持力度。

鼓励文艺表演团体、文艺工作者、演出场所经营单位等开展红色主题文艺作品创作、展演展映等活动。

鼓励在本市首发、首演、首映、首展优秀红色主题文艺作品。

**第二十四条** 各级人民政府和相关部门应当组织开展形式多样的群众性主题宣传教育活动，讲好红色故事，引导公众参与红色资源传承弘扬。

本市鼓励老党员、老战士以及英雄模范开展红色资源传承弘扬活动，推动革命传统和优良作风薪火相传。

本市将红色资源传承弘扬融入市民文化节、上海旅游节、上海国际电影电视节、上海书展等重大品牌节庆活动，利用机场、车站、港口以及行业窗口、办公楼宇等公共空间，拓展红色资源宣传阵地。

**第二十五条** 具备开放条件的红色旧址、遗址、纪念设施或者场所，应当按照国家有关规定，免费或者优惠向社会公众开放。

红色旧址、遗址、纪念设施或者场所开放或者服务项目收取费用的，应当对未成年人、成年学生、教师、老年人、残疾人、军人和消防救援人员等实施免费或者其他优惠。

鼓励档案馆、博物馆、纪念馆、党史馆、美术馆、图书馆以及其他单位和个人将所有或者保管的红色资源，向社会开放或者公布。

**第二十六条** 具备开放条件的红色旧址、遗址、纪念设施或者场所应当向公众提供陈列展览、展示体验等服务，并运用互联网、大数据等信息技术，推动展览展示方式融合创新。

鼓励档案馆、博物馆、纪念馆、党史馆、美术馆、图书馆以及其他红色资源收藏单位研究整理和开发利用馆藏或者收藏的红色资源，开展专题展览、公益讲座、媒体宣传、阅读推广等传承弘扬活动。

红色旧址、遗址、纪念设施或者场所的展览展示内容和解说词应当征求党史研究机构意见；展览展示和讲解的内容，应当具有准确性、完整性和权威性。

宣传、文化旅游等部门应当加强红色资源相关信息应用平台建设，推进红色资源的在线集中推广和宣传展示。

**第二十七条** 鼓励依托红色旧址、遗址、纪念设施或者场所创建爱国主义教育、党史教育、廉政教育、国防教育、学生社会实践等基地，配备教育管理团队，发挥红色资源的社会教育功能。

鼓励红色旧址、遗址、纪念设施或者场所管理单位与国家机关、社会团体、企业事业单位和其他组织建立共建共享机制，为开展爱国主义教育等活动提供便利。

**第二十八条** 鼓励各级党组织利用红色资源开展党员理想信念教育，在红色旧址、遗址、纪念设施或者场所组织召开支部党员大会、支部委员会会议、党小组会以及上党课、开展主题党日等活动。

**第二十九条** 国家机关、事业单位和国有企业应当利用红色资源定期组织开展红色主题教育活动。

党校、干部教育培训机构应当将红色主题教育纳入教学必修课程，利用红色资源开展现场教学，组织学员到红色旧址、遗址、纪念设施或者场所开展学习培训和志愿服务。

**第三十条** 教育部门应当推动红色文化进校园，将红色文化融入思想道德、文化知识、社会实践等教育教学内容。

学校应当利用红色资源开展德育、智育、体育、美育、劳育等教育教学活动，每学年组织学生参观红色旧址、遗址、纪念设施或者场所等，开展爱国主义教育和社会实践活动。

**第三十一条** 本市依托新时代文明实践中心推动红色资源传承弘扬与文明实践活动融合发展，建立健全相应志愿服务机制，组织开展志愿服务活动，铭记革命历史，传承革命传统。

鼓励红色旧址、遗址、纪念设施或者场所管理单位建立红色资源传承弘扬志愿服务队伍。

宣传、文化旅游、教育等部门应当对红色资源传承弘扬志愿服务给予指导和支持。

**第三十二条** 文化旅游部门应当指导开发红色旅游线路、经典景区，培育红色旅游品牌，深化红色旅游区域合作，提升红色旅游与都市旅游、乡村旅游、研学旅游、科技旅游等业态融合发展。

鼓励、支持单位和个人参与红色旅游开发，合理利用红色资源，提升红色旅游内涵和影响力。

## 第四章 保护管理

**第三十三条** 规划资源、生态环境、文化旅游等部门在组织编制国土空间规划以及环境保护、文化旅游发展等专项规划时，应当体现红色资源保护利用的要求。

**第三十四条** 文化旅游、规划资源、房屋管理、退役军人事务等部门按照各自职责，对红色旧址、遗址、纪念设施或者场所按照下列规定实施分类保护：

（一）属于不可移动文物、优秀历史建筑、烈士纪念设施的，按照国家和本市有关规定，通过划定保护范围、建设控制范围等方式予以保护，并依法采取相应保护措施；

（二）不属于不可移动文物、优秀历史建筑、烈士纪念设施的红色旧址，位于历史风貌区内的，可以通过历史风貌区保护规划确定为需要保留的历史建筑予以保护；位于历史风貌区外的，参照需要保留的历史建筑予以保护；

（三）不属于不可移动文物的红色遗址，通过设置纪念标识予以保护；

（四）不属于烈士纪念设施的其他纪念设施或者场所，按照公共文化设施、城市雕塑等管理规定，实施保护管理。

红色资源名录中属于档案、可移动文物的，按照有关法律法规规定，实施保护管理；不属于档案、可移动文物的文献、手稿、声像资料和实物等，按照市、区红色资源传承弘扬和保护利用联席会议确定的部门提出的保护要求，实施保护管理。

**第三十五条** 红色资源的所有权人或者管理人、使用人为红色资源保护责任人。

红色资源保护责任人应当对红色资源进行日常保养和维护，采取防火、防盗、防自然损坏等措施，及时消除安全隐患。

消防救援、公安、房屋管理等部门应当对红色资源保护责任人开展日常保养和维护活动进行指导，并加强监督检查；消防救援、公安等部门应当按照规定将符合条件的单位确定为消防安全重点单位、治安保卫重点单位。

本市对红色资源保护责任人开展红色资源保护利用工作给予激励和支持。

**第三十六条** 因突发事件造成或者可能造成红色资源重大损失时，保护责任人应当立即采取保护措施，并向有关主管部门或者所在地的区人民政府报告；有关主管部门或者所在地的区人民政府应当给予指导和支持。

**第三十七条** 任何单位和个人不得擅自迁移、拆除红色旧址、纪念设施或者场所，不得擅自在红色遗址原址重建。

对红色旧址、纪念设施或者场所进行修缮、改扩建的，应当依法报规划资源、文化旅游、住房城乡建设、房屋管理等相关部门审批；必要时，审批部门应当征询同级红色资源传承弘扬和保护利用联席会议意见。

**第三十八条** 区、乡镇人民政府以及街道办事处应当加强辖区内红色旧址、遗址、纪念设施或者场所的秩序管理，并对周边道路、街区景观进行环境综合整治。

**第三十九条** 鼓励档案馆、博物馆、纪念馆、党史馆、美术馆、图书馆等收藏、研究单位对红色资源中的重要档案、文献、手稿、声像资料和实物等进行征集、收购。征集、收购应当遵循公平、自愿的原则。

鼓励单位和个人将收藏的红色资源捐赠或者出借给收藏、研究单位进行展览和研究。收藏、研究单位应当尊重捐赠人或者出借人的意愿，对捐赠或者出借的物品妥善收藏、保管和展示。

## 第五章　长三角区域协作

**第四十条** 本市推动长三角区域红色资源传承弘扬和保护利用的协同发展，开展红色资源理论研究、馆际交流、文艺创作、红色旅游等活动，加强红色资源共享共用，提升长三角区域发扬红色传统、传承红色基因的整体水平。

**第四十一条** 本市推动长三角区域宣传、统战、档案等部门和党史研究、社科研究、党校、高校等机构以及红色资源相关管理单位开展各个历史时期红色资源的理论研究，打造学术交流平台，共享理论阵地资源，合作举办学术研讨会，联合进行史料征集整理和专项课题研究，共同形成理论成果，提升长三角区域在全国相关学术研究领域的影响力。

**第四十二条** 本市推动长三角区域各类档案馆、博物馆、纪念馆、美术馆、图书馆以及其他红色资源收藏单位组建合作联盟，开展巡展联展，加强馆际资源协作开发。

**第四十三条** 本市推动长三角区域宣传、文化旅游、电影、教育等部门和文艺表演团体、演出场所经营单位等相关单位在红色主题文艺作品的选题、培育、研发、传播等领域加强合作，共同在文学、影视、舞台、美术、音乐、群众文艺和网络文艺等领域推出精品力作。

**第四十四条** 本市以长三角旅游推广联盟等平台为依托，推动长三角区域红色旅游合作，丰富旅游产品和线路，打造以点带线、以线联面、点面结合的长三角区域红色旅游圈。

**第四十五条** 鼓励单位和机构利用长三角区域红色资源开展党史学习教育、爱国主义教育、理想信念教育，进行现场教学、红色寻访、社会实践等活动。

## 第六章　保 障 措 施

**第四十六条** 市、区人民政府应当将红色资源传承弘扬和保护利用经费列入本级财政预算，建立与经济社会发展相适应的经费保障机制。

**第四十七条** 市、区人民政府及其相关部门、红色资源相关管理单位应当按照红色资源传承弘扬和保护利用的实际需要，加强专业人员培养和队伍建设，提高职业素养和服务能力。

各类红色资源相关管理单位的专业人员在相关部门组织的职称评定、学习培训、表彰奖励等方面享有同等待遇。

**第四十八条** 鼓励和支持公民、法人和其他组织通过捐赠、资助、志愿服务等方式，参与红色资源传承弘扬和保护利用工作。

**第四十九条** 鼓励利用红色资源开发文化

创意产品，将取得的收入用于加强红色资源传承弘扬和保护利用、藏品征集、继续投入开发等。

鼓励利用市场机制，探索版权合作等多样化合作模式，引导各类市场主体利用红色资源开发文化创意产品。

**第五十条** 本市将红色资源传承弘扬和保护利用情况作为精神文明创建活动内容，纳入精神文明创建考核评价体系。

**第五十一条** 市、区人大常委会应当通过听取和审议专项工作报告、开展执法检查等方式，加强对本条例执行情况的监督。

市、区人大常委会应当充分发挥各级人大代表作用，组织人大代表围绕红色资源传承弘扬和保护利用情况开展专项调研和视察等活动，汇集、反映人民群众的意见和建议，督促有关方面落实红色资源传承弘扬和保护利用各项工作。

**第五十二条** 检察机关应当依法在英雄烈士保护、历史风貌区和优秀历史建筑保护等红色资源保护利用相关领域开展公益诉讼工作。

## 第七章 法律责任

**第五十三条** 违反本条例规定的行为，法律、法规已有处理规定的，从其规定。

**第五十四条** 违反本条例规定，擅自设置、移动、涂污、损毁红色资源纪念或者保护标识的，由文化旅游部门责令改正，对个人处二百元以上二千元以下罚款，对单位处五百元以上五千元以下罚款。

**第五十五条** 违反本条例规定，破坏、损毁、侵占或者歪曲、丑化、亵渎、否定红色资源的，由有关主管部门责令改正；构成违反治安管理行为的，由公安机关依法给予处罚；构成犯罪的，依法追究刑事责任。

**第五十六条** 违反本条例规定的行为，除依法追究相应法律责任外，相关部门还应当按照规定，将有关单位和个人的信息向本市公共信用信息平台归集，并依法采取惩戒措施。

**第五十七条** 各级人民政府及其有关部门违反本条例规定，不履行红色资源保护管理法定职责的，由有关主管部门责令改正；拒不改正或者造成严重后果的，对直接负责的主管人员和其他直接责任人员依法追究相应责任。

## 第八章 附 则

**第五十八条** 本条例自2021年7月1日起施行。

# 上海市人民代表大会常务委员会规范性文件备案审查条例

（2021年5月21日上海市第十五届人民代表大会常务委员会第三十一次会议通过 根据2024年11月28日上海市第十六届人民代表大会常务委员会第十七次会议通过的《上海市人民代表大会常务委员会关于修改〈上海市人民代表大会常务委员会规范性文件备案审查条例〉的决定》修正）

## 第一章 总 则

**第一条** 为了进一步规范备案审查工作，更好地履行宪法、法律赋予地方各级人民代表大会常务委员会的监督职权，充分发挥备案审查制度保障宪法和法律法规实施、维护国家法制统一的重要作用，提高备案审查能力和质量，坚决纠正和撤销违反宪法和法律法规的规范性文件，根据《中华人民共和国宪法》以及《中华人民共和国立法法》《中华人民共和国各级人民代表大会常务委员会监督法》等法律和《全国人民代表大会常务委员会关于完善和加强备案审查制度的决定》，结合本市实际，制定本条例。

**第二条** 市人民代表大会常务委员会（以下简称市人大常委会）对规范性文件的备案审查，适用本条例。

本条例所称规范性文件，是指本市行政区域内有关国家机关依照法定权限和程序制定并公开发布，涉及公民、法人和其他组织权利、义务，具有普遍约束力，并在一定时期内可以反复适用的文件。

下列规范性文件，应当报送市人大常委会备案：

（一）市人民政府制定的规章；

（二）市人民政府制定的决定、命令、规定、办法等规范性文件；

（三）本市地方性法规要求市人民政府及其相关工作部门制定的与实施该法规相配套的规范性文件；

（四）市监察委员会为执行国家法律法规或根据授权制定的规范性文件；

（五）市高级人民法院、市人民检察院制定的指导、规范审判、检察业务的规范性文件；

（六）区人民代表大会及其常务委员会作出的决议、决定；

（七）依法应当向市人大常委会报送备案的其他规范性文件。

**第三条** 市人大常委会依照宪法、法律开展备案审查工作，坚持以习近平新时代中国特色社会主义思想为指导，贯彻习近平法治思想，坚持党的领导、人民当家作主、依法治国有机统一，保证党中央令行禁止，保障宪法和法律实施，保护公民、法人和其他组织的合法权益，维护国家法制统一，促进本市国家机关提高规范性文件制定水平。

**第四条** 开展备案审查工作，应当依照法定权限和程序，坚持有件必备、有备必审、有错必纠的原则。

**第五条** 市人大常委会办公厅（以下简称常委会办公厅）负责报送备案的规范性文件的接收、登记、转送和存档等工作。

市人大常委会法制工作委员会（以下简称法工委）是规范性文件备案审查的日常工作机构，负责有关备案审查的分办、协调、综合、研究、报告等工作。

市人民代表大会专门委员会、常委会工作委员会（以下简称有关委员会）按照各自职责，负责相关领域规范性文件的审查研究工作。

**第六条** 市人大常委会加强备案审查信息化建设，建立健全覆盖全市、互联互通、操作便捷的备案审查信息平台，完善在线提出审查建议、电子备案、在线审查等平台功能，拓展信息平台的数据收集和立法服务功能，逐步实现备案审查工作数字化、智能化。

**第七条** 常委会工作机构加强与市委办公厅、市政府办公厅、市监察委员会、市高级人民法院和市人民检察院备案审查工作机构的联系和协作，形成备案审查衔接联动机制，在移交处理、征求意见、会商协调、信息共享、能力提升等方面加强协作配合，发挥备案审查制度合力，增强备案审查制度整体成效。

**第八条** 常委会工作机构加强对区人大常委会规范性文件备案审查工作的联系和指导，采取召开备案审查工作座谈会、举办备案审查工作培训、开展备案审查案例交流和理论研究等措施，推动区人大常委会提高备案审查工作能力和质量。

**第九条** 备案审查工作应当贯彻全过程人民民主理念，保障人民群众对备案审查工作的知情权、参与权、表达权、监督权，使备案审查制度和工作成为践行全过程人民民主的重要形式和制度载体。

市人大常委会开展备案审查工作应当充分发扬民主，加强调查研究。坚持备案工作与人大代表工作相结合，发挥基层立法联系点民意直通车作用，引导社会各方面有序参与备案审查工作。

## 第二章 备　　案

**第十条** 规范性文件应当自公布之日起三十日内报送备案。

报送备案，应当按要求一并报送备案报告、规范性文件正式文本及相关说明材料的纸质文本一式三份和电子文本。

报送单位应当通过市人大常委会备案审查信息系统报送全部备案文件的电子文本，报送的电子文本应当符合全国人大常委会工作机构印发的格式标准和要求。

**第十一条** 规范性文件由下列机关负责报送备案：

（一）市人民政府及其相关工作部门制定的规范性文件，由市人民政府办公厅报送备案；

（二）市监察委员会制定的规范性文件，由监察委员会办公厅报送备案；

（三）市高级人民法院、市人民检察院制定的规范性文件，由市高级人民法院办公室、市人民检察院办公室报送备案；

（四）区人民代表大会及其常务委员会制定的规范性文件，由区人大常委会办公室报送备案。

**第十二条** 常委会办公厅自收到备案文件之日起五个工作日内进行审核，对符合法定范围和程序、备案文件齐全、符合格式标准和要求的，予以接收登记后转送法工委；对不符合法定范围和程序、备案文件不齐全或者不符合格式标准和要求的，应当要求报备单位补充或予以退回重新进行报备并说明理由。补充报备材料或重新报送备案，应当自收到通知之日起十个工作日内完成。

法工委对报送备案的文件进行审查研究，根据职责分工送有关委员会审查研究。

常委会工作机构对制定机关报送规范性文件备案工作进行督促检查，并对瞒报、迟报、漏报等情况适时予以通报。

**第十三条** 每年一月三十一日前，制定机关应当将其上一年度制定、修改和废止的规范性文件目录报送常委会办公厅备查。

市人大常委会办公厅通过市人大常委会公报和上海人大公众网向社会公布上一年度备案的规范性文件目录。

## 第三章 审　　查

### 第一节 审查职责

**第十四条** 市人大常委会按照有备必审的要求完善审查工作机制，细化审查内容，规范审查程序，综合运用主动审查、依申请审查、专项审查、移送审查和联合审查等方式，依法对规范性文件开展审查。

**第十五条** 有关委员会、法工委对报送备案的规范性文件依职权主动进行审查。健全主动审查工作机制和方式，围绕贯彻落实国家和本市重大决策部署，针对规范性文件中存在的倾向性、典型性问题，突出审查重点，提高主动审查效率和质量。

有关委员会应当自收到分送的报备文件之日起三十日内提出书面审查研究意见，送法工委综合研究；但需要函告制定机关作出说明的除外。

**第十六条** 国家机关依法向市人大常委会书面提出的对规范性文件的审查要求，由常委会办公厅接收、登记，报秘书长批转有关委员会会同法工委进行审查研究。

**第十七条** 国家机关、社会团体、企业事业组织以及公民依法向市人大常委会书面提出的对规范性文件的审查建议，由法工委负责接收、登记，会同有关委员会审查研究。

**第十八条** 经初步研究，审查建议有下列情形之一的，可以不启动审查程序：

（一）建议审查的规范性文件的相关规定已经修改或者废止；

（二）此前已就建议审查的规范性文件的相关规定与制定机关作过沟通，制定机关明确表示同意修改或者废止；

（三）此前对建议审查的规范性文件的同一规定进行过审查，已有审查结论；

（四）建议审查的理由不明确或者明显不成立；

（五）其他不宜启动审查程序的情形。

**第十九条** 对审查建议进行初步审查研究后，法工委认为需要启动审查程序的，经报秘书长同意按第五条规定的职责分工送有关委员会提出审查研究意见。

**第二十条** 结合贯彻党中央决策部署、国家重大改革和政策调整、重要法律实施、落实全国人大常委会决定，围绕本市工作重点，法工委会同有关委员会对相关的规范性文件开展专项审查，集中解决某一领域或者某一类别规范性文件中普遍存在的问题。在开展主动审查、依申请审查、移送审查过程中，发现其他相关规范性文件存在共性问题的，可以一并进行专项审查。

**第二十一条** 对不属于市人大常委会备案审查范围的规范性文件提出的审查建议，法工委依法移送有权审查的机关处理，或者告知提出审查建议的公民、组织直接向有权审查的机关提出审查建议。

市人民政府、市监察委员会、市高级人民法院、市人民检察院备案审查工作机构对市人大常委会工作机构移送的审查建议，应当依法办理。

对有关机关移送的审查建议，法工委按本条例的相关规定研究处理。

**第二十二条** 规范性文件存在涉及其他机关备案审查职责范围的共性问题的，常委会工作机构可以与其他机关备案审查机构开展联合调研或者联合审查，共同研究提出审查意见和建议。

**第二十三条** 市人大常委会及其工作机构根据需要，可以对有关规范性文件组织开展集中清理或者向有关制定机关提出集中清理工作的建议，督促有关方面及时修改或者废止不符合、不衔接、不适应法律法规规定、中央精神、时代要求的规范性文件，并及时制定配套规定。组织开展集中清理，应当明确清理的范围、主要内容、时限要求等。

### 第二节 审查程序

**第二十四条** 在主动审查、移送审查、专项审查中，或者根据审查要求、审查建议进行审查研究中，可以要求制定机关书面说明有关情况或者补充相关材料。

**第二十五条** 对规范性文件进行审查研究，可以通过座谈会、听证会、论证会、委托第三方研究等方式，听取有关国家机关、社会团体、企业事业组织、人大代表、专家学者以及利益相关方的意见。

**第二十六条** 对规范性文件进行审查研究，根据需要可以进行实地调研，深入了解实际情况。

**第二十七条** 法工委应当加强与有关委员会在备案审查工作中的沟通协调，适时向有关委员会了解备案审查工作的情况。遇有重要问题和重要情况的，法工委、有关委员会可以共同研究和协商；根据工作需要，可以召开联合审查会议。

有关委员会、法工委在审查研究中有较大意见分歧的，经报秘书长同意向主任会议报告。

### 第三节 审查标准

**第二十八条** 对规范性文件进行审查研究，发现规范性文件可能存在违背宪法规定、宪法原则或宪法精神问题的，应当向全国人大常委会报告。

**第二十九条** 对规范性文件进行审查，发现规范性文件存在与党中央的重大决策部署不相符或者与国家重大改革方向不一致问题的，应当提出意见。

**第三十条** 对规范性文件进行审查，发现规范性文件违背法律、法规的规定，有下列情形之一的，应当提出意见：

（一）违反《中华人民共和国立法法》第十一条规定，对只能制定法律的事项作出规定；

（二）超越权限，违法设定公民、法人和其他组织的权利和义务，或者违法设定国家机关的权力和责任；

（三）违法设定行政许可、行政处罚、行政

强制，或者对法律、法规设定的行政许可、行政处罚、行政强制违法作出调整和改变；

（四）与法律、法规的规定明显不一致，或者与法律、法规的立法目的、原则明显相违背，旨在抵消、改变或者规避法律、法规的规定；

（五）违反授权决定，超出授权范围；

（六）违背法定程序；

（七）其他违背法律、法规规定的情形。

**第三十一条** 对规范性文件进行审查，发现规范性文件存在明显不适当问题，有下列情形之一的，应当提出意见：

（一）明显违背社会主义核心价值观和公序良俗；

（二）对公民、法人或者其他组织的权利和义务的规定明显不合理；

（三）采取的措施与其目的不符合比例原则；

（四）因现实情况发生重大变化而不宜继续施行；

（五）其他明显不适当的情形。

## 第四章 处 理

**第三十二条** 有关委员会、法工委在审查研究中发现规范性文件可能存在本条例第三章第三节规定情形的，可以与制定机关沟通，或者采用书面方式对制定机关进行询问。

**第三十三条** 经审查研究，认为规范性文件存在本条例第三章第三节规定情形，需要予以纠正的，由法工委会同有关委员会提出研究意见，与制定机关沟通，要求制定机关予以修改或者废止。

经沟通，制定机关及时修改或者废止规范性文件，或者书面提出明确处理计划和时限的，审查中止。

经沟通没有结果的，法工委会同有关委员会依法提出书面审查研究意见，经主任会议决定由办公厅发函制定机关，要求在两个月内提出书面处理意见。

**第三十四条** 制定机关按照主任会议要求或者常委会工作机构意见，对有关规范性文件进行纠正并完成相关工作的，审查终止。

制定机关未按照主任会议决定的书面审查研究意见对有关规范性文件予以修改或者废止的，有关委员会或者法工委应当向主任会议提出撤销该规范性文件的议案、建议，由主任会议决定提请市人大常委会会议审议决定。

常委会工作机构对可能造成理解歧义、执行不当等问题的规范性文件，可以函告制定机关予以提醒，提出意见和建议。

**第三十五条** 规范性文件被纠正或者撤销后，其他规范性文件存在相同问题的，有关制定机关应当及时修改或者废止。

规范性文件修改或者废止的，制定机关应当将有关情况及时书面告知，并按照本条例规定重新报送备案。

**第三十六条** 规范性文件审查工作结束后，国家机关提出的审查要求，由常委会办公厅向该国家机关反馈审查结果；国家机关、社会团体、企业事业组织以及公民提出的审查建议，由法工委反馈审查结果。

反馈采取书面形式，必要时也可以采取口头形式。对通过市人大备案审查信息系统提出的审查建议，可以通过备案审查信息系统进行反馈。

**第三十七条** 规范性文件审查工作结束后，有关审查研究资料应当及时归档保存。

## 第五章 报告工作

**第三十八条** 法工委应当每年向市人大常委会报告开展规范性文件备案审查工作的情况，由市人大常委会会议审议。

**第三十九条** 备案审查工作情况报告的内容一般包括：接收备案的情况，开展审查的情况，对规范性文件纠正处理的情况，开展备案审查制度和能力建设的情况，下一步工作考虑和建议等。法工委起草备案审查工作情况的报告，应当征询各委员会、常委会办公厅的意见，报主任会议决定提请市人大常委会会议审议。

**第四十条** 备案审查工作情况报告根据常委会组成人员的审议意见修改后，在市人大常委会公报和上海人大公众网刊载。备案审查工作动态、重要进展和典型案例及时向社会公众公开。

## 第六章 附 则

**第四十一条** 本市各区人民代表大会常务委员会参照本条例对依法接受本级人大常委会监督的地方国家机关制定的有关规范性文件进行备案审查。

**第四十二条** 本条例自2021年7月1日起施行。2012年4月19日上海市第十三届人民代表大会常务委员会第三十三次会议通过的《上海市人民代表大会常务委员会关于规范性文件备案审查的规定》同时废止。

# 上海市人民建议征集若干规定

（2021年6月23日上海市第十五届人民代表大会常务委员会第三十二次会议通过）

**第一条** 为了贯彻落实“人民城市人民建，人民城市为人民”重要理念，坚持人民群众在城市建设和发展中的主体地位，保障其知情权、参与权、表达权、监督权，促进和规范本市人民建议征集工作，鼓励和引导人民群众建言献策，坚持全过程民主，完善共建共治共享的社会治理制度，根据宪法和相关法律、行政法规，结合本市实际，制定本规定。

**第二条** 本市人民建议的征求、收集、接收以及处理等活动适用本规定。

本规定所称人民建议，是指公民、法人和其他组织等（以下称建议人）为了维护国家利益、社会公共利益，促进城市建设和发展，提升城市治理水平，改进国家机关工作，向本市各级国家机关提出的建议。

**第三条** 本市人民建议征集应当坚持以人民为中心，遵循下列原则：

（一）倾听民意，广纳民智；

（二）畅通渠道，便捷高效；

（三）推动转化，优化治理；

（四）公开透明，接受监督。

**第四条** 本市建立市、区两级人民建议征集办公室，负责组织推动、协调落实本市人民建议征集工作，研究拟定人民建议征集工作规划、计划，研究解决人民建议征集工作中的突出难题，指导督促各级人民建议征集工作机构开展人民建议征集工作。

**第五条** 本市各级国家机关是开展人民建议征集工作的主体，应当将人民建议征集作为贯彻落实“人民城市人民建，人民城市为人民”重要理念的工作方式方法，根据需要确定负责人民建议征集的工作机构，或者配备从事人民建议征集工作的人员，并保障工作所需经费。

**第六条** 负责人民建议征集的工作机构，按照各自职责，依法开展下列工作：

（一）制定人民建议征集工作制度和工作流程；

（二）征求、收集、接收、处理人民建议；

（三）承办上一级和本级国家机关、相关国家机关交办或者转送的人民建议；

（四）加强人民建议的分析研判，提出工作建议，促进落实转化；

（五）依法应当履行的其他职责。

**第七条** 市人民建议征集办公室建立完善人民建议征集信息系统，实现议题发布、建议接收、办理反馈、信息查询、公众评价等功能，并接入“一网通办”“一网统管”平台；同时依托市大数据资源平台，推进人民建议征集工作信息的互联、互通和共享。

其他国家机关应当加强人民建议征集工作

信息化建设，共同推动人民建议征集工作的规范、透明、高效。

**第八条** 本市各级国家机关采取主动征求、收集和日常接收等方式，征集人民建议。

本市各级国家机关制定地方性法规、政府规章、规范性文件和作出重大决策，涉及社会公共利益和重大民生问题的，以及就人民群众反映集中的问题等主动征求、收集人民建议的，可以根据需要开展专项征集，并逐步实施目录管理。

专项征集的议题及相关情况说明、建议提交的途径和方式、征集期限应当向社会公开，相关信息同时在人民建议征集信息系统上发布。

**第九条** 本市畅通人民建议征集渠道，保障建议人通过书信、电话、电子邮件、互联网媒体等形式提出建议。

本市充分发挥“12345”市民服务热线和门户网站、“随申办”移动端等政务新媒体的“云征集”功能，为建议人有序参与人民建议征集活动提供便利。

**第十条** 建议人提出的建议应当客观真实，一般具备建议主题、主要事由、对策建议、建议人基本信息等要素。

涉及个人诉求以及依法应当通过诉讼、仲裁、行政复议等法定途径解决的事项不宜作为人民建议提出。

**第十一条** 本市各级国家机关应当按照规定的时限要求，登记、受理、转送、办理人民建议，并对具有价值的建议予以充分吸纳、落实。

本市各级国家机关办理人民建议，可以采用座谈会、研讨会、听证会、实地走访等形式进行调研论证，邀请建议人、专家学者等参加；人民建议涉及两个或者两个以上国家机关职责范围的，应当邀请相关国家机关共同参加。相关调研论证形成的意见作为办理人民建议的参考依据。

**第十二条** 本市各级国家机关应当通过下列方式及时反馈人民建议办理情况：

（一）对于主动征求、收集到的人民建议，可以通过向社会公众发布征集情况的方式集中反馈；

（二）对于日常接收到的人民建议，可以通过书面、电话、短信、网络等方式向建议人反馈；

（三）其他反馈方式。

**第十三条** 本市各级国家机关应当建立健全人民建议综合研判、转化机制，通过下列方式促进人民建议落实转化：

（一）作为制定惠民、利民、便民工作举措的参考；

（二）作为改进国家机关工作的参考；

（三）作为地方性法规、政府规章、规范性文件和政策立、改、废、释的参考；

（四）作为确定市、区人民代表大会常务委员会监督建议项目的参考；

（五）作为各级人大代表提出议案、建议的参考；

（六）作为国家机关的决策参考；

（七）其他落实转化方式。

**第十四条** 市人民建议征集办公室依托人民建议征集信息系统，及时、快速收集、转送、汇总、分析突发事件应急处置期间的人民建议，提高人民建议处理的时效性。

市、区人民政府及其有关部门应当对突发事件应急处置期间，人民群众反映较为集中、具有典型性的建议及时进行调查、核实、办理，加快人民建议转化为具体政策、措施的进程，切实回应社会关切。

**第十五条** 鼓励、支持人民群众积极为本市城市建设和发展建言献策，营造全社会参与人民建议征集的良好氛围。

鼓励、支持基层群众自治组织、人民团体、行业协会等察民情、聚民智，积极向本市各级国家机关反映人民群众的建议。

鼓励、支持高等学校、研究机构、各类智库等参与本市各级国家机关人民建议征集工作，提升建议征集的专业性和精准度。

鼓励、支持境外人士积极提出建议，汇聚全球智慧，助力上海发展。

**第十六条** 鼓励本市各级国家机关开展优秀人民建议评选并予以表扬，对具有重要价值的建议，按照国家和本市有关规定予以奖励，奖励经费纳入相关工作经费。

**第十七条** 广播、电视、报刊、网站等媒体应当坚持正确的舆论导向，通过新闻报道、开设专栏等方式，加大人民建议征集宣传力度，提高人民建议征集的社会知晓度和参与度，提升人民群众的主体意识和参与意识。

**第十八条** 市、区人民代表大会常务委员会应当通过听取和审议专项工作报告、组织执法检查、开展询问和质询等方式，加强对本规定执行情况和本市人民建议征集工作开展情况的监督。

**第十九条** 市、区人民代表大会常务委员会应当充分发挥各级人大代表作用，组织人大代表围绕人民建议征集工作情况开展专题调研和视察等活动，汇集、反映人民群众的建议，督促有关方面落实本市人民建议征集的各项工作。

**第二十条** 市、区人民建议征集办公室会同相关督查部门定期开展人民建议联合督办，对本市人民建议征集工作情况进行检查。

本市各级国家机关依法加强对本机关和下一级国家机关开展人民建议征集工作情况的检查。

**第二十一条** 本市人民团体和承担社会公共管理职能的企事业单位的人民建议征集工作，参照本规定执行。

**第二十二条** 本规定自 2021 年 7 月 1 日施行。

# 上海市城市更新条例

（2021 年 8 月 25 日上海市第十五届人民代表大会常务委员会第三十四次会议通过）

## 第一章 总 则

**第一条** 为了践行“人民城市”重要理念，弘扬城市精神品格，推动城市更新，提升城市能级，创造高品质生活，传承历史文脉，提高城市竞争力、增强城市软实力，建设具有世界影响力的社会主义现代化国际大都市，根据有关法律、行政法规，结合本市实际，制定本条例。

**第二条** 本市行政区域内的城市更新活动及其监督管理，适用本条例。

本条例所称城市更新，是指在本市建成区内开展持续改善城市空间形态和功能的活动，具体包括：

（一）加强基础设施和公共设施建设，提高超大城市服务水平；

（二）优化区域功能布局，塑造城市空间新格局；

（三）提升整体居住品质，改善城市人居环境；

（四）加强历史文化保护，塑造城市特色风貌；

（五）市人民政府认定的其他城市更新活动。

**第三条** 本市城市更新，坚持“留改拆”并举、以保留保护为主，遵循规划引领、统筹推进，政府推动、市场运作，数字赋能、绿色低碳，民生优先、共建共享的原则。

**第四条** 市人民政府应当加强对本市城市更新工作的领导。

市人民政府建立城市更新协调推进机制，统筹、协调全市城市更新工作，并研究、审议城市更新相关重大事项；办公室设在市住房城乡建设管理部门，具体负责日常工作。

**第五条** 规划资源部门负责组织编制城市更新指引，按照职责推进产业、商业商办、市政基础设施和公共服务设施等城市更新相关工作，并承担城市更新有关规划、土地管理职责。

住房城乡建设管理部门按照职责推进旧区改造、旧住房更新、“城中村”改造等城市更新相关工作，并承担城市更新项目的建设管理职责。

经济信息化部门负责根据本市产业发展规划，协调、指导重点产业发展区域的城市更新相关工作。

商务部门负责根据本市商业发展规划，协调、指导重点商业商办设施的城市更新相关工作。

发展改革、房屋管理、交通、生态环境、绿化市容、水务、文化旅游、应急管理、民防、财政、科技、民政等其他有关部门在各自职责范围内，协同开展城市更新相关工作。

**第六条** 区人民政府(含作为市人民政府派出机构的特定地区管理委员会，下同)是推进本辖区城市更新工作的主体，负责组织、协调和管理辖区内城市更新工作。

街道办事处、镇人民政府按照职责做好城市更新相关工作。

**第七条** 本市设立城市更新中心，按照规定职责，参与相关规划编制、政策制定、旧区改造、旧住房更新、产业转型以及承担市、区人民政府确定的其他城市更新相关工作。

**第八条** 本市设立城市更新专家委员会(以下简称专家委员会)。

专家委员会按照本条例的规定，开展城市更新有关活动的评审、论证等工作，并为市、区人民政府的城市更新决策提供咨询意见。

专家委员会由规划、房屋、土地、产业、建筑、交通、生态环境、城市安全、文史、社会、经济和法律等方面的人士组成，具体组成办法和工作规则另行规定。

**第九条** 本市建立健全城市更新公众参与机制，依法保障公众在城市更新活动中的知情权、参与权、表达权和监督权。

**第十条** 本市依托“一网通办”“一网统管”平台，建立全市统一的城市更新信息系统。

城市更新指引、更新行动计划、更新方案以及城市更新有关技术标准、政策措施等，应当同步通过城市更新信息系统向社会公布。

市、区人民政府及其有关部门依托城市更新信息系统，对城市更新活动进行统筹推进、监督管理，为城市更新项目的实施和全生命周期管理提供服务保障。

## 第二章　城市更新指引和更新行动计划

**第十一条** 市规划资源部门应当会同市发展改革、住房城乡建设管理、房屋管理、经济信息化、商务、交通、生态环境、绿化市容、水务、文化旅游、应急管理、民防、财政、科技、民政等部门，编制本市城市更新指引，报市人民政府审定后向社会发布，并定期更新。

编制城市更新指引过程中，应当听取专家委员会和社会公众的意见。

**第十二条** 编制城市更新指引应当遵循以下原则：

(一)符合国民经济和社会发展规划、国土空间总体规划，统筹生产、生活和生态布局；

(二)破解城市发展中的突出问题，推动城市功能完善和品质提升；

(三)聚焦城市发展重点功能区和新城建设，发挥示范引领和辐射带动作用；

(四)注重历史风貌保护和文化传承，拓展文旅空间，提升城市魅力；

(五)持续改善城市人居环境，构建多元融合的“十五分钟社区生活圈”，不断满足人民群众日益增长的美好生活需要；

(六)强化产业发展统筹，促进重点产业转型，提升城市创新能级；

(七)加强城市风险防控和安全运行保障，提升城市韧性。

**第十三条** 城市更新指引应当明确城市更新的指导思想、总体目标、重点任务、实施策略、保障措施等内容，并体现区域更新和零星更新的特点和需求。

**第十四条** 区人民政府根据城市更新指引，结合本辖区实际情况和开展的城市体检评估报告意见建议，对需要实施区域更新的，应当编制更新行动计划；更新区域跨区的，由市人民政府指定的部门或者机构编制更新行动计划。

确定更新区域时，应当优先考虑居住环境差、市政基础设施和公共服务设施薄弱、存在重大安全隐患、历史风貌整体提升需求强烈以及现有土地用途、建筑物使用功能、产业结构不适应经济社会发展等区域。

**第十五条** 物业权利人以及其他单位和个人可以向区人民政府提出更新建议。

区人民政府应当指定部门对更新建议进行归类和研究，并作为确定更新区域、编制更新行动计划的重要参考。

**第十六条** 市人民政府指定的部门或者机构、区人民政府（以下统称编制部门）在编制更新行动计划的过程中，应当通过座谈会、论证会或者其他方式，广泛听取相关单位和个人的意见。

**第十七条** 更新行动计划应当明确区域范围、目标定位、更新内容、统筹主体要求、时序安排、政策措施等。

**第十八条** 更新行动计划经专家委员会评审后，由编制部门报市人民政府审定后，向社会公布。编制部门应当做好更新行动计划的解读、咨询工作。

更新行动计划主要内容调整的，应当依照本章有关规定，履行听取意见、评审、审议和公布等程序。

## 第三章 城市更新实施

**第十九条** 更新区域内的城市更新活动，由更新统筹主体统筹开展；由更新区域内物业权利人实施的，应当在更新统筹主体的统筹组织下进行。

零星更新项目，物业权利人有更新意愿的，可以由物业权利人实施。

根据前两款规定，由物业权利人实施更新的，可以采取与市场主体合作方式。

**第二十条** 本市建立更新统筹主体遴选机制。市、区人民政府应当按照公开、公平、公正的原则组织遴选，确定与区域范围内城市更新活动相适应的市场主体作为更新统筹主体。更新统筹主体遴选机制由市人民政府另行制定。

属于历史风貌保护、产业园区转型升级、市政基础设施整体提升等情形的，市、区人民政府也可以指定更新统筹主体。

**第二十一条** 更新区域内的城市更新活动，由更新统筹主体负责推动达成区域更新意愿、整合市场资源、编制区域更新方案以及统筹、推进更新项目的实施。

市、区人民政府根据区域情况和更新需要，可以赋予更新统筹主体参与规划编制、实施土地前期准备、配合土地供应、统筹整体利益等职能。

**第二十二条** 更新统筹主体应当在完成区域现状调查、区域更新意愿征询、市场资源整合等工作后，编制区域更新方案。

区域更新方案主要包括规划实施方案、项目组合开发、土地供应方案、资金统筹以及市政基础设施、公共服务设施建设、管理、运营要求等内容。

编制规划实施方案，应当遵循统筹公共要素资源、确保公共利益等原则，按照相关规划和规定，开展城市设计，并根据区域目标定位，进行相关专题研究。

**第二十三条** 编制区域更新方案过程中，更新统筹主体应当与区域范围内相关物业权利人进行充分协商，并征询市、区相关部门以及专家委员会、利害关系人的意见。

市、区相关部门应当加强对更新统筹主体编制区域更新方案的指导。

**第二十四条** 更新统筹主体应当将区域更新方案报所在区人民政府或者市规划资源部门，并附具相关部门、专家委员会和利害关系人意见的采纳情况和说明。

区人民政府或者市规划资源部门对区域更新方案进行论证后予以认定，并向社会公布。具体分工和程序，由市人民政府另行规定。

**第二十五条** 更新统筹主体应当根据区域更新方案，组织开展产权归集、土地前期准备等工作，配合完成规划优化和更新项目土地供应。

**第二十六条** 区域更新方案经认定后，更新项目建设单位依法办理立项、土地、规划、建设等手续；区域更新方案包含相关审批内容且符合要求的，相关部门应当按照“放管服”改革以及优化营商环境的要求，进一步简化审批材料、缩减审批时限、优化审批环节，提高审批效能。

**第二十七条** 零星更新项目的物业权利人有更新意愿的，应当编制项目更新方案。项目更新方案主要包括规划实施方案和市政基础设施、公共服务设施建设、管理、运营要求等内容。

项目更新方案的意见征询、认定、公布等程序，参照本章规定执行。

**第二十八条** 开展城市更新活动，应当遵守以下一般要求：

（一）优先对市政基础设施、公共服务设施等进行提升和改造，推进综合管廊、综合杆箱、公共充电桩、物流快递设施等新型集约化基础设施建设；

（二）按照规定进行绿色建筑建设和既有建筑绿色改造，发挥绿色建筑集约发展效应，打造绿色生态城区；

（三）按照海绵城市建设要求，综合采取措施，提高城市排水、防涝、防洪和防灾减灾能力；

（四）对地上地下空间进行综合统筹和一体化提升改造，提高城市空间资源利用效率；

（五）完善城市信息基础设施，推动经济、生活、治理全面数字化转型；

（六）通过对既有建筑、公共空间进行微更新，持续改善建筑功能和提升生活环境品质；

（七）按照公园城市建设要求，完善城市公园体系，全面提升城市生态环境品质；

（八）加强公共停车场（库）建设，推进轨道交通场站与周边地区一体化更新建设；

（九）国家和本市规定的其他要求。

**第二十九条** 更新项目建设单位应当按照规定，建立更新项目质量和安全管理制度，采取风险防控措施，加强质量和安全管理；涉及既有建筑结构改造或者改变建筑设计用途的，应当开展质量安全检测。

更新项目建设单位应当统筹考虑更新区域的实际情况，组织制定抗震、消防功能整体性提升方案，综合运用建筑抗震、消防新技术等手段，提升更新区域整体抗震、消防性能。

**第三十条** 在城市更新过程中确需搬迁业主、公房承租人，更新项目建设单位与需搬迁的业主、公房承租人协商一致的，应当签订协议，明确房屋产权调换、货币补偿等方案。

**第三十一条** 在城市更新过程中，为了促进国民经济和社会发展等公共利益，按照国家和本市有关房屋征收与补偿规定确需征收房屋提升城市功能的，应当遵循决策民主、程序正当、结果公开的原则，广泛征求被征收人的意愿，科学论证征收补偿方案。

作出房屋征收决定的区人民政府对被征收人给予补偿后，被征收人应当在补偿协议约定或者补偿决定确定的搬迁期限内完成搬迁。被征收人在法定期限内不申请行政复议或者不提起行政诉讼，在补偿决定规定的期限内又不搬迁的，由作出房屋征收决定的区人民政府依法申请人民法院强制执行。

**第三十二条** 对于建筑结构差、年久失修、功能不全、存在安全隐患且无修缮价值的公有旧住房，经房屋管理部门组织评估，需要采用拆除重建方式进行更新的，拆除重建方案应当充分征求公房承租人意见，并报房屋管理部门同意。公房产权单位应当与公房承租人签订更新协议，并明确合理的回搬或者补偿安置方案；签约比例达到百分之九十五以上的，协议方可生效。

对于建筑结构差、功能不全的公有旧住房，确需保留并采取成套改造方式进行更新，经房屋管理部门组织评估需要调整使用权和使用部位的，调整方案应当充分征求公房承租人意见，并报房屋管理部门同意。公房产权单位应当与公房承租人签订调整协议，并明确合理的补偿安置方案。签约比例达到百分之九十五以上的，协议方可生效。

公房承租人拒不配合拆除重建、成套改造的，公房产权单位可以向区人民政府申请调解；

调解不成的，为了维护和增进社会公共利益，推进城市规划的实施，区人民政府可以依法作出决定。公房承租人对决定不服的，可以依法申请行政复议或者提起行政诉讼。在法定期限内不申请行政复议或者不提起行政诉讼，在决定规定的期限内又不配合的，由作出决定的区人民政府依法申请人民法院强制执行。

第一款、第二款规定的拆除重建、成套改造项目中涉及私有房屋的，更新协议、调整协议的签约及相关工作要求按照前款规定执行。

**第三十三条** 本市开展既有多层住宅加装电梯工作，应当遵循民主协商、因地制宜、安全适用、风貌协调的原则。

既有多层住宅需要加装电梯的，应当按照《中华人民共和国民法典》关于业主共同决定事项的规定进行表决。表决通过后，按照国家和本市有关规定，开展加装电梯工作。对于加装电梯过程中产生争议的，依法通过协商、调解、诉讼等方式予以解决。

街道办事处、镇人民政府应当做好加装电梯相关协调、推进工作。

**第三十四条** 在优秀历史建筑的周边建设控制范围内新建、扩建、改建以及修缮建筑的，应当在使用性质、高度、体量、立面、材料、色彩等方面与优秀历史建筑相协调，不得改变建筑周围原有的空间景观特征，不得影响优秀历史建筑的正常使用。

## 第四章 城市更新保障

**第三十五条** 市、区人民政府及其有关部门应当完善城市更新政策措施，深化制度创新，加大资源统筹力度，支持和保障城市更新。

**第三十六条** 市、区人民政府应当安排资金，对旧区改造、旧住房更新、“城中村”改造以及涉及公共利益的其他城市更新项目予以支持。

鼓励通过发行地方政府债券等方式，筹集改造资金。

**第三十七条** 鼓励金融机构依法开展多样化金融产品和服务创新，满足城市更新融资需求。

支持符合条件的企业在多层次资本市场开展融资活动，发挥金融对城市更新的促进作用。

**第三十八条** 城市更新项目，依法享受行政事业性收费减免和税收优惠政策。

**第三十九条** 因历史风貌保护、旧住房更新、重点产业转型升级需要，有关建筑间距、退让、密度、面宽、绿地率、交通、市政配套等无法达到标准和规范的，有关部门应当按照环境改善和整体功能提升的原则，制定适合城市更新的标准和规范。

**第四十条** 更新区域内项目的用地性质、容积率、建筑高度等指标，在保障公共利益、符合更新目标的前提下，可以按照规划予以优化。

对零星更新项目，在提供公共服务设施、市政基础设施、公共空间等公共要素的前提下，可以按照规定，采取转变用地性质、按比例增加经营性物业建筑量、提高建筑高度等鼓励措施。

旧住房更新可以按照规划增加建筑量；所增加的建筑量在满足原有住户安置需求后仍有增量空间的，可以用于保障性住房、租赁住房和配套设施用途。

**第四十一条** 根据城市更新地块具体情况，供应土地采用招标、拍卖、挂牌、协议出让以及划拨等方式。按照法律规定，没有条件，不能采取招标、拍卖、挂牌方式的，经市人民政府同意，可以采取协议出让方式供应土地。鼓励在符合法律规定的前提下，创新土地供应政策，激发市场主体参与城市更新活动的积极性。

物业权利人可以通过协议方式，将房地产权益转让给市场主体，由该市场主体依法办理存量补地价和相关不动产登记手续。

城市更新涉及旧区改造、历史风貌保护和重点产业区域调整转型等情形的，可以组合供应土地，实现成本收益统筹。

城市更新以拆除重建和改建、扩建方式实施的，可以按照相应土地用途和利用情况，依法重新设定土地使用期限。

对不具备独立开发条件的零星土地，可以通过扩大用地方式予以整体利用。

城市更新涉及补缴土地出让金的，应当在土地价格市场评估时，综合考虑土地取得成本、公共要素贡献等因素，确定土地出让金。

**第四十二条** 市住房城乡建设管理部门会同相关部门，建立全市统一的市政基础设施维护及资金保障机制，推进市政基础设施全生命周期智慧化运营和管理。

**第四十三条** 在本市历史建筑集中、具有一定历史价值的地区、街坊、道路区段、河道区段等已纳入更新行动计划的历史风貌保护区域开展风貌保护，以及对优秀历史建筑进行保护的过程中，符合公共利益确需征收房屋的，按照国家和本市有关规定开展征收和补偿。

城市更新因历史风貌保护需要，建筑容积率受到限制的，可以按照规划实行异地补偿；城市更新项目实施过程中新增不可移动文物、优秀历史建筑以及需要保留的历史建筑的，可以给予容积率奖励。

**第四十四条** 本市探索建立社区规划师制度，发挥社区规划师在城市更新活动中的技术咨询服务、公众沟通协调等作用，推动多方协商、共建共治。

**第四十五条** 鼓励在符合规划和相关规定的前提下，整合可利用空地与闲置用房等空间资源，增加公共空间，完善市政基础设施与公共服务设施，优化提升城市功能。

鼓励既有建筑在符合相关规定的前提下进行更新改造，改善功能。

经规划确定保留的建筑，在规划用地性质兼容的前提下，功能优化后予以利用的，可以依法改变使用用途。

鼓励旧住房与周边闲置用房进行联动更新改造，改善功能。

**第四十六条** 本市加强对归集优秀历史建筑、花园住宅类公有房屋承租权的管理。经市人民政府同意，符合条件的市场主体可以归集优秀历史建筑、花园住宅类公有房屋承租权，实施城市更新。

经区人民政府同意，符合条件的市场主体可以归集除优秀历史建筑、花园住宅类以外的公有房屋承租权，实施城市更新。

公有房屋出租人可以通过有偿回购承租权、房屋置换等方式，归集公有房屋承租权，实施城市更新。

**第四十七条** 城市更新活动涉及居民安置的，可以按照规定统筹使用保障性房源。

**第四十八条** 市、区人民政府加强产业统筹发展力度，引导产业转型升级。

鼓励存量产业用地根据区域功能定位和产业导向实施更新，通过合理确定开发强度、创新土地收储管理等方式，完善利益平衡机制。

鼓励产业空间高效利用，根据资源利用效率评价结果，分级实施相应的能源、规划、土地、财政等政策，促进产业用地高效配置。

鼓励更新统筹主体通过协议转让、物业置换等方式，取得存量产业用地。

**第四十九条** 国有企业土地权利人应当带头承担国家、本市重点功能区开发任务，实施自主更新。

国有企业应当积极向市场释放存量土地，促进存量资产盘活。

国有资产监督管理机构应当建立健全与国有企业参与城市更新活动相适应的考核机制。

## 第五章 监督管理

**第五十条** 本市对城市更新项目实行全生命周期管理。

城市更新项目的公共要素供给、产业绩效、环保节能、房地产转让、土地退出等全生命周期管理要求，应当纳入土地使用权出让合同。对于未约定产业绩效、土地退出等全生命周期管理要求的存量产业用地，可以通过签订补充合同约定。

市、区有关部门应当将土地使用权出让合同明确的管理要求以及履行情况纳入城市更新信息系统，通过信息共享、协同监管，实现更新项目的全生命周期管理。对于有违约转让、绩效违约等违反合同情形的，市、区人民政府应当依照法律、法规、规章和合同约定进行处置。

**第五十一条** 市、区人民政府应当加强对本行政区域内城市更新活动的监督；有关部门应当结合城市更新项目特点，分类制定和实行相应的监督检查制度。

市、区人民政府可以根据实际情况，委托第三方开展城市更新情况评估。

**第五十二条** 财政、审计等部门按照各自职责和有关规定，对城市更新中的国有资金使用情况进行监督。

**第五十三条** 对于违反城市更新相关规定的行为，任何单位和个人有权向市、区人民政府及其有关部门投诉、举报；市、区人民政府及其有关部门应当按照规定进行处理。

**第五十四条** 市、区人民代表大会常务委员会通过听取和审议专项工作报告、组织执法检查等方式，加强对本行政区域内城市更新工作的监督。

市、区人民代表大会常务委员会应当充分发挥人大代表作用，汇集、反映人民群众的意见和建议，督促有关方面落实城市更新的各项工作。

## 第六章 浦东新区城市更新特别规定

**第五十五条** 浦东新区应当统筹推进城市有机更新，与老城区联动，加快老旧小区改造，打造时代特色城市风貌。支持浦东新区在城市更新机制、模式、管理等方面率先进行创新探索；条件成熟时，可以在全市推广。

**第五十六条** 浦东新区人民政府可以指定更新统筹主体，统筹开展原成片出让区域等建成区的更新。

**第五十七条** 浦东新区人民政府编制更新行动计划时，应当优化地上、地表和地下分层空间设计，明确强制性和引导性规划管控要求，探索建设用地垂直空间分层设立使用权。

**第五十八条** 浦东新区应当通过保障民生服务设施、共享社区公共服务设施和公共活动空间、构建便捷社区生活圈等方式推进城市更新空间复合利用。

**第五十九条** 浦东新区探索将建筑结构差、年久失修、建造标准低、基础设施薄弱等居住环境差的房屋，纳入旧区改造范围。

**第六十条** 浦东新区应当创新存量产业用地盘活、低效用地退出机制。

支持浦东新区深化产业用地“标准化”出让方式改革，增加混合产业用地供给，探索不同产业用地类型合理转换。

## 第七章 法律责任

**第六十一条** 违反本条例规定的行为，法律、法规已有处理规定的，从其规定。

**第六十二条** 有关部门及其工作人员违反本条例规定的，由其上级机关或者监察机关依法对直接负责的主管人员和其他直接责任人员给予处分。

## 第八章 附则

**第六十三条** 旧区改造、旧住房更新、“城中村”改造等城市更新活动，国家有相关规定的，从其规定。

对旧区改造、旧住房更新、“城中村”改造的计划、实施等方面，本条例未作具体规定的，适用本市其他相关规定。

**第六十四条** 本条例自 2021 年 9 月 1 日起施行。

# 上海市水上搜寻救助条例

（2021 年 9 月 28 日上海市第十五届人民代表大会常务委员会第三十五次会议通过）

## 第一章　总　　则

**第一条**　为了加强水上搜寻救助工作，保障生命财产安全，保护水域环境，根据《中华人民共和国突发事件应对法》《中华人民共和国海上交通安全法》《中华人民共和国内河交通安全管理条例》等法律、行政法规，结合本市实际，制定本条例。

**第二条**　本市海上搜寻救助责任区域以及内河通航水域的水上搜寻救助及其相关活动，适用本条例。

本条例所称水上搜寻救助（以下简称水上搜救），是指船舶、设施、航空器及人员在水上遇险，造成或者可能造成人员伤亡、财产损失或者水域污染时，组织、协调、指挥搜救力量，搜救遇险人员、财产和处置水域污染的活动。

**第三条**　水上搜救工作坚持政府领导、统一指挥、属地为主、专群结合、生命优先、就近快速的原则。

**第四条**　市、区人民政府应当加强对水上搜救工作的领导，建立健全水上搜救体系，并按照财政事权与支出责任相匹配的原则，将所需经费纳入同级财政预算。

**第五条**　上海海事局、市交通行政管理部门（以下统称海事管理机构）按照各自职责，分别负责海上搜寻救助责任区域和内河通航水域的水上搜救相关工作。

**第六条**　市人民政府设立的搜救中心，负责本市水上搜救的组织、协调和指挥工作。搜救中心日常管理工作由海事管理机构承担。

区人民政府按照水上搜救体系建设安排和要求，设立搜救分中心或者指定机构。搜救分中心或者指定的机构（以下统称搜救分中心）按照职责负责相应区域水上搜救的组织、协调和指挥工作，并接受搜救中心的业务指导。

市应急、公安、消防救援、卫生健康、民政、农业农村、绿化市容、生态环境、气象、地震、水务（海洋）、财政、发展改革、商务、通信管理、经济信息化、外事、文旅等部门和城市运行管理机构，区人民政府以及救助、打捞、航海保障、海警机构等其他搜救中心成员单位，在搜救中心统一组织、协调、指挥下，按照各自职责，承担水上搜救应急、抢险救灾、支持保障、善后处理等工作。

**第七条**　本市建立水上搜救信息化指挥平台，对接城市运行“一网统管”平台，强化水上搜救信息化指挥平台在水上交通动态监控、信息服务、决策支持、指挥调度等方面的功能，加强搜救中心成员单位间信息共享、高效联动，提升水上搜救组织协调能力和智能化管理水平。

**第八条**　本市鼓励和支持用于水上搜救的新技术、新装备的研发和应用，提高水上搜救能力和水平。

**第九条**　市、区人民政府及有关部门应当加强水上搜救的宣传教育，普及水上避险自救知识，增强公众的水上安全意识。

广播、电视、报刊、网络等媒体应当开展水上搜救法律法规和水上避险自救知识的公益宣传。

## 第二章　搜救能力建设和保障

**第十条**　海事管理机构应当编制水上搜救能力建设专项规划，报市人民政府批准后组织实施。

水上搜救能力建设专项规划主要包括水上

搜救能力建设的指导原则和目标任务、搜救基地和站点布局要求、搜救技术装备和队伍、搜救应急通信网络、搜救应急物资储备、水上自然灾害预测预警能力、水上应急空中救援能力、水路客运搜救能力、水域污染应急处置能力等内容。

**第十一条** 海事管理机构应当会同规划资源等部门根据国土空间总体规划以及水上搜救能力建设专项规划，编制搜救基地和站点布局规划并组织实施。

**第十二条** 海事管理机构应当会同有关部门制定水上搜救市级专项应急预案，报市人民政府批准后实施。

区人民政府应当组织制定本辖区水上搜救应急预案，并向搜救中心备案。

**第十三条** 搜救中心、搜救分中心及搜救中心成员单位应当根据不同水域特点，完善水上搜救通信服务网络，推动水上搜救通信多网融合。

通信管理、经济信息化等部门应当保障水上搜救行动通信的畅通。

**第十四条** 搜救中心、搜救分中心应当根据水上搜救应急预案，定期组织开展水上搜救专项演练和综合演习。专项演练应当重点针对邮轮、游艇、渡轮、游船、危险化学品船、航空器等水上搜救情形。

**第十五条** 海事管理机构应当建立由相关行业专家、专业技术人员组成的专家库，为水上搜救提供技术支撑。

**第十六条** 本市加强水上搜救专业力量建设，为专业搜救队伍培训、交流以及专业搜救设施装备的配备提供支持保障。

鼓励相关搜救中心成员单位间共享培训场地、师资等资源。

**第十七条** 本市鼓励社会力量建立水上搜救队伍，并加强对社会救助力量建设的培育和指导；海事管理机构可以通过购买服务方式，委托社会水上搜救队伍实施相关水上搜救行动。

本市鼓励水上搜救志愿者队伍依照有关规定参与水上搜救行动。

本市鼓励单位和个人为水上搜救工作提供物资、资金、技术支持和捐赠。

**第十八条** 市、区人民政府及有关部门确因水上搜救需要，可以依法征用单位和个人的财产。被征用的财产在使用完毕或者水上搜救结束后，应当及时返还。财产被征用或者征用后毁损、灭失的，应当给予补偿。

**第十九条** 相关搜救中心成员单位应当按照各自职责，依法做好沿岸水域、陆域治安秩序维护和污染物处置，以及遇险人员的医疗救治、安置和善后处理等工作。

**第二十条** 本市按照规定，对在水上搜救工作中作出突出贡献的单位和个人予以表彰、奖励；对在水上搜救行动中伤亡的人员，依法给予抚恤优待、烈士评定。

海事管理机构和其他有关部门、有关单位按照规定，为专业搜救人员购买人身意外伤害保险；鼓励社会水上搜救队伍、志愿者购买相关保险，提高人身安全保障能力。

鼓励保险公司创新水上搜救相关保险产品和服务。

**第二十一条** 鼓励海事管理机构和其他有关部门开展与相关国际救援组织、周边国家水上搜救机构的交流合作，学习借鉴国际先进理念、技术和经验。

## 第三章 水上搜救行动

**第二十二条** 海事管理机构应当建立水上交通安全风险防控机制，对相关安全风险进行辨识、评估和防控。

**第二十三条** 气象、地震、水务(海洋)等部门应当按照各自职责，进行监测分析，根据有关规定发布预警信息，并将可能导致水上险情的信息及时通报搜救中心。

搜救中心、搜救分中心应当结合预警信息，做好水上搜救应急准备工作。

对可能引发水上险情的，由搜救中心在一定范围内发布水上安全提示信息。

相关搜救中心成员单位应当按照各自职责，保持应急值守，并采取必要的预防措施。

有关单位和个人应当注意接收预警信息和水上安全提示信息，并采取相应的应急防范措施。

**第二十四条** 船舶、设施、航空器及人员在水上遇险的，应当立即向搜救中心或者相关搜救分中心报告；误报水上险情的，除应当立即向搜救中心或者相关搜救分中心报告外，还应当采取必要措施消除影响；瞒报、谎报水上险情的，依法承担相应责任。

任何单位和个人发现或者获悉水上险情的，应当立即向搜救中心或者相关搜救分中心报告。水上险情报告的内容应当包含水上险情发生的时间、位置和其他概况等信息。其他单位接到水上险情报告的，应当立即转告搜救中心或者相关搜救分中心。

**第二十五条** 船舶、设施、航空器及人员在水上遇险后，应当采取一切有效措施进行自救。

遇险的船舶、设施、航空器及其所有人、经营人或者管理人应当采取有效措施，防止、减少生命财产损失和水域污染。

发生碰撞事故的船舶、设施，应当在不严重危及自身安全的情况下尽力救助对方人员，不得擅自离开事故现场水域或者逃逸。

**第二十六条** 船舶、设施、航空器收到遇险求救信号或者发现有人遭遇生命危险，应当在不严重危及自身安全的情况下，尽力救助遇险人员，并将有关情况及时报告搜救中心或者相关搜救分中心。

**第二十七条** 搜救中心、搜救分中心接到水上险情报告后，应当立即进行核实，根据水上险情危害程度、影响范围和事态发展趋势等因素，确定特别重大、重大、较大、一般等不同的突发事件等级，并按照规定程序报告本级人民政府和上级搜救中心。

搜救中心、搜救分中心应当按照应急预案启动相应级别的应急响应，及时组织、协调、指挥有关部门、专业搜救队伍、社会有关单位等各方搜救力量参加搜救。

搜救中心、搜救分中心根据现场搜救和处置的需要指定搜救行动的现场指挥；现场指挥应当及时向搜救中心或者搜救分中心报告搜救动态和搜救结果。参加搜救的船舶、设施、航空器及人员应当服从现场指挥。

需要启动多项应急预案进行水上险情处置的，由搜救中心统一协调。

**第二十八条** 遇险船舶、设施、航空器及人员应当服从搜救中心、搜救分中心和现场指挥的指令，及时接受救助。

遇险船舶、设施、航空器不配合救助的，应当依法承担相应责任；现场指挥根据水上险情危急情况，可以采取相应救助措施。

**第二十九条** 受气象、水文、海况等客观因素影响，无法继续开展现场水上搜救行动的，可以中止现场水上搜救行动；客观因素影响消除后，应当立即恢复现场水上搜救行动。

**第三十条** 水上搜救行动已经获得成功或者水上险情已经不复存在的，可以直接终止水上搜救行动。

符合以下情形之一的，搜救中心或者搜救分中心应当组织开展专家评估，经评估后可以终止水上搜救行动：

（一）所有可能的区域均已经搜寻；

（二）所有可能发现被搜寻船舶、设施、航空器及人员位置信息的合理方法均已经使用；

（三）遇险人员在当时的气象、水文、海况等条件下得以生存的可能性已经不存在；

（四）水上险情的危害已经得到控制，不再有扩展或者复发的可能。

**第三十一条** 水上搜救行动的中止、恢复、终止决定由搜救中心或者搜救分中心作出。未经搜救中心或者搜救分中心同意，参加搜救的船舶、设施、航空器及人员不得擅自退出水上搜救行动。

参加水上搜救行动的搜救力量可以根据现场情况和专业判断，向搜救中心或者搜救分中心提出中止、恢复或者终止水上搜救行动的建议。

**第三十二条** 搜救中心应当按照规定及时发布水上搜救信息。

任何单位和个人不得编造、传播有关水上搜救的虚假信息。

**第三十三条** 船舶、设施、航空器应当按照规定配备报警等设备，并确保设备处于良好状态。

## 第四章　长江三角洲区域合作

**第三十四条**　海事管理机构与长江三角洲区域相关省、市有关部门建立长江三角洲区域水上搜救合作机制，构建长江三角洲区域信息互通、资源共享、应急联动的水上搜救合作体系。

**第三十五条**　海事管理机构与长江三角洲区域相关省、市有关部门建立会商制度，研究、协商区域内水上搜救重大事项。

**第三十六条**　海事管理机构与长江三角洲区域相关省、市有关部门协商，共享区域内气象、水文、海况以及相关搜救能力建设等信息。

本市推动水上搜救基地和站点、水上搜救力量与长江三角洲区域相关省、市有关部门共享。

**第三十七条**　海事管理机构加强与长江三角洲区域相关省、市有关部门的沟通协调，健全跨区域水上搜救应急保障机制。

海事管理机构可以根据需要，与长江三角洲区域相关省、市有关部门联合开展水上搜救演练、演习，提升协同快速反应和应急处置能力。

## 第五章　法 律 责 任

**第三十八条**　违反本条例规定，法律、行政法规已有处理规定的，从其规定。

**第三十九条**　海事管理机构和其他有关部门及其工作人员在水上搜救工作中有玩忽职守、滥用职权、徇私舞弊行为的，依法对直接负责的主管人员和其他直接责任人员给予处分。

## 第六章　附　　则

**第四十条**　本条例自 2021 年 10 月 1 日起施行。

# 上海市慈善条例

（2021 年 9 月 28 日上海市第十五届人民代表大会
常务委员会第三十五次会议通过）

## 第一章　总　　则

**第一条**　为了发展慈善事业，弘扬慈善文化，规范慈善活动，保护慈善活动参与者的合法权益，践行社会主义核心价值观，提升城市软实力，根据《中华人民共和国慈善法》等有关法律、行政法规，结合本市实际，制定本条例。

**第二条**　自然人、法人和非法人组织在本市行政区域内开展慈善活动以及与慈善有关的活动，适用本条例。法律、法规有特别规定的，依照其规定。

**第三条**　本市坚持以人民为中心的发展思想，推动慈善事业健康发展，动员全社会支持慈善、参与慈善，发挥第三次分配作用，在高质量发展中促进共同富裕。

开展慈善活动，应当遵循合法、自愿、诚信、非营利的原则，不得违背社会公德，不得危害国家安全、损害社会公共利益和他人合法权益。

**第四条**　市人民政府应当加强对本市慈善事业的统筹协调，制定和完善促进慈善事业发展的政策措施，支持和规范慈善事业发展。

区人民政府应当组织推进本行政区域内的慈善工作，对接慈善需求，整合慈善资源，优化慈善事业发展环境。

市、区人民政府建立健全由民政部门牵头、

相关部门和单位组成的综合协调机制，统筹协调促进慈善事业发展相关工作。

乡镇人民政府、街道办事处负责落实辖区的慈善工作，促进社区慈善发展。

**第五条** 市民政部门主管本市慈善工作，负责组织实施促进慈善事业发展和规范慈善活动的具体措施，推动慈善组织、慈善活动以及慈善信托发展。区民政部门负责组织实施辖区的慈善工作。

税务部门应当依法落实有关税收优惠政策，为捐赠人、慈善组织等办理涉税事项提供相关服务便利。

广播电视、新闻出版等部门应当指导新闻媒体开展慈善公益宣传，宣传慈善典型，弘扬慈善文化。

教育部门应当指导学校将慈善文化纳入教育教学内容。

发展改革、财政、人力资源社会保障、应急管理、网信、通信管理、公安、审计等部门和银行业保险业监督管理机构，依法在各自职责范围内做好相关工作。

**第六条** 工会、共产主义青年团、妇女联合会、残疾人联合会、工商业联合会、红十字会等群团组织应当协助做好促进慈善事业发展相关工作。

居民委员会、村民委员会在有关政府职能部门的支持和指导下，依法参与慈善工作。

鼓励和支持自然人、法人和非法人组织践行社会主义核心价值观，弘扬中华民族传统美德，履行社会责任，依法开展慈善活动。

**第七条** 市、区人民政府应当将慈善活动纳入突发事件应急处置体系，建立协调机制，提供需求信息，统筹、引导各类慈善力量开展募捐、救助、志愿服务等慈善活动，有序参与突发事件应急处置。

**第八条** 本市推动开展长江三角洲区域慈善交流活动，加强慈善资源共享，弘扬慈善文化，促进慈善事业协同发展。

**第九条** 鼓励慈善领域的国内与国际合作交流，引导慈善组织有序开展慈善活动、人才培养等方面的合作交流。

## 第二章　慈善组织和慈善财产

**第十条** 慈善组织可以采取基金会、社会团体、社会服务机构等组织形式。

法律、行政法规对慈善组织的组织形式另有规定的，依照其规定。

**第十一条** 基金会、社会团体、社会服务机构等非营利性组织设立登记时，符合慈善组织设立条件的，可以同步登记为慈善组织。

已经在本市登记设立的基金会、社会团体、社会服务机构等非营利性组织，符合慈善组织设立条件的，可以向其登记的市或者区民政部门申请认定为慈善组织。

经市、区民政部门登记或者认定的慈善组织不再从事慈善活动的，可以依法申请取消慈善组织认定。

**第十二条** 慈善组织的章程应当符合法律、法规规定，载明法定事项。

市民政部门应当制定并发布慈善组织的章程示范文本。

**第十三条** 慈善组织依法成立行业组织，推动反映行业诉求，加强行业交流，提高慈善行业公信力，促进和规范慈善事业发展。

慈善行业组织应当建立健全行业规范，加强行业自律。

**第十四条** 慈善组织的负责人和工作人员应当依法开展慈善活动，不得在慈善组织投资的企业兼职或者领取报酬，不得利用慈善组织从事营利活动，不得侵占或者变相侵占慈善组织的财产，不得损害受益人的利益和社会公共利益。

**第十五条** 慈善组织的财产应当根据章程和捐赠协议的规定全部用于慈善目的，不得在发起人、捐赠人以及慈善组织成员中分配。

任何组织和个人不得私分、挪用、截留或者侵占慈善财产。

**第十六条** 慈善组织对募集的财产，应当登记造册，建立健全财产管理制度，严格管理，专款专用。

捐赠人捐赠的实物不易储存、运输或者难以直接用于慈善目的的，慈善组织可以依法拍卖或者变卖，所得收入扣除必要费用后，应当全部用于慈善目的。

**第十七条** 慈善组织开展慈善活动，应当依照法律、法规和章程的规定，按照募捐方案或者捐赠协议使用捐赠财产。

募捐方案或者捐赠协议对捐赠财产的使用时间有明确规定，或者捐赠财产用于突发事件应急处置的，慈善组织应当及时将捐赠财产用于相关慈善项目。

慈善组织确需变更募捐方案规定的捐赠财产用途的，应当报民政部门备案；确需变更捐赠协议约定的捐赠财产用途的，应当征得捐赠人同意。

**第十八条** 慈善组织应当合理设计慈善项目，建立项目管理制度，对项目实施情况进行跟踪监督，并按照有关规定对已完成的重大慈善项目进行评估，评估结果向社会公布。

**第十九条** 慈善组织确定慈善受益人，应当坚持公开、公平、公正的原则，不得指定慈善组织管理人员的利害关系人作为受益人。

慈善组织应当监督受益人合理使用慈善财产。受益人未按照与慈善组织签订的协议使用慈善财产或者有其他严重违反协议情形的，慈善组织有权要求其改正；受益人拒不改正的，慈善组织有权解除协议并要求受益人返还财产。

**第二十条** 慈善组织终止，应当依法对财产进行清算和处理。

申请取消慈善组织认定的，应当参照慈善组织终止的要求，对慈善组织存续期间的慈善财产进行清算和处理。具体办法由市民政部门另行制定。

## 第三章 慈善募捐和捐赠

**第二十一条** 慈善组织开展公开募捐，应当依法取得公开募捐资格。

不具有公开募捐资格的组织或者个人基于慈善目的，可以与具有公开募捐资格的慈善组织合作，由该慈善组织开展公开募捐。

合作开展公开募捐应当依法签订书面协议。募捐活动的全部收支应当纳入具有公开募捐资格的慈善组织账户，由该慈善组织统一进行财务核算和管理。

**第二十二条** 开展公开募捐，应当制定募捐方案，并在开展募捐活动十日前报慈善组织登记的民政部门备案。

慈善组织在其登记的民政部门管辖区域外，以在公共场所设置募捐箱，举办面向社会公众的义演、义赛、义卖、义展、义拍、慈善晚会等方式开展公开募捐的，除向其登记的民政部门备案外，还应当同时向开展募捐活动所在地的民政部门备案。

慈善组织为应对重大自然灾害、事故灾难和公共卫生事件等突发事件，无法在开展公开募捐活动前办理募捐方案备案的，应当先行告知其登记的民政部门，并在募捐活动开始后十日内补办备案手续。

**第二十三条** 慈善组织开展公开募捐，应当遵守下列规定：

（一）按照本组织章程载明的宗旨和业务范围，确定明确的募捐目的和募集财产使用计划；

（二）履行必要的内部决策程序；

（三）使用本组织账户，不得使用个人和其他组织的账户；

（四）建立公开募捐信息档案，妥善保管、方便查阅；

（五）法律、法规、规章的其他规定。

**第二十四条** 开展公开募捐，可以采取下列方式：

（一）在公共场所设置募捐箱；

（二）举办面向社会公众的义演、义赛、义卖、义展、义拍、慈善晚会等；

（三）通过广播、电视、报刊、互联网等媒体发布募捐信息；

（四）其他公开募捐方式。

慈善组织通过互联网开展公开募捐的，应

当在国务院民政部门统一或者指定的慈善信息平台发布募捐信息，并可以同时在其网站、移动客户端等网络平台发布募捐信息。

**第二十五条** 慈善组织自登记之日起可以开展面向特定对象的定向募捐。

慈善组织开展定向募捐，应当在发起人、理事会成员和会员等特定对象的范围内进行，并向募捐对象说明募捐目的、募得款物用途等事项。

开展定向募捐，不得采取或者变相采取公开募捐的方式。

**第二十六条** 发生重大自然灾害、事故灾难和公共卫生事件等突发事件时，慈善组织应当根据政府及其有关部门的引导和提供的需求信息，依法开展慈善募捐活动，建立募集款物接收、发放快速便捷通道，及时发布相关信息，接受社会监督。

**第二十七条** 鼓励和支持货币、实物、房屋、有价证券、股权、知识产权等多种形式的捐赠，以及提供基于慈善目的的相关服务。

捐赠人捐赠的财产应当是其有权处分的合法财产。

捐赠人捐赠的实物应当具有使用价值，符合安全、卫生、环保等标准。捐赠人捐赠本企业产品的，应当依法承担产品质量责任和义务。

捐赠人捐赠房屋等不动产，涉及所有权变更的，应当依法办理不动产登记手续；捐赠股权的，应当依法办理股东变更登记手续；捐赠知识产权等无形资产的，应当提供有关权利证明，并依法办理转让手续；捐赠财产的价值需要进行评估的，应当由专业评估机构进行评估。

**第二十八条** 禁止任何组织或者个人假借慈善名义或者假冒慈善组织开展募捐活动，骗取财产。

任何组织和个人不得利用慈善捐赠宣传法律禁止宣传的产品和事项，不得假借慈善的名义推销产品，不得对慈善行为进行不实宣传。

**第二十九条** 个人因其本人、家庭成员或者近亲属遭遇重大疾病、意外伤害等特殊困难，可以向慈善组织或者所在单位、城乡社区组织等求助。

个人通过广播、电视、报刊以及网络服务提供者、电信运营商向社会发布求助信息的，应当对求助信息的真实性负责，不得虚构事实、夸大困难骗取他人捐赠。

个人求助应当合理确定募款上限，当募款金额达到上限或者求助目的已经实现、消失时，应当及时、主动申明不再继续接受捐赠；超额部分或者因求助目的实现、消失而尚未支出的捐赠资金，应当退还捐赠人或者转赠给慈善组织。

广播、电视、报刊以及网络服务提供者、电信运营商应当对发布的个人求助信息的真实性进行核实，并在显著位置或者通过其他易于公众识别的方式进行风险提示，告知公众不属于慈善公开募捐信息，且不得代为接受捐赠；发现有虚构事实等违法行为的，应当立即停止服务，采取措施防止信息扩散，保存有关记录，并向公安、民政等有关部门报告，协助调查处理。

## 第四章 慈善信托

**第三十条** 本市支持慈善信托发展，积极探索慈善信托发展的不同模式，完善支持慈善信托发展的政策举措，促进慈善事业创新。

**第三十一条** 设立慈善信托，应当有确定的信托财产，且该信托财产是委托人合法所有的财产。

慈善信托财产及其收益，应当全部用于慈善目的。

**第三十二条** 慈善信托委托人可以确定其信赖的慈善组织或者信托公司担任受托人。鼓励慈善组织和信托公司共同担任受托人。

同一慈善信托有两个或者两个以上受托人时，委托人应当确定其中一个受托人承担主要受托管理责任。

**第三十三条** 受托人应当在慈善信托文件签订之日起七日内，将相关文件向民政部门备案，并按照规定提交有关书面材料。

**第三十四条** 受托人违反慈善信托文件义务,或者出现依法解散、法定资格丧失、被依法撤销、被宣告破产或者其他难以履行职责的情形的,委托人可以依法变更受托人。

根据慈善信托文件的约定或者经委托人同意,可以增加新的委托人、信托财产,或者变更受益人范围及其选定程序和方法等信托事项。

按照前两款规定变更受托人或者信托事项的,应当按照国家有关规定办理重新备案或者变更手续。

**第三十五条** 鼓励慈善信托的委托人根据需要设置信托监察人。

监察人对受托人的行为进行监督,依法维护委托人和受益人的权益。信托监察人发现受托人违反信托义务或者难以履行职责的,应当向委托人报告,并有权以自己的名义向人民法院提起诉讼。

**第三十六条** 慈善信托终止的,受托人应当按照规定时限将终止事由、日期、剩余信托财产处分方案等有关情况,报告民政部门。

受托人应当按照规定时限作出处理慈善信托事务的清算报告,向民政部门报告后,予以公告。

慈善信托设置信托监察人的,清算报告应事先经信托监察人认可。

## 第五章 社区慈善

**第三十七条** 本市建立社区与社会组织、社会工作者、社区志愿者、社会慈善资源的联动机制,通过发展慈善超市、社区基金,培育社区慈善类社会组织,开展群众性互助互济活动等形式,推动社区慈善发展,促进基层社会治理。

**第三十八条** 本市支持在社区设立慈善超市,承担社区慈善款物接收、慈善义卖、困难群众救助、志愿服务和慈善文化传播等功能,发挥便民、利民的社区综合服务共享平台作用。

鼓励社会力量运营慈善超市。鼓励符合条件的慈善超市登记为社会服务机构。

**第三十九条** 本市支持设立社区基金会,或者在依法设立的基金会下设社区专项基金,募集慈善款物,组织开展或者资助开展社区公益慈善活动和项目,发展社区公益事业,参与社区治理。

社区基金会理事会成员由捐赠人、发起人,以及基层群众性自治组织、社区居民、社区单位、社区社会组织和乡镇、街道的代表组成。

**第四十条** 本市依托社区社会组织服务中心、社区社会组织联合会、社会组织孵化基地等,培育社区慈善类社会组织发展。

**第四十一条** 城乡社区组织可以通过邻里互助、志愿服务、捐赠等形式,在本社区开展群众性互助互济活动。

城乡社区组织因开展群众性互助互济活动需要在本社区募集财产的,应当尊重捐赠人的意愿,并将募集财产管理和使用等情况在本社区内公开,接受监督。

鼓励慈善组织对城乡社区组织开展群众性互助互济活动进行指导,或者合作开展有关慈善活动。

## 第六章 慈善文化

**第四十二条** 市、区人民政府及其有关部门应当加强慈善文化建设,弘扬慈善文化,传播慈善精神,引导社会公众关心、支持、参与慈善事业。

**第四十三条** 本市将慈善工作纳入群众性精神文明创建活动,提升市民文明素养和城市文明程度。

**第四十四条** 市人民政府设立“上海慈善奖”,对慈善事业中贡献突出、社会影响较大的单位、个人、项目等进行表彰。

鼓励各区结合本行政区域的慈善工作实际,开展多种形式的慈善奖励活动。

**第四十五条** 每年9月5日“中华慈善日”所在周为“上海慈善周”,集中开展慈善活动和文化宣传。

**第四十六条** 市、区人民政府及其有关部门应当依托公共文化等设施，开展慈善文化宣传。

广播、电视、报刊、网站等媒体以及广告经营者应当安排一定的版面或者时段，刊登或者播放慈善公益广告，宣传慈善文化、慈善活动、典型人物和事迹等内容，营造有利于慈善事业发展的良好氛围；相关单位应当减免慈善公益宣传费用。

鼓励慈善组织发挥自身优势，普及慈善知识，弘扬慈善文化。

**第四十七条** 本市推动慈善文化进机关、进企业、进学校、进社区、进乡村，推进慈善文化融入日常生活，培育公众慈善意识。

中小学校应当将慈善文化纳入学校相关课程，组织学生参与符合其身心特点的慈善活动。

鼓励高等院校、中等职业学校等将慈善文化纳入通识课程，将学生参与慈善活动情况纳入实践学分管理。

## 第七章 信息公开

**第四十八条** 本市建立健全慈善信息统计和发布制度。市民政部门应当每年向社会发布本市慈善事业发展状况报告。

市、区民政部门和其他有关部门应当在各自职责范围内，依法及时向社会公开慈善相关信息，并提供法规政策咨询、慈善需求发布等服务。

**第四十九条** 本市依托大数据资源平台整合慈善相关信息和数据资源，提升慈善信息平台的功能，实现全市慈善数据的统一归集、统一管理和共享交换。

**第五十条** 慈善组织应当在慈善信息平台上，依法向社会公开下列信息：

（一）慈善组织的基本信息；

（二）经民政部门备案的公开募捐方案，以及公开募捐情况；

（三）募集财产的使用情况；

（四）慈善项目的实施情况；

（五）年度工作报告和财务会计报告；

（六）法律、法规、规章规定的其他信息。

慈善组织的财务会计报告按照国家有关规定须经审计的，应当在审计后向社会公开。

**第五十一条** 慈善信托的受托人应当在慈善信息平台上，依法向社会公开下列信息：

（一）慈善信托设立情况；

（二）信托事务处理情况报告、财产状况报告；

（三）慈善信托变更、终止事由；

（四）法律、法规、规章规定的其他信息。

**第五十二条** 慈善组织和慈善信托的受托人公开信息，应当真实、完整、及时，不得有虚假记载、误导性陈述或者重大遗漏，不得以新闻发布、广告推广等形式代替信息公开义务。

**第五十三条** 捐赠人有权向慈善组织查询其捐赠财产使用情况的有关信息，慈善组织应当在十个工作日内予以答复；捐赠人对答复有异议的，可以要求慈善组织进行核实；经核实仍有争议的，捐赠人可以提请民政部门依法进行核查。

**第五十四条** 捐赠人要求对其捐赠行为、捐赠财产等有关信息不予公开的，慈善组织应当尊重捐赠人的意愿。

慈善组织资助受益人时，应当尊重受益人的人格尊严；对涉及受益人隐私的信息，未经受益人同意，不得向社会公开。

## 第八章 促进措施

**第五十五条** 市、区人民政府应当将慈善事业纳入国民经济和社会发展规划，将促进慈善事业发展工作经费列入年度财政预算。

**第五十六条** 民政等部门应当公开办事指南，简化和规范办事流程，加强信息共享，为慈善组织、慈善活动、慈善信托等提供指导和各项服务便利。

**第五十七条** 慈善组织及其取得的收入依

法享受税收优惠。

自然人、法人和非法人组织捐赠财产用于慈善活动的，依法享受税收优惠。

市财政、税务、民政等部门应当依法及时确认和公布具有公益性捐赠税前扣除资格的慈善组织名单。

**第五十八条** 捐赠人向慈善组织捐赠实物、有价证券、股权、知识产权等，免征权利转让环节的相关行政事业性收费。

慈善组织的公益性建设和服务项目，依法减免有关行政事业性收费。

**第五十九条** 各级人民政府及其有关部门可以依法通过购买服务等方式，支持符合条件的慈善组织向社会提供服务。政府及其有关部门向慈善组织购买服务，应当将慈善组织的管理成本纳入项目预算。

对符合福利彩票公益金使用原则和范围的慈善项目，可以通过公益招投标等方式，由福利彩票公益金予以资助。

**第六十条** 民政部门应当会同教育、人力资源社会保障等部门制定慈善人才培养政策，建立慈善人才目录和人才库；加强对慈善从业人员的职业教育培训，对符合条件的人员按照规定给予培训补贴。

鼓励和支持高等学校、科研机构与慈善组织合作，开设慈善相关专业，开展慈善理论和慈善文化研究，设立慈善人才培养基地和实训基地，培养慈善事业发展所需的专业人才。

**第六十一条** 乡镇人民政府、街道办事处应当在场地、人员等方面为慈善超市、社区基金会提供支持。

有关部门应当依法支持符合条件的慈善超市办理相关经营许可事项。

**第六十二条** 鼓励国家机关、企业事业单位和其他组织为开展慈善活动提供场所和其他便利条件。

鼓励和支持金融、审计、评估、法律服务等机构，为捐赠人、慈善组织、慈善信托等提供专业服务，并减免相关服务费用。

**第六十三条** 为慈善事业作出较大贡献的个人，因其本人或者家庭生活遇到困难，向慈善组织提出救助申请的，慈善组织应当优先予以救助。

## 第九章 监督管理

**第六十四条** 民政部门应当会同相关部门加强对慈善组织和慈善活动的日常监督检查、重大慈善项目的专项检查，重点检查慈善组织募捐活动、财产管理和使用、信息公开等内容，并对违法违规行为依法进行查处。

**第六十五条** 民政部门依法对慈善组织发布公开募捐信息、开展公开募捐活动实施监督管理；发现违法违规情形的，应当会同相关部门依法进行查处。

广播电视、新闻出版、网信、通信管理等部门应当在各自职责范围内，依法对广播、电视、报刊以及网络服务提供者、电信运营商为慈善组织开展公开募捐提供的平台服务实施监督管理，对违法违规行为依法进行查处。

民政部门与相关主管部门应当建立健全信息共享机制、违法违规行为协查机制、查处信息公开机制，强化协同监管。

**第六十六条** 民政部门应当加强慈善信托的备案和相关监督管理工作。银行业保险业监督管理机构负责信托公司慈善信托业务和商业银行慈善信托账户资金保管业务的监督管理工作。

民政部门应当加强与银行业保险业监督管理机构的协同合作，加强事中事后监管。

**第六十七条** 民政部门应当会同相关部门加强慈善信用监管，将相关信用信息依法向本市公共信用信息服务平台归集，并对失信主体依法采取惩戒措施。

**第六十八条** 慈善组织应当完善治理结构，自觉接受社会第三方的监督。

鼓励公众、媒体对慈善活动进行社会监督。

任何单位或者个人发现慈善组织、慈善信托存在违法情形的，可以向民政等有关部门投诉、举报。

民政等有关部门对接到的投诉、举报，应当及时核实、处理，并对举报人的信息予以保密，保护举报人的合法权益。

## 第十章 法律责任

**第六十九条** 违反本条例规定的行为，法律、行政法规已有处理规定的，从其规定；构成犯罪的，依法追究刑事责任。

**第七十条** 违反本条例第二十九条第二款、第三款规定，个人虚构事实、夸大困难骗取他人捐赠，或者募款金额达到上限，个人求助目的已经实现或者消失，但未主动申明不再继续接受捐赠的，依法承担相应法律责任。

违反本条例第二十九条第四款规定，广播、电视、报刊以及网络服务提供者、电信运营商有下列违法行为之一的，由相关主管部门予以警告，责令限期改正；逾期不改正的，予以通报批评：

（一）未对个人求助信息的真实性进行核实；

（二）代为接受捐赠；

（三）未在显著位置或者通过其他易于被公众识别的方式进行风险提示；

（四）发现有虚构事实等违法行为，未立即停止服务，或者采取措施防止信息扩散。

**第七十一条** 自然人、法人和非法人组织假借慈善名义或者假冒慈善组织骗取财产，或者虚构个人求助事实骗取财产的，由公安机关依法查处。

**第七十二条** 市、区民政部门和其他有关部门及其工作人员有下列情形之一的，由上级机关或者监察机关责令改正；依法应当给予处分的，由任免机关或者监察机关对直接负责的主管人员和其他直接责任人员给予处分：

（一）未依法履行信息公开义务的；

（二）摊派或者变相摊派捐赠任务，强行指定志愿者、慈善组织提供服务的；

（三）未依法履行监督管理职责的；

（四）违法实施行政强制措施和行政处罚的；

（五）私分、挪用、截留或者侵占慈善财产的；

（六）其他滥用职权、玩忽职守、徇私舞弊的行为。

## 第十一章 附 则

**第七十三条** 在单位内部开展互助互济活动的，参照城乡社区组织开展群众性互助互济活动的有关规定执行。

**第七十四条** 本条例自2021年11月1日起施行。2012年6月7日上海市第十三届人民代表大会常务委员会第三十四次会议通过的《上海市募捐条例》同时废止。

# 上海市预算审查监督条例

（2021年9月28日上海市第十五届人民代表大会常务委员会第三十五次会议通过）

## 第一章 总 则

**第一条** 为了加强预算的审查监督，规范政府收支行为，强化预算约束，发挥预算在促进国民经济和社会发展中的作用，根据《中华人民共和国预算法》《中华人民共和国各级人民代表大会常务委员会监督法》等有关法律、行政法规，结合本市实际，制定本条例。

**第二条** 市、区人民代表大会及其常务委员会，以及乡、镇人民代表大会审查和批准预算、预算调整方案、决算，监督预算执行及相关活动，适用本条例。预算包括一般公共预算、政府性基金预算、国有资本经营预算、社会保险基金预算。

**第三条** 预算审查监督应当坚持依法实施、公开透明、全面规范、注重实效的原则。

**第四条** 市、区人民代表大会审查本级总预算草案及本级总预算执行情况的报告；批准本级预算和本级预算执行情况的报告；改变或者撤销本级人民代表大会常务委员会（以下简称人大常委会）关于预算、决算的不适当的决议；撤销本级政府关于预算、决算的不适当的决定和命令。

市、区人大常委会监督本级总预算的执行；审查和批准本级预算的调整方案；审查和批准本级决算；撤销本级政府和下一级人民代表大会及其常委会关于预算、决算的不适当的决定、命令和决议。

乡、镇人民代表大会审查和批准本级预算和本级预算执行情况的报告；监督本级预算的执行；审查和批准本级预算的调整方案；审查和批准本级决算；撤销本级政府关于预算、决算的不适当的决定和命令。经市政府批准由区政府代编的乡、镇本级预算草案、预算调整方案、决算草案，应当报乡、镇人民代表大会审查和批准。

**第五条** 市、区人民代表大会财政经济委员会（以下简称人大财经委）在本级人民代表大会及其常委会领导下，负责对本级预算草案初步方案及上一年预算执行情况、本级预算调整初步方案、本级决算草案进行初步审查，提出初步审查意见。

**第六条** 市、区人大常委会预算工作委员会（以下简称人大常委会预算工委），协助人大财经委承担本级人民代表大会及其常委会审查预算、决算、预算调整方案和监督预算执行方面的具体工作；承担国有资产管理情况监督、审计查出突出问题整改情况跟踪监督方面的具体工作；承担预算联网监督方面的具体工作；承办人大常委会、主任会议交办以及人大财经委需要协助办理的其他有关财政预算的具体事项。

人大常委会预算工委经主任会议同意，可以要求政府有关部门和单位提供预算情况，并获取相关信息资料及说明。经主任会议批准，可以对各部门、各预算单位、重大投资项目的预算资金使用和专项资金使用进行调查，政府有关部门和单位应当积极协助、配合。

**第七条** 乡、镇人民代表大会主席团（以下简称乡、镇人大主席团）对本级预算草案初步方案、预算执行情况、本级预算调整初步方案、本级决算草案等进行初步审查，提出初步审查意见。

## 第二章 预算审查监督的重点和方式

**第八条** 审查监督财政政策的重点包括下列内容：

（一）财政政策贯彻落实国家及本市方针政策和决策部署的情况；

（二）与经济社会发展目标和宏观调控总体要求相衔接的情况；

（三）加强中期财政规划管理工作，对国家重大战略任务保障的情况；

（四）财政政策制定过程中充分听取人大代表与社会各界意见和建议的情况；

（五）财政政策的合理性、可行性、可持续性等情况。

**第九条** 审查监督一般公共预算应当重点围绕支出总量和结构、重点支出与重大投资项目、部门预算、转移支付、预算收入等内容。

审查监督支出总量和结构的重点包括下列内容：

（一）支出总量和结构贯彻落实国家及本

市方针政策和决策部署的情况；

（二）支出总量及其增减的情况；

（三）调整优化支出结构，提高财政资金配置效率和使用绩效等情况。

审查监督重点支出与重大投资项目的重点包括下列内容：

（一）重点支出预算和支出政策相衔接的情况；

（二）重点支出规模变化和结构优化的情况；

（三）重点支出决策论证、政策目标和绩效的情况；

（四）重大投资项目与国民经济和社会发展规划相衔接的情况；

（五）重大投资项目决策论证、投资安排和实施进度、实施效果等情况。

审查监督部门预算的重点包括下列内容：

（一）部门各项收支全部纳入预算的情况；

（二）部门预算与支出政策、部门职责衔接匹配的情况；

（三）项目库建设、部门重点项目预算安排和绩效的情况；

（四）新增资产配置的情况；

（五）结转资金使用的情况；

（六）审计查出问题整改落实等情况。

审查监督转移支付的重点包括下列内容：

（一）各类转移支付保障各级财政承担的财政事权和支出责任匹配的情况；

（二）促进本市各区、区内各乡镇间财力均衡及增强基层公共服务保障能力的情况；

（三）健全规范转移支付制度、优化转移支付结构的情况；

（四）专项转移支付定期评估和退出的情况；

（五）转移支付预算下达、使用及绩效等情况。

审查监督预算收入的重点包括下列内容：

（一）预算收入安排与经济社会发展目标、国家宏观调控总体要求相适应的情况；

（二）各项税收收入与对应税基相协调的情况；

（三）预算收入依法依规征收、真实完整的情况；

（四）预算收入结构优化、质量提高的情况；

（五）依法规范非税收入管理等情况。

**第十条** 审查监督政府性基金预算的重点包括下列内容：

（一）基金项目征收、使用和期限符合法律、法规规定的情况；

（二）收支政策和预算安排的合理性、可行性、可持续性的情况；

（三）政府性基金支出使用的情况；

（四）政府性基金项目绩效和评估调整等情况。

**第十一条** 审查监督国有资本经营预算的重点包括下列内容：

（一）预算范围完整、制度规范的情况；

（二）国有资本足额上缴收益和产权转让等收入的情况；

（三）支出使用方向和项目符合法律、法规和政策的情况；

（四）国有资本经营预算调入一般公共预算的情况；

（五）政府投资基金管理的情况；

（六）预算绩效管理的情况；

（七）优化国有资本布局、增强国有企业运行稳定性和风险防范、与国资国企改革相衔接等情况。

**第十二条** 审查监督社会保险基金预算的重点包括下列内容：

（一）各项基金收支安排、财政补助和预算平衡的情况；

（二）预算安排贯彻落实社会保障政策的情况；

（三）执行基本养老保险全国统筹政策的情况；

（四）基金绩效和运营投资的情况；

（五）中长期收支预测及可持续运行等情况。

**第十三条** 审查监督地方政府债务的重点包括下列内容：

（一）地方政府债务纳入预算管理的情况；

（二）地方政府新增一般债务限额和专项债务限额的合理性情况；

（三）新增债务规模合理性情况；

（四）地方政府一般债务项目合规性情况、专项债务项目科学性情况；

（五）地方政府债券项目储备情况，包括项目类型、投资金额、年度资金需求等；

（六）债券发行和使用情况、举债项目的执行和资金管理情况、重大政策措施的落实落地情况；

（七）地方政府专项债务偿还、项目绩效情况；

（八）积极稳妥化解地方政府债务风险等情况。

**第十四条** 市、区政府应当加强对财政政策的管理，在其制定的地方重大财政政策发布前，应当向本级人大常委会报告；地方重大财政政策发布后，应当及时报本级人大常委会备案。

市、区政府财政部门制定的重大财政收支政策文件应当在发布后的十五日内送本级人大财经委、人大常委会预算工委。

**第十五条** 市和区人民代表大会、人大常委会应当加强对重大投资项目的预算审查，推动政府完善重大投资项目预算编报工作，加强对重大投资项目的预算执行监督，跟踪监督重大投资项目实施和绩效管理情况。

市、区政府在向市、区人大常委会报告国民经济和社会发展计划执行情况、预算执行情况时，应当同时报告重大投资项目计划和预算的执行情况。市、区政府相关部门在预算执行中对重大投资项目资金安排进行调整的，应当及时向本级人大财经委、人大常委会预算工委报告。

**第十六条** 市、区人大常委会和乡、镇人民代表大会应当监督本级政府及其部门依法及时公开预算信息。

市、区和乡、镇政府及其各部门、各单位的预算信息应当依法向社会公开，接受社会监督。

除涉及国家秘密外，经本级人民代表大会或者本级人大常委会批准的预算、预算调整、决算、预算执行情况的报告及报表，应当在批准后的二十日内由本级政府财政部门向社会公开；经本级政府财政部门批复的部门预算、决算及报表，应当在批复后的二十日内由各部门向社会公开；经本级预算主管部门批复的单位预算、决算及报表，应当在批复后的二十日内由各单位向社会公开。预算、决算支出应当按功能分类公开到项，一般公共预算基本支出按经济性质分类公开到款。

各级政府应当公开一般性转移支付和专项转移支付情况，对下专项转移支付预算、决算全部按具体项目公开；公开经批准的本地区债务限额、债务余额和债务发行、使用、偿还等情况。各级政府应当公开各类财税制度，逐步公开重大投资项目资金安排及使用情况、政府综合财务报告等。

各部门、各单位公开的内容应当包括本部门、本单位的职责、机构设置、预算收支情况、机关运行经费情况。各部门、各单位应当公开审计查出问题及其整改情况，公开政府采购信息、预算绩效信息和国有资产占有使用信息。

预算信息公开应当统一规范、便于公众查询。预算信息公开应当以政府或者部门、单位门户网站为主要平台向社会公开，各门户网站应当设立预算公开专栏，集中公开信息。

**第十七条** 市、区人大常委会和乡、镇人民代表大会应当监督本级政府及其部门的预算绩效管理情况，加强对重点支出和重大项目绩效目标、绩效评价结果的审查监督。

各级政府、各部门、各单位应当实施全面预算绩效管理，强化事前绩效评估，严格绩效目标管理，完善预算绩效指标体系，加强绩效评价结果运用，促进绩效评价结果与完善政策、安排预算和改进管理相结合，将重要绩效评价结果与决算草案同步报送本级人民代表大会或者人大常委会审查。

**第十八条** 市、区人大常委会可以采取听取和审议政府专项工作报告、执法检查、询问、质询、特定问题调查等方式，对本级和下级预算、决算进行监督。

乡、镇人大主席团可以通过安排人大代表听取和讨论政府工作情况汇报或者专项工作报告，开展视察、专题调研、执法检查等方式，对本级预算、决算进行监督。

**第十九条** 市、区人大常委会应当建立预算审查前听取人大代表与社会各界意见和建议的机制。

市和区人大财经委、人大常委会预算工委在开展初步审查监督工作时，应当广泛听取本级人大代表与有关方面的意见和建议，应当组织本级人大代表参加相关座谈会、通报会和预算初步审查会议等。市和区人大财经委、人大常委会预算工委，可以组织建立预算审查专业代表小组，组织本级人大代表参与预算审查监督工作；可以建立预算审查专家顾问制度，聘请预算审查监督顾问或者邀请相关专家协助开展预算审查监督工作。

市和区人大财经委、人大常委会预算工委以及各级政府相关部门应当为本级人大代表审查和批准预算提供咨询及服务。

区和乡、镇人民代表大会举行会议审查预算草案前，应当采取多种方式，组织本级人大代表，听取选民与社会各界的意见和建议。

各级政府财政等部门应当在编制预算、制定政策和推进改革过程中，通过座谈会、通报会、专题调研、办理议案建议和邀请人大代表视察等方式，听取人大代表的意见和建议。

**第二十条** 市和区人大财经委、人大常委会预算工委与人大各专门委员会、人大常委会有关工作机构应当合力开展人大预算审查监督工作，建立健全协同工作机制，发挥人大各委员会的专业特点和优势。

市和区人大各专门委员会、人大常委会有关工作机构应当将立法、监督等重点工作与预算审查监督工作相结合，将相关部门财政资金的使用管理及绩效情况作为监督政府有关工作推进和政策落实情况的重要内容和依据。

市和区人大各专门委员会、人大常委会有关工作机构可以对联系部门重点支出、重大项目和重要政策的资金安排与使用情况开展专项审查等工作，提出专项审查意见等，作为本级人大财经委对预算、决算提出初步审查意见和审查结果报告的重要参考。市、区人大常委会预算工委应当做好相关服务配合工作。

**第二十一条** 市、区人大常委会与本级政府共同推进预算联网监督工作，实现预算审查监督信息化和网络化。

市、区人大常委会应当按照全口径审查、全过程监督的要求建设预算联网监督系统，完善系统功能，运用预算联网监督系统，加强对支出预算和政策的审查监督，增强预算审查监督工作的针对性和有效性。

本市建立财政预算、部门预算在线、实时、动态预警及在线协同处理工作机制。市政府财政和预算部门通过预算联网监督系统接收、处理、反馈预警问题。市人大各专门委员会、人大常委会预算工委在系统内跟踪预警问题处理全过程。

本市建立审计查出突出问题整改情况在线协同监督工作机制。市政府审计部门在线提供问题及整改清单信息，被审计单位上传整改情况。市人大各专门委员会、人大常委会预算工委在线跟踪整改进度，实时监督审计查出突出问题整改情况。

市、区政府相关部门应当通过预算联网监督系统向本级人大常委会提供财政预算、国有资产管理、宏观经济、金融、审计、税务、统计、社会保障等方面数据、资料，建立健全数据共享工作机制。

市、区人大常委会与本级政府相关部门应当按照国家和本市有关规定保障信息安全，加强涉密数据信息管理，确保数据安全。

## 第三章　预算的审查和批准

**第二十二条** 各级人民代表大会、人大常委会对本级政府的收入和支出是否全部纳入预算进行审查监督。

各级政府、各部门、各单位应当依法将所有政府收入、支出全部列入预算，不得隐瞒、少列。政府性基金预算、国有资本经营预算与一般公共预算应当按照国家有关规定实行统筹。

**第二十三条** 各级人民代表大会、人大常委会审查监督本级政府是否遵循统筹兼顾、勤俭节约、量力而行、讲求绩效和收支平衡的原则编制预算。

预算草案应当符合下列要求：

（一）一般公共预算草案应当列示预算收支情况表、转移支付预算表、基本建设支出表、政府债务情况表等，说明收支预算安排及转移支付绩效目标情况；

（二）政府性基金预算草案应当按基金项目分别编列、分别说明。政府性基金支出编列到资金使用的具体项目，说明结转结余和绩效目标情况；

（三）国有资本经营预算草案收入编列到行业或者企业，说明纳入预算的企业单位的上一年总体经营财务状况。支出编列到使用方向和用途，说明项目安排的依据和绩效目标；

（四）社会保险基金预算草案应当按保险项目编制，说明社会保险基金可持续运行情况；

（五）预算草案应当说明地方政府债务限额、余额情况，债务收入、安排的支出、还本付息、发行费用等情况。

各级政府应当建立健全预算基本支出定额标准体系、项目支出标准体系、预算绩效评价体系。

各级政府应当建立跨年度预算平衡机制。财政部门应当会同各部门编制政府中期财政规划；各部门编制部门中期财政规划。

**第二十四条** 市、区政府财政部门应当向本级人大财经委、人大常委会预算工委通报预算编制情况，征求意见。

市和区人大财经委、人大常委会预算工委应当在预算编制阶段，了解本级预算草案和部门预算草案编制情况，通过座谈会、论证会、听证会等方式，听取有关方面对预算安排的意见，并反馈给本级政府财政部门。

**第二十五条** 市、区政府财政部门应当在本级人民代表大会会议举行的三十日前，将本级预算草案的初步方案提交本级人大财经委进行初步审查。市和区人大财经委、人大常委会预算工委进行初步审查时，政府财政等相关部门负责人应当到会说明情况，听取审议意见。

市、区人大财经委在人民代表大会会议举行的十五日前，提出初步审查意见，反馈给本级政府财政部门办理。政府财政部门应当在人民代表大会会议举行的五日前书面反馈办理情况。初步审查意见及其办理情况的报告，在人民代表大会会议期间，印发本级人大代表。

乡、镇政府财政部门应当在人民代表大会会议举行的十五日前，将本级预算草案初步方案及上一年预算执行情况，提交乡、镇人大主席团初步审查。

**第二十六条** 提交预算草案的初步方案，同时依法提交下列相关材料及有关说明：

（一）一般公共预算收支表、政府性基金预算收支表、国有资本经营预算收支表、社会保险基金预算收支表；

（二）部门预算表；

（三）对下级转移支付明细表；

（四）预算草案中政府确定的重点支出的类别表和重大投资项目的项目表；

（五）政府债务余额和限额情况表、政府债券发行及还本付息情况表；

（六）一般公共预算的专项资金支出表；

（七）政府采购预算情况；

（八）国有资产管理情况；

（九）预算编制的有关说明；

（十）其他材料及有关说明。

**第二十七条** 对预算草案初步方案及上一年预算执行情况的初步审查，重点审查下列内容：

（一）上一年预算执行情况是否符合本级人民代表大会的预算决议的要求；

（二）预算安排是否合法，是否贯彻国民经济和社会发展的方针政策，收支政策是否切实可行；

（三）政府确定的重点支出和重大投资项目的预算安排是否合理、可行；

（四）预算草案编制是否完整，按功能分类的一般公共预算支出是否编列到项，按经济性质分类的一般公共预算基本支出是否编列到款；政府性基金预算、国有资本经营预算、社会保险基金预算支出，按其功能分类的，是否编列到项；

（五）对下级政府的转移性支出预算是否规范、适当；

（六）预算安排举借的债务是否合法、合理，是否有可行的偿还计划和稳定、可靠的偿还资金来源；

（七）上一年预算执行情况和本年度预算草案说明是否全面、清楚；

（八）与预算有关重要事项的说明是否清晰。

**第二十八条** 市和区人大财经委、人大常委会预算工委应当在本级人民代表大会会议举行前，组织本级政府财政、国有资产管理、人力资源和社会保障、医疗保障等部门为本级人大代表解读预算草案。

**第二十九条** 市、区人大常委会或者主任会议在本级人民代表大会会议举行前，听取本级人大财经委、人大常委会预算工委对预算草案的初步审查情况和意见。

**第三十条** 各级政府一般应当在本级人民代表大会会议举行的五日前，向本级人大常委会或者乡、镇人大主席团提交预算草案及其报告的正式文本。

**第三十一条** 市、区人民代表大会会议期间，市、区人大财经委应当根据本级人大代表的审议意见，结合初步审查意见，提出关于总预算草案及上一年总预算执行情况的审查结果报告。审查结果报告应当包括：对上一年预算执行、本级人民代表大会预算决议落实情况及对本年度预算草案安排作出评价；对本级人民代表大会批准预算草案和预算报告提出建议；对执行年度预算、改进预算管理、提高预算绩效、加强预算监督等提出意见和建议。审查结果报告经大会主席团通过后，印发全体人大代表。

每届市、区人民代表大会第一次会议设立国民经济和社会发展计划、预算审查委员会，根据本级人大代表的审议意见，结合初步审查意见，向大会主席团提出关于总预算草案和上一年总预算执行情况的审查结果报告。

乡、镇人民代表大会会议设立财政预算审查委员会，对预算草案提出审查意见。

各级人民代表大会会议期间，人大代表审议预算草案和上一年预算执行情况报告时，本级政府财政等相关部门应当到会听取意见，回答人大代表询问。对人大代表提出的意见，应当及时予以反馈。

**第三十二条** 市、区人民代表大会批准本级预算后，本级政府财政部门应当将批复本级各部门预算和下达下级政府的转移支付预算的情况，抄送本级人大财经委、人大常委会预算工委。

市、区政府应当及时汇总下一级政府的预算，报上一级政府和本级人大常委会备案。市、区政府对下一级政府报送备案的预算，认为有同法律、行政法规相抵触或者有其他不适当之处，需要撤销批准预算的决议的，应当提请本级人大常委会审议决定。

## 第四章 预算执行的监督

**第三十三条** 市、区人大常委会和乡、镇人大主席团应当加强对预算执行的监督，各级政府、各部门、各单位应当自觉接受监督，全面、真实反映预算执行情况并提供必要的材料。

**第三十四条** 预算执行情况监督的主要内容：

（一）执行本级人民代表大会及其常委会决议、决定的情况；

（二）组织预算收入的情况；

（三）预算批复和支出拨付的情况；

（四）各预算部门、预算单位的预算制度、预算安排和预算执行等情况；

（五）政府确定的重点支出和重大投资项目的安排和资金到位以及执行情况；

（六）超收收入的管理情况，短收及其处理情况；

（七）预备费、预算周转金、预算稳定调节基金、结转资金的使用情况；

（八）政府采购预算执行情况，政府购买服务预算管理情况；

（九）向下级财政转移支付情况；

（十）政府债务管理情况；

（十一）在预算执行中，各部门、各单位不同预算科目间的预算资金确需调剂使用的，是否按政府财政部门的规定办理；

（十二）预算执行中发生的其他重大事项和特定问题。

**第三十五条** 市、区人大常委会和乡、镇人民代表大会每年六月至九月期间听取和审议本级政府关于本年度上一阶段预算执行情况的报告。

市、区政府财政部门应当在本级人大常委会举行会议听取和审议本年度上一阶段预算执行情况报告的三十日前，向本级人大财经委、人大常委会预算工委提交本年度上一阶段预算执行情况的报告。乡、镇政府财政部门应当在乡、镇人民代表大会举行会议听取和审议本年度上一阶段预算执行情况报告的十日前，向乡、镇人大主席团提交本年度上一阶段预算执行情况的报告。

**第三十六条** 市、区人大常委会组成人员对预算执行情况报告的审议意见交由本级政府研究处理。市、区政府应当将研究处理情况向本级人大常委会提出书面报告。

预算执行情况报告、人大常委会的审议意见以及本级政府对审议意见的研究处理情况或者执行决议情况的报告，应当向本级人大代表通报并向社会公布。

**第三十七条** 市、区人大常委会听取和审议本级政府关于本年度上一阶段预算执行情况报告前，人大常委会预算工委应当听取本级政府有关部门关于预算执行、管理情况的汇报，并将有关情况反馈至本级政府财政部门，政府财政部门应当在三十日内提出研究处理情况的书面报告。

**第三十八条** 各级政府财政部门应当按照国家有关规定，按年度编制以权责发生制为基础的政府综合财务报告，报告政府整体财务状况、运行情况和财政中长期可持续性情况，报本级人大常委会和乡、镇人大主席团备案。

## 第五章　预算调整的审查和批准

**第三十九条** 经各级人民代表大会批准的一般公共预算、政府性基金预算、国有资本经营预算、社会保险基金预算，在预算执行中依照《中华人民共和国预算法》的规定必须调整的，各级政府应当编制预算调整方案，市、区政府报本级人大常委会审查和批准，乡、镇政府报本级人民代表大会审查和批准。

**第四十条** 市、区政府财政部门应当及时向本级人大财经委、人大常委会预算工委通报预算调整初步方案的有关情况。市、区人大常委会举行会议审查和批准预算调整方案的三十日前，政府财政部门应当将预算调整的初步方案提交本级人大财经委进行初步审查。

乡、镇政府财政部门应当在乡、镇人民代表大会举行会议审查和批准预算调整方案的十五日前，将本级预算调整的初步方案提交乡、镇人大主席团初步审查。

**第四十一条** 市、区人大常委会和乡、镇人民代表大会对本级预算调整方案，重点审查下列内容：

（一）调整的理由和依据；

（二）调整的项目和数额；

（三）收支平衡情况；

（四）与预算调整有关重要事项的说明是否清楚。

**第四十二条** 市、区人大财经委向本级人大常委会提出关于本级预算调整方案的审查结果报告。

审查结果报告应当包括下列内容：

（一）对预算调整方案是否符合《中华人民共和国预算法》作出评价；

（二）预算调整收入和支出的基本情况；

（三）对调整的项目和资金安排等事项是否合理作出评价；

（四）对本级人大常委会批准预算调整方案提出建议；

（五）对执行调整后的预算提出意见和建议。

**第四十三条** 各级政府未经法定程序作出的预算调整决定，本级人民代表大会、本级人大常委会或者上级政府应当责令其改变或者撤销。

**第四十四条** 严格控制预算调剂，各部门、各单位的预算支出应当按照预算执行，因重大事项确需调剂的，严格按照规定程序办理。

预算执行中出台重要的增加财政收入、支出的政策措施，或者预算收支结构发生重要变化的情况，市、区政府财政部门应当及时向本级人大常委会预算工委通报。市、区人大常委会预算工委应当及时将有关情况向本级人大财经委通报，必要时向本级人大常委会报告。

## 第六章 决算的审查和批准

**第四十五条** 市、区政府财政部门编制本级决算草案，经本级政府审计部门审计后，报本级政府审定，由本级政府提请本级人大常委会审查和批准并作关于本级决算的报告。乡、镇政府编制本级决算草案，提请本级人民代表大会审查和批准。

决算草案应当按照本级人民代表大会批准的预算所列科目编制，按预算数、调整预算数以及决算数分别列出，对重要变化应当作出说明。一般公共预算支出按其功能分类应当编列到项；按其经济性质分类，基本支出应当编列到款。政府性基金预算支出、国有资本经营预算支出、社会保险基金预算支出，按其功能分类应当编列到项。

决算报告应当重点说明本级人民代表大会批准的上一年预算执行情况、重点支出和重大投资项目资金的使用及绩效情况，未实现预算的主要原因及存在的主要问题。市、区政府应当按照国务院规定的实行权责发生制的特定事项，向本级人大常委会报告。

**第四十六条** 市、区政府财政部门应当在本级人大常委会举行会议审查和批准本级决算草案的三十日前，将上一年本级决算草案送交本级人大财经委进行初步审查。

乡、镇政府财政部门应当在乡、镇人民代表大会举行会议审查和批准本级决算草案的十日前，将上一年本级决算草案送交乡、镇人民代表大会主席团进行初步审查。

**第四十七条** 市、区人大常委会和乡、镇人民代表大会对本级决算草案，重点审查下列内容：

（一）预算收入情况；

（二）支出政策实施情况和重点支出、重大投资项目资金的使用及绩效情况；

（三）结转资金的使用情况；

（四）资金结余情况；

（五）本级预算调整及执行情况；

（六）财政转移支付安排执行情况；

（七）经批准举借债务的规模、结构、使用、偿还等情况；

（八）本级预算周转金规模和使用情况；

（九）本级预备费使用情况；

（十）超收收入安排情况，预算稳定调节基金的规模和使用情况；

（十一）本级人民代表大会批准的预算决议落实情况；

（十二）其他与决算有关的重要情况。

**第四十八条** 市、区人大财经委向本级人大常委会提出关于本级决算草案的审查结果报告。

审查结果报告应当包括下列内容：

（一）本级决算收入和支出的基本情况；

（二）对本级决算的总体评价；

（三）对本级人大常委会批准决算提出建议；

（四）对本级决算中存在的问题提出改进意见和建议。

**第四十九条** 市、区人大常委会批准本级决算后，政府财政部门应当在二十日内向本级各部门批复决算，同时将批复的部门决算送本级人大财经委、人大常委会预算工委。

市、区政府应当及时汇总下一级政府的决算，报上一级政府和本级人大常委会备案。上级政府对报送备案的决算认为同法律、行政法规相抵触或者不适当，需要撤销批准该项决算的决议的，应当提请本级人大常委会审议决定。

## 第七章 地方政府债务审查监督

**第五十条** 市和区人民代表大会、人大常委会应当围绕本级政府预算草案、预算调整方案、决算草案的审查和批准以及预算执行监督，规范工作程序，完善工作机制，综合运用监督方式方法，加强对地方政府债务的审查监督。

市、区人大财经委等有关专门委员会在对本级政府预算草案初步方案、预算调整初步方案、决算草案进行初步审查或者对政府债务开展专题审议时，政府相关部门负责人应当按有关规定到会听取意见、回答询问。市、区人大常委会预算工委应当加强对本级政府债务的调查研究，提出有针对性的建议。

市、区政府财政部门应当每季度或者每半年向本级人大财经委、人大常委会预算工委提供政府债券发行、资金下达使用和政府债务还本付息等情况。

市、区政府财政部门应当每半年向本级人大财经委、人大常委会预算工委书面报告政府债务管理情况，说明政府债券的发行使用、资金管理、项目库建设和债务风险等情况。

**第五十一条** 市和区人民代表大会、人大常委会推动各级政府完善预算草案、预算调整方案、决算草案编报有关债务的内容：

（一）在上一年度政府债务执行和决算情况表中，应当反映一般债务和专项债务的限额和余额、债务年限、还本付息等情况；

（二）在本年度政府债务预算收支安排情况表中，应当反映政府债务限额和预计余额情况，年度新增债务安排等情况；

（三）在政府债务指标情况表中，应当反映债务率等债务风险评估指标情况；

（四）在专项债务表中，应当反映上一年度本级政府专项债券收入、支出、还本付息等情况；

（五）政府因举借债务而提请人大常委会审查和批准的预算调整方案，应当反映政府债务限额和余额、新增债务规模和限额分配等情况。

**第五十二条** 市和区人民代表大会、人大常委会推动各级政府细化预算报告、预算调整方案报告、决算报告中有关债务的内容：

（一）预算报告应当包括上一年度政府债券发行、资金使用和偿还、债务风险情况，本年度举借债务的主要用途、偿债计划等情况；

（二）预算调整方案内容应当包括本级政府举借债务的必要性和合法性，本地区及本级政府债务总体规模、结构和风险情况，本级政府债务资金主要使用方向、项目安排等情况；

（三）决算报告应当包括本级政府债务规模、结构、使用、偿还、项目实施绩效情况，重大建设项目资金到位等情况。

**第五十三条** 市和区人民代表大会、人大常委会应当加强对本级政府债务风险管控的监督，推进政府债务信息公开透明，加强对本级政府及其部门、地方国有企业融资行为的监督。市、区政府应当建立债务信息公开机制、债务风险评估和预警机制、应急处置机制以及责任追究制度。

## 第八章 预算的审计监督

**第五十四条** 市、区人大常委会预算工委应当加强与本级政府审计部门的信息沟通和工作协同。审计部门应当聚焦审计重点，加大对支出预算和政策执行的审计监督力度，加强绩效审计，在研究提出下一年度审计监督重点内容和重点项目时，应当与人大常委会相关重点监督工作相衔接，形成监督合力。

市、区人大常委会监督预算执行时，可以就特定事项要求本级政府进行专项审计或者审计调查，并向人大常委会报告审计结果。

**第五十五条** 市、区政府审计部门应当按照真实、合法和效益的要求，对本级预算执行和其他财政收支情况以及决算草案进行审计监督，为本级人大常委会开展预算执行、决算审查监督提供支持服务。

市、区政府审计部门应当在本级人大常委会举行会议审查和批准本级决算草案前，向本级人大财经委、人大常委会预算工委汇报本级预算执行和其他财政收支的审计情况。

**第五十六条** 市、区人大常委会应当听取和审议本级政府提出的上一年预算执行和其他财政收支的审计工作报告。

审计工作报告应当重点报告下列内容：

（一）本级预算执行和决算草案、重要政策实施和财政资金绩效，以及其他财政收支审计的基本情况；

（二）审计查出的问题及问题清单；

（三）审计查出问题的原因分析及审计意见和建议；

（四）其他需要报告的重要情况。

**第五十七条** 市、区人大常委会应当听取和审议本级政府关于审计查出问题整改情况的报告，可以对审计查出的突出问题整改情况进行专题询问。市、区人大常委会在听取整改情况报告时，可以对审计查出问题整改情况进行满意度测评。

审计查出问题整改情况报告，应当与审计工作报告相对应，重点反映审计查出突出问题的整改情况，并提供审计查出突出问题的单项整改结果和部门预算执行审计查出问题整改情况清单；重点反映未整改问题的原因和下一步举措，对未完成整改问题加强闭环管理等内容。

**第五十八条** 市、区人大常委会应当对审计查出问题的整改情况进行跟踪监督，可以综合运用听取和审议政府专项工作报告、执法检查、询问、质询、特定问题调查等方式，加大监督力度，督促问题整改，推动健全整改长效机制及责任追究机制。

市、区人大常委会预算工委应当根据本级人大常委会有关决议和审议意见的要求，结合审计查出问题性质、资金规模和以往整改情况等，确定跟踪监督的突出问题和责任部门，组织开展跟踪监督，并向本级人大常委会提出调研报告。

本市应当建立健全人大预算审查监督与纪检监察监督、审计监督、出资人监督等各类监督的贯通协调机制，加强信息共享，推动审计查出问题整改。

**第五十九条** 市、区人大常委会组成人员对审计工作报告的审议意见交由本级政府研究处理。市、区政府应当将研究处理情况向本级人大常委会提出书面报告。

市、区人大常委会听取的审计工作报告、整改情况报告及其审议意见，本级政府对审议意见研究处理情况或者执行决议情况的报告，应当向本级人大代表通报并向社会公布。

市、区人大常委会认为必要时，可以对审计工作报告、整改情况报告作出决议。市、区政府应当在决议规定的期限内，将执行决议的情况向本级人大常委会报告。

**第六十条** 市、区政府财政等部门结合审计查出突出问题及其整改情况，完善相关政策，健全预算管理制度，优化年度预算安排，把审计结果及整改情况作为优化财政资源配置和完善支出政策的重要参考。市、区政府财政部门对突出问题屡审屡犯、未整改或者整改不力的部门、单位，在安排下一年度预算时，依据其整改情况，予以重点审核。

## 第九章 法律责任

**第六十一条** 违反本条例规定的行为，法律、行政法规有处理规定的，依照其规定处理。

**第六十二条** 对各级政府及有关部门违反本条例的，责令改正；对负有直接责任的主管人员和其他直接责任人员依法追究行政责任。

**第六十三条** 对违反本条例规定的行为，公民、法人或者其他组织可以依法向有关国家机关进行检举、控告。被检举、控告单位或者个人对检举、控告者进行压制和打击报复的，由上级主管部门或者所在单位依法给予处分；构成犯罪的，依法追究刑事责任。

## 第十章　附　　则

**第六十四条**　区人大常委会和乡、镇人民代表大会可以根据本条例的规定，结合本行政区域实际情况，制定预算审查监督具体办法。

市人大常委会加强对区人大常委会预算审查监督工作的指导，上下联动，共同做好人大预算审查监督工作。

**第六十五条**　本条例自2021年9月28日起施行。2017年6月23日上海市第十四届人民代表大会常务委员会第三十八次会议通过的《上海市预算审查监督条例》同时废止。

# 上海市浦东新区深化“一业一证”改革规定

（2021年9月28日上海市第十五届人民代表大会常务委员会第三十五次会议通过　根据2024年12月31日上海市第十六届人民代表大会常务委员会第十八次会议《关于修改〈上海市制定地方性法规条例〉等3件地方性法规的决定》修正）

**第一条**　为了持续深化“一业一证”改革，推动政府审批服务向以市场主体需求为中心转变，优化营商环境，根据有关法律、行政法规的基本原则，结合浦东新区实际，制定本规定。

**第二条**　本规定适用于浦东新区在市场主体注册登记后深化“一业一证”改革的相关管理服务活动。

本规定所称的“一业一证”改革，是指通过优化审批流程和集中审批程序，将市场主体进入特定行业涉及的多张许可证整合为一张行业综合许可证的改革举措。

**第三条**　浦东新区深化“一业一证”改革，应当坚持需求导向，再造审批管理服务流程，创新制度供给；坚持系统集成，建立市场主体全生命周期集成服务机制，落实放管结合；坚持重点突破，激发市场主体发展活力，助力产业发展。

**第四条**　浦东新区人民政府应当加强深化“一业一证”改革的组织领导，建立健全深化改革的统筹推进工作机制。

浦东新区审批制度改革部门负责组织协调“一业一证”改革工作，开展改革满意度社会评价，总结提炼改革创新举措。

浦东新区有关审批部门依据职权或者接受委托，负责具体有关行政许可的受理、审查、决定以及相应的事中事后监管等工作。

浦东新区政务服务部门负责行业综合许可证的具体办理工作。

**第五条**　浦东新区应当根据国家和本市改革部署，编制“一业一证”改革行业清单。

对纳入“一业一证”改革的行业，浦东新区人民政府应当确定牵头管理部门和协同管理部门。牵头管理部门负责协调指导该行业“一业一证”改革中的审批、监管、服务等工作，组织制定统一适用于该行业的综合许可细则，建立健全行业综合许可全流程管理和综合监管制度。

**第六条**　浦东新区应当深入推进政务服务“一网通办”，开设“一业一证”线上专栏和线下专窗。申请人可以通过“一网通办”平台，查询“一业一证”改革行业，获取集成该行业全部准入条件的告知单和申请表，并进行线上办理。

申请人的申请由浦东新区政务服务部门统一收件后，各有关审批部门应当并联审批、限时办结，并由政务服务部门统一制作、送达行业综合许可证等文书。

**第七条** 行业综合许可证是"一业一证"改革行业经营活动涉及的多项行政许可的效力集成,是确认市场主体取得相关行政许可、获得行业准营资格的证明。

各有关国家机关应当对行业综合许可证的效力予以认可,对有关行业准入涉及的单项行政许可不再单独受理、发证;在相关管理服务活动中,不得要求市场主体提供单项行政许可证件。

**第八条** 对纳入"一业一证"改革的行业,浦东新区应当建立行业综合许可证统一有效期制度。单项行政许可设定的有效期,整合为行业综合许可证后可以取消或者延长。

行业综合许可证所整合的单项行政许可变更或者失效的,相关行政审批部门应当同步调整该行业综合许可证的相应信息。

**第九条** 对纳入"一业一证"改革的行业涉及的场所、设备、人员、资金、管理制度等审批条件,可以实行告知承诺制,允许申请人以告知承诺书替代证明符合相关审批条件的材料,但是直接涉及国家安全、国家秘密、意识形态安全、公共安全、金融业审慎监管、生态环境保护、人身健康、生命财产安全的除外。

支持浦东新区探索实行基于"一业一证"改革的市场准营承诺即入制。

**第十条** 对纳入"一业一证"改革的行业,应当依托"一网统管"平台,通过"双告知、双反馈、双跟踪"证照衔接机制和"双随机、双评估、双公示"协同监管机制,实行对市场主体全生命周期的动态监管、风险监管、信用监管和分类监管。

行业监管部门与市场监督管理部门应当做好业务系统对接和工作衔接,方便市场主体在公示信息时一并填报经营活动的有关信息。

**第十一条** 浦东新区应当建立深化"一业一证"改革长效机制,针对行业综合许可单轨制、行业综合许可证统一有效期制度、市场准营承诺即入制等改革举措,结合改革创新实践编制改革举措清单,及时动态调整,并向社会公布。

**第十二条** 本市建立与"一业一证"改革相适应的政务信息共享机制。对纳入"一业一证"改革的行业,有关部门和单位应当将市场主体的许可、年报、处罚、信用、电子证照等信息,及时、准确共享至浦东新区有关部门,不得要求市场主体重复填报。

涉及"一业一证"改革的市级相关部门,应当优化完善相关业务应用系统,及时与浦东新区"一业一证"申办系统对接,建立数据交换机制,保障"一业一证"改革的深化实施。

**第十三条** 市人民政府及其有关部门应当积极争取国家有关部门对浦东新区深化"一业一证"改革的支持,加大赋权力度,帮助解决改革中的问题,及时总结推广改革经验。

**第十四条** 纳入"一业一证"改革的行业,不改变该行业行政许可实施的法律关系。浦东新区政务服务部门应当建立行政复议和行政诉讼咨询服务机制,将行政复议被申请人和行政诉讼被告告知相关当事人。

**第十五条** 本规定自 2021 年 10 月 1 日起施行。

# 上海市浦东新区市场主体退出若干规定

(2021 年 9 月 28 日上海市第十五届人民代表大会常务委员会第三十五次会议通过)

**第一条** 为了深化"放管服"改革,畅通市场主体退出渠道,完善优胜劣汰的市场机制,优化营商环境,根据有关法律、行政法规的基本原则,结合浦东新区实际,制定本规定。

**第二条** 本规定适用于在浦东新区的市场监督管理部门(以下称"登记机关")注册登记的有限责任公司、非公司企业法人、合伙企业和个人独资企业等市场主体退出及相关管理活动。

本规定所称的市场主体退出,包括简易注销、承诺制注销,以及登记机关依职权作出的强制除名和强制注销。

**第三条** 市场主体未发生债权债务、已将债权债务清偿完结或者具有国家规定的其他情形的,可以适用简易注销程序。

市场主体申请简易注销登记的,应当通过国家企业信用信息公示系统(以下称"公示系统")或者政府网站公示拟申请简易注销登记以及全体投资人承诺等信息,公示期为十日。

市场主体注销依法须经批准或者市场主体存在股权(财产份额)被冻结、出质,有正在被立案调查或者采取行政强制、司法协助以及国家规定的其他情形的,不适用简易注销程序。

**第四条** 市场主体决议解散后无法完成清算,具备下列条件的,可以适用承诺制注销:

(一) 非公司企业法人主管部门(出资人)、合伙企业全体合伙人等承诺对市场主体的所有债务依法承担责任,并对因市场主体未清算造成的损害承担连带责任;

(二) 市场主体的债务有担保的,担保人承诺继续承担责任。

市场主体有本规定第三条第三款所列情形的,不适用承诺制注销。

**第五条** 市场主体拟申请承诺制注销的,应当通知债权人,并通过公示系统或者政府网站公示承诺事项,公示期为四十五日。登记机关应当同时将市场主体拟申请承诺制注销的相关信息推送至同级税务、人力资源社会保障等部门。

有关利害关系人及相关政府部门在公示期内未向登记机关提出异议的,市场主体可以提出承诺制注销申请。登记机关应当对申请材料进行形式审查。申请材料齐全、符合法定形式的应当当场作出准予注销登记的决定;不能当场作出的,应当在三个工作日内作出决定;情形复杂的,经登记机关负责人批准,可以再延长三个工作日。

**第六条** 市场主体被吊销营业执照、责令关闭或者撤销的,清算义务人应当依法组织清算;满六个月未办理清算组公告或者申请注销登记的,登记机关可以作出强制除名决定。

强制除名决定应当向市场主体的住所地或者先行确认的送达地送达,并可以通过公示系统或者政府网站公告送达,公告期为六十日。

**第七条** 强制除名决定生效后,产生以下法律后果:

(一) 市场主体的营业执照(正本、副本)作废;

(二) 以统一社会信用代码(注册号)代替市场主体的名称;

(三) 除统一社会信用代码(注册号)、被强制除名时间和原因等信息外,市场主体的其他信息不再向社会公示;

(四) 不再作为市场主体统计基数;

(五) 市场主体状态作相应标记。

**第八条** 强制除名决定生效届满六个月,市场主体仍未办理清算组公告或者申请注销登记的,登记机关应当通过公示系统或者政府网站催告,并启动强制注销程序。

登记机关应当通过登记系统查询市场主体是否存在股权(财产份额)被冻结、出质以及投资设立其他市场主体的情况,并向同级人民法院、人力资源社会保障、税务部门和自然资源确权登记部门征询市场主体是否涉及审理、办理或者执行中的案件、拖欠职工工资、欠缴社会保险、欠缴税款及未结涉税事项等情形以及不动产权利登记情况。相关部门收到征询意见函后应当于十五个工作日内书面答复。

**第九条** 市场主体不存在本规定第八条第二款所列情形或者相关部门收到征询意见函后未作答复的,登记机关应当通过公示系统或者政府网站发布拟作出强制注销决定的公告。公告应当载明市场主体名称(统一社会信用代码)、债权人等利害关系人提出异议的方式、强制注销的后果等,公告期为六十日。

公告期满,登记机关应当作出强制注销决定,并向社会公布,但是公告期内有下列情形之一的除外:

(一)市场主体办理清算组公告或者申请注销登记的;

(二)利害关系人或者相关政府部门提出异议的。

强制注销决定可以通过公示系统或者政府网站公告送达,公告期为六十日。

**第十条** 强制注销决定生效后,市场主体资格终止。除因登记机关违反本规定的条件和程序作出决定外,强制注销决定不予撤销。

登记机关应当同步向同级人民法院、人力资源社会保障、税务和自然资源确权登记部门推送市场主体强制注销的信息。人力资源社会保障、税务等有关部门应当根据登记机关的推送信息,及时更新社会保险和税务登记等信息。

**第十一条** 因市场主体已经注销导致其分支机构或者其出资的市场主体无法办理注销等相关登记的,可以由该已经注销市场主体的继受主体或者投资人代为办理。

因市场主体之外的其他主体已经撤销或者注销导致其管理或者出资的市场主体无法办理注销等相关登记的,可以由该已经撤销或者注销主体的继受主体或者上级主管单位代为办理。

**第十二条** 市场主体在简易注销、承诺制注销程序中提交虚假材料或者采取其他欺诈手段隐瞒重要事实的,登记机关应当根据情形作出撤销注销登记等处理,并依法追究相应的法律责任。

市场主体未经清算被依法注销的,其清算义务人承担的组织清算义务不变。有关利害关系人认为其合法权益受到侵害的,有权通过民事诉讼向市场主体的投资人或者清算义务人等追究民事责任;构成犯罪的,依法追究刑事责任。

**第十三条** 市市场监督管理部门负责组织协调全市市场主体退出改革推进工作,加强对浦东新区市场主体退出工作的支持。

浦东新区的市场监督管理部门负责实施优化市场主体退出登记程序,通过"一网通办"平台,推动市场主体退出全程线上办理。人力资源社会保障、税务、自然资源确权登记、大数据管理等相关部门应当落实信息共享、程序对接和协同办理等工作。

人民法院作出终结强制清算程序或者终结破产程序的裁定的,登记机关应当依据申请办理注销登记。

**第十四条** 本规定自 2021 年 11 月 1 日起施行。

# 上海市实施《中华人民共和国反恐怖主义法》办法

(2021 年 10 月 28 日上海市第十五届人民代表大会常务委员会第三十六次会议通过)

## 第一章 总 则

**第一条** 为了贯彻落实总体国家安全观,防范和惩治恐怖活动,加强反恐怖主义工作,维护国家安全、公共安全和人民生命财产安全,根据《中华人民共和国反恐怖主义法》(以下简称反恐怖主义法)和其他有关法律、行政法规,结合本市实际,制定本办法。

**第二条** 本市行政区域内反恐怖主义安全

防范、情报信息、应对处置等工作，适用本办法。

**第三条** 本市反恐怖主义工作应当坚持统一领导、分工负责，防范为主、惩防结合，先发制敌、保持主动，整体防控、专群结合的原则。

**第四条** 反恐怖主义工作应当依法进行，尊重和保障人权，维护公民和组织的合法权益。

在反恐怖主义工作中，应当尊重公民的宗教信仰自由和民族风俗习惯，禁止任何基于地域、民族、宗教等理由的歧视性做法。

**第五条** 市反恐怖主义工作领导机构按照国家反恐怖主义工作部署，统一领导和指挥本市反恐怖主义工作。

各区反恐怖主义工作领导机构在市反恐怖主义工作领导机构的领导和指挥下，负责本地区反恐怖主义工作。

乡镇人民政府、街道办事处根据需要设立反恐怖主义工作领导机构，在上级反恐怖主义工作领导机构的领导和指挥下，落实辖区内反恐怖主义工作要求。

**第六条** 居民委员会、村民委员会通过开展群防群治、宣传教育等方式，依法协助人民政府及有关部门做好反恐怖主义工作。

鼓励企业事业单位、社会组织和个人开展反恐怖主义宣传教育、志愿服务等活动。

**第七条** 本市与相关省、自治区、直辖市开展信息沟通和工作协作，建立反恐怖主义工作跨行政区域合作机制。

本市推动建立长江三角洲区域反恐怖主义情报信息互通、数据资源共享、应对处置联动、执法标准统一的工作机制，增强区域反恐怖主义工作实效。

**第八条** 本市在国家有关部门的指导下，参与反恐怖主义国际合作，学习借鉴国际反恐怖主义经验，促进人员技术交流，提升超大城市防范和应对恐怖主义威胁的能力。

## 第二章 责任体系

**第九条** 市、区反恐怖主义工作领导机构承担下列工作职责：

（一）制定本级反恐怖主义工作规划、计划和预案；

（二）研究、协调反恐怖主义工作重大问题；

（三）监督、检查工作职责落实情况，健全考核机制；

（四）统筹、指导反恐怖主义情报信息工作，健全本级反恐怖主义情报信息机制；

（五）指导反恐怖主义安全防范，领导、指挥恐怖事件的应对处置工作；

（六）组织反恐怖主义宣传教育；

（七）法律、法规规定的其他职责。

市、区反恐怖主义工作领导机构办公室承担本级反恐怖主义工作领导机构的日常工作。

**第十条** 公安机关应当履行下列反恐怖主义工作职责：

（一）预防、制止以及调查恐怖主义违法犯罪活动；

（二）会同有关部门指导和监督反恐怖主义安全防范工作；

（三）搜集、分析、研判反恐怖主义情报信息，通报、预警恐怖事件风险；

（四）开展日常巡逻防控，加强对重点目标的巡逻、检查；

（五）负责枪支弹药、管制器具、民用爆炸物品、烟花爆竹、易制爆危险化学品、剧毒化学品、核与放射物品等危险物品的公共安全管理；

（六）开展恐怖事件的应对处置工作。

**第十一条** 国家安全机关负责搜集、分析、研判反恐怖主义情报信息，调查涉及境外的恐怖活动嫌疑或者恐怖活动嫌疑人员等工作。

**第十二条** 交通部门负责指导和监督货物运输、旅客运输、公共交通、机动车租赁行业反恐怖主义安全防范等工作。

邮政、商务、经济信息化部门分别负责指导和监督邮政快递、二手车交易、成品油销售行业反恐怖主义安全防范等工作。

网信、通信管理等部门按照各自职责，指导和监督电信业务经营者、互联网服务提供者落实网络安全与信息内容监督制度、安全技术防范措施等工作。

教育部门负责指导和监督各级各类学校反恐怖主义安全防范和反恐怖主义知识教育等工作。

人力资源社会保障、新闻出版、文化旅游、应急、市场监管、卫生健康、农业、规划资源、住房城乡建设管理、民族宗教等部门应当按照各自职责，做好反恐怖主义相关工作。

**第十三条** 反恐怖主义工作领导机构成员单位应当根据反恐怖主义法、本办法以及其他有关规定，履行反恐怖主义工作职责，落实反恐怖主义工作责任制，建立和完善协作联动机制，依法做好反恐怖主义工作。

反恐怖主义工作领导机构应当对其成员单位和下级反恐怖主义工作领导机构履行反恐怖主义工作职责情况开展监督检查；对发现的问题，及时责令整改，视情予以约谈、通报，并可以向有关任免机关、监察机关提出对相关责任人员的处理建议。

**第十四条** 任何单位和个人都有协助、配合有关部门开展反恐怖主义工作的义务，发现恐怖活动嫌疑或者恐怖活动嫌疑人员的，应当及时向公安机关或者有关部门报告，并配合调查核实。

相关行业组织应当加强行业自律，引导、督促会员单位建立和完善反恐怖主义安全防范制度，做好日常安全防范工作。

## 第三章 安全防范

**第十五条** 市、区人民政府及有关部门应当加强爱国主义、国家安全教育，通过多种形式普及反恐怖主义相关法律、法规和知识，引导公众自觉抵制恐怖主义、极端主义思想和活动，提高反恐怖主义意识。

教育、人力资源社会保障部门和学校、有关职业培训机构应当将恐怖活动预防、应急知识纳入教育、教学、培训的内容。

新闻、广播、电视、文化、宗教、互联网等有关单位应当有针对性地面向社会进行反恐怖主义宣传教育，依照有关规定刊登或者播放反恐怖主义公益广告。

**第十六条** 各级各类学校应当完善内部安全管理制度，加强人防、物防、技防等校园安全保卫工作，排查、整治校园安全隐患，落实反恐怖主义安全防范措施。

**第十七条** 铁路、公路、水上、航空的货运运营单位应当实行安全查验制度，对客户身份进行查验，依照规定对运输物品进行安全检查或者开封验视，并实行运输客户身份、物品信息登记制度。

邮政、快递企业应当依照规定，落实收寄验视、实名收寄等安全防范制度，并对寄递客户身份、物品信息等进行登记。

对禁止运输、寄递，存在重大安全隐患，或者客户拒绝安全查验的物品，不得运输、寄递。

**第十八条** 道路长途客运、省际水路客运业务经营者应当依照规定，对客户进行实名售票、实名查验和物品安检；对客户身份不明或者拒绝实名查验，以及违反规定携带、托运违禁或者管制物品的，不得提供服务。

**第十九条** 机场、火车站、码头、公路长途客运站、城市轨道交通站点等的管理单位应当依照规定，对进入场所的人员、物品和交通工具进行安全检查。发现违禁或者管制物品，应当予以扣留并立即向公安机关报告；发现涉嫌违法犯罪人员，应当立即向公安机关报告。

城市轨道车辆、公共电汽车、渡轮等公共交通运输工具的营运单位应当依照规定，配备安保人员和相应设备、设施，加强安全检查和保卫工作。

**第二十条** 机动车租赁业务、二手车交易业务经营者应当依照规定，对客户进行身份查验和信息登记；对客户身份不明或者拒绝身份查验的，不得提供服务。

**第二十一条** 宾馆、旅馆、招待所、留宿过夜浴场(室)、公寓式酒店等旅馆业单位，乡村民宿以及其他提供住宿服务的场所，其业务经营者、服务提供者应当依照规定，落实客户身份查验、信息登记等义务；对客户身份不明或者拒绝身份查验的，不得提供服务。

**第二十二条** 成品油销售业务经营者应当对依照规定登记购买散装汽油的客户身份、购买数量等信息进行查验、核对，并记录购买用途；对未依照规定登记、身份不明或者拒绝身份查验的客户，不得进行销售。

瓶装液化石油气销售业务经营者应当对客户身份、购买数量和用途等信息如实记录；对客户身份不明或者拒绝身份查验的，不得进行销售。

**第二十三条** 对管制器具、危险化学品、民用爆炸物品，市人民政府可以决定在特定区域、特定时间，对其生产、进出口、运输、销售、使用、报废实施管制，可以禁止使用现金、实物进行交易或者对交易活动作出其他限制。

**第二十四条** 民用无人机拥有者、使用者应当依照规定进行实名登记后，从事飞行活动。

对违反规定从事民用无人机飞行活动或者利用民用无人机从事违法活动的，由公安机关等相关主管部门按照职责，依法采取干扰、拦截、捕获、摧毁等安全防范措施。

在本市行政区域内从事其他低空、慢速、小型航空器飞行活动的，应当遵守国家和本市有关管理规定。

**第二十五条** 疾病预防控制机构、医疗机构以及从事病原微生物实验的单位、保藏机构等，应当依照规定落实对传染菌种、毒种和传染病检测样本采集、保藏、携带、运输、使用过程的管理要求，采取相应的防护和安全保卫措施，防止丢失、泄漏或者被盗、被抢。

**第二十六条** 电信业务经营者、互联网服务提供者应当依法履行下列反恐怖主义安全防范义务：

（一）落实网络安全保护责任，采取防范计算机病毒和网络攻击、网络侵入等危害网络安全行为的技术措施；

（二）对用户进行真实身份验证，保存网络日志；

（三）对用户发布信息进行管理和巡查，发现含有恐怖主义、极端主义内容的信息，应当立即停止传输、保存相关记录、删除相关信息，并向公安机关或者有关部门报告。

提供物流、住宿、机动车租赁、二手车交易等信息服务的互联网服务提供者，应当为公安机关、国家安全机关依法进行防范、调查恐怖活动，提供技术接口和解密等技术支持与协助。

**第二十七条** 金融机构和特定非金融机构应当加强资金监测，发现涉嫌恐怖活动的，及时向公安机关、国家安全机关和反洗钱行政主管部门报告，对恐怖活动组织和人员的资金或者其他资产依法采取冻结措施，协助公安机关、国家安全机关和有关部门开展调查。

**第二十八条** 各类人员密集场所的管理单位以及大型活动的承办单位应当依照规定，履行反恐怖主义安全防范职责，建立健全安全保卫措施。

**第二十九条** 公安机关应当会同有关部门按照国家和本市有关标准，将遭受恐怖袭击可能性较大以及遭受恐怖袭击可能造成重大人身伤亡、财产损失或者社会影响的单位、场所、活动、设施等确定为防范恐怖袭击的重点目标，并报本级反恐怖主义工作领导机构备案。

**第三十条** 重点目标管理单位应当履行国家规定的反恐怖主义安全防范职责，并依照规定落实反恐怖主义工作专项经费。

重点目标管理单位应当根据本市的具体规定，履行开展对重点目标的巡逻、检查等工作，健全反恐怖主义安全防范工作档案等安全防范措施，以及落实特定时间、重大突发事件等情况下的管理措施等职责。本市的具体规定由市公安机关会同有关部门依法拟订，并报市反恐怖主义工作领导机构同意后实施。

**第三十一条** 涉及重点目标新建、改建、扩建的建设项目，应当根据国土空间规划、相关标准和实际需要，同步设计、同步建设、同步运行符合规定的防范恐怖袭击技防、物防设备、设施。

规划资源部门在审核建设工程设计方案时，应当就重点目标配套的防范恐怖袭击技防、物防设备、设施建设要求，征询公安机关等相关部门的意见。

施工图审查机构在审核建设工程施工图设计文件时，应当依照有关法律、法规和防范恐怖袭击技防、物防设备、设施工程建设标准，对重点目标配套的防范恐怖袭击技防、物防设备、设施的设计内容进行审查；不符合有关强制性要求的，不予审查通过。

**第三十二条** 对重点目标以外涉及公共安全的其他单位、场所、活动、设施，其主管部门和管理单位应当依照法律、法规规定，建立健全安全管理制度，采取必要的反恐怖主义安全防范措施，落实安全防范责任。

## 第四章 情报信息

**第三十三条** 市反恐怖主义工作领导机构负责建立市反恐怖主义情报信息中心，统一归口处理本市反恐怖主义相关情报信息，对情报信息进行筛查、研判、核查、监控；发现可能发生恐怖事件风险的，应当及时通报有关部门或者单位。

**第三十四条** 市反恐怖主义工作领导机构应当明确有关成员单位的反恐怖主义情报信息搜集与报送要求。

有关成员单位应当按照要求，开展反恐怖主义情报信息搜集工作，将工作中获取的反恐怖主义相关情报信息及时报送市反恐怖主义情报信息中心。

**第三十五条** 市反恐怖主义情报信息中心根据需要，可以依托市大数据资源平台获取有关公共数据，用于反恐怖主义工作。

市大数据中心应当推动有关公共数据的归集、整合，并加强与市反恐怖主义情报信息中心的数据对接。

**第三十六条** 公安机关、国家安全机关和有关部门应当加强反恐怖主义情报信息专业队伍建设，建立情报信息人员选用、培训、考核等制度。

公安机关、国家安全机关和有关部门可以依托基层组织和有关单位建立反恐怖主义信息报告员队伍。

**第三十七条** 反恐怖主义工作领导机构、有关部门和单位应当采取必要措施，保护反恐怖主义工作相关信息数据的安全。

反恐怖主义工作领导机构、有关部门和单位、个人应当对履行反恐怖主义工作职责、义务过程中知悉的国家秘密、商业秘密和个人隐私予以保密。

## 第五章 应对处置

**第三十八条** 市反恐怖主义工作领导机构应当根据恐怖事件的规律、特点和可能造成的社会危害，制定本市恐怖事件应对处置预案。

市反恐怖主义工作领导机构成员单位和各区反恐怖主义工作领导机构应当结合本部门主管范围和本地区反恐怖主义工作的情况，制定相应的应对处置预案。

**第三十九条** 市、区反恐怖主义工作领导机构成员单位、乡镇人民政府、街道办事处、企业事业单位以及其他组织，应当结合实际情况组织开展反恐怖主义培训和应急演练，提高本单位人员、社会公众应对恐怖事件时的防卫、疏散、应急避险和自救互救等能力。

重点目标管理单位应当每年至少组织一次反恐怖主义培训和应急演练。

**第四十条** 发现恐怖事件或者疑似恐怖事件后，公安机关应当立即进行处置，并向反恐怖主义工作领导机构报告。

**第四十一条** 恐怖事件发生后，发生地反恐怖主义工作领导机构应当立即启动恐怖事件应对处置预案，成立指挥机构，确定指挥长；根据恐怖事件的性质和危害程度，必要时可以设立现场指挥机构，具体负责现场的应对处置工作。

**第四十二条** 恐怖事件发生后，负责应对处置的反恐怖主义工作领导机构依照反恐怖主义法规定的权限，可以决定由有关部门和单位采取相应的应对处置措施；对人员密集的活动、场所或者可能导致危害扩大的生产经营活动，可以采取下列应对处置措施：

（一）中止正在举办或者准备举办的文化、体育、宗教、演出等人员密集的活动，对现场人员予以保护、疏散，并可以在一定时期或者特定区域内暂停此类活动的审批；

（二）中止可能导致危害扩大的生产经营活动，对现场人员予以保护、疏散，并可以决定暂停此类生产经营活动或者采取其他限制措施；

（三）暂停或者限制武器、弹药、管制器具、危险化学品、民用爆炸物品、核与放射物品、传染病病原体等物品的生产、经营和运输等活动；

（四）加强对重点目标、人员密集场所和重要基础设施的巡逻、检查、监控、保卫等，组织专门力量加强社会防控；

（五）其他必要的应对处置措施。

作出决定的反恐怖主义工作领导机构应当明确上述应对处置措施适用的时间和空间范围，并向社会公布。

**第四十三条** 恐怖事件发生、发展和应对处置信息，由市反恐怖主义工作领导机构统一发布。

任何单位和个人不得编造、传播虚假恐怖事件信息；不得报道、传播可能引起模仿的恐怖活动的实施细节；不得发布恐怖事件中残忍、不人道的场景。

在恐怖事件的应对处置过程中，除新闻媒体经市反恐怖主义工作领导机构批准外，不得报道、传播现场应对处置的工作人员、人质身份信息和应对处置行动情况。

## 第六章 保障措施

**第四十四条** 因报告和制止恐怖活动，在恐怖活动犯罪案件中作证，或者从事反恐怖主义工作，本人或者其近亲属的人身安全面临危险的，经本人或者其近亲属提出申请，公安机关、有关部门应当采取相应的保护措施。

**第四十五条** 市、区人民政府应当将反恐怖主义工作经费列入同级财政预算，保障反恐怖主义工作基础设施建设、信息化建设、装备物资、表彰奖励等所需经费。

**第四十六条** 本市鼓励、支持反恐怖主义科学研究和技术创新，开发和推广使用先进的反恐怖主义技术、设备。

本市推动大数据、人工智能等现代信息技术在反恐怖主义工作中的应用，依托“一网通办”“一网统管”平台赋能反恐怖主义工作，提升信息化、智能化水平。

**第四十七条** 本市鼓励高等院校、职业学校开展反恐怖主义相关课程建设，提供专业支撑、培养专业人才。

**第四十八条** 对有下列情形之一的单位或者个人，依照国家和本市有关规定给予表彰、奖励，并对相关信息予以保密：

（一）举报涉嫌恐怖活动违法犯罪线索，经查证属实的；

（二）协助防范、制止恐怖活动有突出贡献的；

（三）在反恐怖主义工作中作出其他突出贡献的。

## 第七章 法律责任

**第四十九条** 违反本办法规定的行为，法律、行政法规已有处理规定的，从其规定；构成犯罪的，依法追究刑事责任。

**第五十条** 违反本办法第二十条规定，二手车交易业务经营者未依照规定对客户进行身份查验和信息登记，或者对身份不明、拒绝身份查验的客户提供服务的，由商务部门责令改正；拒不改正的，由商务部门将有关信息通报市场监管部门，并由市场监管部门处十万元以上五十万元以下罚款，对其直接负责的主管人员和其他直接责任人员处十万元以下罚款。

**第五十一条** 违反本办法第二十二条第一

款规定，成品油销售业务经营者未查验购买散装汽油的客户身份信息、未核对购买数量、未记录购买用途，或者向未依照规定登记、身份不明、拒绝身份查验的客户进行销售的，由公安机关责令改正；拒不改正的，处十万元以上五十万元以下罚款，并对其直接负责的主管人员和其他直接责任人员处十万元以下罚款。

违反本办法第二十二条第二款规定，瓶装液化石油气销售业务经营者未记录或者未如实记录客户身份信息、购买数量和用途，或者向身份不明、拒绝身份查验的客户进行销售的，由住房城乡建设管理部门责令改正；拒不改正的，处十万元以上五十万元以下罚款，并对其直接负责的主管人员和其他直接责任人员处十万元以下罚款。

**第五十二条** 违反本办法第三十条第二款规定，重点目标管理单位未依照规定履行反恐怖主义安全防范职责的，由公安机关给予警告，并责令改正；拒不改正的，处十万元以下罚款，并对其直接负责的主管人员和其他直接责任人员处一万元以下罚款。

**第五十三条** 反恐怖主义工作领导机构、有关部门的工作人员在反恐怖主义工作中滥用职权、玩忽职守、徇私舞弊或者有违反规定泄露国家秘密、商业秘密和个人隐私等行为，构成犯罪的，依法追究刑事责任；尚不构成犯罪的，由任免机关或者监察机关依法给予处分。

## 第八章 附　　则

**第五十四条** 本办法自 2021 年 12 月 1 日起施行。

# 上海市浦东新区建立高水平知识产权保护制度若干规定

（2021 年 10 月 28 日上海市第十五届人民代表大会
常务委员会第三十六次会议通过）

**第一条** 为了贯彻落实在浦东新区建立高水平知识产权保护制度的要求，强化知识产权全链条保护，率先构建制度完备、体系健全、环境优越的国际知识产权保护高地，根据法律、行政法规的基本原则，结合浦东新区实际，制定本规定。

**第二条** 浦东新区人民政府应当加强对知识产权保护工作的领导，统筹协调推进知识产权保护工作中的重大事项，整合优化知识产权保护工作资源，完善知识产权统一管理的体制机制和综合服务平台建设，全面推进知识产权领域综合执法，加强知识产权保护的教育宣传和经费保障。

浦东新区知识产权部门负责知识产权保护工作的统筹协调和组织实施，开展国家知识产权部门相关业务在浦东新区的综合受理，依据职权或者接受委托综合行使相关部门在知识产权领域的行政执法权，配合国家知识产权部门开展集成电路布图设计行政执法。

浦东新区知识产权保护中心建立健全知识产权事务“一站式”保护机制，对接国家知识产权保护平台，推动国家知识产权事务在浦东新区“一网通办”，并可以依托“一网统管”平台协助开展前款规定的相关行政执法工作。

**第三条** 浦东新区知识产权部门应当对生物医药、高端装备制造、新一代信息技术等领域拟报请加快审查的专利申请，根据国家知识产权部门的规定提供预审服务。

浦东新区知识产权部门应当配合国家知识产权部门开展专利复审无效案件优先审查、专利无效案件远程视频审理等快速确权服务，推进专利确权案件与行政裁决案件联合审理。

**第四条** 单位和个人在实施专利、进入国外市场前或者拟上市等阶段，委托专业机构对产品或者技术是否侵犯他人专利权进行专利实施调查并获取专利实施调查报告的，可以作为判断是否故意侵权的参考依据。

**第五条** 在涉及公共利益的著作权侵权行政执法程序中，被投诉人主张其不承担侵权责任的，应当提供证据证明已经取得权利人的许可，或者具有法律规定的不经权利人许可而可以使用的情形。被投诉人不能提供或者提供的证据不足以推翻投诉人提供的侵权证据的，可以认定被投诉人的行为构成侵犯著作权。

**第六条** 单位和个人恶意申请商标注册的，应当对申请人给予警告，有违法所得的，可以并处违法所得五倍最高不超过五万元的罚款；没有违法所得的，可以并处三万元以下的罚款。

**第七条** 禁止任何单位和个人实施下列违反地理标志保护规定的行为：

（一）通过使用地理标志产品名称或者产品描述，使公众误认为该产品来自获得保护的地理标志产地范围的；

（二）在产地范围之外的相同或者类似产品上使用获得保护的地理标志产品名称或其意译、音译、字译，或者同时使用“类”、“型”、“式”、“仿”等表述的；

（三）未经批准擅自在产品上使用地理标志专用标志的；

（四）在产品上使用与地理标志专用标志相似的标志，使公众误认为是地理标志专用标志的；

（五）销售上述产品的。

违反前款规定的，责令立即停止违法行为，没收、销毁违法生产、销售的产品和伪造地理标志专用标志的工具；违法经营额五万元以上的，可以处违法经营额五倍以下的罚款，没有违法经营额、违法经营额难以计算或者违法经营额不足五万元的，可以处二十五万元以下的罚款。销售不知道是违反前款规定的产品，能够证明该产品是自己合法取得并说明提供者的，责令停止销售。

**第八条** 在商业秘密行政执法程序中，商业秘密权利人提供初步证据，证明其已经对所主张的商业秘密采取保密措施，且合理表明商业秘密被侵犯，涉嫌侵权人应当证明权利人所主张的不属于商业秘密或者其不存在侵犯商业秘密的行为。

对于侵犯商业秘密的行为，除依据《中华人民共和国反不正当竞争法》的规定处理外，还应当责令侵权人返还或者销毁载有商业秘密的图纸、软件或者其他有关载体，不得继续披露、使用或者允许他人使用商业秘密。侵权人利用权利人的商业秘密生产的产品，尚未销售的，应当监督侵权人销毁，但是权利人同意收购或者同意侵权人继续销售的除外。

权利人向人民法院请求返还或者销毁载有商业秘密的图纸、软件或者其他有关载体，清除其控制的商业秘密信息的，人民法院应予支持。

**第九条** 会展活动举办单位不得允许未提交知识产权合规承诺或者相关知识产权权属证明的参展方参加展会。

参展项目被权利人投诉侵权的，会展活动举办单位应当立即要求参展方在限定时间内提供未侵权证明；参展方无法提供的，会展活动举办单位应当立即采取遮盖、下架展品或者取消参展资格等措施。

会展活动举办单位违反本条第一款、第二款规定的，给予警告，并可以处三万元以上十万元以下的罚款。

**第十条** 故意侵犯知识产权，情节严重的，人民法院可以根据规定按照权利人因被侵权所受到的实际损失、侵权人因侵权所获得的利益、许可使用费或者权利使用费倍数的一倍以上五倍以下确定赔偿数额；情节特别严重的，人民法院可以按照权利人因被侵权所受到的实际损失、侵权人因侵权所获得的利益、许可使用费或者权利使用费倍数的五倍以上十倍以下确定赔偿数额。权利人的实际损失、侵权人因侵权所获得的利益、许可使用费或者权利使用费难以计算的，由人民法院根据侵权行为的情节，判决给予一千万元以下的赔偿。

专利侵权纠纷司法判决、行政裁决生效后，再次侵犯同一专利权的，没收违法所得，并处违法经营额一倍以上五倍以下的罚款；没有违法经营额、违法经营额难以计算或者违法经营额不足五万元的，处五万元以上二十五万元以下的罚款。

因侵犯商业秘密被司法判决或者行政处罚，自司法判决、行政处罚决定生效之日起二年内再次侵犯商业秘密的，可以对侵权人从重处罚。

**第十一条** 浦东新区知识产权部门在知识产权纠纷立案前或者立案后，可以自行、委托或者移交相关组织进行调解，但是涉嫌犯罪的案件除外。

知识产权行政案件立案前达成调解协议并履行完毕的，可以不予立案。立案后达成调解协议并履行完毕的，可以从轻或者减轻处罚；没有损害第三人合法权益和公共利益的，可以免除处罚。

**第十二条** 浦东新区人民法院应当明确相关审判组织统一审理管辖范围内的知识产权民事、行政和刑事案件。

高等院校、科研机构、知识产权服务机构等单位具有专门知识的人，经遴选可以担任知识产权案件的专家陪审员。

支持浦东新区人民法院在知识产权案件办理中探索书状先行模式。

**第十三条** 浦东新区人民检察院应当明确相关检察办案部门统一履行知识产权刑事、民事、行政和公益诉讼检察职能。

支持浦东新区人民检察院在地理标志、集体商标、药品专利等涉及公共利益的知识产权领域探索开展公益诉讼。

**第十四条** 支持浦东新区设立科创板拟上市企业知识产权服务站，依法为全国拟上市企业提供知识产权问询辅导、知识产权评估评价等服务。

**第十五条** 鼓励金融机构优化知识产权质押融资模式，建立融资担保风险分担机制，加大对中小企业、科技创新企业、文化创意企业的增信服务力度。

鼓励企业以高价值知识产权组合为基础构建底层知识产权资产，在能产生稳定现金流的前提下探索知识产权证券化模式。

**第十六条** 本规定自 2021 年 12 月 1 日起施行。

# 上海市浦东新区城市管理领域非现场执法规定

（2021 年 10 月 28 日上海市第十五届人民代表大会
常务委员会第三十六次会议通过）

**第一条** 为了规范城市管理领域非现场执法工作，提高城市管理科学化、精细化、智能化水平，提升城市治理能力和治理成效，根据法律、行政法规的基本原则，结合浦东新区实际，制定本规定。

**第二条** 本规定适用于浦东新区城管执法部门运用非现场执法方式对违法行为进行查处的相关工作。

本规定所称的非现场执法，是指运用现代信息技术手段收集、固定违法事实，采用信息化等方式进行违法行为告知、调查取证、文书送达、罚款收缴等的执法方式。

**第三条** 浦东新区人民政府负责统筹协调有关部门推进非现场执法工作。

浦东新区城管执法部门负责非现场执法具体推进以及业务指导和监督，依托“一网统管”

平台推动非现场执法工作。浦东新区发展改革、科技经济、公安、财政、人力资源社会保障、规划自然资源、市场监管等部门在各自职责范围内履行相关职能，为非现场执法工作提供协助与保障。

浦东新区街道办事处、镇人民政府负责完善本辖区社会各方共同参与的共建共治共享基层治理格局，开展城市管理领域非现场执法工作。

**第四条** 浦东新区城管执法部门查处城市管理领域多发易发、直观可见且依托信息化设备设施能够辨别、易于判断的违法行为，可以实施非现场执法。

浦东新区人民政府应当编制非现场执法事项清单，在政府网站公布，并及时动态调整。

**第五条** 浦东新区城管执法部门开展非现场执法工作应当依法行政，规范执法流程，坚持公平公正，做到高效与便民相一致、处罚与教育相结合、法律效果与社会效果相统一。

**第六条** 浦东新区城管执法部门开展非现场执法工作应当为当事人政策查询、陈述申辩、权利救济、责任履行等活动提供便利，充分保护当事人的合法权益。

**第七条** 浦东新区城管执法部门可以在道路、广场等公共场所以及具备条件的社区公共区域，利用电子技术监控设备收集、固定违法事实。

电子技术监控设备的安装使用应当经过法制审核和技术审核，确保电子技术监控设备符合国家标准或者行业标准。电子技术监控设备应当定期维护、保养、检测，保持功能完好。

电子技术监控设备分为固定式和移动式。固定电子技术监控设备设置的地点应当有明显可见的标识标志，并向社会公布。移动电子技术监控设备应当安装在统一标识的车辆上，监控区域应当向社会公布。

**第八条** 浦东新区城管执法部门应当建立相关信息数据库和信息平台，与新区公安、市场监管、民政、住房管理等部门建立信息互通共享机制。

浦东新区城管执法部门应当依据必要合理原则，依法规范采集行政相对人的相关主体身份信息，并对采集的个人信息按照有关法律、法规进行处理。

浦东新区街道办事处、镇人民政府应当发挥基层治理机制作用，协助城管执法部门落实基层信息规范采集和依法按需共享制度。

**第九条** 浦东新区城管执法部门可以通过视频、音频等方式开展询问调查。视频、音频询问时，应当表明执法人员身份，告知被询问人相关权利和义务。

视频、音频资料可以替代书面询问笔录。必要时，浦东新区城管执法部门应当对视频、音频资料的形成时间和关键内容等作文字说明。

**第十条** 浦东新区城管执法部门应当审核视听资料、电子数据记录的内容是否符合真实、清晰、完整、准确的要求。未经审核或者经审核不符合要求的，不得作为行政处罚的证据。

**第十一条** 浦东新区城管执法部门依据审核确认的证据，拟作出行政处罚的，可以采用电子邮件、短信、互联网应用程序、“一网通办”平台等信息化方式将违法事实、拟处罚内容、陈述申辩途径等告知当事人，要求其在指定时间内接受处理。

**第十二条** 浦东新区城管执法部门应当设置指定处理窗口，并采取信息化等方式为当事人陈述、申辩提供便利。

浦东新区城管执法部门应当及时对当事人提出的事实、理由和证据进行复核。当事人提出的事实、理由或者证据成立的，应当予以采纳，不得因当事人陈述、申辩而给予更重的行政处罚。

**第十三条** 浦东新区城管执法部门在非现场执法案件中制作的法律文书，可以使用电子公章和电子签名。

经当事人同意并签订确认书的，浦东新区城管执法部门可以采用电子邮件、短信、互联网应用程序等信息化方式送达行政处罚决定书等相关法律文书。

**第十四条** 当事人可以通过电子支付系统缴纳罚款。浦东新区城管执法部门应当开通电子支付系统缴纳罚款的途径，并出具财政部门统一制发的专用电子票据。

**第十五条** 对当事人的违法行为，浦东新区城管执法部门应当通过短信告知或者语音电话等方式进行劝阻教育，责令及时改正；当事人及时改正且违法行为轻微的，不予处罚。

**第十六条** 浦东新区城管执法部门应当制定信息数据保护规范，建立信息数据安全管理机制和信息数据查询制度，明确本单位工作人员的查询权限和查询程序，加强信息数据安全保护。

对于履行职责中知悉的当事人的个人信息、隐私或者商业秘密，浦东新区城管执法部门及其工作人员应当严格保密，不得泄露、出售或者非法向他人提供。

违反前款规定的，责令改正，并对直接负责的主管人员和其他直接责任人员依法给予处分。

**第十七条** 市城管执法部门应当加强对浦东新区城市管理领域非现场执法工作的监督和支持，制定处罚裁量基准，开展业务指导和执法监督。

浦东新区城管执法部门应当加强与相关部门的协同联动，完善前端管理、普法教育、街区包干、行业自治、小区自我管理等多元化治理机制，充分发挥基层组织、社区、物业服务企业等的积极作用，提升城市管理效能。

浦东新区城管执法部门应当加强非现场执法工作的宣传，增强市民自觉遵守城市管理规定的意识，共同维护城市管理秩序。

**第十八条** 本规定自 2021 年 12 月 1 日起施行。

# 上海市黄浦江苏州河滨水公共空间条例

（2021 年 11 月 25 日上海市第十五届人民代表大会常务委员会第三十七次会议通过）

## 第一章 总 则

**第一条** 为了践行“人民城市人民建，人民城市为人民”重要理念，保障黄浦江、苏州河滨水公共空间的高起点规划、高标准建设、高品质开放和高水平管理，将黄浦江、苏州河沿岸地区建设成为世界级滨水区，根据有关法律、行政法规，结合本市实际，制定本条例。

**第二条** 黄浦江、苏州河滨水公共空间的规划、建设、开放和管理等活动，适用本条例。

本条例所称的黄浦江、苏州河滨水公共空间（以下简称滨水公共空间），是指黄浦江自闵浦二桥至吴淞口沿岸和苏州河自苏西闸至黄浦江交汇口沿岸范围（以下简称一江一河沿岸地区）内，岸线至第一条市政道路之间及其向水域、腹地适当延伸，对社会公众开放，具有游览观光、文化传播、运动健身、休憩娱乐等公共活动功能的空间。

滨水公共空间的具体范围，由市住房城乡建设管理部门根据规划组织确定，并向社会公布。

**第三条** 本市按照“百年大计、世纪精品”要求，根据黄浦江沿岸地区现代化国际大都市发展能级和核心竞争力集中展示区和苏州河沿岸地区超大城市宜居生活典型示范区的规划定位，建设黄浦江、苏州河全方位贯通开放、要素齐全、景观优美、亲水舒适、文化深厚、生态绿色的公共空间系统，促进一江一河沿岸地区成为宜业、宜居、宜乐、宜游的“生活秀带”和“发展绣带”。

**第四条** 滨水公共空间规划、建设、开放和管理应当体现整体性、安全性、亲水性、可达性、生态性等要求，遵循统筹协调、绿色发展、风貌保护、文化传承和共享共治的原则。

**第五条** 市人民政府建立一江一河沿岸地区工作议事协调机制，统筹推进一江一河沿岸地区发展有关工作，研究和审议滨水公共空间规划、建设、开放、管理中的重大事项。

**第六条** 市住房城乡建设管理部门负责滨水公共空间的综合管理工作，主要履行以下职责：

（一）编制滨水公共空间专项规划；

（二）组织编制滨水公共空间建设标准；

（三）组织制定滨水公共空间管理规范和政策；

（四）统筹推进和督促落实滨水公共空间相关建设、管理活动；

（五）市人民政府确定的一江一河沿岸地区其他综合管理职责。

发展改革、规划资源、交通、绿化市容、生态环境、水务、房屋管理、公安、文化旅游、卫生健康、体育、商务、应急、市场监管、经济信息化、财政、城管执法、教育、科技以及海事等部门按照各自职责，协同实施本条例。

**第七条** 沿岸区人民政府是本辖区滨水公共空间规划、建设、开放和管理工作的责任主体。

沿岸区人民政府应当建立统筹协调工作机制，设立或者明确工作机构（以下称沿岸区工作机构），做好本辖区滨水公共空间规划、建设、开放和管理的协调推进、组织落实和督促检查等工作。

沿岸镇人民政府、街道办事处按照区人民政府明确的职责，负责所辖滨水公共空间秩序管理等工作。

**第八条** 市住房城乡建设管理部门设立一江一河沿岸地区专家委员会，为市、区人民政府统筹推进一江一河沿岸地区发展有关工作以及滨水公共空间规划、建设、开放和管理有关事项的决策提供咨询意见。

**第九条** 市住房城乡建设管理部门应当会同交通、绿化市容、水务、房屋管理、公安、文化旅游和体育等部门，结合滨水公共空间的特点和需求，编制与高品质滨水公共空间相适应的建设标准和管理规范。

**第十条** 沿岸区人民政府应当按照滨水公共空间相关规划以及标准、规范，结合区段功能、区位条件、岸线特色等，在设施建设、活动开展、秩序维护等方面，实行精细化管理。

**第十一条** 本市推动滨水公共空间智慧建设，依托城市运行“一网统管”平台，利用视频监控、物联网监测等技术和网格化管理等方式，综合采集生态环境、安全运行、公共秩序、市容环境、防洪防涝等数据信息，实现集感知、分析、服务、指挥为一体的智慧管理。

**第十二条** 本市加强滨水公共空间内及相关的历史风貌区、历史建筑和工业遗存、文物的保护，发挥保护对象在公共服务、文化展示、参观游览等方面的功能，促进活化利用。

**第十三条** 本市建立健全滨水公共空间规划、建设、开放和管理的公众参与机制，依法保障公众的知情权、参与权、表达权和监督权。

对涉及滨水公共空间规划、建设、开放和管理的重大事项，有关部门应当征求沿岸企事业单位、住宅小区的意见，并采取多种方式，广泛听取公众意见。

**第十四条** 市和沿岸区人民政府应当按照财政事权与支出责任相一致的原则，将滨水公共空间规划、建设、开放、管理工作经费纳入同级财政预算，建立相适应的经费保障机制。

**第十五条** 本市与长江三角洲区域相关省、市人民政府及其有关部门建立沟通协调机制，加强黄浦江、苏州河水系的水环境治理交流协作，提升黄浦江、苏州河水环境质量。

## 第二章 规划与建设

**第十六条** 市住房城乡建设管理部门应

当会同市规划资源、交通、绿化市容、水务、房屋管理、公安、体育、文旅等部门以及沿岸区人民政府，编制滨水公共空间专项规划，经市规划资源部门综合平衡后，纳入相应的国土空间规划。

滨水公共空间专项规划应当根据滨水公共空间的特点、需求，明确滨水公共空间的发展目标、功能布局、标志节点、空间延伸、保障措施等主要内容，并结合一江一河沿岸地区国际金融、贸易航运、总部经济、科创研发、文化创意、商业娱乐和旅游体育等产业布局，对滨水公共空间内绿化率、河湖水面率以及停车配套、商业配套和公共服务设施等进行统筹和优化。

**第十七条** 市住房城乡建设管理部门应当制定滨水公共空间建设行动计划，明确滨水公共空间内建设项目安排。

沿岸区工作机构应当根据滨水公共空间建设行动计划，制定本辖区滨水公共空间年度建设计划。

市住房城乡建设管理部门和沿岸区工作机构应当按照建设行动计划、年度建设计划，统筹推进相关建设项目的建设。

对于滨水公共空间内建设项目，发展改革部门在立项阶段以及规划资源部门在核提规划条件、审查建设工程设计方案阶段，应当通过政务服务“一网通办”平台，征询市住房城乡建设管理部门或者沿岸区工作机构的意见。

**第十八条** 滨水公共空间应当实现亲水贯通，并向公众开放。

为了公共利益需要，沿岸区人民政府、市交通部门可以依法收回亲水贯通所涉及土地的使用权，征收土地、房屋、水工程设施，或者撤回岸线使用许可，并依法给予补偿；也可以与沿岸企事业单位和住宅小区协商开放亲水贯通所涉及的空间，并视情给予必要补偿。

经协商开放亲水贯通所涉及空间的，沿岸企事业单位和住宅小区可以将有关亲水贯通的设施交由相关部门建设和日常管理，也可以按照相关标准和管理要求，自行建设有关亲水贯通的设施并进行日常管理。

因滨水公共空间贯通开放需要的建设项目，经依法优化详细规划后，可以在战略预留区内实施。

**第十九条** 市住房城乡建设管理部门应当结合滨水公共空间的特点和需求，组织编制滨水公共空间设计导则。

滨水公共空间设计导则应当加强对不同区段的滨水公共空间以及滨水公共空间内基础设施、公共服务设施和商业配套设施等的设计统筹。

沿岸区工作机构应当根据滨水公共空间设计导则，对本辖区滨水公共空间内建设项目的设计进行指导、规范。

滨水公共空间建设推行设计师负责制，由沿岸区人民政府依法确定以设计师为核心的专业团队负责滨水公共空间建设的设计咨询和管理。

**第二十条** 滨水公共空间内的相关建设活动，应当符合国家和本市规定的建设程序、标准和规范。

## 第三章　设施设置与维护

**第二十一条** 滨水公共空间内的设施应当符合规定的标准规范，并满足布局合理、功能匹配、风貌协调和安全舒适等要求，营造可漫步、可阅读、有温度的魅力水岸空间。

**第二十二条** 滨水公共空间内的设施应当符合无障碍环境建设要求，提高无障碍环境的系统化、智能化水平，为残疾人、老年人等社会成员提供高品质的无障碍环境。

**第二十三条** 沿岸区人民政府及其部门应当在滨水公共空间内配置治安、消防、医疗急救以及安全防护、近岸水上救助等安全保障设施。

滨水公共空间内应当按照规定设置警示、禁止等安全标识；安全标识应当明显、统一和易辨识。

在滨水公共空间的主要出入口、主要道路、相关设施公共部位和人员聚集区域，以及易发生人员跌落、淹溺和船舶碰撞等险情的地点，应当设置监控、防护设施，并接入本市治安防控智能化系统。

**第二十四条** 交通行政管理部门按照绿色低碳、水陆联动的要求，建立健全滨水公共空间综合公共交通体系，完善交通引导系统和停车引导系统，提高滨水公共空间的交通可达性、便捷性、舒适性。

根据滨水公共空间发展集两岸通勤、休闲旅游等功能的水上交通要求以及水上运动、体育赛事等活动需要，依法相应优化、调整码头功能、码头布局和航运功能。

滨水公共空间内的停车场(库)，应当结合公共绿地、公共建筑等统筹设置。

鼓励滨水公共空间内及相邻的交通枢纽，合理布局集商业、休闲、旅游等功能的综合体。

**第二十五条** 沿岸区人民政府及其部门应当在滨水公共空间内合理设置漫步道、跑步道、骑行道等慢行设施，并设置相应的指示标识，引导社会公众各行其道。

滨水公共空间内的慢行设施建设应当体现人性化要求，为社会公众漫步、健身、观光等活动，提供视野开阔、惬意舒适的慢行体验。

**第二十六条** 滨水公共空间内的公共绿地应当系统、完整、多样，提升绿化景观和生态质量。

滨水公共空间内的公共绿地可以按照规定配建一定的公共服务设施，并与绿化景观相协调。

**第二十七条** 沿岸区人民政府及其部门应当结合辖区滨水公共空间水岸特点，在符合规划布局、防汛安全和河湖管理等有关规定的前提下，设置亲水平台、水上栈桥、观景走廊等亲水设施，为社会公众亲水体验需求提供条件。

滨水公共空间内可以合理设置水陆联动的游乐设施。

**第二十八条** 鼓励在符合防汛安全等有关规定的前提下，根据滨水公共空间的亲水需求，开展防汛墙结构型式的创新性改造。

水务部门应当加强对防汛墙创新性改造的指导和监督。

**第二十九条** 滨水公共空间内的体育设施，应当根据不同年龄段社会公众的运动健身需求统筹安排。

沿岸区人民政府及其部门可以根据规划布局在滨水公共空间内合理设置户外球类、滑板、轮滑、攀岩和拓展运动等设施，以及与水上运动、体育赛事相配套的设施，并对存在不同安全风险的体育设施进行分类管理。

**第三十条** 滨水公共空间内可以因地制宜建设主题广场、户外剧场、儿童游乐场、亲子活动园等主题设施，满足社会公众丰富多样的活动需求。

**第三十一条** 沿岸区人民政府及其部门应当在滨水公共空间内推进历史建筑和工业遗存等的活化利用，建设体现城市历史发展脉络的风貌展示区、景观节点，向社会公众提供独特的滨水文化和历史体验。

鼓励在滨水公共空间内，设置丰富多样的公共艺术品作为重要景观标志物，体现上海城市精神和城市品格，营造富有多元文化氛围的滨水场景。

**第三十二条** 滨水公共空间内应当按照两岸融合、经典传承的要求，根据景观照明规划及其实施方案和技术规范，合理采用泛光照明、内透光照明等方式，推进设置安全美观、智慧节能、层次丰富、与所在区域整体光环境相协调的景观照明设施。

**第三十三条** 滨水公共空间内设置的户外广告、户外招牌等设施，应当符合户外广告设施设置规划、滨水公共空间户外招牌设置导则以及相关技术规范的要求，与滨水公共空间环境和景观相协调。

滨水公共空间户外招牌设置导则由市绿化市容部门组织编制。

**第三十四条** 沿岸区人民政府及其部门应当在滨水公共空间内按照设计导则和相关标准合理布局下列设施，为社会公众户外活动提供公益性服务：

(一) 管理中心、游客服务中心等管理服务设施；

（二）母婴室、饮水点等便民服务设施；

（三）厕所、垃圾箱等环境卫生设施；

（四）公益宣传设施；

（五）指示标识设施；

（六）其他公益性服务设施。

滨水公共空间内的指示标识设施应当完整、连续，并按照规定标注符合译写规范或者通行惯例的外国文字。

鼓励集约化利用滨水公共空间的设施，加强党群服务、便民服务、宣传、卫生、救援、设施管理等功能的集中和统筹。

鼓励滨水公共空间内的临水公共建筑底层空间及有条件的地下空间向社会公众开放，设置满足公共活动需求的配套服务设施。

**第三十五条** 本市有关部门、沿岸区人民政府以及镇人民政府、街道办事处对各自设置的设施分别依法确定设施维护管理单位，对滨水公共空间内的基础设施、公共服务设施进行维护养护。

前款规定以外的设施，由所有权人、经营管理人负责维护养护。

本市有关部门、沿岸区人民政府以及镇人民政府、街道办事处应当加强对设施维护管理单位维护养护工作的监督管理。

**第三十六条** 设施维护管理单位应当建立滨水公共空间设施维护养护制度。

设施维护管理单位应当按照有关维护养护标准，对滨水公共空间的基础设施、公共服务设施进行维护养护，确保设施完好和功能正常。

**第三十七条** 滨水公共空间水域应当符合水域市容环境卫生管理的要求，按照规定实施水域市容环境卫生责任区制度和水域保洁作业，创造整洁、优美的水域市容环境。

**第三十八条** 设施维护管理单位应当按照相关规定和标准，对滨水公共空间的基础设施、公共服务设施进行定期巡查；发现存在污损、毁坏、安全隐患以及无法正常使用等情形的，应当及时修复或者更换。

**第三十九条** 滨水公共空间推行慢行设施、公共绿地等设施维护养护以及清扫、保洁作业的综合养护，提高维护养护的质量和效率。

**第四十条** 沿岸区人民政府以及镇人民政府、街道办事处所属的城市运行管理机构应当加强滨水公共空间内设施的巡查工作；经巡查发现设施有本条例第三十八条规定情形的，应当进行派单调度、督办核查，指挥协调相关部门或者单位及时进行处置。

## 第四章 共享与共治

**第四十一条** 市和沿岸区人民政府在滨水公共空间规划、建设、开放和管理工作中，应当坚持把最好的资源留给人民、把更多的公共空间留给人民的开放共享理念，向社会公众提供高品质的滨水公共空间。

**第四十二条** 本市鼓励企事业单位、社会团体和社会公众在滨水公共空间依托相关设施，进行下列活动：

（一）爱国主义教育和红色资源传承弘扬活动；

（二）上海城市精神和城市品格宣传活动；

（三）科学教育、新技术展示等科技普及活动；

（四）非物质文化遗产的传承、传播等活动；

（五）文艺演出、文化展示、书报阅读等文化活动，以及艺术节、音乐节、主题日和重大节庆等活动；

（六）主题线路游、滨水休闲游等旅游活动；

（七）健身运动、球类竞技等体育活动，以及龙舟、帆船、马拉松等体育赛事；

（八）散步、骑行、公益集市和亲子活动等休闲社交活动。

在滨水公共空间内进行活动的，应当自觉维护公共秩序和安全。

**第四十三条** 在滨水公共空间内应当配套提供满足开放需求的餐饮、便利零售、文化创意产品和旅游纪念品售卖、自行车租赁等商业服务。

在滨水公共空间内可以探索有序发展夜间经济、体验经济、步行街业态等，提供贴合消费需求的商业服务。

**第四十四条** 在滨水公共空间内进行大型群众性活动的，组织方应当按照国家和本市有关规定，制定安全工作方案，依法办理相关安全许可手续。

沿岸区工作机构应当会同相关部门，加强公众活动的协调、服务工作，为社会公众和活动组织者的交通组织、安全保障以及按照规定办理相关手续等提供指导。

**第四十五条** 滨水公共空间应当全时段对社会公众开放，但因重大活动、防汛防台和其他突发事件应急处置等需要临时封闭的，以及因沿岸企事业单位和住宅小区生产生活、教学科研等确需在特定时间段封闭相应区段的除外。临时封闭或者特定时间段封闭相应区段的，应当经沿岸区工作机构同意，并报市住房城乡建设管理部门备案后向社会公布。

市和沿岸区公安部门应当建立大客流应对机制，在重要空间节点安装人流预警装置，对滨水公共空间内客流实施动态监测、报告、预警，并及时发布相关信息；必要时，依法采取限流、分流等应急措施。沿岸企事业单位和住宅小区应当根据大客流应对机制的要求，配合有关部门落实大客流应对措施。

社会公众在滨水公共空间内，应当按照警示、禁止的安全标识，做好个人的安全防护，遵守管理要求。

**第四十六条** 根据水上交通安全管理需要，海事、交通部门依法可以对黄浦江、苏州河水域实施船舶控流、分流以及划定、调整水上交通相关区域等措施；对于航道弯曲、事故多发的水域，依法可以采取限制航速等水上交通管制措施以及应急疏浚、要求船舶加配拖轮等安全保障措施。

船舶在黄浦江、苏州河水域进行航行、停泊、作业的，应当保持船容船貌规范、整洁，并按照规定采取相应的污染防治措施。

**第四十七条** 在滨水公共空间内遛狗、垂钓、放风筝、烧烤、跳广场舞以及进行滑板、轮滑、无人机飞行等活动的，应当在特定区域、时间段内进行，并符合活动秩序要求。

在滨水公共空间内吸烟的，应当在指定的吸烟点进行。

沿岸区工作机构应当会同相关部门，根据安全风险、环境影响、区域条件等实际情况，充分听取包括沿岸企事业单位和住宅小区在内的各方面意见，确定本条第一款、第二款规定的特定区域、时间段、活动秩序要求以及吸烟点，并通过设置标识等方式向社会公众进行提示、告知。

**第四十八条** 滨水公共空间内禁止下列行为：

（一）损坏安全标识和指示标识、水上救助器材、公共艺术品等设施；

（二）非机动车进入非市政道路的漫步道、跑步道；

（三）带动力的非机动车、人力三轮车进入非市政道路的骑行道；

（四）沿岸捕捞；

（五）擅自设摊经营、兜售物品；

（六）涂写、刻画，张贴、散发小广告；

（七）晾晒影响市容的物品；

（八）法律、法规规定的影响公共秩序、公共安全、市容环境等的其他禁止行为。

**第四十九条** 沿岸区有关部门和镇人民政府、街道办事处应当组织开展滨水公共空间有关活动秩序的巡查工作。巡查人员发现有违反限制性或者禁止性规定行为的，应当予以劝阻、制止；劝阻、制止无效的，应当及时向镇人民政府、街道办事处或者相关部门报告。镇人民政府、街道办事处以及相关部门接到报告后，应当依法予以处理。

**第五十条** 本市加强党建引领，积极营造滨水公共空间社会共治的氛围，推动企事业单位、社会团体和社会公众以建言献策、技术支持、市民巡访、便民服务等方式，参与滨水公共空间的规划、建设、开放和管理；鼓励沿岸企事业单位、社会团体和社会公众，通过成立共治平台、制定共治规约等方式，健全滨水公共空间社会共治机制，提升滨水公共空间社会共治能级。

**第五十一条** 沿岸企事业单位应当支持滨水公共空间建设，按照贯通开放的标准和管理要求，加强对自有设施的日常维护养护和更新，共同维护滨水公共空间整体形象。

鼓励沿岸企事业单位向社会公众开放停车位、厕所、母婴室等设施。

**第五十二条** 沿岸区工作机构应当建立滨水公共空间志愿者服务工作机制，组织志愿者队伍开展宣传、引导、咨询以及秩序维护等活动。

**第五十三条** 对违反滨水公共空间管理规定的行为，任何单位和个人有权向有关部门投诉和举报。有关部门应当按照规定处理。

**第五十四条** 市、区人民代表大会常务委员会通过听取和审议专项工作报告、组织执法检查等方式，加强对本行政区域内滨水公共空间相关工作的监督。

市、区人民代表大会常务委员会应当充分发挥人大代表作用，汇集、反映人民群众的意见和建议，督促有关方面落实滨水公共空间规划、建设、开放和管理的各项工作。

## 第五章 法律责任

**第五十五条** 违反本条例规定，法律、法规已有处理规定的，从其规定。

**第五十六条** 违反本条例第四十七条规定，开展垂钓、放风筝、烧烤、跳广场舞、滑板、轮滑、无人机飞行活动不符合特定区域、时间段或者活动秩序要求的，由城管执法部门或者镇人民政府、街道办事处按照职责责令改正；拒不改正的，处五十元以上五百元以下的罚款。

**第五十七条** 违反本条例第四十八条第一项、第二项、第三项、第四项规定，从事相关禁止行为的，由城管执法部门或者镇人民政府、街道办事处按照职责责令改正；拒不改正的，处一百元以上一千元以下的罚款。

**第五十八条** 有关行政管理部门及其工作人员有滥用职权、玩忽职守、徇私舞弊行为的，对直接负责的主管人员和其他直接责任人员依法给予处分。

## 第六章 附 则

**第五十九条** 本条例自 2022 年 1 月 1 日起施行。

# 上海市数据条例

（2021 年 11 月 25 日上海市第十五届人民代表大会常务委员会第三十七次会议通过）

## 第一章 总 则

**第一条** 为了保护自然人、法人和非法人组织与数据有关的权益，规范数据处理活动，促进数据依法有序自由流动，保障数据安全，加快数据要素市场培育，推动数字经济更好服务和融入新发展格局，根据《中华人民共和国数据安全法》《中华人民共和国个人信息保护法》等法律、行政法规，结合本市实际，制定本条例。

**第二条** 本条例中下列用语的含义：

（一）数据，是指任何以电子或者其他方式对信息的记录。

（二）数据处理，包括数据的收集、存储、使用、加工、传输、提供、公开等。

（三）数据安全，是指通过采取必要措施，确保数据处于有效保护和合法利用的状态，以及具备保障持续安全状态的能力。

（四）公共数据，是指本市国家机关、事业单位，经依法授权具有管理公共事务职能的组织，以及供水、供电、供气、公共交通等提供公共服务的组织（以下统称公共管理和服务机构），在履行公共管理和服务职责过程中收集和产生的数据。

**第三条** 本市坚持促进发展和监管规范并举，统筹推进数据权益保护、数据流通利用、数据安全管理，完善支持数字经济发展的体制机制，充分发挥数据在实现治理体系和治理能力现代化、推动经济社会发展中的作用。

**第四条** 市人民政府应当将数据开发利用和产业发展、数字经济发展纳入国民经济和社会发展规划，建立健全数据治理和流通利用体系，促进公共数据社会化开发利用，协调解决数据开发利用、产业发展和数据安全工作中的重大问题，推动数字经济发展和城市数字化转型。

区人民政府应当按照全市总体要求和部署，做好本行政区域数据发展和管理相关工作，创新推广数字化转型应用场景。

乡镇人民政府、街道办事处应当在基层治理中，推进数据的有效应用，提升治理效能。

**第五条** 市政府办公厅负责统筹规划、综合协调全市数据发展和管理工作，促进数据综合治理和流通利用，推进、指导、监督全市公共数据工作。

市发展改革部门负责统筹本市新型基础设施规划建设和数字经济发展，推进本市数字化重大体制机制改革、综合政策制定以及区域联动等工作。

市经济信息化部门负责协调推进本市公共数据开放、社会经济各领域数据开发应用和产业发展，统筹推进信息基础设施规划、建设和发展，推动产业数字化、数字产业化等工作。

市网信部门负责统筹协调本市个人信息保护、网络数据安全和相关监管工作。

市公安、国家安全机关在各自职责范围内承担数据安全监管职责。

市财政、人力资源社会保障、市场监管、统计、物价等部门在各自职责范围内履行相关职责。

市大数据中心具体承担本市公共数据的集中统一管理，推动数据的融合应用。

**第六条** 本市实行数据工作与业务工作协同管理，管区域必须管数字化转型、管行业必须管数字化转型，加强运用数字化手段，提升治理能力和治理水平。

本市鼓励各区、各部门、各企业事业单位建立首席数据官制度。首席数据官由本区域、本部门、本单位相关负责人担任。

**第七条** 市人民政府设立由高校、科研机构、企业、相关部门的专家组成的数据专家委员会。数据专家委员会开展数据权益保护、数据流通利用、数据安全管理等方面的研究、评估，为本市数据发展和管理工作提供专业意见。

**第八条** 本市加强数字基础设施规划和布局，提升电子政务云、电子政务外网等的服务能力，建设新一代通信网络、数据中心、人工智能平台等重大基础设施，建立完善网络、存储、计算、安全等数字基础设施体系。

**第九条** 市、区有关部门应当将数据领域高层次、高学历、高技能以及紧缺人才纳入人才支持政策体系；完善专业技术职称体系，创新数据人才评价与激励机制，健全数据人才服务和保障机制。

本市加强数据领域相关知识和技术的宣传、教育、培训，提升公众数字素养和数字技能，将数字化能力培养纳入公共管理和服务机构教育培训体系。

**第十条** 市标准化行政主管部门应当会同市政府办公厅、市有关部门加强数据标准体系的统筹建设和管理。

市数据标准化技术组织应当推动建立和完善本市数据基础性、通用性地方标准。

**第十一条** 本市支持数据相关行业协会和组织发展。行业协会和组织应当依法制定并推动实施相关团体标准和行业规范，反映会员合理诉求和建议，加强行业自律，提供信息、技术、培训等服务，引导会员依法开展数据处理活动，配合有关部门开展行业监管，促进行业健康发展。

## 第二章　数据权益保障

### 第一节　一般规定

**第十二条**　本市依法保护自然人对其个人信息享有的人格权益。

本市依法保护自然人、法人和非法人组织在使用、加工等数据处理活动中形成的法定或者约定的财产权益，以及在数字经济发展中有关数据创新活动取得的合法财产权益。

**第十三条**　自然人、法人和非法人组织可以通过合法、正当的方式收集数据。收集已公开的数据，不得违反法律、行政法规的规定或者侵犯他人的合法权益。法律、行政法规对数据收集的目的和范围有规定的，应当在法律、行政法规规定的目的和范围内收集。

**第十四条**　自然人、法人和非法人组织对其合法取得的数据，可以依法使用、加工。法律、行政法规另有规定或者当事人另有约定的除外。

**第十五条**　自然人、法人和非法人组织可以依法开展数据交易活动。法律、行政法规另有规定的除外。

**第十六条**　市、区人民政府及其有关部门可以依法要求相关自然人、法人和非法人组织提供突发事件处置工作所必需的数据。

要求自然人、法人和非法人组织提供数据的，应当在其履行法定职责的范围内依照法定的条件和程序进行，并明确数据使用的目的、范围、方式、期限。收集的数据不得用于与突发事件处置工作无关的事项。对在履行职责中知悉的个人隐私、个人信息、商业秘密、保密商务信息等应当依法予以保密，不得泄露或者非法向他人提供。

**第十七条**　自然人、法人和非法人组织开展数据处理活动、行使相关数据权益，应当遵守法律、法规，尊重社会公德和伦理，遵守商业道德，诚实守信，不得危害国家安全和公共利益，不得损害他人的合法权益。

### 第二节　个人信息特别保护

**第十八条**　除法律、行政法规另有规定外，处理个人信息的，应当取得个人同意。个人信息的处理目的、处理方式和处理的个人信息种类发生变更的，应当重新取得个人同意。

处理个人自行公开或者其他已经合法公开的个人信息，应当依法在合理的范围内进行；个人明确拒绝的除外。处理已公开的个人信息，对个人权益有重大影响的，应当依法取得个人同意。

**第十九条**　基于个人同意处理个人信息的，应当保证个人在充分知情的前提下自愿、明确作出同意，不得通过误导、欺诈、胁迫等违背其真实意愿的方式取得同意。法律、行政法规规定处理个人信息应当取得个人单独同意或者书面同意的，从其规定。

处理者在提供产品或者服务时，不得以个人不同意处理其个人信息或者撤回同意为由，拒绝提供产品或者服务；处理个人信息属于提供产品或者服务所必需的除外。

**第二十条**　处理个人信息前，应当向个人告知下列事项：

（一）处理者的名称或者姓名和联系方式；

（二）处理个人信息的目的、方式；

（三）处理的个人信息种类、保存期限；

（四）个人依法享有的权利以及行使权利的方式和程序；

（五）法律、行政法规规定应当告知的其他事项。

处理者应当以显著方式、清晰易懂的语言真实、准确、完整地告知前款事项。

**第二十一条**　个人发现其个人信息不准确或者不完整的，有权请求处理者更正、补充。

有下列情形之一的，处理者应当主动删除

个人信息;处理者未删除的,个人有权请求删除:

(一) 处理目的已实现、无法实现或者为实现处理目的不再必要;

(二) 处理者停止提供产品或者服务,或者保存期限已届满;

(三) 个人撤回同意;

(四) 处理者违反法律、行政法规或者违反约定处理个人信息;

(五) 法律、行政法规规定的其他情形。

对属于本条第一款、第二款情形的,处理者应当分别予以更正、补充、删除。法律、行政法规另有规定的,从其规定。

**第二十二条** 处理自然人生物识别信息的,应当具有特定的目的和充分的必要性,并采取严格的保护措施。处理生物识别信息应当取得个人的单独同意;法律、行政法规另有规定的,从其规定。

**第二十三条** 在本市商场、超市、公园、景区、公共文化体育场馆、宾馆等公共场所,以及居住小区、商务楼宇等区域,安装图像采集、个人身份识别设备,应当为维护公共安全所必需,遵守国家有关规定,并设置显著标识。

所收集的个人图像、身份识别信息,只能用于维护公共安全的目的,不得用于其他目的;取得个人单独同意的除外。

本条第一款规定的公共场所或者区域,不得以图像采集、个人身份识别技术作为出入该场所或者区域的唯一验证方式。

**第二十四条** 利用个人信息进行自动化决策,应当遵循合法、正当、必要、诚信的原则,保证决策的透明度和结果的公平、公正,不得对个人在交易价格等交易条件上实行不合理的差别待遇。

通过自动化决策方式向个人进行信息推送、商业营销的,应当同时提供不针对其个人特征的选项,或者向个人提供便捷的拒绝方式。

通过自动化决策方式作出对个人权益有重大影响的决定,个人有权要求处理者予以说明,并有权拒绝处理者仅通过自动化决策的方式作出决定。

## 第三章 公共数据

### 第一节 一般规定

**第二十五条** 本市健全公共数据资源体系,加强公共数据治理,提高公共数据共享效率,扩大公共数据有序开放,构建统一协调的公共数据运营机制,推进公共数据和其他数据融合应用,充分发挥公共数据在推动城市数字化转型和促进经济社会发展中的驱动作用。

**第二十六条** 负责本系统、行业公共数据管理的市级部门(以下简称市级责任部门)应当依据业务职能,制定本系统、行业公共数据资源规划,完善管理制度和标准规范,组织开展本系统、行业数据的收集、归集、治理、共享、开放、应用及其相关质量和安全管理。公共数据管理涉及多个部门或者责任不明确的,由市政府办公厅指定市级责任部门。

区人民政府明确的公共数据主管部门,负责统筹开展本行政区域公共数据管理工作,接受市政府办公厅的业务指导。

**第二十七条** 市大数据资源平台和区大数据资源分平台(以下统称大数据资源平台)是本市依托电子政务云实施全市公共数据归集、整合、共享、开放、运营的统一基础设施,由市大数据中心负责统一规划。

本市财政资金保障运行的公共管理和服务机构不得新建跨部门、跨层级的公共数据资源平台、共享和开放渠道;已经建成的,应当按照有关规定进行整合。

**第二十八条** 本市建立全市统一的公共数据目录管理体系。公共管理和服务机构在依法履行公共管理和服务职责过程中收集和产生的数据,以及依法委托第三方收集和产生的数据,应当纳入公共数据目录。

市政府办公厅负责制定目录编制规范。市级责任部门应当按照数据与业务对应的原则,编制本系统、行业公共数据目录,明确公共数据的来源、更新频率、安全等级、共享开放属性等要素。区公共数据主管部门可以根据实际需要，对未纳入市级责任部门公共数据目录的公共数据编制区域补充目录。

**第二十九条** 本市对公共数据实行分类管理。市大数据中心应当根据公共数据的通用性、基础性、重要性和数据来源属性等制定公共数据分类规则和标准，明确不同类别公共数据的管理要求，在公共数据全生命周期采取差异化管理措施。

市级责任部门应当按照公共数据分类规则和标准确定公共数据类别，落实差异化管理措施。

**第三十条** 公共管理和服务机构收集数据应当符合本单位法定职责，遵循合法、正当、必要的原则。可以通过共享方式获取的公共数据，不得重复收集。

需要依托区有关部门收集的视频、物联等数据量大、实时性强的公共数据，由区公共数据主管部门根据市级责任部门需求统筹开展收集，并依托区大数据资源分平台存储。

**第三十一条** 通过市大数据资源平台治理的公共数据，可以按照数据的区域属性回传至大数据资源分平台，支持各区开展数据应用。

**第三十二条** 本市财政资金保障运行的公共管理和服务机构为依法履行职责，可以申请采购非公共数据。市政府办公厅负责统筹市级公共管理和服务机构的非公共数据采购需求，市大数据中心负责统一实施。区公共数据主管部门负责统筹本行政区域个性化采购需求，自行组织采购。

**第三十三条** 本市国家机关、事业单位以及经依法授权具有管理公共事务职能的组织应当及时向大数据资源平台归集公共数据。其他公共管理和服务机构的公共数据可以按照逻辑集中、物理分散的方式实施归集，但具有公共管理和服务应用需求的公共数据应当向大数据资源平台归集。

市大数据中心根据公共数据分类管理要求对相关数据实施统一归集，保障数据向大数据资源平台归集的实时性、完整性和准确性。

已归集的公共数据发生变更、失效等情形的，公共管理和服务机构应当及时更新。

**第三十四条** 市大数据中心应当统筹规划并组织实施自然人、法人、自然资源和空间地理等基础数据库建设。

市级责任部门应当按照本市公共数据管理要求，规划和建设本系统、行业业务应用专题库，并会同相关部门规划和建设重点行业领域主题库。

**第三十五条** 市级责任部门应当建立健全本系统、行业公共数据质量管理体系，加强数据质量管控。

市大数据中心应当按照市政府办公厅明确的监督管理规则，组织开展公共数据的质量监督，对数据质量进行实时监测和定期评估，并建立异议与更正管理制度。

**第三十六条** 市政府办公厅应当建立日常公共数据管理工作监督检查机制，对公共管理和服务机构的公共数据目录编制工作、质量管理、共享、开放等情况开展监督检查。

市政府办公厅应当对市级责任部门和各区开展公共数据工作的成效情况定期组织考核评价，考核评价结果纳入各级领导班子和领导干部年度绩效考核。

**第三十七条** 本市财政资金保障运行的公共管理和服务机构开展公共数据收集、归集、治理、共享、开放及其质量和安全管理等工作涉及的经费，纳入市、区财政预算。

### 第二节 公共数据共享和开放

**第三十八条** 公共管理和服务机构之间共享公共数据，应当以共享为原则，不共享为例外。公共数据应当通过大数据资源平台进行共享。

公共管理和服务机构应当根据履职需要，提出数据需求清单；根据法定职责，明确本单位可以共享的数据责任清单；对法律、法规明确规定不能共享的数据，经市政府办公厅审核后，列入负面清单。

市政府办公厅应当建立以共享需求清单、责任清单和负面清单为基础的公共数据共享机制。

**第三十九条** 公共管理和服务机构提出共享需求的，应当明确应用场景，并承诺其真实性、合规性、安全性。对未列入负面清单的公共数据，可以直接共享，但不得超出依法履行职责的必要范围；对未列入公共数据目录的公共数据，市级责任部门应当在收到共享需求之日起十五个工作日内进行确认后编入公共数据目录并提供共享。

公共管理和服务机构超出依法履行职责的必要范围，通过大数据资源平台获取其他机构共享数据的，市大数据中心应当在发现后立即停止其获取超出必要范围的数据。

**第四十条** 公共管理和服务机构向自然人、法人和非法人组织提供服务时，需要使用其他部门数据的，应当使用大数据资源平台提供的最新数据。

公共管理和服务机构应当建立共享数据管理机制，通过共享获取的公共数据，应当用于本单位依法履行职责的需要，不得以任何形式提供给第三方，也不得用于其他任何目的。

**第四十一条** 本市以需求导向、分级分类、公平公开、安全可控、统一标准、便捷高效为原则，推动公共数据面向社会开放，并持续扩大公共数据开放范围。

公共数据按照开放类型分为无条件开放、有条件开放和非开放三类。涉及个人隐私、个人信息、商业秘密、保密商务信息，或者法律、法规规定不得开放的，列入非开放类；对数据安全和处理能力要求较高、时效性较强或者需要持续获取的公共数据，列入有条件开放类；其他公共数据列入无条件开放类。

非开放类公共数据依法进行脱密、脱敏处理，或者相关权利人同意开放的，可以列入无条件开放或者有条件开放类。对有条件开放类公共数据，自然人、法人和非法人组织可以通过市大数据资源平台提出数据开放请求，相关公共管理和服务机构应当按照规定处理。

**第四十二条** 本市依托市大数据资源平台向社会开放公共数据。

市级责任部门、区人民政府以及其他公共管理和服务机构分别负责本系统、行业、本行政区域和本单位的公共数据开放，在公共数据目录范围内制定公共数据开放清单，明确数据的开放范围、开放类型、开放条件和更新频率等，并动态调整。

公共数据开放具体规则，由市经济信息化部门制定。

**第四十三条** 本市制定相关政策，组织开展公共数据开放和开发利用的创新试点，鼓励自然人、法人和非法人组织对公共数据进行深度加工和增值使用。

## 第三节 公共数据授权运营

**第四十四条** 本市建立公共数据授权运营机制，提高公共数据社会化开发利用水平。

市政府办公厅应当组织制定公共数据授权运营管理办法，明确授权主体，授权条件、程序、数据范围，运营平台的服务和使用机制，运营行为规范，以及运营评价和退出情形等内容。市大数据中心应当根据公共数据授权运营管理办法对被授权运营主体实施日常监督管理。

**第四十五条** 被授权运营主体应当在授权范围内，依托统一规划的公共数据运营平台提供的安全可信环境，实施数据开发利用，并提供数据产品和服务。

市政府办公厅应当会同市网信等相关部门和数据专家委员会，对被授权运营主体规划的应用场景进行合规性和安全风险等评估。

授权运营的数据涉及个人隐私、个人信息、商业秘密、保密商务信息的，处理该数据应当符合相关法律、法规的规定。

市政府办公厅、市大数据中心、被授权运营主体等部门和单位，应当依法履行数据安全保护义务。

**第四十六条** 通过公共数据授权运营形成的数据产品和服务，可以依托公共数据运营平台进行交易撮合、合同签订、业务结算等；通过其他途径签订合同的，应当在公共数据运营平台备案。

## 第四章　数据要素市场

### 第一节　一般规定

**第四十七条**　市人民政府应当按照国家要求，深化数据要素市场化配置改革，制定促进政策，培育公平、开放、有序、诚信的数据要素市场，建立资产评估、登记结算、交易撮合、争议解决等市场运营体系，促进数据要素依法有序流动。

**第四十八条**　市政府办公厅应当制定政策，鼓励和引导市场主体依法开展数据共享、开放、交易、合作，促进跨区域、跨行业的数据流通利用。

**第四十九条**　本市制定政策，培育数据要素市场主体，鼓励研发数据技术、推进数据应用，深度挖掘数据价值，通过实质性加工和创新性劳动形成数据产品和服务。

**第五十条**　本市探索构建数据资产评估指标体系，建立数据资产评估制度，开展数据资产凭证试点，反映数据要素的资产价值。

**第五十一条**　市相关主管部门应当建立健全数据要素配置的统计指标体系和评估评价指南，科学评价各区、各部门、各领域的数据对经济社会发展的贡献度。

**第五十二条**　市场主体应当加强数据质量管理，确保数据真实、准确、完整。

市场主体对数据的使用应当遵守反垄断、反不正当竞争、消费者权益保护等法律、法规的规定。

### 第二节　数据交易

**第五十三条**　本市支持数据交易服务机构有序发展，为数据交易提供数据资产、数据合规性、数据质量等第三方评估以及交易撮合、交易代理、专业咨询、数据经纪、数据交付等专业服务。

本市建立健全数据交易服务机构管理制度，加强对服务机构的监管，规范服务人员的执业行为。

**第五十四条**　数据交易服务机构应当建立规范透明、安全可控、可追溯的数据交易服务环境，制定交易服务流程、内部管理制度，并采取有效措施保护数据安全，保护个人隐私、个人信息、商业秘密、保密商务信息。

**第五十五条**　本市鼓励数据交易活动，有下列情形之一的，不得交易：

（一）危害国家安全、公共利益，侵害个人隐私的；

（二）未经合法权利人授权同意的；

（三）法律、法规规定禁止交易的其他情形。

**第五十六条**　市场主体可以通过依法设立的数据交易所进行数据交易，也可以依法自行交易。

**第五十七条**　从事数据交易活动的市场主体可以依法自主定价。

市相关主管部门应当组织相关行业协会等制订数据交易价格评估导则，构建交易价格评估指标。

## 第五章　数据资源开发和应用

**第五十八条**　本市支持数据资源开发和应用，发挥海量数据和丰富应用场景优势，鼓励和引导全社会参与经济、生活、治理等领域全面数字化转型，提升城市软实力。

**第五十九条**　本市通过标准制定、政策支持等方式，支持数据基础研究和关键核心技术攻关，发展高端数据产品和服务。

本市培育壮大数据收集存储、加工处理、交易流通等数据核心产业，发展大数据、云计算、人工智能、区块链、高端软件、物联网等产业。

**第六十条**　本市促进数据技术与实体经济深度融合，推动数据赋能经济数字化转型，支持传统产业转型升级，催生新产业、新业态、新模式。本市鼓励各类企业开展数据融合应用，加快生产制造、科技研发、金融服务、商贸流通、航运物流、农业等领域的数据赋能，推动产业互联网和消费互联网贯通发展。

**第六十一条** 本市促进数据技术和服务业深度融合，推动数据赋能生活数字化转型，提高公共卫生、医疗、教育、养老、就业等基本民生领域和商业、文娱、体育、旅游等质量民生领域的数字化水平。本市制定政策，支持网站、手机应用程序、智慧终端设施、各类公共服务设施面向残疾人和老年人开展适应性数字化改造。

**第六十二条** 本市促进数据技术与政府管理、服务、运行深度融合，推动数据赋能治理数字化转型，深化政务服务“一网通办”、城市运行“一网统管”建设，推进经济治理、社会治理、城市治理领域重点综合场景应用体系构建，通过治理数字化转型驱动超大城市治理模式创新。

**第六十三条** 本市鼓励重点领域产业大数据枢纽建设，融合数据、算法、算力，建设综合性创新平台和行业数据中心。

本市推动国家和地方大数据实验室、产业创新中心、技术创新中心、工程研究中心、企业技术中心，以及研发与转化功能型平台、新型研发组织等建设。

**第六十四条** 本市建设数字化转型示范区，支持新城等重点区域同步规划关键信息基础设施，完善产业空间、生活空间、城市空间等领域数据资源的全生命周期管理机制。

市、区人民政府应当根据本市产业功能布局，推动园区整体数字化转型，发展智能制造、在线新经济、大数据、人工智能等数字产业园区。

## 第六章　浦东新区数据改革

**第六十五条** 本市支持浦东新区高水平改革开放、打造社会主义现代化建设引领区，推进数据权属界定、开放共享、交易流通、监督管理等标准制定和系统建设。

**第六十六条** 本市支持浦东新区探索与海关、统计、税务、人民银行、银保监等国家有关部门建立数据共享使用机制，对浦东新区相关的公共数据实现实时共享。

浦东新区应当结合重大风险防范、营商环境提升、公共服务优化等重大改革创新工作，明确数据应用场景需求。

浦东新区应当健全各区级公共管理和服务机构之间的公共数据共享机制。

**第六十七条** 本市按照国家要求，在浦东新区设立数据交易所并运营。

数据交易所应当按照相关法律、行政法规和有关主管部门的规定，为数据交易提供场所与设施，组织和监管数据交易。

数据交易所应当制订数据交易规则和其他有关业务规则，探索建立分类分层的新型数据综合交易机制，组织对数据交易进行合规性审查、登记清算、信息披露，确保数据交易公平有序、安全可控、全程可追溯。

浦东新区鼓励和引导市场主体依法通过数据交易所进行交易。

**第六十八条** 本市根据国家部署，推进国际数据港建设，聚焦中国（上海）自由贸易试验区临港新片区（以下简称临港新片区），构建国际互联网数据专用通道、功能型数据中心等新型基础设施，打造全球数据汇聚流转枢纽平台。

**第六十九条** 本市依照国家相关法律、法规的规定，在临港新片区内探索制定低风险跨境流动数据目录，促进数据跨境安全、自由流动。在临港新片区内依法开展跨境数据活动的自然人、法人和非法人组织，应当按照要求报送相关信息。

**第七十条** 本市按照国家相关要求，采取措施，支持浦东新区培育国际化数据产业，引进相关企业和项目。

本市支持浦东新区建立算法评价标准体系，推动算法知识产权保护。

本市支持在浦东新区建设行业性数据枢纽，打造基础设施和平台，促进重大产业链供应链数据互联互通。

**第七十一条** 本市支持浦东新区加强数据交易相关的数字信任体系建设，创新融合大数据、区块链、零信任等技术，构建数字信任基础设施，保障可信数据交易服务。

## 第七章 长三角区域数据合作

**第七十二条** 本市按照国家部署，协同长三角区域其他省建设全国一体化大数据中心体系长三角国家枢纽节点，优化数据中心和存算资源布局，引导数据中心集约化、规模化、绿色化发展，推动算力、数据、应用资源集约化和服务化创新，全面支撑长三角区域各行业数字化升级和产业数字化转型。

**第七十三条** 本市与长三角区域其他省共同开展长三角区域数据标准化体系建设，按照区域数据共享需要，共同建立数据资源目录、基础库、专题库、主题库、数据共享、数据质量和安全管理等基础性标准和规范，促进数据资源共享和利用。

**第七十四条** 本市依托全国一体化政务服务平台建设长三角数据共享交换平台，支撑长三角区域数据共享共用、业务协同和场景应用建设，推动数据有效流动和开发利用。

本市与长三角区域其他省共同推动建立以需求清单、责任清单和共享数据资源目录为基础的长三角区域数据共享机制。

**第七十五条** 本市与长三角区域其他省共同推动建立跨区域数据异议核实与处理、数据对账机制，确保各省级行政区域提供的数据与长三角数据共享交换平台数据的一致性，实现数据可对账、可校验、可稽核，问题可追溯、可处理。

**第七十六条** 本市与长三角区域其他省共同促进数字认证体系、电子证照等的跨区域互认互通，支撑政务服务和城市运行管理跨区域协同。

**第七十七条** 本市与长三角区域其他省共同推动区块链、隐私计算等数据安全流通技术的利用，建立跨区域的数据融合开发利用机制，发挥数据在跨区域协同发展中的创新驱动作用。

## 第八章 数据安全

**第七十八条** 本市实行数据安全责任制，数据处理者是数据安全责任主体。

数据同时存在多个处理者的，各数据处理者承担相应的安全责任。

数据处理者发生变更的，由新的数据处理者承担数据安全保护责任。

**第七十九条** 开展数据处理活动，应当履行以下义务，保障数据安全：

（一）依照法律、法规的规定，建立健全全流程数据安全管理制度和技术保护机制；

（二）组织开展数据安全教育培训；

（三）采取相应的技术措施和其他的必要措施，确保数据安全，防止数据篡改、泄露、毁损、丢失或者非法获取、非法利用；

（四）加强风险监测，发现数据安全缺陷、漏洞等风险时，应当立即采取补救措施；

（五）发生数据安全事件时，应当立即采取处置措施，按照规定及时告知用户并向有关主管部门报告；

（六）利用互联网等信息网络开展数据处理活动，应当在网络安全等级保护制度的基础上，履行上述数据安全保护义务；

（七）法律、法规规定的其他数据安全保护义务。

**第八十条** 本市按照国家要求，建立健全数据分类分级保护制度，推动本地区数据安全治理工作。

本市建立重要数据目录管理机制，对列入目录的数据进行重点保护。重要数据的具体目录由市政府办公厅会同市网信等部门编制，并按照规定报送国家有关部门。

**第八十一条** 重要数据处理者应当明确数据安全责任人和管理机构，按照规定定期对其数据处理活动开展风险评估，并依法向有关主管部门报送风险评估报告。

处理重要数据应当按照法律、行政法规及国家有关规定执行。

**第八十二条** 市级责任部门应当制定本系统、行业公共数据安全管理制度，并根据国家和本市数据分类分级相关要求对公共数据进行分级，在数据收集、使用和人员管理等业务环节承担安全责任。

属于市大数据中心实施信息化工作范围的，市大数据中心应当对公共数据的传输、存储、加工等技术环节承担安全责任，并按照数据等级采取安全防护措施。

**第八十三条** 本市按照国家统一部署，建立健全集中统一的数据安全风险评估、报告、信息共享、监测预警机制，加强本地区数据安全风险信息的获取、分析、研判、预警工作。

**第八十四条** 本市按照国家统一部署，建立健全数据安全应急处置机制。发生数据安全事件，市网信部门应当会同市公安机关依照相关应急预案，采取应急处置措施，防止危害扩大，消除安全隐患，并及时向社会发布与公众有关的警示信息。

**第八十五条** 本市支持数据安全检测评估、认证等专业机构依法开展服务活动。

本市支持有关部门、行业组织、企业、教育和科研机构、有关专业机构等在数据安全风险评估、防范、处置等方面开展协作。

## 第九章 法律责任

**第八十六条** 违反本条例规定，法律、行政法规有规定的，从其规定。

**第八十七条** 国家机关、履行公共管理和服务职责的事业单位及其工作人员有下列行为之一的，由本级人民政府或者上级主管部门责令改正；情节严重的，由有权机关对直接负责的主管人员和其他直接责任人员依法给予处分：

（一）未按照本条例第十六条第二款规定收集或者使用数据的；

（二）违反本条例第二十七条第二款规定，擅自新建跨部门、跨层级的数据资源平台、共享、开放渠道，或者未按规定进行整合的；

（三）未按照本条例第二十八条规定编制公共数据目录的；

（四）未按照本条例第三十条、第三十三条、第三十八条、第三十九条、第四十条、第四十二条规定收集、归集、共享、开放公共数据的；

（五）未按照本条例第三十五条第一款规定履行公共数据质量管理义务的；

（六）未通过公共数据开放或者授权运营等法定渠道，擅自将公共数据提供给市场主体的。

**第八十八条** 违反本条例规定，依法受到行政处罚的，相关信息纳入本市公共信用信息服务平台，由有关部门依法开展联合惩戒。

**第八十九条** 违反本条例规定处理个人信息，侵害众多个人的权益的，人民检察院、市消费者权益保护委员会，以及由国家网信部门确定的组织，可以依法向人民法院提起诉讼。

## 第十章 附 则

**第九十条** 除本条例第二条第四项规定的公共管理和服务机构外，运行经费由本市各级财政保障的单位、中央国家机关派驻本市的相关管理单位以及通信、民航、铁路等单位在依法履行公共管理和服务职责过程中收集和产生的各类数据，参照公共数据的有关规定执行。法律、行政法规另有规定的，从其规定。

**第九十一条** 本条例自 2022 年 1 月 1 日起施行。

# 上海市浦东新区完善市场化法治化企业破产制度若干规定

（2021年11月25日上海市第十五届人民代表大会常务委员会第三十七次会议通过）

**第一条** 为了进一步加强企业破产工作，完善市场化、法治化的企业破产制度，促进企业优胜劣汰和市场资源高效配置，持续优化营商环境，根据有关法律、行政法规的基本原则，结合浦东新区实际，制定本规定。

**第二条** 本规定适用于在浦东新区办理企业破产以及相关的管理、保障活动。

浦东新区人民法院设立破产审判内设机构，集中管辖市高级人民法院指定的破产与强制清算案件。

**第三条** 浦东新区应当建立区人民政府和区人民法院共同牵头、相关部门参加的企业破产工作府院协调机制，统筹推进企业破产相关工作，加强企业破产信息共享，协同研究解决企业破产办理的重大问题。

浦东新区人民政府应当切实发挥在企业破产工作中的公共管理和服务职能，保障破产工作所需相关经费，完善破产企业财产快速处置和职工合法权益保障等机制，并指定相关部门承担企业破产府院协调机制的日常工作。浦东新区发展改革、建设交通、市场监管、公安、商务、税务、金融工作、人力资源社会保障、规划资源、司法行政等部门应当按照各自职责，建立破产信息平台和查询中心，健全破产案件财产处置联动机制，保障破产管理人依法规范履职，协同做好企业破产办理相关行政事务。

浦东新区人民法院应当推进破产审判专业化建设，完善支持企业庭外重组、预重整等破产拯救机制，完善破产案件繁简分流、简易程序快速审理等破产审判机制，提高破产案件办理的质量和效率。

**第四条** 企业董事、高级管理人员知道或者应当知道本企业出现《中华人民共和国企业破产法》第二条情形的，应当及时采取启动重组、向债权人披露经营信息、提请企业申请预重整或者破产重整、和解、清算等合理措施，避免企业状况继续恶化和财产减损。

企业董事、高级管理人员因故意或者重大过失违反前款规定造成企业财产损失，管理人或者债权人主张其在造成损失范围内向企业承担赔偿责任的，人民法院应当予以支持。

**第五条** 鼓励和引导企业在向人民法院申请破产重整前通过与债权人、出资人等利害关系人进行谈判协商，拟定重组方案。重整程序启动后，可以以重组方案为依据拟定重整计划草案提交人民法院依法审查批准。

对于具有挽救价值，且在短期内有实现重组可能的债务人，经债务人或者主要债权人申请，人民法院可以决定对企业进行预重整。申请人可以请求人民法院给予法律指导和监督，并协调政府有关部门依法给予必要的支持。

预重整中债务人与部分债权人已经达成的有关协议，与重整程序中拟定的重整计划草案内容一致的，该部分债权人对协议的同意视为对重整计划草案表决的同意。

**第六条** 在企业破产重整程序中，债权人未在人民法院确定的期限内申报债权的，不得在重整计划执行期间及重整保护期内行使权利。重整保护期为重整计划执行完毕后的一年期间。

破产重整案件的已知债权人收到债权申报书面通知和失权后果告知后，无正当理由未在人民法院确定的期限内申报债权的，视为放弃债权，债务人不再向该债权人承担清偿责任。

**第七条** 破产案件事实清楚、债权债务关系明确、财产状况清晰且具备下列情形之一的，应当先行适用简易破产程序：

（一）债务人账面资产为一千万元以下；

（二）已知债权人为三十人以下；

（三）已知债务总额为一百万元以下。

**第八条** 破产重整案件符合本规定第七条情形的，应当适用简易破产重整程序，债务人可以在管理人的监督下自行管理财产和营业事务。

债务人或者管理人应当自人民法院裁定债务人重整之日起三个月内，同时向人民法院和债权人会议提交重整计划草案。人民法院应当自收到重整计划草案之日起十五日内召开债权人会议对重整计划草案进行表决。债权人会议可以采用非现场方式召开。

**第九条** 破产衍生诉讼案件登记立案前，人民法院可以先行委派特邀调解组织或者特邀调解员进行调解。委派调解达成协议的，当事人可以依法申请司法确认。

当事人明确拒绝调解的，人民法院应当依法登记立案。登记立案后或者在审理过程中，人民法院认为破产衍生诉讼案件适宜调解，经当事人同意，可以委托特邀调解组织、特邀调解员或者由人民法院专职调解员进行调解。委托调解达成协议的，经审查后依法出具调解书。

**第十条** 破产案件受理后，管理人可以申请通过人民法院执行网络查控系统查询、控制债务人的存款、车辆、不动产、证券、对外投资等财产，人民法院应当于收到结果反馈之日起二日内将财产查控情况告知管理人。

需要采取保全措施的，人民法院应当于收到申请之日起五日内作出裁定并执行，情况紧急的应立即开始执行。

**第十一条** 人民法院受理破产申请后，应当向已对债务人财产采取保全措施的有关单位发出解除通知，并附破产受理裁定书及指定管理人决定书。有关单位收到通知或者知悉破产申请受理后七日内未解除的，财产处置方案经债权人会议同意和人民法院审核后，管理人可以先行处置被查封债务人财产，处置后依据人民法院出具的法律文书办理解封和资产过户、移交手续。

**第十二条** 处置破产财产时，经债权人会议同意可以直接变价处理，不适用拍卖程序。确需进行拍卖的，由债权人会议自行确定或者授权管理人确定起拍价，并优先通过网上拍卖平台进行。拍卖应在规定的最短期限内完成。法律法规对特定财产处置方式有特别规定的，从其规定。

**第十三条** 处置破产财产时，破产企业的在建建筑工程符合竣工验收条件，但因材料缺失、相关单位不配合等原因导致无法办理竣工验收手续的，管理人可以委托有资质的专业机构鉴定。鉴定意见认为符合建筑工程质量标准的，视为完成竣工验收，并由管理人办理竣工验收备案手续。

破产企业的机动车交通违法的罚款作为破产债权在破产程序中依法处理，累计记分予以核销。

**第十四条** 企业被人民法院宣告破产后，管理人应当依法组织清算并拟定破产财产分配方案，财产分配方案经人民法院裁定认可后予以执行。

企业应当清算而未及时清算的，主管机关或者利害关系人可以申请人民法院指定有关人员组成清算组强制清算。强制清算执行本规定有关破产办理的规定。强制清算过程中，清算组发现企业财产不足以清偿债务，但企业具有挽救价值和重整可能的，应当注重维护企业运营价值，及时申请破产重整。

**第十五条** 浦东新区建立完善破产信息共享和破产状态公示机制。浦东新区人民法院应当将企业破产、强制清算程序中的下列重要信息及时与浦东新区社会信用主管部门共享，并由浦东新区社会信用主管部门按照规定向社会公示：

（一）企业破产、强制清算程序的受理、办理、终结的相关基本信息；

（二）管理人的名称、指定程序、履职情况等信息；

（三）企业董事、监事、高级管理人员违反忠实义务和勤勉义务，承担相关法律责任等信息；

（四）其他重要信息。

**第十六条** 浦东新区建立完善破产重整企业信用修复机制。浦东新区人民法院裁定批准重整计划或者认可破产和解协议后，管理人可以通过“一网通办”平台或者直接向原失信信息提供单位申请信用修复。

重整计划执行期间及执行完毕后，不得因破产重整直接排除其参与招投标、融资等市场行为的资格，不得限制其参与评优评先以及在政府审批、公共服务中享受容缺受理、证明替代等便利措施，法律、行政法规另有规定的除外。

**第十七条** 破产案件管理人由人民法院指定。债权人或者债务人提出破产申请的，可以向人民法院书面提名一名管理人人选。被提名人选符合任职条件并事先作出相关书面承诺的，人民法院应当指定其担任破产案件管理人。

数名申请人同时提出破产申请且提名的管理人人选不一致的，人民法院应当组织全体申请人协商，协商一致的，人民法院应当指定其担任破产案件管理人；协商不成的，人民法院应当直接指定管理人。

**第十八条** 债权人会议可以作出更换管理人的决议，并由人民法院指定新的管理人。

人民法院召集第一次债权人会议时，可以组织债权人就是否更换管理人进行讨论和表决。债权人会议确定了符合任职条件的管理人人选的，人民法院应当指定其担任破产案件管理人。债权人会议确定的人选不符合任职条件或者未确定新的人选的，人民法院可以直接指定新的管理人。

**第十九条** 浦东新区司法行政部门在市主管部门指导下会同有关部门支持破产管理人协会在浦东新区开展活动，推行管理人职业规范、履职评价、投诉处理、行业信用等常态化的行业监管制度。

浦东新区人民法院应当建立管理人履职情况的个案监督和指导机制。债权人会议和债权人委员会应当督促管理人勤勉履职。人民法院、债权人会议和债权人委员会对管理人的个案履职评价信息及时向社会公布。

发现虚假破产、妨碍清算、侵占公司财物或者虚假诉讼的犯罪线索的，管理人可以依法向有关机关控告或者举报。有关机关对管理人的控告、举报应当依法处理。

**第二十条** 本规定自 2022 年 1 月 1 日起施行。

# 上海市反间谍安全防范条例

（2021 年 12 月 29 日上海市第十五届人民代表大会常务委员会第三十八次会议通过）

## 第一章 总 则

**第一条** 为了维护国家安全，规范和加强反间谍安全防范工作，防范和制止间谍行为，筑牢维护国家安全的人民防线，根据《中华人民共和国国家安全法》《中华人民共和国反间谍法》和其他有关法律、行政法规，结合本市实际，制定本条例。

**第二条** 本市行政区域内的机关、人民团体、企业事业组织、其他社会组织和公民履行反间谍安全防范义务，以及国家安全机关等部门组织实施反间谍安全防范工作，适用本条例。

**第三条** 反间谍安全防范工作应当坚持党的领导，贯彻总体国家安全观，统筹传统安全和非传统安全，坚持专门工作与群众路线相结合、人防物防技防相结合、积极防范与依法惩治相结合的原则。

**第四条** 国家安全机关是反间谍安全防范工作的主管机关。

公安、保密以及网信、经济信息化、商务、教育、科技、民族宗教、规划资源、住房城乡建设管理、农业农村、文化旅游、金融监管、外事、国资、海关等有关部门应当与国家安全机关密切配合，在各自职责范围内做好反间谍安全防范工作。

**第五条** 机关、人民团体、企业事业组织和其他社会组织承担本单位反间谍安全防范主体责任，落实反间谍安全防范措施，提升反间谍安全防范能力，防范、制止间谍行为。

公民应当维护国家的安全、荣誉和利益，依法履行反间谍安全防范义务。

**第六条** 反间谍安全防范工作应当依法开展，尊重和保障人权，保护公民和组织的合法权益。

**第七条** 有关部门及其工作人员对履行反间谍安全防范职责中知悉的国家秘密、工作秘密、商业秘密、个人隐私和个人信息等，应当严格保密。

**第八条** 本市加强与长江三角洲区域和国内其他省、自治区、直辖市反间谍安全防范工作的协作交流，推动实现信息互通、资源共享、处置联动，增强反间谍安全防范工作实效。

## 第二章 工作职责

**第九条** 各级人民政府在党委的统一领导下，指导、推动本行政区域内的反间谍安全防范工作，保障反间谍安全防范工作有序开展。

**第十条** 国家安全机关负责指导、监督和检查本行政区域内的反间谍安全防范工作，履行下列职责：

（一）组织制定反间谍安全防范工作指导规范，依法对机关、人民团体、企业事业组织和其他社会组织履行反间谍安全防范义务、开展反间谍安全防范工作进行指导、提供帮助；

（二）推动、指导国家安全人民防线组织建设；

（三）会同有关部门，研究确定并动态调整反间谍安全防范重点单位；

（四）分析研判反间谍安全防范工作形势，向有关单位提出加强和改进工作的意见和建议；

（五）依法开展反间谍安全防范检查，督促有关单位落实整改措施、消除安全隐患；

（六）其他依法应当履行的反间谍安全防范职责。

**第十一条** 行业主管部门应当根据主管行业特点，做好本行业的反间谍安全防范工作，履行下列职责：

（一）根据反间谍安全防范工作指导规范，明确本行业反间谍安全防范工作要求；

（二）指导、督促本行业所属单位履行反间谍安全防范义务；

（三）配合国家安全机关确定本行业反间谍安全防范重点单位；

（四）其他依法应当履行的反间谍安全防范行业管理职责。

**第十二条** 本市推动反间谍安全防范部门协作机制建设，加强各部门间情况通报、会商研判、风险预警、专业支持、协同指导、应对处置、联合督查、执法联动等工作。

行业主管部门应当与国家安全机关加强协作配合，及时提供反间谍安全防范工作所需的数据信息资料。

**第十三条** 本市加强对经济、金融、科技、生物、网络、通信、数据等领域的反间谍安全风险防范。

国家安全机关应当会同行业主管部门定期开展反间谍安全风险评估，动态调整反间谍安全防范重点事项和重点范围。

**第十四条** 本市推进安全控制区域划定与国土空间规划对接。国家安全机关应当将已批准划定的安全控制区域的名录及时提供政府有关部门。政府有关部门开展国土空间规划编制工作，涉及安全控制区域的，应当征求国家安全机关和保密行政管理部门意见。

国家安全机关对安全控制区域内涉及国家

安全事项的建设项目，依法实施许可管理。政府有关部门在审批安全控制区域内的新建、改建、扩建等项目时，应当告知建设单位先行提出涉及国家安全事项建设项目的许可申请。

政府有关部门与国家安全机关应当建立综合监管工作机制，在审查和监管涉及国家安全事项的建设项目时，开展执法联动，加强数据信息共享，并在各自职责范围内，依法督促建设项目的建设、所有、使用和管理方落实相关安全防范工作。

## 第三章 安全防范

**第十五条** 公民应当履行下列反间谍安全防范义务：

（一）为国家安全机关等有关部门开展反间谍安全防范工作提供便利或者协助；

（二）及时报告涉及间谍行为的可疑情况及其线索；

（三）接受反间谍安全防范教育，保守所知悉的有关反间谍安全防范工作的国家秘密；

（四）配合国家安全机关调查取证工作，如实提供情况或者证据；

（五）其他依法应当履行的反间谍安全防范义务。

**第十六条** 机关、人民团体、企业事业组织和其他社会组织应当履行下列反间谍安全防范义务：

（一）开展反间谍安全防范宣传教育培训，提高本单位人员的安全防范意识和应对能力；

（二）加强本单位反间谍安全防范管理，落实安全防范措施；

（三）及时报告涉及间谍行为的可疑情况及其线索；

（四）为国家安全机关等有关部门开展反间谍安全防范工作提供便利或者协助，配合国家安全机关依法开展工作；

（五）其他依法应当履行的反间谍安全防范义务。

机关、人民团体、企业事业组织和其他社会组织的法定代表人或者主要负责人对本单位的反间谍安全防范工作负责。

**第十七条** 反间谍安全防范重点单位除遵守本条例第十六条规定外，还应当履行下列反间谍安全防范义务：

（一）建立健全本单位反间谍安全防范制度；

（二）建立健全本单位国家安全人民防线组织，明确工作机构和责任人员；

（三）加强对涉密事项、场所、载体、数据、岗位和人员的日常安全防范管理；

（四）建立健全涉密、涉外人员国家安全事项定期报告制度，做好考核和数据信息管理；

（五）按照反间谍技术安全防范标准，配备必要的设备、设施，落实有关技术安全防范措施；

（六）定期开展反间谍安全防范工作自查，及时发现和消除安全隐患；

（七）加强对外交流合作中的反间谍安全防范工作，做好出国（境）团组、人员和长期驻外人员的教育管理。

**第十八条** 反间谍安全防范重点单位以外的涉及经济安全、科技安全、新型领域安全等重点领域的单位，除遵守本条例第十六条规定外，还应当履行下列反间谍安全防范义务：

（一）涉及国民经济命脉的重要行业和关键领域的单位，应当加强反间谍安全风险管控，定期开展资金流向、数据处理、技术应用、人才交流、货物流通等方面的反间谍安全防范工作自查；

（二）涉及科技安全的高等院校、科研机构、国防军工等单位，应当加强涉密专家、高新技术项目、试验场所等方面的反间谍安全防范管理；

（三）涉及生物、数据等新型领域安全的单位，应当在国家安全机关和有关行业主管部门的指导下，根据新的安全需要加强相应领域的反间谍安全防范工作。

## 第四章　宣传教育

**第十九条**　本市在每年4月15日全民国家安全教育日等重要时间节点组织开展反间谍安全防范宣传教育活动。

**第二十条**　国家安全机关应当加强爱国主义教育、国家安全教育，开展有关反间谍安全防范的普法教育、风险警示教育、防范常识教育，指导机关、人民团体、企业事业组织和其他社会组织开展反间谍安全防范宣传教育培训工作；会同有关部门，组织、动员居民委员会、村民委员会开展反间谍安全防范宣传教育工作。

**第二十一条**　教育、人力资源社会保障等部门应当将反间谍安全防范知识纳入教育培训内容。

公务员主管部门应当将反间谍安全防范知识纳入公务员教育培训体系。

司法行政部门应当将反间谍安全防范法律、法规纳入法治宣传教育规划和年度计划，推动落实反间谍安全防范普法宣传工作。

其他行业主管部门应当结合本行业特点，工会、共产主义青年团、妇女联合会等应当结合各自工作对象特点，有针对性地组织开展多种形式的反间谍安全防范宣传教育活动。

**第二十二条**　国家安全机关应当加强国家安全教育基地的规划和管理，完善国家安全教育基地在反间谍安全防范工作中的宣传教育功能。有关部门应当为国家安全教育基地发挥作用提供必要的保障。国家安全教育基地应当向社会免费开放。

**第二十三条**　广播、电视、报刊、网站等媒体应当坚持正确的舆论导向，通过新闻报道、开设专栏、刊登宣传材料、播放宣传教育节目、发布公益广告等方式，提高反间谍安全防范工作的知晓度和参与度，增强全社会反间谍安全防范意识。

## 第五章　保障措施

**第二十四条**　市、区人民政府按照职责分工将地方开展反间谍安全防范工作所需经费列入同级财政预算。

**第二十五条**　本市建立完善反间谍安全防范工作表彰、奖励机制，对反间谍安全防范工作中取得显著成绩或者作出重大贡献的个人和组织，符合下列条件之一的，按照国家和本市有关规定给予表彰、奖励：

（一）提供重要情况或者线索，为国家安全机关发现、破获间谍案件，或者为有关单位防范、消除重大风险隐患或者现实危害发挥重要作用的；

（二）密切配合国家安全机关执行任务，表现突出的；

（三）防范、制止间谍行为，表现突出的；

（四）主动采取措施，及时消除本单位重大风险隐患或者现实危害，挽回重大损失的；

（五）在反间谍安全防范工作中作出其他重大贡献的。

**第二十六条**　因协助反间谍安全防范工作，公民本人或者其近亲属的人身安全面临危险的，可以向国家安全机关或者有关部门请求保护。国家安全机关应当会同有关部门依法采取保护措施。

公民和组织因支持、协助反间谍安全防范工作导致财产损失的，按照国家有关规定给予补偿；造成人身伤害或者死亡的，按照国家有关规定给予抚恤优待。

本市依法保护专门从事反间谍安全防范工作人员的身份和合法权益；根据维护国家安全工作的需要，加大人身保护和安置保障力度。

**第二十七条**　本市鼓励、支持反间谍安全防范领域的科学研究和技术创新，开发研究有助于提高反间谍安全防范水平的新技术、新设备；综合利用云计算、大数据、物联网、人工智能等现代信息技术，推动反间谍安全防范数据信息的互联、互通、互享，提升反间谍安全防范工作的智能化水平。

**第二十八条**　公民、组织可以通过国家安全机关12339举报受理电话、网络举报受理平台等，举报涉及间谍行为和其他危害国家安全行为的可疑情况，提供各类反间谍安全防范问题线索。其他机关、单位收到相关举报、线索的，应当及时移送国家安全机关。

国家安全机关应当严格为举报人保密，保护举报人的人身财产安全。

**第二十九条** 市、区人大常委会应当通过听取和审议专项工作报告、开展执法检查等方式，加强对本条例执行情况的监督。

市、区人大常委会应当充分发挥各级人大代表作用，组织人大代表围绕反间谍安全防范工作开展专项调研和视察等活动，汇集、反映人民群众的意见和建议，督促有关机关和单位落实反间谍安全防范工作。

## 第六章 法律责任

**第三十条** 违反本条例规定的行为，法律、行政法规已有处理规定的，从其规定；构成犯罪的，依法追究刑事责任。

**第三十一条** 机关、人民团体、企业事业组织和其他社会组织不履行或者不正确履行法律、法规规定的反间谍安全防范义务，有下列情形之一的，国家安全机关可以依法责令其限期整改：

（一）不认真履行反间谍安全防范义务，不落实安全防范措施或者落实不到位，存在明显问题隐患的；

（二）不接受国家安全机关反间谍安全防范指导和检查的；

（三）发生间谍案件，叛逃案件，为境外窃取、刺探、收买、非法提供国家秘密、情报案件，涉及危害国家安全的商业秘密案件的；

（四）发现涉及间谍行为的可疑情况，迟报、漏报、瞒报，造成不良后果或者影响的；

（五）不配合或者阻碍国家安全机关依法执行任务的。

被责令整改单位应当于整改期限届满前向国家安全机关提交整改报告，国家安全机关应当自收到整改报告之日起十五个工作日内对整改情况进行检查。

对拒不整改或者整改后仍未达到要求的，国家安全机关可以依法约谈相关负责人，并将约谈情况通报该单位上级主管部门。经约谈仍拒不整改，或者消极应对整改造成严重后果或者影响的，依法追究法律责任。

**第三十二条** 机关、人民团体、企业事业组织和其他社会组织及其工作人员因不履行或者不正确履行反间谍安全防范义务，造成不良后果或者影响的，国家安全机关可以向有关机关、单位移送问题线索，建议有关机关、单位按照管理权限对负有责任的领导人员和直接责任人员依法予以处理；构成犯罪的，依法追究刑事责任。

**第三十三条** 国家安全机关和其他有关部门的工作人员在反间谍安全防范工作中滥用职权、玩忽职守、徇私舞弊的，对负有责任的领导人员和直接责任人员依法予以处分；构成犯罪的，依法追究刑事责任。

## 第七章 附 则

**第三十四条** 国家安全机关、公安机关履行防范、制止《中华人民共和国反间谍法》及其实施细则规定的其他危害国家安全行为的职责，依照法律、法规有关规定执行。

**第三十五条** 本条例自 2022 年 1 月 1 日起施行。

# 上海市浦东新区促进张江生物医药产业创新高地建设规定

（2021 年 12 月 29 日上海市第十五届人民代表大会常务委员会第三十八次会议通过　根据 2024 年 12 月 31 日上海市第十六届人民代表大会常务委员会第十八次会议《关于修改〈上海市公路管理条例〉等 10 件地方性法规的决定》修正）

**第一条**　为发挥以张江为引领的生物医药科创策源和产业生态优势，实施国家战略要求，促进浦东新区生物医药产业高质量发展，推动浦东新区形成世界级生物医药产业集群，更好地满足人民群众对健康生活的需求，根据有关法律、行政法规的基本原则，结合浦东新区实际，制定本规定。

**第二条**　本规定适用于在浦东新区行政区域内从事生物医药研发、生产、经营、使用以及相关促进保障活动。

**第三条**　本市坚持制度引领、改革创新、以人为本、开放合作、风险预防、科学规范的原则，推进浦东新区生物医药产业高质量发展。

**第四条**　市人民政府应当加强对浦东新区生物医药产业发展工作的领导，建立和完善促进生物医药产业发展议事协调机制，深化与国家有关部门的协作，统筹协调浦东新区生物医药产业发展中的重大事项。

浦东新区人民政府应当建立浦东新区生物医药产业发展促进工作机制，加强以张江为引领的生物医药产业发展工作，推动浦东新区生物医药产业创新发展。

浦东新区相关镇人民政府、街道办事处、园区管理机构应当在职责范围内做好生物医药产业发展的促进保障工作。

**第五条**　市科技部门负责统筹本市生物医药产业发展，协调推进浦东新区生物医药产业创新高地建设。浦东新区科技部门负责浦东新区生物医药产业创新高地建设具体工作。

市和浦东新区发展改革、经济信息化、商务、卫生健康、药品监管、医疗保障、财政、规划资源、生态环境、人力资源社会保障、地方金融、绿化市容等部门以及海关等单位根据各自职责和本规定，负责浦东新区生物医药产业促进工作。

**第六条**　浦东新区人民政府设立浦东新区生物医药产业发展专家委员会。专家委员会负责对浦东新区生物医药产业发展、项目规划、重点布局等事项开展科学论证，提出意见建议。专家委员会的意见建议作为生物医药产业发展决策的重要参考。

**第七条**　市、浦东新区人民政府应当将促进人体细胞和基因产业发展纳入生物医药产业发展协调促进机制，在风险可控的前提下，支持符合条件的多元化投资主体开展人体细胞、基因技术研发和推进产业化进程。

市和浦东新区科技、卫生健康等部门应当强化对浦东新区生物医药企业开展人体细胞、基因技术开发和应用的监管，加强风险管控。

**第八条**　对于国家有关部门准许范围内的浦东新区生物医药企业，探索对其开展跨境研发所需的货物（含材料、耗材、试剂等）实施保税监管。

按照监管部门信息共享、风险可控的要求，浦东新区相关重点生物医药企业可以根据国家规定开展高附加值、高技术含量、符合环保要求的医疗器械保税维修业务；浦东新区特定区域内的相关企业可以根据国家规定开展出口高端医疗设备的返境维修。维修后的医疗器械，应当根据其来源复运至境外。

**第九条** 浦东新区具备药品商业化规模生产条件并且符合药品生产质量管理规范的生物医药企业，药物临床试验阶段申请药品生产许可的，在承诺临床样品的生产条件与申请上市许可阶段的生产条件一致的情况下，市药品监管部门可以核发《药品生产许可证》。

**第十条** 浦东新区药品上市许可持有人可以自行生产药品，也可以依法委托药品生产企业生产。经国家药品监管部门核准后，浦东新区药品上市许可持有人可以委托本市范围内一家以上符合条件的药品生产企业生产。市药品监管部门应当做好指导、服务，并配合国家药品监管部门开展相关审查工作。

血液制品、麻醉药品、精神药品、医疗用毒性药品、药品类易制毒化学品不得委托生产，但国家药品监管部门另有规定的除外。

**第十一条** 对国内尚无同品种产品上市的体外诊断试剂，浦东新区符合条件的医疗机构根据临床需要，可以自行研制，在执业医师指导下在本单位内使用。具体办法由市药品监管部门会同市卫生健康部门制定。

**第十二条** 市人民政府在国家授权范围内，可以批准浦东新区符合条件的医疗机构进口少量临床急需的药品和医疗器械。进口的药品和医疗器械应当在指定医疗机构用于特定医疗目的。

鼓励符合条件的生物医药企业对临床急需进口的少量药品和医疗器械开展临床真实世界数据应用研究，探索将临床真实世界数据用于药品和医疗器械注册，推动药品和医疗器械加快上市。

**第十三条** 本市按照国家有关授权，在相关区域内试点推动符合条件的浦东新区药品和医疗器械交易平台开展跨境电子商务零售进口部分药品和医疗器械业务。

市药品监管部门应当结合浦东新区生物医药产业发展的实际需求，在保证经营质量安全可控的前提下，优化药品批发经营许可实施，满足药品现代物流需求。

**第十四条** 本市根据浦东新区生物医药企业的研发需求，规划布局和建设进境非人灵长类等实验动物隔离检疫场。

浦东新区鼓励社会资本依法投资开展与生物医药研发相关的非人灵长类等实验动物及相关产品的保种、繁育、生产、供应等活动，保障生物医药研发使用需求。需要生产和使用非人灵长类等实验动物的，应当经浦东新区科技经济部门和野生动物保护主管部门批准，依法取得实验动物生产、使用许可证。

浦东新区卫生健康部门会同农业农村部门负责浦东新区新建、改建或者扩建与人体健康相关的动物生物安全二级实验室的备案。

**第十五条** 本市建立微生物、人体组织、生物制品、血液及其制品等生物医药特殊物品出入境联合监管机制。浦东新区人民政府应当会同有关部门对生物医药企业及其出入境特殊物品开展综合评估，对通过评估的企业及物品出具相应生物安全控制能力的证明。上海海关凭证明和企业提交的其他材料，简化通关手续。

本市建立生物医药研发用物品进口试点联合推进机制。浦东新区人民政府应当会同有关部门对企业及进口研发用物品进行认定。通过认定的企业及物品在办理通关手续时不需提交进口药品通关单。

浦东新区建立企业研发进口微量耗材管理服务平台，在进口许可、通关便利、允许分销等方面予以支持。

**第十六条** 本市在浦东新区设立人类遗传资源管理服务机构，开展人类遗传资源咨询、服务、培训、研究等工作，协助国家和本市人类遗传资源管理机构开展人类遗传资源的事中事后监管等工作。

**第十七条** 浦东新区行政区域内的药品检验检测机构经国家药品监管部门指定，可以开展创新药品的注册检验工作。市药品监管部门、浦东新区人民政府应当为药品检验检测机构的检验检测能力提升提供政策支持和保障。

浦东新区应当加强生物医药产品注册指导服务工作站建设。对符合产业发展方向的药品和医疗器械，注册指导服务工作站应当及时跟踪、对接注册进度，开展药品和医疗器械注册工作的前期指导服务，推动药品和医疗器械加快上市。

**第十八条** 本市支持国家药品监管局药品审评检查长三角分中心、医疗器械技术审评检查长三角分中心建设，协助配置职业化专业化的审评员、检查员，建立科学高效专业的审评检查工作机制。

市和浦东新区有关部门应当依托国家药品监管局药品审评检查长三角分中心、医疗器械技术审评检查长三角分中心，为生物医药企业提供高效便捷的指导和服务，根据相关规定推动创新药品和医疗器械纳入优先审评审批通道，加快推进创新药品和医疗器械注册上市。

**第十九条** 本市支持创新药品和医疗器械进入医疗机构使用。市和浦东新区有关部门对浦东新区医疗机构采购和使用的创新药品和医疗器械不纳入药品（耗材）收入所占比例、药品品种规格总数、采购比例限制等考核。

**第二十条** 本市支持高校、科研院所、医疗机构与浦东新区生物医药企业开展合作，通过共建实验室、研究院等方式推动建设创新协作产业生态圈。本市支持国家级和市级医药临床研究中心建设，探索浦东新区研究型医院试点建设，推进科技成果与临床研究对接，推动产学研医深度融合。

浦东新区科技经济、卫生健康部门应当开展创新药品和医疗器械研发项目评估工作，依托本市医院企业协同临床试验加速平台，促进临床试验需求对接，提升产医融合质量效率。

**第二十一条** 鼓励各类医疗卫生机构推进健康医疗数据采集、存储，加强应用支撑和运维技术保障。加快建设和完善以居民电子健康档案、电子病历、电子处方等为核心的基础数据库。

市和浦东新区卫生健康部门应当依据相关法律法规建立健康医疗数据共享与开放机制，制定健康医疗数据开放分类分级标准，推动健康医疗数据有序开放，为本市生物医药创新研发提供数据支撑。

**第二十二条** 本市支持在浦东新区建设高标准、集约化的生物样本库。

市卫生健康部门和浦东新区人民政府应当建立有效的生物样本研究应用与共享机制，支持企业牵头或者参与制定样本库建设管理标准。市和浦东新区卫生健康部门应当加强生物样本及其信息数据的存储与管理的指导，保障生物样本采集、存储、使用、共享等符合生物安全管理规范。

医疗卫生机构的生物样本，可以委托有相关资质的第三方机构集中存储和管理。

**第二十三条** 本市支持建设张江综合性国家科学中心，推进大科学设施规划建设，完善设施使用保护，严格设施周边管理，为生物医药产业发展提供基础性研究和保障。

**第二十四条** 对符合条件的新型生物医药研发机构，市和浦东新区有关部门应当在其管理模式、成果转化、体制机制改革等方面给予指导和支持。

浦东新区人民政府应当支持具备条件的生物医药企业开放创新中心建设。对符合条件的创新中心，在建设运营、人才奖励、知识产权保护等方面给予支持。

**第二十五条** 本市鼓励各类市场主体建设众创空间、孵化器、加速器等生物医药共享公共服务平台，创新服务模式，针对创新企业不同发展阶段提供完善的基础设施、针对性的运营管理和专业的研发服务，强化产业园区、创新研发企业、研发生产服务企业之间的协同联动。

**第二十六条** 本市推进生物医药制造业创新链、产业链、人才链深度融合。鼓励生物医药产业链核心企业牵头带动产业链、供应链持续向高级化、现代化发展，打造一批拥有关键核心技术的生物医药领军企业。

**第二十七条** 本市建立浦东新区生物医药项目信息数据库并动态更新，创新研发成果有序转化的利益分享机制，实现本市生物医药创新研发与生产制造协同发展。

**第二十八条** 对符合生物医药产业发展导向的重点项目，市和浦东新区有关部门可以按照规定对土地用途、容积率、建筑高度等予以优化。

市和浦东新区规划资源部门应当深化产业用地“标准化”出让方式改革，增加混合产业用地供给。在符合产业功能导向和生物医药项目主导产业用途的前提下，对浦东新区生物医药产业用地试点允许受让人自主确定土地产业用途比例。

**第二十九条** 本市对符合规定的生物医药创新产品实行首购和订购制度。浦东新区健全优先使用生物医药创新产品的政府采购政策，加大生物医药创新产品政府采购力度，促进生物医药创新产品研发和示范应用。

**第三十条** 市地方金融部门、浦东新区人民政府应当创新生物医药产业金融服务模式，推动生物医药企业在科创板等资本市场上市；持续优化张江指数样本和权重，突出张江国家自主创新示范区生物医药等优势产业，引导资本市场支持张江生物医药产业发展。

市财政、地方金融部门应当加大对生物医药供应链金融的指导，重点支持金融机构围绕生物医药供应链核心企业开发适合产业发展需求的供应链金融产品，为生物医药产业链上下游中小企业融资提供服务。

本市发挥上海市中小微政策性融资担保基金作用，通过批次担保、联合担保、再担保等多种方式引导相关金融机构和融资担保机构，为浦东新区生物医药企业融资提供增信服务。

**第三十一条** 浦东新区生态环境部门可以会同科技经济部门按照生态保护红线、环境质量底线、资源利用上线和生态环境准入清单的生态环境分区管控要求，对抗体、疫苗、血液制品等生物制品领域建设项目，根据所在区域环境敏感程度、建设项目可能产生的环境影响和环境风险，制定细分行业的生态环境管理措施，实行差异化监管。

**第三十二条** 浦东新区生物医药研发机构、医疗机构可以将其依法取得的职务科技成果的知识产权或者知识产权的长期使用权给予成果完成人。

浦东新区组建生物医药专业职称评审委员会，对区域内非公领域生物医药产业专业技术人才开展职称评价；根据国家授权制定发布国际职业资格证书认可清单，研究国际职业资格与国内职称的衔接办法。

浦东新区生物医药研发机构、医疗机构的专业技术人员在其他企业、机构兼职或者利用与本人从事专业相关的科技创新成果在职创办企业的，相关权利义务由其所在单位规定，或者由其所在单位与专业技术人员约定。

**第三十三条** 本市贯彻落实国家生物安全战略，建立健全生物安全风险监测预警体系，健全完善生物安全科研攻关机制，推动本市生物安全技术及其产业化应用引领发展。

**第三十四条** 本规定自 2022 年 1 月 1 日起施行。

# 上海市区人民代表大会常务委员会街道工作委员会工作条例

（2021 年 12 月 29 日上海市第十五届人民代表大会常务委员会第三十八次会议通过）

**第一条** 为了规范上海市区人民代表大会常务委员会街道工作委员会（以下简称人大街道工委）的组织和工作制度，根据《中华人民共和国地方各级人民代表大会和地方各级人民政府组织法》和有关法律、行政法规，结合本市实际，制定本条例。

**第二条** 人大街道工委是区人民代表大会常务委员会(以下简称区人大常委会)在街道设立的工作机构。人大街道工委应当坚持中国共产党的领导,贯彻落实全过程人民民主,联系街道辖区内的人民代表大会代表,组织代表开展活动,反映代表和群众的建议、批评和意见,办理区人大常委会交办的监督、选举以及其他工作,并向区人大常委会报告工作。

区人大常委会应当将街道人大工作纳入总体工作安排,定期听取人大街道工委工作情况和工作计划的报告,研究解决街道人大工作的重要问题,推动人大街道工委依法有序开展工作。

**第三条** 区人大常委会应当建立区人大常委会主任会议成员分工联系人大街道工委制度。

区人大常委会代表工作机构负责与人大街道工委的日常工作联系。区人民代表大会专门委员会、区人大常委会工作机构和办事机构,应当加强对人大街道工委的业务指导,增进与人大街道工委的工作协同,共同推进相关专项工作。

**第四条** 人大街道工委应当在街道辖区内履行下列职责:

(一)宣传贯彻宪法、法律、法规和人民代表大会及其常务委员会的决议、决定;

(二)联系各级人民代表大会代表,听取和反映代表意见和建议,为代表执行代表职务提供服务保障;

(三)加强人大代表之家、代表联络站、代表联系点等代表联系群众平台的建设和管理,组织和服务代表开展联系选民和群众活动,听取和反映选民和群众的意见和要求;

(四)服务保障区人民代表大会代表做好区人民代表大会会议期间的工作、参加闭会期间的活动,协助代表提出议案或建议、批评和意见;

(五)协调和督促街道办事处和区其他国家机关派驻街道工作机构处理区人民代表大会代表提出的议案或建议、批评和意见;

(六)服务保障区人民代表大会代表向原选区选民报告履职情况,向选民公开代表的基本信息、联系方式和履职情况等,按照规定做好代表履职登记工作;

(七)法律、法规规定的其他工作。

**第五条** 人大街道工委根据区人大常委会的安排和交办,在街道辖区内办理以下监督、选举及其他工作:

(一)协助组织区人民代表大会代表听取街道办事处和区其他国家机关派驻街道工作机构的工作报告,参加对街道办事处和区其他国家机关派驻街道工作机构工作的评议活动;

(二)协助组织区人民代表大会代表对预算草案初步方案提出意见,听取预算执行情况、国有资产管理情况的报告;

(三)协助组织区人民代表大会代表参加对法律、法规实施情况的执法检查;

(四)协助组织区人民代表大会代表围绕经济社会发展和关系群众切身利益、社会普遍关注的重大问题,以及列入区人大常委会会议审议的议题,开展视察和专题调研,向区人大常委会提出意见和建议;

(五)协助组织区人民代表大会代表对街道落实民生实事项目等重点工作情况进行监督;

(六)协助做好区人民代表大会代表的选举、罢免和补选等工作;

(七)区人大常委会安排和交办的其他工作。

**第六条** 人大街道工委应当根据市人民代表大会常务委员会(以下简称市人大常委会)的指导和区人大常委会的部署,协同推进市人大常委会基层立法联系点(以下简称人大基层立法联系点)建设,支持协助设在街道辖区内的人大基层立法联系点收集和反映基层群众对立法及相关工作的意见建议,为其开展相关工作提供服务保障。

设立为人大基层立法联系点的人大街道工委,应当按照相关规定,组织群众做好参与立法、监督执法、促进守法和宣传普法等工作。

**第七条** 人大街道工委由主任、副主任和若干名委员组成。设主任一人,专职副主任一人,委员三至七人。人大街道工委组成人员由区人大常委会依法任免。

人大街道工委组成人员一般由街道辖区内

的区人民代表大会代表担任。其中，主任应当由区人民代表大会代表担任。

**第八条** 人大街道工委主任负责全面工作，召集并主持人大街道工委会议。人大街道工委副主任协助主任处理日常工作。

人大街道工委主任不是区人大常委会组成人员的，应当列席区人大常委会会议。如有特殊情况，可以委托副主任列席。

**第九条** 人大街道工委应当配备必要的专职工作人员。

街道辖区内人大代表之家、代表联络站、代表联系点和人大基层立法联系点等工作平台较为集中的人大街道工委可相应增加配备专职社区工作者协助开展工作。

**第十条** 人大街道工委应当加强自身建设，建立健全议事规则、监督检查、工作调研、联系代表和群众、意见建议交办、学习培训等工作制度，推进人大街道工委工作的制度化和规范化。

**第十一条** 人大街道工委会议每季度至少召开一次，会议必须有过半数的人大街道工委组成人员出席。人大街道工委主任因故不能召集会议的，可以委托副主任召集。

人大街道工委年度工作计划、相关工作报告以及年度工作情况报告等重要事项，应当经人大街道工委会议讨论通过。

会议讨论通过有关事项，应当经人大街道工委全体组成人员的过半数同意。

**第十二条** 街道办事处和区其他国家机关派驻街道工作机构应当加强与人大街道工委的联系，并建立工作通报制度。

人大街道工委举行会议时，根据需要可以通知街道办事处和区其他国家机关派驻街道工作机构的负责人列席；也可以邀请区人民代表大会代表、区人民代表大会有关专门委员会、区人大常委会工作机构和办事机构的负责人列席。

街道办事处召开涉及群众切身利益、关系社区持续发展的重要会议时，应当邀请人大街道工委的组成人员参加。区其他国家机关派驻街道工作机构召开重要会议时，可以邀请人大街道工委的组成人员参加。

**第十三条** 区人大常委会指导本区人大代表之家、代表联络站、代表联系点建设。人大街道工委根据有关要求，负责建设和管理代表联系群众平台，建立健全工作机制。各级人民代表大会代表编入人大代表之家、代表联络站、代表联系点等平台，联系选民和群众，开展履职活动。

**第十四条** 人大街道工委在组织各级人民代表大会代表参加调查研究、联系选民和群众等活动中收集的意见建议，由人大街道工委分类处理，属于街道职权范围内的，交由街道办事处或者区其他国家机关派驻街道工作机构研究处理；不属于街道职权范围内的，应当向区人大常委会报告并按照有关规定处理。

街道办事处或者区其他国家机关派驻街道工作机构应当将研究处理情况书面报送人大街道工委，由人大街道工委向代表反馈。

**第十五条** 人大街道工委所需承担的交办工作，应当由区人大常委会根据年度工作安排作出决定。区人大常委会应当明确办理要求，加强工作指导。人大街道工委应当根据要求制定工作方案，及时向区人大常委会报告推进情况，反馈工作结果。

**第十六条** 人大街道工委完成区人大常委会交办的监督工作后，应当及时将区人民代表大会代表提出的意见建议与相关报告一并向区人大常委会报告，由区人民代表大会相关专门委员会，或常委会有关工作机构和办事机构将各方面对该项工作的意见进行汇总，形成相关工作报告。

区人大常委会按照规定审议相关工作报告。区人大常委会组成人员对相关工作报告的审议意见交由区人民政府或区其他国家机关研究处理。有关研究处理情况可以由人大街道工委向代表通报。区人大常委会认为必要的，可以对相关工作报告作出决议或者将有关问题列入区人大常委会的监督工作计划。

**第十七条** 人大街道工委应当确定联络员负责与街道辖区内的人大基层立法联系点的日常联络工作。

人大街道工委开展人大基层立法联系点相

关工作时，应当健全工作机制，整合人大代表之家、代表联络站、代表联系点、人大基层立法联系点以及街道辖区内的其他平台资源，拓宽社情民意表达和反映的渠道，听取各级人民代表大会代表、群众、街道有关单位以及社会有关方面的意见建议，加强沟通协商，推动解决群众普遍关注的重要问题。

**第十八条** 市人大常委会应当加强对人大基层立法联系点工作的组织领导，通过开展业务培训、搭建交流平台、建立信息化系统等加强服务保障，并完善意见采纳情况反馈、通报表彰机制等，不断提高人大基层立法联系点工作水平。

**第十九条** 人大街道工委的工作经费应当纳入街道部门预算，列入区级财政预算予以保障，由人大街道工委统筹安排，专款专用。

**第二十条** 人大街道工委干部的培养、选拔和任用应当纳入干部队伍建设总体规划。

区人大常委会应当积极开展业务培训和工作交流，不断加强专业化建设，提高人大街道工委干部的能力水平。

**第二十一条** 市人大常委会通过听取和审议专项工作报告、开展执法检查等方式，加强对本条例落实情况的监督。

**第二十二条** 区人大常委会在产业园区（开发区）设立的工作委员会参照本条例执行。

设立为人大基层立法联系点的街道办事处、乡镇人民代表大会开展立法联系点相关工作，参照本条例第六条、第十七条、第十八条规定执行。

**第二十三条** 本条例自 2022 年 1 月 1 日起施行。

# 上海市人民代表大会常务委员会<br>关于促进和保障长江流域禁捕工作若干问题的决定

（2021 年 2 月 26 日上海市第十五届人民代表大会常务委员会第二十九次会议通过）

为了做好本市长江流域禁捕及相关工作，加强生态环境保护和修复，实施长江大保护，保障生态安全，根据《中华人民共和国长江保护法》《中华人民共和国渔业法》以及相关法律、行政法规的规定，特作如下决定：

一、本市全面贯彻落实国家关于加强长江水生生物保护和做好长江禁捕有关工作等规定，把长江禁捕工作作为当前和今后一个时期的重大任务，确保禁捕以及相关工作取得实效。

二、本决定所称禁捕区域是指国家和本市确定的长江流域以及重点水域禁捕范围。

禁捕期限按照国家和本市有关规定执行。

三、市人民政府应当将禁捕工作纳入国民经济和社会发展规划，建立禁捕重大事项协调机制，定期听取禁捕工作情况汇报，研究解决重点难点问题，并将禁捕工作情况纳入绩效考核和目标任务考核体系。

相关区人民政府应当落实属地管理责任，健全长效监管机制，依法打击非法捕捞等行为，建立渔政协助巡护队伍，做好禁捕以及相关保障工作。

市农业农村部门负责和协调禁捕工作。发展改革、经济信息化、商务、公安、民政、司法行政、财政、人力资源社会保障、规划资源、交通、水务（海洋）、文化旅游、市场监管、林业、城管执法等部门以及上海海警局、上海海事局、长江航运公安局上海分局等驻沪中央直属机构根据各自职责分工，做好禁捕相关工作。

四、本市发挥“一网统管”、城市数字化、网格化管理等优势，加快实现各部门信息数据共享，建立健全非法捕捞等违法行为的及时发现、响应和处置机制。

市农业农村、公安、交通、市场监管、水务（海洋）等部门和相关区人民政府应当加强执法力量和装备设施资源整合，探索推进水陆联动和多部门联合执法、联动执法、协同执法。

依托上海海警局、上海海事局、长江航运公安局上海分局等驻沪中央直属机构的执法优势，建立中央直属机构与本市政府部门的联动执法机制，加大对非法捕捞等行为的依法查处力度，提高执法效能。

市有关部门应当加强对相关区、镇（乡）人民政府落实禁捕工作的指导，重点加大对“三无”船舶在沿江沿海水域的检查管控和依法查处力度。

市农业农村部门应当制定管理制度，加强禁捕区域垂钓管理。

五、市、区相关部门依照以下职责分工对违法行为依法查处：

（一）非法捕捞、利用或者变相利用垂钓进行捕捞的行为，由农业农村部门依法查处；

（二）“三无”船舶在禁捕区域航行、停泊的，由海事部门依法处理；“三无”船舶有涉渔行为的，由农业农村部门依法查处；

（三）船舶携带涉渔工具在禁捕区域航行、停泊的，农业农村、海警、海事、公安、交通、林业等部门可以依法登临检查；发现涉渔违法行为的，由农业农村部门依法查处；

（四）携带电鱼、毒鱼、炸鱼等装置、器具或者其他禁用渔具进入禁捕区域的，由农业农村部门依法查处，或者由公安、海警、交通、水务（海洋）、林业部门依法调查取证后移送农业农村部门查处；情节严重的，移送公安部门依法查处；

（五）收购、运输、加工、销售、利用非法渔获物，或者以长江渔获物的名义虚假宣传的，由农业农村、交通、市场监管等部门按照职责分工依法查处；

（六）其他破坏禁捕工作的违法行为，依据国家和本市有关规定予以处理。

六、本市依法严惩破坏禁捕工作的违法犯罪行为。人民法院、人民检察院、公安机关、海警机构和相关行政执法部门应当明确案件移送的程序和时限，依法履行职责，分工协作，有效衔接，确保案件依法移送、侦查、起诉、审判和执行。

七、市有关部门和相关区人民政府根据工作实际和管理需求，加快建设执法船（艇）、专用码头和相对集中的船舶扣押、拆解场所。

市和相关区农业农村、公安、市场监管等部门应当强化执法队伍和能力建设，加大行政执法和案件查处力度。

市和相关区发展改革、经济信息化、商务、财政、规划资源、交通等部门应当采取措施，保障执法监管中涉及的码头、装备、设施和信息化建设等相关必要需求。

八、各类新闻媒体应当宣传禁捕法律法规和政策，投播禁捕公益广告，在全社会营造自觉禁捕、保护生态的氛围。鼓励公众积极参加与禁捕退捕有关的志愿服务活动。

单位和个人应当增强水生生物保护意识，严格执行长江水生生物保护的各项规定。发挥社会监督作用，对破坏禁捕等违法行为建立举报奖励制度。

支持相关科研机构依法依规开展水域生态科学技术研究以及生物完整性指数监测，发布监测报告，开展长江流域禁捕效果评估，为相关政策制定和完善提供科学支持。

九、本市应当持续推进退捕渔民安置保障工作。

市人力资源社会保障部门和相关区人民政府应当加强退捕渔民的就业指导和职业技能培训，优先安排就业困难的退捕渔民从事公益性工作；市、区民政部门应当做好退捕渔民的生活困难兜底保障工作。

本市各级财政部门应当加大资金投入力度，统筹整合相关资金，支持退捕渔民转产安置、社会保障等资金需求。

十、本市在实施长三角一体化发展国家战略基础上，探索推进长江流域禁捕跨省联动监督、协同立法、联合执法等行动。

本市建立健全与江苏省、浙江省、安徽省协同的非法捕捞闭环监管长效机制，探索建设覆盖三省一市的船舶登记信息共享平台、渔船动态监管平台、水产品市场流通追溯监管平台和执法信息互通共享平台，共同打击破坏禁捕工作的违法犯罪行为。

本市依托部省际长江口禁捕管理工作协调机制，联合江苏省、浙江省协同推进长江口水域非法捕捞整治，加强长江口禁捕管理区管理。

十一、本决定所称的“相关区”，是指浦东新区、崇明区、宝山区、奉贤区、金山区以及禁捕水域范围涉及的其他区。

本决定所称的“三无”船舶，是指无船名船号、无船舶证书、无船籍港的船舶(艇、筏)。

本决定自2021年4月1日起施行。

# 上海市人民代表大会常务委员会关于加强国有资产管理情况监督的决定

(2021年5月21日上海市第十五届人民代表大会常务委员会第三十一次会议通过)

为进一步加强本市国有资产管理情况的监督，促进国有资产治理体系和治理能力现代化，更好地发挥国有资产在服务经济社会发展、保障和改善民生、保护生态环境、保障国家机关和事业单位节约高效履职等方面的作用，根据《中华人民共和国各级人民代表大会常务委员会监督法》《全国人民代表大会常务委员会关于加强国有资产管理情况监督的决定》和有关法律、行政法规，结合本市实际，作如下决定：

一、市人大常委会按照党中央和市委关于国有资产管理和治理的决策部署，聚焦监督政府管理国有资产的情况，坚持依法监督、正确监督，坚持全口径、全覆盖，坚持问题导向，依法、全面、有效履行国有资产监督职责。

市人大常委会每年听取和审议市人民政府关于国有资产管理情况的报告，综合运用执法检查、询问、质询、特定问题调查等法定监督方式，履行人大国有资产监督职责。市人大常委会制定国有资产监督工作五年规划对届内国有资产监督工作作出统筹安排，制定年度监督工作计划予以具体实施。

二、市人民政府按照综合报告与专项报告相结合的方式，做好年度国有资产管理情况报告工作。国有资产管理情况综合报告和专项报告应当符合国家规定，并体现市人大常委会年度审议工作重点。

市人民政府相关部门应当建立健全反映不同类别国有资产管理特点的评价指标体系，全面、客观、精准反映管理情况和管理成效。

市审计部门应当按照党中央和市委要求，深入推进审计全覆盖，按照真实、合法、效益原则，依据法定职责，加大对国有资产的审计力度，形成审计情况专项报告，作为市人民政府向市人大常委会提交的年度市级预算执行和其他财政收支的审计工作报告的子报告。

三、市人大常委会围绕年度国有资产管理情况报告议题组织开展专题调研，市人大财政经济委员会应当会同有关专门委员会、常委会预算工作委员会做好专题调研的组织工作。有关委员会组织专题调研可以邀请市人大代表和有关专家、市民代表等参与。专题调研情况应当向市人大常委会报告。

市人大常委会根据国家统一部署，结合本市实际，开展国有资产管理绩效评价，并探索建立第三方评估机制。

市人大有关专门委员会承担对政府国有资产

管理情况报告的初步审议职责。在市人大常委会会议举行三十日前，由财政经济委员会或者财政经济委员会会同其他有关专门委员会在专题调研的基础上开展初步审议，提出初步审议意见。

预算工作委员会承担市人大对本市国有资产监督的具体工作，协助财政经济委员会等有关专门委员会承担初步审议相关工作。在市人大常委会会议举行四十五日前，预算工作委员会应当组织听取市人大代表的意见建议，听取市人民政府有关部门介绍报告的主要内容并提出分析意见。

市人大各专门委员会加强日常工作监督与国有资产监督工作的结合，在开展执法检查和专题调研、听取政府专项报告过程中，将对口联系政府部门国有资产管理及绩效情况作为重要内容，发现问题、提出意见，协同推进人大国有资产监督工作。

四、市人大常委会审议国有资产管理情况报告，开展国有资产监督，应当重点关注下列内容：

（一）贯彻落实党中央和市委关于国有资产管理和国有企业改革发展方针政策和重大决策部署情况；

（二）有关法律法规实施情况；

（三）落实市人大常委会有关审议意见和决议情况；监督调研发现重大问题的整改落实和工作推进情况；

（四）改革完善各类国有资产管理体制，推进管理现代化提升等情况；

（五）企业国有资产服务国家战略和本市工作大局，提升国有经济竞争力、创新力、控制力、影响力、抗风险能力等情况；优化国资布局结构，落实稳增长促发展长效工作机制，提升国有控股上市公司质量等情况；提高企业核心竞争力，深化创新体系建设，加快关键核心技术攻关，提升创新策源能力，加大金融服务实体经济力度等情况；优化国有企业不良资产处置政策制度，建立盘活国有企业不良资产的新模式和通道等情况；

（六）行政事业性国有资产保障行政事业单位节约高效履职，增强基本公共服务的可及性和公平性等情况；日常资产管理和管理责任落实情况；资产信息化管理工作推进情况；资产共享共用、使用效益等情况；

（七）国有自然资源资产支持经济社会发展和改善生态环境质量，落实自然资源保护与有效利用、保护生态环境、节能减排等约束性指标等情况；

（八）国有资本保值增值、防止国有资产流失和收益管理等情况；规范国有资本运作，强化国有产权交易监管等情况；

（九）履行社会责任，服务保障社会民生重点领域情况；

（十）审计查出问题整改情况，特别是尚未整改或者正在整改的问题、体制机制性问题以及普遍性、倾向性问题等整改情况；

（十一）其他与国有资产管理有关的重要情况。

市人大常委会在任期届满前一年内听取和审议国有资产管理情况综合报告时开展专题询问，其他年份在听取和审议专项报告时可以开展专题询问。市人大常委会针对国有资产管理存在的问题，可以依法进行质询和特定问题调查，可以根据审议和监督情况依法作出决议。

五、市人民政府应当建立健全整改与问责机制。根据审议意见、专题调研报告、审计报告等提出整改与问责清单，分类推进问题整改，依法对违法违规行为追责问责。整改与问责情况同对市人大常委会审议意见的研究处理情况一并向市人大常委会报告。市人大常委会可以听取报告并进行审议。

本市按照稳步推进的原则，建立健全整改与问责情况跟踪监督机制。市人大常委会对突出问题、典型案件建立督办清单制度，由有关专门委员会、预算工作委员会等开展跟踪监督具体工作，督促整改落实。

本市建立健全人大国有资产监督与监察监督相衔接的有效机制，加强人大国有资产监督与监察监督相关信息共享和工作联系，推动整改问责。

六、本市健全国有资本经营预算管理制

度，强化国有资本经营预算对国有资本的总体布局、投资运作、收益管理等的统筹约束和支撑保障作用。健全资产管理和预算管理相衔接的工作机制，全面反映预算资金形成基础设施、政府投资基金、政府和社会资本合作项目等相关国有资产情况。

国有资产管理情况报告和监督中反映的问题及提出的意见，应当作为下一年度预算审查的重要依据和审查结果报告的重要参考。

市人大常委会加强审计整改监督与国有资产监督的结合，加强对审计查出国有资产管理问题整改情况的跟踪监督，推动政府完善国有资产管理工作，建立健全相关制度。

七、市人大常委会办事机构依法及时将国有资产监督工作五年规划，国有资产管理情况报告及审议意见，专题调研报告和有关专门委员会初步审议意见，市人民政府研究处理审议意见及整改与问责情况、执行决议情况的报告，向市人大代表通报并向社会公布。市人民政府及其部门应当按照规定及时公开政府、部门、单位的国有资产报表。依法不予公开的除外。

八、市人民政府有关部门应当建立本市全口径国有资产信息共享平台，实现相关部门、单位互联互通，并通过市人大预算联网监督系统定期向预算工作委员会报送相关国有资产数据和信息。根据人大国有资产监督工作需要，及时提供联网数据信息之外的其他国有资产管理等信息资料。

市人大常委会充分发挥市人大预算联网监督系统预警分析作用。预算工作委员会应当及时与市人民政府有关部门联系沟通预警信息，重大情况应当及时向市人大常委会报告；市人民政府有关部门应当及时反馈处理情况，推动问题切实解决。

预算工作委员会应当健全与市人民政府有关部门之间的工作联系机制，加强督促协调，及时汇总相关信息向有关专门委员会通报、向市人大常委会报告。

预算工作委员会根据市人大常委会监督发现、社会普遍反映的典型问题和案例提出建议，经市人大常委会主任会议专项批准，可以对相关部门、单位国有资产管理情况进行调查，各级政府和有关部门、单位应当积极协助、配合。

九、市人民政府应当做好市人大常委会国有资产监督中提出问题的整改工作。对整改不力或者整改不到位的，市人大常委会可以依法开展专题询问、质询和特定问题调查，可以根据审议和监督情况依法作出决议。

十、各区人大常委会结合本地实际，参照本决定建立健全国有资产管理情况监督制度，加强监督力量，依法履行人大国有资产监督职责。

十一、本决定自2021年5月21日起施行。

# 上海市人民代表大会常务委员会关于加强浦东新区高水平改革开放法治保障制定浦东新区法规的决定

（2021年6月23日上海市第十五届人民代表大会常务委员会第三十二次会议通过）

为了深入贯彻落实党中央、国务院关于支持浦东新区高水平改革开放、打造社会主义现代化建设引领区的决策部署，建立完善与支持浦东大胆试、大胆闯、自主改相适应的法治保障体系，依法保障浦东努力成为更高水平改革开放的开路先锋、全面建设社会主义现代化国家的排头兵、彰显“四个自信”的实践范例，结合本市实际，特作如下决定：

一、市人民代表大会常务委员会立足浦东改革创新实践需要，根据《全国人民代表大会常务委员会关于授权上海市人民代表大会及其常务委员会制定浦东新区法规的决定》，遵循宪法规定以及法律和行政法规基本原则，制定浦东新区法规，可以对法律、行政法规、部门规章作出变通规定，在浦东新区实施。

二、市人民代表大会常务委员会应当建立与制定浦东新区法规相适应的立项、起草、审议等工作规程和制度安排，会同浦东新区人民代表大会常务委员会开展立法需求征集、重要制度论证等工作。浦东新区人民代表大会常务委员会应当建立参与起草、制定浦东新区法规的工作机制。

浦东新区法规应当分别报全国人民代表大会常务委员会和国务院备案，并说明对法律、行政法规、部门规章作出变通规定的情况。

三、对暂无法律、法规或者明确规定的领域，支持浦东新区人民代表大会及其常务委员会和浦东新区人民政府先行制定相关管理措施，并按程序报备实施。

浦东新区人民代表大会常务委员会、浦东新区人民政府应当建立健全管理措施的执行评估机制，及时提出管理措施转化为法规的建议。

市人民代表大会常务委员会应当建立常态化工作机制，及时将管理措施探索形成的经验做法以法规形式固化。

四、市和浦东新区各有关部门应当贯彻落实本决定和《上海市人民代表大会常务委员会关于促进和保障浦东新区综合配套改革试点工作的决定》、《上海市人民代表大会常务委员会关于促进和保障浦东新区改革开放再出发实现新时代高质量发展的决定》，加强统筹衔接，着力推进制度型开放，放大改革综合效应，形成浦东新区高水平改革开放法治保障的整体合力。

五、本决定自2021年6月23日起施行。

# 上海市人民代表大会常务委员会<br>关于进一步促进和保障“一网通办”改革的决定

（2021年6月23日上海市第十五届人民代表大会常务委员会第三十二次会议通过）

为了进一步完善本市“一网通办”服务，深化“放管服”改革，助力城市数字化转型，创新体制机制，优化营商环境，切实便民利企，推进城市治理体系和治理能力现代化，根据《国务院关于在线政务服务的若干规定》等规定，结合本市实际，作出如下决定：

一、本市推进“一网通办”改革，整合数据资源，加强业务协同，优化服务流程，拓展服务范围，构建标准化、规范化、便利化、普惠化的全方位服务体系，为个人以及企业等市场主体提供更高效、更便捷、更精准的服务。

二、市、区人民政府应当加强对“一网通办”改革工作的领导，明确本行政区域“一网通办”改革的主管部门，构建分工明确、权责清晰、运转高效的跨领域、跨部门、跨层级协调机制，统筹解决改革中的重大问题。

各市级部门应当加强对本领域“一网通办”改革工作的统筹指导。

支持浦东新区在“一网通办”改革机制、服务模式等方面率先进行创新探索；条件成熟时，可以在全市推广。

三、本市强化“一网通办”一体化平台建设，依托“中国上海”门户网站、“随申办”移动端、自助终端和线下办事窗口，实现线上线下集成融合、标准一致、渠道互补，为个人以及企业等市场主体提供多渠道的服务。

本市各级机关以及履行公共管理和服务职能的事业单位、社会团体等（以下统称公共服务机构）应当按照“一网通办”标准规范，实现服务事项全流程、一体化运行。本市各级机关和公共服务机构应当将其政务服务移动端应用统一接入“随申办”移动端，不再新建政务服务移动端。

本市加强区行政服务中心和街道乡镇社区事务受理服务中心（以下统称政务服务中心）建设，推进企业等市场主体事项向区行政服务中心集中，个人事项向街道乡镇社区事务受理服务中心集中；明确办事窗口的职责权限与操作流程，对能够当场办理的事项，应当当场办理。

四、本市优化“一网通办”业务流程，推进服务事项全程网办，提供申请、受理、决定、送达等全流程全环节的网上服务。已经实现全程网办的事项，申请人申请网上办理的，不得要求其到现场办理；申请材料可以通过市大数据资源平台实时互通共享获取的，不得要求申请人另行提交。

个人以及企业等市场主体可以自主选择政务服务办理渠道，本市各级机关和公共服务机构应当按照其选择的渠道办理。

本市各级机关和公共服务机构应当对业务流程关联度高的多个“一网通办”服务事项推行集成办理，实行一次告知、一表申请、一口受理、一网办理、统一发证，推动“高效办成一件事”；应当在各级政务服务中心推行综合窗口服务，实行综合受理、分类办理、统一出件。

五、本市探索综合窗口主动服务模式创新，强化审批要素标准化建设，依托大数据、人工智能等技术手段，根据申请人的办事需求，通过市大数据资源平台等渠道，实时互通共享获取相关信息，形成标准、完整、准确的申报材料，实现申请人“信息免填报、材料免提交”，申请事项一次咨询一次办成。

六、本市支持“一业一证”改革，将一个行业准入涉及的多张许可证整合为一张行业综合许可证，通过“一网通办”平台集成办理。

行业综合许可证集成的信息与相关单项许可证具有同等证明力。行业综合许可证在全市通用。

七、本市推行统一的电子证照服务，各级机关和公共服务机构在“一网通办”服务中需要发放证照的，应当提供电子证照；申请人要求获得实体证照的，应当确保同步发放的电子证照与实体证照信息一致。

个人以及企业等市场主体能够提供本市电子证照的，免于提交实体证照，但法律、行政法规另有规定的除外。

本市拓展电子证照在社会化服务领域的应用。

八、本市依托“一网通办”平台，推动“互联网+监管”系统建设，加强各相关部门监管业务系统互联互通，促进相关领域、行业的监管信息归集和共享，提高监管效能。

九、本市加强“一网通办”服务中的数据管理和安全保障，各级机关和公共服务机构应当按照国家和本市相关规定，切实维护个人以及企业等市场主体的合法权益。

十、本市推广“随申码”的社会化应用，以“随申码”作为个人以及企业等市场主体的数字身份识别码，实现一码通办。依托市民主页和企业专属网页，提供个性、精准、主动、智能服务。

“一网通办”服务应当充分兼顾老年人、残障人士等特殊群体的使用需求，解决特殊群体在运用智能技术方面遇到的困难。

十一、本市健全“一网通办”服务“好差评”制度，实行一次一评、一事一评，拓展评价渠道，完善评价方式，为个人以及企业等市场主体对服务质量进行评价提供便利，对发现的问题及时整改。

十二、“一网通办”改革主管部门应当对政

府部门“一网通办”改革成效开展评估，并将评估结果作为改进工作与绩效考核的重要依据。

十三、本市加强长三角区域“一网通办”改革的合作与交流，完善“跨省通办”工作机制。推进长三角区域电子证照互认和数据资源共享，打造高频优质场景应用。

十四、市人民代表大会常务委员会围绕“一网通办”改革的实际需求，制定、修改相关地方性法规或者在有关地方性法规中作出规定，促进和保障“一网通办”改革。

市人民代表大会常务委员会可以决定暂时调整、停止实施本市地方性法规中与“一网通办”改革有关的部分规定。

十五、市、区人民代表大会常务委员会应当通过听取专项工作报告等方式，加强对本决定执行情况的监督。

市、区人民代表大会常务委员会应当充分发挥各级人大代表作用，汇集、反映人民群众的意见和建议，督促有关方面落实“一网通办”改革的各项工作。

十六、本市保障“一网通办”改革创新，在改革创新中未能实现预期目标，但有关单位和个人依照国家和本市有关规定决策、实施，且勤勉尽责、未牟取私利的，不作负面评价，依法免除相关责任。

本决定自2021年7月1日起施行。

# 中国(上海)自由贸易试验区临港新片区条例

（2022年2月18日上海市第十五届人民代表大会常务委员会第三十九次会议通过）

## 第一章 总 则

**第一条** 为了深入推进中国(上海)自由贸易试验区临港新片区(以下简称临港新片区)建设，保障深层次、全方位、高水平改革开放，打造更具国际市场影响力和竞争力的特殊经济功能区，根据国务院批准的《中国(上海)自由贸易试验区临港新片区总体方案》和有关法律、行政法规，制定本条例。

**第二条** 本市推进临港新片区高标准、高质量建设，对标国际上竞争力最强的自由贸易园区、自由贸易港，加大开放型经济的风险压力测试，建设以前沿产业集群、新型国际贸易、高端国际航运、跨境金融服务为代表的开放型产业体系，实现临港新片区与境外投资自由、贸易自由、资金自由、运输自由、人员从业自由和信息快捷联通。

临港新片区应当建设成为集聚海内外人才开展国际创新协同的重要基地、统筹发展在岸业务和离岸业务的重要枢纽、企业走出去发展壮大的重要跳板、更好利用两个市场两种资源的重要通道、参与国际经济治理的重要试验田。

**第三条** 中国(上海)自由贸易试验区临港新片区管理委员会(以下简称管委会)作为市人民政府的派出机构，负责具体落实临港新片区各项改革试点任务，依法履行相关管理职责。

市人民政府在临港新片区建立综合审批、相对集中行政处罚的体制和机制，由管委会集中行使本市有关行政审批权和行政处罚权。管委会实施行政审批和行政处罚的具体事项，由市人民政府确定并公布。

市有关部门按照各自职责，支持管委会的各项工作。浦东新区、奉贤区、闵行区等区人民政府应当与管委会加强协作，并按照各自职责承担相关行政事务。

海关、海事、税务、金融监管、通信管理等部门在各自职责范围内依法支持临港新片区建设和改革开放，并可以根据发展需要在临港新片区设立分支机构。

**第四条** 根据国家规定，临港新片区参照经济特区管理，支持临港新片区自主发展、自主改革和自主创新。

本市地方性法规和政府规章中有关规定不适应临港新片区发展的，管委会应当会同市人民政府有关部门按照程序提出调整或者停止该规定在临港新片区适用的建议。

本市需要先行试点的重大改革举措，临港新片区具备条件的，在临港新片区优先试点。

**第五条** 本市建立健全有利于临港新片区建设发展的财政保障体制，为临港新片区的建设、管理等提供财政保障。

**第六条** 本市促进临港新片区和长三角其他地区的协同发展，逐步放大临港新片区辐射带动效应。

## 第二章 投资自由便利

**第七条** 本市应当配合国家有关部门制定放宽市场准入特别清单(特别措施)，在临港新片区实施。

临港新片区实行以过程监管为重点的投资便利措施，深化行政审批制度改革，推动政府职能转变。

临港新片区根据国家进一步扩大开放的总体部署，有序推进电信、科研和技术服务、教育、卫生等重点领域扩大开放；对于国家在其他领域的扩大开放政策措施，临港新片区争取先行先试。

**第八条** 根据国家规定，在临港新片区建设以下金融要素平台：

(一) 国际金融资产交易平台，便利境内外投资者参与配置全球资源；

(二) 场内全国性大宗商品仓单注册登记中心，为企业进行仓单交易和仓单质押融资等提供便利；

(三) 国际油气交易中心，支持推出更多交易品种。

**第九条** 临港新片区实行市场主体登记确认制。登记机关对市场主体提交的登记材料实行形式审查，材料齐全且符合法律规定的，予以确认。除依法须经批准的项目外，市场主体凭营业执照依法自主开展经营活动。

临港新片区优化市场主体退出机制，建立市场主体强制退出制度。

**第十条** 外国投资者在中国境内的出资、利润、资本收益、资产处置所得、知识产权许可使用费、依法获得的补偿或者赔偿、清算所得等投资及收益，可以依法以人民币或者外汇自由汇入、汇出。

临港新片区内的金融机构可以凭外国投资者无争议的合法收益证明和税务凭证，无延迟办理汇入、汇出手续。

**第十一条** 对外国投资者的投资不实行征收。在特殊情况下，临港新片区为了公共利益的需要依照法律规定对外国投资者的投资实行征收的，应当依照法定程序、以非歧视性的方式进行，按照被征收投资的市场价值，及时给予公平、合理的补偿，并承担从征收之日起至支付之日止按合理利率计算的利息。

**第十二条** 管委会对注册在临港新片区的地方企业开展本市权限内的境外投资项目，实施备案管理。管委会应当引导和规范企业境外投资方向，为临港新片区的企业提供信息服务，推动境外投资高质量发展。

## 第三章 贸易和运输自由便利

**第十三条** 国务院批准设立的洋山特殊综合保税区探索对境外抵离物理围网区域的货物，依据风险情况，实施以安全监管为主、体现更高水平贸易自由化便利化的监管模式；创新跨境电子商务服务模式，建立跨境电子商务国际配送平台，在洋山特殊综合保税区指定区域探索设立为区内生产经营活动提供配套服务且不涉及免税、保税、退税货物和物品的消费服务设施，设立保税展示交易平台。

经相关部门批准，洋山特殊综合保税区外、临港新片区内的企业可以享受洋山特殊综合保税区内部分政策。

**第十四条** 临港新片区内企业经批准，可以开展高附加值、高技术含量、符合环保要求的保税维修、检测业务。维修、检测后的产品，应当根据其来源复运至境外。

**第十五条** 临港新片区内企业进口特定类别境外再制造产品的，可以根据国家规定按照新品实施进口管理。

临港新片区内试点企业可以按照国家规定，进口汽车发动机关键零部件、高端医疗设备等旧机电产品用于再制造业务。

**第十六条** 根据国家统一部署，在临港新片区实行跨境服务贸易负面清单管理。对清单之外的跨境服务贸易，按照内外一致的原则管理。

**第十七条** 符合条件的国际航行船舶可以开展以洋山港为国际中转港的外贸集装箱沿海捎带业务。

推进"中国洋山港"国际船舶登记，试点实施与国际惯例接轨的船舶登记管理制度。根据国家部署，经授权的船舶检验机构可以对登记为"中国洋山港"籍的国际航行船舶开展法定检验、入级检验。

注册在临港新片区的航运公司或者海员外派机构，可以异地缴纳其船员社保。

临港新片区内企业经批准，可以试点开展国际航行船舶液化天然气等新型燃料加注业务。

**第十八条** 注册在洋山特殊综合保税区内的企业，在洋山特殊综合保税区内提供交通运输服务、装卸搬运服务和仓储服务等取得的收入，按照国家规定免征增值税。

**第十九条** 登记为"中国洋山港"籍的境内制造船舶，从事国际运输或者港澳台运输业务的，按照国家规定视同出口，给予增值税退税。

符合条件的出口企业对其自洋山港离境的集装箱货物，按照国家规定在启运港口岸出发时即可申请出口退税。

## 第四章 资金自由便利

**第二十条** 在临港新片区内取消外商直接投资人民币资本金专用账户，在资金使用符合中国人民银行相关规定的前提下，结算银行可直接为企业办理资本金入账业务。临港新片区内的金融机构可以通过自由贸易账户，在风险可控的前提下，按照法律法规规定，借鉴国际通行的金融监管规则提供便利的离岸金融服务。

根据国家金融监管部门授权，开展临港新片区内非金融企业外债便利化试点，支持私募股权投资基金跨境投资，稳步放宽跨境资产转让业务限制，便利外商投资企业境内再投资。

临港新片区内符合条件的商业银行按照国家部署，试点开展离岸人民币业务。

**第二十一条** 根据国家规定，实施跨境货物贸易、服务贸易和新型国际贸易结算便利化措施，临港新片区内商业银行在充分了解客户和业务并开展尽职审查的基础上，对区内符合条件的企业实行凭收付款指令直接办理贸易外汇收支业务。

**第二十二条** 根据国家金融监管部门授权，探索放开临港新片区内境内个人开展境外投资、临港新片区内就业的境外个人开展境内投资。支持金融机构为引进的境外人才提供便利的跨境金融服务。

**第二十三条** 鼓励跨国公司在临港新片区内设立全球或者区域资产管理中心。临港新片区内符合条件的跨国企业集团可以建立本外币一体化资金池，在境内外成员之间集中开展本外币资金余缺调剂和归集业务，资金按实际需要兑换，对跨境资金流动实行双向宏观审慎管理。

**第二十四条** 临港新片区内符合条件的金融机构可以进入金融期货市场，探索依托上海相关交易所投资黄金、石油等大宗商品。

**第二十五条** 市地方金融监管部门应当会

同管委会、国家金融监管部门驻沪(临港新片区)机构建立健全临港新片区金融工作协调机制。

临港新片区建立金融监管部门之间以及金融监管部门与有关管理部门之间的信息共享机制,实现监管和服务信息互联互通、共享共用。

临港新片区依托跨境资金流动监测中心等,支持金融监管部门运用科技手段提升金融监管和服务水平。

根据国家主管部门授权,在临港新片区简化区内企业发行外债备案管理。

## 第五章　人员从业自由便利和人才保障

**第二十六条**　临港新片区内经备案的企业或者机构邀请的外籍人员入境从事交流、访问、商贸、就业等相关活动的,可以享受更加便利的签证服务。

在临港新片区工作的外籍人员,可以申请有效期五年以内的工作类居留许可。管委会可以推荐在临港新片区内工作的外籍高层次人才、紧缺人才以及符合条件的外国投资者申请永久居留,上述人员的外籍配偶、未成年子女可以随同申请。

本市推动外国人永久居留证件在临港新片区的便利化应用,便于持证人在临港新片区居留、学习、工作。

按照国家部署,管委会会同市出入境管理部门,推动移民政策实践基地建设,开展移民融入服务。

**第二十七条**　管委会对临港新片区内用人单位聘请或者拟聘请的外籍高科技领域人才、技能型人才,以及其他经认定的外籍紧缺急需人才,可以放宽年龄、学历和工作经历等限制,符合条件的可以给予两年以上的外国人来华工作许可。

取得境外高水平大学本科及以上学历的优秀外籍毕业生,与临港新片区内用人单位签订劳动合同的,可以给予外国人来华工作许可。在临港新片区工作的符合条件的入外籍留学人员,可以直接办理长期海外人才居住证。对在临港新片区内留学人员创业园创办企业的外籍高校毕业生,直接给予工作许可,其创业经历视同工作经历。临港新片区内企业按照有关规定,可以招收外籍实习生。

**第二十八条**　本市按照国家要求,逐步放开临港新片区内专业领域境外人才从业限制,允许具有境外职业资格的金融、建筑、规划、设计等领域符合条件的专业人才经备案后,在临港新片区内提供服务,其在境外的从业经历可视同国内从业经历。符合条件的境外人员可以担任临港新片区内法定机构、事业单位、国有企业的法定代表人。具体管理办法由管委会会同本市相关部门制定。

**第二十九条**　对临港新片区用人单位录用的非上海生源普通高校应届毕业生,在申办常住户口时给予政策倾斜。临港新片区内符合条件的用人单位引进的紧缺急需人才可以在临港新片区申办常住户口。符合条件的留学回国人员可以在临港新片区申办常住户口。

对持有本市居住证的在临港新片区工作的国内人才,缩短居住证转办常住户口年限。对持有本市居住证在临港新片区工作并居住的人员,实行居住证专项加分制度。

**第三十条**　本市根据临港新片区发展需要,可以针对在临港新片区稳定就业且稳定居住的人才实施差异化住房政策。

**第三十一条**　临港新片区符合条件的境外人才可以享受人才个人所得税优惠政策。

用人单位可以为在临港新片区就业的符合条件的外籍人员办理本市职工基本医疗保险(含生育保险)。

## 第六章　数据流动

**第三十二条**　本市根据国家部署,以临港新片区为先导,推进国际数据港建设,构建国际互联网数据专用通道、新型互联网交换中心等新型基础设施,打造全球数据汇聚流转枢纽平台。

**第三十三条** 按照国家相关法律、法规的规定，在临港新片区内探索制定低风险跨境流动数据目录，促进数据跨境安全有序流动。

在临港新片区依法开展跨境数据活动的自然人、法人和非法人组织，应当按照要求报送相关信息。

**第三十四条** 本市支持临港新片区推进国际数据产业发展，培育发展数据经纪、数据运营、数据质量评估等新业态，建立数据跨境流动、数据合规咨询服务、政企数据融合开发等公共服务平台。

本市推动互联网数据中心、信息服务等增值电信业务在临港新片区试点开放。

**第三十五条** 本市支持在临港新片区建立与数字贸易相关的知识产权综合服务平台、数字贸易跨境支付结算平台等公共服务平台，建设数据服务出口基地、文化产品出口基地等数字贸易领域国家级基地、数字贸易人才培养实践基地，探索推进数字贸易规则制度建设，培育国际化的数字贸易品牌。

## 第七章 前沿产业发展

**第三十六条** 临港新片区应当强化科技创新策源功能，建设世界顶尖科学家社区，布局国际联合实验室、科技创新研发转化平台和重大科学技术设施，推进集成电路、人工智能、生物医药、民用航空、智能新能源汽车、高端装备制造、绿色再制造、氢能等前沿产业发展，形成全产业链融合的前沿产业集群。

**第三十七条** 临港新片区探索建立人工智能产品技术示范应用风险补偿机制，鼓励市场主体率先应用人工智能技术提升全要素生产率和服务水平。管委会可以在全市能效指标框架下自主布局建设人工智能算力平台。鼓励区内企业开放应用场景，将人工智能创新产品和技术的应用列入研发费用的，按照国家规定实行加计扣除。

**第三十八条** 市人民政府在国家授权范围内，可以批准临港新片区内符合条件的医疗机构进口少量临床急需的境外已经上市的抗肿瘤药等药品和第二类、第三类医疗器械。进口的药品和医疗器械应当在指定医疗机构内用于特定医疗目的。

临港新片区内有条件的医疗机构可以按照国家规定，自行研制国内尚无同品种产品上市的体外诊断试剂，在执业医师指导下在本单位内使用，并按成本收费。

**第三十九条** 经本市行业主管部门同意后，相关企业和机构可以在临港新片区全域开展智能网联汽车道路测试、示范应用和商业试运营。

经国家行业主管部门批准，通过车端和路端的实时感知检测、云端实时处理，探索在临港新片区特定区域开展高精地图绘制试点。

**第四十条** 与氢燃料电池应用相关的制氢项目可以在临港新片区符合条件的特定区域布局建设，鼓励企业利用可再生能源离网发电制氢，推进可再生能源制氢加氢一体化。在临港新片区率先探索氢燃料电池汽车商业化应用及配套氢燃料电池汽车加氢站的建设和管理。

**第四十一条** 除可能影响国家安全、国家利益和重大社会公共利益的情形外，临港新片区内符合条件的高等院校、科研机构可以将本单位利用财政性资金形成的或者接受企业、其他社会组织委托形成的归单位所有的职务科技成果所有权赋予成果完成人（团队），或者赋予科研人员不低于十年的职务科技成果长期使用权。

**第四十二条** 本市对临港新片区新增建设用地指标实行市级单列，与减量化指标脱钩。鼓励临港新片区内存量产业用地提容增效，按照规划和产业导向，存量工业和仓储用地经批准提高容积率和增加地下空间的，不再增收土地价款。临港新片区鼓励工业、仓储、研发等产业用地多用途混合利用。

临港新片区探索城市地下空间竖向开发、分层赋权等土地管理改革创新，在建设用地的地上、地表、地下分别设立使用权。

**第四十三条** 对临港新片区内符合条件的从事集成电路、人工智能、生物医药、民用航空等关键领域核心环节生产研发的企业,按照国家规定实行企业所得税减免。

## 第八章 风险防范

**第四十四条** 本市建立针对临港新片区的全面风险防范工作机制,聚焦投资、贸易、金融、安全生产、生态环境、生物安全等领域,实行分类监管、协同监管、智能监管,形成行业自律、业界自治、社会监督、政府监管的综合监管体系。

临港新片区建立涉及检疫、原产地、国际公约、跨境资金等方面的风险监测机制,实现全流程风险实时监测和动态预警管理。

**第四十五条** 管委会会同行业主管部门、区内企业和相关运营主体建设经济运行分析、制度创新、风险防范、事中事后监管、政务服务等功能集成的一体化信息管理服务平台,在投资、贸易、金融等领域构建特色应用场景。一体化信息管理服务平台数据归集和使用的具体办法,由管委会会同本市相关部门制定。

本市支持临港新片区推动将产生于区内的市场监管、公安、海关、海事、税务、商务、教育、金融、应急管理等领域的公共数据接入一体化信息管理服务平台,推动电子证照等各类数据资源的共享和应用。

享受洋山特殊综合保税区政策的企业应当接入平台,以满足海关、外汇管理等特殊监管和服务需求,企业应当保证接入平台数据的真实性、准确性、及时性和有效性。

**第四十六条** 管委会根据市场主体的信用等级实施差异化监管,可以对守信主体在贸易监管、外汇管理、税收征管、政府采购、招标等方面提供便利;对失信主体依法实施惩戒,相关失信信息依法纳入本市公共信用信息服务平台。对在规定期限内纠正失信行为、消除不良影响的失信主体,按照相关规定及时进行信用修复。

**第四十七条** 临港新片区应当持续优化能源结构,建设清洁低碳安全高效的综合能源体系,强化光伏和海陆风电开发。

鼓励临港新片区内企业申请国际通行的环境和能源管理体系标准认证,自愿与管委会签订高于法定要求的环境保护协议,采用先进技术和生产工艺节约能源,减少污染物和温室气体排放。

## 第九章 权益保障

**第四十八条** 管委会应当会同相关部门和单位建立企业合规监督评估机制,开展企业合规指导,引导企业建立健全合规管理体系。开展合规指导时可以引入企业合规师、律师、注册会计师、税务师等第三方进行合规评估。

**第四十九条** 临港新片区探索设立知识产权交易平台,建立知识产权市场价格评估机制,开展知识产权证券化、知识产权质押融资、专利商标保险等知识产权金融服务,建立知识产权信用担保机制。

探索注册在临港新片区的企业可以采用风险可控的金融方式提供海关知识产权事务担保。

**第五十条** 临港新片区应当强化竞争政策基础地位,创新公平竞争审查工作机制,开展竞争政策实施成效评估和竞争评估,保护和促进市场公平竞争。

**第五十一条** 临港新片区依法保障新就业形态劳动者的基本权利和劳动权益,完善平台型企业劳动用工制度,推进平台就业人员职业伤害保障试点。

**第五十二条** 临港新片区建设一站式争议解决中心。加强临港新片区国际商事纠纷审判组织建设,完善涉外商事纠纷调解、仲裁、诉讼一站式争议解决机制。

在临港新片区设立调解组织的,可以向市司法行政部门申请登记。

境外知名仲裁机构及争议解决机构经市司法行政部门登记并报国务院司法行政部门备案

后，可以在临港新片区内设立业务机构，并接受市司法行政部门的监督管理。

**第五十三条** 取得相关资质或者当事人指定的外籍人员，可以采用线上或者线下方式出席涉临港新片区相关商事仲裁、调解程序。

执业年限满一年的外国律师，可以受聘担任注册在临港新片区内的律师事务所的法律顾问。鼓励注册在临港新片区内的律师事务所引进获得特许律师执业许可的中国籍涉外法律服务人才。

## 第十章 附 则

**第五十四条** 本市制定的浦东新区法规和管理措施，在临港新片区的浦东新区范围内可以适用。

**第五十五条** 本条例自2022年3月1日起施行。

# 上海市科学技术普及条例

（2022年2月18日上海市第十五届人民代表大会常务委员会第三十九次会议通过）

## 第一章 总 则

**第一条** 为了加强和规范本市科学技术普及工作，提高公众科学素质，培育科学文化，推动经济发展和社会进步，加快建设具有全球影响力的科技创新中心，根据《中华人民共和国科学技术普及法》等有关法律、行政法规，结合本市实际，制定本条例。

**第二条** 本市行政区域内的科学技术普及工作及相关活动，适用本条例。

本条例所称科学技术普及（以下简称科普），是指以公众易于理解、接受和参与的方式，普及科学技术知识、倡导科学方法、传播科学思想、弘扬科学精神的活动。

**第三条** 科普工作应当坚持政府推动、全民参与、社会协同、开放合作的原则，坚持科学精神，尊重科学原理，因地制宜建立有效的科普供给体系，营造尊重科学、崇尚创新的社会氛围。

**第四条** 市、区人民政府应当加强对科普工作的领导，将科普工作纳入国民经济和社会发展规划，制定促进科普事业发展的政策措施，为科普工作提供必要的支持与保障。

市、区人民政府建立健全科普工作联席会议制度，负责统筹协调本行政区域内科普工作的重大问题，研究决定科普工作的重要事项。联席会议办事机构设在同级科技部门。

**第五条** 科技部门是科普工作的主管部门，负责对本区域内科普工作的统筹、协调、指导和监督，拟订、组织实施科普工作规划及相关政策，组织科普活动，推动科普工作创新发展。

宣传、新闻出版、广播电视、电影等主管部门按照各自职责，负责对科普公益宣传的指导，推动科普内容创作与出版发行，督促各类媒体开展科普工作，将科普工作纳入精神文明建设工作要求。

教育部门负责推动在校师生的科普工作，将科学素质教育和科普工作实绩纳入对各类教育机构工作考核的内容。

卫生健康部门负责将健康科普工作纳入区域卫生健康规划，制定实施促进健康科普工作的政策，开展健康知识普及活动。

文化旅游部门负责文化旅游行业科普资源的规划及建设，组织协调和指导文化旅游相关科普工作。

农业农村部门负责组织协调和指导农业科

普工作，推动农村人口科学素质提高，促进先进实用技术的推广应用和普及。

生态环境、绿化市容、应急、民政、经济信息化、住房城乡建设、交通、体育、气象等其他行政管理部门应当按照各自职责开展科普工作。

**第六条** 科普是全社会的共同任务。各级国家机关、社会团体、企业事业单位以及其他组织等应当依法开展科普工作。社会各界应当依法参加科普活动。

鼓励社会力量兴办科普事业。支持和引导企业事业单位、社会组织和个人开展公益性科普活动。支持、培育和推动科普产业发展。

**第七条** 本市保障单位和个人在开展科普活动中的合法权益，保护公民参与科普活动的权利。

参与科普活动的单位和个人应当遵守科普活动的有关规定和要求，自觉维护科普场所公共秩序，爱护科普设施和展品。

**第八条** 本市根据长江三角洲区域一体化发展国家战略的要求，加强与长三角地区在科普资源开发、信息共享、人才交流、活动和展陈等方面的协作联动，并加强与国内其他地区在科普领域的合作。

鼓励和推动开展科普国际合作，促进国内外科技传播工作的交流，加大具有国际水平的优质科普产品和服务供给，提升科普工作的国际化水平。

## 第二章 科普活动的组织与开展

**第九条** 科学技术协会是科普工作的主要社会力量，应当依法组织开展群众性、社会性、经常性的科普活动，支持有关社会组织、企业事业单位和基层组织开展科普活动，协助政府制定、落实科普发展规划，为政府科普工作决策提供建议。

上海科技馆是本市重要的综合性科普场馆，应当开展常态化科普活动，搭建合作交流平台，发挥科普示范功能。

**第十条** 新闻出版、广播影视、文化等机构和团体应当发挥各自优势做好科普宣传工作。

综合类报纸、期刊应当开设科普专栏、专版；广播电台、电视台应当开设科普栏目或者转播科普节目；新闻出版单位应当加强科普类作品的出版、发行；影视生产、发行和放映机构应当加强科普影视作品的制作、发行和放映。新闻媒体应当定期发布一定数量和时段的科普公益广告，并及时报道重大科技成果、重要科技创新项目、杰出科技人物、重大科普活动和社会关注的科学热点等内容。

鼓励户外广告设施的设置人、使用人通过户外广告设施发布科普宣传内容。鼓励城市公共交通工具、出租汽车以及商务、住宅楼宇内的广告设施在适当时段展示科普内容。

鼓励其他媒体通过多种形式加强科普宣传。

**第十一条** 综合性互联网平台应当开设科普专区，制作或者推送科普内容，提供相关科普服务，履行科普责任。

鼓励建立专业性科普网络平台。鼓励科普内容创作主体通过网络开展多种形式的科普活动。

市科技等部门应当支持引导综合性互联网平台、专业性科普网络平台共建共享科普资源，为开展科普工作创造良好环境。

**第十二条** 本市将科学素质纳入中小学生综合素质评价，建立健全课内教育和课外教育衔接机制。

中小学校应当配备科技总辅导员和必要的科技教师团队，开设科普课程，并组织开展形式多样的科普活动，每年组织学生参观科技馆、博物馆、对外开放的实验室等场所，鼓励学生参加科普兴趣小组、科技竞赛、科普夏(冬)令营等科学实践和科技研学活动，激发学生对科学的兴趣，为学生发明创造提供条件。

鼓励中小学校与高等学校、科研院所、科普场馆、科学技术社团建立合作机制，邀请科学家、工程师等科技工作者走进校园，开展科普活动。

本市发挥“科技教育特色示范学校”辐射、示范和引领作用，促进青少年科技教育和科普发展，服务青少年科技创新人才培养。

学前教育机构应当把科学启蒙教育纳入学前教育内容，根据幼儿生理和心理特点，开展科学启蒙教育，启迪幼儿科学意识。

**第十三条** 高等学校、科研院所和职业学校应当建立健全科普工作组织和激励机制，鼓励和动员科技工作者、教师、在校学生创作科普作品，开展面向社会的科普活动。

高等学校、职业学校应当优化科普教育，建设创新实践基地，鼓励在校学生成立科普社团，开展各类科技创新实践活动。

**第十四条** 医疗卫生机构应当根据本单位工作特点以及业务特长，通过健康讲座、宣传栏、网络媒体等方式，开展疾病防治和健康生活等方面的知识普及，推动面向公众的卫生健康科普。

**第十五条** 企业应当结合本单位技术创新和职工技能培训组织开展科普活动，重点普及与其生产经营、生态环保、职业健康、安全防护等有关的科技知识。

**第十六条** 工会、共产主义青年团、妇女联合会等人民团体应当结合各自工作对象的特点，组织开展形式多样的科普活动。

各类学术机构、研究团体、行业组织等应当根据行业、专业特点，组织开展前沿科学知识和技术的普及推广。

**第十七条** 乡镇人民政府、街道办事处应当根据本区域实际，利用科技、教育、文化旅游、卫生健康、体育等资源，结合居民生活、学习、健康娱乐等需求开展科普活动。

居民委员会、村民委员会应当通过举办科普讲座、设立科普画廊、科普宣传栏或者科普活动室、社区书院等方式，推动科普示范创建工作，为社区居民提供智能技术运用、卫生健康等方面的知识和技能。所在地的乡镇人民政府、街道办事处以及相关行政管理部门应当给予必要的指导和帮助。

**第十八条** 各类公园、绿地、自然保护区、湿地和野生动物栖息地等生态空间的经营管理单位，应当根据所辖范围内生态空间的自然条件和实际情况，因地制宜建设科普设施，组织开展科普活动。

**第十九条** 影剧院、体育馆、机场、火车站、公交站点、客运码头、公路长途客运站、城市轨道交通站点等公共场所的经营管理单位，应当根据场所范围内相关人群特点，因地制宜开展科普活动，并重点针对台风、暴雨等自然灾害防御、消防安全、传染病防控、急救等方面开展科普活动。

**第二十条** 应急管理、民防、卫生健康以及其他相关行政管理部门应当结合本部门职责，开展自然灾害、事故灾难、公共卫生事件和社会安全事件等突发事件应对方面的科普活动。

突发事件发生后，相关行政管理部门应当按照应急预案，向公众提供有效的应急科普，依法及时向公众发布灾情信息，澄清不实传闻和伪科学谣言。

**第二十一条** 科普活动应当坚持科学精神，尊重科学原理，反对和抵制伪科学。任何单位和个人不得假借科普名义误导公众、损害社会公共利益及他人合法权益。

开展科普活动的单位应当加强对科普内容的科学性审查，有条件的应当建立科学顾问制度，聘请专职或者兼职科学顾问。

科普作品涉及尚未形成学术共识或者没有明确定论的科学类结论、概念、观点和观念的，创作主体应当声明所创作内容的最新研究状态。

在政府主办的公益性科普活动中，相关参与方可以依法标注单位名称和商标标识，但不得发布商业广告。

## 第三章 科普资源的建设、开发与利用

**第二十二条** 市科技部门应当开展科普资源调查，建设本区域科普资源库，将科普资源种类、数量、内容、分布等情况进行汇总，并实行动态管理。

市科技部门应当建设科普资源公共服务平台，促进优质科普资源共享共用，提升科普公共服务的质量和效率，推进科普资源数字化转型。

**第二十三条** 市、区人民政府应当对本区域科普资源建设、开发和利用进行整体规划，根

据区域特色和题材特征，优化布局，推进科普资源与产业、科技创新、文化教育、自然生态等特色资源融合发展。

**第二十四条** 市、区人民政府应当加强科普场馆和设施建设，将科普场馆和设施建设纳入国土空间规划和土地利用年度计划，合理配置科普场馆和设施资源；对现有科普场馆和设施应当加强利用、维修和改造。

鼓励科普场馆加强信息化、智能化建设，开发智慧服务平台，加快数字化转型，提升科普场馆的公共服务能力和品牌价值。

支持有条件的工业遗产和闲置淘汰生产设施改建为科技博物馆、工业博物馆、安全体验场馆和科普创意园等科普场馆。

鼓励和扶持社会力量建设专业类、行业类科普场馆、设施。

**第二十五条** 利用财政性资金建设的重大科学工程、大科学装置、重点实验室、工程（技术）中心等科技创新基地，应当结合自身特色开发相应的科普功能，面向社会开展多种形式的科普活动，但涉及国家秘密、商业秘密或者国家有特殊规定限制的除外。新建科技创新基地，应当实行科普功能与其科研功能同步规划、同步设计、同步建设。

**第二十六条** 利用财政性资金设立的科技计划项目，适合科普的，项目承担单位应当根据项目特点，通过组织科普活动、开展科普内容创作等方式，及时普及项目的研究成果；重大科研成果适合展示的，应当通过科技馆、博物馆、图书馆等场所面向公众进行展陈。项目管理机构应当在项目合同中明确科普工作任务，并将完成情况纳入综合绩效评价。

**第二十七条** 鼓励文化馆、博物馆、图书馆、工人文化宫、青少年活动中心、社区文化活动中心以及居（村）综合文化活动室等公共文化服务场所设立向公众开放的科普设施，并将科普作为公共文化服务的重要内容。

鼓励文化创意产业园区和文化创意工作者加强具有科普特色的产品创意设计。

**第二十八条** 本市推进科普旅游产业发展。

文化旅游部门根据旅游发展规划，会同科技部门组织编制文化旅游与科普融合发展的工作计划，体现行业特色和区域功能特征，加强科普旅游产品创新，实现旅游与科普融合发展。

鼓励旅游经营者利用科普资源，开发体验式科普创新项目，开辟优质科普旅游线路。

**第二十九条** 鼓励高等学校、科研院所、医疗卫生机构、企业、社会组织等利用自身设施设备和实验环境等科技资源，结合本单位工作内容，通过设立公众开放日、开发科普旅游项目等方式开展科普活动。

有条件的高等学校、科研院所应当通过线上线下方式向公众开放图书馆、实验室、陈列室等相关科普场地或者设施。

鼓励企业利用自身技术、设施和服务优势制作相关科普产品和内容，创办科普场馆或者线上科普平台，向公众展示科技成果，传播科技知识。

**第三十条** 本市支持科普基地建设。经认定的上海市科普基地应当及时向社会公布开放时间、活动内容、优惠措施、接待制度等信息，依法向公众开放，并可以按照规定享受相关支持政策。具体认定和支持办法，由市科技部门会同有关部门另行制定。

**第三十一条** 市人民政府举办的上海科技节，应当动员社会各方力量，集中开展科普活动，展示科学技术创新发展成就，引领崇尚科学的社会风尚。市科技部门应当制定上海科技节活动方案，确定科普主题和主要科普活动计划，组织协调和指导相关单位开展主题科普活动。

各区人民政府应当结合区域特色资源组织开展科技节活动。

**第三十二条** 本市支持单位和个人开展图书、音视频、影视作品、舞台剧等多种形式的科普内容创作。

市科技部门会同相关部门开展优秀科普作品评选，建立优秀科普作品项目库，加大对原创优秀科普作品的宣传和推广。

支持对国内外优秀科普作品的引进、翻译与推广。

## 第四章　科普队伍建设

**第三十三条**　市、区人民政府应当加强科普队伍建设，扩大队伍规模，优化队伍结构。

鼓励国家机关、社会团体、企业事业单位以及其他组织等根据实际，确定科普工作相关负责人以及工作人员，建立科普队伍。

**第三十四条**　本市支持开展科普理论与实践研究，将科普人才纳入科技创新人才培育计划，加强高端科普人才建设。

市科技部门应当会同相关部门完善科普培训体系，为科普人员提供专业培训；建立科普人才库，推进科普理论人才和智库建设，加强对科普专业人才的培养和使用。

市教育部门应当会同市科技等部门加强科普类学科建设，支持有条件的高等学校设立科普类专业、开设科普类课程。

**第三十五条**　科技人员应当积极参与和支持科普活动。鼓励高层次科技人员领衔实施科普项目，开展科普作品创作，普及和宣传科技知识。

科技人员以及其他具有专业背景的人员参与科普活动，其所在单位应当予以支持。

**第三十六条**　本市建立健全科普志愿者组织管理制度，加强科普志愿服务组织和队伍建设，开展科普志愿服务培训和经验推广等工作。

**第三十七条**　本市鼓励和引导符合条件的科普人员申报相关专业技术职称，畅通职业发展通道。

开展其他专业技术职称评聘时，相关人员取得的科普成果和科普工作业绩应当作为参考。

鼓励高等学校、科研院所、职业学校、中小学校、医疗卫生机构等单位将科普工作业绩纳入员工日常业务考核和评奖评优指标。相关人员开展单位安排或者认可的科普活动所取得的业绩可以视为其职务业绩。

## 第五章　保障措施

**第三十八条**　市、区人民政府应当将科普经费列入同级财政预算，逐步提高科普投入水平，保障科普工作顺利开展。

**第三十九条**　本市依法保障科普场馆和设施的建设用地需求，对符合国土空间规划的新建、扩建科普场馆用地应当优先予以安排。

**第四十条**　市、区人民政府应当对科普工作中做出重要贡献的组织和个人，按照有关规定给予表彰和奖励。

本市在上海市科学技术奖中设立科学技术普及奖，对取得重大科普成果，为科普工作做出重要贡献的组织和个人予以奖励。

**第四十一条**　本市鼓励国内外的组织或者个人以设立科普基金、捐赠财物等方式资助科普活动，推动科普服务和产品开发。

对捐赠财产用于科普事业或者投资建设科普场馆、设施的，依法给予税收优惠。

**第四十二条**　市科技部门应当会同相关部门建立科普评估制度，完善科普评估指标体系，构建科普监测工作网络，定期对市民的科学素质进行测评，对科普场馆运行情况、科普项目和重大科普活动的开展情况进行考核、评估。科普评估结果应当作为编制和调整科普规划、制定科普政策的重要依据。

## 第六章　附　则

**第四十三条**　本条例自 2022 年 3 月 1 日起施行。

# 上海市预防未成年人犯罪条例

（2022 年 2 月 18 日上海市第十五届人民代表大会常务委员会第三十九次会议通过）

## 第一章　总　　则

**第一条**　为了保障未成年人身心健康，培养未成年人良好品行，有效预防未成年人违法犯罪，根据《中华人民共和国预防未成年人犯罪法》以及其他相关法律、行政法规，结合本市实际，制定本条例。

**第二条**　本市行政区域内未成年人犯罪的预防，适用本条例。

**第三条**　预防未成年人犯罪，立足于教育和保护未成年人相结合，采用符合未成年人生理、心理特点和行为特征的方式，进行分级预防、早期干预、科学矫治、综合治理。

**第四条**　市、区人民政府在预防未成年人犯罪方面履行下列职责：

（一）制定预防未成年人犯罪工作规划，将预防未成年人犯罪工作纳入同级国民经济和社会发展规划，相关经费列入同级财政预算；

（二）推进实施预防未成年人犯罪相关法律、法规、规划、计划，制定完善相关政策，组织开展检查、监测评估和考核；

（三）建立健全预防未成年人犯罪工作支持体系；

（四）组织开展预防未成年人犯罪宣传教育；

（五）其他预防未成年人犯罪工作职责。

乡镇人民政府和街道办事处按照本条例规定，建立健全预防未成年人犯罪工作协调制度，定期召开专题会议，掌握基础数据，建立重点个案研究和快速处置机制，保障专门工作和项目经费，整合各方资源，做好本辖区内的预防未成年人犯罪工作。

**第五条**　公安机关依法办理涉及未成年人违法犯罪案件，对实施不良行为、严重不良行为以及犯罪的未成年人进行教育、干预和矫治。

司法行政部门负责违法犯罪未成年人的教育管理、矫治和安置帮教工作。

教育部门负责在校未成年人的预防犯罪工作。

民政部门负责统筹、协调未成年人保护工作，会同有关部门支持、培育和引导社会力量参与预防未成年人犯罪工作。

文化旅游、市场监督管理、网信、卫生健康、新闻出版、电影、广播电视等有关部门按照各自职责，共同做好预防未成年人犯罪工作。

**第六条**　人民检察院履行检察职能，依法办理涉及未成年人的犯罪案件，并对涉及未成年人案件的立案、侦查和审判等诉讼活动以及未成年人重新犯罪预防工作等进行监督。

人民法院履行审判职能，依法审理涉及未成年人的犯罪案件。

**第七条**　本市完善市、区两级预防未成年人犯罪工作协调机制。依托平安上海工作协调机制，市、区两级共产主义青年团协助同级人民政府及其有关部门、人民检察院、人民法院做好预防未成年人犯罪工作，研究预防未成年人犯罪的重大事项，开展预防未成年人犯罪工作评估，提出工作建议。日常工作由同级青少年服务和权益保护办公室具体承担。

**第八条**　本市与江苏省、浙江省、安徽省共同建立健全长江三角洲区域预防未成年人犯罪工作联动机制，推动开展预防未成年人犯罪工作交流和合作，加强相关工作经验和信息共享。

**第九条**　本市对预防未成年人犯罪工作有显著成绩的组织和个人，按照国家和本市有关规定给予表彰和奖励。

## 第二章 预防支持体系

**第十条** 本市建立健全标准引领、专业保障、基层联动、社会协同、公众参与的预防未成年人犯罪工作支持体系，提高预防未成年人犯罪工作的专业化、社会化、智能化水平。

**第十一条** 市青少年服务和权益保护办公室应当建立与城市运行“一网统管”平台相衔接的预防未成年人犯罪信息服务管理系统，对未成年人犯罪相关信息进行识别、分析、预警，提高科学研判、分级分类干预处置的能力和水平，并依托市大数据资源平台实现数据共享和应用。

民政、教育、人力资源社会保障、公安、司法行政等部门，以及人民检察院、人民法院、禁毒委员会办事机构、妇女联合会等应当收集和分析预防未成年人犯罪的相关信息，并及时上传至预防未成年人犯罪信息服务管理系统。

相关部门及其工作人员对本条第一款、第二款工作中知悉的未成年人隐私、个人信息等，应当依法予以保密，不得泄露、篡改、毁损，不得出售或者非法向他人提供。

**第十二条** 本市鼓励开展预防未成年人犯罪问题的研究，促进研究成果的运用和转化，建立健全相关服务规范和标准。

市青少年服务和权益保护办公室应当每年发布本市预防未成年人犯罪相关情况的报告。

**第十三条** 本市培育从事预防未成年人犯罪工作的社会工作服务机构、专门评估机构等专业服务机构。有关部门和单位根据工作需要，可以委托相关专业服务机构参与预防未成年人犯罪工作。

本市根据预防未成年人犯罪和未成年人保护工作需要配备青少年事务社会工作者，完善专业服务网络，实施全覆盖服务；完善青少年事务社会工作者薪酬制度，健全招聘、培训、轮岗、考核、表彰、晋升的人才培养体系。

**第十四条** 社会工作服务机构向未成年人及其父母或者其他监护人提供社会工作专业服务，开展预防犯罪的宣传教育、家庭教育指导、心理辅导和未成年人司法社会服务等工作。专门评估机构对预防未成年人犯罪的工作成效进行第三方评估。

社会工作服务机构、专门评估机构等专业服务机构应当加强专业能力建设，指派青少年事务社会工作者、专业评估人员等开展专业服务，不断提高服务质量。专业服务机构及其工作人员对服务过程中获取的未成年人相关信息，应当予以保密。

**第十五条** 专业服务机构可以为实施严重不良行为的未成年人、未成年犯罪嫌疑人、未成年被告人、未成年罪犯、未成年被害人提供下列司法社会服务：

（一）附条件不起诉考察帮教、社会调查、合适成年人到场、心理辅导、法庭教育、社会观护、行为矫治、被害人救助等；

（二）拘留所、看守所、未成年犯管教所、戒毒所等场所的教育矫治；

（三）其他必要的未成年人司法社会服务。

**第十六条** 各级行政机关以及人民检察院、人民法院根据工作需要，使用财政性资金委托专业服务机构参与预防未成年人犯罪工作、提供司法社会服务的，应当符合国家和本市的规定。

专业服务机构应当建立信用承诺制度，接受审计监督、社会监督和舆论监督。

**第十七条** 乡镇人民政府、街道办事处应当统筹辖区内的社区服务中心、党群服务中心、青少年活动中心、法治教育实践基地、商贸市场、企业事业单位等资源，设置至少一处预防未成年人犯罪服务站点，为专业服务机构等开展预防未成年人犯罪工作提供条件。

**第十八条** 工会、妇女联合会、关心下一代工作委员会、青年联合会、学生联合会、少年先锋队以及有关社会组织，应当协助各级人民政府及其有关部门、人民检察院、人民法院、共产主义青年团做好预防未成年人犯罪工作，为预防未成年人犯罪培育社会力量，提供支持服务。

鼓励和支持企业事业单位、社会组织、个人等参与预防未成年人犯罪工作。

**第十九条** 本市发挥12355青少年公共服务热线及其网络平台功能，提供针对心理危机、家庭关系危机、人际交往危机、学生欺凌等容易引发未成年人犯罪问题的专业咨询服务。

12355青少年公共服务热线及其网络平台应当建立分类处置制度、完善工作流程，发现未成年人实施不良行为或者严重不良行为的，可以转介社会工作服务机构进行干预；可能存在犯罪行为或者未成年人遭受不法侵害的，应当立即向公安机关报告。

## 第三章 预防犯罪的教育

**第二十条** 未成年人的父母或者其他监护人是预防未成年人犯罪的直接责任人，应当依法履行监护职责，树立优良家风，培养未成年人良好品行，采取下列措施有效预防未成年人犯罪：

（一）加强对未成年人道德品质、心理健康、生活学习习惯、生命安全、防毒禁毒、自我保护、法律常识等方面的教育，提高未成年人识别、防范和应对性侵害、学生欺凌、网络不良信息和不法侵害等的意识和能力；

（二）发现未成年人心理、行为异常的，应当及时了解情况并进行教育、引导和劝诫，并及时与学校沟通，不得拒绝或者怠于履行监护职责；

（三）配合司法机关、教育部门、学校及相关社会组织开展预防未成年人犯罪工作，主动接受家庭教育指导，学习科学的家庭教育理念和方法，提升监护能力。

**第二十一条** 学校应当依法履行教育、管理职责，做好下列预防未成年人犯罪工作：

（一）将预防未成年人犯罪纳入学校日常教育管理工作，制定工作计划，开展道德法治、心理健康、网络安全、青春期健康、防毒禁毒、自我保护等教育教学活动，并明确一名学校负责人分管预防未成年人犯罪工作；

（二）完善学生关爱机制，加强与父母或者其他监护人的沟通，建立心理辅导室，配备专职心理健康教育教师，为学生提供心理咨询和辅导，及时预防、发现和解决学生心理、行为异常问题。

**第二十二条** 中小学校法治副校长协助所在学校做好未成年人保护相关工作，督促所在学校依法开展预防未成年人犯罪工作，发现所在学校隐瞒本校心理、行为异常学生的信息，或者未采取有效的帮助和管理教育措施的，应当及时向学校提出整改意见并督促其改正。法治副校长对实施不良行为、严重不良行为的学生，可以予以训导。鼓励有条件的中小学校聘任校外法治辅导员。

**第二十三条** 中小学校应当充分发挥法律顾问的职能作用，提高保护未成年人和预防未成年人犯罪工作的专业能力。

教育部门应当安排专门学校教师，协助中小学校开展预防未成年人犯罪工作。

**第二十四条** 各级人民政府及其有关部门、人民检察院、人民法院、共产主义青年团、少年先锋队、妇女联合会、残疾人联合会、关心下一代工作委员会等应当采用多种形式，运用融媒体手段和平台，开展预防未成年人犯罪宣传教育活动。

本市加强未成年人法治教育实践基地建设，依托青少年活动中心、少年宫、禁毒科普教育场馆等场所开展预防未成年人犯罪宣传教育活动。

广播电台、电视台、报刊、互联网网站及相关移动互联网应用程序等应当刊播公益广告，积极宣传预防未成年人犯罪的法律法规。

**第二十五条** 禁止在互联网网站、移动互联网应用程序上制作、复制、出版、发布、提供或者传播含有淫秽、色情、暴力、邪教、迷信、赌博、毒品、教唆犯罪、歪曲历史、引诱自杀、恐怖主义、分裂主义、极端主义等影响未成年人健康成长的网络服务和违法信息。

本市健全未成年人网络保护专项协同机制。网信、公安、新闻出版等有关部门应当依据各自职责开展预防未成年人网络犯罪工作，及时发现和查处相关违法犯罪行为。

教育、新闻出版、精神文明建设委员会、共产主义青年团等部门和单位，应当定期开展未成年人文明用网及防止网络沉迷的宣传教育。

**第二十六条** 居民委员会、村民委员会应当积极开展预防未成年人犯罪宣传教育活动，协助公安机关维护学校周围治安，及时掌握本辖区内未成年人的监护、就学、就业情况，组织、引导社会组织参与预防未成年人犯罪工作。

**第二十七条** 本市支持未成年人依托学校共青团、少年先锋队、学生联合会、社团等学生组织开展同伴教育，平等交流、互帮互助，学习法律知识，了解未成年人犯罪风险因素，增强预防犯罪的意识和能力，加强自我教育、自我管理、自我服务，实现健康成长。

学校应当为学生开展预防犯罪的同伴教育提供支持、创造条件。

**第二十八条** 本市将预防未成年人犯罪工作纳入平安上海建设，营造全社会共同预防未成年人犯罪的社会环境，抵制吸毒贩毒、网络赌博、传播淫秽物品等容易引发未成年人犯罪的行为。

鼓励单位和个人关心关爱遭受家庭暴力、监护缺失、重大家庭变故等因素影响的未成年人，以及义务教育结束后未能继续就学或者就业的未成年人。

**第二十九条** 人民检察院对在工作中发现或者其他部门移送的涉及未成年人不良行为、严重不良行为和违法犯罪行为的线索，应当依法办理，并督促未成年人的父母或者其他监护人、学校、居民委员会、村民委员会、相关部门对未成年人进行帮助和教育；必要时，应当对未成年人的父母或者其他监护人进行教育，督促其依法履行监护职责。

## 第四章 对不良行为的干预

**第三十条** 未成年人不良行为，是指未成年人实施的不利于其健康成长的下列行为：

（一）吸烟、饮酒；

（二）多次旷课、逃学；

（三）无故夜不归宿、离家出走；

（四）沉迷网络；

（五）与社会上具有不良习性的人交往，组织或者参加实施不良行为的团伙；

（六）进入法律法规规定未成年人不宜进入的场所；

（七）参与赌博、变相赌博，或者参加封建迷信、邪教等活动；

（八）阅览、观看或者收听宣扬淫秽、色情、暴力、恐怖、极端等内容的读物、音像制品或者网络信息等；

（九）其他不利于未成年人身心健康成长的不良行为。

**第三十一条** 未成年人的父母或者其他监护人发现未成年人实施不良行为的，应当及时制止并加强管教。

未成年人的父母或者其他监护人应当预防和制止未成年人组织或者参加实施不良行为的团伙；发现该团伙有违法犯罪嫌疑的，应当立即向公安机关报告。

未成年人的父母或者其他监护人应当预防和制止未成年人进入营业性歌舞娱乐场所、互联网上网服务营业场所、酒吧、棋牌室等不适宜未成年人进入的场所。

未成年人的父母或者其他监护人在干预未成年人不良行为时遇到困难的，可以向学校、居民委员会、村民委员会或者有关社会组织等寻求帮助；相关机构或者组织应当及时提供帮助。

**第三十二条** 学校对实施不良行为的未成年学生，应当加强管理教育，不得歧视；对拒不改正或者情节严重的，可以根据情况予以处分或者采取以下管理教育措施：

（一）予以训导；

（二）要求遵守特定的行为规范；

（三）要求参加特定的专题教育；

（四）要求参加校内服务活动；

（五）要求接受青少年事务社会工作者或者其他专业人员的心理辅导和行为干预；

（六）其他适当的管理教育措施。

**第三十三条** 学校决定对未成年学生采取管理教育措施的，应当及时告知其父母或者其他监护人；未成年学生的父母或者其他监护人应当予以支持、配合。

未成年学生旷课、逃学的，学校应当及时告知其父母或者其他监护人，必要时进行家访，对其父母或者其他监护人提供指导和帮助。

**第三十四条** 本市探索青少年事务社会工作者驻校或者联系学校工作机制，依托青少年事务社会工作站点及青少年事务社会工作者协助中小学校开展道德法治教育、生命教育、心理健康教育、毒品预防教育、行为矫治等活动。

**第三十五条** 公安机关对实施不良行为的未成年人，应当及时制止、对其进行法治教育，并督促其父母或者其他监护人依法履行监护职责。

**第三十六条** 未成年人无故夜不归宿、离家出走的，父母或者其他监护人、所在的寄宿制学校应当及时查找，必要时向公安机关报告。

任何单位或者个人发现未成年人无故夜不归宿、离家出走、流落街头、出入未成年人不适宜进入的场所，以及旷课、逃学在校外闲逛等情形，应当及时联系其父母或者其他监护人、所在学校；无法取得联系的或者必要时，应当及时向公安机关报告。

对未成年人夜不归宿、离家出走、流落街头、出入未成年人不适宜进入的场所等情形，公安机关、公共场所管理机构等部门和单位发现或者接到报告后，应当及时采取有效保护措施，并通知其父母或者其他监护人、所在学校，必要时应当护送其返回住所或者寄宿的学校；无法与其父母或者其他监护人、学校取得联系的，应当护送未成年人到救助保护机构接受救助。乡镇人民政府、街道办事处、所在学校、住所地社会工作服务机构等应当进行针对性的教育帮扶。

**第三十七条** 居民委员会、村民委员会发现本辖区内未成年人存在监护缺失、监护不当，或者可能实施不良行为、严重不良行为等情形的，应当及时采取上门家访等方式督促未成年人的父母或者其他监护人依法履行监护职责，并组织社会工作服务机构、社区社会组织、社区志愿者等社会力量开展干预，提供风险评估、心理咨询等服务。

## 第五章 对严重不良行为的矫治

**第三十八条** 未成年人严重不良行为，是指未成年人实施的有刑法规定、因不满法定刑事责任年龄不予刑事处罚的行为，以及严重危害社会的下列行为：

（一）结伙斗殴，追逐、拦截他人，强拿硬要或者任意损毁、占用公私财物等寻衅滋事行为；

（二）非法携带枪支、弹药或者弩、匕首等国家规定的管制器具；

（三）殴打、辱骂、恐吓，或者故意伤害他人身体；

（四）盗窃、哄抢、抢夺或者故意损毁公私财物；

（五）传播淫秽的读物、音像制品或者信息等；

（六）卖淫、嫖娼，或者进行淫秽表演；

（七）吸食、注射毒品，或者向他人提供毒品；

（八）参与赌博赌资较大；

（九）其他严重危害社会的行为。

**第三十九条** 任何组织或者个人不得教唆、胁迫、引诱未成年人实施严重不良行为，以及为未成年人实施严重不良行为提供条件。

未成年人的父母或者其他监护人、学校、居民委员会、村民委员会等发现有人教唆、胁迫、引诱未成年人实施严重不良行为的，应当及时向公安机关报告。公安机关接到报告或者发现上述情形的，应当及时依法查处；对人身安全受到威胁的未成年人，应当立即采取有效保护措施。

**第四十条** 未成年学生实施严重不良行为，学校可以依照本条例第三十二条的规定采取相应的管理教育措施，并可以由学校或者未成年学生住所地的青少年事务社会工作站点提供专业服务。

**第四十一条** 学校应当成立学生欺凌治理委员会，完善学生欺凌发现和处置的工作流程，严格排查并及时消除可能导致学生欺凌行为的各种隐患，接受学生欺凌事件的举报与申诉，及时开展调查与认定。

学校对实施欺凌行为的学生，应当根据不同情形采取相应的管理教育措施；可能构成犯罪的，应当及时向公安机关报告。

学校应当及时将学生欺凌事件的处理进展和处置措施通知学生本人及其父母或者其他监护人；涉及学生隐私的，应当对相关信息予以保密。

**第四十二条** 公安机关发现未成年人实施严重不良行为的，应当及时制止，依法调查处理，并根据具体情况采取以下矫治教育措施：

（一）予以训诫；

（二）责令赔礼道歉、赔偿损失；

（三）责令具结悔过；

（四）责令定期报告活动情况；

（五）责令遵守特定的行为规范，不得实施特定行为、接触特定人员或者进入特定场所；

（六）责令接受心理辅导、行为矫治；

（七）责令参加社会服务活动；

（八）责令接受社会观护，由社会组织、有关机构在适当场所对未成年人进行教育、监督和管束；

（九）其他适当的矫治教育措施。

市公安机关应当加强对各区公安机关实施上述矫治教育措施的监督指导。

未成年人的父母或者其他监护人应当积极配合矫治教育工作，采取措施消除或者减轻违法后果，对未成年人严加管教。

**第四十三条** 市、区公安机关应当确定专门机构，指导、监督和管理未成年人保护及预防未成年人犯罪工作。

公安派出所应当安排熟悉未成年人身心特点的专门人员负责预防未成年人犯罪及相关案件的办理工作。

**第四十四条** 市、区人民政府应当根据国家和本市有关规定设置专门学校，完善专门学校的经费、人员、教育场所和设施等方面的保障制度。

市、区教育部门应当加强专门学校师资队伍建设，在教职工职称评定和工资待遇等方面给予政策倾斜，并为专门学校配备驻校或者联系学校的青少年事务社会工作者。

专门学校由教育部门负责管理，公安机关、司法行政部门予以协助。

**第四十五条** 市、区人民政府成立专门教育指导委员会，负责专门教育发展规划，开展专门学校入校和离校评估，研究确定专门学校教育管理等相关工作。专门教育指导委员会办公室设在同级教育部门。

**第四十六条** 对有严重不良行为的未成年人，未成年人的父母或者其他监护人、所在学校无力管教或者管教无效的，可以向教育部门提出申请，经专门教育指导委员会评估同意后，由教育部门决定送入专门学校接受专门教育。

未成年人有下列情形之一的，经专门教育指导委员会评估同意，教育部门会同公安机关可以决定将其送入专门学校接受专门教育：

（一）实施严重危害社会的行为，情节恶劣或者造成严重后果；

（二）多次实施严重危害社会的行为；

（三）拒不接受或者配合本条例第四十二条规定的矫治教育措施；

（四）法律、行政法规规定的其他情形。

**第四十七条** 专门学校应当加强专门教育的课程建设，完善教研制度，保证教育教学质量，并根据未成年学生的情况开展相应的职业教育，培养学生的职业技能。专门学校的职业教育纳入本市职业教育规划。

**第四十八条** 市人民政府应当确定至少一所专门学校接收实施刑法规定的行为、因不满法定刑事责任年龄不予刑事处罚的未成年人，按照分校区、分班级等方式设置专门场所，实行闭环管理，进行专门矫治教育。

前款规定的专门学校由公安机关、司法行

政部门负责未成年人的矫治工作，教育部门负责未成年人的教育工作。

**第四十九条** 专门学校应当依法保障未成年学生及其父母或者其他监护人的合法权利。

专门学校未成年学生学籍保留在原所在学校，根据未成年学生及其父母或者其他监护人的意愿，也可以转入专门学校或者矫治教育后就读的其他学校；符合毕业条件的，学籍所在学校应当颁发毕业证书。

专门学校应当在每个学期适时提请专门教育指导委员会对接受专门教育的未成年学生的情况进行评估。对经评估适合转回普通学校就读的，专门教育指导委员会应当向原决定机关提出书面建议，由原决定机关决定是否将未成年学生转回普通学校就读。原决定机关决定将未成年学生转回普通学校的，其原所在学校不得拒绝接收；因特殊情况不适宜转回原所在学校的，由教育部门安排转学。

## 第六章 对重新犯罪的预防

**第五十条** 公安机关、人民检察院、人民法院、司法行政部门应当采用适合未成年人身心特点的特殊办案制度和措施，严格执行合适成年人参与刑事诉讼、社会调查、违法犯罪记录依法封存等制度。

人民检察院、人民法院应当确定专门机构或者指定专门人员，负责办理涉及未成年人的案件。

**第五十一条** 公安机关、人民检察院、人民法院依法开展未成年人社会观护工作，并可以依托符合观护条件的企业事业单位、社会组织等建立社会观护基地。

**第五十二条** 公安机关、人民检察院、人民法院对无固定住所、无法提供保证人的未成年人适用取保候审，并依法指定青少年事务社会工作者、观护基地帮教人员、教师或者其他合适成年人担任保证人的，保证人应当履行保证人义务，并配合开展相关矫治教育工作。

**第五十三条** 人民法院应当加强少年法庭建设，贯彻宽严相济的刑事政策，采用圆桌审判、法庭教育等符合未成年人身心特点的方式审理案件，切实保护未成年人的诉讼权利和合法权益。

鼓励和支持人民法院开展社会调查、心理辅导、判后回访等司法延伸服务，有效预防未成年人重新犯罪。

**第五十四条** 对被拘留、逮捕以及在未成年犯管教所执行刑罚的未成年人，应当和成年人分别关押、管理和教育，对未成年人的社区矫正和戒毒，应当和成年人分别进行。

对被拘留、逮捕以及在未成年犯管教所执行刑罚或者接受社区矫正和戒毒，且没有完成义务教育的未成年人，公安机关、人民检察院、人民法院、司法行政部门应当和教育部门相互配合，保证其继续接受义务教育。

未成年犯管教所、社区矫正机构应当针对未成年犯、未成年社区矫正对象的案情、刑期、心理特点和改造表现，制定个别化矫治方案，对其加强法治教育、心理健康教育、文化教育和相应的职业教育。

**第五十五条** 司法行政部门应当依法履行对未成年人的安置帮教工作职责。未成年人的父母或者其他监护人和学校、居民委员会、村民委员会对接受社区矫正、刑释解矫的未成年人，应当采取有效的帮教措施，协助司法行政部门做好安置帮教工作。

刑释解矫和接受社区矫正的未成年人在复学、升学、就业等方面依法享有和其他未成年人同等的权利，任何单位和个人不得歧视。司法行政及教育、民政、卫生健康、人力资源社会保障等部门应当协同配合，落实或者解决刑释解矫和接受社区矫正的未成年人的就学、就业问题。

## 第七章 法律责任

**第五十六条** 违反本条例规定，法律、行政法规有处理规定的，从其规定。

**第五十七条** 实施严重不良行为的未成年

人的父母或者其他监护人不依法履行监护职责的，公安机关、人民检察院、人民法院应当予以训诫，并可以通过告诫书、督促监护令、家庭教育指导令等形式责令其接受家庭教育指导，督促其履行监护职责。

**第五十八条** 专业服务机构及其工作人员违反本条例规定，由相关部门依法处理。业务主管部门协助相关部门查处违法行为，并配合做好督促整改工作。

**第五十九条** 国家机关及其工作人员在预防未成年人犯罪工作中不依法履行职责，由其所在单位或者上级主管部门责令改正；玩忽职守、滥用职权、徇私舞弊的，对直接负责的主管人员和其他直接责任人员，依法给予处分。构成犯罪的，依法追究刑事责任。

## 第八章 附 则

**第六十条** 本条例自 2022 年 3 月 1 日起施行。

# 上海市浦东新区市场主体登记确认制若干规定

（2022 年 2 月 18 日上海市第十五届人民代表大会
常务委员会第三十九次会议通过）

**第一条** 为了推进市场主体登记确认制，深化“放管服”改革，维护良好市场秩序和市场主体合法权益，优化营商环境，根据有关法律、行政法规的基本原则，结合浦东新区实际，制定本规定。

**第二条** 本规定适用于浦东新区的市场监督管理部门（以下称“登记机关”）推进市场主体登记确认制改革及其相关的管理、服务活动。

本规定所称市场主体登记确认制，是指登记机关依据法定的权限和程序，对有限责任公司、非公司企业法人及其分支机构，个人独资企业、合伙企业及其分支机构（以下统称“市场主体”）的主体资格和登记事项予以认定并公示其法律效力的登记制度。

**第三条** 实施市场主体登记确认制，应当遵循尊重意思自治、贯彻形式审查、全程公开透明、智慧便捷高效的要求，赋予市场主体更大的经营自主权，降低制度性交易成本。

申请人应当实名申请登记，并对其提交材料的真实性、合法性和有效性负责。登记机关对申请材料进行形式审查，对申请材料齐全、符合法定形式的予以确认并登记。

**第四条** 市场主体的设立登记实行行政确认。符合法律法规规定的设立条件的，由登记机关确认其主体资格，并分别登记为相应类型的市场主体，签发营业执照。取得营业执照的市场主体即可从事一般经营项目。

**第五条** 市场主体名称登记实行申报承诺制。申请人可以通过“一网通办”平台以自主申报、事先承诺的方式办理名称登记。

登记机关应当运用现代信息技术，对申请人申报的名称是否与他人相同或者近似等情形进行自动比对，实时导出比对结果，及时提示申请人可能存在的法律风险。

**第六条** 市场主体自主确定经营范围，并记载于章程（合伙协议）。

市场主体仅需将主营项目、许可项目以及涉及外商投资准入特别管理措施的项目申请登记。登记机关按照经营项目分类标准予以确认并登记。

市场主体超越登记的经营范围开展非许可类经营活动的，登记机关不予处罚；未经许可开展许可类经营活动的，由有关许可部门依法处理。

**第七条** 推进市场主体住所和经营场所分离改革。市场主体需要在住所以外开展经营活动的，可以备案多个符合条件的经营场所，也可以办理分支机构设立登记。

**第八条** 市场主体之间有控制关系、有共同投资方或者隶属于同一集团的，可以将同一地址作为住所登记。

符合住所托管要求的市场主体，可以将指定的场所登记为住所。

**第九条** 市场主体应当置备股东(合伙人、投资人)名册。股权(财产份额、出资额)转让的，应当书面通知市场主体。

市场主体应当及时变更名册并申请变更登记，免于向登记机关提交转让协议等材料。

**第十条** 推进市场主体备案事项改为自主公示。市场主体应当在设立时或者下列事项变动之日起二十个工作日内通过国家企业信用信息公示系统、“一网通办”平台向社会公示：

(一) 董事、监事、高级管理人员；

(二) 市场主体登记联络员；

(三) 外商投资企业法律文件送达接受人。

市场主体公示前款规定的材料和事项应当合法、准确、完整。公示虚假信息的，应当将其违法失信行为记入市场主体信用档案，依法实施失信惩戒；损害他人合法权益的，依法承担法律责任。

**第十一条** 按照分级分类监管原则，结合市场主体信用和风险状况，开展针对市场主体自主公示事项和留存文件的“双随机、一公开”抽查，并实施差异化监管措施。

对市场主体的登记事项和自主公示信息，利害关系人提出异议或者经抽查发现异常的，登记机关应当及时进行核查。核查期间，登记机关可以对市场主体的相关信息作出标注。

**第十二条** 发挥律师事务所、会计师事务所、税务师事务所等专业服务机构和有关行业协会等的共治功能，推进市场主体托管机制创新。

托管服务机构应当按照登记机关要求建立托管服务工作台账，配合协助有关部门开展对市场主体的监督管理，督促市场主体履行相关义务。

市场主体可以根据约定以托管服务机构的住所申请住所登记。市场主体在住所以外活动的，应当向托管服务机构提供相关信息。

**第十三条** 登记机关应当建立覆盖市场主体全生命周期的登记服务体系，实现登记工作的标准公开、服务公开和结果公开。

登记机关应当优化登记流程，推行材料清单标准化、办理流程电子化、登记服务智能化，便利市场主体通过“一网通办”平台全程线上办理登记。除登记法定代表人(执行事务合伙人)外，登记机关不再收取股东会决议、董事会决议、任免职文件等材料。

**第十四条** 推进以电子营业执照为载体，归集各类电子许可证信息，实现电子证照“一照通用”和市场主体营业执照记载项目精简化。营业执照记载项目包括市场主体的名称、法定代表人(执行事务合伙人、负责人或经营者)姓名、住所(主要经营场所)、注册资本(出资额)、登记机关等。

**第十五条** 市场主体违反本规定，未及时公示有关材料和事项或者公示的信息违法、虚假、遗漏的，责令限期改正；拒不改正的，可以处一万元以上十万元以下的罚款，列入经营异常名录；情节严重的，列入严重违法企业名单，实施信用惩戒。

托管服务机构违反本规定的，责令限期改正；拒不改正的，处一万元以上十万元以下的罚款。

提交虚假材料或者采取其他欺诈手段取得市场主体登记的，依法撤销登记。

**第十六条** 本市有关司法机关和行政机关应当支持市场主体登记确认制改革，建立与其相适应的评价、考核制度。

登记机关及其工作人员在实施确认登记中依据本规定和相关制度尽责履职、未牟取私利，但因现有科学技术、监管手段限制未能及时发现问题的，不予追究执法过错责任。

**第十七条** 本规定自2022年3月15日起施行。

# 上海市公安机关警务辅助人员管理条例

（2022年6月22日上海市第十五届人民代表大会常务委员会第四十一次会议通过）

## 第一章　总　　则

**第一条**　为了规范本市公安机关警务辅助人员履行职责行为，强化监督管理，保障警务辅助人员合法权益，根据有关法律、行政法规的规定，结合本市实际，制定本条例。

**第二条**　本市公安机关警务辅助人员的招聘、工作职责与规范、监督管理、职业保障等，适用本条例。

**第三条**　本条例所称公安机关警务辅助人员（以下简称辅警），是指根据本市社会治安形势和公安工作实际需要，面向社会招聘，为公安机关日常运作和警务活动提供辅助支持的非人民警察身份人员。

**第四条**　辅警管理工作应当遵循依法规范、分类管理、权责明晰、合理使用、保障有力的原则。

**第五条**　市、区人民政府应当加强对辅警管理工作的组织领导，将所需经费纳入财政预算，强化监督检查，督促有关部门落实相关管理和保障措施。

**第六条**　公安机关负责辅警的招聘、管理和使用。

机构编制、公务员主管、财政、人力资源社会保障、退役军人事务等部门按照各自职责，做好辅警员额审核、招聘指导、经费保障、薪酬确定、抚恤优待等相关工作。

**第七条**　辅警应当在公安机关及其人民警察的管理、指挥和监督下，依法开展警务辅助工作。辅警履行职责行为的后果，由所在公安机关承担。

辅警依法履行职责的行为受法律保护。公民、法人和其他组织应当支持和配合辅警依法履行职责。

**第八条**　对工作中表现突出、有显著成绩或者作出突出贡献的辅警，按照国家和本市有关规定给予表彰奖励。

## 第二章　招　　聘

**第九条**　本市根据经济社会发展和社会治安形势，按照总量控制、倾斜基层、动态调整、分类使用的原则，科学配置辅警人员额度。

辅警人员额度确定的标准和程序，按照本市有关规定执行。

**第十条**　市公安机关在市公务员主管部门的指导下，遵循公开平等、竞争择优的原则，按照统一的标准和程序，招聘辅警。

**第十一条**　辅警招聘按照发布公告、报名、资格审查、笔试（含岗位技能测试）、面试（含体能测试）、体检、综合考察、公示、签订劳动合同等程序实施。

对专业性较强的岗位和紧缺人才，经市公务员主管部门同意，可以采取优化招聘程序或者使用其他测评办法等方式招聘。

**第十二条**　应聘辅警应当具备下列条件：

（一）具有中华人民共和国国籍；

（二）拥护中华人民共和国宪法，遵守法律法规；

（三）具有良好的政治素质和道德品行；

（四）符合相应的年龄和学历要求；

（五）具有履行岗位职责所需的工作能力、专业资质或者专门技能；

（六）具有正常履行职责的身体条件和心理素质；

（七）国家和本市规定的其他条件。

在同等条件下，优先招聘公安烈士和因公牺牲公安机关人民警察的配偶及子女、退役士兵、见义勇为先进分子、警察类或者政法类专业毕业生。

**第十三条** 具有下列情形之一的，不予聘用为辅警：

（一）受过刑事处罚或者涉嫌犯罪尚未查清的；

（二）受过治安管理处罚或者因其他违法行为受过行政拘留处罚的；

（三）因违纪违规被开除公职、辞退或者解聘的；

（四）被依法列为失信联合惩戒对象的；

（五）国家和本市规定不适合从事警务辅助工作的其他情形。

## 第三章 工作职责与规范

**第十四条** 辅警按照岗位职责分为文职辅警和勤务辅警。

文职辅警依法协助公安机关人民警察开展行政管理、技术支持、警务保障等工作。

勤务辅警依法协助公安机关人民警察开展执法执勤和其他勤务活动。

**第十五条** 文职辅警根据公安机关的安排，可以开展下列警务辅助工作：

（一）文书档案管理、接线查询、窗口服务、证件办理、信息采集与录入等行政管理工作；

（二）心理咨询、医疗、翻译、计算机网络维护、数据分析、软件研发、安全监测、通讯保障、资金分析、非涉密财务管理、实验室分析、现场勘查、检验鉴定等技术支持工作；

（三）除武器、警械外的警用装备保管和维护保养，后勤服务等警务保障工作；

（四）国家规定可以开展的其他警务辅助工作。

**第十六条** 勤务辅警根据公安机关的安排，可以开展下列警务辅助工作：

（一）治安巡逻、值守；

（二）疏导交通；

（三）指导当事人自行协商处理轻微交通事故；

（四）预防违法犯罪活动，发现违法犯罪行为及时制止或者向公安机关报告；

（五）维护案（事）件现场秩序，保护案（事）件现场，救助受伤受困人员；

（六）社会治安防范、交通安全、禁毒等宣传教育；

（七）国家规定可以开展的其他警务辅助工作。

**第十七条** 勤务辅警根据公安机关的安排，在人民警察的带领下，可以协助开展下列工作：

（一）治安检查，以及对人员聚集场所进行安全检查；

（二）日常消防监督检查；

（三）劝阻、纠正交通安全违法行为，采集交通违法信息；

（四）对易制毒化学品企业进行检查，公开查缉毒品，以及对戒毒人员进行日常管理；

（五）公安监管场所的管理勤务；

（六）盘查、堵控、监控、看管违法犯罪嫌疑人；

（七）对严重危害社会治安秩序或者危害公共安全、他人人身安全的行为，或者重大突发案件现场，采取相应的临时性措施；

（八）参加自然灾害、事故灾难、公共卫生事件和社会安全事件等突发事件应对处置工作；

（九）接报案、受案登记、接受证据、信息采集、文书送达、调解等行政案件办理工作；

（十）国家规定可以协助开展的其他工作。

公安机关安排人民警察带领辅警从事前款工作的，应当符合法律、法规和规章关于人民警察人数的要求。

**第十八条** 辅警不得从事下列工作：

（一）从事涉及国家秘密的工作，办理涉及国家秘密的事项；

（二）出具鉴定报告，认定交通事故责任；

（三）作出行政许可、行政强制、行政处罚等行政处理决定；

（四）执行刑事、行政强制措施；

（五）开展案件调查取证、审核工作；

（六）保管武器、警械；

（七）国家规定不得从事的其他工作。

公安机关及其人民警察不得安排辅警从事只能由公安机关人民警察从事的工作，或者其他超越辅警职责范围的工作。

**第十九条** 辅警应当遵守下列纪律要求：

（一）遵守宪法、法律、法规和规章；

（二）服从公安机关管理，听从人民警察指挥；

（三）忠于职守，文明履职；

（四）保守国家秘密和工作秘密，对在履行职责中知悉的商业秘密、个人隐私和个人信息予以保密；

（五）国家和本市规定的其他纪律要求。

**第二十条** 辅警履行职责时，应当按照规定着统一制式服装，佩带辅警标识，携带工作证件。

辅警的服装式样、标识和证件应当符合国家规定，并应当与人民警察的制式服装、标志和证件有显著区别。

任何单位和个人不得非法制造、销售、购买、使用辅警制式服装、标识和工作证件。

**第二十一条** 公安机关可以根据工作需要，为辅警配备必要的执勤以及安全防护装备，但不得为其配备或者由其使用武器、警械。

辅警在履行职责期间，可以在人民警察的带领下驾驶警用交通工具。

**第二十二条** 辅警协助人民警察开展执法执勤工作时，应当按照国家和本市有关规定进行记录，并归档保存。

**第二十三条** 辅警履行职责，遇有下列情形之一的，应当回避；当事人或者其法定代理人也有权要求其回避：

（一）是案件的当事人或者当事人的近亲属的；

（二）本人或者其近亲属与案件有利害关系的；

（三）本人与案件当事人有其他关系，可能影响公正履职的。

前款规定的回避，由辅警所在公安机关决定。

## 第四章 监督管理

**第二十四条** 公安机关应当按照谁使用、谁管理、谁负责的原则，建立健全辅警监督管理制度，严格落实辅警监督管理责任。

市、区公安机关应当明确专门机构负责辅警的监督管理工作。辅警所在公安机关具体负责辅警的日常管理工作。

**第二十五条** 公安机关应当建立健全辅警教育培训工作体系，加强对辅警思想政治、法律法规、业务知识、保密要求、体能技能等的教育培训，提升辅警的综合素质和履职能力。

**第二十六条** 辅警实行层级化管理，由高至低设置为一至七级。

公安机关应当综合辅警思想政治素质、工作业绩、业务能力、履职年限、考核奖励等情况，按照规定标准和程序，对辅警层级进行评定或者升降。

**第二十七条** 公安机关应当从思想政治素质、工作业绩、业务能力、遵纪守法等方面，对辅警进行考核。

辅警的考核结果与其薪酬挂钩，并作为层级升降、奖惩、依法续签或者解除劳动合同的重要依据。

**第二十八条** 公安机关应当建立健全辅警违纪违规惩戒机制，对辅警违反纪律要求或者相关规章制度、妨碍公安机关正常工作秩序、损害公安机关声誉等行为，视情节轻重，给予相应惩戒。

**第二十九条** 辅警履行职责应当接受社会监督。对辅警的违纪违规行为，任何单位和个人有权向公安机关举报、投诉。

公安机关应当建立健全举报投诉受理和反馈机制，依法依规处理有关辅警的举报、投诉，并将处理结果告知举报人、投诉人。

## 第五章 职业保障

**第三十条** 市人力资源社会保障、财政部门应当参照本市上年度在岗职工平均工资、城镇居民人均可支配收入、基本养老保险缴费基数等，合理确定辅警的薪酬标准，并建立动态调整机制。

**第三十一条** 辅警依法享有基本养老保险、基本医疗保险、工伤保险、失业保险、生育保险等社会保险和住房公积金等社会保障待遇，以及体检、慰问、补助等福利待遇。

**第三十二条** 辅警依法享有休息休假的权利。

对辅警因工作需要延长工作时间的，按照国家和本市有关规定，给予相应报酬或者安排补休。

**第三十三条** 辅警依法参加工会组织，享有相关权利，承担相应义务。

**第三十四条** 辅警因工作受伤、致残、死亡或者患职业病的，依照工伤保险的有关规定执行。

**第三十五条** 辅警牺牲符合烈士评定条件的，按照法定程序申报办理；被评定为烈士的，其遗属依法享受有关抚恤优待。

**第三十六条** 经市公务员主管部门批准，公安机关可以从特别优秀的辅警中定向招录人民警察。

## 第六章 法律责任

**第三十七条** 违反本条例规定的行为，法律、行政法规已有处罚规定的，从其规定。

**第三十八条** 辅警违反本条例规定的，由公安机关按照辅警管理相关规定处理；构成违反治安管理行为的，由公安机关依法给予治安管理处罚；构成犯罪的，依法追究刑事责任。

**第三十九条** 辅警在履行职责时，侵犯公民、法人和其他组织合法权益造成损害的，由所在公安机关依法承担赔偿责任；公安机关依法承担赔偿责任后，有权向故意或者有重大过失的辅警进行追偿。

**第四十条** 公民、法人或者其他组织阻碍辅警依法履行职责，或者对辅警及其近亲属实施滋扰、恐吓、威胁、侮辱、殴打、诬告、陷害等不法侵害，构成违反治安管理行为的，由公安机关依法给予治安管理处罚；构成犯罪的，依法追究刑事责任。

**第四十一条** 违反本条例规定，非法制造、销售辅警制式服装、标识的，由公安机关予以没收，并处一千元以上五千元以下罚款；非法购买、使用辅警制式服装、标识的，由公安机关予以没收，处警告或者二百元以上一千元以下罚款；构成犯罪的，依法追究刑事责任。

**第四十二条** 有关国家机关及其工作人员在辅警招聘、管理、使用和监督等工作中，滥用职权、玩忽职守、徇私舞弊的，对直接负责的主管人员和其他直接责任人员依法给予处分；构成犯罪的，依法追究刑事责任。

## 第七章 附 则

**第四十三条** 本市人民法院、人民检察院和司法行政机关经批准配备辅警的，参照本条例有关规定执行。

**第四十四条** 本条例自 2022 年 8 月 1 日起施行。

# 上海市浦东新区绿色金融发展若干规定

（2022年6月22日上海市第十五届人民代表大会常务委员会第四十一次会议通过）

**第一条** 为了提升浦东新区绿色金融服务水平，促进绿色金融和普惠金融、科创金融的融合发展，推进上海国际金融中心核心区建设，打造上海国际绿色金融枢纽，加快经济社会发展全面绿色转型，促进生态文明建设，根据有关法律、行政法规的基本原则，结合浦东新区实际，制定本规定。

**第二条** 本规定适用于浦东新区行政区域内开展绿色金融活动及相关促进保障工作。

本规定所称绿色金融，是指为支持改善生态环境、应对气候变化、资源节约高效利用等经济社会活动所提供的金融服务。

**第三条** 市人民政府应当加强对浦东新区绿色金融工作的领导，深化与国家金融管理、发展改革、生态环境、财政等部门协作，推动绿色金融改革创新，加强绿色转型风险管理，协调解决绿色金融发展中的重大问题。

浦东新区人民政府应当建立绿色金融发展工作协调机制，健全与国家金融管理部门在沪机构联系机制，将绿色低碳转型纳入国民经济和社会发展规划，推动气候投融资等绿色金融改革创新试点，统筹各项支持政策，提升重点产业绿色能级，促进经济社会绿色发展。

**第四条** 市地方金融监管部门应当加强与国家金融管理部门在沪机构的沟通协调，指导浦东新区绿色金融改革创新和依法开展绿色金融监督管理相关工作。

市发展改革、生态环境、财政、经济信息化、科技、住房城乡建设管理、交通、市场监管、知识产权等部门应当按照各自职责，完善配套政策，支持浦东新区开展绿色金融改革创新。

市国有资产监督管理部门应当强化市属国有金融机构绿色金融业绩考核管理，推动市属国有金融机构落实国家金融管理部门绿色金融活动监督管理要求。

浦东新区金融工作部门应当做好本行政区域的绿色金融发展促进和服务保障等工作。浦东新区发展改革、生态环境、财政、科技经济信息化、建设交通、国有资产监督管理、市场监管、知识产权等部门应当按照各自职责支持开展绿色金融改革创新。

**第五条** 市人民政府应当统筹建立绿色企业评价要求、评价标准和绿色项目认定条件、认定标准工作机制。市发展改革、经济信息化、科技、生态环境、住房城乡建设管理、交通、市场监管等部门根据国家规定，研究制定行业绿色企业评价要求、评价标准和绿色项目认定条件、认定标准。

市生态环境部门会同市发展改革等部门，根据绿色企业评价要求、评价标准和绿色项目认定条件、认定标准，统筹市级各行业主管部门建立绿色项目库，引入第三方机构评估论证或者组织专家开展科学论证，将绿色企业、绿色项目、绿色技术等入库，并实行动态调整。

浦东新区人民政府应当会同国家金融管理部门在沪机构、市地方金融监管部门等，实施绿色金融国家标准和行业标准，组织制定国家绿色金融标准浦东新区配套制度或者补充性绿色金融地方标准，统一浦东新区绿色金融产品和项目评估、认定和分类标准。

**第六条** 市人民政府应当支持国家金融管理部门在沪机构在浦东新区建立改革试验机制，促进绿色金融等领域创新监管互动，支持金融机构等市场主体在有效控制风险的基础上开展产品业务创新。

市人民政府应当鼓励国家金融管理部门在

沪机构开展金融科技创新监管工具实施工作，支持在浦东新区开展绿色金融活动的金融机构（以下统称浦东新区金融机构）利用金融科技手段，实现对绿色项目的识别、环境效益的测算。

**第七条** 市人民政府应当支持国家金融管理部门在沪机构通过完善绿色金融评价机制，引导浦东新区金融机构制定绿色金融发展规划，完善组织机制，建立绩效考核、激励约束和内部风险管理制度。

浦东新区人民政府及各部门在选择金融机构开展相关合作时，应当将其实施环境信息披露情况和绿色金融评价结果作为重要依据。

**第八条** 本市支持金融机构、金融基础设施机构、相关交易场所等为碳密集型、高环境风险的项目或者市场主体向低碳、零碳排放转型提供金融服务。

市人民政府应当支持国家金融管理部门在沪机构结合浦东新区产业实际和区域特征，制定补充性转型金融标准、分类和管理规则。

**第九条** 本市支持符合条件的境内外机构发起设立为改善生态环境、应对气候变化、资源节约高效利用等经济社会活动提供金融服务的银行、证券、保险、基金、信托等金融机构。

本市支持世界银行、亚洲开发银行、亚洲基础设施投资银行等为绿色项目提供投融资和技术服务，发挥新开发银行总部效应，推动绿色金融国际合作项目在浦东新区落地。

本市发挥中国（上海）自由贸易试验区、中国（上海）自由贸易试验区临港新片区跨境资金流动先行先试优势，为绿色企业提供更便利的跨境投融资服务。

**第十条** 本市鼓励金融机构响应国际国内生物多样性金融相关倡议，利用国际绿色金融合作框架，参与生物多样性金融示范项目。

浦东新区人民政府鼓励金融机构创新业务模式，加强区域协作，参与生物多样性金融示范项目。

**第十一条** 浦东新区人民政府应当按照国家部署，开展气候投融资试点，探索差异化的投融资模式，以市场手段强化各类资金有序投入，创新激励约束机制，完善资金安排联动机制，抑制高碳投资。

支持浦东新区金融机构创新气候投融资产品和业务。

**第十二条** 国家金融管理部门在沪机构鼓励银行业金融机构改革内部资金转移定价机制，探索通过有关结构性货币政策工具、监管评价、提高绿色信贷不良率容忍度等方式，支持开展绿色信贷业务。

浦东新区银行业金融机构应当优化、创新绿色信贷产品和服务，扩大信贷规模，提供信贷便利，降低信贷成本，将环境、社会和治理要求纳入管理流程和全面风险管理体系。

**第十三条** 本市支持上海票据交易所为绿色票据发展提供技术支持，参与制定绿色票据标准，探索形成包括票据融资、应收账款融资、保理融资等供应链融资的绿色标准。

鼓励浦东新区金融机构依托上海票据交易所发展绿色票据业务，发挥绿色票据再贴现业务的定向支持作用，向绿色产业链上下游企业提供优质的支付融资方案。

**第十四条** 浦东新区人民政府探索将符合条件的重大清洁低碳能源项目等纳入地方政府专项债券支持范围，支持区域绿色项目建设。

浦东新区人民政府应当建立绿色债券项目储备，支持金融机构、地方金融组织、企业发行碳中和债券、可持续发展挂钩债券等各类债券，降低发债成本。

纳入绿色债券项目储备范围内的企业发行债券的，浦东新区人民政府鼓励区内融资担保机构提供担保支持，市中小微企业政策性融资担保基金按照规定提供再担保支持。

鼓励符合条件的第三方机构开展绿色债券信用评级，揭示绿色债券信用风险。

**第十五条** 中国外汇交易中心、上海证券交易所、上海清算所、跨境银行间支付清算公司、中国证券登记结算公司上海分公司、中央国债登记结算公司上海总部等金融基础设施机构应当为绿色债券的发行、登记、托管、交易、清算、结算等提供便利服务。鼓励金融机构承销绿色公司债券、绿色企业债券、绿色债务融资工具、绿色资产支持证券等。

国家金融管理部门在沪机构支持中国外汇交易中心、上海证券交易所等金融基础设施机构组织绿色债券做市，为金融机构开展绿色债券做市业务提供系统便利和支持。

**第十六条** 本市支持上海保险交易所在浦东新区试点建立绿色保险产品登记、清算、结算服务平台。

登记注册在中国（上海）自由贸易试验区的保险公司分支机构，可以办理绿色再保险分入业务。

**第十七条** 浦东新区从事涉及重金属、危险废物、有毒有害物质等环境高风险企业，应当投保环境污染责任保险。浦东新区生态环境部门应当每年制定并公布应投保企业名录。

国家金融管理部门在沪机构建立环境污染责任保险产品和服务监管机制。上海保险交易所试点建立浦东新区环境污染责任保险信息管理平台。

**第十八条** 本市支持银行业金融机构加大对绿色融资租赁项目的资金支持。

支持登记注册在浦东新区的融资租赁公司探索开展绿色低碳相关技术专利等无形资产的融资租赁业务。

登记注册在浦东新区的融资租赁公司开展节能环保、清洁生产、清洁能源、生态环境、基础设施绿色升级以及绿色服务等领域融资租赁业务的，经国家金融管理部门授权，可以适当放宽租赁资产余额集中度与关联度的监管限制。

**第十九条** 本市支持浦东新区信托机构通过信托贷款、股权投资、债券投资、资产证券化、公益（慈善）信托等方式开展绿色信托业务。

以不动产设立信托的，可以向不动产登记机构申请记载为信托财产。中国信托登记公司可以在浦东新区试点信托财产登记，办理绿色信托产品登记、统计、流转等事项。

**第二十条** 本市鼓励浦东新区金融机构遵循负责任投资原则，将环境、社会和治理因素纳入投资决策，督促被投资方改善环境绩效，减少环境风险，开展环境信息披露。

有关部门应当在绿色投资主题基金的市场主体登记、基金跨境投资审批等方面提供便利。

**第二十一条** 本市支持私募股权基金、创业投资基金等加大对绿色企业、绿色项目、绿色技术等的投资。

本市区域性股权市场运营机构组织建立私募股权与创业投资份额转让平台，开展私募股权和创业投资份额的托管、转让、质押登记等业务。国家对公司股权出质登记另有规定的，从其规定。

**第二十二条** 本市推动清洁低碳能源、生态环保等领域符合条件的项目纳入全国基础设施领域不动产投资信托基金试点项目库，并开展试点。

本市支持国家绿色发展基金等在沪各类绿色股权投资基金，聚焦浦东新区环境保护、污染防治、能源资源节约利用、绿色建筑、绿色交通、绿色制造等领域开展绿色投资。

浦东新区人民政府应当依托政府引导基金或者产业投资基金，通过政府和社会共同出资的方式，支持绿色产业发展。政府出资产生的投资超额收益部分可以按照一定比例，让利给社会出资人。

**第二十三条** 市、浦东新区相关部门应当按照规定对绿色低碳技术的创新开发给予支持。鼓励浦东新区金融机构对绿色低碳技术成果转化和应用开展投贷联动业务。

**第二十四条** 市中小微企业政策性融资担保基金应当为开展绿色项目融资的中小微企业加大担保支持力度，提高绿色融资担保业务比重和担保额度，给予费率优惠。市人民政府相关部门应当完善资本金补充、风险补偿和绩效考核机制。

对于获得市中小微企业政策性融资担保基金担保的浦东新区中小微企业，浦东新区相关部门应当按照规定给予经费补助等支持。

**第二十五条** 本市支持金融机构开展环境权益担保融资、回购、拆借等业务，推动金融机构成为上海环境能源交易所的直接交易主体。

本市支持浦东新区金融基础设施机构和金融机构等依法合规开展天然气、电力、氢能等绿色相关衍生产品和业务，推动浦东新区金融基础设施机构和金融机构依法参与创设、交易碳衍生品等相关业务。

**第二十六条** 市场主体可以办理有关环境权益担保登记，并对登记内容的真实性、完整性和合法性负责。中国人民银行征信中心动产融资统一登记公示系统、上海环境能源交易所等机构不对担保登记内容进行实质审查。

设定担保的碳排放权价值发生较大幅度减少等情形的，担保权人可以按照法律规定或者合同约定，请求补足担保价值，压降借贷资金额度或者提前收回借贷资金并处置担保标的。

债务人未能按期履行债务或者发生约定实现担保权的情形，担保权人可以与担保人协议以碳排放权折价或者拍卖、变卖该碳排放权。通过上海环境能源交易所进行转让的，可以采取协议交易、单向竞价或者其他符合规定的方式。

**第二十七条** 浦东新区内生产经营活动涉及温室气体重点排放、曾发生过环境事故的企业，从浦东新区金融机构或者地方金融组织获得绿色金融服务的，应当向资金融出方提供相关环境信息。

**第二十八条** 从浦东新区金融机构或者地方金融组织获得绿色金融服务的区内企业，发生下列情形之一的，应当在五个工作日内将相关信息告知资金融出方：

（一）与环境保护相关的行政许可事项发生变更的；

（二）发生突发生态环境事件的；

（三）发生对社会公众及投资者有重大影响的生态环境损害赔偿等事件的；

（四）因生态环境违法行为受到行政处罚或者被追究刑事责任的；

（五）资金融出方要求提供的其他环境信息。

**第二十九条** 浦东新区银行业金融机构法人应当按照中国人民银行发布的《金融机构环境信息披露指南》等标准要求，发布年度环境信息报告。鼓励浦东新区银行业金融机构法人开展环境信息临时披露，并增加披露频次和范围。

鼓励浦东新区内除银行业金融机构法人之外的金融机构发布年度环境信息报告，开展环境压力测试等环境风险量化分析，并将分析结果纳入信息披露范围。

**第三十条** 浦东新区人民政府应当依托市大数据资源平台建立绿色金融数据服务专题库，探索金融数据与公共数据的交互融合，与智慧能源双碳云平台、产业绿贷综合性融资服务平台等建立数据对接机制，依法推进信息的归集、整合、查询、共享。

浦东新区人民政府支持各类市场主体使用绿色金融数据服务专题库，推动金融资源精准服务绿色项目库中的企业或者项目等。

**第三十一条** 浦东新区人民政府应当依托绿色金融数据服务专题库，与各类第三方机构开展数字化协作，探索建立企业碳账户和自然人（常住人口）碳账户，将企业碳排放表现信息和个人绿色低碳活动信息等纳入碳账户、形成碳积分。

鼓励浦东新区金融机构为碳积分高的企业和自然人提供优惠的金融产品或者服务。

加强浦东新区企业碳账户和自然人碳账户与全市碳普惠相关平台的衔接。

**第三十二条** 市人民政府应当将绿色金融发展纳入上海金融创新奖评选范围，按照规定评选和奖励。

浦东新区人民政府应当将绿色金融发展纳入财政政策体系予以专项支持，通过相关领域财政专项资金对下列机构加大支持力度：

（一）符合财政支持条件的金融机构、金融基础设施机构、地方金融组织、企业、第三方机构等；

（二）金融机构在区内新设符合财政支持条件的绿色金融事业部（业务中心）或者绿色金融分支机构。

**第三十三条** 浦东新区人民政府应当为吸引绿色金融高层次、紧缺急需和优秀青年人才提供便利支持。对绿色金融创新项目获得上海金融创新奖具有突出贡献的个人,浦东新区人民政府可以按照规定引进落户。

浦东新区人民政府应当为外籍绿色金融人才在居留、出入境、办理工作许可等方面提供便利支持。

浦东新区人民政府支持金融机构、高校、第三方机构等组织开展绿色金融相关专业技能培训。

**第三十四条** 本市各级人民法院、人民检察院应当充分发挥司法职能,为绿色金融创新发展提供司法保障。

支持人民法院、仲裁机构在审判、仲裁活动中尊重金融行业交易规则和习惯,发布绿色金融典型案例。支持上海金融法院探索金融市场案例测试机制,向金融市场提供规则指引,服务绿色金融创新。

**第三十五条** 本市支持提供绿色认证、环境咨询、资产评估、资信评级、数据服务、碳排放核算、环境信息披露报告核查等服务的第三方机构,依法开展专业化业务活动。

第三方机构应当勤勉尽责、恪尽职守,严格遵守数据安全和权益保护要求,对文件资料的真实性、准确性、完整性进行核查和验证。第三方机构制作、出具的文件有虚假记载、误导性陈述或者重大遗漏,给他人造成损失的,应当依法承担法律责任。

**第三十六条** 本规定所称环境权益,是指政府为解决外部性问题,对行为主体在自然资源和环境容量消耗数量方面设定许可、进行总量控制而产生的权益。

本规定所称碳排放权,是指分配给重点排放单位的规定时期内的碳排放额度。

**第三十七条** 本规定自 2022 年 7 月 1 日起施行。

# 上海市浦东新区推进市场准营承诺即入制改革若干规定

(2022 年 6 月 22 日上海市第十五届人民代表大会常务委员会第四十一次会议通过)

**第一条** 为了创新政府服务管理方式,推进市场准营承诺即入制改革,优化营商环境,根据有关法律、行政法规的基本原则,结合浦东新区实际,制定本规定。

**第二条** 本规定适用于浦东新区推进市场准营承诺即入制改革的相关管理服务活动。

本规定所称的市场准营承诺即入制,是指通过一次性告知市场主体从事特定行业许可经营项目须具备的全部条件和标准,由市场主体书面承诺其已经符合要求并提交必要材料,即可取得行政许可的改革举措。

**第三条** 浦东新区推进市场准营承诺即入制改革,应当以市场主体需求为导向,统筹行政审批制度和商事制度改革,注重政府职能转变和改革系统集成,不断激发市场主体活力。

**第四条** 浦东新区人民政府应当加强组织协调,建立健全深化市场准营承诺即入制改革的统筹推进工作机制。

浦东新区审批制度改革部门负责牵头推进市场准营承诺即入制改革工作。

浦东新区行政审批局负责市场准营承诺即入手续的具体办理工作。

**第五条** 除涉及国家安全、社会稳定、生态环境安全、金融业审慎监管、重大公共利益的领域,浦东新区人民政府应当根据国家和本市改革部署,按照稳妥审慎、循序渐进、风险可控的要求,确定实行市场准营承诺即入制的行业及相应的事项,并向社会公布。

**第六条** 市场主体设立登记后,浦东新区行政审批局应当通过企业专属网页等途径推送通过承诺即入方式办理行业许可的线上链接和线下渠道。

市场主体选择承诺即入方式办理许可的，可以通过“一网通办”平台等在线办理，也可以线下办理。

在自然灾害、事故灾难、公共卫生和社会安全等突发事件应对处置期间，浦东新区行政审批局应当充分发挥“一网通办”平台作用，推进实现无接触服务、不见面办理。

**第七条** 浦东新区有关行政机关负责具体行业市场准营承诺即入制的推进以及相应市场主体的事中事后监管等工作。

对实行市场准营承诺即入制的行业，浦东新区有关行政机关应当按照场所、设备、人员、资金、管理制度等要素，对从事该行业经营活动涉及的法定许可条件进行标准化集成，对要求市场主体提交的材料整合精简，编制许可条件清单和材料清单，并向社会公开。

**第八条** 浦东新区行政审批局应当通过告知承诺书一次性告知市场主体从事特定行业经营活动涉及的行政许可事项、许可条件、法律法规依据以及所需材料目录、提交方式、提交期限等。

告知承诺书的告知内容应当全面、准确、易懂，可量化、可操作，不得模糊表述，不得含有兜底条款，不得在告知承诺书外另附许可审批条件。

**第九条** 市场主体按照承诺即入方式办理市场准营手续的，应当书面承诺其已经满足告知的条件、标准和技术等要求，并能够在约定的期限内提交相关材料。

**第十条** 浦东新区有关行政机关应当建立全流程指导和服务机制，通过线上线下多种渠道，为市场主体理解和履行承诺内容提供专业化、智能化的导航指引和咨询服务。

浦东新区行业牵头部门应当会同行政许可部门编制市场准营承诺即入制告知承诺书示范文本，并向社会公布。

对因承诺可以减省的材料，不再要求提供。对可以在行政许可后一定期限补交的材料，实行容缺办理、限期补交。

市场主体因突发事件影响超出提交材料期限的，按规定予以期限中止、顺延。

**第十一条** 市场主体从事许可经营项目应当符合许可条件和标准。市场主体向浦东新区行政审批局提交市场准营告知承诺书以及符合要求的有关材料后，即可取得行政许可。

**第十二条** 签署市场准营告知承诺书的市场主体及其承诺的内容由浦东新区行政机关向社会公开。

鼓励市场主体自行公开告知承诺书。

**第十三条** 市场主体告知承诺书的内容，构成行政机关实施事中事后监管的依据。

市场主体在告知承诺书约定的期限内未提交材料、提交的材料不符合要求的，浦东新区有关行政机关应当依法注销相关行政许可。

浦东新区有关行政机关应当按照分级分类监管原则，结合市场主体信用和风险状况，根据“双随机、一公开”的要求，在作出行政许可后二个月内对市场主体的承诺内容开展检查。

**第十四条** 浦东新区有关行业管理部门应当结合市场主体及其主要投资人等信用信息及行业管理实际，确定可以适用市场准营承诺即入方式的市场主体范围。依法列入严重违法失信企业名单的市场主体，不得适用市场准营承诺即入方式。

浦东新区社会信用管理部门应当加强市场主体公共信用信息的归集、共享等工作，有关行业管理部门应当建立健全市场主体信用记录，依法归集至公共信用信息服务平台。

**第十五条** 市大数据管理部门应当加强推进市场准营承诺即入制改革的信息化保障，开发有关功能模块和数据接口，推动与浦东新区市场准营承诺即入制申办系统对接。市级有关部门应当优化完善相关业务系统，建立数据交换机制，确保市场准营承诺即入制全程线上办理。

浦东新区大数据管理部门应当为市场准营承诺即入制平台日常运行提供技术支撑。

**第十六条** 市人民政府及其行政审批制度改革等有关部门应当积极争取国家有关部门对

浦东新区市场准营承诺即入制改革的支持，加大赋权力度，加强对浦东新区推进市场准营承诺即入制改革的指导、协调，帮助解决改革中的问题，及时总结推广改革经验。

**第十七条** 市场主体以不正当手段取得许可的，浦东新区相关行政机关应当依法给予行政处罚；开展相应经营活动的，适用未经许可从事经营活动的法律、法规处理。

**第十八条** 本规定自 2022 年 8 月 1 日起施行。

# 上海市浦东新区化妆品产业创新发展若干规定

（2022 年 7 月 21 日上海市第十五届人民代表大会常务委员会第四十二次会议通过）

**第一条** 为了促进浦东新区化妆品产业创新发展，培育化妆品领域新模式新业态，助力上海国际消费中心城市建设，根据有关法律、行政法规的基本原则，结合浦东新区实际，制定本规定。

**第二条** 市人民政府应当加强对化妆品产业发展工作的领导，深化与国家有关部门的协作，承接国家创新试点，统筹协调浦东新区与其他区域化妆品产业发展中的重大事项。

浦东新区人民政府应当加强对区域化妆品产业创新发展工作的领导，整合优化资源，综合协调化妆品产业创新发展中的重大问题。

**第三条** 市药品监督管理部门应当支持和指导浦东新区化妆品产业创新发展，开展化妆品监督管理工作。

市经济信息化部门负责推进化妆品产业规划布局和产业发展。

市和浦东新区发展改革、科技、商务、市场监督管理、知识产权、人力资源社会保障等部门以及上海海关，根据各自职责和本规定，负责化妆品产业发展、消费促进、贸易便利等相关工作。

**第四条** 本市建立浦东新区化妆品产业创新发展工作市、区两级会商机制。

市和浦东新区相关部门应当加强沟通协调，对浦东新区化妆品产业创新发展工作中跨部门、跨领域的事项共同协商研究。

**第五条** 市科技部门和浦东新区人民政府应当支持化妆品企业与高校、科研院所、医疗机构合作，促进产学研医深度融合，提升行业创新能力和新产品研发能力，推动化妆品领域科技成果转化。

市科技部门和浦东新区人民政府应当引导和支持化妆品企业加大研发投入，开展技术创新和专业人才培养，培育、发展高新技术企业，支持有条件的化妆品企业创建科技创新基地。

**第六条** 市和浦东新区鼓励化妆品生产企业数字化转型，推进化妆品领域工业互联网和消费互联网融合，构建生产全过程关键数据的实时采集与分析系统，提升质量安全风险管控能力。

**第七条** 市经济信息化、商务、药品监督管理等部门应当根据各自职责，推动化妆品企业加强品牌引领示范培育和建设。

浦东新区应当采取措施，推动建设化妆品品牌孵化基地，为品牌研发设计、宣传推广等提供服务。

**第八条** 市商务、经济信息化、药品监督管理等部门应当根据各自职责支持、培育化妆品消费领域新模式新业态。

市商务部门应当支持化妆品领域数字消费模式，建设化妆品智慧购物示范场景，培育化妆品经营电子商务标杆企业。

浦东新区应当采取措施，支持推进全球化

妆品品牌集聚，鼓励和引导在综合商圈开展展示、推广、体验等活动，支持在免税店设立国产化妆品销售专区，助推国际消费中心城市建设。

**第九条** 本市鼓励化妆品企业提升匹配消费需求的能力，开展皮肤科学基础研究，探索小批量、多品种、高灵活度的生产模式，精准研发适合消费者个性化需求的化妆品。

精准研发的普通化妆品上市前，本市化妆品备案人应当根据产品特点进行安全评估和功效评价，按照国家规定提交备案资料。

**第十条** 本市化妆品备案人、境内责任人可以在浦东新区设立的经营场所，根据消费者的个性化需求，对其备案的普通化妆品（不含儿童化妆品、眼部护肤类化妆品、使用新原料的化妆品等）现场提供包装、分装服务，或者自行、委托本市化妆品生产企业生产。

现场提供包装、分装服务且涉及直接接触化妆品内容物的化妆品备案人、境内责任人应当对化妆品质量安全进行风险评估，并向浦东新区市场监督管理部门申请生产许可。符合条件的，核发化妆品生产许可证。化妆品备案人、境内责任人应当建立相应的化妆品生产质量管理体系，定期向浦东新区市场监督管理部门提交生产质量管理体系自查报告。

具体生产许可条件和管理要求由市药品监督管理部门制定。

**第十一条** 本市支持产业园区管理机构、第三方机构建立化妆品原料供应服务平台，为浦东新区化妆品注册人、备案人、受托生产企业提供原料供应和质量管理等服务。

提供化妆品原料供应服务的平台运营机构应当建立原料进货查验记录制度，加强原料的检验检测、贮存和运输管理，并做好原料采购、供应记录。

**第十二条** 本市支持相关企业依法开展进口化妆品的包装和贴标服务，促进贸易便利化。

在进口化妆品直接接触内容物的包装已完成标注标签并可追溯的情况下，境外化妆品注册人、备案人或者其境内责任人可以在浦东新区符合相关监管要求的区域内自行或者委托其他企业，在直接接触内容物的包装上标注中文名称和使用期限，并按照国家化妆品标签的相关规定进行包装和加贴中文标签，但不得接触或者暴露化妆品内容物。

**第十三条** 对于通过浦东新区进口用于注册或者备案检验的化妆品样品，以及用于企业研发、非试用或者非销售的展览展示化妆品，符合相关要求的，可以免予提供进口特殊化妆品注册证或者进口普通化妆品备案信息，并免予进口检验。

**第十四条** 中国国际进口博览会和本市其他化妆品专业会展的参展商，经过海关等部门批准，可以在会展结束后将原进口化妆品转为浦东新区行政区域内的海关特殊监管区域的保税货物，举办消费促进等推广活动，符合条件的可以按照跨境电商方式销售。

**第十五条** 本市鼓励化妆品相关行业协会、企业、科研院所等参与化妆品新原料、新技术和新业态等创新领域相关标准的制定。

浦东新区知识产权部门应当运用专利快速审查服务机制，根据国家相关规定，为企业申请涉及化妆品的相关技术专利提供预审服务。

**第十六条** 本市鼓励专业院校为化妆品产业培养专业人才，加大引进海内外化妆品安全评估等专业领域高端人才。

市和浦东新区有关部门应当支持第三方检验检测机构、专业研发生产服务平台等建设，支持化妆品相关行业协会加强产业链信息沟通与合作，建立中国特色植物资源化妆品研究开发体系。

市药品监督管理部门、浦东新区市场监督管理部门可以委托第三方专业机构开展化妆品质量安全风险评估。

**第十七条** 本市建立健全与化妆品产业创新发展相适应的包容审慎监管机制。

市药品监督管理部门应当与浦东新区相关部门、上海海关等建立化妆品风险信息交换机制，实现化妆品风险信息的共享、预警和及时处置。

浦东新区市场监督管理部门应当加强对浦东新区化妆品注册人、备案人、受托生产企业、境内责任人的日常监管，可以结合浦东新区实际和产业创新发展要求依法制定监管规范。

**第十八条** 违反本规定第十条从事现场包装、分装服务且涉及直接接触化妆品内容物活动的，由负责药品监督管理的部门没收违法所得、违法生产经营的化妆品和专门用于违法生产经营的原料、包装材料、工具、设备等物品；违法生产经营的化妆品货值金额不足一万元的，并处一万元以上五万元以下的罚款；货值金额一万元以上的，并处货值金额五倍以上二十倍以下罚款；情节严重的，责令停产停业，依法取消备案或者吊销化妆品许可证件，并对违法单位的法定代表人或者主要负责人、直接负责的主管人员和其他直接责任人员依法处理。

违反本规定的其他行为，有关法律、行政法规已有处罚规定的，从其规定。

**第十九条** 本规定自 2022 年 8 月 1 日起施行。

# 上海市乡村振兴促进条例

（2022 年 8 月 27 日上海市第十五届人民代表大会常务委员会第四十三次会议通过）

## 第一章 总 则

**第一条** 为了全面实施乡村振兴战略，促进农业全面升级、农村全面进步、农民全面发展，加快农业农村现代化，根据《中华人民共和国乡村振兴促进法》等法律、行政法规，结合本市实际，制定本条例。

**第二条** 实施乡村振兴战略应当坚持中国共产党的领导，按照产业兴旺、生态宜居、乡风文明、治理有效、生活富裕的总要求，贯彻新发展理念，坚持农业农村优先发展，坚持农民主体地位，坚持人与自然和谐共生，坚持改革创新，坚持因地制宜、规划先行、循序渐进，推进美丽家园、绿色田园、幸福乐园建设，构建超大城市空间新格局，促进城乡融合发展。

**第三条** 本市建立健全党委统一领导、政府负责、党委农村工作部门统筹协调的乡村振兴促进工作领导责任制，完善市负总责，区和乡镇抓落实的乡村振兴联动工作机制。

各级人民政府应当将乡村振兴促进工作纳入国民经济和社会发展规划及年度计划，研究、协调乡村振兴促进工作中的重大事项，建立乡村振兴考核评价、工作年度报告和监督检查制度。区人民政府承担本行政区域内乡村振兴促进工作第一责任。乡镇人民政府负责本行政区域内乡村振兴促进工作的落实。

农业农村部门负责本行政区域内乡村振兴促进工作的统筹协调、政策指导、推动落实和监督检查。发展改革、财政、住房城乡建设、规划资源、经济信息化、教育、科技、民政、人力资源社会保障、生态环境、水务、文化旅游、卫生健康、金融等有关部门在各自职责范围内负责有关的乡村振兴促进工作。

**第四条** 村民委员会、农村集体经济组织应当在乡镇党委、村党组织的领导下，依法办理本村公共事务，发展壮大集体所有制经济和本村公益事业，维护村民合法权益，接受村民监督。

本市支持和引导企事业单位、人民团体、社会组织等社会各方面参与乡村振兴促进相关活动。

鼓励各类企业参与乡村振兴重大项目建设，加快乡村产业发展。国有企业应当增强示范引领作用，发挥自身优势，参与乡村振兴促进工作。

**第五条** 市、相关区人民政府应当根据国民经济和社会发展规划，组织编制乡村振兴规划，与国土空间规划相衔接，形成城乡融合、区域一体、多规合一的规划体系。

乡村振兴规划应当统筹城乡产业发展、基础设施建设、基本公共服务保障、资源能源利用、生态环境保护等内容。

**第六条** 本市落实最严格的耕地保护制度，建立市、区、乡镇三级耕地保护责任机制，完善耕地保护责任目标考核，实施耕地用途管制，严守耕地和永久基本农田保护红线，严格实行占用耕地补偿，健全耕地数量和质量监测监管机制。建立耕地保护联合巡查执法制度，严格落实巡查、执法责任。

**第七条** 各级人民政府应当落实国家粮食安全战略，严格粮食安全责任制考核，坚持藏粮于地、藏粮于技，制定粮食生产扶持政策，推进优质粮食工程建设，完善粮食加工、流通、储备、应急保障体系，提高粮食供给和保障能力。坚持节约优先，强化粮食安全教育，反对食物浪费。

**第八条** 本市建立健全有利于农民收入稳定增长的机制，通过完善金融、用地、就业、补贴等扶持政策，推动农业发展提质增效，促进生态保护与农民增收协调发展；深化农村集体产权制度改革，实现农村集体资产增值保值和集体经济组织年度收益分配；拓宽农村劳动力就业渠道，提升农民社会保障水平，提高农民收入，缩小城乡差距、推动共同富裕。

**第九条** 本市推动建立长江三角洲区域共同促进乡村振兴的工作机制，加强政府间合作，在长江流域生物多样性保护、乡村休闲旅游、乡村振兴人才培养、乡村科技服务、美丽乡村建设等领域促进区域协调，推进乡村振兴一体化发展。

本市支持相关区与江苏省、浙江省的毗邻地区深化合作，打造区域品牌，形成绿色田园、古朴乡村、现代城镇、产业园区和谐共生的空间格局，实现生态优先、绿色发展、乡村振兴的有机结合。

本市与江苏省、安徽省建立促进上海域外农场高质量发展协同推进机制，更好推动产业发展、基础设施建设，发挥优势特色，提高安全优质主副食品的供给能力和质量水平，打造与超大城市相匹配的现代化农场。

## 第二章 城乡融合

**第十条** 各级人民政府应当协同推进乡村振兴战略和新型城镇化战略的实施，优化城乡空间体系，促进主城区、新城、新市镇、乡村在空间布局、产业经济、公共服务、生态保护、基础设施建设等方面协调发展。发挥新城集聚功能和赋能作用，体现乡村的经济价值、生态价值、美学价值，构建城乡融合发展新格局。

**第十一条** 各级人民政府应当统筹城乡公共基础设施规划和建设，推进道路、燃气、通讯、物流、客运等市政基础设施向农村延伸，加快新一代通信基站、新能源汽车充电桩等新型基础设施和特高压、城际高速铁路、城市轨道交通等建设，推动城乡基础设施互联互通，保障乡村发展需求。

各级人民政府应当加强乡村数字基础设施建设，支持完善村级综合服务设施和综合信息平台。

各级人民政府应当根据各自权限承担乡村公共基础设施管护责任，保障管护经费，编制管护责任清单，明确管护对象、主体和标准等，并予以公示。

鼓励社会资本参与乡村公共基础设施的建设、运营和管护。

**第十二条** 本市在义务教育、医疗卫生领域建立完善城乡一体、均衡推进的发展机制。

市、相关区人民政府应当统筹城乡教育资源，完善城乡学校携手共进机制，持续改善乡村学校办学条件，提升乡村教育质量。教育经费使用进一步向薄弱地区和关键环节倾斜，教育经费年度增量部分优先用于远郊农村地区发展基础教育。

市、相关区人民政府应当加大对乡村基层

医疗卫生机构的投入，提高乡村医疗卫生服务、医疗急救保障和应对突发公共卫生事件能力。卫生健康部门应当保障乡村基层医疗卫生机构基本药物供给，加强医疗联合体建设，促进城乡优质医疗卫生资源均衡分布。

**第十三条** 市、相关区人民政府应当健全城乡一体的公共就业创业服务体系，完善城乡统一的就业统计和失业救助政策，推动形成平等竞争、规范有序、城乡一体的人力资源市场，统筹推进农村劳动力就业。

人力资源社会保障部门应当完善促进农民就业创业的扶持政策，加强培训指导，合理布局基层就业服务站点，定期开展就业创业服务进乡村活动，跟踪调查和分析本市农民就业状况，宣传农村就业创业形势和政策，引导农民树立适应市场要求的就业观念。

**第十四条** 本市根据经济社会发展状况，完善城乡居民基本养老保险、基本医疗保险、大病保险以及城乡低保、医疗救助等制度，持续提高农村社会保障水平。

各级人民政府应当推动农村养老事业发展，均衡布局养老服务设施，创新适合农村特点的养老服务模式，发展农村普惠性养老和互助性养老服务，支持利用农民房屋和农村集体所有的土地、房屋等资源，因地制宜建设养老服务设施。

**第十五条** 本市依托城市数字化转型，运用大数据、云计算等技术加强农村数字化建设，增强农业农村领域数据汇集和应用，推动农业数据资源库、网络平台信息系统、农业空间地理信息系统深度融合。依托政务服务"一网通办"和城市运行"一网统管"，推进乡村公共服务和管理数字化应用场景建设，实现信息发布、民情收集、议事协商、公共服务等村级事务网上运行，提升乡村公共服务数字化、智能化水平。

**第十六条** 相关区人民政府应当统筹考虑乡村聚落格局以及基础设施和公共服务设施用地布局，按照慢行可达的空间范围，面向不同乡村地区功能定位和服务人群，结合村庄特定需求进行差异性配置，加强空间复合利用，建立全域覆盖、普惠共享、城乡一体的基础设施和公共服务设施网络，逐步构建乡村社区生活圈，提升乡村生活品质。

## 第三章 产业发展

**第十七条** 市、相关区人民政府应当根据国土空间规划、乡村振兴规划，组织编制乡村产业发展、农业专项等规划。

乡村产业发展、农业专项等规划应当作为乡村产业发展项目审批的重要依据。

**第十八条** 本市推进乡村一二三产业高质量融合发展，支持发展现代种植业、现代养殖业、农产品加工业、农资农机产业、乡村商贸流通业、乡村休闲旅游业等产业。

区和乡镇人民政府应当结合资源优势和产业特色，促进农业与旅游、文化、健康养老、体育、新能源等产业相结合的乡村现代产业发展。

**第十九条** 各级人民政府应当采取措施，提高农业综合生产能力，大力推进都市现代农业建设，支持高标准建设永久基本农田，划定、保护并建设粮食生产功能区、蔬菜生产保护区、特色农产品优势区，增强粮食、蔬菜、畜禽、水产、主要经济作物等重要农产品生产和供给能力。

农业农村部门应当会同相关部门加强高标准农田、农田水利、渔港、农产品仓储保鲜和物流、农机库房等现代农业基础设施建设，建设智慧农业示范基地，鼓励农业智能设施装备生产研发和推广，促进信息技术在农业生产、经营、管理和服务中的运用。

农业农村部门应当开展农业信息监测预警和综合服务。

**第二十条** 各级人民政府应当开展农业绿色发展行动，采取措施推进化学投入品减量化，发展种养循环农业，实施有机肥替代化肥、病虫害绿色防控、农作物秸秆等农业废弃物的资源化利用或者无害化处理。

本市支持开展土壤生态保育技术研发，实施土壤生态修复示范工程，加快重点地区土壤生态保育。

**第二十一条** 本市健全农业科研投入保障机制，支持农业科技创新，强化高等院校、科研机构和企业创新能力，在种源农业、智慧农业、生态农业、设施农业等领域加大研发投入，建立完善创新平台，促进农业科技成果转化，加强浦东、崇明、金山国家农业科技园区建设。

本市加强农业技术推广体系建设，支持农业技术推广机构联合高等院校、科研机构等单位，通过试验、示范、培训、指导以及咨询服务等方式，加快农业技术的普及应用。

鼓励企业、农民专业合作社或者其他社会组织通过技术承包、技术参股等方式，开展农业技术推广服务。

**第二十二条** 市、相关区人民政府应当组织制定并实施种业发展规划，加强种质资源库和良种繁育基地建设，强化种质资源保护和利用，提升种业科技创新能力，完善种业发展激励机制，加强育种领域的知识产权保护，打造具有自主知识产权和国际竞争力的种业企业，促进种业高质量发展。

农业农村部门应当会同规划资源等部门制定和完善扶持种业发展政策措施，推动设施农业用地向种源设施建设倾斜，建设用地指标优先支持研发型种业企业和种业科研机构；建立完善良种选育、繁育、推广体系，推进商业化育种，重点发展优势特色品种，强化种业市场监管，规范种业发展。

本市支持高等院校、科研机构和企业推进种业关键核心技术攻关和生物育种产业化应用，为种业创新发展提供基础性、前沿性和应用技术型研究和保障。

**第二十三条** 本市加强农产品区域公用品牌培育、保护和推广，加大对农产品地理标志的登记保护。鼓励以集体商标、证明商标形式注册区域品牌和地理标志。

相关区人民政府应当根据区域资源优势，制定政策措施，培育发展特色明显、竞争力强的优势农产品产区和知名品牌。

支持农产品生产者按照规定申请使用绿色食品标志、农产品地理标志，开展有机农产品认证。

**第二十四条** 本市引导农业企业、农民专业合作社、家庭农场、农业社会化服务组织等农业经营主体和服务主体提高发展质量，支持其以订单农业、股份合作、分红奖励、服务协作等多种方式与农民建立紧密利益联结机制，让农民共享全产业链增值收益。

本市支持各类农业经营主体拓展农产品产地市场功能，就近发展中央厨房、净菜加工、主食加工，实现生产加工与物流配送高效对接。

**第二十五条** 市、相关区人民政府应当发展乡村休闲旅游，发掘农业多种功能和乡村多元价值，因地制宜开展具有乡村特色的休闲旅游活动，统筹发展乡村民宿、休闲园区、生态园、乡村休闲旅游聚集村等业态。

市、相关区人民政府应当建立完善乡村民宿发展工作推进机制，将促进乡村民宿发展作为乡村振兴工作的重要内容，支持乡村民宿产业发展和配套基础设施建设。相关区人民政府应当编制乡村民宿发展规划，培育区域特色品牌，促进乡村民宿产业与相关产业融合发展。

市有关部门应当制定乡村民宿建筑、消防、食品、卫生、环保（水源保护地）等标准，明确责任部门和工作流程，优化审批程序，建立乡村民宿管理信息交流和共享机制，加强事中事后监管。

鼓励农户、农村集体经济组织和其他具有专业化经营能力的个人、组织等，采用自营、租赁、联营、入股等方式，参与乡村休闲旅游项目建设、经营和管理。

**第二十六条** 市、相关区人民政府应当根据农业资源禀赋和产业基础，打造特色果蔬、农旅融合、现代畜禽养殖、高端设施农业、无人农场等现代绿色农业产业片区，以及乡村康养、都市田园等乡村产业特色区域。

**第二十七条** 市、相关区人民政府应当强化科技、人才、用地等要素保障，加强横沙东滩等现代农业产业园规划和建设，推动科技研发、农业生产、加工物流、营销服务等向产业园集中，提升产业链、供应链现代化水平。

## 第四章 生态宜居

**第二十八条** 相关区人民政府应当根据国土空间总体规划，组织编制镇级国土空间总体规划，统筹城镇和乡村发展，明确总体发展目标、核心指标和空间布局。

乡镇人民政府应当根据国土空间总体规划，结合乡村振兴规划，科学编制、调整郊野单元村庄规划，优化村庄布局，并报区人民政府审批。郊野单元村庄规划应当作为核发乡村建设项目规划许可和实施各类乡村建设项目的法定依据，指导村庄设计。

编制郊野单元村庄规划应当综合考虑村庄人口、产业、功能、规模、空间等特点，以及土地利用、产业发展、基础设施布局、生态保护和历史文化传承等要求，分类有序推进村庄建设。

严格规范村庄撤并，严禁违背农民意愿、违反法定程序撤并村庄。

**第二十九条** 本市按照策划、规划、设计、实施的步骤，遵循国土空间用途管制要求和相关建设标准，对乡村建设项目实施全过程规划建设管理，有序推进乡村建设，提升乡村整体景观，凸显乡村特色风貌。

相关区和乡镇人民政府应当开展村庄设计，加强村庄风貌引导，突出乡土特色和地域特点，保存乡村自然肌理，挖掘传统元素，促进村庄形态与自然环境、传统文化相协调，推进美丽乡村建设。

探索建立乡村责任规划师制度，提升乡村建设品质。

**第三十条** 本市倡导节约适度、绿色低碳、文明健康的生产生活和消费方式，开展乡村生产生活环境整治，推进乡村人居环境优化提升。禁止违法将污染环境、破坏生态的产业、企业向农村转移。

各级人民政府应当加大投入，统筹乡村生活垃圾处理回收和生活污水处理设施的建设、运行维护和管理工作，推进生活垃圾分类减量和建筑垃圾规范处置、生活污水集中处理，持续推进农村卫生厕所改造提升。

村民委员会应当加强村容环境整治，开展河道和道路两旁、房前屋后和庭院的绿化、美化，保持村庄公共空间整洁、有序、美观。

**第三十一条** 本市在尊重农民意愿前提下，采取进城镇集中为主，平移集中和货币化退出等并存的方式，推进农民相对集中居住，鼓励以街镇为单位成片整建制推进。

相关区和乡镇人民政府应当优先保障农民相对集中居住用地；其中，向城镇集中居住的，优先布局在大型居住社区和周边现状为建设用地的地块。调整优化农村平移集中居住点布局和用地规模，涉及占用耕地的按照有关规定落实用地占补平衡等措施。

本市农民相对集中居住腾出的空间优先用于乡村产业发展、公共基础设施建设和美丽乡村建设，促进农村集体经济发展和农村人居环境改善。

**第三十二条** 相关区人民政府应当加强政策、资金保障，采取多种方式满足农村村民居住需求。坚持规划引领、分类施策，保障农村村民依法新建、改建、扩建和翻建住房的权利。

相关区人民政府负责统筹辖区内农村村民建房工作，制定和完善农村村民建房的具体方案，鼓励通过统建、联建等方式因地制宜改善村民居住条件和环境，引导农村村民节约利用土地资源。乡镇人民政府应当落实郊野单元村庄规划，实施建房具体方案。

本市建立农村住房设计、施工、验收等全过程建设管理制度。相关区、乡镇人民政府应当加强农村房屋风貌和质量安全管理，落实乡村建筑师制度，完善农房验收制度，健全房屋安全使用常态化巡查、网格化动态管理制度，探索建立房屋定期体检和房屋保险制度。鼓励农村建房采用新型建造技术和绿色建材。

乡镇人民政府应当为农村村民办理建房审批事项提供便利服务。

**第三十三条** 本市持续推进低效建设用地减量化。按照“宜耕则耕、宜林则林”的原则，持续推进规划开发边界外现状低效建设用地减量复垦工作，有效增加耕地面积，并进行后期管护。制定并执行年度低效建设用地减量化计划，开展土壤检测，安全利用减量化形成的土地资源。

本市统筹推进山水林田草沙一体化保护和修复。坚持节约优先、保护优先、自然恢复为主，编制并实施国土空间生态修复专项规划，促进绿地、林地、湿地、海域融合发展，提升生物多样性维持能力与固碳潜力，保障乡村地区生态系统安全。

## 第五章　文 化 繁 荣

**第三十四条**　各级人民政府应当根据乡村文化传统和农民文化需求，鼓励创作反映乡村生活题材和乡村振兴实践的各种优秀作品，推动具有本市特点的乡村文化纳入“上海文化”品牌建设，传承和发扬红色文化、海派文化、江南文化等特色文化。

**第三十五条**　各级人民政府应当健全乡村公共文化体育设施网络和服务运行机制，加大农村文化体育设施建设和资源配送力度，优化乡村综合服务设施布局，丰富乡村文化体育生活。

本市鼓励开展形式多样的群众性文化体育、节日民俗等活动，利用广播电视和网络等媒体，拓展乡村文化服务渠道。

**第三十六条**　各级人民政府应当采取措施保护、传承农耕文化遗产和非物质文化遗产，挖掘优秀农业文化深厚内涵，弘扬优秀传统文化。

市、区人民政府应当加强对中国历史文化名镇名村、传统村落和乡村风貌、不可移动文物、农业遗迹、农耕文化展示区的保护，推进乡村文化生态整体性保护。

本市鼓励和支持有条件的乡村依托特色文化、特色产业建设村史馆，编撰村志。

**第三十七条**　各级人民政府应当加强乡村特色文化产业建设，推动乡村特色文化产业、乡村体育产业和乡村旅游有序融合，支持乡村传统工艺、地方特色美食等传承和发展。

本市推进农耕文化教育进校园，统筹利用现有资源建设劳动教育和学生社会实践基地，引导中小学生参与农业科普、农事体验和农村社会实践。

## 第六章　乡 村 治 理

**第三十八条**　本市建立健全党委领导、政府负责、民主协商、社会协同、公众参与、法治保障、科技支撑的现代乡村社会治理体制，健全自治、法治、德治相结合的乡村社会治理体系，推进乡村振兴示范村、乡村振兴示范镇等建设，构建共建、共治、共享的乡村社会治理格局。

本市健全常态化管理和应急管理动态衔接的基层治理机制，构建网格化管理、精细化服务、信息化支撑、开放共享的基层管理服务平台，建立统一指挥、快速反应、上下联动的应急体系。

**第三十九条**　本市健全村党组织领导下的村民自治制度，发挥村民委员会的作用，完善村规民约，加强民主管理和协商。村民自治章程和村规民约应当以社会主义核心价值观为引领，不得侵犯村民合法权益。

本市健全完善村级党务、村务、财务公开制度，加大监督力度，保护农村村民、农村集体经济组织成员的知情权、参与权、监督权。

**第四十条**　市、相关区人民政府应当加强基层群团组织建设，支持、规范和引导乡村社会组织发展。

本市孵化、培育和扶持扎根农村社区的志愿服务组织，建立组织化和社会化相结合的动员机制，强化应急状态下快速响应能力，提升志愿服务的制度化、专业化和科学化水平。

**第四十一条**　各级人民政府应当深入开展法治宣传教育，培育法治文化，推进法治乡村建设，提高乡村干部和农民的法治素养。

司法行政部门应当会同相关部门健全农村公共法律服务体系，根据需要设立法律顾问和公职律师，加强对农民的法律援助和司法救助，健全乡村矛盾纠纷调处化解机制。

本市推进行政执法权限和力量向基层延伸、下沉，强化乡镇执法队伍，合理配置执法力量资源，规范基层行政执法，保障农业农村发展和农民合法权益。

**第四十二条** 本市坚持以社会主义核心价值观为引领，持续推进乡村精神文明建设，加强社会公德、职业道德、家庭美德、个人品德教育，推动传统农耕文明与现代都市文明相融合，提高乡村社会文明程度。

各级人民政府应当拓展新时代文明实践中心建设，丰富农民精神文化生活，支持开展文明村镇、文明家庭等群众性精神文明创建活动，推动移风易俗，提倡孝老爱亲、勤俭节约、诚实守信等，建设文明乡村。

**第四十三条** 各级人民政府应当加强乡村社会治安防控体系、乡村公共安全体系和自然灾害防治体系建设，强化农村公共卫生、安全生产、应急救援、食品药品、交通、消防、灾害防御等安全管理责任，完善乡村公共安全联防联控机制，加强网格化管理，推动平安乡村建设。

**第四十四条** 相关区和乡镇人民政府应当结合区域功能提升、撤制镇改造等工作，按照政府主导、规划引领、尊重民意、市场运作的原则，统筹建设规划指标、土地供应等资源，加强政策供给集成，依法依规实施城中村改造，保障农村集体经济组织及其成员的合法权益，实现居住环境、社会管理、产业发展等综合效应的提升。

相关区和乡镇人民政府应当加大对城中村公共安全、公共卫生、人居环境、违法建筑等的整治力度，加强房屋出租和实有人口管理，提升安全隐患排查、风险管控和应急处置能力。

**第四十五条** 乡镇人民政府应当完善清廉乡村建设监督检查机制，落实整改和责任追究。

乡镇人民政府应当指导和督促村民委员会等村级组织编制村级事务小微权力清单、负面清单和村务监督事项清单，建立权力规范运行机制和村务监督事项公开评议制度。

## 第七章 人才支撑

**第四十六条** 市、相关区人民政府应当实施乡村人才振兴项目，完善人才培养、引进、使用、激励措施，加强农业生产和经营、社会公共服务等各类农业农村人才队伍建设。

**第四十七条** 农业农村、教育、人力资源社会保障等部门应当加强农业技能培训，培育新型职业农民，加快培养农村创新创业带头人、农村电商人才、乡村手工业者和传统技艺人才、乡村建设工匠等。支持农民专业合作社、专业技术协会、龙头企业等主体积极参与或者承担培训工作。

教育部门应当指导、支持高等院校、职业学校设置涉农相关专业，加大农村专业人才培养力度。

**第四十八条** 本市加大国内外现代农业科技领域顶尖人才、农业领军人才的引进力度，鼓励涉农科研机构和涉农企业引进育种、生物制品及疫苗等方面专业人才。

相关区和乡镇人民政府应当建立激励机制，鼓励高等院校和职业学校毕业生、外出务工人员、经商人员等各类人员返乡创业；鼓励高等院校、科研机构等单位的专业技术人才到乡村和企业挂职、兼职和离岗创业。

本市支持各类返乡下乡人才在符合国家和本市相关规定和规划的前提下，与当地农民合作改建自住房，拓展创业空间，满足必要的生产生活需要。

**第四十九条** 本市健全完善城乡、区域、校地之间人才培养合作交流机制，推进城市教育、医疗、科技、文化、体育等工作人员服务乡村。

教育部门应当加强乡村教师队伍建设，统筹配置城乡师资，促进优秀师资向乡村流动，提高教师专业化水平。

卫生健康部门应当加强乡村医疗卫生队伍建设，合理配置医疗卫生人员，提高乡村医疗卫生人员待遇，鼓励优质医疗卫生人才和技术人员服务乡村。

本市支持科技特派员服务乡村振兴，提高农民科技素质。

**第五十条** 本市建立健全涉农工作队伍的选拔、培养、配备、管理、使用机制，选拔优秀人才进入村党组织、村民委员会班子，多渠道选派优秀干部支持乡村发展，提高村干部能力素质。

本市健全从优秀村党组织书记中选拔乡镇领导干部、定向招录公务员、招聘乡镇事业编制人员的常态化机制，注重选配熟悉农业农村工作的干部进入区、乡镇领导班子。

**第五十一条** 本市健全完善技术技能人才评价制度。人力资源社会保障、农业农村部门应当支持农业农村从业人员参加职业资格鉴定、职业技能等级认定、专项职业能力考核和专业技术职称评审，分类推进农业农村实用人才评价机制改革。

本市在建设交通、旅游文化、教育卫生等领域专业技术人才评价中，应当将参与乡村振兴战略的业绩成果作为职称评审的重要内容。

市、相关区人民政府应当建立鼓励各类人才参与乡村建设的激励机制，为乡村振兴人才落户、生活居住、社会保障等方面提供便利，支持和引导各类人才通过多种方式服务乡村振兴。

## 第八章 农村集体经济

**第五十二条** 市、相关区人民政府应当完善财政引导、多元化投入共同扶持农村集体经济发展的机制，支持农村集体经济组织建设，保障农村集体经济组织运营和发展壮大。

本市建立健全城乡建设用地增减挂钩、节余指标调剂和收益分配机制。减量化后的农村集体建设用地指标产生的收益主要归集体经济组织所有。

**第五十三条** 本市根据国家有关规定，促进和规范农村产权流转交易，建立统一公开、规范有序的流转交易服务平台，实行一网交易，加强服务和监督管理，推动城乡要素平等交换、双向流动。

**第五十四条** 市、相关区人民政府应当加强农村集体经济发展平台建设，提升农村集体资金、土地、项目等资源要素的统筹能级。

本市鼓励农村集体经济组织盘活利用集体资源资产，引导村集体经营项目向各类产业园区集中；支持农村集体经济组织购置有增值潜力的商务楼宇、参与开发建设产业园区等，推动农村集体经济转型升级。

农村集体经济组织可以整合利用集体积累资金、政府扶持资金等，通过入股或者参股农业产业化龙头企业、村与村合作、村企联手共建等多种形式发展集体经济。

农村集体经济组织可以利用农村依法建造的宅基地农民房屋、村集体用房、闲置农房、闲置集体用地等，发展乡村产业。

**第五十五条** 市、相关区人民政府应当创新财政扶持方式，灵活用好财政直接补助、先建后补、以奖代补等措施，支持和保障农村集体经济高质量发展。

本市支持金融机构创新促进农村集体经济发展的金融产品和服务，拓宽有效担保物范围，探索开发以生产经营设备设施、集体经营性建设用地使用权、集体物业资产、资产资源收益权、应收账款等作为抵押或者质押财产的贷款产品。

**第五十六条** 本市鼓励农村集体经济组织参与农村中小型项目。在同等条件下，可以优先安排具备条件的农村集体经济组织实施农村生产生活基础设施建设项目和乡村公益性服务项目，国家和本市另有规定的除外。

## 第九章 保障措施

**第五十七条** 市、相关区人民政府应当建立健全乡村振兴战略财政投入优先保障和持续增长机制，确保投入力度不断增强、总量持续增加，与乡村振兴目标任务相适应。

本市设立乡村振兴专项资金，引导市、区两级相关资金共同加强对乡村振兴领域的支持，重点加大对农业绿色生产、生态资源保护、农产品质量安全、农村人居环境、农民集中居住等重点领域和薄弱环节支持力度。

本市完善市对相关区转移支付分配机制，加大生态补偿等转移支付力度，重点向远郊纯农地区、生态保护区域、经济相对薄弱地区倾斜。

市、相关区人民政府应当按照国家规定，调整完善土地出让收入使用范围，优先支持乡村振兴，提高农业农村投入比例，重点用于高标准农田建设、现代种业提升、农村人居环境整治、村庄公共设施建设和管护等方面。土地出让收益用于农业农村的具体规定，由市人民政府制定。

市、相关区人民政府应当建立健全涉农资金统筹整合长效机制，优化资金配置，强化财政资金监督管理，全面实施预算绩效管理，提高财政资金使用效益。

**第五十八条** 本市支持以政府引导、市场参与等多种形式设立乡村振兴基金，重点支持乡村产业发展和公共基础设施建设。

本市完善政策性农业信贷担保体系，持续扩大担保业务覆盖面。财政出资设立的政策性农业信贷担保机构，应当主要为从事农业生产和与农业生产直接相关的农业经营主体、社会化服务组织以及产业融合的乡村新业态服务。

本市鼓励和支持金融机构创新金融产品和服务，推出更多免担保、低利率、可持续的惠农金融产品，创新农民专业合作社、家庭农场、种养大户、小微农业企业等农业经营主体和农业社会化服务组织流动资金贷款服务模式，探索拓展专项债券、票据、公司债券、证券、期货等金融资源服务乡村振兴。

本市建立多层次农业保险体系，全面提升保险服务质量和保障能力。完善政策性农业保险，推进农业保险模式创新，支持发展地方特色险种；鼓励商业性保险公司开展农业保险业务，拓宽保险服务领域，为农民、农村集体经济组织等提供保险服务。支持农民和农业经营主体开展互助合作保险。

**第五十九条** 本市鼓励社会资本参与乡村振兴，农业农村部门应当制定农业农村项目投资指南，引导社会资本通过多元化投融资渠道，投资乡村振兴重点项目。

**第六十条** 市、相关区人民政府应当推进节约集约用地，支持乡村地区开展全域土地综合整治，整体推进农用地和建设用地整理、生态保护修复和各类国土空间开发活动，提高土地使用效率。依法采取措施盘活农村存量建设用地，激活农村土地资源，完善农村新增建设用地保障机制，满足乡村产业、公共服务设施和农民住宅用地合理需求。

本市应当重点保障乡村产业用地，编制相关区、乡镇国土空间规划时，应当安排不少于百分之十的建设用地指标；制定土地利用年度计划时，应当安排至少百分之五新增建设用地指标。

本市加大设施农业用地保障力度，合理确定各类设施农业用地规模，优化备案程序，建立长效机制，促进现代农业健康发展。

村民住宅建设用地计划指标实行单列管理。

**第六十一条** 农村村民建房、公共服务设施建设以及集体经济组织自办或者以土地使用权入股、联营等方式与其他单位共办乡村产业项目的，可以依法使用集体建设用地。

经规划确定为工业、商业等经营性用途，符合产业准入和生态保护要求并依法登记的集体经营性建设用地（除商品住宅外），可以通过出让、出租等方式交由单位或者个人在一定年限内有偿使用。

本市按照国家统一部署，依法有序推进集体经营性建设用地入市。市、相关区人民政府应当在土地利用年度计划中对集体经营性建设用地入市作出合理安排。集体经营性建设用地入市收益分配应当符合国家有关规定。

**第六十二条** 本市依法推进农村宅基地制度改革，落实宅基地集体所有权，保障宅基地农户资格权和农民房屋财产权，按照国家规定适度放活宅基地和农民房屋使用权。

本市开展宅基地资格权认定、不动产登记颁证和宅基地统计管理工作。禁止违法违规买卖、利用宅基地。

农村村民住宅建设依法落实"一户一宅"要求，严格执行规定的宅基地标准，不得随意改变，注意分户的合理性，做好与户籍管理的衔接，不得设立互为前置的申请条件。

农村集体经济组织及其成员利用闲置宅基地和闲置农房发展乡村产业的，符合规定的宅基地上房屋可以登记作为市场主体的经营场所。

**第六十三条** 本市建立推进乡村振兴激励机制，对在乡村振兴促进工作中作出显著贡献的单位和个人，按照国家和本市有关规定给予褒扬和奖励。

## 第十章 崇明世界级生态岛建设

**第六十四条** 本市围绕建设崇明世界级生态岛的战略目标，在空间管控、用地管理、产业融合、社会发展、人才支撑等方面加强政策支持，进行制度创新，推进崇明岛乡村振兴工作。

本市支持崇明岛深化国家全域旅游示范区建设，打造世界级休闲旅游度假岛。

**第六十五条** 本市科学规划崇明岛生态保护空间和经济社会发展空间，统筹优化设定滩水林田湖等生态保护指标。

本市支持在崇明岛大力发展绿色能源，构建现代能源体系和绿色低碳循环发展的经济体系。

本市支持崇明区建立生态系统碳汇监测评估体系，推动生态资源向生态价值实现转化。支持崇明区开展碳达峰碳中和示范试点。

本市支持崇明区建立一体化生态环境监测网络，构建温室气体排放和生物多样性保护监测体系，提升生态环境监测预警能力，实现滩水林田湖精准管控。

**第六十六条** 本市支持支柱型、功能型、聚集型的乡村振兴重大生态产业项目优先布局崇明。强化生态赋能，大力发展"康""养""体""游"等特色产业，拓展康复医疗、养老养生、文体旅游、总部经济等业态，提升乡村振兴产业发展能级，打造长江三角洲区域生态产业新高地。

本市推进崇明农业科技园区建设，支持在崇明岛发展特色种源产业，建立长江流域特色种质资源库，加大特色种质资源保护力度，推进绿色高效种养业，提升农产品精深加工业，引导农产品全链条开发利用。

**第六十七条** 本市支持崇明岛乡村振兴发展相关空间规划和土地管理工作。

本市建立并完善与崇明世界级生态岛乡村振兴建设任务相匹配的多元化投入机制。

## 第十一章 监督管理

**第六十八条** 本市依法加强农业、乡村的年度统计工作，健全科学统计指标体系，改进统计调查方法，提高统计科学性，准确、及时反映乡村振兴战略实施情况，为制定乡村振兴政策提供支撑。

**第六十九条** 本市设立乡村振兴指数，建立完善乡村振兴促进工作评价机制，加强评价成果应用。评价工作可以委托第三方专业机构开展。

**第七十条** 市、相关区人民政府应当对本级相关部门和下级人民政府的乡村振兴年度实施情况进行考核，将考核结果作为相关单位及其负责人综合考核评价的重要内容。

**第七十一条** 各级人民政府应当每年向上一级人民政府报告乡村振兴促进工作情况。市、相关区人民政府定期对下一级人民政府乡村振兴促进工作情况开展监督检查。

市、相关区发展改革、财政、农业农村、审计等部门应当按照各自职责对农业农村优先投入、专项资金使用和绩效等情况实施监督，发现存在问题的，依法予以处理。

**第七十二条** 市、相关区人民政府应当向本级人民代表大会或者其常务委员会报告乡村振兴促进工作情况。乡镇人民政府应当向本级人民代表大会报告乡村振兴促进工作情况。

市、相关区人民代表大会常务委员会应当

通过听取和审议专项工作报告、开展执法检查等方式，加强对本条例执行情况的监督。

市、相关区人民代表大会常务委员会应当充分发挥各级人大代表作用，组织人大代表围绕乡村振兴促进工作开展专项调研和视察等活动，汇集、反映人民群众的意见和建议，督促有关方面落实乡村振兴促进工作。

**第七十三条** 各级人民政府及其有关部门在乡村振兴促进工作中不履行或者不正确履行职责的，依法追究责任，对直接负责的主管人员和其他责任人员依法给予处分，构成犯罪的，依法追究刑事责任。

## 第十二章 附 则

**第七十四条** 街道办事处履行乡村振兴促进工作相关职责的，适用本条例关于乡镇人民政府的规定。

**第七十五条** 本条例自2022年9月1日起施行。

# 上海市浦东新区文物艺术品交易若干规定

（2022年8月27日上海市第十五届人民代表大会常务委员会第四十三次会议通过）

**第一条** 为了规范与促进浦东新区文物艺术品交易，推动上海国际文物艺术品交易中心建设，提升城市软实力，根据有关法律、行政法规的基本原则，结合浦东新区实际，制定本规定。

**第二条** 本规定适用于在浦东新区开展的文物艺术品交易活动。

**第三条** 本市坚持守正创新、扩大开放、交流互鉴、科学监管的原则，推动文物艺术品市场高水平开放、高质量发展。

从事文物艺术品交易活动，应当遵守文物保护和艺术品经营有关法律、法规、规章的规定，不得交易国家禁止买卖的文物艺术品，不得将国家禁止出境的文物转让、出租、质押给外国人或外国组织。

**第四条** 市人民政府应当加强与国家有关部门的协作，建立健全本市促进文物艺术品市场发展的综合协调机制，统筹协调文物艺术品市场发展中的重大事项。

浦东新区人民政府应当建立促进文物艺术品市场发展的工作机制，制定配套政策，落实支持措施，依托区域制度基础、开放优势和资源条件，推动文物艺术品交易集聚化、规模化发展。

**第五条** 市文物行政管理部门负责统筹推进本市文物艺术品市场发展，依法实施相关监督管理工作。

浦东新区文物行政管理部门负责制定并实施本行政区域有关促进文物艺术品市场发展的制度、规划和标准，依法实施具体监督管理工作。

市和浦东新区文化旅游、商务、市场监管、经济信息化、公安、人力资源社会保障等部门以及海关、外汇管理部门按照各自职责，做好促进文物艺术品市场发展的相关服务保障与监督管理工作。

**第六条** 本市在浦东新区设立上海国际文物艺术品交易服务中心（以下简称服务中心），为文物拍卖经营活动和艺术品交易提供场所、设施、鉴定等服务。

服务中心依法取得文物拍卖许可证，接受市文物行政管理部门的监督管理，并依法承担相应的法律责任。

服务中心的管理办法由市文物行政管理部门另行制定。

**第七条** 具备相应的资金、人员、技术等条件的拍卖企业可以通过服务中心开展文物拍卖经营活动。

服务中心对拍卖企业实行名单制管理，配合相关行政管理部门对其进行监督管理。拟列入、移出的拍卖企业名单应当由服务中心报市文物行政管理部门审核同意。列入名单的拍卖企业通过服务中心以自己的名义开展文物拍卖经营活动。

通过服务中心开展文物拍卖经营活动的拍卖企业不得从事文物购销经营活动。服务中心不得允许文物商店通过其开展文物拍卖经营活动。

服务中心应当履行下列管理责任：

（一）制定相关交易规则及管理规范，明确开展文物拍卖经营活动和艺术品交易的条件、范围与要求，以及各方的权利义务、违反相关规定的处理措施等；

（二）配合相关行政管理部门做好监督管理工作，建立内控内审机制，发现交易国家禁止买卖的文物艺术品以及其他违法经营行为的，应当立即制止并向相关行政管理部门报告；

（三）对在提供服务中获悉的个人信息、商业秘密等，应当依照法律法规和协议约定予以保密；

（四）其他应当履行的管理责任。

**第八条** 通过服务中心开展文物拍卖经营活动的拍卖企业应当在拍卖文物前，将拟拍卖标的报经服务中心内部审核通过后，由服务中心将拟拍卖标的整场报市文物行政管理部门审核，不得瞒报、漏报、替换标的，或者以其他方式逃避文物拍卖标的审核。未经市文物行政管理部门审核同意的，不得对文物拍卖标的进行宣传、预展和拍卖。

服务中心的报审材料应当包含服务中心文物拍卖专业人员签署的标的征集鉴定意见。服务中心和拍卖企业应当对报审材料的真实性、准确性和完整性负责。

**第九条** 市文物行政管理部门受理文物拍卖标的审核申请后，应当按照国家有关文物拍卖标的审核规定，严格组织开展实物审核，于二十个工作日内办理审核批复文件，并同时报国务院文物行政管理部门备案。

下列物品不得作为文物拍卖标的：

（一）依照法律应当上交国家的出土（水）文物，以出土（水）文物名义进行宣传的标的；

（二）被盗窃、盗掘、走私的文物或者明确属于历史上被非法掠夺的中国文物；

（三）公安、海关、市场监管等执法部门和人民法院、人民检察院依法没收、追缴的文物，以及银行、冶炼厂、造纸厂、废旧物资回收单位拣选的文物；

（四）国有文物收藏单位及其他国家机关、部队和国有企业、事业单位等收藏、保管的文物，以及非国有博物馆馆藏文物；

（五）国有文物商店收存的珍贵文物；

（六）国有不可移动文物及其构件；

（七）涉嫌损害国家利益或者有可能产生不良社会影响的标的；

（八）其他法律法规规定不得流通的文物。

**第十条** 通过服务中心报审的文物拍卖活动结束后三十日内，服务中心应当将拍卖记录报市文物行政管理部门备案。市文物行政管理部门应当按照有关规定，将文物拍卖记录报国务院文物行政管理部门。

服务中心和拍卖企业应当对备案材料的真实性、准确性和完整性负责。

**第十一条** 文物临时进境，应当向海关申报，并报文物进出境审核机构审核、登记。除经海关和文物进出境审核机构批准外，临时进境文物在境内滞留时间不得超过六个月。

经国务院文物行政管理部门授权，中国（上海）自由贸易试验区保税区内的临时进境文物滞留时间满六个月，需要延长期限的，携运人应当在期限届满十个工作日前向国家文物进出境审核上海管理处书面申请延期复出境，每次延期不得超过六个月。滞留时间每累计满二年再次申请延期复出境的，携运人应当在期限届满十个工作日前向国家文物进出境审核上海管理处办理实物审核手续。

未按照规定申请延期复出境的临时进境文物，再次出境时，依照文物出境审核标准和程序进行审核。

**第十二条** 海关特殊监管区域内的企业可以按照国家和本市有关规定，在海关特殊监管区域外开展文物艺术品保税展示交易活动。

鼓励有条件的文物艺术品经营单位通过电子商务新业态、新模式，开展文物艺术品在线展示、交易、定制服务等活动。对依法开展的在线文物拍卖活动，市文物行政管理部门应当通过“一网通办”、告知承诺等方式简化拍卖标的审核流程，提高审核效率。

**第十三条** 本市加强文物鉴定等各类专业人才培养，支持文物经营单位的专业人员参加文物博物专业技术人员职称评定。本市社会文物行业协会应当定期举办文物鉴定专业技术培训，对考核合格的人员颁发合格证书。

申请文物商店设立许可或者文物拍卖许可证的，取得合格证书并达到相应专业技术能力的人员视同符合条件的文物博物专业技术人员。

文物鉴定专业技术人员培训、考核、惩戒的管理办法由市文物行政管理部门另行制定。

**第十四条** 浦东新区人民政府应当在文化领域专项资金中作出专门安排，用于促进文物艺术品市场发展。

浦东新区人民政府应当为符合相关条件的文物艺术品专业技术人员，落实有关支持和保障政策，提供便利服务。

浦东新区应当采取措施，鼓励各类金融机构为文物艺术品交易提供专项金融服务方案。

**第十五条** 市文物行政管理部门应当建立文物市场信用监管平台，并与本市公共信用信息服务平台对接。市和浦东新区文物行政管理部门应当根据文物经营单位的许可、备案、日常监督检查结果、违法行为查处以及企业公共信用综合评价等情况，确定其信用等级，并作为实施差别化分类监管的依据。对信用等级较高的，建立相应的激励机制；对信用等级较低的，加强监督检查力度，依法实施警示、惩戒。

市和浦东新区文化旅游、文物行政管理部门应当开展日常巡查、随机抽查和专项检查，并会同商务、市场监管、经济信息化、公安、海关、外汇管理等部门建立联合监管机制，强化工作协同和信息共享，加强文物艺术品市场事中事后监管，确保文物安全和文物艺术品市场健康规范有序发展。

**第十六条** 有下列情形之一的，由相关主管部门依法处理；构成犯罪的，依法追究刑事责任：

（一）交易国家禁止买卖的文物艺术品，或者将禁止出境的文物转让、出租、质押给外国人或外国组织的；

（二）文物商店从事文物拍卖经营活动，或者经营文物拍卖的拍卖企业从事文物购销经营活动的；

（三）未按照国家有关规定进行文物拍卖标的审核或者文物交易记录备案的；

（四）其他违反有关法律、法规规定的行为。

**第十七条** 服务中心未履行本规定第七条规定的相关管理责任，或者允许文物商店通过其开展文物拍卖经营活动的，由市文物行政管理部门责令改正，可以处一万元以上十万元以下的罚款；情节严重的，处十万元以上五十万元以下的罚款，责令停业整顿或者吊销文物拍卖许可证。

**第十八条** 本规定自2022年10月1日起施行。

# 上海市促进人工智能产业发展条例

（2022年9月22日上海市第十五届人民代表大会常务委员会第四十四次会议通过）

## 第一章 总 则

**第一条** 为了促进人工智能产业高质量发展，强化新一代人工智能科技创新策源功能，推动人工智能与经济、生活、城市治理等领域深度融合，打造人工智能世界级产业集群，根据有关法律、行政法规，结合本市实际，制定本条例。

**第二条** 本条例所称人工智能，是指利用计算机或者计算机控制的机器模拟、延伸和扩展人的智能，感知环境、获取知识并使用知识获得最佳结果的理论、方法、技术及应用系统。

本条例所称人工智能产业，是指人工智能技术研发和应用所涉及的软硬件产品开发和生产、系统应用、集成服务等，包括关键基础元器件产业、智能软件产业、智能终端产业；以及人工智能技术在经济、生活、城市治理等领域融合应用带动的相关行业。

**第三条** 本市行政区域内从事人工智能科技创新、产业发展、应用赋能与产业治理等活动，适用本条例。

**第四条** 本市人工智能产业发展应当坚持以人为本、科技向善、创新驱动、市场主导的原则，建设开放生态融通、创新集群活跃、超级场景泛在、敏捷治理安全的人工智能产业体系，建成具有国际影响力的人工智能“上海高地”。

**第五条** 市人民政府应当加强对本市人工智能产业发展工作的领导，组织编制人工智能产业发展规划，并纳入国民经济和社会发展规划，指导、协调解决人工智能科技创新、产业培育、应用场景建设和产业生态建设中的重大问题。

区人民政府应当按照全市总体要求和部署，做好本行政区域内人工智能产业发展相关工作，加强人工智能场景应用推广、产业生态建设。

乡镇人民政府、街道办事处应当加强人工智能技术应用，提升基层服务和治理的智慧化水平。

**第六条** 市经济信息化部门是本市人工智能产业主管部门，负责规划、实施、协调和推动人工智能产业发展工作。

市发展改革部门统筹协调人工智能产业重大项目和基础设施建设。

市科技部门支持人工智能前沿基础理论及关键技术研发和创新，推动重大科技创新基地建设，推进人工智能技术治理等。

市网信部门统筹协调人工智能产业发展中的网络安全与信息化工作，负责相关网络信息内容治理和监督管理等工作。

市市场监管部门负责人工智能产业计量、标准、检验检测、认证认可、相关产品质量监督等工作。

市国资监管、人力资源社会保障、教育、卫生健康、财政、统计、国家安全等部门在各自职责范围内，制定相关政策措施，推动人工智能产业发展相关工作。

**第七条** 市人民政府设立由高等学校、科研机构、企业和其他组织等专家组成的市人工智能战略咨询专家委员会，为本市人工智能产业发展重大战略、重大决策提供咨询意见。

**第八条** 人工智能行业协会及其他人工智能相关行业组织（以下统称行业组织），应当依法维护会员合法权益，推动人工智能技术研发、推广，促进产业协同，加强行业自律，开展行业统计监测，制定标准规范等，促进行业有序发展。

**第九条** 本市鼓励公民、法人和其他组织在人工智能领域开展各项创新活动，法律、法规以及国家和本市相关规定明确禁止事项除外。市经济信息化部门会同有关部门探索建立人工智能科研、应用等领域的负面清单。

**第十条** 本市推动长江三角洲区域（以下简称“长三角”）人工智能产业协同融合发展，探索共同推进跨区域人工智能产业发展规划衔接、技术标准互认、关键领域测试数据共享互认、基础设施建设成本分担和利益共享等工作。

本市拓展与国内其他区域的人工智能产业合作。

**第十一条** 本市深化国际合作，依托中国国际进口博览会、世界人工智能大会等会展活动，组织和引进人工智能相关国际高水平学术会议、联合创新机构等，为相关主体参与人工智能产业发展与治理提供国际合作平台。

本市支持企业、高等学校、科研机构和其他组织在人工智能基础研究、技术开发、产业发展、标准制定、人才培养等方面加强国际合作。

**第十二条** 本市推动人工智能领域科学技术普及工作，通过广播、电视、报刊和互联网等媒体宣传人工智能产业新进展、新成效，加强人工智能领域伦理安全和社会价值观引导。

## 第二章　基本要素与科技创新

### 第一节　基本要素

**第十三条** 市经济信息化、发展改革等部门应当加强算力基础设施规划，推动公共算力基础设施建设，促进算力基础设施绿色低碳发展，支持相关主体开展基于自主研发人工智能专用计算架构的算力基础设施建设与开放应用。

市经济信息化部门应当会同市发展改革、科技等部门制定公共算力资源供给办法，推动公共算力资源平台建设与利用，加强算力科学调度，通过算力奖励等方式，为人工智能技术与产业发展提供公共算力支持，保障中小企业获得普惠的公共算力。

本市鼓励相关主体参与算力基础设施建设，开展算力资源市场化交易，引导各行业合理有序使用算力资源，提升算力基础设施利用效能。

**第十四条** 本市按照国家部署实施“东数西算”工程，协同长三角其他省市打造全国一体化大数据中心体系长三角国家枢纽节点，优化数据中心基础设施建设布局，提升数据中心跨网络、跨地域数据交互能力，引导数据中心集约化、规模化、绿色化发展，保障人工智能产业发展算力需求。

**第十五条** 本市支持算法创新，通过政策支持、平台构建等方式，推动相关主体开展算法研发，实现算法可信化、硬件化、模块化、系统化和平台化，促进算法模型创新开发、应用推广。

市经济信息化部门应当支持相关主体建设、运营针对自主技术的开源平台、开源社区和开源项目等，推进开源软件项目合规应用，加速商业化培育，形成健康的开源开放生态。

**第十六条** 本市推动算法模型交易流通。市经济信息化部门会同相关部门指导行业组织制定人工智能算法模型推荐目录，降低算法模型交易风险，提高算法模型交易效率。

本市鼓励企业或者第三方机构开展算法模型检测与评估。对涉及公共利益的算法模型，鼓励相关主体主动向市经济信息化等有关主管部门提交评估报告，并采取公众可理解的方式对算法的基本原理、目的意图等进行说明。

本市加强对算法模型的保护，促进算法模型合法应用与推广。市经济信息化部门会同相关部门围绕与人工智能有关的数据集、算法设计、模型训练等，对经检测评估的算法模型开展备案制度探索。

本市鼓励行业组织制定算法协同创新合作指引，完善算法模型交易流通中的利益分享机制。

**第十七条** 本市推动人工智能领域高质量数据集建设。支持相关主体将数据与行业知识深度融合，开发数据产品，服务算法设计、模型训练、产品验证、场景应用等需求。

本市鼓励相关主体开展大数据与人工智能技术协同研发，研制数据标注的专业工具和系列标准，建设面向人工智能训练的大数据实验室，构建大规模人工智能数据资源库。

市经济信息化部门应当会同相关部门开展人工智能产业数据资源调查，加强对重点领域、重点企业可用数据资源梳理，汇总行业重点数据资源，促进人工智能产业发展。

**第十八条** 本市依托公共数据开放机制，在经济发展、民生服务、城市治理等领域建立公共数据动态开放清单，在生命健康、自动驾驶等领域推动公共数据分类分级有序开放，扩大面向人工智能产业的公共数据供给范围。支持相关主体单独或者联合申请公共数据开放，保障中小企业、个人开发者等公平使用开放数据。

本市支持人工智能企业对人工智能应用中生成的数据进行开发使用，鼓励企业通过上海数据交易所开展相关数据产品的交易，合法合规创造数据价值、分配数据增值收益，推动人工智能产业数据流通交易。

### 第二节 科技创新

**第十九条** 市人民政府及其有关部门应当制定政策，鼓励高等学校、科研机构和企业等开展面向人工智能领域重大科学前沿问题的基础理论研究和关键共性技术研发。

本市支持高等学校、科研机构和企业等开展人工智能相关跨学科交叉领域的研究，承担重大科技和产业创新专项。

**第二十条** 市人民政府及其有关部门应当加强对人工智能重大科技基础设施、重大科研平台的支持力度，服务和推动相关国家实验室创新发展、全国重点实验室能力提升，支持高等学校、科研机构和企业等所属人工智能研究机构的建设。

**第二十一条** 高等学校、科研机构和企业等可以采取多种方式设立新型研发机构，探索与人工智能快速迭代特点相适应的研发、试验、应用一体化模式，运用市场机制集成人工智能先进技术和优质资源，开展研究开发、创新人才培育、成果应用与推广等活动。

**第二十二条** 本市鼓励高等学校、科研机构和企业等开展人工智能全领域创新和自主研发，支持开发研制核心系统和关键软硬件，实现前沿技术及其应用在底层接口、共性算法和数据处理协议等领域的自主可控。

**第二十三条** 本市鼓励高等学校、科研机构、企业等面向社会开放人工智能领域大型科学仪器设施。

市经济信息化、科技部门应当会同相关部门完善人工智能领域大型科学仪器设施开放共享激励机制。

**第二十四条** 本市加大在战略性新兴产业项目中对人工智能产业技术创新的布局，加大在产业高质量专项中对人工智能产业技术创新、产业基础再造和产业示范应用的支持。

市科技部门应当在本市重大科技创新项目中设立人工智能专项，支持开展人工智能技术的基础理论以及核心技术研究。

**第二十五条** 本市推动科研项目立项和组织管理方式改革，赋予人工智能创新团队和领军人才更大技术路线决定权和经费使用权，支持对承担人工智能重大科技攻关任务的科研人员采取灵活的薪酬制度和奖励措施。

本市探索赋予科研人员人工智能领域职务科技成果所有权或者长期使用权。

**第二十六条** 本市建立有利于促进人工智能领域科技成果转化的激励机制，推动相关主体开展科技成果转化合作，支持高等学校、科研机构科研人员离岗创业、在岗创业或者到企业兼职从事科技成果转化，鼓励设立各类人工智能领域科技成果转化专业服务机构。

## 第三章 产业发展

### 第一节 一般规定

**第二十七条** 本市应当为人工智能企业提供良好发展环境，采取措施完善人工智能软硬一体化生态建设，强化人工智能企业集聚，建立健全人工智能产业链。

**第二十八条** 市人民政府及有关部门应当制定措施，引进国内外人工智能龙头企业在本市建立总部机构、拓展新兴业务；对于拥有较强创新能力的龙头企业，强化投融资、研发、人才、市场等政策支持，提升企业核心技术水平和业务能力，培育世界级科技领军企业。

本市引进国内外一流研究机构和人才团队，孵化培育人工智能创业企业。

**第二十九条** 本市支持人工智能龙头企业开放人工智能操作系统、算法框架、共性技术和数据资源，带动产业链上下游协同发展，构建人工智能产业生态。

**第三十条** 本市打造人工智能特色产业园区，加强项目引进力度，促进产业集聚发展。

本市鼓励人工智能特色产业园区在人才引进、知识产权保护、上市辅导、投融资对接、租金减免等方面提供服务。

市经济信息化等部门可以按照有关规定，对特色产业园区的智能化程度开展评估。

**第三十一条** 本市统筹各类专项资金，对人工智能基础研究、技术创新、成果转化、示范应用、人才引进和重要国际合作交流予以支持。对于获得市级资金支持的企业、机构或者项目，各区可以给予相应配套支持。

市、区财政部门聚焦人工智能智能芯片首轮流片、人工智能首台（套）重大技术装备、人工智能首版次软件应用、人工智能首版次软件产品等新技术、新产品，对符合条件的创新项目加强专项支持，探索开展贷款贴息等支持方式。

本市鼓励人工智能研发投入，企业可以将人工智能产品和技术的创新成本列入研发费用，按照国家规定实行加计扣除。

**第三十二条** 市、区有关部门对符合产业发展导向的人工智能重点项目，可以按照有关规定对用地性质、容积率、建筑高度等予以支持，在算力能耗指标、终端通讯频谱资源、项目电力容量接引等方面予以优先保障。

**第三十三条** 本市通过风险投资、创业投资基金及资本市场融资等多种渠道，引导社会资本支持人工智能产业发展。

本市鼓励国有资本参与人工智能产业投资，市国资监管部门根据国家和本市有关规定，建立健全适应人工智能产业发展的国资监管制度。本市通过设立人工智能产业基金等政府性基金，发挥产业投资引导资金作用，调动各类社会资源，重点支持人工智能领域早期项目和初创型高成长性企业。

市地方金融监管、经济信息化部门应当支持符合条件的人工智能企业在科创板等资本市场上市融资。

本市鼓励银行等金融机构为人工智能企业提供专项贷款支持。

**第三十四条** 本市鼓励高等学校设立人工智能相关学科和交叉学科，支持企业、高等学校和科研机构共建产教融合育人基地，加强复合型人才培养。

本市应当完善人工智能领域人才评价标准，推动人工智能工程技术人员中、高级职称评审以及人工智能训练师考评等工作；探索引入、融合国际化人工智能领域职业培训项目，实施数字技术工程师培训和评价。

市经济信息化部门应当会同市人力资源社会保障等部门将人工智能领域的高层次、高技能以及紧缺人才纳入人才政策支持范围，在户籍和居住证办理、住房、医疗保障、子女就学等方面提供便利。

**第三十五条** 本市加强人工智能领域的知识产权保护，健全人工智能领域技术创新、知识产权保护和标准化互动支撑机制，推动人工智能创新成果的知识产权化，促进人工智能新技术应用推广；根据国家和本市有关规定，支持将人工智能领域相关专利申请列入专利快速审查与确权服务范围，完善人工智能领域知识产权的协作保护、快速维权和海外维权制度。

**第三十六条** 本市鼓励相关保险机构按照国家规定开发适应人工智能产业特点的保险产品，覆盖产品研发、生产、销售、应用等全周期经营活动。

本市支持相关主体在应用人工智能产品和服务时购买相关保险产品。

**第三十七条** 市人民政府及有关部门应当支持本市人工智能企业与相关行业组织在人工智能国家标准、行业标准、地方标准制定中发挥引领作用，参与算法性能、数据安全、隐私保护、产品兼容性、性能测试等方面技术标准的制定。

市市场监管部门应当根据本市人工智能产业发展实际，制定人工智能地方标准，指导市人工智能标准化技术委员会加强相关地方标准技术归口工作。市市场监管、经济信息化等部门应当引导人工智能企业与相关行业组织先行研究制定与人工智能相关的企业标准、团体标准。经自愿申请和第三方机构评价，符合国内领先、国际先进要求的，可以在标准文本上使用人工智能“上海标准”的专门标识。

**第三十八条** 本市建立人工智能产业统计分类体系。市统计部门应当会同市经济信息化部门制定人工智能产业统计分类标准，开展人工智能产业统计调查和监测分析，为评估行业发展态势、制定政策措施等提供支撑。

## 第二节 重点促进

**第三十九条** 本市应当根据全球人工智能技术和产业发展趋势，结合本市产业优势和发展基础，通过加大政策支持、建设创新体系、推动集群发展等方式，促进基础硬件、关键软件、智能产品等方面高质量发展。

**第四十条** 本市支持相关主体开展基于先进架构的高效能智能芯片设计创新，研制云端芯片和云端智能服务器，布局类脑芯片，强化软硬件协同适配，支持联合建设研发测试和应用平台，加强技术协同和芯片架构互联互通，提升智能芯片产品和技术竞争力，培育智能芯片应用生态体系。

市发展改革、经济信息化部门应当推动自主技术智能芯片在算力基础设施等重大项目中的应用。

**第四十一条** 本市支持相关主体加强人工智能框架软件的研发和应用，研制引擎框架工具体系，深化人工智能框架与平台应用，强化人工智能框架软件和芯片等硬件相互适配、性能优化和应用推广。

本市支持相关主体开发人工智能系统软件，开发推广机器自我学习系统，鼓励相关主体开发面向智能产品的操作系统，促进各类应用功能开发。

**第四十二条** 本市推动智能机器人软硬件系统标准化和模块化建设，支持培育智能机器人系统集成商，鼓励相关企业、产品使用方与金融机构采用产品租赁、服务采购等方式，拓展智能机器人应用场景。

市经济信息化、市场监管部门应当推动行业组织制定机器人智能化水平分级、应用安全测试等标准，引导智能机器人技术迭代，保障智能机器人的信息安全和使用安全。

**第四十三条** 本市支持开展智能网联汽车关键技术、操作系统、专属芯片和核心零部件的自主研发和产业应用。

本市支持相关主体根据有关规定，在本市公路（含高速公路）、城市道路（含城市快速路）以及特定区域范围内开展智能网联汽车测试、示范应用和示范运营。具体规定由市经济信息化、交通、公安等部门制定。

**第四十四条** 本市鼓励无人机产业发展，支持建设民用无人驾驶航空试验基地（试验区）、无人机起降点及通用机场、无人机运行管理服务平台，加强多部门协同监管，通过运行管理服务平台提供航路航线规划、电子围栏设置等服务，支持拓展无人机应用场景。

本市鼓励无人船产业发展，完善无人船电子航道测绘、智能航运通信等保障体系，在特定区域开展无人船航道测试。

**第四十五条** 本市支持相关主体开展人工智能医疗器械关键技术研发，在智能辅助诊断算法、手术定位导航、融合脑机接口等方面加强攻关突破；加强人工智能医疗器械注册审批相关指导服务，支持相关创新产品进入国家创新医疗器械特别审批程序；支持探索符合条件的人工智能医疗器械在临床应用中的收费模式。

## 第四章 应用赋能

### 第一节 一般规定

**第四十六条** 本市推动人工智能在经济、生活、城市治理等领域的规模化应用，加快数字化转型，鼓励各相关组织采用产品租赁、服务采购、系统集成、融资租赁等方式，利用人工智能技术和产品开展研发、制造、服务、管理等业务。

市经济信息化部门应当会同相关部门制定并定期更新人工智能示范应用清单，指导有关方面加强人工智能在经济、生活、城市治理等领域的应用。

本市国家机关、事业单位、国有企业和其他法律、法规授权的具有管理公共事务职能的组织应当率先落实人工智能示范应用清单，根据需要优化采购制度，健全交易机制，采购和使用安全、可靠的人工智能相关产品和服务。

**第四十七条** 本市推广人工智能领域创新产品和服务应用。对于符合条件的新产品和首发应用，按照相关政策给予支持。政府采购的采购人经依法批准，可以通过非公开招标方式，采购达到公开招标数额标准的创新产品。

市经济信息化部门会同市科技等部门将符合条件的人工智能产品和服务纳入本市创新产品推荐目录。

**第四十八条** 本市建立人工智能应用场景开放制度。市经济信息化部门应当建立完善相关激励机制，定期征集和发布应用场景需求和示范解决方案清单，搭建真实场景测试环境，促进场景培育、发现、实施和示范性场景推广。

参与人工智能应用的相关主体应当推动应用场景优化升级与持续运营。鼓励第三方服务机构、金融机构等多元主体参与人工智能场景建设和运营。

**第四十九条** 市有关部门应当组织行业组织等制定人工智能的应用成效评估方法，建立人工智能产品和应用的智能化水平评价机制，探索评估人工智能产品和应用的社会综合影响，推动人工智能深度应用与持续创新。

**第五十条** 浦东新区应当发挥人工智能创新应用先导区的作用，开展人工智能领域制度创新试点，加快人工智能、集成电路、生物医药等先导产业互促发展。

浦东新区应当探索建立算力、算法模型、高质量数据集等人工智能资产评估体系，推动相关行业组织等制定人工智能资产评估导则，构建人工智能资产评估指标，支持相关机构在浦东新区开展人工智能资产评估。

市有关部门和浦东新区人民政府根据国家和本市有关规定，在智能网联汽车商业化运营、人工智能医疗器械和人工智能辅助药物研发的技术攻关、无人机和无人船的测试与运营等领域加大创新试点力度。

### 第二节 经济应用

**第五十一条** 本市推动人工智能、信息技术与制造业深度融合创新，推动智能制造关键技术装备、核心支撑软件、工业互联网等系统集成应用。支持企业通过促进产业高质量发展专项政策开展技术改造升级，促进制造业数字化、智能化转型。

**第五十二条** 本市推动人工智能、大数据与金融业深度融合，推动金融业提升金融多媒体数据处理和理解能力，促进金融业智能化转型，开展智能金融产品和服务创新。

本市支持金融机构等市场主体应用智能投资顾问、智能客户服务、智能风险控制等人工智能技术和装备，提升金融风险智能预警和防控能力。

**第五十三条** 市有关部门支持企业应用基于人工智能的新型商务服务和决策系统，鼓励企业在商务领域开发应用跨媒体分析与推理、知识计算引擎等新技术，促进商务智能化转型。

**第五十四条** 市有关部门应当采取措施，促进货物管理、运输服务、场站设施等数字智能化升级，支持企业研发和推广应用智能化装卸搬运、分拣包装、加工配送等新兴智能物流装备，提升物流环节自动化、智能化水平。

### 第三节 生活应用

**第五十五条** 本市鼓励人工智能技术在互联网中的应用，推动人工智能提升信息搜索的匹配与可预测，拓展社交中的内容生产与人际交互方式，促进电子商务线上线下融合发展。

**第五十六条** 本市推动人工智能常态化融入教学、管理、资源建设等全流程应用，建立与智能时代相匹配的新型现代教育体系和创新人才培养体系；构建数字孪生学校，探索数字化实验、实训、场馆等应用建设；探索应用人工智能技术丰富教育资源供给，建设智能化开放教育资源平台。

本市鼓励教育机构、企业等在多种学习场景中提供智能化、精准化、个性化服务，助力智能教育生态环境建设。

**第五十七条** 本市推动人工智能在医疗领域应用创新，构建智能医疗基础设施，建立人工智能赋能医疗服务新模式，提升医疗技术创新能力，促进医疗领域智能化转型；支持医疗机构、企业等应用、开发人机协同的智能医疗系统，鼓励开发柔性可穿戴、生物兼容的智能生理监测系统。

**第五十八条** 本市推动人工智能应用提高城市养老品质，加大对城市养老基础设施智能化改造升级；鼓励相关主体采用人工智能技术、智能终端、数字化平台等，提供养老便民服务；鼓励相关主体开发智能化、适老化养老产品和服务。

### 第四节 城市治理应用

**第五十九条** 本市推动人工智能应用提升城市治理能力现代化水平，在政府信息化系统建设等方面加大人工智能技术的应用和投入。

本市加强政务服务"一网通办"和城市运行"一网统管"的融合建设，开发适用于政务服务和决策的人工智能平台，创新应用人工智能技术，对城市运行状态加强动态、智能、精准监测。

**第六十条** 本市加强智能化城市基础设施建设，推动视频图像、监测传感、控制执行等智能终端的科学部署，加强人工智能技术与物联网的应用融合，支持实现物理城市与数字城市的精准交互。

**第六十一条** 本市建设城市运行智能中枢，建立分布式、多中心城市数据中枢体系，推动实现跨部门、跨行业、跨地域的数据协同、技术协同、业务协同，鼓励开发面向数字城市不同应用场景的人工智能解决方案，建设城市数字孪生平台。

**第六十二条** 本市在城市治理中全面推进人工智能场景应用，围绕社区治理、公共安全、交通管理、应急管理、市场监管、生态环境保护、规划建设以及建筑玻璃幕墙管理等领域，深化人工智能全面应用，提升城市整体运行和决策效率，提高公共卫生等突发事件预防和应急处置能力。

**第六十三条** 本市支持建设智慧司法系统，整合数据应用、司法公开和动态跟踪等功能，促进人工智能在案件分流、证据收集、案例分析、法律文件阅读与分析等方面的应用，提升司法系统智能化水平。

## 第五章 产业治理与安全

**第六十四条** 本市坚持总体国家安全观，统筹人工智能产业发展与安全，保障产业链供应链安全。相关部门应当依法对人工智能应用开展安全检查和监管。

**第六十五条** 市人民政府及有关部门应当针对人工智能新技术、新产业、新业态、新模式，顺应人工智能快速迭代的特点，制定、修改或者废止相应的监管规则和标准，探索分级治理和沙盒监管，激发各类主体创新活力，拓展人工智能发展空间。

对高风险的人工智能产品和服务实行清单式管理，遵循必要、正当、可控等原则进行合规审查。对中低风险的人工智能产品和服务采用事前披露和事后控制的治理模式，促进先行先试。具体办法由市人民政府另行制定。

市有关部门可以就人工智能产业发展过程中的轻微违法行为等制定依法不予行政处罚清单，通过批评教育、指导约谈等措施促进公民、法人和其他组织依法合规开展生产经营活动。

**第六十六条** 本市设立人工智能伦理专家委员会，履行下列职责：

（一）组织制定人工智能领域伦理规范指南；

（二）指导高等学校、科研机构、企业和相关行业组织等开展人工智能领域伦理理论研究和探索，推动参与国内外人工智能领域伦理重大问题研讨和规范制定；

（三）推动人工智能企业探索建立伦理安全治理制度；

（四）对涉及生命健康、公共安全等重点领域人工智能应用的潜在风险开展评估；

（五）开展人工智能领域伦理咨询活动，为相关部门提供决策咨询服务；

（六）开展人工智能领域伦理安全教育和宣传。

**第六十七条** 相关主体开展人工智能研发和应用，应当遵守法律、法规规定，增强伦理意识，并不得从事下列行为：

（一）提供危害国家安全或者社会公共安全的产品和服务；

（二）提供危害用户人身或者财产安全、侵害个人隐私或者个人信息权益的产品和服务；

（三）提供因民族、种族、性别、年龄、职业和宗教信仰等歧视用户的产品和服务；

（四）利用算法技术实施价格歧视或者消费欺诈等侵害消费者权益的行为，实施垄断或者不正当竞争等行为；

（五）利用深度合成技术实施国家禁止的行为；

（六）其他违反有关法律、法规和公序良俗的行为。

**第六十八条** 利用生物识别技术提供服务的主体以及提供技术支持的主体（以下简称生物识别服务提供者），应当采取安全可控的技术保障措施，建立健全算法管理制度。市网信等部门应当对生物识别信息加强监管，监督指导生物识别服务提供者提供相关服务。

**第六十九条** 用人单位在使用人工智能技术辅助劳动纪律管理、劳动者工作调度、招聘和晋升决策等应用中，应当符合法律、法规和伦理规范，不得设置歧视性条件，保护劳动者合法权益。

**第七十条** 本市加强人工智能在教育、医疗、养老、抚幼、助残等领域的应用，提升老年人、残疾人、妇女、未成年人等特殊群体的生活品质。提供智能化公共服务的，应当充分考虑老年人、残疾人、妇女、未成年人等特殊群体需求，设置必要的替代方案。

## 第六章　附　　则

**第七十一条** 本条例所指的人工智能技术是国务院《新一代人工智能发展规划》列明的人工智能技术，包括机器学习、知识图谱、自然语言处理、计算机视觉、人机交互、生物特征识别、虚拟现实（增强现实）等关键技术。

**第七十二条** 本条例自 2022 年 10 月 1 日起施行。

# 上海市服务办好中国国际进口博览会条例

（2022 年 9 月 22 日上海市第十五届人民代表大会
常务委员会第四十四次会议通过）

## 第一章　总　　则

**第一条**　为了服务办好中国国际进口博览会（以下简称进口博览会），推进高水平开放与高质量发展，促进国际国内要素有序自由流动、资源高效配置、市场深度融合，推动共建创新包容的开放型世界经济，根据有关法律、行政法规，结合本市实际，制定本条例。

**第二条**　本市协同国家有关部门坚持高起点筹展、高标准组展、高质量办展，加强进口博览会服务保障能力，提升进口博览会全球影响力，推进进口博览会办出水平，办出成效，越办越好。

本市发挥进口博览会国际采购、投资促进、人文交流、开放合作的四大平台作用，赋能产业链、供应链建设，放大综合效应，推动实现国内国际双循环相互促进的新发展格局。

**第三条**　市人民政府应当完善与商务部、海关总署、市场监管总局等国家有关部门的部市合作机制，加强协作联动，促进进口博览会招商招展，推动政策创新推广，支持虹桥国际开放枢纽建设，深化共建与“一带一路”沿线国家和地区的经贸合作等。

**第四条**　市人民政府应当加强对本市服务办好进口博览会工作的领导，建立健全本市服务办好进口博览会议事协调机制，统筹协调重大事项和重点工作。各区人民政府应当按照市人民政府统一部署，做好进口博览会相关工作。

青浦、闵行、嘉定、长宁等区人民政府应当落实属地责任，健全本区服务保障进口博览会工作机制，做好本区相关服务保障工作。

**第五条**　市商务部门承担本市服务办好进口博览会议事协调机制办公室职能，负责日常工作，统筹协调有关部门落实进口博览会的各项阶段性工作和措施。

公安、交通、卫生健康、应急管理、绿化市容等部门和单位应当按照各自分工，做好服务办好进口博览会的相关工作。

**第六条**　市、区两级财政根据服务办好进口博览会的需要，按照事权与支出责任，安排相关经费予以保障。

各区人民政府可以根据本行政区域经济社会发展实际，安排相关经费用于支持放大进口博览会综合效应。

**第七条**　本市按照国家部署，加强与长江三角洲（以下简称长三角）有关省、市合作联动，完善进口博览会跨区域协同服务保障机制，做好安保、口岸通关、环保、交通等服务保障工作。

本市加强与全国各省、市在经济、贸易、人文等领域的合作交流，增强进口博览会开放联动效应。

**第八条**　本市对于在服务办好进口博览会工作中作出重大贡献的单位和个人，按照有关规定予以表彰、奖励。

## 第二章　支持办展办会

**第九条**　市、区人民政府及其有关部门应当配合国家明确的进口博览会承办单位（以下简称承办单位），聚焦重点领域，做好先进技术和产业的招展；支持本市企业、机构与承办单位开展合作招商办展，优化展商、展品结构。

市、区人民政府及其有关部门可以采取对接会、推介会等多种形式推广进口博览会；加强与境内外商会、行业协会和贸易投资促进机构的沟通协作，吸引境外企业、机构等参加进口博览会。

**第十条** 市商务部门牵头做好本市采购商的组织协调工作。市有关部门和各区人民政府应当根据各自任务分工，做好相关行业、区域的采购商组织、采购对接等工作，提升专业采购商比例。

**第十一条** 市商务部门应当支持承办单位做好展位布展规划工作。参展单位应当根据布展规划布置展位，展位布置应当符合安全、消防、环保等规定。

为进口博览会提供展位搭建、设计等服务的主体应当具备相应的资质或者条件，按照相关安全管理规定和技术规范标准提供服务。

**第十二条** 市人民政府应当协同做好虹桥国际经济论坛组织工作，发挥智库、行业协会、企业等社会各界力量，围绕全球开放前沿热点，开展虹桥国际经济论坛主题、议题设计，推动全球政、商、学界对话，将虹桥国际经济论坛打造成为国际一流高层次经济论坛。

本市根据虹桥国际经济论坛总体工作安排，配合国家有关部门做好论坛的服务保障工作，结合本市实际需要，组织筹办相关分论坛。

**第十三条** 本市支持有关部门、行业协会和企业等发挥各自优势，在进口博览会举办期间开展政策解读、对接签约、投资促进等各类配套活动。

本市支持举办国别（地区）城市推介会、商品周、文化周、文化集市和各类场外延展、品牌推介活动等，鼓励老字号、非物质文化遗产品牌等在进口博览会展示推介。

本市鼓励国际友好城市在进口博览会举办期间开展商品、文化、品牌等推介活动。

**第十四条** 本市践行绿色低碳理念，遵循减量化、再利用和再循环的原则，支持承办单位绿色办展，探索碳减排路径，推动进口博览会实现碳中和。

鼓励进口博览会参展单位、服务单位使用节能降耗器材设备、绿色原材料和低碳环保技术等，促进会展设备、设施循环利用。

**第十五条** 本市推进数字化赋能进口博览会，支持承办单位推动线上线下融合，拓展数字化应用场景，提升参展、参会的便利性和体验度。

本市有关部门应当支持做好场馆信息化基础设施建设，完善进口博览会网络平台建设，提高信息化运营的质量和效率。

**第十六条** 本市围绕进口博览会主题，利用新闻发布会、宣传片等形式宣传进口博览会，为进口博览会营造良好的舆论氛围。

新闻出版、广播电视、文化旅游等部门和单位应当发挥各自优势，加强对进口博览会的宣传推广。

## 第三章 服务与保障

**第十七条** 本市根据国家规定，对受邀参加进口博览会的境外展客商等人员，在来华邀请、出入境边防检查和停居留等方面，提供相应的便利化服务；对载运进口博览会展览品的船舶等交通工具，在进出口岸、交通组织、信息服务等方面，提供相应的便利化服务。

**第十八条** 本市动员社会各方力量，组织志愿者为进口博览会提供现场咨询、参观指引、翻译等志愿服务。

本市有关部门应当做好进口博览会志愿者招募、培训、管理、嘉许等工作，依法保障志愿者权益。

**第十九条** 本市应当优化进口博览会举办期间的交通布局，鼓励集约出行和公交优先，为进口博览会参展、参会人员提供安全、有序、方便、快捷的交通出行服务。

市公安、交通等部门应当制定进口博览会场馆周边道路交通组织方案，及时发布进口博览会交通信息和指引，做好大客流、大车流等应对预案。

市交通部门应当加强进口博览会举办期间进口博览会场馆和周边停车场（库）及相关设施统筹利用。进口博览会场馆周边停车场（库）在进口博览会举办期间，应当按照交通部门要求向公众开放。

**第二十条** 市通信管理部门应当牵头制定进口博览会通信保障工作方案，建立工作协调机制，组织电信运营企业提升进口博览会场馆、重要活动举办场地等的宽带接入能力、网络服务质量和应用水平，保障进口博览会举办期间相关通信网络稳定畅通。

**第二十一条** 市经济信息化、水务、住房城乡建设管理等部门应当指导电力、水务、燃气等运营单位会同承办单位，制定进口博览会供电、供水、供气方案，保障电力、水、燃气有效供应和设施安全可靠。

**第二十二条** 本市建立进口博览会公共卫生资源有效配置工作机制和应急指挥体系。

市卫生健康部门应当组织相关区卫生健康部门在进口博览会举办期间安排定点医院，并在进口博览会场馆内设置临时医疗点，做好进口博览会医疗服务保障工作。

**第二十三条** 市卫生健康部门应当根据突发公共卫生事件应对相关要求，会同有关部门、承办单位落实公共卫生应急管理措施，做好进口博览会公共卫生事件预防与处置工作。

**第二十四条** 市绿化市容管理部门应当会同市城管执法等部门和单位，制定进口博览会市容环境服务保障方案，开展市容环境巡查督办，实施精细化治理，打造进口博览会标志性城市景观。

进口博览会场馆周边重点区域应当参照绿化市容环卫作业养护定额标准，实施一体化、常态化作业模式。

**第二十五条** 市公安部门应当会同有关部门制定安保方案，落实安保措施，加强安全管理，精准研判、快速处置各类安全隐患和突发紧急事件，确保进口博览会各项活动安全、有序、顺利进行。

市经济信息化部门应当建立无线电安全保障协调工作机制，保障进口博览会举办期间相关无线电频率使用需求和重要活动无线电安全，防范重大无线电有害干扰。

市网信、公安、通信管理部门应当与承办单位加强配合，保障进口博览会举办期间进口博览会场馆、重要活动举办场地相关重要信息系统的网络和数据安全。

**第二十六条** 应急管理、公安、住房城乡建设管理、交通、市场监管、通信管理、消防救援、海事等部门和机构应当加强相关行业、领域的安全生产监督管理，做好进口博览会举办期间本市突发安全事故应急联动处置工作。

商务、应急管理、住房城乡建设管理、市场监管、消防救援等部门和机构应当按照职责分工，加强进口博览会布展、撤展的安全指导和监督，做好进口博览会场馆及周边区域安全生产执法等工作。

消防救援机构应当会同电力等部门建立消防安全协调联动工作机制，加强对进口博览会场馆、重要活动举办场地等消防安全的指导和应急保障。

**第二十七条** 本市加强进口博览会的知识产权保护，推动全球新产品、新服务、新技术在进口博览会首发、首展。

市知识产权相关管理部门会同承办单位在进口博览会举办期间设立知识产权保护和服务机构，组织专业人员进驻，开展知识产权法律咨询、知识产权侵权纠纷投诉受理、案件处置、有关展出证明办理等工作。

**第二十八条** 本市建立进口博览会商事法律服务保障机制。市高级法院、司法行政等部门，以及有关仲裁机构在进口博览会举办期间应当组织专业人员进驻，提供现场法律咨询、纠纷处理等服务。

**第二十九条** 市人民政府在进口博览会期间，可以依法采取临时价格干预措施，并向社会公开实施时间、内容和范围等。

市价格主管部门应当会同文化旅游、交通、公安、市场监管等部门加强对住宿、交通、餐饮等领域的价格指导和监管，依法查处价格违法行为。

**第三十条** 市公安、交通、卫生健康、市场监管、绿化市容等部门和相关区应当依托城市运行“一网统管”等平台，加强数据互联互通，推动进口博览会相关区域数字化、智能化治理模式创新，提升进口博览会服务保障工作数字化、智能化水平。

## 第四章 综合效应

**第三十一条** 本市发挥进口博览会贸易促进作用，加强进口商品展示交易平台建设，推动更多进口博览会展品进入国内市场；培育相关专业贸易平台、国别(地区)商品中心，开展常态化贸易投资促进活动，发挥其促进进口、提升消费、服务产业的示范引领作用。

本市鼓励具有国内国际资源配置能力的贸易主体和贸易型总部集聚，支持进口博览会参展单位在本市设立贸易机构。

**第三十二条** 市、区人民政府及有关部门应当发挥进口博览会投资促进平台作用，开展城市推介、投资对接等活动，推动投资促进活动与进口博览会协调联动。

市商务部门应当会同市发展改革、经济信息化等部门和各区人民政府组织对接进口博览会参展单位、境外经贸团组，实施产业招商、精准招商，引进符合本市产业发展导向的外资项目。

**第三十三条** 本市依托进口博览会国际采购平台，聚焦重点领域、新兴产业等，推进关键装备、零部件和高价值专利技术进口，加强生产制造、技术创新等合作交流，推动与国内产业深度融合，促进产业升级发展。

**第三十四条** 本市支持参加进口博览会的具有国际影响力的品牌和在进口博览会进行全球首发、首展的新品进入国内市场，发展智慧零售、跨界零售、绿色零售等新业态，助力上海国际消费中心城市建设。

**第三十五条** 以展览品贸易方式进口的进口博览会展品在展后可以转入海关特殊监管区域或者保税物流中心(B型)予以核销并转为保税货物，符合条件的商品可以开展跨境电商网购保税业务。

**第三十六条** 市人民政府及有关部门应当制定政策措施，加强展会资源共享，推动进口博览会与商贸、旅游、文化、体育等产业发展的联动。

**第三十七条** 市人民政府及有关部门应当依托进口博览会，提升本市会展业国际化、专业化水平。

市商务部门应当会同有关部门制定会展业专项政策措施，吸引国际知名会展企业总部、境内外专业组展机构、国际品牌重要展会、高层次、紧缺会展人才等在本市集聚，培育具有国际竞争力的大型会展业市场主体，积极发展绿色会展、智慧会展，完善会展业标准化体系，推进上海国际会展之都建设。

**第三十八条** 虹桥国际中央商务区及相关区应当发挥进口博览会承载功能，加快进口贸易促进创新示范区、进出口商品集散地等贸易载体建设，加强常年展示交易服务平台、保税物流中心(B型)等平台建设，提升虹桥国际会展产业园能级，提高在国际贸易、要素配置、产业发展等方面的核心竞争力。

承接和放大进口博览会综合效应，推进虹桥国际开放枢纽建设，增强服务长三角、联通国际的枢纽功能。

**第三十九条** 本市发挥进口博览会开放窗口、门户联通功能，为长三角地区对接国际市场提供渠道和服务。

本市加强区域合作，共同策划开展贸易投资配套活动，按照国家部署，复制、推广进口博览会相关政策措施，推动区域产业转型升级，贸易结构优化，推动经济高质量发展。

本市按照国家对外开放总体部署，对标国际贸易投资通行规则，推动更高水平国际合作，助力构建更深层次对外开放格局。

## 第五章 附则

**第四十条** 本条例自 2022 年 10 月 1 日起施行。

# 上海市推进长三角区域社会保障卡居民服务一卡通规定

（2022年9月22日上海市第十五届人民代表大会
常务委员会第四十四次会议通过）

**第一条** 为了创新社会管理，提升公共服务能力，保障和改善民生，推动建立长三角区域社会保障卡居民服务一卡通，推进长三角区域高质量一体化发展，根据《长江三角洲区域一体化发展规划纲要》、相关法律和行政法规的规定，以及国家有关工作部署，经江苏省、浙江省、安徽省、上海市人民代表大会常务委员会共同研究，结合本市实际，制定本规定。

**第二条** 本规定所称长三角区域社会保障卡居民服务一卡通（以下简称长三角一卡通），是指在长三角区域内，以中华人民共和国社会保障卡（以下简称社会保障卡）作为载体，在交通出行、旅游观光、文化体验、社会保障、医疗卫生、金融服务等领域，实现一卡多用、跨省通用。

本规定所称社会保障卡，包括实体社会保障卡和电子社会保障卡。

**第三条** 本市按照国家有关要求，与江苏省、浙江省、安徽省汇集各类居民服务事项，拓展社会保障卡应用领域、范围，推进长三角区域社会保障卡线上线下场景融合发展，推动“多卡集成、多码融合、一码通用”，促进跨区域居民服务便利共享。

**第四条** 长三角一卡通服务管理遵循协商协作、互认互通、便民利民、安全高效的基本原则。

**第五条** 本市与江苏省、浙江省、安徽省共同研究长三角一卡通相关重大事项。依托全国一体化政务服务平台以及全国社会保障卡服务平台，通过长三角区域“一网通办”数据共享交换，实现长三角一卡通跨省业务数据共享交换和数据标准统一互认；依托长三角区域合作机制，完善各领域配套措施、统一应用场景，推进跨区域业务协同，实现应用互通、证照互认。

**第六条** 市人民政府应当加强对本市社会保障卡居民服务一卡通工作的领导，建立健全社会保障卡居民服务一卡通工作推进机制，与江苏省、浙江省、安徽省人民政府主动对接、同步推进。

市人民政府应当明确负责统筹协调、业务应用、技术支撑等工作的具体部门及其职责，将社会保障卡居民服务一卡通纳入“一网通办”、跨省通办等工作体系，督促相关部门、下级人民政府落实社会保障卡居民服务一卡通相关工作任务。

**第七条** 人力资源社会保障等相关部门应当主动公开社会保障卡的申领条件、服务流程、办理时限等信息，为个人申领社会保障卡提供便利。

社会保障卡管理机构应当提供社会保障卡异地申领服务，采取线上线下申请、收受分离的模式，为跨地区申领社会保障卡提供便利。

社会保障卡的功能开通、挂失、补领和换领、注销等工作，由发卡地社会保障卡管理机构负责。

**第八条** 本市与江苏省、浙江省、安徽省共同编制长三角一卡通应用项目清单、实行动态调整，并向社会公布。鼓励相关部门通过社会保障卡加载更多业务应用功能，逐步扩大应用领域。

**第九条** 社会保障卡可以作为办理公共服务、政务服务以及住宿登记等事项的有效身份凭证，法律、行政法规另有规定的除外。

**第十条** 长三角区域社会保障卡持卡人可以按照规定凭社会保障卡办理就业创业、劳动关系、人才人事等人力资源业务和养老保险、医疗保险、工伤保险、失业保险、生育保险等社会保障业务。

**第十一条** 长三角区域社会保障卡持卡人可以持加载交通联合一卡通功能的社会保障卡，乘坐公共汽车、电车、轨道交通、轮渡等公共交通工具。

**第十二条** 长三角区域社会保障卡持卡人可以凭社会保障卡享受公共图书馆入馆阅览、公共博物馆入馆参观、旅游景区入园游览等便利服务。

**第十三条** 参加基本医疗保险的长三角区域社会保障卡持卡人，按照国家有关规定办理异地就医备案手续后，可以持社会保障卡在本省市以外的定点医疗机构就医，发生的医疗费用可以直接结算。

**第十四条** 本市与江苏省、浙江省、安徽省共同推进以社会保障卡为载体发放各类惠民惠农补贴、社会保险待遇等，相关部门新开设的居民服务类发放账户原则上采用社会保障卡，逐步实现以社会保障卡为载体发放各类居民服务类补贴项目。

鼓励社会保障卡合作金融机构依托社会保障卡的金融功能，为长三角区域社会保障卡持卡人提供优惠及便利服务。

**第十五条** 本市与江苏省、浙江省、安徽省共同推进数字长三角建设，落实数字政府建设各项任务，促进长三角一卡通和长三角“一网通办”融合发展，扩大电子社会保障卡等电子证照应用领域，推动与全国其他地区的互通互认，不断提高长三角区域公共服务普惠化、便捷化水平。

**第十六条** 鼓励长三角区域各地根据本地实际，积极开展社会保障卡居民服务一卡通服务管理探索创新。

鼓励长三角生态绿色一体化发展示范区开展社会保障卡居民服务一卡通先行先试，拓展应用场景，率先实现同城服务和待遇。

**第十七条** 本市与江苏省、浙江省、安徽省共同推进省级政务服务平台对接，完善社会保障卡持卡人信息及业务应用数据库，支撑长三角一卡通相关数据共享共用、业务协同和应用场景建设。

本市与江苏省、浙江省、安徽省加强合作，共同制定长三角一卡通业务和技术标准，促进异地相关业务互认和数据互通。

相关部门、企业事业单位、人民团体、社会组织应当依法为长三角一卡通应用管理提供信息系统对接和业务数据支持。

**第十八条** 本市与江苏省、浙江省、安徽省共同构建社会保障卡居民服务一卡通应用平台支撑和安全防护体系。相关部门应当加强线上线下业务安全管理，采取相应的技术措施和其他必要措施，加强风险监测，建立突发事件应急处置机制，做好社会保障卡居民服务一卡通相关数据安全和网络安全工作；对在服务管理中获取的个人隐私、个人信息、商业秘密等数据，应当依法采取保护措施，不得违法使用或者泄露。

**第十九条** 相关部门以及广播、电视、报刊、网站等媒体应当对社会保障卡居民服务一卡通的政策措施、应用场景和使用方式等进行宣传，引导持卡人和相关单位积极、规范使用社会保障卡，营造良好的用卡环境。

**第二十条** 相关部门应当通过社会保障卡居民服务一卡通线下应用场所、线上服务平台和 12345 等电话热线，为持卡人提供用卡咨询、服务引导和投诉受理等服务。

相关部门接到有关跨省市社会保障卡居民服务一卡通事项的投诉举报后，应当及时转相关省市依法办理。

**第二十一条** 非法出借、转让本人社会保障卡，冒领、冒用、盗用他人社会保障卡，伪造、变造、买卖社会保障卡，买卖或者使用伪造、变造的社会保障卡的，由相关部门依法追究法律责任；并按照规定将有关失信信息归集至公共信用信息服务平台，依法实施信用惩戒措施。

**第二十二条** 履行公共服务职能的企业事业单位、社会组织及其工作人员，违反本规定，推诿、拒绝接受使用社会保障卡的，由相关部门责令改正；情节严重的，依法追究相关法律责任。

国家机关工作人员在社会保障卡居民服务一卡通服务管理工作中，玩忽职守、滥用职权、徇私舞弊的，对负有责任的主管人员和直接责任人员依法给予处理。

**第二十三条** 市人民代表大会常务委员会通过听取和审议专项工作报告、开展执法检查等方式，加强对本市推进长三角一卡通相关情况的监督。

**第二十四条** 本规定自2022年10月1日起施行。

# 上海市机关运行保障条例

（2022年9月22日上海市第十五届人民代表大会常务委员会第四十四次会议通过）

## 第一章 总 则

**第一条** 为了加强和规范本市机关运行保障工作，节约机关运行成本，促进机关高效有序运行，根据有关法律、行政法规，结合本市实际，制定本条例。

**第二条** 本市中国共产党机关、人大机关、行政机关、政协机关、监察机关、审判机关、检察机关、民主党派机关、人民团体机关和参照公务员法管理的事业单位（以下统称机关）运行所需经费、资产、服务和能源等资源要素的统筹配置、保障支撑及其监督管理活动，适用本条例。法律、法规和国家另有规定的，从其规定。

**第三条** 本市机关运行保障工作坚持中国共产党的领导，遵循依法保障、规范供给、厉行节约、安全有序、务实高效、公开透明的原则，实行统一项目、统一标准、归口管理、资源共享，构建集中统一、权责明晰、协同高效的机关运行保障体制。

**第四条** 市和区人民政府推进本级机关运行保障工作集中统一管理，依法依规设置机关事务管理部门，集中调配保障资源，明确保障范围，统一制度标准，促进机关运行保障规范均衡。

**第五条** 市机关事务管理部门负责制定本市机关运行保障有关政策、制度和标准，主管本级机关运行保障工作，统筹指导和监督管理全市机关运行保障工作。

区机关事务管理部门主管本级机关运行保障工作，指导下级机关运行保障工作。

发展改革、财政、规划资源、绿化市容、生态环境等部门按照职责分工，依法履行机关运行保障相关职责。

各级机关应当执行机关运行保障制度和标准，承担本机关运行保障职能。

**第六条** 本市加强与长江三角洲区域其他省市在机关运行保障领域的合作交流，构建机关事务政策共研、标准共建、信息共享等合作机制，探索公务出行、能源节约等领域的合作，为区域协同发展提供高质量服务保障。

## 第二章 保障事项

### 第一节 经费保障

**第七条** 市机关事务管理部门应当制定本市机关运行实物定额和服务标准，并根据实际适时动态调整。

财政部门应当根据机关运行实物定额和服务标准，参考有关货物和服务的市场价格，制定本级机关运行经费支出定额标准和开支标准。

**第八条** 各级机关应当根据预算支出定额标准，结合本部门的工作职责、性质和特点，按照总额控制、从严从紧的原则，编制本部门机关运行经费预算。

机关事务管理部门根据职责对机关集中办公场所统一组织实施办公用房维修、后勤服务、节能管理等机关运行保障工作的，相关经费纳入机关事务管理部门的部门预算。

**第九条** 各级机关应当组织制定本机关运行保障年度计划，明确机关新增资产配置、办公用房大中修、节能改造、后勤服务购买等机关运行保障需求。运行保障年度计划经同级机关事务管理部门审核同意后，各级机关向同级财政部门申报相关经费预算。

**第十条** 机关事务管理部门应当会同财政、统计等部门建立健全本级机关运行成本统计调查制度，定期组织开展运行成本统计、分析和评价。

### 第二节 资 产 保 障

**第十一条** 机关事务管理、财政部门按照职责分工，负责本级机关资产管理工作，制定和组织实施具体管理制度。

各级机关应当建立健全资产管理内控制度，负责本机关资产的使用管理和日常维护，接受同级机关事务管理、财政部门的指导和监督。

**第十二条** 财政、机关事务管理部门应当根据有关规定，分类制定机关资产配置标准，确定资产数量、价值、等级、最低使用年限等，并结合市场价格和财力状况等因素适时调整。

各级机关新增资产配置应当与资产存量情况挂钩，优先通过调剂方式配置资产。确实无法调剂使用的，由财政部门安排预算资金，通过购置、建设、租用等方式配置。

**第十三条** 机关事务管理部门根据国家和本市有关规定推行机关资产集中统一管理制度。市、区两级机关的房屋、土地使用权、公务用车等权属按照规定统一登记在同级机关事务管理部门名下。乡镇机关的房屋、土地使用权、公务用车等权属登记由区机关事务管理部门结合本区实际参照执行。

各级机关应当加强资产日常使用管理，健全资产账卡，做到账账相符、账实相符，定期清查盘点，保证资产安全完整。

各级机关不得违规对外出租、出借资产。除法律另有规定外，不得以任何形式将机关资产用于对外投资或者设立营利性组织。

各级机关处置资产应当按照相关规定履行内部决策程序，并经同级机关事务管理、财政部门审核或者备案。

机关资产出租、处置等收入，应当按照政府非税收入和国库集中收缴制度的有关规定管理。

**第十四条** 本市逐步推行与节约型机关建设和资产节约集约使用相适应的资产公物仓（以下简称公物仓）管理制度，推动资产循环利用和共享共用，节约公共财政资金，提高资产使用效益。

市财政、机关事务管理部门应当建立本级公物仓统一管理制度，明确公物仓资产的入仓标准、流程规范、财务核算和绩效评价机制，健全共享共用资产目录，加强对公物仓使用管理的指导监督。市财政、机关事务管理部门应当建立本级公物仓统一管理信息化平台，以资产卡片记载的信息为依据，实现公物仓资产入仓、在仓和出仓的动态管理，发挥公物仓优先配置资产的作用。

鼓励有条件的区根据实际情况，推行区级资产公物仓管理制度。

**第十五条** 建立公物仓管理制度的各级机关应当按照应纳尽纳的原则，将下列资产纳入本级公物仓管理：

（一）闲置资产；

（二）低效运行或者超标准配置的资产；

（三）待处置资产中仍有使用价值的资产；

（四）因机关撤销、合并、改制等原因腾出的资产；

（五）举办重大会议、大型活动或者组建临时机构购置的资产；

（六）其他可以共享共用的设备设施等资产。

**第十六条** 机关事务管理部门应当建立健全公物仓的配套服务机制，确保公物仓资产高效流转。

在满足机关办公用房统筹调配的基础上，机关事务管理部门应当对公物仓内的房屋资产进行有效整合和盘活利用，发挥资产效益。

**第十七条** 本市编制国土空间规划应当统筹考虑机关用地布局和空间安排需要。机关用地应当按照规划实施土地供应，符合国家有关划拨用地规定的，通过划拨方式供地，依法办理用地手续。

**第十八条** 本市建立健全机关办公用房集中统一管理制度。机关事务管理部门对本级机关办公用房实施统一规划、统一建设、统一权属、统一配置、统一处置。

**第十九条** 机关事务管理、发展改革、财政部门应当会同有关部门编制本级机关办公用房配置保障规划，优化办公用房布局，推进集中或者相对集中办公，共用配套附属设施，共享后勤服务保障资源。

机关事务管理部门应当统筹制定本级机关办公用房建设计划。建设项目经依法审批立项后，由机关事务管理部门统一组织实施。项目建成后，按照“建新交旧”的原则，腾退移交原有办公用房。

**第二十条** 机关事务管理部门应当根据有关规定和各单位实际，核定办公用房面积，配置办公用房，实现办公用房集约节约使用。

本市探索推行机关办公用房成本租金制。机关事务管理部门应当会同财政等部门研究制定机关办公用房成本租金标准，作为办公用房使用成本的效能评估依据。超过成本租金合理标准的，通过适当调整办公用房等措施推进办公用房资源合理配置，降低办公用房使用成本。

**第二十一条** 机关事务管理部门应当与办公用房使用单位签订使用协议，核发机关办公用房使用凭证。使用凭证可以用于办理使用单位法人登记、集体户籍、大中修项目施工许可申请等，并可以作为安排物业服务等经费的依据。各级机关应当严格按照国家有关机关办公用房标准，在核定面积范围内统筹安排、合理使用办公用房，不得擅自改变使用功能。

办公用房使用单位是房屋使用安全责任人，机关事务管理部门应当加强对使用单位房屋使用安全的监督和指导。各级机关维修办公用房，应当以消除安全隐患、恢复和完善使用功能为重点，严格执行维修标准和安全标准。

**第二十二条** 市机关事务管理部门负责核定本市除执法执勤用车以外的公务用车编制。机关事务管理部门按照国家和本市公务用车配备更新审批权限规定，根据编制数量和配备标准，统筹安排公务用车的配备和更新。执法执勤用车编制核定、配备管理的具体办法，由市财政部门会同有关部门制定。

**第二十三条** 各级机关应当建立健全公务用车使用管理制度，落实安装卫星定位系统、标识管理、使用登记、指定地点停放、节假日封存等措施，实行单车核算和公示。

市机关事务管理部门应当建立和完善本市公务用车管理信息系统，加强与市财政、公安等部门的数据共享，规范对公务用车使用的监管。

### 第三节 服务保障

**第二十四条** 市机关事务管理部门应当制定本市统一的机关服务管理制度，确定机关后勤服务项目和标准，加强机关后勤服务指导和监督，合理配置和节约使用后勤服务资源。

各级机关负责本机关后勤服务的管理工作，建立后勤服务管理制度，按照规定的项目和标准组织提供后勤服务，并将管理制度报同级机关事务管理部门备案。

**第二十五条** 各级机关购买后勤服务，应当签订后勤服务合同，并在合同签订之日起六十日内报同级机关事务管理部门备案。机关事务管理部门应当会同财政部门就合同相关数据进行分析、评估，作为动态调整后勤服务项目和标准、规范购买后勤服务行为、统筹后勤服务资源、推进后勤服务资源共建共享的依据。

**第二十六条** 机关事务管理部门应当健全机关后勤服务质量考核评价制度，指导本级机关对后勤服务质量进行全面考核、综合评价。

**第二十七条** 机关事务管理部门应当根据职责加强机关集中办公场所的内部治安保卫管理工作，建立健全机关内部治安保卫议事协调机制，按照岗位需要配备治安保卫人员。

各级机关内部治安保卫工作实行安全责任制，建立健全安全责任体系，合理配备治安保卫人员，履行机关内部安全的主体责任。

### 第四节 资源节约

**第二十八条** 各级机关应当践行绿色发展理念，发挥机关的示范引领作用，倡导简约适度、绿色低碳的工作方式，厉行节约、反对浪费，加强节约型机关建设。

**第二十九条** 各级机关应当加强用能管理，降低能源消耗，减少污染物排放，有效、合理地利用能源，提高能源利用效率。

各级机关应当带头利用新能源和可再生能源，实现办公建筑建设、运行、改造的绿色化，健康、适用、高效地使用建筑空间。新建机关办公建筑和既有办公建筑能耗水平应当符合国家和本市相关标准。

**第三十条** 各级机关应当按照减量化、再利用和资源化的原则，促进资源循环利用。

各级机关应当加强用水管理，按照相关制度标准建设节水型机关；推进固体废物减量化，生活垃圾分类实效应当高于全市生活垃圾分类达标单位水平；加大绿色采购力度，优先采购和使用有利于保护环境的节能、节水、节材产品及再生产品，带头参与再生资源回收体系建设；不得使用一次性办公用品、一次性不可降解塑料制品。

**第三十一条** 各级机关应当加强机关食堂餐饮节约和会议、培训、接待等公务活动用餐管理，反对并制止食品浪费，推动开展“光盘行动”。机关事务管理部门应当建立和实施机关食堂反食品浪费工作成效评估和通报制度。

**第三十二条** 机关事务管理部门应当会同发展改革等部门组织编制并实施本级机关资源节约和循环经济发展规划、年度工作计划、能源消耗定额标准等。区机关事务管理部门应当每年向市机关事务管理部门报告绿色发展目标责任的履行情况。

各级机关应当根据前款规定的规划、计划，将绿色发展要求列入本单位年度工作计划，确定年度目标、指标和任务，向本级机关事务管理部门报送上年度情况报告，按照要求完成能源审计。机关绿色发展工作完成情况应当纳入本级年度目标责任考核、单位年度绩效考评和文明单位创建。

机关事务管理部门应当将机关能源资源消费情况和机关绿色发展工作完成情况定期向社会公示。

**第三十三条** 本市建立机关绿色发展议事协调机制，统筹协调机关绿色发展工作相关重大事项。

本市扩大机关能源资源消费市场开放，鼓励社会资金和力量投入机关绿色低碳循环发展，倡导机关率先应用节能节水等新技术新产品，采用合同能源管理、绿色运行专业托管及其他创新模式。主动公布能源资源消费情况、充分运用市场化机制的情形，纳入考核评价和争先创优活动的评价依据。

**第三十四条** 本市按照“因地制宜、循序渐进”的原则探索向社会有序开放机关附属空间和公共设施，实现资源共享。

机关闲置的办公用房可以根据相关规定，改造为便民服务、社区活动等公益场所。

## 第三章 保障机制

**第三十五条** 机关事务管理部门与相关部门建立健全机关运行保障协同配合机制和信息

共享机制，统一政策标准，统筹资源调配。

**第三十六条** 本市建立健全社会化保障制度，合理确定项目和标准，推进机关运行保障供给社会化。

机关运行所需货物、工程和服务，适合通过市场化方式提供的，应当依法面向市场主体公开择优购买；属于政府采购范围的，应当按照政府采购相关法律法规执行。

采用框架协议采购方式进行采购的，其最高限价不得高于同期市场价格。供应商应当根据市场行情，及时调整协议供给价格，但调整后的价格不得高于最高限价。

**第三十七条** 机关事务管理部门应当会同同级标准化主管部门推进机关运行保障标准化工作，建立健全标准体系，制定完善机关运行保障地方标准、标准化指导性技术文件，加强对相关标准实施的评估、复审和监督检查。

**第三十八条** 机关事务管理部门应当会同经济信息化、财政等部门加强机关运行保障数字化建设，建立和完善经费、资产、服务和能源等管理信息平台，推动数据融合共享，推进机关运行保障方式、业务流程和服务模式数字化、智能化，提升机关运行保障效能。

**第三十九条** 机关事务管理部门应当会同有关部门建立健全突发事件机关运行应急保障机制，指导有关机关根据实际情况制定机关运行应急预案。

发生突发事件时，有关机关应当及时启动应急预案，采取统筹物资调配、加强人员管控、实施应急采购、利用人民防空设施等措施，确保机关正常运行。

**第四十条** 机关事务管理部门应当加强机关运行保障工作考评和对本级机关运行保障工作的绩效管理。

市人力资源社会保障、机关事务管理部门对在机关运行保障工作中做出显著成绩的部门、单位、个人，按照有关规定进行表彰奖励。

## 第四章　监督与法律责任

**第四十一条** 机关事务管理部门应当会同有关部门通过资产管理考核、办公用房巡检、公务用车督查、绿色发展评价等方式，组织实施对机关运行保障工作的监督检查。

机关事务管理部门等在监督检查中发现违法违规风险或者管理疏漏的，应当及时向被监督检查机关发出风险预警或者整改通知，建立监督检查记录并跟踪检查。

**第四十二条** 监察机关和发展改革、财政、审计、规划资源、绿化市容、生态环境等部门根据各自职责范围依法对机关运行保障工作进行监督。

**第四十三条** 本市建立健全机关运行保障信息公开制度，依照法律法规公开相关信息，自觉接受社会监督。

任何组织和个人对违反本条例规定的行为，有权向相关部门举报。接到举报的相关部门应当依法依规及时调查处理。

**第四十四条** 违反本条例规定，有下列情形之一的，由同级机关事务管理部门或者上级机关责令改正；依法应当追究责任的，由有关机关对主管人员及其他责任人员给予处分；构成犯罪的，依法追究刑事责任：

（一）违规使用机关运行经费的；

（二）违规建设、配置、使用、维修和处置办公用房或者擅自改变办公用房的使用功能的；

（三）违规配备、使用、处置公务用车的；

（四）其他违反本条例以及机关运行保障相关法律、法规的。

## 第五章　附　　则

**第四十五条** 本条例自 2022 年 11 月 1 日起施行。

# 上海市浦东新区推进住宅小区治理创新若干规定

（2022 年 9 月 22 日上海市第十五届人民代表大会
常务委员会第四十四次会议通过）

**第一条** 为了推进浦东新区住宅小区治理创新，提高治理能力和水平，营造安全有序、美丽和谐的高品质生活环境，根据有关法律、行政法规的基本原则，结合浦东新区实际，制定本规定。

**第二条** 浦东新区推进住宅小区治理创新应当贯彻“人民城市人民建，人民城市为人民”的重要理念，完善党组织统一领导、政府依法履职、各类组织积极协同、群众广泛参与，自治、法治、德治、共治相结合的治理体系。

浦东新区建立健全基层党组织领导，居民委员会、业主委员会、物业服务企业和业主等共同参与的住宅小区治理模式。

**第三条** 浦东新区人民政府应当加强对住宅小区治理工作的领导，建立依据常住人口配置公共服务资源的制度，建立健全协调机制，推动执法力量、专业力量、服务力量下沉基层，统筹赋权、减负、增能相关政策，及时研究决定住宅小区治理的重大事项。

浦东新区房屋管理、城管执法、规划资源、建设交通、民政、公安、应急管理、卫生健康、财政、人力资源社会保障等部门应当按照各自职责履行职能，对住宅小区治理进行分类指导、协同管理。

**第四条** 浦东新区街道办事处、镇人民政府负责本辖区内住宅小区治理和综合执法工作，强化区域资源统筹，协调区人民政府相关部门及其派出机构等共同做好相关服务管理工作。

街道办事处、镇人民政府应当建立健全常态化联系基层工作机制，定期走访社区群众，倾听群众意见建议，协调解决突出矛盾问题。

**第五条** 浦东新区应当根据居民人口规模、居住状况、公共服务资源配置等因素，合理设置居民委员会。居民委员会应当以服务居民为宗旨，组织开展居民自治，指导和监督业主委员会工作，依法协助相关部门做好公共服务、公共管理、公共安全等工作。

浦东新区人民政府和街道办事处、镇人民政府应当按照管辖居民户数为居民委员会配备社区工作者。对于老龄社区、老旧小区等存在特殊情况的居民委员会，应当适当增加社区工作者。政府开发的社区公共管理、公共卫生、应急服务等公益性岗位，应当优先为居民委员会配备。

居民委员会应当以居民小组或者楼组为基本单元加强住宅小区管理。社区工作者负责日常巡查走访、社情民意收集、安全隐患排查等工作。

**第六条** 住宅小区业主（物业使用人）应当遵守国家和本市住宅物业管理、房屋使用安全、房屋租赁、环境绿化、消防安全、卫生防疫等规定，履行自治公约和管理规约，依法配合社区治理和综合执法工作。

物业服务企业应当按照法律法规规定和物业服务合同约定履行职责。街道办事处、镇人民政府结合物业服务情况对辖区内住宅小区物业服务企业提出评价意见，纳入本市物业服务企业综合评价体系。

浦东新区人民政府相关部门、街道办事处、镇人民政府和居民委员会、物业服务企业等相关单位依法执行应急处置措施和其他管理措施时，业主（物业使用人）应当依法配合。

**第七条** 浦东新区应当加强居民自治能力建设，推进住宅小区建立基层党组织牵头，居民代表、业主委员会、物业服务企业以及相关企业事业单位共同参与的议事协商机制，对住宅小区的物业管理、房屋使用安全、房屋租赁、环境绿化、消防安全、卫生防疫等公共事务进行民主协商，形成自治公约、管理规约。

街道办事处、镇人民政府应当支持居民委员会以居民小组或者楼（组）为基本单元，引导居民通过建立互联网群组等线上或者线下方式有序开展邻里互助和协商自治。居民委员会应当加强与楼（组）长、互联网群组管理人的沟通联系，为楼组居民开展自我服务和协商自治提供指导、服务。

**第八条** 浦东新区街道办事处、镇人民政府应当指导居民委员会加强居民志愿服务队伍建设，将具备志愿服务条件、热心公益的各类人员吸纳进入社区居民志愿队伍，纳入社区统一调度和管理。有条件的居民委员会，可以建立公共卫生或者其他专业志愿服务队伍。

街道办事处、镇人民政府和居民委员会应当支持志愿服务队伍以楼组、片区或者住宅小区为单元开展互助性、服务性、公益性志愿服务活动，并根据所开展志愿服务活动的需要对志愿者进行相关培训，为志愿服务活动的开展提供必要场所和相应条件。

**第九条** 因业主委员会无法选举产生或者无法正常运作，可能引发公共安全事件、损害业主共同利益的，根据居民委员会的报告，住宅小区所在地街道办事处或者镇人民政府可以指定住宅小区所属居民委员会在一定期限内暂时代行业主委员会的相关职责，并在住宅小区内公告。

街道办事处或者镇人民政府应当就居民委员会暂时代行业主委员会相关职责的方案征询业主意愿，并由三分之二以上的业主参与征询，经参与征询的业主过半数同意。住宅小区管理规约另有约定的，从其约定。

居民委员会暂时代行业主委员会的，应当遵守业主委员会的工作规范，代行时限一般不超过一年。暂时代行业主委员会职责期间，街道办事处、镇人民政府应当尽快推动业主委员会组建或者改选。

**第十条** 浦东新区应当建立居民需求诉求响应机制。居民委员会应当及时了解居民实际需求和困难，并在区人民政府相关部门和街道办事处、镇人民政府的指导下，及时回应解决居民实际问题。

街道办事处、镇人民政府应当指导居民委员会及时排查独居高龄老人、困境儿童、孕产妇、重大疾病患者、残障人士以及困难群众等人员情况，动态编制人员和需求清单，开展精准关爱帮扶工作。

对于居民委员会反映的需要区人民政府相关部门协调解决的群众诉求，街道办事处、镇人民政府应当及时向该部门发起约请，被约请的部门应当明确专人负责沟通协调工作；对于涉及多个部门的综合性事项，区人民政府应当建立健全组团式服务协调机制，切实推动问题解决。

**第十一条** 浦东新区街道办事处、镇人民政府应当在住宅小区统筹设立联勤联动站（点），完善联勤联动机制，持续优化住宅小区内各类突发事件和违法行为的发现、应对、处置、反馈等工作流程，实现事件闭环高效处理。

浦东新区街道办事处、镇人民政府和承担住宅小区管理事务的区人民政府相关部门及其派出机构，应当充分利用住宅小区联勤联动站（点），实现多方联动、共建共治。

**第十二条** 浦东新区应急管理、房屋管理、卫生健康等部门应当指导街道办事处、镇人民政府建立住宅小区应急管理制度，完善平急转换机制，储备应急救援队伍，每年定期组织开展专业培训和应急演练，合理安排应急救援场地和基本生活保障物资，提高住宅小区突发事件处置和应急动员能力。

浦东新区街道办事处、镇人民政府应当将物业服务企业纳入应急处置工作体系，提供物资、资金等保障和支持，会同房屋管理、建设交通、应急管理、消防救援、卫生健康、绿化市容等部门指导物业服务企业建立平时和应急状态下的物业服务工作职责清单，定期组织物业服务工作人员开展专业培训和应急演练。

居民委员会在突发事件应急处置中难以及时召集居民会议并形成决议的，应当以多种方式听取居民意见，共同协商并实施临时性管理措施。紧急情况消除后，应当立即召开居民会议或者停止实施临时性管理措施。

**第十三条** 浦东新区人民政府应当建立老旧小区更新改造投入机制，制定更新改造分步推进计划，改善老旧小区居住条件和生活环境。

浦东新区应当建立老旧小区物业服务的财政扶持机制，明确资金补助条件和标准，加强老旧小区保安、保洁等物业服务。支持有条件的街镇探索区域化、连片化的物业服务模式，推动物业服务区域合并，整体提升老旧小区物业服务水平。

**第十四条** 浦东新区应当结合城市更新、区域功能提升等工作，按照政府主导、规划引领、尊重民意、市场运作的原则，统筹规划指标、土地供应等，制定计划加快实施城中村改造；加大对城中村公共安全、公共卫生、人居环境、违法建筑等的规范和整治力度。支持在城中村引入专业物业服务管理。

浦东新区应当加强对商业办公项目、厂房擅自改变房屋结构和规划用途等违法行为的整治。对在整治期间尚有居民实际居住的商业办公用房（以下称类住宅），应当纳入社区治理和居民委员会自治。

对类住宅、城中村的相关管理及执法，适用本规定关于住宅小区的相关规定。

**第十五条** 浦东新区街道办事处、镇人民政府、居民委员会应当建立住宅小区安全隐患排查机制，定期排查老旧房屋、楼道堆物、高空坠物、非机动车违规充电、违规群租等安全隐患。

浦东新区街道办事处、镇人民政府应当会同区人民政府相关部门建立住宅小区安全隐患联动整治机制，发现安全隐患的，应当及时督促整改，拒不整改或者整改不符合规定的，及时启动执法程序，必要时通过联合执法等方式开展整治。

**第十六条** 浦东新区人民政府应当按照“一支队伍管执法”的原则，决定将与住宅小区密切相关且基层能够有效承接的行政执法事项，交由街道办事处、镇人民政府行使，并定期组织评估。决定应当向社会公布。

街道办事处、镇人民政府所属综合行政执法机构以街道办事处、镇人民政府名义，具体承担本辖区内住宅小区的综合执法工作。

**第十七条** 住宅小区内有关单位和个人违法搭建建筑、损坏承重结构、破坏房屋建筑立面、违法改变房屋原始设计等危害房屋安全的，物业服务企业应当予以劝阻、制止，留存相关资料；劝阻、制止无效的，应当在二十四小时内通过城市网格化管理平台报告。

涉及违法搭建建（构）筑物或者违反房屋装饰装修相关规定行为的，物业服务企业应当按照管理规约限制相关施工人员、建筑材料进入住宅小区。

**第十八条** 浦东新区城管执法部门、街道办事处、镇人民政府（以下统称综合执法部门）接到物业服务企业报告或者投诉举报的，应当在二十四小时内到现场进行调查核实，法律、法规另有特定时限要求的除外。

查处住宅小区内的违法行为时，综合执法部门的执法人员可以依法进入违法现场调查取证；业主（物业使用人）、装饰装修施工人员应当配合。必要时，公安机关应当依法予以协助。

对居民委员会、物业服务企业等单位和个人提供的照片、视（音）频等相关资料，经查证属实的，可以作为行政执法案件证据材料。

**第十九条** 对正在实施的违法搭建建（构）筑物、损坏房屋承重结构、破坏房屋建筑立面、擅自改变房屋原始设计等侵害业主共同利益的行为，综合执法部门应当责令当事人暂停施工，并可以暂扣施工工具和材料。

当事人拒不停止施工的，综合执法部门可以书面通知市政公用服务单位在施工作业期间按照合同规定暂时停止施工现场的水电供应；暂时停止相关市政公用服务的，不得影响居民生活。违法行为得到有效制止后，应当及时书面通知市政公用服务单位恢复施工现场的水电供应。

**第二十条** 对不适用简易程序，但违法事实清楚，当事人自愿认错认罚、对法律适用没有异议且主动配合整改的行政执法案件，经当事人书面提出，综合执法部门可以简化流程快速办理。

综合执法部门应当依照法律规定采用直接送达、留置送达、邮寄送达和公告送达等方式送达法律文书。对于有关违法建(构)筑物的法律文书，采用直接送达方式无法送达的，综合执法部门可以邀请见证人到场，将相关法律文书在住宅小区公告栏和涉案建(构)筑物出入口等显著位置张贴公示，同时以电话、短信等方式将法律文书的主要内容通知当事人，张贴公示之日起十日视为送达。

**第二十一条** 综合执法部门依法作出要求当事人履行排除妨碍、恢复原状等义务的行政决定，当事人逾期不履行，经催告仍不履行，其后果已经或者将危害交通安全、公共安全、造成环境污染或者破坏自然资源的，综合执法部门可以代履行，或者委托没有利害关系的第三人代履行。

综合执法部门依法作出责令改正等行政决定后，符合申请强制执行条件的，可以向人民法院申请强制执行。人民法院依法裁定准予强制执行的，可以交由综合执法部门组织实施，并派员现场指导监督。

对于违法搭建建(构)筑物、损坏房屋承重结构、破坏房屋建筑立面、擅自改变房屋原始设计、违规群租等行为，综合执法部门可以持生效法律文件向不动产登记机构申请将有关事项记载于不动产登记簿。当事人完成整改的，综合执法部门应当及时向其出具证明文件；当事人申请抵押、转移登记的，应当提交证明文件。

**第二十二条** 浦东新区人民政府及其相关部门、街道办事处、镇人民政府应当依托城市运行“一网统管”平台，及时采集并动态更新实有人口、实有房屋等信息，并在“社区云”平台实现信息共享。

街道办事处、镇人民政府应当加快推动住宅小区数字治理应用场景建设，加强相关信息数据的分析研判和运用，提高服务水平和管理效率。

综合执法部门因执法活动所需，可以通过大数据平台直接共享使用其他部门已纳入共享需求清单的数据信息；未纳入共享需求清单的，可以通过大数据平台发出协助通知书，有关部门应当在收到协助通知书的五个工作日内告知。

**第二十三条** 浦东新区人民政府和街道办事处、镇人民政府应当加强住宅小区治理和综合执法相关工作所需人员、经费、技术、装备、场所等保障。

支持街道办事处、镇人民政府和居(村)民委员会开展无违建创建活动，并将创建结果纳入街镇年度绩效考核。

市城管执法部门应当会同浦东新区城管执法部门，加强对街道办事处、镇人民政府开展住宅小区综合执法工作的指导、监督，提升正规化、专业化、职业化水平。

**第二十四条** 浦东新区有住宅小区的村民委员会参照本规定关于居民委员会的要求执行。

**第二十五条** 本规定自 2022 年 11 月 1 日起施行。

# 上海市促进虹桥国际中央商务区发展条例

（2022年10月28日上海市第十五届人民代表大会
常务委员会第四十五次会议通过）

## 第一章 总　　则

**第一条** 为了促进上海虹桥国际中央商务区（以下简称商务区）发展，推进虹桥国际开放枢纽建设，服务长江三角洲区域（以下简称长三角）一体化发展国家战略，保障更高起点的深化改革和更高层次的对外开放，根据《长江三角洲区域一体化发展规划纲要》《虹桥国际开放枢纽建设总体方案》（以下简称《总体方案》）以及有关法律、行政法规的相关规定，结合本市实际，制定本条例。

**第二条** 本市促进商务区发展的规划、建设、管理、服务和保障等活动，适用本条例。

**第三条** 商务区立足于构建国内国际双循环相互促进的新发展格局，推进国际化中央商务区、国际贸易中心新平台和综合交通枢纽等功能建设，充分发挥全球资源配置、科技创新策源、高端产业引领、开放枢纽门户等功能，成为上海提升城市能级和核心竞争力的重要增长极、引领长三角一体化的重要动力源、落实国家战略的重要承载区，打造新时代改革开放的标志性区域。

**第四条** 市人民政府应当加强对商务区工作的领导，统筹协调商务区的建设与发展。

市发展改革部门负责推进商务区重大体制机制改革、综合政策制定、重大项目投资等工作，以及商务区作为虹桥国际开放枢纽"一核"与"两带"的联动发展。

市商务部门负责对商务区的会展经济和国际贸易中心新平台的协调指导，推动区域开放型经济能级提升。

市规划资源部门负责商务区的有关规划和土地管理等工作，统筹空间布局和设施共享利用。

市交通部门负责对虹桥综合交通枢纽管理的统筹指导，协调推进商务区重大交通项目建设。

市其他有关部门按照各自职责共同推进商务区的相关管理和服务。

闵行区、长宁区、青浦区、嘉定区（以下统称四区）人民政府应当按照《总体方案》、市人民政府的部署和各自职责，结合本辖区产业特色，推进商务区的相关工作。

**第五条** 上海虹桥国际中央商务区管理委员会（以下简称商务区管委会）作为市人民政府派出机构，统筹协调市人民政府相关部门和管理单位以及四区人民政府，履行下列职责：

（一）编制商务区发展规划，统筹推进商务区开发建设和功能提升；

（二）参与编制商务区内的国土空间规划，统筹国土空间规划的落地实施，组织编制商务区内的专项规划；

（三）编制商务区产业发展规划和产业目录，统筹指导商务区内产业布局和功能培育；

（四）统筹推进投资促进、营商环境优化、公共服务完善、人才高地建设等工作；

（五）统筹商务区开发建设计划，拟定商务区区域内土地年度储备计划，协调推进重大投资项目建设；

（六）建立管理标准和服务规范，推进城市管理精细化；

（七）建立并完善统计工作合作机制；

（八）推进政策制度创新与实施；

（九）服务保障中国国际进口博览会（以下简称进口博览会）；

（十）统筹协调虹桥综合交通枢纽内交通设施管理以及不同交通方式的衔接、集散和转换；

（十一）统筹安排商务区专项发展资金；

（十二）指导协调四区人民政府履行商务区的相关行政管理职责，监督、检查工作落实情况；

（十三）市人民政府确定的其他事项。

**第六条** 商务区管委会应当牵头组织与市人民政府相关部门和管理单位以及四区人民政府沟通重要情况，协调重大问题，明确相关措施与各方责任。

商务区管委会应当加强对四区人民政府负责商务区工作的机构的指导。相关工作机构应当定期向商务区管委会报送工作推进情况。

商务区管委会可以根据市人民政府的要求建立评估机制，定期对四区人民政府依法履行相关职能和改革创新等情况进行评估。

**第七条** 本市根据国家授权和商务区发展需要，开展重点领域开放的先行先试，建立与国际通行规则相衔接的制度体系，吸引商务流、资金流、信息流等要素集聚，在数字贸易、金融服务、信息服务、会展服务等领域探索扩大开放措施，打造全方位开放的前沿窗口。

本市需要先行试点的重大改革举措，商务区具备条件的，在商务区优先试点。

**第八条** 本市建立促进商务区发展的财政保障机制，对商务区重要基础设施建设、产业发展等方面加强财政资金支持。

四区人民政府应当为商务区的建设与发展提供相应的财政资金保障。

**第九条** 商务区管委会建立决策咨询机制，加强与国际、国家和本市相关智库、科研机构、高校的合作，为促进商务区创新发展提供智力支撑。

**第十条** 根据国家发展战略，虹桥国际开放枢纽以商务区为核心，将江苏省和浙江省省际毗邻区连点成线，形成北向拓展带和南向拓展带，实现“一核”“两带”的发展格局。

本市与江苏省、浙江省建立“一核”“两带”规划编制会商机制，促进“一核”“两带”的发展规划协同。相关规划的编制应当听取苏州市、嘉兴市人民政府及其相关部门的意见。

本市推动实现“一核”“两带”在基础设施互联互通、产业协同发展、市场准入统一等方面的协同推进，形成跨区域协作新格局。

**第十一条** 本市加大商务区与长三角其他区域的协同联动力度，推动长三角产业联动、企业互动、资源流动，努力成为长三角畅通国内循环、促进国内国际双循环的枢纽节点。

## 第二章 区域规划与布局

**第十二条** 编制商务区相关规划，应当对标国际最高标准，实现高端商务、会展与交通功能深度融合，打造主导产业集聚辐射、全球资源要素集散、新型商业模式汇聚、基础设施联通高效、公共服务品质卓越、人文生态丰富多样的国际化中央商务区，力争成为国际开放枢纽标志性区域。

**第十三条** 商务区管委会应当会同四区人民政府统筹编制商务区五年发展规划。

**第十四条** 市规划资源部门、商务区管委会应当会同四区人民政府，依据本市国土空间规划，统筹编制商务区内的国土空间规划，加强区与区交界处的衔接。

商务区各片区控制性详细规划，依据单元规划，由市规划资源部门会同商务区管委会、相关区人民政府组织编制，并按照法定程序报请市人民政府批准。

商务区管委会应当会同市规划资源部门、相关行业主管部门和四区人民政府，组织推进生态空间、综合交通、城市风貌、地下空间等专项规划编制。

商务区内的民用机场、铁路、轨道交通等专项规划，根据相关法律、法规编制。

**第十五条** 商务区管委会会同市人民政府相关部门和管理单位以及四区人民政府围绕创新型产业，打造高能级总部经济、高端化服务经济、高流量贸易经济、高溢出会展经济，结合国家和本市有关产业结构调整的指导目录和相关政策，制定并公布商务区产业发展规划。

商务区管委会统一协调制定商务区产业政策和招商政策，推动商务区内各区域间的差异化协调发展。

**第十六条** 商务区管委会会同四区人民政府编制商务区区域内土地年度储备、土地出让、政府重点投资项目以及重大项目实施等计划，经规定程序批准后，作为市和四区相关部门推进项目实施的依据。

**第十七条** 商务区管委会应当对标国际先进水平，按照智慧虹桥、绿色低碳、产城融合、风貌品质等要求，制定与之相适应的建设和管理规范。

**第十八条** 本市围绕大交通、大商务、大会展功能，聚焦重点产业领域和核心发展指标，建立符合国际化中央商务区定位的统计指标体系。商务区管委会在市统计部门的指导下，根据实际需要，与四区加强统计工作合作。

**第十九条** 本市支持商务区内的保税仓库、保税物流中心发挥保税物流仓储功能，探索设立与高端商务、会展、交通功能相适应的综合保税区等海关特殊监管区域。

## 第三章 国际化商务服务

**第二十条** 本市发挥商务区在集聚总部经济、会展经济、创新经济和现代服务业等方面的作用，推动会展、商旅、金融、信息咨询等领域商务服务的国际化、专业化、品牌化发展。

**第二十一条** 本市支持商务区吸引、培育跨国公司地区总部、贸易型总部、中央企业和民营企业总部，实施更有吸引力的开放政策，完善国际化的专业服务，提升总部经济能级，打造高水平的总部经济集聚区。

商务区管委会应当对认定的跨国公司地区总部、贸易型总部、民营企业总部，按照相关标准给予政策支持。

**第二十二条** 本市鼓励各类投资者在商务区设立跨国公司地区总部和功能性机构，支持其集聚业务、拓展功能。跨国公司地区总部依法享受资金管理、贸易物流、物品通关、数据流动、人才引进、人员出入境等便利化措施。

支持商务区内符合条件的跨国公司开展跨境资金集中运营管理，建立本外币一体化资金池。鼓励跨国公司在商务区设立全球或者区域资金管理中心。

**第二十三条** 本市支持高能级贸易主体在商务区设立贸易型总部，面向国内国际两个市场，提高资金运作能力，提升贸易规模，创新贸易模式。

**第二十四条** 本市支持中央企业在商务区设立总部或者功能性总部、研发类平台和创新联合体。

本市支持开展跨国投资、融资的国内民营企业在商务区申请设立跨国公司地区总部，拓展研发、销售、物流、结算中心等功能性机构。

商务区管委会建立民营企业总部培育名录，支持企业在商务区集聚业务、拓展功能，提升成为民营企业总部。

**第二十五条** 商务区管委会应当根据国家和本市部署，配合做好进口博览会招展、招商以及虹桥国际经济论坛筹办等工作，充分发挥进口博览会的国际采购、投资促进、人文交流、开放合作平台作用。

**第二十六条** 本市支持商务区发展会展经济，集聚具有全球影响力的会展和活动，引进国际知名会展企业总部、境内外专业组展机构、国际品牌展会及其上下游配套企业，做大会展经济规模，打造国际会展之都重要承载区。

商务区应当创新会展服务模式，提升在会展技术、专业人才、服务能力、管理体制等方面的国际竞争力。

本市支持商务区建立会展业发展协调机制，建立国际会展活动引进、申办联动机制。

**第二十七条** 本市推动会展和产业联动，聚焦支柱产业和主导产业，促进贸易对接、项目对接、产业对接。

商务区应当促进会展流量转化为区域消费增量、贸易增量和产业增量。

商务区可以制定促进会展经济发展的专项政策，对符合条件的会展举办单位、会展服务单位、会展项目以及会展人才给予定向扶持。

**第二十八条** 鼓励具有国际服务功能的会计、法律、设计、咨询等专业服务机构入驻商务区，强化专业服务业对会展、商贸、航空、金融、医疗健康等产业的支撑功能，打造现代服务业集聚区。

鼓励、吸引在中国（上海）自由贸易试验区临港新片区设立的境外知名仲裁及争议解决机构在商务区设立分支机构，就国际商事、投资等领域发生的民商事争议开展仲裁业务。

**第二十九条** 鼓励外国投资者在商务区设立投资性机构，对符合条件的外资投资性公司给予金融、人才、通关等方面便利。

支持优质投资性机构进驻商务区。商务区管委会应当为商务区内的投资性机构提供服务，并配合相关部门做好风险管控。

**第三十条** 本市推动商务区集聚研发中心。

本市支持跨国公司、国内企业、科研院所、高校等在商务区设立符合产业发展导向的研发中心。

本市引导研发中心成果转化应用，服务“两带”以及长三角其他区域建设。

## 第四章 国际贸易中心新平台

**第三十一条** 本市支持商务区拓展贸易功能，创新发展新型国际贸易，集聚高能级贸易平台和主体，促进金融与贸易深度融合，强化国际贸易产业支撑，构建国际贸易中心新平台。

**第三十二条** 本市支持商务区打造全球数字贸易港，积极对接电子商务新模式、新规则、新标准，推动云服务、数字内容、数字服务的行业应用，跨境电子商务等特色数字贸易。着力创建国家数字服务出口基地。

加快建设以商务区为主体的数字贸易跨境服务集聚区，促进贸易监管数字化转型、便利化发展。根据相关法律、法规的规定，探索制定低风险跨境流动数据目录，促进数据跨境安全有序流动。

**第三十三条** 推动进口博览会期间的展品税收支持、通关监管、资金结算、投资便利、人员出入境等政策依法转化为常态化制度安排，提升贸易自由化、便利化水平，畅通完善进口博览会商品的集散链路，形成辐射亚太的进出口商品集散地，持续发挥进口博览会综合效应。

**第三十四条** 本市推动在商务区建设国家级进口贸易促进创新示范区，推进贸易政策创新、服务创新、模式创新，优化功能布局，健全完善多层次保障体系，实现进口贸易要素交互融通。

**第三十五条** 商务区加强“一带一路”建设公共服务供给，为企业提供包括信息资讯、融资平台、专业服务、项目投资、人才服务和风险防范等方面的多方位、综合性服务。

商务区应当推动建设面向“一带一路”国家和地区的专业贸易平台和国别商品交易中心。

**第三十六条** 本市支持各类功能性贸易投资促进平台落户商务区，形成多层次、多功能、开放型的功能性平台体系，为促进商务区创新发展提供支撑。

本市优化提升虹桥海外贸易中心的服务功能，集聚与国际贸易促进相关的社会组织，提供高水平国际贸易服务。

本市在商务区打造进出口商品展示交易平台，发挥其保税货物展示、价格形成、信息发布、保税物流等功能。

**第三十七条** 本市加强新虹桥国际医学中心建设，发展医疗服务贸易，建设国家健康旅游示范基地。支持公立医院与新虹桥国际医学中心开展医疗合作，探索科学合理的收益分配使用机制。

本市支持商务区引进境内外先进医疗机构、医学科研机构和专业技术人员，探索入境监管、检验检测等方面的制度创新，加快推进创新药品和医疗器械注册上市；支持创建先进技术临床研究和转化研究中心，建设生命大健康产业集聚区。

本市加强商务区内的医疗机构建设，给予医疗服务准入、医保定点等支持，推进商业健康保险模式创新。对商务区内社会力量举办的医疗机构配置乙类大型医用设备实行告知承诺制，按照国家规定对配置甲类大型医用设备给予支持。对商务区内符合条件的医疗机构，按照国家规定自行研制、使用国内尚无同种产品上市的体外诊断试剂给予支持。鼓励商务区内的医疗机构探索跨境跨区域医疗合作，依法引进医疗技术和药品、器械。

**第三十八条** 商务区内符合条件的企业可以依法合规开立自由贸易账户，开展新型国际贸易，有关单位应当为其提供国际结算、贸易融资等跨境金融服务便利。

鼓励金融机构在依法合规、风险可控、商业可持续的前提下，为商务区内企业和非居民提供跨境发债、跨境投资并购等服务。支持企业开展人民币跨境贸易融资和再融资业务。

本市在商务区内对符合条件的企业开展资本项目收入支付便利化服务。符合条件的企业在办理资本项目外汇收入及其结汇所得人民币资金的境内支付时，可以凭专门凭证直接在本市辖区内符合条件的银行办理。

根据国家规定，实施货物贸易和服务贸易外汇收支便利化措施，符合条件的银行在充分了解客户和业务并开展尽职调查的基础上，对符合条件的企业实行优化单证审核等便利化措施。

**第三十九条** 商务区管委会应当定期编制、发布反映金融与贸易便利化程度、区域贸易活跃度、会展活动影响力等的“虹桥开放指数”报告。

商务区管委会应当建立健全“虹桥开放指数”收集、统计、分析等相关制度，发挥“虹桥开放指数”在促进商务区发展、推动虹桥国际开放枢纽建设、提升国家对外开放水平、增强国际竞争合作新优势中的作用。

## 第五章 综合交通枢纽

**第四十条** 本市全面强化虹桥综合交通枢纽核心功能，提升上海国际航空枢纽核心地位。建立虹桥国际开放枢纽连通浦东国际机场和长三角全域的轨道交通体系，完善国际航空运输协作机制，打造服务长三角、联通国际的畅通便捷综合交通门户。

**第四十一条** 本市深化商务区综合交通规划研究，支持商务区内区与区对接道路建设，完善商务区内道路交通体系，打造衔接轨交、扩大覆盖、联系周边的骨干公交，优化商务区与周边区域的公共交通布局。

**第四十二条** 优化拓展虹桥国际机场国际航运服务功能，促进优化联通国际主要航空枢纽的精品航线。

加强与周边机场协作，加大信息共享、运营管理、航班备降、应急救援等方面合作力度，推进多式联运服务发展，强化对虹桥国际开放枢纽的国际服务功能支撑。

**第四十三条** 本市推动虹桥国际机场获得空运整车进口口岸资质，并加强相关保障。根据国家主管部门授权，支持符合条件的企业开展保税维修和飞机融资租赁业务。

本市支持商务区发展航空服务业及其配套产业，推进航空服务业重点企业特殊监管方式创新，建设全球航空企业总部基地和高端临空服务业集聚区。

**第四十四条** 本市交通部门应当加强与国家相关部门以及长三角其他地区交通部门的协调沟通，强化铁路虹桥站的对外辐射和集散能力。健全与长三角主要城市之间的轨道交通网络，推进跨区域轨道交通规划协同，完善建设模式和运营机制，促进长三角跨区域轨道交通一体化。

**第四十五条** 本市积极推进虹桥综合交通枢纽的智能交通建设，实现全出行方式、全应用场景、全管理过程的数字化转型升级，构筑数智交通生态体系。

**第四十六条** 商务区管委会应当会同市交通部门组织协调虹桥综合交通枢纽内交通设施管理。

虹桥综合交通枢纽内的交通设施运营管理单位应当根据国家和本市技术规范、规程等，对交通设施进行运行维护。

商务区内的交通基础设施由市、区两级管养，市交通部门会同商务区管委会做好协调监督工作。

## 第六章 产 城 融 合

**第四十七条** 商务区构建布局合理、功能完备、优质高效的商务配套和生活服务体系，巩固区域绿色低碳发展基础，实现生产空间集约高效、生活空间便利完善、生态空间舒适宜人，打造产城融合示范区。

**第四十八条** 本市支持商务区建设高品质公共服务配套设施，依托高品质社区、高水平文化设施和城市公园，营造宜居、宜业、宜游、宜学的生活环境。

本市支持商务区通过新建、配建、改建等方式增加保障性租赁住房供应。

**第四十九条** 以虹桥国际开放枢纽和虹桥副中心为依托，打造国际级消费集聚区，建设一批高品质消费新地标。

鼓励企业在商务区设立中高端消费品发布展示中心，发展智慧零售、跨界零售、绿色零售等新业态，服务上海国际消费中心城市建设，打造联系亚太、面向世界、辐射国内的重要商贸流通中心。

**第五十条** 商务区应当提供高效、便民、优质的社会公共服务。商务区内的教育、公共卫生、社会治安、社会保障、公共法律服务等社会公共事务实行属地管理，商务区管委会负责指导、协调与监督。

本市在商务区内加快布局重大文化体育项目，引进一批有影响力的文化和体育活动，提升公共服务国际化水平。

**第五十一条** 商务区管委会会同市人民政府相关部门指导协调四区人民政府加强城市管理精细化工作。

商务区管委会会同市人民政府相关部门和管理单位以及四区人民政府制定商务区内道路、绿化、市容环卫、河道水系、工程设施、户外广告、招牌、景观照明等方面的建设与管理标准，建立落实相关工作机制。

商务区管委会应当加快提升城市管理智能化水平，实施综合养护一体化管理，提升城市环境品质。

**第五十二条** 商务区应当推动高端商务、会展、交通功能深度融合，深化“放管服”改革，健全以“双随机、一公开”监管为基本手段、以重点监管为补充、以信用监管为基础的新型监管机制，完善与创新创造相适应的包容审慎监管方式，全面推行轻微违法行为等依法不予处罚清单，加快打造市场化、法治化、国际化营商环境。

**第五十三条** 商务区依托政务服务“一网通办”和城市运行“一网统管”平台、国际互联网数据专用通道，加强一流数字基础设施建设，鼓励新一代通信技术推广应用，开发商务贸易、交通组织、城市运行、产业发展等方面的场景应用，以数字底座、赋能平台、数字经济等为抓手，探索具有虹桥特色的城市数字化转型建设模式，推动形成智慧交通、智慧会展、智慧商务和智慧生活功能体系，打造智慧虹桥。

**第五十四条** 本市按照绿色低碳的发展理念，推进商务区功能建设。

商务区管委会应当统筹指导海绵城市和绿色生态城区建设，按照绿色低碳要求指导能源系统建设和应用，建立低碳能效运行管理平台，并拓展其覆盖面。支持商务区内建筑所有权人取得绿色建筑运行标识。

## 第七章 服务长三角一体化发展

**第五十五条** 本市在商务区建设服务长三角企业和项目的平台。商务区管委会协调商务区内长三角合作事项，依托贸易展示等功能性平台，推进长三角优质品牌在商务区集聚。

**第五十六条** 本市支持商务区推动长三角公共服务共享，在知识产权保护、国际贸易法律服务、国际商事仲裁等领域，为长三角的各类市场主体联通国际提供便捷、可靠的服务。

市知识产权部门在商务区设立长三角企业商标受理窗口，向长三角企业提供商标注册、续展、变更、转让等服务。

注册在长三角并在商务区功能性平台备案的企业，其依法聘请或者雇佣的外籍人员，可以在本市办理外国人工作许可。

**第五十七条** 本市加强与长三角政务服务的合作交流，完善“跨省通办”工作机制，推进长三角电子证照互认和数据资源共享，打造在商务区的高频优质场景应用。

**第五十八条** 本市按照市场化方式设立服务长三角一体化发展的投资基金，主要用于虹桥国际开放枢纽的重大基础设施建设、科技创新产业平台发展、公共服务信息系统集成等投入。

**第五十九条** 本市在商务区建设长三角区域城市展示中心，协调长三角各城市共同打造“虹桥国际会客厅”。

## 第八章 服务与保障

**第六十条** 本市建立与商务区发展相适应的用地保障机制。

本市在市级层面对商务区内重大项目土地指标予以优先保障。按照中心城区建设标准，依据人口总量定位和产业功能定位，合理确定核心区域开发强度和容量。本市鼓励商务区内工业、仓储、研发等产业用地的多用途混合利用。

实施商住用地动态调整机制，允许按照程序将商务区内已建低效商办楼宇改造为租赁住房。

商务区探索城市地下空间竖向开发、分层赋权等土地管理改革创新，在建设用地的地上、地表、地下分别设立使用权。

**第六十一条** 本市设立商务区专项发展资金，由市和四区两级财政予以保障，主要用于优化规划布局和区域功能，集聚高端产业和高端人才，完善公共设施和公共服务，提升生态环境和区域品质。

**第六十二条** 四区取得的商务区范围内国有土地使用权出让收入，可以部分用于区域内的基础设施建设。

地方政府专项债券可以优先用于商务区内符合条件的重大项目。

支持市级新设立的政府出资产业投资基金落户商务区。

商务区内符合条件的项目可以开展不动产投资信托基金试点。商务区应当搭建项目资源对接平台，支持法律、会计、税务、资产评估等中介机构为不动产投资信托基金项目提供专业服务。鼓励四区对发行不动产投资信托基金的中介费用予以适当补贴。

在商务区内推广应收账款票据化，试行“贴现通”业务。

**第六十三条** 本市支持商务区在创新会展活动知识产权保护机制方面先行先试。本市为进口博览会等大型国际会展活动知识产权保护提供全过程服务保障，在区域内探索更加精准、高效、便利的会展活动知识产权快速维权处置工作模式。

商务区鼓励商业银行、担保机构、保险机构等为区域内企业创新开展知识产权证券化、知识产权质押融资、知识产权保险等知识产权金融服务；支持相关社会组织、知识产权服务机构等为区域内企业提供知识产权侵权监测、风险预警、证据收集、评估定价、纠纷调解以及维权援助等专业服务。

**第六十四条** 本市打造高水平的国际人才高地，建设虹桥国际商务人才港，通过中国上海人力资源服务产业园虹桥园等功能平台，吸引专业性、国际化、创新型人才集聚商务区。

在商务区加强移民政策实践基地建设，开展国际人才管理创新，相关部门应当为境外高层次人才来华执业以及交流合作提供签证、工作、居留、永久居留等便利，为外籍人才提供信息咨询、法律服务、语言文化等各类移民融入服务。

商务区管委会可以推荐在商务区内工作的外籍高层次人才、紧缺人才以及符合条件的外国投资者申请永久居留，上述人员的外籍配偶、未成年子女可以随同申请。推广外国人永久居留证件便利化应用，便于持证人在商务区居留、学习、工作。

**第六十五条** 符合条件的外籍高校毕业生

可以凭商务区出具的工作证明，申请办理外国人来华工作许可。

本市根据国家要求，逐步放开金融、建筑、规划、设计等领域的外籍人员在商务区的从业限制，并为外籍人员在区域内居留、执业提供便利。

**第六十六条** 本市支持商务区引进符合国家和本市相关政策以及商务区功能定位的高等国际教育资源，开展机构、培训、师资等方面合作，培养高素质的国际化人才。

在商务区建设高质量的外籍人员子女学校，提供优质国际教育。鼓励符合条件的外籍人员子女学校面向全国招生。

**第六十七条** 本市创造条件，吸引各类符合商务区功能定位的高层次人才。商务区内用人单位引进的符合条件的海内外优秀人才，可以按照规定享受办理本市常住户口等人才政策。

## 第九章 附　　则

**第六十八条** “一核”是商务区内涉及闵行区、长宁区、青浦区、嘉定区的相关区域，共151.4平方公里。

“两带”是以商务区为起点延伸的北向拓展带和南向拓展带。北向拓展带包括虹桥—长宁—嘉定—昆山—太仓—相城—苏州工业园区；南向拓展带包括虹桥—闵行—松江—金山—平湖—南湖—海盐—海宁。

**第六十九条** 本条例自2022年11月1日起施行。

# 上海市浦东新区优化揭榜挂帅机制促进新型研发机构发展若干规定

（2022年10月28日上海市第十五届人民代表大会常务委员会第四十五次会议通过）

**第一条** 为了深入实施创新驱动发展战略，优化揭榜挂帅机制，营造新型研发机构良好的发展环境，推动浦东新区建设国际科技创新中心核心区，根据有关法律、行政法规的基本原则，结合浦东新区实际，制定本规定。

**第二条** 在浦东新区通过优化揭榜挂帅机制吸引科技领军人才承接创新项目，培育发展新型研发机构以及相关的促进、管理和保障等活动，适用本规定。

本规定所称创新项目，包括科学研究、技术开发、技术攻关、成果转化、示范应用、产业化等项目。

**第三条** 市人民政府应当支持浦东新区率先推进科技体制机制创新，建立促进新型研发机构发展的统筹协调机制，支持浦东新区持续优化创新创业环境、提升科技创新公共服务水平。

市科技、经济信息化、发展改革、财政、国有资产监管、审计等部门根据自身职责和本规定，支持浦东新区开展创新项目揭榜挂帅和新型研发机构发展等工作。

市规划资源、人力资源社会保障、公安、民政、地方金融监管、税务等部门以及海关等单位按照各自职责和本规定，支持新型研发机构在浦东新区发展。

**第四条** 浦东新区人民政府应当统筹协调本行政区域创新项目揭榜挂帅和促进新型研发机构发展的重大事项，增强自主创新能力，搭建为揭榜挂帅活动提供服务的公共平台，吸引社会力量参与和科技人才集聚，营造有利于创新的生态环境。

浦东新区科技经济部门负责创新项目揭榜挂帅的具体推进工作和新型研发机构的促进发

展工作，完善项目、基地、人才、资金一体化调度和配置机制，提高承担国家和本市重大战略任务的能力。

浦东新区其他相关部门应当按照各自职责和本规定，共同做好创新项目揭榜挂帅的推进和新型研发机构的促进发展工作。

**第五条** 在浦东新区设立非营利性、公益性的创新项目揭榜挂帅公共服务平台（以下简称服务平台），承担汇集发布创新项目信息、组织实施创新项目揭榜挂帅等事项，并提供相关的公共服务。

服务平台应当按照专业化、社会化的运作要求委托专门机构运营，与有关企业、机构、产业基金和创投基金等开展合作，接受区科技经济部门监督管理。

通过服务平台开展创新项目揭榜挂帅活动的规则由浦东新区人民政府制定。服务平台应当建立信息公开制度，明确服务内容和监督办法，并向社会公布。

**第六条** 服务平台应当选聘科技创新领域知名专家组成专家委员会，建立专家库。专家委员会负责对服务平台组织开展创新项目揭榜挂帅等活动提供决策咨询。专家库中的专家根据相关参与方的需求对创新项目的发布、申报、评鉴、揭榜等活动提供专业支持。专家委员会和专家库的名单向社会公布。

**第七条** 在服务平台上发布的创新项目应当面向全社会征集，聚焦重点领域突破、关键核心技术攻关和重大成果转化，具备策源性强、影响力大和带动面广等特点。

本市政府部门、国有企业、事业单位的创新项目可以在服务平台上公开发布，但依法需要保密的除外。支持其他企业和社会组织的创新项目在服务平台上公开发布。

在服务平台上发布创新项目的，应当列明完成项目需要的科研能力要求、项目考核和评审验收标准、经费拨付和管理等事项。

**第八条** 创新项目申报主体应当按照项目需求提交方案，说明项目组织形式、首席科学家或其他重要科技领衔人、团队组成等，证明科研能力等情况。

不得以国籍、年龄、资历、学历和工作经历、单位属性等作为国内外人才和团队在浦东新区参与创新项目揭榜挂帅的资格条件。

**第九条** 创新项目发布方应当对申报主体提交的方案和有关情况开展尽职调查和评鉴，确定一个申报主体作为揭榜方承接创新项目。

无法确定唯一主体的，可以采用赛马制方式择优选择多个申报主体承接创新项目、各自独立揭榜攻关，并按合同约定开展科研活动。

**第十条** 鼓励参与创新项目揭榜挂帅活动的企业、单位在浦东新区开展有关科技成果转化和应用，实现集聚发展。

浦东新区应当采取措施，引进和培育符合创新规律、提升创新效能、满足创新需求的新型研发机构，并实施依章程管理的组织体系和治理结构。支持新型研发机构在浦东新区参与创新项目揭榜挂帅活动。

**第十一条** 创新项目发布方和揭榜方可以依法约定科技成果的知识产权归属。创新项目科技成果转化和应用符合本市和浦东新区发展战略定位的，市、区相关科技创新基金等应当提供支持，并按程序纳入用地保障范围。浦东新区应当给予融资担保、财政补助等政策支持。

鼓励社会资本与浦东新区政府投资基金合作，对在浦东新区实施的科技成果转化、示范应用、产业化项目等进行投资。浦东新区政府投资基金的投资收益，可以用于激励奖补。

支持社会力量通过设立基金、捐赠、股权投资等方式，重点支持新型研发机构开展科学研究、技术开发和技术攻关等活动。

**第十二条** 支持揭榜挂帅的创新项目建立以结果为导向的经费拨付机制，项目完成并通过验收的，按照合同约定拨付剩余资金。

支持新型研发机构对使用财政科研经费的创新项目实行包干制和负面清单管理。负面清单由财政部门会同有关部门根据财政资金来源予以编制。在承诺遵守科研伦理道德和作风学风诚信要求、经费除负面清单列明的禁止支出项目外全部用于本项目研究工作相关支出的基础上，有权自主管理和使用项目经费。

使用社会资金的创新项目，由发布方和揭榜方在相关合同中约定经费使用方式。

**第十三条** 浦东新区对新型研发机构培养、引进的相关人才，提供居留和出入境、落户、安居、医疗保险、子女教育等服务保障。在浦东新区新型研发机构工作的紧缺急需人才，按照规定享受浦东新区提供的财政补贴。支持浦东新区的新型研发机构按规定与高等学校联合培养研究生。

符合条件的境外人员可以担任浦东新区新型研发机构法定代表人。

**第十四条** 使用财政资金出资购置、建设大型科学仪器设施的管理单位，应当按照规定为浦东新区新型研发机构提供共享服务。

鼓励浦东新区新型研发机构与境外研究开发机构合作开展技术研究，通过举办国际性学术会议、科技创新展会、科技创新大赛等方式进行国际科技合作交流。

浦东新区新型研发机构进口设备、材料的，按照规定享受关税和进口环节增值税减免政策。

**第十五条** 支持浦东新区新型研发机构实行任务为导向的绩效评价管理模式。对运用财政性资金设立的新型研发机构，可以实行综合预算管理；对其他新型研发机构，可以以研发和服务活动的公共性、稀缺性和引领性等评价结果，择优给予财政补助。

支持对浦东新区承担战略性任务的新型研发机构，建立以创新绩效为核心的中长期综合评价机制。

**第十六条** 浦东新区应当按照支持创新、权责一致、尽职免责、失职追责的原则，探索建立符合创新项目特点的容错机制，按照相关合同的约定开展监督。

**第十七条** 本规定有关用语的含义：

（一）揭榜挂帅，是指创新项目向社会公开发布，由科技领军人才作为项目负责人挂帅并组织团队提供解决方案，并以科研技术成果产出来兑现的非周期性科研资助机制。

（二）经费包干，是指由项目负责人按照规定或者约定，对项目资金自主管理使用的模式。

（三）赛马制，是指对创新项目在开展揭榜挂帅过程中实行择优选择、并行攻关、合同约定的组织管理方式。

**第十八条** 本规定自 2022 年 12 月 1 日起施行。

# 上海市学前教育与托育服务条例

（2022 年 11 月 23 日上海市第十五届人民代表大会常务委员会第四十六次会议通过）

## 第一章 总 则

**第一条** 为了保障适龄儿童接受学前教育与托育服务的权利，规范学前教育与托育服务实施，促进学前教育事业与托育服务健康发展，根据有关法律、行政法规，结合本市实际，制定本条例。

**第二条** 本条例适用于在本市行政区域内实施的学前教育与托育服务，以及相关支持保障、监督管理等活动。

本条例所称学前教育，是指由幼儿园等学前教育机构对三周岁至入小学前的儿童（以下简称学前儿童）实施的保育和教育。

本条例所称托育服务，是指由幼儿园托班、托育机构以及社区托育点等对三周岁以下婴幼儿实施的照护和保育。

**第三条** 本市学前教育与托育服务坚持以

人民为中心的发展思想，按照“人民城市”建设要求，坚持政府主导、社会参与、普惠多元、安全优质、方便可及的原则，遵循儿童身心发展规律，促进儿童健康成长，实现幼有善育。

**第四条** 本市实行学前教育与托育服务一体规划、一体实施、一体保障，建立健全家庭科学育儿指导服务网络。

本市普及学前教育，以政府举办的公办幼儿园为主，支持和规范社会力量举办民办幼儿园，大力发展普惠性学前教育，构建布局合理、公益普惠的学前教育公共服务体系。

本市发展托育服务，以家庭照护为基础，通过开设幼儿园托班，鼓励和引导社会力量举办托育机构，设置社区托育点，支持机关、企事业单位、园区、商务楼宇等提供福利性托育服务，构建普惠多元的托育公共服务体系。

本市为适龄儿童家庭提供科学育儿指导服务，加强对家庭照护的支持与指导，增强家庭科学育儿能力。

**第五条** 各级人民政府应当将学前教育与托育服务纳入本级国民经济和社会发展规划，并将相关重点工作纳入为民办实事项目予以推进。

市人民政府统筹规划和协调推进全市学前教育与托育服务发展。区人民政府应当履行推进学前教育与托育服务发展的主体责任，合理配置本行政区域内学前教育与托育服务资源，促进学前教育与托育服务协调发展。

市、区人民政府应当建立综合协调机制，统筹协调解决学前教育与托育服务发展中的重大问题。

乡镇人民政府和街道办事处应当组织推进辖区内学前教育与托育服务发展，落实相关政策措施和监督管理工作。

**第六条** 市教育部门主管本市行政区域内的学前教育与托育服务工作，牵头推进学前教育与托育公共服务体系建设，制定发展规划和相关标准、规范，负责监督管理和指导服务工作。区教育部门具体负责本行政区域内学前教育与托育服务的监督管理和指导服务工作。

卫生健康部门负责对幼儿园、托育机构和社区托育点的卫生保健、疾病预防控制等工作进行业务指导和日常监管，制定相关标准、规范，依法开展传染病防治、饮用水卫生等监督检查。

发展改革、财政、规划资源、住房城乡建设管理、房屋管理、市场监管、人力资源社会保障、民政、公安、应急管理等部门和消防救援机构按照各自职责，共同做好学前教育与托育服务的相关管理和保障工作。

**第七条** 父母或者其他监护人应当依法履行抚养与教育儿童的责任，学习家庭养育知识，接受科学育儿指导，创造良好家庭环境，科学开展家庭照护和教育。

**第八条** 工会、共产主义青年团、妇女联合会、残疾人联合会、关心下一代工作委员会以及有关社会组织应当结合自身工作，支持学前教育与托育服务发展。

居民委员会、村民委员会应当协助政府及有关部门宣传学前教育与托育服务的法律法规，指导、帮助和监督儿童的父母或者其他监护人依法履行抚养与教育责任。

鼓励自然人、法人和非法人组织通过捐赠资助、志愿服务等方式，支持普惠性学前教育与托育服务发展。

**第九条** 鼓励相关行业协会通过制定学前教育与托育服务行业标准和规范、参与服务质量评估、开展从业人员培训等方式，规范行业行为，加强行业自律，推动学前教育与托育服务规范健康发展。

**第十条** 广播、电视、报刊、网络等媒体应当广泛开展公益宣传，倡导科学育儿理念，营造尊重、关心、爱护儿童的社会氛围，为儿童健康成长创造良好环境。

**第十一条** 本市支持开展学前教育与托育服务相关基础理论、实务应用、行业管理等方向和领域的科学研究活动。

本市加强学前教育与托育服务相关标准规范、人才培养、支持保障、发展经验等方面的国内、国际合作交流。

**第十二条** 对在学前教育与托育服务工作中做出突出贡献的个人和组织，按照国家和本市规定予以表彰和奖励。

## 第二章 规划与建设

**第十三条** 市教育部门会同市规划资源部门根据本市人口、公共服务资源、学前教育与托育服务需求状况等因素，明确本市幼儿园及其托班建设用地标准、要求以及布局。本市幼儿园及其托班的布局经市规划资源部门进行综合平衡后，纳入相应的国土空间规划。区和乡镇人民政府负责相关规划在本行政区域的推进落实。

**第十四条** 新建居住区配套建设的幼儿园及其托班设施，符合国家有关划拨用地规定的，可以以划拨方式提供国有土地使用权。

农村地区符合规划要求建设的学前教育与托育服务设施，可以依法使用农民集体所有土地。

**第十五条** 本市按照区域内常住人口和需求配置学前教育与托育服务设施，学前教育万人学位数和托育服务千人托位数按照国家和本市有关规定确定。

新建居住区应当按照国家和本市规划要求与建设标准，配套建设幼儿园及其托班设施，与住宅同步规划、同步设计、同步建设、同步验收、同步交付使用，并由教育部门按照相关规定参与评审验收。配套建设的幼儿园及其托班应当举办成公办幼儿园或者委托办成普惠性民办幼儿园，提供普惠性学前教育与托育服务。

已建成居住区的幼儿园及其托班未达到规划要求或者建设标准的，所在地的区人民政府应当通过新建、扩建、改建以及支持社会力量参与等方式，予以补充和完善。

区人民政府应当加强学前特殊教育资源建设，根据本行政区域内有特殊需要的学前儿童数量、类型和分布情况，设置专门的特殊教育学前班或者学前特殊教育机构，确保学前特殊教育服务覆盖所有街镇。

**第十六条** 区人民政府应当统筹协调社区托育点的建设和管理工作。乡镇人民政府、街道办事处应当根据辖区内人口结构、托育服务需求以及社区公共服务设施等资源配置情况，建设社区托育点提供临时照护服务。

区人民政府应当将社区托育服务和家庭科学育儿指导服务纳入十五分钟社区生活圈、乡村社区生活圈和社区综合服务体系建设内容。

**第十七条** 幼儿园和托育机构应当按照国家和本市有关选址要求，设置在空气流通、日照充足、交通方便、基础设施完善，符合卫生、环保、抗震、消防、疏散等要求的安全区域内。

幼儿园和托育机构的建设应当符合国家和本市有关建设标准、规范和要求。

社区托育点可以单独设置，也可以依托社区公共服务设施等设置，有相对独立区隔的空间，符合卫生、环保、消防等标准和规范，有条件的可以设置户外活动场地。

**第十八条** 本市将学前教育与托育服务设施建设作为城市更新的重要内容，在保障公共利益、符合更新目标和安全要求的前提下，可以按照规定对用地性质、容积率、建筑高度等指标予以优化。

**第十九条** 未经法定程序，任何组织和个人不得擅自改变学前教育与托育服务设施建设用地用途或者设施使用性质，不得侵占、损坏或者擅自拆除学前教育与托育服务设施。

## 第三章 设立与管理

**第二十条** 设立幼儿园、托育机构，应当具备下列基本条件：

（一）有组织机构、章程和规范的名称；

（二）有符合要求的从业人员；

（三）有符合标准和规范的园舍场地、功能室和设施设备；

（四）有必备的举办资金和稳定的经费来源；

（五）法律、法规规定的其他条件。

**第二十一条** 设立公办幼儿园，应当按照国家和本市事业单位登记管理的规定，进行事业单位法人登记。

设立民办幼儿园，应当依法向所在地的区教育部门申请取得办学许可，并依法向民政或者市场监管部门办理登记。

设立托育机构，应当依法向民政或者市场监管部门办理登记；申请登记为社会服务机构的，应当依法经业务主管部门审查同意。托育机构应当在完成有关登记手续后十五个工作日内，向所在地的区教育部门进行备案，并提交能够证明符合本条例第二十条规定条件的材料。区教育部门应当向社会公布已备案的托育机构名单等信息，并及时更新。

幼儿园和托育机构变更与终止，应当按照国家和本市有关规定办理变更或者注销手续。

**第二十二条** 公办幼儿园和普惠性民办幼儿园应当按照规定提供普惠性学前教育服务。政府可以向民办幼儿园购买普惠性学前教育服务。

本市幼儿园应当按照规划要求开设托班。公办幼儿园开设的托班、民办幼儿园开设的普惠性托班以及普惠性托育机构应当按照规定，提供普惠性托育服务。政府可以向托育机构购买普惠性托育服务。

市教育部门会同相关部门制定普惠性民办幼儿园、普惠性托育机构的认定管理办法，区教育部门会同相关部门负责具体认定。

**第二十三条** 任何组织或者个人不得利用财政经费、国有资产、集体资产举办或者支持举办营利性民办幼儿园。

公办幼儿园不得转制为民办幼儿园。公办幼儿园不得举办或者参与举办营利性民办幼儿园和其他教育机构。

社会资本举办或者参与举办幼儿园，应当遵守国家有关投资、融资等方面的限制性规定。

**第二十四条** 幼儿园和托育机构实行园长(负责人)负责制。

幼儿园和托育机构应当建立健全信息公示制度，将条件配置、人员配备、招收要求、收费标准等信息向社会公示，接受社会监督。

**第二十五条** 幼儿园和托育机构应当依法建立健全财务、会计及资产管理制度，严格经费管理，提高经费使用效益。

幼儿园应当按照规定实行财务公开，接受社会监督。民办幼儿园应当每年向所在地的区教育部门提交经社会中介机构审计的财务会计报告，并公布审计结果。

**第二十六条** 公办幼儿园及其托班的收费标准实行政府指导价，相关收费标准统筹考虑政府投入、经济社会发展水平、运行成本和群众承受能力等因素合理确定，并建立动态调整机制。

普惠性民办幼儿园及其托班、普惠性托育机构的收费标准，参照本市学前教育生均经费基本标准确定。

幼儿园和托育机构应当将收费项目和标准、收费方式、服务内容、退费规则等内容告知家长。

**第二十七条** 社区托育点应当有符合条件的场地和设施设备，配备符合要求的从业人员，并按照标准和规范开展照护服务。

乡镇人民政府、街道办事处可以自行运营管理社区托育点，也可以通过购买服务、委托运营等方式委托具备相应资质、条件的学前教育机构或者托育机构运营管理。

## 第四章 保育与教育

**第二十八条** 学前教育与托育服务应当将保障儿童身心健康和安全放在首位。

学前教育应当坚持保育与教育相结合的原则，科学实施保育与教育活动，关注个体差异，注重良好习惯养成，促进学前儿童身心健康发展。

托育服务应当坚持保育为主、教养融合的原则，根据三周岁以下婴幼儿的身心发展特点，创设安全健康适宜的照护环境，促进婴幼儿健康成长。

**第二十九条** 幼儿园和托育机构应当建立健全安全保卫、消防、设施设备、食品药品等安全管理制度和安全责任制度，完善物防、技防设施设备，定期开展安全教育培训、安全检查和应急演练，及时消除安全隐患，保障儿童在园在托期间的人身安全。出入口、儿童活动场所、休息场所等区域应当安装视频监控设施，监控记录至少保存九十天。

发现儿童身心健康受到侵害、疑似受到侵害或者面临其他危险情形的，幼儿园和托育机构应当立即向教育、公安等部门报告；发生突发事件或者紧急情况，应当优先保护儿童人身安全，立即采取紧急救助和防护措施，并及时通知父母或者其他监护人，同时向有关部门报告。

幼儿园应当按照规定投保相应的责任保险。鼓励托育机构、社区托育点投保责任保险。

**第三十条** 幼儿园和托育机构应当合理安排在园在托儿童一日生活，科学合理安排营养膳食、体格锻炼，保证户外活动时间、效果与质量；做好健康检查和清洁消毒、传染病预防控制、常见病预防等卫生保健工作，促进儿童身体正常发育和心理健康。

发现传染病或者疑似传染病的，幼儿园和托育机构应当立即向卫生健康、教育部门或者疾病预防控制机构报告，并按照规定落实相关防控措施。

**第三十一条** 幼儿园应当以游戏为基本活动，帮助学前儿童通过亲近自然、实际操作、亲身体验等方式，获得有益于身心发展的经验，养成良好品行、生活和学习习惯。

托育机构应当在生活和游戏中，促进婴幼儿身体发育、动作、语言、认知、情感与社会性等方面的健康发展。

**第三十二条** 幼儿园应当接收能够适应集体生活的有特殊需要的学前儿童入园，通过随班就读、设置特殊教育班等方式，实施融合教育。

专门设置的特殊教育学前班或者学前特殊教育机构应当接收不具备接受普通学前教育能力的有特殊需要的儿童就读，提供有针对性的教育与康复、保健服务。

各区特殊教育指导机构应当为幼儿园、特殊教育学前班、学前特殊教育机构提供指导。

**第三十三条** 幼儿园和托育机构应当配备并使用符合国家和本市有关要求的设施设备、玩教具，以及儿童图画书、教师指导用书等教育教学、保育活动资料。

鼓励幼儿园和托育机构利用家庭、社区等各类活动资源和教育资源，拓展儿童生活与学习空间。

**第三十四条** 托育机构与幼儿园、幼儿园与小学应当相互配合，建立科学衔接机制，共同帮助儿童适应集体生活，做好入园入学准备。

**第三十五条** 幼儿园和托育机构应当经常与父母或者其他监护人交流儿童身心发展状况，指导家庭开展科学育儿。

幼儿园和托育机构应当建立健全家长委员会，有条件的可以开办家长学校。

父母或者其他监护人应当积极配合、支持幼儿园和托育机构开展保育教育。

**第三十六条** 幼儿园和托育机构不得使用小学化的教育方式，不得教授小学阶段的课程内容，不得组织任何形式的考试或者测试，不得开展违背儿童身心发展规律和年龄特点的活动。

幼儿园和托育机构不得向儿童及家长组织征订教材和教辅材料，不得推销或者变相推销商品、服务等。

**第三十七条** 社区托育点应当按照规定建立健全安全管理制度，完善安全管理措施，合理安排在托幼儿生活和活动，落实场所清洁消毒、传染病预防控制等要求，做好幼儿临时照护工作。

## 第五章 从 业 人 员

**第三十八条** 学前教育与托育服务保育教育从业人员应当热爱学前教育事业与托育服务工作，尊重、爱护和平等对待儿童，遵循儿童发展规律，潜心培幼育人，不断提高专业素养和职业技能。

幼儿园和托育机构应当建立完善保育教育从业人员的培训和考核制度，不断提升其职业素质，提高保育教育、照护和服务能力。

**第三十九条** 幼儿园应当按照国家幼儿园教职工配备标准，配备教师、保育人员等工作人员。公办幼儿园教职工配备应当符合有关机构编制标准。

托育机构应当按照本市托育机构设置标准的规定，配备从事保育、卫生保健、营养等工作的从业人员。

社区托育点应当按照本市有关标准的规定，配备从事临时照护、保育、卫生保健等工作的人员。

幼儿园园长、教师、保育人员等工作人员和托育机构的负责人、从业人员应当符合国家规定的有关资质、从业经历等条件。

**第四十条** 幼儿园和托育机构应当按照国家有关规定，保障教师、保育人员及其他从业人员的工资福利和待遇，依法为其缴纳社会保险和住房公积金，改善工作和生活条件。

公办幼儿园教师的工资收入水平，根据国家和本市有关规定确定。民办幼儿园可以参照公办幼儿园教师工资收入水平，合理确定教师的工资收入。

区人民政府应当将公办幼儿园教师、保育人员工资纳入财政保障范畴，确保按时足额发放。

相关行业协会可以定期发布从事保育工作人员工资收入行业指导价，引导合理确定相关从业人员薪酬水平。

**第四十一条** 幼儿园教师在职称评定、岗位聘任（用）等方面享有与中小学教师同等的待遇。

符合条件的幼儿园卫生保健人员，纳入相关专业技术职称系列。相关部门应当优化职称评价标准，畅通幼儿园卫生保健人员职业发展路径。

符合条件的郊区幼儿园教师可以按照规定享受相应津贴、补贴。承担特殊教育任务的幼儿园教师按照规定享受特殊教育津贴。

托育机构相关从业人员的技术技能评价，按照国家和本市有关规定执行。

**第四十二条** 教育、卫生健康、人力资源社会保障等部门应当制定并实施学前教育与托育服务人才培养和职业培训规划，通过支持高等院校、职业学校开设相关专业、课程以及引进人才等方式，加强学前教育与托育服务从业人员队伍建设。

**第四十三条** 幼儿园和托育机构、社区托育点聘任（用）从业人员前，应当进行背景调查和健康检查，有以下情形之一的，不得聘任（用）：

（一）有犯罪记录的；

（二）因实施虐待、性侵害、性骚扰、暴力伤害等行为被处以治安管理处罚或者处分的；

（三）有吸毒、酗酒、赌博等违法或者不良行为的；

（四）患有不适合从事学前教育与托育服务工作的慢性传染病、精神病等疾病的；

（五）有严重违反师德师风行为的；

（六）有其他可能危害儿童身心安全，不宜从事学前教育与托育服务工作情形的。

幼儿园和托育机构、社区托育点的从业人员在岗期间患有前款第四项疾病的，应当立即离岗治疗。

**第四十四条** 幼儿园和托育机构、社区托育点的从业人员不得体罚或者变相体罚儿童，不得实施歧视、侮辱、虐待、性侵害以及其他违反职业道德规范或者损害儿童身心健康的行为。

## 第六章 家庭科学育儿指导

**第四十五条** 本市依托市、区家庭科学育儿指导机构和社区家庭科学育儿指导站（点），建立覆盖城乡社区的家庭科学育儿指导服务网络，通过线上、线下结合的模式，为适龄儿童家庭提供科学育儿指导服务。

教育、卫生健康等部门和妇女联合会应当健全家庭科学育儿指导机制，加强对家庭照护的支持和指导，提供多种形式的家庭科学育儿指导服务，增强家庭的科学育儿能力。

**第四十六条** 家庭科学育儿指导机构和指导站(点)应当通过入户指导、组织公益活动和亲子活动、家长课堂及联合幼儿园和托育机构开展线下指导服务等方式,推进科学育儿指导服务便利可及,丰富家庭科学育儿指导服务内容和形式。

本市开发建设移动客户端、网站等家庭科学育儿指导信息化平台,通过在线咨询、宣传培训等方式开展线上指导服务,提升获取服务的便利度。

**第四十七条** 开展家庭科学育儿指导应当针对不同年龄段儿童的身心特点和发展规律,注重个体差异,采取灵活多样的指导措施、途径和方式,帮助家庭树立科学育儿理念,掌握科学育儿方法。

父母或者其他监护人应当与家庭科学育儿指导机构和指导站(点)密切配合,积极参加其提供的公益性育儿指导和实践活动,共同促进儿童健康成长。

**第四十八条** 教育、卫生健康等部门和乡镇人民政府、街道办事处应当通过购买服务、聘用专兼职人员、配置社会工作者岗位、引入志愿者等方式,加强家庭科学育儿指导服务队伍建设。

本市依托高等院校、社区学校等建立家庭科学育儿指导培训的专兼职师资队伍,开展对家庭科学育儿指导工作研究,编制指导课程和方案,加强对家庭科学育儿指导人员的培训指导。

鼓励具有学前教育、保育、卫生保健等专业背景的人员参与家庭科学育儿指导服务工作。

## 第七章 支持与保障

**第四十九条** 学前教育实行政府投入为主、多渠道筹措的经费投入机制;托育服务实行政府支持、鼓励社会参与的经费投入机制。学前教育与托育服务财政补助经费按照事权和支出责任相适应的原则,分别列入市和区财政预算。

市人民政府制定公办幼儿园生均经费基本标准和生均公用经费基本标准,以及普惠性民办幼儿园补助标准,根据经济和社会发展状况适时调整。区人民政府应当按照不低于基本标准落实日常经费投入保障。

学前特殊教育生均经费基本标准和生均公用经费基本标准,应当考虑保育教育和康复需要适当提高。

各级人民政府应当完善普惠性托育服务经费支持机制。

**第五十条** 各级人民政府通过综合奖补、购买服务、减免租金等多种方式,支持普惠性民办幼儿园发展。

市、区人民政府应当综合采取规划、土地、住房、财政、金融、人才等措施,支持社会力量举办托育机构,支持普惠性托育机构和社区托育点的发展。

**第五十一条** 幼儿园和托育机构使用水、电、燃气、电话,按照居民生活类价格标准收费;使用有线电视,按照本市有关规定,享受付费优惠。

**第五十二条** 本市建立学前教育资助制度,为家庭经济困难儿童、孤儿、残疾儿童等接受普惠性学前教育提供资助。

鼓励和支持托育机构为家庭经济困难儿童减免托育费用。

**第五十三条** 市教育部门应当建立健全学前教育与托育服务信息服务平台,与政务服务“一网通办”平台对接,提供信息查询、政策咨询、网上办事等服务,接受投诉举报。

教育、市场监管、民政等部门应当加强信息共享,公开办事指南,简化和规范办事流程,为幼儿园和托育机构设立、登记、备案等提供指导和便利服务。

**第五十四条** 本市推动人工智能、物联网、云计算、大数据等新一代信息技术在学前教育与托育服务领域的应用,支持相关行业组织发布智慧学前教育与托育服务应用场景需求,引导社会力量开发支撑学前教育与托育服务的技术与应用。

鼓励和支持幼儿园和托育机构利用信息技术进行管理和保育教育,提升信息化应用水平。

## 第八章 监督管理

**第五十五条** 本市健全学前教育与托育服务综合监管机制，制定监管责任清单，明确相关职能部门以及区和乡镇人民政府、街道办事处的职责分工。各级人民政府应当统筹协调相关职能部门，加强对学前教育与托育服务的综合监督管理。

教育、规划资源、卫生健康、房屋管理、市场监管、公安、应急管理等部门和消防救援机构应当按照各自职责，依法加强对幼儿园和托育机构设立、规划、服务质量、建筑安全、收费管理、公共卫生、食品安全、消防安全等行为的监督检查，并依托“一网统管”平台，加强监管信息共享和执法协作。

**第五十六条** 教育部门应当加强幼儿园和托育机构安全风险防控体系建设，会同公安、应急管理等部门指导监督幼儿园和托育机构落实安全管理责任，及时排查和消除安全隐患。

**第五十七条** 财政、审计等部门应当按照各自职责，加强对幼儿园和托育机构财政经费投入和使用的监督管理。

任何单位或者个人不得侵占、挪用学前教育与托育服务经费，不得向幼儿园和托育机构违规收取或者摊派费用。

**第五十八条** 教育、卫生健康部门应当健全学前教育与托育服务质量评估监测体系，完善质量评估标准，定期对幼儿园、托育机构、社区托育点的保育教育和服务质量进行评估，并将评估结果向社会公布。

**第五十九条** 市、区人民政府教育督导机构应当依法对学前教育进行督导，督导报告应当定期向社会公开，并作为对被督导单位及其主要负责人进行考核、奖惩的重要依据。

**第六十条** 市、区人民代表大会常务委员会通过听取和审议专项工作报告、询问和质询、开展执法检查等方式，加强对本行政区域内学前教育与托育服务的监督。

市、区人民代表大会常务委员会充分发挥人大代表和基层立法联系点的作用，组织人大代表围绕学前教育与托育服务开展专题调研和视察等活动，汇集、反映人民群众的意见和建议，督促落实学前教育与托育服务相关工作。

## 第九章 法律责任

**第六十一条** 违反本条例规定的行为，法律、行政法规已有处理规定的，从其规定。

违反本条例规定，侵害幼儿园和托育机构、社区托育点及其在园在托儿童、从业人员合法权益，造成财产损失、人身损害的，依法承担民事责任；构成违反治安管理行为的，依法给予治安管理处罚；构成犯罪的，依法追究刑事责任。

**第六十二条** 幼儿园有下列情形之一的，由教育部门或者有关主管部门责令限期改正，并予以警告；有违法所得的，退还所收费用后没收违法所得；情节严重的，责令停止招生，吊销幼儿园的办学许可证：

（一）违反国家和本市规定收取费用，或者克扣、挪用相关费用的；

（二）未依法加强安全防范建设、履行安全保障责任，或者未依法履行卫生保健责任的；

（三）使用不符合国家和本市有关要求的教育教学、保育活动资料的；

（四）教授小学阶段的课程内容，或者开展违背儿童身心发展规律和年龄特点的活动的；

（五）组织考试或者测试的；

（六）发生体罚或者变相体罚、歧视、侮辱、虐待、性侵害等损害儿童身心健康的行为的。

**第六十三条** 托育机构违反本条例第二十一条第三款规定，未按要求进行备案或者在办理备案时隐瞒情况、提供虚假材料的，由所在地的区教育部门责令限期改正，可以处一千元以上一万元以下的罚款。

托育机构有本条例第六十二条规定的违法情形的，由教育部门或者有关主管部门责令限期改正，并予以警告；有违法所得的，退还所收费用后没收违法所得；情节严重的，责令停止托育服务。

**第六十四条** 幼儿园和托育机构、社区托育点的从业人员有本条例第四十四条规定的禁止行为的，由所在机构或者教育部门视情节给予当事人、机构负责人处分；情节严重的，由相关主管部门撤销其资格证书，限制其举办幼儿园、托育机构或者从事学前教育与托育服务工作。

**第六十五条** 违反本条例规定，未经法定程序擅自改变学前教育与托育服务设施建设用地用途，或者建设单位未按照核准的规划要求配套建设幼儿园及其托班的，由规划资源部门依法处理。

**第六十六条** 对违反本条例规定的行为，除依法追究相应法律责任外，有关部门还应当按照规定，将有关单位及个人失信信息向本市公共信用信息平台归集，并依法采取惩戒措施。

**第六十七条** 相关部门及其工作人员在学前教育与托育服务工作中不依法履行职责的，由其所在单位或者上级主管部门责令改正；玩忽职守、滥用职权、徇私舞弊的，依法给予处分；构成犯罪的，依法追究刑事责任。

## 第十章 附　则

**第六十八条** 高校、普通中小学、特殊教育学校、儿童福利机构、康复机构等附设的幼儿园(班)、托儿所等学前教育机构与托育机构实施学前教育与托育服务，适用本条例。

机关、企事业单位、园区、商务楼宇等设立托育点提供福利性临时照护服务的，应当按照规定向所在地的区教育部门备案，其选址建设、人员配备、日常管理等参照社区托育点的有关规定执行。

**第六十九条** 本条例自 2023 年 1 月 1 日起施行。

# 上海市住房租赁条例

（2022 年 11 月 23 日上海市第十五届人民代表大会常务委员会第四十六次会议通过）

## 第一章 总　则

**第一条** 为了规范住房租赁行为，保障住房租赁当事人合法权益，促进住房租赁市场健康发展，根据《中华人民共和国民法典》《中华人民共和国城市房地产管理法》和其他有关法律、行政法规的规定，结合本市实际，制定本条例。

**第二条** 本市行政区域内的住房租赁及其监督管理，适用本条例。

**第三条** 本市践行人民城市重要理念，坚持房子是用来住的、不是用来炒的定位，培育和发展住房租赁市场，推动形成管理有序、服务规范、租赁关系稳定的住房租赁体系，加快建立多主体供给、多渠道保障、租购并举的住房制度，满足居民多层次的居住需求。

**第四条** 本市建立健全住房租赁市区统筹、条块结合、街镇(乡)负责、居村协助、行业自律的治理机制，将住房租赁活动纳入基层治理范畴。

**第五条** 市人民政府加强对本市住房租赁工作的领导，建立健全议事协调机制，研究、决定住房租赁工作的重大事项，统筹部署、协调和推进住房租赁相关工作。

区人民政府落实住房租赁属地管理责任，建立住房租赁协调推进机制，统筹推进本辖区住房租赁管理工作。

**第六条** 市住房城乡建设管理部门负责本

市住房租赁工作的综合协调。

市房屋管理部门是本市住房租赁的行政主管部门，负责制定住房租赁相关规划和政策，并承担住房租赁监督管理和住房租赁经营、房地产经纪等行业管理职责。区房屋管理部门负责本辖区住房租赁具体监督管理工作，指导街道办事处、乡镇人民政府开展住房租赁相关工作。

公安部门负责住房租赁的治安管理和人口管理工作。

市场监管部门负责住房租赁有关市场主体登记，查处涉及住房租赁的不正当竞争、垄断以及广告、价格等违法行为。

发展改革、规划资源、农业农村、经济信息化、财政、税务、金融监管、民政、应急管理、城管执法、教育、人力资源社会保障、网信等部门以及消防救援机构按照各自职责，做好相关工作。

**第七条** 街道办事处、乡镇人民政府负责本辖区住房租赁的日常监督管理，指导居民委员会、村民委员会做好住房租赁相关工作。

居民委员会、村民委员会依法组织居民、村民开展住房租赁相关自治活动，协助街道办事处、乡镇人民政府做好住房租赁相关工作。

**第八条** 本市在统筹考虑人口、产业、土地和重点发展区域的基础上，聚焦不同群体租赁需求，合理规划租赁住房供给规模和结构，按照职住平衡、增存并举、布局优化、供需适配的原则，确定住房租赁发展目标、主要任务、配套措施等，并纳入住房发展规划。

编制年度住宅用地供应计划时，应当单列租赁住房用地供应计划。

**第九条** 本市通过新增国有建设用地和利用已有国有建设用地建设租赁住房、在新建商品住房项目中配建租赁住房、利用非居住存量房屋改建租赁住房、利用集体建设用地建设租赁住房以及将闲置住房出租等方式，多渠道增加租赁住房供给。

**第十条** 市、区人民政府及其有关部门应当完善住房租赁相关政策措施，深化制度创新，加大资源统筹力度，综合运用规划、土地、财政、税收、金融等政策，加大对住房租赁的支持力度。

**第十一条** 本市依托“一网通办”“一网统管”平台，按照服务与管理相结合的原则，建立健全全市统一的住房租赁公共服务平台（以下简称住房租赁平台），充分运用信息化手段，推进数据共享，创新服务方式，提升管理效能。

**第十二条** 住房租赁相关行业组织应当加强行业自律，制定住房租赁服务标准、行为规范和自律准则，开展职业培训和评价，加强住房租赁纠纷的行业调解，促进企业合法公平竞争、诚信经营，引导企业不断提高服务质量和水平。

**第十三条** 本市建立健全住房租赁矛盾纠纷多元化解机制，综合运用人民调解、行业调解、行政调解和司法调解等多种方式，统筹开展住房租赁矛盾纠纷调解工作，及时妥善化解矛盾纠纷。有关部门应当依法对住房租赁矛盾纠纷的调解提供支持和指导。

## 第二章 出租与承租

**第十四条** 租赁当事人应当遵守《中华人民共和国民法典》等法律、法规的规定，按照平等、自愿、公平、诚信的原则，自觉履行法定和约定义务。

**第十五条** 出租住房应当遵守下列规定：

（一）房屋符合国家和本市建筑、消防、治安、防灾、卫生、环保等方面的标准和要求；

（二）具备供水、供电等必要的生活条件；

（三）以原始设计或者经有关部门批准改建的房间为最小出租单位；

（四）厨房、卫生间、阳台、贮藏室以及其他非居住空间不得单独出租用于居住；

（五）每个房间的居住人数和人均居住面积符合本市相关规定；

（六）法律、法规、规章的其他规定。

禁止违反前款第三项至第五项规定，将住房用于群租。

禁止将违法建筑、擅自改变使用性质的房

屋以及其他依法不得出租的房屋用于出租。

**第十六条** 出租人和承租人应当依法订立住房租赁合同。鼓励出租人和承租人通过住房租赁平台进行网上签约。

住房租赁合同一般包括下列内容：

（一）出租人、承租人以及共同居住人员的身份信息和联系方式；

（二）增加共同居住人员的条件；

（三）房屋及其附属设施和设备的基本情况；

（四）租赁用途、房屋使用要求和维修责任；

（五）租赁期限和房屋交付日期；

（六）租金和押金的数额、支付方式和期限；

（七）物业服务、水、电、热、燃气等相关费用的承担方式；

（八）违约责任和争议的解决方式；

（九）租赁当事人约定的其他内容。

市房屋管理部门会同市市场监管部门制定和完善住房租赁合同示范文本。

鼓励租赁当事人订立长期住房租赁合同，建立稳定的租赁关系。

**第十七条** 出租人应当自住房租赁合同订立后三十日内，向区房屋管理部门办理登记备案。登记备案也可以通过社区事务受理服务机构或者住房租赁平台办理。登记备案内容发生变化的，出租人应当在三十日内办理变更手续。

办理登记备案应当提交住房租赁合同、身份证明、房屋权属证明等材料，不得提交虚假材料。任何单位和个人不得为办理登记备案出具虚假证明材料。

**第十八条** 出租人应当遵守下列规定：

（一）向承租人出示身份证明材料、房屋权属证明材料；

（二）不得向未提供身份证明材料的自然人、法人或者非法人组织出租房屋；

（三）负责出租房屋及提供的设施、设备的安全，告知承租人安全使用事项，与承租人约定进行安全检查；

（四）发现承租人在房屋内有违法违规行为的，及时报告有关部门，并配合有关部门开展调查、制止和处罚等工作；

（五）不得采取停止供水、供电、供热、供燃气以及其他故意降低服务标准等方式，或者采取暴力、威胁等非法方式，强迫承租人变更、解除住房租赁合同，提前收回租赁住房；

（六）法律、法规、规章的其他规定。

**第十九条** 承租人应当遵守下列规定：

（一）向出租人出示承租人、共同居住人员的身份证明材料；

（二）合理、安全使用房屋及设施、设备，不得擅自改变房屋用途、结构或者实施违法搭建行为；

（三）装修房屋或者增设设施、设备的，征得出租人同意；

（四）遵守管理规约或者村规民约，不得损害相邻权利人的合法权益；

（五）法律、法规、规章的其他规定。

**第二十条** 鼓励出租人、承租人投保租赁住房财产保险、人身意外保险。

## 第三章 住房租赁经营

**第二十一条** 住房租赁企业、房地产经纪机构应当依法办理市场主体登记。经营范围应当注明“住房租赁”或者“房地产经纪”。

个人以营利为目的转租房屋达到规定数量，从事住房租赁经营活动的，应当依法办理市场主体登记。具体规定，由市房屋管理部门会同市市场监管部门制定。

**第二十二条** 住房租赁企业、房地产经纪机构应当自领取营业执照之日起三十日内，向区房屋管理部门备案。

住房租赁企业、房地产经纪机构应当具备与经营规模相适应的自有资金、专业人员、管理制度和风险防控能力。

**第二十三条** 本市实行住房租赁企业、房地产经纪机构从业人员实名从业制度。

住房租赁企业、房地产经纪机构应当为从业人员办理从业信息卡。从业人员应当持从业信息卡实名从业，并在其提供服务的住房租赁合同、房地产经纪合同上，注明从业信息卡编号。

从业信息卡的内容和样式，由市房屋管理部门统一规定。

住房租赁企业、房地产经纪机构应当加强对从业人员的管理，督促其诚信、规范从业。

**第二十四条** 住房租赁企业、房地产经纪机构对外发布房源信息的，应当核实核验房屋权属证明和基本状况，确保房源信息真实有效，不得发布虚假房源信息。已成交的房源信息应当及时予以撤销。

住房租赁企业、房地产经纪机构通过网络信息平台发布房源信息的，应当同时注明企业备案信息和从业人员信息。

**第二十五条** 通过网络信息平台发布房源信息的，网络信息平台经营者应当要求信息发布者提交身份、地址、联系方式以及房源核验等信息；信息发布者为住房租赁企业、房地产经纪机构的，还应当要求其提交企业备案信息及其从业人员信息。

网络信息平台经营者应当对信息发布者提交的材料进行核实，并建立档案，留存不少于三年。

网络信息平台经营者可以接受信息发布者的委托，代为进行房源核验。

**第二十六条** 网络信息平台经营者知道或者应当知道信息发布者提供虚假材料、发布虚假信息的，应当及时采取删除、屏蔽相关信息等必要措施；未采取必要措施的，依法与该信息发布者承担连带责任。

对两年内因违法发布房源信息受到三次以上行政处罚，或者在停业整顿期间的信息发布者，由网络信息平台经营者依法采取一定期限内限制其发布房源信息的措施。

**第二十七条** 住房租赁企业、房地产经纪机构在订立住房租赁合同或者房地产经纪合同前，应当如实说明房屋状况，将可能影响租赁住房使用的因素和安全使用事项，书面告知承租人。

**第二十八条** 住房租赁企业出租房屋的，应当通过住房租赁平台，完成网上签约和登记备案。

租赁当事人通过房地产经纪机构订立住房租赁合同的，应当由房地产经纪机构通过住房租赁平台，完成网上签约和登记备案。

**第二十九条** 住房租赁企业承租个人住房从事转租业务的，应当按照规定，在商业银行开立住房租赁交易资金监管专用账户，并通过住房租赁平台向社会公示。

住房租赁企业向承租人一次性收取租金超过三个月的部分，以及收取押金超过一个月租金的部分，应当存入住房租赁交易资金监管专用账户。

住房租赁交易资金监管的具体规定，由市房屋管理部门会同金融管理部门制定。

**第三十条** 住房租赁企业、房地产经纪机构不得有下列行为：

（一）捏造、散布涨价信息，哄抬价格；

（二）以隐瞒、欺诈、胁迫、贿赂等不正当手段招揽业务，诱骗消费者交易或者强制交易；

（三）泄露或者不当处理租赁当事人的个人信息或者商业秘密；

（四）滥用市场支配地位，在交易时附加不合理的交易条件；

（五）侵占、挪用住房租赁交易资金；

（六）法律、法规、规章禁止的其他行为。

房地产经纪机构不得隐瞒真实的房屋交易信息，赚取租金差价；不得为禁止出租、转租的住房提供经纪服务。

## 第四章 保障性租赁住房

**第三十一条** 本市按照政府引导、市场运作原则，加快发展保障性租赁住房，扩大供需适配、租期稳定、租金优惠、公共服务配套的保障性租赁住房供给，有效缓解特定群体的住房需求，切实发挥保障性租赁住房在租赁市场中的示范引领作用。

**第三十二条** 市住房城乡建设管理、房屋管理部门会同市规划资源部门编制本市保障性租赁住房专项规划，明确发展目标和规模、空间布局、房源筹措渠道、建设要求、保障措施等内容。

保障性租赁住房重点在新城等人口导入区域、高校园区、产业和商务商业集聚区、轨道交通站点周边等租赁需求集中、生产生活便利、交通便捷的区域进行布局。

商业办公、旅馆、厂房、仓储、科研教育等非居住存量房屋改建为保障性租赁住房的，按照国家和本市有关规定实施。

**第三十三条** 本市针对不同层次需求，建设住宅型、宿舍型保障性租赁住房，其中住宅型保障性租赁住房以小户型为主。

保障性租赁住房实行全装修，配备必要的基本生活设施，并充分考虑承租人需求特点，合理配置公共服务和商业服务设施，适当增加公共活动和共享空间。

**第三十四条** 本市加强保障性租赁住房管理，合理设置准入条件和退出机制、优化申请审核流程、完善配租使用规范，通过住房租赁平台实现准入、使用、退出的全流程管理。

**第三十五条** 租赁保障性租赁住房，应当遵守下列规定：

（一）申请人按照本市有关规定提交申请材料，不得提交虚假材料；

（二）租赁合同终止时，承租人及时将房屋返还出租人；

（三）不得将保障性租赁住房转租、出借。

任何单位和个人不得为保障性租赁住房申请人出具虚假证明材料。

**第三十六条** 保障性租赁住房出租人应当按照规定程序，向符合准入条件的申请人出租保障性租赁住房。

保障性租赁住房不得销售、变相销售。

**第三十七条** 保障性租赁住房出租人应当以低于同地段同品质市场租赁住房的租金水平确定租赁价格，向区房屋管理部门备案，并向社会公布。列入政府定价目录的保障性租赁住房，租赁价格按照本市相关规定执行。

保障性租赁住房租金不得高于备案的租赁价格，并应当按月或者按季度收取；收取的押金不得超过一个月租金。

除承租人另有要求的，保障性租赁住房租赁期限不得少于一年。租赁期限届满，承租人符合规定条件并申请续租的，应当予以续租。

**第三十八条** 支持利用住房公积金计提的相关资金按照国家和本市有关规定，用于相关保障性租赁住房建设、供应。

## 第五章 服务与监督

**第三十九条** 市房屋管理部门通过住房租赁平台，向租赁当事人提供房源核验、信息查询、网上签约、登记备案等服务，并向住房租赁企业、房地产经纪机构和网络信息平台开放数据接口，为其批量办理相关业务提供便利。通过住房租赁平台完成网上签约的，无需另行办理登记备案。

市房屋管理部门依托住房租赁平台，建立与公安、市场监管、农业农村、金融监管、民政、城管执法、教育、人力资源社会保障、住房公积金等部门的数据共享和业务协同机制，并为街道办事处、乡镇人民政府开展住房租赁日常监督管理提供相关信息服务。

有关部门应当采取必要措施保护数据信息的安全，并对其中的个人信息、隐私和商业秘密严格保密，不得泄露、出售或者非法向他人提供。

**第四十条** 承租人按照有关规定，依法享受基本公共服务和便利。

承租人办理居住登记、落户、子女入学、公积金提取等需要提交住房租赁合同的公共服务事项，已经完成住房租赁登记备案的，可免于提交住房租赁合同。

**第四十一条** 房屋管理部门与公安部门加强协作，推动住房租赁、实有人口信息的协同采集和共享使用，为租赁当事人办理登记备案、居住登记等事项提供集中、便捷的服务。

**第四十二条** 住房租赁相关单位和个人依法享受行政事业性收费减免和税收优惠政策。

**第四十三条** 鼓励商业银行为租赁住房建

设和运营提供期限匹配、利率适当、风险可控、商业可持续的信贷产品和服务。

支持符合条件的住房租赁企业发行公司信用类债券、担保债券、资产支持证券和不动产投资信托基金等，专门用于租赁住房建设和运营。

**第四十四条** 街道办事处、乡镇人民政府应当会同相关部门建立健全住房租赁联勤联动机制，发挥网格化管理作用，开展租赁住房安全巡查、人口信息采集、安全隐患整治和政策宣传等日常工作。房屋管理、公安、民政、城管执法等相关部门应当加强指导，提供支持和服务。

街道办事处、乡镇人民政府应当定期组织排查租赁住房违法搭建、群租以及擅自改变商业办公用房、厂房房屋结构和规划用途等隐患。发现存在违法情形的，应当督促整改，及时依法启动执法程序，必要时通过联合执法等方式开展整治。

对擅自改变商业办公用房、厂房房屋结构和规划用途的违法情形，在整治期间尚有承租人实际居住的，应当纳入基层治理范畴。

**第四十五条** 本市建立健全以居民区、村党组织为领导核心，居民委员会或者村民委员会、业主委员会、物业服务企业等共同参与的工作机制。倡导通过制定居民公约、村规民约、管理规约等方式，共同推进形成住房租赁共建共治共享格局。

**第四十六条** 宅基地房屋出租用于居住的，鼓励农村集体经济组织自行或者通过与住房租赁企业合作等方式，引导村民统一出租，实行统一管理。

**第四十七条** 集中出租房屋供他人居住，出租房间或者居住人数达到规定数量的，出租人应当建立管理制度，明确管理人员，落实安全管理责任，建立信息登记簿或者登记系统，并将相关登记信息报送公安部门。具体规定由市公安部门会同住房城乡建设管理、房屋管理、消防救援等部门和机构制定。

**第四十八条** 市房屋管理部门应当建立住房租赁价格监测机制，做好相关预警工作。住房租金显著上涨或者有可能显著上涨时，可以依法采取涨价申报、限定租金或者租金涨幅等价格干预措施，稳定租金水平。

对依法采取的价格干预措施，出租人应当执行；拒不执行的，由市场监管部门依法处理。

**第四十九条** 本市建立健全住房租赁守信激励和失信惩戒机制，出租人、承租人信用信息，住房租赁企业、房地产经纪机构及其从业人员信用信息依法归集至本市公共信用信息服务平台。

对存在失信行为的市场主体和个人，在财政资金支持、项目招投标、融资授信、获得相关奖励等方面依法予以限制。

支持住房租赁相关行业组织开展住房租赁企业、房地产经纪机构及其从业人员信用等级分类和信用评价。

**第五十条** 发生自然灾害、事故灾难或者公共卫生事件等突发事件时，街道办事处、乡镇人民政府应当将承租人及共同居住人员纳入基本生活必需品的供应范围，保障其基本生活。区应急管理、房屋管理、卫生健康等部门应当做好指导工作。

## 第六章 法律责任

**第五十一条** 违反本条例规定的行为，法律、行政法规已有处理规定的，从其规定。

违反本条例规定，当事人有违法所得，除依法应当退赔的外，应当按照《中华人民共和国行政处罚法》的规定予以没收。

**第五十二条** 违反本条例第十五条第二款、第三款规定，出租住房不符合相关规定的，由区房屋管理部门责令限期改正，处一万元以上五万元以下罚款；逾期不改正的，处五万元以上二十万元以下罚款。

**第五十三条** 违反本条例第十七条第一款、第二十八条规定，住房租赁企业、房地产经纪机构未办理登记备案的，由区房屋管理部门责令限期改正，可以处一千元以上五千元以下罚款；逾期不改正的，处五千元以上二万元以下罚款。

**第五十四条** 违反本条例第十七条第二款、第三十五条第一款第一项、第三十五条第二款规定，提交虚假材料或者出具虚假证明材料的，由区房屋管理部门责令限期改正，处五千元以上二万元以下罚款，并可以对住房租赁企业、房地产经纪机构暂停网上签约服务；对已经承租保障性租赁住房的，责令其限期腾退住房，按照市场价格补缴租金，并处二万元以上十万元以下罚款。

**第五十五条** 违反本条例第二十二条第一款规定，住房租赁企业、房地产经纪机构未按照要求备案的，由区房屋管理部门责令限期改正，可以处一千元以上五千元以下罚款；逾期不改正的，处五千元以上二万元以下罚款。

违反本条例第二十三条第二款规定，住房租赁企业、房地产经纪机构未为从业人员办理从业信息卡的，由区房屋管理部门责令限期改正；逾期不改正的，处一千元以上一万元以下罚款。

**第五十六条** 违反本条例第二十五条第一款规定，网络信息平台经营者未要求信息发布者提交房源核验信息的，由区房屋管理部门责令限期改正，处一千元以上五千元以下罚款；逾期不改正的，处五千元以上二万元以下罚款。情节严重的，网信部门可以采取暂停相关业务、停业整顿等措施。

违反本条例第二十五条第二款、第二十六条第二款规定，网络信息平台经营者未建立、留存档案，或者未采取限制信息发布等措施的，由房屋管理部门按照《中华人民共和国电子商务法》的相关规定处理。

**第五十七条** 违反本条例第二十九条规定，住房租赁企业未按照规定开立住房租赁交易资金监管专用账户，或者未按照规定将资金存入资金监管专用账户的，由区房屋管理部门责令限期改正，处一万元以上五万元以下罚款；逾期不改正的，处五万元以上二十万元以下罚款。

**第五十八条** 违反本条例第三十条第一款第五项、第二款规定，侵占、挪用住房租赁交易资金或者为禁止出租、转租的住房提供经纪服务的，由区房屋管理部门责令限期改正，暂停网上签约服务，处一万元以上十万元以下罚款，并可对相关责任人员处五千元以上三万元以下罚款。

**第五十九条** 违反本条例第三十五条第一款第二项规定，承租人未及时返还房屋的，由区房屋管理部门责令限期改正；逾期不改正的，处一万元以上五万元以下罚款。

违反本条例第三十五条第一款第三项规定，承租人转租、出借保障性租赁住房的，由区房屋管理部门责令限期改正，处一万元以上五万元以下罚款，并禁止五年内再次申请本市各类保障性住房。

**第六十条** 违反本条例第三十六条第一款规定，出租保障性租赁住房不符合要求的，由区房屋管理部门责令限期改正，处二万元以上十万元以下罚款；逾期不改正的，处十万元以上五十万元以下罚款。

违反本条例第三十六条第二款规定，销售或者变相销售保障性租赁住房的，由区房屋管理部门责令限期改正，处十万元以上五十万元以下罚款；逾期不改正的，处五十万元以上一百万元以下罚款。

**第六十一条** 违反本条例第三十七条第一款规定，未按照要求办理租赁价格备案的，由区房屋管理部门责令限期改正，处一万元以上五万元以下罚款；逾期不改正的，处五万元以上二十万元以下罚款。

违反本条例第三十七条第二款规定，收取的租金或者押金不符合要求的，由区房屋管理部门责令限期改正，处五万元以上二十万元以下罚款。

**第六十二条** 违反本条例第四十七条规定，出租人未履行相关安全管理责任的，由公安部门责令限期改正，可以处一万元以上三万元以下罚款；造成严重后果的，处三万元以上十万元以下罚款。

**第六十三条** 对本条例规定应当由房屋管理部门行使的行政处罚权及相关的行政检查权和行政强制权，由城管执法部门以及街道办事处、乡镇人民政府依法实施。

**第六十四条** 有关部门及其工作人员违反本条例规定，有滥用职权、玩忽职守、徇私舞弊行为的，对直接负责的主管人员和其他直接责任人员依法给予处分；构成犯罪的，依法追究刑事责任。

## 第七章 附 则

**第六十五条** 公有房屋租赁的管理办法，由市人民政府另行制定。

**第六十六条** 本条例自 2023 年 2 月 1 日起施行。1999 年 12 月 27 日上海市第十一届人民代表大会常务委员会第十五次会议通过的《上海市房屋租赁条例》同时废止。

# 上海市妇女权益保障条例

（2022 年 11 月 23 日上海市第十五届人民代表大会常务委员会第四十六次会议通过 根据 2024 年 9 月 27 日上海市第十六届人民代表大会常务委员会第十六次会议《关于修改〈上海市妇女权益保障条例〉等 4 件地方性法规的决定》修正）

## 第一章 总 则

**第一条** 为了保障妇女的合法权益，促进男女平等和妇女全面发展，充分发挥妇女在全面建设社会主义现代化国家中的作用，弘扬社会主义核心价值观，根据《中华人民共和国妇女权益保障法》等法律、行政法规，结合本市实际，制定本条例。

**第二条** 本市行政区域内的国家机关、社会团体、企业事业单位、基层群众性自治组织以及其他组织和个人，应当遵守本条例。

**第三条** 本市落实男女平等基本国策。妇女在政治的、经济的、文化的、社会的和家庭的生活等各方面享有同男子平等的权利。保障妇女的合法权益是全社会的共同责任。

本市采取必要措施，促进男女平等，消除对妇女一切形式的歧视，禁止排斥、限制妇女依法享有和行使各项权益。本市保护妇女依法享有的特殊权益。

本市采取有效措施，为妇女依法行使权利提供必要的条件，逐步完善各项制度，保障男女享有同等机会，获得同等资源，得到同等发展。

**第四条** 本市弘扬上海妇女运动优良传统，传承红色基因，引导妇女发扬爱国奉献精神，发挥妇女积极性、主动性、创造性，展现新时代女性风采，推动妇女事业高质量发展。

本市发挥妇女在经济社会建设、社会生活和家庭生活等方面的作用，支持妇女立足本职、巾帼建功，积极投身社会治理和社区公共事务。

鼓励妇女自尊、自信、自立、自强，运用法律维护自身合法权益。

**第五条** 坚持中国共产党对妇女权益保障工作的领导，建立政府主导、各方协同、社会参与的保障妇女权益工作机制。

各级人民政府应当重视和加强妇女权益的保障工作。

市、区人民政府设立的妇女儿童工作委员

会负责组织、协调、指导、督促本行政区域内的有关部门做好妇女权益的保障工作。

教育、民政、财政、公安、司法行政、卫生健康、人力资源和社会保障、医疗保障、市场监管、网信、经济信息化、住房城乡建设管理、交通、农业农村、绿化市容、统计等有关部门在各自的职责范围内做好妇女权益的保障工作。

**第六条** 市、区人民政府成立妇女儿童工作委员会，下设办事机构，配备专职工作人员，保障工作经费。

市、区妇女儿童工作委员会组织本条例的实施，履行下列职责：

（一）组织宣传男女平等基本国策以及保障妇女权益的法律、法规、规章和其他规范性文件，检查、督促有关法律、法规、规章和其他规范性文件的贯彻实施；

（二）协调、推动妇女权益保障工作的重大事项，参与涉及妇女权益重大问题的地方性法规、政府规章和其他规范性文件的制定或者修改；

（三）协调、指导有关部门做好妇女权益保障工作；

（四）督促有关部门依法查处侵害妇女权益的行为；

（五）其他应当由妇女儿童工作委员会履行的职责。

乡镇人民政府、街道办事处按照规定落实本辖区内的妇女权益保障工作。

**第七条** 市、区人民政府根据中国妇女发展纲要，制定和组织实施本行政区域的妇女发展规划，将其纳入国民经济和社会发展规划，并将妇女权益保障所需经费列入本级预算，建立与经济社会发展水平相适应的保障机制。

各有关部门应当在各自的职责范围内做好妇女发展规划的实施、监测、评估等工作。

**第八条** 妇女联合会应当发挥好党和政府联系妇女群众的桥梁和纽带作用，践行全过程人民民主重大理念，巩固和扩大妇女群众基础；依照法律、法规和章程，代表和维护各族各界妇女的利益，做好维护妇女权益、促进男女平等和妇女全面发展的工作。

工会、共产主义青年团、残疾人联合会等群团组织应当在各自的工作范围内，做好维护妇女权益的工作。

本市支持和鼓励社会组织为妇女提供专业化、个性化服务。

**第九条** 本市建立健全妇女发展状况统计调查制度，完善性别统计监测指标体系，定期开展妇女发展状况和权益保障统计调查和分析。市妇女儿童工作委员会会同有关部门定期发布社会性别统计报告，其他相关部门应当提供性别统计情况。

**第十条** 本市建立健全性别平等咨询评估制度，对涉及妇女权益的地方性法规、政府规章和其他规范性文件开展性别平等的社会咨询评估。

有关机关制定或者修改涉及妇女权益的地方性法规、政府规章和其他规范性文件，应当听取妇女联合会的意见，充分考虑妇女的特殊权益，必要时开展男女平等评估。

**第十一条** 本市将保障妇女合法权益、促进男女平等作为全面推进城市数字化转型的重要内容，加强妇女工作的数字化场景应用。

**第十二条** 本市将男女平等基本国策纳入国民教育体系，开展宣传教育，增强全社会的男女平等意识。

国家机关、群团组织、基层群众性自治组织应当开展保障妇女合法权益的宣传教育和公益活动。

新闻媒体应当开展男女平等和保障妇女合法权益方面的公益宣传并加强舆论监督。

本市对保障妇女合法权益成绩显著的组织和个人，按照有关规定给予表彰和奖励。

## 第二章 政治权利

**第十三条** 本市保障妇女享有与男子平等的政治权利。

妇女有权通过各种途径和形式，依法参与管理国家事务、管理经济和文化事业、管理社会事务。妇女和妇女组织有权向各级国家机关提出妇女权益保障方面的意见和建议。

**第十四条** 居民委员会、村民委员会应当组织妇女参与制定或者修改居民公约、村规民约，开展协商议事活动。

用人单位制定或者修改有关职工权益的规章制度，讨论涉及女职工保护事项时，应当依法保障女职工参与。

**第十五条** 妇女享有与男子平等的选举权和被选举权。

本市各级人民代表大会的代表中，应当保证有适当数量的妇女代表，并按照国家规定，逐步提高妇女代表的比例。

居民委员会、村民委员会成员中，应当保证有适当数量的妇女成员。

企业事业单位职工代表大会中的女职工代表比例一般与本单位女职工人数所占比例相适应。

**第十六条** 本市积极培养和选拔女干部，重视培养和选拔少数民族女干部，采取措施支持女性人才成长。

国家机关、群团组织、企业事业单位培养、选拔和任用干部，应当坚持男女平等的原则，并有适当数量的妇女担任领导成员。

妇女联合会及其团体会员，可以向国家机关、群团组织、企业事业单位推荐女干部。

**第十七条** 各级人民政府应当支持妇女联合会的工作。

本市国家机关、社会团体、企业事业单位等应当重视本单位妇女组织的工作，为妇女组织的活动提供必要的条件。

**第十八条** 妇女联合会代表妇女积极参与国家和社会事务的民主协商、民主决策、民主管理和民主监督。

妇女联合会等应当畅通诉求表达渠道，倾听妇女意见，反映妇女诉求。

妇女联合会应当积极参与涉及妇女权益的地方性法规、政府规章和其他规范性文件的制定或者修改。

**第十九条** 对于有关妇女权益保障工作的批评或者合理可行的建议，有关部门应当听取和采纳；对于有关侵害妇女权益的申诉、控告和检举，有关部门应当查清事实，负责处理，任何组织和个人不得压制或者打击报复。

## 第三章 人身和人格权益

**第二十条** 本市保障妇女享有与男子平等的人身和人格权益。

**第二十一条** 妇女的生命权、身体权、健康权不受侵犯。禁止下列行为：

（一）进行非医学需要的胎儿性别鉴定和选择性别的人工终止妊娠；

（二）虐待、遗弃、残害、买卖妇女；

（三）其他侵害女性生命健康权益的行为。

**第二十二条** 妇女的人身自由不受侵犯。禁止下列行为：

（一）非法拘禁或者以其他非法手段剥夺、限制妇女的人身自由；

（二）非法搜查妇女的身体；

（三）拐卖、绑架妇女，收买被拐卖、绑架的妇女，阻碍解救被拐卖、绑架的妇女；

（四）其他侵犯妇女人身自由的行为。

**第二十三条** 禁止以恋爱、交友为由或者在终止恋爱关系、离婚之后，纠缠、骚扰妇女，泄露、传播妇女隐私和个人信息。

妇女遭受上述侵害或者面临上述侵害现实危险的，可以向人民法院申请人身安全保护令。

**第二十四条** 妇女的人格尊严不受侵犯。禁止下列行为：

（一）通过广播、电视、报刊、网络等传播贬低损害妇女人格尊严的内容；

（二）在广告、招贴宣传以及商业经营活动中贬低损害妇女人格尊严；

（三）以刺探、侵扰、泄露、公开等方式侵害妇女的隐私权；

（四）侮辱、诽谤、性骚扰妇女；

（五）其他侵犯妇女人格尊严的行为。

妇女的姓名权、肖像权、名誉权、荣誉权、隐私权和个人信息等人格权益受法律保护。媒体报道涉及妇女事件应当客观、适度，不得侵害妇女的人格权益。

**第二十五条** 各级人民政府和公安、民政、人力资源和社会保障、卫生健康等部门以及居民委员会、村民委员会按照各自的职责及时发现报告，并采取措施解救被拐卖、绑架的妇女，做好被解救妇女的安置、救助和关爱等工作。妇女联合会协助和配合做好有关工作。

任何组织和个人不得歧视被拐卖、绑架的妇女。

**第二十六条** 禁止违背妇女意愿，以言语、文字、图像、肢体行为等方式对其实施性骚扰。

受害妇女可以向有关单位和国家机关投诉。接到投诉的有关单位和国家机关应当及时处理，并书面告知处理结果。

受害妇女可以向公安机关报案，也可以向人民法院提起民事诉讼，依法请求行为人承担民事责任。

**第二十七条** 学校应当加强男女平等教育。

学校应当根据女学生的年龄阶段，进行生理卫生、心理健康和自我保护教育，在教育、管理、设施等方面采取措施，提高其自我保护意识和能力。

学校应当建立有效预防和科学处置性侵害、性骚扰的工作制度。对性侵害、性骚扰女学生的违法犯罪行为，学校不得隐瞒，应当及时通知受害未成年女学生的父母或者其他监护人，依法报告并配合有关部门处理。

学校应当建立受害学生保护制度。对遭受性侵害、性骚扰的女学生，学校、公安机关、教育行政部门等相关单位和人员应当保护其隐私和个人信息，并提供必要的保护措施。

密切接触未成年人的单位招聘工作人员时，应当按照法律规定查询应聘者是否具有性侵害等违法犯罪记录；发现其具有前述行为记录的，不得录用。

**第二十八条** 用人单位应当依法采取措施，制定禁止性骚扰的规章制度，把预防和制止性骚扰纳入教育培训的内容，加强安全保卫和管理等工作，预防和制止对妇女的性骚扰。

用人单位应当畅通投诉渠道，建立和完善调查处置程序，保护受侵害妇女。

**第二十九条** 地铁、公交、车站、机场、轮渡等人员聚集和流动的公共场所，应当建立对性骚扰的防范和干预机制，对有关单位的投诉处理或者案件调查工作予以配合。

**第三十条** 文化娱乐场所的经营者，宾馆、旅馆等提供住宿服务的场所经营者，房屋出租人发现场所有卖淫嫖娼或者其他侵害妇女权益的违法犯罪行为，应当及时向公安机关报告。

**第三十一条** 本市建立健全妇女全生命周期健康服务体系，保障妇女享有基本医疗卫生服务，开展妇女常见病、多发病的预防、筛查和诊疗，提高妇女健康水平。

本市开展青春期、更年期、老年期以及经期、孕期、产期、哺乳期的健康知识普及、卫生保健和疾病防治，有关部门、群团组织等应当为有需要的妇女提供生理健康指导、心理健康服务，保障妇女特殊生理时期的健康需求。

**第三十二条** 用人单位应当定期为女职工安排妇科疾病、乳腺疾病检查以及妇女特殊需要的其他健康检查。鼓励有条件的单位增加检查次数和检查项目。

市、区人民政府应当至少每两年安排退休妇女和生活困难的妇女进行一次妇科疾病、乳腺疾病的筛查，并可以视情增加筛查项目。

鼓励群团组织、企业事业单位为生活困难的妇女进行妇科疾病、乳腺疾病的筛查提供帮助。

本市鼓励适龄女性接种宫颈癌疫苗，推动为适龄女性未成年人按照有关规定接种宫颈癌疫苗。具体办法由市卫生健康、财政等相关部门制定。

**第三十三条** 有关部门支持、鼓励保险公司开展妇女健康商业保险业务，提高健康保障水平。

**第三十四条** 各级人民政府在规划和建设基础设施、开展城市更新、推进新城等重点区域建设时，应当按照相关规定配建保护妇女隐私、满足妇女需要的公共厕所和母婴室等公共设施。

## 第四章 文化教育权益

**第三十五条** 本市保障妇女享有与男子平等的文化教育权利。

**第三十六条** 父母或者其他监护人应当履行保障适龄女性未成年人接受并完成义务教育的义务。

对无正当理由不送适龄女性未成年人入学的父母或者其他监护人，由当地乡镇人民政府或者区教育行政部门给予批评教育，依法责令其限期改正。居民委员会、村民委员会应当协助做好相关工作。

政府、学校应当采取有效措施，解决适龄女性未成年人就学存在的实际困难，并创造条件，保证适龄女性未成年人完成义务教育。

**第三十七条** 学校和有关部门应当执行国家有关规定，保障妇女在入学、升学、授予学位、派出留学、就业指导和服务等方面享有与男子平等的权利。

学校在录取学生时，除国家规定的特殊专业外，不得以性别为由拒绝录取女性或者提高对女性的录取标准。

**第三十八条** 本市健全全民终身学习体系，为妇女终身学习创造条件。

本市发展适合女性特点的职业教育事业，开展职业教育、创业和实用技能等培训，提高妇女的劳动技能和就业创业能力。

鼓励用人单位有计划地对女职工进行上岗、在岗、转岗的职业教育和技能等培训。

**第三十九条** 本市强化女性人才的培养、引进、评价激励、成长发展、服务保障等措施，发挥女性在高水平人才高地建设中的作用。

本市保障妇女从事科学、技术、文学、艺术和其他专业活动的权利，并提供必要的条件。根据有关规定，在高层次人才发展计划、有关评奖、项目申报中，对符合条件的妇女，可以适当放宽年龄限制。

## 第五章 劳动和社会保障权益

**第四十条** 本市保障妇女享有与男子平等的劳动权利和社会保障权利。

本市鼓励和支持妇女创新创业创造，依法保障妇女在就业创业、职业发展等方面的合法权益。各级人民政府和有关部门应当完善就业保障政策措施，为妇女创造公平的就业创业环境，防止和纠正就业性别歧视，并为就业困难的妇女提供必要的扶持和援助。

**第四十一条** 除国家另有规定外，用人单位不得以性别、婚育状况等为由，拒绝录（聘）用妇女或者差别化地提高对妇女的录（聘）用标准。

用人单位制定规章制度或者涉及女职工的劳动保护、福利待遇、社会保险等事项的相关规定，不得含有歧视妇女的内容。

在晋职、晋级、评聘专业技术职称和职务、培训等方面，应当坚持男女平等的原则，不得歧视妇女。

广播、电视、报刊、网络以及其他媒介不得违反国家有关规定，传播限制妇女就业的招工、招聘启事。

**第四十二条** 实行男女同工同酬，妇女在享受福利待遇方面享有与男子平等的权利。

用人单位在录（聘）用女职工时，应当依法与其签订劳动（聘用）合同或者服务协议。劳动（聘用）合同或者服务协议中，应当依法约定女职工的工作岗位、劳动报酬、社会保险、劳动保护、劳动条件和职业危害防护，以及女职工特殊保护等事项，并不得含有限制女职工婚育或者其他侵害女职工合法权益的内容。

用人单位与职工一方可以就男女平等、女职工权益保护进行集体协商，签订集体合同或者专项集体合同等。

**第四十三条** 人力资源和社会保障部门应当将招聘、录取、晋职、晋级、评聘专业技术职称和职务、培训、辞退等过程中的性别歧视行为纳入劳动保障监察范围。

**第四十四条** 用人单位应当执行法律、法规、规章以及国家和本市有关女职工劳动保护的规定，保障女职工的劳动安全和健康，遵守女职工禁忌从事的劳动范围的规定，采取必要措施预防女职工遭受职业病危害。

鼓励用人单位根据女职工的需要，建立女职工卫生室、孕妇休息室等妇幼保健设施，满足女职工在生理卫生、哺乳、照料婴幼儿等方面的需要。

**第四十五条** 妇女在经期、孕期、产期、哺乳期受特殊保护，并依照国家和本市规定享受相应的假期、待遇。

用人单位应当依法保障女职工享有产假、生育假、育儿假等相关待遇。

用人单位不得因结婚、怀孕、产假、哺乳等情形，违法降低女职工的工资和福利待遇，限制女职工晋职、晋级、评聘专业技术职称和职务，辞退女职工，单方解除劳动(聘用)合同或者服务协议。

女职工在孕期或者哺乳期不适应原工作岗位的，可以与用人单位协商调整该期间的工作岗位或者改善相应的工作条件。女职工在孕期或者哺乳期可以与用人单位协商采用弹性工作时间或者居家办公等灵活的工作方式。

经二级及以上医疗保健机构证明有习惯性流产史、严重的妊娠并发症、妊娠合并症等可能影响正常生育的，女职工本人提出申请，用人单位应当批准其产前假。

经二级及以上医疗保健机构证明患有产后严重影响母婴身体健康疾病的，女职工本人提出申请，用人单位应当批准其哺乳假。

女职工按照有关规定享受的产前假、哺乳假期间，其工资不得低于本人原工资的百分之八十，并不得低于本市最低工资标准；调整工资时，产前假、产假、哺乳假视作正常出勤。

**第四十六条** 各级人民政府和有关部门应当采取措施，按照有关规定为困难妇女提供就业创业支持等服务。本市关心关爱外来务工妇女，改善其劳动条件，提高其职业技能。

**第四十七条** 本市健全生育支持政策体系，按照国家规定实施生育保险制度，完善与生育相关的保障制度。

用人单位应当依法缴纳生育保险费。女职工依照国家和本市规定享受生育保险待遇。未就业妇女、领取失业保险金的妇女、灵活就业妇女按照国家和本市相关规定参加基本医疗保险，享受相应的生育待遇。

本市加强生殖健康服务，将分娩镇痛按程序纳入医保基金支付范围；按照国家部署，将适宜的辅助生殖技术项目按程序纳入医保基金支付范围。

各级人民政府和有关部门应当按照国家和本市有关规定，为符合条件的困难妇女提供必要的生育救助；鼓励群团组织、企业事业单位为生活困难的妇女生育提供帮助。

**第四十八条** 各级人民政府和有关部门应当增加普惠性托育服务供给，提供家庭科学育儿指导服务。

鼓励有条件的用人单位为职工提供托育服务。鼓励社会力量参与托育服务。

## 第六章 财 产 权 益

**第四十九条** 本市保障妇女享有与男子平等的财产权利。

妇女享有与男子平等的继承权，不得以风俗习惯、婚姻状况等，剥夺妇女依法享有的继承权。

**第五十条** 在夫妻共同财产、家庭共有财产关系中，不得侵害妇女依法享有的权益。

妇女对夫妻共同财产享有与其配偶平等的占有、使用、收益、处分的权利，不受双方收入状况等情形的影响。

对夫妻共同所有的不动产以及可以联名登记的动产，女方有权要求在权属证书上记载其姓名；认为记载的权利人、标的物、权利比例等事项有错误的，有权依法申请更正登记或者异议登记，有关机构应当按照其申请依法办理相应登记手续。

**第五十一条** 妇女在农村集体经济组织成

员身份确认、土地承包经营、集体经济组织收益分配、土地征收补偿安置或者征用补偿以及宅基地使用等方面，享有与男子平等的权利。

申请农村土地承包经营权、宅基地使用权等不动产登记，应当在不动产登记簿和权属证书上将享有权利的妇女等家庭成员全部列明。征收补偿安置或者征用补偿协议应当将享有相关权益的妇女列入，并记载权益内容。

**第五十二条** 村民自治章程、村规民约，村民会议、村民代表会议的决定以及其他涉及村民利益事项的决定，不得以妇女未婚、结婚、离婚、丧偶、户无男性等为由，侵害妇女在农村集体经济组织中的各项权益。

乡镇人民政府、街道办事处应当对村民自治章程、村规民约，村民会议、村民代表会议的决定以及其他涉及村民利益事项的决定进行指导，对其中违反相关法律、法规和国家政策规定，侵害妇女合法权益的内容责令改正。

## 第七章 婚姻家庭权益

**第五十三条** 本市保障妇女享有与男子平等的婚姻家庭权利。

**第五十四条** 各级人民政府及相关部门应当把妇女权益保障作为家庭教育工作的重要内容，为家庭提供婚姻家庭教育指导服务，引导建立平等、和睦、文明的婚姻家庭关系。

**第五十五条** 妇女的婚姻自主权不受侵犯。禁止任何组织和个人干涉妇女结婚、离婚自由。

女方在怀孕期间、分娩后一年内或者终止妊娠后六个月内，男方不得提出离婚；但是，女方提出离婚或者人民法院认为确有必要受理男方离婚请求的除外。男方不得在夫妻分居、离婚冷静期、离婚诉讼期间，侵害、限制女方的人身权益和人身自由。

**第五十六条** 鼓励男女双方在结婚登记前，共同进行医学检查或者相关健康体检。

**第五十七条** 妇女依法享有生育子女的权利，也有不生育子女的自由。

**第五十八条** 各级人民政府和有关部门应当把预防和制止家庭暴力工作纳入本地区、本单位平安建设工作范围。

司法行政机关应当将婚姻家庭纠纷人民调解工作纳入公共法律服务体系。妇女联合会会同司法行政等部门做好婚姻家庭纠纷预防化解工作。人民调解组织应当积极参与预防和制止家庭暴力，做好调解工作。

**第五十九条** 公安机关应当将家庭暴力案件纳入接警受理范围，及时出警，对正在实施的家庭暴力应当及时制止，做好调查取证工作。对家庭暴力情节较轻，依法不给予治安管理处罚的，对加害人给予批评教育或者出具告诫书。

妇女因遭受家庭暴力或者面临家庭暴力的现实危险，向人民法院申请人身安全保护令的，人民法院应当依法受理。符合法定条件的，人民法院应当作出人身安全保护令。

**第六十条** 离婚时，夫妻的共同财产由双方协议处理。协议不成的，由人民法院根据财产的具体情况，按照照顾子女、女方和无过错方权益的原则判决。

离婚诉讼期间，夫妻一方申请查询登记在对方名下财产状况且确因客观原因不能自行收集的，人民法院应当进行调查取证，有关部门和单位应当予以协助。

离婚诉讼期间，夫妻双方均有向人民法院申报全部夫妻共同财产的义务。一方隐藏、转移、变卖、损毁、挥霍夫妻共同财产，或者伪造夫妻共同债务企图侵占另一方财产的，在离婚分割夫妻共同财产时，对该方可以少分或者不分财产。

**第六十一条** 夫妻双方应当共同负担家庭义务，共同照顾家庭生活。

女方因抚育子女、照顾老人、协助男方工作等负担较多义务的，有权在离婚时要求男方予以补偿。

因男方重大过错导致离婚的，无过错的女方有权请求损害赔偿。

女方在离婚时生活困难的，有负担能力的

男方应当给予适当帮助。

## 第八章　救济措施

**第六十二条**　对侵害妇女合法权益的行为，任何组织和个人都有权予以劝阻、制止或者向有关部门提出控告或者检举。

妇女的合法权益受到侵害的，有权要求有关部门依法处理，或者依法申请调解、仲裁，或者向人民法院起诉。

**第六十三条**　妇女因生命权、身体权、健康权、人身自由受到侵害或者因疾病、生育、灾害等处于危难情形的，公安、民政等部门、妇女联合会、医疗机构等组织和负有法定救助义务的个人应当及时施救，依法提供临时庇护或者其他必要的救助。

对符合条件的妇女，当地法律援助机构或者司法机关应当给予帮助，依法为其提供法律援助或者司法救助。

妇女因突发重大疾病、自然灾害等导致生活困难的，可以按照规定申请社会救助，符合条件的，应当依法提供救助。

有关部门在突发事件应对中，应当做好妇女和婴幼儿权益的保障工作。

本市鼓励和支持社会力量多渠道筹集资源，为生活困难的妇女提供救助帮扶。

**第六十四条**　妇女的合法权益受到侵害的，可以向妇女联合会等妇女组织求助。妇女联合会等妇女组织应当维护被侵害妇女的合法权益，有权要求并协助有关部门或者单位查处。有关部门或者单位应当依法查处，并予以答复；不予处理或者处理不当的，市、区妇女儿童工作委员会、妇女联合会可以向其提出督促处理意见，必要时可以提请同级人民政府开展督查。受害妇女进行诉讼需要帮助的，妇女联合会应当给予支持和帮助。

妇女联合会负责妇女权益保护服务热线的建设和运行，及时受理、移送有关侵害妇女合法权益的投诉、举报；有关部门或者单位接到投诉、举报后，应当及时予以处置。

**第六十五条**　侵害妇女合法权益，导致社会公共利益受损的，检察机关可以发出检察建议；有下列情形之一的，检察机关可以依法提起公益诉讼：

（一）确认农村妇女集体经济组织成员身份时侵害妇女权益或者侵害妇女享有的农村土地承包和集体收益、土地征收征用补偿分配权益和宅基地使用权益；

（二）侵害妇女平等就业权益；

（三）相关单位未采取合理措施预防和制止性骚扰；

（四）通过大众传播媒介或者其他方式贬低损害妇女人格；

（五）其他严重侵害妇女权益的情形。

**第六十六条**　国家机关、社会团体、企业事业单位对侵害妇女权益的行为，可以支持受侵害的妇女向人民法院起诉。

## 第九章　法律责任

**第六十七条**　违反本条例规定的行为，《中华人民共和国妇女权益保障法》等法律、法规已有处理规定的，从其规定。

**第六十八条**　用人单位侵害妇女劳动和社会保障权益的，人力资源和社会保障部门可以联合工会、妇女联合会约谈用人单位，依法进行监督并要求其限期纠正。

**第六十九条**　国家机关及其工作人员在妇女权益保障工作中，未依法履行职责的，由其所在单位或者上级主管部门责令改正；玩忽职守、滥用职权、徇私舞弊的，由其所在单位或者上级主管部门依法对直接负责的主管人员和其他责任人员给予处分；构成犯罪的，依法追究刑事责任。

## 第十章　附　　则

**第七十条**　本条例自 2023 年 1 月 1 日起施行。1994 年 12 月 8 日上海市第十届人民代表大会常务委员会第十四次会议通过，1997 年

5月27日上海市第十届人民代表大会常务委员会第三十六次会议第一次修正，2007年4月26日上海市第十二届人民代表大会常务委员会第三十五次会议第二次修正的《上海市实施〈中华人民共和国妇女权益保障法〉办法》同时废止。

# 上海市浦东新区促进无驾驶人智能网联汽车创新应用规定

（2022年11月23日上海市第十五届人民代表大会常务委员会第四十六次会议通过）

**第一条** 为了进一步规范和促进浦东新区无驾驶人智能网联汽车创新应用，推动产业高质量发展，保障道路交通安全，根据有关法律、行政法规的基本原则，结合浦东新区实际，制定本规定。

**第二条** 本规定适用于在浦东新区行政区域内划定的路段、区域开展无驾驶人智能网联汽车道路测试、示范应用、示范运营、商业化运营等创新应用活动以及相关监督管理工作。

本规定所称的无驾驶人智能网联汽车，是指车内不配备驾驶人和测试安全员的智能网联汽车。

**第三条** 浦东新区无驾驶人智能网联汽车创新应用活动应当坚持鼓励创新、包容审慎、循序渐进的原则，实行分级分类管理，按照从低风险场景到高风险场景、从简单类型到复杂类型的要求，确保安全有序、风险可控。

**第四条** 市人民政府应当建立完善促进智能网联汽车产业发展的工作协调机制和政策措施，优化创新应用环境。

市经济信息化、交通、公安等部门建立智能网联汽车测试与应用工作推进机制，协调推进全市智能网联汽车测试与应用工作，指导浦东新区智能网联汽车创新应用工作，并按照各自职责做好相关管理工作。

市发展改革部门负责协调智能网联汽车创新应用相关新型基础设施建设等工作。

浦东新区人民政府、中国（上海）自由贸易试验区临港新片区管理委员会（以下简称临港新片区管委会）应当建立促进智能网联汽车创新应用的工作机制，制定配套政策，落实支持措施，并按照各自职责具体负责辖区内的智能网联汽车创新应用管理工作。

市规划资源、市场监管、网信、通信管理等部门以及浦东新区科技经济、建设交通、公安、规划资源、大数据管理等部门按照各自职责，做好浦东新区智能网联汽车创新应用相关管理工作。

**第五条** 开展无驾驶人智能网联汽车道路测试、示范应用、示范运营的企业应当申请安全性自我声明的确认。无驾驶人智能网联汽车经安全性自我声明确认的，可以向公安机关交通管理部门申领车辆号牌；取得车辆号牌的，可以上道路行驶；经交通部门审核同意的，方可从事道路运输示范运营活动。

**第六条** 申请安全性自我声明确认的企业应当符合以下要求：

（一）具有独立法人资格；

（二）具备相关技术能力；

（三）具备符合道路测试、示范应用、示范运营等相应条件的车辆；

（四）配备远程监控系统和紧急接管人员，紧急接管人员应当具备无驾驶人智能网联汽车的操控能力和相应准驾车型的机动车驾驶证，经过专业知识、现场操作和应急处置培训；

（五）按照有关规定已经投保或者承诺投保机动车交通事故责任强制保险和一定金额的

商业保险。

**第七条** 开展道路测试活动，申请安全性自我声明确认的车辆应当符合以下要求：

（一）具备最小风险运行模式，满足功能安全、信息安全等技术标准和要求，设计运行范围覆盖道路测试场景；

（二）配备处于无驾驶人状态的显示装置以及发生故障或者事故后的警示装置，设置符合标准的夜间反光装置；

（三）按照有关规定经过有驾驶人智能网联汽车道路测试并达到规定里程或者时间，且未发生交通违法行为以及因车辆原因造成的安全事故，人工接管率符合规定值。

开展高风险道路测试的，应当经过规定里程或者时间的低风险道路测试，且未发生严重交通违法行为以及因车辆原因造成的安全事故，人工接管率符合规定值。

**第八条** 开展具有试点、试行效果的载人、载货示范应用活动，申请安全性自我声明确认的车辆应当经过规定里程或者时间的道路测试，且未发生交通违法行为以及因车辆原因造成的安全事故，人工接管率符合规定值。

**第九条** 开展载人、载货或者特定场景作业的示范运营活动，申请安全性自我声明确认的车辆应当符合以下要求：

（一）符合开展示范运营所需的技术性能、外廓尺寸、轴荷、质量、安全性能等标准或者规范；

（二）经过规定里程或者时间的示范应用，且未发生交通违法行为以及因车辆原因造成的安全事故，人工接管率符合规定值。

**第十条** 申请开展无驾驶人智能网联汽车道路测试、示范应用、示范运营自我声明确认的，由市经济信息化、交通、公安等部门和浦东新区科技经济部门、临港新片区管委会按照各自职责，组织有关部门、第三方机构和专家，对相应阶段的安全性自我声明进行确认。

浦东新区科技经济部门、临港新片区管委会负责收取企业提交的安全性自我声明和相关证明材料，并将是否确认的决定书面告知企业。

涉及跨区域事项的，市经济信息化、交通、公安等部门应当加强对浦东新区科技经济、建设交通、公安等部门以及临港新片区管委会的业务指导和沟通协调。

**第十一条** 有关主管部门对安全性自我声明进行确认时，可以将企业在浦东新区以外地区的测试结果作为参考依据，简化相关测试流程和测试项目。

开展无驾驶人智能网联汽车道路测试、示范应用、示范运营达到规定里程或者时间，且未发生交通违法行为以及因车辆原因造成的安全事故，人工接管率符合规定值的，企业可以向浦东新区科技经济部门或者临港新片区管委会提出同一阶段同一型号车辆批量申请确认，并提交一致性技术参数、性能和安全检测报告。有关主管部门应当组织第三方机构进行一致性抽查，并根据抽查结果做出决定。

**第十二条** 企业取得安全性自我声明确认的，可以向市公安机关交通管理部门提交申领车辆号牌需要的有关材料，申领临时行驶车号牌和车辆识别标牌。

临时行驶车号牌有效期届满的，可以凭有效的安全性自我声明和其他相关材料，申领新的临时行驶车号牌。在临时行驶车号牌有效期内取得下一阶段安全性自我声明确认的，无需申领新的临时行驶车号牌。

**第十三条** 无驾驶人智能网联汽车经道路测试安全性自我声明确认并且取得临时行驶车号牌、车辆识别标牌的，可以上道路行驶从事测试活动，但不得搭载与测试活动无关的人员和用于配重以外的货物。

**第十四条** 无驾驶人智能网联汽车经示范应用安全性自我声明确认并且临时行驶车号牌在有效期内的，按照规定搭载相关人员或者货物，但不得超出车辆的额定乘员和核定载质量，不得搭载危险货物。搭载相关人员或者货物的，应当向服务对象明示可能存在的风险，采取必要的安全措施。

**第十五条** 开展无驾驶人智能网联汽车示范运营活动的企业，应当符合以下要求：

（一）具备相应的道路运输经营资质或者

条件，或者与具备相应道路运输经营资质的企业合作；

（二）具备与经营业务相适应并经检测合格的车辆；

（三）提出相对固定的运营区域和运营时段；

（四）具有健全的安全管理制度。

企业凭经确认的示范运营安全性自我声明、有效期内的临时行驶车号牌、运营方案以及其他相关材料，向浦东新区建设交通部门或者临港新片区管委会申请办理相关车辆营运证件。

取得前款规定的车辆营运证件的，可以利用无驾驶人智能网联汽车从事运营活动，并可以收费。依法纳入政府定价范围的收费实行政府定价或者政府指导价，其他收费实行市场调节价。收费标准应当在运营方案中载明，面向不特定对象收费的，收费标准应当向社会公示。

**第十六条**　获得产品准入或者具备同等条件的产品认定的无驾驶人智能网联汽车，经公安机关交通管理部门登记，可以取得车辆号牌、行驶证等登记凭证。

利用符合前款要求的无驾驶人智能网联汽车从事商业化运营的企业，应当取得道路运输经营资质。车辆应当与经营业务相适应，并经检测合格，依法取得车辆营运证件。

商业化运营的收费管理，按照有关法律、法规的规定执行。

**第十七条**　浦东新区科技经济部门和临港新片区管委会应当加强对无驾驶人智能网联汽车运行的日常监督管理，并采取措施强化后台监管。

开展无驾驶人智能网联汽车道路测试、示范应用、示范运营的企业应当按照规定安装监控装置，将相关数据接入指定的数据平台，实时上传到市级数据平台，并定期向浦东新区科技经济部门或者临港新片区管委会提交创新应用情况报告。

**第十八条**　开展智能网联汽车创新应用的路段、区域由市交通部门会同市公安、经济信息化、通信管理等部门根据道路基础条件和实际需要划定并组织开展验收。验收通过后，应当向社会公布，并在该路段、区域及周边设置相应标识和安全提示。

前款所称的路段、区域，是指用于社会机动车辆通行的路段、区域。

支持在浦东新区逐步扩大智能网联汽车创新应用的路段、区域范围，支持特定区域全域开放，丰富测试与应用场景。

**第十九条**　浦东新区科技经济、建设交通部门和临港新片区管委会应当统筹规划、协调推动建设车路协同基础设施和车路协同云控平台，支持车路协同基础设施在安全可控的条件下与云控平台、路侧信号控制设施、智能网联汽车实现信息共享。

车路协同基础设施和车路协同云控平台应当实现数据交互加密、通信网络防护、实时安全监测，有效防范数据篡改、数据泄露和网络攻击等风险。

**第二十条**　本市根据国家有关主管部门的授权，支持开展智能网联汽车创新应用的企业在浦东新区特定区域开展高精度地图应用试点。市和浦东新区规划资源部门应当加强对高精度地图应用试点工作的指导和监督管理。

开展智能网联汽车创新应用的企业应当按照有关规定，严格保护高精度地图数据安全。

**第二十一条**　开展无驾驶人智能网联汽车道路测试、示范应用、示范运营的企业对智能网联汽车进行可能影响车辆功能、性能的软件升级（包括远程升级）或者硬件变更的，应当向浦东新区科技经济部门或者临港新片区管委会报告。

发生影响车辆安全性能的重大升级或者变更的，企业应当提交新的安全性自我声明进行再次确认。

**第二十二条**　无驾驶人智能网联汽车上道路行驶的，应当具有显著标识，按照要求放置、粘贴临时行驶车号牌和车辆识别标牌，遵守道路交通安全法律、法规的有关通行规定。

开展无驾驶人智能网联汽车载人示范应用、示范运营，应当在有关主管部门的指导下有序推进。

**第二十三条**　开展无驾驶人智能网联汽车创新应用的企业应当加强车辆远程动态监管。

在恶劣天气、道路施工、大型活动等情形下，企业应当根据相关管理部门要求及时调整运行计划。公安机关依法实施现场临时管制时，企业应当按照公安机关的指令，立即采取避让、暂停运行、终止运行等处置措施。

**第二十四条** 开展无驾驶人智能网联汽车创新应用的企业应当按照网络安全相关法律、法规和信息安全标准的强制性要求，建立网络安全管理制度，落实网络安全等级保护制度，采取技术措施和其他必要措施，提高网络安全保护水平，保障网络安全、稳定运行。

**第二十五条** 开展无驾驶人智能网联汽车创新应用的企业应当按照数据安全相关法律、法规要求，建立健全全流程数据安全和个人信息保护管理制度，落实数据安全和个人信息保护责任。发生或者可能发生涉及国家安全、个人信息等数据泄露、损毁、丢失等情况的，有关企业应当立即采取补救措施，按照规定及时告知用户并向有关主管部门报告。

开展创新应用过程中收集和产生的重要数据，应当依法在境内存储；因业务需要，确需向境外提供的，应当按照国家有关规定进行安全评估。个人信息数据的出境安全管理，按照有关法律、行政法规的规定执行。

**第二十六条** 开展创新应用期间，无驾驶人智能网联汽车发生故障的，企业应当按照有关技术要求作出判断，采取相应措施确保车辆处于安全状态。

创新应用企业应当将相关故障信息传输至指定的监管平台，并保存至少一年。

**第二十七条** 开展创新应用期间，无驾驶人智能网联汽车发生交通事故的，企业应当立即暂停车辆运行、开启危险警示装置，报警并视情派员现场处置；事故发生后两小时内，应当将事故发生前至少九十秒的视频信息上传至指定的数据平台。

开展无驾驶人智能网联汽车创新应用的企业应当在有关主管部门全程参与下对事故过程进行技术分析并形成事故分析报告。相关事故过程信息和事故分析报告应当及时报送浦东新区公安机关交通管理部门，并保存至少一年。

**第二十八条** 无驾驶人智能网联汽车在开展创新应用期间发生交通违法行为的，由公安机关按照道路交通安全法律、法规对车辆所有人或者管理人进行处理。

**第二十九条** 无驾驶人智能网联汽车在开展创新应用期间发生交通事故的，由公安机关交通管理部门按照道路交通安全法律、法规进行交通事故责任认定。

无驾驶人智能网联汽车发生交通事故并造成损害，依法应由智能网联汽车一方承担责任的，由该无驾驶人智能网联汽车所属的企业先行赔偿，并可以依法向负有责任的自动驾驶系统开发者、汽车制造者、设备提供者等进行追偿。已经投保机动车交通事故责任强制保险、商业保险的，按照相关规定执行。

无驾驶人智能网联汽车以及车路协同云控平台采集的数据，经公安机关交通管理部门调查核实无误后，可以作为认定交通违法行为和认定交通事故责任的依据。

**第三十条** 利用无驾驶人智能网联汽车开展道路货物运输经营的，企业应当投保承运人责任保险；开展旅客运输服务的，应当投保车上人员责任保险。

鼓励相关行业组织、企业等联合设立风险基金。鼓励保险公司开发适应无驾驶人智能网联汽车特点的保险产品。

**第三十一条** 无驾驶人智能网联汽车道路测试、示范应用、示范运营期间有下列情形之一的，由浦东新区科技经济部门或者临港新片区管委会暂停有关企业的相关创新应用活动，责令其限期整改；完成整改后，方可恢复相关创新应用活动：

（一）无驾驶人智能网联汽车经过测试不符合要求的；

（二）开展创新应用的企业、车辆或者紧急接管人员等发生变化，不再符合规定要求的；

（三）未按照安全性自我声明载明的阶段、时段、路段等开展相关创新应用活动的；

（四）违反载人、载货有关规定的；

（五）未按照规定将相关数据上传至指定的数据平台的；

（六）发生软件升级、硬件变更，未按照规定报告的；

（七）车辆发生故障或者交通事故，未按照规定采取相应措施的；

（八）未按照规定传输和保存车辆故障、事故信息，或者未提交事故分析报告的；

（九）存在重大软件、硬件系统性缺陷的；

（十）发生网络安全或者数据安全事故的。

开展无驾驶人智能网联汽车道路测试、示范应用、示范运营的车辆有下列情形之一的，由浦东新区科技经济部门或者临港新片区管委会暂停该车辆或者同型号车辆的相关创新应用活动，责令其限期整改；完成整改后，方可恢复相关创新应用活动：

（一）未按照要求放置车辆识别标牌的；

（二）发生三次以上一般道路交通违法行为，或者发生不按照交通信号指示通行、违反标志标线指示、逆向行驶等严重道路交通违法行为的；

（三）发生道路交通事故并承担同等及以上责任的。

**第三十二条** 无驾驶人智能网联汽车道路测试、示范应用、示范运营期间有下列情形之一的，由浦东新区科技经济部门或者临港新片区管委会终止有关企业的相关创新应用活动，相关号牌、标牌和营运证件失效：

（一）暂停创新应用活动后，拒不整改或者经整改仍不符合要求的；

（二）提供虚假的安全性自我声明或者数据、信息、报告等材料的；

（三）对国家安全、公共安全造成危害，或者程序设计违反伦理要求、存在重大安全风险的。

开展无驾驶人智能网联汽车道路测试、示范应用、示范运营的车辆有下列情形之一的，由浦东新区科技经济部门或者临港新片区管委会终止该车辆或者同型号车辆的相关创新应用活动；情节严重的，终止有关企业的相关创新应用活动：

（一）发生三次以上不按照交通信号指示通行、违反标志标线指示、逆向行驶等严重道路交通违法行为的；

（二）发生造成人员伤亡的道路交通事故，并承担主要或者全部责任的。

安全性自我声明未经确认或者未取得临时行驶车号牌、相关车辆营运证件擅自开展相关活动的，由浦东新区科技经济部门或者临港新片区管委会责令立即终止相关活动，并由有关主管部门依法进行处理。

**第三十三条** 无人配送、无人清扫等无人驾驶装备上道路行驶，参照适用道路交通安全法律、法规有关非机动车的通行规定。无人驾驶装备道路测试、示范运营等具体管理规定，由浦东新区、临港新片区管委会在市有关主管部门的指导下制定。

**第三十四条** 本规定自 2023 年 2 月 1 日起施行。

# 上海市船舶污染防治条例

（2022 年 12 月 21 日上海市第十五届人民代表大会常务委员会第四十七次会议通过）

## 第一章 总 则

**第一条** 为了加强船舶污染防治，保护生态环境，推进生态文明建设，促进经济社会高质量发展，根据《中华人民共和国长江保护法》《中华人民共和国水污染防治法》《中华人民共和国海洋环境保护法》《防治船舶污染海洋环境管理条例》等有关法律、行政法规，结合本市实际，制定本条例。

**第二条** 在本市通航水域和国家授权管理的港口水域（以下统称管理水域）航行、停泊、作业的船舶，以及从事船舶修造、拆解、装卸、打捞等与水域环境有关作业活动的单位（以下统称有关作业单位）、个人，应当遵守本条例。

**第三条** 船舶污染防治，应当坚持预防为主、防治结合、统筹协调、综合治理、创新驱动的原则，加强源头控制和系统整治，推进绿色航运发展。

**第四条** 市、区人民政府应当加强对船舶污染防治工作的领导，将船舶污染防治作为环境保护重要内容纳入国民经济和社会发展规划，保障船舶污染防治的资金投入，并按照财政事权与支出责任相匹配的原则，将所需经费纳入同级财政预算。

**第五条** 国务院交通运输主管部门在本市设立的海事管理机构和市、区交通行政管理部门（以下统称船舶污染防治主管部门）按照职责分工，负责船舶污染防治的监督管理工作。

本市发展改革、规划资源、生态环境、水务、绿化市容、经济信息化、科技、应急、城管执法等行政管理部门按照各自职责，做好船舶污染防治相关工作。

**第六条** 船舶及有关作业单位、个人应当按照国家和本市的有关要求，建立健全船舶污染防治责任制度，采取有效措施，防止造成环境污染。

船舶所有人、经营人或者管理人以及有关作业单位的主要负责人是本单位防治船舶污染管理的第一责任人，对本单位的船舶污染防治工作全面负责。船长在防治船舶污染水域环境方面，依法具有独立决定权，并负有最终责任。

**第七条** 本市鼓励和支持船舶污染防治科学技术研究，促进科技成果转化，发挥科学技术在船舶污染防治中的支撑作用。

本市支持推广先进适用的船舶污染防治新技术、新工艺、新材料、新装备，鼓励船舶使用清洁能源和新能源，提高船舶污染防治水平。

**第八条** 任何单位和个人有权对船舶及其有关作业活动污染环境的行为进行举报。船舶污染防治主管部门等有关行政管理部门应当按照职责权限，调查核实举报内容，并对举报人相关信息予以保密。

对在船舶污染防治工作中做出显著成绩的单位和个人，按照规定给予表彰或者奖励。

## 第二章　一般规定

**第九条** 船舶航行、停泊、作业，以及单位、个人从事船舶修造、拆解、装卸、打捞等与水域环境有关作业活动，应当遵守污染防治、饮用水水源保护等有关法律、法规，符合国家和本市有关污染防治的标准、规范和要求。

**第十条** 市、区人民政府应当统筹规划建设船舶污染物的接收转运处置设施，提高船舶污染物接收、转运和处置能力。

港口、码头、装卸站、船舶修造厂应当备有足够的船舶污染物接收设施，并做好与城市公共转运、处置设施的衔接。

新建、改建、扩建港口、码头的，应当按照要求建设船舶污染物接收设施，并与主体工程同步设计、同步施工、同步投入使用。

**第十一条** 从事船舶污染物接收、转运、处置的单位应当符合国家和本市规定的要求，并遵守下列规定：

（一）建立相应的防污染管理制度；

（二）组织本单位相关作业人员进行岗位培训；

（三）安装覆盖船舶污染物接收、转运、处置作业场所的视频监控系统，实施动态监控，并至少保存三个月的视频监控数据；

（四）使用符合要求的监督管理信息系统。

**第十二条** 船舶航行、停泊和作业，以及单位、个人从事船舶修造、拆解、装卸、打捞等与水域环境有关作业活动的，排放的噪声应当符合国家规定。

禁止船舶在黄浦江杨浦大桥至徐浦大桥之间水域以及外环线以内的内河通航水域鸣放号

笛，但危及航行安全和按照避碰规则等应当使用声响装置的除外。

**第十三条** 本市可以划定特定水域为绿色航运示范区，实施更加严格的船舶污染防治措施。

船舶在绿色航运示范区航行、停泊和作业，其船型、船龄、防污染结构设备、载运货物种类、污染物排放与碳排放水平、岸电使用应当同时符合绿色航运示范区的有关要求。

## 第三章 船舶水污染防治

**第十四条** 船舶应当按照国家规定，配备足够数量和容量的船舶水污染物收集与储存舱（柜）或者容器，并及时对产生的水污染物进行收集、存放和处理。船舶使用生活污水处理装置、油水分离器等防污染设施的，应当做好维护保养和记录。

船舶按照本市规定需要设置生活垃圾等分类收集容器的，还应当符合本市市容环境卫生管理的相关标准，与垃圾产生量相适应，并保持正常使用。

**第十五条** 船舶应当及时处置或者移交水污染物。港口、码头、装卸站、船舶修造厂、水上服务区和其他船舶污染物接收单位应当按照规定接收船舶水污染物，并向船方出具符合船舶污染防治主管部门要求的接收单证。

内河船舶生活垃圾、生活污水应当每五天或者每航次至少送交一次，有合理理由的除外。

内河船舶应当向靠港的港口经营人主动出示接收单证；无法出示接收单证的，应当向港口经营人作出说明。港口经营人应当查看接收单证，并对船舶出示接收单证或者作出说明的情况予以记录。

内河船舶拒不出示接收单证或者作出说明的，港口经营人应当将有关情况报告船舶污染防治主管部门，并可以暂停装卸作业。

**第十六条** 含油污水等水污染物通过船舶接收后在接收船上临时储存、水上运输的，按照船舶水污染物实施管理；接收后经预处理在水上运输的，按照水路运输污染危害性货物实施管理。鼓励对生活污水、含油污水等水污染物进行预处理和再利用。

船舶污染物接收、转运单位应当将船舶水污染物移交具备相应资质的单位依法处置。禁止将接收、转运的水污染物排入水中。

**第十七条** 禁止船舶违规向水体直接排放未经处理的生活污水、含油污水。

禁止船舶向黄浦江、苏州河排放生活污水、含油污水，禁止船舶向其他内河通航水域排放含油污水。

**第十八条** 以船体外板为液货舱周界（包括单舷单底、双舷单底、单舷双底）的载运散装液体危险货物船舶，禁止在本市长江干流、黄浦江及其他内河通航水域停泊和作业。

**第十九条** 在黄浦江和其他内河通航水域航行、停泊、作业的内河船舶产生的船舶生活垃圾、生活污水、含油污水，由市、区人民政府通过政府购买服务方式，进行接收、转运和处置。

**第二十条** 内河船舶直接通往舷外的生活污水排放管路、阀门应当铅封或者盲断。

冲洗船舶甲板，应当事先进行清扫，并收集处理船舶污染物。船舶甲板上沾有污染物、有毒有害物质，或者船舶位于水源保护区、准水源保护区和海洋自然保护区等特别保护区域的，不得冲洗船舶甲板。

**第二十一条** 本市对船舶水污染物的接收、转运和处置实施联单管理。

船舶以及船舶水污染物接收、转运、处置单位应当使用规定的监督管理信息系统，并按照联单填报要求，准确计量并如实记录船舶水污染物的接收、转运和处置情况。

**第二十二条** 船舶污染防治主管部门和生态环境、水务、绿化市容等行政管理部门应当对船舶水污染物的送交、接收、转运和处置实施联合监管。

通过船舶或者港口接收或者通过船舶转移船舶水污染物的，由船舶污染防治主管部门按照职责实施监督管理。

含油污水的末端处置以及属于危险废物的

船舶水污染物及其预处理产物通过岸上转运和处置的，由生态环境部门实施监督管理。

收集处理的船舶生活污水排入市政排水管网的，由水务部门实施监督管理。

船舶生活垃圾的接收、转运和处置，由绿化市容部门按照本市生活垃圾管理的相关规定实施监督管理。

**第二十三条** 国际航行船舶排放压载水，应当采用压载水处理装置或者采取其他等效措施，对压载水进行灭活等处理，确保所排放压载水满足要求，并在排放前按照规定向船舶污染防治主管部门报告。

## 第四章 船舶大气污染防治

**第二十四条** 船舶不得超过国家和本市规定的排放标准向大气排放污染物。

禁止船舶在管理水域使用焚烧炉。

**第二十五条** 燃油供应单位供应的燃油，以及在管理水域航行、停泊、作业的船舶使用的燃油，应当符合国家和本市规定的质量标准。鼓励船舶使用更高环保标准的燃油。

船舶使用废气清洗系统的，产生的洗涤水及残渣应当按照规定处理，并做好记录，不得违规排放。

**第二十六条** 船舶污染防治主管部门应当通过现场检查监测、遥感监测等方式，对船舶的大气污染物排放状况进行监督检查。

**第二十七条** 本市推进港口、码头全面配备岸电设施。

市交通行政管理部门会同有关部门制定港口岸电设施、船舶受电设施的建设和改造计划，按照规定程序报批后组织实施。港口、码头和船舶应当按照计划以及相关标准规范实施建设和改造。岸电设施应当具备与靠泊船舶的用电需求相适应的供电能力，并能够与船舶安全、可靠、规范对接。

本市对港口岸电设施、船舶受电设施的改造和使用，按照规定给予资金补贴、电价优惠等扶持政策。

**第二十八条** 具备岸电供应条件的港口、码头、装卸站、水上服务区应当向具备受电设施的船舶提供岸电，但岸电设施临时发生故障，或者恶劣气候、意外事故等紧急情况下无法提供岸电的除外。岸电未覆盖所有泊位的，港口经营人应当为具备受电设施的靠港船舶优先安排岸电泊位进行港口作业。

具备受电设施的船舶靠泊岸电泊位，应当使用岸电，但国家另有规定的除外。

鼓励港口经营人等有关单位对使用岸电的船舶实施减免岸电服务费等措施。

**第二十九条** 港口经营人应当将岸电设施主要技术参数、检测情况、分布位置等信息向市或者区交通行政管理部门备案，并通过网站等渠道向社会公开。

港口经营人和船舶应当按照相关规定，如实记录岸电设施使用、故障、修复情况，并按照规定保存备查。

## 第五章 船舶有关作业活动污染防治

**第三十条** 从事船舶清舱、洗舱、污染物接收、燃料供受、装卸、过驳、修造、拆解、打捞、污染清除、浮船坞沉坞以及利用船舶进行水上水下施工等作业活动的，应当遵守相关操作规程，采取必要的污染防治措施，按照规定处理作业过程中产生的污染物。

作业活动开始前，作业单位应当按照规定，向船舶污染防治主管部门报告作业时间、作业内容等信息。

从事本条第一款规定的作业活动的人员，应当具备相关安全和污染防治的专业知识和技能。

**第三十一条** 燃油供应单位供应燃油，应当向船舶提供燃油供受单证和燃油样品。船舶和燃油供应单位应当将供受单证保存三年，燃油样品保存一年。

从事船舶燃料以及液化天然气等新燃料供应作业的单位应当按照规定，向船舶污染防治主管部门备案。

**第三十二条** 从事船舶燃料供受和散装液体污染危害性货物装卸、过驳作业的，作业双方应当在作业前对相关防污染措施进行确认，在作业过程中严格落实防污染措施。

**第三十三条** 在进行船舶水上修造作业前，船舶应当向船舶修造厂说明船上污染物的性质、数量、种类和位置等情况。船舶修造厂与船舶所有人或者经营人应当明确双方防污染管理主体责任，以及发生船舶污染事故后污染清除的主体责任。

在船坞内进行船舶修造作业的，船舶修造厂应当将坞内污染物清理完毕，确认不会造成水域污染后，方可沉起浮船坞或者开启坞门。

船舶污染防治主管部门、生态环境部门应当按照各自职责，加强对水上和岸上船舶修造及其有关作业活动的监督检查，防止作业活动造成环境污染。

**第三十四条** 船舶运输散发有毒有害气体或者粉尘物质等货物的，应当采取封闭或者其他防护措施。

从事前款货物的装卸、过驳作业，作业双方应当在作业过程中采取措施回收有毒有害气体、抑制扬尘。

本市发布空气重污染预警时，船舶及有关作业单位应当根据不同的污染预警等级，采取停止易产生扬尘的作业活动等应急措施。

## 第六章　船舶污染事故应急处置

**第三十五条** 船舶污染防治主管部门应当会同有关部门编制防治船舶及其有关作业活动污染环境应急能力建设规划，制定船舶污染事故应急预案，按照规定程序报批后实施。

本市加强水上污染事故应急专业力量建设，按照水陆统筹、资源共享的原则，建设和优化船舶污染应急设备库，为专业队伍培训、交流以及专业清污设施、装备的配备提供支持保障。

船舶污染防治主管部门及其他相关部门、相关区人民政府应当加强信息共享、协作联动，提升污染事故应急处置能力。

**第三十六条** 船舶所有人、经营人或者管理人应当制定防治船舶及其有关作业活动污染环境的应急预案，并定期组织演练。

港口、码头、装卸站、水上服务区以及从事船舶修造、拆解、打捞等作业活动的单位应当按照规定，制定防治船舶及其有关作业活动污染环境的应急预案，并定期组织演练，配备必要的应急设施、设备和器材，保持其良好的技术状态，并可以通过建立联防机制，实现应急设施、设备和器材的统一调配使用。

**第三十七条** 发生自然灾害、事故灾难或者公共卫生事件等突发事件期间，船舶和港口、码头、装卸站、水上服务区等应当执行市、区人民政府依法实施的船舶污染物送交、接收、转运、处置应急措施和其他管理措施。

来自疫区船舶产生的船舶垃圾、生活污水以及压载水和沉积物等，应当根据国家和本市防疫管理要求进行接收和处理。

**第三十八条** 船舶发生污染事故，应当立即启动应急预案，采取措施控制或者减轻对环境的污染危害，并及时向船舶污染防治主管部门报告。

相关作业船舶、港口经营人及有关作业单位发现船舶及其有关作业活动可能造成水域污染的，应当按照规定立即采取相应的应急处置措施，并向船舶污染防治主管部门报告。

**第三十九条** 接到船舶污染事故报告，船舶污染防治主管部门应当立即核实有关情况，按照国家和本市的有关规定上报上级行业主管部门，同时报告同级人民政府，由相应的搜救中心或者分中心立即复核有关情况，根据有关规定启动应急预案。

有关部门、单位应当按照应急预案的分工，开展相应的应急处置工作。

**第四十条** 船舶污染事故应急处置使用消油剂的，应当符合国家规定的标准，并在使用前向船舶污染防治主管部门报告。

禁止在本市内河通航水域以及海洋自然保护区等特别保护区域使用消油剂。

**第四十一条** 船舶污染防治主管部门因船舶污染事故应急处置的需要，可以依法采取组织清除、打捞、拖航、引航、卸载等必要措施。发生的费用，依法由责任船舶承担。

依法应当承担前款规定费用的船舶，应当在开航前缴清相关费用或者提供相应的财务担保。

需要调用污染清除设备和船舶参加清污的，有关单位、船舶应当服从统一指挥和协调。

**第四十二条** 船舶污染事故的调查处理及损害赔偿，按照国家有关规定执行。

**第四十三条** 按照国家有关规定必须办理污染责任保险或者取得相应的财务担保的船舶，应当持有相应的证明文件。

本市鼓励前款规定外的船舶办理污染责任保险。

## 第七章 长江三角洲区域合作

**第四十四条** 本市应当与长江三角洲区域相关省加强船舶污染防治沟通协调，协商解决船舶污染防治重大事项，推进船舶污染防治区域协作。

船舶污染防治主管部门和生态环境、水务、绿化市容等行政管理部门应当与长江三角洲区域相关省、市有关部门建立沟通协调机制，促进省际之间的船舶污染防治联防联控。

**第四十五条** 船舶污染防治主管部门和其他相关部门应当与长江三角洲区域相关省、市有关部门加强协商，共享以下信息：

（一）船舶污染监测预警信息；

（二）船舶污染物跨区域接收转运处置信息；

（三）船舶污染事故处置信息；

（四）船舶污染防治信用信息；

（五）其他需要共享的信息。

**第四十六条** 船舶污染防治主管部门应当加强与长江三角洲区域相关省、市有关部门的船舶污染防治执法联勤联动，在行政执法互助、案件移送、行刑衔接等方面形成一体化机制。

船舶污染防治主管部门应当推进与长江三角洲区域相关省、市有关部门建立船舶污染防治应急协作机制，开展区域联合演练，提升协同快速反应和应急处置能力。

**第四十七条** 船舶污染防治主管部门应当与长江三角洲区域相关省、市有关部门协商建立船舶污染防治信用联合奖惩机制，依法采取守信激励和失信约束措施。

## 第八章 法律责任

**第四十八条** 违反本条例规定的行为，法律、法规已有处理规定的，从其规定。

**第四十九条** 违反本条例第十四条第二款规定，船舶设置生活垃圾等分类收集容器，不符合本市市容环境卫生管理相关标准的，由城管执法部门责令改正，处三百元以上三千元以下罚款。

**第五十条** 违反本条例第十五条第一款规定，未按照规定接收靠泊船舶水污染物的，由船舶污染防治主管部门责令改正，处二万元以上十万元以下罚款。

违反本条例第十五条第一款规定，未向船方出具符合要求的接收单证的，由船舶污染防治主管部门责令改正，处二千元以上二万元以下罚款。

违反本条例第十五条第三款规定，港口经营人未查看接收单证或者未按照要求记录的，由交通行政管理部门责令改正，处二千元以上二万元以下罚款。

**第五十一条** 违反本条例第十六条第二款规定，船舶污染物接收、转运单位将船舶水污染物移交不具备相应资质的单位处置的，由船舶污染防治主管部门责令改正，处五千元以上五万元以下罚款。

**第五十二条** 违反本条例第十七条第二款规定，向禁止排放水域排放生活污水、含油污水的，由船舶污染防治主管部门责令改正，处二万元以上五万元以下罚款；情节严重的，处五万元以上二十万元以下罚款。

**第五十三条** 违反本条例第十八条规定，相关船舶在本市长江干流、黄浦江及其他内河通航水域停泊、作业的，由船舶污染防治主管部门责令改正，处三千元以上三万元以下罚款。

**第五十四条** 违反本条例第二十条第一款规定，内河船舶直接通往舷外的生活污水排放管路、阀门未铅封或者盲断的，由船舶污染防治主管部门责令改正，处一千元以上一万元以下罚款。

**第五十五条** 违反本条例第二十一条第二款规定，未使用规定的监督管理信息系统或者联单填报不符合要求的，由船舶污染防治主管部门责令改正，处二千元以上二万元以下罚款。

**第五十六条** 违反本条例第二十四条第二款规定，船舶在管理水域使用焚烧炉的，由船舶污染防治主管部门责令改正，处三千元以上三万元以下罚款。

**第五十七条** 违反本条例第二十八条第一款规定，拒绝向具备受电设施的船舶提供岸电的，由交通行政管理部门责令改正，处二万元以上十万元以下罚款。

**第五十八条** 违反本条例第三十四条第二款规定，未采取措施回收有毒有害气体的，由船舶污染防治主管部门责令改正，处一万元以上十万元以下罚款；拒不改正的，责令停工整治或者停业整治。

**第五十九条** 违反本条例第四十条第二款规定，在本市内河通航水域或者海洋自然保护区等特别保护区域使用消油剂的，由船舶污染防治主管部门责令改正，处一万元以上五万元以下罚款。

**第六十条** 违反本条例规定，船舶污染防治主管部门和其他有关部门及其工作人员有滥用职权、玩忽职守、徇私舞弊行为的，对直接负责的主管人员和其他直接责任人员依法给予处分；构成犯罪的，依法追究刑事责任。

## 第九章 附 则

**第六十一条** 军事船舶、体育运动船舶、渔业船舶的污染防治工作，按照国家有关规定执行。

**第六十二条** 本条例自 2023 年 3 月 1 日起施行。

# 上海市浦东新区固体废物资源化再利用若干规定

（2022 年 12 月 21 日上海市第十五届人民代表大会常务委员会第四十七次会议通过）

**第一条** 为了推动浦东新区“无废城市”建设，加快形成与城市绿色发展相适应的固体废物处理模式，率先实现固体废物从源头分类到资源化再利用的全过程治理，全面提升资源化再利用的效率和水平，根据有关法律、行政法规的基本原则，结合浦东新区实际，制定本规定。

**第二条** 本规定适用于浦东新区行政区域内固体废物资源化再利用的相关活动。

**第三条** 浦东新区应当按照统筹规划、合理布局、政府引导、多元共治的原则，打造循环畅通、高效利用、生态友好、智慧创新的固体废物资源化再利用样板，在实现原生生活垃圾零填埋的基础上，率先实现固体废物近零填埋。

**第四条** 市人民政府应当加强固体废物资源化再利用工作的领导，深化与国家有关部门的协作，统筹协调浦东新区固体废物资源化再利用工作中的重大事项。

浦东新区人民政府应当加强本行政区域固体废物资源化再利用工作的领导，建立分工明确、权责明晰、协同增效的综合管理体制机制，推进落实相关工作。

**第五条** 市发展改革、绿化市容、规划资源、生态环境、住房城乡建设管理、经济信息化、商务、农业农村、交通、财政等部门应当按照规定履行各自职责，完善政策措施，深化制度创新，支持和保障浦东新区固体废物资源化再利用工作。

浦东新区发展改革、绿化市容、规划资源、生态环境、建设交通、科技经济、商务、农业农村、财政等部门按照各自职责，做好相关工作。

**第六条** 浦东新区应当构建固体废物资源化再利用体系，建立健全固体废物资源化再利用制度，明确政府、企业、个人等各类主体的责任，推动实现生产、流通、消费、处理各环节的绿色低碳循环发展。

**第七条** 浦东新区人民政府应当组织开展固体废物资源化再利用处置能力调查评估，按照应用尽用、能用尽用的要求，编制固体废物资源化再利用专项规划，明确发展目标、指标体系、主要任务、重点领域、项目布局、保障措施等内容。

**第八条** 浦东新区人民政府应当建立健全以资源产出率、资源化再利用率为核心指标的固体废物资源化再利用指标体系，并与绿色发展指标体系、"无废城市"建设指标体系相衔接。

**第九条** 浦东新区应当采取措施，支持企业采用先进的生产工艺和设备，减少工业固体废物的产生量；提高工业固体废物综合利用效率，推行绿色设计，提高产品可拆解性、可回收性；结合产业实际情况，确定重点行业和重点领域，落实生产者责任延伸制度，建成废弃产品逆向回收体系。

浦东新区支持高端再制造、智能再制造产业发展。

**第十条** 浦东新区应当促进主要农业固体废物全量利用，推动农作物秸秆、蔬菜废弃物、绿林废弃物多元化利用，加强废弃农膜和农药包装废弃物回收利用，推进畜禽粪污资源化利用。

**第十一条** 浦东新区应当逐步实现建筑垃圾全面资源化再利用，装修垃圾、拆房垃圾、建筑废弃混凝土应当全量收集，进入资源化再利用设施进行处置；制成的资源化再利用产品按照有关规定实施强制使用制度。

浦东新区可以在本市建筑垃圾资源化再利用产品强制使用要求的基础上，进一步拓展使用范围，提高使用比例。

浦东新区应当在市政建设项目中推广使用符合要求的建筑垃圾资源化再利用产品。

**第十二条** 浦东新区人民政府以及有关部门应当采取措施，畅通生活垃圾可回收物回收利用渠道，建立规范有序的回收利用链条，培育和支持主体企业集约化发展，鼓励标准化、规范化、连锁化经营。

浦东新区推广回收新技术、新模式，支持再生资源回收企业建立在线交易平台，实现线上交废与线下回收有机结合。

浦东新区应当探索湿垃圾资源化新工艺，拓展资源化利用方向，打通产品出路，提升利用价值。

**第十三条** 浦东新区应当加快固体废物资源化再利用体系建设，遵循环境友好的原则，按照规划和标准，设置可回收物交投服务点、中转站、集散场，建设生活垃圾、建筑垃圾、工业固体废物等资源化再利用设施，并将生活垃圾、建筑垃圾等固体废物分类收集设施纳入城市基础设施和公共设施范围。

**第十四条** 浦东新区应当鼓励和支持固体废物资源化再利用项目建设和企业稳定发展，在土地全生命周期管理中，更加注重环境效益和社会效益。

**第十五条** 按照本市和浦东新区固体废物资源化再利用发展需求，在浦东新区建设老港、黎明等固体废物资源化再利用园区。

老港园区应当建设成为固体废物综合处置战略保障基地、资源循环利用示范基地、环保科创科普先导基地、智慧绿色生态基地。

市和浦东新区人民政府可以指定特定主体负责固体废物资源化再利用园区的统一规划、统一开发建设、统一运营调度、统一管理服务。

浦东新区应当充分考虑固体废物资源化再利用园区的地理位置、目标定位及发展需求，规划配套园区周边的公共设施和道路交通设施。

**第十六条** 固体废物资源化再利用园区应当建立健全生态环保指标体系，运用先进的工艺设计、污染防治和低碳技术，减少污染物排放总量和碳排放总量。

鼓励固体废物资源化再利用园区通过整合、升级园区内的各类设施、资源、能源，逐步建立覆盖物质、能源、水等循环系统，实现资源能源利用效率的最大化。

探索老港、黎明等园区资源化再利用企业开展电力市场化交易模式创新。

**第十七条** 本市应当建立健全固体废物资源化再利用标准体系。市绿化市容、住房城乡建设管理、经济信息化、农业农村、交通等部门负责组织编制各自职责范围内固体废物资源化再利用相关标准和规范。

浦东新区应当建立固体废物资源化再利用产品使用制度。党政机关、事业单位应当优先使用资源化再利用产品。鼓励和引导单位和个人使用各类资源化再利用产品。

**第十八条** 浦东新区应当在规划产业用地中划出一定比例用地，专门用于发展固体废物资源化再利用产业。

资源化再利用园区新增的资源化再利用项目，其建设用地指标和耕地占补平衡指标由市级统筹安排。

对固体废物资源化再利用项目，可以采用“带方案”出让方式或者“带方案”租赁方式供地。工业用地出让起始价可以按照工业用地出让最低价标准执行。

**第十九条** 确需整体实施、整体建设的固体废物资源化再利用项目，在不突破国家出让规模底线要求和明确项目开竣工要求的前提下，鼓励创新优化土地供应方式。

**第二十条** 市规划资源部门应当加强老港园区国土资源利用计划统筹，在符合国土空间规划、落实国土空间用途管制总体要求的前提下，优先分配老港园区规划产业用地指标，保障固体废物资源化再利用项目实施。

老港园区内的储备土地由土地储备机构委托市人民政府指定的特定主体进行前期开发。前期开发的费用，应当列入土地收储成本。

**第二十一条** 浦东新区固体废物资源化再利用建设项目的环境影响评价，按照分类管理的规定，报浦东新区生态环境部门审批或者备案。

浦东新区生态环境部门可以对相同类型的固体废物资源化再利用建设项目环境影响评价，实施一次性受理和集中审批。

浦东新区固体废物资源化再利用园区已完成规划环境影响评价且有效落实规划环境影响评价有关措施的，建设项目环境影响评价手续可以按照规定予以简化。

**第二十二条** 浦东新区推进固体废物资源化再利用建设项目环境影响评价和排污许可“两证合一”办理，实现两项行政许可一套材料、一口受理、同步审批、一次办结。

市生态环境部门可以根据国家固定污染源排污许可分类管理名录，结合区域污染物减排和固体废物资源化再利用等实际情况，制定浦东新区排污许可管理细化名录，在浦东新区先行先试。

**第二十三条** 鼓励固体废物资源化再利用园区按照集约建设、共享治污的原则，探索由政府投资或者政府组织、多元投资，配套建设可供多个市场主体共享的污染治理设施或者集中工艺设施，实现污染物统一收集、集中治理、稳定达标排放。

**第二十四条** 浦东新区应当通过碳普惠、碳认证等制度，鼓励和支持固体废物资源化再利用企业充分发挥碳减排效益，推动企业实现减污降碳协同增效。

**第二十五条** 市和浦东新区人民政府应当加大固体废物资源化再利用的财政扶持力度，安排相关资金支持资源化再利用项目、园区基础设施及公共配套项目建设。

鼓励社会资本参与资源化再利用项目建设，积极引导金融机构通过绿色金融工具、不动产投资信托基金等，为符合条件的固体废物资源化再利用项目提供融资服务。

固体废物资源化再利用企业依法享受税收优惠政策。

**第二十六条** 浦东新区应当加大科技投入，加快固体废物资源化再利用新技术、新材料、新工艺、新设备的研发和推广。

老港园区应当推进固体废物环保科创中心建设，实现科技研发、中试验证、研制试制、展示交流等功能，形成自主的核心技术和能力体系。

**第二十七条** 浦东新区应当推进智慧化建设，拓展智慧化应用场景，运用大数据分析模型，通过数据采集、储存、应用、查询，实现固体废物资源化再利用全方位、全过程、全覆盖的智慧化管理。

浦东新区应当支持固体废物资源化再利用园区结合产业功能布局建设完善智慧化设施和系统，推进园区数字化转型，提升园区生产和运营管理效能。

**第二十八条** 浦东新区应当建立固体废物资源化再利用领域的信用管理机制，形成信用评价标准，依法对相关企业予以信用激励或惩戒。

**第二十九条** 本规定自 2023 年 2 月 1 日起施行。

# 上海市人民代表大会常务委员会关于加强新时代检察机关法律监督工作的决定

（2022 年 5 月 24 日上海市第十五届人民代表大会常务委员会第四十次会议通过 根据 2023 年 12 月 28 日上海市第十六届人民代表大会常务委员会第九次会议《关于修改〈上海市人民代表大会常务委员会关于区县和乡镇人民代表大会工作的若干规定〉等 5 件地方性法规和废止〈上海市预防职务犯罪工作若干规定〉的决定》第一次修正 根据 2024 年 9 月 27 日上海市第十六届人民代表大会常务委员会第十六次会议《关于修改〈上海市妇女权益保障条例〉等 4 件地方性法规的决定》第二次修正）

为了进一步加强新时代检察机关法律监督工作，保障和支持检察机关依法履行法律监督职责，增强法律监督工作质量和效果。根据宪法和法律规定，结合本市实际，作出如下决定：

一、本市检察机关应当坚持以习近平新时代中国特色社会主义思想为指导，深入贯彻习近平法治思想，始终坚持党对检察工作的绝对领导，坚持国家法律监督机关的宪法定位，自觉接受人民代表大会及其常务委员会的监督，依法履行刑事、民事、行政、公益诉讼等检察职能，实现各项检察工作全面协调充分发展，推动法律监督与其他各类监督有机贯通、相互协调，着力提高法律监督能力水平，为上海建设具有世界影响力的社会主义现代化国际大都市提供法治保障。

二、检察机关应当坚持总体国家安全观，积极投入更高水平平安上海建设，维护城市安全和社会大局稳定；坚持以落实国家战略为牵引，积极服务保障经济社会高质量发展；坚持以人民为中心的发展思想，加强民生司法保障；坚持将社会主义核心价值观融入法律监督，引领社会法治意识，提升城市治理体系和治理能力现代化水平。

三、检察机关应当秉持客观公正立场，贯彻宽严相济刑事政策，及时有效履行侦查、审查逮捕、审查起诉、提起公诉等职能，依法惩治各类犯罪活动。

检察机关应当依法纠正有案不立、违法立案等违法行为；健全对公安机关立而不侦、退而不查、久侦不结等问题的监督机制，落实重大案件侦查终结前讯问合法性核查制度；规范非羁押性强制措施适用，完善对刑事拘留、监视居住等强制措施的监督，严格依法适用逮捕羁押措施，加强逮捕后羁押必要性审查。

检察机关应当综合运用抗诉、纠正意见、检察建议等监督手段，及时纠正定罪错误、量刑明显不当、审判程序严重违法等问题。

检察机关应当健全监管场所派驻检察与巡回检察相结合的工作机制，加强对刑罚交付执行、财产刑执行、强制医疗执行的监督，完善对刑罚变更执行的同步监督机制；强化对超期羁押、在押人员非正常死亡案件的监督；深化探索社区矫正巡回检察，完善对管制、宣告缓刑、假释和暂予监外执行等刑事执行活动的监督。

四、检察机关应当加强对民事诉讼领域损害国家利益或者社会公共利益、程序违法、裁判显失公平等突出问题的监督，增强类案监督质量和效果；对损害国家、集体或者个人民事权益的行为，可以依法支持起诉；依法纠正消极执行、选择性执行、超标的执行等行为；加强虚假诉讼监督，与审判机关、公安机关、司法行政机关健全防范、发现和追究虚假诉讼联动机制。

五、检察机关应当依法履行对行政诉讼活动的法律监督职能，促进审判机关依法审判，推进行政机关依法履职，维护行政相对人合法权益；在履行法律监督职责中发现行政机关违法行使职权或者不行使职权行为的，应当依法督促纠正；在履行法律监督职责中，会同有关单位深化开展行政争议实质性化解工作；建立健全行政检察监督工作协调机制，推动实现重点领域检察机关法律监督与政府内部层级监督有效衔接。

六、检察机关遵循积极、稳妥、审慎的原则，依法探索拓展公益诉讼案件范围，会同有关单位建立检察机关介入重大公益事件调查机制，完善公益诉讼诉前磋商程序，依法探索实施民事公益诉讼惩罚性赔偿制度。各级检察机关设立公益诉讼资金专门账户，用于存放公益损害修复费用、赔偿金，依法统筹用于公益保护。

七、检察机关应当与金融监管部门、审判机关、公安机关建立健全金融安全数据研判、风险预警、办案会商等工作机制，将严惩金融违法犯罪与推动完善金融监管有机结合，有效防范化解金融风险。

检察机关应当推动知识产权刑事、民事、行政和公益诉讼检察集中统一履职，推进优势产业集聚区检察机关知识产权保护中心建设，强化知识产权一体化保护，保障创新驱动发展。

八、检察机关实行涉未成年人刑事、民事、行政和公益诉讼案件统一集中办理，依法严惩侵害未成年人犯罪，完善未成年被害人“一站式”保护救助机制，依法惩戒、精准帮教罪错未成年人；依法监督相关部门落实对有严重不良行为未成年人的专门教育等干预、矫治措施和对被羁押、执行刑罚未成年人的分押分管分教等制度，强化监护监督、督促履职和综合治理，促进家庭、学校、社会、网络、政府、司法“六大保护”体系紧密协同。

九、检察机关应当平等保护各类企业的合法权益，促进企业合法经营，优化法治化营商环境。

十、检察机关应当结合实际，充分运用现行法律制度及国家政策，加强改革系统集成，建立完善与支持国家战略实施相适应的法律监督保障体系。

本市支持浦东新区检察机关在优化法治化营商环境、保障金融创新、加强知识产权保护、拓展公益诉讼案件范围等方面率先探索。

中国(上海)自由贸易试验区和临港新片区、虹桥国际开放枢纽等区域内的检察机关应当加强与相关部门协作联动，提升法律监督效能。

十一、检察机关应当加强对自然灾害、事故灾难、公共卫生事件、社会安全事件等突发事件应对的法治保障，依法惩治妨害突发事件应急处置和哄抬物价、造谣滋事、制假售假、失职渎职、贪污挪用等犯罪，监督行政机关依法、合理实施行政强制、征收征用和行政处罚等相关应急处置措施，强化食品药品安全等领域公益保护，促进完善应急状态公共安全治理。

十二、检察机关履行法律监督职责需要依法调阅卷宗材料或者其他文件，查询调取信息数据，询问当事人、案外人或者其他有关人员，收集证据材料的，有关单位和个人应当配合。

检察机关提出纠正意见、检察建议的，有关单位应当及时整改、落实并回复；有不同意见的，可以在规定时间内书面说明情况或者提出复议。检察机关向有关主管机关提出检察意见的，有关主管机关应当及时将结果或办理情况回复检察机关。

对无正当理由拒绝协助调查和接受监督的，检察机关可以建议监察机关或者上级主管单位依法依规处理。

十三、监察机关应当与检察机关共同完善提前介入、退回补充调查和自行补充侦查机制，加强与检察机关立案侦查司法工作人员相关职务犯罪案件的衔接协调、线索移送和办案协作。

审判机关应当与检察机关共同完善民事、行政诉讼卷宗调阅制度；办理认罪认罚案件不采纳检察机关量刑建议的，应当说明理由和依据；审判委员会讨论可能判处被告人无罪或死刑的公诉案件、检察机关提出抗诉的案件以及其他与法律监督有关的有重大社会影响、重大分歧案件或者重要议题，应当通知同级检察机关检察长列席。

公安机关应当与检察机关共同保障侦查监督与协作配合机制规范运行，推进实现办案数据和信息网上流转与查询，健全完善重大疑难案件听取检察机关意见等机制。

司法行政机关应当与检察机关共同加强诉讼权利保障；积极协调律师、公证、司法鉴定、人民调解等公共法律服务资源，为检察机关开展法律监督提供支持。

本市将法律监督意见落实情况纳入法治建设考评体系。市、区人民政府及其相关部门应当加强对检察机关履行职责的经费保障和办案业务装备建设。

十四、本市推进行政执法和刑事司法双向衔接，建立检察监督与行政执法衔接制度，完善执法司法信息共享、案情通报、案件移送等机制，建立行政执法和刑事司法衔接联席会议制度，健全案件咨询制度，实现行政处罚与刑事处罚依法对接。审判机关和行政执法机关向公安机关移送涉嫌犯罪案件的，应当通知同级检察机关。检察机关应当对行政执法机关移送涉嫌犯罪案件工作以及公安机关处理情况，依法加强监督。

十五、本市优化整合法治领域各类信息、数据、网络平台，充分依托市大数据资源平台，强化数据共享责任，细化数据使用权限，推进法治信息数据互联互通和共享应用；加强智能辅助办案系统研发应用，构建检察机关、审判机关、公安机关、司法行政机关网上业务办理闭环，深化执法司法办案协同，为检察机关加强法律监督提供科技支撑。

十六、检察机关应当建立法律监督年度报告、专题报告制度，定期分析公布法律监督工作有关情况；建立健全参考性案例、典型案例工作机制，强化以案释法，加强法治宣传，积极引领社会法治意识；对履行法律监督职责中发现的问题，及时提出健全制度、加强监管、堵塞漏洞、防范风险、履职尽责等检察建议，推动形成社会治理长效机制。

十七、检察机关应当深化长三角区域检察协作，积极推进区域司法政策适用标准统一、区域检察数据和服务平台共享集成，促进区域人才交流和联合培养，提升区域法律监督保障水平。

十八、本市深化与行政区划适当分离的司法管辖制度改革，依法健全检察机关组织体系，完善对专门审判机构审判活动的监督机制。

检察机关应当强化检察人才培训基地建设，完善与法学院校的协同育人机制，提升检察队伍科学管理水平，推进检察队伍革命化、正规化、专业化、职业化建设。

本市完善检察官权益保障制度，对检察官因依法履职受到侵害的应当救济保障，受到不实举报的应当及时澄清，并依法追究相关单位和个人的责任。

十九、检察机关应当建立健全内部监督制约机制，加强上级检察机关对下级检察机关的领导和监督管理，强化案件管理、检务督察；深化检务公开，落实公开听证、公开宣告等制度，发挥人民监督员作用，拓宽公众参与和监督司法的渠道，主动接受社会监督。

二十、市、区人民代表大会及其常务委员会应当通过听取和审议检察机关工作报告、专项工作报告以及开展法律实施情况检查等方式，监督和支持检察机关依法履行职责；加强对有关机关接受、配合检察机关法律监督工作情况的监督；完善人民代表大会常务委员会依法监督与检察机关法律监督在涉法涉诉信访领域内的联动机制，推动检察机关更好发挥法律监督职能。

二十一、本决定自2022年6月1日起施行。2009年10月22日上海市第十三届人民代表大会常务委员会第十四次会议通过的《上海市人民代表大会常务委员会关于加强检察机关法律监督工作的决议》同时废止。

# 上海市人民代表大会常务委员会关于进一步促进和保障城市运行“一网统管”建设的决定

（2022年5月24日上海市第十五届人民代表大会常务委员会第四十次会议通过）

为了践行“人民城市”重要理念，推动城市治理数字化转型，促进和保障城市运行“一网统管”（以下简称“一网统管”）建设，提高城市管理科学化、精细化、智能化水平，推进超大城市治理体系和治理能力现代化，根据有关法律、行政法规的规定，结合本市实际，作出如下决定：

一、本市推进“一网统管”建设，以“一屏观天下、一网管全城”为目标，坚持科技之智与规则之治、人民之力相结合，构建系统完善的城市运行管理服务体系，实现数字化呈现、智能化管理、智慧化预防，聚焦高效处置一件事，做到早发现、早预警、早研判、早处置，不断提升城市治理效能。

二、市人民政府应当加强对“一网统管”建设工作的组织领导，将其纳入国民经济和社会发展规划，协调解决“一网统管”建设重大问题，构建数字化、智能化政府运行新模式，提升城市治理效能。

区人民政府应当按照本市“一网统管”建设总体要求和部署，拟定本行政区域实施方案，完善“一网统管”建设工作体制，健全协同联动工作机制，深化线上线下业务协同，拓展应用场景建设，推动数字化、智能化治理模式创新，提升区域治理效能。

市、区有关部门、政府派出机构和有关单位应当统筹推进本系统、本区域、本单位的“一网统管”建设工作，并按照各自职责做好“一网统管”建设相关综合性工作。

乡镇人民政府、街道办事处应当在基层治理中，落实“一网统管”建设要求，推进实战应用，提升基层治理效能。

三、本市设立市、区和乡镇、街道三级城市运行管理机构，具体负责本级“一网统管”建设工作的统筹规划、协调推进和监督指导。上级城市运行管理机构应当加强对下级城市运行管理机构的业务指导和督促检查。

市城市运行管理机构负责拟订全市城市运行智能化管理战略和发展规划，研究制定标准规范，加强城市运行状态监测、分析和预警，健全分层分类指挥处置体系，统筹协调重大突发事件应急联动处置。

区城市运行管理机构应当加强上下联通和资源整合，融合值班值守、应急联动、市民热线、网格管理等功能，提升区域城市运行日常管理和应急联动协调能力，提高城市运行综合管理事项的处置效率。

乡镇、街道城市运行管理机构应当加强一线协调处置能力，依托基层综合执法、联勤联动机制，协调处置基层治理中的具体问题。有条件的乡镇、街道城市运行管理机构可以下设城市运行工作站。

四、本市运用大数据、云计算、物联网、区块链、人工智能等现代信息技术，建设“一网统管”平台，由城市运行管理机构负责规划建设和运行维护，整合部门业务系统，实现数据规范采集、标准统一、实时更新、互联互通，为及时精准发现问题、对接需求、研判形势、预防风险和有效处置问题提供支撑。

五、本市依托“一网统管”平台，建立市、区、乡镇和街道、网格化区域、社区和楼宇五级应用体系，加强指挥协调和现场处置，实现线上线下协同高效处置一件事。

对依托“一网统管”平台发现的城市运行中的问题，城市运行管理机构按照管理权限，派单调度相关部门和单位及时进行处置；相关部门和单位应当接受派单调度，及时进行处置，反馈处置情况，并接受督办核查。

六、市级相关部门和区人民政府应当按照各自职责，加强重大任务、重点区域、重要领域的“一网统管”应用场景建设。

市、区城市运行管理机构应当加强对“一网统管”应用场景建设的统筹指导，定期向社会公布应用场景建设情况，接受社会监督。

七、各级人民政府应当充分发挥治理数字化优势，积极依托“一网统管”平台，切实履行属地责任，依法有效应对自然灾害、事故灾难、公共卫生和社会安全等突发事件以及其他影响城市运行安全的事件。

八、本市运用治理数字化功能，在疫情防控期间，实行个人疫情防控信息核验措施（即“场所码”或“数字哨兵”等核验措施），核验个人健康信息。

市、区人民政府指定的部门负责个人疫情防控信息核验措施的统筹协调、组织实施。市、区相关行业管理部门负责本行业、本系统落实个人疫情防控信息核验措施的日常监督检查和指导。乡镇人民政府、街道办事处应当切实做好辖区内实施个人疫情防控信息核验措施的督促和保障工作。

出入公共场所、居民小区等场所的人员应当按照规定主动接受个人疫情防控信息核验。相关场所管理者、经营者应当按照要求开展个人疫情防控信息核验工作，发现不符合疫情防控要求的，及时向政府有关部门报告，并配合政府有关部门进行联动处置。信息核验中采集、处理个人疫情防控信息应当遵守个人信息保护相关法律、法规的规定，采集的个人信息仅用于疫情防控需要，任何单位和个人不得泄露。

实行个人疫情防控信息核验措施的具体办法，由市人民政府另行制定。

九、本市推动建设城市运行数字体征系统，科学设定城市运行体征指标体系，依托“一网统管”平台和智能感知系统，加强对城市运行状态的实时动态、智能精准监测。

十、有关部门和单位应当按照“一网统管”建设要求和相关技术标准，依托大数据资源平台，加强公共数据的归集和共享，及时动态更新，保证数据准确性，提高数据质量。

鼓励企业、电子商务平台等市场主体参与“一网统管”应用场景开发建设，加强数据共享，为“一网统管”建设提供技术、数据等支持。

在突发事件应急状态下，有关企业、电子商务平台等市场主体应当配合政府依法采取的应急处置措施，提供必需的数据支持，共同维护城市运行安全。

十一、本市推进“一网通办”“一网统管”融合发展，依托大数据资源平台，围绕数据、场景、系统，推动“两张网”双向融合、相互协同，促进政府职能转变和流程再造，提升数字化治理能力和水平，建设数字政府。

十二、市、区人民政府及其相关部门应当将“一网统管”和数字治理的理念融入城市规划、建设和管理。

市、区规划资源、住房城乡建设管理、交通等部门在有关规划制定、重大项目立项时，应当征求同级城市运行管理机构的意见。

十三、市、区有关部门应当依托“一网统管”平台，整合、归并业务系统，加强数据共享，减少重复派单和报送信息，支持乡镇人民政府和街道办事处依法履行服务与管理职能，为基层减负增能。

公安、市场监管、住房城乡建设管理、规划资源、民政、经济信息化、卫生健康、人力资源社会保障等部门应当依法向乡镇人民政府和街道办事处提供人口、法人、房屋等基础数据，赋能基层治理。

十四、鼓励和支持个人、企业、社会组织等积极参与“一网统管”建设，发挥“12345”市民服务热线总客服作用和人民建议征集、“随申拍”等信息收集功能，拓展参与渠道和方式，反映社情民意，回应市民诉求，推动形成共建、共治、共享的城市治理格局。

十五、各级人民政府应当将“一网统管”建设经费纳入本级财政预算，实施项目库管理，建立与“一网统管”建设相适应的科学高效的项目审批机制，落实项目资金保障。

十六、各级人民政府应当根据“一网统管”建设需要，创新人才保障机制，通过聘任制公务员、引进专业技术人才等方式，加强人员配备，提升能力素质，并将“一网统管”和数字治理等专业知识纳入基层工作人员、公务员和领导干部培训内容。

本市建立“一网统管”专家咨询机制，对“一网统管”建设涉及的技术、安全、法律等问题，提供专家咨询意见。

十七、“一网统管”建设相关部门和单位应当按照有关法律法规和安全技术标准，建立健全风险评估、安全审查、日常监控、应急处置等机制，严格落实网络安全等级保护制度，加强数据分类分级保护，依法履行个人信息保护义务。

十八、市、区人民政府应当加强对下级人民政府和有关部门“一网统管”建设工作成效的考核，并将考核结果作为年度绩效考核和领导干部综合考核评价的重要依据。

十九、支持浦东新区在“一网统管”建设工作机制和治理理念、治理模式、治理手段等方面进行创新探索，率先构建经济治理、社会治理、城市治理统筹推进和有机衔接的治理体系；条件成熟的，可以在全市推广。

二十、本市充分发挥“一网统管”在推进长江三角洲区域协同治理中的作用，加强“一网统管”建设的合作与交流。

二十一、市人民代表大会常务委员会围绕“一网统管”建设的实际需求，制定、修改相关地方性法规或者在有关地方性法规中作出规定，促进和保障“一网统管”建设。

市、区人民代表大会常务委员会应当通过听取专项工作报告等方式，加强对本决定执行情况的监督。

市、区人民代表大会常务委员会应当充分发挥各级人大代表作用，汇集、反映人民群众的意见和建议，督促有关方面落实“一网统管”建设各项工作。

二十二、有关部门及其工作人员有不接受城市运行管理机构统筹协调、派单调度、督办核查，不按照要求归集或者共享公共数据，不履行法定职责或者不正确履行法定职责等情形的，由其所在单位或者上级部门予以纠正，并依法给予处分。

二十三、在疫情防控期间，场所管理者、经营者未按照规定履行个人疫情防控信息核验责任的，由相关行政管理部门责令改正，并依法予以处理。对不符合市人民政府有关规定要求，拒不接受个人疫情防控信息核验的人员，场所管理者或者经营者有权拒绝其出入。

信息核验中有关采集、处理个人疫情防控信息，如有违反法律、法规关于个人信息保护相关规定情形的，由相关行政管理部门责令改正，并依法予以处罚。

个人或者单位有扰乱公共秩序、妨碍公共安全等行为，构成违反治安管理规定的，由公安机关依法给予处罚；给他人人身、财产造成损害的，依法承担民事责任；构成犯罪的，依法追究刑事责任。有关部门还应当按照国家和本市规定，将其失信信息向本市公共信用信息平台归集，并依法采取惩戒措施。

本决定自2022年5月24日起施行。

# 上海市人民代表大会常务委员会<br>关于加强经济工作监督的决定

（2022年7月21日上海市第十五届人民代表大会常务委员会第四十二次会议通过）

为进一步加强经济工作监督，切实增强监督实效，推动高质量发展，创造高品质生活，实现高效能治理，更好履行宪法和法律赋予市人民代表大会及其常务委员会的职责，参照《全国人民代表大会常务委员会关于加强经济工作监督的决定》，结合本市实际，作如下决定：

一、市人民代表大会常务委员会依法对市人民政府经济工作行使监督职权。市人民代表大会财政经济委员会和有关专门委员会在市人民代表大会及其常务委员会领导下，承担有关具体工作。市人民政府及其有关部门应当做好协助和配合。

本市健全完善经济工作监督有关工作机制，通过以下形式加强监督：

（一）对国民经济和社会发展年度计划的审查、批准和执行监督；

（二）对本市经济运行形势进行分析并提出意见；

（三）对国民经济和社会发展五年规划和中长期规划的审查、批准和执行监督；

（四）听取和审议市人民政府有关经济工作的专项工作报告；

（五）听取和讨论市人民政府有关经济工作的重大事项报告；

（六）审议和决定重大建设项目；

（七）法律、法规规定的其他经济工作监督。

二、市人民代表大会常务委员会开展经济工作监督，应当坚持中国共产党的领导，坚持以马克思列宁主义、毛泽东思想、邓小平理论、“三个代表”重要思想、科学发展观、习近平新时代中国特色社会主义思想为指导，坚持以人民为中心，坚持和完善社会主义基本经济制度，保障和促进市场在资源配置中起决定性作用和更好发挥政府作用，立足新发展阶段，贯彻新发展理念，构建新发展格局，推动高质量发展。

三、根据市人民代表大会议事规则的有关规定，市人民代表大会财政经济委员会应当在市人民代表大会会议举行的一个月前，会同有关专门委员会，对国民经济和社会发展年度计划进行初步审查，形成初步审查意见，送市人民政府有关主管部门。市人民政府有关主管部门应当将处理情况及时反馈财政经济委员会。

市人民代表大会财政经济委员会开展初步审查阶段，有关专门委员会可以开展专项审查，提出专项审查意见，送财政经济委员会研究处理。

四、对国民经济和社会发展年度计划初步

审查时，市人民政府有关主管部门应当提交以下材料：

（一）关于上一年度国民经济和社会发展计划执行情况与本年度国民经济和社会发展计划草案的报告，其中应当报告上一年度国民经济和社会发展计划主要目标和任务完成情况、市人民代表大会决议贯彻落实情况，对本年度国民经济和社会发展计划主要目标、工作任务及相应的主要政策、措施的编制依据和考虑作出说明和解释；

（二）本年度国民经济和社会发展计划草案的初步方案；

（三）关于上一年度市级预算内投资计划执行情况的说明和本年度市级预算内投资计划的安排；

（四）初步审查所需要的其他材料。

五、对国民经济和社会发展年度计划初步审查的重点是：上一年度国民经济和社会发展计划完成情况，特别是主要目标和任务的完成情况；本年度国民经济和社会发展计划编制的指导思想应当符合党中央、国务院和市委决策部署，符合国民经济和社会发展五年规划纲要和中长期规划纲要；主要目标、重点任务和重大工程项目应当符合经济社会发展条件特别是资源、财力、环境实际支撑能力，符合五年规划纲要实施的基本要求，有利于经济社会长期健康发展；主要政策取向和措施安排应当符合完善体制机制和依法行政的要求，坚持目标导向和问题导向，针对性强且切实可行，调控政策应当与主要目标相匹配。

六、市人民代表大会财政经济委员会向市人民代表大会主席团提出关于上一年度国民经济和社会发展计划执行情况和本年度国民经济和社会发展计划草案的审查结果报告。审查结果报告应当包括下列内容：

（一）关于上一年度国民经济和社会发展计划执行情况的总体评价，需要关注的主要问题；

（二）对本年度国民经济和社会发展计划报告和计划草案的可行性作出评价，对本年度国民经济和社会发展计划执行工作提出意见和建议；

（三）对市人民代表大会会议批准国民经济和社会发展年度计划报告和计划草案提出建议。

七、市人民代表大会常务委员会应当加强对市人民代表大会批准的国民经济和社会发展年度计划执行的监督。

市人民代表大会常务委员会一般在每年七月听取和审议市人民政府关于本年度上半年国民经济和社会发展计划执行情况的报告。常务委员会组成人员的审议意见交由市人民政府研究处理，市人民政府应当将研究处理情况向常务委员会提出书面报告。国民经济和社会发展年度计划执行情况的报告、常务委员会组成人员的审议意见和市人民政府对审议意见的研究处理情况，向市人民代表大会代表通报并向社会公布。

市人民代表大会财政经济委员会结合上半年经济形势分析做好相关准备工作，向常务委员会提出分析报告。

八、对国民经济和社会发展年度计划执行监督的重点是：国民经济和社会发展年度计划执行应当贯彻党中央、国务院和市委决策部署，落实市人民代表大会决议要求，符合政府工作报告中提出的各项目标和任务要求；主要目标特别是约束性指标完成情况、重点任务和重大工程项目进展情况应当符合国民经济和社会发展年度计划进度安排；国民经济和社会发展计划执行情况的报告应当深入分析存在的主要困难和问题及其原因，对未达到预期进度的指标和任务应当作出说明和解释，提出具有针对性且切实可行的政策措施，推动国民经济和社会发展年度计划顺利完成。

九、市人民代表大会财政经济委员会一般在每年年中的常务委员会会议之前和十二月分别召开上半年和全年经济形势分析会议，听取市人民政府有关部门关于上半年和全年国民经济运行情况的汇报，进行分析研究，将会议对国民经济运行情况的分析和提出的意见建议向主任会议报告。

因本市经济形势发生重大变化，可以增加专题季度经济形势分析会议。由市人民代表大会财政经济委员会提出建议，经主任会议批准，组织会议听取市人民政府有关部门关于季度国民经济运行情况的汇报，进行分析研究，并将会议对国民经济运行情况的分析和提出的意见建议向主任会议报告。

主任会议可以将关于国民经济运行情况的分析和提出的意见建议转送市人民政府办理。

十、国民经济和社会发展五年规划纲要和中长期规划纲要草案的初步审查和审查，参照本决定第三条、第六条的规定执行。

五年规划纲要和中长期规划纲要草案提请市人民代表大会审查批准的前一年，市人民代表大会常务委员会应当围绕五年规划纲要和中长期规划纲要编制工作开展专题调研，听取调研工作情况的报告，并将调研报告送有关方面研究参考，为市人民代表大会审查批准做好准备工作。

市人民代表大会常务委员会办公厅和财政经济委员会承担具体组织工作，拟定调研工作方案，协调有关专门委员会和常务委员会工作机构开展专题调研，汇总集成调研成果。

十一、对五年规划纲要和中长期规划纲要草案初步审查时，市人民政府有关主管部门应当提交以下材料：

（一）五年规划纲要和中长期规划纲要草案；

（二）关于五年规划纲要和中长期规划纲要草案及其编制情况的说明，其中应当对上一个五年规划纲要主要目标和任务完成情况、市人民代表大会决议贯彻落实情况、本五年规划纲要主要目标和重点任务的编制依据和考虑等作出说明和解释；

（三）关于重大工程项目的安排；

（四）初步审查所需要的其他材料。

十二、对五年规划纲要和中长期规划纲要草案初步审查的重点是：上一个五年规划纲要实施情况；本五年规划纲要编制的指导思想应当符合市委关于五年规划的建议精神，能够发挥未来五年发展蓝图和行动纲领的作用；主要目标、重点任务和重大工程项目应当符合本市实际和发展阶段，符合经济社会发展的客观规律，符合本市中长期发展战略目标，兼顾必要性与可行性；主要政策取向应当符合党的基本理论、基本路线、基本方略，针对性强且切实可行。

十三、市人民政府应当加强对五年规划纲要实施情况的动态监测、中期评估和总结评估。市人民代表大会常务委员会应当加强对五年规划纲要实施的监督。

市人民代表大会财政经济委员会和有关专门委员会在市人民代表大会及其常务委员会领导下，有针对性地做好五年规划纲要实施的监督工作，推动五年规划纲要顺利实施。

市人民政府有关主管部门应当将五年规划纲要实施情况的动态监测材料送市人民代表大会财政经济委员会。

十四、五年规划纲要实施的中期阶段，市人民政府应当将五年规划纲要实施情况的中期评估报告提请市人民代表大会常务委员会审议。常务委员会组成人员的审议意见交由市人民政府研究处理，市人民政府应当将研究处理情况向常务委员会提出书面报告。五年规划纲要实施情况的中期评估报告、常务委员会组成人员的审议意见和市人民政府对审议意见的研究处理情况，向市人民代表大会代表通报并向社会公布。财政经济委员会会同有关专门委员会开展专题调研，向常务委员会提出调研报告。

对五年规划纲要实施情况中期评估的监督重点是：五年规划纲要实施应当符合市委的建议精神，贯彻落实市人民代表大会决议要求；主要目标特别是约束性指标完成情况、重点任务和重大工程项目进展情况应当符合五年规划纲要进度安排；五年规划纲要实施情况的中期评估报告应当深入分析存在的主要困难和问题及其原因，对未达到预期进度的指标和任务应当作出解释和说明，提出有针对性且切实可行的政策措施，推动五年规划纲要顺利完成。

十五、市人民政府应当对上一个五年规划纲要实施情况进行总结评估，形成总结评估报告，与提请市人民代表大会审查批准的五年规划纲要草案一并印发市人民代表大会会议。五年规划纲要的总结评估报告应当包括下列内容：

（一）主要指标完成情况；

（二）重点任务落实情况；

（三）重大工程项目实施情况；

（四）存在的主要困难和问题；

（五）相关意见建议。

十六、经市人民代表大会批准的国民经济和社会发展年度计划、五年规划纲要在执行过程中，出现下列情况之一的，可以进行调整：

（一）因经济形势发生重大变化导致本市调控政策取向和主要目标、重点任务等必须作出重大调整的；

（二）本市发生特别重大自然灾害、全局性的重大公共安全事件或者进入紧急状态等导致国民经济和社会发展年度计划、五年规划纲要无法正常执行或者完成的；

（三）其他特殊情况导致国民经济和社会发展年度计划、五年规划纲要无法正常执行或者完成的。

十七、国民经济和社会发展年度计划、五年规划纲要经市人民代表大会批准后，在执行过程中需要作部分调整的，市人民政府应当将调整方案提请市人民代表大会常务委员会审查和批准。国民经济和社会发展年度计划调整方案的提出一般不迟于当年第三季度末；五年规划纲要调整方案的提出一般不迟于其实施的第四年第二季度末。

除特殊情况外，市人民政府有关主管部门应当在市人民代表大会常务委员会会议举行的一个月前，将市人民政府的调整方案送交市人民代表大会财政经济委员会，由财政经济委员会进行初步审查，并向常务委员会提出审查结果报告。

经市人民代表大会常务委员会批准的国民经济和社会发展年度计划、五年规划纲要调整方案，应当向市人民代表大会下次会议报告。

十八、市人民代表大会常务委员会围绕国家和本市经济工作中心和全局依法加强监督，重点关注贯彻落实国家重大战略任务的情况、提升城市能级和核心竞争力、加强科技创新、实施高水平对外开放、坚持绿色低碳发展、保障和改善民生、优化营商环境等方面工作落实情况，必要时可以听取和审议市人民政府专项工作报告、开展专题询问或者作出决议。

市人民代表大会财政经济委员会、有关专门委员会和常务委员会有关工作机构在常务委员会领导下做好相关工作；市人民代表大会财政经济委员会可以会同市人民政府有关部门建立经济工作监督的部门联络员机制，加强沟通协调，督促市人民政府有关部门更好地推进落实工作。

十九、市人民政府对事关国民经济和社会发展全局、涉及人民群众切身利益的重大决策，依法在出台前向市人民代表大会常务委员会报告。

出现下列情况之一的，市人民政府或者市人民政府有关部门应当向市人民代表大会常务委员会或者财政经济委员会和有关专门委员会报告，作出说明：

（一）因国际经济形势或者国内经济运行以及本市经济发生重大变化需要对有关调控政策取向作出重大调整；

（二）涉及国家经济安全、本市发展大局和人民群众切身利益的有关重大改革或者政策方案出台前；

（三）重大自然灾害或者给国家财产、集体财产、人民群众生命财产造成严重损失的重大事件发生后；

（四）其他有必要向市人民代表大会常务委员会或者财政经济委员会和有关专门委员会报告的重大经济事项。

市人民代表大会常务委员会认为必要时，可以依法作出决定决议，也可以将讨论中的意见建议转送市人民政府及其有关部门研究处理。

二十、对涉及面广、影响深远、投资巨大的本市特别重大建设项目，市人民政府可以向市人民代表大会或者常务委员会提出议案，由市人民代表大会或者常务委员会审议并作出决定。

根据市人民代表大会或者常务委员会安排，财政经济委员会会同有关专门委员会对前款所述议案进行初步审查，并向市人民代表大会或者常务委员会提出审查报告。

二十一、市人民代表大会常务委员会对国民经济和社会发展年度计划、五年规划纲要确定的重大工程项目和本决定第二十条所述的本市特别重大建设项目等，根据需要听取市人民政府的工作汇报，进行审议，认为必要时可以作出决议。

根据市人民代表大会常务委员会安排，财政经济委员会会同有关专门委员会和常务委员会有关工作机构，可以对前款所述项目的实施情况开展专题调研，向常务委员会提出专题调研报告。

市人民政府有关主管部门应当每半年向市人民代表大会财政经济委员会提供市级预算内投资计划实施情况的有关材料。

二十二、市人民代表大会常务委员会通过听取和审议专项工作报告、执法检查、询问和质询、特定问题调查、专题调研等方式，加强对市人民政府及其有关部门经济工作的监督。

根据市人民代表大会常务委员会安排，财政经济委员会和有关专门委员会可以召开会议，听取市人民政府有关部门的专题汇报。

市人民代表大会常务委员会，财政经济委员会和有关专门委员会可以运用审计监督、财会监督和统计监督成果，聘请研究机构和专家学者，委托第三方评估，利用大数据技术等，提高经济工作监督效能。

市人民代表大会常务委员会加强经济工作监督的智库建设，完善筛选、动态调整以及激励机制，为开展各项经济工作监督提供支撑。相关机构应当根据常务委员会经济工作监督的有关工作要求，加强对国际国内以及本市经济形势等方面的研究。市人民政府有关部门应当为相关机构开展分析研究提供必要的数据、资金等方面的支持。

二十三、对市人民代表大会及其常务委员会在经济工作监督中作出的决议、决定和审议意见等，常务委员会应当加强跟踪监督，督促市人民政府及其有关部门贯彻执行决议和决定，认真研究处理意见和建议并及时反馈。常务委员会认为必要时，可以就有关情况听取和审议市人民政府的专项工作报告。市人民政府应当在规定期限内，将决定决议的执行情况或者审议意见的研究处理情况向市人民代表大会常务委员会报告。财政经济委员会承担跟踪监督的具体工作。

对不执行决定决议或者执行决定决议不力造成严重后果的，市人民代表大会及其常务委员会可以通过专题询问、质询、特定问题调查等方式加强监督。

二十四、市人民代表大会常务委员会行使经济工作监督职权的情况，应当向市人民代表大会报告，接受监督。财政经济委员会和有关专门委员会提出的意见和建议，应当报告主任会议，由主任会议决定是否批转市人民政府及其有关部门研究处理，并将结果报告市人民代表大会常务委员会。

二十五、市人民代表大会常务委员会开展经济工作监督，应当充分发挥市人民代表大会代表的作用，认真听取代表意见建议，主动回应代表关切，支持代表依法履职。

市人民代表大会财政经济委员会和有关专门委员会应当建立健全经济工作监督联系代表工作机制，为市人民代表大会代表参与经济工作监督提供便利。确定监督项目、开展监督工作，应当认真听取市人民代表大会代表的意见建议。财政经济委员会和有关专门委员会应当围绕代表议案建议提出的、代表普遍关注的经济社会发展工作中的突出问题，组织开展专题调研。

市人民代表大会财政经济委员会对国民经

济和社会发展年度计划、五年规划纲要草案进行初步审查时，应当充分听取市人民代表大会代表意见，并通过市人民代表大会代表广泛听取社会各方面的意见。

本决定所列其他事项的监督工作，可以根据需要邀请有关方面的市人民代表大会代表参加。

开展经济工作监督的有关情况应当通过代表工作机构及时向市人民代表大会代表通报，有关材料应当及时发送市人民代表大会代表。

二十六、市人民代表大会常务委员会听取和审议、讨论本决定所列事项时，市人民政府及其有关部门应当根据要求，及时提供相关的信息资料和情况说明，并派市人民政府负责人或者有关部门负责人到会汇报情况，听取意见，回答询问。

市人民代表大会财政经济委员会和有关专门委员会听取和审议、讨论本决定所列事项时，市人民政府有关部门应当根据要求，及时提供相关的信息资料和情况说明，并派本部门有关负责人到会汇报情况，听取意见，回答询问。

市人民政府有关部门应当根据市人民代表大会财政经济委员会和有关专门委员会的要求，定期提供国民经济和社会发展数据和相关材料。

二十七、各区人民代表大会常务委员会开展经济工作监督，可以参照本决定执行；也可以结合本区域实际情况，制定加强经济工作监督的具体办法。

市人民代表大会常务委员会、财政经济委员会应当加强对各区人民代表大会常务委员会经济工作监督的指导，开展市区联动，共同做好经济工作监督。

二十八、市人民代表大会常务委员会开展经济工作监督的情况，除法律、法规另有规定外，向社会公开。

本决定自2022年8月1日起施行。

# 上海市人民代表大会常务委员会<br>关于进一步做好当前促进就业工作的决定

（2022年7月21日上海市第十五届人民代表大会常务委员会第四十二次会议通过）

为了积极应对新冠肺炎疫情影响，进一步贯彻实施国家和本市稳经济、稳市场主体、促进就业的决策部署，举全市之力共同做好当前稳就业工作，根据《中华人民共和国就业促进法》等相关法律、法规，结合本市实际，作如下决定：

一、就业是最大的民生。本市深化实施就业优先战略，把稳定和扩大就业放在更加突出位置，进一步增强全社会促进就业的共识和合力，高效统筹疫情防控和稳经济、促就业、惠民生各项工作。

二、市人民政府应当加强对当前稳定和扩大就业工作的组织领导，统筹协调、推进解决稳市场主体稳就业等方面存在的重大问题，完善本市各项援企稳岗纾困政策，建立就业工作目标责任制，做好就业工作资金保障，指导督促各区、各部门落实稳定和扩大就业的各项工作。

区人民政府承担所辖行政区域内稳定和扩大就业工作的第一责任，应当切实加强援企稳岗、精准帮扶、就业服务等工作力度，统筹落实各项产业拉动就业、创业带动就业、培训促进就业的举措。

乡镇人民政府、街道办事处应当全面掌握

辖区内重点群体就业状况，落实各项服务企业和促进就业的政策措施，做好便利化的基层公共就业服务，完善就业援助工作机制，及时收集、反映影响就业稳定的矛盾和问题；指导居民委员会、村民委员会做好就业相关工作。

市、区人力资源和社会保障部门负责做好当前稳定和扩大就业工作目标任务的分解落实，加强就业形势调查监测和分析研判，指导、组织和协调促进就业日常工作。市、区发展改革、经济信息化、商务、教育、公安、住房城乡建设、交通、农业农村、国有资产监管、医保、财政、税务、市场监管、地方金融监管、规划资源等相关部门应当按照各自职责分工，加大政策供给力度，共同做好当前稳定和扩大就业工作。

市、区人民政府对在促进就业工作中作出显著成绩的单位和个人，按照规定给予表彰和奖励。

三、各级工会组织应当代表职工与用人单位开展多种形式的协商，引导职工和用人单位共克时艰，稳定工作岗位。共产主义青年团、妇女联合会、残疾人联合会、工商业联合会等社会团体应当协助政府有关部门开展所联系群体的就业促进工作，积极提供相应的就业创业服务。

行业协会、商会应当及时反映本行业本领域市场主体在降低用工成本、稳定工作岗位方面的诉求，为市场主体提供服务。

四、市、区人民政府及有关部门应当聚焦当前市场主体用工面临的突出问题，更加有力、更加高效地落实国家和本市有关缓缴社会保险费、住房公积金，以及减费让利、就业补贴、贷款担保贴费、各类房屋租金减免等援企稳岗纾困政策。援企稳岗纾困政策期限届满后，根据国家政策要求和本市实际，市、区人民政府及有关部门应当采取相应的扶持措施，支持各类市场主体稳岗促就业。

国有企业应当发挥在吸纳就业方面的引领示范作用，充分挖掘和新增就业岗位，吸纳带动更多就业。市、区人民政府有关部门应当完善国有企业考核评价机制，将稳就业工作纳入对国有企业及其领导人员的考核评价内容。

市、区人民政府及有关部门应当充分发挥中小微企业吸纳就业的主渠道作用，扶持和鼓励中小微企业拓展经营、增加就业岗位。银行业金融机构、融资担保机构应当加大对中小微企业融资扶持力度，支持中小微企业稳岗保就业。发挥政府性融资担保体系功能作用，积极为中小微企业融资提供增信服务。

五、教育、人力资源和社会保障、国有资产监管等部门应当加大对高校毕业生等青年就业的扶持力度，扩大就业见习岗位规模，加强就业创业指导，挖掘企事业单位岗位资源，举办行业性、区域性、专业性专场招聘，确保直接面向应届高校毕业生招录的岗位不低于规定的比例。

市、区人民政府及有关部门应当全力帮扶失业人员、就业困难人员、农民工、残疾人等重点群体就业，落实各类就业补贴政策，整合各类就业服务资源，综合使用岗位推荐、职业指导、技能培训、职业见习等举措，落实以工代赈要求，增加和稳定重点群体就业。

六、市、区人民政府及有关部门应当在精准做好疫情防控的基础上，加强对企业复工复产复市的支持和服务，推动扩大有效投资和产业发展，积极增加就业岗位。

市、区人民政府及有关部门应当支持自主创业和灵活就业，加大力度推动非全日制就业以及平台就业等新业态就业，试点实施与灵活就业相适应的劳动和社会保险等政策措施。鼓励建立企业间共享用工信息平台，解决短期用工矛盾。

区人民政府应当根据本区域实际，扩大开发社区公共管理、公共卫生、应急服务、社会救助、绿化市容、环卫保洁、助老助残、就业援助等公益性岗位，优先向重点群体倾斜。

市、区人民政府及有关部门应当结合重点区域、重点产业、重点项目、重大工程的规划建设，分行业定期发布“紧缺人才”目录，支持企业面向本市应届高校毕业生等重点群体，加大人才储备力度。

市人民政府有关部门应当持续优化居住证、户籍政策及安居政策，吸引和留住各类人才在本市就业创业。

七、市、区人力资源和社会保障部门应当建立当前企业用工服务保障机制，强化信息精准推送，推进供需有效对接，提供更有针对性、更具专业化和便利化的公共就业服务。

市、区人力资源和社会保障部门应当加强公共就业服务平台建设，帮助企业做好员工招聘，加强社会各类人员就业帮扶；大力开展职业技能和创业能力培训，完善职业技能提升补贴扩围政策；通过行业协同、政策扶持等方式，支持经营性人力资源服务企业、社会组织等承接公共就业服务，充分发挥其在服务市场主体促进就业等方面的积极作用。

八、各级人民政府及有关部门应当充分运用国家和本市法律法规及政策措施资源，创新与当前稳定和扩大就业相适应的政府管理和服务方式，通过行政审批绿色通道、容缺后补、“一网通办”、限时完成等方式，支持吸纳就业容量大的企业高效办理各项政务服务事项。探索建立因疫情不可抗力因素造成失信的豁免制度。

本市充分发挥浦东新区先行先试作用，支持浦东新区在稳定和扩大就业方面创新探索，将浦东新区在优化营商环境、便利市场主体准入等方面的改革经验及时向全市复制推广；发挥企业预重整或者破产重整、和解等制度的作用，促进稳企业、保就业。

市人民代表大会常务委员会围绕当前稳定和扩大就业的实际需求，制定、修改相关地方性法规或者在有关地方性法规中作出规定，保障促进就业相关工作。

九、全社会应当共同维护公平就业环境。任何用人单位不得因劳动者患传染性疾病而解除其劳动合同，在招用人员时不得以曾患传染性疾病为由拒绝录用，法律、行政法规另有规定的除外。

本市加强劳动争议纠纷多元化解。人民法院、劳动人事争议仲裁机构、工会组织、调解组织等，应当依法、及时、妥善处理涉疫情的劳动争议纠纷，保护劳动者合法权益，促进企业稳定有序发展。

十、市、区人民政府应当压实稳就业工作责任，强化对下一级人民政府及有关部门促进就业工作成效的考核，并将考核结果作为年度绩效考核和领导干部综合考核评价的重要依据。

市、区人力资源和社会保障部门应当会同有关部门，加强对落实主要就业指标和政策措施情况的专项监督和检查，重点督导法规政策落地、重点群体就业、资金保障落实等。

十一、各级人民政府及有关部门应当大力开展稳定和扩大就业法律法规和政策措施的宣传解读，做好就业观、择业观的舆论引导，稳定社会各方对就业形势的预期。

广播、电视、报刊、网站等媒体应当刊登或者播放公益广告，宣传援企稳岗稳就业的有效做法和成功经验，营造关心支持稳定和扩大就业的良好舆论环境和社会氛围。

十二、市、区人民代表大会常务委员会应当通过听取和审议专项工作报告、组织执法检查、开展询问和质询等方式，加强对本决定执行情况和促进就业工作情况的监督。

市、区人民代表大会常务委员会应当充分发挥各级人大代表作用，组织人大代表围绕促进就业工作情况开展专题调研和视察等活动，督促有关方面落实促进就业各项工作。

本决定自 2022 年 7 月 21 日起施行，终止日期由市人民代表大会常务委员会另行公布。

# 上海市无障碍环境建设条例

（2023年1月15日上海市第十六届人民代表大会第一次会议通过）

## 第一章 总 则

**第一条** 为了践行人民城市重要理念，加快无障碍环境建设，增进民生福祉，提高人民生活品质，促进全体社会成员平等、充分、便捷地参与和融入社会生活，共享经济社会发展成果，不断开创人民城市建设的新局面，根据相关法律、行政法规，结合本市实际，制定本条例。

**第二条** 本条例适用于本市行政区域内的无障碍设施建设与维护、信息交流、社会服务以及相关社会共治、监督管理等无障碍环境建设活动。

本条例所称无障碍环境建设，是指为有无障碍需求的社会成员自主安全地出入建筑物以及使用其附属设施、通行道路、搭乘公共交通运输工具，获取、使用和交流信息，获得社会服务等提供便利和条件所进行的相关活动。

本条例所称有无障碍需求的社会成员，是指因残疾、年老、年幼、生育、疾病、意外伤害、负重等原因，致使身体功能永久或者短暂地丧失或者缺乏，面临行动、感知或者表达障碍的人员及其同行的陪护人员。

**第三条** 无障碍环境建设应当坚持中国共产党的领导，发挥政府主导作用，调动市场主体积极性，引导社会组织和公众广泛参与，推动全社会共建共治共享。

无障碍环境建设是全社会的共同责任，应当与经济社会发展水平相适应，遵循系统协同、通用易行、安全便利、广泛受益的原则，体现人文关怀与社会支持。

**第四条** 市人民政府应当加强对本市无障碍环境建设工作的领导，建立市无障碍环境建设协调机制，研究、决定相关重大事项，统筹部署、协调推进无障碍环境建设工作。

区人民政府应当落实推进本辖区无障碍环境建设的主体责任，建立区无障碍环境建设协调机制；负责组织、协调和管理辖区内无障碍环境建设工作。

市、区无障碍环境建设协调机制办公室，设在市、区住房城乡建设管理部门。

乡镇人民政府、街道办事处应当按照有关规定，并结合阳光助残工程、老年友好社区、儿童友好社区和文明城区创建等，推进辖区无障碍环境建设；督促无障碍设施管理责任人加强对无障碍设施的日常巡查和履行维护管理责任，保障无障碍设施正常使用。

各级人民政府应当将推进无障碍环境建设工作所需经费，纳入本级财政预算。

**第五条** 住房城乡建设管理部门负责无障碍环境建设协同推进工作，具体负责公共建筑、居住建筑无障碍设施工程建设活动的监督管理工作，并会同有关部门对公共建筑和居住建筑无障碍建设项目的使用状况进行监督管理。

交通部门负责道路、交通运输设施无障碍设施工程建设活动和使用状况的监督管理工作。

经济信息化部门负责信息无障碍建设的指导、推进和监督管理工作，推动无障碍信息传播与交流。

民政部门负责养老服务机构、儿童福利机构、残疾人养护机构等无障碍环境建设的指导、推进和监督管理工作，组织推动老年人家庭适老化改造。

卫生健康部门负责组织拟订、协调落实应对人口老龄化的政策措施，推动无障碍环境建设相关工作；负责医疗卫生机构等无障碍环境建设的指导、推进和监督管理工作。

教育、体育部门负责学校、体育健身场所等无障碍环境建设的指导、推进和监督管理工作。

商务、文化旅游、绿化市容部门负责商业、文化、旅游、公园绿地等无障碍环境建设的指导、推进和监督管理工作。

发展改革、财政、规划资源、房屋管理、农业农村、科技、市场监督管理、公安、民族宗教、司法行政、金融管理、机关事务管理、城管执法等部门在各自职责范围内，负责无障碍环境建设相关工作。

**第六条** 工会、共产主义青年团、妇女联合会、残疾人联合会、依法设立的老年人组织等组织按照法律、法规和各自章程，协助各级人民政府及其有关部门开展无障碍环境建设工作。

相关行业组织应当发挥行业自律作用，协助本行业开展无障碍环境建设相关工作。

**第七条** 从事无障碍环境建设的相关单位，应当根据法律、法规、标准和合同约定履行各自责任，加强对工作人员的培训，提升为有无障碍需求的社会成员服务的能力。

**第八条** 市、区人民政府负责组织编制本行政区域无障碍环境建设发展规划，将其纳入国民经济和社会发展规划以及国土空间规划，并组织实施。

住房城乡建设管理、交通运输、城市数字化转型、残疾人事业、老龄事业、养老服务等领域的相关专项规划，应当包含无障碍环境建设的相关内容。

编制无障碍环境建设发展规划和相关领域专项规划，应当征求残疾人联合会、依法设立的老年人组织等社会各方的意见，并通过人民建议征集等方式，听取市民群众的意见。

**第九条** 本市推广通用设计理念，建立健全无障碍设施、信息交流和社会服务等标准体系，加强标准之间的衔接配合；有关部门和单位应当依法实施无障碍环境建设标准。市市场监督管理部门会同住房城乡建设管理、交通、经济信息化等部门组织制定无障碍环境建设相关地方标准。有关部门根据需要，制定规范和指南。鼓励社会团体和企业制定、完善具有引领性的无障碍环境建设团体标准和企业标准。

本市建立无障碍信息的评测制度，推动评测结果采信应用，鼓励在市场采购、行业管理、社会治理等领域推广使用。

**第十条** 本市支持和鼓励高等学校、科研机构、企业事业单位、社会组织和个人研发无障碍环境建设的技术、产品，加强专利权、著作权、商标权等知识产权的保护，加快成果转化和推广应用。

本市依托政务服务“一网通办”、城市运行“一网统管”平台，推进无障碍环境建设数据互联互通，拓展无障碍数字化应用场景和服务。

**第十一条** 本市鼓励在无障碍环境建设中推广运用绿色低碳技术、产品和服务，促进无障碍环境建设绿色发展。

**第十二条** 本市有关重点单位、重点区域应当在无障碍环境建设中发挥引领示范作用。

国家机关和法律、法规授权的具有管理公共事务职能的组织应当率先推进其公共服务场所的无障碍环境建设，加快无障碍设施建设和改造，提升无障碍服务精细化水平。

黄浦江和苏州河滨水公共空间、五个新城、临港新片区、虹桥国际中央商务区等重点区域应当加强系统规划，采用通用设计，按照高标准建设、高水平管理的要求，通过创建无障碍环境示范项目等多种方式，构建开放、创新、包容的无障碍环境。

**第十三条** 本市结合乡村特点和实际情况，统筹推进乡村无障碍设施建设和改造，发展乡村无障碍基本公共服务，提高乡村无障碍环境建设水平。农业农村、住房城乡建设管理、交通、经济信息化等相关部门按照各自职责开展相关工作。

**第十四条** 本市设立由无障碍环境建设相关领域专业人士组成的无障碍环境建设专家委员会，为推进无障碍环境建设提供专业支撑。

**第十五条** 本市建立无障碍环境建设信息统计和发布制度。住房城乡建设管理部门会同交通、经济信息化、民政等部门以及残疾人联合会等，开展强制性标准实施等无障碍环境建设情况的统计分析，定期发布本市无障碍环境建设白皮书。

**第十六条** 本市将无障碍环境建设纳入文明城区、文明社区、文明村镇、文明单位、文明校园和文明行业等的创建、评定活动。

**第十七条** 市、区人民政府应当建立和完善本市无障碍环境建设目标责任制和考核评价制度，将无障碍环境建设目标完成情况纳入对所属部门、下一级人民政府和街道办事处的考核评价内容。具体考核办法由市、区人民政府另行制定。

对在无障碍环境建设工作中作出显著成绩的单位和个人，按照国家和本市有关规定给予表彰和奖励。

## 第二章 无障碍设施建设与维护

**第十八条** 新建、改建、扩建的居住建筑、居住区、公共建筑、公共场所、交通运输设施、道路等，应当符合无障碍设施工程建设标准。

无障碍设施应当与主体工程同步设计、同步施工、同步验收、同步交付使用。新建、改建、扩建的无障碍设施，应当与周边的无障碍设施相衔接。

无障碍设施应当设置符合标准的无障碍标识，并纳入周边环境或者建筑物内部的引导标识系统。无障碍标识应当位置醒目，内容清晰、规范，指明无障碍设施的走向和位置。

**第十九条** 工程建设单位应当将无障碍设施建设经费纳入工程建设项目概预算；在组织建设工程竣工验收时，应当同时对无障碍设施进行验收，在工程竣工验收报告中说明无障碍设施验收情况，并依法办理竣工验收备案手续。

**第二十条** 工程设计单位应当按照无障碍设施工程建设标准，设计无障碍设施。无障碍设施设计内容应当在建设工程设计总说明中进行专项说明。

依法应当进行施工图设计文件审查的，工程施工单位应当按照审查合格的施工图设计文件和相关技术标准，建设无障碍设施，并对施工质量负责。

委托监理的，工程监理单位应当根据相关规定和合同约定，按照审查合格的施工图设计文件和相关技术标准，对无障碍设施施工进行监理。

**第二十一条** 规划资源部门在审核建设工程设计方案时，应当就配套的无障碍设施建设要求，征询住房城乡建设管理、交通等相关部门的意见。

施工图审查机构审核建设工程施工图设计文件时，应当按照法律、法规和无障碍设施工程建设标准，对无障碍设施设计内容进行审查；不符合有关强制性标准相关技术要求的，不予审查通过。

受住房城乡建设管理、交通等相关部门委托的建设工程质量监督机构提交的建设工程质量监督报告中，应当包含无障碍设施建设的内容。

**第二十二条** 无障碍设施管理责任人应当加强对无障碍设施的日常巡查，履行下列维护管理职责，保障无障碍设施正常、安全使用：

（一）定期对无障碍设施进行维护和保养；

（二）发现无障碍设施、标识损毁、损坏的，及时维修；

（三）发现无障碍设施被擅自占用的，及时纠正；

（四）对确需改造的无障碍设施，履行改造责任。

前款所称管理责任人，是指居住建筑、居住区、公共建筑、公共场所、交通运输设施、道路等的所有权人。所有权人、管理人和使用人对维护管理责任有约定的，按照约定执行；法律、法规另有规定的，从其规定。

**第二十三条** 对既有的不符合无障碍设施工程建设标准的居住建筑、居住区、公共建筑、公共场所、交通运输设施、道路等，市住房城乡建设管理、交通、房屋管理等相关部门，以及区人民政府应当在各自职责范围内，推进无障碍设施改造工作，制定计划并组织实施。

市、区人民政府有关部门应当按照“放管服”改革的要求，对无障碍设施建设、改造项目简化审批材料、缩减审批时限、优化审批环节，提高审批效能。

无障碍设施改造由管理责任人负责。不具备无障碍设施改造条件的，管理责任人应当采取必要的替代性措施，为有无障碍需求的社会成员提供帮助或者服务。

**第二十四条** 本市在开展城市更新活动过程中，应当将无障碍环境建设要求纳入更新方案，持续改善和提升无障碍环境建设水平。

**第二十五条** 新建、改建、扩建的城市道路、商业区、居住区的人行天桥和人行地下通道，应当按照无障碍设施工程建设强制性标准的相关技术要求，建设或者改造无障碍设施。既有道路人行天桥应当在规定期限内，完成无障碍改造。

城市道路、商业区各种路口、出入口和人行横道处有高差时，应当设置缘石坡道。主要商业街、步行街和视力障碍者集中区域周边道路的人行横道的交通信号设施应当按照标准，加装行人过街提示装置，并保持正常使用。

盲道应当按照无障碍设施工程建设标准设置，并与周边的人行天桥、人行地下通道和公共建筑、交通运输设施的无障碍设施相衔接。

**第二十六条** 客运船舶、公共汽电车、轨道交通车辆等公共交通运输工具应当符合无障碍技术标准。交通枢纽、公共交通车站、客运码头在地面至站厅、换乘站之间，应当实现无障碍设施衔接。

公共汽电车、轨道交通车辆应当配备语音和字幕报站系统，并保持正常使用。公共交通运输工具运营单位应当加快配置无障碍公共汽电车。轨道交通车辆应当逐步配备无障碍车厢。

出租汽车运营企业应当配置一定比例的无障碍出租汽车，供有无障碍需求的社会成员乘坐，并提供预约服务。

**第二十七条** 城市公共停车场、大型居住区停车场应当按照无障碍设施工程建设标准，设置并标明无障碍停车位。

无障碍停车位供肢体残疾人驾驶或者乘坐的机动车使用。使用无障碍停车位的机动车，应当在车辆显著位置放置残疾人车辆专用标志或者提供肢体残疾人凭证。法律另有规定的，从其规定。

停车场管理者对于违规占用无障碍停车位的，应当予以劝阻；对拒不驶离或者强行停车，扰乱停车场公共秩序的，应当及时报告公安机关。

对无障碍停车费用给予优惠的，按照本市有关规定执行。

**第二十八条** 旅馆、酒店等应当按照无障碍设施工程建设标准，逐步配置一定比例的无障碍客房。

新建和具备改造条件的公共建筑、公共场所、交通运输设施等应当按照无障碍设施工程建设标准，建设或者改造无障碍卫生间。

**第二十九条** 本市鼓励和支持用人单位开展就业场所无障碍设施建设和改造，为有无障碍需求的员工提供必要的劳动条件和便利。

残疾人集中就业单位应当按照有关标准和需求，建设和改造无障碍设施，提供相关无障碍服务，并做好员工培训。

**第三十条** 居住区新建公共服务设施应当按照无障碍设施工程建设标准，配套建设无障碍设施；既有公共服务设施未达到无障碍设施工程建设强制性标准相关技术要求的，应当进行必要、合理的改造。

本市推进既有多层住宅加装电梯，加装的电梯优先使用无障碍设施设计标准。

**第三十一条** 本市支持推进残疾人家庭无障碍改造、老年人家庭适老化改造工作，对符合条件的，按照本市有关规定给予适当补贴。

居民委员会、村民委员会、居住区物业服务企业以及业主委员会应当支持并配合残疾人家庭无障碍改造、老年人家庭适老化改造。

本市加强居住区、居住建筑无障碍改造工作与残疾人家庭无障碍改造、老年人家庭适老化改造工作的衔接。

**第三十二条** 禁止下列影响无障碍设施正常使用的行为：

（一）损坏、擅自占用无障碍设施；

（二）擅自改变无障碍设施用途；

（三）法律、法规规定的其他禁止行为。

**第三十三条** 因特殊情况设置临时无障碍设施的，应当符合无障碍设施工程建设强制性标准的相关技术要求。

因特殊情况临时占用无障碍设施的，应当符合本市有关规定，并设置护栏、警示标志或者信号设施，采取必要的替代性措施。临时占用期满，应当及时恢复原状。

**第三十四条** 本市将符合条件的无障碍环境建设项目按照有关规定纳入民心工程和为民办实事项目。

商业、办公类建设项目提供符合实际需要、经相关主管部门认定的残疾人康复医疗设施、残疾人特殊教育设施等无障碍环境建设公共要素的，可以按照有关规定，适用规划鼓励措施。其中，新建项目提供的相关公共要素的建筑面积可以不计入地块容积率；城市更新项目可以按照相关规定，增加经营性建筑量。

鼓励企业、社会组织自筹资金，完成大中型商场和餐饮、旅馆、旅游等商业服务场所的无障碍设施维修、更新和改造。符合财政补贴政策的，给予补贴。

## 第三章　无障碍信息交流

**第三十五条** 市、区人民政府应当将无障碍信息交流作为数字政府建设的重要内容，拓展应用场景，纳入城市数字化转型专项规划，并组织实施。

**第三十六条** 各级人民政府及其有关部门应当采取措施，为残疾人、老年人等获取政务信息提供便利。本市与残疾人、老年人等密切相关的地方性法规、政府规章、规范性文件发布时，应当及时提供有声、大字等无障碍阅读文本。

市、区人民政府通过召开新闻发布会等方式发布政务信息的，应当配备同步速录字幕或者手语翻译。

**第三十七条** 各级人民政府及其有关部门发布涉及自然灾害、事故灾难、公共卫生事件、社会安全事件等突发事件信息时，应当同步采取语音、文字、手语等无障碍方式。

本市完善“12345”市民服务热线以及报警求助、消防应急、交通事故、医疗急救等紧急呼叫系统，健全文字、语音等无障碍功能，保障有无障碍需求的社会成员及时获取咨询、建议、求助、报警等服务。

**第三十八条** 市级电视台应当在播出电视节目时配备同步字幕，每天播放至少一次配播手语的新闻节目，并逐步扩大配播手语的节目范围。

公开出版发行的影视制品，应当具备可供选择的字幕等无障碍功能。

鼓励网络视频节目加配字幕、手语或者口述音轨。

鼓励有条件的影剧院、社区文化活动中心等单位开设无障碍电影专场，举办无障碍电影日等活动。

**第三十九条** 本市鼓励公开出版发行的图书、报刊配备有声、电子、大字、盲文等版本，方便有无障碍需求的社会成员阅读。

市、区人民政府设立的公共图书馆应当设置无障碍阅览室或者区域，通过提供有声读物、盲文读物、大字读物、信息检索设备等方式，满足社会成员的无障碍阅读需求。

本市鼓励食品、药品以及其他商品生产经营者在商品外部包装配置盲文、大字、语音说明书等，方便有无障碍需求的社会成员使用。

**第四十条** 本市国家机关的互联网门户网站、公共服务平台和法律、法规授权的具有管理公共事务职能的组织的互联网网站、服务平台，应当符合无障碍网站设计标准。

本市鼓励新闻资讯、社交通讯、生活购物、医疗健康、金融服务、学习教育、交通出行等领域的互联网网站、移动互联网应用程序以及智能设备操作系统符合国家信息无障碍标准，提供无障碍信息和服务。

**第四十一条** 本市持续推进数字化服务无障碍，支持为残疾人、老年人等提供相关硬件和软件安装等服务。

鼓励开发满足残疾人、老年人等需求的即时通讯、远程医疗、学习教育、地图导航、金融支付、网络购物和预约服务等无障碍应用程序。

支持各类教育机构以及其他社会主体通过多种形式，开展培训、提供课程，帮助残疾人、老年人等提高运用智能技术的能力。

**第四十二条** 本市鼓励音视频以及多媒体设备、智能移动终端设备、电信终端设备制造者，开展相关设备研发和改造，推动技术和产品具备语音、大字等无障碍功能。

银行、医院、铁路客运站、轨道交通车站、民用运输机场航站区等应当确保一定比例的自助公共服务终端设备具备语音、大字、盲文等无障碍功能。

**第四十三条** 基础电信业务经营者提供电信服务时，应当创造条件，为有无障碍需求的社会成员提供必要的文字和语音信息服务；鼓励其为有无障碍需求的社会成员提供优惠服务。

**第四十四条** 本市推广和使用国家通用手语、国家通用盲文，支持相关培训、服务机构建设。

提供基本公共服务使用手语、盲文，以及学校开展手语、盲文教育教学的，应当使用国家通用手语、国家通用盲文。

## 第四章 无障碍社会服务

**第四十五条** 国家机关和法律、法规授权的具有管理公共事务职能的组织，应当在其公共服务场所配备必要的无障碍设备和辅助器具，公示无障碍设施信息，提供无障碍服务。

区、乡镇人民政府和街道办事处应当根据本辖区的实际情况，组织编制无障碍环境信息指南。

行政服务、社区服务以及供水、供电、供气等公共服务机构，应当设置低位服务台或者无障碍服务窗口，建立无障碍服务预约制度，为有无障碍需求的社会成员提供服务。

**第四十六条** 组织选举的部门和单位应当为有无障碍需求的选民参加选举提供便利和必要协助，为视力障碍选民提供盲文、大字或者电子选票。

**第四十七条** 司法机关、法律援助机构应当为有无障碍需求的社会成员参加诉讼活动、获得法律援助提供无障碍服务，并按照国家有关规定提供手语翻译、盲文翻译等服务。

本市鼓励仲裁机构、律师事务所、公证处、司法鉴定机构、基层法律服务所等法律服务机构结合所提供的服务内容，提供无障碍服务。

**第四十八条** 教育部门和各类教育机构应当采取措施，加强教育场所的无障碍设施建设、改造和设备配备，为有无障碍需求的师生提供服务。

有关部门和考试组织单位应当根据国家规定，为有无障碍需求的社会成员参加教育考试、职业资格考试、技术技能考试、招录招聘考试等提供便利。

公安机关、交通部门应当为符合条件的肢体残疾人、听力障碍者、老年人参加机动车驾驶资格考试提供便利。

**第四十九条** 医疗卫生机构应当结合医疗服务实际，提供相关无障碍设施设备和服务，为有无障碍需求的社会成员就医提供便利。鼓励医疗卫生机构为听力、言语、视力障碍者就医提供手语翻译、助盲导医等服务。

残疾人、老年人等相关服务机构应当配备无障碍设施设备，在生活照料、康复护理等方面提供无障碍服务。

**第五十条** 养老机构、居家社区养老服务机构以及其他提供养老服务的机构、场所，应当符合无障碍标准，并结合老年人身体机能、行动特点、生活需求等，提供适老性产品安装、康复辅助器具配备和使用指导等服务，推进适老化改造，满足老年人对居住、活动场所的安全、卫生、便利等要求。

**第五十一条** 本市鼓励文化、旅游、绿化、体育、金融、邮政、电信、商业、会展、餐饮、旅馆等服务场所结合所提供的服务内容，为有无障碍需求的社会成员提供辅助器具、咨询引导等服务，相关服务场所不得拒绝使用轮椅等康复辅助器具者进入。

本市鼓励邮政、快递企业为行动不便的残疾人、老年人提供上门收寄服务。邮政企业应当对盲人读物给予免费寄递。

本市鼓励高等学校、社会团体、文化企业根据残疾人、老年人等的特点和需求，参与无障碍模式的文化作品制作，扩大无障碍模式的文化作品供应。

**第五十二条** 交通运输设施和公共交通运输工具运营单位应当根据各类运输方式的服务特点，结合设施设备条件和所提供的服务内容，为有无障碍需求的社会成员设置无障碍窗口、专用等候区域、绿色通道和优先坐席，提供辅助器具、咨询引导、字幕报站、语音提示、预约定制等无障碍服务。

交通运输设施和公共交通运输工具运营单位应当逐步建立无障碍公共交通导乘系统，提供公共交通路线和站点的详细地图、无障碍设施设置等信息，服务有无障碍需求的社会成员自主出行。

**第五十三条** 本市支持运用人工智能、物联网、大数据、云计算、仿生等技术开发无障碍出行服务软件、无障碍公共交通导乘系统和智能助盲辅具。

鼓励地图导航等出行服务软件逐步完善无障碍设施的标识和无障碍出行路线导航功能，并加强与相关网站和移动互联网应用程序的融合运用。

公共场所经营管理单位、交通运输设施和公共交通运输工具运营单位应当为残疾人携带导盲犬、导听犬、辅助犬等服务犬提供便利。

残疾人携带服务犬出入公共场所、使用交通运输设施和公共交通运输工具的，应当采取必要的防护措施。

**第五十四条** 本市鼓励和支持服务于残疾人、老年人等听力、言语、视力障碍人群的无障碍信息服务平台建设，为有无障碍需求的社会成员提供远程实时无障碍信息服务。

本市支持运用互联网、物联网等技术手段，为残疾人、老年人等提供“一键通”服务，创建推广示范应用场景，即时接收、响应残疾人、老年人等就医、出行、紧急救援、政策咨询等需求。

**第五十五条** 应急避难场所的维护管理单位在制定和实施工作预案时，应当考虑社会成员的无障碍需求，视情况设置语音、文字、闪光等提示装置，设置无障碍标识，并完善集中场所和服务机构的安全保障、应急服务、消防安全功能，加强突发事件中对残疾人、老年人等的保护。

**第五十六条** 各级人民政府及其有关部门和提供公共服务的场所应当根据残疾人、老年人等社会成员的无障碍需求，为其使用相关信息化服务给予帮助；涉及医疗、社会保障、生活缴费等服务事项的，应当保留现场人工办理等传统服务方式，推动线上、线下服务融合发展、互为补充。

## 第五章 社会共治

**第五十七条** 本市推进阳光助残工程，促进老年友好社区创建，支持儿童友好城市建设，共同营造无障碍友好环境。

**第五十八条** 本市建立健全无障碍环境建设公众参与机制，强化社会公众对无障碍环境建设的认识和理解，依法保障公众在无障碍环境建设中的知情权、参与权、表达权和监督权。

有关部门应当广泛听取社会各界的意见，改进无障碍环境建设工作。

**第五十九条** 本市开展无障碍环境建设的宣传教育，推广建设无障碍友好环境理念，普及无障碍知识，传播无障碍文化，提升全社会无障碍意识。

教育部门应当将无障碍理念纳入各类学校的校园文化建设，通过开展无障碍体验活动等方式，培育学生尊重和帮助有无障碍需求的社会成员的理念。

广播、电视、报刊、网站等应当按照有关规定，开展无障碍环境建设公益宣传。

鼓励相关服务机构和企业通过多种形式，向公众告知本单位所提供的无障碍设施或者服务，为有无障碍需求的社会成员提供便利。

**第六十条** 本市鼓励志愿者、志愿服务组织和其他社会组织为残疾人、老年人等有无障碍需求的社会成员使用无障碍设施、便利出行、交流信息和获取社会服务等提供志愿服务。

本市志愿服务相关信息平台应当将无障碍服务纳入志愿服务项目和类别，为残疾人、老年人等有无障碍需求的社会成员发布无障碍需求信息，以及为志愿者、志愿服务组织开展相应的志愿服务提供便利。

本市鼓励和支持企业事业单位、社会组织和个人以公益赞助、慈善捐赠等方式，参与无障碍环境建设。

**第六十一条** 本市建立无障碍环境建设相关领域人才培养机制，加强无障碍环境建设相关专业学科建设，支持高等学校、中等职业学校等开设无障碍环境建设相关专业课程，开展无障碍环境建设理论研究和实践活动。

城市规划、建筑设计、工程管理、交通运输、景观园林、室内设计、计算机科学与信息技术等相关学科专业应当增加无障碍环境建设方面的教学和实践内容。

**第六十二条** 本市加强无障碍环境建设领域的队伍建设，强化对无障碍环境建设建筑师、工程师、手语翻译等专业人员的职业教育和培训。

行政服务、社区服务和供水、供电、供气等公共服务机构，以及教育、医疗、养老、托育、公共交通、物业管理等服务机构和企业，应当通过模拟体验、现场操作等多种方式，对工作人员进行无障碍职业道德教育和无障碍服务专业技能、心理咨询等培训，提升为残疾人、老年人等提供无障碍服务的意识和水平。

鼓励前款所列服务机构和企业以及相关行业组织与残疾人联合会、依法设立的老年人组织等组织合作，提升无障碍服务教育和技能培训水平。

**第六十三条** 本市鼓励以下无障碍技术、产品和服务的研发、生产和推广应用，为残疾人、老年人等有无障碍需求的社会成员提供便利：

（一）康复辅助器具、紧急救援器具、无障碍交通工具等无障碍设备，及其安装、使用和维护服务；

（二）读屏软件、阅读终端等视力无障碍设备；

（三）语音转文字软件、手语视频软件、语音识别系统、实时字幕等听力无障碍设备；

（四）可穿戴、便携式监测监护无障碍终端设备；

（五）安全防护、照料护理、健康促进、情感关爱等智慧产品和服务；

（六）其他有社会需求的无障碍技术、产品和服务。

本市发展康复辅助器具在社区的租赁服务，为有需求的群体提供基本保障类康复辅助器具和其他可供选择的多样化产品。

**第六十四条** 本市加强对无障碍环境建设的金融支持，完善融资扶持措施，鼓励金融机构开发、提供金融产品和服务，促进无障碍环境建设。

鼓励政府性融资担保机构为符合条件的无障碍环境建设企业提供融资增信支持。

鼓励保险业金融机构提供产品责任保险、公众责任保险等险种，为无障碍环境建设相关主体提供保障。

**第六十五条** 本市鼓励有关单位在下列与无障碍环境建设相关的活动中，邀请残疾人联合会、依法设立的老年人组织等组织以及残疾人、老年人等有无障碍需求的社会成员代表，进行意见征询、试用体验：

（一）无障碍设施设计；

（二）新建、改建、扩建公共服务场所、公共活动场所、商业服务场所等建设项目竣工验收；

（三）信息化项目建设；

（四）无障碍产品设计、研发；

（五）其他与无障碍环境建设相关的活动。

**第六十六条** 残疾人联合会、依法设立的老年人组织等组织应当定期组织开展无障碍设施、信息交流和公共服务的使用或者体验活动，汇总分析各类无障碍需求信息，形成需求清单，为完善政策，改进工作，促进相关技术、产品和服务供需对接等提供参考。

## 第六章 监督管理

**第六十七条** 无障碍设施应当纳入城市网格化管理。区、乡镇人民政府和街道办事处所属的城市运行管理机构对巡查发现的无障碍设施损毁、故障、被占用等情况，应当进行派单调度、督办核查，指挥协调有关部门或者单位及时进行维护管理。

**第六十八条** 本市建立完善无障碍环境建设第三方评估机制，有关主管部门应当定期委托第三方机构开展评估，将评估结果作为开展无障碍环境建设工作的重要依据，并向社会公布。

第三方机构开展评估时，应当邀请残疾人联合会、依法设立的老年人组织等参加，充分听取残疾人、老年人等社会成员有关无障碍需求、使用感受等方面的意见。

**第六十九条** 对于违反无障碍环境建设相关规定的行为，任何单位和个人可以通过“12345”市民服务热线、“随申拍”、部门网站等渠道提出意见、建议，或者进行投诉举报。有关部门接到意见、建议和投诉举报后，应当及时核实处理并予以答复。

残疾人联合会、依法设立的老年人组织等组织可以邀请人大代表、政协委员、专家学者、市民代表等，参与无障碍环境建设情况的监督活动。

新闻单位可以对无障碍环境建设情况开展舆论监督。

**第七十条** 市、区人民代表大会常务委员会通过听取和审议专项工作报告、开展执法检查等方式，加强对本行政区域内无障碍环境建设情况的监督。

市、区人民代表大会常务委员会充分发挥人大代表作用，组织人大代表围绕无障碍环境建设开展专题调研和视察等活动，汇集、反映人民群众的意见和建议，督促有关方面落实无障碍环境建设的各项工作。

**第七十一条** 人民检察院通过诉讼监督、检察建议、支持起诉等方式对无障碍环境建设工作进行法律监督。

对违反无障碍环境建设相关法律、法规规定，损害公共利益的，人民检察院可以依法提起公益诉讼。

## 第七章 法律责任

**第七十二条** 违反本条例规定的行为，法律、行政法规已有处理规定的，从其规定。

**第七十三条** 无障碍设施管理责任人不履行维护管理职责，致使无障碍设施无法正常、安全使用的，由交通、城管执法等相关部门责令限期改正；造成使用人人身损害、财产损失的，依法承担赔偿责任。

**第七十四条** 擅自改变无障碍设施用途或者依法应当采取必要的替代性措施却未予执行的，由交通、城管执法等相关部门责令限期改正；逾期不改正或者情节严重的，处一万元以上三万元以下罚款；造成人身损害、财产损失的，依法承担赔偿责任。

**第七十五条** 违规占用无障碍停车位拒不驶离或者强行停车，扰乱停车场公共秩序的，由公安机关责令改正，依法予以处罚。

**第七十六条** 有义务提供无障碍信息的主体未依法提供的，由经济信息化、网信、广播电视、新闻出版等有关主管部门责令限期改正。

**第七十七条** 负有公共服务职责的部门和单位未依法提供无障碍社会服务的，由本级人民政府或者上级主管部门责令限期改正；逾期未改正的，对直接负责的主管人员和其他直接责任人员依法给予处分。

**第七十八条** 违反本条例规定的行为，除依法追究相应法律责任外，相关部门还应当按照规定将违法行为的失信信息向市公共信用信息服务平台归集，并依照有关规定进行惩戒。

**第七十九条** 有关主管部门、有关组织的工作人员滥用职权、玩忽职守、徇私舞弊的，依法给予处分；构成犯罪的，依法追究刑事责任。

## 第八章 附 则

**第八十条** 本条例自2023年3月1日起施行。

# 上海市就业促进条例

（2023年2月25日上海市第十六届人民代表大会常务委员会第一次会议通过）

## 第一章 总 则

**第一条** 为了促进高质量充分就业，推动经济发展与扩大就业相协调，维护社会和谐稳定，扎实推进共同富裕，根据《中华人民共和国就业促进法》等法律、行政法规，结合本市实际，制定本条例。

**第二条** 本市行政区域内就业促进相关服务与管理活动，适用本条例。

**第三条** 本市坚持就业是最基本的民生，把扩大就业放在经济社会发展的突出位置，深化实施就业优先战略，强化就业优先政策，健全就业公共服务体系，坚持劳动者自主就业、市场调节就业、政府促进就业和鼓励创业带动就业的方针，多渠道扩大就业，提升就业质量。

**第四条** 本市大力弘扬劳模精神、劳动精神和工匠精神，树立劳动最光荣观念，营造崇尚劳动的社会风尚。

倡导劳动者树立正确的择业观念，提高就业创业能力。

倡导家庭树立积极就业的理念和勤劳致富的观念，鼓励有劳动能力的家庭成员积极实现就业。

**第五条** 劳动者依法享有平等就业和自主择业的权利。

用人单位依法享有自主用人的权利，履行保障劳动者合法权益的义务。

**第六条** 市人民政府应当加强对促进就业工作的组织领导，将促进就业工作纳入国民经济和社会发展规划，制定促进就业中长期规划，建立促进就业工作目标责任制，加强资金保障，指导督促各区、各部门落实促进就业各项工作。

区人民政府应当承担本行政区域促进就业工作的第一责任，统筹落实产业拉动就业、创业带动就业、培训促进就业的举措，拓展就业渠道，优化就业服务，加强就业管理，改善就业环境。

市、区人民政府建立促进就业工作协调机制，协调解决促进就业工作中的重大问题。

乡镇人民政府、街道办事处应当全面掌握辖区内重点群体就业状况，落实各项促进就业政策措施，做好基层公共就业服务，完善就业援助工作机制；指导居民委员会、村民委员会协助政府及相关部门做好就业信息排摸、就业援助、政策宣传等公共就业服务工作。

**第七条** 市、区人力资源社会保障部门负责组织、指导、协调本行政区域的促进就业工作，加强就业形势调查和分析研判，牵头制定促进就业政策举措，分解落实促进就业工作目标任务，完善就业公共服务体系，健全职业培训和就业援助制度，推动实现高质量充分就业。

市、区发展改革、经济信息化、商务、教育、公安、住房城乡建设管理、交通、农业农村、国有资产监管、医保、财政、税务、市场监管、金融管理、规划资源、大数据中心等有关部门和单位应当按照各自职责，共同做好促进就业相关工作。

**第八条** 工会、共产主义青年团、妇女联合会、残疾人联合会等群团组织应当协助政府及相关部门开展所联系群体的促进就业工作，提供相应的就业服务，依法维护劳动者的劳动权利。

工商业联合会和行业协会、商会应当及时向政府及相关部门反映市场主体在招聘用工、稳定岗位、职业培训等方面的需求，并为市场主体提供相关服务。

高等学校、职业学校（含技工学校）应当建立健全就业创业促进机制，采取多种形式为学生提供职业规划、职业体验、求职指导等就业创业服务，增强学生就业创业能力。

**第九条** 各级人民政府及相关部门应当开展就业促进法律法规和政策措施的宣传解读，引导全社会树立正确的就业观、择业观，积极实现就业。

广播、电视、报刊、网站等大众传播媒介应当加强公益宣传，推广促进就业的有效做法和成功经验，营造促进就业的良好社会氛围。

**第十条** 本市推进长江三角洲区域就业创业服务协作，创新人才交流合作机制，推动人力资源畅通流动。

本市按照国家东西部协作、对口支援以及对口合作部署要求，完善劳务协作相关政策措施，支持对口支援、对口合作地区以及中西部地区的农村劳动力、脱贫劳动力就地就近就业、异地就业和来沪就业。

**第十一条** 市、区人民政府对在促进就业工作中成绩显著的单位和个人，按照规定给予表彰和奖励。

## 第二章 政策支持

**第十二条** 市、区人民政府应当加强投资、产业、区域、财税、金融、教育、人才等政策对就业的支持，强化与就业政策的协调联动，拓宽市场化社会化就业渠道，增加就业岗位，优化企业用工保障服务，提升就业质量。

市、区人民政府及相关部门应当完善国有企业考核评价机制，将促进就业工作情况纳入对国有企业及其领导人员的考核评价内容，发挥国有企业吸纳就业的引领示范作用，吸纳带动更多就业。

市、区人民政府及相关部门应当制定、完善相关政策，发挥中小微企业吸纳就业的主渠道作用，扶持和鼓励中小微企业拓展经营、增加就业岗位。

**第十三条** 市、区人民政府及其发展改革、经济信息化、住房城乡建设管理等部门在安排政府投资和确定重大建设项目时，应当发挥政府投资和重大建设项目带动就业的作用，在同等条件下优先安排就业质量高和就业带动能力强的项目。

**第十四条** 本市推进制造业重点产业体系建设，开发更多制造业领域技术型、技能型就业岗位，吸纳技术技能人才高质量就业。

本市推动传统服务业变革，促进新兴服务业发展，提升服务业吸纳就业能力，创造更多就业机会。

本市贯彻落实乡村振兴战略，推进都市现代农业高质量发展，培育引导乡村新产业、新业态、新模式，促进农村劳动力实现就业增收。

**第十五条** 市、区人民政府在重点区域规划建设中应当注重完善人口和就业岗位分布，制定实施符合区域特征的就业创业政策，创新就业服务管理机制，提升就业质量。

支持浦东新区在就业创业、职业培训、人才建设等方面创新探索，将改革经验及时向全市复制推广。

**第十六条** 市、区人民政府应当实行有利于促进就业的财政政策，根据就业形势及就业工作目标，合理安排促进就业资金。

财政、税务、发展改革等部门应当依法落实就业创业税费优惠政策，对符合条件的企业和劳动者按照规定缓征、减征、免征企业所得税、增值税、个人所得税和行政事业性收费等。

人力资源社会保障、财政等部门应当依法落实就业补贴政策，对符合条件的企业和劳动者按照规定给予岗位补贴、创业补贴、社会保险补贴、职业培训补贴等。

**第十七条** 金融管理部门应当引导金融机构完善普惠金融服务，扩大普惠金融覆盖面，为企业拓展经营、增加就业岗位提供融资便利。

本市发挥政府性融资担保体系作用，为中小微企业融资提供增信服务；支持银行业金融机构、融资担保机构加大对中小微企业融资扶持力度，培育更多市场主体扩大就业。

**第十八条** 教育、发展改革、人力资源社会保障等部门应当根据就业状况和产业发展趋势，制定与人力资源市场需求相适应的教育政策和职业教育发展规划，定期开展高等学校、职业学校（含技工学校）就业状况评估，评估结果作为学校设置专业和确定招生规模的重要依据。

**第十九条** 市、区人民政府及相关部门应当结合重点区域、重点项目、重大工程的规划建设，分行业定期发布紧缺人才目录，聚焦集成电路、生物医药、人工智能等先导产业和重点产业，支持企业加大高层次、高技能人才引进和储备力度。

市人民政府有关部门应当优化居住证、户籍及安居政策，吸引更多专业人才、留学回国人员等海内外人才在本市就业创业。

**第二十条** 本市根据国家有关规定完善失业保险制度，依法确保失业人员的基本生活，发挥失业保险预防失业、促进就业的功能。

市人民政府按照低于本市最低工资标准、高于本市居民最低生活保障标准的水平，确定失业保险金的标准，并根据经济社会发展水平动态调整。

## 第三章 创业扶持

**第二十一条** 各级人民政府应当制定并落实创业扶持措施，健全创业服务体系，开展创业公益活动，鼓励帮助劳动者创业，以创业带动就业。

**第二十二条** 各级人民政府应当完善融资担保、场地支持、开办便利、税收优惠、社会保险补贴等扶持措施，为劳动者创业提供支持。

发展改革、财政、国有资产监管、经济信息化、科技、教育等部门应当发挥政策性创业投资基金的引导作用，鼓励社会资本设立创业投资基金，支持创业主体创新发展。

财政、人力资源社会保障部门应当完善创业担保贷款和贴息政策，逐步扩大担保对象范围，提高担保额度，提升获取创业担保贷款的便利度。

**第二十三条** 市、区人民政府及相关部门应当推动构建覆盖不同创业群体、不同创业阶段的创业培训体系，完善创业培训政策，开展有针对性的创业培训，提高劳动者的创业意识和创业能力。

教育、人力资源社会保障部门应当指导高等学校、职业学校（含技工学校）完善创新创业教育课程，促进专业教育与创新创业教育有机融合。

本市支持相关学校、培训机构开发创业培训教材和课程，实施对各类创业主体的培训辅导。

**第二十四条** 公共就业服务机构应当面向各类创业主体提供政策咨询、创业指导等公共创业服务。

本市支持各类专业服务机构为创业主体提供管理咨询、财会税务、人力资源、法律咨询等服务。

本市鼓励社会工作者、志愿者等社会力量参与创业服务，发挥创业指导志愿服务组织的作用，向创业主体提供创业前准备、企业开办和运营等相关领域的咨询、指导和服务。

**第二十五条** 各级人民政府应当推进创业型城区和创业型社区创建，营造良好创业氛围，优化创业环境。

人力资源社会保障、经济信息化、科技等部门应当通过建设创业孵化示范基地、众创空间、留学人员创业园等，促进创业主体集聚发展。

鼓励高等学校、职业学校（含技工学校）建立创业指导站点，为在校学生提供政策宣讲、专家咨询、创业活动、帮扶培育等创业服务。

**第二十六条** 本市支持举办创新创业赛事，扶持优秀创业项目发展。对在国家和本市创新创业赛事中获奖的创业团队和创业组织，人力资源社会保障、教育、科技等有关部门按照规定给予奖励或者政策倾斜。

## 第四章 公平就业

**第二十七条** 各级人民政府创造公平就业的环境，依法保障劳动者享有平等的就业权利和公平的就业机会，消除影响平等就业的不合理限制和就业歧视。

用人单位招用人员，公共就业服务机构、公共人才服务机构和经营性人力资源服务机构（以下统称人力资源服务机构）从事人力资源服务，应当向劳动者提供平等的就业条件和公平的就业机会，不得发布含有民族、种族、性别、宗教信仰等方面歧视性内容的招聘信息，不得违反国家规定在户籍、地域等方面设置限制人力资源流动的条件。

**第二十八条** 本市保障妇女享有与男子平等的劳动权利，依法保障其在就业创业、职业发展、职业培训、劳动报酬、福利待遇、职业健康与安全等方面的合法权益，构建生育友好的就业环境。

用人单位招用人员，除国家规定的不适合妇女的工种或者岗位外，不得以性别为由拒绝录用妇女或者提高对妇女的录用标准；不得在劳动合同、服务协议和规章制度中规定限制女职工结婚、生育等权利的内容。对因生育中断就业或者影响职业发展的妇女，人力资源社会保障部门、妇女联合会和工会等有关群团组织或者用人单位可以根据其需求，提供针对性的职业指导、职业培训和就业创业服务。

鼓励用人单位制定有利于职工平衡工作和家庭关系的措施，与职工依法协商确定有利于照顾婴幼儿的灵活休假和弹性工作方式。

**第二十九条** 市、区人民政府应当对残疾人就业统筹规划，依法保障残疾人的劳动权利，促进残疾人就业。

用人单位招用人员，不得歧视残疾人。

**第三十条** 用人单位不得以劳动者是传染病病原携带者或者曾患传染病为由拒绝录用，不得以劳动者患传染病为由与其解除劳动关系，法律、行政法规和国务院卫生行政部门另有规定的除外。

**第三十一条** 除法律、行政法规另有规定外，用人单位和人力资源服务机构在招用人员或者提供人力资源服务时，不得查询劳动者的诊疗记录、医学检测报告、违法犯罪记录等信息，或者要求劳动者提供与履行劳动合同无关的信息。

卫生健康、公安等部门和市大数据中心应当依法严格控制前款规定信息的查询、开放范围。

## 第五章 就业服务与管理

**第三十二条** 本市健全覆盖各类劳动者群体和用人单位的就业公共服务体系，提升信息化、智能化公共就业服务能力，细化完善服务内容和标准，提高公共就业服务的针对性、专业性和便利性。

**第三十三条** 市、区人民政府应当加强公共就业服务机构和公共人才服务机构的建设，统筹布局各级公共就业服务网点，充分挖掘区域就业服务资源，向劳动者提供便利可及的公共就业服务。

支持工会、共产主义青年团、妇女联合会、残疾人联合会以及其他社会组织，依托相关公共就业服务资源，举办公益性就业创业服务活动。

**第三十四条** 公共就业服务机构和公共人才服务机构应当根据各自职责，免费向劳动者和用人单位提供就业创业政策咨询、职业指导和职业介绍、人力资源供求和职业培训信息发布、组织专场招聘、人才引进和人才交流、就业援助、就业和失业登记、流动人员人事档案管理等公共就业创业服务。

**第三十五条** 本市依托政务服务“一网通办”平台，推进公共就业服务便利化，优化办理流程，简化办理环节，减少申请材料，缩短办理时限，为劳动者就业创业提供便利。

**第三十六条** 市人力资源社会保障部门应当会同市大数据中心加强公共就业服务信息平台建设，与“一网通办”平台对接，加强大数据集成运用，整合归集就业岗位招聘信息，面向招聘单位和劳动者提供岗位发布、简历投递、就业见习、职业指导等服务，并为企业间共享用工提供信息对接服务，促进人力资源市场供需匹配。

鼓励工会、共产主义青年团、妇女联合会、工商业联合会、行业协会、商会、经营性人力资源服务机构等与公共就业服务信息平台加强就业岗位信息共享。

**第三十七条** 人力资源社会保障部门应当加强公共就业和人才服务队伍建设，提升服务的专业化水平，推进职业指导师、创业指导师等社会化职业技能等级认定，畅通公共就业和人才服务人员的职业发展通道。

区和乡镇人民政府、街道办事处应当加强基层就业服务工作力量，通过配备相应的社区工作者等方式，在每个居民委员会、村民委员会安排至少一名专（兼）职工作人员，从事就业信息排摸、就业援助、政策宣传、劳动者权益维护等工作。

**第三十八条** 鼓励公共就业服务机构、公共人才服务机构与经营性人力资源服务机构建立合作机制，创新公共就业服务模式。

各级人民政府可以按照有关规定，通过多种方式，支持经营性人力资源服务机构、相关社会组织、专业服务机构等承接公共就业服务，发挥其服务市场主体、促进就业的作用。

**第三十九条** 市、区人民政府应当综合运用区域、产业、土地等政策推进人力资源市场建设，推动人力资源服务业高质量发展。

市人力资源社会保障部门和相关区人民政府推动培育建设国家级、市级人力资源服务产业园区，促进人力资源服务机构、产业和功能集聚，扩大市场化就业服务供给，激发人力资源市场活力。

鼓励和支持经营性人力资源服务机构为本市引进海内外高层次和急需紧缺人才、提升就业质量提供专业化服务。

**第四十条** 人力资源服务机构发布人力资源供求信息，应当建立健全信息发布审查和投诉处理机制，确保发布的信息真实、合法、有效。

人力资源服务机构对在业务活动中收集的用人单位和个人信息，应当依法予以保护，不得泄露或者违法使用所知悉的商业秘密、个人信息或者其他应当保密的信息。

人力资源服务机构通过互联网提供人力资源服务的，应当遵守国家有关网络招聘服务管理以及网络安全、互联网信息服务管理等规定。

大众传播媒介接受人力资源服务机构委托发布招聘信息的，应当依法查验委托人的营业执照或者有关批准设立文件、人力资源服务许可证等材料，并核对招聘信息内容；对无法提供相关材料的机构，或者含有歧视性内容等违法情形的招聘信息，不得提供信息发布服务。

**第四十一条** 本市深化就业参保登记一体化改革。

用人单位和个人应当依法如实办理就业参保登记手续，不得虚构用工信息办理相关手续。

**第四十二条** 本市健全劳动力资源调查统计制度，完善就业监测体系。

人力资源社会保障、统计、教育等部门应当按照各自职责，开展劳动力资源调查统计和就业监测，定期向社会公布主要就业数据、人力资源市场供需、工资指导价位等信息。

用人单位和个人应当配合相关部门开展劳动力资源调查统计和就业监测，如实提供相关信息；用人单位系劳务派遣单位的，应当同时提供所派遣劳动者实际用工单位及岗位等信息。

公安、市场监管、税务等部门和市大数据中心应当为开展就业监测提供必要的数据支持。

**第四十三条** 市、区人民政府应当统筹就业补助资金、失业保险基金、地方教育附加专项资金等各类资金用于促进就业，提高资金使用效益，强化绩效目标管理。

市、区人民政府应当根据就业形势和重点任务，科学设定资金分配因素和权重，合理分配就业补助资金。

**第四十四条** 市、区人民政府应当健全失业风险预警制度，加强失业风险评估，制定风险应对预案和储备政策；在面临重大经济风险以及发生自然灾害、事故灾难、公共卫生事件等突发事件时，实施临时性就业帮扶政策。

**第四十五条** 本市加强劳动争议纠纷多元化解。人民法院、劳动人事争议仲裁机构、工会、调解组织等，应当依法、及时、妥善处理劳动争议纠纷，推动构建和谐劳动关系，保护劳动者合法权益，促进市场主体稳定有序发展。

## 第六章　职业教育和培训

**第四十六条** 市、区人民政府及相关部门应当根据经济社会发展和市场需求，发展职业教育，加强职业能力建设，优化职业教育类型、院校布局和专业设置，完善职业教育体系，健全终身职业技能培训制度，构建以行业和企业为主体、职业学校（含技工学校）为基础、政府推动与社会支持相结合的高技能人才培养体系，完善技能人才培养、使用、评价和激励机制，促进劳动者提高职业技能，增强就业创业能力。

**第四十七条** 人力资源社会保障、经济信息化、国有资产监管、住房城乡建设管理、应急、商务等部门应当根据本市产业发展、安全生产和劳动者技能提升等需求，推动职业技能培训和评价项目开发，完善技能人才培训和评价标准。

**第四十八条** 人力资源社会保障、教育等部门应当制定相关扶持政策，推动高等学校、职业学校（含技工学校）、职业技能培训机构面向失业人员、在职人员和农村转移就业人员等劳动者，开展就业前培训、在职培训、再就业培训，支持用人单位开展职工职业培训，培养实用技能人才和熟练劳动者。

**第四十九条** 用人单位应当建立职业培训制度，按照规定提取和使用职工教育经费，对职工进行职业技能培训和继续教育培训；支持职工参加职业培训，提升职业技能水平。

**第五十条** 高等学校、职业学校（含技工学校）、职业技能培训机构开展职业培训的，应当按照相关要求，制定培训计划，落实师资、场所和设备等，规范开展培训活动，提高培训质量。

**第五十一条** 鼓励高等学校、职业学校（含技工学校）、职业技能培训机构与用人单位建立校企合作、产教融合的人才培养机制，支持建设高技能人才培养基地、新型技师学院，开展新型学徒制培训，培养本市重点产业发展急需紧缺的各类技术技能人才。

**第五十二条** 市、区人民政府应当根据市场需求和产业发展方向，通过共建共享等方式，合理规划并支持建设公共实训基地和开放实训中心，面向用人单位、高等学校、职业学校（含技工学校）和职业技能培训机构等提供职业技能培训实训、竞赛评价、师资培训等服务。

**第五十三条** 本市健全技能人才职业技能评价制度，发挥政府部门、用人单位、社会培训评价组织等多元评价主体作用，完善职业资格评价、职业技能等级认定、专项职业能力考核等多元化评价方式；对经技能评价合格的劳动者，按照规定颁发相应技能评价证书。

本市构建政府监管、机构自律、社会监督的技能人才评价质量监督体系。人力资源社会保障部门及有关行业主管部门应当建立相应管理机制，指导、监督相关评价主体规范开展技能人才评价活动。

**第五十四条** 本市完善技能人才表彰奖励体系，加大对技能人才的表彰奖励力度，健全技能人才激励机制。

鼓励用人单位建立技能人才评价与使用、激励相结合机制，贯通技能人才与专业技术人才职业发展通道，建立健全基于岗位价值、能力素质和业绩贡献的技能人才薪酬制度，尊重和体现技能人才价值。

**第五十五条** 本市构建多层次职业技能竞赛体系，推动社会力量参与赛事举办，开展职业技能竞赛活动。

市、区人民政府建立健全竞赛保障激励机制，加强竞赛训练基地、选手梯队和专家教练团队建设，按照规定对获奖选手、专家教练以及在竞赛工作中作出突出贡献的单位和个人给予奖励，在人才引进、职称评定、评选表彰等方面予以政策倾斜。

**第五十六条** 本市对参加职业培训、技能人才评价、职业技能竞赛的劳动者，组织职工开展职业培训的用人单位，按照有关规定给予补贴扶持。

人力资源社会保障部门应当会同有关部门建立职业培训补贴标准的动态调整机制，对急需紧缺职业工种和中高层次技能人才培训加大扶持力度。

## 第七章 就业援助和重点群体就业

**第五十七条** 本市实施就业援助制度，采取税费减免、社会保险补贴、岗位补贴、职业培训补贴等办法，通过公益性岗位安置等途径，对就业困难人员实行优先扶持和重点帮助。

**第五十八条** 人力资源社会保障部门应当完善就业困难人员认定办法，建立就业困难人员认定标准动态调整机制，提供精细化就业援助服务，强化对就业帮扶效果的跟踪与评估。

乡镇人民政府、街道办事处应当加强就业援助工作，对就业困难人员实施重点帮扶，提供有针对性的就业援助服务。

**第五十九条** 市人力资源社会保障部门根据经济社会发展状况和就业形势变化，科学设定公益性岗位规模，优先安置就业困难人员。

相关行业主管部门和区人民政府应当根据本行业、本区域实际，开发社区公共管理、公共卫生、应急服务、社会救助、绿化市容、环卫保洁、助老助残、就业援助等公益性岗位。

区和乡镇人民政府、街道办事处应当承担公益性岗位的管理职责，根据本行政区域实际情况，统筹安排符合岗位要求的就业困难人员。

通过公益性岗位安置就业困难人员就业的，可以按照规定享受相应的岗位补贴和社会保险补贴。

**第六十条** 法定劳动年龄内的家庭成员均处于失业状况的本市居民家庭，可以向公共就业服务机构申请就业援助。公共就业服务机构经确认属实的，应当为该家庭中至少一人提供适当的就业岗位。

**第六十一条** 本市构建覆盖青年就业创业全过程的政策支持体系，通过推行就业创业见习制度、实施青年就业计划等举措，促进青年就业。

人力资源社会保障、教育等部门应当支持青年参加就业创业见习。支持具备条件的用人单位申请成为就业创业见习基地，提供见习岗位和带教服务。就业创业见习基地和见习学员可以按照规定享受相应的见习补贴。

人力资源社会保障部门和共产主义青年团应当加强对失业青年的就业帮扶，促进失业青年提升能力、实现就业。

**第六十二条** 本市建立高校毕业生就业工作协调机制，统筹推进高校毕业生就业创业工作。

教育、人力资源社会保障部门以及相关行业主管部门应当制定并落实促进高校毕业生就业创业的政策措施，加强就业创业指导，定期举办行业性、区域性、专业性专场招聘活动，加大对高校毕业生就业的扶持力度。

各级人民政府以及教育、人力资源社会保障、公务员管理等部门应当面向高校毕业生，开发基层服务项目、基层就业岗位，并鼓励和支持国有企业、机关、事业单位扩大招聘规模，吸纳高校毕业生就业。

**第六十三条** 退役军人、人力资源社会保障、教育、国有资产监管、公务员管理等部门应当制定、完善定向招录、优先招录、就业指导、创业服务和兜底帮扶等政策措施，促进退役军人就业创业，并做好相关权益保障。

用人单位招用退役军人符合国家和本市规定的，依法享受税收优惠等政策。

**第六十四条** 市、区人民政府应当制定优惠政策和具体扶持保护措施，为残疾人就业创造条件，落实残疾人集中就业、按比例分散就业制度，加大残疾人自主创业、灵活就业扶持力度，健全残疾人辅助性就业机制。

市、区残疾人联合会应当组织开展职业指导、职业介绍和职业培训，为残疾人就业和用人单位招用残疾人提供服务和帮助，鼓励残疾人参加适合其就业创业的职业培训和就业创业见习。

用人单位应当按照国家和本市有关规定，履行安排残疾人就业的义务，机关、事业单位、国有企业应当带头安排残疾人就业。

**第六十五条** 人力资源社会保障、司法行政等部门应当按照国家和本市有关规定，做好刑释解矫人员的就业指导、职业培训、权益保障等相关工作，鼓励其自主创业、自谋职业。对于符合条件的刑释解矫人员，应当及时认定为就业困难人员，帮助其就业。

## 第八章 灵活就业

**第六十六条** 市、区人民政府及相关部门应当加大对个体经营、非全日制以及新就业形态等灵活就业方式的支持力度，拓宽灵活就业发展渠道，优化灵活就业环境，强化政策服务供给，清理取消对灵活就业的不合理限制，创造更多灵活就业机会。

**第六十七条** 本市将灵活就业人员纳入公共就业服务范围，在公共就业服务信息平台上开设灵活就业专区专栏，免费发布岗位供求、新职业等信息，开展政策咨询和职业指导。

人力资源服务机构可以通过设立专门的零工市场、按需组织专场招聘等方式，为灵活就业人员提供规范有序的求职应聘等专业化服务。

**第六十八条** 本市将灵活就业人员纳入职业技能培训和评价体系。

鼓励用人单位组织灵活就业人员开展岗前培训、岗位技能提升培训，帮助其稳定就业、提升就业质量。

灵活就业人员参加职业技能培训和评价的，可以按照规定享受相应补贴。

**第六十九条** 本市将灵活就业人员纳入劳动力资源调查统计范围，建立实有人口灵活就业调查排摸机制。

鼓励灵活就业人员按照规定进行灵活就业登记。

**第七十条** 市、区人民政府应当制定、实施、完善与灵活就业相适应的就业和社会保障政策措施，为灵活就业人员提供服务和保障。

在本市就业的灵活就业人员，可以按照国家和本市有关规定参加社会保险，依法享受社会保险待遇。

符合条件的灵活就业人员，可以按照相关规定申请社会保险补贴、就业岗位补贴。

对符合条件的灵活就业人员，按照规定纳入相应的社会救助范围。

**第七十一条** 本市支持和规范发展新就业形态，科学合理设定平台经济及其他新业态、新模式监管规则，促进新就业形态规范健康持续发展。

互联网平台企业应当依法合规用工，根据具体用工情形，与劳动者依法订立劳动合同或者通过书面协议明确双方权利义务；引导、督促为其提供相关用工服务的企业保障新就业形态劳动者的合法权益。

企业、行业协会与工会、劳动者代表等可以就业务定额、计件单价、职业安全健康等开展协商，合理确定定员定额、休息办法、计件单价、抽成比例、考核奖惩等标准。

本市建立和完善新就业形态劳动者职业伤害保障制度，鼓励发展与职业伤害保障制度相衔接的互助保障和商业保险，维护新就业形态劳动者职业伤害保障权益。

## 第九章 监督检查

**第七十二条** 市、区人民政府应当落实就业优先战略和促进就业工作责任，根据就业形势和就业工作需要，合理设定促进就业工作目标任务，强化对下一级人民政府及有关部门促进就业工作成效的考核，并将考核结果作为年度绩效考核和领导干部综合考核评价的重要依据。

**第七十三条** 人力资源社会保障部门应当会同相关部门，加强对就业促进法规实施、重点群体就业、促进就业资金保障落实等情况的督导。

人力资源社会保障等相关部门应当按照各自职责，完善劳动投诉处理、劳动争议解决等工作机制，提升咨询、指导、调解等服务效能，受理有关单位和个人对违反本条例行为的投诉举报，并及时予以核实、处理。

**第七十四条** 人力资源社会保障、财政部门应当加强促进就业资金的监管，规范资金使用，保障资金安全，提高资金使用效益。对于骗取或者违反规定使用各类促进就业资金的单位或者个人，由人力资源社会保障、财政部门依法处理，并可以暂缓拨款、中止拨款、追回已拨付资金。

审计部门应当依法对促进就业资金的管理和使用情况进行审计监督。

**第七十五条** 市、区人民代表大会常务委员会应当通过听取和审议专项工作报告、组织执法检查、开展询问和质询等方式，加强对本条例执行情况和促进就业工作情况的监督。

市、区人民代表大会常务委员会应当充分发挥各级人大代表作用，组织人大代表围绕促进就业工作情况开展专题调研和视察等活动，督促有关方面落实促进就业各项工作。

## 第十章 法律责任

**第七十六条** 违反本条例规定的行为，法律、行政法规已有处理规定的，从其规定。

**第七十七条** 违反本条例第四十条第四款规定，大众传播媒介为无法提供相关材料的机构或者含有歧视性内容等违法情形的招聘信息，提供信息发布服务的，由人力资源社会保障部门责令改正，并在相关范围内消除影响；拒不改正的，处一万元以上五万元以下罚款；有违法所得的，没收违法所得。

**第七十八条** 违反本条例第四十一条第二款规定，虚构用工信息办理就业参保登记手续的，由人力资源社会保障部门责令改正，有违法所得的，没收违法所得；情节严重的，按照未如实办理就业参保登记手续的劳动者每人一千元以上五千元以下的标准，处以罚款；构成骗取社会保险待遇的，由人力资源社会保障部门依照《中华人民共和国社会保险法》予以处罚。

**第七十九条** 对违反本条例规定的行为，除依法追究相应法律责任外，有关部门还应当按照规定，将有关单位及个人失信信息向本市公共信用信息服务平台归集，并依法采取惩戒措施。

**第八十条** 人力资源社会保障等部门及其工作人员在促进就业工作中不依法履行职责的，由其所在单位或者上级主管部门责令改正；玩忽职守、滥用职权、徇私舞弊的，对直接负责的主管人员和其他直接责任人员依法给予处分；构成犯罪的，依法追究刑事责任。

## 第十一章 附 则

**第八十一条** 本条例自 2023 年 3 月 1 日起施行，2005 年 12 月 29 日上海市第十二届人民代表大会常务委员会第二十五次会议通过的《上海市促进就业若干规定》同时废止。

# 上海市野生动物保护条例

（2023年6月20日上海市第十六届人民代表大会
常务委员会第三次会议通过）

## 第一章 总 则

**第一条** 为了保护野生动物，拯救珍贵、濒危野生动物，维护生物多样性和生态平衡，推进生态文明建设，促进人与自然和谐共生，根据《中华人民共和国野生动物保护法》等有关法律、行政法规的规定，结合本市实际，制定本条例。

**第二条** 在本市行政区域内从事野生动物保护及相关活动，适用本条例。

本条例规定保护的野生动物，包括经国务院批准公布的国家重点保护野生动物，国务院野生动物保护主管部门公布的有重要生态、科学、社会价值的陆生野生动物，以及市人民政府公布的地方重点保护野生动物。

本条例规定的野生动物及其制品，是指野生动物的整体（含卵、蛋）、部分及衍生物。

珍贵、濒危的水生野生动物以外的其他水生野生动物的保护，适用《中华人民共和国渔业法》等有关法律的规定。

**第三条** 野生动物保护工作遵循保护优先、规范利用、严格监管、社会共治的原则，加强重要生态系统保护和修复，鼓励和支持开展野生动物科学研究与应用，秉持生态文明理念，推动绿色发展。

**第四条** 市、区人民政府应当加强对野生动物保护工作的领导，制定野生动物及其栖息地相关保护规划和措施，将野生动物保护经费纳入预算。

**第五条** 林业部门、农业农村部门（以下统称“野生动物保护主管部门”）分别主管本行政区域内陆生、水生野生动物保护工作。

发展改革、市场监管、公安、交通、规划资源、生态环境、水务（海洋）、教育、邮政和城管执法等部门按照职责分工，负责野生动物保护相关工作。

**第六条** 保护野生动物及其栖息地是全社会的共同责任。禁止违法猎捕、运输、交易野生动物以及从事法律法规规定的其他禁止性行为，禁止破坏野生动物栖息地。

任何组织和个人应当自觉遵守国家和本市野生动物保护法律法规，增强保护野生动物和维护公共卫生安全的意识，防止野生动物源性传染病传播，抵制违法食用野生动物，养成文明健康的生活方式。

**第七条** 本市各级人民政府应当加强野生动物保护的宣传教育和科学知识普及工作，鼓励和支持基层群众性自治组织、社会组织、企业事业单位、志愿者开展野生动物保护法律法规、生态保护等知识的宣传活动；组织开展对相关从业人员法律法规和专业知识培训；依法公开野生动物保护和管理信息。

教育部门、学校应当对学生进行野生动物保护知识教育。

新闻媒体应当开展野生动物保护法律法规和保护知识的宣传，并依法对违法行为进行舆论监督。

本市确定每年11月为保护野生动物宣传月，4月的第二周为爱鸟周。

**第八条** 本市建立野生动物保护专家委员会，为有关野生动物及其栖息地名录制定和调整、保护规划和措施制定、安全风险防控等提供咨询意见。

**第九条** 本市鼓励公民、法人和其他组织依法通过捐赠、资助、志愿服务等方式参与野生动物保护活动，支持野生动物保护公益事业。

对在野生动物保护和科学研究方面成绩显著的组织和个人，按照规定给予表彰和奖励。

**第十条** 野生动物保护主管部门应当与长江三角洲区域相关省、市野生动物保护主管部门建立沟通协调机制，重点在毗邻地区野生动物及其栖息地资源调查、特定野生动物物种保护、突发事件处置，以及案件管辖移送、异地调查、争议解决、裁量基准、行刑衔接、结果通报等执法方面加强协同合作。

## 第二章 野生动物及其栖息地保护

**第十一条** 本市加强对野生动物及其栖息地的保护。

本市依法对纳入国家重点保护野生动物名录和有重要生态、科学、社会价值的陆生野生动物名录的野生动物，以及纳入地方重点保护野生动物名录的野生动物，实行分类分级保护。

本市依法对野生动物重要栖息地予以保护，并建立和完善市野生动物栖息地名录管理制度，加强对野生动物栖息地环境的保护、修复和改善。

**第十二条** 地方重点保护野生动物名录由市野生动物保护主管部门拟订，依法经市人民政府组织科学论证评估，并征求国务院野生动物保护主管部门意见后制定、公布。

地方重点保护野生动物名录应当每五年组织科学论证评估，根据论证评估情况进行调整，也可以根据野生动物保护的实际需要及时进行调整。

**第十三条** 野生动物保护主管部门应当加强信息技术应用，按照国家和本市有关规定，定期组织或者委托有关科学研究机构对野生动物及其栖息地状况进行调查、监测和评估，建立健全野生动物及其栖息地档案。

**第十四条** 市野生动物保护主管部门应当会同市发展改革、规划资源、生态环境、水务（海洋）、交通等有关部门以及相关区人民政府，根据调查、监测和评估结果，对拟列入市野生动物栖息地名录的野生动物栖息地编制保护方案。野生动物栖息地保护方案应当包括实施主体、位置面积、实施目标、修复要求和保障措施等内容。

野生动物保护主管部门和其他有关部门应当按照野生动物栖息地保护方案的要求，采取原生植被保护恢复、水生态功能优化、外来入侵物种防治以及特定野生动物重引入等措施，对原生状态退化的野生动物栖息地进行修复，提升野生动物生存环境质量。

**第十五条** 市野生动物保护主管部门应当对野生动物栖息地修复成效进行评估；经评估，符合野生动物栖息地保护方案要求的，列入市野生动物栖息地名录并向社会公布。

市野生动物保护主管部门应当定期组织对市野生动物栖息地状况进行评估，根据评估情况对名录进行调整，也可以根据实际需要适时调整。

**第十六条** 市野生动物保护主管部门应当制定市野生动物栖息地维护技术规范。

区野生动物保护主管部门应当按照有关规定以及市野生动物栖息地维护技术规范等要求，做好本行政区域内市野生动物栖息地的维护管理工作。区野生动物保护主管部门可以委托具有相应能力的单位实施具体维护。

区野生动物保护主管部门应当在市野生动物栖息地设置保护标识牌以及必要的保护、监测等设施设备，并根据需要设置科普设施。

**第十七条** 在市野生动物栖息地内从事的活动应当有利于保护、恢复、改善野生动物生存环境。

在市野生动物栖息地内，禁止开挖取土、阻断水源等破坏野生动物栖息地的行为；禁止破坏、损毁有关保护、监测和科普等设施设备。

**第十八条** 根据市野生动物栖息地的实际情况，可以在市野生动物栖息地内开展科学考察、科普教育、自然观光等特色活动。野生动物保护主管部门应当加强对有关活动的指导、监督，提升市野生动物栖息地生态服务功能，促进与周边社区的协调发展。

**第十九条** 机场、铁路、公路、航道、水利水电、风电、光伏发电、围堰、围填海等建设项目的选址选线，应当充分考虑野生动物及其栖息地保护的需要，避让自然保护地以及其他野生动物重要栖息地、市野生动物栖息地、迁徙洄游通道；确实无法避让的，应当采取措施，消除或者减少对野生动物及其栖息地的不利影响，野生动物保护主管部门应当给予指导。

建设项目可能对自然保护地以及其他野生动物重要栖息地、迁徙洄游通道产生影响的，按照国家规定执行。建设项目可能对市野生动物栖息地产生影响的，规划资源部门应当就建设工程设计方案征求市野生动物保护主管部门的意见。

**第二十条** 本市加强野生动物收容救护能力建设。野生动物保护主管部门应当按照国家和本市有关规定，明确野生动物收容救护机构，组织开展野生动物收容救护工作。

野生动物收容救护机构应当根据实际需要，建立收容救护场所，配备相应的专业技术人员、救护工具、设备和药品等，对单位和个人移送的以及其他需要收容救护的野生动物进行收容救护。野生动物收容救护机构及收容救护场所信息，由市野生动物保护主管部门向社会公布。

区野生动物保护主管部门以及野生动物收容救护机构可以根据实际需要，组织从事野生动物科学研究、人工繁育等活动的组织和个人，依法参与野生动物收容救护工作，并加强规范和指导。

收容救护工作涉及跨区或者需要其他区予以协助的，相关区野生动物保护主管部门应当充分协商、积极配合；必要时，可以由市野生动物保护主管部门统筹协调。

禁止以野生动物收容救护为名买卖野生动物及其制品。

收容救护的野生动物放归野外环境或者死亡的处理，按照国家和本市有关规定执行。

**第二十一条** 本市加强对野生动物遗传资源的保护。

对于原产本市、种群数量极少的野生动物遗传资源，市野生动物保护主管部门组织野生动物保护专家委员会评估论证后，可以采取迁地或者就地保护、重引入、建立资源库等措施，实施重点保护。

**第二十二条** 市野生动物保护主管部门应当组织开展野生动物危害调查评估；调查评估内容主要包括野生动物活动区域、危害情形、影响程度、原因分析、防治对策等。

区野生动物保护主管部门根据调查评估结果，组织实施野生动物危害防护工作，指导有关组织、个人采取科学防护措施，有效减少对人身财产、生产活动和生态安全的影响。

区野生动物保护主管部门应当对农林生产活动中设置防护网加强指导；有关组织、个人在农田、养殖塘、经济果林等区域设置防护网的，应当自设置之日起五个工作日内，向区野生动物保护主管部门报告设置地点、数量、材质、规格等信息。

禁止以农林生产防护为名违法猎捕野生动物。

## 第三章 野生动物管理

**第二十三条** 禁止违法猎捕、杀害野生动物。

因科学研究、种群调控、疫源疫病监测或者其他特殊情况需要猎捕国家重点保护野生动物的，应当依法申请办理特许猎捕证。

猎捕有重要生态、科学、社会价值的陆生野生动物和地方重点保护野生动物的，应当向区野生动物保护主管部门申请办理狩猎证，并服从猎捕量限额管理。

猎捕者应当严格按照特许猎捕证、狩猎证规定的种类、数量或者限额、地点、工具、方法和期限进行猎捕。猎捕作业完成后，应当依法将猎捕情况向核发特许猎捕证、狩猎证的野生动物保护主管部门备案。

**第二十四条** 本市依法对人工繁育野生动物实行分类分级管理，严格保护和科学利用野生动物资源。

人工繁育国家重点保护野生动物的，应当依法取得人工繁育许可证。

人工繁育有重要生态、科学、社会价值的陆生野生动物或者地方重点保护野生动物的，应当提前一个月将人工繁育物种、来源、规模、目的、场所、专业人员以及人工繁育技术和设施、防疫措施、防逃逸措施等基本信息，向区野生动物保护主管部门备案。终止人工繁育活动的，应当提前一个月向原备案部门报送野生动物处置方案，并妥善处置野生动物，不得丢弃。

市野生动物保护主管部门可以根据野生动物保护的需要，结合人口密度、危害防控等因素，划定一定区域禁止设立陆生野生动物人工繁育场所。具体区域范围由市野生动物保护主管部门会同相关部门确定并公布。

**第二十五条** 禁止食用国家重点保护野生动物和国家保护的有重要生态、科学、社会价值的陆生野生动物以及其他陆生野生动物。禁止食用地方重点保护野生动物。

禁止以食用为目的猎捕、交易、运输在野外环境自然生长繁殖的本条第一款规定的野生动物。

禁止生产、经营使用本条第一款规定的野生动物及其制品制作的食品。

禁止以食用为目的非法购买本条第一款规定的野生动物及其制品。

**第二十六条** 利用野生动物进行公众展示展演，应当符合国家有关规定，采取安全管理措施，保障野生动物健康状态。

禁止投喂野外环境自然生长繁殖的野生动物。

居住区内发现野生动物种群数量异常等情况的，可以向区野生动物保护主管部门报告，由区野生动物保护主管部门组织采取必要措施予以保护。

**第二十七条** 放生野生动物活动应当遵守国家和本市有关规定。随意放生野生动物，造成他人人身、财产损害或者危害生态系统的，依法承担法律责任。

野生动物保护主管部门应当会同有关部门加强对放生野生动物活动的规范和引导。

**第二十八条** 本市建立野生动物保护巡护制度。

市野生动物保护主管部门应当重点结合野生动物及其栖息地分布区域、迁徙洄游通道以及违法猎捕、交易行为多发区域等情况，制定本市野生动物保护巡护工作指南。

相关区人民政府应当结合本行政区域实际情况，组织制定野生动物保护巡护方案，明确参与部门、职责分工、人员构成、巡护频次、重点巡护区域、具体处置措施等内容。

区野生动物保护主管部门和其他有关部门应当根据野生动物保护巡护方案，组织实施巡护；在候鸟迁徙高峰期，加强对候鸟迁徙停歇地和越冬地等重点区域的巡护。有关单位和个人应当予以协助、配合。

绿地、林地、湿地、苗圃、公园、湖泊、水库等区域的经营、管理单位应当加强本区域野生动物保护的巡护；发现相关违法行为的，应当予以劝阻、制止，并向野生动物保护主管部门报告。

**第二十九条** 市、区人民政府建立由野生动物保护主管部门和市场监管、公安、交通、规划资源、生态环境、邮政、城管执法等部门组成的野生动物联合执法工作协调机制，定期沟通、研究野生动物保护重大事项，加强线索移交、勘验鉴定、督查督办等方面协同合作，加大对违法猎捕、交易、利用、运输、携带、寄递野生动物及其制品，以及破坏野生动物栖息地等行为的查处力度。

**第三十条** 本市推动野生动物保护数字化转型，依托“一网通办”“一网统管”平台，加强野生动物保护主管部门与市场监管、公安、交通、规划资源、生态环境、水务（海洋）、邮政和城管执法等部门共享野生动物及其栖息地基础数据、行政许可、行政处罚等相关信息，促进业务协同，提升野生动物保护管理效能。

**第三十一条** 野生动物保护主管部门和其他有关部门应当按照国家和本市有关规定，将有关组织和个人的相关信用信息归集至本市公共信用信息服务平台，依法采取守信激励和失信惩戒措施。

**第三十二条** 餐饮、养殖、广告、电子商务、快递、会展等相关行业协会应当加强行业自律，依法制定和组织实施本行业自律规范，开展业务培训，督促会员单位落实野生动物保护要求。

**第三十三条** 任何组织和个人发现有野生动物保护违法行为的，可以通过“12345”市民服务热线、政府网站等途径进行投诉举报。

有关部门接到投诉举报后，应当及时核实、处理，并对投诉举报人的相关信息予以保密；对于提供重大违法行为线索并经查实的，按照有关规定给予奖励。

## 第四章 法律责任

**第三十四条** 对违反本条例的行为，法律、行政法规已有处理规定的，从其规定。

**第三十五条** 违反本条例第十七条第二款规定，在市野生动物栖息地内从事开挖取土、阻断水源等破坏野生动物栖息地行为的，由野生动物保护主管部门责令限期改正或者责令采取其他补救措施；逾期不改正或者未采取其他补救措施的，处一千元以上一万元以下罚款；情节严重的，处一万元以上十万元以下罚款。

违反本条例第十七条第二款规定，在市野生动物栖息地内破坏、损毁有关保护、监测和科普等设施设备的，由野生动物保护主管部门责令限期改正；逾期不改正的，处五百元以上五千元以下罚款；造成损失的，依法赔偿损失。

**第三十六条** 违反本条例第二十四条第三款规定，人工繁育地方重点保护野生动物未按照要求备案，或者终止人工繁育活动未报送野生动物处置方案的，由野生动物保护主管部门责令限期改正；逾期不改正的，处五百元以上二千元以下罚款。

违反本条例第二十四条第四款规定，在禁设区域设立陆生野生动物人工繁育场所的，由野生动物保护主管部门责令关闭场所，并处一千元以上一万元以下罚款。

## 第五章 附则

**第三十七条** 本条例自2023年10月1日起施行。

# 上海市健全浦东新区生态环境保护制度若干规定

（2023年6月20日上海市第十六届人民代表大会常务委员会第三次会议通过）

**第一条** 为了打造人与自然和谐共生的美丽浦东，进一步健全源头预防、过程控制、损害赔偿、责任追究的生态环境保护制度，根据有关法律、行政法规的基本原则，结合浦东新区实际，制定本规定。

**第二条** 浦东新区建立健全生态文明建设领导机制，实行生态环境保护党政同责、一岗双责。

浦东新区人民政府应当构建以绿色发展为导向的生态文明建设目标考核体系，建立区级生态环境保护工作监督和责任追究机制，对本级人民政府有关行政管理部门和街道办事处、镇人民政府的环境保护职责履行和目标完成情况进行监督，并依法追究相关单位和责任人的责任。

浦东新区生态环境、发展改革、科技经济、建设交通、规划资源、农业农村、城管执法、财政等部门以及管理局（管理委员会）、街道办事处、镇人民政府应当按照规定履行各自职责，完善政策措施，深化制度创新，做好生态环境保护相关工作。

**第三条** 浦东新区将碳达峰、碳中和纳入经济社会发展全局,建立健全减少污染排放、降低温室气体排放等的激励约束机制,推动经济社会发展全面绿色转型。

浦东新区生态环境部门应当推动大气污染物源排放清单与温室气体排放清单协同编制,推进温室气体和污染物排放协同控制。编制建设项目环境影响报告书(表)和产业园区规划环境影响报告书时,应当按照国家和本市有关规定将碳排放纳入环境影响评价范围。

**第四条** 浦东新区已完成相关区域规划环境影响评价、有效落实规划环境影响评价结论与审查意见的区域,可以实施规划环境影响评价与建设项目环境影响评价联动。区域内符合条件的建设项目可以实行简化办理环境影响评价手续等措施。

浦东新区生态环境部门可以依行政相对人的申请同步办理本行政区域内环境影响评价审批与排污许可审批。

**第五条** 浦东新区应当统筹农村生态环境治理、农村基础设施建设与农业绿色发展。

浦东新区探索推行农田退水规范化管理,防治农业面源污染。浦东新区农业农村部门应当优化畜禽、水产养殖空间布局,加强畜禽、水产养殖污染防治以及对使用化肥、农药的监督管理和指导。

**第六条** 浦东新区生态环境部门应当会同相关部门建立持久性有机污染物、内分泌干扰物、抗生素等新污染物管控机制,按照国家和本市规定采取禁止、限制、限排、强制清洁生产审核等环境风险管控措施,加强对新污染物在生产、加工、使用、处置等环节的管控和治理。

**第七条** 浦东新区生态环境部门应当加强企业环境信息披露的监督管理。除国家规定应当进行环境信息披露的企业以外,浦东新区环境风险重点管控单位、属于全国碳排放权交易市场覆盖行业的温室气体重点排放单位也应当披露相关环境信息。

浦东新区环境风险重点管控单位、属于全国碳排放权交易市场覆盖行业的温室气体重点排放单位的名单由浦东新区生态环境部门按照规定确定并公布,其监管要求和法律责任按照企业环境信息依法披露管理的规定执行。

**第八条** 违反国家规定造成生态环境损害的单位或者个人,应当依法承担生态环境损害修复和赔偿责任。

浦东新区人民政府是本行政区域内生态环境损害赔偿权利人。街道办事处、镇人民政府负责所辖区域生态环境损害赔偿具体工作;浦东新区有关行业主管部门负责跨区域、重大的生态环境损害赔偿具体工作。浦东新区相关行业主管部门应当加强对街道办事处、镇人民政府的业务指导。

依法登记的环保公益性组织可以应邀以磋商第三人、修复监督人等身份参与生态环境损害赔偿工作。

**第九条** 对于生态环境损害事实简单、责任认定无争议、损害较小的案件,在浦东新区探索生态环境损害鉴定电子化评估工作。

在生态环境损害赔偿磋商阶段可以组织开展听证。经磋商达成生态环境损害赔偿协议的,可以依法向有管辖权的人民法院申请司法确认。赔偿协议的履行情况作为生态环境行政处罚的裁量因素。

**第十条** 责任人应当依法赔偿相关损失并承担生态环境损害赔偿范围内的相关费用。

生态环境损害可以修复的,责任人应当修复至生态环境受损前的基线水平或者生态环境风险可接受水平。生态环境损害无法修复的,在符合有关生态环境修复法规政策和规划的前提下,可以开展替代修复或者通过认购碳汇等提高生态效益的方式履行义务,实现生态环境及其服务功能等量恢复。

浦东新区探索建立生态环境公益基金制度,保障生态环境修复等公益事项的开展。

**第十一条** 违反国家规定故意污染环境、破坏生态造成严重后果的,依法承担惩罚性赔偿责任。惩罚性赔偿数额一般不超过生态环境受到损害至修复完成期间服务功能丧失导致的损失、生态环境功能永久性损害造成的损失的三倍。

**第十二条** 浦东新区人民政府和相关检察机关应当建立健全生态环境损害赔偿与公益诉讼衔接协调机制。浦东新区生态环境、城管执法、规划资源、建设交通、农业农村等部门与相关检察机关应当加强沟通协调，开展生态环境信息共享、线索移送、专业咨询、支持起诉等工作协作。

**第十三条** 浦东新区城管执法部门开展生态环境事项现场检查时，可以按照相关技术规范要求现场采样，监测数据可以作为行政执法的证据。浦东新区生态环境部门可以委托具有相应资质的环境监测机构按照国家和本市规定开展监测，出具监测数据。监测数据经审核的，方可作为生态环境监督管理和执法的证据使用。

浦东新区生态环境、农业农村、城管执法等部门可以采用自动监测监控、遥感监测、能耗监控、雷达监控、视频监控等技术手段进行生态环境监督检查。

**第十四条** 环境影响评价机构、环境监测机构以及从事环境监测设备和防治污染设施维护、运营等第三方机构，未按照法律、法规和相关技术规范的要求提供有关环境服务活动，或者在有关环境服务活动中弄虚作假的，除法律、行政法规另有规定的，由浦东新区城管执法部门责令停业整顿，处十万元以上一百万元以下的罚款，并对其主要负责人处二万元以上二十万元以下的罚款。对造成的环境污染和生态破坏负有责任的，除依法予以处罚外，还应当与造成环境污染和生态破坏的其他责任者承担连带责任。

建设单位、施工单位未按照规定取得证明，在噪声敏感建筑物集中区域夜间进行产生噪声的建筑施工作业，受到罚款处罚，被责令改正，拒不改正的，浦东新区城管执法部门可以自责令改正之日的次日起，按照原处罚数额实施按日连续处罚。

**第十五条** 本规定自 2023 年 8 月 15 日起施行。

# 上海市土壤污染防治条例

（2023 年 7 月 25 日上海市第十六届人民代表大会
常务委员会第四次会议通过）

## 第一章　总　　则

**第一条** 为了保护和改善生态环境，防治土壤污染，保障公众健康，推动土壤资源永续利用，推进生态文明建设，促进经济社会可持续、高质量发展，建设人与自然和谐共生的美丽上海，根据《中华人民共和国土壤污染防治法》等有关法律、行政法规，结合本市实际，制定本条例。

**第二条** 本条例适用于本市行政区域内的土壤污染防治及相关活动。

本条例所称土壤污染，是指因人为因素导致某种物质进入陆地表层土壤，引起土壤化学、物理、生物等方面特性的改变，影响土壤功能和有效利用，危害公众健康或者破坏生态环境的现象。

**第三条** 土壤污染防治应当坚持预防为主、保护优先、分类管理、风险管控、污染担责、公众参与的原则。

本市加强土壤污染防治与大气、水、固体废物等污染防治的统筹协同，实现源头预防。

本市根据土壤和地下水生态环境状况，实行土壤污染与地下水污染一体防治，对相关工作实施一体部署、一体推进。

**第四条** 任何组织和个人都有保护土壤、防止土壤污染的义务。

土地使用权人从事土地开发利用活动，企业事业单位和其他生产经营者从事生产经营活动，应当采取有效措施，防止、减少土壤污染，对所造成的土壤污染依法承担责任。

**第五条** 本市各级人民政府应当对本行政区域土壤污染防治和安全利用负责。

本市实行土壤污染防治目标责任制和考核评价制度，将土壤污染防治目标完成情况作为考核评价各级人民政府及其负责人、负有土壤污染防治监督管理职责的部门及其负责人的内容。

**第六条** 市、区人民政府应当加强对土壤污染防治工作的领导，建立健全土壤污染防治综合监管工作机制，组织、协调、督促有关部门依法履行土壤污染防治监督管理职责。

乡镇人民政府、街道办事处按照职责做好土壤污染防治相关工作。

**第七条** 生态环境部门对本行政区域土壤污染防治工作实施统一监督管理。

农业农村、绿化市容部门按照各自职责对农用地土壤污染防治实施监督管理。

规划资源部门按照职责对土地开发利用过程中的土壤污染防治实施监督管理。

发展改革、住房城乡建设管理、水务、经济信息化、交通、财政、卫生健康、应急管理、市场监管、科技等部门按照各自职责，协同做好土壤污染防治工作。

市人民政府派出机构根据授权或者委托，承担管辖区域的土壤污染防治监督管理职责。

**第八条** 本市依托政务服务“一网通办”、城市运行“一网统管”平台，建立全市统一的土壤污染防治综合监管平台，加强土壤环境监管信息的归集、共享和利用，实现土壤污染防治全过程、全覆盖监管。

**第九条** 本市建立健全与长江三角洲区域相关省、市土壤污染防治协作工作机制，开展土壤污染预防、风险管控和修复、执法、应急处置等领域的合作。

本市支持土壤污染防治国际交流与合作。

**第十条** 本市支持土壤污染防治方面的基础研究和共性关键技术、前沿引领技术、现代工程技术研究，推进产学研用深度融合，加强专业技术人才培养，提升科技创新能力，促进土壤污染防治科学技术进步。

本市支持土壤污染防治新技术、新工艺、新设备、新材料的推广应用，推动土壤污染防治绿色低碳产业发展。

**第十一条** 本市各级人民政府及其有关部门、基层群众性自治组织和新闻媒体应当加强土壤污染防治宣传教育和科学普及，增强公众土壤污染防治意识，拓展公众参与途径，引导公众依法参与土壤污染防治工作。

鼓励行业协会、学会等社会组织参与土壤污染防治宣传教育和科学普及活动。

## 第二章 规划、标准、详查和监测

**第十二条** 市、区人民政府应当将土壤污染防治工作纳入国民经济和社会发展规划、生态环境保护规划。

市生态环境部门应当会同发展改革、农业农村、规划资源、住房城乡建设管理、绿化市容、水务、经济信息化、财政等部门，根据生态环境保护规划要求、土地用途、土壤污染状况普查和监测结果等，编制本市土壤污染防治规划，报市人民政府批准后公布实施。

农业农村、绿化市容等部门编制的有关行业规划，应当包括土壤污染防治内容。

编制国土空间规划时，编制机关应当充分考虑土壤环境质量因素，合理确定土地用途。

**第十三条** 市人民政府对国家土壤污染风险管控标准中未作规定的项目，可以制定地方土壤污染风险管控标准；对国家土壤污染风险管控标准中已作规定的项目，可以制定严于国家土壤污染风险管控标准的地方土壤污染风险管控标准。地方土壤污染风险管控标准应当依法报国务院生态环境主管部门备案并予以公布。

制定地方土壤污染风险管控标准，应当组织专家进行审查和论证，并征求有关部门、行业协会、企业事业单位和公众等方面的意见。

地方土壤污染风险管控标准的执行情况应当定期评估，并根据评估结果对标准适时修订。

**第十四条** 市、区人民政府可以根据土壤污染状况普查、土壤环境监测情况以及耕地保护等需要，组织生态环境、农业农村、规划资源、绿化市容等部门开展土壤污染状况详查。土壤污染状况详查应当查明土壤污染区域、地块分布、面积、主要污染物和污染程度等。

土壤污染状况详查结果应当作为实施土壤污染防治分类管理、风险管控等的重要依据。

**第十五条** 市生态环境部门应当会同农业农村、规划资源、绿化市容、水务等部门按照国家和本市有关规定，设置土壤环境监测站（点），健全土壤环境监测网络。

生态环境、农业农村、规划资源、绿化市容、水务等部门应当按照土壤环境监测规范开展监测，并加强监测质量控制。

对土壤环境监测站（点）的设置以及监测活动，土地所有权人、使用权人应当予以配合。

**第十六条** 区农业农村、绿化市容部门应当会同生态环境、规划资源部门根据国家规定的情形，制定农用地重点监测地块清单，并进行重点监测。

区生态环境部门应当会同规划资源部门根据国家规定的情形，制定建设用地重点监测地块清单，并进行重点监测。

## 第三章 预防和保护

**第十七条** 各类涉及土地利用的规划和可能造成土壤污染的建设项目，应当依法进行环境影响评价。环境影响评价文件应当包括对土壤可能造成的不良影响、应当采取的相应预防措施等内容。

未依法进行环境影响评价的，相关规划不得组织实施，相关建设项目不得开工建设。

**第十八条** 市、区人民政府和发展改革、经济信息化、规划资源、生态环境等部门应当按照国土空间规划，严格执行相关行业企业布局选址要求，禁止在居民区和学校、医院、疗养院、养老院等单位周边新建、改建、扩建可能造成土壤污染的建设项目。

**第十九条** 企业事业单位和其他生产经营者应当采取有效措施，减少大气污染物、水污染物、固体废物等污染物的排放，加强多种污染物协同治理，避免土壤受到污染。

生产、使用、贮存、运输、回收、处置、排放有毒有害物质的单位和个人，应当采取密闭、阻隔等有效措施，防止有毒有害物质渗漏、流失、扬散，避免土壤受到污染。

加油站、储油库等的所有者、经营者，应当对地下油罐及附属埋地管道采取有效的防渗漏措施，并进行防渗漏监测，避免土壤受到污染。

**第二十条** 区生态环境部门应当按照规定，根据有毒有害物质排放等情况，拟订本行政区域土壤污染重点监管单位名录，报市生态环境部门审核后统一向社会公开，并适时更新。

**第二十一条** 土壤污染重点监管单位应当依法履行有毒有害物质排放控制、土壤及地下水污染隐患排查、自行监测等义务，并按照规定向区生态环境部门报告。

土壤污染重点监管单位应当按照有关技术规范要求，并充分结合本行业特点和本单位生产实际，科学、合理确定隐患排查、自行监测的重点场所和重点设施、设备。土壤污染重点监管单位在隐患排查、自行监测等活动中发现存在污染隐患的，应当及时采取防范措施，消除隐患；发现污染迹象的，应当立即排查污染源，查明污染原因，采取移除污染源、防止污染扩散等措施。处置情况应当及时报区生态环境部门。

土壤污染重点监管单位拆除设施、设备或者建筑物、构筑物的，应当制定包括应急措施在内的土壤及地下水污染防治工作方案，报区生态环境、经济信息化部门备案并实施。

生态环境部门应当定期对土壤污染重点监管单位周边土壤及地下水进行监测。

**第二十二条** 产业园区管理机构应当将土壤污染防治工作纳入园区环境保护责任制度，定期开展园区内土壤及地下水监测，督促园区内企业落实土壤及地下水污染防治措施，并在企业搬迁或者关闭时督促其做好残留污染物的安全清理处置。

**第二十三条** 本市加强对持久性有机污染物等新污染物的治理。有关单位应当按照规定对国家和本市重点管控的新污染物实施相应的环境风险管控措施，防止土壤及地下水污染。

鼓励和支持有关单位开展新污染物对土壤生态环境危害的跟踪监测和环境风险评估，开展相关监测、风险评估与管控关键技术的研究。

**第二十四条** 农业农村部门应当鼓励和支持农业生产者因地制宜采取有利于防止土壤污染的种养结合、轮作休耕等农业耕作措施；支持采取土壤改良、土壤肥力提升等有利于土壤养护和培育的措施。

发包农村土地的，发包方应当监督承包方依照承包合同约定的用途合理利用和保护农用地，制止承包方污染农用地的行为。

禁止向农用地排放污水、污泥，以及可能造成土壤污染的清淤底泥、尾矿、矿渣等。

**第二十五条** 农业农村、绿化市容部门应当按照各自职责加强农用地农药、化肥使用总量控制，组织开展农药、化肥、农用薄膜等农业投入品调查核算，对农业投入品的安全合理使用进行指导和管理。

禁止生产、销售、使用国家明令禁止的农业投入品。

鼓励和支持农业生产者使用微生物肥料、易回收地膜等农业投入品，采用科学施肥技术，采取生态控制、生物防治、物理防治等病虫害绿色防控措施，以及国家规定的其他措施。

**第二十六条** 市农业农村部门应当指导农药包装废弃物、废弃农用薄膜等农业固体废物回收网络的建设。

区人民政府应当按照规定组织建立农业固体废物回收网络，充分利用供销社和农资销售点等，合理布设回收站点。回收站点应当加强相关设施、设备、场所的管理和维护，按照规定建立台账如实记录回收信息，规范贮存收集的农业固体废物，并依法交由有关单位进行无害化处理或者资源化利用。

农业投入品的生产者、销售者和使用者应当依法履行回收处理义务。

**第二十七条** 畜禽养殖场（户）应当采取措施，及时收集、贮存、利用、处置畜禽粪污、沼渣、沼液等废弃物，防止污染土壤。采取粪肥还田等方式进行资源化利用的，应当符合国家和本市有关标准规范，并与土地消纳能力相适应。

农业农村部门应当支持畜禽粪污无害化处理、资源化利用设施的建设，加强对畜禽粪肥还田利用的指导和服务，开展粪肥还田耕地土壤和农产品协同监测。

**第二十八条** 本市加强对土壤资源的保护和合理利用。对开发建设过程中剥离的表土，建设单位应当单独收集和存放，符合条件的应当优先用于土地复垦、土壤改良、造地和绿化等。

禁止将重金属或者其他有毒有害物质含量超标的工业固体废物、生活垃圾或者污染土壤用于土地复垦。

**第二十九条** 禁止污染和破坏未利用地。

本市各级人民政府及其有关部门应当加强对未利用地的保护。区人民政府应当组织对未利用地定期开展巡查，发现排放有毒有害物质等污染土壤情形的，应当依法调查处理。

## 第四章 风险管控和修复

**第三十条** 土壤污染风险管控和修复，包括土壤污染状况调查和土壤污染风险评估、风险管控、修复、风险管控效果评估、修复效果评估、后期管理等活动。土壤污染影响或者可能影响地下水的，应当包括地下水污染防治的内容。

实施土壤污染风险管控和修复活动，应当严格遵守国家和本市规定的程序和要求。

生态环境部门应当会同规划资源、住房城

乡建设管理等部门加强对建设用地土壤污染风险管控和修复活动的全过程监管。农业农村、绿化市容部门应当会同生态环境、规划资源等部门加强对农用地土壤污染风险管控和修复活动的全过程监管。

**第三十一条** 土壤污染责任人负有实施土壤污染风险管控和修复的义务。土壤污染责任人无法认定的，土地使用权人应当实施土壤污染风险管控和修复。

本市各级人民政府及其有关部门可以根据实际情况组织实施土壤污染风险管控和修复。

鼓励和支持有关当事人自愿实施土壤污染风险管控和修复。

**第三十二条** 从事土壤污染状况调查和土壤污染风险评估、风险管控、修复、风险管控效果评估、修复效果评估、后期管理等活动的单位，应当具备与其承担业务相适应的工作场所、专业技术人员和设备等专业能力，建立质量管理体系，并按照有关技术规范开展活动。

受委托从事前款活动的单位应当对其出具的调查报告、风险评估报告、风险管控效果评估报告、修复效果评估报告的真实性、准确性、完整性负责，并按照约定对风险管控、修复、后期管理等活动结果负责。

**第三十三条** 风险管控、修复活动中需要转运污染土壤的，应当遵守下列规定：

（一）修复施工单位制定转运计划，将运输时间、方式、线路和污染土壤数量、去向、最终处置措施等，提前报所在地和接收地生态环境部门；

（二）修复施工单位、运输单位和接收单位填写、运行污染土壤转运联单；

（三）转运的污染土壤属于危险废物的，修复施工单位依照法律法规和相关标准的要求进行处置。

**第三十四条** 本市实行建设用地土壤污染风险管控和修复名录制度。

经土壤污染状况调查、土壤污染风险评估以及相关评审后，市生态环境部门应当会同规划资源部门将需要实施风险管控、修复的建设用地地块，纳入建设用地土壤污染风险管控和修复名录，并定期向国务院生态环境主管部门报告。建设用地土壤污染风险管控和修复名录应当向社会公开，并根据风险管控、修复情况适时更新。

列入建设用地土壤污染风险管控和修复名录的地块，不得作为住宅、公共管理与公共服务用地。

乡镇人民政府、街道办事处应当协助区生态环境等部门加强对列入建设用地土壤污染风险管控和修复名录的地块的巡查。

**第三十五条** 有下列情形之一的，土地使用权人应当按照国家和本市有关规定开展建设用地土壤污染状况调查：

（一）土壤污染状况普查、详查和监测、现场检查表明建设用地地块有土壤污染风险的；

（二）用途变更为住宅、公共管理与公共服务用地、商业服务业用地的；

（三）土壤污染重点监管单位和曾经列入土壤污染重点监管单位名录的单位生产经营用地用途变更或者土地使用权收回、转让的。

前款第一项规定的土壤污染状况调查，土地使用权人应当在接到区生态环境部门书面通知后六个月内完成；前款第二项、第三项规定的土壤污染状况调查，土地使用权人应当在土地用途变更或者土地使用权收回、转让前完成。

除本条第一款规定的情形外，其他工业用地用途变更或者土地使用权收回、转让前，鼓励土地使用权人开展土壤污染状况调查。

按照国家规定将厂房、仓储等非居住存量房屋改建为保障性租赁住房的，应当在项目认定阶段开展土壤污染状况调查。

**第三十六条** 对建设用地土壤污染风险管控和修复名录中的地块，应当根据土壤污染风险评估结果，并结合相关开发利用计划，实施风险管控；确需修复的，应当开展治理与修复。

土壤污染责任人或者土地使用权人应当按照国家和本市有关规定，编制风险管控或者修复方案，报区生态环境部门备案后实施；风险管控或者修复方案的内容发生重大变更的，应当重新备案。实施风险管控的,应当定期向区生态环境部门报告。

土壤污染修复应当严格执行国家和本市有关修复技术规范和安全管理规定。涉及深基坑的土壤污染修复工程,生态环境部门应当将有关工程信息告知住房城乡建设管理部门;住房城乡建设管理部门应当对涉及深基坑的土壤污染修复施工安全加强监督管理。

建设用地地块达到土壤污染风险评估报告确定的风险管控、修复目标的,依法及时移出建设用地土壤污染风险管控和修复名录;未达到目标的,禁止开工建设任何与风险管控、修复无关的项目。

**第三十七条** 实施土壤污染修复的建设用地地块达到修复目标且可以安全利用的,生态环境、规划资源、住房城乡建设管理等部门可以优化地块再开发利用相关审批流程,提高地块再开发利用效率。具体管理规定由市生态环境部门会同有关部门另行制定。

**第三十八条** 本市实行农用地分类管理制度。市农业农村、绿化市容部门应当会同生态环境、规划资源部门按照土壤污染程度和相关标准,将农用地划分为优先保护类、安全利用类和严格管控类,实施分类管理,并进行动态调整。

**第三十九条** 区人民政府应当依法将符合条件的优先保护类耕地划为永久基本农田,实行严格保护。在永久基本农田集中区域,不得新建可能造成土壤污染的建设项目;已经建成的,由区人民政府责令限期关闭拆除。

对安全利用类农用地地块,农业农村、绿化市容部门应当结合主要作物品种和种植习惯等情况,制定并实施安全利用方案。农业农村、绿化市容部门应当按照安全利用方案要求定期开展土壤和农产品协同监测,跟踪评价土壤环境质量和农产品质量变化状况,并根据协同监测与评价情况适时调整安全利用方案。

对严格管控类农用地地块,农业农村、绿化市容部门应当按照国家要求采取风险管控措施。需要采取种植结构调整、退耕还林还草、退耕还湿、轮作休耕和其他风险管控措施的,本市各级人民政府及其有关部门应当给予相应的政策支持。

**第四十条** 未利用地、复垦土地等拟开垦为耕地、园地和其他种植食用农产品农用地的,区农业农村、绿化市容部门应当会同生态环境、规划资源部门开展土壤污染状况调查,依法进行分类管理,并按照规定定期开展土壤和农产品协同监测。

## 第五章 保障和监督

**第四十一条** 本市设立政府与社会资本共同出资的土壤污染防治基金,主要用于农用地土壤污染防治和土壤污染责任人或者土地使用权人无法认定的土壤污染风险管控和修复以及政府规定的其他事项。

土壤污染防治基金的设立、运行、管理应当按照政府投资基金相关规定执行。

**第四十二条** 生态环境部门通过土壤污染防治综合监管平台,加强与规划资源、农业农村、住房城乡建设管理、绿化市容、水务等部门共享和利用国土空间管理和土壤污染防治基础数据、行政许可、行政处罚等相关信息,提高土壤污染防治综合监管水平。

生态环境、规划资源、农业农村、住房城乡建设管理、绿化市容、水务等部门应当及时将前款规定的信息上传土壤污染防治综合监管平台,并进行动态更新。

**第四十三条** 生态环境部门应当会同规划资源、农业农村、住房城乡建设管理、绿化市容等部门建立健全土壤污染防治联动监管机制,在土壤污染状况调查和监测、跨部门联合评审、农用地复垦、建设用地污染地块再开发准入和暂不开发利用污染地块的管理等方面加强协作,提高土壤污染防治效率。

**第四十四条** 乡镇人民政府、街道办事处应当发挥网格化管理作用,加强所辖区域内巡查以及土壤污染防治宣传教育和科学普及等日常工作。发现存在土壤污染隐患或者污染迹象的，应当及时向相关部门报告。

生态环境、农业农村、绿化市容等部门应当加强指导，提供支持和服务。

**第四十五条** 市、区人民政府应当将土壤污染防治情况纳入环境状况和环境保护目标完成情况年度报告，向本级人民代表大会或者人民代表大会常务委员会报告。

**第四十六条** 任何组织和个人发现有污染土壤行为的，可以通过“12345”市民服务热线等途径进行举报，或者直接向生态环境部门和其他负有土壤污染防治监督管理职责的部门进行举报。相关部门应当将举报方式向社会公布，方便公众举报。

接到举报的部门应当及时处理并对举报人的相关信息予以保密；对实名举报并查证属实的，给予奖励。

举报人举报所在单位的，该单位不得以解除、变更劳动合同或者其他方式对举报人进行打击报复。

**第四十七条** 市生态环境部门和其他负有土壤污染防治监督管理职责的部门应当按照国家和本市有关规定，将从事土壤污染风险管控和修复活动的单位和个人的执业情况，纳入信用系统建立信用记录，将违法信息记入社会诚信档案，并纳入全国信用信息共享平台、国家企业信用信息公示系统和本市公共信用信息服务平台，向社会公布。

生态环境部门和其他负有土壤污染防治监督管理职责的部门根据从事土壤污染风险管控和修复活动的单位和个人的信用情况，实施信用分类管理。

## 第六章 法律责任

**第四十八条** 违反本条例规定的行为，法律、行政法规已有处理规定的，从其规定。

土壤污染防治违法行为涉嫌犯罪的，生态环境部门和其他负有土壤污染防治监督管理职责的部门应当及时将案件移送司法机关。

污染土壤损害国家利益、社会公共利益的，有关机关和组织可以依法提起公益诉讼。

**第四十九条** 违反本条例第十九条第三款规定，加油站、储油库等的所有者或者经营者未采取有效的防渗漏措施或者未进行防渗漏监测的，由生态环境部门责令停止违法行为，限期采取治理措施，消除污染，处二万元以上二十万元以下罚款；逾期不采取治理措施的，由生态环境部门依法处理。

**第五十条** 违反本条例第三十二条第一款规定，受委托从事土壤污染风险管控和修复活动的单位未按照有关技术规范开展调查、评估活动的，由生态环境部门责令改正，处十万元以上二十万元以下罚款；情节严重的，处二十万元以上五十万元以下罚款。

**第五十一条** 违反本条例第三十三条第二项规定，修复施工单位、运输单位或者接收单位未按照规定填写、运行污染土壤转运联单的，由生态环境部门责令改正，处十万元以上五十万元以下罚款；情节严重的，处五十万元以上一百万元以下罚款；有违法所得的，没收违法所得；对直接负责的主管人员和其他直接责任人员处五千元以上二万元以下罚款。

**第五十二条** 违反本条例第三十五条第一款规定，土地使用权人未按照规定进行土壤污染状况调查的，由生态环境部门责令改正，处二万元以上二十万元以下罚款；拒不改正的，处二十万元以上一百万元以下罚款；依法符合代履行情形的，由生态环境部门依法处理；对直接负责的主管人员和其他直接责任人员处五千元以上二万元以下罚款。

**第五十三条** 违反本条例第三十六条第二款规定，土壤污染责任人或者土地使用权人未按照规定将风险管控或者修复方案报区生态环境部门备案的，由生态环境部门责令改正；拒不改正的，处一万元以上五万元以下罚款。

**第五十四条** 违反法律法规规定污染土

壤，造成生态环境损害的，市、区人民政府或者其指定的部门、机构按照规定组织与土壤污染责任人进行磋商，要求其承担损害赔偿责任；磋商未达成一致的，可以依法向人民法院提起诉讼。

## 第七章 附 则

**第五十五条** 本条例自2023年10月1日起施行。

# 上海市促进浦东新区标准化创新发展若干规定

（2023年7月25日上海市第十六届人民代表大会常务委员会第四次会议通过）

**第一条** 为了促进浦东新区标准化创新发展，提升标准国际化水平，推动标准制度型开放，引领高质量发展，根据有关法律、行政法规的基本原则，结合浦东新区实际，制定本规定。

**第二条** 浦东新区标准化创新发展应当对标国际最高水平，结合经济社会发展的实际情况和未来趋势，依托科创策源、产业集聚优势，率先在人工智能、集成电路、生物医药、民用航空和现代服务业等领域制定具有国际先进水平的标准，构建结构合理、重点突出、符合高质量发展要求的标准体系。

**第三条** 市人民政府应当加强对标准化创新发展工作的领导，健全标准化工作协调机制，深化与国家有关部门的协作，统筹协调浦东新区标准化创新发展工作中的重大事项。

浦东新区人民政府应当建立健全标准化创新发展促进工作机制，推动标准化创新发展。

**第四条** 市标准化行政主管部门负责统筹本市标准化创新发展促进工作，依托标准化部市合作及议事协调机制，协调推进浦东新区标准化创新发展。

浦东新区标准化行政主管部门具体负责推进、实施本行政区域内标准化创新发展工作。

市和浦东新区发展改革、经济信息化、商务、教育、科技、农业农村、人力资源社会保障、地方金融监管、国有资产管理、知识产权等部门在各自职责范围内，共同促进浦东新区标准化创新发展。

**第五条** 浦东新区标准化行政主管部门和科技经济、商务、农业农村等行业主管部门应当引导社会团体、企业、科研机构参与国家标准、行业标准、地方标准以及国际标准的研究和制定，采用境内外先进标准，推进本市相关标准在境外实施应用；鼓励推出团体标准、企业标准的外文版文本。

浦东新区人民政府应当为外商投资企业依法平等参与标准制定工作提供服务和保障。

**第六条** 浦东新区人民政府应当建立标准化行政主管部门与科技经济部门、相关产业主管部门的联动机制，推进产业链、创新链、供应链与标准链融通，引导科研机构、高等院校、企业等在科技创新和实施产业项目时，推进标准同步布局、同步研制、同步应用，将标准作为科技计划重要产出，实现科技、标准与产业的有效衔接互动。

**第七条** 浦东新区企业、科研机构、高等院校、金融基础设施运营机构或者标准化技术组织等，可以相互联合或者与境内外其他企业或者组织联合，形成标准创新联合体，共同制定企业联合标准。企业联合标准属于企业标准。

鼓励制定高于推荐性标准相关技术要求、体现引领性的企业联合标准，鼓励制定具有国际先进水平的企业联合标准。

形成标准创新联合体的各方可以协商确定

企业联合标准的制定、权属和执行等事项。

**第八条** 企业联合标准应当在编号后发布。

企业联合标准的编号由企业标准代号(Q)/联合标准代号(LH)、标准创新联合体代号、顺序号和年代号组成,其中标准创新联合体代号可以用汉语拼音字母、阿拉伯数字或者两者兼用组成。

企业联合标准可以以标准创新联合体的名义发布。

**第九条** 企业联合标准由形成标准创新联合体的各方自愿执行或者按照约定供境内外其他企业或者组织自愿采用。

鼓励形成标准创新联合体的各方执行企业联合标准。执行企业联合标准的企业或者组织应当进行自我声明公开,公开其执行的标准编号和名称,以及产品、服务的功能指标和产品的性能指标。鼓励相关企业或者组织通过企业标准信息公共服务平台,进行自我声明公开。

执行企业联合标准的企业或者组织生产的产品、提供的服务不符合其自我声明公开标准的技术要求的,依法承担民事责任。

**第十条** 根据“上海标准”评价的技术规范,企业联合标准经自愿申请,并经具备法定条件的第三方机构评价,符合国内领先、国际先进要求的,可以在标准文本上使用“上海标准”标识。

禁止利用企业联合标准设置不合理技术贸易壁垒,禁止利用企业联合标准实施妨碍商品、服务自由流通等排除、限制市场竞争的行为。

**第十一条** 市和区标准化行政主管部门应当对企业联合标准的制定进行指导和监督,对标准实施进行监督检查。

企业联合标准的技术要求低于强制性国家标准的相关技术要求的,由市或者区标准化行政主管部门责令限期改正;逾期不改正的,由市标准化行政主管部门废止相关标准,并在标准信息公共服务平台上公示。

企业联合标准未按照本规定进行编号的,由市或者区标准化行政主管部门责令限期改正;逾期不改正的,由市标准化行政主管部门撤销相关标准编号,并在标准信息公共服务平台上公示。

执行企业联合标准的企业或者组织未依法公开其执行的标准的,由市或者区标准化行政主管部门责令限期改正;逾期不改正的,在标准信息公共服务平台上公示。

利用企业联合标准实施妨碍商品、服务自由流通等排除、限制市场竞争的行为的,依照《中华人民共和国反垄断法》等法律、行政法规的规定处理。

**第十二条** 浦东新区人民政府可以围绕城市数字化转型、基本公共服务、社会治理等方面,将具有区域特点的管理模式形成标准化指导性技术文件。

市标准化行政主管部门会同市级相关部门对浦东新区人民政府制定标准化指导性技术文件工作进行指导,成效显著且条件成熟的可以予以推广。

**第十三条** 浦东新区人民政府应当支持浦东新区社会团体、企业、科研机构打造标准数字化平台或者通过市级标准化服务平台,将相关标准转化为机器可读取、可解析的数据,提升标准实施与产品质量管理的协同性、便捷度。

**第十四条** 浦东新区人民政府鼓励技术、知识产权等交易机构为与标准相关的交易提供登记、评估、撮合、结算等服务。交易机构应当制定交易规则和其他有关业务规则,并向社会公开。

**第十五条** 鼓励金融机构在浦东新区探索开展标准融资增信业务,将标准制定、执行情况纳入企业融资信用评估,提升企业融资额度及便利度。

**第十六条** 市标准化行政主管部门应当按照国家部署,鼓励和支持社会团体、企业、科研机构等加强与相关国际标准组织对接交流,深度参与标准化国际交流与合作。支持集成电路、生物医药、人工智能等重点领域标准化机构在浦东新区落户。

浦东新区人民政府应当鼓励国际标准组织技术委员会、分技术委员会、工作组以及国际性专业标准组织分支机构、办事机构等在浦东新区落户,并提供相应支持。

在浦东新区举办标准领域国际性会议等活动的,市和浦东新区相关部门应当提供信息沟通、人员来往便利等支持。

**第十七条** 市标准化行政主管部门和经济信息化、商务、科技、农业农村等行业主管部门应当支持浦东新区聚焦区域重点产业、行业,培育相关标准化技术组织,发挥其在国际、国内标准研究、制定和推广等方面的组织和管理作用。

**第十八条** 构建浦东新区多层次标准化人才体系。市和浦东新区人民政府及相关部门支持浦东新区通过多种形式培养国际标准化人才,开展国际标准化教育培训实训活动;鼓励科研人员提高标准化技能和专业知识;鼓励教育、科研机构等设置标准化学科专业,或者在相关学科专业方向领域开设标准化相关课程,在职业能力评价、职称评定中优化完善标准化人才的激励机制。

浦东新区人民政府应当将国际标准化专家纳入区级人才政策的支持范围。对符合要求的国际标准化专家及其团队提供居留和出入境、来华工作、落户、安居等服务便利,对其相关创新、创业项目等提供支持;依托标准化专家资源开展标准化工作培训和指导服务,搭建标准化工作交流平台。

**第十九条** 浦东新区标准化专项资金按照规定对参与浦东新区标准化创新发展相关工作的单位给予资助或者奖励。

鼓励社会力量通过设立基金、捐赠、股权投资等方式,支持标准化创新发展工作。

**第二十条** 本规定自 2023 年 10 月 14 日起施行。

# 上海市促进浦东新区融资租赁发展若干规定

(2023 年 7 月 25 日上海市第十六届人民代表大会
常务委员会第四次会议通过)

**第一条** 为了促进浦东新区融资租赁高质量发展,发挥金融服务实体经济功能,推动国际金融中心核心区建设,根据有关法律、行政法规的基本原则,结合浦东新区实际,制定本规定。

**第二条** 本规定适用于住所地在浦东新区的融资租赁公司(以下统称“融资租赁公司”)的促进发展、管理服务等活动。

**第三条** 浦东新区人民政府应当建立融资租赁行业促进发展和监督管理相协调的工作机制,研究制定推动行业发展的政策措施。

市和浦东新区金融、发展改革、财政、市场监管、生态环境、公安、知识产权等部门和中国(上海)自由贸易试验区临港新片区(以下简称“临港新片区”)管理委员会应当按照工作职责,完善配套政策,支持和促进融资租赁行业发展。

浦东新区融资租赁行业的监督管理按照国家和本市相关规定执行。

**第四条** 支持浦东新区银行业金融机构按照国家金融管理部门在沪机构要求,对在先进制造业、战略性新兴产业、绿色产业等重点领域开展业务的融资租赁公司加大授信规模。

融资租赁公司在符合国家和本市政策导向的领域开展业务的,市地方金融监管部门可以结合监管评级情况,按照有关规定对其业务集中度和关联度的监管限制进行适当放宽。

**第五条** 支持融资租赁公司将环境、社会和治理因素纳入内部治理和业务决策,完善管理流程,提升自身的环境、社会和治理表现,推动融资租赁业务服务绿色低碳转型发展。

支持本市融资租赁行业协会制定绿色融资

租赁业务指引。融资租赁公司遵循绿色融资租赁业务指引开展业务的，浦东新区发展改革、金融、生态环境、财政等部门和临港新片区管理委员会给予相应的激励和支持。

**第六条** 国家金融管理部门在沪机构优化离岸融资租赁对外债权登记制度，支持融资租赁公司发展离岸融资租赁业务，鼓励融资租赁公司在涉外经营活动中优先使用人民币结算。

国家金融管理部门在沪机构支持融资租赁公司在境内以外币形式收取租金，鼓励浦东新区银行业金融机构优化业务审核方式，支持融资租赁公司探索外币租金收入的流转使用。

综合保税区内的融资租赁公司进出口飞机、船舶和海洋工程结构物等大型设备涉及跨关区的，在确保有效监管和执行现行相关税收政策的前提下，可以实行海关异地委托监管。

**第七条** 融资租赁公司按照规定开展专利权等无形资产融资租赁业务的，应当取得租赁标的相关权利，建立健全适应无形资产特点的价值评估和定价体系，合理确定租金水平。

融资租赁公司应当密切监测无形资产价值对融资租赁债权的风险覆盖水平，科学确定无形资产价值，制定有效的风险应对措施。

**第八条** 融资租赁公司开展飞机、船舶等航运融资租赁业务的，银行业金融机构可以采取货物贸易超期限特殊退汇业务免于事前登记等经常项目便利化措施。

融资租赁公司将从境外购买的飞机、船舶或者设备等租赁给境外承租人的，国家金融管理部门在沪机构在确保业务真实性审查的基础上，简化审批内容，优化管理措施。

**第九条** 融资租赁公司开展机动车融资租赁业务的，可以就其享有所有权的本市号牌机动车向浦东新区公安机关交通管理部门申请抵押登记。首次办理机动车抵押登记的，应当提交公司营业执照原件和公章样章申请备案；之后办理机动车抵押登记或者解除抵押登记时，提交的主体资格证明可以是加盖公章的营业执照复印件。

**第十条** 市和浦东新区药品监管部门应当健全与融资租赁相适应的医疗器械经营许可和备案制度，支持融资租赁公司将业务范围拓展至按照固定资产管理的各类医疗器械。

融资租赁公司办理医疗器械经营许可证时，可以同时合并办理第二类医疗器械经营备案，无需另行提交备案申请表和纸质材料。

融资租赁公司从事医疗器械融资租赁活动的，应当建立覆盖医疗器械融资租赁全过程的质量管理体系，加强医疗器械融资租赁产品信息追溯管理。

**第十一条** 支持融资租赁公司依法设立项目子公司，市场监管部门应当提供便利。

支持融资租赁公司按照规定发行各类债券，通过银行间和交易所等市场发行债务融资工具。

支持融资租赁公司开展资产证券化业务，依法通过境内外多层次资本市场上市、挂牌，开展并购重组，增强资金实力。

**第十二条** 国家金融管理部门在沪机构支持具备条件的融资租赁公司申请接入金融信用信息基础数据库。

融资租赁公司接入金融信用信息基础数据库的，应当按照规定做好征信合规和数据安全等工作。

**第十三条** 融资租赁公司应当按照诚信原则开展融资租赁业务活动。承租人逾期支付租金的，融资租赁公司可以按照法律规定或者合同约定解除融资租赁合同。

融资租赁合同解除后，融资租赁公司可以采取合法方式收回租赁物，并及时采取委托评估或者通过公开市场拍卖等方式确定租赁物价值。

**第十四条** 融资租赁公司应当规范服务收费。融资租赁公司与承租人就收取服务费用作出约定的，应当按照约定提供质价相符的服务，不得违反约定将应当由出租人承担的义务转化为有偿服务。

融资租赁公司应当依法向承租人明示服务费、手续费、咨询费等各类费用收费情况。

**第十五条** 本市充分发挥人民法院与金融

监管部门、金融基础设施运营机构等的协同治理作用，加强金融治理协同，深化金融治理合作，防范化解金融风险，支持融资租赁行业监管规则发挥效用，保障融资租赁行业规范健康发展。

**第十六条** 支持建立健全融资租赁行业纠纷解决机制，加强人民法院、司法行政机关、仲裁机构、专业调解组织、行业协会、公证机构的沟通与对接，完善诉讼与非诉讼相衔接的"一站式"融资租赁纠纷解决机制。

支持本市融资租赁行业协会在行业规范、自律管理、诉源治理和纠纷调解等方面发挥作用。

**第十七条** 本市有关人民法院、仲裁机构在审判、仲裁活动中应当尊重融资租赁行业交易习惯，发布融资租赁典型案例，为融资租赁行业发展营造良好法治环境。

支持浦东新区人民法院在融资租赁案件审判中深化示范判决机制，推动审判与执行的有效衔接，维护融资租赁各方当事人合法权益。

**第十八条** 住所地在临港新片区（浦东新区范围以外）的融资租赁公司，参照适用本规定。

**第十九条** 本规定自2023年10月1日起施行。

# 上海市爱国卫生与健康促进条例

（2023年9月26日上海市第十六届人民代表大会常务委员会第六次会议通过）

## 第一章 总 则

**第一条** 为了继承和发扬爱国卫生运动优良传统，践行"人民城市"重要理念，推进健康上海建设，普及文明健康生活方式，提高市民健康水平，根据有关法律、行政法规的规定，结合本市实际，制定本条例。

**第二条** 本市行政区域内开展卫生环境改善、健康生活方式引导、健康服务等爱国卫生与健康促进工作及相关保障、监督活动，适用本条例。

**第三条** 本市坚持以人民健康为中心，把人民健康放在优先发展的战略地位，将健康理念融入各项政策，构建大卫生、大健康治理格局；坚持预防为主，完善政府主导、部门协作、社会动员体系，推进爱国卫生与健康促进工作，提升市民全生命周期健康水平。

**第四条** 市、区人民政府应当加强对本行政区域爱国卫生与健康促进工作的领导，将其纳入国民经济和社会发展规划，制定和完善相关政策措施，组织开展爱国卫生与健康促进工作。

市、区人民政府按照国家和本市有关规定，设立爱国卫生运动委员会及其办事机构。爱国卫生运动委员会负责统筹部署、协调推进本行政区域内爱国卫生与健康促进工作，研究、决定相关重大事项。

乡镇人民政府、街道办事处负责落实辖区内的爱国卫生与健康促进工作。

**第五条** 市卫生健康部门负责组织制定和实施本市爱国卫生与健康促进相关规划、计划和标准、规范等，依法开展有关监督管理工作。

区卫生健康部门负责具体组织实施本行政区域内的爱国卫生与健康促进工作，依法开展有关监督管理工作。

各行业主管部门负责指导和督促本行业、本领域有关单位和个人开展爱国卫生与健康促进工作。

发展改革、财政、人力资源社会保障、经济信息化、科技、疾控等部门按照各自职责，共同做好爱国卫生与健康促进相关工作。

**第六条** 机关、团体、企业事业单位及其他组织应当建立健全相关管理制度，充实工作力量，组织开展本系统、本单位的爱国卫生与健康促进工作。

**第七条** 个人是自己健康的第一责任人，树立和践行对自己健康负责的理念，主动学习健康知识，掌握健康技能，养成良好的个人卫生习惯，践行文明健康生活方式。

个人应当自觉遵守市民健康公约，尊重他人健康权益，依法履行维护公共卫生安全的义务。

**第八条** 工会、共产主义青年团、妇女联合会、残疾人联合会、红十字会等群团组织和居(村)民委员会应当组织动员相关群体、居(村)民，协助政府及有关部门做好爱国卫生与健康促进相关工作。

鼓励和支持自然人、法人和非法人组织通过捐赠、资助、志愿服务或者依法举办服务机构等方式，支持和参与爱国卫生与健康促进工作。

**第九条** 每年四月“全国爱国卫生月”期间，本市集中组织开展爱国卫生与健康促进相关活动。

**第十条** 本市加强与长江三角洲区域和其他省市爱国卫生与健康促进工作交流合作，推进信息互联互通和资源共享。

本市积极参与全球健康治理，加强健康促进领域的国际交流合作，开展人员、技术等交流活动，提升城市健康治理能力和水平。

**第十一条** 对在爱国卫生与健康促进工作中做出突出贡献的单位和个人，依照有关规定给予表彰和奖励。

## 第二章 宣传教育

**第十二条** 各级人民政府及有关部门应当通过多种形式组织开展爱国卫生与健康促进宣传教育，引导市民积极参与爱国卫生与健康促进相关活动，改善人居环境，提高健康素养，践行文明健康生活方式。

广播、电视、报刊、互联网等媒体应当开展爱国卫生与健康促进公益宣传，通过安排一定时段、版面或者开设专门栏目、频道等方式，普及健康科学知识，营造良好社会氛围。

**第十三条** 居(村)民委员会应当协助政府及有关部门开展社区爱国卫生与健康促进宣传教育，利用社区宣传栏、多媒体屏幕等设施，通过设置标识标语、发放健康科普材料、举办健康讲座等方式，引导居(村)民树立科学健康理念，养成良好健康习惯。

**第十四条** 卫生健康部门应当将健康教育纳入医疗卫生人员执业培训内容，实施健康科普影响力评价，支持医疗卫生机构和医疗卫生人员开展健康教育。

医疗卫生机构和医疗卫生人员应当依法开展健康教育，普及健康科学知识，对患者及公众进行健康教育。

医疗卫生机构应当建立健全医疗卫生人员开展健康教育的激励机制，并将有关情况纳入相关职称评聘内容。

**第十五条** 教育部门应当将健康教育纳入国民教育体系，将常见病和传染病预防、健康生活方式、伤害防范能力等纳入中小学生综合素质评价内容，将学生体质健康水平纳入学校考核体系。

幼儿园和中小学校应当按照规定实施健康教育，加强健康饮食、科学运动、近视预防、伤害防范、心理健康等方面教育，开展经常性体育健身活动，提高学生主动健康意识，培养学生良好卫生习惯和健康行为习惯，引导学生科学合理使用电子产品，减少、改善学生近视、肥胖等不良健康状况。中小学校健康教育每学期不少于四个课时。

**第十六条** 卫生健康部门应当会同科技、教育、体育、市场监管、药品监管、民政、经济信息化等部门建立健康知识和技能核心信息发布制度，建设健康科普专家库和资源库，向市民提供科学、准确的健康信息。

卫生健康部门应当会同相关部门建立健康信息监测机制，发现存在误导或者可能影响市民健康的虚假、伪科学等信息，依法采取处置措施，并及时发布科学、准确的信息。

## 第三章　卫生环境改善

**第十七条**　各级人民政府及有关部门应当加强公共卫生环境基础设施建设，将卫生环境改善纳入城市更新工作，推进城乡环境卫生整治，持续提升卫生环境品质。

各级人民政府应当将农村卫生环境优化提升纳入全面实施乡村振兴战略，推进生活垃圾分类减量、生活污水集中处理、农村厕所改造提升等工作，改善村容风貌，建设美丽乡村。

**第十八条**　机关、团体、企业事业单位及其他组织应当建立健全本单位卫生管理制度，落实环境卫生管理责任，组织本单位职工开展经常性环境卫生清洁，保持单位环境卫生整洁。

居（村）民委员会应当组织动员居（村）民开展经常性环境卫生清洁，通过制定居民公约、村规民约，引导居（村）民自觉遵守生活垃圾分类、文明养宠、楼道清洁等行为规范，保持社区环境卫生整洁。

倡导全社会共同参与爱国卫生义务劳动。

**第十九条**　机关、团体、企业事业单位及其他组织应当建立日常病媒生物预防控制制度，自行或者委托专门从事病媒生物预防控制服务的机构（以下简称病媒生物预防控制服务机构）采取有效措施，控制病媒生物密度，清除病媒生物孳生环境，防止病媒生物孳生、繁殖和扩散，避免和减少病媒生物危害的发生。

学校、幼儿园、养老服务机构、建筑工地、交通运输站点、旅游景点、公园绿地、农贸市场、商场超市、商务楼宇、食品生产经营单位、粮食储备设施、垃圾处理设施等重点场所的管理者或者经营者，应当指定专人负责病媒生物预防控制工作，设置病媒生物预防控制设施设备，落实病媒生物预防控制责任。

乡镇人民政府、街道办事处负责落实辖区内住宅小区和公共区域的病媒生物预防控制措施，组织开展日常和集中相结合的病媒生物预防控制活动。居（村）民委员会、物业服务企业等应当协助配合做好相关工作。

个人应当做好居住宅院病媒生物预防控制工作，保持室内外环境整洁，及时清除病媒生物孳生环境。

卫生健康部门应当加强对病媒生物预防控制工作的指导监督，完善相关标准和规范，并做好日常宣传。

**第二十条**　卫生健康部门应当组织制定和完善病媒生物预防控制应急预案，组建应急处置队伍，储备应急处置物资，定期开展应急演练，并根据监测预警情况，及时启动应急预案，开展应急处置。

各级疾病预防控制机构负责开展病媒生物研究和监测预警工作，建立健全病媒生物监测网络，及时向卫生健康部门报送监测预警信息，并对病媒生物预防控制效果进行评估。

**第二十一条**　病媒生物预防控制应当使用符合国家和本市有关规定的药物和器械，禁止使用急性、剧毒等违禁药物或者伪劣器械，减少对人体健康和自然环境的影响。

农业农村等部门应当依法加强对病媒生物预防控制相关药物生产经营活动的管理。

各级人民政府应当引导和支持病媒生物预防控制相关科学技术研究，鼓励科技成果转化，鼓励安全绿色环保药物研发和新技术使用。

**第二十二条**　病媒生物预防控制服务机构应当在依法向有关登记管理机关办理登记手续后三十日内，向所在地的区卫生健康部门备案。区卫生健康部门应当向社会公布本行政区域内病媒生物预防控制服务机构备案信息，并加强监督管理。

病媒生物预防控制服务机构应当按照国家和本市有关标准、规范开展病媒生物预防控制活动，其从业人员应当具有病媒生物预防控制相关知识和技能。

病媒生物预防控制相关行业组织应当加强行业自律，制定并实施相关行业规范，依法开展专业培训、服务质量评估和等级评定等工作。

**第二十三条** 区和乡镇人民政府应当将卫生环境改善作为基层治理的重要内容，按照国家有关标准开展卫生城镇创建工作，建立健全长效管理和激励保障机制，巩固和深化卫生城镇创建成果，提升城乡卫生环境整体水平。

## 第四章 健康生活方式

**第二十四条** 本市推进健康生活支持性环境建设，引导市民践行合理膳食、科学运动、戒烟限酒、心理健康等文明健康生活方式。

倡导市民科学合理使用电子产品，减少过度使用电子产品对健康的影响。

**第二十五条** 倡导市民科学合理膳食、均衡营养，养成健康饮食习惯。

鼓励全社会参与减盐、减油、减糖等健康饮食行动，推广使用限量盐勺、控油壶等工具。

鼓励食品生产者生产低盐、低脂、低糖食品，并在包装上做显著标识；鼓励食品经营者开设低盐、低脂、低糖食品专柜；鼓励餐饮服务提供者开发和提供低盐、低脂、低糖等健康食品，并对食品的热量和主要营养成分等进行标识。

**第二十六条** 鼓励含糖饮料、酒精饮料的销售者在有关商品的销售区域规范设置健康提示标识。含糖饮料、酒精饮料的范围以及健康提示标识的制作样式和设置规范由市卫生健康部门制定，并向社会公布。

**第二十七条** 学生餐配送企业和中小学校、托育机构、幼儿园应当按照规定配备营养工作人员，供应符合中小学生、婴幼儿营养餐标准的食品。

中小学生、婴幼儿营养餐标准，由市卫生健康部门会同市教育、市场监管等部门组织制定。

**第二十八条** 体育部门应当加强对市民体育健身活动的服务和指导，推广科学、文明、健康的体育健身项目和方法，组织各种形式的群众性体育健身活动，实施体育锻炼标准，开展体质监测，引导和鼓励市民经常参加体育锻炼。

公共体育场馆应当按照规定向市民开放，鼓励企业事业单位向市民开放体育健身设施。

**第二十九条** 各级人民政府及有关部门应当按照有关法律、法规的规定，采取有效措施，推进公共场所控制吸烟工作，并加强监督执法。

医疗卫生机构和医疗卫生人员在提供有关疾病的诊疗服务时，应当按照诊疗规范询问患者吸烟饮酒史，并根据其意愿，提供戒烟、戒酒咨询和指导。鼓励有条件的医疗卫生机构开设戒烟、戒酒门诊。

**第三十条** 各级人民政府及有关部门应当加强社会心理服务体系建设，完善心理健康专业化网络，建立心理危机干预和突发事件心理援助应急机制，引导专业机构、社会组织、心理健康相关专业人员、志愿者等参与社会心理服务，加强心理健康的科普宣传，提高全社会对心理疾病的认知和预防能力，传播自信包容、科学理性、乐观积极的理念，促进市民心理健康。

教育、卫生健康部门应当加强对未成年人心理健康问题的关注。鼓励社区和学校开设家长课堂、举办家庭心理健康指导讲座，对家庭心理健康进行分层分类的教育和引导。

## 第五章 健康服务

**第三十一条** 社区卫生服务中心应当为社区居民提供筛查评估、健康教育、随访管理等健康服务，并逐步向养老服务机构、学校、园区、商务楼宇等区域人群延伸，扩大服务覆盖面。

社区卫生服务中心应当完善家庭医生签约服务，为签约人员开展健康评估，针对老年人、慢性病人等重点人群制定个性化健康管理方案，提供健康指导与干预。

**第三十二条** 机关、团体、企业事业单位及其他组织应当建立健全单位职工健康管理规章制度，完善健康服务设施设备，支持职工参加体育健身活动，提升健康服务水平。鼓励有条件的单位建设健身场所，倡导单位为职工定期开展健康体检。

企业事业单位、个体经济组织等用人单位应当采取措施改善工作环境和劳动条件，控制职业病危害因素，推进职业安全健康教育，加强职业健康保护。

学校、幼儿园、养老服务机构等单位应当指定专人负责健康服务工作，组织开展健康巡查、清洁消毒、健康宣传等工作。

**第三十三条** 鼓励市民建立健康自我管理小组，开展同伴健康教育和支持活动。

社区卫生服务中心应当为市民健康自我管理活动提供专业指导，鼓励社区、单位等为市民健康自我管理活动提供必要支持。

**第三十四条** 各级人民政府应当推进健康示范创建活动，鼓励和支持机关、团体、企业事业单位、社区、家庭等开展健康示范创建，提高健康服务能力，提升全社会健康治理水平。

**第三十五条** 本市探索建立健康积分奖励机制，对市民参与健康教育、体育健身和健康管理等活动予以积分奖励。具体办法由市卫生健康部门会同有关部门另行制定。

鼓励医疗卫生机构、企业事业单位、社会组织提供积分兑奖服务。

**第三十六条** 本市完善中医药健康服务体系，拓展中医药公共卫生服务项目，将中医药适宜技术纳入常见病、多发病、慢性病防治，加强中医药健康养生文化的推广与传播，充分发挥中医药对提升市民健康素养的作用。

**第三十七条** 本市推进健康服务和健康产业融合发展，完善健康产业发展政策，促进新技术、新产品、新模式在健康服务领域的应用，提供多样化、差异化、个性化健康服务。

## 第六章 保障与监督

**第三十八条** 各级人民政府应当加大对爱国卫生与健康促进工作的经费投入，将其纳入财政预算，并在基本公共卫生服务经费中予以统筹安排。

**第三十九条** 卫生健康、教育、科技、人力资源社会保障等部门应当加强爱国卫生与健康促进专业学科和人才队伍建设，支持高等院校和科研机构开设相关专业课程，开展理论研究和实践活动，并完善相关专业技术职称评审制度。

**第四十条** 市、区爱国卫生与健康促进技术指导机构负责开展爱国卫生与健康促进相关政策研究、技术推广、监测评估等工作，提供业务指导和专业服务。

乡镇人民政府、街道办事处应当依托社区卫生服务中心或者通过购买服务等方式，为辖区内爱国卫生与健康促进工作提供技术支持。

**第四十一条** 本市依托城市运行“一网统管”、政务服务“一网通办”平台，建设爱国卫生与健康促进综合管理系统，利用大数据、云计算和人工智能等现代信息技术，实现爱国卫生与健康促进相关基础数据互联互通和专业应用开放，推进数字健康社区、健康园区、健康城区建设，提升爱国卫生与健康促进数字化治理水平。

有关部门应当按照个人信息、商业秘密和社会公共利益保护等方面法律法规的规定，保护数据信息的安全。

**第四十二条** 各级人民政府在制定、实施经济社会发展规划和重大政策、重大工程项目时，应当根据实际需要组织开展其对健康影响的评估，并充分吸纳健康影响评估的意见和建议。

**第四十三条** 卫生健康部门应当建立健全健康行为和健康素养监测体系，开展营养状况、行为习惯、健康危险因素等方面监测工作，并将监测结果向社会公布；针对监测发现的薄弱环节、重点人群，应当制定干预策略，采取相应干预措施，控制和消除健康危险因素。

**第四十四条** 各级人民政府应当将爱国卫生与健康促进工作纳入政府绩效考核范围，完善目标考核责任制，督促有关部门落实爱国卫生与健康促进相关工作任务。

**第四十五条** 卫生健康、疾控等部门应当对病媒生物预防控制、公共场所卫生管理等加强监督管理，对违法违规行为依法予以处理，并加强信用监管。

相关行业主管部门应当对本行业、本领域有关单位和个人落实爱国卫生与健康促进工作情况进行监督检查，对发现的问题及时督促整改。

卫生健康、疾控部门与相关行业主管部门应当建立信息共享、执法联动工作机制，提高监督执法效能。

## 第七章 法律责任

**第四十六条** 违反本条例规定的行为，法律、行政法规已有处理规定的，从其规定。

**第四十七条** 违反本条例第十九条第一款、第二款规定，有关单位未采取有效措施控制病媒生物密度、清除病媒生物孳生环境的，由卫生健康部门责令改正，逾期不改正的，处一千元以上五千元以下罚款。

**第四十八条** 违反本条例第二十二条第一款规定，病媒生物预防控制服务机构未按照要求办理备案手续的，由卫生健康部门责令改正。

违反本条例第二十二条第二款规定，病媒生物预防控制服务机构未按照国家和本市有关技术规范开展病媒生物预防控制活动的，由卫生健康部门责令改正，逾期不改正的，处二千元以上二万元以下罚款；情节严重的，处二万元以上五万元以下罚款。

**第四十九条** 有关部门及其工作人员违反本条例规定，有滥用职权、玩忽职守、徇私舞弊行为的，依法给予处分；构成犯罪的，依法追究刑事责任。

## 第八章 附则

**第五十条** 本条例所称病媒生物，是指能够将病原体从人或者其他动物传播给人的鼠、蚊、蝇、蟑等有害生物。

**第五十一条** 本条例自2023年11月1日起施行。

# 上海市种子条例

（2023年9月26日上海市第十六届人民代表大会常务委员会第六次会议通过）

## 第一章 总则

**第一条** 为了保护和合理利用种质资源，规范品种选育、种子生产经营和管理行为，加强种业科学技术研究，激励育种创新，保护植物新品种权，维护种子生产经营者、使用者的合法权益，提高种子质量，推进现代种业高质量发展，保障粮食安全和种源安全，促进农业和林业的发展，根据《中华人民共和国种子法》等有关法律、行政法规，结合本市实际，制定本条例。

**第二条** 在本市行政区域内从事农作物和林木的种质资源保护和利用、种业创新、品种管理、种子生产经营以及相关保障与监管等活动，适用本条例。

本条例所称种子，是指农作物、林木的种植材料或者繁殖材料，包括籽粒、果实、根、茎、苗、芽、叶、花等。

**第三条** 本市种业发展应当按照国家种业振兴战略部署和都市现代农业发展要求，夯实种质资源基础，提升种子基地建设水平，强化种子企业主体作用，优化种业发展环境，激励种业自主创新，发挥产学研协同优势，将上海建设成为服务全国、面向全球的种业创新中心。

**第四条** 市、区人民政府应当加强对本行政区域种子工作的领导，将种子工作纳入国民经济和社会发展规划，将种业创新纳入科技创新中心建设内容，完善种业发展扶持措施，统筹协调解决种业发展重大问题。

市、相关区人民政府应当加强种子管理和专业技术人才队伍建设，健全种子管理和技术服务体系。乡镇人民政府应当落实本行政区域内种子相关工作。

**第五条** 农业农村、林业部门分别主管本行政区域内农作物种子和林木种子工作。

发展改革、财政、科技、规划资源、教育、人力资源社会保障、市场监管、知识产权等有关部门应当在各自职责范围内，做好种子工作。

**第六条** 市人民政府应当按照乡村振兴战略部署，根据农业、林业发展的需要，制定本市种业发展规划，并组织实施。相关区人民政府根据本市种业发展规划，结合本区实际情况，制定和实施本区种业发展规划。种业发展规划应当与国土空间规划相衔接。

**第七条** 市人民政府建立政府主导、企业等多方参与的种子储备制度，并组织实施。相关区人民政府应当根据市种子储备制度要求，结合实际需求，开展种子储备工作。对储备的种子应当定期检验和更新。

储备的种子主要用于发生灾害时的生产需要及余缺调剂，保障农业和林业生产安全。

**第八条** 本市转基因植物品种的选育、试验、审定和推广应当依照国家规定进行安全性评价，并采取严格的安全控制措施。

**第九条** 本市推动建立、健全长江三角洲区域种子工作协同机制，在育种创新、品种管理、标准制定、植物新品种保护、人才培育、监管执法等方面开展合作交流，促进区域种业高质量发展。本市加强与其他省市种子工作的协作，推进种质资源共享利用、育种联合攻关、植物新品种保护、成果推广。

市域外农场行政管理机构和市农业农村、林业部门应当加强与农场所在地人民政府沟通，推进域外农场的种子工作。

## 第二章 种质资源保护和利用

**第十条** 市农业农村、林业部门应当根据国家和本市种业发展要求，按照保护优先、高效利用、政府主导、多元参与的原则，会同有关部门联合制定种质资源保护和利用发展规划，明确种质资源的收集保存、基础研究、深度发掘、保护体系建设、共享与创新利用等目标任务，并组织实施。

**第十一条** 市农业农村、林业部门应当根据国家部署和本市实际需要，组织开展种质资源普查，掌握本市种质资源的存量、特征特性、应用状况和发展进程。

市农业农村、林业部门通过种质资源普查等方式发现的本市地方特色种质资源，应当形成目录并公布，促进地方特色种质资源的保护和利用。

**第十二条** 市农业农村、林业部门可以根据需要建立种质资源库（圃）、种质资源保护区、种质资源保护地，划定区域界线，设立保护标志，明确种质资源保护单位，并向社会公布。建立种质资源库（圃）、种质资源保护区、种质资源保护地，应当与国土空间规划相衔接。

占用种质资源库（圃）、种质资源保护区、种质资源保护地的，应当经原设立机关同意，并按照规定办理相关手续。

农作物种质资源库（圃）、种质资源保护区、种质资源保护地符合相关法律规定的，依法划入永久基本农田。

**第十三条** 建设项目的选址选线应当充分考虑种质资源保护的需要，避让种质资源库（圃）、种质资源保护区、种质资源保护地，避免对种质资源造成不利影响。

**第十四条** 种质资源保护单位应当按照市农业农村或者林业部门的要求，开展下列种质资源保护和利用相关工作：

（一）收集、整理、鉴定、登记、保存、繁殖、交流和利用种质资源；

（二）组织种质资源保护基础理论、关键核心技术研究，发掘优异基因，建立分子指纹图谱库，创制优异种质；

（三）公开其保存的可供利用的种质资源；

（四）组织专业技术培训和科普宣传。

本市鼓励种质资源保护单位与高等院校、科研机构、种子企业、技术推广部门等单位联合开展前款所列的种质资源保护和利用工作。

农业农村、林业部门应当为种质资源保护单位提供相应支持和保障。

**第十五条** 因自然灾害、环境变化等情况致使种质资源受到威胁或者破坏的，农业农村、林业部门应当及时组织抢救性收集、保护。

种质资源保护单位无法继续保存种质资源的，应当报经市农业农村或者林业部门同意后，将种质资源交由相应的种质资源保护单位或者其他有保存能力的单位继续保存。

**第十六条** 任何单位和个人不得侵占和破坏种质资源。

禁止在种质资源库（圃）、种质资源保护区、种质资源保护地范围内擅自采集、采伐种质资源或者引进外来物种，以及从事其他危害种质资源的行为。

任何单位和个人不得擅自移动或者破坏种质资源库（圃）、种质资源保护区、种质资源保护地的保护设施和保护标志。

**第十七条** 本市鼓励高等院校、科研机构、种子企业、技术推广部门等单位和个人依照国家有关规定收集引进相关种质资源，并向种质资源保护单位提交种质材料。其中，利用财政资金收集引进的，应当提交种质材料。种质资源保护单位应当予以登记、保存。

**第十八条** 本市鼓励单位和个人从境外引进种质资源。单位和个人从境外引进种质资源的，应当依照国家有关规定办理，并采取相应安全控制措施。

市农业农村、林业部门应当会同有关部门建立健全从境外引进农作物和林木种质资源的检疫隔离机制，对引进的种质资源开展检疫性有害生物和生物安全风险评估。

任何单位和个人向境外提供种质资源，或者与境外机构、个人开展合作研究利用种质资源的，应当依照国家有关规定办理。

**第十九条** 种质资源库（圃）、种质资源保护区、种质资源保护地的种质资源属于公共资源，应当依法开放利用。

因科研和育种等需要利用种质资源的，可以向种质资源保护单位申请。种质资源保护单位具备提供条件的，应当提供；不具备提供条件的，应当说明理由。

种质资源保护单位向申请人提供种质资源的，应当与申请人就提供种质资源的品种、数量、费用、用途以及利用情况反馈等事项进行约定。

种质资源保护单位应当定期将种质资源提供利用情况向市农业农村或者林业部门报告。

## 第三章 种业创新

**第二十条** 市、区人民政府及农业农村、林业、科技等部门应当加强种业创新资源整合和利用，优化科研布局，推进公共服务相关平台建设，促进大型科学仪器设施、实验室、公益性研究成果等资源开放共享，支持专业机构为企业提供技术支持和咨询服务，提升种业创新公共服务能力和水平。

**第二十一条** 市、区人民政府及农业农村、林业、科技、教育等部门应当支持高等院校、科研机构等加强种业基础性、前沿性和应用技术研究以及生物育种技术研究，开展常规作物、主要造林树种育种和无性繁殖材料选育等公益性研究。

本市鼓励高等院校、科研机构、种子企业等开展关键核心技术攻关，提高育种基础创新能力。

**第二十二条** 市农业农村、林业、科技等部门应当会同有关单位组织实施联合育种攻关，建立产业化创新模式，推动基础研究联合、资源材料整合、育种技术集成、产业链贯通，提高育种质量和速度。

本市支持种子企业开展商业化育种创新，通过与高等院校、科研机构共设研发基金、共建实验室、组建创新联盟或者产学研用创新联合体等方式，开展种业自主创新和突破性品种选育。

本市鼓励种子企业利用公益性研究成果，培育具有自主知识产权的优良品种，开展种业关键共性技术研发，以种业创新带动产业链上下游协同发展。

**第二十三条** 本市支持高等院校、科研机构和第三方专业机构等开展种子检验技术研发和特异性、一致性、稳定性测试等品种测试，提供种质资源鉴定评价、品种真实性和纯度分子鉴定等技术服务。

**第二十四条** 市、相关区人民政府应当根据种业发展规划，优化种业基地布局，规划建设规模适当、集中稳定的种子科研试验、生产繁育、成果展示示范基地。

市农业农村部门应当推进规模化、标准化、机械化、智能化的农作物科研育种、良种基地建设，优先将粮食种子生产基地纳入高标准农田建设范围。市林业部门应当推进林木良种基地、保障性苗圃建设。

市人民政府应当落实国家南繁科研育种基地建设规划，支持上海南繁科研育种基地建设，加大科研支持力度，完善相关配套设施，提升服务水平。

本市鼓励高等院校、科研机构、种子企业在本市行政区域外建立科研育种、良种基地。

**第二十五条** 区人民政府可以结合本区种业发展优势，推进种业创新园区建设，为园区内的科研机构和种子企业开展种子研发、加工、成果展示交易等提供服务和保障。

种业创新园区应当推进园区内科研机构、种子企业等进行开放式科技合作，推动种业创新、孵化加速、成果转化。

**第二十六条** 本市推进种业科技成果转移转化。市农业农村、林业部门应当会同科技等相关部门优化种业科技成果转移转化服务，健全种业科技成果权益分配机制，依法保障种业科技成果转化中各方主体的合法权益。

高等院校、科研机构可以以植物新品种权、专利权、种质资源和技术方法等与种子企业开展合作，建立优势互补、分工明确、成果共享、风险共担的合作机制，协同推进研究开发与科技成果转化，提高种业科技成果转移转化成效。

**第二十七条** 市、区人民政府及农业农村、林业、科技等部门应当支持高等院校、科研机构、种子企业等开展种业科技文化交流活动，通过举办种业论坛、搭建种业科技成果交流平台等方式，吸引国内外种子领军企业、种子特色企业在本市落户。

支持种子企业在国外设立研发机构并申请植物新品种权。

## 第四章 品种管理

**第二十八条** 主要农作物品种和主要林木品种在推广前，应当依照国家有关规定通过品种审定。

市农业农村、林业部门应当依法设立农作物、林木品种审定委员会，负责本市主要农作物品种、主要林木品种的审定工作。

本市审定的主要农作物品种和林木良种，分别由市农业农村、林业部门公告。

**第二十九条** 引种其他省、自治区、直辖市属于本市同一适宜生态区的地域农作物品种、林木良种的，引种者应当将引种的品种和区域报市农业农村或者林业部门备案。经备案的，由市农业农村或者林业部门公告。

主要农作物引种者应当在拟引进种植区域开展不少于一年的适应性、抗病性试验。

林木良种引种者应当在拟引进种植区域开展品种适应性试验。

引种具有植物新品种权的品种，应当依法获得品种权人同意。

**第三十条** 列入国家非主要农作物登记目录的品种在推广前，应当依照国家规定进行登记。

未列入国家非主要农作物登记目录的品种，选育者可以向市农业农村部门申请品种认定。具体认定办法由市农业农村部门制定。

## 第五章 种子生产经营

**第三十一条** 从事种子生产经营的，应当依法取得种子生产经营许可证或者办理备案，但法律、行政法规另有规定的除外。

种子生产经营者委托生产、销售种子的，应当就委托生产或者销售的农作物和林木种类、品种名称、委托期限以及双方的权利义务、违约责任、纠纷处理方式等事项进行约定。

**第三十二条** 种子生产经营者应当按照规定建立和保存生产经营档案，记录种子来源、产地、数量、质量、销售去向、销售日期和有关责任人员等内容，并保证可追溯。

购种者要求开具销售凭证的，种子生产经营者应当开具。

**第三十三条** 种子生产、加工、包装、仓储、运输、销售等活动应当执行国家相关规定和技术规程，实行全过程质量管理。

本市鼓励种子生产经营者向具有资质的认证机构申请种子质量认证。经认证合格的，可以在包装上使用认证标识。

**第三十四条** 销售种子应当附有种子标签和使用说明。种子标签和使用说明应当符合国家相关规定。

本市鼓励种子生产经营者使用电子标签，汇集种子标签、使用说明以及检疫证明、种子生产经营许可证等相关信息。

**第三十五条** 种子生产经营者通过互联网等信息网络销售种子的，应当全面、真实、准确、及时地披露种子类别、品种名称、质量指标、主要性状、主要栽培措施、适应性、风险提示等信息；在首页显著位置持续公示其取得的营业执照和种子生产经营许可证等信息，或者上述信息的链接标识。

电子商务平台经营者应当对平台内种子生产经营者的身份、地址、联系方式、营业执照和种子生产经营许可证等信息进行核验、登记，建立登记档案，并定期核验更新。

## 第六章 保障与监管

**第三十六条** 市、区人民政府及有关部门应当制定政策措施，培育和引进具有人才、技术、资本优势的种子领军企业，以及具有独特资源、品种、模式的种子特色企业；加强对实行选育生产经营相结合的种子企业的培育和扶持。鼓励国内外种子企业在本市建立总部机构，符合条件的，给予相应的扶持。

**第三十七条** 对于高等院校、科研机构、种子企业和技术推广部门引进国内外高层次和急需紧缺种业人才，本市应当按照相关规定提供政策支持和保障。市人力资源社会保障部门应当会同市农业农村、林业等部门完善优化种业人才职称评价标准，种质资源保护开发利用的突出业绩可以作为职称评审的重要内容；发挥本市农业、林业专业技术人才继续教育基地的人才培养作用。

本市鼓励高等院校、科研机构等设置种业专业或者开设种业相关课程。

本市支持高等院校、科研机构与种子企业开展育种科技人员交流。

**第三十八条** 市、区人民政府应当保障财政资金投入，对种质资源收集和鉴定保存、育种基础性研究、品种试验展示和推广、人才培育等给予长期稳定支持，对种业创新园区、良种基地、保障性苗圃建设给予重点支持。

本市支持企业开展商业化育种，符合条件的，可以采取直接补助、贴息贴费、以奖代补等方式予以支持。引导社会资本支持种业发展。

本市鼓励社会资本与政府投资基金合作，对种业科技示范应用、产业化项目等进行投资。投资基金的投资收益，可以用于激励奖补。

**第三十九条** 市规划资源、农业农村、林业部门应当支持种业公益性基础设施建设，保障种质资源保护和种子研发、试验示范、生产所必需的农业、林业用地和必要的生产生活用地合理需求；推动设施农业、林业用地向种源设施建设倾斜，建设用地指标优先支持研发型种子企业、种子科研机构。

**第四十条** 本市加强种业知识产权保护体系建设，完善知识产权保护行政执法和司法保护衔接机制。知识产权、农业农村、林业等部门应当为植物新品种权、育种方法发明专利权等种业知识产权的创造、运用、保护、管理等活动提供指导和服务。

市农业农村、林业部门应当支持研发具有自主知识产权的植物新品种，加强实质性派生品种管理，提升植物新品种保护水平，促进种业自主创新、原始创新。

**第四十一条** 农业农村、林业部门应当运用现代信息技术，收集、整理和分析种子科技研发、生产经营、市场动态等信息，依托政务服务“一网通办”和城市运行“一网统管”等平台，提升种子生产、经营、使用等环节的数字化服务与监管能力。

**第四十二条** 农业农村、林业部门应当加强对种子质量的监督管理，依法开展种子质量抽查、检验等活动，保障农业、林业用种安全。

**第四十三条** 农业农村、林业部门应当加强种子执法，强化与市场监管、公安等部门的信息共享、线索通报、办案协作，依法打击生产经营假、劣种子的违法行为。

**第四十四条** 对违反本条例规定的行为，除依法追究相应法律责任外，相关部门还应当按照规定，将有关单位和个人失信信息向本市公共信用信息服务平台归集，并依法采取惩戒措施。

**第四十五条** 任何单位和个人有权举报违反种子法律、法规的行为。

农业农村、林业部门应当健全、完善投诉和举报制度，公开受理投诉和举报方式，并在规定的时间内依法作出处理。

## 第七章 法律责任

**第四十六条** 违反本条例的行为，《中华人民共和国种子法》等法律、行政法规已有处理规定的，从其规定。

**第四十七条** 违反本条例第十六条第三款规定，擅自移动或者破坏种质资源库（圃）、种质资源保护区、种质资源保护地的保护设施或者保护标志的，由农业农村或者林业部门责令期限改正，逾期不改正的，可以处五百元以上五千元以下罚款。

## 第八章 附则

**第四十八条** 食用菌菌种、中药材种、草种的种质资源管理和选育、生产经营、管理等活动，参照本条例执行。

**第四十九条** 本条例自2023年11月1日起施行。

# 上海市推进国际商事仲裁中心建设条例

（2023年11月22日上海市第十六届人民代表大会常务委员会第八次会议通过）

## 第一章 总则

**第一条** 为了推进国际商事仲裁中心建设，加强涉外法治保障和服务工作，营造市场化、法治化、国际化一流营商环境，根据《中华人民共和国仲裁法》（以下简称《仲裁法》）等有关法律、行政法规的规定，结合本市实际，制定本条例。

**第二条** 本市优化仲裁发展环境，推动仲裁业务对外开放，培育国际一流仲裁机构，打响上海仲裁品牌，提高上海仲裁的公信力、影响力和国际市场竞争力，加快打造仲裁制度接轨国际、仲裁资源高度集聚、仲裁服务功能健全的面向全球的亚太仲裁中心。

**第三条** 市人民政府应当加强对本市推进国际商事仲裁中心建设工作的领导，统筹协调工作中的重大事项。

市司法行政部门负责指导监督本市仲裁工作，协调推进国际商事仲裁中心建设有关工作。

市发展改革、财政、人力资源社会保障、经济信息化、教育、金融、商务、交通、知识产权、市场监管、公安、房屋管理等部门和相关区人民政府应当按照各自职责，加强协同配合，具体落实推进国际商事仲裁中心建设相关工作。

**第四条** 本市优化完善推进国际商事仲裁中心建设财政资金投入机制，支持仲裁行业发展、人才培养和机构建设等，发挥财政资金的引导和激励作用。

**第五条** 人民法院依法支持仲裁探索创新，优化对仲裁的司法监督与保障机制，完善仲裁司法审查标准，加强平台和信息化建设，促进仲裁与诉讼相互衔接，为推进国际商事仲裁中心建设提供优质高效的司法保障。

**第六条** 本市支持建立长三角仲裁一体化发展联盟，并与国内其他地区开展仲裁协作。

本市推动国际商事仲裁领域的交流合作，通过举办国际仲裁论坛、参与规则制定、建立合作机制等方式，与境外仲裁机构和相关国际组织加强信息和人员交流。

## 第二章 机构和人员队伍建设

**第七条** 本市仲裁机构是依法组建并经市司法行政部门登记设立，提供仲裁服务的非营利法人，纳入本市法人库管理。

本市仲裁机构依法独立开展仲裁活动，自主管理仲裁业务。

**第八条** 本市仲裁机构应当依法制定章程，建立健全决策、执行、监督相互分离、有效制衡的法人治理结构。

本市仲裁机构按照国家和本市有关规定，享有财务、人事、经费、薪酬等方面的决策和管理自主权。

**第九条** 鼓励本市仲裁机构运用大数据、云计算、区块链、人工智能等新兴信息技术，在符合数据安全法律规定和仲裁保密原则的前提下，加强智慧仲裁、绿色仲裁建设，完善仲裁案件信息化管理系统，优化线上仲裁程序和工作流程，实现线上仲裁与线下仲裁协同发展，提供优质、高效、便捷的商事争议解决服务。

**第十条** 鼓励本市仲裁机构聘请境外专业人士担任决策机构组成人员、仲裁员和仲裁秘书，提高机构管理和仲裁从业人员的国际化水平。

支持本市仲裁机构在境外设立分支机构或者办事机构，拓展国际仲裁业务，提高涉外仲裁服务能力。

**第十一条** 本市仲裁机构应当建立健全仲裁员聘任管理办法，完善仲裁员资格审查、管理监督、考核奖惩、退出等机制；加强业务培训，提高仲裁员专业能力、办案水平和职业素养；探索成立仲裁员职业道德委员会，加强仲裁员职业道德建设。

本市仲裁机构应当依法聘任仲裁员，并按照不同专业设仲裁员名册。本市仲裁机构可以在仲裁规则中明确名册外仲裁员选定规则，当事人可以按照规则，从名册外选择符合《仲裁法》规定条件的仲裁员。

**第十二条** 本市仲裁机构应当加强仲裁秘书的业务能力培训和职业道德教育，建立分类分级管理制度和职级晋升、考核评价机制，推进仲裁秘书职业化和专业化建设。

**第十三条** 支持本市仲裁机构实行符合国情、接轨国际、适应发展的仲裁收费制度，建立具有国际市场竞争力的仲裁员报酬体系。

**第十四条** 本市仲裁机构应当按照国家和本市有关规定设立仲裁事业发展基金，每年投入一定比例的净收益，主要用于加强仲裁法律制度研究，参与国际仲裁、调解和商事法律规则制定，培养和引进仲裁高端人才，支持仲裁事业发展。

本市仲裁机构应当在机构章程中明确基金的用途、使用条件和决策机制。

**第十五条** 对受自然灾害、公共卫生事件等突发事件影响的当事人，鼓励本市仲裁机构减免或者暂缓收取服务费用。

鼓励本市仲裁机构提供商事争议解决、法律风险防范的公益性咨询服务。

**第十六条** 经市司法行政部门登记并报国务院司法行政部门备案，境外知名仲裁及争议解决机构可以在本市设立业务机构，在国际商事、海事、投资等领域开展涉外仲裁业务。

本市优化设立登记程序，便利办理手续，为境外知名仲裁及争议解决机构设立业务机构（以下简称境外仲裁业务机构）提供支持。

## 第三章 仲裁机制创新

**第十七条** 支持本市仲裁机构立足国情，研究和借鉴国际仲裁先进经验，制定实施并及时优化与国际通行规则接轨、适应仲裁业务发展的仲裁规则。

**第十八条** 本市仲裁机构应当保障仲裁庭依法独立办理仲裁案件，规范仲裁员选定程序和利益冲突审查机制，健全仲裁员指定工作规则，完善仲裁员利益冲突披露和回避制度。

本市仲裁机构应当在遵循仲裁保密原则的前提下，完善有关规则和程序指引，发布可以免费获取的经当事人同意并作脱敏处理的裁决摘要，增强仲裁裁决的可预见性。

支持本市仲裁机构优化仲裁程序和工作流程，建立快速、简易仲裁程序，提高仲裁案件快速结案率。

**第十九条** 支持本市仲裁机构在海事海商、航空航运、知识产权、建设工程、生态环保、金融证券期货以及数字经济、跨境投资、跨境交易、跨境物流等领域开展专业仲裁服务品牌建设，制定专门仲裁规则，提升仲裁专业化水平。

**第二十条** 本市按照国家部署，探索在具有涉外因素的商事、海事领域，可以约定在上海、按照特定仲裁规则、由特定人员进行临时仲裁。

依据前款规定开展的仲裁活动应当遵循诚实信用、公正独立、意思自治的原则，不得损害国家利益、社会公共利益和第三方合法权益，不得违反法律、行政法规的强制性规定。具体工作推进办法，由市司法行政部门制定。

鼓励本市仲裁机构和境外仲裁业务机构根据当事人的约定或者请求，提供协助组庭等服务。

**第二十一条** 在申请仲裁前和仲裁程序进行期间，为了保障仲裁程序的开展、查明争议事实或者裁决执行，当事人可以依法向人民法院申请采取财产保全、证据保全等措施。

在仲裁程序进行期间，当事人也可以向仲裁庭申请采取前款所规定的措施，仲裁庭可以根据仲裁案件的情况提出意见后提交有管辖权的本市人民法院。人民法院依法进行审查后作出裁定，并依法执行。

**第二十二条** 本市仲裁机构和境外仲裁业务机构管理的仲裁地在上海的仲裁案件，当事人及其代理人因客观原因不能自行收集证据，仲裁庭调查收集亦有困难，但确有必要收集，且证据所在地或者可收集地在本市的，本市人民法院可以根据仲裁机构的申请给予支持。

**第二十三条** 仲裁机构和仲裁员应当加强对虚假仲裁的识别防范。

人民法院应当在司法审查过程中，依法对虚假仲裁进行甄别和处理。

## 第四章 监督与保障

**第二十四条** 本市仲裁机构和境外仲裁业务机构管理的涉外仲裁案件，以及依据本条例第二十条开展的仲裁案件，本市人民法院依法对仲裁协议效力认定以及撤销仲裁裁决申请进行司法审查。

本市仲裁机构和境外仲裁业务机构管理的涉外仲裁案件，以及依据本条例第二十条开展的仲裁案件，被执行人住所地、财产所在地在本市的，本市人民法院依法对相关仲裁裁决执行或者不予执行进行司法审查；被执行人住所地、财产所在地不在本市的，按照有关法律的规定执行。

**第二十五条** 市司法行政部门依法对本市仲裁工作进行指导和监督，通过探索开展定期评估、建立仲裁机构登记事项监督检查机制、指导仲裁事业发展基金的设立和使用等措施，提升管理质效，提高本市仲裁的公信力。

市司法行政部门应当按照国家有关规定对仲裁机构违反登记管理规定、违规开展仲裁业务等行为进行督促整改。任何组织和个人发现仲裁机构违反登记管理规定的，可以向市司法行政部门反映，市司法行政部门应当及时核实、处理。

**第二十六条** 本市仲裁机构和境外仲裁业务机构应当建立健全内部监督机制，加强对仲裁员、仲裁秘书以及其他工作人员的监督管理。

本市仲裁机构和境外仲裁业务机构应当公开仲裁规则、仲裁员名册、服务流程、收费标准等信息，接受社会监督；及时发布年度业务报告，公布仲裁案件数量、平均办案时间、仲裁员性别统计数据等信息，但涉及国家秘密、商业秘密和个人隐私的除外。

**第二十七条** 本市仲裁行业协会应当加强行业自律和行业诚信建设，实施行业监督，规范行业秩序，维护仲裁机构和从业人员的合法权益。

鼓励本市仲裁机构聘任的境外仲裁员、境外仲裁业务机构自愿申请加入本市仲裁行业协会。

**第二十八条** 支持中国(上海)自由贸易试验区及临港新片区、虹桥国际中央商务区等区域根据各自功能定位和发展需要，完善仲裁机构空间布局，发挥仲裁对本市国际经济、金融、贸易、航运和科技创新中心建设的服务保障作用。

鼓励有关区人民政府和相关管理委员会制定促进仲裁发展的政策措施，对符合条件的组织和机构给予场地、人才保障等方面支持。

**第二十九条** 支持本市仲裁机构与人民法院和有关部门的信息系统进行对接，为文书送达、保全措施、调查取证等程序顺利进行提供便利。

**第三十条** 本市探索建立调解、仲裁、诉讼相衔接的涉外商事争议解决机制，引导当事人选择适宜的途径解决争议。

鼓励本市仲裁机构和境外仲裁业务机构入驻本市建立的国际商事争议解决平台，提供一站式、国际化、便利化争议解决服务。

支持本市仲裁机构和境外仲裁业务机构采取调解、谈判促进、专家评审以及其他与仲裁相衔接的方式解决争议，提高案件自愿和解率与自动履行率。

**第三十一条** 本市支持金融机构为本市仲裁机构和境外仲裁业务机构、仲裁员及其他仲裁从业人员开展国际仲裁活动，提供方便快捷的购付汇服务。

符合条件的外籍仲裁从业人员可以依法开立多币种自由贸易账户，享受与其境内就业和生活相关的金融服务以及与境外医疗保健、子女教育等相关的跨境金融服务。

**第三十二条** 来本市参与仲裁程序的仲裁员、当事人、代理人、证人等外籍人员和参加仲裁相关会议、访问、交流等活动的外籍人员，可以凭本市仲裁机构和境外仲裁业务机构出具的仲裁开庭通知或者邀请函等材料依法办理口岸签证。

本市仲裁机构和境外仲裁业务机构委派出境参与仲裁程序和参加仲裁相关会议、访问、交流等活动的境内仲裁从业人员，可以按照规定享受出入境证件办理便利。

**第三十三条** 司法行政部门应当将仲裁作为法治宣传和普法教育的重要内容，推广仲裁理念，提高仲裁知晓率和影响力，形成理解、信赖和选择仲裁的良好氛围。

鼓励本市仲裁行业协会加强与相关行业协会、商会和经济贸易组织的联系，推动与境内外仲裁机构、相关国际组织之间的交流，弘扬传播仲裁文化。

**第三十四条** 支持本市仲裁机构、境外仲裁业务机构加强仲裁宣传推广和品牌建设，引导经营主体选择仲裁作为争议解决方式。

鼓励经营主体选择本市仲裁机构或者境外仲裁业务机构进行仲裁，并选择上海作为仲裁地。

鼓励行业主管部门和行业组织在合同示范文本中将仲裁列为争议解决方式。

**第三十五条** 本市建立国际仲裁专家库，为推进国际商事仲裁中心建设提供智力支持。

支持符合条件的本市仲裁从业人员申报相关人才计划，享受有关人才支持和保障政策。公安、人力资源社会保障、房屋管理等部门应当按照有关规定，为符合条件的仲裁从业人员落实户籍办理、工作和居留许可、住房保障、社会保障等方面待遇。

**第三十六条** 本市加大对仲裁紧缺人才、涉外复合型人才、青年后备人才的培养力度。

鼓励本市仲裁行业协会会同境内外高等院校、行业协会、商会和相关国际组织开展业务培训与交流活动，加强仲裁员等从业人员能力培养。

鼓励本市仲裁机构建立涉外仲裁法治人才培养基地，开展仲裁理论研究、业务培训和交流研讨；组织优秀仲裁人才赴境外知名仲裁及争议解决机构、相关法律服务机构和国际组织交流、实习、培训和任职。

支持本市高等院校、行业协会、商会等在鉴定评估、域外法律查明、海事事故处理等领域培养为仲裁提供服务的专业人员。

## 第五章　附　　则

**第三十七条** 本市仲裁机构根据国家有关规定，研究运用仲裁等多种争端解决机制和国际实践，为防范化解我国企业海外投资争议提供相关服务。

**第三十八条** 本条例自 2023 年 12 月 1 日起施行。

# 上海市体育发展条例

（2023 年 11 月 22 日上海市第十六届人民代表大会
常务委员会第八次会议通过）

## 第一章　总　　则

**第一条** 为了促进本市体育事业，发展体育运动，增强市民体质，提升城市软实力，根据《中华人民共和国体育法》等有关法律、行政法规，结合本市实际，制定本条例。

**第二条** 本市体育工作坚持中国共产党的领导，践行“人民城市”重要理念，落实全民健身战略，优先发展青少年和学校体育，促进竞技体育、体育赛事和体育产业高质量发展，提升市民身体素养和健康水平，增强体育综合实力和国际影响力，建设全球著名体育城市。

**第三条** 市、区人民政府应当加强对体育工作的领导，将体育事业纳入国民经济和社会发展规划，健全部门协调机制，统筹部署体育发展工作。

乡镇人民政府和街道办事处应当协调、推动本辖区内社区公共体育设施的建设、开放和管理，配备社区体育工作人员，推动和组织开展经常性、群众性体育活动。

**第四条** 市、区体育部门主管本行政区域内的体育工作，拟订和组织实施体育发展相关规划、标准，依法实施有关监督管理工作。

教育部门负责管理学校体育工作，协同推进青少年体育活动的开展和普及。

卫生健康部门负责将运动健身纳入健康教育、疾病预防、健康管理等工作。

发展改革、财政、人力资源社会保障、公务员管理、科技、规划资源、住房城乡建设管理、房屋管理、绿化市容、文化旅游、市场监管、商务、国资、民政、农业农村、公安、应急管理等部门和消防救援机构应当按照各自职责，共同做好体育发展工作。

**第五条** 本市依法保障市民平等参与体育活动的权利，对未成年人、妇女、老年人、残疾人等参加体育活动的权利给予特别保障。

**第六条** 工会、共产主义青年团、妇女联合会等群团组织应当根据所联系服务群体的特点，组织开展有针对性的体育活动。

残疾人联合会应当组织开展残疾人体育活动，举办残疾人体育运动会，加强对残疾人运动员的培养和管理。

鼓励自然人、法人和非法人组织通过捐赠、赞助、志愿服务等方式，支持体育事业发展。

**第七条** 本市培育发展体育文化，弘扬中华体育精神，传承和推广传统体育项目，支持体育文化品牌建设，形成引导和鼓励市民经常参加体育活动的良好氛围。

**第八条** 本市推动长江三角洲区域体育一体化发展，健全区域协作机制，加强区域体育发展的规划衔接、政策协同、资源共享和业务合作。

本市鼓励开展对外体育交往，传播中华体育文化，弘扬奥林匹克精神，积极参与国际体育运动。

**第九条** 对在体育事业发展中做出突出贡献的组织和个人，按照有关规定给予表彰和奖励。

## 第二章 全民健身

**第十条** 本市推动构建更高水平的全民健身公共服务体系，鼓励和支持市民参与健身活动，促进全民健身与全民健康深度融合。

**第十一条** 市、区人民政府应当制定本行政区域全民健身实施计划，完善和实施全民健身基本公共服务标准。

市、区体育部门应当推行国家体育锻炼标准，健全市民体质监测服务体系，定期组织开展市民体质监测和全民健身活动状况调查。

市体育部门应当定期对各区体育设施、健身组织、健身活动、健身指导、市民参与和体质健康状况等进行评估，发布全民健身发展指数。

**第十二条** 体育、卫生健康、民政部门和工会等应当健全运动促进健康工作协同机制，完善政策支持，优化设施布局，加强人才培养，支持社会共同参与，建立健全能够满足各类人群需求的运动促进健康服务体系。

体育、民政等部门应当推动社区老年人多功能体育场所建设，整合体育设施与养老服务设施功能，为老年人提供健身辅导、身体机能训练、运动干预等运动康养服务。

鼓励有条件的医疗卫生机构探索设立与科学健身相关的特色门诊，在开展相关医疗服务活动时，针对有需要的人群，提供科学健身指导、评估诊疗、运动干预等服务。

体育部门、工会应当加强面向市民、职工的健身服务站点建设，为全民健身活动提供便利和服务。

**第十三条** 区和乡镇人民政府、街道办事处应当将全民健身公共服务纳入十五分钟社区生活圈和乡村社区生活圈建设内容，支持社区健身组织、健身团队发展，开展科学文明健康的全民健身活动。

居民委员会应当结合居民住宅区特点，因地制宜组织居民开展社区全民健身活动。村民委员会应当结合农村特点，组织村民开展与农村生产劳动和文化生活相适应的全民健身活动。

**第十四条** 体育部门应当组织开展科学健身指导和宣传，倡导市民树立和践行科学健身理念，帮助市民获取运动伤害防护、运动康复、运动营养、运动心理等科学健身知识和技能。

体育部门应当加强社会体育指导员队伍建设，发挥社会体育指导员在组织开展体育健身活动，传授体育健身技能，宣传科学健身知识等方面的作用，促进市民文明健身、科学健身。

## 第三章　青少年和学校体育

**第十五条**　教育、体育部门应当协同落实国家青少年和学校体育活动促进计划，健全完善体育与教育融合发展工作机制，坚持普及和提高相结合，促进青少年身心健康和体魄强健。

**第十六条**　学校应当按照国家有关规定，开齐、开足、上好体育课，开展多样化、高质量的体育项目，培养学生运动兴趣，增强学生体质健康。中小学校应当帮助学生在基础教育阶段掌握至少两项运动技能。

学校应当将在校内开展的学生课外体育活动纳入教学计划，与体育课教学内容相衔接，保障学生在校期间每天参加不少于一小时体育锻炼。倡导学生每天参加校外体育锻炼一小时，家庭、学校应当创造条件予以支持和保障。鼓励公共体育设施为学生体育锻炼提供时段、场地等便利。

幼儿园和托育机构应当为在园在托幼儿提供适宜的室内外活动场地、体育器材等，开展符合幼儿特点的体育活动，保证幼儿室外活动时间、效果和质量。

教育、体育部门应当推进校际优质体育课程、师资、场地等资源共享。

**第十七条**　教育部门和学校应当做好学校体育活动安全管理和运动伤害风险防控。

学校按照相关规定，投保学校责任保险。鼓励学生自愿参加意外伤害保险。

**第十八条**　学校应当每学年至少举办一次全校性的体育运动会，根据实际情况设置田径、游泳等基础项目，足球、篮球、排球等集体球类项目，趣味体育项目，以及学校体育特色项目，引导学生广泛参与。

体育、教育部门应当采取措施，鼓励公共体育设施免费向学校开放使用，为学校举办体育运动会提供服务保障。

体育、教育部门应当结合实际，整合本市青少年和学校体育竞赛活动，定期发布赛事计划，完善青少年运动员注册管理，推动市、区、校体育竞赛活动联动发展。

**第十九条**　教育部门和学校应当将体育纳入学生综合素质评价范围，将达到国家学生体质健康标准要求作为教育教学考核的重要内容，引导学生养成体育锻炼习惯，提升学生体育素养。

教育部门应当将体育科目纳入初中、高中学业水平考试范围，健全符合学科特点的考核机制。病残等特殊体质学生的体育科目考核，应当充分考虑其身体状况，并按照国家和本市有关规定执行。

**第二十条**　教育部门和学校应当根据国家和本市有关规定，配足合格的体育教师，将学生体质健康测试、社团指导、课余体育训练工作以及竞赛成绩纳入体育教师绩效考核内容，保障体育教师享受与其他学科教师同等待遇。

鼓励体育运动学校教练员、退休体育教师、社会体育指导员和社会体育俱乐部教练员等参与学校体育课后服务，并按照课后服务有关规定予以补助。

**第二十一条**　学校根据工作实际设立体育教练员岗位，建立健全相关评价标准和绩效考核机制。鼓励学校在同等条件下优先聘用符合条件的优秀退役运动员担任体育教练员，或者与相关专业机构等社会力量合作，培养体育后备人才。

体育、教育部门应当建立体育后备人才贯通培养机制，完善特色体育项目布局，探索义务教育阶段优秀体育后备人才灵活学籍制度，加强体育后备人才的招收、引进和培养。

**第二十二条**　市、区人民政府应当加强体育运动学校建设，在设施、资金、人员等方面予以支持。

教育部门应当支持体育运动学校面向相应行政区域选拔优秀体育后备人才，加强对体育后备人才文化教育的支持和保障。

**第二十三条**　体育部门应当会同教育、市场监管、民政等部门引导和规范青少年校外体育培训及相关赛事活动组织等服务，促进校外体育培训市场规范有序发展。

## 第四章 竞技体育

**第二十四条** 本市坚持政府与市场相结合，创新竞技体育发展模式，优化竞技体育项目布局，扶持社会力量办训，提升竞技体育的综合竞争力。

**第二十五条** 体育部门应当支持足球、篮球、排球以及其他具备条件的竞技体育项目市场化、职业化发展，支持运动员、教练员职业化发展，培育和激励职业体育俱乐部发展，支持其建立体育后备人才梯队。

**第二十六条** 本市加强对运动员的培养和管理，按照国家有关规定，遵循公开、公平、公正的原则，公开选拔标准和选拔程序，择优选拔运动员和组建运动队，并公示选拔结果。

**第二十七条** 本市依法保障运动员选择注册与交流的权利。

体育、教育部门应当依托本市教育资源，为运动员接受文化教育提供保障，促进运动员全面发展。

对优秀运动员在本市落户、升学、就业、就医等，按照规定给予优待。试训运动员依照本市有关规定，享受社会保险、就医等方面保障。

运动员参加广告、代言等商业活动的，鼓励和支持其与管理单位通过合同方式约定双方权利和义务。

**第二十八条** 市体育、人力资源社会保障、公务员管理部门负责优秀运动员退役安置工作。对符合安置条件的优秀退役运动员，按照国家和本市有关规定予以安置。

优秀退役运动员自主择业的，按照规定给予经济补偿，补偿标准由市体育部门会同市人力资源社会保障、财政部门制定并动态调整。优秀退役运动员自主创业的，按照规定给予政策和资金支持。

市体育部门应当会同市人力资源社会保障等部门加强对退役运动员的职业技能培训和社会保障，为退役运动员就业、创业提供指导和服务。

**第二十九条** 本市实行运动员体育运动水平等级、教练员和运动防护师职称等级、裁判员技术等级制度，推动教练员、运动防护师等职称评审向社会开放。

体育部门应当指导单项体育协会建立健全面向社会的教练员、裁判员注册体系，建立执业档案，加强专业能力培训和考核。

## 第五章 体育赛事

**第三十条** 市体育部门按照本市国民经济和社会发展规划、体育发展规划要求，统筹规划各类体育赛事。

本市积极申（举）办国际、国内重大体育赛事，打造高水平职业赛事和自主品牌赛事，举办市民运动会、城市业余联赛等全民健身赛事，满足市民对体育赛事的多样化需求，建设国际体育赛事之都。

本市发展水上和户外运动、都市极限运动、科技体育、虚拟体育等领域新兴体育赛事，创新赛事发展模式和体育服务业态，促进新兴体育赛事与社交娱乐、健身休闲等融合发展。

**第三十一条** 各级人民政府及相关部门可以通过提供公共资源、资金支持、服务保障等措施，鼓励和支持社会力量举办体育赛事，促进体育赛事发展。

**第三十二条** 体育部门应当会同相关部门和机构建立体育赛事综合服务机制，通报赛事举办情况，协调赛事重大事项，保障赛事安全、有序举办。

**第三十三条** 本市依法保护体育赛事相关商标、专利、著作权等知识产权，以及体育赛事的名称、徽记、旗帜、吉祥物、举办权、赛事转播权和其他无形资产权利。

**第三十四条** 市体育、市场监管等部门应当通过完善相关标准、优化服务保障、加强资金扶持等方式，培育上海体育赛事品牌。

市体育部门应当创建和完善体育赛事品牌指标体系，定期发布体育赛事影响力评估报告。

## 第六章 体育产业

**第三十五条** 市、区人民政府应当建立体育产业发展工作协调机制，优化产业结构和空间布局，完善体育产业体系，培育体育产业新业态，促进体育与健康、文化、旅游、养老、科技、农业等产业融合发展。

**第三十六条** 支持有条件的区人民政府及有关部门根据国民经济和社会发展规划、国土空间规划、体育产业发展规划，规范引导体育产业园区、体育运动类特色小镇、体育专业楼宇等建设，促进体育产业集聚发展。

**第三十七条** 本市鼓励利用公共体育用地、产业园区、商业设施、废旧厂房、仓库等城市空间和场地设施资源，建设新型体育服务综合体，促进体育产业与相关产业融合发展。

建设新型体育服务综合体应当符合国土空间规划和本市相关规定。规划资源、住房城乡建设管理、房屋管理等部门和消防救援机构应当按照各自职责，在规划审批、土地供应、建筑和房屋安全、消防安全等方面予以指导。

**第三十八条** 本市加强对体育产业发展的金融支持，完善融资扶持措施，鼓励金融机构开发、提供符合国家金融监管要求的金融产品和服务，满足产业发展融资需求；支持利用体育发展等专项资金，引导和支持体育产业发展。

**第三十九条** 体育部门应当会同商务、文化旅游等部门制定和落实体育消费促进政策，拓展和引导体育健身、体育赛事、体育旅游等领域消费，激发体育消费活力，发挥体育消费带动作用。

## 第七章 体育组织

**第四十条** 市体育部门应当会同市民政等部门完善本市体育组织的相关标准、运行规范，健全体育组织综合评价机制，促进体育组织规范发展。

体育部门应当采取措施，扶持、保障体育组织发展。

**第四十一条** 市、区体育总会应当加强对体育组织的指导和服务，发挥枢纽作用，共同促进体育事业发展。

**第四十二条** 市、区单项体育协会应当健全内部治理机制，加强行业自律和诚信建设，制定行业规范，开展从业人员能力培训，向有关单位反映会员的意见和建议，依法维护会员的合法权益。

**第四十三条** 本市鼓励发展青少年体育俱乐部、社区健身组织等各类自治性体育组织，扶持体育科学社会团体发展，推动体育基金会规范建设。

## 第八章 体育设施

**第四十四条** 市、区人民政府应当按照国家有关规定，规划、建设公共体育设施，并结合城市更新工作，完善公共体育设施空间布局和配套建设。

规划资源、住房城乡建设管理部门在编制有关控制性详细规划以及开展公共体育设施规划设计审核和竣工验收备案时，应当按照规定征求同级体育部门意见。

公共体育设施的设计和施工，应当符合国家和本市有关建设标准，并按照要求配置无障碍和公共场所母婴设施。

市、区人民政府应当统筹公共体育场馆与应急避难场所的建设和功能设置，加强自然灾害、公共卫生等突发事件应对和避险避灾作用。

**第四十五条** 公共体育设施管理人应当公开向社会开放的办法，加强社会化、专业化运营，提升社会服务功能和运营效率，方便市民开展体育活动。

公共体育设施向社会开放，无需增加投入或者提供专门服务的，应当免费开放；需要增加投入或者提供专门服务的，可以根据运营成本适当收费。以财政性资金为主建设的公共体育场馆实行政府指导价，收费项目和标准应当报经同级人民政府物价和体育部门批准。

公共体育设施开放或者服务项目收取费用的，应当对未成年人、老年人、残疾人、现役军人和消防救援人员等实行免费或者优惠。

公共体育设施在全民健身日应当向公众免费开放，鼓励公共体育设施在体育宣传周期间向公众免费或者优惠开放。

**第四十六条** 任何单位和个人不得擅自拆除公共体育设施，不得擅自改变公共体育设施的功能、用途或者妨碍其正常使用。经批准拆除或者改变其功能、用途的，应当依照有关法律、行政法规的规定先行择地重建；重建的公共体育设施，一般不得小于原有规模。

公共体育场馆应当主要用于开展体育活动；对于可以出租的附属部分，其租用者提供的服务项目应当与健身、赛事等体育活动相关，且不得影响场馆主体部分的功能、用途。

**第四十七条** 新建、改建、扩建居民住宅区，应当按照国家和本市有关规定同步规划、设计、建设用于居民日常健身的配套体育设施，并同步验收和投入使用。规划资源、住房城乡建设管理部门应当按照规定，将配套建设的体育设施纳入规划设计方案、施工图纸审查和竣工验收备案。

区和乡镇人民政府、街道办事处应当优化配置社区公共体育设施，充分考虑未成年人、老年人等不同群体的健身需求，加强社区公共体育设施与其他社区公共服务设施的共建共享、融合发展。

**第四十八条** 教育部门和学校应当按照国家有关标准，配置学校体育设施，并定期进行检查、维护，适时予以更新。

公办学校在保障学校教育教学需要和校园安全的前提下，按照规定向社会开放体育设施；鼓励民办学校向社会开放体育设施。

对向社会开放体育设施的学校，所在地的区和乡镇人民政府、街道办事处应当予以支持和保障。

**第四十九条** 鼓励自然人、法人和非法人组织通过独资、合资、合作等方式，建设经营性体育设施。鼓励有条件的运营主体开展体育设施数字化改造。

各级人民政府及相关部门可以通过项目补贴等方式，支持经营性体育设施向社会公益性开放。

**第五十条** 公共体育场馆、经营性体育设施应当加强急救安全保障，配备必要的急救器械、药品和具备急救技能的工作人员。

公共体育场馆应当配备自动体外除颤仪，鼓励有条件的经营性体育设施配备自动体外除颤仪。

**第五十一条** 公众在使用公共体育设施时，应当遵守公共秩序，爱护公共体育设施。

体育设施的维护管理由所有权人或者管理人负责。所有权人、管理人和使用人对维护管理责任有约定的，按照约定执行；法律、法规另有规定的，从其规定。

**第五十二条** 本市根据需要合理预留体育公园建设空间，因地制宜发展体育公园，推动体育公园免费开放，满足市民体育健身需求。

**第五十三条** 在确保建筑安全和消防安全的前提下，可以利用高架桥下空间、闲置地、楼顶空间等场地资源，暂不变更土地性质或者临时改变建筑使用功能，建设公共体育设施。

按照前款规定建设公共体育设施的，由乡镇人民政府、街道办事处或者区体育部门提出建议，区人民政府统筹协调规划资源、住房城乡建设管理、房屋管理、公安等部门和消防救援机构，予以支持保障。

## 第九章 保障措施

**第五十四条** 市、区人民政府应当将体育事业经费列入本级财政预算，建立与国民经济和社会发展相适应的投入机制。

本市建立公共财政和社会资本相结合的多渠道经费投入机制，加大对体育事业关键领域、薄弱环节、重点区域的支持力度。

本市按照国家有关规定，将彩票公益金用于落实全民健身战略、提升竞技体育综合实力、促进青少年和学校体育等工作。

**第五十五条** 本市发展体育专业教育，鼓励有条件的高等学校培养教练员、裁判员、体育教师等各类体育专业人才。鼓励社会力量开展体育专业教育和职业技能培训，或者与国外高水平机构联合培养体育专业人才。

本市鼓励引进国内外高水平运动员、教练员、裁判员等体育专业人才，以及体育经纪、赛事运营、体育科研、运动医学等领域专业人才。

对代表国家和本市参加国际、国内重大比赛取得优异成绩的运动员及其培养单位或者个人，按照有关规定给予奖励。

**第五十六条** 市科技部门应当会同市体育部门建立产学研深度融合的体育科技创新体系，加强科技创新和成果转化，促进新技术、新材料、新装备在体育领域的开发与应用。

本市加强体育信息化建设，依托政务服务"一网通办"平台提供公共体育设施查询和预约、办赛信息服务、政府扶持项目申请等便民服务功能。

鼓励有条件的经营者按照统一的数据标准接入政务服务"一网通办"平台，为市民提供信息查询、预约等服务。

**第五十七条** 市体育部门应当加强体育标准化建设，组织起草体育公共服务、竞技体育、场馆运营、赛事活动等方面地方标准。

鼓励和支持企业、社会团体、高等学校以及科研机构等开展或者参与体育标准化工作，积极参与国家标准、国际标准的制定，开展标准化合作与交流。

**第五十八条** 体育部门应当会同司法行政等部门推动建立体育纠纷多元化解机制，加强体育纠纷源头预防和治理，优化体育营商环境。

鼓励依托体育纠纷多元化解机制，通过体育组织内部纠纷解决，以及调解、仲裁等方式解决体育纠纷。

## 第十章　监督管理

**第五十九条** 体育、市场监管、文化旅游等部门应当依法履行监督管理职责，依托城市运行"一网统管"平台，加强高危险性体育项目、体育赛事、体育市场等监管信息共享和执法协作。

**第六十条** 开展高危险性体育项目，应当按照国家和本市规定配备保障安全的设施设备和体育指导人员、救助人员。

经营高危险性体育项目的，应当依法向所在地的区体育部门申请许可。其他开展高危险性体育项目的，应当在提供服务后十个工作日内向所在地的区体育部门办理备案，具体办法由市体育部门另行制定。

体育部门应当将高危险性体育项目经营许可和场所备案信息向社会公开，并会同文化旅游、教育、公安、市场监管、卫生健康等部门和消防救援机构建立高危险性体育项目监管协调机制，加强对高危险性体育项目的监督管理。

**第六十一条** 举办高危险性体育赛事活动，应当依法办理相关审批手续，履行安全保障义务，提供符合要求的安全条件，制定应急处置预案，采取风险防范措施，维护赛事活动安全。

体育、公安、文化旅游、应急管理等部门应当按照各自职责，加强对高危险性体育赛事活动的监管，督促赛事活动组织者落实活动组织、安全装备、风险防控、应急救援等保障措施，防范化解重大安全风险。

**第六十二条** 体育健身行业经营者以预收费方式开展经营活动的，应当在经营服务场所、网络经营页面的显著位置公示体育健身服务项目内容、收费标准、经营场地租赁期限等信息，并以书面形式告知消费者预收资金用途和管理方式、余额查询渠道、退费办法等内容，提示预付费风险。

消费者要求签订书面合同的，经营者应当与其签订书面合同。本市推荐使用由市体育部门会同市市场监管部门、市消费者权益保护委员会、相关行业协会制定的体育健身服务合同示范文本。

**第六十三条** 体育健身行业经营者以预收费方式开展经营活动的，应当遵循保护消费者合法权益、加强经营风险控制的原则，按照本市有关规定，合理设定预收金额和可兑付的服务期限、次数。具体规定由市体育部门会同市商务、文化旅游、地方金融监管等部门制定。

体育健身行业预付费经营活动的资金存管，按照国家和本市有关规定执行，根据体育健身行业经营者规模、信用状况等，合理确定预收资金风险警示标准和风险防范措施。

体育健身相关行业协会应当加强行业自律，规范经营者和从业人员行为，推动经营模式转型升级，促进行业健康发展。

**第六十四条** 禁止在体育运动中使用兴奋剂。

体育部门应当会同卫生健康、教育、公安等部门，对兴奋剂问题实施综合治理。

体育部门应当组织开展反兴奋剂宣传教育，加强对各类运动队反兴奋剂工作的指导，提高体育活动参加者和公众的反兴奋剂意识。

## 第十一章 法律责任

**第六十五条** 违反本条例规定的行为，法律、行政法规已有处理规定的，从其规定。

**第六十六条** 违反本条例第六十条第二款规定，开展高危险性体育项目未按照要求备案的，由体育部门责令限期改正，可以处一千元以上一万元以下罚款。

**第六十七条** 违反本条例第六十二条第一款规定，体育健身行业经营者未按照要求履行书面告知义务的，由体育部门责令限期改正；逾期不改正的，处五千元以上五万元以下罚款。

违反本条例第六十三条第一款规定，体育健身行业经营者未按照规定设定预收金额和可兑付的服务期限、次数的，由体育部门责令限期改正；逾期不改正的，责令停止预付费经营活动。

**第六十八条** 体育等部门及其工作人员违反本条例规定，未依法履行相关管理职责，由其所在单位或者上级主管部门责令改正；玩忽职守、滥用职权、徇私舞弊的，对直接负责的主管人员和其他直接责任人员依法给予处分；构成犯罪的，依法追究刑事责任。

## 第十二章 附则

**第六十九条** 本条例自2024年1月1日起施行。

# 上海市发展方式绿色转型促进条例

（2023年12月28日上海市第十六届人民代表大会常务委员会第九次会议通过）

## 第一章 总则

**第一条** 为了加快推进本市发展方式绿色转型，推动经济社会可持续高质量发展，根据有关法律、行政法规，结合本市实际，制定本条例。

**第二条** 本条例适用于本市行政区域内能源发展、产业结构、生活消费等领域的发展方式绿色转型活动。

**第三条** 本市坚持生态优先、节约集约、创新驱动、协同增效的原则推动发展方式绿色转型，建立政府引导、市场主导、社会协同、全民参与的多元共治机制，形成能源资源高效率利用、生态环境高水平保护和经济社会高质量发展相互协调促进的制度体系，实现向资源节约、环境友好、生态平衡的绿色低碳模式转变。

**第四条** 市、区人民政府应当加强对本行政区域内发展方式绿色转型工作的领导，将绿色转型工作纳入国民经济和社会发展规划，部署推动相关工作，研究解决重大问题。

乡镇人民政府、街道办事处应当按照职责，做好所辖区域内发展方式绿色转型的相关工作。

**第五条** 发展改革部门负责对发展方式绿色转型工作的综合协调和监督管理，组织拟订并推进实施重大政策措施。

经济信息化、住房城乡建设管理、交通、生态环境、规划资源、绿化市容、科技、商务、农业农村、水务(海洋)、市场监管、邮政管理、教育、统计、财政、国资、机关事务管理等部门在各自职责范围内做好发展方式绿色转型的相关工作。

**第六条** 本市营造推动发展方式绿色转型的良好社会氛围。单位和个人应当增强绿色低碳意识，依法落实绿色转型的有关要求，践行绿色低碳的生产生活方式。

本市机关、事业单位应当率先贯彻绿色低碳理念，厉行节约、反对浪费，推进无纸化绿色办公，采用绿色低碳产品，加快数字化转型，发挥绿色转型示范引领作用。

企业应当加大绿色技术和产品的创新研发和推广应用，推进生产经营活动数字化和绿色化，减少能源资源消耗、污染物排放和温室气体排放，承担绿色转型相关社会责任。

个人应当积极参与绿色消费、绿色出行、生活垃圾分类、光盘行动等绿色低碳活动，自觉履行节约资源、保护环境的义务。

**第七条** 本市相关行业组织应当推动绿色转型领域的创新研究、标准制定、合作交流，加强行业自律。

本市支持相关专业服务机构、社会服务机构等开展与绿色转型相关的业务培训、技术指导、咨询服务等活动。

本市鼓励发展绿色低碳志愿服务组织，支持各类志愿服务组织参与绿色低碳志愿服务，引导社会公众参与绿色低碳活动。

**第八条** 本市各级人民政府及其有关部门应当加强绿色低碳相关法律、法规、规章和政策的宣传，组织动员社会各界广泛参与世界环境日、全国生态日、全国低碳日、全国节能宣传周等相关活动，普及绿色低碳知识，增强全社会共同意识。

广播、电视、报刊、网站和相关新媒体等大众传播媒介应当按照有关规定，开展绿色低碳公益宣传。

居民委员会、村民委员会、学校、科普场馆等单位应当运用多种形式，开展公益性宣传教育活动，普及绿色低碳知识。

**第九条** 本市构建以市场为导向的绿色技术创新体系，发挥国际科技创新中心和国际金融中心建设的联动优势，推动绿色技术创新链、产业链、资金链、人才链融合发展。

**第十条** 市发展改革部门会同相关部门组织开展与绿色低碳相关的试点示范，鼓励、支持企业事业单位和新城、园区、社区等参与各类试点。

对在推动发展方式绿色转型工作中取得显著成绩的单位和个人，按照国家和本市有关规定，给予表彰、奖励。

**第十一条** 市人民政府应当对各区人民政府、各有关部门推动发展方式绿色转型工作的成效情况定期组织考核评价，考核评价结果纳入各级领导班子年度绩效考核。

**第十二条** 本市贯彻长江三角洲区域一体化发展国家战略，与长江三角洲区域相关省市建立健全协作机制，共同推动发展方式绿色转型，推进开展产业发展、科技创新、信息共享、标准互认、项目实施、执法协同等方面的合作。

本市贯彻长江经济带发展国家战略，与相关省市加强协作，根据长江流域发展规划和相关国土空间规划，调整产业结构，优化产业布局，推进长江流域绿色发展。

本市对标国际绿色发展规则，加强绿色转型领域相关人才、技术和项目等方面的交流合作，促进全球绿色先进技术和关键环节与国内产业化优势对接融合，按照国家对外开放总体部署推动更高水平国际合作。

## 第二章　基本管理制度

**第十三条** 市发展改革、经济信息化部门应当会同相关部门按照国民经济和社会发展规划，组织编制能源资源、产业、循环经济等领域专项规划，明确绿色转型的目标、任务、措施等，并组织实施。

本市编制国土空间详细规划、海岸带综合保护与利用规划时，应当保障绿色转型相关工程项目用地用海需求。

**第十四条** 本市按照国家规定，实行能源消耗、建设用地、用水等资源总量和强度双控管理制度，并逐步推行碳排放总量和强度双控管理制度。

**第十五条** 市规划资源部门会同市发展改革、经济信息化、生态环境等相关部门将绿色转型的要求纳入产业用地出让全生命周期管理制度，促进土地资源集约复合高效利用。

**第十六条** 本市相关用能和排放单位应当按照国家和本市规定，披露能源资源消耗、碳排放、污染物排放等信息；鼓励其他单位主动披露前述信息。

本市支持企业等经营主体开展环境、社会和治理等可持续发展实践。

**第十七条** 市市场监管部门应当会同相关行业管理部门组织完善本市绿色转型领域相关地方标准。

本市支持相关社会团体和企业依法制定并推动实施绿色转型领域的团体标准和企业标准，参与制定国内和国际绿色低碳相关标准和规则。

本市按照国家规定的绿色认证标准，建立健全本市绿色认证体系，推行绿色标识。

**第十八条** 本市按照国家规定建立各区、重点行业、重点企业、重点产品统一规范的碳排放统计核算体系。支持行业、企业建立健全碳排放核算和计量等管理制度。

市发展改革、统计、生态环境等部门应当按照各自职责，加强碳排放数据收集、核算、评估等工作，为绿色转型政策制定和监督考核等提供数据支撑。

**第十九条** 本市鼓励、支持单位和个人使用绿色技术和产品。单位和个人自主采购绿色技术和产品的，可以按照国家和本市规定享受相关优惠政策。

市发展改革、经济信息化等部门应当发布并动态更新绿色技术目录，加强对绿色技术的组织推广应用。

本市机关、事业单位应当落实政府绿色采购政策要求。国有企业应当执行企业绿色采购指南，鼓励其他企业自主开展绿色采购。

**第二十条** 本市在能源资源消耗、污染物排放和温室气体排放等方面实行重点单位名录管理。市发展改革、生态环境部门按照各自职责，会同相关行业管理部门制定和发布重点单位名录，并实行动态调整。

纳入名录的重点单位应当依法开展监测计量、节能减排改造、碳排放管理等绿色转型相关工作；发展改革、生态环境部门应当会同相关行业管理部门对其开展上述工作加强监督管理。

## 第三章 能源发展绿色转型

**第二十一条** 本市构建清洁低碳安全高效的新型能源体系，推进化石能源清洁低碳高效利用和新能源高质量发展，实现能源产供储销各环节协调互动，为绿色转型提供安全、稳定的能源保障。

**第二十二条** 市发展改革部门应当会同相关部门对重点企业煤炭消费实行总量控制，合理调控油气消费，推行化石能源的节约使用和绿色低碳替代。

本市支持火力发电企业按照国家和本市有关要求开展节能减排降碳改造，实施符合国家和本市相关管理规范的二氧化碳捕集和资源化利用等技术创新和项目建设。

**第二十三条** 市发展改革、经济信息化、住房城乡建设管理、交通等部门应当按照各自职责会同相关行业管理部门，促进太阳能、风电、生物质能、氢能、合成燃料、地热能等绿色能源和新型储能方式的发展，有序推动多元化推广应用。

电网企业应当提升绿色电力消纳能力，将

符合规划和安全生产条件的绿色能源发电项目接入电网。

**第二十四条** 本市加快推动新型电力系统源网荷储一体化建设，支持新型储能建设，推动分布式能源开发、火电机组灵活性改造、充电桩智能化改造，有序降低电力系统负荷峰谷差。

本市支持工业企业、产业园区和其他具备条件的区域建设多能互补的智慧能源系统和微电网。

**第二十五条** 本市加强电力需求侧管理，推进虚拟电厂建设，鼓励数据中心、通信基站、商业楼宇、工业厂房等的所有人或者使用人采用合理可行的技术、经济和管理措施，根据城市电网的负荷平衡需求，有序调节用电负荷。

**第二十六条** 本市支持通过绿色电力交易、绿色电力证书交易等市场化方式优化电力资源配置，促进绿色电力消纳。

本市完善分布式发电市场化交易机制，支持分布式发电主体按照规定与同一配电网区域的电力用户就近交易。

## 第四章　产业结构绿色转型

**第二十七条** 本市大力发展战略性新兴产业和现代服务业，推进产业数字化和绿色化的深度融合，推动钢铁、石化、电力、交通、建筑等领域的绿色转型。

本市鼓励和支持企业通过节能降碳、购买绿色电力、与上下游产业链企业合作减排等方式，减少能源资源消耗和碳足迹。

**第二十八条** 市经济信息化、发展改革等部门在组织制定产业发展目录时，应当落实国家和本市关于绿色转型的要求，明确鼓励类行业、限制类行业以及淘汰类生产工艺装备和产品。

市发展改革、经济信息化、生态环境部门应当完善对新建高耗能、高排放项目资源环境影响的评估论证机制，严格控制高耗能、高排放项目发展。

经济信息化部门应当加强对工业企业绿色转型的支持、指导、监督，推动绿色工厂和绿色园区建设。工业企业应当推动产品绿色设计和生产，组织开展能源审计、能效对标达标、清洁生产等工作。

**第二十九条** 本市鼓励和支持资源化再利用产品使用。市住房城乡建设管理、绿化市容、农业农村等部门应当组织制定建筑废弃物、湿垃圾、绿林废弃物等的再生利用标准，推动资源化再利用产品的技术研发和推广应用。

市经济信息化、发展改革部门会同相关部门鼓励和支持航空发动机、新能源组件、船舶机械、汽车零部件等设备产品的高端智能再制造。

**第三十条** 本市支持资源循环利用，推动循环经济发展。对保障城市正常运行的资源循环利用项目或者企业用地，各区人民政府应当予以保障。生产性产业园区所在地的区人民政府应当在规划产业用地中划出一定比例用地，用于支持资源循环利用企业发展。

市经济信息化、发展改革、生态环境、绿化市容等部门和各区人民政府应当推进产业园区废弃物综合利用、余热余压能量梯级利用、水资源循环利用和污染物集中安全处置，完善固体废弃物中转、储运体系和利用处置设施，并根据废弃物的利用方式，构建社会化的废弃物回收、输送、再加工体系。

**第三十一条** 本市建立绿色建筑全生命周期监督管理制度。市住房城乡建设管理部门应当会同相关部门制定措施，引导和督促相关责任主体在设计、建设、运行、改造等环节贯彻执行绿色建筑标准和要求。

本市按照规定，对新建建筑全面执行绿色建筑标准，发展超低能耗建筑和近零碳排放建筑，推广绿色建材、绿色装修，推进装配式建造方式、可再生能源一体化应用。

住房城乡建设管理、房屋管理部门应当会同相关部门结合旧区改造、旧住房更新等工作，推进实施既有建筑绿色改造。

市住房城乡建设管理部门应当会同相关部门对公共建筑运行能耗与碳排放加强监管，完善国家机关办公建筑和大型公共建筑能耗监测系统，制定各类公共建筑运行能耗和碳排放限额标准。

市绿化市容部门应当加强对公用设施和大型建筑物景观照明的能耗控制和监督管理。

**第三十二条** 本市推动构建绿色低碳交通运输体系，推进发展江(河)海联运、公铁联运和海铁联运，建设绿色港口和绿色机场，打造由干线铁路、城际铁路、市域铁路、城市轨道交通共同构筑的多层次轨道交通网络。

市交通、发展改革、住房城乡建设管理、经济信息化等部门和各区人民政府应当按照科学合理、适度超前的原则，布局建设充电桩、加氢站、港口岸电等配套基础设施。

**第三十三条** 市交通、经济信息化等部门应当制定和完善政策措施，推进汽车、轮船等交通运输工具的电气化、低碳化、智能化，鼓励和支持交通运输企业强化节能降碳运营管理、提升交通运输工具能效水平、应用绿色低碳燃料。

本市推进公交车、巡游出租车、公务用车、环卫车辆、邮政配送车辆等公共领域的新增和更新车辆实施新能源汽车替代。

**第三十四条** 市生态环境部门应当会同相关部门制定和完善大型活动的绿色低碳标准，推进活动举办全程节能降耗减排。

鼓励举办单位、场馆单位、会展服务单位和参展单位采用绿色原材料，应用低碳环保技术，推进大型会议、展会和赛事活动实现碳中和。

鼓励大型活动主办方在活动结束后，向社会公布采取的绿色低碳措施和碳排放、碳中和情况。

**第三十五条** 本市推进发展绿色低碳循环型农业。市农业农村部门应当加强对农业农村绿色转型的指导、推动和监督，鼓励发展绿色农业，建设农产品绿色生产基地，促进绿色优质农产品供给，指导农村可再生能源多元化利用，推广节能降碳、提升碳汇水平等绿色技术研发应用，提高畜禽粪污资源化利用水平，推行农作物秸秆多元化利用。

农业生产经营者应当采取清洁生产方式，科学增施有机肥料，使用生物农药，合理减施化学肥料和农药。

**第三十六条** 市绿化市容部门应当推进公园城市建设，推动实施近郊绿环、市域生态走廊、生态间隔带等造林工程，优化造林绿化树种，提升林业碳汇能力。

市海洋部门应当会同相关部门推动实施海洋生态系统保护和修复重大工程，持续提升海洋生态系统质量，探索开展海洋生态系统碳汇试点。

## 第五章 生活消费绿色转型

**第三十七条** 本市推进生态之城和美丽上海建设，统筹推动公园城市、海绵城市、无废城市和绿色生态城区建设，合理布局公园绿地等休闲空间和公共服务网络，促进城乡融合绿色发展。

**第三十八条** 本市倡导在衣、食、住、行、用等各方面践行简约适度、绿色低碳、文明健康的生活理念和消费方式。

本市促进绿色消费，丰富绿色消费场景，鼓励消费者优先购买、使用绿色家电、绿色照明、绿色建材、节能产品、节水器具等绿色低碳产品，安装和使用太阳能等可再生能源设施。

**第三十九条** 本市机关、企业事业单位应当加强餐饮节约管理，反对并制止食品浪费，推动开展光盘行动。

餐饮提供单位应当按照国家和本市有关要求，减少采购、物流、储存、消费等环节的食品浪费，主动对消费者进行防止食品浪费提示提醒，引导消费者按需适量点餐。鼓励餐饮服务经营者创建绿色餐厅。

**第四十条** 本市支持和倡导绿色出行，引导公众优先选择公共交通、自行车等绿色出行方式。

市、区人民政府应当采取措施优先发展公共交通，优化完善城市公交和轨道交通线网结构。

交通部门应当会同公安、规划资源等部门规划建设便捷舒适的慢行道路设施，提升慢行通道的连续性和功能性，优化慢行交通环境。

**第四十一条** 本市鼓励二手商品交易。市商务等部门应当做好二手商品交易市场的业务指导，培育和拓展线上线下二手商品交易渠道，推动二手商品交易规范有序发展。

各区人民政府应当根据有关要求和实际情况，规划布局二手商品交易市场。鼓励社区组织二手商品交易活动，促进家庭闲置物品交易和流通。

**第四十二条** 本市持续完善生活垃圾投放、收集、运输、处置的全程分类体系，提升优化分类投放环境和便利化程度，深入推进生活垃圾源头减量、可回收物精细分类，以及资源循环再生利用。

市绿化市容部门应当会同相关部门完善全覆盖的生活垃圾可回收物服务点、中转站、集散场回收体系，鼓励和支持回收企业规模化、专业化发展。

市商务部门应当会同市发展改革、绿化市容、生态环境、住房城乡建设管理、经济信息化等部门编制并发布再生资源回收指导目录，明确再生资源的回收种类、回收规范、利用指引等。

**第四十三条** 国家和本市明令禁止或者限制的一次性用品，任何单位和个人不得违反规定进行生产、销售。

单位和个人应当按照国家和本市有关要求，停止或者减少使用一次性用品，优先使用可循环、易回收、可再生利用的替代产品。

**第四十四条** 企业在生产、销售、寄递物品时，应当遵守国家和本市有关清洁生产、避免过度包装等规定，优先采用可重复使用、易回收利用的包装物，减少包装物的使用。电子商务、快递、外卖等行业、企业应当依法采取措施回收包装物。

市市场监管部门应当会同相关部门和行业组织完善限制商品过度包装的标准和指导性规范，组织开展执法检查。

市邮政管理、商务、市场监管、绿化市容等部门应当完善绿色快递包装的标准和认证机制，布局建设可循环快递包装投放和回收设施、快递包装废弃物回收装置。

## 第六章 保障措施

**第四十五条** 市、区人民政府应当加大对绿色转型相关的技术创新、产业发展和金融服务等活动的财政支持力度。

本市按照国家有关规定，落实节能环保、资源综合利用、新能源、生态建设等绿色转型相关税收优惠政策。

**第四十六条** 本市建立多元化的绿色投融资机制，支持在沪金融基础设施机构、金融机构等发展绿色信贷、绿色债券、绿色保险、绿色票据、绿色融资租赁等金融产品和服务，鼓励和引导社会资金参与绿色转型相关活动，加大对中小企业绿色转型的支持力度。

鼓励社会资本在本市设立或者与本市政府引导基金联合设立绿色产业投资基金，支持绿色转型相关的企业和项目。

市、区两级政府性融资担保机构应当为小微企业等经营主体绿色转型提供增信服务，提高绿色融资担保业务规模。

本市支持结合区域特征和实际需要，制定转型金融目录。

**第四十七条** 本市鼓励保险业金融机构在绿色建筑性能、绿色技术首台套应用、重点新材料首批次应用、绿色产品质量、水环境治理和饮用水安全保障等领域创新绿色保险业务。

**第四十八条** 市地方金融监管、发展改革部门会同相关部门建立绿色金融服务平台，通过市大数据资源平台等渠道采集、整合绿色金融相关信息，为金融机构开展绿色金融和转型金融服务提供支撑。

**第四十九条** 市发展改革、经济信息化、生态环境、住房城乡建设管理、交通、市场监管等部门根据国家和本市规定，制定企业绿色转型相关评价要求、评价标准和绿色项目认定条件、认定标准，作为相关企业和项目获得财税支持、享受投融资优惠等方面的参考。

**第五十条** 本市建立健全绿色低碳供应链管理服务体系，市发展改革、商务、生态环境、经济信息化、市场监管等部门应当建立完善产品碳足迹相关核算评价体系、标准与计量体系、基础数据库，培育专业高效的评价认证和管理咨询服务机构。

本市支持链主企业、行业组织和相关专业服务机构等加强对上下游产业链企业碳排放管理等方面的业务指导和咨询服务，鼓励和引导相关企业开展绿色低碳供应链管理。

**第五十一条** 本市按照污染者使用者付费、保护者节约者受益的原则，完善体现生态价值和环境损害成本的资源环境价格政策机制。

本市优化差别电价和阶梯电价政策，建立电力接入超容用户付费机制，探索支持新型储能、可再生能源消纳利用和负荷调节等新型电力系统发展的电价机制。

本市健全固体废物处理收费机制，完善促进节水减排的供水价格和污水处理收费机制，逐步建立实施污染物排放总量控制下的排污权有偿使用制度。

**第五十二条** 本市支持全国碳排放权交易系统建设和运行，服务和保障碳排放权交易活动开展。

市生态环境部门应当会同相关部门完善本市碳排放权交易机制，推动金融市场与碳排放权交易市场合作与联动发展，鼓励开展碳排放权交易产品及其衍生品创新，建立健全碳普惠等自愿减排机制。

**第五十三条** 本市加强绿色低碳重大科技攻关和推广应用，推进基础研究和前沿技术布局，加快推动绿色技术创新。

科技、发展改革、经济信息化、教育等部门应当加快培育绿色技术相关科技创新平台，加大对企业绿色技术创新活动的支持力度，推进先进适用技术规模化应用。

市科技、知识产权等部门应当建立与绿色技术相关的成果转化、技术交易、知识产权运用和保护等制度。

**第五十四条** 市人力资源社会保障、科技、发展改革、经济信息化、教育等部门应当加强绿色转型相关领域人才的培育和引进，在培育、评价、使用、激励和保障等方面予以支持。

本市鼓励高校、科研院所建设新能源、储能、氢能、碳减排、碳市场等学科。鼓励相关高校、科研院所和企业创新人才培养方式，联合开展产学合作协同育人项目，建设产教融合创新平台。

**第五十五条** 各相关部门应当按照国家和本市规定，将单位和个人参与绿色转型活动的相关信用信息归集到市公共信用信息服务平台，并依法采取激励和惩戒措施。

**第五十六条** 市发展改革、经济信息化、生态环境、住房城乡建设管理、交通、商务、市场监管、绿化市容、邮政管理等部门应当按照各自职责，加强对绿色转型相关活动的监督检查。

## 第七章 附 则

**第五十七条** 本条例自2024年1月1日起施行。

# 上海市人民代表大会常务委员会关于促进和保障“五个新城”建设的决定

（2023年10月27日上海市第十六届人民代表大会常务委员会第七次会议通过）

新城是《上海市城市总体规划（2017—2035）》确定的网络化、多中心、组团式、集约型空间结构的重要功能节点，是构建市域空间新格局的重要组成部分，是上海承载国家战略的

重要战略空间。为了举全市之力推进嘉定、青浦、松江、奉贤、南汇等五个新城建设,作如下决定:

一、本市按照独立的综合性节点城市定位,统筹新城发展的经济需要、生活需要、生态需要、安全需要,将新城建设成为引领高品质生活的希望之城、未来之城,全市经济发展的重要增长极,推进人民城市建设的创新实践区、城市数字化转型的示范区和上海服务辐射长三角的战略支撑点。

二、本市推进五个新城建设,应当坚持以人民为中心,落实人民城市理念,回应人民群众对美好生活的向往和需求;坚持高标准定位,落实新发展理念,强化“四大功能”,面向未来打造宜居城市、韧性城市、智能城市;坚持改革创新,强化系统观念,持续增强新城发展动力和活力;坚持因地制宜,找准比较优势,形成新城与中心城梯次发展、优势互补、互相赋能的格局。

三、本市推进新城建设,应当建立以区为主、市区联动的工作机制,形成合力。市人民政府应当加强对新城建设工作的统一领导,建立健全推进协调机制,统筹解决新城发展中的重大问题。市人民政府各相关部门应当根据各自职责,支持和保障新城建设工作。

市人民政府及其相关部门应当按照效率优先、服务发展的原则,依法将符合新城功能定位、有助于推进新城建设、有利于完善公共服务和促进高效治理的行政审批权等管理事权下放,扩大新城建设发展自主权。

相关区人民政府(含相关管委会,下同)是推进新城建设工作的责任主体,应当建立健全新城建设推进工作机制,因地制宜创新各项政策和措施,承接市级层面下放的管理事权。

四、新城建设应当充分发挥国土空间规划的引领作用,保持战略定力。新城国土空间规划应当体现产城融合、功能完备、职住平衡、生态宜居、交通便利、治理高效的要求,加强国家重大战略任务落地的统筹,强化战略谋划、功能策划与空间规划的联动融合。

本市建立健全新城国土空间规划的评估和动态维护机制。市人民政府相关部门、相关区人民政府应当对规划的实施情况进行年度评估并每五年进行一次综合评估,根据评估结果及时对规划进行深化优化。

五、市、相关区人民政府应当加强中心城与新城建设联动,导入高能级、高水平的项目,推动新城集聚企业总部、研发创新、要素平台、公共服务等功能,加大对中心城人口的吸引力。

市发展改革部门应当会同相关部门加强市级资源统筹布局,结合新城需求,拟订资源供给清单;相关区人民政府应当主动对接、加强服务、创造条件,推动符合新城发展定位和相关发展规划的功能导入。

六、新城建设应当加强产业支撑,聚焦先导产业和未来产业布局,根据自身的产业基础、区位优势和资源禀赋,加强产学研用深度融合,实现错位发展、互补发展、联动发展。

市经济信息化部门应当会同相关区人民政府制定产业指引,聚焦产业链价值链关键环节,提升主导产业能级,以构建各具特色、协同发展的开放型产业体系为导向,夯实制造业发展基础,优化产业园区管理体系和推进机制,打造具有特色和竞争力的产业集群。

市经济信息化、商务等部门应当会同相关区人民政府积极发展总部经济,推动高能级生产性服务业和高品质生活性服务业发展。

七、新城建设应当加快构建现代集约、功能完备、智慧生态的新城综合交通体系,提升区域交通节点功能,强化枢纽辐射服务功能。

市交通部门应当会同相关区人民政府建设便捷高效的对外交通系统,加快推进新城与中心城间的快速交通通道、轨道交通快线建设,加快推进新城与长三角城市间的快速交通通道建设。

相关区人民政府应当坚持绿色集约，打造系统完善的新城内部综合交通体系，优化路网结构，构建高品质慢行交通系统。

八、新城建设应当以人为本，加强城市设计，不断提升城市建设品质。

市住房城乡建设管理部门应当会同相关部门以及相关区人民政府，高标准推进新城内的建筑、公共空间、基础设施建设，强化空间品质的整体性、系统性、协同性；推进绿色建筑、新型基础设施、海绵城市等示范区（项目）建设；落实公园城市理念，构建蓝绿交织、开放贯通的生态格局；强化老城区有机更新，加强新城和老城区生产布局、生活环境、生态空间的一体安排和功能协调，塑造传统与现代交融的新城风貌。

九、新城建设应当对标一流标准，提高公共服务能级和水平。市、相关区人民政府应当积极导入教育、卫生和文体旅等公共服务资源并完善配套服务保障，增加优质教育资源供给，进一步提升各级各类医疗资源配置能级，支持市级文体场馆和新城文体场馆开展合作共建，引入市级重大文体活动和赛事活动。

相关区人民政府应当建设一站式、功能复合的社区服务综合体，完善社区级公共服务配置及运行保障机制，积极打造“15 分钟社区生活圈”；促进新城住房规划建设与轨道交通建设、就业岗位分布、公共设施配套联动发展；推进新城发展与乡村振兴同步，缩小城乡差距，推动共同富裕。

十、市人民政府相关部门应当制定差异化的新城人口导入和人才引进政策，持续跟踪实施效果并适时调整优化。

相关区人民政府应当针对新城发展特殊需求，加大新城对紧缺急需人才、优秀青年人才、高技能人才的引进和培养力度，拓宽海外人才引进渠道；因地制宜完善涉及人才的教育、医疗、养老等公共服务配套政策。

十一、市规划资源部门应当会同相关区人民政府加大新城空间要素保障力度，优先保障新城建设用地需求，优化用地结构和开发强度，支持新城存量土地二次开发；完善土地收储及其价格确定机制，保障空间资源有效供给；优化规划实施机制，完善规划实施平台，统筹规划、建设和运营管理，创新技术规范和设计标准，加强资源整合和建设时序安排。

十二、市、相关区人民政府应当加大对新城财政支持力度，强化对新城建设、运营、维护的支撑；实施新城范围内的市级土地出让收入专项支持政策，加大对新城政府债券发行的支持力度。

鼓励金融机构创新金融产品和服务，支持符合新城产业发展导向的重大项目、重大平台建设，发挥金融对新城建设的促进作用。创新新城开发模式，积极支持在产业发展、城市建设、社会事业等领域引入社会资本，推动投资和开发运营主体多元化。

十三、相关区人民政府应当加快营造市场化、法治化、国际化的新城营商环境，推动要素流动、竞争政策、争端解决、监管执法等领域的改革探索和制度创新；统筹营商环境、企业服务、投资促进等工作，聚焦新城重点区域和重大项目，实行项目审批绿色通道；优化事中事后监管，建立与国际接轨的监管标准和规范制度，打造一流营商环境新高地。

相关区人民政府应当创新治理模式，强化新城规划建设管理全过程的公众参与，充分发挥“一网通办”和“一网统管”平台功能，加强科技赋能，提升城市管理精细化、智能化水平。

市人民政府相关部门应当建立健全客观反映新城建设的指标和统计体系，对新城建设情况开展定期监测并及时优化统计指标。

十四、市人大常委会根据新城建设需要，及时制定、修改或者暂时调整、停止实施与新城建设有关的地方性法规；在坚持国家法制统一原则和本市地方性法规基本原则的前提下，市人民政府可以就推进新城建设制定相关文件，在新城先行先试，并报市人大常委会备案；相关区人大及其常委会可以就促进和保障新城建设工作作出相关决议、决定，并报市人大常委会备案。

十五、市人大常委会和相关区人大常委会应当通过听取和审议专项工作报告、组织执法检查、开展询问和质询等方式，加强对本决定执行情况和新城建设推进情况的监督。

市人大常委会和相关区人大常委会应当充分发挥各级人大代表作用，组织人大代表围绕新城建设开展专项调研和视察等活动，汇集、反映人民群众的意见和建议，督促有关方面落实新城建设的各项工作。

本决定自2023年10月28日起施行。

# 上海市促进长三角生态绿色一体化发展示范区高质量发展条例

（2024年3月27日上海市第十六届人民代表大会常务委员会第十二次会议通过　根据2024年9月27日上海市第十六届人民代表大会常务委员会第十六次会议《关于修改〈上海市妇女权益保障条例〉等4件地方性法规的决定》修正）

## 第一章　总　　则

**第一条**　为了深入实施长江三角洲区域（以下简称长三角）一体化发展国家战略，发挥长三角生态绿色一体化发展示范区（以下简称示范区）的先手棋和突破口作用，打造中国式现代化的长三角样本，根据有关法律、行政法规和《长江三角洲区域一体化发展规划纲要》《长三角生态绿色一体化发展示范区总体方案》，制定本条例。

**第二条**　本市促进示范区一体化高质量发展相关活动，适用本条例。

示范区范围包括上海市青浦区、江苏省苏州市吴江区、浙江省嘉兴市嘉善县（以下简称两区一县）。

**第三条**　示范区建设应当践行新发展理念，坚持创新引领，因地制宜发展新质生产力，推动高质量发展的政策制度与方式创新，加快从形态开发向功能开发跃升，率先实现质量变革、效率变革、动力变革，率先将生态优势转化为经济社会发展优势，率先探索从区域项目协同走向区域一体化制度创新，不破行政隶属、打破行政边界，探索生态友好型发展模式，实现绿色经济、高品质生活、可持续发展的有机统一。

**第四条**　市人民政府应当落实国家有关示范区建设的决策部署，加大对示范区建设的支持力度，加强与江苏省、浙江省人民政府的协调配合，定期开展沟通，研究解决示范区建设中的重大问题，强化改革集成、资金投入、项目安排、资源配置等工作，为示范区一体化高质量发展提供保障。

市发展改革部门负责本市促进示范区一体化高质量发展的有关统筹协调工作。

青浦区人民政府应当落实国家和本市有关示范区建设的工作部署，有序推进示范区建设工作。

市和青浦区人民政府有关部门应当根据职责分工，做好示范区建设相关工作。

**第五条**　本市会同江苏省、浙江省通过规划统筹、标准统一、平台共建、资源共享、资质互认、数据互通等方式，畅通要素流动，推进跨区域共建共享，加快示范区一体化制度创新和项目建设。

**第六条**　支持示范区率先在改革开放重要领域和关键环节创新探索、先行先试，形成可复制可推广经验，为长三角更高质量一体化发展提供示范。

国家和本市明确的改革举措，支持在示范区先行试点、集中落实、率先突破。本市实施的改革创新试点示范成果，鼓励在示范区复制推广。

**第七条**　鼓励企业事业单位、社会组织等社会力量参与示范区建设，发挥其在科技创新、生态环境保护、产业发展、乡村振兴等领域中的作用，推动形成多方参与、协同推进的发展机制。

**第八条**　对推进示范区一体化高质量发展作出重大贡献的单位和个人，按照国家和本市有关规定给予表彰、奖励。

## 第二章　治理体制

**第九条**　本市与江苏省、浙江省联合成立示范区理事会，作为示范区建设重要事项的决策平台。

示范区理事会的主要职责是贯彻落实和协调推进《长三角生态绿色一体化发展示范区总体方案》，研究确定示范区建设的发展规划、改革事项、支持政策和年度工作安排，统筹协调跨区域、跨部门的重要事项，协调推进重大项目，建立协同督办机制，督促检查有关工作的组织落实情况。

**第十条**　本市与江苏省、浙江省共同设立示范区执行委员会(以下简称执委会)。执委会是示范区理事会执行机构和示范区开发建设管理机构，履行下列职责：

(一) 负责示范区发展规划、制度创新、改革事项、支持政策的研究拟订和推进实施；

(二) 负责示范区内除国家另有规定外的跨区域投资项目的审批、核准和备案管理；

(三) 联合两区一县人民政府行使示范区先行启动区国土空间详细规划(村庄规划除外)的审批权；

(四) 国家和本市确定的其他职责。

执委会可以在职权范围内制定行政规范性文件。

执委会应当加强统筹协调，通过定期会商等机制，会同江苏省、浙江省、本市有关部门和两区一县人民政府推动落实示范区建设相关政策、措施。

**第十一条**　本市有关行政机关可以就示范区规划统筹、标准统一、项目合作、设施共建、平台互通、信息共享等事项，与江苏省、浙江省有关行政机关签署相关合作协议。执委会可以对协议的签署及其内容提出建议。

**第十二条**　本市有关行政机关可以与江苏省、浙江省有关行政机关建立区域合作机制，根据需要对示范区内开发建设、生态环境保护、市场监督管理、城市管理、渔业渔政等方面的事项进行协同管理。

**第十三条**　市人民政府及其有关部门可以根据示范区建设实际，依法将有关市级管理权限授权或者委托执委会行使。

执委会可以根据示范区建设实际，提出需要授权或者委托的事项，并按照法定程序报请有权机关决定。

**第十四条**　在跨区域项目建设中，行政许可依法由本市和江苏省、浙江省的行政机关分别实施的，本市可以会同江苏省、浙江省共同确定一个行政机关受理行政许可申请，实行集中办理、联合办理。

在跨区域项目建设中，本市具有行政许可权的行政机关在其法定职权范围内，可以依法委托江苏省或者浙江省的行政机关实施行政许可。

**第十五条**　支持示范区探索建立跨区域投入共担、利益共享的财税分享机制和水乡客厅区域共同账管理机制，探索财政资金的跨区域统筹使用。

**第十六条**　本市会同江苏省、浙江省建立示范区统计制度与统计工作协作机制。

执委会会同江苏省、浙江省、本市人民政府统计部门，聚焦高质量、一体化、生态绿色和社会评价等核心发展指标，制定示范区一体化高质量发展指标体系，发布反映示范区整体发展状况和趋势的发展指数。

## 第三章　规划建设

**第十七条**　青浦区人民政府组织编制国民经济和社会发展规划纲要，应当体现示范区一体化高质量发展要求，并征求执委会的意见。

**第十八条**　本市与江苏省、浙江省共同完善示范区统一的国土空间规划体系，协调规划目标，统一基础底板、规划基期、规划期限和核心指标，实行分级分类管理，加强规划编制、土地利用、项目建设的跨区域协同和有机衔接。

**第十九条**　示范区国土空间总体规划由市人民政府与江苏省、浙江省人民政府共同组织编制、报批。

跨区域的国土空间相关专项规划由本市有关部门与江苏省、浙江省有关部门共同组织编制，按照规定报批、联合印发。

青浦区国土空间详细规划、国土空间相关专项规划应当符合示范区国土空间总体规划。

**第二十条**　示范区国土空间总体规划按照行政区划管辖权限纳入本市国土空间规划，建立规划实施的动态监测、定期评估和及时维护制度，落实全过程管理。

示范区规划建设用地机动指标由执委会统筹使用。

执委会在水乡客厅等重点区域探索建立总规划师制度，对相关规划编制和建设项目方案设计提供第三方专业咨询和技术支持。

**第二十一条**　示范区应当严格落实划定的永久基本农田保护红线、生态保护红线、城镇开发边界和文化保护控制线，实施国土空间分区分类用途管制。

**第二十二条**　本市优先保障示范区建设项目用地指标，统筹安排水乡客厅等重点区域内项目和区域规划的轨道交通、高速公路、国道、航道、通用机场以及水利、供排水等重大基础设施项目用地指标。

市规划资源部门根据本市和青浦区国民经济和社会发展规划纲要、国土空间规划等，指导青浦区研究制定年度用地计划。

**第二十三条**　本市按照国家统一部署，稳妥推进示范区内集体经营性建设用地入市。

支持示范区开展全域土地综合整治，依据国土空间规划和相关专项规划，在确保耕地总量不减、质量提升、结构优化前提下，推进省际毗邻区域空间布局优化、永久基本农田集中连片、生态功能提升、农村资源要素盘活，促进乡村振兴和城乡融合发展。

**第二十四条**　市人民政府与江苏省、浙江省人民政府按照国家规定，联合制定示范区企业投资项目核准目录。

执委会与江苏省、浙江省、本市有关部门建立跨区域投资项目的监管衔接工作机制，依托国家投资项目在线审批监管平台，优化投资审批服务，加强投资项目的审批、核准、备案与用地、环境影响评价、洪水影响评价、水土保持方案编制等方面的协调联动。

**第二十五条**　本市与江苏省、浙江省共同推进示范区基础设施互联互通，加强示范区电力、水利、燃气、供排水、交通、通信网络等基础设施建设，建立跨区域一体化基础设施网络体系。

本市与江苏省、浙江省共同推进示范区公共交通建设，完善轨道交通布局，加强城镇之间公共交通网和特色交通系统建设，实现公共交通线路跨区域联通。

## 第四章　生态环境

**第二十六条**　本市会同江苏省、浙江省建立生态环境标准区域协同工作机制，推进监测数据信息共享、结果互认，制定统一的生态环境行政执法规范，在示范区统一生态环境标准、生态环境监测监控网络和生态环境监管执法。

**第二十七条**　市生态环境部门应当会同执委会推动生态环境分区管控制度在示范区应用。

支持示范区按照国家规定推行环境影响评价、排污许可、排污权有偿使用和交易等相关改革试点工作。

**第二十八条** 支持示范区实施联合河湖长制，协调统一太浦河、淀山湖、元荡、汾湖等主要水体的环境要素功能目标、污染防治机制和评估考核制度，加强跨界水体共保联治，推进周边以及沿岸地区综合整治和生态保护修复。

**第二十九条** 支持在示范区建立固体废物污染环境联防联控机制，统筹规划编制、设施建设、固体废物转移等工作，提高工业固体废物、生活垃圾、建筑垃圾和农业固体废物等源头减量和综合利用水平。

**第三十条** 支持在示范区建立生态环境保护治理多元化资金投入机制，推进绿色金融产品和服务创新。

支持在示范区建立生态产品价值实现机制，完善政府主导、企业和社会各界参与、市场化运作、可持续的生态产品价值实现路径，探索推进生态产品的价值核算、经营开发、保护补偿和供需对接等工作，打造生态产品价值实现机制的示范基地。

**第三十一条** 支持示范区按照国家规定的绿色产品标准、认证和标识体系，推动示范区绿色认证协同发展，加快长三角绿色认证先行区建设。

**第三十二条** 支持示范区积极稳妥推进碳达峰碳中和工作，推动能源消耗总量和强度双控逐步转向碳排放总量和强度双控，开展减污降碳协同增效、产品碳标识认证等试点示范；建立碳普惠机制，逐步推动碳普惠规则共建、标准互认、信息共享和项目互认。

**第三十三条** 支持示范区强化生物多样性、野生动植物资源及其栖息地的本底调查、监测、评估、保护和修复，规范增殖放流，防治外来物种入侵，推动区域生物多样性保护试点示范。

支持示范区实施生态系统一体化保护和修复，提升区域生态系统质量和稳定性。

**第三十四条** 支持示范区聚焦农村人居环境提升、农村土地制度改革、现代乡村产业体系构建、新型农村集体经济发展、农村精神文明建设等重点领域，率先建成宜居宜业和美乡村。

## 第五章 创新发展

**第三十五条** 执委会会同江苏省、浙江省、本市人民政府有关部门依法制定示范区统一的产业发展指导目录，重点发展新一代信息技术、新能源、新材料、高端装备、生命健康等战略性新兴产业和高端现代服务业。

支持示范区对符合产业发展方向的传统产业实施改造提升，推进产业高端化智能化绿色化发展。

**第三十六条** 执委会会同江苏省、浙江省、本市有关部门制定示范区产业发展专项规划，加强区域内招商平台的沟通联系，完善重点产业链，引导产业合理布局和集聚发展，推动形成合作共赢的区域产业集群。

**第三十七条** 支持高等学校、科研机构、企业等创新主体深化产学研合作机制，推动示范区科技创新与产业创新深度融合；支持示范区聚焦重点产业和重点领域，推进实施联合攻关计划项目，开展关键核心技术攻关，推广应用科技成果。

本市加大对示范区内企业创新支持力度，鼓励示范区内高等学校、科研机构、企业等申报长三角科技攻关项目，支持示范区构建科技成果与产业需求高效对接的平台和服务网络，通过科技创新券等方式引导科技型中小企业使用长三角全域的技术研发、技术转移、检验检测、人才培养、资源开放等服务，推进科技创新资源一体化配置。

**第三十八条** 支持示范区科技创新载体建设，加大知识创新型总部培育和基地建设；支持示范区引进国内外知名高等学校和科研机构，鼓励高等学校在示范区设立研究机构。

**第三十九条** 支持青浦区与吴江区、嘉善县以“一区多园”模式建设跨区域高新技术产业开发区，创建国家高新技术产业开发区。

**第四十条** 支持在示范区建立金融信息共

享合作机制。鼓励金融机构在示范区提供同城化便利服务，依法开展跨区域联合授信。

**第四十一条** 支持示范区推进知识产权跨区域联合保护和公共服务一体化。

支持知识产权相关服务机构为示范区内企业提供专利培育、侵权监测、风险预警、价值评估、知识产权转化和交易等服务。

**第四十二条** 支持在示范区建立统一的产业人才评价体系和高端人才评价标准，开展职称联合评审。

本市有关部门会同江苏省、浙江省有关部门在示范区建立相关职业资格、职称、继续教育学时互认机制，畅通人才流动渠道。

**第四十三条** 支持示范区建设全国一体化算力网络长三角国家枢纽节点，加快示范区数据中心集群建设，优化数据中心和存算资源布局，推动算力、数据、应用资源集约和服务创新。

## 第六章 江南水乡文化

**第四十四条** 支持示范区根据镇水相依的水乡聚落特征和吴根越角的历史文化特色，推动建设江南运河、太湖—黄浦江、嘉兴—吴淞江等历史文化带，塑造新江南水乡风貌，打造体现江南水乡特色的文化标识地。

执委会会同两区一县人民政府建立江南水乡文化保护区域协同工作机制，推进示范区内江南水乡古镇的整体性保护以及联合申报世界文化遗产等工作。

**第四十五条** 鼓励、支持单位和个人举办昆曲、嘉善田歌、江南丝竹、芦墟山歌等传统戏曲和音乐表演活动，经营传统手工艺和特色食品，研究发掘名镇名村、传统村落历史文化价值，展示江南水乡独特的文化内涵，传承和保护江南水乡文化。

示范区可以通过提供就业指导、技能培训、经费补助等方式，鼓励在江南水乡古镇居住、就业、创业，展示当地民风民俗、传统礼仪、饮食文化等传统文化生活业态。

**第四十六条** 支持在示范区开展江南水乡文化相关文艺作品创作和文化产品开发，共同策划品牌主题推介活动，培育示范区江南水乡文化品牌。

支持在示范区合作推进非物质文化遗产活化利用，加强非物质文化遗产代表性项目的传承、传播。

执委会会同两区一县人民政府推进与国际、国内文化遗产保护组织等的文化交流和项目合作。

**第四十七条** 支持示范区拓展民间民俗文化旅游服务，推动古镇群落文化休闲和旅游资源的联动开发，打造文商旅体融合、区域品牌鲜明、营商环境优良的文旅服务、消费和产业集聚区。

支持示范区建立跨区域联合办赛机制，举办跨区域品牌赛事，引导高水平、高级别的赛事品牌落户示范区。

## 第七章 公共服务

**第四十八条** 执委会会同两区一县人民政府编制示范区共建共享公共服务项目清单并动态更新，推进卫生健康、医疗保障、教育、养老、住房保障等领域公共服务共建共享。

支持示范区构建跨区域公共数据共享机制，提升公共数据资源利用效率。

**第四十九条** 支持示范区引进优质教育资源，开展教师一体化培养，建立智库共享、课程共建、名师联训、品牌联建机制，建设优质教育资源线上共享平台，共建优质教育资源库。

支持示范区推进职业教育一体化工作，开展跨省域职业教育人才培养。

鼓励示范区推进高等学校校际学分互认、教师交流，发展高水平、开放式的高等教育。

**第五十条** 支持在示范区推进医疗保障同城化，实行示范区内异地就医免备案直接结算，推动医疗保障经办政务服务事项统一，推行医保电子凭证一码通。

支持在示范区推进医疗机构协作，建立跨区域医疗资源共享机制，组建跨区域医疗联合体，促进医师跨区域多点执业，推进影像资料、检验报告互联互通互认。

**第五十一条** 支持在示范区加强养老服务合作，建设康养基地，推动实现跨区域养老服务补贴和长期护理保险异地结算，为异地养老提供便利。

**第五十二条** 支持在示范区以社会保障卡为载体，在交通出行、旅游观光、文化体验、社会保障、医疗卫生、金融服务等领域实现同城化服务。

**第五十三条** 支持在示范区建立统一的公共信用信息归集标准，促进公共信用信息跨区域共享；支持市场化信用服务机构参与示范区公共信用体系建设，开发跨区域融合信用产品，拓展跨区域信用服务应用场景。

## 第八章 法治保障

**第五十四条** 市人民代表大会常务委员会、市人民政府可以根据示范区建设的需要，决定就特定事项在示范区内暂时调整或者暂时停止适用有关地方性法规、政府规章部分规定。

因推行制度创新、重大改革等举措，需要在示范区内暂时调整或者暂时停止适用有关地方性法规、政府规章部分规定的，执委会可以向市人民代表大会常务委员会或者市人民政府提出建议。

**第五十五条** 支持示范区推进生态环境、营商环境、公共服务、工程及服务等领域的标准化建设，探索建立示范区协同团体标准采信机制。

**第五十六条** 支持示范区通过信息共享、业务协同、简化审批流程等方式，探索生产经营相关许可证件、资质资格等跨区域互认通用。

**第五十七条** 支持本市行政机关与江苏省、浙江省有关行政机关在示范区加强行政执法协同，建立跨区域、跨部门行政执法联动响应和协作机制，完善常态化联合监管、违法线索移送、案件移送、联合执法、执法协助、信息共享等工作。

对吴江区、嘉善县行政机关依法调查收集的证据材料，青浦区有关行政机关经审核符合证据效力要求的，可以作为行政执法证据使用。

**第五十八条** 本市与江苏省、浙江省在示范区探索推进行政裁量权基准统一，推动示范区内类别、性质、情节相同或者相近事项处理结果基本一致。

青浦区人民政府及其有关部门可以根据示范区一体化高质量发展的需要，在法定范围内对相关行政裁量权基准适用的条件、种类、幅度、时限等予以合理细化量化。

**第五十九条** 青浦区人民政府应当与吴江区、嘉善县人民政府加强应急管理协同，建立自然灾害、事故灾难、公共卫生事件、社会安全事件等突发事件跨区域应急协调联动机制，做好风险防范、应急准备和应急处置等工作。

**第六十条** 青浦区公安机关应当与吴江区、嘉善县公安机关建立跨区域重大110接处警、突发事件处置联勤联动和快速反应工作机制，实行先期到场和协同处置。

**第六十一条** 市人力资源社会保障部门会同江苏省、浙江省人力资源社会保障部门在示范区建立劳动争议联合调解和协同仲裁机制，统一劳动争议调解、仲裁协同处理的区域标准。

**第六十二条** 支持在示范区创新司法协作机制，在跨区域诉讼服务、调查取证、诉讼保全、执行联动、文书送达、信息共享、审判交流等方面加强协作。

**第六十三条** 支持在示范区推动律师、公证、司法鉴定、调解、仲裁、法律援助等法律服务协作，保障示范区一体化高质量发展的法律服务需求。

## 第九章 附则

**第六十四条** 示范区先行启动区包括青浦区金泽镇、朱家角镇，吴江区黎里镇，嘉善县西塘镇、姚庄镇。

水乡客厅包括青浦区金泽镇、吴江区黎里镇、嘉善县西塘镇和姚庄镇各一部分，北至沪渝高速，南至丁陶公路—纽扣路，西至汾湖大道，东至金商公路。

**第六十五条** 本市行政区域内的示范区协调区（虹桥主城片区除青浦区以外的区域）推进长三角生态绿色一体化高质量发展的相关活动，参照适用本条例。

**第六十六条** 本条例自2024年5月1日起施行。《上海市人民代表大会常务委员会关于促进和保障长三角生态绿色一体化发展示范区建设若干问题的决定》同时废止。

# 上海市无废城市建设条例

（2024年3月27日上海市第十六届人民代表大会常务委员会第十二次会议通过）

## 第一章 总 则

**第一条** 为了推进无废城市建设，推动城市全面绿色转型，建设人与自然和谐共生的美丽上海，促进经济社会可持续、高质量发展，根据有关法律、行政法规，结合本市实际，制定本条例。

**第二条** 本市行政区域内的无废城市建设活动，适用本条例。

本条例所称的无废城市，是指以创新、协调、绿色、开放、共享的新发展理念为引领，持续推进固体废物源头减量和资源化利用，最大程度减少固体废物处置量，将固体废物环境影响降至最低，实现绿色低碳发展的城市发展模式。

**第三条** 无废城市建设工作坚持政府主导、社会参与，统筹谋划、系统治理，协同推进、分步实施的原则。

**第四条** 无废城市建设是全社会的共同责任。任何单位和个人都应当厉行节约、反对浪费，预防和减少固体废物的产生，促进固体废物的回收和循环利用，积极参与、支持无废城市建设。

国家机关和事业单位应当在无废城市建设中发挥示范带头作用。

**第五条** 市、区人民政府应当加强对本行政区域内无废城市建设工作的领导，建立健全工作机制，统筹协调和督促指导有关部门在各自职责范围内做好无废城市建设工作。

生态环境部门负责无废城市建设工作的协调推进和组织实施，并负责固体废物污染环境防治的统一监督管理。

发展改革、经济信息化、商务、规划资源、住房城乡建设管理、绿化市容、农业农村、交通、水务、文化旅游、卫生健康、市场监管、财政、科技、教育、机关事务管理、邮政管理等部门负责本领域无废城市建设的相关工作。

乡镇人民政府、街道办事处应当按照职责，做好无废城市建设的相关工作。

**第六条** 本市加强数字化赋能无废城市建设，推动无废城市建设全领域、全要素数字化转型，运用大数据、物联网、人工智能、云计算、区块链等现代信息技术，提升无废城市建设数字化水平。

**第七条** 本市支持无废城市建设方面的科学研究、技术开发、先进技术推广，鼓励开展绿色设计、再制造和固体废物智能化回收、精细化分拣、高值化利用等领域的关键核心技术攻关，推进产学研用深度融合，促进成果转化与推广应用。

**第八条** 本市各级人民政府及有关部门、社会团体、企业事业单位、基层群众性自治组织和新闻媒体应当加强无废城市建设的宣传教育和科学普及，营造人人参与无废城市建设的良好氛围。

本市依托世界环境日、全国生态日、全国低碳日、全国节能宣传周等，开展无废城市集中宣传活动。

**第九条** 本市与长江三角洲区域有关省市和其他相关省市建立无废城市建设区域协作机制，加强资源要素协同配置、产业结构协同优化、固体废物协同治理和关键核心技术协同研发。

本市鼓励开展绿色设计、固体废物利用和处置技术、标准认证体系等领域的国际交流与合作。

## 第二章 基本管理规定

**第十条** 市、区人民政府应当将无废城市建设纳入国民经济和社会发展规划、生态环境保护规划。

市发展改革、经济信息化、商务、规划资源、住房城乡建设管理、绿化市容、农业农村、交通、水务、文化旅游、卫生健康、市场监管、科技、教育、机关事务管理、邮政管理等部门编制的相关规划，应当包括无废城市建设内容。

**第十一条** 市、区生态环境部门应当会同有关部门根据国民经济和社会发展规划、生态环境保护规划要求，编制本行政区域无废城市建设实施方案，报本级人民政府批准后公布实施。

无废城市建设实施方案应当明确主要目标、重点任务、进度安排和保障措施等内容。

**第十二条** 市、区人民政府有关部门应当根据无废城市建设实施方案，将无废城市建设相关目标、任务纳入本部门工作计划，加强组织实施、监督检查。

市、区生态环境部门应当发挥组织协调作用，与其他有关部门紧密协同，共同推动落实无废城市建设实施方案。

**第十三条** 市生态环境部门应当会同有关部门根据国家无废城市建设指标体系，结合本市经济社会发展情况和无废城市建设需求，按照科学性、前瞻性、系统性、可操作性的原则，建立本市无废城市建设指标体系。

市生态环境部门应当会同有关部门建立无废城市建设成效评估机制，以本市无废城市建设指标体系为主要依据，定期对无废城市建设情况开展评估。评估情况应当向社会发布。

**第十四条** 市市场监管部门应当会同有关部门加强无废城市建设标准化工作，建立无废城市建设地方标准体系。

市生态环境、发展改革、经济信息化、商务、住房城乡建设管理、绿化市容、农业农村、交通、水务、文化旅游、卫生健康、教育、机关事务管理、邮政管理等部门应当根据各自职责，组织编制资源节约集约利用和固体废物源头减量、循环利用、无害化处置等相关标准、规范。

鼓励行业协会、企业制定具有引领性的无废城市建设相关团体标准、企业标准。

**第十五条** 本市按照产生者付费的原则，建立固体废物处置收费机制，激励资源节约集约利用、固体废物源头减量和循环利用。

## 第三章 预防和源头减量

**第十六条** 本市在生产、流通、消费等领域全面推进资源节约集约利用，预防和减少固体废物产生，实现固体废物源头减量。

**第十七条** 本市推行产品绿色设计。产品设计应当系统考虑原材料选用、生产、销售、使用、回收、处理等各个环节对资源和环境的影响，优先选择方便回收、可循环利用的材料，提高产品的可重复使用性、可升级性、可修复性和耐用性，并符合法律法规和有关强制性标准的要求。

**第十八条** 从事生产和服务活动的企业应当按照规定实施清洁生产，对生产和服务过程中的资源消耗以及废物的产生情况进行监测，并依法实施清洁生产审核。

本市推动对重点行业开展清洁生产整体审核，对行业生产工艺进行全过程调查和诊断，形成符合行业特点的清洁化改造方案，并推动企业按照改造方案实施。

市经济信息化部门应当会同发展改革、生态环境等部门，通过专项资金支持、加强技术指导和示范推广等措施，推动企业开展清洁生产。

**第十九条** 产生工业固体废物的企业应当按照国家和本市有关规定，落实工业固体废物污染环境防治责任。

本市探索对钢铁、电力、石化等行业企业实施工业固体废物产生总量和单位产品产生强度控制，并与排污许可管理工作相衔接。具体方案由市生态环境部门会同发展改革、经济信息化等部门另行制定。

**第二十条** 本市加强产业园区循环化发展，推进产业园区循环化改造，优化园区内产业空间布局，补齐和延伸产业链，整合、升级相关设施、资源、能源，建立物质和能源循环系统，实现资源能源最大化利用和固体废物最少量产生。

产业园区管理机构应当按照国家和本市产业园区循环化改造要求，结合园区产业基础、资源环境状况，编制园区循环化改造方案，确定循环化改造目标、改造项目、推进步骤和保障措施，并组织实施。

发展改革、经济信息化、生态环境等部门应当加强对产业园区循环化改造的指导和监督。

**第二十一条** 本市推动建筑垃圾减量化，推广绿色建筑设计、绿色建材选用、绿色施工，推行装配式建筑、全装修房等新型建造方式，推行建筑信息模型应用等新型建造技术。

建设单位应当在工程招标文件和建设工程合同中，明确建筑垃圾减量化的目标、措施等要求，并督促设计、施工、监理单位落实。

施工单位应当组织编制施工现场建筑垃圾减量化专项方案，明确目标和职责，提出源头减量、分类管理、就地处置、排放控制的具体措施。

本市推行在施工过程中临时设施和永久性设施的结合利用、临时设施和周转材料的重复利用以及施工现场建筑垃圾再利用，减少建筑垃圾的排放；采取泥浆干化、泥沙分离等施工工艺，减少工程渣土和泥浆产生。

**第二十二条** 本市推动发展生态循环农业，探索建立一二三产业融合发展的现代复合型循环经济产业体系。

本市引导、鼓励和支持农业生产者采用节药、节肥等先进的种植养殖技术，减少农药、肥料包装废弃物等农业固体废物产生。

市农业农村、商务等部门应当加强对果蔬生产基地、农贸市场、标准化菜场、超市的管理，积极推行净菜上市。

**第二十三条** 本市推动在采购活动中充分考虑环境保护、资源节约、安全健康和循环利用等因素，优先采购和使用节能、节水、节材、固体废物再生利用等有利于环境与资源保护的原材料、产品和服务。

鼓励企业制定和实施绿色采购方案，明确绿色采购目标、标准、流程、绿色供应商筛选条件和程序等内容，带动产业链上下游共同实现固体废物等源头减量。

国家机关和事业单位应当加大绿色采购力度，带头采购绿色低碳产品。

**第二十四条** 鼓励电子商务、寄递企业与商品生产企业加强上下游协同，设计并应用满足快递物流配送需求的商品包装，推广电子商务快件原装直发，推进产品与快递包装一体化。

鼓励寄递企业使用低克重高强度快递包装纸箱、免胶纸箱或者可循环配送箱等，通过优化包装结构减少填充物使用量。

**第二十五条** 本市大力发展绿色消费，倡导节约资源和保护环境的消费方式，反对奢侈浪费和过度消费。发展改革、经济信息化、商务、市场监管、生态环境等部门应当制定并完善有利于促进绿色消费的政策措施，推动扩大绿色低碳产品供给和消费需求，推动全面减少过度包装，推进消费结构绿色低碳转型升级。依法禁止、限制生产、销售和使用不可降解塑料袋等一次性塑料制品。

产品的生产者、销售者可以通过宣传引导绿色消费理念、打造绿色品牌、丰富绿色消费场景、实施绿色消费激励措施、明示产品再生原料采用和回收利用途径信息等方式，带动全社会绿色消费。

本市推动开展“光盘行动”，倡导文明、健康、科学的饮食文化，增强公众反对食品浪费意识。餐饮服务提供者应当采取主动提示提醒消费者适量点餐取餐、提供小份餐等不同规格选择和提供剩余食品打包服务等措施，防止食品浪费。

支持商场、超市、旅游专卖店等场所开设绿色产品销售专区。倡导饮品经营者为自带杯具的消费者提供优惠。倡导旅馆经营者提供续充型洗洁用品。

**第二十六条** 国家机关和事业单位应当率先实行数字化无纸化办公，减少纸张使用；优先使用再生纸、再生耗材等循环再生办公用品。

本市在国家机关和事业单位推广公物仓管理制度，通过国有资产公物仓管理有关信息系统，对闲置、长期低效运转、超标准配置的资产进行统一调剂。

倡导办公场所设立办公设备共享区，实现打印机、复印机、投影仪等设备共享。

**第二十七条** 鼓励居（村）民通过分享、交换、交易等方式，促进家庭闲置物品重复使用。乡镇人民政府、街道办事处应当指导居（村）民委员会等有关单位为居（村）民开展相关活动提供帮助和支持。

鼓励学校通过多种方式，促进旧书分享、交换使用。

## 第四章 回收和循环利用

**第二十八条** 本市建立全品类、全链条、可追溯的固体废物分类回收体系，优化固体废物回收场所、设施布局，实现城乡回收服务全覆盖。

本市探索推进再生资源、生活垃圾可回收物和工业固体废物回收体系融合，构建统一的回收体系。

市、区人民政府及其有关部门应当采取措施，引导和鼓励社会资本参与固体废物分类回收体系建设，推动固体废物回收服务集约化、规范化、产业化经营。

**第二十九条** 本市实施生产者责任延伸制度。电器电子、铅蓄电池、车用动力电池等产品的生产者应当按照规定，以自建或者委托等方式建立与产品销售量相匹配的废旧产品回收体系，并向社会公开，实现有效回收和利用。

本市综合考虑产品市场规模、环境危害和资源化价值等因素，探索拓展生产者责任延伸制度的适用范围。

**第三十条** 本市完善生活垃圾全程分类体系，持续提升生活垃圾分类水平。鼓励和支持有条件的区域，根据可回收物的具体种类和循环利用需要，实行可回收物的精细化分类，并逐步予以推广。

绿化市容、发展改革部门应当会同商务、财政等部门完善低价值可回收物的回收扶持政策，加大低价值可回收物的回收力度；探索对产生量大、具有规模效益的低价值可回收物实行专项回收。

**第三十一条** 本市引导电子商务、寄递、外卖等行业、企业制定本行业、本企业包装物回收计划，采取有效措施履行包装物回收责任。

电子商务企业、寄递企业和外卖企业可以与便利店、物业服务企业、学校等合作，设置可循环包装物回收点、回收设施。

鼓励和支持电子商务企业、物流企业等利用销售配送网络，开展逆向物流回收服务。

**第三十二条** 本市探索完善危险废物区域化集中收集模式，支持在小微企业、科研机构、学校等危险废物产生量小的企业事业单位集聚区域，规划建设区域性危险废物收集网点。

区域性危险废物收集网点应当按照国家和本市有关规定落实环境保护、安全生产等要求，确保危险废物得到妥善收集和安全处置。生态环境、应急部门应当加强指导、规范和监督。

**第三十三条** 固体废物应当尽可能循环利用。在技术和经济许可的范围内，固体废物可以再利用或者资源化利用的，应当再利用或者资源化利用；不能再利用或者资源化利用但可以进行热回收的，应当进行热回收；不能再利用、资源化利用或者热回收的，应当依照环境保护法律、法规的要求进行妥善处理。

固体废物的再利用和资源化利用应当安全、可靠，不得造成新的环境污染和安全风险。

**第三十四条** 本市按照国家规定将固体废物循环利用产品纳入绿色产品管理体系，实施统一的认证、标识管理，并建立推广应用机制。

**第三十五条** 市发展改革部门应当会同经济信息化、生态环境等部门，根据无废城市建设要求，将资源循环利用产业布局、规模和能级等内容，纳入循环经济发展规划，并组织实施。

本市加快建设资源循环利用、再制造、城市废弃物综合利用保障等基地。

本市支持汽车零部件、航空发动机、船舶机械、精密仪器等产品领域的高端智能再制造。

**第三十六条** 产生工业固体废物的企业，应当按照规定采取有效措施，促进工业固体废物综合利用。

本市支持企业和科研机构加强技术、装备研发和应用，推动工业固体废物高水平利用，推动废旧产品设备精细拆解、复合材料高效解离、有机溶剂再生利用、有价金属清洁提取等固体废物高值化利用。

**第三十七条** 本市推动装修垃圾和建筑废弃混凝土全量收集，逐步实现建筑垃圾全面资源化再利用；建筑垃圾资源化再利用产品应当符合标准，并按照规定的范围、比例和质量等要求使用。

**第三十八条** 本市促进主要农业固体废物全量利用。鼓励采取肥料化、饲料化、基料化、燃料化等多种方式，对秸秆、蔬菜废弃物、绿林废弃物进行多元化利用；鼓励采取粪肥还田、制取沼气、制造有机肥等方法，对畜禽养殖废弃物进行资源化利用。

**第三十九条** 本市通过厌氧消化、好氧堆肥等生物处理方式，推进湿垃圾资源化利用。

本市拓展湿垃圾资源化利用产品的应用渠道；支持符合标准的湿垃圾资源化利用产品在林业、农业等领域的应用。

**第四十条** 支持产业园区建立资源循环利用服务平台，发布园区各企业固体废物相关信息，为产业链上下游企业提供供需撮合等服务。

本市探索在产业园区、资源循环利用基地按照集约建设、共享设施、协同治污的原则，配套建设可共享的污染治理设施或者集中工艺设施，实现污染物统一收集、集中治理、稳定达标排放。

**第四十一条** 本市在原生生活垃圾零填埋的基础上，推进固体废物近零填埋。

本市支持固体废物焚烧炉渣和飞灰的资源化利用技术研究和应用，不断降低填埋量。

## 第五章 保障和监督

**第四十二条** 广播、电视、报刊、网络媒体等应当通过开设专题节目、栏目和刊播公益广告等方式，加强无废城市宣传。工会、共青团、妇联等组织应当结合各自工作对象的特点，组织开展多种形式的无废城市宣传。

学校应当将无废城市理念纳入校园文化建设，培育学生无废城市的意识，增强参与无废城市建设活动的自觉性。

支持企业事业单位利用自身设施设备和场所，建设无废城市宣传教育基地、实践体验基地，通过设立公众开放日、开发科普体验项目等方式开展科普宣传。

**第四十三条** 市、区人民政府及其有关部门应当完善无废城市建设相关政策措施，加强资源统筹，综合运用规划、土地、财政、金融、价格等政策，加大对无废城市建设的支持力度。

**第四十四条** 本市建立无废城市建设公众参与机制。在制定涉及无废城市建设的法规、规章、规划、政策、标准时，制定机关应当征求利益相关主体、行业协会和专家的意见，并采取多种方式，广泛听取公众意见。

本市探索建立碳普惠机制，开发具有针对性的碳减排项目和场景，将单位或者个人的减碳行为进行量化并赋予价值，运用商业激励、市场交易等方式，引导公众参与无废城市建设。

**第四十五条** 本市在机关、社区、园区、工厂、商场、旅馆、饭店、景区、校园、医院、会展场馆、农贸市场等社会组成单元，开展“无废城市细胞”建设活动，培育在资源节约集约利用、固体废物源头减量和循环利用方面的典型，发挥示范引领作用。

市生态环境部门应当会同有关部门制定“无废城市细胞”建设工作规程，明确申报、评估、认定、公布等程序和要求。市人民政府有关部门应当根据工作规程，结合本行业、本领域实际情况制定具体评估细则，并建立激励机制。

区人民政府有关部门负责本行政区域内本行业、本领域“无废城市细胞”的组织申报、评估、认定、公布和宣传推广等工作。

**第四十六条** 本市推动大型企业集团、连锁经营企业总部等，根据本行业本单位生产经营服务特点，率先制定“无废城市细胞”建设方案，推动上下游供应链企业共同实施；鼓励大型会展以及其他大型活动的举办单位将“无废城市细胞”建设要求纳入活动计划方案，并组织、引导活动各参与单位、个人予以落实。

**第四十七条** 本市相关行业协会应当加强行业自律，开展行业培训和推广，提供信息、技术和咨询服务，组织、引导会员参与无废城市建设。

**第四十八条** 本市支持志愿服务组织和志愿者依法参与无废城市建设的宣传动员、示范引导等工作。

相关部门应当在各自职责范围内为志愿服务组织和志愿者开展志愿服务提供指导和帮助。鼓励企业事业单位、基层群众性自治组织和其他组织为开展志愿服务提供场所和其他便利条件。

**第四十九条** 本市依托政务服务“一网通办”、城市运行“一网统管”平台，建立全市统一的固体废物污染防治综合监管信息平台，推动无废城市建设全过程、全覆盖管理。

生态环境、发展改革、经济信息化、商务、住房城乡建设管理、绿化市容、农业农村、水务、卫生健康等部门应当通过固体废物污染防治综合监管信息平台，加强资源节约集约利用和固体废物源头减量、循环利用、无害化处置等数据的归集和整合，实现数据对接和信息共享，提高无废城市建设的智慧化管理和服务水平。

**第五十条** 本市实行无废城市建设工作目标责任制和考核评价制度，将无废城市建设目标完成情况纳入生态环境考核评价的内容。

**第五十一条** 对在无废城市建设工作中作出突出贡献和优异成绩的单位和个人，按照规定给予表彰和奖励。

本市在文明城区、文明社区、文明小区、文明村镇、文明单位、文明校园、文明家庭等群众性精神文明创建活动中，应当将无废城市建设的相关内容纳入创建标准。

鼓励将无废城市建设内容纳入其他相关创建标准。

**第五十二条** 市、区人民政府应当将无废城市建设情况纳入环境状况和环境保护目标完成情况年度报告，向本级人民代表大会或者人民代表大会常务委员会报告。

**第五十三条** 对违反本条例规定的行为，按照国家和本市有关环境保护、固体废物污染环境防治、循环经济促进、清洁生产促进、反食品浪费、生活垃圾管理等法律、法规的规定处理。

## 第六章 附 则

**第五十四条** 水污染防治、大气污染防治和土壤污染防治等，按照有关法律、法规的规定执行。

**第五十五条** 本条例自 2024 年 6 月 5 日起施行。

# 上海市中小学校外实践教育促进规定

（2024 年 8 月 22 日上海市第十六届人民代表大会
常务委员会第十五次会议通过）

**第一条** 为了促进本市中小学校外实践教育高质量发展，完善校内外协同育人体系，增强学生综合素质，培养德智体美劳全面发展的社会主义建设者和接班人，根据有关法律、行政法规的规定，结合本市实际，制定本规定。

**第二条** 本市行政区域内中小学校（含中等职业学校）（以下简称学校）开展校外实践教育活动以及相关的管理和保障等促进工作，适用本规定。

本规定所称的校外实践教育，是指学校根据培养目标，以提升道德素养、学习素养、体育素养、美育素养、劳动素养为主要内容，组织本校学生在校外通过参观体验、实践探究等多种形式开展的实践教育活动。

**第三条** 本市校外实践教育应当全面贯彻党的教育方针，落实立德树人根本任务，建立政府领导、部门协作、学校主导、家庭支持、社会参与的工作机制，发挥实践育人作用，增强学生社会责任感、创新精神和实践能力。

**第四条** 市、区人民政府应当加强对校外实践教育工作的领导，将其纳入本级国民经济和社会发展规划，强化对校外实践教育工作的统筹指导和综合协调。

乡镇人民政府和街道办事处应当按照职责，加强辖区内校外实践教育资源的开发利用，推动社区教育与校外实践教育相衔接，营造支持校外实践教育的环境。

**第五条** 教育部门主管本行政区域内的校外实践教育工作，负责制定校外实践教育相关规范、标准，建设和管理教育系统校外实践教育资源，指导、监督和管理校外实践教育工作。

科技、文化旅游、体育、经济信息化、农业农村、司法行政、生态环境、商务、退役军人事务等部门负责管理本系统校外实践教育资源，指导和支持系统内单位参与校外实践教育工作。

发展改革、公安、国资、财政、人力资源社会保障、规划资源、交通、应急管理等部门应当按照各自职责，共同做好校外实践教育管理和保障工作。

**第六条** 工会、共产主义青年团、妇女联合会、残疾人联合会、科学技术协会、红十字会、关心下一代工作委员会以及有关社会组织，应当发挥各自优势，支持校外实践教育工作。

**第七条** 本市应当加强与长江三角洲区域和其他省市校外实践教育工作交流合作，推进资源开发共享和信息互联互通，协同开展校外实践教育。

**第八条** 学校应当根据国家课程方案和本市课程实施办法，结合学校培养目标、发展特色和学生特点，将校外实践教育纳入学校发展规划，制定实施计划，确定每学年校外实践教育的内容和安排，保障校外实践教育时间，组织开展校外实践教育。

**第九条** 本市青少年活动中心、少年宫、少科站、青少年活动营地等，应当承担校外实践教育职责，发挥示范作用。

高等院校、科研机构、博物馆、纪念馆、科技馆、文化馆、体育场馆、美术馆、图书馆、档案馆、烈士纪念设施等，应当积极参与校外实践教育，为学校开展校外实践教育提供支持和帮助。

本市支持和鼓励企业事业单位、社会组织和公民等社会力量，利用自身资源和优势，拓展功能，开放或者建设其他可供学校开展校外实践教育的场馆、设施。

本条前三款所列场所、场馆、设施，统称为校外实践教育场所。

**第十条** 校外实践教育场所应当结合自身条件和特色，配合学校开发适合不同学段学生的校外实践教育课程资源，配备符合要求的设施设备和专业人员，优化校外实践教育场所管理和服务，不得开展有损学生身心健康或者损害学生合法权益的活动。

鼓励校外实践教育场所提供延时服务、错时服务，满足学生的校外实践教育需求。

**第十一条** 本市对校外实践教育场所实行分级管理，推动建立校外实践教育场所资源库。

市教育部门会同相关部门根据市校外实践教育场所评估办法开展评估，将符合标准的场所纳入市校外实践教育场所资源库。市校外实践教育场所评估办法，由市教育部门会同相关部门另行制定。

区教育部门可以结合本区实际，会同相关部门制定区评估办法并开展评估，将符合标准的场所纳入区校外实践教育场所资源库。

市、区校外实践教育场所资源库应当向社会公布，载明场所名称、地址、联系方式、开放时间、可容纳人数等内容，并实行动态调整。

**第十二条** 学校应当加强与校外实践教育场所对接，开发校外实践教育课程，提升校外实践教育质量。鼓励学校和校外实践教育场所建立合作机制，联合开发校外实践教育课程。

**第十三条** 校外实践教育场所应当依法履行安全职责，制定安全管理制度，配备安全保护设备和人员，设置必要的安全警示标志，保障学生活动安全；按照规定制定突发事件应急预案，并组织开展应急演练。

学校应当开展安全教育，加强学生管理，增强学生参加校外实践教育的安全防范意识和能力，落实安全制度和应急机制。

校外实践教育场所的行业主管部门应当会同教育、公安、应急管理等部门指导监督校外实践教育场所落实安全管理责任，及时排查和消除安全隐患。

**第十四条** 学生参加校外实践教育情况纳入相关综合素质评价范围。

学校和校外实践教育场所应当按照有关规定客观真实记录学生参加校外实践教育情况。

**第十五条** 鼓励校外实践教育场所建设智慧场馆，利用人工智能等现代信息技术，拓展数字化实践体验场景，推动数字化教育资源开放共享，提高校外实践教育效能。

**第十六条** 鼓励和支持文艺、体育、科技工作者等个人以及志愿服务组织，为校外实践教育提供志愿服务。

校外实践教育场所根据实际需要招募校外实践教育志愿者，为学生提供讲解、引导等服务。

教育部门和校外实践教育场所的行业主管部门应当对校外实践教育志愿服务给予指导和支持。

**第十七条** 市、区人民政府应当将校外实践教育所需经费列入本级财政预算，建立与经济社会发展相适应的经费保障机制。

地方教育附加专项资金可以按照有关规定用于企业举办的校外实践教育场所职工和紧缺人才职业培训补贴。

**第十八条** 学校应当将教职工参与校外实践教育的工作情况作为职称评聘、评优评先、考核评价的重要参考。

教育部门和相关部门应当创造条件为校外实践教育从业人员提供职业晋升、学习培训、项目申报和评奖评优等机会。

**第十九条** 学生的父母或者其他监护人应当与学校密切配合，支持学生参加校外实践教育，增强学生安全意识，共同促进学生健康成长。

**第二十条** 鼓励高等院校、科研机构等单位开展校外实践教育的理论和应用研究，提供校外实践教育专业化支撑。

鼓励相关领域的专业技术人才发挥专业特长和优势，参与校外实践教育课程资源开发等工作。

**第二十一条** 鼓励企业事业单位、社会组织和公民等社会力量通过捐赠、资助等方式，支持校外实践教育。社会力量参与校外实践教育的相关投入，按照国家有关规定享受税收优惠。

鼓励校外实践教育场所对学校开展校外实

践教育实行费用减免;国家和本市对费用减免有明确规定的,依照规定执行。

**第二十二条** 本市应当将校外实践教育纳入教育督导的重要内容,按照有关规定,对校外实践教育开展情况实施监督、指导,督促政府及相关职能部门和学校落实有关职责。

**第二十三条** 各级人民政府及有关部门应当通过多种形式组织开展校外实践教育宣传,引导社会积极参与校外实践教育相关活动,鼓励全社会支持校外实践教育。

广播、电视、报刊、互联网等媒体应当开展校外实践教育公益宣传,营造促进校外实践教育发展的良好社会氛围。

**第二十四条** 对在校外实践教育工作中作出显著成绩的单位和个人,按照有关规定给予表彰、奖励。

**第二十五条** 本规定自 2024 年 9 月 1 日起施行。

# 上海市绿色建筑条例

(2024 年 9 月 27 日上海市第十六届人民代表大会常务委员会第十六次会议通过)

## 第一章 总 则

**第一条** 为了推进绿色建筑高质量发展,提升建筑品质,节约资源,减少污染和碳排放,改善人居环境,根据有关法律、行政法规,结合本市实际,制定本条例。

**第二条** 本市行政区域内从事与绿色建筑相关的规划、建设、运行、改造以及激励保障、监督管理等活动,适用本条例。

本条例所称绿色建筑,是指在全寿命期内,节约资源、保护环境、减少污染,为人们提供健康、适用和高效的使用空间,最大限度地实现人与自然和谐共生的高质量建筑,包括绿色民用建筑(含绿色居住建筑、绿色公共建筑)和绿色工业建筑。

**第三条** 本市绿色建筑发展应当遵循政府引导、市场主导、公众参与,以人为本、健康宜居、绿色低碳,统筹规划、标准引领、因地制宜的原则。

**第四条** 市、区人民政府应当加强对本行政区域内绿色建筑工作的领导,统筹推进绿色建筑相关工作。

乡镇人民政府、街道办事处按照职责,做好绿色建筑相关工作。

**第五条** 市住房城乡建设管理部门负责本市绿色建筑活动的综合管理,组织编制本市绿色建筑发展专项规划和相关标准规范,并负责相关专业领域绿色建筑活动的监督管理。区住房城乡建设管理部门按照职责分工,负责本行政区域内绿色建筑活动的相关监督管理工作。

交通、水务、绿化市容、房屋管理、国防动员等部门按照法律、法规和市人民政府规定的职责分工,负责相关专业领域绿色建筑活动的监督管理。

发展改革、财政、规划资源、经济信息化、市场监管、科技、地方金融、机关事务管理等部门在各自职责范围内,协同实施本条例。

**第六条** 本市支持运用现代信息技术,赋能绿色建筑数字化发展,推进绿色建筑全过程、全要素数字化转型,提升绿色建筑数字化水平。

**第七条** 本市支持与绿色建筑相关的科学研究、技术开发、先进技术推广,鼓励绿色建材、建筑新型能源系统、建筑工业化、智能建造、绿色运行等领域的关键核心技术攻关，推进产学研用深度融合，促进成果转化与应用推广。

**第八条** 本市加强绿色建筑标准化工作，建立绿色建筑相关标准体系。

市住房城乡建设管理部门应当会同相关部门根据国家和本市有关规定，结合本市经济社会发展水平和气候、地理、资源等条件，组织编制绿色建筑地方标准。

鼓励相关社会团体、企业制定高于国家标准、行业标准、地方标准相关技术要求的绿色建筑团体标准、企业标准。

**第九条** 本市相关行业协会应当开展绿色建筑相关业务培训，提供信息、技术和咨询服务，组织、引导会员参与绿色建筑活动，加强行业自律，促进行业健康发展。

**第十条** 本市各级人民政府及其有关部门、新闻媒体应当通过多种方式，广泛开展社会宣传教育，普及绿色建筑相关知识，引导社会公众参与绿色建筑相关活动，推动形成崇尚绿色低碳生活的社会氛围。

**第十一条** 本市与长江三角洲区域相关省、市建立绿色建筑工作沟通协调机制，加强信息共享，推动绿色建筑相关标准规范协调统一、技术创新联合攻关，促进绿色建筑领域高质量协同发展。

本市推动绿色建筑领域的国内国际合作，支持以多种形式开展技术创新、人才培养、发展经验等方面的交流。

## 第二章 规划和建设

**第十二条** 市住房城乡建设管理部门应当会同相关部门，根据国民经济和社会发展规划，结合无废城市、海绵城市和绿色生态城区建设要求，组织编制绿色建筑发展专项规划。绿色建筑发展专项规划应当明确发展目标、总体要求、重点任务、保障措施等内容。

绿色建筑发展专项规划的相关内容依法纳入相应的国土空间规划。

**第十三条** 按照国家标准，绿色民用建筑划分为基本级、一星级、二星级、三星级；绿色工业建筑划分为一星级、二星级、三星级。

新建民用建筑应当按照绿色民用建筑一星级以上标准建设。其中，新建国家机关办公建筑、大型公共建筑和其他由政府投资且单体建筑面积达到一定规模的公共建筑应当按照绿色民用建筑三星级标准建设，具体办法由市住房城乡建设管理部门制定。

本市工业用地范围内用于办公、生活服务等非生产用途的新建建筑按照前款规定的绿色民用建筑标准建设。

鼓励新建居住建筑按照绿色民用建筑二星级以上标准建设。

鼓励新建工业建筑按照绿色工业建筑一星级以上标准建设。

**第十四条** 本市不断提升绿色建筑的节能降碳水平，推进超低能耗建筑、近零能耗建筑、零碳建筑规模化发展。

中国(上海)自由贸易试验区临港新片区、崇明世界级生态岛、五个新城等区域的新建民用建筑，应当按照不低于超低能耗建筑标准建设。

**第十五条** 新建绿色建筑应当按照国家和本市有关规定，应用安全耐久、节能低碳、性能优良、健康环保的绿色建材。

市住房城乡建设管理、市场监管、经济信息化等部门应当加强绿色建材的监督管理，加快推进绿色建材的应用推广。

本市实行绿色建材认证和评估制度。绿色建材的认证、评估，按照国家和本市有关规定执行。

**第十六条** 本市加快推广装配式建造，提升建筑工业化建造水平。

市住房城乡建设管理部门应当根据本市经济社会发展全面绿色转型要求，结合绿色建筑发展专项规划，明确本市装配式建筑的发展目标、推进路径、指标要求。

本市新建建筑应当按照规定采用装配式建造方式，具体范围和要求由市住房城乡建设管理部门会同相关部门另行制定。

**第十七条** 按照本条例规定开展绿色建筑建设的，建设单位应当履行主体责任，实施绿色建筑建设全过程管理；设计、施工、监理等单位应当在设计、施工、监理活动中履行相应职责。

**第十八条** 建设单位应当在立项文件、建设工程合同中，按照本市有关规定明确绿色建筑星级、能耗、绿色建材使用、可再生能源利用、装配式建造、住宅项目全装修等绿色建筑要求，并将相关费用纳入工程概算、预算；建设项目依法必须进行招标的，还应当在招标文件中明确绿色建筑要求。

本市土地有偿使用合同或者建设项目规划土地意见书中，应当明确绿色建筑要求。

新建国家机关办公建筑和大型公共建筑应当同步安装能耗监测装置，并与本市公共建筑碳排放智慧监管平台联网。

建设单位不得明示或者暗示建设工程设计、施工、监理单位违反绿色建筑要求进行设计、施工、监理。

**第十九条** 设计单位在编制设计文件时，应当按照建设项目的绿色建筑要求，编制绿色建筑专篇。

施工图设计文件审查机构应当依法对施工图设计文件中的绿色建筑专篇内容进行审查。经审查通过的绿色建筑专篇内容不得擅自变更；涉及主要内容变更的，应当按照规定重新报送审查。

**第二十条** 施工单位在编制施工组织设计文件时，应当按照国家和本市绿色施工有关技术标准以及施工图设计文件绿色建筑专篇内容，编制绿色施工方案。

施工单位应当按照绿色施工方案施工，节约使用资源，降低施工过程中的能耗和碳排放。

监理单位依法对施工单位落实绿色施工方案实施监理。

**第二十一条** 建设工程质量检测机构应当按照相关法律、法规、规章和技术标准开展检测活动，加强对进入施工现场的绿色建筑相关材料、设备的见证取样检测和建设工程实体质量检测，并依托本市统一的建设工程检测信息管理系统，保证建设工程质量检测活动全过程可追溯。

**第二十二条** 建设单位组织建设项目竣工验收时，应当按照施工图设计文件的绿色建筑专篇内容进行查验；查验不合格的，不得出具竣工验收报告。

新建民用建筑应当在竣工验收前进行室内空气污染物含量检测；检测不合格的，不得投入使用。

**第二十三条** 新建绿色建筑销售时，建设单位应当在销售合同中载明绿色建筑星级、性能指标、设施设备等内容，并且在销售现场明示上述内容。

新建住宅使用说明书和住宅质量保证书中应当载明绿色建筑的相关内容。

**第二十四条** 新建绿色建筑交付时，建设单位应当向建筑所有权人、使用权人或者物业服务人提供绿色建筑星级、性能指标、装配式建筑维护要求和全装修、可再生能源应用系统以及其他绿色建筑相关设施设备、材料的使用、维护、保修等资料。

## 第三章 运行和绿色改造

**第二十五条** 本市按照国家有关规定，实行绿色建筑标识制度。政府投资建设的新建绿色建筑应当申请绿色建筑标识，鼓励其他新建绿色建筑申请绿色建筑标识。

获得绿色建筑标识的绿色建筑，市住房城乡建设管理部门应当及时向社会公布。

**第二十六条** 绿色公共建筑的所有权人、使用权人应当建立运行管理制度，加强运行维护。绿色公共建筑的运行维护应当符合下列要求：

（一）建筑围护结构完好，节能、节水和可再生能源等设施设备运行正常；

（二）能耗、水耗计量装置和能耗监测装置运行正常，记录完整；

（三）法律、法规、规章和相关技术标准规定的其他要求。

绿色公共建筑所有权人、使用权人可以委托物业服务人具体承担运行维护工作。

鼓励采用合同能源管理、绿色运行专业托管以及其他创新模式，对绿色公共建筑进行运行维护。

**第二十七条** 本市按照国家有关规定，对民用建筑燃气、电力、供热和供水使用量进行统计；燃气、电力、供热和供水企业应当于每年第一季度将上一年度相关数据报送市住房城乡建设管理部门。

本市根据经济社会发展水平和气候、地理、资源等条件，结合前款数据统计情况，有计划、分步骤地实施既有民用建筑绿色改造。实施城市更新时应当结合实际，同步开展既有民用建筑绿色改造。

本市鼓励既有民用建筑按照绿色建筑标准实施绿色改造。鼓励对既有公共建筑实施碳效管理，引导优化建筑用能结构。

**第二十八条** 既有公共建筑改建、扩建、装饰装修以及住宅小区综合改造时，应当因地制宜采取建筑绿色改造的技术措施。市住房城乡建设管理、房屋管理部门应当加强指导。

既有公共建筑改建、扩建、装饰装修的，建筑所有权人或者使用权人应当在投入使用前按照国家有关规定对室内空气污染物进行检测；检测不合格的，不得投入使用。

**第二十九条** 本市建立国家机关办公建筑和大型公共建筑能效监测和分级管理制度。

国家机关办公建筑和大型公共建筑的所有权人或者使用权人应当定期向住房城乡建设管理部门报送建筑能耗和碳排放数据；已安装能耗监测装置的，应当通过本市公共建筑碳排放智慧监管平台报送。报送的数据应当确保真实，不得有篡改、伪造或者其他弄虚作假行为。

本市对于年度用能低于限额且达到先进值的国家机关办公建筑和大型公共建筑，予以褒奖；对于年度用能超过限额的，按照超过限额的不同比例分别采取能源审计、绿色改造等措施，具体规定由市住房城乡建设管理部门会同相关部门制定。

按照前款规定需要进行绿色改造的，相关建筑所有权人应当制定绿色改造方案并予以实施；绿色改造过程中应当同步安装能耗监测装置，并与本市公共建筑碳排放智慧监管平台联网。

**第三十条** 工业建筑的能耗和碳排放统计纳入市经济信息化部门相关能耗统计。

鼓励既有工业建筑按照绿色建筑标准实施绿色改造。

**第三十一条** 施工单位在拆除既有建筑时，应当加强扬尘、噪声等污染防治，并做好建筑垃圾的综合利用。

## 第四章 激励和保障

**第三十二条** 市、区人民政府及其有关部门应当制定和完善支持绿色建筑发展的相关政策措施，综合运用规划、土地、财政、金融、价格等政策，加大对绿色建筑的支持力度。

**第三十三条** 对建设、改造、购买、运行绿色建筑的单位和个人，可以按照本市有关规定，采取下列措施予以激励：

（一）对纳入城市更新项目，且高于现行标准并达到相应技术要求的绿色建筑，因采用绿色建筑技术而增加建筑面积的，经相关部门按照规定程序认定后，可以给予容积率奖励；

（二）个人使用住房公积金贷款购买二星级以上绿色建筑住房的，公积金贷款额度可以在规定的比例范围内上浮；

（三）对绿色建筑示范项目给予资金支持；

（四）在各类建筑工程奖项评审中，对二星级以上绿色建筑项目在同等条件下优先推荐。

**第三十四条** 本市鼓励金融机构通过提供绿色信贷、绿色保险、绿色债券等金融产品和服务等方式，支持绿色建筑发展。

市住房城乡建设管理部门依托绿色金融服务平台，提供绿色建筑相关信息，为金融机构开展相关绿色金融服务提供支撑。

**第三十五条** 本市推动绿色建筑智能建造与建筑工业化协同发展，推进绿色建筑的标准化设计、工厂化生产、装配式建造、数字化交付、智能化管理，形成涵盖科研、设计、生产加工、施工装配、运行等全产业链的绿色建筑产业体系。

**第三十六条** 本市支持绿色建筑领域科技创新。建设项目采用没有国家技术标准的绿色建筑新技术、新材料的，按照国家和本市有关规定进行试验、论证、审定或者认定后，可以在该建设项目中使用。

本市推进建筑信息模型等数字化技术在绿色建筑领域的应用，具体办法由市住房城乡建设管理部门会同相关部门制定。

**第三十七条** 本市探索建立建筑领域参与本市碳排放权交易机制，逐步将碳排放达到一定规模的建筑纳入碳排放管理。

鼓励开发建筑领域碳减排项目和场景，将碳减排行为进行量化并赋予价值，运用商业激励、市场交易等方式，推动实现建筑领域碳达峰、碳中和。

**第三十八条** 市、区住房城乡建设管理部门以及其他有关部门应当加强对绿色建筑质量和安全的监督管理，建立绿色建筑质量和安全追溯体系，通过公共建筑碳排放智慧监管平台，开展绿色建筑数据监测、运行评估等工作，推动绿色建筑全寿命期管理。

本市依托政务服务“一网通办”、城市运行“一网统管”和大数据资源平台，加强住房城乡建设管理、发展改革、规划资源、交通、水务、绿化市容、房屋管理和国防动员等部门的绿色建筑数据共享，优化政务服务，促进业务协同，提高绿色建筑智慧化管理和服务水平。

**第三十九条** 从事绿色建筑相关咨询、评估、检测、审计等活动的机构，应当具备相应的资质或者专业能力，配备相应的专业技术人员和设施设备，建立质量管理体系，按照相关技术规范开展活动，并对出具的技术服务报告的真实性、准确性、完整性负责。

**第四十条** 市住房城乡建设管理部门应当会同有关部门按照国家和本市有关规定，将单位在绿色建筑活动中的相关信用信息归集至本市公共信用信息服务平台，并依法采取守信激励和失信惩戒措施。

## 第五章 法律责任

**第四十一条** 违反本条例的行为，法律、法规已有处理规定的，从其规定。

**第四十二条** 违反本条例第十八条第四款规定，建设单位明示或者暗示建设工程设计、施工、监理单位违反绿色建筑要求进行设计、施工、监理的，由住房城乡建设管理部门或者其他有关部门按照职责分工责令改正，处二十万元以上五十万元以下的罚款。

违反本条例第二十二条第一款规定，建设单位对绿色建筑专篇内容查验不合格的建设项目出具竣工验收报告的，由住房城乡建设管理部门或者其他有关部门按照职责分工责令改正，处工程合同价款百分之二以上百分之四以下的罚款；造成损失的，依法承担赔偿责任。

**第四十三条** 违反本条例第二十条第一款规定，施工单位未编制绿色施工方案的，由住房城乡建设管理部门或者其他有关部门按照职责分工，责令限期改正；逾期不改正的，处一万元以上十万元以下的罚款。

**第四十四条** 违反本条例第二十九条第二款规定，相关建筑所有权人或者使用权人未按照要求报送相关数据的，由住房城乡建设管理部门责令限期改正；逾期不改正的，处一万元以上五万元以下的罚款；有篡改、伪造数据或者其他弄虚作假行为的，处五万元以上十万元以下的罚款。

违反本条例第二十九条第四款规定，相关建筑所有权人未制定绿色改造方案并予以实施的，由住房城乡建设管理部门责令限期改正；逾期不改正的，处五万元以上二十万元以下的罚款。

## 第六章 附 则

**第四十五条** 本市行政区域内城市基础设

施的绿色建筑活动，参照本条例执行。

本市鼓励农村村民自建住宅按照绿色民用建筑标准建设；鼓励临时建筑采用建筑节能、可再生能源等绿色建筑措施。

**第四十六条** 本条例自 2025 年 1 月 1 日起施行。2010 年 9 月 17 日上海市第十三届人民代表大会常务委员会第二十一次会议通过的《上海市建筑节能条例》同时废止。

# 上海市气象条例

（2024 年 9 月 27 日上海市第十六届人民代表大会常务委员会第十六次会议通过）

## 第一章 总 则

**第一条** 为了发展气象事业，规范气象工作，防御气象灾害，合理开发利用和保护气候资源，保障人民生命财产安全和城市运行安全，为本市经济社会发展提供高质量气象服务，根据《中华人民共和国气象法》《气象灾害防御条例》《气象设施和气象探测环境保护条例》等法律、行政法规，结合本市实际，制定本条例。

**第二条** 本市行政区域内的气象探测、预报、服务和气象灾害防御、气候资源利用、气象科学技术研究、公共气象数据开放应用以及相关管理活动，适用本条例。

**第三条** 本市坚持气象事业科技型、基础性、先导性社会公益事业的定位，适应濒江临海和超大城市的特点，推进气象现代化建设，构建科技领先、监测精密、预报精准、服务精细、人民满意的现代气象体系。

**第四条** 市、区人民政府应当加强对本行政区域气象工作的领导，协调处理气象工作中的重大问题，组织编制气象事业发展规划，并将相关内容纳入同级国民经济和社会发展规划。

**第五条** 市、区气象主管机构在上级气象主管机构和本级人民政府领导下，负责本行政区域的气象工作，并对有关部门所属气象台站的气象工作进行指导、监督和行业管理。

未设气象主管机构的区的气象工作由市气象主管机构负责。相关区人民政府及其有关部门配合做好气象相关工作。

发展改革、应急管理、水务（海洋）、交通、财政、经济信息化、教育、科技、规划资源、生态环境、住房城乡建设管理、农业农村、文化旅游、数据等部门应当按照各自职责，共同做好气象相关工作。

**第六条** 市、区人民政府建立地方气象事业发展运行财政保障机制。市气象主管机构会同市财政部门完善落实气象双重计划财务制度，落实地方事权范围内财政投入保障。

**第七条** 本市加大对气象科学技术研究的投入，加强气象科技创新平台建设，强化数值预报、灾害性天气监测预报预警、超大城市精细化气象服务、气候变化等领域的科学研究和技术攻关，推动人工智能、大数据、区块链等在气象领域的融合应用。

气象主管机构和科技、经济信息化、教育、数据等部门支持高等学校、科研院所、企业事业单位、社会组织推进气象人才高地建设，开展气象科学基础研究和应用研究，开发气象大模型等技术产品，促进气象科学技术成果的应用与推广。

**第八条** 市、区人民政府及其有关部门、气象主管机构应当采取多种形式，加大气象科普产品和服务供给，向社会普及气象基础知识、气象灾害防御知识等，增强公众防灾减灾意识和应对能力。

本市鼓励学校开展气象科普教育，组织相关实践活动，与相关科研院所、科普场馆、科学技术社团合作开展气象科普活动。气象主管机构会同教育部门加强指导。

本市加强气象科普场馆和设施建设。鼓励社会力量建设气象科普场馆和设施，推动气象科普资源共建共享。

**第九条** 本市推动建立长江三角洲区域共同促进气象事业发展的工作机制，加强在气象业务、气象灾害防御、气象科技创新等方面的协作联动，提升区域一体化气象工作水平。

气象主管机构应当加强与国际、国内其他地区的气象工作交流和合作，支持开展跨行业、跨领域气象学术交流和合作。

**第十条** 市气象主管机构组织开展本市气候资源的综合调查，进行气候监测、分析和评价，定期发布本市气候状况公报。

市、区人民政府及其有关部门根据本市气候状况和气候变化趋势，统筹考虑风能、太阳能等气候资源的可利用程度，科学合理布局气候资源利用项目。

## 第二章 气象设施建设和管理

**第十一条** 本市按照统筹规划、合理布局、集约共享的要求，依法推进气象探测设施、气象信息专用传输设施、大型气象专用技术装备等气象设施建设，保护气象设施和气象探测环境。

**第十二条** 市气象主管机构会同市规划资源、水务(海洋)、交通、农业农村、住房城乡建设管理、生态环境以及民航等部门，编制本市气象设施建设规划，统筹气象设施的建设和空间利用需求。本市气象设施建设规划的相关内容依法纳入国土空间规划。

**第十三条** 气象设施的设置应当符合本市气象设施建设规划以及相关质量标准和技术要求。气象主管机构和水务(海洋)、生态环境、农业农村以及民航等行业主管部门设置气象设施时，相关组织和个人应当予以配合。

气象主管机构应当与水务(海洋)、生态环境、农业农村以及民航等行业主管部门共享气象设施设置情况。

**第十四条** 市气象主管机构会同有关部门根据本市气象设施建设规划，编制气象探测设施布点方案，科学合理确定气象探测设施的布点范围、设置条件、建设运维责任等内容，报市人民政府批准后实施。气象主管机构应当加强对气象探测设施设置、建设运维等工作的协调、指导和服务。

轨道交通、高速公路、城市快速路、跨江(海)大桥、港口以及架空输电、输油、输气管线的建设、管理单位按照气象探测设施布点方案和相关规定设置气象探测设施。

超高层建筑的建设、管理单位及所有人按照气象探测设施布点方案和相关规定做好配合工作。

布点方案外其他需要设置气象探测设施的，气象主管机构应当提供相应的指导和服务。

**第十五条** 水务(海洋)、生态环境、农业农村和民航等行业主管部门所属的气象台站及其他从事气象探测的组织和个人，应当按照国家规定开展气象探测活动，并向气象主管机构汇交所获得的气象探测资料。

气象主管机构按照国家规定，与其他从事气象工作的机构交换有关气象信息资料。

**第十六条** 本市按照国家规定，对符合条件的气象台站和单独设立的气象探测设施的探测环境，依法予以保护。

在依法纳入保护范围的气象台站和单独设立的气象探测设施的探测环境保护范围内新建、改建、扩建建设工程的，应当遵守国家规定。规划资源部门在核提规划设计条件或者审核建设工程设计方案时，应当征求市气象主管机构的意见；涉及水务(海洋)、生态环境、农业农村和民航等行业主管部门所属气象台站和气象探测设施的探测环境保护的，按照规定执行。

## 第三章 气象预报和预警

**第十七条** 公众气象预报、灾害性天气警报和气象灾害预警信号由气象主管机构所属气象台站统一发布，其他任何组织或者个人不得向社会发布。

气象主管机构所属气象台站应当定时滚动发布未来四十八小时内公众气象预报；在主要节假日、国家和本市重大活动前，应当发布未来三至七天公众气象预报，并根据天气变化情况及时更新。

气象主管机构所属气象台站应当分别通过市、区突发事件预警信息发布中心发布灾害性天气警报和气象灾害预警信号，并根据天气变化情况，及时变更或者解除。

气象主管机构应当提升气象预报准确率，健全气象信息发布渠道，采取适老化、多语种等措施方便各类人群获取气象信息。

**第十八条** 广播、电视台站以及政府网站、客户端等应当即时播发气象主管机构所属气象台站提供的灾害性天气警报或者气象灾害预警信号。灾害性天气警报或者气象灾害预警信号解除的，应当即时撤除。

机场、客运车站、港口码头、旅游景区等公共场所和高速公路、城市主干道的运营单位或者管理单位，应当在收到气象主管机构所属气象台站提供的灾害性天气警报或者气象灾害预警信号后，及时向公众提示，并根据预报预警变化情况及时更新。

在发生极端灾害性天气等紧急情况下，本市电信运营企业按照国家和本市规定，及时、准确、无偿向用户发送灾害性天气警报或者气象灾害预警信号等信息。

**第十九条** 利用广播、电视、报纸、互联网、电信、公共显示屏等传播公众气象预报、灾害性天气警报或者气象灾害预警信号，应当按照国家规定使用气象主管机构所属气象台站提供的适时气象信息，并标明发布台站名称和发布时间，不得擅自改动有关内容。国家对天气实况的发布、传播有规定的，从其规定。

**第二十条** 气象主管机构所属气象台站应当对台风、大风、暴雨、连阴雨、雷电、高温、寒潮、大雾等进行实时监测、分析、预报，为公用事业、防汛指挥和应急抢险提供保障。

气象主管机构所属气象台站应当推动气象服务升级，为环境、交通、建筑、教育、卫生等行业，文化旅游、低空经济、农业等产业，以及濒江临海、高楼密集区、农村等特定区域提供专业气象服务。

**第二十一条** 发生突发事件，气象主管机构应当根据有关应急预案的要求，组织开展现场气象跟踪监测、预报，为应急处置工作提供服务。

为保障本市农业生产、交通安全、生态建设以及重大社会活动需要，市气象主管机构应当在市人民政府的领导和协调下，管理、指导和组织实施人工影响天气作业。

## 第四章 气象灾害防御

**第二十二条** 市、区人民政府应当定期组织应急管理部门、气象主管机构及其他有关部门，对本行政区域内发生的气象灾害的种类、次数、强度和造成的损失等情况开展普查，建立气象灾害数据库，进行评估，划定气象灾害风险区域。

**第二十三条** 气象主管机构应当会同发展改革、应急管理、规划资源、交通、水务（海洋）、农业农村、海事等部门，根据上一级人民政府的气象灾害防御规划，结合本地气象灾害特点，编制本行政区域的气象灾害防御规划，报本级人民政府批准后发布。气象灾害防御规划涉及空间安排的内容，应当依法纳入国土空间规划。

**第二十四条** 气象主管机构和水务（海洋）、交通、应急管理、农业农村、生态环境、住房城乡建设管理、绿化市容、公安、消防救援、海事等部门以及铁路、公路、民航、通信、供电、供排水、燃气等单位，应当按照城市运行“一网统管”建设要求和相关技术标准，依托市大数据资源平台，及时共享灾害性天气以及与气象相关的火险、农业灾害、环境污染、道路拥堵、客运延误、内涝和电网、通信故障等信息。

**第二十五条** 气象主管机构应当会同水务

(海洋)、交通、生态环境、住房城乡建设管理、应急管理、公安、农业农村、绿化市容等部门,开展气象影响预报和风险预警,引导部门和公众做好防御和应对。

**第二十六条** 市、区人民政府和有关部门应当组织制定本行政区域的气象灾害应急预案,并按照规定备案。各级人民政府应当组织开展气象灾害应急演练,提高应急救援能力。

气象主管机构所属气象台站应当及时向本级人民政府和有关部门报告灾害性天气预报、警报情况和气象灾害预警信息。市、区人民政府和有关部门应当根据规定,及时作出启动相应应急预案的决定,向社会公布,并按规定上报;发生极端灾害性天气情况时,应当按照规定及时采取相应处置措施。

**第二十七条** 市应急管理部门、气象主管机构应当会同市经济信息化、教育、住房城乡建设管理、交通、水务(海洋)、文化旅游、卫生健康、通信管理等部门根据地理位置、建筑特性、行业特点、人员密集程度、单位规模等致灾敏感因素,确定气象灾害防御重点单位名录并公布。

气象灾害防御重点单位应当根据本单位特点,制定气象灾害应急预案,建立日常检查制度,明确责任人,及时消除隐患,保障运营安全。

应急管理部门、气象主管机构以及有关部门应当按照各自职责,加强对重点单位气象灾害防御工作的服务、指导和监督;发现存在气象灾害防御安全隐患的,及时督促其消除隐患。

**第二十八条** 国家规定必须安装雷电防护装置的建筑物、构筑物、设施、场所,应当安装雷电防护装置。安装的雷电防护装置应当符合国务院气象主管机构规定的使用要求。

前款规定的建筑物、构筑物、设施、场所的所有人或者管理人应当做好雷电防护装置的日常检查、维护工作,委托具备相应资质的雷电防护装置检测机构进行定期检测;经检测不合格的,应当在规定的期限内进行整改。委托物业服务企业履行雷电防护装置日常检查、维护责任的,应当在物业服务合同中约定相关权利和义务。

鼓励农村村民住房安装雷电防护装置。住房城乡建设管理部门推荐的农村村民自建住房通用图纸应当包括雷电防护装置的内容。

**第二十九条** 建筑物、构筑物、树木的所有人或者管理人,户外招牌、户外广告设施的设置人,应当定期开展防风避险巡查,设置必要的警示标识,采取措施及时消除搁置物、悬挂物、附属物脱落、坠落和树木折断等安全隐患,避免和减轻台风、大风造成的危害。

**第三十条** 气象主管机构应当组织对国土空间规划、国家重点建设工程、重大区域性经济开发项目和大型太阳能、风能等气候资源开发利用项目进行气候可行性论证。

产业基地、产业社区涉及前款规定工程、项目的,应当将气候可行性论证纳入区域评估。前款规定的工程、项目或者其所在区域已经进行气候可行性论证,且符合产业基地、产业社区建设等要求,并在有效期内的,不得重复评估。

## 第五章 公共气象数据开放和应用

**第三十一条** 本市促进公共气象数据开放和应用,支持公共气象数据产品服务创新,推动公共气象数据在工业制造、现代农业、商贸流通、交通运输、文化旅游、金融服务等场景下的融合应用。

**第三十二条** 市气象主管机构按照安全可控、分类分级等要求,依托国家和本市规定的数据资源平台向社会开放公共气象数据。

市气象主管机构制定本市公共气象数据开放目录,明确数据开放的范围、类型、条件等。

**第三十三条** 市气象主管机构会同市数据等部门按照国家和本市公共数据授权运营管理要求,推动实施公共气象数据授权运营,提高公共气象数据社会化开发利用水平。优先支持在与民生紧密相关、行业增值潜力显著和产业战略意义重大的领域,有序开展公共气象数据授权运营。

市气象主管机构会同市数据部门在保障数据安全的前提下,授权符合条件的运营主体进行数据开发利用。

**第三十四条** 被授权运营主体应当具备授权运营领域所需的专业技术水平和人员设备配置，建立公共数据授权运营内部管理和安全保障制度，接受有关部门的日常监督管理。

授权运营的公共气象数据范围应当符合国家和本市公共数据分类分级标准等要求。

被授权运营主体应当在授权范围内，依托国家和本市规定的数据资源平台提供的安全可信环境，实施数据开发利用，并提供数据产品和服务。被授权运营主体应当确保数据依法合规使用，不得危害国家安全、公共利益，不得损害个人、组织的合法权益。

**第三十五条** 被授权运营主体应当按照应用场景，向授权主体提出公共气象数据需求。公共气象数据需求应当明确公共气象数据使用范围、使用期限和安全管控等内容。

授权运营的公共气象数据应用场景应当按照国家和本市规定通过合规性和安全风险评估。

## 第六章 法律责任

**第三十六条** 违反本条例规定，法律、行政法规已有处理规定的，从其规定。

**第三十七条** 违反本条例第十九条规定，传播公众气象预报、灾害性天气警报或者气象灾害预警信号不符合国家要求的，传播虚假的或者通过非法渠道获取的灾害性天气信息和气象灾害灾情的，按照国家规定处理。

**第三十八条** 违反本条例第二十八条第一款规定，应当安装雷电防护装置的建筑物、构筑物、设施、场所未安装雷电防护装置的，由气象主管机构等按照国家规定处理。

违反本条例第二十八条第二款规定，未按照国家规定定期检测雷电防护装置的，由气象主管机构责令限期改正；逾期不改正的，给予警告，可以处一万元以上三万元以下罚款。

**第三十九条** 气象主管机构及其所属气象台站的工作人员由于玩忽职守，导致重大漏报、错报公众气象预报、灾害性天气警报或者气象灾害预警信号，以及丢失或者毁坏原始气象探测资料、伪造气象资料等事故的，依法给予处分；构成犯罪的，依法追究刑事责任。

## 第七章 附 则

**第四十条** 本条例所称的地方气象事业包括为当地服务的气象设施建设和管理、气象预报预警、气象灾害防御、气象科学技术研究和知识普及、气候资源利用、公共气象数据开放和应用等。

**第四十一条** 本条例自 2024 年 11 月 1 日起施行。2006 年 10 月 26 日上海市第十二届人民代表大会常务委员会第三十一次会议通过的《上海市实施〈中华人民共和国气象法〉办法》同时废止。

# 上海市促进浦东新区商事调解规定

（2024 年 11 月 28 日上海市第十六届人民代表大会
常务委员会第十七次会议通过）

**第一条** 为了促进浦东新区商事调解发展，健全商事调解体系，提高商事调解质量、效率和影响力，及时有效化解商事纠纷，优化营商环境，根据有关法律、行政法规的基本原则，结合浦东新区实际，制定本规定。

**第二条** 本规定适用于浦东新区商事调解

组织根据当事人申请对商事纠纷开展的调解活动。

本规定所称商事调解，是指当事人因贸易、投资、金融、航运、知识产权等领域商事纠纷，自愿在商事调解组织主持下友好协商解决商事纠纷的活动。

**第三条** 本市支持浦东新区对标商事调解国际高标准规则，结合经济社会发展的实际情况，依托产业集聚优势，健全组织布局合理、服务高效便捷、配套制度完备、发展规范有序的商事调解体系，满足多层次、多样化的商事调解需求，打造商事纠纷解决优选地。

**第四条** 市人民政府应当加强对浦东新区商事调解发展工作的领导，统筹协调浦东新区商事调解发展中的重大事项。

浦东新区人民政府应当建立促进商事调解发展的工作机制，制定促进商事调解创新发展的政策措施。

**第五条** 市司法行政部门建立商事调解管理制度，对商事调解活动实施监督管理。

浦东新区司法行政部门负责本行政区域内商事调解组织及其商事调解活动的日常监督管理。

市和浦东新区发展改革、商务、国有资产监管、人力资源社会保障、财政、税务等相关行政部门按照各自职责，促进和保障商事调解相关工作。

**第六条** 开展商事调解应当遵循自愿、公平、诚信、保密、高效原则，不得违反法律、法规的强制性规定，不得损害国家利益、社会公共利益或者他人合法权益，不得违背公序良俗。

**第七条** 在浦东新区设立的商事调解组织应当具备以下条件：

（一）拟任的法定代表人或者负责人具有纠纷解决相关工作经验和专业知识，诚信记录良好，公道正派；

（二）住所地在浦东新区，具有规范的名称、业务范围、章程和必要的组织机构；

（三）具有开展商事调解所必要的场地和开办资金；

（四）拟聘任一定数量与业务范围相适应的商事调解员以及必要的专职辅助人员。

商事调解组织的名称由字号、“商事调解中心”等组成。

**第八条** 设立商事调解组织的，由发起人提出登记申请，并向浦东新区司法行政部门提交下列材料：

（一）设立申请书；

（二）拟任法定代表人或者负责人的基本情况、证明材料；

（三）住所证明；

（四）验资报告；

（五）拟聘任商事调解员的基本情况、证明材料；

（六）章程等草案。

浦东新区司法行政部门应当在收到登记申请后的二十日内出具初审意见，并报市司法行政部门审核。市司法行政部门在十日内进行审核。准予登记的，向申请人颁发登记证书；不予登记的，应当以书面形式向申请人说明理由。经登记的商事调解组织为非营利法人。

**第九条** 商事调解组织变更住所、法定代表人或者负责人等登记事项的，以及因自行解散、分立、合并或者其他原因需要注销登记的，应当向市司法行政部门申请办理变更、注销登记。

**第十条** 商事调解员应当熟悉商事交易规则和习惯，具备调解商事纠纷所需的专业知识和工作经验，并完成商事调解相关培训。

商事调解组织可以优先从法律服务、经济贸易等领域专业人士和从事上述领域研究、教学工作的人员中选聘商事调解员。

**第十一条** 商事调解组织应当向社会公布调解规则、商事调解员名册和通过商事调解解决商事纠纷的案件数量等信息。

市司法行政部门应当向社会公布经其登记设立的商事调解组织名称、住所、业务范围、法定代表人或者负责人等信息。

浦东新区司法行政部门应当建立商事调解组织名册，并向社会公布，接受社会监督。

**第十二条** 商事调解组织可以根据当事人的申请开展调解，但其他当事人拒绝调解的，不得调解。

商事调解程序自各方当事人同意参与调解之日起开始。

**第十三条** 商事调解组织可以收取合理费用，相关费用实行市场调节价。商事调解组织应当按照公平合理的原则，综合考虑商事调解员的报酬、商事调解组织运行费用和因商事调解活动所产生的其他合理费用等因素，确定案件登记费、调解服务费等收费项目、标准和方式，并向社会公开。

**第十四条** 商事纠纷一般由一名商事调解员调解，当事人有约定的，可以由多名商事调解员调解。

商事调解组织应当在调解规则中明确商事调解员选定规则。当事人根据调解规则，可以在商事调解员名册内共同选定或者委托商事调解组织指定商事调解员，也可以在商事调解员名册外选定商事调解员。

**第十五条** 商事调解员依据法律规定、行业规则、商业惯例等开展商事调解，促进当事人自愿达成调解协议。

商事调解员从事调解工作应当尽职尽责、勤勉谨慎，保持公平、中立的立场，不得以欺诈、胁迫等手段使当事人接受调解或者达成和解。

**第十六条** 鼓励商事调解组织建设具备在线申请调解、在线开展调解、在线电子签名等功能的信息化设施，实现线上调解。

鼓励商事调解组织建立小额商事纠纷快速调解处理机制。

**第十七条** 商事调解组织、商事调解员应当履行保密义务，未经当事人同意，不得披露在商事调解过程中获取的信息，但法律另有规定的除外。

**第十八条** 商事调解组织、商事调解员可能与商事纠纷存在利益冲突的，应当及时披露；当事人有权申请商事调解员回避，或者终止调解。

商事调解员不得在后续与商事调解所涉争议有关的仲裁程序中担任仲裁员，但法律另有规定或者当事人同意的除外。

**第十九条** 当事人不得将商事调解过程中对方当事人作出的陈述、承认、让步或者承诺，以及商事调解员发表的意见或者建议等，在后续与商事调解所涉争议有关的仲裁、诉讼或者其他争议解决程序中作为有利证据使用，但法律另有规定或者对方当事人同意的除外。

**第二十条** 当事人就商事纠纷全部或者部分达成和解的，应当以书面形式签订商事调解协议。商事调解员、商事调解组织应当在商事调解协议上签名、盖章。

经调解达成的商事调解协议对各方当事人具有法律约束力，各方当事人应当履行。

经商事调解组织调解达成的商事调解协议，当事人可以依法申请司法确认；也可以向仲裁机构依法申请依据该商事调解协议的内容制作裁决书。

具有给付内容、债权债务关系明确的商事调解协议，当事人可以向公证机构依法申请办理具有强制执行效力的债权文书公证。

对以金钱或者有价证券给付为内容的商事调解协议，当事人可以向有管辖权的人民法院依法申请支付令。

**第二十一条** 浦东新区人民政府对商事调解发展予以财政支持，用于商事调解行业发展、人才培养等。

浦东新区人民政府应当会同相关行业主管部门、商会、行业协会等，加强商事调解现实需求、发展形势等研究，支持引导相关行业商事调解组织设立发展。

浦东新区人民政府应当通过组织商事调解员定期培训、建立商事调解人才库等方式，加大对商事调解人才的培养力度。

**第二十二条** 市和浦东新区司法行政部门与人民法院应当优化商事案件诉调对接工作机制，加强对商事调解组织的调解业务指导，引导商事纠纷通过商事调解组织进行调解。

**第二十三条** 市和浦东新区司法行政部门应当会同相关部门、商会、行业协会等开展商事调解推介活动，提高商事调解知晓率，鼓励和引导经营主体优先选择商事调解方式解决纠纷。

浦东新区司法行政部门应当将商事调解作为法治宣传和普法教育的重要内容，每年举办商事调解宣传周活动，推广商事调解。

**第二十四条** 市和浦东新区支持成立商事调解行业组织。商事调解行业组织依据法律、法规和章程规定，制定商事调解员职业道德准则和会员惩戒措施，对商事调解组织、商事调解员进行自律管理，接受市司法行政部门的指导监督。商事调解行业组织和相关行业协会应当加强对商事调解员的业务培训。

本市支持商事调解行业组织制定商事调解员能力水平评价标准，开展商事调解员能力水平评价。

鼓励商事调解行业组织与国际调解认证机构开展合作交流，委托调解培训机构开展商事调解员培训。

**第二十五条** 在境外合法成立并存续五年以上、实质性开展商事调解业务，且具有较高国际知名度、业务机构负责人没有因故意犯罪受过刑事处罚的境外商事调解组织，经市司法行政部门登记，并报国务院司法行政部门备案，可以在中国（上海）自由贸易试验区临港新片区内设立业务机构，就国际商事纠纷提供涉外商事调解服务。

支持和鼓励浦东新区商事调解组织在境外设立业务机构，开展商事调解活动。

**第二十六条** 对临时来浦东新区参加商事调解的相关外籍人员，可由商事调解组织按照规定在浦东新区口岸代为申请口岸签证，享受口岸签证便利。

**第二十七条** 商事调解组织应当于每年三月三十一日前向浦东新区司法行政部门报送上一年度工作报告。年度工作报告应当包括开展业务情况、商事调解员及专职辅助人员变动情况、商事调解协议司法确认情况等信息。年度工作报告内容应当真实、准确、完整，不得提供虚假信息。

**第二十八条** 对违反本规定的行为，法律、法规已有处理规定的，从其规定。

**第二十九条** 商事调解组织违反本规定，未向社会公布相关信息或者未按要求报送年度工作报告的，由浦东新区司法行政部门责令其限期整改；逾期拒不整改或者整改后仍不符合要求的，给予警告。

商事调解员违反本规定，以欺诈、胁迫等手段使当事人接受调解或者达成和解的，由浦东新区司法行政部门给予警告，有违法所得的，没收违法所得；情节严重的，处一千元以上五千元以下罚款，并可以责令暂停三个月以下从业活动。

**第三十条** 当事人不得恶意串通，以虚假调解的方式侵害国家利益、社会公共利益或者他人合法权益。商事调解组织和商事调解员应当加强对虚假调解的识别和防范。

经认定为虚假调解，且有证据证明商事调解组织、商事调解员有过错的，由浦东新区司法行政部门给予警告，有违法所得的，没收违法所得；对商事调解组织处一万元以上五万元以下罚款，并可以给予一个月以上三个月以下责令停业的处罚，情节严重的，由市司法行政部门吊销商事调解组织登记证书；对商事调解员处一千元以上五千元以下罚款，并可以责令暂停三个月以上六个月以下从业活动，情节严重的，由浦东新区司法行政部门责令商事调解组织解聘商事调解员。

**第三十一条** 商事调解员个人依法参与浦东新区商事调解活动的，按照本市和浦东新区有关规定执行。

**第三十二条** 在中国（上海）自由贸易试验区临港新片区（浦东新区范围以外）开展商事调解活动，参照适用本规定。

**第三十三条** 本规定自 2024 年 12 月 1 日起施行。

# 上海市促进浦东新区保税维修业务发展若干规定

（2024年11月28日上海市第十六届人民代表大会
常务委员会第十七次会议通过）

**第一条** 为了促进浦东新区保税维修业务发展，提升加工贸易水平，畅通国内外产业链，推动产业结构优化升级，扩大对外开放，根据有关法律、行政法规的基本原则，结合浦东新区实际，制定本规定。

**第二条** 本规定适用于在浦东新区行政区域内开展保税维修业务及相关监督管理工作。

**第三条** 市人民政府应当加强对浦东新区保税维修业务发展工作的领导，深化与国家有关部门的协作，统筹协调浦东新区保税维修业务发展中的重大事项。

浦东新区人民政府、中国（上海）自由贸易试验区临港新片区管理委员会（以下简称临港新片区管委会）应当落实国家和本市保税维修政策，建立保税维修工作管理机制，制定促进保税维修业务发展的具体措施，并按照各自职责负责保税维修业务管理工作。

**第四条** 市和浦东新区商务部门应当牵头协调推进保税维修业务发展，按照职责开展相关管理工作。

市和浦东新区生态环境部门按照职责负责保税维修业务的生态环境保护监督管理工作。

市和浦东新区发展改革、财政、税务等部门按照各自职责，做好支持保税维修业务发展的相关工作。

海关依法履行保税维修业务相关监督管理职责。

海关特殊监管区域管理委员会（管理局）应当落实属地管理职责，负责辖区内的保税维修业务相关监督管理工作。

**第五条** 海关特殊监管区域内符合条件的企业可以开展综合保税区维修产品目录内的保税维修业务；开展本企业集团国内销售的自产产品保税维修业务，维修后返回国内的，不受综合保税区维修产品目录限制。

除前款规定外，综合保税区内符合条件的企业还可以开展来自境外且维修后复运出境（以下称“两头在外”）的低剂量X射线安全检查设备、X射线无损探伤检测仪、成套的核磁共振成像装置、彩色超声波诊断仪等医疗器械的保税维修业务；依法应当取得辐射安全许可的，应当办理相关许可手续。医疗器械产品维修后，不得在境内流通使用。

海关特殊监管区域内获得国家有关部门支持的企业，可以试点开展前两款规定情形外的高附加值、高技术含量、符合环保要求的“两头在外”的保税维修业务。

**第六条** 中国（上海）自由贸易试验区（含临港新片区浦东新区区域，以下简称自贸试验区）内海关特殊监管区域外符合条件的海关高级认证企业可以按照国家规定的目录及相关要求，开展飞机、船舶、盾构机等大型装备“两头在外”的保税维修业务。

自贸试验区内海关特殊监管区域外获得国家有关部门支持的企业，可以试点开展前款规定情形外的高附加值、高技术含量、符合环保要求的“两头在外”的保税维修业务。

**第七条** 海关特殊监管区域和自贸试验区外获得国家有关部门支持的企业，可以试点开展电子信息、航空航天、船舶、工程机械等高附加值、高技术含量、符合环保要求的“两头在外”的保税维修业务。

**第八条** 企业开展保税维修业务，应当具备相应的生产场所、经营范围、生产资质、技术人员等条件，建立符合相关监管要求的管理制度和信息化系统。

企业开展保税维修业务，应当制定保税维修业务管理方案，明确保税维修业务操作规范、安全规程和环境污染防治措施等内容。

企业依据本规定第五条第三款、第六条第二款、第七条开展保税维修业务试点，还应当在保税维修业务管理方案中明确待维修货物来源、修理后去向等内容。

**第九条** 海关特殊监管区域内企业开展保税维修业务，应当将保税维修业务管理方案提交所在地的海关特殊监管区域管理委员会(管理局)。海关特殊监管区域管理委员会(管理局)应当会同属地商务、生态环境部门和主管海关等研究确定开展保税维修业务的企业名单，制定监管方案，报市商务、生态环境部门和海关备案。

自贸试验区内海关特殊监管区域外企业开展"两头在外"的保税维修业务，应当将保税维修业务管理方案提交临港新片区管委会或者浦东新区商务部门。临港新片区管委会或者浦东新区商务部门应当会同属地生态环境部门、主管海关等研究确定开展保税维修业务的企业名单，制定监管方案，报市商务、生态环境部门和海关备案。

**第十条** 企业开展保税维修业务试点，应当将保税维修业务管理方案提交市商务部门。市商务部门应当会同市生态环境部门、海关以及浦东新区人民政府或者临港新片区管委会进行审核，经市人民政府同意后报国家有关部门。

**第十一条** 企业开展保税维修业务应当符合国家和本市有关规定，除法律、行政法规、国务院规定或者国家有关部门依据法律、行政法规授权作出的规定准许外，不得开展禁止进出口货物的保税维修业务，不得通过保税维修方式开展拆解、报废等业务。

企业不得通过保税维修方式进口固体废物。

**第十二条** 企业开展保税维修业务应当依法落实环境污染防治主体责任，强化保税维修料件质量控制，从源头减少保税维修固体废物产生量，将固体废物产生率控制在合理水平。

企业开展保税维修业务应当按照国家有关规定，建立固体废物管理台账，申报所产生固体废物的种类、数量、流向、贮存、利用和处置等信息。

企业开展进境保税维修业务应当按照国家有关规定，妥善处理、处置固体废物。委托他人运输、利用、处置的，企业应当对受托方的主体资格和技术能力进行核实，依法签订书面合同，约定污染防治要求；属于危险废物的，还应当符合国家危险废物污染防治有关要求。

进境保税维修业务相关的危险废物复运出境，应当符合国家有关危险废物出口核准管理的规定。

**第十三条** 浦东新区生态环境部门、海关特殊监管区域管理委员会(管理局)应当按照各自职责，制定保税维修生态环境保护监管方案，明确监管内容、方式等要求，加强全过程监管。

**第十四条** 来自境外、符合规定的待维修货物进入自贸试验区的海关特殊监管区域内维修后，经验核相关证件并符合相关进口监管要求的可以内销，并依法征税，但国家禁止进口产品或者未经准许的限制进口产品应当复运出境。

来自境内海关特殊监管区域外、符合规定的待维修货物，进入海关特殊监管区域内维修后，可以按照国家有关规定直接出口。

**第十五条** 浦东新区人民政府、临港新片区管委会应当会同市商务、生态环境部门以及海关等建立多部门联网的保税维修业务监管平台，实现保税维修货物流向、修理流程、生态环境保护等全过程管理信息共享，以及风险快速预警和及时处置。

临港新片区管委会、浦东新区相关部门应当会同主管海关、海关特殊监管区域管理委员会(管理局)通过保税维修业务监管平台，加强对保税维修业务的日常监管。

企业开展保税维修业务应当将维修耗用等信息及时上传到保税维修业务监管平台。

**第十六条** 浦东新区人民政府、临港新片区管委会应当会同市商务、生态环境部门和海关制定保税维修业务试点联合监管制度，明确日常监管要求、违法行为处置和试点退出程序。

浦东新区人民政府、临港新片区管委会应当在保税维修业务监管平台设置试点业务监管模块，对货物进出境、进出海关特殊监管区域以及内销、出口等环节实施监管；对于企业有重大生态环境违法行为、走私行为等情形的，依法追究相应的法律责任，并及时启动退出程序。

**第十七条** 浦东新区人民政府、临港新片区管委会应当聚焦先进制造业和战略性新兴产业，探索保税维修业务制度创新，促进保税维修业务集聚，带动产业升级。

浦东新区人民政府、临港新片区管委会应当优化保税维修企业服务机制，为企业在业务申办、运输物流、货物通关、人才引进等方面提供便利。

**第十八条** 本市鼓励金融机构优化跨境人民币业务办理，加大对保税维修企业的金融支持力度，引导社会资本支持保税维修业务发展。

**第十九条** 在中国（上海）自由贸易试验区临港新片区（浦东新区范围以外）开展保税维修业务及相关监督管理工作，参照适用本规定。

**第二十条** 本规定自 2025 年 1 月 1 日起施行。

# 上海市推进浦东新区实施建筑师负责制若干规定

（2024 年 11 月 28 日上海市第十六届人民代表大会常务委员会第十七次会议通过）

**第一条** 为了深化建筑领域改革，发挥建筑师专业优势和技术主导作用，加强工程建设全过程管理，提升工程质量和建筑品质，促进建筑业高质量发展，根据有关法律、行政法规的基本原则，结合浦东新区实际，制定本规定。

**第二条** 浦东新区行政区域内采用建筑师负责制的房屋建筑工程和装修工程相关建设活动及其监督管理工作，适用本规定。

本规定所称建筑师负责制，是指担任建筑工程设计主持人或者设计总负责人的建筑师（以下称责任建筑师）依托其所属设计单位，组建团队，由责任建筑师及其团队以方案设计为引领，为建设单位提供工程设计、全过程技术咨询和管理服务的工作模式。

**第三条** 浦东新区人民政府应当深化建筑领域改革，研究制定政策措施，统筹推进实施建筑师负责制相关工作。

市建设管理部门负责建筑师负责制工作的业务指导；浦东新区建设管理部门负责本行政区域内建筑师负责制工作的具体实施。

市和浦东新区发展改革、财政、规划资源、房屋管理、交通、绿化市容、国防动员、公安等部门按照各自职责分工，协同实施本规定。

**第四条** 全部或者部分使用浦东新区国有资金投资的下列工程，应当采用建筑师负责制：

（一）符合一定规模的教育、科研、文化、卫生、体育领域新建房屋建筑工程；

（二）优秀历史建筑修缮工程；

（三）对建筑艺术造型、功能有特殊要求的房屋建筑工程。

前款规定工程的具体类型和规模，由浦东新区人民政府确定。

鼓励其他房屋建筑工程和装修工程采用建筑师负责制。

**第五条** 责任建筑师应当具备一级注册建筑师资格，从事建筑工程设计或者相关业务十年以上，并且担任过一定数量和规模的建筑工程设计项目负责人。

符合相应职业资格、从业年限与经历等条件的境外建筑师，经浦东新区建设管理部门备案，可以担任责任建筑师。境外建筑师担任责任建筑师的，其服务内容、形式应当符合国家相关规定。

前两款具体规定，由浦东新区人民政府另行制定。

**第六条** 建设单位应当综合考虑建筑品质要求和责任建筑师的从业经历、专业优势、管理能力等因素，择优确定责任建筑师，并与其所属设计单位根据本规定要求，通过合同约定责任建筑师服务内容和服务要求。

责任建筑师根据其所属设计单位与建设单位的合同约定（以下简称合同约定）组建责任建筑师团队，团队可以由建筑、结构、机电、景观等专业设计人员以及策划咨询、工程管理等专业技术人员组成。

**第七条** 责任建筑师团队应当遵守法律、法规和职业道德，维护建设单位合法权益和社会公共利益，根据合同约定开展业务活动，提供设计、咨询、管理等专业服务。

设计单位应当建立与建筑师负责制相适应的管理制度，为责任建筑师组建团队和开展业务活动提供支持和保障。

建设单位应当尊重责任建筑师专业意见，在设计、施工、监理等合同中明确责任建筑师团队管理职责、流程和方式，为其开展业务活动提供支持和便利。

**第八条** 在土地出让、划拨阶段，对于采用建筑师负责制的工程，土地有偿使用合同或者建设项目规划土地意见书中应当予以明确。

**第九条** 建设单位按照规定向建设管理部门报送的工程项目信息中，应当明确是否采用建筑师负责制。

**第十条** 责任建筑师团队应当承担方案设计任务。

责任建筑师团队一并承担后续初步设计和施工图设计任务的，应当形成相应的设计成果，并对设计质量负责。

责任建筑师团队只承担方案设计任务的，应当对后续设计单位的初步设计、施工图设计出具技术意见，指导其落实方案设计意图；后续设计单位应当对责任建筑师团队意见进行分析处理后予以反馈，并对设计质量负责。

**第十一条** 建设单位应当在责任建筑师团队协助下开展相关设计、施工、监理等阶段的招标活动，以及材料、设备采购工作。责任建筑师团队应当参与编制相关招标、采购文件，明确工程的技术规范和标准要求，以及相关材料、设备的规格、性能等技术指标，并根据合同约定开展其他招标、采购管理工作。

建设单位组建的评标委员会中，责任建筑师或者其指定的一名团队成员应当作为评标技术专家参与相关评标工作，但依法应当回避的除外。

**第十二条** 责任建筑师团队应当保证必要的进驻施工现场时间，指导、督促施工单位落实设计文件要求，协调解决施工中遇到的设计问题。

责任建筑师团队应当参与设计文件中标注的重点部位、环节分部分项工程和单位工程的验收，并出具相应技术意见。施工单位应当对责任建筑师团队的技术意见进行分析处理并予以反馈。

**第十三条** 工程竣工验收时，建设单位组建的竣工验收组应当包括责任建筑师。责任建筑师应当对工程设计、施工和设备安装质量等方面作出技术评价。

建设单位在申请工程综合竣工验收前，责任建筑师应当对交通、绿化市容、国防动员、公安等部门的专业验收事项出具竣工验收技术意见。

**第十四条** 相关行政管理部门应当对采用建筑师负责制的工程简化办理手续、优化审批流程。

规划资源部门核发建设工程规划许可证时，责任建筑师承诺施工图设计文件规划部分与经审定的建设工程设计方案一致的，不再进行技术审查。

建设管理部门核发建筑工程施工许可证时，责任建筑师承诺施工图设计文件符合法律、法规和强制性标准要求的，不再要求提交施工图设计文件审查合格书。

交通、绿化市容、国防动员、公安等部门在出具竣工验收认可文件或者准许使用文件时，对于建设单位提供责任建筑师竣工验收技术意见的，不再进行现场核验。有关部门认为确需进行现场核验的，应当事先予以明确并告知建设单位。

**第十五条** 浦东新区建立与责任建筑师团队提供的服务内容相适应的服务费用形成机制。

采用建筑师负责制的工程，责任建筑师团队服务费用应当根据服务内容在投资概算的相应费用项目中列支。

**第十六条** 鼓励保险机构开发与建筑师负责制相适应的保险产品。

鼓励设计单位、责任建筑师购买相关保险，提升执业风险保障能力。

**第十七条** 浦东新区推进城市更新领域建筑师、规划师、评估师等专业人员联动，为城市更新工作提供技术支撑和服务。

鼓励建设单位优先选用参与联动工作的建筑师担任后续工程的责任建筑师。

**第十八条** 市和浦东新区建设、规划资源、交通、绿化市容、国防动员、公安等部门应当按照各自职责，加强事中事后监管，对责任建筑师依据本规定作出的承诺和出具的竣工验收技术意见是否属实进行检查，及时查处相关问题。

市和浦东新区建设管理部门应当会同相关部门按照国家和本市规定，将单位和个人在建筑师负责制活动中的相关信用信息归集至本市公共信用信息服务平台，并依法采取守信激励和失信惩戒措施。

**第十九条** 浦东新区建设管理部门应当建立建筑师负责制实施情况评估制度，明确评估方式、标准、流程等内容，优化完善相关配套措施。

**第二十条** 对违反本规定的行为，法律、法规已有处理规定的，从其规定。

**第二十一条** 境外建筑师隐瞒情况或者提供虚假材料备案的，由浦东新区建设管理部门取消备案，并不再予以备案。

责任建筑师作出的承诺或者出具的竣工验收技术意见，与事实明显不符或者存在虚假情形的，由建设管理部门或者规划资源部门按照各自职责，对违法行为人处一万元以上十万元以下罚款，且该违法行为人三年内不得再次担任责任建筑师；情节严重的，处十万元以上三十万元以下罚款，且该违法行为人不得再次担任责任建筑师。

**第二十二条** 责任建筑师作出的承诺或者出具的竣工验收技术意见，与事实明显不符或者存在虚假情形，系由建设单位明示或者暗示的，由建设管理部门或者规划资源部门按照各自职责，对建设单位处二十万元以上五十万元以下罚款。

**第二十三条** 责任建筑师因执行工作任务造成他人财产损失或者人身损害的，由责任建筑师所属设计单位依法承担责任；设计单位承担责任后，可以依法向责任建筑师追偿。

**第二十四条** 浦东新区行政区域内的市政基础设施、园林绿化等工程采用建筑师负责制的，参照适用本规定。

中国（上海）自由贸易试验区临港新片区（浦东新区范围以外）相关工程采用建筑师负责制的，参照适用本规定。

**第二十五条** 本规定自2025年1月1日起施行。

# 上海市公共图书馆条例

（2024年11月28日上海市第十六届人民代表大会常务委员会第十七次会议通过）

**第一条** 为了促进公共图书馆事业高质量发展，推进书香社会建设，保障公众基本文化权益，提高公众科学文化素质和社会文明程度，传承人类文明，坚定文化自信，推动社会主义国际文化大都市建设，根据《中华人民共和国公共文化服务保障法》《中华人民共和国公共图书馆法》等法律、行政法规，结合本市实际，制定本条例。

**第二条** 本市行政区域内公共图书馆的设立、运行、服务等活动，适用本条例。

**第三条** 本市坚持社会主义先进文化前进方向，坚持以人民为中心，坚持以社会主义核心价值观为引领，遵循政府主导、社会参与，系统谋划、统筹发展，服务均等、优质高效的原则，推进公共图书馆事业发展。

**第四条** 市、区人民政府应当将公共图书馆事业发展纳入本级国民经济和社会发展规划，将公共图书馆建设纳入国土空间规划。

各级人民政府应当根据经济社会发展状况，加大对政府设立的公共图书馆的投入，将所需经费列入本级政府预算，并及时、足额拨付。

**第五条** 市、区文化旅游部门负责本行政区域内公共图书馆管理工作。

发展改革、财政、教育、科技、民政、规划资源、住房城乡建设管理、人力资源社会保障、新闻出版等有关部门应当按照各自职责，共同做好公共图书馆管理相关工作。

**第六条** 鼓励境内外自然人、法人和其他组织通过依法捐赠资金、设备，捐建馆舍、设施等方式，支持本市公共图书馆建设。

**第七条** 公共图书馆有关行业协会、学会等组织应当发挥指导、协调、服务等作用，加强行业自律，维护会员合法权益，开展学术研究、交流和培训，促进从业人员提升学术水平和专业能力。

**第八条** 本市依托长江三角洲区域文化领域一体化推进机制，加强公共图书馆文献交流、文献保护、文献开发利用、信息咨询研究和读者服务等方面的合作，推动长江三角洲区域公共图书馆高质量一体化发展。

鼓励和支持本市公共图书馆加强与其他省市公共图书馆交流合作，开展跨区域文献互借、数字资源共享、联合阅读推广等协同服务。

鼓励开展公共图书馆学术、文献、人员等方面的国际交流与合作。

**第九条** 本市建立覆盖城乡、便捷实用的公共图书馆服务网络。

市、区人民政府应当设立本级公共图书馆。乡镇人民政府、街道办事处根据本辖区人口数量、人口分布、环境和交通条件等因素，因地制宜设立公共图书馆；有条件的乡镇人民政府、街道办事处可以设立独立馆舍的公共图书馆。

鼓励公民、法人和其他组织依照有关法律、法规在本市设立公共图书馆。

公共图书馆的设立、变更、终止应当按照国家有关规定办理登记手续。

乡镇人民政府、街道办事处可以利用居（村）综合文化活动室等综合服务设施设立居（村）图书室，服务城乡居民。

**第十条** 市人民政府设立的上海图书馆为本市公共图书馆的中心馆，发挥全市地方文献收藏中心、联合编目中心、古籍保护中心和图书馆协调与协作中心等方面的作用，并承担以下工作：

（一）拟定和组织实施本市公共图书馆相关业务标准和规范，提供业务指导和培训；

（二）组织开展公共图书馆文献编目工作；

（三）建设、维护和管理公共图书馆通借通还服务网络；

（四）指导公共图书馆总分馆体系建设和运行；

（五）统筹古籍和其他珍贵历史文献的保护、开发与利用工作；

（六）统筹全市公共图书馆信息化管理系统建设和运行，推动公共图书馆数字化建设；

（七）促进图书馆相关学术研究和国际交流。

**第十一条** 本市按照国家规定建立以区公共图书馆为本行政区域的总馆，乡镇（街道）公共图书馆、居（村）图书室为分馆或者基层服务点的总分馆制，推动公共图书资源区域联动共享，促进优质服务向基层延伸。总馆应当加强对本地区分馆、基层服务点的业务指导、服务培训，以及文献信息和阅读推广等方面的资源调配。

鼓励城市书房、农家书屋、职工书屋以及具备条件的学校、科研机构、企业等的图书馆(室)加入总分馆体系。

**第十二条** 公共图书馆建设应当符合国家相关标准和设计规范要求;其中,与其他设施合建的,应当有独立分区,符合公共图书馆的使用功能和环境要求。

**第十三条** 公共图书馆应当按照国家和本市规定,合理设置工作岗位,配备专业人员。

政府设立的公共图书馆馆长应当具备相应的文化水平、专业知识、组织管理能力和工作经验。

**第十四条** 公共图书馆应当建立健全管理制度,加强专业化管理,做好文献信息资源管理、人员管理、设施设备管理维护等日常运行管理工作。

乡镇(街道)公共图书馆可以按照有关规定,引入社会力量参与运行和管理。相关社会力量应当按照相关标准和规范开展服务,提高效率和服务水平。

**第十五条** 公共图书馆应当广泛收集文献信息,加强红色文化、海派文化、江南文化相关文献收集;结合读者阅读需求优化馆藏文献配置,深化馆藏文献整理研究,形成主题特色馆藏。

市、区公共图书馆应当系统收集本行政区域地方文献信息,保存和传承本行政区域的地方历史、都市和乡土文化,逐步形成体系化的地方文献信息收藏。

政府设立的公共图书馆的馆藏文献总量和新增馆藏文献量应当符合本市基本公共服务实施标准。

**第十六条** 公共图书馆应当按照国家和本市有关规定,采购文献信息。鼓励公共图书馆建立文献信息采购咨询制度,征求社会公众和相关行业组织对文献信息采购类别、数量等方面的意见。

**第十七条** 在本市依法登记注册的出版单位应当自图书、报纸、期刊、音像制品等正式出版物出版之日起六十日内,向上海图书馆交存一册(套、件)正式出版物。上海图书馆应当出具交存凭证,并依法妥善保存、管理和使用。

上海图书馆应当定期编制正式出版物交存本目录并向社会公布。

**第十八条** 鼓励公民、法人和其他组织向公共图书馆捐赠正式出版物、有价值的文献资料、手稿以及其他文献信息。

接受捐赠的公共图书馆应当出具捐赠凭证。

**第十九条** 市、区公共图书馆应当按照国家和本市规定,对古籍以及其他具有重要历史价值的文献信息建立分级分类保护制度,采取相应技术保护措施,并加强整理、出版和研究利用。

鼓励公共图书馆与高等院校、科研机构联合开展古籍保护和修复研究,培养古籍保护人才,传承古籍修复技艺。

**第二十条** 公共图书馆应当妥善保存馆藏文献信息,不得随意处置;确需处置的,应当符合国家和本市有关文献处置的规定。

**第二十一条** 公共图书馆应当建立健全安全管理制度,依法配备安全保护设备和人员,定期对设施设备进行检查维护,确保正常运行。

公共图书馆应当建立突发事件应急机制,制定应急预案并定期开展演练;在突发事件发生时,依法采取限制使用设施、设备,关闭或者限制使用有关场所等应急处置措施。

**第二十二条** 公共图书馆应当按照国家和本市有关规定向公众提供平等、开放、共享的服务。具体服务内容应当在其服务场所、相关网站和新媒体平台上予以公告。

公共图书馆应当每年向社会公开文献信息资源使用、社会教育等服务开展情况;建立读者意见建议的反映受理和主动征询机制,定期开展读者满意度调查。

读者应当遵守法律、法规和公共图书馆的相关规定,不得扰乱公共图书馆秩序。

**第二十三条** 公共图书馆向社会公众免费开放,并应当有固定的开放时间。鼓励公共图书馆根据公众需求和自身条件，提供延时服务、错时服务。

公共图书馆在公休日应当开放；在国家法定节假日应当有开放时间，并可以根据实际情况安排开放时段和服务范围。

政府设立的公共图书馆开放时间应当符合本市基本公共服务实施标准。

**第二十四条** 本市实行公共图书馆通借通还服务，通过数字化、网络化、智能化服务体系和配送体系建设，实现公共图书馆文献信息资源共建共享。

鼓励公共图书馆开展图书借还线上预订服务，依托物流体系线下配送图书。

**第二十五条** 政府设立的公共图书馆应当因地制宜面向园区、工业区、农场、工地等区域提供流动服务；在人员流动量较大的公共场所，配备自助服务设施，提供全时段借阅服务。

**第二十六条** 政府设立的公共图书馆应当加强数字资源建设，利用数字化、网络化的技术和载体，推动营造应用服务场景，向读者提供文献信息线上检索、查询、借阅和智能推介等服务，提高读者信息素养。

鼓励公共图书馆建立数字阅读服务平台，增加电子图书、电子有声读物等数字资源的品种和数量，并配备相应的数字阅读设施设备；鼓励公共图书馆加强对古籍以及其他具有重要历史价值的文献信息的数字化转化和应用服务。

市、区公共图书馆应当对乡镇（街道）公共图书馆提供数字资源服务和技术等方面支持。

**第二十七条** 政府设立的公共图书馆应当按照国家规定，设置少年儿童阅览区域，根据少年儿童的特点配备相应的专业人员和设施设备，配置适宜少年儿童阅读的文献信息，开展面向少年儿童的借阅服务、阅读指导和社会教育活动。

市人民政府设立的少年儿童图书馆应当有独立馆舍，负责指导全市公共图书馆少儿阅读服务。各区人民政府可以结合实际设立有独立馆舍的少年儿童图书馆。在寒暑假期间，少年儿童图书馆应当延长开放时间。

鼓励公共图书馆为中小学校开展公共图书馆信息素养教育提供专业支撑。

**第二十八条** 公共图书馆应当通过配备无障碍设施设备、提供必要的人工服务等方式，为老年人、残疾人提供便利化服务。

市、区公共图书馆应当设置视力障碍者阅读专区或者专座，配备有声图书、盲文书籍。

公共图书馆在馆内以阅读障碍者能够感知的无障碍方式向其提供已发表作品的，应当符合《中华人民共和国著作权法》和国家有关规定。

**第二十九条** 市、区公共图书馆应当设置符合译写规范或者通行惯例的外国文字标识指引。

鼓励有条件的公共图书馆增加外文文献藏量，提供多语种的读者咨询服务，提升多元文化服务水平。

**第三十条** 公共图书馆应当解答读者有关文献信息的咨询，指导读者查找文献信息。

公共图书馆可以根据自身条件，结合馆藏文献资源，为公民、法人和其他组织提供专题信息收集、参考资料编写等咨询研究服务。

**第三十一条** 鼓励和支持公共图书馆与学校图书馆、科研机构图书馆、专业图书馆以及其他类型图书馆加强跨系统协同发展、互联互通，通过馆际互借、文献传递、联合参考咨询等方式开展联合服务。

鼓励学校图书馆、科研机构图书馆、专业图书馆以及其他类型图书馆在不影响日常教育教学、科学研究秩序前提下，向社会公众提供阅读服务。

**第三十二条** 公共图书馆应当通过阅读指导、优秀读物推荐、读书交流、讲座展览、演讲诵读、图书互换共享等方式，免费向社会提供阅读推广服务。

公共图书馆应当在本市全民阅读相关重大会展活动期间集中开展阅读推广活动。

鼓励公共图书馆在重大节庆、会展活动期间，结合主题特色馆藏开展阅读推广活动。

**第三十三条** 鼓励公共图书馆与学校、博物馆、美术馆、文化馆、产业园区、商务楼宇、景区景点等合作，互相开放设施场地，拓展阅读推广活动类型与形式。

鼓励工会、共青团、妇联、残联等组织结合各自工作对象特点与公共图书馆合作，开展多种形式的阅读推广活动。

**第三十四条** 鼓励公共图书馆结合馆藏特色、资源优势形成各具特色的阅读品牌。

具有专业技能、实践经验的组织和个人可以与公共图书馆合作开展公益性阅读推广活动，联合打造阅读品牌。

新闻出版、文化旅游等部门应当加强对公益性阅读推广活动的支持和指导。

**第三十五条** 鼓励公民、法人和其他组织参与公共图书馆志愿服务。

公共图书馆应当做好志愿者招募、培训和评价，加强志愿者队伍建设，提高志愿服务质量。

**第三十六条** 市文化旅游部门应当按照国家部署做好市、区公共图书馆的考核评价工作。

市文化旅游部门应当制定本市乡镇（街道）公共图书馆考核评价标准，并组织开展有公众参与的服务质量和水平考核工作。考核结果应当向社会公布，并作为改进工作、提高服务与运行质量以及对公共图书馆给予补贴或者奖励等的依据。

**第三十七条** 违反本条例规定的行为，按照《中华人民共和国公共文化服务保障法》《中华人民共和国公共图书馆法》及其他有关法律、法规的规定处理。

**第三十八条** 本条例自2025年1月1日起施行。

# 上海市药品和医疗器械管理条例

（2024年12月31日上海市第十六届人民代表大会常务委员会第十八次会议通过）

## 第一章 总 则

**第一条** 为了加强药品和医疗器械管理，保证药品和医疗器械质量，促进药品和医疗器械创新发展，保障公众健康和生命安全，根据《中华人民共和国药品管理法》《中华人民共和国中医药法》《医疗器械监督管理条例》等法律、行政法规，结合本市实际，制定本条例。

**第二条** 本市行政区域内药品和医疗器械的研制、生产、经营、使用及其监督管理活动，适用本条例。

**第三条** 本市药品和医疗器械管理应当以人民健康为中心，坚持风险管理、全程管控、科学监管、社会共治、鼓励创新、服务发展的原则，保障药品和医疗器械的安全、有效、可及。

**第四条** 市、区人民政府对本行政区域内药品和医疗器械管理工作负责，统一领导、组织、协调本行政区域内的药品和医疗器械管理工作以及突发事件应对，建立健全管理工作机制和信息共享机制，将药品和医疗器械管理工作纳入国民经济和社会发展规划，加强监管能力建设，为药品和医疗器械安全工作提供保障。

**第五条** 市、区人民政府设立的食品药品安全委员会具体承担研究部署、统筹指导药品和医疗器械安全工作，督促落实安全管理责任，协调指导重大药品和医疗器械安全事件、重大违法案件处置以及市、区人民政府授予的其他职责。

**第六条** 市药品监管部门、区人民政府承担药品监管职责的部门（以下统称药品监管部门）负责本行政区域内的药品和医疗器械监督管理工作。

卫生健康、医疗保障、科技、商务、市场监管、知识产权、生态环境、农业农村等部门根据各自职责共同做好相关管理工作。

**第七条** 从事药品和医疗器械研制、生产、经营、使用活动的，应当遵守相关法律、行政法规的规定，符合非临床研究、临床试验、临床评价、注册(备案)、生产管理、经营使用管理以及生物安全等要求。

**第八条** 药品上市许可持有人、医疗器械注册人或者备案人应当建立质量管理、风险防控和安全事件处置制度，依法对药品和医疗器械的安全性、有效性和质量可控性负责。

**第九条** 药品和医疗器械相关行业组织应当为会员提供信息、培训、技术等服务，建立健全行业规范，加强行业自律和行业诚信建设，引导会员依法开展药品和医疗器械相关活动，促进行业健康发展。

**第十条** 本市与长江三角洲区域相关省、市建立药品和医疗器械管理工作沟通协作机制，加强审评审批、监管执法、信用管理、风险防控、应急处置等方面合作，推动构建长江三角洲区域药品和医疗器械标准统一、数据互通、结果互认、联勤联动的监管体系。

本市支持与国内其他地区在药品和医疗器械领域的交流合作与协同发展。

本市加强药品和医疗器械国际交流合作，促进研发创新和产业国际化发展。

## 第二章 研发创新

**第十一条** 本市鼓励药品和医疗器械研究与创新，支持开展基础研究和应用研究，促进原始创新。

鼓励企业、科研机构、医疗卫生机构、高等学校等开展以临床价值为导向的创新研发，整合和共享资源，促进新技术的转化、推广和运用。

**第十二条** 临床试验申办者、临床试验机构开展药物、医疗器械临床试验，应当符合国家规定的程序和要求，保证数据和结果科学、真实、可靠，保护受试者的权益和安全。

市药品监管部门应当开展临床试验质量监测，发现可能存在安全性问题或者其他风险的，予以预警，开展风险评估，并依法处理。

鼓励临床试验申办者在不同国家或者地区开展药物、医疗器械多中心临床试验；鼓励临床试验机构参与药物、医疗器械国际多中心临床试验。

**第十三条** 本市按照国家规定，支持符合条件的企业、科研机构、医疗机构、高等学校合作开展细胞和基因治疗药物的临床试验，推动真实世界数据的有效积累，提升数据的质量和适用性，为产品注册提供支持。

鼓励保险公司开发覆盖细胞和基因治疗药物临床试验的保险产品；支持投保与细胞和基因治疗药物临床试验相适应的保险产品。

**第十四条** 市科技部门会同市卫生健康等部门建立协同研究创新平台，推动医疗卫生机构与企业对接临床试验需求，提升产医融合质量和效率，加快药品和医疗器械研发。

**第十五条** 本市推动建立医疗卫生机构伦理协作审查机制，开展多中心临床试验伦理协作审查，推动伦理审查结果互认。

**第十六条** 药品和医疗器械应当按照法律、行政法规规定的程序和要求进行注册、备案。市药品监管部门在审评审批、检验检测等环节，优化技术指导、沟通交流等服务。

市药品监管部门加强对具有明显临床价值、创新性强的药品和医疗器械注册的前置指导，并配合做好生物医药重大产业项目的协调和指导。

市药品监管部门会同市科技部门指导产业聚集区域通过设立服务站、线上服务等方式，为企业提供咨询指导。

**第十七条** 本市支持国家药品监督管理局药品审评检查长三角分中心、医疗器械技术审评检查长三角分中心建设，为注册、备案申请人提供指导服务，加快产品注册上市。

**第十八条** 本市加强药品和医疗器械的知

识产权保护，健全创新药品和医疗器械的专利快速审查服务机制，激励药品和医疗器械创新研发。

**第十九条** 具有明显临床价值、创新性强的第二类医疗器械，可以向市药品监管部门申请适用创新产品注册程序。

具有以下情形之一的第二类医疗器械，可以向市药品监管部门申请适用优先注册程序：

（一）诊断或者治疗罕见病的；

（二）适用于老年人特有和多发疾病且目前尚无有效诊断或者治疗手段的，或者专用于儿童且具有明显临床优势的；

（三）境内无同品种产品获准注册且具有明显临床优势的，或者境内同品种获批注册较少且无法满足临床需求的；

（四）列入国家科技重大专项、重点研发计划或者本市重大科技专项、科技创新行动计划的；

（五）可以申请适用优先注册程序的其他情形。

突发公共卫生事件发生时，市药品监管部门对应急所需且在境内尚无同类产品上市，或者境内有同类产品上市但产品供应无法满足突发公共卫生事件应急处理需要的第二类医疗器械，纳入应急注册程序。

第二类医疗器械创新产品注册程序、优先注册程序、应急注册程序由市药品监管部门另行制定，并按照国家有关规定进行备案。

**第二十条** 本市建立临床研究体系，加强医疗卫生机构与高等学校、科研机构和企业的合作，推进药品和医疗器械领域前沿技术研究，促进成果转化与应用。

鼓励建设研究型医院、研究型病房，配备与临床研究相适应的科研队伍，完善临床研究管理制度和评价激励机制，提升研究能力和水平。

鼓励临床研究按照药物、医疗器械临床试验质量管理规范开展，推动临床研究与临床试验数据衔接，为产品注册提供支持。国家对临床研究的质量管理要求另有规定的，从其规定。

市卫生健康部门应当加强对临床研究的监测、评估、分析，实施监督管理。

**第二十一条** 市商务部门会同市药品监管、生态环境、农业农村、科技等部门建立生物医药研发和检测用物品进口联合推进机制，对生物医药研发单位、药品和医疗器械企业进口在国内外未按照药品批准上市的原辅料、化合物等生物医药研发用物品以及检测监测机构进口的微量检测用标准品，优化通关流程，促进通关便利化。

市科技部门会同相关部门按照国家和本市有关规定，对进出境的相关生物医药特殊物品实施联合监管，开展综合评估，并根据评估意见优化通关流程，促进通关便利化。

## 第三章 生产管理

**第二十二条** 市药品监管部门指导符合条件的药品注册申请人，完成支持药品上市注册的药学、药理毒理学等研究，确定质量标准，完成商业规模生产工艺验证，且确证性临床试验数据表明具备安全性、有效性的，提出核发药品生产许可的申请或者增加生产范围的申请。

**第二十三条** 医疗器械注册申请人申报已取得进口或者境内医疗器械产品注册证的医疗器械转入本市生产的，应当按照规定办理产品注册、生产许可。

市药品监管部门依据法定职责，优化注册生产资料申报、生产现场核查程序，提高审查效率。

**第二十四条** 委托生产药品和医疗器械的，药品上市许可持有人、医疗器械注册人或者备案人应当与受托生产企业签订质量协议和委托生产协议，严格履行协议约定的义务。

药品上市许可持有人、医疗器械注册人或者备案人应当做好产品上市放行和上市后变更管理等工作，定期组织开展生产质量风险研判并提出纠正和预防措施，确保生产过程符合法定要求和质量控制要求。

受托生产企业应当按照法律法规、生产质量管理规范、强制性标准、产品技术要求和委托协议组织生产，不得再次委托生产。

药品上市许可持有人、医疗器械注册人或者备案人、受托生产企业应当加强在物料进厂验收、生产检验、偏差和变更控制、放行审核等环节的有效衔接。

**第二十五条** 本市按照国家规定，对于生产工艺、设施设备有特殊要求的创新药、临床急需或者突发公共卫生事件应对急需的药品，探索开展药品分段委托生产。

实施药品分段委托生产的，药品上市许可持有人应当建立覆盖研发、生产、检验、上市后监测与评价全过程的质量管理体系，对各分段生产场地的受托生产活动实施统一管理，确保生产过程符合法定要求和质量控制要求。

**第二十六条** 按照国家规定开展细胞治疗药品生产的，药品上市许可持有人和受托生产企业应当建立覆盖材料验收、生产、检验到成品放行、储存和运输交接等全过程质量管理体系和数字化追溯系统，并建立健全风险评估体系，有效识别影响细胞治疗药品的风险因素。

**第二十七条** 本市按照国家规定，探索符合条件的商业规模批次药品上市。

在通过上市前药品生产质量管理规范符合性检查并取得药品注册证书后，持有药品生产许可证的药品上市许可持有人可以按照国家规定将商业规模批次药品上市。药品上市许可持有人应当确保前述药品符合上市放行要求，并加强风险管控。

进口境外已上市药品，对于符合国家规定条件的商业规模批次，由市药品监管部门依法出具药品进口通关文件。

市药品监管部门应当加强对商业规模批次药品上市的监督管理。

**第二十八条** 符合条件的医疗器械生产企业之间共用检验检测、工艺用水用气等设施设备的，应当建立统一的生产质量管理体系并保持有效运行，加强日常管理和质量控制，确保生产、检测过程符合法定要求和标准要求。

**第二十九条** 本市支持中药饮片生产企业在中药材道地产区和主产区建立种植养殖基地，推进中药材规范种植养殖，加强质量监测，保障中药饮片源头质量。

中药饮片生产企业应当建立符合中药饮片特点的技术管理体系，按照国家药品标准和本市炮制规范生产中药饮片，对中药饮片生产、检验、储存、运输等各环节实施全程记录，确保信息可追溯。

本市鼓励中药饮片集约化生产，支持中药饮片生产企业加强技术、装备研发和应用，推动生产设备的信息化建设和智能化升级，提升中药饮片生产工艺流程的标准化水平。

**第三十条** 中药饮片生产企业可以按照国家规定，采购产地趁鲜切制的中药材用于中药饮片生产。

中药饮片生产企业应当将质量管理体系延伸到中药材的种植、采收、加工等环节，确保产地加工企业按照药品生产质量管理规范进行生产，不得将采购的趁鲜切制的中药材直接包装或者改换包装后销售。

**第三十一条** 在中国(上海)自由贸易试验区及临港新片区进口医疗器械，符合国家规定的境内代理人可以在医疗器械质量管理体系有效管控下，于销售或者供应前在海关特殊监管区域内自行或者委托加贴中文标签、放置中文说明书，并向市药品监管部门报告，接受所在地的区级药品监管部门的监督检查。

市药品监管部门应当与相关部门加强配合，共享信息。

## 第四章 经营和使用

**第三十二条** 本市经营处方药、甲类非处方药的药品零售企业应当按照国家和本市有关规定配备执业药师，提供处方审核、合理用药指导等药学服务，并加强执业药师专业培训。药品零售连锁企业总部可以通过执业药师远程审方等方式，为所属零售企业的药学服务提供补充。

鼓励执业药师入驻社区药品安全数字化服务平台，向公众提供公益药学服务。

**第三十三条** 医疗机构应当按照国家和本市规定开展处方外配。药品零售企业应当加强外配处方的审核管理并留存，确保药品流向可追溯。

市医疗保障、卫生健康部门推进医疗保障定点医疗机构通过国家统一的医保信息平台开展处方外配，规范电子处方流转到药品零售企业并加强监管。

**第三十四条** 从事医疗器械融资租赁活动的，应当按照国家规定办理医疗器械经营许可证，建立与其经营范围和规模相适应的经营质量管理体系，实现产品信息追溯管理，确保质量安全。

**第三十五条** 药品上市许可持有人、医疗器械注册人或者备案人和药品或者医疗器械生产企业、经营企业应当对相关关键岗位人员进行药品和医疗器械质量安全及相关法律法规培训考核。药品监管部门应当对相关关键岗位人员落实质量安全责任情况进行监督抽查。

**第三十六条** 药品批发企业、医疗器械经营企业开展多仓协同的，应当建立统一质量保证体系，确保信息系统互联互通，协同开展药品和医疗器械的储存、配送。

**第三十七条** 医疗机构因临床急需进口少量药品和第二类、第三类医疗器械的，按照国家规定，经批准后可以进口并在指定医疗机构内用于特定医疗目的。医疗机构应当对使用的药品和医疗器械临床数据进行分析，开展临床使用的安全性和有效性评价，每年度向市卫生健康、药品监管部门报告。

鼓励药品和医疗器械企业与医疗机构加强合作，对临床急需进口少量药品和医疗器械开展真实世界数据应用研究，探索将临床真实世界数据用于药品和医疗器械注册。

进口须经口岸检验的罕见病药品，口岸药品检验机构按照国家规定优化检验样品的用量。

**第三十八条** 境外医疗器械注册人或者备案人指定的本市医疗器械境内代理人，应当协助境外医疗器械注册人或者备案人依法履行义务。

本市医疗器械境内代理人应当建立进口医疗器械产品台账、留档备查，并于每年第一季度将境外医疗器械注册人或者备案人的上一年度质量管理体系运行情况的自查报告提交市药品监管部门。

**第三十九条** 本市支持医疗机构根据临床需要配制和使用中药制剂。医疗机构配制的中药制剂品种，应当依法取得制剂批准文号或者办理备案。

医疗机构应当收集医疗机构中药制剂人用经验资料并开展评估，每年度向市药品监管部门提交评估报告。

市科技、卫生健康、药品监管等部门支持疗效确切、特色优势明显、不良反应少的医疗机构中药制剂品种向新药转化。

**第四十条** 从事细胞治疗药品经营的企业应当建立相适应的质量管理和信息化追溯等专项管理制度。

使用细胞治疗药品的医疗机构应当设置符合细胞治疗药品交接、验收等要求的场所和设备，建立完善交接验收制度，做好过程记录并留档备查。

药品上市许可持有人应当对前款规定的医疗机构开展质量评估，发现临床使用风险时，应当及时要求医疗机构采取纠正和预防措施。

**第四十一条** 市医疗保障部门应当优化创新药品和医用耗材集中采购平台挂网交易流程。

医疗保障定点医疗机构在国家医保药品目录和生物医药新优药械产品目录更新发布后，根据临床需求及时配备使用相应的创新药品和医疗器械。

**第四十二条** 医疗机构委托有关单位提供代煎服务的，应当与受托单位签订代煎质量协议，并加强对代煎中药饮片的审方、配方、煎煮以及发药等关键环节的全过程管理和质量控制。

受托单位应当遵守质量协议，按照中药饮片代煎服务规范提供代煎服务，建立代煎全过程记录制度和质量跟踪、追溯、监控体系。

市中医药管理部门应当会同市药品监管等部门制定中药饮片代煎服务规范。市中医药管理部门应当加强对医疗机构中药代煎的监督管理，督促医疗机构加强委托代煎过程质量控制。药品监管部门应当加强代煎用中药饮片质量监督管理。

**第四十三条** 药品和医疗器械网络交易平台经营者（以下简称平台经营者）应当遵守国家和本市电子商务相关规定，建立健全网络交易质量安全体系，规范平台内药品和医疗器械网络交易活动。

平台经营者应当建立药品和医疗器械网络销售活动检查等制度，定期开展检查并及时记录，对入驻平台的药品和医疗器械网络销售企业的信息展示、处方审核、销售和配送等行为进行管理，督促其严格履行法定义务。平台经营者发现存在违法行为的，应当依法采取必要的处置措施，并向药品监管部门报告。

药品监管部门按照职责分工对平台经营者和入驻平台的药品和医疗器械网络销售企业实施监督管理，开展网络销售监测工作，加强对违法行为的查处。

鼓励平台经营者与市药品监管部门通过开放数据接口等形式，实现自动化信息报送、数据共享等协同治理。

## 第五章 监督管理

**第四十四条** 药品监管部门在开展监督管理时，应当综合考虑产品风险、企业质量管理体系运行情况和信用状况等，优化监管方式，提高监管效率。

**第四十五条** 药品监管部门统筹规范药品和医疗器械监督检查行为，制定同一检查对象的监督检查流程，整合监督检查事项，合理确定检查频次。

市药品监管部门会同相关部门建立药品和医疗器械协同监管机制，对纳入本市跨部门综合监管的事项开展联合监督检查。

**第四十六条** 本市依托政务服务"一网通办"、城市运行"一网统管"平台，建立药品和医疗器械数字化监管平台，加强监管信息的归集、共享、分析和利用，提升全过程监督管理、风险预警和信用管理信息化水平，实现药品和医疗器械智慧监管。

**第四十七条** 本市支持药品和医疗器械监管科学研究。市药品监管部门聚焦药品和医疗器械新技术、新模式、新业态，组织高等学校、科研机构、医疗卫生机构、企业等开展审评审批和上市后监管的新工具、新标准、新规则、新方法研究和运用，推动新产品研发上市，提升科学监管和服务创新能力。

**第四十八条** 药品监管部门应当根据国家和本市要求，建立职业化、专业化药品和医疗器械检查员队伍，对药品和医疗器械研制、生产、经营、使用环节的质量管理规范执行情况开展检查，为行政执法提供技术支撑。

市药品监管部门应当加强对检查员的专业培训，可以与高等学校、科研机构联合培养具备参与国际药品和医疗器械监管事务能力的检查员。

**第四十九条** 药品监管部门可以自行或者委托专业技术机构对特定品类以及创新药品和医疗器械开展质量状况评价抽检、生产质量管理体系评估，根据抽检、评估结果进行综合研判，采取相应管理措施。

药品监管部门应当将质量状况评价抽检、生产质量管理体系评估结果告知被抽检、被评估单位。

**第五十条** 市药品监管部门应当建立健全药品不良反应和医疗器械不良事件监测网络，完善工作制度，对不良反应和不良事件依法处理。

药品上市许可持有人、医疗器械注册人或者备案人以及药品或者医疗器械生产企业、经营企业和医疗机构应当依法履行不良反应和不良事件监测义务，及时上报监测信息。

市药品监管部门会同市卫生健康部门结合创新药品和医疗器械以及其他重点监测品种，

确定医疗机构、经营企业作为监测哨点。监测哨点应当主动收集药品不良反应和医疗器械不良事件信息，并向药品监管部门报告。

**第五十一条** 药品监管部门应当建立市、区两级药品和医疗器械安全风险定期会商和专项会商机制，聚焦重点企业、品种和环节，收集识别风险信息，综合研判风险等级，及时采取针对性的预防和控制措施。必要时，药品监管部门会同相关部门开展风险会商。

## 第六章 法律责任

**第五十二条** 违反本条例规定的行为，法律、行政法规已有处理规定的，从其规定。

**第五十三条** 违反本条例第四十条第二款规定，医疗机构未按照规定设置符合要求的场所、设备，或者未建立交接验收制度、未做好过程记录的，由药品监管部门责令限期改正；逾期未改正或者情节严重的，处一万元以上五万元以下罚款；造成严重后果的，处五万元以上二十万元以下罚款。

## 第七章 附 则

**第五十四条** 本条例自2025年3月1日起施行。

# 上海市医疗保障条例

（2024年12月31日上海市第十六届人民代表大会常务委员会第十八次会议通过）

## 第一章 总 则

**第一条** 为了规范医疗保障关系，健全多层次医疗保障体系，优化医疗保障服务，维护公民医疗保障合法权益，推动医疗保障事业高质量发展，推进健康上海建设，根据《中华人民共和国社会保险法》《中华人民共和国基本医疗卫生与健康促进法》《医疗保障基金使用监督管理条例》等法律、行政法规，结合本市实际，制定本条例。

**第二条** 本市行政区域内医疗保障的体系建设、基金运行、医药管理、经办服务及监督管理，适用本条例。

**第三条** 本市医疗保障事业应当以人民健康为中心，建设覆盖全民、统筹城乡、权责清晰、保障适度、可持续的多层次医疗保障体系，坚持保障水平与经济社会发展水平相适应，推进医疗、医保、医药协同发展和治理，保障人民群众获得高质量、有效率、能负担的医药服务。

**第四条** 市、区人民政府应当加强对医疗保障工作的领导，将医疗保障事业纳入国民经济和社会发展规划，将医疗保障工作纳入政府绩效考核范围，统筹协调医疗保障工作的重要事项。

乡镇人民政府、街道办事处应当按照职责做好医疗保障相关工作，指导居民委员会、村民委员会协助做好基本医疗保险参保和医疗救助信息排摸、政策宣传等工作。

**第五条** 医疗保障部门负责本行政区域内医疗保障管理工作，其所属的医疗保障经办机构按照规定职责承担医疗保障相关管理服务职能。

卫生健康、药品监管、财政、税务、民政、人力资源社会保障、发展改革、教育、地方金融、市场监管、科技、经济信息化、数据等部门以及市政府办医主体，按照各自职责做好医疗保障相关工作。

**第六条** 公民有依法参加基本医疗保险的权利和义务。用人单位应当保障职工参加职工基本医疗保险。

本市通过加强医疗保障法律法规和政策的宣传解读、优化参保服务、提升参保便捷性等措施，引导公民提高主动参保意识，促进基本医疗保险全覆盖。

**第七条** 工会、残疾人联合会、红十字会等群团组织，按照各自职责或者章程，发挥各自优势，协同做好医疗保障相关工作。

**第八条** 医药等相关行业协会依法制定和组织实施自律性规范，为会员提供信息、培训等服务，引导和督促医疗机构、药品经营单位等诚信规范经营并依法、合理使用医疗保障基金。鼓励医药相关专业机构和行业专家发挥决策咨询和技术支撑作用，协助提高医疗保障治理专业化水平。

**第九条** 本市推进医疗保障事业数字化转型，加强医疗保障数据资源开发利用，赋能医疗保障及相关领域的管理和服务。

本市依法推进医疗保障数据开放利用和授权运营，释放数据要素价值，支撑医疗保障事业高质量发展。

**第十条** 本市按照国家规定加强异地就医保障、经办服务协作，推进医疗保障基金协同监管，推动长江三角洲区域医疗保障公共服务便利共享、异地就医监管标准互通互认、长期护理保险异地延伸结算，实行长三角生态绿色一体化发展示范区异地就医免备案直接结算。

## 第二章 医疗保障体系

**第十一条** 本市建立以基本医疗保险为主体，医疗救助为托底，补充医疗保险、医疗互助、商业健康保险、慈善帮扶等共同发展的多层次医疗保障制度体系。

**第十二条** 本市基本医疗保险包括职工基本医疗保险和城乡居民基本医疗保险。

职工应当参加职工基本医疗保险。无雇工的个体工商户、未在用人单位参加职工基本医疗保险的非全日制从业人员以及其他灵活就业人员（以下统称灵活就业人员）可以参加职工基本医疗保险。未参加职工基本医疗保险的人员按照规定参加城乡居民基本医疗保险。

参保人员不得重复参加基本医疗保险，不得重复享受基本医疗保险待遇。

**第十三条** 职工基本医疗保险费应当由用人单位和职工共同缴纳，职工应当缴纳的基本医疗保险费由用人单位代扣代缴。灵活就业人员参加职工基本医疗保险的，由个人按照规定缴纳基本医疗保险费。

职工基本医疗保险的缴费基数按照本市社会保险缴费基数执行，缴费费率由市医疗保障部门会同市财政部门拟定，报市人民政府批准后执行。

**第十四条** 城乡居民基本医疗保险实行个人缴费与财政补助相结合，居民医保缴费与经济社会发展水平、居民人均可支配收入相挂钩，保持财政补助和个人缴费合理的比例结构。个人缴费以及财政补助标准按照参保人员的不同年龄分段确定。

本市对符合条件的医疗救助对象，以及重残人员、高龄老人、职工老年遗属等参加城乡居民基本医疗保险的个人缴费部分，给予补贴。具备多种身份的人员，按照可以享受的最高标准给予补贴。

**第十五条** 用人单位和职工按照规定缴纳职工基本医疗保险费的，职工可以享受基本医疗保险待遇；未按照规定缴费的，职工不享受待遇。用人单位和职工按照规定补缴医疗保险费后，职工方可继续享受基本医疗保险待遇。停止待遇期间所发生的医疗费用，基本医疗保险基金不予支付。

灵活就业人员参加职工基本医疗保险的，在待遇等待期满后享受基本医疗保险待遇。

失业人员在领取失业保险金期间，参加职工基本医疗保险，享受基本医疗保险待遇。失业人员应当缴纳的基本医疗保险费从失业保险基金中支付，个人不缴纳基本医疗保险费。

**第十六条** 参加职工基本医疗保险的人员

达到法定退休年龄，且办理退休手续时累计缴费年限及在本市的缴费年限达到规定年限的，享受退休人员基本医疗保险待遇；未达到规定年限的，可以缴费至规定年限后享受退休人员基本医疗保险待遇。

**第十七条** 在城乡居民基本医疗保险集中参保期内缴纳基本医疗保险费且连续参保的人员，自下一年度起享受城乡居民基本医疗保险待遇。在非集中参保期内参保或者未连续参保的人员参保，在待遇等待期满后，享受城乡居民基本医疗保险待遇。国家和本市对新生儿等特殊群体参加城乡居民基本医疗保险以及缴费、待遇享受另有规定的，从其规定。

**第十八条** 本市建立和完善城乡居民大病保险、职工大额医疗费用补助等补充医疗保险制度。

城乡居民基本医疗保险、职工基本医疗保险的参保人员可以申请按照规定享受城乡居民大病保险、职工大额医疗费用补助。

**第十九条** 本市健全医疗救助制度，根据救助对象类别实施分类救助。医疗救助对象范围包括：

（一）特困人员；

（二）最低生活保障家庭成员；

（三）最低生活保障边缘家庭成员；

（四）刚性支出困难家庭成员；

（五）社会散居孤儿、困境儿童基本生活保障对象、民政定期定量补助对象等国家和本市明确的其他特殊困难人员。

**第二十条** 特困人员、最低生活保障家庭成员、最低生活保障边缘家庭成员中六十周岁以上老年人，以及按照规定确定的其他医疗救助对象，参加本市城乡居民基本医疗保险的，对其个人缴费部分给予部分或者全额资助。

医疗救助对象经过基本医疗保险、补充医疗保险等保障后，对其符合规定的个人自负费用给予补助。参保人员因违法行为被医疗保障部门处理的，其相关个人自负费用，按照规定不纳入补充医疗保险、医疗救助个人自负费用计算范围。

医疗救助标准根据医疗救助对象家庭困难程度、经济社会发展水平、人民健康需求以及医疗救助基金支撑能力确定。

**第二十一条** 本市健全生育保险制度，实施生育支持措施，按照规定完善辅助生殖类医疗服务价格项目和基本医疗保险支付管理。

生育保险待遇包括生育津贴和生育医疗费用。生育医疗费用包括生育医疗费补贴以及住院分娩期间按照职工基本医疗保险规定结算支付的住院医疗费用。生育津贴支付期限按照法律法规规定的产假、生育假期限执行。

生育保险按照国家和本市规定与职工基本医疗保险合并实施。

**第二十二条** 本市实行长期护理保险制度，建立稳定的筹资机制，为符合国家和本市规定的长期失能人员的基本护理需求提供服务或者资金保障。

参保人员提出长期护理保险评估申请的，由定点评估机构按照评估标准对其失能程度、疾病状况、照护情况等进行评估，确定与其真实情况相符合的评估等级。本市评估标准由市卫生健康、民政、医疗保障等相关部门根据国家规定制定。

定点护理机构应当根据评估等级、服务项目，为参保人员制定服务计划；按照规定核验参保人员身份；按照相关服务项目、标准规范、时长频次提供护理服务、结算费用。不得通过伪造、变造护理记录、病史记录、账目、电子信息以及虚构服务等方式骗取长期护理保险结算。

参保人员在申请、接受长期护理保险评估、护理服务时不得提供虚假信息或者材料。

**第二十三条** 本市支持工会、红十字会等群团组织开展职工医疗互助和中小学生、婴幼儿住院医疗互助。医疗互助自愿参加，用于减轻互助对象的医疗费用负担。

本市鼓励和引导社会力量通过捐赠等方式开展慈善帮扶。

**第二十四条** 本市鼓励发展商业健康保险，发挥商业健康保险的补充保障功能。对个人购买以及用人单位统一为职工购买符合条件的商业健康保险产品的支出，按照国家规定享受优惠政策。

本市鼓励和引导商业保险公司开发面向所有基本医疗保险参保人员，与基本医疗保险相衔接的商业健康保险产品。职工基本医疗保险参保人员可以使用医保个人账户历年结余资金为本人以及近亲属购买符合条件的商业健康保险产品。

## 第三章 医疗保障基金

**第二十五条** 本市医疗保障基金包括基本医疗保险基金、医疗救助基金等。

医疗保障基金应当执行国家统一的会计制度、财务制度和基金预决算制度，存入财政专户，专款专用。

医疗保障基金使用应当符合国家和本市规定的支付范围、支付项目和标准，任何组织和个人不得侵占、挪用。

**第二十六条** 税务部门应当按照规定征收职工基本医疗保险费和城乡居民基本医疗保险费，及时将征缴信息通报医疗保障部门。

**第二十七条** 基本医疗保险基金预算管理应当坚持以收定支、收支平衡、略有结余的原则，确保基金稳定、可持续运行。

市医疗保障经办机构负责编制下一年度基本医疗保险基金预算草案，报市医疗保障部门审核。基本医疗保险基金收入预算由市医疗保障经办机构会同市税务部门具体编制。

基本医疗保险基金通过预算实现收支平衡。市医疗保障、财政部门应当加强基本医疗保险基金预算执行监督，实施预算绩效评价。

**第二十八条** 本市建立基本医疗保险基金运行风险预警、风险管控应对机制，在基本医疗保险基金出现运行风险时，通过调整筹资水平或者待遇政策等方式，保障基本医疗保险基金收支平衡，在支付不足时给予补贴。

**第二十九条** 基本医疗保险基金按照规定的药品、医用耗材和医疗服务项目目录支付。

下列医疗费用不纳入基本医疗保险基金支付范围：

（一）应当从工伤保险基金中支付的；

（二）应当由第三人负担的；

（三）应当由公共卫生负担的；

（四）在境外就医的；

（五）国家规定不予支付的其他费用。

基本医疗保险基金用于支付应当由第三人负担的医疗费用的，医疗保障经办机构有权依法追偿。

**第三十条** 医疗救助基金通过一般公共预算收入、福利彩票公益收入、社会捐赠等多渠道筹资，按照专款专用、收支平衡的原则进行管理和使用。

## 第四章 医疗保障医药管理

**第三十一条** 本市按照国家规定实行医疗机构和零售药店（以下统称医药机构）医疗保障定点管理。市医疗保障经办机构与符合条件的医药机构签订医疗保障服务协议（以下简称服务协议），将其确定为定点医药机构。定点医药机构名单应当及时向社会公布。

定点医疗机构经批准开展互联网医疗服务，需要申请结算符合基本医疗保险基金支付范围的网上医疗费用的，应当与市医疗保障经办机构签订补充协议。

定点医药机构应当按照服务协议提供医药服务，市医疗保障经办机构应当及时结算并拨付由基本医疗保险基金支付的费用。

**第三十二条** 定点医药机构应当按照国家规定和服务协议约定，建立内部医保管理制度，组织开展医疗保障基金相关制度政策培训，定期检查本单位医疗保障基金使用情况，及时纠正使用不合法、不规范的行为。

定点医药机构进行基本医疗保险费用结算应当与实际开展的医药服务相符合，确保药品、医用耗材等采购、使用数量与医疗保障基金结算账目相符，不得将应当由医疗保障基金支付的费用要求参保人员负担。

医疗保障部门和医疗保障经办机构应当加

强对定点医药机构内部医保管理部门或者专(兼)职医保管理人员的指导和培训。

本市按照国家规定,加强医疗机构检查检验结果数据库等平台建设。定点医疗机构按照规定对医疗检查检验实行信息共享和结果互认。

**第三十三条** 市医疗保障部门应当完善本市医药集中采购平台(以下简称集中采购平台)功能,指导本市医药集中采购机构对招标、采购、交易、结算进行管理。

进入集中采购平台的药品、医用耗材供应企业应当通过平台如实申报药品、医用耗材的价格、供应能力等信息,相关信息发生变动的,及时申报调整。

定点医疗机构按照服务协议约定采购药品、医用耗材。

**第三十四条** 本市药品、医用耗材集中带量采购应当坚持需求导向、质量优先、招采合一、量价挂钩的原则,保护市场公平竞争。

参加集中带量采购的医疗机构,应当根据临床实际需求合理填报采购需求量,并完成约定采购量,据实及时结算货款。鼓励定点零售药店参加集中带量采购。集中带量采购中选企业应当保障中选产品质量,并及时足量供应。

本市建立集中带量采购中选企业的产品供应能力和产品质量监测、评估等机制。市医疗保障部门应当定期监测中选产品供应变化情况。药品监管部门应当加强集中带量采购中选产品质量监管,持续跟踪监测集中带量采购中选产品不良反应,定期反馈医疗保障部门。医药机构发现集中带量采购中选产品疑似存在相关质量问题和不良反应的,应当及时向药品监管部门报告。

**第三十五条** 市医疗保障部门开展药品、医用耗材价格信息监测,对药品、医用耗材价格异常变动情况进行分析评估,会同市价格主管、市场监管部门维护药品、医用耗材价格秩序。

医疗机构应当公示药品、医用耗材价格等信息。

**第三十六条** 公立医疗机构提供的基本医疗服务项目实行政府指导价管理。特需医疗服务和试行期内新增医疗服务项目实行市场调节价,由公立医疗机构按照规定报市医疗保障部门。

非公立医疗机构提供的医疗服务项目实行市场调节价,纳入医保定点的非公立医疗机构的医疗服务项目价格按照服务协议管理。

医疗机构应当公示医疗服务项目价格信息。

**第三十七条** 本市实行定点医疗机构基本医疗保险基金总额预算管理下的多元复合医保支付方式。卫生健康、医疗保障部门应当加强指导,督促定点医疗机构建立医疗质量和医疗成本管控机制。

卫生健康、医疗保障等部门应当对公立医疗机构医疗费用进行监测,推动实现医疗费用水平与基本医疗保险基金运行、人民群众承受能力相协调。

**第三十八条** 市医疗保障部门推荐符合条件的创新药品纳入国家医保药品目录。对符合条件的创新医用耗材,及时研究按照程序纳入医保支付范围。

本市采取措施,加大对创新药品和医疗器械、创新医疗服务项目的医保支付支持力度。

**第三十九条** 市医疗保障部门应当优化创新药品和医用耗材集中采购平台挂网交易流程。

定点医疗机构在国家医保药品目录和生物医药新优药械产品目录更新发布后,根据临床需求及时配备使用相应的创新药品和医疗器械。

**第四十条** 本市在维护数据安全、保护个人信息和商业秘密前提下,依托医保大数据创新实验室平台等建立医疗机构、医疗保障部门与商业保险公司、医药企业间的数据合作利用机制,强化数据在创新药品研发、临床诊疗、商业健康保险产品开发等场景中的应用。

本市支持将创新性强、疗效确切、临床急需的创新药品和医疗器械纳入商业健康保险支付范围。

**第四十一条** 本市支持医疗服务市场对外开放，增加国际化、高质量的医疗服务供给，支持符合条件的医疗机构引进海外创新药品和医疗器械。

**第四十二条** 本市加强医疗资源配置规划，完善医疗服务体系，推进基本医疗服务实行分级诊疗制度，提升基层医疗卫生机构服务能力。

本市实行不同级别医疗机构的差异化医保支付政策并适当向基层医疗卫生机构倾斜，引导患者分级就诊、有序转诊。

基层医疗卫生机构结合家庭医生签约服务，为参保人员提供基本的医疗和健康管理服务。

**第四十三条** 市医疗保障部门应当合理确定中医医疗服务收费项目和价格标准，体现中医医疗服务临床价值和技术劳务价值，并实行动态调整。按照国家和本市规定，将符合条件的中药饮片和医疗机构中药制剂，以及具有疗效和成本优势的中医医疗服务项目纳入基本医疗保险基金支付范围，探索中医优势病种按疗效价值付费等符合中医药特点的医保支付方式。

**第四十四条** 鼓励医疗机构根据诊疗能力提供对罕见病的诊疗服务，市医疗保障部门保障国家医保药品目录内罕见病用药支付。

鼓励社会力量参与罕见病的诊治、研究和用药保障，以满足患者医药服务需求。

## 第五章　医疗保障经办服务

**第四十五条** 本市健全医疗保障经办服务体系，实现市、区、乡镇(街道)、村(居)医疗保障服务全覆盖。市医疗保障部门制定医疗保障经办政务服务事项清单和服务指南，并向社会公开。

医疗保障经办机构应当加强标准化、规范化建设，提供便利可及的医疗保障经办服务。社会保险经办机构应当为用人单位提供医疗保险参保登记等服务，并与医疗保障经办机构实现信息互通、数据共享。

市医疗保障部门可以委托商业保险公司、群团组织办理相关医疗保障经办业务。受委托的单位应当将相关经办数据与医疗保障经办机构共享。

本市推行新型医疗保障经办服务方式，通过“一网通办”等实现服务事项线上线下融合办理。

**第四十六条** 参保人员在定点医药机构就医购药进行医保费用结算的，应当主动出示本人社会保障卡或者医保电子凭证等医疗保障凭证并接受查验。参保人员在本市定点医药机构发生的费用中应当由基本医疗保险基金支付的部分，由医疗保障经办机构与定点医药机构直接结算。符合本市规定特殊情况的，参保人员可以向医疗保障经办机构申请办理零星报销。

参保人员在外省市定点医疗机构就医的，应当按照规定办理异地就医备案手续。医疗保障经办机构应当为参保人员在备案地定点医疗机构就医提供直接结算服务。

**第四十七条** 用人单位和参保人员有权查询相应基本医疗保险缴费记录、个人权益记录，要求医疗保障经办机构提供医疗保障咨询等相关服务。

**第四十八条** 市医疗保障部门按照全国统一的技术标准和规范，建立全市医疗保障信息系统。定点医药机构有关信息系统应当与医疗保障信息系统有效对接，使用国家统一的医疗保障信息业务编码，如实上传数据信息。

医疗保障、财政、卫生健康等部门应当推广医保电子凭证、电子票据的应用，推动医保移动支付、电子处方流转，为参保人员提供精准、规范、便利的就医购药服务。

**第四十九条** 医疗保障、卫生健康、民政、人力资源社会保障、教育、公安、退役军人事务、司法行政等部门，应当依托市大数据资源平台，依法及时共享出生、死亡、户籍、学籍等与医疗保障管理和服务相关的人员身份、参保状态等信息。

**第五十条** 参保人员的医保电子诊疗数据经本人授权后，可以用于商业健康保险产品理赔。探索推动在定点医疗机构开展商业健康保险直接赔付，提高赔付效率。

## 第六章　监督管理

**第五十一条**　市、区人民政府应当健全医疗保障基金监督管理机制，根据维护医疗保障基金安全的需要，加强监督管理能力建设，推进跨部门综合监督管理。

医疗保障、卫生健康、药品监管、税务、民政、人力资源社会保障、地方金融、市场监管、公安等部门应当建立医疗保障基金监督管理沟通协调、协同执法、案件移送等工作机制，相互配合，加强分工协作。

医疗保障部门应当对纳入医疗保障基金支付范围的医疗服务行为和医疗费用进行监督，建立和完善日常巡查、专项检查、飞行检查等多种形式的检查制度，依法开展医疗保障行政执法工作。

**第五十二条**　医疗保障部门实施监督检查，可以采取下列措施：

（一）进入现场检查；

（二）询问有关人员；

（三）要求被检查对象提供与检查事项相关的文件资料及其载体，并作出解释和说明；

（四）要求被检查对象对从医疗保障相关信息系统中调取的数据作出解释和说明；

（五）采取记录、录音、录像、照相或者复制等方式收集有关情况和资料；

（六）对可能被转移、隐匿或者灭失的资料等予以封存；

（七）聘请符合条件的会计师事务所等第三方机构和专业人员协助开展检查；

（八）法律、法规规定的其他措施。

**第五十三条**　医疗保障经办机构应当对参保人员在定点医疗机构月累计门急诊就医次数及其发生的基本医疗保险费用、在定点零售药店月累计配药发生的基本医疗保险费用等进行实时监测。

对通过实时监测或者其他方式发现前款事项超出规定范围，涉嫌骗取医疗保障基金，参保人员拒不配合调查的，医疗保障部门可以要求医疗保障经办机构暂停联网结算。采取暂停联网结算期间发生的医疗费用由参保人员全额垫付。

参保人员应当配合调查，按照要求说明情况并提供相关材料。经调查，发现参保人员有违反法律法规情形的，按照相关规定处理；未发现参保人员有违反法律法规情形的，医疗保障部门应当及时要求医疗保障经办机构恢复联网结算并按照规定结算垫付的医疗费用。

**第五十四条**　医疗保障部门可以运用医疗保障智能监控和大数据分析手段，依托城市运行“一网统管”等平台，建立涵盖事前、事中、事后全流程的医疗保障智能监控体系，提升线索发现、调查取证、违规处理、结果应用等环节的监督管理效能。

**第五十五条**　医疗保障部门按照国家规定实施异地就医医疗费用监督管理，通过异地结算数据交换、医疗费用联查互审、举报线索协同互查，对异地就医人员进行监管。

**第五十六条**　市医疗保障部门应当依法建立医疗保障信用评价制度，根据信用评价结果实施分级分类监督管理；依法将医疗保障领域公共信用信息归集至市公共信用信息服务平台并实施守信激励和失信约束。

**第五十七条**　医疗保障经办机构对定点医药机构涉及医疗保障基金使用的相关工作人员违反服务协议、违背服务承诺的行为，按照国家和本市规定实施记分管理。

**第五十八条**　市、区人民代表大会常务委员会通过听取和审议专项工作报告、开展执法检查等方式，加强本行政区域内医疗保障工作监督。

**第五十九条**　本市鼓励和支持社会各方面参与医疗保障的社会监督。医疗保障部门可以聘请社会监督员参与医疗保障基金监督工作。

任何组织和个人有权对侵害医疗保障基金的违法违规行为进行举报、投诉。医疗保障部门应当畅通举报、投诉渠道，依法及时处理有关举报、投诉，并对举报人的信息保密，保护举报人的合法权益；对查证属实的举报，按照国家和本市规定给予举报人奖励。

## 第七章　法律责任

**第六十条**　对违反本条例规定的行为，法律、行政法规已有处理规定的，从其规定。

**第六十一条**　定点评估机构和定点护理机构违反本条例第二十二条第二款、第三款规定，有下列情形之一，进行长期护理保险费用结算的，由医疗保障部门责令改正，并可以约谈有关负责人；造成医疗保障基金损失的，责令退回，处造成损失金额一倍以上二倍以下的罚款；拒不改正或者造成严重后果的，责令定点评估机构、定点护理机构暂停负有直接责任的工作人员六个月以上一年以下涉及医疗保障基金使用的评估、护理服务：

（一）定点评估机构确定的评估等级与参保人员真实情况不符的；

（二）定点护理机构未按照规定核验参保人员身份的；

（三）定点护理机构未按照评估等级、服务项目制定服务计划的；

（四）定点护理机构未按照服务项目、标准规范、时长频次提供服务的；

（五）定点护理机构超出服务费用标准进行长期护理保险费用结算的；

（六）造成医疗保障基金损失的其他违法行为。

定点评估机构、定点护理机构以骗取医疗保障基金为目的，实施本条前款规定行为之一的，或者通过伪造、变造护理记录、病史记录、账目、电子信息，虚构服务等方式骗取医疗保障基金支出的，由医疗保障部门责令退回，处骗取金额二倍以上五倍以下的罚款；责令定点评估机构、定点护理机构暂停负有直接责任的工作人员六个月以上一年以下涉及医疗保障基金使用的评估、护理服务。

**第六十二条**　参保人员违反本条例第二十二条第四款规定，以骗取医疗保障基金为目的，在申请、接受长期护理保险评估、护理服务时提供虚假信息或者材料的，由医疗保障部门责令退回，并处骗取金额二倍以上五倍以下的罚款，暂停其三个月以上十二个月以下长期护理保险费用联网结算。

参保人员重复超量配药明显超出规定范围，造成医疗保障基金损失，且未发现骗取医疗保障基金支出情形的，由医疗保障部门责令改正，退回已由医疗保障基金支付的相关费用。参保人员改正后，医疗保障部门应当要求医疗保障经办机构及时恢复联网结算。参保人员垫付的医疗费用按照规定结算。

**第六十三条**　定点医药机构违反本条例第三十二条第二款规定，存在药品、医用耗材等采购或者使用数量与医疗保障基金结算账目不符，且未发现法律法规规定的其他违法情形的，由医疗保障部门责令改正，并可以约谈有关负责人；拒不改正的，处一万元以上五万元以下的罚款。

定点医药机构违反本条例第三十二条第二款规定，将应当由医疗保障基金支付的费用要求参保人员负担的，由医疗保障部门责令改正，可以并处警告；情节严重的，处二万元以上五万元以下的罚款。

**第六十四条**　医疗保障等部门、医疗保障经办机构及其工作人员违反本条例规定，未依法履行相关管理、经办职责，由其所在单位或者上级主管部门责令改正；玩忽职守、滥用职权、徇私舞弊的，对直接负责的主管人员和其他直接责任人员依法给予处分；构成犯罪的，依法追究刑事责任。

**第六十五条**　医疗保障等部门在查处医疗保障违法行为过程中，发现违法行为涉嫌构成犯罪的，按照规定向公安机关移送。构成违反治安管理行为的，公安机关应当依法给予治安管理处罚；构成犯罪的，依法追究刑事责任。

## 第八章　附　　则

**第六十六条**　本条例自 2025 年 3 月 1 日起施行。

# 上海市促进浦东新区运用区块链赋能电子单证应用若干规定

（2024年12月31日上海市第十六届人民代表大会常务委员会第十八次会议通过）

**第一条** 为了更好发挥区块链技术优势，促进电子单证可信便捷安全应用，推动浦东新区营造区块链创新应用生态，加快上海“五个中心”建设，对标国际高标准经贸规则，根据有关法律、行政法规的基本原则，结合浦东新区实际，制定本规定。

**第二条** 本规定适用于浦东新区行政区域内运用区块链技术赋能电子单证签发、转让、变更、转换、存储等应用（以下简称区块链赋能电子单证应用）及相关管理、服务等活动。

本规定所称电子单证，是指以数据电文形式体现的单据和凭证（不包括投资性单据和凭证）。

**第三条** 市人民政府应当健全区块链赋能电子单证应用工作协调机制，深化与国家有关部门的协作，统筹协调有关重大事项。

浦东新区人民政府应当落实国家和本市有关政策，制定配套措施，推进区块链赋能电子单证应用相关工作。

**第四条** 市数据部门负责指导区块链基础设施建设工作，支持区块链赋能电子单证应用。浦东新区数据部门负责具体推进本行政区域内区块链赋能电子单证应用工作。

市和浦东新区网信部门负责区块链基础设施的网络和数据安全监督管理。

市和浦东新区交通、商务、地方金融、公安等部门按照各自职责，推动区块链赋能电子单证应用。

**第五条** 本市依法保障自然人、法人和非法人组织在电子单证签发、转让、变更、转换、存储等活动中的合法权益。

**第六条** 本市鼓励基于开源区块链底层技术构建开放、可扩展的区块链基础设施，实现数据隐私保护、可信流通和共享共用。

区块链基础设施应当符合国家标准，按照国家网络安全等级保护制度的要求进行设计、定级、建设和管理，并按照国家区块链信息服务管理有关规定履行备案手续。

**第七条** 区块链基础设施支持电子单证依法转让的，应当具备相关服务功能，确保电子单证自生成之时至不再具有任何效力或者有效期届满为止符合以下要求：

（一）具有唯一性，且可以被识别；

（二）包含法定必要记载的信息；

（三）内容完整，且未被篡改；

（四）被合法排他性控制，且控制人可以被识别。

**第八条** 区块链基础设施支持电子单证依法变更的，应当具备相关服务功能，确保变更信息能够被准确记录和识别。

**第九条** 区块链基础设施支持电子单证和纸质单证相互转换的，应当具备相关服务功能，确保转换前后的信息一致。

**第十条** 本市推动相关部门依托区块链基础设施对其履职产生的电子单证进行管理和共享使用。

**第十一条** 本市支持和鼓励贸易、航运、金融等领域经营主体依托区块链基础设施，依法应用电子单证，提升相关产业数字化发展水平。

**第十二条** 本市支持基于区块链基础设施建设数据存证平台，引导数据存证平台为电子单证应用提供存储、查询、验证等服务。

本市支持数据存证平台为人民法院等司法机关、相关部门和公证、仲裁、调解、金融等机构提供服务，便利纠纷解决、金融服务等。

**第十三条** 本市支持数字人民币系统接入区块链基础设施，推动在电子单证存证、计价、支付、结算、投融资等应用场景中使用数字人民币。

**第十四条** 浦东新区企业、科研机构、高等学校、标准化技术组织等，可以相互联合或者与其他企业、组织联合，共同制定区块链赋能电子单证应用方面企业联合标准。

**第十五条** 本市支持浦东新区探索建立合法安全便利的数据跨境流动机制，促进和保障区块链赋能电子单证应用。

**第十六条** 浦东新区应当采用优化管理服务等方式，促进经营主体在符合数据安全、个人信息和商业秘密保护等法律、法规规定的前提下探索电子单证与其他数据融合应用，培育发展新业态、新模式。

**第十七条** 在中国（上海）自由贸易试验区临港新片区（浦东新区范围以外）开展区块链赋能电子单证应用及相关管理、服务等活动，参照适用本规定。

**第十八条** 本规定自 2025 年 1 月 1 日起施行。

**附录一：**

# 上海市地方性法规检索目录

## 人大工作



## 经济管理

## 社 会 管 理

## 权 益 保 障



## 教育、科学、文化、卫生、体育工作

## 城市建设和管理

## 环境和资源保护

## 浦东新区法规



## 法规解释和法律性问题的决定

**附录二：**

# 上海市人大及其常委会通过的地方性法规、法规解释和法律性问题决定目录（1980—2024年）

## 1980年

1. 上海市区、县人民代表大会代表选举暂行实施细则
（1980年3月5日上海市第七届人民代表大会常务委员会第三次会议通过　1983年9月12日起停止执行）
2. 上海市人民代表大会常务委员会关于加强与市人民代表大会代表联系的暂行办法
（1980年5月20日上海市第七届人民代表大会常务委员会第四次会议通过　1983年5月17日起停止执行）
3. 上海市人民代表大会常务委员会关于刑事诉讼法实施问题的决定
（1980年9月29日上海市第七届人民代表大会常务委员会第八次会议通过　自然失效）

## 1981年

1. 上海市人民代表大会常务委员会关于刑事案件办案期限问题的决定
（1981年10月20日上海市第七届人民代表大会常务委员会第十五次会议通过　自然失效）

## 1982年

1. 上海市水产养殖保护暂行规定
（1982年2月27日上海市第七届人民代表大会常务委员会第十九次会议批准　1986年3月1日起废止）
2. 上海市拆迁房屋管理办法
（1982年10月20日上海市第七届人民代表大会常务委员会第二十三次会议批准　1991年8月15日起废止）
3. 上海市人民代表大会常务委员会关于上海市第八届人民代表大会代表的选举办法
（1982年12月20日上海市第七届人民代表大会常务委员会第二十四次会议通过　1988年4月20起废止）
4. 上海市第七届人民代表大会第五次会议关于延长本届人民代表大会任期的决议
（1982年12月30日上海市第七届人民代表大会第五次会议通过　自然失效）

## 1983 年

1. 上海市人民代表大会常务委员会关于修改《上海市第八届人民代表大会代表的选举办法》的决议
（1983 年 2 月 23 日上海市第七届人民代表大会常务委员会第二十五次会议通过　1988 年 4 月 20 日起失效）
2. 上海市人民代表大会常务委员会关于工作制度的暂行规定
（1983 年 5 月 17 日上海市第八届人民代表大会常务委员会第一次会议通过　1992 年 6 月 19 日起废止）
3. 上海市人民代表大会常务委员会关于加强与市人民代表大会代表联系的暂行办法
（1983 年 5 月 17 日上海市第八届人民代表大会常务委员会第一次会议通过　1993 年 2 月 6 日起废止）
4. 上海市古树名木保护管理规定
（1983 年 9 月 12 日上海市第八届人民代表大会常务委员会第四次会议批准　2002 年 10 月 1 日起废止）
5. 上海市人民代表大会常务委员会关于本市县级以下人民代表大会代表直接选举的实施细则
（1983 年 9 月 12 日上海市第八届人民代表大会常务委员会第四次会议通过　1987 年 1 月 8 日起废止）
6. 上海市人民代表大会常务委员会关于免去市八届人大常务委员会组成人员原任国家行政机关职务的决议
（1983 年 5 月 17 日上海市第八届人民代表大会常务委员会第一次会议通过　自然失效）
7. 上海市人民代表大会常务委员会关于离休退休干部免职问题的决议
（1983 年 5 月 17 日上海市第八届人民代表大会常务委员会第一次会议通过　自然失效）

## 1984 年

1. 上海港口货物疏运管理暂行规定
（1984 年 2 月 25 日上海市第八届人民代表大会常务委员会第八次会议批准　1995 年 1 月 1 日起废止）
2. 上海市医疗事故处理暂行规定
（1984 年 12 月 28 日上海市第八届人民代表大会常务委员会第十二次会议批准　1988 年 11 月 10 日起终止执行）

## 1985 年

1. 上海市保护妇女、儿童合法权益的若干规定
（1985 年 2 月 28 日上海市第八届人民代表大会常务委员会第十三次会议通过　1990 年 3 月 8 日起停止执行）
2. 上海市严禁赌博条例

（1985 年 2 月 28 日上海市第八届人民代表大会常务委员会第十三次会议批准　2000 年 7 月 13 日起废止）

3. 上海市工业企业节约能源暂行规定

（1985 年 4 月 18 日上海市第八届人民代表大会常务委员会第十四次会议批准　1998 年 10 月 15 日起废止）

4. 上海市黄浦江上游水源保护条例

（1985 年 4 月 19 日上海市第八届人民代表大会常务委员会第十四次会议通过　2010 年 3 月 1 日起废止）

5. 上海市城乡集市贸易管理规定

（1985 年 7 月 4 日上海市第八届人民代表大会常务委员会第十五次会议批准　2004 年 8 月 19 日起废止）

6. 上海市城乡集市贸易食品卫生管理规定

（1985 年 7 月 5 日上海市第八届人民代表大会常务委员会第十五次会议批准　2012 年 4 月 17 日起废止）

7. 上海市普及义务教育条例

（1985 年 7 月 28 日上海市第八届人民代表大会第四次会议通过　1993 年 3 月 1 日起废止）

8. 上海市水产养殖保护规定

（1985 年 12 月 27 日上海市第八届人民代表大会常务委员会第十九次会议批准）

## 1986 年

1. 上海市滩涂管理暂行规定

（1986 年 6 月 20 日上海市第八届人民代表大会常务委员会第二十二次会议批准　1997 年 1 月 1 日起废止）

2. 上海市中外合资经营企业、中外合作经营企业、外资企业的申请和审批规定

（1986 年 6 月 20 日上海市第八届人民代表大会常务委员会第二十二次会议通过　1996 年 10 月 1 日起废止）

3. 上海市人民代表大会常务委员会关于市人大代表视察的试行办法

（1986 年 6 月 21 日上海市第八届人民代表大会常务委员会第二十二次会议通过　1993 年 2 月 6 日起废止）

4. 上海市人民代表大会常务委员会关于修改《上海市普及义务教育条例》的决议

（1986 年 8 月 28 日上海市第八届人民代表大会常务委员会第二十三次会议通过　1993 年 3 月 1 日起失效）

5. 上海市监护治疗管理肇事肇祸精神病人条例

（1986 年 8 月 29 日上海市第八届人民代表大会常务委员会第二十三次会议通过　2023 年 12 月 28 日起废止）

6. 上海市人民代表大会常务委员会制定地方性法规程序的暂行规定

（1986 年 8 月 30 日上海市第八届人民代表大会常务委员会第二十三次会议通过　1992 年 3 月 4 日起废止）

## 1987 年

1. 上海市人民代表大会常务委员会关于修改《上海市拆迁房屋管理办法》的决定
（1987 年 1 月 6 日上海市第八届人民代表大会常务委员会第二十五次会议通过　1991 年 8 月 15 日起失效）
2. 上海市人民代表大会常务委员会关于本市区、县及乡、镇人民代表大会代表直接选举的实施细则
（1987 年 1 月 8 日上海市第八届人民代表大会常务委员会第二十五次会议通过）
3. 上海市植树造林绿化管理条例
（1987 年 1 月 8 日上海市第八届人民代表大会常务委员会第二十五次会议通过　2007 年 5 月 1 日起废止）
4. 上海市劳动保护监察暂行条例
（1987 年 3 月 11 日上海市第八届人民代表大会常务委员会第二十七次会议通过　1998 年 1 月 1 日起废止）
5. 上海市青少年保护条例
（1987 年 6 月 20 日上海市第八届人民代表大会常务委员会第二十九次会议通过　2005 年 3 月 1 日起废止）
6. 上海市鼓励引进技术消化吸收暂行规定
（1987 年 6 月 20 日上海市第八届人民代表大会常务委员会第二十九次会议批准　2000 年 3 月 1 日起废止）
7. 上海市发展新兴技术和新兴工业暂行条例
（1987 年 8 月 14 日上海市第八届人民代表大会常务委员会第三十次会议通过　2002 年 1 月 30 日起废止）
8. 上海市公民游行示威暂行条例
（1987 年 9 月 23 日上海市第八届人民代表大会常务委员会第三十一次会议通过　1990 年 1 月 9 日起废止）
9. 上海市职业技术教育暂行条例
（1987 年 9 月 24 日上海市第八届人民代表大会常务委员会第三十一次会议通过　2004 年 7 月 15 日起废止）
10. 上海市中外合资经营企业劳动人事管理条例
（1987 年 12 月 19 日上海市第八届人民代表大会常务委员会第三十三次会议通过　2002 年 9 月 24 日起废止）

## 1988 年

1. 上海市职工教育条例
（1988 年 1 月 9 日上海市第八届人民代表大会常务委员会第三十四次会议通过　2004 年 7 月 15 日起废止）
2. 上海市保护和发展邮电通信规定

(1988年4月7日上海市第八届人民代表大会常务委员会第三十六次会议通过　2023年12月28日起废止)

3. 上海市人民代表大会关于代表议案的规定
(1988年4月20日上海市第九届人民代表大会第一次会议通过)

4. 上海市人民代表大会关于代表书面意见的规定
(1988年4月20日上海市第九届人民代表大会第一次会议通过)

5. 上海市人大常委会关于决定任命本届市人民政府组成人员职务的程序
(1988年7月19日上海市第九届人民代表大会常务委员会第二次会议通过　1990年4月8日起废止)

6. 上海市老年人保护条例
(1988年7月21日上海市第九届人民代表大会常务委员会第二次会议通过　1999年1月1日起废止)

7. 上海市经济技术开发区条例
(1988年11月10日上海市第九届人民代表大会常务委员会第四次会议通过)

8. 上海市人民代表大会常务委员会议事规则
(1988年11月10日上海市第九届人民代表大会常务委员会第四次会议通过)

9. 上海市人民代表大会常务委员会关于修改《上海市水产养殖保护规定》的决定
(1988年11月10日上海市第九届人民代表大会常务委员会第四次会议通过)

10. 上海市人民代表大会常务委员会关于终止执行《上海市医疗事故处理暂行规定》的决定
(1988年11月10日上海市第九届人民代表大会常务委员会第四次会议通过)

11. 上海市保护消费者合法权益条例
(1988年12月22日上海市第九届人民代表大会常务委员会第五次会议通过　2003年1月1日起废止)

12. 上海市环境卫生管理条例
(1988年12月22日上海市第九届人民代表大会常务委员会第五次会议通过　2002年4月1日起废止)

13. 上海市人民代表大会常务委员会关于本市“三资”企业申请和审批规定实施中有关问题的决定
(1988年6月4日上海市第九届人民代表大会常务委员会第一次会议通过　1996年10月1日起失效)

## 1989年

1. 上海市人民代表大会常务委员会对《关于修改〈上海市水产养殖保护规定〉的决定》的修改决定
(1989年1月28日上海市第九届人民代表大会常务委员会第六次会议通过)

2. 上海市严禁赌博条例
(1989年1月28日上海市第九届人民代表大会常务委员会第六次会议修正　2000年7月13日起废止)

3. 上海市乡人民政府工作暂行条例

(1989 年 1 月 28 日上海市第九届人民代表大会常务委员会第六次会议通过　2010 年 7 月 30 日起废止)

4. 上海市公民义务献血条例

(1989 年 1 月 28 日上海市第九届人民代表大会常务委员会第六次会议通过　1998 年 10 月 1 日起废止)

5. 上海市城市建设规划管理条例

(1989 年 6 月 22 日上海市第九届人民代表大会常务委员会第九次会议通过　1995 年 7 月 15 日起废止)

6. 上海市中外合资经营企业工会条例

(1989 年 8 月 11 日上海市第九届人民代表大会常务委员会第十次会议通过　2003 年 1 月 1 日起废止)

7. 上海市人民代表大会常务委员会关于修改《关于本市区、县及乡、镇人民代表大会代表直接选举的实施细则》的决定

(1989 年 11 月 18 日上海市第九届人民代表大会常务委员会第十二次会议通过)

## 1990 年

1. 上海市实施《中华人民共和国集会游行示威法》办法

(1990 年 1 月 9 日上海市第九届人民代表大会常务委员会第十四次会议通过)

2. 上海市妇女儿童保护条例

(1990 年 2 月 15 日上海市第九届人民代表大会常务委员会第十五次会议通过　1995 年 3 月 8 日起废止)

3. 上海市计划生育条例

(1990 年 3 月 14 日上海市第九届人民代表大会常务委员会第十六次会议通过　2004 年 4 月 15 日起废止)

4. 上海市人民代表大会常务委员会监督司法工作条例

(1990 年 3 月 14 日上海市第九届人民代表大会常务委员会第十六次会议通过　2007 年 4 月 26 日起废止)

5. 上海市城镇公有房屋管理条例

(1990 年 3 月 14 日上海市第九届人民代表大会常务委员会第十六次会议通过　2000 年 7 月 1 日起废止)

6. 上海市城镇房屋纠纷仲裁条例

(1990 年 3 月 14 日上海市第九届人民代表大会常务委员会第十六次会议通过　1997 年 5 月 27 日起废止)

7. 上海市漕河泾新兴技术开发区暂行条例

(1990 年 4 月 8 日上海市第九届人民代表大会常务委员会第十七次会议通过)

8. 上海市人民代表大会常务委员会任免国家机关工作人员条例

(1990 年 4 月 8 日上海市第九届人民代表大会常务委员会第十七次会议通过)

9. 上海市人民代表大会议事规则

(1990 年 4 月 30 日上海市第九届人民代表大会第三次会议通过)

10. 上海市人民代表大会关于修改《上海市人民代表大会关于代表议案的规定》的决定
(1990年4月30日上海市第九届人民代表大会第三次会议通过)
11. 上海市人民代表大会常务委员会关于修改《上海市黄浦江上游水源保护条例》的决定
(1990年9月28日上海市第九届人民代表大会常务委员会第二十一次会议通过　2010年3月1日起失效)
12. 上海市人民代表大会常务委员会主任会议议事规则
(1990年12月22日上海市第九届人民代表大会常务委员会第二十三次会议通过)

## 1991年

1. 上海市图书报刊市场管理条例
(1991年3月14日上海市第九届人民代表大会常务委员会第二十五次会议通过　2003年1月1日起废止)
2. 上海市第九届人民代表大会常务委员会关于贯彻实施《城市房屋拆迁管理条例》,废止《上海市拆迁房屋管理办法》的决定
(1991年8月15日上海市第九届人民代表大会常务委员会第二十八次会议通过)
3. 上海市外商投资企业清算条例
(1991年8月16日上海市第九届人民代表大会常务委员会第二十八次会议通过　2000年4月12日起废止)
4. 上海市收容遣送管理条例
(1991年12月29日上海市第九届人民代表大会常务委员会第三十次会议通过　2003年8月5日起废止)
5. 上海市人民代表大会常务委员会关于修改《上海市植树造林绿化管理条例》的决定
(1991年12月29日上海市第九届人民代表大会常务委员会第三十次会议通过　2007年5月1日起失效)

## 1992年

1. 上海市人民代表大会常务委员会制定地方性法规程序的规定
(1992年2月19日上海市第九届人民代表大会常务委员会第三十一次会议通过　2001年3月1日起废止)
2. 上海市社会治安防范责任条例
(1992年4月11日上海市第九届人民代表大会常务委员会第三十三次会议通过　2011年3月1日起废止)
3. 上海市罢免和补选各级人民代表大会代表程序的规定
(1992年6月19日上海市第九届人民代表大会常务委员会第三十四次会议通过)
4. 上海市人民代表大会常务委员会关于修改《关于本市区、县及乡、镇人民代表大会代表直接选举的实施细则》的决定
(1992年8月19日上海市第九届人民代表大会常务委员会第三十五次会议通过)
5. 上海市国防教育条例

(1992年8月20日上海市第九届人民代表大会常务委员会第三十五次会议通过)

6. 上海市人民代表大会常务委员会关于修改《上海市计划生育条例》的决定
(1992年10月17日上海市第九届人民代表大会常务委员会第三十七会议通过　2004年4月15日起失效)

7. 上海市实施《中华人民共和国水法》办法
(1992年10月17日上海市第九届人民代表大会常务委员会第三十七次会议通过　2018年1月1日起废止)

8. 上海市实施《中华人民共和国归侨侨眷权益保护法》办法
(1992年11月27日上海市第九届人民代表大会常务委员会第三十八次会议通过)

9. 上海市人民代表大会常务委员会关于在本市部分地区实行人民警察综合执法的决定
(1992年6月19日上海市第九届人民代表大会常务委员会第三十四次会议通过　自然失效)

## 1993年

1. 上海市人民代表大会关于修改《上海市人民代表大会议事规则》若干条款的决定
(1993年1月9日上海市第九届人民代表大会第六次会议通过)

2. 上海市实施《中华人民共和国全国人民代表大会和地方各级人民代表大会代表法》办法
(1993年2月6日上海市第九届人民代表大会常务委员会第四十一次会议通过　2015年3月1日起废止)

3. 上海市实施《中华人民共和国义务教育法》办法
(1993年2月6日上海市第九届人民代表大会常务委员会第四十一次会议通过)

4. 上海市实施《中华人民共和国残疾人保障法》办法
(1993年2月6日上海市第九届人民代表大会常务委员会第四十一次会议通过)

5. 上海市人民代表大会关于废止《上海市普及义务教育条例》的决定
(1993年2月24日上海市第十届人民代表大会第一次会议通过)

6. 上海市人民警察巡察条例
(1993年7月7日上海市第十届人民代表大会常务委员会第三次会议通过　2010年7月30日起废止)

7. 上海市信访条例
(1993年10月22日上海市第十届人民代表大会常务委员会第五次会议通过)

8. 上海市实施《中华人民共和国野生动物保护法》办法
(1993年10月22日上海市第十届人民代表大会常务委员会第五次会议通过　2020年5月14日起废止)

9. 上海市统计管理条例
(1993年12月15日上海市第十届人民代表大会常务委员会第六次会议通过　2016年12月1日起废止)

## 1994年

1. 上海市实施《中华人民共和国土地管理法》办法

（1994 年 2 月 4 日上海市第十届人民代表大会常务委员会第七次会议通过）

2. 上海市人民代表大会常务委员会关于修改《上海市保护和发展邮电通信规定》的决定
（1994 年 6 月 14 日上海市第十届人民代表大会常务委员会第十次会议通过　2023 年 12 月 28 日起废止）

3. 上海市人民代表大会常务委员会关于修改《上海市青少年保护条例》的决定
（1994 年 6 月 14 日上海市第十届人民代表大会常务委员会第十次会议通过　2005 年 3 月 1 日起失效）

4. 上海港口货物疏运管理条例
（1994 年 7 月 22 日上海市第十届人民代表大会常务委员会第十一次会议通过　2006 年 3 月 1 日起废止）

5. 上海市演出市场管理条例
（1994 年 7 月 22 日上海市第十届人民代表大会常务委员会第十一次会议通过　2000 年 7 月 14 日起废止）

6. 上海市公园管理条例
（1994 年 7 月 22 日上海市第十届人民代表大会常务委员会第十一次会议通过）

7. 上海市城市道路桥梁管理条例
（1994 年 8 月 25 日上海市第十届人民代表大会常务委员会第十二次会议通过）

8. 上海市产品质量监督条例
（1994 年 8 月 26 日上海市第十届人民代表大会常务委员会第十二次会议通过　2012 年 9 月 1 日起废止）

9. 上海市征兵工作条例
（1994 年 10 月 20 日上海市第十届人民代表大会常务委员会第十三次会议通过）

10. 上海市烟花爆竹安全管理条例
（1994 年 10 月 20 日上海市第十届人民代表大会常务委员会第十三次会议通过）

11. 上海市环境保护条例
（1994 年 12 月 8 日上海市第十届人民代表大会常务委员会第十四次会议通过）

12. 上海市人民代表大会常务委员会关于修改《上海市中外合资经营企业劳动人事管理条例》的决定
（1994 年 12 月 9 日上海市第十届人民代表大会常务委员会第十四次会议通过　2002 年 9 月 24 日起失效）

13. 上海市人民代表大会常务委员会关于修改《上海市保护消费者合法权益条例》的决定
（1994 年 12 月 9 日上海市第十届人民代表大会常务委员会第十四次会议通过　2003 年 1 月 1 日起失效）

14. 上海市人民代表大会常务委员会关于修改《上海市公民义务献血条例》的决定
（1994 年 12 月 9 日上海市第十届人民代表大会常务委员会第十四次会议通过　1998 年 10 月 1 日起失效）

15. 上海市少数民族权益保障条例
（1994 年 12 月 9 日上海市第十届人民代表大会常务委员会第十四次会议通过）

16. 上海市实施《中华人民共和国妇女权益保障法》办法
（1994 年 12 月 8 日上海市第十届人民代表大会常务委员会第十四次会议通过　2023 年 1

月 1 日起废止）

## 1995 年

1. 上海市人民代表大会常务委员会关于修改《上海市人民代表大会关于代表议案的规定》的决定
（1995 年 1 月 16 日上海市第十届人民代表大会常务委员会第十五次会议通过）
2. 上海市人民代表大会常务委员会关于修改《上海市职业技术教育暂行条例》的决定
（1995 年 1 月 18 日上海市第十届人民代表大会常务委员会第十五次会议通过　2004 年 7 月 15 日起失效）
3. 上海市工会条例
（1995 年 2 月 8 日上海市第十届人民代表大会常务委员会第十六次会议通过）
4. 上海市技术市场条例
（1995 年 4 月 7 日上海市第十届人民代表大会常务委员会第十七次会议通过）
5. 上海市城市规划条例
（1995 年 6 月 16 日上海市第十届人民代表大会常务委员会第十九次会议通过　2011 年 1 月 1 日起废止）
6. 上海市档案条例
（1995 年 6 月 16 日上海市第十届人民代表大会常务委员会第十九次会议通过）
7. 上海市出租汽车管理条例
（1995 年 6 月 16 日上海市第十届人民代表大会常务委员会第十九次会议通过）
8. 上海市红十字会条例
（1995 年 6 月 16 日上海市第十届人民代表大会常务委员会第十九次会议通过）
9. 上海市人民代表大会常务委员会关于修改《上海市计划生育条例》的决定
（1995 年 6 月 16 日上海市第十届人民代表大会常务委员会第十九次会议通过　2004 年 4 月 15 日起失效）
10. 上海市人民代表大会常务委员会关于修改《上海市人民代表大会常务委员会关于本市区、县及乡、镇人民代表大会直接选举的实施细则》的决定
（1995 年 8 月 23 日上海市第十届人民代表大会常务委员会第二十次会议通过）
11. 上海市反不正当竞争条例
（1995 年 9 月 28 日上海市第十届人民代表大会常务委员会第二十一次会议通过）
12. 上海市人民代表大会常务委员会关于修改《上海市植树造林绿化管理条例》的决定
（1995 年 9 月 28 日上海市第十届人民代表大会常务委员会第二十一次会议通过　2007 年 5 月 1 日起失效）
13. 上海市消防条例
（1995 年 10 月 27 日上海市第十届人民代表大会常务委员会第二十二次会议通过）
14. 上海市文化娱乐市场管理条例
（1995 年 10 月 27 日上海市第十届人民代表大会常务委员会第二十二次会议通过）
15. 上海市宗教事务条例
（1995 年 11 月 30 日上海市第十届人民代表大会常务委员会第二十三次会议通过）

16. 上海市房地产登记条例
（1995 年 11 月 30 日上海市第十届人民代表大会常务委员会第二十三次会议通过　2003 年 5 月 1 日起废止）
17. 上海市公证条例
（1995 年 12 月 29 日上海市第十届人民代表大会常务委员会第二十四次会议通过　2010 年 7 月 30 日起废止）
18. 上海市人民代表大会常务委员会关于乡镇人民代表大会工作的若干规定
（1995 年 12 月 29 日上海市第十届人民代表大会常务委员会第二十四次会议通过　2016 年 5 月 1 日起废止）
19. 上海市测绘管理条例
（1995 年 12 月 29 日上海市第十届人民代表大会常务委员会第二十四次会议通过）

## 1996 年

1. 上海市道路运输管理条例
（1996 年 1 月 26 日上海市第十届人民代表大会常务委员会第二十五次会议通过）
2. 上海市实施《中华人民共和国农业技术推广法》办法
（1996 年 1 月 26 日上海市第十届人民代表大会常务委员会第二十五次会议通过）
3. 上海市职业病防治条例
（1996 年 1 月 26 日上海市第十届人民代表大会常务委员会第二十五次会议通过）
4. 上海市住房公积金条例
（1996 年 4 月 12 日上海市第十届人民代表大会常务委员会第二十七次会议通过　2006 年 1 月 1 日起废止）
5. 上海市价格管理条例
（1996 年 6 月 20 日上海市第十届人民代表大会常务委员会第二十八次会议通过）
6. 上海市科学技术进步条例
（1996 年 6 月 20 日上海市第十届人民代表大会常务委员会第二十八次会议通过）
7. 上海市供水管理条例
（1996 年 6 月 21 日上海市第十届人民代表大会常务委员会第二十八次会议通过）
8. 上海市外商投资企业审批条例
（1996 年 8 月 23 日上海市第十届人民代表大会常务委员会第二十九次会议通过　2019 年 5 月 23 日起废止）
9. 上海市外来流动人员管理条例
（1996 年 9 月 26 日上海市第十届人民代表大会常务委员会第三十次会议通过　2010 年 7 月 30 日起废止）
10. 上海市人民代表大会常务委员会关于市人民政府制定规章设定行政处罚罚款限额的规定
（1996 年 9 月 26 日上海市第十届人民代表大会常务委员会第三十次会议通过）
11. 上海市滩涂管理条例
（1996 年 10 月 31 日上海市第十届人民代表大会常务委员会第三十一次会议通过　2023 年 12 月 28 日起废止）

12. 上海市人民代表大会常务委员会关于修改《上海市城乡集市贸易食品卫生管理规定》的决定
(1996年10月31日上海市第十届人民代表大会常务委员会第三十一次会议通过 2012年4月17日起失效)
13. 上海市排水管理条例
(1996年12月19日上海市第十届人民代表大会常务委员会第三十二次会议通过 2020年5月1日起废止)
14. 上海市人才流动条例
(1996年12月19日上海市第十届人民代表大会常务委员会第三十二次会议通过 2023年12月28日起废止)
15. 上海市母婴保健条例
(1996年12月19日上海市第十届人民代表大会常务委员会第三十二次会议通过)
16. 上海外高桥保税区条例
(1996年12月19日上海市第十届人民代表大会常务委员会第三十二次会议通过 2014年8月1日起废止)

## 1997年

1. 上海市人民代表大会常务委员会关于授予外国人“上海市荣誉市民”称号的办法
(1997年1月15日上海市第十届人民代表大会常务委员会第三十三次会议通过 2022年10月28日起废止)
2. 上海市街道办事处条例
(1997年1月15日上海市第十届人民代表大会常务委员会第三十三次会议通过)
3. 上海市华侨捐赠条例
(1997年4月3日上海市第十届人民代表大会常务委员会第三十五次会议通过 2016年12月1日起废止)
4. 上海市人民代表大会常务委员会关于修改《上海市实施〈中华人民共和国妇女权益保障法〉办法》的决定
(1997年5月27日上海市第十届人民代表大会常务委员会第三十六次会议通过 2023年1月1日起失效)
5. 上海市人民代表大会常务委员会关于修改《上海市青少年保护条例》的决定
(1997年5月27日上海市第十届人民代表大会常务委员会第三十六次会议通过 2005年3月1日起失效)
6. 上海市人民代表大会常务委员会关于修改《上海市工会条例》的决定
(1997年5月27日上海市第十届人民代表大会常务委员会第三十六次会议通过)
7. 上海市人民代表大会常务委员会关于修改《上海市烟花爆竹安全管理条例》的决定
(1997年5月27日上海市第十届人民代表大会常务委员会第三十六次会议通过)
8. 上海市人民代表大会常务委员会关于修改《上海市植树造林绿化管理条例》的决定
(1997年5月27日上海市第十届人民代表大会常务委员会第三十六次会议通过 2007年5月1日起失效)

9. 上海市人民代表大会常务委员会关于修改《上海市城镇公有房屋管理条例》的决定
(1997年5月27日上海市第十届人民代表大会常务委员会第三十六次会议通过　2000年7月1日起失效)
10. 上海市人民代表大会常务委员会关于修改《上海市实施〈中华人民共和国土地管理法〉办法》的决定
(1997年5月27日上海市第十届人民代表大会常务委员会第三十六次会议通过)
11. 上海市人民代表大会常务委员会关于修改《上海市公园管理条例》的决定
(1997年5月27日上海市第十届人民代表大会常务委员会第三十六次会议通过)
12. 上海市人民代表大会常务委员会关于修改《上海市城市道路桥梁管理条例》的决定
(1997年5月27日上海市第十届人民代表大会常务委员会第三十六次会议通过)
13. 上海市人民代表大会常务委员会关于修改《上海市环境保护条例》的决定
(1997年5月27日上海市第十届人民代表大会常务委员会第三十六次会议通过)
14. 上海市人民代表大会常务委员会关于修改《上海市城市规划条例》的决定
(1997年5月27日上海市第十届人民代表大会常务委员会第三十六次会议通过)
15. 上海市人民代表大会常务委员会关于修改《上海市出租汽车管理条例》的决定
(1997年5月27日上海市第十届人民代表大会常务委员会第三十六次会议通过)
16. 上海市人民代表大会常务委员会关于修改《上海市测绘管理条例》的决定
(1997年5月27日上海市第十届人民代表大会常务委员会第三十六次会议通过)
17. 上海市人民代表大会常务委员会关于修改《上海市住房公积金条例》的决定
(1997年5月27日上海市第十届人民代表大会常务委员会第三十六次会议通过　2006年1月1日起失效)
18. 上海市人民代表大会常务委员会关于废止《上海市城镇房屋纠纷仲裁条例》的决定
(1997年5月27日上海市第十届人民代表大会常务委员会第三十六次会议通过)
19. 上海市音像制品管理条例
(1997年5月28日上海市第十届人民代表大会常务委员会第三十六次会议通过)
20. 上海市居住物业管理条例
(1997年5月28日上海市第十届人民代表大会常务委员会第三十六次会议通过　2004年11月1日起废止)
21. 上海市人民代表大会常务委员会关于修改《上海市工业企业节约能源暂行规定》的决定
(1997年7月7日上海市第十届人民代表大会常务委员会第三十七次会议通过　1998年10月15日起失效)
22. 上海市人民代表大会常务委员会关于修改《上海市城乡集市贸易管理规定》的决定
(1997年7月7日上海市第十届人民代表大会常务委员会第三十七次会议通过　2004年8月19日起失效)
23. 上海市人民代表大会常务委员会关于修改《上海市技术市场条例》的决定
(1997年7月7日上海市第十届人民代表大会常务委员会第三十七次会议通过)
24. 上海市人民代表大会常务委员会关于修改《上海市文化娱乐市场管理条例》的决定
(1997年7月7日上海市第十届人民代表大会常务委员会第三十七次会议通过)
25. 上海市人民代表大会常务委员会关于修改《上海市演出市场管理条例》的决定
(1997年7月7日上海市第十届人民代表大会常务委员会第三十七次会议通过　2000年7

月 14 日起失效）

26. 上海市道路交通管理条例
（1997 年 7 月 10 日上海市第十届人民代表大会常务委员会第三十七次会议通过）
27. 上海市人民代表大会常务委员会关于修改《上海市水产养殖保护规定》的决定
（1997 年 7 月 10 日上海市第十届人民代表大会常务委员会第三十七次会议通过）
28. 上海市人民代表大会常务委员会关于修改《上海市图书报刊市场管理条例》的决定
（1997 年 7 月 10 日上海市第十届人民代表大会常务委员会第三十七次会议通过　2003 年 1 月 1 日起失效）
29. 上海市殡葬管理条例
（1997 年 8 月 20 日上海市第十届人民代表大会常务委员会第三十八次会议通过）
30. 上海市劳动保护监察条例
（1997 年 8 月 20 日上海市第十届人民代表大会常务委员会第三十八次会议通过　2005 年 3 月 1 日起废止）
31. 上海市人民代表大会常务委员会关于修改《上海市保护和发展邮电通信规定》的决定
（1997 年 8 月 20 日上海市第十届人民代表大会常务委员会第三十八次会议通过　2023 年 12 月 28 日起废止）
32. 上海市人民代表大会常务委员会关于修改《上海市实施〈中华人民共和国水法〉办法》的决定
（1997 年 8 月 20 日上海市第十届人民代表大会常务委员会第三十八次会议通过　2018 年 1 月 1 日起失效）
33. 上海市人民代表大会常务委员会关于修改《上海市实施〈中华人民共和国野生动物保护法〉办法》的决定
（1997 年 8 月 20 日上海市第十届人民代表大会常务委员会第三十八次会议通过　2020 年 5 月 15 日起失效）
34. 上海市人民代表大会常务委员会关于修改《上海市统计管理条例》的决定
（1997 年 8 月 20 日上海市第十届人民代表大会常务委员会第三十八次会议通过　2016 年 12 月 1 日起失效）
35. 上海市人民代表大会常务委员会关于修改《上海市反不正当竞争条例》的决定
（1997 年 8 月 20 日上海市第十届人民代表大会常务委员会第三十八次会议通过）
36. 上海市人民代表大会常务委员会关于修改《上海市道路运输管理条例》的决定
（1997 年 8 月 20 日上海市第十届人民代表大会常务委员会第三十八次会议通过）
37. 上海市人民代表大会常务委员会关于修改《上海市征兵工作条例》的决定
（1997 年 10 月 17 日上海市第十届人民代表大会常务委员会第三十九次会议通过）
38. 上海市人民代表大会常务委员会关于修改《上海市消防条例》的决定
（1997 年 10 月 17 日上海市第十届人民代表大会常务委员会第三十九次会议通过）
39. 上海市人民代表大会常务委员会关于修改《上海市公证条例》的决定
（1997 年 10 月 17 日上海市第十届人民代表大会常务委员会第三十九次会议通过　2010 年 7 月 30 日起失效）
40. 上海市酒类商品产销管理条例
（1997 年 10 月 21 日上海市第十届人民代表大会常务委员会第三十九次会议通过）

41. 上海市实施《中华人民共和国教师法》办法
（1997 年 10 月 21 日上海市第十届人民代表大会常务委员会第三十九次会议通过）
42. 上海市水路运输管理条例
（1997 年 10 月 21 日上海市第十届人民代表大会常务委员会第三十九次会议通过）
43. 上海市建筑市场管理条例
（1997 年 10 月 21 日上海市第十届人民代表大会常务委员会第三十九次会议通过）
44. 上海市人民代表大会常务委员会关于修改《上海市人民警察巡察条例》的决定
（1997 年 10 月 21 日上海市第十届人民代表大会常务委员会第三十九次会议通过　2010 年 7 月 30 日起失效）
45. 上海市人民代表大会常务委员会关于修改《上海市水产养殖保护规定》的决定
（1997 年 10 月 21 日上海市第十届人民代表大会常务委员会第三十九次会议通过）
46. 上海市人民代表大会常务委员会关于修改《上海市档案条例》的决定
（1997 年 12 月 10 日上海市第十届人民代表大会常务委员会第四十次会议通过）
47. 上海市人民代表大会常务委员会关于修改《上海市计划生育条例》的决定
（1997 年 12 月 10 日上海市第十届人民代表大会常务委员会第四十次会议通过　2004 年 4 月 15 日起失效）
48. 上海市人民代表大会常务委员会关于修改《上海市实施〈中华人民共和国义务教育法〉办法》的决定
（1997 年 12 月 10 日上海市第十届人民代表大会常务委员会第四十次会议通过）
49. 上海市人民代表大会常务委员会关于修改《上海市职业技术教育条例》的决定
（1997 年 12 月 10 日上海市第十届人民代表大会常务委员会第四十次会议通过　2004 年 7 月 15 日起失效）
50. 上海市人民代表大会常务委员会关于修改《上海市公民义务献血条例》的决定
（1997 年 12 月 10 日上海市第十届人民代表大会常务委员会第四十次会议通过　1998 年 10 月 1 日起失效）
51. 上海市特种行业和公共场所治安管理条例
（1997 年 12 月 11 日上海市第十届人民代表大会常务委员会第四十次会议通过）
52. 上海市河道管理条例
（1997 年 12 月 11 日上海市第十届人民代表大会常务委员会第四十次会议通过）
53. 上海市地下铁道管理条例
（1997 年 12 月 12 日上海市第十届人民代表大会常务委员会第四十次会议通过　2002 年 7 月 1 日起废止）

## 1998 年

1. 上海市人民代表大会常务委员会关于修改《上海市人民代表大会议事规则》的决定
（1998 年 1 月 14 日上海市第十届人民代表大会常务委员会第四十一次会议通过）
2. 上海市人民代表大会常务委员会关于修改《上海市实施〈中华人民共和国全国人民代表大会和地方各级人民代表大会代表法〉办法》的决定
（1998 年 1 月 14 日上海市第十届人民代表大会常务委员会第四十一次会议通过　2015 年 3

月 1 日起失效）

3. 上海市人民代表大会常务委员会关于修改《上海市产品质量监督条例》的决定

（1998 年 6 月 24 日上海市第十一届人民代表大会常务委员会第三次会议通过　2012 年 9 月 1 日起失效）

4. 上海市老年人权益保障条例

（1998 年 8 月 18 日上海市第十一届人民代表大会常务委员会第四次会议通过　2016 年 5 月 1 日起废止）

5. 上海市人民代表大会常务委员会关于修改《上海市人民代表大会常务委员会关于授予外国人“上海市荣誉市民”称号的办法》的决定（法规现名：上海市授予荣誉市民称号规定）

（1998 年 8 月 18 日上海市第十一届人民代表大会常务委员会第四次会议通过　2022 年 10 月 28 日起失效）

6. 上海市人民代表大会常务委员会关于修改《上海市罢免和补选各级人民代表大会代表程序的规定》的决定

（1998 年 8 月 18 日上海市第十一届人民代表大会常务委员会第四次会议通过）

7. 上海市节约能源条例

（1998 年 9 月 22 日上海市第十一届人民代表大会常务委员会第五次会议通过）

8. 上海市献血条例

（1998 年 9 月 22 日上海市第十一届人民代表大会常务委员会第五次会议通过）

9. 上海市发展中医条例

（1998 年 9 月 22 日上海市第十一届人民代表大会常务委员会第五次会议通过　2021 年 5 月 1 日起废止）

10. 上海市地名管理条例

（1998 年 9 月 22 日上海市第十一届人民代表大会常务委员会第五次会议通过）

11. 上海市人民代表大会常务委员会关于加强本市城镇职工养老保险费征缴的若干规定

（1998 年 9 月 22 日上海市第十一届人民代表大会常务委员会第五次会议通过　2000 年 12 月 1 日起废止）

12. 上海市居民同外国人、华侨、香港特别行政区居民、澳门地区居民、台湾地区居民婚姻登记和婚姻咨询管理若干规定

（1998 年 11 月 5 日上海市第十一届人民代表大会常务委员会第六次会议通过　2010 年 7 月 30 日起废止）

13. 上海市人民代表大会常务委员会关于修改《上海市文化娱乐市场管理条例》的决定

（1998 年 11 月 5 日上海市第十一届人民代表大会常务委员会第六次会议通过）

## 1999 年

1. 上海市燃气管理条例

（1999 年 1 月 22 日上海市第十一届人民代表大会常务委员会第八次会议通过）

2. 上海市民防条例

（1999 年 6 月 1 日上海市第十一届人民代表大会常务委员会第十次会议通过）

3. 上海市民用机场地区管理条例

(1999 年 6 月 1 日上海市第十一届人民代表大会常务委员会第十次会议通过)

4. 上海市拆除违法建筑若干规定

(1999 年 6 月 1 日上海市第十一届人民代表大会常务委员会第十次会议通过)

5. 上海市村民委员会选举办法

(1999 年 6 月 1 日上海市第十一届人民代表大会常务委员会第十次会议通过)

6. 上海市人民代表大会常务委员会关于修改《上海市道路交通管理条例》的决定

(1999 年 7 月 12 日上海市第十一届人民代表大会常务委员会第十一次会议通过)

7. 上海市人民代表大会常务委员会关于修改《上海市实施〈中华人民共和国残疾人保障法〉办法》的决定

(1999 年 7 月 12 日上海市第十一届人民代表大会常务委员会第十一次会议通过)

8. 上海市人民代表大会常务委员会关于修改《上海市实施〈中华人民共和国归侨侨眷权益保护法〉办法》的决定

(1999 年 7 月 12 日上海市第十一届人民代表大会常务委员会第十一次会议通过)

9. 上海市建设工程材料管理条例

(1999 年 11 月 26 日上海市第十一届人民代表大会常务委员会第十四次会议通过)

10. 上海市公路管理条例

(1999 年 11 月 26 日上海市第十一届人民代表大会常务委员会第十四次会议通过)

11. 上海市房屋租赁条例

(1999 年 12 月 27 日上海市第十一届人民代表大会常务委员会第十五次会议通过　2023 年 2 月 1 日起废止)

12. 上海市人民代表大会常务委员会关于本市实行交通警察和巡察警察在道路上统一执法的决定

(1999 年 1 月 22 日上海市第十一届人民代表大会常务委员会第八次会议通过　2005 年 2 月 24 日起废止)

## 2000 年

1. 上海市人民代表大会常务委员会关于修改《上海市消防条例》的决定

(2000 年 1 月 25 日上海市第十一届人民代表大会常务委员会第十六次会议通过)

2. 上海市鼓励引进技术的吸收与创新规定

(2000 年 1 月 25 日上海市第十一届人民代表大会常务委员会第十六次会议通过)

3. 上海市人民代表大会常务委员会关于修改《上海市道路交通管理条例》的决定

(2000 年 4 月 10 日上海市第十一届人民代表大会常务委员会第十七次会议通过)

4. 上海市人民代表大会常务委员会关于废止《上海市外商投资企业清算条例》的决定

(2000 年 4 月 11 日上海市第十一届人民代表大会常务委员会第十七次会议通过)

5. 上海市人民代表大会常务委员会关于修改《上海市人民代表大会常务委员会任免国家机关工作人员条例》的决定

(2000 年 5 月 24 日上海市第十一届人民代表大会常务委员会第十八次会议通过)

6. 上海市人民代表大会常务委员会关于加强本市基础通信管线管理的决定

(2000 年 7 月 13 日上海市第十一届人民代表大会常务委员会第二十次会议通过)

7. 上海市合同格式条款监督条例
（2000年7月13日上海市第十一届人民代表大会常务委员会第二十次会议通过）
8. 上海市人民代表大会常务委员会关于修改《上海市文化娱乐市场管理条例》的决定
（2000年7月13日上海市第十一届人民代表大会常务委员会第二十次会议通过）
9. 上海市人民代表大会常务委员会关于修改《上海市科学技术进步条例》的决定
（2000年7月13日上海市第十一届人民代表大会常务委员会第二十次会议通过）
10. 上海市人民代表大会常务委员会关于废止《上海市严禁赌博条例》的决定
（2000年7月13日上海市第十一届人民代表大会常务委员会第二十次会议通过）
11. 上海市人民代表大会常务委员会关于废止《上海市演出市场管理条例》的决定
（2000年7月13日上海市第十一届人民代表大会常务委员会第二十次会议通过）
12. 上海市清真食品管理条例
（2000年8月11日上海市第十一届人民代表大会常务委员会第二十一次会议通过）
13. 上海市公共汽车和电车客运管理条例
（2000年9月22日上海市第十一届人民代表大会常务委员会第二十二次会议通过）
14. 上海市实施《中华人民共和国村民委员会组织法》办法
（2000年9月22日上海市第十一届人民代表大会常务委员会第二十二次会议通过）
15. 上海市计量监督管理条例
（2000年9月22日上海市第十一届人民代表大会常务委员会第二十二次会议通过）
16. 上海市植树造林绿化管理条例
（2000年9月22日上海市第十一届人民代表大会常务委员会第二十二次会议修订 2007年5月1日起废止）
17. 上海市实施《中华人民共和国土地管理法》办法
（2000年11月17日上海市第十一届人民代表大会常务委员会第二十三次会议修订）
18. 上海市城镇职工社会保险费征缴若干规定
（2000年11月17日上海市第十一届人民代表大会常务委员会第二十三次会议通过 2023年12月28日起废止）
19. 上海市经纪人条例
（2000年12月15日上海市第十一届人民代表大会常务委员会第二十四次会议通过 2023年12月28日起废止）
20. 上海市遗体捐献条例
（2000年12月15日上海市第十一届人民代表大会常务委员会第二十四次会议通过）
21. 上海市人民代表大会常务委员会关于修改《上海市特种行业和公共场所治安管理条例》的决定
（2000年12月15日上海市第十一届人民代表大会常务委员会第二十四次会议通过）
22. 上海市市民体育健身条例
（2000年12月15日上海市第十一届人民代表大会常务委员会第二十四次会议通过）
23. 上海市人民代表大会常务委员会关于同意在本市进行城市管理综合执法试点工作的决定
（2000年7月13日上海市第十一届人民代表大会常务委员会第二十次会议通过 2004年2月1日起终止执行）

## 2001年

1. 上海市人民代表大会常务委员会关于修改《上海市出租汽车管理条例》的决定
（2001年1月17日上海市第十一届人民代表大会常务委员会第二十五次会议通过）
2. 上海市制定地方性法规条例
（2001年2月12日上海市第十一届人民代表大会第四次会议通过）
3. 上海市人民代表大会常务委员会关于修改《上海市道路交通管理条例》的决定
（2001年5月24日上海市第十一届人民代表大会常务委员会第二十八次会议通过）
4. 上海市中小学校学生伤害事故处理条例
（2001年7月13日上海市第十一届人民代表大会常务委员会第二十九次会议通过）
5. 上海市实施《中华人民共和国大气污染防治法》办法
（2001年7月13日上海市第十一届人民代表大会常务委员会第二十九次会议通过 2014年10月1日起废止）
6. 上海市人民代表大会常务委员会关于修改《上海市排水管理条例》的决定
（2001年8月20日上海市第十一届人民代表大会常务委员会第三十次会议通过 2020年5月1日起废止）
7. 上海市市级预算审查监督规定
（2001年8月20日上海市第十一届人民代表大会常务委员会第三十次会议通过 2017年10月1日起废止）
8. 上海市人民代表大会常务委员会关于修改《上海市人民代表大会议事规则》的决定
（2001年10月24日上海市第十一届人民代表大会常务委员会第三十二次会议通过）
9. 上海市人民代表大会常务委员会关于修改《上海市人民代表大会常务委员会议事规则》的决定
（2001年10月24日上海市第十一届人民代表大会常务委员会第三十二次会议通过）
10. 上海市市容环境卫生管理条例
（2001年11月14日上海市第十一届人民代表大会常务委员会第三十三次会议通过）
11. 上海市内河航道管理条例
（2001年11月15日上海市第十一届人民代表大会常务委员会第三十三次会议通过 2020年1月1日起废止）
12. 上海市劳动合同条例
（2001年11月15日上海市第十一届人民代表大会常务委员会第三十三次会议通过）
13. 上海市标准化条例
（2001年12月28日上海市第十一届人民代表大会常务委员会第三十五次会议通过）
14. 上海市专利保护条例
（2001年12月28日上海市第十一届人民代表大会常务委员会第三十五次会议通过）
15. 上海市精神卫生条例
（2001年12月28日上海市第十一届人民代表大会常务委员会第三十五次会议通过）
16. 上海市人民代表大会常务委员会关于修改《上海市人民代表大会常务委员会关于乡镇人民代表大会工作的若干规定》的决定

（2001 年 12 月 28 日上海市第十一届人民代表大会常务委员会第二十五次会议通过　2016 年 5 月 1 日起失效）

17. 上海市人民代表大会常务委员会关于中止执行部分以地方性法规为依据的行政审批事项的决定

（2001 年 10 月 24 日上海市第十一届人民代表大会常务委员会第三十二次会议通过　2003 年 12 月 31 日起失效）

## 2002 年

1. 上海市人民代表大会常务委员会关于废止《上海市发展新兴技术和新兴工业暂行条例》的决定

（2002 年 1 月 29 日上海市第十一届人民代表大会常务委员会第三十六次会议通过）

2. 上海市人民代表大会常务委员会关于修改《上海市测绘管理条例》的决定

（2002 年 2 月 1 日上海市第十一届人民代表大会常务委员会第三十六次会议通过）

3. 上海市人民代表大会常务委员会关于修改《上海市鼓励引进技术的吸收与创新规定》的决定

（2002 年 2 月 1 日上海市第十一届人民代表大会常务委员会第三十六次会议通过）

4. 上海市人民代表大会常务委员会讨论、决定重大事项的规定

（2002 年 4 月 9 日上海市第十一届人民代表大会常务委员会第三十八次会议通过）

5. 上海市轨道交通管理条例

（2002 年 5 月 21 日上海市第十一届人民代表大会常务委员会第三十九次会议通过）

6. 上海市人民代表大会常务委员会关于修改《上海市征兵工作条例》的决定

（2002 年 6 月 20 日上海市第十一届人民代表大会常务委员会第四十次会议通过）

7. 上海市历史文化风貌区和优秀历史建筑保护条例

（2002 年 7 月 25 日上海市第十一届人民代表大会常务委员会第四十一次会议通过）

8. 上海市古树名木和古树后续资源保护条例

（2002 年 7 月 25 日上海市第十一届人民代表大会常务委员会第四十一次会议通过）

9. 上海市人民代表大会常务委员会关于修改《上海市工会条例》的决定

（2002 年 9 月 24 日上海市第十一届人民代表大会常务委员会第四十三次会议通过）

10. 上海市人民代表大会常务委员会关于废止《上海市外商投资企业劳动人事管理条例》的决定

（2002 年 9 月 24 日上海市第十一届人民代表大会常务委员会第四十三次会议通过）

11. 上海市出版物发行管理条例

（2002 年 10 月 28 日上海市第十一届人民代表大会常务委员会第四十四次会议通过）

12. 上海市消费者权益保护条例

（2002 年 10 月 28 日上海市第十一届人民代表大会常务委员会第四十四次会议通过）

13. 上海市人民代表大会常务委员会关于废止《上海市中外合资经营企业工会条例》的决定

（2002 年 10 月 28 日上海市第十一届人民代表大会常务委员会第四十四次会议通过）

14. 上海市房地产登记条例

（2002 年 10 月 31 日上海市第十一届人民代表大会常务委员会第四十四次会议通过　2021 年 3 月 1 日起废止）

15. 上海市促进行业协会发展规定
(2002年10月31日上海市第十一届人民代表大会常务委员会第四十四次会议通过)
16. 上海市人民代表大会常务委员会关于中止执行以地方性法规为依据的11项行政审批事项的决定
(2002年1月30日上海市第十一届人民代表大会常务委员会第三十六次会议通过 2003年12月31日起失效)

## 2003年

1. 上海市人民代表大会常务委员会关于修改《上海市市容环境卫生管理条例》的决定
(2003年4月24日上海市第十二届人民代表大会常务委员会第三次会议通过)
2. 上海市人民代表大会常务委员会关于修改《上海市民防条例》的决定
(2003年6月26日上海市第十二届人民代表大会常务委员会第五次会议通过)
3. 上海市人民代表大会常务委员会关于修改《上海市消防条例》的决定
(2003年6月26日上海市第十二届人民代表大会常务委员会第五次会议通过)
4. 上海市人民代表大会常务委员会关于修改《上海市特种行业和公共场所治安管理条例》的决定
(2003年6月26日上海市第十二届人民代表大会常务委员会第五次会议通过)
5. 上海市人民代表大会常务委员会关于修改《上海市职业病防治条例》的决定
(2003年6月26日上海市第十二届人民代表大会常务委员会第五次会议通过)
6. 上海市人民代表大会常务委员会关于修改《上海市市民体育健身条例》的决定
(2003年6月26日上海市第十二届人民代表大会常务委员会第五次会议通过)
7. 上海市人民代表大会常务委员会关于修改《上海市文化娱乐市场管理条例》的决定
(2003年6月26日上海市第十二届人民代表大会常务委员会第五次会议通过)
8. 上海市人民代表大会常务委员会关于修改《上海市音像制品管理条例》的决定
(2003年6月26日上海市第十二届人民代表大会常务委员会第五次会议通过)
9. 上海市人民代表大会常务委员会关于修改《上海市技术市场条例》的决定
(2003年6月26日上海市第十二届人民代表大会常务委员会第五次会议通过)
10. 上海市人民代表大会常务委员会关于修改《上海市人才流动条例》的决定
(2003年6月26日上海市第十二届人民代表大会常务委员会第五次会议通过 2023年12月28日起废止)
11. 上海市人民代表大会常务委员会关于废止《上海市收容遣送管理条例》的决定
(2003年8月5日上海市第十二届人民代表大会常务委员会第六次会议通过)
12. 上海市防汛条例
(2003年8月8日上海市第十二届人民代表大会常务委员会第六次会议通过)
13. 上海市信访条例
(2003年8月8日上海市第十二届人民代表大会常务委员会第六次会议修订)
14. 上海市人民代表大会常务委员会关于修改《上海市民用机场地区管理条例》的决定
(2003年10月10日上海市第十二届人民代表大会常务委员会第七次会议通过)
15. 上海市人民代表大会常务委员会关于修改《上海市河道管理条例》的决定

（2003 年 10 月 10 日上海市第十二届人民代表大会常务委员会第七次会议通过）

16. 上海市人民代表大会常务委员会关于修改《上海市燃气管理条例》的决定
（2003 年 10 月 10 日上海市第十二届人民代表大会常务委员会第七次会议通过）

17. 上海市人民代表大会常务委员会关于修改《上海市公路管理条例》的决定
（2003 年 10 月 10 日上海市第十二届人民代表大会常务委员会第七次会议通过）

18. 上海市人民代表大会常务委员会关于修改《上海市城市道路桥梁管理条例》的决定
（2003 年 10 月 10 日上海市第十二届人民代表大会常务委员会第七次会议通过）

19. 上海市人民代表大会常务委员会关于修改《上海市建筑市场管理条例》的决定
（2003 年 10 月 10 日上海市第十二届人民代表大会常务委员会第七次会议通过）

20. 上海市人民代表大会常务委员会关于修改《上海市水路运输管理条例》的决定
（2003 年 10 月 10 日上海市第十二届人民代表大会常务委员会第七次会议通过）

21. 上海市人民代表大会常务委员会关于修改《上海市公共汽车和电车客运管理条例》的决定
（2003 年 10 月 10 日上海市第十二届人民代表大会常务委员会第七次会议通过）

22. 上海市人民代表大会常务委员会关于修改《上海市出租汽车管理条例》的决定
（2003 年 10 月 10 日上海市第十二届人民代表大会常务委员会第七次会议通过）

23. 上海市人民代表大会常务委员会关于修改《上海市公园管理条例》的决定
（2003 年 10 月 10 日上海市第十二届人民代表大会常务委员会第七次会议通过）

24. 上海市人民代表大会常务委员会关于修改《上海市植树造林绿化管理条例》的决定
（2003 年 10 月 10 日上海市第十二届人民代表大会常务委员会第七次会议通过　2007 年 5 月 1 日起失效）

25. 上海市人民代表大会常务委员会关于修改《上海市供水管理条例》的决定
（2003 年 10 月 10 日上海市第十二届人民代表大会常务委员会第七次会议通过）

26. 上海市人民代表大会常务委员会关于修改《上海市排水管理条例》的决定
（2003 年 10 月 10 日上海市第十二届人民代表大会常务委员会第七次会议通过　2020 年 5 月 1 日起废止）

27. 上海市人民代表大会常务委员会关于修改《上海市道路运输管理条例》的决定
（2003 年 11 月 13 日上海市第十二届人民代表大会常务委员会第八次会议通过）

28. 上海市人民代表大会常务委员会关于修改《上海市城市规划条例》的决定
（2003 年 11 月 13 日上海市第十二届人民代表大会常务委员会第八次会议通过　2011 年 1 月 1 日起失效）

29. 上海市人口与计划生育条例
（2003 年 12 月 31 日上海市第十二届人民代表大会常务委员会第九次会议通过）

30. 上海市旅游条例
（2003 年 12 月 31 日上海市第十二届人民代表大会常务委员会第九次会议通过）

31. 关于控制传染性非典型肺炎传播的决定
（2003 年 5 月 14 日上海市第十二届人民代表大会常务委员会第四次会议通过　2003 年 8 月 5 日起终止执行）

32. 上海市人民代表大会常务委员会关于终止执行《关于控制传染性非典型肺炎传播的决定》的决定
（2003 年 8 月 5 日上海市第十二届人民代表大会常务委员会第六次会议通过）

33. 上海市人民代表大会常务委员会关于终止执行《上海市人民代表大会常务委员会关于同意在本市进行城市管理综合执法试点工作的决定》的决定
(2003 年 12 月 29 日上海市第十二届人民代表大会常务委员会第九次会议通过)

## 2004 年

1. 上海市人民代表大会常务委员会关于修改《上海市房地产登记条例》的决定
(2004 年 4 月 14 日上海市第十二届人民代表大会常务委员会第十一次会议通过　2021 年 3 月 1 日起废止)
2. 上海市职业教育条例
(2004 年 5 月 20 日上海市第十二届人民代表大会常务委员会第十二次会议通过)
3. 上海市住宅物业管理规定
(2004 年 8 月 19 日上海市第十二届人民代表大会常务委员会第十四次会议通过)
4. 上海市人民代表大会常务委员会关于修改《上海市村民委员会选举办法》的决定
(2004 年 8 月 19 日上海市第十二届人民代表大会常务委员会第十四次会议通过)
5. 上海市人民代表大会常务委员会关于废止《上海市城乡集市贸易管理规定》的决定
(2004 年 8 月 19 日上海市第十二届人民代表大会常务委员会第十四次会议通过)
6. 上海市人民代表大会常务委员会关于修改《上海市制定地方性法规条例》的决定
(2004 年 10 月 19 日上海市第十二届人民代表大会常务委员会第十五次会议通过)
7. 上海市未成年人保护条例
(2004 年 11 月 25 日上海市第十二届人民代表大会常务委员会第十六次会议通过)
8. 上海市人民代表大会常务委员会关于修改《上海市档案条例》的决定
(2004 年 11 月 25 日上海市第十二届人民代表大会常务委员会第十六次会议通过)
9. 上海市人民代表大会常务委员会关于消费者权益保护委员会行使《上海市消费者权益保护条例》赋予消费者协会职能的解释
(2004 年 2 月 19 日上海市第十二届人民代表大会常务委员会第十次会议通过)
10. 上海市人民代表大会常务委员会关于停止执行本市地方性法规设定的若干行政许可事项的决定
(2004 年 6 月 23 日上海市第十二届人民代表大会常务委员会第十三次会议通过)
11. 上海市人民代表大会常务委员会关于确认市政府规章设定的公共安全防范工程设计施工单位的核准等 12 项行政许可事项继续实施的决定
(2004 年 6 月 23 日上海市第十二届人民代表大会常务委员会第十三次会议通过)

## 2005 年

1. 上海市安全生产条例
(2005 年 1 月 6 日上海市第十二届人民代表大会常务委员会第十七次会议通过)
2. 上海市机动车道路交通事故赔偿责任若干规定
(2005 年 2 月 24 日上海市第十二届人民代表大会常务委员会第十八次会议通过　2021 年 1 月 1 日起废止)

3. 上海市人民代表大会常务委员会关于修改《上海市制定地方性法规条例》的决定
（2005 年 2 月 24 日上海市第十二届人民代表大会常务委员会第十八次会议通过）
4. 上海市人民代表大会常务委员会关于修改《上海市宗教事务条例》的决定
（2005 年 4 月 21 日上海市第十二届人民代表大会常务委员会第十九次会议通过）
5. 上海市人民代表大会常务委员会关于修改《上海市民用机场地区管理条例》的决定
（2005 年 4 月 22 日上海市第十二届人民代表大会常务委员会第十九次会议通过）
6. 上海市企业名称登记管理规定
（2005 年 6 月 16 日上海市第十二届人民代表大会常务委员会第二十次会议通过　2022 年 10 月 28 日起废止）
7. 上海市住房公积金管理若干规定
（2005 年 9 月 23 日上海市第十二届人民代表大会常务委员会第二十二次会议通过）
8. 上海市环境保护条例
（2005 年 10 月 28 日上海市第十二届人民代表大会常务委员会第二十三次会议修订）
9. 上海市道路运输管理条例
（2005 年 10 月 28 日上海市第十二届人民代表大会常务委员会第二十三次会议修订）
10. 上海市商品交易市场管理条例
（2005 年 11 月 25 日上海市第十二届人民代表大会常务委员会第二十四次会议通过）
11. 上海市新建住宅交付使用许可规定
（2005 年 11 月 25 日上海市第十二届人民代表大会常务委员会第二十四次会议通过）
12. 上海市促进就业若干规定
（2005 年 12 月 29 日上海市第十二届人民代表大会常务委员会第二十五次会议通过　2023 年 3 月 1 日起废止）
13. 上海市实施《中华人民共和国国家通用语言文字法》办法
（2005 年 12 月 29 日上海市第十二届人民代表大会常务委员会第二十五次会议通过）
14. 上海市人民代表大会常务委员会关于修改《上海市区县及乡镇人民代表大会代表直接选举实施细则》的决定（法规原名：上海市人民代表大会常务委员会关于本市区、县及乡、镇人民代表大会代表直接选举的实施细则）
（2005 年 12 月 29 日上海市第十二届人民代表大会常务委员会第二十五次会议通过）
15. 上海市动物防疫条例
（2005 年 12 月 29 日上海市第十二届人民代表大会常务委员会第二十五次会议通过）
16. 上海港口条例
（2005 年 12 月 29 日上海市第十二届人民代表大会常务委员会第二十五次会议通过）
17. 上海市人民代表大会关于废止《上海市人民代表大会常务委员会关于本市实行交通警察和巡察警察在道路上统一执法的决定》的决定
（2005 年 2 月 24 日上海市第十二届人民代表大会常务委员会第十八次会议通过）

## 2006 年

1. 上海市法律援助若干规定
（2006 年 4 月 26 日上海市第十二届人民代表大会常务委员会第二十七次会议通过）

2. 上海市人民代表大会常务委员会关于修改《上海市河道管理条例》的决定
（2006年6月22日上海市第十二届人民代表大会常务委员会第二十八次会议通过）
3. 上海市人民代表大会常务委员会关于修改《上海市供水管理条例》的决定
（2006年6月22日上海市第十二届人民代表大会常务委员会第二十八次会议通过）
4. 上海市人民代表大会常务委员会关于修改《上海市排水管理条例》的决定
（2006年6月22日上海市第十二届人民代表大会常务委员会第二十八次会议通过　2020年5月1日起废止）
5. 上海市人民代表大会常务委员会关于修改《上海市出租汽车管理条例》的决定
（2006年6月22日上海市第十二届人民代表大会常务委员会第二十八次会议通过）
6. 上海市人民代表大会常务委员会关于修改《上海市轨道交通管理条例》的决定
（2006年6月22日上海市第十二届人民代表大会常务委员会第二十八次会议通过）
7. 上海市人民代表大会常务委员会关于修改《上海市公共汽车和电车客运管理条例》的决定
（2006年6月22日上海市第十二届人民代表大会常务委员会第二十八次会议通过）
8. 上海市人民代表大会常务委员会关于修改《上海市人民代表大会常务委员会关于市人民政府制定规章设定行政处罚罚款限额的规定》的决定
（2006年8月11日上海市第十二届人民代表大会常务委员会第二十九次会议通过）
9. 上海市城市道路管理条例(法规原名：上海市城市道路桥梁管理条例)
（2006年10月26日上海市第十二届人民代表大会常务委员会第三十一次会议修订）
10. 上海市实施《中华人民共和国气象法》办法
（2006年10月26日上海市第十二届人民代表大会常务委员会第三十一次会议通过　2024年11月1日起废止）

## 2007年

1. 上海市绿化条例
（2007年1月17日上海市第十二届人民代表大会常务委员会第三十三次会议通过）
2. 上海市人民代表大会常务委员会关于修改《上海市实施〈中华人民共和国妇女权益保障法〉办法》的决定
（2007年4月26日上海市第十二届人民代表大会常务委员会第三十五次会议通过　2023年1月1日起失效）
3. 上海市人民代表大会常务委员会关于修改《上海市人民代表大会常务委员会任免国家机关工作人员条例》的决定
（2007年4月26日上海市第十二届人民代表大会常务委员会第三十五次会议通过）
4. 上海市人民代表大会常务委员会关于修改《上海市罢免和补选各级人民代表大会代表程序的规定》的决定
（2007年4月26日上海市第十二届人民代表大会常务委员会第三十五次会议通过）
5. 上海市人民代表大会常务委员会关于废止《上海市人民代表大会常务委员会监督司法工作条例》的决定
（2007年4月26日上海市第十二届人民代表大会常务委员会第三十五次会议通过）
6. 上海市集体合同条例

（2007 年 8 月 16 日上海市第十二届人民代表大会常务委员会第三十八次会议通过）

7. 上海市促进大型科学仪器设施共享规定

（2007 年 8 月 16 日上海市第十二届人民代表大会常务委员会第三十八次会议通过）

8. 上海市民兵预备役工作条例

（2007 年 10 月 10 日上海市第十二届人民代表大会常务委员会第三十九次会议通过）

9. 上海市促进农业科技进步若干规定

（2007 年 10 月 10 日上海市第十二届人民代表大会常务委员会第三十九次会议通过）

10. 上海市人民代表大会常务委员会关于修改《上海市实施〈中华人民共和国大气污染防治法〉办法》的决定

（2007 年 10 月 10 日上海市第十二届人民代表大会常务委员会第三十九次会议通过　2014 年 10 月 1 日起失效）

11. 上海市燃气管理条例

（2007 年 10 月 10 日上海市第十二届人民代表大会常务委员会第三十九次会议修订）

12. 上海市人民代表大会常务委员会关于修改《上海市出版物发行管理条例》的决定

（2007 年 11 月 28 日上海市第十二届人民代表大会常务委员会第四十次会议通过）

13. 上海市人民代表大会常务委员会关于促进和保障浦东新区综合配套改革试点工作的决定

（2007 年 4 月 26 日上海市第十二届人民代表大会常务委员会第三十五次会议通过）

## 2008 年

1. 上海市保护电力设施和维护用电秩序规定

（2008 年 8 月 21 日上海市第十三届人民代表大会常务委员会第五次会议通过）

2. 上海市人民代表大会常务委员会关于修改《上海市人民代表大会常务委员会议事规则》的决定

（2008 年 8 月 21 日上海市第十三届人民代表大会常务委员会第五次会议通过）

3. 上海市促进电子商务发展规定

（2008 年 11 月 26 日上海市第十三届人民代表大会常务委员会第七次会议通过）

4. 上海市人民代表大会常务委员会关于修改《上海市人民代表大会常务委员会任免国家机关工作人员条例》的决定

（2008 年 11 月 26 日上海市第十三届人民代表大会常务委员会第七次会议通过）

5. 上海市房地产登记条例

（2008 年 12 月 25 日上海市第十三届人民代表大会常务委员会第八次会议修订　2021 年 3 月 1 日起废止）

6. 上海市人民代表大会常务委员会关于修改《上海市人民代表大会关于代表议案的规定》的决定

（2008 年 12 月 25 日上海市第十三届人民代表大会常务委员会第八次会议通过）

7. 上海市人民代表大会常务委员会关于停止执行两件地方性法规中涉及有关行政事业性收费规定的决定

（2008 年 4 月 24 日上海市第十三届人民代表大会常务委员会第三次会议通过）

8. 上海市人民代表大会常务委员会关于本市促进和保障世博会筹备和举办工作的决定

（2008 年 6 月 19 日上海市第十三届人民代表大会常务委员会第四次会议通过）

## 2009 年

1. 上海市实施《中华人民共和国义务教育法》办法
（2009 年 2 月 24 日上海市第十三届人民代表大会常务委员会第九次会议修订）
2. 上海市人民代表大会常务委员会关于修改《上海市市容环境卫生管理条例》的决定
（2009 年 2 月 24 日上海市第十三届人民代表大会常务委员会第九次会议通过）
3. 上海市志愿服务条例
（2009 年 4 月 23 日上海市第十三届人民代表大会常务委员会第十次会议通过）
4. 上海市节约能源条例
（2009 年 4 月 23 日上海市第十三届人民代表大会常务委员会第十次会议修订）
5. 上海市推进国际金融中心建设条例
（2009 年 6 月 25 日上海市第十三届人民代表大会常务委员会第十二次会议通过）
6. 上海市拆除违法建筑若干规定
（2009 年 6 月 25 日上海市第十三届人民代表大会常务委员会第十二次会议修订）
7. 上海市实施《中华人民共和国防震减灾法》办法
（2009 年 10 月 22 日上海市第十三届人民代表大会常务委员会第十四次会议通过）
8. 上海市人民代表大会常务委员会关于修改《上海市旅游条例》的决定
（2009 年 10 月 22 日上海市第十三届人民代表大会常务委员会第十四次会议通过）
9. 上海市饮用水水源保护条例
（2009 年 12 月 10 日上海市第十三届人民代表大会常务委员会第十五次会议通过）
10. 上海市公共场所控制吸烟条例
（2009 年 12 月 10 日上海市第十三届人民代表大会常务委员会第十五次会议通过）

## 2010 年

1. 上海市消防条例
（2010 年 1 月 13 日上海市第十三届人民代表大会常务委员会第十六次会议修订）
2. 上海市人民代表大会常务委员会关于修改《上海市动物防疫条例》的决定
（2010 年 5 月 27 日上海市第十三届人民代表大会常务委员会第十九次会议通过）
3. 上海市人民代表大会常务委员会关于修改《上海市促进行业协会发展规定》的决定
（2010 年 7 月 30 日上海市第十三届人民代表大会常务委员会第二十次会议通过）
4. 上海市人民代表大会常务委员会关于修改《上海市公共汽车和电车客运管理条例》的决定
（2010 年 7 月 30 日上海市第十三届人民代表大会常务委员会第二十次会议通过）
5. 上海市建筑节能条例
（2010 年 9 月 17 日上海市第十三届人民代表大会常务委员会第二十一次会议通过　2025 年 1 月 1 日起废止）
6. 上海市科学技术进步条例
（2010 年 9 月 17 日上海市第十三届人民代表大会常务委员会第二十一次会议修订）

7. 上海市社会治安综合治理条例

（2010 年 11 月 11 日上海市第十三届人民代表大会常务委员会第二十二次会议通过）

8. 上海市城乡规划条例

（2010 年 11 月 11 日上海市第十三届人民代表大会常务委员会第二十二次会议通过）

9. 上海市实施《中华人民共和国归侨侨眷权益保护法》办法

（2010 年 11 月 11 日上海市第十三届人民代表大会常务委员会第二十二次会议修订）

10. 上海市职工代表大会条例

（2010 年 12 月 23 日上海市第十三届人民代表大会常务委员会第二十三次会议通过）

11. 上海市住宅物业管理规定

（2010 年 12 月 23 日上海市第十三届人民代表大会常务委员会第二十三次会议修订）

12. 上海市人民代表大会常务委员会关于废止本市部分地方性法规的决定

（2010 年 7 月 30 日上海市第十三届人民代表大会常务委员会第二十次会议通过）

（1）上海市乡人民政府工作暂行条例

（2）上海市人民警察巡察条例

（3）上海市公证条例

（4）上海市外来流动人员管理条例

（5）上海市居民同外国人、华侨、香港特别行政区居民、澳门地区居民、台湾地区居民婚姻登记和婚姻咨询管理若干规定

13. 上海市人民代表大会常务委员会关于修改本市部分地方性法规的决定

（2010 年 9 月 17 日上海市第十三届人民代表大会常务委员会第二十一次会议通过）

（1）上海市水产养殖保护规定

（2）上海市保护和发展邮电通信规定（2023 年 12 月 28 日起废止）

（3）上海市罢免和补选各级人民代表大会代表程序的规定

（4）上海市国防教育条例

（5）上海市实施《中华人民共和国水法》办法（2018 年 1 月 1 日起废止）

（6）上海市实施《中华人民共和国野生动物保护法》办法（2020 年 5 月 15 日起废止）

（7）上海市实施《中华人民共和国土地管理法》办法

（8）上海市公园管理条例

（9）上海市城市道路管理条例（法规原名：上海市城市道路桥梁管理条例）

（10）上海市征兵工作条例

（11）上海市工会条例

（12）上海市档案条例

（13）上海市红十字会条例

（14）上海市文化娱乐市场管理条例

（15）上海市测绘管理条例

（16）上海市道路运输管理条例

（17）上海市实施《中华人民共和国农业技术推广法》办法

（18）上海市价格管理条例

（19）上海市供水管理条例

（20）上海市滩涂管理条例（2023 年 12 月 28 日起废止）

(21) 上海市排水管理条例（2020年5月1日起废止）
(22) 上海市母婴保健条例
(23) 上海市音像制品管理条例
(24) 上海市殡葬管理条例
(25) 上海市酒类商品产销管理条例
(26) 上海市水路运输管理条例
(27) 上海市建筑市场管理条例
(28) 上海市河道管理条例
(29) 上海市老年人权益保障条例（2016年5月1日起废止）
(30) 上海市献血条例
(31) 上海市地名管理条例
(32) 上海市燃气管理条例
(33) 上海市村民委员会选举办法
(34) 上海市房屋租赁条例（2023年2月1日起废止）
(35) 上海市人民代表大会常务委员会关于加强本市基础通信管线管理的决定
(36) 上海市鼓励引进技术的吸收与创新规定
(37) 上海市计量监督管理条例
(38) 上海市遗体捐献条例
(39) 上海市市民体育健身条例
(40) 上海市内河航道管理条例（2020年1月1日起废止）
(41) 上海市精神卫生条例
(42) 上海市轨道交通管理条例
(43) 上海市历史文化风貌区和优秀历史建筑保护条例
(44) 上海市古树名木和古树后续资源保护条例
(45) 上海市出版物发行管理条例
(46) 上海市防汛条例
(47) 上海市新建住宅交付使用许可规定
(48) 上海港口条例

## 2011年

1. 上海市终身教育促进条例
（2011年1月5日上海市第十三届人民代表大会常务委员会第二十四次会议通过）
2. 上海市养犬管理条例
（2011年2月23日上海市第十三届人民代表大会常务委员会第二十五次会议通过）
3. 上海市促进中小企业发展条例
（2011年4月12日上海市第十三届人民代表大会常务委员会第二十六次会议通过）
4. 上海市区县和乡镇人民代表大会代表直接选举实施细则（法规原名：上海市区县及乡镇人民代表大会代表直接选举实施细则）
（2011年4月12日上海市第十三届人民代表大会常务委员会第二十六次会议修订）

5. 上海市实施《中华人民共和国食品安全法》办法
（2011 年 7 月 29 日上海市第十三届人民代表大会常务委员会第二十八次会议通过　2017 年 3 月 20 日起废止）
6. 上海市安全生产条例
（2011 年 9 月 22 日上海市第十三届人民代表大会常务委员会第二十九次会议修订）
7. 上海市民用机场地区管理条例
（2011 年 9 月 22 日上海市第十三届人民代表大会常务委员会第二十九次会议修订）
8. 上海市实施《中华人民共和国全国人民代表大会和地方各级人民代表大会代表法》办法
（2011 年 9 月 22 日上海市第十三届人民代表大会常务委员会第二十九次会议修订　2015 年 3 月 1 日起废止）
9. 上海口岸服务条例
（2011 年 11 月 17 日上海市第十三届人民代表大会常务委员会第三十次会议通过）
10. 上海市人民代表大会常务委员会关于修改《上海市中小学校学生伤害事故处理条例》的决定
（2011 年 11 月 17 日上海市第十三届人民代表大会常务委员会第三十次会议通过）
11. 上海市建设工程质量和安全管理条例
（2011 年 12 月 22 日上海市第十三届人民代表大会常务委员会第三十一次会议通过）
12. 上海市人民代表大会常务委员会关于修改本市部分地方性法规的决定
（2011 年 12 月 22 日上海市第十三届人民代表大会常务委员会第三十一次会议通过）
（1）上海市出租汽车管理条例
（2）上海市公共汽车和电车客运管理条例
（3）上海市内河航道管理条例（2020 年 1 月 1 日起废止）
（4）上海市河道管理条例
（5）上海市反不正当竞争条例
（6）上海市环境保护条例
（7）上海市历史文化风貌区和优秀历史建筑保护条例
（8）上海市街道办事处条例
（9）上海市道路运输管理条例
（10）上海市实施《中华人民共和国水法》办法（2018 年 1 月 1 日起废止）
（11）上海市地名管理条例
（12）上海市拆除违法建筑若干规定

## 2012 年

1. 上海市人民代表大会常务委员会关于废止《上海市城乡集市贸易食品卫生管理规定》的决定
（2012 年 4 月 17 日上海市第十三届人民代表大会常务委员会第三十三次会议通过）
2. 上海市人民代表大会常务委员会关于规范性文件备案审查的规定
（2012 年 4 月 19 日上海市第十三届人民代表大会常务委员会第三十三次会议通过　2021 年 7 月 1 日起废止）
3. 上海市产品质量条例

(2012 年 4 月 19 日上海市第十三届人民代表大会常务委员会第三十三次会议通过)

4. 上海市城市管理行政执法条例

(2012 年 4 月 19 日上海市第十三届人民代表大会常务委员会第三十三次会议通过)

5. 上海市市民体育健身条例

(2012 年 4 月 19 日上海市第十三届人民代表大会常务委员会第三十三次会议修订)

6. 上海市募捐条例

(2012 年 6 月 7 日上海市第十三届人民代表大会常务委员会第三十四次会议通过　2021 年 11 月 1 日起废止)

7. 上海市人民代表大会关于代表书面意见的规定

(2012 年 7 月 27 日上海市第十三届人民代表大会常务委员会第三十五次会议修订)

8. 上海市国防教育条例

(2012 年 9 月 26 日上海市第十三届人民代表大会常务委员会第三十六次会议修订)

9. 上海市审计条例

(2012 年 9 月 26 日上海市第十三届人民代表大会常务委员会第三十六次会议通过)

10. 上海市实施《中华人民共和国邮政法》办法

(2012 年 9 月 26 日上海市第十三届人民代表大会常务委员会第三十六次会议通过)

11. 上海市人民代表大会常务委员会关于修改《上海市人民代表大会常务委员会任免国家机关工作人员条例》的决定

(2012 年 9 月 26 日上海市第十三届人民代表大会常务委员会第三十六次会议通过)

12. 上海市商品包装物减量若干规定

(2012 年 11 月 21 日上海市第十三届人民代表大会常务委员会第三十七次会议通过)

13. 上海市推进国际贸易中心建设条例

(2012 年 11 月 21 日上海市第十三届人民代表大会常务委员会第三十七次会议通过)

14. 上海市社区公共文化服务规定

(2012 年 11 月 21 日上海市第十三届人民代表大会常务委员会第三十七次会议通过)

15. 上海市安置帮教工作规定

(2012 年 11 月 21 日上海市第十三届人民代表大会常务委员会第三十七次会议通过)

16. 上海市实施《中华人民共和国突发事件应对法》办法

(2012 年 12 月 26 日上海市第十三届人民代表大会常务委员会第三十八次会议通过)

17. 上海市信访条例

(2012 年 12 月 26 日上海市第十三届人民代表大会常务委员会第三十八次会议修订)

18. 上海市人民代表大会常务委员会关于促进创新驱动、转型发展的决定

(2012 年 6 月 7 日上海市第十三届人民代表大会常务委员会第三十四次会议通过)

## 2013 年

1. 上海市地面沉降防治管理条例

(2013 年 4 月 17 日上海市第十四届人民代表大会常务委员会第三次会议通过)

2. 上海市实施《中华人民共和国残疾人保障法》办法

(2013 年 11 月 21 日上海市第十四届人民代表大会常务委员会第九次会议修订)

3. 上海市轨道交通管理条例
（2013 年 11 月 21 日上海市第十四届人民代表大会常务委员会第九次会议修订）
4. 上海市地下空间规划建设条例
（2013 年 12 月 27 日上海市第十四届人民代表大会常务委员会第十次会议通过）
5. 上海市人民代表大会常务委员会关于修改《上海市未成年人保护条例》的决定
（2013 年 12 月 27 日上海市第十四届人民代表大会常务委员会第十次会议通过）
6. 上海市人民代表大会常务委员会关于促进改革创新的决定
（2013 年 6 月 19 日上海市第十四届人民代表大会常务委员会第四次会议通过）
7. 上海市人民代表大会常务委员会关于在中国（上海）自由贸易试验区暂时调整实施本市有关地方性法规规定的决定
（2013 年 9 月 26 日上海市第十四届人民代表大会常务委员会第八次会议通过）

## 2014 年

1. 上海市养老机构条例
（2014 年 2 月 25 日上海市第十四届人民代表大会常务委员会第十一次会议通过　2021 年 3 月 20 日起废止）
2. 上海市人民代表大会常务委员会关于修改《上海市人口与计划生育条例》的决定
（2014 年 2 月 25 日上海市第十四届人民代表大会常务委员会第十一次会议通过）
3. 上海市人民代表大会常务委员会关于修改《上海市人民代表大会常务委员会关于市人民政府制定规章设定行政处罚罚款限额的规定》的决定
（2014 年 4 月 23 日上海市第十四届人民代表大会常务委员会第十二次会议通过）
4. 上海市文物保护条例
（2014 年 6 月 19 日上海市第十四届人民代表大会常务委员会第十三次会议通过）
5. 上海市查处车辆非法客运若干规定
（2014 年 6 月 19 日上海市第十四届人民代表大会常务委员会第十三次会议通过）
6. 上海市村民委员会选举办法
（2014 年 6 月 19 日上海市第十四届人民代表大会常务委员会第十三次会议修订）
7. 中国（上海）自由贸易试验区条例
（2014 年 7 月 25 日上海市第十四届人民代表大会常务委员会第十四次会议通过）
8. 上海市大气污染防治条例
（2014 年 7 月 25 日上海市第十四届人民代表大会常务委员会第十四次会议通过）
9. 上海市建筑市场管理条例
（2014 年 7 月 25 日上海市第十四届人民代表大会常务委员会第十四次会议修订）
10. 上海市人民代表大会常务委员会关于修改《上海市防汛条例》的决定
（2014 年 7 月 25 日上海市第十四届人民代表大会常务委员会第十四次会议通过）
11. 上海市精神卫生条例
（2014 年 11 月 20 日上海市第十四届人民代表大会常务委员会第十六次会议修订）
12. 上海市人民代表大会常务委员会关于修改《上海市消费者权益保护条例》的决定
（2014 年 11 月 20 日上海市第十四届人民代表大会常务委员会第十六次会议通过）

13. 上海市人民代表大会常务委员会关于修改《上海市旅游条例》的决定
（2014 年 12 月 25 日上海市第十四届人民代表大会常务委员会第十七次会议通过）

## 2015 年

1. 上海市实施《中华人民共和国全国人民代表大会和地方各级人民代表大会代表法》办法
（2015 年 1 月 29 日上海市第十四届人民代表大会第三次会议通过）
2. 上海市人民代表大会关于代表议案的规定
（2015 年 1 月 29 日上海市第十四届人民代表大会第三次会议修订）
3. 上海市人民代表大会关于代表建议、批评和意见的规定（法规原名：上海市人民代表大会关于代表书面意见的规定）
（2015 年 1 月 29 日上海市第十四届人民代表大会第三次会议修订）
4. 上海市教育督导条例
（2015 年 2 月 11 日上海市第十四届人民代表大会常务委员会第十九次会议通过）
5. 上海市人民代表大会常务委员会关于修改《上海市集体合同条例》的决定
（2015 年 6 月 18 日上海市第十四届人民代表大会常务委员会第二十一次会议通过）
6. 上海市人民代表大会常务委员会关于修改《上海市城市管理行政执法条例》的决定
（2015 年 6 月 18 日上海市第十四届人民代表大会常务委员会第二十一次会议通过）
7. 上海市预防职务犯罪工作若干规定
（2015 年 7 月 23 日上海市第十四届人民代表大会常务委员会第二十二次会议通过 2023 年 12 月 28 日起废止）
8. 上海市人民代表大会常务委员会关于修改《上海市绿化条例》的决定
（2015 年 7 月 23 日上海市第十四届人民代表大会常务委员会第二十二次会议通过）
9. 上海市台湾同胞投资权益保护规定
（2015 年 9 月 24 日上海市第十四届人民代表大会常务委员会第二十三次会议通过）
10. 上海市实施宪法宣誓制度办法
（2015 年 11 月 19 日上海市第十四届人民代表大会常务委员会第二十四次会议通过）
11. 上海市人民代表大会常务委员会关于修改《上海市制定地方性法规条例》的决定
（2015 年 11 月 19 日上海市第十四届人民代表大会常务委员会第二十四次会议通过）
12. 上海市禁毒条例
（2015 年 12 月 30 日上海市第十四届人民代表大会常务委员会第二十六次会议通过）
13. 上海市供用电条例
（2015 年 12 月 30 日上海市第十四届人民代表大会常务委员会第二十六次会议通过）
14. 上海市非物质文化遗产保护条例
（2015 年 12 月 30 日上海市第十四届人民代表大会常务委员会第二十六次会议通过）
15. 上海市烟花爆竹安全管理条例
（2015 年 12 月 30 日上海市第十四届人民代表大会常务委员会第二十六次会议修订）
16. 上海市人民代表大会常务委员会关于修改《上海市环境保护条例》等 8 件地方性法规的决定
（2015 年 6 月 18 日上海市第十四届人民代表大会常务委员会第二十一次会议通过）

(1) 上海市环境保护条例
(2) 上海市出租汽车管理条例
(3) 上海市水路运输管理条例
(4) 上海市实施《中华人民共和国野生动物保护法》办法(2020 年 5 月 15 日起废止)
(5) 上海市宗教事务条例
(6) 上海市殡葬管理条例
(7) 上海市人才流动条例(2023 年 12 月 28 日起废止)
(8) 上海市文化娱乐市场管理条例

17. 上海市人民代表大会常务委员会关于修改《上海市建设工程材料管理条例》等 12 件地方性法规的决定
(2015 年 7 月 23 日上海市第十四届人民代表大会常务委员会第二十二次会议通过)

(1) 上海市建设工程材料管理条例
(2) 上海市燃气管理条例
(3) 上海市内河航道管理条例(2020 年 1 月 1 日起废止)
(4) 上海港口条例
(5) 上海市公路管理条例
(6) 上海市地名管理条例
(7) 上海市城乡规划条例
(8) 上海市实施《中华人民共和国水法》办法(2018 年 1 月 1 日起废止)
(9) 上海市民防条例
(10) 上海市公园管理条例
(11) 上海市清真食品管理条例
(12) 上海市统计管理条例(2016 年 12 月 1 日起废止)

18. 上海市人民代表大会常务委员会关于开展“证照分离”改革试点在浦东新区暂时调整实施本市有关地方性法规规定的决定
(2015 年 12 月 30 日上海市第十四届人民代表大会常务委员会第二十六次会议通过)

## 2016 年

1. 上海市老年人权益保障条例
(2016 年 1 月 29 日上海市第十四届人民代表大会第四次会议通过)
2. 上海市人民代表大会常务委员会关于修改《上海市人口与计划生育条例》的决定
(2016 年 2 月 23 日上海市第十四届人民代表大会常务委员会第二十七次会议通过)
3. 上海市人民代表大会常务委员会关于区县和乡镇人民代表大会工作的若干规定
(2016 年 4 月 21 日上海市第十四届人民代表大会常务委员会第二十八次会议通过)
4. 上海市推进国际航运中心建设条例
(2016 年 6 月 23 日上海市第十四届人民代表大会常务委员会第三十次会议通过)
5. 上海市人民代表大会常务委员会关于修改《上海市燃气管理条例》的决定
(2016 年 6 月 23 日上海市第十四届人民代表大会常务委员会第三十次会议通过)
6. 上海市急救医疗服务条例

（2016年7月29日上海市第十四届人民代表大会常务委员会第三十一次会议通过）

7. 上海市环境保护条例

（2016年7月29日上海市第十四届人民代表大会常务委员会第三十一次会议修订）

8. 上海市统计条例

（2016年9月14日上海市第十四届人民代表大会常务委员会第三十二次会议通过）

9. 上海市华侨权益保护条例

（2016年9月14日上海市第十四届人民代表大会常务委员会第三十二次会议通过）

10. 上海市街道办事处条例

（2016年9月14日上海市第十四届人民代表大会常务委员会第三十二次会议修订）

11. 上海市检验检测条例

（2016年11月11日上海市第十四届人民代表大会常务委员会第三十三次会议通过）

12. 上海市人民代表大会常务委员会关于修改《上海市公共场所控制吸烟条例》的决定

（2016年11月11日上海市第十四届人民代表大会常务委员会第三十三次会议通过）

13. 上海市道路交通管理条例

（2016年12月29日上海市第十四届人民代表大会常务委员会第三十四次会议修订）

14. 上海市人民代表大会常务委员会关于修改《上海市河道管理条例》等7件地方性法规的决定

（2016年2月23日上海市第十四届人民代表大会常务委员会第二十七次会议通过）

（1）上海市河道管理条例

（2）上海市养老机构条例(2021年3月20日起废止)

（3）上海市养犬管理条例

（4）上海市实施《中华人民共和国气象法》办法(2024年11月1日起废止)

（5）上海市安全生产条例

（6）上海市新建住宅交付使用许可规定

（7）上海市实施《中华人民共和国野生动物保护法》办法(2020年5月15日起废止)

15. 上海市人民代表大会常务委员会关于修改《上海市区县和乡镇人民代表大会代表直接选举实施细则》等5件地方性法规的决定

（2016年4月21日上海市第十四届人民代表大会常务委员会第二十八次会议通过）

（1）上海市区县和乡镇人民代表大会代表直接选举实施细则

（2）上海市人民代表大会常务委员会任免国家机关工作人员条例

（3）上海市实施《中华人民共和国全国人民代表大会和地方各级人民代表大会代表法》办法

（4）上海市人民代表大会关于代表议案的规定

（5）上海市人民代表大会关于代表建议、批评和意见的规定(法规原名：上海市人民代表大会关于代表书面意见的规定)

16. 上海市人民代表大会常务委员会关于修改《上海市人民代表大会常务委员会关于在中国(上海)自由贸易试验区暂时调整实施本市有关地方性法规规定的决定》的决定(决定现名：上海市人民代表大会常务委员会关于在中国(上海)自由贸易试验区调整实施本市有关地方性法规规定的决定)

（2016年12月29日上海市第十四届人民代表大会常务委员会第三十四次会议通过）

## 2017年

1. 上海市食品安全条例
（2017年1月20日上海市第十四届人民代表大会第五次会议通过）
2. 上海市实施《中华人民共和国村民委员会组织法》办法
（2017年2月22日上海市第十四届人民代表大会常务委员会第三十五次会议修订）
3. 上海市居民委员会工作条例
（2017年4月20日上海市第十四届人民代表大会常务委员会第三十七次会议通过）
4. 上海市促进科技成果转化条例
（2017年4月20日上海市第十四届人民代表大会常务委员会第三十七次会议通过）
5. 上海市社会信用条例
（2017年6月23日上海市第十四届人民代表大会常务委员会第三十八次会议通过）
6. 上海市预算审查监督条例
（2017年6月23日上海市第十四届人民代表大会常务委员会第三十八次会议通过　2021年9月28日起废止）
7. 上海市水资源管理若干规定
（2017年11月23日上海市第十四届人民代表大会常务委员会第四十一次会议通过）
8. 上海市农村集体资产监督管理条例
（2017年11月23日上海市第十四届人民代表大会常务委员会第四十一次会议通过）
9. 上海市高等教育促进条例
（2017年12月28日上海市第十四届人民代表大会常务委员会第四十二次会议通过）
10. 上海市人民代表大会常务委员会关于修改《上海市职工代表大会条例》的决定
（2017年11月23日上海市第十四届人民代表大会常务委员会第四十一次会议通过）
11. 上海市人民代表大会常务委员会关于促进和保障崇明世界级生态岛建设的决定
（2017年6月23日上海市第十四届人民代表大会常务委员会第三十八次会议通过）
12. 上海市人民代表大会常务委员会关于修改本市部分地方性法规的决定
（2017年11月23日上海市第十四届人民代表大会常务委员会第四十一次会议通过）
（1）上海市绿化条例
（2）上海市公园管理条例
（3）上海市古树名木和古树后续资源保护条例
（4）上海市计量监督管理条例
（5）上海市实施《中华人民共和国防震减灾法》办法
（6）上海市档案条例
（7）上海市市民体育健身管理条例
（8）上海市防汛条例
（9）上海市河道管理条例
（10）上海市拆除违法建筑若干规定
（11）上海市审计条例
（12）上海市实施《中华人民共和国残疾人保障法》办法

13. 上海市人民代表大会常务委员会关于修改本市部分地方性法规的决定
（2017年12月28日上海市第十四届人民代表大会常务委员会第四十二次会议通过）
（1）上海市环境保护条例
（2）上海市饮用水水源保护条例
（3）上海市大气污染防治条例
（4）上海市供水管理条例

## 2018年

1. 上海市人民代表大会常务委员会关于修改本市部分地方性法规的决定
（2018年5月24日上海市第十五届人民代表大会常务委员会第四次会议通过）
（1）上海市信访条例
（2）上海市社会治安综合治理条例
（3）上海市促进中小企业发展条例
（4）上海市拆除违法建筑若干规定
（5）上海市城市管理行政执法条例
（6）上海市地下空间规划建设条例
（7）上海市供用电条例
（8）上海市安全生产条例
（9）上海市实施《中华人民共和国突发事件应对法》办法
（10）上海市街道办事处条例
（11）上海市城乡规划条例
（12）上海市台湾同胞投资权益保护规定
（13）上海市华侨权益保护条例
2. 上海市单用途预付消费卡管理规定
（2018年7月27日上海市第十五届人民代表大会常务委员会第五次会议通过）
3. 上海市人民代表大会常务委员会关于修改《上海市实施宪法宣誓制度办法》的决定
（2018年7月27日上海市第十五届人民代表大会常务委员会第五次会议通过）
4. 上海市社会救助条例
（2018年11月22日上海市第十五届人民代表大会常务委员会第七次会议通过）
5. 上海市人民代表大会常务委员会关于修改《上海市住宅物业管理规定》的决定
（2018年11月22日上海市第十五届人民代表大会常务委员会第七次会议通过）
6. 上海市职业教育条例
（2018年11月22日上海市第十五届人民代表大会常务委员会第七次会议修订）
7. 上海市宗教事务条例
（2018年11月22日上海市第十五届人民代表大会常务委员会第七次会议修订）
8. 上海市人民代表大会常务委员会关于修改本市部分地方性法规的决定
（2018年11月22日上海市第十五届人民代表大会常务委员会第七次会议通过）
（1）上海市河道管理条例
（2）上海市计量监督管理条例

(3) 上海市公共汽车和电车客运管理条例
(4) 上海市旅游条例
(5) 上海市实施《中华人民共和国气象法》办法(2024 年 11 月 1 日起废止)
9. 上海市人民代表大会常务委员会关于支持和保障长三角更高质量一体化发展的决定
(2018 年 11 月 22 日上海市第十五届人民代表大会常务委员会第七次会议通过)
10. 上海市人民代表大会常务委员会关于本市机构改革涉及地方性法规规定的行政机关职责调整问题的决定
(2018 年 11 月 22 日上海市第十五届人民代表大会常务委员会第七次会议通过)
11. 上海市人民代表大会常务委员会关于修改《上海市大气污染防治条例》的决定
(2018 年 12 月 20 日上海市第十五届人民代表大会常务委员会第八次会议通过)
12. 上海市人民代表大会常务委员会关于修改本市部分地方性法规的决定
(2018 年 12 月 20 日上海市第十五届人民代表大会常务委员会第八次会议通过)
(1) 上海市环境保护条例
(2) 上海市实施《中华人民共和国土地管理法》办法
(3) 上海市水产养殖保护规定
(4) 上海市饮用水水源保护条例
13. 上海市人民代表大会常务委员会关于上海市供水管理条例等 9 件法规的修改决定
(2018 年 12 月 20 日上海市第十五届人民代表大会常务委员会第八次会议通过)
(1) 上海市供水管理条例
(2) 上海市河道管理条例
(3) 上海市实施《中华人民共和国防震减灾法》办法
(4) 上海市民防条例
(5) 上海市绿化条例
(6) 上海市市容环境卫生管理条例
(7) 上海市建筑市场管理条例
(8) 上海市轨道交通管理条例
(9) 上海市城乡规划条例

## 2019 年

1. 上海市生活垃圾管理条例
(2019 年 1 月 31 日上海市第十五届人民代表大会第二次会议通过)
2. 上海市人民代表大会常务委员会关于贯彻实施《中华人民共和国外商投资法》若干问题的决定
(2019 年 5 月 23 日上海市第十五届人民代表大会常务委员会第十二次会议通过)
3. 上海市人民代表大会常务委员会关于促进和保障浦东新区改革开放再出发实现新时代高质量发展的决定
(2019 年 7 月 25 日上海市第十五届人民代表大会常务委员会第十三次会议通过)
4. 上海市标准化条例
(2019 年 7 月 25 日上海市第十五届人民代表大会常务委员会第十三次会议修订)

5. 上海市航道条例
（2019 年 9 月 23 日上海市第十五届人民代表大会常务委员会第十四次会议通过）
6. 上海市人民代表大会常务委员会关于修改《上海市历史文化风貌区和优秀历史建筑保护条例》的决定(法规现名:上海市历史风貌区和优秀历史建筑保护条例)
（2019 年 9 月 26 日上海市人民代表大会常务委员会第十四次会议通过）
7. 上海市第十五届人民代表大会常务委员会关于修改《上海市志愿服务条例》的决定
（2019 年 11 月 15 日上海市第十五届人民代表大会常务委员会第十五次会议通过）
8. 上海市司法鉴定管理条例
（2019 年 12 月 19 日上海市第十五届人民代表大会常务委员会第十六次会议通过）
9. 上海市家政服务条例
（2019 年 12 月 19 日上海市第十五届人民代表大会常务委员会第十六次会议通过）
10. 上海市排水与污水处理条例
（2019 年 12 月 19 日上海市第十五届人民代表大会常务委员会第十六次会议通过）

## 2020 年

1. 上海市推进科技创新中心建设条例
（2020 年 1 月 20 日上海市第十五届人民代表大会常务委员会第三次会议通过）
2. 上海市人民代表大会常务委员会关于全力做好当前新型冠状病毒感染肺炎疫情防控工作的决定
（2020 年 2 月 7 日上海市第十五届人民代表大会常务委员会第十七次会议通过）
3. 上海市会展业条例
（2020 年 3 月 19 日上海市第十五届人民代表大会常务委员会第十八次会议通过）
4. 上海市实施《中华人民共和国农民专业合作社法》办法
（2020 年 3 月 19 日上海市第十五届人民代表大会常务委员会第十八次会议通过）
5. 上海市人民代表大会常务委员会关于修改《上海市消防条例》的决定
（2020 年 3 月 19 日上海市第十五届人民代表大会常务委员会第十八次会议通过）
6. 上海市优化营商环境条例
（2020 年 4 月 10 日上海市第十五届人民代表大会常务委员会第二十次会议通过）
7. 上海市地方金融监督管理条例
（2020 年 4 月 10 日上海市第十五届人民代表大会常务委员会第二十次会议通过）
8. 上海市人民代表大会常务委员会关于修改本市部分地方性法规的决定
（2020 年 5 月 14 日上海市第十五届人民代表大会常务委员会第二十一次会议通过）
(1) 上海市急救医疗服务条例
(2) 上海市道路运输管理条例
(3) 上海市公共汽车和电车客运管理条例
(4) 上海市轨道交通管理条例
(5) 上海港口条例
(6) 上海市旅游条例
(7) 上海市商品交易市场管理条例

(8) 上海口岸服务条例

(9) 上海市法律援助若干规定

(10) 上海市实施《中华人民共和国村民委员会组织法》办法

(11) 上海市居民委员会工作条例

(12) 上海市教育督导条例

9. 上海市人民代表大会常务委员会关于废止《上海市实施〈中华人民共和国野生动物保护法〉办法》的决定

(2020 年 5 月 14 日上海市第十五届人民代表大会常务委员会第二十一次会议通过)

10. 上海市中华鲟保护管理条例

(2020 年 5 月 14 日上海市第十五届人民代表大会常务委员会第二十一次会议通过)

11. 上海市促进中小企业发展条例

(2020 年 6 月 18 日上海市第十五届人民代表大会常务委员会第二十二次会议修订)

12. 上海市人民代表大会常务委员会关于加强检查公益诉讼工作的决定

(2020 年 6 月 18 日上海市第十五届人民代表大会常务委员会第二十二次会议通过)

13. 上海市人民代表大会常务委员会关于促进和保障长三角生态绿色一体化发展示范区建设若干问题的决定

(2020 年 9 月 25 日上海市第十五届人民代表大会常务委员会第二十五次会议通过 2024 年 5 月 1 日起废止)

14. 上海市外商投资条例

(2020 年 9 月 25 日上海市第十五届人民代表大会常务委员会第二十五次会议通过)

15. 上海市人民代表大会专门委员会工作条例

(2020 年 9 月 25 日上海市第十五届人民代表大会常务委员会第二十五次会议通过)

16. 上海市人民代表大会常务委员会关于修改《上海市公路管理条例》的决定

(2020 年 9 月 25 日上海市第十五届人民代表大会常务委员会第二十五次会议通过)

17. 上海市人民代表大会常务委员会关于修改《上海市村民委员会选举办法》的决定

(2020 年 9 月 25 日上海市第十五届人民代表大会常务委员会第二十五次会议通过)

18. 上海市反不正当竞争条例

(2020 年 10 月 27 日上海市第十五届人民代表大会常务委员会第二十六次会议修订)

19. 上海市公共卫生应急管理条例

(2020 年 10 月 27 日上海市第十五届人民代表大会常务委员会第二十六次会议通过)

20. 上海市公共文化服务保障与促进条例

(2020 年 10 月 27 日上海市第十五届人民代表大会常务委员会第二十六次会议通过)

21. 上海市不动产登记若干规定

(2020 年 11 月 27 日上海市第十五届人民代表大会常务委员会第二十七次会议通过)

22. 上海市促进家庭农场发展条例

(2020 年 11 月 27 日上海市第十五届人民代表大会常务委员会第二十七次会议通过)

23. 上海市养老服务条例

(2020 年 12 月 30 日上海市第十五届人民代表大会常务委员会第二十八次会议通过)

24. 上海市知识产权保护条例

(2020 年 12 月 30 日上海市第十五届人民代表大会常务委员会第二十八次会议通过)

25. 上海市铁路安全管理条例
(2020 年 12 月 30 日上海市第十五届人民代表大会常务委员会第二十八次会议通过)
26. 上海市人民代表大会常务委员会关于修改本市部分地方性法规的决定
(2020 年 12 月 30 日上海市第十五届人民代表大会常务委员会第二十八次会议通过)
(1) 上海市合同格式条款监督条例
(2) 上海市遗体捐献条例
(3) 上海市技术市场条例
(4) 上海市住宅物业管理规定
(5) 上海市建筑市场管理条例
(6) 上海市建设工程质量和安全管理条例
(7) 上海市地下空间规划建设条例
(8) 上海市农村集体资产监督管理条例
27. 上海市人民代表大会常务委员会关于废止《上海市机动车道路交通事故赔偿责任若干规定》的决定
(2020 年 12 月 30 日上海市第十五届人民代表大会常务委员会第二十八次会议通过)

## 2021 年

1. 上海市非机动车安全管理条例
(2021 年 2 月 26 日上海市第十五届人民代表大会常务委员会第二十九次会议通过)
2. 上海市促进多元化解矛盾纠纷条例
(2021 年 2 月 26 日上海市第十五届人民代表大会常务委员会第二十九次会议通过)
3. 上海市人民代表大会常务委员会关于促进和保障长江流域禁捕工作若干问题的决定
(2021 年 2 月 26 日市十五届人大常委会第二十九次会议通过)
4. 上海市中医药条例
(2021 年 3 月 24 日上海市第十五届人民代表大会常务委员会第三十次会议通过)
5. 上海市人民代表大会常务委员会关于修改《上海市、区县和乡镇人民代表大会代表直接选举实施细则》的决定(法规现名：上海市区和乡镇人民代表大会代表直接选举实施细则)
(2021 年 3 月 24 日上海市第十五届人民代表大会常务委员会第三十次会议通过)
6. 上海市红色资源传承弘扬和保护利用条例
(2021 年 5 月 21 日上海市第十五届人民代表大会常务委员会第三十一次会议通过)
7. 上海市人民代表大会常务委员会规范性文件备案审查条例
(2021 年 5 月 21 日上海市第十五届人民代表大会常务委员会第三十一次会议通过)
8. 上海市人民代表大会常务委员会关于加强国有资产管理情况监督的决定
(2021 年 5 月 21 日上海市第十五届人民代表大会常务委员会第三十一次会议通过)
9. 上海市人民代表大会常务委员会关于进一步促进和保障“一网通办”改革的决定
(2021 年 6 月 23 日上海市第十五届人民代表大会常务委员会第三十二次会议通过)
10. 上海市人民代表大会常务委员会关于加强浦东新区高水平改革开放法治保障制定浦东新区法规的决定
(2021 年 6 月 23 日上海市第十五届人民代表大会常务委员会第三十二次会议通过)

11. 上海市人民建议征集若干规定

（2021 年 6 月 23 日上海市第十五届人民代表大会常务委员会第三十二次会议通过）

12. 上海市人民代表大会常务委员会关于修改《上海市街道办事处条例》等 2 件地方性法规的决定

（2021 年 7 月 29 日上海市第十五届人民代表大会常务委员会第三十三次会议通过）

（1）上海市城市管理行政执法条例

（2）上海市街道办事处条例

13. 上海市城市更新条例

（2021 年 8 月 25 日上海市第十五届人民代表大会常务委员会第三十四次会议通过）

14. 上海市人民代表大会常务委员会关于修改《上海市出版物发行管理条例》等 3 件地方性法规的决定

（2021 年 8 月 25 日上海市第十五届人民代表大会常务委员会第三十四次会议通过）

（1）上海市出版物发行管理条例

（2）上海市音像制品管理条例

（3）上海市轨道交通管理条例

15. 上海市水上搜寻救助条例

（2021 年 9 月 28 日上海市第十五届人民代表大会常务委员会第三十五次会议通过）

16. 上海市慈善条例

（2021 年 9 月 28 日上海市第十五届人民代表大会常务委员会第三十五次会议通过）

17. 上海市浦东新区深化“一业一证”改革规定

（2021 年 9 月 28 日上海市第十五届人民代表大会常务委员会第三十五次会议通过）

18. 上海市浦东新区市场主体退出若干规定

（2021 年 9 月 28 日上海市第十五届人民代表大会常务委员会第三十五次会议通过）

19. 上海市预算审查监督条例

（2021 年 9 月 28 日上海市第十五届人民代表大会常务委员会第三十五次会议通过）

20. 上海市人民代表大会常务委员会关于修改《上海市优化营商环境条例》的决定

（2021 年 10 月 28 日上海市第十五届人民代表大会常务委员会第三十六次会议通过）

21. 上海市实施《中华人民共和国反恐怖主义法》办法

（2021 年 10 月 28 日上海市第十五届人民代表大会常务委员会第三十六次会议通过）

22. 上海市浦东新区建立高水平知识产权保护制度若干规定

（2021 年 10 月 28 日上海市第十五届人民代表大会常务委员会第三十六次会议通过）

23. 上海市浦东新区城市管理领域非现场执法规定

（2021 年 10 月 28 日上海市第十五届人民代表大会常务委员会第三十六次会议通过）

24. 上海市档案条例

（2021 年 10 月 28 日上海市第十五届人民代表大会常务委员会第三十六次会议修订）

25. 上海市安全生产条例

（2021 年 10 月 28 日上海市第十五届人民代表大会常务委员会第三十六次会议修订）

26. 上海市人民代表大会常务委员会关于修改本市部分地方性法规的决定

（2021 年 10 月 28 日上海市第十五届人民代表大会常务委员会第三十六次会议通过）

（1）上海市饮用水水源保护条例

(2) 上海市河道管理条例
(3) 上海市新建住宅交付使用许可规定
(4) 上海市供水管理条例
27. 上海市促进大型科学仪器设施共享规定
(2021年11月25日上海市第十五届人民代表大会常务委员会第三十七次会议修订)
28. 上海市人民代表大会常务委员会关于修改《上海市人口与计划生育条例》的决定
(2021年11月25日上海市第十五届人民代表大会常务委员会第三十七次会议通过)
29. 上海市人民代表大会常务委员会关于修改《上海市献血条例》等4件地方性法规的决定
(2021年11月25日上海市第十五届人民代表大会常务委员会第三十七次会议通过)
(1) 上海市献血条例
(2) 上海市实施《中华人民共和国残疾人保障法》办法
(3) 上海市环境保护条例
(4) 上海市防汛条例
30. 上海市黄浦江苏州河滨水公共空间条例
(2021年11月25日上海市第十五届人民代表大会常务委员会第三十七次会议通过)
31. 上海市数据条例
(2021年11月25日上海市第十五届人民代表大会常务委员会第三十七次会议通过)
32. 上海市浦东新区完善市场化法治化企业破产制度若干规定
(2021年11月25日上海市第十五届人民代表大会常务委员会第三十七次会议通过)
33. 上海市反间谍安全防范条例
(2021年12月29日上海市第十五届人民代表大会常务委员会第三十八次会议通过)
34. 上海市浦东新区促进张江生物医药产业创新高地建设规定
(2021年12月29日上海市第十五届人民代表大会常务委员会第三十八次会议通过)
35. 上海市区人民代表大会常务委员会街道工作委员会工作条例
(2021年12月29日上海市第十五届人民代表大会常务委员会第三十八次会议通过)

## 2022年

1. 上海市人民代表大会关于修改《上海市人民代表大会议事规则》的决定
(2022年1月23日上海市第十五届人民代表大会第六次会议通过)
2. 中国(上海)自由贸易试验区临港新片区条例
(2022年2月18日上海市第十五届人民代表大会常务委员会第三十九次会议通过)
3. 上海市科学技术普及条例
(2022年2月18日上海市第十五届人民代表大会常务委员会第三十九次会议通过)
4. 上海市预防未成年人犯罪条例
(2022年2月18日上海市第十五届人民代表大会常务委员会第三十九次会议通过)
5. 上海市浦东新区市场主体登记确认制若干规定
(2022年2月18日上海市第十五届人民代表大会常务委员会第三十九次会议通过)
6. 上海市未成年人保护条例
(2022年2月18日上海市第十五届人民代表大会常务委员会第三十九次会议修订)

7. 上海市人民代表大会常务委员会关于修改《上海市禁毒条例》的决定
(2022年2月18日上海市第十五届人民代表大会常务委员会第三十九次会议通过)
8. 上海市人民代表大会常务委员会关于进一步促进和保障城市运行"一网统管"建设的决定
(2022年5月24日上海市第十五届人民代表大会常务委员会第四十次会议通过)
9. 上海市人民代表大会常务委员会关于修改《上海市工会条例》的决定
(2022年5月24日上海市第十五届人民代表大会常务委员会第四十次会议通过)
10. 上海市人民代表大会常务委员会关于加强新时代检察机关法律监督工作的决定
(2022年5月24日上海市第十五届人民代表大会常务委员会第四十次会议通过)
11. 上海市人民代表大会常务委员会关于修改《上海市人民代表大会常务委员会任免国家机关工作人员条例》的决定
(2022年6月22日上海市第十五届人民代表大会常务委员会第四十一次会议通过)
12. 上海市红十字会条例
(2022年6月22日上海市第十五届人民代表大会常务委员会第四十一次会议修订)
13. 上海市公安机关警务辅助人员管理条例
(2022年6月22日上海市第十五届人民代表大会常务委员会第四十一次会议通过)
14. 上海市浦东新区绿色金融发展若干规定
(2022年6月22日上海市第十五届人民代表大会常务委员会第四十一次会议通过)
15. 上海市浦东新区推进市场准营承诺即入制改革若干规定
(2022年6月22日上海市第十五届人民代表大会常务委员会第四十一次会议通过)
16. 上海市人民代表大会常务委员会关于进一步做好当前促进就业工作的决定
(2022年7月21日上海市第十五届人民代表大会常务委员会第四十二次会议通过)
17. 上海市人民代表大会常务委员会关于加强经济工作监督的决定
(2022年7月21日上海市第十五届人民代表大会常务委员会第四十二次会议通过)
18. 上海市人民代表大会常务委员会关于修改《上海市环境保护条例》的决定
(2022年7月21日上海市第十五届人民代表大会常务委员会第四十二次会议通过)
19. 上海市浦东新区化妆品产业创新发展若干规定
(2022年7月21日上海市第十五届人民代表大会常务委员会第四十二次会议通过)
20. 上海市消费者权益保护条例
(2022年7月21日上海市第十五届人民代表大会常务委员会第四十二次会议修订)
21. 上海市乡村振兴促进条例
(2022年8月27日上海市第十五届人民代表大会常务委员会第四十三次会议通过)
22. 上海市浦东新区促进文物艺术品产业发展若干规定
(2022年8月27日上海市第十五届人民代表大会常务委员会第四十三次会议通过)
23. 上海市人民代表大会常务委员会关于修改《上海市人民代表大会常务委员会议事规则》的决定
(2022年9月22日上海市第十五届人民代表大会常务委员会第四十四次会议通过)
24. 上海市促进人工智能产业发展条例
(2022年9月22日上海市第十五届人民代表大会常务委员会第四十四次会议通过)
25. 上海市服务办好中国国际进口博览会条例
(2022年9月22日上海市第十五届人民代表大会常务委员会第四十四次会议通过)

26. 上海市推进长三角区域社会保障卡居民服务一卡通规定
(2022年9月22日上海市第十五届人民代表大会常务委员会第四十四次会议通过)
27. 上海市机关运行保障条例
(2022年9月22日上海市第十五届人民代表大会常务委员会第四十四次会议通过)
28. 上海市市容环境卫生管理条例
(2022年9月22日上海市第十五届人民代表大会常务委员会第四十四次会议修订)
29. 上海市浦东新区推进住宅小区治理创新若干规定
(2022年9月22日上海市第十五届人民代表大会常务委员会第四十四次会议通过)
30. 上海市促进虹桥国际中央商务区发展条例
(2022年10月28日上海市第十五届人民代表大会常务委员会第四十五次会议通过)
31. 上海市人民代表大会常务委员会关于修改上海市公共场所控制吸烟条例等5件地方性法规和废止《上海市企业名称登记管理规定》的决定
(2022年10月28日上海市第十五届人民代表大会常务委员会第四十五次会议通过)
(1) 上海市住宅物业管理规定
(2) 上海市河道管理条例
(3) 上海市建筑市场管理条例
(4) 上海市公共场所控制吸烟条例
(5) 上海市计量监督管理条例
废止：上海市企业名称登记管理规定
32. 上海市人民代表大会常务委员会关于修改上海市实施中华人民共和国代表法办法等3件地方性法规和废止《上海市授予荣誉市民称号规定》的决定
(2022年10月28日上海市第十五届人民代表大会常务委员会第四十五次会议通过)
(1) 上海市实施《中华人民共和国全国人民代表大会和地方各级人民代表大会代表法》办法
(2) 上海市人民代表大会关于代表议案的规定
(3) 上海市人民代表大会关于代表建议、批评和意见的规定(法规原名：上海市人民代表大会关于代表书面意见的规定)
废止：上海市授予荣誉市民称号规定(法规原名：上海市人民代表大会常务委员会关于授予外国人"上海市荣誉市民"称号的办法)
33. 上海市浦东新区优化揭榜挂帅机制促进新型研发机构发展若干规定
(2022年10月28日上海市第十五届人民代表大会常务委员会第四十五次会议通过)
34. 上海市动物防疫条例
(2022年10月28日上海市第十五届人民代表大会常务委员会第四十五次会议修订)
35. 上海市学前教育与托育服务条例
(2022年11月23日上海市第十五届人民代表大会常务委员会第四十六次会议通过)
36. 上海市住房租赁条例
(2022年11月23日上海市第十五届人民代表大会常务委员会第四十六次会议通过)
37. 上海市妇女权益保障条例
(2022年11月23日上海市第十五届人民代表大会常务委员会第四十六次会议通过)
38. 上海市浦东新区促进无驾驶人智能网联汽车创新应用规定
(2022年11月23日上海市第十五届人民代表大会常务委员会第四十六次会议通过)

39. 上海市船舶污染防治条例

（2022 年 12 月 21 日上海市第十五届人民代表大会常务委员会第四十七次会议通过）

40. 上海市浦东新区固体废物资源化再利用若干规定

（2022 年 12 月 21 日上海市第十五届人民代表大会常务委员会第四十七次会议通过）

## 2023 年

1. 上海市无障碍环境建设条例

（2023 年 1 月 15 日上海市第十六届人民代表大会第一次会议通过）

2. 上海市就业促进条例

（2023 年 2 月 25 日上海市第十六届人民代表大会常务委员会第一次会议通过）

3. 上海市人民代表大会常务委员会关于修改《上海市制定地方性法规条例》的决定

（2023 年 4 月 26 日上海市第十六届人民代表大会常务委员会第二次会议通过）

4. 上海市野生动物保护条例

（2023 年 6 月 20 日上海市第十六届人民代表大会常务委员会第三次会议通过）

5. 上海市健全浦东新区生态环境保护制度若干规定

（2023 年 6 月 20 日上海市第十六届人民代表大会常务委员会第三次会议通过）

6. 上海市土壤污染防治条例

（2023 年 7 月 25 日上海市第十六届人民代表大会常务委员会第四次会议通过）

7. 上海市促进浦东新区标准化创新发展若干规定

（2023 年 7 月 25 日上海市第十六届人民代表大会常务委员会第四次会议通过）

8. 上海市促进浦东新区融资租赁发展若干规定

（2023 年 7 月 25 日上海市第十六届人民代表大会常务委员会第四次会议通过）

9. 上海市爱国卫生与健康促进条例

（2023 年 9 月 26 日上海市第十六届人民代表大会常务委员会第六次会议通过）

10. 上海市种子条例

（2023 年 9 月 26 日上海市第十六届人民代表大会常务委员会第六次会议通过）

11. 上海市人民代表大会常务委员会关于促进和保障“五个新城”建设的决定

（2023 年 10 月 27 日上海市第十六届人民代表大会常务委员会第七次会议通过）

12. 上海市实施《中华人民共和国土地管理法》办法

（2023 年 11 月 22 日上海市第十六届人民代表大会常务委员会第八次会议修订）

13. 上海市推进国际商事仲裁中心建设条例

（2023 年 11 月 22 日上海市第十六届人民代表大会常务委员会第八次会议通过）

14. 上海市体育发展条例

（2023 年 11 月 22 日上海市第十六届人民代表大会常务委员会第八次会议通过）

15. 上海市人民代表大会常务委员会关于修改《上海市优化营商环境条例》的决定

（2023 年 11 月 22 日上海市第十六届人民代表大会常务委员会第八次会议通过）

16. 上海市发展方式绿色转型促进条例

（2023 年 12 月 28 日上海市第十六届人民代表大会常务委员会第九次会议通过）

17. 上海市推进国际贸易中心建设条例

(2023 年 12 月 28 日上海市第十六届人民代表大会常务委员会第九次会议修订)

18. 上海市人民代表大会常务委员会关于修改《上海市人民代表大会常务委员会关于区县和乡镇人民代表大会工作的若干规定》等 5 件地方性法规和废止《上海市预防职务犯罪工作若干规定》的决定

(2023 年 12 月 28 日上海市第十六届人民代表大会常务委员会第九次会议通过)

(1) 上海市人民代表大会常务委员会关于区和乡镇人民代表大会工作的若干规定(法规原名：上海市人民代表大会常务委员会关于区县和乡镇人民代表大会工作的若干规定)

(2) 上海市罢免和补选各级人民代表大会代表程序的规定

(3) 上海市人民代表大会常务委员会关于加强新时代检察机关法律监督工作的决定

(4) 上海市人民代表大会常务委员会关于市人民政府制定规章设定行政处罚罚款限额的规定

(5) 上海市酒类商品产销管理条例

废止：上海市预防职务犯罪工作若干规定

19. 上海市人民代表大会常务委员会关于修改《上海市养老服务条例》等 12 件地方性法规和废止《上海市保护和发展邮电通信规定》等 6 件地方性法规的决定

(2023 年 12 月 28 日上海市第十六届人民代表大会常务委员会第九次会议通过)

(1) 上海市养老服务条例

(2) 上海市消防条例

(3) 上海市安置帮教工作规定

(4) 上海市促进家庭农场发展条例

(5) 上海市商品包装物减量若干规定

(6) 上海市建设工程质量和安全管理条例

(7) 上海市城市管理综合行政执法条例(法规原名：上海市城市管理行政执法条例)

(8) 上海市住宅物业管理规定

(9) 上海市新建住宅交付使用许可规定

(10) 上海市水资源管理若干规定

(11) 上海市出租汽车管理条例

(12) 上海市历史风貌区和优秀历史建筑保护条例

废止：

(1) 上海市保护和发展邮电通信规定

(2) 上海市滩涂管理条例

(3) 上海市监护治疗管理肇事肇祸精神病人条例

(4) 上海市人才流动条例

(5) 上海市城镇职工社会保险费征缴若干规定

(6) 上海市经纪人条例

## 2024 年

1. 上海市促进长三角生态绿色一体化发展示范区高质量发展条例

(2024 年 3 月 27 日上海市第十六届人民代表大会常务委员会第十二次会议通过)

2. 上海市无废城市建设条例

（2024 年 3 月 27 日上海市第十六届人民代表大会常务委员会第十二次会议通过）

3. 上海市科学技术进步条例

（2024 年 5 月 10 日上海市第十六届人民代表大会常务委员会第十三次会议修订）

4. 上海市人民代表大会常务委员会关于修改《上海市非机动车安全管理条例》的决定

（2024 年 5 月 10 日上海市第十六届人民代表大会常务委员会第十三次会议通过）

5. 上海市中小学校外实践教育促进规定

（2024 年 8 月 22 日上海市第十六届人民代表大会常务委员会第十五次会议通过）

6. 上海市推进国际金融中心建设条例

（2024 年 8 月 22 日上海市第十六届人民代表大会常务委员会第十五次会议修订）

7. 上海市人民代表大会常务委员会关于修改《上海市殡葬管理条例》的决定

（2024 年 8 月 22 日上海市第十六届人民代表大会常务委员会第十五次会议通过）

8. 上海市绿色建筑条例

（2024 年 9 月 27 日上海市第十六届人民代表大会常务委员会第十六次会议通过）

9. 上海市气象条例

（2024 年 9 月 27 日上海市第十六届人民代表大会常务委员会第十六次会议通过）

10. 上海市人民代表大会常务委员会关于修改《上海市优化营商环境条例》的决定

（2024 年 9 月 27 日上海市第十六届人民代表大会常务委员会第十六次会议通过）

11. 上海市人民代表大会常务委员会关于修改《上海市妇女权益保障条例》等 4 件地方性法规的决定

（2024 年 9 月 27 日上海市第十六届人民代表大会常务委员会第十六次会议通过）

（1）上海市妇女权益保障条例

（2）上海市实施《中华人民共和国义务教育法》办法

（3）上海市人民代表大会常务委员会关于加强新时代检察机关法律监督工作的决定

（4）上海市促进长三角生态绿色一体化发展示范区高质量发展条例

12. 上海市促进浦东新区商事调解规定

（2024 年 11 月 28 日上海市第十六届人民代表大会常务委员会第十七次会议通过）

13. 上海市促进浦东新区保税维修业务发展若干规定

（2024 年 11 月 28 日上海市第十六届人民代表大会常务委员会第十七次会议通过）

14. 上海市推进浦东新区实施建筑师负责制若干规定

（2024 年 11 月 28 日上海市第十六届人民代表大会常务委员会第十七次会议通过）

15. 上海市公共图书馆条例

（2024 年 11 月 28 日上海市第十六届人民代表大会常务委员会第十七次会议通过）

16. 上海市促进农业科技进步若干规定

（2024 年 11 月 28 日上海市第十六届人民代表大会常务委员会第十七次会议修订）

17. 上海市人民代表大会常务委员会关于修改《上海市人民代表大会常务委员会规范性文件备案审查条例》的决定

（2024 年 11 月 28 日上海市第十六届人民代表大会常务委员会第十七次会议通过）

18. 上海市推进国际航运中心建设条例

（2024 年 12 月 31 日上海市第十六届人民代表大会常务委员会第十八次会议修订）

19. 上海市药品和医疗器械管理条例

(2024年12月31日上海市第十六届人民代表大会常务委员会第十八次会议通过)

20. 上海市医疗保障条例

(2024年12月31日上海市第十六届人民代表大会常务委员会第十八次会议通过)

21. 上海市促进浦东新区运用区块链赋能电子单证应用若干规定

(2024年12月31日上海市第十六届人民代表大会常务委员会第十八次会议通过)

22. 上海市人民代表大会常务委员关于修改《上海市制定地方性法规条例》等3件地方性法规的决定

(2024年12月31日上海市第十六届人民代表大会常务委员会第十八次会议通过)

(1) 上海市制定地方性法规条例

(2) 上海市浦东新区深化“一业一证”改革规定

(3) 上海市人民代表大会常务委员会主任会议议事规则

23. 上海市人民代表大会常务委员会关于修改《上海市公路管理条例》等10件地方性法规的决定

(2024年12月31日上海市第十六届人民代表大会常务委员会第十八次会议通过)

(1) 上海市公路管理条例

(2) 上海市音像制品管理条例

(3) 上海市社会救助条例

(4) 上海市中小学校学生伤害事故处理条例

(5) 上海市未成年人保护条例

(6) 上海市漕河泾新兴技术开发区条例(法规原名:上海市漕河泾新兴技术开发区暂行条例)

(7) 上海市浦东新区促进张江生物医药产业创新高地建设规定

(8) 上海市检验检测条例

(9) 上海市合同格式条款监督条例

(10) 上海市建设工程材料管理条例

**图书在版编目(CIP)数据**

上海市地方性法规汇编 ： 2024年版 / 上海市人民代表大会常务委员会法制工作委员会编. -- 上海 ： 上海人民出版社, 2025. -- ISBN 978-7-208-19429-8

Ⅰ. D927.510.9

中国国家版本馆 CIP 数据核字第 2025KC0961 号

**责任编辑** 夏红梅 伍安洁 姜嘉滢

**封面设计** 夏 芳

**上海市地方性法规汇编(2024年版)**

上海市人民代表大会常务委员会法制工作委员会 编

**出　　版** 上海人民出版社
（201101 上海市闵行区号景路159弄C座）

**发　　行** 上海人民出版社发行中心

**印　　刷** 苏州工业园区美柯乐制版印务有限责任公司

**开　　本** 787×1092 1/16

**印　　张** 85

**插　　页** 5

**字　　数** 2,257,000

**版　　次** 2025年3月第1版

**印　　次** 2025年3月第1次印刷

ISBN 978-7-208-19429-8/D·4479

**定　　价** 468.00元